民 事
诉讼法
全厚细

主编：冯江

执行主编：欧阳鹏 常和

Comprehensive Content
Weighty Volume
Elaborate Interpretation

中国法制出版社

前　言

（暨体例说明★必读）

　　《刑法全厚细》《刑事诉讼法全厚细》自出版以来，凭借"收录全面、内容厚实、注解细致"的特有品质，迅速成为司法办案人员、律师、法学师生的随身"标配"，被誉为司法办案工具书的"航空母舰"，许多单位都对该书集体采购，人手一册。该书曾被《检察日报》两度推荐、被《法制日报》（现为《法治日报》）整版报道，创下了新书入库当天即销售告罄、一个月紧急加印三次的纪录，被评为中国法制出版社三十周年优秀图书。

　　在与读者的交流中，我们不断收到大家的反馈，希望早日推出民事领域的"全厚细"。中国法制出版社的黄会丽老师也极力推促此意。鉴于上述两部"全厚细"已经步入正常的修订完善轨道，而《民事诉讼法》刚被修订、亟需新的业务指导用书，我们组织团队力量悉心编写了这本《民事诉讼法全厚细》，以期为相关办案人员提供一部全面翔实的工具书，并在一定程度上促进司法的公开、公平、公正。

　　民事诉讼领域涵盖了民事、商事、家事、海事、外事等各方面，几乎包罗万象，相关法规更是多如繁星。这对资料的收集、内容的选取、体例的设计等都是一个很大的挑战。本书保持《全厚细》的一贯风格，以法条为主线，以相关的司法规定及案例为翼展，根据条文内容和司法实务，划分为若干阐述单元，并辅以详细的注解。具体如下：

　　一、**阐述单元**：以《民事诉讼法》的条文顺序为基础，根据条文内容的相关性，逐条或若干法条组成一个阐述单元。根据司法实务，为了便于阐述，单元内的法条顺序可能会稍作调整，或者对法条进行适当的[①]拆分、重组。①如：

▶ 第 16 条（在线诉讼）、第 17 条（变通规定）的内容具有较大的独立性，各自分别作为一个独立的阐述单元。

▶ 第 109 条（先予执行情形）与第 110 条（先予执行条件）的内容相关性较大，则把这两条组成一个共同的阐述单元。

▶ 由于司法实务及相关规范中，检察机关等单位的支持起诉（第 15 条）与公益诉讼（第 58 条）通常联系较紧密，故将该两条组成一个阐述单元。

▶ 第 142 条有 3 款内容，这 3 款内容互相之间具有较大的独立性、而与其他条文具有较大的相关性，因此，将其中第 1 款（庭示新证据）与第 71 条（当庭质证）组成一个阐述单元，第 2 款（庭审中向鉴定人等发问）与第 79~81 条（鉴定申请、鉴定人出庭等）组成一个阐述单元，第 3 款（要求重新勘验等）与第 83 条（勘验）组成一个阐述单元。

其中，在条文序号之后、条文正文之前，本书用【】标注了该法律条文的条旨。如：第 1 条【立法依据】 中华人民共和国民事诉讼法以宪法为根据……

条文中的各款内容独立性较大的，则在各款开头处标注相应的条旨。

二、**单元体例**：在每个阐述单元的法律条文之后，分别编入了相关规定、相关案例、文书格式等模块。

---

① 注：在立法时，往往是根据内容的相关性设计法律条款及其排序；而在司法实务中，通常是针对某一类问题进行司法解释或制定规范。这种立法思路与司法思维的差异，导致法律条文与司法文件呈交错对应。如何将司法规定准确地分解、匹合对应的法律条文，一直是法律工具书最大的困扰之一。《刑法全厚细》开创性地采用"调整顺序、拆分重组"的编排方式，巧妙地解决了这一难题，收到了极佳效果。本书得益之。

法顺序调整后，本书将在该法条原位置保留条文序号，并在其后括注（见第×条之前/后）；同时在新位置的条文序号之前括注（插）。出于阐述的需要，有时会将某些条文的部分或全部内容重复收录于不同的阐述单元，本书会在该重复收录的条文序号之前括注（复）；其【条旨】也将视情况作相应变动。

其实，立法机关在修改法律时，也会对条文顺序进行适当调整。如：1991 年 4 月 9 日颁行正式的《民事诉讼法》时，在第 2 章"管辖"增设了第 38 条（管辖权异议）；全国人大常委会［11 届 28 次］《关于修改〈中华人民共和国民事诉讼法〉的决定》（2012 年 8 月 31 日通过，2013 年 1 月 1 日起施行）将其调整至第 12 章"第一审普通程序"；同时将原第 181 条修改为第 204 条、将原第 182 条修改为第 201 条、将原第 184 条修改为第 205 条，条文的前后次序发生了颠倒，相邻关系也发生了变化。

● 相关规定：收录了各司法机关和行政部门发布的、现行有效的司法规定、行政规范、技术标准等资料，①并进行了详细的效力分析和适用注释。这部分内容采用【文号②】标题（审议信息、发文部门、印发及施行日期、废止替代情况等）的格式编排。

● 相关案例：收录了指导案例、入库案例、公报案例、典型案例、书刊案例，以及部分高法判例、知名案例。根据"两高"的相关规定，各级司法机关在办理案件时，这些案件大多属于"类案检索"范围，必须参照或参考。③

▶指导案例：对于"两高"发布的所有指导性案例，本书保持其原有编号（指导案例×号）、④（检例×号），收录了其裁判要点、要旨，并进行了适当注释。

▶入库案例：对于最高法选入案例库的"参考案例"，本书保持其原有编号，收录了其裁判要旨以及判决法院、判决时间、案号等信息。⑤

▶公报案例：对于"两高"《公报》刊登的典型案例，本书分别编号为（法公报［×年］×期）、⑥（检公报［×年］×号），收录了其裁判摘要。

▶典型案例：对于"两高"正式发布的各种典型案例，本书保持其

---

① 注：对于部门规范中的重复性内容，如果尚未被宣布废止，本书暂予尽量收录，今后视情况予以删略。对于一些已被废止的重要规定或仍有较大参考价值的内容，本书也暂予保留，同时详注其效力情况。

② 注：为了美观协调，本书在文件标题中的文号统一采用"××字［××××］××号"的格式。对于一些文号缺失或原本没有文号的司法规范性文件（如电话答复、会议纪要等），本书按上述格式暂编或自编了只含年份而无序号的编号，如：【法发［1984］号】　最高人民法院关于设立海事法院几个问题的决定（1984 年 11 月 28 日）。另有最高法院巡回法庭编撰的会议纪要专辑，本书按其会议部门、出版年份、专辑编号、会议编号等信息，自编了文号格式的编号。如："法二巡（会3）［2022］6号"表示最高法院第二巡回法庭 2022 年出版的会议纪要第 3 辑第 6 个会议纪要。

③ 注：本书对裁判文书的摘要尽可能地忠于原文原义，并提供案号、裁判日期等信息。但鉴于各地法院对提供"类案"的要求不一，读者们可根据当地要求和本书提供的信息，自行下载裁判文书原文。

④ 注：最高人民法院指导性案例自第 35 批起，案例编号由"指导案例×号"改为"指导性案例×号"；本书仍统一使用"指导案例×号"。

⑤ 注：案号能体现省域的，本书不再标注法院所属省份；案号能体现最高法的，不重复收录法院名称。

⑥ 注：最高人民法院公报自 1985 年创刊起至 1989 年，刊号使用"××年第×号"，自 1990 年起，刊号改为"××年第×期"；本书统一使用"××年第×期"。

原有编号，收录了其基本案情及裁判结果。

▶书刊案例：对于《人民法院报》《检察日报》《人民司法》《人民检察》《立案工作指导》等"两高"机关报刊以及其他书刊公布的典型案例，本书分别编号（法报［×年］×月）、（检报［×年］×月）、（司法［×年］×期）、（检察［×年］×期）、（立案［×年］×辑）等，收录了其案情摘要、裁判要旨等。

▶高法判例：对于最高人民法院及其巡回法庭（及部分省级高院）判决或裁定的各类案例，本书以其最后案号为编号，收录了其裁判摘要。

▶知名案例：对于曾在全国产生较大影响的案例，①本书以其最后案号为编号，收录其基本案情及裁判结果。

●文书格式：根据"两高"及司法部、公安部等司法相关部门发布的诉讼文书式样，综合、提炼出诉讼中常用的文书格式，并校核、更新了文书所援引的相关法律条文序号。

三、专辑资料：对于一些与民事诉讼相关较紧密、但《民事诉讼法》并未专门规定的内容，如"涉军纠纷管辖""律师调查令""法院内部监督""类案检索""司法赔偿"等，本书进行了专辑整理，并参照阐述单元的格式，编排至相关的法条之后。②

在本书尾部，附录了《民事诉讼法》的历次版本，以及已被"两高"明文废止的司法文件目录（民事类）。

★与其他工具书不同的是，本书除了收录资料更全面、适用注释更细致等特点之外，还进行了几项费时、耗力、浩繁、细微的工作。

一、对法律条文及司法规定的修改作了详细标注，使读者对法规的演变过程一目了然，能更好地理解立法意旨、把握司法倾势。③标注方法如下。

---

① 注：这部分案例未被最高法院列入"类案检索"范围，但是一份很好的法治资料。

② 注：司法实务面对的情形往往复杂多样，而单一法律规定的内容一般不可能面面俱到，因此只能靠司法业务性文件进行补充规定。这部分规定在实务中经常用到，但无法在法律条文中找到对应的内容。《刑事诉讼法全厚细》创设性地编汇了专辑资料，完美地解决了的法条缺位与实务需求之间的矛盾，获得了一致好评，并被其他同类书籍效仿。本书延续该成功经验。

③ 注：基于本思路，本书只标注条文规定的内容本身，而忽略其原来的条文序号、条款位置、标点符号等。

　　▶新增的内容，标以下划线。如：当事人的近亲属<u>或者工作人员</u>。

　　但基于版面简洁等因素考虑，对于新增整条（款、项等）的，只在其序号或编号下方标注双下划线。如：<u>第 16 条</u>²⁰²²⁰¹⁰¹【在线诉讼】……

　　没有序号、编号的，则在其开头处，以不同颜色和字体括注"新增"。如：（新增）前款规定的地区没有铁路运输法院的……

　　▶删除的内容，标以删除线，并以浅色不同字体表示。如：经过法定程序公证证明的~~法律行为、~~法律事实和文书。

　　▶修改的内容，对修改后的内容标以波浪线，同时以斜杠+删除线标注修改前的相应内容。如：鉴定意见/~~结论~~。

　　对于同一处内容先后不止 1 次修改的，以嵌套的形式依次标注历次修改。如：对个人的罚款金额，为人民币 10 万元/~~1 万元~~²⁰¹³⁰¹⁰¹/~~1000元~~²⁰⁰⁸⁰⁴⁰¹/~~200 元~~¹⁹⁹¹⁰⁴⁰⁹ 以下。

　　其中，对于《民事诉讼法》条文，本书以 1982 年 10 月 1 日首次试行的版本为基础，对历次修改的内容进行了标注，并在修改之处的右上角，以角标的形式标注了"新法"的施行日期。[1]对于其他司法规定，通常只针对前一版本进行比对，不标注修改的施行日期。

　　同样基于版面简洁等因素考虑，对于同时有多处修改的条文，则在该条文序号处统一角标"新法"施行日期。[2]

　　对于没有实质修改、仅仅是表述方式变化的，因其不影响对条文内容的理解和适用，故未予以逐一标注。如：原规定"询问当事人是否申请回避"，被修改为"询问当事人是否提出回避申请"。

　　二、对早先司法规定援引的法条序号作了仔细校注，使读者省去了翻阅、对照修改前的法律法规的时间，以更便捷地理解条文内容。校注方式如下。

　　▶援引的法条内容无变化或大体无变化的，在该法条序号之后，以小一号的不同字体括注其对应的现行法条序号。如：当事人在民事诉讼

---

　　① 注：《民事诉讼法》自 1982 年 10 月 1 日施行（试行）以来，先后经历了 6 次变化，施行日期分别为 1991 年 4 月 9 日、2008 年 4 月 1 日、2013 年 1 月 1 日、2017 年 7 月 1 日、2022 年 1 月 1 日、2024 年 1 月 1 日。这是新旧法律适用的时间分界线。

　　② 即若《民事诉讼法》条文的修改处未标注施行日期，则对应该条文序号处标注的日期。

法第 205 条（现第 216 条）规定的期限内，以民事诉讼法第 200 条（现第 211 条）所列明的再审事由，向原审人民法院……

▶援引的法条内容已被其他的法律替代的，在该法条序号之后，以小一号的不同字体括注其对应的现行法律条文。如：符合合同法第 74 条（现民法典第 538 条）所规定的撤销权条件，则……

▶援引的法条内容已被实质修改或删除的，在该法条序号之后，以脚注的方式备注其原先规定。如本书第 15 章第 4 节"文书格式"部分：（指定行为能力案件代理人通知书）依照……《最高人民法院关于适用〈中华人民共和国民事诉讼法〉的解释》第 350 条规定，本院指定你为××的代理人……本书对"第 350 条"脚注：该条原规定"被申请人没有近亲属的，人民法院可以指定其他亲属为代理人"，该规定已被删除，2022 年 4 月 10 日起施行。

三、对拆解的司法规定作了简细引注，使读者能够顺利地查阅相关的其他规定或全文。引注方式如下。

▶收录的司法规定中，相关性较大的条文被拆解在不同阐述单元的，在该司法规定的标题处，以小一号的不同字体括注其他条文在本书的位置。如：（另见本书第×条）或（详见本书第×章"××"专辑）。这里的"第×章""第×条"都是指《民事诉讼法》的章节或法条序号。

▶对于司法规定正文中自身援引的章节或条文序号，如果该条文被拆解在不同的阐述单元，本书也按上述方式括注该条文的位置。

另外，基于方便阅读、存简去繁、缩减篇幅、排版美观等考虑，本书通常会采取以下技术性措施。

1. 全书的条文序号、次序、日期、数量等，由中文数字（包括二人、两次等）改为了阿拉伯数字。如：第 9 条、第 417 次、2001 年 8 月 21 日、2 人等。①

2. 本书的注释性文字，对机关名称、称呼等，一般使用简称。如：全国人大常委会、最高法、最高检、江西高院、赣州市检、审委会、检

---

① 注：按照公文格式相关规范，裁判文书等公文要求使用中文数字，但本书仍使用阿拉伯数字。

委会、证监会等。①

对于"第×届……会第×次会议",一般表述为"……会［×届×次］"。

3. 对于收录的通知类文件的标题,如果能析出独立的主体内容标题,一般只保留主体内容标题。如:"最高人民检察院关于印发最高人民检察院第四十批指导性案例的通知",本书收录的标题为"最高人民检察院第40批指导性案例"。

对于行政法规名称、裁判文书标题中的"中华人民共和国",也一般予以省略。

4. 枚举式的分项内容,原文通常每项一段,本书一般不分段。如:(一)……;(二)……。

5. 文号中的年份,原文用六角括号〔〕表示;案号中的年份,原文用圆括号()表示;本书统一用方括号［〕表示。

上述变通,可能有"不忠于原文"之嫌,但不影响文义理解,主要是为了便于查阅。

为给读者们呈奉一本全面、实用、超值的业务用书,本书团队夜以继日,寒暑无休。但法律工具书的编写是一项庞大复杂的工作,也是一个求全责备的过程。根据前述构思,本书有些内容可能难以一步到位,这将在后续修订工作中逐步完善。并且,书中内容虽经再三审校,但囿于作者的专业水平,加之时间紧张、工作量浩繁,应仍有许多纰漏之处。尤其是关于规范、条文的拆解与匹配,如果大家发现有谬误或有更好的建议,请随时指正;若发现有阙如或更新的相关规定,更是期待不吝佐赞②。

需要说明的是,我国正处于社会变革创新的转型发展时期,相关法规迭代频繁,导致工具书的更新节奏难逃"慢半拍"的魔咒。为化解这一尴尬,本书拟采取以下两手措施:

一是在本书重印时,会根据新的规定,对内容进行局部更新或补充。这样会导致本书同一版本、不同印次的内容略有差异,请读者理解、涵谅。

---

① 注:对于法规名称、文件标题及其正文中的机关名称,本书保持其原文表述。

② 注:本书的成长离不开各界人士的关心和帮助。对于惠力之恩,本书将在修订时专文鸣谢。

二是辅以微信公众号"民法库"（MinFaKu），适时发布各种规定、案例和相关信息。望读者识别下图二维码，及时关注并标星。①

法规资讯　　疑难解析　　案例研究　　业务指导

本号原则上只为《全厚细》读者提供增值服务。群策群力求以下稿源：

一、两高及相关部委的司法规定、业务答复文件

二、规范汇编、实务解惑、案例分析、热点评述

三、其他对司法实务人员和法学师生有用的资料

刑法库　　　　民法库
（非全厚细读者请勿关注）

联系微信：daydaygoogoo（客家凡夫）

本书由江西理工大学欧阳鹏、军事法院常和担任执行主编，由湖南长沙黄婷律师、陕西西安舒慧律师担任副主编，全书由胡兆华、仙妍负责统稿。希望本书在大家的指导和帮助下，能够不断地修订、完善，为新时代法治建设奉献瓦砾之功。

《全厚细》总主编：冯江

daydaygoogoo（客家凡夫）

2024 年 6 月 9 日，和兴大院

---

① 注：根据微信公众号的现行规则，若未"标星"，公众号推送的内容较难被用户发现。

目　录

中华人民共和国民事诉讼法

第一编　总　则

第一章　任务、适用范围和基本原则

---

　　① 本书正文中解读《民事诉讼法》条文的顺序与《民事诉讼法》基本一致，但是为便于阐述，个别条文的顺序略有调整。本目录中，左侧民事诉讼法条文序号顺延，右侧页码未顺延。

第二章　管　辖

第一节　级别管辖

第二节　地域管辖

第六章　证　据

第七章 期间、送达

第一节 期 间

第二节 送 达

第八章 调 解

第九章　保全和先予执行

第十章　对妨害民事诉讼的强制措施

第十一章　诉讼费用

第二编　审判程序

第十二章　第一审普通程序

第一节　起诉和受理

第二节　审理前的准备

第三节　开庭审理

第十四章　第二审程序

第十五章　特别程序

第一节　一般规定

第二节　选民资格案件

第八节　实现担保物权案件

第十六章　审判监督程序

第十七章　督促程序

第十八章　公示催告程序

第三编　执行程序

第十九章　一般规定

第二十章　执行的申请和移送

第二十一章　执行措施

第二十二章　执行中止和终结

第四编　涉外民事诉讼程序的特别规定

第二十三章　一般原则

第二十四章　管　辖

（附　则）

附　录

中华人民共和国民事诉讼法①

（1982 年 3 月 8 日全国人大常委会［5 届 22 次］通过（试行），主席令第 8 号公布，1982 年 10 月 1 日起试行。1991 年 4 月 9 日全国人大［7 届 4 次］通过，主席令第 44 号公布施行；2007 年 10 月 28 日全国人大常委会［10 届 30 次］修正，主席令第 75 号公布，2008 年 4 月 1 日起施行；2012 年 8 月 31 日全国人大常委会［11 届 28 次］修正，主席令第 59 号公布，2013 年 1 月 1 日起施行；2017 年 6 月 27 日全国人大常委会［12 届 28 次］修正，主席令第 71 号公布，2017 年 7 月 1 日起施行；2021 年 12 月 24 日全国人大常委会［13 届 32 次］修正，主席令第 106 号公布，2022 年 1 月 1 日起施行；2023 年 9 月 1 日全国人大常委会［14 届 5 次］修正，主席令第 11 号公布，2024 年 1 月 1 日起施行）

第一编　总　则

第一章　任务、适用范围和基本原则

第 1 条　【立法依据】 中华人民共和国民事诉讼法以宪法为根据，结合我国民事审判工作的经验和实际情况制定。

②**第 2 条**[19910409]　**【立法目的】** 中华人民共和国民事诉讼法的任

---

① 本书以 1982 年 10 月 1 日首次试行的版本为基础，对历次修改的内容进行了标注，并在修改之处的右上角，以角标的形式标注了施行日期。对于同时有多处修改的条文，则在条文序号处统一标注该修改的施行日期。

② 对于没有角标标注的，因通常只针对前一版本进行比对，不再标注修改的施行日期。

新增的内容，标以下划线。如：当事人的近亲属或者工作人员。

删除的内容，标以删除线，并以浅色不同字体表示。如：经过法定程序公证证明的~~法律行为、~~法律事实和文书。

修改的内容，对修改后的内容标以波浪线，同时以斜杠＋删除线标注修改前的相应内容。如：鉴定意见/~~结论~~。

务，是保护当事人行使诉讼权利，保证人民法院查明事实，分清是非，正确适用法律，及时审理民事案件，确认民事权利义务关系，制裁民事违法行为，保护当事人/国家、集体和个人的合法权益，教育公民自觉遵守法律，维护社会秩序、经济秩序，保障社会主义建设事业顺利进行。

● **相关规定** 【人大公告［2018］1号】 **中华人民共和国宪法**（1982年12月4日全国人大［5届5次］通过，同日全国人大公告公布施行；1988年4月12日全国人大［7届1次］、1993年3月29日全国人大［8届1次］、1999年3月15日全国人大［9届2次］、2004年3月14日全国人大［10届2次］、2018年3月11日全国人大［13届1次］修正）

第128条 中华人民共和国人民法院是国家的审判机关。

第129条（第1款） 中华人民共和国设立最高人民法院、地方各级人民法院和军事法院等专门人民法院。

第132条 最高人民法院是最高审判机关。

最高人民法院监督地方各级人民法院和专门人民法院的审判工作，上级人民法院监督下级人民法院的审判工作。

第134条 中华人民共和国人民检察院是国家的法律监督机关。

【主席令［2018］11号】 **中华人民共和国人民法院组织法**（1954年9月21日全国人大［1届1次］通过；1979年7月1日全国人大［5届2次］重修，1979年7月5日委员长令第3号公布，1980年1月1日起施行；2018年10月26日全国人大常委会［13届6次］新修，2019年1月1日起施行）

第2条（第2款） 人民法院通过审判刑事案件、民事案件、行政案件以及法律规定的其他案件，惩罚犯罪，保障无罪的人不受刑事追究，解决民事、行政纠纷，保护个人和组织的合法权益，监督行政机关依法行使职权，维护国家安全和社会秩序，维护社会公平正义，维护国家法制统一、尊严和权威，保障中国特色社会主义建设的顺利进行。

【主席令［2020］45号】 **中华人民共和国民法典**（2020年5月28日全国人大［13届3次］通过，2021年1月1日起施行）

第1条 为了保护民事主体的合法权益，调整民事关系，维护社会和经济秩序，适应中国特色社会主义发展要求，弘扬社会主义核心价值观，根据宪法，制定本法。

【法〔2021〕341号】　最高人民法院关于认真学习贯彻《全国人民代表大会常务委员会关于修改〈中华人民共和国民事诉讼法〉的决定》的通知（2021年12月28日）

……各级人民法院要正确理解此次民事诉讼法修改的价值取向，始终坚持以维护司法公正为根本要求，做到既提升审判效率，又确保案件质量，在更高层次上实现公正与效率的有机统一。要始终坚持以人民为中心发展思想，积极通过优化司法资源配置，完善程序规则，优化审理机制，加强技术运用，有效满足人民群众公正、高效、便捷解纷的多元司法需求，全面提升人民群众司法获得感。要始终坚持将民事审判工作融入党和国家工作大局，积极促进诉源治理，强化对多元解纷方式的司法保障，推动构建繁简分流、衔接有序、梯次递进的社会治理体系，充分发挥人民法院在社会治理中的功能作用……

> ①**第3条**[19910409]　【适用范围】人民法院受理公民之间、法人之间、其他组织之间以及他们相互之间因财产关系和人身关系提起的民事诉讼，适用本法的规定。
>
> **第4条**　【效力范围】凡在中华人民共和国领域内进行民事诉讼，必须遵守本法。
>
> ~~法律规定由人民法院审理的行政案件，适用本法规定。~~[19910409]

● 相关规定　【主席令〔2020〕45号】　中华人民共和国民法典（2020年5月28日全国人大〔13届3次〕通过，2021年1月1日起施行）

第2条　民法调整平等主体的自然人、法人和非法人组织之间的人身关系和财产关系。

第10条　处理民事纠纷，应当依照法律；法律没有规定的，可以适用习惯，但是不得违背公序良俗。

【法释〔2020〕15号】　最高人民法院关于适用《中华人民共和国民法典》时间效力的若干规定（2020年12月14日最高法审委会〔1821次〕通过，2020年12月29日公布，2021年1月1日起施行）

一、一般规定

──────────

① 对新增整条（款、项等）的，在其序号或编号下方标注双下划线。如：**第3条**[19910409]【适用范围】……

第1条　民法典施行后的法律事实引起的民事纠纷案件，适用民法典的规定。

民法典施行前的法律事实引起的民事纠纷案件，适用当时的法律、司法解释的规定，但是法律、司法解释另有规定的除外。

民法典施行前的法律事实持续至民法典施行后，该法律事实引起的民事纠纷案件，适用民法典的规定，但是法律、司法解释另有规定的除外。

第2条　民法典施行前的法律事实引起的民事纠纷案件，当时的法律、司法解释有规定，适用当时的法律、司法解释的规定，但是适用民法典的规定更有利于保护民事主体合法权益，更有利于维护社会和经济秩序，更有利于弘扬社会主义核心价值观的除外。

第3条　民法典施行前的法律事实引起的民事纠纷案件，当时的法律、司法解释没有规定而民法典有规定的，可以适用民法典的规定，但是明显减损当事人合法权益、增加当事人法定义务或者背离当事人合理预期的除外。

第4条　民法典施行前的法律事实引起的民事纠纷案件，当时的法律、司法解释仅有原则性规定而民法典有具体规定的，适用当时的法律、司法解释的规定，但是可以依据民法典具体规定进行裁判说理。

第5条　民法典施行前已经终审的案件，当事人申请再审或者按照审判监督程序决定再审的，不适用民法典的规定。

二、溯及适用的具体规定

第6条　《中华人民共和国民法总则》施行前，侵害英雄烈士等的姓名、肖像、名誉、荣誉，损害社会公共利益引起的民事纠纷案件，适用民法典第185条的规定。

第7条　民法典施行前，当事人在债务履行期限届满前约定债务人不履行到期债务时抵押财产或者质押财产归债权人所有的，适用民法典第401条和第428条的规定。

第8条　民法典施行前成立的合同，适用当时的法律、司法解释的规定合同无效而适用民法典的规定合同有效的，适用民法典的相关规定。

第9条　民法典施行前订立的合同，提供格式条款一方未履行提示或者说明义务，涉及格式条款效力认定的，适用民法典第496条的规定。

第10条　民法典施行前，当事人一方未通知对方而直接以提起诉讼方式依法主张解除合同的，适用民法典第565条第2款的规定。

第11条　民法典施行前成立的合同，当事人一方不履行非金钱债务或者履行非金钱债务不符合约定，对方可以请求履行，但是有民法典第580条第1款第1项、第2项、第3项除外情形之一，致使不能实现合同目的，当事人请求终止合同权利义务关系的，适用民法典第580条第2款的规定。

第一编　第一章

第 12 条　民法典施行前订立的保理合同发生争议的，适用民法典第 3 编第 16 章的规定。

第 13 条　民法典施行前，继承人有民法典第 1125 条第 1 款第 4 项和第 5 项规定行为之一，对该继承人是否丧失继承权发生争议的，适用民法典第 1125 条第 1 款和第 2 款的规定。

民法典施行前，受遗赠人有民法典第 1125 条第 1 款规定行为之一，对受遗赠人是否丧失受遗赠权发生争议的，适用民法典第 1125 条第 1 款和第 3 款的规定。

第 14 条　被继承人在民法典施行前死亡，遗产无人继承又无人受遗赠，其兄弟姐妹的子女请求代位继承的，适用民法典第 1128 条第 2 款和第 3 款的规定，但是遗产已经在民法典施行前处理完毕的除外。

第 15 条　民法典施行前，遗嘱人以打印方式立的遗嘱，当事人对该遗嘱效力发生争议的，适用民法典第 1136 条的规定，但是遗产已经在民法典施行前处理完毕的除外。

第 16 条　民法典施行前，受害人自愿参加具有一定风险的文体活动受到损害引起的民事纠纷案件，适用民法典第 1176 条的规定。

第 17 条　民法典施行前，受害人为保护自己合法权益采取扣留侵权人的财物等措施引起的民事纠纷案件，适用民法典第 1177 条的规定。

第 18 条　民法典施行前，因非营运机动车发生交通事故造成无偿搭乘人损害引起的民事纠纷案件，适用民法典第 1217 条的规定。

第 19 条　民法典施行前，从建筑物中抛掷物品或者从建筑物上坠落的物品造成他人损害引起的民事纠纷案件，适用民法典第 1254 条的规定。

三、衔接适用的具体规定

第 20 条　民法典施行前成立的合同，依照法律规定或者当事人约定该合同的履行持续至民法典施行后，因民法典施行前履行合同发生争议的，适用当时的法律、司法解释的规定；因民法典施行后履行合同发生争议的，适用民法典第 3 编第 4 章和第 5 章的相关规定。

第 21 条　民法典施行前租赁期限届满，当事人主张适用民法典第 734 条第 2 款规定的，人民法院不予支持；租赁期限在民法典施行后届满，当事人主张适用民法典第 734 条第 2 款规定的，人民法院依法予以支持。

第 22 条　民法典施行前，经人民法院判决不准离婚后，双方又分居满 1 年，一方再次提起离婚诉讼的，适用民法典第 1079 条第 5 款的规定。

第 23 条　被继承人在民法典施行前立有公证遗嘱，民法典施行后又立有新遗嘱，其死亡后，因该数份遗嘱内容相抵触发生争议的，适用民法典第 1142 条第 3

款的规定。

第24条 侵权行为发生在民法典施行前，但是损害后果出现在民法典施行后的民事纠纷案件，适用民法典的规定。

第25条 民法典施行前成立的合同，当时的法律、司法解释没有规定且当事人没有约定解除权行使期限，对方当事人也未催告的，解除权人在民法典施行前知道或者应当知道解除事由，自民法典施行之日起1年内不行使的，人民法院应当依法认定该解除权消灭；解除权人在民法典施行后知道或者应当知道解除事由的，适用民法典第564条第2款关于解除权行使期限的规定。

第26条 当事人以民法典施行前受胁迫结婚为由请求人民法院撤销婚姻的，撤销权的行使期限适用民法典第1052条第2款的规定。

第27条 民法典施行前成立的保证合同，当事人对保证期间约定不明确，主债务履行期限届满至民法典施行之日不满2年，当事人主张保证期间为主债务履行期限届满之日起2年的，人民法院依法予以支持；当事人对保证期间没有约定，主债务履行期限届满至民法典施行之日不满6个月，当事人主张保证期间为主债务履行期限届满之日起6个月的，人民法院依法予以支持。

四、附则

第28条 本规定自2021年1月1日起施行。

本规定施行后，人民法院尚未审结的一审、二审案件适用本规定。

【法释〔2022〕6号】 最高人民法院关于适用《中华人民共和国民法典》总则编若干问题的解释（2021年12月30日最高法审委会〔1861次〕通过，2022年2月24日公布，2022年3月1日起施行）

第1条 民法典第2编至第7编对民事关系有规定的，人民法院直接适用该规定；民法典第2编至第7编没有规定的，适用民法典第一编的规定，但是根据其性质不能适用的除外。

就同一民事关系，其他民事法律的规定属于对民法典相应规定的细化的，应当适用该民事法律的规定。民法典规定适用其他法律的，适用该法律的规定。

民法典及其他法律对民事关系没有具体规定的，可以遵循民法典关于基本原则的规定。

第2条 在一定地域、行业范围内长期为一般人从事民事活动时普遍遵守的民间习俗、惯常做法等，可以认定为民法典第10条规定的习惯。

当事人主张适用习惯的，应当就习惯及其具体内容提供相应证据；必要时，人民法院可以依职权查明。

适用习惯，不得违背社会主义核心价值观，不得违背公序良俗。

【**法［2021］94 号**】 **全国法院贯彻实施民法典工作会议纪要**（2021 年 3 月 15 日最高法审委会［1834 次］通过，2021 年 4 月 6 日印发）

12. 除上述内容外，对于民通意见、合同法解释一、合同法解释二的实体性规定所体现的精神，与民法典及有关法律不冲突且在司法实践中行之有效的，如民通意见第 2 条关于以自己的劳动收入为主要生活来源的认定规则等，人民法院可以在裁判文书说理时阐述。上述司法解释中的程序性规定的精神，与民事诉讼法及相关法律不冲突的，如合同法解释一第 14 条、第 23 条①等，人民法院可以在办理程序性事项时作为参考。

13. 正确适用《时间效力规定》，处理好新旧法律、司法解释的衔接适用问题。坚持"法不溯及既往"的基本原则，依法保护当事人的合理预期。民法典施行前的法律事实引起的民事纠纷案件，适用当时的法律、司法解释的规定，但《时间效力规定》另有规定的除外。

当时的法律、司法解释包括根据民法典第 1260 条规定废止的法律，根据《废止决定》废止的司法解释及相关规范性文件，《修改决定》所涉及的修改前的司法解释。

14. 人民法院审理民事纠纷案件，根据《时间效力规定》应当适用民法典的，同时适用民法典相关司法解释，但是该司法解释另有规定的除外。

17. 民法典施行前的法律事实引起的民事纠纷案件，根据《时间效力规定》应当适用民法典的，同时列明民法典的具体条文和《时间效力规定》的相关条文。民法典施行后的法律事实引起的民事纠纷案件，裁判文书引用法律、司法解释时，不必引用《时间效力规定》的相关条文。

18. 从严把握溯及适用民法典规定的情形，确保法律适用统一。除《时间效力规定》第二部分所列具体规定外，人民法院在审理有关民事纠纷案件时，认为符合《时间效力规定》第 2 条溯及适用民法典情形的，应当做好类案检索，经本院审判委员会讨论后层报高级人民法院。高级人民法院审判委员会讨论后认为符合《时间效力规定》第 2 条规定的"3 个更有利于"标准，应当溯及适用民法典规定的，报最高人民法院备案。最高人民法院将适时发布相关指导性案例或者典型案例，加强对下指导。

---

① 最高人民法院关于适用《中华人民共和国合同法》若干问题的解释（一）（法释［1999］19 号，已失效）：

第 14 条：债权人依照合同法第 73 条的规定提起代位权诉讼的，由被告住所地人民法院管辖。

第 23 条：债权人依照合同法第 74 条的规定提起撤销权诉讼的，由被告住所地人民法院管辖。

【主席令［1999］28号】　中华人民共和国海事诉讼特别程序法（1999年12月25日全国人大常委会［9届13次］通过，2000年7月1日起施行）

第2条　在中华人民共和国领域内进行海事诉讼，适用《中华人民共和国民事诉讼法》和本法。本法有规定的，依照其规定。

第5条　海事法院及其所在地的高级人民法院和最高人民法院审理海事案件的，适用本法。

【法释［2003］3号】　最高人民法院关于适用《中华人民共和国海事诉讼特别程序法》若干问题的解释（2002年12月3日最高法审委会［1259次］通过，2003年1月6日公布，2003年2月1日起施行）

第97条　在中华人民共和国领域内进行海事诉讼，适用海事诉讼特别程序法的规定。海事诉讼特别程序法没有规定的，适用民事诉讼法的有关规定。

【法释［2002］1号】　最高人民法院关于审理商标案件有关管辖和法律适用范围问题的解释（2001年12月25日最高法审委会［1203次］通过，2002年1月9日公布，2002年1月21日起施行；根据法释［2020］19号《决定》修正，2021年1月1日起施行）

第9条　除本解释另行规定外，商标法修改决定施行后人民法院受理的商标民事纠纷案件，涉及该决定施行前发生的民事行为的，适用修改前商标法的规定；涉及该决定施行后发生的民事行为的，适用修改后商标法的规定；涉及该决定施行前发生，持续到该决定施行后的民事行为的，分别适用修改前、后商标法的规定。

【法释［2006］10号】　最高人民法院关于审理海上保险纠纷案件若干问题的规定（2006年11月13日最高法审委会［1405次］通过，2006年11月23日公布，2007年1月1日起施行；根据法释［2020］18号《决定》修正，2021年1月1日起施行）

第1条　审理海上保险合同纠纷案件，适用海商法的规定；海商法没有规定的，适用保险法的有关规定；海商法、保险法均没有规定的，适用民法典等其他相关法律的规定。

第2条　审理非因海上事故引起的港口设施或者码头作为保险标的的保险合同纠纷案件，适用保险法等法律的规定。

第3条　审理保险人因发生船舶触碰港口设施或者码头等保险事故，行使代位请求赔偿权利向造成保险事故的第三人追偿的案件，适用海商法的规定。

【主席令［2006］54号】　中华人民共和国企业破产法（2006年8月27日全国人大［10届23次］通过，2007年6月1日起施行）（详见本书第22章"重组与破产"专辑）

第 4 条　破产案件审理程序，本法没有规定的，适用民事诉讼法的有关规定。

第 5 条（第 1 款）　依照本法开始的破产程序，对债务人在中华人民共和国领域外的财产发生效力。

【法释［2009］1 号】　最高人民法院关于审理无正本提单交付货物案件适用法律若干问题的规定（2009 年 2 月 16 日最高法审委会［1463 次］通过，2009年 2 月 26 日公布，2009 年 3 月 5 日起施行；根据法释［2020］18 号《决定》修正，2021 年 1 月 1 日起施行）

第 1 条　本规定所称正本提单包括记名提单、指示提单和不记名提单。

第 3 条（第 2 款）　正本提单持有人要求承运人承担无正本提单交付货物民事责任的，适用海商法规定；海商法没有规定的，适用其他法律规定。

第 4 条　承运人因无正本提单交付货物承担民事责任的，不适用海商法第 56条关于限制赔偿责任的规定。

【法释［2010］11 号】　最高人民法院关于审理海事赔偿责任限制相关纠纷案件的若干规定（2010 年 3 月 22 日最高法审委会［1484 次］通过，2010 年 8 月27 日公布，2010 年 9 月 15 日起施行；根据法释［2020］18 号《决定》修正，2021 年 1 月 1 日起施行）

第 1 条　审理海事赔偿责任限制相关纠纷案件，适用海事诉讼特别程序法、海商法的规定；海事诉讼特别程序法、海商法没有规定的，适用其他相关法律、行政法规的规定。

【法发［2012］28 号】　最高人民法院关于国内水路货物运输纠纷案件法律问题的指导意见（2012 年 12 月 24 日印发各海事法院及其所属高院）

近年来，国内水路运输发展迅速，为促进国民经济的发展发挥了重要作用。水路运输市场的健康和有序发展，依赖于良好的市场环境和完善的法律保障。但是，与法律体系相对完善的国际海运相比，国内水路运输法律规范的滞后越来越突出，在一定程度上引发了国内水路货物运输纠纷案件的增长。我国目前没有专门针对内河航运的立法，内河航运的条例、规定多为部门规章，法规制度之间存在矛盾，海事审判存在诸多的不统一。为了加强我国海事司法对国内水路运输的保障作用，促进国内水路运输的规范发展，现就人民法院审理国内水路货物运输纠纷案件中的若干法律问题，提出以下指导意见：

一、尊重当事人意思自治，准确适用法律法规，统一国内水路货物运输纠纷案件裁判尺度

本指导意见中的国内水路货物运输纠纷是指由海事法院专门管辖的沿海和内河水路货物运输纠纷。

1. 人民法院审理国内水路货物运输合同纠纷案件，应当适用民法通则、合同法等法律的有关规定，同时可以参照《国内水路货物运输规则》的有关规定。海商法第4章海上货物运输合同的规定，不适用于国内水路货物运输。人民法院参照《国内水路货物运输规则》确定当事人权利义务时，应当在判决书说理部分引用论述，但不应作为判决书引用的法律依据。

2. 当事人在国内水路货物运单或者其他运输合同文件中明确约定其权利义务适用《国内水路货物运输规则》规定的，人民法院可以按照《国内水路货物运输规则》的有关规定确定合同当事人的权利义务。

【法释〔2012〕23号】 最高人民法院关于修改后的民事诉讼法施行时未结案件适用法律若干问题的规定（2012年12月24日最高法审委会〔1564次〕通过，2012年12月28日公布，2013年1月1日起施行）

第1条 2013年1月1日未结案件适用修改后的民事诉讼法，但本规定另有规定的除外。

前款规定的案件，2013年1月1日前依照修改前的民事诉讼法和有关司法解释的规定已经完成的程序事项，仍然有效。

第2条 2013年1月1日未结案件符合修改前的民事诉讼法或者修改后的民事诉讼法管辖规定的，人民法院对该案件继续审理。

第3条 2013年1月1日未结案件符合修改前的民事诉讼法或者修改后的民事诉讼法送达规定的，人民法院已经完成的送达，仍然有效。

第4条 在2013年1月1日未结案件中，人民法院对2013年1月1日前发生的妨害民事诉讼行为尚未处理的，适用修改前的民事诉讼法，但下列情形应当适用修改后的民事诉讼法：（一）修改后的民事诉讼法第112条（现第115条）规定的情形；（二）修改后的民事诉讼法第113条（现第116条）规定情形在2013年1月1日以后仍在进行的。

第5条 2013年1月1日前，利害关系人向人民法院申请诉前保全措施的，适用修改前的民事诉讼法等法律，但人民法院2013年1月1日尚未作出保全裁定的，适用修改后的民事诉讼法确定解除保全措施的期限。

第6条 当事人对2013年1月1日前已经发生法律效力的判决、裁定或者调解书申请再审的，人民法院应当依据修改前的民事诉讼法第184条①规定审查确

---

① 2008年版《民事诉讼法》第184条规定："当事人申请再审，应当在判决、裁定发生法律效力后2年内提出；2年后据以作出原判决、裁定的法律文书被撤销或者变更，以及发现审判人员在审理该案件时有贪污受贿，徇私舞弊，枉法裁判行为的，自知道或者应当知道之日起3个月内提出。"该规定被修改为（现第216条）："当事人申请再审，应当在判决、裁定发生法律效力后6个月内提出；有……情形的，自知道或者应当知道之日起6个月内提出。"

定当事人申请再审的期间，但该期间在 2013 年 6 月 30 日尚未届满的，截止到 2013 年 6 月 30 日。

前款规定当事人申请符合下列情形的，仍适用修改前的民事诉讼法第 184 条规定：（一）有新的证据，足以推翻原判决、裁定的；（二）原判决、裁定认定事实的主要证据是伪造的；（三）判决、裁定发生法律效力 2 年后，据以作出原判决、裁定的法律文书被撤销或者变更，以及发现审判人员在审理该案件时有贪污受贿，徇私舞弊，枉法裁判行为的。

第 7 条　人民法院对 2013 年 1 月 1 日前已经受理、2013 年 1 月 1 日尚未审查完毕的申请不予执行仲裁裁决的案件，适用修改前的民事诉讼法。

第 8 条　本规定所称修改后的民事诉讼法，是指根据《决定》作相应修改后的《中华人民共和国民事诉讼法》。

本规定所称修改前的民事诉讼法，是指《决定》施行之前的《中华人民共和国民事诉讼法》。

【主席令［2014］9 号】　中华人民共和国环境保护法（2014 年 4 月 24 日全国人大常委会［12 届 8 次］修订，2015 年 1 月 1 日起施行）

第 3 条　本法适用于中华人民共和国领域和中华人民共和国管辖的其他海域。

【主席令［2023］12 号】　中华人民共和国海洋环境保护法（2023 年 10 月 24 日全国人大常委会［14 届 6 次］第 2 次修订，2024 年 1 月 1 日起施行）

第 2 条（第 1 款）　本法适用于中华人民共和国管辖海域。

（第 3 款）　在中华人民共和国管辖海域以外，造成中华人民共和国管辖海域环境污染、生态破坏的，适用本法相关规定。

第 123 条　中华人民共和国缔结或者参加的与海洋环境保护有关的国际条约与本法有不同规定的，适用国际条约的规定；但是，中华人民共和国声明保留的条款除外。[1]

【法［2019］254 号】　全国法院民商事审判工作会议纪要（"九民纪要"，2019 年 7 月 3-4 日在哈尔滨召开，2019 年 9 月 11 日最高法审委会民事行政专委会［319 次］通过，2019 年 11 月 8 日发布）

一、关于民法总则适用的法律衔接

会议认为，民法总则施行后至民法典施行前，拟编入民法典但尚未完成修订的物权法、合同法等民事基本法，以及不编入民法典的公司法、证券法、信托法、保险法、票据法等民商事特别法，均可能存在与民法总则规定不一致的情形。

---

[1] 注：本条直接规定了国际条约优于国内法，较为少见。

人民法院应当依照《立法法》第 92 条（现第 103 条）、《民法总则》第 11 条等规定，综合考虑新的规定优于旧的规定、特别规定优于一般规定等法律适用规则，依法处理好民法总则与相关法律的衔接问题，主要是处理好与民法通则、合同法、公司法的关系。

1.【民法总则与民法通则的关系及其适用】民法通则既规定了民法的一些基本制度和一般性规则，也规定了合同、所有权及其他财产权、知识产权、民事责任、涉外民事法律关系适用等具体内容。民法总则基本吸收了民法通则规定的基本制度和一般性规则，同时作了补充、完善和发展。民法通则规定的合同、所有权及其他财产权、民事责任等具体内容还需要在编撰民法典各分编时作进一步统筹，系统整合。因民法总则施行后暂不废止民法通则，在此之前，民法总则与民法通则规定不一致的，根据新的规定优于旧的规定的法律适用规则，适用民法总则的规定。最高人民法院已依据民法总则制定了关于诉讼时效问题的司法解释，而原依据民法通则制定的关于诉讼时效的司法解释，只要与民法总则不冲突，仍可适用。

2.【民法总则与合同法的关系及其适用】根据民法典编撰工作"两步走"的安排，民法总则施行后，目前正在进行民法典的合同编、物权编等各分编的编撰工作。民法典施行后，合同法不再保留。在这之前，因民法总则施行前成立的合同发生的纠纷，原则上适用合同法的有关规定处理。因民法总则施行后成立的合同发生的纠纷，如果合同法"总则"对此的规定与民法总则的规定不一致的，根据新的规定优于旧的规定的法律适用规则，适用民法总则的规定。例如，关于欺诈、胁迫问题，根据合同法的规定，只有合同当事人之间存在欺诈、胁迫行为的，被欺诈、胁迫一方才享有撤销合同的权利。而依民法总则的规定，第三人实施的欺诈、胁迫行为，被欺诈、胁迫一方也有撤销合同的权利。另外，合同法视欺诈、胁迫行为所损害利益的不同，对合同效力作出了不同规定：损害合同当事人利益的，属于可撤销或者可变更合同；损害国家利益的，则属于无效合同。民法总则则未加区别，规定一律按可撤销合同对待。再如，关于显失公平问题，合同法将显失公平与乘人之危作为两类不同的可撤销或者可变更合同事由，而民法总则则将二者合并为一类可撤销合同事由。

民法总则施行后发生的纠纷，在民法典施行前，如果合同法"分则"对此的规定与民法总则不一致的，根据特别规定优于一般规定的法律适用规则，适用合同法"分则"的规定。例如，民法总则仅规定了显名代理，没有规定《合同法》第 402 条（现民法典第 925 条）的隐名代理和第 403 条（现民法典第 926 条）的间接代理。在民法典施行前，这两条规定应当继续适用。

3.【民法总则与公司法的关系及其适用】民法总则与公司法的关系，是一般法与商事特别法的关系。民法总则第三章"法人"第一节"一般规定"和第二节"营利法人"基本上是根据公司法的有关规定提炼的，二者的精神大体一致。因此，涉及民法总则这一部分的内容，规定一致的，适用民法总则或者公司法皆可；规定不一致的，根据《民法总则》第 11 条有关"其他法律对民事关系有特别规定的，依照其规定"的规定，原则上应当适用公司法的规定。但应当注意也有例外情况，主要表现在两个方面：一是就同一事项，民法总则制定时有意修正公司法有关条款的，应当适用民法总则的规定。例如，《公司法》第 32 条第 3 款（现第 34 条）规定："公司应当将股东的姓名或者名称及其出资额向公司登记机关登记；登记事项发生变更的，应当办理变更登记。未经登记或者变更登记的，不得对抗第三人。"而《民法总则》第 65 条的规定则把"不得对抗第三人"修正为"不得对抗善意相对人"。经查询有关立法理由，可以认为，此种情况应当适用民法总则的规定。二是民法总则在公司法规定基础上增加了新内容的，如《公司法》第 22 条第 2 款（现第 26 条）就公司决议的撤销问题进行了规定，《民法总则》第 85 条在该条基础上增加规定："但是营利法人依据该决议与善意相对人形成的民事法律关系不受影响。"此时，也应当适用民法总则的规定。

4.【民法总则的时间效力】根据"法不溯及既往"的原则，民法总则原则上没有溯及力，故只能适用于施行后发生的法律事实；民法总则施行前发生的法律事实，适用当时的法律；某一法律事实发生在民法总则施行前，其行为延续至民法总则施行后的，适用民法总则的规定。但要注意有例外情形，如虽然法律事实发生在民法总则施行前，但当时的法律对此没有规定而民法总则有规定的，例如，对于虚伪意思表示、第三人实施欺诈行为，合同法均无规定，发生纠纷后，基于"法官不得拒绝裁判"规则，可以将民法总则的相关规定作为裁判依据。又如，民法总则施行前成立的合同，根据当时的法律应当认定无效，而根据民法总则应当认定有效或者可撤销的，应当适用民法总则的规定。

在民法总则无溯及力的场合，人民法院应当依据法律事实发生时的法律进行裁判，但如果法律事实发生时的法律虽有规定，但内容不具体、不明确的，如关于无权代理在被代理人不予追认时的法律后果，民法通则和合同法均规定由行为人承担民事责任，但对民事责任的性质和方式没有规定，而民法总则对此有明确且详细的规定，人民法院在审理案件时，就可以在裁判文书的说理部分将民法总则规定的内容作为解释法律事实发生时法律规定的参考。

【法〔2021〕341 号】　最高人民法院关于认真学习贯彻《全国人民代表大会常务委员会关于修改〈中华人民共和国民事诉讼法〉的决定》的通知（2021 年 12 月 28 日）

民事诉讼法全厚细

……2022 年 1 月 1 日之后人民法院受理的民事案件，适用修改后的民事诉讼法。2022 年 1 月 1 日之前人民法院未审结的案件，尚未进行的诉讼行为适用修改后的民事诉讼法；依照修改前的民事诉讼法或者最高人民法院《民事诉讼程序繁简分流改革试点实施办法》的有关规定，已经完成的诉讼行为，仍然有效。

第 5 条[19910409] 【同等原则】外国人、无国籍人、外国企业和组织在人民法院起诉、应诉，同中华人民共和国公民、法人和其他组织有同等的诉讼权利义务。~~外国企业和组织在人民法院起诉、应诉，依照本法规定享有诉讼权利，承担诉讼义务。~~

【对等原则】外国法院对中华人民共和国公民、法人/企业和其他组织的民事诉讼权利加以限制的，中华人民共和国人民法院对该国公民、企业和组织的民事诉讼权利，实行对等原则。

（插）**第 8 条**[19910409] 【平等原则】① 民事诉讼当事人有平等的诉讼权利。人民法院审理民事案件，应当保障和便利诉讼当事人平等地行使诉讼权利，对诉讼当事人在适用法律上一律平等。

● 相关规定 【主席令［2018］11 号】 中华人民共和国人民法院组织法（1954 年 9 月 21 日全国人大［1 届 1 次］通过；1979 年 7 月 1 日全国人大［5 届 2 次］重修，1979 年 7 月 5 日委员长令第 3 号公布，1980 年 1 月 1 日起施行；2018 年 10 月 26 日全国人大常委会［13 届 6 次］新修，2019 年 1 月 1 日起施行）

第 5 条 人民法院审判案件在适用法律上一律平等，不允许任何组织和个人有超越法律的特权，禁止任何形式的歧视。

【主席令［2019］27 号】 中华人民共和国法官法（1995 年 2 月 28 日全国人大常委会［8 届 12 次］通过，1995 年 7 月 1 日起施行；2019 年 4 月 23 日全国人大常委会［13 届 10 次］新修，2019 年 10 月 1 日起施行）

第 4 条 法官应当公正对待当事人和其他诉讼参与人，对一切个人和组织在适用法律上一律平等。

【主席令［2005］41 号】 中华人民共和国外国中央银行财产司法强制措施豁免法（2005 年 10 月 25 日全国人大常委会［10 届 18 次］通过，同日公布施行）

第 3 条 外国不给予中华人民共和国中央银行或者中华人民共和国特别行政

① 为了便于阐述，会对法条顺序稍作调整，进行适当的拆分、重组。

区金融管理机构的财产以豁免，或者所给予的豁免低于本法的规定的，中华人民共和国根据对等原则办理。

【主席令［2023］7 号】　中华人民共和国对外关系法（2023 年 6 月 28 日全国人大常委会［14 届 3 次］通过，2023 年 7 月 1 日起施行）

第 38 条　中华人民共和国依法保护在中国境内的外国人和外国组织的合法权利和利益。

国家有权准许或者拒绝外国人入境、停留居留，依法对外国组织在境内的活动进行管理。

在中国境内的外国人和外国组织应当遵守中国法律，不得危害中国国家安全、损害社会公共利益、破坏社会公共秩序。

【主席令［2023］10 号】　中华人民共和国外国国家豁免法（2023 年 9 月 1 日全国人大常委会［14 届 5 次］通过，2024 年 1 月 1 日起施行）

第 21 条　外国给予中华人民共和国国家及其财产的豁免待遇低于本法规定的，中华人民共和国实行对等原则。

第 6 条　【审判权】民事案件的审判权由人民法院行使。
人民法院依照法律规定对民事案件独立进行审判，不受行政机关、社会[19910409]团体和个人的干涉。

● **相关规定**　**【人大公告［2018］1 号】　中华人民共和国宪法**（1982 年 12 月 4 日全国人大［5 届 5 次］通过，同日全国人大公告公布施行；1988 年 4 月 12 日全国人大［7 届 1 次］、1993 年 3 月 29 日全国人大［8 届 1 次］、1999 年 3 月 15 日全国人大［9 届 2 次］、2004 年 3 月 14 日全国人大［10 届 2 次］、2018 年 3 月 11 日全国人大［13 届 1 次］修正）

第 131 条　人民法院依照法律规定独立行使审判权，不受行政机关、社会团体和个人的干涉。

【主席令［2018］11 号】　中华人民共和国人民法院组织法（1954 年 9 月 21 日全国人大［1 届 1 次］通过；1979 年 7 月 1 日全国人大［5 届 2 次］重修，1979 年 7 月 5 日委员长令第 3 号公布，1980 年 1 月 1 日起施行；2018 年 10 月 26 日全国人大常委会［13 届 6 次］新修，2019 年 1 月 1 日起施行）

第 2 条（第 1 款）　人民法院是国家的审判机关。

第 4 条　人民法院依照法律规定独立行使审判权，不受行政机关、社会团体和个人的干涉。

第52条　任何单位或者个人不得要求法官从事超出法定职责范围的事务。

对于领导干部等干预司法活动、插手具体案件处理，或者人民法院内部人员过问案件情况的，办案人员应当全面如实记录并报告；有违法违纪情形的，由有关机关根据情节轻重追究行为人的责任。

【主席令［2019］27号】　中华人民共和国法官法（1995年2月28日全国人大常委会［8届12次］通过，1995年7月1日起施行；2019年4月23日全国人大常委会［13届10次］新修，2019年10月1日起施行）

第7条　法官依法履行职责，受法律保护，不受行政机关、社会团体和个人的干涉。

【法研（复）［1987］号】　最高人民法院研究室关于法院是否同工商行政管理机关会签文件处理进口冷暖风机问题的电话答复（1987年8月29日答复广东高院"粤法经行字［1987］第230号"请示）

关于是否同省工商行政管理局会签文件处理有关进口冷暖风机的问题，经研究，我们同意你院意见，即不与省工商行政管理局会签文件对进口冷暖风机进行处理。对依法诉讼到法院的案件，由法院依照有关法律法规处理。

【法发［2010］61号】　最高人民法院关于规范上下级人民法院审判业务关系的若干意见（最高法审委会［1493次］通过，2010年12月28日印发施行）

第1条　最高人民法院监督指导地方各级人民法院和专门人民法院的审判业务工作。上级人民法院监督指导下级人民法院的审判业务工作。监督指导的范围、方式和程序应当符合法律规定。

第2条　各级人民法院在法律规定范围内履行各自职责，依法独立行使审判权。

第8条　最高人民法院通过审理案件、制定司法解释或者规范性文件、发布指导性案例、召开审判业务会议、组织法官培训等形式，对地方各级人民法院和专门人民法院的审判业务工作进行指导。

第9条　高级人民法院通过审理案件、制定审判业务文件、发布参考性案例、召开审判业务会议、组织法官培训等形式，对辖区内各级人民法院和专门人民法院的审判业务工作进行指导。

高级人民法院制定审判业务文件，应当经审判委员会讨论通过。最高人民法院发现高级人民法院制定的审判业务文件与现行法律、司法解释相抵触的，应当责令其纠正。

第10条　中级人民法院通过审理案件、总结审判经验、组织法官培训等形式，对基层人民法院的审判业务工作进行指导。

【法发〔2012〕7 号】　最高人民法院关于在审判执行工作中切实规范自由裁量权行使保障法律统一适用的指导意见（2012 年 2 月 28 日）

一、正确认识自由裁量权。自由裁量权是人民法院在审理案件过程中，根据法律规定和立法精神，秉持正确司法理念，运用科学方法，对案件事实认定、法律适用以及程序处理等问题进行分析和判断，并最终作出依法有据、公平公正、合情合理裁判的权力。

二、自由裁量权的行使条件。人民法院在审理案件过程中，对下列情形依法行使自由裁量权：（一）法律规定由人民法院根据案件具体情况进行裁量的；（二）法律规定由人民法院从几种法定情形中选择其一进行裁量，或者在法定的范围、幅度内进行裁量的；（三）根据案件具体情况需要对法律精神、规则或者条文进行阐释的；（四）根据案件具体情况需要对证据规则进行阐释或者对案件涉及的争议事实进行裁量认定的；（五）根据案件具体情况需要行使自由裁量权的其他情形。

三、自由裁量权的行使原则。（一）合法原则。要严格依据法律规定，遵循法定程序和正确裁判方法，符合法律、法规和司法解释的精神以及基本法理的要求，行使自由裁量权。不能违反法律明确、具体的规定。（二）合理原则。要从维护社会公平正义的价值观出发，充分考虑公共政策、社会主流价值观念、社会发展的阶段性、社会公众的认同度等因素，坚持正确的裁判理念，努力增强行使自由裁量权的确定性和可预测性，确保裁判结果符合社会发展方向。（三）公正原则。要秉持司法良知，恪守职业道德，坚持实体公正与程序公正并重。坚持法律面前人人平等，排除干扰，保持中立，避免偏颇。注重裁量结果与社会公众对公平正义普遍理解的契合性，确保裁判结果符合司法公平正义的要求。（四）审慎原则。要严把案件事实关、程序关和法律适用关，在充分理解法律精神、依法认定案件事实的基础上，审慎衡量、仔细求证，同时注意司法行为的适当性和必要性，努力实现办案的法律效果和社会效果的有机统一。

四、正确运用证据规则。行使自由裁量权，要正确运用证据规则，从保护当事人合法权益、有利查明事实和程序正当的角度，合理分配举证责任，全面、客观、准确认定证据的证明力，严格依证据认定案件事实，努力实现法律事实与客观事实的统一。

五、正确运用法律适用方法。行使自由裁量权，要处理好上位法与下位法、新法与旧法、特别法与一般法的关系，正确选择所应适用的法律；难以确定如何适用法律的，应按照立法法的规定报请有关机关裁决，以维护社会主义法制的统一。对同一事项同一法律存在一般规定和特别规定的，应优先适用特别规定。要正确把握法律、法规和司法解释中除明确列举之外的概括性条款规定，确保适用结果符合立法原意。

六、正确运用法律解释方法。行使自由裁量权，要结合立法宗旨和立法原意、法律原则、国家政策、司法政策等因素，综合运用各种解释方法，对法律条文作出最能实现社会公平正义、最具现实合理性的解释。

七、正确运用利益衡量方法。行使自由裁量权，要综合考量案件所涉各种利益关系，对相互冲突的权利或利益进行权衡与取舍，正确处理好公共利益与个人利益、人身利益与财产利益、生存利益与商业利益的关系，保护合法利益，抑制非法利益，努力实现利益最大化、损害最小化。

八、强化诉讼程序规范。行使自由裁量权，要严格依照程序法的规定，充分保障各方当事人的诉讼权利。要充分尊重当事人的处分权，依法保障当事人的辩论权，对可能影响当事人实体性权利或程序性权利的自由裁量事项，应将其作为案件争议焦点，充分听取当事人的意见；要完善相对独立的量刑程序，将量刑纳入庭审过程；要充分保障当事人的知情权，并根据当事人的要求，向当事人释明行使自由裁量权的依据、考量因素等事项。

九、强化审判组织规范。要进一步强化合议庭审判职责，确保全体成员对案件审理、评议、裁判过程的平等参与，充分发挥自由裁量权行使的集体把关机制。自由裁量权的行使涉及对法律条文的阐释、对不确定概念的理解、对证据规则的把握以及其他可能影响当事人重大实体性权利或程序性权利事项，且有重大争议的，可报请审判委员会讨论决定，确保法律适用的统一。

十、强化裁判文书规范。要加强裁判文书中对案件事实认定理由的论证，使当事人和社会公众知悉法院对证据材料的认定及采信理由。要公开援引和适用的法律条文，并结合案件事实阐明法律适用的理由，充分论述自由裁量结果的正当性和合理性，提高司法裁判的公信力和权威性。

十一、强化审判管理。要加强院长、庭长对审判活动的管理。要将自由裁量权的行使纳入案件质量评查范围，建立健全长效机制，完善评查标准。对自由裁量内容不合法、违反法定程序、结果显失公正以及其他不当行使自由裁量权的情形，要结合审判质量考核的相关规定予以处理；裁判确有错误，符合再审条件的，要按照审判监督程序进行再审。

十二、合理规范审级监督。要正确处理依法改判与维护司法裁判稳定性的关系，不断总结和规范二审、再审纠错原则，努力实现裁判标准的统一。下级人民法院依法正当行使自由裁量权作出的裁判结果，上级人民法院应当依法予以维持；下级人民法院行使自由裁量权明显不当的，上级人民法院可以予以撤销或变更；原审人民法院行使自由裁量权显著不当的，要按照审判监督程序予以撤销或变更。

十三、加强司法解释。最高人民法院要针对审判实践中的新情况、新问题，及时开展有针对性的司法调研。通过司法解释或司法政策，细化立法中的原则性条款和幅度过宽条款，规范选择性条款和授权条款，统一法律适用标准。要进一步提高司法解释和司法政策的质量，及时清理已过时或与新法产生冲突的司法解释，避免引起歧义或规则冲突。

十四、加强案例指导。各级人民法院要及时收集、整理涉及自由裁量权行使的典型案例，逐级上报最高人民法院。最高人民法院在公布的指导性案例中，要有针对性地筛选出在诉讼程序展开、案件事实认定和法律适用中涉及自由裁量事项的案例，对考量因素和裁量标准进行类型化。上级人民法院要及时掌握辖区内自由裁量权的行使情况，不断总结审判经验，提高自由裁量权行使的质量。

十五、不断统一裁判标准。各级人民法院内部对同一类型案件行使自由裁量权的，要严格、准确适用法律、司法解释，参照指导性案例，努力做到类似案件类似处理。下级人民法院对所审理的案件，认为存在需要统一裁量标准的，要书面报告上级人民法院。在案件审理中，发现不同人民法院对同类案件的处理存在明显不同裁量标准的，要及时将情况逐级上报共同的上级人民法院予以协调解决。自由裁量权的行使涉及具有普遍法律适用意义的新型、疑难问题的，要逐级书面报告最高人民法院。

十六、加强法官职业保障。要严格执行宪法、法官法的规定，增强法官职业荣誉感，保障法官正当行使自由裁量权。要大力建设学习型法院，全面提升司法能力。要加强法制宣传，引导社会和公众正确认识自由裁量权在司法审判中的必要性、正当性，不断提高社会公众对依法行使自由裁量权的认同程度。

十七、防止权力滥用。要进一步拓展司法公开的广度和深度，自觉接受人大、政协、检察机关和社会各界的监督。要深入开展廉洁司法教育，建立健全执法过错责任追究和防止利益冲突等制度规定，积极推进人民法院廉政风险防控机制建设，切实加强对自由裁量权行使的监督，对滥用自由裁量权并构成违纪违法的人员，要依据有关法律法规及纪律规定进行严肃处理。

● **公报案例**　　（法公报〔2023〕9期）　**伟富国际有限公司与黄建荣、上海海成资源（集团）有限公司等服务合同纠纷案**（最高法院2022年10月14日民事判决书〔2022〕最高法民再91号）

裁判要旨：认定连带责任必须以有明确的法律规定或合同约定为基础，不能通过行使自由裁量权的方式任意判定承担连带责任。

民事诉讼法全厚细

　　第7条 **【审理准则】** 人民法院审理民事案件，必须以事实为根据，以法律为准绳。
　　第8条、第9条 （分别见第5条之后、第96条之前）
　　（本书汇）【司法解释与案例指导】

● **相关规定** **【法研字〔55〕11298号】** 最高人民法院关于在刑事判决中不宜~~接引宪法作论罪科刑的依据的复函~~（1955年7月30日答复新疆高院"〔55〕刑二字第336号"请示；2012年9月29日起被法释〔2012〕13号《最高人民法院关于废止1979年底以前发布的部分司法解释和司法解释性质文件（第8批）的决定》废止）①

　　中华人民共和国宪法是我国国家的根本法，也是一切法律的"母法"。刘少奇委员长在关于中华人民共和国宪法草案的报告中指出："它在我国国家生活的最重要的问题上，规定了什么样的事是合法的，或者是法定必须执行的，又规定了什么样的事是非法的，必须禁止的。"对刑事方面，它并不规定如何论罪科刑的问题，据此，我们同意你院的意见，在刑事判决中，宪法不宜引为论罪科刑的依据。

　　【主席令〔2020〕45号】 **中华人民共和国民法典**（2020年5月28日全国人大〔13届3次〕通过，2021年1月1日起施行）
　　第10条　处理民事纠纷，应当依照法律；法律没有规定的，可以适用习惯，但是不得违背公序良俗。
　　第12条　中华人民共和国领域内的民事活动，适用中华人民共和国法律。法律另有规定的，依照其规定。

　　【人大〔1981〕决定】 **全国人民代表大会常务委员会关于加强法律解释工作的决议**（1981年6月10日全国人大常委会〔5届19次〕通过）
　　一、凡关于法律、法令条文本身需要进一步明确界限或作补充规定的，由全国人民代表大会常务委员会进行解释或用法令加以规定。
　　二、凡属于法院审判工作中具体应用法律、法令的问题，由最高人民法院进行解释。凡属于检察院检察工作中具体应用法律、法令的问题，由最高人民检察院进行解释。最高人民法院和最高人民检察院的解释如果有原则性的分歧，报请全国人民代表大会常务委员会解释或决定。

---

　　①　该复函为针对刑事领域的规定；民事领域未见类似规定，但在实务中也是同样情况。

三、不属于审判和检察工作中的其他法律、法令如何具体应用的问题，由国务院及主管部门进行解释。

四、凡属于地方性法规条文本身需要进一步明确界限或作补充规定的，由制定法规的省、自治区、直辖市人民代表大会常务委员会进行解释或作出规定。凡属于地方性法规如何具体应用的问题，由省、自治区、直辖市人民政府主管部门进行解释。

【主席令［2006］53 号】　中华人民共和国各级人民代表大会常务委员会监督法（2006 年 8 月 27 日全国人大常委会［10 届 23 次］通过，2007 年 1 月 1 日起施行）

第 31 条　最高人民法院、最高人民检察院作出的属于审判、检察工作中具体应用法律的解释，应当自公布之日起 30 日内报全国人民代表大会常务委员会备案。

第 32 条　国务院、中央军事委员会和省、自治区、直辖市的人民代表大会常务委员会认为最高人民法院、最高人民检察院作出的具体应用法律的解释同法律规定相抵触的，最高人民法院、最高人民检察院之间认为对方作出的具体应用法律的解释同法律规定相抵触的，可以向全国人民代表大会常务委员会书面提出进行审查的要求，由常务委员会工作机构送有关专门委员会进行审查、提出意见。

前款规定以外的其他国家机关和社会团体、企业事业组织以及公民认为最高人民法院、最高人民检察院作出的具体应用法律的解释同法律规定相抵触的，可以向全国人民代表大会常务委员会书面提出进行审查的建议，由常务委员会工作机构进行研究，必要时，送有关专门委员会进行审查、提出意见。

第 33 条　全国人民代表大会法律委员会和有关专门委员会经审查认为最高人民法院或者最高人民检察院作出的具体应用法律的解释同法律规定相抵触，而最高人民法院或者最高人民检察院不予修改或者废止的，可以提出要求最高人民法院或者最高人民检察院予以修改、废止的议案，或者提出由全国人民代表大会常务委员会作出法律解释的议案，由委员长会议决定提请常务委员会审议。

【主席令［2023］3 号】　中华人民共和国立法法（2000 年 3 月 15 日全国人大［9 届 3 次］通过，2000 年 7 月 1 日起施行；2023 年 3 月 13 日全国人大［14 届 1 次］最新修订）

第 10 条　全国人民代表大会和全国人民代表大会常务委员会根据宪法规定行使国家立法权。

全国人民代表大会制定和修改刑事、民事、国家机构的和其他的基本法律。

全国人民代表大会常务委员会制定和修改除应当由全国人民代表大会制定的

法律以外的其他法律；在全国人民代表大会闭会期间，对全国人民代表大会制定的法律进行部分补充和修改，但是不得同该法律的基本原则相抵触。

（新增）全国人民代表大会可以授权全国人民代表大会常务委员会制定相关法律。

第11条　下列事项只能制定法律：（一）国家主权的事项；（二）各级人民代表大会、人民政府、监察委员会、人民法院和人民检察院的产生、组织和职权；（三）民族区域自治制度、特别行政区制度、基层群众自治制度；（四）犯罪和刑罚；（五）对公民政治权利的剥夺、限制人身自由的强制措施和处罚；（六）税种的设立、税率的确定和税收征收管理等税收基本制度；（七）对非国有财产的征收、征用；（八）民事基本制度；（九）基本经济制度以及财政、海关、金融和外贸的基本制度；（十）诉讼制度和仲裁基本制度；（十一）必须由全国人民代表大会及其常务委员会制定法律的其他事项。

第12条　本法第11条规定的事项尚未制定法律的，全国人民代表大会及其常务委员会有权作出决定，授权国务院可以根据实际需要，对其中的部分事项先制定行政法规，但是有关犯罪和刑罚、对公民政治权利的剥夺和限制人身自由的强制措施和处罚、司法制度等事项除外。

第28条　全国人民代表大会通过的法律由国家主席签署主席令予以公布。

第47条　常务委员会通过的法律由国家主席签署主席令予以公布。

第48条　法律解释权属于全国人民代表大会常务委员会。

法律有以下情况之一的，由全国人民代表大会常务委员会解释：（一）法律的规定需要进一步明确具体含义的；（二）法律制定后出现新的情况，需要明确适用法律依据的。

第52条　法律解释草案表决稿由常务委员会全体组成人员的过半数通过，由常务委员会发布公告予以公布。

第53条　全国人民代表大会常务委员会的法律解释同法律具有同等效力。

第62条　签署公布法律的主席令载明该法律的制定机关、通过和施行日期。

法律签署公布后，法律文本以及法律草案的说明、审议结果报告等，应当及时在全国人民代表大会常务委员会公报和中国人大网以及在全国范围内发行的报纸上刊载。

在常务委员会公报上刊登的法律文本为标准文本。

第68条　全国人民代表大会及其常务委员会作出有关法律问题的决定，适用本法的有关规定。

第69条　全国人民代表大会常务委员会工作机构可以对有关具体问题的法律询问进行研究予以答复，并报常务委员会备案。

第 119 条　最高人民法院、最高人民检察院作出的属于审判、检察工作中具本应用法律的解释,应当主要针对具体的法律条文,并符合立法的目的、原则和原意。遇有本法第 48 条第 2 款规定情况的,应当向全国人民代表大会常务委员会提出法律解释的要求或者提出制定、修改有关法律的议案。

最高人民法院、最高人民检察院作出的属于审判、检察工作中具体应用法律的解释,应当自公布之日起 30 日内报全国人民代表大会常务委员会备案。

最高人民法院、最高人民检察院以外的审判机关和检察机关,不得作出具体应用法律的解释。

【法(办)发〔1985〕14 号】　最高人民法院关于本院发出的内部文件凡与《中华人民共和国最高人民法院公报》不一致的均以公报为准的通知(1985 年 7 月 2 日)

《中华人民共和国最高人民法院公报》1985 年第 2 号刊登了我院 1984 年 9 月 8 日〔84〕法办字第 112 号文件中《关于贯彻执行〈民事诉讼法(试行)〉若干问题的意见》、1984 年 10 月 10 日〔84〕法办字第 128 号文件中《关于在经济审判工作中贯彻执行〈民事诉讼法(试行)〉若干问题的意见》。刊登时,我院对这 2 个文件的个别内容和一些文字,作了适当的修改。今后执行这 2 个文件,应以公报刊登的为准。

《中华人民共和国最高人民法院公报》是我院公开的正式的文件,我院发出的内部文件凡是与公报不一致的,均以公报为准。

【法办〔1988〕号】　最高人民法院办公厅关于重申本院发出的内部文件凡与《最高人民法院公报》公布的内容不一致的均以公报为准的通知(1988 年 6 月 4 日)

最高人民法院创办《中华人民共和国最高人民法院公报》,目的在于指导地方各级人民法院的审判工作,进一步加强社会主义法制建设。

公报上公布的最高人民法院文件、批复和案例,为了做到更准确、更具有权威性,在发稿之前,均经院审判委员会再次进行认真讨论,并可能对其中有的文件,在文字上内容上作必要的修改。如公报 1988 年第 2 号刊登的《关于贯彻执行〈中华人民共和国民法通则〉若干问题的意见(试行)》、《关于海关扣留走私罪嫌疑人的时间可否折抵刑期的批复》,经审判委员会再次讨论后,在个别内容上作了重要修改。对于像类似以下发的内部文件与公报上公布的同一文件,内容不一致之处,本院“法(办)发〔1985〕14 号”和“法办〔1987〕65 号”通知均指出:“《中华人民共和国最高人民法院公报》是我院公开的正式文件。我院发出的内部文件凡与公报不一致的,均以公报为准”。

但是，公报创刊时已3年有余，仍有极少数人民法院未订公报；有的人民法院订阅份数甚少，审判人员看不到。因此，有些适用法律问题，公报上已公布了最高人民法院的有关司法解释，审判人员因没有公报而不知晓；有的内部下发的文件，在公报上公布时，已作了适当修改，有的审判人员仍沿用原文件办案。对此，院领导最近指示：重申"法（办）发［1985］14号"、"法办［1987］65号"通知的精神：最高人民法院发出的内部文件，包括已刊登在《司法文件选编》上的文件，凡与公报公布的文件不一致的，均以公报为准。院领导还指示，为了正确适用法律，搞好审判工作，没有订《公报》或者订的份数甚少的人民法院，均应根据实际情况，适当订购和增加订购的份数，以满足审判人员的工作需要。

【法办发［2019］2号】　最高人民法院办公厅关于司法解释施行日期问题的通知（2019年2月15日）

为进一步规范和统一我院司法解释的施行日期，保证司法解释的正确适用，根据《最高人民法院关于司法解释工作的规定》第25条的规定，现将有关事项通知如下：

一、司法解释的施行日期是司法解释时间效力的重要内容，司法解释应当在主文作出明确规定："本解释（规定或者决定）自×年×月×日起施行"。批复类解释在批复最后载明的发布日期作为施行日期。

二、确定司法解释的施行日期应当充分考虑司法解释实施准备工作的实际需要。

三、司法解释的施行日期应当在提交审判委员会的送审稿中拟出，并提请审判委员会审议确定。

四、发布司法解释公告中的施行日期应当与司法解释中的施行日期一致。

【法发［2012］2号】　最高人民法院、最高人民检察院关于地方人民法院、人民检察院不得制定司法解释性质文件的通知（2012年1月18日）

中国特色社会主义法律体系如期形成，在我国社会主义民主法制建设史上具有里程碑意义，标志着依法治国基本方略的贯彻实施进入了一个新阶段。有法必依、执法必严、违法必究问题在法律实施工作中更为突出、更加紧迫。为了维护国家法制统一，正确实施法律，促进公正司法，按照2011年全国人大常委会工作报告和立法工作计划关于督促和指导最高人民法院、最高人民检察院开展司法解释集中清理工作的总体部署和要求，现就地方人民法院、人民检察院不得制定司法解释性质文件的有关问题通知如下：

一、根据全国人大常委会《关于加强法律解释工作的决议》的有关规定，人民法院在审判工作中具体应用法律的问题，由最高人民法院作出解释；人民检察院在检察工作中具体应用法律的问题，由最高人民检察院作出解释。自本通知下发之日起，地方人民法院、人民检察院一律不得制定在本辖区普遍适用的、涉及具体应用法律问题的"指导意见"、"规定"等司法解释性质文件，制定的其他规范性文件不得在法律文书中援引。

二、地方人民法院、人民检察院对于制定的带有司法解释性质的文件，应当自行清理。凡是与法律、法规及司法解释的规定相抵触以及不适应经济社会发展要求的司法解释性质文件，应当予以废止；对于司法实践中迫切需要、符合法律精神又无相应的司法解释规定的，参照本通知第 3 条的规定办理。

地方人民法院、人民检察院应当自本通知下发之日起，分别对单独制定的司法解释性质文件进行清理；对法、检两家制定或者与其他部门联合制定的，由原牵头部门负责清理并做好沟通协调工作；对不属于地方人民法院、人民检察院牵头制定的，要主动会同相关牵头部门研究处理。

清理工作应当于 2012 年 3 月底以前完成，由高级人民法院、省级人民检察院分别向最高人民法院、最高人民检察院报告清理结果。

三、地方人民法院、人民检察院在总结审判工作、检察工作经验过程中，认为需要制定司法解释的，按照《最高人民法院关于司法解释工作的规定》（法发〔2007〕12 号）和《最高人民检察院司法解释工作规定》（高检发研字〔2006〕4号）的要求，通过高级人民法院、省级人民检察院向最高人民法院、最高人民检察院提出制定司法解释的建议或者对法律应用问题进行请示。

四、在执行本通知过程中遇到的具体情况和问题，高级人民法院、省级人民检察院应当及时向最高人民法院、最高人民检察院报告。

【高检发办字〔2019〕55 号】　最高人民检察院司法解释工作规定（2019 年3 月 20 日最高检检委会〔13 届 16 次〕第 2 次修订，2019 年 5 月 13 日印发施行）

第 3 条　司法解释应当主要针对具体的法律条文，并符合立法的目的、原则和原意。

第 4 条　司法解释工作应当依法接受全国人民代表大会及其常务委员会的监督。

全国人民代表大会及其常务委员会认为司法解释违反法律规定的，最高人民检察院应当及时予以修改或者废止。

研究制定司法解释过程中，对于法律规定需要进一步明确具体含义，或者法律制定后出现新情况，需要明确适用法律依据的，最高人民检察院应当向全国人民代表大会常务委员会提出法律解释的要求或者提出制定、修改有关法律的议案。

民事诉讼法全厚细

第5条 最高人民检察院制定并发布的司法解释具有法律效力。人民检察院在起诉书、抗诉书、检察建议书等法律文书中，需要引用法律和司法解释的，应当先援引法律，后援引司法解释。

第22条 最高人民检察院的司法解释以最高人民检察院公告的形式，在《最高人民检察院公报》和最高人民检察院官方网站公布。

第23条 司法解释以最高人民检察院发布公告的日期为生效时间。司法解释另有规定的除外。

第24条 司法解释应当自公布之日起30日以内报送全国人民代表大会常务委员会备案。

第26条 法律制定、修改、废止后，相关司法解释与现行法律规定相矛盾的内容自动失效；最高人民检察院对相关司法解释应当及时予以修改或者废止。

【法发〔2021〕20号】 最高人民法院关于司法解释工作的规定（2006年12月11日最高法审委会〔1408次〕通过，2007年3月9日印发，2007年4月1日起施行；2021年6月8日最高法审委会〔1841次〕修改，2021年6月9日印发，2021年6月16日起施行）

第3条 司法解释应当根据法律和有关立法精神，结合审判工作实际需要制定。

第4条 最高人民法院发布的司法解释，应当经审判委员会讨论通过。

第5条 最高人民法院发布的司法解释，具有法律效力。

第6条 司法解释的形式分为"解释"、"规定"、"规则"、"批复"和"决定"5种。①

对在审判工作中如何具体应用某一法律或者对某一类案件、某一类问题如何应用法律制定的司法解释，采用"解释"的形式。

根据立法精神对审判工作中需要制定的规范、意见等司法解释，采用"规定"的形式。

对规范人民法院审判执行活动等方面的司法解释，可以采用"规则"的形式。

对高级人民法院、解放军军事法院就审判工作中具体应用法律问题的请示制定的司法解释，采用"批复"的形式。

修改或者废止司法解释，采用"决定"的形式。

---

① 注：实际上，还有第6种形式"安排"。如最高人民法院1999年3月29日公告："《最高人民法院关于内地与香港特别行政区法院相互委托送达民商事司法文书的安排》已于1998年12月30日由最高人民法院审判委员会第1038次通过。根据最高人民法院和香港特别行政区代表协商达成的一致意见，本《安排》在内地以最高人民法院发布司法解释的形式予以公布（法释〔1999〕9号），自1999年3月30日起施行。"

第25条　司法解释以最高人民法院公告形式发布。

司法解释应当在《最高人民法院公报》和《人民法院报》刊登。

司法解释自公告发布之日起施行，但司法解释另有规定的除外。

第26条　司法解释应当自发布之日起30日内报全国人民代表大会常务委员会备案。

备案报送工作由办公厅负责，其他相关工作由研究室负责。

第27条　司法解释施行后，人民法院作为裁判依据的，应当在司法文书中援引。

人民法院同时引用法律和司法解释作为裁判依据的，应当先援引法律，后援引司法解释。

第30条　司法解释需要修改、废止的，参照司法解释制定程序的相关规定办理，由审判委员会讨论决定。

【法发〔2010〕51号】　**最高人民法院关于案例指导工作的规定**（2010年11月15日最高法审委会〔1501次〕通过，2010年11月26日印发施行）

第1条　对全国法院审判、执行工作具有指导作用的指导性案例，由最高人民法院确定并统一发布。

第2条　本规定所称指导性案例，是指裁判已经发生法律效力，并符合以下条件的案例：（一）社会广泛关注的；（二）法律规定比较原则的；（三）具有典型性的；（四）疑难复杂或者新类型的；（五）其他具有指导作用的案例。

第3条　最高人民法院设立案例指导工作办公室，负责指导性案例的遴选、审查和报审工作。

第4条　最高人民法院各审判业务单位对本院和地方各级人民法院已经发生法律效力的裁判，认为符合本规定第2条规定的，可以向案例指导工作办公室推荐。

各高级人民法院、解放军军事法院对本院和本辖区内人民法院已经发生法律效力的裁判，认为符合本规定第2条规定的，经本院审判委员会讨论决定，可以向最高人民法院案例指导工作办公室推荐。

中级人民法院、基层人民法院对本院已经发生法律效力的裁判，认为符合本规定第2条规定的，经本院审判委员会讨论决定，层报高级人民法院，建议向最高人民法院案例指导工作办公室推荐。

第5条　人大代表、政协委员、专家学者、律师，以及其他关心人民法院审判、执行工作的社会各界人士对人民法院已经发生法律效力的裁判，认为符合本规定第2条规定的，可以向作出生效裁判的原审人民法院推荐。

第6条　案例指导工作办公室对于被推荐的案例，应当及时提出审查意见。

符合本规定第 2 条规定的，应当报请院长或者主管副院长提交最高人民法院审判委员会讨论决定。

最高人民法院审判委员会讨论决定的指导性案例，统一在《最高人民法院公报》、最高人民法院网站、《人民法院报》上以公告的形式发布。①

第 7 条　最高人民法院发布的指导性案例，各级人民法院审判类似案例时应当参照。

第 8 条　最高人民法院案例指导工作办公室每年度对指导性案例进行编纂。

第 9 条　本规定施行前，最高人民法院已经发布的对全国法院审判、执行工作具有指导意义的案例，根据本规定清理、编纂后，作为指导性案例公布。

【法发〔2015〕130 号】　《最高人民法院关于案例指导工作的规定》实施细则（2015 年 4 月 27 日最高法审委会〔1649 次〕通过，2015 年 5 月 13 日印发施行）

第 1 条　为了具体实施《最高人民法院关于案例指导工作的规定》，加强、规范和促进案例指导工作，充分发挥指导性案例对审判工作的指导作用，统一法律适用标准，维护司法公正，制定本实施细则。

第 2 条　指导性案例应当是裁判已经发生法律效力，认定事实清楚，适用法律正确，裁判说理充分，法律效果和社会效果良好，对审理类似案件具有普遍指导意义的案例。

第 3 条　指导性案例由标题、关键词、裁判要点、相关法条、基本案情、裁判结果、裁判理由以及包括生效裁判审判人员姓名的附注等组成。指导性案例体例的具体要求另行规定。

第 4 条　最高人民法院案例指导工作办公室（以下简称案例指导办公室）负责指导性案例的征集、遴选、审查、发布、研究和编纂，以及对全国法院案例指导工作的协调和指导等工作。

最高人民法院各审判业务单位负责指导性案例的推荐、审查等工作，并指定专人负责联络工作。

各高级人民法院负责辖区内指导性案例的推荐、调研、监督等工作。各高级人民法院向最高人民法院推荐的备选指导性案例，应当经审判委员会讨论决定或经审判委员会过半数委员审核同意。

中级人民法院、基层人民法院应当通过高级人民法院推荐备选指导性案例，并指定专人负责案例指导工作。

---

① 注：最高人民法院发布的指导性案例，原以"指导案例×号"格式编号；自第 35 批（第 192 号）指导性案例起，以"指导性案例×号"格式编号。本书仍统一以"指导案例×号"格式编排。

第 5 条　人大代表、政协委员、人民陪审员、专家学者、律师，以及其他关心人民法院审判、执行工作的社会各界人士，对于符合指导性案例条件的案例，可以向作出生效裁判的原审人民法院推荐，也可以向案例指导办公室提出推荐建议。

案例指导工作专家委员会委员对于符合指导性案例条件的案例，可以向案例指导办公室提出推荐建议。

第 6 条　最高人民法院各审判业务单位、高级人民法院向案例指导办公室推荐备选指导性案例，应当提交下列材料：（一）《指导性案例推荐表》；（二）按照规定体例编写的案例文本及其编选说明；（三）相关裁判文书。

以上材料需要纸质版一式 3 份，并附电子版。

推荐法院可以提交案件审理报告、相关新闻报道及研究资料等。

第 7 条　案例指导办公室认为有必要进一步研究的备选指导性案例，可以征求相关国家机关、部门、社会组织以及案例指导工作专家委员会委员、专家学者的意见。

第 8 条　备选指导性案例由案例指导办公室按照程序报送审核。经最高人民法院审判委员会讨论通过的指导性案例，印发各高级人民法院，并在《最高人民法院公报》《人民法院报》和最高人民法院网站上公布。

第 9 条　各级人民法院正在审理的案件，在基本案情和法律适用方面，与最高人民法院发布的指导性案例相类似的，应当参照相关指导性案例的裁判要点作出裁判。

第 10 条　各级人民法院审理类似案件参照指导性案例的，应当将指导性案例作为裁判理由引述，但不作为裁判依据引用。

第 11 条　在办理案件过程中，案件承办人员应当查询相关指导性案例。在裁判文书中引述相关指导性案例的，应在裁判理由部分引述指导性案例的编号和裁判要点。

公诉机关、案件当事人及其辩护人、诉讼代理人引述指导性案例作为控（诉）辩理由的，案件承办人员应当在裁判理由中回应是否参照了该指导性案例并说明理由。

第 12 条　指导性案例有下列情形之一的，不再具有指导作用：（一）与新的法律、行政法规或者司法解释相冲突的；（二）为新的指导性案例所取代的。

第 13 条　最高人民法院建立指导性案例纸质档案与电子信息库，为指导性案例的参照适用、查询、检索和编纂提供保障。

第 14 条　各级人民法院对于案例指导工作中做出突出成绩的单位和个人，应当依照《中华人民共和国法官法》等规定给予奖励。

【**高检发办字〔2019〕42号**】　**最高人民检察院关于案例指导工作的规定**
（2010年7月29日最高检检委会〔11届40次〕通过，2010年7月30日高检发研字〔2010〕3号印发；2015年12月9日最高检检委会〔12届44次〕第1次修订，2015年12月30日高检发研字〔2015〕12号印发；2019年3月20日最高检检委会〔13届16次〕修订，2019年4月4日印发施行）

第1条　为了加强和规范检察机关案例指导工作，发挥指导性案例对检察办案工作的示范引领作用，促进检察机关严格公正司法，保障法律统一正确实施，根据《中华人民共和国人民检察院组织法》等法律规定，结合检察工作实际，制定本规定。

第2条　检察机关指导性案例由最高人民检察院发布。指导性案例应当符合以下条件：（一）案件处理结果已经发生法律效力；（二）办案程序符合法律规定；（三）在事实认定、证据运用、法律适用、政策把握、办案方法等方面对办理类似案件具有指导意义；（四）体现检察机关职能作用，取得良好政治效果、法律效果和社会效果。

第3条　指导性案例的体例，一般包括标题、关键词、要旨、基本案情、检察机关履职过程、指导意义和相关规定等部分。

第4条　发布指导性案例，应当注意保守国家秘密和商业秘密，保护涉案人员隐私。

第5条　省级人民检察院负责本地区备选指导性案例的收集、整理、审查和向最高人民检察院推荐工作。办理案件的人民检察院或者检察官可以向省级人民检察院推荐备选指导性案例。

省级人民检察院各检察部和法律政策研究室向最高人民检察院对口部门推荐备选指导性案例，应当提交以下材料：（一）指导性案例推荐表；（二）按照规定体例撰写的案例文本；（三）有关法律文书和工作文书。

最高人民检察院经初步审查认为可以作为备选指导性案例的，应当通知推荐案例的省级人民检察院报送案件卷宗。

第6条　人大代表、政协委员、人民监督员、专家咨询委员以及社会各界人士，可以向办理案件的人民检察院或者其上级人民检察院推荐备选指导性案例。

接受推荐的人民检察院应当及时告知推荐人备选指导性案例的后续情况。

第7条　最高人民检察院法律政策研究室统筹协调指导性案例的立项、审核、发布、清理工作。

最高人民检察院各检察厅和法律政策研究室分工负责指导性案例的研究编制工作。各检察厅研究编制职责范围内的指导性案例，法律政策研究室研究编制涉及多个检察厅业务或者院领导指定专题的指导性案例。

第8条　最高人民检察院各检察厅和法律政策研究室研究编制指导性案例,可以征求本业务条线、相关内设机构、有关机关对口业务部门和人大代表、专家学者等的意见。

第9条　最高人民检察院设立案例指导工作委员会。案例指导工作委员会由最高人民检察院分管法律政策研究室的副检察长、检察委员会专职委员、部分检察厅负责人或者全国检察业务专家以及法学界专家组成。

提请检察委员会审议的备选指导性案例,应当经案例指导工作委员会讨论同意。

案例指导工作委员会应当定期研究案例指导工作,每年度专题向检察委员会作出报告。

案例指导工作委员会的日常工作由法律政策研究室承担。

第10条　最高人民检察院各检察厅和法律政策研究室认为征集的案例符合备选指导性案例条件的,应当按照指导性案例体例进行编写,报分管副检察长同意后,提交案例指导工作委员会讨论。

第11条　案例指导工作委员会同意作为备选指导性案例提请检察委员会审议的,承办部门应当按照案例指导工作委员会讨论意见对备选指导性案例进行修改,送法律政策研究室审核,并根据审核意见进一步修改后,报检察长决定提交检察委员会审议。

第12条　检察委员会审议备选指导性案例时,由承办部门汇报案例研究编制情况,并就案例发布后的宣传培训提出建议。

第13条　检察委员会审议通过的指导性案例,承办部门应当根据审议意见进行修改完善,送法律政策研究室进行法律核稿、统一编号后,报分管副检察长审核,由检察长签发。

第14条　最高人民检察院发布的指导性案例,应当在《最高人民检察院公报》和最高人民检察院官方网站公布。

第15条　各级人民检察院应当参照指导性案例办理类似案件,可以引述相关指导性案例进行释法说理,但不得代替法律或者司法解释作为案件处理决定的直接依据。

各级人民检察院检察委员会审议案件时,承办检察官应当报告有无类似指导性案例,并说明参照适用情况。

第16条　最高人民检察院建立指导性案例数据库,为各级人民检察院和社会公众检索、查询、参照适用指导性案例提供便利。

第17条　各级人民检察院应当将指导性案例纳入业务培训,加强对指导性案例的学习应用。

第18条 最高人民检察院在开展案例指导工作中，应当加强与有关机关的沟通。必要时，可以商有关机关就互涉法律适用问题共同发布指导性案例。

第19条 指导性案例具有下列情形之一的，最高人民检察院应当及时宣告失效，并在《最高人民检察院公报》和最高人民检察院官方网站公布：（一）案例援引的法律或者司法解释废止；（二）与新颁布的法律或者司法解释冲突；（三）被新发布的指导性案例取代；（四）其他应当宣告失效的情形。

宣告指导性案例失效，由最高人民检察院检察委员会决定。

【法发〔2020〕35号】 最高人民法院关于完善统一法律适用标准工作机制的意见（2020年9月14日）

二、加强司法解释和案例指导工作

3. 发挥司法解释统一法律适用标准的重要作用。司法解释是中国特色社会主义司法制度的重要组成部分，是最高人民法院的一项重要职责。对审判工作中具体应用法律问题，特别是对法律规定不够具体明确而使理解执行出现困难、情况变化导致案件处理依据存在不同理解、某一类具体案件裁判尺度不统一等问题，最高人民法院应当加强调查研究，严格依照法律规定及时制定司法解释。涉及人民群众切身利益或重大疑难问题的司法解释，应当向社会公开征求意见。进一步规范司法解释制定程序，健全调研、立项、起草、论证、审核、发布、清理和废止机制，完善归口管理和报备审查机制。

4. 加强指导性案例工作。最高人民法院发布的指导性案例，对全国法院审判、执行工作具有指导作用，是总结审判经验、统一法律适用标准、提高审判质量、维护司法公正的重要措施。各级人民法院应当从已经发生法律效力的裁判中，推荐具有统一法律适用标准和确立规则意义的典型案例，经最高人民法院审判委员会讨论确定，统一发布。指导性案例不直接作为裁判依据援引，但对正在审理的类似案件具有参照效力。进一步健全指导性案例报送、筛选、发布、编纂、评估、应用和清理机制，完善将最高人民法院裁判转化为指导性案例工作机制，增强案例指导工作的规范性、针对性、时效性。

5. 发挥司法指导性文件和典型案例的指导作用。司法指导性文件、典型案例对于正确适用法律、统一裁判标准、实现裁判法律效果和社会效果统一具有指导和调节作用。围绕贯彻落实党和国家政策与经济社会发展需要，最高人民法院及时出台司法指导性文件，为新形势下人民法院工作提供业务指导和政策指引。针对经济社会活动中具有典型意义及较大影响的法律问题，或者人民群众广泛关注的热点问题，及时发布典型案例，树立正确价值导向，传播正确司法理念，规范司法裁判活动。

四、完善高级人民法院统一法律适用标准工作机制

8. 规范高级人民法院审判指导工作。各高级人民法院可以通过发布办案指导文件和参考性案例等方式总结审判经验、统一裁判标准。各高级人民法院发布的办案指导文件、参考性案例应当符合宪法、法律规定，不得与司法解释、指导性案例相冲突。各高级人民法院应当建立办案指导文件、参考性案例长效工作机制，定期组织清理，及时报送最高人民法院备案，切实解决不同地区法律适用、办案标准的不合理差异问题。

【法［2020］343 号】　最高人民法院关于部分指导性案例不再参照的通知（2020 年 12 月 29 日印发，2021 年 1 月 1 日起施行）

为保证国家法律统一正确适用，根据《中华人民共和国民法典》等有关法律规定和审判实际，经最高人民法院审判委员会讨论决定，9 号、20 号指导性案例不再参照。但该指导性案例的裁判以及参照该指导性案例作出的裁判仍然有效。

【法［2023］88 号】　最高人民法院关于法律适用问题请示答复的规定（2023 年 5 月 26 日印发，2023 年 9 月 1 日起施行；以本规为准）（余见本书第 3 章"法院内部监督"专辑）

第 19 条　答复针对的法律适用问题具有普遍指导意义的，提出请示的人民法院可以编写案例，作为备选指导性案例向最高人民法院推荐。

第 20 条　对请示的法律适用问题，必要时，最高人民法院可以制定司法解释作出明确。

● **高法判例**　**【［2021］最高法民申 2980 号】　蔡某双、庄某桑与证券公司保证合同纠纷案**（最高法院 2021 年 6 月 11 日再审民事判决书）（另见本书第 12 章第 5 节"类案检索"专辑）

裁判摘要：《全国民商事审判工作会议纪要》系本院于 2019 年 11 月 8 日印发的旨在统一裁判思路、规范自由裁量权的规范性文件，而非新的司法解释。二审判决于 2020 年 9 月 28 日作出，并未援引《全国民商事审判工作会议纪要》相关条款，其在裁判理由部分根据《全国民商事审判工作会议纪要》的相关规定具体分析法律适用问题，并无不当。①

---

　　① 注：本案，蔡某双、庄某桑认为《纪要》没有法律追溯力，而应当适用其在 2012 年签订涉案协议时的司法观点和裁判尺度。本案来源于中国裁判文书网。

第 10 条　【公开审判等制度】人民法院审理民事案件，依照法律规定实行合议①、回避、公开审判和两审终审②制度。

（插）**第 137 条**¹⁹⁹¹⁰⁴⁰⁹　**【公开审理】**人民法院审理民事案件，除涉及国家秘密、个人隐私或者法律另有规定的以外，应当/一律公开进行。

离婚案件，涉及商业秘密的案件，当事人申请不公开审理的，可以不公开审理。

（本书汇）**【司法公开】**

● **相关规定**　**【人大公告［2018］1号】**　**中华人民共和国宪法**（1982年12月4日全国人大［5届5次］通过，同日全国人大公告公布施行；1988年4月12日全国人大［7届1次］、1993年3月29日全国人大［8届1次］、1999年3月15日全国人大［9届2次］、2004年3月14日全国人大［10届2次］、2018年3月11日全国人大［13届1次］修正）

第130条　人民法院审理案件，除法律规定的特别情况外，一律公开进行。……

【主席令［2018］11号】　**中华人民共和国人民法院组织法**（1954年9月21日全国人大［1届1次］通过；1979年7月1日全国人大［5届2次］重修，1979年7月5日委员长令第3号公布，1980年1月1日起施行；2018年10月26日全国人大常委会［13届6次］新修，2019年1月1日起施行）

第7条　人民法院实行司法公开，法律另有规定的除外。

【法发［1999］3号】　**最高人民法院关于严格执行公开审判制度的若干规定**（1999年3月8日）

一、人民法院进行审判活动，必须坚持依法公开审判制度，做到公开开庭，公开举证、质证，公开宣判。

二、人民法院对于第一审案件，除下列案件外，应当依法一律公开审理：（一）涉及国家秘密的案件；（二）涉及个人隐私的案件；（三）14岁以上不满16岁未成年人犯罪的案件；经人民法院决定不公开审理的16岁以上不满18岁未成年人犯罪的案件；（四）经当事人申请，人民法院决定不公开审理的涉及商业秘密的案件；（五）经当事人申请，人民法院决定不公开审理的离婚案件；（六）法

---

①　注：《民事诉讼法》第40、41、163、185条规定了审判员一人独任审理的情形。
②　注：《民事诉讼法》第165、185条规定了小额诉讼程序、特别程序实行一审终审制度。

律另有规定的其他不公开审理的案件。

对于不公开审理的案件，应当当庭宣布不公开审理的理由。

三、下列第二审案件应当公开审理：（一）当事人对不服公开审理的第一审案件的判决、裁定提起上诉的，但因违反法定程序发回重审的和事实清楚依法径行判决、裁定的除外。（二）人民检察院对公开审理的案件的判决、裁定提起抗诉的，但需发回重审的除外。

四、依法公开审理案件应当在开庭 3 日以前公告。公告应当包括案由、当事人姓名或者名称、开庭时间和地点。

五、依法公开审理案件，案件事实未经法庭公开调查不能认定。

证明案件事实的证据未在法庭公开举证、质证，不能进行认证，但无需举证的事实除外。缺席审理的案件，法庭可以结合其他事实和证据进行认证。

法庭能够当庭认证的，应当当庭认证。

六、人民法院审理的所有案件应当一律公开宣告判决。

宣告判决，应当对案件事实和证据进行认定，并在此基础上正确适用法律。

七、凡应当依法公开审理的案件没有公开审理的，应当按下列规定处理：

（一）当事人提起上诉或者人民检察院对刑事案件的判决、裁定提起抗诉的，第二审人民法院应当裁定撤销原判决，发回重审；

（二）当事人申请再审的，人民法院可以决定再审；人民检察院按照审判监督程序提起抗诉的，人民法院应当决定再审。

上述发回重审或者决定再审的案件应当依法公开审理。

八、人民法院公开审理案件，庭审活动应当在审判法庭进行。需要巡回依法公开审理的，应当选择适当的场所进行。

九、审判法庭和其他公开进行案件审理活动的场所，应当按照最高人民法院关于法庭布置的要求悬挂国徽，设置审判席和其他相应的席位。

十、依法公开审理案件，公民可以旁听，但精神病人、醉酒的人和未经人民法院批准的未成年人除外。

根据法庭场所和参加旁听人数等情况，旁听人需要持旁听证进入法庭的，旁听证由人民法院制发。

外国人和无国籍人持有效证件要求旁听的，参照中国公民旁听的规定办理。

旁听人员必须遵守《中华人民共和国人民法院法庭规则》的规定，并应当接受安全检查。

十一、依法公开审理案件，经人民法院许可，新闻记者可以记录、录音、录相、摄影、转播庭审实况。

外国记者的旁听按照我国有关外事管理规定办理。

【法发〔2006〕35 号】 最高人民法院关于人民法院执行公开的若干规定 (2006 年 12 月 23 日印发，2007 年 1 月 1 日起施行；同文号印发《关于人民法院办理执行案件若干期限的规定》)（详见本书第 19 章"执行公开"专辑)

第 16 条（第 1 款） 人民法院对执行过程中形成的各种法律文书和相关材料，除涉及国家秘密、商业秘密等不宜公开的文书材料外，其他一般都应当予以公开。

【法发〔2007〕20 号】 最高人民法院关于加强人民法院审判公开工作的若干意见（2007 年 6 月 4 日)

二、准确把握人民法院审判公开工作的基本原则

3. 依法公开。要严格履行法律规定的公开审判职责，切实保障当事人依法参与审判活动、知悉审判工作信息的权利。要严格执行法律规定的公开范围，在审判工作中严守国家秘密和审判工作秘密，依法保护当事人隐私和商业秘密。

4. 及时公开。法律规定了公开时限的，要严格遵守法律规定的时限，在法定时限内快速、完整地依法公开审判工作信息。法律没有规定公开时限的，要在合理时间内快速、完整地依法公开审判工作信息。

5. 全面公开。要按照法律规定，在案件审理过程中做到公开开庭，公开举证、质证，公开宣判；根据审判工作需要，公开与保护当事人权利有关的人民法院审判工作各重要环节的有效信息。

三、切实加强人民法院审判公开工作的基本要求

11. 人民法院必须严格执行《中华人民共和国刑事诉讼法》、《中华人民共和国民事诉讼法》、《中华人民共和国行政诉讼法》及相关司法解释关于公开审理的案件范围的规定，应当公开审理的，必须公开审理。当事人提出案件涉及个人隐私或者商业秘密的，人民法院应当综合当事人意见、社会一般理性认识等因素，必要时征询专家意见，在合理判断基础上作出决定。

12. 审理刑事二审案件，应当积极创造条件，逐步实现开庭审理；被告人一审被判处死刑的上诉案件和检察机关提出抗诉的案件，应当开庭审理。要逐步加大民事、行政二审案件开庭审理的力度。

13. 刑事二审案件不开庭审理的，人民法院应当在全面审查案卷材料和证据基础上讯问被告人，听取辩护人、代理人的意见，核实证据，查清事实；民事、行政二审案件不开庭审理的，人民法院应当全面审查案卷，充分听取当事人意见，核实证据，查清事实。

14. 要逐步提高当庭宣判比率，规范定期宣判、委托宣判。人民法院审理案件，能够当庭宣判的，应当当庭宣判。定期宣判、委托宣判的，应当在裁判文书

签发或者收到委托函后及时进行，宣判前应当通知当事人和其他诉讼参与人。宣判时允许旁听，宣判后应当立即送达法律文书。

15. 依法公开审理的案件，我国公民可以持有效证件旁听，人民法院应当妥善安排好旁听工作。因审判场所、安全保卫等客观因素所限发放旁听证的，应当作出必要的说明和解释。

16. 对群众广泛关注、有较大社会影响或者有利于社会主义法治宣传教育的案件，可以有计划地通过相关组织安排群众旁听，邀请人大代表、政协委员旁听，增进广大群众、人大代表、政协委员了解法院审判工作，方便对审判工作的监督。

【法发［2009］58号】　最高人民法院关于司法公开的六项规定（2009年12月8日印发施行；同文号印发《最高人民法院关于人民法院接受新闻媒体舆论监督的若干规定》）

一、立案公开

立案阶段的相关信息应当通过便捷、有效的方式向当事人公开。各类案件的立案条件、立案流程、法律文书样式、诉讼费用标准、缓减免交诉讼费程序、当事人重要权利义务、诉讼和执行风险提示以及可选择的诉讼外纠纷解决方式等内容，应当通过适当的形式向社会和当事人公开。人民法院应当及时将案件受理情况通知当事人。对于不予受理的，应当将不予受理裁定书、不予受理再审申请通知书、驳回再审申请裁定书等相关法律文件依法及时送达当事人，并说明理由，告知当事人诉讼权利。

二、庭审公开

建立健全有序开放、有效管理的旁听和报道庭审的规则，消除公众和媒体知情监督的障碍。依法公开审理的案件，旁听人员应当经过安全检查进入法庭旁听。因审判场所等客观因素所限，人民法院可以发放旁听证或者通过庭审视频、直播录播等方式满足公众和媒体了解庭审实况的需要。所有证据应当在法庭上公开，能够当庭认证的，应当当庭认证。除法律、司法解释规定可以不出庭的情形外，人民法院应当通知证人、鉴定人出庭作证。独任审判员、合议庭成员、审判委员会委员的基本情况应当公开，当事人依法有权申请回避。案件延长审限的情况应当告知当事人。人民法院对公开审理或者不公开审理的案件，一律在法庭内或者通过其他公开的方式公开宣告判决。

三、执行公开（**见本书第19章"执行公开"专辑**）

四、听证公开

人民法院对开庭审理程序之外的涉及当事人或者案外人重大权益的案件实行听证的，应当公开进行。人民法院对申请再审案件、涉法涉诉信访疑难案件、司法赔偿案件、执行异议案件以及对职务犯罪案件和有重大影响案件被告人的减刑、假释案件等，按照有关规定实行公开听证的，应当向社会发布听证公告。听证公开的范围、方式、程序等参照庭审公开的有关规定。

五、文书公开（见本书第 159 条）

六、审务公开

人民法院的审判管理工作以及与审判工作有关的其他管理活动应当向社会公开。各级人民法院应当逐步建立和完善互联网站和其他信息公开平台。探索建立各类案件运转流程的网络查询系统，方便当事人及时查询案件进展情况。通过便捷、有效的方式及时向社会公开关于法院工作的方针政策、各种规范性文件和审判指导意见以及非涉密司法统计数据及分析报告，公开重大案件的审判情况、重要研究成果、活动部署等。建立健全过问案件登记、说情干扰警示、监督情况通报等制度，向社会和当事人公开违反规定程序过问案件的情况和人民法院接受监督的情况，切实保护公众的知情监督权和当事人的诉讼权利。

【法发〔2009〕58 号】 **最高人民法院关于人民法院接受新闻媒体舆论监督的若干规定**（2009 年 12 月 8 日印发施行；同文号印发《最高人民法院关于司法公开的六项规定》）

第 1 条 人民法院应当主动接受新闻媒体的舆论监督。对新闻媒体旁听案件庭审、采访报道法院工作、要求提供相关材料的，人民法院应当根据具体情况提供便利。

第 2 条 对于社会关注的案件和法院工作的重大举措以及按照有关规定应当向社会公开的其他信息，人民法院应当通过新闻发布会、记者招待会、新闻通稿、法院公报、互联网站等形式向新闻媒体及时发布相关信息。

第 3 条 对于公开审判的案件，新闻媒体记者和公众可以旁听。审判场所座席不足的，应当优先保证媒体和当事人近亲属的需要。有条件的审判法庭根据需要可以在旁听席中设立媒体席。记者旁听庭审应当遵守法庭纪律，未经批准不得录音、录像和摄影。

第 4 条 对于正在审理的案件，人民法院的审判人员及其他工作人员不得擅自接受新闻媒体的采访。对于已经审结的案件，人民法院可以通过新闻宣传部门协调决定由有关人员接受采访。对于不适宜接受采访的，人民法院可以决定不接受采访并说明理由。

第 5 条 新闻媒体因报道案件审理情况或者法院其他工作需要申请人民法院提供相关资料的，人民法院可以提供裁判文书复印件、庭审笔录、庭审录音录像、规范性文件、指导意见等。如有必要，也可以为媒体提供其他可以公开的背景资料和情况说明。

第 6 条　人民法院接受新闻媒体舆论监督的协调工作由各级人民法院的新闻宣传主管部门统一归口管理。新闻宣传主管部门应当为新闻媒体提供新闻报道素材，保证新闻媒体真实、客观地报道人民法院的工作。对于新闻媒体报道人民法院的工作失实时，新闻宣传主管部门负责及时澄清事实，进行回应。

第 7 条　人民法院应当建立与新闻媒体及其主管部门固定的沟通联络机制，定期或不定期地举办座谈会或研讨会，交流意见，沟通信息。人民法院与新闻媒体可以研究制定共同遵守的行为自律准则。对于新闻媒体反映的人民法院接受舆论监督方面的意见和建议，有关法院应当及时研究处理，改进工作。

第 8 条　对于新闻媒体报道中反映的人民法院审判工作和其他各项工作中存在的问题，以及反映审判人员和其他工作人员违法违纪行为，人民法院应当及时调查、核实。查证属实的，应当依法采取有效措施进行处理，并及时反馈处理结果。

第 9 条　人民法院发现新闻媒体在采访报道法院工作时有下列情形之一的，可以向新闻主管部门、新闻记者自律组织或者新闻单位等通报情况并提出建议。违反法律规定的，依法追究相应责任。（一）损害国家安全和社会公共利益的，泄露国家秘密、商业秘密的；（二）对正在审理的案件报道严重失实或者恶意进行倾向性报道，损害司法权威、影响公正审判的；（三）以侮辱、诽谤等方式损害法官名誉，或者损害当事人名誉权等人格权，侵犯诉讼参与人的隐私和安全的；（四）接受一方当事人请托，歪曲事实，恶意炒作，干扰人民法院审判、执行活动，造成严重不良影响的；（五）其他严重损害司法权威、影响司法公正的。

【法发〔2010〕48 号】　最高人民法院关于人民法院直播录播庭审活动的规定（2010 年 11 月 8 日最高法审委会〔1500 次〕通过，2010 年 11 月 21 日印发施行①；以本规为准）

第 1 条　人民法院通过电视、互联网或者其他公共传媒系统对公开开庭审理案件的庭审过程进行图文、音频、视频的直播、录播，应当遵循依法、真实、规范的原则。

第 2 条　人民法院可以选择公众关注度较高、社会影响较大、具有法制宣传教育意义的公开审理的案件进行庭审直播、录播。

对于下列案件，不得进行庭审直播、录播：（一）涉及国家秘密、商业秘密、个人隐私、未成年人犯罪等依法不公开审理的案件；（二）检察机关明确提出不进行庭审直播、录播并有正当理由的刑事案件；（三）当事人明确提出不进行庭审直

---

①　注：同日同文号印发了《关于人民法院在互联网公布裁判文书的规定》，该规定已被"法释〔2016〕19 号"同名《规定》替代。

播、录播并有正当理由的民事、行政案件；（四）其他不宜庭审直播、录播的案件。

第3条　人民法院进行庭审直播、录播，应当严格按照法律规定的公开范围进行，涉及未成年人、被害人或者证人保护等问题，以及其他不宜公开的内容的，应当进行相应的技术处理。

第4条　人民法院认为案件需要进行庭审直播、录播的，由有关审判庭按照规定的程序申报，并填写庭审直播、录播申报表，提交案件重要的诉讼文书。

最高人民法院的直播、录播申报程序和申报表由最高人民法院制定，地方各级人民法院的直播、录播申报程序和申报表由各高级人民法院制定。

第5条　庭审直播、录播实行一案一审核制度。

人民法院进行网络庭审直播、录播的，由审判庭向本院有关部门提出申请。有关部门审核后，报主管副院长批准。必要时，报上级人民法院审核。

人民法院通过中央电视台进行庭审直播、录播的，应当经最高人民法院审核。通过省级电视台进行庭审直播、录播的，应当经高级人民法院审核。

第6条　人民法院应当指定有关部门负责庭审直播、录播的监督管理和沟通协调工作。有关审判庭负责庭审直播、录播案件的选择，协助做好相关工作。技术部门和网络管理部门为庭审直播、录播提供技术保障和服务。所有参与部门应当做好庭审直播、录播的准备工作，制定应急预案，确保庭审直播、录播的顺畅运行。

第7条　庭审直播、录播工作人员的活动以及有关设备的运行不得影响庭审的正常进行。

第8条　各高级人民法院在实施本规定过程中，可以根据实际需要制定实施细则。

【法发［2013］13号】　最高人民法院关于推进司法公开三大平台建设的若干意见（2013年11月21日）

二、推进审判流程公开平台建设

4. 人民法院应当加强诉讼服务中心（立案大厅）的科技化与规范化建设，利用政务网站、12368电话语音系统、手机短信平台、电子公告屏及触摸屏等现代信息技术，为公众提供全方位、多元化、高效率的审判流程公开服务。

5. 人民法院应当通过审判流程公开平台，向公众公开以下信息：（1）法院地址、交通图示、联系方式、管辖范围、下辖法院、内设部门及其职能、投诉渠道等机构信息；（2）审判委员会组成人员、审判人员的姓名、职务、法官等级等人员信息；（3）审判流程、裁判文书和执行信息的公开范围和查询方法等司法公开指南信息；（4）立案条件、申请再审、申诉条件及要求、诉讼流程、诉讼文书样式、诉讼费用标准、缓减免交诉讼费用的程序和条件、诉讼风险提示、可供选择的非诉讼纠纷解决方式等诉讼指南信息；（5）审判业务文件、指导性案例、参考性案例等审判指导文件信息；（6）开庭公告、听证公告等庭审信息；（7）人民陪审员名册、特邀调解组织和特邀调解员名册、评估、拍卖及其他社会中介入选机构名册等名册信息。

6. 人民法院应当整合各类审判流程信息，方便当事人自案件受理之日起，凭密码从审判流程公开平台获取以下信息：（1）案件名称、案号、案由、立案日期等立案信息；（2）合议庭组成人员的姓名、承办法官与书记员的姓名、办公电话；（3）送达、管辖权处理、财产保全和先予执行情况；（4）庭审时间、审理期限、审限变更、诉讼程序变更等审判流程节点信息。

7. 人民法院应当积极推进诉讼档案电子化工程，完善转化流程、传送机制和备份方式，充分发挥电子卷宗在提高效率、节约成本、便民利民方面的功能。

8. 人民法院应当积极创新庭审公开的方式，以视频、音频、图文、微博等方式适时公开庭审过程。人民法院的开庭公告、听证公告，至迟应当于开庭、听证3日前在审判流程公开平台公布。

9. 人民法院应当加强科技法庭建设，对庭审活动全程进行同步录音录像，做到"每庭必录"，并以数据形式集中存储、定期备份、长期保存。当事人申请查阅庭审音像记录的，人民法院可以提供查阅场所。

【法发［2014］18 号】　最高人民法院关于人民法院执行流程公开的若干意见（2014 年 9 月 3 日）（详见本书第 19 章"执行公开"专辑）

第 7 条　各级人民法院通过互联网门户网站（政务网）向社会公众公开本院下列信息：（一）法院地址、交通图示、联系方式、管辖范围、下辖法院、内设部门及其职能、投诉渠道等机构信息；（二）审判委员会组成人员、审判执行人员的姓名、职务等人员信息；（三）执行流程、执行裁判文书和执行信息的公开范围和查询方法等执行公开指南信息；（四）执行立案条件、执行流程、申请执行书等执行文书样式、收费标准、执行费缓减免交的条件和程序、申请强制执行风险提示等执行指南信息；（五）听证公告、悬赏公告、拍卖公告；（六）评估、拍卖及其他社会中介入选机构名册等名册信息。（七）司法解释、指导性案例、执行业务文件等。

【司发［2015］14 号】　最高人民法院、最高人民检察院、公安部、国家安全部、司法部关于依法保障律师执业权利的规定（2015 年 9 月 16 日）

第 37 条　对于诉讼中的重大程序信息和送达当事人的诉讼文书，办案机关应当通知辩护、代理律师。

第 39 条　律师申请查阅人民法院录制的庭审过程的录音、录像的，人民法院应当准许。

【法发［2015］16 号】　最高人民法院关于依法切实保障律师诉讼权利的规定（2015 年 12 月 29 日）

一、依法保障律师知情权。人民法院要不断完善审判流程公开、裁判文书公开、执行信息公开"三大平台"建设，方便律师及时获取诉讼信息。对诉讼程序、诉权保障、调解和解、裁判文书等重要事项及相关进展情况，应当依法及时告知律师。

【法发［2016］6 号】　人民法院审理人民检察院提起公益诉讼案件试点工作实施办法（2016 年 2 月 22 日最高法审委会［1679 次］通过，2016 年 2 月 25 日印发，2016 年 3 月 1 日起施行）（详见本书第 58 条）

第 20 条　人民法院审理人民检察院提起的公益诉讼案件，应当依法公开进行。人民法院可以邀请人大代表、政协委员等旁听庭审，并可以通过庭审直播录播等方式满足公众和媒体了解庭审实况的需要。……

【法发［2016］19 号】　最高人民法院关于企业破产案件信息公开的规定（试行）（2016 年 7 月 26 日印发，2016 年 8 月 1 日起试行）

第 1 条　最高人民法院设立全国企业破产重整案件信息网（以下简称破产重整案件信息网），破产案件（包括破产重整、破产清算、破产和解案件）审判流程信息以及公告、法律文书、债务人信息等与破产程序有关的信息统一在破产重整案件信息网公布。

人民法院以及人民法院指定的破产管理人应当使用破产重整案件信息网及时披露破产程序有关信息。

第 2 条　破产案件信息公开以公开为原则，以不公开为例外。凡是不涉及国家秘密、个人隐私的信息均应依法公开。涉及商业秘密的债务人信息，在不损害债权人和债务人合法权益的情况下，破产管理人可以通过与重整投资人的协议向重整投资人公开。

第 3 条　人民法院依法公开破产案件的以下信息：（一）审判流程节点信息；（二）破产程序中人民法院发布的各类公告；（三）人民法院制作的破产程序法律文书；（四）人民法院认为应当公开的其他信息。

第 4 条　破产管理人依法公开破产案件的以下信息：（一）债务人信息；（二）征集、招募重整投资人的公告；（三）破产管理人工作节点信息；（四）破产程序中破产管理人发布的其他公告；（五）破产管理人制作的破产程序法律文书；（六）人民法院裁定批准的重整计划、认可的破产财产分配方案、和解协议。

破产管理人认为应当公开的其他信息，经人民法院批准可以公开。

第 5 条　破产管理人应当通过破产重整案件信息网及时公开下列债务人信息：（一）工商登记信息；（二）最近 1 年的年度报告；（三）最近 1 年的资产负债表；（四）涉及的诉讼、仲裁案件的基本信息。

第 6 条　重整投资人可以通过破产重整案件信息网与破产管理人互动交流。破产管理人可以根据与重整投资人的协议向重整投资人公开下列债务人信息：（一）资产、经营状况信息；（二）涉及的诉讼、仲裁案件的详细信息；（三）重整投资人需要的其他信息。

第 7 条　人民法院、破产管理人可以在破产重整案件信息网发布破产程序有关公告。

人民法院、破产管理人在其他媒体发布公告的，同时要在破产重整案件信息网发布公告。人民法院、破产管理人在破产重整案件信息网发布的公告具有法律效力。

第 8 条　经受送达人同意，人民法院可以通过破产重整案件信息网以电子邮件、移动通信等能够确认其收悉的方式送达破产程序有关法律文书，但裁定书除外。

采用前款方式送达的，以电子邮件、移动通信等到达受送达人特定系统的日期为送达日期。

第 9 条　申请人可以在破产重整案件信息网实名注册后申请预约立案并提交有关材料的电子文档。人民法院审查通过后，应当通知申请人到人民法院立案窗口办理立案登记。

第 10 条　债权人可以在破产重整案件信息网实名注册后申报债权并提交有关证据的电子文档，网上申报债权与其他方式申报债权具有同等法律效力。

债权人向破产管理人书面申报债权的，破产管理人应当将债权申报书及有关证据的电子文档上传破产重整案件信息网。

第 11 条　人民法院、破产管理人可以在破产重整案件信息网召集债权人会议并表决有关事项。网上投票形成的表决结果与现场投票形成的表决结果具有同等法律效力。

债权人可以选择现场投票或者网上投票，但选择后不能再采用其他方式进行投票，采用其他方式进行投票的，此次投票无效。

第 12 条　人民法院审理的公司强制清算案件应当参照适用本规定。

【法释〔2016〕7 号】　中华人民共和国人民法院法庭规则（2015 年 12 月 21 日最高法审委会〔1673 次〕修改，2016 年 4 月 13 日公布，2016 年 5 月 1 日起施行）

第 8 条　人民法院应当通过官方网站、电子显示屏、公告栏等向公众公开各法庭的编号、具体位置以及旁听席位数量等信息。

第9条 公开的庭审活动，公民可以旁听。

旁听席位不能满足需要时，人民法院可以根据申请的先后顺序或者通过抽签、摇号等方式发放旁听证，但应当优先安排当事人的近亲属或其他与案件有利害关系的人旁听。

下列人员不得旁听：（一）证人、鉴定人以及准备出庭提出意见的有专门知识的人；（二）未获得人民法院批准的未成年人；（三）拒绝接受安全检查的人；（四）醉酒的人、精神病人或其他精神状态异常的人；（五）其他有可能危害法庭安全或妨害法庭秩序的人。

依法有可能封存犯罪记录的公开庭审活动，任何单位或个人不得组织人员旁听。

依法不公开的庭审活动，除法律另有规定外，任何人不得旁听。

第10条 人民法院应当对庭审活动进行全程录像或录音。

第11条 依法公开进行的庭审活动，具有下列情形之一的，人民法院可以通过电视、互联网或其他公共媒体进行图文、音频、视频直播或录播：（一）公众关注度较高；（二）社会影响较大；（三）法治宣传教育意义较强。

【法释〔2016〕30号】 最高人民法院关于巡回法庭审理案件若干问题的规定（"法释〔2015〕3号"公布，2015年2月1日起施行；2016年12月19日最高法审委会〔1704次〕修正，2016年12月27日公布，2016年12月28日起施行）

第12条 巡回法庭受理的案件，统一纳入最高人民法院审判信息综合管理平台进行管理，立案信息、审判流程、裁判文书面向当事人和社会依法公开。

【法〔2016〕264号】 最高人民法院关于全面推进人民法院电子卷宗随案同步生成和深度应用的指导意见（2016年7月28日）

三、电子卷宗深度应用的基本要求

（七）支持审判流程实体信息公开。司法公开平台应按照法律规定，通过与法院电子卷宗系统的网间安全数据交换，加大司法公开力度，及时为当事人、律师提供案件卷宗可公开信息的全面公开。

【法释〔2017〕5号】 最高人民法院关于人民法院庭审录音录像的若干规定（2017年1月25日最高法审委会〔1708次〕通过，2017年2月22日公布，2017年3月1日起施行；以本规为准）

第1条 人民法院开庭审判案件，应当对庭审活动进行全程录音录像。

第2条 人民法院应当在法庭内配备固定或者移动的录音录像设备。

有条件的人民法院可以在法庭安装使用智能语音识别同步转换文字系统。

第3条 庭审录音录像应当自宣布开庭时开始，至闭庭时结束。除下列情形外，庭审录音录像不得人为中断：（一）休庭；（二）公开庭审中的不公开举证、质证活动；（三）不宜录制的调解活动。

负责录音录像的人员应当对录音录像的起止时间、有无中断等情况进行记录并附卷。

第 4 条　人民法院应当采取叠加同步录制时间或者其他措施保证庭审录音录像的真实和完整。

因设备故障或技术原因导致录音录像不真实、不完整的，负责录音录像的人员应当作出书面说明，经审判长或独任审判员审核签字后附卷。

第 5 条　人民法院应当使用专门设备在线或离线存储、备份庭审录音录像。因设备故障等原因导致不符合技术标准的录音录像，应当一并存储。

庭审录音录像的归档，按照人民法院电子诉讼档案管理规定执行。

第 10 条　人民法院应当通过审判流程信息公开平台、诉讼服务平台以及其他便民诉讼服务平台，为当事人、辩护律师、诉讼代理人等依法查阅庭审录音录像提供便利。

对提供查阅的录音录像，人民法院应当设置必要的安全防范措施。

第 11 条　当事人、辩护律师、诉讼代理人等可以依照规定复制录音或者誊录庭审录音录像，必要时人民法院应当配备相应设施。

第 12 条　人民法院可以播放依法公开审理案件的庭审录音录像。

第 15 条　未经人民法院许可，任何人不得对庭审活动进行录音录像，不得对庭审录音录像进行拍录、复制、删除和迁移。

行为人实施前款行为的，依照规定追究其相应责任。

第 16 条　涉及国家秘密、商业秘密、个人隐私等庭审活动的录制，以及对庭审录音录像的存储、查阅、复制、誊录等，应当符合保密管理等相关规定。

第 18 条　人民法院从事其他审判活动或者进行执行、听证、接访等活动需要进行录音录像的，参照本规定执行。

【法释［2018］7 号】　**最高人民法院关于人民法院通过互联网公开审判流程信息的规定**（2018 年 2 月 12 日最高法审委会［1733 次］通过，2018 年 3 月 4 日公布，2018 年 9 月 1 日起施行）

第 1 条　人民法院审判刑事、民事、行政、国家赔偿案件的流程信息，应当通过互联网向参加诉讼的当事人及其法定代理人、诉讼代理人、辩护人公开。

人民法院审判具有重大社会影响案件的流程信息，可以通过互联网或者其他方式向公众公开。

第 3 条　中国审判流程信息公开网是人民法院公开审判流程信息的统一平台。

各级人民法院在本院门户网站以及司法公开平台设置中国审判流程信息公开网的链接。

有条件的人民法院可以通过手机、诉讼服务平台、电话语音系统、电子邮箱等辅助媒介，向当事人及其法定代理人、诉讼代理人、辩护人主动推送案件的审判流程信息，或者提供查询服务。

第4条　人民法院应当在受理案件通知书、应诉通知书、参加诉讼通知书、出庭通知书中，告知当事人及其法定代理人、诉讼代理人、辩护人通过互联网获取审判流程信息的方法和注意事项。

第6条　人民法院通知当事人应诉、参加诉讼，准许当事人参加诉讼，或者采用公告方式送达当事人的，自完成其身份信息采集、核对后，依照本规定公开审判流程信息。

当事人中途退出诉讼的，经人民法院依法确认后，不再向当事人及其法定代理人、诉讼代理人、辩护人公开审判流程信息。

法定代理人、诉讼代理人、辩护人参加诉讼或者发生变更的，参照前2款规定处理。

第7条　下列程序性信息应当通过互联网向当事人及其法定代理人、诉讼代理人、辩护人公开：（一）收案、立案信息，结案信息；（二）检察机关、刑罚执行机关信息，当事人信息；（三）审判组织信息；（四）审判程序、审理期限、送达、上诉、抗诉、移送等信息；（五）庭审、质证、证据交换、庭前会议、询问、宣判等诉讼活动的时间和地点；（六）裁判文书在中国裁判文书网的公布情况；（七）法律、司法解释规定应当公开，或者人民法院认为可以公开的其他程序性信息。

第8条　回避、管辖争议、保全、先予执行、评估、鉴定等流程信息，应当通过互联网向当事人及其法定代理人、诉讼代理人、辩护人公开。

公开保全、先予执行等流程信息可能影响事项处理的，可以在事项处理完毕后公开。

第9条　下列诉讼文书应当于送达后通过互联网向当事人及其法定代理人、诉讼代理人、辩护人公开：（一）起诉状、上诉状、再审申请书、申诉书、国家赔偿申请书、答辩状等诉讼文书；（二）受理案件通知书、应诉通知书、参加诉讼通知书、出庭通知书、合议庭组成人员通知书、传票等诉讼文书；（三）判决书、裁定书、决定书、调解书，以及其他有中止、终结诉讼程序作用，或者对当事人实体权利有影响、对当事人程序权利有重大影响的裁判文书；（四）法律、司法解释规定应当公开，或者人民法院认为可以公开的其他诉讼文书。

第10条　庭审、质证、证据交换、庭前会议、调查取证、勘验、询问、宣判等诉讼活动的笔录，应当通过互联网向当事人及其法定代理人、诉讼代理人、辩护人公开。

第 11 条　当事人及其法定代理人、诉讼代理人、辩护人申请查阅庭审录音录像、电子卷宗的，人民法院可以通过中国审判流程信息公开网或者其他诉讼服务平台提供查阅，并设置必要的安全保护措施。

第 12 条　涉及国家秘密，以及法律、司法解释规定应当保密或者限制获取的审判流程信息，不得通过互联网向当事人及其法定代理人、诉讼代理人、辩护人公开。

第 13 条　已经公开的审判流程信息与实际情况不一致的，以实际情况为准，受理案件的人民法院应当及时更正。

已经公开的审判流程信息存在本规定第 12 条列明情形的，受理案件的人民法院应当及时撤回。

【法发［2018］20 号】　最高人民法院关于进一步深化司法公开的意见（2018 年 11 月 20 日）

一、总体要求

1. 指导思想。坚持以习近平新时代中国特色社会主义思想为指导，全面贯彻党的十九大和十九届一中、二中、三中全会精神，①紧紧围绕"努力让人民群众在每一个司法案件中感受到公平正义"的工作目标，高举新时代改革开放旗帜，进一步深化司法公开，不断拓展司法公开的广度和深度，健全完善司法公开制度机制体系，优化升级司法公开平台载体，大幅提升司法公开精细化、规范化、信息化水平，推进建设更加开放、动态、透明、便民的阳光司法机制，形成全面深化司法公开新格局，促进实现审判体系和审判能力现代化，大力弘扬社会主义核心价值观，促进增强全民法治意识，讲好中国法治故事，传播中国法治声音。

2. 基本原则。

（1）坚持主动公开。深刻领会习近平总书记提出的"让暗箱操作没有空间，让司法腐败无法藏身"重要指示要求，充分认识深化司法公开工作的重大意义，进一步增强主动接受监督意识，真正变被动公开为主动公开，继续健全完善阳光司法机制，努力让正义不仅要实现，还要以看得见的方式实现。

（2）坚持依法公开。严格履行宪法法律规定的公开审判职责，切实保障人民群众参与司法、监督司法的权利。严格执行法律规定的公开范围，依法公开相关

---

①　注：党的十九大明确提出深化依法治国实践、深化司法体制综合配套改革的重大任务，并对深化权力运行公开作出新的重大部署，强调"要加强对权力运行的制约和监督，让人民监督权力，让权力在阳光下运行，把权力关进制度的笼子"，为人民法院进一步深化司法公开指明了方向，提出了新的更高要求。

信息，同时要严守国家秘密、审判秘密，保护当事人信息安全。尊重司法规律，明确司法公开的内容、范围、方式和程序，确保司法公开工作规范有序开展。

（3）坚持及时公开。严格遵循司法公开的时效性要求，凡属于主动公开范围的，均应及时公开，不得无故延迟。有明确公开时限规定的，严格在规定时限内公开。没有明确公开时限要求的，根据相关信息性质特点，在合理时间内公开。

（4）坚持全面公开。以公开为原则、以不公开为例外，推动司法公开覆盖人民法院工作各领域、各环节。坚持程序事项公开与实体内容公开相结合、审判执行信息公开与司法行政信息公开相结合、通过传统方式公开与运用新媒体方式公开相结合，最大限度保障人民群众知情权、参与权、表达权和监督权。

（5）坚持实质公开。紧紧围绕人民群众司法需求，依法及时公开当事人和社会公众最关注、最希望了解的司法信息，切实将司法公开重心聚焦到服务群众需求和保障公众参与上来。不断完善司法公开平台的互动功能、服务功能和便民功能，主动回应社会关切，努力把深化司法公开变成人民法院和人民群众双向互动的过程，让司法公开成为密切联系群众的桥梁纽带。

二、进一步深化司法公开的内容和范围

3. 全面拓展司法公开范围。尊重司法活动规律，根据4级法院职能定位，进一步明确司法公开的内容和范围。对涉及当事人合法权益、社会公共利益，需要社会广泛知晓的司法信息，应当纳入司法公开范围，根据其性质特点，区分向当事人公开或向社会公众公开。对于人民法院基本情况、审判执行、诉讼服务、司法改革、司法行政事务、国际司法交流合作、队伍建设等方面信息，除依照法律法规、司法解释不予公开以及其他不宜公开的外，应当采取适当形式主动公开。

4. 深化人民法院基本信息公开。人民法院应当主动公开以下基本信息，坚持动态更新，保证准确、清晰、易获取，方便人民群众及时、准确了解掌握。（1）机构设置；（2）司法解释；（3）指导性案例；（4）规范性文件；（5）向同级人民代表大会所作的工作报告；（6）重要会议、重大活动和重要工作等动态信息；（7）其他需要社会广泛知晓的基本信息。

5. 深化审判执行信息公开。人民法院应当主动公开以下审判执行信息，逐步推进公开范围覆盖审判执行各领域，健全完善审判执行信息公开制度规范，促进统一公开流程标准，确保审判执行权力始终在阳光下运行。（1）司法统计信息；（2）审判执行流程信息；（3）公开开庭审理案件的庭审活动；（4）裁判文书；（5）重大案件审判情况；（6）执行工作信息；（7）减刑、假释、暂予监外执行信息；（8）企业破产重整案件信息；（9）各审判执行领域年度工作情况和典型案例；（10）司法大数据研究报告；（11）审判执行理论研究、司法案例研究成果；（12）其他涉及当事人合法权益、社会公共利益或需要社会广泛知晓的审判执行信息。

6. 深化诉讼服务信息公开。人民法院应当主动公开以下诉讼服务信息，着力提升诉讼服务信息获取的便捷性，提高诉讼服务水平，切实方便当事人诉讼。（1）诉讼指南；（2）人民法院公告；（3）司法拍卖和确定财产处置参考价相关信息；（4）司法鉴定、评估、检验、审计等专业机构、专业人员信息，破产管理人信息，暂予监外执行组织诊断工作信息，专家库信息；（5）特邀调解员、特邀调解组织、驻点值班律师、参与诉讼服务的专家志愿者等信息；（6）申诉信访渠道；（7）其他涉及当事人合法权益、社会公共利益或需要社会广泛知晓的诉讼服务信息。

7. 深化司法改革信息公开。人民法院应当主动公开以下司法改革信息，提高司法改革工作透明度，增强人民群众对司法改革的获得感。（1）人民法院司法改革文件；（2）人民法院重大司法改革任务进展情况；（3）人民法院司法改革典型案例；（4）其他需要社会广泛知晓的司法改革信息。

8. 深化司法行政事务信息公开。人民法院应当主动公开以下司法行政事务信息，及时回应社会关切，自觉接受社会监督，切实提高司法行政事务办理的透明度和规范化水平。（1）涉及社会公共利益或社会关切的人大代表议案建议和政协提案办理情况；（2）部门预算、决算公开说明；（3）人民法院信息化技术标准；（4）其他需要社会广泛知晓的司法行政事务信息。

9. 深化国际司法交流合作信息公开。人民法院应当主动公开以下国际司法交流合作信息，加强司法文明交流互鉴，充分展示中国法院良好国际形象，促进提升我国司法的国际竞争力、影响力和公信力。（1）人民法院开展的重要国际司法交流合作活动情况；（2）人民法院举办和参与重要国际司法会议情况；（3）其他需要社会广泛知晓的国际司法交流合作信息。

10. 深化队伍建设信息公开。人民法院应当主动公开以下队伍建设信息，为社会公众知晓、参与和监督人民法院队伍建设工作提供便利。（1）党的建设情况；（2）人事工作情况；（3）纪检监察信息；（4）先进典型信息；（5）教育培训工作情况；（6）司法警察工作情况；（7）法院文化建设情况；（8）其他需要社会广泛知晓的队伍建设情况。

11. 建立完善司法公开内容动态调整制度。根据党中央和最高人民法院关于司法公开工作的部署要求，结合社会公众关切和人民法院实际，按年度明确司法公开工作重点，动态调整更新司法公开内容，稳步有序拓展司法公开范围。

12. 推进司法公开规范化标准化建设。最高人民法院要健全完善司法公开制度规范体系，围绕人民法院工作重点领域、关键环节和人民群众关注的重要司法信息，总结各地法院工作经验，加强司法公开规范化标准化建设，积极研究出台相关技术标准和操作规程，强化对下监督和分类指导，不断提升司法公开质效。各高级人民法院要指导推进本辖区司法公开规范化标准化建设工作。

三、完善和规范司法公开程序

13. 健全司法公开形式。司法公开形式应当因地制宜、因事而定、权威规范、注重实效，便于公众及时准确获取，坚决防止形式主义。最高人民法院就司法公开形式有统一要求的，应当按照相关要求进行公开。鼓励基层人民法院探索行之有效、群众喜闻乐见的司法公开形式。结合实际，可以通过以下载体进行公开：(1) 报刊、广播、电视、网络等公共媒体；(2) 依照《人民法院法庭规则》开放旁听或报道庭审活动；(3) 人民法院公报、公告、规范性文件或其他正式出版物；(4) 人民法院政务网站或其他权威网站平台；(5) 新闻发布会、听证会、论证会等；(6) 人民法院官方微博、微信公众号、新闻客户端等新媒体；(7) 人民法院诉讼服务大厅、诉讼服务网、12368诉讼服务热线、移动微法院等诉讼服务平台；(8) 其他便于及时准确获取的方式。

14. 畅通当事人和律师获取司法信息渠道。仅向当事人或利害关系人公开的信息，必须严格依照相关诉讼法及有关规定公开，不得向社会公开发布。在确保信息安全前提下，可以充分运用信息化手段为当事人或利害关系人获取司法信息提供便利。大力加强律师服务平台建设，为律师依法履职提供便利，更好发挥律师在促进司法为民、公正司法中的重要作用。

15. 明确司法公开责任主体。按照属地管理、归口管理、分级负责的原则，明确各项司法公开内容的责任主体，负责办理司法公开事项、管理公开内容，并对其合法性、完整性、准确性、时效性、安全性负责。建立健全司法公开协调机制，公开内容涉及多个人民法院、人民法院多个内设机构或者其他单位的，应当经协调一致后予以公开，确保司法公开信息准确完整。

16. 完善司法公开流程和管理机制。建立健全司法公开工作机制，完善工作流程，明确管理责任，规范有序推进司法公开工作。各部门提出拟公开事项，应对具体公开内容进行核实把关，需要审批的经履行审批程序后予以公开。建立健全公开重大敏感事项前的风险评估机制。建立健全社会关注热点的跟踪回应机制，加强司法公开政策解读工作，切实回应社会关切和群众司法需求。对于社会舆论因不了解情况产生模糊认识或错误看法的，要主动发布权威信息，澄清事实、释疑解惑。司法公开平台载体的管理者、运营者以及其他相关责任主体，依职权对拟在其平台载体上公开的事项，履行好编辑把关责任和日常监测管理责任。

17. 严格落实司法公开保密审查机制。建立健全司法公开保密审查机制。承办司法公开事项时应当同步进行保密审查，加强对国家秘密、审判秘密①、商业秘密、公民隐私权和个人信息安全的保护，实现依法公开与保守秘密的有机统一。

---

① 可见：审判活动中的工作秘密事项并非都属于国家秘密。

属于司法公开内容范围的，严格按照人民法院工作国家秘密范围或已定密事项开展定密工作，不得随意扩大定密范围。

四、加强司法公开平台载体建设管理（略）

五、强化组织保障（略）

【法〔2019〕36 号】　最高人民法院关于公开民商事案件相关信息的通知（2019 年 2 月 3 日）

一、扩大民商事案件司法公开的范围

各高级人民法院要充分利用现有的司法公开平台或者开辟专门司法公开平台，主动向社会公开辖区内各级人民法院民商事案件平均审理天数、结案率等信息。

各级人民法院要积极探索向当事人公开未按审限要求审结的民商事待结案件预期审理期限。因法院无法掌控的客观原因难以确定具体审理期限的，可暂不予公开。待客观原因消除后，仍应予以公开。

二、把握民商事案件司法公开时间节点

民商事案件平均审理天数、结案率等相关信息尽可能通过计算机程序自动抓取、实时更新，条件暂不具备的高级人民法院更新最低频率不低于每季度一次。

民商事待结案件预期审理期限原则上应当在审限届满之日起公开，因法院无法掌控的客观原因难以确定具体审理期限的，应当在客观原因消除之日起及时公开，实时更新。

三、落实审判流程信息公开具体要求

北京、上海两地高级人民法院确保在 2019 年 2 月中旬前完成该项工作，其他高级人民法院视本地区情况尽快完成该项工作，最迟在 2019 年年底前完成。工作完成后，各高级人民法院及时将情况报告我院。

【法释〔2019〕4 号】　最高人民法院关于严格规范民商事案件延长审限和延期开庭问题的规定（"法释〔2018〕9 号"公布，2018 年 4 月 26 日起施行；2019 年 2 月 25 日最高法审委会〔1762 次〕修订，2019 年 3 月 27 日公布，2019 年 3 月 28 日起施行；以本规为准）

第 7 条　人民法院应当将案件的立案时间、审理期限，扣除、延长、重新计算审限，延期开庭审理的情况及事由，按照《最高人民法院关于人民法院通过互联网公开审判流程信息的规定》及时向当事人及其法定代理人、诉讼代理人公开。当事人及其法定代理人、诉讼代理人有异议的，可以依法向受理案件的法院申请监督。

【法释〔2021〕12 号】　人民法院在线诉讼规则（2021 年 5 月 18 日最高法审委会〔1838 次〕通过，2021 年 6 月 16 日公布，2021 年 8 月 1 日起施行；以本规为准）

第27条 适用在线庭审的案件，应当按照法律和司法解释的相关规定公开庭审活动。

对涉及国家安全、国家秘密、个人隐私的案件，庭审过程不得在互联网上公开。对涉及未成年人、商业秘密、离婚等民事案件，当事人申请不公开审理的，在线庭审过程可以不在互联网上公开。

未经人民法院同意，任何人不得违法违规录制、截取、传播涉及在线庭审过程的音频视频、图文资料。

第38条 参与在线诉讼的相关主体应当遵守数据安全和个人信息保护的相关法律法规，履行数据安全和个人信息保护义务。除人民法院依法公开的以外，任何人不得违法违规披露、传播和使用在线诉讼数据信息。出现上述情形的，人民法院可以根据具体情况，依照法律和司法解释关于数据安全、个人信息保护以及妨害诉讼的规定追究相关单位和人员法律责任，构成犯罪的，依法追究刑事责任。

【法发〔2022〕8号】 人民法院在线运行规则（2021年12月30日最高法审委会〔1861次〕通过，2022年1月26日公布，2022年3月1日起施行）

第9条 司法公开平台在互联网运行，为当事人及其他诉讼参与人、社会公众提供依法公开的审判流程信息、庭审活动信息、裁判文书信息、执行工作信息等在线公开服务，支撑构建开放、动态、透明、便民的阳光司法机制。

司法公开平台主要包括中国审判流程信息公开网、中国庭审公开网、中国裁判文书网、中国执行信息公开网、全国企业破产重整案件信息网、全国法院减刑、假释、暂予监外执行信息网等。

司法公开平台应当具备信息公开、信息检索、可视化展现等功能。

【法释〔2023〕10号】 最高人民法院关于知识产权法庭若干问题的规定（法释〔2018〕22号公布，2019年1月1日起施行；2023年10月16日最高法审委会〔1901次〕修订，2023年10月21日公布，2023年11月1日起施行；以本规为准）

第7条 知识产权法庭审理的案件的立案信息、合议庭组成人员、审判流程、裁判文书等向当事人和社会依法公开，~~同时可以通过电子诉讼平台、中国审判流程信息公开网查询~~。

【法发〔2024〕7号】 最高人民法院关于全面加强未成年人司法保护及犯罪防治工作的意见（2024年5月30日发布并实施）

20.……对涉及未成年人民事、行政案件，涉及个人隐私的，应当不公开审理。……查阅、摘抄、复制的案卷材料，涉及未成年人的，不得公开和传播。对涉及未成年人的民事、行政案件,应当注意保护未成年人隐私。发布案例、制作法治宣传资料等均应当对相关信息进行必要的技术处理。

● **文书格式**　【法〔2016〕221 号】　**民事诉讼文书样式**（2016 年 2 月 22 日最高法审委会〔1679 次〕通过,2016 年 6 月 28 日公布,2016 年 8 月 1 日起施行）
（本书对格式略有调整）

申请书（申请不公开审理用）①

申请人:×××,男/女,×年×月×日生,×族,……（写明工作单位和职务或职业）,住……。联系方式:……。（★申请人是法人或其他组织的,本段写明名称、住所）

法定代理人/指定代理人②:×××,……。（★申请人是法人或其他组织的,本段写明法定代表人、主要负责人及其姓名、职务、联系方式）

委托诉讼代理人:×××,……。（申请时已经委托诉讼代理人的,写明此项）

（以上写明申请人和其他诉讼参与人的姓名或者名称等基本信息）

请求事项:

不公开审理你院（××××）……号……（写明当事人和案由）一案。

事实和理由:

……（写明申请不公开审理的事实和理由）

此致:××人民法院

申请人（自然人签名或单位盖章）
×年×月×日

第 11 条　【诉讼语言文字】各民族公民都有用本民族语言、文字进行民事诉讼的权利。

在少数民族聚居或者多民族共同居住的地区,人民法院应当用当地民族通用的语言、文字进行审理/审判[19910409]和发布法律文书。

人民法院应当对不通晓当地民族通用的语言、文字的诉讼参与人提供翻译。

---

① 不公开审理包括 2 类案件:一类是法定不公开审理,指涉及国家秘密、个人隐私或者法律另有规定不公开审理的案件;另一类是依当事人申请而不公开审理,指离婚案件、涉及商业秘密的案件,当事人可以向人民法院申请不公开审理。

② 注:申请人是无民事行为能力人或限制民事行为能力人的,应当写明法定代理人姓名、性别、出生日期、民族、职业、工作单位、住所、联系方式,在诉讼地位后括注与申请人的关系。

● 相关规定 【人大公告 [2018] 1号】 **中华人民共和国宪法**（1982年12月4日全国人大 [5届5次] 通过，同日全国人大公告公布施行；1988年4月12日全国人大 [7届1次]、1993年3月29日全国人大 [8届1次]、1999年3月15日全国人大 [9届2次]、2004年3月14日全国人大 [10届2次]、2018年3月11日全国人大 [13届1次] 修正）

第139条 各民族公民都有用本民族语言文字进行诉讼的权利。人民法院和人民检察院对于不通晓当地通用的语言文字的诉讼参与人，应当为他们翻译。

第12条¹⁹⁹¹⁰⁴⁰⁹ 　**【辩论权】** 人民法院审理民事案件时，~~民事诉讼~~当事人有权对争议的问题进行辩论。①

（插）第52条¹⁹⁹¹⁰⁴⁰⁹ 　**【当事人权利与义务】** 当事人有权委托代理人，提出回避申请，收集、提供证据，进行辩论，请求调解，提起上诉，申请执行。

经人民法院许可，当事人可以查阅本案~~的有关~~/庭审材料，并可以请求自费复制本案~~的有关~~/庭审材料和法律文书。~~但是，~~涉及国家机密或者个人隐私的材料除外。查阅、复制本案有关材料的范围和办法由最高人民法院规定。

当事人必须依法行使诉讼权利，遵守诉讼秩序，履行发生法律效力的判决书、裁定书和调解书/协议。

第13条 　**【诚信原则】**（新增）²⁰¹³⁰¹⁰¹ 民事诉讼应当遵循诚信/~~诚实信用~~²⁰²²⁰¹⁰¹ 原则。

【自主处分权】 民事诉讼¹⁹⁹¹⁰⁴⁰⁹ 当事人有权在法律规定的范围内处分自己的民事权利和诉讼权利。

（插）第53条 　**【自行和解】** 双方当事人可以自行和解。

● 相关规定 【主席令 [2020] 45号】 **中华人民共和国民法典**（2020年5月28日全国人大 [13届3次] 通过，2021年1月1日起施行）

第7条 民事主体从事民事活动，应当遵循诚信原则，秉持诚实，恪守承诺。

第142条 有相对人的意思表示的解释，应当按照所使用的词句，结合相关

---

① 本条规定主要体现于《民事诉讼法》第144条。另，第128条、第174条、第207条（第9项）均对当事人的辩论权保障进行了规范。

条款、行为的性质和目的、习惯以及诚信原则，确定意思表示的含义。

无相对人的意思表示的解释，不能完全拘泥于所使用的词句，而应当结合相关条款、行为的性质和目的、习惯以及诚信原则，确定行为人的真实意思。

第 466 条（第 2 款）　合同文本采用 2 种以上文字订立并约定具有同等效力的，对各文本使用的词句推定具有相同含义。各文本使用的词句不一致的，应当根据合同的相关条款、性质、目的以及诚信原则等予以解释。

第 509 条（第 2 款）　当事人应当遵循诚信原则，根据合同的性质、目的和交易习惯履行通知、协助、保密等义务。

第 558 条　债权债务终止后，当事人应当遵循诚信等原则，根据交易习惯履行通知、协助、保密、旧物回收等义务。

【法发〔2015〕6 号】　最高人民法院关于人民法院推行立案登记制改革的意见（2015 年 4 月 1 日中央深改小组〔第 11 次〕通过，最高法 2015 年 4 月 15 日公布，2015 年 5 月 1 日起施行）

五、制裁违法滥诉

（四）健全相关法律制度。加强诉讼诚信建设，规范行使诉权行为。推动完善相关立法，对虚假诉讼、恶意诉讼、无理缠诉等滥用诉权行为，明确行政处罚、司法处罚、刑事处罚标准，加大惩治力度。

【法释〔2015〕8 号】　最高人民法院关于人民法院登记立案若干问题的规定（2015 年 4 月 13 日最高法审委会〔1647 次〕通过，2015 年 4 月 15 日公布，2015 年 5 月 1 日起施行）

第 16 条　人民法院依法维护登记立案秩序，推进诉讼诚信建设。对干扰立案秩序、虚假诉讼的，根据民事诉讼法、行政诉讼法有关规定予以罚款、拘留；构成犯罪的，依法追究刑事责任。

【法发〔2020〕1 号】　最高人民法院关于进一步完善委派调解机制的指导意见（2020 年 1 月 9 日）

十二、惩戒机制。对于当事人滥用权利、违反诚信原则、故意阻碍调解等导致其他当事人诉讼成本增加的行为，人民法院可以酌情增加其诉讼费用的负担部分。无过错一方当事人提出赔偿诉前调解额外支出请求的，人民法院可以酌情支持。

【高检发释字〔2021〕1 号】　人民检察院民事诉讼监督规则（2021 年 2 月 9 日最高检检委会〔13 届 62 次〕通过，2021 年 6 月 26 日公布，2021 年 8 月 1 日起施行）

第 80 条　有下列情形之一的，应当认定为《中华人民共和国民事诉讼法》

第 200 条 (现第 211 条) 第 9 项规定的 "违反法律规定,剥夺当事人辩论权利" (一) 不允许或者严重限制当事人行使辩论权利的;(二) 应当开庭审理而未开庭审理的;(三) 违反法律规定送达起诉状副本或者上诉状副本,致使当事人无法行使辩论权利的;(四) 违法剥夺当事人辩论权利的其他情形。

【法释〔2022〕11 号】 最高人民法院关于适用《中华人民共和国民事诉讼法》的解释 ("法释〔2015〕5 号"公布,2015 年 2 月 4 日起施行;根据法释〔2020〕20 号《决定》修正,2021 年 1 月 1 日起施行;2022 年 3 月 22 日最高法审委会〔1866 次〕修正,2022 年 4 月 1 日公布,2022 年 4 月 10 日起施行;以本规为准)

第 323 条 下列情形,可以认定为民事诉讼法第 177 条第 1 款第 4 项规定的严重违反法定程序:…… (四) 违法剥夺当事人辩论权利的。

第 389 条 原审开庭过程中有下列情形之一的,应当认定为民事诉讼法第 207 条 (现第 211 条) 第 9 项规定的剥夺当事人辩论权利:(一) 不允许当事人发表辩论意见的;(二) 应当开庭审理而未开庭审理的;(三) 违反法律规定送达起诉状副本或者上诉状副本,致使当事人无法行使辩论权利的;(四) 违法剥夺当事人辩论权利的其他情形。

● **指导案例** **【法〔2017〕53 号】** 最高人民法院第 16 批指导性案例 (2017 年 3 月 6 日)

(指导案例 82 号) 王碎永诉深圳歌力思服饰股份有限公司、杭州银泰世纪百货有限公司侵害商标权纠纷案 (最高法院 2014 年 8 月 14 日〔2014〕民提字第 24 号民事判决)①

裁判要点: 当事人违反诚实信用原则,损害他人合法权益,扰乱市场正当竞争秩序,恶意取得、行使商标权并主张他人侵权的,人民法院应当以构成权利滥用为由,判决对其诉讼请求不予支持。②

---

① 注:该案,深圳歌力思服装实业有限公司于 1999 年成立,2008 年取得 "歌力思"商标 (服装类),并注册 "ELLASSAY"商标 (包袋类)。王碎永曾于 2004 年申请注册 "歌力思及图"商标,北京高院二审认为该商标损害了歌力思公司在先字权,于 2014 年判决不应予以核准注册。2011 年,王碎永成功注册 "歌力思"商标 (包袋类),于同年先后在杭州、南京、上海、福州等地的 "ELLASSAY" 专柜,通过公证程序购买皮包 (吊牌字样 "品牌中文名:歌力思,品牌英文名:ELLASSAY"),并起诉歌力思公司侵权。2013 年,杭州中院判决歌力思公司赔偿王碎永经济损失及合理费用 10 万元;浙江高院维持原判。双方均不服。最高法院提审后,于 2014 年判决撤销一审、二审,驳回王碎永的全部诉讼请求。

② 最高法院认为:"歌力思"本身为无固有含义的臆造词,具有较强的固有显著性,依常理判断,在完全没有接触或知悉的情况下,因巧合而出现雷同注册的可能性较低。作为地域接近、经营范围关联程度较高的商品经营者,王碎永对 "歌力思"字号及商标完全不了解的可能性较低。在上述情形之下,王碎永仍在手提包、钱包等商品上申请注册 "歌力思"商标,其行为难谓正当。王碎永以非善意取得的商标权对歌力思公司的正当使用行为提起的侵权之诉,构成权利滥用。

第 14 条　【检察监督权】人民检察院有权对~~人民法院的~~[19910409]民事诉讼/~~审判活动~~[20130101] 实行法律监督。

● **相关规定**　【法发〔2015〕6 号】　**最高人民法院关于人民法院推行立案登记制改革的意见**（2015 年 4 月 1 日中央深改小组〔第 11 次〕通过，最高法 2015 年 4 月 15 日公布，2015 年 5 月 1 日起施行）

（二）加强外部监督。人民法院要自觉接受监督，对各级人民代表大会及其常务委员会督查法院登记立案工作反馈的问题和意见，要及时提出整改和落实措施；对检察机关针对不予受理、不予立案、驳回起诉的裁定依法提出的抗诉，要依法审理，对检察机关提出的检察建议要及时处理，并书面回复；自觉接受新闻媒体和人民群众的监督，对反映和投诉的问题，要及时回应，确实存在问题的，要依法纠正。

【主席令〔2020〕57 号】　**中华人民共和国未成年人保护法**（2020 年 10 月 17 日全国人大常委会〔13 届 22 次〕最新修订，2021 年 6 月 1 日起施行；2024 年 4 月 26 日全国人大常委会〔14 届 9 次〕统修）

第 105 条　人民检察院通过行使检察权，对涉及未成年人的诉讼活动等依法进行监督。

【高检发释字〔2021〕1 号】　**人民检察院民事诉讼监督规则**（2021 年 2 月 9 日最高检检委会〔13 届 62 次〕通过，2021 年 6 月 26 日公布，2021 年 8 月 1 日起施行）

第 1 章　总则

第 3 条　人民检察院通过抗诉、检察建议等方式，对民事诉讼活动实行法律监督。

第 5 条　负责控告申诉检察、民事检察、案件管理的部门分别承担民事诉讼监督案件的受理、办理、管理工作，各部门互相配合，互相制约。

第 7 条　人民检察院办理民事诉讼监督案件，根据案件情况，可以由 1 名检察官独任办理，也可以由 2 名以上检察官组成办案组办理。由检察官办案组办理的，检察长应当指定一名检察官担任主办检察官，组织、指挥办案组办理案件。

检察官办案件，可以根据需要配备检察官助理、书记员、司法警察、检察技术人员等检察辅助人员。检察辅助人员依照有关规定承担相应的检察辅助事务。

第 8 条　最高人民检察院领导地方各级人民检察院和专门人民检察院的民事诉讼监督工作，上级人民检察院领导下级人民检察院的民事诉讼监督工作。

上级人民检察院认为下级人民检察院的决定错误的，有权指令下级人民检察院纠正，或者依法撤销、变更。上级人民检察院的决定，应当以书面形式作出，下级人民检察院应当执行。下级人民检察院对上级人民检察院的决定有不同意见的，可以在执行的同时向上级人民检察院报告。

上级人民检察院可以依法统一调用辖区的检察人员办理民事诉讼监督案件，调用的决定应当以书面形式作出。被调用的检察官可以代表办理案件的人民检察院履行相关检察职责。①

第9条　人民检察院检察长或者检察长委托的副检察长在同级人民法院审判委员会讨论民事抗诉案件或者其他与民事诉讼监督工作有关的议题时，可以依照有关规定列席会议。

第10条　人民检察院办理民事诉讼监督案件，实行回避制度。

第11条　检察人员办理民事诉讼监督案件，应当秉持客观公正的立场，自觉接受监督。

检察人员不得接受当事人及其诉讼代理人、特定关系人、中介组织请客送礼或者其他利益，不得违反规定会见当事人及其委托的人。

检察人员有收受贿赂、徇私枉法等行为的，应当追究纪律责任和法律责任。

检察人员对过问或者干预、插手民事诉讼监督案件办理等重大事项的行为，应当按照有关规定全面、如实、及时记录、报告。

第2章　回避（见本书第4章）

第3章　受理

第18条　民事诉讼监督案件的来源包括：（一）当事人向人民检察院申请监督；（二）当事人以外的自然人、法人和非法人组织向人民检察院控告；（三）人民检察院在履行职责中发现。

第19条　有下列情形之一的，当事人可以向人民检察院申请监督：（一）已经发生法律效力的民事判决、裁定、调解书符合《中华人民共和国民事诉讼法》第209条（现第220条）第1款规定的；（二）认为民事审判程序中审判人员存在违法行为的；（三）认为民事执行活动存在违法情形的。

第20条　当事人依照本规则第19条第1项规定向人民检察院申请监督，应当在人民法院作出驳回再审申请裁定或者再审判决、裁定发生法律效力之日起2年内提出。

本条规定的期间为不变期间，不适用中止、中断、延长的规定。

人民检察院依职权启动监督程序的案件，不受本条第1款规定期限的限制。

---

① 本书注：被调用的检察官异地出庭时，须取得当地人大常委会的职务任命。

第21条　当事人向人民检察院申请监督，应当提交监督申请书、身份证明、相关法律文书及证据材料。提交证据材料的，应当附证据清单。

申请监督材料不齐备的，人民检察院应当要求申请人限期补齐，并一次性明确告知应补齐的全部材料。申请人逾期未补齐的，视为撤回监督申请。

第22条　本规则第21条规定的监督申请书应当记明下列事项：（一）申请人的姓名、性别、年龄、民族、职业、工作单位、住所、有效联系方式，法人或者非法人组织的名称、住所和法定代表人或者主要负责人的姓名、职务、有效联系方式；（二）其他当事人的姓名、性别、工作单位、住所、有效联系方式等信息，法人或者非法人组织的名称、住所、负责人、有效联系方式等信息；（三）申请监督请求；（四）申请监督的具体法定情形及事实、理由。

申请人应当按照其他当事人的人数提交监督申请书副本。

第23条　本规则第21条规定的身份证明包括：（一）自然人的居民身份证、军官证、士兵证、护照等能够证明本人身份的有效证件；（二）法人或者非法人组织的统一社会信用代码证书或者营业执照副本、组织机构代码证书和法定代表人或者主要负责人的身份证明等有效证照。

对当事人提交的身份证明，人民检察院经核对无误留存复印件。

第24条　本规则第21条规定的相关法律文书是指人民法院在该案件诉讼过程中作出的全部判决书、裁定书、决定书、调解书等法律文书。

第25条　当事人申请监督，可以依照《中华人民共和国民事诉讼法》的规定委托诉讼代理人。

第26条　当事人申请监督符合下列条件的，人民检察院应当受理：（一）符合本规则第19条的规定；（二）申请人提供的材料符合本规则第21条至第24条的规定；（三）属于本院受理案件范围；（四）不具有本规则规定的不予受理情形。

第28条　当事人认为民事审判程序或者执行活动存在违法情形，向人民检察院申请监督，有下列情形之一的，人民检察院不予受理：（一）法律规定可以提出异议、申请复议或者提起诉讼，当事人没有提出异议、申请复议或者提起诉讼的，但有正当理由的除外；（二）当事人提出异议、申请复议或者提起诉讼后，人民法院已经受理并正在审查处理的，但超过法定期限未作出处理的除外；（三）其他不应受理的情形。

当事人对审判、执行人员违法行为申请监督的，不受前款规定的限制。

第30条　当事人认为民事审判程序中审判人员存在违法行为或者民事执行活动存在违法情形，向人民检察院申请监督的，由审理、执行案件的人民法院所在地同级人民检察院负责控告申诉检察的部门受理。

当事人不服上级人民法院作出的复议裁定、决定等，提出监督申请的，由上级人民法院所在地同级人民检察院受理。人民检察院受理后，可以根据需要依照本规则有关规定将案件交由原审理、执行案件的人民法院所在地同级人民检察院办理。

第31条 当事人认为人民检察院不依法受理其监督申请的，可以向上一级人民检察院申请监督。上一级人民检察院认为当事人监督申请符合受理条件的，应当指令下一级人民检察院受理，必要时也可以直接受理。

第32条 人民检察院负责控告申诉检察的部门对监督申请，应当根据以下情形作出处理：

（一）符合受理条件的，应当依照本规则规定作出受理决定；

（二）不属于本院受理案件范围的，应当告知申请人向有关人民检察院申请监督；

（三）不属于人民检察院主管范围的，应当告知申请人向有关机关反映；

（四）不符合受理条件，且申请人不撤回监督申请的，可以决定不予受理。

第33条 负责控告申诉检察的部门应当在决定受理之日起3日内制作《受理通知书》，发送申请人，并告知其权利义务；同时将《受理通知书》和监督申请书副本发送其他当事人，并告知其权利义务。其他当事人可以在收到监督申请书副本之日起15日内提出书面意见，不提出意见的不影响人民检察院对案件的审查。

第34条 负责控告申诉检察的部门应当在决定受理之日起3日内将案件材料移送本院负责民事检察的部门，同时将《受理通知书》抄送本院负责案件管理的部门。负责控告申诉检察的部门收到其他当事人提交的书面意见等材料，应当及时移送负责民事检察的部门。

第35条 当事人以外的自然人、法人和非法人组织认为人民法院民事审判程序中审判人员存在违法行为或者民事执行活动存在违法情形等，可以向同级人民检察院控告。控告由人民检察院负责控告申诉检察的部门受理。

负责控告申诉检察的部门对收到的控告，应当依据《人民检察院信访工作规定》等办理。

第36条 负责控告申诉检察的部门可以依据《人民检察院信访工作规定》，向下级人民检察院交办涉及民事诉讼监督的信访案件。

第37条 人民检察院在履行职责中发现民事案件有下列情形之一的，应当依职权启动监督程序：（一）损害国家利益或者社会公共利益的；（二）审判、执行人员有贪污受贿，徇私舞弊，枉法裁判等违法行为的；（三）当事人存在虚假诉讼等妨害司法秩序行为的；（四）人民法院作出的已经发生法律效力的民事公益诉讼判决、裁定、调解书确有错误，审判程序中审判人员存在违法行为，或者执于活动存在违法情形的；（五）依照有关规定需要人民检察院跟进监督的；（六）具有重大社会影响等确有必要进行监督的情形。

人民检察院对民事案件依职权启动监督程序，不受当事人是否申请再审的限制。

第 38 条　下级人民检察院提请抗诉、提请其他监督等案件，由上一级人民检察院负责案件管理的部门受理。

依职权启动监督程序的民事诉讼监督案件，负责民事检察的部门应当到负责案件管理的部门登记受理。

第 39 条　负责案件管理的部门接收案件材料后，应当在 3 日内登记并将案件材料和案件登记表移送负责民事检察的部门；案件材料不符合规定的，应当要求补齐。

负责案件管理的部门登记受理后，需要通知当事人的，负责民事检察的部门应当制作《受理通知书》，并在 3 日内发送当事人。

第 4 章　审查

第 1 节　一般规定

第 40 条　受理后的民事诉讼监督案件由负责民事检察的部门进行审查。

第 41 条　上级人民检察院认为确有必要的，可以办理下级人民检察院受理的民事诉讼监督案件。

下级人民检察院对受理的民事诉讼监督案件，认为需要由上级人民检察院办理的，可以报请上级人民检察院办理。

第 42 条　上级人民检察院可以将受理的民事诉讼监督案件交由下级人民检察院办理，并限定办理期限。交办的案件应当制作《交办通知书》，并将有关材料移送下级人民检察院。下级人民检察院应当依法办理，不得将案件再行交办。除本规则第 107 条规定外，下级人民检察院应当在规定期限内提出处理意见并报送上级人民检察院，上级人民检察院应当在法定期限内作出决定。

交办案件需要通知当事人的，应当制作《通知书》，并发送当事人。

第 43 条　人民检察院审查民事诉讼监督案件，应当围绕申请人的申请监督请求、争议焦点以及本规则第 37 条规定的情形，对人民法院民事诉讼活动是否合法进行全面审查。其他当事人在人民检察院作出决定前也申请监督的，应当将其列为申请人，对其申请监督请求一并审查。

第 44 条　申请人或者其他当事人对提出的主张，应当提供证据材料。人民检察院收到当事人提交的证据材料，应当出具收据。

第 45 条　人民检察院应当告知当事人有申请回避的权利，并告知办理案件的检察人员、书记员等的姓名、法律职务。

第46条 人民检察院审查案件，应当通过适当方式听取当事人意见，必要时可以听证或者调查核实有关情况，也可以依照有关规定组织专家咨询论证。

第47条 人民检察院审查案件，可以依照有关规定调阅人民法院的诉讼卷宗。

通过拷贝电子卷、查阅、复制、摘录等方式能够满足办案需要的，可以不调阅诉讼卷宗。

人民检察院认为确有必要，可以依照有关规定调阅人民法院的诉讼卷宗副卷，并采取严格保密措施。

第48条 承办检察官审查终结后，应当制作审查终结报告。审查终结报告应当全面、客观、公正地叙述案件事实，依据法律提出处理建议或者意见。

承办检察官通过审查监督申请书等材料即可以认定案件事实的，可以直接制作审查终结报告，提出处理建议或者意见。

第49条 承办检察官办理案件过程中，可以提请部门负责人召集检察官联席会议讨论。检察长、部门负责人在审核或者决定案件时，也可以召集检察官联席会议讨论。

检察官联席会议讨论情况和意见应当如实记录，由参加会议的检察官签名后附卷保存。部门负责人或者承办检察官不同意检察官联席会议多数人意见的，部门负责人应当报请检察长决定。

检察长认为必要的，可以提请检察委员会讨论决定。检察长、检察委员会对案件作出的决定，承办检察官应当执行。

第50条 人民检察院对审查终结的案件，应当区分情况作出下列决定：（一）提出再审检察建议；（二）提请抗诉或者提请其他监督；（三）提出抗诉；（四）提出检察建议；（五）终结审查；（六）不支持监督申请；（七）复查维持。

负责控告申诉检察的部门受理的案件，负责民事检察的部门应当将案件办理结果告知负责控告申诉检察的部门。

第51条 人民检察院在办理民事诉讼监督案件过程中，当事人有和解意愿的，可以引导当事人自行和解。

第52条 人民检察院受理当事人申请对人民法院已经发生法律效力的民事判决、裁定、调解书监督的案件，应当在3个月内审查终结并作出决定，但调卷、鉴定、评估、审计、专家咨询等期间不计入审查期限。

对民事审判程序中审判人员违法行为监督案件和对民事执行活动监督案件的审查期限，参照前款规定执行。

第53条 人民检察院办理民事诉讼监督案件，可以依照有关规定指派司法警察协助承办检察官履行调查核实、听证等职责。

第 2 节　听证

第 54 条　人民检察院审查民事诉讼监督案件，认为确有必要的，可以组织有关当事人听证。

人民检察院审查民事诉讼监督案件，可以邀请与案件没有利害关系的人大代表、政协委员、人民监督员、特约检察员、专家咨询委员、人民调解员或者当事人所在单位、居住地的居民委员会、村民委员会成员以及专家、学者等其他社会人士参加公开听证，但该民事案件涉及国家秘密、个人隐私或者法律另有规定不得公开的除外。

第 55 条　人民检察院组织听证，由承办检察官主持，书记员负责记录。

听证一般在人民检察院专门听证场所内进行。

第 56 条　人民检察院组织听证，应当在听证 3 日前告知听证会参加人案由、听证时间和地点。

第 57 条　参加听证的当事人和其他相关人员应当按时参加听证，当事人无正当理由缺席或者未经许可中途退席的，不影响听证程序的进行。

第 58 条　听证应当围绕民事诉讼监督案件中的事实认定和法律适用等问题进行。

对当事人提交的证据材料和人民检察院调查取得的证据，应当充分听取各方当事人的意见。

第 59 条　听证会一般按照下列步骤进行：（一）承办案件的检察官介绍案件情况和需要听证的问题；（二）当事人及其他参加人就需要听证的问题分别说明情况；（三）听证员向当事人或者其他参加人提问；（四）主持人宣布休会，听证员就听证事项进行讨论；（五）主持人宣布复会，根据案件情况，可以由听证员或者听证员代表发表意见；（六）当事人发表最后陈述意见；（七）主持人对听证会进行总结。

第 60 条　听证应当制作笔录，经当事人校阅后，由当事人签名或者盖章。拒绝签名盖章的，应当记明情况。

第 61 条　参加听证的人员应当服从听证主持人指挥。

对违反听证秩序的，人民检察院可以予以批评教育，责令退出听证场所；对哄闹、冲击听证场所，侮辱、诽谤、威胁、殴打检察人员等严重扰乱听证秩序的，依法追究相应法律责任。

第 3 节　调查核实

第 62 条　人民检察院因履行法律监督职责的需要，有下列情形之一的，可以向当事人或者案外人调查核实有关情况：（一）民事判决、裁定、调解书可能存在法律规定需要监督的情形，仅通过阅卷及审查现有材料难以认定的；（二）民事审判程序中审判人员可能存在违法行为的；（三）民事执行活动可能存在违法情形的；（四）其他需要调查核实的情形。

第63条 人民检察院可以采取以下调查核实措施：（一）查询、调取、复制相关证据材料；（二）询问当事人或者案外人；（三）咨询专业人员、相关部门或者行业协会等对专门问题的意见；（四）委托鉴定、评估、审计；（五）勘验物证、现场；（六）查明案件事实所需要采取的其他措施。

人民检察院调查核实，不得采取限制人身自由和查封、扣押、冻结财产等强制性措施。

第64条 有下列情形之一的，人民检察院可以向银行业金融机构查询、调取、复制相关证据材料：（一）可能损害国家利益、社会公共利益的；（二）审判、执行人员可能存在违法行为的；（三）涉及《中华人民共和国民事诉讼法》第55条规定诉讼的；（四）当事人有伪造证据、恶意串通损害他人合法权益可能的。

人民检察院可以依照有关规定指派具备相应资格的检察技术人员对民事诉讼监督案件中的鉴定意见等技术性证据进行专门审查，并出具审查意见。

第65条 人民检察院可以就专门性问题书面或者口头咨询有关专业人员、相关部门或者行业协会的意见。口头咨询的，应当制作笔录，由接受咨询的专业人员签名或者盖章。拒绝签名盖章的，应当记明情况。

第66条 人民检察院对专门性问题认为需要鉴定、评估、审计的，可以委托具备资格的机构进行鉴定、评估、审计。

在诉讼过程中已经进行过鉴定、评估、审计的，一般不再委托鉴定、评估、审计。

第67条 人民检察院认为确有必要的，可以勘验物证或者现场。勘验人应当出示人民检察院的证件，并邀请当地基层组织或者当事人所在单位派人参加。当事人或者当事人的成年家属应当到场，拒不到场的，不影响勘验的进行。

勘验人应当将勘验情况和结果制作笔录，由勘验人、当事人和被邀参加人签名或者盖章。

第68条 需要调查核实的，由承办检察官在职权范围内决定，或者报检察长决定。

第69条 人民检察院调查核实，应当由2人以上共同进行。

调查笔录经被调查人校阅后，由调查人、被调查人签名或者盖章。被调查人拒绝签名盖章的，应当记明情况。

第70条 人民检察院可以指令下级人民检察院或者委托外地人民检察院调查核实。

人民检察院指令调查或者委托调查的，应当发送《指令调查通知书》或者《委托调查函》，载明调查核实事项、证据线索及要求。受指令或者受委托人民检察院收到《指令调查通知书》或者《委托调查函》后，应当在 15 日内完成调查核实工作并书面回复。因客观原因不能完成调查的，应当在上述期限内书面回复指令或者委托的人民检察院。

人民检察院到外地调查的，当地人民检察院应当配合。

第 71 条　人民检察院调查核实，有关单位和个人应当配合。拒绝或者妨碍人民检察院调查核实的，人民检察院可以向有关单位或者其上级主管部门提出检察建议，责令纠正；涉嫌违纪违法犯罪的，依照规定移送有关机关处理。

第 4 节　中止审查和终结审查

第 72 条　有下列情形之一的，人民检察院可以中止审查：（一）申请监督的自然人死亡，需要等待继承人表明是否继续申请监督的；（二）申请监督的法人或者非法人组织终止，尚未确定权利义务承受人的；（三）本案必须以另一案的处理结果为依据，而另一案尚未审结的；（四）其他可以中止审查的情形。

中止审查的，应当制作《中止审查决定书》，并发送当事人。中止审查的原因消除后，应当及时恢复审查。

第 73 条　有下列情形之一的，人民检察院应当终结审查：（一）人民法院已经裁定再审或者已经纠正违法行为的；（二）申请人撤回监督申请，且不损害国家利益、社会公共利益或者他人合法权益的；（三）申请人在与其他当事人达成的和解协议中声明放弃申请监督权利，且不损害国家利益、社会公共利益或者他人合法权益的；（四）申请监督的自然人死亡，没有继承人或者继承人放弃申请，且没有发现其他应当监督的违法情形的；（五）申请监督的法人或者非法人组织终止，没有权利义务承受人或者权利义务承受人放弃申请，且没有发现其他应当监督的违法情形的；（六）发现已经受理的案件不符合受理条件的；（七）人民检察院依职权启动监督程序的案件，经审查不需要采取监督措施的；（八）其他应当终结审查的情形。

终结审查的，应当制作《终结审查决定书》，需要通知当事人的，发送当事人。

第 5 章　对生效判决、裁定、调解书的监督（见本书第 219-224 条）

第 6 章　对审判程序中审判人员违法行为的监督（见本书第 219-224 条）

第 7 章　对执行活动的监督（见本书第 246 条）

第 8 章　案件管理

第 111 条　人民检察院负责案件管理的部门对民事诉讼监督案件的受理、期限、程序、质量等进行管理、监督、预警。

第 112 条　负责案件管理的部门发现本院办案活动有下列情形之一的，应当及时提出纠正意见：（一）法律文书制作、使用不符合法律和有关规定的；（二）违反办案期限有关规定的；（三）侵害当事人、诉讼代理人诉讼权利的；（四）未依法对民事审判活动以及执行活动中的违法行为履行法律监督职责的；（五）其他应当提出纠正意见的情形。

情节轻微的，可以口头提示；情节较重的，应当发送《案件流程监控通知书》，提示办案部门及时查明情况并予以纠正；情节严重的，应当同时向检察长报告。

办案部门收到《案件流程监控通知书》后，应当在 10 日内将核查情况书面回复负责案件管理的部门。

第 113 条　负责案件管理的部门对以本院名义制发民事诉讼监督法律文书实施监督管理。

第 114 条　人民检察院办理的民事诉讼监督案件，办结后需要向其他单位移送案卷材料的，统一由负责案件管理的部门审核移送材料是否规范、齐备。负责案件管理的部门认为材料规范、齐备，符合移送条件的，应当立即由办案部门按照规定移送；认为材料不符合要求的，应当及时通知办案部门补送、更正。

第 115 条　人民法院向人民检察院送达的民事判决书、裁定书或者调解书等法律文书，由负责案件管理的部门负责接收，并即时登记移送负责民事检察的部门。

第 116 条　人民检察院在办理民事诉讼监督案件过程中，当事人及其诉讼代理人提出有关申请、要求或者提交有关书面材料的，由负责案件管理的部门负责接收，需要出具相关手续的，负责案件管理的部门应当出具。负责案件管理的部门接收材料后应当及时移送负责民事检察的部门。

第 9 章　其他规定

第 117 条　人民检察院发现人民法院在多起同一类型民事案件中有下列情形之一的，可以提出检察建议：（一）同类问题适用法律不一致的；（二）适用法律存在同类错误的；（三）其他同类违法行为。

人民检察院发现有关单位的工作制度、管理方法、工作程序违法或者不当，需要改正、改进的，可以提出检察建议。

第 118 条　申请人向人民检察院提交的新证据是伪造的，或者对案件重要事实作虚假陈述的，人民检察院应当予以批评教育，并可以终结审查，但确有必要进行监督的除外；涉嫌违纪违法犯罪的，依照规定移送有关机关处理。

其他当事人有前款规定情形的，人民检察院应当予以批评教育；涉嫌违纪违法犯罪的，依照规定移送有关机关处理。

第 119 条　人民检察院发现人民法院审查和处理当事人申请执行、撤销仲裁裁决或者申请执行公证债权文书存在违法、错误情形的，参照本规则第 6 章、第 7 章有关规定执行。

第 120 条　负责民事检察的部门在履行职责过程中，发现涉嫌违纪违法犯罪以及需要追究司法责任的行为，应当报检察长决定，及时将相关线索及材料移送有管辖权的机关或者部门。

人民检察院其他职能部门在履行职责中发现符合本规则规定的应当依职权启动监督程序的民事诉讼监督案件线索，应当及时向负责民事检察的部门通报。

第 121 条　人民检察院发现作出的相关决定确有错误需要纠正或者有其他情形需要撤回的，应当经本院检察长或者检察委员会决定。

第 122 条　人民法院对人民检察院监督行为提出建议的，人民检察院应当在 1 个月内将处理结果书面回复人民法院。人民法院对回复意见有异议，并通过上一级人民法院向上一级人民检察院提出的，上一级人民检察院认为人民法院建议正确，应当要求下级人民检察院及时纠正。

第 123 条　人民法院对民事诉讼监督案件作出再审判决、裁定或者其他处理决定后，提出监督意见的人民检察院应当对处理结果进行审查，并填写《民事诉讼监督案件处理结果审查登记表》。

第 124 条　有下列情形之一的，人民检察院可以按照有关规定再次监督或者提请上级人民检察院监督：

（一）人民法院审理民事抗诉案件作出的判决、裁定、调解书仍有明显错误的；

（二）人民法院对检察建议未在规定的期限内作出处理并书面回复的；

（三）人民法院对检察建议的处理结果错误的。

第 125 条　地方各级人民检察院对适用法律确属疑难、复杂，本院难以决断的重大民事诉讼监督案件，可以向上一级人民检察院请示。

请示案件依照最高人民检察院关于办理下级人民检察院请示件、下级人民检察院向最高人民检察院报送公文的相关规定办理。

第 126 条　当事人认为人民检察院对同级人民法院已经发生法律效力的民事判决、裁定、调解书作出的不支持监督申请决定存在明显错误的，可以在不支持监督申请决定作出之日起 1 年内向上一级人民检察院申请复查一次。负责控告申诉检察的部门经初核，发现可能有以下情形之一的，可以移送本院负责民事检察的部门审查处理：（一）有新的证据，足以推翻原判决、裁定的；（二）有证据证明原判决、裁定认定事实的主要证据是伪造的；（三）据以作出原判决、裁定的法律文书被撤销或者变更的；（四）有证据证明审判人员审理该案件时有贪污受贿，徇私舞弊，枉法裁判等行为的；（五）有证据证明检察人员办理该案件时有贪污受贿，徇私舞弊，滥用职权等行为的；（六）其他确有必要进行复查的。

负责民事检察的部门审查后，认为下一级人民检察院不支持监督申请决定错误，应当以人民检察院的名义予以撤销并依法提出抗诉；认为不存在错误，应当决定复查维持，并制作《复查决定书》，发送申请人。

上级人民检察院可以依职权复查下级人民检察院对同级人民法院已经发生法律效力的民事判决、裁定、调解书作出不支持监督申请决定的案件。

对复查案件的审查期限，参照本规则第52条第1款规定执行。

第127条　制作民事诉讼监督法律文书，应当符合规定的格式。

民事诉讼监督法律文书的格式另行制定。

第128条　人民检察院可以参照《中华人民共和国民事诉讼法》有关规定发送法律文书。

第129条　人民检察院发现制作的法律文书存在笔误的，应当作出《补正决定书》予以补正。

第130条　人民检察院办理民事诉讼监督案件，应当按照规定建立民事诉讼监督案卷。

第131条　人民检察院办理民事诉讼监督案件，不收取案件受理费。申请复印、鉴定、审计、勘验等产生的费用由申请人直接支付给有关机构或者单位，人民检察院不得代收代付。

第10章　附则

第132条　检察建议案件的办理，本规则未规定的，适用《人民检察院检察建议工作规定》(见《行政诉讼法全厚细》第11条)。

第133条　民事公益诉讼监督案件的办理，适用本规则及有关公益诉讼检察司法解释的规定。

第134条　军事检察院等专门人民检察院对民事诉讼监督案件的办理，以及人民检察院对其他专门人民法院的民事诉讼监督案件的办理，适用本规则和其他有关规定。

【高检发办字［2023］49号】　人民检察院办理知识产权案件工作指引
（2023年4月25日印发施行）

第25条　人民检察院在履行职责中发现知识产权民事、行政案件分别具有《人民检察院民事诉讼监督规则》第37条、《人民检察院行政诉讼监督规则》第

36 条规定之情形, 应当依职权启动监督程序。

适用《人民检察院民事诉讼监督规则》第 37 条第 1 款第 6 项和《人民检察院行政诉讼监督规则》第 36 条第 1 款第 5 项时, 一般考虑如下因素:(一)涉及地域广、利益群体众多的;(二)涉及医药、食品、环境等危害国家利益和社会公共利益的;(三)涉及高新技术、关键核心技术等影响产业发展的;(四)其他具有重大社会影响的情形。

第 26 条　知识产权民事诉讼监督案件的范围包括:(一)著作权、商标权、专利权、植物新品种权、集成电路布图设计专有权、企业名称(商号)权、特殊标志专有权、网络域名、确认不侵害知识产权等知识产权权属、侵权纠纷案件;(二)著作权、商标、专利、植物新品种、集成电路布图设计、商业秘密、网络域名、企业名称(商号)、特殊标志、技术合同、特许经营等涉知识产权合同纠纷案件;(三)仿冒、商业贿赂、虚假宣传、侵害商业秘密、商业诋毁等不正当竞争纠纷案件;(四)垄断协议、滥用市场支配地位、经营者集中等垄断纠纷案件;(五)其他与知识产权有关的民事案件。

第 27 条　人民检察院对知识产权民事诉讼案件进行法律监督, 应当围绕申请监督请求、争议焦点, 对知识产权权利客体、权利效力、权利归属、侵权行为、抗辩事由、法律责任等裁判、调解结果, 审判人员违法行为以及执行活动进行全面审查。申请人或者其他当事人对提出的主张, 应当提供证据材料。

第 30 条　人民检察院办理侵害著作权民事诉讼监督案件, 应当围绕申请人的申请监督请求、争议焦点, 审查诉讼的案由、主体是否适格、著作权权利基础及范围、被诉侵权行为、是否构成实质性相似、抗辩事由是否成立、被告承担民事责任的形式等。

第 31 条　人民检察院办理侵害商标权民事诉讼监督案件, 应当围绕申请人的申请监督请求、争议焦点, 审查主体是否为注册商标专用权人或者利害关系人、注册商标保护范围、被诉侵权行为、是否容易导致混淆或者误导公众、抗辩事由是否成立、被告承担民事责任的形式等。

第 32 条　人民检察院办理侵害专利权民事诉讼监督案件, 应当围绕申请人的申请监督请求、争议焦点, 审查诉讼的专利类型、主体是否为专利权人或者利害关系人、专利权的保护范围、被诉侵权行为、是否落入专利权保护范围、抗辩事由是否成立、被告承担民事责任的形式等。

第 33 条　人民检察院办理反不正当竞争民事诉讼监督案件, 应当围绕申请人的申请监督请求、争议焦点, 准确理解反不正当竞争法与专利法、商标法、著作权法等法律规定之间的关系, 以及反不正当竞争法总则第 2 条与第 2 章之间的关系, 结合反不正当竞争法的相关规定进行审查。

第34条 人民检察院办理涉及知识产权合同纠纷民事诉讼监督案件，应当围绕申请人的申请监督请求、争议焦点，审查合同所涉知识产权的权利归属、合同效力、合同约定、履行行为、合同无效的缔约过错、违约行为、违约责任、合同解除等。

第15条 （见第58条之后）

第16条²⁰¹³⁰¹⁰¹ ~~人民调解委员会是在基层人民政府和基层人民法院指导下，调解民间纠纷的群众性组织。~~

~~人民调解委员会依照法律规定，根据自愿原则进行调解。当事人对调解达成的协议应当履行；不愿调解、调解不成或者反悔的，可以向人民法院起诉。~~

~~人民调解委员会调解民间纠纷，如有违背法律的，人民法院应当予以纠正。~~

第16条²⁰²²⁰¹⁰¹ 【在线诉讼】经当事人同意，民事诉讼活动可以通过信息网络平台在线进行。

民事诉讼活动通过信息网络平台在线进行的，与线下诉讼活动具有同等法律效力。

● **相关规定** 【法〔2020〕10号】 民事诉讼程序繁简分流改革试点方案（最高法2020年1月15日印发，试点2年）

二、主要内容（详见本书第165-170条）

（五）健全电子诉讼规则。明确诉讼参与人通过人民法院信息化平台在线完成诉讼行为的法律效力。当事人选择以在线方式诉讼的，可以以电子化方式提交诉讼材料和证据材料，经人民法院审核通过后，可以不再提交纸质原件。经当事人同意，适用简易程序或者普通程序审理的案件，均可以采取在线视频方式开庭。明确电子送达的适用条件、适用范围和生效标准，经受送达人同意，可以采用电子方式送达判决书、裁定书、调解书。

【法〔2020〕11号】 民事诉讼程序繁简分流改革试点实施办法（最高法2020年1月15日印发，试点2年；只适用于试点法院）（详见本书第165-170条）

六、健全电子诉讼规则

第21条 人民法院、当事人及其他诉讼参与人可以通过信息化诉讼平台在线开展诉讼活动。诉讼主体的在线诉讼活动，与线下诉讼活动具有同等效力。

人民法院根据技术条件、案件情况和当事人意愿等因素，决定是否采取在线方式完成相关诉讼环节。

第 22 条　当事人及其他诉讼参与人以电子化方式提交的诉讼材料和证据材料，经人民法院审核通过后，可以直接在诉讼中使用，不再提交纸质原件。人民法院根据对方当事人申请或者案件审理需要，要求提供原件的，当事人应当提供。

第 23 条　人民法院开庭审理案件，可以采取在线视频方式，但符合下列情形之一的，不适用在线庭审：（一）双方当事人明确表示不同意，或者一方当事人表示不同意且有正当理由的；（二）双方当事人均不具备参与在线庭审的技术条件和能力的；（三）需要现场查明身份、核对原件、查验实物的；（四）人民法院认为存在其他不宜适用在线庭审情形的。

仅一方当事人选择在线庭审的，人民法院可以根据案件情况，采用一方当事人在线、另一方当事人线下的方式开庭。

采用在线庭审方式审理的案件，审理过程中出现上述情形之一的，人民法院应当将案件转为线下开庭方式审理。已完成的在线庭审活动具有法律效力。

【法〔2020〕105 号】　民事诉讼程序繁简分流改革试点问答口径（一）（最高法 2020 年 4 月 15 日公布）

二十八、电子诉讼方式是否可以适用于所有案件？实践中应当考虑哪些因素？

答：推进电子诉讼应当审慎控制节奏，严格适用条件，尊重司法规律，注重从以下几个方面把握：第一，确保于法有据。现行法律规范有明确规定的，在未获得法律授权的情况下不得任意突破；法律没有明确规定，但通过目的解释、扩张解释符合立法原意的，可以拓展适用；对于确属电子诉讼模式下的新机制新要求，可以探索完善相关规则，但不得有悖程序公正。第二，尊重当事人选择。开展电子诉讼必须以当事人同意为前提，并充分告知权利义务和法律后果。当事人已选择电子诉讼模式的，原则上不得反悔，但确有正当理由的，例如证明自身确不具备电子诉讼能力或已作出相应线下诉讼行为，人民法院可以调整审理方式。第三，符合案件实际。电子诉讼适用应当充分考虑案件的性质、特点、证据类型等方面因素，对于诉讼参与人多、案件重大、案情复杂、证据繁杂、审理耗时长的案件，一般不宜在线开庭，但案件调解、文书送达等环节可以在线完成。第四，具备技术条件。推进电子诉讼必须拥有相应的技术条件，各试点法院应积极运用中国移动微法院、诉讼服务网等信息化诉讼平台在线开展诉讼活动。

二十九、当事人提交的电子化材料有何效力？

答：根据《实施办法》第 22 条，经过人民法院审核通过的电子化材料，具有"视同原件"的效力，可以直接在诉讼中使用，但该效力仅针对电子化材料形式真实性，对证据的实质真实性、关联性和合法性必须通过举证质证程序审查。

三十、法官应当如何审核电子化材料？

答：法官审核电子化材料的形式真实性，应当注意以下几个方面：第一，对于审核难度相对较小的诉讼材料，可以通过打通相关部门公民个人身份信息和企业工商登记信息系统进行在线核实，对授权委托书等材料采取电话核实。第二，对于双方都占有的证据材料，主要视对方当事人提出异议情况而定，无异议的可以直接认定，有异议且理由正当的应要求提供原件核对。第三，对于仅单方占有的证据材料，首先考虑是否系制式化、标准化或第三方出具，如发票、交费收据等，这类证据若对方当事人不持异议，可以直接认定；对于单方提供的非制式化并对案件审理具有关键性作用的证据，人民法院认为无法核实真实性时，应当要求提供原件核对。

三十一、在线庭审适用于哪些案件？

答：在线庭审适用范围原则上没有案件类型限制，但实践中法官应根据案件性质、当事人数量、复杂程度等因素做出综合评估，确定案件是否适宜在线庭审。案件存在双方当事人不同意在线庭审、不具备在线庭审技术条件、需现场查明身份、核对原件、查验实物等情形的，不适用在线庭审。

三十二、当事人不同意适用在线庭审应当如何处理？

答：在线庭审总体上应以当事人同意为前提，若一方当事人不同意全案在线庭审，要求各方当事人均线下开庭的，应当要求其说明理由，并判断理由是否正当。正当理由的情形一般包括：案件疑难复杂、需证人到庭现场作证、需与对方当事人现场对质等。实践中，对正当理由的把握标准不宜过于严格，除属于明显故意拖延诉讼、增加对方当事人诉讼成本、扰乱正常诉讼秩序外，一般应予以认可。

三十三、在线庭审应当通过何种方式进行？

答：在线庭审应严格遵循司法亲历性原则，必须采取在线视频庭审方式，并且一般应当在人民法院统一规范的诉讼平台上进行，不能通过法官个人的微信、QQ等即时通讯工具开庭。

三十四、在线庭审如何维护庭审纪律和规范庭审礼仪？

答：在线庭审应当确保庭审庄重严肃。各试点法院应当根据在线庭审特点，细化完善庭审规范，重点就庭审场所、环境、着装、行为、旁听案件等方面作出具体规定。严禁违规录制在线庭审过程或者截取、传播相关视频、图片等行为；对不按时参加在线庭审或庭审中擅自退出的，可以视为"拒不到庭"或"中途退庭"；对违反庭审纪律和礼仪的，应当作出训诫等强制措施。

【法〔2020〕272 号】　　民事诉讼程序繁简分流改革试点问答口径（二）（最高法 2020 年 10 月 23 日公布）

二十二、《实施办法》中的电子诉讼规则，能否适用于执行案件？

答：可以。《实施办法》中明确的在线立案、电子化材料效力、电子送达等电子诉讼规则适用于执行案件。在办理执行实施案件或执行审查案件过程中，需要询问当事人的，可以参照《实施办法》第 23 条关于在线庭审的规定在线询问。

【法发〔2021〕7 号】　　最高人民法院关于为跨境诉讼当事人提供网上立案服务的若干规定（2021 年 2 月 3 日公布，2021 年 2 月 3 日起施行）（见本书第123 条）

【法释〔2021〕12 号】　　人民法院在线诉讼规则（2021 年 5 月 18 日最高法审委会〔1838 次〕通过，2021 年 6 月 16 日公布，2021 年 8 月 1 日起施行；以本规为准）

第 1 条　人民法院、当事人及其他诉讼参与人等可以依托电子诉讼平台（以下简称"诉讼平台"），通过互联网或者专用网络在线完成立案、调解、证据交换、询问、庭审、送达等全部或者部分诉讼环节。

在线诉讼活动与线下诉讼活动具有同等法律效力。

第 2 条　人民法院开展在线诉讼应当遵循以下原则：

（一）公正高效原则。严格依法开展在线诉讼活动，完善审判流程，健全工作机制，加强技术保障，提高司法效率，保障司法公正。

（二）合法自愿原则。尊重和保障当事人及其他诉讼参与人对诉讼方式的选择权，未经当事人及其他诉讼参与人同意，人民法院不得强制或变相强制适用在线诉讼。

（三）权利保障原则。充分保障当事人各项诉讼权利，强化提示、说明、告知义务，不得随意减少诉讼环节和减损当事人诉讼权益。

（四）便民利民原则。优化在线诉讼服务，完善诉讼平台功能，加强信息技术应用，降低当事人诉讼成本，提升纠纷解决效率。统筹兼顾不同群体司法需求，对未成年人、老年人、残障人士等特殊群体加强诉讼引导，提供相应司法便利。

（五）安全可靠原则。依法维护国家安全，保护国家秘密、商业秘密、个人隐私和个人信息，有效保障在线诉讼数据信息安全。规范技术应用，确保技术中立和平台中立。

第 3 条　人民法院综合考虑案件情况、当事人意愿和技术条件等因素，可以对以下案件适用在线诉讼：（一）民事、行政诉讼案件；（二）刑事速裁程序案件，减刑、假释案件，以及因其他特殊原因不宜线下审理的刑事案件；（三）民事特别程序、督促程序、破产程序和非诉执行审查案件；（四）民事、行政执行案件和刑事附带民事诉讼执行案件；（五）其他适宜采取在线方式审理的案件。

第4条　人民法院开展在线诉讼，应当征得当事人同意，并告知适用在线诉讼的具体环节、主要形式、权利义务、法律后果和操作方法等。

人民法院应当根据当事人对在线诉讼的相应意思表示，作出以下处理：

（一）当事人主动选择适用在线诉讼的，人民法院可以不再另行征得其同意，相应诉讼环节可以直接在线进行；

（二）各方当事人均同意适用在线诉讼的，相应诉讼环节可以在线进行；

（三）部分当事人同意适用在线诉讼，部分当事人不同意的，相应诉讼环节可以采取同意方当事人线上、不同意方当事人线下的方式进行；

（四）当事人仅主动选择或者同意对部分诉讼环节适用在线诉讼的，人民法院不得推定其对其他诉讼环节均同意适用在线诉讼。

对人民检察院参与的案件适用在线诉讼的，应当征得人民检察院同意。

第5条　在诉讼过程中，如存在当事人欠缺在线诉讼能力、不具备在线诉讼条件或者相应诉讼环节不宜在线办理等情形之一的，人民法院应当将相应诉讼环节转为线下进行。

当事人已同意对相应诉讼环节适用在线诉讼，但诉讼过程中又反悔的，应当在开展相应诉讼活动前的合理期限内提出。经审查，人民法院认为不存在故意拖延诉讼等不当情形的，相应诉讼环节可以转为线下进行。

在调解、证据交换、询问、听证、庭审等诉讼环节中，一方当事人要求其他当事人及诉讼参与人在线下参与诉讼的，应当提出具体理由。经审查，人民法院认为案件存在案情疑难复杂、需证人现场作证、有必要线下举证质证、陈述辩论等情形之一的，相应诉讼环节可以转为线下进行。

第6条　当事人已同意适用在线诉讼，但无正当理由不参与在线诉讼活动或者不作出相应诉讼行为，也未在合理期限内申请提出转为线下进行的，应当依照法律和司法解释的相关规定承担相应法律后果。

第7条　参与在线诉讼的诉讼主体应当先行在诉讼平台完成实名注册。人民法院应当通过证件证照在线比对、身份认证平台认证等方式，核实诉讼主体的实名手机号码、居民身份证件号码、护照号码、统一社会信用代码等信息，确认诉讼主体身份真实性。诉讼主体在线完成身份认证后，取得登录诉讼平台的专用账号。

参与在线诉讼的诉讼主体应当妥善保管诉讼平台专用账号和密码。除有证据证明存在账号被盗用或者系统错误的情形外，使用专用账号登录诉讼平台所作出的行为，视为被认证人本人行为。

人民法院在线开展调解、证据交换、庭审等诉讼活动，应当再次验证诉讼主体的身份；确有必要的，应当在线下进一步核实身份。

第 8 条　人民法院、特邀调解组织、特邀调解员可以通过诉讼平台、人民法院调解平台等开展在线调解活动。在线调解应当按照法律和司法解释相关规定进行，依法保护国家秘密、商业秘密、个人隐私和其他不宜公开的信息。

第 9 条　当事人采取在线方式提交起诉材料的，人民法院应当在收到材料后的法定期限内，在线作出以下处理：

（一）符合起诉条件的，登记立案并送达案件受理通知书、交纳诉讼费用通知书、举证通知书等诉讼文书；

（二）提交材料不符合要求的，及时通知其补正，并一次性告知补正内容和期限，案件受理时间自收到补正材料后次日重新起算；

（三）不符合起诉条件或者起诉材料经补正仍不符合要求，原告坚持起诉的，依法裁定不予受理或者不予立案；

当事人已在线提交符合要求的起诉状等材料的，人民法院不得要求当事人再提供纸质件。

上诉、申请再审、特别程序、执行等案件的在线受理规则，参照本条第 1 款、第 2 款规定办理。

第 10 条　案件适用在线诉讼的，人民法院应当通知被告、被上诉人或者其他诉讼参与人，询问其是否同意以在线方式参与诉讼。被通知人同意采用在线方式的，应当在收到通知的 3 日内通过诉讼平台验证身份、关联案件，并在后续诉讼活动中通过诉讼平台了解案件信息、接收和提交诉讼材料，以及实施其他诉讼行为。

被通知人未明确表示同意采用在线方式，且未在人民法院指定期限内注册登录诉讼平台的，针对被通知人的相关诉讼活动在线下进行。

第 11 条　当事人可以在诉讼平台直接填写录入起诉状、答辩状、反诉状、代理意见等诉讼文书材料。

当事人可以通过扫描、翻拍、转录等方式，将线下的诉讼文书材料或者证据材料作电子化处理后上传至诉讼平台。诉讼材料为电子数据，且诉讼平台与存储该电子数据的平台已实现对接的，当事人可以将电子数据直接提交至诉讼平台。

当事人提交电子化材料确有困难的，人民法院可以辅助当事人将线下材料作电子化处理后导入诉讼平台。

第 12 条　当事人提交的电子化材料，经人民法院审核通过后，可以直接在诉讼中使用。诉讼中存在下列情形之一的，人民法院应当要求当事人提供原件、原物：（一）对方当事人认为电子化材料与原件、原物不一致，并提出合理理由和依据的；（二）电子化材料呈现不完整、内容不清晰、格式不规范的；（三）人民法院卷宗、档案管理相关规定要求提供原件、原物的；（四）人民法院认为有必要提交原件、原物的。

第13条　当事人提交的电子化材料，符合下列情形之一的，人民法院可以认定符合原件、原物形式要求：（一）对方当事人对电子化材料与原件、原物的一致性未提出异议的；（二）电子化材料形成过程已经过公证机构公证的；（三）电子化材料已在之前诉讼中提交并经人民法院确认的；（四）电子化材料已通过在线或者线下方式与原件、原物比对一致的；（五）有其他证据证明电子化材料与原件、原物一致的。

第14条　人民法院根据当事人选择和案件情况，可以组织当事人开展在线证据交换，通过同步或者非同步方式在线举证、质证。

各方当事人选择同步在线交换证据的，应当在人民法院指定的时间登录诉讼平台，通过在线视频或者其他方式，对已经导入诉讼平台的证据材料或者线下送达的证据材料副本，集中发表质证意见。

各方当事人选择非同步在线交换证据的，应当在人民法院确定的合理期限内，分别登录诉讼平台，查看已经导入诉讼平台的证据材料，并发表质证意见。

各方当事人均同意在线证据交换，但对具体方式无法达成一致意见的，适用同步在线证据交换。

第15-19条　（见本书第67条第3款）

第20条（第1款）　经各方当事人同意，人民法院可以指定当事人在一定期限内，分别登录诉讼平台，以非同步的方式开展调解、证据交换、调查询问、庭审等诉讼活动。（**第2款见本书第165条**）

第21条　人民法院开庭审理的案件，应当根据当事人意愿、案件情况、社会影响、技术条件等因素，决定是否采取视频方式在线庭审，但具有下列情形之一的，不得适用在线庭审：（一）各方当事人均明确表示不同意，或者一方当事人表示不同意且有正当理由的；（二）各方当事人均不具备参与在线庭审的技术条件和能力的；（三）需要通过庭审现场查明身份、核对原件、查验实物的；（四）案件疑难复杂、证据繁多，适用在线庭审不利于查明事实和适用法律的；（五）案件涉及国家安全、国家秘密的；（六）案件具有重大社会影响，受到广泛关注的；（七）人民法院认为存在其他不宜适用在线庭审情形的。

采取在线庭审方式审理的案件，审理过程中发现存在上述情形之一的，人民法院应当及时转为线下庭审。已完成的在线庭审活动具有法律效力。

在线询问的适用范围和条件参照在线庭审的相关规则。

第 22 条　适用在线庭审的案件，应当按照法律和司法解释的相关规定开展庭前准备、法庭调查、法庭辩论等庭审活动，保障当事人申请回避、举证、质证、陈述、辩论等诉讼权利。

第 23 条　需要公告送达的案件，人民法院可以在公告中明确线上或者线下参与庭审的具体方式，告知当事人选择在线庭审的权利。被公告方当事人未在开庭前向人民法院表示同意在线庭审的，被公告方当事人适用线下庭审。其他同意适用在线庭审的当事人，可以在线参与庭审。

第 24 条　在线开展庭审活动，人民法院应当设置环境要素齐全的在线法庭。在线法庭应当保持国徽在显著位置，审判人员及席位名称等在视频画面合理区域。因存在特殊情形，确需在在线法庭之外的其他场所组织在线庭审的，应当报请本院院长同意。

出庭人员参加在线庭审，应当选择安静、无干扰、光线适宜、网络信号良好、相对封闭的场所，不得在可能影响庭审音频视频效果或者有损庭审严肃性的场所参加庭审。必要时，人民法院可以要求出庭人员到指定场所参加在线庭审。

第 25 条　出庭人员参加在线庭审应当尊重司法礼仪，遵守法庭纪律。人民法院根据在线庭审的特点，适用《中华人民共和国人民法院法庭规则》相关规定。

除确属网络故障、设备损坏、电力中断或者不可抗力等原因外，当事人无正当理由不参加在线庭审，视为"拒不到庭"；在庭审中擅自退出，经提示、警告后仍不改正的，视为"中途退庭"，分别按照相关法律和司法解释的规定处理。

第 26 条　证人通过在线方式出庭的，人民法院应当通过指定在线出庭场所、设置在线作证室等方式，保证其不旁听案件审理和不受他人干扰。当事人对证人在线出庭提出异议且有合理理由的，或者人民法院认为确有必要的，应当要求证人线下出庭作证。

鉴定人、勘验人、具有专门知识的人在线出庭的，参照前款规定执行。

第 27 条　适用在线庭审的案件，应当按照法律和司法解释的相关规定公开庭审活动。

对涉及国家安全、国家秘密、个人隐私的案件，庭审过程不得在互联网上公开。对涉及未成年人、商业秘密、离婚等民事案件，当事人申请不公开审理的，在线庭审过程可以不在互联网上公开。

未经人民法院同意，任何人不得违法违规录制、截取、传播涉及在线庭审过程的音频视频、图文资料。

第 28 条　　（见本书第 113 条）

第 29-32 条　　（见本书第 90 条）

第 33 条　适用在线诉讼的案件，各方诉讼主体可以通过在线确认、电子签章等方式，确认和签收调解协议、笔录、电子送达凭证及其他诉讼材料。

第34条 适用在线诉讼的案件，人民法院应当在调解、证据交换、庭审、合议等诉讼环节同步形成电子笔录。电子笔录以在线方式核对确认后，与书面笔录具有同等法律效力。

第35条 适用在线诉讼的案件，人民法院应当利用技术手段随案同步生成电子卷宗，形成电子档案。电子档案的立卷、归档、存储、利用等，按照档案管理相关法律法规的规定执行。

案件无纸质材料或者纸质材料已经全部转化为电子材料的，第一审人民法院可以采用电子卷宗代替纸质卷宗进行上诉移送。

适用在线诉讼的案件存在纸质卷宗材料的，应当按照档案管理相关法律法规立卷、归档和保存。

第36条 执行裁决案件的在线立案、电子材料提交、执行和解、询问当事人、电子送达等环节，适用本规则的相关规定办理。

人民法院可以通过财产查控系统、网络询价评估平台、网络拍卖平台、信用惩戒系统等，在线完成财产查明、查封、扣押、冻结、划扣、变价和惩戒等执行实施环节。

【法发［2022］8号】 人民法院在线运行规则（2021年12月30日最高法审委会［1861次］通过，2022年1月26日公布，2022年3月1日起施行）

第1条 人民法院运用互联网、大数据、云计算、移动互联、人工智能和区块链等信息技术，完善智慧法院信息系统，规范应用方式，强化运行管理，以在线方式满足人民群众多元化司法需求，高效支持审判执行活动。

第5条 智慧服务系统在互联网运行，与法院专网安全联通，为人民群众提供诉讼、调解、咨询和普法等在线服务，支撑构建一站式多元解纷和诉讼服务体系。

智慧服务系统包括人民法院在线服务、电子诉讼平台、人民法院调解平台、诉讼服务网、12368诉讼服务热线、电子送达平台、在线保全系统、在线鉴定系统等。

智慧服务系统应当具备诉讼指引、在线调解及名册管理、在线立案、在线交费、在线证据交换、在线委托鉴定、在线保全、在线庭审、在线执行、在线阅卷、在线查档、在线送达、在线公告、跨域诉讼服务等功能。

人民法院在线服务与智慧服务系统其他平台对接，作为人民法院通过互联网向人民群众提供在线服务的统一入口。

第6条 智慧审判系统在法院专网或电子政务网运行，为审判人员提供阅卷、查档、听证、庭审、合议、裁判辅助等在线服务，支撑构建现代化审判体系。

智慧审判系统包括审判流程管理系统、电子卷宗流转应用系统、智能裁判辅助系统、量刑规范化系统、庭审语音识别系统等。

智慧审判系统应当具备案件信息管理、审限管理、电子卷宗随案同步生成和深度应用、类案智推、文书辅助生成、量刑辅助等功能。

第 7 条　智慧执行系统在法院专网或电子政务网运行，为执行人员提供执行协同、执行信息管理、查人找物、财产处置、失信惩戒等在线服务，支撑构建现代化执行工作体系。

智慧执行系统包括执行指挥平台、执行案件流程信息管理系统、执行查控系统、失信惩戒系统、司法拍卖系统、一案一帐户案款管理系统、移动执行系统等。

智慧执行系统应当具备执行案件全流程网上办理、执行线索分析、执行财产网络查控、司法拍卖信息发布、网络询价、失信被执行人管理等功能。

第 8 条　智慧管理系统在法院专网或电子政务网运行，为法院干警提供行政办公、人事管理、审务督察和档案管理等在线服务，支撑构建现代化司法管理体系。

智慧管理系统主要包括办公平台、人事管理系统、审务督察系统、电子档案系统等。

智慧管理系统应当具备公文在线办理、人事信息管理、审务督察、电子档案管理等功能。

第 14 条　当事人及其他参与人应用智慧服务系统进行在线调解、在线诉讼，应当先行注册并完成身份认证，取得登录智慧服务系统的专用账号。

同一用户注册智慧服务系统应当以个人身份认证和实名注册为主，尽量使用相同的注册和身份认证信息。

智慧服务系统应当对接公安机关户籍管理系统支持核对用户身份认证信息，并支持用户信息的统一管理和共享应用。

第 15 条　当事人及其他参与人在智慧服务系统相应平台完成注册后，可以在线登录并通过身份认证，关联相关案件参与在线调解、在线诉讼。

第 16 条　当事人及其他参与人可以应用人民法院调解平台等开展在线调解，进行在线申请、接受、拒绝或者终止调解，获得在线调解引导等服务。

人民法院通过人民法院调解平台等，支持人民法院、当事人、在线调解组织和调解员通过电脑和移动终端设备进行在线调解，支持在线开展调解前协商和解、调解组织和调解员选定、音视频调解、制作调解协议、申请司法确认或者出具调解书等，支持在线诉非对接、诉调对接程序，保存调解过程中的所有音视频和文字材料。

民法院、调解组织和调解员可以通过人民法院调解平台等在线管理相关组织和人员信息。

第17条　当事人及其代理人可以通过人民法院在线服务、电子诉讼、诉讼服务网等平台在线提交立案申请。

人民法院通过智慧审判系统对接智慧服务系统在线处理立案申请，反馈立案结果。

第18条　当事人及其代理人可以通过人民法院在线服务、电子诉讼平台、人民法院调解平台、诉讼服务网等平台在线查看案件相关诉讼费用信息并通过网上支付通道在线交费。

人民法院通过智慧审判、智慧执行系统对接智慧服务系统在线发起交费通知、查看交费状态。

第19条　当事人及其代理人通过人民法院在线服务、电子诉讼、人民法院调解平台、诉讼服务网等平台在线填写或提交各类案件相关电子材料，应符合平台告知的相应文件的格式、体例、规范性和清晰度等要求。

第20条　智慧服务系统中在线提交、符合要求的电子文件自动纳入案件电子卷宗，并传送智慧审判系统、智慧执行系统、智慧管理系统流转应用。

对于线下提交的案件材料，人民法院应当及时通过扫描、翻拍、转录等方式随案同步生成符合要求的电子文件，形成案件电子卷宗。

人民法院通过智慧审判、智慧执行系统支持电子卷宗随案流转应用，包括阅卷、合议、庭审、审委会讨论、跨院调卷等。

人民法院利用电子卷宗实现文件数据化、回填案件信息、文书辅助生成、卷宗自动归档等智能化应用。

第21条　人民法院通过智慧服务系统相应平台和司法区块链核验当事人通过区块链平台提交的相关电子文件和数据等证据材料。

第22条　当事人及其代理人可以通过人民法院在线服务、电子诉讼平台、诉讼服务网等平台获知相应的平台门户、通信带宽和显示分辨率等技术条件要求，开展在线证据交换、在线举证质证。

第23条　人民法院通过智慧服务、智慧审判、智慧执行、司法区块链等平台，支持对经当事人及其代理人在线举证质证后的证据材料的真实性、合法性和关联性的认定和重现。

第24条　当事人及其代理人可以通过智慧服务系统提交在线阅卷、在线查档申请。

人民法院按照相关规定从智慧审判、智慧执行和智慧管理系统中调取相应卷宗或档案流转至智慧服务系统，支持当事人及其代理人在线阅卷、在线查档。

第25条　人民法院、当事人及其代理人、证人、鉴定人等可以通过人民法院在线服务、电子诉讼平台、诉讼服务网等平台，按照相关技术条件要求，通过科技法庭、电脑和移动终端设备开展在线视频庭审，开展在线庭前准备、法庭调查、法庭辩论、语音转写、笔录签名等庭审活动，人民法院应当按照相关规定保存庭审过程中的音视频和文字材料。

第 26 条　受送达人可以通过人民法院在线服务、人民法院送达平台、诉讼服务网和中国审判流程信息公开网等平台在线查阅、接收、下载和签收相关送达材料。

人民法院通过智慧审判、智慧执行系统，对接人民法院送达平台，记录各方参与主体的电子邮箱、即时通讯账号、诉讼平台专用账号等电子地址，按照有关规定进行在线送达、接受送达回执，实现在线送达所有环节信息全程留痕，记录并保存送达凭证。

第 27 条　当事人及其代理人可以通过人民法院在线服务、在线保全等平台向有管辖权的法院申请保全、提交或补充申请信息和材料，交纳保全费，也可以在线提起解除保全、续行保全、保全复议等。

当事人及其代理人可以通过人民法院在线服务、在线保全等平台在线向第三方担保机构申请担保，申请通过后在线交纳担保费，也可以在线取消、变更担保等。

第三方担保机构在当事人交纳担保费用后，可以在线出具电子担保书，支持当事人及其代理人在线查看、下载电子担保书。

人民法院通过智慧审判和智慧执行系统对接智慧服务系统在线进行保全审核和后续业务办理。

第 28 条　人民法院通过智慧审判系统、智慧执行系统对接智慧服务系统，依职权或当事人申请，在线发起委托鉴定、选择鉴定机构、移送鉴定材料。

鉴定机构可以通过人民法院在线服务、在线鉴定等平台在线受理委托任务、审阅鉴定相关检材、出具鉴定意见书或报告书；鉴定申请人可以在线查阅鉴定意见书或报告书，在线提出异议或者申请出庭；人民法院可以在线对异议或出庭申请进行审核及答复。

第 29 条　当事人及其代理人可通过人民法院在线服务、12368 诉讼服务热线、诉讼服务网、人民法院调解平台等平台联系人民法院，进行案件调解、审判、执行、阅卷、查档、信访、送达以及预约事项办理信息的在线咨询查询。

第 30 条　人民法院通过智慧审判系统实现案件电子卷宗的随案同步生成和深度应用，支持电子卷宗智能编目、信息自动回填、在线阅批、一键归档、上诉审移送与查阅，支持案件收案、分案、庭审、合议、裁判、结案、归档全流程网上办理；对接司法数据中台和智慧法院大脑，提供案件数据服务、案情智能分析、类案精准推送、文书辅助生成等智能辅助应用；依法按需实现法院内部、不同法院之间、法院与协同部门之间的卷宗信息共享和业务协同。

第31条 人民法院通过智慧执行系统实现执行案件全程在线办理、执行活动全程留痕、全方位多层次监控，支持在线采取财产查控、询价评估、拍卖变卖、案款发放、信用惩戒等执行措施。

第32条 人民法院通过电子档案管理信息系统，按照档案相关法律法规，在线完成电子档案的收集、保存和提供利用。

第33条 当事人及其代理人按照依法、自愿、合理的原则，可将诉讼、调解等环节由线上转为线下，或由线下转为线上进行；人民法院在线运行方式支持部分参与者采用线上、其他参与者采用线下的方式参与诉讼、调解等活动。

诉讼、调解活动采用线下办理的，人民法院应当及时将相关案件材料制作形成电子卷宗，并上传至智慧法院相关信息系统纳入管理。

【法释［2023］10号】 最高人民法院关于知识产权法庭若干问题的规定（法释［2018］22号公布，2019年1月1日起施行；2023年10月16日最高法审委会［1901次］修订，2023年10月21日公布，2023年11月1日起施行；以本规为准）

~~第5条 知识产权法庭可以通过电子诉讼平台或者采取在线视频等方式组织证据交换、召集庭前会议等。~~

> **第17条**[19910409] **【变通规定】** 民族自治地方的人民代表大会和~~它的常务委员会~~，根据宪法和本法的原则，结合当地民族的具体情况，可以制定某些变通或者补充的规定。自治区的规定，报全国人民代表大会常务委员会批准/备案。自治州、自治县的规定，报省或者自治区的人民代表大会常务委员会批准，并报全国人民代表大会常务委员会备案。

● **相关规定** **【主席令［2001］46号】** 中华人民共和国民族区域自治法（1984年5月31日全国人大［6届2次］通过，主席令第13号公布，1984年10月1日起施行；2001年2月28日全国人大常委会［9届20次］修正，主席令第46号公布施行）

第6条（第2款） 民族自治地方的自治机关根据本地方的情况，在不违背宪法和法律的原则下，有权采取特殊政策和灵活措施，加速民族自治地方经济、文化建设事业的发展。

第 19 条　民族自治地方的人民代表大会有权依照当地民族的政治、经济和文化的特点，制定自治条例和单行条例。自治区的自治条例和单行条例，报全国人民代表大会常务委员会批准后生效。自治州、自治县的自治条例和单行条例报省、自治区、直辖市的人民代表大会常务委员会批准后生效，并报全国人民代表大会常务委员会和国务院备案。

第 20 条　上级国家机关的决议、决定、命令和指示，如有不适合民族自治地方实际情况的，自治机关可以报经该上级国家机关批准，变通执行或者停止执行；该上级国家机关应当在收到报告之日起 60 日内给予答复。

【主席令［2023］3 号】　中华人民共和国立法法（2000 年 3 月 15 日全国人大［9 届 3 次］通过，2000 年 7 月 1 日起施行；2023 年 3 月 13 日全国人大［14 届 1 次］最新修订）

第 85 条（第 2 款）　自治条例和单行条例可以依照当地民族的特点，对法律和行政法规的规定作出变通规定，但不得违背法律或者行政法规的基本原则，不得对宪法和民族区域自治法的规定以及其他有关法律、行政法规专门就民族自治地方所作的规定作出变通规定。

第 101 条　自治条例和单行条例依法对法律、行政法规、地方性法规作变通规定的，在本自治地方适用自治条例和单行条例的规定。

经济特区法规根据授权对法律、行政法规、地方性法规作变通规定的，在本经济特区适用经济特区法规的规定。

【主席令［2001］51 号】　中华人民共和国婚姻法（1950 年 3 月 3 日政务院第 22 次政务会议、1950 年 4 月 13 日中央人民政府委员会第 7 次会议通过，1950 年 5 月 1 日颁布施行；①1980 年 9 月 10 日全国人大［5 届 3 次］修订，委员长令第 9 号公布，1981 年 1 月 1 日起施行；2001 年 4 月 28 日全国人大常委会［9 届 21 次］修正，主席令第 51 号公布施行；2021 年 1 月 1 日起被《民法典》婚姻家

---

① 注：本法为新中国颁布施行的第一部全国性的正式法律，早于 1950 年 6 月 23 日中国人民政协第 1 届全国委员会 2 次会议、1950 年 6 月 28 日中央人民政府委员会第 8 次会议通过，1950 年 6 月 30 日中央人民政府主席令颁布施行的《土地改革法》；更早于 1954 年《宪法》。

◇1949 年 9 月 27 日中国人民政治协商会议第 1 届全体会议通过了《中华人民共和国中央人民政府组织法》和《中国人民政治协商会议组织法》。1951 年 9 月 3 日中央人民政府委员会第 12 次会议通过、1951 年 9 月 4 日"中央人民政府命令"公布施行《中华人民共和国人民法院暂行组织条例》《中央人民政府最高人民检察署暂行组织条例》。上述 2 部《组织法》、2 部《暂行组织条例》均于 1987 年 11 月 24 日全国人大常委会［6 届 23 次］批准的《全国人大常委会法制工作委员会关于对 1978 年底以前颁布的法律进行清理的情况和意见的报告》宣布失效，理由分别是"由于调整对象变化或者情况变化而不再适用或者已经停止施行""已有新法代替"。

庭编替代、废止)

第 50 条 民族自治地方的人民代表大会和它的常务委员会有权/可以依据本法的原则结合当地民族婚姻家庭的具体情况，制定某些变通的或补充的规定。自治州、自治县制定的变通规定，报省、自治区、直辖市人民代表大会常务委员会批准后生效。自治区制定的变通规定，报全国人民代表大会常务委员会批准后生效/备案。①

【新疆人大［1988］号】 新疆维吾尔自治区执行中华人民共和国婚姻法的补充规定（1980 年 12 月 14 日新疆人大常委会［5 届 3 次］通过，1981 年 1 月 1 日起施行；1983 年 9 月 30 日新疆人大常委会［6 届 3 次］、1988 年 10 月 15 日新疆人大常委会［7 届 4 次］修正）②

第 1 条 根据中华人民共和国婚姻法第 36 条的规定，特制定本规定。

第 2 条 少数民族公民的③结婚年龄，男不得早于 20 周岁，女不得早于 18 周岁。

第 3 条 依照中华人民共和国婚姻法的规定，禁止 3 代以内的旁系血亲结婚。

第 4 条 寡妇有再结婚的自由，任何人不得以任何借口进行干涉。

第 5 条 禁止买卖婚姻和借婚姻索取财物。

第 6 条 结婚、离婚必须履行法律手续。禁止一方用口头或文字通知对方的方法离婚。

第 7 条 禁止宗教干涉婚姻家庭。

禁止以宗教仪式代替法定结婚登记。

第 8 条 禁止未达结婚年龄的男女预先订婚。

第 9 条 在少数民族中不提倡计划生育。个人是否实行计划生育，听从自愿。④

~~第 10 条 本规定只适用于自治区各少数民族。⑤~~

第 10 条 自治州、自治县人民代表大会或其常务委员会可以根据当地少数民

---

① 注：1950 年《婚姻法》第 27 条第 2 款规定为：在少数民族聚居的地区，大行政区人民政府（或军政委员会）或省人民政府得依据当地少数民族婚姻问题的具体情况，对本法制定某些变通的或补充的规定，提请政务院批准施行。本规定在《民法典》未见保留。

② 注：本规定未见被废止。但《内蒙古自治区执行〈中华人民共和国婚姻法〉的补充规定》已被 2021 年 11 月 16 日内蒙古人大常委会［13 届 31 次］废止；《伊犁哈萨克自治州施行〈中华人民共和国婚姻法〉补充规定》也被 2022 年 3 月 25 日新疆人大常委会［13 届 32 次］批准废止。

③ 注：本部分内容由 1988 年 10 月 15 日新疆人大常委会［7 届 4 次］增加。

④ 注：本条被 1983 年 9 月 30 日新疆人大常委会［6 届 3 次］修改为：在少数民族中也要实行计划生育，但必须加强宣传教育，积极创造条件，逐步推行。对汉族和少数民族实行计划生育要有区别，对汉族要求要严，对少数民族要适当放宽。

⑤ 注：本条被 1988 年 10 月 15 日新疆人大常委会［7 届 4 次］删除。

族婚姻家庭的具体情况，依照中华人民共和国婚姻法和本规定的原则，制定某些变通或补充规定，报请自治区人民代表大会常务委员会批准施行。

第 11 条　本规定自 1981 年 1 月 1 日起与中华人民共和国婚姻法同时施行。

【甘肃人大［1993］号】　甘肃省阿克塞哈萨克族自治县施行《中华人民共和国婚姻法》部分条款的变通规定（1992 年 11 月 18 日阿县人大［12 届 4 次］通过，1993 年 5 月 22 日甘肃人大常委会［8 届 3 次］批准，1993 年 7 月 1 日阿县人大常委会公告施行）①

第 1 条　根据《中华人民共和国婚姻法》第 36 条和《甘肃省阿克塞哈萨克族自治县自治条例》有关规定，结合阿克塞哈萨克族自治县各少数民族婚姻家庭的具体情况，制定本变通规定。

第 2 条　结婚年龄，男不得早于 20 周岁，女不得早于 18 周岁。提倡、鼓励晚婚、晚育，少生、优育。

第 3 条　自治县境内的哈萨克族直系血亲和 4 代以内的旁系血亲（至重外孙）禁止结婚，并继续提倡 7 代以内的旁系血亲不结婚的传统习惯。②

第 4 条　本规定第 2 条适用于居住在阿克塞哈萨克族自治县内的哈萨克族及其他各少数民族公民。

第 5 条　本规定自批准之日起公布施行。

【内蒙古人大［2003］9 号】 ~~内蒙古自治区执行《中华人民共和国婚姻法》的补充规定~~（1981 年 9 月 21 日内蒙古人大常委会［5 届 9 次］通过，同日公布施行；1988 年 11 月 19 日内蒙古人大常委会［7 届 3 次］、2003 年 11 月 30 日内蒙古人大常委会［10 届 6 次］修正；2021 年 11 月 16 日内蒙古人大常委会［13 届 31 次］废止）

第 1 条　根据《中华人民共和国婚姻法》第 50 条规定，结合内蒙古自治区蒙古族和其他少数民族婚姻家庭的具体情况，为了发展少数民族人口，特制定本补充规定。

第 2 条　本规定适用于居住在内蒙古自治区的蒙古族和其他少数民族。

第 3 条　结婚年龄，男不得早于 20 周岁，女不得早于 18 周岁。

汉族男女同蒙古族和其他少数民族男女结婚的，汉族一方年龄按《中华人民共和国婚姻法》规定执行。

第 4 条　大力提倡 3 代以内的旁系血亲不结婚。

① 注：本规定未见被废止。
② 注：本条规定是目前对于近亲结婚禁止最严格的规定，禁止 4 代、提倡 7 代。

第5条　不同民族男女结婚的，所生子女的民族从属由父母商定。

第6条　~~在蒙古族和其他少数民族中不提倡节制生育。对有节育要求者给予支持。~~

~~少数民族男女与汉族男女结婚的，其子女商定为汉族的，则实行计划生育。~~

第6条　自治旗人民代表大会和它的常务委员会有权结合/可以根据当地民族婚姻家庭的具体情况，依照《中华人民共和国婚姻法》和本补充规定的原则，制定某些变通或补充的规定，报/并报请自治区人民代表大会常务委员会批准后生效/施行。

第7条　违反本补充规定的，按照《中华人民共和国婚姻法》的有关/第34条规定处理。

第8条　本补充规定自公布之日起施行。

【西藏人大［2004］10号】　西藏自治区施行《中华人民共和国婚姻法》的变通条例（1981年4月18日西藏人大常委会［3届5次］通过，1982年1月1日起施行；2004年6月9日西藏人大常委会［8届12次］修正）①

第1条　结婚年龄，男不得早于20周岁，女不得早于18周岁。

第2条　废除一夫多妻，一妻多夫等封建婚姻，对实行本条例之前形成的上述婚姻关系，凡不主动提出解除婚姻关系者，准予维持。

第3条　对各少数民族传统的婚嫁仪式，在不妨碍婚姻自由原则的前提下，应予尊重。

第4条　禁止利用宗教干涉婚姻家庭。

第5条　结婚、离婚必须履行登记手续。

第6条　对非婚生子女生活费和教育费的负担，应按中华人民共和国婚姻法第19条的规定执行。改变全由生母负担的习惯。

~~第7条　各县人民代表大会和它的常务委员会，可以依照中华人民共和国婚姻法和本条例的原则，结合当地少数民族婚姻家庭的具体情况，制定某些变通的或补充的规定，报请自治区人民代表大会常务委员会批准后施行。~~

第7条　本条例自1982年元月1日起施行。凡本变通条例未加补充或变更的条款，均按中华人民共和国婚姻法的规定执行。

【四川人大［2021］号】　阿坝藏族羌族自治州施行《中华人民共和国民法典》婚姻家庭编的补充规定（2021年1月14日阿州人大［12届5次］通过，2021年3月26日四川人大常委会［13届26次］批准）

---

① 注：本条例未见被废止。但《内蒙古自治区执行〈中华人民共和国婚姻法〉的补充规定》已被2021年11月16日内蒙古人大常委会［13届31次］废止；《伊犁哈萨克自治州施行〈中华人民共和国婚姻法〉补充规定》也被2022年3月25日新疆人大常委会［13届32次］批准废止。

第 1 条　根据《中华人民共和国民族区域自治法》《中华人民共和国立法法》《中华人民共和国民法典》婚姻家庭编的规定，结合阿坝藏族羌族自治州（以下简称自治州）各少数民族婚姻家庭的实际情况，制定本补充规定。

第 2 条　实行男女婚姻自由。禁止强迫、包办、买卖、转房婚姻。禁止借婚姻索取财物。禁止利用宗教、家族、部落或其他形式干涉婚姻自由。

第 3 条　实行一夫一妻制，禁止重婚。对实施本补充规定前形成的一夫多妻和一妻多夫婚姻关系，当事人不提出解除的，不予置理。

第 4 条　夫妻在婚姻家庭中地位平等。保护妇女、未成年人、老年人和残疾人的合法权益。

第 5 条　结婚年龄，男不得早于 20 周岁，女不得早于 18 周岁。实行计划生育，提倡晚婚晚育。

第 6 条　直系血亲或者 3 代以内的旁系血亲禁止结婚。

第 7 条　婚事新办，婚嫁从简。对各少数民族传统的婚嫁仪式，凡不违背《中华人民共和国民法典》婚姻家庭编基本原则及本补充规定的，应予尊重。

第 8 条　结婚、离婚应当依照《中华人民共和国民法典》婚姻家庭编的规定，严格履行法律手续。订婚不是结婚的法定程序，不具有法律效力。

第 9 条　本补充规定适用于自治州各少数民族，也适用于同少数民族结婚的汉族。

第 10 条　本补充规定对《中华人民共和国民法典》婚姻家庭编未作补充和变通的条款，按照《中华人民共和国民法典》婚姻家庭编的规定执行。

第 11 条　本补充规定自 1984 年 1 月 1 日起施行。

【青海人大［2021］号】　果洛藏族自治州施行《中华人民共和国民法典》结婚年龄的变通规定（2021 年 3 月 23 日果洛人大［14 届 7 次］通过，2021 年 5 月 26 日青海人大常委会［13 届 25 次］批准，2021 年 7 月 5 日果洛人大常委会公告［2021］02 号公布）

第 1 条　根据《中华人民共和国民族区域自治法》《中华人民共和国立法法》《中华人民共和国民法典》的有关规定，结合本州少数民族婚姻家庭的实际情况，制定本变通规定。

第 2 条　具有本州户籍的少数民族结婚年龄，男不得早于 20 周岁，女不得早于 18 周岁。

第 3 条　本变通规定自省人大常委会批准之日起施行，1987 年 11 月 10 日果洛藏族自治州第 8 届人民代表大会常务委员会第 8 次会议通过的《果洛藏族自治州施行〈中华人民共和国婚姻法〉的变通规定》同时废止。

【主席令［2012］72号】 中华人民共和国老年人权益保障法（2012年12月28日全国人大常委会［11届30次］修订，2013年7月1日起施行；2018年12月29日全国人大常委会［13届7次］新修）

第83条 民族自治地方的人民代表大会，可以根据本法的原则，结合当地民族风俗习惯的具体情况，依照法定程序制定变通的或者补充的规定。

（本书汇）**【特别授权，试点、调整与变通】**

● **相关规定 【人大［1981］决议】 全国人民代表大会常务委员会关于授权广东省、福建省人民代表大会及其常务委员会制定所属经济特区的各项单行经济法规的决议**（1981年11月26日全国人大常委会［5届21次］通过，同日公布施行）

第5届全国人民代表大会常务委员会第21次会议审议了国务院关于建议授权广东省、福建省人民代表大会及其常务委员会制定所属经济特区的各项单行经济法规的议案，会议认为，为了使广东省、福建省所属经济特区的建设顺利进行，使特区的经济管理充分适应工作需要，更加有效地发挥经济特区的作用，决定：授权广东省、福建省人民代表大会及其常务委员会，根据有关的法律、法令、政策规定的原则，按照各该省经济特区的具体情况和实际需要，制定经济特区的各项单行经济法规，并报全国人民代表大会常务委员会和国务院备案。

【人大［1992］决定】 全国人民代表大会常务委员会关于授权深圳市人民代表大会及其常务委员会和深圳市人民政府分别制定法规和规章在深圳经济特区实施的决定（1992年7月1日全国人大常委会［7届26次］通过，同日公布施行）

根据《第7届全国人民代表大会第2次会议关于国务院提请审议授权深圳市制定深圳经济特区法规和规章的议案的决定》，[①]第7届全国人民代表大会常务委员会第26次会议审议了国务院关于提请授权深圳市人民代表大会及其常务委员会和深圳市人民政府分别制定深圳经济特区法规和深圳经济特区规章的议案，决定授权深圳市人民代表大会及其常务委员会根据具体情况和实际需要，遵循宪法的规定以及法律和行政法规的基本原则，制定法规，在深圳经济特区实施，并报全国人民代表大会常务委员会、国务院和广东省人民代表大会常务委员会备案；授权深圳市人民政府制定规章并在深圳经济特区组织实施。

---

① 《决定》（1989年4月4日）全文：第7届全国人民代表大会第2次会议审议了国务院提请授权深圳市人民代表大会及其常务委员会和深圳市人民政府分别制定深圳经济特区法规和深圳经济特区规章的议案，决定：授权全国人民代表大会常务委员会在深圳市依法选举产生市人民代表大会及其常务委员会后，对国务院提出的上述议案进行审议，作出相应决定。

【人大［1994］决定】　全国人民代表大会关于授权厦门市人民代表大会及其常务委员会和厦门市人民政府分别制定法规和规章在厦门经济特区实施的决定（1994年3月22日全国人大常委会［8届2次］通过，同日公布施行）

第8届全国人民代表大会第2次会议审议了福建省袁启彤等36名全国人大代表在8届全国人大1次会议上提出的关于授权厦门市人大及其常委会和厦门市政府分别制定法规和规章的议案，决定授权厦门市人民代表大会及其常务委员会根据经济特区的具体情况和实际需要，遵循宪法的规定以及法律和行政法规的基本原则，制定法规，在厦门经济特区实施，并报全国人民代表大会常务委员会、国务院和福建省人民代表大会常务委员会备案；授权厦门市人民政府制定规章并在厦门经济特区组织实施。

【人大［1996］决定】　全国人民代表大会关于授权汕头市和珠海市人民代表大会及其常务委员会、人民政府分别制定法规和规章在各自的经济特区实施的决定（1996年3月17日全国人大常委会［8届4次］通过，同日公布施行）

第8届全国人民代表大会第4次会议决定：授权汕头市和珠海市人民代表大会及其常务委员会根据其经济特区的具体情况和实际需要，遵循宪法的规定以及法律和行政法规的基本原则，制定法规，分别在汕头和珠海经济特区实施，并报全国人民代表大会常务委员会、国务院和广东省人民代表大会常务委员会备案；授权汕头市和珠海市人民政府制定规章并分别在汕头和珠海经济特区组织实施。

【人大常委会字［2019］42号】　全国人民代表大会常务委员会关于授权最高人民法院在部分地区开展民事诉讼程序繁简分流改革试点工作的决定（见本书第165条）

【人大常委会字［2020］号】　全国人民代表大会常务委员会关于授权国务院在粤港澳大湾区内地九市开展香港法律执业者和澳门执业律师取得内地执业资质和从事律师职业试点工作的决定（见本书第60条）

【主席令［2021］85号】　中华人民共和国海南自由贸易港法（2021年6月10日全国人大常委会［13届29次］通过，同日公布施行）

第10条　海南省人民代表大会及其常务委员会可以根据本法，结合海南自由贸易港建设的具体情况和实际需要，遵循宪法规定和法律、行政法规的基本原则，就贸易、投资及相关管理活动制定法规（以下称海南自由贸易港法规），在海南自由贸易港范围内实施。

海南自由贸易港法规应当报送全国人民代表大会常务委员会和国务院备案；

对法律或者行政法规的规定作变通规定的，应当说明变通的情况和理由。

海南自由贸易港法规涉及依法应当由全国人民代表大会及其常务委员会制定法律或者由国务院制定行政法规事项的，应当分别报全国人民代表大会常务委员会或者国务院批准后生效。

【人大［2021］决定】 全国人民代表大会常务委员会关于授权上海市人民代表大会及其常务委员会制定浦东新区法规的决定（2021 年 6 月 10 日全国人大常委会［13 届 29 次］通过，同日公布施行）

为建立完善与支持浦东大胆试、大胆闯、自主改相适应的法治保障体系，推动浦东新区高水平改革开放，打造社会主义现代化建设引领区，第 13 届全国人民代表大会常务委员会第 29 次会议决定：

一、授权上海市人民代表大会及其常务委员会根据浦东改革创新实践需要，遵循宪法规定以及法律和行政法规基本原则，制定浦东新区法规，在浦东新区实施。

二、根据本决定制定的浦东新区法规，应当依照《中华人民共和国立法法》的有关规定分别报全国人民代表大会常务委员会和国务院备案。浦东新区法规报送备案时，应当说明对法律、行政法规、部门规章作出变通规定的情况。

【人大常委会字［2021］38 号】 全国人民代表大会常务委员会关于授权最高人民法院组织开展四级法院审级职能定位改革试点工作的决定 （见本书第 210 条）

【人大［2021］决定】 全国人民代表大会常务委员会关于授权国务院在营商环境创新试点城市暂时调整适用《中华人民共和国计量法》有关规定的决定（2021 年 10 月 23 日全国人大常委会［13 届 31 次］通过，同日公布施行）

为进一步转变政府职能，优化营商环境，激发市场活力，第 13 届全国人民代表大会常务委员会第 31 次会议决定：授权国务院暂时调整适用《中华人民共和国计量法》的有关规定（目录附后①），在北京、上海、重庆、杭州、广州、深圳等 6 个营商环境创新试点城市试行。暂时调整适用的期限为 3 年，自本决定施行之日起算。国务院应当加强对试点工作的指导、协调和监督，及时总结试点工作经验，并就暂时调整适用有关法律规定的情况向全国人民代表大会常务委员会作出报告。对实践证明可行的，修改完善有关法律；对实践证明不宜调整的，恢复施行有关法律规定。

---

① 即：暂时调整适用《计量法》第 8 条、第 9 条第 1 款的有关规定，对在北京、上海、重庆、杭州、广州、深圳等 6 个营商环境创新试点城市内的企业内部使用的最高计量标准器具，由企业自主管理，不需计量行政部门考核发证，不再实行强制检定。调整后，营商环境创新试点城市加强对企业自主管理最高计量标准器具的指导和事中事后监管，确保满足计量溯源性要求和计量标准准确。

【人大［2021］决定】　全国人民代表大会常务委员会关于授权国务院在部分地区开展房地产税改革试点工作的决定（2021 年 10 月 23 日全国人大常委会［13 届 31 次］通过，同日公布施行）

为积极稳妥推进房地产税立法与改革，引导住房合理消费和土地资源节约集约利用，促进房地产市场平稳健康发展，第 13 届全国人民代表大会常务委员会第 31 次会议决定：授权国务院在部分地区开展房地产税改革试点工作。

一、试点地区的房地产税征税对象为居住用和非居住用等各类房地产，不包括依法拥有的农村宅基地及其上住宅。土地使用权人、房屋所有权人为房地产税的纳税人。非居住用房地产继续按照《中华人民共和国房产税暂行条例》、《中华人民共和国城镇土地使用税暂行条例》执行。

二、国务院制定房地产税试点具体办法，试点地区人民政府制定具体实施细则。国务院及其有关部门、试点地区人民政府应当构建科学可行的征收管理模式和程序。

三、国务院按照积极稳妥的原则，统筹考虑深化试点与统一立法、促进房地产市场平稳健康发展等情况确定试点地区，报全国人民代表大会常务委员会备案。

本决定授权的试点期限为 5 年，自国务院试点办法印发之日起算。试点过程中，国务院应当及时总结试点经验，在授权期限届满的 6 个月以前，向全国人民代表大会常务委员会报告试点情况，需要继续授权的，可以提出相关意见，由全国人民代表大会常务委员会决定。条件成熟时，及时制定法律。

本决定自公布之日起施行，试点实施启动时间由国务院确定。

【人大［2021］决定】　全国人民代表大会常务委员会关于深化国防动员体制改革期间暂时调整适用相关法律规定的决定（2021 年 10 月 23 日全国人大常委会［13 届 31 次］通过，次日起施行）

为了深入贯彻党中央关于深化国防动员体制改革的决策部署，依据宪法和《中华人民共和国国防法》，第 13 届全国人民代表大会常务委员会第 31 次会议决定：深化国防动员体制改革期间，暂时调整适用《中华人民共和国国防动员法》、《中华人民共和国人民防空法》、《中华人民共和国国防交通法》、《中华人民共和国国防教育法》中有关国防动员以及人民武装动员、经济动员、人民防空、交通战备、国防教育的领导管理体制、军地职能配置、工作机构设置和国防动员资源指挥运用的规定。具体办法按照党中央的有关决定、国务院和中央军事委员会的有关规定执行。改革措施成熟后，及时修改完善有关法律。

第二章 管 辖

第一节 级别管辖

第 18 条 【基层法院管辖】基层人民法院管辖第一审民事案件，但本法另有规定的除外。

第 19 条 【中级法院管辖】中级人民法院管辖下列第一审民事案件：

（一）重大¹⁹⁹¹⁰⁴⁰⁹涉外案件；

（二）在本辖区有重大影响的案件；

（三）¹⁹⁹¹⁰⁴⁰⁹最高人民法院确定由中级人民法院管辖的案件。

第 20 条 【高级法院管辖】高级人民法院管辖在本辖区有重大影响的第一审民事案件。

第 21 条 【最高法院管辖】最高人民法院管辖下列第一审民事案件：

（一）在全国有重大影响的案件；

（二）认为应当由本院审理／自己审判¹⁹⁹¹⁰⁴⁰⁹的案件。

● 相关规定 【主席令［2018］11 号】 中华人民共和国人民法院组织法（1954 年 9 月 21 日全国人大［1 届 1 次］通过；1979 年 7 月 1 日全国人大［5 届 2 次］重修，1979 年 7 月 5 日委员长令第 3 号公布，1980 年 1 月 1 日起施行；2018 年 10 月 26 日全国人大常委会［13 届 6 次］新修，2019 年 1 月 1 日起施行）

第 16 条 最高人民法院审理下列案件：（一）法律规定由其管辖的和其认为应当由自己管辖的第一审案件；（二）对高级人民法院判决和裁定的上诉、抗诉案件；（三）按照全国人民代表大会常务委员会的规定提起的上诉、抗诉案件；（四）按照审判监督程序提起的再审案件；（五）高级人民法院报请核准的死刑案件。

第 19 条 最高人民法院可以设巡回法庭，审理最高人民法院依法确定的案件。

巡回法庭是最高人民法院的组成部分。巡回法庭的判决和裁定即最高人民法院的判决和裁定。

第21条 高级人民法院审理下列案件：（一）法律规定由其管辖的第一审案件；（二）下级人民法院报请审理的第一审案件；（三）最高人民法院指定管辖的第一审案件；（四）对中级人民法院判决和裁定的上诉、抗诉案件；（五）按照审判监督程序提起的再审案件；（六）中级人民法院报请复核的死刑案件。

第23条 中级人民法院审理下列案件：（一）法律规定由其管辖的第一审案件；（二）基层人民法院报请审理的第一审案件；（三）上级人民法院指定管辖的第一审案件；（四）对基层人民法院判决和裁定的上诉、抗诉案件；（五）按照审判监督程序提起的再审案件。

第25条（第1款） 基层人民法院审理第一审案件，法律另有规定的除外。

第26条 基层人民法院根据地区、人口和案件情况，可以设立若干人民法庭。

人民法庭是基层人民法院的组成部分。人民法庭的判决和裁定即基层人民法院的判决和裁定。

【法释〔2003〕10号】 最高人民法院关于审理期货纠纷案件若干问题的规定（2003年5月16日最高法审委会〔1270次〕通过，2003年6月18日公布，2003年7月1日起施行；根据法释〔2020〕18号《决定》修正，2021年1月1日起施行）

第7条 期货纠纷案件由中级人民法院管辖。

高级人民法院根据需要可以确定部分基层人民法院受理期货纠纷案件。

【法释〔2011〕1号】 最高人民法院关于审理期货纠纷案件若干问题的规定（二）（2010年12月27日最高法审委会〔1507次〕通过，2010年12月31日公布，2011年1月17日起施行；根据法释〔2020〕18号《决定》修正，2021年1月1日起施行）

第1条 以期货交易所为被告或者第三人的因期货交易所履行职责引起的商事案件，由期货交易所所在地的中级人民法院管辖。

【民立他字〔2004〕10号】 最高人民法院关于第一审人身损害赔偿案件级别管辖的请示的复函（2004年4月30日答复湖北高院"鄂高法明传〔2004〕55号"请示）[1]

根据诉讼标的金额确定级别管辖是《民事诉讼法》及相关司法解释确定的原则，不应随意扩大解释，故请你院依照法律规定的上述原则确定级别管辖。

---

[1] 最高人民法院立案庭：《立案工作指导》2004年第2辑，人民法院出版社2004年版。

【法释〔2005〕4号】　最高人民法院关于新疆生产建设兵团人民法院案件管辖权问题的若干规定（2005年1月13日最高法审委会〔1340次〕通过，2005年5月24日公布，2005年6月6日起施行；以本规为准）

第1条　新疆生产建设兵团基层人民法院和中级人民法院分别行使地方基层人民法院和中级人民法院的案件管辖权，管辖兵团范围内的各类案件。

新疆维吾尔自治区高级人民法院生产建设兵团分院管辖原应当由高级人民法院管辖的兵团范围内的第一审案件、上诉案件和其他案件，其判决和裁定是新疆维吾尔自治区高级人民法院的判决和裁定。但兵团各中级人民法院判处死刑（含死缓）的案件的上诉案件以及死刑复核案件由新疆维吾尔自治区高级人民法院管辖。

第3条　兵团人民法院管辖以下民事案件：（一）垦区范围内发生的案件；（二）城区内发生的双方当事人均为兵团范围内的公民、法人或者其他组织的案件；（三）城区内发生的双方当事人一方为兵团范围内的公民、法人或者其他组织，且被告住所地在兵团工作区、生活区或者管理区内的案件。

对符合协议管辖和专属管辖条件的案件，依照民事诉讼法的有关规定确定管辖权。

第7条　新疆维吾尔自治区高级人民法院生产建设兵团分院所管辖第一审案件的上诉法院是最高人民法院。

第8条　对于新疆维吾尔自治区高级人民法院生产建设兵团分院审理再审案件所作出的判决、裁定，新疆维吾尔自治区高级人民法院不再进行再审。

【法〔2005〕270号】　最高人民法院关于人民法院受理共同诉讼案件问题的通知（2005年12月30日印发，2006年1月1日起施行）

一、当事人一方或双方人数众多的共同诉讼，依法由基层人民法院受理。受理法院认为不宜作为共同诉讼受理的，可分别受理。

在高级人民法院辖区内有重大影响的上述案件，由中级人民法院受理。如情况特殊，确需高级人民法院作为一审民事案件受理的，应当在受理前报最高人民法院批准。

法律、司法解释对知识产权，海事、海商，涉外等民事纠纷案件的级别管辖另有规定的，从其规定。

二、各级人民法院应当加强对共同诉讼案件涉及问题的调查研究，上级人民法院应当加强对下级人民法院审理此类案件的指导工作。

【法释〔2009〕17号】　最高人民法院关于审理民事级别管辖异议案件若干问题的规定（2009年7月20日最高法审委会〔1471次〕通过，2009年11月12

日公布，2010 年 1 月 1 日起施行；根据法释〔2020〕20 号《决定》修正，2021 年 1 月 1 日起施行。以本规为准）

第 1 条　被告在提交答辩状期间提出管辖权异议，认为受诉人民法院违反级别管辖规定，案件应当由上级人民法院或者下级人民法院管辖的，受诉人民法院应当审查，并在受理异议之日起 15 日内作出裁定：（一）异议不成立的，裁定驳回；（二）异议成立的，裁定移送有管辖权的人民法院。

第 2 条　在管辖权异议裁定作出前，原告申请撤回起诉，受诉人民法院作出准予撤回起诉裁定的，对管辖权异议不再审查，并在裁定书中一并写明。

第 3 条　提交答辩状期间届满后，原告增加诉讼请求金额致使案件标的额超过受诉人民法院级别管辖标准，被告提出管辖权异议，请求由上级人民法院管辖的，人民法院应当按照本规定第 1 条审查并作出裁定。

第 4 条　对于应由上级人民法院管辖的第一审民事案件，下级人民法院不得报请上级人民法院交其审理。

第 5 条　被告以受诉人民法院同时违反级别管辖和地域管辖规定为由提出管辖权异议的，受诉人民法院应当一并作出裁定。

第 6 条　当事人未依法提出管辖权异议，但受诉人民法院发现其没有级别管辖权的，应当将案件移送有管辖权的人民法院审理。

第 7 条　对人民法院就级别管辖异议作出的裁定，当事人不服提起上诉的，第二审人民法院应当依法审理并作出裁定。

第 8 条　对于将案件移送上级人民法院管辖的裁定，当事人未提出上诉，但受移送的上级人民法院认为确有错误的，可以依职权裁定撤销。

第 9 条　经最高人民法院批准的第一审民事案件级别管辖标准的规定，应当作为审理民事级别管辖异议案件的依据。

【法发〔2008〕10 号】　最高人民法院关于调整高级人民法院和中级人民法院管辖第一审民商事案件标准的通知（2008 年 2 月 3 日）[①]

一、高级人民法院管辖下列第一审民商事案件

北京、上海、广东、江苏、浙江高级人民法院，可管辖诉讼标的额在 2 亿元以上的第一审民商事案件，以及诉讼标的额在 1 亿元以上且当事人一方住所地不在本辖区或者涉外、涉港澳台的第一审民商事案件。

天津、重庆、山东、福建、湖北、湖南、河南、辽宁、吉林、黑龙江、广西、安徽、江西、四川、陕西、河北、山西、海南高级人民法院，可管辖诉讼标的额

[①] 注：本通知第 1、2 条规定的标准已被"法发〔2015〕7 号"同名《通知》更新，本书删略。

在 1 亿元以上的第一审民商事案件，以及诉讼标的额在 5000 万元以上且当事人一方住所地不在本辖区或者涉外、涉港澳台的第一审民商事案件。

甘肃、贵州、新疆、内蒙古、云南高级人民法院和新疆生产建设兵团分院，可管辖诉讼标的额在 5000 万元以上的第一审民商事案件，以及诉讼标的额在 2000 万元以上且当事人一方住所地不在本辖区或者涉外、涉港澳台的第一审民商事案件。

青海、宁夏、西藏高级人民法院可管辖诉讼标的额在 2000 万元以上的第一审民商事案件，以及诉讼标的额在 1000 万元以上且当事人一方住所地不在本辖区或者涉外、涉港澳台的第一审民商事案件。

二、中级人民法院管辖下列第一审民商事案件

中级人民法院管辖第一审民商事案件标准，由高级人民法院自行确定，但应当符合下列条件：

北京、上海所辖中级人民法院，广东、江苏、浙江辖区内省会城市、计划单列市和经济较为发达的市中级人民法院，可管辖诉讼标的额不低于 5000 万元的第一审民商事案件，以及诉讼标的额不低于 2000 万元且当事人一方住所地不在本辖区或者涉外、涉港澳台的第一审民商事案件。其他中级人民法院可管辖诉讼标的额不低于 2000 万元的第一审民商事案件，以及诉讼标的额不低于 800 万元且当事人一方住所地不在本辖区或者涉外、涉港澳台的第一审民商事案件。

天津所辖中级人民法院，重庆所辖城区中级人民法院，山东、福建、湖北、湖南、河南、辽宁、吉林、黑龙江、广西、安徽、江西、四川、陕西、河北、山西、海南辖区内省会城市、计划单列市和经济较为发达的市中级人民法院，可管辖诉讼标的额不低于 800 万元的第一审民商事案件，以及诉讼标的额不低于 300 万元且当事人一方住所地不在本辖区或者涉外、涉港澳台的第一审民商事案件。其他中级人民法院可管辖诉讼标的额不低于 500 万元的第一审民商事案件，以及诉讼标的额不低于 200 万元且当事人一方住所地不在本辖区或者涉外、涉港澳台的第一审民商事案件。

甘肃、贵州、新疆、内蒙古、云南辖区内省会城市中级人民法院，可管辖诉讼标的额不低于 300 万元的第一审民商事案件，以及诉讼标的额不低于 200 万元且当事人一方住所地不在本辖区或者涉外、涉港澳台的第一审民商事案件。其他中级人民法院可管辖诉讼标的额不低于 200 万元的第一审民商事案件，以及诉讼标的额不低于 100 万元且当事人一方住所地不在本辖区或者涉外、涉港澳台的第一审民商事案件。

青海、宁夏、西藏辖区内中级人民法院，可管辖诉讼标的额不低于 100 万元的第一审民商事案件，以及诉讼标的额不低于 50 万元且当事人一方住所地不在本辖区或者涉外、涉港澳台的第一审民商事案件。

三、婚姻、继承、家庭、物业服务、人身损害赔偿、交通事故、劳动争议等案件，以及群体性纠纷案件，一般由基层人民法院管辖。

四、对重大疑难、新类型和在适用法律上有普遍意义的案件，可以依照民事诉讼法第 39 条的规定，由上级人民法院自行决定由其审理，或者根据下级人民法院报请决定由其审理。

五、实行专门管辖的海事海商案件、集中管辖的涉外民商事案件和知识产权案件，按现行规定执行。

六、军事法院管辖军内第一审民商事案件的标准，参照当地同级地方人民法院标准执行。

七、高级人民法院认为确有必要的，可以制定适当高于本通知的标准。对于辖区内贫困地区的中级人民法院，可以适当降低标准。

八、各高级人民法院关于本辖区的级别管辖标准应当于 2008 年 3 月 5 日前报我院批准。未经批准的，不得作为确定级别管辖的依据。

【主席令［2015］37 号】　中华人民共和国反家庭暴力法（2015 年 12 月 27 日全国人大常委会［12 届 18 次］通过，2016 年 3 月 1 日起施行）

第 25 条　人身安全保护令案件由申请人或者被申请人居住地、家庭暴力发生地的基层人民法院管辖。

【法发［2015］7 号】　最高人民法院关于调整高级人民法院和中级人民法院管辖第一审民商事案件标准的通知（2015 年 4 月 30 日印发，2015 年 5 月 1 日起施行）

一、当事人住所地均在受理法院所处省级行政辖区的第一审民商事案件

北京、上海、江苏、浙江、广东高级人民法院，管辖诉讼标的额 5 亿元以上一审民商事案件，所辖中级人民法院管辖诉讼标的额 1 亿元以上一审民商事案件。

天津、河北、山西、内蒙古、辽宁、安徽、福建、山东、河南、湖北、湖南、广西、海南、四川、重庆高级人民法院，管辖诉讼标的额 3 亿元以上一审民商事案件，所辖中级人民法院管辖诉讼标的额 3000 万元以上一审民商事案件。

吉林、黑龙江、江西、云南、陕西、新疆高级人民法院和新疆生产建设兵团分院，管辖诉讼标的额 2 亿元以上一审民商事案件，所辖中级人民法院管辖诉讼标的额 1000 万元以上一审民商事案件。

贵州、西藏、甘肃、青海、宁夏高级人民法院，管辖诉讼标的额 1 亿元以上一审民商事案件，所辖中级人民法院管辖诉讼标的额 500 万元以上一审民商事案件。

二、当事人一方住所地不在受理法院所处省级行政辖区的第一审民商事案件

北京、上海、江苏、浙江、广东高级人民法院，管辖诉讼标的额 3 亿元以上一

审民商事案件，所辖中级人民法院管辖诉讼标的额5000万元以上一审民商事案件。

天津、河北、山西、内蒙古、辽宁、安徽、福建、山东、河南、湖北、湖南、广西、海南、四川、重庆高级人民法院，管辖诉讼标的额1亿元以上一审民商事案件，所辖中级人民法院管辖诉讼标的额2000万元以上一审民商事案件。

吉林、黑龙江、江西、云南、陕西、新疆高级人民法院和新疆生产建设兵团分院，管辖诉讼标的额5000万元以上一审民商事案件，所辖中级人民法院管辖诉讼标的额1000万元以上一审民商事案件。

贵州、西藏、甘肃、青海、宁夏高级人民法院，管辖诉讼标的额2000万元以上一审民商事案件，所辖中级人民法院管辖诉讼标的额500万元以上一审民商事案件。

三、解放军军事法院管辖诉讼标的额1亿元以上一审民商事案件，大单位军事法院管辖诉讼标的额2000万元以上一审民商事案件。

四、婚姻、继承、家庭、物业服务、人身损害赔偿、名誉权、交通事故、劳动争议等案件，以及群体性纠纷案件，一般由基层人民法院管辖。

五、对重大疑难、新类型和在适用法律上有普遍意义的案件，可以依照民事诉讼法第38条（现第39条）的规定，由上级人民法院自行决定由其审理，或者根据下级人民法院报请决定由其审理。

六、本通知调整的级别管辖标准不涉及知识产权案件、海事海商案件和涉外涉港澳台民商事案件。

七、本通知规定的第一审民商事案件标准，包含本数。

【法释〔2016〕30号】 最高人民法院关于巡回法庭审理案件若干问题的规定（"法释〔2015〕3号"公布，2015年2月1日起施行；2016年12月19日最高法审委会〔1704次〕修正，2016年12月27日公布，2016年12月28日起施行）

第1条 最高人民法院设立巡回法庭，受理巡回区内相关案件。第一巡回法庭设在广东省深圳市，巡回区为广东、广西、海南、湖南4省区。第二巡回法庭设在辽宁省沈阳市，巡回区为辽宁、吉林、黑龙江3省。第三巡回法庭设在江苏省南京市，巡回区为江苏、上海、浙江、福建、江西5省市。第四巡回法庭设在河南省郑州市，巡回区为河南、山西、湖北、安徽4省。第五巡回法庭设在重庆市，巡回区为重庆、四川、贵州、云南、西藏5省区。第六巡回法庭设在陕西省西安市，巡回区为陕西、甘肃、青海、宁夏、新疆5省区。最高人民法院本部直接受理北京、天津、河北、山东、内蒙古5省区市有关案件。

最高人民法院根据有关规定和审判工作需要，可以增设巡回法庭，并调整巡回法庭的巡回区和案件受理范围。

第 2 条　巡回法庭是最高人民法院派出的常设审判机构。巡回法庭作出的判决、裁定和决定，是最高人民法院的判决、裁定和决定。

第 3 条　巡回法庭审理或者办理巡回区内应当由最高人民法院受理的以下案件：（一）全国范围内重大、复杂的第一审行政案件；（二）在全国有重大影响的第一审民商事案件；（三）不服高级人民法院作出的第一审行政或者民商事判决、裁定提起上诉的案件；（四）对高级人民法院作出的已经发生法律效力的行政或者民商事判决、裁定、调解书申请再审的案件；（五）刑事申诉案件；（六）依法定职权提起再审的案件；（七）不服高级人民法院作出的罚款、拘留决定申请复议的案件；（八）高级人民法院因管辖权问题报请最高人民法院裁定或者决定的案件；（九）高级人民法院报请批准延长审限的案件；（十）涉港澳台民商事案件和司法协助案件；（十一）最高人民法院认为应当由巡回法庭审理或者办理的其他案件。

巡回法庭依法办理巡回区内向最高人民法院提出的来信来访事项。

第 4 条　知识产权、涉外商事、海事海商、死刑复核、国家赔偿、执行案件和最高人民检察院抗诉的案件暂由最高人民法院本部审理或者办理。

【法发〔2018〕13 号】　最高人民法院关于调整部分高级人民法院和中级人民法院管辖第一审民商事案件标准的通知（2018 年 7 月 17 日印发相关高院，2018 年 8 月 1 日起施行）

一、当事人住所地均在受理法院所处省级行政辖区的第一审民商事案件

贵州省、陕西省、新疆维吾尔自治区高级人民法院和新疆维吾尔自治区高级人民法院生产建设兵团分院管辖诉讼标的额 3 亿元以上一审民商事案件，所辖中级人民法院管辖诉讼标的额 3000 万元以上一审民商事案件。

甘肃省、青海省、宁夏回族自治区高级人民法院管辖诉讼标的额 2 亿元以上一审民商事案件，所辖中级人民法院管辖诉讼标的额 1000 万元以上一审民商事案件。

二、当事人一方住所地不在受理法院所处省级行政辖区的第一审民商事案件

贵州省、陕西省、新疆维吾尔自治区高级人民法院和新疆维吾尔自治区高级人民法院生产建设兵团分院管辖诉讼标的额 1 亿元以上一审民商事案件，所辖中级人民法院管辖诉讼标的额 2000 万元以上一审民商事案件。

甘肃省、青海省、宁夏回族自治区高级人民法院管辖诉讼标的额 5000 万元以上一审民商事案件，所辖中级人民法院管辖诉讼标的额 1000 万元以上一审民商事案件。

三、本通知未作调整的，按照《最高人民法院关于调整高级人民法院和中级人民法院管辖第一审民商事案件标准的通知》（法发〔2015〕7 号）执行。

【法发［2019］1号】 最高人民法院关于河北雄安新区中级人民法院及所辖基层人民法院案件管辖问题的批复 (2019年1月9日答复河北高院)

一、雄安新区中级人民法院管辖雄安新区及其托管区域（包含任丘市苟各庄镇、鄚州镇、七间房乡和高阳县龙化乡等4个乡镇）范围内的案件。雄县人民法院管辖原雄县区划和任丘市苟各庄镇、鄚州镇和七间房乡的案件；安新县人民法院管辖原安新县区划和高阳县龙化乡的案件。

二、雄安新区中级人民法院管辖诉讼标的额3000万元以上、3亿元以下的一审民商事案件。本批复与《最高人民法院关于调整高级人民法院和中级人民法院管辖第一审民商事案件标准的通知》（法发［2015］7号）中规定不一致的，依照本批复执行。

三、雄安新区周边区域，包括石家庄、保定、廊坊、沧州辖区内环境资源案件（包括刑事、民事、行政案件）集中由雄安新区法院管辖。关于雄安新区中级人民法院与基层人民法院环境资源案件级别管辖的划分，以及各基层人民法院之间集中管辖案件的范围和类型，由河北省高级人民法院提出细化方案，报最高人民法院批准。

四、雄安新区法院知识产权案件和涉外涉港澳台民商事案件管辖问题，另行规定。

五、本批复未作规定的，依照有关法律、司法解释的规定执行。

【冀高法［2019］14号】 河北省高级人民法院关于河北雄安新区中级人民法院案件管辖的通知 (2019年1月27日)

一、河北雄安新区中级人民法院及所辖基层人民法院管辖区域，按照《最高人民法院关于河北雄安新区（此处遗漏"中级"二字）人民法院及所辖基层人民法院案件管辖问题的批复》第1条规定执行，即河北雄安新区中级人民法院管辖雄安新区及其托管区域（包含任丘市苟各庄镇、鄚州镇、七间房乡和高阳县龙化乡）范围内的案件；雄县人民法院管辖原雄县区划和托管的任丘市苟各庄镇、鄚州镇、七间房乡范围内的案件，安新县人民法院管辖原安新县区划和托管的高阳县龙化乡范围内的案件，容城县人民法院管辖原容城县区划范围内的案件。

二、河北雄安新区中级人民法院管辖下列案件：

（一）河北省人民检察院雄安新区分院根据《中华人民共和国刑事诉讼法》第21条提起公诉的危害国家安全、恐怖活动刑事案件或可能判处无期徒刑、死刑的刑事案件；

（二）诉讼标的额在3000万元以上、3亿元以下的一审民商事案件；

（三）河北雄安新区中级人民法院管辖的一审行政案件，按照《中华人民共和国行政诉讼法》及相关司法解释、河北省高级人民法院冀高法发〔2016〕36 号和冀高法发〔2017〕12 号文件执行；

（四）应由河北雄安新区中级人民法院管辖的申请确认仲裁效力案件、申请撤销仲裁裁决案件（不含申请撤销劳动争议仲裁裁决案件）；

（五）应由河北雄安新区中级人民法院管辖的申请承认与执行外国仲裁裁决审查案件和外国法院裁判审查案件，申请认可与执行香港特别行政区、澳门特别行政区、台湾地区仲裁裁决审查案件和法院裁判审查案件；

（六）上级法院指定河北雄安新区中级人民法院管辖的其他案件；

（七）不服雄县、安新县、容城县人民法院所作一审判决、裁定提起上诉的案件；

（八）应由河北雄安新区中级人民法院受理的申诉审查、申请再审案件、再审案件和执行案件。

三、河北雄安新区中级法院自 2019 年 1 月 10 日起受理案件，并以河北雄安新区中级人民法院名义办理。2019 年 1 月 10 日起至本通知下发之日，属河北雄安新区中级人民法院一审管辖的案件起诉到保定市、沧州市中级人民法院的，应当移交河北雄安新区中级人民法院管辖；河北雄安新区中级人民法院所辖基层法院 1 月 10 日以后作出的裁判文书的尾部应当按照裁判文书样式写明"……上诉于河北雄安新区中级人民法院"，因表述不当造成当事人上诉于保定市中级人民法院的，应当及时移交河北雄安新区中级人民法院管辖。

本通知下发前后，由保定市、沧州市中级人民法院发还重审的涉及雄安新区及托管区域内案件，如当事人不服重审裁判再次提出上诉的，应分别由保定市、沧州市中级人民法院审理。

四、雄安新区及托管区域内环境资源类案件及涉白洋淀流域生态环境相关案件由雄安法院管辖。

《最高人民法院关于河北雄安新区人民法院及所辖基层人民法院案件管辖问题的批复》第 3 条规定，即确定由雄安新区法院集中管辖的涉及石家庄、保定、廊坊、沧州等周边区域内环境资源案件（包括刑事、民事、行政案件），待河北雄安新区中级人民法院与下辖基层人民法院级别管辖划分、各基层人民法院之间管辖案件范围和类型等细化方案经最高人民法院批准后开始执行。

五、本通知未作规定的，按照有关法律、司法解释的规定执行。

【法释〔2019〕8 号】　最高人民法院关于审理生态环境损害赔偿案件的若干规定（试行）（2019 年 5 月 20 日最高法审委会〔1769 次〕通过，2019 年 6 月 4 日公布，2019 年 6 月 5 日起试行；根据法释〔2020〕17 号《决定》修正，2021 年 1 月 1 日起施行）

第3条 第一审生态环境损害赔偿诉讼案件由生态环境损害行为实施地、损害结果发生地或者被告住所地的中级以上人民法院管辖。

经最高人民法院批准，高级人民法院可以在辖区内确定部分中级人民法院集中管辖第一审生态环境损害赔偿诉讼案件。

中级人民法院认为确有必要的，可以在报请高级人民法院批准后，裁定将本院管辖的第一审生态环境损害赔偿诉讼案件交由具备审理条件的基层人民法院审理。

生态环境损害赔偿诉讼案件由人民法院环境资源审判庭或者指定的专门法庭审理。

【法发〔2020〕36号】 最高人民法院关于调整河北省、河南省、湖南省高级人民法院所辖中级人民法院管辖第一审民商事案件标准的通知（2020年9月7日印发相关高院，2020年10月1日起施行）

一、当事人住所地均在你院所处省级行政辖区的，所辖中级人民法院管辖诉讼标的额1亿元以上的第一审民商事案件。

二、当事人一方住所地不在你院所处省级行政辖区的，所辖中级人民法院管辖诉讼标的额5000万元以上的第一审民商事案件。

三、本通知未作调整的，按照《最高人民法院关于调整高级人民法院和中级人民法院管辖第一审民商事案件标准的通知》（法发〔2015〕7号）、《最高人民法院关于调整部分高级人民法院和中级人民法院管辖第一审民商事案件标准的通知》（法发〔2018〕13号）、《最高人民法院关于调整高级人民法院和中级人民法院管辖第一审民事案件标准的通知》（法发〔2019〕14号）执行。

【法一巡（会1）〔2020〕22号】 虚增诉讼标的规避级别管辖的处理[①]（2018年12月12日最高法第一巡回法庭第19次法官会议纪要）[②]

对于虚增诉讼标的额提高级别管辖的，由于主观上有恶意且缺乏证据支持，依法应当予以规制，以维护管辖制度的严肃性，故本案应由原受理法院审理。

意见阐释：

---

① 最高人民法院第一巡回法庭：《最高人民法院第一巡回法庭民商事主审法官会议纪要（第1卷）》，中国法制出版社2020年版，第143页。

② 该案，甲公司起诉乙公司，被受理后，甲公司变更诉讼请求，将诉讼标的增至5亿元以上，并提出管辖权异议。法院裁定将该案移送上一级法院审理。上一级法院受理后，乙公司提交《管辖权异议申请书》，认为甲公司明显是虚增诉讼标的金额，故意提高审级，不应当支持其不正当诉讼行为，而应根据管辖恒定原则，确定由原受理法院管辖。甲公司答辩称因原受理法院法官在办案过程中有明显偏袒被告的行为，故其特意规避级别管辖，诉讼请求金额足有5亿元以上，其中间接损失3.8亿元以上，证据正在不断整理完善当中，本案应当由上一级法院审理。

一、虚增诉讼标的规避级别管辖应否得到支持

通常来说，诉讼标的额根据当事人的诉讼请求金额确定。对于原告提出的诉讼请求金额是否有充分的证据支持，由于在确定管辖权阶段案件并未进入实体审理，人民法院无法进行深入审查。因此，在确定管辖权阶段，不宜对原告提出诉讼请求金额的真实性做过于严格的要求，对当事人虚增诉讼标的额的约束，则主要通过缴纳诉讼标的额相应的诉讼费来实现，通过诉讼费用的约束机制，促使原告将提出的诉讼请求金额限制在较为合理的范围内。

然而，上述原则不能一概而论，对于明显主观故意虚增诉讼标的、规避级别管辖规定的，则应作例外性处理。例外情形的适用应从严把握，以起诉时提交的表面证据中即可发现为标准。如本案情形，原告甲公司自认其确为规避级别管辖规定而故意虚增诉讼标的，对这种故意而为的行为，人民法院不应支持。

二、受移送的上级法院认为下级法院移送错误应如何处理

从法律的角度而言，我国立法层面上对于立案后不属于本院管辖的案件规定了 2 种处理方式：第一种是裁定移送有管辖权的人民法院；第二种是驳回起诉，告知当事人向有管辖权的人民法院起诉。其中，移送管辖有 2 种：一是同级人民法院之间的移送管辖，属于地域管辖的范围。二是上下级人民法院间的移送，属于级别管辖的范围。

本案中，上一级法院是受移送的法院，其认为受移送的案件不属于本院管辖，根据《民事诉讼法》第 37 条规定，应报请上级人民法院指定管辖。本案中上一级法院未采用报请指定管辖的路径，而是根据《最高人民法院关于适用〈民事诉讼法〉的解释》第 208 条第 3 款规定，裁定驳回甲公司的起诉。

本案的特殊之处在于，本案的移送管辖发生于上下级法院之间，受移送的上级法院认为移送错误，还有另一种处理方式：原受理法院作为下级法院，将案件移送上级法院管辖，上级法院认为移送错误，可以根据《最高人民法院关于审理民事级别管辖异议案件若干问题的规定》第 8 条规定，依职权裁定撤销原裁定，指令原受理法院继续审理。相比驳回起诉并由原告甲公司另行向原受理法院起诉，直接指令原受理法院审理更有利于加快案件流转、减轻当事人诉讼成本。故主审法官会议认为，上一级法院驳回起诉后，最高人民法院亦可指令本案由原受理法院审理。

三、原告能否提出管辖权异议

原告是为维护自己的或者自己所保护的民事权益，向人民法院提起民事诉讼请求法院予以审判的当事人。民事案件管辖法院与原告的起诉行为直接相关，管辖法院是原告选择的，原告起诉即表明接受受诉法院管辖且即使原告不接受该法院管辖，也可以撤诉之后另诉。因此，一般认为原告无权，也没有必要对受诉法

院的管辖权提出异议。然而，实践中并不尽然。首先，从法律规定来看，《民事诉讼法》第130条并未明确将原告排除在提起管辖权异议的主体之外。其次，虽然在一般情况下管辖法院是原告选择的，但在法院受理原告的起诉后，也会因特殊情况发生移送管辖、管辖权转移的情形，此时受理案件的法院已非原告所选择的法院。最后，在必要共同诉讼中，后来参加诉讼的原告也应当有权提出管辖权异议。

本案是原告增加诉讼请求后，对其原提起诉讼的法院管辖权提出异议，符合《最高人民法院关于适用〈中华人民共和国民事诉讼法〉的解释》第39条第1款规定。

【法发［2021］27号】　最高人民法院关于调整中级人民法院管辖第一审民事案件标准的通知（2021年9月17日印发，2021年10月1日起施行）

一、当事人住所地均在或者均不在受理法院所处省级行政辖区的，中级人民法院管辖诉讼标的额5亿元以上的第一审民事案件。

二、当事人一方住所地不在受理法院所处省级行政辖区的，中级人民法院管辖诉讼标的额1亿元以上的第一审民事案件。

三、战区军事法院、总直属军事法院管辖诉讼标的额1亿元以上的第一审民事案件。

四、对新类型、疑难复杂或者具有普遍法律适用指导意义的案件，可以依照民事诉讼法第38条（现第39条）的规定，由上级人民法院决定由其审理，或者根据下级人民法院报请决定由其审理。

五、本通知调整的级别管辖标准不适用于知识产权案件、海事海商案件和涉外涉港澳台民商事案件。

六、最高人民法院以前发布的关于中级人民法院第一审民事案件级别管辖标准的规定，与本通知不一致的，不再适用。①

【法［2021］242号】　最高人民法院关于完善四级法院审级职能定位改革试点的实施办法（2021年9月16日最高法审委会［1846次］通过，2021年9月27日印发，2021年10月1日起施行；2023年9月28日起被"法［2023］154号"《通知》终止）（详见本书第210条）

第1条　各级人民法院应当根据本办法，健全工作衔接机制、完善内设机构设置、优化审判力量配置，在实现审判重心进一步下沉的同时，推动将涉及重大国家利益、社会公共利益和具有普遍法律适用指导意义的案件交由较高层级法院

---

① 注：最高法2008年3月31日公布、2008年4月1日起施行的《全国各省、自治区、直辖市高级人民法院和中级人民法院管辖第一审民商事案件标准》不再适用。

审理，逐步实现基层人民法院重在准确查明事实、实质化解纠纷；中级人民法院重在二审有效终审、精准定分止争；高级人民法院重在再审依法纠错、统一裁判尺度；最高人民法院监督指导全国审判工作、确保法律正确统一适用。通过依法有序开展试点工作，充分发挥四级两审审级制度优势，加快推进审判体系和审判能力现代化，为全面建设社会主义现代化国家提供有力司法服务和保障。

【法释〔2022〕11 号】　最高人民法院关于适用《中华人民共和国民事诉讼法》的解释（"法释〔2015〕5 号"公布，2015 年 2 月 4 日起施行；根据法释〔2020〕20 号《决定》修正，2021 年 1 月 1 日起施行；2022 年 3 月 22 日最高法审委会〔1866 次〕修正，2022 年 4 月 1 日公布，2022 年 4 月 10 日起施行；以本规为准）

第 1 条　民事诉讼法第 19 条第 1 项规定的重大涉外案件，包括争议标的额大的案件、案情复杂的案件，或者一方当事人人数众多等具有重大影响的案件。

第 2 条　专利纠纷案件由知识产权法院、最高人民法院确定的中级人民法院和基层人民法院管辖。

海事、海商案件由海事法院管辖。

● **入库案例**　**【2024-01-2-111-002】　天某公司诉金某某公司租赁合同纠纷案**（山东高院/2021.03.17/〔2021〕鲁民辖终 41 号）

裁判要旨：民事案件诉讼标的数额，一般根据原告提出的诉讼请求情况认定。人民法院在认定民事案件诉讼标的数额时，仅需对原告提出诉讼请求的初步证据材料进行形式审查。被告主张原告虚增标的额以规避级别管辖的，应当提出相应的证据材料予以证明；被告不能提供的，应当依照原告主张的标的额确定级别管辖法院。

【2024-01-2-262-002】　张某某诉某科创机械公司、骆某某股东资格确认纠纷案（成都中院/2021.04.29/〔2021〕川 01 民辖终 157 号）

裁判要旨：股东资格确认纠纷实际解决的是当事人之间的股权归属问题。在无其他证据证明股权实际价值的情况下，可以根据当事人约定的股权价值认定案件的诉讼标的额，并据此确定案件的级别管辖。

第二节 地域管辖

第 22 条[19910409] **【被告居所地管辖】**对公民提起的民事诉讼，由被告住所地/~~户籍所在地~~人民法院管辖；被告住所地/~~户籍所在地~~与经常居住地/~~居所地~~不一致的，由经常居住地/~~居所地~~人民法院管辖。

对法人或者其他组织/~~企业事业单位、机关、团体~~提起的民事诉讼，由被告住所地/~~被诉单位所在地~~人民法院管辖。

同一诉讼的几个被告住所地/~~户籍所在地~~、经常居住地/~~居所地~~在 2 个以上人民法院辖区的，各该人民法院都有管辖权。

第 23 条[19910409] **【原告居所地管辖】**下列民事诉讼，由原告住所地/~~户籍所在地~~人民法院管辖；原告住所地/~~户籍所在地~~与经常居住地/~~居所地~~不一致的，由原告经常居住地/~~居所地~~人民法院管辖：

~~(一) 非军人对军人提起的诉讼；~~

（一）对不在中华人民共和国领域内居住的人提起的有关身份关系的诉讼；

（二）对下落不明或者宣告失踪的人提起的有关身份关系的诉讼；

（三）对~~正在~~被采取强制性教育措施/~~劳动教养~~[20130101]的人提起的诉讼；

（四）对~~正在~~被监禁的人提起的诉讼。

~~第 29 条~~[19910409] ~~第 22 条至第 28 条~~（现第 24、28-32 条）~~的规定执行有困难的，可以适用第 20 条或者第 21 条~~（现第 22、23 条）~~的规定。~~

● **相关规定** **【主席令［2020］45 号】** 中华人民共和国民法典（2020 年 5 月 28 日全国人大［13 届 3 次］通过，2021 年 1 月 1 日起施行）

第 25 条 自然人以户籍登记或者其他有效身份登记记载的居所为住所；经常居所与住所不一致的，经常居所视为住所。

第 63 条 法人以其主要办事机构所在地为住所。依法需要办理法人登记的，应当将主要办事机构所在地登记为住所。

【法释〔2022〕11 号】　最高人民法院关于适用《中华人民共和国民事诉讼法》的解释（"法释〔2015〕5 号"公布，2015 年 2 月 4 日起施行；根据法释〔2020〕20 号《决定》修正，2021 年 1 月 1 日起施行；2022 年 3 月 22 日最高法审委会〔1866 次〕修正，2022 年 4 月 1 日公布，2022 年 4 月 10 日起施行；以本规为准）

第 3 条　公民的住所地是指公民的户籍所在地，法人或者其他组织的住所地是指法人或者其他组织的主要办事机构所在地。

法人或者其他组织的主要办事机构所在地不能确定的，法人或者其他组织的注册地或者登记地为住所地。

第 4 条　公民的经常居住地是指公民离开住所地至起诉时已连续居住 1 年以上的地方，但公民住院就医的地方除外。

第 5 条　对没有办事机构的个人合伙、合伙型联营体提起的诉讼，由被告注册登记地人民法院管辖。没有注册登记，几个被告又不在同一辖区的，被告住所地的人民法院都有管辖权。

第 6 条　被告被注销户籍的，依照民事诉讼法第 22 条规定确定管辖；原告、被告均被注销户籍的，由被告居住地人民法院管辖。

第 7 条　当事人的户籍迁出后尚未落户，有经常居住地的，由该地人民法院管辖；没有经常居住地的，由其原户籍所在地人民法院管辖。

第 8 条　双方当事人都被监禁或者被采取强制性教育措施的，由被告原住所地人民法院管辖。被告被监禁或者被采取强制性教育措施 1 年以上的，由被告被监禁地或者被采取强制性教育措施地人民法院管辖。

第 9 条　追索赡养费、扶养费、抚养费案件的几个被告住所地不在同一辖区的，可以由原告住所地人民法院管辖。

第 10 条　不服指定监护或者变更监护关系的案件，可以由被监护人住所地人民法院管辖。

第 11 条　双方当事人均为军人或者军队单位的民事案件由军事法院管辖。

第 12 条　夫妻一方离开住所地超过 1 年，另一方起诉离婚的案件，可以由原告住所地人民法院管辖。

夫妻双方离开住所地超过 1 年，一方起诉离婚的案件，由被告经常居住地人民法院管辖；没有经常居住地的，由原告起诉时被告居住地人民法院管辖。

第 13 条　在国内结婚并定居国外的华侨，如定居国法院以离婚诉讼须由婚姻缔结地法院管辖为由不予受理，当事人向人民法院提出离婚诉讼的，由婚姻缔结地或者一方在国内的最后居住地人民法院管辖。

第 14 条　在国外结婚并定居国外的华侨，如定居国法院以离婚诉讼须由国籍所属国法院管辖为由不予受理，当事人向人民法院提出离婚诉讼的，由一方原住所地或者在国内的最后居住地人民法院管辖。

第 15 条 中国公民一方居住在国外，一方居住在国内，不论哪一方向人民法院提起离婚诉讼，国内一方住所地人民法院都有权管辖。国外一方在居住国法院起诉，国内一方向人民法院起诉的，受诉人民法院有权管辖。

第 16 条 中国公民双方在国外但未定居，一方向人民法院起诉离婚的，应由原告或者被告原住所地人民法院管辖。

第 17 条 已经离婚的中国公民，双方均定居国外，仅就国内财产分割提起诉讼的，由主要财产所在地人民法院管辖。

第 23 条 债权人申请支付令，适用民事诉讼法第 22 条规定，由债务人住所地基层人民法院管辖。

第 39 条 人民法院对管辖异议审查后确定有管辖权的，不因当事人提起反诉、增加或者变更诉讼请求等改变管辖，但违反级别管辖、专属管辖规定的除外。

人民法院发回重审或者按第一审程序再审的案件，当事人提出管辖异议的，人民法院不予审查。

【法刊文摘】 审查立案若干疑难问题解答（二）（浙江高院立案庭撰稿，《立案工作指导与参考》2003 年第 2 卷，人民法院出版社 2003 年 10 月）

54. 对于被监禁的人提起的人身损害赔偿纠纷，由何地人民法院管辖？

对于被监禁的人提起的人身损害赔偿纠纷案件管辖权问题，由于被告主体的特殊性及诉因的性质，我国《民事诉讼法》实际上有 2 个条文即第 23 条和第 29 条分别对其进行了规范。……从我国《民事诉讼法》的结构来看，第 2 章第 2 节所规定的是地域管辖，该节第 22 条、第 23 条从当事人与法院辖区的关系方面确定普通地域管辖，以"原告就被告"为一般原则，"被告就原告"为例外；第 24 条至第 33 条从案件纠纷的性质规定了特殊地域管辖，并根据案件的不同诉因给出了不同的管辖联结点；第 34 条规定的是几类特殊案件的专属管辖；第 35 条前段赋予多个法院有管辖权时原告的选择法院起诉权，后段规定原告同时向多个法院起诉时的法院管辖原则。由上可知，第 23 条和第 29 条是从不同方面分别对案件的地域管辖进行了规范，2 个条文并行不悖，因此，就有可能存在同一案件可以适用 2 个条文的情形。被告因犯罪被判刑关押在监狱等劳动改造场所接受改造，而原告提起人身损害赔偿的侵权之诉，就出现原告有管辖选择权的情况，其既可依《民事诉讼法》第 23 条的规定，向其住所地法院提起诉讼，也可依《民事诉讼法》第 29 条的规定，向侵权行为地法院提起诉讼。出现这种情况，原告住所地法院不得以因侵权行为提起的诉讼，由侵权行为地或被告住所地人民法院管辖为由，将案件移送其他法院。

【法〔2008〕164 号】　最高人民法院关于依法做好抗震救灾恢复重建期间民事审判和执行工作的通知（针对 2008 年 5 月 12 日四川省汶川县特大地震，2008 年 6 月 6 日印发）

三、……对于灾民被异地安置、投亲靠友后，因纠纷起诉到人民法院的，由于目前居住地发生了变化，在管辖问题上，由相关高级人民法院依照民事诉讼法等有关法律规定，从方便灾民、有利稳定的原则出发，统筹安排。……

【法发〔2008〕21 号】　最高人民法院关于处理涉及汶川地震相关案件适用法律问题的意见（一）（2008 年 7 月 14 日）

二、灾区群众安置地与原住所地、经常居住地不在同一行政区的，对于异地安置以后发生的诉讼，可以将安置地视为当事人的居住地依法确定管辖。

【法〔2010〕178 号】　最高人民法院关于依法做好抗震救灾和恢复重建期间审判工作切实维护灾区社会稳定的通知（针对 2010 年 4 月 14 日青海省玉树藏族自治州 7.1 级特大地震，2010 年 4 月 19 日印发）

六、……对于灾民被异地安置、投亲靠友后，因纠纷起诉到人民法院的，由于目前居住地发生了变化，在管辖问题上，由青海省高级人民法院依照民事诉讼法等有关法律规定，从方便灾民、有利稳定的原则出发，统筹安排。……

● **入库案例**　**【2024-01-2-084-003】**　刘某某诉宁夏某某枸杞制品有限公司、宁夏某某投资有限公司、宁夏某某销售有限公司、宁夏某某有限公司买卖合同纠纷案（宁夏高院/2023.10.24/〔2023〕宁民辖 35 号）

裁判要旨：争议由被告住所地法院管辖约定合法有效的，被告住所地在管辖协议签订后发生变更，案件仍应按照合同签订时的被告住所地确定管辖权。

【2024-01-2-103-003】　曲某诉靳某等民间借贷纠纷案（山东高院/2023.10.25/〔2023〕鲁民辖终 98 号）

裁判要旨：在起诉与受理阶段认定经常居住地时，当事人提供的物业、村（居）委会、单位出具的证明，生产生活产生的消费、缴费记录等可以作为人民法院认定经常居住地的证据。上述证据能够反映当事人在起诉时已连续在某地居住 1 年以上，且非因住院就医的，可以认定该地为其经常居住地。

【2024-01-2-103-004】　郑某诉庄某民间借贷纠纷案（揭阳中院/2023.12.25/〔2023〕粤 52 民辖终 122 号）

裁判要旨：在以当事人住所地为依据确定管辖时，一方主张户籍所在地与经常居住地不一致并提供有权机关出具的诸如流动人口居住登记信息查询表等居住登记信息证据材料，能够证明该地点系当事人离开住所地至起诉时已连续居住一年以上的，人民法院可以据此认定经常居住地。

> 第 24 条¹⁹⁹¹⁰⁴⁰⁹　　【合同纠纷管辖】因合同纠纷提起的诉讼，由被告住所地或者合同履行地或者合同签订地人民法院管辖。

● **相关规定**　【法经复［1985］59 号】　最高人民法院关于成武县油化二厂诉瑞昌县流庄乡砖瓦厂购销合同纠纷案管辖问题的批复（1985 年 12 月 14 日答复山东高院）

你省成武县人民法院于 1985 年 11 月 5 日就成武县油化二厂诉江西省瑞昌县流庄乡砖瓦厂购销合同纠纷一案，报我院指定管辖。经与瑞昌县人民法院联系，确定该案合同的签订地是瑞昌县，合同履行地是成武县。根据《中华人民共和国民事诉讼法（试行）》第 23 条和第 31 条的规定，合同签订地与履行地的人民法院都有管辖权。合同签订地的瑞昌县人民法院既已受理原告的起诉，就不应再将该案移送成武县人民法院审理。现指定该案由江西省瑞昌县人民法院管辖。

【法（研）复［1986］2 号】　最高人民法院关于房屋租赁纠纷如何确定管辖问题的批复（1986 年 1 月 7 日答复北京高院"［1985］京高法字第 82 号"请示）

经研究，我院同意你院的意见，即：凡在租赁关系存续期间发生的房屋修缮、租金、腾退等纠纷，一般应由房屋所在地法院管辖，个别由被告所在地法院管辖更符合"两便"原则的，也可由被告户籍地或居所地法院管辖。这样并不有悖法律规定，重要的是便于受理的法院查明案情和执行判决，从而正确、及时地审结案件。

【法经复［1987］21 号】　最高人民法院关于辽宁省盘锦市兴隆联营公司诉广东省东莞县横流建安公司经销部购销合同货款纠纷案指定管辖的批复（1987 年 6 月 26 日答复辽宁高院"法（经）请［1987］1 号"请示）

本案合同的签订地是广东省东莞县，问题在于确定合同的履行地。就 001 号合同而言，合同规定：绝大部分运费由需方负担，"款到后急发"、"三季度全部发完"，交货方式实际上是代办托运，发运地为广东省东莞县和广州市。至于在"盘锦站提货"，对于代运情况，不构成特殊约定。因此，该合同的履行地为广东省东莞县和广州市。就 002 号合同而言，合同虽未指明发运地，但根据全案情况应为兴隆联营公司一方所在地，且货物仍交由运输部门承运，以运单日期为交货日期，故该合同的履行地为辽宁省盘锦市。2 月 17 日的物资代购对换经济合同只是对前两份合同的变更和完善。

根据本案合同的签订地和履行地的情况，东莞县人民法院和盘锦市中级人民法院对本案均有管辖权。鉴于盘锦市中级人民法院最先收到起诉状并已进行审理，根据《民事诉讼法（试行）》第 23 条、第 31 条和第 33 条第 2 款的规定，现指定该案由辽宁省盘锦市中级人民法院管辖。

【法经（函）字〔1989〕22 号】　最高人民法院关于如何确定加工承揽合同履行地问题的函（1989 年 8 月 8 日答复上海高院"〔89〕沪高经核字第 3 号"请示）

合同履行地应为合同规定义务履行的地点。加工承揽合同主要是以承揽方按照定作方的特定要求完成加工生产任务为履约内容的，承揽方履约又是以使用自己的设备、技术、人力为前提条件的。因此，加工承揽方所在地应为合同规定义务履行的地点，即合同履行地。但是，本案合同签订地在你市虹口区，合同承揽方所在地在你市松江县，松江县应为合同履行地。故，虹口区法院和松江县法院对本案均有管辖权。现两院在管辖上发生争议，根据民事诉讼法（试行）第 33 条（现第 38 条）规定，应由上海市中级法院指定管辖。

【法（经）函〔1989〕59 号】　最高人民法院关于法人型联营合同纠纷案管理问题的复函（1989 年 8 月 21 日答复陕西高院"陕高法经字〔1989〕第 02 号"、河南高院"〔1989〕豫法经字第 4 号"请示）

鉴于开封天豫实业开发股份有限公司为独立核算、自负盈亏的经济实体，实行董事会领导下的经理负责制；联营三方依法向开封市工商行政管理局申请注册登记，该局审核后准予成立并发给了营业执照。为便利诉讼，现根据《中华人民共和国民事诉讼法（试行）》第 33 条（现第 38 条）第 2 款的规定，指定本案由企业主要办事机构所在地的河南省开封市中级人民法院管辖。

【法（经）函〔1989〕80 号】　最高人民法院关于安徽省嘉山县土产杂品公司与四川省眉山县土产果品公司购销籼稻合同纠纷案件管辖争议问题的函（1989 年 11 月 25 日答复四川、安徽高院）

1987 年 10 月 14 日双方当事人所签合同的签订地是成都市，履行地是安徽省嘉山县。1988 年双方当事人在眉山县签订补充协议，对原合同标的质量和履行期限作了变更。该协议并非独立合同，只是对原合同的补充，况且此次涉讼也不是为了补充协议约定的质量或履行期限问题，而是为原合同所订价格问题发生争议。因此，不宜以该协议签于眉山县即确定由眉山县人民法院管辖。

鉴于上述情况，根据《中华人民共和国民事诉讼法（试行）》第 23 条（现

第 24 条）、第 33 条（现第 38 条）第 2 款的规定，现指定本案由合同履行地安徽省嘉山县人民法院管辖。

【法经函字［1990］11 号】 最高人民法院关于借款合同纠纷案件管辖问题的复函（1990 年 4 月 2 日答复北京高院"经高法字［1990］第 35 号"请示）

一、该借款合同的签订地在北京，根据民事诉讼法（试行）第 23 条（现第 24 条）之规定，北京市中级人民法院对该借款合同纠纷案有管辖权。中信贸易公司给付贷款的方式是自带信汇和电汇，借款合同的履行地应在收款方贸易中心所在地连云港市。连云港市中级人民法院对借款合同纠纷案也有管辖权。

二、当事人之间的委托合同与借款合同本身虽属两个不同的民事法律关系，其诉讼标的也不相同，但两者之间有着事实上的联系。委托合同的存在是借款合同产生的原因，借款合同的签订是为了保证委托合同的履行。该两合同产生的纠纷案件，符合合并审理的条件。而且贸易中心起诉在先，起诉状的内容亦涉及两个法律关系。两案合并审理，既便于法院查明事实，分清责任，又可以减少当事人不必要的讼累。

三、现连云港中院已作出合并审理判决，中信贸易公司不服判决上诉至江苏省高级人民法院。北京市中院不应再对借款合同纠纷进行实体审理。中信公司对借款合同纠纷的诉讼请求，应向江苏省高级人民法院提出，由该院在二审中一并审理。

【法（经）函［1990］40 号】 最高人民法院关于山西省榆次市敬老商店诉黑龙江省牡丹江市劳动服务公司采购供应处购销胶合板合同纠纷一案管辖权争议问题的复函（1990 年 6 月 16 日答复黑龙江高院"黑法经字［1989］121 号"请示，并山西高院）

本案合同约定的运输方式为送货制，到站地点是山西省榆次市。在合同交货地点栏内虽写有"厂内需方委托供方代办"，但这不应视为当事人双方对合同履行地的特殊约定。6 月 18 日的补充协议也仅是对原合同价格的修改补充。根据本院法（经）复［1988］20 号（已废止）批复精神，本案交货地点在山西省榆次市，榆次市为合同履行地。本案合同签订地在黑龙江省牡丹江市。榆次市所属的晋中地区中级法院和牡丹江市中级法院对本案均有管辖权。鉴于晋中地区中级法院先行受理了此案，被告提出的管辖权异议，亦已经晋中地区中级法院和山西省高级法院驳回，根据民事诉讼法（试行）第 23 条、第 31 条和第 33 条第 2 款规定，现指定晋中地区中级法院审理此案。

【法（经）函［1990］41 号】 最高人民法院关于河南省郑州市粮油贸易中心诉广东省开平县潭江宾馆贸易发展部购销电冰箱合同质量纠纷一案管辖问题的复函（1990 年 6 月 20 日答复河南高院"［1990］豫法经函字第 5 号"请示，并广

东高院）

本案合同签订地在广州市，合同履行地在杭州市。依据民事诉讼法（试行）第 23 条 **（现第 24 条）** 规定，广州市中级法院和杭州市中级法院对本案均有管辖权。但上述有管辖权的两个法院现均以本案双方当事人及合同标的物不在合同签订地和合同履行地，管辖有困难为由，未予受理。为此，河南省高级法院特报请本院指定管辖。经研究，根据民事诉讼法（试行）第 33 条、第 29 条和第 20 条第 2 款规定，现指定本案由被告所在地广东省开平县人民法院或广东省江门市中级人民法院受理。并请河南省高级法院告之郑州市中级法院将本案有关材料及案件受理费一并移送开平县法院或江门市中级人民法院。

【法（经）函〔1990〕46 号】　最高人民法院关于甘肃省供销合作联社储运公司东岗综合商场诉浙江省玉环县田马食品厂购销合同纠纷案管辖争议问题的复函（1990 年 7 月 16 日答复甘肃高院"甘法经上〔1990〕11 号"请示、浙江高院"〔1990〕浙法经字第 20 号"函）

本案合同签订地在石家庄市，合同履行地在宁波市。依据民事诉讼法（试行）第 23 条 **（现第 24 条）** 规定，石家庄市中级人民法院和宁波市中级人民法院对本案均有管辖权。但鉴于本案当事人双方及合同标的物均不在合同签订地和合同履行地，合同签订地和合同履行地法院行使案件管辖权确有困难，且原告又选择了向被告所在地玉环县人民法院起诉。根据民事诉讼法（试行）第 33 条、第 29 条和第 20 条第 2 款规定，现指定浙江省玉环县人民法院受理本案。请甘肃省高级人民法院裁定撤销兰州市中级人民法院兰法经〔1989〕188-（1）号民事裁定，告之该院将本案有关材料及案件受理费一并移送浙江省玉环县人民法院。

【法（经）函〔1990〕49 号】　最高人民法院关于寿光县寿城物资供销公司诉海拉尔市工业供销公司购销木材合同纠纷一案管辖权问题的复函（1990 年 7 月 19 日答复山东高院"鲁法（经）函字第 41 号"、内蒙古高院"〔1990〕内法经请字第 1 号"请示）

双方当事人于 1988 年 2 月 9 日在海拉尔市签订的木材购销合同上写明的"交货地点：济南局宜都站"，应视为当事人在合同中对交货地点的特殊约定。青州市法院（宜都现改为青州）和海拉尔市法院对本案都有管辖权。鉴于双方当事人均不在青州，合同又未实际履行，海拉尔为合同的签订地，又系被告所在地，本院根据《中华人民共和国民事诉讼法（试行）》第 33 条第 2 款和第 23 条 **（现第 38 条第 2 款、第 24 条）** 之规定，指定由海拉尔市人民法院管辖此案。寿光县人民法院应当将此案移送海拉尔市人民法院。

【法（经）函［1990］50号】 最高人民法院关于山西省太原市技术开发服务公司与浙江省衢州化学工业公司补偿贸易合同纠纷一案指定管辖的复函（1990年7月16日答复山西高院"晋法经函字［1990］第1号"请示、浙江高院"［1990］浙法经上字89-85号"报告）

本案合同（1985年4月8日、4月15日的协议）及其补充协议、纪要，属于补偿贸易合同。衢州化学工业公司的主要义务是将"投资"款给付对方，该行为的履行地为山西省太原市；太原市技术开发服务公司的主要义务是兴建炼铁炉、生产生铁并按约定要求交付生铁，主要履行地应为山西省吕梁地区和太原地区。根据《中华人民共和国民事诉讼法（试行）》第33条第2款和第23条（现第38条第2款、第24条）之规定，现指定本案由山西省有关人民法院管辖。衢州市中级人民法院应于浙江省高级人民法院撤销［1989］浙法经上字85号民事裁定书之后，将本案移送有管辖权的太原市中级人民法院或者吕梁地区中级人民法院。因1985年4月15日合同所产生的纠纷案件业经衢州市中级人民法院调解结案，可不再移送。

【法（经）函［1990］51号】 最高人民法院关于蕲春县土产公司与昆山市布厂购销落麻合同纠纷一案管辖争议的复函（1990年7月26日答复湖北高院"鄂法［1990］经呈字第2号"、江苏高院"苏法诉［1990］经管字第9号"报告）

本案合同签订于蕲春县。合同中虽有"交地"的约定，但从合同约定的费用负担、运输办法以及实际交货的情况看，属于供方送货，故本合同的履行地可以认定为昆山市。昆山市法院、蕲春县法院对本案都有管辖权。鉴于本案争议的主要问题是货物质量，现货存放于昆山，昆山市法院鉴定、检验比较方便，且该院先收案，因此，根据《中华人民共和国民事诉讼法（试行）》第23条（现第24条）和第33条（现第38条）第2款的规定，现指定本案由昆山市人民法院管辖。

【法（经）函［1990］55号】 最高人民法院关于购销（代销）收录机合同纠纷管辖异议问题的复函（1990年8月4日答复广西高院"法经字［1990］第18号"请示）

一、合同履行地应为当事人履行合同义务的地点。代销合同是以代销方按照委托方的委托，以自己的营业场所、服务设施来代销委托方的商品为履约内容的。展销合同则是以受托方为委托方提供展销场地、展销服务，由委托方自行销售或由受托方代销展品为履约内容的。因此，应以代销方所在地和受托方所在地为代销合同和展销合同的履行地。本案的双方当事人签订的第一份合同是代销合同，第三份合同是展销合同。依该两份合同规定，代销方和受托方均为武汉市 7 大国营百货商场股份有限公司，该公司所在地武汉市应为该两份合同的履行地。

二、本案的双方当事人相继签订了 3 份合同。第一份代销合同在桂林市签订，履行地为武汉市；第二份购销合同在桂林市签订，合同履行地为桂林市；第三份展销合同的签订地和履行地均为武汉市。根据民事诉讼法（试行）第 23 条（现第 24 条）的规定，桂林市中级法院对于因一、二两份合同纠纷提起的诉讼有权管辖；武汉市中级法院则对因一、三两份合同纠纷提起的诉讼有权管辖。

三、鉴于双方当事人间的主要争议发生在第三份合同，而桂林市中级法院对该份合同纠纷案件并没有管辖权；3 份合同纠纷案件的被告均为武汉市 7 大国营百货商场股份有限公司，且纠纷相互之间还有一定联系，为便利诉讼，以由桂林市中级法院将案件移送武汉市中级法院合并审理为宜。

【法（经）函 [1990] 60 号】　最高人民法院关于徐州市轮船运输服务公司与萧山市物资局城北区供应站购销烟煤合同纠纷案件管辖争议问题的复函（1990 年 8 月 19 日答复浙江高院"[1990] 浙法经字 17 号"、江苏高院"苏法诉 [1990] 经管 8 号"请示）

1989 年 2 月 17 日，轮运公司与供应站签订购销 5 万吨烟煤合同一份。同年 3 月 1 日，轮运公司又与萧山市城北区工业公司（与供应站实为一个单位，现已撤销）签订购销 5 万吨烟煤合同一份。两份合同均规定："交货地点及运费，杭州杜子桥码头船板交货，邳县至杭州水运费由供方负责。"合同约定的运输方式是送货制，交货地点是杭州市，杭州市应为合同履行地。两份合同均未明确签订地。且，合同标的物尚在杭州市，为便于案件的审理和案件审结后的执行，依据民事诉讼法（试行）第 23 条（现第 24 条）和第 33 条（现第 38 条）第 2 款规定，特指定本案由杭州市中级法院管辖。并请你们两院分别通知萧山市法院和邳县法院将本院的有关材料及萧山市法院的案件受理费一并移送杭州市中级法院。鉴于供应站先行起诉，对轮运公司已交纳的案件受理费，由邳县法院直接退还该公司。

【法（经）函 [1990] 61 号】　最高人民法院关于安徽省郎溪县百货公司与郎溪县百货公司高淳县东坎地方产品供销经理部联营商店联营公司纠纷案管辖争议问题的复函（1990 年 8 月 20 日答复安徽高院"经复字 [1990] 第 07 号"、江苏高院"苏法诉 [1990] 经管字第 4 号"请示）

郎溪县百货公司东坎供销经理部联营商店（下称"联营商店"）系实行独立核算、自负盈亏的经济实体，于 1983 年 6 月 20 日，经江苏省高淳县工商行政管理局核准成立。其店址在高淳县东坝镇。根据民事诉讼法（试行）第 33 条（现第 38 条）第 2 款规定，为便于诉讼，特指定本案由该联营商店主要办事机构所在地的高淳县人民法院管辖。请安徽省有关法院按法律程序办理本案有关材料的移转。

【法经字［1991］4 号】 **最高人民法院经济审判庭关于石家庄市贸易公司与浙江绍兴柯岩绸厂购销涤纶丝合同纠纷案件管辖权争议问题的复函**（1991 年 1 月 14 日答复河北高院"冀法（经）［1990］148 号"请示）

石家庄市贸易公司（下称"市贸公司"）与浙江绍兴柯岩绸厂（下称"绸厂"）购销合同纠纷一案，于 1987 年 9 月和 12 月，已经浙江省绍兴县法院和绍兴市中级法院第一、二审裁定驳回市贸公司的管辖权异议，确认了绍兴县法院对该案有管辖权。绍兴县法院对本案所作的［1987］绍法经民字第 232 号缺席判决发生法律效力亦达 2 年之久。现在，市贸公司对绍兴县法院所作的已发生法律效力的判决和驳回管辖权异议的裁定已一并提出了申诉，本案可根据本院法（经）复［1990］10 号（已废止）批复精神处理。

【法函［1992］4 号】 **最高人民法院关于江苏省灌云县机械厂与安徽省界首市益民塑料厂购销合同纠纷一案指定管辖问题的复函**（1992 年 1 月 15 日答复江苏高院"苏法诉［1991］经管字第 3 号"、安徽高院"经请字［1991］第 16 号"请示）

1989 年 11 月 27 日界首市益民塑料厂业务员用盖有该厂合同专用章的空白合同纸与灌云县机械厂在灌云县签订第一份钢模板购销合同。合同约定由机械厂供给塑料厂钢模板 30 吨。11 月 30 日灌云县机械厂即按合同约定将部分钢模板送货到界首市益民塑料厂。1989 年 12 月 2 日灌云县机械厂业务员用盖有该厂合同专用章的空白合同纸与界首市益民塑料厂在界首市签订第二份钢模板购销合同，合同约定由机械厂供给塑料厂钢模板 63.376 吨，履行地也在界首市。第二份合同的标的数量包括了第一份合同。当事人双方因履行合同发生争议，灌云县机械厂于 1990 年 6 月 10 日按第一份合同诉至灌云县人民法院；界首市益民塑料厂于 1990 年 9 月 3 日按第二份合同诉至界首市人民法院。

以上情况说明，当事人双方订立的两个购销合同均已成立。这里虽然存在两个购销合同法律关系，但当事人双方争议所涉及的是同一类标的，因此对这两个合同关系产生的纠纷应当合并审理。由于第一份合同的履行地在界首市，第二份合同约定的履行地和合同的签订地均在界首市，而且第二份合同的标的数量包括了第一份合同，因此，本案由界首市人民法院管辖为宜。根据《中华人民共和国民事诉讼法》第 37 条（现第 38 条）第 2 款之规定，本院指定本案由安徽省界首市人民法院管辖。请江苏省高级人民法院责成灌云县人民法院将已受理的有关案件移送给安徽省界首市人民法院审理。

【法函〔1992〕35 号】 最高人民法院关于湖南省益阳地区供销社农副产品贸易中心工业品公司与浙江省绍兴县毛麻纺织总厂购销合同纠纷一案指定管辖的通知（1992 年 3 月 20 日答复湖南高院"〔1991〕湘法经请字第 4 号"请示、浙江高院"〔1992〕浙高法经字 3 号"函）

1990 年 2 月 15 日益阳工业品公司与毛麻总厂在益阳市签订一份 36 支纯麻纱购销合同，双方签字盖章。1990 年 3 月 10 日益阳工业品公司将 6 吨 36 支纯麻纱送到毛麻总厂。1990 年 3 月 12 日、4 月 4 日双方又在绍兴市签订了一份纯麻纱定货合同和一份纯麻布定货合同。两份合同双方均未盖章，且其内容是对 1990 年 2 月 15 日合同的补充和变更，不是独立的合同。因此应以 1990 年 2 月 15 日签订的购销合同来确定本案的管辖权。

1990 年 5 月 15 日益阳工业品公司按 1990 年 2 月 15 日签订的合同诉至益阳市人民法院，因该合同的签订地在益阳市，益阳市人民法院有管辖权。毛麻总厂虽然先于益阳工业品公司于 1990 年 5 月 5 日诉至绍兴县人民法院，但该厂是根据 4 月 4 日签订的合同起诉的，因该合同不是独立的合同，绍兴县人民法院据此收案不当。因此本案由益阳市人民法院管辖为宜。根据《中华人民共和国民事诉讼法》第 37 条（现第 38 条）第 2 款之规定，本院指定本案由湖南省益阳市人民法院管辖。请浙江省高级人民法院责成绍兴县人民法院将已受理的有关案件移送给湖南省益阳市人民法院审理。

【法函〔1992〕147 号】 最高人民法院关于中国电子器材公司与招商银行担保合同纠纷一案指定管辖的通知（1992 年 10 月 28 日答复广西高院"桂高法经请字〔1992〕第 3 号"、广东高院"粤高法经行字〔1992〕第 32-1 号"报告）

1989 年 7 月，中国电子器材公司东北公司（下称东北公司）为电冰箱质量纠纷诉深圳南山对外经济发展公司（现为深圳南山对外经济发展公司，下称南山公司），1989 年 8 月中国电子器材公司（下称中电公司）因要求撤销担保诉招商银行，两案均由沈阳市中级人民法院受理。1990 年 5 月 15 日沈阳市中级人民法院又将两案合并移送广西壮族自治区钦州地区中级人民法院审理。

1990 年 3 月招商银行以进口押汇担保为由向深圳市蛇口区人民法院起诉南山公司、中电公司和东北公司。1991 年 12 月蛇口区人民法院将此案移送深圳市中级人民法院审理。

现钦州地区中级人民法院与深圳市中级人民法院就各自受理案件中的担保纠纷发生管辖争议。经我们审查两地法院提供的材料后认为，东北公司与南山公司之间只存在购销关系而没有担保关系。中电公司所作担保中的被担保人是东北公司，虽然该担保书是向招商银行作出的，但实际受益人仍是南山公司。中电公司所作担保与东北公司和南山公司的购销合同有密切联系。为了便于人民法院在审理中一并查清事实，该担保合同纠纷由上述购销合同纠纷的受理法院审理为宜。

本案发生管辖争议后，广西壮族自治区高级人民法院与广东省高级人民法院经过协商未取得一致意见，分别报告我院要求指定管辖。在指定管辖期间，钦州中院违反法定程序作了判决，这种做法是错误的。建议广西壮族自治区高级人民法院依据民事诉讼法的有关规定，撤销钦州地区中级人民法院的判决。鉴于本案的实际情况，根据《中华人民共和国民事诉讼法》第37条（现第38条）第2款之规定，本院指定本案由广西壮族自治区高级人民法院作为第一审案件管辖。请广东省高级人民法院责成深圳市中级人民法院将已受理的案件中关于中电公司为东北公司向招商银行担保的材料移送给广西壮族自治区高级人民法院审理。

【法经［1994］171号】 最高人民法院关于合同当事人仅给付了定金应当如何确定管辖问题的复函（1994年7月15日答复天津高院"［1993］津高法字第69号"请示）

在合同当事人仅履行了合同中定金条款的约定，而未履行合同的其他条款的情况下，不能依据《最高人民法院关于适用〈中华人民共和国民事诉讼法〉若干问题的意见》（下称《意见》）第18条、第19条（现法释［2022］11号《解释》第18条）的规定认定为"实际履行"。《意见》中的"实际履行"，对于购销合同，是指合同当事人实际履行了交货义务。因此，合同当事人因仅给付了定金而产生合同纠纷，应按照《意见》第18条的规定确定管辖的人民法院。

【法发［1996］28号】 ~~最高人民法院关于在确定经济纠纷案件管辖中如何确定购销合同履行地的规定~~（最高法审委会［837次］通过，1996年9月12日印发；被法释［2013］2号《最高人民法院关于废止1980年1月1日至1997年6月30日期间发布的部分司法解释和司法解释性质文件（第9批）的决定》废止，2013年1月18日起施行）①

一、当事人在合同中明确约定履行地点的，以约定的履行地点为合同履行地。

当事人在合同中未明确约定履行地点的，以约定的交货地点为合同履行地。

---

① 废止理由为：与民事诉讼法规定相冲突。

合同中约定的货物到达地、到站地、验收地、安装调试地等,均不应视为合同履行地。

二、当事人在合同中明确约定了履行地点或交货地点,但在实际履行中以书面方式或双方当事人一致认可的其他方式变更约定的,以变更后的约定确定合同履行地。当事人未以上述方式变更原约定,或者变更原合同而未涉及履行地问题的,仍以原合同的约定确定履行地。

三、当事人在合同中对履行地点、交货地点未作约定或约定不明确的,或者虽有约定但未实际交付货物,且当事人双方住所地均不在合同约定的履行地,以及口头购销合同纠纷案件,均不依履行地确定案件管辖。

~~本规定自公布之日起执行,本院以前有关购销合同履行地的司法解释与本规定不一致的,以本规定为准。~~

【法明传〔1998〕198 号】 最高人民法院关于如何确定委托贷款合同履行地问题的答复(1998 年 7 月 6 日答复湖北高院"〔1997〕169 号"请示)

经研究认为,委托贷款合同以贷款方(即受托方)住所地为合同履行地,但合同中对履行地有约定的除外。

【法释〔1999〕19 号】 ~~最高人民法院关于适用《中华人民共和国合同法》若干问题的解释(一)~~(1999 年 12 月 1 日最高法审委会〔1090 次〕通过,1999 年 12 月 19 日公布,1999 年 12 月 29 日起施行;被法释〔2020〕16 号《最高人民法院关于废止部分司法解释及相关规范性文件的决定》废止,2021 年 1 月 1 日起施行)①

第 14 条 债权人依照合同法第 73 条(现民法典第 535 条)的规定提起代位权诉讼的,由被告住所地人民法院管辖。

第 23 条 债权人依照合同法第 74 条(现民法典第 538 条)的规定提起撤销权诉讼的,由被告住所地人民法院管辖。

【法刊文摘】 审查立案若干疑难问题解答(二)(浙江高院立案庭撰稿,《立案工作指导与参考》2003 年第 2 卷,人民法院出版社 2003 年 10 月)

52. 请求确认解除合同效力的案件,如何确定管辖权?

《中华人民共和国合同法》第 96 条第 1 款规定:"当事人一方依照本法第 93 条第 2 款、94 条的规定主张解除合同的,应当通知对方。合同自通知到达对方时

---

① 注:《全国法院贯彻实施民法典工作会议纪要》(法〔2021〕94 号)第 12 条认为,《合同法解释一》第 14 条、第 23 条等规定与民事诉讼法及相关法律不冲突,人民法院可以在办理程序性事项时作为参考。

解除。对方有异议的,可以请求人民法院或者仲裁机构确认解除合同的效力。"合同当事人据此而向人民法院提起诉讼,要求确认解除合同的效力的,仍属于因合同纠纷提起的诉讼,应根据《民事诉讼法》第 24 条的规定,按被告住所地或合同履行地来确定管辖法院。

【法释〔2003〕10 号】 最高人民法院关于审理期货纠纷案件若干问题的规定(2003 年 5 月 16 日最高法审委会〔1270 次〕通过,2003 年 6 月 18 日公布,2003 年 7 月 1 日起施行;根据法释〔2020〕18 号《决定》修正,2021 年 1 月 1 日起施行)

第 4 条 人民法院应当依据民事诉讼法第 23 条、第 28 条和第 34 条(现第 24、29、35 条)的规定确定期货纠纷案件的管辖。

第 5 条 在期货公司的分公司、营业部等分支机构进行期货交易的,该分支机构住所地为合同履行地。

因实物交割发生纠纷的,期货交易所住所地为合同履行地。

【法释〔2004〕20 号】 最高人民法院关于审理技术合同纠纷案件适用法律若干问题的解释(2004 年 11 月 30 日最高法审委会〔1335 次〕通过,2004 年 12 月 16 日公布,2005 年 1 月 1 日起施行;根据法释〔2020〕19 号《决定》修正,2021 年 1 月 1 日起施行)

第 43 条 技术合同纠纷案件一般由中级以上人民法院管辖。

各高级人民法院根据本辖区的实际情况并报经最高人民法院批准,可以指定若干基层人民法院管辖第一审技术合同纠纷案件。

其他司法解释对技术合同纠纷案件管辖另有规定的,从其规定。

合同中既有技术合同内容,又有其他合同内容,当事人就技术合同内容和其他合同内容均发生争议的,由具有技术合同纠纷案件管辖权的人民法院受理。

第 45 条 第三人向受理技术合同纠纷案件的人民法院就合同标的技术提出权属或者侵权请求时,受诉人民法院对此也有管辖权的,可以将权属或者侵权纠纷与合同纠纷合并审理;受诉人民法院对此没有管辖权的,应当告知其向有管辖权的人民法院另行起诉或者将已经受理的权属或者侵权纠纷案件移送有管辖权的人民法院。……(余见本书第 153 条)

【法发〔2009〕40 号】 最高人民法院关于当前形势下审理民商事合同纠纷案件若干问题的指导意见(2009 年 7 月 7 日)

五、正确适用强制性规定,稳妥认定民商事合同效力

15. 正确理解、识别和适用合同法第 52 条第 5 项中的"违反法律、行政法规的强制性规定"(现民法典第 153 条),关系到民商事合同的效力维护以及市场交

易的安全和稳定。人民法院应当注意根据《合同法解释（二）》第 14 条之规定，注意区分效力性强制规定和管理性强制规定。违反效力性强制规定的，人民法院应当认定合同无效；违反管理性强制规定的，人民法院应当根据具体情形认定其效力。

16. 人民法院应当综合法律法规的意旨，权衡相互冲突的权益，诸如权益的种类、交易安全以及其所规制的对象等，综合认定强制性规定的类型。如果强制性规范规制的是合同行为本身且只要该合同行为发生即绝对地损害国家利益或者社会公共利益的，人民法院应当认定合同无效。如果强制性规定规制的是当事人的"市场准入"资格而非某种类型的合同行为，或者规制的是某种合同的履行行为而非某类合同行为，人民法院对于此类合同效力的认定，应当慎重把握，必要时应当征求相关立法部门的意见或者请示上级人民法院。

【法［2019］254 号】　**全国法院民商事审判工作会议纪要**（"九民纪要"，2019 年 7 月 3-4 日在哈尔滨召开，2019 年 9 月 11 日最高法审委会民事行政专委会［319 次］通过，2019 年 11 月 8 日发布）

三、关于合同纠纷案件的审理

会议认为，合同是市场化配置资源的主要方式，合同纠纷也是民商事纠纷的主要类型。人民法院在审理合同纠纷案件时，要坚持鼓励交易原则，充分尊重当事人的意思自治。要依法审慎认定合同效力。要根据诚实信用原则，合理解释合同条款、确定履行内容，合理确定当事人的权利义务关系，审慎适用合同解除制度，依法调整过高的违约金，强化对守约者诚信行为的保护力度，提高违法违约成本，促进诚信社会构建。

（一）关于合同效力

人民法院在审理合同纠纷案件过程中，要依职权审查合同是否存在无效的情形，注意无效与可撤销、未生效、效力待定等合同效力形态之间的区别，准确认定合同效力，并根据效力的不同情形，结合当事人的诉讼请求，确定相应的民事责任。

30.【强制性规定的识别】合同法施行后，针对一些人民法院动辄以违反法律、行政法规的强制性规定为由认定合同无效，不当扩大无效合同范围的情形，合同法司法解释（二）第 14 条将《合同法》第 52 条第 5 项规定的"强制性规定"明确限于"效力性强制性规定"。此后，《最高人民法院关于当前形势下审理民商事合同纠纷案件若干问题的指导意见》（法发［2009］40 号）进一步提出了"管理性强制性规定"的概念，指出违反管理性强制性规定的，人民法院应当根据具体情形认定合同效力。随着这一概念的提出，审判实践中又出现了另一种倾向，有的人民法院认为凡是行政管理性质的强制性规定都属于"管理性强制性规定"，不影响合同效力。这种望文生义的认定方法，应予纠正。

人民法院在审理合同纠纷案件时，要依据《民法总则》第153条第1款和合同法司法解释（二）第14条的规定慎重判断"强制性规定"的性质，特别是要在考量强制性规定所保护的法益类型、违法行为的法律后果以及交易安全保护等因素的基础上认定其性质，并在裁判文书中充分说明理由。下列强制性规定，应当认定为"效力性强制性规定"：强制性规定涉及金融安全、市场秩序、国家宏观政策等公序良俗的；交易标的禁止买卖的，如禁止人体器官、毒品、枪支等买卖；违反特许经营规定的，如场外配资合同；交易方式严重违法的，如违反招投标等竞争性缔约方式订立的合同；交易场所违法的，如在批准的交易场所之外进行期货交易。关于经营范围、交易时间、交易数量等行政管理性质的强制性规定，一般应当认定为"管理性强制性规定"。

31. 【违反规章的合同效力】违反规章一般情况下不影响合同效力，但该规章的内容涉及金融安全、市场秩序、国家宏观政策等公序良俗的，应当认定合同无效。人民法院在认定规章是否涉及公序良俗时，要在考察规范对象基础上，兼顾监管强度、交易安全保护以及社会影响等方面进行慎重考量，并在裁判文书中进行充分说理。

32. 【合同不成立、无效或者被撤销的法律后果】《合同法》第58条（现民法典第157条）就合同无效或者被撤销时的财产返还责任和损害赔偿责任作了规定，但未规定合同不成立的法律后果。考虑到合同不成立时也可能发生财产返还和损害赔偿责任问题，故应当参照适用该条的规定。

在确定合同不成立、无效或者被撤销后财产返还或者折价补偿范围时，要根据诚实信用原则的要求，在当事人之间合理分配，不能使不诚信的当事人因合同不成立、无效或者被撤销而获益。合同不成立、无效或者被撤销情况下，当事人所承担的缔约过失责任不应超过合同履行利益。比如，依据《最高人民法院关于审理建设工程施工合同纠纷案件适用法律问题的解释》（已废止）第2条规定，建设工程施工合同无效，在建设工程经竣工验收合格情况下，可以参照合同约定支付工程款，但除非增加了合同约定之外新的工程项目，一般不应超出合同约定支付工程款。

33. 【财产返还与折价补偿】合同不成立、无效或者被撤销后，在确定财产返还时，要充分考虑财产增值或者贬值的因素。双务合同不成立、无效或者被撤销后，双方因该合同取得财产的，应当相互返还。应予返还的股权、房屋等财产相对于合同约定价款出现增值或者贬值的，人民法院要综合考虑市场因素、受让人的经营或者添附等行为与财产增值或者贬值之间的关联性，在当事人之间合理分配或者分担，避免一方因合同不成立、无效或者被撤销而获益。在标的物已经灭失、转售他人或者其他无法返还的情况下，当事人主张返还原物的，人民法院不予支持，但其主张折价补偿的，人民法院依法予以支持。折价时，应当以当事人交易时约定的价款为基础，同时考虑当事人在标的物灭失或者转售时的获益情况综合确定补偿标准。标的物灭失时当事人获得的保险金或者其他赔偿金，转售时取得的对价，均属于当事人因标的物而获得的利益。对获益高于或者低于价款的部分，也应当在当事人之间合理分配或者分担。

34.【价款返还】双务合同不成立、无效或者被撤销时，标的物返还与价款返还互为对待给付，双方应当同时返还。关于应否支付利息问题，只要一方对标的物有使用情形的，一般应当支付使用费，该费用可与占有价款一方应当支付的资金占用费相互抵销，故在一方返还原物前，另一方仅须支付本金，而无须支付利息。

35.【损害赔偿】合同不成立、无效或者被撤销时，仅返还财产或者折价补偿不足以弥补损失，一方还可以向有过错的另一方请求损害赔偿。在确定损害赔偿范围时，既要根据当事人的过错程度合理确定责任，又要考虑在确定财产返还范围时已经考虑过的财产增值或者贬值因素，避免双重获利或者双重受损的现象发生。

36.【合同无效时的释明问题】在双务合同中，原告起诉请求确认合同有效并请求继续履行合同，被告主张合同无效的，或者原告起诉请求确认合同无效并返还财产，而被告主张合同有效的，都要防止机械适用"不告不理"原则，仅就当事人的诉讼请求进行审理，而应向原告释明变更或者增加诉讼请求，或者向被告释明提出同时履行抗辩，尽可能一次性解决纠纷。例如，基于合同有给付行为的原告请求确认合同无效，但并未提出返还原物或者折价补偿、赔偿损失等请求的，人民法院应当向其释明，告知其一并提出相应诉讼请求；原告请求确认合同无效并要求被告返还原物或者赔偿损失，被告基于合同也有给付行为的，人民法院同样应当向被告释明，告知其也可以提出返还请求；人民法院经审理认定合同无效的，除了要在判决书"本院认为"部分对同时返还作出认定外，还应当在判项中作出明确表述，避免因判令单方返还而出现不公平的结果。

第一审人民法院未予释明，第二审人民法院认为应当对合同不成立、无效或者被撤销的法律后果作出判决的，可以直接释明并改判。当然，如果返还财产或者赔偿损失的范围确实难以确定或者双方争议较大的，也可以告知当事人通过另行起诉等方式解决，并在裁判文书中予以明确。

当事人按照释明变更诉讼请求或者提出抗辩的，人民法院应当将其归纳为案件争议焦点，组织当事人充分举证、质证、辩论。

37.【未经批准合同的效力】法律、行政法规规定某类合同应当办理批准手续生效的，如商业银行法、证券法、保险法等法律规定购买商业银行、证券公司、保险公司 5% 以上股权须经相关主管部门批准，依据《合同法》第 44 条（现民法典第 502 条）第 2 款的规定，批准是合同的法定生效条件，未经批准的合同因欠缺法律规定的特别生效条件而未生效。实践中的一个突出问题是，把未生效合同认定为无效合同，或者虽认定为未生效，却按无效合同处理。无效合同从本质上来说是欠缺合同的有效要件，或者具有合同无效的法定事由，自始不发生法律效力。而未生效合同已具备合同的有效要件，对双方具有一定的拘束力，任何一方不得擅自撤回、解除、变更，但因欠缺法律、行政法规规定或当事人约定的特别生效条件，在该生效条件成就前，不能产生请求对方履行合同主要权利义务的法律效力。

38.【报批义务及相关违约条款独立生效】须经行政机关批准生效的合同，对报批义务及未履行报批义务的违约责任等相关内容作出专门约定的，该约定独立生效。一方因另一方不履行报批义务，请求解除合同并请求其承担合同约定的相应违约责任的，人民法院依法予以支持。

39.【报批义务的释明】须经行政机关批准生效的合同，一方请求另一方履行合同主要权利义务的，人民法院应当向其释明，将诉讼请求变更为请求履行报批义务。一方变更诉讼请求的，人民法院依法予以支持；经释明后当事人拒绝变更的，应当驳回其诉讼请求，但不影响其另行提起诉讼。

40.【判决履行报批义务后的处理】人民法院判决一方履行报批义务后，该当事人拒绝履行，经人民法院强制执行仍未履行，对方请求其承担合同违约责任的，人民法院依法予以支持。一方依据判决履行报批义务，行政机关予以批准，合同发生完全的法律效力，其请求对方履行合同的，人民法院依法予以支持；行政机关没有批准，合同不具有法律上的可履行性，一方请求解除合同的，人民法院依法予以支持。

41.【盖章行为的法律效力】司法实践中，有些公司有意刻制两套甚至多套公章，有的法定代表人或者代理人甚至私刻公章，订立合同时恶意加盖非备案的公章或者假公章，发生纠纷后法人以加盖的是假公章为由否定合同效力的情形并不鲜见。人民法院在审理案件时，应当主要审查签约人于盖章之时有无代表权或者代理权，从而根据代表或者代理的相关规则来确定合同的效力。

法定代表人或其授权之人在合同上加盖法人公章的行为，表明其是以法人名义签订合同，除《公司法》第 16 条等法律对其职权有特别规定的情形外，应当由法人承担相应的法律后果。法人以法定代表人事后已无代表权、加盖的是假章、所盖之章与备案公章不一致等为由否定合同效力的，人民法院不予支持。

代理人以被代理人名义签订合同，要取得合法授权。代理人取得合法授权后，以被代理人名义签订的合同，应当由被代理人承担责任。被代理人以代理人事后已无代理权、加盖的是假章、所盖之章与备案公章不一致等为由否定合同效力的，人民法院不予支持。

42.【撤销权的行使】撤销权应当由当事人行使。当事人未请求撤销的，人民法院不应当依职权撤销合同。一方请求另一方履行合同，另一方以合同具有可撤销事由提出抗辩的，人民法院应当在审查合同是否具有可撤销事由以及是否超过法定期间等事实的基础上，对合同是否可撤销作出判断，不能仅以当事人未提起诉讼或者反诉为由不予审查或者不予支持。一方主张合同无效，依据的却是可撤销事由，此时人民法院应当全面审查合同是否具有无效事由以及当事人主张的可撤销事由。当事人关于合同无效的事由成立的，人民法院应当认定合同无效。当事人主张合同无效的理由不成立，而可撤销的事由成立的，因合同无效和可撤销的后果相同，人民法院也可以结合当事人的诉讼请求，直接判决撤销合同。

（二）关于合同履行与救济

在认定以物抵债协议的性质和效力时，要根据订立协议时履行期限是否已经届满予以区别对待。合同解除、违约责任都是非违约方寻求救济的主要方式，人民法院在认定合同应否解除时，要根据当事人有无解除权、是约定解除还是法定解除等不同情形，分别予以处理。在确定违约责任时，尤其要注意依法适用违约金调整的相关规则，避免简单地以民间借贷利率的司法保护上限作为调整依据。

43.【抵销】抵销权既可以通知的方式行使，也可以提出抗辩或者提起反诉的方式行使。抵销的意思表示自到达对方时生效，抵销一经生效，其效力溯及自抵销条件成就之时，双方互负的债务在同等数额内消灭。双方互负的债务数额，是截至抵销条件成就之时各自负有的包括主债务、利息、违约金、赔偿金等在内的全部债务数额。行使抵销权一方享有的债权不足以抵销全部债务数额，当事人对抵销顺序又没有特别约定的，应当根据实现债权的费用、利息、主债务的顺序进行抵销。

44.【履行期届满后达成的以物抵债协议】当事人在债务履行期限届满后达成以物抵债协议，抵债物尚未交付债权人，债权人请求债务人交付的，人民法院要着重审查以物抵债协议是否存在恶意损害第三人合法权益等情形，避免虚假诉讼的发生。经审查，不存在以上情况，且无其他无效事由的，人民法院依法予以支持。

当事人在一审程序中因达成以物抵债协议申请撤回起诉的，人民法院可予准许。当事人在二审程序中申请撤回上诉的，人民法院应当告知其申请撤回起诉。当事人申请撤回起诉，经审查不损害国家利益、社会公共利益、他人合法权益的，人民法院可予准许。当事人不申请撤回起诉，请求人民法院出具调解书对以物抵债协议予以确认的，因债务人完全可以立即履行该协议，没有必要由人民法院出具调解书，故人民法院不应准许，同时应当继续对原债权债务关系进行审理。

45.【履行期届满前达成的以物抵债协议】当事人在债务履行期届满前达成以物抵债协议，抵债物尚未交付债权人，债权人请求债务人交付的，因此种情况不同于本纪要第71条规定的让与担保，人民法院应当向其释明，其应当根据原债权债务关系提起诉讼。经释明后当事人仍拒绝变更诉讼请求的，应当驳回其诉讼请求，但不影响其根据原债权债务关系另行提起诉讼。

46.【通知解除的条件】审判实践中，部分人民法院对合同法司法解释（二）第24条的理解存在偏差，认为不论发出解除通知的一方有无解除权，只要另一方未在异议期限内以起诉方式提出异议，就判令解除合同，这不符合合同法关于合同解除权行使的有关规定。对该条的准确理解是，只有享有法定或者约定解除权的当事人才能以通知方式解除合同。不享有解除权的一方向另一方发出解除通知，另一方即便未在异议期限内提起诉讼，也不发生合同解除的效果。人民法院在审理案件时，应当审查发出解除通知的一方是否享有约定或者法定的解除权来决定合同应否解除，不能仅以受通知一方在约定或者法定的异议期限届满未起诉这一事实就认定合同已经解除。

47.【约定解除条件】合同约定的解除条件成就时，守约方以此为由请求解除合同的，人民法院应当审查违约方的违约程度是否显著轻微，是否影响守约方合同目的实现，根据诚实信用原则，确定合同应否解除。违约方的违约程度显著轻微，不影响守约方合同目的实现，守约方请求解除合同的，人民法院不予支持；反之，则依法予以支持。

48.【违约方起诉解除】违约方不享有单方解除合同的权利。但是，在一些长期性合同如房屋租赁合同履行过程中，双方形成合同僵局，一概不允许违约方通过起诉的方式解除合同，有时对双方都不利。在此前提下，符合下列条件，违约方起诉请求解除合同的，人民法院依法予以支持：（1）违约方不存在恶意违约的情形；（2）违约方继续履行合同，对其显失公平；（3）守约方拒绝解除合同，违反诚实信用原则。

人民法院判决解除合同的，违约方本应当承担的违约责任不能因解除合同而减少或者免除。

49.【合同解除的法律后果】合同解除时，一方依据合同中有关违约金、约定损害赔偿的计算方法、定金责任等违约责任条款的约定，请求另一方承担违约责任的，人民法院依法予以支持。

双务合同解除时人民法院的释明问题，参照本纪要第36条的相关规定处理。

50.【违约金过高标准及举证责任】认定约定违约金是否过高，一般应当以

《合同法》第 113 条（现民法典第 584 条）规定的损失为基础进行判断，这里的损失包括合同履行后可以获得的利益。除借款合同外的双务合同，作为对价的价款或者报酬给付之债，并非借款合同项下的还款义务，不能以受法律保护的民间借贷利率上限作为判断违约金是否过高的标准，而应当兼顾合同履行情况、当事人过错程度以及预期利益等因素综合确定。主张违约金过高的违约方应当对违约金是否过高承担举证责任。

　　（三）关于借款合同

　　人民法院在审理借款合同纠纷案件过程中，要根据防范化解重大金融风险、金融服务实体经济、降低融资成本的精神，区别对待金融借贷与民间借贷，并适用不同规则与利率标准。要依法否定高利转贷行为、职业放贷行为的效力，充分发挥司法的示范、引导作用，促进金融服务实体经济。要注意到，为深化利率市场化改革，推动降低实体利率水平，自 2019 年 8 月 20 日起，中国人民银行已经授权全国银行间同业拆借中心于每月 20 日（遇节假日顺延）9 时 30 分公布贷款市场报价利率（LPR），中国人民银行贷款基准利率这一标准已经取消。因此，自此之后人民法院裁判贷款利息的基本标准应改为全国银行间同业拆借中心公布的贷款市场报价利率。应予注意的是，贷款利率标准尽管发生了变化，但存款基准利率并未发生相应变化，相关标准仍可适用。

　　51.【变相利息的认定】金融借款合同纠纷中，借款人认为金融机构以服务费、咨询费、顾问费、管理费等为名变相收取利息，金融机构或者由其指定的人收取的相关费用不合理的，人民法院可以根据提供服务的实际情况确定借款人应否支付或者酌减相关费用。

　　52.【高利转贷】民间借贷中，出借人的资金必须是自有资金。出借人套取金融机构信贷资金又高利转贷给借款人的民间借贷行为，既增加了融资成本，又扰乱了信贷秩序，根据民间借贷司法解释第 14 条第 1 项的规定，应当认定此类民间借贷行为无效。人民法院在适用该条规定时，应当注意把握以下几点：一是要审查出借人的资金来源。借款人能够举证证明在签订借款合同时出借人尚欠银行贷款未还的，一般可以推定为出借人套取信贷资金，但出借人能够举反证予以推翻的除外；二是从宽认定"高利"转贷行为的标准，只要出借人通过转贷行为牟利的，就可以认定为是"高利"转贷行为；三是对该条规定的"借款人事先知道或者应当知道的"要件，不宜把握过苛。实践中，只要出借人在签订借款合同时存在尚欠银行贷款未还事实的，一般可以认为满足了该条规定的"借款人事先知道或者应当知道"这一要件。

　　53.【职业放贷人】未依法取得放贷资格的以民间借贷为业的法人，以及以民间借贷为业的非法人组织或者自然人从事的民间借贷行为，应当依法认定无效。

同一出借人在一定期间内多次反复从事有偿民间借贷行为的，一般可以认定为是职业放贷人。民间借贷比较活跃的地方的高级人民法院或者经其授权的中级人民法院，可以根据本地区的实际情况制定具体的认定标准。

【法释〔2020〕6号】　最高人民法院关于审理民间借贷案件适用法律若干问题的规定（"法释〔2015〕18号"公布，2015年9月1日起施行；法（民）发〔1991〕21号《关于人民法院审理借贷案件的若干意见》同时废止。2020年8月18日最高法审委会〔1809次〕修订，2020年8月19日公布，次日施行；根据法释〔2020〕17号《决定》修正，2021年1月1日起施行。以本规为准）①

第3条　借贷双方就合同履行地未约定或者约定不明确，事后未达成补充协议，按照合同相关条款或者交易习惯仍不能确定的，以接受货币一方所在地为合同履行地。

【法释〔2020〕26号】　最高人民法院关于审理劳动争议案件适用法律问题的解释（一）（2020年12月25日最高法审委会〔1825次〕通过，2020年12月29日公布，2021年1月1日起施行）

第3条　劳动争议案件由用人单位所在地或者劳动合同履行地的基层人民法院管辖。

劳动合同履行地不明确的，由用人单位所在地的基层人民法院管辖。

法律另有规定的，依照其规定。

第4条　劳动者与用人单位均不服劳动争议仲裁机构的同一裁决，……双方当事人就同一仲裁裁决分别向有管辖权的人民法院起诉的，后受理的人民法院应当将案件移送给先受理的人民法院。

【法五巡（会）〔2021〕1号】　与船舶担保有关的借款合同纠纷管辖权的确定（见本章"海事纠纷管辖"专辑）

【法释〔2022〕11号】　最高人民法院关于适用《中华人民共和国民事诉讼法》的解释（"法释〔2015〕5号"公布，2015年2月4日起施行；根据法释〔2020〕20号《决定》修正，2021年1月1日起施行；2022年3月22日最高法审委会〔1866次〕修订，2022年4月1日公布，2022年4月10日起施行；以本规为准）

---

① 《最高人民法院关于新民间借贷司法解释适用范围问题的批复》（法释〔2020〕27号，2020年12月29日答复广东高院"粤高法〔2020〕108号"请示，2021年1月1日起施行）：经征求金融监管部门意见，由地方金融监管部门监管的小额贷款公司、融资担保公司、区域性股权市场、典当行、融资租赁公司、商业保理公司、地方资产管理公司等7类地方金融组织，属于经金融监管部门批准设立的金融机构，其因从事相关金融业务引发的纠纷，不适用新民间借贷司法解释。

第 18 条　合同约定履行地点的，以约定的履行地点为合同履行地。

合同对履行地点没有约定或者约定不明确，争议标的为给付货币的，接收货币一方所在地为合同履行地；交付不动产的，不动产所在地为合同履行地；其他标的，履行义务一方所在地为合同履行地。即时结清的合同，交易行为地为合同履行地。

合同没有实际履行，当事人双方住所地都不在合同约定的履行地的，由被告住所地人民法院管辖。

第 19 条　财产租赁合同、融资租赁合同以租赁物使用地为合同履行地。合同对履行地有约定的，从其约定。

第 20 条　以信息网络方式订立的买卖合同，通过信息网络交付标的的，以买受人住所地为合同履行地；通过其他方式交付标的的，收货地为合同履行地。合同对履行地有约定的，从其约定。

【法释［2023］13 号】　最高人民法院关于适用《中华人民共和国民法典》合同编通则若干问题的解释（2023 年 5 月 23 日最高法审委会［1889 次］通过，2023 年 12 月 4 日公布，次日 2023 年 12 月 5 日起施行）

第 35 条　债权人依据民法典第 535 条①的规定对债务人的相对人提起代位权诉讼的，由被告住所地人民法院管辖，但是依法应当适用专属管辖规定的除外。

债务人或者相对人以双方之间的债权债务关系订有管辖协议为由提出异议的，人民法院不予支持。

第 39 条　在代位权诉讼中，债务人对超过债权人代位请求数额的债权部分起诉相对人，属于同一人民法院管辖的，可以合并审理。不属于同一人民法院管辖的，应当告知其向有管辖权的人民法院另行起诉；在代位权诉讼终结前，债务人对相对人的诉讼应当中止。

● **入库案例**　**【2023-01-2-483-007】　某科技公司诉某集团公司等合同纠纷案**（上海高院/2021.02.01/［2021］沪民辖终 3 号）

裁判要旨：3.《民事诉讼法解释》第 18 条第 2 款规定的 3 种情形，分别针对争议标的为给付货币、交付不动产和其他标的的，只考虑了给付之诉的情形。而"争议标的"，是指当事人诉讼请求所指向的合同义务，并非当事人未按约定履行合同义务而应承担的合同责任。不能把"争议标的"的理解等同于诉讼请求。单

---

①　《民法典》第 535 条：因债务人怠于行使其债权或者与该债权有关的从权利，影响债权人的到期债权实现的，债权人可以向人民法院请求以自己的名义代位行使债务人对相对人的权利，但是该权利专属于债务人自身的除外。//　代位权的行使范围以债权人的到期债权为限。债权人行使代位权的必要费用，由债务人负担。//　相对人对债务人的抗辩，可以向债权人主张。

纯地请求解除合同的形成之诉，其争议标的并非合同中的具体义务，而是合同法律关系是否解除的问题，不能据此规定来确定合同履行地。

【2023-13-2-483-003】 　上海某信息技术有限公司诉某建筑科技（深圳）有限公司劳务派遣合同纠纷案（2021.08.12／［2021］最高法知民辖终 73 号）

裁判要旨：2. 民事诉讼法解释第 18 条第 2 款所称"争议标的"，是指当事人诉讼请求所指向的具体合同义务。诉讼请求为给付金钱的，不应简单地以诉讼请求指向金钱给付义务而认定争议标的即为给付货币，而应当根据合同具体内容明确其所指向的合同义务。

【2024-01-2-084-005】 　余某德诉肖某买卖合同纠纷案（云浮郁南县院／2022.01.06／［2022］粤 5322 民初字第 68 号）

裁判要旨：2. 争议标的为给付货币，是指争议的合同义务是以给付货币为内容，并非诉讼请求中简单的货币金钱请求。实践中，绝大多数诉讼请求都能转化为金钱之债，人民法院不能因为当事人诉讼请求是主张金钱就认为"争议标的"是给付货币，否则将会导致法定管辖被架空。因此，争议发生后，当事人向人民法院提出"退还货款""支付违约金、赔偿损失"等诉请的，不能认定争议标的为"给付货币"，应当认定为"其他标的"。

【2024-01-2-084-006】 　时某飞诉大连金普新区某数码通讯经营部、北京某科技有限责任公司信息网络买卖合同案（内蒙高院／2023.03.01／［2023］内民辖 5 号）

裁判要旨：2. 实践中，如果平台经营者仅是为网络交易双方提供虚拟交易场所，并未参与网络交易本身，则不属于合同相对方，应当按照合同相对性原则根据消费者与卖家之间的买卖合同确定案件管辖权。如果消费者和卖家之间达成了协议管辖约定，按照约定确定管辖，如果没有协议管辖约定，则按照民事诉讼法司法解释第 20 条规定确定管辖，即通过信息网络交付标的的，以买受人住所地为合同履行地；通过其他方式交付标的的，收货地为合同履行地。合同对履行地有约定的从其约定。值得注意的是，如果消费者是因使用平台服务而产生争议，则应当根据消费者与电子商务平台经营者之间的服务合同确定相应的管辖法院。

【2024-01-2-084-008】 　贵阳某电气有限公司诉贵州某科技有限公司买卖合同纠纷案（贵阳中院／2023.03.22／［2023］黔 01 民辖监 4 号）

裁判要旨：1. 在双方未就合同履行地作出明确约定的情形下，原告诉请判令被告支付货款，该项诉讼请求所指向的合同义务，即案件争议标的为给付货币，原告作为接收货币一方，其所在地为合同履行地，该地人民法院对本案依法具有管辖权。

2. 合同虽然约定有交货地点，但并未明确约定由该交货地点法院管辖的，不能直接将该约定交货地点认定为合同履行地并据以确定管辖法院。

【2024-01-2-103-001】 某某银行诉某地产开发公司等金融借款合同纠纷案（2020.01.07/［2019］最高法民辖终 526 号）

裁判要旨：债权人根据主合同和担保合同提起诉讼，同时向主债务人和担保人主张权利的，应当根据主合同确定案件的管辖权。

【2024-01-2-103-002】 中建某局公司诉兰州某开发公司等借款合同纠纷案（上海高院/2021.03.26/［2021］沪民辖终 24 号）

裁判要旨：合同债权转让后，债权受让人与债务人因合同履行发生纠纷的，应当根据原合同确定履行地与案件管辖权。

【2024-01-2-111-003】 黄某诉德阳某建筑工程有限公司、夏某租赁合同纠纷案（贵阳中院/2023.06.12/［2023］黔 01 民辖终 137 号）

裁判要旨：审理财产租赁合同纠纷要查明租赁物的权利属性和使用情况，从便利诉讼、方便执行等方面考虑，由租赁物使用地法院管辖较为妥当。需要注意的是，如果合同对履行地有明确约定的，应当从其约定。

● **典型案例** **【法办发［2023］号】** 最高人民法院发布《关于适用〈中华人民共和国民法典〉合同编通则若干问题的解释》相关典型案例（最高法 2023 年 12 月 5 日发布）

（案例 5） 某控股株式会社与某利公司等债权人代位权纠纷案（见本节"仲裁协议效力与纠纷管辖"专辑）

● **高法判例** **【［2023］最高法民辖 14 号】** 王某朋与俞某权买卖合同纠纷案（最高法院 2023 年 2 月 14 日民事裁定）[①]

裁判摘要：本案中，王某朋主张其与俞某权达成了黄沙买卖合同，并向开发区法院提交了其与俞某权的微信聊天记录予以证明。从该微信聊天记录看，双方未就案涉买卖签订书面合同，微信内容主要为双方就合同履行以及发生履行争议后的沟通情况，微信内容同时显示双方亦曾面谈。可见，微信只是王某朋与俞某权的沟通方式之一，案涉买卖合同并非双方通过微信方式订立。故案涉合同不属于以信息网络方式订立的买卖合同，应当认定为普通的买卖合同。王某朋与俞某

---

① 注：山东烟台中院以本案系以信息网络方式订立的买卖合同纠纷、王某朋的收货地在浙江宁波镇海为由，裁定将本案移送宁波镇海法院。浙江高院与山东高院协商未果，报请最高法院指定管辖。

权并未就案涉合同书面约定履行地，王某朋起诉请求俞某权依约支付货款及利息，故本案争议标的为给付货币。王某朋作为接收货币一方，其所在地为案涉合同履行地，对本案具有管辖权。

【［2023］最高法民辖19号】 钱某明与黄某合伙合同纠纷案（最高法院2023年2月14日民事裁定）①

裁判摘要： 在起诉与受理阶段，人民法院一般应当依据当事人主张的民事法律关系的性质确定案由。本案中，钱某明依据与黄某签订的《施工总承包合作协议》，起诉请求法院判令其与黄某关于固定收益的合同条款无效、要求黄某返还提前收取的350万元收益并承担诉讼费用。根据《中华人民共和国民法典》第788条第1款规定，建设工程合同是承包人进行工程建设，发包人支付价款的合同。案涉《施工总承包合作协议》系钱某明与黄某合作承建项目的协议，钱某明的诉请亦不涉及工程价款的认定、工程造价的鉴定、工程质量等与建设工程本身有关的问题，故本案不符合建设工程施工合同纠纷的特征，本案应为合伙合同纠纷，由被告住所地或者合同履行地人民法院管辖。

◂（本书汇）【商业纠纷管辖】

● **相关规定** **【主席令［2017］77号】** 中华人民共和国反不正当竞争法（1993年9月2日主席令第10号公布，1993年12月1日起施行；2017年11月4日全国人大常委会［12届30次］修订，2018年1月1日起施行；2019年4月23日全国人大常委会［13届10次］修正，同日公布施行）

第17条（第1款） 经营者违反本法规定，给他人造成损害的，应当依法承担民事责任。

（第2款） 经营者的合法权益受到不正当竞争行为损害的，可以向人民法院提起诉讼。

【主席令［2022］116号】 中华人民共和国反垄断法（2007年8月30日主席令第68号公布，2008年8月1日起施行；2022年6月24日全国人大常委会［13届35次］修订，2022年8月1日起施行）

第60条（第1款） 经营者实施垄断行为，给他人造成损失的，依法承担民事责任。

---

① 注：上海普陀法院认为本案系建设工程施工合同纠纷，属于不动产纠纷，应由建设工程所在地法院管辖，移送安徽濉溪县法院处理。安徽高院与上海高院协商未果，报请最高法院指定管辖。

【民三他字［2010］13号】　最高人民法院关于人民法院应否受理低价倾销不正当竞争纠纷及其管辖确定问题的批复（2010年10月15日答复辽宁高院"［2010］辽立二民申字第00254号"请示）

依据《中华人民共和国反不正当竞争法》第20条（现第17条）第2款的规定，凡经营者的合法权益因不正当竞争行为受到损害的，都可以向人民法院提起民事诉讼。因此，经营者依据《中华人民共和国反不正当竞争法》第11条（现反垄断法第22条）的规定以低价倾销不正当竞争纠纷向人民法院提起民事诉讼的，人民法院应当依法受理，并可以参照《最高人民法院关于审理不正当竞争民事案件应用法律若干问题的解释》①第18条的规定确定管辖。如果原告同时依据《中华人民共和国反垄断法》的有关规定以垄断纠纷提出诉讼请求的，则全案宜由省会市或者计划单列市中级人民法院管辖。

【法释［2022］9号】　最高人民法院关于适用《中华人民共和国反不正当竞争法》若干问题的解释（2022年1月29日最高法审委会［1862次］通过，2022年3月16日公布，2022年3月20日起施行；法释［2007］2号《最高人民法院关于审理不正当竞争民事案件应用法律若干问题的解释》②同时废止）

第26条　因不正当竞争行为提起的民事诉讼，由侵权行为地或者被告住所地人民法院管辖。

当事人主张仅以网络购买者可以任意选择的收货地作为侵权行为地的，人民法院不予支持。

第27条　被诉不正当竞争行为发生在中华人民共和国领域外，但侵权结果发生在中华人民共和国领域内，当事人主张由该侵权结果发生地人民法院管辖的，人民法院应予支持。

第29条（第2款）　本解释施行以后尚未终审的案件，适用本解释；施行以前已经终审的案件，不适用本解释再审。

【法释［2024］6号】　最高人民法院关于审理垄断民事纠纷案件适用法律若干问题的解释（2024年2月4日最高法审委会［1915次］通过，2024年6月24日公布，2024年7月1日起施行；法释［2012］5号《关于审理因垄断行为引发的民事纠纷案件应用法律若干问题的规定》同时废止）

第1条　本解释所称垄断民事纠纷案件，是指自然人、法人或者非法人组织

---

① 注：本《解释》（法释［2007］2号）已被《最高人民法院关于适用〈中华人民共和国反不正当竞争法〉若干问题的解释》（法释［2022］9号）替代、废止，2022年3月20日起施行。

② 注：该《解释》（法释［2007］2号）于2020年12月29日被"法释［2020］19号"《决定》修正（2021年1月1日起施行），1年多后即被本《解释》废止。

因垄断行为受到损失以及因合同内容或者经营者团体的章程、决议、决定等违反反垄断法而发生争议，依据反垄断法向人民法院提起民事诉讼的案件。

本解释所称经营者团体，包括行业协会等由2个以上经营者为了实现共同目的而组成的结合体或者联合体。

第4条 第一审垄断民事纠纷案件，由知识产权法院和最高人民法院指定的中级人民法院管辖。

第5条 垄断民事纠纷案件的地域管辖，根据案件具体情况，依照民事诉讼法及相关司法解释有关侵权纠纷、合同纠纷等的管辖规定确定。

第6条 原告依据反垄断法对在中华人民共和国境内没有住所的被告提起民事诉讼，主张被告在中华人民共和国境外的垄断行为对境内市场竞争产生排除、限制影响的，根据民事诉讼法第276条的规定确定管辖法院。

第7条 案件立案时的案由并非垄断民事纠纷，人民法院受理后经审查发现属于垄断民事纠纷，但受诉人民法院并无垄断民事纠纷案件管辖权的，应当将案件移送有管辖权的人民法院。

● **指导案例** 【法［2023］230号】 最高人民法院第39批指导性案例（2023年12月7日成文，2023年12月15日发布）

（**指导案例221号**）张某勋诉宜宾恒某投资集团有限公司、四川省宜宾市吴某建材工业有限责任公司等垄断纠纷案（2020年11月6日［2020］最高法知民终1382号民事判决）

裁判要点： 任何人均不能因其违法行为而获益。横向垄断协议明显属于违法行为，参与横向垄断协议的经营者以参与该协议的其他经营者为被告，依据《中华人民共和国反垄断法》有关民事责任的规定请求赔偿其参与和履行协议期间的损失的，人民法院不予支持。

● **入库案例** 【2023-13-2-184-006】 中国某通讯公司等诉瑞典某通讯公司等滥用市场支配地位纠纷（2020.12.30/［2019］最高法知民辖终32号）

裁判要旨： 当事人因境外垄断行为在中国境内受到损失而提起诉讼的，该被诉境外垄断行为对中国境内市场竞争产生排除、限制影响的结果地可以作为案件管辖连结点。

第25条[19910409] 【**保险纠纷管辖**】因保险合同纠纷提起的诉讼，由被告住所地或者保险标的物所在地人民法院管辖。

● **相关规定**　【法释［2013］13 号】　**最高人民法院关于审理出口信用保险合同纠纷案件适用相关法律问题的批复**（2013 年 4 月 15 日最高法审委会［1575次］通过，2013 年 5 月 2 日公布，答复广东高院"粤高法［2012］442 号"请示，2013 年 5 月 8 日起施行）

对出口信用保险合同的法律适用问题，保险法没有作出明确规定。鉴于出口信用保险的特殊性，人民法院审理出口信用保险合同纠纷案件，可以参照适用保险法的相关规定；出口信用保险合同另有约定的，从其约定。

【法［2019］254 号】　**全国法院民商事审判工作会议纪要**（"九民纪要"，2019 年 7 月 3—4 日在哈尔滨召开，2019 年 9 月 11 日最高法审委会民事行政专委会［319 次］通过，2019 年 11 月 8 日发布）

八、关于财产保险合同纠纷案件的审理

会议认为，妥善审理财产保险合同纠纷案件，对于充分发挥保险的风险管理和保障功能，依法保护各方当事人合法权益，实现保险业持续健康发展和服务实体经济，具有重大意义。

97.【未依约支付保险费的合同效力】当事人在财产保险合同中约定以投保人支付保险费作为合同生效条件，但对该生效条件是否为全额支付保险费约定不明，已经支付了部分保险费的投保人主张保险合同已经生效的，人民法院依法予以支持。

98.【仲裁协议对保险人的效力】被保险人和第三者在保险事故发生前达成的仲裁协议，对行使保险代位求偿权的保险人是否具有约束力，实务中存在争议。保险代位求偿权是一种法定债权转让，保险人在向被保险人赔偿保险金后，有权行使被保险人对第三者请求赔偿的权利。被保险人和第三者在保险事故发生前达成的仲裁协议，对保险人具有约束力。考虑到涉外民商事案件的处理常常涉及国际条约、国际惯例的适用，相关问题具有特殊性，故具有涉外因素的民商事纠纷案件中该问题的处理，不纳入本条规范的范围。

99.【直接索赔的诉讼时效】商业责任保险的被保险人给第三者造成损害，被保险人对第三者应当承担的赔偿责任确定后，保险人应当根据被保险人的请求，直接向第三者赔偿保险金。被保险人怠于提出请求的，第三者有权依据《保险法》第 65 条第 2 款的规定，就其应获赔偿部分直接向保险人请求赔偿保险金。保险人拒绝赔偿的，第三者请求保险人直接赔偿保险金的诉讼时效期间的起算时间如何认定，实务中存在争议。根据诉讼时效制度的基本原理，第三者请求保险人直接赔偿保险金的诉讼时效期间，自其知道或者应当知道向保险人的保险金赔偿请求权行使条件成就之日起计算。

【法释［2022］11号】 最高人民法院关于适用《中华人民共和国民事诉讼法》的解释（"法释［2015］5号"公布，2015年2月4日起施行；根据法释［2020］20号《决定》修正，2021年1月1日起施行；2022年3月22日最高法审委会［1866次］修正，2022年4月1日公布，2022年4月10日起施行；以本规为准）

第21条 因财产保险合同纠纷提起的诉讼，如果保险标的物是运输工具或者运输中的货物，可以由运输工具登记注册地、运输目的地、保险事故发生地人民法院管辖。

因人身保险合同纠纷提起的诉讼，可以由被保险人住所地人民法院管辖。

● 指导案例 【法［2014］18号】 最高人民法院第6批指导性案例（2014年1月26日）

（指导案例25号）华泰财产保险有限公司北京分公司诉李志贵、天安财产保险股份有限公司河北省分公司张家口支公司保险人代位求偿权纠纷案

裁判要点：因第三者对保险标的的损害造成保险事故，保险人向被保险人赔偿保险金后，代位行使被保险人对第三者请求赔偿的权利而提起诉讼的，应当根据保险人所代位的被保险人与第三者之间的法律关系，而不应当根据保险合同法律关系确定管辖法院。第三者侵害被保险人合法权益的，由侵权行为地或者被告住所地法院管辖。

【法［2023］230号】 最高人民法院第39批指导性案例（2023年12月7日成文，2023年12月15日发布）

（指导案例223号）张某龙诉北京某蝶文化传播有限公司、程某、马某侵害作品信息网络传播权纠纷案（2022年8月22日［2022］最高法民辖42号民事裁定）

裁判要点：侵害作品信息网络传播权的侵权结果发生地具有不确定性，不应作为确定管辖的依据。在确定侵害作品信息网络传播权民事纠纷案件的管辖时，应当适用《最高人民法院关于审理侵害信息网络传播权民事纠纷案件适用法律若干问题的规定》（法释［2012］20号）第15条的规定，即由侵权行为地或者被告住所地人民法院管辖。

● 入库案例 【2023-09-2-158-068】 张某诉北京某公司等侵害作品信息网络传播权纠纷案（2020.11.13/［2020］最高法民辖60号）

裁判要旨：对于侵害信息网络传播权民事纠纷案件，应当依据《最高人民法院关于审理侵害信息网络传播权民事纠纷案件适用法律若干问题的规定》第15条的规定确定地域管辖。

【2023-09-2-176-004】 某企业股份有限公司等诉某美国公司等侵害商业秘密纠纷案（2009.01.15／［2007］民三终字第 10 号）

裁判要旨：销售侵犯商业秘密所制造的侵权产品不属于反不正当竞争法所列明的侵犯商业秘密的行为。一般而言，使用商业秘密的行为实施地和结果发生地是重合的。使用商业秘密的过程，通常是制造侵权产品的过程，当侵权产品制造完成时，使用商业秘密的侵权结果即同时发生，不宜将该侵权产品的销售地视为使用商业秘密的侵权结果发生地。

【2023-09-2-176-011】 湖北某某环境工程有限公司诉郑州某某电力清洗有限公司、陈某某等侵害商业秘密纠纷案（2013.04.23／［2013］民提字第 16 号／再审）

裁判要旨：侵害商业秘密纠纷案中，侵权结果地应当理解为侵权行为直接产生的结果发生地，不能仅以权利人认为受到损害为由，就认为原告所在地就是侵权结果发生地。

【2023-13-2-160-053】 宁波某仪器公司诉杭州某仪器公司侵害实用新型专利权纠纷案（2019.05.28／［2019］最高法知民辖终 13 号）

裁判要旨：民事诉讼法解释第 25 条规定的作为管辖连结点的信息网络侵权行为系指在信息网络上完整实施的侵权行为；若侵权行为仅部分环节在线上实施，则不构成上述信息网络侵权行为，不能适用上述司法解释之规定确定管辖。

【2023-13-2-169-001】 某交通设施公司诉某新能源科技公司确认不侵害专利权纠纷案（见本章第 3 节 "知识产权纠纷管辖" 专辑）

【2024-13-2-160-003】 天津某某环保科技有限公司诉淄博市某化工配件有限公司侵害实用新型专利权纠纷案（2022.09.29／［2022］最高法知民辖终 310 号）

裁判要旨：侵权行为实施地所称的侵权行为通常应为本案被诉侵权行为，若侵权行为实施地所对应的侵权行为并非本案被诉侵权行为，则其与涉案纠纷不具有实质关联而不构成该案管辖连结点。

第 26 条[19910409]　**【票据纠纷管辖】**因票据纠纷提起的诉讼，由票据支付地或者被告住所地人民法院管辖。

（本书汇）【提单纠纷管辖】

● **相关规定**　**【法释［1997］8 号】**　最高人民法院关于审理存单纠纷案件的若干规定（1997 年 11 月 25 日最高法审委会［946 次］通过，1997 年 12 月 11 日公布，1997 年 12 月 13 日起施行；根据法释［2020］18 号《决定》修正，2021 年 1

月1日起施行)

第1条 存单纠纷案件的范围：（一）存单持有人以存单为重要证据向人民法院提起诉讼的纠纷案件；（二）当事人以进账单、对账单、存款合同等凭证为主要证据向人民法院提起诉讼的纠纷案件；（三）金融机构向人民法院起诉要求确认存单、进账单、对账单、存款合同等凭证无效的纠纷案件；（四）以存单为表现形式的借贷纠纷案件。

第4条 存单纠纷案件的管辖：依照《中华人民共和国民事诉讼法》第23条（现第26条）的规定，存单纠纷案件由被告住所地人民法院或出具存单、进账单、对账单或与当事人签订存款合同的金融机构住所地人民法院管辖。住所地与经常居住地不一致的，由经常居住地人民法院管辖。

【法释［2000］32号】　最高人民法院关于审理票据纠纷案件若干问题的规定（2000年2月24日最高法审委会［1102次］通过，2000年11月14日公布，2000年11月21日起施行；根据法释［2020］18号《决定》修正，2021年1月1日起施行）

第6条（第2款）　票据支付地是指票据上载明的付款地，票据上未载明付款地的，汇票付款人或者代理付款人的营业场所、住所或者经常居住地，本票出票人的营业场所，支票付款人或者代理付款人的营业场所所在地为票据付款地。代理付款人即付款人的委托代理人，是指根据付款人的委托代为支付票据金额的银行、信用合作社等金融机构。

第34条　票据丧失后，失票人在票据权利时效届满以前请求出票人补发票据，或者请求债务人付款，在提供相应担保的情况下因债务人拒绝付款或者出票人拒绝补发票据提起诉讼的，由被告住所地或者票据支付地人民法院管辖。

【民四他字［2004］39号】　最高人民法院关于中国人民保险公司广东省分公司诉中成国际运输有限公司广州分公司、道南船务代理股份有限公司、上海中海船务代理有限公司海上货物运输合同货损纠纷案仲裁条款效力的请示的复函（2004年11月12日答复广东高院"［2004］粤高法民四他字第5号"请示）

涉案货运代理合同第8条约定"本合同产生的任何争议双方协商解决。双方不能协商解决的，提交广州海事仲裁委员会按照中国现行法规仲裁"。根据我国仲裁法的规定，有效的仲裁条款或仲裁协议应当具有3项内容，即请求仲裁的意思表示、仲裁事项和选定的仲裁委员会。由于该仲裁条款约定的仲裁机构"广州海事仲裁委员会"不存在，该协议对仲裁委员会约定不明确，双方当事人对此又未达成补充协议，根据《中华人民共和国仲裁法》第18条的规定，本案中的仲裁协议无效，广州海事法院对本案具有管辖权。

【民四他字［2004］43 号】　　最高人民法院关于中国人民保险公司厦门市分公司与中波轮船股份公司保险代位求偿纠纷管辖权问题的请示的复函（2004 年 12 月 2 日答复广东高院"［2003］粤高法民四他字第 3 号"请示）

本案提单背面仲裁条款约定："托运人、承运人、租船人和（或）收货人在本提单项下发生的任何争议，应当适用英国 1979 年仲裁法及以后历次修订案提交伦敦仲裁。Alan Buridge 先生担任独任仲裁员"。审查该仲裁条款效力，应适用当事人明确约定的法律，即英国 1979 年仲裁法以及以后历次修订案。

提单仲裁条款是提单关系当事人为协商解决提单项下纠纷而订立的，是独立于提单项下权利义务的程序性条款。本案保险人中国人民保险公司厦门市分公司（以下简称厦门保险公司）依据保险合同取得代位求偿权后，本案提单中约定的实体权利义务相应转移给厦门保险公司。在厦门保险公司未明确表示接受提单仲裁条款的情况下，该仲裁条款对厦门保险公司不具有约束力。广州海事法院对本案具有管辖权。

【民四他字［2005］29 号】　　最高人民法院关于中国人民财产保险股份有限公司深圳市分公司诉广州远洋运输公司海上货物运输合同货损纠纷一案仲裁条款效力问题的请示的复函（2005 年 10 月 9 日答复广东高院"［2004］粤高法民四他字第 7 号"请示）

本案提单仲裁条款是订立海上货物运输合同当事人为仲裁解决纠纷而订立的有效仲裁条款。作为保险人的中国人民财产保险股份有限公司深圳市分公司，依据保险合同在赔付被保险人即提单持有人深圳市华联粮油贸易有限公司提单项下的货物损失后，依法取得向作为承运人的广州远洋运输公司请求赔偿货物损失的代位求偿权利。由于保险人不是协商订立仲裁条款的当事人，仲裁条款并非保险人的意思表示，除非保险人明确表示接受，否则提单仲裁条款对保险人不具有约束力。本案争议发生后，保险人并未与承运人达成新的仲裁协议，因此本案提单仲裁条款不应约束保险人。同意你院的倾向性意见。

【民四他字［2005］53 号】　　最高人民法院关于对韩进船务有限公司申请承认和执行英国仲裁裁决一案请示的复函（2006 年 6 月 2 日答复广东高院"［2005］粤高法民四他字第 14 号"请示）

本案所涉提单虽然在正面载明了"与租船合同一并使用"，且在背面条款中载明了"提单正面所注明的租船合同中的所有条件、条款、权利和除外事项，包括法律适用和仲裁条款，都并入本提单"，但韩进船务有限公司不能证明其提交的包运合同就是提单所载明的租船合同，而且该包运合同的当事人并非韩进船务有限公司，因此应认定该包运合同没有并入提单，包运合同文本中的仲裁条款也没有并入提单，韩进船务有限公司与广东富虹油品有限公司之间不存在书面仲裁协议或者仲裁条款，韩进船务有限公司提出承认和执行仲裁裁决的请求，不符合《纽约公约》第 2 条的相关规定。

同意你院的倾向性意见，即拒绝承认与执行英国仲裁员罗伯特·嘉什福特（Robert Gaisford）于 2004 年 12 月 6 日在英国作出的仲裁裁决。

【民四他字［2006］26 号】 最高人民法院关于上诉人利比里亚·利比里亚力量船务公司与被上诉人中国·重庆新涪食品有限公司海上货物运输合同纠纷管辖权异议一案的请示的复函（2006 年 12 月 21 日答复湖北高院"鄂高法［2006］335 号"请示）

本案利比里亚力量船务公司主张租约条款包括仲裁条款已经并入到提单中，但该仲裁条款是在提单背面记载，而未明确记载于提单正面，不应视为有效并入本案提单。因此，租约中的仲裁条款对本案提单持有人中国·重庆新涪食品有限公司不具有约束力。本案所涉海上货物运输目的港是南京，属于武汉海事法院管辖范围。中国·重庆新涪食品有限公司在武汉海事法院提起诉讼，武汉海事法院对本案具有管辖权。本案实质是确认提单仲裁条款效力的案件，根据最高人民法院《关于人民法院处理与涉外仲裁及外国仲裁事项有关问题的通知》第 1 款关于"凡起诉到人民法院的涉外、涉港澳和涉台经济、海事海商纠纷案件，如果当事在合同中订有仲裁条款或者事后达成仲裁协议，人民法院认为仲裁条款或者仲裁协议无效、失效或者内容不明确无法执行的，在决定受理一方当事人起诉之前，必须报请本辖区所属高级人民法院进行审查，如果高级人民法院同意受理，应将其审查意见报最高人民法院"的规定，需报请我院审批。武汉海事法院在尚未报请之前即作出管辖权裁定不当。同意你院的倾向性意见。

【民四他字［2008］33 号】 最高人民法院关于杭州龙达差别化聚酯有限公司诉永吉海运有限公司、舟山市永吉船务有限公司海上货物运输合同仲裁条款效力问题的请示的复函（2008 年 11 月 25 日答复浙江高院"［2008］浙告他字第 7 号"请示）

本案提单正面记载："本次运输依照船东与租家订立的租约条款进行，该租约中所有条款、条件与免责都将适用并管辖本次运输。"该提单并入条款并未明确记载租约中含有仲裁条款。该租约中的仲裁条款未能有效并入提单，对提单持有人杭州龙达差别化聚酯有限公司无约束力。宁波海事法院对本案享有管辖权。

【民四他字［2009］12 号】 最高人民法院关于中国中化集团公司诉海里公司海上货物运输合同货损赔偿纠纷所涉仲裁条款效力问题的请示的复函（2009 年 4 月 24 日答复天津高院"［2009］津高民四他字第 3 号"请示）

涉案提单为租船合同项下的格式提单，提单正面载明"与租船合同合并使用"，但并没有明确记载被并入提单的租船合同当事人名称及订立日期。由于并入提单的租船合同记载不明确，提单背面条款约定"租船合同中的所有条件、条款、权利和免责，包括法律适用和仲裁条款，已经并入本提单"也就失去了事实依据。涉案提单正面记载以及提单背面条款约定不产生租船合同仲裁条款并入提单并约束提单持有人的效力。本案货物运输目的港为天津新港，天津海事法院对本案具有诉讼管辖权。同意你院审查处理意见，驳回被告管辖权异议，本案由天津海事法院管辖。

【民四他字［2009］13 号】 最高人民法院关于北京中钢天铁钢铁贸易有限公司、唐山百工实业发展有限公司诉中远航运股份有限公司海上货物运输合同纠纷所涉仲裁条款效力问题的请示的复函（2009 年 4 月 28 日答复天津高院"［2009］津高民四他字第 1 号"请示）

经研究认为，涉案提单为与租约合并使用的简式提单，但提单正面并未明示记载将租约包括仲裁条款并入提单，且中远航运股份有限公司提交的租约与提单上记载的租约日期也不一致，中远航运股份有限公司认为租约包括仲裁条款已经并入提单的主张没有事实和法律依据。因此，租约中的仲裁条款对本案原告不具有约束力。天津海事法院作为涉案货物运输目的港所在地法院，对本案具有管辖权。

【法释［2016］24 号】 最高人民法院关于审理独立保函纠纷案件若干问题的规定（2016 年 7 月 11 日最高法审委会［1688 次］通过，2016 年 11 月 18 日公布，2016 年 12 月 1 日起施行；根据法释［2020］18 号《决定》修正，2021 年 1 月 1 日起施行）

第 1 条　本规定所称的独立保函，是指银行或非银行金融机构作为开立人，以书面形式向受益人出具的，同意在受益人请求付款并提交符合保函要求的单据时，向其支付特定款项或在保函最高金额内付款的承诺。

前款所称的单据，是指独立保函载明的受益人应提交的付款请求书、违约声明、第三方签发的文件、法院判决、仲裁裁决、汇票、发票等表明发生付款到期事件的书面文件。

独立保函可以依保函申请人的申请而开立，也可以依另一金融机构的指示而开立。开立人依指示开立独立保函的，可以要求指示人向其开立用以保障追偿权的独立保函。

第 2 条　本规定所称的独立保函纠纷，是指在独立保函的开立、撤销、修改、转让、付款、追偿等环节产生的纠纷。

第21条 受益人和开立人之间因独立保函而产生的纠纷案件，由开立人住所地或被告住所地人民法院管辖，独立保函载明由其他法院管辖或提交仲裁的除外。当事人主张根据基础交易合同争议解决条款确定管辖法院或提交仲裁的，人民法院不予支持。

独立保函欺诈纠纷案件由被请求止付的独立保函的开立人住所地或被告住所地人民法院管辖，当事人书面协议由其他法院管辖或提交仲裁的除外。当事人主张根据基础交易合同或独立保函的争议解决条款确定管辖法院或提交仲裁的，人民法院不予支持。

【法〔2019〕254 号】 全国法院民商事审判工作会议纪要（"九民纪要"，2019 年 7 月 3-4 日在哈尔滨召开，2019 年 9 月 11 日最高法审委会民事行政专委会〔319 次〕通过，2019 年 11 月 8 日发布）

九、关于票据纠纷案件的审理

会议认为，人民法院在审理票据纠纷案件时，应当注意区分票据的种类和功能，正确理解票据行为无因性的立法目的，在维护票据流通性功能的同时，依法认定票据行为的效力，依法确认当事人之间的权利义务关系以及保护合法持票人的权益，防范和化解票据融资市场风险，维护票据市场的交易安全。

100.【合谋伪造贴现申请材料的后果】贴现行的负责人或者有权从事该业务的工作人员与贴现申请人合谋，伪造贴现申请人与其前手之间具有真实的商品交易关系的合同、增值税专用发票等材料申请贴现，贴现行主张其享有票据权利的，人民法院不予支持。对贴现行因支付资金而产生的损失，按照基础关系处理。

101.【民间贴现行为的效力】票据贴现属于国家特许经营业务，合法持票人向不具有法定贴现资质的当事人进行"贴现"的，该行为应当认定无效，贴现款和票据应当相互返还。当事人不能返还票据的，原合法持票人可以拒绝返还贴现款。人民法院在民商事案件审理过程中，发现不具有法定资质的当事人以"贴现"为业，因该行为涉嫌犯罪，应当将有关材料移送公安机关。民商事案件的审理必须以相关刑事案件的审理结果为依据的，应当中止诉讼，待刑事案件审结后，再恢复案件的审理。案件的基本事实无须以相关刑事案件的审理结果为依据的，人民法院应当继续审理。

根据票据行为无因性原理，在合法持票人向不具有贴现资质的主体进行"贴现"，该"贴现"人给付贴现款后直接将票据交付其后手，其后手支付对价并记载自己为被背书人后，又基于真实的交易关系和债权债务关系将票据进行背书转让的情形下，应当认定最后持票人为合法持票人。

102.【转贴现协议】转贴现是通过票据贴现持有票据的商业银行为了融通资金，在票据到期日之前将票据权利转让给其他商业银行，由转贴现行在收取一定的利息后，将转贴现款支付给持票人的票据转让行为。转贴现行提示付款被拒付后，依据转贴现协议的约定，请求未在票据上背书的转贴现申请人按照合同法律关系返还转贴现款并赔偿损失的，案由应当确定为合同纠纷。转贴现合同法律关系有效成立的，对于原告的诉讼请求，人民法院依法予以支持。当事人虚构转贴现事实，或者当事人之间不存在真实的转贴现合同法律关系的，人民法院应当向当事人释明按照真实交易关系提出诉讼请求，并按照真实交易关系和当事人约定本意依法确定当事人的责任。

103.【票据清单交易、封包交易案件中的票据权利】审判实践中，以票据贴现为手段的多链条融资模式引发的案件应当引起重视。这种交易俗称票据清单交易、封包交易，是指商业银行之间就案涉票据订立转贴现或者回购协议，附以票据清单，或者将票据封包作为质押，双方约定按照票据清单中列明的基本信息进行票据转贴现或者回购，但往往并不进行票据交付和背书。实务中，双方还往往再订立一份代保管协议，约定由原票据持有人代对方继续持有票据，从而实现合法、合规的形式要求。

出资银行仅以参与交易的单个或者部分银行为被告提起诉讼行使票据追索权，被告能够举证证明票据交易存在诸如不符合正常转贴现交易顺序的倒打款、未进行背书转让、票据未实际交付等相关证据，并据此主张相关金融机构之间并无转贴现的真实意思表示，抗辩出资银行不享有票据权利的，人民法院依法予以支持。

出资银行在取得商业承兑汇票后又将票据转贴现给其他商业银行，持票人向其前手主张票据权利的，人民法院依法予以支持。

104.【票据清单交易、封包交易案件的处理原则】在村镇银行、农信社等作为直贴行，农信社、农商行、城商行、股份制银行等多家金融机构共同开展以商业承兑汇票为基础的票据清单交易、封包交易引发的纠纷案件中，在商业承兑汇票的出票人等实际用资人不能归还票款的情况下，为实现纠纷的一次性解决，出资银行以实际用资人和参与交易的其他金融机构为共同被告，请求实际用资人归还本息、参与交易的其他金融机构承担与其过错相适应的赔偿责任的，人民法院依法予以支持。

出资银行仅以整个交易链条的部分当事人为被告提起诉讼的，人民法院应当向其释明，其应当申请追加参与交易的其他当事人作为共同被告。出资银行拒绝追加实际用资人为被告的，人民法院应当驳回其诉讼请求；出资银行拒绝追加参与交易的其他金融机构为被告的，人民法院在确定其他金融机构的过错责任范围时，应当将未参加诉讼的当事人应当承担的相应份额作为考量因素，相应减轻本案当事人的责任。在确定参与交易的其他金融机构的过错责任范围时，可以参照其收取的"通道费""过桥费"等费用的比例以及案件的其他情况综合加以确定。

105. 【票据清单交易、封包交易案件中的民刑交叉问题】人民法院在案件审理过程中，如果发现公安机关已经就实际用资人、直贴方、出资银行的工作人员涉嫌骗取票据承兑罪、伪造印章罪等立案侦查，一方当事人根据《最高人民法院关于在审理经济纠纷案件中涉及经济犯罪嫌疑若干问题的规定》第11条的规定申请将案件移送公安机关的，因该节事实对于查明出资银行是否为正当持票人，以及参与交易的其他金融机构的抗辩理由能否成立存在重要关联，人民法院应当将有关材料移送公安机关。民商事案件的审理必须以相关刑事案件的审理结果为依据的，应当中止诉讼，待刑事案件审结后，再恢复案件的审理。案件的基本事实无须以相关刑事案件的审理结果为依据的，人民法院应当继续案件的审理。

参与交易的其他商业银行以公安机关已经对其工作人员涉嫌受贿、伪造印章等犯罪立案侦查为由请求将案件移送公安机关的，因该节事实并不影响相关当事人民事责任的承担，人民法院应当根据《最高人民法院关于在审理经济纠纷案件中涉及经济犯罪嫌疑若干问题的规定》第10条的规定继续审理。

● **书刊案例** 【立案［2012］4辑】 中国建设银行股份有限公司杭州钱江支行与陶某储蓄存款合同纠纷管辖权异议申请再审案（最高法院再审，《立案工作指导》2012年第4辑，人民法院出版社2013年3月第1版）

裁判意见：1. 存单和存折均记载了客户与银行之间的存储款关系，是客户向银行存取款的信用凭证，属于储蓄存款合同关系，应由被告住所地或者合同履行地人民法院管辖。2. 二者不同在于，存单是一次性存取款的信用凭证，而存折是多次存取款的信用凭证。存单使用的一次性决定了其合同履行地相对固定；而存折使用的多次性，加之通存通兑功能，使持存折的银行客户可以在全国任一城市办理存取款业务。因此，以存折为合同凭据的存款储蓄合同纠纷，其合同履行地可能有多个，且处于不断变化中。3. 当以存折为表现形式的存储合同涉及多个合同履行地时，基于诉讼便利原则的考虑，应当以主要合同履行地或被告住所地来确定管辖，不能适用《最高人民法院关于审理存单纠纷案件的若干规定》第4条来确定管辖。

第 27 条²⁰¹³⁰¹⁰¹　**【公司纠纷管辖】**因公司设立、确认股东资格、分配利润、解散等纠纷提起的诉讼，由公司住所地人民法院管辖。

● **相关规定**　**【主席令［2006］54 号】**　中华人民共和国企业破产法（2006 年 8 月 27 日全国人大［10 届 23 次］通过，2007 年 6 月 1 日起施行）**（详见本书第 22 章"重组与破产"专辑）**

第 3 条　破产案件由债务人住所地人民法院管辖。

第 21 条　人民法院受理破产申请后，有关债务人的民事诉讼，只能向受理破产申请的人民法院提起。

【法释［2008］6 号】　最高人民法院关于适用《中华人民共和国公司法》若干问题的规定（二）（2008 年 5 月 5 日最高法审委会［1447 次］通过，2008 年 5 月 12 日公布，2008 年 5 月 19 日起施行；"法释［2014］2 号"修正，2014 年 3 月 1 日起施行；根据法释［2020］18 号《决定》再次修正，2021 年 1 月 1 日起施行）**（详见本书第 22 章"重组与破产"专辑）**

第 24 条　解散公司诉讼案件和公司清算案件由公司住所地人民法院管辖。公司住所地是指公司主要办事机构所在地。公司办事机构所在地不明确的，由其注册地人民法院管辖。

基层人民法院管辖县、县级市或者区的公司登记机关核准登记公司的解散诉讼案件和公司清算案件；中级人民法院管辖地区、地级市以上的公司登记机关核准登记公司的解散诉讼案件和公司清算案件。

【法［2019］254 号】　全国法院民商事审判工作会议纪要（"九民纪要"，2019 年 7 月 3-4 日在哈尔滨召开，2019 年 9 月 11 日最高法审委会民事行政专委会［319 次］通过，2019 年 11 月 8 日发布）

二、关于公司纠纷案件的审理

会议认为，审理好公司纠纷案件，对于保护交易安全和投资安全，激发经济活力，增强投资创业信心，具有重要意义。要依法协调好公司债权人、股东、公司等各种利益主体之间的关系，处理好公司外部与内部的关系，解决好公司自治与司法介入的关系。

（一）关于"对赌协议"的效力及履行

实践中俗称的"对赌协议"，又称估值调整协议，是指投资方与融资方在达成股权性融资协议时，为解决交易双方对目标公司未来发展的不确定性、信息不对称以及代理成本而设计的包含了股权回购、金钱补偿等对未来目标公司的估值进行调整的协议。从订立"对赌协议"的主体来看，有投资方与目标公司的股东或者实际控制人"对赌"、投资方与目标公司"对赌"、投资方与目标公司的股东、目标公司"对赌"等形式。人民法院在审理"对赌协议"纠纷案件时，不仅应当适用合同法的相关规定，还应当适用公司法的相关规定；既要坚持鼓励投资方对实体企业特别是科技创新企业投资原则，从而在一定程度上缓解企业融资难问题，又要贯彻资本维持原则和保护债权人合法权益原则，依法平衡投资方、公司债权人、公司之间的利益。对于投资方与目标公司的股东或者实际控制人订立的"对赌协议"，如无其他无效事由，认定有效并支持实际履行，实践中并无争议。但投资方与目标公司订立的"对赌协议"是否有效以及能否实际履行，存在争议。对此，应当把握如下处理规则：

5. 【与目标公司"对赌"】投资方与目标公司订立的"对赌协议"在不存在法定无效事由的情况下，目标公司仅以存在股权回购或者金钱补偿约定为由，主张"对赌协议"无效的，人民法院不予支持，但投资方主张实际履行的，人民法院应当审查是否符合公司法关于"股东不得抽逃出资"及股份回购的强制性规定，判决是否支持其诉讼请求。

投资方请求目标公司回购股权的，人民法院应当依据《公司法》第 35 条（现第 53 条）关于"股东不得抽逃出资"或者第 142 条（现第 162 条）关于股份回购的强制性规定进行审查。经审查，目标公司未完成减资程序的，人民法院应当驳回其诉讼请求。

投资方请求目标公司承担金钱补偿义务的，人民法院应当依据《公司法》第 35 条（现第 53 条）关于"股东不得抽逃出资"和第 166 条（现第 210 条）关于利润分配的强制性规定进行审查。经审查，目标公司没有利润或者虽有利润但不足以补偿投资方的，人民法院应当驳回或者部分支持其诉讼请求。今后目标公司有利润时，投资方还可以依据该事实另行提起诉讼。

（二）关于股东出资加速到期及表决权

6. 【股东出资应否加速到期】在注册资本认缴制下，股东依法享有期限利益。债权人以公司不能清偿到期债务为由，请求未届出资期限的股东在未出资范围内对公司不能清偿的债务承担补充赔偿责任的，人民法院不予支持。但是，下列情形除外：

（1）公司作为被执行人的案件，人民法院穷尽执行措施无财产可供执行，已具备破产原因，但不申请破产的；

（2）在公司债务产生后，公司股东（大）会议或以其他方式延长股东出资期限的。

7. 【表决权能否受限】股东认缴的出资未届履行期限，对未缴纳部分的出资是否享有以及如何行使表决权等问题，应当根据公司章程来确定。公司章程没有规定的，应当按照认缴出资的比例确定。如果股东（大）会作出不按认缴出资比例而按实际出资比例或者其他标准确定表决权的决议，股东请求确认决议无效的，人民法院应当审查该决议是否符合修改公司章程所要求的表决程序，即必须经代表 2/3 以上表决权的股东通过。符合的，人民法院不予支持；反之，则依法予以支持。

（三）关于股权转让

8.【有限责任公司的股权变动】当事人之间转让有限责任公司股权，受让人以其姓名或者名称已记载于股东名册为由主张其已经取得股权的，人民法院依法予以支持，但法律、行政法规规定应当办理批准手续生效的股权转让除外。未向公司登记机关办理股权变更登记的，不得对抗善意相对人。

9.【侵犯优先购买权的股权转让合同的效力】审判实践中，部分人民法院对公司法司法解释（四）第 21 条规定的理解存在偏差，往往以保护其他股东的优先购买权为由认定股权转让合同无效。准确理解该条规定，既要注意保护其他股东的优先购买权，也要注意保护股东以外的股权受让人的合法权益，正确认定有限责任公司的股东与股东以外的股权受让人订立的股权转让合同的效力。一方面，其他股东依法享有优先购买权，在其主张按照股权转让合同约定的同等条件购买股权的情况下，应当支持其诉讼请求，除非出现该条第 1 款规定的情形。另一方面，为保护股东以外的股权受让人的合法权益，股权转让合同如无其他影响合同效力的事由，应当认定有效。其他股东行使优先购买权的，虽然股东以外的股权受让人关于继续履行股权转让合同的请求不能得到支持，但不影响其依约请求转让股东承担相应的违约责任。

（四）关于公司人格否认

公司人格独立和股东有限责任是公司法的基本原则。否认公司独立人格，由滥用公司法人独立地位和股东有限责任的股东对公司债务承担连带责任，是股东有限责任的例外情形，旨在矫正有限责任制度在特定法律事实发生时对债权人保护的失衡现象。在审判实践中，要准确把握《公司法》第 20 条第 3 款（现第 23条）规定的精神。一是只有在股东实施了滥用公司法人独立地位及股东有限责任的行为，且该行为严重损害了公司债权人利益的情况下，才能适用。损害债权人利益，主要是指股东滥用权利使公司财产不足以清偿公司债权人的债权。二是只有实施了滥用法人独立地位和股东有限责任行为的股东才对公司债务承担连带清偿责任，而其他股东不应承担此责任。三是公司人格否认不是全面、彻底、永久地否定公司的法人资格，而只是在具体案件中依据特定的法律事实、法律关系，突破股东对公司债务不承担责任的一般规则，例外地判令其承担连带责任。人民法院在个案中否认公司人格的判决的既判力仅仅约束该诉讼的各方当事人，不当然适用于涉及该公司的其他诉讼，不影响公司独立法人资格的存续。如果其他债权人提起公司人格否认诉讼，已生效判决认定的事实可以作为证据使用。四是《公司法》第20条第3款（现第23条）规定的滥用行为，实践中常见的情形有人格混同、过度支配与控制、资本显著不足等。在审理案件时，需要根据查明的案件事实进行综合判断，既审慎适用，又当用则用。实践中存在标准把握不严而滥用这一例外制度的现象，同时也存在因法律规定较为原则、抽象，适用难度大，而不善于适用、不敢于适用的现象，均应当引起高度重视。

10.【人格混同】认定公司人格与股东人格是否存在混同，最根本的判断标准是公司是否具有独立意思和独立财产，最主要的表现是公司的财产与股东的财产是否混同且无法区分。在认定是否构成人格混同时，应当综合考虑以下因素：（1）股东无偿使用公司资金或者财产，不作财务记载的；（2）股东用公司的资金偿还股东的债务，或者将公司的资金供关联公司无偿使用，不作财务记载的；（3）公司账簿与股东账簿不分，致使公司财产与股东财产无法区分的；（4）股东自身收益与公司盈利不加区分，致使双方利益不清的；（5）公司的财产记载于股东名下，由股东占有、使用的；（6）人格混同的其他情形。

在出现人格混同的情况下，往往同时出现以下混同：公司业务和股东业务混同；公司员工与股东员工混同，特别是财务人员混同；公司住所与股东住所混同。人民法院在审理案件时，关键要审查是否构成人格混同，而不要求同时具备其他方面的混同，其他方面的混同往往只是人格混同的补强。

11.【过度支配与控制】公司控制股东对公司过度支配与控制，操纵公司的决策过程，使公司完全丧失独立性，沦为控制股东的工具或躯壳，严重损害公司债权人利益，应当否认公司人格，由滥用控制权的股东对公司债务承担连带责任。实践中常见的情形包括：（1）母子公司之间或者子公司之间进行利益输送的；（2）母子公司或者子公司之间进行交易，收益归一方，损失却由另一方承担的；（3）先从原公司抽走资金，然后再成立经营目的相同或者类似的公司，逃避原公司债务的；（4）先解散公司，再以原公司场所、设备、人员及相同或者相似的经营目的另设公司，逃避原公司债务的；（5）过度支配与控制的其他情形。

控制股东或实际控制人控制多个子公司或者关联公司，滥用控制权使多个子公司或者关联公司财产边界不清、财务混同，利益相互输送，丧失人格独立性，沦为控制股东逃避债务、非法经营，甚至违法犯罪工具的，可以综合案件事实，否认子公司或者关联公司法人人格，判令承担连带责任。

12.【资本显著不足】资本显著不足指的是，公司设立后在经营过程中，股东实际投入公司的资本数额与公司经营所隐含的风险相比明显不匹配。股东利用较少资本从事力所不及的经营，表明其没有从事公司经营的诚意，实质是恶意利用公司独立人格和股东有限责任把投资风险转嫁给债权人。由于资本显著不足的判断标准有很大的模糊性，特别是要与公司采取"以小博大"的正常经营方式相区分，因此在适用时要十分谨慎，应当与其他因素结合起来综合判断。

13.【诉讼地位】人民法院在审理公司人格否认纠纷案件时，应当根据不同情形确定当事人的诉讼地位：

(1) 债权人对债务人公司享有的债权已经由生效裁判确认，其另行提起公司人格否认诉讼，请求股东对公司债务承担连带责任的，列股东为被告，公司为第三人；

(2) 债权人对债务人公司享有的债权提起诉讼的同时，一并提起公司人格否认诉讼，请求股东对公司债务承担连带责任的，列公司和股东为共同被告；

(3) 债权人对债务人公司享有的债权尚未经生效裁判确认，直接提起公司人格否认诉讼，请求公司股东对公司债务承担连带责任的，人民法院应当向债权人释明，告知其追加公司为共同被告。债权人拒绝追加的，人民法院应当裁定驳回起诉。

(五) 关于有限责任公司清算义务人的责任

关于有限责任公司股东清算责任的认定，一些案件的处理结果不适当地扩大了股东的清算责任。特别是实践中出现了一些职业债权人，从其他债权人处大批量超低价收购僵尸企业的"陈年旧账"后，对批量僵尸企业提起强制清算之诉，在获得人民法院对公司主要财产、账册、重要文件等灭失的认定后，根据公司法司法解释 (二) 第 18 条第 2 款的规定，请求有限责任公司的股东对公司债务承担连带清偿责任。有的人民法院没有准确把握上述规定的适用条件，判决没有"怠于履行义务"的小股东或者虽"怠于履行义务"但与公司主要财产、账册、重要文件等灭失没有因果关系的小股东对公司债务承担远远超过其出资数额的责任，导致出现利益明显失衡的现象。需要明确的是，上述司法解释关于有限责任公司股东清算责任的规定，其性质是因股东怠于履行清算义务致使公司无法清算所应当承担的侵权责任。在认定有限责任公司股东是否应当对债权人承担侵权赔偿责任时，应当注意以下问题：

14.【怠于履行清算义务的认定】公司法司法解释 (二) 第 18 条第 2 款规定的"怠于履行义务"，是指有限责任公司的股东在法定清算事由出现后，在能够履行清算义务的情况下，故意拖延、拒绝履行清算义务，或者因过失导致无法进行清算的消极行为。股东举证证明其已经为履行清算义务采取了积极措施，或者小股东举证证明其既不是公司董事会或者监事会成员，也没有选派人员担任该机关成员，且从未参与公司经营管理，以不构成"怠于履行义务"为由，主张其不应当对公司债务承担连带清偿责任的，人民法院依法予以支持。

15.【因果关系抗辩】有限责任公司的股东举证证明其"怠于履行义务"的消极不作为与"公司主要财产、账册、重要文件等灭失，无法进行清算"的结果之间没有因果关系，主张其不应对公司债务承担连带清偿责任的，人民法院依法予以支持。

16.【诉讼时效期间】公司债权人请求股东对公司债务承担连带清偿责任，股东以公司债权人对公司的债权已经超过诉讼时效期间为由抗辩，经查证属实的，人民法院依法予以支持。

公司债权人以公司法司法解释（二）第18条第2款为依据，请求有限责任公司的股东对公司债务承担连带清偿责任的，诉讼时效期间自公司债权人知道或者应当知道公司无法进行清算之日起计算。

（六）关于公司为他人提供担保

关于公司为他人提供担保的合同效力问题，审判实践中裁判尺度不统一，严重影响了司法公信力，有必要予以规范。对此，应当把握以下几点：

17.【违反《公司法》第16条（现第15条）构成越权代表】为防止法定代表人随意代表公司为他人提供担保给公司造成损失，损害中小股东利益，《公司法》第16条对法定代表人的代表权进行了限制。根据该条规定，担保行为不是法定代表人所能单独决定的事项，而必须以公司股东（大）会、董事会等公司机关的决议作为授权的基础和来源。法定代表人未经授权擅自为他人提供担保的，构成越权代表，人民法院应当根据《合同法》第50条（现民法典第504条）关于法定代表人越权代表的规定，区分订立合同时债权人是否善意分别认定合同效力：债权人善意的，合同有效；反之，合同无效。

18.【善意的认定】前条所称的善意，是指债权人不知道或者不应当知道法定代表人超越权限订立担保合同。《公司法》第16条（现第15条）对关联担保和非关联担保的决议机关作出了区别规定，相应地，在善意的判断标准上也应当有所区别。一种情形是，为公司股东或者实际控制人提供关联担保，《公司法》第16条（现第15条）明确规定必须由股东（大）会决议，未经股东（大）会决议，构成越权代表。在此情况下，债权人主张担保合同有效，应当提供证据证明其在订立合同时对股东（大）会决议进行了审查，决议的表决程序符合《公司法》第16条（现第15条）的规定，即在排除被担保股东表决权的情况下，该项表决由出席会议的其他股东所持表决权的过半数通过，签字人员也符合公司章程的规定。另一种情形是，公司为公司股东或者实际控制人以外的人提供非关联担保，根据《公司法》第16条（现第15条）的规定，此时由公司章程规定是由董事会决议还是股东（大）会决议。无论章程是否对决议机关作出规定，也无论程规定决议机关为董事会还是股东（大）会，根据《民法总则》第 61 条第 3 款关于"法人章程或者法人权力机构对法定代表人代表权的限制，不得对抗善意相对人"的规定，只要债权人能够证明其在订立担保合同时对董事会决议或者股东（大）会决议进行了审查，同意决议的人数及签字人员符合公司章程的规定，就应当认定其构成善意，但公司能够证明债权人明知公司章程对决议机关有明确规定的除外。

债权人对公司机关决议内容的审查一般限于形式审查，只要求尽到必要的注意义务即可，标准不宜太过严苛。公司以机关决议系法定代表人伪造或者变造、决议程序违法、签章（名）不实、担保金额超过法定限额等事由抗辩债权人非善意的，人民法院一般不予支持。但是，公司有证据证明债权人明知决议系伪造或者变造的除外。

19.【无须机关决议的例外情况】存在下列情形的，即便债权人知道或者应当知道没有公司机关决议，也应当认定担保合同符合公司的真实意思表示，合同有效：（1）公司是以为他人提供担保为主营业务的担保公司，或者是开展保函业务的银行或者非银行金融机构；（2）公司为其直接或者间接控制的公司开展经营活动向债权人提供担保；（3）公司与主债务人之间存在相互担保等商业合作关系；（4）担保合同系由单独或者共同持有公司 2/3 以上有表决权的股东签字同意。

20.【越权担保的民事责任】依据前述 3 条规定，担保合同有效，债权人请求公司承担担保责任的，人民法院依法予以支持；担保合同无效，债权人请求公司承担担保责任的，人民法院不予支持，但可以按照担保法及有关司法解释关于担保无效的规定处理。公司举证证明债权人明知法定代表人越越权限或者机关决议系伪造或者变造，债权人请求公司承担合同无效后的民事责任的，人民法院不予支持。

21.【权利救济】法定代表人的越权担保行为给公司造成损失，公司请求法定代表人承担赔偿责任的，人民法院依法予以支持。公司没有提起诉讼，股东依据《公司法》第 151 条（现第 189 条）的规定请求法定代表人承担赔偿责任的，人民法院依法予以支持。

22.【上市公司为他人提供担保】债权人根据上市公司公开披露的关于担保事项已经董事会或者股东大会决议通过的信息订立的担保合同，人民法院应当认定有效。

23.【债务加入准用担保规则】法定代表人以公司名义与债务人约定加入债务并通知债权人或者向债权人表示愿意加入债务，该约定的效力问题，参照本纪要关于公司为他人提供担保的有关规则处理。

（七）关于股东代表诉讼

24.【何时成为股东不影响起诉】股东提起股东代表诉讼，被告以行为发生时原告尚未成为公司股东为由抗辩该股东不是适格原告的，人民法院不予支持。

25.【正确适用前置程序】根据《公司法》第151条（现第189条）的规定，股东提起代表诉讼的前置程序之一是，股东必须先书面请求公司有关机关向人民法院提起诉讼。一般情况下，股东没有履行该前置程序的，应当驳回起诉。但是，该项前置程序针对的是公司治理的一般情况，即在股东向公司有关机关提出书面申请之时，存在公司有关机关提起诉讼的可能性。如果查明的相关事实表明，根本不存在该种可能性的，人民法院不应当以原告未履行前置程序为由驳回起诉。

26.【股东代表诉讼的反诉】股东依据《公司法》第151条（现第189条）第3款的规定提起股东代表诉讼后，被告以原告股东恶意起诉侵犯其合法权益为由提起反诉的，人民法院应予受理。被告以公司在案涉纠纷中应当承担侵权或者违约等责任为由对公司提出的反诉，因不符合反诉的要件，人民法院应当裁定不予受理；已经受理的，裁定驳回起诉。

27.【股东代表诉讼的调解】公司是股东代表诉讼的最终受益人，为避免因原告股东与被告通过调解损害公司利益，人民法院应当审查调解协议是否为公司的意思。只有在调解协议经公司股东（大）会、董事会决议通过后，人民法院才能出具调解书予以确认。至于具体决议机关，取决于公司章程的规定。公司章程没有规定的，人民法院应当认定公司股东（大）会为决议机关。

（八）其他问题

28.【实际出资人显名的条件】实际出资人能够提供证据证明有限责任公司过半数的其他股东知道其实际出资的事实，且对其实际行使股东权利未曾提出异议的，对实际出资人提出的登记为公司股东的请求，人民法院依法予以支持。公司以实际出资人的请求不符合公司法司法解释（三）第24条的规定为由抗辩的，人民法院不予支持。

29.【请求召开股东（大）会不可诉】公司召开股东（大）会本质上属于公司内部治理范围。股东请求判令公司召开股东（大）会的，人民法院应当告知其按照《公司法》第40条（现第63条）或者第101条（现第114条）规定的程序自行召开。股东坚持起诉的，人民法院应当裁定不予受理；已经受理的，裁定驳回起诉。

【法二巡（会3）[2022]6号】　确认公司决议有效是否有诉的利益（见本书第127条）

【法释［2022］11 号】　最高人民法院关于适用《中华人民共和国民事诉讼法》的解释（"法释［2015］5 号"公布，2015 年 2 月 4 日起施行；根据法释［2020］20 号《决定》修正，2021 年 1 月 1 日起施行；2022 年 3 月 22 日最高法审委会［1866 次］修正，2022 年 4 月 1 日公布，2022 年 4 月 10 日起施行；以本规为准）

第 22 条　因股东名册记载、请求变更公司登记、股东知情权、公司决议、公司合并、公司分立、公司减资、公司增资等纠纷提起的诉讼，依照民事诉讼法第 27 条规定确定管辖。

● **指导案例**　**【法［2012］172 号】　最高人民法院第 2 批指导性案例**（2012 年 4 月 9 日）

（指导案例 8 号）林方清诉常熟市凯莱实业有限公司、戴小明公司解散纠纷案（江苏高院 2010 年 10 月 19 日［2010］苏商终字第 0043 号民事判决）

裁判要点：公司法第 183 条（应为第 182 条，现第 231 条）将"公司经营管理发生严重困难"作为股东提起解散公司之诉的条件之一。判断"公司经营管理是否发生严重困难"，应从公司组织机构的运行状态进行综合分析。公司虽处于盈利状态，但其股东会机制长期失灵，内部管理有严重障碍，已陷入僵局状态，可以认定为公司经营管理发生严重困难。对于符合公司法及相关司法解释规定的其他条件的，人民法院可以依法判决公司解散。

【法［2012］227 号】　最高人民法院第 3 批指导性案例（2012 年 9 月 18 日）

（指导案例 10 号）李建军诉上海佳动力环保科技有限公司公司决议撤销纠纷案（上海二中院 2010 年 6 月 4 日［2010］沪二中民四（商）终字第 436 号民事判决）

裁判要点：人民法院在审理公司决议撤销纠纷案件中应当审查：会议召集程序、表决方式是否违反法律、行政法规或者公司章程，以及决议内容是否违反公司章程。在未违反上述规定的前提下，解聘总经理职务的决议所依据的事实是否属实，理由是否成立，不属于司法审查范围。

第 28 条　（见第 29 条之后）

第 29 条　【侵权纠纷管辖】因侵权行为提起的诉讼，由侵权行为地或者被告住所地[19910409]人民法院管辖。

● **相关规定** **【知他字［2000］4号】** **最高人民法院关于胡辛诉叶辛、上海大元文化传播有限公司侵犯著作权管辖权异议案的答复**（2000年9月9日答复江西高院"［2000］赣高法知终字第5号"请示）

侵权行为地应当根据原告指控的侵权人和具体侵权行为来确定。根据你院随卷送来的起诉状等材料，本案原审原告胡辛以电视连续剧《陈香梅》的编剧叶辛、拍摄单位上海大元文化传播有限公司为被告，指控该两被告在改编、摄制电视作品过程中使用了其创作的《陈香梅传》中的内容。这一指控，涉及被告的改编、摄制行为，而未涉及被告的许可播放行为和香港凤凰卫视中文台的播放行为，其行为实施地和结果发生地均为上海。况且被告许可播放的行为在上海或者香港等地实施，其结果地即播放地为香港。南昌与被控侵权行为的实施与结果均无直接关系，故南昌不是本案的侵权行为地。南昌市中级人民法院应当依照《民事诉讼法》的有关规定将本案移送有管辖权的人民法院审理。

你院第一种意见认为南昌是侵权结果到达地而非法律意义上的侵权结果发生地，未明确"侵权结果"针对的是哪些具体的侵权行为，虽然结论正确但在理由表述上不够充分；你院第二种意见认为，"如原告主张成立，则编剧、制作、播放行为均属侵权行为"，未考虑到原告指控的主体和行为，故该意见缺乏事实依据。

【法刊文摘】 **审查立案若干疑难问题解答（二）**（浙江高院立案庭撰稿，《立案工作指导与参考》2003年第2卷，人民法院出版社2003年10月）

54. 对于被监禁的人提起的人身损害赔偿纠纷，由何地人民法院管辖？（见本书第23条）

【法释［2003］10号】 **最高人民法院关于审理期货纠纷案件若干问题的规定**（2003年5月16日最高法审委会［1270次］通过，2003年6月18日公布，2003年7月1日起施行；根据法释［2020］18号《决定》修正，2021年1月1日起施行）

第4条 人民法院应当依据民事诉讼法第23条、第28条和第34条（现第24、29、35条）的规定确定期货纠纷案件的管辖。

第6条 侵权与违约竞合的期货纠纷案件，依当事人选择的诉由确定管辖。当事人既以违约又以侵权起诉的，以当事人起诉状中在先的诉讼请求确定管辖。

【法释［2012］20号】 **最高人民法院关于审理侵害信息网络传播权民事纠纷案件适用法律若干问题的规定**（2012年11月26日最高法审委会［1561次］通过，2012年12月17日公布，2013年1月1日起施行；根据法释［2020］19号《决定》修正，2021年1月1日起施行）

第 15 条　侵害信息网络传播权民事纠纷案件由侵权行为地或者被告住所地人民法院管辖。侵权行为地包括实施被诉侵权行为的网络服务器、计算机终端等设备所在地。侵权行为地和被告住所地均难以确定或者在境外的，原告发现侵权内容的计算机终端等设备所在地可以视为侵权行为地。

第 16 条　本规定施行之日起，《最高人民法院关于审理涉及计算机网络著作权纠纷案件适用法律若干问题的解释》（法释［2006］11 号）同时废止。

本规定施行之后尚未终审的侵害信息网络传播权民事纠纷案件，适用本规定。本规定施行前已经终审，当事人申请再审或者按照审判监督程序决定再审的，不适用本规定。

【**法释［2014］6 号**】　　**最高人民法院关于审理涉及公证活动相关民事案件的若干规定**（2014 年 4 月 28 日最高法审委会［1614 次］通过，2014 年 5 月 16 日公布，2014 年 6 月 6 日起施行；根据法释［2020］20 号《决定》修正，2021 年 1 月 1 日起施行）

第 1 条　当事人、公证事项的利害关系人依照公证法第 43 条①规定向人民法院起诉请求民事赔偿的，应当以公证机构为被告，人民法院应作为侵权责任纠纷案件受理。

第 2 条　当事人、公证事项的利害关系人起诉请求变更、撤销公证书或者确认公证书无效的，人民法院不予受理，告知其依照公证法第 39 条②规定可以向出具公证书的公证机构提出复查。

第 3 条　当事人、公证事项的利害关系人对公证书所公证的民事权利义务有争议的，可以依照公证法第 40 条③规定就该争议向人民法院提起民事诉讼。

当事人、公证事项的利害关系人对具有强制执行效力的公证债权文书的民事权利义务有争议直接向人民法院提起民事诉讼的，人民法院依法不予受理。但是，公证债权文书被人民法院裁定不予执行的除外。

第 4 条　当事人、公证事项的利害关系人提供证据证明公证机构及其公证员在公证活动中具有下列情形之一的，人民法院应当认定公证机构有过错：（一）为不

---

①　《公证法》第 43 条：公证机构及其公证员因过错给当事人、公证事项的利害关系人造成损失的，由公证机构承担相应的赔偿责任；公证机构赔偿后，可以向有故意或者重大过失的公证员追偿。//当事人、公证事项的利害关系人与公证机构因赔偿发生争议的，可以向人民法院提起民事诉讼。

②　《公证法》第 39 条：当事人、公证事项的利害关系人认为公证书有错误的，可以向出具该公证书的公证机构提出复查。公证书的内容违法或者与事实不符的，公证机构应当撤销该公证书并予以公告，该公证书自始无效；公证书有其他错误的，公证机构应当予以更正。

③　《公证法》第 40 条：当事人、公证事项的利害关系人对公证书的内容有争议的，可以就该争议向人民法院提起民事诉讼。

真实、不合法的事项出具公证书的；（二）毁损、篡改公证书或者公证档案的；（三）泄露在执业活动中知悉的商业秘密或者个人隐私的；（四）违反公证程序、办证规则以及国务院司法行政部门制定的行业规范出具公证书的；（五）公证机构在公证过程中未尽到充分的审查、核实义务，致使公证书错误或者不真实的；（六）对存在错误的公证书，经当事人、公证事项的利害关系人申请仍不予纠正或者补正的；（七）其他违反法律、法规、国务院司法行政部门强制性规定的情形。

第5条　当事人提供虚假证明材料申请公证致使公证书错误造成他人损失的，当事人应当承担赔偿责任。公证机构依法尽到审查、核实义务的，不承担赔偿责任；未依法尽到审查、核实义务的，应当承担与其过错相应的补充赔偿责任；明知公证证明的材料虚假或者与当事人恶意串通的，承担连带赔偿责任。

第6条　当事人、公证事项的利害关系人明知公证机构所出具的公证书不真实、不合法而仍然使用造成自己损失，请求公证机构承担赔偿责任的，人民法院不予支持。

第7条　本规定施行后，涉及公证活动的民事案件尚未终审的，适用本规定；本规定施行前已经终审，当事人申请再审或者按照审判监督程序决定再审的，不适用本规定。

【法释［2014］11号】　最高人民法院关于审理利用信息网络侵害人身权益民事纠纷案件适用法律若干问题的规定（2014年6月23日最高法审委会［1621次］通过，2014年8月21日公布，2014年10月10日起施行；根据法释［2020］17号《决定》修正，2021年1月1日起施行）·

~~第2条　利用信息网络侵害人身权益提起的诉讼，由侵权行为地或者被告住所地人民法院管辖。~~

~~侵权行为实施地包括实施被诉侵权行为的计算机等终端设备所在地，侵权结果发生地包括被侵权人住所地。~~

【法释［2017］14号】　最高人民法院关于因申请诉中财产保全损害责任纠纷管辖问题的批复（2017年7月17日最高法审委会［1722次］通过，2017年8月1日公布，答复浙江高院"［2015］浙立他字第91号"请示，2017年8月10日起施行）

为便于当事人诉讼，诉讼中财产保全的被申请人、利害关系人依照《中华人民共和国民事诉讼法》第105条（现第108条）规定提起的因申请诉中财产保全损害责任纠纷之诉，由作出诉中财产保全裁定的人民法院管辖。

【法释［2018］13号】　最高人民法院关于适用《中华人民共和国保险法》若干问题的解释（四）（2018年5月14日最高法审委会［1738次］通过，2018

年 7 月 31 日公布，2018 年 9 月 1 日起施行；根据法释〔2020〕18 号《决定》修正，2021 年 1 月 1 日起施行）

第 12 条　保险人以造成保险事故的第三者为被告提起代位求偿权之诉的，以被保险人与第三者之间的法律关系确定管辖法院。

【京高法发〔2018〕522 号】　北京市高级人民法院、北京市司法局关于伤残评定问题研讨会的会议纪要（北京高院、北京市司法局、北京司法鉴定业协会 2018 年 6 月 6 日召开，2018 年 8 月 20 日印发）

一、关于伤残等级和赔偿指数的评定

1. 受伤人员符合一处伤残等级者，一级伤残（人体致残率 100%）相当于伤残赔偿指数 100%，二级伤残（人体致残率 90%）相当于伤残赔偿指数 90%，依次类推，十级伤残（人体致残率 10%）相当于伤残赔偿指数 10%。

2. 受伤人员符合两处以上伤残等级者，需综合计算累计伤残赔偿指数，具体计算方法如下：累计伤残赔偿指数＝伤残等级最高处的伤残赔偿指数＋伤残赔偿附加指数。

伤残赔偿附加指数的确定：六～十级伤残，每增加一处，增加 5%；二～五级伤残，直接增加 10%。

伤残赔偿附加指数不得超过 10%；累计伤残赔偿指数不得超过 100%。

3. 人民法院委托鉴定时，应当在委托函中写明鉴定事项包括评定受伤人员伤残等级和赔偿指数。受伤人员有一处伤残的，鉴定机构在鉴定报告中直接写明伤残等级和赔偿指数；受伤人员有多处伤残的，鉴定机构在鉴定报告中分别写明各处伤残的等级以及累计赔偿指数。

4. 人民法院原则上应当依据鉴定机构评定的赔偿指数计算赔偿金额；确需调整赔偿指数的，应当在裁判文书中说明理由。

二、关于新旧标准的适用

1. 侵权行为发生在 2017 年 1 月 1 日（不含）以前的，适用当时生效的伤残评定标准。

2. 侵权行为发生在 2017 年 1 月 1 日（含）至 2017 年 3 月 22 日（含）之间的，道路交通事故人身损害赔偿类案件的伤残评定适用《道路交通事故受伤人员伤残评定》，其他人身损害赔偿类案件的伤残评定适用《人体损伤致残程度分级》。

3. 侵权行为发生在 2017 年 3 月 23 日（含）之后的，全部人身损害赔偿类案件的伤残评定均适用《人体损伤致残程度分级》。

4. 人民法院委托鉴定时，应当在委托函中写明案由及侵权行为发生时间；鉴定机构依据上述 3 条意见确定的标准进行鉴定，并在鉴定报告中写明所适用的标准。

5. 对于本纪要印发前已经作出判决的案件，在二审或者再审程序中，不得以违背本纪要意见为由予以改判或者发回重审。

以上意见供全市审判、鉴定人员参照执行。若最高人民法院、司法部以及其他上级部门有不同规定的，以上级部门规定为准。

【法释〔2022〕11号】　最高人民法院关于适用《中华人民共和国民事诉讼法》的解释（"法释〔2015〕5号"公布，2015年2月4日起施行；根据法释〔2020〕20号《决定》修正，2021年1月1日起施行；2022年3月22日最高法审委会〔1866次〕修正，2022年4月1日公布，2022年4月10日起施行；以本规为准）

第24条　民事诉讼法第29条规定的侵权行为地，包括侵权行为实施地、侵权结果发生地。

第25条　信息网络侵权行为实施地包括实施被诉侵权行为的计算机等信息设备所在地，侵权结果发生地包括被侵权人住所地。

第26条　因产品、服务质量不合格造成他人财产、人身损害提起的诉讼，产品制造地、产品销售地、服务提供地、侵权行为地和被告住所地人民法院都有管辖权。

第27条　当事人申请诉前保全后没有在法定期间起诉或者申请仲裁，给被申请人、利害关系人造成损失引起的诉讼，由采取保全措施的人民法院管辖。

当事人申请诉前保全后在法定期间内起诉或者申请仲裁，被申请人、利害关系人因保全受到损失提起的诉讼，由受理起诉的人民法院或者采取保全措施的人民法院管辖。

● 指导案例　【法〔2014〕18号】　最高人民法院第6批指导性案例（2014年1月26日）

（指导案例25号）华泰财产保险有限公司北京分公司诉李志贵、天安财产保险股份有限公司河北省分公司张家口支公司保险人代位求偿权纠纷案

裁判要点：因第三者对保险标的的损害造成保险事故，保险人向被保险人赔偿保险金后，代位行使被保险人对第三者请求赔偿的权利而提起诉讼的，应当根据保险人所代位的被保险人与第三者之间的法律关系，而不应当根据保险合同法律关系确定管辖法院。第三者侵害被保险人合法权益的，由侵权行为地或者被告住所地法院管辖。

● **入库案例** 【2023-13-2-160-053】 宁波某仪器公司诉杭州某仪器公司侵害实用新型专利权纠纷案（2019.05.28／［2019］最高法知民辖终 13 号）

　　裁判要旨：《最高人民法院关于适用〈中华人民共和国民事诉讼法〉的解释》第 25 条规定的作为管辖连结点的信息网络侵权行为系指在信息网络上完整实施的侵权行为；若侵权行为仅部分环节在线上实施，则不构成上述信息网络侵权行为，不能适用上述司法解释之规定确定管辖。

● **高法判例** 【［2018］最高法民辖终 411 号】 传媒公司、科技公司侵害作品信息网络传播权纠纷案（最高法院 2018 年 12 月 28 日二审民事裁定）

　　裁判摘要：本案系信息网络侵权之诉，被诉侵权行为实施地、侵权结果发生地或被告住所地中只要有一个连接点在北京市高级人民法院辖区内，该院即依法对本案具有管辖权。民事诉讼法解释第 25 条是关于信息网络侵权案件的管辖规定，对于属于该条规定的"信息网络侵权行为"的案件，被侵权人住所地可以视为侵权结果发生地，即可以作为管辖连接点。由于科技公司的住所地位于北京市海淀区，属于北京市高级人民法院管辖范围，故该院对本案具有管辖权。

　　《最高人民法院关于审理侵害信息网络传播权民事纠纷案件适用法律若干问题的规定》第 15 条规定："侵害信息网络传播权民事纠纷案件由侵权行为地或者被告住所地人民法院管辖。侵权行为地包括实施被诉侵权行为的网络服务器、计算机终端等设备所在地。侵权行为地和被告住所地均难以确定或者在境外的，原告发现侵权内容的计算机终端等设备所在地可以视为侵权行为地。"依据上述规定，并未明确排除侵权结果发生地包括被侵权人住所地法院具有管辖权。此外，《最高人民法院关于审理利用信息网络侵害人身权益民事纠纷案件适用法律若干问题的规定》第 2 条的规定系针对利用信息网络侵害人身权益纠纷案件管辖问题，《最高人民法院关于审理涉及计算机网络域名民事纠纷案件适用法律若干问题的解释》第 2 条的规定系针对涉及域名侵权纠纷案件管辖的问题，均非针对信息网络传播侵权案件管辖问题。

　　【［2020］最高法民辖 40 号】 李某与科技公司、塑胶机械公司侵害作品信息网络传播权纠纷案（最高法院 2020 年 9 月 27 日管辖争议民事裁定）

　　裁判摘要：本案中，原告为被侵权人，其住所地为湖北省武汉市。被诉侵权行为系被告生产、销售，并在网店中以网络形式传播原告的美术作品，被诉侵权行为涉及信息网络侵权行为。故可以认定侵权结果发生地为湖北省武汉市，湖北省武汉市中级人民法院对本案依法具有管辖权。

【［2022］最高法知民辖终 263 号】 网络公司、科技发展公司侵害作品信息网络传播权纠纷案（最高法院 2022 年 8 月 9 日管辖争议民事裁定）

裁判摘要：民诉法解释（2020 年修正）第 25 条规定，信息网络侵权行为实施地包括实施被诉侵权行为的计算机等信息设备所在地，侵权结果发生地包括被侵权人住所地。本案中，科技发展公司主张网络公司侵害其拥有的计算机软件著作权，科技发展公司向原审法院提交公证书等证据，初步证明涉案软件被设置在网络公司经营的网站，并通过网络面向不特定公众提供涉案软件的下载、安装、使用，此时被诉侵权行为的实施和损害结果均直接发生在网络环境下，被诉侵权行为属于信息网络侵权行为。因此，侵权结果发生地当然包括被侵权人住所地，人民法院可以据此确定本案地域管辖连结点。根据《最高人民法院关于北京、上海、广州知识产权法院案件管辖的规定》第 1 条的规定，原审法院管辖北京市辖区内计算机软件第一审知识产权民事案件。科技发展公司住所地位于北京市，属于原审法院辖区范围，原审法院对本案具有管辖权。虽然，网络公司住所地福建省厦门市亦是本案的地域管辖连结点之一，但该管辖连结点的存在，并不影响原审法院对本案行使管辖权。

【［2022］最高法民辖 42 号】 张某龙、文化传播公司等侵害作品信息网络传播权纠纷案（最高法院 2022 年 8 月 22 日管辖争议民事裁定）

裁判摘要：民事诉讼法解释第 25 条规定："信息网络侵权行为……侵权结果发生地包括被侵权人住所地。"该规定中的"信息网络侵权行为"针对的是发生在信息网络环境下，通过信息网络实施的侵权行为，并未限于特定类型的民事权利或者权益。与之不同的是，《最高人民法院关于审理侵害信息网络传播权民事纠纷案件适用法律若干问题的规定》第 15 条规定的"信息网络传播权"，则是《中华人民共和国著作权法》第 10 条第 1 款规定的著作权人享有的法定权利，即"以有线或者无线方式向公众提供作品，使公众可以在其个人选定的时间和地点获得作品的权利。"因此，信息网络传播权规定第 15 条是针对信息网络传播权这一特定类型的民事权利，对侵害信息网络传播权纠纷民事案件的管辖作出的特别规定。在确定侵害信息网络传播权民事纠纷案件的管辖时，应当以信息网络传播权规定第 15 条为依据。

信息网络传播权规定第 15 条明确规定，只有在"侵权行为地和被告住所地均难以确定或者在境外"的例外情形下，才可以将"原告发现侵权内容的计算机终端等设备所在地"视为侵权行为地。基于信息网络传播权的性质和特点，侵害信息网络传播权的行为一旦发生，随之导致"公众可以在其个人选定的时间和地点获得作品"，其侵权结果涉及的地域范围具有随机性、广泛性，不是一个固定的地点，不宜作为确定管辖的依据。

（插）　**第 28 条**[19910409]　　【**运输纠纷管辖**】因铁路、公路、水上、航空运输和联合运输合同纠纷提起/~~发生~~的诉讼，由运输始发地、目的地或者被告住所地/~~合同签订地~~人民法院管辖。

~~铁路、公路、水上运输和联合运输中发生的诉讼，由负责查处该项纠纷的管理机构所在地人民法院管辖。~~

第 30 条[19910409]　　【**交通事故管辖**】因铁路、公路、水上和航空事故请求/~~追索~~损害赔偿提起的诉讼，由事故发生地或者车辆、船舶最先到达地、航空器最先降落地或者被告住所地人民法院管辖。

（本书汇）【**铁路纠纷管辖**】

● **相关规定**　**【法发 [1982] 号】**　　**最高人民法院关于铁路运输法院办案问题的通知**（1982 年 4 月 23 日）[1]

一、各级铁路运输法院已具备办案条件的立即开始办案。

二、铁路运输法院的案件管辖，从保护铁路运输的任务出发，目前主要受理铁路运输系统公安机关负责侦破的刑事案件和与铁路运输有关的经济纠纷案件、涉外案件。对各类民事案件及不属于铁路运输范围的铁道部直属工厂、工程局、勘测设计院、大专院校等地发生的案件，仍由地方各级人民法院受理。如铁路运输法院与地方人民法院对管辖发生争议的案件，由双方人民法院协商解决。

【铁办字 [1982] 1214 号】　　**最高人民法院、最高人民检察院、公安部、司法部、铁道部关于铁路运输法院、检察院办案中有关问题的联合通知**（1982 年 7 月 9 日）[2]

各级铁路法院、检察院已于 5 月 1 日正式办案。现就办案中的有关问题通知如下：

一、铁路运输法院、检察院的案件管辖。应从保护铁路运输的任务出发，体现其专门性。目前主要受理铁路运输系统公安机关负责侦破的刑事案件和与铁路运输有关的经济案件、法纪案件、涉外案件（包括铁道部委托路局常委代管单位的案件）。对各类民事案件及不属于铁路运输范围的铁道部直属工厂、工程局、勘测设计院、大专院校等地发生的案件，仍由地方法院、检察院受理。如铁路运输法院、检察院与地方法院、检察院对案件管辖发生争议，暂由地方受理。

---

①　本《电话答复》一直未见废止。
②　《中华人民共和国公安规章汇编：1957–1993》，公安部编，中国人民公安大学出版社 1994 年 10 月。

二、审判人员、检察人员的任免。党内由有关铁路党组（常委）按中央规定的干部任免权限审批，由法院、检察院系统分别办理行政任免手续。

三、案犯的羁押与执行。铁路运输法院审理的未决犯，由铁路公安机关羁押，也可由沿线就近的地方公安机关所属的看守所羁押。对判处1年以上（含1年）有期徒刑、无期徒刑、死刑缓期2年执行的罪犯，送所在省、市、自治区公安机关所属就近监狱、劳改队执行。对于判处1年以上有期徒刑的罪犯和判处拘役、管制的罪犯，可由铁路公安机关就地执行。判处死刑立即执行的罪犯，暂由铁路公安机关的警察执行。

四、各级铁路运输法院、检察院所需枪支、服装，由中院、分院所在省、市、自治区公安厅（局）、检察院、法院解决。

五、各级铁路运输法院的人民陪审员，由各基层单位的职工大会或职工代表大会推选，其任期一般与代表任期相同；必要时也可由法院临时邀请。

人民陪审员在法院执行职务期间，由原单位照发工资和奖金；没有工资收入的由法院适当补助。

六、铁路运输法院进行诉讼活动所需律师，由当地法律顾问处负责。也可由依法取得律师资格的铁路人员担任兼职律师，在地方法律顾问处统一领导下承办律师业务。兼职律师的酬金，按1981年2月21日司法部、财政部《关于兼职律师酬金问题的联合通知》的规定办理。

七、铁路运输法院、检察院受理1982年5月1日以后侦破、批捕、起诉的案件。在铁路运输法院、检察院正式办案之前的铁路案件，无论积压待办或申诉复查的案件，原来由哪个检察院、法院受理承办的仍由哪个检察院、法院继续承办。

八、铁路运输法院、检察院工作人员的待遇，按铁路现行制度规定，享受与铁路职工相当人员的待遇。

【法发［1987］号】　最高人民法院、最高人民检察院关于撤销铁路运输高级法院和全国铁路运输检察院有关问题的通知（1987年4月15日）

铁路运输高级法院和全国铁路运输检察院自1982年恢复成立并办案以来，依法履行审判职能和法律监督职能，办理了大量案件，取得了很大成绩，对于打击犯罪活动，处理经济纠纷，加强社会主义法制建设，维护铁路运输的正常秩序发挥了积极作用。现经中央批准，决定撤销铁路运输高级法院和全国铁路运输检察院，并将有关事项通知如下：

一、铁路运输高级法院、全国铁路运输检察院从1987年3月20日停止受理案件和办理干部任免手续，对已受理的案件一律分别移送铁路运输中级法院、检察分院所在地的省、自治区、直辖市高级人民法院和人民检察院。在移交过程中，对超审限的案件，由省、自治区、直辖市高级人民法院和人民检察院向本级人大常委会备案。1987 年 5 月 31 日两院正式撤销，届时印章停止使用。

二、从 1987 年 3 月 20 日起，铁路运输中级法院的审判工作改由所在省、自治区、直辖市高级人民法院监督；铁路运输检察分院的工作改由所在省、自治区、市人民检察院领导。对铁路运输中级法院、铁路运输检察分院管辖、办理的一审案件的上诉、抗诉改由所在省、自治区、直辖市高级人民法院和人民检察院受理。铁路法、检干部的管理、任免执行新的办法（办法另行通知）。铁路运输基层法院、检察院与铁路运输中级法院、检察分院之间的业务关系不变。最高人民法院设立交通运输审判庭，最高人民检察院设立铁路运输检察厅，分别对铁路运输法、检两院进行业务指导。

三、全国铁路运输检察院撤销后，铁路运输检察分院的名称改为"××省（市、自治区）人民检察院××铁路运输分院"，重新制作印章，新印间自 1987 年 6 月 1 日启用，原印章停止使用。基层铁路运输检察院名称不变。

四、铁路运输高级法院、全国铁路运输检察院撤销后，其全部档案按管理要求，整理造册，于 1987 年 5 月 31 日之前，分别移送最高人民法院和最高人民检察院。

五、铁路运输高级法院、全国铁路运输检察院撤销后，铁路局、铁路分两局级法院、检察院要从思想上和组织上保持干部队伍的稳定和工作的连续性。全体干警要团结一致，再接再厉，努力搞好工作，为加强社会主义法制，为社会主义物质文明和精神文明建设做出应有的贡献。

【法函［1996］103 号】　最高人民法院关于案件性质及管辖权问题的复函
（1996 年 6 月 19 日答复河南高院"［1996］豫法经报字第 1 号"请示）

郑州铁路局因铁路用地侵权纠纷对郑州市车辆修配厂提起的诉讼，符合民事诉讼法规定的起诉条件。根据我院《关于铁路运输法院对经济纠纷案件管辖范围的规定》（已废止），郑州铁路运输法院对本案有管辖权。

【法工办复字［2005］1 号】　全国人大常委会法制工作委员会关于交通事故责任认定行为是否属于具体行政行为，可否纳入行政诉讼受案范围的意见
（2005 年 1 月 5 日答复某省人大常委会法规工作委员会）

根据道路交通安全法第 73 条的规定，公安机关交通管理部门制作的交通事故认定书，作为处理交通事故案件的证据使用。因此，交通事故责任认定行为不属于具体行政行为，不能向人民法院提起行政诉讼。如果当事人对交通事故认定书牵连的民事赔偿不服的，可以向人民法院提起民事诉讼。

【法释［2012］10号】 **最高人民法院关于铁路运输法院案件管辖范围的若干规定**（2012年7月2日最高法审委会［1551次］通过，2012年7月17日公布，2012年8月1日起施行；以本规为准）

第3条　下列涉及铁路运输、铁路安全、铁路财产的民事诉讼，由铁路运输法院管辖：（一）铁路旅客和行李、包裹运输合同纠纷；（二）铁路货物运输合同和铁路货物运输保险合同纠纷；（三）国际铁路联运合同和铁路运输企业作为经营人的多式联运合同纠纷；（四）代办托运、包装整理、仓储保管、接取送达等铁路运输延伸服务合同纠纷；（五）铁路运输企业在装卸作业、线路维修等方面发生的委外劳务、承包等合同纠纷；（六）与铁路及其附属设施的建设施工有关的合同纠纷；（七）铁路设备、设施的采购、安装、加工承揽、维护、服务等合同纠纷；（八）铁路行车事故及其他铁路运营事故造成的人身、财产损害赔偿纠纷；（九）违反铁路安全保护法律、法规，造成铁路线路、机车车辆、安全保障设施及其他财产损害的侵权纠纷；（十）因铁路建设及铁路运输引起的环境污染侵权纠纷；（十一）对铁路运输企业财产权属发生争议的纠纷。

第4条　铁路运输基层法院就本规定第1条至第3条所列案件作出的判决、裁定，当事人提起上诉或铁路运输检察院提起抗诉的二审案件，由相应的铁路运输中级法院受理。

第5条　省、自治区、直辖市高级人民法院可以指定辖区内的铁路运输基层法院受理本规定第3条以外的其他第一审民事案件，并指定该铁路运输基层法院驻在地的中级人民法院或铁路运输中级法院受理对此提起上诉的案件。此类案件发生管辖权争议的，由该高级人民法院指定管辖。

省、自治区、直辖市高级人民法院可以指定辖区内的铁路运输中级法院受理对其驻在地基层人民法院一审民事判决、裁定提起上诉的案件。

省、自治区、直辖市高级人民法院对本院及下级人民法院的执行案件，认为需要指定执行的，可以指定辖区内的铁路运输法院执行。

第6条　各高级人民法院指定铁路运输法院受理案件的范围，报最高人民法院批准后实施。

第7条　本院以前作出的有关规定与本规定不一致的，以本规定为准。

本规定施行前，各铁路运输法院依照此前的规定已经受理的案件，不再调整。

【粤高法［2013］360号】 **广东省高级人民法院关于指定广州铁路运输中级法院和广州、肇庆铁路运输法院管辖民商事案件的规定**（经最高法批准，2013年11月20日印发）

一、广州铁路运输法院和肇庆铁路运输法院分别受理广州市和肇庆市内发生

的下列民事一审案件:

(一) 涉及地下铁路、城市轨道交通运输的民事诉讼:1. 地下铁路、城市轨道运营事故造成的人身、财产损害赔偿纠纷;2. 地下铁路、城市轨道运营有关的保险合同纠纷;3. 地下铁路、城市轨道交通工程及其附属设施建设施工有关的合同纠纷;4. 地下铁路、城市轨道建设投资、经营合同纠纷;5. 地下铁路、城市轨道运营区域内的租赁合同纠纷;6. 其他涉及地下铁路、城市轨道交通的民事纠纷。

(二) 涉及公路交通运输的民事诉讼:1. 公路运输事故造成的人身、财产损害赔偿纠纷;2. 公路运输保险合同纠纷;3. 公路交通工程及其附属设施建设施工有关的合同纠纷;4. 公路交通投资合同纠纷;5. 其他涉及公路交通运输的民事纠纷。

(三) 涉及航空运输的民事纠纷:1. 航空运输事故造成的人身、财产损害赔偿纠纷;2. 航空旅客运输合同纠纷和航空旅客运输保险合同纠纷;3. 航空货物运输合同纠纷和航空货物运输保险合同纠纷;4. 国际航空联运合同和航空运输企业作为经营人的多式联运合同纠纷;5. 代办托运、包装整理、仓储保管、接取送达等航空物流延伸服务合同纠纷;6. 机场及其附属设施建设施工有关的合同纠纷;7. 机场运营区域内的租赁合同纠纷;8. 其他涉及航空运输的民事纠纷。

二、广州铁路运输中级法院和肇庆市中级人民法院受理对上述案件提起的上诉案件。

三、上述案件的级别管辖标准按照现有规定执行。

四、当事人协议选择由广州铁路运输中级法院或广州、肇庆铁路运输法院管辖的,依法审查确定。

五、本规定自发布之日起施行。以前的规定与本规定不一致的,以本规定为准。

本规定实施前,广州铁路运输两级法院依照此前的规定已经受理的案件,不再调整。

【京高法发 [2018] 号】　北京市高级人民法院关于北京铁路运输法院撤销后调整相关案件管辖的规定(2018 年北京高院审委会 [12 次] 通过,2018 年 9 月 8 日印发,2018 年 9 月 9 日起施行)

第 1 条　自 2018 年 9 月 9 日起,原北京铁路运输法院受理的铁路专门管辖案件由北京市海淀区人民法院受理。

自 2018 年 9 月 9 日起,《北京市高级人民法院关于指定北京铁路运输中级法院和北京铁路运输法院受理案件范围的通知》中指定由原北京铁路运输法院受理的运输合同纠纷、保险纠纷第一审民事案件,依照《中华人民共和国民事诉讼法》的规定,由北京市其他相应的基层人民法院受理。

依照《最高人民法院办公厅关于重新指定以失联马航MH370航班乘客为被申请人宣告死亡案件管辖法院的复函》，自2018年9月9日起，北京市朝阳区人民法院管辖以失联马航MH370航班乘客为被申请人的宣告死亡案件。

自2018年9月9日起，指定北京市朝阳区人民法院管辖应由北京市法院受理的涉失联马航MH370航班乘客的索赔纠纷第一审民事案件。

第2条　自2018年9月9日起，原北京铁路运输法院已经受理但未审结的铁路专门管辖案件、运输合同纠纷案件、保险纠纷案件，由北京市海淀区人民法院以北京市海淀区人民法院名义、以原有案号继续审理；未结执行异议案件，由北京市海淀区人民法院以北京市海淀区人民法院名义、以原有案号继续审查处理；未结执行实施案件，由北京市海淀区人民法院以北京市海淀区人民法院名义、以原有案号继续执行。

自2018年9月9日起，原北京铁路运输法院已经受理但未审结的以失联马航MH370航班乘客为被申请人的宣告死亡案件、涉失联马航MH370航班乘客的索赔纠纷案件，由北京市朝阳区人民法院以北京市朝阳区人民法院名义、以原有案号继续审理。

第3条　北京市海淀区人民法院、北京市朝阳区人民法院依照本规定第2条的规定接收案件后，应当重新指定独任法官、执行法官或另行组成合议庭，告知当事人审理法院、审执人员变更情况，原北京铁路运输法院已经开展的诉讼行为、执行行为继续有效。相关案件的审理、执行期限自原北京铁路运输法院立案之日起计算。

第4条　自2018年9月9日起，原北京铁路运输法院发生法律效力的民事判决、裁定、调解书，以及刑事判决、裁定中的财产部分，由北京市海淀区人民法院或者被执行的财产所在地基层人民法院执行；相关恢复执行案件，由北京市海淀区人民法院办理。

自2018年9月9日起，原北京铁路运输法院审结的刑事案件的刑罚执行手续，由北京市海淀区人民法院依照《中华人民共和国刑事诉讼法》的规定办理。

第5条　自2018年9月9日起，对北京市海淀区人民法院受理的铁路专门管辖案件第一审判决、裁定提起的上诉、抗诉案件，由北京市第四中级人民法院受理；对相应的执行异议裁定、执行决定申请复议的案件，由北京市第一中级人民法院受理。

第6条　自2018年9月9日起，当事人及其法定代理人、近亲属、案外人对原北京铁路运输法院已经发生法律效力的刑事案件判决、裁定提出申诉的，由北京市海淀区人民法院、北京市第四中级人民法院依照《中华人民共和国刑事诉讼法》的规定审查处理；当事人、案外人对原北京铁路运输法院已经发生法律效力的民事案件判决、裁定、调解书申请再审的，由北京市海淀区人民法院、北京市第四中级人民法院依照《中华人民共和国民事诉讼法》的规定审查处理。

第 7 条　自 2018 年 9 月 9 日起，检察机关对原北京铁路运输法院生效法律文书提出抗诉的，由北京市第四中级人民法院依照《中华人民共和国刑事诉讼法》《中华人民共和国民事诉讼法》的规定接受抗诉；检察机关对原北京铁路运输法院发生法律效力的民事判决、裁定、调解书提出检察建议的，由北京市海淀区人民法院依照《中华人民共和国民事诉讼法》的规定接受检察建议。

第 8 条　自 2018 年 9 月 9 日起，北京市第四中级人民法院对原北京铁路运输法院审理的案件发回重审、指令再审的，由北京市海淀区人民法院审理。

【粤高法〔2018〕号】　广东省高级人民法院关于广州铁路运输第一、第二法院撤并更名为广州铁路运输法院后相关案件管辖的规定（广东高院审委会〔2018 年 7 次〕通过，2018 年 9 月 30 日印发，2018 年 10 月 1 日起施行）

第 1 条　原广州铁路运输第一、第二法院撤并更名为广州铁路运输法院。原广州铁路运输第一、第二法院管辖的案件由广州铁路运输法院管辖。

第 2 条　原广州铁路运输第一、第二法院已受理但未审结的各类案件，移交广州铁路运输法院以广州铁路运输法院的名义继续审理。

第 3 条　广州铁路运输法院依照本规定第 2 条的规定接收案件后，应当重新排定审判组织，告知当事人审理法院、审执人员变更情况，原广州铁路运输第一、第二法院已经开展的诉讼行为、执行行为继续有效。相关案件的审理、执行期限自原立案之日起计算。

第 4 条　原广州铁路运输第一、第二法院发生法律效力的民事判决、裁定、调解书，以及刑事判决、裁定中的财产部分，由广州铁路运输法院或者被执行的财产所在地基层人民法院执行；相关恢复执行案件，由广州铁路运输法院办理。

原广州铁路运输第一、第二法院审结的刑事案件的刑罚执行手续，由广州铁路运输法院依照《中华人民共和国刑事诉讼法》的规定办理。

第 5 条　原广州铁路运输第一、第二法院办理的案件提起上诉、抗诉或申请复议、监督的，由广州铁路运输中级法院受理。

第 6 条　当事人及其法定代理人、近亲属、案外人对原广州铁路运输第一、第二法院已经发生法律效力的刑事案件判决、裁定提出申诉的，由广州铁路运输法院、广州铁路运输中级法院依照《中华人民共和国刑事诉讼法》的规定审查处理；当事人、案外人对原广州铁路运输第一、第二法院已经发生法律效力的民事案件判决、裁定、调解书申请再审的，由广州铁路运输法院、广州铁路运输中级法院依照《中华人民共和国民事诉讼法》的规定审查处理。

第7条 检察机关对原广州铁路运输第一、第二法院生效法律文书提出抗诉的，由广州铁路运输中级法院依照《中华人民共和国民事诉讼法》的规定接受抗诉；检察机关对原广州铁路运输第一、第二法院发生法律效力的民事判决、裁定、调解书提出检察建议的，由广州铁路运输法院依照《中华人民共和国民事诉讼法》的规定接受检察建议。

第8条 广州铁路运输中级法院对原广州铁路运输第一、第二法院审理的案件发回重审、指令再审的，由广州铁路运输法院审理。

【法释［2021］19号】 最高人民法院关于审理铁路运输人身损害赔偿纠纷案件适用法律若干问题的解释（"法释［2010］5号"公布，2010年3月16日起施行；根据法释［2020］17号《决定》修正，2021年1月1日起施行；2021年11月24日最高法审委会［1853次］修订，2021年12月8日公布，2022年1月1日起施行。以本规为准）

第3条 赔偿权利人要求对方当事人承担侵权责任的，由事故发生地、列车最先到达地或者被告住所地铁路运输法院管辖；~~赔偿权利人依照民法典第三编要求承运人承担违约责任予以人身损害赔偿的，由运输始发地、目的地或者被告住所地铁路运输法院管辖。~~

（新增）前款规定的地区没有铁路运输法院的，由高级人民法院指定的其他人民法院管辖。

● **入库案例** **【2023-07-2-115-008】** 中铁某局诉四平市甲公司、四平市乙公司、中铁沈阳局某工程建设指挥部等建设工程施工合同纠纷案（见本书第34条）

第31条[19910409] **【海事事故管辖】** 因船舶碰撞或者其他海事损害事故请求/~~追索~~损害赔偿提起的诉讼，由<u>碰撞发生地</u>、碰撞/~~受害~~船舶<u>最先</u>/~~最初~~到达地、加害船舶被扣留地或者<u>被告住所地</u>/~~加害船舶船籍港所在地~~人民法院管辖。

第32条[19910409] **【海难救助管辖】** 因/~~追索~~海难救助费用提起的诉讼，由救助地或者被救助船舶<u>最先</u>/~~最初~~到达地人民法院管辖。

第33条[19910409] **【共同海损管辖】** 因共同海损提起的诉讼，由船舶最先到达地、共同海损理算地或者航程终止地的人民法院管辖。

（本书汇）【海事纠纷管辖】

● **相关规定**　【主席令［1984］20 号】　全国人民代表大会常务委员会关于在沿海港口城市设立海事法院的决定（1984 年 11 月 14 日全国人大常委会［6 届 8 次］通过，同日公布施行）

一、根据需要在沿海一定的港口城市设立海事法院。

海事法院的设置或者变更、撤销，由最高人民法院决定。

海事法院的审判机构和办事机构的设置，由最高人民法院规定。

二、海事法院对所在地的市人民代表大会常务委员会负责。

海事法院的审判工作受所在地的高级人民法院监督。

三、海事法院管辖第一审海事案件和海商案件，不受理刑事案件和其他民事案件。

各海事法院管辖区域的划分，由最高人民法院规定。

对海事法院的判决和裁定的上诉案件由海事法院所在地的高级人民法院管辖。

四、海事法院院长由所在地的市人民代表大会常务委员会主任提请……

【法司字［84］80 号、交办字［84］985 号】　最高人民法院、交通部关于设立海事法院的通知（1984 年 5 月 24 日）①

为了适应我国海上运输和对外贸易事业发展的需要，更好地行使我国海域司法管辖权，维护我国的权益，保护当事人的合法利益，根据宪法和有关法律的规定，经请示中央政法委员会决定，在上海、天津、青岛、大连、广州、武汉等 6 个口岸城市设立海事专门法院。现将有关事项通知如下：

（一）以上海、天津、青岛、大连、广州、长江（驻武汉市）6 个水上运输法院筹备组为基础，组建上海、天津、青岛、大连、广州和武汉海事法院。

海事法院设海事审判庭、海商审判庭、研究室、办公室等机构。根据需要，经最高人民法院和交通部批准，可在院、部指定或委托管辖的港口，设派出法庭。

海事法院与中级人民法院同级，审理国内和涉外的第一审海事案件和海商案件，不受理刑事案件和一般民事案件。其上诉审法院为所在省、市高级人民法院。有关审判业务事宜，由上级人民法院监督和指导。

海事法院院长，由交通部提名，经征求所在省、市高级人民法院意见……

（二）海事法院的人员编制，暂定为：……

（三）海事法院的人员编制、经费、物资装备……

（四）请上海、天津、青岛港务管理局、大连港口局、广州海运管理局、长江航务管理局分别负责组建海事法院。按照上述条件配备干部，安排（建设）办公用房和调拨、购置办公用具等。交通部过去下达给各水上运输法院筹备组的基

---

① 注：本《通知》一直未见被废止。

建、物资装备计划和经费管理办法继续有效，由海事法院使用。

（五）以水上运输高级法院筹备组为基础，在交通部设立"海事法院办公室"（局级），负责管理属于交通部管理名单的海事法院干部；编制和审核经费预决算、基建和物资装备计划；向最高人民法院和交通部提出设置派出法庭的建议；负责海事和海商方面的法制宣传；沟通、协调与有关部门的关系；等等。

（六）自1984年6月1日起，各海事法院宣告成立，并从10月1日开始受理案件。印章由最高人民法院颁发。

【法发〔1984〕号】　最高人民法院关于设立海事法院几个问题的决定（1984年11月28日）

一、在以下港口城市设立海事法院：1. 在广州市设立广州海事法院；2. 在上海市设立上海海事法院；3. 在青岛市设立青岛海事法院；4. 在天津市设立天津海事法院；5. 在大连市设立大连海事法院。

二、海事法院设：海事审判庭、海商审判庭、研究室和办公室等机构。……

三、海事法院收案范围暂定为：国内企业、组织、公民之间，中国企业、组织、公民同外国企业、组织、公民之间，外国企业、组织、公民之间的依法应当由我国管辖的下列海事案件和海商案件：1. 船舶碰撞损害赔偿案件；2. 船舶碰撞海上和港口设施损害赔偿案件；3. 船舶排放有害物质和海上作业措施不当，造成水域污染的损害赔偿案件；4. 海上作业设施影响船舶航行造成经济损失的索赔案件；5. 海上运输和海上、港口作业过程中的人身伤亡事故引起的损害赔偿案件；6. 海运和海上作业中的重大责任事故案件（审理过程中发现构成犯罪需要追究刑事责任的，分别转公安、检察机关依照法律规定的程序办理）；7. 海上货物运输合同纠纷案件；8. 海上旅客和行李运输合同纠纷案件；9. 船舶租赁、代理、修理合同纠纷案件；10. 海上保险业务纠纷案件；11. 海上救助、打捞、拖航纠纷案件；12. 共同海损纠纷案件；13. 港口装卸作业和理货纠纷案件；14. 海洋开发和海洋利用纠纷案件；15. 因海事、海商等纠纷，起诉前一方当事人申请采取保全措施扣押船舶的案件；16. 因违反有关海事的法律、条例受主管行政机关处罚，当事人不服，在法律规定的期限内起诉的案件；或者在期限内不起诉，期满又不履行，主管行政机关申请强制执行的案件；17. 海事仲裁机构申请采取保全措施的案件；对海事仲裁机构作出的裁决，一方当事人逾期不履行，对方当事人申请执行的案件；18. 上级人民法院交办的和法律规定由海事法院受理的其他海事、海商案件。

四、各海事法院的管辖区域分别为：

1. 广州海事法院管辖下列区域内发生的海事案件和海商案件：西自广西壮族自治区的北仑河口（东兴）、东至广东省与福建省交界处的延伸海域和珠江口至广州港一段水域，其中包括南海、海南岛、南澳岛、南海诸岛（东沙、西沙、中沙、南沙、黄岩岛等岛屿）和防城、北海、海口、三亚、八所、湛江、黄埔、广州、蛇口、汕头等主要港口。

2. 上海海事法院管辖下列区域内发生的海事案件和海商案件：南自福建省与广东省交界处、北至江苏省与山东省交界处的延伸海域和闽江口至福州港一段水域、长江口至张家港一段水域，其中包括东海、黄海南部、台湾省、海上岛屿和厦门、福州、温州、宁波、上海、南通、张家港、连云港等主要港口。

3. 青岛海事法院管辖下列区域内发生的海事案件和海商案件：南自山东省与江苏省交界处、北至山东省与河北省交界处的延伸海域，其中包括黄海一部分、渤海一部分、海上岛屿和石臼所、青岛、威海、烟台等主要港口。

4. 天津海事法院管辖下列区域内发生的海事案件和海商案件：南自河北省与山东省交界处、北至河北省与辽宁省交界处的延伸海域，其中包括黄海一部分、渤海一部分、海上岛屿和天津、秦皇岛等主要港口。

5. 大连海事法院管辖下列区域内发生的海事案件和海商案件：南自辽宁省与河北省交界处、东至鸭绿江口的延伸海域和鸭绿江水域，其中包括黄海一部分、渤海一部分、海上岛屿和大连、营口等主要港口。

【法〔1989〕号】　最高人民法院关于在海口市建立海事法院的批复（1989年9月9日答复海南高院"琼高法（办）报〔1989〕4号"报告）

一、同意在海南省海口市海口海事法院；

二、海口海事法院与当地中级人民法院同级，编制40人，内设海事审判庭、海商审判庭、研究室和办公室。干部由省高级人民法院党组管理。院长由海口市人大常委会主任提请市人大常委会任免，副院长、庭长、副庭长、审判员和审判委员会委员，由海事法院院长提请海口市人大常委会任免；

三、海口海事法院管辖海南省所属港口和水域（包括西沙、中沙、南沙、黄岩省等岛屿）内发生的海事、海商方面的一审案件，上诉案案件由海南省高级人民法院管辖；

四、海口海事法院由海南省高级人民法院负责筹建。俟筹建工作完成后报告我院，由我院作出正式决定，宣布成立。

【法（交）发〔1990〕4号】　最高人民法院关于设立海口、厦门海事法院的决定（1990年3月2日）

为适应我国经济建设和对外开放的需要，根据全国人大常委会《关于在沿海港口城市设立海事法院的决定》，决定设立海口海事法院和厦门海事法院。

海口海事法院、厦门海事法院与当地中级人民法院同级，内设海事审判庭、海商审判庭、研究室和办公室等机构。

海口海事法院管辖海南省所属港口和水域以及西沙、中沙、南沙、黄岩岛等岛屿和水域内发生的一审海事、海商案件。厦门海事法院管辖下列区域内发生的一审海事、海商案件：南自福建省与广东省交界处、北至福建省与浙江省交界处的延伸海域，其中包括东海南部、台湾省、海上岛屿和福建省所属港口。不服海口、厦门海事法院一审判决的上诉案件分别由海南省高级人民法院和福建省高级人民法院管辖。

最高人民法院公布的《关于海事法院收案范围的规定》适用于海口、厦门海事法院。

根据全国人大常委会《关于在沿海港口城市设立海事法院的决定》第 2、4条……

海口海事法院和厦门海事法院分别于 1990 年 3 月 10 日和 25 日开始受理案件。广州、上海海事法院在此之前已经受理的案件，不再移送，其上诉案件仍由广东省高级人民法院和上海市高级人民法院审理。

【法发［1992］40 号】　最高人民法院关于设立宁波海事法院的决定（1992年 12 月 4 日）

为适应我国经济建设和对外开放的需要，根据全国人大常委会《关于在沿海港口城市设立海事法院的决定》，决定设立宁波海事法院。

宁波海事法院与当地中级人民法院同级，内设海事审判庭、海商审判庭、研究室和办公室等机构。

宁波海事法院管辖浙江省所属港口和水域（包括所辖岛屿、所属港口和通海的内河水域）内发生的海事海商方面的第一审案件，上诉案件由浙江省高级人民法院管辖。

最高人民法院公布的《关于海事法院收案范围的规定》适用于宁波海事法院。

根据全国人大常委会《关于在沿海港口城市设立海事法院的决定》第 2、第4 条……（略）

宁波海事法院于 1993 年 1 月 1 日开始受理案件。上海海事法院在此之前已经受理的案件，不再移送，其上诉案件仍由上海市高级人民法院审理。

宁波海事法院印章由我院制发。

【法［1999］123 号】　最高人民法院关于北海海事法院正式对外受理案件问题的通知（1999 年 7 月 19 日印发，1999 年 7 月 1 日起施行）[①]

一、北海海事法院管辖广西壮族自治区所属港口和水域以及北部湾海域及其

---

① 注：该《通知》的施行日期在印发日期之前，比较罕见。

岛屿和水域内发生的一审海事、海商案件，与广州海事法院的管辖区域以英罗湾河道中心线为界，河道中心线及其延伸海域以东由广州海事法院管辖，河道中心线及其延伸海域以西，包括乌泥岛、涠洲岛、斜阳岛，属北海海事法院管辖，不服北海海事法院一审判决的上诉案件由广西壮族自治区高级人民法院管辖。

二、北海海事法院的收案范围按照最高人民法院《关于海事法院收案范围的规定》办理。

三、北海海事法院人、财、物的管理工作，按照中编办发〔1999〕5 号《关于理顺大连等 6 个海事法院管理体制若干问题的意见》中的有关规定办理。

四、北海海事法院于 1999 年 7 月 1 日开始正式对外办公，受理案件。

1999 年 7 月 1 日以后，广州海事法院不再受理上述管辖范围内的海事、海案商件。在此之前已受理的案件不再移送，其上诉案件仍由广东省高级人民法院审理。

【法〔2002〕274 号】　最高人民法院关于调整大连、武汉、北海海事法院管辖区域和案件范围的通知（2002 年 12 月 10 日）

一、大连海事法院的管辖区域范围：南自辽宁省与河北省的交界处、东至鸭绿江口的延伸海域和鸭绿江水域，其中包括黄海一部分、渤海一部分、海上岛屿，以及黑龙江省的黑龙江、松花江、乌苏里江等与海相通可航水域、港口发生的海事、海商案件。

二、武汉海事法院的管辖区域范围：自四川省宜宾市合江门至江苏省浏河口之间与海相通的可航水域、港口发生的海事、海商案件。

三、北海海事法院的管辖区域范围：广西壮族自治区所属港口、水域、北部湾海域及其岛屿和水域，以及云南省的澜沧江至湄公河等与海相通的可航水域发生的海事、海商案件。北海海事法院与广州海事法院的管辖区域以英罗湾河道中心线为界，河道中心线及其延伸海域以东由广州海事法院管辖，河道中心线及其延伸海域以西，包括乌泥岛、涠州岛、斜阳岛等水域由北海海事法院管辖。

四、大连海事法院、武汉海事法院、北海海事法院分别管辖上述发生在黑龙江省水域（大连）、长江支流水域（武汉）、云南省水域（北海）内的下列海事、海商案件：1. 船舶碰撞、共同海损、海难救助、船舶污染、船舶扣押和拍卖案件；2. 涉外海事、海商案件。

发生在上述水域内的其他海事、海商案件，由地方人民法院管辖。

五、地方人民法院审理海事、海商案件，应适用《中华人民共和国海商法》、《中华人民共和国海事诉讼特别程序法》等有关法律的规定。

【法〔2006〕138 号】 最高人民法院关于调整上海、宁波海事法院管辖区域的通知（2006 年 6 月 20 日）

洋山港及附近海域发生的海事、海商纠纷案件由上海海事法院管辖。

【民四他字〔2002〕37 号】 最高人民法院关于船舶抵押合同为从合同时债权人同时起诉主债务人和抵押人地方人民法院应否受理请示的复函（2003 年 1 月 6 复山东高院"鲁高法函〔2002〕51 号"请示）①

船舶抵押合同纠纷案件应由海事法院专门管辖。船舶抵押合同为从合同时，债权人同时起诉主债务人和抵押人的船舶抵押合同纠纷案件，一律由海事法院管辖；债权人直接起诉船舶抵押人的船舶抵押合同纠纷案件，亦应由海事法院管辖；地方法院受理的上述案件，应当移送有关海事法院。

【民四他字〔2008〕50 号】 最高人民法院关于原告太平洋财产保险股份有限公司上海分公司诉被告太阳海运有限公司、远洋货船有限公司、联合王国保赔协会海上货物运输合同纠纷管辖权异议案请示的复函（2009 年 2 月 24 复湖北高院"鄂高法〔2008〕393 号"请示）

本案提单为租船合同项下的格式提单，提单正面虽然载明租船合同仲裁条款并入本提单，但并没有明确记载被并入提单的租船合同当事人名称及订立日期，属于被并入的租船合同不明确，被告主张租船合同中的仲裁条款并入提单没有事实依据，提单正面并入租船合同仲裁条款的记载不产生约束提单持有人及其保险人的合同效力，本案原告有权以保险代位求偿人身份提起诉讼。本案货物运输目的港为南通港，根据最高人民法院颁布的海事法院受理案件范围和管辖区域的有关规定，武汉海事法院对本案具有诉讼管辖权。同意你院审查处理意见，驳回被告管辖权异议，本案由武汉海事法院管辖。

【法〔2019〕39 号】 最高人民法院关于同意撤销南京铁路运输法院设立南京海事法院的批复（2019 年 2 月 18 日答复江苏高院"苏高法〔2018〕233 号"请示、"苏高法〔2019〕26 号"补充报告）

一、同意撤销南京铁路运输法院，设立南京海事法院。

二、南京海事法院按中级人民法院组建，其上一级法院为江苏省高级人民法院，相关法律职务由江苏省人民代表大会常务委员会任免。

三、南京海事法院的机构编制、内设机构数量、领导职数等按照《中央编办关于设立南京海事法院的批复》（中央编办复〔2019〕5 号）执行。

南京铁路运输法院印章由你院收回并销毁，南京海事法院印章由我院制发。

---

① 注：本《复函》被最高法第五巡回法庭 2019 年第 2 次法官会议纪要确认继续有效并援引。

【苏高法［2021］号】 江苏省高级人民法院关于进一步明确南京海事法院管辖大运河海事海商案件范围的通知（2021年11月30日）

一、发生在大运河江苏段的下列海事海商案件由南京海事法院管辖：1. 船舶碰撞、触碰和船舶污染案件；2. 始发港、经停港或终到港为长江干线港口的通海水域运输合同案件及相关保险合同案件；3. 港口建设和港口作业案件；4. 共同海损案件、海难救助案件；5. 船舶扣押和拍卖案件；6. 涉外海事、海商案件。

二、发生在大运河江苏段的其他案件由地方人民法院管辖。

【主席令［1992］64号】 中华人民共和国海商法（1992年11月7日全国人大常委会［7届28次］通过，1993年7月1日起施行）

第3条 本法所称船舶，是指海船和其他海上移动式装置，但是用于军事的、政府公务的船舶和20总吨以下的小型船艇除外。

前款所称船舶，包括船舶属具。

第165条 船舶碰撞，是指船舶在海上或者与海相通的可航水域发生接触造成损害的事故。

前款所称船舶，包括与本法第3条所指船舶碰撞的任何其他非用于军事的或者政府公务的船艇。

第175条 救助方与被救助方就海难救助达成协议，救助合同成立。

遇险船舶的船长有权代表船舶所有人订立救助合同。遇险船舶的船长或者船舶所有人有权代表船上财产所有人订立救助合同。

第176条 有下列情形之一，经一方当事人起诉或者双方当事人协议仲裁的，受理争议的法院或者仲裁机构可以判决或者裁决变更救助合同：（一）合同在不正当的或者危险情况的影响下订立，合同条款显失公平的；（二）根据合同支付的救助款项明显过高或者过低于实际提供的救助服务的。

第193条 共同海损，是指在同一海上航程中，船舶、货物和其他财产遭遇共同危险，为了共同安全，有意地合理地采取措施所直接造成的特殊牺牲、支付的特殊费用。

无论在航程中或者在航程结束后发生的船舶或者货物因迟延所造成的损失，包括船期损失和行市损失以及其他间接损失，均不得列入共同海损。

第194条 船舶因发生意外、牺牲或者其他特殊情况而损坏时，为了安全完成本航程，驶入避难港口、避难地点或者驶回装货港口、装货地点进行必要的修理，在该港口或者地点额外停留期间所支付的港口费，船员工资、给养，船舶所消耗的燃料、物料，为修理而卸载、储存、重装或者搬移船上货物、燃料、物料以及其他财产所造成的损失、支付的费用，应当列入共同海损。

第 195 条　为代替可以列为共同海损的特殊费用而支付的额外费用，可以作为代替费用列入共同海损；但是，列入共同海损的代替费用的金额，不得超过被代替的共同海损的特殊费用。

第 196 条　提出共同海损分摊请求的一方应当负举证责任，证明其损失应当列入共同海损。

【主席令［1999］28 号】　中华人民共和国海事诉讼特别程序法（1999 年 12 月 25 日全国人大常委会［9 届 13 次］通过，2000 年 7 月 1 日起施行）

第 4 条　海事法院受理当事人因海事侵权纠纷、海商合同纠纷以及法律规定的其他海事纠纷提起的诉讼。

第 6 条　海事诉讼的地域管辖，依照《中华人民共和国民事诉讼法》的有关规定。

下列海事诉讼的地域管辖，依照以下规定：

（一）因海事侵权行为提起的诉讼，除依照《中华人民共和国民事诉讼法》第 29 条至第 31 条的规定以外，还可以由船籍港所在地海事法院管辖；

（二）因海上运输合同纠纷提起的诉讼，除依照《中华人民共和国民事诉讼法》第 28 条的规定以外，还可以由转运港所在地海事法院管辖；

（三）因海船租用合同纠纷提起的诉讼，由交船港、还船港、船籍港所在地、被告住所地海事法院管辖；

（四）因海上保赔合同纠纷提起的诉讼，由保赔标的物所在地、事故发生地、被告住所地海事法院管辖；

（五）因海船的船员劳务合同纠纷提起的诉讼，由原告住所地、合同签订地、船员登船港或者离船港所在地、被告住所地海事法院管辖；

（六）因海事担保纠纷提起的诉讼，由担保物所在地、被告住所地海事法院管辖；因船舶抵押纠纷提起的诉讼，还可以由船籍港所在地海事法院管辖；

（七）因海船的船舶所有权、占有权、使用权、优先权纠纷提起的诉讼，由船舶所在地、船籍港所在地、被告住所地海事法院管辖。

第 7 条　下列海事诉讼，由本条规定的海事法院专属管辖：

（一）因沿海港口作业纠纷提起的诉讼，由港口所在地海事法院管辖；

（二）因船舶排放、泄漏、倾倒油类或者其他有害物质，海上生产、作业或者拆船、修船作业造成海域污染损害提起的诉讼，由污染发生地、损害结果地或者采取预防污染措施地海事法院管辖；

（三）因在中华人民共和国领域和有管辖权的海域履行的海洋勘探开发合同纠纷提起的诉讼，由合同履行地海事法院管辖。

第 8 条　海事纠纷的当事人都是外国人、无国籍人、外国企业或者组织，当事人书面协议选择中华人民共和国海事法院管辖的，即使与纠纷有实际联系的地点不在中华人民共和国领域内，中华人民共和国海事法院对该纠纷也具有管辖权。

第 9 条　当事人申请认定海上财产无主的，向财产所在地海事法院提出；申请因海上事故宣告死亡的，向处理海事事故主管机关所在地或者受理相关海事案件的海事法院提出。

第 10 条　海事法院与地方人民法院之间因管辖权发生争议，由争议双方协商解决；协商解决不了的，报请他们的共同上级人民法院指定管辖。

第 102 条　当事人在起诉前申请设立海事赔偿责任限制基金的，应当向事故发生地、合同履行地或者船舶扣押地海事法院提出。

【法释［2003］3 号】　最高人民法院关于适用《中华人民共和国海事诉讼特别程序法》若干问题的解释（2002 年 12 月 3 日最高法审委会［1259 次］通过，2003 年 1 月 6 日公布，2003 年 2 月 1 日起施行）

第 1 条　在海上或者通海水域发生的与船舶或者运输、生产、作业相关的海事侵权纠纷、海商合同纠纷，以及法律或者相关司法解释规定的其他海事纠纷案件由海事法院及其上级人民法院专门管辖。

第 2 条　涉外海事侵权纠纷案件和海上运输合同纠纷案件的管辖，适用民事诉讼法第 25 章的规定；民事诉讼法第 25 章没有规定的，适用海事诉讼特别程序法第 6 条第 2 款 1、2 项的规定和民事诉讼法的其他有关规定。

第 3 条　海事诉讼特别程序法第 6 条规定的海船指适合航行于海上或者通海水域的船舶。

第 4 条　海事诉讼特别程序法第 6 条第 2 款 1 项规定的船籍港指被告船舶的船籍港。被告船舶的船籍港不在中华人民共和国领域内，原告船舶的船籍港在中华人民共和国领域内的，由原告船舶的船籍港所在地的海事法院管辖。

第 5 条　海事诉讼特别程序法第 6 条第 2 款 2 项规定的起运港、转运港和到达港指合同约定的或者实际履行的起运港、转运港和到达港。合同约定的起运港、转运港和到达港与实际履行的起运港、转运港和到达港不一致的，以实际履行的地点确定案件管辖。

第 6 条　海事诉讼特别程序法第 6 条第 2 款 4 项的保赔标的物所在地指保赔船舶的所在地。

第 7 条　海事诉讼特别程序法第 6 条第 2 款 7 项规定的船舶所在地指起诉时船舶的停泊地或者船舶被扣押地。

第 8 条　因船员劳务合同纠纷直接向海事法院提起的诉讼，海事法院应当受理。

第9条　因海难救助费用提起的诉讼，除依照民事诉讼法第32条的规定确定管辖外，还可以由被救助的船舶以外的其他获救财产所在地的海事法院管辖。

第10条　与船舶担保或者船舶优先权有关的借款合同纠纷，由被告住所地、合同履行地、船舶的船籍港、船舶所在地的海事法院管辖。

第11条　海事诉讼特别程序法第7条3项规定的有管辖权的海域指中华人民共和国的毗连区、专属经济区、大陆架以及有管辖权的其他海域。

第12条　海事诉讼特别程序法第7条3项规定的合同履行地指合同的实际履行地；合同未实际履行的，为合同约定的履行地。

第13条　当事人根据海事诉讼特别程序法第11条的规定申请执行海事仲裁裁决，申请承认和执行国外海事仲裁裁决的，由被执行的财产所在地或者被执行人住所地的海事法院管辖；被执行的财产为船舶的，无论该船舶是否在海事法院管辖区域范围内，均由海事法院管辖。船舶所在地没有海事法院的，由就近的海事法院管辖。

前款所称财产所在地和被执行人住所地是指海事法院行使管辖权的地域。

第14条　认定海事仲裁协议效力案件，由被申请人住所地、合同履行地或者约定的仲裁机构所在地的海事法院管辖。

第15条　除海事法院及其上级人民法院外，地方人民法院对当事人提出的船舶保全申请应不予受理；地方人民法院为执行生效法律文书需要扣押和拍卖船舶的，应当委托船籍港所在地或者船舶所在地的海事法院执行。

第16条　2个以上海事法院都有管辖权的诉讼，原告可以向其中一个海事法院起诉；原告向2个以上有管辖权的海事法院起诉的，由最先立案的海事法院管辖。

第17条　海事法院之间因管辖权发生争议，由争议双方协商解决；协商解决不了的，报请最高人民法院指定管辖。

第80条　海事事故发生在中华人民共和国领域外的，船舶发生事故后进入中华人民共和国领域内的第一到达港视为海事诉讼特别程序法第102条规定的事故发生地。

第81条　当事人在诉讼中申请设立海事赔偿责任限制基金的，应当向受理相关海事纠纷案件的海事法院提出，但当事人之间订有有效诉讼管辖协议或者仲裁协议的除外。

【法释〔2010〕11号】　最高人民法院关于审理海事赔偿责任限制相关纠纷案件的若干规定（2010年3月22日最高法审委会〔1484次〕通过，2010年8月27日公布，2010年9月15日起施行；根据法释〔2020〕18号《决定》修正，2021年1月1日起施行）

第 2 条　同一海事事故中，不同的责任人在起诉前依据海事诉讼特别程序法第 102 条的规定向不同的海事法院申请设立海事赔偿责任限制基金的，后立案的海事法院应当依照民事诉讼法的规定，将案件移送先立案的海事法院管辖。

第 3 条　责任人在诉讼中申请设立海事赔偿责任限制基金的，应当向受理相关海事纠纷案件的海事法院提出。

相关海事纠纷由不同海事法院受理，责任人申请设立海事赔偿责任限制基金的，应当依据诉讼管辖协议向最先立案的海事法院提出；当事人之间未订立诉讼管辖协议的，向最先立案的海事法院提出。

第 4 条　海事赔偿责任限制基金设立后，设立基金的海事法院对海事请求人就与海事事故相关纠纷向责任人提起的诉讼具有管辖权。

海事请求人向其他海事法院提起诉讼的，受理案件的海事法院应当依照民事诉讼法的规定，将案件移送设立海事赔偿责任限制基金的海事法院，但当事人之间订有诉讼管辖协议的除外。

【法释［2011］14 号】　最高人民法院关于审理船舶油污损害赔偿纠纷案件若干问题的规定（2011 年 1 月 10 日最高法审委会［1509 次］通过，2011 年 5 月 4 日公布，2011 年 7 月 1 日起施行；根据法释［2020］18 号《决定》修正，2021 年 1 月 1 日起施行）

第 2 条　当事人就油轮装载持久性油类造成的油污损害提起诉讼、申请设立油污损害赔偿责任限制基金，由船舶油污事故发生地海事法院管辖。

油轮装载持久性油类引起的船舶油污事故，发生在中华人民共和国领域和管辖的其他海域外，对中华人民共和国领域和管辖的其他海域造成油污损害或者形成油污损害威胁，当事人就船舶油污事故造成的损害提起诉讼、申请设立油污损害赔偿责任限制基金，由油污损害结果地或者采取预防油污措施地海事法院管辖。

【法释［2012］3 号】　最高人民法院关于审理海上货运代理纠纷案件若干问题的规定（2012 年 1 月 9 日最高法审委会［1538 次］通过，2012 年 2 月 27 日公布，2012 年 5 月 1 日起施行；根据法释［2020］18 号《决定》修正，2021 年 1 月 1 日起施行）

第 1 条　本规定适用于货运代理企业接受委托人委托处理与海上货物运输有关的货运代理事务时发生的下列纠纷：（一）因提供订舱、报关、报检、报验、保险服务所发生的纠纷；（二）因提供货物的包装、监装、监卸、集装箱装拆箱、分拨、中转服务所发生的纠纷；（三）因缮制、交付有关单证、费用结算所发生的纠纷；（四）因提供仓储、陆路运输服务所发生的纠纷；（五）因处理其他海上货运代理事务所发生的纠纷。

第 13 条　因本规定第 1 条所列纠纷提起的诉讼，由海事法院管辖。

第 15 条　本规定不适用于与沿海、内河货物运输有关的货运代理纠纷案件。

【法释〔2016〕2 号】　最高人民法院关于海事诉讼管辖问题的规定（2015 年 12 月 28 日最高法审委会〔1674 次〕通过，2016 年 2 月 24 日公布，2016 年 3 月 1 日起施行；以本规为准）

一、关于管辖区域调整

1. 根据航运经济发展和海事审判工作的需要，对大连、武汉海事法院的管辖区域作出如下调整：

（1）大连海事法院管辖下列区域：南自辽宁省与河北省的交界处、东至鸭绿江口的延伸海域和鸭绿江水域，其中包括黄海一部分、渤海一部分、海上岛屿；吉林省的松花江、图们江等通海可航水域及港口；黑龙江省的黑龙江、松花江、乌苏里江等通海可航水域及港口。

（2）武汉海事法院管辖下列区域：自四川省宜宾市合江门至江苏省浏河口之间长江干线及支线水域，包括宜宾、泸州、重庆、涪陵、万州、宜昌、荆州、城陵矶、武汉、九江、安庆、芜湖、马鞍山、南京、扬州、镇江、江阴、张家港、南通等主要港口。

2. 其他各海事法院依据此前最高人民法院发布的决定或通知确定的管辖区域对海事案件行使管辖权。

二、关于海事行政案件管辖（略）

三、关于海事海商纠纷管辖权异议案件的审理

1. 当事人不服管辖权异议裁定的上诉案件由海事法院所在地的高级人民法院负责海事海商案件的审判庭审理。

2. 发生法律效力的管辖权异议裁定违反海事案件专门管辖确需纠正的，人民法院可依照《中华人民共和国民事诉讼法》第 198 条（现第 209 条）规定再审。

【法释〔2016〕4 号】　最高人民法院关于海事法院受理案件范围的规定（2015 年 12 月 28 日最高法审委会〔1674 次〕通过，2016 年 2 月 24 日公布，2016 年 3 月 1 日起施行（以本规为准）；法释〔2001〕27 号《若干规定》同时废止）

一、海事侵权纠纷案件：1. 船舶碰撞损害责任纠纷案件，包括浪损等间接碰撞的损害责任纠纷案件；2. 船舶触碰海上、通海可航水域、港口及其岸上的设施或者其他财产的损害责任纠纷案件，包括船舶触碰码头、防波堤、栈桥、船闸、桥梁、航标、钻井平台等设施的损害责任纠纷案件；3. 船舶损坏在空中

架设或者在海底、通海可航水域敷设的设施或者其他财产的损害责任纠纷案件；4. 船舶排放、泄漏、倾倒油类、污水或者其他有害物质，造成水域污染或者他船、货物及其他财产损失的损害责任纠纷案件；5. 船舶的航行或者作业损害捕捞、养殖设施及水产养殖物的责任纠纷案件；6. 航道中的沉船沉物及其残骸、废弃物，海上或者通海可航水域的临时或者永久性设施、装置，影响船舶航行，造成船舶、货物及其他财产损失和人身损害的责任纠纷案件；7. 船舶航行、营运、作业等活动侵害他人人身权益的责任纠纷案件；8. 非法留置或者扣留船舶、船载货物和船舶物料、燃油、备品的责任纠纷案件；9. 为船舶工程提供的船舶关键部件和专用物品存在缺陷而引起的产品质量责任纠纷案件；10. 其他海事侵权纠纷案件。

二、海商合同纠纷案件：11. 船舶买卖合同纠纷案件；12. 船舶工程合同纠纷案件；13. 船舶关键部件和专用物品的分包施工、委托建造、订制、买卖等合同纠纷案件；14. 船舶工程经营合同（含挂靠、合伙、承包等形式）纠纷案件；15. 船舶检验合同纠纷案件；16. 船舶工程场地租用合同纠纷案件；17. 船舶经营管理合同（含挂靠、合伙、承包等形式）、航线合作经营合同纠纷案件；18. 与特定船舶营运相关的物料、燃油、备品供应合同纠纷案件；19. 船舶代理合同纠纷案件；20. 船舶引航合同纠纷案件；21. 船舶抵押合同纠纷案件；22. 船舶租用合同（含定期租船合同、光船租赁合同等）纠纷案件；23. 船舶融资租赁合同纠纷案件；24. 船员劳动合同、劳务合同（含船员劳务派遣协议）项下与船员登船、在船服务、离船遣返相关的报酬给付及人身伤亡赔偿纠纷案件；25. 海上、通海可航水域货物运输合同纠纷案件，包括含有海运区段的国际多式联运、水陆联运等货物运输合同纠纷案件；26. 海上、通海可航水域旅客和行李运输合同纠纷案件；27. 海上、通海可航水域货运代理合同纠纷案件；28. 海上、通海可航水域运输集装箱租用合同纠纷案件；29. 海上、通海可航水域运输理货合同纠纷案件；30. 海上、通海可航水域拖航合同纠纷案件；31. 轮渡运输合同纠纷案件；32. 港口货物堆存、保管、仓储合同纠纷案件；33. 港口货物抵押、质押等担保合同纠纷案件；34. 港口货物质押监管合同纠纷案件；35. 海运集装箱仓储、堆存、保管合同纠纷案件；36. 海运集装箱抵押、质押等担保合同纠纷案件；37. 海运集装箱融资租赁合同纠纷案件；38. 港口或者码头租赁合同纠纷案件；39. 港口或者码头经营管理合同纠纷案件；40. 海上保险、保赔合同纠纷案件；41. 以通海可航水域运输船舶及其营运收入、货物及其预期利润、船员工资和其他报酬、对第三人责任等为保险标的的保险合同、保赔合同纠纷案件；42. 以船舶工程的设备设施以及预期收益、对第三人责任为保险标的的保险合同纠纷案件；43. 以港口生产经营的设备设施以及预期收益、对第三人责任为保险标的的保险合同纠纷案件；44. 以海洋渔业、海洋开发利用、海洋工程建设等活动所用的设备设施以及预期收益、对第三人的责任为保险标的的保险合同纠纷案件；45. 以通海可航水域工程建设所用的设备设施以及预期收益、对第三人的责任为保险标的的保险合同纠纷案件；46. 港航设备设施融资租赁合同纠纷案件；47. 港航设备设施抵押、质押等担保合同纠纷案件；48. 以船舶、海运集装箱、港航设备设施设定担保的借款合同纠纷案件，但当事人仅就借款合同纠纷起诉的案件除外；49. 为购买、建造、经营特定船舶而发生的借款合同纠纷案件；50. 为担保海上运输、船舶买卖、船舶工程、港口生产经营相关债权实现而发生的担保、独立保函、信用证等纠纷案件；51. 与上述第 11 项至第 50 项规定的合同或者行为相关的居间、委托合同纠纷案件；52. 其他海商合同纠纷案件。

三、海洋及通海可航水域开发利用与环境保护相关纠纷案件：53. 海洋、通海可航水域能源和矿产资源勘探、开发、输送纠纷案件；54. 海水淡化和综合利用纠纷案件；55. 海洋、通海可航水域工程建设（含水下疏浚、围海造地、电缆或者管道敷设以及码头、船坞、钻井平台、人工岛、隧道、大桥等建设）纠纷案件；56. 海岸带开发利用相关纠纷案件；57. 海洋科学考察相关纠纷案件；58. 海洋、通海可航水域渔业经营（含捕捞、养殖等）合同纠纷案件；59. 海洋开发利用设备设施融资租赁合同纠纷案件；60. 海洋开发利用设备设施抵押、质押等担保合同纠纷案件；61. 以海洋开发利用设备设施设定担保的借款合同纠纷案件，但当事人仅就借款合同纠纷起诉的案件除外；62. 为担保海洋及通海可航水域工程建设、海洋开发利用等海上生产经营相关债权实现而发生的担保、独立保函、信用证等纠纷案件；63. 海域使用权纠纷（含承包、转让、抵押等合同纠纷及相关侵权纠纷）案件，但因申请海域使用权引起的确权纠纷案件除外；64. 与上述第 53 项至 63 项规定的合同或者行为相关的居间、委托合同纠纷案件；65. 污染海洋环境、破坏海洋生态责任纠纷案件；66. 污染通海可航水域环境、破坏通海可航水域生态责任纠纷案件；67. 海洋或者通海可航水域开发利用、工程建设引起的其他侵权责任纠纷及相邻关系纠纷案件。

四、其他海事海商纠纷案件：68. 船舶所有权、船舶优先权、船舶留置权、船舶抵押权等船舶物权纠纷案件；69. 港口货物、海运集装箱及港航设备设施的所有权、留置权、抵押权等物权纠纷案件；70. 海洋、通海可航水域开发利用设备设施等财产的所有权、留置权、抵押权等物权纠纷案件；71. 提单转让、质押所引起的纠纷案件；72. 海难救助纠纷案件；73. 海上、通海可航水域打捞清除纠纷案件；74. 共同海损纠纷案件；75. 港口作业纠纷案件；76. 海上、通海可航水域财产无因管理纠纷案件；77. 海运欺诈纠纷案件；78. 与航运经纪及航运衍生品交易相关的纠纷案件。

五、海事行政案件（略）

六、海事特别程序案件：86. 申请认定海事仲裁协议效力的案件；87. 申请承认、执行外国海事仲裁裁决，申请认可、执行香港特别行政区、澳门特别行政区、台湾地区海事仲裁裁决，申请执行或者撤销国内海事仲裁裁决的案件；88. 申请承认、执行外国法院海事裁判文书，申请认可、执行香港特别行政区、澳门特别行政区、台湾地区法院海事裁判文书的案件；89. 申请认定海上、通海可航水域财产无主的案件；90. 申请无因管理海上、通海可航水域财产的案件；91. 因海上、通海可航水域活动或者事故申请宣告失踪、宣告死亡的案件；92. 起诉前就海事纠纷申请扣押船舶、船载货物、船用物料、船用燃油或者申请保全其他财产的案件；93. 海事请求人申请财产保全错误或者请求担保数额过高引起的责任纠纷案件；94. 申请海事强制令案件；95. 申请海事证据保全案件；96. 因错误申请海事强制令、海事证据保全引起的责任纠纷案件；97. 就海事纠纷申请支付令案件；98. 就海事纠纷申请公示催告案件；99. 申请设立海事赔偿责任限制基金（含油污损害赔偿责任限制基金）案件；100. 与拍卖船舶或者设立海事赔偿责任限制基金（含油污损害赔偿责任限制基金）相关的债权登记与受偿案件；101. 与拍卖船舶或者设立海事赔偿责任限制基金（含油污损害赔偿责任限制基金）相关的确权诉讼案件；102. 申请从油污损害赔偿责任限制基金中代位受偿案件；103. 船舶优先权催告案件；104. 就海事纠纷申请司法确认调解协议案件；105. 申请实现以船舶、船载货物、船用物料、海运集装箱、港航设备设施、海洋开发利用设备设施等财产为担保物的担保物权案件；106. 地方人民法院为执行生效法律文书委托扣押、拍卖船舶案件；107. 申请执行海事法院及其上诉审高级人民法院和最高人民法院就海事纠纷作出的生效法律文书案件；108. 申请执行与海事纠纷有关的公证债权文书案件。

七、其他规定

109. 本规定中的船舶工程系指船舶的建造、修理、改建、拆解等工程及相关的工程监理；本规定中的船舶关键部件和专用物品，系指舱盖板、船壳、龙骨、甲板、救生艇、船用主机、船用辅机、船用钢板、船用油漆等船舶主体结构、重要标志性部件以及专供船舶或者船舶工程使用的设备和材料。

110. 当事人提起的民商事诉讼、行政诉讼包含本规定所涉海事纠纷的，由海事法院受理。

111. 当事人就本规定中有关合同所涉事由引起的纠纷，以侵权等非合同诉由提起诉讼的，由海事法院受理。

112. 法律、司法解释规定或者上级人民法院指定海事法院管辖其他案件的，从其规定或者指定。

【法释［2016］16 号】 最高人民法院关于审理发生在我国管辖海域相关案件若干问题的规定（一）（2015 年 12 月 28 日最高法审委会［1674 次］通过，2016 年 8 月 1 日公布，2016 年 8 月 2 日起施行）

第 1 条 本规定所称我国管辖海域，是指中华人民共和国内水、领海、毗连区、专属经济区、大陆架，以及中华人民共和国管辖的其他海域。

第 2 条 中国公民或组织在我国与有关国家缔结的协定确定的共同管理的渔区或公海从事捕捞等作业的，适用本规定。

第 5 条 因在我国管辖海域内发生海损事故，请求损害赔偿提起的诉讼，由管辖该海域的海事法院、事故船舶最先到达地的海事法院、船舶被扣押地或者被告住所地海事法院管辖。

因在公海等我国管辖海域外发生海损事故，请求损害赔偿在我国法院提起的诉讼，由事故船舶最先到达地、船舶被扣押地或者被告住所地海事法院管辖。

事故船舶为中华人民共和国船舶的，还可以由船籍港所在地海事法院管辖。

第 6 条 在我国管辖海域内，因海上航运、渔业生产及其他海上作业造成污染，破坏海洋生态环境，请求损害赔偿提起的诉讼，由管辖该海域的海事法院管辖。

污染事故发生在我国管辖海域外，对我国管辖海域造成污染或污染威胁，请求损害赔偿或者预防措施费用提起的诉讼，由管辖该海域的海事法院或采取预防措施地的海事法院管辖。

第 7 条 本规定施行后尚未审结的案件，适用本规定；本规定施行前已经终审，当事人申请再审或者按照审判监督程序决定再审的案件，不适用本规定。

【法释［2016］17 号】 最高人民法院关于审理发生在我国管辖海域相关案件若干问题的规定（二）（2016 年 5 月 9 日最高法审委会［1682 次］通过，2016 年 8 月 1 日公布，次日起施行）

第 1 条 当事人因船舶碰撞、海洋污染等事故受到损害，请求侵权人赔偿渔船、渔具、渔货损失以及收入损失的，人民法院应予支持。

当事人违反渔业法第 23 条，未取得捕捞许可证从事海上捕捞作业，依照前款规定主张收入损失的，人民法院不予支持。

【法释［2017］23 号】 最高人民法院关于审理海洋自然资源与生态环境损害赔偿纠纷案件若干问题的规定（2017 年 11 月 20 日最高法审委会［1727 次］通过，2017 年 12 月 29 日公布，2018 年 1 月 15 日起施行；以本规为准）（详见本书第 58 条）

第 2 条 在海上或者沿海陆域内从事活动，对中华人民共和国管辖海域内海洋自然资源与生态环境造成损害，由此提起的海洋自然资源与生态环境损害赔偿诉讼，由损害行为发生地、损害结果地或者采取预防措施地海事法院管辖。

【法释［2020］11 号】　最高人民法院关于审理涉船员纠纷案件若干问题的规定（2020 年 6 月 8 日最高法审委会［1803 次］通过，2020 年 9 月 27 日公布，2020 年 9 月 29 日起施行；以本规为准）

第 1 条　船员与船舶所有人之间的劳动争议不涉及船员登船、在船工作、离船遣返，当事人直接向海事法院提起诉讼的，海事法院告知当事人依照《中华人民共和国劳动争议调解仲裁法》的规定处理。

第 2 条　船员与船舶所有人之间的劳务合同纠纷，当事人向原告住所地、合同签订地、船员登船港或者离船港所在地、被告住所地海事法院提起诉讼的，海事法院应予受理。

第 5 条　与船员登船、在船工作、离船遣返无关的劳动争议提交劳动争议仲裁委员会仲裁，仲裁庭根据船员的申请，就船员工资和其他劳动报酬、工伤医疗费、经济补偿或赔偿金裁决先予执行的，移送地方人民法院审查。

船员申请扣押船舶的，仲裁庭应将扣押船舶申请提交船籍港所在地或者船舶所在地的海事法院审查，或交地方人民法院委托船籍港所在地或者船舶所在地的海事法院审查。

第 18 条　本规定中的船舶所有人，包括光船承租人、船舶管理人、船舶经营人。

第 19 条　本规定施行后尚未终审的案件，适用本规定；本规定施行前已经终审，当事人申请再审或者按照审判监督程序决定再审的案件，不适用本规定。

【法五巡（会）［2021］1 号】　与船舶担保有关的借款合同纠纷管辖权的确定①（最高法第五巡回法庭 2019 年第 2 次法官会议纪要）

2000 年 7 月 1 日起施行的《海事诉讼特别程序法》（以下简称《海事诉讼法》）中关于管辖问题的规定，采取的是补充《民事诉讼法》规定的体例。即《民事诉讼法》中能够套用到海事诉讼中的，在《海事诉讼法》中不再规定；《民事诉讼法》没有规定的，《海事诉讼法》中加以规定。《海事诉讼法》第 6 条第 2 款中规定了因海事担保纠纷提起的诉讼，由担保物所在地、被告住所地海事法院管辖；因船舶抵押纠纷提起的诉讼，还可以由船籍港所在地海事法院管辖。而 2003 年 1 月 6 日作出的《最高人民法院关于船舶抵押合同为从合同时债权人同时起诉主债务人和抵押人地方人民法院应否受理请示的复函》则更进一步明确：

---

① 李少平主编：《最高人民法院第五巡回法庭法官会议纪要》，人民法院出版社 2021 年版，第 1 页。

"船舶抵押合同纠纷案件应由海事法院专门管辖。船舶抵押合同为从合同时，债权人同时起诉主债务人和抵押人的船舶抵押合同纠纷案件，一律由海事法院管辖；债权人直接起诉船舶抵押人的船舶抵押合同纠纷案件，亦应由海事法院管辖；地方法院受理的上述案件，应当移送有关海事法院。"2003 年 2 月 1 日起施行的《最高人民法院关于适用〈中华人民共和国海事诉讼特别程序法〉若干问题的解释》第 10 条规定："与船舶担保或者船舶优先权有关的借款合同纠纷，由被告住所地、合同履行地、船舶的船籍港、船舶所在地的海事法院管辖。"

本案中，甲银行同时起诉债务人乙公司和提供船舶作为抵押的保证人丙公司，属于与船舶担保有关的借款合同纠纷，故应移交给海事法院专门管辖。

● **指导案例** 【法〔2019〕3 号】 最高人民法院第 21 批指导性案例（2019 年 2 月 25 日）

（指导案例 110 号）交通运输部南海救助局诉阿昌格罗斯投资公司、香港安达欧森有限公司上海代表处海难救助合同纠纷案（最高法院 2016 年 7 月 7 日〔2016〕最高法民再 61 号民事判决）

裁判要点：1.《1989 年国际救助公约》和我国海商法规定救助合同"无效果无报酬"，但均允许当事人对救助报酬的确定可以另行约定。若当事人明确约定，无论救助是否成功，被救助方均应支付报酬，且以救助船舶每马力小时和人工投入等作为计算报酬的标准时，则该合同系雇佣救助合同，而非上述国际公约和我国海商法规定的救助合同。2. 在《1989 年国际救助公约》和我国海商法对雇佣救助合同没有具体规定的情况下，可以适用我国合同法的相关规定确定当事人的权利义务。

（本书汇）【海事审判程序】

● **相关规定** 【主席令〔1999〕28 号】 中华人民共和国海事诉讼特别程序法（1999 年 12 月 25 日全国人大常委会〔9 届 13 次〕通过，2000 年 7 月 1 日起施行）

（第 8 章）第 1 节 审理船舶碰撞案件的规定

第 82 条 原告在起诉时、被告在答辩时，应当如实填写《海事事故调查表》。

第 83 条 海事法院向当事人送达起诉状或者答辩状时，不附送有关证据材料。

第 84 条 当事人应当在开庭审理前完成举证。当事人完成举证并向海事法院出具完成举证说明书后，可以申请查阅有关船舶碰撞的事实证据材料。

第 85 条 当事人不能推翻其在《海事事故调查表》中的陈述和已经完成的举证，但有新的证据，并有充分的理由说明该证据不能在举证期间内提交的除外。

第 86 条　船舶检验、估价应当由国家授权或者其他具有专业资格的机构或者个人承担。非经国家授权或者未取得专业资格的机构或者个人所作的检验或者估价结论，海事法院不予采纳。

第 87 条　海事法院审理船舶碰撞案件，应当在立案后 1 年内审结。有特殊情况需要延长的，由本院院长批准。

（第 8 章）第 2 节　审理共同海损案件的规定

第 88 条　当事人就共同海损的纠纷，可以协议委托理算机构理算，也可以直接向海事法院提起诉讼。海事法院受理未经理算的共同海损纠纷，可以委托理算机构理算。

第 89 条　理算机构作出的共同海损理算报告，当事人没有提出异议的，可以作为分摊责任的依据；当事人提出异议的，由海事法院决定是否采纳。

第 90 条　当事人可以不受因同一海损事故提起的共同海损诉讼程序的影响，就非共同海损损失向责任人提起诉讼。

第 91 条　当事人就同一海损事故向受理共同海损案件的海事法院提起非共同海损的诉讼，以及对共同海损分摊向责任人提起追偿诉讼的，海事法院可以合并审理。

第 92 条　海事法院审理共同海损案件，应当在立案后 1 年内审结。有特殊情况需要延长的，由本院院长批准。

（第 8 章）第 3 节　海上保险人行使代位请求赔偿权利的规定

第 93 条　因第三人造成保险事故，保险人向被保险人支付保险赔偿后，在保险赔偿范围内可以代位行使被保险人对第三人请求赔偿的权利。

第 94 条　保险人行使代位请求赔偿权利时，被保险人未向造成保险事故的第三人提起诉讼的，保险人应当以自己的名义向该第三人提起诉讼。

第 95 条　保险人行使代位请求赔偿权利时，被保险人已经向造成保险事故的第三人提起诉讼的，保险人可以向受理该案的法院提出变更当事人的请求，代位行使被保险人对第三人请求赔偿的权利。

被保险人取得的保险赔偿不能弥补第三人造成的全部损失的，保险人和被保险人可以作为共同原告向第三人请求赔偿。

第 96 条　保险人依照本法第 94 条、第 95 条的规定提起诉讼或者申请参加诉讼的，应当向受理该案的海事法院提交保险人支付保险赔偿的凭证，以及参加诉讼应当提交的其他文件。

第 97 条　对船舶造成油污损害的赔偿请求，受损害人可以向造成油污损害的船舶所有人提出，也可以直接向承担船舶所有人油污损害责任的保险人或者提供财务保证的其他人提出。

油污损害责任的保险人或者提供财务保证的其他人被起诉的，有权要求造成油污损害的船舶所有人参加诉讼。

【法释［2003］3 号】　最高人民法院关于适用《中华人民共和国海事诉讼特别程序法》若干问题的解释（2002 年 12 月 3 日最高法审委会［1259 次］通过，2003 年 1 月 6 日公布，2003 年 2 月 1 日起施行）

第 56 条　海事诉讼特别程序法第 84 条规定的当事人应当在开庭审理前完成举证的内容，包括当事人按照海事诉讼特别程序法第 82 条的规定填写《海事事故调查表》和提交有关船舶碰撞的事实证据材料。

前款规定的证据材料，当事人应当在一审开庭前向海事法院提供。

第 57 条　《海事事故调查表》属于当事人对发生船舶碰撞基本事实的陈述。经对方当事人认可或者经法院查证属实，可以作为认定事实的依据。

第 58 条　有关船舶碰撞的事实证据材料指涉及船舶碰撞的经过、碰撞原因等方面的证据材料。

有关船舶碰撞的事实证据材料，在各方当事人完成举证后进行交换。当事人在完成举证前向法院申请查阅有关船舶碰撞的事实证据材料的，海事法院应予驳回。

第 59 条　海事诉讼特别程序法第 85 条规定的新的证据指非当事人所持有，在开庭前尚未掌握或者不能获得，因而在开庭前不能举证的证据。

第 60 条　因船舶碰撞以外的海事海商案件需要进行船舶检验或者估价的，适用海事诉讼特别程序法第 86 条的规定。

第 61 条　依据《中华人民共和国海商法》第 170 条①的规定提起的诉讼和因船舶触碰造成损害提起的诉讼，参照海事诉讼特别程序法关于审理船舶碰撞案件的有关规定审理。

第 62 条　未经理算的共同海损纠纷诉至海事法院的，海事法院应责令当事人自行委托共同海损理算。确有必要由海事法院委托理算的，由当事人提出申请，委托理算的费用由主张共同海损的当事人垫付。

第 63 条　当事人对共同海损理算报告提出异议，经海事法院审查异议成立，需要补充理算或者重新理算的，应当由原委托人通知理算人进行理算。原委托人不通知理算的，海事法院可以通知理算人重新理算，有关费用由异议人垫付；异议人拒绝垫付费用的，视为撤销异议。

第 64 条　因与共同海损纠纷有关的非共同海损损失向责任人提起的诉讼，适

---

① 《海商法》第 170 条：船舶因操纵不当或者不遵守航行规章，虽然实际上没有同其他船舶发生碰撞，但是使其他船舶以及船上的人员、货物或者其他财产遭受损失的，适用本章的规定。

用海事诉讼特别程序法第 92 条规定的审限。

第 65 条 保险人依据海事诉讼特别程序法第 95 条规定行使代位请求赔偿权利，应当以自己的名义进行；以他人名义提起诉讼的，海事法院应不予受理或者驳回起诉。

第 66 条 保险人依据海事诉讼特别程序法第 95 条的规定请求变更当事人或者请求作为共同原告参加诉讼的，海事法院应当予以审查并作出是否准予的裁定。当事人对裁定不服的，可以提起上诉。

第 67 条 保险人依据海事诉讼特别程序法第 95 条的规定参加诉讼的，被保险人依此前进行的诉讼行为所取得的财产保全或者通过扣押取得的担保权益等，在保险人的代位请求赔偿权利范围内对保险人有效。被保险人因自身过错产生的责任，保险人不予承担。

第 68 条 海事诉讼特别程序法第 96 条规定的支付保险赔偿的凭证指赔偿金收据、银行支付单据或者其他支付凭证。仅有被保险人出具的权利转让书但不能出具实际支付证明的，不能作为保险人取得代位请求赔偿权利的事实依据。

第 69 条 海事法院根据油污损害的保险人或者提供财务保证的其他人的请求，可以通知船舶所有人作为无独立请求权的第三人参加诉讼。

● **指导案例** 【法〔2014〕161 号】 最高人民法院第 7 批指导性案例（2014 年 6 月 26 日）

（**指导案例 31 号**）江苏炜伦航运股份有限公司诉米拉达 玫瑰公司船舶碰撞损害赔偿纠纷案（上海海事法院 2011 年 9 月 20 日〔2010〕沪海法海初字第 24 号民事判决）①

裁判要点：航行过程中，当事船舶协商不以《1972 年国际海上避碰规则》确立的规则交会，发生碰撞事故后，双方约定的内容以及当事船舶在发生碰撞事故时违反约定的情形，不应作为人民法院判定双方责任的主要依据，仍应当以前述规则为准据，在综合分析紧迫局面形成原因、当事船舶双方过错程度及处置措施恰当与否的基础上，对事故责任作出认定。

● **入库案例** 【2023-10-2-223-003】 某导公司诉某代公司海上、通海水域货运代理合同纠纷案（湖南高院/2023.01.31/〔2023〕湘民辖终 3 号）

裁判要旨：1. 人民法院应根据当事人诉讼请求、起诉时的案件事实和证据情

---

① 注：《人民法院报》2014 年 7 月 5 日（第 3 版）显示：《最高人民法院关于发布第 7 批指导性案例的通知》落款日期为 2014 年 6 月 26 日，而（第 4 版）本案题注的发布日期为 2014 年 6 月 23 日，应为纰误。

况判定双方诉争的法律关系性质，当事人提起的民商事诉讼包含海事纠纷的，由海事法院受理。2. 属于海事法院专门管辖的海商事案件，当事人可依据地域管辖的相关规定，依法约定管辖法院。因海事法院管辖地域范围与行政区划范围的不一致性，人民法院应对当事人的专门管辖约定条款进行广义理解。

第 34 条[19910409]　　**【专属管辖：不动产、港口作业、遗产继承】**

下列案件，由本条规定的人民法院专属管辖：

（一）因不动产纠纷提起的诉讼，由不动产所在地人民法院管辖；

（二）因港口作业中发生纠纷提起的诉讼，由港口所在地人民法院管辖；

~~（三）因登记发生的诉讼，由登记机关所在地人民法院管辖；~~

（三）因继承遗产纠纷提起的诉讼，由被继承人死亡时住所地/~~生前户籍所在地~~或者主要遗产所在地人民法院管辖。

● **相关规定**　　**【民他字［1986］50 号】**　　**最高人民法院关于李桂莲诉夏传叶房屋纠纷一案管辖问题的批复**（1986 年 11 月 14 日答复安徽省定远县人民法院"［86］定民一字第 07 号"请示）

从所附案卷材料看，李桂莲与夏传叶讼争之房屋，座落在陕西省泾阳县永乐店，似为李道清和李桂莲所共有。李道清死后，被其现住定远县的外甥夏传叶以"安葬舅父"为名，私自出典给张和平，典价 1500 元。李桂莲得知后，向泾阳县人民法院起诉，该院以财物纠纷案移送你院，你院认为继承案件应由遗产所在地泾阳县人民法院受理，经协商未成，报请我院指定管辖。

经我们研究认为：本案诉讼的标的主要是房屋。根据我国民事诉讼法（试行）第 30 条（现第 34 条）的规定，为不动产提起的诉讼，由不动产所在地人民法院管辖，本案依法应由陕西省泾阳县人民法院受理。现将原卷转退陕西省泾阳县人民法院。该院在审理本案过程中如需你院协助，请予积极办理。

【法发［1992］38 号】　　**最高人民法院关于房地产案件受理问题的通知**（1992 年 11 月 25 日）（见本书第 127 条）

一、凡公民之间、法人之间、其他组织之间以及他们相互之间因房地产方面的权益发生争执而提起的民事诉讼，由讼争的房地产所在地人民法院的民事审判庭依法受理。

【法释［2000］29 号】　最高人民法院关于严格执行案件审理期限制度的若干规定（2000 年 9 月 14 日最高法审委会［1130 次］通过，2000 年 9 月 22 日公布，2000 年 9 月 28 日起施行）

第 2 条（第 4 款）　审理第一审船舶碰撞、共同海损案件的期限为 1 年；有特殊情况需要延长的，经本院院长批准，可以延长 6 个月。

【法释［2022］11 号】　最高人民法院关于适用《中华人民共和国民事诉讼法》的解释（"法释［2015］5 号"公布，2015 年 2 月 4 日起施行；根据法释［2020］20 号《决定》修正，2021 年 1 月 1 日起施行；2022 年 3 月 22 日最高法审委会［1866 次］修正，2022 年 4 月 1 日公布，2022 年 4 月 10 日起施行；以本规为准）

第 28 条　民事诉讼法第 34 条第 1 项规定的不动产纠纷是指因不动产的权利确认、分割、相邻关系等引起的物权纠纷。

农村土地承包经营合同纠纷、房屋租赁合同纠纷、建设工程施工合同纠纷、政策性房屋买卖合同纠纷，按照不动产纠纷确定管辖。

不动产已登记的，以不动产登记簿记载的所在地为不动产所在地；不动产未登记的，以不动产实际所在地为不动产所在地。

● **入库案例**　**【2023-01-2-115-002】**　蔡某某诉南京某装饰工程有限公司装饰装修合同纠纷案（2021.12.17/［2021］最高法民辖 59 号）

裁判要旨：当事人因履行装饰装修合同发生纠纷，应当按照不动产纠纷确定管辖。

【2023-01-2-128-001】　过某某诉辽宁某农业综合开发有限公司种植、养殖回收合同纠纷案（2022.04.20/［2022］最高法民辖 69 号）

裁判要旨：当事人起诉要求解除林木所有权及林地使用权转让合同的，因诉讼标的不涉及林木、林地权属的确认、分割问题，故不属于不动产纠纷，也不符合应当按照不动产纠纷确定管辖的情形，不适用不动产纠纷专属管辖规定。

【2023-07-2-115-008】　中铁某局诉四平市甲公司、四平市乙公司、中铁沈阳局某工程建设指挥部等建设工程施工合同纠纷案（吉林高院/2023.09.12/［2023］吉民辖终 10 号）

裁判要旨："铁路附属设施"指依附归属于铁路的设备、设施以及铁路专用的建筑物、构筑物等，其存在目的是为保护、养护铁路以及为铁路运输的安全、畅通服务。公路桥梁工程虽上跨于铁路之上，但与铁路及其附属设施并不存在依附归属关系，既不属于铁路财产，也不为铁路运输、铁路安全服务，并非铁路附属设施，由此发生的建设工程施工合同纠纷，不属于铁路运输法院专门管辖范围，应当按照《民事诉讼法》第 34 条的规定，由不动产所在地人民法院专属管辖。

> **第 35 条**[19910409]　**【协议管辖】** 合同或者其他财产权益纠纷[20130101] 的双方当事人可以书面/在书面合同中[20130101] 协议选择被告住所地、合同履行地、合同签订地、原告住所地、标的物所在地等与争议有实际联系的地点的[20130101] 人民法院管辖，但不得违反本法对级别管辖和专属管辖的规定。

● **相关规定**　**【法刊文摘】**　审查立案若干疑难问题解答（二）（浙江高院立案庭撰稿，《立案工作指导与参考》2003 年第 2 卷，人民法院出版社 2003 年 10 月）

59. 诉讼双方无书面合同，但在供方所提供的格式送货单上注有"如发生争议，由供方所在地法院管辖"的，供方所在地法院能否据此取得管辖权？

《民事诉讼法》第 25 条（现第 35 条）规定，合同的双方当事人可以在书面合同中协议选择被告住所地、合同履行地、合同签订地、原告住所地、标的物所在地人民法院管辖。诉讼双方虽无书面合同文本，但有供方的送货单，该送货单可以看成是一书面合同。如送货单上注有"如发生争议，由供方所在地法院管辖"，且需方对该送货单予以确认的，可认定当事人协议选择由原告住所地法院（供方为原告时）或被告住所地法院（供方为被告时）管辖，供方所在地法院据此取得案件管辖权。当然，如果需方对该送货单不予确认的，则不能据此以供方所在地法院管辖。

【法发［2009］45 号】　最高人民法院关于建立健全诉讼与非诉讼相衔接的矛盾纠纷解决机制的若干意见（经中央批准，2009 年 7 月 24 日印发）

21. 当事人可以在书面调解协议中选择当事人住所地、调解协议履行地、调解协议签订地、标的物所在地基层人民法院管辖，但不得违反法律对专属管辖的规定。当事人没有约定的，除《中华人民共和国民事诉讼法》第 34 条规定的情形外，由当事人住所地或者调解协议履行地的基层人民法院管辖。经人民法院委派或委托有关机关或者组织调解达成的调解协议的申请确认案件，由委派或委托人民法院管辖。

【法释［2022］11 号】　最高人民法院关于适用《中华人民共和国民事诉讼法》的解释（"法释［2015］5 号"公布，2015 年 2 月 4 日起施行；根据法释［2020］20 号《决定》修正，2021 年 1 月 1 日起施行；2022 年 3 月 22 日最高法

审委会［1866 次］修正，2022 年 4 月 1 日公布，2022 年 4 月 10 日起施行；以本规为准）

第 29 条　民事诉讼法第 35 条规定的书面协议，包括书面合同中的协议管辖条款或者诉讼前以书面形式达成的选择管辖的协议。

第 30 条　根据管辖协议，起诉时能够确定管辖法院的，从其约定；不能确定的，依照民事诉讼法的相关规定确定管辖。

管辖协议约定 2 个以上与争议有实际联系的地点的人民法院管辖，原告可以向其中一个人民法院起诉。

第 31 条　经营者使用格式条款与消费者订立管辖协议，未采取合理方式提请消费者注意，消费者主张管辖协议无效的，人民法院应予支持。

第 32 条　管辖协议约定由一方当事人住所地人民法院管辖，协议签订后当事人住所地变更的，由签订管辖协议时的住所地人民法院管辖，但当事人另有约定的除外。

第 33 条　合同转让的，合同的管辖协议对合同受让人有效，但转让时受让人不知道有管辖协议，或者转让协议另有约定且原合同相对人同意的除外。

第 34 条　当事人因同居或者在解除婚姻、收养关系后发生财产争议，约定管辖的，可以适用民事诉讼法第 35 条规定确定管辖。

● **入库案例**　【2023-01-2-143-001】　**任某某诉南宁某幼儿园等追偿权纠纷案**（2022.04.20/［2022］最高法民辖 63 号）

裁判要旨：担保人与债务人约定了协议管辖，担保人履行担保责任后，将其对债务人的追偿权转让，受让人提起追偿权诉讼的，担保人与债务人之间的管辖协议对合同受让人有效，但转让时受让人不知道有管辖协议，或者转让协议另有约定且原合同相对人同意的除外。

【2023-01-2-143-002】　**南昌某企业管理有限公司重庆渝北分公司诉刘某追偿权纠纷案**（2022.09.01/［2022］最高法民辖 20 号）

裁判要旨：当事人签订合同约定"原告住所地"法院管辖，在合同签订时，"原告"虽无法具体确定，但根据合同相对性原则，能够明确的是"原告"应为合同签订主体，"原告住所地"应当限定在原债权人住所地或者债务人住所地。合同转让后，合同受让人起诉债务人的，其实质是行使原债权人对债务人的请求权，不能将合同受让人的住所地解释为合同约定的"原告住所地"。

【2023-01-2-483-001】 王某诉马某合同纠纷案（2021.12.17/［2021］最高法民辖60号）

裁判要旨：当事人仅约定了某一地域的法院管辖，不能按照级别管辖的标准从上级法院往下确定具体的法院，应当按照法定管辖规定确定法院。

【2023-01-2-483-007】 某科技公司诉某集团公司等合同纠纷案（上海高院/2021.02.01/［2021］沪民辖终3号）

裁判要旨：2. 协议管辖不得附条件。为保障当事人依照法律规定享有的起诉权利，在民事诉讼法没有规定协议管辖可以附条件的情况下，不得附条件。本案《资产收购协议》第8.2款约定"发出争议、争端或权利主张通知后10日内未能通过协商达成和解，可以向甲方所在地法院提起诉讼"，该协议约定的管辖法院具体明确，且不违反级别管辖和专属管辖规定，应当依照管辖协议确定管辖法院。对方当事人主张该条款系附条件的协议管辖条款没有法律依据。

【2023-08-2-084-024】 王某某诉康某某、河南某商务公司买卖合同纠纷案（安阳县院/2017.10.10/［2017］豫0522民初4279号）

裁判要旨：在合同对管辖有明确约定的情况下，应当适用约定管辖，不因增加其他被告而改变。

【2024-01-2-084-002】 某昌公司诉某华公司买卖合同纠纷案（聊城阳谷县院/2022.03.16/［2022］鲁1521民初741号）

裁判要旨：当事人管辖协议约定的管辖法院应当明确，在起诉时能够据此确定管辖法院。由于合同双方是否遵守合同约定，是否构成违约，需要通过实体审理认定，在立案受理阶段难以确定，故当事人在合同中关于"由守约方所在地法院管辖"的约定并不明确，无法依据该约定确认管辖法院，应认定该管辖约定无效。

【2024-01-2-084-004】 某甲公司诉某乙公司等买卖合同纠纷案（山东高院/2023.05.31/［2023］鲁民辖终51号）

裁判要旨：《民法典》第507条规定，合同不生效、无效、被撤销或者终止的，不影响合同中有关解决争议方法的条款的效力。管辖条款作为当事人选择受诉法院的条款，属于"有关解决争议方法"的条款，其效力不受合同是否有效、是否解除、是否被撤销等的影响。

【2024-01-2-114-003】 溧阳某公司诉广安某化工公司承揽合同纠纷案（2020.07.10/［2020］最高法民辖31号）

裁判要旨：对于协议管辖的效力，应当结合具体案件情况，在充分保障当事人意思自治情况下，根据起诉时是否能够确定管辖法院来判断。所谓在起诉时能够确定管辖法院，既指当事人在管辖协议中已经写明的管辖法院，也指当事人在管辖协议中虽没有写明具体法院名称，但在起诉时结合起诉主体、诉讼标的额能够指向与争议有实际联系，且级别和地域均明确的法院。对于当事人仅约定某一地域，但未约定管辖法院的，如果结合诉讼标的额能够在起诉时确定具体法院的，应当认定管辖协议有效；无法确定的，则不能再通过其他联结点确定管辖法院。

【2024-01-2-127-002】　**史某诉某酸菜鱼店等合伙合同纠纷案**（青岛中院/2023.08.25/［2023］鲁 02 民辖终 23 号）

裁判要旨：当事人管辖协议约定的连接点应与案件争议有"实际联系"，即约定的地点应当与争议本身有实质性关联，主要包括当事人住所地、合同履行地、合同签订地、标的物所在地等。在管辖协议约定的地点与案件争议没有实际联系的情况下，应当认为管辖协议无效。

【2024-01-2-269-001】　**某食品公司诉某实业公司等股权转让纠纷案**（烟台中院/2023.03.13/［2023］鲁 06 民辖终 60 号）

裁判要旨：1. 在当事人签订有多份涉及管辖约定的协议的情况下，如果能够认定多份协议间存在着主从合同关系，应当依据主合同关于管辖权的约定确定管辖法院。2. 如果不能确定多份涉及管辖约定的协议存在主从合同关系的，人民法院在确定管辖法院时，首先审查多份管辖协议选择的连接点是否与争议有实际联系，其次审查多份管辖协议是否是在诉讼前通过书面形式形成，最后审查多份管辖协议之间的关系，根据签订时间先后、内容之间的关系，确定管辖法院。

【2024-01-2-483-003】　**中储某物流分公司诉潘某其他合同纠纷案**（2020.07.13/［2020］最高法知民辖终 29 号）

裁判要旨：协议管辖应当选择被告住所地、合同履行地、合同签订地、原告住所地、标的物所在地等与争议有实际联系的地点的人民法院。其中，与争议有实际联系应当是指有直接的、客观外在的联系，不能将仅存在偶然性联系或者间接性联系作为确定的标准。如果双方当事人协议选择的法院并非与争议有实际联系地点的法院，应当认定协议管辖无效。

● **高法判例**　【［2023］最高法民辖 26 号】　**金融公司与秦某强、资产管理公司、蔡某璐金融借款合同纠纷案**（最高法院 2023 年 3 月 8 日民事裁定）

裁判摘要：此类小额金融借款合同纠纷，出借方一方主体特定、借款方一方主体不特定，存在着面广量大的情形，虽然协议选择北京市西城区人民法院管辖，系双方当事人在案涉合同中进行的明确约定，但是，在无证据材料可以用以证明北京市西城区与本案争议有实际联系的情况下，就此认定北京互联网法院是本案的管辖法院，势必造成大量的"异地"案件通过协议管辖进入约定法院，破坏正常的民事诉讼管辖公法秩序，故案涉协议管辖条款无效。

（本书汇）【仲裁协议效力与纠纷管辖】

● 相关规定　【主席令［1994］31号】　**中华人民共和国仲裁法**（1994年8月31日全国人大常委会［8届9次］通过，1995年9月1日起施行；根据主席令［2017］76号新修，2018年1月1日起施行）

第16条　仲裁协议包括合同中订立的仲裁条款和以其他书面方式在纠纷发生前或者纠纷发生后达成的请求仲裁的协议。

仲裁协议应当具有下列内容：（一）请求仲裁的意思表示；（二）仲裁事项；（三）选定的仲裁委员会。

第17条　有下列情形之一的，仲裁协议无效：（一）约定的仲裁事项超出法律规定的仲裁范围的；（二）无民事行为能力人或者限制民事行为能力人订立的仲裁协议；（三）一方采取胁迫手段，迫使对方订立仲裁协议的。

第18条　仲裁协议对仲裁事项或者仲裁委员会没有约定或者约定不明确的，当事人可以补充协议；达不成补充协议的，仲裁协议无效。

第19条　仲裁协议独立存在，合同的变更、解除、终止或者无效，不影响仲裁协议的效力。

仲裁庭有权确认合同的效力。

第20条　当事人对仲裁协议的效力有异议的，可以请求仲裁委员会作出决定或者请求人民法院作出裁定。一方请求仲裁委员会作出决定，另一方请求人民法院作出裁定的，由人民法院裁定。

当事人对仲裁协议的效力有异议，应当在仲裁庭首次开庭前提出。

第26条　当事人达成仲裁协议，一方向人民法院起诉未声明有仲裁协议，人民法院受理后，另一方在首次开庭前提交仲裁协议的，人民法院应当驳回起诉，但仲裁协议无效的除外；另一方在首次开庭前未对人民法院受理该案提出异议的，视为放弃仲裁协议，人民法院应当继续审理。

【法发［1997］4号】　最高人民法院关于实施《中华人民共和国仲裁法》几个问题的通知（1997年3月26日）

一、《仲裁法》施行前当事人依法订立的仲裁协议继续有效。有关当事人向人民法院起诉的，人民法院不予受理，应当告知其向依照《仲裁法》组建的仲裁机构申请仲裁。

当事人双方书面协议放弃仲裁后，一方向人民法院起诉的，人民法院应当依法受理。

【法释［2006］7号】　最高人民法院关于适用《中华人民共和国仲裁法》若干问题的解释（2005年12月26日最高法审委会［1375次］通过，2006年8月23日公布，2006年9月8日起施行）

第5条　仲裁协议约定2个以上仲裁机构的，当事人可以协议选择其中的一个仲裁机构申请仲裁；当事人不能就仲裁机构选择达成一致的，仲裁协议无效。

第6条　仲裁协议约定由某地的仲裁机构仲裁且该地仅有1个仲裁机构的，该仲裁机构视为约定的仲裁机构。该地有2个以上仲裁机构的，当事人可以协议选择其中的一个仲裁机构申请仲裁；当事人不能就仲裁机构选择达成一致的，仲裁协议无效。

第7条　当事人约定争议可以向仲裁机构申请仲裁也可以向人民法院起诉的，仲裁协议无效。但一方向仲裁机构申请仲裁，另一方未在仲裁法第20条第2款规定期间内提出异议的除外。

第10条　合同成立后未生效或者被撤销的，仲裁协议效力的认定适用仲裁法第19条第1款的规定。

当事人在订立合同时就争议达成仲裁协议的，合同未成立不影响仲裁协议的效力。

第11条　合同约定解决争议适用其他合同、文件中的有效仲裁条款的，发生合同争议时，当事人应当按照该仲裁条款提请仲裁。

涉外合同应当适用的有关国际条约中有仲裁规定的，发生合同争议时，当事人应当按照国际条约中的仲裁规定提请仲裁。

第12条　当事人向人民法院申请确认仲裁协议效力的案件，由仲裁协议约定的仲裁机构所在地的中级人民法院管辖；仲裁协议约定的仲裁机构不明确的，由仲裁协议签订地或者被申请人住所地的中级人民法院管辖。

申请确认涉外仲裁协议效力的案件，由仲裁协议约定的仲裁机构所在地、仲裁协议签订地、申请人或者被申请人住所地的中级人民法院管辖。

涉及海事海商纠纷仲裁协议效力的案件，由仲裁协议约定的仲裁机构所在地、仲裁协议签订地、申请人或者被申请人住所地的海事法院管辖；上述地点没有海事法院的，由就近的海事法院管辖。

第13条　依照仲裁法第20条第2款的规定，当事人在仲裁庭首次开庭前没有对仲裁协议的效力提出异议,而后向人民法院申请确认仲裁协议无效的,人民法院不予受理。

仲裁机构对仲裁协议的效力作出决定后,当事人向人民法院申请确认仲裁协议效力或者申请撤销仲裁机构的决定的,人民法院不予受理。

第 14 条　仲裁法第 26 条规定的"首次开庭"是指答辩期满后人民法院组织的第一次开庭审理,不包括审前程序中的各项活动。

第 15 条　人民法院审理仲裁协议效力确认案件,应当组成合议庭进行审查,并询问当事人。

【法发［1995］18 号】　最高人民法院关于人民法院处理与涉外仲裁及外国仲裁事项有关问题的通知（1995 年 8 月 28 日）

一、凡起诉到人民法院的涉外、涉港澳和涉台经济、海事海商纠纷案件,如果当事人在合同中订有仲裁条款或者事后达成仲裁协议,人民法院认为该仲裁条款或者仲裁协议无效、失效或者内容不明确无法执行的,在决定受理一方当事人起诉之前,必须报请本辖区所属高级人民法院进行审查;如果高级人民法院同意受理,应将其审查意见报最高人民法院。在最高人民法院未作答复前,可暂不予受理。

【法函［1997］36 号】　最高人民法院关于仅选择仲裁地点而对仲裁机构没有约定的仲裁条款效力问题的函（1997 年 3 月 19 日答复浙江高院"浙法经字［1997］7 号"请示）

本案合同仲裁条款中双方当事人仅约定仲裁地点,而对仲裁机构没有约定。发生纠纷后,双方当事人就仲裁机构达不成补充协议,应依据《中华人民共和国仲裁法》第 18 条之规定,认定本案所涉仲裁协议无效,浙江省金华市中级人民法院可以依法受理本案。

【法释［1998］27 号】　最高人民法院关于确认仲裁协议效力几个问题的批复（1998 年 10 月 21 日最高法审委会［1029 次］通过,1998 年 10 月 21 日公布,答复山东高院"鲁高法函［1997］84 号"请示,1998 年 11 月 5 日起施行）

一、在《中华人民共和国仲裁法》实施后重新组建仲裁机构前,当事人达成的仲裁协议只约定了仲裁地点,未约定仲裁机构,双方当事人在补充协议中选定了在该地点依法重新组建的仲裁机构的,仲裁协议有效;双方当事人达不成补充协议的,仲裁协议无效。

二、在仲裁法实施后依法重新组建仲裁机构前,当事人在仲裁协议中约定了仲裁机构,一方当事人申请仲裁,另一方当事人向人民法院起诉的,经人民法院审查,按照有关规定能够确定新的仲裁机构的,仲裁协议有效。对当事人的起诉,人民法院不予受理。

三、当事人对仲裁协议的效力有异议，一方当事人申请仲裁机构确认仲裁协议效力，另一方当事人请求人民法院确认仲裁协议无效，如果仲裁机构先于人民法院接受申请并已作出决定，人民法院不予受理；如果仲裁机构接受申请后尚未作出决定，人民法院应予受理，同时通知仲裁机构终止仲裁。

四、一方当事人就合同纠纷或者其他财产权益纠纷申请仲裁，另一方当事人对仲裁协议的效力有异议，请求人民法院确认仲裁协议无效并就合同纠纷或者其他财产权益纠纷起诉的，人民法院受理后应当通知仲裁机构中止仲裁。人民法院依法作出仲裁协议有效或者无效的裁定后，应当将裁定书副本送达仲裁机构，由仲裁机构根据人民法院的裁定恢复仲裁或者撤销仲裁案件。

人民法院依法对仲裁协议作出无效的裁定后，另一方当事人拒不应诉的，人民法院可以缺席判决；原受理仲裁申请的仲裁机构在人民法院确认仲裁协议无效后仍不撤销其仲裁案件的，不影响人民法院对案件的审理。

【法〔2005〕66号】　最高人民法院关于指定上海海事法院管辖与中国海事仲裁委员会上海分会相关的海事仲裁司法审查案件的通知（2005年5月27日）

指定上海海事法院管辖涉及中国海事仲裁委员会上海分会的海事仲裁协议效力的案件和申请撤销其海事仲裁裁决的案件。

【法发〔2005〕26号】　第二次全国涉外商事海事审判工作会议纪要（2005年11月15-16日在南京召开；2005年12月26日公布）

58. 当事人在合同中约定的适用于解决合同争议的准据法，不能用来确定涉外仲裁条款的效力。当事人在合同中明确约定了仲裁条款效力的准据法的，应当适用当事人明确约定的法律；未约定仲裁条款效力的准据法但约定了仲裁地的，应当适用仲裁地国家或者地区的法律。只有在当事人未约定仲裁条款效力的准据法亦未约定仲裁地或者仲裁地约定不明的情况下，才能适用法院地法即我国法律作为确认仲裁条款效力的准据法。

59. 当事人达成的仲裁协议对仲裁事项或者仲裁机构没有约定或者约定不明，应认定仲裁协议无效，但当事人达成补充协议的除外。

60. 当事人在订立仲裁协议后合并、分立或者死亡的，该仲裁协议对承受仲裁事项所涉权利义务的人具有约束力，但当事人在订立仲裁协议时另有约定的除外。

61. 当事人在订立仲裁协议后转让全部或部分债权债务的，仲裁协议对受让人有效，但当事人另有约定、明确反对或者受让人在受让债权债务时不知有单独仲裁协议的除外。

62. 仲裁协议仅约定纠纷适用的仲裁规则的，视为未约定仲裁机构，但当事人达成补充协议或者按照约定的仲裁规则能够确定仲裁机构的除外。

63. 仲裁协议明确约定 2 个以上仲裁机构的，当事人可以协议选择其中的 1 个仲裁机构申请仲裁；当事人无法就仲裁机构达成一致的，仲裁协议无效。

64. 仲裁协议约定由某地的仲裁机构仲裁且该地仅有 1 个仲裁机构的，该仲裁机构为约定的仲裁机构。该地有 2 个以上仲裁机构的，当事人可以协议选择其中的 1 个仲裁机构申请仲裁；当事人无法就仲裁机构达成一致的，仲裁协议无效。

65. 仲裁条款独立于合同中的其他条款。当事人在订立合同时就争议达成仲裁协议的，合同未成立不影响仲裁协议的效力；合同成立后未生效以及生效后变更、解除、终止或者被撤销、被认定无效的，不影响合同中仲裁条款的效力。

66. 仲裁协议应当采用书面形式。是否具有书面形式，按照《中华人民共和国合同法》第 11 条 (现民法典第 469 条) 的规定办理。当事人在订立的涉外合同中援引适用其他合同、文件中的有效仲裁条款的，是书面形式的仲裁协议。

67. 一方当事人向仲裁机构或者仲裁庭申请仲裁，对方当事人未提出管辖异议且按照仲裁规则的要求指定仲裁员并进行实体答辩的，视为当事人同意接受仲裁。

68. 当事人约定争议可以向仲裁机构申请仲裁也可以向人民法院起诉的，仲裁协议无效。但一方向仲裁机构申请仲裁，另一方未在《中华人民共和国仲裁法》第 20 条第 2 款规定的期间内提出异议的除外。

69. 仲裁协议中约定的仲裁机构名称不准确，但能够确定受理纠纷的具体仲裁机构的，应当认定选定了仲裁机构。

70. 涉外合同应当适用的有关国际条约中有仲裁规定的，发生合同争议时，当事人应当按照国际条约中的仲裁规定提请仲裁。

127. 保险人向被保险人实际赔付保险赔偿取得代位请求赔偿权利后，被保险人与第三者之间就解决纠纷达成的管辖协议以及仲裁协议对保险人不具有约束力。

【民四他字 [2005] 50 号】　　最高人民法院关于仲裁条款效力请示的复函 (2005 年 12 月 30 日答复天津高院 "[2005] 津高民四终字第 171 号" 请示)[1]

本案中，爱尔建材 (天津) 有限公司 (以下简称爱尔公司) 与德国玛莎集团公司 (以下简称德国玛莎公司) 签订的中、英文本《合同》中均约定了仲裁条

---

[1] 最高人民法院民事审判第四庭：《涉外商事海事审判指导》2006 年第 1 辑，人民法院出版社 2006 年 7 月第 1 版。

款,并明确约定以中文本为准,故本案应以《合同》中文本所载仲裁条款为准确定仲裁条款的效力。《合同》中文本约定:"一切因执行本合同所引起的争执,双方应友好协商解决。如双方协商不能解决时,此争执通过仲裁解决。仲裁执行地点在中国北京或天津进行由中国或天津对外国际贸易促进委员会按照现行仲裁章程进行仲裁。仲裁委员会的裁决为终局裁决,对双方均有约束力,双方均应执行。仲裁费用由败诉方负担。"双方未约定认定该仲裁条款效力的准据法,但约定了仲裁地点为中国北京或天津,因此,应当根据仲裁地法即中国法律认定该仲裁条款的效力。该仲裁条款表达了将与合同有关的争议交付仲裁解决的意思,并约定由"中国或天津对外国际贸易促进委员会"进行仲裁,由于"天津对外国际贸易促进委员会"并不存在,且在当事人约定由"中国对外国际贸易促进委员会"仲裁时可以认为当事人选择的是由"中国国际经济贸易仲裁委员会"进行仲裁,因此,应当认为该仲裁条款符合我国仲裁法的规定,是有效的仲裁条款。爱尔公司与德国玛莎公司之间的合同纠纷即应当通过仲裁解决,人民法院不享有管辖权。

由于爱尔公司与玛莎(天津)建材机械有限公司之间并不存在仲裁协议,因此,对于爱尔公司与玛莎(天津)建材机械有限公司之间的争议,天津市第一中级人民法院作为被告住所地的人民法院,依法享有管辖权。

此外,你院应当注意本案被告中文名称应与《合同》载明的中文名称一致。

【民四他字〔2005〕52号】 最高人民法院关于确认仲裁协议效力请示的复函(2005年12月1日答复北京高院"京高法发〔2005〕309号"请示)[①]

杭州泰利德纺织科技有限公司与泓旸实业股份有限公司签订的《买卖合约书》第17条规定:"在履行本合同中发生纠纷的,双方友好协商解决,协商不成的,则纠纷呈送北京经济贸易仲裁委员会为最终裁决"。本案系涉港纠纷案件,双方当事人未约定确定仲裁条款效力所适用的法律,亦未约定仲裁地,应当根据法院地即中国内地的法律来判断仲裁条款的效力。北京市并不存在当事人所约定的仲裁机构,同时北京市有北京仲裁委员会、中国国际经济贸易仲裁委员会以及中国海事仲裁委员会3家仲裁机构,亦无法推定当事人的真实意思表示。在当事人一方已经向人民法院申请确认仲裁条款无效的情况下,可以认定双方无法就仲裁机构问题达成补充协议。根据《中华人民共和国仲裁法》第16条、第18条的规定,该仲裁条款应当认定无效。

[①] 最高人民法院民事审判第四庭:《涉外商事海事审判指导》2006年第1辑,人民法院出版社2006年7月第1版。

【民立他字［2005］55号】 最高人民法院关于如何确认仲裁机构名称约定不明确的仲裁协议的效力的请示的复函（2006年3月13日答复山东高院"［2005］鲁立请字第1号"请示）①

一方当事人认为仲裁协议中约定的仲裁机构不明确，未申请确认仲裁协议的效力，直接向人民法院起诉解决实体纠纷的，人民法院经审查，认为能够确定仲裁机构的，应当裁定不予受理，告知当事人申请仲裁；认为仲裁协议约定的仲裁机构不明确，仲裁协议无效的，应当依法受理。受理后，被告认为约定的仲裁机构明确，提出管辖权异议的，受诉人民法院应就管辖权异议作出裁定。

仲裁协议约定由"××市仲裁委员会"仲裁的，如"××市"只有一家仲裁委员会，应当认定约定的仲裁机构系指"××仲裁委员会"；如"××市"有多家仲裁委员会，应当认为约定的仲裁机构不明确。

【民四他字［2001］42号】 最高人民法院关于捷成洋行申请执行中国国际经济贸易仲裁委员会（97）贸仲裁字第0256号裁决一案的复函（2003年1月6日答复天津高院"［2000］高执监字第10号"报告）

本院经研究同意你院对本案的审查意见。本案双方当事人在L53/93/075号合同仲裁条款中没有明确约定仲裁机构，应认定仲裁条款无效。双方委托代理人的往来函件亦不能视为双方对仲裁机构的确认达成补充协议。因此本案符合《中华人民共和国民事诉讼法》第217条（现第248条）第2款第1项规定的情形，中国国际经济贸易裁委员会1997贸仲裁字第0256号裁决应不予执行。

由于本案系船舶滞期费纠纷，根据《中华人民共和国海事诉讼特别程序法》第11条的规定，本案应由天津海事法院管辖。

【民四他字［2002］33号】 最高人民法院关于对厦门樱织服装有限公司与日本喜佳思株式会社买卖合同欠款纠纷一案的请示的复函（2002年10月8日答复福建高院"［2002］闽经他字第3号"请示）

同意你院的请示意见。厦门樱织服装有限公司与日本喜佳思株式会社于1999年8月14日签订的买卖合同约定："双方当事人约定本契约所关联的一切纠纷应按照国际商务仲裁协会的商务仲裁规则，以名古屋的仲裁作为最终的解决办法。仲裁结果为最后的裁决，对当事双方均有约束力。"为了解决双方之间的争议，双方当事人于2002年1月18日又签订一份买卖保证书及公司解散合约书，约定："如有争纷，当事人愿意在日本法院或者厦门国际商事仲裁机关审理。"鉴于当事人

---

① 最高人民法院民事审判第四庭：《立案工作指导》2006年第1辑，人民法院出版社2006年10月第1版。

既约定通过仲裁又约定通过诉讼方式解决其争议，该约定违反了仲裁排除法院管辖的基本原则，应认定该仲裁条款无效，厦门中级人民法院依法对该案具有管辖权。

【民四他字［2003］36 号】　　最高人民法院关于越南海防万华国际旅游公司起诉海南热岛风情国际旅行社有限公司旅游服务合同纠纷案仲裁条款效力的请示的复函（2003 年 5 月 25 日答复海南高院"［2003］琼立他字第 4 号"请示）

同意你院的请示意见。越南海防万华国际旅游公司与海南热岛风情国际旅行社有限公司在双方于 2002 年 1 月 18 日签订的旅游服务合同中约定："若遇不可抗力及政治因素，双方应友好商量及相助来解决，若无法解决，双方同意请在发生纠纷的当地仲裁机关来解决。甲乙双方有责任服从仲裁机关的最后判决"。该仲裁条款没有约定确认其效力的准据法，也没有明确约定仲裁地，因此，应当根据法院地法的中国有关法律确认其效力。根据《中华人民共和国仲裁法》第 16 条的规定，有效的仲裁条款应当明确约定仲裁机构。本案仲裁条款仅约定由发生纠纷地的仲裁机关进行处理，而发生纠纷地不是一个明确的诉讼法上的概念。本案纠纷是因海南热岛风情国际旅行社有限公司拖欠越南海防万华国际旅游公司团费引起的，合同中没有明确约定该费用的支付地点，因此，不能对发生纠纷地做出准确的认定。相应地，也就不能对发生纠纷地的仲裁机构做出认定。鉴于越南海防万华国际旅游公司已经就有关纠纷起诉至海口市中级人民法院，应当认定双方没有就仲裁机构达成补充协议，根据《中华人民共和国仲裁法》第 18 条的规定，应当认定本案仲裁条款无效，海口市中级人民法院对此案具有管辖权。

【民四他字［2004］7 号】　　最高人民法院关于上海岩崎照明器材有限公司与南溢发展有限公司附属机构威信企业工程公司买卖合同纠纷一案仲裁条款无效的请示的复函（2004 年 5 月 25 日答复山东高院"［2004］鲁民四他字第 59 号"请示）

上海岩崎照明器材有限公司与南溢发展有限公司附属机构威信企业工程公司签订的买卖合同中约定："凡执行本合同所发生的或与本合同有关的一切争议，双方应通过友好协商解决，如果协商不能解决，应提交青岛市经济贸易仲裁委员会根据该会仲裁程序规则进行仲裁。仲裁裁决是终局的，对双方都有约束力。仲裁费用由败诉方承担。"青岛市并不存在当事人所约定的仲裁机构，在当事人一方已经向人民法院提起诉讼的情况下，可以认定双方无法就仲裁机构问题达成补充协议。根据《中华人民共和国仲裁法》第 16 条、第 18 条的规定，该仲裁条款应当认定无效。现上海岩崎照明器材有限公司向合同履行地的青岛市中级人民法院提起诉讼，根据最高人民法院《关于适用〈中华人民共和国民事诉讼法〉若干问题的意见》第 145 条的规定，青岛市中级人民法院对本案享有管辖权。

【民四他字［2004］14 号】 最高人民法院关于连云港星球塑料有限公司申请确认仲裁协议效力案的请示的复函（2004 年 8 月 117 日答复江苏高院"［2004］苏民二他字第 003 号"请示）

本案当事人签订的《货物出口合同》第 12 条约定："凡因执行本合同或与本合同有关事项所发生的一切争执，应由双方通过友好方式协商解决。如果不能取得协议时，则在卖方所在地根据仲裁程序规则进行仲裁。仲裁决定是终局的，对双方具有同等的约束力，仲裁费用除非仲裁机构另有决定外，均有（由）败诉一方负担。"按此约定，卖方即连云港星球塑料有限公司的所在地是江苏省连云港市。由于当事人未约定确定仲裁协议效力所应适用的法律，因此应根据其约定的仲裁地即我国内地的有关法律规定确定该协议的效力。从当事人签订的仲裁协议看，有请求仲裁的意思表示，也约定了仲裁事项，但其未约定明确的仲裁委员会，而且从你院请示报告所述事实看，当事人亦未能达成补充协议，故根据《中华人民共和国仲裁法》第 18 条的规定，本案仲裁协议应认定无效。同意你院请示报告的意见。

【民四他字［2004］41 号】 最高人民法院关于合营企业起诉股东承担不履行出资义务的违约责任是否得当及合资经营合同仲裁条款是否约束合营企业的请示的复函（2004 年 12 月 20 日答复山东高院"鲁高法［2004］203 号"请示）

根据你院请示报告认定的事实，青岛华翔精密技术有限公司（以下简称华翔公司）由青岛保税区华强国际贸易有限公司（以下简称华强公司）、日本国有限会社北条理化学研究所及日本国竹内铁工株式会社三方共同出资设立。合营企业成立后，华强公司将其在合营企业占有的 35% 股权全部转让给了青岛华强达工贸有限公司（以下简称华强达公司）。由于华强达公司未履行出资义务，合营企业华翔公司直接向华强达公司提起了诉讼，要求其按照合资经营合同的约定履行出资义务或者赔偿损失。我们认为：在合营企业成立之后，合资一方未按合资经营合同履行出资义务的行为，既损害了合资他方的权益，也损害了合资经营企业的权益。在合资他方未依约对违约方提请仲裁或者诉讼的情况下，合营企业有权以自己的名义提起诉讼，要求未履行出资义务的一方股东承担民事责任。因合营企业不是合资经营合同的签约主体，未参与订立仲裁条款，因此，合资经营合同中的仲裁条款不能约束合营企业。对于本案纠纷，合营企业华翔公司未依照合资经营合同的约定提请中国国际经济贸易仲裁委员会仲裁，而是直接向合营企业所在地的青岛市中级人民法院提起诉讼并不违反相关法律规定。同样，由于华强达公司是受让华强公司在合营企业中的股份之后作为股东进入合营企业的，各方当事人在进行股权转让时未明确约定是否受合资经营合同中仲裁条款的约束，因此，合资经营合同中的仲裁条款对受让方华强达公司没有法律约束力。华强达公司以合资经营合同含有有效的仲裁条款，本案应提交仲裁的主张没有法律依据，其管辖权异议依法不能成立，应予驳回。

【民四他字［2004］42 号】   **最高人民法院关于湖州市二耐耐火材料联营厂申请确认仲裁条款无效一案请示的复函**（2004 年 11 月 30 日答复浙江高院"［2004］浙民三他字第 1 号"请示）

湖州市二耐耐火材料联营厂、Minteg nternational inc. 与香港菱电国际有限公司签订的《合资经营合同》约定："因本合同签署生效引起的任何争议，或与本合同有关而发生的争议，应通过各方友好协商解决。如果一方向另一方发出要求协商的通知后 90 天内仍未能通过该等协商达成解决办法，应提交中国仲裁机构仲裁，如还不能解决，再提交瑞典斯德哥尔摩商会仲裁院，由一特别仲裁法庭按照该仲裁院的仲裁规则在斯德哥尔摩进行终局性仲裁。"从条款内容看，当事人对仲裁地没有约定，亦未约定确认仲裁条款效力的准据法，应适用法院地法即中国内地的法律认定该仲裁条款的效力。本案所涉仲裁条款对仲裁机构约定不明，而且违反了我国一裁终局的仲裁制度，根据《中华人民共和国仲裁法》第 9 条、第 16 条、第 18 条的规定，该仲裁条款应当认定无效。

【民四他字［2004］47 号】   **关于宁波市中级人民法院受理的中岛道代诉何爱兵、宁波江北杰美科微电教业厂、吴向洋民间借贷纠纷一案所涉仲裁条款效力的请示**（2004 年 12 月 13 日答复浙江高院"［2004］浙告他字第 24 号"请示）

本案系涉外案件，当事人在合同中约定有仲裁条款，即"本合同发生纠纷，甲了双方协商解决。若协商未决，任何一方均可向仲裁机构申请调解或仲裁，也可向法院起诉"，但没有约定识别该仲裁条款效力的准据法，也没有约定仲裁地点。因此，本案应当根据法院地国法律，即中华人民共和国法律，认定所涉仲裁条款的效力。该仲裁条款在约定通过仲裁解决纠纷的同时，并没有排除法院管辖。应当说，当事人通过仲裁解决纠纷的意思表示是不明确的，不符合《中华人民共和国仲裁法》第 16 条关于有效仲裁协议的规定，因此，应当认定该仲裁条款无效。宁波市中级人民法院作为被告住所地的法院，对本案享有管辖权。

【民四他字［2004］49 号】   **最高人民法院关于柳大熙与长春铁路分局长春医院中外合作经营合同纠纷一案的请示的复函**（2004 年 12 月 14 日答复吉林高院"［2004］吉民三他字第 7 号"请示）

同意你院对本案所涉仲裁条款效力的处理意见。根据你院的请示报告，长春铁路分局长春医院与韩国全州市 MORE 齿科医院于 1999 年 11 月 2 日签订的中韩合作经营齿科医院合同书第 34 条约定："在执行本合同时，如发生纠纷，双方应协商友好解决，如协商不成时，由仲裁机关判定"。由于双方当事人没有约定仲裁条款效力的准据法，亦未约定仲裁地，本案应当按照法院地法即中国法来确定该仲裁条款的效力。《中华人民共和国仲裁法》第18条规定："仲裁协议对仲裁事项或者仲裁委员会没有约定或者约定不明的，当事人可以补充协议；达不成补充协议的，仲裁协议无效"。本案当事人在合作合同中仅约定其纠纷由"仲裁机关判定"，但未同时指明由哪一个仲裁机关，属于对仲裁机构约定不明的情形。现作为当事人一方的柳大熙以长春铁路分局长春医院为被告向人民法院提起诉讼，应当视为双方不能就仲裁机构达成补充协议，因此，依法应认定该合同中的仲裁条款无效，人民法院对本案具有管辖权。

【民四他字［2005］11号】　最高人民法院关于得暐企业有限公司与荣成丰盛源食品有限公司买卖合同纠纷一案仲裁条款效力的请示的复函（2005年3月25日答复山东高院"［2005］鲁民四他字第1号"请示）

根据你院请示报告所述事实及所附案卷材料分析，蔡志祥既非得暐企业有限公司（以下简称企业公司）的法定代表人，也非该公司的职员，其以企业公司名义于2004年5月5日与荣成丰盛源食品有限公司（以下简称食品公司）签署包含有仲裁条款的协议时未得到企业公司的明确授权，而且企业公司对蔡志祥以本公司名义签署的该协议明确表示不予追认，因此，蔡志祥无权代表企业公司签署此份协议，该协议对企业公司不具有法律约束力。你院的请示意见和青岛中院第一种意见是正确的。青岛中院第二种意见认为蔡志祥的行为构成表见代理，其理由主要有2点：(1) 蔡志祥与企业公司之间有密切的联系。(2) 在诉讼中蔡志祥接受企业公司的委托，作为其诉讼代理人。

首先，仅以蔡志祥与企业公司有密切联系为由认定蔡志祥的行为构成表见代理，显然是缺乏法律依据的。而且从食品公司提交的几份证据材料看，蔡志祥均是代表其本人或者其他公司签署协议，从未代表企业公司签署过协议。

其次，关于蔡志祥作为企业公司诉讼代理人的问题。本案蔡志祥签署包含有仲裁条款协议的日期是2004年5月5日，而本案诉讼是企业公司于2004年5月20日向青岛中院提起，青岛中院于2004年5月21日立案。企业公司委托蔡志祥作为本案诉讼代理人是在青岛中院立案之后，授权委托书载明台湾台南地方法院公证处对该委托书的公证日期是2004年11月19日。即企业公司委托蔡志祥作为诉讼代理人是在蔡志祥签署协议之后，蔡志祥签署包含有仲裁条款的协议时，并非是企业公司的诉讼代理人，因此以蔡志祥是企业公司的诉讼代理人作为认定蔡志祥签署包含有仲裁条款的协议的行为构成表见代理的理由显然亦不能成立。故青岛中院第二种意见是缺乏根据的。

【民四他字［2006］1号】　　最高人民法院关于张家港星港电子公司与博泽国际公司中外合资经营合同中涉外仲裁条款效力问题的请示的复函（2006年3月9日答复江苏高院"［2005］苏民三立终字第0039号"请示）

本案双方当事人在合资合同中约定："凡因解释或执行本合同所发生争议，双方应首先通过友好协商予以解决。如果双方在协商开始后的60天内无法达成和解，任何一方可以将该争议按照《国际商会调解和仲裁规则》提交仲裁。仲裁应在瑞士苏黎世进行。仲裁员应使用本合同的英文版。任何这样的仲裁的全部程序应用英文进行，有关仲裁情况应每天用英文记录。仲裁应由3名仲裁员来进行，仲裁员应使用流利的英语，双方可各委派一位仲裁员，第三位仲裁员由仲裁院委派，该仲裁员为该仲裁庭主席。仲裁裁决是终局的，对双方均有约束力，双方同意遵守并执行。仲裁费用应由败诉方承担，除非在仲裁裁决中另有规定。"根据多年的司法实践以及本院《第二次全国涉外商事海事审判工作会议纪要》所确定的原则，当事人在合同中约定的适用于解决合同争议的准据法，不能用来确定涉外仲裁条款的效力。当事人在合同中明确约定了仲裁条款效力的准据法的，应当适用当事人明确约定的法律；未约定仲裁条款效力的准据法但约定了仲裁地的，应当适用仲裁地国家或者地区的法律。只有在当事人未约定仲裁条款效力的准据法亦未约定仲裁地或者仲裁地约定不明的情况下，才能适用法院地法即我国法律作为确认仲裁条款效力的准据法。本案当事人双方虽然在合同中约定"合同的订立、生效、解释和执行受中国现行和公布的有关法律的管辖"，但该约定是当事人对解决合同争议的准据法作出的选择，而不是对认定合同中仲裁条款效力的准据法作出的选择。《中华人民共和国合同法》第126条（现民法典第467条）第2款规定的"在中华人民共和国境内履行的中外合资经营企业合同、中外合作经营企业合同、中外合作勘探开发自然资源合同，适用中华人民共和国法律"，是对解决合同实体争议的准据法作出的规定，而并非对认定合同中仲裁条款效力的准据法作出的规定。我国法律并未强制规定在确认中外合资经营合同中仲裁条款效力时必须适用我国的法律作为准据法。由于本案当事人未明确约定仲裁条款效力的准据法，故应适用当事人约定的仲裁地瑞士的法律，对仲裁条款的效力作出认定。你院关于确定本案仲裁条款的效力应当适用我国法律的意见缺乏根据。根据瑞士的相关法律规定，本案仲裁条款有效。依照《中华人民共和国民事诉讼法》第257条第1款、《中华人民共和国仲裁法》第5条的规定，本案纠纷应根据当事人的约定，通过仲裁方式解决，人民法院对该纠纷无管辖权。苏州市中级人民法院［2004］苏中民三初字第064号民事裁定对本案的处理意见是正确的。

【民四他字［2006］4 号】 最高人民法院关于原告迈可达（青岛）运动用品有限公司与被告云中漫步国际公司还款合同纠纷一案管辖权争议的请示的复函（2006 年 3 月 7 日答复山东高院"［2006］鲁民四他字第 1 号"请示）

本案双方当事人在《生产协议》第 23 条中约定："双方应寻求通过快捷、诚信的协商来解决与本协议有关的所有争议。若该协商未能解决所有争议，双方应在加利福尼亚州迅速对剩余争端进行调解，调解由一位有经验的公正的调解员主持，调解员由双方选择，在双方无法达成一致时由加利福尼亚州高等法院选择。所有通过协商或调解未能解决的争议应根据当时存在的美国仲裁协会商业规则，在加利福尼亚州提交有约束力的仲裁。"该仲裁条款的有效性已经为人民法院民事裁定书所确认。

本案迈可达（青岛）运动用品有限公司依据其与云中漫步国际公司达成的还款协议提起诉讼，相对于《生产协议》而言，还款协议确系在双方当事人之间形成了新的法律关系，但该还款协议中所涉及的债务是双方当事人履行生产协议而形成的，还款协议基于《生产协议》而产生，与《生产协议》密切相关，现双方当事人就还款协议的履行产生的争议是与《生产协议》有关的争议。根据双方当事人在《生产协议》中仲裁条款的约定，与《生产协议》有关的所有争议，均应受该仲裁条款的约束。因此根据《中华人民共和国民事诉讼法》第 257 条第 1 款、《中华人民共和国仲裁法》第 5 条的规定，本案纠纷应依据当事人的约定，通过仲裁方式解决，人民法院对该纠纷无管辖权。你院关于新形成的欠款法律关系不受原《生产协议》仲裁条款的约束，本案纠纷应由人民法院受理的请示意见不能成立。

【民四他字［2006］9 号】 最高人民法院关于江门市华尔润玻璃有限责任公司诉斯坦因·霍特公司、上海斯坦因·霍特迈克工业炉有限公司产品责任纠纷案有关仲裁条款效力的请示的复函（2006 年 5 月 16 日答复广东高院"［2005］粤高法民四他字第 25 号"请示）

一、华尔润玻璃有限责任公司（以下简称华尔润公司）与斯坦因·霍特公司（以下简称斯坦因公司）所签合同第 16 章"仲裁"中明确约定："本合同下或本合同相关的任何以及所有无法经友好协商解决的争议应通过仲裁解决。仲裁应根据国际商会调解和仲裁规则进行。在达成裁决时，仲裁员应考虑相关事实和情形，并根据本合同的条件，如果不能根据本合同的条款达成解决，仲裁员应适用相关的瑞士法律条文。仲裁应在（瑞士）日内瓦进行。仲裁结果应为终局性的，对双方均有拘束力。仲裁的官方语言应为英语"。该仲裁条款为涉外仲裁条款，确该条款的效力，首先应明确所应适用的准据法。根据多年来的司法实践以及本院第二次全国涉外商事海事审判工作会议纪要所确定的原则，当事人在合同中明确约定了仲裁条款效力的准据法的，应当适用当事人明确约定的法律；未约定仲裁条款效力的准据法但约定了仲裁地的，应当适用仲裁地国家或者地区的法律。只有在当事人未约定仲裁条款效力的准据法亦未约定仲裁地或者仲裁地约定不明的情况下，才能适用法院地法即我国法律作为确认仲裁条款效力的准据法。从本案事实看，当事人并未约定确认仲裁条款效力的准据法，因此应该适用本案当事人约定的仲裁地即瑞士的法律作为确认仲裁条款效力的准据法。

你院关于适用法院地法审查该合同中仲裁条款效力的理由不能成立。第一，人民法院审理案件需要适用外国法时，外国法的查明有多种途径，人民法院可以要求当事人提供，当事人也有权申请人民法院查明相关外国法。只有在通过各种途径确实无法查明的情况下，才可以考虑适用法院地法。而从本案事实看，在你院及江门中院既未要求当事人提供外国法、也未自行查明外国法的情况下，即以外国法查明存在困难为由拒绝适用外国法欠妥；第二，本案所涉两份合同签约主体不同、标的物不同，分开审理对纠纷的解决并无不利；第三，在当事人签订了有效仲裁条款时，人民法院依法对纠纷不享有管辖权，因此不存在我国将此类案件的管辖权一概让与仲裁地国家或者损害我国司法主权的问题；第四，在当事人未明确约定仲裁条款效力的准据法时，对仲裁条款效力的审查适用仲裁地法已经是多年司法实践以及我院第二次全国涉外商事海事审判工作会议纪要中所明确确立的原则，而不仅仅只是学术界的一种观点，各级人民法院应该遵照执行。因此你院关于适用我国法律确认本案仲裁条款效力的意见不能成立，确认华尔润公司与斯坦因公司所签合同中仲裁条款的效力应适用瑞士法律。根据瑞士法律，该仲裁条款是有效和可执行的。

二、华尔润公司与上海斯坦因·霍特迈克工业炉有限公司（以下简称上海公司）签订的合同第9章"仲裁"中明确约定："本合同下或本合同相关的任何以及所有无法经友好协商解决的争议应通过仲裁解决。仲裁应根据中国国际经济贸易仲裁委员会调解和仲裁规则进行。仲裁应在北京进行。仲裁结果应为终局性的，对双方均有拘束力"。从该合同的签约主体、当事人购买的标的物及双方当事人之间民事法律关系设立、变更、终止的法律事实看，该合同不具有涉外因素，合同中的仲裁条款不属于涉外仲裁条款。对该仲裁条款效力的审查应适用我国的法律。华尔润公司与上海公司签订的仲裁条款虽然未约定仲裁机构，但其约定了适用的仲裁规则即《中国国际经济贸易仲裁委员会仲裁规则》，而根据该《仲裁规则》第4条第3项的规定，凡当事人约定按照该规则进行仲裁但未约定仲裁机构的，均视为同意将争议提交中国国际经济贸易仲裁委员会仲裁。因此根据当事人约定的仲裁规则可以确定明确的仲裁委员会，你院关于该仲裁条款因未约定明确的仲裁机构应认定无效的理由不能成立，该仲裁条款有效。

综上，由于华尔润公司与斯坦因公司和上海公司签订的合同中均包含明确有效的仲裁条款，依照《中华人民共和国民事诉讼法》第 111 条（现第 127 条）第 2 项、第 257 条（现第 288 条）第 1 款、《中华人民共和国仲裁法》第 5 条的规定，本案纠纷应根据当事人的约定，通过仲裁方式解决，人民法院对该纠纷无管辖权。

【民四他字 ［2006］ 19 号】 最高人民法院关于中电通信科技有限公司与韩国移动通信有限公司、上海奥盛投资有限公司联营合同纠纷管辖权异议一案有关仲裁条款效力问题的请示的复函（2006 年 7 月 20 日答复北京高院"京高法 ［2006］ 120 号"请示）

本案当事人在《合营公司合同》中约定了仲裁条款，即：有关合同的任何争议，如果中电通信科技有限公司（以下简称中电通信公司）、上海奥盛投资有限公司（以下简称上海奥盛公司）提起仲裁，争议应当在韩国首尔仲裁，如果韩国移动通信有限公司（以下简称韩国移动公司）提起仲裁，争议应当在中国北京仲裁……当事人没有约定认定该仲裁条款效力的准据法，但约定了仲裁地点，本案即应当根据仲裁地的法律认定所涉仲裁条款的效力。根据该仲裁条款的约定，如果韩国公司提起仲裁，仲裁地点即在中国北京，现本案争议系由韩国公司首先提请解决，因此，本案应当根据中国法律认定所涉仲裁条款的效力。

本案所涉仲裁条款没有约定仲裁机构，当事人之间亦没有就仲裁机构达成补充协议，根据《中华人民共和国仲裁法》第 16 条、第 18 条的规定，应当认定本案所涉仲裁条款无效。北京一中院作为被告住所地的人民法院，对本案享有管辖权。

同意你院的处理意见。同时，请你院提醒北京市第一中级人民法院，在其认定有关仲裁条款无效时，应根据报告制度及时逐级报告我院。

【民四他字 ［2006］ 42 号】 最高人民法院关于宁波剡界岭高速公路有限公司诉奥地利阿尔皮内·麦瑞德建筑股份有限公司代理合同纠纷一案仲裁条款效力的请示的复函（2007 年 1 月 11 日答复浙江高院" ［2006］ 浙民三初字第 3 号"请示）

根据你院请示报告中反映的事实，本案双方当事人在协议第 15 条争议解决方式中约定：由本协议引起的或与本协议相关的任何争议、争论或索赔事件，首先，根据宁波仲裁委员会的仲裁规则进行调解，其次，如果不能达成解决方案，争议事件应提交仲裁，根据浙江省的法律法规进行仲裁，该仲裁应在中国由一个仲裁员用英语进行。从该约定可以看出，在调解不成的情况下，双方当事人通过仲裁解决本案合同争议的意思表示是明确的，仲裁地点在中国。最高人民法院《关于适用〈中华人民共和国仲裁法〉若干问题的解释》第 16 条规定："对涉外仲裁协议的效力审查，适用当事人约定的法律，当事人没有约定适用的法律但约定了仲裁地的，适用仲裁地法律，没有约定适用的法律也没有约定仲裁地或者仲裁地约定不明的，适用法院地法律。"由于该协议约定的仲裁地在中国，故对仲裁条款效力的审查应适用中国法。

因本案双方当事人在仲裁条款中未约定仲裁机构，发生纠纷后，没有证据表明双方当事人对仲裁机构达成补充协议，根据《中华人民共和国仲裁法》第 18 条的规定，该仲裁条款应属无效。人民法院对该案享有管辖权。

【民四他字［2006］46 号】　最高人民法院关于 DNT FRANCE（**法国 DNT 股份有限公司**）与中山市凤凰家电有限公司、林建明、周小杰、王丙炎经营合同纠纷一案管辖问题的请示的复函（2007 年 1 月 11 日答复广东高院"［2006］粤高法立请字第 7 号"请示）

从你院请示报告反映的事实看，根据本案所涉合同第 24.2 条的约定，在各方当事人之间出现与本合同效力、解释，履行等有关的事宜发生争议时，要通过仲裁方式解决的意思表示是明确的，此外，该条款还约定了仲裁员的选择办法，但对仲裁地点、仲裁机构、所适用的法律及确定仲裁协议效力适用的准据法没有约定。最高人民法院《关于适用〈中华人民共和国仲裁法〉若干问题的解释》第 16 条规定："对涉外仲裁协议的效力审查，适用当事人约定的法律，当事人没有约定适用的法律但约定了仲裁地的，适用仲裁地法律，没有约定适用的法律也没有约定仲裁地或者仲裁地约定不明的，适用法院地法律。"在本案情况下，对仲裁协议效力的认定应适用法院地法。现法国 DNT 股份有限公司向中山市中级人民法院提起诉讼，故应适用我国法律来认定仲裁条款的效力。因本案合同中的仲裁条款没有约定仲裁机构，发生争议后，各方当事人也未能就仲裁地点、仲裁机构达成补充协议，根据《中华人民共和国仲裁法》第 16 条、第 18 条的规定，该仲裁条款应属无效。人民法院对该案有管辖权。

【民四他字［2006］49 号】　最高人民法院关于原告中国平安财产保险股份有限公司大连分公司与被告中远航运股份有限公司、广州远洋运输公司海上货物运输合同保险代位求偿案所涉仲裁条款是否有效的请示的复函（2007 年 1 月 26 日答复湖北高院"［2006］鄂民立他字第 027-1 号"请示）

根据你院查明的事实，涉案提单正面仅记载"2004 年 4 月 19 日租约中条款、条件、除外责任等并入本提单"，并无明确记载将该租约中的仲裁条款并入提单。涉案提单背面记载的有关并入的格式条款并不能构成租约仲裁条款的有效并入。

因此，可以认定涉案租约中的仲裁条款没有并入提单，中远航运股份有限公司、广州远洋运输公司依据该仲裁条款主张仲裁的理由不能成立，该仲裁条款对中国平安财产保险股份有限公司大连分公司不具有约束力。本案所涉海上货物运输卸货港为南通，属于武汉海事法院管辖范围，武汉海事法院对本案具有管辖权。同意你院关于武汉海事法院对本案具有管辖权的结论意见。

【民四他字 [2007] 1 号】　最高人民法院关于浙江久立集团股份有限公司申请撤销仲裁裁决一案的请示的复函（2007 年 3 月 22 日答复上海高院 "[2006]沪高民四（商）他字第 2 号" 请示）

根据你院报告所诉事实，本案争议涉及 2 份《合资经营合同》，即北美治金国际有限公司（以下简称北美国际）、浙江佳元企业发展有限公司（以下简称浙江佳元）、浙江久立集团股份有限公司（以下简称浙江久立）于 1999 年 5 月 12 日签订的《合资经营合同》（以下简称《5·12 合同》）以及北美治金集团有限公司（以下简称北美集团）、浙江佳元、浙江久立于 1996 年 6 月 8 日签订的《合资经营合》（以下简称《6·8 合同》），两份合同均约定有仲裁条款，尽管合同约定的仲裁机构名称为 "中国国际贸易仲裁委员会" 与名称为 "中国国际经济贸易仲裁委员会" 相差 "经济" 二字，但中国只有一家国际经济贸易仲裁委员会，也没有其他的仲裁委员会名称与 "中国国际贸易仲裁委员会 "更近似，依据本院《关于适用〈中华人民共和国仲裁法〉若干问题的解释》第 3 条的规定，可以认定当事人选择的就是中国国际经济贸易仲裁委员会。故中国国际经济贸易仲裁委员会上海分会（以下简称上海分会）对本案两份合同均有管辖权。

从你院报告反映的情况看，上海分会在仲裁裁决书中表述受理本仲裁案依据的是《6·8 合同》中的仲裁条款。由于本案当事人之一的北美国际并非《6·8合同》的缔约主体，因此上海分会依据《6·8 合同》中的仲裁条款受理该案，在管辖权方面的表述是存在瑕疵的。上海市第二中级人民法院认为北美国际并非《6·8 合同》的缔约主体，在没有证据证明北美集团与北美国际为同一主体的前提下，仲裁机构基于《6·8 合同》中的仲裁条款对北美国际与合资中方之间纠纷进行审理程序不当的观点是有一定道理的。但从案件相关事实看，本案当事人北美国际、浙江佳元、浙江久立签订的《5·12 合同》中同样存在有效的仲裁条款，因此就本案纠纷而言，仲裁庭实际享有管辖权。

另，本案中申请人提交仲裁申请的时间为 2002 年 1 月 18 日，在仲裁审理过程中，申请人北美国际于 2003 年 7 月 21 日解散，而仲裁庭于 2003 年 12 月 8 日作出的仲裁裁决仍将北美国际列为仲裁当事人。北美国际解散的确定后果与法律意义不详，如果北美国际的解散意味着其法人主体资格的消灭，则北美国际不能作为仲裁当事人，应变更其权利义务关系继受人 AOD 公司为仲裁当事人。

综上，本案仲裁裁决存在一定问题，但就解决北美国际、浙江久立、浙江佳元之间的合资经营内曼格特钢有限公司纠纷而言，上海分会具有管辖权。如果人民法院现在以当事人间不存在仲裁协议为由撤销本案裁决，其仍可按照《5·12 合同》中的仲裁条款再行申请仲裁，结果必将给当事人带来不必要的诉累。鉴于存在上诉情况，建议此案按《仲裁法》第 61 条规定，通知仲裁庭重新仲裁，如仲裁庭拒绝重新仲裁，再恢复撤销程序。

【民四他字［2007］14 号】　　最高人民法院关于原告中国·北京埃力生进出口有限公司诉被告日本·太阳航行贸易有限公司、新加坡·松加船务有限公司海上运输合同管辖权异议上诉一案的请示的复函（2007 年 9 月 29 日答复湖北高院"鄂高法［2007］197 号"请示）

根据松加船务有限公司签发的提单记载：承运人为松加船务有限公司，通知人为北京埃力生进出口有限公司，收货人凭指示。提单正面约定："船东对货物的运费、空仓费、滞期费、司法扣押费用及代理律师的费用等享有留置权，即使货物已交付给承运人或提单持有人或保管人。如果租约未能足够包含上述条款，则提单项下所产生的任何纠纷应提交伦敦或纽约仲裁，船东/承运人享有选择权，具体按 SHELLVOY84 仲裁条款的规定。"松加船务有限公司认为提单仲裁条款对于提单持有人北京埃力生进出口有限公司具有效力，并以此为由提出管辖权异议。

本院认为，涉案提单是基于租船合同而签发，提单正面记载的仲裁条款不属于租约仲裁条款并入提单，应是提单仲裁条款的约定。根据海商法第 95 条的规定，作为承运人的松加船务有限公司与持有提单的北京埃力生进出口有限公司之间的权利、义务关系应当适用涉案提单的约定。虽然涉案提单正面约定因涉案提单所产生的任何纠纷应提交伦敦或纽约仲裁，但提单仲裁条款的约定属于承运人单方意思表示，对持有提单的北京埃力生进出口有限公司并不具有约束力。同意你院倾向性意见，武汉海事法院对此案具有诉讼管辖权。

【民四他字［2007］16 号】　　最高人民法院关于确认成都七彩服装有限责任公司与创始时装有限公司专营合同中仲裁条款效力一案的请示的复函（2007 年 9 月 18 日答复四川高院"川高法［2007］182 号"请示）

本案为确认仲裁协议效力案件，由于作为当事人一方的创始时装有限公司系在澳门特别行政区注册成立的公司，故本案应适用确认涉外仲裁效力的有关规定。《最高人民法院关于适用〈中华人民共和国仲裁法〉若干问题的解释》第 16 条规定："对涉外仲裁协议的效力审查，适用当事人约定的法律；当事人没有约定适用的法律但约定了仲裁地的，适用仲裁地法律；没有约定适用的法律也没有约定仲裁地或者仲裁地约定不明的，适用法院地法律。"本案当事人虽然未在合同中明确约定确认仲裁协议效力所应适用的准据法，但在发生争议后，双方当事人一致认为应适用澳门特别行政区法律作为仲裁协议的准据法，故应视为当事人就确认仲裁协议效力的准据法达成补充协议，本案应适用澳门特别行政区法律作为确认仲裁协议效力的准据法。

根据当事人举证，目前澳门特别行政区关于仲裁方面的法律主要有两部，即29/96/M 号法令（以下简称 29 号法令）和 55/98/M 号法令（以下简称 55 号法令）。29 号法令规定的是澳门特别行政区仲裁的一般制度。55 号法令规范的是涉外商事仲裁，该法令第 1 章第 1 条第 4 款 b 项规定，仲裁协议之当事人在订立协议时各自之营业地点位于不同国家或地区即为涉外仲裁。由于本案双方当事人的营业地点分别位于我国内地和澳门特别行政区，因此本案应优先适用 55 号法令的规定。

本案当事人在合同中约定："因履行本协定所产生的一切争议，双方应首先友好协商解决，协商不成时，应提交澳门特别行政区相关仲裁委员会依其仲裁规则进行仲裁。"现当事人又一致认为应适用澳门特别行政区法律作为确认仲裁协议效力的准据法。上述仲裁协议有明确的仲裁意思表示，约定了明确的仲裁事项，同时约定提交澳门特别行政区相关仲裁委员会依其仲裁规则进行仲裁。根据当事人的约定，其将争议提交澳门特别行政区相关的仲裁机构后，依据仲裁机构的仲裁规则通常能够确定仲裁员的指定方式，即使仲裁规则中没有对指定仲裁员的方式作出明确的规定，由于 55 号法令对于当事人在"无关于指定一名或数名仲裁员之程序之协议"的情况下如何确定仲裁庭的组成作出了明确的规定，因此根据当事人约定适用的澳门特别行政区法律，可以确定仲裁员的指定方式。而根据目前查明的事实，澳门世贸仲裁中心也已经根据创始时装有限公司的申请受理了相关案件。故你院请示报告中认为本案仲裁条款未指定仲裁员，也未指出指定仲裁员方式，因此应确认无效的意见缺乏法律依据，本案所涉仲裁协议应认定有效。

【民四他字［2008］3 号】　最高人民法院关于订有仲裁条款的合同一方当事人不出庭应诉应如何处理的复函（2008 年 3 月 26 日答复山东高院请示）

根据《中华人民共和国和民事诉讼法》第 111 条（现第 127 条）第 2 项、第 257 条（现第 278 条）第 1 款关于订有仲裁条款的当事人不得向人民法院起诉的规定，应当告知原告向仲裁机构申请仲裁。你院受理后发现有仲裁条款的，应先审查确定仲裁条款的效力。如仲裁条款有效，被告经合法传唤未答辩应诉，不能据此认为其放弃仲裁并认定人民法院取得管辖权。如果本案所涉及仲裁条款有效、原告仍坚持起诉，你院应驳回原告的起诉。

【民四他字［2008］24号】　最高人民法院关于加拿大摩耐克有限公司申请确认仲裁条款无效一案的请示的答复（2008年8月14日答复上海高院"［2008］沪高民四（商）他字第1号"请示）

由于签订本案仲裁协议的一方当事人加拿大摩耐克有限公司为外国公司，本案仲裁协议为涉外仲裁协议。《最高人民法院关于适用〈中华人民共和国仲裁法〉若干问题的解释》第16条规定："对涉外仲裁协议的效力审查，适用当事人约定的法律，当事人没有约定适用的法律但约定了仲裁地的，适用仲裁地法律；没有约定适用的法律也没有约定仲裁地或者仲裁地约定不明的，适用法院地法律。"从你院请示报告叙述事实看，当事人未约定适用的法律也没有约定仲裁地，因此，本案应适用法院地即我国的法律作为确认仲裁协议效力的准据法。

本案当事人约定"在执行本合同期间，如产生分歧，双方将本着友好合作精神，协商解决。协商不成，向北京仲裁机构申请仲裁。"而北京有3家仲裁机构即北京仲裁委员会、中国海事仲裁委员会和中国国际经济贸易仲裁委员会，其中至少有2家仲裁机构都可受理涉案合同争议。尽管被申请人上海海地建设工程有限公司与本案案外人上海摩耐克公司签订的《专业分包施工合同》中签订的仲裁条款明确约定发生纠纷由北京仲裁委员会解决，但该合同与本案所涉合同签约主体不同，因此，不能依据《专业分包施工合同》中的仲裁协议推断出本案仲裁协议中的"北京仲裁机构"即指北京仲裁委员会。《中华人民共和国仲裁法》规定："仲裁协议对仲裁事项或者仲裁委员会没有约定或者约定不明确的，当事人可以补充协议，达不成补充协议的，仲裁协议无效。"《最高人民法院关于适用〈中华人民共和国仲裁法〉若干问题的解释》第6条规定："仲裁协议约定由某地的仲裁机构仲裁且该地仅有一个仲裁机构的，该仲裁机构视为约定的仲裁机构。该地有2个以上仲裁机构的，当事人可以协议选择其中的一个仲裁机构申请仲裁；当事人不能就仲裁机构选择达成一致的，仲裁协议无效。"由于本案当事人签订的仲裁协议未约定明确的仲裁机构，且不能协商一致达成补充协议，故依据上述规定，该仲裁协议应认定无效。你院的请示意见是正确的。

另，你院请示报告中的审查意见部分，仅表明了对该案的结论性意见，但未阐述任何理由，今后在报送请示案件书写报告时应予以注意，在阐述结论性意见的同时，须阐明相关理由。

【民四他字［2008］26号】　最高人民法院关于马山集团有限公司与韩国成东造船海洋株式会社、荣成成东造船海洋有限公司委托合同纠纷一案仲裁条款效力的请示的答复（2008年10月30日答复山东高院"［2008］鲁民四他字第4号"请示）

一、本案系马山集团有限公司与韩国成东造船海洋株式会社因履行《外国人投资独立企业合同书》产生的涉外商事合同纠纷，当事人在该合同书中订有仲裁协议。依据《最高人民法院关于适用〈中华人民共和国仲裁法〉若干问题的解释》第16条的规定，对涉外仲裁协议的效力审查，适用当事人约定的法律；当事人没有约定适用的法律但约定了仲裁地的，适用仲裁地法律；没有约定适用的法律也没有约定仲裁地或者仲裁地约定不明的，适用法院地法律。

本案当事人在《外国人投资独立企业合同书》的仲裁条款中没有约定适用的法律，也没有约定仲裁地，故对合同中涉外仲裁条款效力的审查，应适用法院地法律即我国法律。

马山集团有限公司、韩国成东造船海洋株式会社与案外人荣成市政府在三方签订的《外国人投资独立企业合同书》中的"纠纷调节责任"部分约定："在履行本合同中发生分歧时，首先应相互协商解决，协商不成三方同意按英文版合同提请英国国际经济贸易仲裁委员会仲裁解决。"因该仲裁条款约定的仲裁机构不存在，且合同当事人未约定仲裁地，也未就仲裁机构达成补充协议，故根据《中华人民共和国仲裁法》第18条的规定，应认定上述仲裁条款无效。同意你院认为韩国成东会社的管辖权异议不成立的处理意见。

二、根据山东省威海市中级人民法院的卷宗材料及卷内文书记载，本案案由为拆迁补偿费纠纷，请你院注意。

【民四他字〔2008〕50号】 最高人民法院关于原告太平洋财产保险股份有限公司上海分公司诉被告太阳海运有限公司、远洋货船有限公司、联合王国保赔协会海上货物运输合同纠纷管辖权异议案请示的复函 (见本书第2章"海事纠纷管辖"专辑)

【民四他字〔2009〕19号】 最高人民法院关于对兖州浩珂伟博矿业工程有限公司与伟博公司（A. WEBER S. A.）、索菲浩勒公司（SOFIROL. S. A.）解除合同纠纷一案中仲裁条款效力问题的请示的复函（2009年5月18日答复山东高院"〔2009〕鲁立函字第7号"请示）

本案涉及的是涉外案件中仲裁条款效力的认定问题。

首先，本案所涉《制造及许可协议》是在兖州浩珂伟博矿业工程有限公司与伟博公司之间签订的。该协议第26条约定了仲裁条款，即约定与合同有关的争议在通过协商无法解决时应当提交中国国际经济贸易仲裁委员会根据其仲裁规则在北京进行仲裁；而协议第29条又同时约定了中华人民共和国法院的非排他性管辖权。本院法释〔2006〕7号《关于适用〈中华人民共和国仲裁法〉若干问题的解释》第7条规定："当事人约定争议可以向仲裁机构申请仲裁也可以向人民法院起诉的，仲裁协议无效。但一方向仲裁机构申请仲裁，另一方未在仲裁法第 20 条第 2 款规定期间内提出异议的除外。"在兖州浩珂伟博矿业工程有限公司向人民法院提起诉讼的情况下，应当认定本案所涉议中的仲裁条款无效。山东省济宁市中级人民法院作为合同履行地的法院，对兖州浩珂伟博矿业工程有限公司与伟博公司之间因上述协议产生的纠纷享有管辖权。

其次，兖州浩珂伟博矿业工程有限公司与索菲浩勒公司之间并无仲裁协议，因此，该两公司之间的纠纷可以通过诉讼解决。本案中，兖州浩珂伟博矿业工程有限公司系将索菲浩勒公司作为其与伟博公司之间合同纠纷的共同被告，因而，山东省济宁市中级人民法院享有管辖权。

综上，本案所涉仲裁条款无效，山东省济宁市中级人民法院对本案享有管辖权。同意你院的请示意见。

同时指出，你院请示报告中关于认定本案所涉仲裁协议无效的部分理由不妥。本案是由于存在"或裁或审"的情形导致仲裁条款被认定无效，并非由于仲裁条款中"未明确约定仲裁条款效力的准据法和仲裁应依照的实体法律"。对此，你院应注意纠正。

【民四他字［2009］43 号】 最高人民法院关于申请人美国麦克伦集团国际贸易公司、美国麦克伦集团国际贸易公司北京代表处申请撤销［2008］厦仲裁字第 0379 号仲裁裁决一案的请示报告的复函（2009 年 12 月 16 日答复福建高院"［2009］闽民他字第 42 号"请示）

申请人美国麦克伦集团国际贸易公司系在美国注册成立的公司，本案为当事人申请撤销涉外仲裁裁决的案件。本案争议的核心问题是当事人在代理销售合同及补充协议中签订的仲裁协议是否有效。当事人在代理销售合同及补充协议中约定若发生争议协商不成时，"任何一方都有权向所在地的仲裁委员会提出仲裁"。《最高人民法院关于适用〈中华人民共和国仲裁法〉若干问题的解释》第 16 条规定："对涉外仲裁协议的效力审查，适用当事人约定的法律；当事人没有约定适用的法律但约定了仲裁地的，适用仲裁地法律；没有约定适用的法律也没有约定仲裁地或者仲裁地约定不明的，适用法院地法律。"由于本案当事人没有约定确认仲裁协议效力适用的法律，亦未约定明确的仲裁地，依据上述规定，本案应适用法院地法律即我国的法律确认仲裁协议的效力。当事人在仲裁协议中约定的仲裁机构为"所在地的仲裁委员会"，但"所在地"是指哪一方当事人所在地不明确，且"所在地"是指当事人位于的市还是省抑或国家的所在地亦不明确，因此当事人对于仲裁机构的约定是不明确的，其亦未能达成补充协议。《中华人民共和国仲裁法》第 18 条规定："仲裁协议对仲裁事项或者仲裁委员会没有约定或者约定不明确的，当事人可以补充协议；达不成补充协议的，仲裁协议无效。"依据该条规定，本案仲裁协议应认定无效。

且即使将"所在地"确认为当事人所处城市的所在地，而由于在代理销售合同及补充协议上盖章的美国麦克伦集团国际贸易公司北京代表处和厦门市大路通行销有限公司分别位于北京市和厦门市，因此本案当事人约定的仲裁机构也为2个以上。《最高人民法院关于适用〈中华人民共和国仲裁法〉若干问题的解释》第5条规定："仲裁议约定2个以上仲裁机构的，当事人可以协议选择其中的一个仲裁机构申请仲裁；当事人不能就仲裁机构选择达成一致的，仲裁协议无效。"第6条规定："仲裁协议约定由某地的仲裁机构仲裁且该地仅有一个仲裁机构的，该仲裁机构视为约定的仲裁机构。该地有2个以上仲裁机构的，当事人可以协议选择其中的一个仲裁机构申请仲裁；当事人不能就仲裁机构选择达成一致，仲裁协议无效。"由于本案当事人未就仲裁机构选择达成一致，依据上述规定，该仲裁协议亦应认定无效。

综上，本案当事人签订的仲裁协议应认定无效，根据《最高人民法院关于适用〈中华人民共和国仲裁法〉若干问题的解释》第18条规定，仲裁协议被认定无效的，视为没有仲裁协议。且本案申请人美国麦克伦集团国际贸易公司北京代表处在仲裁庭首次开庭前已经就仲裁庭的管辖权提出异议。故依照《中华人民共和国仲裁法》第70条及《中华人民共和国民事诉讼法》第258条（现第291条）第1款第1项的规定，本案仲裁裁决应予撤销。同意你院的请示意见。

另，由于本案仲裁裁决为涉外仲裁裁决，对该仲裁裁决的撤销应适用《中华人民共和国仲裁法》第70条的规定，厦门市中级人民法院请示意见中援引《中华人民共和国仲裁法》第58条的规定是错误的，你院应予以注意。

【民四他字［2009］44号】 最高人民法院关于青岛天龙澳兴工贸实业有限公司与恒达–西伯利有限责任公司、烟台西北林业有限公司合作合同纠纷一案仲裁条款效力问题的请示的复函（2009年12月8日答复山东高院"［2009］鲁立函字第39号"请示）

本案系涉外货物买卖合同纠纷。根据你院报送的材料，青岛天龙澳兴工贸实业有限公司与恒达–西伯利有限责任公司在《木材进口合同书》、《木材业务合作书》中均约定："本协议执行过程中，如果出现争议，双方应首先协商解决，协商不成，双方同意提交中国国际经济贸易仲裁委员会北京分会仲裁"。该条款并未约定认定仲裁协议效力的准据法，亦未约定仲裁地点，根据《最高人民法院关于适用〈中华人民共和国仲裁法〉若干问题的解释》第16条之规定："对涉外仲裁协议的效力审查，适用当事人约定的法律；当事人没有约定适用的法律但约定了仲裁地的，适用仲裁地法律；没有约定适用的法律也没有约定仲裁地或者仲裁地约定不明的，适用法院地法律。"故对仲裁条款效力的审查适用法院地法，即中国法律。根据《中华人民共和国仲裁法》第16条之规定："仲裁协议应当具有下列内容：（一）请求仲裁的意思表示；（二）仲裁事项；（三）选定的仲裁委员会。"虽然当事人约定的仲裁机构并不准确，但可以推知当事人选定的仲裁机构是在北京的中国国际经济贸易仲裁委员会，亦符合《最高人民法院关于适用〈中华人民共和国仲裁法〉若干问题的解释》第3条之规定："仲裁协议约定的仲裁机构名称不准确，但能够确定具体的仲裁机构的，应当认定选定了仲裁机构。"因此，应当认定本案所涉仲裁条款有效，人民法院对本案无管辖权。

【民四他字［2009］47号】　最高人民法院关于山东名流实业集团有限公司与韩弼淳（PIL SOON HAN）技术合作开发合同纠纷一案中仲裁条款效力问题的请示的复函（2009年12月22日答复山东高院"［2009］鲁立函字第42-1号"请示）

根据你院请示报告所述，本案双方当事人山东名流实业集团有限公司与韩弼淳在2001年3月11日签订《合作协议书》后，对协议中涉及纠纷解决方式的条款进行了多次修改并签订了修改协议。最后一次是双方于2009年4月28日达成的《合作协议书的修改协议》，该协议第5条约定："未尽事宜，友好协商；协商不成，以英文版本提交日本任何一家仲裁机构进行仲裁。"

因本案所涉仲裁协议是在中国公司与外国公民之间达成的，因此，本案系属涉外仲裁协议效力认定的案件。首先应当确认仲裁协议效力应适用的准据法。《最高人民法院关于适用〈中华人民共和国仲裁法〉若干问题的解释》第16条规定："对涉外仲裁协议的效力审查，适用当事人约定的法律；当事人没有约定适用的法律但约定了仲裁地的，适用仲裁地法律；没有约定适用的法律也没有约定仲裁地或者仲裁地约定不明的，适用法院地法律。"首先，本案双方当事人在《合作协议书的修改协议》第5条中并未约定确认该仲裁协议效力所适用的准据法；其次，该修改协议第5条虽然约定了"提交日本任何一家仲裁机构进行仲裁"但日本仲裁机构的仲裁地可能在日本，也可能在其他国家，具有不确定性。显然该修改协议亦未明确选定仲裁地。因此，应当适用法院地法，即中国法律来审查本案仲裁协议的效力。根据《中华人民共和国仲裁法》第18条"仲裁协议对仲裁事项或者仲裁委员会没有约定或者约定不明确的，当事人可以补充协议；达不成补充协议的，仲裁协议无效"之规定，本案当事人对仲裁机构约定不明，且未达成补充协议，本案仲裁条款应属无效条款。由于本案一方当事人已向山东省威海市中级人民法院提起诉讼，故可以认定双方无法就仲裁问题达成补充协议。因此，山东省威海市中级人民法院对本案有管辖权。

综上，同意你院的请示意见。另，你院请示报告中关于认定本案所涉仲裁协议应以中国法律为准据法的理由不妥。本案是由于当事人未约定确认该仲裁协议效力所适用的准据法，亦未明确选定仲裁地，应当适用法院地法，从而认定应以中国法律为审查本案的准据法，并非由于"涉案《合作协议书》及修改协议中载明的纠纷解决方式的效力问题属程序问题，应当适用法院地法"。对此，你院应予纠正。

【民四他字［2010］8号】 最高人民法院关于崔惠深与华荣集团塑胶有限公司委托加工合同纠纷一案仲裁条款效力的请示的复函（2010年3月18日答复上海高院"［2009］沪高民四（商）他字第6号"请示）

本案系涉外委托加工合同纠纷。根据你院报送的材料，崔惠深与华荣集团塑胶有限公司（以下简称华荣公司）签订的委托加工合同第11条约定："执行本合同发生纠纷时，双方应协商解决，协商不成时，可以要求仲裁。"该条款并未约定认定仲裁协议效力的准据法，亦约定仲裁地点，根据《最高人民法院关于适用〈中华人民共和国仲裁法〉若干问题的解释》第16条款之规定："对涉外仲裁协议的效力审查，适用当事人约定的法律；当事人没有约定适用的法律但约定了仲裁地的，适用仲裁地法律；没有约定适用的法律也没有约定仲裁地或者仲裁地约定不明的，适用法院地法律。"故对本案仲裁条款效力的审查应适用法院地法，即中国法律。根据《中华人民共和国仲裁法》第16条之规定，"仲裁协议应当具有下列内容：（一）请求仲裁的意思表示；（二）仲裁事项；（三）选定的仲裁委员会。"本案当事人之间虽订有仲裁条款，但没有明确约定仲裁机构，并且当事人之间无法就选定仲裁机构达成补充协议，因此，应当依法认定本案所涉仲裁条款无效，人民法院对该案享有管辖权。综上，同意你院认定仲裁条款无效的请示意见。

【民立他字［2010］36号】 最高人民法院关于当事人对人民法院作出的确认仲裁协议效力的裁定不服提出再审申请人民法院是否受理问题的复函（2010年12月14日答复北京高院"京高法［2011］119号"请示）[1]

1. 当事人根据《中华人民共和国仲裁法》第20条的规定申请确认仲裁协议效力的，人民法院应当依照《中华人民共和国民事诉讼法》第15章关于特别程序的规定进行审理。

2. 根据《中华人民共和国民事诉讼法》第161条（现第185条）的规定，依照特别程序审理的案件，实行一审终审。因此对确认仲裁条款效力的裁定，当事人不服向上级人民法院申请再审的，人民法院不予受理。

---

[1] 最高人民法院立案庭：《立案工作指导》2011年第1辑第77页，人民法院出版社2011年8月第1版。

【贸仲〔2024〕号】　中国国际经济贸易仲裁委员会仲裁规则（中国国际贸易促进委员会/中国国际商会2023年9月2日核准通过，2024年1月1日起施行）

第1条　仲裁委员会

（一）中国国际经济贸易仲裁委员会（以下简称"仲裁委员会"），原名中国国际贸易促进委员会对外贸易仲裁委员会、中国国际贸易促进委员会对外经济贸易仲裁委员会，同时使用"中国国际商会仲裁院"名称。

（二）当事人在仲裁协议中订明由中国国际贸易促进委员会/中国国际商会仲裁，或由中国国际贸易促进委员会/中国国际商会的仲裁委员会或仲裁院仲裁的，或使用仲裁委员会原名称为仲裁机构的，均视为同意由中国国际经济贸易仲裁委员会仲裁。

第2条　机构及职责

（一）仲裁委员会主任履行本规则赋予的职责。副主任根据主任的授权可以履行主任的职责。

（二）仲裁委员会设有仲裁院，在授权的副主任和仲裁院院长的领导下履行本规则规定的职责。

（三）仲裁委员会设在北京。仲裁委员会设有分会或仲裁中心（本规则附件一）。仲裁委员会的分会/仲裁中心是仲裁委员会的派出机构，根据仲裁委员会的授权，接受仲裁申请，管理仲裁案件。

（四）分会/仲裁中心设仲裁院，在分会/仲裁中心仲裁院院长的领导下履行本规则规定由仲裁委员会仲裁院履行的职责。

（五）案件由分会/仲裁中心管理的，本规则规定由仲裁委员会仲裁院院长履行的职责，由仲裁委员会仲裁院院长授权的分会/仲裁中心仲裁院院长履行。

（六）当事人可以约定将争议提交仲裁委员会或仲裁委员会分会/仲裁中心进行仲裁；约定由仲裁委员会进行仲裁的，由仲裁委员会仲裁院接受仲裁申请并管理案件；约定由分会/仲裁中心仲裁或约定开庭地、仲裁地在分会/仲裁中心所在省、自治区、直辖市辖域内的，由该分会/仲裁中心仲裁院接受仲裁申请并管理案件，当事人另有约定的除外。仲裁委员会仲裁院可根据案件具体情形授权并指定分会/仲裁中心管理相关案件。

约定的分会/仲裁中心不存在、被终止授权或约定不明的，由仲裁委员会仲裁院接受仲裁申请并管理案件。如有争议，由仲裁委员会作出决定。

（七）仲裁委员会可以根据当事人约定和请求为临时仲裁提供管理和辅助服务，包括并不限于适用仲裁规则咨询指引性服务、仲裁员指定/回避、提供秘书和庭审服务、核阅裁决草稿、代为管理仲裁员报酬等仲裁服务。但当事人约定无法实施或与仲裁程序适用法强制性规定相抵触者除外。

第 5 条 仲裁协议

（一）仲裁协议指当事人在合同中订明的仲裁条款或以其他方式达成的提交仲裁的书面协议。

（二）仲裁协议应当采取书面形式。书面形式包括合同书、信件、电报、电传、传真、电子数据交换和电子邮件等可以有形地表现所载内容的形式。在仲裁申请书和仲裁答辩书的交换中，一方当事人声称有仲裁协议而另一方当事人不作否认表示的，视为存在书面仲裁协议。

（三）仲裁协议的适用法对仲裁协议的形式及效力另有规定的，从其规定。

（四）合同中的仲裁条款应视为与合同其他条款分离的、独立存在的条款，附属于合同的仲裁协议也应视为与合同其他条款分离的、独立存在的一个部分；合同的变更、解除、终止、转让、失效、无效、未生效、被撤销以及成立与否，均不影响仲裁条款或仲裁协议的效力。

第 6 条 对仲裁协议及/或管辖权的异议

（一）仲裁委员会有权对仲裁协议的存在、效力以及仲裁案件的管辖权作出决定。仲裁庭组成后，仲裁委员会授权仲裁庭作出管辖权决定。

（二）仲裁委员会依表面证据认为存在有效仲裁协议并作出仲裁委员会有管辖权决定的，仲裁程序继续进行。仲裁委员会依表面证据作出的管辖权决定并不妨碍仲裁庭在审理过程中发现的与表面证据不一致的事实及/或证据重新作出管辖权决定。

（三）仲裁庭作出管辖权决定时，可以在仲裁程序进行中单独作出，也可以在裁决书中一并作出。

（四）当事人对仲裁协议及/或仲裁案件管辖权的异议，应当在仲裁庭首次开庭前书面提出；书面审理的案件，应当在第一次实体答辩前提出。仲裁程序适用法另有规定的，从其规定。

（五）对仲裁协议及/或仲裁案件管辖权提出异议不影响仲裁程序的继续进行。

（六）上述管辖权异议及/或决定包括仲裁案件主体资格异议及/或决定。

（七）仲裁委员会或仲裁庭作出无管辖权决定的，应当作出撤销案件的决定。撤案决定在仲裁庭组成前由仲裁委员会仲裁院院长作出，在仲裁庭组成后，由仲裁庭作出。

第 7 条 仲裁地

（一）当事人对仲裁地有约定的，从其约定。

（二）当事人对仲裁地未作约定或约定不明的，以管理案件的仲裁委员会或其分会/仲裁中心所在地为仲裁地；仲裁委员会也可视案件的具体情形确定其他地点为仲裁地。

（三）仲裁裁决视为在仲裁地作出。

【法发［2016］34 号】 最高人民法院关于为自由贸易试验区建设提供司法保障的意见（2016 年 12 月 30 日）

9. 正确认定仲裁协议效力，规范仲裁案件的司法审查。在自贸试验区内注册的外商独资企业相互之间约定商事争议提交域外仲裁的，不应仅以其争议不具有涉外因素为由认定相关仲裁协议无效。

一方或者双方均为在自贸试验区内注册的外商投资企业，约定将商事争议提交域外仲裁，发生纠纷后，当事人将争议提交域外仲裁，相关裁决做出后，其又以仲裁协议无效为由主张拒绝承认、认可或执行的，人民法院不予支持；另一方当事人在仲裁程序中未对仲裁协议效力提出异议，相关裁决作出后，又以有关争议不具有涉外因素为由主张仲裁协议无效，并以此主张拒绝承认、认可或执行的，人民法院不予支持。

在自贸试验区内注册的企业相互之间约定在内地特定地点、按照特定仲裁规则、由特定人员对有关争议进行仲裁的，可以认定该仲裁协议有效。①人民法院认为该仲裁协议无效的，应报请上一级法院进行审查。上级法院同意下级法院意见的，应将其审查意见层报最高人民法院，待最高人民法院答复后作出裁定。

【法释［2017］22 号】 最高人民法院关于审理仲裁司法审查案件若干问题的规定（2017 年 12 月 4 日最高法审委会［1728 次］通过，2017 年 12 月 26 日公布，2018 年 1 月 1 日起施行）

第 2 条 申请确认仲裁协议效力的案件，由仲裁协议约定的仲裁机构所在地、仲裁协议签订地、申请人住所地、被申请人住所地的中级人民法院或者专门人民法院管辖。

涉及海事海商纠纷仲裁协议效力的案件，由仲裁协议约定的仲裁机构所在地、仲裁协议签订地、申请人住所地、被申请人住所地的海事法院管辖；上述地点没有海事法院的，由就近的海事法院管辖。

第 5 条 申请人向人民法院申请确认仲裁协议效力的，应当提交申请书及仲裁协议正本或者经证明无误的副本。

申请书应当载明下列事项：（一）申请人或者被申请人为自然人的，应当载明其姓名、性别、出生日期、国籍及住所；为法人或者其他组织的，应当载明其名称、住所以及法定代表人或者代表人的姓名和职务；（二）仲裁协议的内容；

---

① 注：本规定有限度地引入了临时仲裁制度，相比现行《仲裁法》的规定具有超前性。

（三）具体的请求和理由。

当事人提交的外文申请书、仲裁协议及其他文件，应当附有中文译本。

第7条（第1款） 申请人提交的文件不符合第5条、第6条的规定，经人民法院释明后提交的文件仍然不符合规定的，裁定不予受理。

（第3款） 申请人对不予受理的裁定不服的，可以提起上诉。

【法（民四）明传［2021］60号】 全国法院涉外商事海事审判工作座谈会会议纪要（2021年6月10日在南京召开，最高法2021年12月31日印发）

90.【申请确认仲裁协议效力之诉案件的范围】当事人之间就仲裁协议是否成立、生效、失效以及是否约束特定当事人等产生争议，当事人申请人民法院予以确认，人民法院应当作为申请确认仲裁协议效力案件予以受理，并针对当事人的请求作出裁定。

91.【申请确认仲裁协议效力之诉与仲裁管辖权决定的冲突】根据《最高人民法院关于确认仲裁协议效力几个问题的批复》第3条的规定，仲裁机构先于人民法院受理当事人请求确认仲裁协议效力的申请并已经作出决定，当事人向人民法院提起申请确认仲裁协议效力之诉的，人民法院不予受理。

92.【放弃仲裁协议的认定】原告向人民法院起诉时未声明有仲裁协议，被告在首次开庭前未以存在仲裁协议为由提出异议的，视为其放弃仲裁协议。原告其后撤回起诉，不影响人民法院认定双方当事人已经通过诉讼行为放弃了仲裁协议。

被告未应诉答辩且缺席审理的，不应视为其放弃仲裁协议。人民法院在审理过程中发现存在有效仲裁协议的，应当裁定驳回原告起诉。

93.【仲裁协议效力的认定】根据仲裁法司法解释第3条的规定，人民法院在审查仲裁协议是否约定了明确的仲裁机构时，应当按照有利于仲裁协议有效的原则予以认定。

94.【"先裁后诉"争议解决条款的效力认定】当事人在仲裁协议中约定争议发生后"先仲裁、后诉讼"的，不属于仲裁法司法解释第7条规定的仲裁协议无效的情形。根据仲裁法第9条第1款关于仲裁裁决作出后当事人不得就同一纠纷向人民法院起诉的规定，"先仲裁、后诉讼"关于诉讼的约定无效，但不影响仲裁协议的效力。

95.【仅约定仲裁规则时仲裁协议效力的认定】当事人在仲裁协议中未约定明确的仲裁机构，但约定了适用某仲裁机构的仲裁规则，视为当事人约定该仲裁机构仲裁，但仲裁规则有相反规定的除外。

96.【约定的仲裁机构和仲裁规则不一致时的仲裁协议效力认定】当事人在仲裁协议中约定内地仲裁机构适用《联合国国际贸易法委员会仲裁规则》仲裁

的，一方当事人以该约定系关于临时仲裁的约定为由主张仲裁协议无效的，人民法院不予支持。

97. 【主合同与从合同争议解决方式的认定】当事人在主合同和从合同中分别约定诉讼和仲裁两种不同的争议解决方式，应当分别按照主从合同的约定确定争议解决方式。

当事人在主合同中约定争议解决方式为仲裁，从合同未约定争议解决方式的，主合同中的仲裁协议不能约束从合同的当事人，但主从合同当事人相同的除外。

【法释［2023］13 号】　最高人民法院关于适用《中华人民共和国民法典》合同编通则若干问题的解释（2023 年 5 月 23 日最高法审委会［1889 次］通过，2023 年 12 月 4 日公布，次日 2023 年 12 月 5 日起施行）

第 36 条　债权人提起代位权诉讼后，债务人或者相对人以双方之间的债权债务关系订有仲裁协议为由对法院主管提出异议的，人民法院不予支持。但是，债务人或者相对人在首次开庭前就债务人与相对人之间的债权债务关系申请仲裁的，人民法院可以依法中止代位权诉讼。

● **指导案例** 　**【法［2022］267 号】　最高人民法院第 36 批指导性案例**（2022年 12 月 27 日）

（**指导案例 196 号**）运裕有限公司与深圳市中苑城商业投资控股有限公司申请确认仲裁协议效力案（最高法院 2019 年 9 月 18 日［2019］最高法民特 1 号民事裁定）①

---

① 注：运裕公司就子公司转让问题发送《产权交易合同》《债权清偿协议》给中苑城公司，要求双方确认后再提交北交所及上级公司审批。其中约定发生争议问题由深圳国际仲裁院仲裁。中苑公司盖章返回后，双方因其他事项未磋商成功，运裕公司发函中苑城公司取消交易。中苑城公司向深圳国际仲裁院申请仲裁，运裕公司则向深圳中级法院申请确认仲裁协议不存在，均被立案。最高法院认为，本案及关联案件有重大法律意义，为统一适用法律，提高纠纷解决效率，依照民事诉讼法第 38 条第 1 款、最高法《关于设立国际商事法庭若干问题的规定》第 2 条第 5 项之规定，裁定本案由最高人民法院第一国际商事法庭审查。

最高法院认为：确认当事人之间不存在仲裁协议也属于广义的对仲裁协议效力的异议。仲裁条款是否成立，主要是指当事人双方是否有将争议提交仲裁的合意，即是否达成了仲裁协议。仲裁协议是一种合同，判断双方是否就仲裁达成合意，应适用（民法典）关于要约、承诺的规定。运裕公司发出的合同草签版，已将仲裁机构确定为深圳国际仲裁院。就仲裁条款而言，这是运裕公司发出的要约。中苑城公司盖章同意，并送达运裕公司，这是中苑城公司的承诺。根据（民法典第 483、484 条）相关规定，承诺通知到达要约人时生效，承诺生效时合同成立。因此，《产权交易合同》《债权清偿协议》的仲裁条款已经分别成立。虽然运裕公司没有在最后的合同文本上盖章，其法定代表人也未在文本上签字，不符合合同经双方法定代表人或授权代表签字并盖章后生效的要求，但根据《最高人民法院关于适用〈中华人民共和国仲裁法〉若干问题的解释》第 10 条第 2 款的规定，即使合同未成立，仲裁条款的效力也不受影响。在当事人已达成仲裁协议的情况下，对于本案合同是否成立的问题无须再行认定，该问题应在仲裁中解决。

裁判要点：1. 当事人以仲裁条款未成立为由请求确认仲裁协议不存在的，人民法院应当按照申请确认仲裁协议效力案件予以审查。2. 仲裁条款独立存在，其成立、效力与合同其他条款是独立、可分的。当事人在订立合同时对仲裁条款进行磋商并就提交仲裁达成合意的，合同成立与否不影响仲裁条款的成立、效力。

（指导案例 197 号） 深圳市实正共盈投资控股有限公司与深圳市交通运输局申请确认仲裁协议效力案（广东高院 2020 年 9 月 18 日［2020］粤民终 2212 号民事裁定）

裁判要点：当事人未在仲裁庭首次开庭前对仲裁协议的效力提出异议的，应当认定当事人接受仲裁庭对案件的管辖权。虽然案件重新进入仲裁程序，但仍是对同一纠纷进行的仲裁程序，当事人在重新仲裁开庭前对仲裁协议效力提出异议的，不属于《中华人民共和国仲裁法》第 20 条第 2 款规定的"在仲裁庭首次开庭前提出"的情形。

（指导案例 201 号） 德拉甘·可可托维奇诉上海恩渥餐饮管理有限公司、吕恩劳务合同纠纷案（上海一中院 2022 年 6 月 29 日［2020］沪 01 民终 3346 号民事裁定）

裁判要点：1. 国际单项体育组织内部纠纷解决机构作出的纠纷处理决定不属于《承认及执行外国仲裁裁决公约》项下的外国仲裁裁决。2. 当事人约定，发生纠纷后提交国际单项体育组织解决，如果国际单项体育组织没有管辖权则提交国际体育仲裁院仲裁，该约定不存在准据法规定的无效情形的，应认定该约定有效。国际单项体育组织实际行使了管辖权，涉案争议不符合当事人约定的提起仲裁条件的，人民法院对涉案争议依法享有司法管辖权。

● **入库案例** 【2023-10-2-104-002】 某船务有限公司诉上海某银行股份有限公司保证合同纠纷案（上海高院/2016.01.22/［2015］沪高民四（海）终字第150 号）

裁判要旨：作为主合同中的仲裁条款的效力并不必然及于保证合同项下的争议。在纠纷发生后，债权人依照保证人单方出具保函中的仲裁条款提起仲裁之时，可认为债权人愿意接受仲裁条款约束，双方达成仲裁合意。仲裁条款具有独立性，合同中的有效仲裁条款对于当事方关于缔约过失责任的争议仍然适用。

【2024-01-2-084-007】 唐山市某轮胎销售有限公司诉唐山某物流有限公司买卖合同纠纷案（唐山滦州市院/2023.02.28/［2023］冀 0223 民初 436 号）

裁判要旨：当事人达成仲裁协议的，应当根据仲裁协议约定向仲裁机构申请仲裁。当事人一方向人民法院起诉的，人民法院受理后首次开庭前发现当事人存在有效仲裁协议且被告以此为由提出主管异议的，应当裁定驳回原告的起诉。

【2024-01-2-127-004】　广东九某科技有限公司诉东莞得某有限公司合同纠纷案（东莞中院/2021.11.08/［2021］粤19民辖终582号）

裁判要旨：当事人达成仲裁协议，表明当事人具有将争议提交仲裁而非通过诉讼方式解决的合意。当仲裁条款约定由某地的仲裁机构仲裁但该地仲裁机构并非一个时，人民法院应当充分尊重当事人意思自治，结合订约时的实际情况，合理判断当事人是否明确选定了具体仲裁机构，不能机械认定仲裁条款无效。

【2024-10-2-114-001】　朱某某诉李某某、某门窗公司等承揽合同纠纷案（山东高院/2023.12.04/［2023］鲁民辖89号）

裁判要旨：关于合同中约定"提交法院仲裁"条款的效力与管辖权的确定问题。虽然当事人的表述存在瑕疵，但其选择诉讼方式解决争议的意思表示是明确的，不受"仲裁"二字影响，应根据民事诉讼法及其司法解释的规定判断其效力，进而确定管辖法院。

【2024-10-2-137-001】　某乙公司诉某甲公司服务合同纠纷管辖权异议案（上海一中院/2020.10.29/［2020］沪01民辖终780号）

裁判要旨：当事人虽就同一争议约定了仲裁和诉讼两种争议解决方式，但约定先适用仲裁，后适用诉讼的，属于"先裁后审"协议。在涉外民事案件中，应准确认定"先裁后审"协议效力适用的法律。"先仲裁条款"依据其应当适用的法律认定为合法有效，但"后诉讼条款"因违反仲裁一裁终局而无效时，"后诉讼条款无效"不影响"先仲裁条款"的效力。

【2024-10-2-521-001】　某亚太控股有限公司等诉新疆某某管理咨询有限责任公司等仲裁程序案（2019.03.27/［2018］最高法民辖终453号）

裁判要旨：1.侵权责任纠纷具有可仲裁性。当事人在合同中约定的仲裁条款对基于该合同提起的侵权之诉原则上具有约束力。2.侵权之诉的当事人超出合同当事人范畴的，如该侵权之诉属于普通共同诉讼，诉讼标的具有可分性，仲裁条款仅约束合同当事人；如属于必要共同诉讼，诉讼标的具有不可分性，虽然合同当事人之间存在仲裁条款约定，但该仲裁条款不能约束合同当事人与非合同当事人之间的必要共同侵权纠纷，故人民法院对于该侵权之诉整体享有管辖权。

● **公报案例**　（法公报［2016］8期）　湖南华厦建筑有限责任公司与常德工艺美术学校不服执行裁定申诉案（最高法院执行裁定书［2015］执申字第33号）

裁判摘要：一、当事人自愿达成合法有效协议或仲裁条款选定仲裁机构解决其争议纠纷，是采用仲裁方式解决争议纠纷的前提。如果当事人没有约定其争议纠纷由仲裁机构解决，通常情况下，仲裁机构无权对该争议纠纷予以仲裁。

二、当事人在主合同中约定其争议纠纷由仲裁机构解决，对于没有约定争议纠纷解决方式的补充协议可否适用该约定，其关键在于主合同与补充协议之间是否具有可分性。如果主合同与补充协议之间相互独立且可分，在没有特别约定的情况下，对于两个完全独立且可分的合同或协议，其争议解决方式应按合同或补充协议约定处理。如果补充协议是对主合同内容的补充，必须依附于主合同而不能独立存在，则主合同所约定的争议解决条款也适用于补充协议。

（法公报〔2021〕11期） BY.O诉豫商集团有限公司服务合同纠纷管辖权异议案（上海一中院2020年10月29日民事裁定书）

裁判摘要： 当事人虽就同一争议约定仲裁和诉讼两种争议解决方式，但协议明确约定，或者协议内容表明应首先适用仲裁方式、然后适用诉讼方式的，属于"先裁后审"协议。在涉外民事案件中，应准以定"先裁后审"协议效力适用的法律。先仲裁条款依据其应当适用的法律认定为合法有效的，鉴于后诉讼条款因违反法院地即我国的仲裁一裁终局法律制度而无效，后诉讼条款无效不影响先仲裁条款效力，故应认定涉外"先裁后审"协议仲裁条款有效、诉讼条款无效。

● **典型案例** **【法办发〔2023〕号】** 最高人民法院发布《关于适用〈中华人民共和国民法典〉合同编通则若干问题的解释》相关典型案例（最高法2023年12月5日发布）

（案例5） 某控股株式会社与某利公司等债权人代位权纠纷案

裁判要点： 在代位权诉讼中，相对人以其与债务人之间的债权债务关系约定了仲裁条款为由，主张案件不属于人民法院受理案件范围的，人民法院不予支持。

简要案情： 2015年至2016年，某控股株式会社与某利国际公司等先后签订《可转换公司债发行及认购合同》及补充协议，至2019年3月，某利国际公司欠付某控股株式会社款项6400余万元。2015年5月，某利公司与其母公司某利国际公司签订《贷款协议》，由某利国际公司向某利公司出借2.75亿元用于公司经营。同年6月，某利国际公司向某利公司发放了贷款。案涉《可转换公司债发行及认购合同》及补充协议、《贷款协议》均约定了仲裁条款。某控股株式会社认为某利国际公司怠于行使对某利公司的债权，影响了某控股株式会社到期债权的实现，遂提起代位权诉讼。一审法院认为，虽然某控股株式会社与某利公司之间并无直接的仲裁协议，但某控股株式会社向某利公司行使代位权时，应受某利公司与某利国际公司之间仲裁条款的约束。相关协议约定的仲裁条款排除了人民法院的管辖，故裁定驳回某控股株式会社的起诉。某控股株式会社不服提起上诉。二审法院依据《最高人民法院关于适用〈中华人民共和国合同法〉若干问题的解释（一）》第14条的规定，裁定撤销一审裁定，移送被告住所地人民法院审理。

判决理由：生效裁判认为，虽然案涉合同中均约定了仲裁条款，但仲裁条款只约束签订合同的各方当事人，对合同之外的当事人不具有约束力。本案并非债权转让引起的诉讼，某控股株式会社既非《贷款协议》的当事人，亦非该协议权利义务的受让人，一审法院认为某控股株式会社行使代位权时应受某利公司与某利国际公司之间仲裁条款的约束缺乏依据。

● **文书格式**　　【法〔2016〕221号】　　民事诉讼文书样式（2016年2月22日最高法审委会〔1679次〕通过，2016年6月28日公布，2016年8月1日起施行）（本书对格式略有调整）

申请书（申请确认仲裁协议效力）

申请人：×××，男/女，×年×月×日生，×族，……（写明工作单位和职务或职业），住……。联系方式：……。（★申请人是法人或其他组织的，本段写明名称、住所）

法定代理人/指定代理人①：×××，……。（★申请人是法人或其他组织的，本段写明法定代表人、主要负责人及其姓名、职务、联系方式）

委托诉讼代理人：×××，……。（申请时已经委托诉讼代理人的，写明此项）

被申请人：×××，……。

（以上写明申请人和其他诉讼参与人的姓名或者名称等基本信息）

请求事项：

确认申请人×××与被申请人×××的仲裁协议有效/无效。

事实和理由：

×年×月×日，申请人×××与申请人×××以……方式订立仲裁协议，内容为：……（写明协议内容）。

……（写明申请确认仲裁协议有效/无效的事实和理由）。

此致：××人民法院

附：……仲裁协议

申请人（自然人签名或单位盖章）

×年×月×日

民事裁定书（确认仲裁协议无效\有效）

（××××）……民特……号

申请人：×××，……。

---

① 注：申请人是无民事行为能力人或限制民事行为能力人的，应当写明法定代理人姓名、性别、出生日期、民族、职业、工作单位、住所、联系方式，在诉讼地位后括注与申请人的关系。

被申请人：×××，……。

（以上写明申请人、被申请人及其代理人的姓名或者名称等基本信息）

申请人×××与被申请人×××申请确认仲裁协议效力一案，本院于×年×月×日立案，现已审查终结。

×××称，……（写明申请人的请求、事实和理由）。

×××称，……（写明被申请人的意见）。

经审理查明，……（写明确认仲裁协议效力的事实根据）。

本院认为，……（写明确认仲裁协议无效\有效的理由）。

依照《中华人民共和国仲裁法》第17条第×项\第16条、第20条规定，裁定如下：

（确认无效的，写明：）确认申请人×××与被申请人×××的仲裁协议无效。

申请费……元，由被申请人×××负担。

（确认有效的，写明：）驳回×××的申请。

申请费……元，由申请人×××负担。

（代理）审判员　×××（或者合议庭成员署名）

×年×月×日（院印）

书记员　×××

第 36 条[19910409]　【选择管辖，先立管辖】2 个以上人民法院都有管辖权的诉讼，原告可以向其中一个人民法院起诉；原告向 2 个以上有管辖权的人民法院起诉的，由最先立案/收到起诉状的人民法院管辖/受理。

● **相关规定**　【法（经）复〔1987〕22号】　**最高人民法院关于广东省博罗县港博公司与铁道部工程指挥部直属机关物资采购供应站购销进口太阳能计算器合同纠纷案应由哪个法院管辖问题的复函**（1987 年 6 月 26 日答复广东高院"粤法经行字〔1986〕第 87 号"请示）

一、港博公司与物资站购销 20 万只进口太阳能计算器合同纠纷案的合同签订地在北京市，合同履行地在广州市，故北京市中级法院和广州市中级法院对本案均有管辖权。合同当事人双方已分别向有管辖权的两个法院提起诉讼。经核查，广州市中级法院是 1986 年 8 月 25 日前收到港博公司起诉状的；北京市中级法院是 1986 年 9 月 2 日收到物资站起诉状的。依据《民事诉讼法（试行）》第 31 条（现第 36 条）规定，应由最先收到起诉状的广州市中级法院受理本案。北京市中级法院应撤销物资站诉港博公司购销合同纠纷案，并将已收的案件受理费退回物资站。

二、鉴于北京市中级法院 1986 年 9 月 2 日受理的物资站诉深圳特区发展公司生活服务公司（简称深圳生活服务公司）购销 20 万只进口太阳能计算器合同纠纷案与广州市中级法院 1986 年 3 月 13 日受理的博罗县农工商贸易公司（简称博罗贸易公司）诉深圳生活服务公司购销 20 万只进口太阳能计算器合同纠纷案有关，且广州市中级法院在先于北京市中级法院立案受理时，就已将物资站列为该案第三人，为避免重复审理，拖延时日，两案以由广州市中级法院合并审理为宜。为此，北京市中级法院应将物资站诉深圳生活服务公司购销合同纠纷案移送广州市中级法院审理。

【法（经）函［1990］91 号】　最高人民法院关于人民法院受理经济纠纷案件中几个问题的复函（1990 年 11 月 14 日答复湖北高院"鄂法［1990］经呈字第 3 号"请示）

二、民事诉讼法（试行）第 31 条（现第 36 条）规定：……（略）。人民法院受理案件后，应当及时向原告发送受理案件通知书。因受诉法院未发受理案件通知书，致原告不知其起诉已经法院受理，又以同一诉讼请求和同一被告向另一有管辖权的人民法院起诉的，后一受诉法院在知悉情况后不应再立案受理。已经立案受理的，应予注销，并退还案件受理费。

【法函［1992］107 号】　最高人民法院关于九江市庐山区煤炭供应站与常德市联运公司购销合同纠纷一案管辖问题的复函（1992 年 7 月 25 日答复江西高院"赣法（经）请［1991］5 号"请示、湖南高院"法经［1992］03 号"报告）

鉴于 1989 年 2 月 24 日、5 月 8 日当事人双方所签合同的签订地均在常德市，履行地均在九江市；7 月 1 日合同的签订地在九江市，实际履行地在常德市；九江市庐山区人民法院于 1989 年 12 月 2 日收到庐山区煤炭供应站的诉状，常德市武陵区人民法院于同月 10 日收到常德市联运公司的诉状，依照当时的法律，上列两个法院对本案均有管辖权，因庐山区人民法院最先收到诉状，本案应由该区法院管辖。故本院依照《中华人民共和国民事诉讼法》第 37 条（现第 38 条）第 2 款之规定，指定本案由九江市庐山区人民法院管辖。

另外，九江市庐山区人民法院收到诉状后发送诉状副本超过法定期间 38 天显属不当，应予指出，望吸取教训。

【法［2019］254 号】　全国法院民商事审判工作会议纪要（"九民纪要"，2019 年 7 月 3-4 日在哈尔滨召开，2019 年 9 月 11 日最高法审委会民事行政专委会［319 次］通过，2019 年 11 月 8 日发布）

79.【共同管辖的案件移送】原告以发行人、上市公司以外的虚假陈述行为人为被告提起诉讼，被告申请追加发行人或者上市公司为共同被告的，人民法院应予准许。人民法院在追加后发现其他有管辖权的人民法院已先行受理因同一虚假陈述引发的民事赔偿案件的，应当按照民事诉讼法司法解释第36条的规定，将案件移送给先立案的人民法院。

【法释〔2022〕11号】 最高人民法院关于适用《中华人民共和国民事诉讼法》的解释（"法释〔2015〕5号"公布，2015年2月4日起施行；根据法释〔2020〕20号《决定》修正，2021年1月1日起施行；2022年3月22日最高法审委会〔1866次〕修正，2022年4月1日公布，2022年4月10日起施行；以本规为准）

第36条 2个以上人民法院都有管辖权的诉讼，先立案的人民法院不得将案件移送给另一个有管辖权的人民法院。人民法院在立案前发现其他有管辖权的人民法院已先立案的，不得重复立案；立案后发现其他有管辖权的人民法院已先立案的，裁定将案件移送给先立案的人民法院。

第三节 移送管辖和指定管辖

（插）第130条[19910409]【管辖异议】人民法院受理案件后，当事人对管辖权有异议的，应当在提交答辩状期间提出。人民法院对当事人提出的异议，应当审查。异议成立的，裁定将案件移送有管辖权的人民法院；异议不成立的，裁定驳回。

【应诉管辖】（新增）[20130101]当事人未提出管辖异议，并应诉答辩或者提出反诉[20240101]的，视为受诉人民法院有管辖权，但违反级别管辖和专属管辖规定的除外。

第37条[19910409]【移送管辖】人民法院发现受理的案件不属于本院/自己管辖的，应当移送有管辖权的人民法院，受移送的人民法院应当受理。受移送的人民法院认为受移送的案件依照规定不属于本院管辖的，应当报请上级人民法院指定管辖，不得再自行移送。

第 38 条　【指定管辖】① 有管辖权的人民法院由于特殊原因，② 不能行使管辖权的，由上级人民法院指定管辖。

人民法院之间因¹⁹⁹¹⁰⁴⁰⁹ 管辖权发生争议，由争议双方协商解决；协商解决不了的，报请它们的共同上级人民法院指定管辖。

● **相关规定　【法文字［1962］3 号】**　**最高人民法院关于原审法院机构撤销和管辖区域变更后判决改判问题的批复**（1962 年 2 月 10 日答复青海高院"［61］青法办字第 1374 号"请示）③

关于原法院机构撤销和管辖区域变更后，其案件应由哪一法院复查改判的问题，我们同意你们的意见，原法院机构撤销和管辖区域随着行政区划变更后，原法院所判案件应移送新法院接管，案件的复查与改判也由他们处理。

【法文字［1962］7 号】　最高人民法院关于原审法院管辖区域变更后判决改判问题的批复（1962 年 3 月 19 日答复陕西高院并抄其他各高院）④

原审法院的管辖区域，随着行政区域的变更，分别划归几个法院管辖，其对划出地区的案件管辖权业经分别移交给该管的新设法院。新设法院自应依法在所辖地区内行使审判权，包括人民法院组织法第 12 条规定的各级人民法院院长对本院已经发生法律效力的判决和裁定，提交审判委员会处理的职权。因此，原法院所判案件，凡属已划出地区的都应移送该管新设法院接管，案件的复查和改判也由新设法院处理。新设法院在改判案件时，应说明本案原系原法院判决，现因本案已由该院接管，依法由该院重新作出判决或裁定。

【法办研字［1979］7 号】　最高人民法院关于管辖区划变更后复查案件审批程序问题的批复（1979 年 3 月 21 日答复吉林高院"吉高法［1979］13 号"请示）⑤

---

① 注：法定"指定管辖"只有 3 种适用情形，不能滥用：（1）第 37 条规定的（受移送法院无管辖权）的情形；（2）第 38 条规定的 2 种情形。"法释［2021］19 号"《解释》（见本章"铁路纠纷管辖"专辑）另规定了 1 种指定管辖的情形。

② 注：这里的"特殊原因"包括：1. 遇有灾害、疫情等不可抗力因素；2. 如被申请整体回避（法律依据尚缺）；3. 当地的干扰因素较大；4. 其他可能影响审理公正的原因。

③ 本《批复》一直未见废止。

④ 本《批复》已被《最高人民法院关于废止 1979 年底以前发布的部分司法解释和司法解释性质文件（第 8 批）的决定》（法释［2012］13 号，2012 年 9 月 29 日起施行）废止。废止理由：最高人民法院无新规定覆盖其适用范围，但这一批复适用情形极为少见，废止后对司法活动影响甚微。鉴于其仍有一定的参考价值，本书将其收录。

⑤ 本《批复》已被《最高人民法院决定废止的 1979 年至 1989 年间发布的司法解释目录（第 2 批）》（法发［1996］34 号，1996 年 12 月 31 日公布施行）废止。废止理由：该批复是对个案问题的处理意见，现已不再适用。鉴于其仍有一定的参考价值，本书将其收录。

一、哲里木盟9个县、市、旗和白城地区2个县、旗划归你省管辖后，这些地方原来经内蒙古自治区高级人民法院核准或者判决、裁的案件，现在经复查需要改判的，可参照我院［62］法文字第7号《关于原审法院管辖区域变更后判决改判问题的批复》，由你院审核或者改判。

二、过去报经原最高人民法院东北分院核准的案件，现在经复查需要改判的，可报送我院审查并确定如何进行改判。

【法经（复）［1989］号】 最高人民法院经济审判庭关于审理管辖权争议案件有关问题的电话答复 （见本书第121条、第176条）

【法（经）复［1990］9号】 最高人民法院关于第三人能否对管辖权提出异议问题的批复（1990年7月28日答复江苏高院"苏法（经）［1989］第9号"请示）

一、有独立请求权的第三人主动参加他人已开始的诉讼，应视为承认和接受了受诉法院的管辖，因而不发生对管辖权提出异议的问题；如果是受诉法院依职权通知他参加诉讼，则他有权选择是以有独立请求权的第三人的身份参加诉讼，还是以原告身份向其他有管辖权的法院另行起诉。

二、无独立请求权的第三人参加他人已开始的诉讼，是通过支持一方当事人的主张，维护自己的利益。由于他在诉讼中始终辅助一方当事人，并以一方当事人的主张为转移。所以，他无权对受诉法院的管辖权提出异议。

【法（经）函［1991］82号】 最高人民法院关于在民事诉讼法生效前对因管辖权异议的裁定上诉后如何适用法律问题的复函（1991年8月10日答复新疆高院"新法（经）［1990］30号"请示）

在民事诉讼法施行前，原审人民法院依照民事诉讼法（试行）有关管辖的规定受理的案件，当事人对管辖权提出异议，被原审人民法院裁定驳回后，又提起上诉的，第二审人民法院在民事诉讼法施行后审理时，应审议原裁定适用当时具有法律效力的民事诉讼法（试行）是否得当，而不是直接引用已废止的民事诉讼法（试行）作出二审裁定。

【法经［1993］97号】 最高人民法院经济审判庭关于法院应原告变更被告之请求而恢复诉讼，变更后的被告是否有权提出管辖异议问题的答复（1993年6月2日答复湖南高院"湘高法经［1993］4号"请示）

原则同意你院意见。人民法院对原中止诉讼的案件应原告之请求，变更被告，恢复诉讼后，变更后的被告应享有法律规定的一切诉讼权利，包括在答辩期内向人民法院提出管辖权异议。对此，人民法院应当根据《中华人民共和国民事诉法》第 140 条（现第 157 条）第 1 款第 2 项的规定予以裁定，不能以回函形式处理被告所提出的管辖权异议。

【法函［1995］号】 　最高人民法院关于 39583 部队施工办公室与高自强、佟希华购销汽车合同纠纷案件指定管辖的通知（1995 年 9 月 25 日答复天津高院"津高法［1995］76 号"、河北高院"［1995］冀经函字第 10 号"请示）

当事人双方签订的购车协议第 6 条规定："双方在履行本协议过程中，如出现纠纷，可通过协商解决，亦可向各自所在地的人民法院提起诉讼。"该协议选择管辖条款符合《民事诉讼法》第 25 条（现第 35 条）规定，应当确认有效。根据该条款约定，天津市武清县人民法院和河北省滦平县人民法院对本案均有管辖权。因两地法院对立案时间先后有争议，为保证本案公正审理，依据《民事诉讼法》第 25 条（现第 35 条）、第 37 条（现第 38 条）第 2 款规定，特指定本案由滦平县法院的上一级承德地区中级人民法院管辖。滦平县法院和武清县法院在接到本通知后速将本材料移送承德地区中级人民法院，望该院严肃执法，秉公处理。

【法函［1998］81 号】 　最高人民法院关于人民法院管辖区域变更后已经生效判决的复查改判管辖问题的复函（1998 年 8 月 31 日答复江苏高院"苏高法［1998］64 号"请示）

人民法院的管辖区域随行政区划变更后，对于变更之前生效判决的复查改判（申请再审或决定再审）仍应按照最高人民法院［62］法文字第 3 号《关于原审法院机构撤销和管辖区域变更后判决改判问题的批复》和［62］法文字第 7 号《关于原审法院管辖区域变更后判决改判问题的批复》办理。你省原由淮阴市、扬州市中院终审而现在属宿迁市、连云港市、泰州市管辖区内的各类案件，其复查和再审改判应由宿迁市、连云港市、泰州市中院管辖。

最高人民法院《关于适用〈中华人民共和国民事诉讼法〉若干问题的意见》第 35 条（现"法释［2022］11 号"《解释》第 38 条）的规定，只适用于人民法院受理件后审结案件前行政区划发生变更的情况。因此，该规定上述 2 个批复并不矛盾。

【法释［2000］29 号】 　最高人民法院关于严格执行案件审理期限制度的若干规定（2000 年 9 月 14 日最高法审委会［1130 次］通过，2000 年 9 月 22 日公布，2000 年 9 月 28 日起施行）

第 9 条　下列期间不计入审理、执行期限：……（七）审理当事人提出的管辖权异议和处理法院之间的管辖争议的期间；……

【法［2001］164号】　**最高人民法院案件审限管理规定**（2001年10月16日最高法审委会［1195次］通过，2001年11月5日公布，2002年1月1日起施行）

第11条　办理管辖争议案件的期限为2个月；有特殊情况需要延长的，经院长批准，可以延长2个月。

【民他字［2003］19号】　**最高人民法院关于原审法院驳回当事人管辖异议裁定已发生法律效力但尚未作出生效判决前发现原审法院确无地域管辖权应如何处理问题的复函**（2003年5月30日答复四川高院"［2003］川立函字第50号"请示）①

经研究认为，根据《中华人民共和国民事诉讼法》第177条第2款的规定，并参照本院法（经）复［1990］10号《关于经济纠纷案件当事人向受诉法院提出管辖权异议的期限问题的批复》（已废止）和法（经）［1993］14号《关于上级法院对下级法院就当事人管辖权异议的终审裁定确有错误时能否纠正问题的复函》的精神，上级人民法院在原审法院驳回当事人管辖异议裁定已发生法律效力但未作出生效判决前，发现原审法院确无地域管辖权，可以依职权裁定撤销该错误裁定并将案件移送有管辖权的人民法院审理。

【民立他字［2003］37号】　**最高人民法院关于湖南华银电力股份有限公司与深圳市广兆信息咨询有限公司、刘广建质押合同纠纷一案的复函**（2003年8月4日答复广东、河南高院）②

我院在研究河南省高级人民法院上报的《关于湖南华银电力股份有限公司与深圳市广兆信息咨询有限公司质押合同纠纷一案的请示》中，发现深圳市广兆信息咨询有限公司于2002年9月以追缴增资投资款纠纷一案，向深圳市中级人民法院起诉湖南华银电力股份有限公司，湖南华银电力股份有限公司不服深圳市中级人民法院［2002］深中法经一初字第432号民事判决，向广东省高级人民法院提出上诉。③

经我院研究认为：深圳市中级人民法院受理深圳市广兆信息咨询有限公司诉

---

① 注：该案，湖南华银公司诉深圳广兆公司质押合同纠纷，因管辖异议，最高法指定由河南郑州中院管辖。审理中，因华银公司新增诉求，广兆公司再次提出管辖权异议（认为郑州中院对新增的诉求无管辖权），并向深圳中院另行起诉（相当于反诉）。郑州中院认为两案基于同一法律事实，函请深圳中院移送、合并审理，未获回应，故经河南高院向最高法院请示：1. 指定管辖后，被告能否对新增的诉求提出管辖异议？2. 被告针对新诉另向他院起诉后，两院是否再次形成管辖权争议、并需要再次协商管辖权？最高法认为：1. 指定管辖后，管辖权应当处于稳定状态；原告新增诉求的，应当合并审理，被告无权因此而再次提出管辖异议。2. 其他法院不应当再受理同一法律事实的纠纷；已受理的，应当移送管辖，合并审理。
② 最高人民法院立案庭：《立案工作指导》2004年第2辑，人民法院出版社2004年9月第1版。
③ 最高人民法院立案庭：《立案工作指导》2004年第2辑，人民法院出版社2004年9月第1版。

湖南华银电力股份有限公司追缴增资投资款纠纷一案虽无不当，但该案与我院于 2002 年 3 月 6 日指定河南省郑州市中级人民法院审理的湖南华银电力股份有限公司诉深圳市广兆信息咨询有限公司质押合同纠纷一案，诉讼请求交叉，系同一法律事实，双方当事人相同，且互为原被告。湖南华银电力股份有限公司依据双方当事人签订的《投资重组深圳市广兆信息咨询有限公司协议书》第 6 条，于 2002 年 8 月向郑州市中级人民法院提交补充诉状，要求深圳市广兆信息咨询有限公司赔偿其全部经济损失。郑州市中级人民法院于 2002 年 8 月向深圳市广兆信息咨询有限公司送达了补充诉状，深圳市广兆信息咨询有限公司在收到补充诉状后向郑州市中级人民法院提出管辖权异议，但同时又以同一事实向深圳市中级人民法院起诉。鉴于我院已将前质押合同纠纷一案指定河南省郑州市中级人民法院审理，为使两案能够得到及时、公正审理，请广东省高级人民法院撤销深圳市中级人民法院 [2002] 深中法经一初字第 432 号民事判决，将该案全部卷宗材料移送河南省郑州市中级人民法院审理。

【法刊文摘】　审查立案若干疑难问题解答（二）（浙江高院立案庭撰稿，《立案工作指导与参考》2003 年第 2 卷，人民法院出版社 2003 年 10 月）

51. 被告不服管辖权异议裁定上诉后，原告与被告达成案外和解协议，原告要求撤回起诉的，该如何处理？

被告不服一审法院作出的有关管辖权异议裁定，向上一级法院提起上诉后，该案即进入第二审程序。在二审程序终结以前，原审原告与被告就有关实体问题案外达成和解协议，原告要求撤回起诉的，应由上诉人（一审被告）向二审法院就其管辖权异议的上诉申请撤诉，二审法院裁定同意上诉人撤诉后，再由一审法院裁定同意原告撤回起诉。

60. 外地法院受理的民事案件，接受移送的法院认为不符合受理条件的，如何处理？

接受移送的法院认为外地法院移送的案件不符合受理条件的，有 2 种情况，一种是接受移送的法院对所移送的案件也没有管辖权；另一种是移送的案件不属于人民法院主管。2 种情况，处理方式有所不同。对于前者，应根据《民事诉讼法》第 36 条 *（现第 37 条）* 的规定，报请上级法院指定管辖；对于后者，可在讲清理由的情况下动员原告撤回起诉，原告坚持不撤诉的，根据最高人民法院《关于适用〈中华人民共和国民事诉讼法〉若干问题的意见》第 139 条 *（现 "法释 [2022] 11 号"《解释》第 212 条）* 的规定，裁定驳回起诉。

62. 相邻纠纷案件，已经人民法院判决停止侵权、排除妨碍，并且已经执行完毕，侵权人再次设置障碍侵权的，当事人能否再次提起诉讼？

对于人民法院已经判决停止侵权、排除妨碍的案件，执行完毕后，侵权人再次设置障碍侵权的，实质上是一种拒不履行人民法院已经生效判决的行为，不仅侵害了相邻另一方的合法权益，而且严重影响了人民法院判决的权威性，人民法院对行为人应依照《民事诉讼法》第 102 条（现第 114 条）第 1 款第 6 项的规定予以处理。当事人再次提起诉讼的，人民法院不予受理。

【法刊文摘】 审查立案若干疑难问题解答（第三部分）（浙江高院立案庭撰稿，《立案工作指导与参考》2003 年第 3 卷，人民法院出版社 2003 年 12 月）

13. 对再审的民事案件，在再审中发现无管辖权的，可否裁定将案件移送有管辖权的人民法院审理？

1990 年 8 月 5 日，最高人民法院《关于经济纠纷案件当事人向受诉法院提出管辖权异议的期限问题的批复》〔法（经）复〔1990〕10 号〕（已废止）第 4 条规定："法院对案件作出的判决发生法律效力后，如果当事人对驳回管辖权异议的裁定和判决一并申诉的，法院经复查，发现管辖虽有错误，但判决正确的，应当不再变动；如经复查，认为管辖和判决均有错误的，应按审判监督程序处理。经过再审或者提审，原判决和裁定均被撤销的，应将案件移送有管辖权的人民法院审理。"根据上述批复精神，民事案件在再审过程中，再审法院发现没有管辖权的，应撤销原审判决，将案件移送有管辖的人民法院审理。

【法释〔2005〕4 号】 最高人民法院关于新疆生产建设兵团人民法院案件管辖权问题的若干规定（2005 年 1 月 13 日最高法审委会〔1340 次〕通过，2005 年 5 月 24 日公布，2005 年 6 月 6 日起施行；以本规为准）

第 6 条 兵团各级人民法院与新疆维吾尔自治区地方各级人民法院之间因管辖权发生争议的，由争议双方协商解决；协商不成的，报请新疆维吾尔自治区高级人民法院决定管辖。

【民四他字〔2007〕14 号】 最高人民法院关于原告中国·北京埃力生进出口有限公司诉被告日本·太阳航行贸易有限公司、新加坡·松加船务有限公司海上运输合同管辖权异议上诉一案的请示的复函（见本书第 2 章"仲裁协议效力与纠纷管辖"专辑）

【民四他字〔2008〕50 号】 最高人民法院关于原告太平洋财产保险股份有限公司上海分公司诉被告太阳海运有限公司、远洋货船有限公司、联合王国保赔协会海上货物运输合同纠纷管辖权异议案请示的复函（见本书第 2 章"海事纠纷管辖"专辑）

【法 [2008] 164 号】 最高人民法院关于依法做好抗震救灾恢复重建期间民事审判和执行工作的通知（针对 2008 年 5 月 12 日四川省汶川县特大地震，2008 年 6 月 6 日印发）

五（第 1 款）、……由于四川汶川特大地震后，"下落不明人住所地基层人民法院"受到严重破坏，难以开展审判工作，不能行使管辖权的，上级人民法院可以依照民事诉讼法第 37 条（现第 38 条）第 1 款的规定，指定其他基层人民法院管辖。

【法 [2010] 178 号】 最高人民法院关于依法做好抗震救灾和恢复重建期间审判工作切实维护灾区社会稳定的通知（针对 2010 年 4 月 14 日青海省玉树藏族自治州 7.1 级特大地震，2010 年 4 月 19 日印发）

八、……由于玉树地区的基层人民法院受到地震严重破坏，如果行使管辖权确有困难，上级人民法院可以依照民事诉讼法第 37 条（现第 38 条）第 1 款的规定，指定其他基层人民法院管辖。

九、对于灾区人民法院一时难以开展审判活动的，青海省高级人民法院要统一协调，根据诉讼法的有关规定，加大移送管辖、指定管辖、提级管辖的力度，将灾区人民法院已经受理或者有待受理的适合交由其他人民法院管辖的案件，移交或指定其他人民法院管辖，或者由上级人民法院直接提审、执行。

【法释 [2009] 17 号】 最高人民法院关于审理民事级别管辖异议案件若干问题的规定（2009 年 7 月 20 日最高法审委会 [1471 次] 通过，2009 年 11 月 12 日公布，2010 年 1 月 1 日起施行；根据法释 [2020] 20 号《决定》修正，2021 年 1 月 1 日起施行。以本规为准）

第 1 条　被告在提交答辩状期间提出管辖权异议，认为受诉人民法院违反级别管辖规定，案件应当由上级人民法院或者下级人民法院管辖的，受诉人民法院应当审查，并在受理异议之日起 15 日内作出裁定：（一）异议不成立的，裁定驳回；（二）异议成立的，裁定移送有管辖权的人民法院。

【法释 [2012] 11 号】 最高人民法院关于军事法院管辖民事案件若干问题的规定（2012 年 8 月 20 日最高法审委会 [1553 次] 通过，2012 年 8 月 28 日公布，2012 年 9 月 17 日起施行；根据法释 [2020] 20 号《决定》修正，2021 年 1 月 1 日起施行。以本规为准）

第 6 条　军事法院与地方人民法院之间因管辖权发生争议，由争议双方协商解决；协商不成的，报请各自的上级法院协商解决；仍然协商不成的，报请最高人民法院指定管辖。

第 7 条　军事法院受理案件后，当事人对管辖权有异议的，应当在提交答辩状期间提出。军事法院对当事人提出的异议，应当审查。异议成立的，裁定将案件移送有管辖权的军事法院或者地方人民法院；异议不成立的，裁定驳回。

【法复［2019］号】 最高人民法院对 13 届全国人大 2 次会议第 5785 号建议的答复（2019 年 7 月 22 日）

二、关于当事人能否对依职权移送管辖裁定上诉的问题（摘要）

《民事诉讼法》第 154 条（现第 157 条）规定，对管辖权有异议的裁定可以上诉。从文义解释和体系解释角度看，这里的管辖权异议，指的是当事人认为审理某一案件的第一审人民法院对案件没有管辖权的，可以提出管辖权异议。人民法院对当事人提出的管辖权异议，有 2 种裁定形式，一是当事人异议成立裁定将案件移送有管辖权的法院；二是当事人异议不成立裁定驳回其异议。需要指出的是，当事人提出管辖权异议是《民事诉讼法》第 154 条（现第 157 条）规定的"对管辖权有异议的裁定"的核心要素。因此，人民法院依职权作出的移送管辖裁定，是不允许上诉的裁定。从依职权移送管辖的目的来看，管辖作为民事诉讼的重要制度，是民事程序运作的前提，对于保障当事人诉权具有重要意义，法律规定人民法院发现本院受理的案件无管辖权时应移送有管辖权人民法院，目的是及时纠正管辖错误，属于人民法院行使职权，解决内部具体分工和协调问题。同时，若当事人对于法院依职权移送管辖有异议，可向受移送人民法院提出管辖权异议。因为依职权作出的移送裁定无关当事人关于管辖的主观意思，不涉及"一事不再理"原则问题，对此，《民事诉讼法》并未排除当事人具有提出管辖权异议的诉讼权利。

【法发［2020］8 号】 最高人民法院关于人民法院深化"分调裁审"机制改革的意见（2020 年 2 月 10 日）

12. 明确诉前调解先诉管辖原则。当事人申请诉前调解的，诉讼时效从当事人向人民法院提起诉讼之日中断。因双方达不成调解协议转立案的，在发生管辖权争议时，以编立"诉前调"字号时间作为确定先诉管辖的依据。

【法释［2022］11 号】 最高人民法院关于适用《中华人民共和国民事诉讼法》的解释（"法释［2015］5 号"公布，2015 年 2 月 4 日起施行；根据法释［2020］20 号《决定》修正，2021 年 1 月 1 日起施行；2022 年 3 月 22 日最高法审委会［1866 次］修正，2022 年 4 月 1 日公布，2022 年 4 月 10 日起施行；以本规为准）

第 35 条　当事人在答辩期间届满后未应诉答辩，人民法院在一审开庭前，发现案件不属于本院管辖的，应当裁定移送有管辖权的人民法院。

第 37 条　案件受理后，受诉人民法院的管辖权不受当事人住所地、经常居住地变更的影响。

第38条　有管辖权的人民法院受理案件后，不得以行政区域变更为由，将案件移送给变更后有管辖权的人民法院。判决后的上诉案件和依审判监督程序提审的案件，由原审人民法院的上级人民法院进行审判；上级人民法院指令再审、发回重审的案件，由原审人民法院再审或者重审。①

第40条　依照民事诉讼法第38条第2款规定，发生管辖权争议的2个人民法院因协商不成报请它们的共同上级人民法院指定管辖时，双方为同属一个地、市辖区的基层人民法院的，由该地、市的中级人民法院及时指定管辖；同属一个省、自治区、直辖市的2个人民法院的，由该省、自治区、直辖市的高级人民法院及时指定管辖；双方为跨省、自治区、直辖市的人民法院，高级人民法院协商不成的，由最高人民法院及时指定管辖。

依照前款规定报请上级人民法院指定管辖时，应当逐级进行。

第41条　人民法院依照民事诉讼法第38条第2款规定指定管辖的，应当作出裁定。

对报请上级人民法院指定管辖的案件，下级人民法院应当中止审理。指定管辖裁定作出前，下级人民法院对案件作出判决、裁定的，上级人民法院应当在裁定指定管辖的同时，一并撤销下级人民法院的判决、裁定。

第223条　当事人在提交答辩状期间提出管辖异议，又针对起诉状的内容进行答辩的，人民法院应当依照民事诉讼法第130条第1款的规定，对管辖异议进行审查。

当事人未提出管辖异议，就案件实体内容进行答辩、陈述或者反诉的，可以认定为民事诉讼法第130条第2款规定的应诉答辩。

第276条　当事人对小额诉讼案件提出管辖异议的，人民法院应当作出裁定。裁定一经作出即生效。

【法二巡（会3）［2022］21号】　管辖权异议案件中的公告送达问题②（最高法第二巡回法庭2021年第21次法官会议纪要）

《民事诉讼法》第130条第2款规定："当事人未提出管辖异议，并应诉答辩的，视为受诉人民法院有管辖权，但违反级别管辖和专属管辖规定的除外。"首先，下落不明的被告虽未应诉答辩，但因其未在答辩期内提出管辖权异议，应视为其对管辖权无异议；其次，管辖权确定是法院依职权进行的程序性审查，其最

---

① 注：对于按照审判监督程序办理的案件，则应由当前具有管辖权的法院办理。参见"法函[1998]81号"《复函》。

② 贺小荣主编：《最高人民法院第二巡回法庭法官会议纪要（第三辑）》，人民法院出版社2022年版，第380页。

终处理结果并不影响因下落不明未参加管辖诉讼的被告实体权益；再次，在管辖异议上诉案件中，未提出异议的被告也可以不列为上诉案件的当事人；最后，根据管辖恒定原则，下落不明的被告在之后的诉讼中无权再就管辖权提出异议。

● **指导案例** 【**法〔2015〕320 号**】 **最高人民法院第 11 批指导性案例**（2015年 11 月 19 日）

（**指导案例 56 号**）韩凤彬诉内蒙古九郡药业有限责任公司等产品责任纠纷管辖权异议案（最高法院 2013 年 3 月 27 日〔2013〕民再申字第 27 号民事裁定）①

裁判要点：当事人在一审提交答辩状期间未提出管辖异议，在二审或者再审发回重审时提出管辖异议的，人民法院不予审查。

【**法〔2022〕267 号**】 **最高人民法院第 36 批指导性案例**（2022 年 12 月 27 日）

（**指导案例 196 号**）运裕有限公司与深圳市中苑城商业投资控股有限公司申请确认仲裁协议效力案（详见本章"仲裁协议效力与纠纷管辖"专辑）②

● **入库案例** 【**2023-01-2-084-002**】 **某科技有限公司诉某风能公司买卖合同纠纷案**（2020.11.13/〔2020〕最高法民辖 60 号）

裁判要旨：当事人基于同一法律关系或者同一法律事实而发生纠纷，以不同诉讼请求分别向不同的法院起诉，为避免裁判之间的冲突，宜将多个案件交由同一个法院合并审理。如果其中一个法院立案后发现对于案件没有管辖权，应当裁定将案件移送有管辖权的人民法院合并审理；如果受理人民法院都有管辖权，后立案的人民法院应当裁定将案件移送先立案的人民法院合并审理。2 个以上人民法院之间因管辖权发生争议，应按民事诉讼法第 37 条（现第 38 条）第 2 款的规定协商解决管辖争议，协商不成报请共同上级人民法院指定管辖。

【**2023-01-2-091-003**】 **谭某诉利川市某房地产公司房屋买卖合同纠纷案**（2020.08.19/〔2020〕最高法民辖 44 号）

裁判要旨：当事人对管辖权有异议的，应当在提交答辩状期间提出。人民法

---

① 注：该案原载于《最高人民法院公报》2013 年第 7 期，原标题为"内蒙古九郡药业有限责任公司、上海云洲商厦有限公司与韩凤彬、上海广播电视台、大连鸿雁大药房有限公司产品质量损害赔偿纠纷管辖权异议申请再审案"，裁判摘要：上级人民法院发回重审的案件，当事人能否再行提出管辖权异议，《民事诉讼法》对此没有明确作出规定。但根据管辖恒定原则，发回重审的案件管辖权已经确定，当事人仍提出管辖权异议的，人民法院不予支持。

② 注：因为子公司转让问题，中苑城公司向深圳国际仲裁院申请仲裁，运裕公司则向深圳中级法院申请确认仲裁协议不存在，均被立案。最高法院认为，本案及关联案件有重大法律意义，为统一适用法律，提高纠纷解决效率，依照民事诉讼法第 38 条第 1 款、《最高人民法院关于设立国际商事法庭若干问题的规定》第 2 条第 5 项之规定，裁定本案由最高人民法院第一国际商事法庭审查。

院对当事人提出的异议，应当审查。除违反级别管辖和专属管辖规定之外，当事人未提出管辖异议，并应诉答辩的，视为受诉人民法院有管辖权。

【2023-01-2-139-001】 李某诉大连某建设公司、中建某建设公司劳务合同纠纷案（2022.01.05/［2021］最高法民辖 56 号）

裁判要旨： 在民事案件起诉与受理阶段，人民法院可以根据原告诉讼请求涉及的法律关系性质，确定案由，并根据民事案件的案由确定人民法院的管辖权。

【2023-01-2-287-002】 刘某诉林某、黄某退伙纠纷案（2020.06.29/［2020］最高法民辖 33 号）

裁判要旨： 受诉人民法院发现案件不属于本院管辖，有权依据《民事诉讼法》第 36 条（现第 37 条）之规定，将案件移送有管辖权的法院；同时，为了保护诉讼当事人的合法诉讼权利，避免因为法院对于管辖权的认识存在分歧而损害当事人的利益，减少当事人的诉累，对有关案件移送作了必要限制。首先，如果当事人提起管辖权异议，法院应该在管辖权异议期间解决相关管辖权争议，如果法院已经就相关管辖权争议做出裁定，即使之后认为自己没有管辖权，亦应该继续审理。其次，如果当事人没有提出管辖权异议，且已经应诉答辩，则视为当事人接受管辖，如果法院认为自己没有管辖权，应该在被告应诉前移送相关案件至有管辖权的人民法院。如果被告已经应诉答辩，即使法院认为自己没有管辖权，也不宜再行移送。第三，如果被告没有应诉答辩，则在一审开庭前，法院认为自己没有管辖权，可以移送相关案件至有管辖权的人民法院；如果案件已经开庭审理，则即使法院认为自己没有管辖权，也不宜再行移送，但违反级别管辖和专属管辖规定的除外。

【2023-01-2-483-007】 某科技公司诉某集团公司等合同纠纷案（上海高院/2021.02.01/［2021］沪民辖终 3 号）

裁判要旨： 1. 管辖权异议应采取形式审查原则。管辖权异议审查属程序问题，应根据当事人诉请所依据的法律关系以及当事人提交的诉讼材料进行形式审查确定案件管辖权，不宜在管辖权异议审查阶段，对含有协议管辖条款的案涉基础合同真实性进行审查。

【2023-10-2-118-001】 某贸公司诉某仓储公司仓储合同纠纷管辖异议案（湖南高院/2021.09.21/［2021］湘民辖终 45 号）

裁判要旨： 管辖异议审查中，二审法院应对二审中新提出的管辖异议理由进行审查，并依法作出判断。管辖异议审查中应依法审查管辖协议的真伪，在没有证据证明管辖协议不存在或无效时，可据协议约定依法确定管辖法院。

【2023-13-2-160-037】　某重型装备集团股份有限公司诉烟台某核电设备有限公司侵害发明专利权纠纷案（2020.10.09/［2020］最高法知民辖终361号）

裁判要旨：人民法院在管辖权异议程序中的审理范围不以当事人的管辖权异议理由为限；原受诉法院不具有管辖权的，案件移送也不以当事人管辖权异议所请求的受移送法院为限。

【2023-13-2-176-012】　某化学科技有限公司诉山西某化工有限公司破产管理人、运城某化学科技有限公司、陈某侵害技术秘密纠纷案（2020.03.13/［2020］最高法知民辖终68号）

裁判要旨：在原审法院认定其对案件不具有管辖权的情况下，缺乏管辖权恒定原则适用的前提。此后出现可能使得原审法院具有管辖权的新事实的，应当根据该新事实确定管辖。

【2024-08-2-112-001】　某融资租赁公司诉浙江某消防器材公司等融资租赁合同纠纷管辖权异议案（天津高院/2018.08.08/［2018］津民辖终85号）

裁判要旨：在合同纠纷中，在合同有约定管辖法院的情形下，常有被告以案涉合同涉嫌经济犯罪为由对法院管辖权提出异议，认为法院应当将案件移送至公安机关处理。管辖权异议解决的问题为法院是否有管辖权，通常采取形式审查的标准，即根据双方合同约定的内容来确定法院有无管辖权。至于案涉合同是否涉嫌刑事犯罪，法院是否应当驳回起诉，向公安机关移送案卷，不在管辖权异议审查的范围之内。

【2024-10-2-483-002】　某某有限公司诉中国某某集团股份公司合同纠纷案（2023.04.25/［2021］最高法民再277号）

裁判要旨：人民法院判断当事人的管辖约定是否构成不对称管辖，应当以双方明确、清晰的意思表示为前提，不能推定当事人约定了不对等的诉讼权利义务。换言之，只有当事人明确约定一方只能选择某一特定法院起诉、而另一方则有权在多个法院中选择某一法院起诉的，人民法院才能认定当事人之间约定了不对称管辖条款。①

【2024-13-2-160-001】　华某技术有限公司诉亚某公司、亚某服务公司、亚某信息服务（北京）有限公司等公司侵害发明专利权纠纷案（2023.07.13/［2023］最高法知民辖终242号）

裁判要旨：在一案具有多个被告的情况下，各被告可以分别行使各自的诉讼

---

① 注：本案例裁判要旨与本书第24章入库案例（2024-10-2-104-001）有所不同。

权利提出管辖权异议，受诉法院在不影响其他被告诉讼权利的前提下，可以就部分被告在先提出的管辖权异议先行作出裁定。

● **公报案例**　　（法公报［2014］3 期）　　**准格尔旗鼎峰商贸有限责任公司与中铁十局集团有限公司铁路修建合同纠纷管辖权异议案**（最高法院民事裁定书［2013］民提字第 231 号）

　　裁判摘要：本案双方在《建设施工合同》中约定"经调解达不成协议时，向工程所在地有管辖权的人民法院提起诉讼"，该约定"工程所在地法院"是明确的，符合法律规定，应认定有效。本案系铁路专用线建设施工合同纠纷，根据最高人民法院《关于铁路运输法院案件管辖范围的若干规定》第 3 条第 6 项"与铁路及其附属设施的建设施工有关的合同纠纷"由铁路运输法院管辖之规定，本案应由铁路运输法院专门管辖。本案工程所在地准格尔旗在太原铁路局辖区，属于太原铁路中级人民法院辖区；鼎峰公司住所地准格尔旗，属于太原铁路中级人民法院辖区，因而也在山西省高级人民法院辖区；中铁十局公司住所地为山东省济南市，既不在太原铁路局辖区，也不在山西省辖区，因而不在山西省高级人民法院辖区。①根据最高人民法院《全国各省、自治区、直辖市高级人民法院和中级人民法院管辖第一审民商事案件标准》的规定，山西省高级人民法院管辖诉讼标的额……在 5000 万元以上且当事人一方住所地不在本辖区……的第一审民商事案件。本案诉讼标的额为 8000 余万元，因此本案属于山西省高级人民法院管辖的第一审民事案件，太原铁路中级人民法院对本案没有管辖权。

　　（法公报［2016］7 期）　　**招商银行股份有限公司无锡分行与中国光大银行股份有限公司长春分行委托合同纠纷管辖权异议案**（最高法院民事裁定书［2015］民二终字第 428 号）

　　裁判摘要：合同效力是对已经成立的合同是否具有合法性的评价，依法成立的合同，始对当事人具有法律约束力。《中华人民共和国合同法》第 57 条（现民法典第 507 条）关于"合同无效、被撤销或者终止的，不影响合同中独立存在的有关解决争议方法的条款的效力"的规定适用于已经成立的合同，"有关解决争议方法的条款"应当符合法定的成立条件。

---

　　① 本书注：铁路运输法院办理案件时，铁路运输法院辖区也是所属上级人民法院辖区。如：福建省范围内均属于福州铁路运输法院辖区，也就属于南昌铁路运输中级法院辖区，故属于江西省高级人民法院辖区。

● **书刊案例** 【立案〔2009〕2辑】 王永安管辖权异议上诉案（《立案工作指导》2009年第2辑，人民法院出版社2009年12月第1版）

裁判摘要：1. 处理级别管辖异议，除用通知、决定方式以外，可以用裁定处理，这代表了级别管辖异议裁判机制的发展方向；2. 原告的诉讼请求构成一诉还是多诉、诉能否合并攸关级别管辖权的确定，无论当事人是否主张，人民法院均应依职权进行审查；3. 诉的合并问题牵涉当事人主体资格的确认，虽然当事人双方均未对原告主体资格提出异议，但原告主体资格问题属起诉受理要件，人民法院应依职权审查，并可在级别管辖异议裁定中作出处理。

● **高法判例** 【〔2020〕最高法知民辖终274号】 测控技术公司与吴某淋技术合同纠纷案（最高法院知产庭2020年8月6日二审民事裁定）

裁判摘要：1. 当事人起诉的法律关系与实际诉争的法律关系不一致的，人民法院结案时应根据查明的当事人之间实际存在的法律关系的性质，相应确定案件的案由。据此，管辖权异议案件不对实体内容审查，相关案由以原告起诉时所主张的法律关系的性质确定。2. 对于下级人民法院有管辖权的案件，在上级人民法院已经立案受理的情况下，为避免程序多次回转、减少当事人诉讼负累，案件可不再移送。

【〔2021〕最高法民辖32号】 潘某军、某医院侵害作品信息网络传播权纠纷案（最高法院2020年9月27日管辖争议民事裁定）

裁判摘要：具体到本案，潘某军作为被侵权人提起诉讼，其位于湖北省武汉市新洲区住所地是案涉侵权结果发生地，武汉市中级人民法院作为对本案有管辖权的法院，在先行立案的情况将本案移送北京市东城区人民法院处理不当，本院予以纠正。

● **文书格式** 【法〔2016〕221号】 民事诉讼文书样式（2016年2月22日最高法审委会〔1679次〕通过，2016年6月28日公布，2016年8月1日起施行）
（本书对格式略有调整）

异议书（对管辖权提出异议用）①

异议人（被告）：×××，男/女，×年×月×日生，×族，……（写明工作单位和职务或职业），住……。联系方式：……。（★异议人是法人或其他组织的，本段写明名称、住所）

法定代理人/指定代理人②：×××，……。（★异议人是法人或其他组织的，本

---

① 注：人民法院受理案件后，当事人对管辖权有异议的，应当在提交答辩状期间提出。
② 注：异议人是无民事行为能力或限制民事行为能力人的，应当写明法定代理人姓名、性别、出生日期、民族、职业、工作单位、住所、联系方式，在诉讼地位后括注与异议人的关系。

段写明法定代表人、主要负责人及其姓名、职务、联系方式)

委托诉讼代理人：×××，……。(提出异议时已经委托诉讼代理人的，写明此项)

(以上写明异议人和其他诉讼参与人的姓名或者名称等基本信息)

请求事项：

将××人民法院（××××）……号……（写明当事人和案由）一案移送××人民法院管辖。

事实和理由：

……（写明提出管辖权异议的事实和理由）

此致：××人民法院

异议人（自然人签名或单位盖章）
×年×月×日

民事裁定书（管辖权异议）

（××××）……民初……号

原告：×××，……。

法定代理人/指定代理人/法定代表人/主要负责人：×××，……。

委托诉讼代理人：×××，……。

被告：×××，……。

法定代理人/指定代理人/法定代表人/主要负责人：×××，……。

委托诉讼代理人：×××，……。

第三人：×××，……。

法定代理人/指定代理人/法定代表人/主要负责人：×××，……。

委托诉讼代理人：×××，……。

(以上写明诉讼参与人的姓名或名称等基本信息；★适用小额诉讼程序的，可以只列写原、被告双方信息)

原告×××与被告×××、第三人×××……（写明案由）一案，本院于×年×月×日立案。

×××诉称，……（概述原告的诉讼请求、事实和理由）。

×××在提交答辩状期间，对管辖权提出异议认为，……（概述异议内容和理由）。

本院经审查认为，……（写明异议成立或不成立的事实和理由）。

依照《中华人民共和国民事诉讼法》第×条、第 130 条第 1 款规定，①裁定如下：

---

① 注：适用小额诉讼程序的，同时援引"法释［2022］11 号"《解释》第 276 条。

（异议成立的，写明：）×××对管辖权提出的异议成立，本案移送××人民法院处理。

（异议不成立的，写明：）驳回×××对本案管辖权提出的异议。

案件受理费……元，由被告……负担（写明当事人姓名或者名称、负担金额）。①

如不服本裁定，可以在裁定书送达之日起 10 日②内，向本院递交上诉状，并按对方当事人或者代表人的人数提出副本，上诉于××人民法院。（★适用小额诉讼程序的，本段写明：本裁定一经作出即生效。）

（★小额诉讼程序无本项）审判长　×××

（代理）审判员　×××

（★小额诉讼程序无本项）人民陪审员　×××

×年×月×日（院印）

法官助理　×××

书记员　×××

民事裁定书（不服管辖裁定上诉案件）

（××××）……民辖终……号

上诉人（原审××）：×××，……。

被上诉人（原审××）：×××，……。

（以上写明诉讼参与人的姓名或名称等基本信息）

上诉人×××因……（写明当事人及案由）一案，不服××人民法院（××××）……民初……号民事裁定，向本院提起上诉。

×××上诉称，……（概述上诉请求、事实和理由）。

×××答辩称，……（概述被上诉人答辩意见）。

本院经审查认为，……（写明上诉请求是否成立的理由）。

依照《中华人民共和国民事诉讼法》第 177 条第 1 款第 1/2 项、第 178 条规定，裁定如下：

（维持原裁定的，写明：）驳回上诉，维持原裁定。

（撤销原裁定的，逐项逐行写明：）一、撤销××人民法院（××××）……民初……号民事裁定；二、本案由××人民法院管辖（辖区内的）/本案移送××人民法院处理（辖区外的）。

本裁定为终审裁定。

---

① 注：异议不成立的，由异议人交纳案件受理费；异议成立的，当事人均不交纳案件受理费。

② 注：当事人在我国领域内没有住所的，上诉期为 30 日。

审判长　×××

审判员　×××

审判员　×××

×年×月×日（院印）

法官助理　×××

书记员　×××

民事裁定书（依职权移送管辖）

（××××）……民初……号

原告：×××，……。

被告：×××，……。

（以上写明诉讼参与人的姓名或名称等基本信息）

原告×××与被告×××……（写明案由）一案，本院于×年×月×日立案。

×××诉称，……（概述原告的诉讼请求、事实和理由）。

×××在提交答辩状期间未对管辖权提出异议/未应诉答辩。

本院经审查认为，……（写明移送的事实和理由）。

依照《中华人民共和国民事诉讼法》第×条、第37条规定，[①]裁定如下：

本案移送××人民法院处理。

本裁定一经作出即生效。

（★小额诉讼程序无本项）审判长　×××

（代理）审判员　×××

（★小额诉讼程序无本项）人民陪审员　×××

×年×月×日（院印）

法官助理　×××

书记员　×××

关于……（写明当事人及案由）**一案报请指定管辖的请示**[②]

（受移送 \ 不行使管辖权）

（××××）……民初……号[③]

××人民法院：

---

　①　注：当事人在答辩期间届满后未应诉答辩，人民法院在一审开庭前裁定移送的，可以同时援引"法释〔2022〕11号"《解释》第35条。

　②　注：上级法院同意指定管辖的，适用民事裁定书（受移送 \ 不行使管辖权用），不需要制作批复；不同意指定管辖的，适用批复，不需要制作裁定书。

　③　注：本请示案号类型代字为"民初"；上级法院立指定管辖案件审查，案号类型代字为"民辖"。

原告×××与被告×××……（写明案由）一案，××人民法院于×年×月×日立案。尚未开庭审理。

×××诉称，……（概述原告的诉讼请求、事实和理由）。

（受移送法院报请指定管辖的，写明:）

××人民法院认为，……（写明移送管辖的理由），于×年×月×日作出（×××
×）……民初……号民事裁定，将本案移送我院管辖。

我院经审查认为，……（写明事实和理由）。本案依法不属于我院管辖。

（有管辖权法院报请指定管辖的，写明:）

我院经审查认为，……（写明不能行使管辖权的特殊原因）。我院依法不能行使管辖权。

依照《中华人民共和国民事诉讼法》第37条\第38条第1款规定，现将本案报请你院指定管辖。

以上请示，请批复。

附：案卷×宗

×年×月×日（院印）

关于……（写明当事人及案由）**一案报请指定管辖的批复**（通）

（××××）……民辖……号

××人民法院:

你院《关于……一案报请指定管辖的请示》收悉。经研究，批复如下:

不同意……一案由我院指定管辖。

×年×月×日（院印）

民事裁定书（受移送\不行使管辖权）

（××××）……民辖……号

原告：×××，……。

被告：×××，……。

（以上写明诉讼参与人的姓名或名称等基本信息）

原告×××与被告×××……（写明案由）一案，××人民法院于×年×月×日立案。

×××诉称，……（概述原告的诉讼请求、事实和理由）。

（依受移送的人民法院报请而指定管辖的，写明:）

××人民法院认为，……（写明移送管辖的理由）。于×年×月×日裁定:……
（写明移送管辖主文）。

×年×月×日，××人民法院（受移送法院）以……为由（写明报请指定管辖的理由），报请本院指定管辖。

（依有管辖权的人民法院报请而指定管辖的，写明：）

××人民法院认为，因……（写明报请指定管辖的理由），不能行使管辖权。

本院经审查认为，……（写明对下级法院报请指定管辖的事实与理由的分析意见）。

依照《中华人民共和国民事诉讼法》第 37 条＼第 38 条第 1 款规定，裁定如下：

本案由××人民法院处理。

本裁定一经作出即生效。

审判长　×××

审判员　×××

审判员　×××

×年×月×日（院印）

法官助理　×××

书记员　×××

×××高级人民法院

民事管辖协商函（管辖权争议协商用）①

（××××）……民辖……号

××高级人民法院：

×年×月×日，××人民法院受理（××××）……民初……号……（写明当事人及案由）一案。×年×月×日，××人民法院受理（××××）……民初……号……（写明当事人及案由）一案。两地人民法院之间因管辖权产生争议，协商未果。×年×月×日，××人民法院报请我院协商解决。

我院经审查认为，……（写明事实和理由）。该案依法应当由××人民法院管辖。

依照《中华人民共和国民事诉讼法》第 38 条第 2 款、《最高人民法院关于适用〈中华人民共和国民事诉讼法〉的解释》第 40 条规定，现函告你院协商解决管辖争议。请你院在收到本函后×日内函复我院。

联系人：……（写明姓名、部门、职务）　　　　联系电话：……

联系地址：……

此致

×年×月×日（院印）

---

① 注：民事管辖协商案件只能产生于高级人民法院之间。管辖权争议发生后，争议人民法院之间也可以进行协商，但此项协商不属于民事管辖协商案件范畴。

×××高级人民法院

民事管辖协商回函（管辖权争议协商用）

（××××）……民辖……号

××高级人民法院：

你院×年×月×日……民辖……号民事管辖协商函收悉。

我院经审查认为，……（写明事实和理由）。

同意/不同意……（写明当事人及案由）一案由××人民法院审理。该案应当由××人民法院管辖。

联系人：……（写明姓名、部门、职务）　　　　联系电话：……

联系地址：……

此致

×年×月×日（院印）

关于……（写明当事人及案由）

一案报请指定管辖的请示（管辖权争议）

（××××）……民初……号

××人民法院：

×年×月×日，××人民法院受理（××××）……民初……号……（写明当事人及案由）一案。×年×月×日，××人民法院/我院受理（××××）……民初……号……（写明当事人及案由）一案。两地人民法院之间因管辖权产生争议，协商未果。

我院经审查认为，……（写明事实和理由）。

依照《中华人民共和国民事诉讼法》第38条第2款规定，报请你院指定管辖。以上请示，请批复。

附：案卷×宗

×年×月×日（院印）

民事裁定书（因管辖权争议报请而指定管辖）

（××××）……民辖……号

原告①：×××，……。

被告：×××，……。

（以上写明诉讼参与人的姓名或名称等基本信息）

×年×月×日××人民法院立案的（××××）……民初……号……（写明当事人

---

① 注：当事人诉讼地位，按照先报请指定管辖法院立案的案件当事人的诉讼地位列明。

及案由）一案，与×年×月×日××人民法院立案的（××××）……民初……号……（写明当事人及案由）一案，两地人民法院之间因管辖权产生争议，协商未果。×年×月×日，××人民法院（写明报请人民法院名称）报请本院指定管辖。

本院经审查认为，……（写明指定管辖的事实和理由）。

依照《中华人民共和国民事诉讼法》第 38 条第 2 款、《最高人民法院关于适用〈中华人民共和国民事诉讼法〉的解释》第 40 条、第 41 条规定，裁定如下：

一、撤销××人民法院（××××）……民初……号民事判决/裁定（不需要撤销的，不写该项）；①

二、……（写明当事人及案由）一案由××人民法院（写明被指定人民法院名称）审理；

三、××人民法院自接到本裁定之日起××日内将（××××）……民初……号……（写明当事人及案由）一案全部卷宗材料及诉讼费移送××人民法院（写明被指定人民法院名称）。

本裁定一经作出即生效。

审判长　×××

审判员　×××

审判员　×××

×年×月×日（院印）

法官助理　×××

书记员　×××

案件移送函（向其他人民法院移送案件用）

（××××）……民初……号

××人民法院：

……（写明当事人及案由）一案。××人民法院作出（××××）……民×……号民事裁定，该案由你院审理。现将该案移送你院，请查收。

联系人：……（写明姓名、部门、职务）　　　　联系电话：……

联系地址：……

附件：……（卷宗有关材料、证据材料等）

×年×月×日（院印）

---

① 注：报请指定管辖后，在上级法院作出指定管辖裁定前，下级法院对案件作出判决、裁定的，上级法院应当在裁定指定管辖的同时，一并撤销下级法院的判决、裁定。

（本书汇）【金融证券纠纷管辖】

● **相关规定** **【法释［2005］1号】** 最高人民法院关于对与证券交易所监管职能相关的诉讼案件管辖与受理问题的规定（2004年11月18日最高法审委会［1333次］通过，2005年1月25日公布，2005年1月31日起施行；根据法释［2020］20号《决定》修正，2021年1月1日起施行）

一、根据《中华人民共和国民事诉讼法》第37条（现第38条）和《中华人民共和国行政诉讼法》第23条的有关规定，指定上海证券交易所和深圳证券交易所所在地的中级人民法院分别管辖以上海证券交易所和深圳证券交易所为被告或第三人的与证券交易所监管职能相关的第一审民事和行政案件。

二、与证券交易所监管职能相关的诉讼案件包括：

（一）证券交易所根据《中华人民共和国公司法》《中华人民共和国证券法》《中华人民共和国证券投资基金法》《证券交易所管理办法》等法律、法规、规章的规定，对证券发行人及其相关人员、证券交易所会员及其相关人员、证券上市和交易活动做出处理决定引发的诉讼；

（二）证券交易所根据国务院证券监督管理机构的依法授权，对证券发行人及其相关人员、证券交易所会员及其相关人员、证券上市和交易活动做出处理决定引发的诉讼；

（三）证券交易所根据其章程、业务规则、业务合同的规定，对证券发行人及其相关人员、证券交易所会员及其相关人员、证券上市和交易活动做出处理决定引发的诉讼；

（四）证券交易所在履行监管职能过程中引发的其他诉讼。

三、投资者对证券交易所履行监管职责过程中对证券发行人及其相关人员、证券交易所会员及其相关人员、证券上市和交易活动做出的不直接涉及投资者利益的行为提起的诉讼，人民法院不予受理。

【法［2007］177号】 最高人民法院关于中国证券登记结算有限责任公司履行职能相关的诉讼案件指定管辖问题的通知（2007年6月20日）

一、根据《中华人民共和国民事诉讼法》第37条（现第38条）和《中华人民共和国行政诉讼法》第22条（现第23条）的有关规定，指定中国证券登记结算有限责任公司及其分支机构所在地的中级人民法院分别管辖以中国证券登记结算有限责任公司或其分支机构为被告、第三人的下列第一审民事和行政案件：

1. 中国证券登记结算有限责任公司或其分支机构根据法律、法规、规章的规定，进行证券登记、存管、结算业务或对登记结算参与人及其他相关单位和人员作出处理决定引发的诉讼；

2. 中国证券登记结算有限责任公司或其分支机构根据法律、法规的授权和国务院证券监督管理机构的依法授权，进行证券登记、存管、结算业务或对登记结算参与人及其他相关单位和人员作出处理决定引发的诉讼；

3. 中国证券登记结算有限责任公司或其分支机构根据其章程、业务规则的规定以及相关业务合同、协议、备忘录的约定，进行证券登记、存管、结算业务或对登记结算参与人及其他相关单位和人员作出处理决定引发的诉讼；

4. 中国证券登记结算有限责任公司或其分支机构在履行证券登记、存管、结算职责过程中引发的其他诉讼。

二、其他人民法院在本规定实施之日前受理的上述案件，已经开始审理的，继续审理；尚未开始审理的，移送指定法院审理。

【民立他字〔2002〕55号】 最高人民法院关于华秀娟等27位股民诉广夏（银川）实业股份有限公司、深圳中天勤会计师事务所虚假证券信息纠纷一案指定管辖的通知（2002年12月30日印发江苏高院、宁夏高院）①

本案的情况符合我院《关于受理证券市场因虚假陈述引发的民事侵权纠纷案件有关问题通知》（已废止）所规定的受理条件。依据《中华人民共和国民事诉讼法》第29条及上述《通知》第5条的规定，无锡市崇安区人民法院对本案没有管辖权，本案应由银川市中级人民法院管辖。根据《中华人民共和国民事诉讼法》第37条（现第38条）第2款的规定，本院指定银川市中级人民法院管辖。银川市中级人民法院不得对本案再行移送。

【法释〔2003〕10号】 最高人民法院关于审理期货纠纷案件若干问题的规定（2003年5月16日最高法审委会〔1270次〕通过，2003年6月18日公布，2003年7月1日起施行；根据法释〔2020〕18号《决定》修正，2021年1月1日起施行）

第4条 人民法院应当依据民事诉讼法第23条、第28条和第34条（现第24、29、35条）的规定确定期货纠纷案件的管辖。

第5条 在期货公司的分公司、营业部等分支机构进行期货交易的，该分支机构住所地为合同履行地。

因实物交割发生纠纷的，期货交易所住所地为合同履行地。

第6条 侵权与违约竞合的期货纠纷案件，依当事人选择的诉由确定管

---

① 最高人民法院立案庭：《立案工作指导与参考》2003年第2卷，人民法院出版社2003年10月第1版。

辖。当事人既以违约又以侵权起诉的，以当事人起诉状中在先的诉讼请求确定管辖。

【法释［2011］1号】 最高人民法院关于审理期货纠纷案件若干问题的规定（二）（2010年12月27日最高法审委会［1507次］通过，2010年12月31日公布，2011年1月17日起施行；根据法释［2020］18号《决定》修正，2021年1月1日起施行）

第1条 以期货交易所为被告或者第三人的因期货交易所履行职责引起的商事案件，由期货交易所所在地的中级人民法院管辖。

第2条 期货交易所履行职责引起的商事案件是指：

（一）期货交易所会员及其相关人员、保证金存管银行及其相关人员、客户、其他期货市场参与者，以期货交易所违反法律法规以及国务院期货监督管理机构的规定，履行监督管理职责不当，造成其损害为由提起的商事诉讼案件；

（二）期货交易所会员及其相关人员、保证金存管银行及其相关人员、客户、其他期货市场参与者，以期货交易所违反其章程、交易规则、实施细则的规定以及业务协议的约定，履行监督管理职责不当，造成其损害为由提起的商事诉讼案件；

（三）期货交易所因履行职责引起的其他商事诉讼案件。

【法发［2017］22号】 最高人民法院关于进一步加强金融审判工作的若干意见（2017年8月9日）

28. 根据金融案件特点，探索建立专业化的金融审判机构。根据金融机构分布和金融案件数量情况，在金融案件相对集中的地区选择部分法院设立金融审判庭，探索实行金融案件的集中管辖。在其他金融案件较多的中级人民法院，可以根据案件情况设立专业化的金融审判团队、审判庭或者金融审判合议庭。

【法释［2020］5号】 最高人民法院关于证券纠纷代表人诉讼若干问题的规定（2020年7月23日最高法审委会［1808次］通过，2020年7月30日公布，2020年7月31日起施行）（全文见本书第56条）

第2条 证券纠纷代表人诉讼案件，由省、自治区、直辖市人民政府所在的市、计划单列市和经济特区中级人民法院或者专门人民法院管辖。

对多个被告提起的诉讼，由发行人住所地有管辖权的中级人民法院或者专门人民法院管辖；对发行人以外的主体提起的诉讼，由被告住所地有管辖权的中级人民法院或者专门人民法院管辖。

特别代表人诉讼案件，由涉诉证券集中交易的证券交易所、国务院批准的其他全国性证券交易场所所在地的中级人民法院或者专门人民法院管辖。

【法〔2020〕185号】 全国法院审理债券纠纷案件座谈会纪要（2019年12月24日在北京召开，邀请全国人大常委会法工委、司法部、国家发改委、央行、证监会等单位参会，最高法2020年7月15日印发）

10. 债券违约案件的管辖。受托管理人、债券持有人以发行人或者增信机构为被告提起的要求依约偿付债券本息或者履行增信义务的合同纠纷案件，由发行人住所地人民法院管辖。债券募集文件与受托管理协议另有约定的，从其约定。

债券募集文件与受托管理协议中关于管辖的约定不一致，根据《最高人民法院关于适用〈中华人民共和国民事诉讼法〉若干问题的解释》第30条第1款的规定不能确定管辖法院的，由发行人住所地人民法院管辖。

本纪要发布之前，人民法院以原告住所地为合同履行地确定管辖的案件，尚未开庭审理的，应当移送发行人住所地人民法院审理；已经生效尚未申请执行的案件，应当向发行人住所地人民法院申请强制执行；已经执行尚未执结的案件，应当交由发行人住所地人民法院继续执行。

11. 欺诈发行和虚假陈述案件的管辖。债券持有人、债券投资者以发行人、债券承销机构、债券服务机构等为被告提起的要求承担欺诈发行、虚假陈述民事责任的侵权纠纷案件，由省、直辖市、自治区人民政府所在的市、计划单列市和经济特区中级人民法院管辖。

多个被告中有发行人的，由发行人住所地有管辖权的人民法院管辖。

12. 破产案件的管辖。受托管理人、债券持有人申请发行人重整、破产清算的破产案件，以及发行人申请重整、和解、破产清算的破产案件，由发行人住所地中级人民法院管辖。

【法释〔2022〕2号】 最高人民法院关于审理证券市场虚假陈述侵权民事赔偿案件的若干规定（2021年12月30日最高法审委会〔1860次〕通过，2022年1月21日公布，2022年1月22日起施行；法明传〔2001〕43号《关于受理证券市场因虚假陈述引发的民事侵权纠纷案件有关问题的通知》、法释〔2003〕2号《关于审理证券市场因虚假陈述引发的民事赔偿案件的若干规定》同时废止）[1]

第1条 信息披露义务人在证券交易场所发行、交易证券过程中实施虚假陈述引发的侵权民事赔偿案件，适用本规定。

按照国务院规定设立的区域性股权市场中发生的虚假陈述侵权民事赔偿案件，可以参照适用本规定。

第3条 证券虚假陈述侵权民事赔偿案件，由发行人住所地的省、自治区、

---

[1] 注：法释〔2007〕12号《最高人民法院关于审理涉及会计师事务所在审计业务活动中民事侵权赔偿案件的若干规定》与本规定不一致的，以本规定为准。

直辖市人民政府所在的市、计划单列市和经济特区中级人民法院或者专门人民法院管辖。《最高人民法院关于证券纠纷代表人诉讼若干问题的规定》（法释〔2020〕5号）等对管辖另有规定的，从其规定。

省、自治区、直辖市高级人民法院可以根据本辖区的实际情况，确定管辖第一审证券虚假陈述侵权民事赔偿案件的其他中级人民法院，报最高人民法院备案。

第34条 本规定所称证券交易场所，是指证券交易所、国务院批准的其他全国性证券交易场所。

本规定所称监管部门，是指国务院证券监督管理机构、国务院授权的部门及有关主管部门。

本规定所称发行人，包括证券的发行人、上市公司或者挂牌公司。……

第35条（第2款） 本规定施行后尚未终审的案件，适用本规定。本规定施行前已经终审，当事人申请再审或者按照审判监督程序决定再审的案件，不适用本规定。

【人大〔2018〕决定】 全国人民代表大会常务委员会关于设立上海金融法院的决定（2018年4月27日全国人大常委会〔13届2次〕通过，2018年4月28日起施行）

一、设立上海金融法院。

上海金融法院审判庭的设置，由最高人民法院根据金融案件的类型和数量决定。

二、上海金融法院专门管辖上海金融法院设立之前由上海市的中级人民法院管辖的金融民商事案件和涉金融行政案件。管辖案件的具体范围由最高人民法院确定。

上海金融法院第一审判决和裁定的上诉案件，由上海市高级人民法院审理。

三、上海金融法院对上海市人民代表大会常务委员会负责并报告工作。

上海金融法院审判工作受最高人民法院和上海市高级人民法院监督。上海金融法院依法接受人民检察院法律监督。

四、上海金融法院院长由上海市人民代表大会常务委员会主任会议提请本级人民代表大会常务委员会任免。

上海金融法院副院长、审判委员会委员、庭长、副庭长、审判员由上海金融法院院长提请上海市人民代表大会常务委员会任免。

【法释〔2021〕9号】 最高人民法院关于上海金融法院案件管辖的规定（2018年8月7日法释〔2018〕14号公布，2018年8月10日起施行；2021年3月1日最高法审委会〔1833次〕修改，2021年4月22日起施行）

第1条　上海金融法院管辖上海市辖区内应由中级人民法院受理的下列第一审金融民商事案件：（一）证券、期货交易、营业信托、保险、票据、信用证、独立保函、保理、金融借款合同、银行卡、融资租赁合同、委托理财合同、储蓄存款合同、典当、银行结算合同等金融民商事纠纷；（二）资产管理业务、资产支持证券业务、私募基金业务、外汇业务、金融产品销售和适当性管理、征信业务、支付业务及经有权机关批准的其他金融业务引发的金融民商事纠纷；（三）涉金融机构的与公司有关的纠纷；（四）以金融机构为债务人的破产纠纷；（五）金融民商事纠纷的仲裁司法审查案件；（六）申请认可和执行香港特别行政区、澳门特别行政区、台湾地区法院金融民商事纠纷的判决、裁定案件，以及申请承认和执行外国法院金融民商事纠纷的判决、裁定案件。

第2条　下列金融纠纷案件，由上海金融法院管辖：

（一）境内投资者以发生在中华人民共和国境外的证券发行、交易活动或者期货交易活动损害其合法权益为由向上海金融法院提起的诉讼；

（二）境内个人或者机构以中华人民共和国境外金融机构销售的金融产品或者提供的金融服务损害其合法权益为由向上海金融法院提起的诉讼。

第3条　在上海证券交易所科创板上市公司的证券发行纠纷、证券承销合同纠纷、证券上市保荐合同纠纷、证券上市合同纠纷和证券欺诈责任纠纷等第一审民商事案件，由上海金融法院管辖。

第4条　以上海证券交易所为被告或者第三人的与证券交易所监管职能相关的第一审金融民商事和涉金融行政案件，由上海金融法院管辖。

第5条　以住所地在上海市并依法设立的金融基础设施机构为被告或者第三人的与其履行职责相关的第一审金融民商事案件，由上海金融法院管辖。

第6条　上海市辖区内应由中级人民法院受理的对金融监管机构以及法律、法规、规章授权的组织因履行金融监管职责作出的行政行为不服提起诉讼的第一审涉金融行政案件，由上海金融法院管辖。

第7条　当事人对上海市基层人民法院作出的涉及本规定第1条第1至3项的第一审金融民商事案件和涉金融行政案件判决、裁定提起的上诉案件和申请再审案件，由上海金融法院审理。

第8条　上海市辖区内应由中级人民法院受理的金融民商事案件、涉金融行政案件的再审案件，由上海金融法院审理。

第9条　上海金融法院作出的第一审民商事案件和涉金融行政案件生效裁判，以及上海市辖区内应由中级人民法院执行的涉金融民商事纠纷的仲裁裁决，由上海金融法院执行。

上海金融法院执行过程中发生的执行异议案件、执行异议之诉案件，以及上海市基层人民法院涉金融案件执行过程中发生的执行复议案件、执行异议之诉上诉案件，由上海金融法院审理。

第10条　当事人对上海金融法院作出的第一审判决、裁定提起的上诉案件，由上海市高级人民法院审理。

第11条　上海市各中级人民法院在上海金融法院成立前已经受理但尚未审结的金融民商事案件和涉金融行政案件，由该中级人民法院继续审理。

【人大［2021］决定】　全国人民代表大会常务委员会关于设立北京金融法院的决定（2021年1月22日全国人大常委会［13届25次］通过，2021年1月23日起施行）

一、设立北京金融法院。

北京金融法院审判庭的设置，由最高人民法院根据金融案件的类型和数量决定。

二、北京金融法院专门管辖以下案件：（一）应由北京市的中级人民法院管辖的第一审金融民商事案件；（二）应由北京市的中级人民法院管辖的以金融监管机构为被告的第一审涉金融行政案件；（三）以住所地在北京市的金融基础设施机构为被告或者第三人，与其履行职责相关的第一审金融民商事案件和涉金融行政案件；（四）北京市基层人民法院第一审金融民商事案件和涉金融行政案件判决、裁定的上诉、抗诉案件以及再审案件；（五）依照法律规定应由其执行的案件；（六）最高人民法院确定由其管辖的其他金融案件。

北京金融法院第一审判决、裁定的上诉案件，由北京市高级人民法院审理。

三、北京金融法院对北京市人民代表大会常务委员会负责并报告工作。

北京金融法院审判工作受最高人民法院和北京市高级人民法院监督。北京金融法院依法接受人民检察院法律监督。

四、北京金融法院院长由北京市人民代表大会常务委员会主任会议提请北京市人民代表大会常务委员会任免。

北京金融法院副院长、审判委员会委员、庭长、副庭长、审判员由北京金融法院院长提请北京市人民代表大会常务委员会任免。

【法释［2021］7号】　最高人民法院关于北京金融法院案件管辖的规定（2021年3月1日最高法审委会［1833次］通过，2021年3月16日公布施行）

第1条　北京金融法院管辖北京市辖区内应由中级人民法院受理的下列第一审金融民商事案件：（一）证券、期货交易、营业信托、保险、票据、信用证、独立保函、保理、金融借款合同、银行卡、融资租赁合同、委托理财合同、储蓄存款合同、典当、银行结算合同等金融民商事纠纷；（二）资产管理业务、资产支持证券业务、私募基金业务、外汇业务、金融产品销售和适当性管理、征信业务、支付业务及经有权机关批准的其他金融业务引发的金融民商事纠纷；（三）涉金融机构的与公司有关的纠纷；（四）以金融机构为债务人的破产纠纷；（五）金融民商事纠纷的仲裁司法审查案件；（六）申请认可和执行香港特别行政区、澳门特别行政区、台湾地区法院金融民商事纠纷的判决、裁定案件，以及申请承认和执行外国法院金融民商事纠纷的判决、裁定案件。

第2条　下列金融纠纷案件，由北京金融法院管辖：

（一）境内投资者以发生在中华人民共和国境外的证券发行、交易活动或者期货交易活动损害其合法权益为由向北京金融法院提起的诉讼；

（二）境内个人或者机构以中华人民共和国境外金融机构销售的金融产品或者提供的金融服务损害其合法权益为由向北京金融法院提起的诉讼。

第3条　在全国中小企业股份转让系统向不特定合格投资者公开发行股票并在精选层挂牌的公司的证券发行纠纷、证券承销合同纠纷、证券交易合同纠纷、证券欺诈责任纠纷以及证券推荐保荐和持续督导合同、证券挂牌合同引起的纠纷等第一审民商事案件，由北京金融法院管辖。

第4条　以全国中小企业股份转让系统有限责任公司为被告或者第三人的与证券交易场所监管职能相关的第一审金融民商事和涉金融行政案件，由北京金融法院管辖。

第5条　以住所地在北京市并依法设立的金融基础设施机构为被告或者第三人的与其履行职责相关的第一审金融民商事案件，由北京金融法院管辖。

第6条　北京市辖区内应由中级人民法院受理的对中国人民银行、中国银行保险监督管理委员会、中国证券监督管理委员会、国家外汇管理局等国家金融管理部门以及其他国务院组成部门和法律、法规、规章授权的组织因履行金融监管职责作出的行政行为不服提起诉讼的第一审涉金融行政案件，由北京金融法院管辖。

第7条　当事人对北京市基层人民法院作出的涉及本规定第1条第1至3项的第一审金融民商事案件和涉金融行政案件判决、裁定提起的上诉案件和申请再审案件，由北京金融法院审理。

第8条　北京市辖区内应由中级人民法院受理的金融民商事案件、涉金融行政案件的再审案件，由北京金融法院审理。

第9条　北京金融法院作出的第一审民商事案件和涉金融行政案件生效裁判，以及北京市辖区内应由中级人民法院执行的涉金融民商事纠纷的仲裁裁决，由北京金融法院执行。

北京金融法院执行过程中发生的执行异议案件、执行异议之诉案件，以及北京市基层人民法院涉金融案件执行过程中发生的执行复议案件、执行异议之诉上诉案件，由北京金融法院审理。

第10条　中国人民银行、中国银行保险监督管理委员会、中国证券监督管理委员会、国家外汇管理局等国家金融管理部门，以及其他国务院组成部门因履行金融监管职责作为申请人的非诉行政执行案件，由北京金融法院审查和执行。

第11条　当事人对北京金融法院作出的第一审判决、裁定提起的上诉案件，由北京市高级人民法院审理。

第12条　北京市各中级人民法院在北京金融法院成立前已经受理但尚未审结的金融民商事案件和涉金融行政案件，由该中级人民法院继续审理。

【人大［2022］决定】　全国人民代表大会常务委员会关于设立成渝金融法院的决定（2022年2月28日全国人大常委会［13届33次］通过，2022年3月1日起施行）

一、设立成渝金融法院。

成渝金融法院审判庭的设置，由最高人民法院根据金融案件的类型和数量决定。

二、成渝金融法院专门管辖以下案件：（一）重庆市以及四川省属于成渝地区双城经济圈范围内的应由中级人民法院管辖的第一审金融民商事案件；（二）重庆市以及四川省属于成渝地区双城经济圈范围内的应由中级人民法院管辖的以金融监管机构为被告的第一审涉金融行政案件；（三）以住所地在重庆市以及四川省属于成渝地区双城经济圈范围内的金融基础设施机构为被告或者第三人，与其履行职责相关的第一审金融民商事案件和涉金融行政案件；（四）重庆市以及四川省属于成渝地区双城经济圈范围内的基层人民法院第一审金融民商事案件和涉金融行政案件判决、裁定的上诉、抗诉案件以及再审案件；（五）依照法律规定应由其执行的案件；（六）最高人民法院确定由其管辖的其他金融案件。

成渝金融法院第一审判决、裁定的上诉案件，由重庆市高级人民法院审理。

三、成渝金融法院对重庆市人民代表大会常务委员会负责并报告工作。

成渝金融法院审判工作受最高人民法院和重庆市高级人民法院监督。成渝金融法院依法接受人民检察院法律监督。

四、成渝金融法院院长由重庆市人民代表大会常务委员会主任会议提请重庆市人民代表大会常务委员会任免。

成渝金融法院副院长、审判委员会委员、庭长、副庭长、审判员由成渝金融法院院长提请重庆市人民代表大会常务委员会任免。

【法释〔2022〕20号】　最高人民法院关于成渝金融法院案件管辖的规定
（2022年9月19日最高法审委会〔1875次〕通过，2022年12月20日公布，2023年1月1日起施行）

第1条　成渝金融法院管辖重庆市以及四川省属于成渝地区双城经济圈范围内的应由中级人民法院受理的下列第一审金融民商事案件：（一）证券、期货交易、营业信托、保险、票据、信用证、独立保函、保理、金融借款合同、银行卡、融资租赁合同、委托理财合同、储蓄存款合同、典当、银行结算合同等金融民商事纠纷；（二）资产管理业务、资产支持证券业务、私募基金业务、外汇业务、金融产品销售和适当性管理、征信业务、支付业务及经有权机关批准的其他金融业务引发的金融民商事纠纷；（三）涉金融机构的与公司有关的纠纷；（四）以金融机构为债务人的破产纠纷；（五）金融民商事纠纷的仲裁司法审查案件；（六）申请认可和执行香港特别行政区、澳门特别行政区、台湾地区法院金融民商事纠纷的判决、裁定案件，以及申请承认和执行外国法院金融民商事纠纷的判决、裁定案件。

第2条　下列金融纠纷案件，由成渝金融法院管辖：

（一）境内投资者以发生在中华人民共和国境外的证券发行、交易活动或者期货和衍生品交易活动损害其合法权益为由向成渝金融法院提起的诉讼；

（二）境内个人或者机构以中华人民共和国境外金融机构销售的金融产品或者提供的金融服务损害其合法权益为由向成渝金融法院提起的诉讼。

第3条　以住所地在重庆市以及四川省属于成渝地区双城经济圈范围内依法设立的金融基础设施机构为被告或者第三人，与其履行职责相关的第一审金融民商事案件和涉金融行政案件，由成渝金融法院管辖。

第4条　重庆市以及四川省属于成渝地区双城经济圈范围内应由中级人民法院受理的对金融监管机构以及法律、法规、规章授权的组织，因履行金融监管职责作出的行政行为不服提起诉讼的第一审涉金融行政案件，由成渝金融法院管辖。

第5条　重庆市以及四川省属于成渝地区双城经济圈范围内基层人民法院涉及本规定第1条第1至3项的第一审金融民商事案件和第一审涉金融行政案件的上诉案件，由成渝金融法院审理。

第6条　重庆市以及四川省属于成渝地区双城经济圈范围内应由中级人民法院受理的金融民商事案件、涉金融行政案件的申请再审和再审案件，由成渝金融法院审理。

本规定施行前已生效金融民商事案件、涉金融行政案件的申请再审和再审案件，仍由原再审管辖法院审理。

第7条　成渝金融法院作出的第一审民商事案件和涉金融行政案件生效裁判，重庆市以及四川省属于成渝地区双城经济圈范围内应由中级人民法院执行的涉金融民商事纠纷的仲裁裁决，由成渝金融法院执行。

成渝金融法院执行过程中发生的执行异议案件、执行异议之诉案件，重庆市以及四川省属于成渝地区双城经济圈范围内基层人民法院涉金融案件执行过程中发生的执行复议案件、执行异议之诉上诉案件，由成渝金融法院审理。

第8条　当事人对成渝金融法院作出的第一审判决、裁定提起的上诉案件，由重庆市高级人民法院审理。

当事人对成渝金融法院执行过程中作出的执行异议裁定申请复议的案件，由重庆市高级人民法院审查。

第9条　成渝金融法院作出发生法律效力的判决、裁定和调解书的申请再审、再审案件，依法应由上一级人民法院管辖的，由重庆市高级人民法院审理。

第10条　重庆市以及四川省属于成渝地区双城经济圈范围内各中级人民法院在本规定施行前已经受理但尚未审结的金融民商事案件和涉金融行政案件，由该中级人民法院继续审理。

（本书汇）【知识产权纠纷管辖】

● 相关规定　【法［1998］65号】　最高人民法院关于全国部分法院知识产权审判工作座谈会纪要（1997年11月14-18日在苏州吴县召开，1998年7月20日印发）

二、关于严格诉讼程序问题

（二）案件管辖问题

1. 级别管辖。目前，除专利权纠纷案件属于指定管辖外，对于其他绝大多数知识产权民事纠纷案件，各级法院均有管辖权。近年来，虽然知识产权民事纠纷案件总量有增加，但是，案件的绝对数量仍然较少。许多基层法院审判人员由于接触案件少，难以较快熟悉审判业务，对保证办案质量有所影响。不少同志认为，知识产权民事纠纷案件由中级人民法院作一审，有利于锻炼专业法官队伍，提高办案质量。建议除少数已经成立知识产权审判庭的基层法院外，高级人民法院可以根据案件的具体情况，决定由中级人民法院作为知识产权民事纠纷案件的一审法院，并报最高人民法院备案。对专利纠纷案件，仍按照最高人民法院的规定确定一审法院。

2. 地域管辖。依照民事诉讼法的规定，知识产权民事纠纷案件依案件的性质可以由被告住所地、侵权行为地和合同履行地的人民法院管辖。在审判实践中，一些法院对最高人民法院司法解释中关于"侵权结果发生地"的理解，有一定的混乱，有的甚至认为，在侵权案件中，受到损害的原告住所地或者"侵权物"的达到地就是"侵权结果发生地"。与会同志普遍认为，在知识产权侵权纠纷案件中，侵权结果发生地，应当理解为是侵权行为直接产生的结果发生地，不能以原告受到损害就认为原告所在地就是侵权结果发生地。

对于以销售侵权物品为由起诉销售者的案件，销售地法院有管辖权；如果原告对销售者不起诉，仅对制造者起诉，制造地与销售地又不一致的，应由制造地（通常为被告住所地）法院管辖；如果在侵权物品销售地以制造者与销售者为共同被告起诉时，侵权物品销售地法院有管辖权。销售者是制造者的分支机构的，其销售行为视为制造者的销售行为，原告在销售地起诉制造者的制造、销售行为的，销售地法院有管辖权。

【知他字［1999］3号】　最高人民法院关于指定烟台市中级人民法院审理部分专利纠纷案件的批复（1999年10月22日答复山东高院"鲁高法函［1998］162号"请示）

同意指定烟台市中级人民法院为审理发生在其所辖区内的下列专利纠纷案件的第一法院：1. 专利申请权纠纷案件；2. 专利权属纠纷案件；3. 关于发明专利申请公布后、授予专利权前使用该发明的费用的纠纷案件；4. 专利侵权纠纷案件；5. 转让专利申请权或者专利权的合同纠纷案件。

【法释［2001］5号】　最高人民法院关于审理植物新品种纠纷案件若干问题的解释（2000年12月25日最高法审委会［1154次］通过，2001年2月5日公布，2001年2月14日起施行；根据法释［2020］19号《决定》修正，2021年1月1日起施行）

第1条　人民法院受理的植物新品种纠纷案件主要包括以下几类：……（五）植物新品种权实施强制许可使用费纠纷案件；（六）植物新品种申请权权属纠纷案件；（七）植物新品种权权属纠纷案件；（八）植物新品种申请权转让合同纠纷案件；（九）植物新品种权转让合同纠纷案件；（十）侵害/侵犯植物新品种权纠纷案件；（十一）假冒他人植物新品种权纠纷案件；（十二）植物新品种培育人署名权纠纷案件；（十三）植物新品种临时保护期使用费纠纷案件；……（十八）其他植物新品种权纠纷案件。

第3条　本解释第1条所列第1至5类案件，由北京知识产权法院/北京市第二中级人民法院作为第一审人民法院审理；第6至18类案件，由知识产权法院，各省、自治区、直辖市人民政府所在地和最高人民法院指定的中级人民法院作为第一审人民法院审理。

（新增）当事人对植物新品种纠纷民事、行政案件第一审判决、裁定不服，提起上诉的，由最高人民法院审理。

第4条 以侵权行为地确定人民法院管辖的侵害/侵犯植物新品种权的民事案件，其所称的侵权行为地，是指未经品种权所有人许可，以商业目的生产、繁殖或者销售该授权植物新品种的繁殖材料的所在地，或者为商业目的将该授权品种的繁殖材料重复使用于生产另一品种的繁殖材料的所在地。

【法释［2002］1号】 最高人民法院关于审理商标案件有关管辖和法律适用范围问题的解释（2001年12月25日最高法审委会［1203次］通过，2002年1月9日公布，2002年1月21日起施行；根据法释［2020］19号《决定》修正，2021年1月1日起施行）

第1条 人民法院受理以下商标案件：……3. 商标专用权权属纠纷案件；4. 侵害商标专用权纠纷案件；5. 确认不侵害商标权纠纷案件；6. 商标专用权转让合同纠纷案件；7. 商标使用许可/许可使用合同纠纷案件；8. 商标代理合同纠纷案件；9. 申请诉前停止侵害/侵犯注册商标专用权案件；10. 申请停止侵害注册商标专用权损害责任案件；11. 申请诉前财产保全案件；12. 申请诉前证据保全案件；13. 其他商标案件。

第2条（第3款） 商标民事纠纷第一审案件，由中级以上人民法院管辖。

（第4款） 各高级人民法院根据本辖区的实际情况，经最高人民法院批准，可以在较大城市确定1～2个基层人民法院受理第一审商标民事纠纷案件。

第3条 商标注册人或者利害关系人向国家知识产权局/工商行政管理部门就侵犯商标专用权行为请求处理，又向人民法院提起侵害/侵犯商标专用权诉讼请求损害赔偿的，人民法院应当受理。

第10条 人民法院受理的侵犯商标专用权纠纷案件，已经过工商行政管理部门处理的，人民法院仍应当就当事人民事争议的事实进行审查。

【法释［2002］31号】 最高人民法院关于审理著作权民事纠纷案件适用法律若干问题的解释（2002年10月12日最高法审委会［1246次］通过，同日公布，2002年10月15日起施行；根据法释［2020］19号《决定》修正，2021年1月1日起施行；以本规为准）

第2条 著作权民事纠纷案件，由中级以上人民法院管辖。

各高级人民法院根据本辖区的实际情况，可以报请最高人民法院批准，确定由若干基层人民法院管辖第一审著作权民事纠纷案件。

第4条 因侵害著作权行为提起的民事诉讼，由著作权法第47条、第48条所规定侵权行为的实施地、侵权复制品储藏地或者查封扣押地、被告住所地人民法院管辖。

前款规定的侵权复制品储藏地，是指大量或者经常性储存、隐匿侵权复制品所在地；查封扣押地，是指海关、版权——工商等行政机关依法查封、扣押侵权复制品所在地。

第 5 条　对涉及不同侵权行为实施地的多个被告提起的共同诉讼，原告可以选择向其中一个被告的侵权行为实施地人民法院提起诉讼/管辖；仅对其中某一被告提起的诉讼，该被告侵权行为实施地的人民法院有管辖权。

【法释［2002］32 号】 **最高人民法院关于审理商标民事纠纷案件适用法律若干问题的解释**（2002 年 10 月 12 日最高法审委会［1246 次］通过，同日公布，2002 年 10 月 16 日起施行；根据法释［2020］19 号《决定》修正，2021 年 1 月 1 日起施行；以本规为准）

第 6 条　因侵犯注册商标专用权行为提起的民事诉讼，由商标法第 13 条、第 57 条所规定侵权行为的实施地、侵权商品的储藏地或者查封扣押地、被告住所地人民法院管辖。

前款规定的侵权商品的储藏地，是指大量或者经常性储存、隐匿侵权商品所在地；查封扣押地，是指海关——工商等行政机关依法查封、扣押侵权商品所在地。

第 7 条　对涉及不同侵权行为实施地的多个被告提起的共同诉讼，原告可以选择其中一个被告的侵权行为实施地人民法院管辖；仅对其中某一被告提起的诉讼，该被告侵权行为实施地的人民法院有管辖权。

【法［2002］28 号】 **最高人民法院关于确定上海市浦东新区人民法院和上海市黄浦区人民法院审理第一审商标民事纠纷案件的批复**（2002 年 2 月 25 日答复上海高院"沪高法［2002］39 号"请示）

同意你院确定上海市浦东新区人民法院和上海市黄浦区人民法院受理第一审商标民事纠纷案件。

【法［2002］118 号】 **最高人民法院关于同意指定辽宁省葫芦岛市中级人民法院审理部分专利纠纷案件的批复**（2002 年 5 月 21 日答复辽宁高院"辽高法［2000］67 号"请示）

同意指定葫芦岛市中级人民法院为审理发生在其所辖区内的下列专利纠纷案件的第一审法院：1. 专利申请权纠纷案件；2. 专利权权属纠纷案件；3. 专利权、专利申请权转让合同纠纷案件；4. 侵犯专利权纠纷案件；5. 假冒他人专利纠纷案件；6. 发明专利申请公布后、专利权授予前使用费纠纷案件；7. 职务发明创造发明人、设计人奖励、报酬纠纷案件；8. 诉前申请停止侵权、财产保全案件；9. 发明人、设计人资格纠纷案件；10. 其他专利纠纷案件。

【法〔2009〕1号】 最高人民法院关于涉及驰名商标认定的民事纠纷案件管辖问题的通知（2009年1月5日）

为进一步加强人民法院对驰名商标的司法保护，完善司法保护制度，规范司法保护行为，增强司法保护的权威性和公信力，维护公平竞争的市场经济秩序，为国家经济发展大局服务，从本通知下发之日起，涉及驰名商标认定的民事纠纷案件，由省、自治区人民政府所在地的市、计划单列市中级人民法院，以及直辖市辖区内的中级人民法院管辖。其他中级人民法院管辖此类民事纠纷案件，需报经最高人民法院批准；未经批准的中级人民法院不再受理此类案件。

【法发〔2010〕5号】 最高人民法院关于调整地方各级人民法院管辖第一审知识产权民事案件标准的通知（2010年1月28日印发，2010年2月1日起施行）

一、高级人民法院管辖诉讼标的额在2亿元以上的第一审知识产权民事案件，以及诉讼标的额在1亿元以上且当事人一方住所地不在其辖区或者涉外、涉港澳台的第一审知识产权民事案件。

二、对于本通知第一项标准以下的第一审知识产权民事案件，除应当由经最高人民法院指定具有一般知识产权民事案件管辖权的基层人民法院管辖的以外，均由中级人民法院管辖。

三、经最高人民法院指定具有一般知识产权民事案件管辖权的基层人民法院，可以管辖诉讼标的额在500万元以下的第一审一般知识产权民事案件，以及诉讼标的额在500万元以上1000万元以下且当事人住所地均在其所属高级或中级人民法院辖区的第一审一般知识产权民事案件，具体标准由有关高级人民法院自行确定并报最高人民法院批准。

四、对重大疑难、新类型和在适用法律上有普遍意义的知识产权民事案件，可以依照民事诉讼法第39条的规定，由上级人民法院自行决定由其审理，或者根据下级人民法院报请决定由其审理。

五、对专利、植物新品种、集成电路布图设计纠纷案件和涉及驰名商标认定的纠纷案件以及垄断纠纷案件等特殊类型的第一审知识产权民事案件，确定管辖时还应当符合最高人民法院有关上述案件管辖的特别规定。

六、军事法院管辖军内第一审知识产权民事案件的标准，参照当地同级地方人民法院的标准执行。

七、本通知下发后，需要新增指定具有一般知识产权民事案件管辖权的基层人民法院的，有关高级人民法院应将该基层人民法院管辖第一审一般知识产权民事案件的标准一并报最高人民法院批准。

八、本通知所称"以上"包括本数，"以下"不包括本数。

【法发［2010］6号】　最高人民法院关于印发基层人民法院管辖第一审知识产权民事案件标准的通知（2010年1月28日印发，2010年2月1日起施行）①

【法释［2014］4号】　最高人民法院关于商标法修改决定施行后商标案件管辖和法律适用问题的解释（2014年2月10日最高法审委会［1606次］通过，2014年3月25日公布，2014年5月1日起施行；根据法释［2020］19号《决定》修正，2021年1月1日起施行）

第1条　人民法院受理以下商标案件：……3. 商标权权属纠纷案件；4. 侵害商标专用权纠纷案件；5. 确认不侵害商标专用权纠纷案件；6. 商标权转让合同纠纷案件；7. 商标使用许可合同纠纷案件；8. 商标代理合同纠纷案件；9. 申请诉前停止侵害注册商标专用权案件；10. 因申请停止侵害注册商标专用权损害责任案件；11. 因商标纠纷申请诉前财产保全案件；12. 因商标纠纷申请诉前证据保全案件；13. 其他商标案件。

第3条　第一审商标民事案件，由中级以上人民法院及最高人民法院指定的基层人民法院管辖。

涉及对驰名商标保护的民事、行政案件，由省、自治区人民政府所在地市、计划单列市、直辖市辖区中级人民法院及最高人民法院指定的其他中级人民法院管辖。

第4条　在工商行政管理部门查处侵害商标权行为过程中，当事人就相关商标提起商标权权属或者侵害商标权民事诉讼的，人民法院应当受理。

第9条　除本解释另行规定外，商标法修改决定施行后人民法院受理的商标民事案件，涉及该决定施行前发生的行为的，适用修改前商标法的规定；涉及该决定施行前发生，持续到该决定施行后的行为的，适用修改后商标法的规定。

【人大［2014］决定】　全国人民代表大会常务委员会关于在北京、上海、广州设立知识产权法院的决定（2014年8月31日全国人大常委会［12届10次］通过，同日公布施行）

一、在北京、上海、广州设立知识产权法院。

知识产权法院审判庭的设置，由最高人民法院根据知识产权案件的类型和数量确定。

---

① 注：本《通知》已被"法发［2022］109号"《通知》更新，本书存目备查。

二、知识产权法院管辖有关专利、植物新品种、集成电路布图设计、技术秘密等专业技术性较强的第一审知识产权民事和行政案件。

不服国务院行政部门裁定或者决定而提起的第一审知识产权授权确权行政案件，由北京知识产权法院管辖。

知识产权法院对第1款规定的案件实行跨区域管辖。在知识产权法院设立的3年内，可以先在所在省（直辖市）实行跨区域管辖。

三、知识产权法院所在市的基层人民法院第一审著作权、商标等知识产权民事和行政判决、裁定的上诉案件，由知识产权法院审理。

四、知识产权法院第一审判决、裁定的上诉案件，由知识产权法院所在地的高级人民法院审理。

五、知识产权法院审判工作受最高人民法院和所在地的高级人民法院监督。知识产权法院依法接受人民检察院法律监督。

六、知识产权法院院长由所在地的市人民代表大会常务委员会主任会议提请本级人民代表大会常务委员会任免。

知识产权法院副院长、庭长、审判员和审判委员会委员，由知识产权法院院长提请所在地的市人民代表大会常务委员会任免。

知识产权法院对所在地的市人民代表大会常务委员会负责并报告工作。

七、本决定施行满3年，最高人民法院应当向全国人民代表大会常务委员会报告本决定的实施情况。

【法释〔2014〕12号】 最高人民法院关于北京、上海、广州知识产权法院案件管辖的规定（2014年10月27日最高法审委会〔1628次〕通过，2014年10月31日公布，2014年11月3日起施行；根据法释〔2020〕19号《决定》修正，2021年1月1日起施行）

第1条 知识产权法院管辖所在市辖区内的下列第一审案件：

（一）专利、植物新品种、集成电路布图设计、技术秘密、计算机软件民事和行政案件；

（二）对国务院部门或者县级以上地方人民政府所作的涉及著作权、商标、不正当竞争等行政行为提起诉讼的行政案件；

（三）涉及驰名商标认定的民事案件。

第2条 广州知识产权法院对广东省内本规定第1条第1项和第3项规定的案件实行跨区域管辖。

第3条 北京市、上海市各中级人民法院和广州市中级人民法院不再受理知识产权民事和行政案件。

广东省其他中级人民法院不再受理本规定第 1 条第 1 项和第 3 项规定的案件。

北京市、上海市、广东省各基层人民法院不再受理本规定第 1 条第 1 项和第 3 项规定的案件。

第 4 条　案件标的既包含本规定第 1 条第 1 项和第 3 项规定的内容，又包含其他内容的，按本规定第 1 条和第 2 条的规定确定管辖。

第 5 条　下列第一审行政案件由北京知识产权法院管辖：

（一）不服国务院部门作出的有关专利、商标、植物新品种、集成电路布图设计等知识产权的授权确权裁定或者决定的；

（二）不服国务院部门作出的有关专利、植物新品种、集成电路布图设计的强制许可决定以及强制许可使用费或者报酬的裁决的；

（三）不服国务院部门作出的涉及知识产权授权确权的其他行政行为的。

第 6 条　当事人对知识产权法院所在市的基层人民法院作出的第一审著作权、商标、技术合同、不正当竞争等知识产权民事和行政判决、裁定提起的上诉案件，由知识产权法院审理。

第 7 条　当事人对知识产权法院作出的第一审判决、裁定提起的上诉案件和依法申请上一级法院复议的案件，由知识产权法院所在地的高级人民法院知识产权审判庭审理，但依法应由最高人民法院审理的除外。

第 8 条　知识产权法院所在省（直辖市）的基层人民法院在知识产权法院成立前已经受理但尚未审结的本规定第 1 条第 1 项和第 3 项规定的案件，由该基层人民法院继续审理。

除广州市中级人民法院以外，广东省其他中级人民法院在广州知识产权法院成立前已经受理但尚未审结的本规定第 1 条第 1 项和第 3 项规定的案件，由该中级人民法院继续审理。

【法释〔2015〕4 号】　最高人民法院关于审理专利纠纷案件适用法律问题的若干规定（"法释〔2001〕21 号"公布，2001 年 7 月 1 日起施行；"法释〔2013〕9 号"修正，2013 年 4 月 15 日起施行；2015 年 1 月 19 日最高法审委会〔1641 次〕修正，2015 年 2 月 1 日起施行；根据法释〔2020〕19 号《决定》修正，2021 年 1 月 1 日起施行。以本规定为准）

第 1 条　人民法院受理下列专利纠纷案件：1. 专利申请权权属纠纷案件；2. 专利权权属纠纷案件；3. 专利权、专利申请权转让合同纠纷案件；4. 侵害/侵犯专利权纠纷案件；5. 假冒他人专利纠纷案件；6. 发明专利临时保护期/申请公布后、专利权授予前使用费纠纷案件；7. 职务发明创造发明人、设计人奖励、报酬纠纷案件；8. 诉前申请行为保全/停止侵权纠纷案件；9. 诉前申请财产保全纠纷案件；10. 因申请行为保全损害责任纠纷案件；11. 因申请财产保全损害责任纠纷案件；12. 发明创造发明人、设计人署名权/资格纠纷案件；13. 确认不侵害专利权纠纷案件；14. 专利权宣告无效后返还费用纠纷案件；15. 因恶意提起专利权诉讼损害责任纠纷案件；16. 标准必要专利使用费纠纷案件；……24. 确认是否落入专利权保护范围纠纷案件；25. 其他专利纠纷案件。

第 2 条 专利纠纷第一审案件，由各省、自治区、直辖市人民政府所在地的中级人民法院和最高人民法院指定的中级人民法院管辖。

（2013 年增，① 2021 年删） 最高人民法院根据实际情况，可以指定基层人民法院管辖第一审专利纠纷案件。

第 2 条 因侵犯专利权行为提起的诉讼，由侵权行为地或者被告住所地人民法院管辖。

侵权行为地包括：被诉侵犯发明、实用新型专利权的产品的制造、使用、许诺销售、销售、进口等行为的实施地；专利方法使用行为的实施地，依照该专利方法直接获得的产品的使用、许诺销售、销售、进口等行为的实施地；外观设计专利产品的制造、许诺销售、销售、进口等行为的实施地；假冒他人专利的行为实施地。上述侵权行为的侵权结果发生地。

第 3 条 原告仅对侵权产品制造者提起诉讼，未起诉销售者，侵权产品制造地与销售地不一致的，制造地人民法院有管辖权；以制造者与销售者为共同被告起诉的，销售地人民法院有管辖权。

销售者是制造者分支机构，原告在销售地起诉侵权产品制造者制造、销售行为的，销售地人民法院有管辖权。

第 7 条 原告根据 1993 年 1 月 1 日以前提出的专利申请和根据该申请授予的方法发明专利权提起的侵权诉讼，参照本规定第 5 条、第 6 条（现第 2、3 条）的规定确定管辖。

人民法院在上述案件实体审理中依法适用方法发明专利权不延及产品的规定。

【法发〔2016〕17 号】 最高人民法院关于在全国法院推进知识产权民事、行政和刑事案件审判"三合一"工作的意见（2016 年 7 月 5 日印发施行；以本规为准）

1.（第 1 款） 知识产权民事、行政和刑事案件审判"三合一"是指由知识产权审判庭统一审理知识产权民事、行政和刑事案件。

---

① 注："法释〔2013〕9 号"只修改了本处 1 个地方。彼时，《专利法》已经被全国人大常委会〔11 届 6 次〕修改（2009 年 10 月 1 日起施行），但"法释〔2013〕9 号"并未随之修正司法解释援引的《专利法》条文序号（而是直至"法释〔2015〕4 号"才逐条修正）。

5. 各级人民法院的知识产权审判部门，不再称为民事审判第×庭，更名为知识产权审判庭。

7.（第1款） 知识产权民事案件是指涉及著作权、商标权、专利权、技术合同、商业秘密、植物新品种和集成电路布图设计等知识产权以及不正当竞争、垄断、特许经营合同的民事纠纷案件。

（第2款） 一般知识产权民事纠纷案件是指除专利、植物新品种、集成电路布图设计、技术秘密、计算机软件、驰名商标认定以及垄断纠纷案件之外的知识产权民事纠纷案件。

8.（第1款） 知识产权民事案件的受理继续依照人民法院有关地域管辖、级别管辖和指定管辖的规定和批复进行。除此之外：

（第2款） 中级人民法院辖区内没有基层人民法院具有一般知识产权民事纠纷案件管辖权的，可以层报最高人民法院指定基层人民法院统一管辖，也可以由中级人民法院提级管辖本辖区内的知识产权行政、刑事案件。

（第3款） 中级人民法院辖区内有多个具有一般知识产权民事纠纷案件管辖权的基层人民法院的，经层报最高人民法院批准后，可以根据辖区内的案件数量、审判力量等情况对每个基层法院的辖区范围进行划分和调整。

15.（第2款） 北京、上海、广州知识产权法院暂不实施"三合一"工作。

【人大〔2018〕决定】 全国人民代表大会常务委员会关于专利等知识产权案件诉讼程序若干问题的决定（2018年10月26日全国人大常委会〔13届6次〕通过，2019年1月1日起施行）

一、当事人对发明专利、实用新型专利、植物新品种、集成电路布图设计、技术秘密、计算机软件、垄断等专业技术性较强的知识产权民事案件第一审判决、裁定不服，提起上诉的，由最高人民法院审理。

二、当事人对专利、植物新品种、集成电路布图设计、技术秘密、计算机软件、垄断等专业技术性较强的知识产权行政案件第一审判决、裁定不服，提起上诉的，由最高人民法院审理。

三、对已经发生法律效力的上述案件第一审判决、裁定、调解书，依法申请再审、抗诉等，适用审判监督程序的，由最高人民法院审理。最高人民法院也可以依法指令下级人民法院再审。

四、本决定施行满3年，最高人民法院应当向全国人民代表大会常务委员会报告本决定的实施情况。

【法刊文摘】 最高人民法院相关负责人就《全国人民代表大会常务委员会关于专利等知识产权案件诉讼程序若干问题的决定》答记者问（《人民法院报》2018年10月29日第4版）

问：为什么《决定》第1条没有规定外观设计专利？

答：外观设计专利的技术性不如发明专利、实用新型专利那么强。综合考虑案件数量、审判队伍、工作延续性等因素，《决定》第1条未涉及外观设计专利。《决定》施行以后，对有关中级人民法院、知识产权法院所作外观设计专利民事一审裁判提起上诉的案件，仍由一审法院所在地的高级人民法院审理。但是，《决定》第2条所称专利，包括发明专利、实用新型专利和外观设计专利3种类型。

【法释［2018］21号】 最高人民法院关于审查知识产权纠纷行为保全案件适用法律若干问题的规定（2018年11月26日最高法审委会［1755次］通过，2018年12月12日公布，2019年1月1日起施行；以本规为准）

第18条 被申请人依据民事诉讼法第105条（现第108条）规定提起赔偿诉讼，申请人申请诉前行为保全后没有起诉或者当事人约定仲裁的，由采取保全措施的人民法院管辖；申请人已经起诉的，由受理起诉的人民法院管辖。

【人大［2020］决定】 全国人民代表大会常务委员会关于设立海南自由贸易港知识产权法院的决定（2020年12月26日全国人大常委会［13届24次］通过，2021年1月1日起施行）

二、海南自由贸易港知识产权法院管辖以下案件：

（一）海南省有关专利、技术秘密、计算机软件、植物新品种、集成电路布图设计、涉及驰名商标认定及垄断纠纷等专业性、技术性较强的第一审知识产权民事、行政案件；

（二）前项规定以外的由海南省的中级人民法院管辖的第一审知识产权民事、行政和刑事案件；

（三）海南省基层人民法院第一审知识产权民事、行政和刑事判决、裁定的上诉、抗诉案件；

（四）最高人民法院确定由其管辖的其他案件。

海南自由贸易港知识产权法院第一审判决、裁定的上诉案件，由海南省高级人民法院审理，法律有特殊规定的除外。

【法释［2021］13号】 最高人民法院关于审理申请注册的药品相关的专利权纠纷民事案件适用法律若干问题的规定（2021年5月24日最高法审委会［1839次］通过，2021年7月4日公布，次日起施行；以本规为准）

第1条　当事人依据专利法第76条①规定提起的确认是否落入专利权保护范围纠纷的第一审案件，由北京知识产权法院管辖。

第2条　专利法第76条所称相关的专利，是指适用国务院有关行政部门关于药品上市许可审评审批与药品上市许可申请阶段专利权纠纷解决的具体衔接办法②（以下简称衔接办法）的专利。

专利法第76条所称利害关系人，是指前款所称专利的被许可人、相关药品上市许可持有人。

【法发〔2022〕2号】　最高人民法院关于充分发挥司法职能作用助力中小微企业发展的指导意见（2022年1月13日）

6. 加大中小微企业知识产权保护力度。落实知识产权侵权惩罚性赔偿制度，加大对"专精特新"中小微企业关键核心技术和原始创新成果的保护力度，支持引导企业通过技术进步和科技创新提升核心竞争力。中小微企业在订立技术转让合同、技术许可合同获取特定技术过程中，合同相对方利用优势地位附加不合理限制技术竞争和技术改进的条件，或者不合理要求无偿、低价回购中小微企业所开发的新技术、新产品，经审查认为违反反垄断法等法律强制性规定的，原则上应当认定相关条款或者合同无效。……

【法释〔2022〕13号】　最高人民法院关于第一审知识产权民事、行政案件管辖的若干规定（2021年12月27日最高法审委会〔1858次〕通过，2022年4月20日公布，2022年5月1日起施行；以本规为准）

第1条　发明专利、实用新型专利、植物新品种、集成电路布图设计、技术秘密、计算机软件的权属、侵权纠纷以及垄断纠纷第一审民事、行政案件由知识产权法院，省、自治区、直辖市人民政府所在地的中级人民法院和最高人民法院确定的中级人民法院管辖。

法律对知识产权法院的管辖有规定的，依照其规定。

第2条　外观设计专利的权属、侵权纠纷以及涉驰名商标认定第一审民事、

---

①　《专利法》第76条：药品上市审评审批过程中，药品上市许可申请人与有关专利权人或者利害关系人，因申请注册的药品相关的专利权产生纠纷的，相关当事人可以向人民法院起诉，请求就申请注册的药品相关技术方案是否落入他人药品专利权保护范围作出判决。国务院药品监督管理部门在规定的期限内，可以根据人民法院生效裁判作出是否暂停批准相关药品上市的决定。// 药品上市许可申请人与有关专利权人或者利害关系人也可以就申请注册的药品相关的专利权纠纷，向国务院专利行政部门请求行政裁决。// 国务院药品监督管理部门会同国务院专利行政部门制定药品上市许可审评审批与药品上市许可申请阶段专利权纠纷解决的具体衔接办法，报国务院同意后实施。

②　《药品专利纠纷早期解决机制实施办法（试行）》经国务院同意，由国家药品监督管理局、国家知识产权局2021年7月4日公告（第89号）发布施行。

行政案件由知识产权法院和中级人民法院管辖；经最高人民法院批准，也可以由基层人民法院管辖，但外观设计专利行政案件除外。

本规定第1条及本条第1款规定之外的第一审知识产权案件诉讼标的额在最高人民法院确定的数额以上的，以及涉及国务院部门、县级以上地方人民政府或者海关行政行为的，由中级人民法院管辖。

法律对知识产权法院的管辖有规定的，依照其规定。

第3条 本规定第1条、第2条规定之外的第一审知识产权民事、行政案件，由最高人民法院确定的基层人民法院管辖。

第4条 对新类型、疑难复杂或者具有法律适用指导意义等知识产权民事、行政案件，上级人民法院可以依照诉讼法有关规定，根据下级人民法院报请或者自行决定提级审理。

确有必要将本院管辖的第一审知识产权民事案件交下级人民法院审理的，应当依照民事诉讼法第39条第1款的规定，逐案报请其上级人民法院批准。

第5条 依照本规定需要最高人民法院确定管辖或者调整管辖的诉讼标的额标准、区域范围的，应当层报最高人民法院批准。

【法〔2022〕127号】 最高人民法院关于涉及发明专利等知识产权合同纠纷案件上诉管辖问题的通知（2022年4月27日）

《最高人民法院关于第一审知识产权民事、行政案件管辖的若干规定》（法释〔2022〕13号）已于2022年4月21日公布，①将自2022年5月1日起施行。根据该司法解释有关规定，现就涉及发明专利等知识产权合同纠纷案件上诉管辖事宜进一步明确如下：

地方各级人民法院（含各知识产权法院）自2022年5月1日起作出的涉及发明专利、实用新型专利、植物新品种、集成电路布图设计、技术秘密、计算机软件的知识产权合同纠纷第一审裁判，应当在裁判文书中告知当事人，如不服裁判，上诉于上一级人民法院。

【法〔2022〕109号】 基层人民法院管辖第一审知识产权民事、行政案件标准（最高法2022年4月20日印发，2022年5月1日起施行。本书对表格格式有调整）

---

① 注：经核《最高人民法院公报》（2022年第8期），法释〔2022〕13号《规定》于2022年4月20日公布。

行政区域	管辖法院名称	行政区域	管辖法院名称
北京市：不受诉讼标的额限制			
东城区、通州区、顺义区、怀柔区、平谷区、密云区	东城区人民法院	石景山区、门头沟区、昌平区、延庆区	石景山区人民法院
西城区、大兴区	西城区人民法院	海淀区	海淀区人民法院
朝阳区	朝阳区人民法院	丰台区、房山区	丰台区人民法院
天津市：诉讼标的额<500万元			
河东区、河西区、河北区、津南区、北辰区、静海区	河西区人民法院	和平区、南开区、红桥区、西青区、武清区、宝坻区、蓟州区	和平区人民法院
滨海新区、东丽区、宁河区	滨海新区人民法院		
河北省：诉讼标的额<100万元			
石家庄高新技术产业开发区、长安区、裕华区、栾城区、藁城区、新乐市、晋州市、深泽县、灵寿县、行唐县、赵县、辛集市	石家庄高新技术产业开发区人民法院	石家庄新华区、桥西区、鹿泉区、正定县、井陉县、井坠矿区、赞皇县、平山县、高邑县、元氏县、无极县	石家庄铁路运输法院
唐山市	唐山高新技术产业开发区人民法院	秦皇岛市	秦皇岛市山海关区人民法院
邯郸经济技术开发区、冀南新区、峰峰矿区、邯山区、肥乡区、磁县、成安县、临漳县、魏县、大名县	邯郸经济技术开发区人民法院	邯郸市永年区、复兴区、丛台区、涉县、武安市、广平县、曲周县、鸡泽县、邱县、馆陶县	邯郸市永年区人民法院
邢台市	邢台经济开发区人民法院	保定市、定州市	保定高新技术产业开发区人民法院
张家口市	张家口市桥东区人民法院	承德市	承德市双滦区人民法院
沧州市	沧州市新华区人民法院	廊坊市	廊坊市安次区人民法院
衡水市	衡水市桃城区人民法院	雄安新区	容城县人民法院
山西省：诉讼标的额<100万元			
太原市	太原市杏花岭区人民法院	山西转型综合改革示范区	山西转型综合改革示范区人民法院
大同市	大同市云冈区人民法院	阳泉市	阳泉市郊区人民法院
长治市	长治市潞州区人民法院	晋中市	晋中市太谷区人民法院
晋城市	晋城市城区人民法院	朔州市	朔州市朔城区人民法院

续表

行政区域	管辖法院名称	行政区域	管辖法院名称
忻州市	忻州市忻府区人民法院	吕梁市	汾阳市人民法院
临汾市	临汾市尧都区人民法院	运城市	运城市盐湖区人民法院
内蒙古自治区：诉讼标的额<100万元			
呼和浩特市	呼和浩特市新城区人民法院	包头市	包头市石拐区人民法院
乌海市	乌海市乌达区人民法院	赤峰市	赤峰市红山区人民法院
通辽市	通辽市科尔沁区人民法院	鄂尔多斯市	鄂尔多斯市康巴什区人民法院
呼伦贝尔市	呼伦贝尔市海拉尔区人民法院	巴彦淖尔市	巴彦淖尔市临河区人民法院
乌兰察布市	乌兰察布市集宁区人民法院	锡林郭勒盟	锡林浩特市人民法院
兴安盟	乌兰浩特市人民法院	阿拉善盟	阿拉善左旗人民法院
辽宁省：诉讼标的额<100万元			
沈阳市	沈阳高新技术产业开发区人民法院	辽阳市	辽阳市太子河区人民法院
中国（辽宁）自由贸易试验区大连片区	大连经济技术开发区人民法院	大连市其他地区	大连市西岗区人民法院
鞍山市	鞍山市千山区人民法院	抚顺市	抚顺市东洲区人民法院
本溪市	本溪市平山区人民法院	丹东市	丹东市振安区人民法院
锦州市	锦州市古塔区人民法院	营口市	营口市西市区人民法院
阜新市	阜新市海州区人民法院	铁岭市	铁岭市银州区人民法院
朝阳市	朝阳市龙城区人民法院	盘锦市	盘山县人民法院
葫芦岛市	兴城市人民法院		
吉林省：诉讼标的额<100万元			
长春市	长春新区人民法院	吉林市	吉林市船营区人民法院
四平市	四平市铁西区人民法院	辽源市	辽源市龙山区人民法院
通化市	梅河口市人民法院	白山市	白山市浑江区人民法院
松原市	松原市宁江区人民法院	白城市	白城市洮北区人民法院
延边朝鲜族自治州	珲春市人民法院	延边林区中级法院辖区	珲春林区基层法院
长春林区中级法院辖区	临江林区基层法院		
黑龙江省：诉讼标的额<100万元			
哈尔滨市南岗区、香坊区、阿城区、呼兰区、五常市、巴彦县、木兰县、通河县	哈尔滨市南岗区人民法院	哈尔滨市道里区、道外区、双城区、尚志市、宾县、依兰县、延寿县、方正县	哈尔滨市道里区人民法院

续表

行政区域	管辖法院名称	行政区域	管辖法院名称
哈尔滨市松北区、平房区	哈尔滨市松北区人民法院	大兴安岭地区	大兴安岭地区加格达奇区人民法院
牡丹江市	牡丹江市东安区人民法院	佳木斯市	佳木斯市向阳区人民法院
齐齐哈尔市	齐齐哈尔市铁锋区人民法院	大庆市	大庆高新技术产业开发区人民法院
鸡西市	鸡西市鸡冠区人民法院	鹤岗市	鹤岗市南山区人民法院
双鸭山市	双鸭山市岭东区人民法院	七台河市	七台河市桃山区人民法院
伊春市	伊春市伊美区人民法院	黑河市	黑河市爱辉区人民法院
绥化市	海伦市人民法院	农垦中级法院辖区	绥北人民法院
上海市： 不受诉讼标的额限制			
各行政区	（各区）人民法院		
江苏省： 诉讼标的额<500万元			
南京市玄武区、栖霞区	南京市玄武区人民法院	南京江北新区、鼓楼区浦口区、六合区	南京江北新区人民法院
南京市江宁区林陵街道及禄口街道、溧水区、高淳区	江宁经济技术开发区人民法院	南京市江宁区其他地区	南京市江宁区人民法院
南京市其他行政区	（各区）人民法院	（无锡）江阴市、宜兴市	（各市）人民法院
无锡市滨湖区、梁溪区	无锡市滨湖区人民法院	无锡市新吴区、锡山区	无锡市新吴区人民法院
无锡市惠山区	无锡市惠山区人民法院	（徐州）新沂市	新沂市人民法院
徐州市鼓楼区、丰县、沛县	徐州市鼓楼区人民法院	徐州市铜山区、泉山区	徐州市铜山区人民法院
徐州市睢宁县、邳州市	睢宁县人民法院	徐州市云龙区、贾汪区、徐州经济技术开发区	徐州经济技术开发区人民法院
常州市新北区	常州高新技术产业开发区人民法院	常州市其他行政区，常州经济开发区，溧阳市	（各区、市）人民法院
苏州市虎丘区、姑苏区	苏州市虎丘区人民法院	苏州工业园区、吴中区	苏州工业园区人民法院
苏州市其他行政区，张家港、常熟、太仓、昆山市	（各区、市）人民法院	南通市	南通通州湾江海联动开发示范区人民法院
连云港市连云区、海州区、赣榆区	连云港市连云区人民法院	东海县、灌云县、灌南县、连云港经济技术开发区	连云港经济技术开发区人民法院

民事诉讼法全厚细

行政区域	管辖法院名称	行政区域	管辖法院名称
淮安市淮安区、洪泽区、盱眙县、金湖县	淮安市淮安区人民法院	淮阴区、清江浦区、涟水县、淮安经济技术开发区	淮安市淮阴区人民法院
盐城市亭湖区、建湖县、盐城经济技术开发区	盐城市亭湖区人民法院	盐城市盐都区、大丰区、东台市	盐城市大丰区人民法院
盐城市响水县、滨海县、阜宁县、射阳县	射阳县人民法院	镇江市丹徒区、扬中市、镇江经济技术开发区	镇江经济开发区人民法院
镇江市京口区、润州区	镇江市京口区人民法院	镇江市丹阳市、句容市	丹阳市人民法院
扬州市邗江区、仪征市	仪征市人民法院	扬州市宝应县、高邮市	高邮市人民法院
扬州市广陵区、江都区、经济技术开发区、生态科技新城、蜀冈-瘦西湖风景区			扬州市广陵区人民法院
泰州市姜堰区、靖江市、泰兴市	靖江市人民法院	海陵、泰州医药高新开发区（高港区）、兴化市	泰州医药高新技术产业开发区人民法院
宿迁市沭阳县、泗阳县	沭阳县人民法院	宿城区、宿豫区、泗洪县	宿迁市宿城区人民法院
浙江省：诉讼标的额<500万元			
杭州市上城、富阳、临安区，建德市，桐庐、淳安县	杭州铁路运输法院	杭州市其他行政区	（各区）人民法院
宁波市海曙区、江北区	宁波市海曙区人民法院	宁波市奉化区、宁海县	宁波市奉化区人民法院
宁波市鄞州区、象山县、宁波高新技术产业开发区	宁波市鄞州区人民法院	宁波市其他行政区，余姚市、慈溪市	（各区、市）人民法院
温州市鹿城区	温州市鹿城区人民法院	温州市龙湾区、瓯海区	温州市瓯海区人民法院
温州市洞头区、乐清市、永嘉县	乐清市人民法院	瑞安市、龙港市、平阳县、苍南县、文成县、泰顺县	瑞安市人民法院
湖州市吴兴区、南浔区	湖州市吴兴区人民法院	湖州市其他县	（各县）人民法院
嘉兴市南湖区、平湖市、嘉善县、海盐县	嘉兴市南湖区人民法院	嘉兴市秀洲区，海宁市、桐乡市	（各区、市）人民法院
绍兴市越城区、柯桥区	绍兴市柯桥区人民法院	绍兴市上虞区，诸暨市、嵊州市、新昌县	（各区、县、市）人民法院
金华市婺城区、武义县	金华市婺城区人民法院	金东区、兰溪市、浦江县	金华市金东区人民法院
（金华）东阳市、磐安县	东阳市人民法院	（金华）义乌市，永康市	（各市）人民法院

行政区域	管辖法院名称	行政区域	管辖法院名称
衢州市柯城区、衢江区、龙游县	衢州市衢江区人民法院	（衢州）江山市、常山县、开化县	江山市人民法院
舟山市	舟山市普陀区人民法院	台州市（3个市辖区）	台州市椒江区人民法院
（台州）三门县、天台县、仙居县	天台县人民法院	（台州）温岭市、临海市、玉环市	（各市）人民法院
丽水市莲都区、青田县、缙云县	丽水市莲都区人民法院	（丽水）龙泉市、遂昌、松阳、云和、庆元、景宁县	云和县人民法院
安徽省：诉讼标的额<100万元			
合肥市	合肥高新技术开发区人民法院	芜湖市	芜湖经济技术开发区人民法院
淮北市	濉溪县人民法院	淮南市	淮南市大通区人民法院
亳州市	利辛县人民法院	宿州市	灵璧县人民法院
蚌埠市	蚌埠市禹会区人民法院	阜阳市	阜阳市颍东区人民法院
滁州市	滁州市南谯区人民法院	池州市	池州市贵池区人民法院
六安市	六安市裕安区人民法院	马鞍山市	马鞍山市花山区人民法院
宣城市	宁国市人民法院	铜陵市	铜陵市义安区人民法院
安庆市	安庆市迎江区人民法院	黄山市	黄山市徽州区人民法院
福建省：诉讼标的额<100万元			
福州市鼓楼区、台江区、仓山区、晋安区	福州市鼓楼区人民法院	福州市马尾区、长乐区、连江县、罗源县	福州市马尾区人民法院
（福州）福清市、闽侯县、闽清县、永泰县	福清市人民法院	（福州）平潭综合实验区	平潭综合实验区人民法院
厦门市思明区	厦门市思明区人民法院	集美区、同安区、翔安区	厦门市集美区人民法院
湖里区、中国（福建）自由贸易试验区厦门片区	厦门市湖里区人民法院	海沧区［中国（福建）自由贸易试验区除外］	厦门市海沧区人民法院
漳州市城区（4个市辖区）、南靖县、华安县	漳州市长泰区人民法院	（漳州）其他县	漳浦县人民法院
泉州市鲤城区、丰泽区、洛江区、泉州经济开发区	泉州市洛江区人民法院	泉州市泉港区、惠安县、泉州台商投资区	泉州市泉港区人民法院
（泉州）各县	德化县人民法院	（泉州）各县级市	（各市）人民法院
三明市城区，建宁县、泰宁县、将乐县、尤溪县	三明市沙县区人民法院	（三明）永安市、明溪县、清流县、宁化县、大田县	明溪县人民法院

民事诉讼法全厚细

行政区域	管辖法院名称	行政区域	管辖法院名称
莆田市城厢区、秀屿区	莆田市城厢区人民法院	莆田市荔城区、涵江区	莆田市市涵江区人民法院
莆田市仙游县	仙游县人民法院		
南平市延平区、建瓯市、顺昌县、政和县	南平市延平区人民法院	南平市建阳区、邵武、武夷山市，浦城、光泽、松溪县	武夷山市人民法院
龙岩市城区，漳平市	龙岩市新罗区人民法院	(龙岩) 各县	连城县人民法院
宁德市蕉城区、东侨经济技术开发区古田县、屏南县、周宁县、寿宁县	宁德市蕉城区人民法院	(宁德) 福安市、柘荣县、福鼎市、霞浦县	福鼎市人民法院
江西省： 诉讼标的额<100 万元			
南昌市东湖区、青云谱区、青山湖区、红谷滩区、南昌高新技术产业开发区	南昌高新技术产业开发区人民法院	南昌市西湖区、新建区、南昌县、进贤县、安义县、南昌经济技术开发区	南昌经济技术开发区人民法院
九江市	九江市濂溪区人民法院	景德镇市	景德镇市珠山区人民法院
萍乡市	芦溪县人民法院	新余市	新余市渝水区人民法院
赣州市	赣州市章贡区人民法院	鹰潭市	鹰潭市月湖区人民法院
上饶市	上饶市广信区人民法院	宜春市	万载县人民法院
吉安市	吉安市吉州区人民法院	抚州市	宜黄县人民法院
山东省： 诉讼标的额<100 万元			
济南市历下区、槐荫区	济南市历下区人民法院	济南市市中区、历城区	济南市市中区人民法院
济南市长清区、平阴县	济南市长清区人民法院	济南市莱芜区、钢城区	济南市莱芜区人民法院
济南市天桥区、济阳区、商河县	济南市天桥区人民法院	济南市章丘区、济南高新技术产业开发区	济南市章丘区人民法院
青岛市市南区、市北区	青岛市市南区人民法院	青岛市李沧区、城阳区	青岛市李沧区人民法院
青岛市黄岛区	青岛市黄岛区人民法院	青岛市崂山区	青岛市崂山区人民法院
青岛市即墨区、莱西市	青岛市即墨区人民法院	(青岛) 胶州市、平度市	胶州市人民法院
淄博市张店区、周村区、淄博高新技术产业开发区	淄博市周村区人民法院	淄川区、博山区、临淄区、桓台县、高青县、沂源县	沂源县人民法院
市中区、峰城区、台儿庄区	枣庄市市中区人民法院	薛城区、山亭区、滕州市	滕州市人民法院
东营市	东营市垦利区人民法院	泰安市	泰安高新技术产业开发区人民法院

续表

行政区域	管辖法院名称	行政区域	管辖法院名称
烟台市芝罘区	烟台市芝罘区人民法院	烟台市蓬莱区、烟台经济技术开发	烟台经济技术开发区人民法院
烟台市福山区、牟平区、莱山区、莱阳市、海阳市、烟台高新技术产业开发区	烟台高新技术产业开发区人民法院	（烟台）龙口市、莱州市、招远市、栖霞市	招远市人民法院
潍坊市潍城区、坊子区、诸城市、安丘市	潍坊市潍城区人民法院	（潍坊）青州市、寿光市、临朐县、昌乐县	寿光市人民法院
潍坊市寒亭区、奎文区、高密市、昌邑市，高新技术开发区、滨海经济开发区			潍奎文区人民法院
德州市	德州市德城区人民法院	济宁市任城区、兖州区、济宁高新技术产业开发区	济宁高新技术产业开发区人民法院
（济宁）曲阜市、邹城市、微山县、泗水县	曲阜市人民法院	（济宁）鱼台县、金乡县、嘉祥县、汶上县、梁山县	嘉祥县人民法院
威海市	威海市环翠区人民法院	日照市	日照市东港区人民法院
临沂市罗庄区、兰陵县、临沂高新技术产业开发区	临沂市罗庄区人民法院	河东区，郯城、沂水、莒南、临沭县，临沂经济开发区	临沂市河东区人民法院
临沂市兰山区	临沂市兰山区人民法院	临沂市其他县	费县人民法院
聊城市（城区）	聊城市在平人民法院	聊城市各县、县级市	临清市人民法院
滨州市	滨州经济技术开发区人民法院	（菏泽）巨野县、郓城县、鄄城县、菏泽经济开发区	菏泽经济开发区人民法院
菏泽市牡丹区、东明县	东明县人民法院	菏泽市定陶区、曹县、单县、成武县	成武县人民法院
河南省：诉讼标的额<500万元			
郑州市管城回族区、金水区、中原区、惠济区、上街区、巩义市、荥阳市	郑州市管城回族区人民法院	郑州市其他行政区、开发区、实验区、县、县级市	郑州航空港经济综合实验区人民法院
开封市	开封市龙亭区人民法院	洛阳市	洛阳市老城区人民法院
平顶山市	平顶山市湛河区人民法院	三门峡市	三门峡市湖滨区人民法院
安阳市	安阳市龙安区人民法院	濮阳市	清丰县人民法院
鹤壁市	鹤壁市山城区人民法院	焦作市	修武县人民法院
新乡市	新乡市卫滨区人民法院	许昌市	许昌市魏都区人民法院

行政区域	管辖法院名称	行政区域	管辖法院名称
漯河市	漯河市召陵区人民法院	驻马店市	遂平县人民法院
南阳市	南阳高新技术产业开发区人民法院	信阳市	罗山县人民法院
商丘市	商丘市睢阳区人民法院	周口市	扶沟县人民法院
济源市（省辖县级市）①	济源市人民法院		
湖北省： 诉讼标的额<500 万元			
武汉市江夏区、武汉东湖新技术开发区	武汉东湖新技术开发区人民法院	汉阳区、蔡甸区、汉南区、武汉经济技术开发区	武汉经济技术开发区人民法院
武昌区、青山区、洪山区	武汉市洪山区人民法院	江岸区、黄破区、新洲区	武汉市江岸区人民法院
江汉区、硚口区、东西湖区	武汉江汉区人民法院	宜昌市、神农架林区	宜昌市三峡坝区人民法院
襄州区、襄城区、樊城区、襄阳高新技术产业开发区	襄阳高新技术产业开发区人民法院	枣阳市、宜城市、南漳县、保康县、谷城县、老河口市	南漳县人民法院
黄石市	大冶市人民法院	十堰市	十堰市张湾区人民法院
荆州区、沙市区、江陵县、监利市、洪湖市	荆州市荆州区人民法院	（荆州）松滋市、石首市、公安县	石首市人民法院
荆门市	荆门市东宝区人民法院	鄂州市	鄂州市华容区人民法院
孝南区、汉川市、孝昌县	孝感市孝南区人民法院	孝感市其他县、县级市	安陆市人民法院
黄州区，浠水、蕲春、黄梅县，武穴市、龙感湖管理区	黄冈市黄州区人民法院	（黄冈）团风县、红安县、麻城市、罗田县、英山县	麻城市人民法院
咸宁市	通城县人民法院	随州市	随县人民法院
恩施土家族苗族自治州	宣恩县人民法院	仙桃市、天门市、潜江市	天门市人民法院
湖南省： 诉讼标的额<100 万元			
长沙市天心区、雨花区	长沙市天心区人民法院	长沙市岳麓区、望城区	长沙市岳麓区人民法院
长沙市开福区、芙蓉区	长沙市开福区人民法院	长沙县，浏阳市，宁乡市	（各县、市）人民法院

① 注：2013 年 11 月 26 日，河南省委、省政府印发《河南省深化省直管县体制改革实施意见》，提出从 2014 年 1 月 1 日起，对巩义市、兰考县、汝州市、滑县、长垣县、邓州市、永城市、固始县、鹿邑县、新蔡县等 10 个县（市）全面实行由省直接管理县的体制。同时，设立河南省第一中级人民法院、河南省人民检察院第一分院，管辖巩义市、汝州市、邓州市、永城市、固始县、鹿邑县、新蔡县；济源市中级人民法院、河南省人民检察院济源分院分别更名为河南省第二中级人民法院、河南省人民检察院第二分院，管辖济源市、兰考县、滑县、长垣县。但是，只有济源市的基层法院管辖标准单独设立，其他各县（市）仍归并于原代管的地级市。

续表

行政区域	管辖法院名称	行政区域	管辖法院名称
株洲市	株洲市天元区人民法院	湘潭市	湘潭市岳塘区人民法院
衡阳市	衡阳市雁峰区人民法院	邵阳市	邵东市人民法院
岳阳市	岳阳市岳阳楼区人民法院	常德市	津市市人民法院
张家界市	张家界市永定区人民法院	益阳市	益阳市资阳区人民法院
怀化市	怀化市鹤城区人民法院	娄底市	娄底市娄星区人民法院
郴州市	郴州市苏仙区人民法院	永州市	祁阳市人民法院
湘西土家族苗族自治州	吉首市人民法院		
广东省：标注的诉讼标的额<1000万元，其他地市<500万元			
广州各行政区（＜1000万元）	（各区）人民法院	深圳各行政区（＜1000万元）	（各区）人民法院
佛山市（<1000万元）	佛山市禅城区人民法院	江门市（＜1000万元）	江门市江海区人民法院
东莞市（<1000万元）	东莞市第一/二/三人民法院	中山市（＜1000万元）	中山市第一/二人民法院
珠海市（横琴粤澳深度合作区除外）（＜1000万元）	珠海市香洲区人民法院	横琴粤澳深度合作区（<1000万元）	横琴粤澳深度合作区人民法院
惠州市（<1000万元）	惠州市惠城区人民法院	肇庆市（＜1000万元）	肇庆市端州区人民法院
汕头市金平、潮阳、潮南区	汕头市金平区人民法院	汕头市其他行政区、县	汕头市龙湖区人民法院
阳江市	阳江市江城区人民法院	清远市	清远市清城区人民法院
湛江市	湛江市麻章区人民法院	揭阳市	揭阳市榕城区人民法院
茂名市	茂名市电白区人民法院	梅州市	梅州市梅县区人民法院
韶关市	翁源县人民法院	潮州市	潮州市潮安区人民法院
河源市	东源县人民法院	云浮市	云浮市云安区人民法院
汕尾市	汕尾市城区人民法院		
广西壮族自治区：诉讼标的额<100万元			
南宁市	南宁市良庆区人民法院	柳州市	柳州市柳江区人民法院
桂林市	桂林市叠彩区人民法院	梧州市	梧州市万秀区人民法院
北海市	北海市海城区人民法院	百色市	百色市田阳区人民法院
防城港市	防城港市防城区人民法院	贵港市	贵港市覃塘区人民法院
钦州市	钦州市钦北区人民法院	贺州市	贺州市平桂区人民法院
玉林市	玉林市福绵区人民法院	河池市	河池市宜州区人民法院
来宾市	来宾市兴宾区人民法院	崇左市	崇左市江州区人民法院
海南省：诉讼标的额<500万元			
海口市、三沙市	海口市琼山区人民法院	三亚市	三亚市城郊人民法院

续表

行政区域	管辖法院名称	行政区域	管辖法院名称
海南省第一中级法院辖区	琼海市人民法院	海南省第二中级法院辖区	儋州市人民法院
重庆市：诉讼标的额<500万元			
重庆市第一中级法院辖区	重庆两江新区（重庆自由贸易试验区）人民法院	重庆市第二/三/四/五中级法院辖区	重庆市渝中区人民法院
四川省：诉讼标的额<100万元			
成都市锦江区、青羊区、青白江区、金堂县	成都市锦江区人民法院	成都市金牛区、武侯区、温江区、崇州市	成都市武侯区人民法院
成都市新都区、郫区、都江堰市、彭州市、大邑县	成都市郫都区人民法院	成都高新技术产业开发区成华区、新津区，邓峡市	成都高新技术产业开发区人民法院
四川天府新区成都直管区、中国（四川）自由贸易试验区成都天府新区片区及成都青白江铁路港片区、龙泉驿区、双流区、简阳市、蒲江县			四川自由贸易试验区人民法院
自贡市	自贡市自流井区人民法院	攀枝花市	攀枝花市东区人民法院
泸州市	泸州市江阳区人民法院	遂宁市	遂宁市船山区人民法院
绵阳市	绵阳高新开发区人民法院	德阳市	广汉市人民法院
内江市	内江市市中区人民法院	广元市	广元市利州区人民法院
雅安市	雅安市雨城区人民法院	广安市	华蓥市人民法院
乐山市	乐山市市中区人民法院	眉山市	仁寿县人民法院
宜宾市	宜宾市翠屏区人民法院	达州市	达州市通川区人民法院
南充市	南充市顺庆区人民法院	巴中市	巴中市巴州区人民法院
资阳市	资阳市雁江区人民法院	凉山彝族自治州	西昌市人民法院
阿坝藏族羌族自治州	马尔康市人民法院	甘孜藏族自治州	康定市人民法院
贵州省：诉讼标的额<100万元			
贵阳市	修文县人民法院	六盘水市	六盘水市钟山区人民法院
遵义市	遵义市播州区人民法院	铜仁市	铜仁市碧江区人民法院
安顺市	安顺市平坝区人民法院	毕节市	毕节市七星关区人民法院
黔东南苗族侗族自治州	凯里市人民法院	黔西南布依族苗族自治州	兴义市人民法院
黔南布依族苗族自治州	都匀市人民法院		
云南省：诉讼标的额<100万元			
昆明市呈贡区、官渡区、宜良县、石林彝族自治县	昆明市官渡区人民法院	昆明盘龙区、东川区、嵩明县、寻甸回族彝族自治县	昆明市盘龙区人民法院

续表

行政区域	管辖法院名称	行政区域	管辖法院名称
昆明市其他行政区、县市	安宁市人民法院	昭通市	盐津县人民法院
曲靖市	曲靖市麒麟区人民法院	保山市	腾冲市人民法院
玉溪市	玉溪市红塔区人民法院	红河哈尼族彝族自治州	开远市人民法院
丽江市	玉龙纳西族自治县法院	怒江傈僳族自治州	泸水市人民法院
大理白族自治州	漾濞彝族自治县人民法院	德宏傣族景颇族自治州	瑞丽市人民法院
普洱市	宁洱哈尼族彝族自治县人民法院	临沧市	双江拉祜族佤族布朗族傣族自治县人民法院
西双版纳傣族自治州	勐海县人民法院	文山壮族苗族自治州	砚山县人民法院
迪庆藏族自治州	香格里拉人民法院	楚雄彝族自治州	禄丰市人民法院
西藏自治区：诉讼标的额<100万元			
拉萨市	拉萨市城关区人民法院	日喀则市	日喀则桑珠孜区人民法院
林芝市	林芝市巴宜区人民法院	山南市	山南市乃东区人民法院
昌都市	昌都市卡若区人民法院	那曲市	那曲市色尼区人民法院
阿里地区	噶尔县人民法院		
陕西省：诉讼标的额<100万元			
西安市灞桥区、阎良区、临潼区、高陵区	西安市灞桥区人民法院	西安市长安区、鄠邑区、周至县、蓝田县	西安市长安区人民法院
西安市其他行政区	（各区）人民法院	渭南市	大荔县人民法院
咸阳市	兴平市人民法院	铜川市	铜川市印台区人民法院
宝鸡市	宝鸡市陈仓区人民法院	汉中市	汉中市南郑区人民法院
延安市	延安市宝塔区人民法院	榆林市	榆林市榆阳区人民法院
安康市	安康市汉滨区人民法院	商洛市	商洛市商州区人民法院
甘肃省：诉讼标的额<100万元			
兰州城区，榆中县	兰州市城关区人民法院	兰州新区、永登县、皋兰县	兰州新区人民法院
嘉峪关市	嘉峪关市城关区人民法院	金昌市	永昌县人民法院
酒泉市	玉门市人民法院	白银市	白银市白银区人民法院
天水市	天水市秦州区人民法院	张掖市	张掖市甘州区人民法院
武威市	武威市凉州区人民法院	定西市	定西市安定区人民法院
平凉市	平凉市崆峒区人民法院	陇南市	两当县人民法院
庆阳市	庆阳市西峰区人民法院	临夏回族自治州	临夏县人民法院
甘南藏族自治州	夏河县人民法院		

民事诉讼法全厚细

行政区域	管辖法院名称	行政区域	管辖法院名称
青海省：诉讼标的额<100 万元			
西宁市	西宁市城东区人民法院	玉树藏族自治州	玉树市人民法院
海东市	互助土族自治县人民法院	海西蒙古族藏族自治州	德令哈市人民法院
海南藏族自治州	共和县人民法院	海北藏族自治州	门源回族自治县人民法院
黄南藏族自治州	尖扎县人民法院	果洛藏族自治州	玛沁县人民法院
宁夏回族自治区：诉讼标的额<100 万元			
金凤区、西夏区、贺兰县	银川市西夏区人民法院	兴庆区、永宁县、灵武市	灵武市人民法院
石嘴山市	石嘴山市大武口区人民法院	中卫市	中卫市沙坡头区人民法院
吴忠市	吴忠市利通区人民法院	固原市	固原市原州区人民法院
新疆维吾尔自治区：诉讼标的额<100 万元			
天山区、沙依巴克区、达坂城区、乌鲁木齐县	乌鲁木齐市天山区人民法院	乌鲁木齐市其他行政区、开发区	乌鲁木齐市新市区人民法院
吐鲁番市	吐鲁番市高昌区人民法院	哈密市	哈密市伊州区人民法院
克拉玛依市	克拉玛依市克拉玛依区人民法院	阿克苏地区	阿克苏市人民法院
伊犁哈萨克自治州各直辖县、自治县、县级市			伊宁市人民法院
（伊利州）塔城地区	塔城市人民法院	（伊利州）阿勒泰地区	阿勒泰市人民法院
喀什地区	喀什市人民法院	和田地区	和田市人民法院
昌吉回族自治州	昌吉市人民法院	博尔塔拉蒙古自治州	博乐市人民法院
巴音郭楞蒙古自治州	库尔勒市人民法院	克孜勒苏柯尔克孜自治州	克孜勒苏柯尔克孜自治州
新疆生产建设兵团：诉讼标的额<100 万元			
	阿拉尔市人民法院（阿拉尔垦区人民法院）		铁门关市人民法院（库尔勒垦区人民法院）
	图木舒克市人民法院（图木休克垦区人民法院）		可克达拉市人民法院（霍城垦区人民法院）
	双河市人民法院（塔斯海垦区人民法院）		五家渠市人民法院（五家渠垦区人民法院）
	车排子垦区人民法院		石河子市人民法院
	额敏垦区人民法院		北屯市人民法院（北屯垦区人民法院）
			乌鲁木齐垦区人民法院
	哈密垦区人民法院		和田垦区人民法院

【法释〔2023〕10号】　最高人民法院关于知识产权法庭若干问题的规定（法释〔2018〕22号公布，2019年1月1日起施行；2023年10月16日最高法审委会〔1901次〕修订，2023年10月21日公布，2023年11月1日起施行；以本规为准）

第1条　最高人民法院设立知识产权法庭，主要审理专利等专业技术性较强的知识产权上诉案件。

知识产权法庭是最高人民法院派出的常设审判机构，设在北京市。

知识产权法庭作出的判决、裁定、调解书和决定，是最高人民法院的判决、裁定、调解书和决定。

第2条①　知识产权法庭审理下列上诉案件：

（一）专利、植物新品种、集成电路布图设计授权确权行政上诉案件；

（二）发明专利、植物新品种、集成电路布图设计权属、侵权民事和行政上诉案件；

（三）重大、复杂的实用新型专利、技术秘密、计算机软件权属、侵权民事和行政上诉案件；

（四）垄断民事和行政上诉案件。

知识产权法庭审理下列其他案件：

（一）前款规定类型的全国范围内重大、复杂的第一审民事和行政案件；

（二）对前款规定的第一审民事和行政案件已经发生法律效力的判决、裁定、调解书依法申请再审、抗诉、再审等适用审判监督程序的案件；

（三）前款规定的第一审民事和行政案件管辖权争议，行为保全裁定申请复议，罚款、拘留决定申请复议，报请延长审限等案件；

---

①　本条原规定为：知识产权法庭审理下列案件：

（一）不服高级人民法院、知识产权法院、中级人民法院作出的发明专利、实用新型专利、植物新品种、集成电路布图设计、技术秘密、计算机软件、垄断第一审民事案件判决、裁定而提起上诉的案件；

（二）不服北京知识产权法院对发明专利、实用新型专利、外观设计专利、植物新品种、集成电路布图设计授权确权作出的第一审行政案件判决、裁定而提起上诉的案件；

（三）不服高级人民法院、知识产权法院、中级人民法院对发明专利、实用新型专利、外观设计专利、植物新品种、集成电路布图设计、技术秘密、计算机软件、垄断行政处罚等作出的第一审行政案件判决、裁定而提起上诉的案件；

（四）全国范围内重大、复杂的本条第1、2、3项所称第一审民事和行政案件；

（五）对本条第1、2、3项所称第一审案件已经发生法律效力的判决、裁定、调解书依法申请再审、抗诉、再审等适用审判监督程序的案件；

（六）本条第1、2、3项所称第一审案件管辖权争议，罚款、拘留决定申请复议，报请延长审限等案件；

（七）最高人民法院认为应当由知识产权法庭审理的其他案件。

（四）最高人民法院认为应当由知识产权法庭审理的其他案件。

第10条 对知识产权法院、中级人民法院已经发生法律效力的~~本规定第2条第1款规定类型的~~/第1、2、3项所称第一审<u>民事和行政</u>案件判决、裁定、调解书，省级人民检察院向高级人民法院提出抗诉的，高级人民法院应当告知其由最高人民检察院依法向最高人民法院提出，并由知识产权法庭审理。

~~第12条 本规定第2条第1、2、3项所称第一审案件的判决、裁定或者决定，于2019年1月1日前作出，当事人依法提起上诉或者申请复议的，由原审人民法院的上一级人民法院审理。~~

~~第13条 本规定第2条第1、2、3项所称第一审案件已经发生法律效力的判决、裁定、调解书，于2019年1月1日前作出，对其依法申请再审、抗诉、再审的，适用《中华人民共和国民事诉讼法》《中华人民共和国行政诉讼法》有关规定。~~

~~第14条 本规定施行前经批准可以受理专利、技术秘密、计算机软件、垄断第一审民事和行政案件的基层人民法院，不再受理上述案件。~~

~~对于基层人民法院2019年1月1日尚未审结的前款规定的案件，当事人不服其判决、裁定依法提起上诉的，由其上一级人民法院审理。~~

【法〔2023〕183号】 最高人民法院关于贯彻执行修改后的《最高人民法院关于知识产权法庭若干问题的规定》的通知（2023年10月21日）

一、修改后的《最高人民法院关于知识产权法庭若干问题的规定》第2条第1款第3项规定的"重大、复杂的实用新型专利、技术秘密、计算机软件权属、侵权民事和行政上诉案件"是指不服高级人民法院一审的有关案件裁判提起上诉的案件。

二、2023年11月1日以后作出裁判的、不属于修改后的《最高人民法院关于知识产权法庭若干问题的规定》第2条第1款规定类型的案件，以一审人民法院的上一级人民法院为上诉法院。一审人民法院应当在裁判文书尾部对此作出准确指引。

三、对于属于修改后的《最高人民法院关于知识产权法庭若干问题的规定》第2条第1款规定类型的案件，一审人民法院在2023年11月1日以后作出有关行为保全裁定的，应当在尾部写明"如不服本裁定，可以自收到裁定书之日起5日内向本院或者最高人民法院申请复议1次。复议期间不停止裁定的执行。"当事人通过原审法院向最高人民法院提出复议申请的，原审法院应当在5日内检齐有关案卷并移送至最高人民法院知识产权法庭。

四、各高级人民法院要认真做好有关实用新型专利、技术秘密、计算机软件权属、侵权民事和行政上诉案件以及涉及行政裁决等的外观设计专利行政上诉案件审理工作，为本院知识产权审判部门及时调配专业审判人才，同时加强对相关类型案件的对下审判业务指导监督，确保裁判标准统一，不断提升审判质效。

● 指导案例　【法〔2023〕230 号】　最高人民法院第 39 批指导性案例（2023 年 12 月 7 日成文，2023 年 12 月 15 日发布）

（指导案例 223 号）张某龙诉北京某蝶文化传播有限公司、程某、马某侵害作品信息网络传播权纠纷案（见本书第 29 条）

● 入库案例　【2023-09-2-160-021】　杭州某公司诉东营某公司、上海某公司发明专利临时保护期使用费及侵害发明专利权纠纷案（2008.07.22/〔2008〕民申字第 81 号）

裁判要旨：发明专利临时保护期使用费纠纷虽然不属于一般意义上的侵犯专利权纠纷，但在本质上也是与专利有关的侵权纠纷，应当依据有关侵权诉讼的管辖确定原则确定管辖。对于被控侵权的实施行为跨越发明专利授权公告日前后的，其行为具有前后的连续性、一致性。从方便当事人诉讼出发，应当允许权利人一并就临时保护期使用费和侵犯专利权行为同时提出权利主张。《最高人民法院关于审理专利纠纷案件适用法律问题的若干规定》关于"以制造者与销售者为共同被告起诉的，销售地人民法院有管辖权"的规定，本意在于权利人可以在被控侵权产品的销售地对该被控侵权产品制造者的全部制造以及销售被控侵权产品的行为主张权利，而并非在被控侵权产品的销售地仅能对制造者制造并销售给该销售者的那部分被控侵权产品的行为主张权利。

【2023-13-2-148-001】　荥阳某铝业公司诉苏州某宝纳丽金公司专利权转让合同纠纷案（2019.09.24/〔2019〕最高法知民辖终 158 号）

裁判要旨：基于包含专利权转让条款的股权转让合同产生的纠纷，原则上属于股权转让合同纠纷，而非专利权转让合同纠纷，不宜作为专利案件确定管辖。

【2023-13-2-160-031】　某开发公司诉上海某公司、广州某公司、中国建筑某公司、某工程公司、江西某公司、中国某电子公司侵害发明专利权纠纷案（2019.11.01/〔2019〕最高法知民辖终 1 号、2 号）

裁判要旨：涉及相同专利或者关联专利的侵权之诉与确认不侵权之诉，原则上应当合并审理；确有特殊情况，基于方便当事人诉讼、方便人民法院审理的考虑，宜分散审理的，最高人民法院知识产权法庭应当在二审程序中加强统筹协调，确保裁判标准一致。

【2023-13-2-160-063】 深圳市某太阳能技术有限公司诉上海某网络科技有限公司、江苏某低碳科技有限公司侵害实用新型专利权纠纷案（2019.09.05/ ［2019］最高法知民辖终 201 号）

裁判要旨：如果被诉侵权产品系另一产品的零部件，使用该另一产品的行为亦使作为零部件的被诉侵权产品实现了使用价值，则该使用行为亦构成对于被诉侵权零部件产品的使用，可以作为确定案件管辖的连结点。

【2023-13-2-169-001】 某交通设施公司诉某新能源科技公司确认不侵害专利权纠纷案（2019.11.18/ ［2019］最高法知民辖终 365 号）

裁判要旨：确认不侵害专利权诉讼属于知识产权侵权诉讼，应当按照《民事诉讼法》第 28 条（现第 29 条）的规定确定地域管辖连接点。确认不侵害专利权诉讼中的"侵权行为"应当理解为被警告人涉嫌侵害专利权的行为；相应地，此类诉讼中作为地域管辖连接点的侵权行为地，应当是指被警告人涉嫌侵害专利权的行为实施地及其结果发生地。

【2024-13-2-160-002】 厦门某卫浴科技有限公司诉汾阳市某美甲店侵害实用新型专利权纠纷案（2023.06.15/ ［2023］最高法知民辖终 170 号）

裁判要旨：被诉侵权产品系通过网络销售，销售者待购买者提交订单后才从第三方购买相应货物，并指示该第三方直接将货物寄送给购买者的，该第三方的交付行为应当认定为销售者的交付行为，其发货地应当认定为销售者的发货地，该发货地可以构成以该销售者为被告的侵权案件管辖连接点。

● **公报案例** （法公报［2020］2 期） 联奇开发股份有限公司与上海宝冶集团有限公司等侵害发明专利权纠纷案（最高人民法院民事裁定书［2019］最高法知民辖终 2 号）

裁判摘要：基于同一事实的确认不侵犯专利权诉讼与专利侵权诉讼均属独立的诉讼。司法实践中，如何确定上述 2 类案件的管辖，应遵循司法活动的基本规律和特点，坚持"两便"原则，并非均需移送管辖合并审理。至于上述 2 类案件由不同法院分别审理是否会出现冲突，因其上诉统一由最高人民法院知识产权法庭审理，这一可能出现的问题能够通过上诉机制解决。

（法公报［2022］1 期） 华为技术有限公司等与康文森无线许可有限公司确认不侵害专利权及标准必要专利许可纠纷案（见本书第 103 条）

（法公报［2022］2期）　　OPPO 广东移动通信有限公司等与夏普株式会社等标准必要专利许可纠纷管辖权异议纠纷案（最高法院 2021 年 8 月 19 日民事裁定书［2020］最高法知民辖终 517 号）①

裁判摘要：一、在确定标准必要专利全球许可条件纠纷的管辖时，可以考虑当事人就涉案标准必要专利许可磋商时的意愿范围，许可磋商所涉及的标准必要专利权利授予国及分布比例，涉案标准必要专利实施者的主要实施地、主要营业地或者主要营收来源地、许可磋商地，当事人可供扣押或可供执行财产所在地等。二、在当事人具备达成全球许可的意愿且纠纷与中国具有更密切联系时，即便当事人未达成管辖合意，中国法院仍有权依一方当事人的申请，对标准必要专利全球许可条件作出裁决。

● **典型案例　【法办［2021］146 号】　2020 年中国法院 10 大知识产权案件和 50 件典型知识产权案例**（最高法办公厅 2021 年 4 月 16 日印发）

2020 年中国法院 10 大知识产权案件：

（案例 1）苹果电脑贸易（上海）有限公司与国家知识产权局、上海智臻智能网络科技股份有限公司发明专利权无效宣告请求行政纠纷案（最高法院［2017］最高法行再 34 号行政判决）

（案例 2）华为技术有限公司、华为终端有限公司、华为软件技术有限公司与康文森无线许可有限公司确认不侵害专利权及标准必要专利许可纠纷三案（最高法院［2019］最高法知民终 732、733、734 号之一民事裁定）（见法公报［2022］1 期）

（案例 3）红牛维他命饮料有限公司与天丝医药保健有限公司商标权权属纠纷案（最高法院［2020］最高法民终 394 号民事判决）

（案例 4）苏州赛芯电子科技有限公司与深圳裕昇科技有限公司、户财欢、黄建东、黄赛亮侵害集成电路布图设计专有权纠纷案（最高法院［2019］最高法知民终 490 号民事判决）

（案例 5）武汉大西洋连铸设备工程有限责任公司与宋祖兴公司盈余分配纠纷案（最高法院［2019］最高法民再 135 号民事判决）

（案例 6）OPPO 广东移动通信有限公司、OPPO 广东移动通信有限公司深圳分公司与夏普株式会社、赛恩倍吉日本株式会社标准必要专利许可纠纷案（深圳中院［2020］粤 03 民初 689 号之一民事裁定）（见法公报［2022］2 期）

---

①　该案，首次以成文裁定的形式确认中国法院对于标准必要专利（SEP）全球许可费率的管辖权，成为了颁发全球"禁诉令"并成功化解"反禁诉令"的典范，并被最高法选入"2020 年度知识产权十大案例"。

（案例7）上海玄霆娱乐信息科技有限公司与成都吉乾科技有限公司、四三九九网络股份有限公司侵害著作权纠纷案（江苏高院［2018］苏民终1164号民事判决）

（案例8）深圳市腾讯计算机系统有限公司、腾讯科技（深圳）有限公司与浙江搜道网络技术有限公司、杭州聚客通科技有限公司不正当竞争纠纷案（杭州铁院［2019］浙8601民初1987号民事判决）

（案例9）惠州市欢唱壹佰娱乐有限公司与中国音像著作权集体管理协会垄断纠纷案（北京知院［2018］京73民初780号民事判决）

（案例10）李海鹏等9人侵犯著作权罪案（上海高院［2020］沪刑终105号刑事裁定）

2020年中国法院50件典型知识产权案例（民事部分）：

（一）专利权权属、侵害专利权纠纷案件

（案例1）杭州骑客智能科技有限公司与浙江波速尔运动器械有限公司侵害实用新型专利权纠纷案（最高法院［2018］最高法民申2345号民事裁定）

（案例2）吉林市东北生态农业发展有限责任公司与吉林市昌邑区吉康绿谷种植专业合作社侵害发明专利权纠纷案（最高法院［2019］最高法知民终724号民事判决）

（案例3）北京搜狗科技发展有限公司与百度在线网络技术（北京）有限公司、北京百度网讯科技有限公司、上海天熙贸易有限公司侵害发明专利权纠纷案（上海高院［2018］沪民终134号民事判决）

（案例4）王纯与武汉帝尔激光科技股份有限公司、李志刚、珠海市粤茂激光设备工程有限公司发明创造发明人署名权及专利权权属纠纷案（武汉中院［2019］鄂01民初187号民事判决）

（二）侵害商标权纠纷案件

（案例5）爱慕股份有限公司与广东艾慕内衣有限公司侵害商标权及不正当竞争纠纷案（北京高院［2020］京民终194号民事判决）

（案例6）天津华联商厦企业管理有限公司与天津市西青区财源利食品店侵害商标权纠纷案（天津高院［2020］津民终88号民事判决）

（案例7）山西杏花村汾酒厂股份有限公司与申宏波、徐超侵害商标权纠纷案（山西高院［2020］晋民终758号民事判决）

（案例8）小米科技有限责任公司与张艳秋侵害商标权纠纷案（黑龙江高院［2020］黑民终254号民事判决）

（案例9）南社布兰兹有限公司与淮安市华夏庄园酿酒有限公司、杭州正声贸易有限公司侵害商标权纠纷案（南京中院［2018］苏01民初3450号民事判决）

（案例 10）华润知识产权管理有限公司与乐平华润置业有限公司侵害商标权及不正当竞争纠纷案（江西高院［2020］赣民终 619 号民事判决）

（案例 11）腾讯科技（深圳）有限公司与深圳市小飞鱼移动科技有限公司、深圳市风铃动漫有限公司、济南历下上方有电子产品经营部、黄宇高、龚浪侵害商标权及不正当竞争纠纷案（山东高院［2020］鲁民终 568 号民事判决）

（案例 12）湖南守护神制药有限公司与武汉东信医药科技有限责任公司、武汉天地人和药业有限公司、广东恒金堂医药连锁有限公司侵害商标权及不正当竞争纠纷案（湖南高院［2020］湘知民终 312 号民事判决）

（案例 13）米其林集团总公司与宁波嘉琪工艺品有限公司侵害商标权纠纷案（广东高院［2019］粤民再 44 号民事判决）

（案例 14）广州钧易信息技术有限公司与深圳荷包金融信息咨询有限公司侵害商标权纠纷案（深圳中院［2019］粤 03 民终 31635 号民事判决）

（案例 15）重庆胖子天骄融兴食品有限责任公司与重庆老码头食品有限公司侵害商标权及不正当竞争纠纷案（重庆高院［2020］渝民终 454 号民事判决）

（案例 16）重庆家富富侨健康产业股份有限公司与西藏富桥商贸有限公司侵害商标权纠纷案（西藏高院［2020］藏知民终 1 号民事裁定）

（案例 17）陕西华清宫文化旅游有限公司与西安华清盛汤汤泉酒店、姜志刚、西安华青会企业管理有限公司侵害商标权及不正当竞争纠纷案（陕西高院［2020］陕民终 935 号民事判决）

（案例 18）阿克苏地区苹果协会与西宁城北兴敏蔬菜水果商行侵害商标权纠纷案（西宁中院［2020］青 01 知民初 40 号民事判决）

（三）著作权权属、侵害著作权纠纷案件

（案例 19）福州大德文化传播有限公司与宁乡县皇家贵族音乐会所著作权权属及侵害著作权纠纷案（最高法院［2018］最高法民再 417 号民事判决）

（案例 20）优酷网络技术（北京）有限公司与北京百度网讯科技有限公司侵害作品信息网络传播权纠纷案（北京海淀法院［2017］京 0108 民初 15648 号民事判决）

（案例 21）中文在线数字出版集团股份有限公司与北京京东叁佰陆拾度电子商务有限公司侵害作品信息网络传播权纠纷案（北京东城法院［2018］京 0101 民初 4624 号民事判决）

（案例 22）北京完美建信影视文化有限公司与南宫市广播电视台侵害著作权纠纷案（河北高院［2020］冀知民终 2 号民事判决）

（案例 23）孙德斌与上海教育出版社有限公司侵害著作权纠纷案（上海高院［2020］沪民申 2416 号民事裁定）

（案例 24）北京百幕文化发展有限公司与宋城演艺发展股份有限公司、丽江茶马古城旅游发展有限公司侵害著作权纠纷案（浙江高院［2020］浙民终 301 号民事判决）

（案例 25）浙江盛和网络科技有限公司、上海恺英网络科技有限公司与苏州仙峰网络科技股份有限公司侵害著作权及不正当竞争纠纷案（浙江高院［2019］浙民终 709 号民事判决）

（案例 26）河南省银都影视制作有限公司与优酷信息技术（北京）有限公司侵害作品信息网络传播权纠纷案（河南高院［2020］豫知民终 397 号民事判决）

（案例 27）深圳市腾讯计算机系统有限公司与上海盈讯科技有限公司侵害著作权及不正当竞争纠纷案（深圳南山法院［2019］粤 0305 民初 14010 号民事判决）

（案例 28）邱怀喃、邱怀芬、曾君富与贵州省博物馆、贵州省人民出版社有限公司、西安美术学院、贵州省铜仁市石阡县人民政府著作权权属及侵害著作权纠纷案（贵州高院［2020］黔民终 1141 号民事判决）

（四）不正当竞争、垄断纠纷案件

（案例 29）江苏苏萨食品有限公司与江苏南方果园生物科技有限公司不正当竞争纠纷案（最高法院［2020］最高法民再 133 号民事判决）

（案例 30）张仁勋与四川省宜宾市吴桥建材工业有限责任公司、曹培均、宜宾市砖瓦协会、宜宾恒旭投资集团有限公司、宜宾县四和建材有限责任公司、宜宾市翠屏区创力机砖有限责任公司垄断纠纷案（最高法院［2020］最高法知民终 1382 号民事判决）

（案例 31）上海陆家嘴国际金融资产交易市场股份有限公司、上海陆金所互联网金融信息服务有限公司与西安陆智投软件科技有限公司不正当竞争纠纷案（上海浦东法院［2020］沪 0115 民初 11133 号民事判决）

（案例 32）珠海仟游科技有限公司、珠海鹏游网络科技有限公司与深圳策略一二三网络有限公司、上海南浔网络科技有限公司、徐昊、肖鑫侵害技术秘密纠纷案（广东高院［2019］粤知民终 457 号民事判决）

（案例 33）长沙文和信餐饮文化管理有限公司与柳州市城中区老浮桥龙虾餐馆不正当竞争纠纷案（广西高院［2020］桂民终 1819 号民事判决）

（案例 34）海南省盐业总公司与江苏金桥制盐有限公司、海口方韦物流有限公司、海南韦方盐业有限公司、李存蓉不正当竞争纠纷案（海口中院［2019］琼01 民初 868 号民事判决）

（案例 35）深圳市腾讯计算机系统有限公司、腾讯科技（深圳）有限公司与数推（重庆）网络科技有限公司、谭旺不正当竞争纠纷案（重庆五中院［2019］渝 05 民初 3618 号民事判决）

（案例 36）四川省成都市第七中学与眉山冠城七中实验学校不正当竞争纠纷案（四川高院［2020］川知民终 202 号民事判决）

（案例 37）云南白药集团股份有限公司与云南诺特金参口腔护理用品有限公司不正当竞争纠纷案（云南高院［2020］云民终 875 号民事判决）

（案例 38）兰州市城关区新东方学校与李虎、黄莉娜、吴丹、兰州市七里河区菁英英语培训学校侵害商业秘密纠纷案（兰州中院［2019］甘 01 民初 170 号民事判决）

（五）植物新品种、技术合同及禁令纠纷案件

（案例 39）山西利马格兰特种谷物研发有限公司与新疆西农惠民农业科技有限责任公司、克东县金色阳光种子经销处、黑龙江阳光种业有限公司侵害植物新品种权纠纷案（乌鲁木齐中院［2019］新 01 知民初 9 号民事判决）

（案例 40）厦门市拙雅科技有限公司与智童时刻（厦门）科技有限公司、曾庆利技术委托开发合同纠纷案（福建高院［2020］闽民终 1098 号民事判决）

（案例 41）支付宝（中国）网络技术有限公司与江苏斑马软件技术有限公司不正当竞争纠纷案（上海浦东法院［2020］沪民初 0115 行保 1 号民事裁定）

（本书汇）【网络纠纷管辖】

● 相关规定　【法释［2001］24 号】　最高人民法院关于审理涉及计算机网络域名民事纠纷案件适用法律若干问题的解释（2001 年 6 月 26 日最高法审委会［1182 次］通过，2001 年 7 月 17 日公布，2001 年 7 月 24 日起施行；根据法释［2020］19 号《决定》修正，2021 年 1 月 1 日起施行）

第 2 条　涉及域名的侵权纠纷案件，由侵权行为地或者被告住所地的中级人民法院管辖。对难以确定侵权行为地和被告住所地的，原告发现该域名的计算机终端等设备所在地可以视为侵权行为地。

涉外域名纠纷案件包括当事人一方或者双方是外国人、无国籍人、外国企业或组织、国际组织，或者域名注册地在外国的域名纠纷案件。在中华人民共和国领域内发生的涉外域名纠纷案件，依照民事诉讼法第 4 编的规定确定管辖。

【法释［2018］16 号】　最高人民法院关于互联网法院审理案件若干问题的规定（2018 年 9 月 3 日最高法审委会［1747 次］通过，2018 年 9 月 6 日公布，2018 年 9 月 7 日起施行；以本规为准）

第 1 条　互联网法院采取在线方式审理案件，案件的受理、送达、调解、证据交换、庭前准备、庭审、宣判等诉讼环节一般应当在线上完成。

根据当事人申请或者案件审理需要，互联网法院可以决定在线下完成部分诉讼环节。

第2条　北京、广州、杭州互联网法院集中管辖所在市的辖区内应当由基层人民法院受理的下列第一审案件：（一）通过电子商务平台签订或者履行网络购物合同而产生的纠纷；（二）签订、履行行为均在互联网上完成的网络服务合同纠纷；（三）签订、履行行为均在互联网上完成的金融借款合同纠纷、小额借款合同纠纷；（四）在互联网上首次发表作品的著作权或者邻接权权属纠纷；（五）在互联网上侵害在线发表或者传播作品的著作权或者邻接权而产生的纠纷；（六）互联网域名权属、侵权及合同纠纷；（七）在互联网上侵害他人人身权、财产权等民事权益而产生的纠纷；（八）通过电子商务平台购买的产品，因存在产品缺陷，侵害他人人身、财产权益而产生的产品责任纠纷；（九）检察机关提起的互联网公益诉讼案件；（十）因行政机关作出互联网信息服务管理、互联网商品交易及有关服务管理等行政行为而产生的行政纠纷；（十一）上级人民法院指定管辖的其他互联网民事、行政案件。

第3条　当事人可以在本规定第2条确定的合同及其他财产权益纠纷范围内，依法协议约定与争议有实际联系地点的互联网法院管辖。

电子商务经营者、网络服务提供商等采取格式条款形式与用户订立管辖协议的，应当符合法律及司法解释关于格式条款的规定。

第4条　当事人对北京互联网法院作出的判决、裁定提起上诉的案件，由北京市第四中级人民法院审理，但互联网著作权权属纠纷和侵权纠纷、互联网域名纠纷的上诉案件，由北京知识产权法院审理。

当事人对广州互联网法院作出的判决、裁定提起上诉的案件，由广州市中级人民法院审理，但互联网著作权权属纠纷和侵权纠纷、互联网域名纠纷的上诉案件，由广州知识产权法院审理。

当事人对杭州互联网法院作出的判决、裁定提起上诉的案件，由杭州市中级人民法院审理。

第5条　互联网法院应当建设互联网诉讼平台（以下简称诉讼平台），作为法院办理案件和当事人及其他诉讼参与人实施诉讼行为的专用平台。通过诉讼平台作出的诉讼行为，具有法律效力。

互联网法院审理案件所需涉案数据，电子商务平台经营者、网络服务提供商、相关国家机关应当提供，并有序接入诉讼平台，由互联网法院在线核实、实时固定、安全管理。诉讼平台对涉案数据的存储和使用，应当符合《中华人民共和国网络安全法》等法律法规的规定。

第6条　当事人及其他诉讼参与人使用诉讼平台实施诉讼行为的，应当通过证件证照比对、生物特征识别或者国家统一身份认证平台认证等在线方式完成身份认证，并取得登录诉讼平台的专用账号。

使用专用账号登录诉讼平台所作出的行为，视为被认证人本人行为，但因诉讼平台技术原因导致系统错误，或者被认证人能够证明诉讼平台账号被盗用的除外。

第7条　互联网法院在线接收原告提交的起诉材料，并于收到材料后7日内，在线作出以下处理：

（一）符合起诉条件的，登记立案并送达案件受理通知书、诉讼费交纳通知书、举证通知书等诉讼文书。

（二）提交材料不符合要求的，及时发出补正通知，并于收到补正材料后次日重新起算受理时间；原告未在指定期限内按要求补正的，起诉材料作退回处理。

（三）不符合起诉条件的，经释明后，原告无异议的，起诉材料作退回处理；原告坚持继续起诉的，依法作出不予受理裁定。

第8条　互联网法院受理案件后，可以通过原告提供的手机号码、传真、电子邮箱、即时通讯账号等，通知被告、第三人通过诉讼平台进行案件关联和身份验证。

被告、第三人应当通过诉讼平台了解案件信息，接收和提交诉讼材料，实施诉讼行为。

第9条　互联网法院组织在线证据交换的，当事人应当将在线电子数据上传、导入诉讼平台，或者将线下证据通过扫描、翻拍、转录等方式进行电子化处理后上传至诉讼平台进行举证，也可以运用已经导入诉讼平台的电子数据证明自己的主张。

第10条　当事人及其他诉讼参与人通过技术手段将身份证明、营业执照副本、授权委托书、法定代表人身份证明等诉讼材料，以及书证、鉴定意见、勘验笔录等证据材料进行电子化处理后提交的，经互联网法院审核通过后，视为符合原件形式要求。对方当事人对上述材料真实性提出异议且有合理理由的，互联网法院应当要求当事人提供原件。

第11条　当事人对电子数据真实性提出异议的，互联网法院应当结合质证情况，审查判断电子数据生成、收集、存储、传输过程的真实性，并着重审查以下内容：（一）电子数据生成、收集、存储、传输所依赖的计算机系统等硬件、软件环境是否安全、可靠；（二）电子数据的生成主体和时间是否明确，表现内容是否清晰、客观、准确；（三）电子数据的存储、保管介质是否明确，保管方式和手段是否妥当；（四）电子数据提取和固定的主体、工具和方式是否可靠，提取过程是否可以重现；（五）电子数据的内容是否存在增加、删除、修改及不完整等情形；（六）电子数据是否可以通过特定形式得到验证。

当事人提交的电子数据，通过电子签名、可信时间戳、哈希值校验、区块链等证据收集、固定和防篡改的技术手段或者通过电子取证存证平台认证，能够证明其真实性的，互联网法院应当确认。

当事人可以申请具有专门知识的人就电子数据技术问题提出意见。互联网法院可以根据当事人申请或者依职权，委托鉴定电子数据的真实性或者调取其他相关证据进行核对。

第12条　互联网法院采取在线视频方式开庭。存在确需当庭查明身份、核对原件、查验实物等特殊情形的，互联网法院可以决定在线下开庭，但其他诉讼环节仍应当在线完成。

第13条　互联网法院可以视情决定采取下列方式简化庭审程序：

（一）开庭前已经在线完成当事人身份核实、权利义务告知、庭审纪律宣示的，开庭时可以不再重复进行；

（二）当事人已经在线完成证据交换的，对于无争议的证据，法官在庭审中说明后，可以不再举证、质证；

（三）经征得当事人同意，可以将当事人陈述、法庭调查、法庭辩论等庭审环节合并进行。对于简单民事案件，庭审可以直接围绕诉讼请求或者案件要素进行。

第14条　互联网法院根据在线庭审特点，适用《中华人民共和国人民法院法庭规则》的有关规定。除经查明确属网络故障、设备损坏、电力中断或者不可抗力等原因外，当事人不按时参加在线庭审的，视为"拒不到庭"，庭审中擅自退出的，视为"中途退庭"，分别按照《中华人民共和国民事诉讼法》《中华人民共和国行政诉讼法》及相关司法解释的规定处理。

第15条　经当事人同意，互联网法院应当通过中国审判流程信息公开网、诉讼平台、手机短信、传真、电子邮件、即时通讯账号等电子方式送达诉讼文书及当事人提交的证据材料等。

当事人未明确表示同意，但经约定发生纠纷时在诉讼中适用电子送达的，或者通过回复收悉、作出相应诉讼行为等方式接受已经完成的电子送达，并且未明确表示不同意电子送达的，可以视为同意电子送达。

经告知当事人权利义务，并征得其同意，互联网法院可以电子送达裁判文书。当事人提出需要纸质版裁判文书的，互联网法院应当提供。

第16条　互联网法院进行电子送达，应当向当事人确认电子送达的具体方式和地址，并告知电子送达的适用范围、效力、送达地址变更方式以及其他需告知的送达事项。

受送达人未提供有效电子送达地址的，互联网法院可以将能够确认为受送达人本人的近 3 个月内处于日常活跃状态的手机号码、电子邮箱、即时通讯账号等常用电子地址作为优先送达地址。

第 17 条　互联网法院向受送达人主动提供或者确认的电子地址进行送达的，送达信息到达受送达人特定系统时，即为送达。

互联网法院向受送达人常用电子地址或者能够获取的其他电子地址进行送达的，根据下列情形确定是否完成送达：

（一）受送达人回复已收到送达材料，或者根据送达内容作出相应诉讼行为的，视为完成有效送达。

（二）受送达人的媒介系统反馈受送达人已阅知，或者有其他证据可以证明受送达人已经收悉的，推定完成有效送达，但受送达人能够证明存在媒介系统错误、送达地址非本人所有或者使用、非本人阅知等未收悉送达内容的情形除外。

完成有效送达的，互联网法院应当制作电子送达凭证。电子送达凭证具有送达回证效力。

第 18 条　对需要进行公告送达的事实清楚、权利义务关系明确的简单民事案件，互联网法院可以适用简易程序审理。

第 19 条　互联网法院在线审理的案件，审判人员、法官助理、书记员、当事人及其他诉讼参与人等通过在线确认、电子签章等在线方式对调解协议、笔录、电子送达凭证及其他诉讼材料予以确认的，视为符合《中华人民共和国民事诉讼法》有关"签名"的要求。

第 20 条　互联网法院在线审理的案件，可以在调解、证据交换、庭审、合议等诉讼环节运用语音识别技术同步生成电子笔录。电子笔录以在线方式核对确认后，与书面笔录具有同等法律效力。

第 21 条　互联网法院应当利用诉讼平台随案同步生成电子卷宗，形成电子档案。案件纸质档案已经全部转化为电子档案的，可以以电子档案代替纸质档案进行上诉移送和案卷归档。

第 22 条　当事人对互联网法院审理的案件提起上诉的，第二审法院原则上采取在线方式审理。第二审法院在线审理规则参照适用本规定。

【京高法发［2018］号】　北京市高级人民法院关于北京互联网法院案件管辖的规定（2018 年北京高院审委会［12 次］通过，2018 年 9 月 8 日印发，2018 年 9 月 9 日起施行）

第 1 条　北京互联网法院集中管辖北京市的辖区内应当由基层人民法院受理的下列第一审案件：（一）通过电子商务平台签订或者履行网络购物合同而产生的

纠纷;(二)签订、履行行为均在互联网上完成的网络服务合同纠纷;(三)签订、履行行为均在互联网上完成的金融借款合同纠纷、小额借款合同纠纷;(四)在互联网上首次发表作品的著作权或者邻接权权属纠纷;(五)在互联网上侵害在线发表或者传播作品的著作权或者邻接权而产生的纠纷;(六)互联网域名权属、侵权及合同纠纷;(七)在互联网上侵害他人人身权、财产权等民事权益而产生的纠纷;(八)通过电子商务平台购买的产品,因存在产品缺陷,侵害他人人身、财产权益而产生的产品责任纠纷;(九)检察机关提起的互联网公益诉讼案件;(十)因行政机关作出互联网信息服务管理、互联网商品交易及有关服务管理等行政行为而产生的行政纠纷;(十一)北京市高级人民法院指定管辖的其他互联网民事、行政案件。

第2条 在本规定第1条确定的合同及其他财产权益纠纷范围内,与争议有实际联系的地点在北京市的,当事人可以依法协议约定纠纷由北京互联网法院管辖。

电子商务经营者、网络服务提供商等采取格式条款形式与用户订立管辖协议的,应当符合法律及司法解释关于格式条款的规定。

第3条 北京互联网法院依照《中华人民共和国民事诉讼法》《中华人民共和国行政诉讼法》的规定受理申请再审审查案件、再审案件、执行案件。

第4条 当事人对北京互联网法院作出的判决、裁定提起上诉的案件,由北京市第四中级人民法院审理,但互联网著作权权属纠纷和侵权纠纷、互联网域名纠纷的上诉案件,由北京知识产权法院审理。

对北京互联网法院作出的执行异议裁定、执行决定申请复议的,由北京市第四中级人民法院受理。

第5条 2018年9月9日之前,当事人已经向北京市其他基层人民法院提交本规定第1条规定的纠纷的起诉材料,但尚未立案或已经立案尚未审结的,由原基层人民法院继续办理。

【吉法〔2022〕公告】 吉林省高级人民法院关于设立长春互联网法庭并集中管辖部分互联网案件的公告(2022年5月29日)

一、自2022年6月1日起,长春互联网法庭管辖吉林省范围内应由基层人民法院受理的下列第一审互联网案件:

(一)通过电子商务平台签订或者履行网络购物合同而产生的合同纠纷、产品责任纠纷;

(二)签订、履行行为均在互联网上完成的网络服务合同纠纷、借款合同纠纷;

(三)数据、网络虚拟财产权属纠纷、交易纠纷;

(四)在互联网上侵害他人人身权、财产权等民事权益而产生的人格权纠纷、财产损害赔偿纠纷；

（五）涉互联网民事公益诉讼；

（六）互联网平台经济模式下的新就业形态劳动争议；

（七）涉个人信息保护法权利义务的纠纷；

（八）上级人民法院指定管辖的其他互联网民事案件。

二、2022 年 6 月 1 日之前，当事人已经向吉林省其他基层人民法院提交本通知第 1 条规定的纠纷的起诉材料，但尚未立案或者已经立案尚未审结的，由原基层人民法院继续办理。案件审结后，上诉至相应的中级人民法院。

三、2022 年 6 月 1 日之后，下列案件仍由原审法院审理：

（一）因对判决不服提起上诉被二审法院发回重审的案件；

（二）因对不予受理或驳回起诉的裁定不服提出上诉被二审法院指令继续审理的案件；

（三）再审案件。

（本书汇）【涉军纠纷管辖】

● **相关规定** 【法释〔2012〕11 号】 **最高人民法院关于军事法院管辖民事案件若干问题的规定**（2012 年 8 月 20 日最高法审委会〔1553 次〕通过，2012 年 8 月 28 日公布，2012 年 9 月 17 日起施行；根据法释〔2020〕20 号《决定》修正，2021 年 1 月 1 日起施行。以本规为准）

第 1 条 下列民事案件，由军事法院管辖：（一）双方当事人均为军人或者军队单位的案件，但法律另有规定的除外；（二）涉及机密级以上军事秘密的案件；（三）军队设立选举委员会的选民资格案件；（四）认定营区内无主财产案件。

第 2 条 下列民事案件，地方当事人向军事法院提起诉讼或者提出申请的，军事法院应当受理：（一）军人或者军队单位执行职务过程中造成他人损害的侵权责任纠纷案件；（二）当事人一方为军人或者军队单位，侵权行为发生在营区内的侵权责任纠纷案件；（三）当事人一方为军人的婚姻家庭纠纷案件；（四）民事诉讼法第 33 条规定的不动产所在地、港口所在地、被继承人死亡时住所地或者主要遗产所在地在营区内，且当事人一方为军人或者军队单位的案件；（五）申请宣告军人失踪或者死亡的案件；（六）申请认定军人无民事行为能力或者限制民事行为能力的案件。

第 3 条 当事人一方是军人或者军队单位，且合同履行地或者标的物所在地在营区内的合同纠纷，当事人书面约定由军事法院管辖，不违反法律关于级别管辖、专属管辖和专门管辖规定的，可以由军事法院管辖。

第4条 军事法院受理第一审民事案件，应当参照民事诉讼法关于地域管辖、级别管辖的规定确定。

当事人住所地省级行政区划内没有可以受理案件的第一审军事法院，或者处于交通十分不便的边远地区，双方当事人同意由地方人民法院管辖的，地方人民法院可以管辖，但本规定第1条第2项规定的案件除外。

第5条 军事法院发现受理的民事案件属于地方人民法院管辖的，应当移送有管辖权的地方人民法院，受移送的地方人民法院应当受理。地方人民法院认为受移送的案件不属于本院管辖的，应当报请上级地方人民法院处理，不得再自行移送。

地方人民法院发现受理的民事案件属于军事法院管辖的，参照前款规定办理。

第6条 军事法院与地方人民法院之间因管辖权发生争议，由争议双方协商解决；协商不成的，报请各自的上级法院协商解决；仍然协商不成的，报请最高人民法院指定管辖。

第7条 军事法院受理案件后，当事人对管辖权有异议的，应当在提交答辩状期间提出。军事法院对当事人提出的异议，应当审查。异议成立的，裁定将案件移送有管辖权的军事法院或者地方人民法院；异议不成立的，裁定驳回。

第8条 本规定所称军人是指中国人民解放军的现役军官、文职干部、士兵及具有军籍的学员，中国人民武装警察部队的现役警官、文职干部、士兵及具有军籍的学员。军队中的文职人员、非现役公勤人员、正式职工、由军队管理的离退休人员，参照军人确定管辖。

军队单位是指中国人民解放军现役部队和预备役部队、中国人民武装警察部队及其编制内的企业事业单位。

营区是指由军队管理使用的区域，包括军事禁区、军事管理区。

第 39 条[19910409] 【提级管辖，降级管辖】上级人民法院有权审理/审判下级人民法院管辖的第一审民事案件；确有必要将/也可以把[20130101] 本院/自己管辖的第一审民事案件交下级人民法院审理/审判的，应当报请其上级人民法院批准[20130101]。

【升级管辖】下级人民法院对它所管辖的第一审民事案件，认为需要由上级人民法院审理/审判的，可以报请上级人民法院审理/审判。

● **相关规定**　　**【法释［2009］17号】**　最高人民法院关于审理民事级别管辖异议案件若干问题的规定（2009年7月20日最高法审委会［1471次］通过，2009年11月12日公布，2010年1月1日起施行；根据法释［2020］20号《决定》修正，2021年1月1日起施行。以本规为准）

~~第4条　上级人民法院根据民事诉讼法第39条第1款的规定，将其管辖的第一审民事案件交由下级人民法院审理的，应当作出裁定。当事人对裁定不服提起上诉的，第二审人民法院应当依法审理并作出裁定。~~

第4条　对于应由上级人民法院管辖的第一审民事案件，下级人民法院不得报请上级人民法院交其审理。①

第8条　对于将案件移送上级人民法院管辖的裁定，当事人未提出上诉，但受移送的上级人民法院认为确有错误的，可以依职权裁定撤销。

【法发［2010］61号】　最高人民法院关于规范上下级人民法院审判业务关系的若干意见（最高法审委会［1493次］通过，2010年12月28日印发施行）

第3条　基层人民法院和中级人民法院对于已经受理的下列第一审案件，必要时可以根据相关法律规定，书面报请上一级人民法院审理：（1）重大、疑难、复杂案件；（2）新类型案件；（3）具有普遍法律适用意义的案件；（4）有管辖权的人民法院不宜行使审判权的案件。

第4条　上级人民法院对下级人民法院提出的移送审理请求，应当及时决定是否由自己审理，并下达同意移送决定书或者不同意移送决定书。

第5条　上级人民法院认为下级人民法院管辖的第一审案件，属于本意见第3条所列类型，有必要由自己审理的，可以决定提级管辖。

【法发［2015］6号】　最高人民法院关于人民法院推行立案登记制改革的意见（2015年4月1日中央深改小组［第11次］通过，最高法2015年4月15日公布，2015年5月1日起施行）

六、切实加强立案监督

（一）加强内部监督。……上级人民法院应充分发挥审级监督职能，对下级法院有案不立的，责令其及时纠正。必要时，可提级管辖或者指定其他下级法院立案审理。

【法释［2016］30号】　最高人民法院关于巡回法庭审理案件若干问题的规定（"法释［2015］3号"公布，2015年2月1日起施行；2016年12月19日最高

---

①　注：对于违反本条规定，上级法院依其申请而"指定"由其审理的案件，其裁判效力如何？未见规定。

法审委会［1704 次］修正，2016 年 12 月 27 日公布，2016 年 12 月 28 日起施行）

第 8 条 最高人民法院认为巡回法庭受理的案件对统一法律适用有重大指导意义的，可以决定由本部审理。

巡回法庭对于已经受理的案件，认为对统一法律适用有重大指导意义的，可以报请最高人民法院本部审理。

【人大常委会字［2021］38 号】 全国人民代表大会常务委员会关于授权最高人民法院组织开展四级法院审级职能定位改革试点工作的决定（见本书第 210 条）

【法［2021］242 号】 最高人民法院关于完善四级法院审级职能定位改革试点的实施办法（2021 年 9 月 16 日最高法审委会［1846 次］通过，2021 年 9 月 27 日公布，2021 年 10 月 1 日起施行；2023 年 9 月 28 日起被"法［2023］154 号"《通知》终止）（余见本书第 210 条）

第 4 条 基层人民法院对所管辖的第一审民事、刑事、行政案件，认为属于下列情形之一，需要由中级人民法院审理的，可以报请上一级人民法院审理：（一）涉及重大国家利益、社会公共利益，不宜由基层人民法院审理的；（二）在辖区内属于新类型，且案情疑难复杂的；（三）具有普遍法律适用指导意义的；（四）上一级人民法院或其辖区内各基层人民法院之间近 3 年裁判生效的同类案件存在重大法律适用分歧，截至案件审理时仍未解决的；（五）由中级人民法院一审更有利于公正审理的。

中级人民法院对辖区基层人民法院已经受理的第一审民事、刑事、行政案件，认为属于上述情形之一，有必要由本院审理的，应当决定提级管辖。

第 5 条 中级人民法院对所管辖的第一审民事、刑事、行政案件，认为属于下列情形之一，需要由高级人民法院审理的，可以报请上一级人民法院审理：（一）具有普遍法律适用指导意义的；（二）上一级人民法院或者其辖区内各中级人民法院之间近 3 年裁判生效的同类案件存在重大法律适用分歧，截至案件审理时仍未解决的；（三）由高级人民法院一审更有利于公正审理的。

高级人民法院对辖区中级人民法院已经受理的第一审民事、刑事、行政案件，认为属于上述情形之一，有必要由本院审理的，应当决定提级管辖。

第 6 条 本办法所称具有普遍法律适用指导意义的案件，是指法律、司法解释规定不明确或者司法解释没有规定，需要通过司法裁判进一步明确法律适用的案件。

第 7 条 案件报请上一级人民法院审理的，应当经本院院长批准，至迟于案件法定审理期限届满 30 日前报送；涉及法律统一适用问题的，应当经审判委员会讨论决定。

第 8 条 上级人民法院收到下一级人民法院根据本办法第 4 条、第 5 条提出的请求后，由立案庭转相关审判庭审查，并应当在 15 日内作出下述处理：（一）同意提级管辖；（二）不同意提级管辖。

中级、高级人民法院根据本办法第 4 条、第 5 条提级管辖的案件，应当报上一级人民法院立案庭备案。

第 9 条　上级人民法院决定提级管辖的案件，由检察机关提起公诉的，应当同时书面通知同级人民检察院。

原受诉人民法院收到上一级人民法院同意提级管辖的文书后，应当在 10 日内将案卷材料移送上一级人民法院，并书面通知当事人；对检察机关提起公诉的案件，应当书面通知同级人民检察院，将案卷材料退回检察机关，并书面通知当事人。

第 10 条　按本办法提级管辖案件的审理期限，自上一级人民法院立案之日起重新计算。

向上一级人民法院报送期间和上一级人民法院审查处理期间，不计入原审案件审理期限。

第 14 条　原判决、裁定适用法律确有错误，且符合下列情形之一的，最高人民法院应当裁定提审：（一）具有普遍法律适用指导意义的；（二）最高人民法院或者不同高级人民法院之间近 3 年裁判生效的同类案件存在重大法律适用分歧，截至案件审理时仍未解决的；（三）最高人民法院认为应当提审的其他情形。

最高人民法院对地方各级人民法院、专门人民法院已经发生法律效力的判决、裁定，发现确有错误，且符合前款所列情形之一的，可以裁定提审。

第 15 条　高级人民法院对受理的民事、行政申请再审案件，认为原判决、裁定适用法律确有错误，且符合本办法第 14 条第 1 款第 1 项、第 2 项所列情形之一，需要由最高人民法院审理的，经审判委员会讨论决定后，可以报请最高人民法院审理。

最高人民法院收到高级人民法院根据前款规定提出的请求后，认为有必要由本院审理的，裁定提审；认为没有必要的，不予提审。

第 20 条（第 2 款）　本办法关于中级人民法院的规定，海事法院、知识产权法院、金融法院和铁路运输中级法院等可以参照适用；关于基层人民法院的规定，互联网法院、铁路运输法院等可以参照适用。

第 21 条（第 1 款）　各高级人民法院应当根据本办法，结合对应开展的试点工作，制定具体实施方案和相关制度规定，并于 2021 年 11 月 5 日前报最高人民法院备案。

（第 2 款）　各高级人民法院在制定实施方案、修订现有规范、做好机制衔接的前提下，自本办法实施之日起全面启动试点工作，试点时间 2 年。2022 年 7 月 31 日前，各高级人民法院应当形成试点工作中期报告报最高人民法院。

第一编　第二章

第23条（第1款）　本办法报全国人民代表大会常务委员会备案，自2021年10月1日起施行。之前有关司法解释、司法指导性文件的规定与本办法不一致的，按照本办法执行。

【法释［2022］11号】　最高人民法院关于适用《中华人民共和国民事诉讼法》的解释（"法释［2015］5号"公布，2015年2月4日起施行；根据法释［2020］20号《决定》修正，2021年1月1日起施行；2022年3月22日最高法审委会［1866次］修正，2022年4月1日公布，2022年4月10日起施行；以本规为准）

第42条　下列第一审民事案件，人民法院依照民事诉讼法第39条第1款规定，可以在开庭前交下级人民法院审理：（一）破产程序中有关债务人的诉讼案件；（二）当事人人数众多且不方便诉讼的案件；（三）最高人民法院确定的其他类型案件。

人民法院交下级人民法院审理前，应当报请其上级人民法院批准。上级人民法院批准后，人民法院应当裁定将案件交下级人民法院审理。

【法［2023］88号】　最高人民法院关于法律适用问题请示答复的规定（2023年5月26日印发，2023年9月1日起施行；以本规为准）（余见本书第3章"法院内部监督"专辑）

第18条　最高人民法院在办理请示答复过程中，认为请示的法律适用问题具有普遍性、代表性，影响特别重大的，可以通知下级人民法院依法将有关案件移送本院审判。

【法发［2023］5号】　最高人民法院关于完整准确全面贯彻新发展理念为积极稳妥推进碳达峰碳中和提供司法服务的意见（2023年2月16日）

22. 建立完善涉碳案件审判机制。构建有利于积极稳妥推进碳达峰碳中和的案件归口审理制度。完善由环境资源审判机构牵头，与立案、刑事、民事、行政、执行等相关部门分工配合的审判协调机制。对新类型、具有普遍法律适用指导意义、存在重大法律适用分歧的案件提级管辖。……

【法发［2023］13号】　最高人民法院关于加强和规范案件提级管辖和再审提审工作的指导意见（2023年7月28日印发，2023年8月1日起施行；以本规为准）

一、一般规定

第1条　……中级以上人民法院应当加大再审提审适用力度，精准履行审级监督和再审纠错职能。最高人民法院聚焦提审具有普遍法律适用指导意义、存在重大法律适用分歧的典型案件，充分发挥最高审判机关监督指导全国审判工作、确保法律正确统一适用的职能。

第2条　本意见所称"提级管辖"，是指根据《中华人民共和国刑事诉讼法》第24条、《中华人民共和国民事诉讼法》第39条、《中华人民共和国行政诉讼法》第24条的规定，下级人民法院将所管辖的第一审案件转移至上级人民法院审理，包括上级人民法院依下级人民法院报请提级管辖、上级人民法院依职权提级管辖。

二、完善提级管辖机制

第4条　下级人民法院对已经受理的第一审刑事、民事、行政案件，认为属于下列情形之一，不宜由本院审理的，应当报请上一级人民法院审理：（一）涉及重大国家利益、社会公共利益的；（二）在辖区内属于新类型，且案情疑难复杂的；（三）具有诉源治理效应，有助于形成示范性裁判，推动同类纠纷统一、高效、妥善化解的；（四）具有法律适用指导意义的；（五）上一级人民法院或者其辖区内人民法院之间近3年裁判生效的同类案件存在重大法律适用分歧的；（六）由上一级人民法院一审更有利于公正审理的。

上级人民法院对辖区内人民法院已经受理的第一审刑事、民事、行政案件，认为属于上述情形之一，有必要由本院审理的，可以决定提级管辖。

第5条　"在辖区内属于新类型，且案情疑难复杂的"案件，主要指案件所涉领域、法律关系、规制范围等在辖区内具有首案效应或者相对少见，在法律适用上存在难点和争议。

"具有诉源治理效应，有助于形成示范性裁判，推动同类纠纷统一、高效、妥善化解的"案件，是指案件具有示范引领价值，通过确立典型案件的裁判规则，能够对处理类似纠纷形成规范指引，引导当事人作出理性选择，促进批量纠纷系统化解，实现纠纷源头治理。

"具有法律适用指导意义的"案件，是指法律、法规、司法解释、司法指导性文件等没有明确规定，需要通过典型案件裁判进一步明确法律适用；司法解释、司法指导性文件、指导性案例发布时所依据的客观情况发生重大变化，继续适用有关规则审理明显有违公平正义。

"由上一级人民法院一审更有利于公正审理的"案件，是指案件因所涉领域、主体、利益等因素，可能受地方因素影响或者外部干预，下级人民法院不宜行使管辖权。

第6条　下级人民法院报请上一级人民法院提级管辖的案件，应当经本院院长或者分管院领导批准，以书面形式请示。请示应当包含案件基本情况、报请提级管辖的事实和理由等内容，并附必要的案件材料。

第7条　民事、行政第一审案件报请提级管辖的，应当在当事人答辩期届满后，至迟于案件法定审理期限届满30日前向上一级人民法院报请。

刑事第一审案件报请提级管辖的，应当至迟于案件法定审理期限届满15日前向上一级人民法院报请。

第8条　上一级人民法院收到案件报请提级管辖的请示和材料后，由立案庭编立"辖"字号，转相关审判庭组成合议庭审查。上一级人民法院应当在编立案号之日起30日内完成审查，但法律和司法解释对审查时限另有规定的除外。

合议庭经审查并报本院院长或者分管院领导批准后，根据本意见所附诉讼文书样式，作出同意或者不同意提级管辖的法律文书。相关法律文书一经作出即生效。

第9条　上级人民法院根据本意见第21条规定的渠道，发现下级人民法院受理的第一审案件可能需要提级管辖的，可以及时与相关人民法院沟通，并书面通知提供必要的案件材料。

上级人民法院认为案件应当提级管辖的，经本院院长或者分管院领导批准后，根据本意见所附诉讼文书样式，作出提级管辖的法律文书。

第10条　上级人民法院作出的提级管辖法律文书，应当载明以下内容：（一）案件基本信息；（二）本院决定提级管辖的理由和分析意见。

上级人民法院不同意提级管辖的，应当在相关法律文书中载明理由和分析意见。

第11条　上级人民法院决定提级管辖的，应当在作出法律文书后5日内，将法律文书送原受诉人民法院。原受诉人民法院收到提级管辖的法律文书后，应当在5日内送达当事人，并在10日内将案卷材料移送上级人民法院。上级人民法院应当在收到案卷材料后5日内立案。对检察机关提起公诉的案件，上级人民法院决定提级管辖的，应当书面通知同级人民检察院，原受诉人民法院应当将案卷材料退回同级人民检察院，并书面通知当事人。

上级人民法院决定不予提级管辖的，应当在作出法律文书后5日内，将法律文书送原受诉人民法院并退回相关案卷材料。案件由原受诉人民法院继续审理。

第12条　上级人民法院决定提级管辖的案件，应当依法组成合议庭适用第一审普通程序审理。

原受诉人民法院已经依法完成的送达、保全、鉴定等程序性工作，上级人民法院可以不再重复开展。

第13条　中级人民法院、高级人民法院决定提级管辖的案件，应当报上一级人民法院立案庭备案。

第14条　按照本意见提级管辖的案件，审理期限自上级人民法院立案之日起重新计算。

下级人民法院向上级人民法院报送提级管辖请示的期间和上级人民法院审查处理期间，均不计入案件审理期限。

对依报请不同意提级管辖的案件，自原受诉人民法院收到相关法律文书之日起恢复案件审限计算。

三、规范民事、行政再审提审机制（见本书第 209 条）

四、完善提级管辖、再审提审的保障机制

第 21 条　上级人民法院应当健全完善特殊类型案件的发现、监测、甄别机制，注重通过以下渠道，主动启动提级管辖或者再审提审程序：（一）办理下级人民法院关于法律适用问题的请示；（二）开展审务督察、司法巡查、案件评查；（三）办理检察监督意见；（四）办理人大代表、政协委员关注的事项或者问题；（五）办理涉及具体案件的群众来信来访；（六）处理当事人提出的提级管辖或者再审提审请求；（七）开展案件舆情监测；（八）办理有关国家机关、社会团体等移送的其他事项。

第 22 条　对于提级管辖、再审提审案件，相关人民法院应当加大监督管理力度，配套完善激励、考核机制，把提级管辖、再审提审案件的规则示范意义、对下指导效果、诉源治理成效、成果转化情况、社会各界反映等作为重要评价内容。

五、附则

第 25 条　本意见由最高人民法院解释。各高级人民法院可以根据相关法律、司法解释和本意见，结合审判工作实际，制定或者修订本地区关于提级管辖、再审提审的实施细则，报最高人民法院备案。

● 文书格式　【法［2016］221 号】　民事诉讼文书样式（2016 年 2 月 22 日最高法审委会［1679 次］通过，2016 年 6 月 28 日公布，2016 年 8 月 1 日起施行）
（本书对格式略有调整）

关于……（写明当事人及案由）一案报请提级管辖的请示①

（××××）……民初……号②

××人民法院：

原告×××与被告×××……（写明案由）一案，本院于×年×月×日立案。尚未开庭审理。

×××诉称，……（概述原告的诉讼请求、事实和理由）。

本院认为，……（写明报请提级管辖的事实和理由）。

---

① 注：上级法院同意提级管辖的，适用民事裁定书（依报请提级管辖案件用），不需要制作批复；不同意提级管辖的，适用批复，不需要制作裁定书。

② 注：本请示案号类型代字为"民初"；上级法院立提级管辖案件审查，案号类型代字为"民辖"。

依照《中华人民共和国民事诉讼法》第39条第2款规定，现报请你院提级管辖（××××）……民初……号……（写明当事人和案由）一案。

以上请示，请批复。

附：案卷×宗

×年×月×日（院印）

关于……（写明当事人及案由）一案报请提级管辖的批复

（××××）……民辖……号

××人民法院：

你院《关于……一案报请提级管辖的请示》收悉。经研究，批复如下：

不同意……一案由我院提级管辖。

×年×月×日（院印）

民事裁定书（依职权\依报请提级管辖）

（××××）……民辖……号

原告：×××，……。

被告：×××，……。

（以上写明诉讼参与人的姓名或名称等基本信息）

原告×××与被告×××……（写明案由）一案，××人民法院于×年×月×日立案。×××诉称，……（概述原告的诉讼请求、事实和理由）。

本院认为，……（写明提级管辖的理由）。

\或者：××人民法院经审查认为，……（写明报请提级管辖的理由）。本院认为，……（写明对下级法院报请提级管辖的事实与理由的分析意见）。

依照《中华人民共和国民事诉讼法》第38条第1款\第2款规定，裁定如下：

本案由本院处理。（★上级人民法院不同意提级管辖的，不作裁定。）

本裁定一经作出即生效。

审判长　×××

审判员　×××

审判员　×××

×年×月×日（院印）

书记员　×××

关于……（写明当事人及案由）一案报请移交管辖的请示（报请降级管辖）

（××××）……民初……号

××人民法院：

原告×××与被告×××……（写明案由）一案，我院于×年×月×日立案。尚未开庭审理。

　　×××诉称，……（概述原告的诉讼请求、事实和理由）。

　　我院认为，……（写明案件需要移交下级人民法院审理的事实和理由）。

　　依照《中华人民共和国民事诉讼法》第 39 条第 1 款、《最高人民法院关于适用〈中华人民共和国民事诉讼法〉的解释》第 42 条规定，申请将（××××）……民初……号……（写明当事人及案由）一案移交××人民法院（下级法院）审理。

　　以上请示，请批复。

　　附：案卷×宗

×年×月×日（院印）

关于……（写明当事人及案由）一案报请移交管辖的批复

（××××）……民辖……号

××人民法院：

　　你院《关于……一案报请移交管辖的请示》收悉。经研究，批复如下：

　　同意/不同意……一案交××人民法院审理。

×年×月×日（院印）

民事裁定书（降级管辖）

（××××）……民辖……号

　　原告：×××，……。

　　被告：×××，……。

　　（以上写明诉讼参与人的姓名或名称等基本信息）

　　原告×××与被告×××……（写明案由）一案，本院于×年×月×日立案。

　　×××诉称，……（概述原告的诉讼请求、事实和理由）。

　　本院经审查认为，……（写明移交管辖的事实和理由）。且已经报请××人民法院（上一级法院名称）批准。依照《中华人民共和国民事诉讼法》第 39 条第 1 款、《最高人民法院关于适用〈中华人民共和国民事诉讼法〉的解释》第 42 条规定，裁定如下：

　　本案由××人民法院（下一级法院名称）审理。

　　本裁定一经作出即生效。

审判长　×××
审判员　×××
审判员　×××
×年×月×日（院印）
书记员　×××

第三章　审判组织

第 40 条（第 1 款）[19910409]　**【一审合议庭】**人民法院审理╱审判第一审民事案件，由审判员、人民[20240101] 陪审员共同组成合议庭或者由审判员组成合议庭。合议庭的成员人数，必须是单数。

（第 2 款）　（见第 42 条之前）

（第 3 款）　（见第 44 条之后）

第 41 条（第 1 款）[19910409]　**【二审合议庭】**人民法院审理╱审判第二审民事案件，由审判员组成合议庭。合议庭的成员人数，必须是单数。

（第 2 款）　（见第 42 条之前）

（第 3 款）　【重审合议庭】人民法院[19910409] 发回重审的案件，原审人民法院应当按照第一审程序另行组成合议庭。

（第 4 款）　【再审合议庭】审理再审案件，原来是第一审的，按照第一审程序另行组成合议庭；原来是第二审的或者是上级人民法院提审的[19910409]，按照第二审程序另行组成合议庭。

● **相关规定**　**【法释〔2002〕25 号】**　**最高人民法院关于人民法院合议庭工作的若干规定**（2002 年 7 月 30 日最高法审委会〔1234 次〕通过，2002 年 8 月 12 日公布，2002 年 8 月 17 日起施行）

第 1 条（第 1 款）　人民法院实行合议制审判第一审案件，由法官或者由法官和人民陪审员组成合议庭进行；人民法院实行合议制审判第二审案件和其他应当组成合议庭审判的案件，由法官组成合议庭进行。

第 3 条　合议庭组成人员确定后，除因回避或者其他特殊情况，不能继续参加案件审理的之外，不得在案件审理过程中更换。更换合议庭成员，应当报请院长或者庭长决定。合议庭成员的更换情况应当及时通知诉讼当事人。

第 5 条　合议庭承担下列职责：（一）根据当事人的申请或者案件的具体情况，可以作出财产保全、证据保全、先予执行等裁定；（二）确定案件委托评估、委托鉴定等事项;(三) 依法开庭审理第一审、第二审和再审案件;(四) 评议案件;(五) 提请院长决定将案件提交审判委员会讨论决定;(六) 按照权限对案件及其有关程序性事项作出裁判或者提出裁判意见;(七) 制作裁判文书;(八) 执行审判委员会决定;(九) 办理有关审判的其他事项。

第 13 条　合议庭对审判委员会的决定有异议,可以提请院长决定提交审判委员会复议 1 次。

第 16 条　院长、庭长可以对合议庭的评议意见和制作的裁判文书进行审核,但是不得改变合议庭的评议结论。

第 17 条　院长、庭长在审核合议庭的评议意见和裁判文书过程中,对评议结论有异议的,可以建议合议庭复议,同时应当对要求复议的问题及理由提出书面意见。

合议庭复议后,庭长仍有异议的,可以将案件提请院长审核,院长可以提交审判委员会讨论决定。

【法发〔2007〕14 号】　最高人民法院关于完善院长、副院长、庭长、副庭长参加合议庭审理案件制度的若干意见(2007 年 3 月 30 日)

第 1 条　各级人民法院院长、副院长、庭长、副庭长除参加审判委员会审理案件以外,每年都应当参加合议庭或者担任独任法官审理案件。

第 2 条　院长、副院长、庭长、副庭长参加合议庭审理下列案件:(一) 疑难、复杂、重大案件;(二) 新类型案件;(三) 在法律适用方面具有普遍意义的案件;(四) 认为应当由自己参加合议庭审理的案件。

第 3 条　最高人民法院的院长、副院长、庭长、副庭长办理案件的数量标准,由最高人民法院规定。

地方各级人民法院的院长、副院长、庭长、副庭长办理案件的数量标准,由本级人民法院根据本地实际情况规定。中级人民法院、基层人民法院规定的办案数量应当报高级人民法院备案。

院长、副院长、庭长、副庭长应当选择一定数量的案件,亲自担任承办人办理。

第 4 条　院长、副院长、庭长、副庭长办理案件,应当起到示范作用。同时注意总结审判工作经验,规范指导审判工作。

第 5 条　院长、副院长、庭长、副庭长参加合议庭审理案件,依法担任审判长,与其他合议庭成员享有平等的表决权。

院长、副院长参加合议庭评议时,多数人的意见与院长、副院长的意见不一致的,院长、副院长可以决定将案件提交审判委员会讨论。合议庭成员中的非审判委员会委员应当列席审判委员会。

第 6 条　院长、副院长、庭长、副庭长办理案件,开庭时间一经确定,不得随意变动。

第 7 条　院长、副院长、庭长、副庭长参加合议庭审理案件，应当作为履行审判职责的一项重要工作，纳入对其工作的考评和监督范围。

【法发［2008］21 号】　最高人民法院关于处理涉及汶川地震相关案件适用法律问题的意见（一）（2008 年 7 月 14 日）

四、案件承办法官因遇难或者其他原因无法履行职责的，人民法院可依据《最高人民法院关于人民法院合议庭工作的若干规定》（法释［2002］25 号）的程序更换办案人员继续审理。案件被移送或者被指定管辖的，由受移送或者指定管辖的人民法院继续审理。

【法释［2010］1 号】　最高人民法院关于进一步加强合议庭职责的若干规定（2009 年 12 月 14 日最高法审委会［1479 次］通过，2010 年 1 月 11 日公布，2010 年 2 月 1 日起施行；以本规为准）

第 1 条　合议庭是人民法院的基本审判组织。合议庭全体成员平等参与案件的审理、评议和裁判，依法履行审判职责。

第 2 条　合议庭由审判员、助理审判员或者人民陪审员随机组成。合议庭成员相对固定的，应当定期交流。人民陪审员参加合议庭的，应当从人民陪审员名单中随机抽取确定。

第 3 条　承办法官履行下列职责：（一）主持或者指导审判辅助人员进行庭前调解、证据交换等庭前准备工作；（二）拟定庭审提纲，制作阅卷笔录；（三）协助审判长组织法庭审理活动；（四）在规定期限内及时制作审理报告；（五）案件需要提交审判委员会讨论的，受审判长指派向审判委员会汇报案件；（六）制作裁判文书提交合议庭审核；（七）办理有关审判的其他事项。

第 4 条　依法不开庭审理的案件，合议庭全体成员均应当阅卷，必要时提交书面阅卷意见。

第 5 条　开庭审理时，合议庭全体成员应当共同参加，不得缺席、中途退庭或者从事与该庭审无关的活动。合议庭成员未参加庭审、中途退庭或者从事与该庭审无关的活动，当事人提出异议的，应当纠正。合议庭仍不纠正的，当事人可以要求休庭，并将有关情况记入庭审笔录。

第 6 条　合议庭全体成员均应当参加案件评议。评议案件时，合议庭成员应当针对案件的证据采信、事实认定、法律适用、裁判结果以及诉讼程序等问题充分发表意见。必要时，合议庭成员还可提交书面评议意见。

合议庭成员评议时发表意见不受追究。

第 7 条　除提交审判委员会讨论的案件外，合议庭对评议意见一致或者形成多数意见的案件，依法作出判决或者裁定。下列案件可以由审判长提请院长或者庭长决定组织相关审判人员共同讨论，合议庭成员应当参加：（一）重大、疑难、复杂或者新类型的案件；（二）合议庭在事实认定或法律适用上有重大分歧的案件；（三）合议庭意见与本院或上级法院以往同类型案件的裁判有可能不一致的案件；（四）当事人反映强烈的群体性纠纷案件；（五）经审判长提请且院长或者庭长认为确有必要讨论的其他案件。

上述案件的讨论意见供合议庭参考，不影响合议庭依法作出裁判。

第 8 条　各级人民法院的院长、副院长、庭长、副庭长应当参加合议庭审理案件，并逐步增加审理案件的数量。

第 9 条　各级人民法院应当建立合议制落实情况的考评机制，并将考评结果纳入岗位绩效考评体系。考评可采取抽查卷宗、案件评查、检查庭审情况、回访当事人等方式。考评包括以下内容：（一）合议庭全体成员参加庭审的情况；（二）院长、庭长参加合议庭庭审的情况；（三）审判委员会委员参加合议庭庭审的情况；（四）承办法官制作阅卷笔录、审理报告以及裁判文书的情况；（五）合议庭其他成员提交阅卷意见、发表评议意见的情况；（六）其他应当考核的事项。

第 10 条　合议庭组成人员存在违法审判行为的，应当按照《人民法院审判人员违法审判责任追究办法（试行）》等规定追究相应责任。合议庭审理案件有下列情形之一的，合议庭成员不承担责任：（一）因对法律理解和认识上的偏差而导致案件被改判或者发回重审的；（二）因对案件事实和证据认识上的偏差而导致案件被改判或者发回重审的；（三）因新的证据而导致案件被改判或者发回重审的；（四）因法律修订或者政策调整而导致案件被改判或者发回重审的；（五）因裁判所依据的其他法律文书被撤销或变更而导致案件被改判或者发回重审的；（六）其他依法履行审判职责不应当承担责任的情形。

第 11 条　执行工作中依法需要组成合议庭的，参照本规定执行。

【法发［2015］13 号】　最高人民法院关于完善人民法院司法责任制的若干意见（2015 年 9 月 21 日）

二、改革审判权力运行机制

（一）独任制与合议庭运行机制

4. 基层、中级人民法院可以组建由一名法官与法官助理、书记员以及其他必要的辅助人员组成的审判团队，依法独任审理适用简易程序的案件和法律规定的其他案件。

人民法院可以按照受理案件的类别，通过随机产生的方式，组建由法官或者法官与人民陪审员组成的合议庭，审理适用普通程序和依法由合议庭审理的简易程序的案件。案件数量较多的基层人民法院，可以组建相对固定的审判团队，实行扁平化的管理模式。

人民法院应当结合职能定位和审级情况，为法官合理配置一定数量的法官助理、书记员和其他审判辅助人员。

5. 在加强审判专业化建设基础上，实行随机分案为主、指定分案为辅的案件分配制度。按照审判领域类别，随机确定案件的承办法官。因特殊情况需要对随机分案结果进行调整的，应当将调整理由及结果在法院工作平台上公示。

6.（第2款）合议庭评议和表决规则，适用人民法院组织法、诉讼法以及《最高人民法院关于人民法院合议庭工作的若干规定》《最高人民法院关于进一步加强合议庭职责的若干规定》。

7. 进入法官员额的院长、副院长、审判委员会专职委员、庭长、副庭长应当办理案件。院长、副院长、审判委员会专职委员每年办案数量应当参照全院法官人均办案数量，根据其承担的审判管理监督事务和行政事务工作量合理确定。庭长每年办案数量参照本庭法官人均办案数量确定。对于重大、疑难、复杂的案件，可以直接由院长、副院长、审判委员会委员组成合议庭进行审理。

按照审判权与行政管理权相分离的原则，试点法院可以探索实行人事、经费、政务等行政事务集中管理制度，必要时可以指定一名副院长专门协助院长管理行政事务。

16. 合议庭审理案件时，承办法官应当履行以下审判职责：（1）主持或者指导法官助理做好庭前会议、庭前调解、证据交换等庭前准备工作及其他审判辅助工作；（2）就当事人提出的管辖权异议及保全、司法鉴定、非法证据排除申请等提请合议庭评议；（3）对当事人提交的证据进行全面审核，提出审查意见；（4）拟定庭审提纲，制作阅卷笔录；（5）自己担任审判长时，主持、指挥庭审活动；不担任审判长时，协助审判长开展庭审活动；（6）参与案件评议，并先行提出处理意见；（7）根据合议庭评议意见制作裁判文书或者指导法官助理起草裁判文书；（8）依法行使其他审判权力。

17. 合议庭审理案件时，合议庭其他法官应当认真履行审判职责，共同参与阅卷、庭审、评议等审判活动，独立发表意见，复核并在裁判文书上签名。

【法释〔2016〕30号】 最高人民法院关于巡回法庭审理案件若干问题的规定（"法释〔2015〕3号"公布，2015年2月1日起施行；2016年12月19日最高法审委会〔1704次〕修正，2016年12月27日公布，2016年12月28日起施行）

第10条 巡回法庭按照让审理者裁判、由裁判者负责原则，实行主审法官、合议庭办案责任制。巡回法庭主审法官由最高人民法院从办案能力突出、审判经验丰富的审判人员中选派。巡回法庭的合议庭由主审法官组成。

【主席令［2018］11 号】　中华人民共和国人民法院组织法（1954 年 9 月 21 日全国人大［1 届 1 次］通过；1979 年 7 月 1 日全国人大［5 届 2 次］重修，1979 年 7 月 5 日委员长令第 3 号公布，1980 年 1 月 1 日起施行；2018 年 10 月 26 日全国人大常委会［13 届 6 次］新修，2019 年 1 月 1 日起施行）

第 29 条　人民法院审理案件，由合议庭或者法官一人独任审理。

合议庭和法官独任审理的案件范围由法律规定。

第 30 条（第 1 款）　合议庭由法官组成，或者由法官和人民陪审员组成，成员为 3 人以上单数。

【法释［2019］8 号】　最高人民法院关于审理生态环境损害赔偿案件的若干规定（试行）（2019 年 5 月 20 日最高法审委会［1769 次］通过，2019 年 6 月 4 日公布，2019 年 6 月 5 日起试行；根据法释［2020］17 号《决定》修正，2021 年 1 月 1 日起施行）

第 4 条人民法院审理第一审生态环境损害赔偿诉讼案件，应当由法官和人民陪审员组成合议庭进行。

【法［2021］242 号】　~~最高人民法院关于完善四级法院审级职能定位改革试点的实施办法~~（2021 年 9 月 16 日最高法审委会［1846 次］通过，2021 年 9 月 27 日印发，2021 年 10 月 1 日起施行；2023 年 9 月 28 日起被"法［2023］154 号"《通知》终止）（详见本书第 210 条）

第 18 条　因统一法律适用、审判监督管理等工作需要，最高人民法院相关审判庭和各巡回法庭、知识产权法庭可以向审判管理办公室提出申请，报院长批准后，组成跨审判机构的 5 人以上合议庭。最高人民法院院长认为确有必要的，可以直接要求就特定案件组成跨审判机构的合议庭，并指定 1 名大法官担任审判长。

最高人民法院开庭审理具有普遍法律适用指导意义的案件，可以结合案件情况，优化庭审程序，重点围绕案件所涉法律适用问题展开。

【法释［2022］11 号】　最高人民法院关于适用《中华人民共和国民事诉讼法》的解释（"法释［2015］5 号"公布，2015 年 2 月 4 日起施行；根据法释［2020］20 号《决定》修正，2021 年 1 月 1 日起施行；2022 年 3 月 22 日最高法审委会［1866 次］修正，2022 年 4 月 1 日公布，2022 年 4 月 10 日起施行；以本规为准）

第 79 条　有下列情形之一的，应当认定为《中华人民共和国民事诉讼法》第 200 条（现第 211 条）第 7 项规定的"审判组织的组成不合法"：（一）应当组成合议庭审理的案件独任审判的；（二）人民陪审员参与第二审案件审理的；

（三）再审、发回重审的案件没有另行组成合议庭的；（四）审理案件的人员不具有审判资格的；（五）审判组织或者人员不合法的其他情形。

【法发〔2022〕31号】　最高人民法院关于规范合议庭运行机制的意见（2022年10月26日；以本规为准）

一、合议庭是人民法院的基本审判组织。合议庭全体成员平等参与案件的阅卷、庭审、评议、裁判等审判活动，对案件的证据采信、事实认定、法律适用、诉讼程序、裁判结果等问题独立发表意见并对此承担相应责任。

二、合议庭可以通过指定或者随机方式产生。因专业化审判或者案件繁简分流工作需要，合议庭成员相对固定的，应当定期轮换交流。属于"4类案件"或者参照"4类案件"监督管理的，院庭长可以按照其职权指定合议庭成员。以指定方式产生合议庭的，应当在办案平台全程留痕，或者形成书面记录入卷备查。

合议庭的审判长由院庭长指定。院庭长参加合议庭的，由院庭长担任审判长。

合议庭成员确定后，因回避、工作调动、身体健康、廉政风险等事由，确需调整成员的，由院庭长按照职权决定，调整结果应当及时通知当事人，并在办案平台标注原因，或者形成书面记录入卷备查。

法律、司法解释规定"另行组成合议庭"的案件，原合议庭成员及审判辅助人员均不得参与办理。

四、合议庭审理案件时，承办法官履行以下职责：（一）主持或者指导审判辅助人员做好庭前会议、庭前调解、证据交换等庭前准备工作及其他审判辅助工作；（二）就当事人提出的管辖权异议及保全、司法鉴定、证人出庭、非法证据排除申请等提请合议庭评议；（三）全面审核涉案证据，提出审查意见；（四）拟定案件审理方案、庭审提纲，根据案件审理需要制作阅卷笔录；（五）协助审判长开展庭审活动；（六）参与案件评议，并先行提出处理意见；（七）根据案件审理需要，制作或者指导审判辅助人员起草审理报告、类案检索报告等；（八）根据合议庭评议意见或者审判委员会决定，制作裁判文书等；（九）依法行使其他审判权力。

五、合议庭审理案件时，合议庭其他成员应当共同参与阅卷、庭审、评议等审判活动，根据审判长安排完成相应审判工作。

八、合议庭发现审理的案件属于"4类案件"或者有必要参照"4类案件"监督管理的，应当按照有关规定及时向院庭长报告。

对于"4类案件"或者参照"4类案件"监督管理的案件，院庭长可以按照职权要求合议庭报告案件审理进展和评议结果，就案件审理涉及的相关问题提出意见,视情建议合议庭复议。院庭长对审理过程或者评议、复议结果有异议的,可以决定将案件提交专业法官会议讨论,或者按照程序提交审判委员会讨论决定,但不得直接改变合议庭意见。院庭长监督管理的情况应当在办案平台全程留痕,或者形成书面记录入卷备查。

九、合议庭审理案件形成的裁判文书,由合议庭成员签署并共同负责。合议庭其他成员签署前,可以对裁判文书提出修改意见,并反馈承办法官。

十、由法官组成合议庭审理案件的,适用本意见。依法由法官和人民陪审员组成合议庭的运行机制另行规定。执行案件办理过程中需要组成合议庭评议或者审核的事项,参照适用本意见。

十一、……之前有关规定与本意见不一致的,按照本意见执行。①

【法释［2023］4号】　最高人民法院关于具有专门知识的人民陪审员参加环境资源案件审理的若干规定(2023年4月17日最高法审委会［1885次］通过,2023年7月27日公布,2023年8月1日起施行)(详见《刑事诉讼法全厚细》第13条)

第8条　中级人民法院审理的环境民事公益诉讼案件、环境行政公益诉讼案件、生态环境损害赔偿诉讼案件以及其他具有重大社会影响的环境污染防治、生态保护、气候变化应对、资源开发利用、生态环境治理与服务等案件,需要具有专门知识的人民陪审员参加合议庭审理的,组成不少于1名具有专门知识的人民陪审员参加的7人合议庭。

(本书汇)【独任审理】

(插)　第40条(第2款)[19910409]　**【一审独任审理】** 适用简易程序审理/简单的民事案件,由审判员一人独任审理/审判。基层人民法院审理的基本事实清楚、权利义务关系明确的第一审民事案件,可以由审判员一人适用普通程序独任审理。[20220101]

(插)　第41条(第2款)[20220101]　**【二审独任审理】** 中级人民法院对第一审适用简易程序审结或者不服裁定提起上诉的第二审民事案件,事实清楚、权利义务关系明确的,经双方当事人同意,可以由审判员一人独任审理。

---

① 注:从法理(法律效力)上,此处的"之前有关规定"不能涵盖司法解释。

第 42 条²⁰²²⁰¹⁰¹　　【不得独任审理情形】人民法院审理下列民事案件，不得由审判员一人独任审理：

（一）涉及国家利益、社会公共利益的案件；

（二）涉及群体性纠纷，可能影响社会稳定的案件；

（三）人民群众广泛关注或者其他社会影响较大的案件；

（四）属于新类型或者疑难复杂的案件；

（五）法律规定应当组成合议庭审理的案件；①

（六）其他不宜由审判员一人独任审理的案件。

第 43 条²⁰²²⁰¹⁰¹　　【独任审理转合议庭】人民法院在审理过程中，发现案件不宜由审判员一人独任审理的，应当裁定转由合议庭审理。

【独任审理异议】当事人认为案件由审判员一人独任审理违反法律规定的，可以向人民法院提出异议。人民法院对当事人提出的异议应当审查，异议成立的，裁定转由合议庭审理；异议不成立的，裁定驳回。

● **相关规定**　【法发［2015］13 号】　　最高人民法院关于完善人民法院司法责任制的若干意见（2015 年 9 月 21 日）

二、改革审判权力运行机制

（一）独任制与合议庭运行机制

4.（第 1 款）　基层、中级人民法院可以组建由一名法官与法官助理、书记员以及其他必要的辅助人员组成的审判团队，依法独任审理适用简易程序的案件和法律规定的其他案件。

15. 法官独任审理案件时，应当履行以下审判职责：（1）主持或者指导法官助理做好庭前会议、庭前调解、证据交换等庭前准备工作及其他审判辅助工作；（2）主持案件开庭、调解，依法作出裁判，制作裁判文书或者指导法官助理起草裁判文书，并直接签发裁判文书；（3）依法决定案件审理中的程序性事项；（4）依法行使其他审判权力。

【主席令［2018］11 号】　　中华人民共和国人民法院组织法（1954 年 9 月 21 日全国人大［1 届 1 次］通过；1979 年 7 月 1 日全国人大［5 届 2 次］重修，1979 年 7 月 5 日委员长令第 3 号公布，1980 年 1 月 1 日起施行；2018 年 10 月 26

---

① 注：《民事诉讼法》第 185 条规定：选民资格案件或者重大、疑难的案件，由审判员组成合议庭审理；其他依照特别程序审理的案件由审判员 1 人独任审理。

日全国人大常委会［13 届 6 次］新修，2019 年 1 月 1 日起施行）

第 29 条　人民法院审理案件，由合议庭或者法官一人独任审理。

合议庭和法官独任审理的案件范围由法律规定。

第 30 条（第 1 款）　合议庭由法官组成，或者由法官和人民陪审员组成，成员为 3 人以上单数。

【法［2020］10 号】　民事诉讼程序繁简分流改革试点方案（最高法 2020 年 1 月 15 日印发，试点 2 年）

二、主要内容（详见本书第 165-170 条）

（四）扩大独任制适用范围。探索基层人民法院可以由法官一人适用普通程序独任审理部分民事案件，明确适用独任制审理第一审普通程序案件的具体情形。探索中级人民法院和专门人民法院可以由法官一人独任审理部分简单民事上诉案件，明确适用独任制审理第二审民事案件的具体情形和审理方式。建立独任制与合议制的转换适用机制。

【法［2020］11 号】　民事诉讼程序繁简分流改革试点实施办法（最高法 2020 年 1 月 15 日印发，试点 2 年；只适用于试点法院）（详见本书第 165-170 条）

五、扩大独任制适用范围

第 16 条　基层人民法院适用小额诉讼程序、简易程序审理的案件，由法官 1 人独任审理。

基层人民法院审理的事实不易查明，但法律适用明确的案件，可以由法官 1 人适用普通程序独任审理。

第 17 条　基层人民法院审理的案件，具备下列情形之一的，应当依法组成合议庭，适用普通程序审理：（一）涉及国家利益、公共利益的；（二）涉及群体性纠纷，可能影响社会稳定的；（三）产生较大社会影响，人民群众广泛关注的；（四）新类型或者疑难复杂的；（五）与本院或者上级人民法院已经生效的类案判决可能发生冲突的；（六）发回重审的；（七）适用审判监督程序的；（八）第三人起诉请求改变或者撤销生效判决、裁定、调解书的；（九）其他不宜采用独任制的案件。

第 18 条　第二审人民法院审理上诉案件应当组成合议庭审理。但事实清楚、法律适用明确的下列案件，可以由法官 1 人独任审理：（一）第一审适用简易程序审理结案的；（二）不服民事裁定的。

第 19 条　由法官 1 人独任审理的第一审或者第二审案件，审理过程中出现本办法第 17 条第 1 至 5 项或者第 9 项所列情形之一的，人民法院应当裁定组成合议庭审理，并将合议庭组成人员及相关事项书面通知双方当事人。

由独任审理转为合议庭审理的案件，审理期限自人民法院立案之日起计算，已经作出的诉讼行为继续有效。双方当事人已确认的事实，可以不再举证、质证。

第20条　由法官1人独任审理的上诉案件，应当开庭审理。

没有提出新的事实、证据的案件，具备下列情形之一的，独任法官经过阅卷、调查或者询问当事人，认为不需要开庭的，可以不开庭审理：（一）不服民事裁定的；（二）上诉请求明显不能成立的；（三）原判决认定事实清楚，但适用法律明显错误的；（四）原判决严重违反法定程序，需要发回重审的。

【法［2020］105号】　民事诉讼程序繁简分流改革试点问答口径（一）（最高法2020年4月15日公布）

二十二、《实施办法》第16条关于独任制普通程序案件"事实不易查明，但法律适用明确"的适用标准，应当如何理解？

答：根据《实施办法》第16条第2款，独任制普通程序案件的适用标准为"事实不易查明，但法律适用明确"，在案件类型和案由上不作具体限制。对"事实不易查明，但法律适用明确"标准的把握，应当整体考虑，不宜孤立理解。所谓"法律适用明确"，是指事实查明之后，无论结果是正或反，都能形成清晰、明了的法律关系，有明确的法律规范与之对应，在解释和适用上基本不存在空白与争议。所谓"事实不易查明"，主要是指查明事实需要经过评估、鉴定、审计、调查取证等耗时较长的程序，但一旦查明，法官1人即可认定事实与法律关系，并作出裁判。

二十三、简易程序转换为普通程序后，能否采取独任制审理？

答：案件由简易程序转换为普通程序审理后，符合"事实不易查明，但法律适用明确"的标准，并且不属于《实施办法》第17条规定的应当组成合议庭审理情形的，可以采取独任制审理。由简易程序转换为普通程序审理的，须按《民事诉讼法》第163条的规定作出裁定，并通知当事人。试点法院应当将简易程序转换为独任制普通程序审理的案件情况纳入院庭长审判监督事项。

二十四、符合哪些情形，独任制应当转换为合议制审理？

答：独任制转换为合议制不受审理程序限制，独任制适用小额诉讼程序、简易程序、普通程序、第二审程序审理的案件，符合《实施办法》第17条第1至5项或者第9项所列情形之一的，均应当转换为合议制审理。实践中，应当综合考虑《中华人民共和国人民陪审员法》第15条、第16条规定的需要人民陪审员参审的案件类型，以及《最高人民法院关于完善人民法院司法责任制的若干意见》第24条、《最高人民法院关于完善人民法院审判权力和责任清单的指导意见》第8条规定的应当纳入院庭长个案监督范围的"4类案件"类型。属于"4类案件"的，原则上都应当适用合议制审理。

二十五、独任制转换为合议制的裁定是否必须采用书面形式?之后能否再转回独任制?

答:独任制转换为合议制应当以裁定方式作出,可以采用书面或者口头形式,作出裁定后应当将合议庭组成人员及相关事项以书面形式通知双方当事人。对于之前适用小额诉讼程序或简易程序审理的,裁定中应当一并明确审理程序的转换。独任制转换为合议制后,即使审理过程中原有的审判组织转换情形消失,也应当继续由合议庭审理。

二十六、独任制转换为合议制的裁定应当由谁作出?

答:案件审理过程中出现需要转换审判组织的情形,转换可以由独任法官自行提出,也可以由院庭长依个案监督职权提出。经审查需要转换的,由合议庭作出转换裁定。试点法院可以结合案件情况和工作流程,自行确定审判组织转换的报批程序。

二十七、如何把握第二审案件适用独任制的条件?

答:第二审案件适用独任制,应当从以下 2 个方面把握:第一,关于适用案件范围。适用独任制审理的第二审案件仅限于"第一审适用简易程序审理结案的上诉案件"和"民事裁定类上诉案件",实践中不得扩大。对一审独任法官适用普通程序审结的上诉案件、采取合议制审结的上诉案件、报请解决管辖权争议的案件等,均不得适用独任制。第二,关于适用标准。对于上述 2 类案件,并非一律适用独任制,还应当满足"事实清楚、法律适用明确"的标准,对事实待查明、法律适用难度大的案件不宜适用独任制。在独任审理过程中发现上述情形的,一般应当转换为合议制审理。独任法官认为原判事实错误或法律适用错误拟作出改判,以及因认定基本事实不清拟发回重审的,一般应当提交专业法官会议讨论。

【法〔2020〕272 号】　民事诉讼程序繁简分流改革试点问答口径(二)(最高法 2020 年 10 月 23 日公布)

十八、诉前保全、执前保全、仲裁协助保全等保全案件,能否由法官 1 人独任审查?

答:可以。《民事诉讼法》及相关司法解释未对办理保全案件的审判组织作出明确规定。《最高人民法院关于人民法院办理财产保全案件若干问题的规定》第 2 条规定,"人民法院进行财产保全,由立案、审判机构作出裁定"。实践中,对于普通的诉前保全、执前保全、仲裁协助保全案件均可以由审判员 1 人办理,但如果存在案件重大、疑难、复杂、标的额巨大等情形的,可以组成合议庭审查保全申请。

十九、当事人能否对一审普通程序适用独任制提出异议?如果可以,如何操作?

答:可以提出异议。《实施办法》第 16 条规定,"基层人民法院审理的案件事实不易查明,但法律适用明确的案件,可以由法官 1 人适用普通程序独任审理"。独任制普通程序案件有确定的适用范围和条件,实践中是否依法合理适用,涉及当事人的重大程序利益,应当允许当事人提出异议。

第一,关于异议的请求。当事人的异议请求,仅限于案件是否应当适用独任制审理,而不包括是否应当适用普通程序。根据《民事诉讼法》及其司法解释的规定,对人民法院已经确定适用普通程序审理的案件,当事人不得就审理程序再提出异议。

第二,关于异议的事由。当事人提出异议的事由包括以下 2 个方面:一是案件符合《实施办法》第 17 条规定的应当适用合议制的情形;二是案件不符合独任制普通程序案件"事实不易查明,但法律适用明确"的适用条件。

第三,关于异议的程序。人民法院应当在《一审普通程序独任审理通知书》中,或者在作出转为独任制普通程序审理的裁定时,告知当事人提出异议的权利。当事人应当在独任法官适用普通程序开庭审理前提出异议。异议由独任法官负责审查。经审查,异议成立的,由合议庭作出组成合议庭审理的裁定;异议不成立的,口头告知当事人,并记入笔录。

二十、当事人能否对二审独任制适用提出异议,如果可以,如何操作?

答:可以提出异议。根据《实施办法》第 19 条的规定,二审独任制适用范围限于"事实清楚、法律适用明确"的"第一审适用简易程序审理结案"和"不服民事裁定"的案件。二审独任制是否依法合理适用,涉及审判组织形式是否合法,应当允许当事人提出异议。

第一,关于异议的事由。当事人提出异议的事由主要包括以下 3 个方面:一是案件符合《实施办法》第 19 条的规定,应当适用合议制审理;二是案件不符合二审独任制"事实清楚、法律适用明确"的适用条件;三是案件不符合二审独任制适用范围,不属于"第一审适用简易程序审理结案"和"不服民事裁定"案件。

第二,关于异议的程序。人民法院应当在《二审案件独任审理通知书》中,告知当事人提出异议的权利。当事人应当在开庭审理前提出异议。异议由独任法官负责审查。经审查,异议成立的,由合议庭作出组成合议庭审理的裁定;异议不成立的,口头告知当事人,并记入笔录。

【法〔2021〕341 号】 最高人民法院关于认真学习贯彻《全国人民代表大会常务委员会关于修改〈中华人民共和国民事诉讼法〉的决定》的通知(2021年 12 月 28 日)

……中级人民法院、专门人民法院对 2022 年 1 月 1 日之后受理的第二审民事案件，可以依照修改后的民事诉讼法的有关规定适用独任制审理。

【法释〔2022〕11 号】　最高人民法院关于适用《中华人民共和国民事诉讼法》的解释（"法释〔2015〕5 号"公布，2015 年 2 月 4 日起施行；根据法释〔2020〕20 号《决定》修正，2021 年 1 月 1 日起施行；2022 年 3 月 22 日最高法审委会〔1866 次〕修正，2022 年 4 月 1 日公布，2022 年 4 月 10 日起施行；以本规为准）

第 261 条（第 3 款）　适用简易程序审理案件，由审判员独任审判，书记员担任记录。

● **文书格式**　**【法〔2020〕261 号】　最高人民法院关于印发《民事诉讼程序繁简分流改革试点相关诉讼文书样式》的通知**（2020 年 9 月 30 日印发，2020 年 11 月 1 日起施行）（本书对格式有调整，并统一省略了题头"××人民法院"）

一审普通程序独任审理通知书（通知当事人用）①

（××××）……民初……号

×××：

原告×××与被告×××……纠纷（写明案由）一案，根据《全国人民代表大会常务委员会关于授权最高人民法院在部分地区开展民事诉讼程序繁简分流改革试点工作的决定》，依法适用普通程序，由审判员×××独任审理。

当事人对审判员独任审理有异议的，应当在开庭前提出。人民法院经审查，异议成立的，组成合议庭审理；异议不成立的，告知当事人，并记入笔录。

×年×月×日（院印）

二审案件独任审理通知书（通知当事人）

（××××）……民终……号

×××：

上诉人×××与被上诉人×××……纠纷（案由）一案，根据《全国人民代表大会常务委员会关于授权最高人民法院在部分地区开展民事诉讼程序繁简分流改革试点工作的决定》，依法由审判员×××独任审理。

当事人对审判员独任审理有异议的，应当在开庭前提出。人民法院经审查，异议成立的，组成合议庭审理；异议不成立的，告知当事人，并记入笔录。

×年×月×日（院印）

---

① 注：由小额诉讼程序、简易程序转换为普通程序独任审理时，如果人民法院已经作出书面裁定，或作出口头裁定并记入笔录的，可不再发送本通知书。

民事判决书（一审普通程序独任审理）

（××××）……民初……号

原告：×××，……。（写明诉讼参与人的姓名或者名称等基本信息，下同）

被告：×××，……。

原告×××与被告×××（写明案由）纠纷一案，本院于×年×月×日立案后，根据《全国人民代表大会常务委员会关于授权最高人民法院在部分地区开展民事诉讼程序繁简分流改革试点工作的决定》，依法适用普通程序，由审判员独任审理，于×年×月×日公开/因涉及……（写明不公开开庭的理由）不公开/开庭进行了审理。①原告×××、被告×××、第三人×××（写明当事人和其他诉讼参与人的诉讼地位和姓名或者名称）到庭参加诉讼。本案现已审理终结。

×××向本院提出诉讼请求：1. ……；2. ……（明确原告的诉讼请求）。事实和理由：……（概述原告主张的事实和理由）。

×××辩称，……（概述被告答辩意见）。

×××诉/述称，（概述第三人陈述意见）。

当事人围绕诉讼请求依法提交了证据，本院组织当事人进行了证据交换和质证。对当事人无异议的证据，本院予以确认并在卷佐证。对有争议的证据和事实，本院认定如下：1. ……；2. ……（写明法院是否采信证据，事实认定的意见和理由）。

本院认为，……（写明争议焦点，根据认定的事实和相关法律，对当事人的诉讼请求作出分析评判，说明理由）。

综上所述，……（对当事人的诉讼请求是否支持进行总结评述）。依照《中华人民共和国……法》第×条、……（写明法律文件名称及其条款项序号）规定，判决如下：

一、……；

二、……。

（以上分项写明判决结果）

如果未按判决指定的期限履行金钱给付义务，应当依照《中华人民共和国民事诉讼法》第260条及相关司法解释之规定，加倍支付迟延履行期间的债务利息。（没有金钱给付义务的，不写）

案件受理费××元，由×××负担。

如不服本判决，可在判决书送达之日起15日内，向本院递交上诉状，并按照

---

① 注：其他一审普通程序独任审理案件的民事裁定书、调解书中的"案件由来和审理经过"部分亦参照本样式（有特别规定的除外）。

对方当事人人数提出副本，上诉于××人民法院。

> （代理）审判员　×××
> ×年×月×日（院印）
> 法官助理　×××
> 书记员　×××

民事判决书（二审案件独任审理用，以驳回上诉，维持原判为例）

（××××）……民终……号

上诉人（原审诉讼地位）：×××，……。（写明诉讼参与人的姓名或者名称等基本信息，下同）

被上诉人（原审诉讼地位）：×××，……。

上诉人×××因与被上诉人×××（写明案由）纠纷一案，不服×××人民法院（×××）……民初……号民事判决，向本院提起上诉。本院于×年×月×日立案受理后，根据《全国人民代表大会常务委员会关于授权最高人民法院在部分地区开展民事诉讼程序繁简分流改革试点工作的决定》，依法适用第二审程序，由审判员独任审理，于×年×月×日公开开庭审理了本案。[①]上诉人×××、被上诉人×××、原审原告/被告/第三人×××到庭参加诉讼。（写明当事人和其他诉讼参与人的诉讼地位和姓名或者名称，不开庭审理的，不写到庭情况）本案现已审理终结。

×××上诉请求：……（写明上诉请求）。事实和理由：……（概述上诉人主张的事实和理由）。

×××辩称，……（概述被上诉人答辩意见）。

×××述称，……（概述原审原告/被告/第三人陈述意见）。

×××向一审法院起诉请求，……（写明原告/反诉原告/有独立请求权的第三人的诉讼请求）。

一审法院认定事实：……（概述一审认定的事实）。一审法院认为，……（概述一审裁判理由）。判决：……（写明一审判决主文）。

本案二审期间，当事人围绕上诉请求依法提交了证据。本院组织当事人进行了证据交换和质证（当事人没有提交新证据的，写明：二审中，当事人没有提交新证据）。对当事人二审争议的事实，本院认定如下：……（写明二审法院采信证据、认定事实的意见和理由，对一审查明相关事实的评判）。

本院认为，……（根据二审认定的案件事实和相关法律规定，对当事人的上诉请求进行分析评判，说明理由）。

---

① 注：二审独任审理案件的其他民事判决书、裁定书、调解书的"案件由来和审理经过"部分亦参照此样式，其他部分继续参照2016年《民事诉讼文书样式》中的相关样式。

综上所述，×××的上诉请求不能成立，应予驳回；一审判决认定事实清楚，适用法律正确，应予维持。依照《中华人民共和国民事诉讼法》第177条第1款第1项规定，判决如下：

驳回上诉，维持原判。

二审案件受理费……元，由……负担（写明当事人姓名或者名称、负担金额）。

本判决为终审判决。

（代理）审判员　×××

×年×月×日（院印）

法官助理　×××

书记员　×××

民事裁定书（一审普通程序独任审理转为合议庭审理用）①

（××××）……民初……号

原告：×××，……。（写明诉讼参与人的姓名或者名称等基本信息，下同）

被告：×××，……。

原告×××与被告×××……（写明案由）一案，本院于×年×月×日立案后，根据《全国人民代表大会常务委员会关于授权最高人民法院在部分地区开展民事诉讼繁简分流改革试点工作的决定》，依法适用普通程序独任审理。（如系小额诉讼程序、简易程序转换而来，则应写明程序转换过程。）

×年×月×日，×××提出异议认为，……（概括不宜适用独任审理的事实和理由），本案不宜由审判员独任审理。（法院依职权发现不宜适用独任审理的，此段不写）

本院经审理认为，因……（写明转为合议庭审理的原因），本案不宜由审判员独任审理。

依照《全国人民代表大会常务委员会关于授权最高人民法院在部分地区开展民事诉讼繁简分流改革试点工作的决定》，裁定如下：

本案组成合议庭审理。

审判长　×××

（代理）审判员　×××

人民陪审员　×××

×年×月×日（院印）

---

① 注：普通程序独任审理转为合议庭审理，可以采用书面裁定或口头裁定形式，落款为转换审判组织后的合议庭。对于之前适用小额诉讼程序或简易程序审理的，裁定中应当一并明确审理程序的转换过程。

法官助理　×××

书记员　×××

民事裁定书（二审案件独任审理转为合议庭审理用）①

（××××）……民终……号

上诉人（原审诉讼地位）：×××，……。（写明诉讼参与人的姓名或者名称等基本信息，下同）

被上诉人（原审诉讼地位）：×××，……。

（以上写明当事人和其他诉讼参与人的姓名或者名称等基本信息）

上诉人×××与被上诉人×××（写明案由）纠纷一案，不服××人民法院（×××）……号民事裁定/判决，向本院提起上诉。本院于×年×月×日立案后，根据《全国人民代表大会常务委员会关于授权最高人民法院在部分地区开展民事诉讼程序繁简分流改革试点工作的决定》，依法由审判员独任审理。

×年×月×日，×××提出异议认为，……（概括不宜适用独任审理的事实和理由），本案不宜由审判员独任审理。（法院依职权发现不宜适用独任审理的，此段不写）

本院经审查认为，……（写明转为合议庭审理的原因），本案不宜由审判员独任审理。

依照《全国人民代表大会常务委员会关于授权最高人民法院在部分地区开展民事诉讼程序繁简分流改革试点工作的决定》，裁定如下：

本案组成合议庭审理。

审判长　×××

（代理）审判员　×××

人民陪审员　×××

×年×月×日（院印）

法官助理　×××

书记员　×××

> **第 44 条**　【审判长】合议庭的审判长由院长或者庭长指定审判员一人担任；院长或者庭长参加审判的，由院长或者庭长担任。

---

① 注：二审案件独任审理转为合议庭审理，应当以裁定方式作出，可以采用书面裁定或者口头裁定形式，作出裁定的主体为转换审判组织后的合议庭。

● **相关规定** **【法研字［1957］17335号】** 最高人民法院关于第二审法院的助审员可否担任合议庭的审判长问题的复函（1957年8月22日答复陕西省司法厅"［57］联办研字第50号"函）

关于代行审判员职务的助理审判员可否担任合议庭的审判长问题，我们意见，人民法院审判第二审案件按照本法院的具体情况确有必要时，由院长或者庭长指定某一临时代行审判员职务的助理审判员担任合议庭的审判长，也不是不可以的，但如该合议庭的成员中另有审判员时，则仍应指定审判员担任审判长。

【法释［2002］25号】 最高人民法院关于人民法院合议庭工作的若干规定（2002年7月30日最高法审委会［1234次］通过，2002年8月12日公布，2002年8月17日起施行）

第2条 合议庭的审判长由符合审判长任职条件的法官担任。

院长或者庭长参加合议庭审判案件的时候，自己担任审判长。

第4条 合议庭的审判活动由审判长主持，全体成员平等参与案件的审理、评议、裁判，共同对案件认定事实和适用法律负责。

第6条 审判长履行下列职责：（一）指导和安排审判辅助人员做好庭前调解、庭前准备及其他审判业务辅助性工作；（二）确定案件审理方案、庭审提纲、协调合议庭成员的庭审分工以及做好其他必要的庭审准备工作；（三）主持庭审活动；（四）主持合议庭对案件进行评议；（五）依照有关规定，提请院长决定将案件提交审判委员会讨论决定；（六）制作裁判文书，审核合议庭其他成员制作的裁判文书；（七）依照规定权限签发法律文书；（八）根据院长或者庭长的建议主持合议庭对案件复议；（九）对合议庭遵守案件审理期限制度的情况负责；（十）办理有关审判的其他事项。

【法发［2015］13号】 最高人民法院关于完善人民法院司法责任制的若干意见（2015年9月21日）

18. 合议庭审理案件时，审判长除承担由合议庭成员共同承担的审判职责外，还应当履行以下审判职责：（1）确定案件审理方案、庭审提纲、协调合议庭成员庭审分工以及指导做好其他必要的庭审准备工作；（2）主持、指挥庭审活动；（3）主持合议庭评议；（4）依照有关规定和程序将合议庭处理意见分歧较大的案件提交专业法官会议讨论，或者按程序建议将案件提交审判委员会讨论决定；（5）依法行使其他审判权力。

审判长自己承办案件时，应当同时履行承办法官的职责。

【法释［2016］30号】 最高人民法院关于巡回法庭审理案件若干问题的规定（"法释［2015］3号"公布，2015年2月1日起施行；2016年12月19日最高

法审委会［1704 次］修正，2016 年 12 月 27 日公布，2016 年 12 月 28 日起施行）

第 11 条　巡回法庭庭长、副庭长应当参加合议庭审理案件。合议庭审理案件时，由承办案件的主审法官担任审判长。庭长或者副庭长参加合议庭审理案件时，自己担任审判长。巡回法庭作出的判决、裁定，经合议庭成员签署后，由审判长签发。

【法发［2017］11 号】　最高人民法院关于落实司法责任制完善审判监督管理机制的意见（试行）（2017 年 4 月 12 日印发，2017 年 5 月 1 日试行）

四、（第 2 款）各级人民法院可以根据本院员额法官和案件数量情况，由院庭长按权限指定合议庭中资历较深、庭审驾驭能力较强的法官担任审判长，或者探索实行由承办法官担任审判长。院庭长参加合议庭审判案件的时候，自己担任审判长。

【主席令［2018］11 号】　中华人民共和国人民法院组织法（1954 年 9 月 21 日全国人大［1 届 1 次］通过；1979 年 7 月 1 日全国人大［5 届 2 次］重修，1979 年 7 月 5 日委员长令第 3 号公布，1980 年 1 月 1 日起施行；2018 年 10 月 26 日全国人大常委会［13 届 6 次］新修，2019 年 1 月 1 日起施行）

第 30 条（第 2 款）　合议庭由一名法官担任审判长。院长或者庭长参加审理案件时，由自己担任审判长。

（第 3 款）　审判长主持庭审、组织评议案件，评议案件时与合议庭其他成员权利平等。

【法发［2022］31 号】　最高人民法院关于规范合议庭运行机制的意见（2022 年 10 月 26 日；以本规为准）

三、合议庭审理案件时，审判长除承担由合议庭成员共同承担的职责外，还应当履行以下职责：（一）确定案件审理方案、庭审提纲，协调合议庭成员庭审分工，指导合议庭成员或者审判辅助人员做好其他必要的庭审准备工作；（二）主持、指挥庭审活动；（三）主持合议庭评议；（四）建议将合议庭处理意见分歧较大的案件，依照有关规定和程序提交专业法官会议讨论或者审判委员会讨论决定；（五）依法行使其他审判权力。

审判长承办案件时，应当同时履行承办法官的职责。

（插）第 40 条（第 3 款）20240101　【陪审员制度】人民陪审员在 人民法院19910409 参加审判活动/执行陪审19910409 职务时，除法律另有规定外，与审判员有同等的权利义务。

● **相关规定** 　**【法释［2002］25号】**　最高人民法院关于人民法院合议庭工作的若干规定（2002年7月30日最高法审委会［1234次］通过，2002年8月12日公布，2002年8月17日起施行）

第1条（第2款）　人民陪审员在人民法院执行职务期间，除不能担任审判长外，同法官有同等的权利义务。

【法发［2010］24号】　最高人民法院关于进一步加强和推进人民陪审工作的若干意见（2010年6月29日）

二、拓宽选任范围，严格任免程序

4. 各基层人民法院根据本辖区案件的数量及特点、人口数量、地域面积、民族状况，以及满足上级人民法院从本院随机抽取人民陪审员的需要等因素，按照人民陪审员选任名额不低于本院现任法官人数的1/2的比例，并在经费保障、培训条件许可的前提下，适当扩大人民陪审员的选任数量，及时提请同级人民代表大会常务委员会任命。

5. 人民陪审员选任一般应当每5年选任1次，也可以根据当地审判工作需要，依照法定程序适当增补人民陪审员。开展增补工作的基层人民法院，应当及时将增补工作情况逐级层报高级人民法院备案。

6. 各基层人民法院应当建立人民陪审员以及候选人员信息库，并根据所在区域、行业、专长等要素归入不同类别，以适应陪审工作的需要。

7. 在选任人民陪审员工作中，应当注意兼顾社会各阶层人员的结构比例，注意吸收社会不同行业、不同职业、不同年龄、不同民族、不同性别的人员，以体现其来源的广泛性和代表性。

8. 各高级人民法院应当根据本辖区工作实际，建立切实可行的人民陪审员退出机制。由于职业或岗位发生变动或者身体健康等原因，无法继续履行陪审职务的，人民法院应当按照法定程序提请同级人民代表大会常务委员会免除其人民陪审员职务。

9. 人民陪审员在3年时间内，无正当理由拒绝参加陪审案件超过3次的，视为辞职。人民法院应当按程序办理相关手续。

三、依法履行职责，切实保障权利

10. 依照法律规定，应当由人民陪审员参与审判的案件，人民法院必须安排人民陪审员和法官共同组成合议庭审判，当事人无正当理由不得拒绝。

11. 第一审刑事案件被告人、民商事案件原告或者被告、行政案件原告申请由人民陪审员参加合议庭审判的，人民法院应当安排人民陪审员和法官共同组成合议庭审判。

人民法院征得前款规定的当事人同意由人民陪审员和法官共同组成合议庭审判案件的，视为申请。

12. 当事人一方申请适用陪审，另一方不同意的，人民法院不安排人民陪审员参加合议庭审判案件，但属于法律规定应当适用陪审的案件除外。

13. 人民法院应当为人民陪审员查阅案卷、参加审判活动提供工作便利和条件。接到陪审通知的人民陪审员，应当在案件开庭前完成阅卷工作。

14. 审判长应当指导、保障人民陪审员依法行使权利。案件审理中，经审判长同意，人民陪审员可以参与案件共同调查、在庭审中直接发问、独立进行案件调解等。

15. 合议庭应当保障人民陪审员在案件评议过程中自主、独立发表意见的权利。审判长和合议庭其他成员不得施加不当影响或阻碍。

16. 人民陪审员同合议庭其他组成人员意见分歧的，应当将其意见写入笔录，必要时，人民陪审员可以要求合议庭将案件提请院长决定是否提交审判委员会讨论决定，但应当说明理由。人民陪审员提出的要求及理由应当写入评议笔录。

17. 人民陪审员应邀列席参加审判委员会讨论其陪审的案件时，除不得行使表决权外，可以在审判委员会上发表意见。

【法发［2016］34 号】　　最高人民法院关于为自由贸易试验区建设提供司法保障的意见（2016 年 12 月 30 日）

10. 探索审判程序创新，公正高效审理涉自贸试验区案件。管辖自贸试验区内一审民商事案件的人民法院，在审理涉自贸试验区案件时，当事人一方或双方为港澳台民事主体的，可以探索选任港澳台居民作为人民陪审员参加合议庭。……

【主席令［2018］11 号】　　中华人民共和国人民法院组织法（1954 年 9 月 21 日全国人大［1 届 1 次］通过；1979 年 7 月 1 日全国人大［5 届 2 次］重修，1979 年 7 月 5 日委员长令第 3 号公布，1980 年 1 月 1 日起施行；2018 年 10 月 26 日全国人大常委会［13 届 6 次］新修，2019 年 1 月 1 日起施行）

第 34 条　人民陪审员依照法律规定参加合议庭审理案件。

【主席令［2018］4 号】　　中华人民共和国人民陪审员法（2018 年 4 月 27 日全国人大常委会［13 届 2 次］通过，同日公布施行；2004 年 8 月 28 日全国人大常委会《关于完善人民陪审员制度的决定》同时废止）

第 2 条（第 2 款）　　人民陪审员依照本法产生，依法参加人民法院的审判活动，除法律另有规定外，同法官有同等权利。

第 14 条　人民陪审员和法官组成合议庭审判案件，由法官担任审判长，可以组成 3 人合议庭，也可以由法官 3 人与人民陪审员 4 人组成 7 人合议庭。

第 15 条　人民法院审判第一审刑事、民事、行政案件，有下列情形之一的，由人民陪审员和法官组成合议庭进行：（一）涉及群体利益、公共利益的；（二）人民群众广泛关注或者其他社会影响较大的；（三）案情复杂或者有其他情形，需要由人民陪审员参加审判的。

人民法院审判前款规定的案件，法律规定由法官独任审理或者由法官组成合议庭审理的，从其规定。

第 16 条　人民法院审判下列第一审案件，由人民陪审员和法官组成 7 人合议庭进行：（一）可能判处 10 年以上有期徒刑、无期徒刑、死刑，社会影响重大的刑事案件；（二）根据民事诉讼法、行政诉讼法提起的公益诉讼案件；（三）涉及征地拆迁、生态环境保护、食品药品安全，社会影响重大的案件；（四）其他社会影响重大的案件。

第 17 条　第一审刑事案件被告人、民事案件原告或者被告、行政案件原告申请由人民陪审员参加合议庭审判的，人民法院可以决定由人民陪审员和法官组成合议庭审判。

第 21 条　人民陪审员参加 3 人合议庭审判案件，对事实认定、法律适用，独立发表意见，行使表决权。

第 22 条　人民陪审员参加 7 人合议庭审判案件，对事实认定，独立发表意见，并与法官共同表决；对法律适用，可以发表意见，但不参加表决。

第 23 条　合议庭评议案件，实行少数服从多数的原则。人民陪审员同合议庭其他组成人员意见分歧的，应当将其意见写入笔录。

合议庭组成人员意见有重大分歧的，人民陪审员或者法官可以要求合议庭将案件提请院长决定是否提交审判委员会讨论决定。

【法［2018］110 号】　最高人民法院关于深入贯彻落实《中华人民共和国人民陪审员法》的通知（2018 年 4 月 28 日）

四、严格执行人民陪审员参加审判活动的各项规定

《人民陪审员法》仅适用于法律施行后受理的第一审刑事、民事、行政案件，《人民陪审员法》施行前受理的第一审刑事、民事、行政案件，人民陪审员参加的审判活动继续有效。

各高级人民法院要指导所辖法院合理确定人民陪审员的参审案件范围，正确把握事实审和法律审界限，防止片面追求陪审率，杜绝"驻庭陪审员""编外法官"等情况，努力实现从注重陪审案件"数量"向关注陪审案件"质量"转变。……

【法释〔2019〕5号】 最高人民法院关于适用《中华人民共和国人民陪审员法》若干问题的解释（2019年2月18日最高法审委会〔1761次〕通过，2019年4月24日公布，2019年5月1日起施行；法释〔2010〕2号《最高人民法院关于人民陪审员参加审判活动若干问题的规定》同时废止）

第3条　人民法院应当在开庭7日前从人民陪审员名单中随机抽取确定人民陪审员。

人民法院可以根据案件审判需要，从人民陪审员名单中随机抽取一定数量的候补人民陪审员，并确定递补顺序，一并告知当事人。

因案件类型需要具有相应专业知识的人民陪审员参加合议庭审判的，可以根据具体案情，在符合专业需求的人民陪审员名单中随机抽取确定。

第5条　人民陪审员不参加下列案件的审理：（一）依照民事诉讼法适用特别程序、督促程序、公示催告程序审理的案件；（二）申请承认外国法院离婚判决的案件；（三）裁定不予受理或者不需要开庭审理的案件。

第6条　人民陪审员不得参与审理由其以人民调解员身份先行调解的案件。

第9条　7人合议庭开庭前，应当制作事实认定问题清单，根据案件具体情况，区分事实认定问题与法律适用问题，对争议事实问题逐项列举，供人民陪审员在庭审时参考。事实认定问题和法律适用问题难以区分的，视为事实认定问题。

第12条　合议庭评议案件时，先由承办法官介绍案件涉及的相关法律、证据规则，然后由人民陪审员和法官依次发表意见，审判长最后发表意见并总结合议庭意见。

第13条　7人合议庭评议时，审判长应当归纳和介绍需要通过评议讨论决定的案件事实认定问题，并列出案件事实问题清单。

人民陪审员全程参加合议庭评议，对于事实认定问题，由人民陪审员和法官在共同评议的基础上进行表决。对于法律适用问题，人民陪审员不参加表决，但可以发表意见，并记录在卷。

第15条　人民陪审员列席审判委员会讨论其参加审理的案件时，可以发表意见。

第17条　中级、基层人民法院应当保障人民陪审员均衡参审，结合本院实际情况，一般在不超过30件的范围内合理确定每名人民陪审员年度参加审判案件的数量上限，报高级人民法院备案，并向社会公告。

第18条　人民法院应当依法规范和保障人民陪审员参加审判活动，不得安排人民陪审员从事与履行法定审判职责无关的工作。

【法发〔2020〕29号】 **《中华人民共和国人民陪审员法》实施中若干问题的答复**（最高法、司法部 2020 年 8 月 11 日印发）

1. 新疆维吾尔自治区生产建设兵团法院如何选任人民陪审员？

答：没有对应同级人民代表大会的兵团基层人民法院人民陪审员的名额由兵团分院确定，经公示后确定的人民陪审员人选，由基层人民法院院长提请兵团分院任命。在未设立垦区司法局的垦区，可以由师（市）司法局会同垦区人民法院、公安机关组织开展人民陪审员选任工作。

2. 《人民陪审员法》第 6 条第一项所指的监察委员会、人民法院、人民检察院、公安机关、国家安全机关、司法行政机关的工作人员是否包括行政编制外人员？

答：上述工作人员包括占用行政编制和行政编制外的所有工作人员。

3. 乡镇人民代表大会主席团的成员能否担任人民陪审员？

答：符合担任人民陪审员条件的乡镇人民代表大会主席团成员，不是上级人民代表大会常务委员会组成人员的，可以担任人民陪审员，法律另有禁止性规定的除外。

4. 人民代表大会常务委员会的工作人员能否担任人民陪审员？

答：人民代表大会常务委员会的工作人员，符合担任人民陪审员条件的，可以担任人民陪审员，法律另有禁止性规定的除外。

5. 人民代表大会常务委员会的组成人员、法官、检察官，以及人民法院、人民检察院的其他工作人员，监察委员会、公安机关、国家安全机关、司法行政机关的工作人员离任后能否担任人民陪审员？

答：（1）人民代表大会常务委员会的组成人员，监察委员会、人民法院、人民检察院、公安机关、国家安全机关、司法行政机关的工作人员离任后，符合担任人民陪审员条件的，可以担任人民陪审员。上述人员担任人民陪审员的比例应当与其他人员的比例适当平衡。

（2）法官、检察官从人民法院、人民检察院离任后 2 年内，不得担任人民陪审员。

（3）法官从人民法院离任后，曾在基层人民法院工作的，不得在原任职的基层人民法院担任人民陪审员；检察官从人民检察院离任后，曾在基层人民检察院工作的，不得在与原任职的基层人民检察院同级、同辖区的人民法院担任人民陪审员。

（4）法官从人民法院离任后，担任人民陪审员的，不得参与原任职人民法院的审判活动；检察官从人民检察院离任后，担任人民陪审员的，不得参与原任职人民检察院同级、同辖区的人民法院的审判活动。

6. 劳动争议仲裁委员会的仲裁员能否担任人民陪审员？

答：劳动争议仲裁委员会的仲裁员不能担任人民陪审员。

7. 被纳入失信被执行人名单的公民能否担任人民陪审员？

答：公民被纳入失信被执行人名单期间，不得担任人民陪审员。人民法院撤销或者删除失信信息后，公民符合法定条件的，可以担任人民陪审员。

8. 公民担任人民陪审员不得超过 2 次，是否包括《人民陪审员法》实施前以及在不同人民法院任职的情形？

答：公民担任人民陪审员总共不得超过 2 次，包括《人民陪审员法》实施前任命以及在不同人民法院任职的情形。

9. 有独立请求权的第三人是否可以申请由人民陪审员参加合议庭审判案件？

答：有独立请求权的第三人可以依据《人民陪审员法》相关规定申请由人民陪审员参加合议庭审判案件。

11. 人民陪审员是否可以参加案件执行工作？

答：根据《人民陪审员法》，人民陪审员参加第一审刑事、民事、行政案件的审判。人民法院不得安排人民陪审员参加案件执行工作。

12. 人民法院可以根据案件审判需要，从人民陪审员名单中随机抽取一定数量的候补人民陪审员，并确定递补顺序，一并告知当事人。如果原定人民陪审员因故无法到庭，由候补人民陪审员参与案件审理，是否需要就变更合议庭成员另行告知双方当事人？候补人民陪审员的递补顺序，应如何确定？

答：人民法院已一并告知候补人民陪审员名单的，如变更由候补人民陪审员参加庭审的，无需另行告知当事人。确定候补人民陪审员的递补顺序，可按照姓氏笔画排序等方式确定。

13. 根据《最高人民法院关于适用〈中华人民共和国人民陪审员法〉若干问题的解释》，7 人合议庭开庭前和评议时，应当制作事实认定问题清单。审判实践中，如何制作事实认定问题清单？

答：事实认定问题清单应当立足全部案件事实，重点针对案件难点和争议的焦点内容。刑事案件中，可以以犯罪构成要件事实为基础，主要包括构成犯罪的事实、不构成犯罪的事实，以及有关量刑情节的事实等。民事案件中，可以根据不同类型纠纷的请求权规范基础，归纳出当事人争议的要件事实。行政案件中，主要包括审查行政行为合法性所必须具备的事实。

14. 合议庭评议案件时，人民陪审员和法官可否分组分别进行评议、表决？

答：合议庭评议案件时，人民陪审员和法官应当共同评议、表决，不得分组进行。

16. 如何把握人民陪审员年度参审数上限一般不超过 30 件的要求？对于人民

陪审员参与审理批量系列案件的，如何计算案件数量？

答：个别案件量大的人民法院可以结合本院实际情况，提出参审数上限在 30 件以上设置的意见，层报高级人民法院备案后实施。高级人民法院应统筹辖区整体情况从严把握。

人民陪审员参加审理批量系列案件的，可以按一定比例折算案件数以核定是否超出参审数上限。具体折算比例，由高级人民法院确定。

17. 对于人民陪审员参审案件数占第一审案件数的比例即陪审率，是否可以设定考核指标？

答：《人民陪审员法》及相关司法解释规定了人民陪审员参审案件范围和年度参审数上限，要严格执行相关规定。人民法院不得对第一审案件总体陪审率设定考核指标，但要对第一审案件总体陪审率、人民陪审员参加 7 人合议庭等情况进行统计监测。

（本书汇）【审判辅助人员】

● 相关规定 【法发［2006］182 号】 最高人民法院关于地方各级人民法院设立司法技术辅助工作机构的通知（2006 年 9 月 25 日）

根据中央关于司法体制改革和工作机制改革的部署和全国人大常委会《关于司法鉴定管理问题的决定》（以下简称《决定》）①精神，为改革、完善司法鉴定管理制度，调整和加强人民法院司法技术辅助工作，保障审判工作和执行工作的顺利进行，最高人民法院近日在司法行政装备管理局增设司法辅助工作办公室，主要职责是：为最高人民法院审判工作提供技术咨询、审核服务；负责办理最高人民法院并监督指导下级法院对外委托、评估、审计、拍卖等工作；负责监督、指导全国法院注射执行死刑中的技术工作；负责监督、指导全国法院的司法技术辅助工作。

为加强地方各级人民法院司法技术辅助工作，便于上下级法院的协调与联系，高级人民法院与中级人民法院应根据实际工作需要设立独立建制的司法技术辅助工作机构，为审判工作和执行工作提供技术保障服务。有条件的基层人民法院，可以根据工作需要设立相应的机构。

地方各级人民法院司法技术辅助工作机构的职责是：

1. 为本院和下级人民法院审判工作提供技术咨询、技术审核服务。对法官提

---

① 注：本文后面的内容中并未引用《决定》。

出的涉案技术问题进行解释或者答复，对送审案件中的鉴定文书及相关材料进行审查，提出审核意见；

2. 负责统一办理对外委托鉴定、评估、审计、拍卖等工作，严格对外委托工作程序和制度规范；

3. 负责死刑执行中的技术监督、指导和确认死亡工作；

4. 负责司法技术辅助工作的调研及技术培训工作；

5. 负责监督、指导下级人民法院的司法技术辅助工作。

各级人民法院要积极、稳妥、有序地做好司法鉴定机构改革和司法技术辅助工作职能调整。司法技术辅助工作机构要尽快开展工作，充分发挥技术人员的司法技术辅助保障作用，为审判工作和执行工作服务，维护司法公正与效率。

【法办发［2007］5号】　最高人民法院技术咨询、技术审核工作管理规定
（2007年8月23日同文号印发2个工作管理规定，2007年9月1日起施行）

第2条　技术咨询是指司法技术人员运用专门知识或技能对法官提出的专业性问题进行解释或者答复的活动。

技术审核是指司法辅助工作部门应审判、执行部门的要求，对送审案件中的鉴定文书、检验报告、勘验检查笔录、医疗资料、会计资料等技术性证据材料进行审查，提出审核意见的活动。

第3条　最高人民法院司法辅助工作部门负责为最高人民法院和地方各级人民法院和专门人民法院的审判和执行工作提供技术咨询、技术审核服务。

第2章　技术咨询

第4条　审判、执行部门在审理案件时，需要通过咨询解决专业性问题的，可以直接向司法辅助工作部门的司法技术人员提出。

咨询一般采用首问负责制，接受有关技术咨询的司法技术人员，应当认真、全面地解答问题，不得推诿或者做出不负责任的解答。

第5条　对于超出本专业范围的一般专业性问题，司法技术人员应报请司法辅助工作部门负责人指派其他司法技术人员。司法辅助工作部门的非司法技术人员不得接受技术咨询。

第6条　技术咨询一般采用面谈的方式进行，也可以通过电话、计算机网络、信函等方式进行。采用面谈方式进行的技术咨询，咨询法官制作的谈话笔录应由咨询法官和接受咨询的司法技术人员签名；采用电话、计算机网络及信函方式进行的咨询，电话记录、电子文稿和信函应留存。

第7条　对于超出司法辅助工作部门所有技术人员专业范围的问题，经司法辅助工作部门负责人批准和咨询方同意，可以向相关专家咨询后予以答复。

第8条 技术咨询一般在5个工作日内完成。法官要求出具书面咨询意见的，审判、执行部门应向司法辅助工作部门提交《技术咨询委托书》（格式表附后），由相同专业的2名以上技术人员参加，制作咨询意见书，经司法辅助工作部门负责人审核后签发，并加盖司法辅助工作部门技术咨询、审核专用章。

第9条 咨询意见书应包括以下内容：（一）咨询者姓名、单位，咨询日期，咨询过程，被咨询人等；（二）法官咨询的问题，司法技术人员解释或者答复的内容。

第10条 咨询意见书仅供法官、合议庭或审判委员会参考，不作为定案的依据，不对外公开。

第3章 技术审核

第11条 技术审核主要解决具体案件中的鉴定方法、程序、结论、因果关系等问题，适用于以下情形：（一）当事人提出重新鉴定申请，法官需要明确是否有必要再次启动鉴定程序及启动何种程序的；（二）多个鉴定结论不同或有矛盾，法官需要明确如何从科学角度取舍或采信鉴定结论的；（三）需明确鉴定结论对送审事项在科学上的证明意义的；（四）其他需要技术审核的。

第12条 技术审核的主要内容有：（一）鉴定材料和鉴定对象是否符合鉴定要求，是否具备鉴定条件；（二）鉴定手段、方法是否科学，鉴定过程是否规范；（三）鉴定意见及其分析所依据的事实是否客观全面，特征的解释是否合理，适用的标准是否准确，分析说明是否符合逻辑，鉴定结论的推论是否符合科学规范；（四）其他应当审核的内容。

第13条 审判、执行部门向司法辅助工作部门提交的《技术审核委托书》（格式表附后），应当载明简要案情、审核内容及要求、相关案件卷宗、需审核的鉴定文书及相关鉴定材料等情况。委托书应有审判、执行部门负责人的签名。

地方各级人民法院和专门人民法院委托最高人民法院作技术审核的，应盖有委托法院的公章。

第14条 技术审核工作的立案由司法辅助工作部门专门人员负责。专门人员接受《技术审核委托书》及技术审核材料，经查无误，对案件编号，报司法辅助工作部门负责人指定承办人。

第15条 技术审核应由2名以上具有相关专业中级以上职称的技术人员承办，一名为主办人，其余为辅办人。

承办人应当分别独立工作，交叉阅卷、查看审核材料，独立提出审核意见。遇有不同意见并难以统一的，应增加技术人员进行充分讨论，形成一致意见。不能达成一致意见的，应当在审核意见书中如实记载每个人的观点。

第16条 对重大、疑难、复杂的案件，经审判、执行部门同意和司法辅助工作部门负责人批准，应当组织专家论证。

第17条　专家独立论证后，承办人要组织专家讨论，充分讨论后不能达成一致意见的，应在技术审核意见书上如实表述每个专家的观点。

第18条　技术审核工作一般在10个工作日内完成。重大、疑难、复杂的案件经司法辅助工作部门负责人批准后可以延长15个工作日，并将延长的事由向审判、执行部门说明。

第19条　技术审核一般采用书面审核的方式进行，承办人认为确有必要的，经审判、执行部门同意和司法辅助工作部门负责人批准，可以辅以下列审核方式：（一）勘验现场、检查被鉴定人或查看原鉴定中与案情有关的物品；（二）询问本案的当事人；（三）与鉴定人座谈。

上述方式形成的材料，仅供司法技术人员作技术审核时使用，不作为认定案件事实的证据。

第20条　主办人综合分析审核事项后，出具含有以下内容的审核意见书：

（一）鉴定对象和材料符合要求，鉴定方法科学，程序规范，依据准确，未见不当之处；

（二）鉴定中存在疑问，提出在质证中应当重点解决的问题，或建议补充鉴定；

（三）鉴定存在严重差错，鉴定意见不能成立，建议重新鉴定；

（四）其它应当出具的审核意见。

第21条　对于鉴定缺陷、差错的表述应当全面、具体；提出在质证中应当解决的问题，应有质证内容和方法的提示，并说明理由、目的，预测结果；建议补充鉴定或重新鉴定的，应说明补充鉴定或重新鉴定的理由、要求和目的。

第22条　审核意见书由主办人制作。审核意见书应载明受理日期、委托部门、送审材料、审核事项、审核过程、参与论证人员的专业、姓名、审核人的资质等。承办人应在审核意见书上签名。经司法辅助工作部门负责人审核，加盖司法辅助工作部门技术咨询、审核专用章。

第23条　审核意见书仅供法官、合议庭或审判委员会参考，不作为定案的依据，不对外公开。

【法发〔2015〕13号】　最高人民法院关于完善人民法院司法责任制的若干意见（2015年9月21日）

4.（第3款）　人民法院应当结合职能定位和审级情况，为法官合理配置一定数量的法官助理、书记员和其他审判辅助人员。

19.法官助理在法官的指导下履行以下职责：（1）审查诉讼材料，协助法官组织庭前证据交换；（2）协助法官组织庭前调解，草拟调解文书；（3）受法官委托或者协助法官依法办理财产保全和证据保全措施等；（4）受法官指派，办理委托鉴定、评估等工作；（5）根据法官的要求，准备与案件审理相关的参考资料，研究案件涉及的相关法律问题；（6）在法官的指导下草拟裁判文书；（7）完成法官交办的其他审判辅助性工作。

20. 书记员在法官的指导下，按照有关规定履行以下职责：（1）负责庭前准备的事务性工作；（2）检查开庭时诉讼参与人的出庭情况，宣布法庭纪律；（3）负责案件审理中的记录工作；（4）整理、装订、归档案卷材料；（5）完成法官交办的其他事务性工作。

【法发〔2016〕21 号】　最高人民法院关于进一步推进案件繁简分流优化司法资源配置的若干意见（2016 年 9 月 12 日）（余见《行政诉讼全厚细》第 7 章第 3 节）

19. 推进审判辅助事务集中管理。根据审判实际需要，在诉讼服务中心或者审判业务等部门安排专门的审判辅助人员，集中负责送达、排期开庭、保全、鉴定评估、文书上网等审判辅助事务。

【法释〔2019〕2 号】　最高人民法院关于技术调查官参与知识产权案件诉讼活动的若干规定（2019 年 1 月 28 日最高法审委会〔1760 次〕通过，2019 年 3 月 18 日发布，2019 年 5 月 1 日起施行；以本规为准）

第 1 条　人民法院审理专利、植物新品种、集成电路布图设计、技术秘密、计算机软件、垄断等专业技术性较强的知识产权案件时，可以指派技术调查官参与诉讼活动。

第 2 条　技术调查官属于审判辅助人员。

人民法院可以设置技术调查室，负责技术调查官的日常管理，指派技术调查官参与知识产权案件诉讼活动、提供技术咨询。

第 6 条　参与知识产权案件诉讼活动的技术调查官就案件所涉技术问题履行下列职责：（一）对技术事实的争议焦点以及调查范围、顺序、方法等提出建议；（二）参与调查取证、勘验、保全；（三）参与询问、听证、庭前会议、开庭审理；（四）提出技术调查意见；（五）协助法官组织鉴定人、相关技术领域的专业人员提出意见；（六）列席合议庭评议等有关会议；（七）完成其他相关工作。

第 7 条　技术调查官参与调查取证、勘验、保全的，应当事先查阅相关技术资料，就调查取证、勘验、保全的方法、步骤和注意事项等提出建议。

第 8 条　技术调查官参与询问、听证、庭前会议、开庭审理活动时，经法官同意，可以就案件所涉技术问题向当事人及其他诉讼参与人发问。

技术调查官在法庭上的座位设在法官助理的左侧，书记员的座位设在法官助理的右侧。

第 9 条　技术调查官应当在案件评议前就案件所涉技术问题提出技术调查

意见。

技术调查意见由技术调查官独立出具并签名，不对外公开。

第 10 条　技术调查官列席案件评议时，其提出的意见应当记入评议笔录，并由其签名。

技术调查官对案件裁判结果不具有表决权。

第 11 条　技术调查官提出的技术调查意见可以作为合议庭认定技术事实的参考。

合议庭对技术事实认定依法承担责任。

第 13 条　技术调查官违反与审判工作有关的法律及相关规定，贪污受贿、徇私舞弊，故意出具虚假、误导或者重大遗漏的不实技术调查意见的，应当追究法律责任；构成犯罪的，依法追究刑事责任。

第 14 条　根据案件审理需要，上级人民法院可以对本辖区内各级人民法院的技术调查官进行调派。

人民法院审理本规定第 1 条所称案件时，可以申请上级人民法院调派技术调查官参与诉讼活动。

> 第 45 条　**【评议与评议笔录】**合议庭评议案件，实行少数服从多数的原则。评议应当制作笔录，由合议庭成员签名。评议中的不同意见，必须如实记入笔录。

● **相关规定**　**【法释［2002］25 号】**　**最高人民法院关于人民法院合议庭工作的若干规定**（2002 年 7 月 30 日最高法审委会［1234 次］通过，2002 年 8 月 12 日公布，2002 年 8 月 17 日起施行）

第 9 条　合议庭评议案件应当在庭审结束后 5 个工作日内进行。

第 10 条　合议庭评议案件时，先由承办法官对认定案件事实、证据是否确实、充分以及适用法律等发表意见，审判长最后发表意见；审判长作为承办法官的，由审判长最后发表意见。对案件的裁判结果进行评议时，由审判长最后发表意见。审判长应当根据评议情况总结合议庭评议的结论性意见。

合议庭成员进行评议的时候，应当认真负责，充分陈述意见，独立行使表决权，不得拒绝陈述意见或者仅作同意与否的简单表态。同意他人意见的，也应当提出事实根据和法律依据，进行分析论证。

合议庭成员对评议结果的表决，以口头表决的形式进行。

第 11 条　合议庭进行评议的时候，如果意见分歧，应当按多数人的意见作出决定，但是少数人的意见应当写入笔录。

评议笔录由书记员制作，由合议庭的组成人员签名。

第12条 合议庭应当依照规定的权限，及时对评议意见一致或者形成多数意见的案件直接作出判决或者裁定。但是对于下列案件，合议庭应当提请院长决定提交审判委员会讨论决定：（一）拟判处死刑的；（二）疑难、复杂、重大或者新类型的案件，合议庭认为有必要提交审判委员会讨论决定的；（三）合议庭在适用法律方面有重大意见分歧的；（四）合议庭认为需要提请审判委员会讨论决定的其他案件，或者本院审判委员会确定的应当由审判委员会讨论决定的案件。

【主席令［2018］11号】 中华人民共和国人民法院组织法（1954年9月21日全国人大［1届1次］通过；1979年7月1日全国人大［5届2次］重修，1979年7月5日委员长令第3号公布，1980年1月1日起施行；2018年10月26日全国人大常委会［13届6次］新修，2019年1月1日起施行）

第31条 合议庭评议案件应当按照多数人的意见作出决定，少数人的意见应当记入笔录。评议案件笔录由合议庭全体组成人员签名。

【主席令［2018］4号】 中华人民共和国人民陪审员法（2018年4月27日全国人大常委会［13届2次］通过，同日公布施行；2004年8月28日全国人大常委会《关于完善人民陪审员制度的决定》同时废止）

第23条（第1款） ……人民陪审员同合议庭其他组成人员意见分歧的，应当将其意见写入笔录。

【法释［2019］5号】 最高人民法院关于适用《中华人民共和国人民陪审员法》若干问题的解释（2019年2月18日最高法审委会［1761次］通过，2019年4月24日公布，2019年5月1日起施行；法释［2010］2号《最高人民法院关于人民陪审员参加审判活动若干问题的规定》同时废止）

第13条（第2款） ……对于法律适用问题，人民陪审员不参加表决，但可以发表意见，并记录在卷。

第14条 人民陪审员应当认真阅读评议笔录，确认无误后签名。

【法释［2019］2号】 最高人民法院关于技术调查官参与知识产权案件诉讼活动的若干规定（2019年1月28日最高法审委会［1760次］通过，2019年3月18日发布，2019年5月1日起施行；以本规为准）

第10条（第1款） 技术调查官列席案件评议时，其提出的意见应当记入评议笔录，并由其签名。

【法发［2022］31 号】　　**最高人民法院关于规范合议庭运行机制的意见**（2022 年 10 月 26 日；以本规为准）

六、合议庭应当在庭审结束后及时评议。[①]合议庭成员确有客观原因难以实现线下同场评议的，可以通过人民法院办案平台采取在线方式评议，但不得以提交书面意见的方式参加评议或者委托他人参加评议。合议庭评议过程不向未直接参加案件审理工作的人员公开。

合议庭评议案件时，先由承办法官对案件事实认定、证据采信以及适用法律等发表意见，其他合议庭成员依次发表意见。审判长应当根据评议情况总结合议庭评议的结论性意见。

审判长主持评议时，与合议庭其他成员权利平等。合议庭成员评议时，应当充分陈述意见，独立行使表决权，不得拒绝陈述意见；同意他人意见的，应当提供事实和法律根据并论证理由。

合议庭成员对评议结果的表决以口头形式进行。评议过程应当以书面形式完整记入笔录，评议笔录由审判辅助人员制作，由参加合议的人员和制作人签名。评议笔录属于审判秘密，非经法定程序和条件，不得对外公开。

七、（第 1 款）　　合议庭评议时，如果意见存在分歧，应当按照多数意见作出决定，但是少数意见应当记入笔录。

【法刊文摘】　《最高人民法院关于规范合议庭运行机制的意见》理解与适用

（五）关于评议时机

按照此前有关规定，为了确保评议质量，合议庭应当在庭审结束后 5 个工作日内评议案件。对此，许多地方法院反映，一些案件需要多次开庭，有的开庭后需要进一步调解或者等待被告人退赃，"5 个工作日"内往往难以组织评议。经研究认为，不同层级法院对于何时组织评议分歧较大，不同类型的案件对评议时机要求也不相同，应当由合议庭根据案件审理进度和案件具体情况自主决定。因此，《意见》第 6 条第 1 款就评议时机问题只是原则性要求"及时评议"，并未作出硬性规定，既是提高办案效率的导向性要求，又便于合议庭合理把握组织评议的时机。

---

①　注：根据《〈最高人民法院关于规范合议庭运行机制的意见〉理解与适用》意见，本处规定是对《最高人民法院关于人民法院合议庭工作的若干规定》（法释［2002］25 号）第 9 条规定的"修正"。本书认为这种意见（做法）值得商榷。"5 个工作日"与"及时"是否存在实质含义上的冲突，姑且不论；以法律效力较低的普通司法性文件否定法律效力较高的司法解释，与法理相悖。如果要修正司法解释，应当制定新的司法解释。

● **文书格式** 【**法〔2016〕221 号**】 **民事诉讼文书样式**（2016 年 2 月 22 日最高法审委会〔1679 次〕通过，2016 年 6 月 28 日公布，2016 年 8 月 1 日起施行）（本书对格式略有调整）

合议庭评议笔录

（××××）……民×……号

时间：×年×月×日×时×分至×时×分

地点：……

合议庭成员：审判长×××、审判员/代理审判员/人民陪审员×××、×××（写明职务和姓名）

书记员：×××

记录如下：……（评议中的不同意见，必须如实记入笔录）。

（以下无正文）

书记员（签名）：

合议庭评议结论：……。

（以下无正文）

审判人员（签名）：

书记员（签名）：

（本书汇）【审委会与专法会议】

第 39 条[19910409] 重大、疑难的民事案件的处理，由院长提交审判委员会讨论决定。审判委员会的决定，合议庭必须执行。

● **相关规定** 【**法发〔2010〕3 号**】 **最高人民法院关于改革和完善人民法院审判委员会制度的实施意见**（经中央批准，2010 年 1 月 11 日印发）

三、审判委员会是人民法院的最高审判组织，在总结审判经验，审理疑难、复杂、重大案件中具有重要的作用。

四、最高人民法院审判委员会履行审理案件和监督、管理、指导审判工作的职责：（一）讨论疑难、复杂、重大案件；（二）总结审判工作经验；（三）制定司法解释和规范性文件；（四）听取审判业务部门的工作汇报；（五）讨论决定对审判工作具有指导性意义的典型案例；（六）讨论其他有关审判工作的重大问题。

五、地方各级人民法院审判委员会履行审理案件和监督、管理、指导审判工作的职责：（一）讨论疑难、复杂、重大案件；（二）结合本地区和本院实际，总结审判工作经验；（三）听取审判业务部门的工作汇报；（四）讨论决定对本院或者本辖区的审判工作具有参考意义的案例；（五）讨论其他有关审判工作的重大问题。

七、人民法院审判工作中的重大问题和疑难、复杂、重大案件以及合议庭难以作出裁决的案件，应当由审判委员会讨论或者审理后作出决定。案件或者议题是否提交审判委员会讨论，由院长或者主管副院长决定。

八、最高人民法院审理的下列案件应当提交审判委员会讨论决定：（一）本院已经发生法律效力的判决、裁定确有错误需要再审的案件；（二）……

九、高级人民法院和中级人民法院审理的下列案件应当提交审判委员会讨论决定：（一）本院已经发生法律效力的判决、裁定确有错误需要再审的案件；……（六）拟就法律适用问题向上级人民法院请示的案件；（七）认为案情重大、复杂，需要报请移送上级人民法院审理的案件。

十、基层人民法院审理的下列案件应当提交审判委员会讨论决定：（一）本院已经发生法律效力的判决、裁定确有错误需要再审的案件；……（四）拟就法律适用问题向上级人民法院请示的案件；……（六）认为案情重大、复杂，需要报请移送上级人民法院审理的案件。

十一、人民法院审理下列案件时，合议庭可以提请院长决定提交审判委员会讨论：（一）合议庭意见有重大分歧、难以作出决定的案件；（二）法律规定不明确，存在法律适用疑难问题的案件；（三）案件处理结果可能产生重大社会影响的案件；（四）对审判工作具有指导意义的新类型案件；（五）其他需要提交审判委员会讨论的疑难、复杂、重大案件。

合议庭没有建议提请审判委员会讨论的案件，院长、主管副院长或者庭长认为有必要的，得提请审判委员会讨论。

十二、需要提交审判委员会讨论的案件，由合议庭层报庭长、主管副院长提请院长决定。院长、主管副院长或者庭长认为不需要提交审判委员会的，可以要求合议庭复议。

审判委员会讨论案件，合议庭应当提交案件审理报告。案件审理报告应当符合规范要求，客观、全面反映案件事实、证据以及双方当事人或控辩双方的意见，说明合议庭争议的焦点、分歧意见和拟作出裁判的内容。案件审理报告应当提前发送审判委员会委员。

十三、审判委员会讨论案件时，合议庭全体成员及审判业务部门负责人应当列席会议。对本院审结的已发生法律效力的案件提起再审的，原审合议庭成员及审判业务部门负责人也应当列席会议。院长或者受院长委托主持会议的副院长可以决定其他有必要列席的人员。

审判委员会讨论案件，同级人民检察院检察长或者受检察长委托的副检察长可以列席。

十六、审判委员会讨论案件实行民主集中制。审判委员会委员发表意见的顺序，一般应当按照职级高的委员后发言的原则进行，主持人最后发表意见。

审判委员会应当充分、全面地对案件进行讨论。审判委员会委员应当客观、公正、独立、平等地发表意见，审判委员会委员发表意见不受追究，并应当记录在卷。

审判委员会委员发表意见后，主持人应当归纳委员的意见，按多数意见拟出决议，付诸表决。审判委员会的决议应当按照全体委员 1/2 以上多数意见作出。

【法发〔2010〕4 号】　最高人民法院、最高人民检察院关于人民检察院检察长列席人民法院审判委员会会议的实施意见（2009 年 10 月 12 日最高法审委会〔1475 次〕、2009 年 8 月 11 日最高检检委会〔11 届 17 次〕通过，2010 年 1 月 12 日印发，2010 年 4 月 1 日起施行）

一、人民检察院检察长可以列席同级人民法院审判委员会会议。

检察长不能列席时，可以委托副检察长列席同级人民法院审判委员会会议。

二、人民检察院检察长列席人民法院审判委员会会议的任务是，对于审判委员会讨论的案件和其他有关议题发表意见，依法履行法律监督职责。

三、人民法院审判委员会讨论下列案件或者议题，同级人民检察院检察长可以列席：……（三）人民检察院提出抗诉的案件；（四）与检察工作有关的其他议题。

四、人民法院院长决定将本意见第 3 条所列案件或者议题提交审判委员会讨论的，人民法院应当通过适当方式告知同级人民检察院。人民检察院检察长决定列席审判委员会会议的，人民法院应当将会议议程、会议时间通知人民检察院。

对于人民法院审判委员会讨论的议题，人民检察院认为有必要的，可以向人民法院提出列席审判委员会会议；人民法院认为有必要的，可以邀请人民检察院检察长列席审判委员会会议。

五、人民检察院检察长列席审判委员会会议的，人民法院应当将会议材料在送审判委员会委员的同时送人民检察院检察长。

六、人民检察院检察长列席审判委员会会议，应当在会前进行充分准备，必要时可就有关问题召开检察委员会会议进行讨论。

七、检察长或者受检察长委托的副检察长列席审判委员会讨论案件的会议，可以在人民法院承办人汇报完毕后、审判委员会委员表决前发表意见。

审判委员会会议讨论与检察工作有关的其他议题，检察长或者受检察长委托的副检察长的发言程序适用前款规定。

检察长或者受检察长委托的副检察长在审判委员会会议上发表的意见，应当记录在卷。

八、人民检察院检察长列席审判委员会会议讨论的案件，人民法院应当将裁判文书及时送达或者抄送人民检察院。

人民检察院检察长列席的审判委员会会议讨论的其他议题，人民法院应当将讨论通过的决定文本及时送给人民检察院。

九、出席、列席审判委员会会议的所有人员，对审判委员会讨论内容应当保密。

十、人民检察院检察长列席审判委员会会议的具体事宜由审判委员会办事机构和检察委员会办事机构负责办理。

【法发〔2015〕13号】　最高人民法院关于完善人民法院司法责任制的若干意见（2015年9月21日）

8. 人民法院可以分别建立由民事、刑事、行政等审判领域法官组成的专业法官会议，为合议庭正确理解和适用法律提供咨询意见。合议庭认为所审理的案件因重大、疑难、复杂而存在法律适用标准不统一的，可以将法律适用问题提交专业法官会议研究讨论。专业法官会议的讨论意见供合议庭复议时参考，采纳与否由合议庭决定，讨论记录应当入卷备查。

建立审判业务法律研讨机制，通过类案参考、案例评析等方式统一裁判尺度。

9. 明确审判委员会统一本院裁判标准的职能，依法合理确定审判委员会讨论案件的范围。审判委员会只讨论涉及国家外交、安全和社会稳定的重大复杂案件，以及重大、疑难、复杂案件的法律适用问题。强化审判委员会总结审判经验、讨论决定审判工作重大事项的宏观指导职能。

10. 合议庭认为案件需要提交审判委员会讨论决定的，应当提出并列明需要审判委员会讨论决定的法律适用问题，并归纳不同的意见和理由。

合议庭提交审判委员会讨论案件的条件和程序，适用人民法院组织法、诉讼法以及《最高人民法院关于人民法院合议庭工作的若干规定》《最高人民法院关于改革和完善人民法院审判委员会制度的实施意见》。

11. 案件需要提交审判委员会讨论决定的，审判委员会委员应当事先审阅合议庭提请讨论的材料，了解合议庭对法律适用问题的不同意见和理由，根据需要调阅庭审音频视频或者查阅案卷。

审判委员会委员讨论案件时应当充分发表意见，按照法官等级由低到高确定表决顺序，主持人最后表决。审判委员会评议实行全程留痕，录音、录像，作出会议记录。审判委员会的决定，合议庭应当执行。所有参加讨论和表决的委员应当在审判委员会会议记录上签名。

建立审判委员会委员履职考评和内部公示机制。建立审判委员会决议事项的督办、回复和公示制度。

【法发［2017］11 号】 **最高人民法院关于落实司法责任制完善审判监督管理机制的意见（试行）**（2017 年 4 月 12 日印发，2017 年 5 月 1 日试行）

五、（第 1 款） 对于符合《最高人民法院关于完善人民法院司法责任制的若干意见》第 24 条规定情形之一的案件，院庭长有权要求独任法官或者合议庭报告案件进展和评议结果。院庭长对相关案件审理过程或者评议结果有异议的，不得直接改变合议庭的意见，可以决定将案件提请专业法官会议、审判委员会进行讨论。

【法发［2017］20 号】 **最高人民法院司法责任制实施意见（试行）**（2017 年 7 月 25 日印发，2017 年 8 月 1 日试行）

15. 专业法官会议由各审判业务庭室在本部门范围内召集，拟讨论案件涉及交叉领域的，可以在全院范围内邀请相关专业审判领域的资深法官参与讨论。专业法官会议形成的意见供合议庭参考。

16. 专业法官会议讨论下列案件：（1）合议庭处理意见分歧较大的案件；（2）合议庭认为属于重大、疑难、复杂、新类型的案件；（3）合议庭拟作出答复或批复的请示案件；（4）合议庭拟作出裁判结果与本院同类生效案件裁判尺度不一致的案件；（5）院长及其他院领导、庭长按照审判监督管理权限决定提交讨论的案件；（6）拟提交审判委员会讨论的案件；（7）合议庭少数意见坚持认为需要提请讨论并经庭长同意的案件。

17. 审判委员会根据审判工作需要，在内部设立刑事审判、民事行政审判、执行等专业委员会。

18. 审判委员会讨论决定下列案件：（1）涉及国家利益、社会稳定的重大、复杂案件；（2）本院已经生效的判决、裁定、决定、调解书确有错误需要再审、重新审理的案件；（3）最高人民检察院依照审判监督程序、国家赔偿监督程序对本院生效裁判、决定提出抗诉、检察意见的案件；（4）合议庭意见有重大分歧，经专业法官会议讨论仍难以作出决定的案件；（5）法律规定不明确，存在法律适用疑难问题的案件；（6）处理结果可能产生重大社会影响的案件；（7）对审判工作具有指导意义的新类型案件；（8）其他需要提交审判委员会讨论的重大、疑难、复杂案件。

46.（第 1 款） 合议庭认为案件需要提交专业法官会议讨论的，应当报请庭长召集会议。

48. 提交审判委员会讨论的案件，合议庭应当列明需要审判委员会讨论决定的法律适用问题，汇报类案件与关联类案件检索情况，提出拟处理意见和理由，说明专业法官会议、赔偿委员会对案件的处理意见或建议。

【主席令［2018］11号】　中华人民共和国人民法院组织法（1954年9月21日全国人大［1届1次］通过；1979年7月1日全国人大［5届2次］重修，1979年7月5日委员长令第3号公布，1980年1月1日起施行；2018年10月26日全国人大常委会［13届6次］新修，2019年1月1日起施行）

第36条　各级人民法院设审判委员会。审判委员会由院长、副院长和若干资深法官组成，成员应当为单数。

审判委员会会议分为全体会议和专业委员会会议。

中级以上人民法院根据审判工作需要，可以按照审判委员会委员专业和工作分工，召开刑事审判、民事行政审判等专业委员会会议。

第37条　审判委员会履行下列职能：（一）总结审判工作经验；（二）讨论决定重大、疑难、复杂案件的法律适用；（三）讨论决定本院已经发生法律效力的判决、裁定、调解书是否应当再审；（四）讨论决定其他有关审判工作的重大问题。

最高人民法院对属于审判工作中具体应用法律的问题进行解释，应当由审判委员会全体会议讨论通过；发布指导性案例，可以由审判委员会专业委员会会议讨论通过。

第38条　审判委员会召开全体会议和专业委员会会议，应当有其组成人员的过半数出席。

审判委员会会议由院长或者院长委托的副院长主持。审判委员会实行民主集中制。

审判委员会举行会议时，同级人民检察院检察长或者检察长委托的副检察长可以列席。

第39条　合议庭认为案件需要提交审判委员会讨论决定的，由审判长提出申请，院长批准。

审判委员会讨论案件，合议庭对其汇报的事实负责，审判委员会委员对本人发表的意见和表决负责。审判委员会的决定，合议庭应当执行。

审判委员会讨论案件的决定及其理由应当在裁判文书中公开，法律规定不公开的除外。

【法发［2019］20号】　最高人民法院关于健全完善人民法院审判委员会工作机制的意见（2019年8月2日）

二、组织构成

5. 各级人民法院设审判委员会。审判委员会由院长、副院长和若干资深法官组成，成员应当为单数。

审判委员会可以设专职委员。

6. 审判委员会会议分为全体会议和专业委员会会议。

专业委员会会议是审判委员会的一种会议形式和工作方式。中级以上人民法院根据审判工作需要，可以召开刑事审判、民事行政审判等专业委员会会议。

专业委员会会议组成人员应当根据审判委员会委员的专业和工作分工确定。审判委员会委员可以参加不同的专业委员会会议。专业委员会会议全体组成人员应当超过审判委员会全体委员的1/2。

三、职能定位

7. 审判委员会的主要职能是：（1）总结审判工作经验；（2）讨论决定重大、疑难、复杂案件的法律适用；（3）讨论决定本院已经发生法律效力的判决、裁定、调解书是否应当再审；（4）讨论决定其他有关审判工作的重大问题。

最高人民法院审判委员会通过制定司法解释、规范性文件及发布指导性案例等方式，统一法律适用。

8. 各级人民法院审理的下列案件，应当提交审判委员会讨论决定：（1）涉及国家安全、外交、社会稳定等敏感案件和重大、疑难、复杂案件；（2）本院已经发生法律效力的判决、裁定、调解书等确有错误需要再审的案件；……（4）法律适用规则不明的新类型案件；……

高级人民法院、中级人民法院拟判处死刑的案件，应当提交本院审判委员会讨论决定。

9. 各级人民法院审理的下列案件，可以提交审判委员会讨论决定：（1）合议庭对法律适用问题意见分歧较大，经专业（主审）法官会议讨论难以作出决定的案件；（2）拟作出的裁判与本院或者上级法院的类案裁判可能发生冲突的案件；（3）同级人民检察院依照审判监督程序提出抗诉的重大、疑难、复杂民事案件及行政案件；（4）指令再审或者发回重审的案件；（5）其他需要提交审判委员会讨论决定的案件。

四、运行机制

10. 合议庭或者独任法官认为案件需要提交审判委员会讨论决定的，由其提出申请，层报院长批准；未提出申请，院长认为有必要的，可以提请审判委员会讨论决定。

其他事项提交审判委员会讨论决定的，参照案件提交程序执行。

11. 拟提请审判委员会讨论决定的案件，应当有专业（主审）法官会议研究讨论的意见。

专业（主审）法官会议意见与合议庭或者独任法官意见不一致的，院长、副院长、庭长可以按照审判监督管理权限要求合议庭或者独任法官复议；经复议仍未采纳专业（主审）法官会议意见的，应当按程序报请审判委员会讨论决定。

12. 提交审判委员会讨论的案件，合议庭应当形成书面报告。书面报告应当客观全面反映案件事实、证据、当事人或者控辩双方的意见，列明需要审判委员会讨论决定的法律适用问题、专业（主审）法官会议意见、类案与关联案件检索情况，有合议庭拟处理意见和理由。有分歧意见的，应归纳不同的意见和理由。

其他事项提交审判委员会讨论之前，承办部门应在认真调研并征求相关部门意见的基础上提出办理意见。

13. 对提交审判委员会讨论决定的案件或者事项，审判委员会工作部门可以先行审查是否属于审判委员会讨论范围并提出意见，报请院长决定。

14. 提交审判委员会讨论决定的案件，审判委员会委员有应当回避情形的，应当自行回避并报院长决定；院长的回避，由审判委员会决定。

审判委员会委员的回避情形，适用有关法律关于审判人员回避情形的规定。

15. 审判委员会委员应当提前审阅会议材料，必要时可以调阅相关案卷、文件及庭审音频视频资料。

16. 审判委员会召开全体会议和专业委员会会议，应当有其组成人员的过半数出席。

17. 审判委员会全体会议及专业委员会会议应当由院长或者院长委托的副院长主持。

18. 下列人员应当列席审判委员会会议：（1）承办案件的合议庭成员、独任法官或者事项承办人；（2）承办案件、事项的审判庭或者部门负责人；（3）其他有必要列席的人员。

审判委员会召开会议，必要时可以邀请人大代表、政协委员、专家学者等列席。

经主持人同意，列席人员可以提供说明或者表达意见，但不参与表决。

19. 审判委员会举行会议时，同级人民检察院检察长或者其委托的副检察长可以列席。

20. 审判委员会讨论决定案件和事项，一般按照以下程序进行：（1）合议庭、承办人汇报；（2）委员就有关问题进行询问；（3）委员按照法官等级和资历由低到高顺序发表意见，主持人最后发表意见；（4）主持人作会议总结，会议作出决议。

21. 审判委员会全体会议和专业委员会会议讨论案件或者事项，一般按照各自全体组成人员过半数的多数意见作出决定，少数委员的意见应当记录在卷。

经专业委员会会议讨论的案件或者事项，无法形成决议或者院长认为有必要的，可以提交全体会议讨论决定。

经审判委员会全体会议和专业委员会会议讨论的案件或者事项，院长认为有必要的，可以提请复议。

22. 审判委员会讨论案件或者事项的决定，合议庭、独任法官或者相关部门应当执行。审判委员会工作部门发现案件处理结果与审判委员会决定不符的，应当及时向院长报告。

23. 审判委员会会议纪要或者决定由院长审定后，发送审判委员会委员、相关审判庭或者部门。

同级人民检察院检察长或者副检察长列席审判委员会的，会议纪要或者决定抄送同级人民检察院检察委员会办事机构。

24. 审判委员会讨论案件的决定及其理由应当在裁判文书中公开，法律规定不公开的除外。

25. 经审判委员会讨论决定的案件，合议庭、独任法官应及时审结，并将判决书、裁定书、调解书等送审判委员会工作部门备案。

26. 各级人民法院应当建立审判委员会会议全程录音录像制度，按照保密要求进行管理。审判委员会议题的提交、审核、讨论、决定等纳入审判流程管理系统，实行全程留痕。

27. 各级人民法院审判委员会工作部门负责处理审判委员会日常事务性工作，根据审判委员会授权，督促检查审判委员会决定执行情况，落实审判委员会交办的其他事项。

五、保障监督

28. 审判委员会委员依法履职行为受法律保护。

29. 领导干部和司法机关内部人员违法干预、过问、插手审判委员会委员讨论决定案件的，应当予以记录、通报，并依纪依法追究相应责任。

30. 审判委员会委员因依法履职遭受诬告陷害或者侮辱诽谤的，人民法院应当会同有关部门及时采取有效措施，澄清事实真相，消除不良影响，并依法追究相关单位或者个人的责任。

31. 审判委员会讨论案件，合议庭、独任法官对其汇报的事实负责，审判委员会委员对其本人发表的意见和表决负责。

32. 审判委员会委员有贪污受贿、徇私舞弊、枉法裁判等严重违纪违法行为的，依纪依法严肃追究责任。

33. 各级人民法院应当将审判委员会委员出席会议情况纳入考核体系，并以适当形式在法院内部公示。

34. 审判委员会委员、列席人员及其他与会人员应严格遵守保密工作纪律，不得泄露履职过程中知悉的审判工作秘密。因泄密造成严重后果的，严肃追究纪律责任和法律责任。

【法发［2020］35号】　**最高人民法院关于完善统一法律适用标准工作机制的意见**（2020年9月14日）

五、强化审判组织统一法律适用标准的法定职责

10. 强化独任法官、合议庭正确适用法律职责……发现将要作出的裁判与其他同类案件裁判不一致的，应当及时提请专业法官会议研究。合议庭应当将统一法律适用标准情况纳入案件评议内容，健全完善评议规则，确保合议庭成员平等行权、集思广益、民主决策、共同负责。

11. 发挥审判委员会统一法律适用标准职责。完善审判委员会议事规则和议事程序，充分发挥民主集中制优势，强化审判委员会统一法律适用标准的重要作用。审判委员会应当着重对下列案件，加强法律适用标准问题的研究总结：（1）涉及法律适用标准问题的重大、疑难、复杂案件；（2）存在法律适用分歧的案件；（3）独任法官、合议庭在法律适用标准问题上与专业法官会议咨询意见不一致的案件；（4）拟作出裁判与本院或者上级法院同类案件裁判可能发生冲突的案件。审判委员会应当及时总结提炼相关案件的法律适用标准，确保本院及辖区内法院审理同类案件时裁判标准统一。

【法发［2021］2号】　**最高人民法院关于完善人民法院专业法官会议工作机制的指导意见**（2021年1月6日印发，2021年1月12日起施行；法发［2018］21号《关于健全完善人民法院主审法官会议工作机制的指导意见（试行）》同时废止）

一、专业法官会议是人民法院向审判组织和院庭长（含审判委员会专职委员，下同）履行法定职责提供咨询意见的内部工作机制。

二、各级人民法院根据本院法官规模、内设机构设置、所涉议题类型、监督管理需要等，在审判专业领域、审判庭、审判团队内部组织召开专业法官会议，必要时可以跨审判专业领域、审判庭、审判团队召开。

三、专业法官会议由法官组成。各级人民法院可以结合所涉议题和会议组织方式，兼顾人员代表性和专业性，明确不同类型会议的最低参加人数，确保讨论质量和效率。

专业法官会议主持人可以根据议题性质和实际需要，邀请法官助理、综合业务部门工作人员等其他人员列席会议并参与讨论。

四、专业法官会议讨论案件的法律适用问题或者与事实认定高度关联的证据规则适用问题，必要时也可以讨论其他事项。独任庭、合议庭办理案件时，存在下列情形之一的，应当建议院庭长提交专业法官会议讨论：（一）独任庭认为需要提交讨论的；（二）合议庭内部无法形成多数意见，或者持少数意见的法官认

为需要提交讨论的；（三）有必要在审判团队、审判庭、审判专业领域之间或者辖区法院内统一法律适用的；（四）属于《最高人民法院关于完善人民法院司法责任制的若干意见》第24条规定的"4类案件"范围的；（五）其他需要提交专业法官会议讨论的。

院庭长履行审判监督管理职责时，发现案件存在前款情形之一的，可以提交专业法官会议讨论；综合业务部门认为存在前款第（三）（四）项情形的，应当建议院庭长提交专业法官会议讨论。

各级人民法院应当结合审级职能定位、受理案件规模、内部职责分工、法官队伍状况等，进一步细化专业法官会议讨论范围。

五、专业法官会议由下列人员主持：

（一）审判专业领域或者跨审判庭、审判专业领域的专业法官会议，由院长或其委托的副院长、审判委员会专职委员、庭长主持；

（二）本审判庭或者跨审判团队的专业法官会议，由庭长或其委托的副庭长主持；

（三）本审判庭内按审判团队组织的专业法官会议，由庭长、副庭长或其委托的资深法官主持。

六、主持人应当在会前审查会议材料并决定是否召开专业法官会议。对于法律适用已经明确，专业法官会议已经讨论且没有出现新情况，或者其他不属于专业法官会议讨论范围的，主持人可以决定不召开会议，并根据审判监督管理权限督促或者建议独任庭、合议庭依法及时处理相关案件。主持人决定不召开专业法官会议的情况应当在办案平台或者案卷中留痕。

主持人召开会议时，应当严格执行讨论规则，客观、全面、准确归纳总结会议讨论形成的意见。

七、拟提交专业法官会议讨论的案件，承办案件的独任庭、合议庭应当在会议召开前就基本案情、争议焦点、评议意见及其他参考材料等简明扼要准备报告，并在报告中明确拟提交讨论的焦点问题。案件涉及统一法律适用问题的，应当说明类案检索情况，确有必要的应当制作类案检索报告。

全体参加人员应当在会前认真阅读会议材料，掌握议题相关情况，针对提交讨论的问题做好发言准备。

八、专业法官会议可以定期召集，也可以根据实际需要临时召集。各级人民法院应当综合考虑所涉事项、议题数量、会务成本、法官工作量等因素，合理确定专业法官会议的召开频率。

九、主持人应当指定专人负责会务工作。召开会议前，应当预留出合理、充足的准备时间，提前将讨论所需的报告等会议材料送交全体参加人员。召开会议时，应当制作会议记录，准确记载发言内容和会议结论，由全体参加人员会后及时签字确认，并在办案平台或者案卷中留痕；参加人员会后还有新的意见，可以补充提交书面材料并再次签字确认。

十、专业法官会议按照下列规则组织讨论：（一）独任庭或者合议庭作简要介绍；（二）参加人员就有关问题进行询问；（三）列席人员发言；（四）参加人员按照法官等级等由低到高的顺序发表明确意见，法官等级相同的，由晋升现等级时间较短者先发表意见；（五）主持人视情况组织后续轮次讨论；（六）主持人最后发表意见；（七）主持人总结归纳讨论情况，形成讨论意见。

十一、专业法官会议讨论形成的意见供审判组织和院庭长参考。

经专业法官会议讨论的"4类案件"，独任庭、合议庭应当及时复议；专业法官会议没有形成多数意见，独任庭、合议庭复议后的意见与专业法官会议多数意见不一致，或者独任庭、合议庭对法律适用问题难以作出决定的，应当层报院长提交审判委员会讨论决定。

对于"4类案件"以外的其他案件，专业法官会议没有形成多数意见，或者独任庭、合议庭复议后的意见仍然与专业法官会议多数意见不一致的，可以层报院长提交审判委员会讨论决定。

独任庭、合议庭复议情况，以及院庭长提交审判委员会讨论决定的情况，应当在办案平台或者案卷中留痕。

十二、拟提交审判委员会讨论决定的案件，应当由专业法官会议先行讨论。但存在下列情形之一的，可以直接提交审判委员会讨论决定：（一）依法应当由审判委员会讨论决定，但独任庭、合议庭与院庭长之间不存在分歧的；（二）专业法官会议组成人员与审判委员会委员重合度较高，先行讨论必要性不大的；（三）确因其他特殊事由无法或者不宜召开专业法官会议讨论，由院长决定提交审判委员会讨论决定的。

十三、参加、列席专业法官会议的人员和会务人员应当严格遵守保密工作纪律，不得向无关人员泄露会议议题、案件信息和讨论情况等审判工作秘密；因泄密造成严重后果的，依纪依法追究纪律责任直至刑事责任。

【法［2021］242号】 最高人民法院关于完善四级法院审级职能定位改革试点的实施办法（2021年9月16日最高法审委会［1846次］通过，2021年9月27日印发，2021年10月1日起施行；2023年9月28日起被"法［2023］154号"《通知》终止）（详见本书第210条）

第19条 最高人民法院相关审判庭和各巡回法庭、知识产权法庭认为有必要召开跨审判机构的专业法官会议，研究解决跨部门的法律适用分歧或者跨领域的重大法律适用问题的，可以向审判管理办公室提出申请。

最高人民法院各审判机构或者跨审判机构召开的专业法官会议，涉及法律适用问题的，应当形成纪要，统一送审判管理办公室备案。各审判机构之间存在重大法律适用分歧，经专业法官会议讨论未能解决的，由审判管理办公室呈报院长提交审判委员会讨论。

【法发〔2022〕31号】 最高人民法院关于规范合议庭运行机制的意见（2022年10月26日；以本规为准）

七、（第2款） 合议庭可以根据案情或者院庭长提出的监督意见复议。合议庭无法形成多数意见时，审判长应当按照有关规定和程序建议院庭长将案件提交专业法官会议讨论，或者由院长将案件提交审判委员会讨论决定。专业法官会议讨论形成的意见，供合议庭复议时参考；审判委员会的决定，合议庭应当执行。

● 文书格式 **【法〔2016〕221号】 民事诉讼文书样式**（2016年2月22日最高法审委会〔1679次〕通过，2016年6月28日公布，2016年8月1日起施行）（本书对格式略有调整）

审判委员会讨论案件笔录

（第×次会议）

时间：×年×月×日×时×分至×时×分

地点：……

会议主持人：×××

出席委员：……（写明职务和姓名）

列席人员：（写明职务和姓名）

案件汇报人：×××

讨论××人民法院（××××）……民×……号……（写明当事人及案由）一案

记录如下：……（讨论中的不同意见，必须如实记入笔录）。

审判委员会讨论结论：……。

（以下无正文）

审判委员会委员（签名）：

记录人（签名）：

第 46 条[19910409]　【审判纪律】审判人员应当依法秉公办案。

审判人员不得接受当事人及其诉讼代理人请客送礼。

审判人员有贪污受贿，徇私舞弊，枉法裁判行为的，应当追究法律责任；构成犯罪的，依法追究刑事责任。

（本书汇）【法院内部监督】

● 相关规定　【主席令［2018］11 号】　中华人民共和国人民法院组织法（1954 年 9 月 21 日全国人大［1 届 1 次］通过；1979 年 7 月 1 日全国人大［5 届 2 次］重修，1979 年 7 月 5 日委员长令第 3 号公布，1980 年 1 月 1 日起施行；2018 年 10 月 26 日全国人大常委会［13 届 6 次］最新修订，2019 年 1 月 1 日起施行）

第 10 条（第 2 款）　最高人民法院监督地方各级人民法院和专门人民法院的审判工作，上级人民法院监督下级人民法院的审判工作。

【主席令［2019］27 号】　中华人民共和国法官法（1995 年 2 月 28 日全国人大常委会［8 届 12 次］通过，1995 年 7 月 1 日起施行；2019 年 4 月 23 日全国人大常委会［13 届 10 次］新修，2019 年 10 月 1 日起施行）

第 46 条　法官有下列行为之一的，应当给予处分；构成犯罪的，依法追究刑事责任：（一）贪污受贿、徇私舞弊、枉法裁判的；（二）隐瞒、伪造、变造、故意损毁证据、案件材料的；（三）泄露国家秘密、审判工作秘密、商业秘密或者个人隐私的；（四）故意违反法律法规办理案件的；（五）因重大过失导致裁判结果错误并造成严重后果的；（六）拖延办案，贻误工作的；（七）利用职权为自己或者他人谋取私利的；（八）接受当事人及其代理人利益输送，或者违反有关规定会见当事人及其代理人的；（九）违反有关规定从事或者参与营利性活动，在企业或者其他营利性组织中兼任职务的；（十）有其他违纪违法行为的。

法官的处分按照有关规定办理。

【法［1999］13 号】　最高人民法院关于审判工作请示问题的通知（1999 年 1 月 26 日）[①]

一、对于审判案件如何具体应用法律的问题，需要最高人民法院作出司法解释的，高级人民法院、解放军军事法院可以向最高人民法院请示。

二、高级人民法院、解放军军事法院向最高人民法院请示的案件必须是：

1. 适用法律存在疑难问题的重大案件；

---

① 注：本《通知》一直未见废止，但实质上已被"法［2023］88 号"《规定》替代。

2. 依照有关规定应当报最高人民法院审核的涉外、涉港澳、涉台和涉侨案件。

报送请示案件的事实、证据问题由高级人民法院、解放军军事法院负责。案件事实不清、证据不足的不得报送请示。

三、向最高人民法院请示问题，必须写出书面报告（案件请示一式 15 份；法律问题请示一式 10 份），逐级报送。报告中应当写明高级人民法院、解放军军事法院审判委员会的意见及理由。有分歧意见的，要写明倾向性意见。

四、最高人民法院答复请示问题，应当采用书面形式。

五、本通知自下发之日起执行。此前最高人民法院制定下发的有关请示工作的文件不再执行。

【法释［2000］29 号】　最高人民法院关于严格执行案件审理期限制度的若干规定（2000 年 9 月 14 日最高法审委会［1130 次］通过，2000 年 9 月 22 日公布，2000 年 9 月 28 日起施行）

第 20 条　各级人民法院应当将审理案件期限情况作为审判管理的重要内容，加强对案件审理期限的管理、监督和检查。

第 21 条　各级人民法院应当建立审理期限届满前的催办制度。

第 22 条　各级人民法院应当建立案件审理期限定期通报制度。对违反诉讼法规定，超过审理期限或者违反本规定的情况进行通报。

第 23 条　审判人员故意拖延办案，或者因过失延误办案，造成严重后果的，依照《人民法院审判纪律处分办法（试行）》第 59 条的规定予以处分。

审判人员故意拖延移送案件材料，或者接受委托送达后，故意拖延不予送达的，参照《人民法院审判纪律处分办法（试行）》第 59 条的规定予以处分。

【法［2001］164 号】　最高人民法院案件审限管理规定（2001 年 10 月 16 日最高法审委会［1195 次］通过，2001 年 11 月 5 日公布，2002 年 1 月 1 日起施行）

第 9 条　办理下级人民法院按规定向我院请示的各类适用法律的特殊案件，期限为 3 个月；有特殊情况需要延长的，经院长批准，可以延长 3 个月。

第 21 条　凡变动案件审理期限的，有关合议庭应当及时到立案庭备案。

第 22 条　本院各类案件审理期限的监督、管理工作由立案庭负责。

距案件审限届满前 10 日，立案庭应当向有关审判庭发出提示。

对超过审限的案件实行按月通报制度。

第 23 条　审判人员故意拖延办案，或者因过失延误办案，造成严重后果的，依照《人民法院审判纪律处分办法（试行）》第 59 条的规定予以处分。

【法发［2002］1 号】　人民法院法槌使用规定（试行）（2001 年 12 月 24 日最高法审委会［1201 次］通过，2002 年 1 月 8 日印发，2002 年 6 月 1 日起试行）

第 1 条　人民法院审判人员在审判法庭开庭审理案件时使用法槌。

适用普通程序审理案件时，由审判长使用法槌；适用简易程序审理案件时，由独任审判员使用法槌。

第 2 条　有下列情形之一的，应当使用法槌：（一）宣布开庭、继续开庭；（二）宣布休庭、闭庭；（三）宣布判决、裁定。

第 3 条　有下列情形之一的，可以使用法槌：（一）诉讼参与人、旁听人员违反《中华人民共和国人民法院法庭规则》，妨害审判活动，扰乱法庭秩序的；（二）诉讼参与人的陈述与本案无关或者重复陈述的；（三）审判长或者独任审判员认为有必要使用法槌的其他情形。

第 4 条　法槌应当放置在审判长或者独任审判员的法台前方。

第 5 条　审判长、独任审判员使用法槌的程序如下：

（一）宣布开庭、继续开庭时，先敲击法槌，后宣布开庭、继续开庭；

（二）宣布休庭、闭庭时，先宣布休庭、闭庭，后敲击法槌；

（三）宣布判决、裁定时，先宣布判决、裁定，后敲击法槌；

（四）其他情形使用法槌时，应当先敲击法槌，后对庭审进程作出指令。

审判长、独任审判员在使用法槌时，一般敲击 1 次。

第 6 条　诉讼参与人、旁听人员在听到槌声后，应当立即停止发言和违反法庭规则的行为；仍继续其行为的，审判长、独任审判员可以分别情形，依照《中华人民共和国人民法院法庭规则》的有关规定予以处理。

第 7 条　法槌由最高人民法院监制。

【法办［2002］212 号】　最高人民法院办公厅关于规范使用法槌的通知（2002 年 6 月 18 日）

一、法槌是法官为维护法庭秩序、保障审判活动正常进行而使用的一种审判工具，是法官正确行使宪法和法律赋予的审判权力的象征。每一位法官在敲响法槌时，都应当深刻认识自己肩负的神圣职责，切实增强使命感、责任感，认真实践"公正与效率"法院工作主题，坚决维护司法公正和权威。

二、各级人民法院要组织全体法官认真学习《人民法院法槌使用规定（试行）》，加强对法官规范使用法槌的训练工作，使每一名审判长、独任审判员都能正确使用法槌。必须严格执行《人民法院法槌使用规定（试行）》，准确掌握在何种情形下法官应当、可以使用法槌，正确执行使用法槌的程序。要充分体现法槌使用的严肃性，避免因使用不当而带来的负面影响。

三、妥善保管好法槌。法槌要有专人保管，确保不丢失或其不受损坏；严禁不相关的人员敲击法槌；对于故意损毁法槌的行为，要依据有关规定严肃处理。

四、要结合审判活动，采取多种形式，向公众大力宣传法槌使用的规定和意义，使诉讼参与人和旁听人员都能清楚地了解法槌的作用，自觉遵守法庭规则，维护法庭秩序。

【法发［2002］3号】 人民法院法官袍穿着规定（2002年1月24日最高法审委会［1208次］通过，2002年1月24日印发施行；以本规为准）

第1条 人民法院的法官配备法官袍。

第2条 法官在下列场合应当穿着法官袍：（一）审判法庭开庭审判案件；（二）出席法官任命或者授予法官等级仪式。

第3条 法官在下列场合可以穿着法官袍：（一）出席重大外事活动；（二）出席重大法律纪念、庆典活动。

第4条 法官在本规定第2条、第3条之外的其他场合，不得穿着法官袍，其他人员在任何场合不得穿着法官袍。

第5条 暂不具备条件的基层人民法院，开庭审判案件时可以不穿着法官袍，具体办法由各高级人民法院根据当地的具体情况制定。

第6条 法官袍应当妥善保管，保持整洁。

【法发［2004］9号】 最高人民法院、司法部关于规范法官和律师相互关系维护司法公正的若干规定（2004年3月19日）

第1条 法官和律师在诉讼活动中应当忠实于宪法和法律，依法履行职责，共同维护法律尊严和司法权威。

第2条 法官应当严格依法办案，不受当事人及其委托的律师利用各种关系、以不正当方式对案件审判进行的干涉或者施加的影响。

律师在代理案件之前及其代理过程中，不得向当事人宣称自己与受理案件法院的法官具有亲朋、同学、师生、曾经同事等关系，并不得利用这种关系或者以法律禁止的其他形式干涉或者影响案件的审判。

第3条 法官不得私自单方面会见当事人及其委托的律师。

律师不得违反规定单方面会见法官。

第4条 法官应当严格执行回避制度，如果与本案当事人委托的律师有亲朋、同学、师生、曾经同事等关系，可能影响案件公正处理的，应当自行申请回避，是否回避由本院院长或者审判委员会决定。

律师因法定事由或者根据相关规定不得担任诉讼代理人或者辩护人的，应当谢绝当事人的委托，或者解除委托代理合同。

第5条　法官应当严格执行公开审判制度，依法告知当事人及其委托的律师本案审判的相关情况，但是不得泄露审判秘密。

律师不得以各种非法手段打听案情，不得违法误导当事人的诉讼行为。

第6条　法官不得为当事人推荐、介绍律师作为其代理人、辩护人，或者暗示更换承办律师，或者为律师介绍代理、辩护等法律服务业务，并且不得违反规定向当事人及其委托的律师提供咨询意见或者法律意见。

律师不得明示或者暗示法官为其介绍代理、辩护等法律服务业务。

第7条　法官不得向当事人及其委托律师索取或者收取礼品、金钱、有价证券等；不得借婚丧喜庆事宜向律师索取或者收取礼品、礼金；不得接受当事人及其委托律师的宴请；不得要求或者接受当事人及其委托律师出资装修住宅、购买商品或者进行各种娱乐、旅游活动；不得要求当事人及其委托的律师报销任何费用；不得向当事人及其委托的律师借用交通工具、通讯工具或者其他物品。

当事人委托的律师不得借法官或者其近亲属婚丧喜庆事宜馈赠礼品、金钱、有价证券等；不得向法官请客送礼、行贿或者指使、诱导当事人送礼、行贿；不得为法官装修住宅、购买商品或者出资邀请法官进行娱乐、旅游活动；不得为法官报销任何费用；不得向法官出借交通工具、通讯工具或者其他物品。

第8条　法官不得要求或者暗示律师向当事人索取财物或者其他利益。

当事人委托的律师不得假借法官的名义或者以联络、酬谢法官为由，向当事人索取财物或者其他利益。

第9条　法官应当严格遵守法律规定的审理期限，合理安排审判事务，遵守开庭时间。

律师应当严格遵守法律规定的提交诉讼文书的期限及其他相关程序性规定，遵守开庭时间。

法官和律师均不得借故延误开庭。法官确有正当理由不能按期开庭，或者律师确有正当理由不能按期出庭的，人民法院应当在不影响案件审理期限的情况下，另行安排开庭时间，并及时通知当事人及其委托的律师。

第10条　法官在庭审过程中，应当严格按照法律规定的诉讼程序进行审判活动，尊重律师的执业权利，认真听取诉讼双方的意见。

律师应当自觉遵守法庭规则，尊重法官权威，依法履行辩护、代理职责。

第11条　法官和律师在诉讼活动中应当严格遵守司法礼仪，保持良好的仪表，举止文明。

第12条　律师对于法官有违反本规定行为的，可以自行或者通过司法行政部门、律师协会向有关人民法院反映情况，或者署名举报，提出追究违纪法官党纪、政纪或者法律责任的意见。

法官对于律师有违反本规定行为的，可以直接或者通过人民法院向有关司法行政部门、律师协会反映情况，或者提出给予行业处分、行政处罚直至追究法律责任的司法建议。

第13条 当事人、案外人发现法官或者律师有违反本规定行为的，可以向有关人民法院、司法行政部门、纪检监察部门、律师协会反映情况或者署名举报。

第14条 人民法院、司法行政部门、律师协会对于法官、律师违反本规定的，应当视其情节，按照有关法律、法规或者规定给予处理；构成犯罪的，依法追究刑事责任。

第15条 对法官和律师在案件执行过程中的纪律约束，按照本规定执行。

对人民法院其他工作人员和律师辅助人员的纪律约束，参照本规定的有关内容执行。

【法发〔2009〕2号】 最高人民法院关于"5个严禁"的规定（最高法党组通过，2009年1月8日印发施行；同文号印发《处理办法》）

一、严禁接受案件当事人及相关人员的请客送礼；

二、严禁违反规定与律师进行不正当交往；

三、严禁插手过问他人办理的案件；

四、严禁在委托评估、拍卖等活动中徇私舞弊；

五、严禁泄露审判工作秘密。

人民法院工作人员凡违反上述规定，依纪依法追究纪律责任直至刑事责任。从事审判、执行工作的，一律调离审判、执行岗位。

【法发〔2009〕2号】 最高人民法院关于违反"5个严禁"规定的处理办法（最高法党组通过，2009年1月8日印发施行）

第1条 为了严肃人民法院工作纪律、确保"5个严禁"规定落到实处，特制定本办法。

第2条 "5个严禁"规定所称"接受案件当事人及相关人员的请客送礼"，是指接受案件当事人、辩护人、代理人以及受委托从事审计、评估、拍卖、变卖、鉴定或者破产管理等单位人员的钱物、请吃、娱乐、旅游以及其他利益的行为。

第3条 "5个严禁"规定所称"违反规定与律师进行不正当交往"，是指违反最高人民法院、司法部《关于规范法官和律师相互关系维护司法公正的若干规定》以及最高人民法院的相关制度规定，与律师进行不正当交往的行为。

第4条 "5个严禁"规定所称"插手过问他人办理的案件"，是指违反规定插手、干预、过问、打听他人办理的案件，或者向案件承办单位（部门）的领导、合议庭成员、独任审判人员或者其他辅助办案人员打招呼、说情等行为。

第 5 条　"5 个严禁" 规定所称 "在委托评估、拍卖等活动中徇私舞弊"，是指在委托审计、评估、拍卖、变卖、鉴定或者指定破产管理人等活动中徇私情、谋私利，与相关机构和人员恶意串通、弄虚作假、违规操作等行为。

第 6 条　"5 个严禁" 规定所称 "泄露审判工作秘密"，是指违反规定泄露合议庭或者审判委员会讨论案件的具体情况及其他审判、执行工作秘密的行为。

第 7 条　人民法院行政编制、事业编制人员违反 "5 个严禁" 规定之一的，要依纪依法追究纪律责任直至刑事责任；从事审判、执行工作的，一律调离审判、执行岗位。

人民法院聘用制人员违反 "5 个严禁" 规定之一的，一律解除聘用合同。

第 8 条　人民法院工作人员违反 "5 个严禁" 规定的线索，由人民法院纪检监察部门统一管理，人民法院其他部门接到群众举报或者自行发现线索后，应当及时移送纪检监察部门。

第 9 条　人民法院纪检监察部门要按照管辖权限及时对违反 "5 个严禁" 规定的线索进行核查。一经核实，需要调离审判、执行岗位的，应当及时提出处理意见报院党组决定。

第 10 条　人民法院政工部门根据院党组的决定，对违反 "5 个严禁" 规定的人员履行组织处理手续。

第 11 条　需要对违反 "5 个严禁" 规定的人员追究纪律责任的，由人民法院纪检监察部门和机关党组织分别按照程序办理；需要追究刑事责任的，由纪检监察部门负责移送相关司法部门。

第 12 条　违反 "5 个严禁" 规定受到处理的人员，当年考核等次应当确定为不称职。

【法发〔2009〕8 号】　最高人民法院关于在人民法院审判执行部门设立廉政监察员的实施办法（试行）（2009 年 2 月 20 日）

第 2 条　人民法院应当在审判执行部门设立廉政监察员。廉政监察员一般应当由具有同级正职或者副职非领导职务的资深法官担任，也可以由部门副职领导兼任。

第 4 条　廉政监察员履行下列职责：（一）协助所在部门主要负责人分析本部门反腐倡廉工作形势，组织落实反腐倡廉工作任务；（二）协助所在部门主要负责人对本部门人员遵守和执行法律、法规、纪律以及各项规章制度的情况进行监督检查；（三）协助所在部门主要负责人了解掌握本部门人员思想动态，对本部门人员进行职业道德、纪律作风和廉洁司法教育；（四）协助所在部门主要负责人健全完善本部门的廉政制度；（五）协助本院监察部门受理人民群众对所在部门及其人员纪律作风问题的举报；（六）向所在部门人员提供廉政指导和廉政咨询，对所在部门人员在纪律作风方面存在的苗头性、倾向性问题及时进行提醒；（七）完成所在部门主要负责人和本院监察部门交办的其他反腐倡廉工作任务。

第6条　廉政监察员根据监督工作需要，可以采取下列监督方式：（一）出席所在部门召开的庭（局）务会议等部门会议；（二）经所在部门主要负责人或者本院监察部门同意，查阅有关案卷、文件、资料；（三）协助本院有关部门或者根据所在部门主要负责人的安排组织开展案件评查等工作；（四）根据所在部门主要负责人或者本院监察部门的安排，听取案件当事人及其他相关人员的意见和反映，向案件当事人及其他相关人员了解情况；（五）经所在部门主要负责人或者本院监察部门的同意，要求本部门工作人员就有关问题作出解释或者说明；（六）法律、法规和人民法院规章制度规定的其他监督方式。

第9条　廉政监察员发现所在部门存在纪律作风问题时，应当向所在部门主要负责人报告，并提出纠正建议，建议未被采纳时，也可以直接向本院监察部门报告。

廉政监察员认为发现的问题已经涉嫌违纪、需要追究纪律责任时，应当在向所在部门主要负责人报告的同时，及时报告本院监察部门。

第13条　廉政监察员的任免、调动、奖惩，应当事先征求监察部门的意见。

专职廉政监察员一般不从本部门产生，同时要不定期进行交流。

第15条　人民法院可以参照本规定，在审判执行部门以外的部门设立廉政监察员。

【法发〔2012〕6号】　最高人民法院关于人民法院落实廉政准则防止利益冲突的若干规定（2012年2月27日印发；以本规为准）

第2条　人民法院工作人员不得接受可能影响公正执行公务的礼金、礼品、宴请以及旅游、健身、娱乐等活动安排。

违反本条规定的，依照《人民法院工作人员处分条例》第59条的规定处理。

第3条　人民法院工作人员不得从事下列营利性活动：（一）本人独资或者与他人合资、合股经办商业或者其他企业；（二）以他人名义入股经办企业；（三）以承包、租赁、受聘等方式从事经营活动；（四）违反规定拥有非上市公司（企业）的股份或者证券；（五）本人或者与他人合伙在国（境）外注册公司或者投资入股；（六）以本人或者他人名义从事以营利为目的的民间借贷活动；（七）以本人或者他人名义从事可能与公共利益发生冲突的其他营利性活动。

违反本条规定的，依照《人民法院工作人员处分条例》第63条的规定处理。

第4条　人民法院工作人员不得为他人的经济活动提供担保。

违反本条规定的,依照《人民法院工作人员处分条例》第65条的规定处理。

第5条　人民法院工作人员不得利用职权和职务上的影响,买卖股票或者认股权证;不得利用在办案工作中获取的内幕信息,直接或者间接买卖股票和证券投资基金,或者向他人提出买卖股票和证券投资基金的建议。

违反本条规定的,依照《人民法院工作人员处分条例》第63条的规定处理。

第6条　人民法院工作人员在审理相关案件时,以本人或者他人名义持有与所审理案件相关的上市公司股票的,应主动申请回避。

违反本条规定的,依照《人民法院工作人员处分条例》第30条的规定处理。

第7条　人民法院工作人员不得违反规定在律师事务所、中介机构及其他经济实体、社会团体中兼职,不得违反规定从事为案件当事人或者其他市场主体提供信息、介绍业务、开展咨询等有偿中介活动。

违反本条规定的,依照《人民法院工作人员处分条例》第63条的规定处理。

第8条　人民法院工作人员在离职或者退休后的规定年限内,不得具有下列行为:(一)接受与本人原所办案件和其他业务相关的企业、律师事务所、中介机构的聘任;(二)担任原任职法院所办案件的诉讼代理人或者辩护人;(三)以律师身份担任诉讼代理人、辩护人。

违反本条规定的,分别依照《人民法院工作人员处分条例》第17条、第30条、第63条的规定处理。

第9条　人民法院工作人员不得利用职权和职务上的影响,指使他人提拔本人的配偶、子女及其配偶〈用法不当〉其他特定关系人。

违反本条规定的,依照《人民法院工作人员处分条例》第71条的规定处理。

第10条　人民法院工作人员不得利用职权和职务上的影响,为本人的配偶、子女及其配偶〈用法不当〉其他特定关系人支付、报销学习、培训、旅游等费用。

违反本条规定的,分别依照《人民法院工作人员处分条例》第55条、第59条、第64条的规定处理。

第11条　人民法院工作人员不得利用职权和职务上的影响,为本人的配偶、子女及其配偶〈用法不当〉其他特定关系人出国(境)定居、留学、探亲等向他人索取资助,或者让他人支付、报销上述费用。

违反本条规定的,分别依照《人民法院工作人员处分条例》第56条、第64条的规定处理。

第12条　人民法院工作人员不得利用职权和职务上的影响妨碍有关机关对涉及本人的配偶、子女及其配偶〈用法不当〉其他特定关系人案件的调查处理。

违反本条规定的,依照《人民法院工作人员处分条例》第97条的规定处理。

第13条　人民法院工作人员不得利用职权和职务上的影响进行下列活动:

第一编　第三章

（一）放任本人的配偶、子女及其配偶〈用**法不当**〉其他特定关系人收受案件当事人及其亲属、代理人、辩护人、执行中介机构人员以及其他关系人的财物；（二）为本人的配偶、子女及其配偶〈用**法不当**〉其他特定关系人经商、办企业提供便利条件；（三）放任本人的配偶、子女及其配偶〈用**法不当**〉其他特定关系人以本人名义谋取私利。

违反本条规定的，分别依照《人民法院工作人员处分条例》第56条、第63条、第64条的规定处理。

第14条　人民法院领导干部和审判执行岗位法官不得违反规定放任配偶、子女在其任职辖区内开办律师事务所、为案件当事人提供诉讼代理或者其他有偿法律服务。

违反本条规定的，依照《人民法院工作人员处分条例》第65条的规定处理。

第15条　人民法院领导干部和综合行政岗位人员不得放任配偶、子女在其职权和业务范围内从事可能与公共利益发生冲突的经商、办企业、有偿中介服务等活动。

违反本条规定的，依照《人民法院工作人员处分条例》第65条的规定处理。

第16条　人民法院工作人员不得违反规定干预和插手市场经济活动，从中收受财物或者为本人的配偶、子女及其配偶〈用**法不当**〉其他特定关系人谋取利益。

违反本条规定的，分别依照《人民法院工作人员处分条例》第56条、第64条的规定处理。

第17条　人民法院工作人员不得违反规定干扰妨碍有关机关对建设工程招投标、经营性土地使用权出让、房地产开发与经营等市场经济活动进行正常监管和案件查处。

违反本条规定的，依照《人民法院工作人员处分条例》第97条的规定处理。

第18条　人民法院工作人员违反本规定，能够及时主动纠正的，可以从宽处理。对其中情节较轻的，可以免予处分，但应当给予教育批评；对其中情节较重的，可以从轻或者减轻处分，必要时也可以给予相应的组织处理。

人民法院工作人员违反本规定，需要接受行政处罚或者涉嫌犯罪的，应当依法移送有关机关处理。

第19条　人民法院工作人员违反本规定所获取的经济利益应当予以收缴；违反本规定所获取的其他利益应当依照法律或者有关规定予以纠正或者撤销。

第20条　本规定所称"人民法院工作人员"，是指各级人民法院行政编制和事业编制内的工作人员。

本规定所称"人民法院领导干部"，是指各级人民法院的领导班子成员及审判委员会专职委员。

本规定所称"审判、执行岗位法官"，是指各级人民法院未担任院级领导职务的审判委员会委员以及在立案、审判、执行、审判监督、国家赔偿等部门从事审判、执行工作的法官和执行员。

本规定所称"综合行政岗位人员",是指在各级人民法院内设部门从事综合行政管理、司法辅助业务的人民法院工作人员。

第 21 条　本规定所称"其他特定关系人",是指人民法院工作人员配偶、子女及其配偶之外的其他近亲属和具有密切关系的人。

【法发〔2014〕13 号】　最高人民法院关于人民法院在审判执行活动中主动接受案件当事人监督的若干规定（2014 年 7 月 15 日）

第 1 条　人民法院及其案件承办部门和办案人员在审判执行活动中应当严格执行廉政纪律,不断改进司法作风,主动接受案件当事人监督。

第 2 条　人民法院应当在本院诉讼服务大厅、立案大厅、派出人民法庭等场所公布人民法院的纪律作风规定、举报受理电话和举报受理网址。

第 3 条　在案件立案、审理程序中,人民法院应当通过适当方式,及时将立案审查结果、诉讼保全及程序变更等关键节点信息主动告知案件当事人。

第 4 条　在案件执行程序中,人民法院应当通过适当方式,及时将执行立案、变更与追加被执行人、执行措施实施、执行财产查控、执行财产处置、终结本次执行、终结本次执行案件的恢复执行、终结执行等关键节点信息主动告知案件当事人。

第 5 条　案件当事人需要向人民法院了解办案进度的,人民法院案件承办部门及办案人员应当告知。

第 6 条　人民法院案件承办部门应当在向案件当事人送达相关案件受理法律文书时,向案件当事人发送廉政监督卡。案件当事人也可以根据需要到人民法院诉讼服务大厅、立案大厅、派出人民法庭直接领取廉政监督卡。

廉政监督卡应当按照最高人民法院规定的格式进行制作。

第 7 条　案件当事人可以在案件办理期间或者案件办结之后,将填有本人意见的廉政监督卡直接寄交人民法院监察部门。

人民法院监察部门应当对案件当事人反映的廉政监督意见进行统一处置和管理。

第 8 条　人民法院应当按照本院每年办案总数的一定比例,从当年审结或者执结的案件中随机抽取部分案件进行廉政回访,主动听取案件当事人对办案人员执行纪律作风规定情况的评价意见。

第 9 条　人民法院除随机抽取案件进行廉政回访外,还应当对当年审结或者执结的下列案件进行廉政回访:(一)社会广泛关注的案件;(二)案件当事人反映存在违反廉政作风规定的案件;(三)其他有必要进行回访的案件。

第 10 条　廉政回访可以采取约谈回访、上门回访、电话回访、信函回访等方式进行。对案件当事人在回访中反映的意见应当记录在案。

第11条 廉政回访工作由人民法院监察部门会同案件承办部门共同组织实施。

第12条 人民法院监察部门对案件当事人在廉政监督卡和廉政回访中提出的意见，应当按照下列方式进行处置：

（一）对提出的批评意见，转案件承办部门查明情况后酌情对被监督人进行批评教育；

（二）对提出的表扬意见，转案件承办部门查明情况后酌情对被监督人进行表扬奖励；

（三）对反映的违纪违法线索，会同案件承办部门廉政监察员进行核查处理；

（四）对反映的办案程序、法律适用及事实认定等方面问题，依照相关规定分别移送案件承办部门、审判监督部门或者审判管理部门处理。

第13条 人民法院案件承办部门对案件当事人反映的批评意见进行处置后，应当适时向案件当事人反馈处置情况。

人民法院监察部门在对案件当事人反映的违纪违法线索进行处置后，应当适时向案件当事人反馈处置情况。

因案件当事人反映问题不实而给被反映人造成不良影响的，人民法院监察部门和案件承办部门应当通过适当方式为被反映人澄清事实。

第14条 人民法院监察部门应当定期对案件当事人在廉政监督卡和廉政回访中提出的意见进行梳理分析，并结合分析发现的普遍性问题向本院党组提出进一步改进工作的意见建议。

第15条 人民法院监察部门应当对本院各部门及其工作人员落实本规定的情况进行检查督促。人民法院政工部门应当将本院各部门及其工作人员落实本规定的情况纳入考核范围。

第16条 尚未设立监察部门的人民法院，由本院政工部门承担本规定赋予监察部门的各项职责。

第17条 本规定所称案件当事人，包括刑事案件中的被告人、被害人、自诉人、附带民事诉讼的原告人和被告人；民事、行政案件中的原告、被告及第三人；执行案件中的申请执行人、被执行人、案外人。

受案件当事人的委托，辩护人、诉讼代理人可以代表案件当事人接收、填写廉政监督卡或者接受廉政回访。

第18条 人民法院在办理死刑复核案件、国家赔偿案件中主动接受案件当事人监督的工作另行规定。

第19条 各高级人民法院可以依照本规定制定本院及辖区法院主动接受案件当事人监督工作的实施细则。

司法机关内部人员过问案件的记录和责任追究规定（2015 年 3 月 26 日中央政法委员会［16 次］通过，2015 年 3 月 30 日中央政法委印发施行）

第 3 条　司法机关办案人员应当恪守法律，公正司法，不徇私情。对于司法机关内部人员的干预、说情或者打探案情，应当予以拒绝；对于不依正当程序转递涉案材料或者提出其他要求的，应当告知其依照程序办理。

第 4 条　司法机关领导干部和上级司法机关工作人员因履行领导、监督职责，需要对正在办理的案件提出指导性意见的，应当依照程序以书面形式提出，口头提出的，由办案人员记录在案。

第 5 条　其他司法机关的工作人员因履行法定职责需要，向办案人员了解正在办理的案件有关情况的，应当依照法律程序或者工作程序进行。

第 6 条　对司法机关内部人员过问案件的情况，办案人员应当全面、如实记录，做到全程留痕，有据可查。

第 7 条　办案人员如实记录司法机关内部人员过问案件的情况，受法律和组织保护。

司法机关内部人员不得对办案人员打击报复。办案人员非因法定事由，非经法定程序，不得被免职、调离、辞退或者给予降级、撤职、开除等处分。

第 8 条　司法机关纪检监察部门应当及时汇总分析司法机关内部人员过问案件的情况，并依照以下方式对司法机关内部人员违反规定干预办案的线索进行处置：

（一）机关内部人员违反规定干预办案的，由本机关纪检监察部门调查处理；

（二）本机关领导干部违反规定干预办案的，向负有干部管理权限的机关纪检监察部门报告情况；

（三）上级司法人员违反规定干预下级司法机关办案的，向干预人员所在司法机关纪检监察部门报告情况；

（四）其他没有隶属关系的司法机关人员违反规定干预办案的，向干预人员所在司法机关纪检监察部门通报情况。

干预人员所在司法机关纪检监察部门接到报告或者通报后，应当及时调查处理，并将结果通报办案单位所属司法机关纪检监察部门。

第 9 条　司法机关内部人员有下列行为之一的，属于违反规定干预办案，负有干部管理权限的司法机关按程序报经批准后予以通报，必要时可以向社会公开：（一）在线索核查、立案、侦查、审查起诉、审判、执行等环节为案件当事人请托说情的；（二）邀请办案人员私下会见案件当事人或其辩护人、诉讼代理人、近亲属以及其他与案件有利害关系的人的；（三）违反规定为案件当事人或其辩护人、诉讼代理人、亲属转递涉案材料的；（四）违反规定为案件当事人或其辩护人、诉讼代理人、亲属打探案情、通风报信的；（五）其他影响司法人员依法公正处理案件的行为。

第10条 司法机关内部人员有本规定第9条所列行为之一，构成违纪的，依照《中国共产党纪律处分条例》、《行政机关公务员处分条例》、《人民法院工作人员处分条例》、《检察人员纪律处分条例（试行）》、《公安机关人民警察纪律条令》等规定给予纪律处分；构成犯罪的，依法追究刑事责任。

司法机关内部人员对如实记录过问案件情况的办案人员进行打击报复的，依照《中国共产党纪律处分条例》、《行政机关公务员处分条例》、《人民法院工作人员处分条例》、《检察人员纪律处分条例（试行）》、《公安机关人民警察纪律条令》等规定给予纪律处分；构成犯罪的，依法追究刑事责任。

第11条 办案人员不记录或者不如实记录司法机关内部人员过问案件情况的，予以警告、通报批评；两次以上不记录或者不如实记录的，依照《中国共产党纪律处分条例》、《行政机关公务员处分条例》、《人民法院工作人员处分条例》、《检察人员纪律处分条例（试行）》、《公安机关人民警察纪律条令》等规定给予纪律处分。主管领导授意不记录或者不如实记录的，依法依纪追究主管领导责任。

第12条 司法机关内部人员违反规定过问和干预办案的情况和办案人员记录司法机关内部人员过问案件的情况，应当纳入党风廉政建设责任制和政绩考核体系，作为考核干部是否遵守法律、依法办事、廉洁自律的重要依据。

第13条 本规定所称司法机关内部人员，是指在法院、检察院、公安机关、国家安全机关、司法行政机关工作的人员。

司法机关离退休人员违反规定干预办案的，适用本规定。

【法发［2015］11号】 人民法院落实《司法机关内部人员过问案件的记录和责任追究规定》的实施办法（最高法2015年8月19日印发，2015年8月20日起施行；法发［2011］6号《最高人民法院关于在审判工作中防止法院内部人员干扰办案的若干规定》同时废止）

第2条 人民法院工作人员遇有案件当事人及其关系人请托过问案件、说情打招呼或者打探案情的，应当予以拒绝。

第3条 人民法院工作人员遇有案件当事人及其关系人当面请托不按正当渠道转递涉案材料等要求的，应当告知其直接递交办案单位和办案人员，或者通过人民法院诉讼服务大厅等正当渠道递交。

对于案件当事人及其关系人通过非正当渠道邮寄的涉案材料，收件的人民法院工作人员应当视情退回或者销毁，不得转交办案单位或者办案人员。

第4条 人民法院工作人员遇有案件当事人及其关系人请托打听案件办理进展情况的，应当告知其直接向办案单位和办案人员询问，或者通过人民法院司法信息公开平台或者诉讼服务平台等正当渠道进行查询。案件当事人及其关系人反映询问、查询无结果的，可以建议案件当事人及其关系人向人民法院监察部门投诉。

第5条　人民法院工作人员因履行法定职责需要过问案件或者批转、转递涉案材料的，应当依照法定程序或相关工作程序进行，并且做到全程留痕，永久保存。

人民法院工作人员非因履行法定职责或者非经法定程序或相关工作程序，不得向办案单位和办案人员过问正在办理的案件，不得向办案单位和办案人员批转、转递涉案材料。

第6条　人民法院领导干部和上级人民法院工作人员因履行法定职责，需要对正在办理的案件提出监督、指导意见的，应当依照法定程序或相关工作程序以书面形式提出，口头提出的，应当由办案人员如实记录在案。

第7条　人民法院办案人员应当将人民法院领导干部和上级人民法院工作人员因履行法定职责提出监督、指导意见的批示、函文、记录等资料存入案卷备查。

第8条　其他司法机关工作人员因履行法定职责，需要了解人民法院正在办理的案件有关情况的，人民法院办案人员应当要求对方出具法律文书或者公函等证明文件，将接洽情况记录在案，并存入案卷备查。对方未出具法律文书或者公函等证明文件的，可以拒绝提供情况。

第9条　人民法院应当在案件信息管理系统中设立司法机关内部人员过问案件信息专库，明确录入、存储、报送、查看和处理相关信息的责任权限和工作流程。人民法院监察部门负责专库的维护和管理工作。

第10条　人民法院办案人员在办案工作中遇有司法机关内部人员在法定程序或相关工作程序之外过问案件情况的，应当及时将过问人的姓名、单位、职务以及过问案件的情况全面、如实地录入司法机关内部人员过问案件信息专库，并留存相关资料，做到有据可查。

第11条　人民法院监察部门应当每季度对司法机关内部人员过问案件信息专库中录入的内容进行汇总分析。若发现司法机关内部人员违反规定过问案件的问题线索，应当按照以下方式进行处置：

（一）涉及本院监察部门管辖对象的问题线索，由本院监察部门直接调查处理；

（二）涉及上级人民法院监察部门管辖对象的问题线索，直接呈报有管辖权的上级人民法院监察部门调查处理；

（三）涉及下级人民法院监察部门管辖对象的问题线索，可以逐级移交有管辖权的人民法院监察部门调查处理，也可以直接进行调查处理；

（四）涉及其他司法机关人员的问题线索，直接移送涉及人员所在司法机关纪检监察部门调查处理。

人民法院纪检监察部门接到其他人民法院或者其他司法机关纪检监察部门移

送的问题线索后，应当及时调查处理，并将调查处理结果通报移送问题线索的纪检监察部门。

第 12 条 人民法院工作人员具有下列情形之一的，属于违反规定过问案件的行为，应当依照《人民法院工作人员处分条例》第 33 条规定给予纪律处分；涉嫌犯罪的，移送司法机关处理：（一）为案件当事人及其关系人请托说情、打探案情、通风报信的；（二）邀请办案人员私下会见案件当事人及其关系人的；（三）不依照正当程序为案件当事人及其关系人批转、转递涉案材料的；（四）非因履行职责或者非经正当程序过问他人正在办理的案件的；（五）其他违反规定过问案件的行为。

第 14 条 人民法院办案人员具有下列情形之一的，属于违反办案纪律的行为，初次发生的，应当予以警告、通报批评；发生 2 次以上的，应当依照《人民法院工作人员处分条例》第 54 条规定给予纪律处分：（一）对人民法院领导干部和上级人民法院工作人员口头提出的监督、指导意见不记录或者不如实记录的；（二）对人民法院领导干部和上级人民法院工作人员提出监督、指导意见的批示、函文、记录等资料不装入案卷备查的；（三）对其他司法机关工作人员了解案件情况的接洽情况不记录、不如实记录或者不将记录及法律文书、联系公函等证明文件存入案卷的；（四）对司法机关内部人员在法定程序或者相关工作程序之外过问案件的情况不录入，或者不如实录入司法机关内部人员过问案件信息专库的。

第 15 条 人民法院监察部门对司法机关内部人员过问案件的问题线索不按规定及时处置或者调查处理的，应当由上级人民法院监察部门依照《人民法院工作人员处分条例》第 69 条规定给予纪律处分；涉嫌犯罪的，移送司法机关处理。

第 16 条 人民法院领导干部授意人民法院监察部门对司法机关内部人员违反规定过问案件的问题线索不移送、不查处，或者授意下属不按规定对司法机关内部人员违规过问案件情况进行记录、存卷、入库的，应当分别依照《人民法院工作人员处分条例》第 69 条、第 76 条规定给予纪律处分。

第 17 条 人民法院办案人员如实记录司法机关内部人员过问案件情况的行为，受法律和组织保护。

非因法定事由，非经法定程序，人民法院办案人员不得被免职、调离、辞退或者给予降级、撤职、开除等处分。

第 18 条 人民法院工作人员对如实记录司法机关内部人员过问案件情况的办案人员进行打击报复或者具有辱骂、殴打、诬告等行为的，应当分别依照《人民法院工作人员处分条例》第 70 条、第 98 条规定给予纪律处分；涉嫌犯罪的，移送司法机关处理。

第22条　本办法所称案件当事人及其关系人是指案件当事人或其辩护人、诉讼代理人、近亲属以及其他与案件或案件当事人有利害关系的人员;本办法所称人民法院领导干部是指各级人民法院及其直属单位内设机构副职以上领导干部;本办法所称人民法院工作人员,是指人民法院在编人员;本办法所称人民法院办案人员是指参与案件办理、评议、审核、审议的人民法院的院长、副院长、审委会委员、庭长、副庭长、合议庭成员、独任法官、审判辅助人员等人员。

人民法院退休离职人员、人民陪审员、聘用人员违反本办法的,参照本办法进行处理。

【法发［2015］13号】　最高人民法院关于完善人民法院司法责任制的若干意见(2015年9月21日)

三、明确司法人员职责和权限

(二)院长庭长管理监督职责

21. 院长除依照法律规定履行相关审判职责外,还应当从宏观上指导法院各项审判工作,组织研究相关重大问题和制定相关管理制度,综合负责审判管理工作,主持审判委员会讨论审判工作中的重大事项,依法主持法官考评委员会对法官进行评鉴,以及履行其他必要的审判管理和监督职责。

副院长、审判委员会专职委员受院长委托,可以依照前款规定履行部分审判管理和监督职责。

22. 庭长除依照法律规定履行相关审判职责外,还应当从宏观上指导本庭审判工作,研究制定各合议庭和审判团队之间、内部成员之间的职责分工,负责随机分案后因特殊情况需要调整分案的事宜,定期对本庭审判质量情况进行监督,以及履行其他必要的审判管理和监督职责。

23. 院长、副院长、庭长的审判管理和监督活动应当严格控制在职责和权限的范围内,并在工作平台上公开进行。院长、副院长、庭长除参加审判委员会、专业法官会议外不得对其没有参加审理的案件发表倾向性意见。

24. 对于有下列情形之一的案件,院长、副院长、庭长有权要求独任法官或者合议庭报告案件进展和评议结果:(1)涉及群体性纠纷,可能影响社会稳定的;(2)疑难、复杂且在社会上有重大影响的;(3)与本院或者上级法院的类案判决可能发生冲突的;(4)有关单位或者个人反映法官有违法审判行为的。

院长、副院长、庭长对上述案件的审理过程或者评议结果有异议的,不得直接改变合议庭的意见,但可以决定将案件提交专业法官会议、审判委员会进行讨论。院长、副院长、庭长针对上述案件监督建议的时间、内容、处理结果等应当在案卷和办公平台上全程留痕。

第一编　第三章

四、审判责任的认定和追究

（一）审判责任范围

25.（第1款）法官应当对其履行审判职责的行为承担责任，在职责范围内对办案质量终身负责。

（第2款）法官在审判工作中，故意违反法律法规的，或者因重大过失导致裁判错误并造成严重后果的，依法应当承担违法审判责任。

26. 有下列情形之一的，应当依纪依法追究相关人员的违法审判责任：

（1）审理案件时有贪污受贿、徇私舞弊、枉法裁判行为的；

（2）违反规定私自办案或者制造虚假案件的；

（3）涂改、隐匿、伪造、偷换和故意损毁证据材料的，或者因重大过失丢失、损毁证据材料并造成严重后果的；

（4）向合议庭、审判委员会汇报案情时隐瞒主要证据、重要情节和故意提供虚假材料的，或者因重大过失遗漏主要证据、重要情节导致裁判错误并造成严重后果的；

（5）制作诉讼文书时，故意违背合议庭评议结果、审判委员会决定的，或者因重大过失导致裁判文书主文错误并造成严重后果的；

（6）违反法律规定，对不符合减刑、假释条件的罪犯裁定减刑、假释的，或者因重大过失对不符合减刑、假释条件的罪犯裁定减刑、假释并造成严重后果的；

（7）其他故意违背法定程序、证据规则和法律明确规定违法审判的，或者因重大过失导致裁判结果错误并造成严重后果的。

28. 因下列情形之一，导致案件按照审判监督程序提起再审后被改判的，不得作为错案进行责任追究：（1）对法律、法规、规章、司法解释具体条文的理解和认识不一致，在专业认知范围内能够予以合理说明的；（2）对案件基本事实的判断存在争议或者疑问，根据证据规则能够予以合理说明的；（3）当事人放弃或者部分放弃权利主张的；（4）因当事人过错或者客观原因致使案件事实认定发生变化的；（5）因出现新证据而改变裁判的；（6）法律修订或者政策调整的；（7）裁判所依据的其他法律文书被撤销或者变更的；（8）其他依法履行审判职责不应当承担责任的情形。

（二）审判责任承担

29. 独任制审理的案件，由独任法官对案件的事实认定和法律适用承担全部责任。

30. 合议庭审理的案件，合议庭成员对案件的事实认定和法律适用共同承担责任。

进行违法审判责任追究时,根据合议庭成员是否存在违法审判行为、情节、合议庭成员发表意见的情况和过错程度合理确定各自责任。

31. 审判委员会讨论案件时,合议庭对其汇报的事实负责,审判委员会委员对其本人发表的意见及最终表决负责。

案件经审判委员会讨论的,构成违法审判责任追究情形时,根据审判委员会委员是否故意曲解法律发表意见的情况,合理确定委员责任。审判委员会改变合议庭意见导致裁判错误的,由持多数意见的委员共同承担责任,合议庭不承担责任。审判委员会维持合议庭意见导致裁判错误的,由合议庭和持多数意见的委员共同承担责任。

合议庭汇报案件时,故意隐瞒主要证据或者重要情节,或者故意提供虚假情况,导致审判委员会作出错误决定的,由合议庭成员承担责任,审判委员会委员根据具体情况承担部分责任或者不承担责任。

审判委员会讨论案件违反民主集中制原则,导致审判委员会决定错误的,主持人应当承担主要责任。

32. 审判辅助人员根据职责权限和分工承担与其职责相对应的责任。法官负有审核把关职责的,法官也应当承担相应责任。

33. 法官受领导干部干预导致裁判错误的,且法官不记录或者不如实记录,应当排除干预而没有排除的,承担违法审判责任。

【法发〔2016〕24 号】 最高人民法院、最高人民检察院关于建立法官、检察官惩戒制度的意见(试行)(2016 年 10 月 12 日)

二、法官、检察官在审判、检察工作中违反法律法规,实施违反审判、检察职责的行为,应当依照相关规定予以惩戒。

认定法官、检察官是否违反审判、检察职责,适用《关于完善人民法院司法责任制的若干意见》《关于完善人民检察院司法责任制的若干意见》的有关规定。

三、法官、检察官惩戒工作由人民法院、人民检察院与法官、检察官惩戒委员会分工负责。

人民法院、人民检察院负责对法官、检察官涉嫌违反审判、检察职责行为进行调查核实,并根据法官、检察官惩戒委员会的意见作出处理决定。

六、人民法院、人民检察院在司法管理、诉讼监督和司法监督工作中,发现法官、检察官有涉嫌违反审判、检察职责的行为,需要认定是否构成故意或者重大过失的,应当在查明事实的基础上,提请惩戒委员会审议。

除前款规定应报请惩戒委员会审议情形外,法官、检察官的其他违法违纪行为,由有关部门调查核实,依照法律及有关纪律规定处理。

第一编 第三章

【法释〔2016〕30号】 最高人民法院关于巡回法庭审理案件若干问题的规定（"法释〔2015〕3号"公布，2015年2月1日起施行；2016年12月19日最高法审委会〔1704次〕修正，2016年12月27日公布，2016年12月28日起施行）

第13条 巡回法庭设廉政监察员，负责巡回法庭的日常廉政监督工作。

最高人民法院监察局通过受理举报投诉、查处违纪案件、开展司法巡查和审务督察等方式，对巡回法庭及其工作人员进行廉政监督。

保护司法人员依法履行法定职责规定（2016年4月18日中央全面深化改革领导小组会议审议通过，中共中央办公厅、国务院办公厅2016年7月21日印发施行）

第11条 法官、检察官非因故意违反法律、法规或者有重大过失导致错案并造成严重后果的，不承担错案责任。

第14条 法官、检察官履行法定职责的行为，非经法官、检察官惩戒委员会审议不受错案责任追究。法官、检察官因违反党纪，审判、检察纪律，治安及刑事法律，应当追究错案责任之外的其他责任的，依照相关规定办理。

法官、检察官惩戒委员会审议法官、检察官错案责任案件，应当进行听证。人民法院、人民检察院相关机构应当派员向法官、检察官惩戒委员会通报当事法官、检察官违纪违法事实以及拟处理意见、依据。当事法官、检察官有权陈述、申辩。法官、检察官惩戒委员会根据查明的事实和法律规定，作出无责、免责或者给予惩戒处分的建议。

【法发〔2017〕4号】 人民法院落实《保护司法人员依法履行法定职责规定》的实施办法（最高法2017年2月7日印发）

第4条（第1款） 法官履行法定职责的行为，非经法官惩戒委员会听证和审议，不受错案责任追究。涉及错案责任的认定标准、追究范围、承担方式和惩戒程序等内容，由最高人民法院根据《关于完善人民法院司法责任制的若干意见》《关于建立法官、检察官惩戒制度的意见（试行）》及相关工作办法另行规定。

【法发〔2017〕11号】 最高人民法院关于落实司法责任制完善审判监督管理机制的意见（试行）（2017年4月12日印发，2017年5月1日试行）

一、各级人民法院在法官员额制改革完成后，必须严格落实司法责任制改革要求，确保"让审理者裁判，由裁判者负责"。除审判委员会讨论决定的案件外，院庭长对其未直接参加审理案件的裁判文书不再进行审核签发，也不得以口头指示、旁听合议、文书送阅等方式变相审批案件。

二、各级人民法院应当逐步完善院庭长审判监督管理权力清单。院庭长审判监督管理职责主要体现为对程序事项的审核批准、对审判工作的综合指导、对裁判标准的督促统一、对审判质效的全程监管和排除案外因素对审判活动的干扰等方面。

院庭长可以根据职责权限，对审判流程运行情况进行查看、操作和监控，分析审判运行态势，提示纠正不当行为，督促案件审理进度，统筹安排整改措施。院庭长行使审判监督管理职责的时间、内容、节点、处理结果等，应当在办公办案平台上全程留痕、永久保存。

三、各级人民法院应当健全随机分案为主、指定分案为辅的案件分配机制。根据审判领域类别和繁简分流安排，随机确定案件承办法官。已组建专业化合议庭或者专业审判团队的，在合议庭或者审判团队内部随机分案。承办法官一经确定，不得擅自变更。因存在回避情形或者工作调动、身体健康、廉政风险等事由确需调整承办法官的，应当由院庭长按权限审批决定，调整理由及结果应当及时通知当事人并在办公办案平台公示。

有下列情形之一的，可以指定分案：（1）重大、疑难、复杂或者新类型案件，有必要由院庭长承办的；（2）原告或者被告相同、案由相同、同一批次受理的 2 件以上的批量案件或者关联案件；（3）本院提审的案件；（4）院庭长根据个案监督工作需要，提出分案建议的；（5）其他不适宜随机分案的案件。指定分案情况，应当在办公办案平台上全程留痕。

四、依法由合议庭审理的案件，合议庭原则上应当随机产生。因专业化审判需要组建的相对固定的审判团队和合议庭，人员应当定期交流调整，期限一般不应超过 2 年。

各级人民法院可以根据本院员额法官和案件数量情况，由院庭长按权限指定合议庭中资历较深、庭审驾驭能力较强的法官担任审判长，或者探索实行由承办法官担任审判长。院庭长参加合议庭审判案件的时候，自己担任审判长。

五、对于符合《最高人民法院关于完善人民法院司法责任制的若干意见》第 24 条规定情形之一的案件，院庭长有权要求独任法官或者合议庭报告案件进展和评议结果。院庭长对相关案件审理过程或者评议结果有异议的，不得直接改变合议庭的意见，可以决定将案件提请专业法官会议、审判委员会进行讨论。

独任法官或者合议庭在案件审理过程中，发现符合上述个案监督情形的，应当主动按程序向院庭长报告，并在办公办案平台全程留痕。符合特定类型个案监督情形的案件，原则上应当适用普通程序审理。

六、各级人民法院应当充分发挥专业法官会议、审判委员会总结审判经验、统一裁判标准的作用，在完善类案参考、裁判指引等工作机制基础上，建立类案及关联案件强制检索机制，确保类案裁判标准统一、法律适用统一。

院庭长应当通过特定类型个案监督、参加专业法官会议或者审判委员会、查看案件评查结果、分析改判发回案件、听取辖区法院意见、处理各类信访投诉等方式，及时发现并处理裁判标准、法律适用等方面不统一的问题。

【法发［2018］9号】 最高人民法院关于人民法院立案、审判与执行工作协调运行的意见（2018年5月28日）

22. 各级人民法院可以根据本院机构设置，明确负责立案、审判、执行衔接工作的部门，制定和细化立案、审判、执行工作衔接的有关制度，并结合本院机构设置的特点，建立和完善本院立案、审判、执行工作衔接的长效机制。

23. 审判人员、审判辅助人员在立案、审判、执行等环节中，因故意或者重大过失致使立案、审判、执行工作脱节，导致生效法律文书难以执行的，应当依照有关规定，追究相应责任。

【法释［2019］4号】 最高人民法院关于严格规范民商事案件延长审限和延期开庭问题的规定（"法释［2018］9号"公布，2018年4月26日起施行；2019年2月25日最高法审委会［1762次］修订，2019年3月27日公布，2019年3月28日起施行；以本规为准）

第8条 故意违反法律、审判纪律、审判管理规定拖延办案，或者因过失延误办案，造成严重后果的，依照《人民法院工作人员处分条例》第47条的规定予以处分。

【法发［2020］35号】 最高人民法院关于完善统一法律适用标准工作机制的意见（2020年9月14日）

八、充分发挥审级制度和审判监督程序统一法律适用标准的作用

16. 发挥审级监督体系作用。……充分发挥二审程序解决法律争议的作用，在二审程序中依法对法律适用问题进行审查，对属于当事人意思自治范围内的法律适用问题，应当充分尊重当事人的选择；对影响司法公正的法律适用标准不统一问题，应当根据当事人诉求或者依职权予以纠正。

17. 充分发挥审判监督程序依法纠错作用。生效案件存在法律适用标准不统一问题的，应当正确处理审判监督程序与司法裁判稳定性的关系，区分案件情况，根据当事人请求或者依法启动院长发现程序，对法律适用确有错误的案件提起再审。人民检察院提出检察建议、抗诉等法律监督行为，涉及法律适用标准不统一问题的，应当依法处理，必要时提请审判委员会讨论决定。

【法［2021］319号】 法官惩戒工作程序规定（试行）（最高法2021年12月8日印发）

第4条 法官在履行审判职责过程中，故意违反法律法规办理案件，或者因

重大过失导致裁判结果错误并造成严重后果，需要予以惩戒的，依照本规定办理。

第 5 条　认定法官是否违反审判职责，适用《最高人民法院关于完善人民法院司法责任制的若干意见》等有关规定。

第 6 条　人民法院按照干部管理权限对法官涉嫌违反审判职责行为进行调查核实，根据法官惩戒委员会的审查意见，依照有关规定作出是否予以惩戒的决定，并给予相应处理。

法官惩戒委员会根据人民法院调查的情况，负责从专业角度审查认定法官是否存在《中华人民共和国法官法》第 46 条第 4 项、第 5 项规定的违反审判职责的行为，提出构成故意违反职责、存在重大过失、存在一般过失或者没有违反职责等审查意见。

第 7 条　人民法院在法官惩戒工作中履行以下职责：（一）受理反映法官违反审判职责的问题线索；（二）审查当事法官涉嫌违反审判职责涉及的案件；（三）对当事法官涉嫌违反审判职责的行为进行调查；（四）提请法官惩戒委员会审议当事法官是否存在违反审判职责的行为；（五）派员出席法官惩戒委员会组织的听证，就当事法官违反审判职责的行为和过错进行举证；（六）根据法官惩戒委员会的审查意见，作出是否予以惩戒的决定，并给予相应处理；（七）受理当事法官不服惩戒决定的复核和申诉；（八）其他应由人民法院承担的惩戒职责。

第 10 条　法官惩戒委员会不直接受理对法官的举报、投诉。如收到对法官的举报、投诉材料，应当根据受理权限，转交有关部门按规定处理。

第 14 条　法官惩戒委员会委员有下列情形之一的，应当自行回避，当事法官也有权要求其回避：（一）本人是当事法官或当事法官的近亲属；（二）本人或者其近亲属与办理的惩戒事项有利害关系；（三）担任过本调查事项的证人，以及当事法官办理案件的当事人、辩护人或诉讼代理人；（四）有可能影响惩戒事项公正处理的其他情形。

法官惩戒委员会主任的回避，由法官惩戒委员会全体委员会议决定；副主任和委员的回避，由法官惩戒委员会主任决定。

第 15 条　人民法院参与惩戒事项调查、审查人员的回避，依照有关规定办理。对调查人员的回避作出决定前，调查人员不停止对惩戒事项的调查。

第 16 条（第 2 款）　人民法院在审判监督管理工作中，发现法官可能存在违反审判职责的行为，需要追究违法审判责任的，由办案部门或承担审判管理工作的部门对案件是否存在裁判错误提出初步意见，报请院长批准后移送机关纪委或者承担督察工作的部门审查。

第 17 条　人民法院机关纪委或承担督察工作的部门经初步核实，认为有关法官可能存在违反审判职责的行为，需要予以惩戒的，应当报请院长批准后立案，并组织调查。

第18条 人民法院在对反映法官违反审判职责问题线索进行调查核实过程中，对涉及的案件裁判是否存在错误有争议的，应当报请院长批准，由承担审判监督工作的部门进行审查或者提请审判委员会进行讨论，并提出意见。

经承担审判监督工作的部门或审判委员会审查，认定当事法官办理的案件裁判错误，可能存在违反审判职责行为的，应当启动惩戒程序。

第19条 法官涉嫌违反审判职责，已经被立案调查，不宜继续履行职责的，报请院长批准，按照管理权限和规定的程序暂时停止其履行职务。

第20条 人民法院对法官涉嫌违反审判职责行为进行调查的过程中，当事法官享有知情、申请回避、陈述、举证和辩解的权利。调查人员应当如实记录当事法官的陈述、辩解和举证。

第21条 调查结束后，经院长批准，按照下列情形分别处理：

（一）没有证据证明当事法官存在违反审判职责行为的，应当撤销案件，并通知当事法官，必要时可在一定范围内予以澄清；

（二）当事法官存在违反审判职责行为，但情节较轻无需给予惩戒处理的，由相关部门进行提醒谈话、批评教育、责令检查，或者予以诫勉；

（三）当事法官存在违反审判职责行为，需要惩戒的，人民法院调查部门应将审查报告移送本院承担督察工作的部门，由承担督察工作的部门制作提请审议意见书，报院长审批后，按照本规定第22条规定的程序，提请法官惩戒委员会审议。

提请审议意见书应当列明当事法官的基本情况、调查认定的事实及依据、调查结论及处理意见等内容。

第22条 人民法院按以下程序提请法官惩戒委员会审议：

（一）最高人民法院法官违反审判职责的，由最高人民法院提请最高人民法院法官惩戒委员会审议；

（二）高级人民法院法官违反审判职责的，由高级人民法院提请省、自治区、直辖市法官惩戒委员会审议；

（三）中级人民法院、基层人民法院和专门人民法院法官违反审判职责的，层报高级人民法院提请省、自治区、直辖市法官惩戒委员会审议。

上级人民法院认为下级人民法院提请审议的事项不符合相关要求的，可以要求下级人民法院补充完善，或者将提请审议的材料退回下级人民法院。

第23条 法官惩戒委员会受理惩戒事项后，相关人民法院承担督察工作的部门应当做以下准备工作：

（一）受理后5日内将提请审议意见书送达当事法官，并告知当事法官有权查阅、摘抄、复制相关案卷材料及证据，有陈述、举证、辩解和申请回避等权利，以及按时参加听证、遵守相关纪律等义务；

（二）提前 3 日将会议议程及召开会议的时间、地点通知法官惩戒委员会委员；

（三）听证前 3 日将听证的时间、地点通知当事法官和相关人民法院调查部门；

（四）根据当事法官和相关人民法院调查部门的申请，通知相关证人参加听证；

（五）做好听证、审议的会议组织工作。

第 24 条　法官惩戒委员会审议惩戒事项，应当有全体委员 4/5 以上出席方可召开。

委员因故无法出席的，须经法官惩戒委员会主任批准。

第 25 条　法官惩戒委员会审议惩戒事项时，应当组织听证。当事法官对人民法院调查认定的事实、证据和提请审议意见没有异议，明确表示不参加听证或无故缺席的，可直接进行审议。

因特殊情况，惩戒委员会主任可以决定延期听证。

第 26 条　听证由法官惩戒委员会主任主持，或者由主任委托副主任或其他委员主持，按照下列程序进行：（一）主持人宣布听证开始；（二）询问当事法官是否申请回避，并作出决定；（三）承担督察工作的部门派员宣读提请审议意见书；（四）调查人员出示当事法官违反审判职责的证据，并就其违反审判职责行为和主观过错进行举证；（五）当事法官陈述、举证、辩解；（六）法官惩戒委员会委员可以就惩戒事项涉及的问题进行询问；（七）调查人员和当事法官分别就事实认定、当事法官是否存在过错及过错性质发表意见；（八）当事法官最后陈述。

第 27 条　法官惩戒委员会应当在听证后进行审议，并提出审查意见。

审议时，法官惩戒委员会委员应当对证据采信、事实认定、法律法规适用等进行充分讨论，并根据听证的情况独立发表意见。发表意见按照委员、副主任、主任的先后顺序进行。

第 28 条　法官惩戒委员会审议惩戒事项，须经全体委员 2/3 以上多数通过，对当事法官是否构成违反审判职责提出审查意见。

经审议，未能形成 2/3 以上多数意见的，由人民法院根据审议情况进行补充调查后重新提请审议，或者撤回提请审议事项。

法官惩戒委员会审议其他事项，须经全体委员半数以上同意。

第 29 条　法官惩戒委员会认为惩戒事项需要补充调查的，可以要求相关人民法院补充调查。相关人民法院也可以申请补充调查。

人民法院应当在 1 个月内补充调查完毕。补充调查以 2 次为限。

第 30 条　人民法院补充调查后，认为应当进行惩戒的，应重新提请法官惩戒委员会审议。

第 31 条　法官惩戒委员会的审查意见应当书面送达当事法官和相关人民法院。

当事法官对审查意见有异议的，可以自收到审查意见书之日起 10 日内以书面形式通过承担督察工作的部门向法官惩戒委员会提出。

第32条 当事法官对审查意见提出异议的，法官惩戒委员会应当对异议及其理由进行审议，并作出书面决定：

（一）认为异议成立的，决定变更原审查意见，作出新的审查意见；

（二）认为异议不成立的，决定维持原审查意见。

异议审查决定应当书面回复当事法官。

第33条 法官惩戒委员会审查异议期间，相关人民法院应当暂缓对当事法官作出惩戒决定。

第34条 法官惩戒委员会经审议，认定法官存在故意违反审判职责行为，或者存在重大过失导致案件错误并造成严重后果，应当予以惩戒的，由人民法院根据干部管理权限作出惩戒决定：

（一）给予停职、延期晋升、调离审判执行岗位、退出员额、免职、责令辞职等组织处理；

（二）按照《中华人民共和国公务员法》《中华人民共和国公职人员政务处分法》《中华人民共和国法官法》《人民法院工作人员处分条例》等法律规定给予处分。

上述惩戒方式，可以单独使用，也可以同时使用。

第35条 人民法院依据法官惩戒委员会的审查意见作出惩戒决定后，应当以书面形式通知当事法官，并列明理由和依据。

惩戒决定及处理情况，应当归入受惩戒法官的人事档案。

第36条 当事法官对惩戒决定不服的，可以自知道惩戒决定之日起 30 日内向作出决定的人民法院申请复核。

当事法官对复核结果不服的，可以自接到复核决定之日起 15 日内向上一级人民法院提出申诉；也可以不经复核，自知道惩戒决定之日起 30 日内直接提出申诉。

第37条 人民法院应当自接到复核申请书后的 30 日内作出复核决定，并以书面形式告知申请人。

上一级人民法院应当自受理当事法官申诉之日起 60 日内作出处理决定；案情复杂的，可以适当延长，但是延长时间不得超过 30 日。

复核、申诉期间不停止惩戒决定的执行。

法官不因申请复核、提出申诉而被加重处理。

第42条 本规定所称法官，是指按照《中华人民共和国法官法》选任并实行员额制管理的法官。

【法〔2023〕88 号】　最高人民法院关于法律适用问题请示答复的规定
（2023 年 5 月 26 日印发，2023 年 9 月 1 日起施行；以本规为准）

第 2 条　具有下列情形之一的，高级人民法院可以向最高人民法院提出请示：（一）法律、法规、司法解释、规范性文件等没有明确规定，适用法律存在重大争议的；（二）对法律、法规、司法解释、规范性文件等规定具体含义的理解存在重大争议的；（三）司法解释、规范性文件制定时所依据的客观情况发生重大变化，继续适用有关规定明显有违公平正义的；（四）类似案件裁判规则明显不统一的；（五）其他对法律适用存在重大争议的。

技术类知识产权和反垄断法律适用问题，具有前款规定情形之一的，第一审人民法院可以向最高人民法院提出请示。

最高人民法院认为必要时，可以要求下级人民法院报告有关情况。

第 3 条　不得就案件的事实认定问题提出请示。

第 4 条　向最高人民法院提出请示，应当经本院审判委员会讨论决定，就法律适用问题提出意见，并说明理由；有分歧意见的，应当写明倾向性意见。

第 5 条　请示应当按照审级逐级层报。

第 6 条　提出请示的人民法院应当以院名义制作书面请示，扼要写明请示的法律适用问题，并制作请示综合报告，写明以下内容：（一）请示的法律适用问题及由来；（二）合议庭、审判委员会对请示的法律适用问题的讨论情况、分歧意见及各自理由；（三）类案检索情况；（四）需要报告的其他情况；（五）联系人及联系方式。

高级人民法院就基层、中级人民法院请示的法律适用问题向最高人民法院请示的，应当同时附下级人民法院的请示综合报告。

请示、请示综合报告一式 5 份，连同电子文本，一并报送最高人民法院立案庭。

第 7 条　最高人民法院立案庭应当自收到请示材料之日起 3 个工作日内审查完毕。请示材料符合要求的，应当编定案号，并按照下列情形分别处理：

（一）符合请示范围、程序的，应当受理，并确定请示的承办部门；

（二）不属于请示范围，或者违反请示程序的，不予受理，并书面告知提出请示的人民法院。

请示材料不符合要求的，应当一次性告知提出请示的人民法院在指定的期限内补充。

第 8 条　最高人民法院立案庭应当按照下列规定确定请示的承办部门：

（一）请示的法律适用问题涉及司法解释、规范性文件规定的具体含义，或者属于司法解释、规范性文件所针对的同类问题的，由起草部门承办；有多个起草部门的，由主要起草部门承办；

（二）不属于前项规定情形的，根据职责分工确定请示的承办部门。

承办部门难以确定的，由立案庭会同研究室确定。

第9条　承办部门收到立案庭转来的请示材料后，经审查认为不属于本部门职责范围的，应当在3个工作日内，与立案庭协商退回；协商不成的，报分管院领导批准后，退回立案庭重新提出分办意见。有关部门不得自行移送、转办。

其他部门认为请示应当由本部门办理的，应当报分管院领导批准后，向立案庭提出意见。

第10条　承办部门应当指定专人办理请示。承办人研究提出处理意见后，承办部门应当组织集体研究。

对请示的法律适用问题，承办部门可以商请院内有关部门共同研究，或者提出初步处理意见后，征求院内有关部门意见。必要时，可以征求院外有关部门或者专家的意见。

第11条　承办部门应当将处理意见报分管院领导审批。必要时，分管院领导可以报院长审批或者提请审判委员会讨论决定。

在报分管院领导审批前，承办部门应当将处理意见送研究室审核。研究室一般在5个工作日内出具审核意见。研究室提出不同意见的，承办部门在报分管院领导审批时，应当作出说明。

第12条　最高人民法院应当分别按照以下情形作出处理：

（一）对请示的法律适用问题作出明确答复，并写明答复依据；

（二）不属于请示范围，或者违反请示程序的，不予答复，并书面告知提出请示的人民法院；

（三）最高人民法院对相同或者类似法律适用问题作出过答复的，可以不予答复，并将有关情况告知提出请示的人民法院。

第13条　最高人民法院的答复应当以院名义作出。

答复一般采用书面形式。以电话答复等其他形式作出的，应当将底稿等材料留存备查。

答复作出后，承办部门应当及时将答复上传至查询数据库。

第14条　最高人民法院应当尽快办理请示，至迟在受理请示之日起2个月内办结。需要征求院外有关部门意见或者提请审判委员会讨论的，可以延长2个月。

因特殊原因不能在前款规定的期限内办结的，承办部门应当在报告分管院领导后，及时通知提出请示的人民法院，并抄送审判管理办公室。

对于涉及刑事法律适用问题的请示，必要时，可以提醒有关人民法院依法变更强制措施。

第15条　对最高人民法院的答复，提出请示的人民法院应当执行，但不得作为裁判依据援引。

第 16 条　可以公开的答复，最高人民法院应当通过适当方式向社会公布。

第 17 条　最高人民法院对办理请示答复编定案号，类型代字为"法复"。

第 23 条　基层、中级人民法院就法律适用问题提出请示，中级、高级人民法院对法律适用问题作出处理的，参照适用本规定。

● **文书格式**　【法［2023］88 号】　最高人民法院关于法律适用问题请示答复的规定（2023 年 5 月 26 日印发，2023 年 9 月 1 日起施行）

附件：文书参考样式

××高级人民法院

关于××法律适用问题的请示①

×高法请［××××］××号

最高人民法院：

我院（或者××人民法院）在审理（或者执行）案件（针对个案请示的，写明当事人姓名、案由）过程中，对××法律适用问题存在重大争议。我院审判委员会讨论认为（或者倾向认为），……（简要写明审判委员会对法律适用问题的意见或者倾向性意见，以及相应理由）。根据《最高人民法院关于法律适用问题请示答复的规定》第 2 条第 1 款第×项的规定，现向你院提出请示。请予答复。

联系人及联系方式：……

×年×月×日（院印）

××高级人民法院

关于××法律适用问题请示的综合报告

最高人民法院：

我院（或者××人民法院）在审理（或者执行）案件（针对个案请示的，写明当事人姓名、案由）过程中，对××法律适用问题存在重大争议。我院审判委员会讨论，根据《最高人民法院关于法律适用问题请示答复的规定》第 2 条第 1 款第×项的规定，向你院提出请示。现将有关情况综合报告如下：

一、请示的法律适用问题及由来

……（此处主要写明需要请示的法律适用问题。必要时，可以围绕请示的法律适用问题写明相关事实）

二、合议庭、审判委员会对请示的法律适用问题的意见

……（此处详细写明合议庭、审判委员会对请示的法律适用问题的意见、依

---

①　注：技术类知识产权和垄断案件第一审法院向最高法院提出请示的，参照适用本样式。

据以及理由；有不同意见的，一并写明）

三、类案检索情况

……（此处写明根据《最高人民法院关于统一法律适用加强类案检索的指导意见（试行）》进行类案检索的情况，重点是对最高人民法院发布的指导性案例、典型案例及裁判生效的案件的检索情况）

四、需要报告的其他情况

……（此处写明对法律适用可能产生影响的情况）

联系人及联系方式：……

×年×月×日（院印）

最高人民法院

关于××法律适用问题请示的答复①

［××××］最高法法复××号

××高级人民法院：

你院×高法请［××××］××号《关于××法律适用问题的请示》收悉。经研究，根据《最高人民法院关于法律适用问题请示答复的规定》第 12 条第 1 项的规定，答复如下：

依照《×××》第×条（写明答复的依据）的规定，……（写明答复的具体内容）。

此复。

×年×月×日（院印）

最高人民法院

关于××法律适用问题请示的不予受理＼答复通知书②

［××××］最高法法复××号

××高级人民法院：

你院×高法请［××××］××号《关于××法律适用问题的请示》收悉。经研究，因……（写明不予受理＼答复③的理由），根据《最高人民法院关于法律适用问题请示答复的规定》第 7 条第 1 款第 2 项＼第 12 条第 2 项（或第 3 项）的规定，不予受理＼答复。

此复。

×年×月×日（院印）

---

① 注：最高法院对技术类知识产权和垄断案件一审法院的请示作出答复的，参照适用本样式。

② 注：最高法院对技术类知识产权和垄断案件一审法院的请示不予受理＼答复的，参照适用本样式。

③ 注：最高法院对相同或类似法律适用问题作出过答复的，可以写明此前答复的内容，并附答复。

第四章　回　避

第 47 条²⁰¹³⁰¹⁰¹　【回避对象及情形】审判人员有下列情形之一的，应当自行/~~必须~~回避，当事人有权用口头或者书面方式申请他们回避：

（一）是本案当事人或者当事人、诉讼代理人¹⁹⁹¹⁰⁴⁰⁹近亲属的；

（二）与本案有利害关系的；

（三）与本案当事人、诉讼代理人有其他关系，可能影响对案件公正审理的。

（新增）审判人员接受当事人、诉讼代理人请客送礼，或者违反规定会见当事人、诉讼代理人的，当事人有权要求他们回避。

（新增）审判人员有前款规定的行为的，应当依法追究法律责任。

前 3 款规定，适用于法官助理、²⁰²⁴⁰¹⁰¹书记员、司法技术人员、²⁰²⁴⁰¹⁰¹翻译人员、鉴定人、勘验人¹⁹⁹¹⁰⁴⁰⁹。

第 48 条¹⁹⁹¹⁰⁴⁰⁹　【回避申请】当事人提出回避申请，应当说明理由，在案件开始审理时提出；回避事由在案件开始审理后知道/~~得知或者发生在审理开始以后~~的，也可以在法庭辩论终结前提出。

被申请回避的人员在人民法院作出是否回避的决定前，应当暂停参与本案的工作/~~执行职务~~，但案件需要采取紧急措施的除外。

第 49 条　【回避决定权】院长担任审判长或者独任审判员²⁰²²⁰¹⁰¹时的回避，由审判委员会决定；审判人员的回避，由院长决定；其他人员的回避，由审判长或者独任审判员²⁰²²⁰¹⁰¹决定。

第 50 条¹⁹⁹¹⁰⁴⁰⁹　【回避决定时限，回避复议】人民法院对当事人提出的回避申请，应当在申请提出的 3 日内，以口头或者书面形式作出决定。申请人/~~当事人~~对决定不服的，可以在接到决定时申请复议一次。复议期间，被申请回避的人员，不停止参与本案的工作／本案的审理。人民法院对复议申请，应当在 3 日内作出复议决定，并通知复议申请人。

● **相关规定** **【法发〔2004〕9 号】** **最高人民法院、司法部关于规范法官和律师相互关系维护司法公正的若干规定**（2004 年 3 月 19 日）

第 4 条（第 1 款） 法官应当严格执行回避制度，如果与本案当事人委托的律师有亲朋、同学、师生、曾经同事等关系，可能影响案件公正处理的，应当自行申请回避，是否回避由本院院长或者审判委员会决定。

【法办发〔2007〕5 号】 **最高人民法院技术咨询、技术审核工作管理规定**（2007 年 8 月 23 日同文号印发 2 个工作管理规定，2007 年 9 月 1 日起施行）

第 2 条 技术咨询是指司法技术人员运用专门知识或技能对法官提出的专业性问题进行解释或者答复的活动。

技术审核是指司法辅助工作部门应审判、执行部门的要求，对送审案件中的鉴定文书、检验报告、勘验检查笔录、医疗资料、会计资料等技术性证据材料进行审查，提出审核意见的活动。

第 24 条 担任技术咨询、技术审核工作的司法技术人员有下列情形之一的，应当主动回避：（一）是本案的当事人或者当事人的近亲属；（二）本人或其近亲属和本案有利害关系；（三）本人或其近亲属担任过本案的证人、鉴定人、勘验人、辩护人、诉讼代理人；（四）与本案当事人有其他关系，可能影响技术咨询、技术审核的结论。

【法办发〔2007〕5 号】 **最高人民法院对外委托鉴定、评估、拍卖等工作管理规定**（2007 年 8 月 23 日同文号印发 2 个工作管理规定，2007 年 9 月 1 日起施行）

第 44 条 监督、协调员有下列情形之一的，应当主动申请回避，当事人也有权申请回避：（一）是本案的当事人或者当事人的近亲属的；（二）本人或其近亲属和本案有利害关系的；（三）本人或其近亲属担任过本案的证人、鉴定人、勘验人、辩护人或诉讼代理人的；（四）本人的近亲属在将要选择的相关类专业机构工作的；（五）向本案的当事人推荐专业机构的；（六）与本案当事人有其他关系，可能影响对案件进行公正处理的。

第 45 条 监督、协调员有第 44 条规定的回避情形的，应在 1 个工作日内主动提出回避申请，报司法辅助工作部门负责人审批。

第 46 条 发现专业机构有需要回避的情形时，监督、协调员应向司法辅助工作部门负责人提出重新选择专业机构的建议，由司法辅助工作部门负责人批准后重新选择专业机构。专业机构的承办人员有回避情形的，监督、协调员应当要求专业机构更换承办人员。

【法发［2009］45 号】 最高人民法院关于建立健全诉讼与非诉讼相衔接的矛盾纠纷解决机制的若干意见（经中央批准，2009 年 7 月 24 日印发）

16（第 2 款）、开庭前从事调解的法官原则上不参与同一案件的开庭审理，当事人同意的除外。

【法释［2011］12 号】 最高人民法院关于审判人员在诉讼活动中执行回避制度若干问题的规定（2011 年 4 月 11 日最高法审委会［1517 次］通过，2011 年 6 月 10 日公布，2011 年 6 月 13 日起施行；法发［2000］5 号《最高人民法院关于审判人员严格执行回避制度的若干规定》同时废止）

第 1 条 审判人员具有下列情形之一的，应当自行回避，当事人及其法定代理人有权以口头或者书面形式申请其回避：（一）是本案的当事人或者与当事人有近亲属关系的；（二）本人或者其近亲属与本案有利害关系的；（三）担任过本案的证人、翻译人员、鉴定人、勘验人、诉讼代理人、辩护人的；（四）与本案的诉讼代理人、辩护人有夫妻、父母、子女或者兄弟姐妹关系的；（五）与本案当事人之间存在其他利害关系，可能影响案件公正审理的。

本规定所称近亲属，包括与审判人员有夫妻、直系血亲、3 代以内旁系血亲及近姻亲关系的亲属。

第 2 条 当事人及其法定代理人发现审判人员违反规定，具有下列情形之一的，有权申请其回避：（一）私下会见本案一方当事人及其诉讼代理人、辩护人的；（二）为本案当事人推荐、介绍诉讼代理人、辩护人，或者为律师、其他人员介绍办理该案件的；（三）索取、接受本案当事人及其受托人的财物、其他利益，或者要求当事人及其受托人报销费用的；（四）接受本案当事人及其受托人的宴请，或者参加由其支付费用的各项活动的；（五）向本案当事人及其受托人借款，借用交通工具、通讯工具或者其他物品，或者索取、接受当事人及其受托人在购买商品、装修住房以及其他方面给予的好处的；（六）有其他不正当行为，可能影响案件公正审理的。

第 3 条 凡在一个审判程序中参与过本案审判工作的审判人员，不得再参与该案其他程序的审判。但是，经过第二审程序发回重审的案件，在一审法院作出裁判后又进入第二审程序的，原第二审程序中合议庭组成人员不受本条规定的限制。

第 4 条 审判人员应当回避，本人没有自行回避，当事人及其法定代理人也没有申请其回避的，院长或者审判委员会应当决定其回避。

第5条 人民法院应当依法告知当事人及其法定代理人有申请回避的权利，以及合议庭组成人员、书记员的姓名、职务等相关信息。

第6条 人民法院依法调解案件，应当告知当事人及其法定代理人有申请回避的权利，以及主持调解工作的审判人员及其他参与调解工作的人员的姓名、职务等相关信息。

第7条 第二审人民法院认为第一审人民法院的审理有违反本规定第1条至第3条规定的，应当裁定撤销原判，发回原审人民法院重新审判。

第8条 审判人员及法院其他工作人员从人民法院离任后2年内，不得以律师身份担任诉讼代理人或者辩护人。

审判人员及法院其他工作人员从人民法院离任后，不得担任原任职法院所审理案件的诉讼代理人或者辩护人，但是作为当事人的监护人或者近亲属代理诉讼或者进行辩护的除外。

本条所规定的离任，包括退休、调离、解聘、辞职、辞退、开除等离开法院工作岗位的情形。

本条所规定的原任职法院，包括审判人员及法院其他工作人员曾任职的所有法院。

第9条 审判人员及法院其他工作人员的配偶、子女或者父母不得担任其所任职法院审理案件的诉讼代理人或者辩护人。

第10条 人民法院发现诉讼代理人或者辩护人违反本规定第8条、第9条的规定的，应当责令其停止相关诉讼代理或者辩护行为。

第11条 当事人及其法定代理人、诉讼代理人、辩护人认为审判人员有违反本规定行为的，可以向法院纪检、监察部门或者其他有关部门举报。受理举报的人民法院应当及时处理，并将相关意见反馈给举报人。

第12条 对明知具有本规定第1条至第3条规定情形不依法自行回避的审判人员，依照《人民法院工作人员处分条例》的规定予以处分。

对明知诉讼代理人、辩护人具有本规定第8条、第9条规定情形之一，未责令其停止相关诉讼代理或者辩护行为的审判人员，依照《人民法院工作人员处分条例》的规定予以处分。

第13条 本规定所称审判人员，包括各级人民法院院长、副院长、审判委员会委员、庭长、副庭长、审判员和助理审判员。

本规定所称法院其他工作人员，是指审判人员以外的在编工作人员。

第14条 人民陪审员、书记员和执行员适用审判人员回避的有关规定，但不属于本规定第13条所规定人员的，不适用本规定第8条、第9条的规定。

【司发［2015］14 号】 最高人民法院、最高人民检察院、公安部、国家安全部、司法部关于依法保障律师执业权利的规定（2015 年 9 月 16 日）

第 27 条 法庭审理过程中，律师对审判人员、检察人员提出回避申请的，人民法院、人民检察院应当依法作出处理。

【法释［2016］14 号】 最高人民法院关于人民法院特邀调解的规定（2016 年 5 月 23 日最高法审委会［1684 次］通过，2016 年 6 月 28 日公布，2016 年 7 月 1 日起施行）

第 15 条 特邀调解员有下列情形之一的，当事人有权申请回避：（一）是一方当事人或者其代理人近亲属的；（二）与纠纷有利害关系的；（三）与纠纷当事人、代理人有其他关系，可能影响公正调解的。

特邀调解员有上述情形的，应当自行回避；但是双方当事人同意由该调解员调解的除外。

特邀调解员的回避由特邀调解组织或者人民法院决定。

第 16 条 特邀调解员不得在后续的诉讼程序中担任该案的人民陪审员、诉讼代理人、证人、鉴定人以及翻译人员等。

【主席令［2018］4 号】 中华人民共和国人民陪审员法（2018 年 4 月 27 日全国人大常委会［13 届 2 次］通过）

第 18 条 人民陪审员的回避，适用审判人员回避的法律规定。

【法释［2019］5 号】 最高人民法院关于适用《中华人民共和国人民陪审员法》若干问题的解释（2019 年 2 月 18 日最高法审委会［1761 次］通过，2019 年 4 月 24 日公布，2019 年 5 月 1 日起施行；法释［2010］2 号《最高人民法院关于人民陪审员参加审判活动若干问题的规定》同时废止）

第 7 条 当事人依法有权申请人民陪审员回避。人民陪审员的回避，适用审判人员回避的法律规定。

人民陪审员回避事由经审查成立的，人民法院应当及时确定递补人选。

【法释［2019］2 号】 最高人民法院关于技术调查官参与知识产权案件诉讼活动的若干规定（2019 年 1 月 28 日最高法审委会［1760 次］通过，2019 年 3 月 18 日发布，2019 年 5 月 1 日起施行；以本规为准）

第 3 条 参与知识产权案件诉讼活动的技术调查官确定或者变更后，应当在 3 日内告知当事人，并依法告知当事人有权申请技术调查官回避。

第 4 条 技术调查官的回避，参照适用刑事诉讼法、民事诉讼法、行政诉讼法等有关其他人员回避的规定。

第一编 第四章

第5条 在一个审判程序中参与过案件诉讼活动的技术调查官，不得再参与该案其他程序的诉讼活动。

发回重审的案件，在一审法院作出裁判后又进入第二审程序的，原第二审程序中参与诉讼的技术调查官不受前款规定的限制。

【主席令［2019］27号】 中华人民共和国法官法（1995年2月28日全国人大常委会［8届12次］通过，1995年7月1日起施行；2019年4月23日全国人大常委会［13届10次］新修，2019年10月1日起施行）

第23条 法官之间有夫妻关系、直系血亲关系、三代以内旁系血亲以及近姻亲关系的，不得同时担任下列职务：（一）同一人民法院的院长、副院长、审判委员会委员、庭长、副庭长；（二）同一人民法院的院长、副院长和审判员；（三）同一审判庭的庭长、副庭长、审判员；（四）上下相邻两级人民法院的院长、副院长。

第24条 法官的配偶、父母、子女有下列情形之一的，法官应当实行任职回避：（一）担任该法官所任职人民法院辖区内律师事务所的合伙人或者设立人的；（二）在该法官所任职人民法院辖区内以律师身份担任诉讼代理人、辩护人，或者为诉讼案件当事人提供其他有偿法律服务的。

【法发［2020］13号】 最高人民法院关于对配偶父母子女从事律师职业的法院领导干部和审判执行人员实行任职回避的规定（2020年4月17日印发，2020年5月6日起施行；法发［2011］5号《最高人民法院关于对配偶子女从事律师职业的法院领导干部和审判执行岗位法官实行任职回避的规定（试行）》同时废止）

第1条 人民法院工作人员的配偶、父母、子女、兄弟姐妹、配偶的父母、配偶的兄弟姐妹、子女的配偶、子女配偶的父母具有律师身份的，该工作人员应当主动向所在人民法院组织（人事）部门报告。

第2条 人民法院领导干部和审判执行人员的配偶、父母、子女有下列情形之一的，法院领导干部和审判执行人员应当实行任职回避：

（一）担任该领导干部和审判执行人员所任职人民法院辖区内律师事务所的合伙人或者设立人的；

（二）在该领导干部和审判执行人员所任职人民法院辖区内以律师身份担任诉讼代理人、辩护人，或者为诉讼案件当事人提供其他有偿法律服务的。

第3条 人民法院在选拔任用干部时，不得将符合任职回避条件的人员作为法院领导干部和审判执行人员的拟任人选。

第4条 人民法院在招录补充工作人员时，应当向拟招录补充的人员释明本规定的相关内容。

第 5 条　符合任职回避条件的法院领导干部和审判执行人员，应当自本规定生效之日或者任职回避条件符合之日起 30 日内主动向法院组织（人事）部门提出任职回避申请，相关人民法院应当按照有关规定为其另行安排工作岗位，确定职务职级待遇。

第 6 条　符合任职回避条件的法院领导干部和审判执行人员没有按规定主动提出任职回避申请的，相关人民法院应当按照有关程序免去其所任领导职务或者将其调离审判执行岗位。

第 7 条　应当实行任职回避的法院领导干部和审判执行人员的任免权限不在人民法院的，相关人民法院应当向具有干部任免权的机关提出为其办理职务调动或者免职等手续的建议。

第 8 条　符合任职回避条件的法院领导干部和审判执行人员具有下列情形之一的，应当根据情节给予批评教育、诫勉、组织处理或者处分：（一）隐瞒配偶、父母、子女从事律师职业情况的；（二）不按规定主动提出任职回避申请的；（三）采取弄虚作假手段规避任职回避的；（四）拒不服从组织调整或者拒不办理公务交接的；（五）具有其他违反任职回避规定行为的。

第 9 条　法院领导干部和审判执行人员的配偶、父母、子女采取隐名代理等方式在该领导干部和审判执行人员所任职人民法院辖区内从事律师职业的，应当责令该法院领导干部和审判执行人员辞去领导职务或者将其调离审判执行岗位，其本人知情的，应当根据相关规定从重处理。

第 10 条　因任职回避调离审判执行岗位的法院工作人员，任职回避情形消失后，可以向法院组织（人事）部门申请调回审判执行岗位。

第 11 条　本规定所称父母，是指生父母、养父母和有扶养关系的继父母。

本规定所称子女，是指婚生子女、非婚生子女、养子女和有扶养关系的继子女。

本规定所称从事律师职业，是指担任律师事务所的合伙人、设立人，或者以律师身份担任诉讼代理人、辩护人，或者以律师身份为诉讼案件当事人提供其他有偿法律服务。

本规定所称法院领导干部，是指各级人民法院的领导班子成员及审判委员会委员。

本规定所称审判执行人员，是指各级人民法院立案、审判、执行、审判监督、国家赔偿等部门的领导班子成员、法官、法官助理、执行员。

本规定所称任职人民法院辖区，包括法院领导干部和审判执行人员所任职人民法院及其所辖下级人民法院的辖区。专门人民法院及其他管辖区域与行政辖区不一致的人民法院工作人员的任职人民法院辖区，由解放军军事法院和相关高级人民法院根据有关规定或者实际情况确定。

【法发〔2020〕29号】 **《中华人民共和国人民陪审员法》实施中若干问题的答复**（最高法、司法部2020年8月11日印发）

18. 人民陪审员是否适用法官法中法官任职回避的规定？

答：人民陪审员适用民事、刑事、行政诉讼法中诉讼回避的规定，不适用法官法中法官任职回避的规定。

【高检发释字〔2021〕1号】 **人民检察院民事诉讼监督规则**（2021年2月9日最高检检委会〔13届62次〕通过，2021年6月26日公布，2021年8月1日起施行）

第12条 检察人员有《中华人民共和国民事诉讼法》第44条（现第47条）规定情形之一的，应当自行回避，当事人有权申请他们回避。

前款规定，适用于书记员、翻译人员、鉴定人、勘验人等。

第13条 检察人员自行回避的，可以口头或者书面方式提出，并说明理由。口头提出申请的，应当记录在卷。

第14条 当事人申请回避，应当在人民检察院作出提出抗诉或者检察建议等决定前以口头或者书面方式提出，并说明理由。口头提出申请的，应当记录在卷。根据《中华人民共和国民事诉讼法》第44条（现第47条）第2款规定提出回避申请的，应当提供相关证据。

被申请回避的人员在人民检察院作出是否回避的决定前，应当暂停参与本案工作，但案件需要采取紧急措施的除外。

第15条 检察人员有应当回避的情形，没有自行回避，当事人也没有申请其回避的，由检察长或者检察委员会决定其回避。

第16条 检察长的回避，由检察委员会讨论决定；检察人员和其他人员的回避，由检察长决定。检察委员会讨论检察长回避问题时，由副检察长主持，检察长不得参加。

第17条 人民检察院对当事人提出的回避申请，应当在3日内作出决定，并通知申请人。申请人对决定不服的，可以在接到决定时向原决定机关申请复议一次。人民检察院应当在3日内作出复议决定，并通知复议申请人。复议期间，被申请回避的人员不停止参与本案工作。

【法释〔2022〕11号】 **最高人民法院关于适用《中华人民共和国民事诉讼法》的解释**（"法释〔2015〕5号"公布，2015年2月4日起施行；根据法释〔2020〕20号《决定》修正，2021年1月1日起施行；2022年3月22日最高法

审委会［1866 次］修正，2022 年 4 月 1 日公布，2022 年 4 月 10 日起施行；以本规为准）

第 43 条 审判人员有下列情形之一的，应当自行回避，当事人有权申请其回避：（一）是本案当事人或者当事人近亲属的；（二）本人或者其近亲属与本案有利害关系的；（三）担任过本案的证人、鉴定人、辩护人、诉讼代理人、翻译人员的；（四）是本案诉讼代理人近亲属的；（五）本人或者其近亲属持有本案非上市公司当事人的股份或者股权的；（六）与本案当事人或者诉讼代理人有其他利害关系，可能影响公正审理的。

第 44 条 审判人员有下列情形之一的，当事人有权申请其回避：（一）接受本案当事人及其受托人宴请，或者参加由其支付费用的活动的；（二）索取、接受本案当事人及其受托人财物或者其他利益的；（三）违反规定会见本案当事人、诉讼代理人的；（四）为本案当事人推荐、介绍诉讼代理人，或者为律师、其他人员介绍代理本案的；（五）向本案当事人及其受托人借用款物的；（六）有其他不正当行为，可能影响公正审理的。

第 45 条 在一个审判程序中参与过本案审判工作的审判人员，不得再参与该案其他程序的审判。

发回重审的案件，在一审法院作出裁判后又进入第二审程序的，原第二审程序中审判人员/合议庭组成人员不受前款规定的限制。

第 46 条 审判人员有应当回避的情形，没有自行回避，当事人也没有申请其回避的，由院长或者审判委员会决定其回避。

第 47 条 人民法院应当依法告知当事人对合议庭组成人员、独任审判员和书记员等人员有申请回避的权利。

第 48 条 民事诉讼法第 47 条所称的审判人员，包括参与本案审理的人民法院院长、副院长、审判委员会委员、庭长、副庭长、审判员、助理审判员和人民陪审员。

第 49 条 书记员和执行员适用审判人员回避的有关规定。

【法释［2023］4 号】 最高人民法院关于具有专门知识的人民陪审员参加环境资源案件审理的若干规定（2023 年 4 月 17 日最高法审委会［1885 次］通过，2023 年 7 月 27 日公布，2023 年 8 月 1 日起施行）（详见《刑事诉讼法全厚细》第 13 条）

第 11 条 符合法律规定的审判人员应当回避的情形，或所在单位与案件有利害关系的，具有专门知识的人民陪审员应当自行回避。当事人也可以申请具有专门知识的人民陪审员回避。

● **高法判例** 【［2018］最高法民申459号】 普某与投资公司、市国土资源局土地储备中心、房地产开发公司租赁合同纠纷申请再审案（最高法2018年3月30日民事裁定）

裁判摘要： 本案中，一审法院保管案涉被扣留物品属于依法履职行为，没有自己的特殊利益，与本案无利害关系。而且，《中华人民共和国民事诉讼法》对回避的规定针对的是案件审判人员及相关人员，其对象并非某个法院，普某关于一审法院应当回避的请求，无法律依据，故一审不存在程序违法情形。

● **文书格式** 【法［2016］221号】 民事诉讼文书样式（2016年2月22日最高法审委会［1679次］通过，2016年6月28日公布，2016年8月1日起施行）

（本书对格式略有调整）

申请书（申请回避用）①

申请人：×××，男/女，×年×月×日生，×族，……（写明工作单位和职务或职业），住……。联系方式：……。（★申请人是法人或其他组织的，本段写明名称、住所）

法定代理人/指定代理人②：×××，……。（★申请人是法人或其他组织的，本段写明法定代表人、主要负责人及其姓名、职务、联系方式）

委托诉讼代理人：×××，……。（申请时已经委托诉讼代理人的，写明此项）

（以上写明申请人和其他诉讼参与人的姓名或者名称等基本信息）

请求事项：

申请你院（××××）……民初……号……（写明当事人和案由）一案的×××③（写明被申请回避人的诉讼地位和姓名）回避。

事实和理由：

……（写明申请回避的事实和理由）

此致：××人民法院

申请人（签名或公章）
×年×月×日

---

① 注：当事人提出回避申请，应当说明理由，在案件开始审理时提出；回避事由在案件开始审理后知道的，也可以在法庭辩论终结前提出。

② 注：申请人是无民事行为能力人或限制民事行为能力人的，应当写明法定代理人姓名、性别、出生日期、民族、职业、工作单位、住所、联系方式，在诉讼地位后括注与申请人的关系。

③ 被申请回避人员可以是审判人员、执行员、书记员、翻译人员、鉴定人、勘验人等。其中审判人员包括参与本案审理的法院院长、副院长、审委会委员、庭长、副庭长、审判员、助理审判员和人民陪审员。

决定书（准许＼驳回回避申请）

（××××）……号

申请人：×××，……。

（以上写明申请人及其代理人的姓名或名称等基本信息）

本院在审理/执行……（写明当事人及案由）一案中，×××于×年×月×日申请……（写明被申请人的诉讼地位和姓名）回避。理由是：……（概述申请回避的理由）。

本院院长/审判委员会/本案审判长认为，……（写明准许或者驳回回避申请的理由）。

依照《中华人民共和国民事诉讼法》第49条、第50条规定，决定如下：

准许╲驳回×××提出的回避申请。

如不服本决定，可以在接到决定书时向本院申请复议一次。

×年×月×日（院印）

复议申请书（申请对驳回回避申请决定复议用）①

复议申请人：×××，男/女，×年×月×日生，×族，……（写明工作单位和职务或职业），住……。联系方式：……（★复议申请人是法人或其他组织的，本段写明名称、住所）

法定代理人/指定代理人②：×××，……。（★复议申请人是法人或其他组织的，本段写明法定代表人、主要负责人及其姓名、职务、联系方式）

委托诉讼代理人：×××，……。（申请复议时已经委托诉讼代理人的，写明此项）

（以上写明复议申请人和其他诉讼参与人的姓名或者名称等基本信息）

请求事项：

请求对你院（××××）……号一案驳回回避申请的决定进行复议。

1. 撤销驳回回避申请决定；

2. 决定③×××（写明被申请回避人员的诉讼地位和姓名）回避。

事实和理由：

复议申请人在你院（××××）……号……（写明当事人和案由）一案中，向你院申请……（写明被申请回避人员的诉讼地位和姓名）回避。你院（××××）……号决定书驳回回避申请。

---

① 注：当事人对驳回回避申请决定不服的，可以在接到决定时申请复议1次。

② 注：复议申请人是无民事行为能力人或限制民事行为能力人的，应当写明法定代理人姓名、性别、出生日期、民族、职业、工作单位、住所、联系方式，在诉讼地位后括注与复议申请人的关系。

③ 注：如果是法院工作人员主动申请回避，则此处措辞为"准许"。

……（写明申请复议的事实和理由）

此致：××人民法院

复议申请人（签名或公章）

×年×月×日

复议决定书（驳回\ 准许回避复议申请）

（××××）……号

复议申请人：×××，……。

（以上写明复议申请人及其代理人的姓名或名称等基本信息）

本院在审理/执行……（写明当事人及案由）一案中，×××于×年×月×日申请……（写明被申请人的诉讼地位和姓名）回避。本院于×年×月×日作出（××××）……号驳回回避申请的决定后，×××不服，申请复议。理由是：……（概述申请复议的理由）。

经复议，本院院长/审判委员会/本案审判长认为，……（写明驳回或准许复议申请的理由）。

依照《中华人民共和国民事诉讼法》第49条、第50条规定，决定如下：

（驳回复议申请的，写明：）驳回复议申请，维持原决定。

（准许复议申请的，写明：）

一、撤销本院×年×月×日作出的（××××）……号驳回回避申请决定；

二、准许×××提出的回避申请。

本决定为最终决定。

×年×月×日（院印）

民事诉讼法全厚细

第五章　诉讼参加人

第一节　当事人

> **第 51 条**[19910409]　【当事人范围】公民、法人和其他组织①/有诉讼权利能力的人可以作为民事诉讼的当事人。

---

① 注：《民法典》的相应表述为"自然人""法人""非法人组织"。2020 年 12 月 29 日最高法公布的 5 批司法解释修改决定（法释〔2020〕17-21 号，共修改司法解释 111 件）也将"法人或者其他组织"统一修改为"法人或者非法人组织"。

法人由其法定代表人进行诉讼。其他组织由其主要负责人进行诉讼。/企业事业单位、机关、团体可以作为民事诉讼的当事人，由这些单位的主要负责人作为法定代表人。

（插）**第59条（第2款）**[19910409]　**【第三人参加诉讼】**对当事人双方/争议的诉讼标的，第三人虽然没有独立请求权，但案件处理结果同他有法律上的利害关系的，可以申请参加诉讼，或者由人民法院通知他参加诉讼。人民法院判决承担民事责任的第三人，有当事人的诉讼权利义务。

（插）**第135条**　**【追加当事人】**必须共同进行诉讼的当事人没有参加诉讼的，人民法院应当通知其参加诉讼。

第90条　起诉或者应诉的人不符合当事人条件的，人民法院应当通知符合条件的当事人参加诉讼，更换不符合条件的当事人。[19910409]

● **相关规定**　**【主席令［2020］45号】**　**中华人民共和国民法典**（2020年5月28日全国人大［13届3次］通过，2021年1月1日起施行）

第18条　成年人为完全民事行为能力人，可以独立实施民事法律行为。

16周岁以上的未成年人，以自己的劳动收入为主要生活来源的，视为完全民事行为能力人。

第57条　法人是具有民事权利能力和民事行为能力，依法独立享有民事权利和承担民事义务的组织。[①]

第59条　法人的民事权利能力和民事行为能力，从法人成立时产生，到法人终止时消灭。

第61条　依照法律或者法人章程的规定，代表法人从事民事活动的负责人，为法人的法定代表人。

法定代表人以法人名义从事的民事活动，其法律后果由法人承受。

法人章程或者法人权力机构对法定代表人代表权的限制，不得对抗善意相对人。

第62条　法定代表人因执行职务造成他人损害的，由法人承担民事责任。

法人承担民事责任后，依照法律或者法人章程的规定，可以向有过错的法定

---

① 注：根据《民法典》第76、87、96条的规定，法人为分"营利法人"（有限责任公司、股份有限公司和其他企业法人）、"非营利法人"（事业单位、社会团体、基金会、社会服务机构）、"特别法人"（机关法人、农村集体经济组织法人、城镇农村的合作经济组织法人、基层群众性自治组织法人）。

代表人追偿。

第67条 法人合并的，其权利和义务由合并后的法人享有和承担。

法人分立的，其权利和义务由分立后的法人享有连带债权，承担连带债务，但是债权人和债务人另有约定的除外。

第68条 有下列原因之一并依法完成清算、注销登记的，法人终止：（一）法人解散；（二）法人被宣告破产；（三）法律规定的其他原因。

法人终止，法律、行政法规规定须经有关机关批准的，依照其规定。

第69条 有下列情形之一的，法人解散：（一）法人章程规定的存续期间届满或者法人章程规定的其他解散事由出现；（二）法人的权力机构决议解散；（三）因法人合并或者分立需要解散；（四）法人依法被吊销营业执照、登记证书，被责令关闭或者被撤销；（五）法律规定的其他情形。

第74条 法人可以依法设立分支机构。法律、行政法规规定分支机构应当登记的，依照其规定。

分支机构以自己的名义从事民事活动，产生的民事责任由法人承担；也可以先以该分支机构管理的财产承担，不足以承担的，由法人承担。

第75条 设立人为设立法人从事的民事活动，其法律后果由法人承受；法人未成立的，其法律后果由设立人承受，设立人为2人以上的，享有连带债权，承担连带债务。

设立人为设立法人以自己的名义从事民事活动产生的民事责任，第三人有权选择请求法人或者设立人承担。

第102条 非法人组织是不具有法人资格，但是能够依法以自己的名义从事民事活动的组织。

非法人组织包括个人独资企业、合伙企业、不具有法人资格的专业服务机构等。

第104条 非法人组织的财产不足以清偿债务的，其出资人或者设立人承担无限责任。法律另有规定的，依照其规定。

第105条 非法人组织可以确定1人或者数人代表该组织从事民事活动。

第106条 有下列情形之一的，非法人组织解散：（一）章程规定的存续期间届满或者章程规定的其他解散事由出现；（二）出资人或者设立人决定解散；（三）法律规定的其他情形。

【民他字［1987］51号】 最高人民法院关于经鉴证的合同发生纠纷可否追加鉴证机关工商行政管理局为诉讼第三人问题的批复（1987年10月7日答复江西高院"［87］赣法民字第23号"请示）

据所报材料述称，高家俊的一般52吨木壳机动船，于1985年6月在泰和县永昌码头沉没受损后，高家俊即与于都县罗坳乡农民徐六林签订了承揽改建该船舶的合同，并于同年 8 月 8 日，双方到于都县工商行政管理局作了鉴证。双方因履行合同发生纠纷。于都县工商行政管理局在调查处理中发现徐六林既无营业执照，又无技术力量，但仍召集双方修改合同，继续履行合同。高家俊自行掌管现金开支，徐六林组织人员购料开工。由于双方未能按合同履行而引起诉讼。经于都县人民法院判决后，高家俊在上诉中，要求合同鉴证机关于都县工商局承担民事责任。你院对可否追加于都县工商行政管理局为第三人承担民事责任问题，向本院请示。

经研究认为，本案系承揽扩修船舶合同纠纷。由于当事人违反合同规定而造成的经济损失，应按照合同规定，由有过错的当事人承担。于都县工商行政管理局不是该合同当事人，不宜追加为本案的第三人。

【法经（复）［1987］号】　最高人民法院经济审判庭关于人民法院通知已撤销单位的主管部门应诉后工商部门在行政干预下又将已撤销的单位予以恢复应如何确定当事人问题的电话答复（1987 年 11 月 30 日答复江西高院"赣法经［1987］第12 号"请示）

一、国务院国发［1985］102 号文件中"呈报单位和各级人民政府、各有关部门，要对成立公司认真进行审核，因审核不当而造成严重后果的，要承担经济、法律责任"的规定，并非仅限于公司被撤销或关闭后，审核部门才承担经济、法律责任。只要是因审核不当而造成严重后果的，无论公司是否被撤销或关闭，均应承担连带责任。根据你院所报材料，桃花工业供销公司营业执照主管部门栏内盖有乡人民政府公章；公司成立时谎报资金 15 万元；桃花乡企业工业办公室从公司收取的原告赣州地区轻化建材公司预付货款中提取了 6 万元，公司的利润、积累和乡工业办公室的收入全部由乡人民政府统一使用，这说明桃花工业供销公司同桃花乡政府在财务方面是一体的，桃花乡政府对桃花工业供销公司的债务应负连带清偿责任。桃花工业供销公司如未被撤销，应与桃花乡政府作为共同被告；如已撤销又有清算组织的，其清算组织应与桃花乡政府作为共同被告；如已撤销又无清算组织的，则应由桃花乡政府作为被告。

二、南昌市郊区工商局在行政干预下，于 1987 年 9 月 16 日作出的"恢复桃花工业供销公司，但不能经营"的书面通知，如确有错误，应由作出通知的工商局予以纠正。

三、桃花工业供销公司下属的副食品加工厂是用本案原告部分预付款开办起来的，该厂已濒临倒闭，其占用的财产应用来清偿桃花工业供销公司的债务。

四、此案不宜由江西省高级法院作一审。

【法经（复）[1988]号】 **最高人民法院经济审判庭关于合同公证失误公证机关能否作为被告问题的电话答复**（1988年9月2日答复陕西高院"陕高法经字[1987]第13号"请示）

公证机关依照法定程序，证明经济合同的真实性和合法性，是国家对经济合同进行管理和监督的一项法律形式。签订经济合同，申请经济合同公证和履行经济合同中规定的权利和义务取决于经济合同当事人的意愿。公证机关对经济合同公证不当或者错误，不属于民法通则第121条规定的国家机关或者国家机关工作人员在执行职务中，侵犯公民、法人合法权益的行为。国家有关法律、法规也未对作出公证不当或者错误的可以向法院起诉的规定。因此，同意你院意见，在尚无明确法律规定之前，凡当事人对公证不当或者错误而将公证机关作为被告，要求公证机关赔偿损失向人民法院起诉的，人民法院不予受理。

【法经（复）[1988]号】 **最高人民法院经济审判庭关于当事人及其直接主管部门均被撤销是否将主管部门的上级部门列为当事人问题的电话答复**（1988年12月23日答复河南高院"[1988]豫法经字第16号"请示）

开封市皮革工业公司劳动服务公司诉郑州市新密区城建环保局建材公司（简称"建材公司"）购销合同货款纠纷案，受诉法院依法裁定查封的建材公司的财产在建材公司被撤销后，由新密区人民政府成立的清财小组擅自作了处理。对此，新密区人民政府应当承担责任。现新密区人民政府和建材公司的开办单位区城建环保局均被撤销，其一切善后工作由郑州市人民政府派出的工作组负责处理，因此，受诉法院可将郑州市人民政府列为本案被告，由其在法院查封的建材公司的财产范围内承担民事责任。

【法经复[1988]45号】 **最高人民法院关于信用社违反规定手续退汇给他人造成损失应当承担民事责任的批复**（1988年10月18日答复湖北高院"鄂法[1988]经字第25号"请示）

1985年12月12日，湖北省农牧工商联合公司电汇92000元货款给湖北省建始县高店子镇收购站。后因该收购站无货可供，双方于1986年元月3日到花园乡信用社办理了汇款手续，信用社收取了汇费，结算了全部货款利息，发出了盖有信用社公章和其负责人私章的"收购站退汇湖北省农牧工商联合公司货款92036.70元"的汇款证明，该证明由联合公司带回武汉。同年元月4日，收购站独自到花园乡信用社要求撤销汇款，信用社负责人在未收回原汇款证明的情况下撤销了汇款，收购站即将该款项支解，使联合公司蒙受了经济损失。

花园乡信用社违反《中国人民银行结算办法》第10条第7项"汇款单位对汇出款项，要求退汇时，应备正式函件、携带原汇款回单向汇出行申请退汇"

的规定，不仅没有"准确及时地办理结算"将货款及时汇给收款人，反而在未收回自己出具的汇款证明、申请人手续不全的情况下办理了退汇手续，从而给收款人联合公司造成了经济损失。参照《中华人民共和国民法通则》第106条第1款和第2款规定之精神，可以将信用社作为诉讼当事人，依法追究其民事责任。

【法（经）复〔1988〕50号】　最高人民法院关于审理劳动争议案件诉讼当事人问题的批复（1988年10月19日答复陕西高院"陕高法研〔1988〕43号"请示）

劳动争议当事人不服劳动争议仲裁委员会的仲裁决定，向人民法院起诉，争议双方仍然是企业与职工。双方当事人在适用法律上和诉讼地位上是平等的。此类案件不是行政案件。人民法院在审理时，应以争议的双方为诉讼当事人，不应把劳动争议仲裁委员会列为被告或第三人。

【民他字〔1989〕41号】　最高人民法院关于未成年的侵权人死亡其父母作为监护人能否成为诉讼主体问题的函（1990年1月20日答复内蒙古高院"〔1989〕内法民字第8号"请示）

经研究认为，未成年人阿拉腾乌拉携带其父额尔登巴图藏在家中的炸药到那木斯来家玩耍，将炸药引爆，炸毁那木斯来家房屋顶棚及部分家具。那木斯来以额尔登巴图为被告要求赔偿损失，人民法院应依法受理，并依据民法通则及婚姻法的有关规定妥善处理。

【法民〔1990〕8号】　最高人民法院关于第二审人民法院因追加、更换当事人发回重审的民事裁定书上应如何列当事人问题的批复（1990年4月14日答复山东高院"鲁法（经）函〔1990〕19号"请示）

第二审人民法院审理需要追加或更换当事人的案件，如调解不成，应发回重审。在发回重审的民事裁定书上，不应列被追加或更换的当事人。

【法（经）函〔1990〕36号】　最高人民法院关于国营9344厂诉九江市甘棠工商企业贸易经理部购销钢材合同预付货款纠纷一案应将九江市农行列为当事人问题的复函（1990年5月25日答复江西高院"赣法（经）请〔1990〕1号"请示）

国营9344厂与九江市甘棠信托贸易服务公司（甘棠工商企业贸易经理部的前身）于1985年元月24日签订合同后，中国农业银行九江市支行信托部（现已撤销）超越职权予以鉴证。同年2月7日，该信托部使用特种转帐支票从9344厂电汇给九江市甘棠信托贸易服务公司的预付货款中扣划40万元抵作该服务公司的未到期贷款，使合同不能履行，损害了原告的利益。因此，可将信托部的主管单位九江市农行（即中国农业银行九江市支行）列为本案第三人。

【法（经）函［1990］62号】 最高人民法院关于未被学校聘用的人员在外租赁企业其主体资格如何认定问题的复函（1990年9月3日答复宁夏高院"［1990］宁法发字第33号"请示）

本案合同当事人一方晋学礼系银川市第六中学未被聘用的教师，自1988年8月起每月从学校领取70%的工资。1989年3月23日，晋学礼经学校同意，与银川市郊区光华实业公司签订了为期2年（1989年5月1日至1991年4月30日）的企业租赁合同。合同签订后，学校虽限期晋学礼调离，但未办理调动手续，也未停发其工资。根据国务院国发［86］27号《国务院关于发布〈关于实行专业技术职务聘任制度的规定〉的通知》和国务院国发［1986］73号《国务院关于促进科技人员合理流动的通知》，应允许和鼓励未被聘任的专业技术人员到其他单位去工作，且晋签订租赁经营合同是经学校同意的，故对晋学礼在企业租赁合同中的主体资格，不应以其尚未调出学校，未停发70%的工资为由，而认定晋不具备合同主体资格。至于其调动和工资问题，应由当地主管部门根据有关规定处理。

【法（经）函［1991］11号】 最高人民法院关于在经济纠纷案件审理中追加第三人的函（1991年2月8日答复湖南高院"湘法经请字［1990］第4号"请示）

一、本案应当适用经国务院批准的《公路货物运输合同实施细则》。该细则的制定符合《经济合同法》第56条的规定，细则第17条第2项关于承运方免责事由的规定与《经济合同法》第41条的规定并无矛盾。

二、本案作为托运人诉承运人的公路货物运输合同货损赔偿纠纷，应将肇事车主郭瑞根列入第三人。

【法经［1994］269号】 最高人民法院关于中外合资经营企业对外发生经济合同纠纷，控制合营企业的外方与卖方有利害关系，合营企业的中方应以谁的名义向人民法院起诉问题的复函（见本书第288条）

【法释［1997］8号】 最高人民法院关于审理存单纠纷案件的若干规定（1997年11月25日最高法审委会［946次］通过，1997年12月11日公布，1997年12月13日起施行；根据法释［2020］18号《决定》修正，2021年1月1日起施行）

第6条 对以存单为表现形式的借贷纠纷案件的认定和处理

（三）当事人的确定：出资人起诉金融机构的，人民法院应通知用资人作为第三人参加诉讼；出资人起诉用资人的，人民法院应通知金融机构作为第三人参加诉讼；公款私存的，人民法院在查明款项的真实所有人基础上，应通知款项的真实所有人为权利人参加诉讼，与存单记载的个人为共同诉讼人。该个人申请退出诉讼的，人民法院可予准许。

【法函［1997］98 号】　　最高人民法院关于领取营业执照的证券公司营业部是否具有民事诉讼主体资格的复函（1997 年 8 月 22 日答复上海高院"［1997］沪高经他字第 4 号"请示）

证券公司营业部是经中国人民银行或其授权的分支机构依据《中华人民共和国银行法》的有关规定批准设立，专营证券交易等业务的机构。其领有《经营金融业务许可证》和《营业执照》，具有一定的运营资金和在核准的经营范围内开展证券交易等业务的行为能力。根据最高人民法院《关于适用〈中华人民共和国民事诉讼法〉若干问题的意见》第 40 条第（5）项之规定，证券公司营业部可以作为民事诉讼当事人。

【法释［2000］32 号】　　最高人民法院关于审理票据纠纷案件若干问题的规定（2000 年 2 月 24 日最高法审委会［1102 次］通过，2000 年 11 月 14 日公布，2000 年 11 月 21 日起施行；根据法释［2020］18 号《决定》修正，2021 年 1 月 1 日起施行）

第 35 条　　失票人因请求出票人补发票据或者请求债务人付款遭到拒绝而向人民法院提起诉讼的，被告为与失票人具有票据债权债务关系的出票人、拒绝付款的票据付款人或者承兑人。

【法经［2000］23 号函】　　最高人民法院关于人民法院不宜以一方当事人公司营业执照被吊销，已丧失民事诉讼主体资格为由，裁定驳回起诉问题的复函（2000 年 1 月 29 日答复甘肃高院"［1999］甘经终字第 193 号"请示）

吊销企业法人营业执照，是工商行政管理局对实施违法行为的企业法人给予的一种行政处罚。根据《中华人民共和国民法通则》第 40 条、第 46 条和《中华人民共和国企业法人登记管理条例》第 33 条的规定，企业法人营业执照被吊销后，应当由其开办单位（包括股东）或者企业组织清算组依法进行清算，停止清算范围外的活动。清算期间，企业民事诉讼主体资格依然存在。本案中人民法院不应以甘肃新科工贸有限责任公司（以下简称新科公司）被吊销企业法人营业执照，丧失民事诉讼主体资格为由，裁定驳回起诉。本案债务人新科公司在诉讼中被吊销企业法人营业执照后，至今未组织清算组依法进行清算，因此，债权人兰州岷山制药厂以新科公司为被告，后又要求追加该公司全体股东为被告，应当准许，追加该公司的股东为共同被告参加诉讼，承担清算责任。

【法经［2000］24号函】 最高人民法院关于企业法人营业执照被吊销后，**其民事诉讼地位如何确定的复函**（2000年1月29日答复辽宁高院）

吊销企业法人营业执照，是工商行政管理机关依据国家工商行政法规对违法的企业法人作出的一种行政处罚。企业法人被吊销营业执照后，应当依法进行清算，清算程序结束并办理工商注销登记后，该企业法人才归于消灭。因此，企业法人被吊销营业执照后至被注销登记前，该企业法人仍应视为存续，可以自己的名义进行诉讼活动。如果该企业法人组成人员下落不明，无法通知参加诉讼，债权人以被吊销营业执照企业的开办单位为被告起诉的，人民法院也应予以准许。该开办单位对被吊销营业执照的企业法人，如果不存在投资不足或者转移资产逃避债务情形的，仅应作为企业清算人参加诉讼，承担清算责任。你院请示中涉及的问题，可参照上述精神办理。

【法释［2001］5号】 最高人民法院关于审理植物新品种纠纷案件若干问题的解释（2000年12月25日最高法审委会［1154次］通过，2001年2月5日公布，2001年2月14日起施行；根据法释［2020］19号《决定》修正，2021年1月1日起施行）

第5条 ……关于实施强制许可使用费纠纷案件，应当根据原告所请求的事项和所起诉的当事人确定被告。

【法释［2007］1号】 最高人民法院关于审理侵害植物新品种权纠纷案件**具体应用法律问题的若干规定**（2006年12月25日最高法审委会［1411次］通过《关于审理侵犯……若干规定》，2007年1月12日公布，2007年2月1日起施行；根据法释［2020］19号《决定》修正并改名，2021年1月1日起施行）

第1条 植物新品种权所有人（以下称品种权人）或者利害关系人认为植物新品种权受到侵害/侵犯的，可以依法向人民法院提起诉讼。

前款所称利害关系人，包括植物新品种实施许可合同的被许可人、品种权财产权利的合法继承人等。

独占实施许可合同的被许可人可以单独向人民法院提起诉讼；排他实施许可合同的被许可人可以和品种权人共同起诉，也可以在品种权人不起诉时，自行提起诉讼；普通实施许可合同的被许可人经品种权人明确授权，可以提起诉讼。

【法释［2002］22号】 最高人民法院关于产品侵权案件的受害人能否以产品的商标所有人为被告提起民事诉讼的批复（2002年7月4日最高法审委会［1229次］通过，2002年7月11日公布，答复北京高院"京高法［2001］271号"请示，2002年7月28日起施行；根据法释［2020］20号《决定》修正，

2021 年 1 月 1 日起施行)

经研究,我们认为,任何将自己的姓名、名称、商标或者可资识别的其他标识体现在产品上,表示其为产品制造者的企业或个人,均属于《中华人民共和国民法典》和《中华人民共和国产品质量法》规定的"生产者"。本案中美国通用汽车公司为事故车的商标所有人,根据受害人的起诉和本案的实际情况,本案以通用汽车公司、通用汽车海外公司、通用汽车巴西公司为被告并无不当。

【民立他字〔2002〕46 号】　　最高人民法院关于金湖新村业主委员会是否具备民事诉讼主体资格请示一案的复函 (2003 年 8 月 20 日答复安徽高院"〔2002〕皖民一终字第 112 号"请示)①

根据《中华人民共和国民事诉讼法》第 49 条 (现第 51 条)、最高人民法院《关于适用〈中华人民共和国民事诉讼法〉若干问题的意见》第 40 条的规定,金湖新村业主委员会符合"其他组织"条件,对房地产开发单位未向业主委员会移交住宅区规划图等资料、未提供配套公用设施、公用设施专项费、公共部位维护费及物业管理用房、商业用房的,可以自己名义提起诉讼。

【民立他字〔2005〕8 号】　　最高人民法院关于春雨花园业主委员会是否具有民事诉讼主体资格的复函 (2005 年 8 月 15 日答复安徽高院"〔2004〕皖民一他字第 34 号"请示)②

根据《物业管理条例》规定,业主委员会是业主大会的执行机构,根据业主大会的授权对外代表业主进行民事活动,所产生的法律后果由全体业主承担。业主委员会与他人发生民事争议的,可以作为被告参加诉讼。

【民立他字〔2006〕23 号】　　最高人民法院关于村民小组诉讼权利如何行使的复函 (2006 年 7 月 14 日答复河北高院"〔2005〕冀民一请字第 1 号"请示)③

遵化市小厂乡头道城村第三村民小组 (以下简称第三村民小组) 可以作为民事诉讼当事人。以第三村民小组为当事人的诉讼应以小组长作为主要负责人提起。小组长以村民小组的名义起诉和行使诉讼权利应当参照《中华人民共和国村民委

---

① 最高人民法院立案庭:《立案工作指导与参考》2003 年第 3 卷,人民法院出版社 2003 年 12 月第 1 版。

② 注:安徽高院认为最高法民立他字〔2002〕46 号《复函》基于《安徽省城市住宅物业管理暂行办法》规定,业主委员会还有一定财产的使用权、管理权、所有权;而今国务院《物业管理条例》并未规定业主委员会有相关财产的所有权、支配权,只是由业主选举出来实行自治管理的民间组织,不能独立承担民事责任。若作为诉讼主体参加诉讼,在需要承担民事赔偿责任时,因其本身无独立财产,其责任最终或由业主承担,或使判决不能执行。故倾向于认为业主委员会没有民事诉讼主体资格。

③ 最高人民法院立案庭:《立案工作指导》2006 年第 1 辑,人民法院出版社 2006 年 10 月第 1 版。

员会组织法》①第 17 条（现第 22 条）履行民主议定程序。参照《河北省村民委员会选举办法》第 30 条，小组长被依法追究刑事责任的，自人民法院判决书生效之日起，其小组长职务相应终止，应由村民小组另行推选小组长进行诉讼。

【法刊文摘】 审查立案若干疑难问题解答（二）（浙江高院立案庭撰稿，《立案工作指导与参考》2003 年第 2 卷，人民法院出版社 2003 年 10 月）

49. 企业法人解散、歇业、撤销、被吊销营业执照的，如何确定诉讼主体?《中华人民共和国公司法》第 191 条（现第 233 条）、《中华人民共和国合伙企业法》第 59 条（现第 86 条）、《中华人民共和国个人独资企业法》第 27 条等法条均规定，企业解散应当进行清算。企业法人资格自债权债务清理完毕，并办理注销登记之日终止。企业法人解散、歇业、撤销、被吊销营业执照后未经清算，且未注销登记的，应当由原企业作为诉讼主体。根据最高人民法院《关于贯彻执行〈中华人民共和国民法通则〉若干问题的意见》第 60 条的规定，对于涉及终止企业法人债权债务的民事诉讼，清算组织可以用自己的名义参加诉讼，因此，企业法人解散、歇业、撤销、被吊销营业执照后有清算组织的，应当以清算组织为诉讼主体。对于未成立清算组织的，应由清算义务人作为诉讼主体。清算义务人应根据解散、歇业、撤销、被吊销营业执照、注销登记企业的不同形态分别确定。非公司制的国有企业法人的清算义务人为该企业法人的主管部门；非公司制的集体企业法人的清算义务人为该企业法人的开办者或投资人；有限责任公司的清算义务人为该公司的所有股东；股份有限公司以该公司章程规定负有清算责任的股东、或股东大会选定的股东为清算义务人，股东大会不能选定的，派员担任董事会成员的股东为清算义务人；法人型联营业以该企业的投资者为清算义务人；外资企业应根据《外商投资企业清算办法》进行清算，未成立清算组织的，各方股东为清算义务人。中外合资、中外合作企业外方已不存在的，中方股东应通过申请特别清算程序对企业进行特别清算，成立特别清算委员会，未成立特别清算委员会的，中方股东为清算义务人，第三人在工商部门承诺企业法人注销登记后遗留的债权债务由其负责清算的，该第三人为该企业法人的清算义务人。

【法释［2003］1 号】 最高人民法院关于审理与企业改制相关民事纠纷案件若干问题的规定（2002 年 12 月 3 日最高法审委会［1259 次］通过，2003 年 1 月 3 日公布，2003 年 2 月 1 日起施行；根据法释［2020］18 号《决定》修正，

---

① 注：1998 年版《村民委员会组织法》第 17 条：村民会议由本村 18 周岁以上的村民组成。//召开村民会议，应当有本村 18 周岁以上村民的过半数参加，或者有本村 2/3 以上的户的代表参加，所作决定应当经到会人员的过半数通过。必要的时候，可以邀请驻在本村的企业、事业单位和群众组织派代表列席村民会议。

2021 年 1 月 1 日起施行）

二、企业公司制改造

第 4 条　国有企业依公司法整体改造为国有独资有限责任公司的，原企业的债务，由改造后的有限责任公司承担。

第 5 条　企业通过增资扩股或者转让部分产权，实现他人对企业的参股，将企业整体改造为有限责任或者股份有限公司的，原企业债务由改造后的新设公司承担。

第 6 条　企业以其部分财产和相应债务与他人组建新公司，对所转移的债务债权人认可的，由新组建的公司承担民事责任；对所转移的债务未通知债权人或者虽通知债权人，而债权人不予认可的，由原企业承担民事责任。原企业无力偿还债务，债权人就此向新设公司主张债权的，新设公司在所接收的财产范围内与原企业承担连带民事责任。

第 7 条　企业以其优质财产与他人组建新公司，而将债务留在原企业，债权人以新设公司和原企业作为共同被告提起诉讼主张债权的，新设公司应当在所接收的财产范围内与原企业共同承担连带责任。

三、企业股份合作制改造

第 8 条　由企业职工买断企业产权，将原企业改造为股份合作制的，原企业的债务，由改造后的股份合作制企业承担。

第 9 条　企业向其职工转让部分产权，由企业与职工共同组建股份合作制企业的，原企业的债务由改造后的股份合作制企业承担。

第 10 条　企业通过其职工投资增资扩股，将原企业改造为股份合作制企业的，原企业的债务由改造后的股份合作制企业承担。

第 11 条　企业在进行股份合作制改造时，参照公司法的有关规定，公告通知了债权人。企业股份合作制改造后，债权人就原企业资产管理人（出资人）隐瞒或者遗漏的债务起诉股份合作制企业的，如债权人在公告期内申报过该债权，股份合作制企业在承担民事责任后，可再向原企业资产管理人（出资人）追偿。如债权人在公告期内未申报过债权，则股份合作制企业不承担民事责任，人民法院可告知债权人另行起诉原企业资产管理人（出资人）。

四、企业分立

第 12 条　债权人向分立后的企业主张债权，企业分立时对原企业的债务承担有约定，并经债权人认可的，按照当事人的约定处理；企业分立时对原企业债务承担没有约定或者约定不明，或者虽然有约定但债权人不予认可的，分立后的企业应当承担连带责任。

第 13 条　分立的企业在承担连带责任后，各分立的企业间对原企业债务承担有约定的，按照约定处理；没有约定或者约定不明的，根据企业分立时的资产比例分担。

五、企业债权转股权

第14条 债权人与债务人自愿达成债权转股权协议，且不违反法律和行政法规强制性规定的，人民法院在审理相关的民事纠纷案件中，应当确认债权转股权协议有效。

政策性债权转股权，按照国务院有关部门的规定处理。

第16条 部分债权人进行债权转股权的行为，不影响其他债权人向债务人主张债权。

六、国有小型企业出售

第17条 以协议转让形式出售企业，企业出售合同未经有审批权的地方人民政府或其授权的职能部门审批的，人民法院在审理相关的民事纠纷案件时，应当确认该企业出售合同不生效。

第18条 企业出售中，当事人双方恶意串通，损害国家利益的，人民法院在审理相关的民事纠纷案件时，应当确认该企业出售行为无效。

第23条 企业出售合同被确认无效或者被撤销的，企业售出后买受人经营企业期间发生的经营盈亏，由买受人享有或者承担。

第24条 企业售出后，买受人将所购企业资产纳入本企业或者将所购企业变更为所属分支机构的，所购企业的债务，由买受人承担。但买卖双方另有约定，并经债权人认可的除外。

第25条 企业售出后，买受人将所购企业资产作价入股与他人重新组建新公司，所购企业法人予以注销的，对所购企业出售前的债务，买受人应当以其所有财产，包括在新组建公司中的股权承担民事责任。

第26条 企业售出后，买受人将所购企业重新注册为新的企业法人，所购企业法人被注销的，所购企业出售前的债务，应当由新注册的企业法人承担。但买卖双方另有约定，并经债权人认可的除外。

第27条 企业售出后，应当办理而未办理企业法人注销登记，债权人起诉该企业的，人民法院应当根据企业资产转让后的具体情况，告知债权人追加责任主体，并判令责任主体承担民事责任。

第28条 出售企业时，参照公司法的有关规定，出卖人公告通知了债权人。企业售出后，债权人就出卖人隐瞒或者遗漏的原企业债务起诉买受人的，如债权人在公告期内申报过该债权，买受人在承担民事责任后，可再行向出卖人追偿。如债权人在公告期内未申报过该债权，则买受人不承担民事责任。人民法院可告知债权人另行起诉出卖人。

七、企业兼并

第30条　企业兼并协议自当事人签字盖章之日起生效。需经政府主管部门批准的,兼并协议自批准之日起生效;未经批准的,企业兼并协议不生效。但当事人在一审法庭辩论终结前补办报批手续的,人民法院应当确认该兼并协议有效。

第31条　企业吸收合并后,被兼并企业的债务应当由兼并方承担。

~~第32条　企业进行吸收合并时,参照公司法的有关规定,公告通知了债权人。企业吸收合并后,债权人就被兼并企业原资产管理人(出资人)隐瞒或者遗漏的企业债务起诉兼并方的,如债权人在公告期内申报过该笔债权,兼并方在承担民事责任后,可再行向被兼并企业原资产管理人(出资人)追偿。如债权人在公告期内未申报过该笔债权,则兼并方不承担民事责任。人民法院可告知债权人另行起诉被兼并企业原资产管理人(出资人)。~~

第32条　企业新设合并后,被兼并企业的债务由新设合并后的企业法人承担。

第33条　企业吸收合并或新设合并后,被兼并企业应当办理而未办理工商注销登记,债权人起诉被兼并企业的,人民法院应当根据企业兼并后的具体情况,告知债权人追加责任主体,并判令责任主体承担民事责任。

第34条　以收购方式实现对企业控股的,被控股企业的债务,仍由其自行承担。但因控股企业抽逃资金、逃避债务,致被控股企业无力偿还债务的,被控股企业的债务则由控股企业承担。

【法释〔2003〕7号】　最高人民法院关于审理商品房买卖合同纠纷案件适用法律若干问题的解释(2003年3月24日最高法审委会〔1267次〕通过,2003年4月28日公布,2003年6月1日起施行;根据法释〔2020〕17号《决定》修正,2021年1月1日起施行)

第22条　买受人未按照商品房担保贷款合同的约定偿还贷款,亦未与担保权人办理<u>不动产</u>/商品房抵押登记手续,担保权人起诉买受人,请求处分商品房买卖合同项下买受人合同权利的,应当通知出卖人参加诉讼;担保权人同时起诉出卖人时,如果出卖人为商品房担保贷款合同提供保证的,应当列为共同被告。

第23条　买受人未按照商品房担保贷款合同的约定偿还贷款,但是已经取得<u>不动产</u>/房屋权属证书并与担保权人办理了<u>不动产</u>/商品房抵押登记手续,抵押权人请求买受人偿还贷款或者就抵押的房屋优先受偿的,不应当追加出卖人为当事人,但出卖人提供保证的除外。

【法释〔2003〕10号】　最高人民法院关于审理期货纠纷案件若干问题的规定(2003年5月16日最高法审委会〔1270次〕通过,2003年6月18日公布,2003年7月1日起施行;根据法释〔2020〕18号《决定》修正,2021年1月1

日起施行)

三、承担责任的主体

第8条 期货公司的从业人员在本公司经营范围内从事期货交易行为产生的民事责任,由其所在的期货公司承担。

第9条 期货公司授权非本公司人员以本公司的名义从事期货交易行为的,期货公司应当承担由此产生的民事责任;非期货公司人员以期货公司名义从事期货交易行为,具备民法典第172条所规定的表见代理条件的,期货公司应当承担由此产生的民事责任。

第10条 公民、法人受期货公司或者客户的委托,作为居间人为其提供订约的机会或者订立期货经纪合同的中介服务的,期货公司或者客户应当按照约定向居间人支付报酬。居间人应当独立承担基于居间经纪关系所产生的民事责任。

第12条(第1款) 期货公司设立的取得营业执照和经营许可证的分公司、营业部等分支机构超出经营范围开展经营活动所产生的民事责任,该分支机构不能承担的,由期货公司承担。

九、保证合约履行责任

第48条 期货公司未按照每日无负债结算制度的要求,履行相应的金钱给付义务,期货交易所亦未代期货公司履行,造成交易对方损失的,期货交易所应当承担赔偿责任。

期货交易所代期货公司履行义务或者承担赔偿责任后,有权向不履行义务的一方追偿。

第49条(第2款) 期货公司拒绝代客户向期货交易所主张权利的,客户可直接起诉期货交易所,期货公司可作为第三人参加诉讼。

【法释[2004]20号】 最高人民法院关于审理技术合同纠纷案件适用法律若干问题的解释(2004年11月30日最高法审委会[1335次]通过,2004年12月16日公布,2005年1月1日起施行;根据法释[2020]19号《决定》修正,2021年1月1日起施行)

第7条 不具有民事主体资格的科研组织订立的技术合同,经法人或者其他非法人组织授权或者认可的,视为法人或者其他非法人组织订立的合同,由法人或者其他非法人组织承担责任;未经法人或者其他非法人组织授权或者认可的,由该科研组织成员共同承担责任,但法人或者其他非法人组织因该合同受益的,应当在其受益范围内承担相应责任。

前款所称不具有民事主体资格的科研组织,包括法人或者其他非法人组织设立的从事技术研究开发、转让等活动的课题组、工作室等。

【法释 [2005] 6 号】　**最高人民法院关于审理涉及农村土地承包纠纷案件适用法律问题的解释**（2005 年 3 月 29 日最高法审委会 [1346 次] 通过, 2005 年 7 月 29 日公布, 2005 年 9 月 1 日起施行; 根据法释 [2020] 17 号《决定》修正, 2021 年 1 月 1 日起施行。以本规为准）

第 3 条　承包合同纠纷, 以发包方和承包方为当事人。

前款所称承包方是指以家庭承包方式承包本集体经济组织农村土地的农户, 以及以其他方式承包农村土地的组织/单位或者个人。

【法释 [2005] 13 号】　**最高人民法院关于审理信用证纠纷案件若干问题的规定**（2005 年 10 月 24 日最高法审委会 [1368 次] 通过, 2005 年 11 月 14 日公布, 2006 年 1 月 1 日起施行; 根据法释 [2020] 18 号《决定》修正, 2021 年 1 月 1 日起施行）

第 14 条　人民法院在审理信用证欺诈案件过程中, 必要时可以将信用证纠纷与基础交易纠纷一并审理。

当事人以基础交易欺诈为由起诉的, 可以将与案件有关的开证行、议付行或者其他信用证法律关系的利害关系人列为第三人; 第三人可以申请参加诉讼, 人民法院也可以通知第三人参加诉讼。

【法发 [2005] 26 号】　**第二次全国涉外商事海事审判工作会议纪要**（2005 年 11 月 15-16 日在南京召开; 2005 年 12 月 26 日公布）

13. 外国企业在我国境内依法设立并领取营业执照的分支机构, 具有民事诉讼主体资格, 可以作为当事人参加诉讼。因分支机构不能独立承担民事责任, 其作为被告时, 人民法院可以根据原告的申请追加设立该分支机构的外国企业为共同被告。

外国企业在我国境内设立的代表机构不具有诉讼主体资格的, 涉及代表机构的纠纷案件应由外国企业作为当事人参加诉讼。

14. 根据《中华人民共和国民事诉讼法》第 49 条（现第 51 条）和《最高人民法院关于适用〈中华人民共和国民事诉讼法〉若干问题的意见》第 40 条的规定, 外国企业、自然人在我国境内设立的"三来一补"企业具有民事诉讼主体资格, 可以作为当事人参加诉讼。因"三来一补"企业不能独立承担民事责任, 其作为被告时, 人民法院可以根据原告的申请追加设立该"三来一补"企业的外国企业、自然人为共同被告。

15. 人民法院在审理案件过程中查明外国当事人被宣告破产或者进入清算程序的, 应通知外国当事人的破产财产管理人或者清算人参加诉讼。

第一编　第五章

【法［2005］270 号】 最高人民法院关于人民法院受理共同诉讼案件问题的通知（见本书第 18 条）

【法释［2007］12 号】 最高人民法院关于审理涉及会计师事务所在审计业务活动中民事侵权赔偿案件的若干规定（2007 年 6 月 4 日最高法审委会［1428次］通过，2007 年 6 月 11 日公布，2007 年 6 月 15 日起施行）

第 3 条　利害关系人未对被审计单位提起诉讼而直接对会计师事务所提起诉讼的，人民法院应当告知其对会计师事务所和被审计单位一并提起诉讼；利害关系人拒不起诉被审计单位的，人民法院应当通知被审计单位作为共同被告参加诉讼。

利害关系人对会计师事务所的分支机构提起诉讼的，人民法院可以将该会计师事务所列为共同被告参加诉讼。

利害关系人提出被审计单位的出资人虚假出资或者出资不实、抽逃出资，且事后未补足的，人民法院可以将该出资人列为第三人参加诉讼。

第 11 条　会计师事务所与其分支机构作为共同被告的，会计师事务所对其分支机构的责任部分承担连带赔偿责任。

第 13 条　本规定自公布之日起施行。本院过去发布的有关会计师事务所民事责任的相关规定，与本规定相抵触的，不再适用。

在本规定公布施行前已经终审，当事人申请再审或者按照审判监督程序决定再审的会计师事务所民事侵权赔偿案件，不适用本规定。

在本规定公布施行后尚在一审或者二审阶段的会计师事务所民事侵权赔偿案件，适用本规定。

【法发［2008］21 号】 最高人民法院关于处理涉及汶川地震相关案件适用法律问题的意见（一）（2008 年 7 月 14 日）

五、人民法院正在审理的刑事案件、民事案件、行政案件以及执行案件中，当事人死亡或失踪的，要依法分别处理。刑事案件被告人死亡的，终止审理。民事案件、行政案件和执行案件当事人死亡或者失踪的，裁定中止审理、执行，待灾区安置及恢复重建工作进行到一定阶段，经法定程序对涉案人身、财产关系明确后，人民法院依法决定是否恢复审理、执行，或者按撤诉处理、终结诉讼、终结执行，或者变更主体等。

八（第 2 款）、利害关系人申请宣告下落不明人失踪的，人民法院作出宣告失踪判决后，应当变更财产代管人为当事人，相关法律文书向财产代管人送达。

【法发［2009］19号】　最高人民法院关于审理涉及金融不良债权转让案件工作座谈会纪要（2008年10月14日在海口召开；2009年3月30日印发）①

五、关于国有企业的诉权及相关诉讼程序

（第2款）（在受让人向国有企业债务人主张债权时）国有企业债务人提出的不良债权转让合同无效诉讼被受理后，对于受让人的债权系直接从金融资产管理公司处受让的，人民法院应当将金融资产管理公司和受让人列为案件当事人；如果受让人的债权系金融资产管理公司转让给其他受让人后，因该受让人再次转让或多次转让而取得的，人民法院应当将金融资产管理公司和该转让人以及后手受让人列为案件当事人。

【法释［2010］13号】　最高人民法院关于审理旅游纠纷案件适用法律若干问题的规定（2010年9月13日最高法审委会［1496次］通过，2010年10月26日公布，2010年11月1日起施行；根据法释［2020］17号《决定》修正，2021年1月1日起施行）

第4条　因旅游辅助服务者的原因导致旅游经营者违约，旅游者仅起诉旅游经营者的，人民法院可以将旅游辅助服务者追加为第三人。

第5条　旅游经营者已投保责任险，旅游者因保险责任事故仅起诉旅游经营者的，人民法院可以应当事人的请求将保险公司列为第三人。

【法发［2010］50号】　最高人民法院关于做好涉及网吧著作权纠纷案件审判工作的通知（2010年11月25日）

五、网吧经营者请求追加涉案影视作品提供者为共同被告的，可根据案件的具体情况决定是否追加其参加诉讼。

【国务院令［2010］586号】　工伤保险条例（2003年4月27日国务院令第375号公布，2004年1月1日起施行；2010年12月8日国务院第136次常务会议修订，2010年12月20日公布，2011年1月1日起施行）

第55条　有下列情形之一的，有关单位或者个人可以依法申请行政复议，也可以依法向人民法院提起行政诉讼：（一）申请工伤认定的职工或者其近亲属、该职工所在单位对工伤认定申请不予受理的决定不服的；（二）申请工伤认定的职工或者其近亲属、该职工所在单位对工伤认定结论不服的；（三）用人单位对经办机构确定的单位缴费费率不服的；（四）签订服务协议的医疗机构、辅助器具配置机构认为经办机构未履行有关协议或者规定的；（五）工伤职工或者其近亲属对经办机构核定的工伤保险待遇有异议的。

---

① 最高人民法院立案庭：《立案工作指导》2009年第2辑，人民法院出版社2009年12月第1版。

【法释［2011］3号】 最高人民法院关于适用《中华人民共和国公司法》若干问题的规定（三）（2010年12月6日最高法审委会［1504次］通过，2011年1月27日公布，2011年2月16日起施行；"法释［2014］2号"修正，2014年3月1日起施行；根据法释［2020］18号《决定》再次修正，2021年1月1日起施行）

第1条 为设立公司而签署公司章程、向公司认购出资或者股份并履行公司设立职责的人，应当认定为公司的发起人，包括有限责任公司设立时的股东。

第2条 发起人为设立公司以自己名义对外签订合同，合同相对人请求该发起人承担合同责任的，人民法院应予支持；公司成立后~~对前款规定的合同予以确认，或者已经实际享有合同权利或者履行合同义务，~~合同相对人请求公司承担合同责任的，人民法院应予支持。

第3条 发起人以设立中公司名义对外签订合同，公司成立后合同相对人请求公司承担合同责任的，人民法院应予支持。

公司成立后有证据证明发起人利用设立中公司的名义为自己的利益与相对人签订合同，公司以此为由主张不承担合同责任的，人民法院应予支持，但相对人为善意的除外。

第4条 公司因故未成立，债权人请求全体或者部分发起人对设立公司行为所产生的费用和债务承担连带清偿责任的，人民法院应予支持。

部分发起人依照前款规定承担责任后，请求其他发起人分担的，人民法院应当判令其他发起人按照约定的责任承担比例分担责任；没有约定责任承担比例的，按照约定的出资比例分担责任；没有约定出资比例的，按照均等份额分担责任。

因部分发起人的过错导致公司未成立，其他发起人主张其承担设立行为所产生的费用和债务的，人民法院应当根据过错情况，确定过错一方的责任范围。

第5条 发起人因履行公司设立职责造成他人损害，公司成立后受害人请求公司承担侵权赔偿责任的，人民法院应予支持；公司未成立，受害人请求全体发起人承担连带赔偿责任的，人民法院应予支持。

公司或者无过错的发起人承担赔偿责任后，可以向有过错的发起人追偿。

第6条 股份有限公司的认股人未按期缴纳所认股份的股款，经公司发起人催缴后在合理期间内仍未缴纳，公司发起人对该股份另行募集的，人民法院应当认定该募集行为有效。认股人延期缴纳股款给公司造成损失，公司请求该认股人承担赔偿责任的，人民法院应予支持。

第13条 股东未履行或者未全面履行出资义务，公司或者其他股东请求其向公司依法全面履行出资义务的，人民法院应予支持。

公司债权人请求未履行或者未全面履行出资义务的股东在未出资本息范围内

对公司债务不能清偿的部分承担补充赔偿责任的，人民法院应予支持；未履行或者未全面履行出资义务的股东已经承担上述责任，其他债权人提出相同请求的，人民法院不予支持。

股东在公司设立时未履行或者未全面履行出资义务，依照本条第 1 款或者第 2 款提起诉讼的原告，请求公司的发起人与被告股东承担连带责任的，人民法院应予支持；公司的发起人承担责任后，可以向被告股东追偿。

股东在公司增资时未履行或者未全面履行出资义务，依照本条第 1 款或者第 2 款提起诉讼的原告，请求未尽公司法第 147 条（现第 180 条）第 1 款规定的义务而使出资未缴足的董事、高级管理人员承担相应责任的，人民法院应予支持；董事、高级管理人员承担责任后，可以向被告股东追偿。

第 14 条　股东抽逃出资，公司或者其他股东请求其向公司返还出资本息、协助抽逃出资的其他股东、董事、高级管理人员或者实际控制人对此承担连带责任的，人民法院应予支持。

公司债权人请求抽逃出资的股东在抽逃出资本息范围内对公司债务不能清偿的部分承担补充赔偿责任、协助抽逃出资的其他股东、董事、高级管理人员或者实际控制人对此承担连带责任的，人民法院应予支持；抽逃出资的股东已经承担上述责任，其他债权人提出相同请求的，人民法院不予支持。

~~第 15 条　第三人代垫资金协助发起人设立公司，双方明确约定在公司验资后或者在公司成立后将该发起人的出资抽回以偿还该第三人，发起人依照前述约定抽回出资偿还第三人后又不能补足出资，相关权利人请求第三人连带承担发起人因抽回出资而产生的相应责任的，人民法院应予支持。~~

第 18 条　有限责任公司的股东未履行或者未全面履行出资义务即转让股权，受让人对此知道或者应当知道，公司请求该股东履行出资义务、受让人对此承担连带责任的，人民法院应予支持；公司债权人依照本规定第 13 条第 2 款向该股东提起诉讼，同时请求前述受让人对此承担连带责任的，人民法院应予支持。

受让人根据前款规定承担责任后，向该未履行或者未全面履行出资义务的股东追偿的，人民法院应予支持。但是，当事人另有约定的除外。

第 21 条　当事人向人民法院起诉请求确认其股东资格的，应当以公司为被告，与案件争议股权有利害关系的人作为第三人参加诉讼。

第 26 条　公司债权人以登记于公司登记机关的股东未履行出资义务为由，请求其对公司债务不能清偿的部分在未出资本息范围内承担补充赔偿责任，股东以其仅为名义股东而非实际出资人为由进行抗辩的，人民法院不予支持。

名义股东根据前款规定承担赔偿责任后，向实际出资人追偿的，人民法院应予支持。

【法释［2017］16号】　最高人民法院关于适用《中华人民共和国公司法》若干问题的规定（四）（2016年12月5日最高法审委会［1702次］通过，2017年8月25日公布，2017年9月1日起施行；根据法释［2020］18号《决定》修正，2021年1月1日起施行）

第2条　依据民法典第85条、公司法第22条第2款（现第26条）请求撤销股东会或者股东大会、董事会决议的原告，应当在起诉时具有公司股东资格。

第3条　原告请求确认股东会或者股东大会、董事会决议不成立、无效或者撤销决议的案件，应当列公司为被告。对决议涉及的其他利害关系人，可以依法列为第三人。

一审法庭辩论终结前，其他有原告资格的人以相同的诉讼请求申请参加前款规定诉讼的，可以列为共同原告。

第13条　股东请求公司分配利润案件，应当列公司为被告。

一审法庭辩论终结前，其他股东基于同一分配方案请求分配利润并申请参加诉讼的，应当列为共同原告。

第23条　监事会或者不设监事会的有限责任公司的监事依据公司法第151条（现第189条）第1款规定对董事、高级管理人员提起诉讼的，应当列公司为原告，依法由监事会主席或者不设监事会的有限责任公司的监事代表公司进行诉讼。

董事会或者不设董事会的有限责任公司的执行董事依据公司法第151条（现第189条）第1款规定对监事提起诉讼的，或者依据公司法第151条（现第189条）第3款规定对他人提起诉讼的，应当列公司为原告，依法由董事长或者执行董事代表公司进行诉讼。

第24条　符合公司法第151条（现第189条）第1款规定条件的股东，依据公司法第151条（现第189条）第2款、第3款规定，直接对董事、监事、高级管理人员或者他人提起诉讼的，应当列公司为第三人参加诉讼。

一审法庭辩论终结前，符合公司法第151条（现第189条）第1款规定条件的其他股东，以相同的诉讼请求申请参加诉讼的，应当列为共同原告。

【法释［2012］3号】　最高人民法院关于审理海上货运代理纠纷案件若干问题的规定（2012年1月9日最高法审委会［1538次］通过，2012年2月27日公布，2012年5月1日起施行；根据法释［2020］18号《决定》修正，2021年1月1日起施行）

第4条　货运代理企业在处理海上货运代理事务过程中以自己的名义签发提单、海运单或者其他运输单证，委托人据此主张货运代理企业承担承运人责任的，人民法院应予支持。

货运代理企业以承运人代理人名义签发提单、海运单或者其他运输单证, 但不能证明取得承运人授权, 委托人据此主张货运代理企业承担承运人责任的, 人民法院应予支持。

【法释 [2012] 19 号】　最高人民法院关于审理道路交通事故损害赔偿案件适用法律若干问题的解释（2012 年 9 月 17 日最高法审委会 [1556 次] 通过, 2012 年 11 月 27 日公布, 2012 年 12 月 21 日起施行; 根据法释 [2020] 17 号《决定》修正, 2021 年 1 月 1 日起施行）

第 22 条　人民法院审理道路交通事故损害赔偿案件, 应当将承保交强险的保险公司列为共同被告。但该保险公司已经在交强险责任限额范围内予以赔偿且当事人无异议的除外。

人民法院审理道路交通事故损害赔偿案件, 当事人请求将承保商业三者险的保险公司列为共同被告的, 人民法院应予准许。

【主席令 [2012] 73 号】　中华人民共和国劳动合同法（2012 年 12 月 28 日全国人大常委会 [11 届 30 次] 修订, 2013 年 7 月 1 日起施行）

第 56 条　用人单位违反集体合同, 侵犯职工劳动权益的, 工会可以依法要求用人单位承担责任; 因履行集体合同发生争议, 经协商解决不成的, 工会可以依法申请仲裁、提起诉讼。

【主席令 [2013] 6 号】　中华人民共和国商标法（1982 年 8 月 23 日全国人大常委会 [5 届 24 次] 通过, 人大常委会令第 10 号公布, 1983 年 3 月 1 日起施行; 2013 年 8 月 30 日全国人大常委会 [12 届 4 次] 三修, 2014 年 5 月 1 日起施行; 根据主席令 [2019] 29 号《决定》统修, 2019 年 4 月 23 日公布, 2019 年 11 月 1 日起施行）

第 35 条（第 3 款）　商标局做出不予注册决定, 被异议人不服的, 可以自收到通知之日起 15 日内向商标评审委员会申请复审。……被异议人对商标评审委员会的决定不服的, 可以自收到通知之日起 30 日内向人民法院起诉。人民法院应当通知异议人作为第三人参加诉讼。

第 44 条（第 3 款）　其他单位或者个人请求商标评审委员会宣告注册商标无效的, 商标评审委员会收到申请后, 应当书面通知有关当事人, 并限期提出答辩。……当事人对商标评审委员会的裁定不服的, 可以自收到通知之日起 30 日内向人民法院起诉。人民法院应当通知商标裁定程序的对方当事人作为第三人参加诉讼。

第 45 条（第 2 款）　商标评审委员会收到宣告注册商标无效的申请后, 应当书面通知有关当事人，并限期提出答辩。……当事人对商标评审委员会的裁定不服的，可以自收到通知之日起 30 日内向人民法院起诉。人民法院应当通知商标裁定程序的对方当事人作为第三人参加诉讼。

【法释 [2013] 14 号】 **最高人民法院关于适用《中华人民共和国保险法》若干问题的解释（二）**（2013 年 5 月 6 日最高法审委会 [1577 次] 通过，2013 年 5 月 31 日公布，2013 年 6 月 8 日起施行；根据法释 [2020] 18 号《决定》修正，2021 年 1 月 1 日起施行）

第 20 条　保险公司依法设立并取得营业执照的分支机构属于《中华人民共和国民事诉讼法》第 48 条（现第 51 条）规定的其他组织，可以作为保险合同纠纷案件的当事人参加诉讼。

【法释 [2018] 13 号】 **最高人民法院关于适用《中华人民共和国保险法》若干问题的解释（四）**（2018 年 5 月 14 日最高法审委会 [1738 次] 通过，2018 年 7 月 31 日公布，2018 年 9 月 1 日起施行；根据法释 [2020] 18 号《决定》修正，2021 年 1 月 1 日起施行）

第 7 条　保险人依照保险法第 60 条的规定，主张代位行使被保险人因第三者侵权或者违约等享有的请求赔偿的权利的，人民法院应予支持。

第 8 条　投保人和被保险人为不同主体，因投保人对保险标的的损害而造成保险事故，保险人依法主张代位行使被保险人对投保人请求赔偿的权利的，人民法院应予支持，但法律另有规定或者保险合同另有约定的除外。

第 9 条（第 1 款）　在保险人以第三者为被告提起的代位求偿权之诉中，第三者以被保险人在保险合同订立前已放弃对其请求赔偿的权利为由进行抗辩，人民法院认定上述放弃行为合法有效，保险人就相应部分主张行使代位求偿权的，人民法院不予支持。

第 10 条（第 2 款）　保险人获得代位请求赔偿的权利的情况已经通知到第三者，第三者又向被保险人作出赔偿，保险人主张代位行使请求赔偿的权利，第三者以其已经向被保险人赔偿为由抗辩的，人民法院不予支持。

第 13 条　保险人提起代位求偿权之诉时，被保险人已经向第三者提起诉讼的，人民法院可以依法合并审理。

保险人行使代位求偿权时，被保险人已经向第三者提起诉讼，保险人向受理该案的人民法院申请变更当事人，代位行使被保险人对第三者请求赔偿的权利，被保险人同意的，人民法院应予准许；被保险人不同意的，保险人可以作为共同原告参加诉讼。

【法释［2014］3 号】 最高人民法院关于审理融资租赁合同纠纷案件适用法律问题的解释（2013 年 11 月 25 日最高法审委会［1597 次］通过，2014 年 2 月 24 日公布，2014 年 3 月 1 日起施行，法发［1996］19 号《最高人民法院关于审理融资租赁合同纠纷案件若干问题的规定》同时废止；根据法释［2020］17 号《决定》修正，2021 年 1 月 1 日起施行）

第 13 条　出卖人与买受人因买卖合同发生纠纷，或者出租人与承租人因融资租赁合同发生纠纷，当事人仅对其中一个合同关系提起诉讼，人民法院经审查后认为另一合同关系的当事人与案件处理结果有法律上的利害关系的，可以通知其作为第三人参加诉讼。

承租人与租赁物的实际使用人不一致，融资租赁合同当事人未对租赁物的实际使用人提起诉讼，人民法院经审查后认为租赁物的实际使用人与案件处理结果有法律上的利害关系的，可以通知其作为第三人参加诉讼。

承租人基于买卖合同和融资租赁合同直接向出卖人主张受领租赁物、索赔等买卖合同权利的，人民法院应通知出租人作为第三人参加诉讼。

【法释［2016］24 号】 最高人民法院关于审理独立保函纠纷案件若干问题的规定（2016 年 7 月 11 日最高法审委会［1688 次］通过，2016 年 11 月 18 日公布，2016 年 12 月 1 日起施行；根据法释［2020］18 号《决定》修正，2021 年 1 月 1 日起施行）

第 19 条　保函申请人在独立保函欺诈诉讼中仅起诉受益人的，独立保函的开立人、指示人可以作为第三人申请参加，或由人民法院通知其参加。

【主席令［2019］37 号】 中华人民共和国证券法（1998 年 12 月 29 日全国人大常委会［9 届 6 次］通过，1999 年 7 月 1 日起施行；2019 年 12 月 28 日全国人大常委会［13 届 15 次］最新修订，2020 年 3 月 1 日起施行）

第 44 条（第 3 款）　公司董事会不按照第 1 款规定①执行的，股东有权要求董事会在 30 日内执行。公司董事会未在上述期限内执行的，股东有权为了公司的利益以自己的名义直接向人民法院提起诉讼。

第 92 条（第 3 款）　债券发行人未能按期兑付债券本息的，债券受托管理人可以接受全部或者部分债券持有人的委托，以自己名义代表债券持有人提起、参

---

① 《证券法》第 44 条第 1 款：上市公司、股票在国务院批准的其他全国性证券交易场所交易的公司持有 5% 以上股份的股东、董事、监事、高级管理人员，将其持有的该公司的股票或者其他具有股权性质的证券在买入后 6 个月内卖出，或者在卖出后 6 个月内又买入，由此所得收益归该公司所有，公司董事会应当收回其所得收益。但是，证券公司因购入包销售后剩余股票而持有 5% 以上股份，以及有国务院证券监督管理机构规定的其他情形的除外。

加民事诉讼或者清算程序。

第94条（第3款） 发行人的董事、监事、高级管理人员执行公司职务时违反法律、行政法规或者公司章程的规定给公司造成损失，发行人的控股股东、实际控制人等侵犯公司合法权益给公司造成损失，投资者保护机构持有该公司股份的，可以为公司的利益以自己的名义向人民法院提起诉讼，持股比例和持股期限不受《中华人民共和国公司法》规定的限制。

【法〔2019〕254号】　全国法院民商事审判工作会议纪要（"九民纪要"，2019年7月3-4日在哈尔滨召开，2019年9月11日最高法审委会民事行政专委会〔319次〕通过，2019年11月8日发布）

13.【诉讼地位】人民法院在审理公司人格否认纠纷案件时，应当根据不同情形确定当事人的诉讼地位：

（1）债权人对债务人公司享有的债权已经由生效裁判确认，其另行提起公司人格否认诉讼，请求股东对公司债务承担连带责任的，列股东为被告，公司为第三人；

（2）债权人对债务人公司享有的债权提起诉讼的同时，一并提起公司人格否认诉讼，请求股东对公司债务承担连带责任的，列公司和股东为共同被告；

（3）债权人对债务人公司享有的债权尚未经生效裁判确认，直接提起公司人格否认诉讼，请求公司股东对公司债务承担连带责任的，人民法院应当向债权人释明，告知其追加公司为共同被告。债权人拒绝追加的，人民法院应当裁定驳回起诉。

【法释〔2020〕6号】　最高人民法院关于审理民间借贷案件适用法律若干问题的规定（"法释〔2015〕18号"公布，2015年9月1日起施行；法（民）发〔1991〕21号《关于人民法院审理借贷案件的若干意见》同时废止。2020年8月18日最高法审委会〔1809次〕修订，2020年8月19日公布，次日施行；根据法释〔2020〕17号《决定》修正，2021年1月1日起施行。以本规为准）

第4条 保证人为借款人提供连带责任保证，出借人仅起诉借款人的，人民法院可以不追加保证人为共同被告；出借人仅起诉保证人的，人民法院可以追加借款人为共同被告。

保证人为借款人提供一般保证，出借人仅起诉保证人的，人民法院应当追加借款人为共同被告；出借人仅起诉借款人的，人民法院可以不追加保证人为共同被告。

第22条 企业法人的法定代表人或者非法人组织的负责人以单位（企业）名义与出借人签订民间借贷合同，出借人、企业或者其股东能够有证据证明所借款项系（用于）企业法定代表人或者负责人个人使用，出借人请求将企业法定代表人或者负责人列为共同被告或者第三人的，人民法院应予准许。

企业法人的法定代表人或者非法人组织的负责人以个人名义与出借人订立民间借贷合同，所借款项用于单位（企业）生产经营，出借人请求单位（企业）与个人共同承担责任的，人民法院应予支持。

【法释〔2020〕25 号】　　**最高人民法院关于审理建设工程施工合同纠纷案件适用法律问题的解释（一）**（2020 年 12 月 25 日最高法审委会〔1825 次〕通过，2020 年 12 月 29 日公布，2021 年 1 月 1 日起施行）

第 15 条　因建设工程质量发生争议的，发包人可以以总承包人、分包人和实际施工人为共同被告提起诉讼。

第 43 条　实际施工人以转包人、违法分包人为被告起诉的，人民法院应当依法受理。

实际施工人以发包人为被告主张权利的，人民法院应当追加转包人或者违法分包人为本案第三人，在查明发包人欠付转包人或者违法分包人建设工程价款的数额后，判决发包人在欠付建设工程价款范围内对实际施工人承担责任。

【法释〔2020〕26 号】　　**最高人民法院关于审理劳动争议案件适用法律问题的解释（一）**（2020 年 12 月 25 日最高法审委会〔1825 次〕通过，2020 年 12 月 29 日公布，2021 年 1 月 1 日起施行）（另见本书第 126 条）

第 26 条　用人单位与其它单位合并的，合并前发生的劳动争议，由合并后的单位为当事人；用人单位分立为若干单位的，其分立前发生的劳动争议，由分立后的实际用人单位为当事人。

用人单位分立为若干单位后，具体承受劳动权利义务的单位不明确的，分立后的单位均为当事人。

第 27 条　用人单位招用尚未解除劳动合同的劳动者，原用人单位与劳动者发生的劳动争议，可以列新的用人单位为第三人。

原用人单位以新的用人单位侵权为由提起诉讼的，可以列劳动者为第三人。

原用人单位以新的用人单位和劳动者共同侵权为由提起诉讼的，新的用人单位和劳动者列为共同被告。

第 28 条　劳动者在用人单位与其他平等主体之间的承包经营期间，与发包方和承包方双方或者一方发生劳动争议，依法提起诉讼的，应当将承包方和发包方作为当事人。

第 29 条　劳动者与未办理营业执照、营业执照被吊销或者营业期限届满仍继续经营的用人单位发生争议的，应当将用人单位或者其出资人列为当事人。

第 30 条　未办理营业执照、营业执照被吊销或者营业期限届满仍继续经营的用人单位，以挂靠等方式借用他人营业执照经营的，应当将用人单位和营业执照出借方列为当事人。

第 31 条　当事人不服劳动争议仲裁机构作出的仲裁裁决，依法提起诉讼，人民法院审查认为仲裁裁决遗漏了必须共同参加仲裁的当事人的，应当依法追加遗漏的人为诉讼当事人。

被追加的当事人应当承担责任的，人民法院应当一并处理。

【主席令［2020］55 号】　中华人民共和国专利法（1984 年 3 月 12 日全国人大常委会［6 届 4 次］通过，主席令第 11 号公布，1985 年 4 月 1 日起施行；2020 年 10 月 17 日全国人大常委会［13 届 22 次］第 4 次修正，2021 年 6 月 1 日起施行）

第 46 条（第 2 款）　对国务院专利行政部门宣告专利权无效或者维持专利权的决定不服的，可以自收到通知之日起 3 个月内向人民法院起诉。人民法院应当通知无效宣告请求程序的对方当事人作为第三人参加诉讼。

第 65 条　未经专利权人许可，实施其专利，即侵犯其专利权，引起纠纷的，由当事人协商解决；不愿协商或者协商不成的，专利权人或者利害关系人可以向人民法院起诉，也可以请求管理专利工作的部门处理。……进行处理的管理专利工作的部门应当事人的请求，可以就侵犯专利权的赔偿数额进行调解；调解不成的，当事人可以依照《中华人民共和国民事诉讼法》向人民法院起诉。

【主席令［2020］62 号】　中华人民共和国著作权法（2020 年 11 月 11 日全国人大常委会［13 届 23 次］修订，2021 年 6 月 1 日起施行）

第 8 条（第 1 款）　著作权人和与著作权有关的权利人可以授权著作权集体管理组织行使著作权或者与著作权有关的权利。依法设立的著作权集体管理组织是非营利法人，被授权后可以以自己的名义为著作权人和与著作权有关的权利人主张权利，并可以作为当事人进行涉及著作权或者与著作权有关的权利的诉讼、仲裁、调解活动。

【法［2020］185 号】　全国法院审理债券纠纷案件座谈会纪要（2019 年 12 月 24 日在北京召开，邀请全国人大常委会法工委、司法部、国家发改委、央行、证监会等单位参会，最高法 2020 年 7 月 15 日印发）

5. 债券受托管理人的诉讼主体资格。债券发行人不能如约偿付债券本息或者出现债券募集文件约定的违约情形时，受托管理人根据债券募集文件、债券受托管理协议的约定或者债券持有人会议决议的授权，以自己的名义代表债券持有人提起、参加民事诉讼，或者申请发行人破产重整、破产清算的，人民法院应当依法予以受理。

受托管理人应当向人民法院提交符合债券募集文件、债券受托管理协议或者债券持有人会议规则的授权文件。

6. 债券持有人自行或者共同提起诉讼。在债券持有人会议决议授权受托管理人或者推选代表人代表部分债券持有人主张权利的情况下，其他债券持有人另行单独或者共同提起、参加民事诉讼，或者申请发行人破产重整、破产清算的，人民法院应当依法予以受理。

债券持有人会议以受托管理人怠于行使职责为由作出自行主张权利的有效决议后，债券持有人根据决议单独、共同或者代表其他债券持有人向人民法院提起诉讼、申请发行人破产重整或者破产清算的，人民法院应当依法予以受理。

7. 资产管理产品管理人的诉讼地位。通过各类资产管理产品投资债券的，资产管理产品的管理人根据相关规定或者资产管理文件的约定以自己的名义提起诉讼的，人民法院应当依法予以受理。

8. 债券交易对诉讼地位的影响。债券持有人以债券质押式回购、融券交易、债券收益权转让等不改变债券持有人身份的方式融资的，不影响其诉讼主体资格的认定。

25. 受托管理人的赔偿责任。受托管理人未能勤勉尽责公正履行受托管理职责，损害债券持有人合法利益，债券持有人请求其承担相应赔偿责任的，人民法院应当予以支持。

26. 债券发行增信机构与发行人的共同责任。债券发行人不能如约偿付债券本息或者出现债券募集文件约定的违约情形时，人民法院应当根据相关增信文件约定的内容，判令增信机构向债券持有人承担相应的责任。监管文件中规定或者增信文件中约定增信机构的增信范围包括损失赔偿内容的，对债券持有人、债券投资者要求增信机构对发行人因欺诈发行、虚假陈述而应负的赔偿责任承担相应担保责任的诉讼请求，人民法院应当予以支持。增信机构承担责任后，有权向发行人等侵权责任主体进行追偿。

【主席令［2020］55 号】　中华人民共和国专利法（2020 年 10 月 17 日全国人大常委会［13 届 22 次］最新修正，2021 年 6 月 1 日起施行）

第 46 条（第 2 款）　对国务院专利行政部门宣告专利权无效或者维持专利权的决定不服的，可以自收到通知之日起 3 个月内向人民法院起诉。人民法院应当通知无效宣告请求程序的对方当事人作为第三人参加诉讼。

【法一巡（会 1）［2020］9 号】 债权人请求涂销抵押登记的原告主体资格的认定①（最高法第一巡回法庭 2018 年第 9 次法官会议纪要）②参见本书第 59 条第 3 款"法一巡（会 1）［2020］8 号"）

根据《合同法》第 81 条（现民法典第 547 条）以及《物权法》第 192 条（现民法典第 407 条）的规定，甲银行将其对 A 公司的债权转让给 C 公司后，附随于该债权的抵押权亦一并转让给 C 公司，则乙银行作为 A 公司的另一普通债权人，案涉抵押登记是否正确与其有直接利害关系，乙银行有权对记载甲银行为抵押权人的抵押登记提出涂销请求。

【法释［2021］10 号】 最高人民法院关于审理银行卡民事纠纷案件若干问题的规定（2019 年 12 月 2 日最高法审委会［1785 次］通过，2021 年 5 月 24 日公布，次日 2021 年 5 月 25 日起施行）

第 11 条（第 2 款） 持卡人请求发卡行承担责任，发卡行申请追加收单行或者特约商户作为第三人参加诉讼的，人民法院可以准许。

【法释［2021］15 号】 最高人民法院关于审理使用人脸识别技术处理个人信息相关民事案件适用法律若干问题的规定（2021 年 6 月 8 日最高法审委会［1841 次］通过，2021 年 7 月 27 日公布，2021 年 8 月 1 日起施行）

第 15 条 自然人死亡后，信息处理者违反法律、行政法规的规定或者双方的约定处理人脸信息，死者的近亲属依据民法典第 994 条③请求信息处理者承担民事责任的，适用本规定。

【法释［2021］17 号】 最高人民法院关于审理食品药品纠纷案件适用法律若干问题的规定（"法释［2013］28 号"公布，2014 年 3 月 15 日起施行；根据法释［2020］17 号《决定》修正，2021 年 1 月 1 日起施行；2021 年 11 月 15 日最高法审委会［1850 次］修正，2021 年 11 月 18 日公布，2021 年 12 月 1 日起施行）

第 2 条 因食品、药品存在质量问题造成消费者损害，消费者可以分别起诉

① 最高人民法院第一巡回法庭编著：《最高人民法院第一巡回法庭民商事主审法官会议纪要（第 1 卷）》，中国法制出版社 2020 年版，第 61 页。

② 该案，甲银行贷款给 A 公司，由 B 公司以其所有的房产提供抵押担保，并办理抵押登记手续。乙银行亦贷款给 A 公司，系 A 公司另一普通债权人，同样由 B 公司提供连带责任保证担保。随后，甲银行将其该债权及其相关从权利一并转让给 C 公司。乙银行因 A 公司、B 公司资产有限，债权未能全部受偿，遂起诉请求确认甲银行之债权已消灭，并请求撤销 B 公司房产的抵押登记。一、二审法院均判决驳回乙银行全部诉讼请求，乙银行申请再审。

③《民法典》第 994 条：死者的姓名、肖像、名誉、荣誉、隐私、遗体等受到侵害的，其配偶、子女、父母有权依法请求行为人承担民事责任；死者没有配偶、子女且父母已经死亡的，其他近亲属有权依法请求行为人承担民事责任。

或者同时起诉销售者和生产者。

消费者仅起诉销售者或者生产者的，必要时人民法院可以追加相关当事人参加诉讼。

第10条　未取得食品生产资质与销售资质的~~民事主体~~个人、企业或者其他~~组织~~，挂靠具有相应资质的生产者与销售者，生产、销售食品，造成消费者损害，消费者请求挂靠者与被挂靠者承担连带责任的，人民法院应予支持。

消费者仅起诉挂靠者或者被挂靠者的，必要时人民法院可以追加相关当事人参加诉讼。

【法（民四）明传［2021］60号】　全国法院涉外商事海事审判工作座谈会会议纪要（2021年6月10日在南京召开，最高法2021年12月31日印发）

67.【港口经营人不能主张承运人的免责或者责任限制抗辩】根据海商法第58条、第61条的规定，就海上货物运输合同所涉及的货物灭失、损坏或者迟延交付提起的诉讼，有权适用关于承运人的抗辩理由和限制赔偿责任规定的为承运人、实际承运人、承运人和实际承运人的受雇人或者代理人。在现有法律规定下，港口经营人并不属于上述范围，其在港口作业中造成货物损失，托运人或者收货人直接以侵权起诉港口经营人，港口经营人援用海商法第58条、第61条的规定主张免责或者限制赔偿责任的，人民法院不予支持。

【法［2021］281号】　最高人民法院关于深入开展虚假诉讼整治工作的意见（2021年11月4日印发，2021年11月10日起施行）

十六、坚持查假纠错，依法救济受害人的权利。对涉嫌虚假诉讼的案件，可以通知与案件裁判结果可能存在利害关系的人作为第三人参加诉讼。对查处的虚假诉讼案件，应当依法对虚假诉讼案件生效裁判进行纠错。对造成他人损失的虚假诉讼案件，受害人请求虚假诉讼行为人承担赔偿责任的，应予支持。虚假诉讼行为人赔偿责任大小可以根据其过错大小、情节轻重、受害人损失大小等因素作出认定。

【法释［2022］2号】　最高人民法院关于审理证券市场虚假陈述侵权民事赔偿案件的若干规定（2021年12月30日最高法审委会［1860次］通过，2022年1月21日公布，2022年1月22日起施行；法明传［2001］43号《关于受理证券市场因虚假陈述引发的民事侵权纠纷案件有关问题的通知》、法释［2003］2号《关于审理证券市场因虚假陈述引发的民事赔偿案件的若干规定》同时废止）①

---

①　注：法释［2007］12号《最高人民法院关于审理涉及会计师事务所在审计业务活动中民事侵权赔偿案件的若干规定》与本规定不一致的，以本规定为准。

五、责任主体

第20条 发行人的控股股东、实际控制人组织、指使发行人实施虚假陈述，致使原告在证券交易中遭受损失的，原告起诉请求直接判令该控股股东、实际控制人依照本规定赔偿损失的，人民法院应当予以支持。

控股股东、实际控制人组织、指使发行人实施虚假陈述，发行人在承担赔偿责任后要求该控股股东、实际控制人赔偿实际支付的赔偿款、合理的律师费、诉讼费用等损失的，人民法院应当予以支持。

第21条 公司重大资产重组的交易对方所提供的信息不符合真实、准确、完整的要求，导致公司披露的相关信息存在虚假陈述，原告起诉请求判令该交易对方与发行人等责任主体赔偿由此导致的损失的，人民法院应当予以支持。

第22条 有证据证明发行人的供应商、客户，以及为发行人提供服务的金融机构等明知发行人实施财务造假活动，仍然为其提供相关交易合同、发票、存款证明等予以配合，或者故意隐瞒重要事实致使发行人的信息披露文件存在虚假陈述，原告起诉请求判令其与发行人等责任主体赔偿由此导致的损失的，人民法院应当予以支持。

第23条 承担连带责任的当事人之间的责任分担与追偿，按照民法典第178条的规定处理，但本规定第20条第2款规定的情形除外。

保荐机构、承销机构等责任主体以存在约定为由，请求发行人或者其控股股东、实际控制人补偿其因虚假陈述所承担的赔偿责任的，人民法院不予支持。

【法释〔2022〕8号】 最高人民法院关于审理网络消费纠纷案件适用法律若干问题的规定（一）（2022年2月15日最高法审委会〔1864次〕通过，2022年3月1日公布，2022年3月15日起施行）

第4条 电子商务平台经营者以标记自营业务方式或者虽未标记自营但实际开展自营业务所销售的商品或者提供的服务损害消费者合法权益，消费者主张电子商务平台经营者承担商品销售者或者服务提供者责任的，人民法院应予支持。

电子商务平台经营者虽非实际开展自营业务，但其所作标识等足以误导消费者使消费者相信系电子商务平台经营者自营，消费者主张电子商务平台经营者承担商品销售者或者服务提供者责任的，人民法院应予支持。

第5条 平台内经营者出售商品或者提供服务过程中，其工作人员引导消费者通过交易平台提供的支付方式以外的方式进行支付，消费者主张平台内经营者承担商品销售者或者服务提供者责任，平台内经营者以未经过交易平台支付为由抗辩的，人民法院不予支持。

【法二巡（会3）〔2022〕10号】 未通知债务人，债权受让人能否以债务人为被告提起诉讼？（见本书第127条）

【法释〔2022〕11号】　最高人民法院关于适用《中华人民共和国民事诉讼法》的解释（"法释〔2015〕5号"公布,2015年2月4日起施行;根据法释〔2020〕20号《决定》修正,2021年1月1日起施行;2022年3月22日最高法审委会〔1866次〕修正,2022年4月1日公布,2022年4月10日起施行;以本规为准）

第50条　法人的法定代表人以依法登记的为准,但法律另有规定的除外。依法不需要办理登记的法人,以其正职负责人为法定代表人;没有正职负责人的,以其主持工作的副职负责人为法定代表人。

法定代表人已经变更,但未完成登记,变更后的法定代表人要求代表法人参加诉讼的,人民法院可以准许。

其他组织,以其主要负责人为代表人。

第51条　在诉讼中,法人的法定代表人变更的,由新的法定代表人继续进行诉讼,并应向人民法院提交新的法定代表人身份证明书。原法定代表人进行的诉讼行为有效。

前款规定,适用于其他组织参加的诉讼。

第52条　民事诉讼法第51条规定的其他组织是指合法成立、有一定的组织机构和财产,但又不具备法人资格的组织,包括:(一)依法登记领取营业执照的个人独资企业;(二)依法登记领取营业执照的合伙企业;(三)依法登记领取我国营业执照的中外合作经营企业、外资企业;(四)依法成立的社会团体的分支机构、代表机构;(五)依法设立并领取营业执照的法人的分支机构;(六)依法设立并领取营业执照的商业银行、政策性银行和非银行金融机构的分支机构;(七)经依法登记领取营业执照的乡镇企业、街道企业;(八)其他符合本条规定条件的组织。

第53条　法人非依法设立的分支机构,或者虽依法设立,但没有领取营业执照的分支机构,以设立该分支机构的法人为当事人。

第54条　以挂靠形式从事民事活动,当事人请求由挂靠人和被挂靠人依法承担民事责任的,该挂靠人和被挂靠人为共同诉讼人。

第56条　法人或者其他组织的工作人员执行工作任务造成他人损害的,该法人或者其他组织为当事人。

第57条　提供劳务一方因劳务造成他人损害,受害人提起诉讼的,以接受劳务一方为被告。

第58条　在劳务派遣期间,被派遣的工作人员因执行工作任务造成他人损害的,以接受劳务派遣的用工单位为当事人。当事人主张劳务派遣单位承担责任的,该劳务派遣单位为共同被告。

第59条　在诉讼中,个体工商户以营业执照上登记的经营者为当事人。有字号的，以营业执照上登记的字号为当事人，但应同时注明该字号经营者的基本信息。

营业执照上登记的经营者与实际经营者不一致的，以登记的经营者和实际经营者为共同诉讼人。

第60条 在诉讼中，未依法登记领取营业执照的个人合伙的全体合伙人为共同诉讼人。个人合伙有依法核准登记的字号的，应在法律文书中注明登记的字号。全体合伙人可以推选代表人；被推选的代表人，应由全体合伙人出具推选书。

第61条 当事人之间的纠纷经人民调解委员会或者其他依法设立的调解组织调解达成协议后，一方当事人不履行调解协议，另一方当事人向人民法院提起诉讼的，应以对方当事人为被告。

第62条 下列情形，以行为人为当事人：

（一）法人或者其他组织应登记而未登记，行为人即以该法人或者其他组织名义进行民事活动的；

（二）行为人没有代理权、超越代理权或者代理权终止后以被代理人名义进行民事活动的，但相对人有理由相信行为人有代理权的除外；

（三）法人或者其他组织依法终止后，行为人仍以其名义进行民事活动的。

第63条 企业法人合并的，因合并前的民事活动发生的纠纷，以合并后的企业为当事人；企业法人分立的，因分立前的民事活动发生的纠纷，以分立后的企业为共同诉讼人。

第64条 企业法人解散的，依法清算并注销前，以该企业法人为当事人；未依法清算即被注销的，以该企业法人的股东、发起人或者出资人为当事人。

第65条 借用业务介绍信、合同专用章、盖章的空白合同书或者银行账户的，出借单位和借用人为共同诉讼人。

第66条 因保证合同纠纷提起的诉讼，债权人向保证人和被保证人一并主张权利的，人民法院应当将保证人和被保证人列为共同被告。保证合同约定为一般保证，债权人仅起诉保证人的，人民法院应当通知被保证人作为共同被告参加诉讼；债权人仅起诉被保证人的，可以只列被保证人为被告。

第67条 无民事行为能力人、限制民事行为能力人造成他人损害的，无民事行为能力人、限制民事行为能力人和其监护人为共同被告。

第68条 居民委员会、村民委员会或者村民小组与他人发生民事纠纷的，居民委员会、村民委员会或者有独立财产的村民小组为当事人。

第69条 对侵害死者遗体、遗骨以及姓名、肖像、名誉、荣誉、隐私等行为提起诉讼的，死者的近亲属为当事人。

第70条 在继承遗产的诉讼中，部分继承人起诉的，人民法院应通知其他继承人作为共同原告参加诉讼；被通知的继承人不愿意参加诉讼又未明确表示放弃实体权利的，人民法院仍应将其列为共同原告。

第71条　原告起诉被代理人和代理人，要求承担连带责任的，被代理人和代理人为共同被告。

（新增）原告起诉代理人和相对人，要求承担连带责任的，代理人和相对人为共同被告。

第72条　共有财产权受到他人侵害，部分共有权人起诉的，其他共有权人为共同诉讼人。

第73条　必须共同进行诉讼的当事人没有参加诉讼的，人民法院应当依照民事诉讼法第135条的规定，通知其参加；当事人也可以向人民法院申请追加。人民法院对当事人提出的申请，应当进行审查，申请理由不成立的，裁定驳回；申请理由成立的，书面通知被追加的当事人参加诉讼。

第74条　人民法院追加共同诉讼的当事人时，应当通知其他当事人。应当追加的原告，已明确表示放弃实体权利的，可不予追加；既不愿意参加诉讼，又不放弃实体权利的，仍应追加为共同原告，其不参加诉讼，不影响人民法院对案件的审理和依法作出判决。

第81条　根据民事诉讼法第59条的规定，有独立请求权的第三人有权向人民法院提出诉讼请求和事实、理由，成为当事人；无独立请求权的第三人，可以申请或者由人民法院通知参加诉讼。

第一审程序中未参加诉讼的第三人，申请参加第二审程序的，人民法院可以准许。

第82条　在一审诉讼中，无独立请求权的第三人无权提出管辖异议，无权放弃、变更诉讼请求或者申请撤诉，被判决承担民事责任的，有权提起上诉。

第222条　原告在起诉状中直接列写第三人的，视为其申请人民法院追加该第三人参加诉讼。是否通知第三人参加诉讼，由人民法院审查决定。

第249条　在诉讼中，争议的民事权利义务转移的，不影响当事人的诉讼主体资格和诉讼地位。人民法院作出的发生法律效力的判决、裁定对受让人具有拘束力。

受让人申请以无独立请求权的第三人身份参加诉讼的，人民法院可予准许。受让人申请替代当事人承担诉讼的，人民法院可以根据案件的具体情况决定是否准许；不予准许的，可以追加其为无独立请求权的第三人。

第250条　依照本解释第249条规定，人民法院准许受让人替代当事人承担诉讼的，裁定变更当事人。

变更当事人后，诉讼程序以受让人为当事人继续进行，原当事人应当退出诉讼。原当事人已经完成的诉讼行为对受让人具有拘束力。

第420条　必须共同进行诉讼的当事人因不能归责于本人或者其诉讼代理人的事由未参加诉讼的，可以根据民事诉讼法第207条（现第211条）第8项规定，自知道或者应当知道之日起 6 个月内①申请再审，但符合本解释第 421 条（见本书第 238 条）规定情形的除外。

人民法院因前款规定的当事人申请而裁定再审，按照第一审程序再审的，应当追加其为当事人，作出新的判决、裁定；按照第二审程序再审，经调解不能达成协议的，应当撤销原判决、裁定，发回重审，重审时应追加其为当事人。

【法释〔2023〕13 号】 最高人民法院关于适用《中华人民共和国民法典》合同编通则若干问题的解释（2023 年 5 月 23 日最高法审委会〔1889 次〕通过，2023 年 12 月 4 日公布，次日 2023 年 12 月 5 日起施行）

第 37 条（第 1 款） 债权人以债务人的相对人为被告向人民法院提起代位权诉讼，未将债务人列为第三人的，人民法院应当追加债务人为第三人。

第 47 条 债权转让后，债务人向受让人主张其对让与人的抗辩的，人民法院可以追加让与人为第三人。

债务转移后，新债务人主张原债务人对债权人的抗辩的，人民法院可以追加原债务人为第三人。

当事人一方将合同权利义务一并转让后，对方就合同权利义务向受让人主张抗辩或者受让人就合同权利义务向对方主张抗辩的，人民法院可以追加让与人为第三人。

【主席令〔2023〕15 号】 中华人民共和国公司法（2023 年 12 月 29 日全国人大常委会〔14 届 7 次〕修订，2024 年 7 月 1 日起施行）

第 188 条 董事、监事、高级管理人员执行公司职务违反法律、行政法规或者公司章程的规定，给公司造成损失的，应当承担赔偿责任。

第 189 条 董事、高级管理人员有前条规定的情形的，有限责任公司的股东、股份有限公司连续 180 日以上单独或者合计持有公司 1% 以上股份的股东，可以书面请求监事或者不设监事会的有限责任公司的监事向人民法院提起诉讼；监事有前条规定的情形的，前述股东可以书面请求董事会或者不设董事会的有限责任公司的执行董事向人民法院提起诉讼。

监事会、不设监事会的有限责任公司的监事，或者董事会、执行董事收到前款规定的股东书面请求后拒绝提起诉讼，或者自收到请求之日起 30 日内未提起诉讼，或者情况紧急、不立即提起诉讼将会使公司利益受到难以弥补的损害的，前款规定的股东有权为公司利益以自己的名义直接向人民法院提起诉讼。

他人侵犯公司合法权益，给公司造成损失的，本条第 1 款规定的股东可以依

---

① 注：本《解释》第 127 条规定，本处规定的 6 个月为不变期间，不适用诉讼时效中止、中断、延长的规定。

照前 2 款的规定向人民法院提起诉讼。

（新增）公司全资子公司的董事、监事、高级管理人员有前条规定情形，或者他人侵犯公司全资子公司合法权益造成损失的，有限责任公司的股东、股份有限公司连续 180 日以上单独或者合计持有公司 1% 以上股份的股东，可以依照前 3 款规定书面请求全资子公司的监事会、董事会向人民法院提起诉讼或者以自己的名义直接向人民法院提起诉讼。

第 190 条　董事、高级管理人员违反法律、行政法规或者公司章程的规定，损害股东利益的，股东可以向人民法院提起诉讼。

【法释［2024］1 号】　最高人民法院关于审理涉彩礼纠纷案件适用法律若干问题的规定（2023 年 11 月 13 日最高法审委会［1905 次］通过，2024 年 1 月 17 日公布，2024 年 2 月 1 日起施行）

第 4 条　婚约财产纠纷中，婚约一方及其实际给付彩礼的父母可以作为共同原告；婚约另一方及其实际接收彩礼的父母可以作为共同被告。

离婚纠纷中，一方提出返还彩礼诉讼请求的，当事人仍为夫妻双方。

【主席令［2024］26 号】　中华人民共和国农村集体经济组织法（2024 年 6 月 28 日全国人大常委会［14 届 10 次］通过，2025 年 5 月 1 日起施行）

第 2 条　本法所称农村集体经济组织，是指以土地集体所有为基础，依法代表成员集体行使所有权，实行家庭承包经营为基础、统分结合双层经营体制的区域性经济组织，包括乡镇级农村集体经济组织、村级农村集体经济组织、组级农村集体经济组织。

第 6 条（第 1 款）　农村集体经济组织依照本法登记，取得特别法人资格，依法从事与其履行职能相适应的民事活动。

第 59 条　对于侵害农村集体经济组织合法权益的行为，农村集体经济组织可以依法向人民法院提起诉讼。

第 60 条　农村集体经济组织理事会成员、监事会成员或者监事、主要经营管理人员执行职务时违反法律法规或者农村集体经济组织章程的规定，给农村集体经济组织造成损失的，应当依法承担赔偿责任。

前款规定的人员有前款行为的，农村集体经济组织理事会、监事会或者监事应当向人民法院提起诉讼；未及时提起诉讼的，10 名以上具有完全民事行为能力的农村集体经济组织成员可以书面请求监事会或者监事向人民法院提起诉讼。

监事会或者监事收到书面请求后拒绝提起诉讼或者自收到请求之日起 15 日内未提起诉讼的，前款规定的提出书面请求的农村集体经济组织成员可以为农村集体经济组织的利益，以自己的名义向人民法院提起诉讼。

第一编　第五章

第64条（第1款） 未设立农村集体经济组织的，村民委员会、村民小组可以依法代行农村集体经济组织的职能。

第65条 本法施行前已经按照国家规定登记的农村集体经济组织及其名称，本法施行后在法人登记证书有效期限内继续有效。

● **指导案例** 【法〔2015〕85号】 最高人民法院第10批指导性案例（2015年4月15日）

（指导案例51号） 阿卜杜勒·瓦希德诉中国东方航空股份有限公司航空旅客运输合同纠纷案（上海一中院2006年2月24日〔2006〕沪一中民一（民）终字第609号民事判决）

裁判要点：1. 对航空旅客运输实际承运人提起的诉讼，可以选择对实际承运人或缔约承运人提起诉讼，也可以同时对实际承运人和缔约承运人提起诉讼。被诉承运人申请追加另一方承运人参加诉讼的，法院可以根据案件的实际情况决定是否准许。……①

● **入库案例** 【2023-01-2-483-006】 黄某某诉青岛某置业有限公司、青岛某典当公司、黄某坡合同纠纷案（2021.12.20/〔2021〕最高法民再191号）

裁判要旨：合同纠纷案件的起诉人虽非签订合同的主体，但是其与案件具有直接利害关系，即为适格原告。至于原告的诉讼请求是否应予支持、被告是否认可原告主张的案件事实均非否定原告诉权的理由。

【2024-01-2-504-001】北京某经贸公司诉北京某房地产公司、河北某建投公司侵权责任纠纷案（2020.11.13/〔2020〕最高法民再301号）

裁判要旨：2. 当事人没有获得人防工程使用许可并不影响其依据相关合同提起民事诉讼。申请办理《人防工程使用证》等规定，属于行政管理性规范，并不影响投资者基于投资行为而提起诉讼并主张其享有投资性权益的权利。当事人是否取得《人防工程使用证》，与其原告主体资格的认定无直接关联，不能据此否定当事人的诉权。

【2024-17-5-202-006】 陈某与于某、张某、第三人甲公司执行复议案（2023.08.25/〔2023〕最高法执复26号）

裁判要旨：公司的董事、监事、高级管理人员侵害了公司权益，而公司怠于

---

① 该指导案例同时确立裁判要点（3）：航空公司在打折机票上注明"不得退票，不得转签"，只是限制购买打折机票的旅客由于自身原因而不得退票和转签，不能据此剥夺旅客在支付票款后享有的乘坐航班按时抵达目的地的权利。

追究其责任时，符合法定条件的股东可以自己的名义代表公司提起诉讼。在股东代表诉讼中，股东个人的利益并没有直接受到损害，只是由于公司的利益受到损害而间接受损，因此，股东代表诉讼是股东为了公司的利益而以股东的名义直接提起的诉讼，胜诉后的利益归于公司。……

● **书刊案例　【立案［2010］1 辑】**　辽源市佳林造革有限责任公司与 DAC China SOS（Barbados）SRL 借款合同纠纷案——二审期间当事人才告知债权已于一审期间转让的事实，二审法院能否直接裁决变更诉讼主体 ①

裁判摘要：根据最高人民法院《关于金融资产管理公司收购、处置银行不良资产有关问题的补充通知》第 3 条关于"金融资产管理公司转让、处置已经涉及诉讼、执行或者破产等程序的不良债权时，人民法院应当根据债权转让协议和转让人或者受让人的申请，裁定变更诉讼或者执行主体"的规定，本案中，转让人和受让人均提出了变更诉讼主体的申请，债权转让协议合法有效，故本案二审可直接将诉讼主体由资产公司变更为外国公司。当然，本案一审期间，资产公司已将本案所涉债权转让给外国公司，其在二审才予以告知并申请变更诉讼主体存在不当，但由于本案诉讼主体变更是基于债权转让法律行为所致，变更前后的主体均为合法债权人，两者是承继关系，故尽管一审时资产公司与受让人未及时申请变更诉讼主体，但外国公司依据资产转让协议享有实体权利，同时，无论债权人为转让前还是转让后的主体，于债务人而言，均有义务清偿债务。在本案并非一审终审情形下，一审程序结束，本案权利义务关系并未固定，二审变更诉讼主体亦不会损害债务人利益。另外，债权转让虽发生在一审期间，但起诉时资产公司仍是债权人，为适格原告，且外国公司和资产公司对债权转让后仍以资产公司名义代外国公司主张本案债权无异议，故债务人以债权转让后资产公司不具有诉讼主体资格应驳回其请求的理由不成立。

● **高法判例　【［2020］最高法民再 111 号】**　翁某雅、吕某雯第三人撤销之诉再审案（最高法院 2020 年 12 月 30 日民事裁定）（**另见本书第 15 章第 4 节**）②

裁判摘要：一、一般情况下，遗产管理人及受托人进行遗产收集，为遗产管理、分配创造条件，既有利于遗嘱受益人权利的实现，也有利于及时按照遗嘱分配遗产。因此，遗产管理人及受托人在收集遗产过程中遇到障碍，无法及时收集并有效管理遗产时，有权以自己名义对相关民事主体提起民事诉讼以保证遗产安

①《立案工作指导》2010 年第 1 辑，人民法院出版社 2010 年 7 月第 1 版。
② 注：最高法同一合议庭同日作出了 4 份裁定书（［2020］最高法民再 111~114 号），除了当事人名称差异（分别为翁某雅、翁某文、翁甲雅、翁甲文）之外，其余内容无区别。

全。在此类诉讼中，遗嘱所确定的遗嘱受益人尤其是个别遗嘱受益人可以不作为第三人参加。相应地，遗嘱受益人也无须就遗产管理人及受托人已经胜诉的遗产收集和管理诉讼在事后提起第三人撤销之诉。①遗嘱受益人如认为遗产管理人及受托人行为失当或者不胜任，可通过法定程序解决。二、在承认原遗产管理人及受托人诉讼主体资格和诉讼地位的同时，新遗产管理人及受托人申请以第三人身份而不是替代原遗产管理人及受托人参加本案诉讼，符合法律规定（见法释［2022］11 号《解释》第 249 条）。新遗产管理人及受托人与原遗产管理人及受托人可以根据身份变化情况，依照法律程序办理相关的权利义务承接手续。

● **知名案例** **北京市西城区居民与最高人民法院采光权纠纷案**②

案情摘要：1985 年至 1990 年，蒋志培担任西城法院副院长主管民审判工作，其间受理了一起特殊的采光权纠纷案。最高人民法院的一栋宿舍楼，因遮挡了附近居民的采光，被居民一纸诉状告上了西城法院。诉状上赫然写着"被告：中华人民共和国最高人民法院，法定代表人：郑天翔"。经过审理，西城法院依法判决最高人民法院败诉。时任最高人民法院院长郑天翔指示拆除遮挡居民采光的一层，只留了一栋两层宿舍楼。

● **文书格式** **【法［2016］221 号】** **民事诉讼文书样式**（2016 年 2 月 22 日最高法审委会［1679 次］通过，2016 年 6 月 28 日公布，2016 年 8 月 1 日起施行）（本书对格式略有调整）

　　法定代表人 \ 主要负责人身份证明书（法人 \ 其他组织的当事人用）③

　　×××在我（单位名称）担任……职务，系我（单位名称）的法定代表人 \ 主要负责人。④

---

　　① 注：最高法在本裁定书中同时认为：但鉴于本案遗嘱受益人与遗产管理人及受托人之间对遗产管理确有争议且另案诉讼已更换遗产管理人及受托人、案涉股权管理及登记的法律规定存在一定模糊性等因素，翁某芳等 4 名遗产管理人及受托人如何收集、管理、处置翁某的遗产，与作为遗嘱受益人的翁某雅存在一定法律上的利害关系，在一、二审判决均认可翁某雅的原告主体资格并已作出实体裁判的情况下，本案可以认定翁某雅具有提起第三人撤销之诉的主体资格和诉讼地位。

　　② 注：本案是目前可查的最高人民法院作为被告（并且败诉）的唯一案例，见《无法不谈：一个法律人的行与思》（王学堂著，海洋出版社 2009 年 6 月）第 166 页，并转载于《人民法院报》2009 年 7 月 25 日第 4 版。2021 年 5 月 10 日人民法院新闻传媒总社《蒋志培：从"北大荒"知青到知产司法保护"尖兵"》印证了本案（中国法院网 https：//www.chinacourt.org/article/detail/2021/05/id/6029836.shtml）。另，1988 年 4 月 28 日时任最高法院院长郑天翔《在最高人民法院机关干部职工大会上的讲话》也述及该案，见《郑天翔司法文存》（人民法院出版社 2012 年 8 月）第 311 页。

　　③ 注：法人的法定代表人以依法登记的为准，但法律另有规定的除外。依法不需要办理登记的法人，以其正职负责人为法定代表人；没有正职负责人的，以其主持工作的副职负责人为法定代表人。法定代表人已经变更，但未完成登记，变更后的法定代表人要求代表法人参加诉讼的，人民法院可以准许。

　　④ 注：其他组织，以其主要负责人为代表人。

民事诉讼法全厚细

特此证明。①

附：法定代表人＼主要负责人联系地址：……联系电话：……

　　　　　　　　　　　　　　　　×年×月×日（单位公章）

申请书（申请追加必要的共同诉讼当事人）

申请人：×××，男/女，×年×月×日生，×族，……（写明工作单位和职务或职业），住……。联系方式：……。（★申请人是法人或其他组织的，本段写明名称、住所）

法定代理人/指定代理人：②×××，……。（★申请人是法人或其他组织的，本段写明法定代表人、主要负责人及其姓名、职务、联系方式）

委托诉讼代理人：×××，……。（申请时已经委托诉讼代理人的，写明此项）

（以上写明申请人和其他诉讼参与人的姓名或者名称等基本信息）

请求事项：

追加×××③作为你院（××××）……民初……号……（写明当事人和案由）一案共同原告/被告参加诉讼。

事实和理由：

……（写明申请追加的事实和理由）

此致：××人民法院

申请人（自然人签名或单位盖章）

　　　　　　　　　　　　　　　　　　　　　×年×月×日

申请书（无独立请求权的第三人申请参加诉讼用）④

申请人：×××，男/女，×年×月×日生，×族，……（写明工作单位和职务或职业），住……。联系方式：……。（★申请人是法人或其他组织的，本段写明名称、住所）

法定代理人/指定代理人⑤：×××，……。（★申请人是法人或其他组织的，本段写明法定代表人、主要负责人及其姓名、职务、联系方式）

---

① 注：在诉讼中，法人的法定代表人变更的，由新的法人代表继续进行诉讼，并应向人民法院提交新的法定代表人身份证明书。原法人代表进行的诉讼行为有效。

② 注：申请人是无民事行为能力人或限制民事行为能力人的，应当写明法定代理人姓名、性别、出生日期、民族、职业、工作单位、住所、联系方式，在诉讼地位后括注与申请人的关系。

③ 注：被追加的当事人，可以是原告也可以是被告。

④ 注：无独立请求权的第三人认为案件处理结果同他有法律上的利害关系的，按本样式向人民法院申请参加诉讼。第一审程序中未参加诉讼的第三人，申请参加第二审程序的，人民法院可以准许。

⑤ 注：申请人是无民事行为能力人或限制民事行为能力人的，应当写明法定代理人姓名、性别、出生日期、民族、职业、工作单位、住所、联系方式，在诉讼地位后括注与申请人的关系。

委托诉讼代理人：×××，……。（申请时已经委托诉讼代理人的，写明此项）

（以上写明申请人和其他诉讼参与人的姓名或者名称等基本信息）

请求事项：

以无独立请求权的第三人参加你院（××××）……号……（写明当事人和案由）一案的诉讼。

事实和理由：

……（写明申请参加诉讼的事实和理由）

此致：××人民法院

申请人（自然人签名或单位盖章）

×年×月×日

参加诉讼通知书

（详见本书第 126 条文书格式）

民事裁定书（驳回追加共同诉讼当事人申请用) ①

（××××）……民初……号

申请人：×××，……。

（以上写明申请人及其代理人的姓名或名称等基本信息）

原告×××与被告×××……（写明案由）一案，本院于×年×月×日立案。×年×月×日，×××向本院提出申请追加×××为共同原告/被告。

×××称，……（概述申请人追加共同诉讼当事人的事实和理由）。

本院经审查认为，……（写明驳回追加共同诉讼当事人申请的理由）。

依照《中华人民共和国民事诉讼法》第 157 条第 1 款第 11 项、《最高人民法院关于适用〈中华人民共和国民事诉讼法〉的解释》第 73 条规定，裁定如下：

驳回×××追加×××为共同原告/被告的申请。

审判长　×××

（代理）审判员　×××

人民陪审员　×××

×年×月×日（院印）

法官助理　×××

书记员　×××

---

① 注：申请理由成立的，直接书面通知被追加的当事人参加诉讼，不需要制作裁定书。

民事裁定书（变更当事人）

（××××）……民×……号（同诉讼案件案号）

申请人：×××，……。

（以上写明申请人及其代理人的姓名或名称等基本信息）

原告×××与被告×××、第三人×××……（写明案由）一案，本院于×年×月×日立案。×年×月×日，×××向本院提出申请变更当事人。

×××称，……（概述申请人替代当事人承担诉讼的事实和理由）。

本院经审查认为，……（写明准许变更当事人的理由）。

依照《中华人民共和国民事诉讼法》第 157 条第 1 款第 11 项、《最高人民法院关于适用〈中华人民共和国民事诉讼法〉的解释》第 249 条、第 250 条规定，裁定如下：

准许×××替代×××作为本案……（写明诉讼地位）参加诉讼，×××退出诉讼。

审判长　×××

（代理）审判员　×××

人民陪审员　×××

×年×月×日（院印）

法官助理　×××

书记员　×××

第 52 条　（见第 12 条之后）

第 53 条　（见第 13 条之后）

第 54 条　**【诉讼请求，反诉】**原告可以放弃或者变更诉讼请求。被告可以承认或者反驳诉讼请求，有权提起反诉。

（插）第 143 条　**【增诉、反诉，合并审理】**原告增加诉讼请求，被告提出反诉，第三人提出与本案有关的诉讼请求，可以合并审理。

● **相关规定**　**【法发〔2003〕25 号】**　人民法院民事诉讼风险提示书（2003 年 12 月 23 日最高法审委会〔1302 次〕通过，次日公布，2003 年 12 月 24 日起施行）

二、诉讼请求不适当

当事人提出的诉讼请求应明确、具体、完整，对未提出的诉讼请求人民法院不会审理。

当事人提出的诉讼请求要适当，不要随意扩大诉讼请求范围；无根据的诉讼请求，除得不到人民法院支持外，当事人还要负担相应的诉讼费用。

三、逾期改变诉讼请求

当事人增加、变更诉讼请求或者提出反诉，超过人民法院许可或者指定期限的，可能不被审理。

【法发［2009］19号】 最高人民法院关于审理涉及金融不良债权转让案件工作座谈会纪要（2008年10月14日在海口召开；2009年3月30日印发）①

五、关于国有企业的诉权及相关诉讼程序

会议认为，为避免当事人滥用诉权，在受让人向国有企业债务人主张债权的诉讼中，……国有企业债务人另行提起不良债权转让合同无效诉讼的，人民法院应中止审理受让人向国有企业债务人主张债权的诉讼，在不良债权转让合同无效诉讼被受理后，两案合并审理。……

【法发［2018］9号】 最高人民法院关于人民法院立案、审判与执行工作协调运行的意见（2018年5月28日）

9. 审判部门在审理涉及交付特定物、恢复原状、排除妨碍等案件时，应当查明标的物的状态。特定标的物已经灭失或者不宜恢复原状、排除妨碍的，应告知当事人可申请变更诉讼请求。

10. 审判部门在审理再审裁定撤销原判决、裁定发回重审的案件时，应当注意审查诉讼标的物是否存在灭失或者发生变化致使原诉讼请求无法实现的情形。存在该情形的，应告知当事人可申请变更诉讼请求。

【法释［2020］7号】 最高人民法院关于审理侵犯商业秘密民事案件适用法律若干问题的规定（2020年8月24日最高法审委会［1810次］通过，2020年9月10日公布，2020年9月12日起施行；以本规为准）

第27条 权利人应当在一审法庭辩论结束前明确所主张的商业秘密具体内容。仅能明确部分的，人民法院对该明确的部分进行审理。

权利人在第二审程序中另行主张其在一审中未明确的商业秘密具体内容的，第二审人民法院可以根据当事人自愿的原则就与该商业秘密具体内容有关的诉讼请求进行调解；调解不成的，告知当事人另行起诉。双方当事人均同意由第二审人民法院一并审理的，第二审人民法院可以一并裁判。

【法释［2020］25号】 最高人民法院关于审理建设工程施工合同纠纷案件适用法律问题的解释（一）（2020年12月25日最高法审委会［1825次］通过，2020年12月29日公布，2021年1月1日起施行）

第16条 发包人在承包人提起的建设工程施工合同纠纷案件中，以建设工程

---

① 最高人民法院立案庭：《立案工作指导》2009年第2辑，人民法院出版社2009年12月第1版。

质量不符合合同约定或者法律规定为由，就承包人支付违约金或者赔偿修理、返工、改建的合理费用等损失提出反诉的，人民法院可以合并审理。

【法释［2020］26 号】 最高人民法院关于审理劳动争议案件适用法律问题的解释（一）（2020 年 12 月 25 日最高法审委会［1825 次］通过，2020 年 12 月 29 日公布，2021 年 1 月 1 日起施行）

第 4 条　劳动者与用人单位均不服劳动争议仲裁机构的同一裁决，向同一人民法院起诉的，人民法院应当并案审理，双方当事人互为原告和被告，对双方的诉讼请求，人民法院应当一并作出裁决。……

第 14 条　人民法院受理劳动争议案件后，当事人增加诉讼请求的，如该诉讼请求与讼争的劳动争议具有不可分性，应当合并审理；如属独立的劳动争议，应当告知当事人向劳动争议仲裁机构申请仲裁。

【法释［2021］15 号】 最高人民法院关于审理使用人脸识别技术处理个人信息相关民事案件适用法律若干问题的规定（2021 年 6 月 8 日最高法审委会［1841 次］通过，2021 年 7 月 27 日公布，2021 年 8 月 1 日起施行）

第 13 条　基于同一信息处理者处理人脸信息侵害自然人人格权益发生的纠纷，多个受害人分别向同一人民法院起诉的，经当事人同意，人民法院可以合并审理。

【法二巡（会 2）［2021］8 号】 诉的合并实务类型及其认定标准[①]（最高法第二巡回法庭 2020 年第 3 次法官会议纪要）

起诉是一方当事人在争议发生时向人民法院提出的解决争议的请求。为规范案件受理，维护诉讼秩序，在受理起诉过程中，一般应当按照"一案一诉"的常态予以登记立案。但是，"一案一诉"并不是绝对的，存在着例外的情形。具体而言，又可以区分为 2 种类型：一是民事诉讼法规定的例外情形；二是法律规定之外实务中存在的例外。在坚持"一案一诉"的常态立案基础上，允许例外情形的存在，背后的法理在于把几个诉合并审理，可以简化诉讼程序，节省时间、人力、物力，提高办案效率，防止对数个有联系的诉作出相互矛盾的判决。本案中，按照"当事人诉的声明结合原因事实"识别一个诉的标准，甲公司基于与乙公司之间 3 个合同的签订及履行情况，主张乙公司承担还款责任，系基于 3 个合同事实、提出 3 个诉的声明应当认定为 3 个诉。但是，考虑到本案双方当事人均为甲公司与乙公司，合同种类和履行情况相似，甲公司 3 个诉请类似，受理法院予以一并受理并无不当。因 3 个诉合并受理之后，已经达到了受理法院级别管辖的标

[①] 贺小荣主编：《最高人民法院第二巡回法庭法官会议纪要（第二辑）》，人民法院出版社 2021 年版，第 137 页。

准，乙公司就此提出的管辖权异议不能被支持。

意见阐释：(本书对内容有精简，并更新了援引的法条序号)

一、民事诉讼法规定的诉的合并情形

（一）共同诉讼的 2 种情形

民诉法第 55 条第 1 款规定的共同诉讼包括必要共同诉讼和普通共同诉讼 2 种情形。第一种情形是诉讼标的是共同的，为必要共同诉讼。例如，基于同一继承法律事实，原告方起诉被告方 2 人返还应由原告方继承的财产份额，诉讼标的是共同的。又如，原告方起诉被告方夫妻 2 人归还借款，理由是该笔借款是用于夫妻家庭生活。第二种情形是诉讼标的是同一种类的，为普通共同诉讼。如多名购房人基于分别与开发商签订的商品房买卖合同，起诉开发商承担逾期交房的违约责任，性质上是同一种类的。但是，不管是必要共同诉讼还是普通共同诉讼，与一对一的当事人相比，均应具备以下条件：(1) 当事人一方或双方为 2 人以上。(2) 其诉讼标的为同一个或是同一种类。(3) 多数当事人在同一诉讼程序中进行诉讼。

（二）诉的追加而合并审理

这种情形的法律依据是民诉法第 143 条关于"原告增加诉讼请求可以合并审理"的规定。我们认为，原告增加诉讼请求应该包括 3 种具体类型：一是增加的诉讼请求与原诉请是同质的，只是在量上作了变更。受理法院主要考虑的是级别管辖是否受到影响。二是基于同一法律事实提出了不同的诉请。以买卖合同之诉为例，原告基于购买假冒伪劣产品请求被告承担违约责任之后，又主张因使用假冒伪劣产品导致人身损害，增加诉讼请求要求被告承担侵权责任。在这种情况下，受理法院就要予以充分释明，当事人基于同一事实只能提起一个诉请，不能提起 2 个不同质的诉请，否则将承担不利的法律后果。三是增加的诉讼请求要求追加被告。这里又可以区分为 2 种情形，第一种情形是原告基于主合同起诉，在法院受理之后，增加诉讼请求要求追加担保人承担担保责任。担保制度司法解释第 21 条规定："主合同或者担保合同约定了仲裁条款的，人民法院对约定仲裁条款的合同当事人之间的纠纷无管辖权。债权人一并起诉债务人和担保人的，应当根据主合同确定管辖法院。债权人依法可以单独起诉担保人且仅起诉担保人的，应当根据担保合同确定管辖法院。"在这种情形下，担保合同根据主合同确定案件管辖进而合并审理并无不当。实践中，这种情形的诉的追加受理法院的地域管辖权不会发生变化，但是级别管辖是否受到影响，值得研究。第二种情形，增加诉讼请求追加的被告不属于担保合同的担保人，是否属于法律规定的诉的合并形态，就要依照民诉法第 55 条第 1 款的规定，判断是否属于普通共同诉讼或者必要共同诉讼。

（三）被告提出反诉

这种情形的法律依据是民诉法第 143 条关于"被告提出反诉可以合并审理"

的规定。本诉与反诉的合并，既是主体合并，又是客体合并。根据民诉法司法解释第 232 条和第 233 条的规定，反诉是在案件受理后，法庭辩论结束前，本诉的被告基于相同法律关系、相关事实对本诉原告提出的诉讼。反诉以本诉存在为前提，不经过起诉程序，不单独依据其诉讼标的额确定管辖法院。只要一经提出，除民诉法司法解释第 233 条第 3 款规定的"反诉应由其他人民法院专属管辖，或者与本诉的诉讼标的及诉讼请求所依据的事实、理由无关联的，裁定不予受理，告知另行起诉"情形外，应当由本诉法院合并审理。据此，人民法院受理本诉后，当事人未提出管辖权异议，就案件实体内容进行反诉的，可以认定受诉法院有管辖权，受诉法院应当合并审理本诉与反诉。在这种情况下，本诉受理法院需要注意的是，如果反诉提出的诉请标的额，超过本诉受理法院级别管辖的标准，应视为本诉的被告，即反诉的原告自愿接受在级别管辖低的本诉法院受理，本诉法院不再依据级别管辖的规定移送本诉和反诉。

（四）第三人加入诉讼

这种情形的法律依据是民诉法第 143 条、民诉法第 59 条第 1 款规定。无独立请求权的第三人加入诉讼后，可能发挥着以下诉讼作用：一是辅助原告的证人角色的第三人；二是辅助被告的证人角色的第三人；三是承担民事责任的被告的第三人。最典型的就是产品责任纠纷，产品购买者起诉产品销售商，案件受理之后，法院通知产品生产商作为第三人参加诉讼。在案件判决之前，产品生产商作为无独立请求权的第三人的诉讼作用，实际上是不确定的，有可能辅助产品购买者，证明产品使用等没有过错，侵权责任在于销售商；有可能辅助产品销售商，证明产品保管等没有过错，侵权后果完全由产品购买者自行承担；也有可能法院经过审理，认为生产商也要承担产品侵权的责任，这就变成了判决承担民事责任的第三人。

二、民事诉讼法规定之外的例外情形

（一）单纯的诉的合并

单纯的诉的合并情形，又称为普通的诉的合并、并列的诉的合并，是指同一原告对同一被告，在一个诉状中主张多个诉讼标的，即提出多个诉，要求法院对这些诉一并作出判决的诉的合并。这又要区分以下几种具体类型：

一是多个诉讼标的的类似合并。如原告与被告先后签订了五个电缆线买卖合同，每个合同标的为 2000 万元。合同履行过程发生纠纷，原告就五个合同合并一并起诉，诉讼标的额累计达到了 1 亿元。级别管辖上可能会存在差异，单个起诉可能管辖法院是基层法院，合并起诉管辖法院极有可能是上一级法院。

二是多个诉讼标的的牵连合并。所谓诉的牵连，是指一个诉的审理需以另一个诉的审理为前提或者与另一个诉的审理存在关联。如房屋买卖合同纠纷中，原告起诉先行确认房屋买卖合同有效，再行主张被告履行房屋买卖合同并承担违约责任。先

第一编　第五章

行确认房屋买卖合同有效，是认定被告是否应当履行合同并承担违约责任的前提，这在法律关系判断上存在着牵连。又如，双方当事人在一个合同中，约定了两个性质不同的法律关系，原告基于一个合同起诉被告，这在事实连接上存在着牵连。当然，此类牵连的多个诉讼标的，原告完全可以分开先后起诉，不存在着重复起诉的情况。

（二）竞合的诉的合并

竞合的诉的合并，实践中表现为同一个原告对同一个被告，在实体法上享有几种独立的请求权。但是"禁止重复评价"是我国民事诉讼的基本原则。这些独立的请求权，在起诉的时候只能主张其一。如原告因名下房产被被告占有，可以基于侵权、不当得利主张被告返还。

（三）预备的诉的合并

预备的诉的合并，又称为假设的诉的合并。顾名思义，实际上是原告为防止诉讼遭受败果，在起诉时一并提起 2 个诉请准备在第一个诉请不被支持之后，请求支持第二个诉请。如买卖合同纠纷中，原告作为出卖方，起诉买受方支付合同款，但是，原告基于买卖合同可能被确认无效的考虑，在主张买受方支付合同款的同时，主张如买卖合同被确认无效，买受方应当返还货物。

（四）选择的诉的合并

选择的诉的合并，实践中表现为同一个原告对同一个被告起诉过程中，提出诉的声明要达到的目的，就是要么支持一个诉请，要么支持另一个诉请。以买卖合同纠纷为例，原告主张合同无效，请求法院判令被告返还货物，或者支付与货物价值相当的货款作为替代。

三、诉的合并应把握的标准

对于"一案一诉"之外的起诉，法院在登记立案审查是否受理时，可以从合法性、处分性、经济性 3 个维度标准进行把握。如符合 3 个维度之一，法院可以决定一并受理。

（一）维度之一：合法性。本文列举了民诉法第 55 条规定的共同诉讼，民诉法第 143 条规定的增加诉讼请求、提出反诉和有独三加入诉讼，这些都是法律规定的可以合并审理的情形。当然，涉及普通的共同诉讼，法律设置了经一方当事人同意的前提条件，从原告起诉的角度看，这一方当事人显然是指被告这一方，人民法院在立案时应当予以把握。

（二）维度之二：处分性。在民事诉讼中，原告有权按照自己的意志支配、决定、选择实体权利和程序权利。具体到民事起诉与受理阶段，法院不能自行决定立案受理民事案件，必须依据原告的起诉，再行启动司法裁判程序。因此，是否将多个诉合并一并起诉，是原告处分实体权利和程序权利的方式，法院无权予以干涉。但是，法院是否决定予以立案受理，首先要考虑此类诉的合并是否有法律、司法解释性质规范性文件的依据，也要考虑被告方是否自觉、主动接受诉的合并，也就是被告方在涉及一并受理时，如何处分程序权利。民诉法第 130 条第 2 款关于"应诉管辖"的规定，体现的就是对被告处分管辖异议权这一程序权利的尊重和认可。实践中，对于出现的原告基于多个诉讼标的的起诉，如单纯之诉的牵连情况，被告未对受理提出异议的，又如增加诉讼请求追加被告的，被告并未对自己是否为适格被告提出异议的，人民法院可以考虑受理诉的合并。

（三）维度之三：经济性。从经济性的维度出发考虑诉的合并，可以集中审理案件，减轻两造诉累，节约司法成本。对于在起诉中出现的法律及司法解释性规范没有明确规定的"一案一诉"的例外情形，如僵硬地一概不予立案受理，则将不利于快速有效地解决矛盾，同时也为最后能否实现实体公正埋下隐患。因此，出于经济性的考虑，对于竞合之诉的合并、预备的诉的合并、选择之诉的合并，法院在先行释明只能针对一个诉请作出判决后，原告坚持一并提出竞合之诉、预备的诉、选择之诉的合并的，可以合并立案受理。对于类似诉讼标的的单纯的诉之合并，如果不存在恶意抬高级别管辖标准的情形，法院也可以合并立案受理。

基于以上分析，我们认为判断立案受理"一案一诉"的例外情形时，可以遵循以下的标准，即法定性是决定受理诉讼合并的第一认定维度，但是，在法律及司法解释规范性文件没有明确规定的情况下，不能以法定性为由一概不予受理诉的合并，而应充分考虑处分性维度，特别是被告一方是否愿意接受诉的合并，同时也要考虑经济性维度，便于法院集中审理和当事人参加诉讼。在法定性维度缺位的情况下，具备处分性维度、经济性维度之一，也可以作为"一案一诉"例外情形进行受理。当然，从处分性、经济性两个维度认定诉的合并的一个大前提，是受理法院进行审理本身并不违反级别管辖和专属管辖的规定。

【**法释〔2022〕11 号**】　**最高人民法院关于适用《中华人民共和国民事诉讼法》的解释**（"法释〔2015〕5 号"公布，2015 年 2 月 4 日起施行；根据法释〔2020〕20 号《决定》修正，2021 年 1 月 1 日起施行；2022 年 3 月 22 日最高法审委会〔1866 次〕修正，2022 年 4 月 1 日公布，2022 年 4 月 10 日起施行；以本规为准）

第 221 条　基于同一事实发生的纠纷，当事人分别向同一人民法院起诉的，人民法院可以合并审理。

第 232 条　在案件受理后，法庭辩论结束前，原告增加诉讼请求，被告提出反诉，第三人提出与本案有关的诉讼请求，可以合并审理的，人民法院应当合并审理。

第 233 条　反诉的当事人应当限于本诉的当事人的范围。

反诉与本诉的诉讼请求基于相同法律关系、诉讼请求之间具有因果关系，或者反诉与本诉的诉讼请求基于相同事实的，人民法院应当合并审理。

反诉应由其他人民法院专属管辖，或者与本诉的诉讼标的及诉讼请求所依据的事实、理由无关联的，裁定不予受理，告知另行起诉。

第251条 二审裁定撤销一审判决发回重审的案件，当事人申请变更、增加诉讼请求或者提出反诉，第三人提出与本案有关的诉讼请求的，依照民事诉讼法第143条规定处理。

第252条 再审裁定撤销原判决、裁定发回重审的案件，当事人申请变更、增加诉讼请求或者提出反诉，符合下列情形之一的，人民法院应当准许：（一）原审未合法传唤缺席判决，影响当事人行使诉讼权利的；（二）追加新的诉讼当事人的；（三）诉讼标的物灭失或者发生变化致使原诉讼请求无法实现的；（四）当事人申请变更、增加的诉讼请求或者提出的反诉，无法通过另诉解决的。

【法释［2024］6号】 最高人民法院关于审理垄断民事纠纷案件适用法律若干问题的解释（2024年2月4日最高法审委会［1915次］通过，2024年6月24日公布，2024年7月1日起施行；法释［2012］5号《关于审理因垄断行为引发的民事纠纷案件应用法律若干问题的规定》同时废止）

第8条 2个以上原告因同一垄断行为向有管辖权的同一人民法院分别提起诉讼的，人民法院可以合并审理。

2个以上原告因同一垄断行为向有管辖权的不同人民法院分别提起诉讼的，后立案的人民法院发现其他有管辖权的人民法院已先立案的，应当裁定将案件移送先立案的人民法院；受移送的人民法院可以合并审理。

人民法院可以要求当事人提供与被诉垄断行为相关的行政执法、仲裁、诉讼等情况。当事人拒不如实提供的，可以作为认定其是否遵循诚信原则和构成滥用权利等的考量因素。

第9条 原告无正当理由而根据影响地域、持续时间、实施场合、损害范围等因素对被告的同一垄断行为予以拆分，分别提起数个诉讼的，由最先受理诉讼的人民法院合并审理。

● 入库案例 **【2023-01-2-084-002】 某科技有限公司诉某风能公司买卖合同纠纷案**（2020.11.13/［2020］最高法民辖60号）

裁判要旨：当事人基于同一法律关系或者同一法律事实而发生纠纷，以不同诉讼请求分别向不同的法院起诉，为避免裁判之间的冲突，宜将多个案件交由同一个法院合并审理。如果其中一个法院立案后发现对于案件没有管辖权，应当裁定将案件移送有管辖权的人民法院合并审理；如果受理人民法院都有管辖权，后立案的人民法院应当裁定将案件移送先立案的人民法院合并审理。……

【2023-01-2-115-001】　某文化传播公司诉某文化创意公司建设工程合同纠纷案（2022.05.07/［2022］最高法民辖 77 号）

裁判要旨：当事人将建设工程施工合同及相关联的其他合同一并起诉的，由于两份合同系针对同一工程项目，且同时履行，存在关联关系，原告一并起诉后，被告未提出管辖权异议且提出了反诉，在此情形下，人民法院可以一并审理，并按照不动产纠纷确定管辖法院。

【2024-16-2-368-001】　陈某与某酒店、某保险公司提供劳务者受害责任纠纷案（兵团一师中院/2023.05.12/［2023］兵 01 民终 46 号）

裁判要旨：将员工诉雇主提供劳务者受害责任纠纷与员工诉请保险公司对其损害在保险责任范围内承担赔偿责任纠纷并案审理，不仅符合民事诉讼法的规定，而且有利于进一步查明案件事实，准确确定赔偿责任，同时避免当事人诉累，节约司法资源。

● **高法判例**　**【［2003］民一终字第 75 号】**　扬州大学与南京高熊实业有限公司合作合同纠纷案（最高法院 2004 年二审民事裁定，刊于《立案工作指导》2005 年第 1 辑，人民法院出版社 2005 年 10 月第 1 版）

基本案情：2003 年 6 月 25 日，江苏高院受理南京高熊实业有限公司诉请判令扬州大学立即支付广陵学院校园投资回报款项一案；2003 年 8 月 28 日，扬州大学提起反诉，主张高熊公司就广陵校园建设工程的投资总额必须通过审计才能明确，请求法院判令高熊公司立即向扬州大学提供广陵校园建设工程的全部建设资料和财务资料。江苏高院［2003］苏民二初字第 10 号民事裁定对扬州大学的反诉不予受理；最高法院裁定维持江苏高院裁定。

裁判摘要：反诉与本诉之间应当有牵连性，这种牵连性不仅体现在二者之间必须具有事实上或法律上的牵连，更重要的体现在诉讼目的和结果上反诉请求是否可能实现对本诉请求的抵消、吞并或者排斥。同时，作为起诉的一种特殊形式的反诉的请求应当具体明确，即反诉应当具备起诉的一般条件。扬州大学要求高熊公司交付建设工程资料以进行审计的反诉主张，由于不涉及具体金钱数额，且审计结果在诉讼阶段不能确定，所以不能与高熊公司要求支付投资回报款的本诉请求进行抵消、吞并或排斥，无法达到使原告败诉的反诉目的。其次，扬州大学要求本诉原告交付建设资料的请求，作为反诉标的，其名称均不够具体明确，没有明确要求法院保护其何种民事权利①，因而不是具体、明确的诉讼请求，不符合诉的本质特征。

---

① 注：本案扬州大学要求高熊公司向其交付建设工程资料的反诉请求，没有明确其基于双方之间的合作合同关系要求法院保护何种民事权利，所以扬州大学的反诉主张不是一个具体的诉讼请求，请求交付建设资料是案件审理过程中本诉可以解决的问题。

【[2021] 最高法知民终 2146 号】 生物技术公司、杨某等专利权权属纠纷案（最高法院知产庭 2022 年 12 月 10 日二审民事判决：专利权属纠纷中发明人确认之诉和权属之诉的并案审理）

裁判摘要： 基于确认发明创造发明人与确认专利（申请）权归属之间的直接关联关系，允许原告同时提出确认发明创造发明人的诉讼请求，有利于查明案件事实，有效解决纠纷，避免分案审理可能出现的裁判冲突。因此，在专利（申请）权属纠纷案件中，原告可以同时提出确认发明人的诉讼请求。原审法院将其与涉案专利权属的诉讼请求合并审理，程序并不违法。

● **文书格式** **【法 [2016] 221 号】** 民事诉讼文书样式（2016 年 2 月 22 日最高法审委会 [1679 次] 通过，2016 年 6 月 28 日公布，2016 年 8 月 1 日起施行）（本书对格式略有调整）

　　　　民事反诉状（公民 \ 法人或者其他组织提起民事反诉用）①

反诉原告（本诉被告）：×××，男/女，×年×月×日生，×族，……（写明工作单位和职务或职业），住……。联系方式：……。（★反诉人是法人或其他组织的，本段写明原告的名称、住所）

法定代理人/指定代理人：②×××，……。（★反诉人是法人或其他组织的，本段写明法定代表人、主要负责人及其姓名、职务、联系方式）

委托诉讼代理人：×××，……。（提起反诉时已经委托诉讼代理人的，写明此项）

反诉被告（本诉原告）：×××，……。（自然人写明姓名、性别、单位、住所等；法人或其他组织写明名称、住所等）

……（以上写明当事人和其他诉讼参与人的姓名或者名称等基本信息）

反诉请求：

……

事实和理由：

……

证据和证据来源，证人姓名和住所：

……

此致：××人民法院

附：本反诉状副本×份（按照被反诉人数提出副本）

---

　　① 注：民事起诉状见本书第 123-124 条。
　　② 注：反诉原告是无民事行为能力或限制民事行为能力人的，应当写明法定代理人姓名、性别、出生日期、民族、职业、工作单位、住所、联系方式，在诉讼地位后括注与反诉原告的关系。

反诉人（签名①）

×年×月×日

申请书（申请增加＼变更诉讼请求用）②

申请人：×××，男/女，×年×月×日生，×族，……（写明工作单位和职务或职业），住……。联系方式：……。（★申请人是法人或其他组织的，本段写明名称、住所）

法定代理人/指定代理人：③×××，……。（★申请人是法人或其他组织的，本段写明法定代表人、主要负责人及其姓名、职务、联系方式）

委托诉讼代理人：×××，……。（申请时已经委托诉讼代理人的，写明此项）

（以上写明申请人和其他诉讼参与人的姓名或者名称等基本信息）

请求事项：

对于你院（××××）……号……（写明当事人和案由）一案，增加＼变更诉讼请求如下：

……（写明增加＼变更的诉讼请求具体内容）。④

事实和理由：

……（写明增加＼变更诉讼请求的事实和理由）

此致：××人民法院

申请人（自然人签名或单位盖章）

×年×月×日

声明书（放弃诉讼请求用）⑤

声明人：×××，男/女，×年×月×日生，×族，……（写明工作单位和职务或职业），住……。联系方式：……。（★声明人是法人或其他组织的，本段写明名称、住所）

法定代理人/指定代理人：⑥×××，……。（★声明人是法人或其他组织的，本

---

①　注：反诉人是法人或其他组织的，本处盖单位公章，并由法定代表人或主要负责人签名。

②　注：原告、反诉原告、有独立请求权的第三人都可以申请增加或变更诉讼请求。增加或变更诉讼请求后，可能会导致案由或管辖级别的变化。

③　注：申请人是无民事行为能力人或限制民事行为能力人的，应当写明法定代理人姓名、性别、出生日期、民族、职业、工作单位、住所、联系方式，在诉讼地位后括注与申请人的关系。

④　注：增加诉讼请求的，只需要写明增加部分的诉讼请求。变更诉讼请求的，应当指明针对原诉讼请求的哪部分内容进行变更；未指明的，视为原诉讼请求全部变更，新诉讼请求为全部诉讼请求。

⑤　注：原告、反诉原告、有独立请求权的第三人都可以声明放弃诉讼请求。

⑥　注：声明人是无民事行为能力人或限制民事行为能力人的，应当写明法定代理人姓名、性别、出生日期、民族、职业、工作单位、住所、联系方式，在诉讼地位后括注与声明人的关系。

段写明法定代表人、主要负责人及其姓名、职务、联系方式)

　　委托诉讼代理人：×××，……。(声明时已经委托诉讼代理人的，写明此项)

　　(以上写明声明人和其他诉讼参与人的姓名或者名称等基本信息)

　　本人/本方在你院（××××）……号……（写明当事人和案由）一案中，放弃全部诉讼请求/放弃第×项诉讼请求：……（写明放弃诉讼请求的具体内容）。

　　特此声明。

　　此致：××人民法院

声明人（自然人签名或单位盖章）

×年×月×日

　　第55条[19910409]　**【共同诉讼合并审理】**当事人一方或者双方为2人以上，其诉讼标的是共同的，或者诉讼标的是同一种类、人民法院认为可以合并审理并经当事人同意的，为共同诉讼。

　　共同诉讼的一方当事人对诉讼标的有共同权利义务的，其中一人的诉讼行为经其他共同诉讼人/全体承认，对其他共同诉讼人/全体发生效力；对诉讼标的没有共同权利义务的，其中一人的诉讼行为对其他共同诉讼人不发生效力。

　　第56条[19910409]　**【诉讼代表人】**当事人一方人数众多的共同诉讼，可以由当事人推选代表人进行诉讼。代表人的诉讼行为对其所代表的当事人发生效力，但代表人变更、放弃诉讼请求或者承认对方当事人的诉讼请求，进行和解，必须经被代表的当事人同意。

　　第57条[19910409]　**【诉讼权利人】**诉讼标的是同一种类、当事人一方人数众多在起诉时人数尚未确定的，人民法院可以发出公告，说明案件情况和诉讼请求，通知权利人在一定期间向人民法院登记。

　　向人民法院登记的权利人可以推选代表人进行诉讼；推选不出代表人的，人民法院可以与参加登记的权利人商定代表人。

　　代表人的诉讼行为对其所代表的当事人发生效力，但代表人变更、放弃诉讼请求或者承认对方当事人的诉讼请求，进行和解，必须经被代表的当事人同意。

　　人民法院作出的判决、裁定，对参加登记的全体权利人发生效力。未参加登记的权利人在诉讼时效期间提起诉讼的，适用该判决、裁定。

● **相关规定**   **【法释［2005］6 号】**   **最高人民法院关于审理涉及农村土地承包纠纷案件适用法律问题的解释**（2005 年 3 月 29 日最高法审委会［1346 次］通过，2005 年 7 月 29 日公布，2005 年 9 月 1 日起施行；根据法释［2020］17 号《决定》修正，2021 年 1 月 1 日起施行。以本规为准）

第 4 条   农户成员为多人的，由其代表人进行诉讼。

农户代表人按照下列情形确定：（一）土地承包经营权证等证书上记载的人；（二）未依法登记取得土地承包经营权证等证书的，为在承包合同上签名/签字的人；（三）前 2 项规定的人死亡、丧失民事行为能力或者因其他原因无法进行诉讼的，为农户成员推选的人。

【主席令［2007］80 号】   **中华人民共和国劳动争议调解仲裁法**（2007 年 12 月 29 日全国人大常委会［10 届 31 次］通过，2008 年 5 月 1 日起施行）

第 7 条   发生劳动争议的劳动者一方在 10 人以上，并有共同请求的，可以推举代表参加调解、仲裁或者诉讼活动。

【法释［2017］20 号】   **最高人民法院关于审理医疗损害责任纠纷案件适用法律若干问题的解释**（2017 年 3 月 27 日最高法审委会［1713 次］通过，2017 年 12 月 13 日公布，2017 年 12 月 14 日起施行；根据法释［2020］17 号《决定》修正，2021 年 1 月 1 日起施行。以本规为准）（详见本书第 79 条）

第 2 条   患者因同一伤病在多个医疗机构接受诊疗受到损害，起诉部分或者全部就诊的医疗机构的，应予受理。

患者起诉部分就诊的医疗机构后，当事人依法申请追加其他就诊的医疗机构为共同被告或者第三人的，应予准许。必要时，人民法院可以依法追加相关当事人参加诉讼。

第 3 条   患者因缺陷医疗产品受到损害，起诉部分或者全部医疗产品的生产者、销售者、药品上市许可持有人和医疗机构的，应予受理。

患者仅起诉医疗产品的生产者、销售者、药品上市许可持有人、医疗机构中部分主体，当事人依法申请追加其他主体为共同被告或者第三人的，应予准许。必要时，人民法院可以依法追加相关当事人参加诉讼。

患者因输入不合格的血液受到损害提起侵权诉讼的，参照适用前 2 款规定。

【法释［2017］23 号】   **最高人民法院关于审理海洋自然资源与生态环境损害赔偿纠纷案件若干问题的规定**（2017 年 11 月 20 日最高法审委会［1727 次］通过，2017 年 12 月 29 日公布，2018 年 1 月 15 日起施行；以本规为准）（详见本书第 58 条）

第 5 条   在人民法院依照本规定第 4 条的规定发布公告之日起 30 日内，或者

第一编 第五章

书面告知之日起 7 日内，对同一损害有权提起诉讼的其他机关申请参加诉讼，经审查符合法定条件的，人民法院应当将其列为共同原告；逾期申请的，人民法院不予准许。裁判生效后另行起诉的，人民法院参照《最高人民法院关于审理环境民事公益诉讼案件适用法律若干问题的解释》第 28 条（见本书第 58 条）的规定处理。对于不同损害，可以由各依法行使海洋环境监督管理权的机关分别提起诉讼；索赔人共同起诉或者在规定期限内申请参加诉讼的，人民法院依照民事诉讼法第 52 条（现第 55 条）第 1 款的规定决定是否按共同诉讼进行审理。

【主席令 [2019] 37 号】 **中华人民共和国证券法**（1998 年 12 月 29 日全国人大常委会 [9 届 6 次] 通过，1999 年 7 月 1 日起施行；2019 年 12 月 28 日全国人大常委会 [13 届 15 次] 最新修订，2020 年 3 月 1 日起施行）

第 95 条 投资者提起虚假陈述等证券民事赔偿诉讼时，诉讼标的是同一种类，且当事人一方人数众多的，可以依法推选代表人进行诉讼。对按照前款规定提起的诉讼，可能存在有相同诉讼请求的其他众多投资者的，人民法院可以发出公告，说明该诉讼请求的案件情况，通知投资者在一定期间向人民法院登记。人民法院作出的判决、裁定，对参加登记的投资者发生效力。

投资者保护机构受 50 名以上投资者委托，可以作为代表人参加诉讼，并为经证券登记结算机构确认的权利人依照前款规定向人民法院登记，但投资者明确表示不愿意参加该诉讼的除外。

【法 [2019] 254 号】 **全国法院民商事审判工作会议纪要**（"九民纪要"，2019 年 7 月 3-4 日在哈尔滨召开，2019 年 9 月 11 日最高法审委会民事行政专委会 [319 次] 通过，2019 年 11 月 8 日发布）

二、关于公司纠纷案件的审理

（七）关于股东代表诉讼

24.【何时成为股东不影响起诉】股东提起股东代表诉讼，被告以行为发生时原告尚未成为公司股东为由抗辩该股东不是适格原告的，人民法院不予支持。

25.【正确适用前置程序】根据《公司法》第 151 条（现第 189 条）的规定，股东提起代表诉讼的前置程序之一是，股东必须先书面请求公司有关机关向人民法院提起诉讼。一般情况下，股东没有履行该前置程序的，应当驳回起诉。但是，该项前置程序针对的是公司治理的一般情况，即在股东向公司有关机关提出书面申请之时，存在公司有关机关提起诉讼的可能性。如果查明的相关事实表明，根本不存在该种可能性的，人民法院不应当以原告未履行前置程序为由驳回起诉。

26.【股东代表诉讼的反诉】股东依据《公司法》第 151 条（现第 189 条）第 3 款的规定提起股东代表诉讼后，被告以原告股东恶意起诉侵犯其合法权益为由提起反诉的，人民法院应予受理。被告以公司在案涉纠纷中应当承担侵权或者违约等责任为由对公司提出的反诉，因不符合反诉的要件，人民法院应当裁定不予受理；已经受理的，裁定驳回起诉。

27.【股东代表诉讼的调解】公司是股东代表诉讼的最终受益人，为避免因原告股东与被告通过调解损害公司利益，人民法院应当审查调解协议是否为公司的意思。只有在调解协议经公司股东（大）会、董事会决议通过后，人民法院才能出具调解书予以确认。至于具体决议机关，取决于公司章程的规定。公司章程没有规定的，人民法院应当认定公司股东（大）会为决议机关。

六、关于证券纠纷案件的审理

（一）关于证券虚假陈述

80.【案件审理方式】案件审理方式方面，在传统的"一案一立、分别审理"的方式之外，一些人民法院已经进行了将部分案件合并审理、在示范判决基础上委托调解等改革，初步实现了案件审理的集约化和诉讼经济。在认真总结审判实践经验的基础上，有条件的地方人民法院可以选择个案以《民事诉讼法》第 54 条（现第 57 条）规定的代表人诉讼方式进行审理，逐步展开试点工作。就案件审理中涉及的适格原告范围认定、公告通知方式、投资者权利登记、代表人推选、执行款项的发放等具体工作，积极协调相关部门和有关方面，推动信息技术审判辅助平台和常态化、可持续的工作机制建设，保障投资者能够便捷、高效、透明和低成本地维护自身合法权益，为构建符合中国国情的证券民事诉讼制度积累审判经验，培养审判队伍。

81.【立案登记】多个投资者就同一虚假陈述向人民法院提起诉讼，可以采用代表人诉讼方式对案件进行审理的，人民法院在登记立案时可以根据原告起诉状中所描述的虚假陈述的数量、性质及其实施日、揭露日或者更正日等时间节点，将投资者作为共同原告统一立案登记。原告主张被告实施了多个虚假陈述的，可以分别立案登记。

82.【案件甄别及程序决定】人民法院决定采用《民事诉讼法》第 54 条（现第 57 条）规定的方式审理案件的，在发出公告前，应当先行就被告的行为是否构成虚假陈述，投资者的交易方向与诱多、诱空的虚假陈述是否一致，以及虚假陈述的实施日、揭露日或者更正日等案件基本事实进行审查。

83.【选定代表人】权利登记的期间届满后，人民法院应当通知当事人在指定期间内完成代表人的推选工作。推选不出代表人的，人民法院可以与当事人商定代表人。人民法院在提出人选时，应当将当事人诉讼请求的典型性和利益诉求的份额等作为考量因素，确保代表行为能够充分、公正地表达投资者的诉讼主张。国家设立的投资者保护机构以自己的名义提起诉讼，或者接受投资者的委托指派工作人员或者委托诉讼代理人参与案件审理活动的，人民法院可以商定该机构或者其代理的当事人作为代表人。

【法释〔2020〕5 号】 最高人民法院关于证券纠纷代表人诉讼若干问题的规定（2020 年 7 月 23 日最高法审委会〔1808 次〕通过，2020 年 7 月 30 日公布，2020 年 7 月 31 日起施行）

一、一般规定

第 1 条 本规定所指证券纠纷代表人诉讼包括因证券市场虚假陈述、内幕交易、操纵市场等行为引发的普通代表人诉讼和特别代表人诉讼。

普通代表人诉讼是依据民事诉讼法第 53 条、第 54 条（现第 56、57 条）、证券法第 95 条第 1 款、第 2 款规定提起的诉讼；特别代表人诉讼是依据证券法第 95 条第 3 款规定提起的诉讼。

第 2 条 证券纠纷代表人诉讼案件，由省、自治区、直辖市人民政府所在的市、计划单列市和经济特区中级人民法院或者专门人民法院管辖。

对多个被告提起的诉讼，由发行人住所地有管辖权的中级人民法院或者专门人民法院管辖；对发行人以外的主体提起的诉讼，由被告住所地有管辖权的中级人民法院或者专门人民法院管辖。

特别代表人诉讼案件，由涉诉证券集中交易的证券交易所、国务院批准的其他全国性证券交易场所所在地的中级人民法院或者专门人民法院管辖。

第 3 条 人民法院应当充分发挥多元解纷机制的功能，按照自愿、合法原则，引导和鼓励当事人通过行政调解、行业调解、专业调解等非诉讼方式解决证券纠纷。

当事人选择通过诉讼方式解决纠纷的，人民法院应当及时立案。案件审理过程中应当着重调解。

第 4 条 人民法院审理证券纠纷代表人诉讼案件，应当依托信息化技术手段开展立案登记、诉讼文书送达、公告和通知、权利登记、执行款项发放等工作，便利当事人行使诉讼权利、履行诉讼义务，提高审判执行的公正性、高效性和透明度。

二、普通代表人诉讼

第 5 条 符合以下条件的，人民法院应当适用普通代表人诉讼程序进行审理：

（一）原告一方人数 10 人以上，起诉符合民事诉讼法第 119 条（现第 112 条）规定和共同诉讼条件；

（二）起诉书中确定 2 至 5 名拟任代表人且符合本规定第 12 条规定的代表人条件；

（三）原告提交有关行政处罚决定、刑事裁判文书、被告自认材料、证券交易所和国务院批准的其他全国性证券交易场所等给予的纪律处分或者采取的自律管理措施等证明证券侵权事实的初步证据。

不符合前款规定的，人民法院应当适用非代表人诉讼程序进行审理。

第 6 条 对起诉时当事人人数尚未确定的代表人诉讼，在发出权利登记公告前，人民法院可以通过阅卷、调查、询问和听证等方式对被诉证券侵权行为的性质、侵权事实等进行审查，并在受理后 30 日内以裁定的方式确定具有相同诉讼请求的权利人范围。

当事人对权利人范围有异议的，可以自裁定送达之日起 10 日内向上一级人民法院申请复议，上一级人民法院应当在 15 日内作出复议裁定。

第 7 条 人民法院应当在权利人范围确定后 5 日内发出权利登记公告，通知相关权利人在指定期间登记。权利登记公告应当包括以下内容：（一）案件情况和诉讼请求；（二）被告的基本情况；（三）权利人范围及登记期间；（四）起诉书中确定的拟任代表人人选姓名或者名称、联系方式等基本信息；（五）自愿担任代表人的权利人，向人民法院提交书面申请和相关材料的期限；（六）人民法院认为必要的其他事项。

公告应当以醒目的方式提示，代表人的诉讼权限包括代表原告参加开庭审理，变更、放弃诉讼请求或者承认对方当事人的诉讼请求，与被告达成调解协议，提起或者放弃上诉，申请执行，委托诉讼代理人等，参加登记视为对代表人进行特别授权。

公告期间为 30 日。

第 8 条 权利人应在公告确定的登记期间向人民法院登记。未按期登记的，可在一审开庭前向人民法院申请补充登记，补充登记前已经完成的诉讼程序对其发生效力。

权利登记可以依托电子信息平台进行。权利人进行登记时，应当按照权利登记公告要求填写诉讼请求金额、收款方式、电子送达地址等事项，并提供身份证明文件、交易记录及投资损失等证据材料。

第 9 条 人民法院在登记期间届满后 10 日内对登记的权利人进行审核。不符合权利人范围的投资者，人民法院不确认其原告资格。

第 10 条 权利登记公告前已就同一证券违法事实提起诉讼且符合权利人范围的投资者，申请撤诉并加入代表人诉讼的，人民法院应当予以准许。

投资者申请撤诉并加入代表人诉讼的，列为代表人诉讼的原告，已经收取的诉讼费予以退还；不申请撤诉的，人民法院不准许其加入代表人诉讼，原诉讼继续进行。

第 11 条 人民法院应当将审核通过的权利人列入代表人诉讼原告名单，并通知全体原告。

第12条 代表人应当符合以下条件：（一）自愿担任代表人；（二）拥有相当比例的利益诉求份额；（三）本人或者其委托诉讼代理人具备一定的诉讼能力和专业经验；（四）能忠实、勤勉地履行维护全体原告利益的职责。

依照法律、行政法规或者国务院证券监督管理机构的规定设立的投资者保护机构作为原告参与诉讼，或者接受投资者的委托指派工作人员或委派诉讼代理人参与案件审理活动的，人民法院可以指定该机构为代表人，或者在被代理的当事人中指定代表人。

申请担任代表人的原告存在与被告有关联关系等可能影响其履行职责情形的，人民法院对其申请不予准许。

第13条 在起诉时当事人人数确定的代表人诉讼，应当在起诉前确定获得特别授权的代表人，并在起诉书中就代表人的推选情况作出专项说明。

在起诉时当事人人数尚未确定的代表人诉讼，应当在起诉书中就拟任代表人人选及条件作出说明。在登记期间向人民法院登记的权利人对拟任代表人人选均没有提出异议，并且登记的权利人无人申请担任代表人的，人民法院可以认定由该2至5名人选作为代表人。

第14条 在登记期间向人民法院登记的权利人对拟任代表人的人选提出异议，或者申请担任代表人的，人民法院应当自原告范围审核完毕后10日内在自愿担任代表人的原告中组织推选。

代表人的推选实行1人1票，每位代表人的得票数应当不少于参与投票人数的50%。代表人人数为2至5名，按得票数排名确定，通过投票产生2名以上代表人的，为推选成功。首次推选不出的，人民法院应当即时组织原告在得票数前五名的候选人中进行二次推选。

第15条 依据前条规定推选不出代表人的，由人民法院指定。

人民法院指定代表人的，应当将投票情况、诉讼能力、利益诉求份额等作为考量因素，并征得被指定代表人的同意。

第16条 代表人确定后，人民法院应当进行公告。

原告可以自公告之日起10日内向人民法院申请撤回权利登记，并可以另行起诉。

第17条 代表人因丧失诉讼行为能力或者其他事由影响案件审理或者可能损害原告利益的，人民法院依原告申请，可以决定撤销代表人资格。代表人不足2人时，人民法院应当补充指定代表人。

第18条 代表人与被告达成调解协议草案的，应当向人民法院提交制作调解书的申请书及调解协议草案。申请书应当包括以下内容：（一）原告的诉讼请求、案件事实以及审理进展等基本情况；（二）代表人和委托诉讼代理人参加诉讼活动的情况；（三）调解协议草案对原告的有利因素和不利影响；（四）对诉讼费以及合理的公告费、通知费、律师费等费用的分摊及理由；（五）需要特别说明的其他事项。

第19条　人民法院经初步审查，认为调解协议草案不存在违反法律、行政法规的强制性规定、违背公序良俗以及损害他人合法权益等情形的，应当自收到申请书后10日内向全体原告发出通知。通知应当包括以下内容：（一）调解协议草案；（二）代表人请求人民法院制作调解书的申请书；（三）对调解协议草案发表意见的权利以及方式、程序和期限；（四）原告有异议时，召开听证会的时间、地点及报名方式；（五）人民法院认为需要通知的其他事项。

第20条　对调解协议草案有异议的原告，有权出席听证会或者以书面方式向人民法院提交异议的具体内容及理由。异议人未出席听证会的，人民法院应当在听证会上公开其异议的内容及理由，代表人及其委托诉讼代理人、被告应当进行解释。

代表人和被告可以根据听证会的情况，对调解协议草案进行修改。人民法院应当将修改后的调解协议草案通知所有原告，并对修改的内容作出重点提示。人民法院可以根据案件的具体情况，决定是否再次召开听证会。

第21条　人民法院应当综合考虑当事人赞成和反对意见、本案所涉法律和事实情况、调解协议草案的合法性、适当性和可行性等因素，决定是否制作调解书。

人民法院准备制作调解书的，应当通知提出异议的原告，告知其可以在收到通知后10日内向人民法院提交退出调解的申请。未在上述期间内提交退出申请的原告，视为接受。

申请退出的期间届满后，人民法院应当在10日内制作调解书。调解书经代表人和被告签收后，对被代表的原告发生效力。人民法院对申请退出原告的诉讼继续审理，并依法作出相应判决。

第22条　代表人变更或者放弃诉讼请求、承认对方当事人诉讼请求、决定撤诉的，应当向人民法院提交书面申请，并通知全体原告。人民法院收到申请后，应当根据原告所提异议情况，依法裁定是否准许。

对于代表人依据前款规定提交的书面申请，原告自收到通知之日起10日内未提出异议的，人民法院可以裁定准许。

第23条　除代表人诉讼案件外，人民法院还受理其他基于同一证券违法事实发生的非代表人诉讼案件的，原则上代表人诉讼案件先行审理，非代表人诉讼案件中止审理。但非代表人诉讼案件具有典型性且先行审理有利于及时解决纠纷的除外。

第24条　人民法院可以依当事人的申请，委托双方认可或者随机抽取的专业机构对投资损失数额、证券侵权行为以外其他风险因素导致的损失扣除比例等进行核定。当事人虽未申请但案件审理确有需要的，人民法院可以通过随机抽取的方式委托专业机构对有关事项进行核定。

对专业机构的核定意见，人民法院应当组织双方当事人质证。

第25条　代表人请求败诉的被告赔偿合理的公告费、通知费、律师费等费用的，人民法院应当予以支持。

第26条　判决被告承担民事赔偿责任的，可以在判决主文中确定赔偿总额和损害赔偿计算方法，并将每个原告的姓名、应获赔偿金额等以列表方式作为民事判决书的附件。

当事人对计算方法、赔偿金额等有异议的，可以向人民法院申请复核。确有错误的，人民法院裁定补正。

第27条　一审判决送达后，代表人决定放弃上诉的，应当在上诉期间届满前通知全体原告。

原告自收到通知之日起15日内未上诉，被告在上诉期间内亦未上诉的，一审判决在全体原告与被告之间生效。

原告自收到通知之日起15日内上诉的，应当同时提交上诉状，人民法院收到上诉状后，对上诉的原告按上诉处理。被告在上诉期间内未上诉的，一审判决在未上诉的原告与被告之间生效，二审裁判的效力不及于未上诉的原告。

第28条　一审判决送达后，代表人决定上诉的，应当在上诉期间届满前通知全体原告。

原告自收到通知之日起15日内决定放弃上诉的，应当通知一审法院。被告在上诉期间内未上诉的，一审判决在放弃上诉的原告与被告之间生效，二审裁判的效力不及于放弃上诉的原告。

第29条　符合权利人范围但未参加登记的投资者提起诉讼，且主张的事实和理由与代表人诉讼生效判决、裁定所认定的案件基本事实和法律适用相同的，人民法院审查具体诉讼请求后，裁定适用已经生效的判决、裁定。适用已经生效裁判的裁定中应当明确被告赔偿的金额，裁定一经作出立即生效。

代表人诉讼调解结案的，人民法院对后续涉及同一证券违法事实的案件可以引导当事人先行调解。

第30条　履行或者执行生效法律文书所得财产，人民法院在进行分配时，可以通知证券登记结算机构等协助执行义务人依法协助执行。

人民法院应当编制分配方案并通知全体原告，分配方案应当包括原告范围、债权总额、扣除项目及金额、分配的基准及方法、分配金额的受领期间等内容。

第31条　原告对分配方案有异议的，可以依据民事诉讼法第225条的规定提出执行异议。

三、特别代表人诉讼

第32条　人民法院已经根据民事诉讼法第54条第1款、证券法第95条第2

款的规定发布权利登记公告的，投资者保护机构在公告期间受50名以上权利人的特别授权，可以作为代表人参加诉讼。先受理的人民法院不具有特别代表人诉讼管辖权的，应当将案件及时移送有管辖权的人民法院。

不同意加入特别代表人诉讼的权利人可以提交退出声明，原诉讼继续进行。

第33条　权利人范围确定后，人民法院应当发出权利登记公告。权利登记公告除本规定第7条的内容外，还应当包括投资者保护机构基本情况、对投资者保护机构的特别授权、投资者声明退出的权利及期间、未声明退出的法律后果等。

第34条　投资者明确表示不愿意参加诉讼的，应当在公告期间届满后15日内向人民法院声明退出。未声明退出的，视为同意参加该代表人诉讼。

对于声明退出的投资者，人民法院不再将其登记为特别代表人诉讼的原告，该投资者可以另行起诉。

第35条　投资者保护机构依据公告确定的权利人范围向证券登记结算机构调取的权利人名单，人民法院应当予以登记，列入代表人诉讼原告名单，并通知全体原告。

第36条　诉讼过程中由于声明退出等原因导致明示授权投资者的数量不足50名的，不影响投资者保护机构的代表人资格。

第37条　针对同一代表人诉讼，原则上应当由一个投资者保护机构作为代表人参加诉讼。2个以上的投资者保护机构分别受50名以上投资者委托，且均决定作为代表人参加诉讼的，应当协商处理；协商不成的，由人民法院指定其中一个作为代表人参加诉讼。

第38条　投资者保护机构应当采取必要措施，保障被代表的投资者持续了解案件审理的进展情况，回应投资者的诉求。对投资者提出的意见和建议不予采纳的，应当对投资者做好解释工作。

第39条　特别代表人诉讼案件不预交案件受理费。败诉或者部分败诉的原告申请减交或者免交诉讼费的，人民法院应当依照《诉讼费用交纳办法》的规定，视原告的经济状况和案件的审理情况决定是否准许。

第40条　投资者保护机构作为代表人在诉讼中申请财产保全的，人民法院可以不要求提供担保。

第41条　人民法院审理特别代表人诉讼案件，本部分没有规定的，适用普通代表人诉讼中关于起诉时当事人人数尚未确定的代表人诉讼的相关规定。

【法〔2020〕185号】　全国法院审理债券纠纷案件座谈会纪要（2019年12月24日在北京召开，邀请全国人大常委会法工委、司法部、国家发改委、央行、证监会等单位参会，最高法2020年7月15日印发）

14. 案件的集中审理。为节约司法资源，对于由债券持有人自行主张权利的债券违约纠纷案件，以及债券持有人、债券投资者依法提起的债券欺诈发行、虚假陈述侵权赔偿纠纷案件，受诉人民法院可以根据债券发行和交易的方式等案件具体情况，以民事诉讼法第52条、第53条、第54条（现第55条、第56条、第57条），证券法第95条和《最高人民法院关于适用〈中华人民共和国民事诉讼法〉若干问题的解释》的相关规定为依据，引导当事人选择适当的诉讼方式，对案件进行审理。

【法释〔2022〕11号】 **最高人民法院关于适用《中华人民共和国民事诉讼法》的解释**（"法释〔2015〕5号"公布，2015年2月4日起施行；根据法释〔2020〕20号《决定》修正，2021年1月1日起施行；2022年3月22日最高法审委会〔1866次〕修正，2022年4月1日公布，2022年4月10日起施行；以本规为准）

第74条 人民法院追加共同诉讼的当事人时，应当通知其他当事人。应当追加的原告，已明确表示放弃实体权利的，可不予追加；既不愿意参加诉讼，又不放弃实体权利的，仍应追加为共同原告，其不参加诉讼，不影响人民法院对案件的审理和依法作出判决。

第75条 民事诉讼法第56条、第57条和第206条（现第210条）规定的人数众多，一般指10人以上。

第76条 依照民事诉讼法第56条规定，当事人一方人数众多在起诉时确定的，可以由全体当事人推选共同的代表人，也可以由部分当事人推选自己的代表人；推选不出代表人的当事人，在必要的共同诉讼中可以自己参加诉讼，在普通的共同诉讼中可以另行起诉。

第77条 根据民事诉讼法第57条规定，当事人一方人数众多在起诉时不确定的，由当事人推选代表人。当事人推选不出的，可以由人民法院提出人选与当事人协商；协商不成的，也可以由人民法院在起诉的当事人中指定代表人。

第78条 民事诉讼法第56条和第57条规定的代表人为2至5人，每位代表人可以委托1至2人作为诉讼代理人。

第79条 依照民事诉讼法第57条规定受理的案件，人民法院可以发出公告，通知权利人向人民法院登记。公告期间根据案件的具体情况确定，但不得少于30日。

第80条 根据民事诉讼法第57条规定向人民法院登记的权利人，应当证明其与对方当事人的法律关系和所受到的损害。证明不了的，不予登记，权利人可以另行起诉。人民法院的裁判在登记的范围内执行。未参加登记的权利人提起诉讼，人民法院认定其请求成立的，裁定适用人民法院已作出的判决、裁定。

【法释〔2022〕14 号】　最高人民法院关于审理人身损害赔偿案件适用法律若干问题的解释（"法释〔2003〕20 号"公布，2004 年 5 月 1 日起施行；"法释〔2020〕17 号"修订，2021 年 1 月 1 日起施行；2022 年 2 月 15 日最高法审委会〔1864 次〕修正，2022 年 4 月 24 日公布，2022 年 5 月 1 日起施行）

第 2 条　赔偿权利人起诉部分共同侵权人的，人民法院应当追加其他共同侵权人作为共同被告。赔偿权利人在诉讼中放弃对部分共同侵权人的诉讼请求的，其他共同侵权人对被放弃诉讼请求的被告应当承担的赔偿份额不承担连带责任。责任范围难以确定的，推定各共同侵权人承担同等责任。

人民法院应当将放弃诉讼请求的法律后果告知赔偿权利人，并将放弃诉讼请求的情况在法律文书中叙明。

【主席令〔2022〕111 号】　中华人民共和国期货和衍生品法（2022 年 4 月 20 日全国人大常委会〔13 届 34 次〕通过，2022 年 8 月 1 日起施行）

第 57 条　交易者提起操纵市场、内幕交易等期货民事赔偿诉讼时，诉讼标的是同一种类，且当事人一方人数众多的，可以依法推选代表人进行诉讼。

【法释〔2023〕13 号】　最高人民法院关于适用《中华人民共和国民法典》合同编通则若干问题的解释（2023 年 5 月 23 日最高法审委会〔1889 次〕通过，2023 年 12 月 4 日公布，次日 2023 年 12 月 5 日起施行）

第 37 条（第 2 款）　2 个以上债权人以债务人的同一相对人为被告提起代位权诉讼的，人民法院可以合并审理。……

第 38 条　债权人向人民法院起诉债务人后，又向同一人民法院对债务人的相对人提起代位权诉讼，属于该人民法院管辖的，可以合并审理。……

第 39 条　在代位权诉讼中，债务人对超过债权人代位请求数额的债权部分起诉相对人，属于同一人民法院管辖的，可以合并审理。……

第 44 条（第 2 款）　2 个以上债权人就债务人的同一行为提起撤销权诉讼的，人民法院可以合并审理。……

第 46 条（第 2 款）　债权人请求受理撤销权诉讼的人民法院一并审理其与债务人之间的债权债务关系，属于该人民法院管辖的，可以合并审理。……

● **书刊案例　【法报〔2017〕5 月】　村民小组诉讼主体资格及其诉权的审查与认定**——江苏泰州中院裁定靖江市某镇某村下东村民小组与赵某等请求确认协议无效纠纷案（人民法院报 2017 年 5 月 4 日第 6 版）

裁判要旨：村民小组的合法权益受到他人侵害时，村民小组长可作为诉讼代表人以村民小组的名义提起诉讼，但起诉和行使权利属于涉及村民利益的重要事项，村民小组长在行使该项诉讼权利前，必须经过村民大会决定通过，履行民主议定程序。

● **文书格式** 【法［2016］221号】 **民事诉讼文书样式**（2016年2月22日最高法审委会［1679次］通过，2016年6月28日公布，2016年8月1日起施行）（本书对格式略有调整）

共同诉讼代表人推选书①

我们共同推选×××、×××（代表人为2至5人）为我方参加诉讼的代表人，其诉讼行为对全体推选人/单位发生效力。

特此证明。

附：代表人联系地址：……联系电话：……

推选人（共同签名或盖章）
×年×月×日

××人民法院
公告（通知共同诉讼权利人登记用）②

（××××）……民×……号

本院受理……（写明当事人及案由）一案，原告×××向本院提出诉讼请求：1.……；2.……（明确原告的诉讼请求）。事实和理由：……（概述原告主张的事实和理由）。因与本案诉讼标的为同一种类的案件众多，故相关权利人应在公告之日起×天内（不得少于30天）向本院登记。

特此公告。

×年×月×日（院印）

民事裁定书（合并审理）

（××××）……民初……号（被并入的案件案号）

原告：×××，……（写明姓名或名称、住所地等基本情况）。

被告：×××，……（写明姓名或名称、住所地等基本情况）。

（以上写明当事人及其代理人和其他诉讼参与人的姓名或名称等基本信息）

原告×××与被告×××……（写明案由）一案，本院于×年×月×日立案。

---

① 当事人一方人数众多在起诉时确定的，可以由全体当事人推选共同的代表人，也可以由部分当事人推选自己的代表人；推选不出代表人的当事人，在必要的共同诉讼中可以自己参加诉讼，在普通的共同诉讼中可以另行起诉。

当事人一方人数众多在起诉时不确定的，由当事人推选代表人。当事人推选不出的，可以由人民法院提出人选与当事人协商；协商不成的，也可以由人民法院在起诉的当事人中指定代表人。

② 适用普通程序审理案件在开庭3日前通知。诉讼参与人在外地的，应当留有必要的在途时间。

本院经审查认为，……（写明合并审理的事实和理由）。

依照《中华人民共和国民事诉讼法》第 55 条第 1 款、第 157 条第 1 款第 11 项、《最高人民法院关于适用〈中华人民共和国民事诉讼法〉的解释》第 221 条规定，裁定如下：

本案并入本院（××××）……民初……号案件审理。

（代理）审判员　×××（非独任审判的，落款为合议庭）

×年×月×日（院印）
法官助理　×××
书记员　×××

民事裁定书（未参加登记的权利人适用生效判决或裁定）

（××××）……民初……号（新诉讼的案号）

原告：×××，……。

被告：×××，……。

（以上写明当事人和其他诉讼参与人的姓名或名称等基本信息）

……（写明当事人及案由）一案，本院于×年×月×日立案后，依法进行了审查。现已审查终结。

×××向本院提出诉讼请求：1.……2.……（明确原告的诉讼请求）。事实和理由：……（概述原告主张的事实和理由）。

本院认为，本案诉讼标的与本院（××××）……民×……号民事判决/裁定一案的诉讼标的是同一种类。由于该案当事人一方人数众多在起诉时人数尚未确定，本院于×年×月×日发出公告，说明案件情况和诉讼请求，通知权利人于×年×月×日前向本院登记。原告未在规定期限内向本院进行登记，但于×年×月×日在诉讼时效期间提起诉讼，依法应当适用该判决/裁定。

依照《中华人民共和国民事诉讼法》第 57 条、第 157 条第 1 款第 11 项、《最高人民法院关于适用〈中华人民共和国民事诉讼法〉的解释》第 80 条规定，裁定如下：

本案适用本院（××××）……民×……号民事判决/裁定。

申请费……元，由……负担（写明当事人姓名或者名称、负担金额）。

本裁定一经作出即生效。

审判长　×××
（代理）审判员　×××
人民陪审员　×××
×年×月×日（院印）
法官助理　×××
书记员　×××

第一编　第五章

> **第 58 条**²⁰¹³⁰¹⁰¹ 　**【公益诉讼】** 对污染环境、侵害众多消费者合法权益等损害社会公共利益的行为，法律规定的机关和有关组织可以向人民法院提起诉讼。
>
> **（新增）**²⁰¹⁷⁰⁷⁰¹ 人民检察院在履行职责中发现破坏生态环境和资源保护、食品药品安全领域侵害众多消费者合法权益等损害社会公共利益的行为，在没有前款规定的机关和组织或者前款规定的机关和组织不提起诉讼的情况下，可以向人民法院提起诉讼。前款规定的机关或者组织提起诉讼的，人民检察院可以支持起诉。
>
> **（插）第 15 条** 　**【单位支持起诉】** 机关、社会¹⁹⁹¹⁰⁴⁰⁹团体、企业事业单位对损害国家、集体或者个人民事权益的行为，可以支持受损害的单位或者个人向人民法院起诉。①

● **相关规定** 　**【主席令［2000］33 号】** 　**中华人民共和国产品质量法**（1993 年 2 月 22 日全国人大常委会［7 届 30 次］通过，主席令 71 号公布，1993 年 9 月 1 日起施行；2000 年 7 月 8 日全国人大常委会［9 届 16 次］修正，2000 年 9 月 1 日起施行；2018 年 12 月 29 日最新统修）

第 23 条　保护消费者权益的社会组织可以就消费者反映的产品质量问题建议有关部门负责处理，支持消费者对因产品质量造成的损害向人民法院起诉。

【民立他字［2002］53 号】 　**最高人民法院关于恩施市人民检察院诉张苏文返还国有资产一案的复函**（2004 年 6 月 17 日答复湖北高院）②

经研究，同意你院倾向性意见。检察机关以保护国有资产和公共利益为由，以原告身份代表国家提起民事诉讼，没有法律依据，此案件不应受理，如已受理，应当驳回起诉。

【法发［2005］26 号】 　**第二次全国涉外商事海事审判工作会议纪要**（2005 年 11 月 15-16 日在南京召开；2005 年 12 月 26 日公布）

145. 国家海事行政主管部门或其他企事业单位为防止或减轻油污损害而支出的费用，包括清污费用，可直接向油污责任人提起诉讼。

---

① 注：支持起诉并非代替当事人行使诉权，检察机关不能独立启动诉讼程序。除有涉及国家利益、社会公共利益等重大影响的案件外，检察机关一般不出席法庭；出庭时可以宣读支持起诉意见书，但不参与举证、质证等其他庭审活动；当事人撤回起诉的，支持起诉程序自行终结，检察机关无须撤回支持起诉意见。

② 最高人民法院立案庭：《立案工作指导》2004 年第 2 辑，人民法院出版社 2004 年 9 月第 1 版。

146. 《中华人民共和国海洋环境保护法》授权的海洋环境监督管理部门，有权在授权范围内代表国家，就船舶油污造成的海洋环境损失向油污责任人提起诉讼。

【主席令［2012］73 号】　**中华人民共和国劳动合同法**（2012 年 12 月 28 日全国人大常委会［11 届 30 次］修订，2013 年 7 月 1 日起施行）

第 78 条　工会依法维护劳动者的合法权益，对用人单位履行劳动合同、集体合同的情况进行监督。用人单位违反劳动法律、法规和劳动合同、集体合同的，工会有权提出意见或者要求纠正；劳动者申请仲裁、提起诉讼的，工会依法给予支持和帮助。

【主席令［2013］7 号】　**中华人民共和国消费者权益保护法**（2013 年 10 月 25 日全国人大常委会［12 届 5 次］修正，2014 年 3 月 15 日起施行）

第 47 条　对侵害众多消费者合法权益的行为，中国消费者协会以及在省、自治区、直辖市设立的消费者协会，可以向人民法院提起诉讼。

【主席令［2014］9 号】　**中华人民共和国环境保护法**（2014 年 4 月 24 日全国人大常委会［12 届 8 次］修订，2015 年 1 月 1 日起施行）

第 58 条　对污染环境、破坏生态，损害社会公共利益的行为，符合下列条件的社会组织可以向人民法院提起诉讼：（一）依法在设区的市级以上人民政府民政部门登记；（二）专门从事环境保护公益活动连续 5 年以上且无违法记录。

符合前款规定的社会组织向人民法院提起诉讼，人民法院应当依法受理。

提起诉讼的社会组织不得通过诉讼牟取经济利益。

【法［2014］352 号】　**最高人民法院、民政部、环境保护部关于贯彻实施环境民事公益诉讼制度的通知**（2014 年 12 月 26 日）

一、人民法院受理和审判社会组织提起的环境民事公益诉讼，可根据案件需要向社会组织的登记管理机关查询或者核实社会组织的基本信息，包括名称、住所、成立时间、宗旨、业务范围、法定代表人或者负责人、存续状态、年检信息、从事业务活动的情况以及登记管理机关掌握的违法记录等，有关登记管理机关应及时将相关信息向人民法院反馈。

二、社会组织存在通过诉讼牟取经济利益情形的，人民法院应向其登记管理机关发送司法建议，由登记管理机关依法对其进行查处，查处结果应向社会公布并通报人民法院。

三、人民法院受理环境民事公益诉讼后，应当在 10 日内通报对被告行为负有监督管理职责的环境保护主管部门。环境保护主管部门收到人民法院受理环境民事公益诉讼案件线索后，可以根据案件线索开展核查；发现被告行为构成环境行政违法的，应当依法予以处理，并将处理结果通报人民法院。

四、人民法院因审理案件需要，向负有监督管理职责的环境保护主管部门调取涉及被告的环境影响评价文件及其批复、环境许可和监管、污染物排放情况、行政处罚及处罚依据等证据材料的，相关部门应及时向人民法院提交，法律法规规定不得对外提供的材料除外。

五、环境民事公益诉讼当事人达成调解协议或者自行达成和解协议的，人民法院应当将协议内容告知负有监督管理职责的环境保护主管部门。相关部门对协议约定的修复费用、修复方式等内容有意见和建议的，应及时向人民法院提出。

六、人民法院可以判决被告自行组织修复生态环境，可以委托第三方修复生态环境，必要时也可以商请负有监督管理职责的环境保护主管部门共同组织修复生态环境。对生态环境损害修复结果，人民法院可以委托具有环境损害评估等相关资质的鉴定机构进行鉴定，必要时可以商请负有监督管理职责的环境保护主管部门协助审查。

七、人民法院判决被告承担的生态环境修复费用、生态环境受到损害至恢复原状期间服务功能损失等款项，应当用于修复被损害的生态环境。提起环境民事公益诉讼的原告在诉讼中所需的调查取证、专家咨询、检验、鉴定等必要费用，可以酌情从上述款项中支付。

八、人民法院应将判决执行情况及时告知提起环境民事公益诉讼的社会组织。

【法释〔2015〕1号】　最高人民法院关于审理环境民事公益诉讼案件适用法律若干问题的解释（2014年12月8日最高法审委会〔1631次〕通过，2015年1月6日公布，2015年1月7日起施行；根据法释〔2020〕20号《决定》修正，2021年1月1日起施行。以本规为准）

第1条　法律规定的机关和有关组织依据民事诉讼法第55条、环境保护法第58条等法律的规定，对已经损害社会公共利益或者具有损害社会公共利益重大风险的污染环境、破坏生态的行为提起诉讼，符合民事诉讼法第119条第2项、第3项、第4项规定的，人民法院应予受理。

第2条　依照法律、法规的规定，在设区的市级以上人民政府民政部门登记的社会团体、民办非企业单位以及基金会以及社会服务机构等，可以认定为环境保护法第58条规定的社会组织。

第3条　设区的市、自治州、盟、地区，不设区的地级市，直辖市的区以上人民政府民政部门，可以认定为环境保护法第58条规定的"设区的市级以上人民政府民政部门"。

第4条　社会组织章程确定的宗旨和主要业务范围是维护社会公共利益，且从事环境保护公益活动的，可以认定为环境保护法第58条规定的"专门从事环境保护公益活动"。

社会组织提起的诉讼所涉及的社会公共利益，应与其宗旨和业务范围具有关联性。①

第5条　社会组织在提起诉讼前5年内未因从事业务活动违反法律、法规的规定受过行政、刑事处罚的，可以认定为环境保护法第58条规定的"无违法记录"。

第6条　第一审环境民事公益诉讼案件由污染环境、破坏生态行为发生地、损害结果地或者被告住所地的中级以上人民法院管辖。

中级人民法院认为确有必要的，可以在报请高级人民法院批准后，裁定将本院管辖的第一审环境民事公益诉讼案件交由基层人民法院审理。

同一原告或者不同原告对同一污染环境、破坏生态行为分别向2个以上有管辖权的人民法院提起环境民事公益诉讼的，由最先立案的人民法院管辖，必要时由共同上级人民法院指定管辖。

第7条　经最高人民法院批准，高级人民法院可以根据本辖区环境和生态保护的实际情况，在辖区内确定部分中级人民法院受理第一审环境民事公益诉讼案件。

中级人民法院管辖环境民事公益诉讼案件的区域由高级人民法院确定。

第8条　提起环境民事公益诉讼应当提交下列材料：（一）符合民事诉讼法第121条规定的起诉状，并按照被告人数提出副本；（二）被告的行为已经损害社会公共利益或者具有损害社会公共利益重大风险的初步证明材料；（三）社会组织提起诉讼的，应当提交社会组织登记证书、章程、起诉前连续5年的年度工作报告书或者年检报告书，以及由其法定代表人或者负责人签字并加盖公章的无违法记录的声明。

第9条　人民法院认为原告提出的诉讼请求不足以保护社会公共利益的，可以向其释明变更或者增加停止侵害、修复生态环境/原状等诉讼请求。

第10条　人民法院受理环境民事公益诉讼后，应当在立案之日起5日内将起诉状副本发送被告，并公告案件受理情况。

有权提起诉讼的其他机关和社会组织在公告之日起30日内申请参加诉讼，经审查符合法定条件的，人民法院应当将其列为共同原告；逾期申请的，不予准许。

---

①《最高人民法院公报》2016年第9期"中国生物多样性保护与绿色发展基金会不服宁夏回族自治区高级人民法院不予受理裁定案"（最高法院民事裁定书［2016］最高法民再51号）阐明："此项规定旨在促使社会组织所起诉的环境公共利益保护事项与其宗旨和业务范围具有对应或者关联关系，以保证社会组织具有相应的诉讼能力。因此，即使社会组织起诉事项与其宗旨和业务范围不具有对应关系，但若与其所保护的环境要素或者生态系统具有一定的联系，亦应基于关联性标准确认其主体资格。"

公民、法人和其他组织以人身、财产受到损害为由申请参加诉讼的，告知其另行起诉。

第11条　检察机关、负有环境资源保护监督管理职责的部门及其他机关、社会组织、企业事业单位依据民事诉讼法第15条的规定，可以通过提供法律咨询、提交书面意见、协助调查取证等方式支持社会组织依法提起环境民事公益诉讼。

第12条　人民法院受理环境民事公益诉讼后，应当在10日内告知对被告行为负有环境资源保护监督管理职责的部门。

第13条　原告请求被告提供其排放的主要污染物名称、排放方式、排放浓度和总量、超标排放情况以及防治污染设施的建设和运行情况等环境信息，法律、法规、规章规定被告应当持有或者有证据证明被告持有而拒不提供，如果原告主张相关事实不利于被告的，人民法院可以推定该主张成立。

第14条　对于审理环境民事公益诉讼案件需要的证据，人民法院认为必要的，应当调查收集。

对于应当由原告承担举证责任且为维护社会公共利益所必要的专门性问题，人民法院可以委托具备资格的鉴定人进行鉴定。

第15条　当事人申请通知有专门知识的人出庭，就鉴定人作出的鉴定意见或者就因果关系、生态环境修复方式、生态环境修复费用以及生态环境受到损害至修复完成/恢复原状期间服务功能丧失导致的损失等专门性问题提出意见的，人民法院可以准许。

前款规定的专家意见经质证，可以作为认定事实的根据。

第16条　原告在诉讼过程中承认的对己方不利的事实和认可的证据，人民法院认为损害社会公共利益的，应当不予确认。

第17条　环境民事公益诉讼案件审理过程中，被告以反诉方式提出诉讼请求的，人民法院不予受理。

第18条　对污染环境、破坏生态，已经损害社会公共利益或者具有损害社会公共利益重大风险的行为，原告可以请求被告承担停止侵害、排除妨碍、消除危险、修复生态环境/恢复原状、赔偿损失、赔礼道歉等民事责任。

第19条　原告为防止生态环境损害的发生和扩大，请求被告停止侵害、排除妨碍、消除危险的，人民法院可以依法予以支持。

原告为停止侵害、排除妨碍、消除危险采取合理预防、处置措施而发生的费用，请求被告承担的，人民法院可以依法予以支持。

第20条　原告请求修复生态环境/恢复原状的，人民法院可以依法判决被告将生态环境修复到损害发生之前的状态和功能。无法完全修复的，可以准许采用替代性修复方式。

人民法院可以在判决被告修复生态环境的同时，确定被告不履行修复义务时应承担的生态环境修复费用；也可以直接判决被告承担生态环境修复费用。

生态环境修复费用包括制定、实施修复方案的费用，修复期间的监测、监管费用，以及修复完成后的验收费用、修复效果后评估费用等。

第 21 条　原告请求被告赔偿生态环境受到损害至修复完成/恢复原状期间服务功能丧失导致的损失、生态环境功能永久性损害造成的损失的，人民法院可以依法予以支持。

第 22 条　原告请求被告承担以下费用的，人民法院可以依法予以支持：（一）生态环境损害调查/检验、鉴定评估等费用；（二）清除污染以及防止损害的发生和扩大所支出的合理费用；（三）合理的律师费以及为诉讼支出的其他合理费用。

第 23 条　生态环境修复费用难以确定或者确定具体数额所需鉴定费用明显过高的，人民法院可以结合污染环境、破坏生态的范围和程度，生态环境的稀缺性，生态环境恢复的难易程度，防治污染设备的运行成本，被告因侵害行为所获得的利益以及过错程度等因素，并可以参考负有环境资源保护监督管理职责的部门的意见、专家意见等，予以合理确定。

第 24 条　人民法院判决被告承担的生态环境修复费用、生态环境受到损害至修复完成期间服务功能丧失导致的损失、生态环境功能永久性损害造成的损失等款项，应当用于修复被损害的生态环境。

其他环境民事公益诉讼中败诉原告所需承担的调查取证、专家咨询、检验、鉴定等必要费用，可以酌情从上述款项中支付。

第 25 条　环境民事公益诉讼当事人达成调解协议或者自行达成和解协议后，人民法院应当将协议内容公告，公告期间不少于 30 日。

公告期满后，人民法院审查认为调解协议或者和解协议的内容不损害社会公共利益的，应当出具调解书。当事人以达成和解协议为由申请撤诉的，不予准许。

调解书应当写明诉讼请求、案件的基本事实和协议内容，并应当公开。

第 26 条　负有环境资源保护监督管理职责的部门依法履行监管职责而使原告诉讼请求全部实现，原告申请撤诉的，人民法院应予准许。

第 27 条　法庭辩论终结后，原告申请撤诉的，人民法院不予准许，但本解释第 26 条规定的情形除外。

第 28 条　环境民事公益诉讼案件的裁判生效后，有权提起诉讼的其他机关和社会组织就同一污染环境、破坏生态行为另行起诉，有下列情形之一的，人民法院应予受理：（一）前案原告的起诉被裁定驳回的；（二）前案原告申请撤诉被裁定准许的，但本解释第 26 条规定的情形除外。

环境民事公益诉讼案件的裁判生效后，有证据证明存在前案审理时未发现的损害，有权提起诉讼的机关和社会组织另行起诉的，人民法院应予受理。

第 29 条　法律规定的机关和社会组织提起环境民事公益诉讼的，不影响因同一污染环境、破坏生态行为受到人身、财产损害的公民、法人和其他组织依据民事诉讼法第 119 条（现第 122 条）的规定提起诉讼。

第 30 条　已为环境民事公益诉讼生效裁判认定的事实，因同一污染环境、破坏生态行为依据民事诉讼法第 119 条（现第 122 条）规定提起诉讼的原告、被告均无需举证证明，但原告对该事实有异议并有相反证据足以推翻的除外。

对于环境民事公益诉讼生效裁判就被告是否存在法律规定的不承担责任或者减轻责任的情形、行为与损害之间是否存在因果关系、被告承担责任的大小等所作的认定，因同一污染环境、破坏生态行为依据民事诉讼法第 119 条（现第 122 条）规定提起诉讼的原告主张适用的，人民法院应予以支持，但被告有相反证据足以推翻的除外。被告主张直接适用对其有利的认定的，人民法院不予支持，被告仍应举证证明。

第 31 条　被告因污染环境、破坏生态在环境民事公益诉讼和其他民事诉讼中均承担责任，其财产不足以履行全部义务的，应当先履行其他民事诉讼生效裁判所确定的义务，但法律另有规定的除外。

第 32 条　发生法律效力的环境民事公益诉讼案件的裁判，需要采取强制执行措施的，应当移送执行。

第 33 条　原告交纳诉讼费用确有困难，依法申请缓交的，人民法院应予准许。

败诉或者部分败诉的原告申请缓交或者免交诉讼费用的，人民法院应当依照《诉讼费用交纳办法》的规定，视原告的经济状况和案件的审理情况决定是否准许。

第 34 条　社会组织有通过诉讼违法收受财物等牟取经济利益行为的，人民法院可以根据情节轻重依法收缴其非法所得、予以罚款；涉嫌犯罪的，依法移送有关机关处理。

社会组织通过诉讼牟取经济利益的，人民法院应当向登记管理机关或者有关机关发送司法建议，由其依法处理。

【人大［2015］决定】　**全国人民代表大会常务委员会关于授权最高人民检察院在部分地区开展公益诉讼试点工作的决定**（2015 年 7 月 1 日全国人大常委会［12 届 15 次］通过，同日公布施行；期限 2 年）①

---

① 注：根据本决定及试点情况，2017 年 6 月 27 日全国人大常委会［12 届 28 次］修改《民事诉讼法》时，增加了公益诉讼相关规定，2017 年 7 月 1 日起施行。

授权最高人民检察院在生态环境和资源保护、国有资产保护、国有土地使用权出让、食品药品安全等领域开展提起公益诉讼试点。试点地区确定为北京、内蒙古、吉林、江苏、安徽、福建、山东、湖北、广东、贵州、云南、陕西、甘肃 13 个省、自治区、直辖市。人民法院应当依法审理人民检察院提起的公益诉讼案件。试点工作必须坚持党的领导、人民当家作主和依法治国的有机统一，充分发挥法律监督、司法审判职能作用，促进依法行政、严格执法，维护宪法法律权威，维护社会公平正义，维护国家利益和社会公共利益。试点工作应当稳妥有序，遵循相关诉讼制度的原则。提起公益诉讼前，人民检察院应当依法督促行政机关纠正违法行政行为、履行法定职责，或者督促、支持法律规定的机关和有关组织提起公益诉讼。本决定的实施办法由最高人民法院、最高人民检察院制定，报全国人民代表大会常务委员会备案。试点期限为 2 年，自本决定公布之日起算。

最高人民法院、最高人民检察院应当加强对试点工作的组织指导和监督检查。试点进行中，最高人民检察院应当就试点情况向全国人民代表大会常务委员会作出中期报告。试点期满后，对实践证明可行的，应当修改完善有关法律。

【高检〔2015〕号】　　**检察机关提起公益诉讼改革试点方案**（2015 年 6 月提请全国人大常委会授权，2015 年 7 月 2 日对外公布）①

二、主要内容

（一）提起民事公益诉讼

1. 试点案件范围。检察机关在履行职责中发现污染环境、食品药品安全领域侵害众多消费者合法权益等损害社会公共利益的行为，在没有适格主体或者适格主体不提起诉讼的情况下，可以向人民法院提起民事公益诉讼。

2. 诉讼参加人。检察机关以公益诉讼人身份提起民事公益诉讼。民事公益诉讼的被告是实施损害社会公共利益行为的公民、法人或者其他组织。检察机关提起民事公益诉讼，被告没有反诉权。②

3. 诉前程序。检察机关在提起民事公益诉讼之前，应当依法督促或者支持法律规定的机关或有关组织提起民事公益诉讼。法律规定的机关或者有关组织应当在收到督促或者支持起诉意见书后 1 个月内依法办理，并将办理情况及时书面回

---

① 注：全国人大常委会于 2015 年 7 月 1 日授权最高检实施公益诉讼试点工作，最高检据此正式制发《人民检察院提起公益诉讼试点工作实施办法》（高检发释字〔2015〕6 号）。该《办法》已被 2020 年 12 月 26 日《最高人民检察院关于废止部分司法解释和司法解释性质文件的决定》（高检发释字〔2020〕4 号）废止，但本《方案》一直未见废止。

② 注：此处以及随后正式公布的《人民检察院提起公益诉讼试点工作实施办法》（高检发释字〔2015〕6 号）均规定"被告没有反诉权"，而全国人大常委会的授权决定要求公益诉讼试点工作应当"遵循相关诉讼制度的原则"，两者之间存在冲突。而在同文规定的行政公益诉讼中，并无此限制。

复检察机关。

4. 提起诉讼。经过诉前程序，法律规定的机关和有关组织没有提起民事公益诉讼，社会公共利益仍处于受侵害状态的，检察机关可以提起民事公益诉讼。检察机关提起民事公益诉讼，应当有明确的被告、具体的诉讼请求、社会公共利益受到损害的初步证据，并应当制作公益诉讼起诉书。

5. 诉讼请求。检察机关可以向人民法院提出要求被告停止侵害、排除妨碍、消除危险、恢复原状、赔偿损失、赔礼道歉等诉讼请求。

（二）提起行政公益诉讼（略）

（三）其他事项

1. 试点期间，地方人民检察院拟决定向人民法院提起公益诉讼的，应当先行层报最高人民检察院审查批准。

2. 提起公益诉讼，检察机关免缴诉讼费。

3. 提起公益诉讼，试点方案没有规定的，适用民事诉讼法、行政诉讼法及相关司法解释的规定。

三、方案实施

（一）立法机关授权。提请全国人大常委会 2015 年 6 月授权，自 2015 年 7 月起开展试点工作，试点期限为 2 年。

（二）积极开展试点。2015 年 7 月，根据全国人大常委会的授权和试点工作方案，制定出台试点实施办法，并选择北京、内蒙古、吉林、江苏、安徽、福建、山东、湖北、广东、贵州、云南、陕西、甘肃 13 个省、自治区、直辖市开展试点。

（三）推动相关法律修改完善。及时总结试点经验和成效，积极推动相关法律的修改完善。

【法发［2016］6号】　人民法院审理人民检察院提起公益诉讼案件试点工作实施办法（2016 年 2 月 22 日最高法审委会［1679 次］通过，2016 年 2 月 25 日印发，2016 年 3 月 1 日起施行；适用于京、蒙、吉、苏、皖、闽、鲁、鄂、粤、贵、云、陕、甘等 13 省市）①

一、民事公益诉讼

第 1 条　人民检察院认为被告有污染环境、破坏生态、在食品药品安全领域侵害众多消费者合法权益等损害社会公共利益的行为，在没有适格主体提起诉讼

---

① 注：本《办法》一直未见废止。但同期最高检制发的《人民检察院提起公益诉讼试点工作实施办法》（高检发释字［2015］6 号）已被《最高人民检察院关于废止部分司法解释和司法解释性质文件的决定》（高检发释字［2020］4 号，2020 年 12 月 26 日公布施行）宣布废止，废止理由：《实施办法》明确根据全国人大常委会授权试点决定在 13 个公益诉讼试点省份地方检察机关适用，现已无适用效力。

或者适格主体不提起诉讼的情况下，向人民法院提起民事公益诉讼，符合民事诉讼法第119条（现第122条）第2项、第3项、第4项规定的，人民法院应当登记立案。

第2条　人民检察院提起民事公益诉讼应当提交下列材料：（一）符合民事诉讼法第121条（现第124条）规定的起诉状，并按照被告人数提出副本；（二）污染环境、破坏生态、在食品药品安全领域侵害众多消费者合法权益等损害社会公共利益行为的初步证明材料；（三）人民检察院已经履行督促或者支持法律规定的机关或有关组织提起民事公益诉讼的诉前程序的证明材料。

第3条　人民检察院提起民事公益诉讼，可以提出要求被告停止侵害、排除妨碍、消除危险、恢复原状、赔偿损失、赔礼道歉等诉讼请求。

第4条　人民检察院以公益诉讼人身份提起民事公益诉讼，诉讼权利义务参照民事诉讼法关于原告诉讼权利义务的规定。民事公益诉讼的被告是被诉实施损害社会公共利益行为的公民、法人或者其他组织。

第5条　人民检察院提起的第一审民事公益诉讼案件由侵害行为发生地、损害结果地或者被告住所地的中级人民法院管辖，但法律、司法解释另有规定的除外。

第6条　人民法院审理人民检察院提起的民事公益诉讼案件，被告提出反诉请求的，不予受理。①

第7条　人民法院审理人民检察院提起的第一审民事公益诉讼案件，原则上适用人民陪审制。

当事人申请不适用人民陪审制审理的，人民法院经审查可以决定不适用人民陪审制审理。

第8条　人民检察院与被告达成和解协议或者调解协议后，人民法院应当将协议内容公告，公告期间不少于30日。

公告期满后，人民法院审查认为和解协议或者调解协议内容不损害社会公共利益的，应当出具调解书。

第9条　人民检察院在法庭辩论终结前申请撤诉，或者在法庭辩论终结后，人民检察院的诉讼请求全部实现，申请撤诉的，应予准许。

第10条　对于人民法院作出的民事公益诉讼判决、裁定，当事人依法提起上诉、人民检察院依法提起抗诉或者其他当事人依法申请再审且符合民事诉讼法第200条（现第211条）规定的，分别按照民事诉讼法规定的第二审程序、审判监

① 注：全国人大常委会的授权决定要求公益诉讼试点工作应当"遵循相关诉讼制度的原则"，而此处剥夺被告的反诉权，两者之间存在冲突。而在同文规定的行政公益诉讼中，并无此限制。

督程序审理。

二、行政公益诉讼（略）

三、其他规定

第21条　人民法院审理人民检察院提起的公益诉讼案件，认为应当提出司法建议的，按照《最高人民法院关于加强司法建议工作的意见》办理。

第23条　人民法院审理人民检察院提起的公益诉讼案件，本办法没有规定的，适用《中华人民共和国民事诉讼法》《中华人民共和国行政诉讼法》及相关司法解释的规定。

【法释［2016］10号】　最高人民法院关于审理消费民事公益诉讼案件适用法律若干问题的解释（2016年2月1日最高法审委会［1677次］通过，2016年4月24日公布，2016年5月1日起施行；根据法释［2020］20号《决定》修正，2021年1月1日起施行）

第1条　中国消费者协会以及在省、自治区、直辖市设立的消费者协会，对经营者侵害众多不特定消费者合法权益或者具有危及消费者人身、财产安全危险等损害社会公共利益的行为提起消费民事公益诉讼的，适用本解释。

法律规定或者全国人大及其常委会授权的机关和社会组织提起的消费民事公益诉讼，适用本解释。

第2条　经营者提供的商品或者服务具有下列情形之一的，适用消费者权益保护法第47条规定：

（一）提供的商品或者服务存在缺陷，侵害众多不特定消费者合法权益的；

（二）提供的商品或者服务可能危及消费者人身、财产安全，未作出真实的说明和明确的警示，未标明正确使用商品或者接受服务的方法以及防止危害发生方法的；对提供的商品或者服务质量、性能、用途、有效期限等信息作虚假或引人误解宣传的；

（三）宾馆、商场、餐馆、银行、机场、车站、港口、影剧院、景区、体育场馆、娱乐场所等经营场所存在危及消费者人身、财产安全危险的；

（四）以格式条款、通知、声明、店堂告示等方式，作出排除或者限制消费者权利、减轻或者免除经营者责任、加重消费者责任等对消费者不公平、不合理规定的；

（五）其他侵害众多不特定消费者合法权益或者具有危及消费者人身、财产安全危险等损害社会公共利益的行为。

第3条　消费民事公益诉讼案件管辖适用《最高人民法院关于适用〈中华人民共和国民事诉讼法〉的解释》第285条（现第283条）的有关规定。

经最高人民法院批准，高级人民法院可以根据本辖区实际情况，在辖区内确定部分中级人民法院受理第一审消费民事公益诉讼案件。

第 4 条　提起消费民事公益诉讼应当提交下列材料：（一）符合民事诉讼法第 121 条（现第 124 条）规定的起诉状，并按照被告人数提交副本；（二）被告的行为侵害众多不特定消费者合法权益或者具有危及消费者人身、财产安全危险等损害社会公共利益的初步证据；（三）消费者组织就涉诉事项已按照消费者权益保护法第 37 条第 4 项或者第 5 项的规定履行公益性职责的证明材料。

第 5 条　人民法院认为原告提出的诉讼请求不足以保护社会公共利益的，可以向其释明变更或者增加停止侵害等诉讼请求。

第 6 条　人民法院受理消费民事公益诉讼案件后，应当公告案件受理情况，并在立案之日起 10 日内书面告知相关行政主管部门。

第 7 条　人民法院受理消费民事公益诉讼案件后，依法可以提起诉讼的其他机关或者社会组织，可以在一审开庭前向人民法院申请参加诉讼。

人民法院准许参加诉讼的，列为共同原告；逾期申请的，不予准许。

第 8 条　有权提起消费民事公益诉讼的机关或者社会组织，可以依据民事诉讼法第 81 条（现第 84 条）规定申请保全证据。

第 9 条　人民法院受理消费民事公益诉讼案件后，因同一侵权行为受到损害的消费者申请参加诉讼的，人民法院应当告知其根据民事诉讼法第 119 条（现第 122 条）规定主张权利。

第 10 条　消费民事公益诉讼案件受理后，因同一侵权行为受到损害的消费者请求对其根据民事诉讼法第 119 条（现第 122 条）规定提起的诉讼予以中止，人民法院可以准许。

第 11 条　消费民事公益诉讼案件审理过程中，被告提出反诉的，人民法院不予受理。

第 12 条　原告在诉讼中承认对己方不利的事实，人民法院认为损害社会公共利益的，不予确认。

第 13 条　原告在消费民事公益诉讼案件中，请求被告承担停止侵害、排除妨碍、消除危险、赔礼道歉等民事责任的，人民法院可予支持。

经营者利用格式条款或者通知、声明、店堂告示等，排除或者限制消费者权利、减轻或者免除经营者责任、加重消费者责任，原告认为对消费者不公平、不合理主张无效的，人民法院应/可依法予以支持。

第 14 条　消费民事公益诉讼案件裁判生效后，人民法院应当在 10 日内书面告知相关行政主管部门，并可发出司法建议。

第 15 条　消费民事公益诉讼案件的裁判发生法律效力后，其他依法具有原告资格的机关或者社会组织就同一侵权行为另行提起消费民事公益诉讼的，人民法院不予受理。

第16条 已为消费民事公益诉讼生效裁判认定的事实，因同一侵权行为受到损害的消费者根据民事诉讼法第119条（现第122条）规定提起的诉讼，原告、被告均无需举证证明，但当事人对该事实有异议并有相反证据足以推翻的除外。

消费民事公益诉讼生效裁判认定经营者存在不法行为，因同一侵权行为受到损害的消费者根据民事诉讼法第119条（现第122条）规定提起的诉讼，原告主张适用的，人民法院可予支持，但被告有相反证据足以推翻的除外。被告主张直接适用对其有利认定的，人民法院不予支持，被告仍应承担相应举证证明责任。

第17条 原告为停止侵害、排除妨碍、消除危险采取合理预防、处置措施而发生的费用，请求被告承担的，人民法院应/可依法予以支持。

第18条 原告及其诉讼代理人对侵权行为进行调查、取证的合理费用、鉴定费用、合理的律师代理费用，人民法院可根据实际情况予以相应支持。

第19条 本解释自2016年5月1日起施行。

本解释施行后人民法院新受理的一审案件，适用本解释。

本解释施行前人民法院已经受理、施行后尚未审结的一审、二审案件，以及本解释施行前已经终审、施行后当事人申请再审或者按照审判监督程序决定再审的案件，不适用本解释。

【主席令［2017］70号】 中华人民共和国水污染防治法（2008年2月28日全国人大常委会［10届32次］修订，2008年6月1日起施行；2017年6月27日全国人大常委会［12届28次］修正，2018年1月1日起施行）

第99条 因水污染受到损害的当事人人数众多的，可以依法由当事人推选代表人进行共同诉讼。

环境保护主管部门和有关社会团体可以依法支持因水污染受到损害的当事人向人民法院提起诉讼。

国家鼓励法律服务机构和律师为水污染损害诉讼中的受害人提供法律援助。

第102条 本法中下列用语的含义：（一）水污染，是指水体因某种物质的介入，而导致其化学、物理、生物或者放射性等方面特性的改变，从而影响水的有效利用，危害人体健康或者破坏生态环境，造成水质恶化的现象。……

【法释［2017］12号】 最高人民法院关于审理矿业权纠纷案件适用法律若干问题的解释（2017年2月20日最高法审委会［1710次］通过，2017年6月24日公布，2017年7月27日起施行；根据法释［2020］17号《决定》修正，2021年1月1日起施行）

第 21 条　勘查开采矿产资源造成环境污染，或者导致地质灾害、植被毁损等生态破坏，国家规定的机关或者法律规定的组织提起环境公益诉讼的，人民法院应依法予以受理。

国家规定的机关或者法律规定的组织为保护国家利益、环境公共利益提起诉讼的，不影响因同一勘查开采行为受到人身、财产损害的自然人、法人和非法人组织依据民事诉讼法第 119 条（现第 122 条）的规定提起诉讼。

【法释〔2017〕23 号】　最高人民法院关于审理海洋自然资源与生态环境损害赔偿纠纷案件若干问题的规定（2017 年 11 月 20 日最高法审委会〔1727 次〕通过，2017 年 12 月 29 日公布，2018 年 1 月 15 日起施行；以本规为准）

第 1 条　人民法院审理为请求赔偿海洋环境保护法第 89 条第 2 款规定的海洋自然资源与生态环境损害而提起的诉讼，适用本规定。

第 2 条　在海上或者沿海陆域内从事活动，对中华人民共和国管辖海域内海洋自然资源与生态环境造成损害，由此提起的海洋自然资源与生态环境损害赔偿诉讼，由损害行为发生地、损害结果地或者采取预防措施地海事法院管辖。

第 3 条　海洋环境保护法第 5 条①规定的行使海洋环境监督管理权的机关，根据其职能分工提起海洋自然资源与生态环境损害赔偿诉讼，人民法院应予受理。

第 4 条　人民法院受理海洋自然资源与生态环境损害赔偿诉讼，应当在立案之日起 5 日内公告案件受理情况。人民法院在审理中发现可能存在下列情形之一的，可以书面告知其他依法行使海洋环境监督管理权的机关：（一）同一损害涉及不同区域或者不同部门；（二）不同损害应由其他依法行使海洋环境监督管理权的机关索赔。本规定所称不同损害，包括海洋自然资源与生态环境损害中不同种类和同种类但可以明确区分属不同机关索赔范围的损害。

第 5 条　在人民法院依照本规定第 4 条的规定发布公告之日起 30 日内，或者

---

① 《海洋环境保护法》第 5 条：国务院环境保护行政主管部门作为对全国环境保护工作统一监督管理的部门，对全国海洋环境保护工作实施指导、协调和监督，并负责全国防治陆源污染物和海岸工程建设项目对海洋污染损害的环境保护工作。// 国家海洋行政主管部门负责海洋环境的监督管理，组织海洋环境的调查、监测、监视、评价和科学研究，负责全国防治海洋工程建设项目和海洋倾倒废弃物对海洋污染损害的环境保护工作。// 国家海事行政主管部门负责所辖港区水域内非军事船舶和港区水域外非渔业、非军事船舶污染海洋环境的监督管理，并负责污染事故的调查处理；对中华人民共和国管辖海域航行、停泊和作业的外国籍船舶造成的污染事故登轮检查处理。船舶污染事故给渔业造成损害的，应当吸收渔业行政主管部门参与调查处理。// 国家渔业行政主管部门负责渔港水域内非军事船舶和渔港水域外渔业船舶污染海洋环境的监督管理，负责保护渔业水域生态环境工作，并调查处理前款规定的污染事故以外的渔业污染事故。// 军队环境保护部门负责军事船舶污染海洋环境的监督管理及污染事故的调查处理。// 沿海县级以上地方人民政府行使海洋环境监督管理权的部门的职责，由省、自治区、直辖市人民政府根据本法及国务院有关规定确定。

书面告知之日起 7 日内，对同一损害有权提起诉讼的其他机关申请参加诉讼，经审查符合法定条件的，人民法院应当将其列为共同原告；逾期申请的，人民法院不予准许。裁判生效后另行起诉的，人民法院参照《最高人民法院关于审理环境民事公益诉讼案件适用法律若干问题的解释》第 28 条的规定处理。对于不同损害，可以由各依法行使海洋环境监督管理权的机关分别提起诉讼；索赔人共同起诉或者在规定期限内申请参加诉讼的，人民法院依照民事诉讼法第 52 条（现第 55 条）第 1 款的规定决定是否按共同诉讼进行审理。

第 6 条　依法行使海洋环境监督管理权的机关请求造成海洋自然资源与生态环境损害的责任者承担停止侵害、排除妨碍、消除危险、恢复原状、赔礼道歉、赔偿损失等民事责任的，人民法院应当根据诉讼请求以及具体案情，合理判定责任者承担民事责任。

第 7 条　海洋自然资源与生态环境损失赔偿范围包括：（一）预防措施费用，即为减轻或者防止海洋环境污染、生态恶化、自然资源减少所采取合理应急处置措施而发生的费用；（二）恢复费用，即采取或将要采取措施恢复或者部分恢复受损害海洋自然资源与生态环境功能所需费用；（三）恢复期间损失，即受损害的海洋自然资源与生态环境功能部分或者完全恢复前的海洋自然资源损失、生态环境服务功能损失；（四）调查评估费用，即调查、勘查、监测污染区域和评估污染等损害风险与实际损害所发生的费用。

第 8 条　恢复费用，限于现实修复实际发生和未来修复必然发生的合理费用，包括制定和实施修复方案和监测、监管产生的费用。未来修复必然发生的合理费用和恢复期间损失，可以根据有资格的鉴定评估机构依据法律法规、国家主管部门颁布的鉴定评估技术规范作出的鉴定意见予以确定，但当事人有相反证据足以反驳的除外。

预防措施费用和调查评估费用，以实际发生和未来必然发生的合理费用计算。

责任者已经采取合理预防、恢复措施，其主张相应减少损失赔偿数额的，人民法院应予支持。

第 9 条　依照本规定第 8 条的规定难以确定恢复费用和恢复期间损失的，人民法院可以根据责任者因损害行为所获得的收益或者所减少支付的污染防治费用，合理确定损失赔偿数额。

前款规定的收益或者费用无法认定的，可以参照政府部门相关统计资料或者其他证据所证明的同区域同类生产经营者同期平均收入、同期平均污染防治费用，合理酌定。

第 10 条　人民法院判决责任者赔偿海洋自然资源与生态环境损失的，可以一并写明依法行使海洋环境监督管理权的机关受领赔款后向国库账户交纳。

发生法律效力的裁判需要采取强制执行措施的，应当移送执行。

第 11 条　海洋自然资源与生态环境损害赔偿诉讼当事人达成调解协议或者自行达成和解协议的，人民法院依照《最高人民法院关于审理环境民事公益诉讼案件适用法律若干问题的解释》第 25 条的规定处理。

第 12 条　人民法院审理海洋自然资源与生态环境损害赔偿纠纷案件，本规定没有规定的，适用《最高人民法院关于审理环境侵权责任纠纷案件适用法律若干问题的解释》《最高人民法院关于审理环境民事公益诉讼案件适用法律若干问题的解释》等相关司法解释的规定。

在海上或者沿海陆域内从事活动，对中华人民共和国管辖海域内海洋自然资源与生态环境形成损害威胁，人民法院审理由此引起的赔偿纠纷案件，参照适用本规定。人民法院审理因船舶引起的海洋自然资源与生态环境损害赔偿纠纷案件，法律、行政法规、司法解释另有特别规定的，依照其规定。

第 13 条　本规定自 2018 年 1 月 15 日起施行，人民法院尚未审结的一审、二审案件适用本规定；本规定施行前已经作出生效裁判的案件，本规定施行后依法再审的，不适用本规定。

本规定施行后，最高人民法院以前颁布的司法解释与本规定不一致的，以本规定为准。

【法释［2018］6 号】　最高人民法院、最高人民检察院关于检察公益诉讼案件适用法律若干问题的解释（2018 年 2 月 23 日最高法审委会［1734 次］、2018 年 2 月 11 日最高检检委会［12 届 73 次］通过，2018 年 3 月 1 日公布，2018 年 3 月 2 日起施行；根据法释［2020］20 号《决定》修正，2021 年 1 月 1 日起施行）

第 5 条　市（分、州）人民检察院提起的第一审民事公益诉讼案件，由侵权行为地或者被告住所地中级人民法院管辖。

基层人民检察院提起的第一审行政公益诉讼案件，由被诉行政机关所在地基层人民法院管辖。

第 6 条　人民检察院办理公益诉讼案件，可以向有关行政机关以及其他组织、公民调查收集证据材料；有关行政机关以及其他组织、公民应当配合；需要采取证据保全措施的，依照民事诉讼法、行政诉讼法相关规定办理。

第 7 条　人民法院审理人民检察院提起的第一审公益诉讼案件，~~可以~~适用人民陪审制。

第 8 条　人民法院开庭审理人民检察院提起的公益诉讼案件，应当在开庭 3 日前向人民检察院送达出庭通知书。

人民检察院应当派员出庭，并应当自收到人民法院出庭通知书之日起 3 日内

第　一　编　　第　五　章

向人民法院提交派员出庭通知书。派员出庭通知书应当写明出庭人员的姓名、法律职务以及出庭履行的具体职责。

第9条 出庭检察人员履行以下职责：（一）宣读公益诉讼起诉书；（二）对人民检察院调查收集的证据予以出示和说明，对相关证据进行质证；（三）参加法庭调查，进行辩论并发表意见；（四）依法从事其他诉讼活动。

第10条 人民检察院不服人民法院第一审判决、裁定的，可以向上一级人民法院提起上诉。

第11条 人民法院审理第二审案件，由提起公益诉讼的人民检察院派员出庭，上一级人民检察院也可以派员参加。

第12条 人民检察院提起公益诉讼案件判决、裁定发生法律效力，被告不履行的，人民法院应当移送执行。

第13条 人民检察院在履行职责中发现破坏生态环境和资源保护，食品药品安全领域侵害众多消费者合法权益，侵害英雄烈士等的姓名、肖像、名誉、荣誉等损害社会公共利益的行为，拟提起公益诉讼的，应当依法公告，公告期间为30日。

公告期满，法律规定的机关和有关组织、英雄烈士等的近亲属不提起诉讼的，人民检察院可以向人民法院提起诉讼。

（新增）人民检察院办理侵害英雄烈士等的姓名、肖像、名誉、荣誉的民事公益诉讼案件，也可以直接征询英雄烈士等的近亲属的意见。

第14条 人民检察院提起民事公益诉讼应当提交下列材料：（一）民事公益诉讼起诉书，并按照被告人数提出副本；（二）被告的行为已经损害社会公共利益的初步证明材料；（三）检察机关已经履行公告程序、征询英雄烈士等的近亲属意见的证明材料。

第15条 人民检察院依据民事诉讼法第55条第2款的规定提起民事公益诉讼，符合民事诉讼法第119条第2项、第3项、第4项及本解释规定的起诉条件的，人民法院应当登记立案。

第16条 人民检察院提起的民事公益诉讼案件中，被告以反诉方式提出诉讼请求的，人民法院不予受理。

第17条 人民法院受理人民检察院提起的民事公益诉讼案件后，应当在立案之日起5日内将起诉书副本送达被告。

人民检察院已履行诉前公告程序的，人民法院立案后不再进行公告。

第18条 人民法院认为人民检察院提出的诉讼请求不足以保护社会公共利益的，可以向其释明变更或者增加停止侵害、恢复原状等诉讼请求。

第19条 民事公益诉讼案件审理过程中，人民检察院诉讼请求全部实现而撤回起诉的，人民法院应予准许。

第 20 条　人民检察院对破坏生态环境和资源保护，食品药品安全领域侵害众多消费者合法权益，<u>侵害英雄烈士等的姓名、肖像、名誉、荣誉等损害社会公共利益的犯罪行为提起刑事公诉时，可以向人民法院一并提起附带民事公益诉讼，</u>由人民法院同一审判组织审理。

人民检察院提起的刑事附带民事公益诉讼案件由审理刑事案件的人民法院管辖。

第 26 条　本解释未规定的其他事项，适用民事诉讼法、行政诉讼法以及相关司法解释的规定。

【主席令［2018］5 号】　中华人民共和国英雄烈士保护法（2018 年 4 月 27 日全国人大常委会［13 届 2 次］通过，2018 年 5 月 1 日起施行）

第 25 条　对侵害英雄烈士的姓名、肖像、名誉、荣誉的行为，英雄烈士的近亲属可以依法向人民法院提起诉讼。

英雄烈士没有近亲属或者近亲属不提起诉讼的，检察机关依法对侵害英雄烈士的姓名、肖像、名誉、荣誉，损害社会公共利益的行为向人民法院提起诉讼。

负责英雄烈士保护工作的部门和其他有关部门在履行职责过程中发现第 1 款规定的行为，需要检察机关提起诉讼的，应当向检察机关报告。

英雄烈士近亲属依照第 1 款规定提起诉讼的，法律援助机构应当依法提供法律援助服务。

【法［2018］68 号】　最高人民法院关于加强"红色经典"和英雄烈士合法权益司法保护弘扬社会主义核心价值观的通知（2018 年 5 月 11 日）

三、要切实保障红色经典和英雄烈士相关利益主体的诉讼权利

（第 2 款）如果被侵权的红色经典作品的作者已经死亡而其利害关系人未提起诉讼，或者英雄烈士的姓名、肖像、名誉、荣誉被侵害而没有近亲属或者近亲属未提起诉讼，检察机关或者法律规定的其他机关和有关组织向人民法院提起诉讼的，人民法院可以参照《中华人民共和国民事诉讼法》第 55 条（现第 58 条）的规定予以受理。

【法释［2019］8 号】　最高人民法院关于审理生态环境损害赔偿案件的若干规定（试行）（2019 年 5 月 20 日最高法审委会［1769 次］通过，2019 年 6 月 4 日公布，2019 年 6 月 5 日起试行；根据法释［2020］17 号《决定》修正，2021 年 1 月 1 日起施行）

第 16 条　在生态环境损害赔偿诉讼案件审理过程中，同一损害生态环境行为又被提起民事公益诉讼，符合起诉条件的，应当由受理生态环境损害赔偿诉讼案

件的人民法院受理并由同一审判组织审理。

第17条　人民法院受理因同一损害生态环境行为提起的生态环境损害赔偿诉讼案件和民事公益诉讼案件，应先中止民事公益诉讼案件的审理，待生态环境损害赔偿诉讼案件审理完毕后，就民事公益诉讼案件未被涵盖的诉讼请求依法作出裁判。

第18条　生态环境损害赔偿诉讼案件的裁判生效后，有权提起民事公益诉讼的国家规定的机关或者法律规定的社会组织就同一损害生态环境行为有证据证明存在前案审理时未发现的损害，并提起民事公益诉讼的，人民法院应予受理。

民事公益诉讼案件的裁判生效后，有权提起生态环境损害赔偿诉讼的主体就同一损害生态环境行为有证据证明存在前案审理时未发现的损害，并提起生态环境损害赔偿诉讼的，人民法院应予受理。

第22条　人民法院审理生态环境损害赔偿案件，本规定没有规定的，参照适用《最高人民法院关于审理环境民事公益诉讼案件适用法律若干问题的解释》《最高人民法院关于审理环境侵权责任纠纷案件适用法律若干问题的解释》等相关司法解释的规定。

【主席令［2019］37号】　中华人民共和国证券法（1998年12月29日全国人大常委会［9届6次］通过，1999年7月1日起施行；2019年12月28日全国人大常委会［13届15次］最新修订，2020年3月1日起施行）

第94条（第2款）投资者保护机构对损害投资者利益的行为，可以依法支持投资者向人民法院提起诉讼。

【法释［2020］14号】　最高人民法院关于审理食品安全民事纠纷案件适用法律若干问题的解释（一）（2020年10月19日最高法审委会［1813次］通过，2020年12月8日公布，2021年1月1日起施行；以本规为准）

第13条　生产经营不符合食品安全标准的食品，侵害众多消费者合法权益，损害社会公共利益，民事诉讼法、消费者权益保护法等法律规定的机关和有关组织依法提起公益诉讼的，人民法院应予受理。

第14条（第2款）　本解释施行后人民法院正在审理的一审、二审案件适用本解释。

（第3款）　本解释施行前已经终审，本解释施行后当事人申请再审或者按照审判监督程序决定再审的案件，不适用本解释。

【主席令［2020］43号】　中华人民共和国固体废物污染环境防治法（2020年4月29日全国人大常委会［13届17次］修订，2020年9月1日起施行）

第121条　固体废物污染环境、破坏生态，损害国家利益、社会公共利益的，有关机关和组织可以依照《中华人民共和国环境保护法》、《中华人民共和国民事诉讼法》、《中华人民共和国行政诉讼法》等法律的规定向人民法院提起诉讼。

第 122 条（第 1 款）　固体废物污染环境、破坏生态给国家造成重大损失的，由设区的市级以上地方人民政府或者其指定的部门、机构组织与造成环境污染和生态破坏的单位和其他生产经营者进行磋商，要求其承担损害赔偿责任；磋商未达成一致的，可以向人民法院提起诉讼。

第 124 条　本法下列用语的含义：（一）固体废物，是指在生产、生活和其他活动中产生的丧失原有利用价值或者虽未丧失利用价值但被抛弃或者放弃的固态、半固态和置于容器中的气态的物品、物质以及法律、行政法规规定纳入固体废物管理的物品、物质。经无害化加工处理，并且符合强制性国家产品质量标准，不会危害公众健康和生态安全，或者根据固体废物鉴别标准和鉴别程序认定为不属于固体废物的除外。

【主席令［2020］45 号】　中华人民共和国民法典（2020 年 5 月 28 日全国人大［13 届 3 次］通过，2021 年 1 月 1 日起施行）

第 185 条　侵害英雄烈士等的姓名、肖像、名誉、荣誉，损害社会公共利益的，应当承担民事责任。

第 1235 条　违反国家规定造成生态环境损害的，国家规定的机关或者法律规定的组织有权请求侵权人赔偿下列损失和费用：（一）生态环境受到损害至修复完成期间服务功能丧失导致的损失；（二）生态环境功能永久性损害造成的损失；（三）生态环境损害调查、鉴定评估等费用；（四）清除污染、修复生态环境费用；（五）防止损害的发生和扩大所支出的合理费用。

【法释［2020］15 号】　最高人民法院关于适用《中华人民共和国民法典》时间效力的若干规定（2020 年 12 月 14 日最高法审委会［1821 次］通过，2020 年 12 月 29 日公布，2021 年 1 月 1 日起施行）

第 6 条　《中华人民共和国民法总则》施行前，侵害英雄烈士等的姓名、肖像、名誉、荣誉，损害社会公共利益引起的民事纠纷案件，适用民法典第 185 条的规定。

【主席令［2020］57 号】　中华人民共和国未成年人保护法（2020 年 10 月 17 日全国人大常委会［13 届 22 次］最新修订，2021 年 6 月 1 日起施行；2024 年 4 月 26 日全国人大常委会［14 届 9 次］统修）

第 106 条　未成年人合法权益受到侵犯，相关组织和个人未代为提起诉讼的，人民检察院可以督促、支持其提起诉讼；涉及公共利益的，人民检察院有权提起公益诉讼。

【法刊文摘】 检答网集萃 42：非公益林被盗伐、滥伐，可否提起刑事附带民事公益诉讼（检察日报 2021 年 5 月 16 日）

咨询内容（湖南中方梁博则）：实践中，有的基层检察院对盗伐、滥伐公民个人所有的非公益林不纳入行政公益诉讼案件范围。盗伐、滥伐集体所有或公民个人所有的非公益林刑事案件，能否提起刑事附带民事公益诉讼？

解答摘要（王珊）：根据《检察机关民事公益诉讼案件办案指南（试行）》"二、生态环境和资源保护领域民事公益诉讼案件重点问题"中对"盗伐森林或者其他林木的"破坏资源类的案件范围规定中，并没有区分公益林和非公益林，也没有区分国家所有的森林、集体所有的森林、个人所有的林木。破坏资源的后果必须是损害社会公共利益；实践中最常见的是破坏生态，损害社会公共利益；破坏生态主要包括人为因素造成的水土流失、土地荒漠化、土地盐碱化、生物多样性减少等类型。因此，是否属于案件范围，不能仅仅依据森林和林木的属性进行判断，盗伐、滥伐非公益林造成上述后果的，可以将其列为生态环境和资源保护领域民事公益诉讼案件进行办理。

【高检发释字［2021］2 号】 人民检察院公益诉讼办案规则（2020 年 9 月 28 日最高检检委会［13 届 52 次］通过，2021 年 6 月 29 日公布，2021 年 7 月 1 日起施行；以本规为准）

第 1 章 总 则

第 4 条 人民检察院通过提出检察建议、提起诉讼和支持起诉等方式履行公益诉讼检察职责。

第 11 条 人民检察院办理公益诉讼案件，实行一体化工作机制，上级人民检察院根据办案需要，可以交办、提办、督办、领办案件。

上级人民检察院可以依法统一调用辖区的检察人员办理案件，调用的决定应当以书面形式作出。被调用的检察官可以代表办理案件的人民检察院履行调查、出庭等职责。

第 2 章 一般规定

第 1 节 管 辖

第 14 条（第 1 款） 人民检察院办理民事公益诉讼案件，由违法行为发生地、损害结果地或者违法行为人住所地基层人民检察院立案管辖。

第 15 条 设区的市级以上人民检察院管辖本辖区内重大、复杂的案件。公益损害范围涉及 2 个以上行政区划的公益诉讼案件，可以由共同的上一级人民检察院管辖。

第 16 条 人民检察院立案管辖与人民法院诉讼管辖级别、地域不对应的，具有管辖权的人民检察院可以立案，需要提起诉讼的，应当将案件移送有管辖权人民法院对应的同级人民检察院。

第17条　上级人民检察院可以根据办案需要，将下级人民检察院管辖的公益诉讼案件指定本辖区内其他人民检察院办理。

最高人民检察院、省级人民检察院和设区的市级人民检察院可以根据跨区域协作工作机制规定，将案件指定或移送相关人民检察院跨行政区划管辖。基层人民检察院可以根据跨区域协作工作机制规定，将案件移送相关人民检察院跨行政区划管辖。

人民检察院对管辖权发生争议的，由争议双方协商解决。协商不成的，报共同的上级人民检察院指定管辖。

第18条　上级人民检察院认为确有必要的，可以办理下级人民检察院管辖的案件，也可以将本院管辖的案件交下级人民检察院办理。

下级人民检察院认为需要由上级人民检察院办理的，可以报请上级人民检察院决定。

第2节　回避

第19条　检察人员具有下列情形之一的，应当自行回避，当事人、诉讼代理人有权申请其回避：……（二）是民事公益诉讼当事人、诉讼代理人近亲属，或者有其他关系，可能影响案件公正办理的。

应当回避的检察人员，本人没有自行回避，当事人及其诉讼代理人也没有申请其回避的，检察长或者检察委员会应当决定其回避。

前2款规定，适用于翻译人员、鉴定人、勘验人等。

第20条　检察人员自行回避的，应当书面或者口头提出，并说明理由。口头提出的，应当记录在卷。

第21条　当事人及其诉讼代理人申请回避的，应当书面或者口头提出，并说明理由。口头提出的，应当记录在卷。

被申请回避的人员在人民检察院作出是否回避的决定前，不停止参与本案工作。

第22条　检察长的回避，由检察委员会讨论决定；检察人员和其他人员的回避，由检察长决定。检察委员会讨论检察长回避问题时，由副检察长主持。

第23条　人民检察院对当事人提出的回避申请，应当在收到申请后3日内作出决定，并通知申请人。申请人对决定不服的，可以在接到决定时向原决定机关申请复议1次。人民检察院应当在3日内作出复议决定，并通知复议申请人。复议期间，被申请回避的人员不停止参与本案工作。

第3节　立案

第24条　公益诉讼案件线索的来源包括：（一）自然人、法人和非法人组织向人民检察院控告、举报的；（二）人民检察院在办案中发现的；（三）行政执法信息共享平台上发现的；（四）国家机关、社会团体和人大代表、政协委员等转交的；（五）新闻媒体、社会舆论等反映的；（六）其他在履行职责中发现的。

第25条　人民检察院对公益诉讼案件线索实行统一登记备案管理制度。重大案件线索应当向上一级人民检察院备案。

人民检察院其他部门发现公益诉讼案件线索的，应当将有关材料及时移送负责公益诉讼检察的部门。

第26条　人民检察院发现公益诉讼案件线索不属于本院管辖的，应当制作《移送案件线索通知书》，移送有管辖权的同级人民检察院，受移送的人民检察院应当受理。受移送的人民检察院认为不属于本院管辖的，应当报告上级人民检察院，不得自行退回原移送线索的人民检察院或者移送其他人民检察院。

人民检察院发现公益诉讼案件线索属于上级人民检察院管辖的，应当制作《报请移送案件线索意见书》，报请移送上级人民检察院。

第27条　人民检察院应当对公益诉讼案件线索的真实性、可查性等进行评估，必要时可以进行初步调查，并形成《初步调查报告》。

第28条　人民检察院经过评估，认为国家利益或者社会公共利益受到侵害，可能存在违法行为的，应当立案调查。

第29条　对于国家利益或者社会公共利益受到严重侵害，人民检察院经初步调查仍难以确定不依法履行监督管理职责的行政机关或者违法行为人的，也可以立案调查。

第30条　检察官对案件线索进行评估后提出立案或者不立案意见的，应当制作《立案审批表》，经过初步调查的附《初步调查报告》，报请检察长决定后制作《立案决定书》或者《不立案决定书》。

第31条　负责公益诉讼检察的部门在办理公益诉讼案件过程中，发现涉嫌犯罪或者职务违法、违纪线索的，应当依照规定移送本院相关检察业务部门或者其他有管辖权的主管机关。

第4节　调查

第32条　人民检察院办理公益诉讼案件，应当依法、客观、全面调查收集证据。

第33条　人民检察院在调查前应当制定调查方案，确定调查思路、方法、步骤以及拟收集的证据清单等。

第34条　人民检察院办理公益诉讼案件的证据包括书证、物证、视听资料、电子数据、证人证言、当事人陈述、鉴定意见、专家意见、勘验笔录等。

第35条　人民检察院办理公益诉讼案件，可以采取以下方式开展调查和收集证据：（一）查阅、调取、复制有关执法、诉讼卷宗材料等；（二）询问行政机关工作人员、违法行为人以及行政相对人、利害关系人、证人等；（三）向有关单位和个人收集书证、物证、视听资料、电子数据等证据；（四）咨询专业人员、相关部门或者行业协会等对专门问题的意见；（五）委托鉴定、评估、审计、检验、检测、翻译；（六）勘验物证、现场；（七）其他必要的调查方式。

人民检察院开展调查和收集证据不得采取限制人身自由或者查封、扣押、冻结财产等强制性措施。

第 36 条　人民检察院开展调查和收集证据，应当由 2 名以上检察人员共同进行。检察官可以组织司法警察、检察技术人员参加，必要时可以指派或者聘请其他具有专门知识的人参与。根据案件实际情况，也可以商请相关单位协助进行。

在调查收集证据过程中，检察人员可以依照有关规定使用执法记录仪、自动检测仪等办案设备和无人机航拍、卫星遥感等技术手段。

第 37 条　询问应当个别进行。检察人员在询问前应当出示工作证，询问过程中应当制作《询问笔录》。被询问人确认无误后，签名或者盖章。被询问人拒绝签名盖章的，应当在笔录上注明。

第 38 条　需要向有关单位或者个人调取物证、书证的，应当制作《调取证据通知书》和《调取证据清单》，持上述文书调取有关证据材料。

调取书证应当调取原件，调取原件确有困难或者因保密需要无法调取原件的，可以调取复制件。书证为复制件的，应当注明调取人、提供人、调取时间、证据出处和"本复制件与原件核对一致"等字样，并签字、盖章。书证页码较多的，加盖骑缝章。

调取物证应当调取原物，调取原物确有困难的，可以调取足以反映原物外形或者内容的照片、录像或者复制品等其他证据材料。

第 39 条　人民检察院应当收集提取视听资料、电子数据的原始存储介质，调取原始存储介质确有困难或者因保密需要无法调取的，可以调取复制件。调取复制件的，应当说明其来源和制作经过。

人民检察院自行收集提取视听资料、电子数据的，应当注明收集时间、地点、收集人员及其他需要说明的情况。

第 40 条　人民检察院可以就专门性问题书面或者口头咨询有关专业人员、相关部门或者行业协会的意见。

口头咨询的，应当制作笔录，由接受咨询的专业人员签名或者盖章。书面咨询的，应当由出具咨询意见的专业人员或者单位签名、盖章。

第 41 条　人民检察院对专门性问题认为确有必要鉴定、评估、审计、检验、检测、翻译的，可以委托具备资格的机构进行鉴定、评估、审计、检验、检测、翻译，委托时应当制作《委托鉴定（评估、审计、检验、检测、翻译）函》。

第42条　人民检察院认为确有必要的，可以勘验物证或者现场。

勘验应当在检察官的主持下，由两名以上检察人员进行，可以邀请见证人参加。必要时，可以指派或者聘请有专门知识的人进行。勘验情况和结果应当制作笔录，由参加勘验的人员、见证人签名或者盖章。

检察技术人员可以依照相关规定在勘验过程中进行取样并进行快速检测。

第43条　人民检察院办理公益诉讼案件，需要异地调查收集证据的，可以自行调查或者委托当地同级人民检察院进行。委托时应当出具委托书，载明需要调查的对象、事项及要求。受委托人民检察院应当在收到委托书之日起30日内完成调查，并将情况回复委托的人民检察院。

第44条　人民检察院可以依照规定组织听证，听取听证员、行政机关、违法行为人、行政相对人、受害人代表等相关各方意见，了解有关情况。

听证形成的书面材料是人民检察院依法办理公益诉讼案件的重要参考。

第45条　行政机关及其工作人员拒绝或者妨碍人民检察院调查收集证据的，人民检察院可以向同级人大常委会报告，向同级纪检监察机关通报，或者通过上级人民检察院向其上级主管机关通报。

第5节　提起诉讼

第46条　人民检察院对于符合起诉条件的公益诉讼案件，应当依法向人民法院提起诉讼。

人民检察院提起公益诉讼，应当向人民法院提交公益诉讼起诉书和相关证据材料。起诉书的主要内容包括：（一）公益诉讼起诉人；（二）被告的基本信息；（三）诉讼请求及所依据的事实和理由。

公益诉讼起诉书应当自送达人民法院之日起5日内报上一级人民检察院备案。

第47条　人民检察院办理行政公益诉讼案件，审查起诉期限为1个月，自检察建议整改期满之日起计算。

人民检察院办理民事公益诉讼案件，审查起诉期限为3个月，自公告期满之日起计算。

移送其他人民检察院起诉的，受移送的人民检察院审查起诉期限自收到案件之日起计算。

重大、疑难、复杂案件需要延长审查起诉期限的，……民事公益诉讼案件经检察长批准后可以延长1个月，还需要延长的，报上一级人民检察院批准。

第48条　人民检察院办理公益诉讼案件，委托鉴定、评估、审计、检验、检测、翻译期间不计入审查起诉期限。

第 6 节　出席第一审法庭

第 49 条　人民检察院提起公益诉讼的案件，应当派员出庭履行职责，参加相关诉讼活动。

人民检察院应当自收到人民法院出庭通知书之日起 3 日内向人民法院提交《派员出庭通知书》。《派员出庭通知书》应当写明出庭人员的姓名、法律职务以及出庭履行的职责。

人民检察院应当指派检察官出席第一审法庭，检察官助理可以协助检察官出庭，并根据需要配备书记员担任记录及其他辅助工作。涉及专门性、技术性问题，可以指派或者聘请有专门知识的人协助检察官出庭。

第 50 条　人民法院通知人民检察院派员参加证据交换、庭前会议的，由出席法庭的检察人员参加。人民检察院认为有必要的，可以商人民法院组织证据交换或者召开庭前会议。

第 51 条　出庭检察人员履行以下职责：（一）宣读公益诉讼起诉书；（二）对人民检察院调查收集的证据予以出示和说明，对相关证据进行质证；（三）参加法庭调查、进行辩论，并发表出庭意见；（四）依法从事其他诉讼活动。

第 52 条　出庭检察人员应当客观、全面地向法庭出示证据。根据庭审情况合理安排举证顺序，分组列举证据，可以使用多媒体等示证方式。质证应当围绕证据的真实性、合法性、关联性展开。

第 53 条　出庭检察人员向被告、证人、鉴定人、勘验人等发问应当遵循下列要求：（一）围绕案件基本事实和争议焦点进行发问；（二）与调查收集的证据相互支撑；（三）不得使用带有人身攻击或者威胁性的语言和方式。

第 54 条　出庭检察人员可以申请人民法院通知证人、鉴定人、有专门知识的人出庭作证或者提出意见。

第 55 条　出庭检察人员在法庭审理期间，发现需要补充调查的，可以在法庭休庭后进行补充调查。

第 56 条　出庭检察人员参加法庭辩论，应结合法庭调查情况，围绕双方在事实、证据、法律适用等方面的争议焦点发表辩论意见。

第 57 条　出庭检察人员应当结合庭审情况，客观公正发表出庭意见。

第 7 节　上诉

第 58 条　人民检察院应当在收到人民法院第一审公益诉讼判决书、裁定书后 3 日内报送上一级人民检察院备案。

人民检察院认为第一审公益诉讼判决、裁定确有错误的，应当提出上诉。

提出上诉的，由提起诉讼的人民检察院决定。上一级人民检察院应当同步审查进行指导。

第一编　第五章

第59条 人民检察院提出上诉的，应当制作公益诉讼上诉书。公益诉讼上诉书的主要内容包括：（一）公益诉讼上诉人；（二）被上诉人的基本情况；（三）原审人民法院名称、案件编号和案由；（四）上诉请求和事实理由。

第60条 人民检察院应当在上诉期限内通过原审人民法院向上一级人民法院提交公益诉讼上诉书，并将副本连同相关证据材料报送上一级人民检察院。

第61条 上一级人民检察院认为上诉不当的，应当指令下级人民检察院撤回上诉。

上一级人民检察院在上诉期限内，发现下级人民检察院应当上诉而没有提出上诉的，应当指令下级人民检察院依法提出上诉。

第62条 被告不服第一审公益诉讼判决、裁定上诉的，人民检察院应当在收到上诉状副本后3日内报送上一级人民检察院，提起诉讼的人民检察院和上一级人民检察院应当全面审查案卷材料。

第63条 人民法院决定开庭审理的上诉案件，提起诉讼的人民检察院和上一级人民检察院应当共同派员出席第二审法庭。

人民检察院应当在出席第二审法庭之前向人民法院提交《派员出庭通知书》，载明人民检察院出庭检察人员的姓名、法律职务以及出庭履行的职责等。

第8节 诉讼监督

第64条 最高人民检察院发现各级人民法院、上级人民检察院发现下级人民法院已经发生法律效力的公益诉讼判决、裁定确有错误，损害国家利益或者社会公共利益的，应当依法提出抗诉。

第65条 人民法院决定开庭审理的公益诉讼再审案件，与人民法院对应的同级人民检察院应当派员出席法庭。

第66条 人民检察院发现人民法院公益诉讼审判程序违反法律规定，或者审判人员有《中华人民共和国法官法》第46条规定的违法行为，可能影响案件公正审判、执行的，或者人民法院在公益诉讼案件判决生效后不依法移送执行或者执行活动违反法律规定的，应当依法向同级人民法院提出检察建议。

第3章 行政公益诉讼（略）

第4章 民事公益诉讼

第1节 立案与调查

第85条 人民检察院经过对民事公益诉讼线索进行评估，认为同时存在以下情形的，应当立案：（一）社会公共利益受到损害；（二）可能存在破坏生态环境和资源保护，食品药品安全领域侵害众多消费者合法权益，侵犯未成年人合法权益，侵害英雄烈士等的姓名、肖像、名誉、荣誉等损害社会公共利益的违法行为。

第86条 人民检察院立案后，应当调查以下事项：（一）违法行为人的基本情况；（二）违法行为人实施的损害社会公共利益的行为；（三）社会公共利益受到损害的类型、具体数额或者修复费用等；（四）违法行为与损害后果之间的因果关系；（五）违法行为人的主观过错情况；（六）违法行为人是否存在免除或者减轻责任的相关事实；（七）其他需要查明的事项。

对于污染环境、破坏生态等应当由违法行为人依法就其不承担责任或者减轻责任，及其行为与损害后果之间不存在因果关系承担举证责任的案件，可以重点调查（一）（二）（三）项以及违法行为与损害后果之间的关联性。

第87条　人民检察院办理涉及刑事犯罪的民事公益诉讼案件，在刑事案件的委托鉴定评估中，可以同步提出公益诉讼案件办理的鉴定评估需求。

第88条　刑事侦查中依法收集的证据材料，可以在基于同一违法事实提起的民事公益诉讼案件中作为证据使用。

第89条　调查结束，检察官应当制作《调查终结报告》，区分情况提出以下处理意见：（一）终结案件；（二）发布公告。

第90条　经调查，人民检察院发现存在以下情形之一的，应当终结案件：（一）不存在违法行为的；（二）生态环境损害赔偿权利人与赔偿义务人经磋商达成赔偿协议，或者已经提起生态环境损害赔偿诉讼的；（三）英雄烈士等的近亲属不同意人民检察院提起公益诉讼的；（四）其他适格主体依法向人民法院提起诉讼的；（五）社会公共利益已经得到有效保护的；（六）其他应当终结案件的情形。

有前款（二）（三）（四）项情形之一，人民检察院支持起诉的除外。

终结案件的，应当报请检察长决定，并制作《终结案件决定书》。

第2节　公告

第91条　经调查，人民检察院认为社会公共利益受到损害，存在违法行为的，应当依法发布公告。公告应当包括以下内容：（一）社会公共利益受到损害的事实；（二）告知适格主体可以向人民法院提起诉讼，符合启动生态环境损害赔偿程序条件的案件，告知赔偿权利人启动生态环境损害赔偿程序；（三）公告期限；（四）联系人、联系电话；（五）公告单位、日期。

公告应当在具有全国影响的媒体发布，公告期间为30日。

第92条　人民检察院办理侵害英雄烈士等的姓名、肖像、名誉、荣誉的民事公益诉讼案件，可以直接征询英雄烈士等的近亲属的意见。被侵害的英雄烈士等人数众多、难以确定近亲属，或者直接征询近亲属意见确有困难的，也可以通过公告的方式征询英雄烈士等的近亲属的意见。

第93条　发布公告后，人民检察院应当对赔偿权利人启动生态环境损害赔偿程序情况、适格主体起诉情况、英雄烈士等的近亲属提起民事诉讼情况，以及社会公共利益受到损害的情况跟进调查，收集相关证据材料。

第94条 经过跟进调查，检察官应当制作《审查终结报告》，区分情况提出以下处理意见：（一）终结案件；（二）提起民事公益诉讼；（三）移送其他人民检察院处理。

第95条 经审查，人民检察院发现有本规则第90条规定情形之一的，应当终结案件。

第3节 提起诉讼

第96条 有下列情形之一，社会公共利益仍然处于受损害状态的，人民检察院应当提起民事公益诉讼：（一）生态环境损害赔偿权利人未启动生态环境损害赔偿程序，或者经过磋商未达成一致，赔偿权利人又不提起诉讼的；（二）没有适格主体，或者公告期满后适格主体不提起诉讼的；（三）英雄烈士等没有近亲属，或者近亲属不提起诉讼的。

第97条 人民检察院在刑事案件提起公诉时，对破坏生态环境和资源保护，食品药品安全领域侵害众多消费者合法权益，侵犯未成年人合法权益，侵害英雄烈士等的姓名、肖像、名誉、荣誉等损害社会公共利益的违法行为，可以向人民法院提起刑事附带民事公益诉讼。

第98条 人民检察院可以向人民法院提出要求被告停止侵害、排除妨碍、消除危险、恢复原状、赔偿损失等诉讼请求。

针对不同领域案件，还可以提出以下诉讼请求：

（一）破坏生态环境和资源保护领域案件，可以提出要求被告以补植复绿、增殖放流、土地复垦等方式修复生态环境的诉讼请求，或者支付生态环境修复费用，赔偿生态环境受到损害至修复完成期间服务功能丧失造成的损失、生态环境功能永久性损害造成的损失等诉讼请求，被告违反法律规定故意污染环境、破坏生态造成严重后果的，可以提出惩罚性赔偿等诉讼请求；

（二）食品药品安全领域案件，可以提出要求被告召回并依法处置相关食品药品以及承担相关费用和惩罚性赔偿等诉讼请求；

（三）英雄烈士等的姓名、肖像、名誉、荣誉保护案件，可以提出要求被告消除影响、恢复名誉、赔礼道歉等诉讼请求。

人民检察院为诉讼支出的鉴定评估、专家咨询等费用，可以在起诉时一并提出由被告承担的诉讼请求。

第97条 民事公益诉讼案件可以依法在人民法院主持下进行调解。调解协议不得减免诉讼请求载明的民事责任，不得损害社会公共利益。

诉讼请求全部实现的，人民检察院可以撤回起诉。人民检察院决定撤回起诉的，应当经检察长决定后制作《撤回起诉决定书》，并在3日内提交人民法院。

第4节　支持起诉

第100条　下列案件，人民检察院可以支持起诉：（一）生态环境损害赔偿权利人提起的生态环境损害赔偿诉讼案件；（二）适格主体提起的民事公益诉讼案件；（三）英雄烈士等的近亲属提起的维护英雄烈士等的姓名、肖像、名誉、荣誉的民事诉讼案件；（四）军人和因公牺牲军人、病故军人遗属提起的侵害军人荣誉、名誉和其他相关合法权益的民事诉讼案件；（五）其他依法可以支持起诉的公益诉讼案件。

第101条　人民检察院可以采取提供法律咨询、向人民法院提交支持起诉意见书、协助调查取证、出席法庭等方式支持起诉。

第102条　人民检察院在向人民法院提交支持起诉意见书后，发现有以下不适合支持起诉情形的，可以撤回支持起诉：

（一）原告无正当理由变更、撤回部分诉讼请求，致使社会公共利益不能得到有效保护的；

（二）原告撤回起诉或者与被告达成和解协议，致使社会公共利益不能得到有效保护的；

（三）原告请求被告承担的律师费以及为诉讼支出的其他费用过高，对社会公共利益保护产生明显不利影响的；

（四）其他不适合支持起诉的情形。

人民检察院撤回支持起诉的，应当制作《撤回支持起诉决定书》，在3日内提交人民法院，并发送原告。

第103条　人民检察院撤回支持起诉后，认为适格主体提出的诉讼请求不足以保护社会公共利益，符合立案条件的，可以另行立案。

第5章　其他规定

第104条　办理公益诉讼案件的人民检察院对涉及法律适用、办案程序、司法政策等问题，可以依照有关规定向上级人民检察院请示。

第105条　本规则所涉及的法律文书格式，由最高人民检察院统一制定。

第106条　各级人民检察院办理公益诉讼案件，应当依照有关规定及时归档。

第107条　人民检察院提起公益诉讼，不需要交纳诉讼费用。

第6章　附　则

第108条　军事检察院等专门人民检察院办理公益诉讼案件，适用本规则和其他有关规定。

第109条　本规则所称检察官，包括检察长、副检察长、检察委员会委员、检察员。

本规则所称检察人员，包括检察官和检察辅助人员。

第一编　第五章

第110条 《中华人民共和国军人地位和权益保障法》《中华人民共和国安全生产法（2021修正）》等法律施行后，人民检察院办理公益诉讼案件的范围相应调整。

第111条 本规则未规定的其他事项，适用民事诉讼法、行政诉讼法及相关司法解释的规定。

【主席令［2021］88号】 中华人民共和国安全生产法（2002年6月29日全国人大常委会［9届28次］通过，2002年11月1日起施行；2021年6月10日全国人大常委会［13届29次］最新修订，2021年9月1日起施行）

第74条（第2款） 因安全生产违法行为造成重大事故隐患或者导致重大事故，致使国家利益或者社会公共利益受到侵害的，人民检察院可以根据民事诉讼法、行政诉讼法的相关规定提起公益诉讼。

【主席令［2021］91号】 中华人民共和国个人信息保护法（2021年8月20日全国人大常委会［13届30次］通过，2021年11月1日起施行）

第70条 个人信息处理者违反本法规定处理个人信息，侵害众多个人的权益的，人民检察院、法律规定的消费者组织由国家网信部门确定的组织可以依法向人民法院提起诉讼。

第73条 本法下列用语的含义：

（一）个人信息处理者，是指在个人信息处理活动中自主决定处理目的、处理方式的组织、个人。……

【法释［2021］15号】 最高人民法院关于审理使用人脸识别技术处理个人信息相关民事案件适用法律若干问题的规定（2021年6月8日最高法审委会［1841次］通过，2021年7月27日公布，2021年8月1日起施行）

第14条 信息处理者处理人脸信息的行为符合民事诉讼法第55条（现第58条）、消费者权益保护法第47条或者其他法律关于民事公益诉讼的相关规定，法律规定的机关和有关组织提起民事公益诉讼的，人民法院应予受理。

【法释［2021］17号】 最高人民法院关于审理食品药品纠纷案件适用法律若干问题的规定（"法释［2013］28号"公布，2014年3月15日起施行；根据法释［2020］17号《决定》修正，2021年1月1日起施行；2021年11月15日最高法审委会［1850次］修正，2021年11月18日公布，2021年12月1日起施行）（详见《民法典全厚细·侵权责任编》）

第17条（第2款） 法律规定的机关和有关组织依法提起公益诉讼的，参照适用本规定。

【法释〔2022〕11 号】　最高人民法院关于适用《中华人民共和国民事诉讼法》的解释（"法释〔2015〕5 号"公布，2015 年 2 月 4 日起施行；根据法释〔2020〕20 号《决定》修正，2021 年 1 月 1 日起施行；2022 年 3 月 22 日最高法审委会〔1866 次〕修正，2022 年 4 月 1 日公布，2022 年 4 月 10 日起施行；以本规为准）

第 282 条　环境保护法、消费者权益保护法等法律规定的机关和有关组织对污染环境、侵害众多消费者合法权益等损害社会公共利益的行为，根据民事诉讼法第 58 条规定提起公益诉讼，符合下列条件的，人民法院应当受理：（一）有明确的被告；（二）有具体的诉讼请求；（三）有社会公共利益受到损害的初步证据；（四）属于人民法院受理民事诉讼的范围和受诉人民法院管辖。

第 283 条　公益诉讼案件由侵权行为地或者被告住所地中级人民法院管辖，但法律、司法解释另有规定的除外。

因污染海洋环境提起的公益诉讼，由污染发生地、损害结果地或者采取预防污染措施地海事法院管辖。

对同一侵权行为分别向 2 个以上人民法院提起公益诉讼的，由最先立案的人民法院管辖，必要时由它们的共同上级人民法院指定管辖。

第 284 条　人民法院受理公益诉讼案件后，应当在 10 日内书面告知相关行政主管部门。

第 285 条　人民法院受理公益诉讼案件后，依法可以提起诉讼的其他机关和有关组织，可以在开庭前向人民法院申请参加诉讼。人民法院准许参加诉讼的，列为共同原告。

第 286 条　人民法院受理公益诉讼案件，不影响同一侵权行为的受害人根据民事诉讼法第 122 条规定提起诉讼。

第 287 条　对公益诉讼案件，当事人可以和解，人民法院可以调解。

当事人达成和解或者调解协议后，人民法院应当将和解或者调解协议进行公告。公告期间不得少于 30 日。

公告期满后，人民法院经审查，和解或者调解协议不违反社会公共利益的，应当出具调解书；和解或者调解协议违反社会公共利益的，不予出具调解书，继续对案件进行审理并依法作出裁判。

第 288 条　公益诉讼案件的原告在法庭辩论终结后申请撤诉的，人民法院不予准许。

第 289 条　公益诉讼案件的裁判发生法律效力后，其他依法具有原告资格的机关和有关组织就同一侵权行为另行提起公益诉讼的，人民法院裁定不予受理，但法律、司法解释另有规定的除外。

【**法释〔2022〕15 号**】 **最高人民法院、最高人民检察院关于办理海洋自然资源与生态环境公益诉讼案件若干问题的规定**（2021 年 12 月 27 日最高法审委会〔1858 次〕、2022 年 3 月 16 日最高检检委会〔13 届 93 次〕通过，2022 年 5 月 10 日公布，2022 年 5 月 15 日起施行）

第 1 条 本规定适用于损害行为发生地、损害结果地或者采取预防措施地在海洋环境保护法第 2 条第 1 款规定的海域内，因破坏海洋生态、海洋水产资源、海洋保护区而提起的民事公益诉讼、刑事附带民事公益诉讼和行政公益诉讼。

第 2 条 依据海洋环境保护法第 89 条第 2 款规定，对破坏海洋生态、海洋水产资源、海洋保护区，给国家造成重大损失的，应当由依照海洋环境保护法规定行使海洋环境监督管理权的部门，在有管辖权的海事法院对侵权人提起海洋自然资源与生态环境损害赔偿诉讼。

有关部门根据职能分工提起海洋自然资源与生态环境损害赔偿诉讼的，人民检察院可以支持起诉。

第 3 条 人民检察院在履行职责中发现破坏海洋生态、海洋水产资源、海洋保护区的行为，可以告知行使海洋环境监督管理权的部门依据本规定第 2 条提起诉讼。在有关部门仍不提起诉讼的情况下，人民检察院就海洋自然资源与生态环境损害，向有管辖权的海事法院提起民事公益诉讼的，海事法院应予受理。

第 4 条 破坏海洋生态、海洋水产资源、海洋保护区，涉嫌犯罪的，在行使海洋环境监督管理权的部门没有另行提起海洋自然资源与生态环境损害赔偿诉讼的情况下，人民检察院可以在提起刑事公诉时一并提起附带民事公益诉讼，也可以单独提起民事公益诉讼。

第 5 条 人民检察院在履行职责中发现对破坏海洋生态、海洋水产资源、海洋保护区的行为负有监督管理职责的部门违法行使职权或者不作为，致使国家利益或者社会公共利益受到侵害的，应当向有关部门提出检察建议，督促其依法履行职责。

有关部门不依法履行职责的，人民检察院依法向被诉行政机关所在地的海事法院提起行政公益诉讼。

【**环法规〔2022〕31 号**】 **生态环境损害赔偿管理规定**（中央全面深改委审议通过，生态环境部、最高法、最高检、科技部、公安部、司法部、财政部、自然资源部、住建部、水利部、农业农村部、卫健委、市监总局、林草局 2022 年 4 月 26 日印发）

第 4 条 本规定所称生态环境损害，是指因污染环境、破坏生态造成大气、地表水、地下水、土壤、森林等环境要素和植物、动物、微生物等生物要素的不利改变，以及上述要素构成的生态系统功能退化。

违反国家规定造成生态环境损害的，按照《生态环境损害赔偿制度改革方案》和本规定要求，依法追究生态环境损害赔偿责任。

以下情形不适用本规定：（一）涉及人身伤害、个人和集体财产损失要求赔偿的，适用《中华人民共和国民法典》等法律有关侵权责任的规定；（二）涉及海洋生态环境损害赔偿的，适用海洋环境保护法等法律及相关规定。

第5条　生态环境损害赔偿范围包括：（一）生态环境受到损害至修复完成期间服务功能丧失导致的损失；（二）生态环境功能永久性损害造成的损失；（三）生态环境损害调查、鉴定评估等费用；（四）清除污染、修复生态环境费用；（五）防止损害的发生和扩大所支出的合理费用。

第16条　在全国有重大影响或者生态环境损害范围在省域内跨市地的案件由省级政府管辖；省域内其他案件管辖由省级政府确定。

生态环境损害范围跨省域的，由损害地相关省级政府共同管辖。相关省级政府应加强沟通联系，协商开展赔偿工作。

第17条　赔偿权利人及其指定的部门或机构在发现或者接到生态环境损害赔偿案件线索后，应当在30日内就是否造成生态环境损害进行初步核查。对已造成生态环境损害的，应当及时立案启动索赔程序。

第18条　经核查，存在以下情形之一的，赔偿权利人及其指定的部门或机构可以不启动索赔程序：（一）赔偿义务人已经履行赔偿义务的；（二）人民法院已就同一生态环境损害形成生效裁判文书，赔偿权利人的索赔请求已被得到支持的诉讼请求所全部涵盖的；（三）环境污染或者生态破坏行为造成的生态环境损害显著轻微，且不需要赔偿的；（四）承担赔偿义务的法人终止、非法人组织解散或者自然人死亡，且无财产可供执行的；（五）赔偿义务人依法持证排污，符合国家规定的；（六）其他可以不启动索赔程序的情形。

赔偿权利人及其指定的部门或机构在启动索赔程序后，发现存在以上情形之一的，可以终止索赔程序。

第21条　赔偿权利人及其指定的部门或机构应当在合理期限内制作生态环境损害索磋商告知书，并送达赔偿义务人。

赔偿义务人收到磋商告知书后在答复期限内表示同意磋商的，赔偿权利人及其指定的部门或机构应当及时召开磋商会议。

第22条　赔偿权利人及其指定的部门或机构，应当就修复方案、修复启动时间和期限、赔偿的责任承担方式和期限等具体问题与赔偿义务人进行磋商。磋商依据鉴定意见、鉴定评估报告或者专家意见开展，防止久磋不决。

磋商过程中，应当充分考虑修复方案可行性和科学性、成本效益优化、赔偿义务人赔偿能力、社会第三方治理可行性等因素。磋商过程应当依法公开透明。

第 23 条　经磋商达成一致意见的，赔偿权利人及其指定的部门或机构，应当与赔偿义务人签署生态环境损害赔偿协议。

第 24 条　赔偿权利人及其指定的部门或机构和赔偿义务人，可以就赔偿协议向有管辖权的人民法院申请司法确认。

对生效判决和经司法确认的赔偿协议，赔偿义务人不履行或不完全履行的，赔偿权利人及其指定的部门或机构可以向人民法院申请强制执行。

第 25 条　对未经司法确认的赔偿协议，赔偿义务人不履行或者不完全履行的，赔偿权利人及其指定的部门或机构，可以向人民法院提起诉讼。

第 26 条　磋商未达成一致的，赔偿权利人及其指定的部门或机构，应当及时向人民法院提起诉讼。

第 27 条　赔偿权利人及其指定的部门或机构，应当组织对受损生态环境修复的效果进行评估，确保生态环境得到及时有效修复。

修复效果未达到赔偿协议或者生效判决规定修复目标的，赔偿权利人及其指定的部门或机构，应当要求赔偿义务人继续开展修复，直至达到赔偿协议或者生效判决的要求。

【主席令［2022］116 号】　中华人民共和国反垄断法（2007 年 8 月 30 日主席令第 68 号公布，2008 年 8 月 1 日起施行；2022 年 6 月 24 日全国人大常委会［13 届 35 次］修订，2022 年 8 月 1 日起施行）

第 60 条（第 2 款）　经营者实施垄断行为，损害社会公共利益的，设区的市级以上人民检察院可以依法向人民法院提起民事公益诉讼。

【主席令［2022］120 号】　中华人民共和国农产品质量安全法（2022 年 9 月 2 日全国人大常委会［13 届 36 次］修订，2023 年 1 月 1 日起施行）

第 79 条（第 2 款）　食用农产品生产经营者违反本法规定，污染环境、侵害众多消费者合法权益，损害社会公共利益的，人民检察院可以依照《中华人民共和国民事诉讼法》、《中华人民共和国行政诉讼法》等法律的规定向人民法院提起诉讼。

【主席令［2022］122 号】　中华人民共和国妇女权益保障法（2022 年 10 月 30 日全国人大常委会［13 届 37 次］修订，2023 年 1 月 1 日起施行）

第 73 条（第 2 款）　受害妇女进行诉讼需要帮助的，妇女联合会应当给予支持和帮助。

第 77 条　侵害妇女合法权益，导致社会公共利益受损的，检察机关可以发出检察建议；有下列情形之一的，检察机关可以依法提起公益诉讼：（一）确认农村妇女集体经济组织成员身份时侵害妇女权益或者侵害妇女享有的农村土地承包和集体收益、土地征收征用补偿分配权益和宅基地使用权益①；（二）侵害妇女平等就业权益；（三）相关单位未采取合理措施预防和制止性骚扰；（四）通过大众传播媒介或者其他方式贬低损害妇女人格；（五）其他严重侵害妇女权益的情形。

第78条　国家机关、社会团体、企业事业单位对侵害妇女权益的行为，可以支持受侵害的妇女向人民法院起诉。

【**主席令〔2023〕6号**】　**中华人民共和国无障碍环境建设法**（2023年6月28日全国人大常委会〔14届3次〕通过，2023年9月1日起施行）

第63条　对违反本法规定损害社会公共利益的行为，人民检察院可以提出检察建议或者提起公益诉讼。

【**主席令〔2023〕12号**】　**中华人民共和国海洋环境保护法**（2023年10月24日全国人大常委会〔14届6次〕第2次修订，2024年1月1日起施行）

第114条（第2款）　对污染海洋环境、破坏海洋生态，给国家造成重大损失的，由依照本法规定行使海洋环境监督管理权的部门代表国家对责任者提出损害赔偿要求。

（第3款）　前款规定的部门不提起诉讼的，人民检察院可以向人民法院提起诉讼。前款规定的部门提起诉讼的，人民检察院可以支持起诉。

【**高检发办字〔2023〕49号**】　**人民检察院办理知识产权案件工作指引**（2023年4月25日印发施行）

第28条　知识产权权益受到侵害的当事人，经有关行政机关、社会组织等依法履职后合法权益仍未能得到维护，具有起诉维权意愿，但因诉讼能力较弱提起诉讼确有困难等情形的，人民检察院可以支持起诉。

第40条　人民检察院在履行职责中发现负有知识产权监督管理职责的行政机关违法行使职权或者不作为，致使国家利益或者社会公共利益受到侵害的，应当向行政机关提出检察建议，督促其依法履行职责。行政机关不依法履行职责的，人民检察院可以依法向人民法院提起行政公益诉讼。

第41条　人民检察院在履行职责中发现涉及知识产权领域损害社会公共利益

---

①　修订前的本法第55条规定：违反本法规定，以妇女未婚、结婚、离婚、丧偶等为由，侵害妇女在农村集体经济组织中的各项权益的，或者因结婚男方到女方住所落户，侵害男方和子女享有与所在地农村集体经济组织成员平等权益的，由乡镇人民政府依法调解；受害人也可以依法向农村土地承包仲裁机构申请仲裁，或者向人民法院起诉，人民法院应当依法受理。

的行为，可以依法向人民法院提起民事公益诉讼。

第42条 对于适格主体提起的知识产权民事公益诉讼案件，人民检察院可以采取提供法律咨询、向人民法院提交支持起诉意见书、协助调查取证、出席法庭等方式支持起诉。

第43条 人民检察院在办理知识产权刑事、民事、行政案件过程中，应当注重发现知识产权公益诉讼案件线索，并及时将有关材料移送负责知识产权公益诉讼检察的部门或者办案组织办理。

【高检发［2023］4号】 最高人民法院、最高人民检察院、公安部、司法部关于办理性侵害未成年人刑事案件的意见（2023年5月24日印发，2023年6月1日起施行）（详见《刑法全厚细》第236条）

第4条（第2款） 人民检察院依法对涉及性侵害未成年人的诉讼活动等进行监督，发现违法情形的，应当及时提出监督意见。发现未成年人合法权益受到侵犯，涉及公共利益的，应当依法提起公益诉讼。

【法释［2023］4号】 最高人民法院关于具有专门知识的人民陪审员参加环境资源案件审理的若干规定（2023年4月17日最高法审委会［1885次］通过，2023年7月27日公布，2023年8月1日起施行）（详见《刑事诉讼法全厚细》第13条）

第8条 中级人民法院审理的环境民事公益诉讼案件、环境行政公益诉讼案件、生态环境损害赔偿诉讼案件以及其他具有重大社会影响的环境污染防治、生态保护、气候变化应对、资源开发利用、生态环境治理与服务等案件，需要具有专门知识的人民陪审员参加合议庭审理的，组成不少于1名具有专门知识的人民陪审员参加的7人合议庭。

【法释［2023］5号】 最高人民法院关于审理生态环境侵权责任纠纷案件适用法律若干问题的解释（2023年6月5日最高法审委会［1890次］通过，2023年8月14日公布，2023年9月1日起施行；法释［2015］12号《最高人民法院关于审理环境侵权责任纠纷案件适用法律若干问题的解释》同时废止）

第1条 侵权人因实施下列污染环境、破坏生态行为造成他人人身、财产损害，被侵权人请求侵权人承担生态环境侵权责任的，人民法院应予支持：（一）排放废气、废水、废渣、医疗废物、粉尘、恶臭气体、放射性物质等污染环境的；（二）排放噪声、振动、光辐射、电磁辐射等污染环境的；（三）不合理开发利用自然资源的；（四）违反国家规定，未经批准，擅自引进、释放、丢弃外来物种的；（五）其他污染环境、破坏生态的行为。

第2条 因下列污染环境、破坏生态引发的民事纠纷，不作为生态环境侵权案件处理：（一）未经由大气、水、土壤等生态环境介质，直接造成损害的；（二）在室内、车内等封闭空间内造成损害的；（三）不动产权利人在日常生活中造成相邻不动产权利人损害的；（四）劳动者在职业活动中受到损害的。

前款规定的情形，依照相关法律规定确定民事责任。

第3条　不动产权利人因经营活动污染环境、破坏生态造成相邻不动产权利人损害，被侵权人请求其承担生态环境侵权责任的，人民法院应予支持。

第4条　污染环境、破坏生态造成他人损害，行为人不论有无过错，都应当承担侵权责任。

行为人以外的其他责任人对损害发生有过错的，应当承担侵权责任。

第12条　排污单位将所属的环保设施委托第三方治理机构运营，第三方治理机构在合同履行过程中污染环境造成他人损害，被侵权人请求排污单位承担侵权责任的，人民法院应予支持。

排污单位依照前款规定承担责任后向有过错的第三方治理机构追偿的，人民法院应予支持。

第13条　排污单位将污染物交由第三方治理机构集中处置，第三方治理机构在合同履行过程中污染环境造成他人损害，被侵权人请求第三方治理机构承担侵权责任的，人民法院应予支持。

排污单位在选任、指示第三方治理机构中有过错，被侵权人请求排污单位承担相应责任的，人民法院应予支持。

第17条　依照法律规定应当履行生态环境风险管控和修复义务的民事主体，未履行法定义务造成他人损害，被侵权人请求其承担相应责任的，人民法院应予支持。

第17条　因第三人的过错污染环境、破坏生态造成他人损害，被侵权人请求侵权人或者第三人承担责任的，人民法院应予支持。

侵权人以损害是由第三人过错造成的为由，主张不承担责任或者减轻责任的，人民法院不予支持。

第23条　因污染环境、破坏生态影响他人取水、捕捞、狩猎、采集等日常生活并造成经济损失，同时符合下列情形，请求人主张行为人承担责任的，人民法院应予支持：（一）请求人的活动位于或者接近生态环境受损区域；（二）请求人的活动依赖受损害生态环境；（三）请求人的活动不具有可替代性或者替代成本过高；（四）请求人的活动具有稳定性和公开性。

根据国家规定须经相关行政主管部门许可的活动，请求人在污染环境、破坏生态发生时未取得许可的，人民法院对其请求不予支持。

【法释［2023］6号】 **最高人民法院关于生态环境侵权民事诉讼证据的若干规定**（2023年4月17日最高法审委会［1885次］通过，2023年8月14日公布，2023年9月1日起施行；以本规为准）

第1条 人民法院审理环境污染责任纠纷案件、生态破坏责任纠纷案件和生态环境保护民事公益诉讼案件，适用本规定。

生态环境保护民事公益诉讼案件，包括环境污染民事公益诉讼案件、生态破坏民事公益诉讼案件和生态环境损害赔偿诉讼案件。

第30条 在环境污染责任纠纷、生态破坏责任纠纷案件中，损害事实成立，但人身、财产损害赔偿数额难以确定的，人民法院可以结合侵权行为对原告造成损害的程度、被告因侵权行为获得的利益以及过错程度等因素，并可以参考负有环境资源保护监督管理职责的部门的意见等，合理确定。

第31条 在生态环境保护民事公益诉讼案件中，损害事实成立，但生态环境修复费用、生态环境受到损害至修复完成期间服务功能丧失导致的损失、生态环境功能永久性损害造成的损失等数额难以确定的，人民法院可以根据污染环境、破坏生态的范围和程度等已查明的案件事实，结合生态环境及其要素的稀缺性、生态环境恢复的难易程度、防治污染设备的运行成本、被告因侵权行为获得的利益以及过错程度等因素，并可以参考负有环境资源保护监督管理职责的部门的意见等，合理确定。

第32条 本规定未作规定的，适用《最高人民法院关于民事诉讼证据的若干规定》。

第33条 人民法院审理人民检察院提起的环境污染民事公益诉讼案件、生态破坏民事公益诉讼案件，参照适用本规定。

【法发［2023］14号】 **最高人民法院、最高人民检察院、公安部关于依法惩治网络暴力违法犯罪的指导意见**（2023年9月20日）

16. 依法提起公益诉讼。网络暴力行为损害社会公共利益的，人民检察院可以依法向人民法院提起公益诉讼。

网络服务提供者对于所发现的网络暴力信息不依法履行信息网络安全管理义务，致使违法信息大量传播或者有其他严重情节，损害社会公共利益的，人民检察院可以依法向人民法院提起公益诉讼。

人民检察院办理网络暴力治理领域公益诉讼案件，可以依法要求网络服务提供者提供必要的技术支持和协助。

17. 有效保障受害人权益。……针对相关网络暴力信息传播范围广、社会危害大、影响消除难的现实情况，要依法及时向社会发布案件进展信息，澄清事实真相，有效消除不良影响。……

【法刊文摘】　检答网集萃 105：环保技术升级改造是否属于替代性修复方式（来自最高人民检察院网①）

咨询内容（湖北省检察院武汉铁路运输分院夏星）：环境民事公益诉讼中，被告以自身环保技术升级改造费用替代环境污染生态环境服务功能损失赔偿费用是否合理？环保技术升级改造是否属于替代性修复方式之一？

解答摘要（湖北省检察院郑波）：服务功能损失，又称过渡期间损失或期间损害，是指在生态环境损害开始到修复完成期间，生态环境服务功能包括供给服务（如提供食物和水）、调节服务（如调节气候、控制洪水和疾病）、文化服务（如精神、娱乐收益）以及支持服务（如维系地球生命环境的养分循环）全部丧失或者部分丧失。环保技术升级改造是否属于替代性修复方式，相关企业以自身环保技术升级改造费用是否能够替代环境污染生态环境服务功能损失赔偿费用，目前尚存争议。个人认为，只有在企业已完全履行法律对其设定的强制性环境保护义务的基础上，投入资金进行技术改造，进一步减少污染物排放、降低环境风险、改善环境质量的，才能进行抵扣。

【法发［2024］7 号】　最高人民法院关于全面加强未成年人司法保护及犯罪防治工作的意见（2024 年 5 月 30 日发布并实施）

28. 建立公益诉讼衔接机制。人民法院发现未成年人合法权益受到侵犯，涉及公共利益的，可以将线索移送检察机关。应当注意发现涉案未成年人食品、玩具、用品等是否危害不特定多数未成年人身心健康，全面审查涉案网络游戏、网络直播、网络音视频、网络社交、网站等网络技术、产品和服务以及图书、广播电视、影视传媒等是否含有危害未成年人身心健康的信息，对未成年人保护负有监督管理职责的行政机关是否存在不作为、乱作为等损害未成年人公共利益的情形。

【法刊文摘】　法答网精选答问（第 5 批）（人民法院报 2024 年 5 月 30 日第 7 版）

问题 4（江西省高级人民法院环境资源审判庭张满洋）：环境民事公益诉讼中，替代性修复责任如何统一适用标准？

答疑摘要（最高人民法院环资庭刘慧慧）：生态环境修复责任的履行，一般应当采用直接修复的方式。如果确实无法直接修复，可以充分考虑在经济性、行为相当性和自愿性的基础上，依据修复对象的不同，采取替代性修复的方式。替

---

① 载中华人民共和国最高人民检察院网，https://www.spp.gov.cn/spp/zhuanlan/202305/t20230505_ 633159.shtml，最后访问日期：2024 年 6 月 29 日。

代性修复方式包括同地区异地点、同功能异种类、同质量异数量、同价值异等级等可以使生态环境恢复到受损害之前的功能、质量和价值的情形。例如，鉴定机构出具专业意见建议采取在受损区域异位恢复与受损生态环境基线同等类型和质量的生境并补偿期间损失的修复。又如，针对珍贵、濒危动植物物种的侵害，明显无法直接恢复的，则需要综合考量物种生态价值和生态功能，从有利于提升受损区域整体保护效果，能够实现受损区域保护目标的角度，确定修复方式。

【法释〔2024〕6号】 最高人民法院关于审理垄断民事纠纷案件适用法律若干问题的解释（2024年2月4日最高法审委会〔1915次〕通过，2024年6月24日公布，2024年7月1日起施行；法释〔2012〕5号《关于审理因垄断行为引发的民事纠纷案件应用法律若干问题的规定》同时废止）

第12条 经营者实施垄断行为损害社会公共利益，设区的市级以上人民检察院依法提起民事公益诉讼的，适用与公益诉讼有关的法律和司法解释的规定，但本解释另有规定的除外。

（相关资料）

【环办〔2014〕90号】 环境损害鉴定评估推荐方法（第Ⅱ版）（环境保护部办公厅2014年10月24日印发，替代《环境污染损害数额计算推荐方法（第Ⅰ版）》）

2 适用范围

本方法适用于因污染环境或破坏生态行为（包括突发环境事件）导致人身、财产、生态环境损害、应急处置费用和其他事务性费用的鉴定评估。不适用于因核与辐射所致环境损害的鉴定评估。突发环境事件应急处置阶段环境损害评估适用《突发环境事件应急处置阶段环境损害评估技术规范》（即《……推荐方法》，见"环办〔2014〕118号"）。

4 术语和定义

下列术语和定义适用于本方法。

4.1 环境损害指因污染环境或破坏生态行为导致人体健康、财产价值或生态环境及其生态系统服务的可观察的或可测量的不利改变。

4.3 人身损害指因污染环境行为导致人的生命、健康、身体遭受侵害，造成人体疾病、伤残、死亡或精神状态的可观察的或可测量的不利改变。

4.4 财产损害指因污染环境或破坏生态行为直接造成的财产损毁或价值减少，以及为保护财产免受损失而支出的必要的、合理的费用。

4.5 生态环境损害指由于污染环境或破坏生态行为直接或间接地导致生态环境的物理、化学或生物特性的可观察的或可测量的不利改变，以及提供生态系统服务能力的破坏或损伤。

4.6   应急处置费用指突发环境事件应急处置期间,为减轻或消除对公众健康、公私财产和生态环境造成的危害,各级政府与相关单位针对可能或已经发生的突发环境事件而采取的行动和措施所发生的费用。

附录 A:(资料性附录)常用的环境价值评估方法

A.2.3   虚拟治理成本法(见指导案例"检例第28号")

虚拟治理成本是按照现行的治理技术和水平治理排放到环境中的污染物所需要的支出。虚拟治理成本法适用于环境污染所致生态环境损害无法通过恢复工程完全恢复、恢复成本远远大于其收益或缺乏生态环境损害恢复评价指标的情形。虚拟治理成本法的具体计算方法见《突发环境事件应急处置阶段环境损害评估技术规范》。

A.4.1   条件价值法(见指导案例"检例第114号")

条件价值法也叫做权变评价法或或然估计法,条件价值评估法用调查技术直接询问人们的环境偏好。当缺乏真实的市场数据,甚至也无法通过间接的观察市场行为来赋予环境资源价值时,通常采用条件价值评估(CVM)技术。该技术特别适用于选择价值占有较大比重的独特景观、文物古迹等生态系统服务价值评估。

【环办〔2014〕118号】   突发环境事件应急处置阶段环境损害评估推荐方法(环境保护部办公厅2014年12月31日)①

9.   损害量化

对突发环境事件应急处置阶段可量化的应急处置费用、人身损害、财产损害等各类直接经济损失进行计算;对突发环境事件发生后短期内可量化的生态环境损害进行货币化;对生态功能丧失程度进行判断。

9.1   应急处置费用

应急处置费用包括应急处置阶段各级政府与相关单位为预防或者减少突发环境事件造成的各类损害支出的污染控制、污染清理、应急监测、人员转移安置等费用。应急处置费用按照直接市场价值法评估。下面列举几项常见的费用计算方法。

9.1.1   污染控制费用

污染控制包括从源头控制或减少污染物的排放,以及为防止污染物继续扩散而采取的措施,如投加药剂、筑坝截污等。见公式(1):

---

①   注:本《推荐方法》在《环境损害鉴定评估推荐方法(第Ⅱ版)》中称为《……技术规范》。

第一编　第五章

污染控制费用＝材料和药剂费+设备或房屋租赁费+行政支出费用+应急设备维修或重置费用+专家技术咨询费　　　　　　　　　　　　　　　(1)

其中，行政支出费用指在应急处置过程中发生的餐费、人员费、交通费、印刷费、通讯费、水电费以及必要的防护费用等；应急设备维修或重置费用指在应急处置过程中应急设备损坏后发生的维修成本或重置成本。其中维修成本按实际发生的维修费用计算。重置成本的计算见公式（2）和公式（3）：

重置成本＝重置价值（元）×（1-年均折旧率%×已使用年限）×损坏率　　(2)

其中：年均折旧率＝（1-预计净残值率）×100%/总使用年限　　　　　(3)

重置价值指重新购买设备的费用。

9.1.2 污染清理费用

污染清理费用指对污染物进行清除、处理和处置的应急处置措施，包括清除、处理和处置被污染的环境介质与污染物以及回收应急物资等产生的费用。计算项目与方法参见 9.1.1 节。

9.1.3 应急监测费用

应急监测费用指在突发环境事件应急处置期间，为发现和查明环境污染情况和污染损害范围而进行的采样、监测与检测分析活动所发生的费用。可以按照以下 2 种方法计算：

方法 1：按照应急监测发生的费用项计算，具体费用项以及计算方法参见 9.1.1 节。

方法 2：按照事件发生所在地区物价部门核定的环境监测、卫生疾控、农林渔业等部门监测项目收费标准和相关规定计算费用，见公式（4）：

应急监测费用＝样品数量（单样/项）×样品检测单价+样品数量（点/个/项）×样品采样单价+交通运输等其它费用　　　　　　　　　　　　　　(4)

9.1.4 人员转移安置费用

人员转移安置费用指应急处置阶段，对受影响和威胁的人员进行疏散、转移和安置所发生的费用。计算项目与方法参见 9.1.1 节。

9.2 人身损害

人身损害包括：a) 个体死亡；b) 按照《人体损伤残疾程度鉴定标准》明确诊断为伤残；c) 临床检查可见特异性或严重的非特异性临床症状或体征、生化指标或物理检查结果异常，按照《疾病和有关健康问题的国际统计分类》（ICD-10）明确诊断为某种或多种疾病；d) 虽未确定为死亡、伤残或疾病，为预防人体出现不可逆转的器质性或功能性损伤而必须采取临床治疗或行为干预。

9.2.1 人身损害计算范围

a) 就医治疗支出的各项费用以及因误工减少的收入，包括医疗费、误工费、护理费、交通费、住宿费、住院伙食补助费、必要的营养费。

b）致残的，还应当增加生活上需要支出的必要费用以及因丧失劳动能力导致的收入损失，包括残疾赔偿金、残疾辅助器具费、被扶养人生活费，以及因康复护理、继续治疗实际发生必要的康复费、护理费、后续治疗费。

c）致死的，还应当包括丧葬费、被抚养人生活费、死亡补偿费以及受害人亲属办理丧葬事宜支出的交通费、住宿费和误工损失等其他合理费用。

9.2.2　人身损害计算方法

人身损害中医疗费、误工费、护理费、交通费、住宿费、住院伙食补助费、营养费、残疾赔偿金、残疾辅助器具费、被抚养人生活费、丧葬费、死亡补偿费等费用的计算可以参考《最高人民法院关于审理人身损害赔偿案件适用法律若干问题的解释》。

9.3　财产损害

本推荐方法列举几项突发环境事件常见的财产损害评估方法，其他参照执行。常见的财产损害有固定资产损害、流动资产损害、农产品损害、林产品损害以及清除污染的额外支出等。

9.3.1　固定资产损害

指突发环境事件造成单位或个人的设备等固定资产由于受到污染而损毁，如管道或设备受到腐蚀无法正常运行等情况，此类财产损害可按照修复费用法或重置成本法计算，具体计算方法参见 9.1.1 节中应急设备维修或重置费用的计算方法。

9.3.2　流动资产损害

指生产经营过程中参加循环周转，不断改变其形态的资产，如原料、材料、燃料、在制品、半成品、成品等的经济损失。在计算中，按不同流动资产种类分别计算，并汇总，见公式（5）。

$$流动资产损失 = 流动资产数量 \times 购置时价格 - 残值 \tag{5}$$

上式中，残值指财产损坏后的残存价值，应由专业技术人员或专业资产评估机构进行定价评估。

9.3.3　农产品损害

指突发环境事件导致的农产品产量损失和农产品质量经济损失，可以参考《农业环境污染事故司法鉴定经济损失估算实施规范》（SF/Z JD0601001）、《渔业污染事故经济损失计算方法》（GB/T 21678）和《农业环境污染事故损失评价技术准则》（NY/T 1263）等技术规范计算。

9.3.4　林产品损害

指由于突发环境事件造成的林产品和树木的损毁或价值减少，林产品和树木损毁的损失利用直接市场价值法计算。评估方法参见 9.3.3 节中农产品财产损害计算方法。

9.3.5 清除污染的额外支出

指个人或单位为防止财产继续暴露于污染环境中导致损失进一步扩大而支出的污染物清理或清除费用，如清理受污染财产的费用、生产企业额外支出的污染治理费用等。计算项目与方法参见 9.1.1 节。

9.4 生态环境损害

9.4.1 生态功能丧失程度的判断

生态环境损害按照生态功能丧失程度进行判断，具体划分标准如表 1 所示。

表 1　影响区域生态功能丧失程度划分标准

具体指标	全部丧失	部分丧失
污染物在环境介质中浓度	环境介质中的污染物浓度水平较高，且预计较长时间内难以恢复至基线浓度水平	环境介质中的污染物浓度水平较高，且预计 1 年内难以恢复至基线浓度水平
优势物种死亡率	≥50%	<50%
生态群落结构	发生永久改变	发生改变，需要 1 年以上的恢复时间
休闲娱乐服务功能	旅游人数与往年同期或事件发生前相比下降 80% 以上，且预计较长时间内难以恢复原有水平	旅游人数与往年同期或事件发生前相比下降 50% ～ 80%，且预计在 1 年内难以恢复原有水平

9.4.2 生态环境损害量化计算方法

突发环境事件发生后，如果环境介质（水、空气、土壤、沉积物等）中的污染物浓度在两周内恢复至基线水平，环境介质中的生物种类和丰度未观测到明显改变，可以参考 HJ627-2011 中的评估方法或附 F 的虚拟治理成本法进行计算，计算出的生态环境损害，可作为生态环境损害赔偿的依据，不计入直接经济损失。

突发环境事件发生后，如果需要对生态环境进行修复或恢复，且修复或恢复方案在开展应急处置阶段的环境损害评估规定期限内可以完成，则根据生态环境的修复或恢复方案实施费用计算生态环境损害，根据修复或恢复费用计算得到的生态环境损害计入直接经济损失，具体的计算方法参见《环境损害鉴定评估推荐方法（第 II 版）》。

10. 判断是否启动中长期损害评估

10.1　人身损害中长期评估判定原则

发生下列情形之一的，需开展人身损害的中长期评估：a) 已发生的污染物暴露对人体健康可能存在长期的、潜伏性的影响；b) 突发环境事件与人身损害间的因果关系在短期内难以判定；c) 应急处置行动结束后，环境介质中的污染物浓度水平对公众健康的潜在威胁无法在短期内完全消除，需要对周围的敏感人群采取搬迁等防护措施的；d) 人身损害的受影响人群较多，在突发环境事件应急处置阶段的环境损害评估规定期限内难以完成评估的。

10.2　财产损害中长期评估判定原则

发生下列情形之一的，需开展财产损害的中长期评估：a) 已发生的污染物暴露对财产有可能存在长期的和潜伏性的影响；b) 突发环境事件与财产损害间的因果关系在短期内难以判定；c) 应急处置行动结束后，环境介质中的污染物浓度水平对财产的潜在威胁没有完全消除，需要采取进一步的防护措施的；d) 财产损害的受影响范围较大，在突发环境事件应急处置阶段的环境损害评估规定的期限内难以完成评估的。

10.3　生态环境损害中长期评估判定原则

发生下列情形之一的，需开展生态环境损害的中长期评估：

a) 应急处置行动结束后，环境介质中的污染物的浓度水平超过了基线水平并在 1 年内难以恢复至基线水平，具体原则参见附 G.1；

b) 应急处置行动结束后，环境介质中的污染物的浓度水平或应急处置行动产生二次污染对公众健康或生态环境构成的潜在威胁没有完全消除，具体原则参见附 G.2 与 G.3。

12. 附则

a) 本推荐方法所指的直接经济损失不包括环境损害评估费用。

b) 污染物排放、倾倒或泄漏不构成突发环境事件，没有造成中长期环境损害的情形也可以参照本推荐方法进行评估。

c) 应急处置结束后，在短期内可量化的收集污染物的处理和处置费用纳入应急处置费用。

d) 对于各项应急处置费用或损害项的填报要求必须提供详细证明材料，提供详细证明材料确有困难的，由负责填写的单位加盖公章并对所填数据的真实性负责。

e) 由于突发环境事件引起的交通中断、水电站的发电损失等影响损失不属于直接经济损失。

f) 单位或个人在对突发环境事件带来的后果知情的情况下，故意将财产暴露于被污染的环境中，或没有按照相关部门的通知采取必要的清理和预防措施而导

第一编　第五章

致损失进一步扩大，评估机构应在评估报告中对因此增加的损失数额予以说明，并在计算直接经济损失时酌情删减。

g）应急机构或个人由于应急处置行动的需要而购买的设备等固定资产或非一次性用品，在计算直接经济损失时可以采用市场租赁费乘以应急处置时间，或按设备购置费的年折旧费计算直接经济损失。

h）应急处置阶段发生费用的收据或发票等证明材料的日期应该在应急处置行动结束后 7 日内，否则不应计入应急处置费用。

i）在评估报告中需说明发生各项费用和损害的主体单位或个人。

j）以修复或恢复费用法计算得到的生态环境损害数额必须有详实的修复或恢复方案、方案预算明细以及可行性论证材料作为依据，否则不能计入直接经济损失。

k）本推荐方法涵盖的各项损害是指由于环境污染、生态破坏或者应急处置阶段而造成的直接经济损失，不包括由于地震等自然灾害、火灾、爆炸或生产安全事故等原因造成的损失。

附 F：虚拟治理成本法

虚拟治理成本是指工业企业或污水处理厂治理等量的排放到环境中的污染物应该花费的成本，即污染物排放量与单位污染物虚拟治理成本的乘积。单位污染物虚拟治理成本是指突发环境事件发生地的工业企业或污水处理厂单位污染物治理平均成本（含固定资产折旧）。在量化生态环境损害时，可以根据受污染影响区域的环境功能敏感程度分别乘以 1.5~10 的倍数作为环境损害数额的上下限值，确定原则见附表 F-1。利用虚拟治理成本法计算得到的环境损害可以作为生态环境损害赔偿的依据。

附表 F-1　利用虚拟治理成本法确定生态环境损害数额的原则

（本书对表格格式有调整）

环境功能区类型 以现状功能区为准	生态环境损害数额（X 为虚拟治理成本）			
	地表水	地下水污染	环境空气污染	土壤污染
I 类	>X 的 8 倍	>X 的 10 倍	>X 的 5 倍	>X 的 8 倍
II 类	X 的 6~8 倍	X 的 8~10 倍	X 的 3~5 倍	X 的 4~8 倍
III 类	X 的 4.5~6 倍	X 的 6~8 倍	X 的 1.5~3 倍	X 的 2~4 倍
IV 类	X 的 3~4.5 倍	X 的 4~6 倍		
V 类	X 的 1.5~3 倍	X 的 2~4 倍		

附 G　是否启动中长期生态环境损害评估的判定原则

G.1　环境介质受到长期损害的判定原则

（1）地表水资源

判断地表水资源是否需启动中长期损害评估，主要是判断影响区域内的地表水资源是否由于污染物的排放或倾倒在物理或化学质量上产生了以下 1 个或多个现象，且该现象在 1 年内无法消除。

现象1：影响区域地表水中的污染物质浓度超过国家和地方建立的水质标准，包括：《地表水环境质量标准》（GB3838-2002）、《生活饮用水卫生规范》（GB5749-2006）、《城市供水水质标准》（CJ/T206-2005）、《景观娱乐用水水质标准》（GB12941-91）、《农业灌溉水质标准》（GB5084-92）、《渔业水质标准》（GB11607-89）等环境质量标准、饮用水标准和供水系统标准。

现象2：影响区域地表水中的污染物质浓度明显超过对照区域地表水中的污染物质浓度，并且影响区域分析结果与对照区域进行对比，两者存在明显的统计学差异。

（2）沉积物（底质）资源

判断沉积物（底质）资源是否需启动中长期损害评估，主要是判断影响区域内的沉积物（底质）资源是否由于污染物质的排放或倾倒在物理或化学质量上产生了以下 1 个或多个现象，且该现象在 1 年内无法消除。

现象1：影响区域沉积物（底质）中的污染物质浓度超过国家和地方建立的沉积物质量标准，鉴于我国没有专门的水环境沉积物（底质）质量标准，可参考《土壤环境质量标准》（GB15618-1995）和《海洋沉积物质量》（GB18668-2002）。

当不能满足分析要求时，可参考国际的沉积物标准，如沉积物环境质量基准（Sediment Quality Guidelines, SQGs）。

现象2：影响区域沉积物（底质）中的污染物质浓度明显超过对照区域沉积物（底质）中的污染物质浓度，并且影响区域分析结果与对照区域进行对比，两者存在明显的统计学差异。

（3）地下水资源

判断地下水资源是否需启动中长期损害评估，主要是判断影响区域内的地下水资源是否由于污染物的排放或倾倒在物理或化学质量上产生了以下 1 个或多个现象，且该现象在 1 年内无法消除。

现象1：影响区域地下水中的污染物质浓度超过国家和地方建立的水质标准，包括：《地下水质量标准》（GB/T 14848-93）、《生活饮用水卫生规范》（GB5749-2006）、《城市供水水质标准》（CJ/T206-2005）、《农业灌溉水质标准》（GB5084-92）等环境质量标准、饮用水标准和供水系统标准。

现象 2：影响区域地下水中的污染物质浓度明显超过对照区域地下水中的污染物质浓度，并且影响区域分析结果与对照区域进行对比，两者存在明显的统计学差异。

（4）土壤资源

判断土壤资源是否需启动中长期损害评估，主要是判断影响区域内的土壤资源是否由于污染物的排放或倾倒在物理或化学质量上产生了以下 1 个或多个现象，且该现象在 1 年内无法消除。

现象 1：损害区域土壤中的污染物质浓度超过国家和地方建立的环境标准：《土壤环境质量标准》（GB15618–1995）。

现象 2：损害区域土壤中的污染物质浓度明显超过对照区域土壤中的污染物质浓度，并且影响区域分析结果与对照区域进行对比，两者存在明显的统计学差异。

G.2 对公众健康具有潜在风险的条件

同时满足下列 3 个条件的，可认定为对公众健康构成了潜在威胁：

a）污染物属于易迁移转化、易浸出、生物毒性大的物质；

b）环境介质中的污染物与周边人群存在不可避免的暴露途径，如受污染的水是唯一的灌溉或饮用水源等；

c）污染物在受影响人群长期接触、食用的介质中的浓度超过了人体健康风险基准。

G.3 对生态环境具有潜在风险的条件

同时满足下列 3 个条件的，可认定为对生态环境构成潜在威胁：

a）污染物属于易迁移转化、易浸出、生物毒性大的物质；

b）环境介质中的污染物与生物种群存在不可避免的暴露途径；

c）污染物在环境介质中的浓度超过了生态风险基准。

● **指导案例** 【法［2016］449】 **最高人民法院第 15 批指导性案例**（2016 年 12 月 28 日）

（**指导案例 75 号**）中国生物多样性保护与绿色发展基金会诉宁夏瑞泰科技股份有限公司环境污染公益诉讼案[①]

裁判要点：1. 社会组织的章程虽未载明维护环境公共利益，但工作内容属于

----

① 注：该案原载于《最高人民法院公报》2016 年第 9 期，原标题为"中国生物多样性保护与绿色发展基金会不服宁夏回族自治区高级人民法院不予受理裁定案"（最高法院民事裁定书［2016］最高法民再 51 号），裁判摘要：判断社会组织是否属于环境保护法第 58 条规定的"专门从事环境保护公益活动"的组织，应当综合考量该组织的宗旨和业务范围是否包含维护环境公共利益、是否实际从事环境保护公益活动以及所维护的环境公共利益是否与其宗旨和业务范围具有关联性，社会组织的宗旨和业务范围是否包含维护环境公共利益，应根据其内涵而非简单依据文字表述作出判断。

保护环境要素及生态系统的，应认定符合《最高人民法院关于审理环境民事公益诉讼案件适用法律若干问题的解释》（以下简称《解释》）第 4 条关于"社会组织章程确定的宗旨和主要业务范围是维护社会公共利益"的规定。2.《解释》第 4 条规定的"环境保护公益活动"，既包括直接改善生态环境的行为，也包括与环境保护相关的有利于完善环境治理体系、提高环境治理能力、促进全社会形成环境保护广泛共识的活动。3. 社会组织起诉的事项与其宗旨和业务范围具有对应关系，或者与其所保护的环境要素及生态系统具有一定联系的，应认定符合《解释》第 4 条关于"与其宗旨和业务范围具有关联性"的规定。

【高检发研字［2016］13 号】 **最高人民检察院第 8 批指导性案例**（2016 年 12 月 26 日最高检检委会［12 届 59 次］通过，2016 年 12 月 29 日印发）

（检例第 28 号） 江苏省常州市人民检察院诉许建惠、许玉仙民事公益诉讼案

要旨：1. 侵权人因同一行为已经承担行政责任或者刑事责任的，不影响承担民事侵权责任。2. 环境污染导致生态环境损害无法通过恢复工程完全恢复的，恢复成本远远大于其收益的或者缺乏生态环境损害恢复评价指标的，可以参考虚拟治理成本法计算修复费用。3. 专业技术问题，可以引入专家辅助人。专家意见①经质证，可以作为认定事实的根据。

【高检发研字［2018］30 号】 **最高人民检察院第 13 批指导性案例**（2018 年 12 月 12 日最高检检委会［13 届 11 次］通过，2018 年 12 月 25 日印发）

（检例第 51 号） 曾某侵害英烈名誉案②

要旨：对侵害英雄烈士的姓名、肖像、名誉、荣誉，损害社会公共利益的行为人，英雄烈士近亲属不提起民事诉讼的，检察机关可以依法向人民法院提起公益诉讼，要求侵权人承担侵权责任。

【法［2019］297 号】 **最高人民法院第 24 批指导性案例**（2019 年 12 月 26 日）

（指导案例 129 号） 江苏省人民政府诉安徽海德化工科技有限公司生态环境损害赔偿案（江苏高院 2018 年 12 月 4 日［2018］苏民终 1316 号民事判决）

裁判要点：企业事业单位和其他生产经营者将生产经营过程中产生的危险废物交由不具备危险废物处置资质的企业或者个人进行处置，造成环境污染的，应当承担生态环境损害责任。人民法院可以综合考虑企业事业单位和其他生产经营者的主观过错、经营状况等因素，在责任人提供有效担保后判决其分期支付赔偿费用。

---

① 专家辅助人出庭就鉴定人作出的鉴定意见或者就因果关系、生态环境修复方式、生态环境修复费用以及生态环境受到损害至恢复原状期间服务功能的损失等专门性问题，作出说明或提出意见。

② 本案是 2018 年 5 月 1 日《英雄烈士保护法》施行后，全国首例由检察机关提起的民事公益诉讼案件。

（指导案例 130 号） 重庆市人民政府、重庆两江志愿服务发展中心诉重庆藏金阁物业管理有限公司、重庆首旭环保科技有限公司生态环境损害赔偿、环境民事公益诉讼案（重庆一中院 2017 年 12 月 22 日 ［2017］渝 01 民初 773 号民事判决）

裁判要点： 1. 取得排污许可证的企业，负有确保其排污处理设备正常运行且排放物达到国家和地方排放标准的法定义务，委托其他单位处理的，应当对受托单位履行监管义务；明知受托单位违法排污不予制止甚或提供便利的，应当对环境污染损害承担连带责任。2. 污染者向水域排污造成生态环境损害，生态环境修复费用难以计算的，可以根据环境保护部门关于生态环境损害鉴定评估有关规定，采用虚拟治理成本法对损害后果进行量化，根据违法排污的污染物种类、排污量及污染源排他性等因素计算生态环境损害量化数额。

（指导案例 131 号） 中华环保联合会诉德州晶华集团振华有限公司大气污染责任民事公益诉讼案（德州中院 2016 年 7 月 20 日 ［2015］德中环公民初字第 1 号民事判决）

裁判要点： 企业事业单位和其他生产经营者多次超过污染物排放标准或者重点污染物排放总量控制指标排放污染物，环境保护行政管理部门作出行政处罚后仍未改正，原告依据《最高人民法院关于审理环境民事公益诉讼案件适用法律若干问题的解释》第 1 条规定的"具有损害社会公共利益重大风险的污染环境、破坏生态的行为"对其提起环境民事公益诉讼的，人民法院应予受理。

（指导案例 132 号） 中国生物多样性保护与绿色发展基金会诉秦皇岛方圆包装玻璃有限公司大气污染责任民事公益诉讼案（河北高院 2018 年 11 月 5 日 ［2018］冀民终 758 号民事判决）

裁判要点： 在环境民事公益诉讼期间，污染者主动改进环保设施，有效降低环境风险的，人民法院可以综合考虑超标排污行为的违法性、过错程度、治理污染设施的运行成本以及防污采取的有效措施等因素，适当减轻污染者的赔偿责任。

（指导案例 133 号） 山东省烟台市人民检察院诉王振殿、马群凯环境民事公益诉讼案（烟台中院 2017 年 5 月 31 日 ［2017］鲁 06 民初 8 号民事判决）

裁判要点： 污染者违反国家规定向水域排污造成生态环境损害，以被污染水域有自净功能、水质得到恢复为由主张免除或者减轻生态环境修复责任的，人民法院不予支持。

（**指导案例 134 号**）重庆市绿色志愿者联合会诉恩施自治州建始磺厂坪矿业有限责任公司水污染责任民事公益诉讼案（重庆二中院 2016 年 9 月 13 日 ［2016］渝 02 民终 77 号民事判决）

裁判要点：环境民事公益诉讼中，人民法院判令污染者停止侵害的，可以责令其重新进行环境影响评价，在环境影响评价文件经审查批准及配套建设的环境保护设施经验收合格之前，污染者不得恢复生产。

（**指导案例 135 号**）江苏省徐州市人民检察院诉苏州其安工艺品有限公司等环境民事公益诉讼案（徐州中院 2018 年 9 月 28 日 ［2018］苏 03 民初 256 号民事判决）

裁判要点：在环境民事公益诉讼中，原告有证据证明被告产生危险废物并实施了污染物处置行为，被告拒不提供其处置污染物情况等环境信息，导致无法查明污染物去向的，人民法院可以推定原告主张的环境污染事实成立。

（**指导案例 136 号**）吉林省白山市人民检察院诉白山市江源区卫生和计划生育局、白山市江源区中医院环境公益诉讼案（白山中院 ［2016］吉 06 民初 19 号民事判决）

裁判要点：人民法院在审理人民检察院提起的环境行政公益诉讼案件时，对人民检察院就同一污染环境行为提起的环境民事公益诉讼，可以参照行政诉讼法及其司法解释规定，采取分别立案、一并审理、分别判决的方式处理。

【**高检发办字** ［2021］**59 号**】　**最高人民检察院第 29 批指导性案例**（2021 年 5 月 27 日最高检检委会 ［13 届 67 次］通过，2021 年 8 月 19 日印发）

（**检例第 111 号**）海南省海口市人民检察院诉海南 A 公司等 3 被告非法向海洋倾倒建筑垃圾民事公益诉讼案

要旨：对于海洋生态环境损害，行政机关的履职行为不能有效维护公益，又未提起生态环境损害赔偿诉讼的，检察机关可以依法提起民事公益诉讼。公益诉讼案件二审开庭，上一级人民检察院应当派员出庭，与下级检察机关共同参加法庭调查、法庭辩论、发表意见等，积极履行出庭职责。

（检例第 114 号） 江西省上饶市人民检察院诉张某某等 3 人故意损毁三清山巨蟒峰民事公益诉讼案①

要旨： 破坏自然遗迹和风景名胜的行为，属于"破坏生态环境和资源保护"的公益诉讼案件范围，检察机关依法可以提起民事公益诉讼。②对独特景观的生态服务价值损失，可以采用"条件价值法"③进行评估，确定损害赔偿数额。

【高检发办字［2021］119 号】 最高人民检察院第 31 批指导性案例（2021年 11 月 1 日最高检检委会［13 届 76 次］通过，2021 年 11 月 29 日印发）

（检例第 122 号） 李某滨与李某峰财产损害赔偿纠纷支持起诉案

要旨： 因监护人侵害智力残疾的被监护人财产权，智力残疾人诉请赔偿损失存在障碍而请求支持起诉的，检察机关可以围绕法定起诉条件协助其收集证据，为其起诉维权提供帮助。在支持起诉程序中，检察机关应当依法履行支持起诉职能，保障当事人平等行使诉权。

（检例第 123 号） 胡某祥、万某妹与胡某平赡养纠纷支持起诉案

要旨： 老年人依法起诉要求成年子女履行赡养义务，但是缺乏起诉维权能力的，检察机关可以依老年人提出的申请，支持其起诉维权。支持起诉的检察机关可以运用多元化解纠纷机制，修复受损家庭关系。案件办结后，可以开展案件回访，巩固办案效果。

（检例第 124 号） 孙某宽等 78 人与某农业公司追索劳动报酬纠纷支持起诉案

要旨： 劳动报酬是进城务工人员维持生计的基本保障，用人单位未按照国家规定和劳动合同约定及时足额支付劳动报酬的，检察机关应当因案制宜，通过督

---

① 注：本案例同时入选最高法第 37 批指导性案例（指导案例 208 号）；该案的刑事部分见《刑法全厚细》第 324 条（指导案例 147 号）。2017 年 4 月 15 日，张某某、毛某某、张某等 3 人前往三清山风景名胜区攀爬"世界最高的天然蟒峰"巨蟒峰，并采用电钻钻孔、打岩钉、布绳索的方式先后攀爬至巨蟒峰顶部。经现场勘查，张某某等在巨蟒峰自下而上打入岩钉 26 枚。公安机关委托专家组论证认为，钉入巨蟒峰的岩钉属于钢铁物质，会直接诱发和加重巨蟒峰物理、化学、生物风化过程，巨蟒峰的最细处（直径约 7 米）已至少被打入 4 个岩钉，形成了新裂隙，会加快花岗岩柱体的侵蚀进程，甚至造成其崩解。张某某等 3 人的打岩钉攀爬行为对巨蟒峰造成了永久性的损害，破坏了自然遗产的自然性、原始性和完整性。2019 年 12 月 27 日，上饶中院判令三被告连带赔偿环境资源损失 600 万元、专家评估费 15 万元，并在全国性媒体上公告道歉。2020 年 5 月 18 日，江西高院维持原判。

② 注：该案 3 名被告被另案判处故意损毁名胜古迹罪，见《刑法全厚细》第 324 条指导案例。

③ 注：条件价值法是原环境保护部《环境损害鉴定评估推荐方法》（第 II 版）确定的方法之一，是在假想市场情况下，直接调查和询问人们对某一环境效益改善或资源保护的措施的支付意愿，或者对环境或资源质量损失的接受赔偿意愿，以人们的支付意愿或受偿意愿来估计环境效益改善或环境质量损失的经济价值。该方法虽然存在一定的不确定性，但其科学性在世界范围内得到认可，是本案目前最适合的评估方法。

促人力资源社会保障等单位履职尽责、支持起诉、移送拒不支付劳动报酬罪线索等方式保障进城务工人员获得劳动报酬。

（检例第 125 号）安某民等 80 人与某环境公司确认劳动关系纠纷支持起诉案①

要旨：劳动者要求用人单位补办社保登记、补缴社会保险费未果的，检察机关可以协助收集证据、提出支持起诉意见，支持劳动者起诉确认劳动关系，为其办理社保登记、补缴社会保险费提供帮助。

（检例第 126 号）张某云与张某森离婚纠纷支持起诉案

要旨：反家庭暴力是国家、社会和每个家庭的共同责任，检察机关应当加强与公安机关、人民法院、工会、共产主义青年团、妇女联合会、残疾人联合会、居民委员会、村民委员会等单位、组织的协作配合，形成维护家庭暴力受害人合法权益的合力。②在充分尊重家庭暴力受害人真实意愿的前提下，对惧于家庭暴力不敢起诉、未获得妇女联合会等单位帮助的，检察机关可依申请支持家庭暴力受害人起诉维权。

【法〔2021〕286 号】　最高人民法院第 31 批指导性案例（2021 年 12 月 1 日）

（指导案例 173 号）北京市朝阳区自然之友环境研究所诉中国水电顾问集团新平开发有限公司、中国电建集团昆明勘测设计研究院有限公司生态环境保护民事公益诉讼案（云南高院 2020 年 12 月 22 日〔2020〕云民终 824 号民事判决）

---

①　该案，安某民等 80 人自 2003 年起先后在南京市×环卫所（事业单位）从事环卫工作，双方未订立劳动合同，也未办理社保登记、缴纳社会保险费。2012 年 11 月，×环卫所改制转企为×环境公司，安某民等 80 人继续在×环境公司工作，但仍未订立劳动合同。2018 年，安某民等 80 人多次向×环境公司提出补办社保登记手续、补缴入职以来社会保险费等诉求未果。2020 年 3 月 16 日，安某民等 80 人向劳动争议仲裁机构申请确认与×环境公司之间存在劳动关系。劳动争议仲裁机构以劳动者未提交与×环境公司存在劳动关系的初步证据为由未予受理。2020 年 3 月 31 日，安某民等 80 人诉至南京市玄武区法院，请求确认与×环境公司存在劳动关系，并于 2020 年 4 月 20 日向玄武区检察院申请支持起诉。

　　玄武区检察局从城管局调取了×环卫所改制的相关文件，证明用人单位的沿革及事实劳动关系的承继；从相关街道办事处和×环境公司调取了×环卫所改制前后的工资发放签名表，证明劳动关系的存在。经梳理相关证据材料，×环境公司需补缴安某民等 80 人社会保险费合计 400 余万元。2020 年 4 月 27 日，玄武区检察院分别向玄武区法院发出支持起诉意见书，并在审理中派员出庭宣读支持起诉意见书。2020 年 9 月，玄武区法院判决认定，用人单位自用工之日起即与劳动者建立劳动关系，环卫所改制转企后，相应的权利义务应由×环境公司承继。判决生效后，社保部门为安某民等人补办了社保登记手续；玄武区检察院积极协调有关行政部门和用人单位确定社会保险费筹集方案并促成资金落实到位。

②　本案指导意义：检察机关履职中发现家暴线索的，应当先行协调相关责任单位履职尽责。可以与民政部门联系，将家庭暴力受害人安置到救助管理机构或者福利机构提供的临时庇护场所，提供临时生活帮助；可以引导家庭暴力受害人向公安机关报案、向人民法院申请人身保护令，保护其人身安全；对于涉嫌虐待犯罪的，可以引导受害人提起刑事自诉追究加害人的刑事及附带民事赔偿责任。

裁判要点： 人民法院审理环境民事公益诉讼案件，应当贯彻保护优先、预防为主原则。原告提供证据证明项目建设将对濒危野生动植物栖息地及生态系统造成毁灭性、不可逆转的损害后果，人民法院应当从被保护对象的独有价值、损害结果发生的可能性、损害后果的严重性及不可逆性等方面，综合判断被告的行为是否具有《最高人民法院关于审理环境民事公益诉讼案件适用法律若干问题的解释》第 1 条规定的"损害社会公共利益重大风险"。

(指导案例 174 号) 中国生物多样性保护与绿色发展基金会诉雅砻江流域水电开发有限公司生态环境保护民事公益诉讼案（四川甘孜藏族自治州中级法院 2020 年 12 月 17 日［2015］甘民初字第 45 号民事判决）①

裁判要点： 人民法院审理环境民事公益诉讼案件，应当贯彻绿色发展理念和风险预防原则，根据现有证据和科学技术认为项目建成后可能对案涉地濒危野生植物生存环境造成破坏，存在影响其生存的潜在风险，从而损害生态环境公共利益的，可以判决被告采取预防性措施，将对濒危野生植物生存的影响纳入建设项目的环境影响评价，促进环境保护和经济发展的协调。

(指导案例 175 号) 江苏省泰州市人民检察院诉王小朋等 59 人生态破坏民事公益诉讼案 *（详见《刑法全厚细》第 340 条）*

(指导案例 176 号) 湖南省益阳市人民检察院诉夏顺安等 15 人生态破坏民事公益诉讼案（湖南高院 2020 年 12 月 29 日［2020］湘民终 1862 号民事判决）

裁判要点： 人民法院审理环境民事公益诉讼案件，应当贯彻损害担责、全面赔偿原则，对于破坏生态违法犯罪行为不仅要依法追究刑事责任，还要依法追究生态环境损害民事责任。认定非法采砂行为所导致的生态环境损害范围和损失时，应当根据水环境质量、河床结构、水源涵养、水生生物资源等方面的受损情况进行全面评估、合理认定。

---

① 注：2013 年 1 月 6 日、4 月 13 日国家发改委办公厅批复同意四川雅砻江上的牙根梯级水电站开展前期工作，由雅砻江流域水电开发有限公司负责建设和管理，现处于项目预可研阶段，水电站及其辅助工程（公路等）尚未开工建设。2013 年 9 月 2 日发布的中国生物多样性红色名录中五小叶槭被评定为"极危"，但当时尚未被列入《国家重点保护野生植物名录》。中国生物多样性保护与绿色发展基金会认为，雅江县麻郎措乡沃洛希村附近的五小叶槭种群是当今世界上残存最大的、并且唯一还有自然繁衍能力的五小叶槭种群；根据五小叶槭雅江种群的分布区海拔高度和即将修建的牙根梯级水电站水位高度对比数值，水电站及配套的公路建设将直接威胁到五小叶槭的生存，对社会公共利益构成直接威胁，遂提起预防性公益诉讼。甘孜中院判令雅砻江公司应将五小叶槭的生存作为牙根梯级水电站项目可研阶段环境评价工作的重要内容，环境影响报告书经环境保护行政主管部门审批通过后，才能继续开展下一步的工作。

【高检发办字［2022］33 号】   最高人民检察院第 35 批指导性案例（2022年 2 月 9 日最高检检委会［13 届 89 次］通过，2022 年 3 月 2 日印发）

（检例第 141 号）浙江省杭州市余杭区人民检察院对北京快某公司侵犯儿童个人信息权益提起民事公益诉讼案①

要旨：检察机关在办理涉未成年人刑事案件时，应当注意发现公益诉讼案件线索，通过综合发挥未成年人检察职能，促推未成年人保护社会治理。网络运营者未依法履行网络保护义务，相关行政机关监管不到位，侵犯儿童个人信息权益的，检察机关可以依法综合开展民事公益诉讼和行政公益诉讼。网络保护公益诉讼案件，在多个检察机关均具有管辖权时，民事公益诉讼应当层报共同的上级检察机关指定管辖，行政公益诉讼一般由互联网企业注册地检察机关管辖。

（检例第 142 号）江苏省宿迁市人民检察院对章某为未成年人文身提起民事公益诉讼案

要旨：为未成年人提供文身服务，损害未成年人身心健康，影响未成年人成长发展，侵犯公共利益，检察机关可以基于最有利于未成年人原则提起公益诉讼②。在办理个案的基础上，检察机关可以针对此类问题的监管盲区，提出完善管理的检察建议，推动解决监管缺失问题，健全完善制度，促进社会治理。

---

① 基本案情：知名短视频"快某"App 在未以显著、清晰的方式告知并征得儿童监护人明示同意的情况下，允许儿童注册账号，并收集、存储儿童网络账户、位置、联系方式，以及儿童面部识别特征、声音识别特征等个人敏感信息；在未征得儿童监护人明示同意的情况下，运用后台算法，向具有浏览儿童内容视频喜好的用户直接推送含有儿童个人信息的短视频。该 App 未对儿童账号采取区分管理措施，默认用户点击"关注"后即可与儿童账号私信联系，并获取其地理位置、面部特征等个人信息。2018 年 1 月至 2019 年 5 月，徐某某收到该 App 后台推送的含有儿童个人信息的短视频，通过其私信功能联系多名儿童，并对其中 3 名儿童实施猥亵犯罪。

2020 年 7 月，杭州市余杭区检察院在办理徐某某猥亵儿童案时发现北京快某科技有限公司侵犯儿童个人信息民事公益诉讼案件线索，遂依托互联网技术开展初步调查。据 2020 年数据显示，快某平台 14岁以下实名注册用户数量约为 7.8 万人，14 岁至 18 岁实名注册用户数量约为 62 万人，18 岁以下未实名注册未成年人用户数量以头像、简介、背景等基础维度模型测算约为 1000 余万人，给儿童人身、财产安全造成威胁，严重损害了社会公共利益。该案为涉互联网案件，京浙两地相关检察机关均具有管辖权。杭州为徐某某猥亵儿童案发生地，也是杭州互联网法院所在地，考虑到调查取证、诉讼便利等因素，经浙江省检察机关层报最高人民检察院指定管辖，2020 年 9 月，余杭区检察院对该线索以民事公益诉讼案件立案。经诉前公告期满，12 月 2 日，余杭区检察院向杭州互联网法院提起民事公益诉讼，请求判令北京快某科技有限公司立即停止实施利用 App 侵犯儿童个人信息权益的行为，赔礼道歉、赔偿损失。快某公司积极配合和整改，并于 2021 年 3 月 17 日在《法治日报》及快某 App 首页公开道歉。双方于 3 月 11日调解结案。

② 注：未成年人文身具有易感染、难复原、就业受限制、易被标签化等危害。虽然现行规定对文身行业的归类管理不尽完善，对未成年人文身也没有明确的禁止性规定，但是根据未成年人保护法关于"保护未成年人，应当坚持最有利于未成年人的原则"，以及法律对未成年人给予特殊、优先保护的规定，可以通过履行民事公益诉讼检察职能，禁止经营者向未成年人提供文身服务，切实保护未成年人身心健康。

【高检发办字［2022］132 号】　最高人民检察院第 40 批指导性案例（2022 年 3 月 24 日最高检检委会［13 届 94 次］通过，2022 年 9 月 19 日印发）

（检例第 164 号）江西省浮梁县人民检察院诉 A 化工集团有限公司污染环境民事公益诉讼案①

要旨： 检察机关提起环境民事公益诉讼时，对于侵权人违反法律规定故意污染环境、破坏生态致社会公共利益受到严重损害后果的，有权要求侵权人依法承担相应的惩罚性赔偿责任。提出惩罚性赔偿数额，可以以生态环境功能损失费用为基数，综合案件具体情况予以确定。

（检例第 165 号）山东省淄博市人民检察院对 A 发展基金会诉 B 石油化工有限公司、C 化工有限公司民事公益诉讼检察监督案

要旨： 人民检察院发布民事公益诉讼诉前公告后，社会组织提起民事公益诉讼的，人民检察院应当继续履行法律监督机关和公共利益代表职责。发现社会组织与侵权人达成和解协议，可能损害社会公共利益的，人民检察院应当依法开展调查核实，在人民法院公告期限内提出书面异议。人民法院不采纳书面异议而出具调解书，可能损害社会公共利益的，人民检察院应当依法提出抗诉或者再审检察建议。

【高检发办字［2022］133 号】　最高人民检察院第 41 批指导性案例（2022 年 4 月 21 日最高检检委会［13 届 97 次］通过，2022 年 9 月 20 日印发）②

（检例第 166 号）最高人民检察院督促整治万峰湖流域生态环境受损公益诉讼案（最高检立案）③

要旨： 1. 对于公益损害严重，且违法主体较多、行政机关层级复杂，难以确

---

① A 化工集团有限公司的生产部经理吴某甲经公司法定代表人同意，负责处置硫酸钠废液。吴某甲交由无危险废物处置资质的吴某乙处理；吴某乙雇人在江西浮梁县两处地块违法倾倒 30 车共计 1124.1 吨废液。经江西求实司法鉴定中心鉴定，两处倾倒点的土壤表层均存在列入《国家危险废物名录》（2016 年版）的危险废物叠氮化钠污染，水体含量超标 2.2 倍至 177.33 倍不等，对周边约 8.08 亩的范围内环境造成污染，当地 3.6 公里河道、6.6 平方公里流域环境受影响；两处地块修复的总费用为 2168000 元，环境功能性损失费用为 57135.45 元。浮梁县检察院提起民事公益诉讼，要求 A 公司承担上述污染修复费和环境功能性损失费，以及应急处置费 532860.11 元、检测费、鉴定费 95670 元，并在国家级新闻媒体上公开道歉；后增加诉请，要求 A 公司以环境功能性损失费的 3 倍承担环境侵权惩罚性赔偿金 171406.35 元。全部胜诉。

② 注：最高检第 41 批指导性案例只有 1 个案例（检例第 166 号），作为生态环境公益诉讼主题发布。

③ 注：万峰湖地处广西、贵州、云南 3 省区接合部，属于珠江源头南盘江水系，水面达 816 平方公里，是"珠三角"经济区的重要水源，其水质事关沿岸 50 多万人民群众的生产生活和珠江流域的高质量发展。多年来，湖区污染防治工作滞后，网箱养殖无序发展，水质不断恶化，水体富营养化严重，部分水域呈劣 V 类水质，远超《地表水环境质量标准》（GB3838—2002）相关项目标准限值。流域生态环境受损难以根治的重要原因，在于地跨 3 省区，上下游、左右岸的治理主张和执行标准不统一，仅由 1 省区检察机关履职督促治理难以奏效。故最高检决定基于万峰湖流域生态环境受损的事实直接进行公益诉讼立案。

定具体监督对象的，检察机关可以基于公益损害事实立案。2. 对于跨2个以上省或者市、县级行政区划的生态环境公益损害，共同的上级人民检察院可以直接立案。3. 上级人民检察院可以采用检察一体化办案模式，依法统一调用辖区的检察人员组成办案组，可同时在下级检察机关设立办案分组，统一工作方案，明确办案目标任务，统一研判案件线索，以交办或指定管辖等方式统一分配办案任务。上级人民检察院可以督办或者提办重点案件，下级人民检察院可以将办案中的重要问题逐级请示上级人民检察院决定，包括需要上级人民检察院直接协调解决的相关问题。4. 检察机关办理公益诉讼案件，对于拟采取的公益损害救济方案或者已经取得的阶段性治理成效，包括涉及不同区域之间利益关系调整的，或者涉及案件当事人以外的利益主体，特别是涉及不特定多数的利益群体和社会民众，可以通过公开听证等方式进行客观评估，或者征询对相关问题的治理对策和意见。5. 对于因跨行政区划导致制度供给不足等根源性问题，检察机关可以通过建立健全跨区划协同履职机制，在保护受损公益的同时，推动有关行政机关和相关地方政府统一监管执法，协同强化经济社会管理，促进诉源治理。

【法［2022］277号】　最高人民法院第37批指导性案例（2022年12月30日）

（指导案例204号） 重庆市人民检察院第五分院诉重庆瑜煌电力设备制造有限公司等环境污染民事公益诉讼案（重庆高院［2020］渝民终387号民事判决）

裁判要点： 1. 受损生态环境无法修复或无修复必要，侵权人在已经履行生态环境保护法律法规规定的强制性义务的基础上，通过资源节约集约循环利用等方式实施环保技术改造，经评估能够实现节能减排、减污降碳、降低风险效果的，人民法院可以根据侵权人的申请，结合环保技术改造的时间节点、生态环境保护守法情况等因素，将由此产生的环保技术改造费用适当抵扣其应承担的生态环境损害赔偿金。2. 为达到环境影响评价要求、排污许可证设定的污染物排放标准或者履行其他生态环境保护法律法规规定的强制性义务而实施环保技术改造发生的费用，侵权人申请抵扣其应承担的生态环境损害赔偿金的，人民法院不予支持。

（指导案例205号） 上海市人民检察院第三分院诉郎溪华远固体废物处置有限公司、宁波高新区米泰贸易有限公司、黄德庭、薛强环境污染民事公益诉讼案（详见《刑法全厚细》第152条）

（指导案例206号） 北京市人民检察院第四分院诉朱清良、朱清涛环境污染民事公益诉讼案（北京四中院［2020］京04民初277号民事判决）

裁判要点： 1.2个以上侵权人分别实施污染环境、破坏生态行为造成同一损害，每一个侵权人的污染环境、破坏生态行为都不足以造成全部损害，部分侵权人根据修复方案确定的整体修复要求履行全部修复义务后，请求以代其他侵权人支出的修复费用折抵其应当承担的生态环境服务功能损失赔偿金的，人民法院应予支持。2. 对于侵权人实施的生态环境修复工程，应当进行修复效果评估。经评估，受损生态环境服务功能已经恢复的，可以认定侵权人已经履行生态环境修复责任。

（指导案例 207 号） 江苏省南京市人民检察院诉王玉林生态破坏民事公益诉讼案（南京中院［2020］苏 01 民初 798 号民事判决）

裁判要点：1. 人民法院审理环境民事公益诉讼案件，应当坚持山水林田湖草沙一体化保护和系统治理。对非法采矿造成的生态环境损害，不仅要对造成山体（矿产资源）的损失进行认定，还要对开采区域的林草、水土、生物资源及其栖息地等生态环境要素的受损情况进行整体认定。①2. 人民法院审理环境民事公益诉讼案件，应当充分重视提高生态环境修复的针对性、有效性，可以在判决侵权人承担生态环境修复费用时，结合生态环境基础修复及生物多样性修复方案，确定修复费用的具体使用方向。

（指导案例 208 号） 江西省上饶市人民检察院诉张某某、张某、毛某某生态破坏民事公益诉讼案（江西高院 2020 年 5 月 18 日［2020］赣民终 317 号民事判决）②

裁判要点：1. 破坏自然遗迹和风景名胜造成生态环境损害，国家规定的机关或者法律规定的组织请求侵权人依法承担修复和赔偿责任的，人民法院应予支持。2. 对于破坏自然遗迹和风景名胜造成的损失，在没有法定鉴定机构鉴定的情况下，人民法院可以参考专家采用条件价值法作出的评估意见，综合考虑评估方法的科学性及评估结果的不确定性，以及自然遗迹的珍稀性、损害的严重性等因素，合理确定生态环境损害赔偿金额③。

（指导案例 209 号） 浙江省遂昌县人民检察院诉叶继成生态破坏民事公益诉讼案（见本书第 109 条）

---

① 注：本案，王玉林擅自在南京浦口区永宁镇老山林场原山林二矿老宕口内、北沿山大道建设施工红线外非法开采泥灰岩、泥页岩等合计十余万吨。在追究刑事责任之外，南京市检察院另案诉讼要求王玉林承担生态破坏侵权责任，赔偿生态环境损害修复费用 18.9 万元（具体包括：1. 生态资源的损失中林木的直接经济损失 8.6 万元；2. 生态系统功能受到影响的损失：森林涵养水损失 4.4 万元，水土流失损失 5.1 万元，土壤侵蚀损失 8.1 万元，树木放氧量减少损失 6.4 万元，鸟类生态价值损失 2.4 万元，哺乳动物栖息地服务价值损失 1.9 万元；3. 修复期间生物多样性的价值损失 1.3 万元）以及事务性费用 40 万元。

② 注：本案同时入选最高检第 29 批指导性案例，基本案情见"检例第 114 号"；该案的刑事部分见《刑法全厚细》第 324 条（指导案例 147 号）。

③ 注：上饶市检察院委托江西财经大学 3 名专家成立专家组，采用国际通用的条件价值法，作出《三清山巨蟒峰受损价值评估报告》，认为该事件对巨蟒峰生态服务价值造成的损失不应低于 0.119-2.37 亿元。江西高院综合考虑本案的法律、社会、经济因素，具体结合 3 被告已被追究刑事责任的情形、本案查明的事实、当事人的过错程度、当事人的履行能力、江西的经济发展水平等，酌定赔偿金额为 600 万元。

（指导案例 210 号）　九江市人民政府诉江西正鹏环保科技有限公司、杭州连新建材有限公司、李德等生态环境损害赔偿诉讼案（九江中院［2019］赣 04 民初 201 号民事判决）

裁判要点：1. 生态环境损害赔偿案件中，国家规定的机关通过诉前磋商，与部分赔偿义务人达成生态环境损害赔偿协议的，可以依法向人民法院申请司法确认；对磋商不成的其他赔偿义务人，国家规定的机关可以依法提起生态环境损害赔偿诉讼。2. 侵权人虽因同一污染环境、破坏生态行为涉嫌刑事犯罪，但生态环境损害赔偿诉讼案件中认定侵权事实证据充分的，不以相关刑事案件审理结果为依据，人民法院应当继续审理，依法判决侵权人承担生态环境修复和赔偿责任。

【高检发办字［2023］24 号】　最高人民检察院第 43 批指导性案例（2023 年 2 月 1 日最高检检委会［13 届 113 次］通过，2023 年 2 月 24 日印发）

（检例第 174 号）未成年人网络民事权益综合司法保护案①

要旨：未成年人未经父母或者其他监护人同意，因网络高额消费行为引发纠纷提起民事诉讼并向检察机关申请支持起诉的，检察机关应当坚持未成年人特殊、优先保护要求，对确有必要的，可以依法支持起诉。检察机关应当结合办案，综合运用社会治理检察建议、行政公益诉讼诉前检察建议等监督方式，督促、推动网络服务提供者、相关行政主管部门细化落实未成年人网络保护责任。

● 入库案例　【2023-11-2-466-014】　贵州省遵义市人民检察院诉某公司生态破坏民事公益诉讼案（遵义中院/2022.05.07/［2022］黔 03 民初 291 号）

裁判要旨：1. 侵权人采取补种树木方式承担生态修复责任的，应当从"种植"与"管护"两个阶段综合评价相关义务是否履行到位。"种植"阶段应当按照生态修复方案科学栽培，确保树种、密度、质量、面积、数量等全部达标；"管护"阶段应当加强抚育培植、病害防治、伐残除枯、密度调整，视案情可采取设置警示牌、延长管护期等执行监督措施，切实提高林木成活率与保存率，确保林地生态服务功能逐步恢复。

2. 侵权人通过替代性修复方式全面履行生态环境修复义务后，主张不承担生态环境功能永久性损害造成的损失的，人民法院依法予以支持；侵权人据此主张不承担生态环境受到损害至修复完成期间服务功能丧失导致的损失赔偿责任的，人民法院不予支持。

---

① 本案未成年人程某（女）在某网络游戏社交软件 APP 频繁购买虚拟币、打赏主播，累计消费 21.7 万余元，其父母对该高额消费的行为不予追认，要求确认相关的网络服务合同无效，全额返还消费款。

【2023-11-2-466-016】 北京某环境研究所诉电建集团某研究院有限公司生态环境保护民事公益诉讼案（2021.10.25/［2021］最高法民申5645号）

裁判要旨：根据《最高人民法院关于适用〈中华人民共和国民事诉讼法〉的解释》第284条（现第282条）、《最高人民法院关于审理环境民事公益诉讼案件适用法律若干问题的解释》第8条的规定，被告行为具有损害社会公共利益之可能，是人民法院受理环境民事公益诉讼的必要条件。第三方机构接受政府委托编制的环境影响报告，其本身并不会对环境公共利益产生实际影响，故不符合人民法院受理环境民事公益诉讼的条件。

【2023-11-2-466-017】 某环境研究所诉某集团有限公司环境污染民事公益诉讼案（见本书第148条）

【2023-11-2-466-027】 某环境研究所诉某开发公司等生态破坏民事公益诉讼案（重庆四中院/2020.08.26/［2018］渝04民初523号）

裁判要旨：社会组织作为环境公益诉讼的原告，因无力交纳鉴定费用导致无法通过司法鉴定方式确定生态环境受到损害至恢复原状期间服务功能损失的金额的，为切实保护受损生态环境，人民法院可参照相关司法解释关于确定生态环境修复费用所需考量的因素，对生态环境受到损害至恢复原状期间服务功能损失的赔偿金额予以合理确定。

● **公报案例** （检公报［2015］4号） 江苏省泰州市人民检察院支持泰州市环保联合会起诉江苏常隆农化有限公司等企业环境污染公益诉讼案（江苏高院2014年12月29日二审民事判决［2014］苏环公民终字第00001号）

裁判摘要：检察机关可依法支持环保联合会对污染环境的企业提起环境公益诉讼。环保联合会依法具有提起环境公益诉讼的原告资格。环境公益诉讼程序作为环境保护法的重要实施途径，应当在追究环境侵权责任的同时，采取有利于防治污染的环境司法政策，实现修复环境、预防污染的立法意图，使环境保护同经济建设和社会发展相协调，促进经济社会可持续发展。

（法公报［2016］5期） 泰州市环保联合会与泰兴锦汇化工有限公司等环境污染侵权赔偿纠纷案（最高法院2016年1月31日民事判决书［2015］民申字第1366号）

裁判摘要：社会组织在2015年1月1日《环境保护法》正式实施之前提起公益诉讼的，只需满足民事诉讼法第55条（现第58条）的规定，即对污染环境、侵害众多消费者合法权益等损害社会公共利益的行为，若为法律规定的机关和有关组织就可以向人民法院提起公益诉讼。

（法公报［2016］8 期）　　连云港市赣榆区环境保护协会诉王升杰环境污染损害赔偿公益诉讼案（连云港中院民事判决书［2014］连环公民初字第 00002 号）

裁判摘要：造成环境污染危害者，有责任排除危害。行为人未经许可将工业废酸违法排放到河流中，造成环境污染，应当承担修复受污染环境的责任以排除已经造成的危害。为了达到使被污染环境得到最科学合理的恢复这一最终目标，法院可以采取专家证人当庭论证的方式提供专业技术支持。当行为人的经济赔偿能力不足时可以参照目前全国职工日工资标准确定修复费用，按照"谁污染，谁治理，谁损害，谁赔偿"的环境立法宗旨，可要求行为人通过提供有益于环境保护的劳务活动抵补其对环境造成的损害。

（法公报［2021］11 期）　　重庆市人民检察院第一分院诉重庆市昆仑化工有限公司水污染责任纠纷环境民事公益诉讼案（重庆一中院 2018 年 12 月 21 日民事判决书）

裁判摘要：污染物排放的精确数量无法查明的，可根据生产量、单位产量污染物产出量、单次排污量、排污频次推定污染物排放数量。为充分实现环境民事公益诉讼事后救济与事前预防的功能，人民法院应当综合能否救济社会公共利益受到的现实损害、能否消除社会公共利益受损的风险两个方面，判断诉讼请求是否足以保护社会公共利益。

（法公报［2022］8 期）　　江苏省消费者权益保护委员会诉乐融致新电子科技（天津）有限公司消费民事公益诉讼案（江苏高院民事判决书［2021］苏民终 21 号）

裁判摘要：智能电视开启时开机广告自动播放，如果智能电视生产者同时也是开机广告的经营者，其有义务明确提示消费者产品含有开机广告内容，并告知能否一键关闭。智能电视生产者对其生产销售的智能电视未提供即时一键关闭功能，消费者权益保护组织为维护众多不特定消费者合法权益，提起民事公益诉讼要求智能电视生产者提供开机广告一键关闭功能的，人民法院应予支持。

（法公报［2022］9 期）　　江西省金溪县人民检察院诉徐华文、方雨平人文遗迹保护民事公益诉讼案（江西金溪法院 2021 年 12 月 31 日民事判决书）①

裁判摘要：因破坏古迹、建筑群、遗址等人文遗迹造成生态资源损害的，侵权人应当承担侵权责任。检察机关可以依法对破坏人文遗迹造成生态资源损害的案件提起环境民事公益诉讼。在没有鉴定机构对古建筑损坏导致的人文生态资源损失作出鉴定的情况下，经当庭质证的专家意见可以作为认定根据。人民法院应

---

① 注：该案为全国首例"古村落"保护民事公益诉讼案，被最高法院列入 2021 年度人民法院环境资源审判典型案例。

综合考虑检察机关的公益诉讼请求、人文遗迹所在地经济发展水平、人文遗迹自身的社会影响力、被告的主观过错及其经济条件、对人文遗迹整体性的破坏程度和专家意见等要素，依法酌定人文生态资源损失。

（法公报〔2023〕6 期） 江苏省无锡市人民检察院诉上海市杨浦区绿化和市容管理局等环境民事公益诉讼案（无锡中院 2017 年 5 月 27 日民事裁定）①

案例要旨：检察机关作为公益诉讼起诉人提起的环境民事公益诉讼案件，撤诉的司法审查要性不同于普通民事案件，在明确环境民事公益诉讼案件双方当事人地位平等重申污染者承担环境修复责任的基础上，对于是否准许撤诉的审查标准应当更加严格。实质审查方面，"所有诉讼请求已实现"的标准应当包括生态环境已经完全修复及不存在将来可能继续发生环境污染和生态破坏的风险，程序审查方面，地方各级检察机关撤回起诉应当履行相应审查批准程序，经最高人民检察院批准撤诉，并经人民法院实质审查符合撤诉标准的，应准予撤诉。

● **典型案例** 【法办发〔2022〕号】 **人民法院贯彻实施民法典典型案例（第一批）**（最高法 2022 年 2 月 25 日发布）

（案例 11）县人民检察院诉化工集团环境污染民事公益诉讼案②

【法办发〔2022〕号】 **涉英烈权益保护十大典型案例**（最高法 2022 年 12 月 8 日发布）

（案例 5）李某、吴某侵害英雄烈士荣誉民事公益诉讼案——在英雄烈士纪念设施保护范围内从事有损纪念英雄烈士环境和氛围的活动应承担法律责任

一、基本案情

2018 年，李某、吴某身着仿纳粹军服，前往萧山烈士陵园拍摄大量照片，后李某将身着仿纳粹军服的照片发布在其好友数 1940 人的 QQ 空间中，被多人转发扩散，引发广大网民热议，社会影响恶劣，相关内容相继被各大新闻网站转载，短时间内即达 3 万余条。2019 年，公安机关经调查后，根据情节严重程度，对李某、吴某分别处以行政拘留 7 日和 14 日的行政处罚。浙江省杭州市人民检察院提起本案民事公益诉讼，请求判令李某、吴某在浙江省省级以上媒体公开赔礼道歉、消除影响。

二、裁判结果

浙江省杭州市中级人民法院认为，李某、吴某对英雄烈士以及烈士陵园所蕴

---

① 鉴于本案受损的生态环境已经得到有效修复，社会公共利益已得到充分保护，经最高人民检察院批准，公益诉讼起诉人无锡检察院以本案全部诉讼请求均已实现，无继续诉讼的必要为由，向法院申请撤诉。

② 本案是我国首例适用民法典惩罚性赔偿条款的环境污染民事公益诉讼案件，同时入选最高检第 40 批指导性案例（检例第 164 号），本处略。

含的精神价值，应具有一般民众的认知和觉悟。李某、吴某的行为轻视英雄烈士，无视公众情感，蔑视法律尊严，侮辱和亵渎英雄烈士荣誉，侵害烈士亲属及社会公众情感，损害社会公共利益和社会道德评价秩序，后果严重，依法应当承担相应民事法律责任，判决李某、吴某在浙江省省级以上媒体公开赔礼道歉、消除影响。

三、典型意义

烈士陵园作为向公众开放的英雄烈士纪念设施，供公众瞻仰、悼念英雄烈士，开展纪念教育活动，告慰先烈英灵。任何组织和个人不得在英雄烈士纪念设施保护范围内从事有损纪念英雄烈士环境和氛围的活动，否则将承担相应法律责任。本案的依法审理，对此类侵害英烈荣誉行为起到有效的教育、警示和震慑作用。本案审理过程中还邀请百余名学生到庭旁听，并通过中国庭审公开网进行全程直播，让庭审成为全民共享的法治公开课和爱国主义教育公开课，有助于引起社会公众警醒，推动在全社会真正形成尊重英雄、保护英雄的共识，进一步传承英烈精神。

（**案例6**）某网络科技公司侵害英雄烈士姓名民事公益诉讼案——擅自将英烈姓名用于商业用途，侵害英雄烈士人格利益和社会公共利益

一、基本案情

某网络科技公司为电商企业提供信息中介、资源共享平台，将付费会员称为"雷锋会员"、平台称为"雷锋社群"、微信公众号称为"雷锋哥"并发布有"雷锋会员"等文字的宣传海报和文章，在公司住所地悬挂"雷锋社群"文字标识等。该公司以"雷锋社群"名义多次举办"创业广交会""电商供应链大会"等商业活动，并以"雷锋社群会费"等名目收取客户费用共计30万余元。浙江省杭州市上城区人民检察院提起民事公益诉讼，要求某网络科技公司立即停止在经营项目中以雷锋名义进行的宣传，并在浙江省省级媒体上赔礼道歉。

二、裁判结果

杭州互联网法院认为，某网络科技公司使用的"雷锋"文字确系社会公众所广泛认知的雷锋同志之姓名，其明知雷锋同志的姓名具有特定意义，仍擅自用于开展网络商业宣传，构成对雷锋同志姓名的侵害，同时损害社会公共利益，依法应当承担法律责任。判决某网络科技公司停止使用雷锋同志姓名的行为，并在浙江省省级报刊向社会公众发表赔礼道歉声明。

三、典型意义

本案是《中华人民共和国民法典》实施后首例保护英烈姓名的民事公益诉讼案件。依据该法第185条、第1000条规定，侵害英雄烈士等的姓名、肖像、名誉、荣誉，损害社会公共利益的，应当承担消除影响、恢复名誉、赔礼道歉等民事责任，且应当与行为的具体方式和造成的影响范围相当。雷锋同志的姓名不仅

作为一种重要的人格利益受法律保护，还涉及社会公共利益。本案裁判明确，将雷锋同志的姓名用于商业广告和营利宣传的行为，侵害英雄烈士人格利益；同时，将商业运作模式假"雷锋精神"之名推广，既曲解雷锋精神，与社会公众的一般认知相背离，也损害承载于其上人民群众的特定感情，损害社会公共利益。本案通过司法手段，为网络空间注入缅怀英烈、敬仰英烈的法治正能量。

（案例8）赵某侵害英雄烈士名誉民事公益诉讼案——在网络平台上发表不当言论亵渎英烈事迹和精神应当承担法律责任

一、基本案情

马金涛同志系贵州省贵阳市公安局花溪分局贵筑派出所民警。2018年，马金涛同志在执行抓捕毒犯任务中牺牲，年仅30岁。国家人力资源和社会保障部、公安部追授马金涛同志"全国公安系统一级英雄模范"称号。马金涛同志因公殉职次日，赵某在人数众多的微信群中对此发表侮辱性言论。贵州省六盘水市人民检察院就赵某侵害马金涛烈士名誉提起民事公益诉讼，请求判令赵某通过贵州省省级以上媒体向社会公开赔礼道歉、消除影响。

二、裁判结果

贵州省六盘水市中级人民法院认为，马金涛烈士在缉毒工作中献出年轻的生命，他英勇无畏、无私奉献的精神，值得全社会学习、弘扬、传承和捍卫。赵某在人数众多的微信群中公然发表不当言论亵渎英烈事迹和精神，贬损英烈名誉，伤害烈属情感，同时也给一线缉毒民警带来心理上的伤害，已经超出言论自由范畴，是对社会公德的严重挑战，损害社会公共利益，应当依法承担民事侵权责任。判决赵某在贵州省省级媒体公开赔礼道歉、消除影响。

三、典型意义

缉毒英雄英勇无畏、无私奉献的精神不容亵渎。本案侵权人通过互联网媒体，诋毁、侮辱、诽谤英雄人物，丑化英雄人物形象，贬损英雄人物名誉，削弱英烈精神价值，损害社会公共利益。本案通过民事公益诉讼加大对英雄烈士名誉的保护力度，充分体现人民法院弘扬英烈精神、保护英烈权益的坚定立场，有助于引导社会公众自觉维护和弘扬英烈精神，推动全社会形成学习英烈革命气节、崇尚英烈、捍卫英烈的良好社会风尚。

【高检发办字［2023］30号】 检察机关与妇联组织加强司法救助协作典型案例（第1批）（最高检、全国妇联2023年3月2日印发）

（案例1）北京吴甲红国家司法救助案（详见《刑事诉讼法全厚细》第7章"被害人救助"专辑）

吴甲红于2015年8月27日与汪某亮登记结婚，2019年11月被诊断为精神分裂症；经常被汪某亮打骂、冻饿，造成肢体残疾，并且精神疾病不断加重，汪某亮也未对其进行积极治疗。2021 年 12 月 3 日，北京市丰台法院根据吴甲红的姐姐吴乙红申请，判决宣告吴甲红为限制民事行为能力人；但因双方当事人争议较大，未同时依申请指定吴乙红为吴甲红的监护人。2022 年 4 月 28 日，经吴乙红申请，丰台检察院就指定监护人和吴甲红离婚纠纷，向丰台法院提出支持起诉意见。

【高检发办字［2023］号】　耕地保护检察公益诉讼典型案例（最高检 2023 年 9 月 11 日印发）

（**案例 4**）山东省菏泽市人民检察院诉王某等四人破坏耕地民事公益诉讼案

关键词：民事公益诉讼　耕地资源保护　特邀检察官助理　诉源治理

要旨：针对耕地上私挖乱采严重破坏土地资源的行为，检察机关借助一体化办案机制提起民事公益诉讼，以"检察官 + 司法警察 + 技术人员"融合履职的立体化办案模式提高调查取证的精准度，并要求行为人履行复垦义务，及时恢复受损公益。

基本案情：2020 年 10 月，河南商丘的王某与相邻山东单县高韦庄镇的王某某等三人达成土地买卖协议，约定由王某出资 10 万元购买王某某等所在村位于黄河故道村集体耕地里的土方用于填坑。自 2020 年 10 月底至 12 月，王某在未办理任何批准手续的情况下，组织车辆、人员在夜间从该土地上进行非法取土。后经单县自然资源和规划局委托鉴定，涉案土地全部为基本农田，采挖面积 5740 平方米，因非法取土造成土地的破坏程度为严重毁坏，生态修复费用为 21 万余元。

调查和诉讼：单县公安局以王某等人涉嫌非法占用农用地罪移送单县人民检察院（以下简称单县院）审查起诉，2021 年 12 月 30 日，单县院因王某等人系初犯、偶犯，且有自首情节作出不起诉决定，并将案件线索移交菏泽市人民检察院（以下简称菏泽市院）。2022 年 1 月 21 日，菏泽市院对王某等人破坏耕地违法行为以民事公益诉讼案立案，发挥一体化办案优势成立市县两级院联合办案组，围绕王某等人非法挖掘采土、耕作层受损等方面开展联合调查取证，查阅案件卷宗，调取土地现状证明，并采取"检察官 + 司法警察 + 技术人员"模式前往现场实地勘查，查明王某等人在未办理占用手续的情况下，造成基本农田严重破坏，相关刑事程序虽已处理终结，但涉案土地并未复垦，国家利益和社会公共利益仍持续处于受损状态。

2022 年 2 月 8 日，菏泽市院在正义网发布公告，公告期满后没有适格主体提起诉讼。5 月 6 日，菏泽市院依据山东省高级人民法院关于集中管辖的规定向济南铁路运输中级法院提起民事公益诉讼，诉请判令王某等四人对其破坏的耕地进行土地复垦，如不能履行，则承担土地复垦费用人民币 21 万余元。案件起诉后，王某等四人主动表示愿意尽最大努力尽快修复被破坏的耕地。7 月 21 日，在法院的主持下，菏泽市院与王某等四人达成调解协议，由四人限期对被破坏的 5740 平方米耕地进行修复治理和土地复垦，恢复种植条件，并经主管部门验收，土地复垦及验收费用由四人自行承担；如未修复土地或未达到验收条件，四人连带承担生态修复费用 21 万余元，由有资质的机构代为修复。后经司法公告，济南铁路运输中级法院于 2022 年 9 月 13 日作出民事调解书，对检察机关与王某等四人达成的调解协议予以司法确认。

为保障公益保护的及时、有效性，菏泽市院持续跟进监督，自然资源部门的特邀检察官助理参与案件办理，就土地修复的可能性、修复方案、完成时限及验收等事项进行充分讨论，并结合案件事实，从挖填平整、覆土配肥、作物种植等专业角度对四被告进行有针对性的指导。2023 年 3 月 28 日，单县自然资源和规划局及高韦庄镇政府联合作出验收结论，被破坏耕地已回填复垦完毕，达到耕种条件。

针对办案中发现的其他土地被破坏问题及耕地保护监管漏洞，单县院于 2022 年 5 月 10 日向单县自然资源和规划局制发社会治理检察建议，建议其依法履职严查违法违规用地、强化协作配合、建立耕地保护机制。单县自然资源和规划局于 2022 年 6 月 28 日回复称已在全县范围内开展违法违规用地专项整治工作，整治违法违规占用耕地面积 260 余亩。

典型意义：检察机关在办理耕地保护案件中，践行"恢复性司法"理念，依托一体化办案机制优势，将司法警察、技术人员专业特长与检察官办案技能相结合，查明事实并固定证据，以提起民事公益诉讼的方式，要求行为人承担侵权责任，确保受损土地得到有效修复。同时注重做好司法办案"后半篇文章"，以点及面促进耕地保护系统治理。

【法办发〔2023〕号】 国家公园司法保护典型案例（最高法 2023 年 10 月 17 日发布）

（案例 7）海南省人民检察院第一分院诉李某清、叶某青生态破坏民事公益诉讼案

基本案情：自 2020 年 1 月起，被告李某清、叶某青未经行政许可，陆续雇人砍伐位于海南热带雨林国家公园范围内的海南省黎母山林场鹦哥傲分站内一条土路两旁的马占树，砍伐过程中还毁坏了两株桫椤树。后两人把砍伐的马占树拉走出售得款 18450 元。经鉴定，被伐林木地块为二级保护林地，森林类别为省级公

益林，林种为防护林；被伐林木立木蓄积量 171 立方米；被毁坏的两株桫椤树为国家二级保护植物大桫椤；被伐林木造成生态服务功能损失总价值 74902.95 元/年，案涉造林修复投资经概算为 49501.8 元。上述鉴定评估费用 3 万元。李某清因犯盗伐林木罪被另案判处有期徒刑 4 年 6 个月。海南省人民检察院第一分院就李某清、叶某青的盗伐林木行为提起生态破坏民事公益诉讼，诉请：李某清、叶某青连带承担因盗伐林木造成的生态服务功能损失费用 149805.9 元、生态环境损害修复费用 49501.8 元、鉴定评估费用 3 万元。

裁判结果：海南省第一中级人民法院经审理认为，李某清、叶某青的侵权行为对林场生态环境造成了损害，应对造成的生态环境损害承担相应民事责任。遂判决：李某清、叶某青连带赔偿因盗伐林木造成的生态服务功能损失费用 149805.9 元、生态环境损害修复费用 49501.8 元，连带承担本案生态环境损害鉴定评估费用 3 万元。宣判后，各方均未上诉，一审判决已发生法律效力。

典型意义：涉案黎母山林区位于海南岛中部，为海南热带雨林国家公园的重要组成部分。本案被告在国家公园范围内的重点保护区砍伐毁坏林木的数量大，致使天然林生态系统的完整性、生物多样性、水土保持等生态功能和价值减损，破坏热带雨林的生态环境，损害社会公共利益。人民法院判令侵权人对生态资源损失进行赔偿，加大行为人的违法成本，有力震慑潜在违法行为的发生，有利于营造全民保护热带雨林资源、维护美好生态环境的社会氛围，也向社会公众传递了人民法院打击破坏生态环境行为、高质量护航国家公园建设的态度。

（案例 8） 浙江省开化县人民检察院诉陆某燕等 4 人生态破坏民事公益诉讼案

基本案情：被告陆某燕、徐某系夫妻关系，二人在浙江省开化县某农贸市场经营一家野味店。2018 年 11 月，开化县森林公安局接到公益志愿者举报后，在二人仓库内当场查获并扣押疑似白鹇 3 只、野猪 11 只、野兔 42 只、黄麂 23 只。经查，2017 年 12 月底，被告王某经由被告程某俊通过微信联系徐某购买猫头鹰 1 只，并通过录制宰杀视频验货、邮寄交付等方式完成交货，后由王某送给朋友食用。经鉴定，案涉 3 只疑似白鹇为白鹇，属国家二级保护动物；猫头鹰为雕鸮，属国家二级保护动物。经评估，陆某燕非法收购、销售珍贵、濒危野生动物和非法收购其他野生动物的行为对生态环境资源造成损害价值 107860 元，其中徐某共同参与的非法收购、销售珍贵、濒危野生动物和非法收购其他野生动物的行为造成损害价值 97860 元；程某俊、王某的非法收购珍贵、濒危野生动物行为对生态环境资源造成损害价值为 1.5 万元。陆某燕、徐某、王某、程某俊 4 人被另案追究刑事责任。浙江省开化县人民检察院以徐某等 4 人为被告提起民事公益诉讼，诉请：陆某燕支付生态环境和资源损害赔偿款 107860 元，徐某对其中的 97860 元承担连带赔偿责任，程某俊、王某各自分别对其中的 1.5 万元承担连带赔偿责任；4 被告在媒体上赔礼道歉。

裁判结果： 浙江省衢州市中级人民法院经审理认为，陆某燕、徐某共同经营野味店的过程中非法收购、出售国家重点保护野生动物和没有合法来源证明的非国家重点保护野生动物，王某、程某俊为食用目的非法收购国家重点保护野生动物，4 被告行为对生态环境和资源造成损害，应当承担侵权责任。其中，陆某燕就案涉全部事实承担责任，应支付生态环境和资源损害赔偿款 107860 元；徐某对其中 97860 元与陆某燕承担连带赔偿责任；王某、程某俊对其中 1.5 万元与陆某燕、徐某承担连带赔偿责任。遂判决支持了公益诉讼起诉人的全部诉讼请求。该判决已经发生法律效力。

典型意义： 本案发生在钱江源—百山祖国家公园钱江源园区，系由非法收购、出售国家重点保护野生动物引发的生态破坏民事公益诉讼案件。钱江源—百山祖国家公园于 2016 年被纳入国家公园体制试点，是《国家公园空间布局方案》遴选出的 49 个候选国家公园之一。钱江源—百山祖国家公园钱江源园区完整地保存着全球稀有的、大面积的中亚热带低海拔原生常绿阔叶林，被誉为"长江三角洲的最后一块生态处女地"，也是诸多珍贵、濒危野生动物的最后"基因保护地"。本案中，被侵害野生动物中的白鹇和雕鸮均为珍稀鸟类，属国家二级保护动物。白鹇作为明清时期五品官服的图案，是清廉、正直的象征，具有极佳的观赏性和文化蕴意。4 被告非法收购、出售野生动物，通过录制宰杀视频验货、网络支付、邮寄交货等方式，企图逃避监管和追责，是为牟取一己私利对大自然的过度攫取。人民法院依法判令 4 被告支付生态环境和资源损害赔偿款并赔礼道歉，在刑事追责之外挽回生态损失，彰显了以最严格制度最严密法治保护国家公园生态环境的决心，警示国家公园区域内人员依法依规开展经营活动，促进现代文明与原始生态和谐交融，共建共享人与自然和谐共生的国家公园。

● **文书格式** 【法［2016］221 号】 民事诉讼文书样式（2016 年 2 月 22 日最高法审委会［1679 次］通过，2016 年 6 月 28 日公布，2016 年 8 月 1 日起施行）（本书对格式略有调整）

民事起诉状（提起公益诉讼）

原告：×××，住所地……。

法定代表人/主要负责人：×××，……（写明职务），联系方式：……。

委托诉讼代理人：×××，……。（起诉时已经委托诉讼代理人的，写明此项）

被告：×××，……。（自然人写明姓名、性别、单位、住所等；法人或其他组织写明名称、住所等）

第三人：……（原告在起诉状中直接列写第三人的，视为其申请人民法院追加该第三人参加诉讼。是否通知第三人参加诉讼，由人民法院审查决定）

……（以上写明当事人和其他诉讼参与人的姓名或者名称等基本信息）

诉讼请求：

……

事实和理由：

……（写明原告具备提起公益诉讼主体资格以及其他事实和理由）①

证据和证据来源，证人姓名和住所：

……

此致：××人民法院

附：本起诉状副本×份（按照被告人数提出副本）

起诉人（盖单位公章，并由法定代表人或主要负责人签名）

×年×月×日

声明书（社会组织声明无违法记录）

本单位在起诉被告×××污染环境/破坏生态公益诉讼前 5 年内（×年×月×日至×年×月×日）未因从事业务活动违反法律、法规的规定，受过行政、刑事处罚。

特此声明。

此致：××人民法院

声明人（盖单位公章，并由法定代表人或主要负责人签名）

×年×月×日

申请书（其他机关和有关组织申请参加公益诉讼）

申请人：×××，住所地……。

法定代表人/主要负责人：×××，……（写明职务），联系方式：……。

委托诉讼代理人：×××，……。（起诉时已经委托诉讼代理人的，写明此项）

……（以上写明当事人和其他诉讼参与人的姓名或者名称等基本信息）

请求事项：

作为共同原告参加你院（××××）……号原告×××与被告×××污染环境/破坏生态/侵害消费者权益公益诉讼一案。

事实和理由：

你院（××××）……号原告×××与被告×××污染环境/破坏生态/侵害消费者权

---

① 提起环境民事公益诉讼应当提交的材料见"法释［2015］1 号"《解释》第 8 条；提起消费民事公益诉讼应当提交的材料见"法释［2016］10 号"《解释》第 4 条。

益公益诉讼一案，于×年×月×日发出公告。……（写明申请参加公益诉讼的事实和理由）。①

此致：××人民法院

申请人（盖单位公章，并由法定代表人或主要负责人签名）

×年×月×日

意见书（支持起诉单位提交书面意见）

支持起诉单位：×××，住所地……。

法定代表人/主要负责人：×××，……（写明职务），联系方式：……。

委托诉讼代理人：×××，……。（起诉时已经委托诉讼代理人的，写明此项）

……（以上写明当事人和其他诉讼参与人的姓名或者名称等基本信息）

依照《中华人民共和国民事诉讼法》第15条的规定，对你院（××××）……号……（写明当事人和案由）一案，本单位提出书面意见如下：

……（写明支持原告的诉讼请求、事实和理由的意见）。

此致：××人民法院

支持起诉单位（盖单位公章，并由法定代表人或主要负责人签名）

×年×月×日

民事裁定书（对同一侵权行为另行提起公益诉讼不予受理用，只送达起诉人）

（××××）……民初……号

起诉人：×××，……。

（以上写明起诉人及其代理人的姓名或者名称等基本信息，不列写被起诉人）

×年×月×日，本院收到×××的起诉状。×××提起……公益诉讼（写明案由）称，……（概述起诉的诉讼请求、事实和理由）。

本院经审查认为，××人民法院（××××）……民×……号原告×××与被告×××……公益诉讼（写明案由）一案已经发生法律效力。起诉人×××提起的……公益诉讼（写明案由）与该案系就同一侵权行为另行提起的公益诉讼，依法应当不予受理。

依照《中华人民共和国民事诉讼法》第58条、第157条第1款第1项，《最高人民法院关于适用〈中华人民共和国民事诉讼法〉的解释》第289条规定，裁定如下：

---

① 注：有权提起诉讼的其他机关和社会组织，可以在污染环境或者破坏生态公益诉讼公告之日起30日内（或者人民法院受理消费民事公益诉讼案件后、一审开庭前）申请参加诉讼。符合法定条件的，人民法院应当将其列为共同原告；逾期申请的，不予准许。

对×××提起的……公益诉讼（写明案由），本院不予受理。

如不服本裁定，可以在裁定书送达之日起10日内，向本院递交上诉状，并按对方当事人的人数提出副本，上诉于××人民法院。

审判长　×××

（代理）审判员　×××

人民陪审员　×××

×年×月×日（院印）

法官助理　×××

书记员　×××

受理公益诉讼告知书（10日内告知相关行政主管部门）

（××××）……民初……号

×××：

本院于×年×月×日立案受理原告×××（检察机关提起民事公益诉讼的，表述为：公益诉讼人××人民检察院）与被告×××、第三人×××……公益诉讼（写明案由）一案。依照《最高人民法院关于〈中华人民共和国民事诉讼法〉的解释》第284条规定，现将该案受理情况告知你单位。

联系人：……（写明姓名、部门、职务）　　联系电话：……

联系地址：……

特此告知。

附：民事起诉状

×年×月×日（院印）

××人民法院

公告（公告受理、和解或调解用，

在本院公告栏、人民法院报、当地媒体同时发布）

（××××）……民初……号

本院于×年×月×日立案受理原告×××（检察机关提起民事公益诉讼的，表述为：公益诉讼人××人民检察院）与被告×××、第三人×××……公益诉讼（写明案由）一案。

（环境生态公益诉讼写明：）依照《最高人民法院关于审理环境民事公益诉讼案件适用法律若干问题的解释》第10条规定，依法有权提起诉讼的其他机关和社会组织可以在公告之日起30日内，向本院申请参加诉讼。经审查符合法定条件的，列为共同原告；逾期申请的，不予准许。

（消费者权益公益诉讼写明：）依照《最高人民法院关于审理消费民事公益诉

讼案件适用法律若干问题的解释》第 7 条规定，依法可以提起诉讼的其他机关或者社会组织，可以在一审开庭前向本院申请参加诉讼。准许参加诉讼的，列为共同原告；逾期申请的，不予准许。

（和解或调解的，写明：）诉讼过程中，当事人达成和解/调解协议。依照《最高人民法院关于适用〈中华人民共和国民事诉讼法〉的解释》第 287 条规定，现予以公告。公告期间为×年×月×日至×年×月×日。

联系人：……（写明姓名、部门、职务）　　　　联系电话：……

联系地址：……

特此公告。

附：1. 民事起诉状；2. 调解/和解协议；3. 生态环境修复技术处理方案或整改方案

×年×月×日（院印）

民事裁定书（公益诉讼准许\不准许撤回起诉）

（××××）……民初……号

原告：×××，……。（检察机关提起民事公益诉讼的，表述为：公益诉讼人××人民检察院）

被告：×××，……。

（以上写明当事人及其代理人的姓名或者名称等基本信息）

本院在审理原告×××与被告×××……公益诉讼（写明案由）一案中，×××于×年×月×日以……为由，向本院申请撤回起诉。

本院认为，……（写明准许\不准许撤诉的理由），×××的撤诉申请符合\不符合法律规定。

依照《中华人民共和国民事诉讼法》第 148 条第 1 款，《最高人民法院关于审理环境民事公益诉讼案件适用法律若干问题的解释》第 26 条、《最高人民法院关于适用〈中华人民共和国民事诉讼法〉的解释》第 288 条规定，裁定如下：

准许\不准许×××撤回起诉。

（准许撤诉的，写明：）案件受理费……元，由……负担。

审判长　×××

（代理）审判员　×××

人民陪审员　×××

×年×月×日（院印）

法官助理　×××

书记员　×××

民事判决书（公益诉讼）

（××××）……民初……号

原告：×××，……。（检察机关提起民事公益诉讼的，表述为：公益诉讼人××人民检察院）

被告：×××，……。

（以上写明当事人及其他诉讼参与人的姓名或者名称等基本信息）

原告×××与被告×××……公益诉讼（写明案由）一案，本院于×年×月×日立案后，依法适用普通程序，于×年×月×日公告了案件受理情况。×××于×年×月×日申请参加诉讼，经本院准许列为共同原告。本院于×年×月×日公开开庭进行了审理，原告×××、被告×××、第三人×××（写明当事人和其他诉讼参加人的诉讼地位和姓名或者名称）到庭参加诉讼。××××向本院提交书面意见，协助原告调查取证，支持提起公益诉讼，指派×××（身份和姓名）参加庭审。本案现已审理终结。

×××向本院提出诉讼请求：1.……；2.……（明确原告的诉讼请求）。事实和理由：……（概述原告主张的事实和理由）。

××××支持起诉称，……（概述支持起诉意见）。

×××辩称，……（概述被告答辩意见）。

具有专门知识的人×××发表以下意见：……。

当事人围绕诉讼请求依法提交了证据，本院组织当事人进行了证据交换和质证①。对当事人无异议的证据，本院予以确认并在卷佐证。对有争议的证据和事实，本院认定如下：1.……；2.……（写明法院是否采信证据，事实认定的意见和理由）。

本院认为，……（围绕争议焦点，根据认定的事实和相关法律，对当事人的诉讼请求进行分析评判，说明理由）。

综上所述，……（对当事人的诉讼请求是否支持进行总结评述）。依照《中华人民共和国……法》第×条、……（写明法律文件名称及其条款项序号）规定，判决如下：（逐项逐行写明判决结果）②

一、……；二、……；三、……。

如果未按本判决指定的期间履行给付金钱义务，应当依照《中华人民共和国

---

① 注：如支持起诉的单位提交了相关证据，应作为原告的证据在庭审中予以质证、认证，并在法院认定的事实部分作出表述。

② 注：如原告在其起诉状中明确请求被告承担本案所涉检验、鉴定费用、合理的律师费用及为诉讼支出的其他合理费用的，应在判项中一一列明。如原告败诉，其所需承担的调查取证、专家咨询、检验、鉴定等必要费用，可以依据"法释〔2015〕1号"《解释》第24条的规定酌情支付，且应在判项中列明。

民事诉讼法》第 260 条规定，加倍支付迟延履行期间的债务利息（没有给付金钱义务的，不写）。

案件受理费⋯⋯元，由⋯⋯负担（写明当事人姓名或者名称、负担金额）。

如不服本判决，可以在判决书送达之日起 15 日内，向本院递交上诉状，并按对方当事人或者代表人的人数提出副本，上诉于××人民法院。

审判长　×××

（代理）审判员　×××

人民陪审员　×××

×年×月×日（院印）

法官助理　×××

书记员　×××

第 59 条（第 1 款）¹⁹⁹¹⁰⁴⁰⁹ 　**【第三人提起诉讼】**对当事人双方~~争议~~的诉讼标的，第三人认为有独立请求权的，有权提起诉讼~~，成为诉讼当事人~~。

（第 2 款）　　（见第 51 条之后）

（第 3 款）²⁰¹³⁰¹⁰¹　**【第三人撤销之诉】**前 2 款规定的第三人，因不能归责于本人的事由未参加诉讼，但有证据证明发生法律效力的判决、裁定、调解书的部分或者全部内容错误，损害其民事权益的，可以自知道或者应当知道其民事权益受到损害之日起 6 个月内，向作出该判决、裁定、调解书的人民法院提起诉讼。人民法院经审理，诉讼请求成立的，应当改变或者撤销原判决、裁定、调解书；诉讼请求不成立的，驳回诉讼请求。

● **相关规定** 　**【法释〔2004〕20 号】**　**最高人民法院关于审理技术合同纠纷案件适用法律若干问题的解释**（2004 年 11 月 30 日最高法审委会〔1335 次〕通过，2004 年 12 月 16 日公布，2005 年 1 月 1 日起施行；根据法释〔2020〕19 号《决定》修正，2021 年 1 月 1 日起施行）

第 44 条　一方当事人以诉讼争议的技术合同侵害他人技术成果为由请求确认合同无效，或者人民法院在审理技术合同纠纷中发现可能存在该无效事由的，人民法院应当依法通知有关利害关系人，其可以作为有独立请求权的第三人参加诉讼或者依法向有管辖权的人民法院另行起诉。

利害关系人在接到通知后 15 日内不提起诉讼的，不影响人民法院对案件的审理。

【法〔2011〕195 号】　最高人民法院关于依法制裁规避执行行为的若干意见（2011 年 5 月 27 日）

14. 引导申请执行人依法诉讼。被执行人怠于行使债权对申请执行人造成损害的，执行法院可以告知申请执行人依照《中华人民共和国合同法》第 73 条（现民法典第 535 条）的规定，向有管辖权的人民法院提起代位权诉讼。

被执行人放弃债权、无偿转让财产或者以明显不合理的低价转让财产，对申请执行人造成损害的，执行法院可以告知申请执行人依照《中华人民共和国合同法》第 74 条（现民法典第 538 条）的规定向有管辖权的人民法院提起撤销权诉讼。

【法〔2019〕254 号】　全国法院民商事审判工作会议纪要（"九民纪要"，2019 年 7 月 3-4 日在哈尔滨召开，2019 年 9 月 11 日最高法审委会民事行政专委会〔319 次〕通过，2019 年 11 月 8 日发布）

120. **【债权人能否提起第三人撤销之诉】** 第三人撤销之诉中的第三人仅局限于《民事诉讼法》第 56 条（现第 59 条）规定的有独立请求权及无独立请求权的第三人，而且一般不包括债权人。但是，设立第三人撤销之诉的目的在于，救济第三人享有的因不能归责于本人的事由未参加诉讼但因生效裁判文书内容错误受到损害的民事权益，因此，债权人在下列情况下可以提起第三人撤销之诉：

(1) 该债权是法律明确给予特殊保护的债权，如《合同法》第 286 条（现民法典第 807 条）规定的建设工程价款优先受偿权，《海商法》第 22 条规定的船舶优先权；

(2) 因债务人与他人的权利义务被生效裁判文书确定，导致债权人本来可以对《合同法》第 74 条（现民法典第 538 条）和《企业破产法》第 31 条规定的债务人的行为享有撤销权而不能行使的；

(3) 债权人有证据证明，裁判文书主文确定的债权内容部分或者全部虚假的。

债权人提起第三人撤销之诉还要符合法律和司法解释规定的其他条件。对于除此之外的其他债权，债权人原则上不得提起第三人撤销之诉。

122. **【程序启动后案外人不享有程序选择权】** 案外人申请再审与第三人撤销之诉功能上近似，如果案外人既有申请再审的权利，又符合第三人撤销之诉的条件，对于案外人是否可以行使选择权，民事诉讼法司法解释采取了限制的司法态度，即依据民事诉讼法司法解释第 303 条的规定，按照启动程序的先后，案外人只能选择相应的救济程序：案外人先启动执行异议程序的，对执行异议裁定不服，认为原裁判内容错误损害其合法权益的，只能向作出原裁判的人民法院申请再审，而不能提起第三人撤销之诉；案外人先启动了第三人撤销之诉，即便在执行程序中又提出执行异议，也只能继续进行第三人撤销之诉，而不能依《民事诉讼法》第227条（现第238条）申请再审。

【主席令［2020］45号】 中华人民共和国民法典（2020年5月28日全国人大［13届3次］通过，2021年1月1日起施行）

第538条 债务人以放弃其债权、放弃债权担保、无偿转让财产等方式无偿处分财产权益，或者恶意延长其到期债权的履行期限，影响债权人的债权实现的，债权人可以请求人民法院撤销债务人的行为。（详见本书第9章"合同保全"专辑）

【法一巡（会1）［2020］8号】 第三人撤销之诉主体资格的认定（最高法第一巡回法庭2018年第9次法官会议纪要）①（参见本书第51条"法一巡（会1）［2020］9号"）

甲银行对丙公司享有的债权为普通债权，而非依法应予特殊保护的债权，该项权利的行使不会因原诉民事判决而受到影响，由此形成的利害关系仅为事实上的间接利害关系，与原诉不具有法律上的牵连性，不能认定为法律上的利害关系。故甲银行不具有提起第三人撤销之诉的主体资格。

【法一巡（会1）［2020］18号】 再审审查中发现第三人撤销之诉不符合起诉条件的处理②（最高法第一巡回法庭2018年第17次法官会议纪要）

原诉审理的是乙公司股东之间或者乙公司股东与乙公司之间的法律关系，解决的是登记在B名下的乙公司持有的75%股权的归属问题，属于确认之诉。而丙公司原系乙公司的股东，D作为丙公司的股东，与乙公司股东以及乙公司之间，均无直接的法律关系。原诉判决不论判令乙公司的股权由A持有还是由B持有，均不会对D的民事权益产生影响。D并非原诉有独立请求权的第三人或无独立请求权的第三人，不具有针对原诉提起第三人撤销之诉的主体资格。而且，第三人是否具备提起第三人撤销之诉的主体资格属于人民法院依职权应主动审查的范围，在第三人不具备提起第三人撤销之诉的主体资格，而原诉判决又对案件作出实体处理的情形下，应对原诉进行再审，并依法裁定驳回原告的起诉。

---

① 该案，甲银行因与李某、姚某及丙公司金融借款及保证合同纠纷案，向A法院提起民事诉讼并申请财产保全，A法院裁定冻结了丙公司在乙银行开立的保证金账户内的资金，后判令李某、姚某向甲银行偿还借款本金并支付利息，丙公司承担连带清偿责任。判决生效后，甲银行申请强制执行，A法院裁定将前述冻结资金扣划至A法院账户。扣划之前，乙银行因借款合同纠纷将周某、何某、丙公司起诉至B法院；扣划之后，B法院判令乙银行对丙公司保证金账户内的资金享有优先受偿权。甲银行遂提起第三人撤销之诉，请求撤销B法院的该判项，驳回乙银行的该项诉讼请求。

② 最高人民法院第一巡回法庭编著：《最高人民法院第一巡回法庭民商事主审法官会议纪要（第1卷）》，中国法制出版社2020年版，第120页。

【法二巡（会 2）［2021］4 号】　无独立请求权第三人认定中 **"案件处理结果同他有法律上的利害关系"** 的判断标准①（最高法第二巡回法庭 2020 年第 9 次法官会议纪要）

尽管《民事诉讼法》第 56 条（现第 59 条）规定的第三人原则上不包括一般债权人，但一般债权人申请法院查封被执行人财产后，根据原《物权法》第 184 条第 5 项（《民法典》第 399 条第 5 项）关于依法被查封、扣押、监管的财产属于禁止抵押的财产的规定，其对于被执行人与他人诉讼确认抵押权一案，具有物权法上的利害关系。

【法释［2022］11 号】　最高人民法院关于适用《中华人民共和国民事诉讼法》的解释（"法释［2015］5 号"公布，2015 年 2 月 4 日起施行；根据法释［2020］20 号《决定》修正，2021 年 1 月 1 日起施行；2022 年 3 月 22 日最高法审委会［1866 次］修正，2022 年 4 月 1 日公布，2022 年 4 月 10 日起施行；以本规为准）

第 127 条（摘）　民事诉讼法第 59 条第 3 款规定的 6 个月为不变期间，不适用诉讼时效中止、中断、延长的规定。

第 290 条　第三人对已经发生法律效力的判决、裁定、调解书提起撤销之诉的，应当自知道或者应当知道其民事权益受到损害之日起 6 个月内，向作出生效判决、裁定、调解书的人民法院提出，并应当提供存在下列情形的证据材料：（一）因不能归责于本人的事由未参加诉讼；（二）发生法律效力的判决、裁定、调解书的全部或者部分内容错误；（三）发生法律效力的判决、裁定、调解书内容错误损害其民事权益。②

第 291 条　人民法院应当在收到起诉状和证据材料之日起 5 日内送交对方当事人，对方当事人可以自收到起诉状之日起 10 日内提出书面意见。

人民法院应当对第三人提交的起诉状、证据材料以及对方当事人的书面意见进行审查。必要时，可以询问双方当事人。

经审查，符合起诉条件的，人民法院应当在收到起诉状之日起 30 日内立案。不符合起诉条件的，应当在收到起诉状之日起 30 日内裁定不予受理。

第 292 条　人民法院对第三人撤销之诉案件，应当组成合议庭开庭审理。

第 293 条　民事诉讼法第 59 条第 3 款规定的因不能归责于本人的事由未参加诉

---

①　贺小荣主编：《最高人民法院第二巡回法庭法官会议纪要（第二辑）》，人民法院出版社 2021 年版，第 54 页。

②　最高法指导案例 150 号认为：本条规定本质上是对第三人撤销之诉起诉条件的规定，即在受理阶段需从证据材料角度对原生效裁判内容是否存在错误并损害其民事权益进行一定限度的实质审查。但这并不意味着第三人在起诉时就要完成全部的举证义务，因为起诉条件与最终实体判决的证据要求存在区别。

讼,是指没有被列为生效判决、裁定、调解书当事人,且无过错或者无明显过错的情形。包括:(一)不知道诉讼而未参加的;(二)申请参加未获准许的;(三)知道诉讼,但因客观原因无法参加的;(四)因其他不能归责于本人的事由未参加诉讼的。

第 294 条 民事诉讼法第 59 条第 3 款规定的判决、裁定、调解书的部分或者全部内容,是指判决、裁定的主文,调解书中处理当事人民事权利义务的结果。

第 295 条 对下列情形提起第三人撤销之诉的,人民法院不予受理:

(一)适用特别程序、督促程序、公示催告程序、破产程序等非讼程序处理的案件;

(二)婚姻无效、撤销或者解除婚姻关系等判决、裁定、调解书中涉及身份关系的内容;

(三)民事诉讼法第 57 条规定的未参加登记的权利人对代表人诉讼案件的生效裁判;

(四)民事诉讼法第 58 条规定的损害社会公共利益行为的受害人对公益诉讼案件的生效裁判。

第 296 条 第三人提起撤销之诉,人民法院应当将该第三人列为原告,生效判决、裁定、调解书的当事人列为被告,但生效判决、裁定、调解书中没有承担责任的无独立请求权的第三人列为第三人。

第 297 条 受理第三人撤销之诉案件后,原告提供相应担保,请求中止执行的,人民法院可以准许。

第 298 条 对第三人撤销或者部分撤销发生法律效力的判决、裁定、调解书内容的请求,人民法院经审理,按下列情形分别处理:

(一)请求成立且确认其民事权利的主张全部或部分成立的,改变原判决、裁定、调解书内容的错误部分;

(二)请求成立,但确认其全部或部分民事权利的主张不成立,或者未提出确认其民事权利请求的,撤销原判决、裁定、调解书内容的错误部分;

(三)请求不成立的,驳回诉讼请求。

对前款规定裁判不服的,当事人可以上诉。

原判决、裁定、调解书的内容未改变或者未撤销的部分继续有效。

第 299 条 第三人撤销之诉案件审理期间,人民法院对生效判决、裁定、调解书裁定再审的,受理第三人撤销之诉的人民法院应当裁定将第三人的诉讼请求并入再审程序。但有证据证明原审当事人之间恶意串通损害第三人合法权益的,人民法院应当先行审理第三人撤销之诉案件,裁定中止再审诉讼。

第 300 条 第三人诉讼请求并入再审程序审理的,按照下列情形分别处理:

(一)按照第一审程序审理的,人民法院应当对第三人的诉讼请求一并审理,所作的判决可以上诉；

（二）按照第二审程序审理的，人民法院可以调解，调解达不成协议的，应当裁定撤销原判决、裁定、调解书，发回一审法院重审，重审时应当列明第三人。

第 301 条　第三人提起撤销之诉后，未中止生效判决、裁定、调解书执行的，执行法院对第三人依照民事诉讼法第 234 条（现第 238 条）规定提出的执行异议，应予审查。第三人不服驳回执行异议裁定，申请对原判决、裁定、调解书再审的，人民法院不予受理。

案外人对人民法院驳回其执行异议裁定不服，认为原判决、裁定、调解书内容错误损害其合法权益的，应当根据民事诉讼法第 234 条（现第 238 条）规定申请再审，提起第三人撤销之诉的，人民法院不予受理。

● **指导案例**　**【法［2021］55 号】**　**最高人民法院第 27 批指导性案例**（2021 年 2 月 19 日）

（指导案例 148 号）高光诉三亚天通国际酒店有限公司、海南博超房地产开发有限公司等第三人撤销之诉案（最高法院民事裁定书［2017］最高法民终 63 号）

裁判要点：公司股东对公司法人与他人之间的民事诉讼生效裁判不具有直接的利益关系，不符合民事诉讼法第 56 条（现第 59 条）规定的第三人条件①，其以股东身份提起第三人撤销之诉的，人民法院不予受理。

（指导案例 149 号）长沙广大建筑装饰有限公司诉中国工商银行股份有限公司广州粤秀支行、林传武、长沙广大建筑装饰有限公司广州分公司等第三人撤销之诉案（广东高院民事裁定书［2018］粤民终 1151 号）

裁判要点：公司法人的分支机构以自己的名义从事民事活动，并独立参加民事诉讼，人民法院判决分支机构对外承担民事责任，公司法人对该生效裁判提起第三人撤销之诉的，其不符合民事诉讼法第 56 条（现第 59 条）规定的第三人条件，人民法院不予受理。②

（指导案例 150 号）中国民生银行股份有限公司温州分行诉浙江山口建筑工程有限公司、青田依利高鞋业有限公司第三人撤销之诉案（浙江高院民事裁定书［2018］浙民申 3524 号）

---

① 最高人民法院认为：第三人撤销之诉制度的设置功能，主要是为了保护受错误生效裁判损害的未参加原诉的第三人的合法权益。由于第三人本人以外的原因未能参加原诉，导致人民法院作出了错误裁判，在这种情形下，法律赋予本应参加原诉的第三人有权通过另诉的方式撤销原生效裁判。

② 《民法典》总则第 74 条第 2 款：分支机构以自己的名义从事民事活动，产生的民事责任由法人承担；也可以先以该分支机构管理的财产承担，不足以承担的，由法人承担。因此，公司法人属于承担民事责任的当事人，而不是民事诉讼法第 59 条规定的第三人。

裁判要点：建设工程价款优先受偿权与抵押权指向同一标的物，抵押权的实现因建设工程价款优先受偿权的有无以及范围大小受到影响的，应当认定抵押权的实现同建设工程价款优先受偿权案件的处理结果有法律上的利害关系，抵押权人对确认建设工程价款优先受偿权的生效裁判具有提起第三人撤销之诉的原告主体资格。

（指导案例151号）台州德力奥汽车部件制造有限公司诉浙江建环机械有限公司管理人浙江安天律师事务所、中国光大银行股份有限公司台州温岭支行第三人撤销之诉案（最高法院2020年5月27日民事裁定书［2020］最高法民申2033号）

裁判要点：在银行承兑汇票的出票人进入破产程序后，对付款银行于法院受理破产申请前6个月内从出票人还款账户划扣票款的行为，破产管理人提起请求撤销个别清偿行为之诉，法院判决予以支持的，汇票的保证人与该生效判决具有法律上的利害关系，具有提起第三人撤销之诉的原告主体资格。

（指导案例152号）鞍山市中小企业信用担保中心诉汪薇、鲁金英第三人撤销之诉案（最高法院民事判决书［2017］最高法民终626号）

裁判要点：债权人申请强制执行后，被执行人与他人在另外的民事诉讼中达成调解协议，放弃其取回财产的权利，并大量减少债权，严重影响债权人债权实现，符合合同法第74条（现民法典第538条）①规定的债权人行使撤销权条件的，债权人对民事调解书具有提起第三人撤销之诉的原告主体资格。

（指导案例153号）永安市燕诚房地产开发有限公司诉郑耀南、远东（厦门）房地产发展有限公司等第三人撤销之诉案（最高法院民事裁定书［2017］最高法民终885号）②

裁判要点：债权人对确认债务人处分财产行为的生效裁判提起第三人撤销之诉的，在出现债务人进入破产程序、无财产可供执行等影响债权人债权实现的情形时，应当认定债权人知道或者应当知道该生效裁判损害其民事权益，提起诉讼的6个月期间开始起算。

● **入库案例**　【2024-01-2-526-001】　**化德县某能源公司诉中冶某公司第三人撤销之诉案**（2020.02.20/［2021］最高法民终825号）

裁判要旨：受让借款合同债权的普通债权人，对另案建设工程施工合同纠纷的诉讼标的不具有独立请求权，与该案处理结果亦不具有法律上的利害关系，不属于民事诉讼法第 56 条（现第 59 条）规定的第三人，无权针对另案生效裁判提起第三人撤销之诉。

【2024-01-2-470-002】　**包头某商务信息咨询中心等诉石河子某股权投资有限合伙企业、包头市某稀土电磁材料股份有限公司第三人撤销之诉案**（内蒙古高院/2023.11.16/［2023］内民终 731 号）

裁判要旨：股东与公司之间系利益共同体。公司参加民事诉讼的裁判结果一般都会影响到公司的资产、利益，从而间接影响到股东的利益。基于公司利益和股东利益具有一致性，公司对外活动应推定为股东整体意志体现，公司在诉讼活动中的主张也应认定为代表股东的整体利益。因此，虽然公司诉讼的处理结果会间接影响到股东的利益，但股东的利益和意见已经在诉讼过程中由公司所代表，公司股东不能再作为第三人参加公司对外进行的诉讼。对于公司对外诉讼的生效裁判，股东也不具有提起第三人撤销之诉的主体资格。

【2024-16-2-470-001】　**黄某甲与王某某、黄某乙第三人撤销之诉二审案**（宁波中院/2014.10.20/［2014］浙甬民二终字第 682 号）

裁判要旨：第三人在原案诉讼进程中，知道或者应当知道原案诉讼存在，但未向原审法院提起诉讼或者提出参加诉讼申请的，除客观上有妨碍其提起诉讼的正当事由存在外，属于其对未参加诉讼存在过错，应视为其行使处分权的结果，不符合"因不能归责于本人的事由"的情形，依法不能提起第三人撤销之诉。

【2024-16-2-470-003】　**某石化公司诉某供应站、某燃料公司第三人撤销之诉案**（舟山中院/2015.08.19/［2015］浙舟民受终字第 4 号）

裁判要旨：民事诉讼法第 56 条（现第 59 条）第 3 款规定的判决、裁定、调解书的部分或者全部内容，指的是判决、裁定的主文，调解书中处理当事人民事权利义务结果的内容。第三人认为生效裁判的事实认定以及裁判说理部分损害其民事权益提起撤销之诉的，人民法院不予支持。

● **公报案例**　（法公报［2016］7 期）　**刘某先诉徐某、尹某怡抚养费纠纷案**（上海一中院民事判决书［2015］沪一中民一（民）撤终字第 1 号）①

裁判摘要：抚养费案件中第三人撤销权的认定，需明确父母基于对子女的抚

---

①　注：本案，2007 年 9 月 25 日徐某与尹某芳（非婚）生女尹某怡；2008 年 4 月 15 日徐某与刘某先登记结婚。2008 年 5 月 16 日，徐某与尹某芳书面约定每月支付抚养费 2 万元，至尹某怡 20 周岁时止；因未履行，2008 年 11 月 20 日法院判决徐某每月支付 1 万元。2010 年 4 月、2011 年 10 月，徐某先后承诺将抚养费增至每月 1.2 万元、2 万元；因未坚持履行，2014 年 7 月 24 日法院判令徐某履约。刘某先认为该判决侵犯了夫妻共同财产，并且抚养至 20 周岁无法律依据，提起第三人撤销之诉。上海徐汇法院一审支持撤销；上海一中院撤销一审判决，驳回刘某先撤销之诉。

养义务支付抚养费是否会侵犯父或母再婚后的夫妻共同财产权。虽然夫妻对共同所有财产享有平等处理的权利，但夫或妻也有合理处分个人收入的权利。除非一方支付的抚养费明显超过其负担能力或者有转移夫妻共同财产的行为，否则不能因未与现任配偶达成一致意见即认定属于侵犯夫妻共同财产权。①

（法公报［2016］9期） 黄光娜与海口栋梁事业有限公司、广东省阳江市建安集团有限公司海南分公司商品房销售合同纠纷案（最高法院民事裁定书［2015］民一终字第37号）

裁判摘要： 一、案件争议不动产的登记所有权人，同案件处理结果具有法律上的利害关系，可以作为案件第三人。二、一方当事人大股东在案件诉讼过程中受让争议标的物，但未作为第三人参加诉讼，在案件判决生效后，又提起第三人撤销之诉的，法院推定其知悉案件情况，非因不能归责于其本人的原因未参加诉讼的，符合常理和交易惯例。上述大股东所提第三人撤销之诉不符合起诉条件，应裁定不予受理。

（法公报［2020］4期） 永安市燕诚房地产开发有限公司与郑耀南、远东（厦门）房地产发展有限公司及第三人高俪珍第三人撤销之诉案（最高法院民事裁定书［2017］最高法民终885号）②

裁判摘要： 作为普通债权人的第三人一般不具有基于债权提起第三人撤销之诉的事由，但如果生效裁判所确认的债务人相关财产处分行为符合合同法第74条（现民法典第538条）所规定的撤销权条件，则依法享有撤销权的债权人与该生效裁判案件的处理结果具有法律上的利害关系，从而具备以无独立请求权第三人身份提起第三人撤销之诉的原告主体资格。

（法公报［2020］9期） 海南南洋房地产有限公司、海南成功投资有限公司与南洋航运集团股份有限公司、陈霖、海南金灿商贸有限公司第三人撤销之诉案（最高法院民事判决书［2019］最高法民终712号）

裁判摘要： 第三人撤销之诉的制度功能，是为因不可归责于本人的事由未能参加诉讼，而生效判决、裁定、调解书存在错误且损害其民事权益的案外人提供救济。实践中，既要依法维护案外人的正当权利，也要防止滥用第三人撤销之诉

---

① 上海一中院认为：本案中，虽然徐某承诺支付的抚养费数额确实高于一般标准，但在父母经济状况均许可的情况下，都应尽责为子女提供较好的生活、学习条件。徐某承诺支付的抚养费数额一直在其个人收入可承担的范围内，且徐某这几年的收入情况稳中有升，支付尹某怡的抚养费在其收入中的比例反而下降，故亦不存在转移夫妻共同财产的行为。因此，徐某就支付尹某怡抚养费用和期限作出的承诺，并未侵犯刘某先的夫妻共同财产权。

② 注：本案例入选最高人民法院第27批指导性案例（指导案例第153号）。

导致损害生效裁判的稳定性。提起撤销之诉的案外人不能充分证明生效判决、裁定、调解书确实存在错误且损害其民事权益的，应当驳回诉讼请求。

● **文书格式**　【**法〔2016〕221 号**】　**民事诉讼文书样式**（2016 年 2 月 22 日最高法审委会〔1679 次〕通过，2016 年 6 月 28 日公布，2016 年 8 月 1 日起施行）（本书对格式略有调整）

民事起诉状（提起第三人撤销之诉用）①

原告：×××，男/女，×年×月×日生，×族，……（写明工作单位和职务或职业），住……。联系方式：……。（★起诉人是法人或其他组织的，本段写明原告的名称、住所）

法定代理人/指定代理人②：×××，……。（★起诉人是法人或其他组织的，本段写明法定代表人、主要负责人及其姓名、职务、联系方式）

委托诉讼代理人：×××，……。（起诉时已经委托诉讼代理人的，写明此项）

被告（原审原告）③：×××，……。（自然人写明姓名、性别、单位、住所等；法人或其他组织写明名称、住所等）

……（以上写明当事人和其他诉讼参与人的姓名或者名称等基本信息）

第三人：……（原告在起诉状中直接列写第三人的，视为其申请人民法院追加该第三人参加诉讼。是否通知第三人参加诉讼，由人民法院审查决定）

诉讼请求：

1. 撤销××××人民法院（××××）……号民事判决/民事裁定/民事调解书第×项；

或者：变更××××人民法院（××××）……号民事判决/民事裁定/民事调解书第×项为……（写明变更的具体内容）。

2. ……（写明其他诉讼请求）。

事实和理由：

×年×月×日，××××人民法院（××××）……号对……（写明当事人和案由）一案作出民事判决/民事裁定/民事调解书：……（写明请求撤销的原生效判决、裁定的主文或者调解协议书中处理当事人权利义务的结果）。

……（写明提起第三人撤销之诉的事实和理由）。

---

①　因不能归责于本人的事由未参加诉讼，但有证据证明发生法律效力的判决、裁定、调解书的部分或者全部内容错误，损害其民事权益的第三人，自知道或应当知道其民事权益受到损害之日起 6 个月内，可以向作出该生效判决、裁定、调解书的人民法院提起诉讼。

②　注：起诉人是无民事行为能力人或限制民事行为能力人的，应当写明法定代理人姓名、性别、出生日期、民族、职业、工作单位、住所、联系方式，在诉讼地位后括注与起诉人的关系。

③　注：原生效判决、裁定、调解书的当事人都应列为被告；但其中未承担责任的无独立请求权的第三人列为第三人。

证据和证据来源，证人姓名和住所：

……

此致：××人民法院

附：1. 本起诉状副本×份（按照被告人数提出副本）

2. 请求人民法院撤销的发生法律效力的判决书/裁定/调解书

起诉人（签名①）

×年×月×日

通知书（5 日内通知对方当事人提出书面意见）

（××××）……民撤……号

×××：

×年×月×日，×××不服本院（××××）……民×……号民事判决/民事裁定/民事调解书，向本院提交起诉状，请求撤销该生效民事判决/民事裁定/民事调解书（依起诉状的诉讼请求写）。现将×××提交的起诉状副本和相关证据材料一并送交。对×××的起诉，请你/你单位自收到本通知之日起 10 日内提出书面意见。

特此通知。

附：起诉状副本和相关证据材料

×年×月×日（院印）

民事裁定书（对第三人撤销之诉不予受理用，只送达起诉人）

（××××）……民撤……号

起诉人：×××，……。

（以上写明起诉人及其代理人等其他诉讼参与人的姓名或者名称等基本信息，不列写被起诉人）

×年×月×日，本院收到×××的起诉状。起诉人×××对×××、×××提起第三人撤销之诉称，……（概述起诉的诉讼请求、事实和理由）。

本院经审查认为，……（写明对第三人撤销之诉不予受理的理由）。

依照《中华人民共和国民事诉讼法》第 59 条、第 122 条、第 157 条第 1 款第 1 项、《最高人民法院关于适用〈中华人民共和国民事诉讼法〉的解释》第 291 条、第 295 条规定，②裁定如下：

对×××提起的第三人撤销之诉，本院不予受理。

---

① 注：起诉人是法人或其他组织的，本处盖单位公章，并由法定代表人或主要负责人签名。

② 注：案外人对人民法院驳回其执行异议裁定不服，认为原判决、裁定、调解书内容错误损害其合法权益的，可以根据《民事诉讼法》第 235 条规定申请再审，对其提起第三人撤销之诉的，人民法院不予受理。于此情形，法律依据同时引用"法释〔2022〕11 号"《解释》第 301 条第 2 款。

如不服本裁定，可以在裁定书送达之日起 10 日内（起诉人在我国领域内没有住所的，上诉期为 30 日内），向本院递交上诉状，上诉于××人民法院。

审判长　×××

（代理）审判员　×××

人民陪审员　×××

×年×月×日（院印）

法官助理　×××

书记员　×××

民事裁定书（第三人撤销之诉并入再审程序用）①

（××××）……民撤……号

原告：×××，……。

被告：×××，……。

第三人：×××，……。

（以上写明当事人及其代理人等其他诉讼参与人的姓名或者名称等基本信息）

原告×××与被告×××、被告×××、第三人×××第三人撤销之诉一案，本院于×年×月×日立案，尚未审结。

××人民法院（××××）……民×……号……（写明当事人及案由）一案，于×年×月×日，由本院/××人民法院（××××）……民监/申/抗……号裁定再审，再审案号为（××××）……民再……号。

本院经审查认为，×××与×××、……（写明当事人）第三人撤销之诉审理期间，对原告起诉撤销的生效判决/裁定/调解书人民法院已经裁定再审，第三人撤销之诉案件依法应当并入再审程序审理。

依照《中华人民共和国民事诉讼法》第 59 条第 3 款、第 157 条第 1 款第 11 项、《最高人民法院关于适用〈中华人民共和国民事诉讼法〉的解释》第 299 条规定，裁定如下：

本案×××的诉讼请求并入××人民法院（××××）……民再……号……（当事人及案由）一案审理。

审判长　×××

（代理）审判员　×××

人民陪审员　×××

---

①　在被提起第三人撤销之诉的原生效判决、裁定、调解书裁定再审后，裁定将第三人即本案原告的诉讼请求并入再审程序。有证据证明原审当事人之间恶意串通损害第三人合法权益的，人民法院应当先行审理第三人撤销之诉案件，裁定中止再审诉讼。

×年×月×日（院印）

法官助理　×××

书记员　　×××

民事裁定书（受理第三人撤销之诉后，中止再审程序用）①

（××××）……民撤……号

再审申请人（一、二审诉讼地位）：×××，……。

被申请人（一、二审诉讼地位）：×××，……。

原审其他当事人：×××，……。

（以上写明当事人和其他诉讼参加人的姓名或名称等基本信息）

×年×月×日，本院/××人民法院作出（××××）……民×……号民事裁定，本案由本院再审。本院依法组成合议庭，正在审理本案。

×年×月×日，××人民法院受理（××××）……民撤……号……（写明当事人及案由）第三人撤销之诉一案。该案正在审理中。

本院认为，……（写明中止再审诉讼的理由）。

依照《中华人民共和国民事诉讼法》第 157 条第 1 款第 6 项、《最高人民法院关于适用〈中华人民共和国民事诉讼法〉的解释》第 299 条规定，裁定如下：

一、本案中止诉讼。

二、本院/××人民法院先行审理（××××）……民撤……号……（写明当事人及案由）一案。

审判长　　×××

（代理）审判员　×××

人民陪审员　×××

×年×月×日（院印）

法官助理　×××

书记员　　×××

民事判决书（第三人撤销之诉用）②

（××××）……民撤……号

原告：×××，……。

被告：×××，……。

---

① 在被提起第三人撤销之诉的原生效判决、裁定、调解书裁定再审后，裁定将第三人即本案原告的诉讼请求并入再审程序。有证据证明原审当事人之间恶意串通损害第三人合法权益的，人民法院应当先行审理第三人撤销之诉案件，裁定中止再审诉讼。

② 注：第三人撤销之诉案件，应当适用普通程序，组成合议庭开庭审理。

第三人：×××，……。

（以上写明当事人及其代理人等其他诉讼参与人的姓名或者名称等基本信息）

原告×××与被告×××……（写明原案由）一案，不服本院（××××）……民×……号生效判决/裁定/调解书，向本院提起第三人撤销之诉，本院于×年×月×日立案后，依法适用普通程序，公开/因涉及……（写明不公开开庭的理由）不公开开庭进行了审理。原告×××、被告×××、第三人×××（写明当事人和其他诉讼参加人的诉讼地位和姓名或名称）到庭参加诉讼。本案现已审理终结。

×××向本院提出诉讼请求：1.……；2.……（明确原告的诉讼请求）。事实和理由：……（概述原告主张的事实和理由）。

×××辩称，……（概述被告答辩意见）。

×××述称，……（概述第三人陈述意见）。

……（概述原案认定的基本事实，写明裁判结果）。

本案当事人围绕诉讼请求依法提交了证据，本院组织当事人进行了证据交换和质证。对当事人无异议的证据，本院予以确认并在卷佐证。对有争议的证据和事实，本院认定如下：1.……；2.……（写明法院是否采信证据，事实认定的意见和理由）。

本院认为，……（围绕争议焦点，根据本院认定的事实和相关法律，对当事人的诉讼请求作出分析评判，说明理由）。

综上所述，……（对当事人的诉讼请求是否支持进行总结评述）。依照《中华人民共和国……法》第×条、……（写明法律文件名称及其条款项序号）①规定，判决如下：（逐项逐行写明判决结果）

一、……；二、……；三、……。

如果未按本判决指定的期间履行给付金钱义务，应当依照《中华人民共和国民事诉讼法》第 260 条规定，加倍支付迟延履行期间的债务利息（没有给付金钱义务的，不写）。

案件受理费……元，由……负担（写明当事人姓名或者名称、负担金额）。

如不服本判决，可以在判决书送达之日起 15 日内，向本院递交上诉状，并按对方当事人或者代表人的人数提出副本，上诉于××人民法院。

审判长　×××

（代理）审判员　×××

人民陪审员　×××

×年×月×日（院印）

①　见"法释〔2022〕11 号"《解释》第 298 条。

第二节　诉讼代理人

第 60 条¹⁹⁹¹⁰⁴⁰⁹ 【法定代理人】无诉讼行为能力人由他的监护人作为法定代理人代为诉讼；~~没有法定代理人的，由人民法院指定代理人~~。法定代理人之间互相推诿代理责任的，由人民法院指定其中一人代为诉讼。

第 61 条 【诉讼代理人】当事人、~~法定代表人、~~¹⁹⁹¹⁰⁴⁰⁹ 法定代理人可以委托 1 至 2 人作为诉讼代理人。

下列人员可以被委托为诉讼代理人：²⁰¹³⁰¹⁰¹

（一）律师、基层法律服务工作者；

（二）当事人的近亲属或者工作人员；

（三）当事人所在社区、单位以及有关社会团体推荐的公民/~~人~~。

~~（四）经人民法院许可的其他公民。~~

第 62 条¹⁹⁹¹⁰⁴⁰⁹ 【委托代理程序】委托他人代为诉讼，必须向人民法院提交由委托人签名或者盖章的授权委托书。

授权委托书必须记明委托事项和权限。诉讼代理人代为承认、放弃、变更诉讼请求，进行和解，提起反诉或者上诉，必须有委托人/~~被代理人~~的特别授权。

侨居在国外的中华人民共和国/~~中国~~公民从国外寄交或者托交的~~委托代理人的~~授权委托书，必须经中华人民共和国/~~我国~~驻该国的使领馆证明；没有使领馆的，由与中华人民共和国有外交关系的第三国驻该国的使领馆证明，再转由中华人民共和国驻该第三国使领馆证明，或者由当地的爱国华侨团体证明。

第 63 条 【诉讼代理人变更】诉讼代理人的权限如果变更或者解除，当事人应当书面告知人民法院，并由人民法院通知对方当事人。

民事诉讼法全厚细

● **相关规定** 【**主席令 [2020] 45 号**】 **中华人民共和国民法典**（2020 年 5 月 28 日全国人大 [13 届 3 次] 通过，2021 年 1 月 1 日起施行）

第 19 条 8 周岁以上的未成年人为限制民事行为能力人，实施民事法律行为由其法定代理人代理或者经其法定代理人同意、追认；但是，可以独立实施纯获利益的民事法律行为或者与其年龄、智力相适应的民事法律行为。

第 20 条 不满 8 周岁的未成年人为无民事行为能力人，由其法定代理人代理实施民事法律行为。

第 21 条 不能辨认自己行为的成年人为无民事行为能力人，由其法定代理人代理实施民事法律行为。

8 周岁以上的未成年人不能辨认自己行为的，适用前款规定。

第 22 条 不能完全辨认自己行为的成年人为限制民事行为能力人，实施民事法律行为由其法定代理人代理或者经其法定代理人同意、追认；但是，可以独立实施纯获利益的民事法律行为或者与其智力、精神健康状况相适应的民事法律行为。

第 161 条 民事主体可以通过代理人实施民事法律行为。

依照法律规定、当事人约定或者民事法律行为的性质，应当由本人亲自实施的民事法律行为，不得代理。

第 162 条 代理人在代理权限内，以被代理人名义实施的民事法律行为，对被代理人发生效力。

第 163 条 代理包括委托代理和法定代理。

委托代理人按照被代理人的委托行使代理权。法定代理人依照法律的规定行使代理权。

第 165 条 委托代理授权采用书面形式的，授权委托书应当载明代理人的姓名或者名称、代理事项、权限和期限，并由被代理人签名或者盖章。

第 166 条 数人为同一代理事项的代理人的，应当共同行使代理权，但是当事人另有约定的除外。

第 168 条 代理人不得以被代理人的名义与自己实施民事法律行为，但是被代理人同意或者追认的除外。

代理人不得以被代理人的名义与自己同时代理的其他人实施民事法律行为，但是被代理的双方同意或者追认的除外。

第 169 条 代理人需要转委托第三人代理的，应当取得被代理人的同意或者追认。

转委托代理经被代理人同意或者追认的，被代理人可以就代理事务直接指示转委托的第三人，代理人仅就第三人的选任以及对第三人的指示承担责任。

转委托代理未经被代理人同意或者追认的，代理人应当对转委托的第三人的行为承担责任；但是，在紧急情况下代理人为了维护被代理人的利益需要转委托第三人代理的除外。

第170条 执行法人或者非法人组织工作任务的人员，就其职权范围内的事项，以法人或者非法人组织的名义实施的民事法律行为，对法人或者非法人组织发生效力。

法人或者非法人组织对执行其工作任务的人员职权范围的限制，不得对抗善意相对人。

第171条 行为人没有代理权、超越代理权或者代理权终止后，仍然实施代理行为，未经被代理人追认的，对被代理人不发生效力。

相对人可以催告被代理人自收到通知之日起30日内予以追认。被代理人未作表示的，视为拒绝追认。行为人实施的行为被追认前，善意相对人有撤销的权利。撤销应当以通知的方式作出。

行为人实施的行为未被追认的，善意相对人有权请求行为人履行债务或者就其受到的损害请求行为人赔偿。但是，赔偿的范围不得超过被代理人追认时相对人所能获得的利益。

相对人知道或者应当知道行为人无权代理的，相对人和行为人按照各自的过错承担责任。

第172条 行为人没有代理权、超越代理权或者代理权终止后，仍然实施代理行为，相对人有理由相信行为人有代理权的，代理行为有效。

第173条 有下列情形之一的，委托代理终止：（一）代理期限届满或者代理事务完成；（二）被代理人取消委托或者代理人辞去委托；（三）代理人丧失民事行为能力；（四）代理人或者被代理人死亡；（五）作为代理人或者被代理人的法人、非法人组织终止。

第174条 被代理人死亡后，有下列情形之一的，委托代理人实施的代理行为有效：（一）代理人不知道且不应当知道被代理人死亡；（二）被代理人的继承人予以承认；（三）授权中明确代理权在代理事务完成时终止；（四）被代理人死亡前已经实施，为了被代理人的继承人的利益继续代理。

作为被代理人的法人、非法人组织终止的，参照适用前款规定。

第175条 有下列情形之一的，法定代理终止：（一）被代理人取得或者恢复完全民事行为能力；（二）代理人丧失民事行为能力；（三）代理人或者被代理人死亡；（四）法律规定的其他情形。

第1111条 自收养关系成立之日起，养父母与养子女间的权利义务关系，适用本法关于父母子女关系的规定；养子女与养父母的近亲属间的权利义务关系，适用本法关于子女与父母的近亲属关系的规定。

养子女与生父母以及其他近亲属间的权利义务关系，因收养关系的成立而消除。

【法释［2022］6 号】　最高人民法院关于适用《中华人民共和国民法典》总则编若干问题的解释（2021 年 12 月 30 日最高法审委会［1861 次］通过，2022年 2 月 24 日公布，2022 年 3 月 1 日起施行）

第 25 条　数个委托代理人共同行使代理权，其中一人或者数人未与其他委托代理人协商，擅自行使代理权的，依据民法典第 171 条、第 172 条等规定处理。

第 26 条　由于急病、通讯联络中断、疫情防控等特殊原因，委托代理人自己不能办理代理事项，又不能与被代理人及时取得联系，如不及时转委托第三人代理，会给被代理人的利益造成损失或者扩大损失的，人民法院应当认定为民法典第 169 条规定的紧急情况。

第 27 条　无权代理行为未被追认，相对人请求行为人履行债务或者赔偿损失的，由行为人就相对人知道或者应当知道行为人无权代理承担举证责任。行为人不能证明的，人民法院依法支持相对人的相应诉讼请求；行为人能够证明的，人民法院应当按照各自的过错认定行为人与相对人的责任。

第 28 条　同时符合下列条件的，人民法院可以认定为民法典第 172 条规定的相对人有理由相信行为人有代理权：（一）存在代理权的外观；（二）相对人不知道行为人行为时没有代理权，且无过失。

因是否构成表见代理发生争议的，相对人应当就无权代理符合前款第一项规定的条件承担举证责任；被代理人应当就相对人不符合前款第 2 项规定的条件承担举证责任。

第 29 条　法定代理人、被代理人依据民法典第 145 条①、第 171 条的规定向相对人作出追认的意思表示的，人民法院应当依据民法典第 137 条②的规定确认其追认意思表示的生效时间。

---

①　《民法典》第 145 条：限制民事行为能力人实施的纯获利益的民事法律行为或者与其年龄、智力、精神健康状况相适应的民事法律行为有效；实施的其他民事法律行为经法定代理人同意或者追认后有效。// 相对人可以催告法定代理人自收到通知之日起 30 日内予以追认。法定代理人未作表示的，视为拒绝追认。民事法律行为被追认前，善意相对人有撤销的权利。撤销应当以通知的方式作出。

②　《民法典》第 137 条：以对话方式作出的意思表示，相对人知道其内容时生效。// 以非对话方式作出的意思表示，到达相对人时生效。以非对话方式作出的采用数据电文形式的意思表示，相对人指定特定系统接收数据电文的，该数据电文进入该特定系统时生效；未指定特定系统的，相对人知道或者应当知道该数据电文进入其系统时生效。当事人对采用数据电文形式的意思表示的生效时间另有约定的，按照其约定。

【法复〔1997〕1号】 最高人民法院关于民事诉讼委托代理人在执行程序中的代理权限问题的批复（1997年1月23日答复陕西高院"陕高法〔1996〕78号"请示）

根据民事诉讼法的规定，当事人在民事诉讼中有权委托代理人。当事人委托代理人时，应当依法向人民法院提交记明委托事项和代理人具体代理权限的授权委托书。如果当事人在授权委托书中没有写明代理人在执行程序中有代理权及具体的代理事项，代理人在执行程序中没有代理权，不能代理当事人直接领取或者处分标的物。

【法发〔2003〕25号】 人民法院民事诉讼风险提示书（2003年12月23日最高法审委会〔1302次〕通过，次日公布，2003年12月24日起施行）

五、授权不明

当事人委托诉讼代理人代为承认、放弃、变更诉讼请求，进行和解，提起反诉或者上诉等事项的，应在授权委托书中特别注明。没有在授权委托书中明确、具体记明特别授权事项的，诉讼代理人就上述特别授权事项发表的意见不具有法律效力。

【法发〔2005〕26号】 第二次全国涉外商事海事审判工作会议纪要（2005年11月15~16日在南京召开；2005年12月26日公布）

18. 外国当事人在我国境外出具的授权委托书，应当履行相关的公证、认证或者其他证明手续。对于未履行相关手续的诉讼代理人，人民法院对其代理资格不予认可。

19. 外国自然人在人民法院办案人员面前签署的授权委托书无需办理公证、认证或者其他证明手续，但在签署授权委托书时应出示身份证明和入境证明，人民法院办案人员应在授权委托书上注明相关情况并要求该外国自然人予以确认。

20. 外国自然人在我国境内签署的授权委托书，经我国公证机关公证，证明该委托书是在我国境内签署的，无需在其所在国再办理公证、认证或者其他证明手续。

21. 外国法人、其他组织的法定代表人或者负责人代表该法人、其他组织在人民法院办案人员面前签署的授权委托书，无需办理公证、认证或者其他证明手续，但在签署授权委托书时，外国法人、其他组织的法定代表人或者负责人除了向人民法院办案人员出示自然人身份证明和入境证明外，还必须提供该法人或者其他组织出具的能够证明其有权签署授权委托书的证明文件，且该证明文件必须办理公证、认证或者其他证明手续。人民法院办案人员应在授权委托书上注明相关情况并要求该法定代表人或者负责人予以确认。

22. 外国法人、其他组织的法定代表人或者负责人代表该法人、其他组织在我国境内签署的授权委托书，经我国公证机关公证，证明该委托书是在我国境内签署，且该法定代表人或者负责人向人民法院提供了外国法人、其他组织出具的办理了公证、认证或者其他证明手续的能够证明其有权签署授权委托书的证明文件的，该授权委托书无需在外国当事人的所在国办理公证、认证或者其他证明手续。

23. 外国当事人将其在特定时期内发生的或者将特定范围的案件一次性委托他人代理，人民法院经审查可以予以认可。该一次性委托在一审程序中已办理公证、认证或者其他证明手续的，二审或者再审程序中无需再办理公证、认证或者其他证明手续。

【法发〔2009〕45号】　　**最高人民法院关于建立健全诉讼与非诉讼相衔接的矛盾纠纷解决机制的若干意见**（经中央批准，2009年7月24日印发）

27.……除非当事人另有约定，人民法院不允许调解员在参与调解后又在就同一纠纷或者相关纠纷进行的诉讼程序中作为一方当事人的代理人。

【主席令〔2012〕64号】　　**中华人民共和国律师法**（2012年10月26日全国人大常委会〔11届29次〕修正，2013年1月1日起施行；根据2017年9月1日主席令第76号修改，2018年1月1日起施行）

第5条　申请律师执业，应当具备下列条件：（一）拥护中华人民共和国宪法；（二）通过国家统一法律职业资格考试取得法律职业资格；（三）在律师事务所实习满1年；（四）品行良好。

实行国家统一法律职业资格考试前取得的国家统一司法考试合格证书、律师资格凭证，与国家统一法律职业资格证书具有同等效力。

第6条　申请律师执业，应当向设区的市级或者直辖市的区人民政府司法行政部门提出申请，并提交下列材料：（一）国家统一法律职业资格证书；（二）律师协会出具的申请人实习考核合格的材料；（三）申请人的身份证明；（四）律师事务所出具的同意接收申请人的证明。

申请兼职律师执业的，还应当提交所在单位同意申请人兼职从事律师职业的证明。

受理申请的部门应当自受理之日起20日内予以审查，并将审查意见和全部申请材料报送省、自治区、直辖市人民政府司法行政部门。省、自治区、直辖市人民政府司法行政部门应当自收到报送材料之日起10日内予以审核，作出是否准予执业的决定。准予执业的，向申请人颁发律师执业证书；不准予执业的，向申请人书面说明理由。

第7条　申请人有下列情形之一的，不予颁发律师执业证书：（一）无民事行为能力或者限制民事行为能力的；（二）受过刑事处罚的，但过失犯罪的除外；

（三）被开除公职或者被吊销律师、公证员执业证书的。

第8条 具有高等院校本科以上学历，在法律服务人员紧缺领域从事专业工作满15年，具有高级职称或者同等专业水平并具有相应的专业法律知识的人员，申请专职律师执业的，经国务院司法行政部门考核合格，准予执业。具体办法由国务院规定。

第9条 有下列情形之一的，由省、自治区、直辖市人民政府司法行政部门撤销准予执业的决定，并注销被准予执业人员的律师执业证书：（一）申请人以欺诈、贿赂等不正当手段取得律师执业证书的；（二）对不符合本法规定条件的申请人准予执业的。

第10条 律师只能在一个律师事务所执业。律师变更执业机构的，应当申请换发律师执业证书。

律师执业不受地域限制。

第11条 公务员不得兼任执业律师。

律师担任各级人民代表大会常务委员会组成人员的，任职期间不得从事诉讼代理或者辩护业务。

第12条 高等院校、科研机构中从事法学教育、研究工作的人员，符合本法第5条规定条件的，经所在单位同意，依照本法第6条规定的程序，可以申请兼职律师执业。

第13条 没有取得律师执业证书的人员，不得以律师名义从事法律服务业务；除法律另有规定外，不得从事诉讼代理或者辩护业务。

第28条 律师可以从事下列业务：（一）接受自然人、法人或者其他组织的委托，担任法律顾问；（二）接受民事案件、行政案件当事人的委托，担任代理人，参加诉讼；（三）接受刑事案件犯罪嫌疑人、被告人的委托或者依法接受法律援助机构的指派，担任辩护人，接受自诉案件自诉人、公诉案件被害人或者其近亲属的委托，担任代理人，参加诉讼；（四）接受委托，代理各类诉讼案件的申诉；（五）接受委托，参加调解、仲裁活动；（六）接受委托，提供非诉讼法律服务；（七）解答有关法律的询问、代写诉讼文书和有关法律事务的其他文书。

第29条 律师担任法律顾问的，应当按照约定为委托人就有关法律问题提供意见，草拟、审查法律文书，代理参加诉讼、调解或者仲裁活动，办理委托的其他法律事务，维护委托人的合法权益。

第30条 律师担任诉讼法律事务代理人或者非诉讼法律事务代理人的，应当在受委托的权限内，维护委托人的合法权益。

第39条 律师不得在同一案件中为双方当事人担任代理人，不得代理与本人或者其近亲属有利益冲突的法律事务。

第40条 律师在执业活动中不得有下列行为：（一）私自接受委托、收取费用，接受委托人的财物或者其他利益；（二）利用提供法律服务的便利牟取当事人争议的权益；（三）接受对方当事人的财物或者其他利益，与对方当事人或者第三人恶意串通，侵害委托人的权益；（四）违反规定会见法官、检察官、仲裁员以及其他有关工作人员；（五）向法官、检察官、仲裁员以及其他有关工作人员行贿，介绍贿赂或者指使、诱导当事人行贿，或者以其他不正当方式影响法官、检察官、仲裁员以及其他有关工作人员依法办理案件；（六）故意提供虚假证据或者威胁、利诱他人提供虚假证据，妨碍对方当事人合法取得证据；（七）煽动、教唆当事人采取扰乱公共秩序、危害公共安全等非法手段解决争议；（八）扰乱法庭、仲裁庭秩序，干扰诉讼、仲裁活动的正常进行。

第41条 曾经担任法官、检察官的律师，从人民法院、人民检察院离任后二年内，不得担任诉讼代理人或者辩护人。

第53条（第2款） 被吊销律师执业证书的，不得担任辩护人、诉讼代理人，但系刑事诉讼、民事诉讼、行政诉讼当事人的监护人、近亲属的除外。

【司发〔2015〕14号】 最高人民法院、最高人民检察院、公安部、国家安全部、司法部关于依法保障律师执业权利的规定（2015年9月16日）

第5条 办案机关在办理案件中应当依法告知当事人有权委托辩护人、诉讼代理人。对于符合法律援助条件而没有委托辩护人或者诉讼代理人的，办案机关应当及时告知当事人有权申请法律援助，并按照相关规定向法律援助机构转交申请材料。……

第46条 依法规范法律服务秩序，严肃查处假冒律师执业和非法从事法律服务的行为。对未取得律师执业证书或者已经被注销、吊销执业证书的人员以律师名义提供法律服务或者从事相关活动的，或者利用相关法律关于公民代理的规定从事诉讼代理或者辩护业务非法牟利的，依法追究责任，造成严重后果的，依法追究刑事责任。

【法〔2016〕399号】 第八次全国法院民事商事审判工作会议（民事部分）纪要（最高法2016年11月21日印发）

八、关于民事审判程序

（二）关于诉讼代理人资格问题

36. 以当事人的工作人员身份参加诉讼活动，应当按照《最高人民法院关于适用〈中华人民共和国民事诉讼法〉的解释》第86条的规定，至少提交以下证据之一加以证明：（1）缴纳社保记录凭证；（2）领取工资凭证；（3）其他能够证明其为当事人工作人员身份的证据。

【人大［2020］决定】 全国人民代表大会常务委员会关于授权国务院在粤港澳大湾区内地九市开展香港法律执业者和澳门执业律师取得内地执业资质和从事律师职业试点工作的决定（2020 年 8 月 11 日全国人大常委会［13 届 21 次］通过，同日公布施行）

授权国务院在广东省广州市、深圳市、珠海市、佛山市、惠州市、东莞市、中山市、江门市、肇庆市开展试点工作，符合条件的香港法律执业者和澳门执业律师通过粤港澳大湾区律师执业考试，取得内地执业资质的，可以从事一定范围内的内地法律事务。具体试点办法由国务院制定，报全国人民代表大会常务委员会备案。试点期限为 3 年，自试点办法印发之日起算。试点期间，国务院要依法加强对试点工作的组织指导和监督检查，就试点情况向全国人大常委会作出报告。试点期满后，对实践证明可行的，修改完善有关法律。

【国办发［2020］37 号】 香港法律执业者和澳门执业律师在粤港澳大湾区内地 9 市取得内地执业资质和从事律师职业试点办法（国务院办公厅 2020 年 10 月 5 日印发起试行 3 年）

三、申请执业

考试合格的人员，经广东省律师协会集中培训并考核合格后，可以向广东省司法厅申请粤港澳大湾区律师执业，由广东省司法厅颁发律师执业证书（粤港澳大湾区）。

四、业务范围

取得律师执业证书（粤港澳大湾区）的人员，可以在粤港澳大湾区内地 9 市内，办理适用内地法律的部分民商事法律事务（含诉讼业务和非诉讼业务）。其中，诉讼案为位于大湾区内地 9 市的高级、中级、基层人民法院和有关专门人民法院受理的民商事案件，案件范围参照取得国家统一法律职业资格并获得内地律师执业证书的港澳居民可以在内地人民法院代理的民事案件范围执行；非诉讼业务应当满足以下条件之一：（一）当事人为自然人的，户籍地或者经常居所地在大湾区内地 9 市内；（二）当事人为法人或者其他组织的，住所地或者登记地在大湾区内地 9 市内；（三）标的物在大湾区内地 9 市内；（四）合同履行地在大湾区内地 9 市内；（五）产生、变更或者消灭民商事关系的法律事实发生在大湾区内地 9 市内；（六）大湾区内地 9 市内仲裁委员会受理的商事仲裁案件。

持有律师执业证书（粤港澳大湾区）人员办理上述法律事务，与内地律师享有相同的权利，履行相同的义务。

【法发〔2021〕3 号】　**最高人民法院、司法部关于为律师提供一站式诉讼服务的意见**（2020 年 12 月 16 日）①

第 1 条　人民法院为依法执业的律师（含公职律师、公司律师）提供集约高效、智慧便捷的一站式诉讼服务，并为律师助理在辩护、代理律师授权范围内开展辅助性工作提供必要的诉讼服务。

律师助理包括辩护、代理律师所在律师事务所的其他律师和申请律师执业实习人员。

基层法律服务工作者在司法部规定的业务范围和执业区域内参与诉讼活动时，参照本意见执行。

第 2 条　司法部中国律师身份核验平台（以下简称律师身份核验平台）为律师参与诉讼提供"实时实人实证"的律师执业身份核验服务。

律师通过人民法院线上线下诉讼服务平台办理诉讼事务前，应当自行或者由人民法院依托律师身份核验平台完成身份核验。

第 3 条　律师身份一次核验后，可以通过人民法院律师服务平台（以下简称律师服务平台）、诉讼服务大厅、12368 诉讼服务热线等线上线下方式在全国法院通办各类诉讼事务。

第 4 条　人民法院建立律师参与诉讼专门通道，为律师提供"一码通"服务。律师可以使用律师服务平台生成动态二维码，通过扫码或者其他便捷方式快速进入人民法院诉讼服务场所和审判法庭。

司法行政机关与人民法院积极推动应用律师电子执业证，支持律师使用律师身份核验平台亮证功能或者律师电子执业证快速进入人民法院，办理各类诉讼事务。

第 5 条　对于入驻人民法院开展诉讼辅导、调解、法律援助、代理申诉等公益性服务的律师，应当为其设立专门工作场所，提供扫描、打印、复印、刻录等服务。有条件的人民法院可以提供停车、就餐等服务。

第 6 条　依托 12368 诉讼服务热线一号通办功能，为律师提供查询、咨询、诉讼事务办理等服务，并将支持律师在律师服务平台查看通过 12368 诉讼服务热线申请的诉讼事务办理情况。

第 7 条　积极为律师提供一网通办服务。律师可以通过律师服务平台办理立案、调解、庭审、阅卷、保全、鉴定，申请回避、撤诉，申请人民法院调查收集证据、延长举证期限、延期开庭、核实代理关系等事务，以及在线查收人民法院电子送达材料等，实现诉讼事务在线办理、网上流转、全程留痕。

---

① 注：本《意见》落款日期为 2020 年 12 月 16 日，实际公布日期为 2021 年 1 月 14 日，使用了 2021 年的文号。

律师服务平台实时接收律师在线提交的电子材料。受理案件的人民法院对确有核实、归档需要的身份证明、授权委托书或者书证、鉴定意见等需要质证的证据，以及对方当事人提出异议且有合理理由的诉讼材料和证据材料，可以要求律师提供原件。

第8条 进一步完善网上立案工作，为律师提供一审民事、行政、刑事自诉、申请执行和国家赔偿案件的网上立案服务。对不符合要求的材料，做到一次性告知补正事项。对律师通过律师服务平台或者诉讼服务大厅提交电子化诉讼材料的，实行快速办理。

进一步畅通网上交退费渠道，支持通过网银、支付宝、微信等线上支付方式交纳诉讼费用。

第9条 充分发挥律师在预防化解矛盾纠纷中的专业优势、职业优势和实践优势，依托人民法院调解平台加大律师在线调解工作力度，打造党员律师、骨干律师调解品牌。纳入特邀调解员名册的律师，可以接受人民法院委派或者委托，在调解平台上调解案件。律师依法按程序出具的调解协议，当事人可以在线申请司法确认。

第10条 具备在线庭审条件的人民法院，对适宜通过在线方式进行庭审、庭前会议或者询问等诉讼环节的案件，应当为律师提供在线庭审服务。

依托律师服务平台为律师在全国法院参加庭审以及其他诉讼活动提供排期避让提醒服务。对有冲突的排期自动向人民法院作出提醒，律师也可以根据传票等信息在律师服务平台自助添加开庭时间等，主动向人民法院提供需要避让的信息。人民法院根据案件实际审理情况合理排期。

第11条 加强网上阅卷工作，逐步为律师提供电子诉讼档案在线查看、打印、下载等服务。对依法可以公开的民事、行政、刑事、申请执行和国家赔偿案件材料，律师可以通过律师服务平台申请网上阅卷。

在律师服务平台建立个人案件空间。推进对正在审理中、依法可以公开的案件电子卷宗同步上传至案件空间，供担任诉讼代理人的律师随时查阅。

第12条 律师服务平台为律师关联可公开的代理案件，提供立案、开庭、结案等节点信息查看服务，方便律师一键获取代理案件的诉讼信息。

第13条 律师服务平台支持律师通过文字、语音等方式在线联系法官，支持多种格式电子文档批量上传，提供证据网盘以及立案材料指引、诉状模板、诉状助手、诉讼费用计算、法律法规查询等智能工具辅助律师办案。律师还可以根据需要设置个人常用事项导航窗口。

第14条 律师服务平台在律师账号下设有律师助理账号。每名律师可以申请开通3个律师助理账号，由律师一案一指定并授权使用诉讼材料提交、诉讼费用交纳、案卷查阅以及智能辅助工具等。

律师应当定期管理和更新律师账号及律师助理账号。

第 15 条　建立健全律师诉讼权利救济机制。律师可以通过 12368 诉讼服务热线、律师服务平台对诉讼服务事项进行满意度评价，或者提出意见建议。对律师反映的重大问题或者提出的意见建议由人民法院工作人员及时予以回复。

【法发［2021］7 号】　最高人民法院关于为跨境诉讼当事人提供网上立案服务的若干规定（2021 年 2 月 3 日公布，2021 年 2 月 3 日起施行）（详见本书第123-124 条）

第 6 条　通过身份验证的跨境诉讼当事人委托我国内地律师代理诉讼，可以向受诉法院申请线上视频见证。

线上视频见证由法官在线发起，法官、跨境诉讼当事人和受委托律师三方同时视频在线。跨境诉讼当事人应当使用中华人民共和国通用语言或者配备翻译人员，法官应当确认受委托律师和其所在律师事务所以及委托行为是否确为跨境诉讼当事人真实意思表示。在法官视频见证下，跨境诉讼当事人、受委托律师签署有关委托代理文件，无需再办理公证、认证、转递等手续。线上视频见证后，受委托律师可以代为开展网上立案、网上交费等事项。

线上视频见证的过程将由系统自动保存。

【司发通［2021］60 号】　最高人民法院、最高人民检察院、司法部关于建立健全禁止法官、检察官与律师不正当接触交往制度机制的意见（见《刑事诉讼法全厚细》总则第 1 章"检察工作制度"专辑）

【司发通［2021］61 号】　最高人民法院、最高人民检察院、司法部关于进一步规范法院、检察院离任人员从事律师职业的意见（见《刑事诉讼法全厚细》第 33 条）

【法释［2022］11 号】　最高人民法院关于适用《中华人民共和国民事诉讼法》的解释（"法释［2015］5 号"公布，2015 年 2 月 4 日起施行；根据法释［2020］20 号《决定》修正，2021 年 1 月 1 日起施行；2022 年 3 月 22 日最高法审委会［1866 次］修正，2022 年 4 月 1 日公布，2022 年 4 月 10 日起施行；以本规为准）

第 83 条　在诉讼中，无民事行为能力人、限制民事行为能力人的监护人是他的法定代理人。事先没有确定监护人的，可以由有监护资格的人协商确定；协商不成的，由人民法院在他们之中指定诉讼中的法定代理人。当事人没有民法典第27 条、第 28 条规定的监护人的，可以指定民法典第 32 条规定的有关组织担任诉讼中的法定代理人。

第84条　无民事行为能力人、限制民事行为能力人以及其他依法不能作为诉讼代理人的，当事人不得委托其作为诉讼代理人。

第85条　根据民事诉讼法第61条第2款第2项规定，与当事人有夫妻、直系血亲、三代以内旁系血亲、近姻亲关系以及其他有抚养、赡养关系的亲属，可以当事人近亲属的名义作为诉讼代理人。

第86条　根据民事诉讼法第61条第2款第2项规定，与当事人有合法劳动人事关系的职工，可以当事人工作人员的名义作为诉讼代理人。

第87条　根据民事诉讼法第61条第2款第3项规定，有关社会团体推荐公民担任诉讼代理人的，应当符合下列条件：（一）社会团体属于依法登记设立或者依法免予登记设立的非营利性法人组织；（二）被代理人属于该社会团体的成员，或者当事人一方住所地位于该社会团体的活动地域；（三）代理事务属于该社会团体章程载明的业务范围；（四）被推荐的公民是该社会团体的负责人或者与该社会团体有合法劳动人事关系的工作人员。

专利代理人经中华全国专利代理人协会推荐，可以在专利纠纷案件中担任诉讼代理人。

第88条　诉讼代理人除根据民事诉讼法第62条规定提交授权委托书外，还应当按照下列规定向人民法院提交相关材料：

（一）律师应当提交律师执业证、律师事务所证明材料；

（二）基层法律服务工作者应当提交法律服务工作者执业证、基层法律服务所出具的介绍信以及当事人一方位于本辖区内的证明材料；

（三）当事人的近亲属应当提交身份证件和与委托人有近亲属关系的证明材料；

（四）当事人的工作人员应当提交身份证件和与当事人有合法劳动人事关系的证明材料；

（五）当事人所在社区、单位推荐的公民应当提交身份证件、推荐材料和当事人属于该社区、单位的证明材料；

（六）有关社会团体推荐的公民应当提交身份证件和符合本解释第87条规定条件的证明材料。

第89条　当事人向人民法院提交的授权委托书，应当在开庭审理前送交人民法院。授权委托书仅写"全权代理"而无具体授权的，诉讼代理人无权代为承认、放弃、变更诉讼请求，进行和解，提出反诉或者提起上诉。

适用简易程序审理的案件，双方当事人同时到庭并径行开庭审理的，可以当场口头委托诉讼代理人，由人民法院记入笔录。

民事诉讼法全厚细

【法发［2024］7 号】　最高人民法院关于全面加强未成年人司法保护及犯罪防治工作的意见（2024 年 5 月 30 日发布并实施）

7. 及时指定诉讼中的代理人。在民事诉讼中，未成年人与其监护人存在利益冲突的，人民法院可以及时告知其他依法具有监护资格的人协商确定未成年人的代理人；协商不成的，人民法院在他们之中指定代理人。未成年人没有其他依法具有监护资格的人的，人民法院可以指定民法典第 32 条（见本书第 15 章第 4 节"监护权特别程序"专辑）规定的有关组织担任代理人。

● **文书格式**　**【法［2016］221 号】　民事诉讼文书样式**（2016 年 2 月 22 日最高法审委会［1679 次］通过，2016 年 6 月 28 日公布，2016 年 8 月 1 日起施行）（本书对格式略有调整）

授权委托书（委托诉讼代理人用）①

委托人：×××，男/女，×年×月×日出生，×族，……（写明工作单位和职务或者职业），住……。联系方式：……。（★委托人是法人或其他组织的，本段写明名称、住所）

法定代表人或主要负责人：×××，……（写明职务），联系方式：……。（★委托人是自然人的，不列本段）

受委托人：×××，××律师事务所律师，联系方式：……。

受委托人：×××，男/女，××××年××月××日出生，×族，……（写明工作单位和职务或者职业），住……。联系方式：……。受托人系委托人的……（写明受托人与委托人的关系）。②（★委托人是法人或其他组织的，不列本段）

现委托×××、×××在……（写明当事人和案由）一案中，作为我方参加诉讼的委托诉讼代理人。

代理权限与期限如下：③（不同委托诉讼代理人有不同代理事项、权限与期限的，逐人分别列写）

委托诉讼代理人×××的代理权限：……，代理期限：……

委托人（签名④）

×年×月×日

---

① 当事人、法定代理人、共同诉讼代表人可以委托 1-2 人作为诉讼代理人。当事人有权委托诉讼代理人，提出回避申请，收集、提供证据，进行辩论，请求调解，提出上诉，申请执行。

② 注：与当事人有夫妻、直系血亲、三代以内旁系血亲、近姻亲关系以及其他有抚养、赡养关系的亲属，可以当事人近亲属的名义作为诉讼代理人。

③ 注：代理以下事项必须由委托人特别授权：承认、放弃、变更诉讼请求，进行和解，提起反诉或上诉。

④ 注：委托人是法人或其他组织的，本处盖单位公章，并由法定代表人或主要负责人签名。

推荐函（推荐委托诉讼代理人用）①

××人民法院：

　　……（写明当事人和案由）一案中，我单位推荐×××担任×××的委托诉讼代理人。②

　　委托诉讼代理人×××的代理权限：……，代理期限：……

推荐人（法定代表人或主要负责人签名，并盖公章）

×年×月×日

（本书汇）【法律援助】

● **相关规定**　　**【国务院令〔2003〕385号】**　**法律援助条例**（2003年7月16日国务院第15次常务会议通过，2003年7月21日公布，2003年9月1日起施行）

　　第3条　法律援助是政府的责任，县级以上人民政府应当采取积极措施推动法律援助工作，为法律援助提供财政支持，保障法律援助事业与经济、社会协调发展。

　　法律援助经费应当专款专用，接受财政、审计部门的监督。

　　第10条　公民对下列需要代理的事项，因经济困难没有委托代理人的，可以向法律援助机构申请法律援助：（一）依法请求国家赔偿的；（二）请求给予社会保险待遇或者最低生活保障待遇的；（三）请求发给抚恤金、救济金的；（四）请求给付赡养费、抚养费、扶养费的；（五）请求支付劳动报酬的；（六）主张因见义勇为行为产生的民事权益的。

　　省、自治区、直辖市人民政府可以对前款规定以外的法律援助事项作出补充规定。

　　公民可以就本条第1款、第2款规定的事项向法律援助机构申请法律咨询。

　　第13条　本条例所称公民经济困难的标准，由省、自治区、直辖市人民政府根据本行政区域经济发展状况和法律援助事业的需要规定。

　　申请人住所地的经济困难标准与受理申请的法律援助机构所在地的经济困难标准不一致的，按照受理申请的法律援助机构所在地的经济困难标准执行。

　　第14条　公民就本条例第10条所列事项申请法律援助，应当按照下列规定提出：

　　（一）请求国家赔偿的，向赔偿义务机关所在地的法律援助机构提出申请；

　　（二）请求给予社会保险待遇、最低生活保障待遇或者请求发给抚恤金、救

---

① 本样式供当事人所在社区、单位以及有关社会团体推荐符合条件的公民担任诉讼代理人用。

② 注：专利代理人经中华全国专利代理人协会推荐，可以在专利纠纷案件中担任诉讼代理人。

济金的，向提供社会保险待遇、最低生活保障待遇或者发给抚恤金、救济金的义务机关所在地的法律援助机构提出申请；

（三）请求给付赡养费、抚养费、扶养费的，向给付赡养费、抚养费、扶养费的义务人住所地的法律援助机构提出申请；

（四）请求支付劳动报酬的，向支付劳动报酬的义务人住所地的法律援助机构提出申请；

（五）主张因见义勇为行为产生的民事权益的，向被请求人住所地的法律援助机构提出申请。

第16条　申请人为无民事行为能力人或者限制民事行为能力人的，由其法定代理人代为提出申请。

无民事行为能力人或者限制民事行为能力人与其法定代理人之间发生诉讼或者因其他利益纠纷需要法律援助的，由与该争议事项无利害关系的其他法定代理人代为提出申请。

第17条　公民申请代理、刑事辩护的法律援助应当提交下列证件、证明材料：（一）身份证或者其他有效的身份证明，代理申请人还应当提交有代理权的证明；（二）经济困难的证明；（三）与所申请法律援助事项有关的案件材料。

申请应当采用书面形式，填写申请表；以书面形式提出申请确有困难的，可以口头申请，由法律援助机构工作人员或者代为转交申请的有关机构工作人员作书面记录。

第18条　法律援助机构收到法律援助申请后，应当进行审查；认为申请人提交的证件、证明材料不齐全的，可以要求申请人作出必要的补充或者说明，申请人未按要求作出补充或者说明的，视为撤销申请；认为申请人提交的证件、证明材料需要查证的，由法律援助机构向有关机关、单位查证。

对符合法律援助条件的，法律援助机构应当及时决定提供法律援助；对不符合法律援助条件的，应当书面告知申请人理由。

第19条　申请人对法律援助机构作出的不符合法律援助条件的通知有异议的，可以向确定该法律援助机构的司法行政部门提出，司法行政部门应当在收到异议之日起5个工作日内进行审查，经审查认为申请人符合法律援助条件的，应当以书面形式责令法律援助机构及时对该申请人提供法律援助。

第23条　办理法律援助案件的人员遇有下列情形之一的，应当向法律援助机构报告，法律援助机构经审查核实的，应当终止该项法律援助：（一）受援人的经济收入状况发生变化，不再符合法律援助条件的；（二）案件终止审理或者已被撤销的；（三）受援人又自行委托律师或者其他代理人的；（四）受援人要求终止法律援助的。

第一编　第五章

第 26 条　法律援助机构及其工作人员有下列情形之一的，对直接负责的主管人员以及其他直接责任人员依法给予纪律处分：（一）为不符合法律援助条件的人员提供法律援助，或者拒绝为符合法律援助条件的人员提供法律援助的；（二）办理法律援助案件收取财物的；（三）从事有偿法律服务的；（四）侵占、私分、挪用法律援助经费的。

办理法律援助案件收取的财物，由司法行政部门责令退还；从事有偿法律服务的违法所得，由司法行政部门予以没收；侵占、私分、挪用法律援助经费的，由司法行政部门责令追回，情节严重，构成犯罪的，依法追究刑事责任。

第 27 条　律师事务所拒绝法律援助机构的指派，不安排本所律师办理法律援助案件的，由司法行政部门给予警告、责令改正；情节严重的，给予 1 个月以上 3 个月以下停业整顿的处罚。

第 28 条　律师有下列情形之一的，由司法行政部门给予警告、责令改正；情节严重的，给予 1 个月以上 3 个月以下停止执业的处罚：（一）无正当理由拒绝接受、擅自终止法律援助案件的；（二）办理法律援助案件收取财物的。

有前款第（二）项违法行为的，由司法行政部门责令退还违法所得的财物，可以并处所收财物价值 1 倍以上 3 倍以下的罚款。

【司发通〔1999〕032 号】　最高人民法院、司法部关于民事法律援助工作若干问题的联合通知（1999 年 4 月 12 日）

一、公民在赡养费、扶养费、抚育费、劳动报酬、工伤等方面提起事诉讼，符合下列条件的，可到有管辖权的人民法院所在地的法律援助机构申请法律援助：1. 有充分理由证明为保障自己合法权益需要法律帮助；2. 本人及其家庭经济状况符合当地政府部门规定的公民经济困难标准。

请求发给抚恤金和请求国家赔偿的案件参照前款规定办理。

【司发通〔2005〕77 号】　最高人民法院、司法部关于民事诉讼法律援助工作的规定（2005 年 9 月 22 日印发，2005 年 12 月 1 日起施行）

第 3 条　公民经济困难的标准，按案件受理地所在的省、自治区、直辖市人民政府的规定执行。

第 5 条　申请人对法律援助机构不予援助的决定有异议的，可以向确定该法律援助机构的司法行政部门提出。司法行政部门应当在收到异议之日起 5 个工作日内进行审查，经审查认为申请人符合法律援助条件的，应当以书面形式责令法律援助机构及时对该申请人提供法律援助，同时通知申请人。认为申请人不符合法律援助条件的，应当维持法律援助机构不予援助的决定，并将维持决定的理由书面告知申请人。

　　第7条　当事人以人民法院给予司法救助的决定为依据，向法律援助机构申请法律援助的，法律援助机构对符合《法律援助条例》第10条规定情形的，不再审查其是否符合经济困难标准，应当直接做出给予法律援助的决定。

　　第8条　当事人以法律援助机构给予法律援助的决定为依据，向人民法院申请司法救助的，人民法院不再审查其是否符合经济困难标准，应当直接做出给予司法救助的决定。

　　第10条　人民法院应当支持法律援助机构指派或者安排的承办法律援助案件的人员在民事诉讼中实施法律援助，在查阅、摘抄、复制案件材料等方面提供便利条件，对承办法律援助案件的人员复制必要的相关材料的费用应当予以免收或者减收，减收的标准按复制材料所必须的工本费用计算。

　　第12条　实施法律援助的民事诉讼案件出现《法律援助条例》第23条规定的终止法律援助或者《司法救助规定》（法发［2005］6号，见本书第121条）第9条规定的撤销司法救助的情形时，法律援助机构、人民法院均应当在作出终止法律援助决定或者撤销司法救助决定的当日函告对方，对方相应作出撤销决定或者终止决定。

　　第15条　本规定自2005年12月1日起施行。最高人民法院、司法部于1999年4月12日下发的《关于民事法律援助工作若干问题的联合通知》（司发通［1999］032号）与本规定有抵触的，以本规定为准。

　　【主席令［2008］3号】　**中华人民共和国残疾人保障法**（2008年4月24日全国人大常委会［11届2次］修订，2008年7月1日起施行；2018年10月26日全国人大常委会［13届6次］统修）

　　第60条　残疾人的合法权益受到侵害的，有权要求有关部门依法处理，或者依法向仲裁机构申请仲裁，或者依法向人民法院提起诉讼。

　　对有经济困难或者其他原因确需法律援助或者司法救助的残疾人，当地法律援助机构或者人民法院应当给予帮助，依法为其提供法律援助或者司法救助。

　　【主席令［2012］72号】　**中华人民共和国老年人权益保障法**（2012年12月28日全国人大常委会［11届30次］修订，2013年7月1日起施行；2018年12月29日全国人大常委会［13届7次］新修）

　　第56条　老年人因其合法权益受侵害提起诉讼交纳诉讼费确有困难的，可以缓交、减交或者免交；需要获得律师帮助，但无力支付律师费用的，可以获得法律援助。

　　鼓励律师事务所、公证处、基层法律服务所和其他法律服务机构为经济困难的老年人提供免费或者优惠服务。

第一编　第五章

【主席令［2015］37号】 **中华人民共和国反家庭暴力法**（2015年12月27日全国人大常委会［12届18次］通过，2016年3月1日起施行）

第19条（第1款） 法律援助机构应当依法为家庭暴力受害人提供法律援助。

中共中央办公厅、国务院办公厅关于完善法律援助制度的意见（2015年6月29日）

二、（三）扩大民事、行政法律援助覆盖面。各省（自治区、直辖市）要在《法律援助条例》规定的经济困难公民请求国家赔偿，给予社会保险待遇或者最低生活保障待遇，发给抚恤金、救济金，给付赡养费、抚养费、扶养费，支付劳动报酬等法律援助范围的基础上，逐步将涉及劳动保障、婚姻家庭、食品药品、教育医疗等与民生紧密相关的事项纳入法律援助补充事项范围，帮助困难群众运用法律手段解决基本生产生活方面的问题。探索建立法律援助参与申诉案件代理制度，开展试点，逐步将不服司法机关生效民事和行政裁判、决定，聘不起律师的申诉人纳入法律援助范围。综合法律援助资源状况、公民法律援助需求等因素，进一步放宽经济困难标准，降低法律援助门槛，使法律援助覆盖人群逐步拓展至低收入群体，惠及更多困难群众。认真组织办理困难群众就业、就学、就医、社会保障等领域涉及法律援助的案件，积极提供诉讼和非诉讼代理服务，重点做好农民工、下岗失业人员、妇女、未成年人、老年人、残疾人和军人军属等群体法律援助工作，切实维护其合法权益。

【法发［2017］8号】 **最高人民法院、最高人民检察院、司法部关于逐步实行律师代理申诉制度的意见**（2017年4月1日）

一、坚持平等、自愿原则。当事人对人民法院、人民检察院作出的生效裁判、决定不服的，提出申诉的，可以自行委托律师；人民法院、人民检察院，可以引导申诉人、被申诉人委托律师代为进行。

申诉人因经济困难没有委托律师的，可以向法律援助机构提出申请。

五、规范律师代理申诉法律援助程序。申诉人申请法律援助，应当向作出生效裁判、决定的人民法院所在地同级司法行政机关所属法律援助机构提出，或者向作出人民检察院诉讼终结的刑事处理决定的人民检察院所在地同级司法行政机关所属法律援助机构提出。申诉已经人民法院或者人民检察院受理的，应当向该人民法院或者人民检察院所在地同级司法行政机关所属法律援助机构提出。

法律援助机构经审查认为符合法律援助条件的，为申诉人指派律师，并将律师名单函告人民法院或者人民检察院。

【主席令［2021］93 号】　中华人民共和国法律援助法（2021 年 8 月 20 日全国人大常委会［13 届 30 次］通过，2022 年 1 月 1 日起施行）

第 2 条　本法所称法律援助，是国家建立的为经济困难公民和符合法定条件的其他当事人无偿提供法律咨询、代理、刑事辩护等法律服务的制度，是公共法律服务体系的组成部分。

第 12 条　县级以上人民政府司法行政部门应当设立法律援助机构。法律援助机构负责组织实施法律援助工作，受理、审查法律援助申请，指派律师、基层法律服务工作者、法律援助志愿者等法律援助人员提供法律援助，支付法律援助补贴。

第 13 条　法律援助机构根据工作需要，可以安排本机构具有律师资格或者法律职业资格的工作人员提供法律援助；可以设置法律援助工作站或者联络点，就近受理法律援助申请。

第 17 条　国家鼓励和规范法律援助志愿服务；支持符合条件的个人作为法律援助志愿者，依法提供法律援助。

高等院校、科研机构可以组织从事法学教育、研究工作的人员和法学专业学生作为法律援助志愿者，在司法行政部门指导下，为当事人提供法律咨询、代拟法律文书等法律援助。

法律援助志愿者具体管理办法由国务院有关部门规定。

第 22 条　法律援助机构可以组织法律援助人员依法提供下列形式的法律援助服务：（一）法律咨询；（二）代拟法律文书；（三）刑事辩护与代理；（四）民事案件、行政案件、国家赔偿案件的诉讼代理及非诉讼代理；（五）值班律师法律帮助；（六）劳动争议调解与仲裁代理；（七）法律、法规、规章规定的其他形式。

第 23 条　法律援助机构应当通过服务窗口、电话、网络等多种方式提供法律咨询服务；提示当事人享有依法申请法律援助的权利，并告知申请法律援助的条件和程序。

第 31 条　下列事项的当事人，因经济困难没有委托代理人的，可以向法律援助机构申请法律援助：（一）依法请求国家赔偿；（二）请求给予社会保险待遇或者社会救助；（三）请求发给抚恤金；（四）请求给付赡养费、抚养费、扶养费；（五）请求确认劳动关系或者支付劳动报酬；（六）请求认定公民无民事行为能力或者限制民事行为能力；（七）请求工伤事故、交通事故、食品药品安全事故、医疗事故人身损害赔偿；（八）请求环境污染、生态破坏损害赔偿；（九）法律、法规、规章规定的其他情形。

第 32 条　有下列情形之一，当事人申请法律援助的，不受经济困难条件的限制：（一）英雄烈士近亲属为维护英雄烈士的人格权益；（二）因见义勇为行为主张相关民事权益；（三）再审改判无罪请求国家赔偿；（四）遭受虐待、遗弃或者家庭暴力的受害人主张相关权益；（五）法律、法规、规章规定的其他情形。

第33条 当事人不服司法机关生效裁判或者决定提出申诉或者申请再审，人民法院决定、裁定再审或者人民检察院提出抗诉，因经济困难没有委托辩护人或者诉讼代理人的，本人及其近亲属可以向法律援助机构申请法律援助。

第34条 经济困难的标准，由省、自治区、直辖市人民政府根据本行政区域经济发展状况和法律援助工作需要确定，并实行动态调整。

第38条 对诉讼事项的法律援助，由申请人向办案机关所在地的法律援助机构提出申请；对非诉讼事项的法律援助，由申请人向争议处理机关所在地或者事由发生地的法律援助机构提出申请。

第41条 因经济困难申请法律援助的，申请人应当如实说明经济困难状况。

法律援助机构核查申请人的经济困难状况，可以通过信息共享查询，或者由申请人进行个人诚信承诺。

法律援助机构开展核查工作，有关部门、单位、村民委员会、居民委员会和个人应当予以配合。

第42条 法律援助申请人有材料证明属于下列人员之一的，免予核查经济困难状况：（一）无固定生活来源的未成年人、老年人、残疾人等特定群体；（二）社会救助、司法救助或者优抚对象；（三）申请支付劳动报酬或者请求工伤事故人身损害赔偿的进城务工人员；（四）法律、法规、规章规定的其他人员。

第43条 法律援助机构应当自收到法律援助申请之日起7日内进行审查，作出是否给予法律援助的决定。决定给予法律援助的，应当自作出决定之日起3日内指派法律援助人员为受援人提供法律援助；决定不给予法律援助的，应当书面告知申请人，并说明理由。

申请人提交的申请材料不齐全的，法律援助机构应当一次性告知申请人需要补充的材料或者要求申请人作出说明。申请人未按要求补充材料或者作出说明的，视为撤回申请。

第44条 法律援助机构收到法律援助申请后，发现有下列情形之一的，可以决定先行提供法律援助：（一）距法定时效或者期限届满不足7日，需要及时提起诉讼或者申请仲裁、行政复议；（二）需要立即申请财产保全、证据保全或者先予执行；（三）法律、法规、规章规定的其他情形。

法律援助机构先行提供法律援助的，受援人应当及时补办有关手续，补充有关材料。

第45条 法律援助机构为老年人、残疾人提供法律援助服务的，应当根据实际情况提供无障碍设施设备和服务。

法律法规对向特定群体提供法律援助有其他特别规定的，依照其规定。

第46条　法律援助人员接受指派后，无正当理由不得拒绝、拖延或者终止提供法律援助服务。

法律援助人员应当按照规定向受援人通报法律援助事项办理情况，不得损害受援人合法权益。

第47条　受援人应当向法律援助人员如实陈述与法律援助事项有关的情况，及时提供证据材料，协助、配合办理法律援助事项。

第48条　有下列情形之一的，法律援助机构应当作出终止法律援助的决定：（一）受援人以欺骗或者其他不正当手段获得法律援助；（二）受援人故意隐瞒与案件有关的重要事实或者提供虚假证据；（三）受援人利用法律援助从事违法活动；（四）受援人的经济状况发生变化，不再符合法律援助条件；（五）案件终止审理或者已经被撤销；（六）受援人自行委托律师或者其他代理人；（七）受援人有正当理由要求终止法律援助；（八）法律法规规定的其他情形。

法律援助人员发现有前款规定情形的，应当及时向法律援助机构报告。

第49条　申请人、受援人对法律援助机构不予法律援助、终止法律援助的决定有异议的，可以向设立该法律援助机构的司法行政部门提出。

司法行政部门应当自收到异议之日起5日内进行审查，作出维持法律援助机构决定或者责令法律援助机构改正的决定。

申请人、受援人对司法行政部门维持法律援助机构决定不服的，可以依法申请行政复议或者提起行政诉讼。

第61条　法律援助机构及其工作人员有下列情形之一的，由设立该法律援助机构的司法行政部门责令限期改正；有违法所得的，责令退还或者没收违法所得；对直接负责的主管人员和其他直接责任人员，依法给予处分：（一）拒绝为符合法律援助条件的人员提供法律援助，或者故意为不符合法律援助条件的人员提供法律援助；（二）指派不符合本法规定的人员提供法律援助；（三）收取受援人财物；（四）从事有偿法律服务；（五）侵占、私分、挪用法律援助经费；（六）泄露法律援助过程中知悉的国家秘密、商业秘密和个人隐私；（七）法律法规规定的其他情形。

第62条　律师事务所、基层法律服务所有下列情形之一的，由司法行政部门依法给予处罚：（一）无正当理由拒绝接受法律援助机构指派；（二）接受指派后，不及时安排本所律师、基层法律服务工作者办理法律援助事项或者拒绝为本所律师、基层法律服务工作者办理法律援助事项提供支持和保障；（三）纵容或者放任本所律师、基层法律服务工作者怠于履行法律援助义务或者擅自终止提供法律援助；（四）法律法规规定的其他情形。

第63条　律师、基层法律服务工作者有下列情形之一的，由司法行政部门依法给予处罚：（一）无正当理由拒绝履行法律援助义务或者怠于履行法律援助义务；（二）擅自终止提供法律援助；（三）收取受援人财物；（四）泄露法律援助过程中知悉的国家秘密、商业秘密和个人隐私；（五）法律法规规定的其他情形。

第64条　受援人以欺骗或者其他不正当手段获得法律援助的，由司法行政部门责令其支付已实施法律援助的费用，并处3千元以下罚款。

第65条　违反本法规定，冒用法律援助名义提供法律服务并谋取利益的，由司法行政部门责令改正，没收违法所得，并处违法所得1倍以上3倍以下罚款。

第68条　工会、共产主义青年团、妇女联合会、残疾人联合会等群团组织开展法律援助工作，参照适用本法的相关规定。

第69条　对外国人和无国籍人提供法律援助，我国法律有规定的，适用法律规定；我国法律没有规定的，可以根据我国缔结或者参加的国际条约，或者按照互惠原则，参照适用本法的相关规定。

第70条　对军人军属提供法律援助的具体办法，由国务院和中央军事委员会有关部门制定。

【法发［2023］14号】　最高人民法院、最高人民检察院、公安部关于依法惩治网络暴力违法犯罪的指导意见（2023年9月20日）

17. 有效保障受害人权益。办理网络暴力案件，应当及时告知受害人及其法定代理人或者近亲属有权委托诉讼代理人，并告知其有权依法申请法律援助。……

【司法部令［2023］148号】　办理法律援助案件程序规定（司法部令124号发布，2012年7月1日起施行；2023年7月11日司法部令第148号修订，2023年9月1日起施行）

第2条（第2款）　本规定所称法律援助人员，是指接受法律援助机构的指派或者安排，依法为经济困难公民和符合法定条件的其他当事人提供法律援助服务的律师、基层法律服务工作者、法律援助志愿者以及法律援助机构中具有律师资格或者法律职业资格的工作人员等。

第4条（第2款）　法律援助机构为老年人、残疾人提供法律援助服务的，应当根据实际情况提供无障碍设施设备和服务。

第10条　对诉讼事项/刑事的法律援助，由申请人向办案机关所在地的法律援助机构提出申请；对非诉讼事项的法律援助，由申请人向争议处理机关所在地或者事由发生地/义务人住所地或者被请求人住所地的法律援助机构提出申请。

申请人就同一事项向2个以上有管辖权的法律援助机构提出申请的，由最先收到申请的法律援助机构受理。

第11条　因经济困难申请代理、刑事辩护法律援助的，申请人应当如实提交下列材料：（一）法律援助申请表；（二）居民身份证或者其他有效身份证明，代为申请的还应当提交有代理权的证明；（三）经济困难状况说明表，如有能够说明经济状况的证件或者证明材料，可以一并提供；（四）与所申请法律援助事项有关的其他材料。

填写法律援助申请表、经济困难状况说明表确有困难的，由法律援助机构工作人员或者转交申请的机关、单位工作人员代为填写，申请人确认无误后签名或者按指印。

~~法律援助申请人经济状况证明表应当由法律援助地方性法规、规章规定的有权出具经济困难证明的机关、单位加盖公章。无相关规定的，由申请人住所地或者经常居住地的村民委员会、居民委员会或者所在单位加盖公章。~~

（新增）符合《中华人民共和国法律援助法》第32条规定情形的当事人申请代理、刑事辩护法律援助的，应当提交第1款第1项、第2项、第4项规定的材料。

~~第10条　申请人持有下列证件、证明材料的，无需提交法律援助申请人经济状况证明表：（一）城市居民最低生活保障证或者农村居民最低生活保障证；（二）农村特困户救助证；（三）农村"五保"供养证；（四）人民法院给予申请人司法救助的决定；（五）在社会福利机构中由政府出资供养或者由慈善机构出资供养的证明材料；（六）残疾证及申请人住所地或者经常居住地的村民委员会、居民委员会出具的无固定生活来源的证明材料；（七）依靠政府或者单位给付抚恤金生活的证明材料；（八）因自然灾害等原因导致生活出现暂时困难，正在接受政府临时救济的证明材料；（九）法律、法规及省、自治区、直辖市人民政府规定的能够证明法律援助申请人经济困难的其他证件、证明材料。~~

第13条　法律援助机构对申请人提出的法律援助申请，应当根据下列情况分别作出处理：

（一）申请人提交的申请材料符合规定的，应当予以受理，并向申请人出具收到申请材料的书面凭证，载明收到申请材料的名称、数量、日期等；

（二）申请人提交的申请材料不齐全，应当一次性告知申请人需要补充的全部内容，或者要求申请人作出必要的说明。申请人未按要求补充材料或者作出说明的，视为撤回申请；

（三）申请事项不属于本法律援助机构受理范围的，应当告知申请人向有管辖权的法律援助机构申请或者向有关部门申请处理。

第14条　法律援助机构应当对法律援助申请进行审查，确定是否具备下列条件：（一）申请人系公民或者符合法定条件的其他当事人；（二）申请事项属于法律援助范围；（三）符合经济困难标准或者其他法定条件。

第15条　法律援助机构核查申请人的经济困难状况，可以通过信息共享查询，或者由申请人进行个人诚信承诺。

法律援助机构开展核查工作，可以依法向有关部门、单位、村民委员会、居民委员会或者个人核实有关情况。

第16条 受理申请的法律援助机构需要异地核查有关情况的，可以向核查事项所在地的法律援助机构请求协作。

法律援助机构请求协作的，应当向被请求的法律援助机构发出协作函件，说明基本情况、需要核查的事项、办理时限等。被请求的法律援助机构应当予以协作。因客观原因无法协作的，应当及时向请求协作的法律援助机构书面说明理由。

第17条 法律援助机构应当自收到法律援助申请之日起7日内进行审查，作出是否给予法律援助的决定。

申请人补充材料、作出说明所需的时间，法律援助机构请求异地法律援助机构协作核查的时间，不计入审查期限。

第18条 法律援助机构经审查，对于有下列情形之一的，应当认定申请人经济困难：（一）申请人及与其共同生活的家庭成员的人均收入符合受理的法律援助机构所在省、自治区、直辖市人民政府规定的经济困难标准的；（二）申请事项的对方当事人是与申请人共同生活的家庭成员，申请人的个人收入符合受理的法律援助机构所在省、自治区、直辖市人民政府规定的经济困难标准的；（三）符合《中华人民共和国法律援助法》第42条规定，申请人所提交材料真实有效的。

第19条 法律援助机构经审查，对符合法律援助条件的，应当决定给予法律援助，并制作给予法律援助决定书；对不符合法律援助条件的，应当决定不予法律援助，并制作不予法律援助决定书。

不予法律援助决定书应当载明不予法律援助的理由及申请人提出异议的途径和方式／权利。

第20条 给予法律援助决定书或者不予法律援助决定书应当发送申请人；属于《中华人民共和国法律援助法》第39条规定情形的，法律援助机构还应当同时函告有关办案机关、监管场所。

第21条 法律援助机构依据《中华人民共和国法律援助法》第44条规定先行提供法律援助的，受援人应当在法律援助机构要求的时限内，补办有关手续，补充有关材料。

~~第18条 …… 法律援助机构经审查认为受援人不符合经济困难标准的，应当终止法律援助，并按照本规定第33条第2款的规定办理。~~

第22条 申请人对法律援助机构不予法律援助的决定有异议的，应当自收到决定之日起15日内向设立该法律援助机构的司法行政机关提出。

第23条 司法行政机关应当自收到异议之日起5日内进行审查，认为申请人符合法律援助条件的，应当以书面形式责令法律援助机构对该申请人提供法律援助，同时书面告知申请人；认为申请人不符合法律援助条件的，应当作出维持法律援助机构不予法律援助的决定，书面告知申请人并说明理由。

申请人对司法行政机关维持法律援助机构决定不服的，可以依法申请行政复议或者提起行政诉讼。

第 24 条（第 1 款）　法律援助机构应当自作出给予法律援助决定之日起 3 日/7 个工作日内依法指派律师事务所、基层法律服务所安排本所律师或者基层法律服务工作者，或者安排本机构具有律师资格或者法律职业资格的工作人员承办法律援助案件。

第 27 条　法律援助人员所属单位应当自安排或者收到指派之日起 5 日/5 个工作日内与受援人或者其法定代理人、近亲属签订委托协议和授权委托书，但因受援人原因或者其他客观原因无法按时签订的除外。

第 30 条　法律援助人员承办刑事代理、民事、行政等法律援助案件，应当约见受援人或者其法定代理人、近亲属，了解案件情况并制作笔录，但因受援人原因无法按时约见的除外。

法律援助人员首次约见受援人或者其法定代理人、近亲属时，应当告知下列事项：（一）法律援助人员的代理职责；（二）发现受援人可能符合司法救助条件的，告知其申请方式和途径；（三）本案主要诉讼风险及法律后果；（四）受援人在诉讼中的权利和义务。

第 31 条　法律援助人员承办案件，可以根据需要依法向有关单位或者个人调查与承办案件有关的情况，收集与承办案件有关的材料，并可以根据需要请求法律援助机构出具必要的证明文件或者与有关机关、单位进行协调。

法律援助人员认为需要异地调查情况、收集材料的，可以向作出指派或者安排的法律援助机构报告。法律援助机构可以按照本规定第 16 条向调查事项所在地的法律援助机构请求协作。

第 32 条　法律援助人员可以帮助受援人通过和解、调解及其他非诉讼方式解决纠纷，依法最大限度维护受援人合法权益。

法律援助人员代理受援人以和解或者调解方式解决纠纷的，应当征得受援人同意。

第 34 条　对于开庭审理的案件，法律援助人员应当做好开庭前准备；庭审中充分发表意见、举证、质证；庭审结束后，应当向人民法院或者劳动人事争议仲裁机构提交书面法律意见。

对于不开庭审理的案件，法律援助人员应当在会见或者约见受援人、查阅案卷材料、了解案件主要事实后，及时/自收到法律援助机构指派函之日起 10 日内向人民法院提交书面法律意见。

第
一
编
　
第
五
章

第35条 法律援助人员应当向受援人通报案件办理情况，答复受援人询问，并制作通报情况记录。

第36条 法律援助人员应当按照法律援助机构要求报告案件承办情况。

法律援助案件有下列情形之一的，法律援助人员应当向法律援助机构报告：（一）主要证据认定、适用法律等方面存在重大疑义的；（二）涉及群体性事件的；（三）有重大社会影响的；（四）其他复杂、疑难情形。

第37条 受援人有证据证明法律援助人员未依法履行职责的，可以请求法律援助机构更换法律援助人员。

法律援助机构应当自受援人申请更换之日起 5 日/5 个工作日内决定是否更换。决定更换的，应当另行指派或者安排人员承办。……

更换法律援助人员的，原法律援助人员所属单位应当与受援人解除或者变更委托协议和授权委托书，原法律援助人员应当与更换后的法律援助人员办理案件材料移交手续。

第38条 法律援助人员在承办案件过程中，发现与本案存在利害关系或者因客观原因无法继续承办案件的，应当向法律援助机构报告。法律援助机构认为需要更换法律援助人员的，按照本规定第 37 条办理。

第39条 存在《中华人民共和国法律援助法》第 48 条规定情形，法律援助机构决定终止法律援助的，应当制作终止法律援助决定书，并于 3 日内，发送受援人、通知法律援助人员所属单位并函告办案机关。

受援人对法律援助机构终止法律援助的决定有异议的，按照本规定第 22 条、第 23 条办理。

第40条 法律援助案件办理结束后，法律援助人员应当及时向法律援助机构报告，并自结案之日起 30 日内向法律援助机构提交结案归档材料/立卷材料。

……其他（非刑事）诉讼案件以法律援助人员收到判决书、裁定书、调解书之日为结案日。劳动争议仲裁案件或者行政复议案件以法律援助人员收到仲裁裁决书、行政复议决定书原件或者复印件之日为结案日。其他非诉讼法律事务以受援人与对方当事人达成和解、调解协议之日为结案日。无相关文书的，以义务人开始履行义务之日为结案日。法律援助机构终止法律援助的，以法律援助人员所属单位收到终止法律援助决定书之日为结案日。

第41条 法律援助机构应当自收到法律援助人员提交的结案归档材料/立卷材料之日起 30 日内进行审查。对于结案归档材料/立卷材料齐全规范的，应当及时通过法律援助人员所属单向法律援助人员支付法律援助补贴。

第42条 法律援助机构应当对法律援助案件申请、审查、指派等材料以及法律援助人员提交的结案归档材料进行整理，一案一卷，统一归档管理。

第 44 条　本规定中期间开始的日，不算在期间以内。期间的最后一日是节假日的，以节假日后的第一日为期满日期。

（本书汇）【维权费用】

● 相关规定　**【司发通〔1999〕032 号】　最高人民法院、司法部关于民事法律援助工作若干问题的联合通知**（1999 年 4 月 12 日）

七、法律援助人员办理法律援助案件所需差旅费、文印费、交通通讯费、调查取证费等办案必要开支，受援方列入诉讼请求的，人民法院可根据具体情况判由非受援的败诉方承担。

法律援助人员办案费用的计算办法为：差旅费按法律援助机构所在地财政部门规定的公务人员差旅费标准计算，文印费、交通通讯费等开支一般不超过 500 元；鉴定费、调查取证费和证人出庭费由人民法院根据国家的有关规定和实际情况决定。

【法释〔2002〕31 号】　最高人民法院关于审理著作权民事纠纷案件适用法律若干问题的解释（2002 年 10 月 12 日最高法审委会〔1246 次〕通过，同日公布，2002 年 10 月 15 日起施行；根据法释〔2020〕19 号《决定》修正，2021 年 1 月 1 日起施行；以本规为准）

第 26 条　著作权法第 49 条第 1 款规定的制止侵权行为所支付的合理开支，包括权利人或者委托代理人对侵权行为进行调查、取证的合理费用。

人民法院根据当事人的诉讼请求和具体案情，可以将符合国家有关部门规定的律师费用计算在赔偿范围内。

【法释〔2002〕32 号】　最高人民法院关于审理商标民事纠纷案件适用法律若干问题的解释（2002 年 10 月 12 日最高法审委会〔1246 次〕通过，同日公布，2002 年 10 月 16 日起施行；根据法释〔2020〕19 号《决定》修正，2021 年 1 月 1 日起施行；以本规为准）

第 17 条　商标法第 63 条第 1 款规定的制止侵权行为所支付的合理开支，包括权利人或者委托代理人对侵权行为进行调查、取证的合理费用。

人民法院根据当事人的诉讼请求和案件具体情况，可以将符合国家有关部门规定的律师费用计算在赔偿范围内。

【法释〔2007〕1 号】　最高人民法院关于审理侵害植物新品种权纠纷案件具体应用法律问题的若干规定（2006 年 12 月 25 日最高法审委会〔1411 次〕通过《关于审理侵犯……若干规定》，2007 年 1 月 12 日公布，2007 年 2 月 1 日起施行；根据法释〔2020〕19 号《决定》修正并改名，2021 年 1 月 1 日起施行）

第 6 条（第 2 款）　人民法院可以根据权利人/被侵权人的请求，按照权利人/被侵权人因被侵权所受实际损失或者侵权人因侵权所得利益确定赔偿数额。……权利人为制止侵权行为所支付的合理开支应当另行计算。

【法释［2014］11 号】　最高人民法院关于审理利用信息网络侵害人身权益民事纠纷案件适用法律若干问题的规定（2014 年 6 月 23 日最高法审委会［1621 次］通过，2014 年 8 月 21 日公布，2014 年 10 月 10 日起施行；根据法释［2020］17 号《决定》修正，2021 年 1 月 1 日起施行）

第 12 条（第 1 款）　被侵权人为制止侵权行为所支付的合理开支，可以认定为民法典第 1182 条规定的财产损失。合理开支包括被侵权人或者委托代理人对侵权行为进行调查、取证的合理费用。人民法院根据当事人的请求和具体案情，可以将符合国家有关部门规定的律师费用计算在赔偿范围内。

【法释［2015］1 号】　最高人民法院关于审理环境民事公益诉讼案件适用法律若干问题的解释（2014 年 12 月 8 日最高法审委会［1631 次］通过，2015 年 1 月 6 日公布，2015 年 1 月 7 日起施行；根据法释［2020］20 号《决定》修正，2021 年 1 月 1 日起施行。以本规为准）（详见本书第 58 条）

第 22 条　原告请求被告承担以下费用的，人民法院可以依法予以支持：（一）生态环境损害调查/检验、鉴定评估等费用；（二）清除污染以及防止损害的发生和扩大所支出的合理费用；（三）合理的律师费以及为诉讼支出的其他合理费用。

【法释［2016］10 号】　最高人民法院关于审理消费民事公益诉讼案件适用法律若干问题的解释（2016 年 2 月 1 日最高法审委会［1677 次］通过，2016 年 4 月 24 日公布，2016 年 5 月 1 日起施行；根据法释［2020］20 号《决定》修正，2021 年 1 月 1 日起施行）（详见本书第 58 条）

第 18 条　原告及其诉讼代理人对侵权行为进行调查、取证的合理费用、鉴定费用、合理的律师代理费用，人民法院可根据实际情况予以相应支持。

【法发［2016］21 号】　最高人民法院关于进一步推进案件繁简分流优化司法资源配置的若干意见（2016 年 9 月 12 日）（余见《行政诉讼全厚细》第 7 章第 3 节）

22. 引导当事人诚信理性诉讼。加大对虚假诉讼、恶意诉讼等非诚信诉讼行为的打击力度，充分发挥诉讼费用、律师费用调节当事人诉讼行为的杠杆作用，促使当事人选择适当方式解决纠纷。当事人存在滥用诉讼权利、拖延承担诉讼义务等明显不当行为，造成诉讼对方或第三人直接损失的，人民法院可以根据具体情况对无过错方依法提出的赔偿合理的律师费用等正当要求予以支持。

【主席令［2017］77 号】　中华人民共和国反不正当竞争法（1993 年 9 月 2 日主席令第 10 号公布，1993 年 12 月 1 日起施行；2017 年 11 月 4 日全国人大常委会［12 届 30 次］修订，2018 年 1 月 1 日起施行；2019 年 4 月 23 日全国人大常委会［13 届 10 次］统修，同日公布施行）

第 17 条（第 3 款）　因不正当竞争行为受到损害的经营者的赔偿数额，按照其因被侵权所受到的实际损失确定；实际损失难以计算的，按照侵权人因侵权所获得的利益确定。经营者恶意实施侵犯商业秘密行为，情节严重的，可以在按照上述方法确定数额的 1 倍以上 5 倍以下确定赔偿数额。赔偿数额还应当包括经营者为制止侵权行为所支付的合理开支。

【法释［2019］8 号】　最高人民法院关于审理生态环境损害赔偿案件的若干规定（试行）（2019 年 5 月 20 日最高法审委会［1769 次］通过，2019 年 6 月 4 日公布，2019 年 6 月 5 日起试行；根据法释［2020］17 号《决定》修正，2021 年 1 月 1 日起施行）

第 14 条　原告请求被告承担下列费用的，人民法院根据具体案情予以判决：

（一）实施应急方案、清除污染以及为防止生态环境损害的发生和扩大所支出的/采取合理预防、处置措施发生的应急处置费用；

（二）为生态环境损害赔偿磋商和诉讼支出的调查、检验、鉴定、评估等费用；

（三）合理的律师费以及其他为诉讼支出的合理费用。

【法释［2020］6 号】　最高人民法院关于审理民间借贷案件适用法律若干问题的规定（"法释［2015］18 号"公布，2015 年 9 月 1 日起施行；法（民）发［1991］21 号《关于人民法院审理借贷案件的若干意见》同时废止。2020 年 8 月 18 日最高法审委会［1809 次］修订，2020 年 8 月 19 日公布，次日施行；根据法释［2020］17 号《决定》修正，2021 年 1 月 1 日起施行。以本规为准）

第 29 条　出借人与借款人既约定了逾期利率，又约定了违约金或者其他费用，出借人可以选择主张逾期利息、违约金或者其他费用，也可以一并主张，但是总计超过合同成立时 1 年期贷款市场报价利率 4 倍（年利率 24%）的部分，人民法院不予支持。

【法［2020］185 号】　全国法院审理债券纠纷案件座谈会纪要（2019 年 12 月 24 日在北京召开，邀请全国人大常委会法工委、司法部、国家发改委、央行、证监会等单位参会，最高法 2020 年 7 月 15 日印发）

20. 共益费用的分担。债券持有人会议授权的受托管理人或者推选的代表人在诉讼中垫付的合理律师费等维护全体债券持有人利益所必要的共益费用，可以直接从执行程序、破产程序中受领的款项中扣除，将剩余款项按比例支付给债券持有人。

21.（第1款） 发行人的违约责任范围。债券发行人未能如约偿付债券当期利息或者到期本息的，债券持有人请求发行人支付当期利息或者到期本息，并支付逾期利息、违约金、实现债权的合理费用的，人民法院应当予以支持。

34.……因破产管理人无正当理由不予确认而导致的诉讼费用、律师费用、差旅费用等合理支出以及由此导致债权迟延清偿期间的利息损失，受托管理人另行向破产管理人主张赔偿责任的，人民法院应当予以支持。

【主席令［2020］45号】 **中华人民共和国民法典**（2020年5月28日全国人大［13届3次］通过，2021年1月1日起施行）

第540条 撤销权的行使范围以债权人的债权为限。债权人行使撤销权的必要费用，由债务人负担。

【主席令［2020］62号】 **中华人民共和国著作权法**（2020年11月11日全国人大常委会［13届23次］修订，2021年6月1日起施行）

第54条（第1款） 侵犯著作权或者与著作权有关的权利的，侵权人应当按照权利人因此受到的实际损失或者侵权人的违法所得给予赔偿；……

（第3款） 赔偿数额还应当包括权利人为制止侵权行为所支付的合理开支。

【法释［2021］11号】 **最高人民法院关于知识产权侵权诉讼中被告以原告滥用权利为由请求赔偿合理开支问题的批复**（2021年5月31日最高法审委会［1840次］通过，2021年6月3日公布施行，答复上海高院"沪高法［2021］215号"请示）

在知识产权侵权诉讼中，被告提交证据证明原告的起诉构成法律规定的滥用权利损害其合法权益，依法请求原告赔偿其因该诉讼所支付的合理的律师费、交通费、食宿费等开支的，人民法院依法予以支持。被告也可以另行起诉请求原告赔偿上述合理开支。

【法二巡（会3）［2022］15号】 **如何理解《民间借贷司法解释》第29条规定中的"其他费用"**[①]（最高法第二巡回法庭2021年第19次法官会议纪要）

律师费和诉讼保全责任保险费为出借人维护自身合法权益的必要支出，与借款人借款成本性质不同。首先，从《民间借贷司法解释》第29条规定的立法本意看，该条主要目的在于当借贷双方对逾期利率、违约金以及其他费用一并约定时平衡保护当事人之间的权益；其次，从实践情况看，只有与融资成本紧密相关的费用才属于司法解释规定的范围，一般主要指约定的服务费、咨询费、管理费

---

① 贺小荣主编：《最高人民法院第二巡回法庭法官会议纪要（第三辑）》，人民法院出版社2022年版，第257页。

等，其性质上仍属于借款人为获得借款而支付的必要成本，并非在借款合同中出现的所有费用都属于上述范围；再次，本条设定利率上限的目的是防止当事人以其他费用变相提高借款利率；最后，律师费和诉讼保全责任保险费与借贷中的控制融资成本本无直接关联关系。当事人约定的律师费和诉讼保全责任保险费系当事人为实现债权而可能支出的成本，若借款人依约还款则不会产生；若引发纠纷产生相关费用，当由败诉方承担，原则上不同于借款利息、违约金等费用。

【法释［2023］13 号】　最高人民法院关于适用《中华人民共和国民法典》合同编通则若干问题的解释（2023 年 5 月 23 日最高法审委会［1889 次］通过，2023 年 12 月 4 日公布，次日 2023 年 12 月 5 日起施行）

第 45 条（第 2 款）　债权人行使撤销权所支付的合理的律师代理费、差旅费等费用，可以认定为民法典第 540 条（主席令［2020］45 号）规定的"必要费用"。

第 48 条（第 2 款）　让与人未通知债务人，受让人直接起诉债务人请求履行债务，人民法院经审理确认债权转让事实的，应当认定债权转让自起诉状副本送达时对债务人发生效力。债务人主张因未通知而给其增加的费用或者造成的损失从认定的债权数额中扣除的，人民法院依法予以支持。

第 57 条　因侵害自然人人身权益，或者故意、重大过失侵害他人财产权益产生的损害赔偿债务，侵权人主张抵销的，人民法院不予支持。

【法刊文摘】　法答网精选答问（第 5 批）（人民法院报 2024 年 5 月 30 日第 7 版）

问题 3（新疆维吾尔自治区高级人民法院民二庭陈建红）：守约方为申请诉前财产保全而投保的财产保全责任险的保险费，能否由违约方赔偿？

答疑摘要（最高人民法院民二庭 苏蓓）：守约方主张违约方赔偿其为申请诉前财产保全而投保的财产保全责任险的保险费的，人民法院原则上不予支持，除非当事人在合同中明确约定该保险费将作为守约方实现债权的费用由违约方承担，且该保险费必要、合理。对于上述保险费是否必要、合理的认定，人民法院可以根据以下因素个案衡量：其一，申请财产保全是否必要；其二，申请财产保全的范围是否与人民法院最终判决支持原告主要诉讼请求的金额（如判令违约方承担违约责任的金额）相当。

【法释［2024］6 号】　最高人民法院关于审理垄断民事纠纷案件适用法律若干问题的解释（2024 年 2 月 4 日最高法审委会［1915 次］通过，2024 年 6 月 24 日公布，2024 年 7 月 1 日起施行；法释［2012］5 号《关于审理因垄断行为引发的民事纠纷案件应用法律若干问题的规定》同时废止）

第 45 条　根据原告的诉讼请求和具体案情，人民法院可以将原告因调查、制止垄断行为所支付的合理开支，包括合理的市场调查费用、经济分析费用、律师费用等，计入损失赔偿范围。

（本书汇）【律师费用标准】

● **相关规定** 　**【发改价格〔2006〕611号】** 　**律师服务收费管理办法**（国家发展改革委、司法部 2006 年 4 月 13 日印发，2006 年 12 月 1 日起执行；计价格〔1997〕286 号《律师服务收费管理暂行办法》和计价费〔2000〕392 号《国家计委、司法部关于暂由各地制定律师服务收费临时标准的通知》同时废止）

第 2 条　依照《中华人民共和国律师法》设立的律师事务所和获准执业的律师，为委托人提供法律服务的收费行为适用本办法。

第 5 条　律师事务所依法提供下列法律服务实行政府指导价：（一）代理民事诉讼案件；（二）代理行政诉讼案件；（三）代理国家赔偿案件；（四）为刑事案件犯罪嫌疑人提供法律咨询、代理申诉和控告、申请取保候审，担任被告人的辩护人或自诉人、被害人的诉讼代理人；（五）代理各类诉讼案件的申诉。

律师事务所提供其他法律服务的收费实行市场调节价。

第 6 条　政府指导价的基准价和浮动幅度由各省、自治区、直辖市人民政府价格主管部门会同同级司法行政部门制定。

第 9 条　实行市场调节的律师服务收费，由律师事务所与委托人协商确定。

律师事务所与委托人协商律师服务收费应当考虑以下主要因素：（一）耗费的工作时间；（二）法律事务的难易程度；（三）委托人的承受能力；（四）律师可能承担的风险和责任；（五）律师的社会信誉和工作水平等。

第 10 条　律师服务收费可以根据不同的服务内容，采取计件收费、按标的额比例收费和计时收费等方式。

计件收费一般适用于不涉及财产关系的法律事务；按标的额比例收费适用于涉及财产关系的法律事务；计时收费可适用于全部法律事务。

第 11 条　办理涉及财产关系的民事案件时，委托人被告知政府指导价后仍要求实行风险代理的，律师事务所可以实行风险代理收费，但下列情形除外：（一）婚姻、继承案件；（二）请求给予社会保险待遇或者最低生活保障待遇的；（三）请求给付赡养费、抚养费、扶养费、抚恤金、救济金、工伤赔偿的；（四）请求支付劳动报酬的等。

第 12 条　禁止刑事诉讼案件、行政诉讼案件、国家赔偿案件以及群体性诉讼案件实行风险代理收费。

第13条　实行风险代理收费，律师事务所应当与委托人签订风险代理收费合同，约定双方应承担的风险责任、收费方式、收费数额或比例。

实行风险代理收费，最高收费金额不得高于收费合同约定标的额的30%。

第16条　律师事务所接受委托，应当与委托人签订律师服务收费合同或者在委托代理合同中载明收费条款。

收费合同或收费条款应当包括：收费项目、收费标准、收费方式、收费数额、付款和结算方式、争议解决方式等内容。

第18条　律师事务所向委托人收取律师服务费，应当向委托人出具合法票据。

第19条　律师事务所在提供法律服务过程中代委托人支付的诉讼费、仲裁费、鉴定费、公证费和查档费，不属于律师服务费，由委托人另行支付。

第20条　律师事务所需要预收异地办案差旅费的，应当向委托人提供费用概算，经协商一致，由双方签字确认。确需变更费用概算的，律师事务所必须事先征得委托人的书面同意。

第21条　结算第18条和第19条有关费用时，律师事务所应当向委托人提供代其支付的费用和异地办案差旅费清单及有效凭证。不能提供有效凭证的部分，委托人可不予支付。

第22条　律师服务费、代委托人支付的费用和异地办案差旅费由律师事务所统一收取。律师不得私自向委托人收取任何费用。

除前款所列3项费用外，律师事务所及承办律师不得以任何名义向委托人收取其他费用。

第23条　律师事务所应当接受指派承办法律援助案件。办理法律援助案件不得向受援人收取任何费用。

对于经济确有困难，但不符合法律援助范围的公民，律师事务所可以酌情减收或免收律师服务费。

第24条　律师事务所异地设立的分支机构，应当执行分支机构所在地的收费规定。

第25条　律师事务所异地提供法律服务，可以执行律师事务所所在地或者提供法律服务所在地的收费规定，具体办法由律师事务所与委托人协商确定。

第26条　各级价格主管部门应加强对律师事务所收费的监督检查。

律师事务所、律师有下列价格违法行为之一的，由政府价格主管部门依照《价格法》和《价格违法行为行政处罚规定》实施行政处罚：（一）不按规定公示律师服务收费管理办法和收费标准的；（二）提前或者推迟执行政府指导价的；（三）超出政府指导价范围或幅度收费的；（四）采取分解收费项目、重复收费、扩大范围等方式变相提高收费标准的；（五）以明显低于成本的收费进行不正当竞争的；（六）其他价格违法行为。

第27条 各级司法行政部门应加强对律师事务所、律师法律服务活动的监督检查。

律师事务所、律师有下列违法行为之一的，由司法行政部门依照《律师法》以及《律师和律师事务所违法行为处罚办法》实施行政处罚：（一）违反律师事务所统一接受委托、签订书面委托合同或者收费合同规定的；（二）违反律师事务所统一收取律师服务费、代委托人支付的费用和异地办案差旅费规定的；（三）不向委托人提供预收异地办案差旅费用概算，不开具律师服务收费合法票据，不向委托人提交代交费用、异地办案差旅费的有效凭证的；（四）违反律师事务所统一保管、使用律师服务专用文书、财务票据、业务档案规定的；（五）违反律师执业纪律和职业道德的其他行为。

第31条 律师服务收费争议调解办法另行制定。

第32条 各省、自治区、直辖市人民政府价格主管部门会同同级司法行政部门，依据本办法制定律师服务收费管理的具体实施办法，报国家发展改革委和司法部备案。

【发改价格［2014］2755号】 国家发展改革委关于放开部分服务价格意见的通知（2014年12月17日）

一、对已具备竞争条件的以下7项服务价格，请各省、自治区、直辖市价格主管部门抓紧履行相关程序，放开价格。

（一）会计师事务所服务。会计师事务所提供的审计服务收费，即：审查企业会计报表并出具审计报告、验证企业资本并出具验资报告、办理企业合并、分立、清算事宜中的审计服务并出具有关报告等服务收费。

（二）资产评估服务。资产评估机构提供的法定资产评估收费，即：按法律法规和国家有关规定要求实施的资产评估服务收费。

（三）税务师事务所服务。税务师事务所提供的涉税鉴证服务收费，即：企业所得税汇算清缴纳税申报鉴证、企业财产损失所得税前扣除鉴证、企业所得税税前弥补亏损鉴证、土地增值税清算鉴证的服务收费。

（四）律师服务（刑事案件辩护和部分民事诉讼、行政诉讼、国家赔偿案件代理除外）。除律师事务所和基层法律服务机构（包括乡镇、街道法律服务所）提供的下列律师服务收费实行政府指导价外，其他律师服务收费实行市场调节价。1. 担任刑事案件犯罪嫌疑人、被告人的辩护人以及刑事案件自诉人、被害人的代理人；2. 担任公民请求支付劳动报酬、工伤赔偿，请求给付赡养费、抚养费、扶养费，请求发给抚恤金、救济金，请求给予社会保险待遇或最低生活保障待遇的民事诉讼、行政诉讼的代理人，以及担任涉及安全事故、环境污染、征地拆迁赔偿（补偿）等公共利益的群体性诉讼案件代理人；3. 担任公民请求国家赔偿案件的代理人。

（五）房地产经纪服务。房地产经纪人接受委托，进行居间代理服务收取的佣金。

（六）非保障性住房物业服务。物业服务企业接受业主的委托，按照物业服务合同约定，对非保障性住房及配套的设施设备和相关场地进行维修、养护和管理，维护物业管理区域内的环境卫生和相关秩序的活动等向业主收取的费用。保障性住房、房改房、老旧住宅小区和前期物业管理服务收费，由各省级价格主管部门会同住房城乡建设行政主管部门根据实际情况决定实行政府指导价。放开保障性住房物业服务收费实行市场调节价的，应考虑保障对象的经济承受能力，同时建立补贴机制。

（七）住宅小区停车服务。物业服务企业或停车服务企业接受业主的委托，按照停车服务合同约定，向住宅小区业主或使用人提供停车场地、设施以及停车秩序管理服务所收取的费用。

二、各省、自治区、直辖市在放开上述7项服务价格时，应要求各经营者严格遵守《价格法》等法律法规，合法经营，为消费者等提供质量合格、价格合理的服务；严格落实明码标价制度，在经营场所醒目位置公示价目表和投诉举报电话等信息；不得利用优势地位，强制服务、强制收费，或只收费不服务、少服务多收费；不得在标价之外收取任何未予标明的费用。

【赣计收费字［2003］587号】　江西省律师服务收费指导价标准（暂行）（江西省发展计划委、司法厅2003年6月23日印发，2003年7月1日起施行；尚未见更新）

一、办理刑事案件

（一）律师办理刑事案件，实行分诉讼阶段计件收费。

1. 侦查阶段：800-5000元/件；2. 起诉阶段：800-5000元/件；3. 一审阶段：1600-15000元/件；4. 未办一审而办二审的案件1000-10000元/件；5. 曾办一审又办二审的案件1000-5000元/件。

（二）作为刑事自诉案件的自诉人或公诉案件被害人的代理人参加诉讼的，参照办理刑事案件的标准收费。

（三）办理案情特别复杂，影响特别重大的刑事案件，可以在本条第（一）项规定标准数额以上，与当事人协商收费，但最高限额不得超过本条第（一）项规定的5倍。

二、代理民事、经济、行政案件

（一）律师代理民事、经济、行政案件的调解、仲裁、诉讼，不涉及财产关系的 1000-6000 元/件；

涉及财产关系的除收取 1000-6000 元/件外，还应（根据争议标的）按下列比例分段累计收费：50,000 元以下：免收；50,001 至 100,000 元：1.5%-5%；100,001 元至 1,000,000 元：1.2%-4%；1,000,001 元至 5,000,000 元：1%-3%；5,000,001 元至 10,000,000 元：0.5%-2%；10,000,001 元至 50,000,000 元：0.2%-1.5%；50,000,001 元以上部分：0.1%-1%。

（二）案情疑难复杂或有重大影响的案件，可以在本条第（一）项标准数额以上与当事人协商收费，但最高不得超过规定标准的 3 倍。

三、代理各类诉讼案件的申诉 500-5000 元/件，或计时收费。

四、解答法律咨询：10-100 元/件，或计时收费。

五、制作法律事务文书，每件为 150-1500 元。

六、计时收费政府指导价标准：计时收费为 50-1000 元/小时。

七、担任法律顾问、代理非诉讼法律服务，由律师事务所与委托人协商收费。

八、本标准未作详尽规定的，由律师事务所与委托人协商收费。

九、其它事项

1. 律师事务所可以与委托人实行胜诉收费等其他形式的协商收费。

律师事务所可以与委托人就实行胜诉收费进行协商，收费标准可在标的额的 10-30% 的范围（不包括本通知附件 1 第 8 条所列费用）与委托人协商收取。收取该费用后，其他任何费用不得收取。

2. 国务院审批确定的国家扶贫开发工作重点县，应按此标准下浮 30% 收费。

附：国务院《关于审批确定扶贫开发工作重点县的通知》中审核确定我省的扶贫开发工作重点县是：兴国县、宁都县、于都县、寻乌县、会昌县、安远县、上犹县、赣县、井冈山市、永新县、遂川县、吉安县、万安县、上饶县、横峰县、波阳县、余干县、广昌县、乐安县、修水县、莲花县，以上 21 个县（市）。

【司发通［2021］87 号】 司法部、国家发展和改革委员会、国家市场监督管理总局关于进一步规范律师服务收费的意见（2021 年 12 月 28 日印发；以本规为准）

二、完善律师服务收费政策

（一）提升律师服务收费合理化水平。律师服务收费项目、收费方式、收费标准等原则上由律师事务所制定。在制定律师服务费标准时，律师事务所应当统筹考虑律师提供服务耗费的工作时间、法律事务的难易程度、委托人的承受能力、律师可能承担的风险和责任、律师的社会信誉和工作水平等因素。各省（区、市）律师协会指导设区的市或者直辖市的区（县）律师协会对律师事务所制定的律师服务费标准实施动态监测分析。

（二）提高律师服务收费公开化程度。律师事务所制定的律师服务费标准，应当每年向所在设区的市或者直辖市的区（县）律师协会备案，备案后1年内原则上不得变更，新设律师事务所在取得执业许可证书10个工作日内，应当制定律师服务费标准并向所在设区的市或者直辖市的区（县）律师协会备案。律师事务所不得超出该所在律师协会备案的律师服务费标准收费。律师事务所应当严格执行明码标价制度，将本所在律师协会备案的律师服务费标准在其执业场所显著位置进行公示，接受社会监督。

（三）扩大律师服务收费普惠化范围。律师事务所办理涉及农民工、残疾人等弱势群体或者与公益活动有关的法律服务事项，可以酌情减免律师服务费。对当事人符合法律援助条件的，律师事务所应当及时告知当事人可以申请法律援助。鼓励律师事务所和律师积极参与公益法律服务。

三、严格规范律师风险代理行为

（四）严格限制风险代理适用范围。禁止刑事诉讼案件、行政诉讼案件、国家赔偿案件、群体性诉讼案件、婚姻继承案件，以及请求给予社会保险待遇、最低生活保障待遇、赡养费、抚养费、扶养费、抚恤金、救济金、工伤赔偿、劳动报酬的案件实行或者变相实行风险代理。

（五）严格规范风险代理约定事项。律师事务所和律师不得滥用专业优势地位，对律师事务所与当事人各自承担的风险责任作出明显不合理的约定，不得在风险代理合同中排除或者限制当事人上诉、撤诉、调解、和解等诉讼权利，或者对当事人行使上述权利设置惩罚性赔偿等不合理的条件。

（六）严格限制风险代理收费金额。律师事务所与当事人约定风险代理收费的，可以按照固定的金额收费，也可以按照当事人最终实现的债权或者减免的债务金额（以下简称"标的额"）的一定比例收费。律师事务所在风险代理各个环节收取的律师服务费合计最高金额应当符合下列规定：标的额不足人民币100万元的部分，不得超过标的额的18%；标的额在人民币100万元以上不足500万元的部分，不得超过标的额的15%；标的额在人民币500万元以上不足1000万元的部分，不得超过标的额的12%；标的额在人民币1000万元以上不足5000万元的部分，不得超过标的额的9%；标的额在人民币5000万元以上的部分，不得超过标的额的6%。

（七）建立风险代理告知和提示机制。律师事务所应当与当事人签订专门的书面风险代理合同，并在风险代理合同中以醒目方式明确告知当事人风险代理的含义、禁止适用风险代理案件范围、风险代理最高收费金额限制等事项，并就当事人委托的法律服务事项可能发生的风险、双方约定的委托事项应达成的目标、双方各自承担的风险和责任等进行提示。

四、健全律师事务所收费管理制度

（八）切实规范律师服务收费行为。律师事务所与当事人协商收费，应当遵循公开公平、平等自愿、诚实信用的原则，不得作出违背社会公序良俗或者显失公平的约定，不得采取欺骗、诱导等方式促使当事人接受律师服务价格，不得相互串通、操纵价格。律师事务所不得在协商收费时向当事人明示或者暗示与司法机关、仲裁机构及其工作人员有特殊关系，不得以签订"阴阳合同"等方式规避律师服务收费限制性规定。

律师事务所应当加强对律师服务收费合同或者委托代理合同中收费条款的审核把关，除律师服务费、代委托人支付的费用、异地办案差旅费外，严禁以向司法人员、仲裁员疏通关系等为由收取所谓的"办案费""顾问费"等任何其他费用。律师事务所在提供法律服务过程中代委托人支付的诉讼费、仲裁费、鉴定费、公证费、查档费、保全费、翻译费等费用，不属于律师服务费，由委托人另行支付。律师事务所应当向委托人提供律师服务收费清单，包括律师服务费、代委托人支付的费用以及异地办案差旅费，其中代委托人支付的费用及异地办案差旅费应当提供有效凭证。

（九）严格执行统一收案、统一收费规定。律师事务所应当建立健全收案管理、收费管理、财务管理、专用业务文书、档案管理等内部管理制度，确保律师业务全面登记、全程留痕。建立律师业务统一登记编码制度，加快推进律师管理信息系统业务数据采集，按照统一规则对律师事务所受理的案件进行编号，做到案件编号与收费合同、收费票据一一对应，杜绝私自收案收费。律师服务收费应当由财务人员统一收取、统一入账、统一结算，并及时出具合法票据，不得用内部收据等代替合法票据，不得由律师直接向当事人收取律师服务费。确因交通不便等特殊情况，当事人提出由律师代为收取律师服务费的，律师应当在代收后3个工作日内将代收的律师服务费转入律师事务所账户。

（十）压实对律师的教育管理责任。律师事务所应当加强对本所律师的教育管理，引导律师践行服务为民理念，树立正确的价值观、义利观，恪守职业道德和执业纪律，严格遵守律师服务收费各项管理规定。强化内部监督制约，确保律师服务收费全流程可控，认真办理涉及收费的投诉举报，及时纠正律师违法违规收费行为。

五、强化律师服务收费监督检查

（十一）加强律师服务收费常态化监管。司法行政部门、律师协会要把律师服务收费作为律师事务所年度检查考核和律师执业年度考核的重要内容，对上一年度有严重违法违规收费行为、造成恶劣社会影响的律师事务所和律师，应当依法依规评定为"不合格""不称职"。开展"双随机一公开"抽查，司法行政部门每年对不少于5%的律师事务所收费情况开展执法检查，对该所承办一定比例的案件倒查委托代理合同、收费票据等，及时发现违法违规收费问题。

（十二）加大违法违规收费查处力度。完善违法违规收费投诉处理机制，重点查处涉及群众切身利益的民生类律师服务收费投诉，确保有投诉必受理、有案必查、违法必究。依法依规严肃查处违法违规收费行为，对不按规定明码标价、价格欺诈等违反价格法律法规的行为，由市场监管部门依法作出行政处罚；对私自收费、违规风险代理收费、变相乱收费以及以向司法人员、仲裁员疏通关系为由收取所谓的"办案费""顾问费"等违法违规收费行为，由司法行政部门、律师协会依据《律师法》《律师和律师事务所违法行为处罚办法》等作出行政处罚、行业处分。市场监管部门、司法行政部门对律师事务所和律师违法违规收费行为作出行政处罚的，应当及时抄送同级司法行政部门、市场监管部门。健全律师服务收费诚信信息公示机制，司法行政部门及时在律师诚信信息公示平台公示律师事务所和律师因违法违规收费被处罚处分信息，定期通报违法违规收费典型案例，强化警示教育效果。

（十三）健全律师服务收费争议解决机制。因律师服务收费发生争议的，律师事务所和当事人可以协商解决。协商不成的，双方可以提请律师事务所所在设区的市或者直辖市的区（县）律师协会进行调解。设区的市或者直辖市的区（县）律师协会应当成立律师服务收费争议调解委员会，制定律师服务收费争议调解规则，依法依规开展调解。

● **高法判例**　【［2021］最高法知民终1406号】　塑料机械修配厂、塑料制品公司等侵害发明专利权纠纷案（最高法院知产庭2022年6月6日二审民事判决：合法来源抗辩成立仍可判令使用者负担维权合理开支）

裁判摘要：1. 合理开支包括律师费、公证费、差旅费等在维权活动中据实支出的费用，属于专利权人为了获得侵权救济所支出的金钱成本，因此应由侵害行为的实施者承担。在同时存在制造者、使用者等多个侵害行为实施者的情况下，为获得侵权救济所支出的合理费用针对的是上述全部侵害行为，故各个侵害行为实施者均负有承担专利权人合理维权费用的义务。2. 塑料制品公司在其生产经营活动中使用了塑料机械修配厂制造、销售的被诉侵权产品，该使用行为构成对涉案专利权的侵害。虽然塑料制品公司的合法来源抗辩成立，但其使用行为的侵权属性并未得以改变，其仍需承担机械公司为本案支出的合理维权费用。3. 至于每个侵害行为实施者所应承担的具体数额，需根据其各自的侵害行为、与专利权人维权行为的因果关系或关联程度、对专利权人维权行为的顺利开展是否造成阻碍、是否导致维权费用增加等因素确定。

第 64 条[19910409] **【诉讼代理人取证与阅卷】** 代理诉讼的律师和其他诉讼代理人有权调查收集证据，可以~~依照有关规定~~查阅本案有关材料，~~但是对涉及国家机密或者个人隐私的材料，必须对当事人和其他人保密。经人民法院许可，其他诉讼代理人可以查阅本案庭审材料，但是涉及国家机密或者个人隐私的材料除外。~~查阅本案有关材料的范围和办法由最高人民法院规定。

第 65 条 （见本书第 12 章第 3 节 "婚姻案件审理" 专辑）

（本书汇）**【当事人阅卷】**

● **相关规定** **【法释［2002］39 号】** 最高人民法院关于诉讼代理人查阅民事案件材料的规定（2002 年 11 月 4 日最高法审委会［1254 次］通过，2002 年 11 月 15 日公布，2002 年 12 月 7 日起施行；根据法释［2020］20 号《决定》修正，2021 年 1 月 1 日起施行）

第 1 条 代理民事诉讼的律师和其他诉讼代理人有权查阅所代理案件的有关材料。但是，诉讼代理人查阅案件材料不得影响案件的审理。

诉讼代理人为了申请再审的需要，可以查阅已经审理终结的所代理案件有关材料。

第 2 条 人民法院应当为诉讼代理人阅卷提供便利条件，安排阅卷场所。必要时，该案件的书记员或者法院其他工作人员应当在场。

第 3 条 诉讼代理人在诉讼过程中需要查阅案件有关材料的，应当提前与该案件的书记员或者审判人员联系；查阅已经审理终结的案件有关材料的，应当与人民法院有关部门工作人员联系。

第 4 条 诉讼代理人查阅案件有关材料应当出示律师证或者身份证等有效证件。查阅案件有关材料应当填写查阅案件有关材料阅卷单。

第 5 条 诉讼代理人在诉讼中查阅案件材料限于案件审判卷和执行卷的正卷，包括起诉书、答辩书、庭审笔录及各种证据材料等。

案件审理终结后，可以查阅案件审判卷的正卷。

第 6 条 诉讼代理人查阅案件有关材料后，应当及时将查阅的全部案件材料交回书记员或者其他负责保管案卷的工作人员。

书记员或者法院其他工作人员对诉讼代理人交回的案件材料应当当面清查，认为无误后在阅卷单上签注。阅卷单应当附卷。

诉讼代理人不得将查阅的案件材料携出法院指定的阅卷场所。

第 7 条 诉讼代理人查阅案件材料可以摘抄或者复印。涉及国家秘密的案件材料，依照国家有关规定办理。

复印案件材料应当经案卷保管人员的同意。复印已经审理终结的案件有关材料，诉讼代理人可以要求案卷管理部门在复印材料上盖章确认。

复印案件材料可以收取必要的费用。

第8条　查阅案件材料中涉及国家秘密、商业秘密和个人隐私的，诉讼代理人应当保密。

第9条　诉讼代理人查阅案件材料时不得涂改、损毁、抽取案件材料。

人民法院对修改、损毁、抽取案卷材料的诉讼代理人，可以参照民事诉讼法第111条（现第114条）第1款第1项的规定处理。

第10条　民事案件的当事人查阅案件有关材料的，参照本规定执行。

【法办［2005］415号】　最高人民法院办公厅关于案件当事人及其代理人查阅诉讼档案有关问题的复函（2005年9月15日答复湖北高院"鄂高法［2005］260号"请示）

经研究，我们认为，按照《人民法院档案管理办法》①和《最高人民法院关于诉讼代理人查阅民事案件材料的规定》（法释［2002］39号）的规定，当事人也可以查阅刑事案件、行政案件和国家赔偿案件的正卷。

【法发［2006］35号】　最高人民法院关于人民法院执行公开的若干规定（2006年12月23日印发，2007年1月1日起施行；同文号印发《关于人民法院办理执行案件若干期限的规定》）（详见本书第19章"执行公开"专辑）

第16条（第2款）　当事人及其委托代理人申请查阅执行卷宗的，经人民法院许可，可以按照有关规定查阅、抄录、复制执行卷宗正卷中的有关材料。

【法［2013］283号】　人民法院诉讼档案管理办法（最高法、国家档案局2013年12月16日印发，2014年1月1日起施行）

第15条（第3款）　有关单位确因工作需要，持单位介绍信和经办人工作证，经档案所在地人民法院同意，可以查阅、复制诉讼档案正卷有关内容。人民法院与有关单位已有相关借阅规定的，从其规定。

第16条　案件当事人持身份证或者其他有效身份证明（当事人是法人的，应持法定代表人身份证明、工商登记证明复印），可以查阅诉讼档案正卷有关内容。

律师持执业证、律师事务所介绍信、当事人授权委托书、当事人身份证明复

---

①　该《办法》替代了最高法、国家档案局1984年1月4日印发的《人民法院诉讼档案管理办法》（［84］法办字第5号）；现已被最高法、国家档案局《人民法院诉讼档案管理办法》（法［2013］283号）替代。

印件，可以查阅诉讼档案正卷有关内容。

其他诉讼代理人持身份证或者其他有效身份证明、当事人授权委托书、当事人身份证明复印件，可以查阅诉讼档案正卷有关内容。

第 17 条　当事人或诉讼代理人可以申请复制所查阅的档案材料。经批准复制的材料，由档案工作人员核对后，加盖人民法院档案证明专用章，与档案原件具有同等的效力。

第 18 条　借阅、调阅人民法院诉讼档案的有关部门和人员，应当在 6 个月内归还，确因工作需要继续使用的，应当办理续借手续，续借时间不得超过 3 个月。对逾期不还的，各级人民法院档案机构应当及时催还并通报。

第 19 条　诉讼档案归还时，档案工作人员应当认真检查卷内材料，如发现卷内材料有短缺、涂改、污损等情况，应当及时报告并追查。

【法发［2015］16 号】　最高人民法院关于依法切实保障律师诉讼权利的规定（2015 年 12 月 29 日）

二、依法保障律师阅卷权。对律师申请阅卷的，应当在合理时间内安排。案卷材料被其他诉讼主体查阅的，应当协调安排各方阅卷时间。律师依法查阅、摘抄、复制有关卷宗材料或者查看庭审录音录像的，应当提供场所和设施。有条件的法院，可提供网上卷宗查阅服务。

六、依法保障律师申请调取证据的权利。律师因客观原因无法自行收集证据的，可以依法向人民法院书面申请调取证据。律师申请调取证据符合法定条件的，法官应当准许。

【法［2016］264 号】　最高人民法院关于全面推进人民法院电子卷宗随案同步生成和深度应用的指导意见（2016 年 7 月 28 日）

三、电子卷宗深度应用的基本要求

（五）支持法院间查阅电子卷宗。办案系统应支持或通过数据集中管理平台实现电子卷宗集中和案件上诉、移送、再审查阅，原审法院收到查阅要求后，应在 3 个工作日内完成电子卷宗报送工作，纸质卷宗调取仍按相关规定执行。电子卷宗加盖法院电子签章后，具有与卷宗原件同等的效力。

（六）支持诉讼参与人网上查阅电子卷宗。诉讼服务平台应按照法律规定，通过与电子卷宗系统的网间数据安全交换，及时为当事人、律师提供随案同步生成电子卷宗的在线浏览、借阅等服务。

（七）支持审判流程实体信息公开。司法公开平台应按照法律规定，通过与法院电子卷宗系统的网间安全数据交换，加大司法公开力度，及时为当事人、律师提供案件卷宗可公开信息的全面公开。

【法释〔2017〕5号】　最高人民法院关于人民法院庭审录音录像的若干规定（2017年1月25日最高法审委会〔1708次〕通过，2017年2月22日公布，2017年3月1日起施行；以本规为准）

第10条　人民法院应当通过审判流程信息公开平台、诉讼服务平台以及其他便民诉讼服务平台，为当事人、辩护律师、诉讼代理人等依法查阅庭审录音录像提供便利。

对提供查阅的录音录像，人民法院应当设置必要的安全防范措施。

第11条　当事人、辩护律师、诉讼代理人等可以依照规定复制录音或者誊录庭审录音录像，必要时人民法院应当配备相应设施。

（本书汇）【律师业务档案】

● **相关规定　【司律通字〔1991〕153号】　律师业务档案立卷归档办法**（司法部、国家档案局1991年9月11日）

第1章　总则

第1条　律师业务档案，是律师进行业务活动的真实记录，反映律师维护国家法律正确实施，维护委托人合法权益的情况，体现律师的基本职能和社会作用。为加强对律师业务档案的管理，制定本办法。

第2条　律师承办业务形成的文件材料，必须严格按照本办法规定的要求立卷归档。立卷归档工作由承办律师或助理律师负责。

第3条　律师业务档案分诉讼、非诉讼和涉外3类。诉讼类包括刑事（含刑事辩护和刑事代理）、民事代理、经济诉讼代理、行政诉讼代理4种；非诉讼类包括法律顾问、仲裁代理、咨询代书、其他非诉业务4种；涉外类根据具体情况按前2类确定。

第4条　律师业务档案按年度和1案1卷、1卷1号原则立卷。2个以上律师共同承办同一案件或同一法律事务一般应合并立卷，但不同律师事务所（法律顾问处）律师合办的法律事务除外。

律师承办跨年度的业务，应在办结年立卷。

律师担任常年法律顾问，应做到1单位1卷。

第5条　律师承办业务中使用的各种证明材料、往来公文、谈话笔录、调查记录等，都必须用钢笔或毛笔书写、签发，要求字体整齐、清晰。

第2章　案卷材料的收集、整理和排列顺序

第6条　律师接受委托并开始承办法律事务时，即应同时注意收集保存有关材料，着手立卷的准备工作。

第7条　律师应在法律事务办理完毕后，即全面整理、检查办理该项法律事务的全部文书材料，要补齐遗漏的材料，去掉不必立卷归档的材料。

第8条　律师立卷归档过程中，内容相同的文字材料一般只存1份，但有领导同志批示的材料除外。

第9条　下列文书材料，不必立卷归档：一、委托律师办理法律事务前有关询问如何办理委托手续的信件、电文、电话记录、谈话记录以及复函等；二、没有参考价值的信封；三、其他律师事务所（法律顾问处）委托代查的有关证明材料的草稿；四、未经签发的文电草稿，历次修改草稿（定稿除外）。

第10条　对已提交给人民法院、仲裁机构或有关部门的证据材料，承办律师应将其副本或复印件入卷归档。

第11条　对不能附卷归档的实物证据，承办律师可将其照片及证物的名称、数量、规格、特征、保管处所、质量检查证明等记载或留存附卷后，分别保管。

第12条　律师业务档案应按照案卷封面、卷内目录、案卷材料、备考表、卷底的顺序排列。案卷内档案材料应按照诉讼程序的客观进程或时间顺序排列，具体顺序为：

一、刑事卷：(见《刑事诉讼法全厚细》第4章"立卷归档、档案管理"专辑)

二、民事代理卷：1. 律师事务所（法律顾问处）批办单；2. 收费凭证；3. 委托书（委托代理协议、授权委托书）；4. 起诉书、上诉书或答辩书；5. 阅卷笔录；6. 会见当事人谈话笔录；7. 调查材料（证人证言、书证）；8. 诉讼保全申请书、证据保全申请书、先行给付申请书和法院裁定书；9. 承办律师代理意见；10. 集体讨论记录；11. 代理词；12. 出庭通知书；13. 庭审笔录；14. 判决书、裁定书、调解书、上诉书；15. 办案小结。

三、法律顾问卷：1. 聘方的申请书、聘书或续聘书；2. 聘请法律顾问协议；3. 聘方基本情况介绍材料；4. 收费凭证；5. 办理各类法律事务（如起草规章、审查合同、参与谈判、代理解决纠纷、提供法律建议或法律意见、咨询或代书等）的记录和有关材料；6. 协议存续、中止、终止的情况；7. 工作小结。

四、其他非诉讼法律事务：1. 委托书；2. 收费凭证；3. 与委托人谈话笔录；4. 委托人提供的证据材料；5. 调查材料；6. 律师出具的法律意见，或草拟的法律文书、办理具体法律事务活动的记录等；7. 工作小结。

第13条　行政诉讼代理、经济诉讼代理和仲裁代理卷顺序参照民事代理卷排列。

咨询代书卷分别按年度及时间顺序排列。

涉外类卷分别参照国内同类卷顺序排列。

第14条　终止委托的业务，承办律师仍应按上述各类业务排列顺序归档，承办律师应将委托人要求终止委托的书面文字材料或承办律师对终止委托原因的记录收入卷中，排在全部文书材料之后。

第3章　立卷编目和装订

第15条　律师业务档案一律使用阿拉伯数字逐页编号，两面有字的要两面编页号。页号位置正面在右上角，背面在左上角（无字页不编号）。

第16条　立卷人用钢笔或毛笔逐页填写案卷封面；填写卷内目录，内容要整齐，字迹要工整。

第17条　有关卷内文书材料的说明材料，应逐项填写在备考表内。

第18条　承办案件日期以委托书签订日期或人民法院指定日期为准；结案日期以收到判决书（裁定书、调解书）之日为准；法律顾问业务的收结日期，以聘请法律顾问合同的签订与终止日期为准；其他非诉讼法律事务，以委托事项办结之日为结案日。

第19条　律师业务文书材料装订前要进一步整理。对破损的材料要修补或复制，复制件放在原件后面。对字迹难以辨认的材料应当附上抄件。主要外文材料要翻译成中文附后。卷面为16开，窄于或小于卷面的材料，要用纸张加衬底；大于卷面的材料，要按卷面大小折叠整齐。需附卷的信封要打开平放，邮票不要揭掉。文书材料上的金属物要全部剔除干净。

第20条　案卷装订一律使用棉线绳，3孔钉牢。在线绳活结处需贴上律师事务所（法律顾问处）封签，并在骑缝线上加盖立卷人的姓名章。

第4章　归档

第21条　律师业务文书材料应在结案或事务办结后3个月内整理立卷。装订成册后由承办人根据司法部、国家档案局制定的《律师业务档案管理办法》的有关规定提出保管期限，经律师事务所（法律顾问处）主任审阅盖章后，移交档案管理人员，并办理移交手续。

第22条　档案管理人员接收档案时应进行严格审查，凡不符合立卷规定求的，一律退回立卷人重新整理，全部合格后，办理移交手续。

第23条　涉及国家机密和个人隐私的律师业务案卷均应列为密卷，确定密级，在归档时应在档案封面右上角加盖密卷章。

第24条　随卷归档的录音带、录相带等声像档案，应在每盘磁带上注明当事人的姓名、内容、档案编号、录制人、录制时间等，逐盘登记造册归档。

第5章　附则

第25条　各省、自治区、直辖市司法厅（局）可根据本地区情况，制订补充办法或细则。

各省、自治区、直辖市司法厅（司）过去颁布的有关律师的有关律师业务档案立卷归档办法中与本办法不一致的，以本办法为准。

【司律通字〔1991〕153 号】　律师业务档案管理办法（司法部、国家档案局 1991 年 9 月 11 日）

第 5 条　档案管理人员接收案卷时，应按照《律师业务档案立卷归档办法》的要求，检查案卷质量，并按规定办理归档手续，在案卷封面左上角应盖"归档"章。

第 6 条　对已接收的案卷，按类别（分诉讼、非诉讼和涉外 3 种）、保管期限、年度顺序排列编号，绝密案卷单独编号。10 年为一断号。

第 7 条　同一案件由审级改变或其他原因形成几个案号的案卷，应合并保管，合并保管原则是按时间顺序形成的后卷随前卷保管。

第 8 条　档案管理人员要熟悉所藏档案的情况，主动了解业务部门和有关人员各项工作对利用档案的需要，积极做好提供利用工作。

第 9 条　档案管理人员必须编制《案卷目录》和必要的检索卡片。

第 12 条　同级或上级司法行政机关的律师管理部门因工作需要借阅律师业务档案的，应出示正式调卷函件，并应履行借阅登记手续。

第 13 条　人民法院、人民检察院和有关国家机关因工作需要，要求查阅有关档案的，应出示正式查卷函件，经律师事务所主任同意后办理查阅手续。因特殊情况必须借出的，应经同级司法行政机关批准。借出时要查点清楚，办理正式借据，并限期归还。借出的档案不得转借给其他单位和个人使用。

其他单位或个人一般不得借阅和查阅律师业务档案。因特殊情况必须查阅的，须由律师事务所（法律顾问处）报经同级司法行政机关批准。

第 14 条　凡涉及国家机密或个人隐私的律师业务档案，以及当事人要求保密的档案，一般不得借阅和查阅。特殊情况必须查阅的，需报同级司法行政机关批准。

第 15 条　凡经批准允许查阅的档案，可以摘抄或复印所查阅的内容，但密级档案不在此列。

第 18 条　律师业务档案的保管期限规定为永久、长期和短期 3 种。

凡属于需要长远查考、利用的律师业务档案，列为永久保管。

凡属于在长时期内需要查考、利用，作为证据保存的律师业务档案，列为长期保管，保管期限为 20 年至 60 年。

凡属于在一段时间内需要查考、利用，作为证据保存的律师业务档案，列为短期保管，保管期限为 5 年至 15 年。

列为长期或短期保管的律师业务档案，具体保管期限，由立卷人提出并报律师事务所（法律顾问处）主任决定。

第 19 条　律师业务档案的保管期限，从该项法律事务办结和终止后的下一年起算。

第 20 条　具体业务档案的保管期限，参照司法部、国家档案局制定颁布的

《律师业务档案保管期限表》确定。

第 21 条　律师事务所（法律顾问处）档案目录登记簿、档案收进登记簿、档案移出登记簿、档案销毁登记簿、档案销毁批件及档案检索卡片列为永久保管。

第 22 条　对于超过保管期限的档案应定期进行鉴定。鉴定工作由律师事务所（法律顾问处）主任、档案管理人员和律师组成鉴定小组共同进行。

第 23 条　经鉴定，对仍有保存价值的案卷，应采取提高保管期限档次的办法延长保管期限。对确无保存价值的档案应登记造册，连同销毁报告一并报同级司法行政机关，经书面批准后予以销毁。

第 26 条　律师事务所（法律顾问处）列为永久保管的档案，在本所（处）保存 10 年。保存期满后，连同案卷目录（一式 3 份）和有关检索工具、参考资料，一并向同级档案馆移交，对移交的档案，一律填写档案移出登记簿。

第 30 条　随卷归档的录音带、录像带等音像档案，应单独存放保管，防止磁化，并根据保管期限定期复制。

第 33 条　各省、自治区、直辖市司法厅（局）可根据本省（区、市）情况，制定补充办法。

【司律通字［1991］153 号】　律师业务档案保管期限表（司法部、国家档案局 1991 年 9 月 11 日）

一、刑事档案：（见《刑事诉讼法全厚细》第 4 章"立卷归档、档案管理"专辑）

二、民事代理档案：

（一）具有下列情形之一的永久保管：1. 房屋、土地、山林、水利（水面）等不动产权益纠纷案件；2. 反映一定社会历史情况有代表性的案件；3. 在全国、本省范围内有重大影响的案件；4. 诉讼标的在 50 万元以上的案件；5. 较大的涉外案件；6. 对研究律师业务有重大参考价值的案件。

（二）具有下列情形之一的长期保管：1. 诉讼标的在 10 万元以上不满 50 万元的案件；2. 一般涉外案件；3. 疑难的离婚和离婚涉及子女财产的案件；4. 赡养、抚养案件中需要长期供养生活费的案件；5. 在本地区、本市有重大影响的案件；6. 缺席判决的案件；7. 宣告失踪、死亡的案件；8. 其他需要长期保管的案件。

（三）具有下列情形之一的短期保管：1. 一般民事案件；2. 其他需要短期保管的案件。

三、经济诉讼代理档案：

（一）具有下列情形之一的永久保管：1. 诉讼标的在 500 万元以上经济案件；2. 有重大影响的经济案件；3. 重大涉外经济案件；4. 其他需要永久保管的案件。

（二）具有下列情形之一的长期保管：1. 诉讼标的在 100 万元以上不满 500 万元的案件；2. 一般涉外经济案件；3. 其他需要长期保管的案件。

（三）具有下列情形之一的短期保管：1. 一般经济案件；2. 其他需要短期保管的案件。

四、行政诉讼代理档案：（见《行政诉讼法全厚细》第 4 章"律师业务档案"专辑）

五、非诉讼法律事务档案：

（一）法律顾问业务档案一般列为短期保管。但律师担任法律顾问期间另行接受委托承办的具体法律事务，如诉讼代理、仲裁代理、参与调解或办理其他重大法律事务应单独归档，并参照民事诉讼代理、经济诉讼代理、行政诉讼代理中最相类似的条文确定保管期限。

（二）仲裁代理、涉外类业务及其他非诉讼法律事务档案的保管期限，参照本期限表第 1、2、3、4 项规定中最相类似的条文确定保管期限。

（三）咨询、代书业务档案列为短期保管。

六、其他：

（一）凡终止委托的律师业务档案，列为短期保管。

（二）对于未规定保管期限的律师业务档案，由律师事务所（法律顾问处）比照本期限表最相类似的规定提出保管期限的意见，并由同级司法行政机关报上级司法行政机关批准后执行。

（本书汇）【律师权益保障与救济】

● 相关规定　【司发［2015］14 号】　**最高人民法院、最高人民检察院、公安部、国家安全部、司法部关于依法保障律师执业权利的规定**（2015 年 9 月 16 日）

第 41 条　律师认为办案机关及其工作人员明显违反法律规定，阻碍律师依法履行辩护、代理职责，侵犯律师执业权利的，可以向该办案机关或者其上一级机关投诉。

办案机关应当畅通律师反映问题和投诉的渠道，明确专门部门负责处理律师投诉，并公开联系方式。

办案机关应当对律师的投诉及时调查，律师要求当面反映情况的，应当当面听取律师的意见。经调查情况属实的，应当依法立即纠正，及时答复律师，做好说明解释工作，并将处理情况通报其所在地司法行政机关或者所属的律师协会。

第 43 条　办案机关或者其上一级机关、人民检察院对律师提出的投诉、申诉、控告，经调查核实后要求有关机关予以纠正，有关机关拒不纠正或者累纠累犯的，应当由相关机关的纪检监察部门依照有关规定调查处理，相关责任人构成违纪的，给予纪律处分。

第44条　律师认为办案机关及其工作人员阻碍其依法行使执业权利的，可以向其所执业律师事务所所在地的市级司法行政机关、所属的律师协会申请维护执业权利。情况紧急的，可以向事发地的司法行政机关、律师协会申请维护执业权利。事发地的司法行政机关、律师协会应当给予协助。

司法行政机关、律师协会应当建立维护律师执业权利快速处置机制和联动机制，及时安排专人负责协调处理。律师的维权申请合法有据的，司法行政机关、律师协会应当建议有关办案机关依法处理，有关办案机关应当将处理情况及时反馈司法行政机关、律师协会。

司法行政机关、律师协会持有关证明调查核实律师权益保障或者违纪有关情况的，办案机关应当予以配合、协助，提供相关材料。

第45条　人民法院、人民检察院、公安机关、国家安全机关、司法行政机关和律师协会应当建立联席会议制度，定期沟通保障律师执业权利工作情况，及时调查处理侵犯律师执业权利的突发事件。

第六章　证　据

第66条²⁰¹³⁰¹⁰¹　【证据种类】证据包括：

（一）当事人的陈述；

（二）书证；

（三）物证；

（四）视听资料；

（五）电子数据；

（六）证人证言；

（七）鉴定意见/结论；

（八）勘验笔录。

以上证据必须查证属实，才能作为认定事实的根据。

（本书注）【涉外证据】（见第25章）

● **相关规定** 　【**主席令〔2011〕47号**】　**中华人民共和国道路交通安全法**（2003年10月28日全国人大常委会〔10届5次〕通过，2004年5月1日起施行；2011年4月22日全国人大常委会〔11届20次〕第2次修正，2011年5月1日起施行；2021年4月29日全国人大常委会〔13届28次〕统修）

第73条　公安机关交通管理部门应当根据交通事故现场勘验、检查、调查情况和有关的检验、鉴定结论，及时制作交通事故认定书，作为处理交通事故的证据。交通事故认定书应当载明交通事故的基本事实、成因和当事人的责任，并送达当事人。

【**法释〔2019〕19号**】　**最高人民法院关于民事诉讼证据的若干规定**（"法释〔2001〕33号"公布，2002年4月1日起施行；2019年10月14日最高法审委会〔1777次〕修订，2019年12月25日公布，2020年5月1日起施行）

第14条　电子数据包括下列信息、电子文件：（一）网页、博客、微博客等网络平台发布的信息；（二）手机短信、电子邮件、即时通信、通讯群组等网络应用服务的通信信息；（三）用户注册信息、身份认证信息、电子交易记录、通信记录、登录日志等信息；（四）文档、图片、音频、视频、数字证书、计算机程序等电子文件；（五）其他以数字化形式存储、处理、传输的能够证明案件事实的信息。

【**主席令〔2021〕79号**】　**中华人民共和国海上交通安全法**（1983年9月2日全国人大常委会〔6届2次〕通过，主席令第7号公布，1984年1月1日起实施；2021年4月29日全国人大常委会〔13届28次〕最新修订，2021年9月1日起施行）

第85条（第2款）　海事管理机构应当自收到海上交通事故调查报告之日起15个工作日内作出事故责任认定书，作为处理海上交通事故的证据。

【**法（民四）明传〔2021〕60号**】　**全国法院涉外商事海事审判工作座谈会会议纪要**（2021年6月10日在南京召开，最高法2021年12月31日印发）

89.……海上交通事故责任认定书可以作为船舶碰撞纠纷等海事案件的证据，人民法院通过举证、质证程序对该责任认定书的证明力进行认定。

【**法释〔2022〕11号**】　**最高人民法院关于适用《中华人民共和国民事诉讼法》的解释**（"法释〔2015〕5号"公布，2015年2月4日起施行；根据法释〔2020〕20号《决定》修正，2021年1月1日起施行；2022年3月22日最高法审委会〔1866次〕修正，2022年4月1日公布，2022年4月10日起施行；以本规为准）

第116条　视听资料包括录音资料和影像资料。

电子数据是指通过电子邮件、电子数据交换、网上聊天记录、博客、微博客、手机短信、电子签名、域名等形成或者存储在电子介质中的信息。

存储在电子介质中的录音资料和影像资料, 适用电子数据的规定。

● 入库案例　【2023-10-2-198-002】　某水产公司诉某船舶公司海上养殖损害责任纠纷案 (青岛海事法院/2022.06.27/ [2021] 鲁 72 民初 2129 号)

裁判要旨: 2. 海事部门调查报告系公文书证, 具有证明事故情况及损害范围的证明力, 除非有证据能够推翻报告。

第 67 条 (第 1 款)　【当事人举证责任】当事人对自己提出的主张, 有责任提供证据。

(第 2、3 款)　(分别见第 70、72 条之前)

第 68 条[20130101]　【举证期限】当事人对自己提出的主张应当及时提供证据。

人民法院根据当事人的主张和案件审理情况, 确定当事人应当提供的证据及其期限。当事人在该期限内提供证据确有困难的, 可以向人民法院申请延长期限, 人民法院根据当事人的申请适当延长。当事人逾期提供证据的, 人民法院应当责令其说明理由; 拒不说明理由或者理由不成立的, 人民法院根据不同情形可以不予采纳该证据, 或者采纳该证据但予以训诫、罚款。

第 69 条[20130101]　【法院签收证据】人民法院收到当事人提交的证据材料, 应当出具收据, 写明证据名称、页数、份数、原件或者复印件以及收到时间等, 并由经办人员签名或者盖章。

● 相关规定　【主席令 [1992] 64 号】　中华人民共和国海商法 (1992 年 11 月 7 日全国人大常委会 [7 届 28 次] 通过, 1993 年 7 月 1 日起施行)

第 51 条　在责任期间货物发生的灭失或者损坏是由于下列原因之一造成的, 承运人不负赔偿责任: (一) 船长、船员、引航员或者承运人的其他受雇人在驾驶船舶或者管理船舶中的过失; (二) 火灾, 但是由于承运人本人的过失所造成的除外; (三) 天灾, 海上或者其他可航水域的危险或者意外事故; (四) 战争或者武装冲突; (五) 政府或者主管部门的行为、检疫限制或者司法扣押; (六) 罢工、停工或者劳动受到限制; (七) 在海上救助或者企图救助人命或者财产;

第一编　第六章

（八）托运人、货物所有人或者他们的代理人的行为；（九）货物的自然特性或者固有缺陷；（十）货物包装不良或者标志欠缺、不清；（十一）经谨慎处理仍未发现的船舶潜在缺陷；（十二）非由于承运人或者承运人的受雇人、代理人的过失造成的其他原因。

承运人依照前款规定免除赔偿责任的，除第（二）项规定的原因外，应当负举证责任。

第52条　因运输活动物的固有的特殊风险造成活动物灭失或者损害的，承运人不负赔偿责任。但是，承运人应当证明业已履行托运人关于运输活动物的特别要求，并证明根据实际情况，灭失或者损害是由于此种固有的特殊风险造成的。

第54条　货物的灭失、损坏或者迟延交付是由于承运人或者承运人的受雇人、代理人的不能免除赔偿责任的原因和其他原因共同造成的，承运人仅在其不能免除赔偿责任的范围内负赔偿责任；但是，承运人对其他原因造成的灭失、损坏或者迟延交付应当负举证责任。

第58条　就海上货物运输合同所涉及的货物灭失、损坏或者迟延交付对承运人提起的任何诉讼，不论海事请求人是否合同的一方，也不论是根据合同或者是根据侵权行为提起的，均适用本章关于承运人的抗辩理由和限制赔偿责任的规定。

前款诉讼是对承运人的受雇人或者代理人提起的，经承运人的受雇人或者代理人证明，其行为是在受雇或者受委托的范围之内的，适用前款规定。

第59条　经证明，货物的灭失、损坏或者迟延交付是由于承运人的故意或者明知可能造成损失而轻率地作为或者不作为造成的，承运人不得援用本法第56条或者第57条限制赔偿责任的规定。

经证明，货物的灭失、损坏或者迟延交付是由于承运人的受雇人、代理人的故意或者明知可能造成损失而轻率地作为或者不作为造成的，承运人的受雇人或者代理人不得援用本法第56条或者第57条限制赔偿责任的规定。

第61条　……对实际承运人的受雇人、代理人提起诉讼的，适用本法第58条第2款和第59条第2款的规定。

第114条　在本法第111条规定的旅客及其行李的运送期间，因承运人或者承运人的受雇人、代理人在受雇或者受委托的范围内的过失引起事故，造成旅客人身伤亡或者行李灭失、损坏的，承运人应当负赔偿责任。

请求人对承运人或者承运人的受雇人、代理人的过失，应当负举证责任；但是，本条第3款和第4款规定的情形除外。

旅客的人身伤亡或者自带行李的灭失、损坏，是由于船舶的沉没、碰撞、搁浅、爆炸、火灾所引起或者是由于船舶的缺陷所引起的，承运人或者承运人的受雇人、代理人除非提出反证，应当视为其有过失。

旅客自带行李以外的其他行李的灭失或者损坏，不论由于何种事故所引起，承运人或者承运人的受雇人、代理人除非提出反证，应当视为其有过失。

第 115 条　经承运人证明，旅客的人身伤亡或者行李的灭失、损坏，是由于旅客本人的过失或者旅客和承运人的共同过失造成的，可以免除或者相应减轻承运人的赔偿责任。

经承运人证明，旅客的人身伤亡或者行李的灭失、损坏，是由于旅客本人的故意造成的，或者旅客的人身伤亡是由于旅客本人健康状况造成的，承运人不负赔偿责任。

第 118 条　经证明，旅客的人身伤亡或者行李的灭失、损坏，是由于承运人的故意或者明知可能造成损害而轻率地作为或者不作为造成的，承运人不得援用本法第 116 条和第 117 条限制赔偿责任的规定。

经证明，旅客的人身伤亡或者行李的灭失、损坏，是由于承运人的受雇人、代理人的故意或者明知可能造成损害而轻率地作为或者不作为造成的，承运人的受雇人、代理人不得援用本法第 116 条和第 117 条限制赔偿责任的规定。

第 119 条　行李发生明显损坏的，旅客应当依照下列规定向承运人或者承运人的受雇人、代理人提交书面通知：（一）自带行李，应当在旅客离船前或者离船时提交；（二）其他行李，应当在行李交还前或者交还时提交。

行李的损坏不明显，旅客在离船时或者行李交还时难以发现的，以及行李发生灭失的，旅客应当在离船或者行李交还或者应当交还之日起 15 日内，向承运人或者承运人的受雇人、代理人提交书面通知。

旅客未依照本条第 1、2 款规定及时提交书面通知的，除非提出反证，视为已经完整无损地收到行李。

行李交还时，旅客已经会同承运人对行李进行联合检查或者检验的，无需提交书面通知。

第 120 条　向承运人的受雇人、代理人提出的赔偿请求，受雇人或者代理人证明其行为是在受雇或者受委托的范围内的，有权援用本法第 115 条、第 116 条和第 117 条的抗辩理由和赔偿责任限制的规定。

第 126 条　海上旅客运输合同中含有下列内容之一的条款无效：……（三）对本章规定的举证责任作出相反的约定；……

第 162 条　在海上拖航过程中，承拖方或者被拖方遭受的损失，由一方的过失造成的，有过失的一方应当负赔偿责任；由双方过失造成的，各方按照过失程度的比例负赔偿责任。

虽有前款规定，经承拖方证明，被拖方的损失是由于下列原因之一造成的，承拖方不负赔偿责任：（一）拖轮船长、船员、引航员或者承拖方的其他受雇人、代理人在驾驶拖轮或者管理拖轮中的过失；（二）拖轮在海上救助或者企图救助人命或者财产时的过失。

本条规定仅在海上拖航合同没有约定或者没有不同约定时适用。

第196条 提出共同海损分摊请求的一方应当负举证责任，证明其损失应当列入共同海损。

第209条 经证明，引起赔偿请求的损失是由于责任人的故意或者明知可能造成损失而轻率地作为或者不作为造成的，责任人无权依照本章规定限制赔偿责任。

第251条 保险事故发生后，保险人向被保险人支付保险赔偿前，可以要求被保险人提供与确认保险事故性质和损失程度有关的证明和资料。

【法释［1997］8号】 最高人民法院关于审理存单纠纷案件的若干规定（1997年11月25日最高法审委会［946次］通过，1997年12月11日公布，1997年12月13日起施行；根据法释［2020］18号《决定》修正，2021年1月1日起施行）

第5条（二） 处理

人民法院在审理一般存单纠纷案件中，除应审查存单、进账单、对账单、存款合同等凭证的真实性外，还应审查持有人与金融机构间存款关系的真实性，并以存单、进账单、对账单、存款合同等凭证的真实性以及存款关系的真实性为依据，作出正确处理。

1. 持有人以上述真实凭证为证据提起诉讼的，金融机构应当对持有人与金融机构间是否存在存款关系负举证责任。如金融机构有充分证据证明持有人未向金融机构交付上述凭证所记载的款项的，人民法院应当认定持有人与金融机构间不存在存款关系，并判决驳回原告的诉讼请求。

2. 持有人以上述真实凭证为证据提起诉讼的，如金融机构不能提供证明存款关系不真实的证据，或仅以金融机构底单的记载内容与上述凭证记载内容不符为由进行抗辩的，人民法院应认定持有人与金融机构间存款关系成立，金融机构应当承担兑付款项的义务。

3. 持有人以在样式、印鉴、记载事项上有别于真实凭证，但无充分证据证明系伪造或变造的瑕疵凭证提起诉讼的，持有人应对瑕疵凭证的取得提供合理的陈述。如持有人对瑕疵凭证的取得提供了合理陈述，而金融机构否认存款关系存在的，金融机构应当对持有人与金融机构间是否存在存款关系负举证责任。如金融机构有充分证据证明持有人未向金融机构交付上述凭证所记载的款项的，人民法院应当认定持有人与金融机构间不存在存款关系，判决驳回原告的诉讼请求；如金融机构不能提供证明存款关系不真实的证据，或仅以金融机构底单的记载内容与上述凭证记载内容不符为由进行抗辩的，人民法院应认定持有人与金融机构间存款关系成立，金融机构应当承担兑付款项的义务。

【法 [1998] 65 号】　最高人民法院关于全国部分法院知识产权审判工作座谈会纪要（1997 年 11 月 14-18 日在苏州吴县召开，1998 年 7 月 20 日印发）

二、关于严格诉讼程序问题

（三）举证责任和证据的审查认定问题

知识产权民事纠纷案件与其他民事纠纷案件一样，应当适用"谁主张，谁举证"的举证责任原则。在侵权案件中，原告应当证明自己享有的知识产权等民事权利及被告对其实施了法律所禁止的行为。原告完成举证义务后，由被告进行抗辩。被告提出的抗辩主张，可以是对原告所举事实与证据的否定，也可以提出其他主张，并且应当为此提供必要的证据，例如其主张没有过错不应承担责任时，应当举证证明其主观上没有过错。在举证过程中，人民法院应当注意举证责任的转移问题，即在当事人一方举证证明自己的主张时，对方对该项主张进行反驳的，应当提出充分的反证，这时，举证责任就转移到由对方承担。此外，人民法院对于当事人的某些主张，应当根据法律并从实际情况出发，实行"举证责任倒置"的原则，即一方对于自己的主张，由于证据被对方掌握而无法以合法手段收集证据时，人民法院应当要求对方当事人举证。例如，在方法专利和技术秘密侵权诉讼中的被告，应当提供其使用的方法的证据，被告拒不提供证据的，人民法院可以根据查明的案件事实，认定被告是否构成侵权。侵权行为证实后，权利人要求按照侵权人的获利额进行赔偿时，侵权人应当提供其经营额、利润等情况的全部证据，侵权人拒不提供其侵权获利证据的，人民法院可以查封有关财务帐册，依法组织审计。

【法释 [2000] 32 号】　最高人民法院关于审理票据纠纷案件若干问题的规定（2000 年 2 月 24 日最高法审委会 [1102 次] 通过，2000 年 11 月 14 日公布，2000 年 11 月 21 日起施行；根据法释 [2020] 18 号《决定》修正，2021 年 1 月 1 日起施行）

第 8 条　票据诉讼的举证责任由提出主张的一方当事人承担。

依照票据法第 4 条第 2 款、第 10 条、第 12 条、第 21 条的规定，向人民法院提起诉讼的持票人有责任提供诉争票据。该票据的出票、承兑、交付、背书转让涉嫌欺诈、偷盗、胁迫、恐吓、暴力等非法行为的，持票人对持票的合法性应当负责举证。

第 9 条　票据债务人依照票据法第 13 条的规定，对与其有直接债权债务关系的持票人提出抗辩，人民法院合并审理票据关系和基础关系的，持票人应当提供相应的证据证明已经履行了约定义务。

第 10 条　付款人或者承兑人被人民法院依法宣告破产的，持票人因行使追索权而向人民法院提起诉讼时，应当向受理法院提供人民法院依法作出的宣告破产裁定书或者能够证明付款人或者承兑人破产的其他证据。

第 11 条　在票据诉讼中，负有举证责任的票据当事人应当在一审人民法院法庭辩论结束以前提供证据。因客观原因不能在上述举证期限以内提供的，应当在举证期限届满以前向人民法院申请延期。延长的期限由人民法院根据案件的具体情况决定。

票据当事人在一审人民法院审理期间隐匿票据、故意有证不举，应当承担相应的诉讼后果。

【主席令［2000］33 号】　中华人民共和国产品质量法（1993 年 2 月 22 日全国人大常委会［7 届 30 次］通过，主席令 71 号公布，1993 年 9 月 1 日起施行；2000 年 7 月 8 日全国人大常委会［9 届 16 次］修正，2000 年 9 月 1 日起施行；2018 年 12 月 29 日最新统修）

第 41 条　因产品存在缺陷造成人身、缺陷产品以外的其他财产（以下简称他人财产）损害的，生产者应当承担赔偿责任。

生产者能够证明有下列情形之一的，不承担赔偿责任：（一）未将产品投入流通的；（二）产品投入流通时，引起损害的缺陷尚不存在的；（三）将产品投入流通时的科学技术水平尚不能发现缺陷的存在的。

【法释［2001］24 号】　最高人民法院关于审理涉及计算机网络域名民事纠纷案件适用法律若干问题的解释（2001 年 6 月 26 日最高法审委会［1182 次］通过，2001 年 7 月 17 日公布，2001 年 7 月 24 日起施行；根据法释［2020］19 号《决定》修正，2021 年 1 月 1 日起施行）

第 5 条（第 2 款）　被告举证证明在纠纷发生前其所持有的域名已经获得一定的知名度，且能与原告的注册商标、域名等相区别，或者具有其他情形足以证明其不具有恶意的，人民法院可以不认定被告具有恶意。

【法释［2002］31 号】　最高人民法院关于审理著作权民事纠纷案件适用法律若干问题的解释（2002 年 10 月 12 日最高法审委会［1246 次］通过，同日公布，2002 年 10 月 15 日起施行；根据法释［2020］19 号《决定》修正，2021 年 1 月 1 日起施行；以本规为准）

第 19 条　出版者、制作者应当对其出版、制作有合法授权承担举证责任，发行者、出租者应当对其发行或者出租的复制品有合法来源承担举证责任。举证不能的，依据著作权法第 47 条、第 48 条的相应规定承担法律责任。

第 20 条（第 3 款）　出版者应对其已尽合理注意义务承担举证责任。

【民一他字［2003］16 号】 最高人民法院关于天津市邮政局与焦长年存单纠纷一案中如何分配举证责任问题的函复（2003 年 11 月 6 日答复天津高院）

1. 关于当事人之间分配举证责任的问题，焦长年主张自己在天津市邮政局下属储蓄所办理的存款账户中的存款数额少了 9045 元，而其本人没有在 2000 年 5 月 13、14、15 日连续 3 天于成都市使用取款卡取款 9000 元，天津市邮政局应当对其账户中存款数额减少 9045 元承担赔偿责任。其举证责任在于，证明自己与天津市邮政局之间存在储蓄合同关系，证明自己的存款数目，存折和取款卡没有丢失。焦长年提交了存折和取款卡，即已完成了举证责任。根据证据学原理，只能要求主张事实发生或者存在的当事人承担举证责任；而不能要求主张事实不存在或者没有发生的当事人负举证责任。因此不能要求焦长年举证证明自己没有为异地取款行为。2000 年 5 月 15 日 11 时许，焦长年持取款卡在天津市邮政局的储蓄所取款的事实证明，其本人当时肯定在津，且未遗失取款卡，而同日在成都仍然发生了使用焦长年的取款卡连续 3 次从其账户中取款的事实。天津市邮政局主张焦长年恶意支取，则应当就其使用或者指使他人使用取款卡，于 2000 年 5 月 13、14、15 日在成都市火车站邮局、走马街邮局取款的事实负举证责任。

2. 关于本案涉及的风险负担问题，由于自动柜员机是天津市邮政局设置的，天津市邮政局从中获得经营收益，如果邮政局认为在自动柜员机上进行人机交易这种特殊的交易方式，导致其无法识别交易主体，无法证明在成都市使用取款卡从焦长年账户中取款的是什么人，而这一机器系统因存在安全缺陷而发生过储户存款被盗取的事实又为天津市邮政局自认，也就是说天津市邮政局承认其设置的自动柜员机从技术上尚无法充分保护储户的存款安全，为了维护储户的合法权益和邮政储蓄的公信力，应当由邮政储蓄部门对由此而产生的储户存款被盗取的风险承担责任。

【法发［2003］25 号】 人民法院民事诉讼风险提示书（2003 年 12 月 23 日最高法审委会［1302 次］通过，次日公布，2003 年 12 月 24 日起施行）

八、不提供或者不充分提供证据

除法律和司法解释规定不需要提供证据证明外，当事人提出诉讼请求或者反驳对方的诉讼请求，应提供证据证明。不能提供相应的证据或者提供的证据证明不了有关事实的，可能面临不利的裁判后果。

九、超过举证时限提供证据

当事人向人民法院提交的证据，应当在当事人协商一致并经人民法院认可或者人民法院指定的期限内完成。超过上述期限提交的，人民法院可能视其放弃了举证的权利，但属于法律和司法解释规定的新的证据除外。

【**法释〔2003〕10 号**】 **最高人民法院关于审理期货纠纷案件若干问题的规定**（2003 年 5 月 16 日最高法审委会〔1270 次〕通过，2003 年 6 月 18 日公布，2003 年 7 月 1 日起施行；根据法释〔2020〕18 号《决定》修正，2021 年 1 月 1 日起施行）

第 18 条 期货公司与客户签订的期货经纪合同对下达交易指令的方式未作约定或者约定不明确的，期货公司不能证明其所进行的交易是依据客户交易指令进行的，对该交易造成客户的损失，期货公司应当承担赔偿责任，客户予以追认的除外。

第 26 条 期货公司与客户对交易结算结果的通知方式未作约定或者约定不明确，期货公司未能提供证据证明已经发出上述通知的，对客户因继续持仓而造成扩大的损失，应当承担主要赔偿责任，赔偿额不超过损失的 80%。

第 30 条 期货公司进行混码交易的，客户不承担责任，但期货公司能够举证证明其已按照客户交易指令入市交易的，客户应当承担相应的交易结果。

第 56 条 期货公司应当对客户的交易指令是否入市交易承担举证责任。

确认期货公司是否将客户下达的交易指令入市交易，应当以期货交易所的交易记录、期货公司通知的交易结算结果与客户交易指令记录中的品种、买卖方向是否一致，价格、交易时间是否相符为标准，指令交易数量可以作为参考。但客户有相反证据证明其交易指令未入市交易的除外。

第 57 条 期货交易所通知期货公司追加保证金，期货公司否认收到上述通知的，由期货交易所承担举证责任。

期货公司向客户发出追加保证金的通知，客户否认收到上述通知的，由期货公司承担举证责任。

【**法释〔2003〕15 号**】 **最高人民法院关于适用简易程序审理民事案件的若干规定**（2003 年 7 月 4 日最高法审委会〔1280 次〕通过，2003 年 9 月 10 日公布，2003 年 12 月 1 日起施行；根据法释〔2020〕20 号《决定》修正，2021 年 1 月 1 日起施行。以本规为准）

第 22 条 当事人双方同时到基层人民法院请求解决简单的民事纠纷，但未协商举证期限，或者被告一方经简便方式传唤到庭的，当事人在开庭审理时要求当庭举证的，应予准许；当事人当庭举证有困难的，举证的期限由当事人协商决定，但最长不得超过 15 日；协商不成的，由人民法院决定。

【**主席令〔2004〕18 号**】 **中华人民共和国电子签名法**（2004 年 8 月 28 日全国人大〔10 届 11 次〕通过，2005 年 4 月 1 日起施行；2019 年 4 月 23 日第 2 次统修）

第 28 条　电子签名人或者电子签名依赖方因依据电子认证服务提供者提供的电子签名认证服务从事民事活动遭受损失，电子认证服务提供者不能证明自己无过错的，承担赔偿责任。

【国务院令［2023］760 号】　商用密码管理条例（2023 年 4 月 14 日国务院第 4 次常务会议修订，2023 年 4 月 27 日公布，2023 年 7 月 1 日起施行）

第 56 条　电子签名人或者电子签名依赖方因依据电子政务电子认证服务机构提供的电子签名认证服务在政务活动中遭受损失，电子政务电子认证服务机构不能证明自己无过错的，承担赔偿责任。

【法发［2005］26 号】　第二次全国涉外商事海事审判工作会议纪要（2005 年 11 月 15-16 日在南京召开；2005 年 12 月 26 日公布）

45. 对经合法传唤的被告未到庭而进行缺席审判的案件，不能免除原告对其诉讼请求的证明责任，人民法院仍应对原告所提交的证据材料进行审查。

111. 正本提单持有人以承运人无正本提单放货为由提起诉讼，应当提交正本提单，并提供初步证据，证明凭正本提单在卸货港无法提取货物的事实或者承运人凭无正本提单放货的事实。

134. 第三人因船舶碰撞造成的财产损失提出赔偿请求的，船舶碰撞纠纷的当事人对有关船舶碰撞中的过失程度比例承担举证责任。无法举证的，应承担举证不能的后果。

148. 因船舶油污引起的损害赔偿诉讼，受损害人应对油污损害承担举证责任，责任人应对法律规定的免责事由及船舶油污与损害之间不存在因果关系承担举证责任。

【国务院令［2005］443 号】　直销管理条例（2005 年 8 月 10 日国务院第 101 次常务会议通过，2017 年 3 月 1 日国务院令第 676 号统修）

第 26 条　直销企业与直销员、直销企业及其直销员与消费者因换货或者退货发生纠纷的，由前者承担举证责任。

第 27 条　直销企业对其直销员的直销行为承担连带责任，能够证明直销员的直销行为与本企业无关的除外。

【法释［2007］12 号】　最高人民法院关于审理涉及会计师事务所在审计业务活动中民事侵权赔偿案件的若干规定（2007 年 6 月 4 日最高法审委会［1428 次］通过，2007 年 6 月 11 日公布，2007 年 6 月 15 日起施行）

第 4 条　会计师事务所因在审计业务活动中对外出具不实报告给利害关系人造成损失的，应当承担侵权赔偿责任，但其能够证明自己没有过错的除外。

会计师事务所在证明自己没有过错时，可以向人民法院提交与该案件相关的执业准则、规则以及审计工作底稿等。

【主席令［2007］80号】 中华人民共和国劳动争议调解仲裁法（2007年12月29日全国人大常委会［10届31次］通过，2008年5月1日起施行）

第6条　发生劳动争议，当事人对自己提出的主张，有责任提供证据。与争议事项有关的证据属于用人单位掌握管理的，用人单位应当提供；用人单位不提供的，应当承担不利后果。

第39条（第2款）　劳动者无法提供由用人单位掌握管理的与仲裁请求有关的证据，仲裁庭可以要求用人单位在指定期限内提供。用人单位在指定期限内不提供的，应当承担不利后果。

【法释［2008］7号】 最高人民法院关于审理船舶碰撞纠纷案件若干问题的规定（2008年4月28日最高法审委会［1446次］通过，2008年5月19日公布，2008年5月23日起施行；根据法释［2020］18号《决定》修正，2021年1月1日起施行）

第8条　碰撞船舶所载货物权利人或者第三人向碰撞船舶一方或者双方就货物或其他财产损失提出赔偿请求的，由碰撞船舶方提供证据证明过失程度的比例。无正当理由拒不提供证据的，由碰撞船舶一方承担全部赔偿责任或者由双方承担连带赔偿责任。

前款规定的证据指具有法律效力的判决书、裁定书、调解书和仲裁裁决书。对于碰撞船舶提交的国外的判决书、裁定书、调解书和仲裁裁决书，依照民事诉讼法第282条和第283条（现第299、304条）规定的程序审查。

【法［2008］164号】 最高人民法院关于依法做好抗震救灾恢复重建期间民事审判和执行工作的通知（针对2008年5月12日四川省汶川县特大地震，2008年6月6日印发）

五（第3款）、……对于因地震毁损和灭失相关证据，带来当事人举证困难的，可以放宽举证期限，并加强依职权调查取证。……

【法发［2009］19号】 最高人民法院关于审理涉及金融不良债权转让案件工作座谈会纪要（2008年10月14日在海口召开；2009年3月30日印发）①

八、关于举证责任分配和相关证据的审查

会议认为，人民法院在审查不良债权转让合同效力时，要加强对不良债权转

① 最高人民法院立案庭：《立案工作指导》2009年第2辑，人民法院出版社2009年12月第1版。

让合同、转让标的、转让程序、以及相关证据的审查，尤其是对受让人权利范围、受让人身份合法性以及证据真实性的审查。不良债权转让合同中经常存在诸多限制受让人权利范围的条款，人民法院应当要求受让人向法庭披露不良债权转让合同以证明其权利合法性和权利范围。受让人不予提供的，人民法院应当责令其提供；受让人拒不提供的，应当承担举证不能的法律后果。人民法院在对受让人身份的合法性以及是否存在恶意串通等方面存在合理怀疑时，应当根据最高人民法院《关于民事诉讼证据的若干规定》及时合理地分配举证责任；但人民法院不得仅以不良债权出让价格与资产账面额之间的差额幅度作为引起怀疑的证据，而应当综合判断。对当事人伪造或变造借款合同、担保合同、借款借据、修改缔约时间和债务人还贷时间以及产生诉讼时效中断证据等情形的，人民法院应当严格依据相关法律规定予以制裁。

【法发［2009］40 号】　　最高人民法院关于当前形势下审理民商事合同纠纷案件若干问题的指导意见（2009 年 7 月 7 日）

8.……人民法院要正确确定举证责任，违约方对于违约金约定过高的主张承担举证责任，非违约方主张违约金约定合理的，亦应提供相应的证据。……

11. 人民法院认定可得利益损失时应当合理分配举证责任。违约方一般应当承担非违约方没有采取合理减损措施而导致损失扩大、非违约方因违约而获得利益以及非违约方亦有过失的举证责任；非违约方应当承担其遭受的可得利益损失总额、必要的交易成本的举证责任。对于可以预见的损失，既可以由非违约方举证，也可以由人民法院根据具体情况予以裁量。

13. 合同法第 49 条（现民法典第 172 条）规定的表见代理制度不仅要求代理人的无权代理行为在客观上形成具有代理权的表象，而且要求相对人在主观上善意且无过失地相信行为人有代理权。合同相对人主张构成表见代理的，应当承担举证责任，不仅应当举证证明代理行为存在诸如合同书、公章、印鉴等有权代理的客观表象形式要素，而且应当证明其善意且无过失地相信行为人具有代理权。

【法释［2009］3 号】　　最高人民法院关于审理涉及驰名商标保护的民事纠纷案件应用法律若干问题的解释（2009 年 4 月 22 日最高法审委会［1467 次］通过，同日公布，2009 年 5 月 1 日起施行；根据法释［2020］19 号《决定》修正，2021 年 1 月 1 日起施行。以本规为准）

第 1 条　本解释所称驰名商标，是指在中国境内为相关公众所熟知/广为知晓的商标。

第 6 条　原告以被诉商标的使用侵犯其注册商标专用权为由提起民事诉讼，被告以原告的注册商标复制、摹仿或者翻译其在先未注册驰名商标为由提出抗辩或者提起反诉的，应当对其在先未注册商标驰名的事实负举证责任。

第 7 条（第 1 款）　被诉侵犯商标权或者不正当竞争行为发生前，曾被人民法院或者国务院工商行政管理部门认定驰名的商标，被告对该商标驰名的事实不持异议的，人民法院应当予以认定。被告提出异议的，原告仍应当对该商标驰名的事实负举证责任。

【法释〔2009〕7 号】　最高人民法院关于审理建筑物区分所有权纠纷案件适用法律若干问题的解释（2009 年 3 月 23 日最高法审委会〔1464 次〕通过，原标题《最高人民法院关于审理建筑物区分所有权纠纷案件具体应用法律若干问题的解释》，2009 年 5 月 14 日公布，2009 年 10 月 1 日起施行；根据法释〔2020〕17 号《决定》修正，2021 年 1 月 1 日起施行）

第 14 条（第 2 款）　属于前款所称擅自进行经营性活动的情形，权利人请求建设单位、物业服务企业或者其他管理人等将扣除合理成本之后的收益用于补充专项维修资金或者业主共同决定的其他用途的，人民法院应予支持。行为人对成本的支出及其合理性承担举证责任。

【国务院令〔2010〕586 号】　工伤保险条例（2003 年 4 月 27 日国务院令第 375 号公布，2004 年 1 月 1 日起施行；2010 年 12 月 8 日国务院第 136 次常务会议修订，2010 年 12 月 20 日公布，2011 年 1 月 1 日起施行）

第 19 条（第 2 款）　职工或者其近亲属认为是工伤，用人单位不认为是工伤的，由用人单位承担举证责任。

【法发〔2011〕18 号】　最高人民法院关于充分发挥知识产权审判职能作用推动社会主义文化大发展大繁荣和促进经济自主协调发展若干问题的意见（2011 年 12 月 16 日）

15. 妥善审理产品制造方法发明专利侵权案件，依法保护方法发明专利权。在适当考虑方法专利权利人维权的实际困难的同时，兼顾被诉侵权人保护其商业秘密的合法权益。依法适用新产品制造方法专利的举证责任倒置规则，使用专利方法得的产品以及制造该产品的技术方案在专利申请日前不为公众所知的，制造相同产品的被诉侵权人应当承担其产品制造方法不同于专利方法的举证责任。使用专利方法获得的产品不属于新产品，专利权人能够证明被诉侵权人制造了同样产品，经合理努力仍无法证明被诉侵权人确实使用了该专利方法，但根据案件具体情况，结合已知事实以及日常生活经验，能够认定该同样产品经由专利方法制造的可能性很大的，可以根据民事诉讼证据司法解释有关规定，不再要求专利权人提供进一步的证据，而由被诉侵权人提供其制造方法不同于专利方法的证据。要针对方法专利侵权举证困难的实际，依法采取证据保全措施，适当减轻方法专利权利人的举证负担。要注意保护被申请人的利益，防止当事人滥用证据保全制度非法获取他人商业秘密。被诉侵权人提供了其制造方法不同于专利方法的证据，涉及商业秘密的，在审查判断时应注意采取措施予以保护。

25. 依法加强商业秘密保护，有效制止侵犯商业秘密的行为，为企业的创新和投资创造安全和可信赖的法律环境。根据案件具体情况，合理把握秘密性和不正当手段的证明标准，适度减轻商业秘密权利人的维权困难。权利人提供了证明秘密性的优势证据或者对其主张的商业秘密信息与公有领域信息的区别点作出充分合理的解释或者说明的，可以认定秘密性成立。商业秘密权利人提供证据证明被诉当事人的信息与其商业秘密相同或者实质相同且被诉当事人具有接触或者非法获取该商业秘密的条件，根据案件具体情况或者已知事实以及日常生活经验，能够认定被诉当事人具有采取不正当手段的较大可能性，可以推定被诉当事人采取不正当手段获取商业秘密的事实成立，但被诉当事人能够证明其通过合法手段获得该信息的除外。……

【主席令［2011］52 号】　中华人民共和国职业病防治法（2001 年 10 月 27 日全国人大常委会［9 届 24 次］通过，主席令第 60 号公布，2002 年 5 月 1 日起施行；2011 年 12 月 31 日全国人大常委会［11 届 24 次］修正，同日公布施行；2018 年 12 月 29 日最新统修）

第 49 条（第 2 款）　当事人在仲裁过程中对自己提出的主张，有责任提供证据。劳动者无法提供由用人单位掌握管理的与仲裁主张有关的证据的，仲裁庭应当要求用人单位在指定期限内提供；用人单位在指定期限内不提供的，应当承担不利后果。

【主席令［2022］116 号】　中华人民共和国反垄断法（2007 年 8 月 30 日主席令第 68 号公布，2008 年 8 月 1 日起施行；2022 年 6 月 24 日全国人大常委会［13 届 35 次］修订，2022 年 8 月 1 日起施行）

第 18 条　禁止经营者与交易相对人达成下列垄断协议：（一）固定向第三人转售商品的价格；（二）限定向第三人转售商品的最低价格；（三）国务院反垄断执法机构认定的其他垄断协议。

对前款第 1 项和第 2 项规定的协议，经营者能够证明其不具有排除、限制竞争效果的，不予禁止。

经营者能够证明其在相关市场的市场份额低于国务院反垄断执法机构规定的标准，并符合国务院反垄断执法机构规定的其他条件的，不予禁止。

第 20 条　经营者能够证明所达成的协议属于下列情形之一的，不适用本法第 17 条、第 18 条第 1 款、第 19 条的规定：（一）为改进技术、研究开发新产品的；（二）为提高产品质量、降低成本、增进效率，统一产品规格、标准或者实行专业化分工的；（三）为提高中小经营者经营效率，增强中小经营者竞争力的；（四）为实现节约能源、保护环境、救灾救助等社会公共利益的；（五）因经济不景气，为缓解销售量严重下降或者生产明显过剩的；（六）为保障对外贸易和对外经济合作中的正当利益的；（七）法律和国务院规定的其他情形。

属于前款第 1 项至第 5 项情形，不适用本法第 17 条、第 18 条第 1 款、第 19 条规定的，经营者还应当证明所达成的协议不会严重限制相关市场的竞争，并且能够使消费者分享由此产生的利益。

第 34 条　经营者集中具有或者可能具有排除、限制竞争效果的，国务院反垄断执法机构应当作出禁止经营者集中的决定。但是，经营者能够证明该集中对竞争产生的有利影响明显大于不利影响，或者符合社会公共利益的，国务院反垄断执法机构可以作出对经营者集中不予禁止的决定。

【法释〔2012〕19 号】　最高人民法院关于审理道路交通事故损害赔偿案件适用法律若干问题的解释（2012 年 9 月 17 日最高法审委会〔1556 次〕通过，2012 年 11 月 27 日公布，2012 年 12 月 21 日起施行；根据法释〔2020〕17 号《决定》修正，2021 年 1 月 1 日起施行）

第 7 条　因道路管理维护缺陷导致机动车发生交通事故造成损害，当事人请求道路管理者承担相应赔偿责任的，人民法院应予支持。但道路管理者能够证明已经依照法律、法规、规章的规定，或者按照国家标准、行业标准、地方标准的要求尽到安全防护、警示等管理维护义务的除外。

依法不得进入高速公路的车辆、行人，进入高速公路发生交通事故造成自身损害，当事人请求高速公路管理者承担赔偿责任的，适用民法典第 1243 条的规定。

【法释〔2012〕20 号】　最高人民法院关于审理侵害信息网络传播权民事纠纷案件适用法律若干问题的规定（2012 年 11 月 26 日最高法审委会〔1561 次〕通过，2012 年 12 月 17 日公布，2013 年 1 月 1 日起施行；根据法释〔2020〕19 号《决定》修正，2021 年 1 月 1 日起施行）

第 6 条　原告有初步证据证明网络服务提供者提供了相关作品、表演、录音录像制品，但网络服务提供者能够证明其仅提供网络服务，且无过错的，人民法院不应认定为构成侵权。

【主席令〔2013〕7 号】　中华人民共和国消费者权益保护法（2013 年 10 月 25 日全国人大常委会〔12 届 5 次〕修正，2014 年 3 月 15 日起施行）

第 23 条（第 3 款）　经营者提供的机动车、计算机、电视机、电冰箱、空调器、洗衣机等耐用商品或者装饰装修等服务，消费者自接受商品或者服务之日起 6 个月内发现瑕疵，发生争议的，由经营者承担有关瑕疵的举证责任。

【工商总局令［2015］73 号】 **侵害消费者权益行为处罚办法**（国家工商行政管理总局局务会通过,2015 年 1 月 5 日公布,2015 年 3 月 15 日起施行;2020 年 10 月 23 日国家市场监督管理总局令第 31 号统修）

第 5 条　经营者提供商品或者服务不得有下列行为:（一）销售的商品或者提供的服务不符合保障人身、财产安全要求;（二）销售失效、变质的商品;（三）销售伪造产地、伪造或者冒用他人的厂名、厂址、篡改生产日期的商品;（四）销售伪造或者冒用认证标志等质量标志的商品;（五）销售的商品或者提供的服务侵犯他人注册商标专用权;（六）销售伪造或者冒用知名商品特有的名称、包装、装潢的商品;……

第 16 条（第 1 款）　经营者有本办法第 5 条第 1 项至第 6 项规定行为之一且不能证明自己并非欺骗、误导消费者而实施此种行为的,属于欺诈行为。

【法释［2013］14 号】 **最高人民法院关于适用《中华人民共和国保险法》若干问题的解释（二）**（2013 年 5 月 6 日最高法审委会［1577 次］通过,2013 年 5 月 31 日公布,2013 年 6 月 8 日起施行;根据法释［2020］18 号《决定》修正,2021 年 1 月 1 日起施行）

第 4 条（第 1 款）　保险人主张不符合承保条件的,应承担举证责任。

第 6 条（第 1 款）　投保人的告知义务限于保险人询问的范围和内容。当事人对询问范围及内容有争议的,保险人负举证责任。

第 13 条（第 1 款）　保险人对其履行了明确说明义务负举证责任。

【法释［2015］21 号】 **最高人民法院关于适用《中华人民共和国保险法》若干问题的解释（三）**（2015 年 9 月 21 日最高法审委会［1661 次］通过,2015 年 11 月 25 日公布,2015 年 12 月 1 日起施行;根据法释［2020］18 号《决定》修正,2021 年 1 月 1 日起施行）

第 18 条　保险人给付费用补偿型的医疗费用保险金时,主张扣减被保险人从公费医疗或者社会医疗保险取得的赔偿金额的,应当证明该保险产品在厘定医疗费用保险费率时已经将公费医疗或者社会医疗保险部分相应扣除,并按照扣减后的标准收取保险费。

第 19 条　……保险人有证据证明被保险人支出的费用超过基本医疗保险同类医疗费用标准,要求对超出部分拒绝给付保险金的,人民法院应予支持。

第 21 条　保险人以被保险人自杀为由拒绝承担给付保险金责任的,由保险人承担举证责任。

受益人或者被保险人的继承人以被保险人自杀时无民事行为能力为由抗辩的,由其承担举证责任。

第 22 条　保险法第 45 条①规定的"被保险人故意犯罪"的认定，应当以刑事侦查机关、检察机关和审判机关的生效法律文书或者其他结论性意见为依据。

第 23 条（第 1 款）　保险人主张根据保险法第 45 条的规定不承担给付保险金责任的，应当证明被保险人的死亡、伤残结果与其实施的故意犯罪或者抗拒依法采取的刑事强制措施的行为之间存在因果关系。

【主席令［2013］6 号】　中华人民共和国商标法（1982 年 8 月 23 日全国人大常委会［5 届 24 次］通过，人大常委会令第 10 号公布，1983 年 3 月 1 日起施行；2013 年 8 月 30 日全国人大常委会［12 届 4 次］三修，2014 年 5 月 1 日起施行；根据主席令［2019］29 号《决定》统修，2019 年 4 月 23 日公布，2019 年 11 月 1 日起施行）

第 64 条　注册商标专用权人请求赔偿，被控侵权人以注册商标专用权人未使用注册商标提出抗辩的，人民法院可以要求注册商标专用权人提供此前 3 年内实际使用该注册商标的证据。注册商标专用权人不能证明此前 3 年内实际使用过该注册商标，也不能证明因侵权行为受到其他损失的，被控侵权人不承担赔偿责任。

销售不知道是侵犯注册商标专用权的商品，能证明该商品是自己合法取得并说明提供者的，不承担赔偿责任。

【国务院令［2013］632 号】　计算机软件保护条例（2013 年 1 月 16 日国务院第 231 次常务会议修订，2013 年 1 月 30 日公布，2013 年 3 月 1 日起施行）

第 28 条　软件复制品的出版者、制作者不能证明其出版、制作有合法授权的，或者软件复制品的发行者、出租者不能证明其发行、出租的复制品有合法来源的，应当承担法律责任。

【法释［2015］1 号】　最高人民法院关于审理环境民事公益诉讼案件适用法律若干问题的解释（2014 年 12 月 8 日最高法审委会［1631 次］通过，2015 年 1 月 6 日公布，2015 年 1 月 7 日起施行；根据法释［2020］20 号《决定》修正，2021 年 1 月 1 日起施行。以本规为准）

第 13 条　原告请求被告提供其排放的主要污染物名称、排放方式、排放浓度和总量、超标排放情况以及防治污染设施的建设和运行情况等环境信息，法律、法规、规章规定被告应当持有或者有证据证明被告持有而拒不提供，如果原告主张相关事实不利于被告，人民法院可以推定该主张成立。

---

① 《保险法》第 45 条："因被保险人故意犯罪或者抗拒依法采取的刑事强制措施导致其伤残或者死亡的，保险人不承担给付保险金的责任。投保人已交足 2 年以上保险费的，保险人应当按照合同约定退还保险单的现金价值。"

第 30 条（第 2 款）　对于环境民事公益诉讼生效裁判就被告是否存在法律规定的不承担责任或者减轻责任的情形、行为与损害之间是否存在因果关系、被告承担责任的大小等所作的认定，因同一污染环境、破坏生态行为依据民事诉讼法第 119 条（现第 122 条）规定提起诉讼的原告主张适用的，人民法院应予以支持，但被告有相反证据足以推翻的除外。被告主张直接适用对其有利的认定的，人民法院不予支持，被告仍应举证证明。

【法释［2016］1 号】　最高人民法院关于审理侵犯专利权纠纷案件应用法律若干问题的解释（二）（2016 年 1 月 25 日最高法审委会［1676 次］通过，2016 年 3 月 21 日公布，2016 年 4 月 1 日起施行；根据法释［2020］19 号《决定》修正，2021 年 1 月 1 日起施行）

第 25 条　为生产经营目的使用、许诺销售或者销售不知道是未经专利权人许可而制造并售出的专利侵权产品，且举证证明该产品合法来源的，对于权利人请求停止上述使用、许诺销售、销售行为的主张，人民法院应予支持，但被诉侵权产品的使用者举证证明其已支付该产品的合理对价的除外。

本条第 1 款所称不知道，是指实际不知道且不应当知道。

本条第 1 款所称合法来源，是指通过合法的销售渠道、通常的买卖合同等正常商业方式取得产品。对于合法来源，使用者、许诺销售者或者销售者应当提供符合交易习惯的相关证据。

【法释［2016］10 号】　最高人民法院关于审理消费民事公益诉讼案件适用法律若干问题的解释（2016 年 2 月 1 日最高法审委会［1677 次］通过，2016 年 4 月 24 日公布，2016 年 5 月 1 日起施行；根据法释［2020］20 号《决定》修正，2021 年 1 月 1 日起施行）

第 16 条（第 2 款）　消费民事公益诉讼生效裁判认定经营者存在不法行为，因同一侵权行为受到损害的消费者根据民事诉讼法第 119 条（现第 122 条）规定提起的诉讼，原告主张适用的，人民法院可予支持，但被告有相反证据足以推翻的除外。被告主张直接适用对其有利认定的，人民法院不予支持，被告仍应承担相应举证证明责任。

【法释［2016］14 号】　最高人民法院关于人民法院特邀调解的规定（2016 年 5 月 23 日最高法审委会［1684 次］通过，2016 年 6 月 28 日公布，2016 年 7 月 1 日起施行）

第 22 条　在调解过程中，当事人为达成调解协议作出妥协而认可的事实，不得在诉讼程序中作为对其不利的根据，①但是当事人均同意的除外。

---

①　注：经核《最高人民法院公报》2016 年第 8 期，本处原文为"根据"；而非"证据"。

【法释［2016］21号】 **最高人民法院关于民事执行中变更、追加当事人若干问题的规定**（2016年8月29日最高法审委会［1691次］通过，2016年11月7日公布，2016年12月1日起施行；根据法释［2020］21号《决定》修正，2021年1月1日起施行。以本规为准）

第20条 作为被执行人的一人有限责任公司，财产不足以清偿生效法律文书确定的债务，股东不能证明公司财产独立于自己的财产，申请执行人申请变更、追加该股东为被执行人，对公司债务承担连带责任的，人民法院应予支持。

【主席令［2017］70号】 **中华人民共和国水污染防治法**（2008年2月28日全国人大常委会［10届32次］修订，2008年6月1日起施行；2017年6月27日全国人大常委会［12届28次］修正，2018年1月1日起施行）

第98条 因水污染引起的损害赔偿诉讼，由排污方就法律规定的免责事由及其行为与损害结果之间不存在因果关系承担举证责任。

【主席令［2017］77号】 **中华人民共和国反不正当竞争法**（1993年9月2日主席令第10号公布，1993年12月1日起施行；2017年11月4日全国人大常委会［12届30次］修订，2018年1月1日起施行；2019年4月23日全国人大常委会［13届10次］修正，同日公布施行）

第32条 在侵犯商业秘密的民事审判程序中，商业秘密权利人提供初步证据，证明其已经对所主张的商业秘密采取保密措施，且合理表明商业秘密被侵犯，涉嫌侵权人应当证明权利人所主张的商业秘密不属于本法规定的商业秘密。

商业秘密权利人提供初步证据合理表明商业秘密被侵犯，且提供以下证据之一的，涉嫌侵权人应当证明其不存在侵犯商业秘密的行为：（一）有证据表明涉嫌侵权人有渠道或者机会获取商业秘密，且其使用的信息与该商业秘密实质上相同；（二）有证据表明商业秘密已经被涉嫌侵权人披露、使用或者有被披露、使用的风险；（三）有其他证据表明商业秘密被涉嫌侵权人侵犯。

【法释［2017］20号】 **最高人民法院关于审理医疗损害责任纠纷案件适用法律若干问题的解释**（2017年3月27日最高法审委会［1713次］通过，2017年12月13日公布，2017年12月14日起施行；根据法释［2020］17号《决定》修正，2021年1月1日起施行。以本规为准）（详见本书第79条）

第4条（第1款） 患者依据民法典第1218条规定主张医疗机构承担赔偿责任的，应当提交到该医疗机构就诊、受到损害的证据。

（第3款） 医疗机构主张不承担责任的，应当就民法典第1224条第1款规定情形等抗辩事由承担举证证明责任。

第5条 患者依据民法典第1219条规定主张医疗机构承担赔偿责任的，应当按照前条第 1 款规定提交证据。

实施手术、特殊检查、特殊治疗的，医疗机构应当承担说明义务并取得患者或者患者近亲属明确/~~书面~~同意，但属于民法典第 1220 条规定情形的除外。医疗机构提交患者或者患者近亲属明确/~~书面~~同意证据的，人民法院可以认定医疗机构尽到说明义务，但患者有相反证据足以反驳的除外。

第 7 条（第 1 款）　患者依据民法典第 1223 条规定请求赔偿的，应当提交使用医疗产品或者输入血液、受到损害的证据。

（第 3 款）　医疗机构，医疗产品的生产者、销售者、药品上市许可持有人或者血液提供机构主张不承担责任的，应当对医疗产品不存在缺陷或者血液合格等抗辩事由承担举证证明责任。

【主席令［2018］7 号】　**中华人民共和国电子商务法**（2018 年 8 月 31 日全国人大常委会［13 届 5 次］通过，2019 年 1 月 1 日起施行）

第 55 条（第 2 款）　支付指令发生错误的，电子支付服务提供者应当及时查找原因，并采取相关措施予以纠正。造成用户损失的，电子支付服务提供者应当承担赔偿责任，但能够证明支付错误非自身原因造成的除外。

第 57 条（第 2 款）　未经授权的支付造成的损失，由电子支付服务提供者承担；电子支付服务提供者能够证明未经授权的支付是因用户的过错造成的，不承担责任。

第 62 条　在电子商务争议处理中，电子商务经营者应当提供原始合同和交易记录。因电子商务经营者丢失、伪造、篡改、销毁、隐匿或者拒绝提供前述资料，致使人民法院、仲裁机构或者有关机关无法查明事实的，电子商务经营者应当承担相应的法律责任。

【法释［2019］8 号】　**最高人民法院关于审理生态环境损害赔偿案件的若干规定（试行）**（2019 年 5 月 20 日最高法审委会［1769 次］通过，2019 年 6 月 4 日公布，2019 年 6 月 5 日起试行；根据法释［2020］17 号《决定》修正，2021 年 1 月 1 日起施行）

第 6 条　原告主张被告承担生态环境损害赔偿责任的，应当就以下事实承担举证责任：

（一）被告实施了污染环境、破坏生态的行为或者具有其他应当依法承担责任的情形；

（二）生态环境受到损害，以及所需修复费用、损害赔偿等具体数额；

（三）被告污染环境、破坏生态的行为与生态环境损害之间具有关联性。

第 7 条　被告反驳原告主张的，应当提供证据加以证明。被告主张具有法律规定的不承担责任或者减轻责任情形的，应当承担举证责任。

第8条 已为发生法律效力的刑事裁判所确认的事实，当事人在生态环境损害赔偿诉讼案件中无须举证证明，但有相反证据足以推翻的除外。

对刑事裁判未予确认的事实，当事人提供的证据达到民事诉讼证明标准的，人民法院应当予以认定。

第9条 负有相关环境资源保护监督管理职责的部门或者其委托的机构在行政执法过程中形成的事件调查报告、检验报告、检测报告、评估报告、监测数据等，经当事人质证并符合证据标准的，可以作为认定案件事实的根据。

第10条 当事人在诉前委托具备环境司法鉴定资质的鉴定机构出具的鉴定意见，以及委托国务院环境资源保护监督管理相关主管部门推荐的机构出具的检验报告、检测报告、评估报告、监测数据等，经当事人质证并符合证据标准的，可以作为认定案件事实的根据。

【法释［2019］19号】 最高人民法院关于民事诉讼证据的若干规定（"法释［2001］33号"公布，2002年4月1日起施行；2019年10月14日最高法审委会［1777次］修订，2019年12月25日公布，2020年5月1日起施行)

第1条 原告向人民法院起诉或者被告提出反诉，应当提供/附有符合起诉条件的相应的证据。

第2条 当事人对自己提出的诉讼请求所依据的事实或者反驳对方诉讼请求所依据的事实有责任提供证据加以证明。

没有证据或者证据不足以证明当事人的事实主张的，由负有举证责任的当事人承担不利后果。

第2条 人民法院应当向当事人说明举证的要求及法律后果，促使当事人在合理期限内积极、全面、正确、诚实地完成举证。

当事人因客观原因不能自行收集的证据，可申请人民法院调查收集。

第4条 下列侵权诉讼，按照以下规定承担举证责任：

（一）因新产品制造方法发明专利引起的专利侵权诉讼，由制造同样产品的单位或者个人对其产品制造方法不同于专利方法承担举证责任；

（二）高度危险作业致人损害的侵权诉讼，由加害人就受害人故意造成损害的事实承担举证责任；

（三）因环境污染引起的损害赔偿诉讼，由加害人就法律规定的免责事由及其行为与损害结果之间不存在因果关系承担举证责任；

（四）建筑物或者其他设施以及建筑物上的搁置物、悬挂物发生倒塌、脱落、坠落致人损害的侵权诉讼，由所有人或者管理人对其无过错承担举证责任；

（五）饲养动物致人损害的侵权诉讼，由动物饲养人或者管理人就受害人有过错或者第三人有过错承担举证责任；

（六）因缺陷产品致人损害的侵权诉讼，由产品的生产者就法律规定的免责事由承担举证责任；

（七）因共同危险行为致人损害的侵权诉讼，由实施危险行为的人就其行为与损害结果之间不存在因果关系承担举证责任；

（八）因医疗行为引起的侵权诉讼，由医疗机构就医疗行为与损害结果之间不存在因果关系及不存在医疗过错承担举证责任。

有关法律对侵权诉讼的举证责任有特殊规定的，从其规定。

第 5 条　在合同纠纷案件中，主张合同关系成立并生效的一方当事人对合同订立和生效的事实承担举证责任；主张合同关系变更、解除、终止、撤销的一方当事人对引起合同关系变动的事实承担举证责任。

对合同是否履行发生争议的，由负有履行义务的当事人承担举证责任。

对代理权发生争议的，由主张有代理权一方当事人承担举证责任。

第 6 条　在劳动争议纠纷案件中，因用人单位作出开除、除名、辞退、解除劳动合同、减少劳动报酬、计算劳动者工作年限等决定而发生劳动争议的，由用人单位负举证责任。

第 7 条　在法律没有具体规定，依本规定及其他司法解释无法确定举证责任承担时，人民法院可以根据公平原则和诚实信用原则，综合当事人举证能力等因素确定举证责任的承担。

第 3 条　在诉讼过程中，一方当事人陈述的于己不利的事实，或者对于己不利的事实/另一方当事人陈述的案件事实明确表示承认的，另一方当事人无需举证证明。但涉及身份关系的案件除外。

在证据交换、询问、调查/诉讼过程中，或者在起诉状、答辩状、陈述及其委托代理人的代理词等书面材料中，当事人明确承认于己不利的事实的，适用前款规定。但当事人反悔并有相反证据足以推翻的除外。

第 4 条　一方当事人对于另一方当事人主张/陈述的于己不利的事实既不承认也不否认，经审判人员充分说明并询问后，其仍然不明确表示肯定或者否定的，视为对该事实的承认。

第 5 条　当事人委托诉讼代理人参加诉讼的，除授权委托书明确排除的事项/未经特别授权的代理人对事实的承认直接导致承认对方诉讼请求的外，诉讼代理人的自认/承认视为当事人的自认/承认。

当事人在场对诉讼代理人的自认/承认明确否认/不作否认表示的，不视为自认/承认。

第6条 普通共同诉讼中，共同诉讼人中一人或者数人作出的自认，对作出自认的当事人发生效力。

必要共同诉讼中，共同诉讼人中一人或者数人作出自认而其他共同诉讼人予以否认的，不发生自认的效力。其他共同诉讼人既不承认也不否认，经审判人员说明并询问后仍然不明确表示意见的，视为全体共同诉讼人的自认。

第7条 一方当事人对于另一方当事人主张的于己不利的事实有所限制或者附加条件予以承认的，由人民法院综合案件情况决定是否构成自认。

第8条 《最高人民法院关于适用〈中华人民共和国民事诉讼法〉的解释》第96条第1款规定的事实，不适用有关自认的规定。

自认的事实与已经查明的事实不符的，人民法院不予确认。

第9条 有下列情形之一，当事人在法庭辩论终结前撤销自认/承认的，人民法院应当准许，不能免除对方当事人的举证责任：（一）经对方当事人同意的；（二）有充分证据证明自认/承认是在受胁迫或者重大误解情况下作出的。

（新增）人民法院准许当事人撤销自认的，应当作出口头或者书面裁定。

第10条 下列事实，当事人无须举证证明：（一）自然规律以及定理、定律；（二）众所周知的事实；（三）根据法律规定推定的另一事实；（四）根据已知的事实和日常生活经验法则推定出的另一事实；（五）已为仲裁机构的生效裁决所确认的事实；（六）已为人民法院发生法律效力的裁判所确认的基本事实；（七）已为有效公证文书所证明的事实。

前款第2项至第5项事实，当事人有相反证据足以反驳/推翻的除外；第6项、第7项事实，当事人有相反证据足以推翻的除外。①

第11条 当事人向人民法院提供证据，应当提供原件或者原物。如需自己保存证据原件、原物或者提供原件、原物确有困难的，可以提供经人民法院核对无异的复制件或者复制品。

第12条 以动产作为证据的，应当将原物提交人民法院。原物不宜搬移或者不宜保存的，当事人可以提供复制品、影像资料或者其他替代品。

人民法院在收到当事人提交的动产或者替代品后，应当及时通知双方当事人到人民法院或者保存现场查验。

第13条 当事人以不动产作为证据的，应当向人民法院提供该不动产的影像资料。

人民法院认为有必要的，应当通知双方当事人到场进行查验。

① 注：关于仲裁裁决的证据效力认定，本款与法释〔2022〕11号《解释》第93条第2款的表述不一致。

第 18 条　双方当事人无争议的事实符合《最高人民法院关于适用〈中华人民共和国民事诉讼法〉的解释》第 96 条第 1 款规定情形①/~~但涉及国家利益、社会公共利益或者他人合法权益~~的, 人民法院可以责令当事人提供有关证据。

第 19 条　当事人应当对其提交的证据材料逐一分类编号, 对证据材料的来源、证明对象和内容作简要说明, 签名盖章, 注明提交日期, 并依照对方当事人人数提出副本。

人民法院收到当事人提交的证据材料, 应当出具收据, 注明证据的名称、份数和页数以及收到的时间, 由经办人员签名或者盖章。

第 50 条　人民法院应当在审理前的准备阶段/~~在送达案件受理通知书和应诉通知书的同时~~向当事人送达举证通知书。

举证通知书应当载明举证责任的分配原则和要求、可以向人民法院申请调查收集证据/~~取证~~的情形、人民法院根据案件情况指定的举证期限以及逾期提供证据的法律后果等内容。

第 51 条　举证期限可以由当事人协商~~一致~~, 并经人民法院准许/~~认可~~。

人民法院指定举证期限的, 适用第一审普通程序审理的案件不得少于 15 日/~~30 日~~, 当事人提供新的证据的第二审案件不得少于 10 日。适用简易程序审理的案件不得超过 15 日, 小额诉讼案件的举证期限一般不得超过 7 日。~~自当事人收到案件受理通知书和应诉通知书的次日起计算。~~

（新增）举证期限届满后, 当事人提供反驳证据或者对已经提供的证据的来源、形式等方面的瑕疵进行补正的, 人民法院可以酌情再次确定举证期限, 该期限不受前款规定的期间限制。

第 52 条　当事人在举证期限内提供证据存在客观障碍, 属于民事诉讼法第 65 条第 2 款规定的 "当事人在该期限内提供证据确有困难" 的情形。

前款情形, 人民法院应当根据当事人的举证能力、不能在举证期限内提供证据的原因等因素综合判断。必要时, 可以听取对方当事人的意见。

~~第 34 条　当事人应当在举证期限内向人民法院提交证据材料, 当事人在举证期限内不提交的, 视为放弃举证权利。~~

~~对于当事人逾期提交的证据材料, 人民法院审理时不组织质证。但对方当事人同意质证的除外。~~

~~当事人增加、变更诉讼请求或者提起反诉的, 应当在举证期限届满前提出。~~

第 53 条　诉讼过程中, 当事人主张的法律关系性质或者民事行为效力与人民法院根据案件事实作出的认定不一致的, ~~不受本规定第 34 条规定的限制~~, 人民法

---

① 见本书第 67 条第 2 款。

院应当将法律关系性质或者民事行为效力作为焦点问题进行审理/告知当事人可以变更诉讼请求。但法律关系性质对裁判理由及结果没有影响，或者有关问题已经当事人充分辩论的除外。

存在前款情形，当事人根据法庭审理情况变更诉讼请求的，人民法院应当准许并可以根据案件的具体情况重新指定举证期限。

第54条　当事人在举证期限内提交证据材料确有困难申请延长举证期限的，应当在举证期限届满前向人民法院提出书面申请。

申请理由成立的，人民法院应当准许，适当延长举证期限，并通知其他当事人。~~当事人在延长的举证期限内提交证据材料仍有困难的，可以再次提出延期申请，是否准许由人民法院决定。~~延长的举证期限适用于其他当事人。

（新增）申请理由不成立的，人民法院不予准许，并通知申请人。

第55条　存在下列情形的，举证期限按照如下方式确定：

（一）当事人依照民事诉讼法第127条规定提出管辖权异议的，举证期限中止，自驳回管辖权异议的裁定生效之日起恢复计算；

（二）追加当事人、有独立请求权的第三人参加诉讼或者无独立请求权的第三人经人民法院通知参加诉讼的，人民法院应当依照本规定第51条的规定为新参加诉讼的当事人确定举证期限，该举证期限适用于其他当事人；

（三）发回重审的案件，第一审人民法院可以结合案件具体情况和发回重审的原因，酌情确定举证期限；

（四）当事人增加、变更诉讼请求或者提出反诉的，人民法院应当根据案件具体情况重新确定举证期限；

（五）公告送达的，举证期限自公告期届满之次日起计算。

~~第37条　经当事人申请，人民法院可以组织当事人在开庭审理前交换证据。人民法院对于证据较多或者复杂疑难的案件，应当组织当事人在答辩期届满后、开庭审理前交换证据。~~

第56条（第1款）　人民法院依照民事诉讼法第133条（现第136条）第4项的规定，通过组织证据交换进行审理前准备的，证据交换之日举证期限届满。

第59条　人民法院对逾期提供证据的当事人处以罚款的，可以结合当事人逾期提供证据的主观过错程度、导致诉讼迟延的情况、诉讼标的金额等因素，确定罚款数额。

第92条（第1款）　私文书证的真实性，由主张以私文书证证明案件事实的当事人承担举证责任。

第95条　有证据证明一方当事人控制/持有证据无正当理由拒不提交/提供，

对待证事实负有举证责任的／对方当事人主张该证据的内容不利于<u>控制人</u>／持有人的，<u>人民法院可以认定</u>／推定该主张成立。

【法发［2019］25 号】　最高人民法院关于依法妥善审理高空抛物、坠物案件的意见（2019 年 10 月 21 日）

10. 综合运用民事诉讼证据规则。人民法院在适用侵权责任法第 87 条（现民法典第 1254 条）裁判案件时，对能够证明自己不是侵权人的"可能加害的建筑物使用人"，依法予以免责。

【主席令［2019］37 号】　中华人民共和国证券法（1998 年 12 月 29 日全国人大常委会［9 届 6 次］通过，1999 年 7 月 1 日起施行；2019 年 12 月 28 日全国人大常委会［13 届 15 次］最新修订，2020 年 3 月 1 日起施行）

第 24 条（第 1 款）　国务院证券监督管理机构或者国务院授权的部门对已作出的证券发行注册的决定，发现不符合法定条件或者法定程序，尚未发行证券的，应当予以撤销，停止发行。已经发行尚未上市的，撤销发行注册决定，发行人应当按照发行价并加算银行同期存款利息返还证券持有人；发行人的控股股东、实际控制人以及保荐人，应当与发行人承担连带责任，但是能够证明自己没有过错的除外。

第 85 条　信息披露义务人未按照规定披露信息，或者公告的证券发行文件、定期报告、临时报告及其他信息披露资料存在虚假记载、误导性陈述或者重大遗漏，致使投资者在证券交易中遭受损失的，信息披露义务人应当承担赔偿责任；发行人的控股股东、实际控制人、董事、监事、高级管理人员和其他直接责任人员以及保荐人、承销的证券公司及其直接责任人员，应当与发行人承担连带赔偿责任，但是能够证明自己没有过错的除外。

第 89 条（第 2 款）　普通投资者与证券公司发生纠纷的，证券公司应当证明其行为符合法律、行政法规以及国务院证券监督管理机构的规定，不存在误导、欺诈等情形。证券公司不能证明的，应当承担相应的赔偿责任。

第 163 条　证券服务机构……制作、出具的文件有虚假记载、误导性陈述或者重大遗漏，给他人造成损失的，应当与委托人承担连带赔偿责任，但是能够证明自己没有过错的除外。

【法［2019］254 号】　全国法院民商事审判工作会议纪要（"九民纪要"，2019 年 7 月 3-4 日在哈尔滨召开，2019 年 9 月 11 日最高法审委会民事行政专委会［319 次］通过，2019 年 11 月 8 日发布）

20.【越权担保的民事责任】……公司举证证明债权人明知法定代表人超越权限或者机关决议系伪造或者变造，债权人请求公司承担合同无效后的民事责任的，人民法院不予支持。

50.【违约金过高标准及举证责任】认定约定违约金是否过高，一般应当以《合同法》第113条（现民法典第584条）规定的损失为基础进行判断，这里的损失包括合同履行后可以获得的利益。……主张违约金过高的违约方应当对违约金是否过高承担举证责任。

75.【举证责任分配】在案件审理过程中，金融消费者应当对购买产品（或者接受服务）、遭受的损失等事实承担举证责任。卖方机构对其是否履行了适当性义务承担举证责任。卖方机构不能提供其已经建立了金融产品（或者服务）的风险评估及相应管理制度、对金融消费者的风险认知、风险偏好和风险承受能力进行了测试、向金融消费者告知产品（或者服务）的收益和主要风险因素等相关证据的，应当承担举证不能的法律后果。

94.【受托人的举证责任】资产管理产品的委托人以受托人未履行勤勉尽责、公平对待客户等义务损害其合法权益为由，请求受托人承担损害赔偿责任的，应当由受托人举证证明其已经履行了义务。受托人不能举证证明，委托人请求其承担相应赔偿责任的，人民法院依法予以支持。

103.（第2款）　　出资银行仅以参与交易的单个或者部分银行为被告提起诉讼行使票据追索权，被告能够举证证明票据交易存在诸如不符合正常转贴现交易顺序的倒打款、未进行背书转让、票据未实际交付等相关证据，并据此主张相关金融机构之间并无转贴现的真实意思表示，抗辩出资银行不享有票据权利的，人民法院依法予以支持。

【法释〔2020〕6号】　　最高人民法院关于审理民间借贷案件适用法律若干问题的规定（"法释〔2015〕18号"公布，2015年9月1日起施行；法（民）发〔1991〕21号《关于人民法院审理借贷案件的若干意见》同时废止。2020年8月18日最高法审委会〔1809次〕修订，2020年8月19日公布，次日施行；根据法释〔2020〕17号《决定》修正，2021年1月1日起施行。以本规为准）①

第2条（第1款）　出借人向人民法院提起民间借贷诉讼（起诉）时，应当提供借据、收据、欠条等债权凭证以及其他能够证明借贷法律关系存在的证据。

第15条　原告仅依据借据、收据、欠条等债权凭证提起民间借贷诉讼，被告抗辩已经偿还借款的，被告应当对其主张提供证据证明。被告提供相应证据证明

---

①　《最高人民法院关于新民间借贷司法解释适用范围问题的批复》（法释〔2020〕27号，2020年12月29日答复广东高院"粤高法〔2020〕108号"请示，2021年1月1日起施行）：经征求金融监管部门意见，由地方金融监管部门监管的小额贷款公司、融资担保公司、区域性股权市场、典当行、融资租赁公司、商业保理公司、地方资产管理公司7类地方金融组织，属于经金融监管部门批准设立的金融机构，其因从事相关金融业务引发的纠纷，不适用新民间借贷司法解释。

其主张后,原告仍应就借贷关系的存续(成立)承担举证证明责任。

被告抗辩借贷行为尚未实际发生并能作出合理说明的,人民法院应当结合借贷金额、款项交付、当事人的经济能力、当地或者当事人之间的交易方式、交易习惯、当事人财产变动情况以及证人证言等事实和因素,综合判断查证借贷事实是否发生。

第 16 条　原告仅依据金融机构的转账凭证提起民间借贷诉讼,被告抗辩转账系偿还双方之前借款或者其他债务的,被告应当对其主张提供证据证明。被告提供相应证据证明其主张后,原告仍应就借贷关系的成立承担举证证明责任。

【法释 [2020] 7 号】　最高人民法院关于审理侵犯商业秘密民事案件适用法律若干问题的规定(2020 年 8 月 24 日最高法审委会 [1810 次] 通过,2020 年 9 月 10 日公布,2020 年 9 月 12 日起施行;以本规为准)

第 24 条　权利人已经提供侵权人因侵权所获得的利益的初步证据,但与侵犯商业秘密行为相关的账簿、资料由侵权人掌握的,人民法院可以根据权利人的申请,责令侵权人提供该账簿、资料。侵权人无正当理由拒不提供或者不如实提供的,人民法院可以根据权利人的主张和提供的证据认定侵权人因侵权所获得的利益。

【法发 [2020] 20 号】　最高人民法院关于依法妥善审理涉新冠肺炎疫情民事案件若干问题的指导意见 (三)(2020 年 6 月 8 日印发施行;涉港澳台参照本意见)

2. 对于在我国领域外形成的证据,当事人以受疫情或者疫情防控措施影响无法在原定的举证期限内提供为由,申请延长举证期限的,人民法院应当要求其说明拟收集、提供证据的形式、内容、证明对象等基本信息。经审查理由成立的,应当准许,适当延长举证期限,并通知其他当事人。延长的举证期限适用于其他当事人。

3. 对于一方当事人提供的在我国领域外形成的公文书证,因疫情或者疫情防控措施无法及时办理公证或者相关证明手续,对方当事人仅以该公文书证未办理公证或者相关证明手续为由提出异议的,人民法院可以告知其在保留对证明手续异议的前提下,对证据的关联性、证明力等发表意见。经质证,上述公文书证与待证事实无关联,或者即使符合证明手续要求也无法证明待证事实,对提供证据一方的当事人延长举证期限的申请,人民法院不予准许。

【法 [2020] 272 号】　民事诉讼程序繁简分流改革试点问答口径 (二)(最高法 2020 年 10 月 23 日公布)

十六、小额诉讼程序的答辩期间与举证期限,能否合并计算?

答:可以。《民事诉讼法司法解释》第 99 条和《最高人民法院关于民事诉讼证据的若干规定》第 50 条均规定,人民法院应当在审理前的准备阶段确定当事的举证期限，向当事人送达举证通知书。按照《民事诉讼法》第12章第2节，审理前的准备阶段为立案后至开庭审理前的阶段，该阶段包含了答辩期，因此答辩期和举证期限可以合并计算。

【主席令［2020］45号】　中华人民共和国民法典（2020年5月28日全国人大［13届3次］通过，2021年1月1日起施行）

第823条（第1款）　承运人应当对运输过程中旅客的伤亡承担赔偿责任；但是，伤亡是旅客自身健康原因造成的或者承运人证明伤亡是旅客故意、重大过失造成的除外。

第832条　承运人对运输过程中货物的毁损、灭失承担赔偿责任。但是，承运人证明货物的毁损、灭失是因不可抗力、货物本身的自然性质或者合理损耗以及托运人、收货人的过错造成的，不承担赔偿责任。

第897条　保管期内，因保管人保管不善造成保管物毁损、灭失的，保管人应当承担赔偿责任。但是，无偿保管人证明自己没有故意或者重大过失的，不承担赔偿责任。

第1165条（第2款）　依照法律规定推定行为人有过错，其不能证明自己没有过错的，应当承担侵权责任。

第1199条　无民事行为能力人在幼儿园、学校或者其他教育机构学习、生活期间受到人身损害的，幼儿园、学校或者其他教育机构应当承担侵权责任；但是，能够证明尽到教育、管理职责的，不承担侵权责任。

第1230条　因污染环境、破坏生态发生纠纷，行为人应当就法律规定的不承担责任或者减轻责任的情形及其行为与损害之间不存在因果关系承担举证责任。

第1237条　民用核设施或者运入运出核设施的核材料发生核事故造成他人损害的，民用核设施的营运单位应当承担侵权责任；但是，能够证明损害是因战争、武装冲突、暴乱等情形或者受害人故意造成的，不承担责任。

第1238条　民用航空器造成他人损害的，民用航空器的经营者应当承担侵权责任；但是，能够证明损害是因受害人故意造成的，不承担责任。

第1239条　占有或者使用易燃、易爆、剧毒、高放射性、强腐蚀性、高致病性等高度危险物造成他人损害的，占有人或者使用人应当承担侵权责任；但是，能够证明损害是因受害人故意或者不可抗力造成的，不承担责任。被侵权人对损害的发生有重大过失的，可以减轻占有人或者使用人的责任。

第1240条　从事高空、高压、地下挖掘活动或者使用高速轨道运输工具造成他人损害的，经营者应当承担侵权责任；但是，能够证明损害是因受害人故意或者不可抗力造成的，不承担责任。被侵权人对损害的发生有重大过失的，可以减轻经营者的责任。

第 1241 条　遗失、抛弃高度危险物造成他人损害的，由所有人承担侵权责任。所有人将高度危险物交由他人管理的，由管理人承担侵权责任；所有人有过错的，与管理人承担连带责任。

第 1242 条　非法占有高度危险物造成他人损害的，由非法占有人承担侵权责任。所有人、管理人不能证明对防止非法占有尽到高度注意义务的，与非法占有人承担连带责任。

第 1243 条　未经许可进入高度危险活动区域或者高度危险存放区域受到损害，管理人能够证明已经采取足够安全措施并尽到充分警示义务的，可以减轻或者不承担责任。

第 1245 条　饲养的动物造成他人损害的，动物饲养人或者管理人应当承担侵权责任；但是，能够证明损害是因被侵权人故意或者重大过失造成的，可以不承担或者减轻责任。

第 1246 条　违反管理规定，未对动物采取安全措施造成他人损害的，动物饲养人或者管理人应当承担侵权责任；但是，能够证明损害是因被侵权人故意造成的，可以减轻责任。

第 1248 条　动物园的动物造成他人损害的，动物园应当承担侵权责任；但是，能够证明尽到管理职责的，不承担侵权责任。

第 1252 条（第 1 款）　建筑物、构筑物或者其他设施倒塌、塌陷造成他人损害的，由建设单位与施工单位承担连带责任，但是建设单位与施工单位能够证明不存在质量缺陷的除外。建设单位、施工单位赔偿后，有其他责任人的，有权向其他责任人追偿。

第 1253 条　建筑物、构筑物或者其他设施及其搁置物、悬挂物发生脱落、坠落造成他人损害，所有人、管理人或者使用人不能证明自己没有过错的，应当承担侵权责任。所有人、管理人或者使用人赔偿后，有其他责任人的，有权向其他责任人追偿。

第 1254 条（第 1 款）　禁止从建筑物中抛掷物品。从建筑物中抛掷物品或者从建筑物上坠落的物品造成他人损害的，由侵权人依法承担侵权责任；经调查难以确定具体侵权人的，除能够证明自己不是侵权人的外，由可能加害的建筑物使用人给予补偿。可能加害的建筑物使用人补偿后，有权向侵权人追偿。

第 1255 条　堆放物倒塌、滚落或者滑落造成他人损害，堆放人不能证明自己没有过错的，应当承担侵权责任。

第 1256 条　在公共道路上堆放、倾倒、遗撒妨碍通行的物品造成他人损害的，由行为人承担侵权责任。公共道路管理人不能证明已经尽到清理、防护、警示等义务的，应当承担相应的责任。

第 1257 条　因林木折断、倾倒或者果实坠落等造成他人损害，林木的所有人或者管理人不能证明自己没有过错的，应当承担侵权责任。

第 1258 条　在公共场所或者道路上挖掘、修缮安装地下设施等造成他人损害，施工人不能证明已经设置明显标志和采取安全措施的，应当承担侵权责任。

窨井等地下设施造成他人损害，管理人不能证明尽到管理职责的，应当承担侵权责任。

【主席令［2020］55 号】　中华人民共和国专利法（1984 年 3 月 12 日全国人大常委会［6 届 4 次］通过，主席令第 11 号公布，1985 年 4 月 1 日起施行；2020 年 10 月 17 日全国人大常委会［13 届 22 次］第 4 次修正，2021 年 6 月 1 日起施行）

第 66 条　专利侵权纠纷涉及新产品制造方法的发明专利的，制造同样产品的单位或者个人应当提供其产品制造方法不同于专利方法的证明。

专利侵权纠纷涉及实用新型专利或者外观设计专利的，人民法院或者管理专利工作的部门可以要求专利权人或者利害关系人出具由国务院专利行政部门对相关实用新型或者外观设计进行检索、分析和评价后作出的专利权评价报告，作为审理、处理专利侵权纠纷的证据；专利权人、利害关系人或者被控侵权人也可以主动出具专利权评价报告。

第 67 条　在专利侵权纠纷中，被控侵权人有证据证明其实施的技术或者设计属于现有技术或现有设计的，不构成侵犯专利权。

【主席令［2020］62 号】　中华人民共和国著作权法（2020 年 11 月 11 日全国人大常委会［13 届 23 次］修订，2021 年 6 月 1 日起施行）

第 59 条（第 2 款）　在诉讼程序中，被诉侵权人主张其不承担侵权责任的，应当提供证据证明已经取得权利人的许可，或者具有本法规定的不经权利人许可而可以使用的情形。

【法释［2020］12 号】　最高人民法院关于知识产权民事诉讼证据的若干规定（2020 年 11 月 9 日最高法审委会［1815 次］通过，2020 年 11 月 16 日公布，2020 年 11 月 18 日起施行；以本规为准）

第 1 条　知识产权民事诉讼当事人应当遵循诚信原则，依照法律及司法解释的规定，积极、全面、正确、诚实地提供证据。

第 2 条　当事人对自己提出的主张，应当提供证据加以证明。根据案件审理情况，人民法院可以适用民事诉讼法第 65 条第 2 款的规定，根据当事人的主张及待证事实、当事人的证据持有情况、举证能力等，要求当事人提供有关证据。

第 3 条　专利方法制造的产品不属于新产品的, 侵害专利权纠纷的原告应当举证证明下列事实:(一) 被告制造的产品与使用专利方法制造的产品属于相同产品;(二) 被告制造的产品经由专利方法制造的可能性较大;(三) 原告为证明被告使用了专利方法尽到合理努力。

原告完成前款举证后, 人民法院可以要求被告举证证明其产品制造方法不同于专利方法。

第 4 条　被告依法主张合法来源抗辩的, 应当举证证明合法取得被诉侵权产品、复制品的事实, 包括合法的购货渠道、合理的价格和直接的供货方等。

被告提供的被诉侵权产品、复制品来源证据与其合理注意义务程度相当的, 可以认定其完成前款所称举证, 并推定其不知道被诉侵权产品、复制品侵害知识产权。被告的经营规模、专业程度、市场交易习惯等, 可以作为确定其合理注意义务的证据。

第 5 条　提起确认不侵害知识产权之诉的原告应当举证证明下列事实:(一) 被告向原告发出侵权警告或者对原告进行侵权投诉;(二) 原告向被告发出诉权行使催告及催告时间、送达时间;(三) 被告未在合理期限内提起诉讼。①

第 6 条　对于未在法定期限内提起行政诉讼的行政行为所认定的基本事实, 或者行政行为认定的基本事实已为生效裁判所确认的部分, 当事人在知识产权民事诉讼中无须再证明, 但有相反证据足以推翻的除外。

第 7 条　权利人为发现或者证明知识产权侵权行为, 自行或者委托他人以普通购买者的名义向被诉侵权人购买侵权物品所取得的实物、票据等可以作为起诉被诉侵权人侵权的证据。

被诉侵权人基于他人行为而实施侵害知识产权行为所形成的证据, 可以作为权利人起诉其侵权的证据, 但被诉侵权人仅基于权利人的取证行为而实施侵害知识产权行为的除外。

第 24 条　承担举证责任的当事人书面申请人民法院责令控制证据的对方当事人提交证据, 申请理由成立的, 人民法院应当作出裁定, 责令其提交。

【法释〔2020〕22 号】　最高人民法院关于适用《中华人民共和国民法典》婚姻家庭编的解释(一)(2020 年 12 月 25 日最高法审委会〔1825 次〕通过, 2020 年 12 月 29 日公布, 2021 年 1 月 1 日起施行)

---

① 注: 依据本规定, 允许收到知识产权侵权警告的被警告人提起确认不侵权之诉。这既是为了促使权利人尽快行使权利, 避免双方知识产权纠纷长期处于不确定状态, 也是为了尽量减少因知识产权权利人滥用权利而使被警告人处于不安状态、进而影响其正常生产经营活动。参见入库案例"2023-13-2-169-004"。

第 37 条　民法典第 1065 条第 3 款所称 "相对人知道该约定的"，夫妻一方对此负有举证责任。

【法释［2020］26 号】　最高人民法院关于审理劳动争议案件适用法律问题的解释（一）（2020 年 12 月 25 日最高法审委会［1825 次］通过，2020 年 12 月 29 日公布，2021 年 1 月 1 日起施行）（另见本书第 51 条）

第 44 条　因用人单位作出的开除、除名、辞退、解除劳动合同、减少劳动报酬、计算劳动者工作年限等决定而发生的劳动争议，用人单位负举证责任。

【法释［2020］28 号】　最高人民法院关于适用《中华人民共和国民法典》有关担保制度的解释（2020 年 12 月 25 日最高法审委会［1824 次］通过，2020 年 12 月 31 日公布，2021 年 1 月 1 日起施行）

第 10 条　……公司因承担担保责任导致无法清偿其他债务，提供担保时的股东不能证明公司财产独立于自己的财产，其他债权人请求该股东承担连带责任的，人民法院应予支持。

【法［2020］185 号】　全国法院审理债券纠纷案件座谈会纪要（2019 年 12 月 24 日在北京召开，邀请全国人大常委会法工委、司法部、国家发改委、央行、证监会等单位参会，最高法 2020 年 7 月 15 日印发）

24.（第 3 款）　人民法院在认定债券信息披露文件中的虚假陈述内容对债券投资人交易损失的影响时，发行人及其他责任主体能够证明投资者通过内幕交易、操纵市场等方式卖出债券，导致交易价格明显低于卖出时的债券市场公允价值的，人民法院可以参考欺诈发行、虚假陈述行为揭露日之后的 10 个交易日的加权平均交易价格或前 30 个交易日的市场估值确定该债券的市场公允价格，并以此计算债券投资者的交易损失。

（第 4 款）　发行人及其他责任主体能够证明债券持有人、债券投资者的损失部分或者全部是由于市场无风险利率水平变化（以同期限国债利率为参考）、政策风险等与欺诈发行、虚假陈述行为无关的其他因素造成的，人民法院在确定损失赔偿范围时，应当根据原因力的大小相应减轻或者免除赔偿责任。

27. 发行人与其他责任主体的连带责任。发行人的控股股东、实际控制人、发行人的董事、监事、高级管理人员或者履行同等职责的人员，对其制作、出具的信息披露文件中存在虚假记载、误导性陈述或者重大遗漏，足以影响投资人对发行人偿债能力判断的，应当与发行人共同对债券持有人、债券投资者的损失承担连带赔偿责任，但是能够证明自己没有过错的除外。

30. 债券承销机构的免责抗辩。债券承销机构对发行人信息披露文件中关于发行人偿付能力的相关内容，能够提交尽职调查工作底稿、尽职调查报告等证据证明符合下列情形之一的，人民法院应当认定其没有过错：（1）已经按照法律、行政法规和债券监管部门的规范性文件、执业规范和自律监管规则要求，通过查阅、访谈、列席会议、实地调查、印证和讨论等方法，对债券发行相关情况进行了合理尽职调查；（2）对信息披露文件中没有债券服务机构专业意见支持的重要内容，经过尽职调查和独立判断，有合理的理由相信该部分信息披露内容与真实情况相符；（3）对信息披露文件中相关债券服务机构出具专业意见的重要内容，在履行了审慎核查和必要的调查、复核工作的基础上，排除了原先的合理怀疑；（4）尽职调查工作虽然存在瑕疵，但即使完整履行了相关程序也难以发现信息披露文件存在虚假记载、误导性陈述或者重大遗漏。

31.（第 1 款）　债券服务机构的过错认定。信息披露文件中关于发行人偿付能力的相关内容存在虚假记载、误导性陈述或者重大遗漏，足以影响投资人对发行人偿付能力的判断的，会计师事务所、律师事务所、信用评级机构、资产评估机构等债券服务机构不能证明其已经按照法律、行政法规、部门规章、行业执业规范和职业道德等规定的勤勉义务谨慎执业的，人民法院应当认定其存在过错。

【公告［2020］22 号】　公司信用类债券信息披露管理办法（中国人民银行、国家发改委、证监会 2020 年 12 月 25 日公布，2021 年 5 月 1 日起施行；证监会公告［2015］2 号《公开发行证券的公司信息披露内容与格式准则第 23 号-公开发行公司债券募集说明书》、证监会公告［2016］3 号《公开发行证券的公司信息披露内容与格式准则第 38 号-公司债券年度报告的内容与格式》、证监会公告［2016］9 号《公开发行证券的公司信息披露内容与格式准则第 39 号-公司债券半年度报告的内容与格式》、发改办财金［2015］3127 号附件 2《企业债券发行信息披露指引》同时废止）

第 39 条　企业等信息披露义务人未按照规定履行信息披露义务或所披露信息存在虚假记载、误导性陈述或重大遗漏，给债券投资者造成损失的，应当依法承担赔偿责任。企业的控股股东、实际控制人、董事、监事、高级管理人员和其他直接责任人员，以及承销机构及其直接责任人员，应当依法与企业承担连带赔偿责任，但是能够证明自己没有过错的除外。

【法一巡（会1）［2020］16 号】　公文书证真实性的证明责任①（最高法第一巡回法庭 2018 年第 15 次法官会议纪要）

公文书证经由具备相应职能、职责的国家机关或事业单位按照法定程序或方

---

① 最高人民法院第一巡回法庭编著：《最高人民法院第一巡回法庭民商事主审法官会议纪要（第 1 卷）》，中国法制出版社 2020 年版，第 104 页。

式作出，通常具有较强的证明力。但是，公文书证的真实性不能仅凭公文书证的签章以及文件外观推定，而应结合案件具体情况，如证据提出时间，当事人之前是否有提交虚假证据的行为，当事人提交的公文书证与之前陈述、其他证据是否存在矛盾等情形综合判断。本案中易某提交的离婚证虽属公文书证，但其在原审一审中从未主张其与周某已离婚，且其曾提供虚假材料申请补发离婚证，相关行政部门又出具无离婚档案的书面证明。现易某提供第二份离婚证并申请再审，该离婚证的真实性未经证实且反映的事实明显与本案其他证据反映的事实相矛盾，因此，认定易某未完成证明责任，应承担不利后果。

【法［2021］94号】　全国法院贯彻实施民法典工作会议纪要（2021年3月15日最高法审委会［1834次］通过，2021年4月6日印发）

7.（第1款）提供格式条款的一方对格式条款中免除或者减轻其责任等与对方有重大利害关系的内容，在合同订立时采用足以引起对方注意的文字、符号、字体等特别标识，并按照对方的要求以常人能够理解的方式对该格式条款予以说明的，人民法院应当认定符合民法典第496条①所称"采取合理的方式"。提供格式条款一方对已尽合理提示及说明义务承担举证责任。

8. 民法典第535条②规定的"债务人怠于行使其债权或者与该债权有关的从权利，影响债权人的到期债权实现的"，是指债务人不履行其对债权人的到期债务，又不以诉讼方式或者仲裁方式向相对人主张其享有的债权或者与该债权有关的从权利，致使债权人的到期债权未能实现。相对人不认为债务人有怠于行使其债权或者与该债权有关的从权利情况的，应当承担举证责任。

9. 对于民法典第539条③规定的明显不合理的低价或者高价，人民法院应当以交易当地一般经营者的判断，并参考交易当时交易地的物价部门指导价或者市场交易价，结合其他相关因素综合考虑予以认定。

---

① 《民法典》第496条：格式条款是当事人为了重复使用而预先拟定，并在订立合同时未与对方协商的条款。// 采用格式条款订立合同的，提供格式条款的一方应当遵循公平原则确定当事人之间的权利和义务，并采取合理的方式提示对方注意免除或者减轻其责任等与对方有重大利害关系的条款，按照对方的要求，对该条款予以说明。提供格式条款的一方未履行提示或者说明义务，致使对方没有注意或者理解与其有重大利害关系的条款的，对方可以主张该条款不成为合同的内容。

② 《民法典》第535条：因债务人怠于行使其债权或者与该债权有关的从权利，影响债权人的到期债权实现的，债权人可以向人民法院请求以自己的名义代位行使债务人对相对人的权利，但是该权利专属于债务人自身的除外。// 代位权的行使范围以债权人的到期债权为限。债权人行使代位权的必要费用，由债务人负担。// 相对人对债务人的抗辩，可以向债权人主张。

③ 《民法典》第539条：债务人以明显不合理的低价转让财产、以明显不合理的高价受让他人财产或者为他人的债务提供担保，影响债权人的债权实现，债务人的相对人知道或者应当知道该情形的，债权人可以请求人民法院撤销债务人的行为。

转让价格达不到交易时交易地的指导价或者市场交易价 70% 的, 一般可以视为明显不合理的低价; 对转让价格高于当地指导价或者市场交易价 30% 的, 一般可以视为明显不合理的高价。当事人对于其所主张的交易时交易地的指导价或者市场交易价承担举证责任。

11. (第 3 款)　当事人请求人民法院减少违约金的, 人民法院应当以民法典第 584 条①规定的损失为基础, 兼顾合同的履行情况、当事人的过错程度等综合因素, 根据公平原则和诚信原则予以衡量, 并作出裁判。约定的违约金超过根据民法典 584 条规定确定的损失的 30% 的, 一般可以认定为民法典第 585 条第 2 款规定的 "过分高于造成的损失"。当事人主张约定的违约金过高请求予以适当减少的, 应当承担举证责任; 相对人主张违约金约定合理的, 也应提供相应的证据。

【法释 [2021] 10 号】　最高人民法院关于审理银行卡民事纠纷案件若干问题的规定(2019 年 12 月 2 日最高法审委会 [1785 次] 通过, 2021 年 5 月 24 日公布, 次日 2021 年 5 月 25 日起施行)

第 4 条　持卡人主张争议交易为伪卡盗刷交易或者网络盗刷交易的, 可以提供生效法律文书、银行卡交易时真卡所在地、交易行为地、账户交易明细、交易通知、报警记录、挂失记录等证据材料进行证明。

发卡行、非银行支付机构主张争议交易为持卡人本人交易或者其授权交易的, 应当承担举证责任。发卡行、非银行支付机构可以提供交易单据、对账单、监控录像、交易身份识别信息、交易验证信息等证据材料进行证明。

第 5 条　在持卡人告知发卡行其账户发生非因本人交易或者本人授权交易导致的资金或者透支数额变动后, 发卡行未及时向持卡人核实银行卡的持有及使用情况, 未及时提供或者保存交易单据、监控录像等证据材料, 导致有关证据材料无法取得的, 应承担举证不能的法律后果。

第 6 条　人民法院应当全面审查当事人提交的证据, 结合银行卡交易行为地与真卡所在地距离、持卡人是否进行了基础交易、交易时间和报警时间、持卡人用卡习惯、银行卡被盗刷的次数及频率、交易系统、技术和设备是否具有安全性等事实, 综合判断是否存在伪卡盗刷交易或者网络盗刷交易。

第 7 条　发生伪卡盗刷交易或者网络盗刷交易, 借记卡持卡人基于借记卡合同法律关系请求发卡行支付被盗刷存款本息并赔偿损失的, 人民法院依法予以支持。

发生伪卡盗刷交易或者网络盗刷交易, 信用卡持卡人基于信用卡合同法律关系请求发卡行返还扣划的透支款本息、违约金并赔偿损失的, 人民法院依法予以支

---

① 《民法典》第 584 条:当事人可以约定一方违约时应当根据违约情况向对方支付一定数额的违约金, 也可以约定因违约产生的损失赔偿额的计算方法。

持；发卡行请求信用卡持卡人偿还透支款本息、违约金等的，人民法院不予支持。

前 2 款情形，持卡人对银行卡、密码、验证码等身份识别信息、交易验证信息未尽妥善保管义务具有过错，发卡行主张持卡人承担相应责任的，人民法院应予支持。

持卡人未及时采取挂失等措施防止损失扩大，发卡行主张持卡人自行承担扩大损失责任的，人民法院应予支持。

第 8 条　发卡行在与持卡人订立银行卡合同或者在开通网络支付业务功能时，未履行告知持卡人银行卡具有相关网络支付功能义务，持卡人以其未与发卡行就争议网络支付条款达成合意为由请求不承担因使用该功能而导致网络盗刷责任的，人民法院应予支持，但有证据证明持卡人同意使用该网络支付功能的，适用本规定第 7 条规定。

非银行支付机构新增网络支付业务类型时，未向持卡人履行前款规定义务的，参照前款规定处理。

第 9 条　发卡行在与持卡人订立银行卡合同或者新增网络支付业务时，未完全告知某一网络支付业务持卡人身份识别方式、交易验证方式、交易规则等足以影响持卡人决定是否使用该功能的内容，致使持卡人没有全面准确理解该功能，持卡人以其未与发卡行就相关网络支付条款达成合意为由请求不承担因使用该功能而导致网络盗刷责任的，人民法院应予支持，但持卡人对于网络盗刷具有过错的，应当承担相应过错责任。发卡行虽然未尽前述义务，但是有证据证明持卡人知道并理解该网络支付功能的，适用本规定第 7 条规定。

非银行支付机构新增网络支付业务类型时，存在前款未完全履行告知义务情形，参照前款规定处理。

【法释〔2021〕14 号】　**最高人民法院关于审理侵害植物新品种权纠纷案件具体应用法律问题的若干规定（二）**（2021 年 6 月 29 日最高法审委会〔1843 次〕通过，2021 年 7 月 5 日公布，2021 年 7 月 7 日起施行；以本规为准）

第 9 条　被诉侵权物既可以作为繁殖材料又可以作为收获材料，被诉侵权人主张被诉侵权物系作为收获材料用于消费而非用于生产、繁殖的，应当承担相应的举证责任。

第 13 条　销售不知道也不应当知道是未经品种权人许可而售出的被诉侵权品种繁殖材料，且举证证明具有合法来源的，人民法院可以不判令销售者承担赔偿责任，但应当判令其停止销售并承担权利人为制止侵权行为所支付的合理开支。

对于前款所称合法来源，销售者一般应当举证证明购货渠道合法、价格合理、存在实际的具体供货方、销售行为符合相关生产经营许可制度等。

第 23 条　通过基因指纹图谱等分子标记检测方法进行鉴定,待测样品与对照样品的差异位点小于但接近临界值,被诉侵权人主张二者特征、特性不同的,应当承担举证责任;人民法院也可以根据当事人的申请,采取扩大检测位点进行加测或者提取授权品种标准样品进行测定等方法,并结合其他相关因素作出认定。

【法释［2021］15 号】　最高人民法院关于审理使用人脸识别技术处理个人信息相关民事案件适用法律若干问题的规定(2021 年 6 月 8 日最高法审委会［1841 次］通过,2021 年 7 月 27 日公布,2021 年 8 月 1 日起施行)

第 5 条　有下列情形之一,信息处理者主张其不承担民事责任的,人民法院依法予以支持:(一)为应对突发公共卫生事件,或者紧急情况下为保护自然人的生命健康和财产安全所必需而处理人脸信息的;(二)为维护公共安全,依据国家有关规定在公共场所使用人脸识别技术的;(三)为公共利益实施新闻报道、舆论监督等行为在合理的范围内处理人脸信息的;(四)在自然人或者其监护人同意的范围内合理处理人脸信息的;(五)符合法律、行政法规规定的其他情形。

第 6 条　当事人请求信息处理者承担民事责任的,人民法院应当依据民事诉讼法第 64 条(现第 67 条)及《最高人民法院关于适用〈中华人民共和国民事诉讼法〉的解释》第 90 条、第 91 条,《最高人民法院关于民事诉讼证据的若干规定》的相关规定确定双方当事人的举证责任。

信息处理者主张其行为符合民法典第 1035 条第 1 款①规定情形的,应当就此所依据的事实承担举证责任。

信息处理者主张其不承担民事责任的,应当就其行为符合本规定第 5 条规定的情形承担举证责任。

第 16 条(第 2 款)　信息处理者使用人脸识别技术处理人脸信息、处理基于人脸识别技术生成的人脸信息的行为发生在本规定施行前的,不适用本规定。

【法释［2021］17 号】　最高人民法院关于审理食品药品纠纷案件适用法律若干问题的规定("法释［2013］28 号"公布,2014 年 3 月 15 日起施行;根据法释［2020］17 号《决定》修正,2021 年 1 月 1 日起施行;2021 年 11 月 15 日最高法审委会［1850 次］修正,2021 年 11 月 18 日公布,2021 年 12 月 1 日起施行)

第 6 条　食品的生产者与销售者应当对于食品符合质量标准承担举证责任。……

---

① 《民法典》第 1035 条第 1 款:处理个人信息的,应当遵循合法、正当、必要原则,不得过度处理,并符合下列条件:(一)征得该自然人或者其监护人同意,但是法律、行政法规另有规定的除外;(二)公开处理信息的规则;(三)明示处理信息的目的、方式和范围;(四)不违反法律、行政法规的规定和双方的约定。

【法（民四）明传［2021］60 号】　全国法院涉外商事海事审判工作座谈会会议纪要（2021 年 6 月 10 日在南京召开，最高法 2021 年 12 月 31 日印发）

56. 【承运人对大宗散装货物短少的责任承担】根据航运实践和航运惯例，大宗散装货物运输过程中，因自然损耗、装卸过程中的散落残漏以及水尺计重等的计量允差等原因，往往会造成合理范围内的短少。如果卸货后货物出现短少，承运人主张免责并举证证明该短少属于合理损耗、计量允差以及相关行业标准或惯例的，人民法院原则上应当予以支持，除非有证据证明承运人对货物短少有不能免责的过失；如果卸货后货物短少超出相关行业标准或惯例，承运人又不能举证区分合理因素与不合理因素各自造成的损失，请求人要求承运人承担全部货物短少赔偿责任的，人民法院原则上应当予以支持。

57. 【"不知条款"的适用规则】提单是承运人保证据以交付货物的单证，承运人应当在提单上如实记载货物状况，并按照记载向提单持有人交付货物。根据海商法第 75 条的规定，承运人或者代其签发提单的人，在签发已装船提单的情况下没有适当方法核对提单记载的，可以在提单上批注，说明无法核对。运输货物发生损坏，承运人依据提单记载的"不知条款"主张免除赔偿责任的，应当对其批注符合海商法第 75 条规定情形承担举证责任；有证据证明货物损坏原因是承运人违反海商法第 47、第 48 条规定的义务，承运人援引"不知条款"主张免除其赔偿责任的，人民法院不予支持。

59. 【承运人凭指示提单交付时应合理谨慎审单】正本指示提单的持有人请求承运人向其交付货物，承运人应当合理谨慎地审查提单。承运人凭背书不连续的正本指示提单交付货物，请求人要求承运人承担因此造成损失的，人民法院应予支持，但承运人举证证明提单持有人通过背书之外其他合法方式取得提单权利的除外。

62. 【无单放货纠纷的举证责任】托运人或者提单持有人向承运人主张无单放货损失赔偿的，应当提供初步证据证明其为合法的正本提单持有人、承运人未凭正本提单交付货物以及因此遭受的损失。承运人抗辩货物并未被交付的，应当举证证明货物仍然在其控制之下。

63. 【承运人免除无单放货责任的举证】承运人援引《最高人民法院关于审理无正本提单交付货物案件适用法律若干问题的规定》第 7 条规定，主张不承担无单放货的民事责任的，应当提供该条规定的卸货港所在地法律，并举证证明其按照卸货港所在地法律规定，将承运到港的货物交付给当地海关或者港口当局后已经丧失对货物的控制权。

65. 【集装箱超期使用费标准的认定】（第 1 款）承运人依据海上货物运输合同主张集装箱超期使用费，运输合同对集装箱超期使用费有约定标准的，人民法院可以按照该约定确定费用；没有约定标准，但承运人举证证明集装箱提供者网站公布的标准或者同类集装箱经营者网站公布的同期同地的市场标准的，人民法院可以予以采信。

72.【不定值保险的认定及保险价值的举证责任】（第 2 款）海上保险合同没有约定保险价值，被保险人请求保险人按照损失金额或者保险金额承担保险赔偿责任，保险人以保险价值高于保险合同约定的保险金额为由，主张根据海商法第 238 条的规定承担比例赔偿责任的，应当就保险价值承担举证责任。保险人举证不能的，人民法院可以认定保险金额与保险价值一致。

73.【超额保险的认定及举证责任】海上保险合同明确约定了保险价值，保险事故发生后，保险人以保险合同中约定的保险金额明显高于保险标的的实际价值为由，主张根据海商法第 219 条第 2 款的规定确定保险价值，就超出该保险价值部分免除赔偿责任的，人民法院不予支持；但保险人提供证据证明，被保险人在签订保险合同时存在故意隐瞒或者虚报保险价值的除外。

海上保险合同没有约定保险价值，保险事故发生后，保险人主张根据海商法第 219 条第 2 款的规定确定保险价值，并以保险合同中约定的保险金额明显高于保险价值为由，主张对超过保险价值部分免除保险赔偿责任的，人民法院应予支持。但被保险人提供证据证明，保险人在签订保险合同时明知保险金额明显超过根据海商法第 219 条第 2 款确定的保险价值的除外。

85.【船员劳务纠纷的举证责任】船员因劳务受到损害，向船舶所有人主张赔偿责任，船舶所有人不能举证证明船员自身存在过错，人民法院对船员关于损害赔偿责任的诉讼请求应予支持；船舶所有人举证证明船员自身存在过错，并请求判令船员自担相应责任的，人民法院对船舶所有人的抗辩予以支持。

【主席令［2021］91 号】　中华人民共和国个人信息保护法（2021 年 8 月 20 日全国人大常委会［13 届 30 次］通过，2021 年 11 月 1 日起施行）

第 69 条（第 1 款）　处理个人信息侵害个人信息权益造成损害，个人信息处理者不能证明自己没有过错的，应当承担损害赔偿等侵权责任。

【人社部发［2022］9 号】　人力资源社会保障部、最高人民法院关于劳动人事争议仲裁与诉讼衔接有关问题的意见（一）（2022 年 2 月 21 日）

七、依法负有举证责任的当事人，在诉讼期间提交仲裁中未提交的证据的，人民法院应当要求其说明理由。

八、（第 1 款）　在仲裁或者诉讼程序中，一方当事人陈述的于己不利的事实，或者对于己不利的事实明确表示承认的，另一方当事人无需举证证明，但下列情形不适用有关自认的规定：（一）涉及可能损害国家利益、社会公共利益的；（二）涉及身份关系的；（三）当事人有恶意串通损害他人合法权益可能的；

（四）涉及依职权追加当事人、中止仲裁或者诉讼、终结仲裁或者诉讼、回避等程序性事项的。

【法释〔2022〕2号】 最高人民法院关于审理证券市场虚假陈述侵权民事赔偿案件的若干规定（2021年12月30日最高法审委会〔1860次〕通过，2022年1月21日公布，次日起施行；法明传〔2001〕43号《关于受理证券市场因虚假陈述引发的民事侵权纠纷案件有关问题的通知》、法释〔2003〕2号《关于审理证券市场因虚假陈述引发的民事赔偿案件的若干规定》同时废止）①

第31条（第2款） 被告能够举证证明原告的损失部分或者全部是由他人操纵市场、证券市场的风险、证券市场对特定事件的过度反应、上市公司内外部经营环境等其他因素所导致的，对其关于相应减轻或者免除责任的抗辩，人民法院应当予以支持。

【法释〔2022〕6号】 最高人民法院关于适用《中华人民共和国民法典》总则编若干问题的解释（2021年12月30日最高法审委会〔1861次〕通过，2022年2月24日公布，2022年3月1日起施行）

第27条 无权代理行为未被追认，相对人请求行为人履行债务或者赔偿损失的，由行为人就相对人知道或者应当知道行为人无权代理承担举证责任。行为人不能证明的，人民法院依法支持相对人的相应诉讼请求；行为人能够证明的，人民法院应当按照各自的过错认定行为人与相对人的责任。

第28条 同时符合下列条件的，人民法院可以认定为民法典第172条规定的相对人有理由相信行为人有代理权：（一）存在代理权的外观；（二）相对人不知道行为人行为时没有代理权，且无过失。

因是否构成表见代理发生争议的，相对人应当就无权代理符合前款第1项规定的条件承担举证责任；被代理人应当就相对人不符合前款第2项规定的条件承担举证责任。

【法释〔2022〕8号】 最高人民法院关于审理网络消费纠纷案件适用法律若干问题的规定（一）（2022年2月15日最高法审委会〔1864次〕通过，2022年3月1日公布，2022年3月15日起施行）

第12条 消费者因在网络直播间点击购买商品合法权益受到损害，直播间运营者不能证明已经以足以使消费者辨别的方式标明其并非销售者并标明实际销售者的，消费者主张直播间运营者承担商品销售者责任的，人民法院应予支持。

---

① 注：法释〔2007〕12号《最高人民法院关于审理涉及会计师事务所在审计业务活动中民事侵权赔偿案件的若干规定》与本规定不一致的，以本规定为准。

直播间运营者能够证明已经尽到前款所列标明义务的,人民法院应当综合交易外观、直播间运营者与经营者的约定、与经营者的合作模式、交易过程以及消费者认知等因素予以认定。

【法释〔2022〕11 号】 **最高人民法院关于适用《中华人民共和国民事诉讼法》的解释**（"法释〔2015〕5 号"公布,2015 年 2 月 4 日起施行;根据法释〔2020〕20 号《决定》修正,2021 年 1 月 1 日起施行;2022 年 3 月 22 日最高法审委会〔1866 次〕修正,2022 年 4 月 1 日公布,2022 年 4 月 10 日起施行;以本规为准)

第 90 条　当事人对自己提出的诉讼请求所依据的事实或者反驳对方诉讼请求所依据的事实,应当提供证据加以证明,但法律另有规定的除外。

在作出判决前,当事人未能提供证据或者证据不足以证明其事实主张的,由负有举证证明责任的当事人承担不利的后果。

第 91 条　人民法院应当依照下列原则确定举证证明责任的承担,但法律另有规定的除外:

（一）主张法律关系存在的当事人,应当对产生该法律关系的基本事实承担举证证明责任;

（二）主张法律关系变更、消灭或者权利受到妨害的当事人,应当对该法律关系变更、消灭或者权利受到妨害的基本事实承担举证证明责任。

第 92 条　一方当事人在法庭审理中,或者在起诉状、答辩状、代理词等书面材料中,对于己不利的事实明确表示承认的,另一方当事人无需举证证明。

对于涉及身份关系、国家利益、社会公共利益等应当由人民法院依职权调查的事实,不适用前款自认的规定。

自认的事实与查明的事实不符的,人民法院不予确认。

第 93 条　下列事实,当事人无须举证证明:（一）自然规律以及定理、定律;（二）众所周知的事实;（三）根据法律规定推定的事实;（四）根据已知的事实和日常生活经验法则推定出的另一事实;（五）已为人民法院发生法律效力的裁判所确认的事实;（六）已为仲裁机构生效裁决所确认的事实;（七）已为有效公证文书所证明的事实。

前款第 2 项至第 4 项规定的事实,当事人有相反证据足以反驳的除外;第 5 项至第 7 项规定的事实,当事人有相反证据足以推翻的除外。①

第 99 条　人民法院应当在审理前的准备阶段确定当事人的举证期限。举证期限可以由当事人协商,并经人民法院准许。

---

① 注:关于仲裁裁决的证据效力认定,本款与法释〔2019〕19 号《规定》第 10 条第 2 款的表述不一致。

人民法院确定举证期限，第一审普通程序案件不得少于 15 日，当事人提供新的证据的第二审案件不得少于 10 日。

举证期限届满后，当事人对已经提供的证据，申请提供反驳证据或者对证据来源、形式等方面的瑕疵进行补正，人民法院可以酌情再次确定举证期限，该期限不受前款规定的限制。

第 100 条　当事人申请延长举证期限的，应当在举证期限届满前向人民法院提出书面申请。

申请理由成立的，人民法院应当准许，适当延长举证期限，并通知其他当事人。延长的举证期限适用于其他当事人。

申请理由不成立的，人民法院不予准许，并通知申请人。

第 101 条　当事人逾期提供证据的，人民法院应当责令其说明理由，必要时可以要求其提供相应的证据。

当事人因客观原因逾期提供证据，或者对方当事人对逾期提供证据未提出异议的，视为未逾期。

第 102 条　当事人因故意或者重大过失逾期提供的证据，人民法院不予采纳。但该证据与案件基本事实有关的，人民法院应当采纳，并依照民事诉讼法第 68 条、第 118 条第 1 款的规定予以训诫、罚款。

当事人非因故意或者重大过失逾期提供的证据，人民法院应当采纳，并对当事人予以训诫。

当事人一方要求另一方赔偿因逾期提供证据致使其增加的交通、住宿、就餐、误工、证人出庭作证等必要费用的，人民法院可予支持。

第 107 条　在诉讼中，当事人为达成调解协议或者和解协议作出妥协而认可的事实，不得在后续的诉讼中作为对其不利的根据，[①]但法律另有规定或者当事人均同意的除外。

第 112 条　书证在对方当事人控制之下的，承担举证证明责任的当事人可以在举证期限届满前书面申请人民法院责令对方当事人提交。

申请理由成立的，人民法院应当责令对方当事人提交，因提交书证所产生的费用，由申请人负担。对方当事人无正当理由拒不提交的，人民法院可以认定申请人所主张的书证内容为真实。

第 411 条　当事人提交新的证据致使再审改判，因再审申请人或者申请检察监督当事人的过错未能在原审程序中及时举证，被申请人等当事人请求补偿其增加的交通、住宿、就餐、误工等必要费用的，人民法院应予支持。

---

① 注：经核《最高人民法院公报》2015 年第 5 期，本处原文为"根据"；而非"证据"。

【法发［2022］34 号】 **最高人民法院关于加强中医药知识产权司法保护的意见**（2022 年 12 月 21 日）

11.……积极适用证据保全、证据提供令、举证责任转移、证明妨碍规则，减轻中医药知识产权权利人举证负担。……

【主席令［2022］111 号】 **中华人民共和国期货和衍生品法**（2022 年 4 月 20 日全国人大常委会［13 届 34 次］通过，2022 年 8 月 1 日起施行）

第 51 条（第 2 款） 普通交易者与期货经营机构发生纠纷的，期货经营机构应当证明其行为符合法律、行政法规以及国务院期货监督管理机构的规定，不存在误导、欺诈等情形。期货经营机构不能证明的，应当承担相应的赔偿责任。

【司发［2023］1 号】 **最高人民法院、司法部关于充分发挥人民调解基础性作用推进诉源治理的意见**（2023 年 9 月 27 日）

三、（三）依法受理调解。人民调解组织收到委派委托调解的案件后，应当按照《中华人民共和国人民调解法》和《全国人民调解工作规范》要求及时受理调解。……对各方当事人同意用书面形式记载的调解过程中没有争议的事实，在诉讼程序中，除涉及国家利益、社会公共利益和他人合法权益的外，当事人无需举证。

【法释［2023］5 号】 **最高人民法院关于审理生态环境侵权责任纠纷案件适用法律若干问题的解释**（2023 年 6 月 5 日最高法审委会［1890 次］通过，2023 年 8 月 14 日公布，2023 年 9 月 1 日起施行；法释［2015］12 号《最高人民法院关于审理环境侵权责任纠纷案件适用法律若干问题的解释》同时废止）

第 6 条（第 2 款） 侵权人主张其污染环境、破坏生态行为不足以造成全部损害的，应当承担相应举证责任。

【法释［2023］6 号】 **最高人民法院关于生态环境侵权民事诉讼证据的若干规定**（2023 年 4 月 17 日最高法审委会［1885 次］通过，2023 年 8 月 14 日公布，2023 年 9 月 1 日起施行；以本规为准）

第 2 条 环境污染责任纠纷案件、生态破坏责任纠纷案件的原告应当就以下事实承担举证责任：（一）被告实施了污染环境或者破坏生态的行为；（二）原告人身、财产受到损害或者有遭受损害的危险。

第 3 条 生态环境保护民事公益诉讼案件的原告应当就以下事实承担举证责任：（一）被告实施了污染环境或者破坏生态的行为，且该行为违反国家规定；（二）生态环境受到损害或者有遭受损害的重大风险。

第 4 条 原告请求被告就其污染环境、破坏生态行为支付人身、财产损害赔偿费用，或者支付民法典第 1235 条规定的损失、费用的，应当就其主张的损失、费用的数额承担举证责任。

第 5 条　原告起诉请求被告承担环境污染、生态破坏责任的，应当提供被告行为与损害之间具有关联性的证据。

人民法院应当根据当事人提交的证据，结合污染环境、破坏生态的行为方式、污染物的性质、环境介质的类型、生态因素的特征、时间顺序、空间距离等因素，综合判断被告行为与损害之间的关联性是否成立。

第 6 条　被告应当就其行为与损害之间不存在因果关系承担举证责任。

被告主张不承担责任或者减轻责任的，应当就法律规定的不承担责任或者减轻责任的情形承担举证责任。

第 9 条　对于人民法院在生态环境保护民事公益诉讼生效裁判中确认的基本事实，当事人在因同一污染环境、破坏生态行为提起的人身、财产损害赔偿诉讼中无需举证证明，但有相反证据足以推翻的除外。

【法释〔2023〕13 号】　最高人民法院关于适用《中华人民共和国民法典》合同编通则若干问题的解释（2023 年 5 月 23 日最高法审委会〔1889 次〕通过，2023 年 12 月 4 日公布，次日 2023 年 12 月 5 日起施行）

第 2 条　下列情形，不违反法律、行政法规的强制性规定且不违背公序良俗的，人民法院可以认定为民法典所称的"交易习惯"：（一）当事人之间在交易活动中的惯常做法；（二）在交易行为当地或者某一领域、某一行业通常采用并为交易对方订立合同时所知道或者应当知道的做法。

对于交易习惯，由提出主张的当事人一方承担举证责任。

第 3 条（第 3 款）　当事人主张合同无效或者请求撤销、解除合同等，人民法院认为合同不成立的，应当依据《最高人民法院关于民事诉讼证据的若干规定》（法释〔2019〕19 号）第 53 条的规定将合同是否成立作为焦点问题进行审理，并可以根据案件的具体情况重新指定举证期限。

第 10 条　提供格式条款的一方在合同订立时采用通常足以引起对方注意的文字、符号、字体等明显标识，提示对方注意免除或者减轻其责任、排除或者限制对方权利等与对方有重大利害关系的异常条款的，人民法院可以认定其已经履行民法典第 496 条第 2 款①规定的提示义务。

提供格式条款的一方按照对方的要求，就与对方有重大利害关系的异常条款的概念、内容及其法律后果以书面或者口头形式向对方作出通常能够理解的解释

---

①《民法典》第 496 条第 2 款：采用格式条款订立合同的，提供格式条款的一方应当遵循公平原则确定当事人之间的权利和义务，并采取合理的方式提示对方注意免除或者减轻其责任等与对方有重大利害关系的条款，按照对方的要求，对该条款予以说明。提供格式条款的一方未履行提示或者说明义务，致使对方没有注意或者理解与其有重大利害关系的条款的，对方可以主张该条款不成为合同的内容。

说明的，人民法院可以认定其已经履行民法典第 496 条第 2 款规定的说明义务。

提供格式条款的一方对其已经尽到提示义务或者说明义务承担举证责任。对于通过互联网等信息网络订立的电子合同，提供格式条款的一方仅以采取了设置勾选、弹窗等方式为由主张其已经履行提示义务或者说明义务的，人民法院不予支持，但是其举证符合前 2 款规定的除外。

第 20 条（第 2 款）　合同所涉事项未超越法律、行政法规规定的法定代表人或者负责人的代表权限，但是超越法人、非法人组织的章程或者权力机构等对代表权的限制，相对人主张该合同对法人、非法人组织发生效力并由其承担违约责任的，人民法院依法予以支持。但是，法人、非法人组织举证证明相对人知道或者应当知道该限制的除外。

第 21 条（第 3 款）　合同所涉事项未超越依据前款确定的职权范围，但是超越法人、非法人组织对工作人员职权范围的限制，相对人主张该合同对法人、非法人组织发生效力并由其承担违约责任的，人民法院应予支持。但是，法人、非法人组织举证证明相对人知道或者应当知道该限制的除外。

第 64 条（第 2 款）　违约方主张约定的违约金过分高于违约造成的损失，请求予以适当减少的，应当承担举证责任。非违约方主张约定的违约金合理的，也应当提供相应的证据。

【主席令［2023］15 号】　中华人民共和国公司法（2023 年 12 月 29 日全国人大常委会［14 届 7 次］修订，2024 年 7 月 1 日起施行）

第 23 条（第 3 款）　只有 1 个股东的公司，股东不能证明公司财产独立于股东自己的财产的，应当对公司债务承担连带责任。

第 125 条（第 2 款）　董事应当对董事会的决议承担责任。董事会的决议违反法律、行政法规或者公司章程、股东会决议，给公司造成严重损失的，参与决议的董事对公司负赔偿责任；经证明在表决时曾表明异议并记载于会议记录的，该董事可以免除责任。

第 235 条（第 2 款）　债权人申报债权，应当说明债权的有关事项，并提供证明材料。……

第 257 条（第 2 款）　承担资产评估、验资或者验证的机构因其出具的评估结果、验资或者验证证明不实，给公司债权人造成损失的，除能够证明自己没有过错的外，在其评估或者证明不实的金额范围内承担赔偿责任。

【法释［2024］6 号】　最高人民法院关于审理垄断民事纠纷案件适用法律若干问题的解释（2024 年 2 月 4 日最高法审委会［1915 次］通过，2024 年 6 月 24 日公布，2024 年 7 月 1 日起施行；法释［2012］5 号《关于审理因垄断行为引

发的民事纠纷案件应用法律若干问题的规定》同时废止）

第 10 条　反垄断执法机构认定构成垄断行为的处理决定在法定期限内未被提起行政诉讼或者已为人民法院生效裁判所确认，原告在相关垄断民事纠纷案件中据此主张该处理决定认定的基本事实为真实的，无需再行举证证明，但有相反证据足以推翻的除外。

必要时，人民法院可以要求作出处理决定的反垄断执法机构对该处理决定的有关情况予以说明。反垄断执法机构提供的信息、材料等尚未公开的，人民法院应当依职权或者依申请采取合理保护措施。

第 14 条　原告主张被诉垄断行为违反反垄断法的，一般应当界定反垄断法第 15 条第 2 款所称的相关市场并提供证据或者充分说明理由。

原告以被告在相关市场的市场份额为由主张其具有市场支配地位或者显著的市场力量的，应当界定相关市场并提供证据或者充分说明理由。

原告提供证据足以直接证明下列情形之一的，可以不再对相关市场界定进一步承担举证责任：（一）被诉垄断协议的经营者具有显著的市场力量；（二）被诉滥用市场支配地位的经营者具有市场支配地位；（三）被诉垄断行为具有排除、限制竞争效果。

原告主张被诉垄断行为属于反垄断法第 17 条第 1 项至第 5 项和第 18 条第 1 款第 1 项、第 2 项规定情形的，可以不对相关市场界定提供证据。

第 18 条　人民法院认定反垄断法第 16 条规定的其他协同行为，应当综合考虑下列因素：（一）经营者的市场行为是否具有一致性；（二）经营者之间是否进行过意思联络、信息交流或者传递；（三）相关市场的市场结构、竞争状况、市场变化等情况；（四）经营者能否对行为一致性作出合理解释。

原告提供前款第 1 项和第 2 项的初步证据，或者第 1 项和第 3 项的初步证据，能够证明经营者存在协同行为的可能性较大的，被告应当提供证据或者进行充分说明，对其行为一致性作出合理解释；不能作出合理解释的，人民法院可以认定协同行为成立。

本条所称合理解释，包括经营者系基于市场和竞争状况变化等而独立实施相关行为。

第 20 条　原告有证据证明仿制药申请人与被仿制药专利权利人达成、实施的协议同时具备下列条件，主张该协议构成反垄断法第 17 条规定的垄断协议的，人民法院可予支持：（一）被仿制药专利权利人给予或者承诺给予仿制药申请人明显不合理的金钱或者其他形式的利益补偿；（二）仿制药申请人承诺不质疑被仿制药专利权的有效性或者延迟进入被仿制药相关市场。

被告有证据证明前款所称的利益补偿仅系为弥补被仿制药专利相关纠纷解决

成本或者具有其他正当理由,或者该协议符合反垄断法第 20 条规定,主张其不构成反垄断法第 17 条规定的垄断协议的,人民法院应予支持。

第 21 条　被诉垄断行为属于反垄断法第 18 条第 1 款第 1 项、第 2 项规定的垄断协议的,应当由被告对该协议不具有排除、限制竞争效果承担举证责任。

第 22 条(第 2 款)　在案证据足以证明的有利竞争效果明显超过不利竞争效果的,人民法院应当认定协议不具有排除、限制竞争效果。

第 27 条　被告依据反垄断法第 20 条第 1 款第 1 项至第 5 项的规定提出抗辩的,应当提供证据证明如下事实:(一)被诉垄断协议能够实现相关目的或者效果;(二)被诉垄断协议为实现相关目的或者效果所必需;(三)被诉垄断协议不会严重限制相关市场的竞争;(四)消费者能够分享由此产生的利益。

第 28 条　原告主张被诉垄断行为属于反垄断法第 22 条第 1 款规定的滥用市场支配地位的,应当对被告在相关市场内具有支配地位和被告滥用市场支配地位承担举证责任。被告以其行为具有正当性为由抗辩的,应当承担举证责任。

第 29 条　原告有证据证明经营者具有下列情形之一的,人民法院可以根据具体案件中相关市场的结构和实际竞争状况,结合相关市场经济规律等经济学知识,初步认定经营者在相关市场具有支配地位,但有相反证据足以反驳的除外:(一)经营者在较长时间内维持明显高于市场竞争水平的价格,或者在较长时间内商品质量明显下降却未见大量用户流失,且相关市场明显缺乏竞争、创新和新进入者;(二)经营者在较长时间内维持明显超过其他经营者的较高市场份额,且相关市场明显缺乏竞争、创新和新进入者。

被告对外发布的信息可以作为原告证明被告具有市场支配地位的初步证据,但有相反证据足以反驳的除外。

第 30 条　反垄断法第 23 条和第 24 条所称的"经营者在相关市场的市场份额",可以根据被诉垄断行为发生时经营者一定时期内的相关商品交易金额、交易数量、生产能力或者其他指标在相关市场所占的比例确定。

人民法院认定平台经营者在相关市场的市场份额时,可以采用能够反映相关市场实际竞争状况的交易金额、活跃用户数量、企业用户数量、用户使用时长、访问量、点击量、数据资产数量或者其他指标作为计算基准。

第 31 条　原告主张公用企业或者其他依法具有独占地位的经营者滥用市场支配地位的,人民法院可以根据市场结构和竞争状况的具体情况,认定被告在相关市场具有支配地位,但有相反证据足以反驳的除外。

第 34 条　依据反垄断法第 24 条第 1 款第 2 项、第 3 项被推定共同具有市场支配地位的经营者,有证据证明具有下列情形之一,反驳上述推定的,人民法院应予支持:(一)该 2 个以上经营者之间不具有行为一致性且存在实质性竞争;

（二）该 2 个以上经营者作为整体在相关市场受到来自其他经营者的有效竞争约束。

第 50 条　人民法院审理垄断民事纠纷案件，适用被诉垄断行为发生时施行的反垄断法。被诉垄断行为发生在修改后的反垄断法施行之前，行为持续至或者损害后果出现在修改后的反垄断法施行之后的，适用修改后的反垄断法。

第 51 条（第 2 款）　本解释施行后，人民法院正在审理的第一审、第二审案件适用本解释；本解释施行前已经作出生效裁判，当事人申请再审或者依照审判监督程序再审的案件，不适用本解释。

● **指导案例**　【法〔2017〕53 号】　最高人民法院第 16 批指导性案例（2017 年 3 月 6 日）

（**指导案例 84 号**）礼来公司诉常州华生制药有限公司侵害发明专利权纠纷案（最高法院 2016 年 5 月 31 日〔2015〕民三终字第 1 号民事判决）

裁判要点：……2. 对于被诉侵权药品制备工艺等复杂的技术事实，可以综合运用技术调查官、专家辅助人、司法鉴定以及科技专家咨询等多种途径进行查明。

【法〔2023〕230 号】　最高人民法院第 39 批指导性案例（2023 年 12 月 7 日成文，2023 年 12 月 15 日发布）

（**指导案例 220 号**）嘉兴市中某化工有限责任公司、上海欣某新技术有限公司诉王某集团有限公司、宁波王某科技股份有限公司等侵害技术秘密纠纷案（2021 年 10 月 19 日〔2021〕最高法民申 3890 号民事裁定）

裁判要点：1. 权利人举证证明被诉侵权人非法获取了完整的产品工艺流程、成套生产设备资料等技术秘密且已实际生产出相同产品的，人民法院可以认定被诉侵权人使用了全部技术秘密，但被诉侵权人提供相反证据足以推翻的除外。

（**指导案例 224 号**）某美（天津）图像技术有限公司诉河南某庐蜂业有限公司侵害作品信息网络传播权纠纷案（2021 年 12 月 20 日〔2021〕最高法民再 355 号民事判决）

裁判要点：在著作权权属有争议的情况下，不能仅凭水印或权利声明认定作品著作权权属，主张著作权的当事人应进一步举证证明，否则应当承担不利的法律后果。

● **入库案例**　【2023-07-2-186-005】张某诉上海某国际货物运输代理有限公司劳动合同纠纷案（上海一中院/2021.10.25/〔2021〕沪 01 民终 10455 号）

裁判要旨：劳动合同到期终止后，用人单位主张无须支付经济补偿金的，应就其以维持或者提高劳动合同约定的条件续订劳动合同而劳动者不同意续订承担举证责任。续订条件是否相对维持或提高的识别应以原合同终止前所达成的约定条件为基准。劳动者因不满降薪决定而拒绝续订合同，用人单位需举证证明双方就此达成一致或者降薪具备合理性，否则用人单位以劳动者不同意续订为由主张无须支付经济补偿金的，人民法院不予支持。

【2023-13-2-169-004】　**某汽车科技成都有限公司、某汽车科技集团有限公司、某智慧出行科技（上海）股份有限公司诉成都某汽车工业有限公司确认不侵害知识产权纠纷案**（2022.06.10/［2021］最高法知民终 2460 号）

裁判要旨：提起确认不侵害知识产权之诉的原告应当举证证明被告"未在合理期限内提起诉讼"。所谓"合理期限"应当根据知识产权的权利类型及性质、案件具体情况，充分考量侵权行为证据发现的难易程度和诉讼准备所需合理时间等予以确定；所谓"诉讼"包括可以实质解决双方争议、消除被警告人不安状态的各种类型诉讼，如侵权诉讼、确权诉讼等。

【2023-13-2-183-007】　**缪某诉某汽车销售有限公司、上海某汽车销售服务有限公司纵向垄断协议纠纷案**（2022.12.15/［2020］最高法知民终 1137 号）

裁判要旨：1. 反垄断执法机构认定构成垄断行为的处罚决定在法定期限内未被提起行政诉讼或者已为人民法院生效裁判所确认，原告在相关垄断民事纠纷案件中据此主张该垄断行为成立的，无须再行举证证明，但有相反证据足以推翻的除外。

2. 消费者因经营者达成并实施限定向第三人转售商品最低价格的纵向垄断协议提起民事赔偿诉讼，赔偿金额一般可以经营者之间限定的最低转售价格与竞争价格之间的差额为依据计算。

【2023-14-2-504-001】　**吴某诉赵某、某中学等侵权责任纠纷案**（广州中院/2023.08.31/二审）

裁判要旨：限制民事行为能力人造成他人人身伤害的，监护人要为其侵权行为承担相应责任。而限制民事行为能力人在学校受到伤害，对学校适用的是过错原则，即学校在未尽到教育、管理职责的情况下，应当承担相应的侵权责任，相关的举证责任在受害人一方。……

【2023-16-2-137-005】　**吴某某诉深圳市某速递公司罗湖分公司、深圳市某速递公司快递服务合同纠纷案**（广东高院/2023.03.21/［2022］粤民申 17623 号）

裁判要旨：快递公司承运货物过程之中出现绑单错误、货物重量无故减轻等问题导致快递货物灭失，快递公司不能就此作出合理解释的，可以推定快递公司在管理、承运快递过程之中存在重大过失，则快递公司不能援引保价条款限制赔偿责任。

【2024-08-2-314-001】 上海某投资中心（有限合伙）诉上海某机械股份有限公司、邵某等操纵证券交易市场责任纠纷案（上海金融法院/2022.08.05/[2021] 沪 74 民初 146 号）

裁判要旨： 定向增发投资是以"面对面"签订协议方式参与认购证券，定增投资者的索赔不适用证券侵权中依据欺诈市场理论、旨在保护不特定投资者合法权益而确立的因果关系推定原则，定增投资者仍应对行为人实施的操纵证券交易市场行为与其遭受的损失之间存在因果关系进行举证。交易型操纵证券市场民事赔偿的损失认定有别于证券虚假陈述民事赔偿，应当以净损差额法原理作为投资差额损失的计算基础。对新三板市场证券侵权的损失认定，法院应充分听取专业意见，以对相关行业企业进行投资时的科学估值方法等作为参考。

【2024-11-2-377-004】 张某伟诉泗阳某污水处理有限公司、泗阳某环保有限公司等 7 家公司环境污染责任纠纷案（南京中院/2023.11.13/[2023] 苏 01 民终 4521 号）

裁判要旨： 1. 生态环境侵权中，被侵权人是否达到关联性举证证明责任，应当综合侵权人的过错及其程度、污染物的性质、时间空间距离、损害后果的严重程度等多个因素判断。在侵权人系合法排污的情况下，被侵权人仅能提交相关报告说明其养殖鱼死亡系因缺氧所致，而水体缺氧可能存在多种原因，且人民法院已查明损害发生前后一段时期内上游排污口附近水体污染物显著低于下游损害发生地污染物浓度的情况下，尚不足以达到关联性证明标准，不能形成侵权人污染水流造成被侵权人养殖鱼缺氧死亡的因果关系推定。

【2024-11-2-377-006】 某家庭农场诉某县自然资源与规划局环境污染责任纠纷案（邢台中院/2023.11.01/[2023] 冀 05 民终 2798 号）

裁判要旨： 环境污染侵权是一种特殊的侵权行为，有别于一般的侵权行为，依法实行举证责任倒置规则。被侵权人就污染事实的关联性完成初步的举证责任后，侵权人应就污染事实与损害结果不具有因果关系承担举证责任，否则应承担败诉的不利结果。

● **公报案例**（法公报 [2005] 7 期）　君信创业公司诉绿谷伟业公司等出资合同纠纷案（最高法院民事判决书 [2004] 民二终字第 260 号）

裁判摘要： 双方当事人对同一事实分别举出相反的证据，但均没有足够的依据否定对方证据的，对案件事实负有举证责任的当事人，应承担举证不力的责任。

（法公报 [2006] 5 期）　　福建三某集团股份有限公司与福建省泉州市煌某房地产发展有限公司商品房预售合同纠纷案（最高法院 2005 年 9 月 8 日 [2004] 民一终字第 104 号二审民事判决）

　　裁判摘要：签订合同的一方当事人主张对方向法院提供的合同文本原件不真实，即应当向法院提供自己持有的合同文本原件及其他相关证据；如果既不能向法院提供合同文本原件，亦不能提供其他确有证明力的证据以否定对方当事人提供的合同文本原件的真实性，人民法院应当依据优势证据原则，认定对方当事人提供的合同文本原件真实。

（法公报 [2015] 4 期）陈明、徐炎芳、陈洁诉上海携程国际旅行社有限公司旅游合同纠纷案（上海一中院 2014 年 12 月 19 日民事判决 [2014] 沪一中民一（民）终字第 2510 号）（另见本书第 25 章"涉外证据"专辑）

　　裁判摘要：1. 当事人对自己提出的主张，有责任提供证据。旅游经营者主张旅游者的单方解约系违约行为，应当按照合同约定承担实际损失的，则旅游经营者应当举证证明"损失已实际产生"和"损失的合理性"。如举证不力，则由旅游经营者承担不利后果。

　　（本书摘要）携程旅行社作为从事旅游服务业务的专业公司，在提供旅游服务的过程中，送签、办理保险、订房、交通等均由其安排，其在本案中应当有能力提供实际损失的确凿证据，但携程旅行社却怠于举证，由此产生的不利后果应由其自行承担。

（法公报 [2016] 10 期）　　应高峰诉嘉美德（上海）商贸有限公司、陈惠美其他合同纠纷案（上海一中院民事判决书 [2014] 沪一中民四（商）终字第 S1267 号）

　　裁判摘要：一、在一人公司法人人格否认之诉中，应区分作为原告的债权人起诉所基于的事由。若债权人以一人公司的股东与公司存在财产混同为由起诉要求股东对公司债务承担连带责任，应实行举证责任倒置，由被告股东对其个人财产与公司财产之间不存在混同承担举证责任。而其他情形下需遵循关于有限责任公司法人人格否认举证责任分配的一般原则，即折中的举证责任分配原则。二、一人公司的财产与股东个人财产是否混同，应当审查公司是否建立了独立规范的财务制度、财物支付是否明晰、是否具有独立的经营场所等进行综合判断。

（法公报 [2020] 12 期）　　刁维奎诉云南中发石化有限公司产品销售者责任纠纷案（云南省昆明市中级人民法院民事判决书）

　　裁判摘要：消费者主张因购买缺陷产品而导致财产损害，但未保留消费凭证的，人民法院应结合交易产品及金额、交易习惯、当事人的陈述、相关的物证、书证等证据，综合认定消费者与销售者之间是否存在买卖合同关系。在此基础上，依据民事诉讼证明标准和民事诉讼证据规则，合理划分消费者和销售者的举证责任。如果产品缺陷与损害结果之间在通常情形下存在关联性，可认定二者之间具有因果关系。

（法公报［2024］3 期） 株式会社纳益其尔与望都县江林化妆品门市部侵害商标权纠纷案（最高法院 2023 年 6 月 16 日［2022］最高法民再 275 号民事判决，审判长晏景）

裁判要旨： 商标侵权案件中，被诉侵权人的合法来源抗辩成立应当具备主、客观两个方面要件，客观要件为被诉侵权商品系由销售者合法取得，主观要件为销售者不知道或不应当知道被诉侵权商品构成侵权，主、客观要件相互联系，不可分割，并且客观要件的举证对于主观要件具有推定效果。

人民法院在审查前述主、客观要件时，应当综合考虑销售者所处的市场地位、权利人维权成本以及市场交易习惯等因素，对销售者的举证责任作出合理要求；销售者的经营规模、专业程度、市场交易习惯等，可以作为确定其合理注意义务的证据，销售者提供的合法来源证据与其注意义务程度相当的，可以推定其主观上不知道所销售的系侵权商品。

● **书刊案例** 【民参［2010］43 集】 借贷纠纷案件当事人的诉讼请求被驳回后，又以不当得利为由另行起诉主张权利的，人民法院不予支持（《民事审判指导与参考》2010 年总第 43 辑第 138 页，法律出版社 2011 年 2 月）

裁判摘要： 对于不当得利形成原因中合同被撤销或者被认定为无效等"积极"的事实，由原告承担举证责任具有合理性，但对于另一类不当得利，如银行转账误将一方的款项转入错误的账户，如果仍然坚持要求由受损害的当事人（原告）承担举证责任证明被告领受银行误转人其账户的款项"无法律上的原因"，则对于原告是不公平的。本案中，穆某系主动为给付行为，给付数额，给付对象明确、具体，其主张自己所为之给付行为无因，只能由其自行承担举证责任。

● **高法判例** 【［2021］最高法民申 7088 号】 广州乾某房地产信息咨询有限公司与张家港市滨江新城投资发展有限公司财产损害赔偿纠纷再审审查案（最高法院 2021 年 11 月 9 日民事裁定）

裁判摘要： 本院认为，人民法院生效裁判文书中裁判理由的内容不能被认定为"已为人民法院发生法律效力的裁判所确认的事实"。民事诉讼裁判文书所确认的案件事实，是在诉讼各方当事人的参与下，人民法院通过开庭审理等诉讼活动，组织各方当事人围绕诉讼中的争议事项，通过举证、质证和认证活动依法作出认定的基本事实。一般来说，经人民法院确认的案件事实应在裁判文书中有明确无误的记载或表述。而裁判文书中的裁判理由，则是人民法院对当事人之间的争议焦点或其他争议事项作出评判的理由，以表明人民法院对当事人之间的争议焦点或其他争议事项的裁判观点。裁判理由的内容，既可能包括案件所涉的相关事实阐述，也可能包括对法律条文的解释适用，或者事实认定与法律适用二者之间的联系。但裁判理由部分所涉的相关事实，并非均是经过举证、质证和认证活动后有证据证明的案件事实，因此不能被认定为裁判文书所确认的案件事实。一般来说，裁判文书中裁判理由的内容无论在事实认定还是裁判结果上对于其他案件均不产生拘束力和既判力。

【［2021］最高法知民终 2112 号】 科技实业公司与信息科技公司计算机软件开发合同纠纷案（最高法院知产庭 2022 年 6 月 6 日二审民事判决：确认对方不认可"微信聊天记录"的举证责任）

裁判摘要：本案中，信息科技公司向原审法院提交了"微信聊天记录"录像，并提交了微信聊天记录的打印件，原审庭审时，科技实业公司对该证据进行了质证，表示不认可该证据的真实性，且主张该份证据系信息科技公司经过剪辑制作。二审中，科技实业公司表示由法院审核该份视频证据的真实性。本院认为，虽然该份证据并非通过双方聊天记录的原始载体体现，而是通过其他数码设备对聊天内容进行录制形成，科技实业公司亦表示不认可该证据的真实性，但科技实业公司并未提交反证明该份证据所展示的聊天内容非双方实际发生。加之，考虑到聊天记录系双方之间意思表达的记载，任一方均可方便确认聊天内容，在此情况下，举证责任应该转移至科技实业公司，应由其提供反驳证据。

【［2021］最高法知民终 2460 号】 汽车科技公司、汽车科技集团等确认不侵害知识产权纠纷案（最高法院知产庭 2022 年 6 月 10 日二审民事判决：确认不侵权之诉中"在合理期限内提起诉讼"的认定）

裁判摘要：1. 提起确认不侵害知识产权之诉，除要满足民事诉讼法规定的起诉条件外，原告还必须提供初步证据证明知识产权民事诉讼规定（法释［2020］12 号）第 5 条限定的 3 项特别条件，缺少任何一项条件，均不应当被受理。2. 对于"合理期限"的判断，应当根据知识产权权利客体类型等案件具体情况，充分考量侵权行为证据发现的难易程度和诉讼准备所需时间等因素予以确定。对于"提起诉讼"的判断，应当包含可以实质解决双方争议、消除被警告人不安状态的所有诉讼形式，由因侵害知识产权之诉和确认知识产权权利归属之诉，均以判断权利归属基础法律关系为前提，故，如果权利人提起的确权之诉涵盖了侵权警告中涉及的相关知识产权客体，则应当认定权利人已经"提起诉讼"。

【[2022] 最高法民终 105 号】 马某义、马某和等股权转让纠纷案（最高法院 2022 年 12 月 9 日二审民事裁定）

裁判摘要： 当事人在本案诉讼过程中自认的事实，也即诉讼内自认的事实，另一方当事人无须举证证明。而当事人在本案诉讼之外另案自认的事实，不应适用《最高人民法院关于民事诉讼证据的若干规定》第 3 条的规定。

● 文书格式 **【法 [2016] 221 号】** 民事诉讼文书样式（2016 年 2 月 22 日最高法审委会 [1679 次] 通过，2016 年 6 月 28 日公布，2016 年 8 月 1 日起施行）（本书对格式略有调整）

举证通知书（通知当事人）

（××××）……民×……号（同诉讼案件案号）

×××：

……（写明当事人及案由）一案，本院依照《中华人民共和国民事诉讼法》第 68 条、《最高人民法院关于适用〈中华人民共和国民事诉讼法〉的解释》第 99 条规定，指定本案的举证期限至×年×月×日届满。[①]（当事人协商一致的，写明：你方与×××协商一致，确定本案的举证期限至×年×月×日届满，本院予以准许。）你方应当在该期限前向本院提交证据，逾期提交，将承担相应的不利后果。

特此通知。

×年×月×日（院印）

申请书（申请延长举证期限）

申请人：×××，男/女，×年×月×日生，×族，……（写明工作单位和职务或职业），住……。联系方式：……。（★申请人是法人或其他组织的，本段写明名称、住所）

法定代理人/指定代理人[②]：×××，……。（★申请人是法人或其他组织的，本段写明法定代表人、主要负责人及其姓名、职务、联系方式）

委托诉讼代理人：×××，……。（申请时已经委托诉讼代理人的，写明此项）

（以上写明申请人和其他诉讼参与人的姓名或者名称等基本信息）

请求事项：

申请延长你院（××××）……号……（写明当事人和案由）一案的举证期限

[①] 人民法院确定举证期限，第一审普通程序案件不得少于 15 日，当事人提供新的证据的第二审案件不得少于 10 日。举证期限届满后，当事人对已经提供的证据，申请提供反驳证据或者对证据来源、形式等方面的瑕疵进行补正的，人民法院可以酌情再次确定举证期限，该期限不受上述规定的限制。

[②] 注：申请人是无民事行为能力人或限制民事行为能力人的，应当写明法定代理人姓名、性别、出生日期、民族、职业、工作单位、住所、联系方式，在诉讼地位后括注与申请人的关系。

至×年×月×日。

事实和理由:

申请人×××与×××……(写明案由)一案,原定举证期限自×年×月×日至×年×月×日。

……(写明申请延长举证期限的理由)

此致:××人民法院

申请人(自然人签名或单位盖章)

×年×月×日

准许\不准许延长举证期限通知书(通知当事人用)①

(××××)……民×……号(同诉讼案件案号)

×××:

……(写明当事人及案由)一案,×××\你方于×年×月×日以……(写明申请延长举证期限的理由),在举证期限内提交证据确有困难为由,向本院申请延期举证。

经审查,×××\你方的申请符合\不符合《中华人民共和国民事诉讼法》第68条第2款、《最高人民法院关于适用〈中华人民共和国民事诉讼法〉的解释》第100条规定,本院准许\不准许你方延长本案举证期限(准许延长的,写明期限至×年×月×日)。

特此通知。

×年×月×日(院印)

(插) **第67条** (**第2款**)[19910409] 【**法院调查收集证据**】当事人及其诉讼代理人因客观原因不能自行收集的证据,或者人民法院认为审理案件需要的证据,人民法院应当调查收集。

第70条 【**法院取证权**】人民法院有权向有关单位和个人调查取证,有关单位和个人不得拒绝。

人民法院对有关~~机关、团体、企业事业~~[19910409]单位和个人提出的证明文书,应当辨别真伪,审查确定其效力。

---

① 注:准许延长的,本通知送达申请人和其他当事人;不准许延长的,本通知只送达申请人。

（插）第 132 条[19910409]　【审判人员审核与取证】审判人员必须认真审核/~~审阅~~诉讼材料，~~进行~~调查~~研究~~，收集必要的证据。

~~有关单位有义务协助人民法院进行调查。~~

（插）第 133 条　【调查示证】人民法院派出人员进行调查时，应当~~先~~[19910409]向被调查人出示证件。

【调查笔录】调查笔录经被调查人校阅后，由被调查人、调查人签名或者盖章。

● 相关规定　【法发〔2005〕26 号】　第二次全国涉外商事海事审判工作会议纪要（2005 年 11 月 15-16 日在南京召开；2005 年 12 月 26 日公布）

44. 当事人在一审时申请人民法院调取证据未获准许，而在二审或者再审期间申请调取证据的，视下列情况分别处理：（1）人民法院经审查认为，不调取证据不会影响裁判结果的，对当事人的申请不予准许；（2）人民法院经审查认为，不调取证据可能导致案件的主要事实不清的，对当事人的申请应予准许。

【主席令〔2012〕64 号】　中华人民共和国律师法（2012 年 10 月 26 日全国人大常委会〔11 届 29 次〕修正，2013 年 1 月 1 日起施行；根据 2017 年 9 月 1 日主席令第 76 号修改，2018 年 1 月 1 日起施行）

第 35 条（第 1 款）　受委托的律师根据案情的需要，可以申请人民检察院、人民法院收集、调取证据或者申请人民法院通知证人出庭作证。

【司发〔2015〕14 号】　最高人民法院、最高人民检察院、公安部、国家安全部、司法部关于依法保障律师执业权利的规定（2015 年 9 月 16 日）

第 20 条　在民事诉讼、行政诉讼过程中，律师因客观原因无法自行收集证据的，可以依法向人民法院申请调取。经审查符合规定的，人民法院应当予以调取。

【法发〔2015〕16 号】　最高人民法院关于依法切实保障律师诉讼权利的规定（2015 年 12 月 29 日）

六、依法保障律师申请调取证据的权利。律师因客观原因无法自行收集证据的，可以依法向人民法院书面申请调取证据。律师申请调取证据符合法定条件的，法官应当准许。

【法释〔2019〕19 号】　最高人民法院关于民事诉讼证据的若干规定（"法释〔2001〕33 号"公布，2002 年 4 月 1 日起施行；2019 年 10 月 14 日最高法审委会〔1777 次〕修订，2019 年 12 月 25 日公布，2020 年 5 月 1 日起施行）

第 15 条　《民事诉讼法》第 64 条规定的"人民法院认为审理案件需要的证据"，是指以下情形：（一）涉及可能有损国家利益、社会公共利益或者他人合法权益的事实；（二）涉及依职权追加当事人、中止诉讼、终结诉讼、回避等与实体争议无关的程序事项。

第 16 条　除本规定第 15 条规定的情形外，人民法院调查收集证据，应当依当事人的申请进行。

第 17 条　符合下列条件之一的，当事人及其诉讼代理人可以申请人民法院调查收集证据：（一）申请调查收集的证据属于国家有关部门保存并须人民法院依职权调取的档案材料；（二）涉及国家秘密、商业秘密、个人隐私的材料；（三）当事人及其诉讼代理人确因客观原因不能自行收集的其他材料。

第 18 条　双方当事人无争议的事实符合《最高人民法院关于适用〈中华人民共和国民事诉讼法〉的解释》第 96 条第 1 款规定情形但涉及国家利益、社会公共利益或者他人合法权益的，人民法院可以责令当事人提供有关证据。

第 20 条　当事人及其诉讼代理人申请人民法院调查收集证据，应当在举证期限届满前 7 日提交书面申请。

申请书应当载明被调查人的姓名或者单位名称、住所地等基本情况、所要调查收集的证据名称或者内容、需要由人民法院调查收集证据的原因及其要证明的事实以及明确的线索。

人民法院对当事人及其诉讼代理人的申请不予准许的，应当向当事人或其诉讼代理人送达通知书。当事人及其诉讼代理人可以在收到通知书的次日起 3 日内向受理申请的人民法院书面申请复议 1 次。人民法院应当在收到复议申请之日起 5 日内作出答复。

第 21 条　人民法院/调查人员调查收集的书证，可以是原件，也可以是经核对无误的副本或者复制件。是副本或者复制件的，应当在调查笔录中说明来源和取证情况。

第 22 条　人民法院/调查人员调查收集的物证应当是原物。被调查人提供原物确有困难的，可以提供复制品或者影像资料/照片。提供复制品或者影像资料/照片的，应当在调查笔录中说明取证情况。

第 23 条　人民法院/调查人员调查收集录音、录像等视听资料、电子/计算机数据，应当要求被调查人提供有关资料的原始载体。

提供原始载体确有困难的，可以提供复制件。提供复制件的，人民法院/调查人员应当在调查笔录中说明其来源和制作经过。

（新增）人民法院对视听资料、电子数据采取证据保全措施的，适用前款规定。

第 24 条 人民法院调查收集可能需要鉴定的证据，应当遵守相关技术规范，确保证据不被污染。

第 44 条 摘录有关单位制作的与案件事实相关的文件、材料，应当注明出处，并加盖制作单位或者保管单位的印章，摘录人和其他调查人员应当在摘录件上签名或者盖章。

摘录文件、材料应当保持内容相应的完整性，不得断章取义。

第 45 条 当事人根据《最高人民法院关于适用〈中华人民共和国民事诉讼法〉的解释》第 112 条的规定申请人民法院责令对方当事人提交书证的，申请书应当载明所申请提交的书证名称或者内容、需要以该书证证明的事实及事实的重要性、对方当事人控制该书证的根据以及应当提交该书证的理由。

对方当事人否认控制书证的，人民法院应当根据法律规定、习惯等因素，结合案件的事实、证据，对于书证是否在对方当事人控制之下的事实作出综合判断。

第 46 条 人民法院对当事人提交书证的申请进行审查时，应当听取对方当事人的意见，必要时可以要求双方当事人提供证据、进行辩论。

当事人申请提交的书证不明确、书证对于待证事实的证明无必要、待证事实对于裁判结果无实质性影响、书证未在对方当事人控制之下或者不符合本规定第 47 条情形的，人民法院不予准许。

当事人申请理由成立的，人民法院应当作出裁定，责令对方当事人提交书证；理由不成立的，通知申请人。

第 47 条 （第 1 款） 下列情形，控制书证的当事人应当提交书证：（一）控制书证的当事人在诉讼中曾经引用过的书证；（二）为对方当事人的利益制作的书证；（三）对方当事人依照法律规定有权查阅、获取的书证；（四）账簿、记账原始凭证；（五）人民法院认为应当提交书证的其他情形。

第 48 条 控制书证的当事人无正当理由拒不提交书证的，人民法院可以认定对方当事人所主张的书证内容为真实。

控制书证的当事人存在《最高人民法院关于适用〈中华人民共和国民事诉讼法〉的解释》第 113 条规定情形①的，人民法院可以认定对方当事人主张以该书证证明的事实为真实。

【法释［2020］7 号】 **最高人民法院关于审理侵犯商业秘密民事案件适用法律若干问题的规定**（2020 年 8 月 24 日最高法审委会［1810 次］通过，2020 年 9 月 10 日公布，2020 年 9 月 12 日起施行；以本规为准）

---

① 即：持有书证的当事人以妨碍对方当事人使用为目的，毁灭有关书证或者实施其他致使书证不能使用的行为。

第 22 条（第 2 款）　由公安机关、检察机关或者人民法院保存的与被诉侵权行为具有关联性的证据, 侵犯商业秘密民事案件的当事人及其诉讼代理人因客观原因不能自行收集, 申请调查收集的, 人民法院应当准许, 但可能影响正在进行的刑事诉讼程序的除外。

第 29 条（第 2 款）　本规定施行后, 人民法院正在审理的一审、二审案件适用本规定; 施行前已经作出生效裁判的案件, 不适用本规定再审。

【主席令［2020］62 号】　中华人民共和国著作权法（2020 年 11 月 11 日全国人大常委会［13 届 23 次］修订, 2021 年 6 月 1 日起施行）

第 54 条（第 4 款）　人民法院为确定赔偿数额, 在权利人已经尽了必要举证责任, 而与侵权行为相关的账簿、资料等主要由侵权人掌握的, 可以责令侵权人提供与侵权行为相关的账簿、资料等; 侵权人不提供, 或者提供虚假的账簿、资料等的, 人民法院可以参考权利人的主张和提供的证据确定赔偿数额。

【法发［2022］2 号】　最高人民法院关于充分发挥司法职能作用助力中小微企业发展的指导意见（2022 年 1 月 13 日）

5. 公平公正保护中小微企业合法权益。……充分考虑中小微企业的实际情况, 依法对其进行诉讼引导和释明, 加大依职权调取证据的力度, 切实查清案件事实, 防止一些中小微企业在市场交易中的弱势地位转化为诉讼中的不利地位, 努力实现程序公正与实体公正相统一。……

【法释［2022］11 号】　最高人民法院关于适用《中华人民共和国民事诉讼法》的解释（"法释［2015］5 号"公布, 2015 年 2 月 4 日起施行; 根据法释［2020］20 号《决定》修正, 2021 年 1 月 1 日起施行; 2022 年 3 月 22 日最高法审委会［1866 次］修正, 2022 年 4 月 1 日公布, 2022 年 4 月 10 日起施行; 以本规为准）

第 94 条　民事诉讼法第 67 条第 2 款规定的当事人及其诉讼代理人因客观原因不能自行收集的证据包括:（一）证据由国家有关部门保存, 当事人及其诉讼代理人无权查阅调取的;（二）涉及国家秘密、商业秘密或者个人隐私的;（三）当事人及其诉讼代理人因客观原因不能自行收集的其他证据。

当事人及其诉讼代理人因客观原因不能自行收集的证据, 可以在举证期限届满前书面申请人民法院调查收集。

第 95 条　当事人申请调查收集的证据, 与待证事实无关联、对证明待证事实无意义或者其他无调查收集必要的, 人民法院不予准许。

第 96 条　民事诉讼法第 67 条第 2 款规定的人民法院认为审理案件需要的证据包括:（一）涉及可能损害国家利益、社会公共利益的;（二）涉及身份关系的;(三)涉及民事诉讼法第 55 条规定诉讼的;(四)当事人有恶意串通损害他人合法权益可能的;(五)涉及依职权追加当事人、中止诉讼、终结诉讼、回避等程序性事项的。

除前款规定外,人民法院调查收集证据,应当依照当事人的申请进行。

第 97 条 人民法院调查收集证据,应当由 2 人以上共同进行。调查材料要由调查人、被调查人、记录人签名、捺印或者盖章。

第 112 条 书证在对方当事人控制之下的,承担举证证明责任的当事人可以在举证期限届满前书面申请人民法院责令对方当事人提交。

申请理由成立的,人民法院应当责令对方当事人提交,因提交书证所产生的费用,由申请人负担。对方当事人无正当理由拒不提交的,人民法院可以认定申请人所主张的书证内容为真实。

【法释〔2022〕17 号】 最高人民法院关于办理人身安全保护令案件适用法律若干问题的规定(2022 年 6 月 7 日最高法审委会〔1870 次〕通过,2022 年 7 月 14 日公布,2022 年 8 月 1 日起施行)(全文见本书第 9 章"人身安全保护令"专辑)

第 5 条 当事人及其代理人对因客观原因不能自行收集的证据,申请人民法院调查收集,符合《最高人民法院关于适用〈中华人民共和国民事诉讼法〉的解释》第 94 条第 1 款规定情形的,人民法院应当调查收集。

人民法院经审查,认为办理案件需要的证据符合《最高人民法院关于适用〈中华人民共和国民事诉讼法〉的解释》第 96 条规定的,应当调查收集。

【主席令〔2022〕122 号】 中华人民共和国妇女权益保障法(2022 年 10 月 30 日全国人大常委会〔13 届 37 次〕修订,2023 年 1 月 1 日起施行)

第 67 条(第 1 款) 离婚诉讼期间,夫妻一方申请查询登记在对方名下财产状况且确因客观原因不能自行收集的,人民法院应当进行调查取证,有关部门和单位应当予以协助。

【法释〔2023〕6 号】 最高人民法院关于生态环境侵权民事诉讼证据的若干规定(2023 年 4 月 17 日最高法审委会〔1885 次〕通过,2023 年 8 月 14 日公布,2023 年 9 月 1 日起施行;以本规为准)

第 10 条 对于可能损害国家利益、社会公共利益的事实,双方当事人未主张或者无争议,人民法院认为可能影响裁判结果的,可以责令当事人提供有关证据。

前款规定的证据,当事人申请人民法院调查收集,符合《最高人民法院关于适用〈中华人民共和国民事诉讼法〉的解释》第 94 条规定情形的,人民法院应当准许;人民法院认为有必要的,可以依职权调查收集。

第26条　对于证明环境污染、生态破坏案件事实有重要意义的书面文件、数据信息或者录音、录像等证据在对方当事人控制之下的,承担举证责任的当事人可以根据《最高人民法院关于适用〈中华人民共和国民事诉讼法〉的解释》第112条的规定,书面申请人民法院责令对方当事人提交。

第27条　承担举证责任的当事人申请人民法院责令对方当事人提交证据的,应当提供有关证据的名称、主要内容、制作人、制作时间或者其他可以将有关证据特定化的信息。根据申请人提供的信息不能使证据特定化的,人民法院不予准许。

人民法院应当结合申请人是否参与证据形成过程、是否接触过该证据等因素,综合判断其提供的信息是否达到证据特定化的要求。

第28条　承担举证责任的当事人申请人民法院责令对方当事人提交证据的,应当提出证据由对方当事人控制的依据。对方当事人否认控制有关证据的,人民法院应当根据法律规定、当事人约定、交易习惯等因素,结合案件的事实、证据作出判断。

有关证据虽未由对方当事人直接持有,但在其控制范围之内,其获取不存在客观障碍的,人民法院应当认定有关证据由其控制。

第29条　法律、法规、规章规定当事人应当披露或者持有的关于其排放的主要污染物名称、排放方式、排放浓度和总量、超标排放情况、防治污染设施的建设和运行情况、生态环境开发利用情况、生态环境违法信息等环境信息,属于《最高人民法院关于民事诉讼证据的若干规定》(*法释〔2019〕19号*)第47条第1款第3项规定的"对方当事人依照法律规定有权查阅、获取的书证"。

【法发〔2024〕7号】　最高人民法院关于全面加强未成年人司法保护及犯罪防治工作的意见(2024年5月30日发布并实施)

27.……由公安机关、检察机关或者人民法院保存的与被诉侵权行为具有关联性的证据,侵权案件当事人及其诉讼代理人因客观原因不能自行收集,申请调查收集的,人民法院应当准许,但可能影响正在进行的刑事诉讼程序的除外。

【法刊文摘】　法答网精选答问(第5批)(人民法院报2024年5月30日第7版)

问题2(山东省威海市中级人民法院宋杨):能否依据交通事故责任认定中的"全责"或"主责"认定"好意同乘"规定中的"重大过失"?

答疑摘要(山东省高级人民法院审判监督二庭):民法典第1217条规定的"好意同乘"中驾驶人重大过失一般指严重违反最基本的注意义务,例如,驾驶人存在酒后驾驶、无证驾驶、行驶中闯红灯等明显违法行为情形。交通事故责任认定书中对驾驶人作出的全责或主责认定，只能作为评判的考量因素，不能仅凭此当然认定驾驶人存在重大过失。……

● **入库案例** 【2023-11-2-377-013】 梁某诉某水泥公司环境污染责任纠纷案（防城港中院/2014.10.16/［2014］防市民一终字第 377 号）

裁判要旨：环境污染具有易逝性、扩散性，污染事件发生后，必须尽快收集、固定相关证据。环境保护行政主管部门依职权或应当事人申请对污染者、污染物、排污设备，环境介质等进行查封、扣押、记录、检测、处罚，形成的行政文书有助于人民法院准确认定案件事实。……

● **公报案例** （法公报［2012］3 期） 茅德贤、成县茨坝须弥山实业有限公司、甘肃有色地质勘查局 106 队、成县恒兴矿业有限公司与白银有色金属公司采矿权纠纷案（最高法院民事判决书［2011］民二终字第 22 号）

裁判摘要：根据最高人民法院《关于民事诉讼证据的若干规定》第 2 条的规定，当事人对自己提出的诉讼请求所依据的事实或反驳对方诉讼请求所依据的事实有责任提供证据加以证明。没有证据或者证据不足以证明当事人的事实主张的，由负有举证责任的当事人承担不利后果。案件调查处理过程中，当事人恶意阻挠调查取证，致使调查部门无法取得相关证据的，当事人应当承担举证不能的法律后果。

● **文书格式** 【法［2016］221 号】 民事诉讼文书样式（2016 年 2 月 22 日最高法审委会［1679 次］通过，2016 年 6 月 28 日公布，2016 年 8 月 1 日起施行）（本书对格式略有调整）

申请书（申请人民法院调查收集证据\申请书证提出命令用）①

申请人：×××，男/女，×年×月×日生，×族，……（写明工作单位和职务或职业），住……。联系方式：……。（★申请人是法人或其他组织的，本段写明名称、住所）

法定代理人/指定代理人②：×××，……。（★申请人是法人或其他组织的，本段写明法定代表人、主要负责人及其姓名、职务、联系方式）

委托诉讼代理人：×××，……。（申请时已经委托诉讼代理人的，写明此项）

（以上写明申请人和其他诉讼参与人的姓名或者名称等基本信息）

---

① 注：当事人和其他诉讼参与人因客观原因不能自行收集的证据，可以在举证期限届满前书面申请人民法院调查收集，或者责令对方当事人提交其控制之下的书证。

② 注：申请人是无民事行为能力人或限制民事行为能力人的，应当写明法定代理人姓名、性别、出生日期、民族、职业、工作单位、住所、联系方式，在诉讼地位后括明与申请人的关系。

请求事项:

申请你院调查收集……(写明证据名称)。或者:裁定责令×××提交……(写明书证名称)。

事实和理由:

你院(××××)……号……(写明当事人和案由)一案,……(写明申请人因客观原因不能自行收集证据的理由,①或者:写明书证在被申请人的控制之下的事实以及申请书证提出命令的理由②)

此致:××人民法院

申请人(自然人签名或单位盖章)

×年×月×日

准许\不准许调查收集证据申请通知书(通知当事人用)③

(××××)……民×……号(同诉讼案件案号)

×××:

……(写明当事人及案由)一案,×××\你方于×年×月×日向本院书面申请调查收集……(写明当事人申请调查收集的证据名称)。

经审查,×××\你方的申请符合\不符合《中华人民共和国民事诉讼法》第67条第2款、《最高人民法院关于适用〈中华人民共和国民事诉讼法〉的解释》第94\95条规定,本院予以\不予准许。

特此通知。

×年×月×日(院印)

民事裁定书(书证提出命令)

(××××)……民×……号(同诉讼案件案号)

申请人:×××,……(写明姓名或名称、住所地等基本情况)。

被申请人:×××,……(写明姓名或名称、住所地等基本情况)。

……(写明当事人及案由)一案,本院于×年×月×日立案。申请人×××向本院提出书面申请,请求本院责令×××提交……(写明证据名称),以证明……(写明证明对象)。

---

① 注:当事人和其他诉讼参与人因客观原因不能自行收集的证据包括:(一)证据由国家有关部门保存,当事人和其他诉讼参与人无权查阅调取的;(二)涉及国家秘密、商业秘密或者个人隐私的;(三)当事人和其他诉讼参与人因客观原因不能自行收集的其他证据。

② 注:申请理由成立的,人民法院应当责令对方当事人提交,因提交书证所产生的费用,由申请人负担。

③ 注:准许申请的,本通知送达申请人和其他当事人;不准许申请的,本通知只送达申请人。

本院经审查认为，……（写明准许或者驳回书证提出命令申请的理由）。

依照《中华人民共和国民事诉讼法》第67条、第157条第1款第11项、《最高人民法院关于适用〈中华人民共和国民事诉讼法〉的解释》第112条规定，裁定如下：

（准许申请的，写明：）×××于×年×月×日前向本院提交……。无正当理由拒不提交的，本院可以认定申请人主张的书证内容为真实。

（驳回申请的，写明：）驳回×××的申请。

审 判 长 ×××

（代理）审判员 ×××

人民陪审员 ×××

×年×月×日（院印）

法官助理 ×××

书记员 ×××

调查笔录（庭外调查）

（××××）……民×……号（同诉讼案件案号）

时间：×年×月×日×时×分至×时×分

地点：……

调查人：……（写明职务和姓名）

记录人：……（写明职务和姓名）

被调查人：……（写明基本信息，与当事人的关系）

记录如下：

……（写明记录内容）。

（以下无正文）

被调查人（签名或盖章）　　调查人（签名或盖章）　　记录人（签名或盖章）

（本书汇）【律师调查令】①

● **相关规定**　**【主席令［2012］64号】**　**中华人民共和国律师法**（2012年10月26日全国人大常委会［11届29次］修正，2013年1月1日起施行；根据2017年9月1日主席令第76号修改，2018年1月1日起施行）

第35条　受委托的律师根据案情的需要，可以申请人民检察院、人民法院收集、调取证据或者申请人民法院通知证人出庭作证。

---

① 本书注：《民事诉讼法》并未明确规定法院可以给律师发放调查取证，最高法也未出台相关司法解释。但各地在司法改革创新中不断尝试"律师调查令"制度，本书将其汇集于此。

律师自行调查取证的，凭律师执业证书和律师事务所证明，可以向有关单位或者个人调查与承办法律事务有关的情况。

【司发〔2015〕14号】　**最高人民法院、最高人民检察院、公安部、国家安全部、司法部关于依法保障律师执业权利的规定**（2015年9月16日）

第20条　在民事诉讼、行政诉讼过程中，律师因客观原因无法自行收集证据的，可以依法向人民法院申请调取。经审查符合规定的，人民法院应当予以调取。

【法发〔2015〕16号】　**最高人民法院关于依法切实保障律师诉讼权利的规定**（2015年12月29日）

六、依法保障律师申请调取证据的权利。律师因客观原因无法自行收集证据的，可以依法向人民法院书面申请调取证据。律师申请调取证据符合法定条件的，法官应当准许。

【法发〔2017〕22号】　**最高人民法院关于进一步加强金融审判工作的若干意见**（2017年8月9日）

20.……探索建立证券侵权民事诉讼领域的律师调查令制度，提高投资者的举证能力。……

【粤高法〔2020〕34号】　**广东省高级人民法院、广东省司法厅关于在民事诉讼中实行律师调查令的规定**（2020年4月16日印发施行；粤高法〔2018〕300号《规定（试行）》同时废止）

第1条　本规定所称律师调查令，是指民事诉讼当事人及其代理律师因客观原因不能自行收集涉诉案件相关证据时，[①]经代理律师申请，人民法院审查批准，由代理律师向接受调查的单位或个人调查收集相关证据的法律文件。

第2条　律师调查令的申请，可在起诉、审理、执行阶段提出。再审审查阶段不适用律师调查令。

起诉阶段，律师调查令的申请应于递交起诉状及相关证据后提出，申请调查的证据应限于与管辖受理有关的起诉证据。

审理阶段，律师调查令的申请应于案件受理后，举证期限届满前提出。

执行阶段，律师调查令的申请应于执行完毕前提出，申请调查的证据应限于与被执行人的财产状况和实际履行能力有关的证据。

第3条　持律师调查令调查收集的证据应为由接受调查单位或个人保管并与案件事实直接相关的书证、电子数据、视听资料、鉴定意见和勘验笔录等，但不

---

① 注：根据《民事诉讼法》第67条第2款规定，此类证据应当由人民法院调查收集。

包括证人证言、物证。

第4条　申请律师调查令，应当提供下列材料：（一）申请书；（二）当事人的授权委托书；（三）代理律师所在律师事务所出具的指派律师函或法律援助机构出具的法律援助公函；（四）代理律师有效的执业证书；（五）律师调查令使用承诺书。

第5条　律师调查令申请书应当载明下列内容：（一）案号或收件编号；（二）申请方当事人的姓名、身份证号码或名称、统一社会信用代码；（三）申请人的姓名、律师执业证号和律师事务所名称；（四）接受调查单位、个人的名称或者姓名；（五）调查取证的目的及理由；（六）需要调查收集的证据、财产线索；（七）其他需要说明的事项。

申请书需详细列明调查事项，由代理律师签字或盖章，并加盖律师事务所印章。

第6条　律师调查令经依法审查后，起诉阶段由立案庭庭长签发，审理阶段由审判长或独任法官签发，执行阶段由执行局局长或指定的法官签发。

人民法院应当自申请之日起7个工作日内决定是否签发律师调查令。

人民法院决定不予签发的，应当告知申请人并说明理由。口头告知的，应记录在卷。

第7条　属下列情形之一的，不予签发律师调查令：（一）涉及国家秘密、个人隐私、商业秘密；（二）与待证事实不具有关联性或必要性；（三）证据不为接受调查单位或个人保管；（四）申请调查的证据不明确、不具体；（五）其他不宜以律师调查令形式调查取证的情形。

涉及上述（一）、（五）项情形的证据，当事人可以提交证据线索，申请人民法院依法调查收集。

第8条　律师调查令应当载明下列内容：（一）案号或收件编号和律师调查令的编号；（二）申请方当事人的名称或者姓名；（三）代理律师的姓名、性别、执业证号、所在律师事务所名称；（四）接受调查单位、个人的名称或者姓名；（五）需要调查收集的证据、财产线索以及提供证据、财产线索的相关要求；（六）律师调查令的有效期限；（七）签发单位名称、签发日期和院印；（八）人民法院的联系人及联系方式；（九）拒绝或者妨害调查的法律后果。

第9条　律师调查令样式由省法院统一制定。各级人民法院对本院签发的律师调查令实行统一编号管理，律师调查令及申请书、律师调查令回执、律师调查令使用承诺书等相关材料入卷归档。

第10条　律师调查令的有效期限由人民法院根据案件具体情况确定，最长为15个工作日。

律师调查令在期限届满后自动失效。代理律师因正当理由不能在有效期限之内完成调查的，可重新申请延长调查令期限1次。

第 11 条　代理律师持调查令向接受调查单位或个人调查收集相关证据时，应主动出示调查令和执业证等证件并说明有关情况。

接受调查单位或个人应当根据调查令指定的调查内容及时提供有关证据。当场提供证据确有困难的，应当在收到律师调查令之日起 7 个工作日内提供。提供的证据如为复印件或复制品的，应当在提供的证据材料上注明与原件核对无异并签名或盖章。调取的证据可由代理律师转交签发法院，也可由接受调查单位或个人密封另行送至签发法院。律师调查令可由接受调查的单位或组织存档。

代理律师持调查令调查获得的证据及信息，仅限于本案诉讼，不得泄露或作其他使用。

第 12 条　接受调查单位或个人因故不能提供、无证据提供或者拒绝提供指定证据的，应当在律师调查令回执中注明原因。接受调查单位或个人未在回执中注明原因的，代理律师应书面说明。

代理律师调取证据后，应于 5 个工作日内将调查收集的全部证据及调查回执提交人民法院。持律师调查令调查收集的证据需经法定程序质证或核实后，才能作为认定案件事实或者采取执行措施的依据。

律师调查令因故未使用的，应当在有效期限届满后 5 个工作日内归还人民法院入卷。

第 13 条　接受调查单位或个人认为调查令指定提供的证据或者信息属于第 7 条规定情形之一的，可以在收到调查令之日起 10 个工作日内向人民法院书面申请撤销该调查令。

人民法院经审查认为理由成立的，应当撤销调查令，并根据案件办理需要依职权进行调查取证；理由不成立的，应当书面告知接受调查单位或个人并说明原因，接受调查单位或个人在收到书面通知后应当提供调查令指定的证据或者信息。

第 14 条　接受调查单位或个人无正当理由拖延、拒绝协助调查的，人民法院可根据情节轻重，依照民事诉讼法有关规定予以处罚。

有协助调查义务的单位及公职人员拒不协助调查的，人民法院可向相关主管部门通报情况，也可向有关机关提出予以纪律处分的司法建议。

第 15 条　代理律师有下列情形之一的，人民法院可决定在 6 个月到 2 年内不再向其签发律师调查令，或向司法行政机关或律师协会提出予以处罚或惩戒的司法建议。情节严重的，依法予以训诫、罚款或司法拘留；构成犯罪的，依法追究刑事责任。（一）伪造、变造律师调查令收集证据；（二）伪造、变造、隐匿、毁灭持律师调查令收集的证据或信息；（三）未经人民法院允许，私自拆封接受调查单位或个人密封的证据；（四）擅自复制、泄露、散布证据等可能损害他人合法权益或社会公共利益；（五）利用持律师调查令收集的证据对案件进行歪曲、

第一编　第六章

不实、误导性宣传，影响案件办理；（六）利用持律师调查令收集的证据诋毁对方当事人声誉；（七）无正当理由未按期提交调查收集的全部证据、律师调查令或者回执；（八）其他滥用律师调查令的情形。

对律师事务所审核不严、违规出具证明等导致滥用律师调查令情形的，人民法院可向司法行政机关或律师协会提出予以行政处罚或行业处分的司法建议。

第16条　刑事诉讼附带民事部分申请律师调查令的，参照本规定执行。

【赣高法［2021］100号】　江西省高级人民法院、江西省司法厅关于在民事诉讼中实行律师调查令的办法（试行）（2021年10月18日）

一、律师调查令是在民事案件立案、审理和执行阶段，在当事人因客观原因无法通过正常途径调取证据的情况下，人民法院根据委托代理律师申请向律师签发的，由律师在人民法院授权范围内向协助调查人调取、收集证据的法律文书。

本办法所称的律师包括社会执业律师、法律援助专职律师、公司律师和公职律师。

本办法所称的协助调查人是指调查令载明的须向持律师提供指定证据的组织或个人。

二、律师在立案阶段申请调查令，应当在向人民法院递交诉状及相关证据后提出，申请调查的证据限于管辖受理有关的起诉证据。

律师在审理阶段申请调查令，应当在人民法院确定的举证期限届满前提出。因客观原因确实不能在举证期限内提出的，经人民法院审查同意后，可以另行申请。

律师在执行阶段申请调查令，应当在执行案件立案之后执行完毕或终结前提出。

三、再审审查阶段一般不适用律师调查令，但出现足以推翻原裁判的关键性新证据线索且当事人及其诉讼代理人因客观原因不能自行收集的除外。再审审理中，可以适用律师调查令。

四、律师调查令所收集证据应当是与案件事实直接相关的书证、视听资料、鉴定意见、勘验笔录、电子数据等，不包括物证和证人证言。执行过程中申请调查的证据应当限于与执行有关的证据或财产线索

如果证人出庭有困难，且相关部门已经按照法定程序制作形成了书面证据材料的，可以依据调查令予以调取。

五、申请律师调查令，应当提交下列材料：1.申请书；2.当事人、申请执行人的授权委托书；3.律师所在单位的公函；4.有效执业证书。

在案件审理过程中已提交前述第2、3、4项材料的，无需重复提交，但当事人、申请执行人的授权委托书中未列明调查取证权限的，应另行提交取得该权限的授权委托书。

律师申请调查令可由一名律师申请，但应由其所在单位2名工作人员（含申

请律师）进行调查取证

六、调查令申请书应当载明下列内容：1. 收案编号或者案号；2. 申请方的基本身份信息；3. 申请律师的姓名、执业证号和律师所在单位名称；4. 协助调查人的名称或者姓名；5. 调查收集证据的目的以及与案件的关联性；6. 需要调查收集的证据种类、具体内容和范围；7. 无法自行调查收集证据的客观原因；8. 合法使用调查收集证据及保密的承诺；9. 其他需要说明的事项。

申请书由申请律师签字或盖章，并加盖所在单位印章

七、人民法院收到申请后，应当对申请书内容进行审查。经审查认为可以签发的，立案阶段的律师调查令，由负责登记立案工作的审判长或法官签发；审理阶段的律师调查令经合议庭评议后由审判长签发或由适用简易程序案件的独任法官签发，执行阶段的律师调查令由执行局长或指定的法官签发。属于 4 类案件的律师调查令由部门领导签发。

人民法院应当自收到申请之日起 7 个工作日内决定是否签发律师调查令。

人民法院决定不予签发的，应当告知申请人并说明理由。

口头告知的，应记录在案

八、申请调查的证据属下列情形之一的，不予签发律师调查令：1. 涉及国家秘密、商业秘密、个人隐私的；2. 与案件或待证事实不具有关联性，或虽有关联性，但根据其他证据已经能够证明待证事实，申请调取证据没有必要性的；3. 协助调查人并不占有、保管或者实际控制相关证据的；4. 申请调查的证据不明确、不具体，协助调查人无法协助提供的；5. 直接向对方当事人调取的；6. 其他不宜以律师调查令形式调查取证的情形。

人民法院决定不予签发律师调查令，如果律师认为确需调查取证的，人民法院可以依职权调查。

九、律师调查令应当载明下列内容：1. 案件编号；2. 当事人、申请执行人的姓名或者名称；3. 律师的姓名、执业证号、所在单位名称；4. 协助调查人的姓名或者名称；5. 需要调取的证据；6. 律师调查令的有效期限；7. 律师调查令签发日期、院印；8. 人民法院联系人及联系方式；9. 拒绝或者妨碍调查的法律后果。

第 3 项应载明前往调查取证的律师的姓名、执业证号、所在单位名称。

十、律师调查令样式由江西省高级人民法院统一制定。人民法院开具律师调查令应存档，归入正卷。

十一、律师调查令的有效期限，一般不超过 10 个工作日；如果存在证据复杂、地域较为偏远等特殊情形的，不超过 15 个工作日。期限从律师调查令载明的落款时间起算，期限届满后调查令失效。

持令律师有正当理由不能在上述有效期内完成调查取证的经律师申请，人民

法院审查后可以重新开具一次律师调查令。

十二、律师持令调查收集证据，应当向协助调查人出示人民法院签发的律师调查令、执业证书、所在单位公函。

协助调查人不得要求律师提供除前述证明材料以外的其他材料。

十三、协助调查人应当根据律师调查令指定的调查事项及时向持令律师提供相关证据材料。能够当场提供的，应当场提供，当场提供确有困难的，应当在收到律师调查令之日起 5 个工作日内提供。如果证据复杂、需要相关部门审核后才能提供的，应当在收到律师调查令之日起 15 个工作日内提供。

协助调查人应将证据材料密封，交给持令律师或按照律师调查令上注明的收件地址直接邮寄给人民法院。

十四、协助调查人拒绝提供证据或因故不能提供证据，持令律师应要求协助调查人在律师调查令送达回执上注明原因。协助调查人拒绝注明原因的，由持令律师在送达回执中作出书面说明。

十五、协助调查人无正当理由拒绝或者妨碍调查的，人民法院可以依照《中华人民共和国民事诉讼法》第 114 条（现第 117 条）的规定予以处罚。同时，人民法院可以向协助调查人的主管部门通报情况，提出司法建议。

十六、律师持令调取证据后，应于 5 个工作日内将调取的全部证据及送达回执提交人民法院

律师调查令因故未使用的，应当在有效期届满之日起 5 个工作日内交还至人民法院。

十七、律师有下列情形之一的，人民法院可以向司法行政机关或者律师协会提出予以处罚的司法建议；情节严重的，人民法院可以依据《中华人民共和国民事诉讼法》第 111 条（现第 114 条）规定，予以罚款、拘留；构成犯罪的，依法追究刑事责任：1. 伪造、变造律师调查令；2. 伪造、变造、隐匿、毁损调取的证据；3. 无正当事由选择性提交调取的证据；4. 私自拆封协助调查人密封的证据；5. 未经法定程序，擅自利用调取的证据，损害他人合法权益或者社会公共利益；6. 无正当理由未按期或者拒不提交调取的证据；7. 其他滥用律师调查令的情形，造成严重后果的。

十八、本办法自发布之日起实施。

● 文书格式

律师调查令申请书

当事人（申请执行人）：×××

申请人：×××，××律师事务所/单位律师，执业证号：……

协助调查人：×××（协助调查人是单位的，写明单位名称住址，统一社会信用代码，法定代表人姓名及职务；协助调查人是自然人的，写明姓名、性别、住址、公民身份号码）

请求事项：因×××（原告/上诉人）与×××（被告/被上诉人）×××（案由）一案（注明案号）中存在因客观原因（简述具体原因）不能自行收集证据的情形，特请求贵院开具律师调查令，以便申请人能够持令前往……调查收集如下证据材料：

……（分项列写需调查收集的证据材料）

此致：××人民法院

申请人（签名）

律师所在单位（公章）

×年×月×日

律师调查令使用承诺书（申请书背面）

江西省××人民法院：

本人系×××律师事务所/单位×××律师，执业证号……。因×××（原告/上诉人）与×××（被告/被上诉人）×××（案由）一案中存在因客观原因不能自行收集证据的情形，向贵院申请律师调查令。现本人承诺如下：

一、严格按照《江西省高级人民法院关于在民事诉讼中实行律师调查令的办法（试行）》使用律师调查令。

二、不伪造、变造、隐匿、毁损调取的证据或信息。

三、协助调查人密封的证据，未经人民法院允许不私自拆封。

四、不擅自复制、泄露、散布与持令调取证据相关的信息损害他人合法权益或者社会公共利益。

五、不利用所调取的证据或信息对案件进行歪曲、不实误导性宣传，影响案件公正审理。

如本人有违上述承诺，自愿接受《江西省高级人民法院关于在民事诉讼中实行律师调查令的办法（试行）》规定的相应处罚；构成犯罪的，承担相应的刑事责任。

承诺人（签名）

×年×月×日

江西省××人民法院
律师调查令

（20××）赣民初（终）××号

×××（协助调查单位或个人的名称或姓名）：

第一编　第六章

本院已受理×××（原告/上诉人）与×××（被告/被上诉人）××纠纷（案由）一案。×××（当事人）因客观原因无法取得有关证据，于××××年××月××日向本院提出调查××××的申请。为查明案件事实，根据《中华人民共和国民事诉讼法》的相关规定，经本院审查决定，指定××律师事务所/单位×××律师到你处调取以下证据：

……（分项列写需调查收集的证据材料）

律师：×××（律师执业证编号：××）本调查令有效期限为：×年×月×日至×年×月×日。

××人民法院联系人：×××　　联系电话：……

地址：江西省××市××县

×年×月×日（院印）

注意事项（调查令背面）

1. 请在核对持令律师执业证书、公函并确认无误后，向持证律师提供指定证据材料。不宜提供原件的，可以提供复印件，并注明与原件核对无异，并加盖印章或签名。

2. 在提供的证据材料上须加盖骑缝印章，注明材料的总页数并由经办人签名。当场提供证据确有困难的，应当在收到律师调查令之日起5个工作日内提供。如果所需提供的证据复杂，需要相关部门审核后提供的，应当在收到律师调查令之日起15日内提供。

3. 请将所提供的证据密封后，交给持证律师或直接邮寄至本院。

4. 证据复印、邮寄等费用，由持令律师承担。

5. 本调查令应采用打印形式，并加盖人民法院印章，手写无效。

协助调查单位或者个人应当积极协助持令律师调取证据。无正当理由拖延、拒绝协助调查或者妨碍调查的，人民法院可以根据情节轻重，依照《中华人民共和国民事诉讼法》有关规定予以处罚。对有协助义务而拒不协助的单位及公职人员，人民法院可以向有关主管部门通报情况，提出司法建议。

江西省××人民法院
律师调查令（回执）

（20××）赣民初（终）××号

江西省××人民法院：

你院×××一案律师调查令已于×月×日收悉。根据你院的要求，现提供如下证明材料：

……（分项列写提供的证据材料）

以上材料共×页。

如果不能提供某项证据的, 写明: 不能提供律师调查令所列第××项证据材料, 原因是:

经办人: (签字)

×年×月×日

(协助调查单位印章或个人捺印)

联系方式: ……

注: 此联由持令律师交还法院附卷

第 71 条[19910409]　　【当庭质证】证据应当在法庭上出示, 并由当事人互相质证。对涉及国家秘密、商业秘密和个人隐私的证据应当保密, 需要在法庭向当事人出示的, 不得在公开开庭时出示/进行。

(插)第 142 条 (第 1 款)　　【庭示新证据】当事人在法庭上可以提出新的证据。

● **相关规定**　【法发 [1999] 3 号】　　**最高人民法院关于严格执行公开审判制度的若干规定**(1999 年 3 月 8 日)(详见本书第 10 条)

五、依法公开审理案件, 案件事实未经法庭公开调查不能认定。

证明案件事实的证据未在法庭公开举证、质证, 不能进行认证, 但无需举证的事实除外。缺席审理的案件, 法庭可以结合其他事实和证据进行认证。

法庭能够当庭认证的, 应当当庭认证。

【法发 [2005] 26 号】　　**第二次全国涉外商事海事审判工作会议纪要**(2005 年 11 月 15—16 日在南京召开; 2005 年 12 月 26 日公布)

42. 当事人提交的证据材料不属于新的证据, 人民法院经审查认为该证据可能影响裁判结果的, 应予以质证。

【司发 [2015] 14 号】　　**最高人民法院、最高人民检察院、公安部、国家安全部、司法部关于依法保障律师执业权利的规定**(2015 年 9 月 16 日)

第 29 条　法庭审理过程中, 律师可以就证据的真实性、合法性、关联性, 从证明目的、证明效果、证明标准、证明过程等方面, 进行法庭质证和相关辩论。

【法发 [2015] 16 号】　　**最高人民法院关于依法切实保障律师诉讼权利的规定**(2015 年 12 月 29 日)

五、依法保障律师申请排除非法证据的权利。律师申请排除非法证据并提供相关线索或者材料, 法官经审查对证据收集合法性有疑问的, 应当召开庭前会议或者进行法庭调查。经审查确认存在法律规定的以非法方法收集证据情形的，对有关证据应当予以排除。

【法释〔2019〕19号】 最高人民法院关于民事诉讼证据的若干规定（"法释〔2001〕33号"公布，2002年4月1日起施行；2019年10月14日最高法审委会〔1777次〕修订，2019年12月25日公布，2020年5月1日起施行）

第47条 下列情形，控制书证的当事人应当提交书证：（一）控制书证的当事人在诉讼中曾经引用过的书证；（二）为对方当事人的利益制作的书证；（三）对方当事人依照法律规定有权查阅、获取的书证；（四）账簿、记账原始凭证；（五）人民法院认为应当提交书证的其他情形。

前款所列书证，涉及国家秘密、商业秘密、当事人或第三人的隐私，或者存在法律规定应当保密的情形的，提交后不得公开质证。

~~第60条 证据应当在法庭上出示，由当事人质证。未经质证的证据，不能作为认定案件事实的依据。~~

~~当事人在证据交换过程中认可并记录在卷的证据，经审判人员在庭审中说明后，可以作为认定案件事实的依据。~~

（新增）当事人在审理前的准备阶段或者人民法院调查、询问过程中发表过质证意见的证据，视为质证过的证据。

（新增）当事人要求以书面方式发表质证意见，人民法院在听取对方当事人意见后认为有必要的，可以准许。人民法院应当及时将书面质证意见送交对方当事人。

~~第48条 涉及国家秘密、商业秘密和个人隐私或者法律规定的其他应当保密的证据，不得在开庭时公开质证。~~

第61条 对书证、物证、视听资料进行质证时，当事人应当/有权要求出示证据的原件或者原物。但有下列情形之一的除外：（一）出示原件或者原物确有困难并经人民法院准许出示复制件或者复制品的；（二）原件或者原物已不存在，但有证据证明复制件、复制品与原件或者原物一致的。

~~第50条 质证时，当事人应当围绕证据的真实性、关联性、合法性，针对证据证明力有无以及证明力大小进行质疑、说明与辩驳。~~

第62条 质证一般按下列顺序进行：

（一）原告出示证据，被告、第三人与原告进行质证；

（二）被告出示证据，原告、第三人与被告进行质证；

（三）第三人出示证据，原告、被告与第三人进行质证。

人民法院根据当事人申请调查收集的证据，审判人员对调查收集证据的情况进行说明后，由提出申请的当事人与对方当事人、第三人进行质证。

人民法院依职权调查收集的证据应当在庭审时出示，可由审判人员对调查收集证据的情况进行说明后，听取当事人的意见。

~~第 52 条　案件有两个以上独立的诉讼请求的，当事人可以逐个出示证据进行质证。~~

【法发〔2020〕20 号】　最高人民法院关于依法妥善审理涉新冠肺炎疫情民事案件若干问题的指导意见（三）（2020 年 6 月 8 日印发施行；涉港澳台参照本意见）

3. 对于一方当事人提供的在我国领域外形成的公文书证，因疫情或者疫情防控措施无法及时办理公证或者相关证明手续，对方当事人仅以该公文书证未办理公证或者相关证明手续为由提出异议的，人民法院可以告知其在保留对证明手续异议的前提下，对证据的关联性、证明力等发表意见。

经质证，上述公文书证与待证事实无关联，或者即使符合证明手续要求也无法证明待证事实的，对提供证据一方的当事人延长举证期限的申请，人民法院不予准许。

【人社部发〔2022〕9 号】　人力资源社会保障部、最高人民法院关于劳动人事争议仲裁与诉讼衔接有关问题的意见（一）（2022 年 2 月 21 日）

六、当事人在仲裁程序中认可的证据，经审判人员在庭审中说明后，视为质证过的证据。

【法释〔2022〕11 号】　最高人民法院关于适用《中华人民共和国民事诉讼法》的解释（"法释〔2015〕5 号"公布，2015 年 2 月 4 日起施行；根据法释〔2020〕20 号《决定》修正，2021 年 1 月 1 日起施行；2022 年 3 月 22 日最高法审委会〔1866 次〕修正，2022 年 4 月 1 日公布，2022 年 4 月 10 日起施行；以本规为准）

第 103 条　证据应当在法庭上出示，由当事人互相质证。未经当事人质证的证据，不得作为认定案件事实的根据。

当事人在审理前的准备阶段认可的证据，经审判人员在庭审中说明后，视为质证过的证据。

涉及国家秘密、商业秘密、个人隐私或者法律规定应当保密的证据，不得公开质证。

第 104 条（第 1 款）　人民法院应当组织当事人围绕证据的真实性、合法性以及与待证事实的关联性进行质证，并针对证据有无证明力和证明力大小进行说明和辩论。

第 220 条　民事诉讼法第 71、第 137 条、第 159 条规定的商业秘密，是指生产工艺、配方、贸易联系、购销渠道等当事人不愿公开的技术秘密、商业情报及信息。

第231条 当事人在法庭上提出新的证据的，人民法院应当依照民事诉讼法第68条第2款规定和本解释相关规定处理。

（插）第67条（第3款） 【法院审核证据】人民法院应当按照法定程序，全面地、客观地审查核实/收集和调查¹⁹⁹¹⁰⁴⁰⁹证据。

第72条¹⁹⁹¹⁰⁴⁰⁹ 【公证证据】经过法定程序公证证明的法律行为、²⁰¹³⁰¹⁰¹法律事实和文书，人民法院应当作为认定事实的根据/确认其效力，但有相反证据足以推翻公证证明的除外。

第73条 【书证与物证要求】书证应当提交原件。物证应当提交原物。提交原件或者原物确有困难的，可以提交复制品、照片、副本、节录本。

提交外文书证，必须附有中文译本。

第74条¹⁹⁹¹⁰⁴⁰⁹ 【视听证据】人民法院对视听资料，应当辨别真伪，并结合本案的其他证据，审查确定能否作为认定事实的根据。

（插）第78条 【当事人陈述】人民法院对当事人的陈述，应当结合本案的其他证据，审查确定能否作为认定事实的根据。

当事人拒绝陈述的，不影响人民法院根据证据认定案件事实。

● **相关规定** 【主席令［1992］64号】 **中华人民共和国海商法**（1992年11月7日全国人大常委会［7届28次］通过，1993年7月1日起施行）

第37条 船长应当将船上发生的出生或者死亡事件记入航海日志，并在2名证人的参加下制作证明书。死亡证明书应当附有死者遗物清单。死者有遗嘱的，船长应当予以证明。死亡证明书和遗嘱由船长负责保管，并送交家属或者有关方面。①

第71条 提单，是指用以证明海上货物运输合同和货物已经由承运人接收或者装船，以及承运人保证据以交付货物的单证。提单中载明的向记名人交付货物，或者按照指示人的指示交付货物，或者向提单持有人交付货物的条款，构成承运人据以交付货物的保证。

---

① 注：本条规定了船上（海上）出生或死亡的特殊证明书。

民事诉讼法全厚细

第 72 条　货物由承运人接收或者装船后,应托运人的要求,承运人应当签发提单。

提单可以由承运人授权的人签发。提单由载货船舶的船长签发的,视为代表承运人签发。

第 73 条　提单内容,包括下列各项:(一)货物的品名、标志、包数或者件数、重量或者体积,以及运输危险货物时对危险性质的说明;(二)承运人的名称和主营业所;(三)船舶名称;(四)托运人的名称;(五)收货人的名称;(六)装货港和在装货港接收货物的日期;(七)卸货港;(八)多式联运提单增列接收货物地点和交付货物地点;(九)提单的签发日期、地点和份数;(十)运费的支付;(十一)承运人或者其代表的签字。

提单缺少前款规定的 1 项或者几项的,不影响提单的性质;但是,提单应当符合本法第 71 条的规定。

第 74 条　货物装船前,承运人已经应托运人的要求签发收货待运提单或者其他单证的,货物装船完毕,托运人可以将收货待运提单或者其他单证退还承运人,以换取已装船提单;承运人也可以在收货待运提单上加注承运船舶的船名和装船日期,加注后的收货待运提单视为已装船提单。

第 75 条　承运人或者代其签发提单的人,知道或者有合理的根据怀疑提单记载的货物的品名、标志、包数或者件数、重量或者体积与实际接收的货物不符,在签发已装船提单的情况下怀疑与已装船的货物不符,或者没有适当的方法核对提单记载的,可以在提单上批注,说明不符之处、怀疑的根据或者说明无法核对。

第 76 条　承运人或者代其签发提单的人未在提单上批注货物表面状况的,视为货物的表面状况良好。

第 77 条　除依照本法第 75 条的规定作出保留外,承运人或者代其签发提单的人签发的提单,是承运人已经按照提单所载状况收到货物或者货物已经装船的初步证据;承运人向善意受让提单的包括收货人在内的第三人提出的与提单所载状况不同的证据,不予承认。

第 78 条　承运人同收货人、提单持有人之间的权利、义务关系,依据提单的规定确定。

收货人、提单持有人不承担在装货港发生的滞期费、亏舱费和其他与装货有关的费用,但是提单中明确载明上述费用由收货人、提单持有人承担的除外。

第 79 条　提单的转让,依照下列规定执行:(一)记名提单:不得转让;(二)指示提单:经过记名背书或者空白背书转让;(三)不记名提单:无需背书,即可转让。

第 80 条　承运人签发提单以外的单证用以证明收到待运货物的,此项单证即为订立海上货物运输合同和承运人接收该单证中所列货物的初步证据。

承运人签发的此类单证不得转让。

第 81 条　承运人向收货人交付货物时，收货人未将货物灭失或者损坏的情况书面通知承运人的，此项交付视为承运人已经按照运输单证的记载交付以及货物状况良好的初步证据。

货物灭失或者损坏的情况非显而易见的，在货物交付的次日起连续 7 日内，集装箱货物交付的次日起连续 15 日内，收货人未提交书面通知的，适用前款规定。

货物交付时，收货人已经会同承运人对货物进行联合检查或者检验的，无需就所查明的灭失或者损坏的情况提交书面通知。

第 110 条　旅客客票是海上旅客运输合同成立的凭证。

第 232 条　应被保险人要求，保险人应当对依据预约保险合同分批装运的货物分别签发保险单证。

保险人分别签发的保险单证的内容与预约保险单证的内容不一致的，以分别签发的保险单证为准。

【法〔1998〕65 号】　最高人民法院关于全国部分法院知识产权审判工作座谈会纪要（1997 年 11 月 14-18 日在苏州吴县召开，1998 年 7 月 20 日印发）

二、关于严格诉讼程序问题

（三）举证责任和证据的审查认定问题

……对证据的提交和审查认定，与会同志认为应当注意以下几个问题：

1. 证据一般应当在开庭前递交，并且应当给各方当事人留有交换证据的时间，交换证据可以通过开庭前组织各方当事人的方式进行。

2. 开庭后提交的证据，必须经过质证才能采信；经过庭审有待进一步查明的事实，可以给予当事人合理的举证期限，但以不影响在审限内结案为原则。

3. 对证据的审查，应当注意其真实性、合法性、关联性，认真审查其证明力。对违法取得的证据不得采信；对与证明案件事实无关的证据应予剔除；当争议双方提出相反证据时，应当结合其他关联证据确定采信哪方提供的证据。

4. 对能够证明案件事实的主要证据，必要时应当及时作出证据保全的裁定。

【法发〔2003〕25 号】　人民法院民事诉讼风险提示书（2003 年 12 月 23 日最高法审委会〔1302 次〕通过，次日公布，2003 年 12 月 24 日起施行）

十、不提供原始证据

当事人向人民法院提供证据，应当提供原件或者原物，特殊情况下也可以提供经人民法院核对无异的复制件或者复制品。提供的证据不符合上述条件的，可能影响证据的证明力，甚至可能不被采信。

【民二他字［2003］6 号】　最高人民法院关于债权人在保证期间以特快专递向保证人发出逾期贷款催收通知书但缺乏保证人对邮件签收或拒收的证据能否认定债权人向保证人主张权利的请示的复函（2003 年 6 月 12 日答复河北高院"［2003］冀民二请字第 1 号"请示）

债权人通过邮局以特快专递的方式向保证人发出逾期贷款催收通知书, 在债权人能够提供特快专递邮件存根及内容的情况下, 除非保证人有相反证据推翻债权人所提供的证据, 应当认定债权人向保证人主张了权利。

【主席令［2005］39 号】　中华人民共和国公证法（2005 年 8 月 28 日全国人大常委会［10 届 17 次］通过, 2006 年 3 月 1 日起施行; 2017 年 9 月 1 日全国人大常委会［12 届 29 次］新修, 2018 年 1 月 1 日起施行）

第 36 条　经公证的民事法律行为、有法律意义的事实和文书, 应当作为认定事实的根据, 但有相反证据足以推翻该项公证的除外。

【法发［2005］26 号】　第二次全国涉外商事海事审判工作会议纪要（2005 年 11 月 15-16 日在南京召开; 2005 年 12 月 26 日公布）

45. 对经合法传唤的被告未到庭而进行缺席审判的案件, 不能免除原告对其诉讼请求的证明责任, 人民法院仍应对原告所提交的证据材料进行审查。

136. 海事法院根据当事人的申请向有关部门调查收集的证据, 在当事人完成举证并出具完成举证说明书后出示。

137. 若无相反证据, 船舶碰撞事故发生后, 主管机关进行事故调查过程中由海事事故当事人确认的海事调查材料, 可以作为海事法院认定案件事实的证据。

147. 国家海事行政主管部门作出的调查报告, 若无相反证据, 可以作为海事法院审理案件的依据。

【法释［2008］7 号】　最高人民法院关于审理船舶碰撞纠纷案件若干问题的规定（2008 年 4 月 28 日最高法审委会［1446 次］通过, 2008 年 5 月 19 日公布, 2008 年 5 月 23 日起施行; 根据法释［2020］18 号《决定》修正, 2021 年 1 月 1 日起施行）

第 11 条　船舶碰撞事故发生后, 主管机关依法进行调查取得并经过事故当事人和有关人员确认的碰撞事实调查材料, 可以作为人民法院认定案件事实的证据, 但有相反证据足以推翻的除外。

【法发［2008］21 号】　最高人民法院关于处理涉及汶川地震相关案件适用法律问题的意见（一）（2008 年 7 月 14 日）

六、当事人在诉讼中提交给法院的证据如系原件, 在未经质证的情况下在地震中灭失，待证事实或者损毁灭失的证据内容又不能通过其他证明办法证明的，人民法院应当通过调解等办法妥善处理。

【法释［2009］3号】　最高人民法院关于审理涉及驰名商标保护的民事纠纷案件应用法律若干问题的解释（2009年4月22日最高法审委会［1467次］通过，同日公布，2009年5月1日起施行；根据法释［2020］19号《决定》修正，2021年1月1日起施行。以本规为准）

第7条（第2款）　除本解释另有规定外，人民法院对于商标驰名的事实，不适用民事诉讼证据的自认规则。

第8条　对于在中国境内为社会公众所熟知/广为知晓的商标，原告已提供其商标驰名的基本证据，或者被告不持异议的，人民法院对该商标驰名的事实予以认定。

【法释［2012］19号】　最高人民法院关于审理道路交通事故损害赔偿案件适用法律若干问题的解释（2012年9月17日最高法审委会［1556次］通过，2012年11月27日公布，2012年12月21日起施行；根据法释［2020］17号《决定》修正，2021年1月1日起施行）

第24条　公安机关交通管理部门制作的交通事故认定书，人民法院应依法审查并确认其相应的证明力，但有相反证据推翻的除外。

【法释［2013］14号】　最高人民法院关于适用《中华人民共和国保险法》若干问题的解释（二）（2013年5月6日最高法审委会［1577次］通过，2013年5月31日公布，2013年6月8日起施行；根据法释［2020］18号《决定》修正，2021年1月1日起施行）

第18条　行政管理部门依据法律规定制作的交通事故认定书、火灾事故认定书等，人民法院应当依法审查并确认其相应的证明力，但有相反证据能够推翻的除外。

【法释［2021］19号】　最高人民法院关于审理铁路运输人身损害赔偿纠纷案件适用法律若干问题的解释（"法释［2010］5号"公布，2010年3月16日起施行；根据法释［2020］17号《决定》修正，2021年1月1日起施行；2021年11月24日最高法审委会［1853次］修订，2021年12月8日公布，2022年1月1日起施行。以本规为准）

第11条　有权作出事故认定的组织依照《铁路交通事故应急救援和调查处理条例》等有关规定制作的事故认定书，经庭审质证，对于事故认定书所认定的事实，当事人没有相反证据和理由足以推翻的，人民法院应当作为认定事实的根据。

【法释［2016］14 号】　最高人民法院关于人民法院特邀调解的规定（2016 年 5 月 23 日最高法审委会［1684 次］通过, 2016 年 6 月 28 日公布, 2016 年 7 月 1 日起施行）

第 22 条　在调解过程中, 当事人为达成调解协议作出妥协而认可的事实, 不得在诉讼程序中作为对其不利的根据,[①]但是当事人均同意的除外。

【法［2017］48 号】　最高人民法院关于依法妥善审理涉及夫妻债务案件有关问题的通知（2017 年 2 月 28 日）

三、审查夫妻债务是否真实发生。债权人主张夫妻一方所负债务为夫妻共同债务的, 应当结合案件的具体情况, 按照《最高人民法院关于审理民间借贷案件适用法律若干问题的规定》第 16 条第 2 款、第 19 条规定, 结合当事人之间关系及其到庭情况、借贷金额、债权凭证、款项交付、当事人的经济能力、当地或者当事人之间的交易方式、交易习惯、当事人财产变动情况以及当事人陈述、证人证言等事实和因素, 综合判断债务是否发生。防止违反法律和司法解释规定, 仅凭借条、借据等债权凭证就认定存在债务的简单做法。

在当事人举证基础上, 要注意依职权查明举债一方作出有悖常理的自认的真实性。对夫妻一方主动申请人民法院出具民事调解书的, 应当结合案件基础事实重点审查调解协议是否损害夫妻另一方的合法权益。对人民调解协议司法确认案件, 应当按照《最高人民法院关于适用〈中华人民共和国民事诉讼法〉的解释》要求, 注重审查基础法律关系的真实性。

【法释［2019］19 号】　最高人民法院关于民事诉讼证据的若干规定（"法释［2001］33 号"公布, 2002 年 4 月 1 日起施行; 2019 年 10 月 14 日最高法审委会［1777 次］修订, 2019 年 12 月 25 日公布, 2020 年 5 月 1 日起施行）

第 15 条　当事人以视听资料作为证据的, 应当提供存储该视听资料的原始载体。

当事人以电子数据作为证据的, 应当提供原件。电子数据的制作者制作的与原件一致的副本, 或者直接来源于电子数据的打印件或其他可以显示、识别的输出介质, 视为电子数据的原件。

第 63 条　当事人应当就案件事实作真实、完整的陈述。

当事人的陈述与此前陈述不一致的, 人民法院应当责令其说明理由, 并结合当事人的诉讼能力、证据和案件具体情况进行审查认定。

当事人故意作虚假陈述妨碍人民法院审理的, 人民法院应当根据情节, 依照

---

① 注：经核《最高人民法院公报》2016 年第 8 期, 本处原文为"根据"; 而非"证据"。

民事诉讼法第 111 条（现第 114 条）的规定进行处罚。

第 64 条 人民法院认为有必要的，可以要求当事人本人到场，就案件的有关事实接受询问。

人民法院要求当事人到场接受询问的，应当通知当事人询问的时间、地点、拒不到场的后果等内容。

第 65 条 人民法院应当在询问前责令当事人签署保证书并宣读保证书的内容。

保证书应当载明保证据实陈述，绝无隐瞒、歪曲、增减，如有虚假陈述应当接受处罚等内容。当事人应当在保证书上签名、捺印。

当事人有正当理由不能宣读保证书的，由书记员宣读并进行说明。

第 66 条 当事人无正当理由拒不到场、拒不签署或宣读保证书或者拒不接受询问的，人民法院应当综合案件情况，判断待证事实的真伪。待证事实无其他证据证明的，人民法院应当作出不利于该当事人的认定。

第 85 条 人民法院应当以证据能够证明的案件事实为根据依法作出裁判。

审判人员应当依照法定程序，全面、客观地审核证据，依据法律的规定，遵循法官职业道德，运用逻辑推理和日常生活经验，对证据有无证明力和证明力大小独立进行判断，并公开判断的理由和结果。

第 86 条 当事人对于欺诈、胁迫、恶意串通事实的证明，以及对于口头遗嘱或赠与事实的证明，人民法院确信该待证事实存在的可能性能够排除合理怀疑的，应当认定该事实存在。

与诉讼保全、回避等程序事项有关的事实，人民法院结合当事人的说明及相关证据，认为有关事实存在的可能性较大的，可以认定该事实存在。

第 87 条 审判人员对单一证据可以从下列方面进行审核认定：（一）证据是否为原件、原物，复制件/复印件、复制品与原件、原物是否相符；（二）证据与本案事实是否相关；（三）证据的形式、来源是否符合法律规定；（四）证据的内容是否真实；（五）证人或者提供证据的人与当事人有无利害关系。

第 88 条 审判人员对案件的全部证据，应当从各证据与案件事实的关联程度、各证据之间的联系等方面进行综合审查判断。

第 67 条 在诉讼中，当事人为达成调解协议或者和解的目的作出妥协所涉及的对案件事实的认可，不得在其后的诉讼中作为对其不利的证据。

第 89 条 当事人在诉讼过程中认可的证据，人民法院应当予以确认。但法律、司法解释另有规定的除外。

当事人对认可的证据反悔的，参照《最高人民法院关于适用〈中华人民共和国民事诉讼法〉的解释》第 229 条的规定处理。

第 68 条　以侵害他人合法权益或者违反法律禁止性规定的方法取得的证据,不能作为认定案件事实的依据。

第 90 条　下列证据不能单独作为认定案件事实的根据/依据:(一) 当事人的陈述;(二) 无民事行为能力人或者限制民事行为能力人/未成年人所作的与其年龄、智力状况或者精神健康状况不相当的证言;(三) 与一方当事人或者其代理人有利害关系的证人陈述/出具的证言;(四) 存有疑点的视听资料、电子数据;(五) 无法与原件、原物核对的复制件/复印件、复制品。(五) 无正当理由未出庭作证的证人证言。

第 70 条　一方当事人提出的下列证据,对方当事人提出异议但没有足以反驳的相反证据的,人民法院应当确认其证明力:(一) 书证原件或者与书证原件核对无误的复印件、照片、副本、节录本;(二) 物证原物或者与物证原物核对无误的复制件、照片、录像资料等;(三) 有其他证据佐证并以合法手段取得的、无疑点的视听资料或者与视听资料核对无误的复制件;(四) 一方当事人申请人民法院依照法定程序制作的对物证或者现场的勘验笔录。

第 71 条　人民法院委托鉴定部门作出的鉴定结论,当事人没有足以反驳的相反证据和理由的,可以认定其证明力。

第 72 条　一方当事人提出的证据,另一方当事人认可或者提出的相反证据不足以反驳的,人民法院可以确认其证明力。

一方当事人提出的证据,另一方当事人有异议并提出反驳证据,对方当事人对反驳证据认可的,可以确认反驳证据的证明力。

第 73 条　双方当事人对同一事实分别举出相反的证据,但都没有足够的依据否定对方证据的,人民法院应当结合案件情况,判断一方提供证据的证明力是否明显大于另一方提供证据的证明力,并对证明力较大的证据予以确认。

因证据的证明力无法判断导致争议事实难以认定的,人民法院应当依据举证责任分配的规则作出裁判。

第 74 条　诉讼过程中,当事人在起诉状、答辩状、陈述及其委托代理人的代理词中承认的对己方不利的事实和认可的证据,人民法院应当予以确认;但当事人反悔并有相反证据足以推翻的除外。

第 91 条　公文书证的制作者根据文书原件制作的载有部分或者全部内容的副本,与正本具有相同的证明力。

在国家机关存档的文件,其复制件、副本、节录本经档案部门或者制作原本的机关证明其内容与原本一致的,该复制件、副本、节录本具有与原本相同的证明力。

第 92 条　私文书证的真实性,由主张以私文书证证明案件事实的当事人承担

第一编　第六章

举证责任。

私文书证由制作者或者其代理人签名、盖章或捺印的，推定为真实。

私文书证上有删除、涂改、增添或者其他形式瑕疵的，人民法院应当综合案件的具体情况判断其证明力。

第93条　人民法院对于电子数据的真实性，应当结合下列因素综合判断：（一）电子数据的生成、存储、传输所依赖的计算机系统的硬件、软件环境是否完整、可靠；（二）电子数据的生成、存储、传输所依赖的计算机系统的硬件、软件环境是否处于正常运行状态，或者不处于正常运行状态时对电子数据的生成、存储、传输是否有影响；（三）电子数据的生成、存储、传输所依赖的计算机系统的硬件、软件环境是否具备有效的防止出错的监测、核查手段；（四）电子数据是否被完整地保存、传输、提取，保存、传输、提取的方法是否可靠；（五）电子数据是否在正常的往来活动中形成和存储；（六）保存、传输、提取电子数据的主体是否适当；（七）影响电子数据完整性和可靠性的其他因素。

人民法院认为有必要的，可以通过鉴定或者勘验等方法，审查判断电子数据的真实性。

第94条　电子数据存在下列情形的，人民法院可以确认其真实性，但有足以反驳的相反证据的除外：（一）由当事人提交或者保管的于己不利的电子数据；（二）由记录和保存电子数据的中立第三方平台提供或者确认的；（三）在正常业务活动中形成的；（四）以档案管理方式保管的；（五）以当事人约定的方式保存、传输、提取的。

电子数据的内容经公证机关公证的，人民法院应当确认其真实性，但有相反证据足以推翻的除外。

第95条　~~有证据证明~~一方当事人控制/持有证据无正当理由拒不提交/~~提供~~，对待证事实负有举证责任的/对方当事人主张该证据的内容不利于控制人/~~持有人~~的，人民法院可以认定/~~推定~~该主张成立。

第76条　~~当事人对自己的主张，只有本人陈述而不能提出其他相关证据的，其主张不予支持。但对方当事人认可的除外。~~

第77条　~~人民法院就数个证据对同一事实的证明力，可以依照下列原则认定：~~

~~（一）国家机关、社会团体依职权制作的公文书证的证明力一般大于其他书证；~~

~~（二）物证、档案、鉴定结论、勘验笔录或者经过公证、登记的书证，其证明力一般大于其他书证、视听资料和证人证言；~~

~~（三）原始证据的证明力一般大于传来证据；~~

~~(四) 直接证据的证明力一般大于间接证据;~~

~~(五) 证人提供的对与其有亲属或者其他密切关系的当事人有利的证言, 其证明力一般小于其他证人证言。~~

第 96 条　人民法院认定证人证言, 可以通过对证人的智力状况、品德、知识、经验、法律意识和专业技能等的综合分析作出判断。

第 97 条　人民法院应当在裁判文书中阐明证据是否采纳的理由。

第 99 条 (第 2 款)　除法律、司法解释另有规定外, ……关于书证的规定适用于视听资料、电子数据; 存储在电子计算机等电子介质中的视听资料, 适用电子数据的规定。

【法释 [2020] 12 号】　最高人民法院关于知识产权民事诉讼证据的若干规定 (2020 年 11 月 9 日最高法审委会 [1815 次] 通过, 2020 年 11 月 16 日公布, 2020 年 11 月 18 日起施行; 以本规为准)

第 25 条 (第 1 款)　依法要求当事人提交有关证据, 其无正当理由拒不提交、提交虚假证据、毁灭证据或者实施其他致使证据不能使用行为的, 人民法院可以推定对方当事人就该证据所涉证明事项的主张成立。

第 26 条　证据涉及商业秘密或者其他需要保密的商业信息的, 人民法院应当在相关诉讼参与人接触该证据前, 要求其签订保密协议、作出保密承诺, 或者以裁定等法律文书责令其不得出于本案诉讼之外的任何目的披露、使用、允许他人使用在诉讼程序中接触到的秘密信息。

当事人申请对接触前款所称证据的人员范围作出限制, 人民法院经审查认为确有必要的, 应当准许。

第 30 条　当事人对公证文书提出异议, 并提供相反证据足以推翻的, 人民法院对该公证文书不予采纳。

当事人对公证文书提出异议的理由成立的, 人民法院可以要求公证机构出具说明或者补正, 并结合其他相关证据对该公证文书进行审核认定。

第 31 条　当事人提供的财务账簿、会计凭证、销售合同、进出货单据、上市公司年报、招股说明书、网站或者宣传册等有关记载, 设备系统存储的交易数据, 第三方平台统计的商品流通数据, 评估报告, 知识产权许可使用合同以及市场监管、税务、金融部门的记录等, 可以作为证据, 用以证明当事人主张的侵害知识产权赔偿数额。

第 32 条　当事人主张参照知识产权许可使用费的合理倍数确定赔偿数额的, 人民法院可以考量下列因素对许可使用费证据进行审核认定: (一) 许可使用费是否实际支付及支付方式, 许可使用合同是否实际履行或者备案; (二) 许可使用的权利内容、方式、范围、期限；（三）被许可人与许可人是否存在利害关系；（四）行业许可的通常标准。

【法释〔2021〕12 号】　人民法院在线诉讼规则（2021 年 5 月 18 日最高法审委会〔1838 次〕通过，2021 年 6 月 16 日公布，2021 年 8 月 1 日起施行；以本规为准）

第 15 条　当事人作为证据提交的电子化材料和电子数据，人民法院应当按照法律和司法解释的相关规定，经当事人举证质证后，依法认定其真实性、合法性和关联性。未经人民法院查证属实的证据，不得作为认定案件事实的根据。

第 16 条　当事人作为证据提交的电子数据系通过区块链技术存储，并经技术核验一致的，人民法院可以认定该电子数据上链后未经篡改，但有相反证据足以推翻的除外。

第 17 条　当事人对区块链技术存储的电子数据上链后的真实性提出异议，并有合理理由的，人民法院应当结合下列因素作出判断：（一）存证平台是否符合国家有关部门关于提供区块链存证服务的相关规定；（二）当事人与存证平台是否存在利害关系，并利用技术手段不当干预取证、存证过程；（三）存证平台的信息系统是否符合清洁性、安全性、可靠性、可用性的国家标准或者行业标准；（四）存证技术和过程是否符合相关国家标准或者行业标准中关于系统环境、技术安全、加密方式、数据传输、信息验证等方面的要求。

第 18 条　当事人提出电子数据上链存储前已不具备真实性，并提供证据证明或者说明理由的，人民法院应当予以审查。

人民法院根据案件情况，可以要求提交区块链技术存储电子数据的一方当事人，提供证据证明上链存储前数据的真实性，并结合上链存储前数据的具体来源、生成机制、存储过程、公证机构公证、第三方见证、关联印证数据等情况作出综合判断。当事人不能提供证据证明或者作出合理说明，该电子数据也无法与其他证据相互印证的，人民法院不予确认其真实性。

第 19 条　当事人可以申请具有专门知识的人就区块链技术存储电子数据相关技术问题提出意见。人民法院可以根据当事人申请或者依职权，委托鉴定区块链技术存储电子数据的真实性，或者调取其他相关证据进行核对。

【法释〔2021〕23 号】　人民法院在线调解规则（2021 年 12 月 27 日最高法审委会〔1859 次〕通过，2021 年 12 月 30 日公布，2022 年 1 月 1 日起施行；以本规为准）

第 18 条　……除共同确认的无争议事实外，当事人为达成调解协议作出妥协而认可的事实、证据等，不得在诉讼程序中作为对其不利的依据或者证据，但法律另有规定或者当事人均同意的除外。

第 26 条（第 2 款）　诉前委托鉴定评估经人民法院审查符合法律规定的，可以作为证据使用。

【法（民四）明传［2021］60 号】　全国法院涉外商事海事审判工作座谈会会议纪要（2021 年 6 月 10 日在南京召开，最高法 2021 年 12 月 31 日印发）

55.【货损发生期间的举证】根据海商法第 46 条的规定，承运人对其责任期间发生的货物灭失或者损坏负赔偿责任。请求人在货物交付时没有根据海商法第 81 条的规定提出异议，之后又向承运人主张货损赔偿，如果可能发生货损的原因和区间存在多个，请求人仅举证证明货损可能发生在承运人责任期间，而不能排除货损发生于非承运人责任期间的，人民法院不予支持。

89.【海上交通事故责任认定书的不可诉性】根据《中华人民共和国海上交通安全法》第 85 条第 2 款"海事管理机构应当自收到海上交通事故调查报告之日起 15 个工作日内作出事故责任认定书，作为处理海上交通事故的证据"的规定，海上交通事故责任认定行为不属于行政行为，海上交通事故责任认定书不宜纳入行政诉讼受案范围。海上交通事故责任认定书可以作为船舶碰撞纠纷等海事案件的证据，人民法院通过举证、质证程序对该责任认定书的证明力进行认定。

【人社部发［2022］9 号】　人力资源社会保障部、最高人民法院关于劳动人事争议仲裁与诉讼衔接有关问题的意见（一）（2022 年 2 月 21 日）

八、（第 2 款）　当事人自认的事实与已经查明的事实不符的，劳动人事争议仲裁委员会、人民法院不予确认。

九、当事人在诉讼程序中否认在仲裁程序中自认事实的，人民法院不予支持，但下列情形除外：（一）经对方当事人同意的；（二）自认是在受胁迫或者重大误解情况下作出的。

【法释［2022］11 号】　最高人民法院关于适用《中华人民共和国民事诉讼法》的解释（"法释［2015］5 号"公布，2015 年 2 月 4 日起施行；根据法释［2020］20 号《决定》修正，2021 年 1 月 1 日起施行；2022 年 3 月 22 日最高法审委会［1866 次］修正，2022 年 4 月 1 日公布，2022 年 4 月 10 日起施行；以本规为准）

第 104 条（第 2 款）　能够反映案件真实情况、与待证事实相关联、来源和形式符合法律规定的证据，应当作为认定案件事实的根据。

第 105 条　人民法院应当按照法定程序，全面、客观地审核证据，依照法律规定，运用逻辑推理和日常生活经验法则，对证据有无证明力和证明力大小进行判断，并公开判断的理由和结果。

第 106 条　对以严重侵害他人合法权益、违反法律禁止性规定或者严重违背公序良俗的方法形成或者获取的证据，不得作为认定案件事实的根据。

第 107 条　在诉讼中，当事人为达成调解协议或者和解协议作出妥协而认可的事实，不得在后续的诉讼中作为对其不利的根据，①但法律另有规定或者当事人均同意的除外。

第 108 条　对负有举证证明责任的当事人提供的证据，人民法院经审查并结合相关事实，确信待证事实的存在具有高度可能性的，应当认定该事实存在。

对一方当事人为反驳负有举证证明责任的当事人所主张事实而提供的证据，人民法院经审查并结合相关事实，认为待证事实真伪不明的，应当认定该事实不存在。

法律对于待证事实所应达到的证明标准另有规定的，从其规定。

第 109 条　当事人对欺诈、胁迫、恶意串通事实的证明，以及对口头遗嘱或者赠与事实的证明，人民法院确信该待证事实存在的可能性能够排除合理怀疑的，应当认定该事实存在。

第 110 条　人民法院认为有必要的，可以要求当事人本人到庭，就案件有关事实接受询问。在询问当事人之前，可以要求其签署保证书。

保证书应当载明据实陈述、如有虚假陈述愿意接受处罚等内容。当事人应当在保证书上签名或者捺印。

负有举证证明责任的当事人拒绝到庭、拒绝接受询问或者拒绝签署保证书，待证事实又欠缺其他证据证明的，人民法院对其主张的事实不予认定。

第 111 条　民事诉讼法第 73 条规定的提交书证原件确有困难，包括下列情形：（一）书证原件遗失、灭失或者毁损的；（二）原件在对方当事人控制之下，经合法通知提交而拒不提交的；（三）原件在他人控制之下，而其有权不提交的；（四）原件因篇幅或者体积过大而不便提交的；（五）承担举证证明责任的当事人通过申请人民法院调查收集或者其他方式无法获得书证原件的。

前款规定情形，人民法院应当结合其他证据和案件具体情况，审查判断书证复制品等能否作为认定案件事实的根据。

第 112 条　书证在对方当事人控制之下的，承担举证证明责任的当事人可以在举证期限届满前书面申请人民法院责令对方当事人提交。

申请理由成立的，人民法院应当责令对方当事人提交，因提交书证所产生的费用，由申请人负担。对方当事人无正当理由拒不提交的，人民法院可以认定申请人所主张的书证内容为真实。

第 113 条　持有书证的当事人以妨碍对方当事人使用为目的，毁灭有关书证或者实施其他致使书证不能使用行为的，人民法院可以依照民事诉讼法第 114 条

---

① 注：经核《最高人民法院公报》2015 年第 5 期，本处原文为"根据"；而非"证据"。

规定,对其处以罚款、拘留。

第 114 条　国家机关或者其他依法具有社会管理职能的组织,在其职权范围内制作的文书所记载的事项推定为真实,但有相反证据足以推翻的除外。必要时,人民法院可以要求制作文书的机关或者组织对文书的真实性予以说明。

第 115 条　单位向人民法院提出的证明材料,应当由单位负责人及制作证明材料的人员签名或者盖章,并加盖单位印章。人民法院就单位出具的证明材料,可以向单位及制作证明材料的人员进行调查核实。必要时,可以要求制作证明材料的人员出庭作证。

单位及制作证明材料的人员拒绝人民法院调查核实,或者制作证明材料的人员无正当理由拒绝出庭作证的,该证明材料不得作为认定案件事实的根据。

【法释〔2023〕6 号】　最高人民法院关于生态环境侵权民事诉讼证据的若干规定(2023 年 4 月 17 日最高法审委会〔1885 次〕通过,2023 年 8 月 14 日公布,2023 年 9 月 1 日起施行;以本规为准)

第 7 条　被告证明其排放的污染物、释放的生态因素、产生的生态影响未到达损害发生地,或者其行为在损害发生后才实施且未加重损害后果,或者存在其行为不可能导致损害的其他情形的,人民法院应当认定被告行为与损害之间不存在因果关系。

第 8 条　对于发生法律效力的刑事裁判、行政裁判因未达到证明标准未予认定的事实,在因同一污染环境、破坏生态行为提起的生态环境侵权民事诉讼中,人民法院根据有关事实和证据确信待证事实的存在具有高度可能性的,应当认定该事实存在。

第 15 条　当事人向人民法院提交证据后申请撤回该证据,或者声明不以该证据证明案件事实的,不影响其他当事人援引该证据证明案件事实以及人民法院对该证据进行审查认定。

当事人放弃使用人民法院依其申请调查收集或者保全的证据的,按照前款规定处理。

第 23 条　当事人就环境污染、生态破坏的专门性问题自行委托有关机构、人员出具的意见,人民法院应当结合本案的其他证据,审查确定能否作为认定案件事实的根据。

对方当事人对该意见有异议的,人民法院应当告知提供意见的当事人可以申请出具意见的机构或者人员出庭陈述意见;未出庭的,该意见不得作为认定案件事实的根据。

第 24 条　负有环境资源保护监督管理职责的部门在其职权范围内制作的处罚

决定等文书所记载的事项推定为真实，但有相反证据足以推翻的除外。

人民法院认为有必要的，可以依职权对上述文书的真实性进行调查核实。

第 25 条　负有环境资源保护监督管理职责的部门及其所属或者委托的监测机构在行政执法过程中收集的监测数据、形成的事件调查报告、检验检测报告、评估报告等材料，以及公安机关单独或者会同负有环境资源保护监督管理职责的部门提取样品进行检测获取的数据，经当事人质证，可以作为认定案件事实的根据。

【法发〔2024〕7 号】　最高人民法院关于全面加强未成年人司法保护及犯罪防治工作的意见（2024 年 5 月 30 日发布并实施）

25. 完善一体化审理机制。……刑事或者行政生效裁判确认的基本事实，除有相反证据足以推翻外，在相关民事案件中可予以认定。

【法刊文摘】　法答网精选答问（第 6 批）（人民法院报 2024 年 6 月 13 日第 7 版）

问题 3（北京市高级人民法院民三庭 姜琨珉）：商标权纠纷案件中，法院在审查被告所提合法来源抗辩是否成立时应当把握何种标准？

答疑摘要（最高人民法院民三庭晏景）：司法实践中，判断合法来源抗辩是否成立，应当从主、客观两个方面进行审查。客观方面须审查被诉侵权商品是否由销售者、使用者合法取得，主观方面须审查销售者、使用者是否不知道或不应当知道被诉侵权商品构成侵权。对于客观要件方面的审查，应当综合考虑销售者所处的市场地位、权利人维权成本以及市场交易习惯等因素，对销售者的举证责任作出合理要求。对于在市场经营活动中处于较弱地位的个体零售经营者，考虑到其通常采取的交易方式较为灵活，专业程度不高等因素，不宜过于苛求其证据形式要件的完备，只要其提供的证据符合一般交易习惯，能够指明被诉侵权商品供货商的真实身份信息，以及系通过合法购货渠道和合理价格购入，就应当认为该销售者已经尽到举证责任。对于主观要件方面的审查，应当从审查被诉侵权商品合法来源的证据着手，结合销售者的经营规模、专业程度、市场交易习惯等进行综合判断。销售者提供的合法来源证据与其注意义务程度相当的，可以推定其主观上不知道也不应当知道所销售的系侵权商品。

● **指导案例　【法〔2015〕85 号】　最高人民法院第 10 批指导性案例**（2015 年 4 月 15 日）

（指导案例 49 号）石鸿林诉泰州华仁电子资讯有限公司侵害计算机软件著作权纠纷案（江苏高院 2007 年 12 月 17 日〔2007〕苏民三终字第 0018 号民事判决）

裁判要点：在被告拒绝提供被控侵权软件的源程序或者目标程序，且由于技术上的限制，无法从被控侵权产品中直接读出目标程序的情形下，如果原、被告软件在设计缺陷方面基本相同，而被告又无正当理由拒绝提供其软件源程序或者目标程序以供直接比对，则考虑到原告的客观举证难度，可以判定原、被告计算机软件构成实质性相同，由被告承担侵权责任。

【法〔2017〕53 号】　最高人民法院第 16 批指导性案例（2017 年 3 月 6 日）

（指导案例 84 号）礼来公司诉常州华生制药有限公司侵害发明专利权纠纷案（最高法院 2016 年 5 月 31 日〔2015〕民三终字第 1 号民事判决）

裁判要点：1. 药品制备方法专利侵权纠纷中，在无其他相反证据情形下，应当推定被诉侵权药品在药监部门的备案工艺为其实际制备工艺；有证据证明被诉侵权药品备案工艺不真实的，应当充分审查被诉侵权药品的技术来源、生产规程、批生产记录、备案文件等证据，依法确定被诉侵权药品的实际制备工艺。2. 对于被诉侵权药品制备工艺等复杂的技术事实，可以综合运用技术调查官、专家辅助人、司法鉴定以及科技专家咨询等多种途径进行查明。

【高检发办字〔2022〕91 号】　最高人民检察院第 38 批指导性案例（2022 年 5 月 20 日最高检检委会〔13 届 99 次〕通过，2022 年 6 月 28 日印发）

（检例第 154 号）李某荣等 7 人与李某云民间借贷纠纷抗诉案（最高检抗诉）[①]

要旨：检察机关办理民间借贷纠纷监督案件应当全面、客观地审查证据，加强对借款、还款凭证等合同类文件以及款项实际交付情况的审查，确保相关证据达到高度可能性的证明标准，并就举证责任分配是否符合法定规则加强监督。对

[①]　基本案情：2004-2005 年，李某云先后向魏某义借款 140 万元并出具借条。魏某义去世后，其法定继承人李某荣等 7 人凭借条起诉催讨借款，李某云出示"李某云借款已全部还清，以前双方所写借款条和还款条自行撕毁，以此为据。2006.5.8 立字据人：魏某义"的还款字据。诉讼期间，针对还款字据的真伪，李某云自行委托的河南某司法鉴定中心的鉴定意见为：签名与指纹均系本人；新密市法院一审委托的西南某司法鉴定中心的鉴定意见为：签名非本人，指纹不确定是否打印形成；重新委托的辽宁某司法鉴定中心的鉴定意见为：签名系本人，指纹无鉴定资质。故驳回起诉。郑州中院二审委托的北京某物证鉴定中心的鉴定意见为：签名与指纹均系本人。故维持原判。河南高院再审采信辽宁和北京的鉴定意见，维持原判。

李某荣等 7 人向河南省人民检察院申请监督。检察机关认为，李某云主张已偿还的 100 万元是以承兑汇票贴息的方式兑付，必然会在银行划转留痕，而原审法院并未要求李某云提供此证据，亦未依职权调取，明显不当；并且还款字据存在明显裁剪痕迹、正文与签字不是同一人所写等重大瑕疵；另外，存在李某云与鉴定机构负责人多次不当电话联系、原审法院送检时未说明该检材已经多次鉴定等瑕疵。故提请最高检抗诉。最高人民检察院在对承兑汇票贴息兑付、还款字据的形式和内容以及鉴定意见等情况进行全面、客观审查后，认为再审判决认定李某云已经偿还借款的事实缺乏证据证明，向最高人民法院提出抗诉。最高法院再审判决撤销一审、二审及河南高院的再审判决，判令李某云 10 日内还款 140 万元并付息。

于鉴定意见应否采信，检察机关应当统筹考虑鉴定内容、鉴定程序、鉴定资质以及当事人在关键节点能否充分行使诉权等因素，结合案件其他证据综合作出判断。

● 入库案例 　【2023-08-2-104-011】　立某润海公司诉某区财政局保证合同纠纷案（2021.09.30/［2021］最高法民申5937号）

　　裁判要旨：根据《最高人民法院关于适用〈中华人民共和国民事诉讼法〉的解释》第108条规定，对于证明案件事实的证据，需达到确信待证事实的存在具有高度可能性之标准。在双方当事人对同一事实分别举出相反的证据，但都没有足够的依据否定对方证据的情况下，人民法院应根据证据的三性即证据的真实性、关联性和其来源的合法性，判断证据证明力大小。通过综合审核认定证据与案件事实之间的关联程度、证据之间的相互关系等，确保作为认定案件事实的证据之间能够相互衔接、印证。

　　【2023-11-2-377-013】　梁某诉某水泥公司环境污染责任纠纷案（防城港中院/2014.10.16/［2014］防市民一终字第377号）

　　裁判要旨：……人民法院对负有环境保护监督管理职责的部门或者其委托的机构出具的环境污染事件调查报告，经当事人质证后，可以作为认定案件事实的根据。

　　【2023-13-2-161-008】　四川某种业公司诉泸州某种业公司侵害植物新品种权纠纷案（2020.11.06/［2020］最高法知民终793号）

　　裁判要旨：针对同一被诉侵权人繁殖、销售同一被诉侵权品种行为在行政查处程序中形成的检验报告，可以在民事侵权纠纷案件中作为证据使用。该行政执法中的检验报告与法院委托鉴定报告系针对不同批种子的检验而得出不同检验结论的，不能认为检验结论之间存在冲突。

　　【2024-08-2-314-002】　卢某等诉某科技集团公司证券虚假陈述责任纠纷案（上海高院/2019.08.07/［2019］沪民终263号）

　　裁判要旨：1. 只要投资者证券买入时间符合《最高人民法院关于审理证券市场虚假陈述侵权民事赔偿案件的若干规定》第27条规定的买入时间要求，即可推定虚假陈述与证券交易之间因果关系的成立，无须证实虚假陈述系投资者买入证券的唯一原因。

　　2. 在损失计算中，可采用"第一笔有效买入后的移动加权平均法"确定证券买入均价，使得投资差额损失认定更符合每个投资者的实际情况。

　　3. 在系统风险扣除中，可采用个性化的"同步指数对比法"扣除相应的系统风险比例，体现每个投资者经历的不同风险阶段，这样更具合理性。

● **公报案例**　（法公报［2006］5 期）　福建三某集团股份有限公司与福建省泉州市煌某房地产发展有限公司商品房预售合同纠纷案（最高法院 2005 年 9 月 8 日［2004］民一终字第 104 号二审民事判决）

　　裁判摘要：签订合同的一方当事人主张对方向法院提供的合同文本原件不真实，即应当向法院提供自己持有的合同文本原件及其他相关证据；如果不能向法院提供合同文本原件，亦不能提供其他确有证明力的证据以否定对方当事人提供的合同文本原件的真实性，人民法院应当依据优势证据原则，认定对方当事人提供的合同文本原件真实。

　　（法公报［2010］11 期）　葛宇斐诉沈丘县汽车运输有限公司、中国人民财产保险股份有限公司周口市分公司、中国人民财产保险股份有限公司沈丘支公司道路交通事故损害赔偿纠纷案（南京中院 2010 年 4 月 21 日民事判决）①

　　裁判摘要：交通事故认定书是公安机关处理交通事故，作出行政决定所依据的主要证据，虽然可以在民事诉讼中作为证据使用，但由于交通事故认定结论的依据是相应行政法规，运用的归责原则具有特殊性，与民事诉讼中关于侵权行为认定的法律依据、归责原则有所区别。交通事故责任不完全等同于民事法律赔偿责任，因此，交通事故认定书不能作为民事侵权损害赔偿案件责任分配的唯一依据。行为人在侵权行为中的过错程度，应当结合案件实际情况，根据民事诉讼的归责原则进行综合认定。

　　（**本书摘要**）　交通意外事故并不等同于民法上的意外事件，交通事故责任并不等同于民事法律赔偿责任。民事侵权赔偿责任的分配不应当单纯以交通事故责任认定书认定的交通事故责任划分来确定，而应当从损害行为、损害后果、行为与后果之间的因果关系及主观方面的过错程度等方面综合考虑。

　　交通事故认定书中交通事故责任的认定，主要是依据道路交通安全法、《道路交通安全法实施条例》等法律、行政法规，在分析判断交通事故责任认定时，与民事审判中分析判断侵权案件适用全部民事法规进行分析有所区别，而且，认定交通事故责任的归责原则与民事诉讼中侵权案件的归责原则不完全相同。

　　（法公报［2014］5 期）　华镇名与孙海涛、吉林市轩宇房地产开发有限责任公司申请执行人执行异议纠纷案（最高法院民事判决）

　　裁判摘要：根据《最高人民法院关于民事诉讼证据的若干规定》第 64 条（现第 85 条）的规定，审判人员应当依照法定程序，全面、客观地审核证据，依

---

　　① 注：法释［2012］19 号《解释》第 24 条、法释［2013］14 号《解释》第 18 条吸收了本案裁判要旨。

据法律的规定，遵循法官职业道德，运用逻辑推理和日常生活经验，对证据有无证明力和证明力大小独立进行判断，并公开判断的理由和结果。

（本书摘要） 孙海涛和轩宇公司在本案中不仅不是相互对立的一方，而且其诉讼目的一致，就是阻止华镇名对讼争网点的强制执行，故轩宇公司对于孙海涛交付其网点价款的自认，对华镇名没有约束力。因此，仅有轩宇公司的自认，而没有轩宇公司其他证据如入账记录佐证，加之自认的孤证不是正式发票，而是收据，收据本身也漏洞百出，本院不能确信轩宇公司收到该款。

（法公报〔2014〕10期） **余恩惠、李赞、李芊与重庆西南医院医疗损害赔偿纠纷再审案**（最高法公布的7起保障民生典型案例之一）①

意义摘要： 准确认定事实是正确审理案件的基础，应当全面审查证据材料，不能简单化处理，这样才能避免形式主义错误。诉讼请求能否得到支持，需要证据证明，但对证据法定构成要件的理解不能僵化。原始收费凭证确实是证明商品数量和价格的直接有力证据，但仅仅拘泥于此就不能解决复杂问题。讼争20瓶人血白蛋白用药系遵重庆西南医院医生之嘱，医生开出处方后交由患者家属外购，该院护士有注射记录。余恩惠、李赞、李芊虽然不能提供原始收费凭证，但对此作出了合理解释；而且，重庆西南医院也提供了证据，证明其同时期出售的人血白蛋白价格为每瓶360元。在这种情况下，李安富住院治疗期间自行购买人血白蛋白的费用数额，已经具备了完整的证据链可以证明，符合民事案件审理过程中认定事实的优势证据原则。

（法公报〔2015〕7期） **孙卫与南通百川面粉有限公司不当得利纠纷案**（江苏海安法院2014年7月15日民事判决）

裁判摘要： 刑事判决认定的赃款数额并非等同于作案造成损失的范围，不能简单依据刑事判决认定赃款的数额确定损失范围。刑事案件与民事案件的证明标准不同，不应以刑事案件的高标准取代民事证明标准。

（本书摘要） 通常情况下，犯罪行为给受害人造成直接和间接损失的范围要大于作案人所直接获得的赃款。在处理刑事案件造成的民事损失赔偿纠纷时，赔偿所立足的依据是受害人的损失，而不是作案人所直接获得的赃款。相对而言，民事证明标准一般要低于刑事证明标准。刑事案件认定孙卫侵占赃款时，从十几万元、十万余元逐渐压缩固定为10万元，体现了刑事案件严格的证据标准。本案中，双方当事人陈述、刑事案件中孙卫的供述、审计报告、证人证言等基本统一，按照高度盖然性标准，相关事实足以证明。

---

① 注：本案由重庆市人民检察院提请最高检抗诉（详见本书第215条），最高法改判。

（法公报［2016］1 期）　洪秀凤与昆明安钡佳房地产开发有限公司房屋买卖合同纠纷案（最高法院 2015 年 6 月 1 日［2015］民一终字第 78 号民事判决）

裁判摘要： 1. 合同在性质上属于原始证据、直接证据，应作为确定当事人法律关系性质的逻辑起点和基本依据，应当重视其相对于传来证据、间接证据所具有的较高证明力。仅可在确有充分证据证明当事人实际履行行为与书面合同文件表现的效果意思出现显著差异时，才可依前者确定其间法律关系的性质。若要否定书面证据所体现的法律关系，并确定当事人之间存在缺乏以书面证据为载体的其他民事法律关系，必须在证据审核方面给予更为审慎的分析研判。2. 在两种解读结果具有同等合理性的场合，应朝着有利于书面证据所代表法律关系成立的方向作出判定，借此传达和树立重诺守信的价值导向。3. 透过解释确定争议法律关系的性质，应当秉持使争议法律关系项下之权利义务更加清楚，而不是更加模糊的基本价值取向。在没有充分证据佐证当事人之间存在隐藏法律关系且该隐藏法律关系真实并终局地对当事人产生约束力的场合，不宜简单否定既存外化法律关系对当事人真实意思的体现和反映，避免当事人一方不当摆脱既定权利义务约束的结果出现。①

（本书摘要） 证明标准是负担证明责任的人提供证据证明其所主张法律事实所要达到的证明程度。本案中，洪秀凤已经完成双方当事人之间存在房屋买卖法律关系的举证证明责任；安钡佳公司主张其与洪秀凤之间存在民间借贷法律关系，应当在证明力上足以使人民法院确信该待证事实的存在具有高度可能性。较之高度可能性这一一般证明标准而言，合理怀疑排除属于特殊证明标准。《最高人民法院关于适用〈中华人民共和国民事诉讼法〉的解释》第 109 条对排除合理怀疑原则适用的特殊类型民事案件范围有明确规定。一审法院认定双方当事人一系列行为明显不符合房屋买卖的"交易习惯"，进而基于合理怀疑得出其间系名为房屋买卖实为借贷民事法律关系的认定结论，没有充分的事实及法律依据，也不符合前述司法解释的规定精神。

（法公报［2016］3 期）　陈呈浴与内蒙古昌宇石业有限公司合同纠纷案（最高法院 2015 年 5 月 30 日［2014］民提字第 178 号民事判决）（另见本书第 79 条）

裁判摘要： 一、印章真实不等于协议真实。协议形成行为与印章加盖行为在性质上具有相对独立性，协议内容是双方合意行为的表现形式，而印章加盖行为是各方确认双方合意内容的方式，二者相互关联又相对独立。在证据意义上，印章真实一般即可推定协议真实，但在有证据否定或怀疑合意形成行为真实性的情况下，即不能根据印章的真实性直接推定协议的真实性。也就是说，印章在证明

---

① 本书评注：本段阐述过于书面化，并且晦涩、拗口，不利于裁判文书的释理和普法。

协议真实性上尚属初步证据，人民法院认定协议的真实性需综合考虑其他证据及事实。

（法公报［2016］12期） 李明柏诉南京金陵置业发展有限公司商品房预售合同纠纷案（江苏高院民事判决）

裁判摘要：对于政府机关及其他职能部门出具的询价意见、咨询意见等证据材料，人民法院应当对其真实性、合法性以及与待证事实的关联性进行判断，如上述证据不能反映案件的客观真实情况，则不能作为人民法院认定案件事实的根据。

（法公报［2017］8期） 杨焕香与孙宝荣、廊坊愉景房地产开发有限公司增资纠纷案（最高法院2016年12月19日［2015］民二终字第191号民事裁定）

裁判摘要：收条作为当事人之间收付款的书证、直接证据，对证明当事人之间收付款的事实具有一定的证明效力。但是，由于收条记载的内容与当事人之间实际收付款的情形有时并不一致，因此仅以收条为据尚不足以充分证明实际收付款情况。特别是在大额资金往来中，除收条外，还应结合双方的交易习惯、付款凭证、汇款单据等证据，对收条中记载的资金是否实际支付加以综合判断认定。

（法公报［2021］2期） 葛亮诉李辉等房屋买卖合同纠纷案（上海二中院民事裁定）

裁判摘要：涉"套路贷"房屋买卖合同效力的判断，不宜仅凭公证授权文书一律认定有效，要查明当事人的真实意思，对隐藏的民事法律行为的效力，综合考量依法作出判定。

● **书刊案例** 【立案［2012］4辑】 民事诉讼中公安机关询问笔录的证据效力认定——都江堰市英华铝业有限责任公司与成都颖博投资有限公司担保追偿权纠纷申请再审案（最高法院再审，《立案工作指导》2012年第4辑，人民法院出版社2013年3月第1版）（另见本书第12章第1节"除斥与诉讼时效"专辑）

裁判摘要：《询问笔录》的形成在程序上并不违法，再审判决将《询问笔录》作为证据使用并无不当。都江堰市公安局询问英华铝业公司法定代表人丘和的地点在成都市罗马广场内，询问时并未采取任何强制措施，英华铝业公司主张《询问笔录》不是丘和的真实意思表示，缺乏事实和法律依据。

● **高法判例** 【［2015］民一终字第150号】 王某、钟某玉等股权转让纠纷、案外人执行异议之诉案（最高法院2016年1月10日二审民事判决）（详见本书第238条）

裁判摘要：（福建高院一审意见，最高法院维持）虽然钟某玉于一审庭审后提供的《结婚登记申请表》所载的申请人为"钟某姑",且未提供其他证据证明其曾用名为"钟某姑",但是钟某玉与林某达是否存在合法的婚姻关系,属行政机关在办理两人离婚登记时应当审查的事项,行政机关作出"符合条件,予以办理(离婚登记)"的审查结果,其中应当包含确认两人此前存在婚姻关系之意。钟某玉与林某达签署的《离婚协议书》系双方自愿达成,内容没有违反法律、行政法规的强制性规定,两人亦已依该协议并经行政机关批准解除婚姻关系,故应当认定该离婚协议合法有效。

【[2017]最高法民申 4305 号、4310 号】　石油贸易公司、工贸公司金融借款合同纠纷再审审查与审判监督案（最高法院 2017 年 12 月 15 日民事裁定）

裁判摘要：石油贸易公司对《贷款支付合作协议》系其真实意思表示不持异议,但认为回执上加盖的印章虽系其公司印章,该印章却是刘某私自加盖,加盖印章行为不是其公司真实意思表示。石油贸易公司的印章应由其自行妥善保管,刘某并非石油贸易公司员工,即使《回执》上石油贸易公司的印章确系刘某偷盖,在某银行不知情的情况下,石油贸易公司因对自己印章管理存在过错,也应承担相应责任。[①]

【[2018]最高法民申 6292 号、6293 号】　建材公司、郑某良合同纠纷再审审查与审判监督案（最高法院 2018 年 12 月 24 日民事裁定）

裁判摘要：根据《司法鉴定意见书》的鉴定意见,《补充协议》上加盖的建材公司的印章与送检的印章是同一枚印章盖印形成。虽然鉴定意见认为,《补充协议》上印章的形成时间不应是其标称的时间,其形成时间晚于送检材料上印文的形成时间,但因送检材料的形成时间无证据证实,故上述鉴定意见亦不足以证明《补充协议》不真实。[②]

【[2019]最高法民申 1614 号】　建设工程公司与建设集团、沙某博建设工程施工合同纠纷再审案（最高法院 2019 年 6 月 6 日民事裁定）

裁判摘要：协议形成行为与印章加盖行为在性质上具有相对独立性。协议内容是双方合意行为的表现形式,而印章加盖行为是各方确认双方合意内容的方式,二者相互关联又相对独立。即印章在证明真实性上尚属初步证据,合同是否成立取决于双方当事人意思表示是否真实。[③]

---

① 注：本案,石油贸易公司直接援引了"法公报[2016]3 期"的裁判摘要作为再审申请理由(见本阐述单元),但未被本案合议庭采纳,再审申请被驳回。

② 注：本案,建材公司援引了"法公报[2016]3 期"的裁判摘要作为再审申请理由(见本阐述单元),但未被本案合议庭采纳,再审申请被驳回。

③ 注：该部分摘要与本阐述单元公报案例"法公报[2016]3 期"案例一致。

【［2022］云民申432号】　　**杨某城、易某明等合伙合同纠纷再审案**（云南高院2022年9月19日民事裁定）

裁判摘要：对于政府机关及其他职能部门出具的证明材料，人民法院应当对其真实性、合法性以及与待证事实的关联性进行判断，而不能因其为政府机关出具则直接将作为定案证据，而应对该类证据进行质证，如上述证据不能反映案件的客观真实情况，则不能作为人民法院认定案件事实的根据。

【［2020］最高法民申138号】　　**梁某辉贷款纠纷申请再审案**（最高法院2020年7月20日民事裁定）

裁判摘要：当事人提供的由单位出具的证明仅加盖了该单位印章，单位负责人及制作证明材料的人员未在证明上签名或者盖章，该证据不符合法律规定的形式，人民法院对该证据不予采信。

【［2022］最高法知民终222号】　　**缝制设备公司、自动化公司侵害实用新型专利权纠纷案**（最高法院知产庭2022年11月23日二审民事判决：专利侵权诉讼中的非法证据认定）

裁判摘要：1. 真实性、合法性、关联性是民事诉讼证据的3个重要属性，关于证据合法性的认定，《最高人民法院关于适用〈中华人民共和国民事诉讼法〉的解释》第106条规定确立了民事诉讼非法证据的判断标准：第一，取证行为是否严重侵害了他人合法权益；第二，取证行为是否违反了法律禁止性规定；第三，取证行为是否严重违背公序良俗。2. 根据具体的案情，对民事诉讼中的证据是否适用非法证据排除作出认定：（1）取证行为的必要性。如果法律已经为当事人设置了从对方当事人或第三人处获取证据的合法途径，当事人能够选择合法途径却弃而不用，则其非法取证行为所形成或者获取的证据不应被采纳。但是，如果客观上当事人并无其他更为合适的取证途径可以选择，或者存在证据可能灭失的紧急情况，当事人非通过轻微违法的方式取证其权益无法获得保护，则该取证行为可视为具有必要性。在知识产权侵权诉讼中，基于权利客体的无形性，权利人"取证难"的问题客观存在。在侵权证据为被诉侵权人或者第三人所掌握的情况下，过分苛责取证方式，对取证行为的合法性作出比较狭窄的解释，将使得侵权事实难以查明，不利于知识产权的司法保护。（2）实际损害的考量。对民事诉讼中非法取证行为的认定，还需要考量该取证行为对他人合法权益造成了何种损害，该损害是否涉及刑事违法性或者触及他人重要民事权益等。通常，具有刑事违法性的取证行为，或者以侵犯他人重要民事权益的方式形成或者获取的证据，应当作为非法证据在民事诉讼中予以排除。但是，对于以轻微行政或民事违法行为形成或者获取的查明案件基础事实的关键证据，其既未损害他人重要民事权益，亦未违反法律禁止性规定或者严重违背公序良俗，则不应不加区别直接予以排除。
（3）比例原则的适用。取证行为在方式、手段上的不合法，不能否定证据内容的真实性。对民事诉讼非法证据的认定，需要在轻微违法的取证行为给他人合法权益造成的损害与诉讼所要保护的利益（忽略取证行为的违法性所能够保护的利益）之间进行平衡，使二者保持适当、合理、均衡的比例关系。

● **文书格式**　【法〔2016〕221号】　**民事诉讼文书样式**（2016年2月22日最高法审委会〔1679次〕通过，2016年6月28日公布，2016年8月1日起施行）（本书对格式略有调整）

保证书（当事人当庭保证用）①

（××××）……民×……号（同诉讼案件案号）

姓名：

本案诉讼地位：

案由：

我作为本案当事人，保证向法庭据实陈述。如有虚假陈述，愿意接受罚款、拘留乃至刑事处罚。

特此保证。

保证人（签名或捺印）
×年×月×日

第75条　【出庭作证】凡是知道案件情况的单位和[19910409]个人，都有义务出庭作证。有关单位的负责人应当支持证人作证。~~证人确有困难不能出庭的，经人民法院许可，可以提交书面证言。~~[20130101]
不能正确表达意思/意志[20130101]的人，不能作证。

第76条[20130101]　**【非出庭作证】**经人民法院通知，证人应当出庭作证。有下列情形之一的，经人民法院许可，可以通过书面证言、视听传输技术或者视听资料等方式作证：
（一）因健康原因不能出庭的；
（二）因路途遥远，交通不便不能出庭的；

---

① 本样式根据"法释〔2022〕11号"《解释》第110条制定。

（三）因自然灾害等不可抗力不能出庭的；

（四）其他有正当理由不能出庭的。

第 77 条²⁰¹³⁰¹⁰¹　【证人出庭费用】证人因履行出庭作证义务而支出的交通、住宿、就餐等必要费用以及误工损失，由败诉一方当事人负担。当事人申请证人作证的，由该当事人先行垫付；当事人没有申请，人民法院通知证人作证的，由人民法院先行垫付。

第 78 条　（见第 74 条之后）

（复）第 142 条（第 2 款）　【向证人发问】当事人经法庭许可，可以向证人、鉴定人、勘验人发问。

● 相关规定　【法发〔2003〕25 号】　人民法院民事诉讼风险提示书（2003 年 12 月 23 日最高法审委会〔1302 次〕通过，次日公布，2003 年 12 月 24 日起施行）

十一、证人不出庭作证

除属于法律和司法解释规定的证人确有困难不能出庭的特殊情况外，当事人提供证人证言的，证人应当出庭作证并接受质询。如果证人不出庭作证，可能影响该证人证言的证据效力，甚至不被采信。

【法〔2017〕48 号】　~~最高人民法院关于依法妥善审理涉及夫妻债务案件有关问题的通知~~（2017 年 2 月 28 日）

二、保障未具名举债夫妻一方的诉讼权利。在审理以夫妻一方名义举债的案件中，原则上应当传唤夫妻双方本人和案件其他当事人本人到庭；需要证人出庭作证的，除法定事由外，应当通知证人出庭作证。在庭审中，应当按照《最高人民法院关于适用〈中华人民共和国民事诉讼法〉的解释》的规定，要求有关当事人和证人签署保证书，以保证当事人陈述和证人证言的真实性。未具名举债一方不能提供证据，但能够提供证据线索的，人民法院应当根据当事人的申请进行调查取证；对伪造、隐藏、毁灭证据的要依法予以惩处。未经审判程序，不得要求未举债的夫妻一方承担民事责任。

【法释〔2019〕19 号】　最高人民法院关于民事诉讼证据的若干规定（"法释〔2001〕33 号"公布，2002 年 4 月 1 日起施行；2019 年 10 月 14 日最高法审委会〔1777 次〕修订，2019 年 12 月 25 日公布，2020 年 5 月 1 日起施行）

第 67 条　不能正确表达意思/意志的人，不能作为证人。

待证事实与其年龄、智力状况或者精神健康状况相适应的无民事行为能力人和限制民事行为能力人，可以作为证人。

第 68 条　人民法院应当要求证人出庭作证，接受审判人员和当事人的询问/~~质询。证人在审理前的准备阶段或者人民法院调查、询问等双方当事人在场时/人民法院组织双方当事人交换证据时出席陈述证言的，视为出庭作证。~~

（新增）双方当事人同意证人以其他方式作证并经人民法院准许的，证人可以不出庭作证。

（新增）无正当理由未出庭的证人以书面等方式提供的证言，不得作为认定案件事实的根据。

第 69 条　当事人申请证人出庭作证的，应当在举证期限届满 ~~10 日~~ 前向人民法院提交申请书/提出。

（新增）申请书应当载明证人的姓名、职业、住所、联系方式，作证的主要内容，作证内容与待证事实的关联性，以及证人出庭作证的必要性。

（新增）符合《最高人民法院关于适用〈中华人民共和国民事诉讼法〉的解释》第 96 条第 1 款规定情形的，人民法院应当依职权通知证人出庭作证。

第 70 条　人民法院准许证人出庭作证申请的，应当在开庭审理前向证人送达通知书并告知双方当事人。通知书中应当载明证人作证的时间、地点，作证的事项、要求以及作伪证的法律后果等内容。

（新增）当事人申请证人出庭作证的事项与待证事实无关，或者没有通知证人出庭作证必要的，人民法院不予准许当事人的申请。

~~证人因出庭作证而支出的合理费用，由提供证人的一方当事人先行支付，由败诉一方当事人承担。~~

第 71 条　人民法院应当要求证人在作证之前签署保证书，并在法庭上宣读保证书的内容。但无民事行为能力人和限制民事行为能力人作为证人的除外。

证人确有正当理由不能宣读保证书的，由书记员代为宣读并进行说明。

证人拒绝签署或者宣读保证书的，不得作证，并自行承担相关费用。

证人保证书的内容适用当事人保证书的规定。

~~第 56 条　《民事诉讼法》第 70 条规定的"证人确有困难不能出庭"，是指有下列情形：（一）年迈体弱或者行动不便无法出庭的；（二）特殊岗位确实无法离开的；（三）路途特别遥远，交通不便难以出庭的；（四）因自然灾害等不可抗力的原因无法出庭的；（五）其他无法出庭的特殊情况。~~

~~前款情形，经人民法院许可，证人可以提交书面证言或者视听资料或者通过双向视听传输技术手段作证。~~

第 72 条　出庭作证的证人应当客观陈述其亲身感知的事实，作证时不得使用猜测、推断或者评论性语言。

证人作证前不得旁听法庭审理，作证时不得以宣读事先准备的书面材料的方式陈述证言。

证人言辞表达有障碍/为聋哑人的，可以通过其他表达方式作证。

第 73 条 证人应当就其作证的事项进行连续陈述。

当事人及其法定代理人、诉讼代理人或者旁听人员干扰证人陈述的，人民法院应当及时制止，必要时可以依照民事诉讼法第 110 条（现第 113 条）的规定进行处罚。

第 74 条 审判人员和当事人可以对证人进行询问。当事人及其诉讼代理人经审判人员许可后可以询问证人。

询问证人时其他证人不得在场。

人民法院认为有必要的，可以要求/让证人之间进行对质。

第 75 条① 证人出庭作证后，可以向人民法院申请支付证人出庭作证费用。证人有困难需要预先支取出庭作证费用的，人民法院可以根据证人的申请在出庭作证前支付。

第 76 条 证人确有困难不能出庭作证，申请以书面证言、视听传输技术或者视听资料等方式作证的，应当向人民法院提交申请书。申请书中应当载明不能出庭的具体原因。

符合民事诉讼法第 73 条（现第 76 条）规定情形的，人民法院应当准许。

第 77 条 证人经人民法院准许，以书面证言方式作证的，应当签署保证书；以视听传输技术或者视听资料方式作证的，应当签署保证书并宣读保证书的内容。

第 78 条 当事人及其诉讼代理人对证人的询问与待证事实无关，或者存在威胁、侮辱证人或不适当引导等情形的，审判人员应当及时制止。必要时可以依照民事诉讼法第 110 条、第 111 条（现第 113、114 条）的规定进行处罚。

证人故意作虚假陈述，诉讼参与人或者其他人以暴力、威胁、贿买等方法妨碍证人作证，或者在证人作证后以侮辱、诽谤、诬陷、恐吓、殴打等方式对证人打击报复的，人民法院应当根据情节，依照民事诉讼法第 111 条（现第 114 条）的规定，对行为人进行处罚。

第 96 条 人民法院认定证人证言，可以通过对证人的智力状况、品德、知识、经验、法律意识和专业技能等的综合分析作出判断。

【法释〔2020〕12 号】 最高人民法院关于知识产权民事诉讼证据的若干规定（2020 年 11 月 9 日最高法审委会〔1815 次〕通过，2020 年 11 月 16 日公布，2020 年 11 月 18 日起施行；以本规为准）

---

① 法释〔2001〕33 号《证据规定》第 54 条第 3 款规定：证人因出庭作证而支出的合理费用，由提供证人的一方当事人先行支付，由败诉一方当事人承担。

第 27 条　证人应当出庭作证，接受审判人员及当事人的询问。

双方当事人同意并经人民法院准许，证人不出庭的，人民法院应当组织当事人对该证人证言进行质证。

【法释〔2021〕12 号】　人民法院在线诉讼规则（2021 年 5 月 18 日最高法审委会〔1838 次〕通过，2021 年 6 月 16 日公布，2021 年 8 月 1 日起施行；以本规为准)

第 26 条　证人通过在线方式出庭的，人民法院应当通过指定在线出庭场所、设置在线作证室等方式，保证其不旁听案件审理和不受他人干扰。当事人对证人在线出庭提出异议且有合理理由的，或者人民法院认为确有必要的，应当要求证人线下出庭作证。

鉴定人、勘验人、具有专门知识的人在线出庭的，参照前款规定执行。

【法释〔2022〕11 号】　最高人民法院关于适用《中华人民共和国民事诉讼法》的解释（"法释〔2015〕5 号"公布，2015 年 2 月 4 日起施行；根据法释〔2020〕20 号《决定》修正，2021 年 1 月 1 日起施行；2022 年 3 月 22 日最高法审委会〔1866 次〕修正，2022 年 4 月 1 日公布，2022 年 4 月 10 日起施行；以本规为准)

第 117 条　当事人申请证人出庭作证的，应当在举证期限届满前提出。

符合本解释第 96 条第 1 款规定情形（见本书第 67 条）的，人民法院可以依职权通知证人出庭作证。

未经人民法院通知，证人不得出庭作证，但双方当事人同意并经人民法院准许的除外。

第 118 条　民事诉讼法第 77 条规定的证人因履行出庭作证义务而支出的交通、住宿、就餐等必要费用，按照机关事业单位工作人员差旅费用和补贴标准计算；误工损失按照国家上年度职工日平均工资标准计算。

人民法院准许证人出庭作证申请的，应当通知申请人预缴证人出庭作证费用。

第 119 条　人民法院在证人出庭作证前应当告知其如实作证的义务以及作伪证的法律后果，并责令其签署保证书，但无民事行为能力人和限制民事行为能力人除外。

证人签署保证书适用本解释关于当事人签署保证书的规定。

第 120 条　证人拒绝签署保证书的，不得作证，并自行承担相关费用。

● **文书格式** 【法［2016］221号】 **民事诉讼文书样式**（2016年2月22日最高法审委会［1679次］通过，2016年6月28日公布，2016年8月1日起施行）（本书对格式略有调整）

申请书（申请通知证人出庭作证用）①

申请人：×××，男/女，×年×月×日生，×族，……（写明工作单位和职务或职业），住……。联系方式：……。（★申请人是法人或其他组织的，本段写明名称、住所）

法定代理人/指定代理人②：×××，……。（★申请人是法人或其他组织的，本段写明法定代表人、主要负责人及其姓名、职务、联系方式）

委托诉讼代理人：×××，……。（申请时已经委托诉讼代理人的，写明此项）

（以上写明申请人和其他诉讼参与人的姓名或者名称等基本信息）

请求事项：

因（××××）……号……（写明当事人和案由）一案，申请你院通知×××出庭作证，以证明……（写明待证事实）。

事实和理由：

……（写明申请证人出庭的事实和理由）

此致：××人民法院

申请人（自然人签名或单位盖章）

×年×月×日

出庭通知书（通知证人出庭）

（××××）……民×……号（同诉讼案件案号）

×××：

……（写明当事人及案由）一案，本院根据当事人申请/依职权通知你出庭作证。你应于×年×月×日×时×分携带有效身份证明到……（证人作证的地点）出庭。现将有关事项通知如下：

一、凡是知道案件情况的单位和个人，都有义务出庭作证。

二、证人应当客观陈述亲身感知的事实，不得使用猜测、推断或者评论性的语言，不得宣读事先准备的书面证言。

---

① 注：当事人在举证期限届满前，可以向人民法院申请通知证人出庭作证，并先行垫付证人出庭费用。证人因履行出庭作证义务而支出的交通、住宿、就餐等必要费用以及误工损失，由败诉一方当事人负担。

② 注：申请人是无民事行为能力人或限制民事行为能力人的，应当写明法定代理人姓名、性别、出生日期、民族、职业、工作单位、住所、联系方式，在诉讼地位后括注与申请人的关系。

三、证人应当如实作证，并如实回答审判人员和当事人的询问，作伪证的，应承担相应的法律责任。

四、证人不得旁听法庭审理，不得与当事人和其他证人交换意见。

五、证人的合法权利受法律保护。

联系人：……（写明姓名、部门、职务）　　　　联系电话：……

联系地址：……

特此通知。

×年×月×日（院印）

第 79 条　【申请鉴定】（新增）20130101　当事人可以就查明事实的专门性问题向人民法院申请鉴定。当事人申请鉴定的，由双方当事人协商确定具备资格的鉴定人；协商不成的，由人民法院指定。

【委托鉴定】当事人未申请鉴定，20130101　人民法院对专门性问题认为需要鉴定的，应当委托具备资格的鉴定人进行鉴定/交由法定鉴定部门鉴定；没有法定鉴定部门的，由人民法院指定的鉴定部门鉴定20130101。①

第 80 条19910409　【鉴定人职责】鉴定部门及其指定的20130101　鉴定人有权了解进行鉴定所需要的案件材料，必要时可以询问当事人、证人。

鉴定部门和20130101　鉴定人应当提出书面鉴定意见/结论20130101，在鉴定书上签名或者盖章。鉴定人鉴定的，应当（并）由鉴定人所在单位加盖印章，证明鉴定人身份。20130101

第 81 条20130101　【鉴定人出庭】当事人对鉴定意见有异议或者人民法院认为鉴定人有必要出庭的，鉴定人应当出庭作证。经人民法院通知，鉴定人拒不出庭作证的，鉴定意见不得作为认定事实的根据；支付鉴定费用的当事人可以要求返还鉴定费用。

---

①　注：本条原为 1982 年 10 月 1 日起试行的《民事诉讼法》第 63 条第 1 款，原规定为："人民法院需要解决专门性问题时，有关部门有义务按照人民法院的通知，指派有专业知识的人进行鉴定。" 1991 年 4 月 9 日被修改为第 72 条第 1 款，规定为："人民法院对专门性问题认为需要鉴定的，应当交由法定鉴定部门鉴定；没有法定鉴定部门的，由人民法院指定的鉴定部门鉴定。" 2013 年 1 月 1 日起，被修改为现规定。

第 82 条²⁰¹³⁰¹⁰¹　【专知出庭】　当事人可以申请人民法院通知有专门知识的人出庭，就鉴定人作出的鉴定意见或者专业问题提出意见。

第 83 条¹⁹⁹¹⁰⁴⁰⁹　【勘验】　勘验物证或者现场，勘验人必须出示人民法院的证件，并邀请当地基层组织或者当事人所在/有关单位派人参加。当事人或者当事人的成年家属应当到场，拒不到场的，不影响勘验的进行。

有关单位和个人根据人民法院的通知，有义务保护现场，协助勘验工作。

勘验人勘验时，可以对物证或者现场进行拍照和测量，应当将勘验情况和结果制作笔录，由勘验人、当事人和被邀参加人签名或者盖章。

（插）第 142 条（第 2 款）　【向证人、鉴定人、勘验人发问】当事人经法庭许可，可以向证人、鉴定人、勘验人发问。

（第 3 款）　【要求重新调查、鉴定、勘验】当事人要求重新进行调查、鉴定或者勘验的，是否准许，由人民法院决定。

● 相关规定　【民他字［1991］24 号】　最高人民法院关于藏海仙与黄士明离婚申诉案件处理意见的复函（1991 年 8 月 19 日答复辽宁高院"［1991］民监字第 65 号"请示）

经研究认为，大连市中级人民法院以红细胞系统的亲子鉴定结论作为唯一根据，否认黄士明是黄凤坡的亲生父亲，不符合我院法研复［1987］20 号批复①精神。因此，我们同意你院审判委员会的讨论意见。

【法［1998］65 号】　最高人民法院关于全国部分法院知识产权审判工作座谈会纪要（1997 年 11 月 14-18 日在苏州吴县召开，1998 年 7 月 20 日印发）

二、关于严格诉讼程序问题

（四）专业鉴定问题

审理知识产权民事纠纷案件往往涉及对专业技术事实的审查认定，人民法院必须充分重视专业鉴定。不少同志介绍了组织专业鉴定的做法，主要有：

_____

① 该批复已被法释［2013］2 号《决定》宣布废止，2013 年 1 月 18 日起施行；废止理由：目前已不使用此种鉴定方式。

民事诉讼法全厚细

1. 人民法院可以根据审理案件的实际需要，决定是否进行专业鉴定。

2. 如果没有法定鉴定部门，可以由当事人自行协商选择鉴定部门进行鉴定；协商不成的，人民法院根据需要可以指定有一定权威的专业组织为鉴定部门，也可以委托国家科学技术部各省（自治区、直辖市）主管部门组织专家进行鉴定，但不应委托国家知识产权局、国家工商行政管理局商标局、国家版权局进行专业鉴定。

3. 鉴定部门和鉴定人应当鉴定专业技术问题，对所提交鉴定的事实问题发表意见。

4. 人民法院应当就当事人争议的专业技术事实，向鉴定部门提出明确的鉴定事项和鉴定要求；应当将当事人提供的与鉴定事项有关的全部证据、材料提交给鉴定部门；对当事人提交并要求保密的材料，鉴定部门和鉴定人负有保密义务。人民法院应当向当事人告知鉴定部门的名称以及鉴定人的身份，当事人有权对鉴定部门提出异议，也有权要求鉴定人回避。

5. 当事人有权就鉴定项目的有关问题向鉴定部门和鉴定人提出自己的意见，鉴定部门和鉴定人应当认真研究答复。

6. 人民法院应当监督鉴定部门和鉴定人在科学、保密、不受任何组织或者个人干预的情况下作出专业鉴定结论。

7. 鉴定部门和鉴定人应当将鉴定结论以及作出结论的事实依据和理由、意见以书面形式提交给人民法院。鉴定结论应当经过当事人质证后决定是否采信；当事人有权要求鉴定人出庭接受质询。未经当事人质证的鉴定结论不能采信。

【法发［2001］23号】　人民法院司法鉴定工作暂行规定（最高法 2001 年 11 月 16 日）①

第 2 条　本规定所称司法鉴定，是指在诉讼过程中，为查明案件事实，人民法院依据职权，或者应当事人及其他诉讼参与人的申请，指派或委托具有专门知识人，对专门性问题进行检验、鉴别和评定的活动。

第 4 条　凡需要进行司法鉴定的案件，应当由人民法院司法鉴定机构鉴定，或者由人民法院司法鉴定机构统一对外委托鉴定。

第 7 条　鉴定人权利：（一）了解案情，要求委托人提供鉴定所需的材料；

---

① 注：最高人民法院关于贯彻落实《全国人民代表大会常务委员会关于司法鉴定管理问题的决定》做好过渡期相关工作的通知（法发［2005］12号）曾明确规定："最高人民法院在组织实施司法鉴定制度改革的同时，将组织开展加强人民法院司法技术工作的调研活动，并着手研究制定《人民法院司法技术工作管理规定》，争取在2005年10月1日前颁布实施，同时废止《人民法院司法鉴定工作暂行规定》和《人民法院对外委托司法鉴定管理规定》。"该《通知》已经于2013年4月8日被《最高人民法院关于废止1997年7月1日至2011年12月31日期间发布的部分司法解释和司法解释性质文件（第10批）的决定》（法释［2013］7号）宣布废止。

（二）勘验现场，进行有关的检验，询问与鉴定有关的当事人。必要时，可申请人民法院依据职权采集鉴定材料，决定鉴定方法和处理检材；（三）自主阐述鉴定观点，与其他鉴定人意见不同时，可不在鉴定文书上署名；（四）拒绝受理违反法律规定的委托。

第8条　鉴定人义务：（一）尊重科学，恪守职业道德；（二）保守案件秘密；（三）及时出具鉴定结论；（四）依法出庭宣读鉴定结论并回答与鉴定相关的提问。

第9条　有下列情形之一的，鉴定人应当回避：（一）鉴定人系案件的当事人，或者当事人的近亲属；（二）鉴定人的近亲属与案件有利害关系；（三）鉴定人担任过本案的证人、辩护人、诉讼代理人；（四）其他可能影响准确鉴定的情形。

第10条　各级人民法院司法鉴定机构，受理本院及下级人民法院委托的司法鉴定。下级人民法院可逐级委托上级人民法院司法鉴定机构鉴定。

第12条　司法鉴定机构应当在3日内做出是否受理的决定。对不予受理的，应当向委托人说明原因。

第13条　司法鉴定机构接受委托后，可根据情况自行鉴定，也可以组织专家、联合科研机构或者委托从相关鉴定人名册中随机选定的鉴定人进行鉴定。

第14条　有下列情形之一需要重新鉴定的，人民法院应当委托上级法院的司法鉴定机构做重新鉴定：（一）鉴定人不具备相关鉴定资格的；（二）鉴定程序不符合法律规定的；（三）鉴定结论与其他证据有矛盾的；（四）鉴定材料有虚假，或者原鉴定方法有缺陷的；（五）鉴定人应当回避没有回避，而对其鉴定结论有持不同意见的；（六）同一案件具有多个不同鉴定结论的；（七）有证据证明存在影响鉴定人准确鉴定因素的。

第15条　司法鉴定机构可受人民法院的委托，对拟作为证据使用的鉴定文书、检验报告、勘验检查记录、医疗病情资料、会计资料等材料作文证审查。

第17条　对存在损耗检材的鉴定，应当向委托人说明。必要时，应由委托人出具检材处理授权书。

第18条　检验取样和鉴定取样时，应当通知委托人、当事人或者代理人到场。

第19条　进行身体检查时，受检人、鉴定人互为异性的，应当增派1名女性工作人员在场。

第20条　对疑难或者涉及多学科的鉴定，出具鉴定结论前，可听取有关专家的意见。

第21条　鉴定期限是指决定受理委托鉴定之日起，到发出鉴定文书之日止的时间。

一般的司法鉴定应当在 30 个工作日内完成；疑难的司法鉴定应当在 60 个工作日内完成。

第 22 条　具有下列情形之一，影响鉴定期限的，应当中止鉴定：（一）受检人或者其他受检物处于不稳定状态，影响鉴定结论的；（二）受检人不能在指定的时间、地点接受检验的；（三）因特殊检验需预约时间或者等待检验结果的；（四）须补充鉴定材料的。

第 23 条　具有下列情形之一的，可终结鉴定：（一）无法获取必要的鉴定材料的；（二）被鉴定人或者受检人不配合检验，经做工作仍不配合的；（三）鉴定过程中撤诉或者调解结案的；（四）其他情况使鉴定无法进行的。

在规定期限内，鉴定人因鉴定中止、终结或者其他特殊情况不能完成鉴定的，应当向司法鉴定机构申请办理延长期限或者终结手续。司法鉴定机构对是否中止、终结应当做出决定。做出中止、终结决定的，应当函告委托人。

第 24 条　人民法院司法鉴定机构工作人员因徇私舞弊、严重不负责任造成鉴定错误导致错案的，参照《人民法院审判人员违法审判责任追究办法（试行）》和《人民法院审判纪律处分办法（试行）》追究责任。

其他鉴定人因鉴定结论错误导致错案的，依法追究其法律责任。

【法释〔2002〕8 号】　人民法院对外委托司法鉴定管理规定（2002 年 2 月 22 日最高法审委会〔1214 次〕通过，2002 年 3 月 27 日公布，2002 年 4 月 1 日起施行）

第 1 条　为规范人民法院对外委托和组织司法鉴定工作，根据《人民法院司法鉴定工作暂行规定》，制定本办法。

第 3 条　人民法院司法鉴定机构建立社会鉴定机构和鉴定人（以下简称鉴定人）名册，根据鉴定对象对专业技术的要求，随机选择和委托鉴定人进行司法鉴定。

第 7 条　申请进入地方人民法院鉴定人名册的单位和个人，其入册资格由有关人民法院司法鉴定机构审核，报上一级人民法院司法鉴定机构批准，并报最高人民法院司法鉴定机构备案。

第 8 条　经批准列入人民法院司法鉴定人名册的鉴定人，在《人民法院报》予以公告。

第 10 条　人民法院司法鉴定机构依据尊重当事人选择和人民法院指定相结合的原则，组织诉讼双方当事人进行司法鉴定的对外委托。

诉讼双方当事人协商不一致的，由人民法院司法鉴定机构在列入名册的、符

第一编　第六章

合鉴定要求的鉴定人中，选择受委托人鉴定。

第11条 司法鉴定所涉及的专业未纳入名册时，人民法院司法鉴定机构可以从社会相关专业中，择优选定受委托单位或专业人员进行鉴定。如果被选定的单位或专业人员需要进入鉴定人名册的，仍应当呈报上一级人民法院司法鉴定机构批准。

第12条 遇有鉴定人应当回避等情形时，有关人民法院司法鉴定机构应当重新选择鉴定人。

第13条 人民法院司法鉴定机构对外委托鉴定的，应当指派专人负责协调，主动了解鉴定的有关情况，及时处理可能影响鉴定的问题。

第14条 接受委托的鉴定人认为需要补充鉴定材料时，如果由申请鉴定的当事人提供确有困难的，可以向有关人民法院司法鉴定机构提出请求，由人民法院决定依据职权采集鉴定材料。

【法发［2003］25号】 人民法院民事诉讼风险提示书（2003年12月23日最高法审委会［1302次］通过，次日公布，2003年12月24日起施行）

十二、不按规定申请审计、评估、鉴定

当事人申请审计、评估、鉴定，未在人民法院指定期限内提出申请或者不预交审计、评估、鉴定费用，或者不提供相关材料，致使争议的事实无法通过审计、评估、鉴定结论予以认定的，可能对申请人产生不利的裁判后果。

【法发［2005］26号】 第二次全国涉外商事海事审判工作会议纪要（2005年11月15-16日在南京召开；2005年12月26日公布）

43. 当事人在一审时未申请鉴定，或者申请鉴定后无正当理由不预交鉴定费用或拒不提交相关材料致使无法鉴定，而在二审或者再审期间申请鉴定的，视下列情况分别处理：（1）人民法院经审查认为，不鉴定不会影响裁判结果的，对当事人的申请不予准许；（2）人民法院经审查认为，不鉴定可能导致案件的主要事实不清，对当事人的申请应予准许。

【法释［2007］1号】 最高人民法院关于审理侵害植物新品种权纠纷案件具体应用法律问题的若干规定（2006年12月25日最高法审委会［1411次］通过《关于审理侵犯……若干规定》，2007年1月12日公布，2007年2月1日起施行；根据法释［2020］19号《决定》修正并改名，2021年1月1日起施行）

第3条 侵害/侵犯植物新品种权纠纷案件涉及的专门性问题需要鉴定的，由双方当事人协商确定的有鉴定资格的鉴定机构、鉴定人鉴定；协商不成的，由人民法院指定的有鉴定资格的鉴定机构、鉴定人鉴定。

没有前款规定的鉴定机构、鉴定人的，由具有相应品种检测技术水平的专业机构、专业人员鉴定。

第4条　对于侵害/~~侵犯~~植物新品种权纠纷案件涉及的专门性问题可以采取田间观察检测、基因指纹图谱检测等方法鉴定。

对采取前款规定方法作出的鉴定意见/~~结论~~,人民法院应当依法质证,认定其证明力。

【法办发〔2007〕5号】　最高人民法院对外委托鉴定、评估、拍卖等工作管理规定(2007年8月23日同文号印发2个工作管理规定,2007年9月1日起施行)

第1章　总则

第3条　最高人民法院司法辅助工作部门负责统一办理审判、执行工作中需要对外委托鉴定、检验、评估、审计、拍卖、变卖和指定破产清算管理人等工作。

第4条　涉及到举证时效、证据的质证与采信、评估基准日、拍卖保留价的确定,拍卖撤回、暂缓与中止等影响当事人相关权利义务的事项由审判、执行部门决定。

第2章　收案

第6条　最高人民法院的审判、执行部门在工作中对需要进行对外委托鉴定、检验、评估、审计、拍卖、变卖和指定破产清算管理人等工作的,应当制作《对外委托工作交接表》(格式表附后),同相关材料一起移送司法辅助工作部门。

地方各级人民法院和专门人民法院需要委托最高人民法院对外委托鉴定、评估、拍卖等工作的,应当层报最高人民法院。

第7条　对外委托鉴定、检验、评估、审计、变卖和指定破产清算管理人等工作时,应当移交以下材料:(一)相关的卷宗材料;(二)经法庭质证确认的当事人举证材料;(三)法院依职权调查核实的材料;(四)既往鉴定、检验、评估、审计、变卖和指定破产清算管理人报告文书;(五)申请方当事人和对方当事人及其辩护人、代理人的通讯地址、联系方式,代理人的代理权限;(六)与对外委托工作有关的其他材料。

第8条　对外委托拍卖的案件移送时应当移交以下材料:(一)执行所依据的法律文书;(二)拍卖财产的评估报告副本和当事人确认价格的书面材料;(三)拍卖标的物的相关权属证明复印件;(四)拍卖标的物的来源和瑕疵情况说明;(五)拍卖财产现状调查表;(六)当事人授权书复印件;(七)当事人及其他相关权利人的基本情况及联系方式;(八)被执行人履行债务的情况说明。

第9条　对外委托的收案工作由司法辅助工作部门的专门人员负责,按以下程序办理:(一)审查移送手续是否齐全;(二)审查、核对移送材料是否齐全,是否符合要求；（三）制作案件移送单并签名，报司法辅助工作部门负责人签字并加盖部门公章。由司法辅助工作部门和审判、执行部门各存一份备查；（四）进行收案登记。

第 10 条　司法辅助工作部门负责人指定对外委托案件的监督、协调员。监督、协调员分为主办人和协办人。

主办人负责接收案件，保管对外委托的卷宗等材料，按照委托要求与协办人办理对外委托工作；协办人应积极配合主办人完成工作。

第 11 条　主办人接到案件后应在 3 个工作日内提出初审意见。

对不具备委托条件的案件应制作《不予委托意见书》说明理由，报司法辅助工作部门负责人审批后，办理结案手续，并于 3 个工作日内将案件材料退回审判、执行部门。

第 3 章　选择专业机构与委托

第 12 条　选择鉴定、检验、评估、审计专业机构，指定破产清算管理人实行协商选择与随机选择相结合的方式。选择拍卖专业机构实行随机选择的方式。

凡需要由人民法院依职权指定的案件由最高人民法院司法辅助工作部门按照随机的方式，选择对外委托的专业机构，然后进行指定。

第 13 条　司法辅助工作部门专门人员收案后，除第 11 条第 2 款的情况外，应当在 3 个工作日内采取书面、电传等有效方式，通知当事人按指定的时间、地点选择专业机构或专家。

第 14 条　当事人不按时到场，也未在规定期间内以书面形式表达意见的，视为放弃选择专业机构的权利。

第 15 条　选择专业机构在司法辅助工作部门专门人员的主持下进行，选择结束后，当事人阅读选择专业机构笔录，并在笔录上签字。

第 16 条　协商选择程序如下：

（一）专门人员告知当事人在选择程序中的权利、义务；

（二）专门人员向当事人介绍《名册》中相关专业的所有专业机构或专家的情况。当事人听取介绍后协商选择双方认可的专业机构或专家，并告知专门人员和监督、协调员；

（三）当事人协商一致选择名册以外的专业机构或专家的，司法辅助工作部门应对选择的专业机构进行资质、诚信、能力的程序性审查，并告知双方应承担的委托风险；

（四）审查中发现专业机构或专家没有资质或有违法违规行为的，应当要求双方当事人重新选择；

（五）发现双方当事人选择有可能损害国家利益、集体利益或第三方利益的，

应当终止协商选择程序,采用随机选择方式:

(六) 有下列情形之一的,采用随机选择方式:1. 当事人都要求随机选择的;2. 当事人双方协商不一致的;3. 一方当事人表示放弃协商选择权利,或一方当事人无故缺席的。

第17条　随机选择程序主要有2种:

(一) 计算机随机法:1. 计算机随机法应当统一使用最高人民法院确定的随机软件;2. 选择前,专门人员应当向当事人介绍随机软件原理、操作过程等基本情况,并进行操作演示;3. 专门人员从计算机预先录入的《名册》中选择所有符合条件的专业机构或专家列入候选名单;4. 启动随机软件,最终选定的候选者当选。

(二) 抽签法:1. 专门人员向当事人说明抽签的方法及相关事项;2. 专门人员根据移送案件的需要,从《名册》中选出全部符合要求的候选名单,并分别赋予序号;3. 当事人全部到场的,首先确定做签者和抽签者,由专门人员采用抛硬币的方法确定一方的当事人为做签者,另外一方当事人为抽签者。做签者按候选者的序号做签,抽签者抽签后当场交给专门人员验签。专门人员验签后应当将余签向当事人公示;4. 当事人一方不能到场的,由专门人员做签,到场的当事人抽签。当事人抽签后,专门人员当场验签确定,并将余签向当事人公示。

第18条　名册中的专业机构仅有1家时,在不违反回避规定的前提下,即为本案的专业机构。

第19条　专业机构或专家确定后,当事人应当签字确认。对没有到场的当事人应先通过电话、传真送达,再邮寄送达。

第20条　采用指定方法选择的,司法辅助工作部门负责人到场监督,专门人员应向当事人出示《名册》中所有相关专业机构或专家的名单,由专门人员采用计算机随机法、抽签法中的一种方法选择专业机构或专家。

第21条　指定选择时,对委托要求超出《名册》范围的,专门人员应根据委托要求从具有相关专业资质的专业机构或专家中选取,并征求当事人意见。当事人也可以向本院提供相关专业机构或专家的信息,经专门人员审查认为符合委托条件的,应当听取其他当事人意见。

第22条　重大、疑难、复杂案件的委托事项,选择专业机构或专家时,应邀请院领导或纪检监察部门和审判、执行部门人员到场监督。

第23条　应当事人或合议庭的要求,对重大、疑难、复杂或涉及多学科的专门性问题,司法技术辅助工作部门可委托有资质的专业机构组织相关学科的专家进行鉴定。

组织鉴定由3名以上总数为单数的专家组组成。

第一编　第六章

第24条 专业机构确定后，监督、协调员应在3个工作日内通知专业机构审查材料，专业机构审查材料后同意接受委托的，办理委托手续，并由专业机构出具接受材料清单交监督、协调员存留。审查材料后不接受委托的，通知当事人在3个工作日内重新选择或者由司法辅助工作部门重新指定。

第25条 向非拍卖类专业机构出具委托书时，应当明确委托要求、委托期限、送检材料、违约责任，以及标的物的名称、规格、数量等情况。

向拍卖机构出具委托书时，应当明确拍卖标的物的来源、存在的瑕疵、拍卖保留价、保证金及价款的支付方式、期限，写明对标的物瑕疵不承担担保责任，并附有该案的民事判决书、执行裁定书、拍卖标的物清单及评估报告复印件等文书资料。

委托书应当统一加盖最高人民法院司法辅助工作部门对外委托专用章。

第26条 司法精神疾病鉴定在正式对外委托前，监督、协调员应当根据委托要求和专业机构鉴定所需的被鉴定人基本情况，做委托前的先期调查工作，将所调查的材料与其它委托材料一并交专业机构。监督、协调员应在调查材料上签名。

第27条 监督、协调员向专业机构办理移交手续后，应于3个工作日内通知双方当事人，按指定时间、地点在监督、协调员主持下与专业机构商谈委托费用。委托费用主要由当事人与专业机构协商，委托费用数额应结合案件实际情况，以参照行业标准为主，协商为辅的方式进行，监督、协调员不得干涉。报价悬殊较大时，监督、协调员可以调解。对故意乱要价的要制止。确定委托费用数额后，交费一方当事人于3个工作日内将委托费用交付委托方。

对于当事人无故逾期不缴纳委托费用的，可中止委托，并书面告知专业机构；当事人即时缴纳委托费用的，仍由原专业机构继续进行鉴定。

第28条 对于商谈后不能确定委托费用的，监督、协调员应告知双方当事人可重新启动选择专业机构程序，重新选择专业机构。

公诉案件的对外委托费用在人民法院的预算费用中支付。

第4章 监督协调

第29条 专业机构接受委托后，监督、协调员应当审查专业机构专家的专业、执业资格，对不具有相关资质的应当要求换人。专业机构坚持指派不具有资质的专家从事委托事项的，经司法辅助工作部门负责人批准后撤回对该机构的委托，重新选择专业机构。

第30条 对外委托的案件需要勘验现场的，监督、协调员应提前3个工作日通知专业机构和当事人。任何一方当事人无故不到场的，不影响勘验工作的进行。勘验应制作勘验笔录。

第31条 需要补充材料的，应由监督、协调员通知审判或执行部门依照法律法规提供。补充的材料须经法庭质证确认或主办法官审核签字。当事人私自向专业机构或专家个人送交的材料不得作为鉴定的依据。

第32条　专业机构出具报告初稿，送交监督、协调员。需要听证的，监督、协调员应在3个工作日内通知专业机构及当事人进行听证，并做好记录。对报告初稿有异议的当事人，应在规定期限内提出证据和书面材料，期限由监督、协调员根据案情确定，最长不得超过10个工作日。

第33条　对当事人提出的异议及证据材料，专业机构应当认真审查，自主决定是否采纳，并说明理由。需要进行调查询问时，由监督、协调员与专业机构共同进行，专业机构不得单独对当事人进行调查询问。

第34条　专业机构一般应在接受委托后的30个工作日内完成工作，重大、疑难、复杂的案件在60个工作日内完成。因委托中止在规定期限内不能完成，需要延长期限的，专业机构应当提交书面申请，并按法院重新确定的时间完成受委托工作。

第35条　专业机构在规定时间内没有完成受委托的工作，经二次延长时间后仍不能完成的，应终止委托，收回委托材料及全部委托费用，并通知当事人重新选择专业机构。对不能按时完成委托工作的专业机构，一年内不再向其委托。

第36条　对外委托拍卖案件时，监督、协调员应当履行以下职责：（一）审查拍卖师执业资格；（二）监督拍卖展示是否符合法律规定；（三）监督拍卖机构是否按照拍卖期限发布拍卖公告；并对拍卖公告的内容进行审核；（四）检查拍卖人对竞买人的登记记录；（五）审查拍卖人是否就拍卖标的物瑕疵向竞买人履行了告知义务；（六）定向拍卖时审查竞买人的资格或者条件；（七）审查优先购买权人的权利是否得到保障；（八）拍卖多项财产时，其中部分财产卖得的价款足以清偿债务和支付相关费用的，审查对剩余财产的拍卖是否符合规定；对不可分或分别拍卖可能严重减损其价值的，监督拍卖机构是否采用了合并拍卖的方式；（九）审查是否有暂缓、撤回、停止拍卖的情况出现；（十）拍卖成交后，监督买受人是否在规定期限内交付价款；（十一）审核拍卖报告的内容及所附材料是否全面妥当；（十二）监督拍卖机构是否有其他违反法律法规的行为。

第5章　结案

第37条　对外委托案件应当以出具鉴定报告、审计报告、评估报告、清算报告等报告形式结案，或者以拍卖成交、流拍、变卖、终止委托或不予委托的方式结案。

第38条　以出具报告形式结案的，监督、协调员应在收到正式报告后5个工作日内制作委托工作报告，载明委托部门或单位、委托内容及要求、选择专业机构的方式方法、专业机构的工作过程、对其监督情况等事项，报告书由监督、协调员署名；经司法辅助工作部门负责人签发后加盖司法辅助工作部门印章；填写案件移送清单，与委托材料、委托结论报告、委托工作报告等一并送负责收案的专门人员，由其移送委托方。

第39条 具有下列情形之一，影响对外委托工作期限的，应当中止委托：（一）确因环境因素（如台风、高温）暂时不能进行鉴定工作的；（二）暂时无法进行现场勘验的；（三）暂时无法获取必要的资料的；（四）其他情况导致对外委托工作暂时无法进行的。

第40条 具有下列情形之一的，应当终结对外委托：（一）无法获取必要材料的；（二）申请人不配合的；（三）当事人撤诉或调解结案的；（四）其它情况致使委托事项无法进行的。

第41条 中止对外委托和终结对外委托的，都应向审判、执行部门出具正式的说明书。

第6章 编制与管理人民法院专业机构、专家名册

第42条 法医、物证、声像资料3类鉴定的专业机构名册从司法行政管理部门编制的名册中选录编制。其他类别的专业机构、专家名册由相关行业协会或主管部门推荐，按照公开、公平、择优的原则选录编制。

名册中同专业的专业机构应不少于3个，同专业的专业机构不足3个的除外。

第43条 司法辅助工作部门应对名册中的专业机构、专家履行义务的情况进行监督。对不履行法定义务或者违反相关规定的专业机构，司法辅助工作部门应当及时予以指正，视情节轻重，停止其一次至多次候选资格；对乱收鉴定费、故意出具错误鉴定结论、不依法履行出庭义务的，撤销其入册资格，通报给司法行政管理部门和行业协会或行业主管部门；对情节恶劣，造成严重后果的，应报有关部门追究其法律责任。

【赣司鉴字［2008］44号】 江西省司法厅关于司法鉴定机构受理个人委托鉴定案件的规定（2008年11月24日印发，2009年1月1日起施行）

一、司法鉴定机构受理当事人个人（或当事人的代理人，以下合称为"委托人"）委托鉴定案件，应当要求委托人出具鉴定委托书。委托人为代理人的，还应当出具当事人的授权委托书。鉴定委托书按要求应载明委托人的姓名、拟委托的司法鉴定机构名称、委托鉴定的事项、鉴定事项的用途以及鉴定要求等内容。

二、司法鉴定机构受理个人委托鉴定案件，应当坚持司法鉴定为司法机关正确处理案件服务、为诉讼活动服务的原则，严格审查委托鉴定案件鉴定事项的用途，对供司法机关准确认定事实及涉及诉讼活动的鉴定案件应当受理。

三、司法鉴定机构受理个人委托的鉴定案件，要严格按照司法鉴定机构受理

司法鉴定案件的有关规定,签订司法鉴定协议书,填写司法鉴定受案登记表。

四、司法鉴定协议书应按《司法鉴定程序通则》规定载明各有关事项,特别是鉴定事项的用途,以及委托人对其所提供鉴定材料真实性、合法性负责等事项。

五、司法鉴定机构在出具个人委托鉴定案件司法鉴定文书时,应在"基本情况"部分的内容中标明本鉴定事项用途(如"根据司法鉴定协议书,本鉴定文书仅供……(公安、法院)机关处理(审理)……案件参考"等)。

六、司法鉴定机构在出具司法鉴定文书时,必须登陆"江西司法鉴定信息网",将鉴定案件信息情况录入数据库,并进行鉴定文书封面的网上打印。

七、个人委托的初次司法鉴定,只能向一个鉴定机构进行委托,不得同时向多个鉴定机构委托。司法鉴定机构在受理个人委托鉴定案件时,要登陆"江西司法鉴定信息网"进行信息核查,若发现该委托案件已由其它鉴定机构进行过初次鉴定的,应当予以拒绝。

八、司法鉴定机构受理个人委托的鉴定案件,仅限于该鉴定事项的初次鉴定;如属重新鉴定,司法鉴定机构应当拒绝受理。

九、司法鉴定机构对个人委托的鉴定案件,应当严格审查核对其提供的鉴定材料是否真实、完整、充分。原则上要求委托人提供鉴定材料的原件;对于不能提供原件的,鉴定机构应要求委托人说明情况并做好记录。

鉴定机构如果发现个人委托的送鉴材料有不真实情况,鉴定机构应当拒绝受理;如果发现鉴定材料不完整的、不充分的,应当要求委托人给予补充,如委托人不能提供补充材料的,鉴定机构应当拒绝受理。

十、司法鉴定机构在受理个人委托鉴定后,应当及时指派相关专业的两名以上司法鉴定人进行鉴定。

十一、司法鉴定人对个人委托人送鉴的医学文字资料、影像资料等有疑问,需要询问有关资料的初始制作人、提供人或相关医务人员时,应当有2名以上鉴定人员及委托人在场陪同进行;对有关人员作出的解释或医务人员作出的诊断结论等要形成新的书面资料时,应当征得委托人的认可并签字。

十二、司法鉴定人对医院提供的医学诊断资料或医学鉴定报告,只能作为分析案件的参考资料,不能不作分析地作为作出司法鉴定结论的依据。

十三、根据国务院《医疗事故处理条例》的有关规定,司法鉴定机构不能受理医、患任何一方(或其代理人)提出的医疗事故鉴定委托,但可接受人民法院委托的医疗纠纷案件的鉴定。

十四、司法鉴定机构在受理个人委托鉴定案件中,如有违反上述规定的行为,将按照司法鉴定管理的有关规定进行处罚。

【赣高法〔2009〕277号】 **江西省高级人民法院关于民事案件对外委托司法鉴定工作的指导意见**（2009年印发，2010年1月1日起施行）

第2章 审判业务部门执行对外委托司法鉴定工作规则

一、鉴定的提起

第7条 对涉及专门性问题的案件事实有争议，当事人认为需要进行司法鉴定的，应当向审判业务部门提出鉴定申请，并提供相关鉴定材料，经审判业务部门准许，交本院司法技术部门委托进行司法鉴定。

审判业务部门认为案件事实必须通过鉴定予以确定的，可以依职权决定交本院司法技术部门委托进行鉴定，鉴定费用由对该事实负举证责任的当事人预交，当事人拒不交纳鉴定费用的，不予鉴定，由此造成的举证不能的后果，由负举证责任的当事人承担。

第8条 当事人申请鉴定要有明确的请求事项，审判业务部门应当对当事人的请求事项进行审查，对无需鉴定即可确定的事实，不列入鉴定事项。

审判业务部门对当事人的鉴定申请进行审查时，对于鉴定事项的可行性等专业性问题可以征求司法技术部门的意见，或向鉴定机构进行咨询。

第9条 建设工程施工合同中，当事人约定按照固定价格结算工程价款，一方当事人请求对建设工程造价进行鉴定的，依据最高人民法院《关于审理建设工程施工合同纠纷案件适用法律问题的解释》（已废止）第22条的规定，审判业务部门对鉴定申请不予准许。但有证据证明不能采用固定价格结算的除外。

二、移交鉴定前的审查

第10条 审判业务部门作出准予鉴定的决定后，应当通知当事人在15天内提供鉴定所需的相关材料。

第11条 审判业务部门应当组织当事人对鉴定材料进行质证。对当事人无异议或者达成一致的事实和证据予以确认；对有异议的证据，应进行审查，确定是否作为鉴定的材料，必要时可根据案件审理情况，要求鉴定机构依据不同条件作出相应的鉴定结论，或区别有无争议的证据材料分别作出鉴定结论，供审判业务部门结合案件的具体情况选择认定。

第12条 移交鉴定前，审判业务部门应当充分听取双方当事人的意见，确定鉴定的事项和范围。

第13条 审判业务部门交本院司法技术部门委托鉴定，应填写《对外委托工作交接表》（见附件1），明确鉴定的事项、范围、简要案情、鉴定材料、鉴定的时间要求等事项，由审判业务部门负责人签字并加盖部门公章。《对外委托工作交接表》一式2份，由司法技术部门和审判业务部门各存1份备查。

第14条 当事人提交的鉴定材料应当作为证据由审判业务部门装卷；经过质

证予以认定或者待认定的鉴定材料,分别装订成册后随《对外委托工作交接表》移交司法技术部门。审判业务部门认为必要时,可以制作移交鉴定材料清单一并移交司法技术部门。

司法技术部门、鉴定机构不得自行收取鉴定材料。

三、鉴定过程中的审查

第 15 条　鉴定人应严格按照审判业务部门移交的鉴定材料进行鉴定。

案件移交鉴定后,当事人又提交新的鉴定材料,审判业务部门认为可能对鉴定结论造成影响的,应当按照本意见第 11 条、第 14 条的规定进行质证和移交。

第 16 条　鉴定人不得就法律问题作出判断。鉴定过程中涉及证据认定等法律问题时,鉴定人应当移交审判业务部门作出裁判。

四、鉴定报告的审查

第 17 条　审判业务部门应当依据《证据规定》第 29 条关于鉴定书内容审查的规定,对鉴定报告进行审查。

第 18 条　鉴定报告中应附有鉴定机构和鉴定人的鉴定资格证书复印件,鉴定人出庭接受当事人质询时,应提供相应资格证书原件。

第 19 条　审判业务部门应当组织当事人对鉴定报告进行质证,当事人申请委托诉讼代理人之外的具有专门知识的人出庭代为质询鉴定人的,审判业务部门应当予以准许,同时应告知对方当事人享有同样的权利。

具有专门知识的人出庭质询时,应在开庭前提交当事人的书面授权委托书。

第 20 条　经人民法院依法通知,鉴定人应当就鉴定事项出庭接受当事人质询。

第 21 条　有下列情形的,鉴定报告不予采信: (一) 鉴定机构或鉴定人不具备相关的鉴定资格;(二) 受委托的鉴定人有不良记录尚在执业禁止期内;(三) 鉴定材料未经审判业务部门质证;(四) 鉴定结论明显依据不足;(五) 鉴定结论明显错误、严重失实;(六) 鉴定方法错误;(七) 有证据证明当事人与鉴定人员有不正当交往或施加不正当影响;(八) 经过质证认定不能采信的其他情形。

五、补充鉴定和重新鉴定

第 22 条　审判业务部门认为鉴定结论有缺陷,或者当事人提出鉴定结论有缺陷,可以要求原鉴定机构进行补充鉴定。

审判业务部门决定补充鉴定的,应通过司法技术部门通知原鉴定机构针对缺陷进行补充鉴定。

第 23 条　原鉴定报告经审判业务部门决定不予采信的,可以重新委托其他鉴定机构进行鉴定。对鉴定报告中部分结论不予采信的,可对不予采信部分重新委托鉴定。

第
一
编

第
六
章

第24条　当事人申请重新鉴定，审判业务部门可以就是否重新鉴定，组织当事人及原鉴定人召开听证会，对原鉴定报告发表意见。审判业务部门认为必要时，可以通过司法技术部门委托专业人员参加听证会，对鉴定报告进行技术审核，具体审核方法按《江西省高级人民法院技术咨询、技术审核工作管理暂行规定》执行。

当事人认为需要诉讼代理人之外的具有专门知识的人参加听证会，发表对鉴定报告的审核意见的，审判业务部门应予以准许。

第25条　二审法院审判业务部门认为鉴定报告存在本意见第21条所列情形不予采信，需要重新鉴定以查清事实的，应当将案件发回原审法院重审，但双方当事人同意由二审法院委托重新鉴定或通过补充鉴定可以查清事实的除外。

第26条　对一方当事人单方自行委托鉴定机构作出的鉴定报告提出异议的，可以申请法院委托进行司法鉴定；另一方当事人不申请法院进行司法鉴定，又没有相关证据证明鉴定报告错误的，应当承担举证不能的后果。

当事人对于对方自行委托的鉴定报告，在一审诉讼时未提出异议的，或虽然提出异议但未申请司法鉴定或未预交鉴定费的，二审中再提出鉴定，不予支持；但当事人自行委托的鉴定报告确有错误的除外。

第3章　司法技术部门执行对外委托司法鉴定工作规则

一、移交鉴定的审查

第27条　案件需要对外委托司法鉴定的，审判业务部门应当向司法技术部门移送以下鉴定材料：（一）装订成册的有关鉴定材料卷宗，包括经质证认定或业务庭认为待认定的当事人举证材料、法院依职权调查核实且经过质证的证据材料；（二）既往鉴定、检验、评估、审计报告文书；（三）申请方当事人和对方当事人及其代理人的通讯地址、联系方式，代理人的代理权限证明；（四）填写完整、清楚的《对外委托工作交接表》；（五）与对外委托工作有关的其他材料。

第28条　司法技术部门审查认为审判业务部门移交的材料缺少必备的鉴定材料，或者材料不符合鉴定要求的，可以退回审判业务部门补充材料。确属无法补充，且不补充会影响鉴定进行的，应向审判业务部门书面提出不予鉴定的建议。

第29条　司法技术部门审查认为移交材料和程序符合鉴定要求的，应当填写《委托案件立案表》（见附件2），由司法技术部门负责人签字并加盖部门公章。《委托案件立案表》一式2份，由司法技术部门和审判业务部门各存1份备查。

二、选择鉴定机构

第30条　鉴定机构由司法技术部门在《全省法院司法委托专业机构名册》（下称《名册》）内采取公开随机的方式选定。

第31条　司法技术部门选择鉴定机构，应当通知审判人员到场，视情况可以邀请社会有关人员到场监督。

第32条　司法技术部门选择鉴定机构，应当提前通知各方当事人到场，当事人不到场的，司法技术部门可将选择机构的情况，以书面形式送达当事人。

三、司法技术部门对外委托鉴定的程序

第33条　鉴定机构确定后，当事人和鉴定机构应当签订《司法鉴定委托合同》（见附件4）。

司法技术部门应当将《司法技术委托书》（见附件3）和全部鉴定材料移交给选定的鉴定机构，鉴定机构应签收并出具详细的收据清单。

四、鉴定费用

第34条　鉴定费用由案件各方当事人与鉴定机构协商确定。鉴定费用数额应结合案件实际情况，参照行业标准确定。（行业标准见附件5）

第35条　申请鉴定的当事人应当在确定鉴定费用后3个工作日内预交鉴定费，鉴定费直接交给鉴定机构，鉴定机构应当在收取鉴定费的同时，出具收款凭证。

当事人与鉴定机构协商一致分期交纳鉴定费用的，法院应当准许。

第36条　补充鉴定的，原鉴定机构不得再收取费用，但补充鉴定事项和内容超出原委托鉴定范围，或者造成原鉴定结论缺陷的责任在于一方当事人的除外。

五、鉴定过程的监督

第37条　当事人对鉴定人申请回避的，应当由司法技术部门予以审查决定，鉴定工作暂时中止。

第38条　鉴定人提出需要进行现场勘验的，应告知司法技术部门，由司法技术部门组织各方当事人和鉴定人共同参加现场勘验。当事人不到场的，不影响勘验的进行，但应当有见证人见证。

司法技术部门组织现场勘验应当提前通知审判业务部门承办法官到场。

勘验人员应当制作现场勘验笔录，勘验人员、当事人或见证人应当在勘验笔录上签字，勘验笔录可以作为鉴定的材料；当事人参加了现场勘验，但拒绝在勘验笔录上签字的，勘验笔录仍可作为鉴定材料。

第39条　鉴定机构认为需要补充鉴定材料的，不能直接向当事人收取，应提请司法技术部门通知审判业务部门依照法定程序提供。补充的材料须经审判业务部门组织质证，方可移交鉴定机构。

第40条　有鉴定报告初稿的，司法技术部门应严格履行初稿征求意见程序。根据当事人对鉴定初稿的书面异议，司法技术部门认为需要进行听证的，应通知鉴定机构及当事人进行听证。

鉴定机构应出席听证会，并接受当事人的质询。司法技术部门应记录听证会过程，并将会议记录复印件移交审判业务部门。

第 41 条　当事人对初稿提出的异议，鉴定机构应当认真审查，自主决定是否采纳，逐一说明采纳或不采纳的理由及依据，并形成书面答复意见。

鉴定人提交鉴定报告时，应附有对初稿异议的答复意见。

第 42 条　鉴定机构一般应在接受委托后 30 个工作日内完成工作，重大疑难复杂的案件在 60 个工作日内完成。在规定期限内不能完成需要延长期限的，受委托的鉴定机构应当提交书面申请，并按司法技术部门重新确定的时间完成受委托的工作，每次延期不得超过 30 天。

鉴定过程中补充材料、对法律问题移交裁判的时间等不计算在鉴定期限之内。

【主席令［2011］47 号】　中华人民共和国道路交通安全法（2003 年 10 月 28 日全国人大常委会［10 届 5 次］通过，2004 年 5 月 1 日起施行；2011 年 4 月 22 日全国人大常委会［11 届 20 次］第 2 次修正，2011 年 5 月 1 日起施行；2021 年 4 月 29 日全国人大常委会［13 届 28 次］统修）

第 73 条　公安机关交通管理部门应当根据交通事故现场勘验、检查、调查情况和有关的检验、鉴定结论，及时制作交通事故认定书，作为处理交通事故的证据。交通事故认定书应当载明交通事故的基本事实、成因和当事人的责任，并送达当事人。

【司发［2015］14 号】　最高人民法院、最高人民检察院、公安部、国家安全部、司法部关于依法保障律师执业权利的规定（2015 年 9 月 16 日）

第 28 条　法庭审理过程中，经审判长准许，律师可以向当事人、证人、鉴定人和有专门知识的人发问。

第 31 条　法庭审理过程中，法官应当注重诉讼权利平等和控辩平衡。对于律师发问、质证、辩论的内容、方式、时间等，法庭应当依法公正保障，以便律师充分发表意见，查清案件事实。

法庭审理过程中，法官可以对律师的发问、辩论进行引导，除发言过于重复、相关问题已在庭前会议达成一致、与案件无关或者侮辱、诽谤、威胁他人，故意扰乱法庭秩序的情况外，法官不得随意打断或者制止律师按程序进行的发言。

第 32 条　法庭审理过程中，律师可以提出证据材料，申请通知新的证人、有专门知识的人出庭，申请调取新的证据，申请重新鉴定或者勘验、检查。在民事诉讼中，申请有专门知识的人出庭，应当在举证期限届满前向人民法院申请，经法庭许可后才可以出庭。

【法发［2016］21 号】　最高人民法院关于进一步推进案件繁简分流优化司法资源配置的若干意见（2016 年 9 月 12 日）

10. 创新开庭方式。对于适用简易程序审理的民事、刑事案件，经当事人同意，可以采用远程视频方式开庭。证人、鉴定人、被害人可以使用视听传输技术或者同步视频作证室等作证。

【法〔2016〕399 号】　第八次全国法院民事商事审判工作会议（民事部分）纪要（最高法 2016 年 11 月 21 日印发）

八、关于民事审判程序

（一）关于鉴定问题

35. 当事人对鉴定人作出的鉴定意见的一部分提出异议并申请重新鉴定的，应当着重审查异议是否成立；如异议成立，原则上仅针对异议部分重新鉴定或者补充鉴定，并尽量缩减鉴定的范围和次数。

【法释〔2017〕20 号】　最高人民法院关于审理医疗损害责任纠纷案件适用法律若干问题的解释（2017 年 3 月 27 日最高法审委会〔1713 次〕通过，2017 年 12 月 13 日公布，2017 年 12 月 14 日起施行；根据法释〔2020〕17 号《决定》修正，2021 年 1 月 1 日起施行。以本规为准）

第 1 条　患者以在诊疗活动中受到人身或者财产损害为由请求医疗机构，医疗产品的生产者、销售者、药品上市许可持有人或者血液提供机构承担侵权责任的案件，适用本解释。

患者以在美容医疗机构或者开设医疗美容科室的医疗机构实施的医疗美容活动中受到人身或者财产损害为由提起的侵权纠纷案件，适用本解释。

当事人提起的医疗服务合同纠纷案件，不适用本解释。

第 4 条（第 2 款）　患者无法提交医疗机构或者/及其医务人员有过错、诊疗行为与损害之间具有因果关系的证据，依法提出医疗损害鉴定申请的，人民法院应予准许。（余见本书第 67 条第 1 款）

第 7 条（第 2 款）　患者无法提交使用医疗产品或者输入血液与损害之间具有因果关系的证据，依法申请鉴定的，人民法院应予准许。（余见本书第 67 条第 1 款）

第 8 条　当事人依法申请对医疗损害责任纠纷中的专门性问题进行鉴定的，人民法院应予准许。

当事人未申请鉴定，人民法院对前款规定的专门性问题认为需要鉴定的，应当依职权委托鉴定。

第 9 条　当事人申请医疗损害鉴定的，由双方当事人协商确定鉴定人。

当事人就鉴定人无法达成一致意见，人民法院提出确定鉴定人的方法，当事人同意的，按照该方法确定；当事人不同意的，由人民法院指定。

鉴定人应当从具备相应鉴定能力、符合鉴定要求的专家中确定。

第一编　第六章

第10条 委托医疗损害鉴定的,当事人应当按照要求提交真实、完整、充分的鉴定材料。提交的鉴定材料不符合要求的,人民法院应当通知当事人更换或者补充相应材料。

在委托鉴定前,人民法院应当组织当事人对鉴定材料进行质证。

第11条 委托鉴定书,应当有明确的鉴定事项和鉴定要求。鉴定人应当按照委托鉴定的事项和要求进行鉴定。

下列专门性问题可以作为申请医疗损害鉴定的事项:(一)实施诊疗行为有无过错;(二)诊疗行与损害后果之间是否存在因果关系以及原因力大小;(三)医疗机构是否尽到了说明义务、取得患者或者患者近亲属明确书面同意的义务;(四)医疗产品是否有缺陷、该缺陷与损害后果之间是否存在因果关系以及原因力的大小;(五)患者损伤残疾程度;(六)患者的护理期、休息期、营养期;(七)其他专门性问题。

鉴定要求包括鉴定人的资质、鉴定人的组成、鉴定程序、鉴定意见、鉴定期限等。

第12条 鉴定意见可以按照导致患者损害的全部原因、主要原因、同等原因、次要原因、轻微原因或者与患者损害无因果关系,表述诊疗行为或者医疗产品等造成患者损害的原因力大小。

第13条 鉴定意见应当经当事人质证。

当事人申请鉴定人出庭作证,经人民法院审查同意,或者人民法院认为鉴定人有必要出庭的,应当通知鉴定人出庭作证。双方当事人同意鉴定人通过书面说明、视听传输技术或者视听资料等方式作证的,可以准许。

鉴定人因健康原因、自然灾害等不可抗力或者其他正当理由不能按期出庭的,可以延期开庭;经人民法院许可,也可以通过书面说明、视听传输技术或者视听资料等方式作证。

无前款规定理由,鉴定人拒绝出庭作证,当事人对鉴定意见又不认可的,对该鉴定意见不予采信。

第14条 当事人申请通知1至2名具有医学专门知识的人出庭,对鉴定意见或者案件的其他专门性事实问题提出意见,人民法院准许的,应当通知具有医学专门知识的人出庭。

前款规定的具有医学专门知识的人提出的意见,视为当事人的陈述,经质证可以作为认定案件事实的根据。

第15条 当事人自行委托鉴定人作出的医疗损害鉴定意见,其他当事人认可的,可予采信。

当事人共同委托鉴定人作出的医疗损害鉴定意见,一方当事人不认可的,应当提出明确的异议内容和理由。经审查，有证据足以证明异议成立的，对鉴定意见不予采信；异议不成立的，应予采信。

第 25 条　患者死亡后，其近亲属请求医疗损害赔偿的，适用本解释；支付患者医疗费、丧葬费等合理费用的人请求赔偿该费用的，适用本解释。

本解释所称的"医疗产品"包括药品、消毒产品/药剂、医疗器械等。

第 26 条　本院以前发布的司法解释与本解释不一致的，以本解释为准。

本解释施行后尚未终审的案件，适用本解释；本解释施行前已经终审，当事人申请再审或者按照审判监督程序决定再审的案件，不适用本解释。

【法释［2019］19 号】　最高人民法院关于民事诉讼证据的若干规定（"法释［2001］33 号"公布，2002 年 4 月 1 日起施行；2019 年 10 月 14 日最高法审委会［1777 次］修订，2019 年 12 月 25 日公布，2020 年 5 月 1 日起施行）

第 30 条　人民法院在审理案件过程中认为待证事实需要通过鉴定意见证明的，应当向当事人释明，并指定提出鉴定申请的期间。

符合《最高人民法院关于适用〈中华人民共和国民事诉讼法〉的解释》第 96 条第 1 款规定情形的，人民法院应当依职权委托鉴定。

第 31 条　当事人申请鉴定，应当在人民法院指定期间内/举证期限内提出，并预交鉴定费用。逾期不提出申请或者不预交鉴定费用的，视为放弃申请。

对需要鉴定的待证事实/事项负有举证责任的当事人，在人民法院指定期间内无正当理由不提出鉴定申请或不预交鉴定费用，或者拒不提供相关材料，致使争议的待证事实无法查明/通过鉴定结论予以认定的，应当对该事实承担举证不能的法律后果。

第 32 条　人民法院准许鉴定申请的，应当组织双方当事人协商确定具备相应资格的鉴定机构、鉴定人。当事人协商不成的，由人民法院指定。

（新增）人民法院依职权委托鉴定的，可以在询问当事人的意见后，指定具备相应资格的鉴定人。

（新增）人民法院在确定鉴定人后应当出具委托书，委托书中应当载明鉴定事项、鉴定范围、鉴定目的和鉴定期限。

第 33 条　鉴定开始之前，人民法院应当要求鉴定人签署承诺书。承诺书中应当载明鉴定人保证客观、公正、诚实地进行鉴定，保证出庭作证，如作虚假鉴定应当承担法律责任等内容。

鉴定人故意作虚假鉴定的，人民法院应当责令其退还鉴定费用，并根据情节，依照民事诉讼法第 111 条的规定进行处罚。

第 34 条　人民法院应当组织当事人对鉴定材料进行质证。未经质证的材料，不得作为鉴定的根据。

经人民法院准许，鉴定人可以调取证据、勘验物证和现场、询问当事人或者证人。

第 35 条　鉴定人应当在人民法院确定的期限内完成鉴定，并提交鉴定书。

鉴定人无正当理由未按期提交鉴定书的，当事人可以申请人民法院另行委托鉴定人进行鉴定。人民法院准许的，原鉴定人已经收取的鉴定费用应当退还；拒不退还的，依照本规定第 81 条第 2 款的规定处理。

第 36 条　~~人民法院~~/审判人员对鉴定人出具的鉴定书，应当审查是否具有下列内容：（一）委托法院/~~委托人~~的名称；（二）委托鉴定的内容、要求；（三）~~委~~托鉴定材料；（四）鉴定所依据的原理、方法及使用的~~科学技术手段~~；（五）对鉴定过程的说明；（六）~~明确的~~鉴定意见/~~结论~~；（七）承诺书。

鉴定书应当由鉴定人签名或者盖章，并附鉴定人的相应资格证明。委托机构鉴定的，鉴定书应当由鉴定机构盖章，并由从事鉴定的人员签名。

第 37 条　人民法院收到鉴定书后，应当及时将副本送交当事人。

当事人对鉴定书的内容有异议的，应当在人民法院指定期间内以书面方式提出。

对于当事人的异议，人民法院应当要求鉴定人作出解释、说明或者补充。人民法院认为有必要的，可以要求鉴定人对当事人未提出异议的内容进行解释、说明或者补充。

第 38 条　当事人在收到鉴定人的书面答复后仍有异议的，人民法院应当根据《诉讼费用交纳办法》第 11 条的规定，通知有异议的当事人预交鉴定人出庭费用，并通知鉴定人出庭。有异议的当事人不预交鉴定人出庭费用的，视为放弃异议。

双方当事人对鉴定意见均有异议的，分摊预交鉴定人出庭费用。

第 39 条　鉴定人出庭费用按照证人出庭作证费用的标准计算，由败诉的当事人负担。因鉴定意见不明确或者有瑕疵需要鉴定人出庭的，出庭费用由其自行负担。

人民法院委托鉴定时已经确定鉴定人出庭费用包含在鉴定费用中的，不再通知当事人预交。

第 40 条　当事人对人民法院委托的鉴定部门作出的鉴定结论有异议申请重新鉴定，~~提出证据证明~~存在下列情形之一的，人民法院应当准许：（一）~~鉴定机构或者鉴定人不具备相应鉴定资格的~~；（二）鉴定程序严重违法的；（三）鉴定意见/~~结论~~明显依据不足的；（四）鉴定意见~~经过质证认定~~不能作为证据使用的其他情形。

（新增）存在前款第 1 项至第 3 项情形的，鉴定人已经收取的鉴定费用应当退还。拒不退还的，依照本规定第 81 条第 2 款的规定处理。

对鉴定意见的瑕疵/~~有缺陷的鉴定结论~~，可以通过补正、补充鉴定或者补充质证、重新质证等方法解决的，人民法院不予准许重新鉴定的申请。

（新增）重新鉴定的，原鉴定意见不得作为认定案件事实的根据。

第 41 条　对于一方当事人就专门性问题自行委托有关机构或者人员/~~部门~~出具的意见/~~鉴定结论~~，另一方当事人有证据或者理由足以反驳并申请~~重新鉴定~~的，人民法院应予准许。

第 42 条　鉴定意见被采信后，鉴定人无正当理由撤销鉴定意见的，人民法院应当责令其退还鉴定费用，并可以根据情节，依照民事诉讼法第 111 条的规定对鉴定人进行处罚。当事人主张鉴定人负担由此增加的合理费用的，人民法院应予支持。

人民法院采信鉴定意见后准许鉴定人撤销的，应当责令其退还鉴定费用。

第 43 条　（新增）人民法院应当在勘验前将勘验的时间和地点通知当事人。当事人不参加的，不影响勘验进行。

（新增）当事人可以就勘验事项向人民法院进行解释和说明，可以请求人民法院注意勘验中的重要事项。

人民法院勘验物证或者现场，应当制作笔录，记录勘验的时间、地点、勘验人、在场人、勘验的经过、结果，由勘验人、在场人签名或者盖章。对于绘制的现场图应当注明绘制的时间、方位、测绘人姓名、身份等内容。

第 79 条　鉴定人依照民事诉讼法第 78 条（现第 81 条）的规定出庭作证的，人民法院应当在开庭审理 3 日前将出庭的时间、地点及要求通知鉴定人。

委托机构鉴定的，应当由从事鉴定的人员代表机构出庭。

第 80 条　鉴定人应当出庭就鉴定事项如实答复当事人的异议和审判人员的询问/~~接受当事人质询~~。当庭答复确有困难/鉴定人确因特殊原因无法出庭的，经人民法院准许，可以在庭审结束后书面答复。①

（新增）人民法院应当及时将书面答复送交当事人，并听取当事人的意见。必要时，可以再次组织质证。

第 81 条　鉴定人拒不出庭作证的，鉴定意见不得作为认定案件事实的根据。人民法院应当建议有关主管部门或者组织对拒不出庭作证的鉴定人予以处罚。

当事人要求退还鉴定费用的，人民法院应当在 3 日内作出裁定，责令鉴定人退还；拒不退还的，由人民法院依法执行。

---

①　注：原规定只有鉴定人无法出庭的才能书面答复；现规定出庭的也可以在庭后书面答复。

当事人因鉴定人拒不出庭作证申请重新鉴定的，人民法院应当准许。

第82条 经法庭许可，当事人可以询问证人、鉴定人、勘验人。

询问证人、鉴定人、勘验人不得使用威胁、侮辱等~~及不适当引导证人~~的言语和方式。

第83条 当事人可以依照民事诉讼法第79条（现第82条）和《最高人民法院关于适用〈中华人民共和国民事诉讼法〉的解释》第122条的规定，申请~~1-2名~~有专门知识的人出庭就案件的专门性问题进行说明的，申请书中应当载明有专门知识的人的基本情况和申请的目的。

人民法院准许当事人申请的，应当通知双方当事人，有关费用由提出申请的当事人负担。

第84条 审判人员和当事人可以对出庭的有专门知识的人进行询问。经法庭准许，当事人可以对有专门知识的人进行询问，当事人各自申请的有专门知识的人可以就案件中的有关问题进行对质。

有专门知识的人不得参与对鉴定意见质证或者就专业问题发表意见之外的法庭审理活动~~可以对鉴定人进行询问~~。①

~~第62条 法庭应当将当事人的质证情况记入笔录，并由当事人核对后签名或者盖章。~~

第93条（第2款） 人民法院认为有必要的，可以通过鉴定或者勘验等方法，审查判断电子数据的真实性。

第99条（第2款） 除法律、司法解释另有规定外，对当事人、鉴定人、有专门知识的人的询问参照适用本规定中关于询问证人的规定；……

【法〔2020〕202号】 最高人民法院关于人民法院民事诉讼中委托鉴定审查工作若干问题的规定（2020年8月14日公布，2020年9月1日起施行）

一、对鉴定事项的审查

1. 严格审查拟鉴定事项是否属于查明案件事实的专门性问题，有下列情形之一的，人民法院不予委托鉴定：（1）通过生活常识、经验法则可以推定的事实；（2）与待证事实无关联的问题；（3）对证明待证事实无意义的问题；（4）应当由当事人举证的非专门性问题；（5）通过法庭调查、勘验等方法可以查明的事实；（6）对当事人责任划分的认定；（7）法律适用问题；（8）测谎；（9）其他不适宜委托鉴定的情形。

2. 拟鉴定事项所涉鉴定技术和方法争议较大的，应当先对其鉴定技术和方法

---

① 注意：新规定改变并限制了有专门知识的人员在庭审中的质询权。

的科学可靠性进行审查。所涉鉴定技术和方法没有科学可靠性的，不予委托鉴定。

二、对鉴定材料的审查

3. 严格审查鉴定材料是否符合鉴定要求，人民法院应当告知当事人不提供符合要求鉴定材料的法律后果。

4. 未经法庭质证的材料（包括补充材料），不得作为鉴定材料。

当事人无法联系、公告送达或当事人放弃质证的，鉴定材料应当经合议庭确认。

5. 对当事人有争议的材料，应当由人民法院予以认定，不得直接交由鉴定机构、鉴定人选用。

三、对鉴定机构的审查

6. 人民法院选择鉴定机构，应当根据法律、司法解释等规定，审查鉴定机构的资质、执业范围等事项。

7. 当事人协商一致选择鉴定机构的，人民法院应当审查协商选择的鉴定机构是否具备鉴定资质及符合法律、司法解释等规定。发现双方当事人的选择有可能损害国家利益、集体利益或第三方利益的，应当终止协商选择程序，采用随机方式选择。

8. 人民法院应当要求鉴定机构在接受委托后 5 个工作日内，提交鉴定方案、收费标准、鉴定人情况和鉴定人承诺书。

重大、疑难、复杂鉴定事项可适当延长提交期限。

鉴定人拒绝签署承诺书的，人民法院应当要求更换鉴定人或另行委托鉴定机构。

四、对鉴定人的审查

9. 人民法院委托鉴定机构指定鉴定人的，应当严格依照法律、司法解释等规定，对鉴定人的专业能力、从业经验、业内评价、执业范围、鉴定资格、资质证书有效期以及是否有依法回避的情形等进行审查。

特殊情形人民法院直接指定鉴定人的，依照前款规定进行审查。

五、对鉴定意见书的审查

10. 人民法院应当审查鉴定意见书是否具备《最高人民法院关于民事诉讼证据的若干规定》第 36 条规定的内容。

11. 鉴定意见书有下列情形之一的，视为未完成委托鉴定事项，人民法院应当要求鉴定人补充鉴定或重新鉴定：（1）鉴定意见和鉴定意见书的其他部分相互矛盾的；（2）同一认定意见使用不确定性表述的；（3）鉴定意见书有其他明显瑕疵的。

补充鉴定或重新鉴定仍不能完成委托鉴定事项的，人民法院应当责令鉴定人退回已经收取的鉴定费用。

六、加强对鉴定活动的监督

12. 人民法院应当向当事人释明不按期预交鉴定费用及鉴定人出庭费用的法律后果，并对鉴定机构、鉴定人收费情况进行监督。

公益诉讼可以申请暂缓交纳鉴定费用和鉴定人出庭费用。

符合法律援助条件的当事人可以申请暂缓或减免交纳鉴定费用和鉴定人出庭费用。

13. 人民法院委托鉴定应当根据鉴定事项的难易程度、鉴定材料准备情况，确定合理的鉴定期限，一般案件鉴定时限不超过 30 个工作日，重大、疑难、复杂案件鉴定时限不超过 60 个工作日。

鉴定机构、鉴定人因特殊情况需要延长鉴定期限的，应当提出书面申请，人民法院可以根据具体情况决定是否延长鉴定期限。

鉴定人未按期提交鉴定书的，人民法院应当审查鉴定人是否存在正当理由。如无正当理由且人民法院准许当事人申请另行委托鉴定的，应当责令原鉴定机构、鉴定人退回已经收取的鉴定费用。

14. 鉴定机构、鉴定人超范围鉴定、虚假鉴定、无正当理由拖延鉴定、拒不出庭作证、违规收费以及有其他违法违规情形的，人民法院可以根据情节轻重，对鉴定机构、鉴定人予以暂停委托、责令退还鉴定费用、从人民法院委托鉴定专业机构、专业人员备选名单中除名等惩戒，并向行政主管部门或者行业协会发出司法建议。鉴定机构、鉴定人存在违法犯罪情形的，人民法院应当将有关线索材料移送公安、检察机关处理。

人民法院建立鉴定人黑名单制度。鉴定机构、鉴定人有前款情形的，可列入鉴定人黑名单。鉴定机构、鉴定人被列入黑名单期间，不得进入人民法院委托鉴定专业机构、专业人员备选名单和相关信息平台。

15. 人民法院应当充分运用委托鉴定信息平台加强对委托鉴定工作的管理。

16. 行政诉讼中人民法院委托鉴定，参照适用本规定。

【法释〔2020〕12 号】 最高人民法院关于知识产权民事诉讼证据的若干规定（2020 年 11 月 9 日最高法审委会〔1815 次〕通过，2020 年 11 月 16 日公布，2020 年 11 月 18 日起施行；以本规为准）

第 19 条 人民法院可以对下列待证事实的专门性问题委托鉴定：（一）被诉侵权技术方案与专利技术方案、现有技术的对应技术特征在手段、功能、效果等方面的异同；（二）被诉侵权作品与主张权利的作品的异同；（三）当事人主张的商业秘密与所属领域已为公众所知悉的信息的异同、被诉侵权的信息与商业秘密的异同；（四）被诉侵权物与授权品种在特征、特性方面的异同，其不同是否因非遗传变异所致；（五）被诉侵权集成电路布图设计与请求保护的集成电路布图设计的异同；（六）合同涉及的技术是否存在缺陷；（七）电子数据的真实性、完整性；（八）其他需要委托鉴定的专门性问题。

第 20 条　经人民法院准许或者双方当事人同意，鉴定人可以将鉴定所涉部分检测事项委托其他检测机构进行检测，鉴定人对根据检测结果出具的鉴定意见承担法律责任。

第 21 条　鉴定业务领域未实行鉴定人和鉴定机构统一登记管理制度的，人民法院可以依照《最高人民法院关于民事诉讼证据的若干规定》第 32 条规定的鉴定人选任程序，确定具有相应技术水平的专业机构、专业人员鉴定。

第 22 条　人民法院应当听取各方当事人意见，并结合当事人提出的证据确定鉴定范围。鉴定过程中，一方当事人申请变更鉴定范围，对方当事人无异议的，人民法院可以准许。

第 23 条　人民法院应当结合下列因素对鉴定意见进行审查：（一）鉴定人是否具备相应资格；（二）鉴定人是否具备解决相关专门性问题应有的知识、经验及技能；（三）鉴定方法和鉴定程序是否规范，技术手段是否可靠；（四）送检材料是否经过当事人质证且符合鉴定条件；（五）鉴定意见的依据是否充分；（六）鉴定人有无应当回避的法定事由；（七）鉴定人在鉴定过程中有无徇私舞弊或者其他影响公正鉴定的情形。

第 28 条　当事人可以申请有专门知识的人出庭，就专业问题提出意见。经法庭准许，当事人可以对有专门知识的人进行询问。

第 29 条　人民法院指派技术调查官参与庭前会议、开庭审理的，技术调查官可以就案件所涉技术问题询问当事人、诉讼代理人、有专门知识的人、证人、鉴定人、勘验人等。

【法释〔2020〕25 号】　最高人民法院关于审理建设工程施工合同纠纷案件适用法律问题的解释（一）（2020 年 12 月 25 日最高法审委会〔1825 次〕通过，2020 年 12 月 29 日公布，2021 年 1 月 1 日起施行）

第 28 条　当事人约定按照固定价结算工程价款，一方当事人请求对建设工程造价进行鉴定的，人民法院不予支持。

第 29 条　当事人在诉讼前已经对建设工程价款结算达成协议，诉讼中一方当事人申请对工程造价进行鉴定的，人民法院不予准许。

第 30 条　当事人在诉讼前共同委托有关机构、人员对建设工程造价出具咨询意见，诉讼中一方当事人不认可该咨询意见申请鉴定的，人民法院应予准许，但双方当事人明确表示受该咨询意见约束的除外。

第 31 条　当事人对部分案件事实有争议的，仅对有争议的事实进行鉴定，但争议事实范围不能确定，或者双方当事人请求对全部事实鉴定的除外。

第 32 条　当事人对工程造价、质量、修复费用等专门性问题有争议，人民法院认为需要鉴定的，应当向负有举证责任的当事人释明。当事人经释明未申请鉴定，虽申请鉴定但未支付鉴定费用或者拒不提供相关材料的，应当承担举证不能的法律后果。

一审诉讼中负有举证责任的当事人未申请鉴定，虽申请鉴定但未支付鉴定费用或者拒不提供相关材料，二审诉讼中申请鉴定，人民法院认为确有必要的，应当依照民事诉讼法第 170 条第 1 款第 3 项的规定处理。

第 33 条　人民法院准许当事人的鉴定申请后，应根据当事人申请及查明案件事实的需要，确定委托鉴定的事项、范围、鉴定期限等，并组织当事人对争议的鉴定材料进行质证。

第 34 条　人民法院应当组织当事人对鉴定意见进行质证。鉴定人将当事人有争议且未经质证的材料作为鉴定依据的，人民法院应组织当事人就该部分材料进行质证。经质证认为不能作为鉴定依据的，根据该材料作出的鉴定意见不得作为认定案件事实的依据。

【法二巡（会2）[2021]3号】　有专门知识的人的性质及在证据法上的效力①（最高法第二巡回法庭 2019 年第 31 次法官会议纪要）

（诉讼辅助人说）我国《民事诉讼法》及相关司法解释中并无专家证人的规定，根据 2019 年修正后公布的《民事证据规定》第 72 条关于"证人应当客观陈述其亲身感知的事实，作证时不得使用猜测、推断或者评论性语言"的规定，证人仅指事实证人，不包括专家证人。《民事诉讼法》第 79 条（现第 82 条）规定的有专门知识的人，性质上为专家辅助人。根据《民事诉讼法解释》第 122 条第 2 款的规定，其所陈述的意见视为当事人的陈述。而根据《民事诉讼法》第 75 条（现第 78 条）的规定，当事人的陈述不能独立证明案件事实，应当与其他证据结合才能作为认定案件事实的根据。本案中，一审法院将有专门知识的人作为专家证人错误，仅以其陈述的意见认定案件事实程序显属不当。

【法释[2021]12号】　人民法院在线诉讼规则（2021 年 5 月 18 日最高法审委会[1838 次]通过，2021 年 6 月 16 日公布，2021 年 8 月 1 日起施行；以本规为准）

---

① 贺小荣主编：《最高人民法院第二巡回法庭法官会议纪要（第三辑）》，人民法院出版社 2022 年版，第 36 页。

民事诉讼法全厚细

第 19 条　当事人可以申请具有专门知识的人就区块链技术存储电子数据相关技术问题提出意见。人民法院可以根据当事人申请或者依职权，委托鉴定区块链技术存储电子数据的真实性，或者调取其他相关证据进行核对。

第 26 条　证人通过在线方式出庭的，人民法院应当通过指定在线出庭场所、设置在线作证室等方式，保证其不旁听案件审理和不受他人干扰。当事人对证人在线出庭提出异议且有合理理由的，或者人民法院认为确有必要的，应当要求证人线下出庭作证。

鉴定人、勘验人、具有专门知识的人在线出庭的，参照前款规定执行。

【法释［2021］14 号】　最高人民法院关于审理侵害植物新品种权纠纷案件具体应用法律问题的若干规定（二）（2021 年 6 月 29 日最高法审委会［1843 次］通过，2021 年 7 月 5 日公布，2021 年 7 月 7 日起施行；以本规为准）

第 20 条　侵害品种权纠纷案件涉及的专门性问题需要鉴定的，由当事人在相关领域鉴定人名录或者国务院农业、林业主管部门向人民法院推荐的鉴定人中协商确定；协商不成的，由人民法院从中指定。

第 21 条　对于没有基因指纹图谱等分子标记检测方法进行鉴定的品种，可以采用行业通用方法对授权品种与被诉侵权物的特征、特性进行同一性判断。

第 22 条　对鉴定意见有异议的一方当事人向人民法院申请复检、补充鉴定或者重新鉴定，但未提出合理理由和证据的，人民法院不予准许。

第 23 条　通过基因指纹图谱等分子标记检测方法进行鉴定，待测样品与对照样品的差异位点小于但接近临界值，被诉侵权人主张二者特征、特性不同的，应当承担举证责任；人民法院也可以根据当事人的申请，采取扩大检测位点进行加测或者提取授权品种标准样品进行测定等方法，并结合其他相关因素作出认定。

第 24 条　田间观察检测与基因指纹图谱等分子标记检测的结论不同的，人民法院应当以田间观察检测结论为准。

【法二巡（会 3）［2022］23 号】　鉴定费的性质与承担[①]（最高法第二巡回法庭 2021 年第 21 次法官会议纪要）

《民事诉讼法》第 79 条和《民事诉讼法司法解释》第 121 条规定，原则上鉴定因当事人的申请而启动，人民法院不能启动鉴定程序。只有与待证事实具有关联性或有意义的，且符合《民事诉讼法司法解释》第 96 条属于人民法院依职权调查收集证据的五种情形，人民法院才可以依职权启动鉴定程序。通常情况下，

[①]　贺小荣主编：《最高人民法院第二巡回法庭法官会议纪要（第三辑）》，人民法院出版社 2022 年版，第 410 页。

人民法院在审理案件过程中认为待证事实需要通过鉴定意见证明的，依照《民事证据规定》第30条规定，向当事人予以释明，由对待证事实负有举证责任的当事人申请启动鉴定程序。

【法释［2022］11号】　最高人民法院关于适用《中华人民共和国民事诉讼法》的解释（"法释［2015］5号"公布，2015年2月4日起施行；根据法释［2020］20号《决定》修正，2021年1月1日起施行；2022年3月22日最高法审委会［1866次］修正，2022年4月1日公布，2022年4月10日起施行；以本规为准）

第121条　当事人申请鉴定，可以在举证期限届满前提出。申请鉴定的事项与待证事实无关联，或者对证明待证事实无意义的，人民法院不予准许。

人民法院准许当事人鉴定申请的，应当组织双方当事人协商确定具备相应资格的鉴定人。当事人协商不成的，由人民法院指定。

符合依职权调查收集证据条件的，人民法院应当依职权委托鉴定，在询问当事人的意见后，指定具备相应资格的鉴定人。

第122条　当事人可以依照民事诉讼法第82条的规定，在举证期限届满前申请1至2名具有专门知识的人出庭，代表当事人对鉴定意见进行质证，或者对案件事实所涉及的专业问题提出意见。

具有专门知识的人在法庭上就专业问题提出的意见，视为当事人的陈述。

人民法院准许当事人申请的，相关费用由提出申请的当事人负担。

第123条　人民法院可以对出庭的具有专门知识的人进行询问。经法庭准许，当事人可以对出庭的具有专门知识的人进行询问，当事人各自申请的具有专门知识的人可以就案件中的有关问题进行对质。

具有专门知识的人不得参与专业问题之外的法庭审理活动。

第124条　人民法院认为有必要的，可以根据当事人的申请或者依职权对物证或者现场进行勘验。勘验时应当保护他人的隐私和尊严。

人民法院可以要求鉴定人参与勘验。必要时，可以要求鉴定人在勘验中进行鉴定。

第397条　审查再审申请期间，再审申请人申请人民法院委托鉴定、勘验的，人民法院不予准许。

【国知发保字［2022］43号】　国家知识产权局、最高人民法院、最高人民检察院、公安部、国家市场监督管理总局关于加强知识产权鉴定工作衔接的意见（2022年11月22日）

一、知识产权鉴定是指鉴定人运用科学技术或者专门知识对涉及知识产权行政和司法保护中的专业性技术问题进行鉴别和判断，并提供鉴定意见的活动。

二、知识产权鉴定主要用于协助解决专利、商标、地理标志、商业秘密、集成电路布图设计等各类知识产权①争议中的专业性技术问题。

三、知识产权鉴定意见经查证属实，程序合法，才能作为认定案件事实的根据。

七、……构建知识产权鉴定机构遴选荐用机制，建立知识产权鉴定机构名录库，实现名录库动态调整。将通过贯彻知识产权鉴定标准的鉴定机构纳入名录库并予以公开，供相关行政机关、司法机关、仲裁调解组织等选择使用。……

八、……对存在严重不负责任给当事人合法权益造成重大损失、经人民法院依法通知拒不出庭作证、故意作虚假鉴定等严重失信行为的知识产权鉴定人、鉴定机构，相关部门可实施联合惩戒。构成犯罪的，依法追究刑事责任。

【法释〔2023〕6号】　最高人民法院关于生态环境侵权民事诉讼证据的若干规定（2023年4月17日最高法审委会〔1885次〕通过，2023年8月14日公布，2023年9月1日起施行；以本规为准）

第14条　人民法院调查收集、保全或者勘验涉及环境污染、生态破坏专门性问题的证据，应当遵守相关技术规范。必要时，可以通知鉴定人到场，或者邀请负有环境资源保护监督管理职责的部门派员协助。

第16条　对于查明环境污染、生态破坏案件事实的专门性问题，人民法院经审查认为有必要的，应当根据当事人的申请或者依职权委托具有相应资格的机构、人员出具鉴定意见。

第17条　对于法律适用、当事人责任划分等非专门性问题，或者虽然属于专门性问题，但可以通过法庭调查、勘验等其他方式查明的，人民法院不予委托鉴定。

第18条　鉴定人需要邀请其他机构、人员完成部分鉴定事项的，应当向人民法院提出申请。

人民法院经审查认为确有必要的，在听取双方当事人意见后，可以准许，并告知鉴定人对最终鉴定意见承担法律责任；主要鉴定事项由其他机构、人员实施的，人民法院不予准许。

第19条　未经人民法院准许，鉴定人邀请其他机构、人员完成部分鉴定事项的，鉴定意见不得作为认定案件事实的根据。

前款情形，当事人申请退还鉴定费用的，人民法院应当在3日内作出裁定，责令鉴定人退还；拒不退还的，由人民法院依法执行。

① 《民法典》第123条第2款：知识产权是权利人依法就下列客体享有的专有的权利：（一）作品；（二）发明、实用新型、外观设计；（三）商标；（四）地理标志；（五）商业秘密；（六）集成电路布图设计；（七）植物新品种；（八）法律规定的其他客体。

第20条　鉴定人提供虚假鉴定意见的，该鉴定意见不得作为认定案件事实的根据。人民法院可以依照民事诉讼法第114条的规定进行处理。

鉴定事项由其他机构、人员完成，其他机构、人员提供虚假鉴定意见的，按照前款规定处理。

第21条　因没有鉴定标准、成熟的鉴定方法、相应资格的鉴定人等原因无法进行鉴定，或者鉴定周期过长、费用过高的，人民法院可以结合案件有关事实、当事人申请的有专门知识的人的意见和其他证据，对涉及专门性问题的事实作出认定。

第22条　当事人申请有专门知识的人出庭，就鉴定意见或者污染物认定、损害结果、因果关系、生态环境修复方案、生态环境修复费用、生态环境受到损害至修复完成期间服务功能丧失导致的损失、生态环境功能永久性损害造成的损失等专业问题提出意见的，人民法院可以准许。

对方当事人以有专门知识的人不具备相应资格为由提出异议的，人民法院对该异议不予支持。

【高检发办字［2023］49号】　人民检察院办理知识产权案件工作指引（2023年4月25日印发施行）

第7条　人民检察院办理知识产权案件，为解决案件中的专门性问题，可以依法聘请有专门知识的人或者指派具备相应资格的检察技术人员出具意见。

前款人员出具的意见，经审查可以作为办案部门、检察官判断运用证据或者作出相关决定的依据。

第8条　人民检察院办理知识产权案件认为需要鉴定的，可以委托具备法定资格的机构进行鉴定。

在诉讼过程中已经进行过鉴定的，除确有必要外，一般不再委托鉴定。

【法办［2023］275号】　最高人民法院关于诉前调解中委托鉴定工作规程（试行）（2023年7月25日印发，2023年8月1日起试行）

第1条　在诉前调解过程中，人民法院可以根据当事人申请依托人民法院委托鉴定系统提供诉前委托鉴定服务。

第2条　诉前鉴定应当遵循当事人自愿原则。当事人可以共同申请诉前鉴定。一方当事人申请诉前鉴定的，应当征得其他当事人同意。

第3条　下列纠纷，人民法院可以根据当事人申请委托开展诉前鉴定：（一）机动车交通事故责任纠纷；（二）医疗损害责任纠纷；（三）财产损害赔偿纠纷；（四）建设工程合同纠纷；（五）劳务合同纠纷；（六）产品责任纠纷；（七）买卖合同纠纷；（八）生命权、身体权、健康权纠纷；（九）其他适宜进行诉前鉴定的纠纷。

第4条　有下列情形之一的,人民法院不予接收当事人诉前鉴定申请:(一)申请人与所涉纠纷没有直接利害关系;(二)没有明确的鉴定事项、事实和理由;(三)没有提交鉴定所需的相关材料;(四)具有其他不适宜委托诉前鉴定情形的。

第5条　人民法院以及接受人民法院委派的调解组织在诉前调解过程中,认为纠纷适宜通过鉴定促成调解,但当事人没有申请的,可以向当事人进行释明,并指定提出诉前鉴定申请的期间。

第6条　诉前鉴定申请书以及相关鉴定材料可以通过人民法院调解平台在线提交。申请人在线提交确有困难的,人民法院以及接受人民法院委派的调解组织可以代为将鉴定申请以及相关材料录入扫描上传至人民法院调解平台。

诉前鉴定申请书应当写明申请人、被申请人的姓名、住所地等身份信息,申请鉴定事项、事实和理由以及有效联系方式。

第7条　主持调解的人员应当在收到诉前鉴定申请5个工作日内对鉴定材料是否齐全、申请事项是否明确进行审核,并组织当事人对鉴定材料进行协商确认。

审核过程中认为需要补充、补正的,应当一次性告知。申请人在指定期间内未补充、补正,或者补充、补正后仍不符合诉前鉴定条件的,予以退回并告知理由。

第8条　主持调解的人员经审核认为符合诉前鉴定条件的,应当报请人民法院同意。人民法院准许委托诉前鉴定的,由主持调解的人员通过人民法院调解平台将鉴定材料推送至人民法院委托鉴定系统。人民法院不予准许的,主持调解的人员应当向申请人进行释明并做好记录。

第9条　人民法院指派法官或者司法辅助人员指导接受委派的调解组织开展诉前鉴定工作,规范审核诉前鉴定申请、组织协商确认鉴定材料等行为。

第10条　人民法院组织当事人协商确定具备相应资格的鉴定机构。当事人协商不成的,通过人民法院委托鉴定系统随机确定。

第11条　人民法院负责司法技术工作的部门以"诉前调"字号向鉴定机构出具委托书、移送鉴定材料、办理相关手续。

委托书上应当载明鉴定事项、鉴定范围、鉴定目的和鉴定期限。

第12条　人民法院应当通知申请人在指定期间内向鉴定机构预交鉴定费用。逾期未交纳的,视为申请人放弃申请,由调解组织继续调解。

第13条　人民法院负责司法技术工作的部门应当督促鉴定机构在诉前鉴定结束后及时将鉴定书上传至人民法院委托鉴定系统。人民法院以及主持调解的人员在线接收后,及时送交给当事人。

鉴定机构在线上传或者送交鉴定书确有困难的，人民法院可以通过线下方式接收。

第 14 条　人民法院以及接受委派的调解组织应当督促鉴定机构及时办理诉前委托鉴定事项，并可以通过人民法院委托鉴定系统进行在线催办、督办。

鉴定机构无正当理由未按期提交鉴定书的，人民法院可以依当事人申请另行委托鉴定机构进行诉前鉴定。

第 15 条　诉前鉴定过程中，有下列情形之一的，诉前鉴定终止：（一）申请人逾期未补充鉴定所需的必要材料；（二）申请人逾期未补交鉴定费用；（三）申请人无正当理由拒不配合鉴定；（四）被申请人明确表示不愿意继续进行鉴定；（五）其他导致诉前鉴定不能进行的情形。

第 16 条　当事人对鉴定书内容有异议，但同意诉前调解的，由调解组织继续调解；不同意继续调解并坚持起诉的，由人民法院依法登记立案。

第 17 条　经诉前调解未达成调解协议的，调解组织应当将全部鉴定材料连同调解材料一并在线推送至人民法院，由人民法院依法登记立案。

第 18 条　当事人无正当理由就同一事项重复提出诉前鉴定申请的，人民法院不予准许。

第 19 条　人民法院对于当事人恶意利用诉前鉴定拖延诉前调解时间、影响正常诉讼秩序的行为，应当依法予以规制，并作为审查当事人在诉讼过程中再次提出委托鉴定申请的重要参考。

第 20 条　本规程自 2023 年 8 月 1 日起施行。

其他未规定事宜，参照诉讼中鉴定相关规定执行。

【法释［2024］6 号】　最高人民法院关于审理垄断民事纠纷案件适用法律若干问题的解释（2024 年 2 月 4 日最高法审委会［1915 次］通过，2024 年 6 月 24 日公布，2024 年 7 月 1 日起施行；法释［2012］5 号《关于审理因垄断行为引发的民事纠纷案件应用法律若干问题的规定》同时废止）

第 11 条　当事人可以向人民法院申请 1 至 2 名具有案件所涉领域、经济学等专门知识的人员出庭，就案件的专门性问题进行说明。

当事人可以向人民法院申请委托专业机构或者专业人员就案件的专门性问题提出市场调查或者经济分析意见。该专业机构或者专业人员可以由双方当事人协商确定；协商不成的，由人民法院指定。人民法院可以参照民事诉讼法及相关司法解释有关鉴定意见的规定，对该专业机构或者专业人员提出的市场调查或者经济分析意见进行审查判断。

一方当事人就案件的专门性问题自行委托有关专业机构或者专业人员提出市

场调查或者经济分析意见,该意见缺乏可靠的事实、数据或者其他必要基础资料佐证,或者缺乏可靠的分析方法,或者另一方当事人提出证据或者理由足以反驳的,人民法院不予采信。

● **公报案例**　(法公报〔2016〕3 期)　**陈呈浴与内蒙古昌宇石业有限公司合同纠纷案**(最高法院 2015 年 5 月 30 日〔2014〕民提字第 178 号民事判决)(**另见本书第 67 条第 3 款**)

　　裁判摘要:二、本案原审期间,陈呈浴并未向原审人民法院提出有关损失鉴定申请,原审法院将陈呈浴(在另案)提供的《鉴证报告》作为鉴定意见予以质证和认定,违反《民事诉讼法》第 76 条(**现第 79 条**)第 1 款之规定,属适用法律错误。同时,依据《民事诉讼法》第 78 条(**现第 81 条**)之规定,鉴定意见即使为原审法院依法委托,该鉴定意见在当事人提出异议的情况下,原审法院亦应通知鉴定人出庭作证,否则不能采信为认定案件事实的证据。

　　(法公报〔2021〕7 期)　**王记龙诉中国人寿财产保险股份有限公司芜湖市中心支公司财产保险合同纠纷案**(上海金融法院 2019 年 6 月 21 日民事判决)

　　裁判摘要:……保险事故发生后,由于被保险人急于通知致使保险人未能参与定损的,损害了保险人的知情权和参与定损权,其依据侵权生效判决所确认的损失金额主张保险理赔的,保险人有权申请重新鉴定。

● **高法判例**　【〔2022〕最高法知民终 541 号】　**四川化工公司、山东化工公司等侵害技术秘密纠纷案**(最高法院知产庭 2022 年 12 月 26 日二审民事判决:诉讼过程中对专门性问题是否需要进行鉴定)

　　裁判摘要:当事人申请鉴定并不必然启动鉴定程序,人民法院仍需根据对相关事实的认定作出是否启动鉴定程序的决定。鉴定程序启动与否的关键在于法官在审理案件过程中对相关专门性问题缺乏判断认定能力,而需要委托相关鉴定机构通过科学的方法和手段来查明该专门性问题的相关事实。对于当事人提出的鉴定申请,既要避免当事人滥用申请鉴定的权利,也要避免不当剥夺其相关的诉讼权利,一般应着重从以下 4 方面予以审查:一是关联性,申请鉴定的事项与案件有待查明的事实是否具有关联;二是必要性,即是否必须通过特殊技术手段或者专门方法才能确定相应的专门性问题,是否已经通过其他的举证、质证手段仍然对专门性问题无法查明;三是可行性,对于待鉴定的专门性问题,是否有较为权威的鉴定方法和相应有资质的鉴定机构,是否有明确充分的鉴定材料;四是正当性,鉴定申请的提出是否遵循了相应的民事诉讼规则,在启动鉴定之前是否已充分听取各方当事人的意见,以确保程序上的正当性。

● **文书格式** 【法［2016］221号】 **民事诉讼文书样式**（2016年2月22日最高法审委会［1679次］通过，2016年6月28日公布，2016年8月1日起施行）（本书对格式略有调整）

委托鉴定书

（××××）……民×……号（同诉讼案件案号）

×××（受委托鉴定人名称或姓名）：

我院审理/执行……（写明当事人及案由）一案，需对……（写明委托鉴定的事项）予以鉴定。依照《中华人民共和国民事诉讼法》第79条规定，请你进行鉴定，并及时向我院提出书面鉴定意见。

联系人：……（写明姓名、部门、职务）　　　　联系电话：……

联系地址：……

特此通知。

×年×月×日（院印）

申请书（申请鉴定\申请通知有专门知识的人出庭用）①

申请人：×××，男/女，×年×月×日生，×族，……（写明工作单位和职务或职业），住……。联系方式：……。（★申请人是法人或其他组织的，本段写明名称、住所）

法定代理人/指定代理人②：×××，……。（★申请人是法人或其他组织的，本段写明法定代表人、主要负责人及其姓名、职务、联系方式）

委托诉讼代理人：×××，……。（申请时已经委托诉讼代理人的，写明此项）

（以上写明申请人和其他诉讼参与人的姓名或者名称等基本信息）

请求事项：

因（××××）……号……（写明当事人和案由）一案，申请对……（写明鉴定种类、鉴定事项）进行鉴定。③

或者：申请通知有专门知识的人×××，男/女，……（写明工作单位和职务或者职业），……（写明专业资质等信息）出庭，就鉴定人作出的鉴定意见或者专业问题提出意见。④

---

① 注：当事人在举证期限届满前，可以向人民法院申请鉴定以查明事实的专门性问题用，或者申请1~2名具有专门知识的人出庭，代表当事人对鉴定意见进行质证，或对案件事实所涉及的专业问题提出意见。

② 注：申请人是无民事行为能力人或限制民事行为能力人的，应当写明法定代理人姓名、性别、出生日期、民族、职业、工作单位、住所、联系方式，在诉讼地位后括注与申请人的关系。

③ 当事人申请鉴定的，由双方当事人协商确定具备资格的鉴定人；协商不成的，由人民法院指定。

④ 具有专门知识的人在法庭上就专业问题提出的意见，视为当事人的陈述。

事实和理由:

……（写明相关的事实和理由）

此致:××人民法院

申请人（自然人签名或单位盖章）

×年×月×日

准许\不准许具有专门知识的人出庭通知书 （通知当事人用）①

（××××）……民×……号 （同诉讼案件案号）

×××:

……（写明当事人及案由）一案,×××\你方于×年×月×日向本院申请×××作为具有专门知识的人出庭,就……（鉴定意见或者专业问题）提出意见。

经审查,×××\你方的申请符合\不符合《中华人民共和国民事诉讼法》第82条、《最高人民法院关于适用〈中华人民共和国民事诉讼法〉的解释》第122条规定,本院予以\不予准许。（准许的,继续写明:相关费用由申请人负担。）

特此通知。

×年×月×日 （院印）

出庭通知书 （通知具有专门知识的人出庭）

（××××）……民×……号 （同诉讼案件案号）

×××:

……（写明当事人及案由）一案,×××向本院申请你作为具有专门知识的人出庭,就本案涉及的……（写明协助质证的专门性问题）代表其质证或者提出意见。本院经审查,已准许×××的申请。现将有关事项通知如下:

一、你应于×年×月×日×时×分携带有效身份证明到……（写明法庭审理的地点）出庭。

二、你在法庭上可以代表当事人对鉴定意见进行质证,或者对案件事实所涉及的专业问题提出意见。

三、审判人员可以对你进行询问。经法庭准许,当事人可以对你进行询问。你可以与对方当事人或其申请的具有专门知识的人就案件中的有关问题进行对质。

四、你应当遵守法庭秩序,服从审判人员指挥,不得参与鉴定意见或者专业问题之外的法庭审理活动。

联系人:……（写明姓名、部门、职务)　　　　联系电话:……

联系地址:……

---

① 注:准许申请的,本通知送达申请人和其他当事人;不准许申请的,本通知只送达申请人。

特此通知。

×年×月×日（院印）

申请书（申请返还鉴定费用）①

申请人：×××，男/女，×年×月×日生，×族，……（写明工作单位和职务或职业），住……。联系方式：……。（★申请人是法人或其他组织的，本段写明名称、住所）

法定代理人/指定代理人②：×××，……。（★申请人是法人或其他组织的，本段写明法定代表人、主要负责人及其姓名、职务、联系方式）

委托诉讼代理人：×××，……。（申请时已经委托诉讼代理人的，写明此项）

被申请人：×××，……。

（以上写明当事人和其他诉讼参与人的姓名或者名称等基本信息）

请求事项：

裁定被申请人×××返还申请人×××鉴定费……元。

事实和理由：

你院（××××）……号……（写明当事人和案由）一案，……（写明申请返还鉴定费的事实和理由）

此致：××人民法院

申请人（自然人签名或单位盖章）

×年×月×日

民事裁定书（返还鉴定费）

（××××）……民×……号（同诉讼案件案号）

申请人：×××，……（写明姓名或名称、住所地等基本情况）。

被申请人：×××，……（写明姓名或名称、住所地等基本情况）。

……（写明当事人及案由）一案，本院于×年×月×日立案。申请人×××向本院提出书面申请，请求本院责令×××返还……（概述主张鉴定人返还鉴定费用的请求、事实和理由）。

本院经审查认为，……（写明准许或者驳回返还鉴定费用申请的理由）。

依照《中华人民共和国民事诉讼法》第81条、第157条第1款第11项规定，

---

① 注：当事人对鉴定意见有异议或者人民法院认为有必要的，鉴定人应当出庭作证。经人民法院通知，鉴定人拒不出庭的，鉴定意见不得作为认定事实的根据；支付鉴定费用的当事人可以要求返还鉴定费用。

② 注：申请人是无民事行为能力人或限制民事行为能力人的，应当写明法定代理人姓名、性别、出生日期、民族、职业、工作单位、住所、联系方式，在诉讼地位后括注与申请人的关系。

裁定如下:

(准许申请的,写明:) ×××于×年×月×日前返还×××鉴定费用……元。

(驳回申请的,写明:) 驳回×××的申请。

审　判　长　×××

(代理) 审判员　×××

人民陪审员　×××

×年×月×日 (院印)

法官助理　×××

书记员　×××

勘验笔录 (勘验物证和现场)

(××××) ……民×……号 (同诉讼案件案号)

时间:×年×月×日×时×分至×时×分

地点:……

勘验对象:…… (写明勘验的现场或物证)

勘验人:…… (写明姓名、所在法院和职务)

在场人:××× (写明到场的当事人或其成年家属、当事人的法定代表人或主要负责人的姓名等基本信息,上述人员拒不到场的,记录在案,不影响勘验的进行)

被邀参加人:××× (写明邀请的当地基层组织工作人员或者当事人所在单位的工作人员的姓名等基本信息)

记录人:××× (写明姓名、所在法院和职务)

勘验经过:……。

勘验情况和结果:……。

(以下无正文)

勘验人 (签名或盖章)　在场人 (签名或盖章)　被邀参加人 (签名或盖章)

【法〔2020〕202 号】　最高人民法院关于人民法院民事诉讼中委托鉴定审查工作若干问题的规定 (2020 年 8 月 14 日公布,2020 年 9 月 1 日起施行)

附件:鉴定人承诺书 (试行)

本人接受人民法院委托,作为诉讼参与人参加诉讼活动,依照国家法律法规和人民法院相关规定完成本次司法鉴定活动,承诺如下:

一、遵循科学、公正和诚实原则,客观、独立地进行鉴定,保证鉴定意见不受当事人、代理人或其他第三方的干扰。

二、廉洁自律,不接受当事人、诉讼代理人及其请托人提供的财物、宴请或其他利益。

三、自觉遵守有关回避的规定，及时向人民法院报告可能影响鉴定意见的各种情形。

四、保守在鉴定活动中知悉的国家秘密、商业秘密和个人隐私，不利用鉴定活动中知悉的国家秘密、商业秘密和个人隐私获取利益，不向无关人员泄露案情及鉴定信息。

五、勤勉尽责，遵照相关鉴定管理规定及技术规范，认真分析判断专业问题，独立进行检验、测算、分析、评定并形成鉴定意见，保证不出具虚假或误导性鉴定意见；妥善保管、保存、移交相关鉴定材料，不因自身原因造成鉴定材料污损、遗失。

六、按照规定期限和人民法院要求完成鉴定事项，如遇特殊情形不能如期完成的，应当提前向人民法院申请延期。

七、保证依法履行鉴定人出庭作证义务，做好鉴定意见的解释及质证工作。

本人已知悉违反上述承诺将承担的法律责任及行业主管部门、人民法院给予的相应处理后果。

承诺人：（签名）

鉴定机构：（盖章）

×年×月×日

第84条　【证据保全】 在证据可能灭失或者以后难以取得的情况下，当事人/诉讼参加人²⁰¹³⁰¹⁰¹ 可以在诉讼过程中²⁰¹³⁰¹⁰¹ 向人民法院¹⁹⁹¹⁰⁴⁰⁹ 申请保全证据，人民法院也可以主动采取保全措施。

（新增）²⁰¹³⁰¹⁰¹ 因情况紧急，在证据可能灭失或者以后难以取得的情况下，利害关系人可以在提起诉讼或者申请仲裁前向证据所在地、被申请人住所地或者对案件有管辖权的人民法院申请保全证据。

（新增）²⁰¹³⁰¹⁰¹ 证据保全的其他程序，参照适用本法第9章保全的有关规定。

（本书汇）【海事证据保全】

● **相关规定** **【主席令［1999］28号】** **中华人民共和国海事诉讼特别程序法**
（1999年12月25日全国人大常委会［9届13次］通过，2000年7月1日起施行）

第62条　海事证据保全是指海事法院根据海事请求人的申请，对有关海事请求的证据予以提取、保存或者封存的强制措施。

第63条　当事人在起诉前申请海事证据保全，应当向被保全的证据所在地海事法院提出。

第64条　海事证据保全不受当事人之间关于该海事请求的诉讼管辖协议或者仲裁协议的约束。

第65条　海事请求人申请海事证据保全，应当向海事法院提交书面申请。申请书应当载明请求保全的证据、该证据与海事请求的联系、申请理由。

第66条　海事法院受理海事证据保全申请，可以责令海事请求人提供担保。海事请求人不提供的，驳回其申请。

第67条　采取海事证据保全，应当具备下列条件：（一）请求人是海事请求的当事人；（二）请求保全的证据对该海事请求具有证明作用；（三）被请求人是与请求保全的证据有关的人；（四）情况紧急，不立即采取证据保全就会使该海事请求的证据灭失或者难以取得。

第68条　海事法院接受申请后，应当在48小时内作出裁定。裁定采取海事证据保全措施的，应当立即执行；对不符合海事证据保全条件的，裁定驳回其申请。

第69条　当事人对裁定不服的，可以在收到裁定书之日起5日内申请复议1次。海事法院应当在收到复议申请之日起5日内作出复议决定。复议期间不停止裁定的执行。被请求人申请复议的理由成立的，应当将保全的证据返还被请求人。

利害关系人对海事证据保全提出异议，海事法院经审查，认为理由成立的，应当裁定撤销海事证据保全；已经执行的，应当将与利害关系人有关的证据返还利害关系人。

第70条　海事法院进行海事证据保全，根据具体情况，可以对证据予以封存，也可以提取复制件、副本，或者进行拍照、录相，制作节录本、调查笔录等。确有必要的，也可以提取证据原件。

第71条　海事请求人申请海事证据保全错误的，应当赔偿被请求人或者利害关系人因此所遭受的损失。

第72条　海事证据保全后，有关海事纠纷未进入诉讼或者仲裁程序的，当事人就该海事请求，可以向采取证据保全的海事法院或者其他有管辖权的海事法院提起诉讼，但当事人之间订有诉讼管辖协议或者仲裁协议的除外。

【法释［2003］3号】　最高人民法院关于适用《中华人民共和国海事诉讼特别程序法》若干问题的解释（2002年12月3日最高法审委会［1259次］通过，2003年1月6日公布，2003年2月1日起施行）

第 47 条　诉讼前申请海事证据保全，适用海事诉讼特别程序法第 64 条的规定。

外国法院已受理相关海事案件或者有关纠纷已经提交仲裁，当事人向中华人民共和国的海事法院提出海事证据保全申请，并提供被保全的证据在中华人民共和国领域内的相关证据的，海事法院应当受理。

第 48 条　海事请求人申请海事证据保全，申请书除应当依照海事诉讼特别程序法第 65 条的规定载明相应内容外，还应当载明证据收集、调取的有关线索。

第 49 条　海事请求人在采取海事证据保全的海事法院提起诉讼后，可以申请复制保全的证据材料；相关海事纠纷在中华人民共和国领域内的其他海事法院或者仲裁机构受理的，受诉法院或者仲裁机构应海事请求人的申请可以申请复制保全的证据材料。

第 50 条　利害关系人对海事法院作出的海事证据保全裁定提出异议，海事法院经审查认为理由不成立的，应当书面通知利害关系人。

第 51 条　被请求人依据海事诉讼特别程序法第 71 条的规定要求海事请求人赔偿损失的，由采取海事证据保全的海事法院受理。

【法释［2002］1 号】　最高人民法院关于审理商标案件有关管辖和法律适用范围问题的解释（2001 年 12 月 25 日最高法审委会［1203 次］通过，2002 年 1 月 9 日公布，2002 年 1 月 21 日起施行；根据法释［2020］19 号《决定》修正，2021 年 1 月 1 日起施行）

第 7 条　对商标法修改决定施行前发生的侵犯商标专用权行为，商标注册人或者利害关系人于该决定施行后起诉前向人民法院提出申请采取责令停止侵权行为或者保全证据措施的，适用修改后商标法第 57 条、第 58 条（现第 65、66 条）[1]的规定。

【主席令［2013］6 号】　中华人民共和国商标法（1982 年 8 月 23 日全国人大常委会［5 届 24 次］通过，人大常委会令第 10 号公布，1983 年 3 月 1 日起施行；2013 年 8 月 30 日全国人大常委会［12 届 4 次］三修，2014 年 5 月 1 日起施行；根据主席令［2019］29 号《决定》统修，2019 年 4 月 23 日公布，2019 年 11 月 1 日起施行）

第 66 条　为制止侵权行为，在证据可能灭失或者以后难以取得的情况下，商标注册人或者利害关系人可以依法在起诉前向人民法院申请保全证据。

---

① 注：《商标法》于 1993 年、2001 年、2013 年、2019 年 4 次修正，2001 年版《商标法》第 57、58 条已被修改为现第 65、66 条。但 2020 年修改法释［2002］1 号《解释》时，并未对援引的《商标法》条文序号进行修正或说明，使得本处极不好理解或易产生歧义，故本书特予以备注。

【法释〔2007〕1 号】　　最高人民法院关于审理侵害植物新品种权纠纷案件具体应用法律问题的若干规定（2006 年 12 月 25 日最高法审委会〔1411 次〕通过《关于审理侵犯……若干规定》，2007 年 1 月 12 日公布，2007 年 2 月 1 日起施行；根据法释〔2020〕19 号《决定》修正并改名，2021 年 1 月 1 日起施行）

第 5 条　品种权人或者利害关系人向人民法院提起侵害/~~侵犯~~植物新品种权诉讼前/~~时~~，可以同时提出行为保全/~~先行停止侵犯植物新品种权行为~~或者证据保全请求，人民法院经审查可以~~先行~~作出裁定。

人民法院采取证据保全措施时，可以根据案件具体情况，邀请有关专业技术人员按照相应的技术规程协助取证。

【主席令〔2009〕14 号】　　中华人民共和国农村土地承包经营纠纷调解仲裁法（2009 年 6 月 27 日全国人大常委会〔11 届 9 次〕通过，2010 年 1 月 1 日起施行）

第 41 条　在证据可能灭失或者以后难以取得的情况下，当事人可以申请证据保全。当事人申请证据保全的，农村土地承包仲裁委员会应当将当事人的申请提交证据所在地的基层人民法院。

【法释〔2014〕1 号】　　最高人民法院关于审理涉及农村土地承包经营纠纷调解仲裁案件适用法律若干问题的解释（2013 年 12 月 27 日最高法审委会〔1601次〕通过，2014 年 1 月 9 日公布，2014 年 1 月 24 日起施行；根据法释〔2020〕17 号《决定》修正，2021 年 1 月 1 日起施行）

第 8 条　农村土地承包仲裁委员会依法向人民法院提交当事人证据保全申请的，应当提供下列材料：（一）证据保全申请书；（二）农村土地承包仲裁委员会发出的受理案件通知书；（三）申请人的身份证明；（四）申请保全证据的具体情况。

对证据保全的具体程序事项，适用本解释第 5、6、7 条（见本书第 106 条）关于财产保全的规定。

【法释〔2019〕19 号】　　最高人民法院关于民事诉讼证据的若干规定（"法释〔2001〕33 号"公布，2002 年 4 月 1 日起施行；2019 年 10 月 14 日最高法审委会〔1777 次〕修订，2019 年 12 月 25 日公布，2020 年 5 月 1 日起施行）

第 23 条　人民法院/~~调查人员~~调查收集录音、~~录像~~等视听资料、电子/~~计算机~~数据，应当要求被调查人提供有关~~资料的~~原始载体。

提供原始载体确有困难的，可以提供复制件。提供复制件的，人民法院/~~调查人员~~应当在调查笔录中说明其来源和制作经过。

（新增）人民法院对视听资料、电子数据采取证据保全措施的，适用前款规定。

第 25 条　（新增）当事人或者利害关系人根据民事诉讼法第 81 条（现第 84

条）的规定申请证据保全的，申请书应当载明需要保全的证据的基本情况、申请保全的理由以及采取何种保全措施等内容。

当事人根据民事诉讼法第81条（现第84条）第1款的规定申请证据保全的，应当在举证期限届满前7日向人民法院提出。

法律、司法解释对诉前证据保全有规定的，依照其规定办理。

第26条　当事人或者利害关系人申请采取查封、扣押等限制保全标的物使用、流通等保全措施，或者保全可能对证据持有人造成损失的，人民法院应当责令申请人提供相应的担保。

担保方式或者数额由人民法院根据保全措施对证据持有人的影响、保全标的物的价值、当事人或者利害关系人争议的诉讼标的金额等因素综合确定。

第27条　人民法院进行证据保全，可以要求当事人或者诉讼代理人到场。

根据当事人的申请和具体情况，人民法院可以采取查封、扣押、~~拍照~~、录音、录像、复制、鉴定、勘验、~~制作笔录~~等方法进行证据保全，并制作笔录。

（新增）在符合证据保全目的的情况下，人民法院应当选择对证据持有人利益影响最小的保全措施。

第28条　申请证据保全错误造成财产损失，当事人请求申请人承担赔偿责任的，人民法院应予支持。

第29条　人民法院采取诉前证据保全措施后，当事人向其他有管辖权的人民法院提起诉讼的，采取保全措施的人民法院应当根据当事人的申请，将保全的证据及时移交受理案件的人民法院。

第99条（第1款）　本规定对证据保全没有规定的，参照适用法律、司法解释关于财产保全的规定。

【法释［2020］12号】　最高人民法院关于知识产权民事诉讼证据的若干规定（2020年11月9日最高法审委会［1815次］通过，2020年11月16日公布，2020年11月18日起施行；以本规为准）

第11条　人民法院对于当事人或者利害关系人的证据保全申请，应当结合下列因素进行审查：（一）申请人是否已就其主张提供初步证据；（二）证据是否可以由申请人自行收集；（三）证据灭失或者以后难以取得的可能性及其对证明待证事实的影响；（四）可能采取的保全措施对证据持有人的影响。

第12条　人民法院进行证据保全，应当以有效固定证据为限，尽量减少对保全标的物价值的损害和对证据持有人正常生产经营的影响。

证据保全涉及技术方案的，可以采取制作现场勘验笔录、绘图、拍照、录音、录像、复制设计和生产图纸等保全措施。

第 13 条 当事人无正当理由拒不配合或者妨害证据保全，致使无法保全证据的，人民法院可以确定由其承担不利后果。构成民事诉讼法第 111 条（现第 114 条）规定情形的，人民法院依法处理。

第 14 条 对于人民法院已经采取保全措施的证据，当事人擅自拆装证据实物、篡改证据材料或者实施其他破坏证据的行为，致使证据不能使用的，人民法院可以确定由其承担不利后果。构成民事诉讼法第 111 条（现第 114 条）规定情形的，人民法院依法处理。

第 15 条 人民法院进行证据保全，可以要求当事人或者诉讼代理人到场，必要时可以根据当事人的申请通知有专门知识的人到场，也可以指派技术调查官参与证据保全。

证据为案外人持有的，人民法院可以对其持有的证据采取保全措施。

第 16 条 人民法院进行证据保全，应当制作笔录、保全证据清单，记录保全时间、地点、实施人、在场人、保全经过、保全标的物状态，由实施人、在场人签名或者盖章。有关人员拒绝签名或者盖章的，不影响保全的效力，人民法院可以在笔录上记明并拍照、录像。

第 17 条 被申请人对证据保全的范围、措施、必要性等提出异议并提供相关证据，人民法院经审查认为异议理由成立的，可以变更、终止、解除证据保全。

第 18 条 申请人放弃使用被保全证据，但被保全证据涉及案件基本事实查明或者其他当事人主张使用的，人民法院可以对该证据进行审查认定。

【主席令［2020］55 号】 **中华人民共和国专利法**（1984 年 3 月 12 日全国人大常委会［6 届 4 次］通过，主席令第 11 号公布，1985 年 4 月 1 日起施行；2020 年 10 月 17 日全国人大常委会［13 届 22 次］第 4 次修正，2021 年 6 月 1 日起施行）

第 73 条 为了制止专利侵权行为，在证据可能灭失或者以后难以取得的情况下，专利权人或者利害关系人可以在起诉前依法向人民法院申请保全证据。

【主席令［2020］62 号】 **中华人民共和国著作权法**（2020 年 11 月 11 日全国人大常委会［13 届 23 次］修订，2021 年 6 月 1 日起施行）

第 57 条 为制止侵权行为，在证据可能灭失或者以后难以取得的情况下，著作权人或者与著作权有关的权利人可以在起诉前依法向人民法院申请保全证据。

【国务院令［2013］632 号】 **计算机软件保护条例**（2013 年 1 月 16 日国务院第 231 次常务会议修订，2013 年 1 月 30 日公布，2013 年 3 月 1 日起施行）

第 27 条 为了制止侵权行为，在证据可能灭失或者以后难以取得的情况下，软件著作权人可以依照《中华人民共和国著作权法》第 51 条（现第 57 条）的规定，在提起诉讼前向人民法院申请保全证据。

【法释［2022］11 号】　最高人民法院关于适用《中华人民共和国民事诉讼法》的解释（"法释［2015］5 号"公布，2015 年 2 月 4 日起施行；根据法释［2020］20 号《决定》修正，2021 年 1 月 1 日起施行；2022 年 3 月 22 日最高法审委会［1866 次］修正，2022 年 4 月 1 日公布，2022 年 4 月 10 日起施行；以本规为准）

第 98 条　当事人根据民事诉讼法第 84 条第 1 款规定申请证据保全的，可以在举证期限届满前书面提出。

证据保全可能对他人造成损失的，人民法院应当责令申请人提供相应的担保。

【法释［2023］6 号】　最高人民法院关于生态环境侵权民事诉讼证据的若干规定（2023 年 4 月 17 日最高法审委会［1885 次］通过，2023 年 8 月 14 日公布，2023 年 9 月 1 日起施行；以本规为准）

第 12 条　当事人或者利害关系人申请保全环境污染、生态破坏相关证据的，人民法院应当结合下列因素进行审查，确定是否采取保全措施：（一）证据灭失或者以后难以取得的可能性；（二）证据对证明待证事实有无必要；（三）申请人自行收集证据是否存在困难；（四）有必要采取证据保全措施的其他因素。

第 13 条　在符合证据保全目的的情况下，人民法院应当选择对证据持有人利益影响最小的保全措施，尽量减少对保全标的物价值的损害和对证据持有人生产、生活的影响。

确需采取查封、扣押等限制保全标的物使用的保全措施的，人民法院应当及时组织当事人对保全的证据进行质证。

第 14 条　人民法院调查收集、保全或者勘验涉及环境污染、生态破坏专门性问题的证据，应当遵守相关技术规范。必要时，可以通知鉴定人到场，或者邀请负有环境资源保护监督管理职责的部门派员协助。

第 15 条　当事人向人民法院提交证据后申请撤回该证据，或者声明不以该证据证明案件事实的，不影响其他当事人援引该证据证明案件事实以及人民法院对该证据进行审查认定。

当事人放弃使用人民法院依其申请调查收集或者保全的证据的，按照前款规定处理。

【法释［2023］10 号】　最高人民法院关于知识产权法庭若干问题的规定（"法释［2018］22 号"公布，2019 年 1 月 1 日起施行；2023 年 10 月 16 日最高法审委会［1901 次］修订，2023 年 10 月 21 日公布，2023 年 11 月 1 日起施行；以本规为准）

第 6 条　知识产权法庭采取保全等措施，依照执行程序相关规定办理。

● **文书格式**　【**法 [2016] 221 号**】　**民事诉讼文书样式**（2016 年 2 月 22 日最高法审委会 [1679 次] 通过，2016 年 6 月 28 日公布，2016 年 8 月 1 日起施行）（本书对格式略有调整）

申请书（申请证据保全）

申请人：×××，男/女，×年×月×日生，×族，……（写明工作单位和职务或职业），住……。联系方式：……。（★申请人是法人或其他组织的，本段写明名称、住所）

法定代理人/指定代理人①：×××，……。（★申请人是法人或其他组织的，本段写明法定代表人、主要负责人及其姓名、职务、联系方式）

委托诉讼代理人：×××，……。（申请时已经委托诉讼代理人的，写明此项）

被申请人：×××，……。

（以上写明当事人和其他诉讼参与人的姓名或者名称等基本信息）

请求事项：

请求裁定……（写明证据保全措施；诉中申请的，同时写明当事人和案由）。

事实和理由：

……（写明相关的事实和理由）

申请人提供……（写明担保财产的名称、性质、数量或数额、所在地等）作为担保。②

此致：××人民法院

申请人（自然人签名或单位盖章）
×年×月×日

民事裁定书（证据保全）

（××××）……证保……号

申请人：×××，……（写明姓名或名称、住所地等基本情况）。

被申请人：×××，……（写明姓名或名称、住所地等基本情况）。

担保人：×××，……（若有，写明姓名或名称、住所地等基本情况）。

……（写明当事人及案由）一案，申请人×××于×年×月×日向本院申请（诉讼\诉前\仲裁前）保全证据，请求……（写明证据保全措施），并以本人/担保人×××的……（写明担保财产的名称、数量或者数额、所在地点等）提供担保。

本院认为，（因情况紧急，）在证据可能灭失或者以后难以取得的情况下，当

---

①　注：申请人是无民事行为能力人或限制民事行为能力人的，应当写明法定代理人姓名、性别、出生日期、民族、职业、工作单位、住所、联系方式，在诉讼地位后括注与申请人的关系。

②　注：利害关系人申请诉前保全的，应当提供担保。情况特殊的，人民法院可以酌情处理。

事人＼利害关系人可以在（诉讼过程中＼提起诉讼前＼申请仲裁前）向人民法院申请保全证据。申请人×××的申请符合法律规定。

依照《中华人民共和国民事诉讼法》第84条第1＼2款、第3款，第100条第1款，第157条第1款第4项规定，裁定如下：

……（写明证据保全措施）。

如不服本裁定，可以自收到裁定书之日起5日内向本院申请复议一次。复议期间不停止裁定的执行。

（申请诉前或仲裁前保全证据的，写明本段：）申请人在人民法院采取保全措施后30日内不依法提起诉讼＼申请仲裁的，本院将依法解除保全。

审　判　长　×××

（代理）审判员　×××

人民陪审员　×××

×年×月×日（院印）

法官助理　×××

书记员　×××

民事裁定书（解除证据保全）

（××××）……证保……号

申请人：×××，……（写明申请人及其代理人的姓名或名称、住所地等基本情况）。

……（写明当事人及案由）一案，××法院于×年×月×日作出（××××）……号民事裁定：……（写明裁定主文）。

本院经审查认为，……（写明解除证据保全措施的事实和理由）。

依照《中华人民共和国民事诉讼法》第101条第3款（或者：《最高人民法院关于适用〈中华人民共和国民事诉讼法〉的解释》第166条第1款第×项）规定，裁定如下：

解除对被保全人×××的……（写明保全对象名称）的保全措施。

本裁定书送达后立即执行。

审　判　长　×××

（代理）审判员　×××

人民陪审员　×××

×年×月×日（院印）

法官助理　×××

书记员　×××

第七章　期间、送达

第一节　期　间

> **第 85 条　【期间的计算】** 期间包括法定期间和人民法院指定的期间。
>
> 期间以时、日、月、年计算。期间开始的时和日，不计算在期间内。
>
> 期间届满的最后一日是法定休假日/节假日²⁰²²⁰¹⁰¹ 的，以法定休假日/节假日²⁰²²⁰¹⁰¹ 后的第 1 日为期间届满的日期。
>
> 期间不包括在途时间，诉讼文书在期满前交邮的，不算过期。
>
> **第 86 条　【期间的耽误与延期】** 当事人因不可抗拒的事由或者其他正当理由耽误期限的，在障碍消除后的 10 日内，可以申请顺延期限，是否准许，由人民法院决定。

● **相关规定　【主席令［2020］45 号】　中华人民共和国民法典**（2020 年 5 月 28 日全国人大［13 届 3 次］通过，2021 年 1 月 1 日起施行）

第 200 条　民法所称的期间按照公历年、月、日、小时计算。

第 201 条　按照年、月、日计算期间的，开始的当日不计入，自下一日开始计算。

按照小时计算期间的，自法律规定或者当事人约定的时间开始计算。

第 202 条　按照年、月计算期间的，到期月的对应日为期间的最后一日；没有对应日的，月末日为期间的最后一日。

第 203 条　期间的最后一日是法定休假日的，以法定休假日结束的次日为期间的最后一日。

期间的最后一日的截止时间为 24 时；有业务时间的，停止业务活动的时间为截止时间。

第 204 条　期间的计算方法依照本法的规定，但是法律另有规定或者当事人另有约定的除外。

第
一
编

第
七
章

【法发［2020］12号】 **最高人民法院关于依法妥善审理涉新冠肺炎疫情民事案件若干问题的指导意见（一）**（2020年4月16日）

七、依法顺延诉讼期间。因疫情或者疫情防控措施耽误法律规定或者人民法院指定的诉讼期限，当事人根据《中华人民共和国民事诉讼法》第83条（现第86条）规定申请顺延期限的，人民法院应当根据疫情形势以及当事人提供的证据情况综合考虑是否准许，依法保护当事人诉讼权利。当事人系新冠肺炎确诊患者、疑似新冠肺炎患者、无症状感染者以及相关密切接触者，在被依法隔离期间诉讼期限届满，根据该条规定申请顺延期限的，人民法院应予准许。

【法释［2022］11号】 **最高人民法院关于适用《中华人民共和国民事诉讼法》的解释**（"法释［2015］5号"公布，2015年2月4日起施行；根据法释［2020］20号《决定》修正，2021年1月1日起施行；2022年3月22日最高法审委会［1866次］修正，2022年4月1日公布，2022年4月10日起施行；以本规为准）

第125条 依照民事诉讼法第85条第2款规定，民事诉讼中以时起算的期间从次时起算；以日、月、年计算的期间从次日起算。

第126条 民事诉讼法第126条规定的立案期限，因起诉状内容欠缺通知原告补正的，从补正后交人民法院的次日起算。由上级人民法院转交下级人民法院立案的案件，从受诉人民法院收到起诉状的次日起算。

第127条 民事诉讼法第59条第3款、第212条（现第216条）以及本解释第372条、第382条、第399条、第420条、第421条规定的6个月，民事诉讼法第230条（现第234条）规定的1年，为不变期间，不适用诉讼时效中止、中断、延长的规定。

第128条 再审案件按照第一审程序或者第二审程序审理的，适用民事诉讼法第152条、第183条规定的审限。审限自再审立案的次日起算。

第129条 对申请再审案件，人民法院应当自受理之日起3个月内审查完毕，但公告期间、当事人和解期间等不计入审查期限。有特殊情况需要延长的，由本院院长批准。

● **文书格式** 【法［2016］221号】 **民事诉讼文书样式**（2016年2月22日最高法审委会［1679次］通过，2016年6月28日公布，2016年8月1日起施行）
（本书对格式略有调整）

申请书（申请顺延期限用）①

申请人：×××，男/女，×年×月×日生，×族，……（写明工作单位和职务或职业），住……。联系方式：……。（★申请人是法人或其他组织的，本段写明名称、住所）

法定代理人/指定代理人②：×××，……。（★申请人是法人或其他组织的，本段写明法定代表人、主要负责人及其姓名、职务、联系方式）

委托诉讼代理人：×××，……。（申请时已经委托诉讼代理人的，写明此项）

（以上写明申请人和其他诉讼参与人的姓名或者名称等基本信息）

请求事项：

因（××××）……号……（写明当事人和案由）一案，请求顺延……（写明请求顺延事项）期限至×年×月×日。

事实和理由：

……（写明相关的事实和理由）

此致：××人民法院

申请人（自然人签名或单位盖章）

×年×月×日

第二节 送 达

> **第 87 条** 【送达回证】送达诉讼文书必须有送达回证，由受送达人在送达回证上记明收到日期，签名或者盖章。
>
> 受送达人在送达回证上的签收日期为送达日期。

● **相关规定** 【法发〔2003〕25 号】 **人民法院民事诉讼风险提示书**（2003 年 12 月 23 日最高法审委会〔1302 次〕通过，次日公布，2003 年 12 月 24 日起施行）

十四、不准确提供送达地址

适用简易程序审理的案件，人民法院按照当事人自己提供的送达地址送达诉讼文书时，因当事人提供的己方送达地址不准确，或者送达地址变更未及时告知人民法院，致使人民法院无法送达，造成诉讼文书被退回的，诉讼文书也视为送达。

---

① 注：当事人因不可抗拒的事由或其他正当理由耽误期限的，在障碍消除后的 10 日内，向人民法院申请顺延期限。是否准许，由人民法院决定。

② 注：申请人是无民事行为能力人或限制民事行为能力人的，应当写明法定代理人姓名、性别、出生日期、民族、职业、工作单位、住所、联系方式，在诉讼地位后括注与申请人的关系。

【法发〔2017〕19号】 **最高人民法院关于进一步加强民事送达工作的若干意见**（2017年7月19日）

一、送达地址确认书是当事人送达地址确认制度的基础。送达地址确认书应当包括当事人提供的送达地址、人民法院告知事项、当事人对送达地址的确认、送达地址确认书的适用范围和变更方式等内容。

二、当事人提供的送达地址应当包括邮政编码、详细地址以及受送达人的联系电话等。同意电子送达的，应当提供并确认接收民事诉讼文书的传真号、电子信箱、微信号等电子送达地址。当事人委托诉讼代理人的，诉讼代理人确认的送达地址视为当事人的送达地址。

三、为保障当事人的诉讼权利，人民法院应当告知送达地址确认书的填写要求和注意事项以及拒绝提供送达地址、提供虚假地址或者提供地址不准确的法律后果。

四、人民法院应当要求当事人对其填写的送达地址及法律后果等事项进行确认。当事人确认的内容应当包括当事人已知晓人民法院告知的事项及送达地址确认书的法律后果，保证送达地址准确、有效，同意人民法院通过其确认的地址送达诉讼文书等，并由当事人或者诉讼代理人签名、盖章或者捺印。

五、人民法院应当在登记立案时要求当事人确认送达地址。当事人拒绝确认送达地址的，依照《最高人民法院关于登记立案若干问题的规定》第7条（见本书第127条）的规定处理。①

六、当事人在送达地址确认书中确认的送达地址，适用于第一审程序、第二审程序和执行程序。当事人变更送达地址，应当以书面方式告知人民法院。当事人未书面变更的，以其确认的地址为送达地址。

八、当事人拒绝确认送达地址或以拒绝应诉、拒接电话、避而不见送达人员、搬离原住所等躲避、规避送达，人民法院不能或无法要求其确认送达地址的，可以分别以下列情形处理：

（一）当事人在诉讼所涉及的合同、往来函件中对送达地址有明确约定的，以约定的地址为送达地址；

（二）没有约定的，以当事人在诉讼中提交的书面材料中载明的自己的地址为送达地址；

（三）没有约定、当事人也未提交书面材料或者书面材料中未载明地址的，以1年内进行其他诉讼、仲裁案件中提供的地址为送达地址；

---

① 本书注：严格地说，"当事人拒绝确认送达地址"并不是法定不受理起诉的情形。属于为了解决"送达难"而作的规定。

（四）无以上情形的，以当事人 1 年内进行民事活动时经常使用的地址为送达地址。

人民法院按照上述地址进行送达的，可以同时以电话、微信等方式通知受送达人。

九、依第 8 条规定仍不能确认送达地址的，自然人以其户籍登记的住所或者在经常居住地登记的住址为送达地址，法人或者其他组织以其工商登记或其他依法登记、备案的住所地为送达地址。

【法发［2020］29 号】 《中华人民共和国人民陪审员法》实施中若干问题的答复（最高法、司法部 2020 年 8 月 11 日印发）

15. 案件审结后，人民法院将裁判文书副本送交参加该案审判的人民陪审员时，能否要求人民陪审员在送达回证上签字？

答：人民陪审员不是受送达对象，不能要求人民陪审员在送达回证上签字。人民法院将裁判文书副本送交人民陪审员时，可以以适当方式请人民陪审员签收后存档。

【法释［2021］12 号】 人民法院在线诉讼规则（2021 年 5 月 18 日最高法审委会［1838 次］通过，2021 年 6 月 16 日公布，2021 年 8 月 1 日起施行；以本规为准）

第 33 条 适用在线诉讼的案件，各方诉讼主体可以通过在线确认、电子签章等方式，确认和签收调解协议、笔录、电子送达凭证及其他诉讼材料。

【法释［2022］11 号】 最高人民法院关于适用《中华人民共和国民事诉讼法》的解释（"法释［2015］5 号"公布，2015 年 2 月 4 日起施行；根据法释［2020］20 号《决定》修正，2021 年 1 月 1 日起施行；2022 年 3 月 22 日最高法审委会［1866 次］修正，2022 年 4 月 1 日公布，2022 年 4 月 10 日起施行；以本规为准）

第 137 条 当事人在提起上诉、申请再审、申请执行时未书面变更送达地址的，其在第一审程序中确认的送达地址可以作为第二审程序、审判监督程序、执行程序的送达地址。

第 141 条 人民法院在定期宣判时，当事人拒不签收判决书、裁定书的，应视为送达，并在宣判笔录中记明。

● **文书格式** **【法［2016］221 号】** 民事诉讼文书样式（2016 年 2 月 22 日最高法审委会［1679 次］通过，2016 年 6 月 28 日公布，2016 年 8 月 1 日起施行）

（本书对格式略有调整）

送达回执①

案号		案由	
送达文书名称和件数	(同时送达多种诉讼文书的，在本栏中分别写明文书的名称和件数)		
受送达人		送达地址	
受送达人签名或者盖章		代收人及代收理由	
备考	(非直接送达的，在本栏记明送达方式)		

第 88 条[19910409]　**【直接送达】** 人民法院送达诉讼文书，应当直接送交受送达人。受送达人是公民的，本人不在交他的同住成年家属签收；受送达人是法人或者其他组织的，应当由法人的法定代表人、其他组织的主要负责人或者该法人、组织负责收件的人签收；受送达人有诉讼代理人的，可以送交其代理人签收；受送达人已向人民法院指定代收人的，送交代收人签收。

（新增）受送达人的同住成年家属，法人或者其他组织的负责收件的人，诉讼代理人或者代收人在送达回证上签收的日期为送达日期。

第 89 条[19910409]　**【留置送达】** 受送达人或者他的同住成年家属拒绝接收诉讼文书的，送达人可以/应当邀请有关基层组织或者所在单位的代表或者其他人到场，说明情况，在送达回证上记明拒收事由和日期，由送达人、见证人签名或者盖章，把诉讼文书留在受送达人的住所；也可以把诉讼文书留在受送达人的住所，并采用拍照、录像等方式记录送达过程，[20130101] 即视为送达。

● **相关规定**　**【主席令［1999］28 号】**　**中华人民共和国海事诉讼特别程序法**
（1999 年 12 月 25 日全国人大常委会［9 届 13 次］通过，2000 年 7 月 1 日起施行）

第 80 条　海事诉讼法律文书的送达，适用《中华人民共和国民事诉讼法》的有关规定，还可以采用下列方式：（一）向受送达人委托的诉讼代理人送达；（二）向受送达人在中华人民共和国领域内设立的代表机构、分支机构或者业务代办人送达；（三）通过能够确认收悉的其他适当方式送达。

有关扣押船舶的法律文书也可以向当事船舶的船长送达。

---

① 采用传真、电子邮件等能够确认其收悉的方式送达以及公告送达的，无须送达回执。

第 81 条　有义务接受法律文书的人拒绝签收，送达人在送达回证上记明情况，经送达人、见证人签名或者盖章，将法律文书留在其住所或者办公处所的，视为送达。

【法释［2003］3 号】　最高人民法院关于适用《中华人民共和国海事诉讼特别程序法》若干问题的解释（2002 年 12 月 3 日最高法审委会［1259 次］通过，2003 年 1 月 6 日公布，2003 年 2 月 1 日起施行）

第 53 条　有关海事强制令、海事证据保全的法律文书可以向当事船舶的船长送达。

第 54 条　应当向被告送达的开庭传票等法律文书，可以向被扣押的被告船舶的船长送达，但船长作为原告的除外。

第 55 条　海事诉讼特别程序法第 80 条第 1 款（三）项规定的其他适当方式包括传真、电子邮件（包括受送达人的专门网址）等送达方式。

通过以上方式送达的，应确认受送达人确已收悉。

【法发［2008］21 号】　最高人民法院关于处理涉及汶川地震相关案件适用法律问题的意见（一）（2008 年 7 月 14 日）

八（第 2 款）、利害关系人申请宣告下落不明人失踪的，人民法院作出宣告失踪判决后，应当变更财产代管人为当事人，相关法律文书向财产代管人送达。

【法发［2016］21 号】　最高人民法院关于进一步推进案件繁简分流优化司法资源配置的若干意见（2016 年 9 月 12 日）（余见《行政诉讼全厚细》第 7 章第 3 节）

3. 完善送达程序与送达方式。当事人在纠纷发生之前约定送达地址的，人民法院可以将该地址作为送达诉讼文书的确认地址。当事人起诉或者答辩时应当依照规定填写送达地址确认书。……

【法发［2017］19 号】　最高人民法院关于进一步加强民事送达工作的若干意见（2017 年 7 月 19 日）

七、因当事人提供的送达地址不准确、拒不提供送达地址、送达地址变更未书面告知人民法院，导致民事诉讼文书未能被受送达人实际接收的，直接送达的，民事诉讼文书留在该地址之日为送达之日；邮寄送达的，文书被退回之日为送达之日。

【法释［2022］11 号】　最高人民法院关于适用《中华人民共和国民事诉讼法》的解释（"法释［2015］5 号"公布，2015 年 2 月 4 日起施行；根据法释［2020］20 号《决定》修正，2021 年 1 月 1 日起施行；2022 年 3 月 22 日最高法

审委会［1866 次］修正，2022 年 4 月 1 日公布，2022 年 4 月 10 日起施行；以本规为准）

第 130 条 向法人或者其他组织送达诉讼文书，应当由法人的法定代表人、该组织的主要负责人或者办公室、收发室、值班室等负责收件的人签收或者盖章，拒绝签收或者盖章的，适用留置送达。

民事诉讼法第 89 条规定的有关基层组织和所在单位的代表，可以是受送达人住所地的居民委员会、村民委员会的工作人员以及受送达人所在单位的工作人员。

第 131 条 人民法院直接送达诉讼文书的，可以通知当事人到人民法院领取。当事人到达人民法院，拒绝签署送达回证的，视为送达。审判人员、书记员应当在送达回证上注明送达情况并签名。

人民法院可以在当事人住所地以外向当事人直接送达诉讼文书。当事人拒绝签署送达回证的，采用拍照、录像等方式记录送达过程即视为送达。审判人员、书记员应当在送达回证上注明送达情况并签名。

第 132 条 受送达人有诉讼代理人的，人民法院既可以向受送达人送达，也可以向其诉讼代理人送达。受送达人指定诉讼代理人为代收人的，向诉讼代理人送达时，适用留置送达。

第 133 条 调解书应当直接送达当事人本人，不适用留置送达。当事人本人因故不能签收的，可由其指定的代收人签收。

● **文书格式** 【**法**［2016］**221 号**】 **民事诉讼文书样式**（2016 年 2 月 22 日最高法审委会［1679 次］通过，2016 年 6 月 28 日公布，2016 年 8 月 1 日起施行）（*本书对格式略有调整*）

送达地址确认书

案号	
案由	
告知事项	1. 为便于当事人及时收到人民法院诉讼文书，保证诉讼程序顺利进行，当事人应当如实提供确切的送达地址。 2. 如果提供的地址不确切，或不及时告知变更后的地址，使诉讼文书无法送达或未及时送达，当事人将自行承担由此可能产生的法律后果。 3. 为提高送达效率，法院可以采用传真、电子邮件等方式送达诉讼文书，但判决书、裁定书、调解书除外。以发送方设备显示发送成功视为送达。 4. 确认的送达地址适用于一审、二审、再审审查、执行程序。如果送达地址有变更，应当及时书面告知人民法院变更后的送达地址。 5. 有关送达的法律规定，见本确认书后页。

续表

送达地址以及方式	指定签收人			
	证件类型		证件号码	
	确认送达地址			
	是否接受电子送达	☐ 是 ☐ 手机号码： ☐ 电子邮件地址：	☐ 否 ☐ 传真号码：	
	手机号码		邮编	
	其他联系方式			
受送达人确认	我已阅读（听明白）本确认书的告知事项，提供了上栏送达地址，确认了上栏送达方式，并保证所提供的送达地址各项内容是正确的、有效的。如在诉讼过程中送达地址发生变化，将及时通知法院。 受送达人（签名或者盖章） 年　　月　　日			
备注				
法院工作人员签名				

注：收到后请于 1 周内填妥寄回××人民法院

送达地址有关事项告知书

根据《中华人民共和国民事诉讼法》《最高人民法院关于适用〈中华人民共和国民事诉讼法〉的解释》《最高人民法院关于以法院专递方式邮寄送达民事诉讼文书的若干规定》等，现将送达地址及送达方式有关事项告知如下：

一、法院专递的适用范围

人民法院直接送达诉讼文书有困难的，可以交由国家邮政机构（以下简称邮政机构）以法院专递方式邮寄送达，但有下列情形之一的除外：

1. 受送达人或者其诉讼代理人、受送达人指定的代收人同意在指定的期间到人民法院接受送达的；

2. 受送达人下落不明的；

3. 法律规定或者我国缔结或者参加的国际条约中约定有特别送达方式的。

二、法院专递的法律效力

以法院专递方式邮寄送达民事诉讼文书的，其送达与人民法院送达具有同等法律效力。

三、电子送达的适用范围

经受送达人同意，本院将采用电子送达方式送达诉讼文书，但判决书、裁定书、调解书除外。电子送达到达受送达人特定系统的日期，即人民法院对应系统显示发送成功的日期为送达日期。但受送达人证明到达其特定系统的日期与人民法院对应系统显示发送成功的日期不一致的，以受送达人证明到达其特定系统的日期为准。

四、电子送达的法律效力

以法院电子送达方式送达诉讼文书的，其送达与人民法院送达具有同等法律效力。

五、电子送达的使用说明

如受送达人同意接受电子送达，需向本院提供手机号码，该手机号码将用于接收法院以短信形式发送的电子送达诉讼文书签名码。签名码为身份确认码，受送达人可以凭立案时预留的证件号和签名码签收电子诉讼文书。

为方便受送达人接受送达，本院提供互联网和手机 APP 终端推送电子诉讼文书服务。受送达人可通过中国审判流程信息公开网或者手机 APP 终端项下的"文书签收"栏目签收电子送达的诉讼文书。

六、送达地址的提供或者确认

当事人起诉或者答辩时应当向人民法院提供或者确认自己准确的送达地址，并填写送达地址、送达方式确认书。当事人拒绝提供的，人民法院应该告知其拒不提供送达地址的不利后果，并记入笔录。

七、送达地址的推定

当事人拒绝提供自己的送达地址，经人民法院告知后仍不提供的，自然人以其户籍登记中的住所地或者经常居住地为送达地址；法人或者其他组织以其工商登记或者其他依法登记、备案中的住所地为送达地址。

八、法律后果及其除外条件

因受送达人自己提供或者确认的送达地址不准确、拒不提供送达地址、送达地址变更未及时告知人民法院、受送达人本人或者受送达人指定的代收人拒绝签收，导致诉讼文书未能被受送达人实际接收的，文书退回之日视为送达之日。

受送达人能够证明自己在诉讼文书送达的过程中没有过错的，不适用前款规定。

第 90 条[20130101]　【电子送达】经受送达人同意，人民法院可以采用传真、电子邮件等[20220101] 能够确认其收悉的电子方式送达诉讼文书，但判决书、裁定书、调解书除外[20130101]。通过电子方式送达的判决书、裁定书、调解书，受送达人提出需要纸质文书的，人民法院应当提供。[20130101]

采用前款方式送达的，以送达信息到达受送达人特定系统的日期为送达日期。

● **相关规定**　**【法发［2016］21 号】**　**最高人民法院关于进一步推进案件繁简分流优化司法资源配置的若干意见**（2016 年 9 月 12 日）（余见《行政诉讼全厚细》第 7 章第 3 节）

3. 完善送达程序与送达方式。……积极运用电子方式送达；当事人同意电子送达的，应当提供并确认传真号、电子信箱、微信号等电子送达地址。充分利用中国审判流程信息公开网，建立全国法院统一的电子送达平台。……

【法发［2017］19 号】　**最高人民法院关于进一步加强民事送达工作的若干意见**（2017 年 7 月 19 日）

二、……同意电子送达的，应当提供并确认接收民事诉讼文书的传真号、电子信箱、微信号等电子送达地址。当事人委托诉讼代理人的，诉讼代理人确认的送达地址视为当事人的送达地址。

十、在严格遵守民事诉讼法和民事诉讼法司法解释关于电子送达适用条件的前提下，积极主动探索电子送达及送达凭证保全的有效方式、方法，有条件的法院可以建立专门的电子送达平台，或以诉讼服务平台为依托进行电子送达，或者采取与大型门户网站、通信运营商合作的方式，通过专门的电子邮箱、特定的通信号码、信息公众号等方式进行送达。

十一、采用传真、电子邮件方式送达的，送达人员应记录传真发送和接收号码、电子邮件发送和接收邮箱、发送时间、送达诉讼文书名称，并打印传真发送确认单、电子邮件发送成功网页，存卷备查。

十二、采用短信、微信等方式送达的，送达人员应记录收发手机号码、发送时间、送达诉讼文书名称，并将短信、微信等送达内容拍摄照片，存卷备查。

【法释［2018］7 号】　**最高人民法院关于人民法院通过互联网公开审判流程信息的规定**（2018 年 2 月 12 日最高法审委会［1733 次］通过，2018 年 3 月 4 日公布，2018 年 9 月 1 日起施行）

第 14 条　经受送达人书面同意，人民法院可以通过中国审判流程信息公开网向民事、行政案件的当事人及其法定代理人、诉讼代理人电子送达除判决书、裁定书、调解书以外的诉讼文书。

采用前款方式送达的，人民法院应当按照本规定第 5 条采集、核对受送达人的身份信息，并为其开设个人专用的即时收悉系统。诉讼文书到达该系统的日期为送达日期，由系统自动记录并生成送达回证归入电子卷宗。

已经送达的诉讼文书需要更正的，应当重新送达。

【法［2020］10 号】 民事诉讼程序繁简分流改革试点方案（最高法 2020 年 1 月 15 日印发，试点 2 年）

二、主要内容 （详见本书第 165-170 条）

（五）健全电子诉讼规则。……明确电子送达的适用条件、适用范围和生效标准，经受送达人同意，可以采用电子方式送达判决书、裁定书、调解书。

【法［2020］11 号】 民事诉讼程序繁简分流改革试点实施办法（最高法 2020 年 1 月 15 日印发，试点 2 年；只适用于试点法院）（详见本书第 165-170 条）

第 24 条 经受送达人同意，人民法院可以通过中国审判流程信息公开网、全国统一送达平台、传真、电子邮件、即时通讯账号等电子方式送达诉讼文书和当事人提交的证据材料。

具备下列情形之一的，人民法院可以确定受送达人同意电子送达：（一）受送达人明确表示同意的；（二）受送达人对在诉讼中适用电子送达已作出过约定的；（三）受送达人在提交的起诉状、答辩状中主动提供用于接收送达的电子地址的；（四）受送达人通过回复收悉、参加诉讼等方式接受已经完成的电子送达，并且未明确表示不同意电子送达的。

第 25 条 经受送达人明确表示同意，人民法院可以电子送达判决书、裁定书、调解书等裁判文书。当事人提出需要纸质裁判文书的，人民法院应当提供。

第 26 条 人民法院向受送达人主动提供或者确认的电子地址进行送达的，送达信息到达电子地址所在系统时，即为送达。

受送达人同意电子送达但未主动提供或者确认电子地址，人民法院向能够获取的受送达人电子地址进行送达的，根据下列情形确定是否完成送达：

（一）受送达人回复已收到送达材料，或者根据送达内容作出相应诉讼行为的，视为完成有效送达；

（二）受送达人的电子地址所在系统反馈受送达人已阅知，或者有其他证据可以证明受送达人已经收悉的，推定完成有效送达，但受送达人能够证明存在系统错误、送达地址非本人使用或者非本人阅知等未收悉送达内容的情形除外。

完成有效送达的，人民法院应当制作电子送达凭证。电子送达凭证具有送达回证效力。

【法［2020］105 号】 民事诉讼程序繁简分流改革试点问答口径（一）（最高法 2020 年 4 月 15 日公布）

三十五、开展电子送达，如何认定"受送达人同意"？

答：电子送达以受送达人同意为前提条件，符合以下情形的，人民法院可以确认受送达人同意：第一，明确表示同意，即主动提出适用电子送达或者填写送达地址确认书。第二，作出事前约定，即纠纷发生前已对在诉讼中适用电子送达作出约定，但此时需考察送达条款是否属于格式条款，若提供制式合同一方未尽到提示说明义务的，对方当事人可以要求确认该条款无效。第三，作出事中行为表示，即在起诉状、答辩状中提供了相关电子地址，但未明确是否用于接受电子送达。此时一般应向当事人作进一步确认，明确该地址用途和功能是用于联系还是接受送达。当事人仅登录使用电子诉讼平台，不宜直接认定为同意电子送达。第四，作出事后的认可，即受送达人通过回复收悉、参加诉讼等方式接受已经完成的电子送达。受送达人接受送达后，又表示不同意电子送达的，应当认定已完成的送达有效，但此后不宜再适用电子送达。

三十六、电子送达可以采取哪些具体方式？

答：电子送达可以通过中国审判流程信息公开网、全国统一送达平台、即时通讯工具等多种方式进行，但应当在统一规范的平台上进行。采取即时通讯工具送达的，应当通过人民法院的官方微信、微博等账号发出，并在审判系统中留痕确认，生成电子送达凭证。实践中要注意避免分散和多头送达，同一文书原则上只采取一种电子送达方式，如果送达后无法确认该种方式送达效力的，可以继续采取其他电子送达方式。

三十七、如何确定电子送达生效时间？

答：根据《实施办法》第 26 条规定，电子送达在不同情形下分别适用"到达生效"和"收悉生效"两种标准，对应生效时间有所不同。第一，对当事人主动提供或确认的电子地址，送达信息到达受送达人特定电子地址的时间为送达生效时间。第二，对向能够获取的受送达人电子地址进行送达的以"确认收悉"的时间点作为送达生效时间，具体包括：回复收悉时间、系统反馈已阅知时间等。上述时间点均存在时，应当以最先发生的时间作为送达生效时间。

【法释〔2021〕12 号】　人民法院在线诉讼规则（2021 年 5 月 18 日最高法审委会〔1838 次〕通过，2021 年 6 月 16 日公布，2021 年 8 月 1 日起施行；以本规为准）

第 29 条　经受送达人同意，人民法院可以通过送达平台，向受送达人的电子邮箱、即时通讯账号、诉讼平台专用账号等电子地址，按照法律和司法解释的相关规定送达诉讼文书和证据材料。

具备下列情形之一的，人民法院可以确定受送达人同意电子送达：（一）受送达人明确表示同意的；（二）受送达人在诉讼前对适用电子送达已作出约定或者承诺的；（三）受送达人在提交的起诉状、上诉状、申请书、答辩状中主动提供用于接收送达的电子地址的；（四）受送达人通过回复收悉、参加诉讼等方式接受已经完成的电子送达,并且未明确表示不同意电子送达的。

第30条 人民法院可以通过电话确认、诉讼平台在线确认、线下发送电子送达确认书等方式,确认受送达人是否同意电子送达,以及受送达人接收电子送达的具体方式和地址,并告知电子送达的适用范围、效力、送达地址变更方式以及其他需告知的送达事项。

第31条 人民法院向受送达人主动提供或者确认的电子地址送达的,送达信息到达电子地址所在系统时,即为送达。

受送达人未提供或者未确认有效电子送达地址,人民法院向能够确认为受送达人本人的电子地址送达的,根据下列情形确定送达是否生效:

(一)受送达人回复已收悉,或者根据送达内容已作出相应诉讼行为的,即为完成有效送达;

(二)受送达人的电子地址所在系统反馈受送达人已阅知,或者有其他证据可以证明受送达人已经收悉的,推定完成有效送达,但受送达人能够证明存在系统错误、送达地址非本人使用或者非本人阅知等未收悉送达内容的情形除外。

人民法院开展电子送达,应当在系统中全程留痕,并制作电子送达凭证。电子送达凭证具有送达回证效力。

对同一内容的送达材料采取多种电子方式发送受送达人的,以最先完成的有效送达时间作为送达生效时间。

第32条 人民法院适用电子送达,可以同步通过短信、即时通讯工具、诉讼平台提示等方式,通知受送达人查阅、接收、下载相关送达材料。

【法释〔2021〕13号】 最高人民法院关于审理申请注册的药品相关的专利权纠纷民事案件适用法律若干问题的规定(2021年5月24日最高法审委会〔1839次〕通过,2021年7月4日公布,次日起施行;以本规为准)

第13条 人民法院依法向当事人在国务院有关行政部门依据衔接办法所设平台登载的联系人、通讯地址、电子邮件等进行的送达,视为有效送达。当事人向人民法院提交送达地址确认书后,人民法院也可以向该确认书载明的送达地址送达。

【法释〔2022〕11号】 最高人民法院关于适用《中华人民共和国民事诉讼法》的解释("法释〔2015〕5号"公布,2015年2月4日起施行;根据法释〔2020〕20号《决定》修正,2021年1月1日起施行;2022年3月22日最高法审委会〔1866次〕修正,2022年4月1日公布,2022年4月10日起施行;以本规为准)

第135条 电子送达可以采用传真、电子邮件、移动通信等即时收悉的特定系统作为送达媒介。

民事诉讼法第 90 条第 2 款规定的到达受送达人特定系统的日期，为人民法院对应系统显示发送成功的日期，但受送达人证明到达其特定系统的日期与人民法院对应系统显示发送成功的日期不一致的，以受送达人证明到达其特定系统的日期为准。

第 136 条　受送达人同意采用电子方式送达的，应当在送达地址确认书中予以确认。

【法释〔2023〕10 号】　最高人民法院关于知识产权法庭若干问题的规定（"法释〔2018〕22 号"公布，2019 年 1 月 1 日起施行；2023 年 10 月 16 日最高法审委会〔1901 次〕修订，2023 年 10 月 21 日公布，2023 年 11 月 1 日起施行；以本规为准）

~~第 4 条　经当事人同意，知识产权法庭可以通过电子诉讼平台、中国审判流程信息公开网以及传真、电子邮件等电子方式送达诉讼文件、证据材料及裁判文书等。~~

> **第 91 条　【委托送达，邮寄送达】** 直接送达诉讼文书有困难的，可以委托其他人民法院代为送达，或者邮寄送达。邮寄送达的，以~~挂号回执上注明的收件日期~~为送达日期。

● **相关规定　【法释〔2004〕13 号】　最高人民法院关于以法院专递方式邮寄送达民事诉讼文书的若干规定**（2004 年 9 月 7 日最高法审委会〔1324 次〕通过，2004 年 9 月 17 日公布，2005 年 1 月 1 日起施行）

第 1 条　人民法院直接送达诉讼文书有困难的，可以交由国家邮政机构（以下简称邮政机构）以法院专递方式邮寄送达，但有下列情形之一的除外：（一）受送达人或者其诉讼代理人、受送达人指定的代收人同意在指定的期间内到人民法院接受送达的；（二）受送达人下落不明的；（三）法律规定或者我国缔结或者参加的国际条约中约定有特别送达方式的。

第 2 条　以法院专递方式邮寄送达民事诉讼文书的，其送达与人民法院送达具有同等法律效力。

第 3 条　当事人起诉或者答辩时应当向人民法院提供或者确认自己准确的送达地址，并填写送达地址确认书。当事人拒绝提供的，人民法院应当告知其拒不提供送达地址的不利后果，并记入笔录。

第 4 条　送达地址确认书的内容应当包括送达地址的邮政编码、详细地址以及受送达人的联系电话等内容。

当事人要求对送达地址确认书中的内容保密的，人民法院应当为其保密。

第一编　第七章

当事人在第一审、第二审和执行终结前变更送达地址的，应当及时以书面方式告知人民法院。

第5条 当事人拒绝提供自己的送达地址，经人民法院告知后仍不提供的，自然人以其户籍登记中的住所地或者经常居住地为送达地址；法人或者其他组织以其工商登记或者其他依法登记、备案中的住所地为送达地址。

第6条 邮政机构按照当事人提供或者确认的送达地址送达的，应当在规定的日期内将回执退回人民法院。

邮政机构按照当事人提供或确认的送达地址在5日内投送3次以上未能送达，通过电话或者其他联系方式又无法告知受送达人的，应当将邮件在规定的日期内退回人民法院，并说明退回的理由。

第7条 受送达人指定代收人的，指定代收人的签收视为受送达人本人签收。

邮政机构在受送达人提供或确认的送达地址未能见到受送达人的，可以将邮件交给与受送达人同住的成年家属代收，但代收人是同一案件中另一方当事人的除外。

第8条 受送达人及其代收人应当在邮件回执上签名、盖章或者捺印。

受送达人及其代收人在签收时应当出示其有效身份证件并在回执上填写该证件的号码；受送达人及其代收人拒绝签收的，由邮政机构的投递员记明情况后将邮件退回人民法院。

第9条 有下列情形之一的，即为送达：（一）受送达人在邮件回执上签名、盖章或者捺印的；（二）受送达人是无民事行为能力或者限制民事行为能力的自然人，其法定代理人签收的；（三）受送达人是法人或者其他组织，其法人的法定代表人、该组织的主要负责人或者办公室、收发室、值班室的工作人员签收的；（四）受送达人的诉讼代理人签收的；（五）受送达人指定的代收人签收的；（六）受送达人的同住成年家属签收的。

第10条 签收人是受送达人本人或者是受送达人的法定代表人、主要负责人、法定代理人、诉讼代理人的，签收人应当当场核对邮件内容。签收人发现邮件内容与回执上的文书名称不一致的，应当当场向邮政机构的投递员提出，由投递员在回执上记明情况后将邮件退回人民法院。

签收人是受送达人办公室、收发室和值班室的工作人员或者是与受送达人同住成年家属，受送达人发现邮件内容与回执上的文书名称不一致的，应当在收到邮件后的3日内将该邮件退回人民法院，并以书面方式说明退回的理由。

第11条 因受送达人自己提供或者确认的送达地址不准确、拒不提供送达地址、送达地址变更未及时告知人民法院、受送达人本人或者受送达人指定的代收人拒绝签收，导致诉讼文书未能被受送达人实际接收的，文书退回之日视为送达之日。

受送达人能够证明自己在诉讼文书送达的过程中没有过错的，不适用前款规定。

【法〔2004〕241 号】　最高人民法院实施《关于以法院专递方式邮寄送达民事诉讼文书的若干规定》的通知（2004 年 11 月 8 日）

二、各高级人民法院可以根据本辖区内经济发展的水平与各省邮政管理机关协商决定"法院专递"的资费标准。在确定收费标准时，应当充分考虑同城与异地、城市与乡村等综合因素，切实考虑农村和城市中特困群体的实际困难，合理确定"法院专递"的资费标准。

三、各高级人民法院可以根据本辖区内法院的办公经费状况确定"法院专递"费用的负担方式。办公经费确实无力负担的，可以依照《人民法院诉讼收费办法》第 19 条第 3 款的规定由当事人负担，但根据《〈人民法院诉讼收费办法〉补充规定》第 4 条第 2 款具备司法救助条件的当事人可以例外。

五、邮政机构的工作人员在送达民事诉讼文书过程中遇到受送达人拒绝接收，并请求当地基层人民法院或者人民法庭予以协助的，当地基层人民法院或者人民法庭应当给予协助。

【法发〔2017〕19 号】　最高人民法院关于进一步加强民事送达工作的若干意见（2017 年 7 月 19 日）

七、因当事人提供的送达地址不准确、拒不提供送达地址、送达地址变更未书面告知人民法院，导致民事诉讼文书未能被受送达人实际接收的，直接送达的，民事诉讼文书留在该地址之日为送达之日；邮寄送达的，文书被退回之日为送达之日。

十七、要树立全国法院一盘棋意识，对于其他法院委托送达的诉讼文书，要认真、及时进行送达。鼓励法院之间建立委托送达协作机制，节约送达成本，提高送达效率。

【法释〔2022〕11 号】　最高人民法院关于适用《中华人民共和国民事诉讼法》的解释（"法释〔2015〕5 号"公布，2015 年 2 月 4 日起施行；根据法释〔2020〕20 号《决定》修正，2021 年 1 月 1 日起施行；2022 年 3 月 22 日最高法审委会〔1866 次〕修正，2022 年 4 月 1 日公布，2022 年 4 月 10 日起施行；以本规为准）

第 134 条　依照民事诉讼法第 91 条规定，委托其他人民法院代为送达的，委托法院应当出具委托函，并附需要送达的诉讼文书和送达回证，以受送达人在送达回证上签收的日期为送达日期。

委托送达的，受委托人民法院应当自收到委托函及相关诉讼文书之日起 10 日内代为送达。

776 ◄ 第一编 总则/第七章 期间、送达

● 文书格式　【法［2016］221号】　民事诉讼文书样式（2016年2月22日最高法审委会［1679次］通过，2016年6月28日公布，2016年8月1日起施行）（本书对格式略有调整）

委托函（委托送达）

××人民法院（受委托法院名称）：

我院受理……（写明当事人及案由）一案，现委托你院送达有关诉讼文书。随函寄去××书×份、送达回证×份，请在收到后10日内代为向×××送达，并将送达回证尽快寄回我院。

联系人：……（写明姓名、部门、职务）　　　　　联系电话：……

联系地址：……

×年×月×日（院印）

委托宣判函

××人民法院（受委托法院名称）：

我院受理……（写明当事人及案由）一案，现已审理终结。随函寄去本院（××××）……民×……号……书×份、送达回证×份，请于收到后10日内代为宣判和送达，并将宣判笔录和送达回证尽快寄回我院。因故不能完成的，请在上述期限内函告我院。

联系人：……（写明姓名、部门、职务）　　　　　联系电话：……

联系地址：……

×年×月×日（院印）

代办事毕复函（见本书第134条）

第92条　【送达军人】受送达人是军人的，通过其所在部队团以上单位的政治机关转交。

第93条[20130101]　**【送达被拘禁人】**受送达人是被监禁的，通过其所在监所或者劳动改造单位转交。

受送达人是被采取强制性教育措施/劳动教养的，通过其所在强制性教育机构/劳动教养单位转交。

第94条　【转交送达日期】代为转交的机关、单位收到诉讼文书后，必须立即交受送达人签收，以在送达回证上的签收日期，为送达日期[19910409]。

（本书汇）【电话送达，其他送达】

● **相关规定**　【**法发〔2017〕19 号**】　**最高人民法院关于进一步加强民事送达工作的若干意见**（2017 年 7 月 19 日）

八、当事人拒绝确认送达地址或以拒绝应诉、拒接电话、避而不见送达人员、搬离原住所等躲避、规避送达，人民法院不能或无法要求其确认送达地址的，可以分别以下列情形处理：

（一）当事人在诉讼所涉及的合同、往来函件中对送达地址有明确约定的，以约定的地址为送达地址；

（二）没有约定的，以当事人在诉讼中提交的书面材料中载明的自己的地址为送达地址；

（三）没有约定、当事人也未提交书面材料或者书面材料中未载明地址的，以 1 年内进行其他诉讼、仲裁案件中提供的地址为送达地址；

（四）无以上情形的，以当事人 1 年内进行民事活动时经常使用的地址为送达地址。

人民法院按照上述地址进行送达的，可以同时以电话、微信等方式通知受送达人。

十三、可以根据实际情况，有针对性地探索提高送达质量和效率的工作机制，确定由专门的送达机构或者由各审判、执行部门进行送达。在不违反法律、司法解释规定的前提下，可以积极探索创新行之有效的工作方法。

十四、对于移动通信工具能够接通但无法直接送达、邮寄送达的，除判决书、裁定书、调解书外，可以采取电话送达的方式，由送达人员告知当事人诉讼文书内容，并记录拨打、接听电话号码、通话时间、送达诉讼文书内容，通话过程应当录音以存卷备查。

十六、在送达工作中，可以借助基层组织的力量和社会力量，加强与基层组织和有关部门的沟通、协调，为做好送达工作创造良好的外部环境。有条件的地方可以要求基层组织协助送达，并可适当支付费用。

第 95 条　【**公告送达**】受送达人下落不明，或者用本节规定的其他方式无法送达的，公告送达。自发出公告之日起，经过 <u>30 日</u>/~~60 日~~ ²⁰²²⁰¹⁰¹/~~3 个月~~ ¹⁹⁹¹⁰⁴⁰⁹，即视为送达。

公告送达，应当在案卷中记明原因和经过。

● **相关规定**　【**法办〔2001〕246 号**】　**最高人民法院办公厅关于改进人民法院公告发布工作的通知**（2001 年 12 月 21 日）

一、人民法院公告是人民法院向社会公布的法律文告。人民法院公告除部分采取直接张贴的方式外，法律文书的送达、催告、宣告死亡、失踪、破产等法院公告，均采取在报纸上刊登的方式。因此，法院公告刊登必须坚持"权威性、严肃性、有效性"原则，在指定的报纸上，按法院公告发布的基本要求，及时准确发布，切实使公告发布紧密配合审判、执行工作的需要。

二、人民法院报为最高人民法院指定的发布人民法院公告唯一、合法、有效的报纸①。多年来，各级人民法院的法官以及案件当事人都已经习惯了在人民法院报上查询、阅读人民法院公告，从中了解全国法院案件审判工作、执行工作的有关信息。因此，各级法院公告只能向人民法院报报送，由人民法院报按统一格式刊发。各级人民法院不得将公告送交人民法院报以外的报纸发布。

三、为加快法院公告发布时效，及时配合审判、执行工作的法律需要，从2001年1月起，人民法院报社驻各高级法院记者站均可为本省的各级法院代办公告发布工作。人民法院报接到记者站公告发布的传真后即可马上安排公告发布日期，以减少公告信息邮寄所占有的大量时间和所耗费的邮费开支，切实使公告发布工作实现高效、准确、有效。

四、人民法院公告的制作，应严格按照1993年下发的人民法院公告式样，在保证公告内容完整、准确的前提下，严格控制公告字数，并切实注明公告联系单位或个人、联系电话，确保公告发布后的信息反馈准确无误。

五、人民法院公告分普通、加急与特急3类。普通件从公告受理后进入正常排序安排发布，一般在10至20日内见报；加急件随到随安排，5日内见报；特急件当日安排见报。请各级法院根据审判工作的需要，在安排公告发布时，选择适当类别发布公告。

【法［2005］72号】 最高人民法院关于进一步规范法院公告发布工作的通知（2005年1月21日）

一、人民法院公告是人民法院向社会公布的法律文告，是人民法院诉讼活动的重要环节，是人民法院审判工作的重要组成部分。人民法院公告除部分采取直接张贴的方式外，法律文书的送达、催告、宣告死亡、失踪和破产等法院公告，均采取在报纸上刊登的方式。因此，法院公告刊登必须坚持"权威性、严肃性、有效性"的要求，及时准确发布。

二、为加强法院公告工作的管理，最高人民法院办公厅于1992年9月8日下发了《关于法院公告一律由〈人民法院报〉刊登的通知》（法办［1992］93号），

① 注：《最高人民法院关于冻结、拍卖上市公司国有股和社会法人股若干问题的规定》（法释［2001］28号，2001年9月30日起施行）第14条规定：拍卖股权，人民法院应当委托拍卖机构于拍卖日前10天，在《中国证券报》《证券时报》或者《上海证券报》上进行公告。

最高人民法院于 1993 年 4 月 16 日下发了《关于重申法院公告一律由〈人民法院报〉统一刊登的通知》（法［1993］29 号），最高人民法院办公厅于 2001 年 12 月 21 日下发了《最高人民法院办公厅关于改进人民法院公告发布工作的通知》（法办［2001］246 号），要求各级法院严格按照通知要求统一在《人民法院报》刊登法院公告。多年来，各级法院落实上述通知要求，认真规范公告刊登工作。《人民法院报》在不断推进公告刊登规范化的同时，在全国各地设立了 29 个公告刊登代办点，并实现了在《人民法院报》电子版、中国法院网上同步免费刊载。实践证明，法院公告在《人民法院报》统一刊登，对于便利当事人及社会公众及时有效查询了解公告，保障诉讼活动顺利进行，起到了积极的促进作用。各级人民法院的法官及案件当事人普遍把《人民法院报》作为查询、阅读人民法院公告，从中了解全国法院案件审判工作、执行工作的有关信息的重要载体。因此，各级法院应认真执行最高人民法院文件关于法院公告一律由《人民法院报》刊登的规定。①

三、近来不少群众反映，有一些公告在《人民法院报》以外的报纸刊登，引起对方当事人及利益相关方对公告权威性、有效性的疑虑，影响了诉讼活动的顺利进行；有的混淆公告与广告的性质，不按最高法院通知要求发布公告。有的媒体许诺给以较高回扣向法院乱拉公告，造成不良影响和后果。对此，各级法院必须引起重视并认真纠正。

四、人民法院报社要提高为审判工作服务的意识，采取切实措施方便法院公告受理并确保法院公告发布规范、透明、高效。第一，要切实改进服务质量，做到规范接待、热情服务。第二，要严格按照最高人民法院办公厅下发的《法院诉

---

① 注：《最高人民法院关于冻结、拍卖上市公司国有股和社会法人股若干问题的规定》（法释［2001］28 号，见《民事诉讼法》第 260 条）第 14 条规定："拍卖股权，人民法院应当委托拍卖机构于拍卖日前 10 天，在《中国证券报》、《证券时报》或者《上海证券报》上进行公告。""法［2005］72 号"《通知》与前者存在严重冲突。

另：《全国法院涉港澳商事审判工作座谈会纪要》（法发［2008］8 号）第 17 条对公告刊登报纸并未限制；《最高人民法院关于人民法院确定财产处置参考价若干问题的规定》（法释［2018］15 号，见《民事诉讼法》第 260 条）第 21 条规定，拍卖过程中确定财产处置参考价的相关材料的公告送达方式为"应当在中国执行信息公开网上予以公示"。"法［2005］72 号"《通知》与后者也存在冲突。

根据《最高人民法院关于改革完善法院公告发布管理工作的通知》规定，人民法院公告发布工作将全面实现网络化。自 2024 年 1 月 1 日起，除了在报纸上刊登的法定类型法院公告外，人民法院报不再刊登法院公告，法院公告将全部刊登在中国法院网（子网站人民法院公告网），并同步推送到腾讯网（腾讯新闻），以即时转发、快捷传播和查阅。

除 3 家中央政法新闻单位的报纸及其网络媒体平台外，刊登法院公告的媒体严格限定为 18 家中央新闻媒体单位：1. 人民日报社；2. 新华通讯社；3. 中央广播电视总台；4. 求是杂志社；5. 解放军新闻传播中心；6. 光明日报社；7. 经济日报社；8. 中国日报社；9. 科技日报社；10. 人民政协报社；11. 中央纪委国家监委新闻传播中心；12. 中国新闻社；13. 学习时报社；14. 工人日报社；15. 中国青年报社；16. 中国妇女报社；17. 农民日报社；18. 法治日报社。不再使用其他媒体平台发布法院公告。

讼文书样式》制作公告，严格按标准收费。要按照最高人民法院办公厅法办［2001］246号文件的要求，提高公告刊登效率。普通公告一般10天至20天之内刊登；加急件5天之内刊登；特急件当日刊登。第三，要切实完善公告查询工作，保证公告查询便捷、高效，确保公告见报后第一时间即可通过《人民法院报》、《人民法院报》电子版和中国法院网或者专门查询电话进行查询。第四，要加大对公告刊登不规范行为的查处力度。对因公告管理、刊登、查询等引发的投诉，必须迅速查清事实，并及时向当事人反馈查处结果；对于工作质量不高、服务态度恶劣、造成不良影响的有关工作人员，要严肃处理；公告刊登延误，要在接到投诉当日及时查明情况并采取补救措施。

五、进一步规范法院公告统一刊登工作，是人民法院保障司法公正与效率的一项具体措施。各高级人民法院要高度重视，认真总结几年来公告刊登的情况，认真落实改进的措施，支持并帮助人民法院报社做好公告刊登工作。

【法发［2008］8号】 全国法院涉港澳商事审判工作座谈会纪要（2007年11月21-22日在南宁召开；2008年1月21日印发）

17. 人民法院不能依照上述方式送达的，可以公告送达。公告内容应当在境内外公开发行的报刊上刊登，自公告之日起满3个月即视为送达。

【法发［2008］21号】 最高人民法院关于处理涉及汶川地震相关案件适用法律问题的意见（一）（2008年7月14日）

八（第1款）、正在审理中的案件当事人在地震灾害中下落不明的，人民法院在核实当事人的身份、下落等有关情况后可以公告送达法律文书。

【法发［2017］19号】 最高人民法院关于进一步加强民事送达工作的若干意见（2017年7月19日）

十五、要严格适用民事诉讼法关于公告送达的规定，加强对公告送达的管理，充分保障当事人的诉讼权利。只有在受送达人下落不明，或者用民事诉讼法第1编第7章第2节规定的其他方式无法送达的，才能适用公告送达。

【法释［2019］4号】 最高人民法院关于严格规范民商事案件延长审限和延期开庭问题的规定（"法释［2018］9号"公布，2018年4月26日起施行；2019年2月25日最高法审委会［1762次］修订，2019年3月27日公布，2019年3月28日起施行；以本规为准）

第4条（第4款） 适用简易程序的案件，不适用公告送达。

【法释［2021］12 号】 人民法院在线诉讼规则（2021 年 5 月 18 日最高法审委会［1838 次］通过，2021 年 6 月 16 日公布，2021 年 8 月 1 日起施行；以本规为准）

第 23 条 需要公告送达的案件，人民法院可以在公告中明确线上或者线下参与庭审的具体方式，告知当事人选择在线庭审的权利。被公告方当事人未在开庭前向人民法院表示同意在线庭审的，被公告方当事人适用线下庭审。其他同意适用在线庭审的当事人，可以在线参与庭审。

【法释［2022］11 号】 最高人民法院关于适用《中华人民共和国民事诉讼法》的解释（"法释［2015］5 号"公布，2015 年 2 月 4 日起施行；根据法释［2020］20 号《决定》修正，2021 年 1 月 1 日起施行；2022 年 3 月 22 日最高法审委会［1866 次］修正，2022 年 4 月 1 日公布，2022 年 4 月 10 日起施行；以本规为准）

第 138 条 公告送达可以在法院的公告栏和受送达人住所地张贴公告，也可以在报纸、信息网络等媒体上刊登公告，发出公告日期以最后张贴或者刊登的日期为准。对公告送达方式有特殊要求的，应当按要求的方式进行。公告期满，即视为送达。

人民法院在受送达人住所地张贴公告的，应当采取拍照、录像等方式记录张贴过程。

第 139 条 公告送达应当说明公告送达的原因；公告送达起诉状或者上诉状副本的，应当说明起诉或者上诉要点，受送达人答辩期限及逾期不答辩的法律后果；公告送达传票，应当说明出庭的时间和地点及逾期不出庭的法律后果；公告送达判决书、裁定书的，应当说明裁判主要内容，当事人有权上诉的，还应当说明上诉权利、上诉期限和上诉的人民法院。

第 140 条 适用简易程序的案件，不适用公告送达。

● **文书格式** **【法报［2011］格式】** 人民法院报法院公告常用统一格式（经最高法研究室审阅，人民法院报 2011 年 5 月 17 日公布）

1. 民事案件起诉状副本

（）：本院受理（）诉（）（案由）一案，现依法向你公告送达起诉状副本。（填写起诉要点）自公告之日起，经过 60 日（或涉港澳台为满 3 个月，或涉外为满 6 个月），即视为送达。提出答辩状的期限和举证期限分别为公告期满后 15 日内和 30 日（或涉港澳台或涉外均为 30 日），逾期将依法审理。

2. 民事案件开庭传票（适用一审、二审、再审程序）

（）：本院受理（）（案由）一案，现依法向你公告送达开庭传票。（填写起诉要点）自公告之日起，经过 60 日（或涉港澳台为满 3 个月，或涉外为满 6 个月），即视为送达。定于公告期满后第（ ）日（ ）时（ ）分（遇法定节假日顺延）在本院（ ）开庭审理，逾期将依法缺席裁判。

3. 民事案件起诉状副本及开庭传票

（ ）：本院受理（ ）诉（ ）（案由）一案，现依法向你公告送达起诉状副本、（ ）及开庭传票。（填写起诉要点）自公告之日起，经过 60 日（或涉港澳台为满 3 个月，或涉外为满 6 个月），即视为送达。提出答辩状和举证的期限分别为公告期满后的 15 日内和 30 日（或涉港澳台或涉外均为 30 日）。并定于举证（答辩）期满后第（ ）日（ ）时（ ）分（遇法定节假日顺延）在本院（ ）开庭审理，逾期将依法缺席裁判。

4. 民事案件起诉状副本及开庭传票（通知第三人参加诉讼）

（ ）：本院受理（ ）诉（ ）（案由）一案，经查：你与本案有法律上的利害关系，本院依法通知你作为本案第三人参加诉讼。现依法向你公告送达起诉状副本、（ ）和开庭传票。（填写起诉要点）自公告之日起，经过 60 日（或涉港澳台为满 3 个月，或涉外为满 6 个月），即视为送达。提出答辩状的期限和举证期限分别为公告期满后的 15 日内和 30 日（或涉港澳台或涉外均为 30 日）。定于举证（答辩）期满后第（ ）日（ ）时（ ）分（遇法定节假日顺延）在本院（ ）开庭审理，逾期将依法缺席裁判。

5. 民事裁定书①不予受理、管辖异议、驳回起诉

（ ）：本院受理（ ）诉（ ）（案由）一案，现依法向你公告送达本院（ ）字第（ ）号民事裁定书。（填写裁定要点）自公告之日起，经过 60 日（或涉港澳台为满 3 个月，或涉外为满 6 个月）内来本院领取民事裁定书，逾期则视为送达。如不服本裁定，可在公告期满后 10 日内（或涉港澳台或涉外为 30 日），向本院递交上诉状及副本，上诉于（ ）人民法院。逾期未上诉的，本裁定即发生法律效力。

6. 民事裁定书②财产保全和先予执行

（ ）：本院受理（ ）诉（ ）（案由）一案，现依法向你公告送达本院（ ）字第（ ）号民事裁定书。（填写裁定要点）自公告之日起，经过 60 日（或涉港澳台为满 3 个月，或涉外为满 6 个月）内来本院领取民事裁定书，逾期则视为送达。如不服本裁定，可在公告期满后 10 日内（或涉港澳台或涉外为 30 日），向本院申请复议。复议期间不停止裁定的执行。

7. 民事裁定书③准许或者不准许撤诉、中止或者终结诉讼、补正判决书中笔误、中止或者终结执行、不予执行仲裁裁决、不予执行公证机关赋予强制执行效力的债权文书等

（ ）：本院受理（ ）诉（ ）（案由）一案，现依法向你公告送达本院（ ）字第

（ ） 号民事裁定书。（填写裁定要点） 自公告之日起，经过 60 日 （或涉港澳台为满 3 个月，或涉外为满 6 个月） 内来本院领取民事裁定书，逾期则视为送达，本裁定即发生法律效力。

8. 一审民事判决书

（ ）：本院受理 （ ） 诉 （ ）（案由） 一案，已审理终结。现依法向你公告送达 （ ） 字第 （ ） 号民事判决书。（填写判决要点） 自公告之日起，经过 60 日 （或涉港澳台为满 3 个月，或涉外为满 6 个月） 内来本院领取民事判决书，逾期则视为送达。如不服本判决，可在公告期满后 15 日内 （或涉港澳台或涉外为 30 日），向本院递交上诉状及副本，上诉于 （ ） 人民法院。逾期本判决即发生法律效力。

9. 民事案件上诉状副本

（ ）：上诉人 （ ） 就 （ ） 字第 （ ） 号判决书提起上诉。现依法向你公告送达上诉状副本。（填写上诉要点） 自公告之日起，经过 60 日 （或涉港澳台为满 3 个月，或涉外为满 6 个月），即视为送达。提出答辩状的期限为公告期满后 15 日内 （或涉港澳台或涉外为 30 日），逾期将依法审理。

10. 二审民事判决书

（ ）：本院受理 （ ） 诉 （ ）（案由） 一案已审理终结。现依法向你公告送达本院 （ ） 字第 （ ） 号民事判决书。（填写判决要点） 自公告之日起，经过 60 日 （或涉港澳台为满 3 个月，或涉外为满 6 个月） 即视为送达。本判决为终审判决。

11. 申请宣告失踪

本院受理 （ ） 申请宣告 （ ） 失踪一案，经查：（被申请人基本情况） 于 （ ） 年 （ ） 月 （ ） 日起，下落不明已满 2 年。现发出寻人公告，公告期间为 3 个月。希望 （ ） 本人或知其下落的有关利害关系人与本院联系。公告期间届满，本院将依法判决。

12. 申请宣告死亡①

本院受理 （ ） 申请宣告 （ ） 死亡一案，经查：（被申请人基本情况） 于 （ ） 年 （ ） 月 （ ） 日起，下落不明已满 4 年 （或因意外事故下落不明已满 2 年）。现发出寻人公告，公告期间为 1 年。希望 （ ） 本人或知其下落的有关利害关系人与本院联系。公告期间届满，本院将依法判决。

13. 申请宣告死亡② 因意外事故下落不明，经有关机关证明该公民不可能生存

本院受理 （ ） 申请宣告 （ ） 死亡一案，经查：（被申请人基本情况） 于 （ ） 年 （ ） 月 （ ） 日起，因意外事故下落不明，经 （有关机关） 证明该公民不可能生存。现发出寻人公告，公告期间为 3 个月。希望 （ ） 本人或知其下落的有关利害关系人与本院联系。公告期间届满，本院将依法判决。

14. 宣告死亡、失踪除权判决书

本院受理 （ ） 申请 （ ） 死亡 （或失踪） 一案，于 （ ） 年 （ ） 月 （ ） 日发出

寻人公告，公告期间届满，并于（）年（）月（）日依法作出（）字第（）号判决书，宣告（）死亡（或失踪）。本判决为终审判决。

15. 无主财产认领公告

本院受理（）申请认定（）为无主财产一案，依法对上述财产发出认领公告，自公告之日起 1 年内，如果无人认领，本院将依法判决。

16. 申请公示催告（汇票、支票、本票）

申请人（）因（），该票据记载：（票号、票面金额、出票人、出票行、持票人、背书人等），向本院申请公示催告，本院决定受理，现依法予以公告。自公告之日起，经过 60 日，利害关系人应向本院申报权利，届时无人申报权利，本院将依法作出判决，宣告上述票据无效。在公示催告期间，转让该票据权利的行为无效。

17. 公示催告程序除权判决书（汇票、支票、本票）

本院于（）年（）月（）日，受理了申请人（）的公示催告申请，该票据记载（票号、票面金额、出票人、出票行、持票人、背书人等）内容。依法办理了公示催告手续。在公示催告期间，无人申报的，根据申请人的申请，本院于（）年（）月（）日依法作出（）催字第（）号民事判决书，宣告上述票据无效。自判决公告之日起，申请人（）对上述款项有权请求支付。

18. 受理破产

（）：本院根据（）的申请，于（）年（）月（）日作出（）字第（）号民事裁定书，裁定受理债务人（）（或破产清算，或破产重整，或破产和解）一案，并指定（）为管理人（填写地址、邮编、电话、联系人）。债权申报期限自人民法院发布受理破产申请公告之日起，30 日至 3 个月内，向管理人申报债权，并提交有关证明材料。逾期未申报债权的，依据《中华人民共和国企业破产法》第五十六条的规定处理。（债务人的企业名称）的债务人或财产持有人应向管理人清偿债务或交付财产。第一次债权人会议于（）年（）月（）日（）时在（填写会议地点）召开。债权人出席会议应向本院提交（营业执照、法定代表人身份证明、授权委托书，或个人身份证明、授权委托书）等文件。（填写法院认为应说明的其他情况）。

19. 宣告破产

本院于（）年（）月（）日受理的（）破产清算一案，经审理，依照《中华人民共和国企业破产法》的规定，于（）年（）月（）日作出（）字第（）号民事裁定书，宣告（）破产。

20. 终结破产

本院受理的（）破产清算一案，（①经破产清算，填写清算内容。或债务人财产不足以清偿破产费用，或破产人无财产可供分配，或破产财产已分配完毕；

②破产宣告前，第三人为债务人提供足额担保或者为债务人清偿全部到期债务，或债务人已清偿全部到期债务），依据《中华人民共和国企业破产法》的规定，于（）年（）月（）日作出（）字第（）号民事裁定书，裁定终结破产程序。

21. 执行通知书（民事、刑事附带民事）

（）：本院受理（）诉（）（案由）一案，申请人（）申请执行（）字第（）号（）书，现依法向你公告送达（）执字第（）号执行通知书。自发出公告之日起，经过 60 日，即视为送达。自公告期满后次日起（）日内，自动履行生效法律文书确定的义务。逾期仍不履行的，本院将依法强制执行。

22. 司法鉴定书

（）：本院受理（）诉（）（案由）一案，依法委托（）对（）进行（）鉴定。现向你公告送达（）司法鉴定书（）。自公告之日起，经过 60 日，即视为送达。如对本鉴定结论有异议，自公告送达期满后次日起（）日内，向本院申请重新鉴定。逾期未申请重新鉴定的，该司法鉴定书即发生法律效力。

23. 评估报告书

（）：本院受理（）诉（）（案由）一案，申请人（）申请执行，本院依法委托（）对（）进行评估，已作出（）评估报告书（），现予以公告送达，自发出公告之日起，经过 60 日，即视为送达。如对本评估报告有异议，自公告送达期满后次日起 10 日内向本院书面提出异议。逾期未申请重新评估价的，本院将依法公开拍卖。

法院公告文书制作要求示例：（注：括号内文字为选择性内容）

[×××省] ×××法院

（）：本院受理（）诉（）（案由）一案，已审理终结。现依法向你公告送达（）字第（）号民事判决书。（填写判决要点）自公告之日起，经过 60 日（或涉港澳台为满 3 个月，或涉外为满 6 个月）内来本院领取民事判决书，逾期则视为送达。如不服本判决，可在公告期满后 15 日内（或涉港澳台或涉外为 30 日），向本院递交上诉状及副本，上诉于（）人民法院。逾期本判决即发生法律效力。

×年×月×日（院印）

承办法庭：××××××承办法官：×××电话：×××××××

当事人手机：×××××××××××　　邮政编码：××××××

来款方式：××××　　　　　　　　邮局汇款单号码：××××××××××××

（银行汇款请注明：汇款人姓名、汇款时间、汇出行名称，或附汇款凭证复印件）

第八章¹⁹⁹¹⁰⁴⁰⁹ 调　解

（插）**第 9 条**　**【先调解后判决】**人民法院审理民事案件，应当根据自愿和合法的原则/着重¹⁹⁹¹⁰⁴⁰⁹ 进行调解；调解不成的，应当及时判决。

第 14 条¹⁹⁹¹⁰⁴⁰⁹ 人民调解委员会是在基层人民政府和基层人民法院指导下，调解民间纠纷的群众性组织。

人民调解委员会依照法律规定，根据自愿原则，用说服教育的方法进行调解工作。当事人对调解达成的协议应当履行；不愿调解或者调解不成的，可以向人民法院起诉。

人民调解委员会调解案件，如有违背政策法律的，人民法院应当予以纠正。

第 96 条¹⁹⁹¹⁰⁴⁰⁹　**【调解原则】**人民法院审理民事案件，能够调解的，应当根据当事人自愿的原则，在事实清楚/查明事实、分清是非的基础上，分清是非，进行调解，促使当事人互相谅解，达成协议。

（插）第 125 条²⁰¹³⁰¹⁰¹　**【先行调解】**当事人起诉到人民法院的民事纠纷，适宜调解的，先行调解，但当事人拒绝调解的除外。

（插）第 145 条¹⁹⁹¹⁰⁴⁰⁹　**【判决前调解】**法庭辩论终结，应当依法作出判决。判决前能够调解的，还可以进行调解，调解不成/未达成协议的，应当及时依法作出判决。

● 相关规定　**【法释〔2003〕15 号】**　**最高人民法院关于适用简易程序审理民事案件的若干规定**（2003 年 7 月 4 日最高法审委会〔1280 次〕通过，2003 年 9 月 10 日公布，2003 年 12 月 1 日起施行；根据法释〔2020〕20 号《决定》修正，2021 年 1 月 1 日起施行。以本规为准）

第 14 条　下列民事案件，人民法院在开庭审理时应当先行调解：（一）婚姻家庭纠纷和继承纠纷；（二）劳务合同纠纷；（三）交通事故和工伤事故引起的权利义务关系较为明确的损害赔偿纠纷；（四）宅基地和相邻关系纠纷；（五）合伙合同/协议纠纷;(六)诉讼标的额较小的纠纷。

但是根据案件的性质和当事人的实际情况不能调解或者显然没有调解必要的除外。

【法释〔2004〕12 号】　最高人民法院关于人民法院民事调解工作若干问题的规定(2004 年 8 月 18 日最高法审委会〔1321 次〕通过,2004 年 9 月 16 日公布,2004 年 11 月 1 日起施行;根据法释〔2020〕20 号《决定》修正,2021 年 1 月 1 日起施行。以本规为准)

~~第 1 条　人民法院对受理的第一审、第二审和再审民事案件,可以在答辩期满后裁判作出前进行调解。在征得当事人各方同意后,人民法院可以在答辩期满前进行调解。~~

~~第 2 条　对于有可能通过调解解决的民事案件,人民法院应当调解。但适用特别程序、督促程序、公示催告程序、破产还债程序的案件,婚姻关系、身份关系确认案件以及其他依案件性质不能进行调解的民事案件,人民法院不予调解。~~

【法释〔2005〕6 号】　最高人民法院关于审理涉及农村土地承包纠纷案件适用法律问题的解释(2005 年 3 月 29 日最高法审委会〔1346 次〕通过,2005 年 7 月 29 日公布,2005 年 9 月 1 日起施行;根据法释〔2020〕17 号《决定》修正,2021 年 1 月 1 日起施行。以本规为准)

第 5 条　承包合同中有关收回、调整承包地的约定违反农村土地承包法第 27 条、第 28 条、第 31 条规定的,应当认定该约定无效。

第 6 条　因发包方违法收回、调整承包地,或者因发包方收回承包方弃耕、撂荒的承包地产生的纠纷,按照下列情形,分别处理:……(二)发包方已将承包地另行发包给第三人,承包方以发包方和第三人为共同被告,请求确认其所签订的承包合同无效、返还承包地并赔偿损失的,应予支持。但属于承包方弃耕、撂荒情形的,对其赔偿损失的诉讼请求,不予支持。

前款第 2 项所称的第三人,请求受益方补偿其在承包地上的合理投入的,应予支持。

第 15 条　因承包方不收取流转价款或者向对方支付费用的约定产生纠纷,当事人协商变更无法达成一致,且继续履行又显失公平的,人民法院可以根据发生变更的客观情况,按照公平原则处理。

第 24 条　人民法院在审理涉及本解释第 5 条、第 6 条第 1 款第 2 项及第 2 款、第 15 条的纠纷案件时,应当着重进行调解。必要时可以委托人民调解组织进行调解。

第一编　第八章

【法发［2009］45号】 **最高人民法院关于建立健全诉讼与非诉讼相衔接的矛盾纠纷解决机制的若干意见**（经中央批准，2009年7月24日印发）

15. 经双方当事人同意，或者人民法院认为确有必要的，人民法院可以在立案后将民事案件委托行政机关、人民调解组织、商事调解组织、行业调解组织或者其他具有调解职能的组织协助进行调解。当事人可以协商选定有关机关或者组织，也可商请人民法院确定。

调解结束后，有关机关或者组织应当将调解结果告知人民法院。达成调解协议的，当事人可以申请撤诉、申请司法确认，或者由人民法院经过审查后制作调解书。调解不成的，人民法院应当及时审判。

16. 对于已经立案的民事案件，人民法院可以按照有关规定邀请符合条件的组织或者人员与审判组织共同进行调解。调解应当在人民法院的法庭或者其他办公场所进行，经当事人同意也可以在法院以外的场所进行。达成调解协议的，可以允许当事人撤诉，或者由人民法院经过审查后制作调解书。调解不成的，人民法院应当及时审判。

开庭前从事调解的法官原则上不参与同一案件的开庭审理，当事人同意的除外。

【法发［2010］57号】 **最高人民法院关于进一步做好边境地区涉外民商事案件审判工作的指导意见**（2010年12月8日）

八、人民法院审理边境地区的涉外民商事纠纷案件，也应当充分发挥调解的功能和作用，调解过程中，应当注意发挥当地边检、海关、公安等政府部门以及行业协会的作用。

【主席令［2012］72号】 **中华人民共和国老年人权益保障法**（2012年12月28日全国人大常委会［11届30次］修订，2013年7月1日起施行；2018年12月29日全国人大常委会［13届7次］新修）

第75条（第1款） 老年人与家庭成员因赡养、扶养或者住房、财产等发生纠纷，可以申请人民调解委员会或者其他有关组织进行调解，也可以直接向人民法院提起诉讼。

（第2款） 人民调解委员会或者其他有关组织调解前款纠纷时，应当通过说服、疏导等方式化解矛盾和纠纷；对有过错的家庭成员，应当给予批评教育。

【法发［2016］14号】 **最高人民法院关于人民法院进一步深化多元化纠纷解决机制改革的意见**（2016年6月28日）

30. 推动调解与裁判适当分离。建立案件调解与裁判在人员和程序方面适当分离的机制。立案阶段从事调解的法官原则上不参与同一案件的裁判工作。在案件审理过程中，双方当事人仍有调解意愿的，从事裁判的法官可以进行调解。

【法发〔2017〕14 号】　最高人民法院关于民商事案件繁简分流和调解速裁操作规程（试行）（2017 年 5 月 8 日）

第 1 条（第 3 款）　包括人民法院调解和委托第三方调解。

第 3 条（第 1 款）　人民法院登记立案后，程序分流员认为适宜调解的，在征求当事人意见后，转入调解程序；……

第 6 条　在调解或审理中，由于出现或发现新情况，承办部门和法官决定转换程序的，向程序分流员备案。已经转换过一次程序的案件，原则上不得再次转换。

第 7 条　案件适宜调解的，应当出具先行调解告知书，引导当事人先行调解，当事人明确拒绝的除外。

第 8 条　先行调解告知书包括以下内容：（一）先行调解特点；（二）自愿调解原则；（三）先行调解人员；（四）先行调解程序；（五）先行调解法律效力；（六）诉讼费减免规定；（七）其他相关事宜。

第 9 条　下列适宜调解的纠纷，应当引导当事人委托调解：（一）家事纠纷；（二）相邻关系纠纷；（三）劳动争议纠纷；（四）交通事故赔偿纠纷；（五）医疗纠纷；（六）物业纠纷；（七）消费者权益纠纷；（八）小额债务纠纷；（九）申请撤销劳动争议仲裁裁决纠纷。

其他适宜调解的纠纷，也可以引导当事人委托调解。

第 16 条　当事人同意先行调解的，暂缓预交诉讼费。委托调解达成协议的，诉讼费减半交纳。

第 18 条　人民法院建立诉调对接管理系统，对立案前第三方调解的纠纷进行统计分析，与审判管理系统信息共享。

诉调对接管理系统按照"诉前调"字号对第三方调解的纠纷逐案登记，采集当事人情况、案件类型、简要案情、调解组织或调解员、处理时间、处理结果等基本信息，形成纠纷调解信息档案。

【法发〔2018〕9 号】　最高人民法院关于人民法院立案、审判与执行工作协调运行的意见（2018 年 5 月 28 日）

12. 审判部门在民事调解中，应当审查双方意思的真实性、合法性，注重调解书的可执行性。能即时履行的，应要求当事人即时履行完毕。

【法发〔2020〕1 号】　最高人民法院关于进一步完善委派调解机制的指导意见（2020 年 1 月 9 日）

二、调解范围。对于涉及民生利益的纠纷，除依法不适宜调解的，人民法院可以委派特邀调解组织或者特邀调解员开展调解。对于物业管理、交通事故赔偿、消费者权益保护、医疗损害赔偿等类型化纠纷，人民法院要发挥委派调解的示范作用，促进批量、有效化解纠纷。

【主席令［2020］45 号】　中华人民共和国民法典（2020 年 5 月 28 日全国人大［13 届 3 次］通过，2021 年 1 月 1 日起施行）

第 1079 条（第 2 款）　人民法院审理离婚案件，应当进行调解；如果感情确已破裂，调解无效的，应当准予离婚。

【法释［2021］23 号】　人民法院在线调解规则（2021 年 12 月 27 日最高法审委会［1859 次］通过，2021 年 12 月 30 日公布，2022 年 1 月 1 日起施行；以本规为准）

第 2 条　在线调解包括人民法院、当事人、调解组织或者调解员通过人民法院调解平台开展的在线申请、委派委托、音视频调解、制作调解协议、申请司法确认调解协议、制作调解书等全部或者部分调解活动。

第 4 条　人民法院采用在线调解方式应当征得当事人同意，并综合考虑案件具体情况、技术条件等因素。

【法释［2022］11 号】　最高人民法院关于适用《中华人民共和国民事诉讼法》的解释（"法释［2015］5 号"公布，2015 年 2 月 4 日起施行；根据法释［2020］20 号《决定》修正，2021 年 1 月 1 日起施行；2022 年 3 月 22 日最高法审委会［1866 次］修正，2022 年 4 月 1 日公布，2022 年 4 月 10 日起施行；以本规为准）

第 142 条　人民法院受理案件后，经审查，认为法律关系明确、事实清楚，在征得当事人双方同意后，可以径行调解。

第 143 条　适用特别程序、督促程序、公示催告程序的案件，婚姻等身份关系确认案件以及其他根据案件性质不能进行调解的案件，不得调解。

第 144 条　人民法院审理民事案件，发现当事人之间恶意串通，企图通过和解、调解方式侵害他人合法权益的，应当依照民事诉讼法第 115 条的规定处理。

第 145 条　人民法院审理民事案件，应当根据自愿、合法的原则进行调解。当事人一方或者双方坚持不愿调解的，应当及时裁判。

人民法院审理离婚案件，应当进行调解，但不应久调不决。

（本书汇）【诉前调解】

● 相关规定　**【主席令［2007］80 号】　中华人民共和国劳动争议调解仲裁法**（2007 年 12 月 29 日全国人大常委会［10 届 31 次］通过，2008 年 5 月 1 日起施行）

第2条　中华人民共和国境内的用人单位与劳动者发生的下列劳动争议，适用本法①：（一）因确认劳动关系发生的争议；（二）因订立、履行、变更、解除和终止劳动合同发生的争议；（三）因除名、辞退和辞职、离职发生的争议；（四）因工作时间、休息休假、社会保险、福利、培训以及劳动保护发生的争议；（五）因劳动报酬、工伤医疗费、经济补偿或者赔偿金等发生的争议；（六）法律、法规规定的其他劳动争议。

第10条　发生劳动争议，当事人可以到下列调解组织申请调解：（一）企业劳动争议调解委员会；（二）依法设立的基层人民调解组织；（三）在乡镇、街道设立的具有劳动争议调解职能的组织。

企业劳动争议调解委员会由职工代表和企业代表组成。职工代表由工会成员担任或者由全体职工推举产生，企业代表由企业负责人指定。企业劳动争议调解委员会主任由工会成员或者双方推举的人员担任。

第14条　经调解达成协议的，应当制作调解协议书。

调解协议书由双方当事人签名或者盖章，经调解员签名并加盖调解组织印章后生效，对双方当事人具有约束力，当事人应当履行。

自劳动争议调解组织收到调解申请之日起15日内未达成调解协议的，当事人可以依法申请仲裁。

第15条　达成调解协议后，一方当事人在协议约定期限内不履行调解协议的，另一方当事人可以依法申请仲裁。

第27条　劳动争议申请仲裁的时效期间为1年。仲裁时效期间从当事人知道或者应当知道其权利被侵害之日起计算。

前款规定的仲裁时效，因当事人一方向对方当事人主张权利，或者向有关部门请求权利救济，或者对方当事人同意履行义务而中断。从中断时起，仲裁时效期间重新计算。

因不可抗力或者有其他正当理由，当事人不能在本条第1款规定的仲裁时效期间申请仲裁的，仲裁时效中止。从中止时效的原因消除之日起，仲裁时效期间继续计算。

劳动关系存续期间因拖欠劳动报酬发生争议的，劳动者申请仲裁不受本条第1款规定的仲裁时效期间的限制；但是，劳动关系终止的，应当自劳动关系终止之日起1年内提出。

第29条　劳动争议仲裁委员会收到仲裁申请之日起5日内，认为符合受理条件的，应当受理，并通知申请人；认为不符合受理条件的，应当书面通知申请人

---

① 《事业单位人事管理条例》（国务院令〔2014〕652号，2014年7月1日起施行）第37条：事业单位工作人员与所在单位发生人事争议的，依照《中华人民共和国劳动争议调解仲裁法》等有关规定处理。

不予受理，并说明理由。对劳动争议仲裁委员会不予受理或者逾期未作出决定的，申请人可以就该劳动争议事项向人民法院提起诉讼。

【主席令［2009］14号】 中华人民共和国农村土地承包经营纠纷调解仲裁法（2009年6月27日全国人大常委会［11届9次］通过，2010年1月1日起施行）

第2条 农村土地承包经营纠纷调解和仲裁，适用本法。

农村土地承包经营纠纷包括：（一）因订立、履行、变更、解除和终止农村土地承包合同发生的纠纷；（二）因农村土地承包经营权转包、出租、互换、转让、入股等流转发生的纠纷；（三）因收回、调整承包地发生的纠纷；（四）因确认农村土地承包经营权发生的纠纷；（五）因侵害农村土地承包经营权发生的纠纷；（六）法律、法规规定的其他农村土地承包经营纠纷。

因征收集体所有的土地及其补偿发生的纠纷，不属于农村土地承包仲裁委员会的受理范围，可以通过行政复议或者诉讼等方式解决。

第4条 当事人和解、调解不成或者不愿和解、调解的，可以向农村土地承包仲裁委员会申请仲裁，也可以直接向人民法院起诉。

第11条 仲裁庭对农村土地承包经营纠纷应当进行调解。调解达成协议的，仲裁庭应当制作调解书；调解不成的，应当及时作出裁决。

调解书应当写明仲裁请求和当事人协议的结果。调解书由仲裁员签名，加盖农村土地承包仲裁委员会印章，送达双方当事人。

调解书经双方当事人签收后，即发生法律效力。在调解书签收前当事人反悔的，仲裁庭应当及时作出裁决。

第18条 农村土地承包经营纠纷申请仲裁的时效期间为2年，自当事人知道或者应当知道其权利被侵害之日起计算。

第47条 仲裁农村土地承包经营纠纷，应当自受理仲裁申请之日起60日内结束；案情复杂需要延长的，经农村土地承包仲裁委员会主任批准可以延长，并书面通知当事人，但延长期限不得超过30日。

第48条 当事人不服仲裁裁决的，可以自收到裁决书之日起30日内向人民法院起诉。逾期不起诉的，裁决书即发生法律效力。

第50条 本法所称农村土地，是指农民集体所有和国家所有依法由农民集体使用的耕地、林地、草地，以及其他依法用于农业的土地。

【法发［2009］45号】 最高人民法院关于建立健全诉讼与非诉讼相衔接的矛盾纠纷解决机制的若干意见（经中央批准，2009年7月24日印发）

14. 对属于人民法院受理民事诉讼的范围和受诉人民法院管辖的案件，人民法院在收到起诉状或者口头起诉之后、正式立案之前，可以依职权或者经当事人申请后，委派行政机关、人民调解组织、商事调解组织、行业调解组织或者其他具有调解职能的组织进行调解。当事人不同意调解或者在商定、指定时间内不能达成调解协议的，人民法院应当依法及时立案。

29. 各级人民法院应当加强与其他国家机关、社会组织、企事业单位和相关组织的联系，鼓励各种非诉讼纠纷解决机制的创新，通过适当方式参与各种非诉讼纠纷解决机制的建设，理顺诉讼与非诉讼相衔接过程中出现的各种关系，积极推动各种非诉讼纠纷解决机制的建立和完善。

【法发〔2010〕16 号】   最高人民法院《关于进一步贯彻"调解优先、调判结合"工作原则的若干意见》（2010 年 6 月 7 日）

8. 进一步做好诉前调解工作。在收到当事人起诉状或者口头起诉之后、正式立案之前，对于未经人民调解、行政调解、行业调解等非诉讼纠纷解决方式调处的案件，要积极引导当事人先行就近、就地选择非诉讼调解组织解决纠纷，力争将矛盾纠纷化解在诉前。

当事人选择非诉讼调解的，应当暂缓立案；当事人不同意选择非诉讼调解的，或者经非诉讼调解未达成协议，坚持起诉的，经审查符合相关诉讼法规定的受理条件的，应当及时立案。

要进一步加强与人民调解组织、行政调解组织以及其他调解组织的协调与配合，有条件的基层法院特别是人民法庭应当设立诉前调解工作室或者"人民调解窗口"，充分发挥诉前调解的案件分流作用。

9 （第 3 款）、立案阶段的调解应当坚持以效率、快捷为原则，避免案件在立案阶段积压。适用简易程序的一审民事案件，立案阶段调解期限原则上不超过立案后 10 日；适用普通程序的一审民事案件，立案阶段调解期限原则上不超过 20 日，经双方当事人同意，可以再延长 10 日。延长的调解期间不计入审限。

【法发〔2016〕14 号】   最高人民法院关于人民法院进一步深化多元化纠纷解决机制改革的意见（2016 年 6 月 28 日）

27. 探索建立调解前置程序。探索适用调解前置程序的纠纷范围和案件类型。有条件的基层人民法院对家事纠纷、相邻关系、小额债务、消费者权益保护、交通事故、医疗纠纷、物业管理等适宜调解的纠纷，在征求当事人意愿的基础上，引导当事人在登记立案前由特邀调解组织或者特邀调解员先行调解。

28. 健全委派、委托调解程序。对当事人起诉到人民法院的适宜调解的案件，登记立案前，人民法院可以委派特邀调解组织、特邀调解员进行调解。委派调解达成协议的，当事人可以依法申请司法确认。当事人明确拒绝调解的，人民法院应当依法登记立案。登记立案后或者在审理过程中，人民法院认为适宜调解的案件，经当事人同意，可以委托给特邀调解组织、特邀调解员或者由人民法院专职调解员进行调解。委托调解达成协议的，经法官审查后依法出具调解书。

【法发〔2020〕1号】　最高人民法院关于进一步完善委派调解机制的指导意见（2020年1月9日）

三、专业解纷。人民法院应当加强与相关部门的对接，充分发挥行政机关在行政调解、行政裁决机制上的优势，发挥行业性、专业性调解组织的专业优势，发挥公证、鉴定机构和相关领域专家咨询意见的作用，为纠纷化解提供专业支持，提升委派调解专业化水平。

四、引导告知。对于当事人起诉到人民法院的纠纷，经当事人申请或者人民法院引导后当事人同意调解的，人民法院可以在登记立案前，委派特邀调解组织或者特邀调解员进行调解，并由当事人签署《委派调解告知书》。当事人不同意调解的，应在收到《委派调解告知书》时签署明确意见。人民法院收到当事人不同意委派调解的书面材料后，应当及时将案件转入诉讼程序。

五、立案管辖。委派调解案件，编立"诉前调"字号，在3日内将起诉材料转交特邀调解组织或者特邀调解员开展调解。涉及管辖权争议的，先立"诉前调"字号的法院视为最先立案的人民法院。

七、鉴定评估。探索开展诉前鉴定评估。对于交通事故赔偿、医疗损害赔偿以及其他侵权责任纠纷，通过鉴定评估能够促成双方调解的，经当事人申请后特邀调解组织或者特邀调解员应当报请人民法院同意，由人民法院依程序组织鉴定或者评估。委派调解中的鉴定、评估期间，不计入委派调解的期限。

八、材料衔接。完善调解与诉讼的材料衔接机制。委派调解中已经明确告知当事人相关权利和法律后果，并经当事人同意的调解材料，经人民法院审查，符合法律及司法解释规定的，可以作为诉讼材料使用。

九、调解期限。人民法院委派调解的期限为30日。经双方当事人同意，可以延长调解期限。委派调解期限自特邀调解组织或者特邀调解员确认接收法院移交材料之日起计算。未能在期限内达成协议或者当事人明确拒绝继续调解的，应当依法及时转入诉讼程序。

十、结案报告。委派调解案件因调解不成终止的，接受委派的特邀调解员应当出具结案报告，与相关调解材料一并移交人民法院。结案报告应当载明终止调解的原因、案件争议焦点、当事人交换证据情况、无争议事实记载、导致其他当事人诉讼成本增加的行为以及其他需要向法院提示的情况等内容，对涉及的专业性问题可以在结案报告中提出明确意见。

十一、协议履行。当事人经委派调解达成调解协议的，应当遵照诚实信用原则，及时、充分履行协议约定的内容。当事人向作出委派调解的人民法院申请司法确认的，人民法院应当依法受理。

十二、惩戒机制。对于当事人滥用权利、违反诚信原则、故意阻碍调解等导致其他当事人诉讼成本增加的行为，人民法院可以酌情增加其诉讼费用的负担部分。无过错一方当事人提出赔偿诉前调解额外支出请求的，人民法院可以酌情支持。

【法［2020］272号】　民事诉讼程序繁简分流改革试点问答口径（二）（最高法2020年10月23日公布）

五、诉前调解阶段完成的送达，效力是否及于起诉后？

答：《最高人民法院关于进一步完善委派调解机制的指导意见》第8条规定，"委派调解中已经明确告知当事人相关权利和法律后果，并经当事人同意的调解材料，经人民法院审查，符合法律及司法解释规定的，可以作为诉讼材料使用"。根据上述规定，在诉前调解阶段已明确告知当事人相关权利和法律后果，当事人签字确认，且经人民法院审查合法的送达地址确认书、送达的起诉状及证据副本，其效力可以及于诉讼阶段。

【法发［2021］25号】　最高人民法院关于深化人民法院一站式多元解纷机制建设推动矛盾纠纷源头化解的实施意见（2021年9月28日公布）

（三）工作要求。在深化一站式多元解纷机制建设中准确把握人民法院职能定位，既积极参与、主动融入党委领导下的诉源治理工作，发挥专业优势，为非诉讼方式解决纠纷提供司法保障；又认真把好案件"入口关"，对起诉到人民法院的纠纷，发挥主导作用，促进纠纷一站式多元化解。按照自愿、合法原则做好纠纷化解方式引导，对于当事人不同意非诉讼方式解决的，严格落实立案登记制要求，对依法应该受理的案件，有案必立，有诉必理，切实保障当事人诉权。

（四）工作目标。推动人民法院一站式多元解纷向基层延伸，向社会延伸，向网上延伸，向重点行业领域延伸，健全预防在先、分层递进、专群结合、衔接配套、全面覆盖、线上线下的一站式多元解纷机制，做到矛盾纠纷村村可解、多元化解、一网通调，推动将民事、行政案件万人起诉率稳步下降至合理区间。

（五）建立分类分级预防化解矛盾纠纷路径。深入分析社会矛盾纠纷成因特点，结合市域、乡村、民族、侨乡、边境等地域特点，以及重点行业领域风险点，将人民法院预防化解职能精准延伸到纠纷产生的初始源头、讼争源头，因地制宜、分门别类建立递进式预防化解工作路径，确保矛盾纠纷有效分流、源头化解。

（六）强化人民法院分流对接功能。以诉讼服务中心、人民法院调解平台作为人民法院参与诉源治理、开展分流对接总枢纽，与基层、重点行业领域形成预防化解链条，对起诉到人民法院的纠纷，开展分流引导、诉非衔接、调裁对接、登记立案、繁简分流等工作。

（七）建立健全基层解纷服务体系。在党委领导下，按照"基层预防调处优先、法院提供政策指引、法律指导、资源经验支持、诉讼服务和司法保障"工作思路，构建以基层人民法院及人民法庭为主体，纵向延伸至乡镇（街道）、村（社区），横向对接基层治理单位、基层党组织、公共法律服务中心（站）等，群众广泛参与的多元解纷和诉讼服务体系，形成村（社区）——乡镇（街道）——基层人民法院及人民法庭三级路径，及时就地预防化解纠纷，就近或者上门提供诉讼服务。创新基层人民法院及人民法庭对村（社区）人民调解的业务指导，强化乡村司法保障。

（八）推动重点行业领域矛盾纠纷预防化解工作。对金融、建筑、教育、物业、环境、消费、房地产、互联网、交通运输、医疗卫生等行业领域多发易发纠纷，积极会同行业主管部门研究源头治理举措，建立信息共享、业务协同和诉非衔接机制，统一类型化纠纷赔偿标准、证据规则等，预防和减少纠纷产生。完善各类调解联动工作体系，形成内部和解、协商先行，行业性专业性调解、仲裁等非诉方式挺前、诉讼托底的分级化解模式。加强行政争议预防化解工作，在党委政法委领导下，与政府职能部门开展制度共建、治理协同、联防联控、多元化解行政争议。合力推进商会调解，支持工商联、商协会调解组织化解涉企纠纷。建立吸纳军地机关共同参与的军民融合发展纠纷协调处理机制。推动退役军人矛盾纠纷预防调处和多元化解工作。

（九）发挥社会各方力量协同作用。拓宽与政府部门对接途径，加大与人民调解、行业专业调解、行政调解、律师调解、仲裁、公证等衔接，邀请人大代表、政协委员、专家学者等社会第三方参与调解、化解，并将符合条件的组织和人员纳入人民法院特邀调解名册。完善群众参与源头预防和多元化解的制度化渠道，创新互联网时代群众参与机制，充分发挥社会力量在释明多元解纷优势、引导诉前调解、宣传调解平台方面作用。

（十）推动人民法院调解平台进乡村、进社区、进网格。深化"互联网+枫桥经验"实践，通过在线方式集约集成基层解纷力量，促进矛盾纠纷在基层得到实质性化解。基层人民法院及人民法庭邀请本辖区街道党政领导、派出所、司法所、村（社区）等单位负责人、人民调解员、网格员、五老乡贤、村（社区）法律顾问等入驻人民法院调解平台，对适宜在乡镇（街道）、村（社区）处理的纠纷，通过平台逐级分流至基层组织或人员进行化解、调解，并提供法律指导、在线司法确认、在线立案等服务。乡镇（街道）、村（社区）需要人民法院指导处理的纠纷，可以通过人民法院调解平台在线提出申请，由人民法院协同做好疏导化解和联合调解工作。

（十六）完善诉讼与非诉讼实质性对接机制。以人民法院调解平台为依托，强化非诉讼与诉讼的平台对接、机制对接、人员对接和保障对接，加强对非诉讼解纷力量的法律指引和业务指导。强化诉前调解与诉前鉴定评估工作对接，打通人民法院调解平台与委托鉴定平台，明确在诉前调解过程中开展鉴定评估的工作流程。进一步完善调解与诉讼材料衔接机制，对特邀调解组织或者特邀调解员在调解过程中形成的送达地址确认、无争议事实等材料，以及关于当事人调解意愿的评价，可以在诉讼阶段使用。规范调解案号编立、使用工作，实现对诉非分流、委派案件全程在线管理。创新诉前调解衍生案件单独管理模式，对诉前调解成功，需要进行司法确认或者出具调解书的案件，以"诉前调确""诉前调书"号出具法律文书。

（十七）优化联动调解机制。与相关单位建立工作协调和信息共享机制，用足用好最高人民法院"总对总"在线诉调对接调解资源库，加大"道交一体化"平台应用力度，针对道路交通、劳动争议、医疗纠纷、银行保险、证券期货、涉企纠纷、知识产权、教育管理、消费者权益保护、价格争议、国际商事、涉侨涉外等领域纠纷，征得当事人同意后，在线推送各单位调解组织或者调解员进行调解。进一步扩大各地区特邀调解资源库，将更多符合条件的人民调解员、行业性专业性调解组织、律师纳入特邀调解名册。在涉外及涉港澳台民商事案件中，邀请符合条件的外国人或者香港、澳门特别行政区和台湾地区同胞参与调解。建立健全行政争议诉前调解化解机制，鼓励开展先行调解。推动轻微刑事案件诉前和解和第三方化解工作，加强与刑事速裁程序衔接。在商事等领域探索开展市场化调解，推动建立公益性调解与市场化调解并行模式。

（十八）完善诉前辅导分流机制。对到诉讼服务大厅现场或者通过网上立案系统提交诉状或者申请书的当事人，先行通过人工服务或者智能设备评估等方式，开展辅导分流、中立评估、解释疏导等工作。能够通过行政裁决解决的，在登记立案前指引通过行政裁决化解纠纷。适宜调解、和解的，告知诉前调解、刑事和解优势特点，鼓励当事人调解、和解；当事人同意诉前委派调解的，通过人民法院调解平台指派调解组织或者调解员，提供"菜单式"调解服务。案件不适宜调解、当事人已经调解但无法达成调解协议的，依法登记立案，并告知当事人。

（二十二）加强疫情等重大突发事件引发矛盾纠纷预防化解工作。做好涉疫情矛盾纠纷源头预防和排查预警工作，针对合同、侵权、劳动争议、医疗损害赔偿、涉外海事海商、涉外商事等受疫情影响较大领域纠纷，在诉前开展多元化解。高度关注就业、教育、社会保障、医疗卫生、食品安全、安全生产、社会治安、住房市场调控等领域因重大突发事件可能引发的诉讼，积极开展预判应对和前端化解工作。

（二十三）加强金融领域矛盾纠纷源头化解工作。高度关注金融借款合同、信用卡、融资租赁、保险、委托理财等金融领域纠纷，会同金融管理部门、金融机构等加强信息共享和数据联通，运用司法大数据为识别合格投资者、建立健全金融产品或服务全流程管控机制等提供支持。建立示范调解机制，鼓励当事人平等协商，自行和解。加大对行业主管部门、行业协会商会等开展金融纠纷集中调解、先行调解的司法保障力度，促进纠纷在诉前批量化解。

（二十四）加强劳动争议源头化解工作。针对劳动争议先行仲裁的特点，加强调解、仲裁与诉讼衔接，依托人民法院调解平台，对接人力资源社会保障相关调解仲裁信息系统，建立调裁诉一体化在线解纷机制，实现劳动争议仲裁前调解与诉前调解的数据资源共享，统一案件处理标准，推动更多调解力量在仲裁前开展调解工作。建立全国性、区域性专家调解资源库，参与化解重大疑难复杂劳动争议。会同工会、人力资源社会保障部门加强对用工企业、劳动者普法宣传，制定推广劳动合同示范文本。

（二十五）加强婚恋家庭矛盾纠纷源头化解工作。与共青团、妇联、公安、民政等部门加强协作，完善婚恋家庭矛盾纠纷信息共享和通报机制，联合开展矛盾排查、普法宣传和以案释法工作。建立婚恋家庭纠纷分级预警化解模式，推动调解前置，加强心理疏导和危机干预，避免矛盾激化升级。建立诉后跟踪机制，预防"民转刑"案件。加大反家暴延伸服务力度，健全家庭暴力受害人人身保护令实施机制。

（二十六）加强知识产权矛盾纠纷源头化解工作。会同知识产权部门，系统分析本地区知识产权领域多发易发纠纷成因特点，推动完善预防性法律法规，加强示范性裁判指引。建立健全知识产权纠纷诉非联动机制，进一步扩大专业性行业性调解队伍，提高在线多元化解质效。创新工作方式方法，推广建立正版图库交易平台等做法，从源头上预防化解互联网著作权等涉网知识产权纠纷。

（二十七）加强互联网纠纷源头治理工作。针对网络金融活动、网络购物等引发的纠纷，会同相关主管部门，构建符合互联网特点的源头治理模式，指导互联网平台建立务实有效的纠纷解决机制，切实降低成诉率。运用区块链技术，将裁判规则、交易规范等嵌入互联网平台，实现风险预警和自动提示，督促诚信履约。加快与互联网平台在线诉非对接，推进源头治理进平台、进网络，形成互联网纠纷分层递进解决机制。

【法释〔2021〕23号】　人民法院在线调解规则（2021年12月27日最高法审委会〔1859次〕通过，2021年12月30日公布，2022年1月1日起施行；以本规为准）

第9条　当事人在立案前申请在线调解，属于下列情形之一的，人民法院退回申请并分别予以处理：

（一）当事人申请调解的纠纷不属于人民法院受案范围，告知可以采用的其他纠纷解决方式；

（二）与当事人选择的在线调解组织或者调解员建立邀请关系的人民法院对该纠纷不具有管辖权，告知选择对纠纷有管辖权的人民法院邀请的调解组织或者调解员进行调解；

（三）当事人申请调解的纠纷不适宜在线调解，告知到人民法院诉讼服务大厅现场办理调解或者立案手续。

第10条　当事人一方在立案前同意在线调解的，由人民法院征求其意见后指定调解组织或者调解员。

当事人双方同意在线调解的，可以在案件管辖法院确认的在线调解组织和调解员中共同选择调解组织或者调解员。当事人同意由人民法院指定调解组织或者调解员，或者无法在同意在线调解后2个工作日内共同选择调解组织或者调解员的，由人民法院指定调解组织或者调解员。

人民法院应当在收到当事人在线调解申请后3个工作日内指定调解组织或者调解员。

第15条　人民法院对当事人一方立案前申请在线调解的，应当征询对方当事人的调解意愿。调解员可以在接受人民法院委派调解之日起3个工作日内协助人民法院通知对方当事人，询问是否同意调解。

对方当事人拒绝调解或者无法联系对方当事人的，调解员应当写明原因，终结在线调解程序，即时将相关材料退回人民法院，并告知当事人。

第26条　立案前调解需要鉴定评估的，人民法院工作人员、调解组织或者调解员可以告知当事人诉前委托鉴定程序，指导通过电子诉讼平台或者现场办理等方式提交诉前委托鉴定评估申请，鉴定评估期限不计入调解期限。

诉前委托鉴定评估经人民法院审查符合法律规定的，可以作为证据使用。

【法［2021］247号】　最高人民法院关于加快推进人民法院调解平台进乡村、进社区、进网格工作的指导意见（2021年10月18日公布）

2.工作载体。以调解平台作为工作载体，通过邀请人员入驻等方式，将基层社会治理资源全部集约到调解平台，做到基层解纷力量全覆盖，实现预警、分流、化解、调解、司法确认、进展跟踪、结果反馈、指导督办等全流程在线办理。

本意见中的基层治理单位包括但不限于基层人民法院及人民法庭辖区内的综治中心、矛调中心、司法所、派出所、工会、妇联、劳动、民政、市场监管、土地管理、乡镇（街道）、村（社区）等单位。

7.建立分类分级委派案件制度。对于起诉到人民法院的纠纷，适宜村（社区）处理的，先行引导由辖区内的村（社区）逐级进行化解、调解；适宜在乡镇（街道）综治中心、矛调中心、司法所等基层治理单位处理的，由与人民法院对接的基层治理单位进行化解、调解；适宜专业性行业性调解组织处理的，由与人民法院对接的专业性行业性调解组织进行化解、调解。

8. 完善诉非实质化对接制度。村（社区）、乡镇（街道）等对接单位或者基层解纷人员在化解、调解过程中需要法官参与指导的，可以向人民法院在线提出申请，基层人民法院或者人民法庭通过推送典型案例、进行法条解释、提供法律咨询、"调解员现场调解+法官远程视频参与调解"联合调解、实地参与化解、调解等方式提供法律指导。

10. 案件范围。对于当事人一方或者双方住所地、经常居住地为辖区内村（社区）、乡镇（街道）且适宜化解、调解的纠纷，或者当事人明确表示同意先行化解、调解的纠纷，基层人民法院或者人民法庭可以交由基层治理单位或者基层解纷人员进行化解、调解。涉及专业性行业性领域纠纷的，可以交由专业性行业性调解组织进行化解、调解。

基层人民法院或者人民法庭可以根据本地区矛盾纠纷类型特点，对婚姻家庭、抚养继承、物业纠纷、民间借贷、买卖合同等涉及民生利益的纠纷进行重点分流。

11. 案件流程。基层人民法院或者人民法庭可以在登记立案前，根据自愿、合法原则，通过调解平台进行指派。基层解纷人员及时登录调解平台，确认接受指派，并根据当事人意愿，采取线上或者线下方式开展化解、调解工作。当事人经引导不同意化解、调解，符合受理条件的，依法及时登记立案。

基层人民法院或者人民法庭交由基层治理单位化解、调解的纠纷，在调解平台编"纠纷化解"号。

12. 与村（社区）开展分流对接。对于适宜在村（社区）、乡镇（街道）处理的纠纷，由案件分流员通过调解平台在线分流至村（社区）司法联络员，由司法联络员指定基层解纷人员开展化解、调解工作。化解、调解成功的，应当在调解平台上记录处理结果。经人民调解委员会、特邀调解组织或者特邀调解员调解达成调解协议，且当事人申请司法确认的，向有管辖权的人民法院或者派出的人民法庭在线提出申请。化解、调解不成功的，记录不成功原因，并由村（社区）司法联络员在征得当事人意愿后，推送乡镇（街道）基层治理单位再次化解、调解或者直接退回人民法庭。人民法庭对于退回的纠纷，依法及时登记立案。

13. 与乡镇（街道）基层治理单位开展分流对接。对于村（社区）化解、调解不了且当事人愿意到乡镇（街道）基层治理单位处理的纠纷，以及根据纠纷类型适宜由乡镇（街道）基层治理单位处理的，分流至该基层治理单位司法联络员，由其指定人员进行化解、调解。化解、调解成功的，应当在调解平台上记录处理结果；对依法可以申请司法确认的，在线提出申请。化解、调解不成功的，由基层治理单位司法联络员记录不成功原因后，在线将案件推送至人民法院案件分流员，人民法院应当依法及时登记立案。

14. 与专业性行业性调解组织开展分流对接。对于金融、证券期货、银行保险、知识产权、劳动争议、机动车交通事故责任纠纷等专业性行业性领域矛盾纠纷，由人民法院案件分流员通过调解平台，在线分流至入驻平台的专业性行业性调解组织进行调解。调解成功的，引导鼓励自动履行，当事人依法申请司法确认，可以在线提出；调解不成功的，由专业性行业性调解组织司法联络员将案件退回人民法院，人民法院应当依法及时登记立案。

15. 与其他社会力量开展分流对接。邀请人大代表、政协委员、社区工作者、网格员、律师、法律工作者、法律援助人员、行业协会人员等入驻调解平台，开展化解、调解工作。上述人员能够对应到村（社区）、乡镇（街道）基层治理单位的，由司法联络员指派其开展化解、调解工作；无法对应到村（社区）、乡镇（街道）基层治理单位的，可以以个人名义入驻，并由人民法院案件分流员根据纠纷类型，通过调解平台直接交由其开展化解、调解工作。

16. 严格纠纷化解、调解期限。基层人民法院或者人民法庭指派化解、调解纠纷的，司法联络员应当在 3 个工作日内登录调解平台确认接收纠纷信息。化解、调解期限为 30 日，自司法联络员确认接受指派之日起计算。但双方当事人同意延长期限的，可以适当延长，延长时间原则上不超过 30 日。由村（社区）推送乡镇（街道）继续化解、调解的，化解、调解期限计入总时长。化解、调解期间评估、鉴定的时间，不计入化解、调解期限。

在规定期限内未能达成调解协议或者当事人明确拒绝继续化解、调解的，应当依法及时转入立案程序。

19. 加强对特殊群体诉讼辅导。对于不善于使用智能手机的老年人、残疾人等特殊群体，充分尊重其在线调解选择权。对于特殊群体选择线上方式化解、调解的，参与纠纷化解、调解的法院工作人员或者基层解纷人员应当帮助、指导其操作使用调解平台，开展化解、调解活动。

【司发［2023］1 号】 最高人民法院、司法部关于充分发挥人民调解基础性作用推进诉源治理的意见（2023 年 9 月 27 日发布）

二、夯实人民调解"第一道防线"

（二）加强基层矛盾纠纷化解。……加大对婚姻家事、邻里、房屋宅基地、山林土地等基层常见多发的矛盾纠纷调解力度，坚持抓早抓小、应调尽调、法理情相结合，防止因调解不及时、不到位引发"民转刑""刑转命"等恶性案件。

对可能激化的矛盾纠纷，要在稳定事态的基础上及时报告，协助党委、政府和有关部门化解。

（三）加强重点领域矛盾纠纷化解。……进一步加强医疗、道路交通、劳动争议、物业等领域人民调解工作，积极向消费、旅游、金融、保险、知识产权等领域拓展。加强新业态领域矛盾纠纷化解，切实维护灵活就业和新就业形态劳动者合法权益。……

（四）加强重大疑难复杂矛盾纠纷化解。依托现有的公共法律服务中心，整合人民调解、律师调解、商事调解、行业调解、行政调解等力量，设立市、县两级"一站式"非诉讼纠纷化解中心（或矛盾纠纷调解中心），统筹律师、基层法律服务、公证、法律援助、司法鉴定等法律服务资源，联动仲裁、行政复议等非诉讼纠纷化解方式，合力化解市、县域范围内重大疑难复杂矛盾纠纷。

三、加强诉调对接工作

（一）加强诉前引导。……人民法院加强诉前引导，对诉至人民法院的案件，适宜通过人民调解解决的，向当事人释明人民调解的特点优势，引导当事人向属地或相关人民调解组织申请调解。经释明后当事人仍不同意调解的，及时登记立案。

（二）及时分流案件。人民法院对适宜通过人民调解方式解决的案件，在征得双方当事人同意后，可以先行在立案前委派或诉中委托人民调解。委派委托的人民调解组织，可以由当事人在司法行政机关公布的人民调解组织名册中选定，也可以由人民法院在特邀调解组织名册中指定。……

（三）依法受理调解。人民调解组织收到委派委托调解的案件后，应当按照《中华人民共和国人民调解法》和《全国人民调解工作规范》要求及时受理调解。经调解达成协议的，人民调解组织可以制作调解协议书，督促双方当事人按约履行，并向人民法院反馈调解结果。双方当事人认为有必要的，可以共同向有管辖权的人民法院申请司法确认。经调解不能达成调解协议的，人民调解组织应当及时办理调解终结手续，将案件材料退回委派委托的人民法院。人民法院接收案件材料后，应当及时登记立案或者恢复审理。对各方当事人同意用书面形式记载的调解过程中没有争议的事实，在诉讼程序中，除涉及国家利益、社会公共利益和他人合法权益的外，当事人无需举证。

【法刊文摘】 **法答网精选答问（第 6 批）**（人民法院报 2024 年 6 月 13 日第 7 版）

问题 2（新疆维吾尔自治区高级人民法院审监三庭 刘心羽）：用人单位与劳动者连续 2 次订立固定期限劳动合同，期满后用人单位对续订无固定期限劳动合同是否享有选择权？

答疑摘要（最高人民法院民一庭张艳）：劳动者在 2 次固定劳动合同期满后继续在用人单位工作，用人单位未表示异议，但未与劳动者订立无固定期限劳动合同，劳动者主张用人单位支付未订立无固定期限劳动合同双倍工资差额的，应予支持。支付劳动者的第二倍工资按月计算，不满 1 个月的，按该月计薪日计算。此类争议的仲裁时效期间适用劳动争议调解仲裁法第 27 条第 1 款的规定，从用人单位应当订立劳动合同的次日起计算。

> **第 97 条　【调解程序】**人民法院进行调解，可以由审判员一人主持，也可以由合议庭主持，并尽可能就地进行。
>
> （新增）¹⁹⁹¹⁰⁴⁰⁹人民法院进行调解，可以用简便方式通知当事人、证人到庭。
>
> **第 98 条**¹⁹⁹¹⁰⁴⁰⁹　**【协助调解】**人民法院进行调解，~~根据案件需要，~~可以邀请有关单位和个人/~~群众~~协助。被邀请的单位和个人，应当协助人民法院进行调解。

● **相关规定　【法释［2004］12 号】　最高人民法院关于人民法院民事调解工作若干问题的规定**（2004 年 8 月 18 日最高法审委会［1321 次］通过，2004 年 9 月 16 日公布，2004 年 11 月 1 日起施行；根据法释［2020］20 号《决定》修正，2021 年 1 月 1 日起施行。以本规为准）

第 1 条　根据民事诉讼法第 95 条（现第 98 条）的规定，人民法院可以邀请与当事人有特定关系或者与案件有一定联系的企业事业单位、社会团体或者其他组织，和具有专门知识、特定社会经验、与当事人有特定关系并有利于促成调解的个人协助调解工作。

经各方当事人同意，人民法院可以委托前款规定的单位或者个人对案件进行调解，达成调解协议后，人民法院应当依法予以确认。

第 2 条（第 2 款）　当事人在和解过程中申请人民法院对和解活动进行协调的，人民法院可以委派审判辅助人员或者邀请、委托有关单位和个人从事协调活动。

第 3 条　人民法院应当在调解前告知当事人主持调解人员和书记员姓名以及是否申请回避等有关诉讼权利和诉讼义务。

第 5 条　当事人申请不公开进行调解的，人民法院应当准许。

调解时当事人各方应当同时在场，根据需要也可以对当事人分别作调解工作。

【法发〔2009〕45号】 **最高人民法院关于建立健全诉讼与非诉讼相衔接的矛盾纠纷解决机制的若干意见**（经中央批准，2009年7月24日印发）

17. 有关组织调解案件时，在不违反法律、行政法规强制性规定的前提下，可以参考行业惯例、村规民约、社区公约和当地善良风俗等行为规范，引导当事人达成调解协议。

18. 在调解过程中当事人有隐瞒重要事实、提供虚假情况或者故意拖延时间等行为的，调解员可以给予警告或者终止调解，并将有关情况报告委派或委托人民法院。当事人的行为给其他当事人或者案外人造成损失的，应当承担相应的法律责任。

19. 调解过程不公开，但双方当事人要求或者同意公开调解的除外。

从事调解的机关、组织、调解员，以及负责调解事务管理的法院工作人员，不得披露调解过程的有关情况，不得在就相关案件进行的诉讼中作证，当事人不得在审判程序中将调解过程中制作的笔录、当事人为达成调解协议而作出的让步或者承诺、调解员或者当事人发表的任何意见或者建议等作为证据提出，但下列情形除外：（一）双方当事人均同意的；（二）法律有明确规定的；（三）为保护国家利益、社会公共利益、案外人合法权益，人民法院认为确有必要的。

【法发〔2010〕16号】 **最高人民法院《关于进一步贯彻"调解优先、调判结合"工作原则的若干意见》**（2010年6月7日）

11. 继续抓好委托调解和协助调解工作。在案件受理后、裁判作出前，经当事人同意，可以委托有利于案件调解解决的人民调解、行政调解、行业调解等有关组织或者人大代表、政协委员等主持调解，或者邀请有关单位或者技术专家、律师等协助人民法院进行调解。调解人可以由当事人共同选定，也可以经双方当事人同意，由人民法院指定。……人民法院委托调解人调解，应当制作调解移交函，附送主要案件材料，并明确委托调解的注意事项和当事人的相关请求。

【法释〔2016〕14号】 **最高人民法院关于人民法院特邀调解的规定**（2016年5月23日最高法审委会〔1684次〕通过，2016年6月28日公布，2016年7月1日起施行）

第1条 特邀调解是指人民法院吸纳符合条件的人民调解、行政调解、商事调解、行业调解等调解组织或者个人成为特邀调解组织或者特邀调解员，接受人民法院立案前委派或者立案后委托依法进行调解，促使当事人在平等协商基础上达成调解协议、解决纠纷的一种调解活动。

第2条 特邀调解应当遵循以下原则：（一）当事人平等自愿；（二）尊重当事人诉讼权利；（三）不违反法律、法规的禁止性规定；（四）不损害国家利益、社会公共利益和他人合法权益；（五）调解过程和调解协议内容不公开，但是法律另有规定的除外。

第 3 条　人民法院在特邀调解工作中，承担以下职责：（一）对适宜调解的纠纷，指导当事人选择名册中的调解组织或者调解员先行调解；（二）指导特邀调解组织和特邀调解员开展工作；（三）管理特邀调解案件流程并统计相关数据；（四）提供必要场所、办公设施等相关服务；（五）组织特邀调解员进行行业务培训；（六）组织开展特邀调解业绩评估工作；（七）承担其他与特邀调解有关的工作。

第 4 条　人民法院应当指定诉讼服务中心等部门具体负责指导特邀调解工作，并配备熟悉调解业务的工作人员。

人民法庭根据需要开展特邀调解工作。

第 5 条　人民法院开展特邀调解工作应当建立特邀调解组织和特邀调解员名册。建立名册的法院应当为入册的特邀调解组织或者特邀调解员颁发证书，并对名册进行管理。上级法院建立的名册，下级法院可以使用。

第 6 条　依法成立的人民调解、行政调解、商事调解、行业调解及其他具有调解职能的组织，可以申请加入特邀调解组织名册。品行良好、公道正派、热心调解工作并具有一定沟通协调能力的个人可以申请加入特邀调解员名册。

人民法院可以邀请符合条件的调解组织加入特邀调解组织名册，可以邀请人大代表、政协委员、人民陪审员、专家学者、律师、仲裁员、退休法律工作者等符合条件的个人加入特邀调解员名册。

特邀调解组织应当推荐本组织中适合从事特邀调解工作的调解员加入名册，并在名册中列明；在名册中列明的调解员，视为人民法院特邀调解员。

第 7 条　特邀调解员在入册前和任职期间，应当接受人民法院组织的业务培训。

第 8 条　人民法院应当在诉讼服务中心等场所提供特邀调解组织和特邀调解员名册，并在法院公示栏、官方网站等平台公开名册信息，方便当事人查询。

第 9 条　人民法院可以设立家事、交通事故、医疗纠纷等专业调解委员会，并根据特定专业领域的纠纷特点，设定专业调解委员会的入册条件，规范专业领域特邀调解程序。

第 10 条　人民法院应当建立特邀调解组织和特邀调解员业绩档案，定期组织开展特邀调解评估工作，并及时更新名册信息。

第 11 条　对适宜调解的纠纷，登记立案前，人民法院可以经当事人同意委派给特邀调解组织或者特邀调解员进行调解；登记立案后或者在审理过程中，可以委托给特邀调解组织或者特邀调解员进行调解。

当事人申请调解的，应当以口头或者书面方式向人民法院提出；当事人口头提出的，人民法院应当记入笔录。

第 12 条　双方当事人应当在名册中协商确定特邀调解员；协商不成的，由特邀调解组织或者人民法院指定。当事人不同意指定的，视为不同意调解。

第13条 特邀调解一般由1名调解员进行。对于重大、疑难、复杂或者当事人要求由2名以上调解员共同调解的案件，可以由2名以上调解员调解，并由特邀调解组织或者人民法院指定一名调解员主持。当事人有正当理由的，可以申请更换特邀调解员。

第14条 调解一般应当在人民法院或者调解组织所在地进行，双方当事人也可以在征得人民法院同意的情况下选择其他地点进行调解。

特邀调解组织或者特邀调解员接受委派或者委托调解后，应当将调解时间、地点等相关事项及时通知双方当事人，也可以通知与纠纷有利害关系的案外人参加调解。

调解程序开始之前，特邀调解员应当告知双方当事人权利义务、调解规则、调解程序、调解协议效力、司法确认申请等事项。

第17条 特邀调解员应当根据案件具体情况采用适当的方法进行调解，可以提出解决争议的方案建议。特邀调解员为促成当事人达成调解协议，可以邀请对达成调解协议有帮助的人员参与调解。

第18条 特邀调解员发现双方当事人存在虚假调解可能的，应当中止调解，并向人民法院或者特邀调解组织报告。

人民法院或者特邀调解组织接到报告后，应当及时审查，并依据相关规定作出处理。

第25条 委派调解达成调解协议后，当事人就调解协议的履行或者调解协议的内容发生争议的，可以向人民法院提起诉讼，人民法院应当受理。一方当事人以原纠纷向人民法院起诉，对方当事人以调解协议提出抗辩的，应当提供调解协议书。

经司法确认的调解协议，一方当事人拒绝履行或者未全部履行的，对方当事人可以向人民法院申请执行。

第26条 有下列情形之一的，特邀调解员应当终止调解：（一）当事人达成调解协议的；（二）一方当事人撤回调解请求或者明确表示不接受调解的；（三）特邀调解员认为双方分歧较大且难以达成调解协议的；（四）其他导致调解难以进行的情形。

特邀调解员终止调解的，应当向委派、委托的人民法院书面报告，并移送相关材料。

第28条 特邀调解员不得有下列行为：（一）强迫调解；（二）违法调解；（三）接受当事人请托或收受财物；（四）泄露调解过程或调解协议内容；（五）其他违反调解员职业道德的行为。

当事人发现存在上述情形的，可以向人民法院投诉。经审查属实的，人民法院应当予以纠正并作出警告、通报、除名等相应处理。

第 29 条　人民法院应当根据实际情况向特邀调解员发放误工、交通等补贴，对表现突出的特邀调解组织和特邀调解员给予物质或者荣誉奖励。补贴经费应当纳入人民法院专项预算。

人民法院可以根据有关规定向有关部门申请特邀调解专项经费。

【法发〔2016〕14 号】　最高人民法院关于人民法院进一步深化多元化纠纷解决机制改革的意见（2016 年 6 月 28 日）

17. 健全特邀调解制度。人民法院可以吸纳人民调解、行政调解、商事调解、行业调解或者其他具有调解职能的组织作为特邀调解组织，吸纳人大代表、政协委员、人民陪审员、专家学者、律师、仲裁员、退休法律工作者等具备条件的个人担任特邀调解员。明确特邀调解组织或者特邀调解员的职责范围，制定特邀调解规定，完善特邀调解程序，健全名册管理制度，加强特邀调解队伍建设。

18. 建立法院专职调解员制度。人民法院可以在诉讼服务中心等部门配备专职调解员，由擅长调解的法官或者司法辅助人员担任，从事调解指导工作和登记立案后的委托调解工作。法官主持达成调解协议的，依法出具调解书；司法辅助人员主持达成调解协议的，应当经法官审查后依法出具调解书。

【法发〔2017〕14 号】　最高人民法院关于民商事案件繁简分流和调解速裁操作规程（试行）（2017 年 5 月 8 日）

第 10 条　人民法院指派法官担任专职调解员，负责以下工作：（一）主持调解；（二）对调解达成协议的，制作调解书；（三）对调解不成适宜速裁的，径行裁判。

第 11 条　人民法院调解或者委托调解的，应当在 15 日内完成。各方当事人同意的，可以适当延长，延长期限不超过 15 日。调解期间不计入审理期限。

当事人选择委托调解的，人民法院应当在 3 日内移交相关材料。

第 17 条　人民法院先行调解可以在诉讼服务中心、调解组织所在地或者双方当事人选定的其他场所开展。

先行调解可以通过在线调解、视频调解、电话调解等远程方式开展。

【法释〔2019〕5 号】　最高人民法院关于适用《中华人民共和国人民陪审员法》若干问题的解释（2019 年 2 月 18 日最高法审委会〔1761 次〕通过，2019 年 4 月 24 日公布，2019 年 5 月 1 日起施行；法释〔2010〕2 号《最高人民法院关于人民陪审员参加审判活动若干问题的规定》同时废止）

第 10 条　案件审判过程中，人民陪审员依法有权参加案件调查和调解工作。

【法〔2020〕105 号】　民事诉讼程序繁简分流改革试点问答口径（一）（最高法 2020 年 4 月 15 日公布）

四、人民法院能否委派特邀调解名册以外的调解组织或调解员调解？……

答：不能。在现阶段，确保特邀调解和司法确认紧密衔接，是防范化解风险、发挥调解优势的重要保障，不能绕开名册搞"体外循环"。人民法院委派调解的对象，除人民调解组织外，应当是特邀调解名册之内的调解组织和调解员。……

【法〔2020〕272 号】　民事诉讼程序繁简分流改革试点问答口径（二）（最高法 2020 年 10 月 23 日公布）

一、如何理解纳入特邀调解名册的特邀调解组织需要"依法设立"的要求？

答："依法设立"的调解组织是指，按照法律、行政法规、地方性法规、部门规章等规范性文件确定的条件和程序成立，经民政部门或者市场监管部门等登记备案，取得相应资质证书的调解组织。

二、调解组织、调解员纳入人民法院特邀调解名册应当满足哪些条件？

答：纳入特邀调解名册的调解组织，应当满足以下条件：（一）依法成立，有明确的组织章程和规范的运行流程；（二）有固定办公场所、明确的负责人、必备人数的调解员和必要的运行经费；（三）受明确的主管部门或者行业自治组织监督管理。

纳入特邀调解名册的调解员，应当具有良好的品行记录、丰富的调解经验和相应的专业能力。人民法院应当会同有关主管部门或者行业自治组织探索建立调解员资质认证制度，推动将调解员资质证明文件作为调解员入册的形式要件。

三、人民法院应当如何管理纳入特邀调解名册的调解组织和调解员？

答：人民法院应当积极会同相关主管部门和行业自治组织履行对入册调解组织、调解员的监督管理职责。人民法院主要负责入册调解组织、调解员的业务指导工作，包括在日常工作中监督其依法履职，组织开展业务培训，统计工作业绩等。对于存在《最高人民法院关于人民法院特邀调解的规定》第 28 条规定情形的，人民法院应当依法予以纠正，作出警告、通报、除名等相应处理，并及时通知相关主管部门和行业自治组织。

四、如何确定委派调解的期限？

答：根据《最高人民法院关于特邀调解的规定》《最高人民法院关于进一步完善委派调解机制的指导意见》《最高人民法院关于人民法院深化"分调裁审"机制改革的意见》的相关规定，人民法院委派调解的，调解期限为 30 日。实践中，确定调解期限需要注意以下 3 个方面：第一，委派调解期限为可变期间，调解过程中出现《最高人民法院关于特邀调解的规定》第 26 条规定情形的，应当及时终止调解，符合立案条件的必须及时转入诉讼程序。同时，经双方当事人同意的，可以适当延长调解期限。第二，委派调解期限可以适用扣除。根据《最高人民法院关于进一步完善委派调解机制的指导意见》第 7 条，委派调解过程中，经当事人申请和人民法院同意，由人民法院依程序组织鉴定或者评估的，鉴定、评估期间不计入委派调解期限。第三，委派调解的期限自特邀调解组织或者特邀调解员签字接收法院移交材料之日起计算。人民法院开展委派调解，应当编立"诉前调"案号，并将案件信息录入"人民法院调解平台"。案件分配至特邀调解组织或特邀调解员时，应当尽量确保案号编立时间和材料移交时间一致。

【法释［2021］23 号】　人民法院在线调解规则（2021 年 12 月 27 日最高法审委会［1859 次］通过，2021 年 12 月 30 日公布，2022 年 1 月 1 日起施行；以本规为准）

第 5 条　人民法院审判人员、专职或者兼职调解员、特邀调解组织和特邀调解员以及人民法院邀请的其他单位或者个人，可以开展在线调解。

在线调解组织和调解员的基本情况、纠纷受理范围、擅长领域、是否收费、作出邀请的人民法院等信息应当在人民法院调解平台进行公布，方便当事人选择。

第 6 条　人民法院可以邀请符合条件的外国人入驻人民法院调解平台，参与调解当事人一方或者双方为外国人、无国籍人、外国企业或者组织的民商事纠纷。

符合条件的港澳地区居民可以入驻人民法院调解平台，参与调解当事人一方或者双方为香港特别行政区、澳门特别行政区居民、法人或者非法人组织以及大陆港资澳资企业的民商事纠纷。

符合条件的台湾地区居民可以入驻人民法院调解平台，参与调解当事人一方或者双方为台湾地区居民、法人或者非法人组织以及大陆台资企业的民商事纠纷。

第 7 条　人民法院立案人员、审判人员在立案前或者诉讼过程中，认为纠纷适宜在线调解的，可以通过口头、书面、在线等方式充分释明在线调解的优势，告知在线调解的主要形式、权利义务、法律后果和操作方法等，引导当事人优先选择在线调解方式解决纠纷。

第 8 条　当事人同意在线调解的，应当在人民法院调解平台填写身份信息、纠纷简要情况、有效联系电话以及接收诉讼文书电子送达地址等，并上传电子化起诉申请材料。当事人在电子诉讼平台已经提交过电子化起诉申请材料的，不再重复提交。

当事人填写或者提交电子化起诉申请材料确有困难的，人民法院可以辅助当事人将纸质材料作电子化处理后导入人民法院调解平台。

第 11 条　在线调解一般由 1 名调解员进行，案件重大、疑难复杂或者具有较强专业性的，可以由 2 名以上调解员调解，并由当事人共同选定其中一人主持调解。无法共同选定的，由人民法院指定一名调解员主持。

第一编　第八章

第 12 条　调解组织或者调解员应当在收到人民法院委派委托调解信息或者当事人在线调解申请后 3 个工作日内，确认接受人民法院委派委托或者当事人调解申请。纠纷不符合调解组织章程规定的调解范围或者行业领域，明显超出调解员擅长领域或者具有其他不适宜接受情形的，调解组织或者调解员可以写明理由后不予接受。

调解组织或者调解员不予接受或者超过规定期限未予确认的，人民法院、当事人可以重新指定或者选定。

第 13 条　主持或者参与在线调解的人员有下列情形之一，应当在接受调解前或者调解过程中进行披露：（一）是纠纷当事人或者当事人、诉讼代理人近亲属的；（二）与纠纷有利害关系的；（三）与当事人、诉讼代理人有其他可能影响公正调解关系的。

当事人在调解组织或者调解员披露上述情形后或者明知其具有上述情形，仍同意调解的，由该调解组织或者调解员继续调解。

第 14 条　在线调解过程中，当事人可以申请更换调解组织或者调解员；更换后，当事人仍不同意且拒绝自行选择的，视为当事人拒绝调解。

第 16 条　主持在线调解的人员应当在组织调解前确认当事人参与调解的方式，并按照下列情形作出处理：

（一）各方当事人均具备使用音视频技术条件的，指定在同一时间登录人民法院调解平台；无法在同一时间登录的，征得各方当事人同意后，分别指定时间开展音视频调解；

（二）部分当事人不具备使用音视频技术条件的，在人民法院诉讼服务中心、调解组织所在地或者其他便利地点，为其参与在线调解提供场所和音视频设备。

各方当事人均不具备使用音视频技术条件或者拒绝通过音视频方式调解的，确定现场调解的时间、地点。

在线调解过程中，部分当事人提出不宜通过音视频方式调解的，调解员在征得其他当事人同意后，可以组织现场调解。

第 17 条　在线调解开始前，主持调解的人员应当通过证件证照在线比对等方式核实当事人和其他参与调解人员的身份，告知虚假调解法律后果。立案前调解的，调解员还应当指导当事人填写《送达地址确认书》等相关材料。

第 18 条　在线调解过程中，当事人可以通过语音、文字、视频等形式自主表达意愿，提出纠纷解决方案。除共同确认的无争议事实外，当事人为达成调解协议作出妥协而认可的事实、证据等，不得在诉讼程序中作为对其不利的依据或者证据，但法律另有规定或者当事人均同意的除外。

第 27 条　各级人民法院负责本级在线调解组织和调解员选任确认、业务培训、资质认证、指导入驻、权限设置、业绩评价等管理工作。上级人民法院选任的在线调解组织和调解员，下级人民法院在征得其同意后可以确认为本院在线调解组织和调解员。

第 28 条　人民法院可以建立婚姻家庭、劳动争议、道路交通、金融消费、证券期货、知识产权、海事海商、国际商事和涉港澳台侨纠纷等专业行业特邀调解名册，按照不同专业邀请具备相关专业能力的组织和人员加入。

最高人民法院建立全国性特邀调解名册，邀请全国人大代表、全国政协委员、知名专家学者、具有较高知名度的调解组织以及较强调解能力的人员加入，参与调解全国法院有重大影响、疑难复杂、适宜调解的案件。

高级人民法院、中级人民法院可以建立区域性特邀调解名册，参与本辖区法院案件的调解。

第 29 条　在线调解组织和调解员在调解过程中，存在下列行为之一的，当事人可以向作出邀请的人民法院投诉：（一）强迫调解；（二）无正当理由多次拒绝接受人民法院委派委托或者当事人调解申请；（三）接受当事人请托或者收受财物；（四）泄露调解过程、调解协议内容以及调解过程中获悉的国家秘密、商业秘密、个人隐私和其他不宜公开的信息，但法律和行政法规另有规定的除外；（五）其他违反调解职业道德应当作出处理的行为。

人民法院经核查属实的，应当视情形作出解聘等相应处理，并告知有关主管部门。

【法〔2021〕150 号】　最高人民法院关于进一步健全完善民事诉讼程序繁简分流改革试点法院特邀调解名册制度的通知（2021 年 6 月 16 日印发京、沪、苏、浙、皖、闽、鲁、豫、鄂、粤、川、贵、云、陕、宁等 15 高院）

三、明确特邀调解组织入册标准。试点法院可以结合工作实际，参考下列因素确定特邀调解组织的入册标准：（1）有明确法律法规或者政策依据；（2）有明确监督管理机构；（3）持有相关主管机构批准设立的正式文件；（4）有调解组织章程和工作规则；（5）有开展调解工作的经费；（6）有必要数量的专职调解员；（7）未受过刑事处罚、近 3 年内未受过严重行政处罚和行业处分；（8）不存在其他不宜加入名册的情形。试点法院可以根据特定专业领域的纠纷特点，规定专业调解组织的加入条件。

四、明确特邀调解员入册标准。试点法院可以结合工作实际，参考下列因素确定特邀调解员的入册标准：（1）拥护中国共产党的领导、拥护宪法；（2）遵纪守法、品行端正、热心调解事业；（3）具备从事调解工作所必需的文化水平、法律知识和身体条件；（4）未受过刑事处罚、近 3 年内未受过严重行政处罚和行业处分、未被列入失信被执行人名单；（5）未加入任何调解组织、以个人名义开展调解工作；（6）不存在其他不宜加入名册的情形。相关主管机构已经建立调解员资质认证制度的，试点法院可以直接将相关资质证明文件作为入册标准。

【法办〔2020〕441号】 最高人民法院办公厅、国家知识产权局办公室关于建立知识产权纠纷在线诉调对接机制的通知（2020年12月29日）

6. 建立"总对总"在线诉调对接机制

最高人民法院与国家知识产权局协调推进在线诉调对接机制建设，畅通线上线下调解与诉讼对接渠道。国家知识产权局指导各级知识产权管理部门同本级人民法院建立协调机制，指导全国知识产权纠纷调解组织和调解员入驻人民法院调解平台，开展全流程在线调解、在线申请司法确认或调解书等诉调对接工作，全面提升知识产权纠纷调解工作的质量和效率。

10. 在线诉调对接业务流程

（第1款） 当事人向人民法院提交纠纷调解申请后，人民法院通过调解平台向入驻的相关调解组织或调解员委派、委托调解案件；调解组织及调解员登录调解平台接受委派、委托，开展调解工作；调解完成后将调解结果录入调解平台，并告知相关法院。当事人也可以直接通过调解平台向相关调解组织提交调解申请。

11. 强化在线音视频调解

调解组织和调解员要积极使用调解平台的音视频调解功能开展在线调解工作。各级人民法院要充分利用法院办案系统和调解平台内外连通的便利条件，落实在线委派或委托调解、调解协议在线司法确认、电子送达等工作，为在线音视频调解提供支持和保障。

【法办〔2021〕313号】 最高人民法院办公厅、中国证券监督管理委员会办公厅关于建立"总对总"证券期货纠纷在线诉调对接机制的通知（2021年8月20日）

四、工作内容

（五）（第1款） 在线诉调对接业务流程。当事人向人民法院提交纠纷调解申请后，人民法院通过调解平台向调解组织委派、委托调解案件；调解组织及调解员登录投资者网平台接受委派、委托，开展调解工作；调解完成后将调解结果录入投资者网平台，由投资者网平台将案件信息回传至调解平台，并告知相关法院。当事人也可以直接通过投资者网平台向相关调解组织提交调解申请。

（第3款） 人民法院在委派、委托案件前，应当征求当事人同意，并考虑调解组织的专业领域、规模能力、办理范围等因素。调解组织在收到法院委派、委托调解通知后，应在5个工作日内就是否接受委派、委托调解作出回复。

（六）强化在线音视频调解。调解组织和调解员应当积极使用投资者网平台的音视频调解功能开展在线调解工作。各级人民法院要充分利用法院办案系统和调解平台内外连通的便利条件，落实在线委派、委托调解、调解协议在线司法确认、电子送达等工作，为在线音视频调解提供支持和保障。

【法办〔2022〕3 号】 最高人民法院办公厅、人力资源社会保障部办公厅关于建立劳动人事争议 "总对总" 在线诉调对接机制的通知（2021 年 12 月 30 日）

三、"总对总" 在线诉调对接工作流程

（一）人民法院委派委托案件处理流程。当事人向人民法院提交纠纷调解申请后，人民法院在征得当事人同意后，向调解组织委派委托案件。对于地方调解仲裁系统与人社调解平台实现系统对接的地区，人民法院通过法院调解平台将纠纷推送至人社调解平台，由调解组织及其调解员在地方调解仲裁系统开展在线调解工作。对于地方调解仲裁系统与人社调解平台未实现系统对接的地区，可采用机构、人员入驻方式，登录法院调解平台开展在线调解工作，并逐步过渡至系统对接方式。

（二）调解组织音视频调解流程。调解组织及其调解员应当积极使用法院调解平台音视频调解功能开展人民法院委派委托案件在线调解工作。对于调解组织自身受理的调解申请，地方调解仲裁系统不支持音视频调解功能的，调解组织及其调解员可以通知、指导当事人，使用法院调解平台的音视频调解功能开展在线调解。

第 99 条 **【调解协议要求】** 调解达成协议，必须双方自愿，不得强迫。调解协议的内容不得违反法律规定。[19910409]

第 100 条 **【调解书】** 调解达成协议，人民法院应当制作调解书。调解书应当写明诉讼请求、案件的事实和调解结果。

调解书由审判人员、书记员署名，加盖人民法院印章，送达双方当事人。

调解书经双方当事人签收/送达后，即具有法律效力。

第 101 条 **【不制作调解书的情形】**（本款新增）[19910409] 下列案件调解达成协议，人民法院可以不制作调解书：

（一）调解和好的离婚案件；

（二）调解维持收养关系的案件；

（三）能够即时履行的案件；

（四）其他不需要制作调解书的案件。

【调解笔录】对不需要制作调解书的协议，应当记入笔录，由双方当事人、审判人员、书记员签名或者盖章后，即具有法律效力。

● 相关规定 【法释〔2003〕15号】 最高人民法院关于适用简易程序审理民事案件的若干规定（2003年7月4日最高法审委会〔1280次〕通过，2003年9月10日公布，2003年12月1日起施行；根据法释〔2020〕20号《决定》修正，2021年1月1日起施行。以本规为准）

第15条 调解达成协议并经审判人员审核后，双方当事人同意该调解协议经双方签名或者按指印/捺印生效的，该调解协议自双方签名或者按指印/捺印之日起发生法律效力。当事人要求摘录或者复制该调解协议的，应予准许。

调解协议符合前款规定，且不属于不需要制作调解书的，人民法院应当另行制作民事调解书。调解协议生效后一方拒不履行的，另一方可以持民事调解书申请强制执行。

第16条 人民法院可以当庭告知当事人到人民法院领取民事调解书的具体日期，也可以在当事人达成调解协议的次日起10日内将民事调解书发送给当事人。

第17条 当事人以民事调解书与调解协议的原意不一致为由提出异议，人民法院审查后认为异议成立的，应当根据调解协议裁定补正民事调解书的相关内容。

【法释〔2004〕12号】 最高人民法院关于人民法院民事调解工作若干问题的规定（2004年8月18日最高法审委会〔1321次〕通过，2004年9月16日公布，2004年11月1日起施行；根据法释〔2020〕20号《决定》修正，2021年1月1日起施行。以本规为准）

第2条（第1款） 当事人在诉讼过程中自行达成和解协议的，人民法院可以根据当事人的申请依法确认和解协议制作调解书。双方当事人申请庭外和解的期间，不计入审限。

第6条 当事人可以自行提出调解方案，主持调解的人员也可以提出调解方案供当事人协商时参考。

第7条 调解协议内容超出诉讼请求的，人民法院可以准许。

第8条 人民法院对于调解协议约定一方不履行协议应当承担民事责任的，应予准许。

调解协议约定一方不履行协议，另一方可以请求人民法院对案件作出裁判的条款，人民法院不予准许。

第9条 调解协议约定一方提供担保或者案外人同意为当事人提供担保的，

人民法院应当准许。

案外人提供担保的，人民法院制作调解书应当列明担保人，并将调解书送交担保人。担保人不签收调解书的，不影响调解书生效。

当事人或者案外人提供的担保符合民法典/担保法规定的条件时生效。

第 10 条　调解协议具有下列情形之一的，人民法院不予确认：（一）侵害国家利益、社会公共利益的；（二）侵害案外人利益的；（三）违背当事人真实意思的；（四）违反法律、行政法规禁止性规定的。

~~第 13 条　根据民事诉讼法第 90 条第 1 款第（四）项规定，当事人各方同意在调解协议上签名或者盖章后生效，经人民法院审查确认后，应当记入笔录或者将协议附卷，并由当事人、审判人员、书记员签名或者盖章后即具有法律效力。当事人请求制作调解书的，人民法院应当制作调解书送交当事人。当事人拒收调解书的，不影响调解协议的效力。一方不履行调解协议的，另一方可以持调解书向人民法院申请执行。~~

第 11 条　当事人不能对诉讼费用如何承担达成协议的，不影响调解协议的效力。人民法院可以直接决定当事人承担诉讼费用的比例，并将决定记入调解书。

第 12 条　对调解书的内容既不享有权利又不承担义务的当事人不签收调解书的，不影响调解书的效力。

第 13 条　当事人以民事调解书与调解协议的原意不一致为由提出异议，人民法院审查后认为异议成立的，应当根据调解协议裁定补正民事调解书的相关内容。

第 14 条　当事人就部分诉讼请求达成调解协议的，人民法院可以就此先行确认并制作调解书。

当事人就主要诉讼请求达成调解协议，请求人民法院对未达成协议的诉讼请求提出处理意见并表示接受该处理结果的，人民法院的处理意见是调解协议的一部分内容，制作调解书的记入调解书。

~~第 18 条　当事人自行和解或者经调解达成协议后，请求人民法院按照和解协议或者调解协议的内容制作判决书的，人民法院不予支持。~~

第 17 条　人民法院对刑事附带民事诉讼案件进行调解，依照本规定执行。

第 18 条　本规定实施前人民法院已经受理的案件，在本规定施行后尚未审结的，依照本规定执行。

【法释［2016］14 号】　最高人民法院关于人民法院特邀调解的规定（2016年 5 月 23 日最高法审委会［1684 次］通过，2016 年 6 月 28 日公布，2016 年 7 月 1 日起施行）

第 19 条　委派调解达成调解协议，特邀调解员应当将调解协议送达双方当事人，并提交人民法院备案。

委派调解达成的调解协议，当事人可以依照民事诉讼法、人民调解法等法律申请司法确认。当事人申请司法确认的，由调解组织所在地或者委派调解的基层人民法院管辖。

第20条 委托调解达成调解协议，特邀调解员应当向人民法院提交调解协议，由人民法院审查并制作调解书结案。达成调解协议后，当事人申请撤诉的，人民法院应当依法作出裁定。

第23条 经特邀调解组织或者特邀调解员调解达成调解协议的，可以制作调解协议书。当事人认为无需制作调解协议书的，可以采取口头协议方式，特邀调解员应当记录协议内容。

第24条 调解协议书应当记载以下内容：（一）当事人的基本情况；（二）纠纷的主要事实、争议事项；（三）调解结果。

双方当事人和特邀调解员应当在调解协议书或者调解笔录上签名、盖章或者捺印；由特邀调解组织主持达成调解协议的，还应当加盖调解组织印章。

委派调解达成调解协议，自双方当事人签名、盖章或者捺印后生效。委托调解达成调解协议，根据相关法律规定确定生效时间。

【法发〔2016〕14号】 最高人民法院关于人民法院进一步深化多元化纠纷解决机制改革的意见（2016年6月28日）

18.……法官主持达成调解协议的，依法出具调解书；司法辅助人员主持达成调解协议的，应当经法官审查后依法出具调解书。

23. 探索无争议事实记载机制。调解程序终结时，当事人未达成调解协议的，调解员在征得各方当事人同意后，可以用书面形式记载调解过程中双方没有争议的事实，并由当事人签字确认。在诉讼程序中，除涉及国家利益、社会公共利益和他人合法权益的外，当事人无需对调解过程中已确认的无争议事实举证。

24. 探索无异议调解方案认可机制。经调解未能达成调解协议，但是对争议事实没有重大分歧的，调解员在征得各方当事人同意后，可以提出调解方案并书面送达双方当事人。当事人在7日内未提出书面异议的，调解方案即视为双方自愿达成的调解协议；提出书面异议的，视为调解不成立。当事人申请司法确认调解协议的，应当依照有关规定予以确认。

28. 健全委派、委托调解程序。对当事人起诉到人民法院的适宜调解的案件，登记立案前，人民法院可以委派特邀调解组织、特邀调解员进行调解。委派调解达成协议的，当事人可以依法申请司法确认。当事人明确拒绝调解的，人民法院应当依法登记立案。登记立案后或者在审理过程中，人民法院认为适宜调解的案件，经当事人同意，可以委托给特邀调解组织、特邀调解员或者由人民法院专职调解员进行调解。委托调解达成协议的，经法官审查后依法出具调解书。

【法发［2017］14 号】　最高人民法院关于民商事案件繁简分流和调解速裁操作规程（试行）（2017 年 5 月 8 日）

第 12 条　委托调解达成协议的，调解人员应当在 3 日内将调解协议提交人民法院，由法官审查后制作调解书或者准许撤诉裁定书。

不能达成协议的，应当书面说明调解情况。

【法释［2021］23 号】　人民法院在线调解规则（2021 年 12 月 27 日最高法审委会［1859 次］通过，2021 年 12 月 30 日公布，2022 年 1 月 1 日起施行；以本规为准）

第 19 条　调解员组织当事人就所有或者部分调解请求达成一致意见的，应当在线制作或者上传调解协议，当事人和调解员应当在调解协议上进行电子签章；由调解组织主持达成调解协议的，还应当加盖调解组织电子印章，调解组织没有电子印章的，可以将加盖印章的调解协议上传至人民法院调解平台。

调解协议自各方当事人均完成电子签章之时起发生法律效力，并通过人民法院调解平台向当事人送达。调解协议有给付内容的，当事人应当按照调解协议约定内容主动履行。

第 20 条　各方当事人在立案前达成调解协议的，调解员应当记入调解笔录并按诉讼外调解结案，引导当事人自动履行。依照法律和司法解释规定可以申请司法确认调解协议的，当事人可以在线提出申请，人民法院经审查符合法律规定的，裁定调解协议有效。

各方当事人在立案后达成调解协议的，可以请求人民法院制作调解书或者申请撤诉。人民法院经审查符合法律规定的，可以制作调解书或者裁定书结案。

第 22 条　调解员在线调解过程中，同步形成电子笔录，并确认无争议事实。经当事人双方明确表示同意的，可以以调解录音录像代替电子笔录，但无争议事实应当以书面形式确认。

电子笔录以在线方式核对确认后，与书面笔录具有同等法律效力。

第 23 条　人民法院在审查司法确认申请或者出具调解书过程中，发现当事人可能采取恶意串通、伪造证据、捏造事实、虚构法律关系等手段实施虚假调解行为，侵害他人合法权益的，可以要求当事人提供相关证据。当事人不提供相关证据的，人民法院不予确认调解协议效力或者出具调解书。

经审查认为构成虚假调解的，依照《中华人民共和国民事诉讼法》等相关法律规定处理。发现涉嫌刑事犯罪的，及时将线索和材料移送有管辖权的机关。

【**法办〔2020〕441号**】 最高人民法院办公厅、国家知识产权局办公室关于建立知识产权纠纷在线诉调对接机制的通知（2020年12月29日）

10. 在线诉调对接业务流程

（第2款） 调解成功的案件，调解员组织双方当事人在线签订调解协议。双方当事人可就达成的调解协议共同申请在线司法确认或出具调解书，人民法院将通过调解平台对调解协议进行在线司法确认，或立案后出具调解书；未调解成功的案件由人民法院依据法律规定进行立案或继续审理。

【**法释〔2022〕11号**】 最高人民法院关于适用《中华人民共和国民事诉讼法》的解释（"法释〔2015〕5号"公布，2015年2月4日起施行；根据法释〔2020〕20号《决定》修正，2021年1月1日起施行；2022年3月22日最高法审委会〔1866次〕修正，2022年4月1日公布，2022年4月10日起施行；以本规为准）

第142条 人民法院受理案件后，经审查，认为法律关系明确、事实清楚，在征得当事人双方同意后，可以径行调解。

第143条 适用特别程序、督促程序、公示催告程序的案件，婚姻等身份关系确认案件以及其他根据案件性质不能进行调解的案件，不得调解。

第144条 人民法院审理民事案件，发现当事人之间恶意串通，企图通过和解、调解方式侵害他人合法权益的，应当依照民事诉讼法第115条的规定处理。

第145条 人民法院审理民事案件，应当根据自愿、合法的原则进行调解。当事人一方或者双方坚持不愿调解的，应当及时裁判。

人民法院审理离婚案件，应当进行调解，但不应久调不决。

第146条 人民法院审理民事案件，调解过程不公开，但当事人同意公开的除外。

调解协议内容不公开，但为保护国家利益、社会公共利益、他人合法权益，人民法院认为确有必要公开的除外。

主持调解以及参与调解的人员，对调解过程以及调解过程中获悉的国家秘密、商业秘密、个人隐私和其他不宜公开的信息，应当保守秘密，但为保护国家利益、社会公共利益、他人合法权益的除外。

第147条 人民法院调解案件时，当事人不能出庭的，经其特别授权，可由其委托代理人参加调解，达成的调解协议，可由委托代理人签名。

离婚案件当事人确因特殊情况无法出庭参加调解的，除本人不能表达意志的以外，应当出具书面意见。

第148条 当事人自行和解或者调解达成协议后，请求人民法院按照和解协议或者调解协议的内容制作判决书的，人民法院不予准许。

无民事行为能力人的离婚案件，由其法定代理人进行诉讼。法定代理人与对方达成协议要求发给判决书的，可根据协议内容制作判决书。

第 149 条　调解书需经当事人签收后才发生法律效力的，应当以最后收到调解书的当事人签收的日期为调解书生效日期。

第 151 条　根据民事诉讼法第 101 条第 1 款第 4 项规定，当事人各方同意在调解协议上签名或者盖章后即发生法律效力的，经人民法院审查确认后，应当记入笔录或者将调解协议附卷，并由当事人、审判人员、书记员签名或者盖章后即具有法律效力。

前款规定情形，当事人请求制作调解书的，人民法院审查确认后可以制作调解书送交当事人。当事人拒收调解书的，不影响调解协议的效力。

● **文书格式**　【法［2016］221 号】　**民事诉讼文书样式**（2016 年 2 月 22 日最高法审委会［1679 次］通过，2016 年 6 月 28 日公布，2016 年 8 月 1 日起施行）
（本书对格式略有调整）

　　　　　民事调解书（第一审普通＼简易＼小额诉讼程序）

　　　　　　　　　　　　　　　　　（××××）……民初……号

原告：×××，……。

法定代理人/指定代理人/法定代表人/主要负责人：×××，……。

委托诉讼代理人：×××，……。

被告：……（格式同上）。

第三人：……（格式同上）。

（以上写明当事人和其他诉讼参与人的姓名或者名称等基本信息）

原告×××与被告×××、第三人×××……（写明案由）一案，本院于×年×月×日立案后，依法适用普通＼简易＼小额诉讼程序，公开/因涉及……（写明不公开开庭的理由）不公开开庭进行了审理（开庭前调解的，不写开庭情况）。

……（简洁概括当事人的诉讼请求、事实和理由，可以不写审理过程及证据情况）。

本案审理过程中，经本院主持调解，当事人自愿达成如下协议/当事人自行和解达成如下协议，请求人民法院确认/经本院委托……（写明受委托单位）主持调解，当事人自愿达成如下协议：

……（分项写明调解协议内容）

上述协议，不违反法律规定，本院予以确认。

案件受理费……元，由……负担（写明当事人姓名或者名称、负担金额。调解协议包含诉讼费用负担的，则不写）。

本调解书经各方当事人签收后，即具有法律效力/本调解协议经各方当事人在笔录上签名或者盖章，本院予以确认后即具有法律效力（各方当事人同意在调解协议上签名或盖章后发生法律效力的）。

审判员　×××（普通程序落款为合议庭）

×年×月×日（院印）

法官助理、书记员

民事调解书（公益诉讼程序）

（××××）……民初……号

原告：×××，……。

法定代理人/指定代理人/法定代表人/主要负责人：×××，……。

委托诉讼代理人：×××，……。

被告：……（格式同上）。

第三人：……（格式同上）。

（以上写明当事人和其他诉讼参与人的姓名或名称等基本信息）

原告×××与被告×××、第三人×××……公益诉讼（写明案由）一案，本院于×年×月×日立案后，依法适用普通程序审理。

×××诉称，……（概述原告的诉讼请求、事实和理由）。

×××辩称，……（概述被告答辩意见）。

×××述称，……（概述第三人陈述意见）。

经审理，本院认定事实如下：

……（写明法院查明的事实和证据）。

本案审理过程中，经本院主持调解，当事人自愿达成如下协议/当事人自行和解达成如下协议，请求人民法院确认/经本院委托……（写明受委托单位）主持调解，当事人自愿达成如下协议：

……（分项写明调解协议内容）

本院于×年×月×日将民事起诉状、和解/调解协议、整改/技术处理方案在本院公告栏、人民法院报和……（当地媒体）上进行了为期×日（不少于30日）的公告。（无异议的，写明：）公告期满后未收到任何意见或建议。（有异议的，写明：）公告期满后收到×××（写明异议人）提出的异议认为……（概述异议内容）。

本院认为，×××提出的异议，……（概述异议不成立的理由），本院不予采纳（没有异议的，不写）。上述协议不违反法律规定和社会公共利益，本院予以确认。

本调解书经各方当事人签收后，即具有法律效力。

（合议庭成员署名）

×年×月×日（院印）

法官助理、书记员

民事调解书（二审程序用）①

（××××）……民终……号

上诉人（原审原告/被告/第三人）：×××，……。

法定代理人/指定代理人/法定代表人/主要负责人：×××，……。

委托诉讼代理人：×××，……。

被上诉人（原审原告/被告/第三人）：……（格式同上）。

原审原告/被告/第三人：……（格式同上）。

（以上写明当事人和其他诉讼参与人的姓名或名称等基本信息）

上诉人×××因与被上诉人×××/上诉人×××、第三人×××……（写明案由）一案，不服××人民法院（××××）……民初……号民事判决，向本院提起上诉。本院于×年×月×日立案后，依法组成合议庭审理了本案（开庭前调解的，不写开庭情况）。

×××上诉称，……（概述上诉人的上诉请求、事实和理由）。

本案审理过程中，经本院主持调解，当事人自愿达成如下协议/当事人自行和解达成如下协议，请求人民法院确认/经本院委托……（写明受委托单位）主持调解，当事人自愿达成如下协议：

……（分项写明调解协议内容）

上述协议，不违反法律规定，本院予以确认。

一审案件受理费……元，由……负担；二审案件受理费……元，由……负担（写明当事人姓名或者名称、负担金额。调解协议包含诉讼费用负担的，则不写）。

本调解书经各方当事人签收后，即具有法律效力。

（合议庭成员署名）

×年×月×日（院印）

法官助理、书记员

民事调解书（再审程序用）②

（××××）……民终……号

再审申请人（原审……）：×××，……。

---

① 注：本调解书送达后，原审判决即视为撤销。

② 注：调解书由当事人签收生效后，原生效裁判即视为撤销。

法定代理人/指定代理人/法定代表人/主要负责人：×××，……。

委托诉讼代理人：×××，……。

被申请人（原审……）：……（格式同上）。

（以上写明当事人和其他诉讼参与人的姓名或名称等基本信息）①

再审申请人×××因与被申请人×××/再审申请人×××及原审×××……（写明案由）一案，不服××人民法院（××××）……号民事判决/民事裁定/民事调解书，申请再审。×年×月×日，本院/××人民法院作出（××××）……民×……号民事裁定，本案由本院再审。本院依法组成合议庭审理了本案。

×××再审请求，……（写明当事人的再审请求、事实和理由）。

×××辩称，……（概述被申请人的答辩意见）。

……（概述案件事实，写明原审裁判结果）。

本案再审审理过程中，经本院主持调解，当事人自愿达成如下协议/当事人自行和解达成如下协议，请求人民法院确认：

……（分项写明调解协议内容）

上述协议，不违反法律规定，本院予以确认。

一审案件受理费……元，由……负担；二审案件受理费……元，由……负担（写明当事人姓名或者名称、负担金额。调解协议包含诉讼费用负担的，则不写）。

本调解书经各方当事人签收后，即具有法律效力。

（合议庭成员署名）

×年×月×日（院印）

法官助理、书记员

调解笔录（庭外调解用）②

（××××）……民特……号

时间：×年×月×日×时×分至×时×分

地点：……

审判人员：……（写明职务和姓名）

书记员：×××

协助调解人员：……（写明单位、职务、姓名）

调解经过和结果：

（首先核对当事人和其他诉讼参加人身份、宣布案由、告知诉讼权利义务等）

---

① 对于依职权、依抗诉等再审案件适用本样式的，需要对当事人诉讼地位和案件由来和审理过程等部分等表述作相应调整。

② 在庭前会议或开庭审理期间调解的，记入庭前会议笔录或法庭笔录，不需要另行制作调解笔录。

……。

（调解达成协议的，写明：）经主持调解，当事人自愿达成如下协议：……。

（确定调解协议签名生效的，写明：）本调解协议经各方当事人在调解笔录上签名或者盖章后，即具有法律效力。

（以下无正文）

当事人和其他诉讼参加人（签名或者盖章）

审判人员（签名）　　　　　　　　　书记员（签名）

（本书汇）【调解期限】

第 102 条[19910409]　　**【调解失败或反悔】** 调解未达成协议或者调解书送达前[1]一方反悔/~~翻悔~~的，人民法院应当及时判决/~~进行审判，不应久调不决~~。[2]

● **相关规定**　**【法释〔2004〕12 号】**　最高人民法院关于人民法院民事调解工作若干问题的规定（2004 年 8 月 18 日最高法审委会〔1321 次〕通过，2004 年 9 月 16 日公布，2004 年 11 月 1 日起施行；根据法释〔2020〕20 号《决定》修正，2021 年 1 月 1 日起施行。以本规为准）

第 4 条　在答辩期满前人民法院对案件进行调解，适用普通程序的案件在当事人同意调解之日起 15 天内，适用简易程序的案件在当事人同意调解之日起 7 天内未达成调解协议的，经各方当事人同意，可以继续调解。延长的调解期间不计入审限。

【法发〔2010〕16 号】　最高人民法院《关于进一步贯彻"调解优先、调判结合"工作原则的若干意见》（2010 年 6 月 7 日）

11.……当事人可以协商确定民事案件委托调解的期限，一般不超过 30 日。经双方当事人同意，可以顺延调解期间，但最长不超过 60 日。延长的调解期间不计入审限。……

【法释〔2016〕14 号】　最高人民法院关于人民法院特邀调解的规定（2016 年 5 月 23 日最高法审委会〔1684 次〕通过，2016 年 6 月 28 日公布，2016 年 7 月 1 日起施行）

第 21 条　委派调解未达成调解协议的，特邀调解员应当将当事人的起诉状等

---

① 注：调解书具有民事合同性质，经双方达成协议并签字、送达后，即产生法律效力。

② 注：调解协议的司法确认与执行见第 15 章第 6 节。

材料移送人民法院；当事人坚持诉讼的，人民法院应当依法登记立案。

委托调解未达成调解协议的，转入审判程序审理。

第 27 条　人民法院委派调解的案件，调解期限为 30 日。但是双方当事人同意延长调解期限的，不受此限。

人民法院委托调解的案件，适用普通程序的调解期限为 15 日，适用简易程序的调解期限为 7 日。但是双方当事人同意延长调解期限的，不受此限。延长的调解期限不计入审理期限。

委派调解和委托调解的期限自特邀调解组织或者特邀调解员签字接收法院移交材料之日起计算。

【法发［2017］14 号】　最高人民法院关于民商事案件繁简分流和调解速裁操作规程（试行）（2017 年 5 月 8 日）

第 13 条　人民法院调解或者委托调解未能达成协议，需要转换程序的，调解人员应当在 3 日内将案件材料移送程序分流员，由程序分流员转入其他程序。

【法发［2020］1 号】　最高人民法院关于进一步完善委派调解机制的指导意见（2020 年 1 月 9 日）

七、鉴定评估。……委派调解中的鉴定、评估期间，不计入委派调解的期限。

九、调解期限。人民法院委派调解的期限为 30 日。经双方当事人同意，可以延长调解期限。委派调解期限自特邀调解组织或者特邀调解员确认接收法院移交材料之日起计算。未能在期限内达成协议或者当事人明确拒绝继续调解的，应当依法及时转入诉讼程序。

【法释［2021］23 号】　人民法院在线调解规则（2021 年 12 月 27 日最高法审委会［1859 次］通过，2021 年 12 月 30 日公布，2022 年 1 月 1 日起施行；以本规为准）

第 21 条　经在线调解达不成调解协议，调解组织或者调解员应当记录调解基本情况、调解不成的原因、导致其他当事人诉讼成本增加的行为以及需要向人民法院提示的其他情况。人民法院按照下列情形作出处理：

（一）当事人在立案前申请在线调解的，调解组织或者调解员可以建议通过在线立案或者其他途径解决纠纷，当事人选择在线立案的，调解组织或者调解员应当将电子化调解材料在线推送给人民法院，由人民法院在法定期限内依法登记立案；

（二）立案前委派调解的，调解不成后，人民法院应当依法登记立案；

（三）立案后委托调解的，调解不成后，人民法院应当恢复审理。

审判人员在诉讼过程中组织在线调解的，调解不成后，应当及时审判。

第 24 条　立案前在线调解期限为 30 日。各方当事人同意延长的，不受此限。立案后在线调解，适用普通程序的调解期限为 15 日，适用简易程序的调解期限为 7 日，各方当事人同意延长的，不受此限。立案后延长的调解期限不计入审理期限。

委派委托调解或者当事人申请调解的调解期限，自调解组织或者调解员在人民法院调解平台确认接受委派委托或者确认接受当事人申请之日起算。审判人员主持调解的，自各方当事人同意之日起算。

第 25 条　有下列情形之一的，在线调解程序终结：（一）当事人达成调解协议；（二）当事人自行和解，撤回调解申请；（三）在调解期限内无法联系到当事人；（四）当事人一方明确表示不愿意继续调解；（五）当事人分歧较大且难以达成调解协议；（六）调解期限届满，未达成调解协议，且各方当事人未达成延长调解期限的合意；（七）当事人一方拒绝在调解协议上签章；（八）其他导致调解无法进行的情形。

【法〔2021〕247 号】　最高人民法院关于加快推进人民法院调解平台进乡村、进社区、进网格工作的指导意见（2021 年 10 月 18 日公布）

16. 严格纠纷化解、调解期限。基层人民法院或者人民法庭指派化解、调解纠纷的，司法联络员应当在 3 个工作日内登录调解平台确认接收纠纷信息。化解、调解期限为 30 日，自司法联络员确认接受指派之日起计算。但双方当事人同意延长期限的，可以适当延长，延长时间原则上不超过 30 日。由村（社区）推送乡镇（街道）继续化解、调解的，化解、调解期限计入总时长。化解、调解期间评估、鉴定的时间，不计入化解、调解期限。

在规定期限内未能达成调解协议或者当事人明确拒绝继续化解、调解的，应当依法及时转入立案程序。

【法释〔2022〕11 号】　最高人民法院关于适用《中华人民共和国民事诉讼法》的解释（"法释〔2015〕5 号"公布，2015 年 2 月 4 日起施行；根据法释〔2020〕20 号《决定》修正，2021 年 1 月 1 日起施行；2022 年 3 月 22 日最高法审委会〔1866 次〕修正，2022 年 4 月 1 日公布，2022 年 4 月 10 日起施行；以本规为准）

第 150 条　人民法院调解民事案件，需由无独立请求权的第三人承担责任的，应当经其同意。该第三人在调解书送达前反悔的，人民法院应当及时裁判。

第九章　~~财产~~²⁰¹³⁰¹⁰¹　保全和先予执行①

第 103 条（第 1 款）²⁰¹³⁰¹⁰¹　**【诉讼保全条件】** 人民法院对于可能因当事人一方的行为或者其他原因，使判决难以执行或者造成当事人其他损害/~~不能执行或者难以执行~~的案件，~~可以根据对方当事人的申请，或者依职权~~¹⁹⁹¹⁰⁴⁰⁹ 可以裁定对其财产进行保全/~~作出财产保全的裁定~~、责令其作出一定行为或者禁止其作出一定行为②；当事人没有提出申请的，人民法院在必要时也可以裁定采取~~财产~~²⁰¹³⁰¹⁰¹ 保全措施¹⁹⁹¹⁰⁴⁰⁹。

（第 2 款）　（见第 106 条之后）

（第 3 款）¹⁹⁹¹⁰⁴⁰⁹　**【诉讼保全裁定】** 人民法院接受~~当事人诉讼保全的~~申请后，对情况紧急的，必须在 48 小时内作出裁定；裁定采取~~财产~~²⁰¹³⁰¹⁰¹ 保全措施的，~~并~~应当立即开始执行。

第 104 条¹⁹⁹¹⁰⁴⁰⁹**（第 1 款）**　**【诉前保全条件】** 利害关系人因情况紧急，不立即申请~~财产~~²⁰¹³⁰¹⁰¹ 保全将会使其合法权益受到难以弥补的损害的，可以在提起诉讼或者申请仲裁/~~起诉~~²⁰¹³⁰¹⁰¹ 前向被保全财产所在地、被申请人住所地或者对案件有管辖权的²⁰¹³⁰¹⁰¹ 人民法院申请采取~~财产~~²⁰¹³⁰¹⁰¹ 保全措施。申请人应当提供担保，不提供担保的，裁定²⁰¹³⁰¹⁰¹ 驳回申请。

（第 2 款）　**【诉前保全裁定】** 人民法院接受申请后，必须在 48 小时内作出裁定；裁定采取~~财产~~²⁰¹³⁰¹⁰¹ 保全措施的，应当立即开始执行。

（第 3 款）　（见第 107 条之前）

---

①　注：本章内容原为 1982 年 10 月 1 日起试行的《民事诉讼法》第 10 章"普通程序"第 3 节"诉讼保全和先行给付"，1991 年 4 月 9 日正式颁行的《民事诉讼法》将其调整为总则第 9 章。

②　注：根据《出境入境管理法》第 12 条、第 28 条的规定，人民法院可以对相关当事人限制出境。

> **第 105 条　【保全范围】** 财产²⁰¹³⁰¹⁰¹/诉讼¹⁹⁹¹⁰⁴⁰⁹保全限于请求的范围，或者与本案有关的财物。
>
> **第 106 条**¹⁹⁹¹⁰⁴⁰⁹　**【保全措施】** 财产/诉讼保全采取查封、扣押、冻结、~~责令提供担保~~或者法律规定的其他方法。人民法院保全/~~冻结~~²⁰¹³⁰¹⁰¹财产后，应当立即通知被保全/~~冻结~~²⁰¹³⁰¹⁰¹财产的人。
>
> （新增）财产已被查封、冻结的，不得重复查封、冻结。
>
> ~~人民法院对查封、扣押的物品，不宜长期保存的，可以变卖，保存价款。~~

● **相关规定　【法（经）发〔1989〕12 号】　全国沿海地区涉外、涉港澳经济审判工作座谈会纪要**（1988 年 12 月 12-16 日在佛山召开；1989 年 6 月 12 日印发）（本纪要一直未见废止）

三、（四）诉讼保全问题

诉讼保全的目的在于能使以后的生效判决得到执行。但是，采取诉讼保全措施既不能违反我国法律规定，也不能违反我国缔结或参加的国际条约和国际上通行的惯例。

1. 诉讼保全的适用范围问题。实行诉讼保全的财物价值不应超过诉讼请求的数额，而且必须是被申请人的财物或者债权，对于被申请人租赁使用的他人财物，不得实行诉讼保全。被申请人财物已为第三人设置抵押权的，不得就抵押物价值已设置抵押部分实行诉讼保全。

在涉外、涉港澳经济纠纷案件审理过程中，需对外国或港澳地区当事人在我国境内的财产实行诉讼保全而涉及在中国的合资企业时，一般只能对其在合资企业中分得的利润进行冻结，而不能对其在合资企业中的股金进行冻结，以免影响合资企业的正常活动。但是，如果外国或港澳地区当事人在诉讼期间转让其在合资企业的股权时，法院可以应他方当事人的申请，冻结其股权。

2. 关于冻结信用证项下货款的问题。根据在国际上长期广泛适用的《跟单信用证统一惯例》的规定，银行信用证是银行以自身信誉向卖方提供付款保证的一种凭证，是国际货物买卖中常用的付款方式，也是我国对外贸易中常用的付款方式。信用证是独立于买卖合同的单据交易，只要卖方所提交的单据表面上符合信用证的要求，开证银行就负有在规定的期限内付款的义务。如果单证不符，开证银行有权拒付，无需由法院采取诉讼保全措施。信用证交易和买卖合同属于两个不同的法律关系，在一般情况下不要因为涉外买卖合同发生纠纷，轻易冻结中国银行所开信用证项下货款，否则，会影响中国银行的信誉。根据国际国内的实践经验，如有充分证据证明卖方是利用签订合同进行欺诈，且中国银行在合理的时间内尚未对外付款，在这种情况下，人民法院可以根据买方的请求，冻结信用证项下货款。在远期信用证情况下，如中国银行已承兑了汇票，中国银行在信用证上的责任已变为票据上的无条件付款责任，人民法院就不应加以冻结。所以，采用这项保全措施一定要慎重，要事先与中国银行取得联系，必要时应向上级人民法院请示。对于中国涉外仲裁机构提交的冻结信用证项下货款的申请，人民法院也应照此办理。

【主席令［1994］31 号】　中华人民共和国仲裁法（1994 年 8 月 31 日全国人大常委会［8 届 9 次］通过，1995 年 9 月 1 日起施行；根据主席令［2017］76 号新修，2018 年 1 月 1 日起施行）

第 28 条　一方当事人因另一方当事人的行为或者其他原因，可能使裁决不能执行或者难以执行的，可以申请财产保全。

当事人申请财产保全的，仲裁委员会应当将当事人的申请依照民事诉讼法的有关规定提交人民法院。

申请有错误的，申请人应当赔偿被申请人因财产保全所遭受的损失。

【主席令［2009］14 号】　中华人民共和国农村土地承包经营纠纷调解仲裁法（2009 年 6 月 27 日全国人大常委会［11 届 9 次］通过，2010 年 1 月 1 日起施行）

第 26 条　一方当事人因另一方当事人的行为或者其他原因，可能使裁决不能执行或者难以执行的，可以申请财产保全。

当事人申请财产保全的，农村土地承包仲裁委员会应当将当事人的申请提交被申请人住所地或者财产所在地的基层人民法院。

申请有错误的，申请人应当赔偿被申请人因财产保全所遭受的损失。

【法函［1997］97 号】　最高人民法院关于对粮棉油政策性收购资金是否可以采取财产保全措施问题的复函（1997 年 8 月 14 日答复山东高院"鲁法经［1997］33 号"请示）

同意你院请示的倾向性意见。粮棉油政策性收购资金是用于国家和地方专项储备的粮食、棉花、油料的收购、储备、调销资金和国家定购粮食、棉花收购资金。包括各级财政开支的直接用于粮棉油收购环节的价格补贴款、银行粮棉油政策性收购货款和粮棉油政策性收购企业的粮棉油调销回笼款。该资金只能用于粮棉油收购及相关费用支出。人民法院在审理涉及到政策性粮棉油收购业务之外的经济纠纷案件中，不宜对粮棉油政策性收购企业在中国农业发展银行及其代理行或经人民银行当地分行批准的其他金融机构开立账上的这类资金采取财产保全措施,以保证这类资金专款专用,促进农业的发展。

【法〔2000〕164号】　**最高人民法院关于对粮棉油政策性收购资金形成的粮棉油不宜采取财产保全措施和执行措施的通知**(2000年11月16日)

根据国务院国发〔1998〕15号《关于进一步深化粮食流通体制改革的决定》和国发〔1998〕42号《关于深化棉花流通体制改革的决定》以及《粮食收购条例》等有关法规和规范性文件的规定,人民法院在保全和执行国有粮棉油购销企业从事粮棉油政策性收购以外业务所形成的案件时,除继续执行我院法函〔1997〕97号《关于对粮棉油政策性收购资金是否可以采取财产保全措施问题的复函》外,对中国农业发展银行提供的粮棉油收购资金及由该项资金形成的库存的粮棉油不宜采取财产保全措施和执行措施。

【法释〔1998〕10号】　~~最高人民法院关于对案外人的财产能否进行保全问题的批复~~(1998年4月2日最高法审委会〔970次〕通过,1998年5月19日公布,答复湖北高院"鄂高法〔1996〕191号"请示,1998年5月26日起施行)[1]

最高人民法院法发〔1994〕29号《关于在经济审判工作中严格执行〈中华人民共和国民事诉讼法〉的若干规定》第14条[2]的规定与最高人民法院法发〔1992〕22号《关于适用〈中华人民共和国民事诉讼法〉若干问题的意见》第105条[3]的规定精神是一致的,均应当严格执行。

对于债务人的财产不能满足保全请求,但对案外人有到期债权的,人民法院可以依债权人的申请裁定该案外人不得对债务人清偿。该案外人对其到期债务没有异议并要求偿付的,由人民法院提存财物或价款。但是,人民法院不应对其财产采取保全措施。

【法释〔1998〕29号】　**最高人民法院关于诉前财产保全几个问题的批复**(1998年11月19日最高法审委会〔1030次〕通过,1998年11月27日公布,答复湖北高院"鄂高法〔1998〕63号"请示,1998年12月5日起施行)

---

① 本《批复》被《最高人民法院关于废止部分司法解释及相关规范性文件的决定》 (法释〔2020〕16号)宣布废止,2021年1月1日起施行。

② 注:法发〔1994〕29号《规定》(已废止)第14条:人民法院采取财产保全措施时,保全的范围应当限于当事人争议的财产,或者被告的财产。对案外人的财产不得采取保全措施,对案外人善意取得的与案件有关的财产,一般也不得采取财产保全措施;被申请人提供相应数额并有可供执行的财产作担保的,采取措施的人民法院应当及时解除财产保全。

③ 注:法发〔1992〕22号《意见》(已废止)第105条:债务人的财产不能满足保全请求,但对第三人有到期债权的,人民法院可以依债权人的申请裁定该第三人不得对本案债务人清偿。该第三人要求偿付的,由人民法院提存财物或价款。

一、人民法院受理当事人诉前财产保全申请后，应当按照诉前财产保全标的金额并参照《中华人民共和国民事诉讼法》关于级别管辖和专属管辖的规定，决定采取诉前财产保全措施。

二、采取财产保全措施的人民法院受理申请人的起诉后，发现所受理的案件不属于本院管辖的，应当将案件和财产保全申请费一并移送有管辖权的人民法院。

案件移送后，诉前财产保全裁定继续有效。

因执行诉讼前财产保全裁定而实际支出的费用，应由受诉人民法院在申请费中返还给作出诉前财产保全的人民法院。

【法〔1998〕65号】　最高人民法院关于全国部分法院知识产权审判工作座谈会纪要（1997年11月14-18日在苏州吴县召开，1998年7月20日印发）

二、关于严格诉讼程序问题

（五）财产保全和先予执行问题

与会同志认为，在审理知识产权民事纠纷案件中，严格依法适用财产保全或先予执行措施，对于制止侵权，防止权利损失扩大并保证生效判决的顺利执行具有重要意义。

人民法院采取财产保全或先予执行措施应当严格按照民事诉讼法的有关规定慎重进行。在采取财产保全或先予执行措施前，应当严格审查当事人是否提出了财产保全或者先予执行的申请并提供了可靠足够的担保；申请人享有的知识产权是否具有稳定的法律效力；被申请人的侵权事实是否明显；保全的范围是否合理，保全的方式是否适当，先予执行是否必要，被申请人是否有偿付能力等。对于不必要保全或者先予执行的，或者保全或先予执行结果会给被申请人的合法权益造成无法挽回的重大损失的，人民法院不应当采取财产保全或先予执行措施。

【法知字〔2000〕3号函】　最高人民法院对国家知识产权局《关于如何协助执行法院财产保全裁定的函》的答复意见（2000年1月28日答复国家知产局）

一、专利权作为无形财产，可以作为人民法院财产保全的对象，人民法院对专利权进行财产保全，应当向国家知识产权局送达协助执行通知书，写明要求协助执行的事项，以及对专利权财产保全的期限，并附人民法院作出的裁定书。根据《中华人民共和国民事诉讼法》第93条、第103条的规定，贵局有义务协助执行人民法院对专利权财产保全的裁定。

二、贵局来函中提出的具体意见第2条中拟要求人民法院提交"中止程序请求书"似有不妥。依据人民法院依法作出的财产保全民事裁定书和协助执行通知书，贵局即承担了协助执行的义务，在财产保全期间应当确保专利申请权或者专利权的法律状态不发生变更。在此前提下,贵局可以依据《专利法》和专利《审查指南》规定的程序,并根据法院要求协助执行的具体事项,自行决定中止有关专利程序。

三、根据最高人民法院《关于适用〈民事诉讼法〉若干问题的意见》第 102 条规定,对出质的专利权也可以采取财产保全措施,但质权人有优先受偿权。至于专利权人与被许可人已经签订的独占实施许可合同,则不影响专利权人的权利状态,也可以采取财产保全。

四、贵局协助人民法院对专利权进行财产保全的期限为 6 个月,到期可以续延。如到期未续延,该财产保全即自动解除。

【民三函字〔2000〕1 号】　最高人民法院对国家知识产权局《关于征求对协助执行专利申请权财产保全裁定的意见的函》的答复意见(2000 年 10 月 25 日答复国家知产局"国知发法函字〔2001〕第 115 号"函)

一、专利申请权属于专利申请人的一项财产权利,可以作为人民法院财产保全的对象。人民法院根据《民事诉讼法》有关规定采取财产保全措施时,需要对专利申请权进行保全的,应当向国家知识产权局发出协助执行通知书,载明要求保全的专利申请的名称、申请人、申请号、保全期限以及协助执行保全的内容,包括禁止变更著录事项、中止审批程序等,并附人民法院作出的财产保全民事裁定书。

二、对专利申请权的保全期限一次不得超过 6 个月,自国家知识产权局收到协助执行通知书之日起计算。如果期限届满仍然需要对该专利申请权继续采取保全措施的,人民法院应当在保全期限届满前向国家知识产权局重新发出协助执行通知书,要求继续保全。否则,视为自动解除对该专利申请权的财产保全。

三、贵局收到人民法院发出的对专利申请权采取财产保全措施的协助执行通知书后,应当确保在财产保全期间专利申请权的法律状态不发生改变。因此,应当中止被保全的专利申请的有关程序。同意贵局提出的比照《专利法实施细则》第 87 条(现第 104 条)的规定处理的意见。

【民三函字〔2001〕3 号】　最高人民法院民事审判第三庭关于对注册商标专用权进行财产保全和执行等问题的复函(2002 年 1 月 9 日答复国家工商行政管理总局商标局"商标变〔2001〕66 号"函询)

一、关于不同法院在同一天对同一注册商标进行保全的协助执行问题

根据民事诉讼法和我院有关司法解释的规定,你局在同一天内接到 2 份以上对同一注册商标进行保全的协助执行通知书时,应当按照收到文书的先后顺序,协助执行在先收到的协助执行通知书;同时收到文书无法确认先后顺序时,可以

告知有关法院按照《最高人民法院关于人民法院执行工作若干问题的规定（试行）》第125条关于"2个或2个以上人民法院在执行相关案件中发生争议的，应当协商解决。协商不成的，逐级报请上级法院，直至报请共同的上级法院协调处理"的规定进行协商以及报请协调处理。在有关法院协商以及报请协调处理期间，你局可以暂不办理协助执行事宜。

二、关于你局在依据法院的生效判决办理权利人变更手续过程中，另一法院要求协助保全注册商标的协助执行问题

《最高人民法院关于人民法院执行工作若干问题的规定（试行）》第88条第1款规定，各债权人对执行标的物均无担保物权的，按照执行法院采取执行措施的先后顺序受偿。根据这一规定，对于某一法院依据已经发生法律效力的裁判文书要求你局协助办理注册商标专用权权利人变更等手续后，另一法院对同一注册商标以保全原商标专用权人财产的名义再行保全，又无权利质押情形的，同意你局来函中提出的处理意见，即协助执行在先采取执行措施法院的裁判文书，并将协助执行的情况告知在后采取保全措施的法院。

三、关于法院已经保全注册商标后，另一法院宣告其注册人进入破产程序并要求你局再行协助保全该注册商标的问题

根据《中华人民共和国企业破产法（试行）》第11条的规定，人民法院受理破产案件后，对债务人财产的其他民事执行程序必须中止。人民法院应当按照这一规定办理相关案件。在具体处理问题上，你局可以告知审理破产案件的法院有关注册商标已被保全的情况，由该法院通知在先采取保全措施的法院自行解除保全措施。你局收到有关解除财产保全措施的通知后，应立即协助执行审理破产案件法院的裁定。你局也可以告知在先采取保全措施的法院有关商标注册人进入破产程序的情况，由其自行决定解除保全措施。

四、关于法院裁决将注册商标作为标的执行时应否适用商标法实施细则第21条规定的问题

根据商标法实施细则第21条的规定，转让注册商标的，商标注册人对其在同一种或者类似商品上注册的相同或者近似的商标，必须一并办理。法院在执行注册商标专用权的过程中，应当根据上述规定的原则，对注册商标及相同或者类似商品上相同和近似的商标一并进行评估、拍卖、变卖等，并在采取执行措施时，裁定将相同或近似注册商标一并予以执行。商标局在接到法院有关部门转让注册商标的裁定时，如发现无上述内容，可以告知执行法院，由执行法院补充裁定后再协助执行。

来函中所涉及的具体案件，可按照上述意见处理。

【法释［2000］32 号】 最高人民法院关于审理票据纠纷案件若干问题的规定（2000 年 2 月 24 日最高法审委会［1102 次］通过，2000 年 11 月 14 日公布，2000 年 11 月 21 日起施行；根据法释［2020］18 号《决定》修正，2021 年 1 月 1 日起施行）

第 7 条　人民法院在审理、执行票据纠纷案件时，对具有下列情形之一的票据，经当事人申请并提供担保，可以依法采取保全措施或者执行措施：（一）不履行约定义务，与票据债务人有直接债权债务关系的票据当事人所持有的票据；（二）持票人恶意取得的票据；（三）应付对价而未付对价的持票人持有的票据；（四）记载有"不得转让"字样而用于贴现的票据；（五）记载有"不得转让"字样而用于质押的票据；（六）法律或者司法解释规定有其他情形的票据。

【法释［2001］1 号】 最高人民法院关于人民法院对注册商标权进行财产保全的解释（2000 年 11 月 22 日最高法审委会［1144 次］通过，2001 年 1 月 2 日公布，2001 年 1 月 21 日起施行；根据法释［2020］19 号《决定》修正，2021 年 1 月 1 日起施行）

第 1 条　人民法院根据民事诉讼法有关规定采取财产保全措施时，需要对注册商标权进行保全的，应当向国家知识产权局/~~国家工商行政管理局~~商标局（以下简称商标局）发出协助执行通知书，载明要求商标局协助保全的注册商标的名称、注册人、注册证号码、保全期限以及协助执行保全的内容，包括禁止转让、注销注册商标、变更注册事项和办理商标权质押登记等事项。

第 3 条　人民法院对已经进行保全的注册商标权，不得重复进行保全。

【法释［2002］1 号】 最高人民法院关于审理商标案件有关管辖和法律适用范围问题的解释（2001 年 12 月 25 日最高法审委会［1203 次］通过，2002 年 1 月 9 日公布，2002 年 1 月 21 日起施行；根据法释［2020］19 号《决定》修正，2021 年 1 月 1 日起施行）

第 7 条　对商标法修改决定施行前发生的侵犯商标专用权行为，商标注册人或者利害关系人于该决定施行后在起诉前向人民法院提出申请采取责令停止侵权行为或者保全证据措施的，适用修改后商标法第 57 条、第 58 条（现第 65、66 条）[1]的规定。

---

①　注：《商标法》于 1993 年、2001 年、2013 年、2019 年 4 次修正，2001 年版《商标法》第 57、58 条已被修改为现第 65、66 条。但 2020 年修改法释［2002］1 号《解释》时，并未对援引的《商标法》条文序号进行修正或说明，使得本处极不好理解或易产生歧义，故本书特予以备注。

【主席令［2013］6号】 中华人民共和国商标法（1982年8月23日全国人大常委会［5届24次］通过，人大常委会令第10号公布，1983年3月1日起施行；2013年8月30日全国人大常委会［12届4次］三修，2014年5月1日起施行；根据主席令［2019］29号《决定》统修，2019年4月23日公布，2019年11月1日起施行）

第65条 商标注册人或者利害关系人有证据证明他人正在实施或者即将实施侵犯其注册商标专用权的行为，如不及时制止将会使其合法权益受到难以弥补的损害的，可以依法在起诉前向人民法院申请采取责令停止有关行为和财产保全的措施。

【法释［2003］10号】 最高人民法院关于审理期货纠纷案件若干问题的规定（2003年5月16日最高法审委会［1270次］通过，2003年6月18日公布，2003年7月1日起施行；根据法释［2020］18号《决定》修正，2021年1月1日起施行）

第58条 人民法院保全与会员资格相应的会员资格费或者交易席位，应当依法裁定不得转让该会员资格，但不得停止该会员交易席位的使用。人民法院在执行过程中，有权依法采取强制措施转让该交易席位。

第61条 客户、自营会员为债务人的，人民法院可以对其保证金、持仓依法采取保全和执行措施。

【法释［2005］13号】 最高人民法院关于审理信用证纠纷案件若干问题的规定（2005年10月24日最高法审委会［1368次］通过，2005年11月14日公布，2006年1月1日起施行；根据法释［2020］18号《决定》修正，2021年1月1日起施行）

第8条 凡有下列情形之一的，应当认定存在信用证欺诈：（一）受益人伪造单据或者提交记载内容虚假的单据；（二）受益人恶意不交付货物或者交付的货物无价值；（三）受益人和开证申请人或者其他第三方串通提交假单据，而没有真实的基础交易；（四）其他进行信用证欺诈的情形。

第9条 开证申请人、开证行或者其他利害关系人发现有本规定第8条的情形，并认为将会给其造成难以弥补的损害时，可以向有管辖权的人民法院申请中止支付信用证项下的款项。

第10条 人民法院认定存在信用证欺诈的，应当裁定中止支付或者判决终止支付信用证项下款项，但有下列情形之一的除外：（一）开证行的指定人、授权人已按照开证行的指令善意地进行了付款；（二）开证行或者其指定人、授权人已对信用证项下票据善意地作出了承兑；（三）保兑行善意地履行了付款义务；（四）议付行善意地进行了议付。

　　第 11 条　当事人在起诉前申请中止支付信用证项下款项符合下列条件的，人民法院应予受理：（一）受理申请的人民法院对该信用证纠纷案件享有管辖权；（二）申请人提供的证据材料证明存在本规定第 8 条的情形；（三）如不采取中止支付信用证项下款项的措施，将会使申请人的合法权益受到难以弥补的损害；（四）申请人提供了可靠、充分的担保；（五）不存在本规定第 10 条的情形。

　　当事人在诉讼中申请中止支付信用证项下款项的，应当符合前款第（二）、（三）、（四）、（五）项规定的条件。

　　第 12 条　人民法院接受中止支付信用证项下款项申请后，必须在 48 小时内作出裁定；裁定中止支付的，应当立即开始执行。

　　人民法院作出中止支付信用证项下款项的裁定，应当列明申请人、被申请人和第三人。

　　【法发［2011］15 号】　最高人民法院关于执行权合理配置和科学运行的若干意见（2011 年 10 月 19 日）（详见本书第 19 章"对执行的法院内部监督与协调"专辑）

　　15. 诉前、申请执行前的财产保全申请由立案机构进行审查并作出裁定；裁定保全的，移交执行局执行。

　　16. 诉中财产保全、先予执行的申请由相关审判机构审查并作出裁定；裁定财产保全或者先予执行的，移交执行局执行。

　　【主席令［2012］57 号】　中华人民共和国出境入境管理法（2012 年 6 月 30 日全国人大常委会［11 届 27 次］通过，2013 年 7 月 1 日起施行）

　　第 12 条　中国公民有下列情形之一的，不准出境……（三）有未了结的民事案件，人民法院决定不准出境的；……（五）可能危害国家安全和利益，国务院有关主管部门决定不准出境的；（六）法律、行政法规规定不准出境的其他情形。

　　第 28 条　外国人有下列情形之一的，不准出境：……（二）有未了结的民事案件，人民法院决定不准出境的；（三）拖欠劳动者的劳动报酬，经国务院有关部门或者省、自治区、直辖市人民政府决定不准出境的；（四）法律、行政法规规定不准出境的其他情形。

　　【主席令［2013］6 号】　中华人民共和国商标法（1982 年 8 月 23 日全国人大常委会［5 届 24 次］通过，人大常委会令第 10 号公布，1983 年 3 月 1 日起施行；2013 年 8 月 30 日全国人大常委会［12 届 4 次］三修，2014 年 5 月 1 日起施行；根据主席令［2019］29 号《决定》统修，2019 年 4 月 23 日公布，2019 年 11 月 1 日起施行）

第 65 条　商标注册人或者利害关系人有证据证明他人正在实施或者即将实施侵犯其注册商标专用权的行为，如不及时制止将会使其合法权益受到难以弥补的损害的，可以依法在起诉前向人民法院申请采取责令停止有关行为和财产保全的措施。

【法释〔2014〕1号】　最高人民法院关于审理涉及农村土地承包经营纠纷调解仲裁案件适用法律若干问题的解释（2013年12月27日最高法审委会〔1601次〕通过，2014年1月9日公布，2014年1月24日起施行；根据法释〔2020〕17号《决定》修正，2021年1月1日起施行）

第 4 条　农村土地承包仲裁委员会依法向人民法院提交当事人财产保全申请的，申请财产保全的当事人为申请人。

农村土地承包仲裁委员会应当提交下列材料：（一）财产保全申请书；（二）农村土地承包仲裁委员会发出的受理案件通知书；（三）申请人的身份证明；（四）申请保全财产的具体情况。

人民法院采取保全措施，可以责令申请人提供担保，申请人不提供担保的，裁定驳回申请。

第 5 条　人民法院对农村土地承包仲裁委员会提交的财产保全申请材料，应当进行审查。符合前条规定的，应予受理；申请材料不齐全或不符合规定的，人民法院应当告知农村土地承包仲裁委员会需要补齐的内容。

人民法院决定受理的，应当于3日内向当事人送达受理通知书并告知农村土地承包仲裁委员会。

第 6 条　人民法院受理财产保全申请后，应当在10日内作出裁定。因特殊情况需要延长的，经本院院长批准，可以延长5日。

人民法院接受申请后，对情况紧急的，必须在48小时内作出裁定；裁定采取保全措施的，应当立即开始执行。

第 7 条　农村土地承包经营纠纷仲裁中采取的财产保全措施，在申请保全的当事人依法提起诉讼后，自动转为诉讼中的财产保全措施，并适用《最高人民法院关于适用〈中华人民共和国民事诉讼法〉的解释》第487条关于查封、扣押、冻结期限的规定。

第 12 条　本解释施行后，人民法院尚未审结的一审、二审案件适用本解释规定。本解释施行前已经作出生效裁判的案件，本解释施行后依法再审的，不适用本解释规定。

【法释〔2015〕4号】　最高人民法院关于审理专利纠纷案件适用法律问题的若干规定（"法释〔2001〕21号"公布，2001年7月1日起施行；"法释〔2013〕9号"修正，2013年4月15日起施行；2015年1月19日最高法审委会

[1641 次] 修正，2015 年 2 月 1 日起施行；根据法释 [2020] 19 号《决定》修正，2021 年 1 月 1 日起施行。以本规为准）

第 8 条　人民法院决定中止诉讼，专利权人或者利害关系人请求责令被告停止有关行为或者采取其他制止侵权损害继续扩大的措施，并提供了担保，人民法院经审查符合有关法律规定的，可以在裁定中止诉讼的同时一并作出有关裁定。

第 9 条（第 3 款）　人民法院对出质的专利权可以采取财产保全措施，质权人的优先受偿权不受保全措施的影响；专利权人与被许可人已经签订的独占实施许可合同，不影响人民法院对该专利权进行财产保全。

（第 4 款）　人民法院对已经进行保全的专利权，不得重复进行保全。

【法释 [2016] 21 号】　最高人民法院关于民事执行中变更、追加当事人若干问题的规定（2016 年 8 月 29 日最高法审委会 [1691 次] 通过，2016 年 11 月 7 日公布，2016 年 12 月 1 日起施行；根据法释 [2020] 21 号《决定》修正，2021 年 1 月 1 日起施行。以本规为准）（详见本书第 243 条）

第 29 条　执行法院审查变更、追加被执行人申请期间，申请人申请对被申请人的财产采取查封、扣押、冻结措施的，执行法院应当参照民事诉讼法第 100 条（现第 103 条）的规定办理。

申请执行人在申请变更、追加第三人前，向执行法院申请查封、扣押、冻结该第三人财产的，执行法院应当参照民事诉讼法第 101 条（现第 104 条）的规定办理。

【法释 [2016] 22 号】　最高人民法院关于人民法院办理财产保全案件若干问题的规定（2016 年 10 月 17 日最高法审委会 [1696 次] 通过，2016 年 11 月 7 日公布，2016 年 12 月 1 日起施行；根据法释 [2020] 21 号《决定》修正，2021 年 1 月 1 日起施行。以本规为准）

第 1 条　当事人、利害关系人申请财产保全，应当向人民法院提交申请书，并提供相关证据材料。

申请书应当载明下列事项：（一）申请保全人与被保全人的身份、送达地址、联系方式；（二）请求事项和所根据的事实与理由；（三）请求保全数额或者争议标的；（四）明确的被保全财产信息或者具体的被保全财产线索；（五）为财产保全提供担保的财产信息或资信证明，或者不需要提供担保的理由；（六）其他需要载明的事项。

法律文书生效后，进入执行程序前，债权人申请财产保全的，应当写明生效法律文书的制作机关、文号和主要内容，并附生效法律文书副本。

第 2 条　人民法院进行财产保全，由立案、审判机构作出裁定，一般应当移送执行机构实施。

第3条　仲裁过程中，当事人申请财产保全的，应当通过仲裁机构向人民法院提交申请书及仲裁案件受理通知书等相关材料。人民法院裁定采取保全措施或者裁定驳回申请的，应当将裁定书送达当事人，并通知仲裁机构。

第4条　人民法院接受财产保全申请后，应当在5日内作出裁定；需要提供担保的，应当在提供担保后5日内作出裁定；裁定采取保全措施的，应当在5日内开始执行。对情况紧急的，必须在48小时内作出裁定；裁定采取保全措施的，应当立即开始执行。

第10条　当事人、利害关系人申请财产保全，应当向人民法院提供明确的被保全财产信息。

当事人在诉讼中申请财产保全，确因客观原因不能提供明确的被保全财产信息，但提供了具体财产线索的，人民法院可以依法裁定采取财产保全措施。

第11条　人民法院依照本规定第10条第2款规定作出保全裁定的，在该裁定执行过程中，申请保全人可以向已经建立网络执行查控系统的执行法院，书面申请通过该系统查询被保全人的财产。①

申请保全人提出查询申请的，执行法院可以利用网络执行查控系统，对裁定保全的财产或者保全数额范围内的财产进行查询，并采取相应的查封、扣押、冻结措施。

人民法院利用网络执行查控系统未查询到可供保全财产的，应当书面告知申请保全人。

第12条　人民法院对查询到的被保全人财产信息，应当依法保密。除依法保全的财产外，不得泄露被保全人其他财产信息，也不得在财产保全、强制执行以外使用相关信息。

第13条　被保全人有多项财产可供保全的，在能够实现保全目的的情况下，人民法院应当选择对其生产经营活动影响较小的财产进行保全。

人民法院对厂房、机器设备等生产经营性财产进行保全时，指定被保全人保管的，应当允许其继续使用。

第14条　被保全财产系机动车、航空器等特殊动产的，除被保全人下落不明的以外，人民法院应当责令被保全人书面报告该动产的权属和占有、使用等情况，并予以核实。

第15条　人民法院应当依据财产保全裁定采取相应的查封、扣押、冻结措施。

可供保全的土地、房屋等不动产的整体价值明显高于保全裁定载明金额的，

___
① 注：广东高院就此出台了详细指导意见，见本书第21章"被执行人财产查控"专辑。

人民法院应当对该不动产的相应价值部分采取查封、扣押、冻结措施，但该不动产在使用上不可分或者分割会严重减损其价值的除外。

对银行账户内资金采取冻结措施的，人民法院应当明确具体的冻结数额。

第16条　人民法院在财产保全中采取查封、扣押、冻结措施，需要有关单位协助办理登记手续的，有关单位应当在裁定书和协助执行通知书送达后立即办理。针对同一财产有多个裁定书和协助执行通知书的，应当按照送达的时间先后办理登记手续。

第17条　利害关系人申请诉前财产保全，在人民法院采取保全措施后30日内依法提起诉讼或者申请仲裁的，诉前财产保全措施自动转为诉讼或仲裁中的保全措施；进入执行程序后，保全措施自动转为执行中的查封、扣押、冻结措施。

依前款规定，自动转为诉讼、仲裁中的保全措施或者执行中的查封、扣押、冻结措施的，期限连续计算，人民法院无需重新制作裁定书。

第18条　申请保全人申请续行财产保全的，应当在保全期限届满7日前向人民法院提出；逾期申请或者不申请的，自行承担不能续行保全的法律后果。

人民法院进行财产保全时，应当书面告知申请保全人明确的保全期限届满日以及前款有关申请续行保全的事项。

第19条　再审审查期间，债务人申请保全生效法律文书确定给付的财产的，人民法院不予受理。

再审审理期间，原生效法律文书中止执行，当事人申请财产保全的，人民法院应当受理。

第20条　财产保全期间，被保全人请求对被保全财产自行处分，人民法院经审查，认为不损害申请保全人和其他执行债权人合法权益的，可以准许，但应当监督被保全人按照合理价格在指定期限内处分，并控制相应价款。

被保全人请求对作为争议标的的被保全财产自行处分的，须经申请保全人同意。

人民法院准许被保全人自行处分被保全财产的，应当通知申请保全人；申请保全人不同意的，可以依照民事诉讼法第225条（现第236条）规定提出异议。

第21条　保全法院在首先采取查封、扣押、冻结措施后超过1年未对被保全财产进行处分的，除被保全财产系争议标的外，在先轮候查封、扣押、冻结的执行法院可以商请保全法院将被保全财产移送执行。但司法解释另有特别规定的，适用其规定。

保全法院与在先轮候查封、扣押、冻结的执行法院就移送被保全财产发生争议的，可以逐级报请共同的上级法院指定该财产的执行法院。

共同的上级法院应当根据被保全财产的种类及所在地、各债权数额与被保全财产价值之间的关系等案件具体情况指定执行法院，并督促其在指定期限内处分被保全财产。

第28条 海事诉讼中，海事请求人申请海事请求保全，适用《中华人民共和国海事诉讼特别程序法》及相关司法解释。

【法释［2016］24号】 最高人民法院关于审理独立保函纠纷案件若干问题的规定（2016年7月11日最高法审委会［1688次］通过，2016年11月18日公布，2016年12月1日起施行；根据法释［2020］18号《决定》修正，2021年1月1日起施行）

第1条 本规定所称的独立保函，是指银行或非银行金融机构作为开立人，以书面形式向受益人出具的，同意在受益人请求付款并提交符合保函要求的单据时，向其支付特定款项或在保函最高金额内付款的承诺。

前款所称的单据，是指独立保函载明的受益人应提交的付款请求书、违约声明、第三方签发的文件、法院判决、仲裁裁决、汇票、发票等表明发生付款到期事件的书面文件。

独立保函可以依保函申请人的申请而开立，也可以依另一金融机构的指示而开立。开立人依指示开立独立保函的，可以要求指示人向其开立用以保障追偿权的独立保函。

第3条 保函具有下列情形之一，当事人主张保函性质为独立保函的，人民法院应予支持，但保函未载明据以付款的单据和最高金额的除外：（一）保函载明见索即付；（二）保函载明适用国际商会《见索即付保函统一规则》等独立保函交易示范规则；（三）根据保函文本内容，开立人的付款义务独立于基础交易关系及保函申请法律关系，其仅承担相符交单的付款责任。

当事人以独立保函记载了对应的基础交易为由，主张该保函性质为一般保证或连带保证的，人民法院不予支持。

当事人主张独立保函适用民法典关于一般保证或连带保证规定的，人民法院不予支持。

第12条 具有下列情形之一的，人民法院应当认定构成独立保函欺诈：（一）受益人与保函申请人或其他人串通，虚构基础交易的；（二）受益人提交的第三方单据系伪造或内容虚假的；（三）法院判决或仲裁裁决认定基础交易债务人没有付款或赔偿责任的；（四）受益人确认基础交易债务已得到完全履行或者确认独立保函载明的付款到期事件并未发生的；（五）受益人明知其没有付款请求权仍滥用该权利的其他情形。

第13条 独立保函的申请人、开立人或指示人发现有本规定第12条情形的，可以在提起诉讼或申请仲裁前，向开立人住所地或其他对独立保函欺诈纠纷案件具有管辖权的人民法院申请中止支付独立保函项下的款项，也可以在诉讼或仲裁过程中提出申请。

第 14 条　人民法院裁定中止支付独立保函项下的款项，必须同时具备下列条件：（一）止付申请人提交的证据材料证明本规定第 12 条情形的存在具有高度可能性；（二）情况紧急，不立即采取止付措施，将给止付申请人的合法权益造成难以弥补的损害；（三）止付申请人提供了足以弥补被申请人因止付可能遭受损失的担保。

止付申请人以受益人在基础交易中违约为由请求止付的，人民法院不予支持。

开立人在依指示开立的独立保函项下已经善意付款的，对保障该开立人追偿权的独立保函，人民法院不得裁定止付。

第 16 条（第 1 款）　人民法院受理止付申请后，应当在 48 小时内作出书面裁定。裁定应当列明申请人、被申请人和第三人，并包括初步查明的事实和是否准许止付申请的理由。

（第 2 款）　裁定中止支付的，应当立即执行。

第 25 条　本规定施行后尚未终审的案件，适用本规定；本规定施行前已经终审的案件，当事人申请再审或者人民法院按照审判监督程序再审的，不适用本规定。

【人社部发［2017］70 号】　人力资源社会保障部、最高人民法院关于加强劳动人事争议仲裁与诉讼衔接机制建设的意见（2017 年 11 月 8 日）

三、规范裁审程序衔接

（二）规范保全程序衔接。仲裁委员会对在仲裁阶段可能因用人单位转移、藏匿财产等行为致使裁决难以执行的，应告知劳动者通过仲裁机构向人民法院申请保全。劳动者申请保全的，仲裁委员会应及时向人民法院转交申请书及仲裁案件受理通知书等相关材料。人民法院裁定采取保全措施或者裁定驳回申请的，应将裁定书送达申请人，并通知仲裁委员会。

【法发［2018］9 号】　最高人民法院关于人民法院立案、审判与执行工作协调运行的意见（2018 年 5 月 28 日）

四、财产保全工作

16. 下列财产保全案件一般由立案部门编立"财保"字案号进行审查并作出裁定：

（1）利害关系人在提起诉讼或者申请仲裁前申请财产保全的案件；

（2）当事人在仲裁过程中通过仲裁机构向人民法院提交申请的财产保全案件；

（3）当事人在法律文书生效后进入执行程序前申请财产保全的案件。

当事人在诉讼中申请财产保全的案件，一般由负责审理案件的审判部门沿用诉讼案号进行审查并作出裁定。

当事人在上诉后二审法院立案受理前申请财产保全的案件，由一审法院审判部门审查并作出裁定。

17. 立案、审判部门作出的财产保全裁定，应当及时送交立案部门编立"执保"字案号的执行案件，立案后送交执行。

上级法院可以将财产保全裁定指定下级法院立案执行。

18. 财产保全案件的下列事项，由作出财产保全裁定的部门负责审查：（1）驳回保全申请；（2）准予撤回申请、按撤回申请处理；（3）变更保全担保；（4）续行保全、解除保全；（5）准许被保全人根据《最高人民法院关于人民法院办理财产保全案件若干问题的规定》第20条第1款规定申请自行处分被保全财产；（6）首先采取查封、扣押、冻结措施的保全法院将被保全财产移送给在先轮候查封、扣押、冻结的执行法院；（7）当事人或者利害关系人对财产保全裁定不服，申请复议；（8）对保全内容或者措施需要处理的其他事项。

采取保全措施后，案件进入下一程序的，由有关程序对应的受理部门负责审查前款规定的事项。判决生效后申请执行前进行续行保全的，由作出该判决的审判部门作出续行保全裁定。

19. 实施保全的部门负责执行财产保全案件的下列事项：

（1）实施、续行、解除查封、扣押、冻结措施；

（2）监督被保全人根据《最高人民法院关于人民法院办理财产保全案件若干问题的规定》第20条第1款规定自行处分被保全财产，并控制相应价款；

（3）其他需要实施的保全措施。

20. 保全措施实施后，实施保全的部门应当及时将财产保全情况通报作出财产保全裁定的部门，并将裁定、协助执行通知书副本等移送入卷。"执保"字案件单独立卷归档。

21. 保全财产不是诉讼争议标的物，案外人基于实体权利对保全裁定或者执行行为不服提出异议的，由负责审查案外人异议的部门根据民事诉讼法第227条（现第238条）的规定审查该异议。

【法释［2018］21号】 最高人民法院关于审查知识产权纠纷行为保全案件适用法律若干问题的规定（2018年11月26日最高法审委会［1755次］通过，2018年12月12日公布，2019年1月1日起施行；以本规为准）

第1条 本规定中的知识产权纠纷是指《民事案件案由规定》中的知识产权与竞争纠纷。

第2条　知识产权纠纷的当事人在判决、裁定或者仲裁裁决生效前,依据民事诉讼法第100条、第101条（现第103、104条）规定申请行为保全的,人民法院应当受理。

知识产权许可合同的被许可人申请诉前责令停止侵害知识产权行为的,独占许可合同的被许可人可以单独向人民法院提出申请;排他许可合同的被许可人在权利人不申请的情况下,可以单独提出申请;普通许可合同的被许可人经权利人明确授权以自己的名义起诉的,可以单独提出申请。

第3条　申请诉前行为保全,应当向被申请人住所地具有相应知识产权纠纷管辖权的人民法院或者对案件具有管辖权的人民法院提出。

当事人约定仲裁的,应当向前款规定的人民法院申请行为保全。

第4条　向人民法院申请行为保全,应当递交申请书和相应证据。申请书应当载明下列事项:(一) 申请人与被申请人的身份、送达地址、联系方式;(二) 申请采取行为保全措施的内容和期限;(三) 申请所依据的事实、理由,包括被申请人的行为将会使申请人的合法权益受到难以弥补的损害或者造成案件裁决难以执行等损害的具体说明;(四) 为行为保全提供担保的财产信息或资信证明,或者不需要提供担保的理由;(五) 其他需要载明的事项。

第5条　人民法院裁定采取行为保全措施前,应当询问申请人和被申请人,但因情况紧急或者询问可能影响保全措施执行等情形除外。

人民法院裁定采取行为保全措施或者裁定驳回申请的,应当向申请人、被申请人送达裁定书。向被申请人送达裁定书可能影响采取保全措施的,人民法院可以在采取保全措施后及时向被申请人送达裁定书,至迟不得超过5日。

当事人在仲裁过程中申请行为保全的,应当通过仲裁机构向人民法院提交申请书、仲裁案件受理通知书等相关材料。人民法院裁定采取行为保全措施或者裁定驳回申请的,应当将裁定书送达当事人,并通知仲裁机构。

第6条　有下列情况之一,不立即采取行为保全措施即足以损害申请人利益的,应当认定属于民事诉讼法第100条、第101条（现第103、104条）规定的"情况紧急":(一) 申请人的商业秘密即将被非法披露;(二) 申请人的发表权、隐私权等人身权利即将受到侵害;(三) 诉争的知识产权即将被非法处分;(四) 申请人的知识产权在展销会等时效性较强的场合正在或者即将受到侵害;(五) 时效性较强的热播节目正在或者即将受到侵害;(六) 其他需要立即采取行为保全措施的情况。

第7条　人民法院审查行为保全申请,应当综合考量下列因素:(一) 申请人的请求是否具有事实基础和法律依据,包括请求保护的知识产权效力是否稳定;(二) 不采取行为保全措施是否会使申请人的合法权益受到难以弥补的损害或者造成案件裁决难以执行等损害；（三）不采取行为保全措施对申请人造成的损害是否超过采取行为保全措施对被申请人造成的损害；（四）采取行为保全措施是否损害社会公共利益；（五）其他应当考量的因素。

第 8 条　人民法院审查判断申请人请求保护的知识产权效力是否稳定，应当综合考量下列因素：（一）所涉权利的类型或者属性；（二）所涉权利是否经过实质审查；（三）所涉权利是否处于宣告无效或者撤销程序中以及被宣告无效或者撤销的可能性；（四）所涉权利是否存在权属争议；（五）其他可能导致所涉权利效力不稳定的因素。

第 9 条　申请人以实用新型或者外观设计专利权为依据申请行为保全的，应当提交由国务院专利行政部门作出的检索报告、专利权评价报告或者专利复审委员会维持该专利权有效的决定。申请人无正当理由拒不提交的，人民法院应当裁定驳回其申请。

第 10 条　在知识产权与不正当竞争纠纷行为保全案件中，有下列情形之一的，应当认定属于民事诉讼法第 101 条（现第 104 条）规定的"难以弥补的损害"：（一）被申请人的行为将会侵害申请人享有的商誉或者发表权、隐私权等人身性质的权利且造成无法挽回的损害；（二）被申请人的行为将会导致侵权行为难以控制且显著增加申请人损害；（三）被申请人的侵权行为将会导致申请人的相关市场份额明显减少；（四）对申请人造成其他难以弥补的损害。

第 13 条　人民法院裁定采取行为保全措施的，应当根据申请人的请求或者案件具体情况等因素合理确定保全措施的期限。

裁定停止侵害知识产权行为的效力，一般应当维持至案件裁判生效时止。

人民法院根据申请人的请求、追加担保等情况，可以裁定继续采取保全措施。申请人请求续行保全措施的，应当在期限届满前 7 日内提出。

第 15 条　人民法院采取行为保全的方法和措施，依照执行程序相关规定处理。

第 19 条　申请人同时申请行为保全、财产保全或者证据保全的，人民法院应当依法分别审查不同类型保全申请是否符合条件，并作出裁定。

为避免被申请人实施转移财产、毁灭证据等行为致使保全目的无法实现，人民法院可以根据案件具体情况决定不同类型保全措施的执行顺序。

【法发［2019］34 号】　最高人民法院、司法部、中华全国律师协会关于深入推进律师参与人民法院执行工作的意见（2019 年 12 月 25 日）

4. 充分发挥律师在财产保全中的作用。代理律师应当向当事人充分释明诉讼风险，明确财产保全对其实现权益的重要性，引导当事人及时向人民法院申请财产保全。已经采取保全措施的，提示当事人可以在保全期限届满 7 日前向人民法院提出续行保全申请；符合解除保全情形的，提示当事人可以及时申请解除保全。

各级人民法院应当加大诉讼保全适用力度，简化保全工作流程，推广保全保险担保机制，为当事人申请保全提供便利。要公开申请保全的条件、方式和流程，对符合条件的财产保全申请，应当及时受理和采取保全措施，并告知申请保全人或代理律师保全裁定的内容、保全期限届满日及有关申请续行保全的事项，充分保障当事人及其代理律师的知情权、异议权、复议权。

【法〔2019〕254 号】　全国法院民商事审判工作会议纪要（"九民纪要"，2019 年 7 月 3-4 日在哈尔滨召开，2019 年 9 月 11 日最高法审委会民事行政专委会〔319 次〕通过，2019 年 11 月 8 日发布）

95.【**信托财产的诉讼保全**】信托财产在信托存续期间独立于委托人、受托人、受益人各自的固有财产。委托人将其财产委托给受托人进行管理，在信托依法设立后，该信托财产即独立于委托人未设立信托的其他固有财产。受托人因承诺信托而取得的信托财产，以及通过对信托财产的管理、运用、处分等方式取得的财产，均独立于受托人的固有财产。受益人对信托财产享有的权利表现为信托受益权，信托财产并非受益人的责任财产。因此，当事人因其与委托人、受托人或者受益人之间的纠纷申请对存管银行或者信托公司专门账户中的信托资金采取保全措施的，除符合《信托法》第 17 条规定的情形外，人民法院不应当准许。已经采取保全措施的，存管银行或者信托公司能够提供证据证明该账户为信托账户的，应当立即解除保全措施。对信托公司管理的其他信托财产的保全，也应当根据前述规则办理。

当事人申请对受益人的受益权采取保全措施的，人民法院应当根据《信托法》第 47 条的规定进行审查，决定是否采取保全措施。决定采取保全措施的，应当将保全裁定送达受托人和受益人。

96.【**信托公司固有财产的诉讼保全**】除信托公司作为被告外，原告申请对信托公司固有资金账户的资金采取保全措施的，人民法院不应准许。信托公司作为被告，确有必要对其固有财产采取诉讼保全措施的，必须强化善意执行理念，防范发生金融风险。要严格遵守相应的适用条件与法定程序，坚决杜绝超标的执行。在采取具体保全措施时，要尽量寻求依法平等保护各方利益的平衡点，优先采取方便执行且对信托公司正常经营影响最小的执行措施，能采取"活封""活扣"措施的，尽量不进行"死封""死扣"。在条件允许的情况下，可以为信托公司预留必要的流动资金和往来账户，最大限度降低对信托公司正常经营活动的不利影响。信托公司申请解除财产保全符合法律、司法解释规定情形的，应当在法定期限内及时解除保全措施。

【法释〔2020〕7号】 最高人民法院关于审理侵犯商业秘密民事案件适用法律若干问题的规定（2020年8月24日最高法审委会〔1810次〕通过，2020年9月10日公布，2020年9月12日起施行；以本规为准）

第15条 被申请人试图或者已经以不正当手段获取、披露、使用或者允许他人使用权利人所主张的商业秘密，不采取行为保全措施会使判决难以执行或者造成当事人其他损害，或者将会使权利人的合法权益受到难以弥补的损害的，人民法院可以依法裁定采取行为保全措施。

前款规定的情形属于民事诉讼法第100条、第101条（现第103、104条）所称情况紧急的，人民法院应当在48小时内作出裁定。

第29条（第2款） 本规定施行后，人民法院正在审理的一审、二审案件适用本规定；施行前已经作出生效裁判的案件，不适用本规定再审。

【法释〔2020〕9号】 最高人民法院关于涉网络知识产权侵权纠纷几个法律适用问题的批复（2020年8月24日最高法审委会〔1810次〕通过，2020年9月12日公布，2020年9月14日起施行）

一、知识产权权利人主张其权利受到侵害并提出保全申请，要求网络服务提供者、电子商务平台经营者迅速采取删除、屏蔽、断开链接等下架措施的，人民法院应当依法审查并作出裁定。

二、网络服务提供者、电子商务平台经营者收到知识产权权利人依法发出的通知后，应当及时将权利人的通知转送相关网络用户、平台内经营者，并根据构成侵权的初步证据和服务类型采取必要措施；未依法采取必要措施，权利人主张网络服务提供者、电子商务平台经营者对损害的扩大部分与网络用户、平台内经营者承担连带责任的，人民法院可以依法予以支持。

三、在依法转送的不存在侵权行为的声明到达知识产权权利人后的合理期限内，网络服务提供者、电子商务平台经营者未收到权利人已经投诉或者提起诉讼通知的，应当及时终止所采取的删除、屏蔽、断开链接等下架措施。因办理公证、认证手续等权利人无法控制的特殊情况导致的延误，不计入上述期限，但该期限最长不超过20个工作日。

六、本批复作出时尚未终审的案件，适用本批复；本批复作出时已经终审，当事人申请再审或者按照审判监督程序决定再审的案件，不适用本批复。

【法发〔2020〕12号】 最高人民法院关于依法妥善审理涉新冠肺炎疫情民事案件若干问题的指导意见（一）（2020年4月16日）

九、灵活采取保全措施。对于受疫情影响陷入困境的企业特别是中小微企业、个体工商户，可以采取灵活的诉讼财产保全措施或者财产保全担保方式，切实减轻企业负担,助力企业复工复产。

【主席令［2020］62号】　中华人民共和国著作权法（2020年11月11日全国人大常委会［13届23次］修订,2021年6月1日起施行）

第56条　著作权人或者与著作权有关的权利人有证据证明他人正在实施或者即将实施侵犯其权利、妨碍其实现权利的行为,如不及时制止将会使其合法权益受到难以弥补的损害的,可以在起诉前依法向人民法院申请采取财产保全、责令作出一定行为或者禁止作出一定行为等措施。

【国务院令［2013］632号】　计算机软件保护条例（2013年1月16日国务院第231次常务会议修订,2013年1月30日公布,2013年3月1日起施行）

第26条　软件著作权人有证据证明他人正在实施或者即将实施侵犯其权利的行为,如不及时制止,将会使其合法权益受到难以弥补的损害的,可以依照《中华人民共和国著作权法》第50条（现第56条）的规定,在提起诉讼前向人民法院申请采取责令停止有关行为和财产保全的措施。

【法［2020］272号】　民事诉讼程序繁简分流改革试点问答口径（二）（最高法2020年10月23日公布）

十八、诉前保全、执前保全、仲裁协助保全等保全案件,能否由法官1人独任审查?

答:可以。《民事诉讼法》及相关司法解释未对办理保全案件的审判组织作出明确规定。《最高人民法院关于人民法院办理财产保全案件若干问题的规定》第2条规定,"人民法院进行财产保全,由立案、审判机构作出裁定"。实践中,对于普通的诉前保全、执前保全、仲裁协助保全案件均可以由审判员1人办理,但如果存在案件重大、疑难、复杂、标的额巨大等情形的,可以组成合议庭审查保全申请。

【法释［2021］13号】　最高人民法院关于审理申请注册的药品相关的专利权纠纷民事案件适用法律若干问题的规定（2021年5月24日最高法审委会［1839次］通过,2021年7月4日公布,次日起施行;以本规为准）

第10条　专利权人或者利害关系人在专利法第76条①所称诉讼中申请行为保

---

① 《专利法》第76条:药品上市审评审批过程中,药品上市许可申请人与有关专利权人或者利害关系人,因申请注册的药品相关的专利权产生纠纷的,相关当事人可以向人民法院起诉,请求就申请注册的药品相关技术方案是否落入他人药品专利权保护范围作出判决。国务院药品监督管理部门在规定的期限内,可以根据人民法院生效裁判作出是否暂停批准相关药品上市的决定。// 药品上市许可申请人与有关专利权人或者利害关系人也可以就申请注册的药品相关的专利权纠纷,向国务院专利行政部门请求行政裁决。// 国务院药品监督管理部门会同国务院专利行政部门制定药品上市许可审批与药品上市许可申请阶段专利权纠纷解决的具体衔接办法,报国务院同意后实施。

全，请求禁止药品上市许可申请人在相关专利权有效期内实施专利法第 11 条①规定的行为的，人民法院依照专利法、民事诉讼法有关规定处理；请求禁止药品上市申请行为或者审评审批行为的，人民法院不予支持。

【法释〔2021〕22 号】　最高人民法院关于生态环境侵权案件适用禁止令保全措施的若干规定（2021 年 11 月 29 日最高法审委会〔1854 次〕通过，2021 年 12 月 27 日公布，2022 年 1 月 1 日起施行）②

第 1 条　申请人以被申请人正在实施或者即将实施污染环境、破坏生态行为，不及时制止将使申请人合法权益或者生态环境受到难以弥补的损害为由，依照民事诉讼法第 100 条、第 101 条（现第 103、104 条）规定，向人民法院申请采取禁止令保全措施，责令被申请人立即停止一定行为的，人民法院应予受理。

第 2 条　因污染环境、破坏生态行为受到损害的自然人、法人或者非法人组织，以及民法典第 1234 条、第 1235 条规定的"国家规定的机关或者法律规定的组织"，可以向人民法院申请作出禁止令。

第 3 条　申请人提起生态环境侵权诉讼时或者诉讼过程中，向人民法院申请作出禁止令的，人民法院应当在接受申请后五日内裁定是否准予。情况紧急的，人民法院应当在接受申请后 48 小时内作出。

因情况紧急，申请人可在提起诉讼前向污染环境、破坏生态行为实施地、损害结果发生地或者被申请人住所地等对案件有管辖权的人民法院申请作出禁止令，人民法院应当在接受申请后 48 小时内裁定是否准予。

第 4 条　申请人向人民法院申请作出禁止令的，应当提交申请书和相应的证明材料。

申请书应当载明下列事项：（一）申请人与被申请人的身份、送达地址、联系方式等基本情况；（二）申请禁止的内容、范围；（三）被申请人正在实施或者即将实施污染环境、破坏生态行为，以及如不及时制止将使申请人合法权益或者生态环境受到难以弥补损害的情形；（四）提供担保的财产信息，或者不需要提供担保的理由。

第 5 条　被申请人污染环境、破坏生态行为具有现实而紧迫的重大风险，如

---

①《专利法》第 11 条：发明和实用新型专利权被授予后，除本法另有规定的以外，任何单位或者个人未经专利权人许可，都不得实施其专利，即不得为生产经营目的制造、使用、许诺销售、销售、进口其专利产品，或者使用其专利方法以及使用、许诺销售、销售、进口依照该专利方法直接获得的产品。// 外观设计专利权被授予后，任何单位或者个人未经专利权人许可，都不得实施其专利，即不得为生产经营目的制造、许诺销售、销售、进口其外观设计专利产品。

② 注：本《规定》公布时，《民事诉讼法》已经修改并公布，但本《规定》第 1 条、第 12 条在援引《民事诉讼法》时仍引用了旧条文序号。

不及时制止将对申请人合法权益或者生态环境造成难以弥补损害的，人民法院应当综合考量以下因素决定是否作出禁止令：（一）被申请人污染环境、破坏生态行为被行政主管机关依法处理后仍继续实施；（二）被申请人污染环境、破坏生态行为对申请人合法权益或者生态环境造成的损害超过禁止被申请人一定行为对其合法权益造成的损害；（三）禁止被申请人一定行为对国家利益、社会公共利益或者他人合法权益产生的不利影响；（四）其他应当考量的因素。

第 6 条 人民法院审查申请人禁止令申请，应当听取被申请人的意见。必要时，可进行现场勘查。

情况紧急无法询问或者现场勘查的，人民法院应当在裁定准予申请人禁止令申请后 48 小时内听取被申请人的意见。被申请人意见成立的，人民法院应当裁定解除禁止令。

第 8 条 人民法院裁定准予申请人禁止令申请的，应当根据申请人的请求和案件具体情况确定禁止令的效力期间。

第 9 条 人民法院准予或者不准予申请人禁止令申请的，应当制作民事裁定书，并送达当事人，裁定书自送达之日起生效。

人民法院裁定准予申请人禁止令申请的，可以根据裁定内容制作禁止令张贴在被申请人住所地，污染环境、破坏生态行为实施地、损害结果发生地等相关场所，并可通过新闻媒体等方式向社会公开。

第 10 条 当事人、利害关系人对人民法院裁定准予或者不准予申请人禁止令申请不服的，可在收到裁定书之日起 5 日内向作出裁定的人民法院申请复议 1 次。人民法院应当在收到复议申请后 10 日内审查并作出裁定。复议期间不停止裁定的执行。

第 11 条 （见本书第 107 条）

第 12 条 被申请人不履行禁止令的，人民法院可依照民事诉讼法第 111 条（现第 114 条）的规定追究其相应法律责任。

第 13 条 侵权行为实施地、损害结果发生地在中华人民共和国管辖海域内的海洋生态环境侵权案件中，申请人向人民法院申请责令被申请人立即停止一定行为的，适用海洋环境保护法、海事诉讼特别程序法等法律和司法解释的相关规定。

【法释〔2022〕11 号】 最高人民法院关于适用《中华人民共和国民事诉讼法》的解释（"法释〔2015〕5 号"公布，2015 年 2 月 4 日起施行；根据法释〔2020〕20 号《决定》修正，2021 年 1 月 1 日起施行；2022 年 3 月 22 日最高法审委会〔1866 次〕修正，2022 年 4 月 1 日公布，2022 年 4 月 10 日起施行；以本规为准）

第 153 条 人民法院对季节性商品、鲜活、易腐烂变质以及其他不宜长期保

第一编 第九章

存的物品采取保全措施时，可以责令当事人及时处理，由人民法院保存价款；必要时，人民法院可予以变卖，保存价款。

第154条 人民法院在财产保全中采取查封、扣押、冻结财产措施时，应当妥善保管被查封、扣押、冻结的财产。不宜由人民法院保管的，人民法院可以指定被保全人负责保管；不宜由被保全人保管的，可以委托他人或者申请保全人保管。

查封、扣押、冻结担保物权人占有的担保财产，一般由担保物权人保管；由人民法院保管的，质权、留置权不因采取保全措施而消灭。

第155条 由人民法院指定被保全人保管的财产，如果继续使用对该财产的价值无重大影响，可以允许被保全人继续使用；由人民法院保管或者委托他人、申请保全人保管的财产，人民法院和其他保管人不得使用。

第156条 人民法院采取财产保全的方法和措施，依照执行程序相关规定办理。

第157条 人民法院对抵押物、质押物、留置物可以采取财产保全措施，但不影响抵押权人、质权人、留置权人的优先受偿权。

第158条 人民法院对债务人到期应得的收益，可以采取财产保全措施，限制其支取，通知有关单位协助执行。

第159条 债务人的财产不能满足保全请求，但对他人有到期债权的，人民法院可以依债权人的申请裁定该他人不得对本案债务人清偿。该他人要求偿付的，由人民法院提存财物或者价款。

第160条 当事人向采取诉前保全措施以外的其他有管辖权的人民法院起诉的，采取诉前保全措施的人民法院应当将保全手续移送受理案件的人民法院。诉前保全的裁定视为受移送人民法院作出的裁定。

第161条 对当事人不服一审判决提起上诉的案件，在第二审人民法院接到报送的案件之前，当事人有转移、隐匿、出卖或者毁损财产等行为，必须采取保全措施的，由第一审人民法院依当事人申请或者依职权采取。第一审人民法院的保全裁定，应当及时报送第二审人民法院。

第162条 第二审人民法院裁定对第一审人民法院采取的保全措施予以续保或者采取新的保全措施的，可以自行实施，也可以委托第一审人民法院实施。

再审人民法院裁定对原保全措施予以续保或者采取新的保全措施的，可以自行实施，也可以委托原审人民法院或者执行法院实施。

【法发〔2022〕2号】 最高人民法院关于充分发挥司法职能作用助力中小微企业发展的指导意见（2022年1月13日）

14.……对商品房预售资金监管账户、农民工工资专用账户和工资保证金账户内资金依法审慎采取保全、执行措施，支持保障相关部门防范应对房地产项目逾期交付风险，维护购房者合法权益，确保农民工工资支付到位。……

18. 依法审慎采取财产保全措施。对中小微企业等市场主体采取保全措施时，人民法院应当依照法律规定的标准和程序严格审查。经初步审查认为当事人的诉讼请求明显不能成立的，对其提出的保全申请，依法予以驳回。当事人明显超出诉讼请求范围申请保全的，对其超出部分的申请，不予支持。……

【法〔2022〕12号】　最高人民法院、住房和城乡建设部、中国人民银行关于规范人民法院保全执行措施确保商品房预售资金用于项目建设的通知（2022年1月11日）

一、商品房预售资金监管是商品房预售制度的重要内容，是保障房地产项目建设、维护购房者权益的重要举措。人民法院冻结预售资金监管账户的，应当及时通知当地住房和城乡建设主管部门。

人民法院对预售资金监管账户采取保全、执行措施时要强化善意文明执行理念，坚持比例原则，切实避免因人民法院保全、执行预售资金监管账户内的款项导致施工单位工程进度款无法拨付到位，商品房项目建设停止，影响项目竣工交付，损害广大购房人合法权益。

除当事人申请执行因建设该商品房项目而产生的工程建设进度款、材料款、设备款等债权案件之外，在商品房项目完成房屋所有权首次登记前，对于预售资金监管账户中监管额度内的款项，人民法院不得采取扣划措施。

二、商品房预售资金监管账户被人民法院冻结后，房地产开发企业、商品房建设工程款债权人、材料款债权人、租赁设备款债权人等请求以预售资金监管账户资金支付工程建设进度款、材料款、设备款等项目建设所需资金，或者购房人因购房合同解除申请退还购房款，经项目所在地住房和城乡建设主管部门审核同意的，商业银行应当及时支付，并将付款情况及时向人民法院报告。

住房和城乡建设主管部门应当依法妥善处理房地产开发企业等主体的资金使用申请，未尽监督审查义务违规批准用款申请，导致资金挪作他用，损害保全申请人或者执行申请人权利的，依法承担相应责任。

三、开设监管账户的商业银行接到人民法院冻结预售资金监管账户指令时，应当立即办理冻结手续。

商业银行对于不符合资金使用要求和审批手续的资金使用申请，不予办理支付、转账手续。商业银行违反法律规定或合同约定支付、转账的，依法承担相应责任。

四、房地产开发企业提供商业银行等金融机构出具的保函，请求释放预售资金监管账户相应额度资金的，住房和城乡建设主管部门可以予以准许。

预售资金监管账户被人民法院冻结，房地产开发企业直接向人民法院申请解除冻结并提供担保的，人民法院应当根据《中华人民共和国民事诉讼法》第 104 条、《最高人民法院关于适用〈中华人民共和国民事诉讼法〉的解释》第 167 条的规定审查处理。

五、人民法院工作人员在预售资金监管账户的保全、执行过程中，存在枉法裁判执行、违法查封随意解封、利用刑事手段插手民事经济纠纷等违法违纪问题的，要严肃予以查处。

住房和城乡建设主管部门、商业银行等相关单位工作人员在预售资金监管账户款项监管、划拨过程中，滥用职权、玩忽职守、徇私舞弊的，依法追究法律责任。

【法（复）〔2022〕号】　最高人民法院对 13 届全国人大 5 次会议第 6141 号建议的答复（2022 年 8 月 17 日答复《关于明确审慎冻结企业基本账户等规则的建议》）

关于所涉商品房预售资金监管账户问题。2022 年 1 月，最高人民法院联合住房和城乡建设部、中国人民银行出台《关于规范人民法院保全执行措施确保商品房预售资金用于项目建设的通知》，从依法保全、确保监管资金用于商品房开发等角度对人民法院的保全、执行行为进行规范，确保商品房预售资金用于有关项目建设，切实保护购房人与债权人合法权益。该规范还同时明确住房和城乡建设部门、相关商业银行职责，切实实现相关部门联动，通过强化行政部门的监管，确保商品房预售资金依法、依规用于预售商品房项目建设，保护购房人合法权益，维护国家金融秩序稳定。就目前我们所掌握的情况来看，该规范较好平衡了购房人和债权人的利益保护，实现了政治效果、法律效果、社会效果的有机统一。我们将继续监督指导地方法院贯彻落实好该通知精神。

关于企业银行基本账户能否保全问题，目前缺乏法律规定，执行实务领域存在不同做法，理论研究存在认识分歧。最高人民法院非常重视您的建议，已经对相关问题展开研究，并将继续开展以下工作：

一是强化理念指引，切实提高全国法院执行干警服务大局、为民司法意识。最高人民法院将持续要求全国各级人民法院在执行工作中对标党中央决策部署，切实找准做好"六稳"工作、落实"六保"任务等重要工作的结合点，进一步强化善意文明执行理念，坚持比例原则，尽量避免和纠正在对企业银行结算账户采取保全措施时对企业生产经营造成不利影响，维护社会经济、金融秩序平稳发展。

二是强化理论研究，力争尽快厘清所涉银行基本账户保全问题的理论基础。最高人民法院将以目前全国人大正在起草出台强制执行法为契机，强化所涉强制执行问题的基础理论研究，配合强制执行法出台和贯彻实施，及时对包括企业基本账户保全问题在内的所涉疑难执行问题研究出台规范性意见，为全国法院对涉企业基本账户采取保全措施提供可操作性的规范依据。

三是强化典型引领,加强指导性案例和经验做法的发布推广工作,为全国各级人民法院在对涉企业基本账户采取保全措施时提供案例指引。我们完全赞同您推广厦门中院典型做法的建议,将适时对厦门中院及其他地方法院的经验做法进行调研、总结、提炼,向全国其他法院推广。

四是强化信访监督工作,加强对企业基本账户采取保全行为影响企业正常生产经营的个案监督救济。最高人民法院将依托人民法院执行申诉信访办理系统,指导地方各级人民法院贯彻落实好《最高人民法院关于建立健全执行信访案件"接访即办"工作机制的意见》,对企业反映强烈的保全企业基本账户影响企业正常生产经营问题的案件,监督指导相关法院以服务大局、善意文明执行理念为指引,依法妥善处理,确保企业正常生产经营和债权人利益的保护依法实现平衡。

【法释［2023］13 号】　最高人民法院关于适用《中华人民共和国民法典》合同编通则若干问题的解释（2023 年 5 月 23 日最高法审委会［1889 次］通过,2023 年 12 月 4 日公布,次日 2023 年 12 月 5 日起施行）

第 46 条（第 3 款）　债权人依据其与债务人的诉讼、撤销权诉讼产生的生效法律文书申请强制执行的,人民法院可以就债务人对相对人享有的权利采取强制执行措施以实现债权人的债权。债权人在撤销权诉讼中,申请对相对人的财产采取保全措施的,人民法院依法予以准许。

● **指导案例　【法［2019］293 号】　最高人民法院第 22 批指导性案例**（2019 年 12 月 24 日）

（指导案例 115 号） 瓦莱奥清洗系统公司诉厦门卢卡斯汽车配件有限公司等侵害发明专利权纠纷案（最高法院 2019 年 3 月 27 日［2019］最高法知民终 2 号民事判决）

裁判要点:……2. 在专利侵权诉讼程序中,责令停止被诉侵权行为的行为保全具有独立价值。当事人既申请责令停止被诉侵权行为,又申请先行判决停止侵害,人民法院认为需要作出停止侵害先行判决的,应当同时对行为保全申请予以审查;符合行为保全条件的,应当及时作出裁定。

● **指导案例　【法［2023］230 号】　最高人民法院第 39 批指导性案例**（2023 年 12 月 7 日成文,2023 年 12 月 15 日发布）

（指导案例 217 号） 慈溪市博某塑料制品有限公司诉永康市联某工贸有限公司、浙江天某网络有限公司等侵害实用新型专利权纠纷案（2020 年 11 月 6 日［2020］最高法知民终 993 号民事裁定）

裁判要点： 1. 涉电子商务平台的知识产权侵权纠纷案件中，被诉侵权人向人民法院申请行为保全，请求责令电子商务平台经营者恢复链接或者服务的，人民法院应当予以审查。

2. 被诉侵权人因涉嫌侵害专利权被采取断开链接或者暂停服务等措施后，涉案专利权被宣告无效但相关专利确权行政诉讼尚未终结期间，被诉侵权人申请采取行为保全措施以恢复链接或者服务，其初步证明或者合理说明，不予恢复将导致其遭受市场竞争优势、商业机会严重丧失等无法弥补的损害，采取恢复链接或者服务的行为保全措施对权利人可能造成的损害不会超过不采取行为保全措施对被诉侵权人造成的损害，且不损害社会公共利益的，人民法院可以裁定准许。

● 入库案例 **【2023-01-2-392-001】** **新疆某管理咨询公司等诉上海某空间管理公司因申请财产保全损害责任纠纷案**（2020.02.25/［2020］最高法民辖终3号）

裁判要旨：《最高人民法院关于因申请诉中财产保全损害责任纠纷管辖问题的批复》规定，诉中财产保全损害责任纠纷之诉，由作出诉中财产保全裁定的人民法院管辖。该批复在表述中虽未涉及诉中行为保全，但诉中行为保全措施与诉中财产保全措施均规定在《中华人民共和国民事诉讼法》第100条（现第103条）中，二者在制度设置目的和功效上并无差别。故对于因诉中行为保全引起的损害责任纠纷案件，可以适用上述批复精神判定案件管辖法院。

● 公报案例 **（法公报［2022］1期）** **华为技术有限公司等与康文森无线许可有限公司确认不侵害专利权及标准必要专利许可纠纷案**（最高法院2020年9月11日民事裁定［2019］最高法知民终732、733、734号之一）①

裁判摘要： 一、对于具有"禁诉令"性质的行为保全申请，人民法院应当依照民事诉讼法第100条（现第103条）及《最高人民法院关于审查知识产权纠纷行为保全案件适用法律若干问题的规定》第7条的规定予以审查，重点考察被申请人在域外法院起诉或者申请执行域外法院判决对中国诉讼的审理和执行是否会产生实质影响、采取行为保全措施是否符合国际礼让原则等因素。关于被申请人在域外法院起诉或者申请执行域外法院判决对中国诉讼的审理和执行是否会产生实质影响，可以考虑中外诉讼的当事人是否基本相同、审理对象是否存在重叠、被申请人的域外诉讼行为效果是否会对中国诉讼造成干扰等。关于国际礼让原则，

---

① 该案被最高法选入"2020年度知识产权十大案例"。

可以考虑案件受理时间先后、案件管辖适当与否、对域外法院审理和裁判的影响适度与否等。二、禁止被申请人为一定行为的行为保全措施具有特殊性,如果被申请人拒不遵守行为保全裁定所确定的不作为义务,违法实施了改变原有状态的行为,则其故意违法行为构成对行为保全裁定的持续性违反和对原有状态的持续性改变,应视为其每日均实施了违法行为,可以视情处以每日罚款并按日累计。

（法公报［2022］2期）　OPPO广东移动通信有限公司等与夏普株式会社等标准必要专利许可纠纷管辖权异议纠纷案 *（见本章"知识产权纠纷管辖"专辑）* ①

● **文书格式**　【法［2016］221号】　民事诉讼文书样式（2016年2月22日最高法审委会［1679次］通过,2016年6月28日公布,2016年8月1日起施行）*（本书对格式略有调整）*

申请书（申请财产保全\行为保全）

申请人:×××,男/女,×年×月×日生,×族,……（写明工作单位和职务或职业）,住……。联系方式:……。（★申请人是法人或其他组织的,本段写明名称、住所）

法定代理人/指定代理人②:×××,……。（★申请人是法人或其他组织的,本段写明法定代表人、主要负责人及其姓名、职务、联系方式）

委托诉讼代理人:×××,……。（申请时已经委托诉讼代理人的,写明此项）

被申请人:×××,……。

（以上写明当事人和其他诉讼参与人的姓名或者名称等基本信息）

请求事项:

---

① 该案为颁发全球"禁诉令"并成功化解"反禁诉令"的典范。2020年夏普要求OPPO进行标准必要专利许可谈判。在谈判开始不久、NDA还未签订的情况下,夏普于2020年1月在日本东京法院起诉OPPO产品侵权,并要求法院发布针对OPPO日本公司的临时禁止令。随后又在德国慕尼黑、德国曼海姆、中国台湾等地对OPPO发起同样诉讼。OPPO认为夏普的行为违反了FRAND义务,遂于2020年2月向深圳中院提起诉讼,请求法院就夏普拥有的相关标准必要专利对OPPO进行许可的全球费率作出裁判。同时,鉴于夏普可能以"域外禁令"胁迫其谈判,OPPO申请行为保全。深圳中院一审裁定,夏普在本案终审判决之前,不得向其他国家、地区就本案所涉专利对OPPO公司提出新的诉讼或司法禁令,如有违反处每日罚款人民币100万元。在一审法院发布上述"禁诉令"7小时后,德国慕尼黑法院向OPPO下达了"反禁诉令",要求OPPO向中国法院申请撤回禁诉令。

围绕"禁诉令"和"反禁诉令",一审法院进行了法庭调查,固定了夏普违反行为保全裁定的事实和证据,并向其释明违反中国法院裁判的严重法律后果。最终,夏普无条件撤回了本案中的复议申请和向德国法院申请的"反禁诉令",同时表示将充分尊重和严格遵守中国法院的生效裁决。

② 注:申请人是无民事行为能力人或限制民事行为能力人的,应当写明法定代理人姓名、性别、出生日期、民族、职业、工作单位、住所、联系方式,在诉讼地位后括注与申请人的关系。

查封/扣押/冻结被申请人×××的……（写明保全财产的名称、性质、数量或数额、所在地等），期限至×年×月×日。

或者：请求××××人民法院……（写明行为保全事项）。

事实和理由：

……（写明相关的事实和理由；诉中申请的，同时写明当事人和案由）

申请人提供……（写明担保财产的名称、性质、数量或数额、所在地等）作为担保。①

此致：××人民法院

申请人（自然人签名或单位盖章）

×年×月×日

民事裁定书（依申请财产保全＼行为保全）

（××××）……财保＼行保……号（诉中保全的，案号同诉讼案件）

申请人：×××，……（写明姓名或名称、住所地等基本情况）。

被申请人：×××，……（写明姓名或名称、住所地等基本情况）。

担保人：×××，……（若有，写明姓名或名称、住所地等基本情况）。

……（写明当事人及案由）一案，申请人×××于×年×月×日向本院申请（诉讼＼诉前＼仲裁前）财产＼行为保全，请求……（写明申请采取财产＼行为保全措施的具体内容），并以本人/担保人×××的……（写明担保财产的名称、数量或者数额、所在地点等）提供担保。

本院经审查认为，……（写明采取财产＼行为保全措施的理由）。依照《中华人民共和国民事诉讼法》第103＼104条、第105条、第106条第1款规定，裁定如下：

查封/扣押/冻结被申请人×××的……（写明保全财产名称、数量或者数额、所在地点等），（或者其他行为保全措施），期限为……年/月/日（写明保全的期限）。

案件申请费……元，由……负担（写明当事人姓名或者名称、负担金额）。

本裁定立即开始执行。

如不服本裁定，可以自收到裁定书之日起5日内向本院申请复议一次。复议期间不停止裁定的执行。

（申请诉前或仲裁前财产保全的，写明本段：）申请人在人民法院采取保全措

---

① 注：利害关系人申请诉前保全的，应当提供担保。申请诉前保全的，应当提供担保；情况特殊的，人民法院可以酌情处理。在诉讼过程中当事人申请财产保全的，是否应当提供担保以及担保的数额，由人民法院根据案件的具体情况决定。

施后 30 日内不依法提起诉讼 \ 申请仲裁的, 本院将依法解除保全。

(代理) 审判员　×××　(非独任审判的, 落款为合议庭)

×年×月×日 (院印)

法官助理、书记员

民事裁定书 (依职权诉讼保全)

(××××) ……民×……号 (同诉讼案件案号)

原告:×××,……(写明姓名或名称、住所地等基本情况)。

被告:×××,……(写明姓名或名称、住所地等基本情况)。

……(写明当事人及案由) 一案, 本院于×年×月×日立案。

本院经审查认为,……(写明依职权采取诉讼保全措施的理由)。依照《中华人民共和国民事诉讼法》第 103 条第 1 款规定, 裁定如下:

……(写明保全措施、期限等)。

本裁定立即开始执行。

如不服本裁定, 可以自收到裁定书之日起 5 日内向本院申请复议一次。复议期间不停止裁定的执行。

(代理) 审判员　×××　(非独任审判的, 落款为合议庭)

×年×月×日 (院印)

法官助理、书记员

民事裁定书 (仲裁中财产保全)

(××××) ……财保……号

申请人:×××,……(写明姓名或名称、住所地等基本情况)。

被申请人:×××,……(写明姓名或名称、住所地等基本情况)。

担保人:×××,……(若有, 写明姓名或名称、住所地等基本情况)。

申请人×××于×年×月×日向××仲裁委员会申请财产保全, 请求对被申请人××
×……(写明申请采取财产保全措施的具体内容), 并以本人/担保人×××的……
(写明担保财产的名称、数量或者数额、所在地点等) 提供担保。×年×月×日, ×
×仲裁委员会将保全申请书、担保材料等提交本院。

本院经审查认为,……(写明采取财产保全措施的理由)。依照《中华人民共和国仲裁法》第 28 条、《中华人民共和国民事诉讼法》第 106 条第 1 款规定, 裁定如下:

查封/扣押/冻结被申请人×××的……(写明保全财产名称、数量或者数额、所在地点等), 期限为……年/月/日 (写明保全的期限)。

案件申请费……元, 由……负担 (写明当事人姓名或者名称、负担金额)。

本裁定立即开始执行。

第一编　第九章

如不服本裁定，可以自收到裁定书之日起 5 日内向本院申请复议一次。复议期间不停止裁定的执行。

（代理）审判员　×××（非独任审判的，落款为合议庭）

×年×月×日（院印）

法官助理、书记员

指定保管人通知书（财产保全指定保管人）

（××××）……号①

×××（写明保管人姓名或名称）：

……（写明当事人及案由）一案，本院作出（××××）……号财产保全民事裁定，查封/扣押/冻结×××的……（写明保全财产名称、数量或者数额、所在地点等），因保全财产不宜由人民法院保管，依照《最高人民法院关于适用〈中华人民共和国民事诉讼法〉的解释》第 154 条、第 155 条规定，通知如下：

指定×××负责保管被保全财产。在保全期间，对被保全的财产应当妥善保管，可以/不得使用，不得转移，不得设定权利负担，也不得有其他妨碍行为。

特此通知。

×年×月×日（院印）

委托保全函（二审委托原法院采取保全措施）

（××××）……民×……号（同诉讼案件案号）

××人民法院：

……（写明当事人及案由）一案，本院作出（××××）……号财产保全/行为保全民事裁定。依照《最高人民法院关于适用〈中华人民共和国民事诉讼法〉的解释》第 162 条规定，委托你院采取保全措施。请接到本函后，立即进行保全，并将保全情况及时函复我院。

联系人：……（写明姓名、部门、职务）　　　　联系电话：……

联系地址：……

附：1. 诉讼案件立案材料

2.（××××）……民×……号财产保全/行为保全民事裁定书

3. 有关委托保全财产情况的材料

×年×月×日（院印）

---

① 在诉讼中变更保全的，用诉讼案件类型代字；其他变更保全的，用保全裁定的类型代字。

【法释〔2021〕22 号】　最高人民法院关于生态环境侵权案件适用禁止令保全措施的若干规定 （正文内容见 "相关规定" 部分;本部分内容为附件,本书已修正了援引的法条序号,并删略了题头的 "××人民法院" 字样）

民事裁定书（诉前\诉中禁止令）

（××××）……民初……号①

申请人:×××,……（写明姓名或名称、住所地等基本情况）。

被申请人:×××,……（写明姓名或名称、住所地等基本情况）。

因被申请人×××…（写明具体的生态环境侵权行为）\ 因与被申请人×××…（写明案由）纠纷一案,申请人×××向本院申请作出禁止令,责令被申请人×××……（写明申请作出禁止令的具体请求事项）。

本院认为:……（写明是否符合作出禁止令的条件,以及相应的事实理由）。依照《中华人民共和国民事诉讼法》第 104 条\第 103 条,《最高人民法院关于生态环境侵权案件适用禁止令保全措施的若干规定》第 3 条第 2 款\第 1 款、第 8 条、第 9 条第 1 款的规定,裁定如下:

一、……被申请人×××自本裁定生效之日……（写明效力期间②及要求人立即停止实施的具体行为）。

二、……（若禁止实施的具体行为不止 1 项,依次写明）。

（不准予申请人禁止令申请的,写明 "驳回申请人×××的禁止令申请。"）

如不服本裁定,可在裁定书送达之日起 5 日内,向本院申请复议 1 次。复议期间,不停止裁定的执行。

本裁定送达后即发生法律效力。

（合议庭成员署名）
×年×月×日（院印）
法官助理、书记员

禁止令（张贴公示）

（××××）……民初……号③

×××（写明被申请人姓名或名称）:

申请人×××以你（你单位）……（申请理由）为由,于×年×月×日向本院申

---

① 注:当事人申请诉中禁止令的,案号与正在进行的一审或二审民事诉讼案号相同。

② 注:禁止令的效力期间原则上自裁定生效之日起至案件终审裁判文书生效或者人民法院裁定解除之日止;若根据个案实际情况确定了具体的效力期间,亦应在裁定书中予以明确。期间届满,禁止令自动终止。

③ 注:诉中禁止令,案号与正在审理案件案号相同;诉前禁止令则案号为（××××）……行保……号。

请作出禁止令。本院经审查，于×年×月×日作出××号民事裁定，准予申请人×××的禁止令申请。现责令：

……（裁定书主文内容）。

此令。

×年×月×日（院印）

（本书汇）【保全担保】

（插）第 103 条（第 2 款） [19910409]　**【诉讼保全担保】**人民法院决定采取财产 [20130101]/诉讼保全措施，可以责令申请人提供担保，申请人不提供/拒绝担保的，裁定 [20130101] 驳回申请。

（复）第 104 条（第 1 款） [19910409]　**【诉前保全担保】**……（诉前保全）申请人应当提供担保，不提供担保的，裁定驳回申请。

（复）第 110 条（第 2 款）　**【先予执行担保】**人民法院可以责令申请人提供担保，申请人不提供担保的，驳回申请。……

● **相关规定**　**【法发［2003］25 号】**　人民法院民事诉讼风险提示书（2003 年12 月 23 日最高法审委会［1302 次］通过，次日公布，2003 年 12 月 24 日起施行）

七、申请财产保全不符合规定

当事人申请财产保全，应当按规定交纳保全费用而没有交纳的，人民法院不会对申请保全的财产采取保全措施。

当事人提出财产保全申请，未按人民法院要求提供相应财产担保的，人民法院将依法驳回其申请。

申请人申请财产保全有错误的，将要赔偿被申请人因财产保全所受到的损失。

【司发通［2005］77 号】　最高人民法院、司法部关于民事诉讼法律援助工作的规定（2005 年 9 月 22 日印发，2005 年 12 月 1 日起施行）

第 11 条　法律援助案件的受援人依照民事诉讼法的规定申请先予执行，人民法院裁定先予执行的，可以不要求受援人提供相应的担保。

【法释［2014］1 号】　最高人民法院关于审理涉及农村土地承包经营纠纷调解仲裁案件适用法律若干问题的解释（2013 年 12 月 27 日最高法审委会［1601次］通过，2014 年 1 月 9 日公布，2014 年 1 月 24 日起施行；根据法释［2020］17 号《决定》修正，2021 年 1 月 1 日起施行）

民事诉讼法全厚细

第4条（第3款）　人民法院采取保全措施，可以责令申请人提供担保，申请人不提供担保的，裁定驳回申请。

【法释［2016］22号】　最高人民法院关于人民法院办理财产保全案件若干问题的规定（2016年10月17日最高法审委会［1696次］通过，2016年11月7日公布，2016年12月1日起施行；根据法释［2020］21号《决定》修正，2021年1月1日起施行。以本规为准）

第5条（第1款）　人民法院依照民事诉讼法第100条（现第103条）规定责令申请保全人提供财产保全担保的，担保数额不超过请求保全数额的30%；申请保全的财产系争议标的的，担保数额不超过争议标的的价值的30%。

（第2款）　利害关系人申请诉前财产保全的，应当提供相当于请求保全数额的担保；情况特殊的，人民法院可以酌情处理。

第6条　申请保全人或第三人为财产保全提供财产担保的，应当向人民法院出具担保书。担保书应当载明担保人、担保方式、担保范围、担保财产及其价值、担保责任承担等内容，并附相关证据材料。

第三人为财产保全提供保证担保的，应当向人民法院提交保证书。保证书应当载明保证人、保证方式、保证范围、保证责任承担等内容，并附相关证据材料。

对财产保全担保，人民法院经审查，认为违反民法典/物权法、担保法、公司法等有关法律禁止性规定的，应当责令申请保全人在指定期限内提供其他担保；逾期未提供的，裁定驳回申请。

第7条（第1款）　保险人以其与申请保全人签订财产保全责任险合同的方式为财产保全提供担保的，应当向人民法院出具担保书。

第8条　金融监管部门批准设立的金融机构以独立保函形式为财产保全提供担保的，人民法院应当依法准许。

第9条　当事人在诉讼中申请财产保全，有下列情形之一的，人民法院可以不要求提供担保：（一）追索赡养费、扶养费、抚育费、抚恤金、医疗费用、劳动报酬、工伤赔偿、交通事故人身损害赔偿的；（二）婚姻家庭纠纷案件中遭遇家庭暴力且经济困难的；（三）人民检察院提起的公益诉讼涉及损害赔偿的；（四）因见义勇为遭受侵害请求损害赔偿的；（五）案件事实清楚、权利义务关系明确，发生保全错误可能性较小的；（六）申请保全人为商业银行、保险公司等由金融监管部门批准设立的具有独立偿付债务能力的金融机构及其分支机构的。

法律文书生效后，进入执行程序前，债权人申请财产保全的，人民法院可以不要求提供担保。

【法释［2018］21 号】　最高人民法院关于审查知识产权纠纷行为保全案件适用法律若干问题的规定（2018 年 11 月 26 日最高法审委会［1755 次］通过，2018 年 12 月 12 日公布，2019 年 1 月 1 日起施行；以本规为准）

第 11 条（第 1 款）　申请人申请行为保全的，应当依法提供担保。

（第 2 款）　申请人提供的担保数额，应当相当于被申请人可能因执行行为保全措施所遭受的损失，包括责令停止侵权行为所涉产品的销售收益、保管费用等合理损失。

【法释［2020］26 号】　最高人民法院关于审理劳动争议案件适用法律问题的解释（一）（2020 年 12 月 25 日最高法审委会［1825 次］通过，2020 年 12 月 29 日公布，2021 年 1 月 1 日起施行）（另见本书第 51 条）

第 49 条（第 1 款）　在诉讼过程中，劳动者向人民法院申请采取财产保全措施，人民法院经审查认为申请人经济确有困难，或者有证据证明用人单位存在欠薪逃匿可能的，应当减轻或者免除劳动者提供担保的义务，及时采取保全措施。

【法［2020］185 号】　全国法院审理债券纠纷案件座谈会纪要（2019 年 12 月 24 日在北京召开，邀请全国人大常委会法工委、司法部、国家发改委、央行、证监会等单位参会，最高法 2020 年 7 月 15 日印发）

13. 允许金融机构以自身信用提供财产保全担保。诉讼中，对证券公司、信托公司、基金公司、期货公司等由金融监管部门批准设立的具有独立偿付债务能力的金融机构及其分支机构以其自身财产作为信用担保的方式提出的财产保全申请，根据《最高人民法院关于人民法院办理财产保全案件若干问题的规定》（法释［2016］22 号）第 9 条规定的精神，人民法院可以予以准许。

【法释［2021］22 号】　最高人民法院关于生态环境侵权案件适用禁止令保全措施的若干规定（2021 年 11 月 29 日最高法审委会［1854 次］通过，2021 年 12 月 27 日公布，2022 年 1 月 1 日起施行）①

第 7 条　申请人在提起诉讼时或者诉讼过程中申请禁止令的，人民法院可以责令申请人提供担保，不提供担保的，裁定驳回申请。

申请人提起诉讼前申请禁止令的，人民法院应当责令申请人提供担保，不提供担保的，裁定驳回申请。

---

① 注：本《规定》公布时，《民事诉讼法》已经修改并公布，但本《规定》第 1 条、第 12 条在援引《民事诉讼法》时仍引用了旧条文序号。

【法释［2022］11 号】　最高人民法院关于适用《中华人民共和国民事诉讼法》的解释（"法释［2015］5 号"公布，2015 年 2 月 4 日起施行；根据法释［2020］20 号《决定》修正，2021 年 1 月 1 日起施行；2022 年 3 月 22 日最高法审委会［1866 次］修正，2022 年 4 月 1 日公布，2022 年 4 月 10 日起施行；以本规为准）

第 152 条　人民法院依照民事诉讼法第 103 条、第 104 条规定，在采取诉前保全、诉讼保全措施时，责令利害关系人或者当事人提供担保的，应当书面通知。

利害关系人申请诉前保全的，应当提供担保。申请诉前财产保全的，应当提供相当于请求保全数额的担保；情况特殊的，人民法院可以酌情处理。申请诉前行为保全的，担保的数额由人民法院根据案件的具体情况决定。

在诉讼中，人民法院依申请或者依职权采取保全措施的，应当根据案件的具体情况，决定当事人是否应当提供担保以及担保的数额。

第 164 条　对申请保全人或者他人提供的担保财产，人民法院应当依法办理查封、扣押、冻结等手续。

● **指导案例**　**【法［2023］230 号】　最高人民法院第 39 批指导性案例**（2023 年 12 月 7 日成文，2023 年 12 月 15 日发布）

（**指导案例 217 号**）慈溪市博某塑料制品有限公司诉永康市联某工贸有限公司、浙江天某网络有限公司等侵害实用新型专利权纠纷案（2020 年 11 月 6 日［2020］最高法知民终 993 号民事裁定）

裁判要点：3. 人民法院采取前述行为保全措施（见本书第 106 条），可以责令被诉侵权人在本案判决生效前不得提取其通过电子商务平台销售被诉侵权产品的收款账户中一定数额款项作为担保。提供担保的数额应当综合考虑权利人的赔偿请求额、采取保全措施错误可能给权利人造成的损失、采取保全措施后被诉侵权人的可得利益等情况合理确定。担保金可以采取固定担保金加动态担保金的方式。

● **文书格式**　**【法［2016］221 号】　民事诉讼文书样式**（2016 年 2 月 22 日最高法审委会［1679 次］通过，2016 年 6 月 28 日公布，2016 年 8 月 1 日起施行）（本书对格式略有调整）

提供担保通知书（责令提供担保）

（××××）……号①

×××（写明保全或者先予执行申请人姓名或者名称）：

---

① 在诉讼中，用诉讼案件类型代字；其他情形，用财保/行保/执保的类型代字。

……（写明当事人及案由）一案，你/你单位于×年×月×日向本院申请财产保全/行为保全/先予执行。依照《中华人民共和国民事诉讼法》第103条/第104条/第110条、《最高人民法院关于适用〈中华人民共和国民事诉讼法〉的解释》第152条规定，你/你单位应当在接到本通知书之日起××日内向本院提供……（写明担保方式、担保金额等）。逾期不提供担保的，本院将裁定驳回保全/先予执行申请。

特此通知。

×年×月×日（院印）

担保书（案外人提供保全或者先予执行担保用）①

担保人：×××，男/女，×年×月×日生，×族，……（写明工作单位和职务或职业），住……。联系方式：……。（★担保人是法人或其他组织的，本段写明名称、住所，另一行写明法定代表人、主要负责人及其姓名、职务、联系方式）

担保事项：

担保人以……（写明担保财产的名称、性质、数量或数额、所在地点等）作为担保财产，为申请人/被申请人×××提供……（写明担保范围）的财产担保。

事实和理由：

……（写明相关的事实和理由）

此致：××人民法院

担保人（自然人签名或单位盖章）

×年×月×日

（插）<u>第104条（第3款）</u>[19910409] 【不告诉解除保全】申请人在人民法院采取保全措施后 <u>30日内不依法提起诉讼或者申请仲裁</u>/~~15日内不起诉~~[20130101] 的，人民法院应当解除~~财产~~[20130101] 保全。

<u>第107条</u>[19910409] 【反担保解除保全】财产纠纷案件，[20130101] 被申请人提供担保的，人民法院应当裁定[20130101] 解除 ~~财产~~[20130101] 保全。②

（本书汇）【保全期限与解除条件】

---

① 注：当事人提供本人的财产担保的，直接写入申请书，不必另外提交担保书。
② 注：法释〔2022〕11号《解释》第166条规定了解除保全的另外4种情形。

● **相关规定** 　**【法释［2001］1号】** 　最高人民法院关于人民法院对注册商标权进行财产保全的解释（2000 年 11 月 22 日最高法审委会［1144 次］通过，2001 年 1 月 2 日公布，2001 年 1 月 21 日起施行；根据法释［2020］19 号《决定》修正，2021 年 1 月 1 日起施行）

第 2 条　对注册商标权保全的期限一次不得超过 ~~1 年~~/6 个月，自商标局收到协助执行通知书之日起计算。如果仍然需要对该注册商标权继续采取保全措施的，人民法院应当在保全期限届满前向商标局重新发出协助执行通知书，要求继续保全。否则，视为自动解除对该注册商标权的财产保全。

【主席令［2006］54号】 　中华人民共和国企业破产法（2006 年 8 月 27 日全国人大［10 届 23 次］通过，2007 年 6 月 1 日起施行）（详见本书第 22 章"重组与破产"专辑）

第 19 条　人民法院受理破产申请后，有关债务人财产的保全措施应当解除，执行程序应当中止。

【法释［2015］4号】 　最高人民法院关于审理专利纠纷案件适用法律问题的若干规定（"法释［2001］21 号"公布，2001 年 7 月 1 日起施行；"法释［2013］9 号"修正，2013 年 4 月 15 日起施行；2015 年 1 月 19 日最高法审委会［1641 次］修正，2015 年 2 月 1 日起施行；根据法释［2020］19 号《决定》修正，2021 年 1 月 1 日起施行。以本规为准）

第 9 条（第 1 款）　人民法院对专利权进行财产保全，应当向国务院专利行政部门发出协助执行通知书，载明要求协助执行的事项，以及对专利权保全的期限，并附人民法院作出的裁定书。

（第 2 款）　对专利权保全的期限一次不得超过 6 个月，自国务院专利行政部门收到协助执行通知书之日起计算。如果仍然需要对该专利权继续采取保全措施的，人民法院应当在保全期限届满前向国务院专利行政部门另行送达继续保全的协助执行通知书。保全期限届满前未送达的，视为自动解除对该专利权的财产保全。

【法释［2016］22号】 　最高人民法院关于人民法院办理财产保全案件若干问题的规定（2016 年 10 月 17 日最高法审委会［1696 次］通过，2016 年 11 月 7 日公布，2016 年 12 月 1 日起施行；根据法释［2020］21 号《决定》修正，2021 年 1 月 1 日起施行。以本规为准）

第 5 条（第 3 款）　财产保全期间，申请保全人提供的担保不足以赔偿可能给被保全人造成的损失的，人民法院可以责令其追加相应的担保；拒不追加的，可以裁定解除或者部分解除保全。

第 22 条 财产纠纷案件，被保全人或第三人提供充分有效担保请求解除保全，人民法院应当裁定准许。被保全人请求对作为争议标的的财产解除保全的，须经申请保全人同意。

第 23 条 人民法院采取财产保全措施后，有下列情形之一的，申请保全人应当及时申请解除保全：（一）采取诉前财产保全措施后 30 日内不依法提起诉讼或者申请仲裁的；（二）仲裁机构不予受理仲裁申请、准许撤回仲裁申请或者按撤回仲裁申请处理的；（三）仲裁申请或者请求被仲裁裁决驳回的；（四）其他人民法院对起诉不予受理、准许撤诉或者按撤诉处理的；（五）起诉或者诉讼请求被其他人民法院生效裁判驳回的；（六）申请保全人应当申请解除保全的其他情形。

人民法院收到解除保全申请后，应当在 5 日内裁定解除保全；对情况紧急的，必须在 48 小时内裁定解除保全。

申请保全人未及时申请人民法院解除保全，应当赔偿被保全人因财产保全所遭受的损失。

被保全人申请解除保全，人民法院经审查认为符合法律规定的，应当在本条第 2 款规定的期间内裁定解除保全。

第 27 条（第 2 款） 人民法院裁定案外人异议成立后，申请保全人在法律规定的期间内未提起执行异议之诉的，人民法院应当自起诉期限届满之日起 7 日内对该被保全财产解除保全。

【法释［2016］24 号】 最高人民法院关于审理独立保函纠纷案件若干问题的规定（2016 年 7 月 11 日最高法审委会［1688 次］通过，2016 年 11 月 18 日公布，2016 年 12 月 1 日起施行；根据法释［2020］18 号《决定》修正，2021 年 1 月 1 日起施行）

第 16 条（第 3 款） 止付申请人在止付裁定作出后 30 日内未依法提起独立保函欺诈纠纷诉讼或申请仲裁的，人民法院应当解除止付裁定。

【法释［2018］21 号】 最高人民法院关于审查知识产权纠纷行为保全案件适用法律若干问题的规定（2018 年 11 月 26 日最高法审委会［1755 次］通过，2018 年 12 月 12 日公布，2019 年 1 月 1 日起施行；以本规为准）

第 11 条（第 3 款） 在执行行为保全措施过程中，被申请人可能因此遭受的损失超过申请人担保数额的，人民法院可以责令申请人追加相应的担保。申请人拒不追加的，可以裁定解除或者部分解除保全措施。

第 12 条 人民法院采取的行为保全措施，一般不因被申请人提供担保而解除，但是申请人同意的除外。

第 16 条 有下列情形之一的，应当认定属于民事诉讼法第 105 条 （现第 108

条）规定的"申请有错误"：（一）申请人在采取行为保全措施后 30 日内不依法提起诉讼或者申请仲裁；（二）行为保全措施因请求保护的知识产权被宣告无效等原因自始不当；（三）申请责令被申请人停止侵害知识产权或者不正当竞争，但生效裁判认定不构成侵权或者不正当竞争；（四）其他属于申请有错误的情形。

第 17 条（第 1 款）　当事人申请解除行为保全措施，人民法院收到申请后经审查符合《最高人民法院关于适用〈中华人民共和国民事诉讼法〉的解释》第 166 条规定的情形的，应当在 5 日内裁定解除。

【法发［2019］34 号】　最高人民法院、司法部、中华全国律师协会关于深入推进律师参与人民法院执行工作的意见（2019 年 12 月 25 日）

4. 充分发挥律师在财产保全中的作用。……符合解除保全情形的，提示当事人可以及时申请解除保全。……

【法［2019］254 号】　全国法院民商事审判工作会议纪要（"九民纪要"，2019 年 7 月 3-4 日在哈尔滨召开，2019 年 9 月 11 日最高法审委会民事行政专委会［319 次］通过，2019 年 11 月 8 日发布）

95.【信托财产的诉讼保全】……已经采取保全措施的，存管银行或者信托公司能够提供证据证明该账户为信托账户的，应当立即解除保全措施。对信托公司管理的其他信托财产的保全，也应当根据前述规则办理。

96.【信托公司固有财产的诉讼保全】……信托公司申请解除财产保全符合法律、司法解释规定情形的，应当在法定期限内及时解除保全措施。

109.【受理后债务人财产保全措施的处理】要切实落实破产案件受理后相关保全措施应予解除、相关执行措施应当中止、债务人财产应当及时交付管理人等规定，充分运用信息化技术手段，通过信息共享与整合，维护债务人财产的完整性。相关人民法院拒不解除保全措施或者拒不中止执行的，破产受理人民法院可以请求该法院的上级人民法院依法予以纠正。对债务人财产采取保全措施或者执行措施的人民法院未依法及时解除保全措施、移交处置权，或者中止执行程序并移交有关财产的，上级人民法院应当依法予以纠正。相关人员违反上述规定造成严重后果的，破产受理人民法院可以向人民法院纪检监察部门移送其违法审判责任线索。

人民法院审理企业破产案件时，有关债务人财产被其他具有强制执行权力的国家行政机关，包括税务机关、公安机关、海关等采取保全措施或者执行程序的，人民法院应当积极与上述机关进行协调和沟通，取得有关机关的配合，参照上述具体操作规程，解除有关保全措施，中止有关执行程序，以便保障破产程序顺利进行。

【法释［2020］26号】　最高人民法院关于审理劳动争议案件适用法律问题的解释（一）（2020年12月25日最高法审委会［1825次］通过，2020年12月29日公布，2021年1月1日起施行）（**另见本书第51条**）

第49条（第2款）　人民法院作出的财产保全裁定中，应当告知当事人在劳动争议仲裁机构的裁决书或者在人民法院的裁判文书生效后3个月内申请强制执行。逾期不申请的，人民法院应当裁定解除保全措施。

【法释［2021］22号】　最高人民法院关于生态环境侵权案件适用禁止令保全措施的若干规定（2021年11月29日最高法审委会［1854次］通过，2021年12月27日公布，2022年1月1日起施行）①

第6条　人民法院审查申请人禁止令申请，应当听取被申请人的意见。必要时，可进行现场勘查。

情况紧急无法询问或者现场勘查的，人民法院应当在裁定准予申请人禁止令申请后48小时内听取被申请人的意见。被申请人意见成立的，人民法院应当裁定解除禁止令。

第11条　申请人在人民法院作出诉前禁止令后30日内不依法提起诉讼的，人民法院应当在30日届满后5日内裁定解除禁止令。

禁止令效力期间内，申请人、被申请人或者利害关系人以据以作出裁定的事由发生变化为由，申请解除禁止令的，人民法院应当在收到申请后5日内裁定是否解除。

【法发［2022］2号】　最高人民法院关于充分发挥司法职能作用助力中小微企业发展的指导意见（2022年1月13日）

18.……在金钱债权案件中，被采取保全措施的中小微企业等市场主体提供担保请求解除保全措施，经审查认为担保充分有效的，应当裁定准许，不得以申请保全人同意为必要条件。……

【法释［2022］11号】　最高人民法院关于适用《中华人民共和国民事诉讼法》的解释（"法释［2015］5号"公布，2015年2月4日起施行；根据法释［2020］20号《决定》修正，2021年1月1日起施行；2022年3月22日最高法审委会［1866次］修正，2022年4月1日公布，2022年4月10日起施行；以本规为准）

第163条　法律文书生效后，进入执行程序前，债权人因对方当事人转移财

---

① 注：本《规定》公布时，《民事诉讼法》已经修改并公布，但本《规定》第1条、第12条在援引《民事诉讼法》时仍引用了旧条文序号。

产等紧急情况,不申请保全将可能导致生效法律文书不能执行或者难以执行的,可以向执行法院申请采取保全措施。债权人在法律文书指定的履行期间届满后 5 日内不申请执行的,人民法院应当解除保全。

第 165 条　人民法院裁定采取保全措施后,除作出保全裁定的人民法院自行解除或者其上级人民法院决定解除外,在保全期限内,任何单位不得解除保全措施。

第 166 条　裁定采取保全措施后,有下列情形之一的,人民法院应当作出解除保全裁定:(一)保全错误的;(二)申请人撤回保全申请的;(三)申请人的起诉或者诉讼请求被生效裁判驳回的;(四)人民法院认为应当解除保全的其他情形。

解除以登记方式实施的保全措施的,应当向登记机关发出协助执行通知书。

第 167 条　财产保全的被保全人提供其他等值担保财产且有利于执行的,人民法院可以裁定变更保全标的物为被保全人提供的担保财产。

第 168 条　保全裁定未经人民法院依法撤销或者解除,进入执行程序后,自动转为执行中的查封、扣押、冻结措施,期限连续计算,执行法院无需重新制作裁定书,但查封、扣押、冻结期限届满的除外。

● **典型案例**　【法〔2021〕号】　**人民法院台胞权益保障十大典型案例**(最高法 2021 年 12 月 14 日发布)

(**案例 4**)拉链公司诉服饰公司、黄某某买卖合同纠纷案

基本案情:黄某某作为保证人之一,自愿在保证文书上签字,承诺对服饰公司向拉链公司清偿所有货款及利息承担连带责任。因服饰公司没有按期清偿货款,拉链公司向法院申请对服饰公司、黄某某及其他保证人进行诉前保全,并申请对黄某某采取限制出境措施,同时向法院提交了保险公司出具的担保函,作为诉前保全申请的担保。

鉴于案涉纠纷事实较为清楚、黄某某所应承担的担保责任较为清晰、临近春节黄某某有近期出境风险,而且申请人就此提供了充分担保等情况,厦门市海沧区法院遂依法限制黄某某出境。该案正式起诉立案后,服饰公司和案外人等提供相应担保,申请解除对黄某某的限制出境措施。厦门市海沧区人民法院认为,服饰公司等提供的担保已达到拉链公司申请保全标的额,足以保障后者的权益,遂依法解除了对黄某某的限制出境措施。

● **文书格式**　【法〔2016〕221 号】　**民事诉讼文书样式**(2016 年 2 月 22 日最高法审委会〔1679 次〕通过,2016 年 6 月 28 日公布,2016 年 8 月 1 日起施行)

(本书对格式略有调整)

第一编　第九章

申请书 （被保全人申请变更保全标的物用）①

申请人（被保全人）：×××，男/女，×年×月×日生，×族，……（写明工作单位和职务或职业），住……。联系方式：……。（★申请人是法人或其他组织的，本段写明名称、住所）

法定代理人/指定代理人②：×××，……。（★申请人是法人或其他组织的，本段写明法定代表人、主要负责人及其姓名、职务、联系方式）

委托诉讼代理人：×××，……。（申请时已经委托诉讼代理人的，写明此项）

（以上写明当事人和其他诉讼参与人的姓名或者名称等基本信息）

请求事项：

1. 解除……（写明财产保全措施）；

2. 对被保全人×××的……（写明其他等值担保财产名称）采取保全措施，期限至×年×月×日。

事实和理由：

申请人×××与×××……（写明案由），你院于×年×月×日作出（××××）……号保全民事裁定，……（写明保全内容）。……（写明申请变更保全标的物的事实和理由）

此致：××人民法院

附：××人民法院（××××）……号保全裁定书

申请人（自然人签名或单位盖章）

×年×月×日

民事裁定书 （变更保全）

（××××）……号③

变更保全申请人（被保全人）：×××，……（写明姓名或名称、住所地等基本情况）。

被申请人：×××，……（写明姓名或名称、住所地等基本情况）。

（以上写明申请人、被申请人及其代理人的姓名或者名称等基本信息）

……（写明当事人及案由）一案，本院于×年×月×日作出（××××）……号民事裁定，……（写明已经采取的保全措施）。被保全人×××于×年×月×日向本院提供……（写明其他等值担保财产的名称、数量或者数额、所在地点等）作为其

---

① 注：被保全人提供其他等值担保财产且有利于执行的，人民法院可以裁定变更保全标的物。

② 注：申请人是无民事行为能力人或限制民事行为能力人的，应当写明法定代理人姓名、性别、出生日期、民族、职业、工作单位、住所、联系方式，在诉讼地位后括注与申请人的关系。

③ 在诉讼中变更保全的，用诉讼案件类型代字；其他变更保全的，用保全裁定的类型代字。

他等值担保财产，请求变更保全标的物。

本院经审查认为，申请人的请求符合法律规定。依照《最高人民法院关于适用〈中华人民共和国民事诉讼法〉的解释》第 167 条规定，裁定如下：

一、查封/扣押/冻结申请人/担保人×××的……（写明其他等值担保财产名称、数量或者数额、所在地点等），期限为……年/月/日（写明保全的期限）；

二、解除对被保全人×××的……（写明被保全财产名称、数量、所在地点等）的查封/扣押/冻结。

案件申请费……元，由……负担（写明当事人姓名或者名称、负担金额）。

本裁定立即开始执行。

如不服本裁定，可以自收到裁定书之日起 5 日内向本院申请复议一次。复议期间不停止裁定的执行。

(代理) 审判员　×××（非独任审判的，落款为合议庭）

×年×月×日（院印）

法官助理、书记员

申请书（申请解除保全）

申请人（被保全人）：×××，男/女，×年×月×日生，×族，……（写明工作单位和职务或职业），住……。联系方式：……。（★申请人是法人或其他组织的，本段写明名称、住所）

法定代理人/指定代理人①：×××，……。（★申请人是法人或其他组织的，本段写明法定代表人、主要负责人及其姓名、职务、联系方式）

委托诉讼代理人：×××，……。（申请时已经委托诉讼代理人的，写明此项）

被申请人（申请保全人）：×××，……。

（以上写明当事人和其他诉讼参与人的姓名或者名称等基本信息）

请求事项：

解除……（写明财产保全/行为保全/证据保全措施）。

事实和理由：

你院于×年×月×日作出（××××）……号财产保全/行为保全民事裁定，……（写明保全内容）。

……（写明相关的事实和理由）

此致：××人民法院

附：××人民法院（××××）……号财产保全/行为保全/证据保全民事裁定书

① 注：申请人是无民事行为能力人或限制民事行为能力人的，应当写明法定代理人姓名、性别、出生日期、民族、职业、工作单位、住所、联系方式，在诉讼地位后括注与申请人的关系。

申请人（自然人签名或单位盖章）

×年×月×日

民事裁定书（解除保全）

（××××）……号①

解除保全申请人：×××，……（写明姓名或名称、住所地等基本情况）。

被申请人：×××，……（写明姓名或名称、住所地等基本情况）。

（以上写明申请人、被申请人及其代理人的姓名或者名称等基本信息）②

……（写明当事人及案由）一案，本院于×年×月×日作出（××××）……号民事裁定，……（写明已经采取的保全措施）。×××于×年×月×日向本院申请解除上述保全措施。

本院经审查认为，……（写明解除保全的事实和理由）。依照《中华人民共和国民事诉讼法》第 104 条第 3 款/《最高人民法院关于适用〈中华人民共和国民事诉讼法〉的解释》第 166 条第 1 款第×项规定，裁定如下：

解除对×××（被保全人姓名或名称）的……（写明保全措施）。

案件申请费……元，由……负担（写明当事人姓名或者名称、负担金额）。

本裁定立即开始执行。

如不服本裁定，可以自收到裁定书之日起 5 日内向本院申请复议一次。复议期间不停止裁定的执行。

（代理）审判员　×××（非独任审判的，落款为合议庭）

×年×月×日（院印）

法官助理、书记员

【法释〔2021〕22 号】 **最高人民法院关于生态环境侵权案件适用禁止令保全措施的若干规定**（正文内容见"相关规定"部分；本部分内容为附件，本书对文书格式有调整和补全，并删略了题头的"××人民法院"字样）

民事裁定书（解除禁止令）

（××××）……民初……号③

申请人：×××，……（写明姓名或名称、住所地等基本情况）。

被申请人：×××，……（写明姓名或名称、住所地等基本情况）。

本院于×年×月×日作出××（写明案号）民事裁定，准予×××的禁止令申请。×年×月×日，本院依法听取了被申请人的意见。（或：截至×年×月×日，申请人××

---

① 在诉讼中解除保全的，用诉讼案件类型代字；其他解除保全的，用保全裁定的类型代字。

② 人民法院依职权裁定解除保全的，当事人按照原裁定保全案件的当事人列。

③ 注：在一审/二审中裁定解除禁止令，分别采用一审/二审案号（或之…）；若系针对申请人在诉前禁止令作出后 30 日内未起诉而解除或者提前解除的，则采用原禁止令案号之一。

×在本院作出诉前禁止令后 30 日内未依法提起诉讼。）（或：×年×月×日，申请人/
被申请人/利害关系人×××基于据以作出禁止令的事由发生变化为由，请求解除禁
止令。）

　　本院经审查认为，……（写明是否符合解除禁止令的条件，以及相应的事实
理由）。依照《最高人民法院关于生态环境侵权案件适用禁止令保全措施的若干
规定》第 6 条第 2 款（或：第 11 条第 1 款）（或：第 11 条第 2 款）的规定，裁
定如下：

　　一、解除××××（被申请人的姓名或者名称）……（写明需要解除的禁止实
施的具体行为）。

　　二、……（若需解除的禁止实施的具体行为不止 1 项，依次写明）。

　　（如不符合解除禁止令条件的，写明："驳回申请人/被申请人/利害关系人××
×的解除禁止令申请。"）

　　三、本裁定生效后，依据原裁定制作的禁止令自动终止。

　　如不服本裁定，可在裁定书送达之日起 5 日内，向本院申请复议 1 次。复议
期间，不停止裁定的执行。

　　本裁定送达后即发生法律效力。

　　　　　　　　　　　　　　　　　　　　　　　　　　（合议庭成员署名）

　　　　　　　　　　　　　　　　　　　　　　　　　×年×月×日（院印）

　　　　　　　　　　　　　　　　　　　　　　　　　　法官助理、书记员

　　第 108 条[19910409]　　**【保全赔偿】** 申请有错误/~~申请人败诉~~的，申
请人应当赔偿被申请人因~~财产~~[20130101]/~~诉讼~~保全所遭受的损失。

　　（复）第 110 条（第 2 款）　　**【先予执行赔偿】**……（先予执
行）申请人败诉的，应当赔偿被申请人因先予执行遭受的财产损失。

● **相关规定**　**【主席令［1994］31 号】**　**中华人民共和国仲裁法**（1994 年 8 月
31 日全国人大常委会［8 届 9 次］通过，1995 年 9 月 1 日起施行；根据主席令
［2017］76 号新修，2018 年 1 月 1 日起施行）

　　第 28 条（第 3 款）　申请有错误的，申请人应当赔偿被申请人因财产保全所
遭受的损失。

　　【法释［2005］11 号】　**最高人民法院关于当事人申请财产保全错误造成案
外人损失应否承担赔偿责任问题的解释**（2005 年 7 月 4 日最高法审委会［1358
次］通过，2005 年 8 月 15 日公布，2005 年 8 月 24 日起施行）

根据《中华人民共和国民法通则》第 106 条①、《中华人民共和国民事诉讼法》第 96 条（现第 108 条）等法律规定，当事人申请财产保全错误造成案外人损失的，应当依法承担赔偿责任。

【主席令［2009］14 号】　中华人民共和国农村土地承包经营纠纷调解仲裁法（2009 年 6 月 27 日全国人大常委会［11 届 9 次］通过，2010 年 1 月 1 日起施行）

第 26 条（第 3 款）　申请有错误的，申请人应当赔偿被申请人因财产保全所遭受的损失。

【法释［2016］22 号】　最高人民法院关于人民法院办理财产保全案件若干问题的规定（2016 年 10 月 17 日最高法审委会［1696 次］通过，2016 年 11 月 7 日公布，2016 年 12 月 1 日起施行；根据法释［2020］21 号《决定》修正，2021 年 1 月 1 日起施行。以本规为准）

第 7 条（第 2 款）　担保书应当载明，因申请财产保全错误，由保险人赔偿被保全人因保全所遭受的损失等内容，并附相关证据材料。

第 23 条（第 3 款）　申请保全人未及时申请人民法院解除保全，应当赔偿被保全人因财产保全所遭受的损失。

【法释［2016］24 号】　最高人民法院关于审理独立保函纠纷案件若干问题的规定（2016 年 7 月 11 日最高法审委会［1688 次］通过，2016 年 11 月 18 日公布，2016 年 12 月 1 日起施行；根据法释［2020］18 号《决定》修正，2021 年 1 月 1 日起施行）

第 15 条　因止付申请错误造成损失，当事人请求止付申请人赔偿的，人民法院应予支持。

【法释［2017］14 号】　最高人民法院关于因申请诉中财产保全损害责任纠纷管辖问题的批复（2017 年 7 月 17 日最高法审委会［1722 次］通过，2017 年 8 月 1 日公布，答复浙江高院"［2015］浙立他字第 91 号"请示，2017 年 8 月 10 日起施行）

为便于当事人诉讼，诉讼中财产保全的被申请人、利害关系人依照《中华人民共和国民事诉讼法》第 105 条（现第 108 条）规定提起的因申请诉中财产保全损害责任纠纷之诉，由作出诉中财产保全裁定的人民法院管辖。

---

① 《民法通则》（已废止）第 106 条：公民、法人违反合同或者不履行其他义务的，应当承担民事责任。公民、法人由于过错侵害国家的、集体的财产，侵害他人财产、人身的，应当承担民事责任。

【法释［2018］21 号】　　最高人民法院关于审查知识产权纠纷行为保全案件适用法律若干问题的规定（2018 年 11 月 26 日最高法审委会［1755 次］通过,2018 年 12 月 12 日公布,2019 年 1 月 1 日起施行;以本规为准）

第 17 条（第 2 款）　申请人撤回行为保全申请或者申请解除行为保全措施的,不因此免除民事诉讼法第 105 条（现第 108 条）规定的赔偿责任。

第 18 条　被申请人依据民事诉讼法第 105 条（现第 108 条）规定提起赔偿诉讼,申请人申请诉前行为保全后没有起诉或者当事人约定仲裁的,由采取保全措施的人民法院管辖;申请人已经起诉的,由受理起诉的人民法院管辖。

【法释［2020］9 号】　　最高人民法院关于涉网络知识产权侵权纠纷几个法律适用问题的批复（2020 年 8 月 24 日最高法审委会［1810 次］通过,2020 年 9 月 12 日公布,2020 年 9 月 14 日起施行）（余见本书第 105 条）

四、因恶意提交声明导致电子商务平台经营者终止必要措施并造成知识产权权利人损害,权利人依照有关法律规定请求相应惩罚性赔偿的,人民法院可以依法予以支持。

五、知识产权权利人发出的通知内容与客观事实不符,但其在诉讼中主张该通知系善意提交并请求免责,且能够举证证明的,人民法院依法审查属实后应当予以支持。

【法发［2022］2 号】　　最高人民法院关于充分发挥司法职能作用助力中小微企业发展的指导意见（2022 年 1 月 13 日）

18.……加大对错误保全损害赔偿案件的审查力度,严厉惩处恶意申请保全妨碍中小微企业等市场主体正常经营发展的违法行为。

【法发［2023］15 号】　　最高人民法院关于优化法治环境 促进民营经济发展壮大的指导意见（2023 年 9 月 25 日）

24. 严禁超权限、超范围、超数额、超时限查封扣押冻结财产。严格规范财产保全、行为保全程序,依法审查保全申请的合法性和必要性,防止当事人恶意利用保全手段侵害企业正常生产经营。因错误实施保全措施致使当事人或者利害关系人、案外人等财产权利受到侵害的,应当依法及时解除或变更,依法支持当事人因保全措施不当提起的损害赔偿请求。

● **公报案例**　（法公报［2016］6 期）　　江苏中江泓盛房地产开发有限公司诉陈跃石损害责任纠纷案（盐城中院民事判决书［2014］盐民终字第 2352 号）

裁判摘要:因财产保全引起的损害赔偿纠纷,适用侵权责任法规定的过错责任归责原则。财产保全制度的目的在于保障将来生效判决的执行,只有在申请人对财产保全错误存在故意或重大过失的情况下，方可认定申请人的申请有错误，不能仅以申请保全标的额超出生效裁判支持结果作为判断标准。

第 109 条¹⁹⁹¹⁰⁴⁰⁹　**【先予执行情形】**人民法院对下列案件，根据当事人的申请，~~必要时~~可以~~书面~~裁定先予执行/~~给付，并立即执行~~：

（一）追索赡养费、扶养费、抚养/~~抚育~~²⁰²²⁰¹⁰¹费、抚恤金、医疗费用的；

（二）追索劳动报酬的；

（三）因情况紧急需要先予执行/~~其他需要先行给付~~的。

第 110 条¹⁹⁹¹⁰⁴⁰⁹　**【先予执行条件】**人民法院裁定先予执行的，应当符合下列条件：

（一）当事人之间权利义务关系明确，不先予执行将严重影响申请人的生活或者生产经营的；

（二）被申请人有履行能力。

人民法院可以责令申请人提供担保，申请人不提供担保的，驳回申请。申请人败诉的，应当赔偿被申请人因先予执行遭受的财产损失。

● **相关规定**　**【法（经）函 [1991] 61 号】**　**最高人民法院关于在实体处理合同纠纷案件以前可以依法裁定终止合同履行的复函**（1991 年 6 月 7 日答复广东高院 "[1991] 粤法经请字第 1 号" 请示）

对案件事实清楚，权利义务关系明确，原承包合同确无履行必要、情况紧急，不先行终止合同履行，将会造成更大经济损失的，人民法院可以依照《中华人民共和国民事诉讼法》第 97 条（现第 109 条）（三）项、第 98 条（现第 110 条）之规定，裁定终止原承包合同履行。

【主席令 [1999] 28 号】　**中华人民共和国海事诉讼特别程序法**（1999 年 12 月 25 日全国人大常委会 [9 届 13 次] 通过，2000 年 7 月 1 日起施行）

第 73 条　海事担保包括本法规定的海事请求保全、海事强制令、海事证据保全等程序中所涉及的担保。

担保的方式为提供现金或者保证、设置抵押或者质押。

第 74 条　海事请求人的担保应当提交给海事法院；被请求人的担保可以提交给海事法院，也可以提供给海事请求人。

第 75 条　海事请求人提供的担保，其方式、数额由海事法院决定。被请求人提供的担保，其方式、数额由海事请求人和被请求人协商；协商不成的，由海事法院决定。

第76条　海事请求人要求被请求人就海事请求保全提供担保的数额，应当与其债权数额相当，但不得超过被保全的财产价值。

海事请求人提供担保的数额，应当相当于因其申请可能给被请求人造成的损失。具体数额由海事法院决定。

第77条　担保提供后，提供担保的人有正当理由的，可以向海事法院申请减少、变更或者取消该担保。

第78条　海事请求人请求担保的数额过高，造成被请求人损失的，应当承担赔偿责任。

第79条　设立海事赔偿责任限制基金和先予执行等程序所涉及的担保，可以参照本章规定（见本法第73-78条）。

【法释［2003］3号】　最高人民法院关于适用《中华人民共和国海事诉讼特别程序法》若干问题的解释（2002年12月3日最高法审委会［1259次］通过，2003年1月6日公布，2003年2月1日起施行）

第52条　海事诉讼特别程序法第77条规定的正当理由指：（1）海事请求人请求担保的数额过高；（2）被请求人已采取其他有效的担保方式；（3）海事请求人的请求权消灭。

【法发［2000］4号】　最高人民法院关于执行《封闭贷款管理暂行办法》和《外经贸企业封闭贷款管理暂行办法》中应注意的几个问题的通知（2000年1月10日）

一、人民法院审理民事经济纠纷案件，不得对债务人的封闭贷款结算专户采取财产保全措施或者先予执行。（详见本书第253条）

【法释［2004］15号】　最高人民法院关于人民法院民事执行中查封、扣押、冻结财产的规定（2004年10月26日最高法审委会［1330次］通过，2004年11月4日公布，2005年1月1日起施行；根据法释［2020］21号《决定》修正，2021年1月1日起施行；以本规为准）

第29条　财产保全裁定和先予执行裁定的执行适用本规定。（详见本书第255条）

【法［2008］164号】　最高人民法院关于依法做好抗震救灾恢复重建期间民事审判和执行工作的通知（针对2008年5月12日四川省汶川县特大地震，2008年6月6日印发）

五（第 2 款）、对灾区输出农民工追讨劳动报酬等纠纷案件，必须做到快立、快审，切实加强诉讼指导和法律释明，必要时可以先予执行。……

【法发［2014］26 号】 最高人民法院关于执行案件立案、结案若干问题的意见（2014 年 12 月 17 日印发，2015 年 1 月 1 日起施行）（详见本书第 22 章"执行结案"专辑）

第 21 条 执行财产保全裁定案件的结案方式包括：（一）保全完毕，即保全事项全部实施完毕；（二）部分保全，即因未查询到足额财产，致使保全事项未能全部实施完毕；（三）无标的物可实施保全，即未查到财产可供保全。

【法释［2015］6 号】 最高人民法院关于扣押与拍卖船舶适用法律若干问题的规定（2014 年 12 月 8 日最高法审委会［1631 次］通过，2015 年 2 月 28 日公布，2015 年 3 月 1 日起施行；法发［1994］14 号《关于海事法院拍卖被扣押船舶清偿债务的规定》同时废止）

第 5 条 海事诉讼特别程序法第 76 条第 2 款规定的海事请求人提供担保的具体数额，应当相当于船舶扣押期间可能产生的各项维持费用与支出、因扣押造成的船期损失和被请求人为使船舶解除扣押而提供担保所支出的费用。

船舶扣押后，海事请求人提供的担保不足以赔偿可能给被请求人造成损失的，海事法院应责令其追加担保。

第 6 条 案件终审后，海事请求人申请返还其所提供担保的，海事法院应将该申请告知被请求人，被请求人在 30 日内未提起相关索赔诉讼的，海事法院可以准许海事请求人返还担保的申请。

被请求人同意返还，或生效法律文书认定被请求人负有责任，且赔偿或给付金额与海事请求人要求被请求人提供担保的数额基本相当的，海事法院可以直接准许海事请求人返还担保的申请。

【法释［2016］22 号】 最高人民法院关于人民法院办理财产保全案件若干问题的规定（2016 年 10 月 17 日最高法审委会［1696 次］通过，2016 年 11 月 7 日公布，2016 年 12 月 1 日起施行；根据法释［2020］21 号《决定》修正，2021 年 1 月 1 日起施行。以本规为准）

第 24 条 财产保全裁定执行中，人民法院发现保全裁定的内容与被保全财产的实际情况不符的，应当予以撤销、变更或补正。

【法释［2022］11 号】 最高人民法院关于适用《中华人民共和国民事诉讼法》的解释（"法释［2015］5 号"公布，2015 年 2 月 4 日起施行；根据法释［2020］20 号《决定》修正，2021 年 1 月 1 日起施行；2022 年 3 月 22 日最高法

审委会［1866 次］修正，2022 年 4 月 1 日公布，2022 年 4 月 10 日起施行；以本规为准）

第 169 条　民事诉讼法规定的先予执行，人民法院应当在受理案件后终审判决作出前采取。先予执行应当限于当事人诉讼请求的范围，并以当事人的生活、生产经营的急需为限。

第 170 条　民事诉讼法第 109 条第 3 项规定的情况紧急，包括：（一）需要立即停止侵害、排除妨碍的；（二）需要立即制止某项行为的；（三）追索恢复生产、经营急需的保险理赔费的；（四）需要立即返还社会保险金、社会救助资金的；（五）不立即返还款项，将严重影响权利人生活和生产经营的。

第 173 条　人民法院先予执行后，根据发生法律效力的判决，申请人应当返还因先予执行所取得的利益的，适用民事诉讼法第 240 条（详见本书第 244 条）的规定。

● **指导案例**　【**法［2022］277 号**】　**最高人民法院第 37 批指导性案例**（2022 年 12 月 30 日）

（**指导案例 209 号**）浙江省遂昌县人民检察院诉叶继成生态破坏民事公益诉讼案（丽水中院 2020 年 5 月 11 日［2020］浙 11 民初 35 号民事判决）

裁判要点：生态恢复性司法的核心理念为及时修复受损生态环境，恢复生态功能。生态环境修复具有时效性、季节性、紧迫性的，不立即修复将导致生态环境损害扩大的，属于《民事诉讼法》第 109 条第 3 项规定的"因情况紧急需要先予执行的"情形，人民法院可以依法裁定先予执行。[①]

● **文书格式**　【**法［2016］221 号**】　**民事诉讼文书样式**（2016 年 2 月 22 日最高法审委会［1679 次］通过，2016 年 6 月 28 日公布，2016 年 8 月 1 日起施行）
（本书对格式略有调整）

申请书（申请先予执行）

申请人：×××，男/女，×年×月×日生，×族，……（写明工作单位和职务或

---

① 基本案情：2018 年 11 月初，叶继成在浙江省遂昌县"龙潭湾"山场（国家三级公益林）清理枯死松木期间，滥伐活松树 89 株（立木蓄积量为 22.9964 立方米，折合材积 13.798 立方米）。林业专家评估修复意见为：根据案涉林木损毁价值及补植费用 9658.4 元核算，共需补植 1 至 2 年生杉木苗 1288 株。遂昌县检察院于 2019 年 7 月对叶继成作出不起诉决定，于 2020 年 3 月 27 日提起公益诉讼，同时申请先予执行。丽水中院于 2020 年 3 月 31 日作出［2020］浙 11 民初 35 号裁定，准予先予执行；叶继成根据专家修复意见，于 4 月 7 日完成补植，遂昌县自然资源和规划局当日验收。丽水中院于 2020 年 5 月 11 日作出［2020］浙 11 民初 35 号判决：30 日内在"龙潭湾"山场补植 1—2 年生杉木苗 1288 株，连续抚育 3 年，种植当年成活率不低于 95%，3 年后成活率不低于 90%；否则需承担生态功能修复费用 9658.4 元。

职业），住……。联系方式：……。（★申请人是法人或其他组织的，本段写明名称、住所）

法定代理人/指定代理人①：×××，……。（★申请人是法人或其他组织的，本段写明法定代表人、主要负责人及其姓名、职务、联系方式）

委托诉讼代理人：×××，……。（申请时已经委托诉讼代理人的，写明此项）

被申请人：×××，……。

（以上写明当事人和其他诉讼参与人的姓名或者名称等基本信息）

请求事项：

请求裁定……（写明先予执行措施）。

事实和理由：

……（写明相关的事实和理由；诉中申请的，同时写明当事人和案由）

申请人×××与×××（写明案由）一案，你院（××××）……号已立案。……（写明申请先予执行的理由）。

申请人提供……（写明担保财产的名称、性质、数量或数额、所在地等）作为担保。

此致：××人民法院

申请人（自然人签名或单位盖章）

×年×月×日

民事裁定书（先予执行）

（××××）……民……号（同诉讼案件案号）

申请人：×××，……（写明姓名或名称、住所地等基本情况）。

被申请人：×××，……（写明姓名或名称、住所地等基本情况）。

（以上写明申请人、被申请人及其代理人的姓名或者名称等基本信息）

……（写明当事人及案由）一案，申请人×××于×年×月×日向本院申请先予执行，请求……（写明先予执行内容）。申请人×××/担保人×××向本院提供……（写明担保财产的名称、数量或者数额、所在地点等）作为担保（不提供担保的，不写）。

本院经审查认为，申请人的请求符合法律规定。依照《中华人民共和国民事诉讼法》第109条、第110条规定，裁定如下：

……（写明先予执行的内容）。

案件申请费……元，由……负担（写明当事人姓名或者名称、负担金额）。

---

① 注：申请人是无民事行为能力人或限制民事行为能力人的，应当写明法定代理人姓名、性别、出生日期、民族、职业、工作单位、住所、联系方式，在诉讼地位后括注与申请人的关系。

本裁定立即开始执行。

如不服本裁定，可以自收到裁定书之日起 5 日内向本院申请复议一次。复议期间不停止裁定的执行。

（代理）审判员　×××（非独任审判的，落款为合议庭）

×年×月×日（院印）

法官助理、书记员

第 111 条[19910409]　【对保全或先予执行的复议】当事人对财产[20130101]/诉讼保全或者先予执行/给付的裁定不服的，可以申请复议一次。复议期间不停止裁定的执行。

● 相关规定　【法释［2005］13 号】　最高人民法院关于审理信用证纠纷案件若干问题的规定（2005 年 10 月 24 日最高法审委会［1368 次］通过，2005 年 11 月 14 日公布，2006 年 1 月 1 日起施行；根据法释［2020］18 号《决定》修正，2021 年 1 月 1 日起施行）

第 13 条　当事人对人民法院作出中止支付信用证项下款项的裁定有异议的，可以在裁定书送达之日起 10 日内向上一级人民法院申请复议。上一级人民法院应当自收到复议申请之日起 10 日内作出裁定。

复议期间，不停止原裁定的执行。

【法发［2011］15 号】　最高人民法院关于执行权合理配置和科学运行的若干意见（2011 年 10 月 19 日）（详见本书第 19 章 "对执行的法院内部监督与协调" 专辑）

17.（第 1 款）　当事人、案外人对财产保全、先予执行的裁定不服申请复议的，由作出裁定的立案机构或者审判机构按照民事诉讼法第 99 条（现第 111 条）的规定进行审查。

（第 3 款）　当事人、案外人的异议既指向财产保全、先予执行的裁定，又指向实施行为的，一并由作出裁定的立案机构或者审判机构分别按照民事诉讼法第 99 条和第 202 条或者第 204 条（现第 111，236、238 条）的规定审查。

【法释［2016］22 号】　最高人民法院关于人民法院办理财产保全案件若干问题的规定（2016 年 10 月 17 日最高法审委会［1696 次］通过，2016 年 11 月 7 日公布，2016 年 12 月 1 日起施行；根据法释［2020］21 号《决定》修正，2021 年 1 月 1 日起施行。以本规为准）

第 25 条　申请保全人、被保全人对保全裁定或者驳回申请裁定不服的，可以自裁定书送达之日起 5 日内向作出裁定的人民法院申请复议 1 次。人民法院应当自收到复议申请后 10 日内审查。

对保全裁定不服申请复议的，人民法院经审查，理由成立的，裁定撤销或变更；理由不成立的，裁定驳回。

对驳回申请裁定不服申请复议的，人民法院经审查，理由成立的，裁定撤销，并采取保全措施；理由不成立的，裁定驳回。

第 26 条　申请保全人、被保全人、利害关系人认为保全裁定实施过程中的执行行为违反法律规定提出书面异议的，人民法院应当依照民事诉讼法第 225 条（现第 236 条）规定审查处理。

【法释 [2016] 24 号】　最高人民法院关于审理独立保函纠纷案件若干问题的规定（2016 年 7 月 11 日最高法审委会 [1688 次] 通过，2016 年 11 月 18 日公布，2016 年 12 月 1 日起施行；根据法释 [2020] 18 号《决定》修正，2021 年 1 月 1 日起施行）

第 17 条　当事人对人民法院就止付申请作出的裁定有异议的，可以在裁定书送达之日起 10 日内向作出裁定的人民法院申请复议。复议期间不停止裁定的执行。

人民法院应当在收到复议申请后 10 日内审查，并询问当事人。

【法释 [2018] 21 号】　最高人民法院关于审查知识产权纠纷行为保全案件适用法律若干问题的规定（2018 年 11 月 26 日最高法审委会 [1755 次] 通过，2018 年 12 月 12 日公布，2019 年 1 月 1 日起施行；以本规为准）

第 14 条　当事人不服行为保全裁定申请复议的，人民法院应当在收到复议申请后 10 日内审查并作出裁定。

【法释 [2022] 11 号】　最高人民法院关于适用《中华人民共和国民事诉讼法》的解释（"法释 [2015] 5 号"公布，2015 年 2 月 4 日起施行；根据法释 [2020] 20 号《决定》修正，2021 年 1 月 1 日起施行；2022 年 3 月 22 日最高法审委会 [1866 次] 修正，2022 年 4 月 1 日公布，2022 年 4 月 10 日起施行；以本规为准）

第 171 条　当事人对保全或者先予执行裁定不服的，可以自收到裁定书之日起 5 日内向作出裁定的人民法院申请复议。人民法院应当在收到复议申请后 10 日内审查。裁定正确的，驳回当事人的申请；裁定不当的，变更或者撤销原裁定。

第 172 条　利害关系人对保全或者先予执行的裁定不服申请复议的，由作出裁定的人民法院依照民事诉讼法第 111 条规定处理。

● **指导案例**　【法［2019］294 号】　**最高人民法院第 23 批指导性案例**（2019 年 12 月 24 日）

（**指导案例 121 号**）株洲海川实业有限责任公司与中国银行股份有限公司长沙市蔡锷支行、湖南省德奕鸿金属材料有限公司财产保全执行复议案①

裁判要点：财产保全执行案件的保全标的物系非金钱动产且被他人保管，该保管人依人民法院通知应当协助执行。当保管合同或者租赁合同到期后未续签，且被保全人不支付保管、租赁费用的，协助执行人无继续无偿保管的义务。保全标的物价值足以支付保管费用的，人民法院可以维持查封直至案件作出生效法律文书，执行保全标的物所得价款应当优先支付保管人的保管费用；保全标的物价值不足以支付保管费用，申请保全人支付保管费用的，可以继续采取查封措施，不支付保管费用的，可以处置保全标的物并继续保全变价款。

● **文书格式**　【法［2016］221 号】　**民事诉讼文书样式**（2016 年 2 月 22 日最高法审委会［1679 次］通过，2016 年 6 月 28 日公布，2016 年 8 月 1 日起施行）
（*本书对格式略有调整*）

民事裁定书（驳回保全或先予执行）

（××××）……号②

申请人：×××，……（写明姓名或名称、住所地等基本情况）。

被申请人：×××，……（写明姓名或名称、住所地等基本情况）。

（以上写明申请人、被申请人及其代理人的姓名或者名称等基本信息）

申请人×××于×年×月×日向本院申请财产保全/行为保全/先予执行。

本院经审查认为，……（写明驳回保全或者先予执行申请的理由）。依照《中华人民共和国民事诉讼法》第 103 条第×款/第 104 条第 1 款/第 109 条/第 110 条第×款规定，裁定如下：

驳回×××的申请。

（代理）审判员　×××（非独任审判的，落款为合议庭）

---

①　注：本案，湖南高院 2016 年 11 月 23 日作出［2016］湘执异 15 号执行裁定，驳回协助执行人株洲海川公司的异议。最高人民法院复议认为，虽然不能否定海川公司对保全执行法院负有协助义务，但被保全人与场地业主之间的租赁合同已经到期未续租，且有生效法律文书责令被保全人将存放货物搬出；此种情况下，要求海川公司完全无条件负担事实上的协助义务，并不合理。协助执行人海川公司的异议，实质上是主张在场地租赁到期的情况下，人民法院查封的财产继续占用场地，导致其产生相当于租金的损失难以得到补偿。湖南高院在发现该情况后，不应回避实际保管人的租金损失或保管费用的问题，应进一步完善查封物的保管手续，明确相关权利义务关系。故于 2017 年 9 月 2 日作出［2017］最高法执复 2 号执行裁定，撤销湖南高院［2016］湘执异 15 号执行裁定。

②　在诉讼中驳回申请的，用诉讼案件类型代字；其他驳回申请的，用财保/行保/执保的类型代字。

×年×月×日（院印）

法官助理、书记员

复议申请书（申请对保全或先予执行裁定复议）

复议申请人（被保全人/被先予执行人）：×××，男/女，×年×月×日生，×族，……（写明工作单位和职务或职业），住……。联系方式：……。（★申请人是法人或其他组织的，本段写明名称、住所）

法定代理人/指定代理人①：×××，……。（★申请人是法人或其他组织的，本段写明法定代表人、主要负责人及其姓名、职务、联系方式）

委托诉讼代理人：×××，……。（申请时已经委托诉讼代理人的，写明此项）

被申请人（申请保全人）：×××，……。

（以上写明当事人和其他诉讼参与人的姓名或者名称等基本信息）

请求事项：

撤销（××××）……号财产保全/行为保全/先予执行民事裁定书。②

事实和理由：

你院于×年×月×日作出（××××）……号财产保全/行为保全/先予执行民事裁定，……（写明保全/先予执行内容）。

……（写明相关的事实和理由）

此致：××人民法院

附：××人民法院（××××）……号财产保全/行为保全/证据保全/先予执行民事裁定书

申请人（自然人签名或单位盖章）

×年×月×日

民事裁定书（保全或先予执行复议）

（××××）……号③

复议申请人：×××，……（写明姓名或名称、住所地等基本情况）。

被申请人：×××，……（写明姓名或名称、住所地等基本情况）。

（以上写明复议申请人、被申请人及其代理人的姓名或者名称等基本信息）

……（写明当事人及案由）一案（如属于诉前、执行前、仲裁中保全裁定，

---

① 注：申请人是无民事行为能力或限制民事行为能力人的，应当写明法定代理人姓名、性别、出生日期、民族、职业、工作单位、住所、联系方式，在诉讼地位后括注与申请人的关系。

② 注：当事人对保全或者先予执行裁定不服的，可以自收到裁定书之日起5日内向作出裁定的人民法院申请复议。

③ 在诉讼中复议的，用诉讼案件类型代字；其他复议的，用财保/行保/执保的类型代字。

不写），本院于×年×月×日作出（××××）……号财产保全/行为保全/先予执行民事裁定。×××不服，于×年×月×日向本院申请复议。

×××复议称，……（写明复议申请人的请求、事实和理由）。

本院经审查认为，……（写明保全或者先予执行裁定正确或不当的事实和理由）。依照《中华人民共和国民事诉讼法》第 111 条、《最高人民法院关于适用〈中华人民共和国民事诉讼法〉的解释》第 171 条规定，裁定如下：

（原裁定正确的，写明：）驳回×××的复议请求。

（原裁定不当予以撤销的，写明：）撤销本院（××××）……号保全/先予执行民事裁定。

（原裁定不当予以变更的，写明：）一、……（写明新的保全或者先予执行措施）；二、撤销本院（××××）……号保全/先予执行民事裁定。

本裁定立即开始执行。

（代理）审判员　×××（非独任审判的，落款为合议庭）

×年×月×日（院印）

法官助理、书记员

（本书汇）【合同保全】

● 相关规定　【主席令［2020］45 号】　中华人民共和国民法典（2020 年 5 月 28 日全国人大［13 届 3 次］通过，2021 年 1 月 1 日起施行）

第 535 条　因债务人怠于行使其债权或者与该债权有关的从权利，影响债权人的到期债权实现的，债权人可以向人民法院请求以自己的名义代位行使债务人对相对人的权利，但是该权利专属于债务人自身的除外。

代位权的行使范围以债权人的到期债权为限。债权人行使代位权的必要费用，由债务人负担。

相对人对债务人的抗辩，可以向债权人主张。

第 536 条　债权人的债权到期前，债务人的债权或者与该债权有关的从权利存在诉讼时效期间即将届满或者未及时申报破产债权等情形，影响债权人的债权实现的，债权人可以代位向债务人的相对人请求其向债务人履行、向破产管理人申报或者作出其他必要的行为。

第 537 条　人民法院认定代位权成立的，由债务人的相对人向债权人履行义务，债权人接受履行后，债权人与债务人、债务人与相对人之间相应的权利义务终止。债务人对相对人的债权或者与该债权有关的从权利被采取保全、执行措施，或者债务人破产的，依照相关法律的规定处理。

第 538 条　债务人以放弃其债权、放弃债权担保、无偿转让财产等方式无偿处分财产权益，或者恶意延长其到期债权的履行期限，影响债权人的债权实现的，债权人可以请求人民法院撤销债务人的行为。

第 539 条　债务人以明显不合理的低价转让财产、以明显不合理的高价受让他人财产或者为他人的债务提供担保，影响债权人的债权实现，债务人的相对人知道或者应当知道该情形的，债权人可以请求人民法院撤销债务人的行为。

第 540 条　撤销权的行使范围以债权人的债权为限。债权人行使撤销权的必要费用，由债务人负担。

第 541 条　撤销权自债权人知道或者应当知道撤销事由之日起 1 年内行使。自债务人的行为发生之日起 5 年内没有行使撤销权的，该撤销权消灭。

第 542 条　债务人影响债权人的债权实现的行为被撤销的，自始没有法律约束力。

（本书汇）【海事请求保全、强制令】

● 相关规定　【主席令［1999］28 号】　中华人民共和国海事诉讼特别程序法
（1999 年 12 月 25 日全国人大常委会［9 届 13 次］通过，2000 年 7 月 1 日起施行）

第 12 条　海事请求保全是指海事法院根据海事请求人的申请，为保障其海事请求的实现，对被请求人的财产所采取的强制措施。

第 13 条　当事人在起诉前申请海事请求保全，应当向被保全的财产所在地海事法院提出。

第 14 条　海事请求保全不受当事人之间关于该海事请求的诉讼管辖协议或者仲裁协议的约束。

第 15 条　海事请求人申请海事请求保全，应当向海事法院提交书面申请。申请书应当载明海事请求事项、申请理由、保全的标的物以及要求提供担保的数额，并附有关证据。

第 16 条　海事法院受理海事请求保全申请，可以责令海事请求人提供担保。海事请求人不提供的，驳回其申请。

第 17 条　海事法院接受申请后，应当在 48 小时内作出裁定。裁定采取海事请求保全措施的，应当立即执行；对不符合海事请求保全条件的，裁定驳回其申请。

当事人对裁定不服的，可以在收到裁定书之日起 5 日内申请复议 1 次。海事法院应当在收到复议申请之日起 5 日内作出复议决定。复议期间不停止裁定的执行。

利害关系人对海事请求保全提出异议，海事法院经审查，认为理由成立的，应当解除对其财产的保全。

第18条　被请求人提供担保，或者当事人有正当理由申请解除海事请求保全的，海事法院应当及时解除保全。

海事请求人在本法规定的期间内，未提起诉讼或者未按照仲裁协议申请仲裁的，海事法院应当及时解除保全或者返还担保。

第19条　海事请求保全执行后，有关海事纠纷未进入诉讼或者仲裁程序的，当事人就该海事请求，可以向采取海事请求保全的海事法院或者其他有管辖权的海事法院提起诉讼，但当事人之间订有诉讼管辖协议或者仲裁协议的除外。

第20条　海事请求人申请海事请求保全错误的，应当赔偿被请求人或者利害关系人因此所遭受的损失。

第28条　海事请求保全扣押船舶的期限为30日。

海事请求人在30日内提起诉讼或者申请仲裁以及在诉讼或者仲裁过程中申请扣押船舶的，扣押船舶不受前款规定期限的限制。

第51条　海事强制令是指海事法院根据海事请求人的申请，为使其合法权益免受侵害，责令被请求人作为或者不作为的强制措施。

第52条　当事人在起诉前申请海事强制令，应当向海事纠纷发生地海事法院提出。

第53条　海事强制令不受当事人之间关于该海事请求的诉讼管辖协议或者仲裁协议的约束。

第54条　海事请求人申请海事强制令，应当向海事法院提交书面申请。申请书应当载明申请理由并附有关证据。

第55条　海事法院受理海事强制令申请，可以责令海事请求人提供担保。海事请求人不提供的，驳回其申请。

第56条　作出海事强制令，应当具备下列条件：（一）请求人有具体的海事请求；（二）需要纠正被请求人违反法律规定或者合同约定的行为；（三）情况紧急，不立即作出海事强制令将造成损害或者使损害扩大。

第57条　海事法院接受申请后，应当在48小时内作出裁定。裁定作出海事强制令的，应当立即执行；对不符合海事强制令条件的，裁定驳回其申请。

第58条　当事人对裁定不服的，可以在收到裁定书之日起5日内申请复议1次。海事法院应当在收到复议申请之日起5日内作出复议决定。复议期间不停止裁定的执行。

利害关系人对海事强制令提出异议，海事法院经审查，认为理由成立的，应当裁定撤销海事强制令。

第59条　被请求人拒不执行海事强制令的，海事法院可以根据情节轻重处以罚款、拘留；构成犯罪的，依法追究刑事责任。

对个人的罚款金额，为1000元以上3万元以下。对单位的罚款金额，为3万元以上10万元以下。

拘留的期限，为15日以下。

第60条　海事请求人申请海事强制令错误的，应当赔偿被请求人或者利害关系人因此所遭受的损失。

第61条　海事强制令执行后，有关海事纠纷未进入诉讼或者仲裁程序的，当事人就该海事请求，可以向作出海事强制令的海事法院或者其他有管辖权的海事法院提起诉讼，但当事人之间订有诉讼管辖协议或者仲裁协议的除外。

【法释〔2003〕3号】　最高人民法院关于适用《中华人民共和国海事诉讼特别程序法》若干问题的解释（2002年12月3日最高法审委会〔1259次〕通过，2003年1月6日公布，2003年2月1日起施行）

第18条　海事诉讼特别程序法第12条规定的被请求人的财产包括船舶、船载货物、船用燃油以及船用物料。对其他财产的海事请求保全适用民事诉讼法有关财产保全的规定。

第19条　海事诉讼特别程序法规定的船载货物指处于承运人掌管之下，尚未装船或者已经装载于船上以及已经卸载的货物。

第20条　海事诉讼特别程序法第13条规定的被保全的财产所在地指船舶的所在地或者货物的所在地。当事人在诉讼前对已经卸载但在承运人掌管之下的货物申请海事请求保全，如果货物所在地不在海事法院管辖区域的，可以向卸货港所在地的海事法院提出，也可以向货物所在地的地方人民法院提出。

第21条　诉讼或者仲裁前申请海事请求保全适用海事诉讼特别程序法第14条的规定。

外国法院已受理相关海事案件或者有关纠纷已经提交仲裁，但涉案财产在中华人民共和国领域内，当事人向财产所在地的海事法院提出海事请求保全申请的，海事法院应当受理。

第22条　利害关系人对海事法院作出的海事请求保全裁定提出异议，经审查认为理由不成立的，应当书面通知利害关系人。

第23条　被请求人或者利害关系人依据海事诉讼特别程序法第20条的规定要求海事请求人赔偿损失，向采取海事请求保全措施的海事法院提起诉讼的，海事法院应当受理。

第 24 条　申请扣押船舶错误造成的损失，包括因船舶被扣押在停泊期间产生的各项维持费用与支出、船舶被扣押造成的船期损失和被申请人为使船舶解除扣押而提供担保所支出的费用。

第 25 条　海事请求保全扣押船舶超过 30 日、扣押货物或者其他财产超过 15 日，海事请求人未提起诉讼或者未按照仲裁协议申请仲裁的，海事法院应当及时解除保全或者返还担保。

海事请求人未在期限内提起诉讼或者申请仲裁，但海事请求人和被请求人协议进行和解或者协议约定了担保期限的，海事法院可以根据海事请求人的申请，裁定认可该协议。

第 26 条　申请人为申请扣押船舶提供限额担保，在扣押船舶期限届满时，未按照海事法院的通知追加担保的，海事法院可以解除扣押。

第 27 条　海事诉讼特别程序法第 18 条第 2 款、第 74 条规定的提供给海事请求人的担保，除被请求人和海事请求人有约定的外，海事请求人应当返还；海事请求人不返还担保的，该担保至海事请求保全期间届满之次日失效。

第 28 条　船舶被扣押期间产生的各项维持费用和支出，应当作为为债权人共同利益支出的费用，从拍卖船舶的价款中优先拨付。

第 29 条　海事法院根据海事诉讼特别程序法第 27 条的规定准许已经实施保全的船舶继续营运的，一般仅限于航行于国内航线上的船舶完成本航次。

第 30 条　申请扣押船舶的海事请求人在提起诉讼或者申请仲裁后，不申请拍卖被扣押船舶的，海事法院可以根据被申请人的申请拍卖船舶。拍卖所得价款由海事法院提存。

第 31 条　海事法院裁定拍卖船舶，应当通过报纸或者其他新闻媒体连续公告 3 日。

第 32 条　利害关系人请求终止拍卖被扣押船舶的，是否准许，海事法院应当作出裁定；海事法院裁定终止拍卖船舶的，为准备拍卖船舶所发生的费用由利害关系人承担。

第 33 条　拍卖船舶申请人或者利害关系人申请终止拍卖船舶的，应当在公告确定的拍卖船舶日期届满 7 日前提出。

第 34 条　海事请求人和被请求人应当按照海事法院的要求提供海事诉讼特别程序法第 33 条规定的已知的船舶优先权人、抵押权人和船舶所有人的有关确切情况。

第 35 条　（见本书第 258 条）

第 36 条　海事请求人申请扣押船载货物的价值应当与其请求的债权数额相当，但船载货物为不可分割的财产除外。

第一编　第九章

第37条　拍卖的船舶移交后，海事法院应当及时通知相关的船舶登记机关。

第38条　海事请求人申请扣押船用燃油、物料的，除适用海事诉讼特别程序法第50条的规定外，还可以适用海事诉讼特别程序法第3章第1节（见海诉法第12-20条）的规定。

第41条　诉讼或者仲裁前申请海事强制令的，适用海事诉讼特别程序法第53条的规定。

外国法院已受理相关海事案件或者有关纠纷已经提交仲裁的，当事人向中华人民共和国的海事法院提出海事强制令申请，并向法院提供可以执行海事强制令的相关证据的，海事法院应当受理。

第42条　海事法院根据海事诉讼特别程序法第57条规定，准予申请人海事强制令申请的，应当制作民事裁定书并发布海事强制令。

第43条　海事强制令由海事法院执行。被申请人、其他相关单位或者个人不履行海事强制令的，海事法院应当依据民事诉讼法的有关规定强制执行。

第44条　利害关系人对海事法院作出海事强制令的民事裁定提出异议，海事法院经审查认为理由不成立的，应当书面通知利害关系人。

第45条　海事强制令发布后15日内，被请求人未提出异议，也未就相关的海事纠纷提起诉讼或者申请仲裁的，海事法院可以应申请人的请求，返还其提供的担保。

第46条　被请求人依据海事诉讼特别程序法第60条的规定要求海事请求人赔偿损失的，由发布海事强制令的海事法院受理。

【法释［2015］6号】　最高人民法院关于扣押与拍卖船舶适用法律若干问题的规定（2014年12月8日最高法审委会［1631次］通过，2015年2月28日公布，2015年3月1日起施行；法发［1994］14号《关于海事法院拍卖被扣押船舶清偿债务的规定》同时废止）

第8条　船舶扣押后，海事请求人依据海事诉讼特别程序法第19条的规定，向其他有管辖权的海事法院提起诉讼的，可以由扣押船舶的海事法院继续实施保全措施。

【法释［2016］22号】　最高人民法院关于人民法院办理财产保全案件若干问题的规定（2016年10月17日最高法审委会［1696次］通过，2016年11月7日公布，2016年12月1日起施行；根据法释［2020］21号《决定》修正，2021年1月1日起施行。以本规为准）

第28条　海事诉讼中，海事请求人申请海事请求保全，适用《中华人民共和国海事诉讼特别程序法》及相关司法解释。

（本书汇）【人身安全保护令】

● **相关规定** **【主席令［2020］45号】** **中华人民共和国民法典**（2020年5月28日全国人大［13届3次］通过，2021年1月1日起施行）

第997条 民事主体有证据证明行为人正在实施或者即将实施侵害其人格权的违法行为，不及时制止将使其合法权益受到难以弥补的损害的，有权依法向人民法院申请采取责令行为人停止有关行为的措施。

【法发［2014］24号】 **最高人民法院、最高人民检察院、公安部、民政部关于依法处理监护人侵害未成年人权益行为若干问题的意见**（2014年12月18日印发，2015年1月1日起施行）（详见本书第60条）

22. 未成年人救助保护机构或者其他临时照料人可以根据需要，在诉讼前向未成年人住所地、监护人住所地或者侵害行为地人民法院申请人身安全保护裁定。

未成年人救助保护机构或者其他临时照料人也可以在诉讼中向人民法院申请人身安全保护裁定。

23. 人民法院接受人身安全保护裁定申请后，应当按照民事诉讼法第100条、第101条、第102条（现第103-105条）的规定作出裁定。经审查认为存在侵害未成年人人身安全危险的，应当作出人身安全保护裁定。

人民法院接受诉讼前人身安全保护裁定申请后，应当在48小时内作出裁定。接受诉讼中人身安全保护裁定申请，情况紧急的，也应当在48小时内作出裁定。人身安全保护裁定应当立即执行。

24. 人身安全保护裁定可以包括下列内容中的一项或者多项：（一）禁止被申请人暴力伤害、威胁未成年人及其临时照料人；（二）禁止被申请人跟踪、骚扰、接触未成年人及其临时照料人；（三）责令被申请人迁出未成年人住所；（四）保护未成年人及其临时照料人人身安全的其他措施。

25. 被申请人拒不履行人身安全保护裁定，危及未成年人及其临时照料人人身安全或者扰乱未成年人救助保护机构工作秩序的，未成年人、未成年人救助保护机构或者其他临时照料人有权向公安机关报告，由公安机关依法处理。

被申请人有其他拒不履行人身安全保护裁定行为的，未成年人、未成年人救助保护机构或者其他临时照料人有权向人民法院报告，人民法院根据民事诉讼法第111条、第115条、第116条（现第114、118、119条）的规定，视情节轻重处以罚款、拘留；构成犯罪的，依法追究刑事责任。

26. 当事人对人身安全保护裁定不服的，可以申请复议1次。复议期间不停止裁定的执行。

41. 撤销监护人资格诉讼终结后 6 个月内，未成年人及其现任监护人可以向人民法院申请人身安全保护裁定。

【主席令［2015］37 号】 **中华人民共和国反家庭暴力法**（2015 年 12 月 27 日全国人大常委会［12 届 18 次］通过，2016 年 3 月 1 日起施行）

第 2 条　本法所称家庭暴力，是指家庭成员之间以殴打、捆绑、残害、限制人身自由以及经常性谩骂、恐吓等方式实施的身体、精神等侵害行为。

第 23 条　当事人因遭受家庭暴力或者面临家庭暴力的现实危险，向人民法院申请人身安全保护令的，人民法院应当受理。

当事人是无民事行为能力人、限制民事行为能力人，或者因受到强制、威吓等原因无法申请人身安全保护令的，其近亲属、公安机关、妇女联合会、居民委员会、村民委员会、救助管理机构可以代为申请。

第 24 条　申请人身安全保护令应当以书面方式提出；书面申请确有困难的，可以口头申请，由人民法院记入笔录。

第 25 条　人身安全保护令案件由申请人或者被申请人居住地、家庭暴力发生地的基层人民法院管辖。

第 26 条　人身安全保护令由人民法院以裁定形式作出。

第 27 条　作出人身安全保护令，应当具备下列条件：（一）有明确的被申请人；（二）有具体的请求；（三）有遭受家庭暴力或者面临家庭暴力现实危险的情形。

第 28 条　人民法院受理申请后，应当在 72 小时内作出人身安全保护令或者驳回申请；情况紧急的，应当在 24 小时内作出。

第 29 条　人身安全保护令可以包括下列措施：（一）禁止被申请人实施家庭暴力；（二）禁止被申请人骚扰、跟踪、接触申请人及其相关近亲属；（三）责令被申请人迁出申请人住所；（四）保护申请人人身安全的其他措施。

第 30 条　人身安全保护令的有效期不超过 6 个月，自作出之日起生效。人身安全保护令失效前，人民法院可以根据申请人的申请撤销、变更或者延长。

第 31 条　申请人对驳回申请不服或者被申请人对人身安全保护令不服的，可以自裁定生效之日起 5 日内向作出裁定的人民法院申请复议 1 次。人民法院依法作出人身安全保护令的，复议期间不停止人身安全保护令的执行。

第 32 条　人民法院作出人身安全保护令后，应当送达申请人、被申请人、公安机关以及居民委员会、村民委员会等有关组织。人身安全保护令由人民法院执行，公安机关以及居民委员会、村民委员会等应当协助执行。

第 34 条　被申请人违反人身安全保护令，构成犯罪的，依法追究刑事责任；

尚不构成犯罪的，人民法院应当给予训诫，可以根据情节轻重处以 1000 元以下罚款、15 日以下拘留。

第 37 条　家庭成员以外共同生活的人之间实施的暴力行为，参照本法规定执行。

【法释［2016］15 号】　最高人民法院关于人身安全保护令案件相关程序问题的批复（2016 年 6 月 6 日最高法审委会［1686 次］通过，2016 年 7 月 11 日公布，答复北京高院"京高法［2016］45 号"请示，2016 年 7 月 13 日起施行）

一、关于人身安全保护令案件是否收取诉讼费的问题。同意你院倾向性意见，即向人民法院申请人身安全保护令，不收取诉讼费用。

二、关于申请人身安全保护令是否需要提供担保的问题。同意你院倾向性意见，即根据《中华人民共和国反家庭暴力法》请求人民法院作出人身安全保护令的，申请人不需要提供担保。

三、关于人身安全保护令案件适用程序等问题。人身安全保护令案件适用何种程序，反家庭暴力法中没有作出直接规定。人民法院可以比照特别程序进行审理。家事纠纷案件中的当事人向人民法院申请人身安全保护令的，由审理该案的审判组织作出是否发出人身安全保护令的裁定；如果人身安全保护令的申请人在接受其申请的人民法院并无正在进行的家事案件诉讼，由法官以独任审理的方式审理。至于是否需要就发出人身安全保护令问题听取被申请人的意见，则由承办法官视案件的具体情况决定。

四、关于复议问题。对于人身安全保护令的被申请人提出的复议申请和人身安全保护令的申请人就驳回裁定提出的复议申请，可以由原审判组织进行复议；人民法院认为必要的，也可以另行指定审判组织进行复议。

【主席令［2020］57 号】　中华人民共和国未成年人保护法（2020 年 10 月 17 日全国人大常委会［13 届 22 次］最新修订，2021 年 6 月 1 日起施行；2024 年 4 月 26 日全国人大常委会［14 届 9 次］统修）

第 108 条（第 1 款）　未成年人的父母或者其他监护人不依法履行监护职责或者严重侵犯被监护的未成年人合法权益的，人民法院可以根据有关人员或者单位的申请，依法作出人身安全保护令或者撤销监护人资格。

【法释［2021］15 号】　最高人民法院关于审理使用人脸识别技术处理个人信息相关民事案件适用法律若干问题的规定（2021 年 6 月 8 日最高法审委会［1841 次］通过，2021 年 7 月 27 日公布，2021 年 8 月 1 日起施行）

第 9 条　自然人有证据证明信息处理者使用人脸识别技术正在实施或者即将实施侵害其隐私权或者其他人格权益的行为，不及时制止将使其合法权益受到难以弥补的损害，向人民法院申请采取责令信息处理者停止有关行为的措施的，人民法院可以根据案件具体情况依法作出人格权侵害禁令。

【主席令［2022］122号】　中华人民共和国妇女权益保障法（2022年10月30日全国人大常委会［13届37次］修订，2023年1月1日起施行）

第29条　禁止以恋爱、交友为由或者在终止恋爱关系、离婚之后，纠缠、骚扰妇女，泄露、传播妇女隐私和个人信息。

妇女遭受上述侵害或者面临上述侵害现实危险的，可以向人民法院申请人身安全保护令。①

【法释［2022］17号】　最高人民法院关于办理人身安全保护令案件适用法律若干问题的规定（2022年6月7日最高法审委会［1870次］通过，2022年7月14日公布，2022年8月1日起施行）

第1条　当事人因遭受家庭暴力或者面临家庭暴力的现实危险，依照反家庭暴力法向人民法院申请人身安全保护令的，人民法院应当受理。

向人民法院申请人身安全保护令，不以提起离婚等民事诉讼为条件。

第2条　当事人因年老、残疾、重病等原因无法申请人身安全保护令，其近亲属、公安机关、民政部门、妇女联合会、居民委员会、村民委员会、残疾人联合会、依法设立的老年人组织、救助管理机构等，根据当事人意愿，依照反家庭暴力法第23条规定代为申请的，人民法院应当依法受理。

第3条　家庭成员之间以冻饿或者经常性侮辱、诽谤、威胁、跟踪、骚扰等方式实施的身体或者精神侵害行为，应当认定为反家庭暴力法第2条规定的"家庭暴力"。

第4条　反家庭暴力法第37条规定的"家庭成员以外共同生活的人"一般包括共同生活的儿媳、女婿、公婆、岳父母以及其他有监护、扶养、寄养等关系的人。

第5条　当事人及其代理人对因客观原因不能自行收集的证据，申请人民法院调查收集，符合《最高人民法院关于适用〈中华人民共和国民事诉讼法〉的解释》第94条第1款规定情形的，人民法院应当调查收集。

人民法院经审查，认为办理案件需要的证据符合《最高人民法院关于适用〈中华人民共和国民事诉讼法〉的解释》第96条规定的，应当调查收集。

第6条　人身安全保护令案件中，人民法院根据相关证据，认为申请人遭受家庭暴力或者面临家庭暴力现实危险的事实存在较大可能性的，可以依法作出人身安全保护令。

① 注：本规定扩展了《反家庭暴力法》规定的人身安全保护令的适用对象和范围。

前款所称"相关证据"包括：（一）当事人的陈述；（二）公安机关出具的家庭暴力告诫书、行政处罚决定书；（三）公安机关的出警记录、讯问笔录、询问笔录、接警记录、报警回执等；（四）被申请人曾出具的悔过书或者保证书等；（五）记录家庭暴力发生或者解决过程等的视听资料；（六）被申请人与申请人或者其近亲属之间的电话录音、短信、即时通讯信息、电子邮件等；（七）医疗机构的诊疗记录；（八）申请人或者被申请人所在单位、民政部门、居民委员会、村民委员会、妇女联合会、残疾人联合会、未成年人保护组织、依法设立的老年人组织、救助管理机构、反家暴社会公益机构等单位收到投诉、反映或者求助的记录；（九）未成年子女提供的与其年龄、智力相适应的证言或者亲友、邻居等其他证人证言；（十）伤情鉴定意见；（十一）其他能够证明申请人遭受家庭暴力或者面临家庭暴力现实危险的证据。

第7条　人民法院可以通过在线诉讼平台、电话、短信、即时通讯工具、电子邮件等简便方式询问被申请人。被申请人未发表意见的，不影响人民法院依法作出人身安全保护令。

第8条　被申请人认可存在家庭暴力行为，但辩称申请人有过错的，不影响人民法院依法作出人身安全保护令。

第9条　离婚等案件中，当事人仅以人民法院曾作出人身安全保护令为由，主张存在家庭暴力事实的，人民法院应当根据《最高人民法院关于适用〈中华人民共和国民事诉讼法〉的解释》第108条的规定，综合认定是否存在该事实。

第10条　反家庭暴力法第29条第4项规定的"保护申请人人身安全的其他措施"可以包括下列措施：

（一）禁止被申请人以电话、短信、即时通讯工具、电子邮件等方式侮辱、诽谤、威胁申请人及其相关近亲属；

（二）禁止被申请人在申请人及其相关近亲属的住所、学校、工作单位等经常出入场所的一定范围内从事可能影响申请人及其相关近亲属正常生活、学习、工作的活动。

第11条　离婚案件中，判决不准离婚或者调解和好后，被申请人违反人身安全保护令实施家庭暴力的，可以认定为民事诉讼法第127条第7项规定的"新情况、新理由"。

第12条　被申请人违反人身安全保护令，符合《中华人民共和国刑法》第313条规定的，以拒不执行判决、裁定罪定罪处罚；同时构成其他犯罪的，依照刑法有关规定处理。

第一编　第九章

【法发〔2023〕14 号】 最高人民法院、最高人民检察院、公安部关于依法惩治网络暴力违法犯罪的指导意见（2023 年 9 月 20 日）

15. 依法适用人格权侵害禁令制度。权利人有证据证明行为人正在实施或者即将实施侵害其人格权的违法行为，不及时制止将使其合法权益受到难以弥补的损害，依据民法典第 997 条向人民法院申请采取责令行为人停止有关行为的措施的，人民法院可以根据案件具体情况依法作出人格权侵害禁令。

● **典型案例** **【法办〔2023〕号】** 中国反家暴十大典型案例（最高法 2023 年 6 月 15 日发布）

（**案例 5**）谌某某违反人身安全保护令案：人身安全保护令的回访与督促执行

基本案情： 2018 年 12 月，罗某（女）向法院起诉要求离婚，并提交丈夫谌某某此前书写的致歉书、微信聊天记录等证据，以谌某某经常酗酒发酒疯、威胁恐吓罗某及其家人、在罗某单位闹事为由申请人身安全保护令。法院作出人身安全保护令裁定送达谌某某，并向罗某所在街道社区及派出所送达协助执行通知书，要求如谌某某对罗某实施辱骂、殴打、威胁等精神上、身体上的侵害行为时，要立刻予以保护并及时通知法院。2019 年 2 月 14 日，法院按照内部机制对罗某进行电话回访，罗某反映谌某某对其实施了精神上的侵害行为。后法官传唤双方当事人到庭并查明：在人身安全保护令的有效期内，双方多次发生激烈争执，谌某某找到罗某单位两位主要领导，披露罗某隐私，导致罗某正常工作环境和社交基础被严重破坏，精神受损，基于羞愤心理意欲辞职。法院对谌某某处以拘留 5 日的惩罚措施。

典型意义： 1. "人身安全保护令回访制度"系该院创举，一方面该制度有利于发现家庭暴力行为，在当事人因受到暴力和精神压迫而不敢请求保护或对家庭暴力知识缺失的时候，通过主动回访及时发现并制止可能存在的或已经存在的违反人身安全保护令的行为，既能维护司法权威，也能更好保障家庭关系中弱势群体的合法权益；另一方面回访制度能够体现司法机关执法的温度，让当事人真正能感受到法律并非冰冷的文字，而是实实在在保护自己的有效利器。2. 在该案影响下，"宣扬隐私"亦构成家庭暴力的观点被写入地方立法，自 2019 年 7 月 1 日起施行的《湖南省实施〈中华人民共和国反家庭暴力法〉办法》第 2 条明确，"本办法所称家庭暴力，是指家庭成员之间以殴打、捆绑、……宣扬隐私、跟踪、骚扰等方式实施的身体、精神等侵害行为"。此外，"宣扬隐私"构成家庭暴力的观念在 2023 年修订的《中华人民共和国妇女权益保障法》第 29 条中也有体现。

（**案例 7**）叶某申请人身安全保护令案：同居结束后受暴妇女仍可申请人身安全保护令

基本案情： 叶某（女）与黄某（男）结束同居关系后，向法院起诉其同居关系子女抚养纠纷。黄某威胁叶某及其父母称："如不交回孩子，将采取极端手段。"并网购了具有攻击性和伤害性的辣椒水。叶某认为，结合黄某平时暴躁、极端的性格，其有可能作出恐怖、极端的行为，危及自己及家属的安全与生命，故向法院申请人身安全保护令。法院作出人保护令，裁定禁止黄某骚扰、跟踪、威胁、殴打叶某及其女儿。

典型意义：1. 同居男女分手后女方遭受威胁、恐吓等暴力侵害的，可向法院申请人身安全保护令。《反家庭暴力法》第 37 条规定，家庭成员以外共同生活的人之间实施的暴力行为，参照本法规定执行。意味着监护、寄养、同居、离异等关系的人员之间发生的暴力也纳入法律约束。本案中，叶某与男友黄某之间并非家庭成员关系，叶某权益受侵害时，已结束了同居生活。但同居的结束，并不代表同居关系的结束，还有共同财产、子女等一系列问题需要解决，如机械地要求受害者必须与侵害人同住一所才能获得保护，与反家暴法的立法初衷相违背，也不符合常理。反家庭暴力法的本质，是通过司法干预来禁止家庭成员、准家庭成员间，基于控制及特殊身份关系而产生的各种暴力。该法规定了非婚姻的准家庭成员关系也受其调整，那么在离婚妇女受暴后能获得司法干预的同时，同居结束后受暴妇女亦应同样能够获得保护。因此，同居男女朋友结束同居生活后若存在家庭暴力情形的，也应可以申请人身安全保护令。2. 家庭暴力具有隐密性和突发性，对于家庭暴力行为发生可能性的证明，难度相对较高，为防止侵害行为的发生，应适当降低证明标准，只要申请人能够提供初步证据证明存在家暴发生的现实危险即可，对于侵害可能性的标准应当从宽。3. 申请人提交的监控录像及淘宝购买订单可作为证实家暴的证据。在对家暴行为的认定中，除了报警记录、病历、处罚决定书等，当事人陈述、短信、微信聊天记录、录音、视频、村居委和妇联等单位机构的救助记录等均可纳入证据范围。

【法办发［2023］号】 人民法院依法惩治网络暴力违法犯罪典型案例（最高法 2023 年 9 月 25 日发布）

（案例 6） 李某某申请人格权侵害禁令案：为避免合法权益受到难以弥补的损害，人民法院可以依法作出人格权侵害禁令

基本案情：自 2022 年 5 月至 2023 年 4 月，被告张某某使用其拥有 40 万粉丝的网络账号直播 40 余次，发布针对李某某的视频，其中含有大量谩骂和人身攻击言辞。引发网民围观、跟进评论、嘲讽、诋毁。同时，张某某还组建粉丝群，煽动他人辱骂李某某。李某某据此向法院提起网络侵权责任纠纷诉讼。案件审理期间，经法庭释明后，张某某仍每晚定时直播，继续针对李某某发布相关侵权言论，并公开李某某数位身份证号码。2023 年 7 月 6 日，李某某向法院提出人格权侵害

禁令申请。

裁判结果：北京互联网法院裁定认为：结合张某某既往行为和本案实际情况，其正在实施侵害行为，且继续实施侵权行为的可能性较大。涉案直播视频播放量较高，若不及时制止，将极大增加原告李某某的维权负担，导致侵权影响范围、损害后果进一步扩大。据此，依法作出裁定，责令张某某立即停止在涉案账号中发布侵害李某某名誉权的内容。该裁定发生法律效力后，被申请人张某某已停止相关行为。

典型意义：网络暴力借助信息技术手段实施，与现实空间之中的侵害行为具有明显不同。特别是，网络暴力的强度及其对被害人合法权益的损害程度，往往与网络暴力信息的传播速度、规模直接相关联。基于此，阻断网络暴力信息扩散、发酵往往具有急迫性，需要采取紧急措施，避免对合法权益造成难以弥补的损害。对此，民法典第997条规定："民事主体有证据证明行为人正在实施或者即将实施侵害其人格权的违法行为，不及时制止将使其合法权益受到难以弥补的损害的，有权依法向人民法院申请采取责令行为人停止有关行为的措施。"据此，权利人对正在实施或者即将实施侵害其人格权的网络暴力行为，在提起民事诉讼时，还可以向人民法院申请依法适用人格权侵害禁令制度。

本案就是依法适用人格权侵害禁令的案例，被告发布相关侵权信息的持续时间较长、信息受众群体规模巨大，对原告名誉权造成严重负面影响，人民法院根据原告申请，在一周内即作出人格权侵害禁令，及时制止了被告继续实施相关行为，有力维护了受害人的合法权益。

【法办发［2023］号】　人民法院反家庭暴力典型案例（第1批）（最高法2023年11月25日发布）

（案例1）林某申请人身安全保护令案：人身安全保护令可适用于终止恋爱关系的当事人

关键词：终止恋爱关系；骚扰；暴力；不法侵害

基本案情：林某（女）和赵某原系情侣，后因双方性格不合，林某提出分手。此后，赵某通过使用暴力、进行定位跟踪、使用窃听设备、破坏家门锁与电闸、安装监控摄像头等多种形式对林某进行骚扰，严重影响了林某的正常生活与工作，且对林某的人身安全构成威胁。林某多次通过人民调解委员会与赵某调解，但赵某拒不改正。林某遂向人民法院申请人身安全保护令。

裁判理由及结果：人民法院经审查认为，妇女权益保障法明确规定，禁止以恋爱、交友为由或者在终止恋爱关系、离婚之后，纠缠、骚扰妇女，泄露、传播妇女隐私和个人信息。妇女遭受上述侵害或者面临上述侵害现实危险的，可以向人民法院申请人身安全保护令。申请人提供的证据，可以证实被申请人自双方终止恋爱关系后，以不正当方式，骚扰申请人，干扰申请人的正常生活，致申请人面临侵害的现实危险，符合作出人身安全保护令的法定条件。裁定：禁止被申请人赵某殴打、骚扰、跟踪、接触申请人林某。

典型意义：妇女权益遭受的侵害除了来自家庭，也常见于恋爱关系中或者终止恋爱关系以及离婚之后。为此，新修订的妇女权益保障法第29条明确规定，禁止以恋爱、交友为由或者在终止恋爱关系、离婚之后，纠缠、骚扰妇女，泄露、传播妇女隐私和个人信息。妇女遭受上述侵害或者面临上述侵害现实危险的，可以向人民法院申请人身安全保护令。该条规定将适用人身安全保护令的主体范围由家庭成员扩大至曾经具有恋爱、婚姻关系或者以恋爱、交友为由进行接触等人群，可以更好地预防和制止发生在家庭成员以外亲密关系中的不法行为。本案中，人民法院根据上述法律规定，及时签发人身安全保护令，让被申请人意识到其实施的行为已经构成违法，通过人身安全保护令在施暴人和受害人之间建立起了一道无形的"隔离墙"，充分保护妇女合法权益。

（案例2）李某申请人身安全保护令案：发出人身安全保护令的证明标准是"存在较大可能性"

关键词：人身安全保护令；证明标准；较大可能性

基本案情：申请人李某（女）与龚某系夫妻关系，双方于2000年4月登记结婚。婚姻关系存续期间，李某多次遭到龚某的暴力殴打，最为严重的一次是被龚某用刀威胁。2023年4月，为保障人身安全，李某向人民法院申请人身安全保护令，但其仅能提交一些身体受伤的照片和拨打报警电话的记录。龚某称，李某提供的受伤照片均为其本人摔跤所致，报警系小题大作，其并未殴打李某。

裁判理由及结果：人民法院经审查认为，虽然李某提供的照片和拨打报警电话的记录并不能充分证明其遭受了龚某的家庭暴力，但从日常生活经验和常理分析，该事实存在较大可能性，已达到申请人身安全保护令的证明标准。裁定：禁止被申请人龚某对申请人李某实施家庭暴力。

典型意义：当遭受家庭暴力或面临家庭暴力现实危险时，受害人可以向法院申请人身安全保护令。该制度的创设目的在于对已经发生或者可能发生的家庭暴力行为作出快速反应，及时保护申请人免遭危害。实践中，预防和制止家庭暴力最大的障碍是家暴受害人举证不足问题。鉴于人身安全保护令作为禁令的预防性保护功能，《最高人民法院关于办理人身安全保护令案件适用法律若干问题的规定》第6条规定，签发人身安全保护令的证明标准是"存在较大可能性"。本案中，虽然受害人提供的受伤照片和报警电话记录不能充分证明存在家暴行为，但人民法院综合考量双方当事人的陈述、多次报警情况，结合日常生活经验，认定家庭暴力事实存在较大可能性，符合法律应有之义，特别关注了家庭暴力受害人举证能力较弱、家暴行为私密性等特征，最大限度发挥人身安全保护令的预防和隔离功能，以充分保护家庭暴力受害人的合法权益。

（案例 3）王某申请人身安全保护令案：通过自伤自残对他人进行威胁属家庭暴力

关键词： 自伤自残；精神控制

基本案情： 申请人王某（女）与被申请人李某系夫妻关系。双方因家庭琐事经常发生争议，李某多次以跳楼、到王某工作场所当面喝下农药等方式进行威胁，王某亦多次报警皆协商未果。为保证人身安全，王某向人民法院申请人身安全保护令。

裁判理由及结果： 人民法院经审查认为，李某自伤自残行为会让申请人产生紧张恐惧情绪，属于精神侵害，王某的申请符合人身安全保护令的法定条件。裁定：一、禁止被申请人李某对申请人王某实施家庭暴力；二、禁止被申请人李某骚扰、跟踪、威胁申请人王某。

典型意义： 精神暴力的危害性并不低于身体暴力的危害性。本案中，被申请人虽未实施殴打、残害等行为给申请人造成身体损伤，但其自伤、自残的行为必定会让申请人产生紧张恐惧的情绪，导致申请人精神不自由，从而按照被申请人的意志行事。该行为属于精神暴力。人民法院通过签发人身安全保护令，明确通过伤害自己以达到控制对方的行为也属于家庭暴力，这不但扩大了对家庭暴力的打击范围，也为更多在家庭中遭受精神暴力的家暴受害人指明了自救的有效路径，为个体独立自主权及身心健康的保障提供了有力的后盾。

（案例 4）陈某申请人身安全保护令案：子女对父母实施家庭暴力的，父母可以申请人身安全保护令

关键词： 子女；殴打父母；家庭暴力

基本案情： 申请人陈某与被申请人郑某系母子关系。2022 年 6 月，郑某前往陈某居住的 A 房屋，以暴力威胁向陈某索要钱款，陈某拨打"110"报警。2022 年 9 月，郑某再次到陈某住处向陈某索要钱款，并对陈某进行辱骂和殴打，在陈某答应给予 2 万元的前提下才允许其离开住所。为避免进一步被威胁和伤害，陈某向人民法院申请人身安全保护令。

裁判理由及结果： 人民法院经审查认为：申请人陈某已 70 高龄，本应安度晚年，享受天伦之乐，但郑某作为子女非但没有好好孝敬申请人，而是多次使用辱骂、威胁、殴打的手段向申请人索要钱财，给申请人的身心造成了巨大打击，使申请人无法正常生活。申请人的申请符合《中华人民共和国反家庭暴力法》第 27 条规定的发出人身安全保护令的条件。裁定：一、禁止被申请人郑某殴打、威胁申请人陈某；二、禁止被申请人郑某以电话、短信、微信等方式骚扰申请人陈某；三、禁止被申请人郑某前往申请人陈某居住的 A 房屋。

典型意义：尊老敬老爱老是中华民族的传统美德。本案中，郑某作为具有独立生活能力的成年子女，不但没有孝敬母亲，反而以殴打、威胁方式索要钱财，不仅违背了法律规定，也有悖于人伦，法院应对该行为作出否定性评价。同时，本案申请人作为年逾七旬的老人，无论是保留证据能力还是自由行动能力均有一定局限性，人民法院充分考虑这一特殊情况，发挥司法能动性，与当地公安、街道联动合作，依职权调取相关证据，为及时保护申请人的合法权益织起了一张安全网。

【法办发〔2023〕号】　人民法院反家庭暴力典型案例（第 2 批）（最高法2023 年 11 月 27 日发布）

（案例 1）蔡某某申请人身安全保护令案：未成年子女被暴力抢夺、藏匿或者目睹父母一方对另一方实施家庭暴力的，可以申请人身安全保护令

关键词：未成年人；暴力抢夺；目击者；未共同生活

基本案情：2022 年 3 月，蔡某与唐某某（女）离婚纠纷案一审判决婚生子蔡某某由唐某某抚养，蔡某不服提起上诉，并在上诉期内将蔡某某带走。后该案二审维持一审判决，但蔡某仍拒不履行，经多次强制执行未果。2023 年 4 月，经法院、心理咨询师等多方共同努力，蔡某将蔡某某交给唐某某。蔡某某因与母亲分开多日极度缺乏安全感，自 2023 年 5 月起接受心理治疗。2023 年 5 月，蔡某到唐某某处要求带走蔡某某，唐某某未予准许，为此双方发生争执。蔡某不顾蔡某某的哭喊劝阻，殴打唐某某并造成蔡某某面部受伤。蔡某某因此次抢夺事件身心受到极大伤害，情绪不稳，害怕上学、出门，害怕被蔡某抢走。为保护蔡某某人身安全不受威胁，唐某某代蔡某某向人民法院申请人身安全保护令。

裁判理由及结果：人民法院经审查认为，国家禁止任何形式的家庭暴力。家庭暴力，是指家庭成员之间以殴打、捆绑、残害、限制人身自由以及经常性谩骂、恐吓等方式实施的身体、精神等侵害行为。当事人因遭受家庭暴力或者面临家庭暴力的现实危险，向人民法院申请人身安全保护令，人民法院应当受理。蔡某某在父母离婚后，经法院依法判决，由母亲唐某某直接抚养。蔡某在探望时采用暴力方式抢夺蔡某某，并当着蔡某某的面殴打其母亲唐某某，对蔡某某的身体和精神造成了侵害，属于家庭暴力。故依法裁定：一、禁止被申请人蔡某以电话、短信、即时通讯工具、电子邮件等方式侮辱、诽谤、威胁申请人蔡某某及其相关近亲属；二、禁止被申请人蔡某在申请人蔡某某及其相关近亲属的住所、学校、工作单位等经常出入场所的一定范围内从事可能影响申请人蔡某某及其相关近亲属

正常生活、学习、工作的活动。

典型意义：抢夺、藏匿未成年子女行为不仅侵害了父母另一方对子女依法享有的抚养、教育、保护的权利，而且严重损害未成年子女身心健康，应当坚决预防和制止。未成年人保护法第 24 条明确规定，不得以抢夺、藏匿未成年子女等方式争夺抚养权。本案中，孩子先是被暴力抢夺、藏匿长期无法与母亲相见，后又目睹父亲不顾劝阻暴力殴打母亲，自己也因此连带受伤，产生严重心理创伤。尽管父亲的暴力殴打对象并不是孩子，抢夺行为亦与典型的身体、精神侵害存在差别。但考虑到孩子作为目击者，其所遭受的身体、精神侵害与父亲的家庭暴力行为直接相关，应当认定其为家庭暴力行为的受害人。人民法院在充分听取专业人员分析意见基础上，认定被申请人的暴力抢夺行为对申请人产生了身体及精神侵害，依法签发人身安全保护令，并安排心理辅导师对申请人进行长期心理疏导，对审理类似案件具有借鉴意义。

（案例 2）唐某某申请人身安全保护令案：全社会应形成合力，共同救护被家暴的未成年人

关键词：未成年人；代为申请；心理辅导；矫治

基本案情：2023 年 8 月，唐某某（4 岁）的母亲马某对唐某某实施家庭暴力，住所所在地 A 市妇联联合当地有关部门进行联合家访，公安部门对马某出具家庭暴力告诫书。2023 年 9 月，马某全家从 A 市搬至 B 市居住。同月底，唐某某所在幼儿园老师在检查时发现唐某某身上有新伤并报警，当地派出所出警并对马某进行口头训诫。2023 年 10 月初，B 市妇联代唐某某向人民法院递交人身安全保护令申请书。

裁判理由及结果：人民法院经审查认为，被申请人马某对申请人唐某某曾有冻饿、殴打的暴力行为，唐某某确实遭受家庭暴力，故其申请符合《中华人民共和国反家庭暴力法》关于作出人身安全保护令的条件，应予支持。裁定：一、禁止被申请人马某对申请人唐某某实施殴打、威胁、辱骂、冻饿等家庭暴力；二、责令被申请人马某接受法治教育和心理辅导矫治。

典型意义：预防和制止未成年人遭受家庭暴力是全社会共同责任。未成年人因缺乏法律知识和自保能力，面对家暴时尤为需要社会的帮扶救助。本案中，有关部门在发现相关情况后第一时间上门摸排调查；妇联代为申请人身安全保护令；幼儿园及时履行强制报告义务；公安机关依法对父母予以训诫；人民法院依法发出人身安全保护令，并联系有关部门协助履行职责，多部门联合发力共同为受家暴未成年人撑起法律保护伞。通过引入社会工作和心理疏导机制，对施暴人进行法治教育和心理辅导矫治，矫正施暴人的认识行为偏差，从根源上减少发生家暴的可能性。

（**案例3**）（本书第12章第3节"婚姻案件审理"专辑）

（**案例4**）彭某某申请人身安全保护令案：学校发现未成年人遭受或疑似遭受家庭暴力的，应履行强制报告义务

关键词：未成年人；学校；强制报告；家庭教育指导

基本案情：申请人彭某某（女）13岁，在父母离异后随父亲彭某和奶奶共同生活，因长期受父亲打骂、罚站、罚跪，女孩呈现焦虑抑郁状态，并伴有自残自伤风险。2021年4月某日晚，彭某某因再次与父亲发生冲突被赶出家门。彭某某向学校老师求助，学校老师向所在社区派出所报案、联系社区妇联。社区妇联将情况上报至区家庭暴力防护中心，区家庭暴力防护中心社工、社区妇联工作人员以及学校老师陪同彭某某在派出所做了笔录。经派出所核查，彭某确有多次罚站、罚跪以及用衣架打彭某某的家暴行为，并对彭某某手臂伤痕进行伤情鉴定，构成轻微伤，公安机关于2021年4月向彭某出具《反家庭暴力告诫书》，告诫严禁再次实施家庭暴力行为。后彭某某被安置在社区临时救助站。彭某某母亲代其向人民法院提交人身安全保护令申请。

裁判理由及结果：人民法院经审查认为，经向派出所调取证据，可以证明彭某有多次体罚彭某某的行为，抽打彭某某手臂经鉴定已构成轻微伤，且彭某某呈现焦虑抑郁状态，有自伤行为和自杀意念，彭某的行为已构成家庭暴力，应暂时阻断其对彭某某的接触和监护。人民法院在立案当天即作出人身安全保护令，裁定：一、禁止被申请人彭某殴打、恐吓、威胁申请人彭某某；二、禁止被申请人彭某骚扰、跟踪申请人彭某某；三、禁止被申请人彭某与申请人彭某某进行不受欢迎的接触；四、禁止被申请人彭某在申请人彭某某的住所、所读学校以及彭某某经常出入的场所内活动。

典型意义：学校不仅是未成年人获取知识的场所，也是庇护学生免受家暴的港湾。根据未成年人保护法规定，作为密切接触未成年人的单位，学校及其工作人员发现未成年人遭受家庭暴力的，应当依法履行强制报告义务，及时向公安、民政、教育等部门报告有关情况。本案中，学校积极履行法定义务，在接到未成年人求助后立即向所在社区派出所报案、联系社区妇联，积极配合开展工作，处置及时、反应高效，为防止未成年人继续遭受家庭暴力提供了坚实后盾。人民法院受理人身安全保护令申请后，第一时间向派出所、社区组织、学校老师了解情况，当天即作出人身安全保护令裁定。同时，人民法院还通过心理辅导、家庭教育指导等方式纠正彭某在教养子女方面的错误认知，彭某认真反省后向人民法院提交了书面说明，深刻检讨了自己与女儿相处过程中的错误做法，并提出后续改善措施保证不再重蹈覆辙。

（案例5）韩某某、张某申请人身安全保护令案：直接抚养人对未成年子女实施家庭暴力，人民法院可暂时变更直接抚养人

关键词：未成年人；直接抚养人；暂时变更

基本案情：申请人韩某某在父母离婚后跟随父亲韩某生活。韩某在直接抚养期间，以韩某某违反品德等为由采取木棍击打其手部、臀部、罚跪等方式多次进行体罚，造成韩某某身体出现多处软组织挫伤。韩某还存在因韩某某无法完成其布置的国学作业而不准许韩某某前往学校上课的行为。2022年9月，某派出所向韩某出具《家庭暴力告诫书》。2022年11月，因韩某实施家暴行为，公安机关依法将韩某某交由其母亲张某临时照料。2022年12月，原告张某将被告韩某诉至人民法院，请求变更抚养关系。为保障韩某某的人身安全，韩某某、张某于2022年12月向人民法院申请人身安全保护令。

裁判理由及结果：人民法院经审查认为，父母要学会运用恰当的教育方式开展子女教育，而非采取对未成年人进行体罚等简单粗暴的错误教育方式。人民法院在处理涉未成年人案件中，应当遵循最有利于未成年人原则，充分考虑未成年人身心健康发展的规律和特点，尊重其人格尊严，给予未成年人特殊、优先保护。韩某作为韩某某的直接抚养人，在抚养期间存在严重侵犯未成年人身心健康、不利于未成年人健康成长的行为，故依法裁定：一、中止被申请人韩某对申请人韩某某的直接抚养；申请人韩某某暂由申请人张某直接抚养；二、禁止被申请人韩某暴力伤害、威胁申请人韩某某；三、禁止被申请人韩某跟踪、骚扰、接触申请人韩某某。

典型意义：一般人身安全保护令案件中，申请人的请求多为禁止实施家暴行为。但对被单亲抚养的未成年人而言，其在学习、生活上对直接抚养人具有高度依赖性，一旦直接抚养人实施家暴，未成年人可能迫于压力不愿也不敢向有关部门寻求帮助。即使人民法院作出人身安全保护令，受限于未成年人与直接抚养人共同生活的紧密关系，法律实施效果也会大打折扣。本案中，考虑到未成年人的生活环境，人民法院在裁定禁止实施家庭暴力措施的基础上，特别增加了一项措施，即暂时变更直接抚养人，将未成年人与原直接抚养人进行空间隔离。这不仅可以使人身安全保护令发挥应有功效，也能保障未成年人的基本生活，更有利于未成年人的健康成长。

（案例6）吴某某申请人身安全保护令案：父母应当尊重未成年子女受教育的权利，父母行为侵害合法权益的，未成年子女可申请人身安全保护令

关键词：未成年人；受教育权；精神暴力

基本案情：申请人吴某某（女）16岁，在父母离婚后随其父亲吴某生活，于2022年第一次高考考取了一本非985高校。吴某安排吴某某复读，要求必须考取

985 高校，并自 2022 年暑期开始居家教授吴某某知识。开学后，吴某一直不让吴某某到学校上课。2022 年下半年，吴某某的奶奶发现吴某将吴某某头发剪乱，不让其吃饱饭，冬天让其洗冷水澡，不能与外界交流（包括奶奶），并威胁其不听话就不给户口簿、不协助高考报名。因反复沟通无果，吴某某的奶奶向当地妇联寻求帮助。妇联联合人民法院、公安、社区、教育局立即开展工作，赶赴现场调查取证。吴某某向人民法院申请人身安全保护令。

裁判理由及结果：人民法院经审查认为，申请人吴某某有遭受家庭暴力或者面临家庭暴力现实危险，其申请符合人身安全保护令的法定条件。人民法院在收到申请后 6 小时内便作出人身安全保护令，裁定：一、禁止被申请人吴某对申请人吴某某实施家庭暴力；二、禁止被申请人吴某限制申请人吴某某人身自由、虐待申请人；三、禁止被申请人吴某剥夺申请人吴某某受教育的权利。

典型意义：未成年子女是独立的个体，他们享有包括受教育权在内的基本民事权利。父母对未成年子女负有抚养、教育、保护义务。在处理涉及未成年人事项时，应当坚持最有利于未成年人的原则，尊重未成年人人格尊严、适应未成年人身心健康发展的规律和特点，尊重未成年人受教育的权利。父母应当在充分保障未成年子女身体、心理健康基础上，以恰当的方式教育子女。本案中，父亲虽系出于让孩子取得更好高考成绩的良好本意，但其采取的冻饿、断绝与外界交流等方式损害了未成年人的身体健康，违背了未成年人的成长规律，禁止出门上学更是损害了孩子的受教育权，名为"爱"实为"害"，必须在法律上对该行为作出否定性评价。

● **文书格式**   【**法 [2016] 221 号**】   **民事诉讼文书样式**（2016 年 2 月 22 日最高法审委会 [1679 次] 通过，2016 年 6 月 28 日公布，2016 年 8 月 1 日起施行）（本书对格式略有调整）

申请书（申请人身安全保护令用）①

    申请人：×××，男/女，×年×月×日生，×族，……（写明工作单位和职务或职业），住……。联系方式：……。（★申请人是法人或其他组织的，本段写明名称、住所）②

    法定代理人/指定代理人③：×××，……。（★申请人是法人或其他组织的，本

---

① 书面人身安全保护令申请确有困难的，可以口头申请，由人民法院记人笔录。

② 注：当事人是无民事行为能力人、限制民事行为能力人，或者因受到强制、威吓等原因无法申请人身安全保护令的，其近亲属、公安机关、妇联、居委会、村委会、救助管理机构可以代为申请。

③ 注：申请人是无民事行为能力人或限制民事行为能力人的，应当写明法定代理人姓名、性别、出生日期、民族、职业、工作单位、住所、联系方式，在诉讼地位后括注与申请人的关系。

段写明法定代表人、主要负责人及其姓名、职务、联系方式)

委托诉讼代理人：×××，……。(申请时已经委托诉讼代理人的，写明此项)

被申请人：×××，……。

(以上写明申请人和其他诉讼参与人的姓名或者名称等基本信息)

请求事项：

……(写明保护申请人人身安全的措施)。①

事实和理由：

……(写明有遭受家庭暴力或者面临家庭暴力现实危险的情形以及其他事实和理由)。

证据和证据来源，证人姓名和住所：

……

此致：××人民法院

申请人(签名或盖章)

×年×月×日

民事裁定书(作出\驳回人身安全保护令)②

(××××)……民保令……号

申请人(诉讼中的括注原告)：×××，……。

法定代理人或代为申请人/代为申请机构③：×××，……。

被申请人(诉讼中的括注被告)：×××，……。

(以上写明申请人、被申请人及其代理人的姓名或者名称等基本信息)

申请人×××与被申请人×××申请人身安全保护令一案，本院于×年×月×日立案后进行了审查。现已审查终结。

申请人×××称，……(概述申请人的请求、事实和理由)。

本院经审查认为，……(写明作出\驳回人身安全保护令的理由)。×××的申请符合\不符合人身安全保护令的法定条件。

依照《中华人民共和国反家庭暴力法》第26-29条规定，裁定如下：

---

① 请求事项可以写明以下措施：(一)禁止被申请人实施家庭暴力；(二)禁止被申请人骚扰、跟踪、接触申请人和其相关近亲属；(三)责令被申请人迁出申请人住所；(四)保护申请人人身安全的其他措施。

② 人民法院受理申请后，应当在72小时内作出人身安全保护令或者驳回申请；情况紧急的，应当在24小时内作出。作出保护令后，应当送达申请人、被申请人、公安机关以及居委会、村委会等有关组织。

③ 代为申请机构写明名称(公安机关、妇女联合会、居民委员会、村民委员会、救助管理机构等)、住所地、法定代表人的名称、经办人的姓名、职务。

（作出保护令的，写明以下人身安全保护令的 1 项或者多项措施：）

一、禁止被申请人×××对×××实施家庭暴力；

二、禁止被申请人×××骚扰、跟踪、接触×××及其相关近亲属；

三、责令被申请人×××迁出×××的住所；

四、……（写明保护申请人人身安全的其他措施）。

本裁定自作出之日起×个月内有效。人身安全保护令失效前，人民法院可以根据申请人的申请撤销、变更或者延长。被申请人对本裁定不服的，可以自裁定生效之日起 5 日内向本院申请复议 1 次。复议期间不停止裁定的执行。

如×××违反上述禁令，本院将依据《中华人民共和国反家庭暴力法》第 34 条规定，视情节轻重，处以罚款、拘留；构成犯罪的，依法追究刑事责任。

（驳回申请的，写明：）

驳回×××的申请。

如不服本裁定，可以自本裁定生效之日起 5 日内向本院申请复议 1 次。

（合议庭成员署名）

×年×月×日（院印）

本件与原本核对无异

法官助理、书记员

复议申请书（申请人对驳回人身安全保护令申请复议用）①

复议申请人：×××，男/女，×年×月×日生，×族，……（写明工作单位和职务或职业），住……。联系方式：……。（★复议申请人是法人或其他组织的，本段写明名称、住所）②

法定代理人/指定代理人③：×××，……。（★复议申请人是法人或其他组织的，本段写明法定代表人、主要负责人及其姓名、职务、联系方式）

委托诉讼代理人：×××，……。（申请时已经委托诉讼代理人的，写明此项）

被申请人：×××，……。

（以上写明申请人和其他诉讼参与人的姓名或者名称等基本信息）

请求事项：

1. 撤销你院（××××）……民保令……号驳回申请民事裁定；

---

① 申请人对驳回申请不服的，可以自裁定生效之日起 5 日内向作出裁定的人民法院申请复议 1 次。

② 注：当事人是无民事行为能力人、限制民事行为能力人，或者因受到强制、威吓等原因无法申请人身安全保护令的，其近亲属、公安机关、妇联、居委会、村委会、救助管理机构可以代为申请。

③ 注：复议申请人是无民事行为能力人或限制民事行为能力人的，应当写明法定代理人姓名、性别、出生日期、民族、职业、工作单位、住所、联系方式，在诉讼地位后括注与复议申请人的关系。

2.……（写明保护申请人人身安全的措施）。

事实和理由：

复议申请人×××与被申请人×××申请人身安全保护令一案，不服你院×年×月×日作出（××××）……民保令……号驳回申请裁定，申请复议。

……（写明复议的事实和理由）。

此致：××人民法院

附：××人民法院（××××）……民保令……号民事裁定书

复议申请人（签名或盖章）
×年×月×日

复议申请书（被申请人对作出人身安全保护令申请复议用）①

复议申请人：×××，男/女，×年×月×日生，×族，……（写明工作单位和职务或职业），住……。联系方式：……。

法定代理人/指定代理人②：×××，……。

委托诉讼代理人：×××，……。（申请时已经委托诉讼代理人的，写明此项）

（以上写明申请人和其他诉讼参与人的姓名或者名称等基本信息）

请求事项：

撤销你院（××××）……民保令……号人身安全保护令民事裁定。

事实和理由：

复议申请人×××因与×××申请人身安全保护令一案，不服你院于×年×月×日作出（××××）……民保令……号人身安全保护令裁定：……（写明裁定结果）。申请复议。

……（写明复议的事实和理由）。

此致：××人民法院

附：××人民法院（××××）……民保令……号民事裁定书

复议申请人（签名）
×年×月×日

民事裁定书（复议驳回\作出\撤销人身安全保护令）

（××××）……民保令……号

复议申请人：×××，……。

---

① 被申请人对人身安全保护令不服的，可以自裁定生效之日起5日内向作出裁定的人民法院申请复议1次。复议期间不停止人身安全保护令的执行。

② 注：复议申请人是无民事行为能力人或限制民事行为能力人的，应当写明法定代理人姓名、性别、出生日期、民族、职业、工作单位、住所、联系方式，在诉讼地位后括注与复议申请人的关系。

人身安全保护令被申请人：×××，……。

（以上写明当事人及其代理人的姓名或者名称等基本信息）

复议申请人不服本院于×年×月×日作出（××××）……民保令……号驳回申请民事裁定，申请复议。×××提出，……（概述复议申请人申请复议的请求和理由）。

（驳回申请的，写明：）

经复议，本院认为，……（写明驳回复议申请的理由）。

依照《中华人民共和国反家庭暴力法》第31条规定，裁定如下：

驳回×××的申请。

（作出保护令的，写明：）

经复议，本院认为，……（写明撤销驳回申请民事裁定、作出人身安全保护令的理由）。

依照《中华人民共和国反家庭暴力法》第26-27条、第29-31条规定，裁定如下：

一、撤销本院（××××）……民保令……号驳回申请民事裁定；

二、……（写明作出人身安全保护令的措施）。

本裁定自作出之日起×个月内有效。人身安全保护令失效前，人民法院可以根据申请人的申请撤销、变更或者延长。

（撤销保护令的，写明：）

经复议，本院认为，……（写明作出撤销的理由）。

依照《中华人民共和国反家庭暴力法》第27条、第31条规定，裁定如下：

撤销本院（××××）……民保令……号人身安全保护令民事裁定。

（代理）审判员　×××

×年×月×日（院印）

书记员　×××

申请书（申请撤销/变更/延长人身安全保护令用）[1]

申请人：×××，男/女，×年×月×日生，×族，……（写明工作单位和职务或职业），住……。联系方式：……。（★申请人是法人或其他组织的，本段写明名称、住所）[2]

---

[1]　在人身安全保护令有效期（不超过6个月）内，申请人可以申请撤销、变更或延长。

[2]　注：当事人是无民事行为能力人、限制民事行为能力人，或者因受到强制、威吓等原因无法申请人身安全保护令的，其近亲属、公安机关、妇联、居委会、村委会、救助管理机构可以代为申请。

法定代理人/指定代理人①：×××，……。(★申请人是法人或其他组织的，本段写明法定代表人、主要负责人及其姓名、职务、联系方式)

委托诉讼代理人：×××，……。(申请时已经委托诉讼代理人的，写明此项)

被申请人：×××，……。

(以上写明申请人和其他诉讼参与人的姓名或者名称等基本信息)

请求事项：

(请求撤销的，写明：)撤销你院(××××)……民保令……号人身安全保护令民事裁定。

(请求变更的，写明：)

1. 撤销你院(××××)……民保令……号人身安全保护令民事裁定第×项；

2.……(写明变更的人身安全保护令的措施)。

(请求延长的，写明：)延长……(人身安全保护令的措施)×个月。

事实和理由：

申请人×××与被申请人×××申请人身安全保护令一案，你院于×年×月×日作出(××××)……民保令……号人身安全保护令裁定：……(写明裁定结果)。

……(写明申请人主张撤销/变更/延长的事实和理由)。

此致：××人民法院

附：××人民法院(××××)……民保令……号民事裁定书

申请人(签名或盖章)

×年×月×日

<h3 align="center">民事裁定书(撤销、变更、延长人身安全保护令)②</h3>

(××××)……民保令……号

申请人：×××，……。

被申请人：×××，……。

(以上写明当事人及其代理人的姓名或者名称等基本信息)

申请人×××与被申请人×××申请人身安全保护令一案，本院于×年×月×日作出人身安全保护令民事裁定。申请人×××于×年×月×日申请撤销/延长/变更人身安全保护令，本院进行了审查。现已审查终结。

×××称，……(概述申请人主张撤销、变更、延长的请求、事实和理由)。

---

① 注：申请人是无民事行为能力人或限制民事行为能力人的，应当写明法定代理人姓名、性别、出生日期、民族、职业、工作单位、住所、联系方式，在诉讼地位后括注与申请人的关系。

② 本裁定应当送达申请人、被申请人、公安机关以及居委会、村委会等有关组织。变更、延长的人身安全保护令由人民法院执行，公安机关以及居委会、村委会等应当协助执行。

本院经审查认为，……（写明撤销、变更、延长或者驳回申请的理由）。

依照《中华人民共和国反家庭暴力法》第 26 条、第 30 条规定，裁定如下：

（撤销的，写明：）撤销本院（××××）……民保令……号人身安全保护令民事裁定。

（驳回申请的，写明：）驳回×××的申请。

（延长的，写明延长的人身安全保护令的措施：）……。

（变更的，逐项逐行写明：）一、撤销本院（××××）……民保令……号人身安全保护令民事裁定第×项；二、……（写明人身安全保护令的新措施）。

（延长或者变更的，写明：）本裁定自作出之日起×个月内（不超过 6 个月）有效。

（代理）审判员　×××

×年×月×日（院印）

书记员　×××

第十章　对妨害民事诉讼的强制措施

> **第 112 条** 　**【拘传】**人民法院对必须到庭①的被告，经 2 次传票/合法[19910409]传唤，无正当理由拒不到庭的，可以拘传。

● **相关规定** 　**【法释〔1998〕15 号】**　最高人民法院关于人民法院执行工作若干问题的规定（试行）（1998 年 6 月 11 日最高法审委会〔992 次〕通过，1998 年 7 月 8 日公布施行；根据法释〔2020〕21 号《决定》修正，2021 年 1 月 1 日起施行；以本规为准）

~~97. 对必须到人民法院接受询问的被执行人或被执行人的法定代表人或负责人，经 2 次传票传唤，无正当理由拒不到场的，人民法院可以对其进行拘传。~~

~~98. 对被拘传人的调查询问不得超过 24 小时，调查询问后不得限制被拘传人的人身自由。~~

---

① 注：是否必须到庭，由法律明确规定。例如，民事诉讼法第 189 条。

第一编　第十章

【主席令［2006］54号】 中华人民共和国企业破产法（2006年8月27日全国人大［10届23次］通过，2007年6月1日起施行）（详见本书第22章"重组与破产"专辑）

第126条 有义务列席债权人会议的债务人的有关人员，经人民法院传唤，无正当理由拒不列席债权人会议的，人民法院可以拘传，并依法处以罚款。债务人的有关人员违反本法规定，拒不陈述、回答，或者作虚假陈述、回答的，人民法院可以依法处以罚款。

【法［2017］369号】 最高人民法院关于认真贯彻实施民事诉讼法及相关司法解释有关规定的通知（2017年12月29日）

一、在审理案件中，应当依法审慎适用拘传措施。对必须到庭的被告，人民法院适用拘传的，应当符合民事诉讼法第109条（现第112条）和《民诉法解释》第174条规定，限于负有赡养、抚育、扶养义务或者是不到庭就无法查清案情的被告。有独立请求权的第三人参加的民事诉讼、被告提出反诉的诉讼，本诉原告相对于有独立请求权的第三人、反诉人处于被告地位，可以依照上述法律和司法解释规定适用拘传。

对于原告经传票传唤无正当理由拒不到庭或者未经法庭许可中途退庭的，应当依照民事诉讼法第143条（现第146条）规定按撤诉处理。依照民事诉讼法第145条（现第148条）、《民诉法解释》第238条规定，当事人有违反法律的行为需要依法处理，人民法院裁定不准撤诉或者不按撤诉处理的案件，原告经传票传唤无正当理由拒不到庭的，应当依照民事诉讼法第145条（现第148条）第2款规定缺席判决。属于民事诉讼法第112条（现第115条）规定的虚假诉讼或者第55条（现第58条）规定的公益诉讼案件，对不到庭就无法查明案件基本事实的原告，可以依照《民诉法解释》第174条第2款规定适用拘传。

对当事人适用拘传的，应当严格依照《民诉法解释》第175条规定的程序进行。

二、在执行程序中适用《民诉法解释》第484条（现第482条）采取拘传措施的，应当严格遵守法定的条件与程序。拘传措施对于查明被执行财产、调查案件事实具有重要意义，同时也会严重影响被拘传人的人身自由。执行法院在采取拘传措施前必须经过依法传唤，对于无正当理由拒不到场的被执行人、被执行人的法定代表人、负责人或者实际控制人，应进行说服教育，经说服教育后仍拒不到场的，才能采取拘传措施。

对于已经控制被执行人的财产且财产权属清晰、没有必要调查询问的被执行人、被执行人的法定代表人、负责人或者实际控制人，不宜采取拘传措施。采取拘传措施必须严格遵守法定的时间期限，不能以连续拘传的形式变相羁押被拘传人。

【法释［2022］11 号】　最高人民法院关于适用《中华人民共和国民事诉讼法》的解释（"法释［2015］5 号"公布，2015 年 2 月 4 日起施行；根据法释［2020］20 号《决定》修正，2021 年 1 月 1 日起施行；2022 年 3 月 22 日最高法审委会［1866 次］修正，2022 年 4 月 1 日公布，2022 年 4 月 10 日起施行；以本规为准）

第 174 条　民事诉讼法第 112 条规定的必须到庭的被告，是指负有赡养、抚育、扶养义务和不到庭就无法查清案情的被告。

人民法院对必须到庭才能查清案件基本事实的原告，经 2 次传票传唤，无正当理由拒不到庭的，可以拘传。

第 175 条　拘传必须用拘传票，并直接送达被拘传人；在拘传前，应当向被拘传人说明拒不到庭的后果，经批评教育仍拒不到庭的，可以拘传其到庭。

第 482 条　对必须接受调查询问的被执行人、被执行人的法定代表人、负责人或者实际控制人，经依法传唤无正当理由拒不到场的，人民法院可以拘传其到场。

人民法院应当及时对被拘传人进行调查询问，调查询问的时间不得超过 8 小时；情况复杂，依法可能采取拘留措施的，调查询问的时间不得超过 24 小时。

人民法院在本辖区以外采取拘传措施时，可以将被拘传人拘传到当地人民法院，当地人民法院应予协助。

【人大［2017］报告】　全国人民代表大会常务委员会法制工作委员会关于 12 届全国人大以来暨 2017 年备案审查工作情况的报告（2017 年 12 月 24 日全国人大常委会［13 届 31 次］，全国人大常委会法工委主任沈春耀）（摘录）

二、开展备案审查工作的情况

1. 依申请进行的审查情况。（略）

2. 依职权进行的审查情况。依职权进行的审查，是指依据法律赋予的备案审查职权，主动对报送全国人大常委会备案的行政法规、地方性法规、司法解释进行的审查研究，亦称主动审查。……例如，2015 年 6 月，审查发现民事诉讼法司法解释中有关拘传原告和被执行人的规定与民事诉讼法的规定不一致，在有关专门委员会支持下，推动制定机关于 2017 年 2 月作出妥善处理。……

● **文书格式**　**【法［2016］221 号】　民事诉讼文书样式**（2016 年 2 月 22 日最高法审委会［1679 次］通过，2016 年 6 月 28 日公布，2016 年 8 月 1 日起施行）

（本书对格式略有调整）

拘传票 (审批联)①

（××××）……号

被拘传人姓名		性别		民族		出生日期	年　月　日
住所地							
工作单位							
应到时间	年　月　日		应到处所				

拘传原因及理由：

　　本院在审理/执行（××××）……号……（写明当事人及案由）一案中，×××（写明被拘传人姓名）经 2 次传票/依法传唤无正当理由拒不到庭/场，影响了本案的审理/执行，依照《中华人民共和国民事诉讼法》第 119 条规定，决定对×××予以拘传。

审判员（签名）
×年×月×日

批准人（签名）
×年×月×日

本联存卷

拘传票

（××××）……号

被拘传人姓名		性别		民族		出生日期	年　月　日
住所地							
工作单位							
应到时间	年　月　日		应到处所				

执行人宣布：

　　本院在审理/执行（××××）……号……（写明当事人及案由）一案中，×××（写明被拘传人姓名）经 2 次传票/依法传唤无正当理由拒不到庭/场，影响了本案的审理/执行，依照《中华人民共和国民事诉讼法》第 119 条规定，决定对×××予以拘传。

×年×月×日（院印）

本拘传票已于×年×月×日×时×分送达被拘传人。

被拘传人（签名）
×年×月×日

执行拘情况：（被拘传人拒绝签名的，在本栏注明）

执行人（签名）
×年×月×日

本联执行拘传后存卷

---

　　① 注：拘传必须经院长批准，并用拘传票直接送达被拘传人。在拘传前，应当向其说明拒不到庭的后果，经批评教育仍拒不到庭的，可以拘传其到庭。

民事诉讼法全厚细

<u>第 113 条</u>[19910409]   **【扰乱法庭的处罚】** 诉讼参与人和其他人应当遵守法庭规则。

人民法院对违反法庭规则的人，可以予以训诫，责令退出法庭或者予以罚款、拘留。

人民法院对哄闹、冲击法庭，侮辱、诽谤、威胁、殴打审判人员，严重扰乱法庭秩序的人，依法追究刑事责任；情节较轻的，予以罚款、拘留。

● **相关规定**   **【法发〔2003〕13 号】**   **人民法院司法警察值庭规则**（最高法 2003 年 7 月 16 日印发）

第 3 条 值庭的司法警察在法庭审判活动中，根据审判长、独任审判员的指令，依法履行职责。

第 4 条 值庭前的准备工作由司法警察部门组织落实：（一）根据庭审活动的时间、规模、类型、诉讼参与人的数量、场地条件等情况，选派司法警察值庭；（二）制定实施方案和处置突发事件的应急措施；（三）与相关部门联系，交换意见，明确任务。

第 5 条 司法警察值庭的职责：（一）警卫法庭，维护法庭秩序；（二）保障参与审判活动人员的安全；（三）传唤证人、鉴定人；（四）传递、展示证据；（五）制止妨害审判活动的行为。

第 6 条 司法警察值庭时，应当按照规定着警服、佩戴警衔专用标志，警容严整。女司法警察不得浓妆、披发、戴饰物。

第 7 条 值庭的司法警察，应当依照《人民警察使用警械和武器条例》的规定，配备、使用警械和武器。

第 8 条 对旁听人员，值庭的司法警察应当进行安全检查。发现未成年人、精神病人、醉酒的人和其他不宜旁听的人员，应当阻止或者劝其退出审判法庭。

第 9 条 司法警察值庭时，应当站立于审判台侧面，背向审判台，面向旁听席。根据需要采取立正、跨立姿势或坐姿。法庭宣判时采取立正姿势；法庭调查开始后采取坐姿。值庭时间超过 1 小时可替换。出入法庭时应以齐步动作行进。

第 10 条 值庭的司法警察接取、传递、展示证据时，应注意安全。

第 11 条 值庭的司法警察传唤证人时，应当打开通道门，引导证人到达指定位置。

第 12 条 对旁听人员违反下列法庭纪律的，值庭的司法警察应当予以劝阻、制止：（一）未经允许录音、摄影和录像；（二）随意走动或擅自进入审判区；（三）鼓掌、喧哗、哄闹；（四）擅自发言、提问；（五）吸烟或随地吐痰；（六）使用通讯工具；（七）其他违反法庭纪律的行为。

第13条 对下列行为，值庭的司法警察可以依法采取强制措施：（一）未经许可进入审判区，经劝阻、制止无效或者有违法犯罪嫌疑的；（二）严重违反法庭纪律，经劝阻、制止无效的；（三）哄闹、冲击法庭，侮辱、威胁、殴打参与审判活动人员等严重扰乱法庭秩序的。

第14条 司法警察值庭时可以采取的强制措施包括：责令退出、强制带离、强行扣押、收缴、检查等。

第15条 司法警察值庭时应提高警惕，防止当事人自伤、自杀、行凶、脱逃等行为的发生。遇有突发事件，应全力以赴，沉着应对，果断处置。

第16条 司法警察值庭时，应当遵守法庭纪律，精神集中，举止端庄，行为文明，态度严肃。不得擅离岗位，不得让无关人员接触当事人，不得侮辱或变相体罚当事人以及实施其它妨害审判活动的行为。

【法发〔2004〕14号】 最高人民法院人民法院司法警察安全检查规则①
（2004年5月24日）

第6条 司法警察执行安全检查时：（一）对公诉人、律师等依法出庭履行职务的人员，应进行有效证件查验和登记；（二）对参加庭审活动的诉讼参与人、第三人和参加旁听的人员，在进行证件查验和登记的同时，还应进行人身安全检查、随身携带物品的安全检查。

第7条 下列人员不得进入审判场所（一）无证件、伪造、冒用他人证件的；（二）未成年的（经法院批准的除外）；（三）精神病和醉酒的；（四）被剥夺政治权利、正在监外服刑和被监视居住、取保候审的；（五）拒绝接受安全检查或不听从安全检查人员安排的；（六）其他可能妨害法庭审判秩序的。

第8条 下列物品不得携带进入审判场所：（一）未经法院允许的各种录音、录像、摄影器材等限制物品；（二）禁止私人携带的枪支、刀具和其它具有类似功能的器械或棍棒等管制物品；（三）易燃易爆物品、强腐蚀性物品等危险物品；（四）其它可能妨害法庭审判秩序的物品。

第9条 对证件的查验和登记（一）是否超过有效期；（二）照片、姓名、年龄、性别等相关要素是否与持证人相符；（三）准予旁听的证件是否与旁听的案件和法庭相符；（四）设立专用登记本，对受检者进行证件登记。

---

① 注：经核《最高人民法院公报》2004年第6期，原标题如此（而非《人民法院司法警察安全检查规则》）。

第 10 条　对人身的安全检查（一）引导员提示受检者取下随身携带物品，放置于设在安全检查门边的工作台上；（二）对通过安全检查门报警的受检者，检测员应当令其重新过门检查或采用人工安全检查的方法进行复检；采用人工检查时，对女性受检者的人身安全检查应由女司法警察执行；（三）人工检查分手持探测器检查和手工检查两种方式。进行人工检查的具体顺序是：由上到下、由里到外、由前到后。即从受检查者前领起，至双肩外侧、双手手掌、双肩内侧、腋下、背部、后腰部、裆部、双腿、脚部。进行手持探测器检查时，手持金属探测器移动要平稳、均速；进行手工检查时，应以"触压"为主，手的用力要适当、均匀；（四）对检查有疑点的受检者，应进行询问；（五）检查完毕后，应提示受检者取走自己的物品。

第 11 条　对随身携带物品的安全检查（一）配有 X 射线探测设备的法院，应对所有箱包进行安全探测检查，对有疑点的箱包还应用手工方式进行当面开包检查；（二）开包检查时应注意箱包的底部、角部和外侧小兜，注意发现夹层；（三）对包（袋）等被检查物检查时应轻拿轻放，防止损坏或弄脏，涉及个人隐私物品应注意妥善放置；（四）对有疑点的物品，要进行询问，对管制物品和危险物品应先行控制再询问；（五）检查完毕后，应协助理妥箱包，并提示受检者取走自己的随身携带物品。

【法发［2015］6 号】　　最高人民法院关于人民法院推行立案登记制改革的**意见**（2015 年 4 月 1 日中央深改小组［第 11 次］通过，最高法 2015 年 4 月 15 日公布，2015 年 5 月 1 日起施行）

五、制裁违法滥诉

（二）依法制裁违法行为。对哄闹、滞留、冲击法庭等不听从司法工作人员劝阻的，以暴力、威胁或者其他方法阻碍司法工作人员执行职务的，或者编造事实、侮辱诽谤审判人员，严重扰乱登记立案工作的，予以罚款、拘留；构成犯罪的，依法追究刑事责任。

（三）依法维护立案秩序。对违法围攻、静坐、缠访闹访、冲击法院等，干扰人民法院依法立案的，由公安机关依照治安管理处罚法，予以警告、罚款、行政拘留等处罚；构成犯罪的，依法追究刑事责任。

【法释［2016］7 号】　　中华人民共和国人民法院法庭规则①（2015 年 12 月 21 日最高法审委会［1673 次］修订，2016 年 4 月 13 日公布，2016 年 5 月 1 日起施行）

---

① 注：本《规则》在标题中冠有"中华人民共和国"。

第6条 进入法庭的人员应当出示有效身份证件，并接受人身及携带物品的安全检查。

持有效工作证件和出庭通知履行职务的检察人员、律师可以通过专门通道进入法庭。需要安全检查的，人民法院对检察人员和律师平等对待。

第7条 除经人民法院许可，需要在法庭上出示的证据外，下列物品不得携带进入法庭：（一）枪支、弹药、管制刀具以及其他具有杀伤力的器具；（二）易燃易爆物、疑似爆炸物；（三）放射性、毒害性、腐蚀性、强气味性物质以及传染病病原体；（四）液体及胶状、粉末状物品；（五）标语、条幅、传单；（六）其他可能危害法庭安全或妨害法庭秩序的物品。

第9条 公开的庭审活动，公民可以旁听。

旁听席位不能满足需要时，人民法院可以根据申请的先后顺序或者通过抽签、摇号等方式发放旁听证，但应当优先安排当事人的近亲属或其他与案件有利害关系的人旁听。

下列人员不得旁听：（一）证人、鉴定人以及准备出庭提出意见的有专门知识的人；（二）未获得人民法院批准的未成年人；（三）拒绝接受安全检查的人；（四）醉酒的人、精神病人或其他精神状态异常的人；（五）其他有可能危害法庭安全或妨害法庭秩序的人。

依法有可能封存犯罪记录的公开庭审活动，任何单位或个人不得组织人员旁听。

依法不公开的庭审活动，除法律另有规定外，任何人不得旁听。

第14条 庭审活动开始前，书记员应当宣布本规则第17条规定的法庭纪律。

第15条 审判人员进入法庭以及审判长或独任审判员宣告判决、裁定、决定时，全体人员应当起立。

第16条 人民法院开庭审判案件应当严格按照法律规定的诉讼程序进行。

审判人员在庭审活动中应当平等对待诉讼各方。

第17条 全体人员在庭审活动中应当服从审判长或独任审判员的指挥，尊重司法礼仪，遵守法庭纪律，不得实施下列行为：（一）鼓掌、喧哗；（二）吸烟、进食；（三）拨打或接听电话；（四）对庭审活动进行录音、录像、拍照或使用移动通信工具等传播庭审活动；（五）其他危害法庭安全或妨害法庭秩序的行为。

检察人员、诉讼参与人发言或提问，应当经审判长或独任审判员许可。

旁听人员不得进入审判活动区，不得随意站立、走动，不得发言和提问。

媒体记者经许可实施第1款第4项规定的行为，应当在指定的时间及区域进行，不得影响或干扰庭审活动。

第18条 审判长或独任审判员主持庭审活动时，依照规定使用法槌。

第19条 审判长或独任审判员对违反法庭纪律的人员应当予以警告；对不听

警告的，予以训诫；对训诫无效的，责令其退出法庭；对拒不退出法庭的，指令司法警察将其强行带出法庭。

行为人违反本规则第17条第1款第4项规定的，人民法院可以暂扣其使用的设备及存储介质，删除相关内容。

第20条　行为人实施下列行为之一，危及法庭安全或扰乱法庭秩序的，根据相关法律规定，予以罚款、拘留；构成犯罪的，依法追究其刑事责任：（一）非法携带枪支、弹药、管制刀具或者爆炸性、易燃性、放射性、毒害性、腐蚀性物品以及传染病病原体进入法庭；（二）哄闹、冲击法庭；（三）侮辱、诽谤、威胁、殴打司法工作人员或诉讼参与人；（四）毁坏法庭设施，抢夺、损毁诉讼文书、证据；（五）其他危害法庭安全或扰乱法庭秩序的行为。

第21条　司法警察依照审判长或独任审判员的指令维持法庭秩序。

出现危及法庭内人员人身安全或者严重扰乱法庭秩序等紧急情况时，司法警察可以直接采取必要的处置措施。

人民法院依法对违反法庭纪律的人采取的扣押物品、强行带出法庭以及罚款、拘留等强制措施，由司法警察执行。

第22条　人民检察院认为审判人员违反本规则的，可以在庭审活动结束后向人民法院提出处理建议。

诉讼参与人、旁听人员认为审判人员、书记员、司法警察违反本规则的，可以在庭审活动结束后向人民法院反映。

第23条　检察人员违反本规则的，人民法院可以向人民检察院通报情况并提出处理建议。

第24条　律师违反本规则的，人民法院可以向司法行政机关及律师协会通报情况并提出处理建议。

第25条　人民法院进行案件听证、国家赔偿案件质证、网络视频远程审理以及在法院以外的场所巡回审判等，参照适用本规则。

第26条　外国人、无国籍人旁听庭审活动，外国媒体记者报道庭审活动，应当遵守本规则。

【法释［2017］5号】　最高人民法院关于人民法院庭审录音录像的若干规定（2017年1月25日最高法审委会［1708次］通过，2017年2月22日公布，2017年3月1日起施行；以本规为准）

第13条　诉讼参与人、旁听人员违反法庭纪律或者有关法律规定，危害法庭安全、扰乱法庭秩序的，人民法院可以通过庭审录音录像进行调查核实，并将其作为追究法律责任的证据。

第 14 条　人民检察院、诉讼参与人认为庭审活动不规范或者违反法律规定的，人民法院应当结合庭审录音录像进行调查核实。

【法释［2019］19 号】　**最高人民法院关于民事诉讼证据的若干规定**（"法释［2001］33 号"公布，2002 年 4 月 1 日起施行；2019 年 10 月 14 日最高法审委会［1777 次］修订，2019 年 12 月 25 日公布，2020 年 5 月 1 日起施行）

第 73 条（第 2 款）　当事人及其法定代理人、诉讼代理人或者旁听人员干扰证人陈述的，人民法院应当及时制止，必要时可以依照民事诉讼法第 110 条（现第 113 条）的规定进行处罚。

第 78 条（第 1 款）　当事人及其诉讼代理人对证人的询问与待证事实无关，或者存在威胁、侮辱证人或不适当引导等情形的，审判人员应当及时制止。必要时可以依照民事诉讼法第 110 条、第 111 条（现第 113、114 条）的规定进行处罚。

第 98 条（第 2 款）　当事人或者其他诉讼参与人伪造、毁灭证据，提供虚假证据，阻止证人作证，指使、贿买、胁迫他人作伪证，或者对证人、鉴定人、勘验人打击报复的，依照民事诉讼法第 110 条、第 111 条（现第 113、114 条）的规定进行处罚/处理。

【法释［2020］4 号】　**最高人民法院关于人民法院司法警察依法履行职权的规定**（2020 年 6 月 22 日最高法审委会［1805 次］通过，2020 年 6 月 28 日公布，2021 年 1 月 1 日起施行；以本规为准）

第 1 条　人民法院司法警察的职责：（一）维护审判执行秩序，预防、制止、处置妨害审判执行秩序的行为；（三）在民事、行政审判中，押解、看管被羁押或者正在服刑的当事人；（四）在强制执行中，配合实施被执行人身份、财产、处所的调查、搜查、查封、冻结、扣押、划拨、强制迁出等执行措施；（六）执行扣押物品、责令退出法庭、强行带出法庭、拘传、罚款、拘留等强制措施；（七）查验进入审判区域人员的身份证件，对其人身及携带物品进行安全检查；（八）协助人民法院机关安全和涉诉信访应急处置工作；（九）保护正在履行审判执行职务的司法工作人员人身安全；（十）法律、法规规定的其他职责。

第 2 条　对违反法庭纪律的行为人，人民法院司法警察应当依照审判长或者独任法官的指令，予以劝阻、制止、控制，执行扣押物品、责令退出法庭、强行带出法庭、罚款、拘留等强制措施。

出现危及法庭内人员人身安全，严重扰乱法庭秩序，被告人、罪犯、被羁押或者正在服刑的当事人自杀、自伤、脱逃等紧急情况时，人民法院司法警察可以直接采取必要的处置措施。

第 3 条（第 1 款）　对以暴力、威胁或者其他方法阻碍司法工作人员执行职务和在人民法院内侮辱、殴打或者打击报复司法工作人员的行为人，人民法院司法警察可以采取制止、控制、带离等强制手段，根据需要进行询问，提取、固定、保存相关证据，依法提请人民法院处以罚款、拘留等强制措施。

第 4 条　对强行进入审判区域的行为人，人民法院司法警察可以采取制止、控制、带离等强制手段，根据需要进行询问，提取、固定、保存相关证据，依法提请人民法院处以罚款、拘留等强制措施。

对由公安机关管辖的违法犯罪案件，及时移送公安机关。

第 5 条　人民法院司法警察协助相关部门开展机关安全和涉诉信访应急处置工作时，对扰乱人民法院工作秩序、危害他人人身安全以及人民法院财产安全的行为人，可以采取制止、控制等处置措施，保存相关证据，对涉嫌违法犯罪的，及时移送公安机关。

第 6 条　人民法院司法警察在执行职务过程中，遇当事人或者其他人员实施自杀、自伤等行为时，应当采取措施予以制止、协助救治，对无法制止或有其他暴力行为的，可以采取保护性约束措施，并视情节移送公安机关。

【法释［2021］12 号】　人民法院在线诉讼规则（2021 年 5 月 18 日最高法审委会［1838 次］通过，2021 年 6 月 16 日公布，2021 年 8 月 1 日起施行；以本规为准）

第 28 条　在线诉讼参与人故意违反本规则第 8 条、第 24 条、第 25 条、第 26 条、第 27 条的规定（**见本书第 16 条**），实施妨害在线诉讼秩序行为的，人民法院可以根据法律和司法解释关于妨害诉讼的相关规定作出处理。

【法释［2022］11 号】　最高人民法院关于适用《中华人民共和国民事诉讼法》的解释（"法释［2015］5 号"公布，2015 年 2 月 4 日起施行；根据法释［2020］20 号《决定》修正，2021 年 1 月 1 日起施行；2022 年 3 月 22 日最高法审委会［1866 次］修正，2022 年 4 月 1 日公布，2022 年 4 月 10 日起施行；以本规为准）

第 176 条　诉讼参与人或者其他人有下列行为之一的，人民法院可以适用民事诉讼法第 113 条规定处理：（一）未经准许进行录音、录像、摄影的；（二）未经准许以移动通信等方式现场传播审判活动的；（三）其他扰乱法庭秩序，妨害审判活动进行的。

有前款规定情形的，人民法院可以暂扣诉讼参与人或者其他人进行录音、录像、摄影、传播审判活动的器材，并责令其删除有关内容；拒不删除的，人民法院可以采取必要手段强制删除。

第177条　训诫、责令退出法庭由合议庭或者独任审判员决定。训诫的内容、被责令退出法庭者的违法事实应当记入庭审笔录。

● **书刊案例**　【法报［2022］12月】　**韦某某辱骂威胁法官被训诫案**（人民法院报2022年12月20日第7版）

案情摘要：2022年1月17日，湖南省张家界市中级人民法院受理上诉人韦某某与被上诉人邹某物权保护纠纷案。在案件审理过程中，主审法官与合议庭成员深入现场调查，依法开庭审理案件并多次组织双方进行调解，尽最大努力化解积怨多年的邻里矛盾。4月11日，韦某某因对调解不满，打电话给主审法官对其进行辱骂，并威胁其人身安全。本着预防违法犯罪、教育感化当事人的目的，4月15日上午，张家界中院法官权益保护委员会向韦某某释法说理，并依据民事诉讼法第113条之规定，对其辱骂、威胁法官的行为进行训诫。①韦某某当场表示知错改错，立即向主审法官道歉并写下保证书，保证今后不再有类似言行。

【法报［2022］12月】　**冯某某、温某丁违反法庭纪律被拘留罚款案**（人民法院报2022年12月27日第7版）

案情摘要：2022年9月15日，山西省吕梁市离石区人民法院公开开庭审理原告温某艳诉被告冯某某等民间借贷纠纷一案。冯某某擅自离开被告席，行至原告席前对温某艳进行辱骂。法庭对冯某某的行为进行制止时，旁听人员即原告的哥哥温某丁起身殴打冯某某。法庭依法对双方进行了教育训斥，并责令旁听人员温某丁退出法庭。离石区法院对冯某某作出罚款2000元、对温某丁作出拘留5日的处罚决定。

> **第114条**[19910409]　【**妨害诉讼的处罚**】诉讼参与人或者其他人有下列行为之一的，人民法院可以根据情节轻重~~予以训诫、责令具结悔过或者~~予以罚款、拘留；构成犯罪的，依法追究刑事责任：
>
> （一）伪造、~~隐藏~~、毁灭重要证据，妨碍人民法院审理案件的；
>
> （二）以暴力、威胁、贿买方法阻止证人作证或者指使、贿买、胁迫他人作伪证的；

---

①　**本书评注**：1982年10月1日起试行的《民事诉讼法》第77条第4项（现第114条第1款第5项）曾对威胁法官执行职务的行为规定了训诫；1991年4月9日正式颁布施行的《民事诉讼法》删除了该规定。现行《民事诉讼法》第113条只对违反法庭规则的人规定了训诫。

（三）隐藏、转移、变卖、毁损已被查封、扣押的财产，<u>或者已被清点并责令其保管的财产，转移已被冻结的财产</u>的；

（四）对司法工作人员、诉讼参加人、证人、<u>翻译人员</u>、鉴定人、勘验人、协助执行的人，进行侮辱、诽谤、诬陷、殴打或者~~以其他方法进行打击报复~~的；

（五）以暴力、威胁或者其他方法阻碍司法工作人员执行职务~~，或者扰乱司法机关的工作秩序的；~~

~~（六）有义务协助执行的人，对人民法院的协助执行通知书，无故推拖、拒绝或者妨碍执行。~~

<u>（六）拒不履行人民法院已经发生法律效力的判决、裁定的</u>①。

（新增）人民法院对有前款规定的行为之一的单位，可以对其主要负责人或者直接责任人员予以罚款、拘留；构成犯罪的，依法追究刑事责任。

~~第 164 条　有关单位和个人都有义务按照人民法院的通知，协助执行。无故推拖、拒绝或者妨碍执行的，依照本法第 77 条（现第 114 条）的规定处理。~~ 19910409

● **相关规定** 【法经（复）[1988]号】 最高人民法院经济审判庭关于银行不根据法院通知私自提取人民法院冻结在银行的存款应如何处理问题的电话答复（1988 年 3 月 8 日答复云南高院"云法字 [1987] 第 35 号"请示）

景东县人民法院在审理个体户李世民诉云县航运公司一案时，依法冻结航运公司在营业所的存款后，营业所不经法院准许，仅根据航运代理人的证明，就让航运公司将款取走。如承取款时未超过 6 个月的冻结期限，或者虽已超过 6 个月，但法院又进行了续冻，则营业所的这一作法违反了最高人民法院、中国人民银行《关于查询、冻结和扣划企业事业单位、机关、团体的银行存款的联合通知》的有关规定，也违反民事诉讼法（试行）第 77 条（现第 114 条）第 1 款第 3 项规定的精神，应由营业所负责将款追回；无法追回、航运公司又无其他财产可以执行，营业所应承担经济赔偿责任。

---

① 注：《民事诉讼法》第 248 条另行对当事人未履行判决、裁定，并拒绝报告财产情况的行为规定了罚款、拘留。

【法（经）函［1989］10 号】 　最高人民法院关于银行擅自划拨法院已冻结的款项如何处理问题的函（1989 年 3 月 26 日答复江西高院"赣法经［1986］第 03 号"请示）

根据《民事诉讼法（试行）》第 164 条和最高人民法院、中国人民银行《关于查询、冻结和扣划企业事业单位、机关、团体的银行存款的联合通知》的规定，银行有义务协助人民法院冻结企业事业单位、机关、团体的银行存款，已被冻结款项的解冻，应以人民法院的通知为凭，银行不得自行解冻，只有超过 6 个月冻结期限，法院未办理继续冻结手续的才视为自动撤销冻结。南宁市常乐贸易公司的银行存款于 1985 年 6 月 27 日被法院依法冻结。据你院来文所述，九江市中级人民法院的执行人员于 1985 年 12 月 18 日到工商银行南宁市支行民生路信用部要求划拨被冻结的款项时，该款已被民生路信用部扣划抵还其贷款。民生路信用部的行为，显属违反《民事诉讼法（试行）》和最高人民法院、中国人民银行联合通知的规定，应责成信用部将款追回并可依据《民事诉讼法（试行）》第 77 条（现第 114 条）的规定对直接人员追究责任。

【法释［1998］15 号】 　最高人民法院关于人民法院执行工作若干问题的规定（试行）（1998 年 6 月 11 日最高法审委会［992 次］通过，1998 年 7 月 8 日公布施行；根据法释［2020］21 号《决定》修正，2021 年 1 月 1 日起施行；以本规为准）①

57. 被执行人或其他人有下列拒不履行生效法律文书或者妨害执行行为之一的，人民法院可以依照民事诉讼法第 111 条（现第 114 条）的规定处理：（1）隐藏、转移、变卖、毁损向人民法院提供执行担保的财产的；（2）案外人与被执行人恶意串通转移被执行人财产的；（3）故意撕毁人民法院执行公告、封条的；（4）伪造、隐藏、毁灭有关被执行人履行能力的重要证据，妨碍人民法院查明被执行人财产状况的；（5）指使、贿买、胁迫他人对被执行人的财产状况和履行义务的能力问题作伪证的；（6）妨碍人民法院依法搜查的；（7）以暴力、威胁或其他方法妨碍或抗拒执行的；（8）哄闹、冲击执行现场的；（9）对人民法院执行人员或协助执行人员进行侮辱、诽谤、诬陷、围攻、威胁、殴打或者打击报复的；（10）毁损、抢夺执行案件材料、执行公务车辆、其他执行器械、执行人员服装和执行公务证件的。

58. 在执行过程中遇有被执行人或其他人拒不履行生效法律文书或者妨害执行情节严重，需要追究刑事责任的，应将有关材料移交有关机关处理。

---

① 注：本《规定》自 1998 年 7 月 8 日公布试行 22 年多，至 2020 年 12 月 23 日修正，仍为"试行"。

【法发〔2000〕21号】 最高人民法院、中国人民银行关于依法规范人民法院执行和金融机构协助执行的通知（2000年9月4日）

为依法保障当事人的合法权益，维护经济秩序，根据《中华人民共和国民事诉讼法》，现就规范人民法院执行和银行（含其分理处、营业所和储蓄所）以及其他办理存款业务的金融机构（以下统称金融机构）协助执行的有关问题通知如下：

一、人民法院查询被执行人在金融机构的存款时，执行人员应当出示本人工作证和执行公务证，并出具法院协助查询存款通知书。金融机构应当立即协助办理查询事宜，不需办理签字手续，对于查询的情况，由经办人签字确认。对协助执行手续完备拒不协助查询的，按照民事诉讼法第102条（现第114条）规定处理。

人民法院对查询到的被执行人在金融机构的存款，需要冻结的，执行人员应当出示本人工作证和执行公务证，并出具法院冻结裁定书和协助冻结存款通知书。金融机构应当立即协助执行。对协助执行手续完备拒不协助冻结的，按照民事诉讼法第102条（现第114条）规定处理。

人民法院扣划被执行人在金融机构存款的，执行人员应当出示本人工作证和执行公务证，并出具法院扣划裁定书和协助扣划存款通知书，还应当附生效法律文书副本。金融机构应当立即协助执行。对协助执行手续完备拒不协助扣划的，按照民事诉讼法第102条（现第114条）规定处理。

人民法院查询、冻结、扣划被执行人在金融机构的存款时，可以根据工作情况要求存款人开户的营业场所的上级机构责令该营业场所做好协助执行工作，但不得要求该上级机构协助执行。

二、人民法院要求金融机构协助冻结、扣划被执行人的存款时，冻结、扣划裁定和协助执行通知书适用留置送达的规定。

三、对人民法院依法冻结、扣划被执行人在金融机构的存款，金融机构应当立即予以办理，在接到协助执行通知书后，不得再扣划应当协助执行的款项用以收贷收息；不得为被执行人隐匿、转移存款。违反此项规定的，按照民事诉讼法第102条（现第114条）的有关规定处理。

四、金融机构在接到人民法院的协助执行通知书后，向当事人通风报信，致使当事人转移存款的，法院有权责令该金融机构限期追回，逾期未追回的，按照民事诉讼法第102条（现第114条）的规定予以罚款、拘留；构成犯罪的，依法追究刑事责任，并建议有关部门给予行政处分。

五、对人民法院依法向金融机构查询或查阅的有关资料，包括被执行人开户、存款情况以及会计凭证、账簿、有关对账单等资料（含电脑储存资料），金融机构应当及时如实提供并加盖印章；人民法院根据需要可抄录、复制、照相，但应当依法保守秘密。

六、金融机构作为被执行人，执行法院到有关人民银行查询其在人民银行开户、存款情况的，有关人民银行应当协助查询。

七、人民法院在查询被执行人存款情况时，只提供单位账户名称而未提供账号的，开户银行应当根据银发〔1997〕94号《关于贯彻落实中共中央政法委〈关于司法机关冻结、扣划银行存款问题的意见〉的通知》第2条的规定，积极协助查询并书面告知。

八、金融机构的分支机构作为被执行人的，执行法院应当向其发出限期履行通知书，期限为15日；逾期未自动履行的，依法予以强制执行；对被执行人未能提供可供执行财产的，应当依法裁定逐级变更其上级机构为被执行人，直至其总行、总公司。每次变更前，均应当给予被变更主体15日的自动履行期限；逾期未自动履行的，依法予以强制执行。

九、人民法院依法可以对银行承兑汇票保证金采取冻结措施，但不得扣划。如果金融机构已对汇票承兑或者已对外付款，根据金融机构的申请，人民法院应当解除对银行承兑汇票保证金相应部分的冻结措施。银行承兑汇票保证金已丧失保证金功能时，人民法院可以依法采取扣划措施。

十、有关人民法院在执行由2个人民法院或者人民法院与仲裁、公证等有关机构就同一法律关系作出的两份或者多份生效法律文书的过程中，需要金融机构协助执行的，金融机构应当协助最先送达协助执行通知书的法院，予以查询、冻结，但不得扣划。有关人民法院应当就该两份或多份生效法律文书上报共同上级法院协调解决，金融机构应当按照共同上级法院的最终协调意见办理。

十一、财产保全和先予执行依照上述规定办理。

此前的规定与本通知有抵触的，以本通知为准。

【法释〔2000〕32号】　最高人民法院关于审理票据纠纷案件若干问题的规定（2000年2月24日最高法审委会〔1102次〕通过，2000年11月14日公布，2000年11月21日起施行；根据法释〔2020〕18号《决定》修正，2021年1月1日起施行）

第38条　对于伪报票据丧失的当事人，人民法院在查明事实，裁定终结公示催告或者诉讼程序后，可以参照民事诉讼法第111条（现第114条）的规定，追究伪报人的法律责任。

【法释〔2002〕39号】　最高人民法院关于诉讼代理人查阅民事案件材料的规定（2002年11月4日最高法审委会〔1254次〕通过，2002年11月15日公布，2002年12月7日起施行；根据法释〔2020〕20号《决定》修正，2021年1月1日起施行）

第9条（第2款）　人民法院对修改、损毁、抽取案卷材料的诉讼代理人，可以参照民事诉讼法第111条（现第114条）第1款第1项的规定处理。

【法释［2015］16号】　最高人民法院关于审理拒不执行判决、裁定刑事案件适用法律若干问题的解释（2015年7月6日最高法审委会［1657次］通过，2015年7月20日公布，2015年7月22日起施行；根据法释［2020］21号《决定》修正，2021年1月1日起施行）（见《刑法全厚细》第313条）

【法释［2015］17号】　最高人民法院关于限制被执行人高消费及有关消费的若干规定（"法释［2010］8号"公布《最高人民法院关于限制被执行人高消费的若干规定》，2010年10月1日起施行；2015年7月6日最高法审委会［1657次］修正并更名，2015年7月20日公布，2015年7月22日起施行）

第11条（第1款）　被执行人违反限制高消费令进行消费的行为属于拒不履行人民法院已经发生法律效力的判决、裁定的行为，经查证属实的，依照《中华人民共和国民事诉讼法》第111条（现第114条）的规定，予以拘留、罚款；情节严重，构成犯罪的，追究其刑事责任。

【法释［2019］19号】　最高人民法院关于民事诉讼证据的若干规定（"法释［2001］33号"公布，2002年4月1日起施行；2019年10月14日最高法审委会［1777次］修订，2019年12月25日公布，2020年5月1日起施行）

第78条　当事人及其诉讼代理人对证人的询问与待证事实无关，或者存在威胁、侮辱证人或不适当引导等情形的，审判人员应当及时制止。必要时可以依照民事诉讼法第110条、第111条（现第113、114条）的规定进行处罚。

证人故意作虚假陈述，诉讼参与人或者其他人以暴力、威胁、贿买等方法妨碍证人作证，或者在证人作证后以侮辱、诽谤、诬陷、恐吓、殴打等方式对证人打击报复的，人民法院应当根据情节，依照民事诉讼法第111条（现第114条）的规定，对行为人进行处罚。

第98条　对证人、鉴定人、勘验人的合法权益依法予以保护。

当事人或者其他诉讼参与人伪造、毁灭证据，提供虚假证据，阻止证人作证，指使、贿买、胁迫他人作伪证，或者对证人、鉴定人、勘验人打击报复的，依照民事诉讼法第110条、第111条（现第113、114条）的规定进行处罚/处理。

【法发［2020］14号】　最高人民法院关于推进破产案件依法高效审理的意见（2020年4月15日）

20. 债务人的有关人员或者其他人员有故意作虚假陈述，或者伪造、销毁债务人的账簿等重要证据材料，或者对管理人进行侮辱、诽谤、诬陷、殴打、打击报复等违法行为的，人民法院除依法适用企业破产法规定的强制措施外，可以依照民事诉讼法第 111 条（现第 114 条）等规定予以处理。

【法释［2020］6 号】 **最高人民法院关于审理民间借贷案件适用法律若干问题的规定**（"法释［2015］18 号"公布，2015 年 9 月 1 日起施行；法（民）发［1991］21 号《关于人民法院审理借贷案件的若干意见》同时废止。2020 年 8 月 18 日最高法审委会［1809 次］修订，2020 年 8 月 19 日公布，次日施行；根据法释［2020］17 号《决定》修正，2021 年 1 月 1 日起施行。以本规为准）

第 19 条（第 2 款） 诉讼参与人或者其他人恶意制造、参与虚假诉讼，人民法院应当依据民事诉讼法第 111 条、第 112 条和第 113 条（现第 114，115，116 条）之规定，依法予以罚款、拘留；构成犯罪的，应当移送有管辖权的司法机关追究刑事责任。

（第 3 款） 单位恶意制造、参与虚假诉讼的，人民法院应当对该单位进行罚款，并可以对其主要负责人或者直接责任人员予以罚款、拘留；构成犯罪的，应当移送有管辖权的司法机关追究刑事责任。

【法释［2020］7 号】 **最高人民法院关于审理侵犯商业秘密民事案件适用法律若干问题的规定**（2020 年 8 月 24 日最高法审委会［1810 次］通过，2020 年 9 月 10 日公布，2020 年 9 月 12 日起施行；以本规为准）

第 21 条 对于涉及当事人或者案外人的商业秘密的证据、材料，当事人或者案外人书面申请人民法院采取保密措施的，人民法院应当在保全、证据交换、质证、委托鉴定、询问、庭审等诉讼活动中采取必要的保密措施。

违反前款所称的保密措施的要求，擅自披露商业秘密或者在诉讼活动之外使用或者允许他人使用在诉讼中接触、获取的商业秘密的，应当依法承担民事责任。构成民事诉讼法第 111 条（现第 114 条）规定情形的，人民法院可以依法采取强制措施。构成犯罪的，依法追究刑事责任。

【法释［2020］12 号】 **最高人民法院关于知识产权民事诉讼证据的若干规定**（2020 年 11 月 9 日最高法审委会［1815 次］通过，2020 年 11 月 16 日公布，2020 年 11 月 18 日起施行；以本规为准）

第 9 条 中华人民共和国领域外形成的证据，存在下列情形之一的，当事人仅以该证据未办理认证手续为由提出异议的，人民法院不予支持：……（二）对方当事人提供证人证言对证据的真实性予以确认，且证人明确表示如作伪证愿意接受处罚的。

前款第 2 项所称证人作伪证，构成民事诉讼法第 111 条（现第 114 条）规定情形的，人民法院依法处理。

第13条 当事人无正当理由拒不配合或者妨害证据保全，致使无法保全证据的，人民法院可以确定由其承担不利后果。构成民事诉讼法第111条（现第114条）规定情形的，人民法院依法处理。

第14条 对于人民法院已经采取保全措施的证据，当事人擅自拆装证据实物、篡改证据材料或者实施其他破坏证据的行为，致使证据不能使用的，人民法院可以确定由其承担不利后果。构成民事诉讼法第111条（现第114条）规定情形的，人民法院依法处理。

第25条 人民法院依法要求当事人提交有关证据，其无正当理由拒不提交、提交虚假证据、毁灭证据或者实施其他致使证据不能使用行为的，人民法院可以推定对方当事人就该证据所涉证明事项的主张成立。

当事人实施前款所列行为，构成民事诉讼法第111条（现第114条）规定情形的，人民法院依法处理。

【法释［2021］13号】 最高人民法院关于审理申请注册的药品相关的专利权纠纷民事案件适用法律若干问题的规定（2021年5月24日最高法审委会［1839次］通过，2021年7月4日公布，次日起施行；以本规为准）

第8条 当事人对其在诉讼中获取的商业秘密或者其他需要保密的商业信息负有保密义务，擅自披露或者在该诉讼活动之外使用、允许他人使用的，应当依法承担民事责任。构成民事诉讼法第111条（现第114条）规定情形的，人民法院应当依法处理。

第9条 药品上市许可申请人向人民法院提交的申请注册的药品相关技术方案，与其向国家药品审评机构申报的技术资料明显不符，妨碍人民法院审理案件的，人民法院依照民事诉讼法第111条（现第114条）的规定处理。

【法释［2021］14号】 最高人民法院关于审理侵害植物新品种权纠纷案件具体应用法律问题的若干规定（二）（2021年6月29日最高法审委会［1843次］通过，2021年7月5日公布，2021年7月7日起施行；以本规为准）

第16条 被诉侵权人有抗拒保全或者擅自拆封、转移、毁损被保全物等举证妨碍行为，致使案件相关事实无法查明的，人民法院可以推定权利人就该证据所涉证明事项的主张成立。构成民事诉讼法第111条（现第114条）规定情形的，依法追究法律责任。

【法释［2021］20号】 最高人民法院关于人民法院强制执行股权若干问题的规定（2021年11月15日最高法审委会［1850次］通过，2021年12月20日公布，2022年1月1日起施行；以本规为准）（详见本书第254条）

第11条（第2款）（拍卖被执行人的股权）确定参考价需要相关材料的，

第一编 第十章

人民法院可以向公司登记机关、税务机关等部门调取，也可以责令被执行人、股权所在公司以及控制相关材料的其他主体提供；拒不提供的，可以强制提取，并可以依照民事诉讼法第111条、第114条（现第114、117条）的规定处理。

【法释［2022］11号】 最高人民法院关于适用《中华人民共和国民事诉讼法》的解释（"法释［2015］5号"公布，2015年2月4日起施行；根据法释［2020］20号《决定》修正，2021年1月1日起施行；2022年3月22日最高法审委会［1866次］修正，2022年4月1日公布，2022年4月10日起施行；以本规为准）

第113条 持有书证的当事人以妨碍对方当事人使用为目的，毁灭有关书证或者实施其他致使书证不能使用行为的，人民法院可以依照民事诉讼法第114条规定，对其处以罚款、拘留。

第187条 民事诉讼法第114条第1款第5项规定的以暴力、威胁或者其他方法阻碍司法工作人员执行职务的行为，包括：（一）在人民法院哄闹、滞留，不听从司法工作人员劝阻的；（二）故意毁损、抢夺人民法院法律文书、查封标志的；（三）哄闹、冲击执行公务现场，围困、扣押执行或者协助执行公务人员的；（四）毁损、抢夺、扣留案件材料、执行公务车辆、其他执行公务器械、执行公务人员服装和执行公务证件的；（五）以暴力、威胁或者其他方法阻碍司法工作人员查询、查封、扣押、冻结、划拨、拍卖、变卖财产的；（六）以暴力、威胁或者其他方法阻碍司法工作人员执行职务的其他行为。

第188条 民事诉讼法第114条第1款第6项规定的拒不履行人民法院已经发生法律效力的判决、裁定的行为，包括：（一）在法律文书发生法律效力后隐藏、转移、变卖、毁损财产或者无偿转让财产、以明显不合理的价格交易财产、放弃到期债权、无偿为他人提供担保等，致使人民法院无法执行的；（二）隐藏、转移、毁损或者未经人民法院允许处分已向人民法院提供担保的财产的；（三）违反人民法院限制高消费令进行消费的；（四）有履行能力而拒不按照人民法院执行通知履行生效法律文书确定的义务的；（五）有义务协助执行的个人接到人民法院协助执行通知书后，拒不协助执行的①。

第189条 诉讼参与人或者其他人有下列行为之一的，人民法院可以适用民事诉讼法第114条的规定处理：（一）冒充他人提起诉讼或者参加诉讼的；（二）证人签署保证书后作虚假证言，妨碍人民法院审理案件的；（三）伪造、隐藏、毁灭或者拒绝交出有关被执行人履行能力的重要证据，妨碍人民法院查明被执行人

---

① 注：《民事诉讼法》第117条只规定了"单位"拒绝协助法院执行的处罚。因此，最高法将"个人"拒绝协助法院执行的行为（扩大解释）纳入《民事诉讼法》第114条第1款第6项的范畴。

财产状况的；（四）擅自解冻已被人民法院冻结的财产的；（五）接到人民法院协助执行通知书后，给当事人通风报信，协助其转移、隐匿财产的。

第 503 条　被执行人不履行法律文书指定的行为，且该项行为只能由被执行人完成的，人民法院可以依照民事诉讼法第 114 条第 1 款第 6 项规定处理。

被执行人在人民法院确定的履行期间内仍不履行的，人民法院可以依照民事诉讼法第 114 条第 1 款第 6 项规定再次处理。

第 519 条　在执行终结 6 个月内，被执行人或者其他人对已执行的标的有妨害行为的，人民法院可以依申请排除妨害，并可以依照民事诉讼法第 114 条规定进行处罚。因妨害行为给执行债权人或者其他人造成损失的，受害人可以另行起诉。

【法释［2023］6 号】　最高人民法院关于生态环境侵权民事诉讼证据的若干规定（2023 年 4 月 17 日最高法审委会［1885 次］通过，2023 年 8 月 14 日公布，2023 年 9 月 1 日起施行；以本规为准）

第 20 条　鉴定人提供虚假鉴定意见的，该鉴定意见不得作为认定案件事实的根据。人民法院可以依照民事诉讼法第 114 条的规定进行处理。

鉴定事项由其他机构、人员完成，其他机构、人员提供虚假鉴定意见的，按照前款规定处理。

● **书刊案例**　**【法报［2022］12 月】　卫某连续闹访并威胁法官被司法拘留案**（人民法院报 2022 年 12 月 20 日第 7 版）

案情摘要：2021 年 3 月 25 日，上海市奉贤区人民法院依法对原告陈某诉被告卫某排除妨害纠纷案进行宣判。宣判当日和次日，卫某因对判决结果不服，2 次至该院闹访，扬言要杀害立案庭负责人及办案法官。在 2 次信访接待中，立案庭负责人及办案法官耐心告知其对判决结果不服可提起上诉，但卫某情绪激动，声称不会上诉，如法官不更改判决结果将进行报复。接待卫某的法官依法对卫某进行训诫，责令其具结悔过。卫某却坚称不会悔改，且不会放弃报复办案法官。奉贤区法院对卫某处以 15 日司法拘留。同时，奉贤区法院通过教育训诫、约谈卫某亲属、会商维稳事宜等 3 方面举措做好教育疏导防范工作。4 月 9 日卫某司法拘留期满释放后，无过激行为。

【法报［2022］12 月】　张某威胁和恐吓执行法官被司法拘留案（人民法院报 2022 年 12 月 27 日第 7 版）

案情摘要：2021 年 8 月，云南省镇雄县人民法院受理申请执行龙某与张某子女抚养费纠纷一案。因张某未履行生效法律文书确定的支付子女抚养费义务，龙某向法院申请强制执行，法院受理后依法冻结了张某名下银行账户，并对张某采取限制高消费措施，后依法对该案终结本次执行程序。2022 年 8 月 27 日、9 月 9 日，张某 2 次在镇雄法院微信公众号平台上留言，公然威胁和恐吓法官。9 月 13 日，法院依法传唤张某，张某承认因不满法院对其采取的措施、在该院微信公众号上留言威胁和恐吓法官的事实，但表示拒绝履行生效法律文书确定的义务。镇雄法院依法对张某作出拘留 15 日的处罚决定。张某对该处罚决定表示接受且未提出异议，当场表示愿意配合执行，并与龙某达成执行和解，履行生效法律文书确定的义务。

【法报［2022］12 月】　汪某殴打法官、妨害执行公务被追究刑事责任案（见《刑法全厚细》第 277 条）

第 115 条²⁰¹³⁰¹⁰¹ **【虚假诉讼侵害他人的处罚】** 当事人之间恶意串通，企图通过诉讼、调解等方式侵害国家利益、社会公共利益或者²⁰²⁴⁰¹⁰¹ 他人合法权益的，人民法院应当驳回其请求，并根据情节轻重予以罚款、拘留；构成犯罪的，依法追究刑事责任。

（新增）²⁰²⁴⁰¹⁰¹ 当事人单方捏造民事案件基本事实，向人民法院提起诉讼，企图侵害国家利益、社会公共利益或者他人合法权益的，适用前款规定。

第 116 条²⁰¹³⁰¹⁰¹ **【虚假诉讼逃避执行的处罚】** 被执行人与他人恶意串通，通过诉讼、仲裁、调解等方式逃避履行法律文书确定的义务的，人民法院应当根据情节轻重予以罚款、拘留；构成犯罪的，依法追究刑事责任。

● 相关规定　**【法［2011］195 号】　最高人民法院关于依法制裁规避执行行为的若干意见**（2011 年 5 月 27 日）

11. 对于当事人恶意诉讼取得的生效裁判应当依法再审。案外人违反上述管辖规定，向执行法院之外的其他法院起诉，并取得生效裁判文书将已被执行法院查封、扣押、冻结的财产确权或者分割给案外人，或者第三人与被执行人虚构事实取得人民法院生效裁判文书申请参与分配，执行法院认为该生效裁判文书系恶意串通规避执行损害执行债权人利益的，可以向作出该裁判文书的人民法院或者其上级人民法院提出书面建议，有关法院应当依照《中华人民共和国民事诉讼法》和有关司法解释的规定决定再审。

【法发［2015］6 号】　最高人民法院关于人民法院推行立案登记制改革的意见（2015 年 4 月 1 日中央深改小组［第 11 次］通过，最高法 2015 年 4 月 15 日公布，2015 年 5 月 1 日起施行）

五、制裁违法滥诉

（一）依法惩治虚假诉讼。当事人之间恶意串通，或者冒充他人提起诉讼，企图通过诉讼、调解等方式侵害他人合法权益的，人民法院应当驳回其请求，并予以罚款、拘留；构成犯罪的，依法追究刑事责任。

（四）健全相关法律制度。加强诉讼诚信建设，规范行使诉权行为。推动完善相关立法，对虚假诉讼、恶意诉讼、无理缠诉等滥用诉权行为，明确行政处罚、司法处罚、刑事处罚标准，加大惩治力度。

【法［2017］48 号】　最高人民法院关于依法妥善审理涉及夫妻债务案件有关问题的通知（2017 年 2 月 28 日）

七、制裁夫妻一方与第三人串通伪造债务的虚假诉讼。对实施虚假诉讼的当事人、委托诉讼代理人和证人等，要加强罚款、拘留等对妨碍民事诉讼的强制措施的适用。对实施虚假诉讼的委托诉讼代理人，除依法制裁外，还应向司法行政部门、律师协会或者行业协会发出司法建议。对涉嫌虚假诉讼等犯罪的，应依法将犯罪的线索、材料移送侦查机关。

【法释［2020］6 号】　最高人民法院关于审理民间借贷案件适用法律若干问题的规定（"法释［2015］18 号"公布，2015 年 9 月 1 日起施行；法（民）发［1991］21 号《关于人民法院审理借贷案件的若干意见》同时废止。2020 年 8 月 18 日最高法审委会［1809 次］修订，2020 年 8 月 19 日公布，次日施行；根据法释［2020］17 号《决定》修正，2021 年 1 月 1 日起施行。以本规为准）

第 18 条　人民法院审理民间借贷纠纷案件时发现有下列情形之一的，应当严格审查借贷发生的原因、时间、地点、款项来源、交付方式、款项流向以及借贷双方的关系、经济状况等事实，综合判断是否属于虚假民事诉讼：（一）出借人明显不具备出借能力；（二）出借人起诉所依据的事实和理由明显不符合常理；（三）出借人不能提交债权凭证或者提交的债权凭证存在伪造的可能；（四）当事人双方在一定期限内多次参加民间借贷诉讼；（五）当事人一方或者双方无正当理由拒不到庭参加诉讼，委托代理人对借贷事实陈述不清或者陈述前后矛盾；（六）当事人双方对借贷事实的发生没有任何争议或者诉辩明显不符合常理；（七）借款人的配偶或者合伙人、案外人的其他债权人提出有事实依据的异议；（八）当事人在其他纠纷中存在低价转让财产的情形；（九）当事人不正当放弃权利；（十）其他可能存在虚假民间借贷诉讼的情形。

第一编　第十章

934 ◀ 第一编 总则／第十章 对妨害民事诉讼的强制措施

第 19 条　经查明属于虚假民间借贷诉讼，原告申请撤诉的，人民法院不予准许，并应当依据民事诉讼法第 112 条（现第 115 条）之规定，判决驳回其请求。

诉讼参与人或者其他人恶意制造、参与虚假诉讼，人民法院应当依据民事诉讼法第 111 条、第 112 条和第 113 条（现第 114，115，116 条）之规定，依法予以罚款、拘留；构成犯罪的，应当移送有管辖权的司法机关追究刑事责任。

单位恶意制造、参与虚假诉讼的，人民法院应当对该单位进行罚款，并可以对其主要负责人或者直接责任人员予以罚款、拘留；构成犯罪的，应当移送有管辖权的司法机关追究刑事责任。

【法一巡（会 1）[2020] 19 号】　恶意串通行为之认定[①]（最高法第一巡回法庭 2018 年第 18 次法官会议纪要）

即使无直接证据证明主观恶意的存在，人民法院在积极查明案件事实全面分析案件情况的基础上，通过整理归纳现有间接证据所形成的证据锁亦能达到排除合理怀疑的证明标准。人民法院综合评判合同的交易背景合同的签订时间、合同订立主体的关联关系、合同的约定内容以及合同的实际履行等重要因素，能够依法证成恶意串通事实之存在。恶意串通反映的是当事人的主观心态，证明标准应采用更为严格的"排除合理怀疑"的标准。本案乙公司将原本计划质押给甲公司的股票，在甲公司起诉前短时间内质押给李某并办理质押手续，达到转移财产的目的；李某与乙公司存在关联关系，李某在明知乙公司负有巨额债务的情况下，仍将乙公司唯一的财产用作质押并签订不合理的独立条款，上述行为足以证明其与乙公司签订合同时具有主观恶意。李某的实际借款金额远低于合同约定金额，但其未作出合理解释。乙公司与李某的行为客观上损害了债权人的合法利益综合以上证据，合议庭法官内心确信达到了排除合理怀疑的证明标准，可以认定为双方存在恶意串通而导致《质押合同》无效。

【法发 [2021] 10 号】　最高人民法院、最高人民检察院、公安部、司法部关于进一步加强虚假诉讼犯罪惩治工作的意见（2021 年 3 月 4 日印发，2021 年 3 月 10 日起施行）

第 5 条　对于下列虚假诉讼犯罪易发的民事案件类型，人民法院、人民检察院在履行职责过程中应当予以重点关注：（一）民间借贷纠纷案件；（二）涉及房屋限购、机动车配置指标调控的以物抵债案件；（三）以离婚诉讼一方当事人为被告的财产纠纷案件；（四）以已经资不抵债或者已经被作为被执行人的自然人、

[①] 最高人民法院第一巡回法庭编著：《最高人民法院第一巡回法庭民商事主审法官会议纪要（第 1 卷）》，中国法制出版社 2020 年版，第 127 页。

法人和非法人组织为被告的财产纠纷案件；（五）以拆迁区划范围内的自然人为当事人的离婚、分家析产、继承、房屋买卖合同纠纷案件；（六）公司分立、合并和企业破产纠纷案件；（七）劳动争议案件；（八）涉及驰名商标认定的案件；（九）其他需要重点关注的民事案件。

第 6 条　民事诉讼当事人有下列情形之一的，人民法院、人民检察院在履行职责过程中应当依法严格审查，及时甄别和发现虚假诉讼犯罪：（一）原告起诉依据的事实、理由不符合常理，存在伪造证据、虚假陈述可能的；（二）原告诉请司法保护的诉讼标的额与其自身经济状况严重不符的；（三）在可能影响案外人利益的案件中，当事人之间存在近亲属关系或者关联企业等共同利益关系的；（四）当事人之间不存在实质性民事权益争议和实质性诉辩对抗的；（五）一方当事人对于另一方当事人提出的对其不利的事实明确表示承认，且不符合常理的；（六）认定案件事实的证据不足，但双方当事人主动迅速达成调解协议，请求人民法院制作调解书的；（七）当事人自愿以价格明显不对等的财产抵付债务的；（八）民事诉讼过程中存在其他异常情况的。

第 7 条　民事诉讼代理人、证人、鉴定人等诉讼参与人有下列情形之一的，人民法院、人民检察院在履行职责过程中应当依法严格审查，及时甄别和发现虚假诉讼犯罪：（一）诉讼代理人违规接受对方当事人或者案外人给付的财物或者其他利益，与对方当事人或者案外人恶意串通，侵害委托人合法权益的；（二）故意提供虚假证据，指使、引诱他人伪造、变造证据、提供虚假证据或者隐匿、毁灭证据的；（三）采取其他不正当手段干扰民事诉讼活动正常进行的。

第 22 条　对于故意制造、参与虚假诉讼犯罪活动的民事诉讼当事人和其他诉讼参与人，人民法院应当加大罚款、拘留等对妨害民事诉讼的强制措施的适用力度。

民事诉讼当事人、其他诉讼参与人实施虚假诉讼，人民法院向公安机关移送案件有关材料前，可以依照民事诉讼法的规定先行予以罚款、拘留。

对虚假诉讼刑事案件被告人判处罚金、有期徒刑或者拘役的，人民法院已经依照民事诉讼法的规定给予的罚款、拘留，应当依法折抵相应罚金或者刑期。

第 23 条　人民检察院可以建议人民法院依照民事诉讼法的规定，对故意制造、参与虚假诉讼的民事诉讼当事人和其他诉讼参与人采取罚款、拘留等强制措施。

【法〔2021〕281 号】　最高人民法院关于深入开展虚假诉讼整治工作的意见（2021 年 11 月 4 日印发，2021 年 11 月 10 日起施行）

二、精准甄别查处，依法保护诉权。单独或者与他人恶意串通，采取伪造证据、虚假陈述等手段，捏造民事案件基本事实，虚构民事纠纷，向人民法院提起民事诉讼，损害国家利益、社会公共利益或者他人合法权益，妨害司法秩序的，构成虚假诉讼。向人民法院申请执行基于捏造的事实作出的仲裁裁决、调解书及公证债权文书，在民事执行过程中以捏造的事实对执行标的提出异议、申请参与执行财产分配的，也属于虚假诉讼。诉讼代理人、证人、鉴定人、公证人等与他人串通，共同实施虚假诉讼的，属于虚假诉讼行为人。在整治虚假诉讼的同时，应当依法保护当事人诉权。既要防止以保护当事人诉权为由，放松对虚假诉讼的甄别、查处，又要防止以整治虚假诉讼为由，当立案不立案，损害当事人诉权。

五、坚持分类施策，提高整治实效。人民法院认定为虚假诉讼的案件，原告申请撤诉的，不予准许，应当根据民事诉讼法第 112 条（现第 115 条）规定，驳回其诉讼请求。虚假诉讼行为情节恶劣、后果严重或者多次参与虚假诉讼、制造系列虚假诉讼案件的，要加大处罚力度。虚假诉讼侵害他人民事权益的，行为人应当承担赔偿责任。人民法院在办理案件过程中发现虚假诉讼涉嫌犯罪的，应当依法及时将相关材料移送刑事侦查机关；公职人员或者国有企事业单位人员制造、参与虚假诉讼的，应当通报所在单位或者监察机关；律师、基层法律服务工作者、鉴定人、公证人等制造、参与虚假诉讼的，可以向有关行政主管部门、行业协会发出司法建议，督促及时予以行政处罚或者行业惩戒。司法工作人员利用职权参与虚假诉讼的，应当依法从严惩处，构成犯罪的，应当依法从严追究刑事责任。

八、慎查调解协议，确保真实合法。当事人对诉讼标的无实质性争议，主动达成调解协议并申请人民法院出具调解书的，应当审查协议内容是否符合案件基本事实、是否违反法律规定、是否涉及案外人利益、是否规避国家政策。调解协议涉及确权内容的，应当在查明权利归属的基础上决定是否出具调解书。不能仅以当事人可自愿处分民事权益为由，降低对调解协议所涉法律关系真实性、合法性的审查标准，尤其要注重审查调解协议是否损害国家利益、社会公共利益或者他人合法权益。当事人诉前达成调解协议，申请司法确认的，应当着重审查调解协议是否存在违反法律、行政法规强制性规定、违背公序良俗或者侵害国家利益、社会公共利益、他人合法权益等情形；诉前调解协议内容涉及物权、知识产权确权的，应当裁定不予受理，已经受理的，应当裁定驳回申请。

十二、厘清法律关系，防止恶意串通逃避执行。执行异议之诉涉及三方当事人之间多个法律关系，利益冲突主要发生在案外人与申请执行人之间，对于被执行人就涉案外人权益相关事实的自认，应当审慎认定。被执行人与案外人具有亲属关系、关联关系等利害关系，诉讼中相互支持，缺乏充分证据证明案外人享有足以排除强制执行的民事权益的，不应支持案外人主张。案外人依据执行标的被查封、扣押、冻结后作出的另案生效确权法律文书，提起执行异议之诉主张排除强制执行的，应当注意审查是否存在当事人恶意串通等事实。

十五、严审合同效力，整治虚假房屋买卖诉讼。为逃废债务、逃避执行、获得非法拆迁利益、规避宏观调控政策等非法目的，虚构房屋买卖合同关系提起诉讼的，应当认定合同无效。买受人虚构购房资格参与司法拍卖房产活动且竞拍成功，当事人、利害关系人以违背公序良俗为由主张该拍卖行为无效的，应予支持。买受人虚构购房资格导致拍卖行为无效的，应当依法承担赔偿责任。

【法刊文摘】 检答网集萃 91：民事检察监督的虚假诉讼具体包括哪些情形（来自最高人民检察院网①）

咨询内容（四川省检察院陈泽勇）：民事诉讼中的虚假诉讼是否限于双方当事人恶意串通？一方当事人虚构诉的要素是否构成民事诉讼中的虚假诉讼？

解答摘要（赵多丽娜）：2021 年 3 月 10 日起施行的"两高两部"《关于进一步加强虚假诉讼犯罪惩治工作的意见》第 2 条明确规定，虚假诉讼犯罪不仅包括行为人与他人恶意串通，还包括一方单独实施的行为。该意见不仅对虚假诉讼犯罪甄别、查办具有指导意义，还对民事虚假诉讼检察监督中的线索来源、案件发现、调查核实、监督方式、犯罪线索移送等作出了具体规定，为统一界定虚假诉讼治理范围、确保检察机关在虚假诉讼监督中履行各项职能提供制度保障。

【法释〔2022〕11 号】 最高人民法院关于适用《中华人民共和国民事诉讼法》的解释（"法释〔2015〕5 号"公布，2015 年 2 月 4 日起施行；根据法释〔2020〕20 号《决定》修正，2021 年 1 月 1 日起施行；2022 年 3 月 22 日最高法审委会〔1866 次〕修正，2022 年 4 月 1 日公布，2022 年 4 月 10 日起施行；以本规为准）

第 190 条　民事诉讼法第 115 条规定的他人合法权益，包括案外人的合法权益、国家利益、社会公共利益。

第三人根据民事诉讼法第 59 条第 3 款规定提起撤销之诉，经审查，原案当事人之间恶意串通进行虚假诉讼的，适用民事诉讼法第 115 条规定处理。

第 191 条　单位有民事诉讼法第 115 条或者第 116 条规定行为的，人民法院应当对该单位进行罚款，并可以对其主要负责人或者直接责任人员予以罚款、拘留；构成犯罪的，依法追究刑事责任。

【法发〔2023〕15 号】 最高人民法院关于优化法治环境 促进民营经济发展壮大的指导意见（2023 年 9 月 25 日）

11. 依法严厉惩治虚假诉讼。充分利用信息技术手段，加强对虚假诉讼的甄别、审查和惩治，依法打击通过虚假诉讼逃废债、侵害民营企业和企业家合法权

---

① 载中华人民共和国最高人民检察院网，https://www.spp.gov.cn/spp/zdgz/202207/t20220727_568242.shtml，最后访问日期：2024 年 6 月 29 日。

益的行为。当事人一方恶意利用诉讼打击竞争企业，破坏企业和企业家商誉信誉，谋取不正当利益的，依法驳回其诉讼请求；对方反诉请求损害赔偿的，依法予以支持。依法加大虚假诉讼的违法犯罪成本，对虚假诉讼的参与人，依法采取罚款、拘留等民事强制措施，构成犯罪的，依法追究刑事责任。

【高检发办字［2023］49 号】　人民检察院办理知识产权案件工作指引（2023 年 4 月 25 日印发施行）

第 29 条　人民检察院在案件办理中发现当事人单独或者与他人恶意串通，采取伪造证据、虚假陈述等手段，捏造知识产权民事案件基本事实，虚构知识产权民事纠纷，提起民事诉讼，妨害司法秩序或者严重侵害他人合法权益，涉嫌构成虚假诉讼罪或者其他犯罪的，应当及时向公安机关移送犯罪线索。

● **指导案例**　**【法［2016］311 号】　最高人民法院第 14 批指导性案例**（2016 年 9 月 19 日）

（指导案例 68 号） 上海欧宝生物科技有限公司诉辽宁特莱维置业发展有限公司企业借贷纠纷案（最高法院二巡庭 2015 年 10 月 27 日［2015］民二终字第 324 号民事判决）

裁判要点： 人民法院审理民事案件中发现存在虚假诉讼可能时，应当依职权调取相关证据，详细询问当事人，全面严格审查诉讼请求与相关证据之间是否存在矛盾，以及当事人诉讼中言行是否违背常理。经综合审查判断，当事人存在虚构事实、恶意串通、规避法律或国家政策以谋取非法利益，进行虚假民事诉讼情形的，应当依法予以制裁。

● **典型案例**　**【法［2021］号】　人民法院整治虚假诉讼典型案例**（最高法2021 年 11 月 9 日发布）

（案例 1） 被执行人捏造事实，冒用他人名义制造系列虚假诉讼案件的，应当从重处罚①

典型意义： 在执行异议之诉中，被执行人冒用他人名义提出虚假的执行异议申请，进而引发申请执行人执行异议之诉。因案外人名义系虚假冒用，并无真实执行异议人，故不存在被执行人与执行异议人恶意串通的可能。被执行人单方冒

---

① 基本案情：2019 年，被执行人甲公司为阻却人民法院对其名下房产的强制执行，冒用自然人艾某某等 63 人身份，以案外购房人名义，向某高级人民法院提出执行异议，致使该院作出部分错误执行异议裁定和执行异议之诉判决。后在关联的执行异议之诉案件审理中，该虚假诉讼行为被人民法院查实。人民法院依法裁定准许对甲公司名下相应房屋继续执行；两级法院对甲公司处以每案 100 万元、共计 6300 万元罚款，相关犯罪线索和有关材料移送侦查机关。

用他人名义提出虚假执行异议申请的行为，属于虚假诉讼行为。在一审法院依据被冒名案外人提出的虚假执行异议申请，先后作出支持其虚假执行异议的错误裁判后，二审法院在查明案件确属被执行人提起的虚假诉讼的情况下，可以进行实质性处理，直接判决支持申请执行人继续执行的诉讼请求。

（案例 2） 隐瞒民间借贷债务已经全部清偿的事实提起民事诉讼，要求他人履行已经消灭的债务的，构成虚假诉讼①

典型意义： 民间借贷关系中，出借人为牟取暴利，往往利用借款人急于用款的心理迫使其接受远高于法定民间借贷利率保护上限的高额利息约定，在借款人已经实际清偿完借款本金及依法应予保护的利息后，仍通过诉讼方式向借款人主张偿还借款本息。针对借款人已经清偿完借款本息的抗辩及举证，出借人往往伪称借款人主张的还款系归还其他借款，导致案件审理难度进一步加大。因此，在民间借贷案件中，人民法院要高度重视对职业放贷人的审查和甄别，同时要重点审查借贷关系真实性、本金借贷数额和利息保护范围等问题。对于出借人隐瞒债务已经全部清偿的事实又向人民法院提起民事诉讼的行为，应依法予以处罚，涉嫌犯罪的应及时将线索依法移送侦查机关，务必防范职业放贷人等通过虚假诉讼获取非法高额收益。

（案例 3） 为逃避执行，依据虚假离婚协议向人民法院提出执行异议的，构成虚假诉讼②

典型意义： 在被执行人与案外人具有亲属关系、关联关系等利害关系时，人民法院更要高度警觉是否存在虚假诉讼的可能性。本案中，高某某故意提供虚假的离婚协议书，虚构案件事实，意图排除对其原配偶冯某某名下房屋的强制执行，侵害他人合法权益。执行法院在审查高某某提出的执行异议时，并未轻信当事人提交的证据，而是向有关国家机关调取其保存的资料，最终认定高某某存在提供

① 基本案情：2011 年 10 月至 2012 年 1 月，原告周某与甲公司先后签订 3 份借款合同，合同载明周某向该公司出借 1600 万元，实际仅向甲公司支付 500 万元借款本金。甲公司已经偿还借款合同项下的全部本金，并支付了超出法定利率上限的利息。周某仍以甲公司负责人出具的对账单、催款回执等为依据向某区人民法院提起民事诉讼，主张甲公司归还前述借款合同项下的全部本金及利息。针对甲公司关于借款本息已实际清偿完毕的抗辩及相关举证，周某称该公司归还的是其他借款。周某在法庭上的虚假陈述及其提交的对账单、催款回执等证据，导致人民法院作出错误判决。经再审法院查明，周某系职业放贷人，曾使用暴力、胁迫方式向甲公司催收高利贷非法债务，并非法拘禁甲公司负责人。甲公司负责人在被拘禁期间被迫在前述对账单、催款回执上签字。人民法院依法判决驳回周某的诉讼请求，对周某处以罚款，并将相关犯罪线索移交侦查机关。

② 基本案情：在某区人民法院在执行申请执行人李某某与被执行人冯某某等民间借贷纠纷一案中，异议人高某某提出书面异议，请求排除对冯某某名下房屋的强制执行，并提供了虚假的离婚协议书。该离婚协议书关于财产分割的约定与双方在某区民政局婚姻登记处存档的离婚协议书约定不一致。人民法院依法裁定驳回案外人高某某提出的执行异议，对高某某处以罚款。

虚假证据、滥用执行异议权利的行为，对其进行司法处罚，维护了申请执行人的合法权益，同时对不讲诚信、铤而走险进行虚假诉讼的当事人起到了有力的震慑作用，达到了办理一案教育一片的良好效果。

（案例4） 公司与员工恶意串通虚构劳动债权，意图骗取拆迁补偿款的，构成虚假诉讼①

典型意义：《国有土地上房屋征收与补偿条例》第23条规定，应根据房屋被征收前的效益、停产停业期限等因素确定对因征收房屋造成停产停业损失进行补偿。甲公司在面临拆迁补偿之际，并未依法主张权利，而是为了骗取更多补偿，由法定代表人张某一手炮制了本案诉讼，其行为不仅严重扰乱了正常诉讼秩序、浪费了司法资源，更损害了司法的权威性和公共利益，司法机关要及时甄别、惩处此类虚假诉讼行为。

（案例5） 当事人因虚假诉讼行为被追究刑事责任后，仍应当为其侵权行为承担民事赔偿责任②

典型意义： 虚假诉讼致人损害符合侵权行为一般特征和构成要件，属于侵权行为。《侵权责任法》第4条规定，侵权人因同一行为应当承担行政责任或者刑事责任的，不影响依法承担侵权责任。《最高人民法院关于防范和制裁虚假诉讼的指导意见》第12条也规定，虚假诉讼侵害他人民事权益的，虚假诉讼参与人应当承担赔偿责任。《民法典》中也有相应体现。因此，虚假诉讼行为人被判处刑罚并不免除其民事责任。

---

① 基本案情：原告陈某、黄某系夫妻关系。二人诉称于2013年1月起在被告甲公司工作，陈某负责基建和材料等工作，月薪4.5万元；黄某负责清洁、做饭等工作，月薪1.5万元。二人共工作52个月，工资累计312万元。陈某、黄某与甲公司于2018年8月形成工资结算协议，确认甲公司尚欠陈某、黄某工资286万元。甲公司认可陈某、黄某的主张，双方在庭前已自行达成和解协议。人民法院经审理查明：陈某、黄某系甲公司法定代表人张某的亲属，因甲公司面临拆迁，为虚增甲公司营业损失，以便尽可能多获得拆迁补偿款，张某与陈某、黄某商定由陈某、黄某对甲公司提起虚假诉讼。诉讼事宜均由张某操作，工资结算协议也系张某起草。人民法院依法裁定驳回陈某、黄某的起诉，对甲公司及其法定代表人张某罚款共计100万元，涉嫌犯罪线索和相关材料移送侦查机关。

② 基本案情：2015年2月，为转移甲公司财产逃避债务，该公司实际控制人傅某与同学邵某共谋，虚构该公司向邵某借款200万元的事实并伪造了相应的银行转账凭证，又将公司机器设备等主要资产虚假抵押给邵某。人民法院在对该公司强制执行后，傅某以邵某对公司机器设备享有抵押权为由，以邵某名义提出执行异议，企图阻却强制执行。其间傅某还操作将该公司部分抵押物低价转让。2018年10月，傅某、邵某因犯虚假诉讼罪被追究刑事责任。同年12月，该公司被宣告破产。2019年7月，公司债权人毛某代表全体债权人向人民法院提起诉讼，要求判令邵某在造成公司流失的价值370万余元抵押物范围内对公司所有破产债权未受偿部分承担赔偿责任。人民法院认定，邵某因与傅某构成共同侵权，应承担连带赔偿责任，判决邵某向甲公司债权人赔偿222万余元，赔偿款项归入甲公司财产。

第 117 条[19910409]　　**【单位拒绝协助法院的处罚①】**有义务协助调查、执行的单位有下列行为之一的，人民法院除责令其履行协助义务外，并可以予以罚款：

（一）有关单位拒绝或者妨碍人民法院调查取证的；

（二）有关~~银行、信用合作社和其他有储蓄业务的~~[20130101]单位接到人民法院协助执行通知书后，拒不协助查询、扣押[20130101]、冻结、划拨、变价财产/~~存款~~[20130101]的；

（三）有关单位接到人民法院协助执行通知书后，拒不协助扣留被执行人的收入、办理有关财产权证照转移手续、转交有关票证、证照或者其他财产的；

（四）其他拒绝协助执行的。

人民法院对有前款规定的行为之一的单位，可以对其主要负责人或者直接责任人员予以罚款；对仍不履行协助义务的，可以予以拘留；[20080401]并可以向监察机关或者有关机关提出予以纪律处分的司法建议。

● 相关规定　　**【法研〔1993〕号】　　最高人民法院研究室关于对有义务协助执行单位拒不协助予以罚款后又拒不执行应如何处理问题的答复**（1993 年 9 月 27 日答复湖南高院"湘高法研字〔1993〕第 1 号"请示）②

根据《中华人民共和国民事诉讼法》第 103 条（现第 117 条）第 1 款第 2 项和第 2 款的规定，人民法院依据生效判决、裁定，通知有关银行协助执行划拨被告在银行的存款，而银行拒不划拨的，人民法院可对该银行或者其主要负责人或

---

①　注：本条规定的行为主体是"单位"。对于"个人"拒绝协助法院执行的行为，"法释〔2022〕11 号"《解释》第 188 条（第 5 项）将其解释为《民事诉讼法》第 114 条第 1 款第 6 项规定的行为。

②　该《答复》一直未被废止，且未与其他规定相冲突，应视为继续有效。但注意民事诉讼法已经修订，相关条文的序号发生了变化。另要注意的是：

（1）1979 年刑法第 157 条规定了两种行为，分别对应现行刑法第 277 条"妨害公务罪"和第 313 条"拒不执行判决、裁定罪"。湖南省高级人民法院在《请示》中认为：该行为不宜以拒不执行法院判决、裁定罪处理。主要理由是：①法无明文规定"罚款决定书"可以与判决书、裁定书等同看待；②拒不执行法院判决、裁定罪的主体只能是诉讼当事人，而不包括协助执行的单位及其主要负责人或直接责任人员。最高人民法院研究室支持了这种观点。

（2）对于上述第②点理由，2002 年 8 月 29 日第 9 届全国人大常委会〔第 29 次〕《关于〈中华人民共和国刑法〉第 313 条的解释》已经明确把协助执行义务人规定为执行判决、裁定罪的犯罪主体。

者直接责任人员予以罚款，并可向同级政府的监察机关或者有关机关提出给予纪律处分的司法建议。被处罚人拒不履行罚款决定的，人民法院可以根据民事诉讼法第231条（现第259条）的规定，予以强制执行。执行中，被处罚人如以暴力、威胁或者其他方法阻碍司法工作人员执行职务的，依照民事诉讼法第102条（现第114条）第1款第5项、第2款规定，人民法院可对被处罚人或对有上述行为的被处罚单位的主要负责人或者直接责任人员予以罚款、拘留，构成犯罪的，依照刑法第157条（现第277条）的规定追究刑事责任。

人民法院在具体执行过程中，应首先注意向有关单位和人员宣传民事诉讼法的有关规定，多做说服教育工作，坚持文明执法、严肃执法。

【法函［2000］43号】　　最高人民法院关于工商行政管理局以收取查询费为由拒绝人民法院无偿查询企业登记档案人民法院是否应予民事制裁的复函（2000年6月29日答复甘肃高院"［1999］甘经他字第180号"请示）

你省在请示中反映，张掖地区中级人民法院在审理经济合同纠纷案件中，向张掖市工商行政管理局查明某一企业工商登记情况时，该局依内部规定，以法院未交查询费为由，拒绝履行协助义务，妨碍了人民法院依法调查取证。张掖地区中级人民法院依照《中华人民共和国民事诉讼法》的有关规定，作出了对张掖市工商行政管理局罚款2万元的决定。张掖市工商行政管理局不服，向省高级人民法院提出复议申请。你院就《关于工商行政管理局以收到查询费为由拒绝人民法院无偿查询企业登记档案，人民法院是否应予民事制裁的问题》，向我院请示。我院就此问题征求了国务院法制办公室的意见，经国务院法制办公室与国家工商行政管理局协商，国家工商行政管理局以工商企字［2000］第81号《关于修改〈企业登记档案资料查询办法〉第10条的通知》，对工商企字［1996］第398号《企业登记档案资料查询办法》进行了修改。第10条第1款改为："查询、复制企业登记档案资料，查询人应当交纳查询费、复制费。公、检、法、纪检监察、国家安全机关查询档案资料不交费。"

我们认为，张掖地区中级人民法院依照《中华人民共和国民事诉讼法》的有关规定，作出对张掖市工商行政管理局罚款2万元的决定是正确的。但是鉴于国家工商行政管理局已经于2000年4月29日，修改了《企业登记档案资料查询办法》的有关规定，故建议你院撤销张掖地区中级人民法院作出的［1999］张中法执法罚字第01号罚款决定书，并及时与甘肃省工商行政管理局做好协调工作。

【执他字［2002］19号】　　最高人民法院执行办公室关于对案外人未协助法院冻结债权应如何处理问题的复函（2003年6月14日答复江苏高院请示）

徐州市中级人民法院在诉讼中做出了查封冻结盐城金海岸建筑安装有限公司

（下称建筑公司）财产的裁定，并向沛县城镇郝小楼村村委会（下称村委会）发出了冻结建筑公司对村委会的债权的协助执行通知书。当你院［2001］苏民终字第 154 号民事调解书确定建筑公司对村委会的债权时，徐州中院对该债权的冻结尚未逾期，仍然有效，因此村委会不得就该债权向建筑公司支付。如果村委会在收到上述调解书后，擅自向建筑公司支付，致使徐州中院的生效法律文书无法执行，则除可以根据《中华人民共和国民事诉讼法》第 102 条（现第 117 条）的规定，对村委会妨害民事诉讼的行为进行处罚外，也可以根据最高人民法院《关于执行工作若干问题的规定（试行）》第 44 条（见本书第 263 条）的规定，责令村委会限期追回财产或承担相应的赔偿责任。

【法［2004］127 号】　最高人民法院关于采取民事强制措施不得逐级变更由行为人的上级机构承担责任的通知（2004 年 7 月 9 日）

近一个时期，一些地方法院在执行银行和非银行金融机构（以下简称金融机构）作为被执行人或者协助执行人的案件中，在依法对该金融机构采取民事强制措施，作出罚款或者司法拘留决定后，又逐级对其上级金融机构直至总行、总公司采取民事强制措施，再次作出罚款或者司法拘留决定，造成不良影响。为纠正这一错误，特通知如下：

一、人民法院在执行程序中，对作为协助执行人的金融机构采取民事强制措施，应当严格依法决定，不得逐级变更由其上级金融机构负责。依据我院与中国人民银行于 2000 年 9 月 4 日会签下发的法发［2000］21 号即《关于依法规范人民法院执行和金融机构协助执行的通知》第 8 条的规定，执行金融机构时逐级变更其上级金融机构为被执行人须具备 5 个条件：其一，该金融机构须为被执行人，其债务已由生效法律文书确认；其二，该金融机构收到执行法院对其限期 15 日内履行偿债义务的通知；其三，该金融机构逾期未能自动履行偿债义务，并经过执行法院的强制执行；其四，该金融机构未能向执行法院提供其可供执行的财产；其五，该金融机构的上级金融机构对其负有民事连带清偿责任。金融机构作为协助执行人因其妨害执行行为而被采取民事强制措施，不同于金融机构为被执行人的情况，因此，司法处罚责任应由其自行承担；逐级变更由其上级金融机构承担此责任，属适用法律错误。

二、在执行程序中，经依法逐级变更由上级金融机构为被执行人的，如该上级金融机构在履行此项偿债义务时有妨害执行行为，可以对该上级金融机构采取民事强制措施。但人民法院应当严格按照前述通知第 8 条的规定，及时向该上级金融机构发出允许其于 15 日内自动履行偿债义务的通知，在其自动履行的期限内，不得对其采取民事强制措施。

三、采取民事强制措施应当坚持过错责任原则。金融机构的行为基于其主观上的故意并构成妨害执行的，才可以对其采取民事强制措施；其中构成犯罪的，也可以通过法定程序追究其刑事责任。这种民事强制措施和刑事惩罚手段只适用于有故意过错的金融机构行为人，以充分体现国家法律对违法行为的惩罚性。

四、金融机构对执行法院的民事强制措施即罚款和司法拘留的决定书不服的，可以依据《民事诉讼法》第105条（现第119条）的规定，向上一级法院申请复议；当事人向执行法院提出复议申请的，执行法院应当立即报送上一级法院，不得扣押或者延误转交；上一级法院受理复议申请后，应当及时审查处理；执行法院在上一级法院审查复议申请期间，可以继续执行处罚决定，但经上一级法院决定撤销处罚决定的，执行法院应当立即照办。

【法释［2011］1号】 最高人民法院关于审理期货纠纷案件若干问题的规定（二）（2010年12月27日最高法审委会［1507次］通过，2010年12月31日公布，2011年1月17日起施行；根据法释［2020］18号《决定》修正，2021年1月1日起施行）

第8条 人民法院在办理案件过程中，依法需要通过期货交易所、期货公司查询、冻结、划拨资金或者有价证券的，期货交易所、期货公司应当予以协助。应当协助而拒不协助的，按照《中华人民共和国民事诉讼法》第114条（现第117条）之规定办理。

【法［2012］74号】 最高人民法院关于加强司法建议工作的意见（2012年3月15日）

二、创新机制，加强规范，切实提升司法建议工作水平

4. 司法建议工作应当纳入人民法院的整体工作部署，要创新建议形式，规范建议程序，确保建议质量，增强建议效果，推动司法建议工作依法有序开展，努力实现司法建议工作的法律效果和社会效果的有机统一。

5. 正确处理司法建议工作与审判执行工作的关系，坚持以做好审判执行工作为出发点，同时充分发挥司法建议延伸审判职能的作用。审判执行工作中发现有关单位普遍存在的工作疏漏、制度缺失和隐患风险等问题，人民法院应当及时提出司法建议。

6. 提出司法建议要坚持必要性、针对性、规范性和实效性原则，做到把握问题准确，分析问题透彻，依据充足，说理充分，建议客观合理，方案切实可行，行文严谨规范，确保建议质量，符合保密规定。

7. 对审判执行工作中发现的下列问题，人民法院可以向相关党政机关、企事

业单位、社会团体及其他社会组织提出司法建议，必要时可以抄送该单位的上级机关或者主管部门：（1）涉及经济社会发展重大问题需要相关方面积极加以应对的；（2）相关行业或者部门工作中存在的普遍性问题，需要有关单位采取措施的；（3）相关单位的规章制度、工作管理中存在严重漏洞或者重大风险的；（4）国家利益、社会公共利益受到损害或者威胁，需要有关单位采取措施的；（5）涉及劳动者权益、消费者权益保护等民生问题，需要有关单位采取措施的；（6）法律规定的有义务协助调查、执行的单位拒绝或者妨碍人民法院调查、执行，需要有关单位对其依法进行处理的；（7）拒不履行人民法院生效的判决、裁定，需要有关单位对其依法进行处理的；（8）发现违法犯罪行为，需要有关单位对其依法进行处理的；（9）诉讼程序结束后，当事人之间的纠纷尚未彻底解决，或者有其他问题需要有关部门继续关注的；（10）其他确有必要提出司法建议的情形。

8. 人民法院提出司法建议，应当制作司法建议书。

司法建议书包括以下类型：

（1）针对个案中反映的具体问题制作的个案司法建议书；

（2）针对某一类案件中反映的普遍性问题制作的类案司法建议书；

（3）针对一定时期经济社会发展中存在的普遍性、系统性问题制作的综合司法建议书。根据实际需要，综合司法建议书可以附相关调研报告、审判工作报告（白皮书）等材料。

9. 司法建议书应当按照统一的格式制作，一般包括首部、主文和尾部 3 部分。

首部包括：法院名称、司法建议书、司法建议书编号、主送单位（被建议单位）名称。

主文包括：在审理和执行案件中或者相关调研中发现的需要重视和解决的问题，对问题产生原因的分析，依据法律法规及政策提出的具体建议，以及其他需要说明的事项。

尾部包括：院印和日期。如需抄送被建议单位的上级机关、主管部门或其他有关部门的，应当列明抄送单位全称。

10. 个案、类案司法建议书由所涉案件审判业务部门负责起草，综合司法建议书可以由有关综合性部门或者审判业务部门负责起草。司法建议书起草完成后，交司法建议工作日常管理机构审核，报分管院领导签发。向党政机关发送的重要司法建议书或者审判委员会决定发送的司法建议书，由院长签发。

11. 院长、庭长在履行审判监督指导职责、审判监督部门和审判管理部门在开展案件质量评查等活动、上级人民法院对下级人民法院的案件进行监督评查时，发现需要向有关部门提出司法建议的，应当建议提出司法建议。

12. 个案司法建议书一般应当在所涉案件裁判文书生效后或者执行、涉诉信访案件办结后，及时发送。

13. 司法建议书应当以人民法院的名义发送，不得以法院内设机构或者个人名义发送。拟向上级党委、人大、政府及其部门提出的司法建议书，必要时可以提请上级人民法院发送。

14. 司法建议书应当及时送达被建议单位。必要时，人民法院可以将相关材料一并送达被建议单位。

15. 司法建议起草部门应当及时将司法建议书、被建议单位反馈意见及相关材料整理立卷，移送档案管理部门集中归档。

16. 司法建议应当纳入司法统计范围，为分析和指导司法建议工作提供数据支持。利用信息技术，建立司法建议信息库，充分整合、利用司法建议信息资源，打造司法建议信息平台。

【法释〔2023〕11号】　最高人民法院关于综合治理类司法建议工作若干问题的规定（2023年10月19日最高法审委会〔1902次〕修订，2023年11月15日公布，次日2023年11月16日起施行；以本规为准）

第3条　人民法院提出司法建议时，应当根据综合治理问题涉及的行业、领域等向相应的主管机关或者其他有关单位提出；向主管机关提出的，一般应当向本院辖区范围内的同级主管机关提出。发现的综合治理问题需要异地主管机关采取措施的，可以提出工作建议，层报相应的上级人民法院决定。

第5条　人民法院提出司法建议前，应当结合审判执行工作中发现的问题充分调查研究，并积极与被建议单位沟通，听取其意见。

第6条　人民法院提出司法建议，应当制作司法建议书。

司法建议书实行统一编号。

第7条　司法建议书起草完成后，应当依照《中华人民共和国人民法院组织法》第37条第1款第4项的规定提请审判委员会审议。

司法建议书审议通过后，由院长签发。

第8条　人民法院提出司法建议时，应当告知被建议单位就建议采纳落实情况等予以书面答复。答复期限根据具体情况确定，一般不超过2个月；法律、司法解释另有规定的，依照其规定。

人民法院应当结合审判执行工作支持、配合、督促被建议单位采取相应措施，协同抓好司法建议相关工作的落实。

第9条　司法建议涉及的问题重大，需要引起高度重视的，人民法院可以将司法建议书抄送被建议单位的上级主管机关或者其他有关单位。

第12条　人民法院提出综合治理类司法建议以外的其他司法建议的，依照有关法律、司法解释、其他规范性文件的规定办理。有关法律、司法解释、其他规范性文件没有规定的事项，可以根据本辖区的具体情况和实际需要，参照本规定办理。

【法释［2015］17 号】　　最高人民法院关于限制被执行人高消费及有关消费的若干规定（"法释［2010］8 号"公布《最高人民法院关于限制被执行人高消费的若干规定》，2010 年 10 月 1 日起施行；2015 年 7 月 6 日最高法审委会［1657次］修正并更名，2015 年 7 月 20 日公布，2015 年 7 月 22 日起施行）

第 11 条（第 2 款）　　有关单位在收到人民法院协助执行通知书后，仍允许被执行人进行高消费及非生活或者经营必需的有关消费的，人民法院可以依照《中华人民共和国民事诉讼法》第 114 条（现第 117 条）的规定，追究其法律责任。

【法释［2021］20 号】　　最高人民法院关于人民法院强制执行股权若干问题的规定（2021 年 11 月 15 日最高法审委会［1850 次］通过，2021 年 12 月 20 日公布，2022 年 1 月 1 日起施行；以本规为准）（详见本书第 255 条）

第 8 条　　人民法院冻结被执行人股权的，可以向股权所在公司送达协助执行通知书，要求其在实施增资、减资、合并、分立等对被冻结股权所占比例、股权价值产生重大影响的行为前向人民法院书面报告有关情况。人民法院收到报告后，应当及时通知申请执行人，但是涉及国家秘密、商业秘密的除外。

股权所在公司未向人民法院报告即实施前款规定行为的，依照民事诉讼法第 114 条（现第 117 条）的规定处理。

股权所在公司或者公司董事、高级管理人员故意通过增资、减资、合并、分立、转让重大资产、对外提供担保等行为导致被冻结股权价值严重贬损，影响申请执行人债权实现的，申请执行人可以依法提起诉讼。

第 9 条　　人民法院冻结被执行人基于股权享有的股息、红利等收益，应当向股权所在公司送达裁定书，并要求其在该收益到期时通知人民法院。人民法院对到期的股息、红利等收益，可以书面通知股权所在公司向申请执行人或者人民法院履行。

股息、红利等收益被冻结后，股权所在公司擅自向被执行人支付或者变相支付的，不影响人民法院要求股权所在公司支付该收益。

第 11 条（第 2 款）　　（拍卖被执行人的股权）确定参考价需要相关材料的，人民法院可以向公司登记机关、税务机关等部门调取，也可以责令被执行人、股权所在公司以及控制相关材料的其他主体提供；拒不提供的，可以强制提取，并可以依照民事诉讼法第 111 条、第 114 条（现第 114、117 条）的规定处理。

【法释〔2022〕11号】 最高人民法院关于适用《中华人民共和国民事诉讼法》的解释（"法释〔2015〕5号"公布，2015年2月4日起施行；根据法释〔2020〕20号《决定》修正，2021年1月1日起施行；2022年3月22日最高法审委会〔1866次〕修正，2022年4月1日公布，2022年4月10日起施行；以本规为准）

第192条 有关单位接到人民法院协助执行通知书后，有下列行为之一的，人民法院可以适用民事诉讼法第117条规定处理：（一）允许被执行人高消费的；（二）允许被执行人出境的；（三）拒不停止办理有关财产权证照转移手续、权属变更登记、规划审批等手续的；（四）以需要内部请示、内部审批，有内部规定等为由拖延办理的。

● **文书格式** **【法〔2016〕221号】** 民事诉讼文书样式（2016年2月22日最高法审委会〔1679次〕通过，2016年6月28日公布，2016年8月1日起施行）（本书对格式略有调整）

司法建议书（提出书面建议用）①

×××：

本院在审理/执行……（写明当事人及案由）中，发现……（写明发现有关单位或者人员存在的重要问题和提出建议的法律依据）。为此，特建议：

……（写明建议的具体事项，内容多的可以分项书写）。

以上建议请研究处理，并将处理结果或者反馈意见于×年×月×日前函告本院。

联系人：……（写明姓名、部门、职务） 联系电话：……

联系地址：……

附：相关判决书或裁定书×份及其他材料

×年×月×日（院印）

第118条 **【罚款额度】** 对个人的罚款金额，为人民币10万元/1万元20130101/1000元20080401/200元19910409以下。（新增）19910409 对单位的罚款金额，为人民币5万元以上100万元以下/1万元以上30万元以下20130101/1000元以上3万元以下20080401。

【拘留期限】 拘留的期限，为15日以下。

---

① 出具证明书的情形包括：超过上诉期没有上诉的；当事人在我国领域外使用我国法院的判决书、裁定书，要求证明其法律效力的；外国法院要求我院证明判决书、裁定书的法律效力的。

【拘留的执行与提前解除】被拘留的人，由人民法院交公安机关看管。在拘留期间，被拘留人承认并改正错误的，人民法院可以决定提前解除拘留。

~~罚款和拘留，可以合并使用。~~①

第 119 条¹⁹⁹¹⁰⁴⁰⁹　【强制措施的程序】拘传、罚款、拘留必须经~~人民法院~~院长批准。

（新增）拘传应当发拘传票。

【罚款拘留的复议】罚款、拘留应当用决定书。~~本人~~对决定/~~罚款、拘留~~不服的，可以向上一级人民法院申请复议一次。复议期间不停止决定的执行。

● 相关规定　【法经［1990］45 号】　最高人民法院关于第二审人民法院在审理过程中可否对当事人的违法行为径行制裁等问题的批复（1990 年 7 月 25 日答复湖北高院"鄂法［1990］经呈字第 1 号"请示）

一、第二审人民法院在审理案件过程中，认为当事人有违法行为应予依法制裁而原审人民法院未予制裁的，可以径行予以民事制裁。

二、当事人不服人民法院民事制裁决定而向上一级人民法院申请复议的，该上级人民法院无论维持、变更或者撤销原决定，均应制作民事制裁决定书。

三、人民法院复议期间，被制裁人请求撤回复议申请的，经过审查，应当采取通知的形式准予撤回申请或者驳回其请求。

【法经［1994］308 号】　最高人民法院关于第二审人民法院发现原审人民法院已生效的民事制裁决定确有错误应如何纠正的复函（1994 年 11 月 21 日答复西藏高院"藏高法［1994］49 号"请示）

同意你院审判委员会的意见。第二审人民法院纠正一审人民法院已生效的民事制裁决定，可比照我院 1986 年 4 月 2 日法（研）复［1986］14 号批复的精神处理。即：上级人民法院发现下级人民法院已生效的民事制裁决定确有错误时，应及时予以纠正。纠正的方法，可以口头或者书面通知下级人民法院纠正，也可以使用决定书，撤销下级人民法院的决定。

---

① 注：本款规定被删除后，应当理解为罚款和拘留不能再合并使用。但"法释［2022］11 号"《解释》第 183 条仍然规定为可以合并适用。

【法释［2000］29 号】 最高人民法院关于严格执行案件审理期限制度的若干规定（2000 年 9 月 14 日最高法审委会［1130 次］通过，2000 年 9 月 22 日公布，2000 年 9 月 28 日起施行）

第 2 条（第 7 款） 对罚款、拘留民事决定不服申请复议的，审理期限为 5 日。

【法［2001］164 号】 最高人民法院案件审限管理规定（2001 年 10 月 16 日最高法审委会［1195 次］通过，2001 年 11 月 5 日公布，2002 年 1 月 1 日起施行）

第 3 条 审理对妨害诉讼的强制措施的民事决定不服申请复议的案件，期限为 5 日。

【法发［2006］35 号】 最高人民法院关于人民法院执行公开的若干规定（2006 年 12 月 23 日印发，2007 年 1 月 1 日起施行；同文号印发《关于人民法院办理执行案件若干期限的规定》）（详见本书第 19 章"执行公开"专辑）

第 9 条 人民法院采取拘留、罚款、拘传等强制措施的，应当依法向被采取强制措施的人出示有关手续，并说明对其采取强制措施的理由和法律依据。采取强制措施后，应当将情况告知其他当事人。

采取拘留或罚款措施的，应当在决定书中告知被拘留或者被罚款的人享有向上级人民法院申请复议的权利。

【法释［2022］11 号】 最高人民法院关于适用《中华人民共和国民事诉讼法》的解释（"法释［2015］5 号"公布，2015 年 2 月 4 日起施行；根据法释［2020］20 号《决定》修正，2021 年 1 月 1 日起施行；2022 年 3 月 22 日最高法审委会［1866 次］修正，2022 年 4 月 1 日公布，2022 年 4 月 10 日起施行；以本规为准）

第 178 条 人民法院依照民事诉讼法第 113 条至第 117 条的规定采取拘留措施的，应经院长批准，作出拘留决定书，由司法警察将被拘留人送交当地公安机关看管。

第 179 条 被拘留人不在本辖区的，作出拘留决定的人民法院应当派员到被拘留人所在地的人民法院，请该院协助执行，受委托的人民法院应当及时派员协助执行。被拘留人申请复议或者在拘留期间承认并改正错误，需要提前解除拘留的，受委托人民法院应当向委托人民法院转达或者提出建议，由委托人民法院审查决定。

第 180 条 人民法院对被拘留人采取拘留措施后，应当在 24 小时内通知其家属；确实无法按时通知或者通知不到的，应当记录在案。

第 181 条 因哄闹、冲击法庭，用暴力、威胁等方法抗拒执行公务等紧急情况，必须立即采取拘留措施的，可在拘留后，立即报告院长补办批准手续。院长认为拘留不当的，应当解除拘留。

第 182 条　被拘留人在拘留期间认错悔改的，可以责令其具结悔过，提前解除拘留。提前解除拘留，应报经院长批准，并作出提前解除拘留决定书，交负责看管的公安机关执行。

第 183 条　民事诉讼法第 113 条至第 116 条规定的罚款、拘留可以单独适用，也可以合并适用。

第 184 条　对同一妨害民事诉讼行为的罚款、拘留不得连续适用。发生新的妨害民事诉讼行为的，人民法院可以重新予以罚款、拘留。

第 185 条　被罚款、拘留的人不服罚款、拘留决定申请复议的，应当自收到决定书之日起 3 日内提出。上级人民法院应当在收到复议申请后 5 日内作出决定，并将复议结果通知下级人民法院和当事人。

第 186 条　上级人民法院复议时认为强制措施不当的，应当制作决定书，撤销或者变更下级人民法院作出的拘留、罚款决定。情况紧急的，可以在口头通知后 3 日内发出决定书。

第 193 条　人民法院对个人或者单位采取罚款措施时，应当根据其实施妨害民事诉讼行为的性质、情节、后果，当地的经济发展水平，以及诉讼标的额等因素，在民事诉讼法第 118 条第 1 款规定的限额内确定相应的罚款金额。

● **文书格式**　【法 [2016] 221 号】　**民事诉讼文书样式**（2016 年 2 月 22 日最高法审委会 [1679 次] 通过，2016 年 6 月 28 日公布，2016 年 8 月 1 日起施行）（本书对格式略有调整）

决定书（司法拘留、罚款）

（××××）……司惩……号

被拘留人/被罚款人/被拘留、罚款人：×××，……（写明姓名或名称、住所地等基本情况）。

本院在审理/执行（××××）……号……（写明当事人及案由）一案中，查明……（写明妨害民事诉讼的事实和予以处罚的理由）。

依照《中华人民共和国民事诉讼法》第×条、第 118 条第×款、第 119 条第×款规定，决定如下：

对×××拘留×日。/对×××罚款……元，限于×年×月×日前交纳。

如不服本决定，可以在收到决定书之日起 3 日内，口头或者书面向××人民法院（写明上一级人民法院名称）申请复议一次。复议期间，不停止本决定的执行。

×年×月×日　（院印）

复议申请书（司法制裁复议案件用）①

复议申请人：×××，男/女，×年×月×日生，×族，……（写明工作单位和职务或职业），住……。联系方式：……。（★申请人是法人或其他组织的，本段写明名称、住所）

法定代理人/指定代理人②：×××，……。（★申请人是法人或其他组织的，本段写明法定代表人、主要负责人及其姓名、职务、联系方式）

委托诉讼代理人：×××，……。（申请时已经委托诉讼代理人的，写明此项）

（以上写明申请人和其他诉讼参与人的姓名或者名称等基本信息）

请求事项：

撤销××人民法院（××××）……司惩……号拘留/罚款/拘留并罚款决定。

事实和理由：

×年×月×日，××人民法院作出（××××）……司惩……号决定：……（写明决定结果）。

……（写明申请复议的事实和理由）

此致：××人民法院

申请人（自然人签名或单位盖章）

×年×月×日

复议决定书（司法处罚复议用）③

（××××）……司惩复……号

复议申请人：×××，……（写明姓名或名称、住所地等基本情况）。

复议申请人×××不服××人民法院于×年×月×日作出的（××××）……司惩……号拘留/罚款/拘留并罚款决定，向本院申请复议。

×××提出，……（写明申请复议的请求和理由）。

经审查查明：……（写明复议审查查明的妨害民事诉讼事实，与原决定一致的不写）。

本院经审查认为，……（写明作出复议决定的理由）。

依照《中华人民共和国民事诉讼法》第119条规定，决定如下：

（维持原决定的，写明：）驳回×××的复议申请，维持原决定。

（撤销原决定的，写明：）撤销××人民法院（××××）……司惩……号决定。

---

① 注：被拘留、罚款的人不服决定申请复议的，应当自收到决定书之日起3日内提出。

② 注：申请人是无民事行为能力人或限制民事行为能力人的，应当写明法定代理人姓名、性别、出生日期、民族、职业、工作单位、住所、联系方式，在诉讼地位后括注与申请人的关系。

③ 注：上级法院应当在5日内作出决定，并将复议结果通知下级法院并送达当事人。

（变更原决定的，逐项分行写明：）一、撤销××人民法院（××××）……司惩……号决定；二、对×××拘留×日/罚款……元，限于×年×月×日前交纳。

本决定一经作出即生效。

×年×月×日（院印）

执行拘留通知书（通知公安机关）

（××××）……司惩……号

××公安局：

本院审理/执行（××××）……号……（写明当事人及案由）一案中，×××因……（写明采取拘留措施的理由），本院决定对其拘留×日。请你局收押看管，期满解除。

拘留期间自×年×月×日起至×年×月×日止。

附：××人民法院（××××）……司惩……号决定书×份

×年×月×日（院印）

此联交由公安机关收执

执行拘留通知书（回执）

（××××）……司惩……号

××人民法院：

你院（××××）……司惩……号执行拘留通知书及附件收悉。我局已于×年×月×日×时将×××收押看管在……（写明看守所名称）。

××公安局（公章）

此联由公安机关填写并加盖公章后退回法院入卷

悔过书（具结悔过请求提前解除司法拘留用）①

被拘留人：×××，男/女，×年×月×日生，×族，……（写明工作单位和职务或职业），住……。联系方式：……。

悔过事项：

被拘留人对……（写明妨害民事诉讼行为）具结悔过，请求提前解除拘留。

事实和理由：

×年×月×日，××人民法院作出（××××）……司惩……号决定：……（写明决定结果）。

……（写明认错悔改的具体内容）

此致：××人民法院

---

① 注：本样式根据"法释〔2022〕11号"《解释》第182条制定。

附：××人民法院（××××）……司惩……号决定书

悔过人（签名）

×年×月×日

决定书（提前解除司法拘留）

（××××）……司惩……号

被拘留人：×××，……（写明姓名等基本情况）。

因×××妨害民事诉讼，本院于×年×月×日作出（××××）……司惩……号拘留决定书，决定对×××拘留×日，已交由公安机关执行。在拘留期间，被拘留人×××……（写明承认并改正错误的事实以及提前解除拘留的理由）。

依照《中华人民共和国民事诉讼法》第 118 条第 3 款规定，决定如下：

提前解除对×××的拘留。

本决定一经作出即生效。

×年×月×日（院印）

提前解除拘留通知书（通知公安机关）

（××××）……司惩……号

××公安局：

因×××在拘留期间，承认并改正错误，我院决定提前对其解除拘留。请你局在接到本通知书后，立即对×××解除看管。

附：××人民法院（××××）……司惩……号决定书×份

×年×月×日（院印）

此联交由公安机关收执

提前解除拘留通知书（回执）

（××××）……司惩……号

××人民法院：

你院（××××）……司惩……号提前解除拘留通知书及附件收悉。我局已于×年×月×日×时对×××解除拘留。

××公安局（公章）

此联由公安机关填写并加盖公章后退回法院入卷

> <u>第 120 条</u>¹⁹⁹¹⁰⁴⁰⁹   【非法索债的处罚】 采取对妨害民事诉讼的强制措施必须由人民法院决定。任何单位和个人采取非法拘禁他人或者非法私自扣押他人财产追索债务的，应当依法追究刑事责任，或者予以拘留、罚款。[①]

● **相关规定** 【主席令 [1997] 83 号】   **中华人民共和国刑法**（1997 年 3 月 14 日全国人大常委会 [8 届 5 次] 修订，1997 年 10 月 1 日起施行；2023 年 12 月 29 日全国人大常委会 [14 届 7 次] 第 14 次修正，[②]2024 年 3 月 1 日起施行）（详见《刑法全厚细》第 238 条）

第 238 条   非法拘禁他人或者以其他方法非法剥夺他人人身自由的，处 3 年以下有期徒刑、拘役、管制或者剥夺政治权利。具有殴打、侮辱情节的，从重处罚。

犯前款罪，致人重伤的，处 3 年以上 10 年以下有期徒刑；致人死亡的，处 10 年以上有期徒刑。使用暴力致人伤残、死亡的，依照本法第 234 条、第 232 条的规定定罪处罚。

为索取债务非法扣押、拘禁他人的，依照前 2 款的规定处罚。

国家机关工作人员利用职权犯前 3 款罪的，依照前 3 款的规定从重处罚。

【主席令 [2012] 67 号】 **中华人民共和国治安管理处罚法**（2005 年 8 月 28 日全国人大常委会 [10 届 17 次] 通过，2006 年 3 月 1 日起施行；2012 年 10 月 26 日全国人大常委会 [11 届 29 次] 修正，2013 年 1 月 1 日起施行）

第 2 条   扰乱公共秩序，妨害公共安全，侵犯人身权利、财产权利，妨害社会管理，具有社会危害性，依照《中华人民共和国刑法》的规定构成犯罪的，依法追究刑事责任；尚不够刑事处罚的，由公安机关依照本法给予治安管理处罚。

第 40 条   有下列行为之一的，处 10 日以上 15 日以下拘留，并处 500 元以上 1000 元以下罚款；情节较轻的，处 5 日以上 10 日以下拘留，并处 200 元以上 500 元以下罚款：（三）非法限制他人人身自由、非法侵入他人住宅或者非法搜查他人身体的。

[①] 注：本条规定的"拘留、罚款"并非由人民法院实施，而是根据《刑法》《治安管理处罚法》的相关规定，由公安机关实施。

[②] 注：《刑法修正案（12）》是对 1997 年刑法的第 14 次（而非第 12 次）修正。详见《刑法全厚细》。

> **（本书汇）【其他司法处罚】**

● **相关规定**　**【主席令［1999］28号】**　**中华人民共和国海事诉讼特别程序法**（1999年12月25日全国人大常委会［9届13次］通过，2000年7月1日起施行）

第59条　被请求人拒不执行海事强制令的，海事法院可以根据情节轻重处以罚款、拘留；构成犯罪的，依法追究刑事责任。

对个人的罚款金额，为1000元以上3万元以下。对单位的罚款金额，为3万元以上10万元以下。

拘留的期限，为15日以下。

【法释［2002］31号】　**最高人民法院关于审理著作权民事纠纷案件适用法律若干问题的解释**（2002年10月12日最高法审委会［1246次］通过，同日公布，2002年10月15日起施行；根据法释［2020］19号《决定》修正，2021年1月1日起施行；以本规为准）

~~第29条　对著作权法第47条规定的侵权行为，人民法院根据当事人的请求除追究行为人民事责任外，还可以依据民法通则第134条第3款的规定给予民事制裁，罚款数额可以参照《中华人民共和国著作权法实施条例》的有关规定确定。~~

~~著作权行政管理部门对相同的侵权行为已经给予行政处罚的，人民法院不再予以民事制裁。~~

【法释［2002］32号】　**最高人民法院关于审理商标民事纠纷案件适用法律若干问题的解释**（2002年10月12日最高法审委会［1246次］通过，同日公布，2002年10月16日起施行；根据法释［2020］19号《决定》修正，2021年1月1日起施行；以本规为准）

第21条　人民法院在审理侵犯注册商标专用权纠纷案件中，依据民法典第179条/~~民法通则第134条~~[①]、商标法第60条的规定和案件具体情况，可以判决侵权人承担停止侵害、排除妨碍、消除危险、赔偿损失、消除影响等民事责任，还可以作出罚款，收缴侵权商品、伪造的商标标识和主要用于生产侵权商品的材料、

[①]　注：原《民法通则》第134条第3款规定："人民法院审理民事案件，除适用上述规定外，还可以予以训诫、责令具结悔过、收缴进行非法活动的财物和非法所得，并可以依照法律规定处以罚款、拘留。"该规定被修改为《民法典》第179条第2款："法律规定惩罚性赔偿的，依照其规定。"因此，人民法院审理民事案件时的"普遍司法处罚权"已经被取缔，本条规定继续保留"可以作出罚款，收缴……"司法处罚措施已经于法无据。

工具、设备等财物的民事制裁决定。罚款数额可以参照商标法第 60 条第 2 款①的有关规定确定。

~~工商~~行政管理部门对同一侵犯注册商标专用权行为已经给予行政处罚的，人民法院不再予以民事制裁。

【主席令［2013］6 号】   中华人民共和国商标法（1982 年 8 月 23 日全国人大常委会［5 届 24 次］通过，人大常委会令第 10 号公布，1983 年 3 月 1 日起施行；2013 年 8 月 30 日全国人大常委会［12 届 4 次］三修，2014 年 5 月 1 日起施行；根据主席令［2019］29 号《决定》统修，2019 年 4 月 23 日公布，2019 年 11 月 1 日起施行）

第 68 条（第 4 款）   对恶意申请商标注册的，根据情节给予警告、罚款等行政处罚；对恶意提起商标诉讼的，由人民法院依法给予处罚。

【法发［2005］6 号】   最高人民法院关于对经济确有困难的当事人提供司法救助的规定（2005 年 4 月 5 日最高法审委会［1347 次］修订，同日公布施行）
（详见本书第 121 条）

第 2 条   本规定所称司法救助，是指人民法院对于当事人为维护自己的合法权益，向人民法院提起民事、行政诉讼，但经济确有困难的，实行诉讼费用的缓交、减交、免交。

第 9 条   当事人骗取司法救助的，人民法院应当责令其补交诉讼费用；拒不补交的，以妨害诉讼行为论处。

【主席令［2006］54 号】   中华人民共和国企业破产法（2006 年 8 月 27 日全国人大［10 届 23 次］通过，2007 年 6 月 1 日起施行）

第 127 条   债务人违反本法规定，拒不向人民法院提交或者提交不真实的财产状况说明、债务清册、债权清册、有关财务会计报告以及职工工资的支付情况和社会保险费用的缴纳情况的，人民法院可以对直接责任人员依法处以罚款。

债务人违反本法规定，拒不向管理人移交财产、印章和账簿、文书等资料的，或者伪造、销毁有关财产证据材料而使财产状况不明的，人民法院可以对直接责任人员依法处以罚款。

---

① 《商标法》第 60 条第 2 款（并未规定人民法院的处罚权）："工商行政管理部门处理时，认定侵权行为成立的，责令立即停止侵权行为，没收、销毁侵权商品和主要用于制造侵权商品、伪造注册商标标识的工具，违法经营额 5 万元以上的，可以处违法经营额 5 倍以下的罚款，没有违法经营额或者违法经营额不足 5 万元的，可以处 25 万元以下的罚款。对 5 年内实施 2 次以上商标侵权行为或者有其他严重情节的，应当从重处罚。销售不知道是侵犯注册商标专用权的商品，能证明该商品是自己合法取得并说明提供者的，由工商行政管理部门责令停止销售。"

第129条 债务人的有关人员违反本法规定，擅自离开住所地的，人民法院可以予以训诫、拘留，可以依法并处罚款。

第130条 管理人未依照本法规定勤勉尽责，忠实执行职务的，人民法院可以依法处以罚款；给债权人、债务人或者第三人造成损失的，依法承担赔偿责任。

【法释［2015］4号】 最高人民法院关于审理专利纠纷案件适用法律问题的若干规定（"法释［2001］21号"公布，2001年7月1日起施行；"法释［2013］9号"修正，2013年4月15日起施行；2015年1月19日最高法审委会［1641次］修正，2015年2月1日起施行；根据法释［2020］19号《决定》修正，2021年1月1日起施行。以本规为准）

（2015年修，2021年删） 第19条 假冒他人专利的，人民法院可以依照专利法第63条（现第68条）的规定确定其民事责任。[1]管理专利工作的部门未给予行政处罚的，人民法院可以依照民法通则第134条第3款[2]的规定给予民事制裁，适用民事罚款数额可以参照专利法第63条（现第68条）[3]的规定确定。

【主席令［2017］71号】 中华人民共和国行政诉讼法（2017年6月27日全国人大［12届28次］新修，2017年7月1日起施行）

第59条 诉讼参与人或者其他人有下列行为之一的，人民法院可以根据情节轻重，予以训诫、责令具结悔过或者处1万元以下的罚款、15日以下的拘留；构成犯罪的，依法追究刑事责任：（一）有义务协助调查、执行的人，对人民法院的协助调查决定、协助执行通知书，无故推拖、拒绝或者妨碍调查、执行的；（二）伪造、隐藏、毁灭证据或者提供虚假证明材料，妨碍人民法院审理案件的；（三）指使、贿买、胁迫他人作伪证或者威胁、阻止证人作证的；（四）隐藏、转移、变卖、毁损已被查封、扣押、冻结的财产的；（五）以欺骗、胁迫等非法手段使原告撤诉的；（六）以暴力、威胁或者其他方法阻碍人民法院工作人员执行

---

① 注：下划线部分内容原为"依照专利法第58条的规定追究其民事责任"。《专利法》被全国人大常委会［11届6次］修改（2009年10月1日起施行）后，原第58条改为第63条，但"法释［2013］9号"修正司法解释时并未随之修正其援引的《专利法》条文序号，而是直至"法释［2015］4号"才修正。

② 注：原《民法通则》第134条第3款规定："人民法院审理民事案件，除适用上述规定外，还可以予以训诫、责令具结悔过、收缴进行非法活动的财物和非法所得，并可以依照法律规定处以罚款、拘留。"该规定被修改为《民法典》第179条第2款："法律规定惩罚性赔偿的，依照其规定。"而《专利法》第68条也未授予人民法院司法处罚权。因此，"法释［2015］4号"《解释》原第19条失去了法律依据，被"法释［2020］19号"《决定》删除。

③ 《专利法》第68条："假冒专利的，除依法承担民事责任外，由负责专利执法的部门责令改正并予公告，没收违法所得，可以处违法所得5倍以下的罚款；没有违法所得或者违法所得在5万元以下的，可以处25万元以下的罚款；构成犯罪的，依法追究刑事责任。"

职务，或者以哄闹、冲击法庭等方法扰乱人民法院工作秩序的；（七）对人民法院审判人员或者其他工作人员、诉讼参与人、协助调查和执行的人员恐吓、侮辱、诽谤、诬陷、殴打、围攻或者打击报复的。

人民法院对有前款规定的行为之一的单位，可以对其主要负责人或者直接责任人员依照前款规定予以罚款、拘留；构成犯罪的，依法追究刑事责任。

罚款、拘留须经人民法院院长批准。当事人不服的，可以向上一级人民法院申请复议一次。复议期间不停止执行。

第96条　行政机关拒绝履行判决、裁定、调解书的，第一审人民法院可以采取下列措施：

（一）对应当归还的罚款或者应当给付的款额，通知银行从该行政机关的账户内划拨；

（二）在规定期限内不履行的，从期满之日起，对该行政机关负责人按日处50元至100元的罚款；

（三）将行政机关拒绝履行的情况予以公告；

（四）向监察机关或者该行政机关的上一级行政机关提出司法建议。接受司法建议的机关，根据有关规定进行处理，并将处理情况告知人民法院；

（五）拒不履行判决、裁定、调解书，社会影响恶劣的，可以对该行政机关直接负责的主管人员和其他直接责任人员予以拘留；情节严重，构成犯罪的，依法追究刑事责任。

【主席令［2018］10号】　中华人民共和国刑事诉讼法（2018年10月26日全国人大［13届6次］新修施行）

第193条（第2款）　证人没有正当理由拒绝出庭或者出庭后拒绝作证的，予以训诫，情节严重的，经院长批准，处以10日以下的拘留。被处罚人对拘留决定不服的，可以向上一级人民法院申请复议。复议期间不停止执行。

第199条（第1款）　在法庭审判过程中，如果诉讼参与人或者旁听人员违反法庭秩序，审判长应当警告制止。对不听制止的，可以强行带出法庭；情节严重的，处以1千元以下的罚款或者15日以下的拘留。罚款、拘留必须经院长批准。被处罚人对罚款、拘留的决定不服的，可以向上一级人民法院申请复议。复议期间不停止执行。

【主席令［2020］62号】　中华人民共和国著作权法（2020年11月11日全国人大常委会［13届23次］修订，2021年6月1日起施行）

第58条　人民法院审理案件，对于侵犯著作权或者与著作权有关的权利的，可以没收违法所得、侵权复制品以及进行违法活动的财物。

● **公报案例**　（**法公报〔2015〕3期**）　**无锡市掌柜无线网络技术有限公司诉无锡嘉宝置业有限公司网络服务合同纠纷案**（无锡南长法院2014年12月31日民事制裁决定）

　　裁判摘要：双方当事人明知所发送的电子信息为商业广告性质，却无视手机用户群体是否同意接收商业广告信息的主观意愿，强行向不特定公众发送商业广告短信息，侵害不特定公众的利益，所发送的短信息应认定为垃圾短信，其签订的相关合同无效，所涉价款属于非法所得，人民法院应予收缴。①

第十一章　诉讼费用

　　第121条　【诉讼费用】当事人进行民事诉讼，应当按照规定交纳案件受理费。财产案件除交纳案件受理费外，并按照规定交纳其他诉讼费用。

　　（新增）¹⁹⁹¹⁰⁴⁰⁹当事人交纳诉讼费用确有困难的，可以按照规定向人民法院申请缓交、减交或者免交。

　　收取诉讼费用的办法另行制定。

● **相关规定**　【**法发〔2003〕25号**】　**人民法院民事诉讼风险提示书**（2003年12月23日最高法审委会〔1302次〕通过，次日公布，2003年12月24日起施行）

　　六、不按时交纳诉讼费用

---

　　① 注：民事制裁决定书显示，收缴依据为《民法通则》第134条第3款（人民法院审理民事案件，除适用上述规定外，还可以予以训诫、责令具结悔过、收缴进行非法活动的财物和非法所得，并可以依照法律规定处以罚款、拘留）、最高人民法院《关于贯彻执行〈民法通则〉若干问题的意见（试行）》第163条（在诉讼中发现与本案有关的违法行为需要给予制裁的，可适用民法通则第134条第3款规定，予以训诫、责令具结悔过、收缴进行非法活动的财物和非法所得，或者依照法律规定处以罚款、拘留）、全国人民代表大会常务委员会《关于加强网络信息保护的决定》第7条（任何组织和个人未经电子信息接收者同意或者请求，或者电子信息接收者明确表示拒绝的，不得向其固定电话、移动电话或者个人电子邮箱发送商业性电子信息）、第11条（对有违反本决定行为的，依法给予警告、罚款、没收违法所得、吊销许可证或者取消备案、关闭网站、禁止有关责任人员从事网络服务业务等处罚，记入社会信用档案并予以公布）。

　　《民法通则》及其《意见》被废止后，《民法典》第179条第2款（法律规定惩罚性赔偿的，依照其规定）及其相关司法解释未再作类似规定；而《决定》并未授权人民法院司法处罚。因此，本案的收缴措施不能再适用。

当事人起诉或者上诉，不按时预交诉讼费用，或者提出缓交、减交、免交诉讼费用申请未获批准仍不交纳诉讼费用的，人民法院将会裁定按自动撤回起诉、上诉处理。

当事人提出反诉，不按规定预交相应的案件受理费的，人民法院将不会审理。

【国务院令［2006］481 号】　诉讼费用交纳办法（2006 年 12 月 8 日国务院第 159 次常务会议通过，2006 年 12 月 19 日公布，2007 年 4 月 1 日起施行）①

第 1 章　总　则

第 2 条　当事人进行民事诉讼、行政诉讼，应当依照本办法交纳诉讼费用。本办法规定可以不交纳或者免予交纳诉讼费用的除外。

第 5 条　外国人、无国籍人、外国企业或者组织在人民法院进行诉讼，适用本办法。

外国法院对中华人民共和国公民、法人或者其他组织，与其本国公民、法人或者其他组织在诉讼费用交纳上实行差别对待的，按照对等原则处理。

第 2 章　诉讼费用交纳范围

第 6 条　当事人应当向人民法院交纳的诉讼费用包括：（一）案件受理费；（二）申请费；（三）证人、鉴定人、翻译人员、理算人员在人民法院指定日期出庭发生的交通费、住宿费、生活费和误工补贴。

第 7 条　案件受理费包括：（一）第一审案件受理费；（二）第二审案件受理费；（三）再审案件中，依照本办法规定需要交纳的案件受理费。

第 8 条　下列案件不交纳案件受理费：（一）依照民事诉讼法规定的特别程序审理的案件；（二）裁定不予受理、驳回起诉、驳回上诉的案件；（三）对不予受理、驳回起诉和管辖权异议裁定不服，提起上诉的案件；（四）行政赔偿案件。

第 9 条　根据民事诉讼法和行政诉讼法规定的审判监督程序审理的案件，当事人不交纳案件受理费。但是，下列情形除外：

（一）当事人有新的证据，足以推翻原判决、裁定，向人民法院申请再审，人民法院经审查决定再审的案件；

（二）当事人对人民法院第一审判决或者裁定未提出上诉，第一审判决、裁定或者调解书发生法律效力后又申请再审，人民法院经审查决定再审的案件。

第 10 条　当事人依法向人民法院申请下列事项，应当交纳申请费：（一）申

---

① 　本书认为：诉讼费用交纳办法属于司法诉讼制度的组成部分，由行政法规进行规制并不合适。根据《立法法》第 11-12 条，诉讼制度相关事项只能制定法律，司法制度相关事项也不能授权国务院"先制定行政法规"。退一步，即便有授权，根据《立法法》第 13 条，若无特别授权也不能超过 5 年期限。

请执行人民法院发生法律效力的判决、裁定、调解书，仲裁机构依法作出的裁决和调解书，公证机构依法赋予强制执行效力的债权文书；（二）申请保全措施；（三）申请支付令；（四）申请公示催告；（五）申请撤销仲裁裁决或者认定仲裁协议效力；（六）申请破产；（七）申请海事强制令、共同海损理算、设立海事赔偿责任限制基金、海事债权登记、船舶优先权催告；（八）申请承认和执行外国法院判决、裁定和国外仲裁机构裁决。

第 11 条　证人、鉴定人、翻译人员、理算人员在人民法院指定日期出庭发生的交通费、住宿费、生活费和误工补贴，由人民法院按照国家规定标准代为收取。

当事人复制案件卷宗材料和法律文书应当按实际成本向人民法院交纳工本费。

第 12 条　诉讼过程中因鉴定、公告、勘验、翻译、评估、拍卖、变卖、仓储、保管、运输、船舶监管等发生的依法应当由当事人负担的费用，人民法院根据谁主张、谁负担的原则，决定由当事人直接支付给有关机构或者单位，人民法院不得代收代付。

人民法院依照民事诉讼法第 11 条第 3 款规定提供当地民族通用语言、文字翻译的，不收取费用。

第 3 章　诉讼费用交纳标准

第 13 条　案件受理费分别按照下列标准交纳：

（一）财产案件根据诉讼请求的金额或者价额，按照下列比例分段累计交纳：

1. 不超过 1 万元的，每件交纳 50 元；

2. 超过 1 万元至 10 万元的部分，按照 2.5%交纳；

3. 超过 10 万元至 20 万元的部分，按照 2%交纳；

4. 超过 20 万元至 50 万元的部分，按照 1.5%交纳；

5. 超过 50 万元至 100 万元的部分，按照 1%交纳；

6. 超过 100 万元至 200 万元的部分，按照 0.9%交纳；

7. 超过 200 万元至 500 万元的部分，按照 0.8%交纳；

8. 超过 500 万元至 1000 万元的部分，按照 0.7%交纳；

9. 超过 1000 万元至 2000 万元的部分，按照 0.6%交纳；

10. 超过 2000 万元的部分，按照 0.5%交纳。

（二）非财产案件按照下列标准交纳：

1. 离婚案件每件交纳 50 元至 300 元。涉及财产分割，财产总额不超过 20 万元的，不另行交纳；超过 20 万元的部分，按照 0.5%交纳。

2. 侵害姓名权、名称权、肖像权、名誉权、荣誉权以及其他人格权的案件，每件交纳 100 元至 500 元。涉及损害赔偿，赔偿金额不超过 5 万元的，不另行交纳；超过 5 万元至 10 万元的部分，按照 1%交纳；超过 10 万元的部分，按照

0.5%交纳。

3. 其他非财产案件每件交纳 50 元至 100 元。

（三）知识产权民事案件，没有争议金额或者价额的，每件交纳 500 元至 1000 元；有争议金额或者价额的，按照财产案件的标准交纳。

（四）劳动争议案件每件交纳 10 元。

（五）行政案件按照下列标准交纳：

1. 商标、专利、海事行政案件每件交纳 100 元；

2. 其他行政案件每件交纳 50 元。

（六）当事人提出案件管辖权异议，异议不成立的，每件交纳 50 元至 100 元。

省、自治区、直辖市人民政府可以结合本地实际情况在本条第 2 项、第 3 项、第 6 项规定的幅度内制定具体交纳标准。

第 14 条 申请费分别按照下列标准交纳：

（一）依法向人民法院申请执行人民法院发生法律效力的判决、裁定、调解书，仲裁机构依法作出的裁决和调解书，公证机关依法赋予强制执行效力的债权文书，申请承认和执行外国法院判决、裁定以及国外仲裁机构裁决的，按照下列标准交纳：

1. 没有执行金额或者价额的，每件交纳 50 元至 500 元。

2. 执行金额或者价额不超过 1 万元的，每件交纳 50 元；超过 1 万元至 50 万元的部分，按照 1.5%交纳；超过 50 万元至 500 万元的部分，按照 1%交纳；超过 500 万元至 1000 万元的部分，按照 0.5%交纳；超过 1000 万元的部分，按照 0.1%交纳。

3. 符合民事诉讼法第 55 条（现第 57 条）第 4 款规定，未参加登记的权利人向人民法院提起诉讼的，按照本项规定的标准交纳申请费，不再交纳案件受理费。

（二）申请保全措施的，根据实际保全的财产数额按照下列标准交纳：

财产数额不超过 1000 元或者不涉及财产数额的，每件交纳 30 元；超过 1000 元至 10 万元的部分，按照 1%交纳；超过 10 万元的部分，按照 0.5%交纳。但是，当事人申请保全措施交纳的费用最多不超过 5000 元。

（三）依法申请支付令的，比照财产案件受理费标准的 1/3 交纳。

（四）依法申请公示催告的，每件交纳 100 元。

（五）申请撤销仲裁裁决或者认定仲裁协议效力的，每件交纳 400 元。

（六）破产案件依据破产财产总额计算，按照财产案件受理费标准减半交纳，但是，最高不超过 30 万元。

（七）海事案件的申请费按照下列标准交纳：

1. 申请设立海事赔偿责任限制基金的，每件交纳 1000 元至 1 万元；

2. 申请海事强制令的，每件交纳 1000 元至 5000 元；

3. 申请船舶优先权催告的，每件交纳 1000 元至 5000 元；

4. 申请海事债权登记的，每件交纳 1000 元；

5. 申请共同海损理算的，每件交纳 1000 元。

第 15 条 以调解方式结案或者当事人申请撤诉的，减半交纳案件受理费。

第 16 条 适用简易程序审理的案件减半交纳案件受理费。

第 17 条 对财产案件提起上诉的，按照不服一审判决部分的上诉请求数额交纳案件受理费。

第 18 条 被告提起反诉、有独立请求权的第三人提出与本案有关的诉讼请求，人民法院决定合并审理的，分别减半交纳案件受理费。

第 19 条 依照本办法第 9 条规定需要交纳案件受理费的再审案件，按照不服原判决部分的再审请求数额交纳案件受理费。

第 4 章 诉讼费用的交纳和退还

第 20 条 案件受理费由原告、有独立请求权的第三人、上诉人预交。被告提起反诉，依照本办法规定需要交纳案件受理费的，由被告预交。追索劳动报酬的案件可以不预交案件受理费。

申请费由申请人预交。但是，本办法第 10 条第 1 项、第 6 项规定的申请费不由申请人预交，执行申请费执行后交纳，破产申请费清算后交纳。

本办法第 11 条规定的费用，待实际发生后交纳。

第 21 条 当事人在诉讼中变更诉讼请求数额，案件受理费依照下列规定处理：

（一）当事人增加诉讼请求数额的，按照增加后的诉讼请求数额计算补交；

（二）当事人在法庭调查终结前提出减少诉讼请求数额的，按照减少后的诉讼请求数额计算退还。

第 22 条 原告自接到人民法院交纳诉讼费用通知次日起 7 日内交纳案件受理费；反诉案件由提起反诉的当事人自提起反诉次日起 7 日内交纳案件受理费。

上诉案件的案件受理费由上诉人向人民法院提交上诉状时预交。双方当事人都提起上诉的，分别预交。上诉人在上诉期内未预交诉讼费用的，人民法院应当通知其在 7 日内预交。

申请费由申请人在提出申请时或者在人民法院指定的期限内预交。

当事人逾期不交纳诉讼费用又未提出司法救助申请，或者申请司法救助未获批准，在人民法院指定期限内仍未交纳诉讼费用的，由人民法院依照有关规定处理。

第 23 条 依照本办法第 9 条规定需要交纳案件受理费的再审案件，由申请再审的当事人预交。双方当事人都申请再审的，分别预交。

第 24 条　依照民事诉讼法第 36 条、第 37 条、第 38 条、第 39 条（现第 37-39 条）规定移送、移交的案件，原受理人民法院应当将当事人预交的诉讼费用随案移交接收案件的人民法院。

第 25 条　人民法院审理民事案件过程中发现涉嫌刑事犯罪并将案件移送有关部门处理的，当事人交纳的案件受理费予以退还；移送后民事案件需要继续审理的，当事人已交纳的案件受理费不予退还。

第 26 条　中止诉讼、中止执行的案件，已交纳的案件受理费、申请费不予退还。中止诉讼、中止执行的原因消除，恢复诉讼、执行的，不再交纳案件受理费、申请费。

第 27 条　第二审人民法院决定将案件发回重审的，应当退还上诉人已交纳的第二审案件受理费。

第一审人民法院裁定不予受理或者驳回起诉的，应当退还当事人已交纳的案件受理费；当事人对第一审人民法院不予受理、驳回起诉的裁定提起上诉，第二审人民法院维持第一审人民法院作出的裁定的，第一审人民法院应当退还当事人已交纳的案件受理费。

第 28 条　依照民事诉讼法第 137 条（现第 154 条）规定终结诉讼的案件，依照本办法规定已交纳的案件受理费不予退还。

第 5 章　诉讼费用的负担

第 29 条　诉讼费用由败诉方负担，胜诉方自愿承担的除外。

部分胜诉、部分败诉的，人民法院根据案件的具体情况决定当事人各自负担的诉讼费用数额。

共同诉讼当事人败诉的，人民法院根据其对诉讼标的的利害关系，决定当事人各自负担的诉讼费用数额。

第 30 条　第二审人民法院改变第一审人民法院作出的判决、裁定的，应当相应变更第一审人民法院对诉讼费用负担的决定。

第 31 条　经人民法院调解达成协议的案件，诉讼费用的负担由双方当事人协商解决；协商不成的，由人民法院决定。

第 32 条　依照本办法第 9 条第 1 项、第 2 项的规定应当交纳案件受理费的再审案件，诉讼费用由申请再审的当事人负担；双方当事人都申请再审的，诉讼费用依照本办法第 29 条的规定负担。原审诉讼费用的负担由人民法院根据诉讼费用负担原则重新确定。

第 33 条　离婚案件诉讼费用的负担由双方当事人协商解决；协商不成的，由人民法院决定。

第34条 民事案件的原告或者上诉人申请撤诉，人民法院裁定准许的，案件受理费由原告或者上诉人负担。

行政案件的被告改变或者撤销具体行政行为，原告申请撤诉，人民法院裁定准许的，案件受理费由被告负担。

第35条 当事人在法庭调查终结后提出减少诉讼请求数额的，减少请求数额部分的案件受理费由变更诉讼请求的当事人负担。

第36条 债务人对督促程序未提出异议的，申请费由债务人负担。债务人对督促程序提出异议致使督促程序终结的，申请费由申请人负担；申请人另行起诉的，可以将申请费列入诉讼请求。

第37条 公示催告的申请费由申请人负担。

第38条 本办法第10条第1项、第8项规定的申请费由被执行人负担。

执行中当事人达成和解协议的，申请费的负担由双方当事人协商解决；协商不成的，由人民法院决定。

本办法第10条第2项规定的申请费由申请人负担，申请人提起诉讼的，可以将该申请费列入诉讼请求。

本办法第10条第5项规定的申请费，由人民法院依照本办法第29条规定决定申请费的负担。

第39条 海事案件中的有关诉讼费用依照下列规定负担：

（一）诉前申请海事请求保全、海事强制令的，申请费由申请人负担；申请人就有关海事请求提起诉讼的，可将上述费用列入诉讼请求；

（二）诉前申请海事证据保全的，申请费由申请人负担；

（三）诉讼中拍卖、变卖被扣押船舶、船载货物、船用燃油、船用物料发生的合理费用，由申请人预付，从拍卖、变卖价款中先行扣除，退还申请人；

（四）申请设立海事赔偿责任限制基金、申请债权登记与受偿、申请船舶优先权催告案件的申请费，由申请人负担；

（五）设立海事赔偿责任限制基金、船舶优先权催告程序中的公告费用由申请人负担。

第40条 当事人因自身原因未能在举证期限内举证，在二审或者再审期间提出新的证据致使诉讼费用增加的，增加的诉讼费用由该当事人负担。

第41条 依照特别程序审理案件的公告费，由起诉人或者申请人负担。

第42条 依法向人民法院申请破产的，诉讼费用依照有关法律规定从破产财产中拨付。

第 43 条   当事人不得单独对人民法院关于诉讼费用的决定提起上诉。①

当事人单独对人民法院关于诉讼费用的决定有异议的,可以向作出决定的人民法院院长申请复核。复核决定应当自收到当事人申请之日起 15 日内作出。

当事人对人民法院决定诉讼费用的计算有异议的,可以向作出决定的人民法院请求复核。计算确有错误的,作出决定的人民法院应当予以更正。

第 6 章   司法救助②

第 44 条   当事人交纳诉讼费用确有困难的,可以依照本办法向人民法院申请缓交、减交或者免交诉讼费用的司法救助。

诉讼费用的免交只适用于自然人。

第 45 条   当事人申请司法救助,符合下列情形之一的,人民法院应当准予免交诉讼费用:(一)残疾人无固定生活来源的;(二)追索赡养费、扶养费、抚育费、抚恤金的;(三)最低生活保障对象、农村特困定期救济对象、农村五保供养对象或者领取失业保险金人员,无其他收入的;(四)因见义勇为或者为保护社会公共利益致使自身合法权益受到损害,本人或者其近亲属请求赔偿或者补偿的;(五)确实需要免交的其他情形。

第 46 条   当事人申请司法救助,符合下列情形之一的,人民法院应当准予减交诉讼费用:(一)因自然灾害等不可抗力造成生活困难,正在接受社会救济,或者家庭生产经营难以为继的;(二)属于国家规定的优抚、安置对象的;(三)社会福利机构和救助管理站;(四)确实需要减交的其他情形。

人民法院准予减交诉讼费用的,减交比例不得低于 30%。

第 47 条   当事人申请司法救助,符合下列情形之一的,人民法院应当准予缓交诉讼费用:(一)追索社会保险金、经济补偿金的;(二)海上事故、交通事故、医疗事故、工伤事故、产品质量事故或者其他人身伤害事故的受害人请求赔偿的;(三)正在接受有关部门法律援助的;(四)确实需要缓交的其他情形。

第 48 条   当事人申请司法救助,应当在起诉或者上诉时提交书面申请、足以证明其确有经济困难的证明材料以及其他相关证明材料。

因生活困难或者追索基本生活费用申请免交、减交诉讼费用的,还应当提供本人及其家庭经济状况符合当地民政、劳动保障等部门规定的公民经济困难标准的证明。

---

①   **本书认为:**此处由国务院以行政法规的形式限制当事人的上诉权,**与法理相悖**。根据《立法法》的规定,诉讼制度相关事项只能制定法律。

②   **注:**减免诉讼费用之外的司法救助,见《刑事诉讼法全厚细》第 1 编第 7 章"被害人救助"专辑。

人民法院对当事人的司法救助申请不予批准的，应当向当事人书面说明理由。

第49条 当事人申请缓交诉讼费用经审查符合本办法第47条规定的，人民法院应当在决定立案之前作出准予缓交的决定。

第50条 人民法院对一方当事人提供司法救助，对方当事人败诉的，诉讼费用由对方当事人负担；对方当事人胜诉的，可以视申请司法救助的当事人的经济状况决定其减交、免交诉讼费用。

第51条 人民法院准予当事人减交、免交诉讼费用的，应当在法律文书中载明。

第7章 诉讼费用的管理和监督

第53条 案件审结后，人民法院应当将诉讼费用的详细清单和当事人应当负担的数额书面通知当事人，同时在判决书、裁定书或者调解书中写明当事人各方应当负担的数额。

需要向当事人退还诉讼费用的，人民法院应当自法律文书生效之日起15日内退还有关当事人。

第8章 附 则

第55条 诉讼费用以人民币为计算单位。以外币为计算单位的，依照人民法院决定受理案件之日国家公布的汇率换算成人民币计算交纳；上诉案件和申请再审案件的诉讼费用，按照第一审人民法院决定受理案件之日国家公布的汇率换算。

【法发［2007］16号】 最高人民法院关于适用《诉讼费用交纳办法》的通知（2007年4月20日）

《诉讼费用交纳办法》（以下简称《办法》）自2007年4月1日起施行，最高人民法院颁布的《人民法院诉讼收费办法》①和《〈人民法院诉讼收费办法〉补充规定》②同时不再适用。为了贯彻落实《办法》，规范诉讼费用的交纳和管理，现就有关事项通知如下：

一、关于《办法》实施后的收费衔接

2007年4月1日以后人民法院受理的诉讼案件和执行案件，适用《办法》的规定。

2007年4月1日以前人民法院受理的诉讼案件和执行案件，不适用《办法》的规定。

---

① 《人民法院诉讼费用交纳办法》（法（司）发［1989］14号）由1989年6月29日最高法审委会［411次］通过，1989年7月12日印发，1989年9月1日起执行；1984年8月30日《民事诉讼收费办法（试行）》同时废止。

② 注：《〈人民法院诉讼收费办法〉补充规定》（法发［1999］21号）由1999年6月19日最高法审委会［1070次］通过，1999年7月28日印发施行。

对 2007 年 4 月 1 日以前已经作出生效裁判的案件依法再审的,适用《办法》的规定。人民法院对再审案件依法改判的,原审诉讼费用的负担按照原审时诉讼费用负担的原则和标准重新予以确定。

二、关于当事人未按照规定交纳案件受理费或者申请费的后果

当事人逾期不按照《办法》第 20 条规定交纳案件受理费或者申请费并且没有提出司法救助申请,或者申请司法救助未获批准,在人民法院指定期限内仍未交纳案件受理费或者申请费的,由人民法院依法按照当事人自动撤诉或者撤回申请处理。

三、关于诉讼费用的负担

《办法》第 29 条规定,诉讼费用由败诉方负担,胜诉方自愿承担的除外。对原告胜诉的案件,诉讼费用由被告负担,人民法院应当将预收的诉讼费用退还原告,再由人民法院直接向被告收取,但原告自愿承担或者同意被告直接向其支付的除外。

当事人拒不交纳诉讼费用的,人民法院应当依法强制执行。

四、关于执行申请费和破产申请费的收取

《办法》第 20 条规定,执行申请费和破产申请费不由申请人预交,执行申请费执行后交纳,破产申请费清算后交纳。自 2007 年 4 月 1 日起,执行申请费由人民法院在执行生效法律文书确定的内容之外直接向被执行人收取,破产申请费由人民法院在破产清算后,从破产财产中优先拨付。

五、关于司法救助的申请和批准程序

《办法》对司法救助的原则、形式、程序等作出了规定,但对司法救助的申请和批准程序未作规定。为规范人民法院司法救助的操作程序,最高人民法院将于近期对《关于对经济确有困难的当事人提供司法救助的规定》进行修订,及时向全国法院颁布施行。①

六、关于各省、自治区、直辖市案件受理费和申请费的具体交纳标准

《办法》(第 13 条第 2 款)授权各省、自治区、直辖市人民政府可以结合本地实际情况,在第 13 条第 2、3、6 项和第 14 条第 1 项规定的幅度范围内制定各地案件受理费和申请费的具体交纳标准。各高级人民法院要商同级人民政府,及时就上述条款制定本省、自治区、直辖市案件受理费和申请费的具体交纳标准,并尽快下发辖区法院执行。

---

① 注:《最高人民法院关于对经济确有困难的当事人提供司法救助的规定》(法发〔2005〕6 号)原为 2000 年 7 月 12 日最高法审委会〔1124 次〕通过的《最高人民法院关于对经济确有困难的当事人予以司法救助的规定》(法发〔2000〕14 号),2005 年 4 月 5 日被修订成现名;此后再未见修订发布。

【法经（复）[1989]号】 最高人民法院经济审判庭关于审理管辖权争议案件有关问题的电话答复（1989年5月18日答复广东高院"[89]粤法经请字第1号"请示）

一、根据本院《民事诉讼收费办法（试行）》的有关规定，人民法院向经济纠纷案件当事人预收案件受理费，是按照当事人争议财产的价额或金额计算的。没有仅就程序问题向当事人预收案件受理费的。人民法院在审理经济纠纷案件中，对当事人提出的管辖权异议进行审议，并依法作出裁决，属于程序审理，不涉及实体问题。因此，不存在经济纠纷案件当事人就管辖权异议不服原审裁定上诉后，上诉审法院向上诉人预收案件受理费问题。

【法（经）函[1990]91号】 最高人民法院关于人民法院受理经济纠纷案件中几个问题的复函（1990年11月14日答复湖北高院"鄂法[1990]经呈字第3号"请示）

三、原告接到人民法院预交诉讼费的通知后，在规定的预交期限内未预交又不提出缓交申请的，受诉法院应按自动撤诉处理，并书面通知当事人。

【司发通[1999]032号】 最高人民法院、司法部关于民事法律援助工作若干问题的联合通知（1999年4月12日）

二、法律援助机构对公民提出的法律援助申请进行审查。对于符合法律援助条件的，作出同意提供法律援助的决定。

法律援助机构作出上述决定后，受援人可以据此向有管辖权的人民法院提出缓、减、免交诉讼费的书面申请，并附符合法律援助条件的有效证明材料。

三、人民法院对于法律援助机构决定减、免费提供法律援助民事诉讼代理人，经审查认为符合法律援助条件，应当先行对受援人作出缓收案件受理费及其他诉讼费的决定，待案件审结后再根据案件的具体情况决定诉讼费的支付。

经人民法院调解达成协议的案件，诉讼费由诉讼双方协商解决；协商不成的，由人民法院根据诉讼双方具体情况作出决定。

由人民法院判决结案的案件，败诉方为非受援方当事人，诉讼费应当由败诉方承担；败诉方为受援方当事人，由其交纳诉讼费确有困难的，人民法院应当减、免收诉讼费；双方都有责任的由双方分担诉讼费，受援方当事人交纳诉讼费确有困难的，人民法院应当减、免收其应承担的部分。

四、人民法院对于法律援助机构决定减、免费提供法律援助民事诉讼代理，经审查认为不符合法律援助条件的，应当作出不同意缓、减、免收诉讼费的决定，书面函告法律援助机构，并附简要理由。

对于人民法院决定不予缓、减、免收诉讼费的案件，法律援助机构可撤销该案申请人的受援资格，不予提供减、免代理费的法律援助。

【法发［2005］6号】　　**最高人民法院关于对经济确有困难的当事人提供司法救助的规定**（2000 年 7 月 12 日最高法审委会［1124 次］通过，原为《……予以司法救助的规定》；2005 年 4 月 5 日最高法审委会［1347 次］修订，同日公布施行）

第 2 条　本规定所称司法救助，是指人民法院对于当事人为维护自己的合法权益，向人民法院提起民事、行政诉讼，但经济确有困难的，实行诉讼费用的缓交、减交、免交。

第 3 条　当事人符合本规定第 2 条并具有下列情形之一的，可以向人民法院申请司法救助：（一）追索赡养费、扶养费、抚育费、抚恤金的；（二）孤寡老人、孤儿和农村"五保户"；（三）没有固定生活来源的残疾人、患有严重疾病的人；（四）国家规定的优抚、安置对象；（五）追索社会保险金、劳动报酬和经济补偿金的；（六）交通事故、医疗事故、工伤事故、产品质量事故或者其他人身伤害事故的受害人，请求赔偿的；（七）因见义勇为或为保护社会公共利益致使自己合法权益受到损害，本人或者近亲属请求赔偿或经济补偿的；（八）进城务工人员追索劳动报酬或其他合法权益受到侵害而请求赔偿的；（九）正在享受城市居民最低生活保障、农村特困户救济或者领取失业保险金，无其他收入的；（十）因自然灾害等不可抗力造成生活困难，正在接受社会救济，或者家庭生产经营难以为继的；（十一）起诉行政机关违法要求农民履行义务的；（十二）正在接受有关部门法律援助的；（十三）当事人为社会福利机构、敬老院、优抚医院、精神病院、SOS 儿童村、社会救助站、特殊教育机构等社会公共福利单位的；（十四）其他情形确实需要司法救助的。

第 4 条　当事人请求人民法院提供司法救助，应在起诉或上诉时提交书面申请和足以证明其确有经济困难的证明材料。其中因生活困难或者追索基本生活费用申请司法救助的，应当提供本人及其家庭经济状况符合当地民政、劳动和社会保障等部门规定的公民经济困难标准的证明。

第 5 条　人民法院对当事人司法救助的请求，经审查符合本规定第 3 条所列情形的，立案时应准许当事人缓交诉讼费用。

第 6 条　人民法院决定对一方当事人司法救助，对方当事人败诉的，诉讼费用由对方当事人交纳；拒不交纳的强制执行。

对方当事人胜诉的，可视申请司法救助当事人的经济状况决定其减交、免交诉讼费用。决定减交诉讼费用的，减交比例不得低于 30%。符合本规定第 3 条第 2 项、第 9 项规定情形的，应免交诉讼费用。

第 7 条　对当事人请求缓交诉讼费用的，由承办案件的审判人员或合议庭提出意见，报庭长审批；对当事人请求减交、免交诉讼费用的，由承办案件的审判人员或合议庭提出意见，经庭长审核同意后，报院长审批。

第8条　人民法院决定对当事人减交、免交诉讼费用的，应在法律文书中列明。

第9条　当事人骗取司法救助的，人民法院应当责令其补交诉讼费用；拒不补交的，以妨害诉讼行为论处。

【司发通［2005］77号】　最高人民法院、司法部关于民事诉讼法律援助工作的规定（2005年9月22日印发，2005年12月1日起施行）

第9条　人民法院依据法律援助机构给予法律援助的决定，准许受援的当事人司法救助的请求的，应当根据《司法救助规定》（**法发［2005］6号**）第5条的规定，先行对当事人作出缓交诉讼费用的决定，待案件审结后再根据案件的具体情况，按照《司法救助规定》第6条的规定决定诉讼费用的负担。

第15条　本规定自2005年12月1日起施行。最高人民法院、司法部于1999年4月12日下发的《关于民事法律援助工作若干问题的联合通知》（**司发通［1999］032号**）与本规定有抵触的，以本规定为准。

【法发［2007］30号】　最高人民法院关于诉讼收费监督管理的规定（2007年9月20日）

第1条　诉讼收费范围和收费标准应当严格执行《诉讼费用交纳办法》，不得提高收费标准。

第2条　当事人交纳诉讼费用确有困难的，可以依照《诉讼费用交纳办法》向人民法院申请缓交、减交或者免交诉讼费用的司法救助。对不符合司法救助情形的，不应准予免交、减交或者缓交。

第3条　诉讼收费严格实行"收支两条线"管理的规定，各级人民法院应当严格按照有关规定将依法收取的诉讼费用按照规定及时上缴同级财政，纳入预算管理，不得擅自开设银行帐户收费，不得截留、坐支、挪用、私分诉讼费用。

第4条　各级人民法院收取诉讼费用应当到指定的价格主管部门办理收费许可证。

第5条　各级人民法院应当严格执行收费公示制度的有关规定，在立案场所公示收费许可证，诉讼费用交纳范围、交纳项目、交纳标准，以及投诉部门和电话等。

第6条　各级人民法院收取诉讼费用应当按照财务隶属关系使用国务院财政部门或者省级人民政府财政部门印制的财政票据，不得私自印制或者使用任何其他票据进行收费。

第7条　基层人民法院的人民法庭按照有关规定当场收取诉讼费用的，必须向当事人出具省级人民政府财政部门印制的财政票据，并及时将收取的诉讼费用缴入指定代理银行。

第 8 条 各级人民法院不得违反规定预收执行申请费和破产申请费。

第 9 条 各级人民法院应当按照实际成本向当事人、辩护人以及代理人等收取复制案件卷宗材料、审判工作的声像档案和法律文书的工本费。实际成本按照人民法院所在地省级价格、财政部门的规定执行。

第 10 条 诉讼费用结算完毕后，各级人民法院按照规定应当退还当事人诉讼费用的，应当及时办理退还手续；案件经审理需移送、移交的，应当及时办理随案移交诉讼费用的手续，不得影响当事人诉讼；当事人需要补缴诉讼费用的，应当及时督促补缴。

第 11 条 各级人民法院不得向法院内部各部门下达收费任务和指标，不得以诉讼收费数额的多少作为对部门或个人奖惩的依据，不得将诉讼费用的收取与奖金、福利、津贴等挂钩。

第 12 条 各级人民法院应当对本院收取诉讼费用的情况每年进行 1 次自查。上级人民法院应当对所辖法院收取诉讼费用的情况有计划地开展检查。对检查中发现的问题，应当及时纠正。各级人民法院应当按照有关规定接受并配合有关职能部门对诉讼收费情况的监督检查。

第 13 条 各级人民法院监察部门负责受理对违反规定收取诉讼费用行为的举报，并查处违反规定收取诉讼费用的行为。

第 14 条 各级人民法院监察部门对于违反规定收取诉讼费用的行为，应当认真进行调查。查证属实的，应当依照最高人民法院有关纪律处分的规定对直接责任人员进行处理。对于违反规定收取诉讼费用，严重损害当事人利益，造成恶劣影响的，还应当追究有关领导和责任人员的责任。

第 15 条 本规定自下发之日起施行。

【主席令［1992］64 号】 **中华人民共和国海商法**（1992 年 11 月 7 日全国人大常委会［7 届 28 次］通过，1993 年 7 月 1 日起施行）

第 24 条 因行使船舶优先权产生的诉讼费用，……以及为海事请求人的共同利益而支付的其他费用，应当从船舶拍卖所得价款中先行拨付。

【主席令［1999］28 号】 **中华人民共和国海事诉讼特别程序法**（1999 年 12 月 25 日全国人大常委会［9 届 13 次］通过，2000 年 7 月 1 日起施行）

第 119 条（第 2 款） 分配船舶价款时，应当由责任人承担的诉讼费用，……以及为债权人的共同利益支付的其他费用，应当从船舶价款中先行拨付。

【法释［1998］16号】　最高人民法院关于审理当事人申请撤销仲裁裁决案件几个具体问题的批复（1998年6月11日最高法审委会［992次］通过，1998年7月21日公布，答复安徽高院"［1996］经他字第26号"请示，1998年7月28日起施行）

三、当事人向人民法院申请撤销仲裁裁决的案件，应当按照非财产案件收费标准计收案件受理费；该费用由申请人交纳。

【法释［1998］22号】　最高人民法院关于人民法院不予受理人民检察院单独就诉讼费负担裁定提出抗诉问题的批复（见本书第219条）

【法［2001］156号】　~~最高人民法院关于国有金融资产管理公司处置国有商业银行不良资产案件交纳诉讼费用的通知~~（2001年10月25日印发施行，2006年2月28日废止）

近来，各级人民法院陆续依法受理了一批华融、长城、信达、东方等4家国有金融资产管理公司处置国有商业银行剥离的不良资产的案件。据国务院有关部门反映，涉及4家国有资产管理公司的此类案件数量多、标的大，所需交纳的诉讼费用数额也很大，要求适当给予减免。为了支持国家金融体制改革，防止国有资产流失，减轻国有资产管理公司在处置国有商业银行不良资产过程中的费用负担，使这部分不良资产得以尽快依法处置，现对审理此类案件交纳的诉讼费用等问题通知如下：

一、凡属上述金融资产管理公司为处置国有商业银行不良资产提起诉讼（包括上诉和申请执行）的案件，其案件受理费、申请执行费和申请保全费，按照《人民法院诉讼收费办法》的规定计算，减半交纳。

二、上述案件中，金融资产管理公司申请财产保全的，依照《最高人民法院关于审理涉及金融资产管理公司收购、管理、处置国有银行不良贷款形成的资产的案件适用法律若干问题的规定》（法释［2001］12号）第5条的规定执行。

三、对于诉讼过程中所实际支出的诉讼费用，以及按照《〈人民法院诉讼收费办法〉补充规定》的规定应向当事人收取的差旅费等费用，各级人民法院要严格按照实际发生的项目和金额收取。

四、各级人民法院要严格执行上述规定，不得擅自提高收费标准，改变计费方式以及违反规定加收诉讼活动费、执行活动费等其他费用。

五、本通知规定的事项自下发之日起实行，至2006年2月28日废止。本通知下发之前已经受理的案件，所收取的诉讼费用不予退回。人民法院过去处理这类案件，已决定同意当事人缓交的，超出本通知规定限额的部分不再追收。

【法释〔2003〕11 号】　最高人民法院关于在民事审判工作中适用《中华人民共和国工会法》若干问题的解释（2003 年 1 月 9 日最高法审委会〔1263 次〕通过，2003 年 6 月 25 日公布，2003 年 7 月 9 日起施行；根据法释〔2020〕17 号《决定》修正，2021 年 1 月 1 日起施行）

第 8 条　工会组织就工会经费的拨缴向人民法院申请支付令的，应当按照《诉讼费用交纳办法》第 14 条的规定交纳申请费；督促程序终结后，工会组织另行起诉的，按照《诉讼费用交纳办法》第 13 条规定的财产案件受理费标准交纳诉讼费用。

【法发〔2003〕15 号】　最高人民法院关于本院各类案件诉讼费收交办法（2003 年 8 月 27 日印发，2003 年 9 月 1 日起施行）

第 2 条　我院各类案件诉讼费的收交和缓交、减交交申请的办理，统一由立案庭负责。

第 3 条　一审法院报送的上诉案件，当事人已交纳诉讼费的，立案庭予以立案，并将案件卷宗移送相关审判庭。

一审法院报送的案卷中未附诉讼费交款收据，也未附上诉人缓交、减交、免交诉讼费申请的，立案庭向上诉人发出预交诉讼费通知，待收齐诉讼费后，立案庭予以立案，并将案卷移送相关审判庭。

第 4 条　上诉人自收到我院预交诉讼费通知的次日起 7 日内，既不交纳诉讼费，又不提出缓交、减交、免交诉讼费申请，且无其它正当理由的，立案庭裁定按撤回上诉处理。

第 5 条　上诉人提出缓交诉讼费申请，立案庭经审查决定缓交的，应当通知上诉人。缓交期限不得超过 1 个月。上诉人按照批准的缓交期限交纳诉讼费的，立案庭予以立案，并将案卷移送相关审判庭。逾期不交的，立案庭裁定按撤回上诉处理。

立案庭经审查认为缓交诉讼费的理由不能成立的当作出不予缓交诉讼费的决定，并向上诉人发出预交诉讼费通知书。逾期不交的，立案庭裁定按撤回上诉处理。

第 6 条　上诉人提出减交、免交诉讼费申请，立案庭经审查决定减交、免交诉讼费的，应当通知上诉人。上诉人在规定的期限内按批准减交的数额交纳诉讼费或被批准免交诉讼费后，立案庭予以立案，并将案卷移送相关审判庭。

立案庭认为减交、免交诉讼费的理由不能成立的，应当作出不予减交、免交诉讼费的决定，并向上诉人发出预交诉讼费通知书——逾期不交的，立案庭裁定按撤回上诉处理。

第 7 条　上诉人直接向我院提起上诉并提出缓交、减交、免交诉讼费申请的，立案庭通知一审法院向我院移送案卷。立案庭收到一审案卷后，按本办法第 5 条、第 6 条的规定办理。

第 8 条 上诉人向我院提出上诉并交纳诉讼费后，又提出撤诉的，立案庭立案后，将案卷移送相关的审判庭审查决定；准许撤诉的，上诉人持准许撤诉裁定书到我院司法行政装备管理局办理退还诉讼费的手续。

第 9 条 在案件审理中，需要收取其他诉讼费用的，由相关审判庭通知有关当事人预交。

【法〔2004〕222 号】 最高人民法院关于委托高级人民法院向当事人送达预交上诉案件受理费等有关事项的通知（2004 年 10 月 25 日印发，2005 年 1 月 1 日起施行）（详见本书第 174 条）①

第 1 条 高级人民法院在向当事人送达第一审裁判文书的同时送达《当事人提起上诉及预交上诉案件受理费等事项的通知》（见附件 1）。

附件 1：

×× （省、市、自治区）高级人民法院
关于当事人提起上诉及预交上诉案件受理费等事项的通知

×××：

你（单位）如不服本院（××××）初字第××××号判决（裁定），可在法定期限内通过本院向最高人民法院提起上诉。现将上诉人预交上诉案件受理费等有关事项告知如下：

一、依据《中华人民共和国民事诉讼法》的规定，你（单位）应当通过本院提出上诉，并按照对方当事人或者代表人的人数提出副本。如通过邮寄方式直接向最高人民法院提出上诉，也应当按照对方当事人或者代表人的人数提出副本，并使用邮政特快专递方式邮寄。

二、预交上诉案件受理费是上诉人的一项法定义务。你（单位）提起上诉后，应在第一审裁判文书规定的上诉期限届满之次日起七日内向最高人民法院预交上诉案件受理费××××元，并将交费凭证复印件及时交本院。最高人民法院诉讼费专户名称：财政部中央财政专户；开户银行：中国农业银行崇文支行前门分理处；账户：200301040001588。逾期未预交，也未提出缓交、减交、免交上诉案件受理费申请的，最高人民法院将依法按自动撤回上诉处理。

三、你（单位）如委托他人代交上诉案件受理费的，受托人在交费凭证上必须注明委托人全称及第一审案件案号。

---

① 最高人民法院立案庭：《立案工作指导》2004 年第 4 辑，人民法院出版社 2005 年 1 月第 1 版。

四、当事人负有向人民法院告知详细地址的义务。如送达地址发生变化的，应当及时书面告知本院。如委托他人代收的应将委托手续提交本院。本院按你（单位）提供的地址送达诉讼文书被拒绝签收，或被邮局以"地址不详"、"查无此人（单位）"等为由退回，导致诉讼文书未能被你（单位）实际接收的，文书退回之日视为送达之日。

五、如预交上诉案件受理费不符合本通知规定事项，致使无法查收该上诉案件受理费的，由你（单位）承担相应的法律后果。

六、最高人民法院委托本院将本通知与第一审裁判文书一并送达给你单位，请在送达回证上签收。

年　月　日

一审法院承办人：_____　书记员_____

联系电话：……

【立他字 ［2004］ 37 号】　最高人民法院关于精神损害赔偿纠纷案件如何计算案件受理费及确定级别管辖的复函（2004 年 12 月 12 日答复广东高院"［2004］粤高法立请字第 6 号"请示）①

当事人起诉请求精神损害赔偿，或在其他纠纷中请求精神损害赔偿的案件，有具体的赔偿金额的，应按照《人民法院诉讼收费办法》第 5 条第 4 项的规定收取案件受理费，并按照请求精神损害赔偿数额的大小确定级别管辖。

【法 ［2006］ 100 号】　最高人民法院关于延长国有金融资产管理公司处理国有商业银行不良资产案件减半缴纳诉讼费用期限的通知（2004 年 8 月 18 日最高法审委会 ［1321 次］ 通过，2004 年 9 月 16 日公布，2004 年 11 月 1 日起施行；根据法释 ［2020］ 20 号《决定》修正，2021 年 1 月 1 日起施行。以本规为准）②

为支持国有银行和国有企业改革发展，支持东方、华融、长城、信达四家金融资产管理公司继续做好收购、管理和处置国有银行不良资产工作，现将《最高人民法院关于国有金融资产管理公司处置国有商业银行不良资产案件缴纳诉讼费用的通知》（法 ［2001］ 156 号）的有效期延长 3 年。2006 年 3 月 1 日至 2009 年 2 月 28 日期间，各级人民法院在受理以上四家金融资产管理公司处置国有商业银行案件时，诉讼费用的收取仍然按照《最高人民法院关于国有金融资产管理公司处置国有商业银行不良资产案件缴纳诉讼费用的通知》（法 ［2001］ 156 号）的各项规定执行。

---

① 最高人民法院立案庭：《立案工作指导》2005 年第 1 辑，人民法院出版社 2005 年 10 月第 1 版。
② 注：本《通知》所针对的"法 ［2001］ 156 号"《通知》已经因为超过有效期限而自然废止，但本《通知》一直未见被废止。

【**财行〔2003〕275 号**】 *人民法院诉讼费管理办法*（财政部、最高法 2003 年 12 月 26 日印发，2004 年 1 月 1 日起施行；财公字〔1999〕406 号《人民法院诉讼费用管理办法》①同时废止）

第 2 条　本办法所称诉讼费，是指民事、行政等案件的当事人向人民法院提请诉讼或申请执行，依照法律规定缴纳的案件受理费、申请费和其他诉讼费。

本办法所称其他诉讼费，是指：（一）财产案件、非财产案件及行政案件的当事人应当负担的勘验、鉴定、公告、翻译费；（二）财产案件和行政案件的证人、鉴定人、翻译人员在人民法院决定日期出庭的交通费、住宿费、生活费和误工补贴费；（三）财产案件和行政案件的当事人采取诉讼保全措施的申请费和实际支出的费用；（四）财产案件和行政案件中，人民法院执行判决、裁定或者调解协议所实际支出的费用；（五）财产案件和行政案件的当事人自行收集、提供有关证据确有困难，人民法院认为确有必要的异地调查取证和异地调解本案时按国家规定标准所支出的差旅费；（六）由当事人依法向人民法院申请执行仲裁机构的裁决、公证机关依法赋予强制执行效力的债权文书和行政机关的处理或处罚决定而交纳的申请执行费和执行中实际支出的费用。

第 3 条　人民法院依法收取的诉讼费属于国家财政收入，按照国家财政管理有关规定，全额上缴国库，纳入预算管理。

第 4 条　诉讼收费制度是我国的一项重要司法制度。各级人民法院要严格按照国家统一规定收取诉讼费，不得另行制定收费办法、自行增加收费项目、扩大收费范围、提高或降低收费标准。

第 7 条　人民法院收取诉讼费，严格实行收缴分离。人民法院按照受理案件适用的诉讼费标准确定具体数额后，以书面形式通知当事人缴纳诉讼费；当事人凭人民法院开具的交费通知到当地指定银行交费，并以银行开具的收据作为已交（预交）诉讼费的凭据，到人民法院换领诉讼费专用票据。

人民法院开具的交费通知书必须分别明确当事人应当预交的案件受理费、申请费和其他诉讼费的数额。

第 9 条　移交案件诉讼费的收取和移转。

（一）人民法院受理案件后，经依法审查决定移送其他同级人民法院审理、移交上级人民法院审理或指定下级人民法院审理的，以及当事人提出管辖异议，

---

① 注：《人民法院诉讼费用管理办法》（财公字〔1999〕406 号）与《人民法院诉讼费管理办法》（财行〔2003〕275 号）在名称上仅一字之差。前者于 1999 年 7 月 22 日印发，1999 年 10 月 1 日起施行；财文字〔1999〕4 号《人民法院诉讼费用暂行管理办法》、法字〔1996〕81 号《关于最高人民法院集中部分诉讼费用的实施办法》同时废止。

上级人民法院经审查后决定指定管辖的，由原受理案件并收取当事人预交诉讼费的人民法院，在移送案件材料的同时将当事人预交的诉讼费转至接受案件的人民法院，并通过指定银行缴入国库。

（二）人民法院受理执行案件后，需要异地执行并决定委托实际执行地法院代为执行的，由受理案件的人民法院在委托执行地法院代为执行的同时，将当事人预交的执行费用转至受委托代为执行的人民法院，并通过指定银行缴入国库。

第 12 条　各级人民法院的下列费用按照财政国库制度的有关规定，采取收入退库的方式处理：

（一）根据人民法院裁决，退还当事人的案件申请费、受理费及其他诉讼费；

（二）移送给其他人民法院的案件申请费、受理费及其他诉讼费；

（三）人民法院支付的，应当由当事人负担的用于该案的其他诉讼费。

第 13 条　最高人民法院需退库的各项费用，由最高人民法院按实际发生数定期汇总上报，经财政部审核并发文确认后退付。地方各级人民法院需退库的各项费用，按当地财政部门确定的退库办法退付。

第 15 条　案件审结后，人民法院应当及时按照裁判文书确定的诉讼费负担数额同当事人进行结算。对案件受理费、申请费的负担与其他诉讼费的负担应分别结算，其他诉讼费的结算应有详细支出清单并报同级财政部门审核。

第 21 条　各省、自治区、直辖市和计划单列市财政部门可以会同高（中）级人民法院依据本办法制定实施细则，并报财政部和最高人民法院备案。

第 22 条　新疆生产建设兵团法院、各铁路局运输中级法院、各铁路分局运输法院、大兴安岭森工集团法院的诉讼费管理可参照执行本办法。

【法释［2004］12 号】　最高人民法院关于人民法院民事调解工作若干问题的规定（2004 年 8 月 18 日最高法审委会［1321 次］通过，2004 年 9 月 16 日公布，2004 年 11 月 1 日起施行；根据法释［2020］20 号《决定》修正，2021 年 1 月 1 日起施行。以本规为准）

第 11 条　当事人不能对诉讼费用如何承担达成协议的，不影响调解协议的效力。人民法院可以直接决定当事人承担诉讼费用的比例，并将决定记入调解书。

【京发改［2007］1111 号】　北京市发展和改革委员会、北京市财政局关于非财产民事案件等诉讼受理费标准的通告（2007 年 6 月 26 日通告，2007 年 7 月 1 日起施行）

一、非财产民事案件诉讼受理费标准

（一）离婚案件每件交纳 150 元。涉及财产分割，财产总额不超过 20 万元的，不另行交纳；超过 20 万元的部分，按照 0.5% 交纳。

（二）侵害姓名权、名称权、肖像权、名誉权、荣誉权以及其他人格权的案件，每件交纳 300 元。涉及损害赔偿，赔偿金额不超过 5 万元的，不另行交纳；超过 5 万元至 10 万元的部分，按照 1% 交纳；超过 10 万元的部分，按照 0.5% 交纳。

（三）其他非财产案件每件交纳 70 元。

二、知识产权民事案件诉讼受理费，没有争议金额或价额的，每件交纳 750 元。

三、当事人提出案件管辖权异议，异议不成立的案件诉讼受理费，每件交纳 70 元。

【主席令［2009］11 号】 **中华人民共和国保险法**（2009 年 2 月 28 日全国人大常委会［11 届 7 次］修订，2009 年 10 月 1 日起施行）

第 66 条 责任保险的被保险人因给第三者造成损害的保险事故而被提起仲裁或者诉讼的，被保险人支付的仲裁或者诉讼费用以及其他必要的、合理的费用，除合同另有约定外，由保险人承担。

【法释［2011］5 号】 **最高人民法院关于人民调解协议司法确认程序的若干规定**（2011 年 3 月 21 日最高法审委会［1515 次］通过，2011 年 3 月 23 日公布，2011 年 3 月 30 日起施行）（详见本书第 205 条）

第 11 条 人民法院办理人民调解协议司法确认案件，不收取费用。

【主席令［2012］72 号】 **中华人民共和国老年人权益保障法**（2012 年 12 月 28 日全国人大常委会［11 届 30 次］修订，2013 年 7 月 1 日起施行；2018 年 12 月 29 日全国人大常委会［13 届 7 次］新修）

第 56 条（第 1 款） 老年人因其合法权益受侵害提起诉讼交纳诉讼费确有困难的，可以缓交、减交或者免交；……

【法发［2014］24 号】 **最高人民法院、最高人民检察院、公安部、民政部关于依法处理监护人侵害未成年人权益行为若干问题的意见**（2014 年 12 月 18 日印发，2015 年 1 月 1 日起施行）（详见本书第 60 条）

31.（第 2 款） 人民法院受理撤销监护人资格案件，不收取诉讼费用。

【主席令［2015］37 号】 **中华人民共和国反家庭暴力法**（2015 年 12 月 27 日全国人大常委会［12 届 18 次］通过，2016 年 3 月 1 日起施行）

第 19 条（第 2 款） 人民法院应当依法对家庭暴力受害人缓收、减收或者免收诉讼费用。

【法释［2015］1 号】　最高人民法院关于审理环境民事公益诉讼案件适用法律若干问题的解释（2014 年 12 月 8 日最高法审委会［1631 次］通过，2015 年 1 月 6 日公布，2015 年 1 月 7 日起施行；根据法释［2020］20 号《决定》修正，2021 年 1 月 1 日起施行。以本规为准）（详见本书第 58 条）

第 33 条　原告交纳诉讼费用确有困难，依法申请缓交的，人民法院应予准许。

败诉或者部分败诉的原告申请减交或者免交诉讼费用的，人民法院应当依照《诉讼费用交纳办法》的规定，视原告的经济状况和案件的审理情况决定是否准许。

【高检［2015］号】　检察机关提起公益诉讼改革试点方案（2015 年 6 月提请全国人大常委会授权，2015 年 7 月 2 日对外公布）（详见本书第 58 条）

（三）其他事项

2. 提起公益诉讼，检察机关免缴诉讼费。

【法发［2016］6 号】　人民法院审理人民检察院提起公益诉讼案件试点工作实施办法（2016 年 2 月 22 日最高法审委会［1679 次］通过，2016 年 2 月 25 日印发，2016 年 3 月 1 日起施行）（详见本书第 58 条）

第 22 条　人民法院审理人民检察院提起的公益诉讼案件，人民检察院免交《诉讼费用交纳办法》第 6 条规定的诉讼费用。

【法发［2016］14 号】　最高人民法院关于人民法院进一步深化多元化纠纷解决机制改革的意见（2016 年 6 月 28 日）

38. 发挥诉讼费用杠杆作用。当事人自行和解而申请撤诉的，免交案件受理费。当事人接受法院委托调解的，人民法院可以适当减免诉讼费用。一方当事人无正当理由不参与调解或者不履行调解协议、故意拖延诉讼的，人民法院可以酌情增加其诉讼费用的负担部分。

【法释［2016］15 号】　最高人民法院关于人身安全保护令案件相关程序问题的批复（2016 年 6 月 6 日最高法审委会［1686 次］通过，2016 年 7 月 11 日公布，答复北京高院"京高法［2016］45 号"请示，2016 年 7 月 13 日起施行）（详见本书第 9 章"人身安全保护令"专辑）

一、关于人身安全保护令案件是否收取诉讼费的问题。同意你院倾向性意见，即向人民法院申请人身安全保护令，不收取诉讼费用。

【法办函［2017］19 号】　最高人民法院办公厅关于刑事裁判涉财产部分执行可否收取诉讼费意见的复函（2017 年 1 月 11 日答复国家发改委办公厅函询）

经研究，我院认为，刑事裁判涉财产部分执行不同于民事执行，人民法院办理刑事裁判涉财产部分执行案件，不应收取诉讼费。

第一编　第十一章

【法发〔2017〕14号】 **最高人民法院关于民商事案件繁简分流和调解速裁操作规程（试行）**（2017年5月8日）

第16条 当事人同意先行调解的，暂缓预交诉讼费。委托调解达成协议的，诉讼费减半交纳。

【法发〔2018〕9号】 **最高人民法院关于人民法院立案、审判与执行工作协调运行的意见**（2018年5月28日）

6. 人民法院在判决生效后退还当事人预交但不应负担的诉讼费用时，不得以立执行案件的方式退还。

【法释〔2018〕21号】 **最高人民法院关于审查知识产权纠纷行为保全案件适用法律若干问题的规定**（2018年11月26日最高法审委会〔1755次〕通过，2018年12月12日公布，2019年1月1日起施行；以本规为准）

第20条 申请人申请行为保全，应当依照《诉讼费用交纳办法》关于申请采取行为保全措施的规定交纳申请费。

【法〔2018〕68号】 **最高人民法院关于加强"红色经典"和英雄烈士合法权益司法保护弘扬社会主义核心价值观的通知**（2018年5月11日）

三、要切实保障红色经典和英雄烈士相关利益主体的诉讼权利

（第3款） 为保护红色经典和英雄烈士合法权益提起诉讼的当事人，缴纳诉讼费用确有困难申请减、缓、免交诉讼费用的，人民法院应当予以支持。

【法刊文摘】 **检答网集萃58：执行异议之诉中诉讼费用的收取问题**（来自最高人民检察院网[1]）

咨询内容（江西省检察院蔡秀珍）：在执行异议之诉中，诉争标的超过被告申请执行的金额，法院以诉争标的为标准收取诉讼费并判决由被告承担，是否合理？

解答摘要（最高检专家组）：在案外人异议之诉中，可能存在3个不同的价值，即原判决确认的金额、标的物金额或价额和案外人异议诉讼请求金额。我们认为，一是对执行异议之诉应当分类收取案件受理费。其中，申请执行人的许可执行之诉和执行分配方案异议之诉，应当按照非财产案件计收案件受理费；案外人执行异议之诉，应当按照财产案件计收受理费。二是对于案外人执行异议之诉的计收基数的确定。从理论上，"以当事人请求排除强制执行的标的财产金额或者价额作为计算基数"较为合理。在案件有实体裁判结果后，如果案外人异议请求金额高于申请执行人申请执行的金额，案件受理费的负担应当根据案外人胜败

---

① 载中华人民共和国最高人民检察院网，https://www.spp.gov.cn/zdgz/202109/t20210914_529457.shtml，最后访问日期：2024年6月29日。

诉情况和被申请人是否反对案外人执行异议区别对待：案外人诉讼请求成立，申请人为被告，被申请人为共同被告，二者共同承担申请执行金额或价额对应的诉讼费，被申请人并承担超出部分对应的诉讼费。案外人诉讼请求成立，申请人为被告，被申请人为第三人的，申请人承担申请执行金额或价额对应的诉讼费，承担超出部分对应的诉讼费。案外人诉讼请求不成立的，案外人承担诉讼费。

【法发［2020］12 号】　　最高人民法院关于依法妥善审理涉新冠肺炎疫情民事案件若干问题的指导意见（一）（2020 年 4 月 16 日）

八、加大司法救助力度。对于受疫情影响经济上确有困难的当事人申请免交、减交或者缓交诉讼费用的，人民法院应当依法审查并及时作出相应决定。……

【法发［2022］2 号】　　最高人民法院关于充分发挥司法职能作用助力中小微企业发展的指导意见（2022 年 1 月 13 日）

5.……对生产经营存在严重困难的中小微企业，依法提供减交、缓交诉讼费等司法救助。

【法释［2022］11 号】　　最高人民法院关于适用《中华人民共和国民事诉讼法》的解释（"法释［2015］5 号"公布，2015 年 2 月 4 日起施行；根据法释［2020］20 号《决定》修正，2021 年 1 月 1 日起施行；2022 年 3 月 22 日最高法审委会［1866 次］修正，2022 年 4 月 1 日公布，2022 年 4 月 10 日起施行；以本规为准）

第 194 条　依照民事诉讼法第 57 条审理的案件不预交案件受理费，结案后按照诉讼标的额由败诉方交纳。

第 195 条　支付令失效后转入诉讼程序的，债权人应当按照《诉讼费用交纳办法》补交案件受理费。

支付令被撤销后，债权人另行起诉的，按照《诉讼费用交纳办法》交纳诉讼费用。

第 196 条　人民法院改变原判决、裁定、调解结果的，应当在裁判文书中对原审诉讼费用的负担一并作出处理。

第 197 条　诉讼标的物是证券的，按照证券交易规则并根据当事人起诉之日前最后一个交易日的收盘价、当日的市场价或者其载明的金额计算诉讼标的金额。

第 198 条　诉讼标的物是房屋、土地、林木、车辆、船舶、文物等特定物或者知识产权，起诉时价值难以确定的，人民法院应当向原告释明主张过高或者过低的诉讼风险，以原告主张的价值确定诉讼标的金额。

第 199 条　适用简易程序审理的案件转为普通程序的，原告自接到人民法院交纳诉讼费用通知之日起 7 日内补交案件受理费。

原告无正当理由未按期足额补交的，按撤诉处理，已经收取的诉讼费用退还一半。

第200条 破产程序中有关债务人的民事诉讼案件，按照财产案件标准交纳诉讼费，但劳动争议案件除外。

第201条 既有财产性诉讼请求，又有非财产性诉讼请求的，按照财产性诉讼请求的标准交纳诉讼费。

有多个财产性诉讼请求的，合并计算交纳诉讼费；诉讼请求中有多个非财产性诉讼请求的，按一件交纳诉讼费。

第202条 原告、被告、第三人分别上诉的，按照上诉请求分别预交二审案件受理费。

同一方多人共同上诉的，只预交1份二审案件受理费；分别上诉的，按照上诉请求分别预交二审案件受理费。

第203条 承担连带责任的当事人败诉的，应当共同负担诉讼费用。

第204条 实现担保物权案件，人民法院裁定拍卖、变卖担保财产的，申请费由债务人、担保人负担；人民法院裁定驳回申请的，申请费由申请人负担。

申请人另行起诉的，其已经交纳的申请费可以从案件受理费中扣除。

第205条 拍卖、变卖担保财产的裁定作出后，人民法院强制执行的，按照执行金额收取执行申请费。

第206条 人民法院决定减半收取案件受理费的，只能减半1次。

第207条 判决生效后，胜诉方预交但不应负担的诉讼费用，人民法院应当退还，由败诉方向人民法院交纳，但胜诉方自愿承担或者同意败诉方直接向其支付的除外。

当事人拒不交纳诉讼费用的，人民法院可以强制执行。

第318条 ……虽递交上诉状，但未在指定的期限内交纳上诉费的，按自动撤回上诉处理。

【法释［2023］9号】 最高人民法院关于公司解散纠纷案件受理费收费标准的批复（2023年7月17日最高法审委会［1896次］修订，2023年9月22日公布，答复福建高院，当日起施行）

同意你院审判委员会第二种意见，公司解散纠纷应当按照非财产案件确定受理费收费标准。公司强制清算案件的申请费以强制清算财产总额为基数，按照财产案件受理费标准减半计算。

● 文书格式 **【法［2016］221号】 民事诉讼文书样式**（2016年2月22日最高法审委会［1679次］通过，2016年6月28日公布，2016年8月1日起施行）

（本书对格式略有调整）

交纳诉讼费用通知书（通知当事人）

（××××）……号

×××：

……（写明当事人及案由）一案，你向本院提起诉讼/反诉/上诉/申请。依照《中华人民共和国民事诉讼法》第 121 条、《诉讼费用交纳办法》规定，你应当交纳案件受理费×元、申请费×元、其他诉讼费×元，合计××元。限你于收到本通知书次日起 7 日内向本院预交。期满仍未预交的，按撤回起诉/反诉/上诉/申请处理。

本院诉讼费专户名称：××人民法院（财政汇缴专户）；开户银行：……银行；账号：……。

特此通知。

×年×月×日（院印）

申请书（申请缓交、减交或者免交诉讼费用）①

申请人：×××，男/女，×年×月×日生，×族，……（写明工作单位和职务或职业），住……。联系方式：……。

法定代理人/指定代理人②：×××，……。

委托诉讼代理人：×××，……。（申请时已经委托诉讼代理人的，写明此项）

（以上写明申请人和其他诉讼参与人的姓名或者名称等基本信息）

请求事项：

缓交/减交/免交诉讼费用×元。

事实和理由：

……（写明案件当事人和案由）一案，……（写明相关的事实和理由）③

此致：××人民法院

申请人（签名）

×年×月×日

准予 \ 不准予缓交、减交、免交诉讼费用通知书（通知当事人）

（××××）……号

×××：

---

① 注：诉讼费用的免交只适用于自然人。

② 注：申请人是无民事行为能力人或限制民事行为能力人的，应当写明法定代理人姓名、性别、出生日期、民族、职业、工作单位、住所、联系方式，在诉讼地位后括注与申请人的关系。

③ 注：当事人申请司法救助，应当在起诉或上诉时提交书面申请、足以证明其确有经济困难的证明材料以及其他相关证明材料。因生活困难或者追索基本生活费用申请免交、减交诉讼费用的，还应当提供本人及其家庭经济状况符合当地民政、劳动保障等部门规定的公民经济困难标准的证明。

……（写明当事人及案由）一案，你向本院提出缓交/减交/免交诉讼费用××元的申请，并提交了……（写明证据名称）证明材料。

（准予的，写明：）本院认为，当事人交纳诉讼费用确有困难的，可以申请缓交、减交或者免交。

（不准予的，写明：）本院认为，……（写明不准予申请的理由）。①

依照《中华人民共和国民事诉讼法》第 121 条、《诉讼费用交纳办法》规定，准予＼不准予你缓交/减交/免交诉讼费××元。（不准予的，不写金额）

特此通知。

×年×月×日（院印）

民事裁定书（未预交＼未补交案件受理费的处理）

（××××）……民初……号

原告：×××，……（写明姓名或名称、住所地等基本情况）。

被告：×××，……（写明姓名或名称、住所地等基本情况）。

（以上写明当事人及其代理人和其他诉讼参与人的姓名或名称等基本信息）

原告×××与被告×××……（写明案由）一案，本院于×年×月×日立案。

（未预交的，写明：）原告×××在本院依法送达交纳诉讼费用通知后，未在 7 日内预交案件受理费/申请减、缓、免未获批准而仍不预交。

（未补交的，写明：）本院原适用简易程序审理。后发现本案不宜适用简易程序，于×年×月×日裁定转为普通程序，并于×年×月×日向原告送达补交案件受理费通知。②×××无正当理由未按期足额补交，应当按撤诉处理。

依照《中华人民共和国民事诉讼法》第 121 条、第 157 条第 1 款第 11 项、《最高人民法院关于适用〈中华人民共和国民事诉讼法〉的解释》第 213＼199 条规定，裁定如下：

本案按×××撤回起诉处理。

已经收取的案件受理费……元，减半收取计……元。（未预交的，不写本段）

（代理）审判员　×××（非独任审判的，落款为合议庭）

×年×月×日（院印）

法官助理、书记员

---

① 注：人民法院对当事人的司法救助申请不予批准的，应当向当事人书面说明理由。

② 注：当事人增加诉讼请求、支付令失效后转入诉讼程序、适用简易程序审理的案件转为普通程序的，人民法院应当通知当事人补交案件受理费。

民事裁定书 （未交二审案件受理费的处理）

（××××）……民终……号

上诉人（原审诉讼地位）：×××，……。（诉讼地位不单一的，列写格式同上述"民事判决书"）

被上诉人（原审诉讼地位）：×××，……。

原审原告/被告/第三人：×××，……。

（以上写明当事人及其代理人和其他诉讼参与人的姓名或者名称等基本信息）

上诉人×××因与被上诉人×××/上诉人×××及原审原告/被告/第三人×××……（写明案由）一案，不服××人民法院（××××）……民初……号民事判决，向本院提起上诉。本院于×年×月×日立案后，依法进行了审理。

本院审理过程中，……（简要写明上诉人收到法院催缴案件受理费的通知后仍不予缴纳，或申请减缓免未获准的情况）。依照《中华人民共和国民事诉讼法》第 157 条第 1 款第 11 项、《最高人民法院关于适用〈中华人民共和国民事诉讼法〉的解释》第 318 条规定，裁定如下：

本案按上诉人×××自动撤回上诉处理。一审判决/裁定自本裁定书送达之日起发生法律效力。

本裁定为终审裁定。

（代理）审判员　×××（非独任审判的，落款为合议庭）

×年×月×日（院印）

法官助理、书记员

退还诉讼费用通知书 （通知当事人用）①

（××××）……号

×××：

……（写明当事人及案由）一案，已经结案。依照《诉讼费用交纳办法》规定，应当退还案件受理费×元、申请费×元、其他诉讼费×元，合计××元。限你于收到本通知书次日起 7 日内向本院领取。

特此通知。

×年×月×日（院印）

---

① 注：人民法院应当退还诉讼费用的情形包括不予受理、驳回起诉、减少诉讼请求、发现涉嫌刑事犯罪并将案件移送有关部门处理、发回重审等。判决生效后，胜诉方预交但不应负担的诉讼费用，人民法院应当退还，由败诉方向人民法院交纳，但胜诉方自愿承担或者同意败诉方直接向其支付的除外。

第二编 审判程序

第十二章 第一审普通程序

第一节 起诉和受理

> **第 122 条** （见第 126 条之前）
>
> **第 123 条** 【起诉的形式要件】起诉应当向人民法院递交起诉状，并按照被告人数提出副本。
>
> 书写起诉状确有困难的，可以<u>口头起诉</u>/口诉[19910409]，由人民法院记入笔录，并告知对方当事人。
>
> **第 124 条**[20130101] 【起诉状的内容】起诉状应当记明下列事项：
>
> （一）<u>原告</u>/当事人的姓名、性别、年龄、民族、~~籍贯~~[19910409]职业、工作单位、<u>住所</u>/住址[19910409]、联系方式，法人或者其他组织的名称、住所和法定代表人或者主要负责人的姓名、职务、联系方式；
>
> （<u>二</u>）被告的姓名、性别、工作单位、住所等信息，法人或者其他组织的名称、住所等信息；
>
> （三）诉讼请求和所根据的事实与理由；
>
> （四）证据和证据来源，证人姓名和<u>住所</u>/住址[19910409]。

● **相关规定** 【法（经）函［1990］91 号】 **最高人民法院关于人民法院受理经济纠纷案件中几个问题的复函**（1990 年 11 月 14 日答复湖北高院"鄂法［1990］经呈字第 3 号"请示）

一、企业法人因经济、民事纠纷向人民法院递交的起诉状，应当加盖企业法人的公章，并有其法定代表人的签字或盖章。未加盖企业法人公章，或者法定代表人未签字或盖章的，受诉法院应令其补正。立案时限，从补正后交法院的次日起计算。

【法释［2015］4 号】　最高人民法院关于审理专利纠纷案件适用法律问题的若干规定（"法释［2001］21 号"公布，2001 年 7 月 1 日起施行；"法释［2013］9 号"修正，2013 年 4 月 15 日起施行；2015 年 1 月 19 日最高法审委会［1641 次］修正，2015 年 2 月 1 日起施行；根据法释［2020］19 号《决定》修正，2021 年 1 月 1 日起施行。以本规为准）

第 4 条（第 1 款）　对申请日在 2009 年 10 月 1 日前（不含该日）的实用新型专利提起侵犯专利权诉讼，原告可以/应当在起诉时出具由国务院专利行政部门作出的检索报告；对申请日在 2009 年 10 月 1 日以后的实用新型或者外观设计专利提起侵犯专利权诉讼，原告可以出具由国务院专利行政部门作出的专利权评价报告。根据案件审理需要，人民法院可以要求原告提交检索报告或者专利权评价报告。原告无正当理由不提交的，人民法院可以裁定中止诉讼或者判令原告承担可能的不利后果。

【法释［2015］8 号】　最高人民法院关于人民法院登记立案若干问题的规定（2015 年 4 月 13 日最高法审委会［1647 次］通过，2015 年 4 月 15 日公布，2015 年 5 月 1 日起施行）

第 3 条　人民法院应当提供诉状样本，为当事人书写诉状提供示范和指引。

当事人书写诉状确有困难的，可以口头提出，由人民法院记入笔录。符合法律规定的，予以登记立案。

第 4 条　民事起诉状应当记明以下事项：（一）原告的姓名、性别、年龄、民族、职业、工作单位、住所、联系方式，法人或者其他组织的名称、住所和法定代表人或者主要负责人的姓名、职务、联系方式；（二）被告的姓名、性别、工作单位、住所等信息，法人或者其他组织的名称、住所等信息；（三）诉讼请求和所根据的事实与理由；（四）证据和证据来源；（五）有证人的，载明证人姓名和住所。

行政起诉状参照民事起诉状书写。

第 5 条　刑事自诉状应当记明以下事项：……

第 6 条　当事人提出起诉、自诉的，应当提交以下材料：（一）起诉人、自诉人是自然人的，提交身份证明复印件；起诉人、自诉人是法人或者其他组织的，提交营业执照或者组织机构代码证复印件、法定代表人或者主要负责人身份证明书；法人或者其他组织不能提供组织机构代码的，应当提供组织机构被注销的情况说明；（二）委托起诉或者代为告诉的，应当提交授权委托书、代理人身份证明、代为告诉人身份证明等相关材料；（三）具体明确的足以使被告或者被告人与他人相区别的姓名或者名称、住所等信息；（四）起诉状原本和与被告或者被告人及其他当事人人数相符的副本；（五）与诉请相关的证据或者证明材料。

第 17 条　本规定的"起诉"，是指当事人提起民事、行政诉讼；"自诉"，是指当事人提起刑事自诉。

【法发〔2021〕7号】　最高人民法院关于为跨境诉讼当事人提供网上立案服务的若干规定（2021 年 2 月 3 日公布，2021 年 2 月 3 日起施行）

第 1 条　人民法院为跨境诉讼当事人提供网上立案指引、查询、委托代理视频见证、登记立案服务。

本规定所称跨境诉讼当事人，包括外国人、香港特别行政区、澳门特别行政区（以下简称港澳特区）和台湾地区居民、经常居所地位于国外或者港澳台地区的我国内地公民以及在国外或者港澳台地区登记注册的企业和组织。

第 2 条　为跨境诉讼当事人提供网上立案服务的案件范围包括第一审民事、商事起诉。

第 3 条　人民法院通过中国移动微法院为跨境诉讼当事人提供网上立案服务。

第 4 条　跨境诉讼当事人首次申请网上立案的，应当由受诉法院先行开展身份验证。身份验证主要依托国家移民管理局出入境证件身份认证平台等进行线上验证；无法线上验证的，由受诉法院在线对当事人身份证件以及公证、认证、转递、寄送核验等身份证明材料进行人工验证。

身份验证结果应当在 3 个工作日内在线告知跨境诉讼当事人。

第 5 条　跨境诉讼当事人进行身份验证应当向受诉法院在线提交以下材料：

（一）外国人应当提交护照等用以证明自己身份的证件；企业和组织应当提交身份证明文件和代表该企业和组织参加诉讼的人有权作为代表人参加诉讼的证明文件，证明文件应当经所在国公证机关公证，并经我国驻该国使领馆认证。外国人、外国企业和组织所在国与我国没有建立外交关系的，可以经过该国公证机关公证，经与我国有外交关系的第三国驻该国使领馆认证，再转由我国驻第三国使领馆认证。如我国与外国人、外国企业和组织所在国订立、缔结或者参加的国际条约、公约中对证明手续有具体规定，从其规定，但我国声明保留的条款除外；

（二）港澳特区居民应当提交港澳特区身份证件或者港澳居民居住证、港澳居民来往内地通行证等用以证明自己身份的证件；企业和组织应当提交身份证明文件和代表该企业和组织参加诉讼的人有权作为代表人参加诉讼的证明文件，证明文件应当经过内地认可的公证人公证，并经中国法律服务（香港）有限公司或者中国法律服务（澳门）有限公司加章转递；

（三）台湾地区居民应当提交台湾地区身份证件或者台湾居民居住证、台湾居民来往大陆通行证等用以证明自己身份的证件；企业和组织应当提交身份证明文件和代表该企业和组织参加诉讼的人有权作为代表人参加诉讼的证明。证明文件应当通过两岸公证书使用查证渠道办理；

（四）经常居所地位于国外或者港澳台地区的我国内地公民应当提交我国公安机关制发的居民身份证、户口簿或者普通护照等用以证明自己身份的证件，并提供工作签证、常居证等证明其在国外或者港澳台地区合法连续居住超过 1 年的证明材料。

第 6 条　（见本书第 62 条）

第 7 条　跨境诉讼当事人申请网上立案应当在线提交以下材料：（一）起诉状；（二）当事人的身份证明及相应的公证、认证、转递、寄送核验等材料；（三）证据材料。

上述材料应当使用中华人民共和国通用文字或者有相应资质翻译公司翻译的译本。

第 8 条　跨境诉讼当事人委托代理人进行诉讼的授权委托材料包括：

（一）外国人、外国企业和组织的代表人在我国境外签署授权委托书，应当经所在国公证机关公证，并经我国驻该国使领馆认证；所在国与我国没有建立外交关系的，可以经过该国公证机关公证，经与我国有外交关系的第三国驻该国使领馆认证，再转由我国驻第三国使领馆认证；在我国境内签署授权委托书，应当在法官见证下签署或者经内地公证机构公证；如我国与外国人、外国企业和组织所在国订立、缔结或者参加的国际条约、公约中对证明手续有具体规定，从其规定，但我国声明保留的条款除外；

（二）港澳特区居民、港澳特区企业和组织的代表人在我国内地以外签署授权委托书，应当经过内地认可的公证人公证，并经中国法律服务（香港）有限公司或者中国法律服务（澳门）有限公司加章转递；在我国内地签署授权委托书，应当在法官见证下签署或者经内地公证机构公证；

（三）台湾地区居民在我国大陆以外签署授权委托书，应当通过两岸公证书使用查证渠道办理；在我国大陆签署授权委托书，应当在法官见证下签署或者经大陆公证机构公证；

（四）经常居所地位于国外的我国内地公民从国外寄交或者托交授权委托书，必须经我国驻该国的使领馆证明；没有使领馆的，由与我国有外交关系的第三国驻该国的使领馆证明，再转由我国驻该第三国使领馆证明，或者由当地爱国华侨团体证明。

第 9-10 条　（见本书第 126-127 条）

第 11 条　其他诉讼事项，依据《中华人民共和国民事诉讼法》的规定办理。

【法〔2024〕46号】 最高人民法院、司法部、中华全国律师协会关于印发部分案件民事起诉状、答辩状示范文本（试行）的通知（自2024年3月4日印发起试行1年）

一、充分认识发布民事起诉状、答辩状示范文本的重要意义，做好应用及宣传工作。此次发布的起诉状、答辩状示范文本，坚持问题导向，针对常见多发的民事纠纷类型，为当事人起诉、答辩提供规范全面的诉讼指引，方便人民群众聚焦诉讼请求、争议问题、事实理由，有针对性地提供诉讼材料，回应人民群众对于司法审判质效的更高需求，加快推进司法审判工作现代化。……

二、坚持以人民为中心，牢固树立方便人民群众诉讼的工作理念。此次发布的示范文本采用表格化、要素化方式，意在让人民群众看得明白、用得方便。各级人民法院、司法行政机关和各律师协会要引导、指导好当事人使用示范文本。各级人民法院、人民法庭要在官方网站醒目位置提供示范文本下载渠道，在诉讼服务大厅提供空白文书样式和实例参考文本，方便当事人现场取用。对于未委托诉讼代理人、在立案窗口起诉的当事人，人民法院要根据当事人的需要，耐心询问、指导、帮助当事人依照示范文本填写有关内容。当事人坚持提交其他形式起诉状、答辩状的，要充分尊重当事人的选择，不得以格式或者内容不符合示范文本要求为由，拒绝立案或强制要求反复修改，不合理增加当事人的诉讼负担。

三、注重发现总结问题。试行中注意梳理和积累发现的问题及意见建议，及时层报最高人民法院、司法部、中华全国律师协会，为下一步正式施行打牢基础。

● **文书格式 【法〔2016〕221号】 民事诉讼文书样式**（2016年2月22日最高法审委会〔1679次〕通过，2016年6月28日公布，2016年8月1日起施行）（本书对格式略有调整，并统一省略了题头"××人民法院"）

口头起诉登记表

原告（写明姓名、性别、出生日期、民族、职业、工作单位、住所、联系方式）
被告（自然人写明姓名、性别、工作单位、住所等信息；法人或其他组织写明名称、住所等信息）
诉讼请求：
事实和理由：
证据和证据来源、证人姓名和住所：

续表

上述内容经法院工作人员向原告当面宣读后，原告表示该内容与其口述内容无异。 　　　　　　　　　　　　　　　　　　　　原告（签名或捺印） 　　　　　　　　　　　　　　　　　　　　×年×月×日
本表由人民法院工作人员记入笔录，并告知对方当事人。 　　　　　　　　　　　　　　　　　　　　法院工作人员（签名） 　　　　　　　　　　　　　　　　　　　　×年×月×日

第二编　第十二章

民事起诉状（公民＼法人或者其他组织提起民事诉讼）

原告：×××，男/女，×年×月×日生，×族，……（写明工作单位和职务或职业），住……。联系方式：……。（★起诉人是法人或其他组织的，本段写明原告的名称、住所）

法定代理人/指定代理人①：×××，……。（★起诉人是法人或其他组织的，本段写明法定代表人、主要负责人及其姓名、职务、联系方式）

委托诉讼代理人：×××，……。（起诉时已经委托诉讼代理人的，写明此项）

被告：×××，……。（自然人写明姓名、性别、单位、住所等；法人或其他组织写明名称、住所等）

第三人：……（原告在起诉状中直接列写第三人的，视为其申请人民法院追加该第三人参加诉讼。是否通知第三人参加诉讼，由人民法院审查决定）

……（以上写明当事人和其他诉讼参与人的姓名或者名称等基本信息）

诉讼请求：

……

事实和理由：

……

证据和证据来源，证人姓名和住所：

……

此致：××人民法院

附：本起诉状副本×份（按照被告人数提出副本）

　　　　　　　　　　　　　　　　　　　　起诉人（签名②）
　　　　　　　　　　　　　　　　　　　　×年×月×日

---

① 注：起诉人是无民事行为能力或限制民事行为能力人的，应当写明法定代理人姓名、性别、出生日期、民族、职业、工作单位、住所、联系方式，在诉讼地位后括注与起诉人的关系。

② 注：起诉人是法人或其他组织的，本处盖单位公章，并由法定代表人或主要负责人签名。

（本书汇）【除斥与诉讼时效】

● **相关规定**　　　　　　　　　　　　　　（撤销权）

【主席令［2020］45 号】　中华人民共和国民法典（2020 年 5 月 28 日全国人大［13 届 3 次］通过，2021 年 1 月 1 日起施行）

第 152 条　有下列情形之一的，撤销权消灭：（一）当事人自知道或者应当知道撤销事由之日起 1 年内、重大误解的当事人自知道或者应当知道撤销事由之日起 90 日内没有行使撤销权；（二）当事人受胁迫，自胁迫行为终止之日起 1 年内没有行使撤销权；（三）当事人知道撤销事由后明确表示或者以自己的行为表明放弃撤销权。

当事人自民事法律行为发生之日起 5 年内没有行使撤销权的，撤销权消灭。

第 538 条　债务人以放弃其债权、放弃债权担保、无偿转让财产等方式无偿处分财产权益，或者恶意延长其到期债权的履行期限，影响债权人的债权实现的，债权人可以请求人民法院撤销债务人的行为。

第 541 条　撤销权自债权人知道或者应当知道撤销事由之日起 1 年内行使。自债务人的行为发生之日起 5 年内没有行使撤销权的，该撤销权消灭。

第 564 条　法律规定或者当事人约定解除权行使期限，期限届满当事人不行使的，该权利消灭。

法律没有规定或者当事人没有约定解除权行使期限，自解除权人知道或者应当知道解除事由之日起 1 年内不行使，或者经对方催告后在合理期限内不行使的，该权利消灭。

第 663 条　受赠人有下列情形之一的，赠与人可以撤销赠与：（一）严重侵害赠与人或者赠与人近亲属的合法权益；（二）对赠与人有扶养义务而不履行；（三）不履行赠与合同约定的义务。

赠与人的撤销权，自知道或者应当知道撤销事由之日起 1 年内行使。

第 664 条　因受赠人的违法行为致使赠与人死亡或者丧失民事行为能力的，赠与人的继承人或者法定代理人可以撤销赠与。

赠与人的继承人或者法定代理人的撤销权，自知道或者应当知道撤销事由之日起 6 个月内行使。

第 1052 条　因胁迫结婚的，受胁迫的一方可以向人民法院请求撤销婚姻。

请求撤销婚姻的，应当自胁迫行为终止之日起 1 年内提出。

被非法限制人身自由的当事人请求撤销婚姻的，应当自恢复人身自由之日起 1 年内提出。

第 1053 条 一方患有重大疾病的，应当在结婚登记前如实告知另一方；不如实告知的，另一方可以向人民法院请求撤销婚姻。

请求撤销婚姻的，应当自知道或者应当知道撤销事由之日起 1 年内提出。

【法释［2020］15 号】 最高人民法院关于适用《中华人民共和国民法典》时间效力的若干规定（2020 年 12 月 14 日最高法审委会［1821 次］通过，2020年 12 月 29 日公布，2021 年 1 月 1 日起施行）

第 25 条 民法典施行前成立的合同，当时的法律、司法解释没有规定且当事人没有约定解除权行使期限，对方当事人也未催告的，解除权人在民法典施行前知道或者应当知道解除事由，自民法典施行之日起 1 年内不行使的，人民法院应当依法认定该解除权消灭；解除权人在民法典施行后知道或者应当知道解除事由的，适用民法典第 564 条第 2 款关于解除权行使期限的规定。

第 26 条 当事人以民法典施行前受胁迫结婚为由请求人民法院撤销婚姻的，撤销权的行使期限适用民法典第 1052 条第 2 款的规定。

【法释［2020］22 号】 最高人民法院关于适用《中华人民共和国民法典》婚姻家庭编的解释（一）（2020 年 12 月 25 日最高法审委会［1825 次］通过，2020 年 12 月 29 日公布，2021 年 1 月 1 日起施行）

第 19 条 民法典第 1052 条规定的"1 年"，不适用诉讼时效中止、中断或者延长的规定。

受胁迫或者被非法限制人身自由的当事人请求撤销婚姻的，不适用民法典第152 条第 2 款的规定。

【主席令［2001］50 号】 中华人民共和国信托法（2001 年 4 月 28 日全国人大常委会［9 届 21 次］通过，2001 年 10 月 1 日起施行）

第 12 条 委托人设立信托损害其债权人利益的，债权人有权申请人民法院撤销该信托。

人民法院依照前款规定撤销信托的，不影响善意受益人已经取得的信托利益。

本条第 1 款规定的申请权，自债权人知道或者应当知道撤销原因之日起 1 年内不行使的，归于消灭。

【法释［2008］11 号】 最高人民法院关于审理民事案件适用诉讼时效制度若干问题的规定（2008 年 8 月 11 日最高法审委会［1450 次］通过，2008 年 8 月21 日公布，2008 年 9 月 1 日起施行；根据法释［2020］17 号《决定》修正，2021 年 1 月 1 日起施行）

第 5 条 享有撤销权的当事人一方请求撤销合同的，应适用民法典关于除斥期间的规定。对方当事人对撤销合同请求权提出诉讼时效抗辩的，人民法院不予支持。

合同被撤销，返还财产、赔偿损失请求权的诉讼时效期间从合同被撤销之日起计算。

【主席令［2023］15号】 中华人民共和国公司法（2023年12月29日全国人大常委会［14届7次］修订，2024年7月1日起施行）

第26条 公司股东会、董事会的会议召集程序、表决方式违反法律、行政法规或者公司章程，或者决议内容违反公司章程的，股东自决议作出之日起60日内，可以请求人民法院撤销。但是，股东会、董事会的会议召集程序或者表决方式仅有轻微瑕疵，对决议未产生实质影响的除外。①

未被通知参加股东会会议的股东自知道或者应当知道股东会决议作出之日起60日内，可以请求人民法院撤销；自决议作出之日起1年内没有行使撤销权的，撤销权消灭。

【法释［2006］3号】 最高人民法院关于适用《中华人民共和国公司法》若干问题的规定（一）（2006年3月27日最高法审委会［1382次］通过，2006年4月28日公布，2006年5月9日起施行）

第3条 原告以公司法第22条（现第26条）第2款……规定事由，向人民法院提起诉讼时，超过公司法规定期限的，人民法院不予受理。

第6条 本规定自公布之日起实施。②

【法释［2024］7号】 最高人民法院关于适用《中华人民共和国公司法》时间效力的若干规定（2024年6月27日最高法审委会［1992次］通过，2024年6月29日公布，2024年7月1日起施行）

第1条（第2款） 公司法施行前的法律事实引起的民事纠纷案件，当时的法律、司法解释有规定的，适用当时的法律、司法解释的规定，但是适用公司法更有利于实现其立法目的，适用公司法的规定：

（一）公司法施行前，公司的股东会召集程序不当，未被通知参加会议的股东自决议作出之日起1年内请求人民法院撤销的，适用公司法第26条第2款的规定；

---

① 注：2018年版《公司法》曾规定：股东依照该款规定提起诉讼的，人民法院可以应公司的请求，要求股东提供相应担保。该规定已被删除。

② 注：经核《最高人民法院公报》2006年第6期，本规定公告的落款日期为2006年4月28日，且公告明确本规定自2006年5月9日起施行。公告内容与本条规定相矛盾。

民事诉讼法全厚细

【主席令［2024］26号】   **中华人民共和国农村集体经济组织法**（2024年6月28日全国人大常委会［14届10次］通过，2025年5月1日起施行）

第57条   农村集体经济组织成员大会、成员代表大会、理事会或者农村集体经济组织负责人作出的决定侵害农村集体经济组织成员合法权益的，受侵害的农村集体经济组织成员可以请求人民法院予以撤销。但是，农村集体经济组织按照该决定与善意相对人形成的民事法律关系不受影响。

受侵害的农村集体经济组织成员自知道或者应当知道撤销事由之日起1年内或者自该决定作出之日起5年内未行使撤销权的，撤销权消灭。

（综合时效）

【法发［2003］25号】   **人民法院民事诉讼风险提示书**（2003年12月23日最高法审委会［1302次］通过，次日公布，2003年12月24日起施行）

四、超过诉讼时效

当事人请求人民法院保护民事权利的期间一般为2年（特殊的为1年）（现为3年）。原告向人民法院起诉后，被告提出原告的起诉已超过法律保护期间的，如果原告没有对超过法律保护期间的事实提供证据证明，其诉讼请求不会得到人民法院的支持。

【法刊文摘】   **超过诉讼时效期间，债务人书面承认全部债务，但只同意偿还部分债务的效力**（最高法民二庭编著：《最高人民法院关于民事案件诉讼时效司法解释理解与适用》，人民法院出版社2008年9月，第375页）

关于该问题，有观点认为，应认定债务人放弃全部债务的诉讼时效抗辩权。理由在于：债务人书面承认全部欠款数额，是对欠款事实的确认，尽管只同意履行部分债务，但该情形下，只要是义务人认可了义务，则从保护权利人权利角度考虑，应认定同意履行部分义务的现有事实状态已推翻原全部债务已过诉讼时效期间的状态，因此，应当视为其对原债务的重新确认。我们认为，应认定债务人放弃部分债权的诉讼时效抗辩权。理由在于：如前所述，判定义务人是否放弃诉讼时效抗辩权，应以其同意履行义务作为要件而非其承认义务的存在作为要件。我国《民法通则》第140条（现民法典第195条）及相关解释将义务人同意履行义务作为诉讼时效中断的事由，而非义务人承认作为诉讼时效中断的事由。依当然解释，在放弃诉讼时效抗辩权的情形下，以义务人同意履行已过诉讼时效期间的债务、而非承认作为判定义务人是否放弃所属时效抗辩权的要件更符合法理。讨论问题所及，债务人只同意偿还部分债务，故应认定债务人放弃部分债务的诉讼时效抗辩权。

【主席令［2020］45号】　中华人民共和国民法典（2020年5月28日全国人大［13届3次］通过，2021年1月1日起施行）

第188条　向人民法院请求保护民事权利的诉讼时效期间为3年。法律另有规定的，依照其规定。

诉讼时效期间自权利人知道或者应当知道权利受到损害以及义务人之日起计算。法律另有规定的，依照其规定。但是，自权利受到损害之日起超过20年的，人民法院不予保护，有特殊情况的，人民法院可以根据权利人的申请决定延长。

第189条　当事人约定同一债务分期履行的，诉讼时效期间自最后一期履行期限届满之日起计算。①

第190条　无民事行为能力人或者限制民事行为能力人对其法定代理人的请求权的诉讼时效期间，自该法定代理终止之日起计算。

第191条　未成年人遭受性侵害的损害赔偿请求权的诉讼时效期间，自受害人年满18周岁之日起计算。

第192条　诉讼时效期间届满的，义务人可以提出不履行义务的抗辩。

诉讼时效期间届满后，义务人同意履行的，不得以诉讼时效期间届满为由抗辩；义务人已经自愿履行的，不得请求返还。②

第193条　人民法院不得主动适用诉讼时效的规定。

第194条　在诉讼时效期间的最后6个月内，因下列障碍，不能行使请求权的，诉讼时效中止：（一）不可抗力；（二）无民事行为能力人或者限制民事行为能力人没有法定代理人，或者法定代理人死亡、丧失民事行为能力、丧失代理权；（三）继承开始后未确定继承人或者遗产管理人；（四）权利人被义务人或者其他人控制；（五）其他导致权利人不能行使请求权的障碍。

自中止时效的原因消除之日起满6个月，诉讼时效期间届满。③

第195条　有下列情形之一的，诉讼时效中断，从中断、有关程序终结时起，

① 最高人民法院民法典贯彻实施工作领导小组主编的《中华人民共和国民法典合同编理解与适用》（三）（人民法院出版社2020年7月，第1527~1528页）认为：分期履行之债可以具体区分为2类：一类是分期给付之债，即某一债务发生后，当事人约定分期分批予以履行。其特点是债务在法律行为发生时即合同成立生效时便已确定，而并非在合同履行过程中不断产生。此类债务虽然表现为分期履行，但每一期债务履行并不能对应债权人相应的对待给付，因而债务具有同一性和整体性，彼此之间并不能独立成立债权请求权，诉讼时效期间自最后一期履行期限届满之日起计算。而另一类是定期给付之债，主要是指继续性合同履行过程中随着合同履行而持续定期发生的债务，如租金、工资、水电费等。由于定期给付之债是在合同履行过程中不断产生的，具有双务性，即每一期债权债务对应相应的给付和对待给付，因此每一期债务具有独立性，成立一个独立的债权请求权，其诉讼时效期间均应分别计算，即自每一期债务支付期限届满之时开始计算。

② 原《民法通则》第138条：超过诉讼时效期间，当事人自愿履行的，不受诉讼时效限制。

③ 原《民法通则》第139条：……从中止时效的原因消除之日起，诉讼时效期间继续计算。

诉讼时效期间重新计算：（一）权利人向义务人提出履行请求；（二）义务人同意履行义务；（三）权利人提起诉讼或者申请仲裁；（四）与提起诉讼或者申请仲裁具有同等效力的其他情形。

第196条　下列请求权不适用诉讼时效的规定：（一）请求停止侵害、排除妨碍、消除危险；（二）不动产物权和登记的动产物权的权利人请求返还财产；（三）请求支付抚养费、赡养费或者扶养费；（四）依法不适用诉讼时效的其他请求权。

第197条　诉讼时效的期间、计算方法以及中止、中断的事由由法律规定，当事人约定无效。

当事人对诉讼时效利益的预先放弃无效。

第198条　法律对仲裁时效有规定的，依照其规定；没有规定的，适用诉讼时效的规定。

第199条　法律规定或者当事人约定的撤销权、解除权等权利的存续期间，除法律另有规定外，自权利人知道或者应当知道权利产生之日起计算，不适用有关诉讼时效中止、中断和延长的规定。存续期间届满，撤销权、解除权等权利消灭。

第995条　人格权受到侵害的，受害人有权依照本法和其他法律的规定请求行为人承担民事责任。受害人的停止侵害、排除妨碍、消除危险、消除影响、恢复名誉、赔礼道歉请求权，不适用诉讼时效的规定。

【法释〔2022〕6号】　最高人民法院关于适用《中华人民共和国民法典》总则编若干问题的解释（2021年12月30日最高法审委会〔1861次〕通过，2022年2月24日公布，2022年3月1日起施行）

第35条　民法典第188条第1款规定的3年诉讼时效期间，可以适用民法典有关诉讼时效中止、中断的规定，不适用延长的规定。该条第2款规定的20年期间不适用中止、中断的规定。

第36条　无民事行为能力人或者限制民事行为能力人的权利受到损害的，诉讼时效期间自其法定代理人知道或者应当知道权利受到损害以及义务人之日起计算，但是法律另有规定的除外。

第37条　无民事行为能力人、限制民事行为能力人的权利受到原法定代理人损害，且在取得、恢复完全民事行为能力或者在原法定代理终止并确定新的法定代理人后，相应民事主体才知道或者应当知道权利受到损害的，有关请求权诉讼时效期间的计算适用民法典第188条第2款、本解释第36条的规定。

第38条　诉讼时效依据民法典第195条的规定中断后，在新的诉讼时效期间内，再次出现第195条规定的中断事由，可以认定为诉讼时效再次中断。

权利人向义务人的代理人、财产代管人或者遗产管理人等提出履行请求的，可以认定为民法典第 195 条规定的诉讼时效中断。

【法释［2020］22 号】 最高人民法院关于适用《中华人民共和国民法典》婚姻家庭编的解释（一）（2020 年 12 月 25 日最高法审委会［1825 次］通过，2020 年 12 月 29 日公布，2021 年 1 月 1 日起施行）

第 84 条 当事人依据民法典第 1092 条①的规定向人民法院提起诉讼，请求再次分割夫妻共同财产的诉讼时效期间为 3 年，从当事人发现之日起计算。

【法［2021］94 号】 全国法院贯彻实施民法典工作会议纪要（2021 年 3 月 15 日最高法审委会［1834 次］通过，2021 年 4 月 6 日印发）

2. 行为人因对行为的性质、对方当事人、标的物的品种、质量、规格和数量等的错误认识，使行为的后果与自己的意思相悖，并造成较大损失的，人民法院可以认定为民法典第 147 条、第 152 条规定的重大误解。

5. 民法典第 188 条第 1 款规定的普通诉讼时效期间，可以适用民法典有关诉讼时效中止、中断的规定，不适用延长的规定。民法典第 188 条第 2 款规定的"20 年"诉讼时效期间可以适用延长的规定，不适用中止、中断的规定。

诉讼时效根据民法典第 195 条的规定中断后，在新的诉讼时效期间内，再次出现第 195 条规定的中断事由，可以认定诉讼时效再次中断。权利人向义务人的代理人、财产代管人或者遗产管理人主张权利的，可以认定诉讼时效中断。

【法释［2022］11 号】 最高人民法院关于适用《中华人民共和国民事诉讼法》的解释（"法释［2015］5 号"公布，2015 年 2 月 4 日起施行；根据法释［2020］20 号《决定》修正，2021 年 1 月 1 日起施行；2022 年 3 月 22 日最高法审委会［1866 次］修正，2022 年 4 月 1 日公布，2022 年 4 月 10 日起施行；以本规为准）

第 219 条 当事人超过诉讼时效期间起诉的，人民法院应予受理。受理后对方当事人提出诉讼时效抗辩，人民法院经审理认为抗辩事由成立的，判决驳回原告的诉讼请求。

【主席令［2022］127 号】 中华人民共和国预备役人员法（2022 年 12 月 30 日全国人大常委会［13 届 38 次］通过，2023 年 3 月 1 日起施行）

第 37 条（第 3 款） 预备役人员因被征召，诉讼、行政复议、仲裁活动不

---

① 《民法典》第 1092 条：夫妻一方隐藏、转移、变卖、毁损、挥霍夫妻共同财产，或者伪造夫妻共同债务企图侵占另一方财产的，在离婚分割夫妻共同财产时，对该方可以少分或者不分。离婚后，另一方发现有上述行为的，可以向人民法院提起诉讼，请求再次分割夫妻共同财产。

能正常进行的，适用有关时效中止和程序中止的规定，但是法律另有规定的除外。

【法发［2024］7号】　最高人民法院关于全面加强未成年人司法保护及犯罪防治工作的意见（2024年5月30日发布并实施）

27. 做好刑民衔接。未成年人实施犯罪但因未达到刑事责任年龄而不予追究刑事责任的案件，或者因已超过刑事追诉期限等客观原因无法追究刑事责任、但符合民法典第191条规定的损害赔偿请求权诉讼时效的性侵未成年人犯罪案件，或者其他侵害未成年人权益但尚不构成犯罪的案件，当事人提起民事诉讼的，人民法院应当依法予以支持，赔偿范围依照民法典相关规定确定。……

（时效中断）

【法经［1992］69号】　最高人民法院经济审判庭关于广西第四地质队、吴进福诉广西玉林地区饮食服务公司、玉林地区商业局购销麻袋合同货款纠纷一案是否超过诉讼时效问题的复函（1992年5月4日答复广西高院"桂高法经字［1992］第2号"请示）

从请示报告中看，自1985年9月12日玉林地区饮食贸易公司最后一次退款，到1989年7月24日广西地质4队向玉林地区饮食服务公司去函要款，在将近4年的时间里，广西地质4队既未直接向饮食贸易公司及其主管单位饮食服务公司主张过权利，也未发现有其它引起诉讼时效中断的情况，因此，本案不适用民法通则关于诉讼时效中断的规定。但是，由于1985年3月23日与玉林地区饮食贸易公司签订购销麻袋合同的是广西地质4队5分队开办的综合服务公司。该公司当时系由吴进福承包，综合服务公司1985年10月被撤销，承包人吴进福一度下落不明；1986年7月至1988年7月，广州市人民检察院在处理邓永峰诈骗案时曾致函广西地质4队，要求协助追缴涉及本案的款项，广西地质4队为此成立了专案组，帮助寻找吴进福下落，为广州市人民检察院追款提供线索等，这些情况在客观上造成地质4队未及时向饮食服务公司主张民事权利。因此，本案可以依照民法通则第137条（现民法典第188条第2款）关于"有特殊情况的人民法院可以延长诉讼时效期间"的规定，延长诉讼时效期间。

【法［2001］9号】　最高人民法院关于对全国证券回购机构间经统一清欠后尚余的债权债务诉讼时效问题的通知（2001年1月20日）

我院于1998年12月18日和1999年1月21日，先后下发了法［1998］152号《关于中止审理、中止执行已编入全国证券回购机构间债务清欠链条的证券回购经济纠纷案件的通知》和法［1999］6号《关于补发最高人民法院［1998］152号通知附件的通知》。对已经编入全国证券回购机构间债务清欠链条的证券回购纠纷，决定暂不受理，对已经立案受理的案件中止诉讼和中止执行。2000 年 7 月 26 日，我院又下发法 [2000] 115 号《关于恢复受理、审理和执行已经编入全国证券回购机构间债务清欠链条的证券回购经济纠纷案件的通知》，对涉及已经编入全国证券回购机构间债务清欠链条，但债权债务未能清欠的证券回购纠纷，符合《中华人民共和国民事诉讼法》第 108 条 (现第 122 条) 规定的，应当予以受理。现就此类案件诉讼时效问题通知如下：

凡已编入全国证券回购机构间债务清欠链条，经全国证券回购债务清欠办公室统一组织清欠后尚余的债权债务，其诉讼时效自我院法 [2000] 115 号文件下发之日即 2000 年 7 月 26 日起重新计算。

【主席令 [2012] 68 号】 中华人民共和国国家赔偿法（1994 年 5 月 12 日主席令第 23 号公布，1995 年 1 月 1 日起施行；2012 年 10 月 26 日全国人大常委会 [11 届 29 次] 最新修正，2013 年 1 月 1 日起施行）

第 39 条 赔偿请求人请求国家赔偿的时效为 2 年，自其知道或者应当知道国家机关及其工作人员行使职权时的行为侵犯其人身权、财产权之日起计算，但被羁押等限制人身自由期间不计算在内。在申请行政复议或者提起行政诉讼时一并提出赔偿请求的，适用行政复议法、行政诉讼法有关时效的规定。

赔偿请求人在赔偿请求时效的最后 6 个月内，因不可抗力或者其他障碍不能行使请求权的，时效中止。从中止时效的原因消除之日起，赔偿请求时效期间继续计算。

【法释 [2021] 10 号】 最高人民法院关于审理银行卡民事纠纷案件若干问题的规定（2019 年 12 月 2 日最高法审委会 [1785 次] 通过，2021 年 5 月 24 日公布，次日 2021 年 5 月 25 日起施行）

第 3 条 具有下列情形之一的，应当认定发卡行对持卡人享有的债权请求权诉讼时效中断：（一）发卡行按约定在持卡人账户中扣划透支款本息、违约金等；（二）发卡行以向持卡人预留的电话号码、通讯地址、电子邮箱发送手机短信、书面信件、电子邮件等方式催收债权；（三）发卡行以持卡人恶意透支存在犯罪嫌疑为由向公安机关报案；（四）其他可以认定为诉讼时效中断的情形。

【法释 [2023] 2 号】 最高人民法院关于审理司法赔偿案件适用请求时效制度若干问题的解释（见本书第 19 章"司法赔偿"专辑）

【法释 [2024] 6 号】 最高人民法院关于审理垄断民事纠纷案件适用法律若干问题的解释（2024 年 2 月 4 日最高法审委会 [1915 次] 通过，2024 年 6 月 24 日公布，2024 年 7 月 1 日起施行；法释 [2012] 5 号《关于审理因垄断行为引

发的民事纠纷案件应用法律若干问题的规定》同时废止）

第 49 条　因垄断行为产生的损害赔偿请求权诉讼时效期间，从原告知道或者应当知道权益受到损害以及义务人之日起计算。

原告向反垄断执法机构举报被诉垄断行为的，诉讼时效从其举报之日起中断。反垄断执法机构决定不立案、撤销案件或者决定终止调查的，诉讼时效期间从原告知道或者应当知道该事由之日起重新计算。

反垄断执法机构调查后认定构成垄断行为的，诉讼时效期间从原告知道或者应当知道反垄断执法机构认定构成垄断行为的处理决定确定发生法律效力之日起重新计算。

（涉诉涉罚中断）

【法经［1993］248 号】　最高人民法院经济审判庭关于新疆医学院第一附属医院与乌鲁木齐市 104 团青年服务公司建筑工程承包合同纠纷诉讼时效问题的复函（1993 年 12 月 27 日答复新疆高院"新高法［1993］68 号"请示）

一、新疆医学院第一附属医院（以下简称第一医院）向乌鲁木齐市 104 团青年服务公司追索多付工程款属建筑工程承包合同结算纠纷。其诉讼时效应从验收结算之日始计算。由于该民事行为发生在民法通则颁布前，根据最高人民法院《关于贯彻执行〈中华人民共和国民法通则〉若干问题的意见（试行）》第 165 条的规定，其诉讼时效从 1987 年 1 月 1 日起计算。

二、第一医院向检察机关举报有关人员的经济犯罪问题时，并没有主张民事权利的明确表示。特别是 1988 年 5 月新市区检察院因证据不足排除有关人员的经济犯罪嫌疑，并明确向第一医院说明有关问题应以经济纠纷处理后，仍未向法院起诉。第一医院向检察机关举报不能作为诉讼时效中断的事由。[①]综上所述，第一医院提出诉讼请求时，已超过诉讼时效。

【法释［1998］7 号】　最高人民法院关于在审理经济纠纷案件中涉及经济犯罪嫌疑若干问题的规定（1998 年 4 月 9 日最高法审委会［974 次］通过，1998 年 4 月 21 日公布，1998 年 4 月 29 日起施行；根据法释［2020］17 号《决定》修正，2021 年 1 月 1 日起施行）

第 9 条　被害人请求保护其民事权利的诉讼时效在公安机关、检察机关查处经济犯罪嫌疑期间中断。如果公安机关决定撤销涉嫌经济犯罪案件或者检察机关决定不起诉的，诉讼时效从撤销案件或决定不起诉之次日起重新计算。[②]

[①]　注：本规定与"法释［1998］7 号"《规定》第 9 条的规定 不一致。

[②]　注：关于诉讼时效中断后，重新计算期限的起算日期，法释［2020］17 号《决定》将"法复［1994］3 号"《批复》规定的"次日"修改为"当日"；但 并未 对本《规定》作同样修改。

【民他字［1999］12号】 最高人民法院关于四川高院请示长沙铁路天群实业公司贸易部与四川鑫达实业有限公司返还代收贷款一案如何适用法（民）复［1990］3号批复中"诉讼时效期间"问题的复函（2000年4月5日答复四川高院"［1998］川民终示字第138号"请示）

据报告述称，长沙铁路天群实业公司贸易部（以下简称天群贸易部）为与成都军区铁合金厂清偿货款纠纷，于1994年11月25日向法院起诉，四川鑫达实业有限公司作为第三人参加诉讼。天群贸易部于1997年6月经法院准予撤诉后，又于1998年3月向法院起诉，要求鑫达公司返还代收货款。我院经研究认为，根据《民法通则》第140条的规定，天群贸易部向法院起诉，应视为诉讼时效中断，诉讼时效期间应从撤诉之日起重新计算。

【法释［2003］2号】 最高人民法院关于审理证券市场因虚假陈述引发的民事赔偿案件的若干规定（2002年12月26日最高法审委会［1261次］通过，2003年1月9日公布，2003年2月1日起施行）①

第5条 投资人对虚假陈述行为人提起民事赔偿的诉讼时效期间，适用民法通则第135条（现民法典第188条）的规定，根据下列不同情况分别起算：

（一）中国证券监督管理委员会或其派出机构公布对虚假陈述行为人作出处罚决定之日；

（二）中华人民共和国财政部、其他行政机关以及有权作出行政处罚的机构公布对虚假陈述行为人作出处罚决定之日；

（三）虚假陈述行为人未受行政处罚，但已被人民法院认定有罪的，作出刑事判决生效之日。

因同一虚假陈述行为，对不同虚假陈述行为人作出2个以上行政处罚；或者既有行政处罚，又有刑事处罚的，以最先作出的行政处罚决定公告之日或者作出的刑事判决生效之日，为诉讼时效起算之日。

【法释［2022］2号】 最高人民法院关于审理证券市场虚假陈述侵权民事赔偿案件的若干规定（2021年12月30日最高法审委会［1860次］通过，2022年1月21日公布，2022年1月22日起施行；法明传［2001］43号《关于受理证券市场因虚假陈述引发的民事侵权纠纷案件有关问题的通知》、法释［2003］2号《关于审理证券市场因虚假陈述引发的民事赔偿案件的若干规定》同时废止）②

第32条 当事人主张以揭露日或更正日起算诉讼时效的，人民法院应当予以

---

① 注：本《规定》被"法释［2022］2号"规定废止，2022年1月22日起施行。

② 注：法释［2007］12号《最高人民法院关于审理涉及会计师事务所在审计业务活动中民事侵权赔偿案件的若干规定》与本规定不一致的，以本规定为准。

支持。揭露日与更正日不一致的，以在先的为准。

对于虚假陈述责任人中的一人发生诉讼时效中断效力的事由，应当认定对其他连带责任人也发生诉讼时效中断的效力。

第 33 条　在诉讼时效期间内，部分投资者向人民法院提起人数不确定的普通代表人诉讼的，人民法院应当认定该起诉行为对所有具有同类诉讼请求的权利人发生时效中断的效果。

在普通代表人诉讼中，未向人民法院登记权利的投资者，其诉讼时效自权利登记期间届满后重新开始计算。向人民法院登记权利后申请撤回权利登记的投资者，其诉讼时效自撤回权利登记之次日重新开始计算。

投资者保护机构依照证券法第 95 条第 3 款的规定作为代表人参加诉讼后，投资者声明退出诉讼的，其诉讼时效自声明退出之次日起重新开始计算。

【**法二巡（会 3）[2022] 22 号**】　**撤诉与诉讼时效**①（最高法第二巡回法庭 2021 年第 18 次法官会议纪要）

《民法典》第 195 条规定了"提起诉讼"作为诉讼时效中断的事由，《诉讼时效规定》第 10 条进一步明确诉讼时效从提交起诉状或者口头起诉之日起中断。本案中，权利人虽申请撤诉并经法院审查予以同意，但不影响诉讼时效中断的效力。提起诉讼属于法律规定的诉讼时效中断的持续性事由，应以程序终结之时重新起算诉讼期间。对于起诉后又撤诉引起诉讼程序终结的，诉讼时效期间从法院作出的民事裁定书送达生效之日起重新计算。

（涉灾涉疫中断）

【**法 [2008] 164 号**】　**最高人民法院关于依法做好抗震救灾恢复重建期间民事审判和执行工作的通知**（针对 2008 年 5 月 12 日四川省汶川县特大地震，2008 年 6 月 6 日印发）

四、当事人因四川汶川特大地震不可抗力不能及时主张权利的，依照民法通则的规定诉讼时效中止，从中止时效的原因消除之日起，诉讼时效期间继续计算。……

【**法发 [2008] 21 号**】　**最高人民法院关于处理涉及汶川地震相关案件适用法律问题的意见**（一）（2008 年 7 月 14 日）

七、对民法通则第 139 条（现民法典第 194 条）规定的"中止时效的原因消除"、民事诉讼法第 76 条规定的"障碍消除"、第 136 条（现第 153 条）规定的"中止诉讼的原因消除"以及第 232 条（现第 267 条）规定的"中止的情形消

───────────────

①　贺小荣主编：《最高人民法院第二巡回法庭法官会议纪要（第三辑）》，人民法院出版社 2022 年版，第 393 页。

失"，《最高人民法院关于执行〈中华人民共和国行政诉讼法〉若干问题的解释》第 51 条规定的 "中止诉讼的原因消除" 之日的确定，要区别灾区不同情况，坚持从宽掌握的原则，结合个案具体情况具体分析。

人民法院在确定时可以考虑以下因素：1. 人民法院恢复正常工作的情况；2. 当地恢复重建进展的情况；3. 失踪当事人重新出现、财产代管人经依法确定、被有关部门确定死亡或被人民法院宣告死亡明确继承人的情况；4. 作为法人或其他组织的当事人恢复经营能力或者已经确立权利义务承受人的情况。

【法 ［2010］178 号】 最高人民法院关于依法做好抗震救灾和恢复重建期间审判工作切实维护灾区社会稳定的通知（针对 2010 年 4 月 14 日青海省玉树藏族自治州 7.1 级特大地震，2010 年 4 月 19 日印发）

七、当事人因青海玉树特大地震不可抗力不能及时主张权利的，依照民法通则的规定诉讼时效中止，从中止时效的原因消除之日起，诉讼时效期间继续计算。……

【法发 ［2020］12 号】 最高人民法院关于依法妥善审理涉新冠肺炎疫情民事案件若干问题的指导意见（一）（2020 年 4 月 16 日）

六、依法中止诉讼时效。在诉讼时效期间的最后 6 个月内，因疫情或者疫情防控措施不能行使请求权，权利人依据《中华人民共和国民法总则》第 194 条（现民法典第 194 条）第 1 款第 1 项规定主张诉讼时效中止的，人民法院应予支持。

（仲裁与调解）

【主席令 ［1994］28 号】 中华人民共和国劳动法（1994 年 7 月 5 日全国人大常委会［8 届 8 次］通过，1995 年 5 月 1 日起施行；根据主席令［2018］24 号新修，2018 年 12 月 29 日公布施行）

第 83 条 劳动争议当事人对仲裁裁决不服的，可以自收到仲裁裁决书之日起 15 日内向人民法院提起诉讼。一方当事人在法定期限内不起诉又不履行仲裁裁决的，另一方当事人可以申请人民法院强制执行。

第 84 条（第 2 款） 因履行集体合同发生争议，当事人协商解决不成的，可以向劳动争议仲裁委员会申请仲裁；对仲裁裁决不服的，可以自收到仲裁裁决书之日起 15 日内向人民法院提起诉讼。

【主席令 ［1994］31 号】 中华人民共和国仲裁法（1994 年 8 月 31 日全国人大常委会［8 届 9 次］通过，1995 年 9 月 1 日起施行；根据主席令［2017］76 号新修，2018 年 1 月 1 日起施行）

第 74 条 法律对仲裁时效有规定的，适用该规定。法律对仲裁时效没有规定的，适用诉讼时效的规定。

【主席令［2007］80 号】　中华人民共和国劳动争议调解仲裁法（2007 年 12 月 29 日全国人大常委会［10 届 31 次］通过，2008 年 5 月 1 日起施行）

第 48 条　劳动者对本法第 47 条（详见本书第 248 条）规定的仲裁裁决不服的，可以自收到仲裁裁决书之日起 15 日内向人民法院提起诉讼。

第 49 条　用人单位有证据证明本法第 47 条规定的仲裁裁决有下列情形之一，可以自收到仲裁裁决书之日起 30 日内向劳动争议仲裁委员会所在地的中级人民法院申请撤销裁决：……（详见本书第 248 条）

仲裁裁决被人民法院裁定撤销的，当事人可以自收到裁定书之日起 15 日内就该劳动争议事项向人民法院提起诉讼。

第 50 条　当事人对本法第 47 条规定以外的其他劳动争议案件的仲裁裁决不服的，可以自收到仲裁裁决书之日起 15 日内向人民法院提起诉讼；期满不起诉的，裁决书发生法律效力。

【主席令［2009］14 号】　中华人民共和国农村土地承包经营纠纷调解仲裁法（2009 年 6 月 27 日全国人大常委会［11 届 9 次］通过，2010 年 1 月 1 日起施行）

第 48 条　当事人不服仲裁裁决的，可以自收到裁决书之日起 30 日内向人民法院起诉。逾期不起诉的，裁决书即发生法律效力。

【法释［2013］23 号】　最高人民法院关于人事争议申请仲裁的时效期间如何计算的批复（2013 年 9 月 9 日最高法审委会［1590 次］通过，2013 年 9 月 12 日公布，答复四川高院"川高法［2012］430 号"请示，2013 年 9 月 22 日起施行）

依据《中华人民共和国劳动争议调解仲裁法》第 27 条第 1 款、第 52 条的规定，当事人自知道或者应当知道其权利被侵害之日起 1 年内申请仲裁，仲裁机构予以受理的，人民法院应予认可。

【法释［2014］1 号】　最高人民法院关于审理涉及农村土地承包经营纠纷调解仲裁案件适用法律若干问题的解释（2013 年 12 月 27 日最高法审委会［1601 次］通过，2014 年 1 月 9 日公布，2014 年 1 月 24 日起施行；根据法释［2020］17 号《决定》修正，2021 年 1 月 1 日起施行）

第 11 条　当事人因不服农村土地承包仲裁委员会作出的仲裁裁决向人民法院提起诉讼的，起诉期从其收到裁决书的次日起计算。

【法［2016］399 号】　第八次全国法院民事商事审判工作会议（民事部分）纪要（最高法 2016 年 11 月 21 日印发）

六、关于劳动争议纠纷案件的审理

（二）关于仲裁时效问题

27. 当事人在仲裁阶段未提出超过仲裁申请期间的抗辩，劳动人事仲裁机构作出实体裁决后，当事人在诉讼阶段又以超过仲裁时效期间为由进行抗辩的，人民法院不予支持。

当事人未按照规定提出仲裁时效抗辩，又以仲裁时效期间届满为由申请再审或者提出再审抗辩的，人民法院不予支持。

【主席令［2018］20 号】 中华人民共和国公务员法（2018 年 12 月 29 日全国人大常委会［13 届 7 次］修订，2019 年 6 月 1 日起施行）

第 105 条（第 1 款） 聘任制公务员与所在机关之间因履行聘任合同发生争议的，可以自争议发生之日起 60 日内申请仲裁。

（第 3 款） 当事人对仲裁裁决不服的，可以自接到仲裁裁决书之日起 15 日内向人民法院提起诉讼。……

【法发［2020］8 号】 最高人民法院关于人民法院深化"分调裁审"机制改革的意见（2020 年 2 月 10 日）

12. 明确诉前调解先诉管辖原则。当事人申请诉前调解的，诉讼时效从当事人向人民法院提起诉讼之日中断。因双方达不成调解协议转立案的，在发生管辖权争议时，以编立"诉前调"字号时间作为确定先诉管辖的依据。

【主席令［2022］114 号】 中华人民共和国体育法（1995 年 8 月 29 日全国人大常委会［8 届 15 次］通过，1995 年 10 月 1 日起施行；2022 年 6 月 24 日全国人大常委会［13 届 35 次］新修，2023 年 1 月 1 日起施行）

第 96 条 对体育社会组织、运动员管理单位、体育赛事活动组织者的处理决定或者内部纠纷解决机制处理结果不服的，当事人自收到处理决定或者纠纷处理结果之日起 21 日①内申请体育仲裁。

第 98 条 有下列情形之一的，当事人可以自收到仲裁裁决书之日起 30 日内向体育仲裁委员会所在地的中级人民法院申请撤销裁决：……（详见本书第248 条）

（借贷纠纷）

【法复［1994］3 号】 最高人民法院关于债务人在约定的期限届满后未履行债务而出具没有还款日期的欠款条诉讼时效期间应从何时开始计算问题的批复（1994 年 3 月 26 日答复山东高院"鲁高法［1992］70 号"请示；根据法释［2020］17 号《决定》修正，2021 年 1 月 1 日起施行）

---

① 注：本处规定的仲裁时效期间比较特别，本书特予以标注。

据你院报告称，双方当事人原约定，供方交货后，需方立即付款。需方收货后因无款可付，经供方同意写了没有还款日期的欠款条。根据民法典第195条的规定，应认定诉讼时效中断。如果供方在诉讼时效中断后一直未主张权利，诉讼时效期间则应从供方收到需方所写欠款条之日起~~之日的第二天开始~~重新计算。①

【民二他字［2005］35号】　最高人民法院关于买受人在交易时未支付价款向出卖人出具没有还款日期的欠款条诉讼时效期间应从何时开始计算问题的请示的答复（2006年3月10日答复广东高院"粤高法民一请字［2005］1号"请示）

根据你院报告所述情况，冯树根向广州市白云农业综合服务有限公司（以下简称白云农业公司）购买农药，双方并未签订书面买卖合同，也无证据证明双方对合同的履行期限进行约定，因此，该合同属于未定履行期限的合同。根据《中华人民共和国合同法》第62条第（四）项②及《中华人民共和国民法通则》第88条第2款第（二）项③、第137条（现民法典第188条第2款）的规定，本案诉讼时效期间应从白云农业公司向冯树根主张权利时起算。本案不符合法复［1994］3号批复适用的条件，故同意你院审判委员会多数意见。

【法释［1999］7号】　最高人民法院关于超过诉讼时效期间借款人在催款通知单上签字或者盖章的法律效力问题的批复（1999年1月29日最高法审委会［1042次］通过，1999年2月1日公布，答复河北高院"［1998］冀经一请字第38号"请示，1999年2月16日起施行）

根据《中华人民共和国民法通则》第4条、第90条规定的精神，对于超过诉讼时效期间，信用社向借款人发出催收到期贷款通知单，债务人在该通知单上签字或者盖章的，应当视为对原债务的重新确认，该债权债务关系应受法律保护。

【民二他字［2003］59号】　最高人民法院关于超过诉讼时效期间后债务人向债权人发出确认债务的询证函的行为是否构成新的债务的请示的答复（2004年6月4日答复重庆高院"渝高法［2003］232号"请示）

根据你院请示的中国农业银行重庆市渝中区支行与重庆包装技术研究所、重

---

① 本书注：本《批复》适用的前提条件为双方约定了付款期限（本案为立即付款）、期限届满后出具了无还款日期的欠款条。在此情形下，应当认定为还款期限依然届满，但诉讼时效在债权人主张权利时产生中断（出具欠款条也视为债权人主张权利）。假如，双方从未约定过还款期限，则债权人可以随时主张权利；此时若债务人未还款，则视为债权人的权利被侵害，开始计算诉讼时效。

② 现《民法典》第510条第4项："履行期限不明确的，债务人可以随时履行，债权人也可以随时请求履行，但是应当给对方必要的准备时间。"

③ 该项规定与《合同法》第62条第4项相似，现已并入《民法典》第510条第4项。

庆嘉陵企业公司华西国际贸易公司借款合同纠纷案有关事实，重庆嘉陵企业公司华西国际贸易公司于诉讼时效期间届满后主动向中国农业银行重庆市渝中区支行发出询证函核对贷款本息的行为，与本院法释［1999］7 号《关于超过诉讼时效期间借款人在催款通知单上签字或盖章的法律效力问题的批复》所规定的超过诉讼时效期间后借款人在信用社发出的催款通知单上签字或盖章的行为类似，因此，对债务人于诉讼时效期间届满后主动向债权人发出询证函核对贷款本息行为的法律后果问题可参照本院上述《关于超过诉讼时效期间借款人在催款通知单上签字或盖章的法律效力问题的批复》的规定进行认定和处理。

【民二他字［2004］28 号】 **最高人民法院关于借款到期后债务人在多份空白催收通知单上加盖公章如何计算诉讼时效的请示的答复**（2004 年 11 月 1 日答复河南高院）

京开大道农行主张其行使债权未超过诉讼时效的依据是 3 份催款通知书，其与食品公司同时认可落款时间为 1998 年 10 月 9 日、2000 年 8 月 29 日、2000 年 9 月 8 日的 3 张空白催收通知单上食品公司的印章均是 1998 年加盖的，后 2 个时间是京开大道农行后来填写的。因京开大道农行认可其未在该对应时间内向食品公司催收过欠款，应视为京开大道农行未在诉讼时效期间内以相对人食品公司知晓的方式行使过请求权，故不适用诉讼时效中断的规定。

同时，时效制度属强制性规定，不允许当事人依自由意志排除时效的适用或改变时效期间。故即使按你院审判委员会的多数意见认为"食品公司在空白催收章上加盖公章的行不是其授权京开大道农行可以根据需要在催收通知单上任意填写时间的真实意思表示，即放弃了因时效期间届满而产生的时效利益和抗辩权"，但因其属于提前抛弃时效的行为，亦应认定为无效。

【法经［2000］244 号】 **最高人民法院关于借款合同中约定借款分期偿还应如何计算诉讼时效期间的答复**（2000 年 10 月 26 日答复山东高院"鲁法经［1999］25 号"请示）

在借款、买卖合同中，当事人约定分期履行合同债务的，诉讼时效应当从最后一笔债务履行期届满之次日开始计算。

【法函［2004］23 号】 **最高人民法院关于分期履行的合同中诉讼时效应如何计算问题的答复**（2004 年 4 月 6 日答复云南高院）

对分期履行合同的每一期债务发生争议的，诉讼时效期间自该期债务履行期届满之日的次日起算。

【民二他字［2003］20 号】　最高人民法院关于审理光大银行诉中一公司欠款纠纷一案适用诉讼时效中止问题的答复（2003 年 7 月 4 日答复辽宁高院"［2003］辽民二终字第 3 号"请示）

我院在法明传［1999］291 号《关于中国光大银行接收原中国投资银行有关问题的通知》（以下简称《通知》）中规定，对涉及原中国投资银行的经济纠纷案件尚未受理的暂不受理。其目的是为了方便投资银行与光大银行办理资产交接手续。

就本案情况而言，在《通知》规定的暂缓受理涉及投资银行案件期间开始时，光大银行与中一公司所争讼债务的履行期尚未届满，诉讼时效期间尚未开始计算。只有在资产移交完毕后债权人方可知晓自己所接收的债务是否处于被侵害的情况。

所以，依照《中华人民共和国民法通则》第 137 条（现民法典第 188 条第 2 款）关于"诉讼时效期间从知道或者应当知道权利被侵害时起计算"的规定，本案诉讼时效期间应当从资产交接完毕之日，即《通知》规定的中止期限届满日（1999 年 12 月 31 日）之次日起开始计算两年。光大银行于 2001 年 1 月 17 日向中一公司主张债权没有超过法定诉讼时效。

【民监他字［2005］10 号】　最高人民法院关于中国农业银行西藏自治区分行、中国人民银行拉萨中心支行与北京阿贝斯广告有限公司汇兑合同纠纷一案的答复（2006 年 3 月 27 日答复西藏高院）

北京市第二中级人民法院就北京阿贝斯广告有限公司诉工商银行北京东城支行汇兑纠纷作出终审判决认定工商银行北京东城支行不承担过错责任之日，应为北京阿贝斯广告有限公司知道或应当知道其权利系被工商银行北京东城支行之外的民事主体所侵害之日。因此，北京阿贝斯广告有限公司对中国农业银行西藏自治区分行等诉讼时效期间应从北京市第二中级人民法院作出上述终审判决之日开始起算。

【民二他字［2005］48 号】　最高人民法院关于中国建设银行信阳分行民权路支行与信阳市自来水（集团）有限责任公司、河南华夏光学电子仪器厂借款担保合同纠纷一案的答复（2005 年 12 月 2 日答复河南高院）

1998 年 9 月 21 日，中国建设银行信阳分行民权路支行（以下简称建行民权路支行）向信阳市自来水（集团）有限责任公司下发了"河南省建设投资总公司贷款单位情况调查表"，该表包括贷款本金、逾期本金、逾期利息、还款计划等内容，故应认定其具有债权人向债务人主张权利的意思表示，具有诉讼时效中断的法律效力。

因本案所涉贷款系河南省基本建设基金，河南省建设投资总公司代表河南省政府经营管理该基金，并由河南省计划委员会统筹经营管理行为，故河南省计划委员会单独或与中国建设银行河南省分行联合下发的关于省基本建设经营性基金贷款回收计划的有关文件具有债权人主张权利的内容。其中豫计投资［1997］566 号文件及豫计投资［1998］568 号文件的发放对象均非借款人，其主张权利的意思表示并未到达债务人，故不具有诉讼时效中断的法律效力；豫计投资［2000］532 号文件的发放对象包括借款单位，但其是否具有诉讼时效中断的法律效力，应视你院查明该文件是否送达债务人的事实而定。

综上，同意你院审委会关于调查表具有诉讼时效中断的法律效力的意见。

【法发［2009］19 号】　最高人民法院关于审理涉及金融不良债权转让案件工作座谈会纪要（2008 年 10 月 14 日在海口召开；2009 年 3 月 30 日印发）①

十一、（第 2 款）　国有银行或者金融资产管理公司根据《关于贯彻执行最高人民法院"12 条"司法解释有关问题的函的答复》的规定，在全国或省级有影响的报纸上发布有催收内容的债权转让通知或公告的，该公告或通知之日应为诉讼时效的实际中断日，新的诉讼时效应自此起算。上述公告或者通知对保证合同诉讼时效发生同等效力。

【法释［2023］13 号】　最高人民法院关于适用《中华人民共和国民法典》合同编通则若干问题的解释（2023 年 5 月 23 日最高法审委会［1889 次］通过，2023 年 12 月 4 日公布，次日 2023 年 12 月 5 日起施行）

第 58 条　当事人互负债务，一方以其诉讼时效期间已经届满的债权通知对方主张抵销，对方提出诉讼时效抗辩的，人民法院对该抗辩应予支持。一方的债权诉讼时效期间已经届满，对方主张抵销的，人民法院应予支持。

（购销纠纷）

【法经（复）［1990］号】　最高人民法院经济审判庭关于济南重型机械厂诉中国技术进出口总公司加工步进式管机合同纠纷案件诉讼时效问题的电话答复（1990 年 3 月 24 日答复山东高院"鲁法（经）发［1990］16 号"请示）

中技公司撤销刘润生兴鲁公司经理职务，济南重机厂并不知道。况且，刘润生被撤销经理职务后仍为兴鲁公司工作人员。济南重机厂向其主张权利应视为向兴鲁公司主张权利，刘润生 1987 年 11 月 26 日给济南重机厂写信表示付款，应视为以法人名义所为的法律行为。因此，济南重机厂 1989 年 9 月 30 日向中技公司主张权利，未超过法定诉讼时效。

---

① 最高人民法院立案庭：《立案工作指导》2009 年第 2 辑，人民法院出版社 2009 年 12 月第 1 版。

【法经字［1991］160 号】   最高人民法院经济审判庭关于诉讼时效期间问题的复函（1991 年 11 月 19 日答复江西高院经济审判庭"赣法经［1991］3 号"请示）

因出售质量不合格的商品而未声明引起的损害消费者利益的侵权诉讼和因产品质量不合格造成他人人身、财产损害引起的追究产品责任的侵权诉讼，适用民法通则第 136 条（已废止）规定的 1 年的诉讼时效期间；至于购销、加工承揽等经济合同因质量纠纷引起的追究违约责任的合同诉讼，应当适用民法通则第 135 条（现民法典第 188 条）规定的 2 年（现规定 3 年）的诉讼时效期间。

【法函［1992］10 号】   最高人民法院关于购销合同标的物掺杂使假引起的诉讼如何确定诉讼时效的复函（1992 年 1 月 16 日答复辽宁高院"［1991］经上字第 4 号"请示）

因购销合同的标的物掺杂使假引起的纠纷，应当适用《中华人民共和国民法通则》第 135 条（现民法典第 188 条）规定，即"向人民法院请求保护民事权利的诉讼时效期间为 2 年（现 3 年）"。

【民二他字［2002］30 号】   最高人民法院关于阜新液压件厂与盼盼集团有限公司购销合同纠纷案件诉讼时效请示问题的答复（2003 年 3 月 31 日答复辽宁高院）

根据你院请示报告中所述的事实，1998 年 5 月 1 日，阜新液压件厂（以下简称液压件厂）对原营口机床厂（以下简称机床厂）提起诉讼时，并不知道机床厂与盼盼集团有限公司（以下简称盼盼集团）正在办理收购事宜。此后，液压件厂在同样不知道机床厂已被盼盼集团收购的情况下，于 1999 年 5 月 6 日再次向机床厂及其法定代表人主张债权，对该行为应当视为《中华人民共和国民法通则》第 140 条规定的"当事人一方提出要求"而使诉讼时效中断的行为。

液压件厂对机床厂的诉讼时效应从 1999 年 5 月 6 日起重新计算。液压件厂于 2000 年 5 月 18 日对承接原机床厂债权债务的盼盼集团所提起的诉讼并未超过 2 年的诉讼时效期间。

【民监他字［2002］10 号】   最高人民法院关于佳木斯市大成经贸公司与同江市临江粮库拖欠货款纠纷一案的复函（2002 年 11 月 29 日答复黑龙江高院"［2001］黑监民监字第 3 号"请示）

经研究认为，本案诉讼时效期间应从 1994 年 5 月至 6 月双方对账时起计算。1995 年 6~8 月份期间，双方曾协商通过抹账方式解决"尚欠余款"，应认定为诉讼时效的中断。临江粮库就其债权直至 1998 年 3 月才诉至法院，其间 2 年零 7 个月，且据你院报告称，其未举出有关时效再行中断、中止的有效证据。据此，同意你院关于临江粮库的起诉已超过诉讼时效期间的倾向性意见。

（公司纠纷）

【民二他字［2001］19号】 最高人民法院对江苏省高级人民法院关于中国电子进出口公司江苏公司与江苏省信息产业厅等股权纠纷一案请示的答复（2002年11月15日答复江苏高院"［2002］苏民终字第038号"请示）

……股权关系不仅涉及纠纷当事人，而且还对公司以及其他股东甚至公司债权人等诸多主体产生影响，因股权归属产生的纠纷应及早解决。因此，在法律没有特别规定的情况下，当股权受到他人侵害时，请求法律保护的诉讼时效应适用《民法通则》第135条（现民法典第188条）的规定。

【法释［2001］12号】 最高人民法院关于审理涉及金融资产管理公司收购、管理、处置国有银行不良贷款形成的资产的案件适用法律若干问题的规定（2001年4月3日最高法审委会［1167次］通过，2001年4月11日公布，2001年4月23日起施行；2020年12月29日被《最高人民法院关于废止部分司法解释及相关规范性文件的决定》（法释［2020］16号）宣布废止，2021年1月1日起施行）（详见本书第243条）

第10条 债务人在债权转让协议、债权转让通知上签章或者签收债务催收通知的，诉讼时效中断。原债权银行在全国或者省级有影响的报纸上发布的债权转让公告或通知中，有催收债务内容的，该公告或通知可以作为诉讼时效中断证据。

【法函［2002］3号】 最高人民法院对《关于贯彻执行最高人民法院"12条"司法解释有关问题的函》的答复（2002年1月7日答复信达、华融、长城、东方资产管理公司"信总报［2001］64号"函）

依据我院《关于审理涉及金融资产管理公司收购、管理、处置国有银行不良贷款形成的资产的案件适用法律若干问题的规定》（以下简称《规定》）①第10条规定，为了最大限度地保全国有资产，金融资产管理公司在全国或省级有影响的报纸上发布的有催收内容的债权转让公告或通知所构成的诉讼时效中断，可以溯及至金融资产管理公司受让原债权银行债权之日；金融资产管理公司对已承接的债权，可以在上述报纸上以发布催收公告的方式取得诉讼时效中断（主张权利）的证据。关于涉及资产管理公司清收不良资产的诉讼案件，其"管辖问题"应按《规定》执行。

---

① 注：该《规定》（法释［2001］12号）已被《最高人民法院关于废止部分司法解释及相关规范性文件的决定》（法释［2020］16号，2020年12月29日公布，2021年1月1日起施行）宣布废止。

【主席令［2023］15 号】　中华人民共和国公司法（2023 年 12 月 29 日全国人大常委会［14 届 7 次］修订，2024 年 7 月 1 日起施行）

第 89 条（第 2 款）　自股东会会议决议作出/通过之日起 60 日内，股东与公司不能达成股权收购协议的，股东可以自股东会会议决议作出/通过之日起 90 日内向人民法院提起诉讼。

【法释［2006］3 号】　最高人民法院关于适用《中华人民共和国公司法》若干问题的规定（一）（2006 年 3 月 27 日最高法审委会［1382 次］通过，2006 年 4 月 28 日公布，2006 年 5 月 9 日起施行）

第 3 条　原告以公司法……第 75 条（现第 89 条）第 2 款规定事由，向人民法院提起诉讼时，超过公司法规定期限的，人民法院不予受理。

第 6 条　本规定自公布之日起实施。①

（担保纠纷）

【法［1988］号】　最高人民法院关于作为保证人的合伙组织被撤销后自行公告限期清理债权债务的，债权人在诉讼时效期间内有权要求合伙人承担保证责任问题的批复（1988 年 10 月 18 日答复贵州高院"黔法［1988］经请字第 2 号"请示）

兴义县联营辉瑞贸易公司作为邓国强的保证人，对于邓国强未按合同给付租金，应当向中国工商银行兴义县支行承担连带清偿责任。辉瑞公司在被工商行政管理机关撤销后，张贴公告，限期清结债权债务，并声明过期不负责，这对债权人并无法律上的约束力。

中国工商银行兴义支行在民法通则规定的诉讼时效期间内，有权要求辉瑞贸易公司承担保证责任。鉴于辉瑞贸易公司实际上是合伙组织，被撤销后，应由合伙人以自己的财产承担连带保证责任。

【民二他字［2002］号】　最高人民法院对《关于处理担保法生效前发生保证行为的保证期间问题的通知》适用问题的请示的答复（2002 年 10 月 14 日答复中国银行"中银发［2002］45 号"请示）

根据本院 1994 年 4 月 15 日发布的《关于审理经济合同纠纷案件有关保证的若干问题的规定》（法发［1994］8 号）第 11 条规定，保证合同中没有约定保证责任期限或者约定不明确的，保证人应当在被保证人承担责任的期限内承担保证责任。在主债权已超过 2 年诉讼时效后，债权人和债务人又对原债务予以重新确

---

① 注：经核《最高人民法院公报》2006 年第 6 期，本规定公告的落款日期为 2006 年 4 月 28 日，且公告明确本规定自 2006 年 5 月 9 日起施行。公告内容与本条规定相矛盾。

认的，不符合本院《关于处理担保法生效前发生保证行为的保证期间问题的通知》（法［2002］144号）第1条关于"债权人已经在法定诉讼时效期间内向主债务人主张了权利，使主债务没有超过诉讼时效期间"的规定条件。在此情况下，不能认为"主债权没有丧失诉讼时效"。既然原主债务之诉讼时效已经届满，则保证期间亦随之届满。如保证人未对重新确认后的债务提供担保，则保证人对该债务不再承担保证责任。

【民二他字［2002］32号】 最高人民法院对《关于担保期间债权人向保证人主张权利的方式及程序问题的请示》的答复（2002年11月22日答复青海高院"［2002］青民二字第10号"请示）

1. 本院2002年8月1日下发的《关于处理担保法生效前发生保证行为的保证期间问题的通知》第1条规定的"向保证人主张权利"和第2条规定的"向保证人主张债权"，其主张权利的方式可以包括"提起诉讼"和"送达清收债权通知书"等。其中"送达"既可由债权人本人送达，也可以委托公证机关送达或公告送达（在全国或省级有影响的报纸上刊发清收债权公告）。

2. 该《通知》第2条的规定的意义在于，明确当主债务人进入破产程序，在"债权人没有申报债权"或"已经申报债权"2种不同情况下，债权人应当向保证人主张权利的期限。根据《最高人民法院关于适用〈中华人民共和国担保法〉若干问题的解释》第44条第1款的规定，在上述情况下，债权人可以向人民法院申报债权，也可以向保证人主张权利。因此，对于债权人申报了债权，同时又起诉保证人的保证纠纷案件，人民法院应当受理。在具体审理并认定保证人应承担保证责任的金额时，如需等待破产程序结束的，可依照《中华人民共和国民事诉讼法》第136条第1款第（五）项的规定，裁定中止诉讼。人民法院如径行判决保证人承担保证责任，应当在判决中明确应扣除债权人在债务人破产程序中可以分得的部分。

【民二他字［2003］25号】 最高人民法院关于在保证期间内保证人在债权转让协议上签字并承诺履行原保证义务能否视为债权人向担保人主张过债权及认定保证合同的诉讼时效如何起算等问题请示的答复（2003年9月8日答复云南高院"云高法报［2003］5号"请示）

《中华人民共和国担保法》（以下简称《担保法》）第26条第1款规定的债权人要求保证人承担保证责任应包括债权人在保证期间内向保证人主动催收或提示债权，以及保证人在保证期间内向债权人作出承担保证责任的承诺2种情形。

请示所涉案件的保证人个旧市配件公司于保证期间内，在所担保的债权转让协议上签字并承诺"继续履行原保证合同项下的保证义务"即属《担保法》第26条第1款所规定的债权人要求保证人承担保证责任的规定精神。

依照本院《关于适用〈中华人民共和国担保法〉若干问题的解释》第 34 条第 2 款的规定，自保证人个旧市配件公司承诺之日起，保证合同的诉讼时效开始计算。故同意你院第一种意见。

【民二他字［2003］39 号】　　最高人民法院关于甘肃省高级人民法院就在诉讼时效期间债权人依法将主债权转让给第三人保证人是否继续承担保证责任等问题请示的答复（2003 年 10 月 20 日答复甘肃高院"甘高法［2003］176 号"请示）

一、在诉讼时效期间，凡符合《中华人民共和国合同法》第 81 条（现民法典第 547 条）和《中华人民共和国担保法》第 22 条①（已废止）规定的，债权人将主债权转让给第三人，保证债权作为从权利一并转移，保证人在原保证担保的范围内继续承担保证责任。

二、按照《关于适用〈中华人民共和国担保法〉若干问题的解释》第 36 条第 1 款的规定，主债务诉讼时效中断，连带保证债务诉讼时效不因主债务诉讼时效中断而中断。按照上述解释第 34 条第 2 款的规定，连带责任保证的债权人在保证期间内要求保证人承担保证责任的，自该要求之日起开始计算连带保证债务的诉讼时效。《最高人民法院对〈关于贯彻执行最高人民法院"12 条"司法解释有关问题的函〉的答复》是答复四家资产管理公司的，其目的是为了最大限度地保全国有资产。因此，债权人对保证人有公告催收行为的，人民法院应比照适用《最高人民法院关于审理涉及金融资产公司收购、管理、处置国有银行不良贷款形成的资产的案件适用法律若干问题的规定》第 10 条的规定，认定债权人对保证债务的诉讼时效中断。

【法（稿）［2010］号】　　最高人民法院关于无效合同所涉诉讼时效问题的规定（征求意见稿）（2010 年 11 月 17 日公布，截止至 2010 年 12 月 31 日②）

第 1 条（无效合同所涉请求权是否适用诉讼时效）　　当事人对确认合同无效请求权提出诉讼时效抗辩的，人民法院不予支持，但当事人可以对作为债权请求权的返还财产、赔偿损失请求权提出诉讼时效抗辩。

第 2 条（返还财产、赔偿损失请求权诉讼时效期间的起算）

方案 1、合同无效，当事人一方请求另一方返还财产、赔偿损失的，诉讼时

---

① 《担保法》（已废止）第 22 条：保证期间，债权人依法将主债权转让给第三人的，保证人在原保证担保的范围内继续承担保证责任。保证合同另有约定的，按照约定。

《民法典》第 696 条：债权人转让全部或者部分债权，未通知保证人的，该转让对保证人不发生效力。// 保证人与债权人约定禁止债权转让，债权人未经保证人书面同意转让债权的，保证人对受让人不再承担保证责任。

② 一直未见正式发布，仅供参考。

效期间从合同被确认无效之日起计算，但自合同履行期限届满之日起超过 20 年，当事人一方提出诉讼时效抗辩的，人民法院不予支持。

方案 2、合同无效，一方当事人请求另一方当事人返还财产、赔偿损失的，诉讼时效期间从合同履行期限届满之日起计算。

方案 3、合同履行期限届满，合同尚未履行或者未完全履行的，合同法律关系中的一方当事人请求另一方当事人返还财产、赔偿损失的，诉讼时效期间从履行期限届满之日起计算。

前款之外其他情形，诉讼时效期间从合同被确认无效之日起计算，但自合同履行期限届满之日起超过 20 年的，人民法院不予保护。

第 3 条（因保证合同无效产生的赔偿损失请求权的诉讼时效期间起算）

方案 1、保证合同无效，债权人请求保证人赔偿损失的，诉讼时效期间从保证合同被确认无效之日起计算，但债权人在保证期间内未向保证人主张权利，人民法院不予支持（同第 2 条方案 1 的思路相衔接）。

方案 2、保证合同无效，债权人请求保证人赔偿损失，其在保证期间内向连带保证人主张权利的，诉讼时效期间从主张权利之日起计算；未主张过权利的，人民法院不予支持。其在保证期间内向一般保证人主张权利的，诉讼时效期间从判决或者仲裁裁决生效之日起计算；未主张权利的，人民法院不予支持（同第 2 条方案 2 的思路相衔接）。

方案 3、保证合同无效，债权人请求保证人赔偿损失，在主合同履行期限届满，主合同尚未履行或者未完全履行的情形下，其在保证期间内，向连带保证人主张权利的，诉讼时效期间从主张权利之日起计算；向一般保证人主张权利的，诉讼时效期间从判决或者仲裁裁决生效之日起计算。在保证期间内，债权人未向保证人主张权利的，人民法院不予支持。

前款之外其他情形，诉讼时效期间从保证合同被确认无效之日起计算，但债权人在保证期间内未向保证人主张权利的，人民法院不予支持（同第 2 条方案 3 的思路相衔接）。

第 4 条（因抵押合同无效而产生的赔偿损失请求权的诉讼时效期间起算）

方案 1、抵押合同无效，债权人请求抵押人赔偿损失，诉讼时效期间从抵押合同被确认无效之日起计算，但其未在抵押权行使期间内向抵押人主张权利的，人民法院不予支持（同第 2 条方案 1 的思路相衔接）。

方案 2、抵押合同无效，债权人请求抵押人赔偿损失，抵押权人在抵押权行使期间内向抵押人主张权利的，诉讼时效期间从主张权利之日起计算；未主张权利的，人民法院不予支持（同第 2 条方案 2 的思路相衔接）。

方案 3、抵押合同无效，债权人请求抵押人赔偿损失，在主合同履行期限届满，主合同尚未履行或者未完全履行的情形下，抵押权人在抵押权行使期间内向抵押人主张权利的，诉讼时效期间从主张权利之日起计算；未主张权利的，人民法院不予支持。

前款之外其他情形，诉讼时效期间从抵押合同被确认无效之日起计算，但抵押权人未在抵押权行使期间内主张过权利的，人民法院不予支持（同第 2 条方案 3 的思路相衔接）。

第 5 条（因质押合同、留置合同无效产生的赔偿损失请求权的诉讼时效期间起算）

方案 1、质押合同、留置合同无效，债权人请求担保人赔偿损失的，诉讼时效期间从合同被确认无效之日起计算，但自合同履行期限届满之日起超过 20 年的，对当事人一方的诉讼时效抗辩，人民法院不予支持（如采纳同第 2 条方案 1 的思路，此条无必要）。

方案 2、质押合同、留置合同无效，债权人请求担保人返还财产、赔偿损失的，诉讼时效期间从主债务履行期限届满之日起计算（同第 2 条方案 2 的思路相衔接）。

方案 3、质押合同、留置合同合同无效，债权人请求担保人赔偿损失责任的，在主合同履行期限届满，主合同尚未履行或者未完全履行的情形下，诉讼时效期间从主债务履行期限届满之日起计算。

前款之外其他情形，诉讼时效期间从担保合同被确认无效之日起计算，但自合同履行期限届满之日起超过 20 年的，对当事人一方的诉讼时效抗辩，人民法院不予支持（同第 2 条方案 3 的思路相衔接）。

第 6 条（溯及力问题）　本规定施行后，案件仍在一审或二审阶段的，适用本规定；已审结的案件，依法进行再审的，不适用本规定。

（知识产权纠纷）

【法〔1998〕65 号】　最高人民法院关于全国部分法院知识产权审判工作座谈会纪要（1997 年 11 月 14-18 日在苏州吴县召开，1998 年 7 月 20 日印发）

三、关于正确适用法律问题

（四）侵权纠纷案件的诉讼时效

知识产权纠纷案件的诉讼时效应当依据民法通则关于诉讼时效的规定和有关法律的规定办理。审判实践表明，某些知识产权侵权行为往往是连续进行的，有的持续时间较长。有些权利人从知道或者应当知道权利被侵害之日起 2 年内未予追究，当权利人提起侵权之诉时，权利人的知识产权仍在法律规定的保护期内，侵权人仍然在实施侵权行为。对此类案件的诉讼时效如何认定？与会同志认为，对于连续实施的知识产权侵权行为，从权利人知道或者应当知道侵权行为发生之日起至权利人向人民法院提起诉讼之日止已超过 2 年的，人民法院不能简单地以超过诉讼时效为由判决驳回权利人的诉讼请求。在该项知识产权受法律保护期间，人民法院应当判决被告停止侵权行为，侵权损害赔偿额应自权利人向人民法院起诉之日起向前推算 2 年计算，超过 2 年的侵权损害不予保护。

【法释［2002］31 号】 最高人民法院关于审理著作权民事纠纷案件适用法律若干问题的解释（2002 年 10 月 12 日最高法审委会［1246 次］通过，同日公布，2002 年 10 月 15 日起施行；根据法释［2020］19 号《决定》修正，2021 年 1 月 1 日起施行；以本规为准）

第 27 条 侵害著作权的诉讼时效为 3 年/2 年，自著作权人知道或者应当知道权利受到损害以及义务人/侵权行为之日起计算。权利人超过 3 年/2 年起诉的，如果侵权行为在起诉时仍在持续，在该著作权保护期内，人民法院应当判决被告停止侵权行为；侵权损害赔偿数额应当自权利人向人民法院起诉之日起向前推算 3 年/2 年计算。

【法释［2002］32 号】 最高人民法院关于审理商标民事纠纷案件适用法律若干问题的解释（2002 年 10 月 12 日最高法审委会［1246 次］通过，同日公布，2002 年 10 月 16 日起施行；根据法释［2020］19 号《决定》修正，2021 年 1 月 1 日起施行；以本规为准）

第 18 条 侵犯注册商标专用权的诉讼时效为 3 年/2 年，自商标注册人或者利害权利人知道或者应当知道权利受到损害以及义务人/侵权行为之日起计算。商标注册人或者利害关系人超过 3 年/2 年起诉的，如果侵权行为在起诉时仍在持续，在该注册商标专用权有效期限内，人民法院应当判决被告停止侵权行为，侵权损害赔偿数额应当自权利人向人民法院起诉之日起向前推算 3 年/2 年计算。

【法释［2015］4 号】 最高人民法院关于审理专利纠纷案件适用法律问题的若干规定（"法释［2001］21 号"公布，2001 年 7 月 1 日起施行；"法释［2013］9 号"修正，2013 年 4 月 15 日起施行；2015 年 1 月 19 日最高法审委会［1641 次］修正，2015 年 2 月 1 日起施行；根据法释［2020］19 号《决定》修正，2021 年 1 月 1 日起施行。以本规为准）

第 17 条 侵犯专利权的诉讼时效为 3 年/2 年，自专利权人或者利害关系人知道或者应当知道权利受到损害以及义务人/侵权行为之日起计算。权利人超过 3 年/2 年起诉的，如果侵权行为在起诉时仍在继续，在该项专利权有效期内，人民法院应当判决被告停止侵权行为，侵权损害赔偿数额应当自权利人向人民法院起诉之日起向前推算 3 年/2 年计算。

【法释［2016］1 号】　　**最高人民法院关于审理侵犯专利权纠纷案件应用法律若干问题的解释（二）**（2016 年 1 月 25 日最高法审委会［1676 次］通过，2016 年 3 月 21 日公布，2016 年 4 月 1 日起施行；根据法释［2020］19 号《决定》修正，2021 年 1 月 1 日起施行）

第 2 条　　权利人在专利侵权诉讼中主张的权利要求被国务院专利行政部门/~~专利复审委员会~~宣告无效的，审理侵犯专利权纠纷案件的人民法院可以裁定驳回权利人基于该无效权利要求的起诉。

有证据证明宣告上述权利要求无效的决定被生效的行政判决撤销的，权利人可以另行起诉。

专利权人另行起诉的，诉讼时效期间从本条第 2 款所称行政判决书送达之日起计算。

（物权纠纷）

【法释［2003］7 号】　　**最高人民法院关于审理商品房买卖合同纠纷案件适用法律若干问题的解释**（2003 年 3 月 24 日最高法审委会［1267 次］通过，2003 年 4 月 28 日公布，2003 年 6 月 1 日起施行；根据法释［2020］17 号《决定》修正，2021 年 1 月 1 日起施行）

第 11 条　　根据民法典第 563 条的规定，出卖人迟延交付房屋或者买受人迟延支付购房款，经催告后在 3 个月的合理期限内仍未履行，解除权人/~~当事人一方~~请求解除合同的，应予支持，但当事人另有约定的除外。

法律没有规定或者当事人没有约定，经对方当事人催告后，解除权行使的合理期限为 3 月。对方当事人没有催告的，解除权人自知道或者应当知道解除事由/~~应当在解除权发生之日起 1 年内行使。逾期不行使的，解除权消灭。~~

【法释［2009］7 号】　　**最高人民法院关于审理建筑物区分所有权纠纷案件适用法律若干问题的解释**（2009 年 3 月 23 日最高法审委会［1464 次］通过，原标题《最高人民法院关于审理建筑物区分所有权纠纷案件具体应用法律若干问题的解释》，2009 年 5 月 14 日公布，2009 年 10 月 1 日起施行；根据法释［2020］17 号《决定》修正，2021 年 1 月 1 日起施行）

第 12 条　　业主以业主大会或者业主委员会作出的决定侵害其合法权益或者违反了法律规定的程序为由，依据民法典第 280 条第 2 款的规定请求人民法院撤销该决定的，应当在知道或者应当知道业主大会或者业主委员会作出决定之日起 1 年内行使。

【法［2016］399 号】　　**第八次全国法院民事商事审判工作会议（民事部分）纪要**（最高法 2016 年 11 月 21 日印发）

五、关于物权纠纷案件的审理

（四）关于诉讼时效问题

24. 已经合法占有转让标的物的受让人请求转让人办理物权变更登记，登记权利人请求无权占有人返还不动产或者动产，利害关系人请求确认物权的归属或内容，权利人请求排除妨害、消除危险，对方当事人以超过诉讼时效期间抗辩的，均应不予支持。

25. 被继承人死亡后遗产未分割，各继承人均未表示放弃继承，依据继承法第 25 条（现民法典第 1124 条）规定应视为均已接受继承，遗产属各继承人共同共有；当事人诉请享有继承权、主张分割遗产的纠纷案件，应参照共有财产分割的原则，不适用有关诉讼时效的规定。

（保险纠纷）

【主席令［2009］11 号】 中华人民共和国保险法（2009 年 2 月 28 日全国人大常委会［11 届 7 次］修订，2009 年 10 月 1 日起施行）

第 26 条 人寿保险以外的其他保险的被保险人或者受益人，向保险人请求赔偿或者给付保险金的诉讼时效期间为 2 年，自其知道或者应当知道保险事故发生之日起计算。

人寿保险的被保险人或者受益人向保险人请求给付保险金的诉讼时效期间为 5 年，自其知道或者应当知道保险事故发生之日起计算。

【法释［2013］14 号】 最高人民法院关于适用《中华人民共和国保险法》若干问题的解释（二）（2013 年 5 月 6 日最高法审委会［1577 次］通过，2013 年 5 月 31 日公布，2013 年 6 月 8 日起施行；根据法释［2020］18 号《决定》修正，2021 年 1 月 1 日起施行）

第 16 条（第 2 款） 根据保险法第 60 条第 1 款①的规定，保险人代位求偿权的诉讼时效期间应自其取得代位求偿权之日起算。

【法释［2018］13 号】 最高人民法院关于适用《中华人民共和国保险法》若干问题的解释（四）（2018 年 5 月 14 日最高法审委会［1738 次］通过，2018 年 7 月 31 日公布，2018 年 9 月 1 日起施行；根据法释［2020］18 号《决定》修正，2021 年 1 月 1 日起施行）

第 18 条 商业责任险的被保险人向保险人请求赔偿保险金的诉讼时效期间，自被保险人对第三者应负的赔偿责任确定之日起计算。

---

① 《保险法》第 60 条第 1 款：因第三者对保险标的的损害而造成保险事故的，保险人自向被保险人赔偿保险金之日起，在赔偿金额范围内代位行使被保险人对第三者请求赔偿的权利。

【法释［2006］10号】　最高人民法院关于审理海上保险纠纷案件若干问题的规定（见本专辑"海事纠纷"小节）

【法释［2014］15号】　最高人民法院关于海上保险合同的保险人行使代位请求赔偿权利的诉讼时效期间起算日的批复（见本专辑"海事纠纷"小节）

【法［2019］254号】　全国法院民商事审判工作会议纪要（"九民纪要"，2019年7月3-4日在哈尔滨召开，2019年9月11日最高法审委会民事行政专委会［319次］通过，2019年11月8日发布）

99.**【直接索赔的诉讼时效】**商业责任保险的被保险人给第三者造成损害，被保险人对第三者应当承担的赔偿责任确定后，保险人应当根据被保险人的请求，直接向第三者赔偿保险金。被保险人怠于提出请求的，第三者有权依据《保险法》第65条第2款的规定，就其应获赔偿部分直接向保险人请求赔偿保险金。保险人拒绝赔偿的，第三者请求保险人直接赔偿保险金的诉讼时效期间的起算时间如何认定，实务中存在争议。根据诉讼时效制度的基本原理，第三者请求保险人直接赔偿保险金的诉讼时效期间，自其知道或者应当知道向保险人的保险金赔偿请求权行使条件成就之日起计算。

（水运、海事纠纷）

【主席令［1992］64号】　中华人民共和国海商法（1992年11月7日全国人大常委会［7届28次］通过，1993年7月1日起施行）

第3条　本法所称船舶，是指海船和其他海上移动式装置，但是用于军事的、政府公务的船舶和20总吨以下的小型船艇除外。

前款所称船舶，包括船舶属具。

第257条　就海上货物运输向承运人要求赔偿的请求权，时效期间为1年，自承运人交付或者应当交付货物之日起计算；在时效期间内或者时效期间届满后，被认定为负有责任的人向第三人提起追偿请求的，时效期间为90日，自追偿请求人解决原赔偿请求之日起或者收到受理对其本人提起诉讼的法院的起诉状副本之日起计算。

有关航次租船合同的请求权，时效期间为2年，自知道或者应当知道权利被侵害之日起计算。

第258条　就海上旅客运输向承运人要求赔偿的请求权，时效期间为2年，分别依照下列规定计算：

（一）有关旅客人身伤害的请求权，自旅客离船或者应当离船之日起计算；

（二）有关旅客死亡的请求权，发生在运送期间的，自旅客应当离船之日起计算；因运送期间内的伤害而导致旅客离船后死亡的，自旅客死亡之日起计算，但是此期限自离船之日起不得超过3年；

（三）有关行李灭失或者损坏的请求权，自旅客离船或者应当离船之日起计算。

第259条　有关船舶租用合同的请求权，时效期间为2年，自知道或者应当知道权利被侵害之日起计算。

第260条　有关海上拖航合同的请求权，时效期间为1年，自知道或者应当知道权利被侵害之日起计算。

第261条　有关船舶碰撞①的请求权，时效期间为2年，自碰撞事故发生之日起计算；本法第169条②第3款规定的追偿请求权，时效期间为1年，自当事人连带支付损害赔偿之日起计算。

第262条　有关海难救助的请求权，时效期间为2年，自救助作业终止之日起计算。

第263条　有关共同海损分摊的请求权，时效期间为1年，自理算结束之日起计算。

第264条　根据海上保险合同向保险人要求保险赔偿的请求权，时效期间为2年，自保险事故发生之日起计算。

第265条　有关船舶发生油污损害的请求权，时效期间为3年，自损害发生之日起计算；但是，在任何情况下时效期间不得超过从造成损害的事故发生之日起6年。

第266条　在时效期间的最后6个月内，因不可抗力或者其他障碍不能行使请求权的，时效中止。自中止时效的原因消除之日起，时效期间继续计算。

第267条　时效因请求人提起诉讼、提交仲裁或者被请求人同意履行义务而中断。但是，请求人撤回起诉、撤回仲裁或者起诉被裁定驳回的，时效不中断。

请求人申请扣船的，时效自申请扣船之日起中断。

自中断时起，时效期间重新计算。

【交民他字［92］2号】　最高人民法院关于"乐平岭"轮货损索赔诉讼时效的复函（1992年11月20日答复广东高院"［1992］粤高法经复字第24号"请示）

就海上货物运输向承运人要求赔偿的请求权时效，为特殊的时效，对此，在

---

① 《海商法》第165条：船舶碰撞，是指船舶在海上或者与海相通的可航水域发生接触造成损害的事故。// 前款所称船舶，包括与本法第3条所指船舶碰撞的任何其他非用于军事的或者政府公务的船艇。

② 《海商法》第169条：船舶发生碰撞，碰撞的船舶互有过失的，各船按照过失程度的比例负赔偿责任；过失程度相当或者过失程度的比例无法判定的，平均负赔偿责任。// 互有过失的船舶，对碰撞造成的船舶以及船上货物和其他财产的损失，依照前款规定的比例负赔偿责任。碰撞造成第三人财产损失的，各船的赔偿责任均不超过其应当承担的比例。// 互有过失的船舶，对造成的第三人的人身伤亡，负连带赔偿责任。一船连带支付的赔偿超过本条第1款规定的比例的，有权向其他有过失的船舶追偿。

我国海商法中作出了特殊的规定。但在该法尚未施行的情况下，可依据《中华人民共和国民法通则》第 142 条第 3 款①的规定，适用国际惯例。

目前，国际上的通常做法和《海牙规则》、《海牙·维斯比规则》都规定为 1 年的时效，我国海运部门在提单条款中规定的时效与国际上的通常做法一致。故同意你院关于海上货物运输合同适用 1 年诉讼时效的意见。

【法释〔1997〕3 号】　　最高人民法院关于承运人就海上货物运输向托运人、收货人或提单持有人要求赔偿的请求权时效期间的批复（1997 年 7 月 11 日最高法审委会〔921 次〕通过，1997 年 8 月 5 日公布，答复山东高院"鲁法经〔1996〕74 号"请示，1997 年 8 月 7 日起施行）

承运人就海上货物运输向托运人、收货人或提单持有人要求赔偿的请求权，在有关法律未予以规定前，比照适用《中华人民共和国海商法》第 257 条第 1 款的规定，时效期间为 1 年，自权利人知道或者应当知道权利被侵害之日起计算。

【交他字〔2000〕8 号】　　最高人民法院关于中国上海抽纱进出口公司与中国太平洋保险公司上海分公司海上货物运输保险合同纠纷请示的复函（2001 年 1 月 3 日答复上海高院"〔2000〕沪高经终字第 280 号"请示）

1. 关于无单放货是否属于保险理赔的责任范围问题。我们认为根据保险条款，保险条款一切险中的"提货不着"险并不是指所有的提货不着。无单放货是承运人违反凭单交货义务的行为，是其自愿承担的一种商业风险，而非货物在海运途中因外来原因所致的风险，不是保险合同约定由保险人应承保的风险；故无单放货不属于保险理赔的责任范围。

2. 关于在承运人和保险人均有赔偿责任的情况下，保险人取得代位求偿权后，向承运人代位求偿的诉讼时效如何计算的问题。我们认为，保险人取得的代位求偿权是被保险人移转的债权，保险人取代被保险人的法律地位后，对承运人享有的权利范围不得超过被保险人；凡承运人得以对抗被保险人而享有的抗辩权同样可以对抗保险人，该抗辩权包括因诉讼时效超过而拒绝赔付的抗辩权。保险人只能在被保险人有权享有的时效期间提起诉讼，即保险人取代被保险人向承运人代位求偿的诉讼亦为 1 年，应自承运人交付或应当交付货物之日起计算。

【法释〔2001〕18 号】　　最高人民法院关于如何确定沿海、内河货物运输赔偿请求权时效期间问题的批复（2001 年 5 月 22 日最高法审委会〔1176 次〕通过，2001 年 5 月 24 日公布，答复浙江高院"浙高法〔2000〕267 号"请示，

---

① 注：原《民法通则》第 142 条第 3 款：中华人民共和国法律和中华人民共和国缔结或者参加的国际条约没有规定的，可以适用国际惯例。

2001 年 5 月 31 日起施行）

根据《中华人民共和国海商法》第 257 条第 1 款规定的精神，结合审判实践，托运人、收货人就沿海、内河货物运输合同向承运人要求赔偿的请求权，或者承运人就沿海、内河货物运输向托运人、收货人要求赔偿的请求权，时效期间为 1 年，自承运人交付或者应当交付货物之日起计算。

【民四他字［2001］7 号】 最高人民法院关于津龙翔（天津）国际贸易公司与南京扬洋化工运贸公司、天津天龙液体化工储运公司沿海货物运输合同货损赔偿纠纷一案请示的复函（2001 年 8 月 10 日答复天津高院"津高法［2001］34 号"请示）

一、根据最高人民法院法释［2001］18 号《最高人民法院关于如何确定沿海、内河货物运输赔偿请求权时效期间问题的批复》，托运人、收货人就沿海、内河货物运输向承运人要求赔偿的请求权，时效期间为 1 年，自承运人交付或者应当交付货物之日起计算。因此，该案的诉讼时效期间应为 1 年。

二、在请求权竞合的情况下，诉讼当事人有权在一审开庭前请求对方当事人承担违约责任或者侵权责任，此后不得进行变更。该案当事人在一审时以违约提起诉讼，二审时不应以侵权确认时效。

【民四他字［2001］24 号】 最高人民法院关于浙江省工艺品进出口公司与阿科特利斯卡贝特 1912 公司、宁波致远国际货运有限公司海上货物运输合同纠纷一案的请示的复函（2001 年 11 月 7 日答复浙江高院"［2000］浙法告申经监字第 65 号"请示）

关于海上货物运输中承运人向托运人、收货人或者提单持有人要求赔偿权利的时效期间，《中华人民共和国海商法》（以下简称《海商法》）并无规定。本院法释［1997］3 号文就此问题作出了规定，弥补了《海商法》在此问题上的不足。因此，在 1997 年 8 月 7 日之前发生的海上货物运输纠纷案件中，承运人向托运人、收货人或者提单持有人要求赔偿的时效期间应当适用《中华人民共和国民法通则》的有关规定。

【民四他字［2002］13 号】 最高人民法院关于青岛口岸船务公司与青岛运通船务公司水路货物运输合同纠纷一案中赔偿请求权诉讼时效期间如何计算的请示的复函（2002 年 6 月 25 日答复山东高院"鲁高法函［2002］23 号"请示）

沿海货物运输合同不适用于《中华人民共和国海商法》（以下简称《海商法》）第 4 章关于海上货物运输合同的规定，但可适用该法其他章节的规定。因此，你院请示的青岛口岸船务公司与青岛运通船务公司水路货物运输合同纠纷一案应当适用《海商法》关于货物运输诉讼时效为 1 年的规定。

【民四他字［2002］21 号】　最高人民法院关于大连港务局与大连中远国际货运有限公司海上货物运输货损赔偿追偿纠纷一案的请示的复函（2003 年 11 月 12 日答复辽宁高院"［2002］辽民四终字第 11 号"请示）

《中华人民共和国海商法》第 257 条第 1 款规定：……（略）。根据《海商法》和我国《民事诉讼法》的有关规定，原赔偿请求若是通过法院诉讼解决的，则追偿请求人向第三人追偿时效的起算点应当自追偿请求人收到法院认定其承担赔偿责任的生效判决之日起计算。①

【法发［2005］26 号】　第二次全国涉外商事海事审判工作会议纪要（2005 年 11 月 15-16 日在南京召开；2005 年 12 月 26 日公布）

112. 根据《中华人民共和国海商法》第 257 条的规定，正本提单持有人以无正本提单放货为由向承运人提起的诉讼，时效期间为 1 年，从承运人应当交付货物之日起计算。

113. 根据《中华人民共和国民法通则》第 92 条、第 135 条（现民法典第 122、188 条）的规定，正本提单持有人以提货人无正本提单提货或者其他责任人无正本提单放货为由提起侵权诉讼的，时效期间为 2 年，从正本提单持有人知道或者应当知道货物被提取或者权利被侵害之日起计算。

114. 正本提单持有人向承运人主张权利的，诉讼时效期间中断适用《中华人民共和国海商法》第 267 条的规定；正本提单持有人向无正本提单提货人或者承运人以外的其他责任人主张权利的，诉讼时效期间中断适用《中华人民共和国民法通则》第 140 条（现民法典第 195 条）的规定。

【法释［2006］10 号】　最高人民法院关于审理海上保险纠纷案件若干问题的规定（2006 年 11 月 13 日最高法审委会［1405 次］通过，2006 年 11 月 23 日公布，2007 年 1 月 1 日起施行；根据法释［2020］18 号《决定》修正，2021 年 1 月 1 日起施行）

第 15 条　保险人取得代位请求赔偿权利后，以被保险人向第三人提起诉讼、提交仲裁、申请扣押船舶或者第三人同意履行义务为由主张诉讼时效中断的，人民法院应予支持。

---

①　注：辽宁高院审委会倾向于认为：《海商法》第 257 条第 1 款的规定有歧义。1. "自追偿请求人解决原赔偿请求之日起"中的"解决"包括以法院生效判决方式的"解决"。2. "受理对其本人提起诉讼的法院的起诉状副本之日算"的规定在实务中无法操作，因为当事人在接到原案起诉状副本的 90 日内原案可能尚未审结，这就使得当事人是否承担赔偿责任、赔偿多少等均处于不确定状态，此时提起追偿请求尚不具备起诉的条件和依据，法院亦不能受理其追偿请求。实务中在适用该规定时分歧很大，故请示。

【法发［2012］28 号】 最高人民法院关于国内水路货物运输纠纷案件法律问题的指导意见（2012 年 12 月 24 日印发各海事法院及其所属高院）

13. 最高人民法院《关于如何确定沿海、内河货物运输赔偿请求权时效期间问题的批复》（法释［2001］18 号）对国内水路货物运输赔偿请求权诉讼时效期间的中止、中断并没有作出特别规定，人民法院应当适用民法通则（现民法典）有关诉讼时效中止、中断的规定。

【法释［2014］15 号】 最高人民法院关于海上保险合同的保险人行使代位请求赔偿权利的诉讼时效期间起算日的批复（2014 年 10 月 27 日最高法审委会［1628 次］通过，2014 年 12 月 25 日公布，答复上海高院"沪高法［2014］89号"请示，2014 年 12 月 26 日起施行）

依照《中华人民共和国海商法》及《最高人民法院关于审理海上保险纠纷案件若干问题的规定》关于保险人行使代位请求赔偿权利的相关规定，结合海事审判实践，海上保险合同的保险人行使代位请求赔偿权利的诉讼时效期间起算日，应按照《中华人民共和国海商法》第 13 章（第 257-267 条）规定的相关请求权之诉讼时效起算时间确定。

【法释［2009］1 号】 最高人民法院关于审理无正本提单交付货物案件适用法律若干问题的规定（2009 年 2 月 16 日最高法审委会［1463 次］通过，2009年 2 月 26 日公布，2009 年 3 月 5 日起施行；根据法释［2020］18 号《决定》修正，2021 年 1 月 1 日起施行）

第 14 条 正本提单持有人以承运人无正本提单交付货物为由提起的诉讼，适用海商法第 257 条的规定，时效期间为 1 年，自承运人应当交付货物之日起计算。

正本提单持有人以承运人与无正本提单提取货物的人共同实施无正本提单交付货物行为为由提起的侵权诉讼，诉讼时效适用本条前款规定。

第 15 条 正本提单持有人以承运人无正本提单交付货物为由提起的诉讼，时效中断适用海商法第 267 条的规定。

正本提单持有人以承运人与无正本提单提取货物的人共同实施无正本提单交付货物行为为由提起的侵权诉讼，时效中断适用本条前款规定。

【法（民四）明传［2021］60 号】 全国法院涉外商事海事审判工作座谈会会议纪要（2021 年 6 月 10 日在南京召开，最高法 2021 年 12 月 31 日印发）

64.【无单放货诉讼时效的起算点】根据《最高人民法院关于审理无正本提单交付货物案件适用法律若干问题的规定》（法释［2009］1 号）第 14 条第 1 款的规定，正本提单持有人以无单放货为由向承运人提起的诉讼，时效期间为 1 年，从承运人应当向提单持有人交付之日起计算，即从该航次将货物运抵目的港并具备交付条件的合理日期起算。

66.【请求集装箱超期使用费的诉讼时效】承运人在履行海上货物运输合同过程中将集装箱作为运输工具提供给货方使用的，应当根据海上货物运输合同法律关系确定诉讼时效；承运人请求集装箱超期使用费的诉讼时效期间为 1 年，自集装箱免费使用期届满次日起开始计算。

74.【与共同海损分摊相关的海上保险赔偿请求权的诉讼时效】因分摊共同海损而遭受损失的被保险人依据保险合同向保险人请求赔偿的诉讼时效，应当适用海商法第 264 条的规定，诉讼时效的起算点为保险事故（共同海损事故）发生之日。

涉及海上保险合同的共同海损分摊，被保险人已经申请进行共同海损理算，但是在诉讼时效期间的最后 6 个月内，因理算报告尚未作出，被保险人无法向保险人主张权利，属于被保险人主观意志不能控制的客观情形，可以认定构成诉讼时效中止。中止时效的原因消除之日，即理算报告作出之日起，时效期间继续计算。

75.【沿海、内河保险合同保险人代位求偿权诉讼时效起算点】沿海、内河保险合同保险人代位求偿权的诉讼时效起算日应当根据法释〔2001〕18 号《最高人民法院关于如何确定沿海、内河货物运输赔偿请求权时效期间问题的批复》规定的诉讼时效起算时间确定。

（破产清算纠纷）

【法释〔2019〕3 号】　最高人民法院关于适用《中华人民共和国企业破产法》若干问题的规定（三）（2019 年 2 月 25 日最高法审委会〔1762 次〕通过，2019 年 3 月 27 日公布，2019 年 3 月 28 日起施行；根据法释〔2020〕18 号《决定》修正，2021 年 1 月 1 日起施行）（全文见本书第 22 章"清算、重组与破产"专辑）

第 8 条　债务人、债权人对债权表记载的债权有异议的，应当说明理由和法律依据。经管理人解释或调整后，异议人仍然不服的，或者管理人不予解释或调整的，异议人应当在债权人会议核查结束后 15 日内向人民法院提起债权确认的诉讼①。当事人之间在破产申请受理前订立有仲裁条款或仲裁协议的，应当向选定的仲裁机构申请确认债权债务关系。

---

① 注：该"15 日"期间是附不利后果的引导性规定，目的是督促异议人尽快提起诉讼，以便尽快解决债权争议，提高破产程序的效率，防止破产程序拖延。异议人未在该 15 日内提起债权确认的诉讼，推定其同意债权人会议核查结果，破产程序按债权人会议核查并经人民法院裁定确认的结果继续进行，给异议人财产分配和行使表决权等带来的不利后果，由其自行承担。参见入库案例"2024-08-2-295-001"。

【法［2019］254 号】　全国法院民商事审判工作会议纪要（"九民纪要"，2019 年 7 月 3–4 日在哈尔滨召开，2019 年 9 月 11 日最高法审委会民事行政专委会［319 次］通过，2019 年 11 月 8 日发布）

16.【诉讼时效期间】公司债权人请求股东对公司债务承担连带清偿责任，股东以公司债权人对公司的债权已经超过诉讼时效期间为由抗辩，经查证属实的，人民法院依法予以支持。

公司债权人以公司法司法解释（二）第 18 条第 2 款为依据，请求有限责任公司的股东对公司债务承担连带清偿责任的，诉讼时效期间自公司债权人知道或者应当知道公司无法进行清算之日起计算。

（其他纠纷）

【主席令［2000］33 号】　中华人民共和国产品质量法（1993 年 2 月 22 日全国人大常委会［7 届 30 次］通过，主席令 71 号公布，1993 年 9 月 1 日起施行；2000 年 7 月 8 日全国人大常委会［9 届 16 次］修正，2000 年 9 月 1 日起施行；2018 年 12 月 29 日最新统修）

第 45 条　因产品存在缺陷造成损害要求赔偿的诉讼时效期间为 2 年，自当事人知道或者应当知道其权益受到损害时起计算。

因产品存在缺陷造成损害要求赔偿的请求权，在造成损害的缺陷产品交付最初消费者满 10 年丧失；但是，尚未超过明示的安全使用期的除外。

【法研［2000］122 号】　最高人民法院研究室关于对租赁合同债务人因欠付租金而出具的"欠款结算单"不适用普通诉讼时效的复函（2000 年 12 月 25 日答复河南高院"［2000］豫法民字第 118 号"请示）

租赁合同债务人因欠付租金而出具的"欠款结算单"只表明未付租金的数额，并未改变其与债权人之间的租赁关系。因此，租赁合同当事人之间就该欠款结算单所发生纠纷的诉讼时效期间适用《中华人民共和国民法通则》第 136 条（已废止）①的规定。

【法释［2003］11 号】　最高人民法院关于在民事审判工作中适用《中华人民共和国工会法》若干问题的解释（2003 年 1 月 9 日最高法审委会［1263 次］通过，2003 年 6 月 25 日公布，2003 年 7 月 9 日起施行；根据法释［2020］17 号《决定》修正，2021 年 1 月 1 日起施行）

第 7 条　对于企业、事业单位无正当理由拖延或者拒不拨缴工会经费的，工

---

①　《民法通则》第 136 条："下列的诉讼时效期间为 1 年：（一）身体受到伤害要求赔偿的；（二）出售质量不合格的商品未声明的；（三）延付或者拒付租金的；（四）寄存财物被丢失或者损毁的。"该规定已被《民法典》删除。

会组织向人民法院请求保护其权利的诉讼时效期间，适用民法典第 188 条的规定。

【主席令［2010］36 号】　中华人民共和国涉外民事关系法律适用法（2010 年 10 月 28 日全国人大［11 届 17 次］通过，2011 年 4 月 1 日起施行）

第 7 条　诉讼时效，适用相关涉外民事关系应当适用的法律。

【法释［2014］3 号】　最高人民法院关于审理融资租赁合同纠纷案件适用法律问题的解释（2013 年 11 月 25 日最高法审委会［1597 次］通过，2014 年 2 月 24 日公布，2014 年 3 月 1 日起施行，法发［1996］19 号《最高人民法院关于审理融资租赁合同纠纷案件若干问题的规定》同时废止；根据法释［2020］17 号《决定》修正，2021 年 1 月 1 日起施行）

第 14 条　当事人因融资租赁合同租金欠付争议向人民法院请求保护其权利的诉讼时效期间为 3 年/2 年，自租赁期限届满之日起计算。

【主席令［2014］9 号】　中华人民共和国环境保护法（2014 年 4 月 24 日全国人大常委会［12 届 8 次］修订，2015 年 1 月 1 日起施行）

第 66 条　提起环境损害赔偿诉讼的时效期间为 3 年，从当事人知道或者应当知道其受到损害时起计算。

【公告［2021］89 号】　药品专利纠纷早期解决机制实施办法（试行）（经国务院同意，国家药品监督管理局、国家知识产权局 2021 年 7 月 4 日发布施行）

第 7 条（第 1 款）专利权人或者利害关系人对四类专利声明有异议的，可以自国家药品审评机构公开药品上市许可申请之日起 45 日内，就申请上市药品的相关技术方案是否落入相关专利权保护范围向人民法院提起诉讼或者向国务院专利行政部门请求行政裁决。当事人对国务院专利行政部门作出的行政裁决不服的，可以在收到行政裁决书后依法向人民法院起诉。

【法释［2023］5 号】　最高人民法院关于审理生态环境侵权责任纠纷案件适用法律若干问题的解释（2023 年 6 月 5 日最高法审委会［1890 次］通过，2023 年 8 月 14 日公布，2023 年 9 月 1 日起施行；法释［2015］12 号《最高人民法院关于审理环境侵权责任纠纷案件适用法律若干问题的解释》同时废止）

第 27 条　被侵权人请求侵权人承担生态环境侵权责任的诉讼时效期间，以被侵权人知道或者应当知道权利受到损害以及侵权人、其他责任人之日起计算。

被侵权人知道或者应当知道权利受到损害以及侵权人、其他责任人之日，侵权行为仍持续的，诉讼时效期间自行为结束之日起计算。

第 28 条　被侵权人以向负有环境资源监管职能的行政机关请求处理因污染环境、破坏生态造成的损害为由，主张诉讼时效中断的，人民法院应予支持。

● **指导案例**　【法［2016］311号】　最高人民法院第14批指导性案例（2016年9月19日）

（指导案例65号）上海市虹口区久乐大厦小区业主大会诉上海环亚实业总公司业主共有权纠纷案（上海二中院2011年9月21日［2011］沪二中民二（民）终字第1908号民事判决）

裁判要点：专项维修资金是专门用于物业共用部位、共用设施设备保修期满后的维修和更新、改造的资金，属于全体业主共有。缴纳专项维修资金是业主为维护建筑物的长期安全使用而应承担的一项法定义务。业主拒绝缴纳专项维修资金，并以诉讼时效提出抗辩的，人民法院不予支持。

● **入库案例**　【2023-07-2-015-001】　胡某诉刘某离婚后财产纠纷案（北京三中院/2023.06.21/［2023］京03民终2580号）

裁判要旨：1. 协议离婚时间在民法典实施前，无过错方在民法典实施后提起离婚损害赔偿诉讼时已经超过原婚姻法司法解释规定的1年期间，从维护民事主体权益及弘扬社会主义核心价值观、实现"三个更有利于"的角度出发，应当按照有利溯及原则，适用民法典及其司法解释的相关规定，保障无过错方的合法权益。离婚损害赔偿请求权应当适用民法典总则编关于诉讼时效制度的规定。

【2023-08-2-266-002】　文某诉四川某投资顾问股份有限公司、黄某国等新增资本认购纠纷案（成都中院/2020.12.17/［2020］川01民终12126号）

裁判要旨：债权人主张公司承担民事责任，并要求公司股东在未出资本息范围内承担补充赔偿责任的，公司股东享有公司对债权人的诉讼时效抗辩权。

【2023-10-2-116-001】　中国某财产保险股份有限公司某分公司诉上海某国际货物运输代理有限公司、上海某物流公司多式联运合同纠纷案（山东高院/2022.10.09/［2022］鲁民终1843号）

裁判要旨：3. 根据最密切联系原则确定多式联运合同适用中华人民共和国法律，货损发生在外国某一运输区段的，有关多式联运合同诉讼时效的认定仍应当适用中华人民共和国相关法律规定。货损发生的运输区段不能确定的，诉讼时效不应适用海商法中关于海上货物运输赔偿的时效，而应适用3年普通诉讼时效的规定。

【2023-10-2-202-006】　马某某公司诉某公司、某公司深圳分公司海上、通海货物运输合同纠纷案（最高法/2015.11.26/［2015］民提字第119号/再审）

裁判要旨：1. 海上货物运输合同承运人提供集装箱装载货物并将涉案货物安全运抵目的港后，收货人负有及时提取货物并向承运人返还集装箱的义务。因托运人指定的收货人没有提取货物，导致集装箱被长期占用而无法投入正常周转，构成违约，承运人可以根据海上货物运输合同关系就迟延履行归还集装箱的义务所造成的违约损失，向托运人提出集装箱超期使用费的赔偿请求。根据《最高人民法院关于承运人就海上货物运输向托运人、收货人或提单持有人要求赔偿的请求权时效期间的批复》的规定，该请求权的诉讼时效期间为1年，自承运人知道或者应当知道权利被侵害之日起计算。

2. 涉案货物在目的港无人提取，涉案集装箱在免费使用期限届满后没有及时归还承运人，从期限届满次日开始应当向承运人支付集装箱超期使用费，承运人请求给付集装箱超期使用费的权利已经产生，即承运人从该日起已经知道或者应当知道其权利被侵害。集装箱免费使用期届满之次日应当是此类纠纷的诉讼时效起算点。承运人就义务人迟延履行集装箱返还义务造成的违约损失主张赔偿的权利，并不是从侵害行为终止之日即还箱之日才产生，也不是从收货人实际提取货物开始计算，赔偿数额是否最终确定亦不影响承运人诉权的行使。

【2023-10-2-391-001】　某国际货代公司诉俄罗斯某货运公司国际航空货物运输合同纠纷案（上海一中院/2021.06.22/［2021］沪01民终1618号）

裁判要旨：《蒙特利尔公约》第35条对当事人的损害赔偿请求权作出了2年的时间限制，但并未明确该等"期间"的性质，而是将这一问题作为自治事项交由当事国法院自行认定。实践中，遵循国际条约的解释规则，以《维也纳条约法公约》第31条作为指引，根据我国民事诉讼法的相关规定，应将《蒙特利尔公约》第35条规定的"期间"认定为诉讼时效。

【2023-16-2-121-007】　广东某物业服务有限公司诉郭某物业服务合同纠纷案（揭阳中院/2023.07.31/［2023］粤52民再3号）

裁判要旨：1. 关于定期给付的物业服务费诉讼时效起算点认定的问题。物业公司与业主之间成立物业服务法律关系，作为提供物业服务主体，物业公司享有请求业主给付物业费的债权。按照物业服务合同约定定期给付物业服务费，属典型的继续性合同，但有别于约定分期付款的借款合同，物业服务合同一直在产生新的债，而借款合同的借款本金在合同订立时已是明确的，是同一个债务分期履行。物业服务合同中的每一期债务在合同履行过程中相继发生，各期债务之间虽互有关联性，但更具有可分性，独立性大于关联性，应认定为独立债务，故诉讼时效应自每一期债务履行期限届满之日分别计算更为合理。关于物业公司的权益，民法典第195条中规定了诉讼时效中断的情形，物业公司也可据此及时向业主提出履行请求，保障自身权益。

【2023-16-2-376-002】 **吕某诉南海某医院、佛山市某医院医疗损害责任纠纷案**（广东高院/2022.08.13/［2022］粤民再152号）

裁判要旨： 在医疗损害纠纷中，由于医疗活动的高度技术性和专业性，患者及其家属作为普通人，对于损害因谁所致、诊疗行为是否存在过错，过错与损害结果之间的因果关系等专门性问题，难以在损害发生之时即作出判断，在患者曾就诊多家医疗机构的情况下难度更甚。因此，不能简单机械地将损害发生之日作为诉讼时效的起算点。在没有证据证明患方知道或者应当知道诊疗行为符合侵权责任构成要件的情况下，其未对义务人提起诉讼，不应视为怠于行使权利。

【2024-08-2-295-001】 **沙某某与河南某科技公司、商丘某设备公司等破产债权确认纠纷案**（2022.07.20/［2022］最高法民再233号）

裁判要旨： 破产法司法解释三第8条规定的15日期间并非诉讼时效、除斥期间或起诉期限，该15日期间届满并不导致异议人实体权利或诉权消灭的法律后果。异议人超过上述法律规定的15日期间向人民法院提起债权确认诉讼的，人民法院不得以超期为由拒绝受理。

● **公报案例**（法公报［2016］7期） **黄艺明、苏月弟与周大福代理人有限公司、亨满发展有限公司以及宝宜发展有限公司合同纠纷案**（最高法一巡庭2015年6月29日民事判决［2015］民四终字第9号）（另见本书第27章"涉港澳台司法协助"专辑）

裁判摘要： 关于本案是否超过诉讼时效的问题……本案诉讼时效即应当根据合同纠纷所适用的法律，即香港法律确定。香港《时效条例》第4条（1）（a）规定，基于合约或侵权行为的诉讼，于诉讼因由产生之日起计6年。各方当事人对此并无异议，但对于该时效期间的起算点存在争议。黄艺明、苏月弟提起本案诉讼，系基于黄冠芳与周大福公司、亨满公司之间签订的合同，请求确认合同解除并由周大福公司、亨满公司、宝宜公司返还已付转让款及其利息并赔偿损失。虽然合同约定黄冠芳的付款期限届满是2002年5月31日，但周大福公司、亨满公司通知黄冠芳解除合同的时间是2006年5月30日，本案诉讼因由即应认定产生于2006年5月30日，而不是2002年5月31日。因此，本案并未超过诉讼时效。

（法公报［2022］12期） **沙启英与塔尼尔生物科技（商丘）有限公司等破产债权确认纠纷案**（最高法院2022年7月20日民事裁定［2022］最高法民再233号）

裁判摘要：《最高人民法院关于适用〈中华人民共和国企业破产法〉若干问题的规定（三）》第8条规定的15日期间系附不利后果的引导性规定，目的是督促异议人及时主张权利、提高破产程序的效率，并非起诉期限、诉讼时效或除斥期间。该 15 日期间届满后，破产程序按债权人会议核查并经人民法院裁定确认的结果继续进行，由此给异议人行使表决权和财产分配等带来的不利后果，由其自行承担，但并不导致异议人实体权利或诉权消灭的法律后果。

● 典型案例　【法办发［2023］号】　人民法院涉"一带一路"建设典型案例（第 4 批）（最高法 2023 年 9 月 27 日发布）

（案例 2）日本财产保险（中国）有限公司上海分公司等与罗宾逊全球物流（大连）有限公司深圳分公司等保险人代位求偿权纠纷案（深圳中院［2021］粤 03 民终 30373 号二审民事判决）

2016 年 11 月 28 日，中芯公司至深圳机场提货，发现设备外包装受潮破损，于次日向罗宾逊公司发送索赔通知书。日本财保上海分公司、太平洋财保上海分公司、中银保险上海分公司三保险公司根据其与中芯公司签订的保险合同，向中芯公司支付了赔偿款 117 万美元，然后分别于 2018 年 7 月 24 日、2018 年 9 月 30 日、2019 年 11 月 27 日向罗宾逊公司索赔，于 2020 年 5 月 28 日提起本案代位求偿权诉讼。罗宾逊公司答辩称《蒙特利尔公约》规定的 2 年诉讼时效为不变期间即除斥期间，本案已超过诉讼时效。

深圳中院认为，《蒙特利尔公约》的解释应当遵循《维也纳条约法公约》规定的条约解释规则，依其上下文并参照条约目的及宗旨作出善意解释。《蒙特利尔公约》第 35 条[①]未对诉讼时效的中止、中断作出规定，第 2 款指出 2 年诉讼时效期间的计算方法依照案件受理法院的法律确定，故应当适用我国法律有关诉讼时效中止、中断的规定。

● 书刊案例　【立案［2008］1 辑】　海南侨达贸易有限公司与江西省永修县人民政府驻海口办事处土地转让纠纷案（海南高院 2013 年 10 月 30 日再审民事裁定［2013］琼民申字第 589 号）

裁判摘要：无效合同的确认是否适用于诉讼时效的问题。我国现行法律对此没有明确的规定，但根据现行法律对无效合同及诉讼时效制度的相关规定，无效合同的确认不应受到诉讼时效的限制。[②]

[①]《统一国际航空运输某些规则的公约》（1999 年 5 月 28 日，加拿大蒙特利尔）第 35 条：诉讼时效。一、自航空器到达目的地点之日、应当到达目的地点之日或者运输终止之日起 2 年期间内未提起诉讼的，丧失对损害赔偿的权利。二、上述期间的计算方法，依照案件受理法院的法律确定。

[②]注：经海南高院请示，最高法院对本案进行了审查，同意海南高院讨论时少数人的意见，即：海南侨达贸易有限公司的起诉未超过诉讼时效。

【立案〔2012〕4辑】 都江堰市英华铝业有限责任公司与成都颖博投资有限公司担保追偿权纠纷申请再审案（最高法院再审，《立案工作指导》2012年第4辑，人民法院出版社2013年3月第1版）（另见本书第67条第3款）

裁判摘要：颖博公司于2002年9月30日履行了代英华铝业公司还款的担保责任后，有权向英华铝业公司行使担保追偿权。虽颖博公司因未在2004年9月30日前主张权利而导致诉讼时效届满，但英华铝业公司法定代表人丘和在都江堰市公安局的询问中，承诺以变卖英华铝业公司的资产来偿还颖博公司的债务，是其就已超过诉讼时效的该笔债务重新作出的同意履行的意思表示。根据《最高人民法院关于审理民事案件适用诉讼时效制度若干问题的规定》第22条的规定，本案的诉讼时效应从2009年6月16日开始重新计算。因此，颖博公司于2010年4月26日向一审法院起诉，并未超过2年的诉讼时效。

● **高法判例** **【〔2015〕民申字第537号】** 化工公司与磷肥公司建设工程施工合同纠纷申请再审案（最高法2015年7月13日民事裁定）

裁判摘要：1. 涉案磷酸项目所欠款项，磷肥公司最后一次付款时间为2008年11月21日，双方对该时间无争议。自该日起，化工公司即应知晓磷肥公司还有欠款未付，因此，对于该款项的支付请求应从其知晓权利被侵害之日起两年内提出，即2010年11月21日之前，除非在此期间存在诉讼时效中止或中断的法定事由。2. 对于"其他导致权利人不能主张权利的客观情形"（法释〔2008〕11号《规定》原第20条①第4项）的理解应当具有上述司法解释规定的严重程度，即构成权利人的主体资格丧失或不确定，以及客观上的不能。

【〔2017〕最高法民申4265号】 区文化体育局、王某祥房屋租赁合同纠纷再审审查与审判监督案（最高法2018年4月12日民事裁定）

裁判摘要：本案租金债务是基于双方当事人于1997年8月20日签订的《六角亭体育场联合改建合同书》《六角亭体育场联合改建合同附件》和1999年4月19日签订的《六角亭体育场联合改建补充合同》产生的。租金发生之债权原因同一，因而具有整体性。虽然各期租金债务相互之间具有一定的独立性，但独立性不足以否定整体性，如果从各期租金履行期间届满之日起分别计算各期租金的诉讼时效，将会割裂全部租金的整体性。因此，本案租金的诉讼时效应当自最后一期租金债务履行期间届满之日起算。

---

① 注：《民法典》施行后，该《规定》被修改，原第20条规定被删除。

【［2020］最高法民终 763 号】　　置业公司、房地产开发总公司合资、合作开发房地产合同纠纷二审案（最高法 2020 年 9 月 30 日民事判决）

裁判摘要：一、置业公司主张本案诉讼时效应从 2007 年 1 月 22 日海南高院作出［2006］琼民一终字第 7 号民事裁定之日起计算。本院认为，海口中院在 2006 年 1 月 25 日作出的［2004］海中法执字第 158-3 号民事裁定中，已认定置业公司没有取得国用 2782、2783 号土地使用权证项下土地使用权及地上建筑物所有权，置业公司与房地产开发总公司签订的合作合同被判决解除后，置业公司可就投资款返还问题另行起诉或通过其他方式解决。因此，置业公司此时便应当知道其不能依照与房地产开发总公司的合作合同取得土地使用权，亦知道如其认为权利受到侵害主张返还投资款及要求赔偿可以另案诉讼的方式提出，故本案诉讼时效期间应自 2006 年 1 月 25 日起计算。二、本院认为，当事人主张权利并非只有提起诉讼这一途径，当事人可以通过邮件、电话等形式向对方当事人主张权利，并取得诉讼时效中断的法律效果。

【［2020］最高法民申 4676 号】　　资产管理公司、进出口公司金融不良债权追偿纠纷再审审查与审判监督案（最高法 2020 年 11 月 9 日民事裁定）

裁判摘要：根据《最高人民法院关于审理民事案件适用诉讼时效制度若干问题的规定》第 22 条（现第 19 条）规定，"诉讼时效期间届满，当事人一方向对方当事人作出同意履行义务的意思表示或者自愿履行义务后，又以诉讼时效期间届满为由进行抗辩的，人民法院不予支持"。对于上述规定中"作出同意履行义务的意思表示"应作严格解释，即债务人应当明确表示抛弃时效利益，同意履行剩余的还款义务，如达成还款协议、签订债权确认书等。根据本案事实，进出口公司上述盖章仅表示其收到银行出具的《债务逾期催收通知书》，并未明确表示同意履行剩余借款的归还义务，双方亦未达成还款协议，故原审法院认为进出口公司在《债务逾期催收通知书》上签章的行为不属于《最高人民法院关于审理民事案件适用诉讼时效制度若干问题的规定》第 22 条（现第 19 条）和《最高人民法院关于超过诉讼时效期间借款人在催收通知单上签字或者盖章的法律效力问题的批复》（法释［1999］7 号）所规定的诉讼时效期间届满后，债务人对原债权债务重新确认的情形，签章行为不能引起诉讼时效期间的重新起算，并无不当。

【［2020］最高法民申 6202＼6203 号】　　资产管理公司、镇人民政府金融不良债权追偿纠纷再审审查与审判监督案（最高法 2020 年 11 月 26 日民事裁定）①

裁判摘要：对诉讼时效期间已经届满债务的重新确认须具备债务人作出同意

第二编　第十二章

履行义务的意思表示或者自愿履行义务的要件。本案中，从原审查明的事实来看，镇政府对案涉催收通知书签章确认仅表明其收到该催收通知书，并无证据证明债务人有同意履行诉讼时效已经届满的债务的意思表示，并不构成对债务的重新确认。据此，原审法院认定案涉债权已过诉讼时效期间并驳回资产管理公司的诉讼请求，并无不当。

【［2021］最高法民申 7298 号】 漆业公司、企业管理合伙企业等金融不良债权追偿纠纷民事申请再审审查案（最高法 2021 年 12 月 17 日民事裁定）

裁判摘要：1. 本案中，原债权人某银行多次书面向漆业公司催收欠款，且漆业公司也有履行还款义务的行为。虽然催收期间存在诉讼时效期间已届满的情况，但是某银行于 2007 年和 2011 年对全部债务本金和利息进行催收，明确要求漆业公司履行还款义务，漆业公司在《债务逾期催收通知书》上签字和盖章，并未明确写明其不认可或不同意履行该债务、签字或者盖章只代表收到通知书等内容，其签字、盖章行为应当视为对原债务的重新确认，①该债权债务关系仍受法律保护。因此，原审判决认定漆业公司的签收行为引起诉讼时效的重新起算并无不当。2.（漆业公司 2006 年已被吊销营业执照，其所有员工均已遣散，公司无人经营，公司内无人接待。）在诉讼时效重新起算的情况下，某银行于 2013 年 1 月 9 日、2014 年 12 月 30 日、2016 年 12 月 6 日多次在日报上刊登催收公告，其积极主张权利的意思表示明确，不足以认定其怠于行使权利，且其以此种方式主张权利具有一定的合理性。从诉讼时效制度的立法目的出发，结合本案的实际情况，认定案涉债权诉讼时效因某银行公告催收而中断，并无明显不当。企业管理合伙企业受让债权后提起诉讼时并未超过诉讼时效。

> **（插）第 122 条**¹⁹⁹¹⁰⁴⁰⁹ **【起诉的实质要件】** 起诉必须符合下列条件：
>
> （一）原告是与本案有直接利害关系的公民、法人和其他组织/~~个人、企业事业单位、机关、团体~~；
>
> （二）有明确的被告；
>
> （三）有具体的诉讼请求和事实、理由/~~事实根据~~；

---

① 注：本案被告漆业公司提供类案"［2020］最高法民申 4676 号、6202 号、6203 号"进行抗辩，主张其在某银行催收通知书上签章的行为不能认定为作出了同意履行诉讼时效已经届满的债务的意思表示，但未获再审合议庭的采纳。

（四）属于人民法院受理民事诉讼的~~管辖~~范围和受诉人民法院管辖。

第 125 条　（见第 96 条之后）

第 126 条[19910409]　**【立案审查及期限】**人民法院应当保障当事人依照法律规定享有的起诉权利。对符合本法第 122 条的起诉，必须受理。~~收到起诉状或者口头起诉，经审查，认为~~[20130101]符合起诉条件的，应当在 7 日内立案，并通知当事人；不符合起诉条件~~本法规定的受理条件~~的，应当在 7 日内作出裁定书，~~裁定~~[20130101]~~通知原告~~[19910409]不予受理，~~并说明理由~~；原告对裁定不服的，可以提起上诉。

第 127 条[19910409]　**【不受理情形】**人民法院~~对符合本法第 108 条的起诉，必须受理；~~①对下列起诉，分别情形，予以处理：

（一）~~违反治安管理处罚条例的案件，告知原告向公安机关申请解决；~~

（一）依照行政诉讼法的规定，属于行政诉讼受案范围的，告知原告提起行政诉讼；

（二）依照法律规定，双方当事人~~对合同纠纷自愿~~[20130101]达成书面仲裁协议~~向仲裁机构~~[20130101]申请仲裁、不得向人民法院起诉的，告知原告向仲裁机构申请仲裁；

（三）依照法律规定，~~依法~~②应当由其他~~行政~~机关处理的争议，告知原告向有关~~行政~~机关申请解决；

（四）对不属于本院管辖的案件，告知原告向有管辖权的人民法院起诉；

（五）对判决、裁定、调解书[20130101]已经发生法律效力的案件，当事人又起诉的，告知原告申请再审~~按照申诉处理~~[20130101]，但人民法院准许撤诉的裁定除外；

（六）依照法律规定，~~依法~~在一定期限~~时期~~内不得起诉的案件，

---

①　注：本部分内容由全国人大［7 届 4 次］增加，1991 年 4 月 9 日起施行；被全国人大常委会［11 届 28 次］删除，2013 年 1 月 1 日起施行。

②　注：将"依法"修改为"依照法律规定"，应当理解为限定于"法律"规定。

在不得起诉的期限内起诉的，不予受理；

（七）判决不准离婚和调解和好的离婚案件，判决、调解维持收养关系的案件，没有新情况、新理由，原告在 6 个月内又起诉的，不予受理。

● **相关规定** **（综合规定）**

【法发［2003］25 号】 人民法院民事诉讼风险提示书（2003 年 12 月 23 日最高法审委会［1302 次］通过，次日公布，2003 年 12 月 24 日起施行）

一、起诉不符合条件

当事人起诉不符合法律规定条件的，人民法院不会受理，即使受理也会驳回起诉。

当事人起诉不符合管辖规定的，案件将会被移送到有权管辖的人民法院审理。

【法经（复）［1988］号】 最高人民法院经济审判庭关于已裁定撤诉的案件当事人再起诉时人民法院能否受理问题的电话答复（1988 年 12 月 15 日答复广东高院"粤法经行字［1988］第 202 号"请示）

鉴于来文所述案件的具体情况，同意你院的意见，即对广州市珠江机械厂的再行起诉，有管辖权的人民法院可予受理。①

【法经［1992］121 号】 最高人民法院经济审判庭关于生效判决的连带责任人代偿债务后应以何种诉讼程序向债务人追偿问题的复函（1992 年 7 月 29 日答复吉林高院"吉高法经请字［1992］1 号"请示）

根据生效的法律文书，连带责任人代主债务人偿还了债务，或者连带责任人对外承担的责任超过了自己应承担的份额，可以向原审人民法院请求行使追偿权。原审人民法院应当裁定主债务人或其他连带责任人偿还。此裁定不允许上诉，但可复议一次。如果生效法律文书中，对各连带责任人应承担的份额没有确定的，连带责任人对外偿还债务后向其它连带责任人行使追偿权的，应当向人民法院另行起诉。

【法释［1998］7 号】 最高人民法院关于在审理经济纠纷案件中涉及经济犯罪嫌疑若干问题的规定（1998 年 4 月 9 日最高法审委会［974 次］通过，1998 年 4 月 21 日公布，1998 年 4 月 29 日起施行；根据法释［2020］17 号《决定》修正，2021 年 1 月 1 日起施行）

---

① 注：该案，东莞市法院立案后，历时一年未能开庭审理，广州市珠江机械厂为及时解决经济上存在的困难，主动与被告东莞市石龙城建办协商后撤诉；协商无果后又向广州中院再行起诉。

第2条　单位直接负责的主管人员和其他直接责任人员,以为单位骗取财物为目的,采取欺骗手段对外签订经济合同,骗取的财物被该单位占有、使用或处分构成犯罪的,除依法追究有关人员的刑事责任,责令该单位返还骗取的财物外,如给被害人造成经济损失的,单位应当承担赔偿责任。

第3条　单位直接负责的主管人员和其他直接责任人员,以该单位的名义对外签订经济合同,将取得的财物部分或全部占为己有构成犯罪的,除依法追究行为人的刑事责任外,该单位对行为人因签订、履行该经济合同造成的后果,依法应当承担民事责任。

第4条　个人借用单位的业务介绍信、合同专用章或者盖有公章的空白合同书,以出借单位名义签订经济合同,骗取财物归个人占有、使用、处分或者进行其他犯罪活动,给对方造成经济损失构成犯罪的,除依法追究借用人的刑事责任外,出借业务介绍信、合同专用章或者盖有公章的空白合同书的单位,依法应当承担赔偿责任。但是,有证据证明被害人明知签订合同对方当事人是借用行为,仍与之签订合同的除外。

第5条　行为人盗窃、盗用单位的公章、业务介绍信、盖有公章的空白合同书,或者私刻单位的公章签订经济合同,骗取财物归个人占有、使用、处分或者进行其他犯罪活动构成犯罪的,单位对行为人该犯罪行为所造成的经济损失不承担民事责任。

行为人私刻单位公章或者擅自使用单位公章、业务介绍信、盖有公章的空白合同书以签订经济合同的方法进行的犯罪行为,单位有明显过错,且该过错行为与被害人的经济损失之间具有因果关系的,单位对该犯罪行为所造成的经济损失,依法应当承担赔偿责任。

第6条　企业承包、租赁经营合同期满后,企业按规定办理了企业法定代表人的变更登记,而企业法人未采取有效措施收回其公章、业务介绍信、盖有公章的空白合同书,或者没有及时采取措施通知相对人,致原企业承包人、租赁人得以用原承包、租赁企业的名义签订经济合同,骗取财物占为己有构成犯罪的,该企业对被害人的经济损失,依法应当承担赔偿责任。但是,原承包人、承租人利用擅自保留的公章、业务介绍信、盖有公章的空白合同书以原承包、租赁企业的名义签订经济合同,骗取财物占为己有构成犯罪的,企业一般不承担民事责任。

单位聘用的人员被解聘后,或者受单位委托保管公章的人员被解除委托后,单位未及时收回其公章,行为人擅自利用保留的原单位公章签订经济合同,骗取财物占为己有构成犯罪,如给被害人造成经济损失的,单位应当承担赔偿责任。

第7条　单位直接负责的主管人员和其他直接责任人员,将单位进行走私或其他犯罪活动所得财物以签订经济合同的方法予以销售,买方明知或者应当知道的，如因此造成经济损失，其损失由买方自负。但是，如果买方不知该经济合同的标的物是犯罪行为所得财物而购买的，卖方对买方所造成的经济损失应当承担民事责任。

第8条　根据《中华人民共和国刑事诉讼法》第101条第1款的规定，被害人或其法定代理人、近亲属对本规定第2条因单位犯罪行为造成经济损失的，对第4条、第5条第1款、第6条应当承担刑事责任的被告人未能返还财物而遭受经济损失提起附带民事诉讼的，受理刑事案件的人民法院应当依法一并审理。被害人或其法定代理人、近亲属因被害人遭受经济损失也有权对单位另行提起民事诉讼。若被害人或其法定代理人、近亲属另行提起民事诉讼的，有管辖权的人民法院应当依法受理。

【法〔1999〕186号】　最高人民法院关于全国法院立案工作座谈会纪要
（1999年9月8日印发）

一、会议充分肯定了各级法院立案工作所取得的显著成绩与经验。……（略）

二、会议分析了当前立案工作的形势，明确了当前和今后一个时期立案工作的总体目标和基本要求。（略）

三、为适应形势发展的需要，确保人民法院立案工作总体目标与要求的实现，会议就今后工作，尤其对立案工作中遇到的亟待解决的一些问题进行了探讨，并提出以下意见：

（一）统一立案机构的职责范围，全面实施立审分立的原则。

会议针对一些法院立案机构职责范围不清，立审分立落实不到位的实际情况，特就立案机构的主要职责及全面落实立审分立，坚决纠正立审不分做法的问题，进行了研究并重申如下意见：

1. 全面落实立审分立，坚决纠正立审不分的做法。会议认为，全面实行立审分立，建立立案与审理互相分立、相互制约又有机结合的诉讼运行机制，是人民法院为了确保司法公正，完善我国审判制度而推出的一项重要改革举措。

各级人民法院都应按暂行规定及《人民法院五年改革纲要》的规定与要求，建立健全专门的立案机构，保证立案机构能够完全承担起暂行规定所要求的审查受理各类案件的任务，全面实施立审分立，坚决纠正立审不分的做法。会议要求，目前尚未全面实行立审分立的法院，一定要在今年（1999年）年底前限期完成立审分立的任务。已经完成立审分立任务的法院，应进一步完善制度，充实业务骨干，保证工作正常有效地进行。

2. 统一立案机构的职责范围，全面发挥立案机构的职能作用。会议认为，根据刑诉法、民诉法、行政诉讼法和最高法院司法解释的规定，结合立案工作的实际，按照立审分立的要求，立案机构应承担以下主要职责：（1）审查民事、经济纠纷、行政案件的起诉，决定立案或者裁定不予受理；审查刑事自诉案件的起诉，决定立案或者裁定驳回；审查执行案件的申请，决定是否立案或裁定不予受理；对刑事公诉案件进行立案登记。（2）对上诉案件、抗诉案件进行立案登记。审理不服下级法院不予受理、管辖异议的上诉案件。（3）审查申诉、申请再审，符合受理条件的，应当立卷审查，并决定是否裁定再审立案；对审委会讨论决定再审、上级法院指令再审和人民检察院按照审判监督程序提出抗诉的案件进行立案登记。（4）负责应由本院依法受理的其他案件的立案工作。（5）根据当事人申请，依法进行诉前财产、诉前证据保全。（6）依法处理公民、法人和其他组织提出的管辖异议和下级法院的管辖权争议案件。对下级法院应当受理而不受理的告诉案件，指定下级法院受理。（7）核算当事人预交诉讼费用，办理缓、减、免诉讼费的审批或报批手续。（8）对本院各类案件的审限进行跟踪督办，并定期向有关领导与部门通报。（9）办理上级机关和本院领导交办案件的登记、编号、程序上的审查处理和督办，并回报或转报结果。（10）处理告诉申诉来信来访，解答法律咨询，做好上访老户工作。（11）监督、指导下级法院的立案工作。基层法院检查指导人民法庭的立案工作。

以上意见，各级法院在确定各自立案机构的职责范围时应参照执行。

【法刊文摘】　审查立案若干疑难问题解答（二）（浙江高院立案庭撰稿，《立案工作指导与参考》2003 年第 2 卷，人民法院出版社 2003 年 10 月）

47. 如何理解《民事诉讼法》第 108 条（现第 122 条）第（一）项规定的"原告是与本案有直接利害关系的"含义？

……该条是对有关起诉条件的规定，在审查立案时应作较为宽泛的理解，只要原告提供的有关证据材料和起诉状陈的理由表面上能反映出原告与本案有利害关系的，且其他起诉条件也符合的，人民法院即应予以受理，而不能把立案的门槛定的过高，无形中限制了有关当事人的诉权。立案后，如果发现起诉有不符合受理条件的，可根据最高人民法院《关于适用〈中华人民共和国民事诉讼法〉若干问题的意见》第 139 条（现"法释〔2022〕11 号"《解释》第 208 条）的规定，裁定驳回起诉。

48. 原告起诉时要有明确的被告，审查立案时，被告需明确到什么程度？是否要由原告提供被告的营业执照或身份证等主体资格的证明材料？

《民事诉讼法》第 108 条（现第 122 条）规定，起诉必须具备下列条件：……（二）明确的被告；……这里的"明确的被告"，是指原告诉状所列的被告称谓明确、地址具体，诉状及原告所提供的有关证据材料表明该被告与原告有民事权利义务争议，或者原告的合法权益受到该被告的侵犯。至于被告的营业执照或身份证等主体资格的证明材料，原告不一定能够提供，能够提供的，最为理想；不能提供的，审查立案阶段不应强求原告提供。

58. 判决生效后，当事人双方与案外人达成新协议，约定由案外人承担连带责任。到期后，债务人及案外人未按协议履行义务，而债权人申请执行又超过期限，债权人持新协议向人民法院起诉的，应否受理？

根据当事人意思自治的原则，当事人可以处分自己的权利。新达成的执行和解协议，是协议各方当事人的真实意思表示，根据该协议，各方产生了新的权利义务关系，形成了新的法律关系。故债权人凭新协议向法院起诉，只要原告提供前一生效判决申请执行的期限已过的证据，且其起诉符合《民事诉讼法》第 108 条（现第 122 条）规定的受理条件的，人民法院应予受理。

【法释［2003］15 号】 最高人民法院关于适用简易程序审理民事案件的若干规定（2003 年 7 月 4 日最高法审委会［1280 次］通过，2003 年 9 月 10 日公布，2003 年 12 月 1 日起施行；根据法释［2020］20 号《决定》修正，2021 年 1 月 1 日起施行。以本规为准）

第 8 条 人民法院按照原告提供的被告的送达地址或者其他联系方式无法通知被告应诉的，应当按以下情况分别处理：……（二）原告不能提供被告准确的送达地址，人民法院经查证后仍不能确定被告送达地址的，可以被告不明确为由裁定驳回原告起诉。[①]

【法释［2004］17 号】 最高人民法院关于依据原告起诉时提供的被告住址无法送达应如何处理问题的批复（2004 年 10 月 9 日最高法审委会［1328 次］通过，2004 年 11 月 25 日公布，2004 年 12 月 2 日起施行）

人民法院依据原告起诉时所提供的被告住址无法直接送达或者留置送达，应当要求原告补充材料。原告因客观原因不能补充或者依据原告补充的材料仍不能确定被告住址的，人民法院应当依法向被告公告送达诉讼文书。人民法院不得仅

---

① 注：对于本项规定，应当结合"法释［2004］17 号"《批复》，以及"法释［2022］11 号"《解释》第 209 条的规定进行理解。"法释［2004］17 号"《批复》其实是对"法释［2003］15 号"《规定》第 8 条第 2 项规定的纠偏（也有观点认为，本项规定是对"简易程序"的特殊规定）；但"法释［2003］15 号"《规定》被《最高人民法院关于修改〈最高人民法院关于人民法院民事调解工作若干问题的规定〉等 19 件民事诉讼类司法解释的决定》（法释［2020］20 号）修订后，并未修改第 8 条，并且保留了第 33 条"本院已经公布的司法解释与本规定不一致的，以本规定为准"的规定，使得"法释［2003］15 号"《规定》的效力又得到了提升；不过"法释［2022］11 号"《解释》第 550 条再次规定"最高人民法院以前发布的司法解释与本解释不一致的，不再适用"，因而，关于"法释［2003］15 号"《规定》第 8 条第 2 项规定的效力再次存在争议。

以原告不能提供真实、准确的被告住址为由裁定驳回起诉或者裁定终结诉讼。

因有关部门不准许当事人自行查询其他当事人的住址信息，原告向人民法院申请查询的，人民法院应当依原告的申请予以查询。

【法发［2015］6 号】　最高人民法院关于人民法院推行立案登记制改革的意见（2015 年 4 月 1 日中央深改小组［第 11 次］通过，最高法 2015 年 4 月 15 日公布，2015 年 5 月 1 日起施行）

二、登记立案范围有下列情形之一的，应当登记立案：

（一）与本案有直接利害关系的公民、法人和其他组织提起的民事诉讼，有明确的被告、具体的诉讼请求和事实依据，属于人民法院主管和受诉人民法院管辖的；

（二）行政行为的相对人以及其他与行政行为有利害关系的公民、法人或者其他组织提起的行政诉讼，有明确的被告、具体的诉讼请求和事实根据，属于人民法院受案范围和受诉人民法院管辖的；

（三）属于告诉才处理的案件，被害人有证据证明的轻微刑事案件，以及被害人有证据证明应当追究被告人刑事责任而公安机关、人民检察院不予追究的案件，被害人告诉，且有明确的被告人、具体的诉讼请求和证明被告人犯罪事实的证据，属于受诉人民法院管辖的；

（四）生效法律文书有给付内容且执行标的和被执行人明确，权利人或其继承人、权利承受人在法定期限内提出申请，属于受申请人民法院管辖的；

（五）赔偿请求人向作为赔偿义务机关的人民法院提出申请，对人民法院、人民检察院、公安机关等作出的赔偿、复议决定或者对逾期不作为不服，提出赔偿申请的。

有下列情形之一的，不予登记立案：（一）违法起诉或者不符合法定起诉条件的；（二）诉讼已经终结的；（三）涉及危害国家主权和领土完整、危害国家安全、破坏国家统一和民族团结、破坏国家宗教政策的；（四）其他不属于人民法院主管的所诉事项。

三、登记立案程序

（一）实行当场登记立案。对符合法律规定的起诉、自诉和申请，一律接收诉状，当场登记立案。对当场不能判定是否符合法律规定的，应当在法律规定的期限内决定是否立案。

（二）实行一次性全面告知和补正。起诉、自诉和申请材料不符合形式要件的，应当及时释明，以书面形式一次性全面告知应当补正的材料和期限。在指定期限内经补正符合法律规定条件的，人民法院应当登记立案。

（三）不符合法律规定的起诉、自诉和申请的处理。对不符合法律规定的起诉、自诉和申请，应当依法裁决不予受理或者不予立案，并载明理由。当事人不服的，可以提起上诉或者申请复议。禁止不收材料、不予答复、不出具法律文书。

（四）严格执行立案标准。禁止在法律规定之外设定受理条件，全面清理和废止不符合法律规定的立案"土政策"。

六、切实加强立案监督

（一）加强内部监督。人民法院应当公开立案程序，规范立案行为，加强对立案流程的监督。上级人民法院应充分发挥审级监督职能，对下级法院有案不立的，责令其及时纠正。必要时，可提级管辖或者指定其他下级法院立案审理。

（二）加强外部监督。人民法院要自觉接受监督，对各级人民代表大会及其常务委员会督查法院登记立案工作反馈的问题和意见，要及时提出整改和落实措施；对检察机关针对不予受理、不予立案、驳回起诉的裁定依法提出的抗诉，要依法审理，对检察机关提出的检察建议要及时处理，并书面回复；自觉接受新闻媒体和人民群众的监督，对反映和投诉的问题，要及时回应，确实存在问题的，要依法纠正。

【法释［2015］8 号】　　最高人民法院关于人民法院登记立案若干问题的规定
（2015 年 4 月 13 日最高法审委会［1647 次］通过，2015 年 4 月 15 日公布，2015 年 5 月 1 日起施行）

第 1 条　人民法院对依法应该受理的一审民事起诉、行政起诉和刑事自诉，实行立案登记制。

第 2 条　对起诉、自诉，人民法院应当一律接收诉状，出具书面凭证并注明收到日期。

对符合法律规定的起诉、自诉，人民法院应当当场予以登记立案。

对不符合法律规定的起诉、自诉，人民法院应当予以释明。

第 7 条　当事人提交的诉状和材料不符合要求的，人民法院应当一次性书面告知在指定期限内补正。

当事人在指定期限内补正的，人民法院决定是否立案的期间，自收到补正材料之日起计算。

当事人在指定期限内没有补正的，退回诉状并记录在册；坚持起诉、自诉的，裁定或者决定不予受理、不予立案。

经补正仍不符合要求的，裁定或者决定不予受理、不予立案。

第 8 条　对当事人提出的起诉、自诉，人民法院当场不能判定是否符合法律规定的，应当作出以下处理：

（一）对民事、行政起诉，应当在收到起诉状之日起 7 日内决定是否立案；

（二）对刑事自诉，应当在收到自诉状次日起 15 日内决定是否立案；

（三）对第三人撤销之诉，应当在收到起诉状之日起 30 日内决定是否立案；

（四）对执行异议之诉，应当在收到起诉状之日起 15 日内决定是否立案。

人民法院在法定期间内不能判定起诉、自诉是否符合法律规定的，应当先行立案。

第 9 条　人民法院对起诉、自诉不予受理或者不予立案的，应当出具书面裁定或者决定，并载明理由。

第 10 条　人民法院对下列起诉、自诉不予登记立案：（一）违法起诉或者不符合法律规定的；（二）涉及危害国家主权和领土完整的；（三）危害国家安全的；（四）破坏国家统一和民族团结的；（五）破坏国家宗教政策的；（六）所诉事项不属于人民法院主管的。

第 11 条　登记立案后，当事人未在法定期限内交纳诉讼费的，按撤诉处理，但符合法律规定的缓、减、免交诉讼费条件的除外。

第 12 条　登记立案后，人民法院立案庭应当及时将案件移送审判庭审理。

第 13 条　对立案工作中存在的不接收诉状、接收诉状后不出具书面凭证，不一次性告知当事人补正诉状内容，以及有案不立、拖延立案、干扰立案、既不立案又不作出裁定或者决定等违法违纪情形，当事人可以向受诉人民法院或者上级人民法院投诉。

人民法院应当在受理投诉之日起 15 日内，查明事实，并将情况反馈当事人。发现违法违纪行为的，依法依纪追究相关人员责任；构成犯罪的，依法追究刑事责任。

第 14 条　为方便当事人行使诉权，人民法院提供网上立案、预约立案、巡回立案等诉讼服务。

第 15 条　人民法院推动多元化纠纷解决机制建设，尊重当事人选择人民调解、行政调解、行业调解、仲裁等多种方式维护权益，化解纠纷。

第 16 条　人民法院依法维护登记立案秩序，推进诉讼诚信建设。对干扰立案秩序、虚假诉讼的，根据民事诉讼法、行政诉讼法有关规定予以罚款、拘留；构成犯罪的，依法追究刑事责任。

第 18 条　强制执行和国家赔偿申请登记立案工作，按照本规定执行。

上诉、申请再审、刑事申诉、执行复议和国家赔偿申诉案件立案工作，不适用本规定。

【法释［2016］30 号】　最高人民法院关于巡回法庭审理案件若干问题的规定（“法释［2015］3 号”公布，2015 年 2 月 1 日起施行；2016 年 12 月 19 日最高法审委会［1704 次］修正，2016 年 12 月 27 日公布，2016 年 12 月 28 日起施行）

第 5 条　巡回法庭设立诉讼服务中心，接受并登记属于巡回法庭受案范围的案件材料，为当事人提供诉讼服务。对于依照本规定应当由最高人民法院本部受理案件的材料，当事人要求巡回法庭转交的，巡回法庭应当转交。

巡回法庭对于符合立案条件的案件，应当在最高人民法院办案信息平台统一编号立案。

【法发〔2017〕14 号】 　**最高人民法院关于民商事案件繁简分流和调解速裁操作规程（试行）**（2017 年 5 月 8 日）

第 1 条（第 1 款）　民商事简易纠纷解决方式主要有先行调解、和解、速裁、简易程序、简易程序中的小额诉讼、督促程序等。

（第 2 款）　人民法院对当事人起诉的民商事纠纷，在依法登记立案后，应当告知双方当事人可供选择的简易纠纷解决方式，释明各项程序的特点。

第 2 条　人民法院应当指派专职或兼职程序分流员。

程序分流员负责以下工作：（一）根据案件事实、法律适用、社会影响等因素，确定案件应当适用的程序；（二）对系列性、群体性或者关联性案件等进行集中分流；（三）对委托调解的案件进行跟踪、提示、指导、督促；（四）做好不同案件程序之间转换衔接工作；（五）其他与案件分流、程序转换相关的工作。

第 3 条　人民法院登记立案后，程序分流员认为适宜调解的，在征求当事人意见后，转入调解程序；认为应当适用简易程序、速裁的，转入相应程序，进行快速审理；认为应当适用特别程序、普通程序的，根据业务分工确定承办部门。

登记立案前，需要制作诉前保全裁定书、司法确认裁定书、和解备案的，由程序分流员记录后转办。

第 4 条　案件程序分流一般应当在登记立案当日完成，最长不超过 3 日。

第 5 条　程序分流后，尚未进入调解或审理程序时，承办部门和法官认为程序分流不当的，应当及时提出，不得自行将案件退回或移送。

程序分流员认为异议成立的，可以将案件收回并重新分配。

第 25 条　行政案件的繁简分流、先行调解和速裁，参照本规程执行。

【法发〔2018〕9 号】 　**最高人民法院关于人民法院立案、审判与执行工作协调运行的意见**（2018 年 5 月 28 日）

一、立案工作

1. 立案部门在收取起诉材料时，应当发放诉讼风险提示书，告知当事人诉讼风险，就申请财产保全作必要的说明，告知当事人申请财产保全的具体流程、担保方式及风险承担等信息，引导当事人及时向人民法院申请保全。

立案部门在收取申请执行材料时，应发放执行风险提示书，告知申请执行人向人民法院提供财产线索的义务，以及无财产可供执行导致执行不能的风险。

2. 立案部门在立案时与执行机构共享信息，做好以下信息的采集工作：（1）立案时间；（2）当事人姓名、性别、民族、出生日期、身份证件号码；（3）当事人名称、法定代表人或者主要负责人、统一社会信用代码或者组织机构代码；（4）送达地址；（5）保全信息；（6）当事人电话及其他联系方式；（7）其他应当采集的信息。

立案部门在立案时应充分采集原告或者申请执行人的前款信息，提示原告或者申请执行人尽可能提供被告或者被执行人的前款信息。

3. 在执行案件立案时，有字号的个体工商户为被执行人的，立案部门应当将生效法律文书注明的该字号个体工商户经营者一并列为被执行人。

4. 立案部门在对刑事裁判涉财产部分移送执行立案审查时，重点审查《移送执行表》载明的以下内容：（1）被执行人、被害人的基本信息；（2）已查明的财产状况或者财产线索；（3）随案移送的财产和已经处置财产的情况；（4）查封、扣押、冻结财产的情况；（5）移送执行的时间；（6）其他需要说明的情况。

《移送执行表》信息存在缺漏的，应要求刑事审判部门及时补充完整。

5. 立案部门在受理申请撤销仲裁裁决、执行异议之诉、变更追加执行当事人异议之诉、参与分配异议之诉、履行执行和解协议之诉等涉及执行的案件后，应提示当事人及时向执行法院或者本院执行机构告知有关情况。

【法 [2019] 号】　　最高人民法院关于立案是否要提供被告人身份证信息的答复（最高人民法院"院长信箱" 2019 年 9 月 16 日公布，答复"大树"来信）①

根据《最高人民法院关于适用〈中华人民共和国民事诉讼法〉的解释》第209 条规定，原告起诉时提供被告的姓名或者名称、住所等信息具体明确，足以使被告与他人相区别的，可以认定为有明确的被告。《最高人民法院关于人民法院登记立案若干问题的规定》第 6 条第 3 项也作出了与前述内容一致的规定。因此，只要原告提供具体明确的足以使被告或者被告人与他人相区别的姓名或者名称、住所等信息，即使没有自然人被告身份证号码，也应该依法登记立案。如原告提交的起诉状列写被告信息不足以认定明确的被告的，人民法院可以告知原告补正；原告补正后仍不能确定明确的被告的，人民法院裁定不予受理。

在实际中，能使被告区别于他人的信息很多，如姓名、性别、年龄、住址、社会关系、身份证号码、工作单位、其他户籍登记内容等等。信息越多，越利于确定具体的被告。当然，原告如果在起诉阶段能够提供被告的身份证号码，一方面有利于被告身份的识别，足以使该被告与他人相区别，另一方面有利于后续诉讼活动的顺利进行。

---

① 见最高人民法院网站"法院资讯"栏：https：//www.court.gov.cn/zixun-xiangqing-184581.html，最后访问日期：2023 年 11 月 12 日。

【法［2020］347号】 **最高人民法院关于印发修改后的《民事案件案由规定》的通知**（2020年12月14日最高法审委会［1821次］修正，2020年12月29日印发，2021年1月1日起施行）（详见本章"民事案件案由"专辑）

五、适用修改后的《案由规定》应当注意的问题

5. 正确认识民事案件案由的性质与功能。案由体系的编排制定是人民法院进行民事审判管理的手段。各级人民法院应当依法保障当事人依照法律规定享有的起诉权利，不得将修改后的《案由规定》等同于民事诉讼法第119条（现第122条）规定的起诉条件，不得以当事人的诉请在修改后的《案由规定》中没有相应案由可以适用为由，裁定不予受理或者驳回起诉，损害当事人的诉讼权利。

【主席令［2020］45号】 **中华人民共和国民法典**（2020年5月28日全国人大［13届3次］通过，2021年1月1日起施行）

第265条（第2款） 农村集体经济组织、村民委员会或者其负责人作出的决定侵害集体成员合法权益的，受侵害的集体成员可以请求人民法院予以撤销。

第533条（第1款） 合同成立后，合同的基础条件发生了当事人在订立合同时无法预见的、不属于商业风险的重大变化，继续履行合同对于当事人一方明显不公平的，受不利影响的当事人可以与对方重新协商；在合理期限内协商不成的，当事人可以请求人民法院或者仲裁机构变更或者解除合同。

第1010条（第1款） 违背他人意愿，以言语、文字、图像、肢体行为等方式对他人实施性骚扰的，受害人有权依法请求行为人承担民事责任。①

第1011条 以非法拘禁等方式剥夺、限制他人的行动自由，或者非法搜查他人身体的，受害人有权依法请求行为人承担民事责任。

第1027条（第1款） 行为人发表的文学、艺术作品以真人真事或者特定人为描述对象，含有侮辱、诽谤内容，侵害他人名誉权的，受害人有权依法请求该行为人承担民事责任。

第1079条（第1款） 夫妻一方要求离婚的，可以由有关组织进行调解或者直接向人民法院提起离婚诉讼。

第1115条 养父母与成年养子女关系恶化、无法共同生活的，可以协议解除收养关系。不能达成协议的，可以向人民法院提起诉讼。

第1146条 对遗产管理人的确定有争议的，利害关系人可以向人民法院申请指定遗产管理人。

---

① 注："性骚扰"规定位于《民法典》人格权编第2章"生命权、身体权和健康权"，属于健康权范畴（侵害精神健康）。

【法五巡（会）[2021] 12 号】　存在涉嫌刑事犯罪因素的民事案件受理问题①（最高法第五巡回法庭 2019 年第 46 次法官会议纪要）

根据《全国法院民商事审判工作会议纪要》规定精神，同一当事人基于不同事实分别发生民事纠纷和涉嫌刑事犯罪，民事案件与刑事案件应当分别审理。本案中，A 作为甲公司总经理助理，未经公司授权，伪造公司印章，以公司名义与 B 订立合同，并向 B 收取履约保证金，B 起诉请求甲公司承担民事责任。②因民事案件的被告与刑事案件的犯罪嫌疑人系不同主体，且民事案件所解决的是甲公司与一审原告 B 之间的纠纷，而刑事案件所追究的是犯罪嫌疑人 A 的刑事责任，两者属于不同事实，应当分别审理。本案中，人民法院应当受理后进行实体审理，查清甲公司是否有过错、是否需要承担民事责任等事实，这需要经过实体审理之后才能确定。因此，针对该存在涉嫌刑事犯罪因素的民事案件，人民法院应当予以受理。

【法二巡（会 3）[2022] 10 号】　未通知债务人，债权受让人能否以债务人为被告提起诉讼？③（最高法第二巡回法庭 2021 年第 18 次法官会议纪要）

根据《民法典》第 546 条的规定，债权转让项下存在 2 个不同的法律关系：一是就转让人与受让人之间来说，债权转让合同成立即生效；二是对债务人而言，该债权转让只有自其接到通知之日才对其发生效力，即通知是债权转让发生对抗效力的要件。故在债务人尚未接到通知的情况下，受让人与债务人之间尚不存在债权债务关系，原则上不能直接以债务人为被告提起诉讼。

【法释 [2022] 11 号】　最高人民法院关于适用《中华人民共和国民事诉讼法》的解释（"法释 [2015] 5 号"公布，2015 年 2 月 4 日起施行；根据法释 [2020] 20 号《决定》修正，2021 年 1 月 1 日起施行；2022 年 3 月 22 日最高法审委会 [1866 次] 修正，2022 年 4 月 1 日公布，2022 年 4 月 10 日起施行；以本规为准）

第 208 条　人民法院接到当事人提交的民事起诉状时，对符合民事诉讼法第 122 条的规定，且不属于第 127 条规定情形的，应当登记立案；对当场不能判定是否符合起诉条件的，应当接收起诉材料，并出具注明收到日期的书面凭证。

需要补充必要相关材料的，人民法院应当及时告知当事人。在补齐相关材料

---

①　李少平主编：《最高人民法院第五巡回法庭法官会议纪要》，人民法院出版社 2021 年版，第 149 页。

②　注：该案，在一审审理中，某公安局向法院发函说明 A 涉嫌集资诈骗罪已被立案侦查，并寄来相关立案材料，明确认定本案正在审理的履约保证金案件事实与该局正在侦查的 A 涉嫌集资诈骗案件属同一事实。一审法院依照《最高人民法院关于在审理经济纠纷案件中涉及经济犯罪嫌疑若干问题的规定》第 12 条，《最高人民法院、最高人民检察院、公安部关于办理非法集资刑事案件适用法律若干问题的意见》第 7 条第 2 款等规定，裁定驳回原告 B 的起诉，将案件移送公安机关处理。B 不服一审裁定，提起上诉。

③　贺小荣主编：《最高人民法院第二巡回法庭法官会议纪要（第 3 辑）》，法院出版社 2021 年版，第 163 页。

后，应当在 7 日内决定是否立案。

立案后发现不符合起诉条件或者属于民事诉讼法第 127 条规定情形的，裁定驳回起诉。

第 209 条　原告提供被告的姓名或者名称、住所等信息具体明确，足以使被告与他人相区别的，可以认定为有明确的被告。

起诉状列写被告信息不足以认定明确的被告的，人民法院可以告知原告补正。原告补正后仍不能确定明确的被告的，人民法院裁定不予受理。

第 210 条　原告在起诉状中有谩骂和人身攻击之辞的，人民法院应当告知其修改后再提起诉讼。

第 211 条　对本院没有管辖权的案件，告知原告向有管辖权的人民法院起诉；原告坚持起诉的，裁定不予受理；立案后发现本院没有管辖权的，应当将案件移送有管辖权的人民法院。

第 212 条　裁定不予受理、驳回起诉的案件，原告再次起诉，符合起诉条件且不属于民事诉讼法第 127 条规定情形的，人民法院应予受理。

第 213 条　原告应当预交而未预交案件受理费，人民法院应当通知其预交，通知后仍不预交或者申请减、缓、免未获批准而仍不预交的，裁定按撤诉处理。

第 214 条　原告撤诉或者人民法院按撤诉处理后，原告以同一诉讼请求再次起诉的，人民法院应予受理。

原告撤诉或者按撤诉处理的离婚案件，没有新情况、新理由，6 个月内又起诉的，比照民事诉讼法第 127 条第 7 项的规定不予受理。

第 215 条　依照民事诉讼法第 127 条第 2 项的规定，当事人在书面合同中订有仲裁条款，或者在发生纠纷后达成书面仲裁协议，一方向人民法院起诉的，人民法院应当告知原告向仲裁机构申请仲裁，其坚持起诉的，裁定不予受理，但仲裁条款或者仲裁协议不成立、无效、失效、内容不明确无法执行的除外。

第 216 条　在人民法院首次开庭前，被告以有书面仲裁协议为由对受理民事案件提出异议的，人民法院应当进行审查。

经审查符合下列情形之一的，人民法院应当裁定驳回起诉：（一）仲裁机构或者人民法院已经确认仲裁协议有效的；（二）当事人没有在仲裁庭首次开庭前对仲裁协议的效力提出异议的；（三）仲裁协议符合仲裁法第 16 条规定且不具有仲裁法第 17 条规定情形的。

第 217 条　夫妻一方下落不明，另一方诉至人民法院，只要求离婚，不申请宣告下落不明人失踪或者死亡的案件，人民法院应当受理，对下落不明人公告送达诉讼文书。

第 218 条　赡养费、扶养费、抚养/育费案件，裁判发生法律效力后，因新情况、新理由，一方当事人再行起诉要求增加或者减少费用的，人民法院应作为新案受理。

第 219 条　当事人超过诉讼时效期间起诉的，人民法院应予受理。受理后对方当事人提出诉讼时效抗辩，人民法院经审理认为抗辩事由成立的，判决驳回原告的诉讼请求。

第 247 条　当事人就已经提起诉讼的事项在诉讼过程中或者裁判生效后再次起诉，同时符合下列条件的，构成重复起诉：（一）后诉与前诉的当事人相同；（二）后诉与前诉的诉讼标的相同；（三）后诉与前诉的诉讼请求相同，或者后诉的诉讼请求实质上否定前诉裁判结果。

当事人重复起诉的，裁定不予受理；已经受理的，裁定驳回起诉，但法律、司法解释另有规定的除外。

第 248 条　裁判发生法律效力后，发生新的事实，当事人再次提起诉讼的，人民法院应当依法受理。

（立案期限）

【法释［2000］29 号】　最高人民法院关于严格执行案件审理期限制度的若干规定（2000 年 9 月 14 日最高法审委会［1130 次］通过，2000 年 9 月 22 日公布，2000 年 9 月 28 日起施行）

第 6 条（第 1 款）　第一审人民法院收到起诉书（状）或者执行申请书后，经审查认为符合受理条件的应当在 7 日内立案；收到自诉人自诉状或者口头告诉的，经审查认为符合自诉案件受理条件的应当在 15 日内立案。

（第 2 款）改变管辖的刑事、民事、行政案件，应当在收到案卷材料后的 3 日内立案。

（第 4 款）发回重审或指令再审的案件，应当在收到发回重审或指令再审裁定及案卷材料后的次日内立案。

第 7 条　立案机构应当在决定立案的 3 日内将案卷材料移送审判庭。

【法［2001］164 号】　最高人民法院案件审限管理规定（2001 年 10 月 16 日最高法审委会［1195 次］通过，2001 年 11 月 5 日公布，2002 年 1 月 1 日起施行）

第 14 条　立案庭应当在决定立案并办妥有关诉讼收费事宜后，3 日内将案卷材料移送相关审判庭。

【法函［2001］46 号】　最高人民法院关于执行《最高人民法院关于严格执行案件审理期限制度的若干规定》中有关问题的复函（2001 年 8 月 20 日答复江苏高院"苏立函字第 10 号"请示）①

---

①　本《复函》来源于《中国海商法年刊》（现《中国海商法研究》）2001 年第 12 卷第 466 页。

立案庭承担有关法律文书送达、对管辖权异议的审查、诉讼保全、庭前证据交换等庭前程序性工作的，向审判庭移送案卷材料的期限可不受《最高人民法院关于严格执行案件审理期限制度的若干规定》（以下简称《若干规定》）第 7 条"立案机构应当在决定立案的 3 日内将案卷材料移送审判庭"规定的限制，但第一审案件移送案卷材料的期限最长不得超过 20 日，第二审案件最长不得超过 15 日。

立案庭未承担上述程序性工作的，仍应执行《若干规定》第 7 条的规定。

（农村土地纠纷）

【民他字［1994］28 号】 最高人民法院关于王翠兰等 6 人与庐山区十里乡黄土岭村六组土地征用费分配纠纷一案的复函（1994 年 12 月 30 日答复江西高院请示）

土地管理法明确规定，征用土地的补偿、安置补助费，除被征用土地上属于个人的附着物和青苗的补偿费付给个人外，其余由被征地单位用于发展生产和安排就业等事业。现双方当事人为土地征用费的处理发生争议，不属于法院受理案件的范围，应向有关机关申请解决。

【民立他字［2002］4 号】 最高人民法院关于徐志君等 11 人诉龙泉市龙渊镇第八村村委会土地征用补偿费分配纠纷一案的批复（2002 年 8 月 19 日答复浙江高院请示）

根据《中华人民共和国土地管理法》第 47 条第 2 款，《中华人民共和国土地管理法实施条例》第 25 条、第 26 条及我院有关司法解释的规定，国家征用农民耕地的补偿费包括土地补偿费、安置补助费以及地上附着物和青苗的补偿费。土地补偿费归农村集体经济组织所有，只能用于发展生产和安排就业，不能挪用和私分。农村集体经济组织成员与农村集体经济组织因土地补偿费发生的争议，不属于平等主体之间的民事法律关系，不属于人民法院受理民事诉讼的范围。对此类争议，人民法院依法不予受理，应由有关行政部门协调解决。

至于因安置补助费发生的争议应否由人民法院受理，则应具体分析。需要安置的人员由农村集体经济组织安置的，安置补偿费支付给农村集体经济组织，由农村集体经济组织管理和使用。因此发生的争议，也不属于人民法院受理民事诉讼的范围，人民法院不应作为民事案件受理。对于不需要由农村集体经济组织安置的人员，安置补偿费应直接支付给有关人员。因此发生的纠纷，属于平等主体之间的民事权利义务争议，人民法院应作为民事案件受理。

地上附着物与青苗补偿费应归地上附着物及青苗的所有者所有。地上附着物与青苗的所有者因该项补偿费与集体经济组织发生的争议属于平等主体之间的民事权利义务争议，属于人民法院受理民事案件的范围，此类争议人民法院应当作为民事案件受理。

【法研［2001］51 号】　最高人民法院研究室关于人民法院对农村集体经济所得收益分配纠纷是否受理问题的答复（2001 年 7 月 9 日答复广东高院 "粤高法［2000］25 号"请示）

农村集体经济组织与其成员之间因收益分配产生的纠纷，属平等民事主体之间的纠纷。当事人就该纠纷起诉到人民法院，只要符合《中华人民共和国民事诉讼法》第 108 条（现第 122 条）的规定，人民法院应当受理。①

【法研［2001］116 号】　最高人民法院研究室关于村民因土地补偿费、安置补助费问题与村民委员会发生纠纷人民法院应否受理问题的答复（2001 年 12 月 31 日答复陕西高院 "陕高法［2001］234 号"请示）

经研究，我们认为，此类问题可以参照我室给广东省高级人民法院法研［2001］51 号《关于人民法院对农村集体经济所得收益分配纠纷是否受理问题的答复》（略）办理。

【法释［2005］6 号】　最高人民法院关于审理涉及农村土地承包纠纷案件适用法律问题的解释（2005 年 3 月 29 日最高法审委会［1346 次］通过，2005 年 7 月 29 日公布，2005 年 9 月 1 日起施行；根据法释［2020］17 号《决定》修正，2021 年 1 月 1 日起施行。以本规为准）

第 1 条　下列涉及农村土地承包民事纠纷，人民法院应当依法受理：（一）承包合同纠纷；（二）承包经营权侵权纠纷；（三）土地经营权侵权纠纷；（四）承包经营权互换、转让纠纷；（五）土地/承包经营权流转纠纷；（六）承包地征收补偿费用分配纠纷；（七）承包经营权继承纠纷；（八）土地经营权继承纠纷。

农村集体经济组织成员因未实际取得土地承包经营权提起民事诉讼的，人民法院应当告知其向有关行政主管部门申请解决。

农村集体经济组织成员就用于分配的土地补偿费数额提起民事诉讼的，人民法院不予受理。

第 2 条　当事人自愿达成书面仲裁协议的，受诉人民法院应当参照《最高人民法院关于适用〈中华人民共和国民事诉讼法〉的解释》第 215 条、第 216 条的规定处理。

当事人未达成书面仲裁协议，一方当事人向农村土地承包仲裁机构申请仲裁，另一方当事人提起诉讼的，人民法院应予受理，并书面通知仲裁机构。但另一方当事人接受仲裁管辖后又起诉的，人民法院不予受理。

当事人对仲裁裁决不服并在收到裁决书之日起 30 日内提起诉讼的，人民法院应予受理。

① 注：本答复内容与 "民立他字［2002］4 号"《批复》不一致。

【法释〔2005〕9号】 最高人民法院关于当事人达不成拆迁补偿安置协议就补偿安置争议提起民事诉讼人民法院应否受理问题的批复（2005年7月4日最高法审委会〔1358次〕通过，2005年8月1日公布，答复浙江高院"浙高法〔2004〕175号"请示，2005年8月11日起施行）

拆迁人与被拆迁人或者拆迁人、被拆迁人与房屋承租人达不成拆迁补偿安置协议，就补偿安置争议向人民法院提起民事诉讼的，人民法院不予受理，并告知当事人可以按照《城市房屋拆迁管理条例》第16条的规定向有关部门申请裁决。

【法刊文摘】 审查立案若干疑难问题解答（第三部分）（浙江高院立案庭撰稿，《立案工作指导与参考》2003年第3卷，人民法院出版社2003年12月）

1. 案件判决生效后，当事人提交在前次诉讼过程中超过举证期限提供而被拒绝质证的证据另行起诉的，能否受理？

根据最高人民法院《关于民事诉讼证据的若干规定》第33条、第34条的规定，当事人在法律规定的举证时限和法院指定的举证期限内负有"提出证明其主张的相应证据，逾期不举证则承担证据失权的法律后果"的责任。当事人在诉讼过程中，逾期提交证据，视为放弃举证权利。因此当事人提交在前一次诉讼过程中超过举证期限而被拒绝质证的证据另行起诉，属于一案两诉，人民法院不能受理。

3. 村民认为村民委员会的行为侵害村集体利益，该如何确定原告主体身份？

未经村民大会讨论，以过半数村民集体诉讼是否合适？根据《中华人民共和国村民委员会组织法》第2条的规定，"村民委员会是村民自我管理、自我教育、自我服务的基层群众性自治组织，实行民主选举、民主决策、民主管理、民主监督。"该法第5条第3款还规定："村民委员会依照法律规定管理本村属于农民集体所有的土地和其他财产，教育村民合理利用自然资源，保护和改善生态环境"。农村集体的土地是由村委会管理的，村委会有权对外管理本村农民集体财产。有权处分其管理的集体财产，利用自然资源，对外签订合同，同时还办理本村的公共事务。从这个意义上讲，村委和村民之间不是简单的民事平等主体之间的关系，它是农民集体财产的管理人。村民如果认为村委会的行为违反了《中华人民共和国村民委员会组织法》第19条的规定，可按照该法第22条的规定，向乡、镇人民政府或县级人民政府及其主管部门反映。村民委员会是自治组织，对外签订合同属于它职权范围之内的事情，所以村民对村委会对外签订合同之事无起诉权。即使村民认为侵权，也是对签订合同的行为本身侵权。对于基层组织来说，双方不是平等主体之间的民事纠纷，不属于人民法院受理民事案件的范围。除了向上级政府及其主管部门反映之外，村民应善于运用选举权影响村委会，使之更好地服务于村民，因为村委会是村民直接选举产生的。

5. 因要求确认土地承包经营权、集体土地的收益分配不公等的案件人民法院可否予以受理？按何种性质的案件受理？

《中华人民共和国农村土地承包法》（以下简称《土地承包法》）自 2003 年 3 月 1 日实施，根据该法因土地承包经营发生纠纷的，当事人可以直接向人民法院起诉。各地法院在受理土地承包经营案件时遇到了较多的问题。

（1）关于要求确认土地承包经营权的案件受理问题。对于作为村民、出嫁女、入赘女婿等依法应当享有土地承包经营权的，土地也存在的，根据《土地承包法》第 5 条的规定，"任何组织和个人不得剥夺和非法限制农村集体经济组织成员土地承包权利"；第 54 条 "发包方有下列行为的，应当承担停止侵害、返还原物、恢复原状、排除妨碍、消除危险、赔偿损失等民事责任：……（七）剥夺、侵害妇女依法享有的土地承包经营权；（八）其他侵害土地承包经营权的行为" 规定的精神，此类案件可以作为民事侵权案件受理。至于判决，应考虑侵权之诉的特点，判令停止侵权等，有待于在审判实践中摸索。对于有些地区明确规定由政府处理，且起诉的问题不突出的，可待最高人民法院有明确意见后再受理。

（2）对以确认承包经营权为由，实际要求分得土地补偿费的案件的起诉，根据最高人民法院立案庭批复的精神，土地补偿费依照《中华人民共和国土地管理法》的规定，归农村集体经济组织所有，因此农村集体经济组织成员与集体组织因土地补偿费发生的争议，不属平等主体之间的法律关系，不属于人民法院民事诉讼的受案范围，人民法院不应予以受理。

（3）对于在农村集体经济组织与组织成员之间、集体经济组织成员之间因土地的承包权的期限、承包费、土地的转包、互换、出租、承包土地被征用的补偿等发生的纠纷，依照《土地承包法》的规定，应予以受理。

（4）对于村民小组决定调整村民之间承包的土地，村民不愿意调整提起诉讼，如原有承包合同的，应以土地承包合同纠纷受理。如无承包合同的，涉及村民大会决议的，因此类情况涉及《中华人民共和国村民委员会组织法》，涉及村委会的决议，宜通过当地基层政府解决。

【主席令［2010］37 号】　中华人民共和国村民委员会组织法（1998 年 11 月 4 日全国全国人大常委会［9 届 5 次］通过，同日公布施行；2010 年 10 月 28 日全国人大常委会［11 届 17 次］修订，同日公布施行；2018 年 12 月 29 日全国人大常委会［13 届 7 次］新修）

第 24 条① 涉及村民利益的下列事项，经村民会议讨论决定方可办理：（一）本

---

① 注：本条规定了村民自治的范畴（排除在民事诉讼范围之外）及其处理方式。

村享受误工补贴的人员及补贴标准；（二）从村集体经济所得收益的使用；（三）本村公益事业的兴办和筹资筹劳方案及建设承包方案；（四）土地承包经营方案；（五）村集体经济项目的立项、承包方案；（六）宅基地的使用方案；（七）征地补偿费的使用、分配方案；（八）以借贷、租赁或者其他方式处分村集体财产；（九）村民会议认为应当由村民会议讨论决定的涉及村民利益的其他事项。

村民会议可以授权村民代表会议讨论决定前款规定的事项。

法律对讨论决定村集体经济组织财产和成员权益的事项另有规定的，依照其规定。

【法释［2014］1号】 最高人民法院关于审理涉及农村土地承包经营纠纷调解仲裁案件适用法律若干问题的解释（2013年12月27日最高法审委会［1601次］通过，2014年1月9日公布，2014年1月24日起施行；根据法释［2020］17号《决定》修正，2021年1月1日起施行）

第1条 农村土地承包仲裁委员会根据农村土地承包经营纠纷调解仲裁法第18条规定，以超过申请仲裁的时效期间为由驳回申请后，当事人就同一纠纷提起诉讼的，人民法院应予受理。

第2条 当事人在收到农村土地承包仲裁委员会作出的裁决书之日起30日后或者签收农村土地承包仲裁委员会作出的调解书后，就同一纠纷向人民法院提起诉讼的，裁定不予受理；已经受理的，裁定驳回起诉。

第3条 当事人在收到农村土地承包仲裁委员会作出的裁决书之日起30日内，向人民法院提起诉讼，请求撤销仲裁裁决的，人民法院应当告知当事人就原纠纷提起诉讼。

第11条 当事人因不服农村土地承包仲裁委员会作出的仲裁裁决向人民法院提起诉讼的，起诉期从其收到裁决书的次日起计算。

第12条 本解释施行后，人民法院尚未审结的一审、二审案件适用本解释规定。本解释施行前已经作出生效裁判的案件，本解释施行后依法再审的，不适用本解释规定。

【主席令［2024］26号】 中华人民共和国农村集体经济组织法（2024年6月28日全国人大常委会［14届10次］通过，2025年5月1日起施行）

第56条（第1款） 对确认农村集体经济组织成员身份有异议，或者农村集体经济组织因内部管理、运行、收益分配等发生纠纷的，当事人可以请求乡镇人民政府、街道办事处或者县级人民政府农业农村主管部门调解解决；不愿调解或者调解不成的，可以向农村土地承包仲裁机构申请仲裁，也可以直接向人民法院提起诉讼。

（城市房产纠纷）

【民他字［1989］40 号】　最高人民法院关于韩玉山与定兴县房地产公司房产纠纷一案的复函（1989 年 11 月 24 日答复河北高院"冀法（民）［1989］126 号"请示）

经研究，我们认为，该案当事人之间的房屋产权纠纷属于土改中遗留的落实政策问题，定兴县落实私房政策办公室和县政府既已行文确认该房屋的产权归属，原告对该处理不服，根据我院《关于贯彻执行〈民事诉讼法（试行）〉若干问题的意见》第（43）条之规定，应告知其向有关部门申请解决。

【民他字［1991］49 号】　最高人民法院关于因体制变动引起的房地产纠纷案法院不应受理的函复（1992 年 4 月 9 日答复海南高院"琼高法（民）他字［1991］2 号"《关于机械电子工业部第五研究所诉中国人民解放军 38002 部队后勤部土地、房屋、财产纠纷一案的请示报告》）

经研究并征求有关部门意见后认为：双方讼争的海南省三亚市榆林天然暴露试验站房屋、土地纠纷是因机械电子工业部第五研究所体制变动引起的，应由有关部门解决，不应由人民法院作为民事案件受理。据此，本案应由二审法院撤销一审判决，驳回原告起诉。

【法发［1992］38 号】　最高人民法院关于房地产案件受理问题的通知（1992 年 11 月 25 日）

随着我国当前经济的发展和住房制度、土地使用制度的改革，有关房屋和土地使用方面的纠纷在一些经济发达的地区，不仅收案数量和纠纷种类有增多的趋势，而且出现了许多值得重视和研究的新的情况和新问题。为了适应形势发展的需要，现就不少地方提出的而又需要明确的有关房地产纠纷案件的受理问题通知如下：

一、凡公民之间、法人之间、其他组织之间以及他们相互之间因房地产方面的权益发生争执而提起的民事诉讼，由讼争的房地产所在地人民法院的民事审判庭依法受理。

二、公民、法人和其他组织对人民政府或者其主管部门就有关土地的所有权或者使用权归属的处理决定不服，或对人民政府或者其主管部门就房地产问题作出的行政处罚决定不服，依法向人民法院提起的行政诉讼，由房地产所在地人民法院的行政审判庭依法受理。

三、凡不符合民事诉讼法、行政诉讼法有关起诉条件的属于历史遗留的落实政策性质的房地产纠纷，因行政指令而调整划拨、机构撤并分合等引起的房地产纠纷，因单位内部建房、分房等而引起的占房、腾房等房地产纠纷，均不属于人民法院主管工作的范围，当事人为此而提起的诉讼，人民法院应依法不予受理或驳回起诉，可告知其找有关部门申请解决。

【民他字［1990］56 号】 最高人民法院关于军队离退休干部腾退军产房纠纷法院是否受理的复函（1991 年 1 月 30 日答复天津高院"津高法［1990］第 68 号"请示）①

经研究认为，因军队离退休干部安置、腾迁、对换住房等而发生的纠纷，属于军队离退休干部转由地方安置管理工作中的遗留问题，由军队和地方政府通过行政手段解决为妥。故我们同意你院审判委员会的倾向性意见，即此类纠纷人民法院不宜受理。②

【民立他字［2002］8 号】 最高人民法院关于中国人民解放军北京军区房地产管理局请求法院受理军队家属住房清退案有关问题请示的复函（2002 年 7 月 2 日答复北京高院"京高法［2002］13 号"请示）③

军队转业人员、遗属及退休干部子女与军队单位之间因部队住房清退而发生的纠纷，在双方没有达成住房清退协议的情况下，属于军队和地方在干部转业、死亡以及离退休干部移交地方管理过程中历史遗留问题，中国人民解放军北京军区房地产管理局所采取的住房清退和借房安置的具体办法具有军队行政管理性质。依据我院 1991 年 1 月 30 日《关于军队离退休干部腾退军产房纠纷法院

---

① 本案案情：林某华、李某亭、孙某道、刘某忠、王某荣 5 人原均为解放军某部队团职干部，按部队团职标准，每人居住该部队所有坐落天津市河西区东风里干休所住房 3 间。1981 年 5 月，林某华等 5 人先后退休，1982 年按中央军委的有关规定，转为离休；1986 年 4 月，根据国务院、中央军委［81］39 号，民政部、总政治部［85］民安字 24 号，政老字 172 号文件规定，其人事、工资关系等正式移交到天津市河西区民政局管理，与部队完全脱钩。天津市河西区民政局亦根据［81］39 号、中共中央［80］72 号和国家计委、建委、财政部、民政部、总政治部、物资总局联合下发的"关于安排退休干部住房建设的报告"的文件规定，为其在天津市河西区小海地珠江道九江里安置了住房，与原职级标准相同。五人以该处住房条件不好为由，拒绝搬迁。某部队遂于 1986 年 8 月，以五人之名与房管部门办理了珠江道九江里住房的租赁关系，并于 1989 年 10 月 25 日向天津市河西区人民法院起诉，要求五人腾出军产，迁到地方安置的住房中去。河西区法院于 1989 年 10 月 27 日立案。

② 注：天津高院在请示报告中倾向的意见为：本案不应由人民法院受理。主要理由是：五被告现住之军产房，是他们在服役期间，按职级标准取得的，对原告没有任何侵权行为，现在发生的纠纷，是军队和地方在离退休干部移交地方管理的过程中的遗留问题，由此产生的一切纠纷，应由军队与地方政府通过行政手段加以解决。同时，此类案件一经受理，将涉及今后执行问题。如法院判决腾房后，五被告不愿履行，须由人民法院强制执行。这样很可能在群众中造成不良影响。此外，根据天津市［1986］津军离、退安办 1 号文件规定："变通住房分配办法，对现住军产房，不愿搬迁的驻津部队离退休干部，可由所在部队提出名单，直接与区、县安置部门协商。在办理移交安置手续的同时，将地方为部队新建住房交给部队，由部队分配使用，但产权不变，并照章缴纳房租费。"部队可按此变通办法解决，不一定必须收回军产房。

③ 最高人民法院立案庭：《立案工作指导与参考》2003 年第 1 卷，人民法院出版社 2003 年 7 月第 1 版。

是否受理的复函》的精神，此类纠纷应由军队和地方通过行政手段解决，人民法院不宜受理。①

【法研〔2003〕123 号】　最高人民法院研究室关于人民法院是否受理涉及军队房地产腾退、拆迁安置纠纷案件的答复（2003 年 8 月 8 日答复辽宁高院"辽高法疑字〔2003〕5 号"请示）

根据最高人民法院 1992 年 11 月 25 日下发的《最高人民法院关于房地产案件受理问题的通知》的精神，因涉及军队房地产腾退、拆迁安置而引起的纠纷，不属于人民法院主管工作的范围，当事人为此而提起诉讼的，人民法院应当依法不予受理或驳回起诉，并可告知其向有关部门申请解决。

【法释〔2005〕5 号】　最高人民法院关于审理涉及国有土地使用权合同纠纷案件适用法律问题的解释（2004 年 11 月 23 日最高法审委会〔1334 次〕通过，2005 年 6 月 18 日公布，2005 年 8 月 1 日起施行；根据法释〔2020〕17 号《决定》修正，2021 年 1 月 1 日起施行）

第 16 条　在下列情形下，合作开发房地产合同的当事人请求分配房地产项目利益的，不予受理；已经受理的，驳回起诉：（一）依法需经批准的房地产建设项目未经有批准权的人民政府主管部门批准；（二）房地产建设项目未取得建设工程规划许可证；（三）擅自变更建设工程规划。

因当事人隐瞒建设工程规划变更的事实所造成的损失，由当事人按照过错承担。

【法释〔2009〕7 号】　最高人民法院关于审理建筑物区分所有权纠纷案件适用法律若干问题的解释（2009 年 3 月 23 日最高法审委会〔1464 次〕通过，原标题《最高人民法院关于审理建筑物区分所有权纠纷案件具体应用法律若干问题的解释》，2009 年 5 月 14 日公布，2009 年 10 月 1 日起施行；根据法释〔2020〕17 号《决定》修正，2021 年 1 月 1 日起施行）

第 12 条　业主以业主大会或者业主委员会作出的决定侵害其合法权益或者违

---

① 本案案情：北京市西单堂子胡同九号院是北京军区的一个家属院，原有住户 74 户，现由北京军区房地产管理局管理。由于西单北大街规划改造，经总后勤部批准，该九号院地面建筑物拆除后，土地与地方进行对换。军区房管局从 2001 年 9 月开始对该九号院住户进行清退和安置。到目前为止，军队负责管理、保障的在职现役军人干部、离退休干部 37 户已经基本搬迁安置完毕；转业干部、遗属及退休干部子女等地方人员 37 户，只有 7 户退出住房（其中 3 户借房安置），还有 30 户没有与军区房管局达成腾退部队住房的协议，其中部分住户抵触情绪较大，不愿搬迁。军区房管局将该九号院住房清退的政策及工作中遇到的困难，2 次向西城区政府作了专题汇报，西城区政府十分重视，要求军区房管局同司法部门进行沟通，以法律为根据，解决部队住房清退问题。2001 年 11 月 20 日，军区房管局与北京市西城区人民法院、解放军军事法院、北京军区军事法院进行了沟通，请求西城区法院受理该九号院的部队住房清理纠纷案。

第二编　第十二章

反了法律规定的程序为由，依据民法典第 280 条第 2 款①的规定请求人民法院撤销该决定的，应当在知道或者应当知道业主大会或者业主委员会作出决定之日起 1 年内行使。

【法［2016］399 号】 第八次全国法院民事商事审判工作会议（民事部分）纪要（最高法 2016 年 11 月 21 日印发）

五、关于物权纠纷案件的审理

（二）关于违法建筑相关纠纷的处理问题

21. 对于未取得建设工程规划许可证或者未按照建设工程规划许可证规定内容建设的违法建筑的认定和处理，属于国家有关行政机关的职权范围，应避免通过民事审判变相为违法建筑确权。当事人请求确认违法建筑权利归属及内容的，人民法院不予受理；已经受理的，裁定驳回起诉。

22. 因违法建筑倒塌或其搁置物、悬挂物脱落、坠落造成的损害赔偿纠纷，属于民事案件受案范围，应按照侵权责任法有关物件损害责任的相关规定处理。

（调解与仲裁）

【法（经）函［1990］53 号】 最高人民法院关于农村集体企业承包经营合同的当事人一方不服仲裁机关的裁决向人民法院起诉人民法院应否受理问题的复函（1990 年 7 月 26 日答复浙江高院"［1990］浙发经字 17 号"请示）

宁海县华山砖瓦厂是宁海县城郊乡华山村村民委员会开办的村办集体企业。它们之间签订的承包经营合同，不适用《全民所有制工业企业承包经营责任制暂行条例》。根据《中华人民共和国仲裁条例》："仲裁机关在其职权范围内处理经济合同纠纷案件，实行一次裁决制度"，"当事人一方或者双方对仲裁不服的，在收到仲裁决定书 15 天内，向人民法院起诉，期满不起诉的，仲裁决定即发生效力。"华山村村民委员会不服宁波市工商行政管理局经济合同仲裁委员会的裁决，在收到仲裁决定书 15 天内向宁波市中级人民法院提起诉讼，宁波市中级人民法院依法应予立案审理。

【主席令［1994］31 号】 中华人民共和国仲裁法（1994 年 8 月 31 日全国人大常委会［8 届 9 次］通过，1995 年 9 月 1 日起施行；根据主席令［2017］76 号新修，2018 年 1 月 1 日起施行）

第 5 条 当事人达成仲裁协议，一方向人民法院起诉的，人民法院不予受理，

---

① 《民法典》第 280 条第 2 款："业主大会或者业主委员会作出的决定侵害业主合法权益的，受侵害的业主可以请求人民法院予以撤销。"

但仲裁协议无效的除外。

第 9 条　仲裁实行一裁终局的制度。裁决作出后，当事人就同一纠纷再申请仲裁或者向人民法院起诉的，仲裁委员会或者人民法院不予受理。

裁决被人民法院依法裁定撤销或者不予执行的，当事人就该纠纷可以根据双方重新达成的仲裁协议申请仲裁，也可以向人民法院起诉。

【法经 [1994] 310 号】　最高人民法院经济审判庭关于仲裁机关裁决生效后，又裁定允许当事人向人民法院起诉，人民法院应否受理问题的复函（1994 年 12 月 2 日答复北京高院）

一、北京市工商行政管理局经济合同仲裁委员会（下称北京工商仲裁委）以 [1993] 市裁字第 12 号裁决书对青岛公司诉桂林公司购销合同返还定金纠纷一案作出终局裁决后，又以 [1994] 市裁字第 12 号裁定书将 [1993] 市裁字第 12 号裁决书裁决的 "本裁决书为终局裁决，送达即生效" 修改为 "如不服 [1993] 市裁字第 12 号裁决书，自接到本裁定书 15 日内向本会所在地的人民法院起诉，逾期即发生法律效力"。该裁定符合本院法发 [1993] 34 号通知第 2 条的有关规定，北京市中级人民法院对不服 [1993] 市裁字第 12 号裁决的起诉应依法受理。

二、青岛公司依据北京工商仲裁委 [1993] 市裁字第 12 号裁决书向北京市中级人民法院申请强制执行后，北京市中级人民法院已将该执行案件移送桂林市中级人民法院。因此，北京市中级人民法院应将受理本案的情况通知桂林市中级人民法院。

【主席令 [1994] 28 号】　中华人民共和国劳动法（1994 年 7 月 5 日全国人大常委会 [8 届 8 次] 通过，1995 年 5 月 1 日起施行；根据主席令 [2018] 24 号新修，2018 年 12 月 29 日公布施行）

第 79 条　劳动争议发生后，当事人可以向本单位劳动争议调解委员会申请调解；调解不成，当事人一方要求仲裁的，可以向劳动争议仲裁委员会申请仲裁。当事人一方也可以直接向劳动争议仲裁委员会申请仲裁。对仲裁裁决不服的，可以向人民法院提起诉讼。

【主席令 [2000] 33 号】　中华人民共和国产品质量法（1993 年 2 月 22 日全国人大常委会 [7 届 30 次] 通过，主席令 71 号公布，1993 年 9 月 1 日起施行；2000 年 7 月 8 日全国人大常委会 [9 届 16 次] 修正，2000 年 9 月 1 日起施行；2018 年 12 月 29 日最新统修）

第 47 条　因产品质量发生民事纠纷时，当事人可以通过协商或者调解解决。当事人不愿通过协商、调解解决或者协商、调解不成的，可以根据当事人各方的协议向仲裁机构申请仲裁；当事人各方没有达成仲裁协议或者仲裁协议无效的，可以直接向人民法院起诉。

【法研［2001］26号】 **最高人民法院研究室关于当事人对乡（镇）人民政府就民间纠纷作出的调处决定不服而起诉人民法院应以何种案件受理的复函**（2001年2月19日答复浙江高院"浙高法［2001］201号"请示）

乡（镇）人民政府对民间纠纷作出调处决定，当事人不服并就原争议标的向人民法院起诉的，应当按照《最高人民法院关于如何处理经乡（镇）人民政府调处的民间纠纷的通知》的规定，由人民法院作为民事案件受理。但乡（镇）人民政府在调解民间纠纷的违背当事人的意愿，强行作出决定，当事人以乡（镇）人民政府为被告诉讼的，由人民法院作为行政案件受理。

【民立他字［2001］36号】 **最高人民法院关于对崇正国际联盟集团有限公司申请撤销仲裁裁决人民法院应否受理的复函**（2001年9月28日答复北京高院）

《中华人民共和国仲裁法》第70条规定的"当事人"是指仲裁案件的申请人或被申请人，崇正国际联盟集团有限公司并非V19990351号仲裁案件的申请人或被申请人，该公司不具备申请撤销该仲裁裁决的主体资格，故对该申请人民法院不予受理。

【主席令［2007］80号】 **中华人民共和国劳动争议调解仲裁法**（2007年12月29日全国人大常委会［10届31次］通过，2008年5月1日起施行）

第5条 发生劳动争议，当事人不愿协商、协商不成或者达成和解协议后不履行的，可以向调解组织申请调解；不愿调解、调解不成或者达成调解协议后不履行的，可以向劳动争议仲裁委员会申请仲裁；对仲裁裁决不服的，除本法另有规定的外，可以向人民法院提起诉讼。

第29条 劳动争议仲裁委员会收到仲裁申请之日起5日内，认为符合受理条件的，应当受理，并通知申请人；认为不符合受理条件的，应当书面通知申请人不予受理，并说明理由。对劳动争议仲裁委员会不予受理或者逾期未作出决定的，申请人可以就该劳动争议事项向人民法院提起诉讼。

第43条（第1款） 仲裁庭裁决劳动争议案件，应当自劳动争议仲裁委员会受理仲裁申请之日起45日内结束。案情复杂需要延期的，经劳动争议仲裁委员会主任批准，可以延期并书面通知当事人，但是延长期限不得超过15日。逾期未作出仲裁裁决的，当事人可以就该劳动争议事项向人民法院提起诉讼。

【法发［2009］45号】 **最高人民法院关于建立健全诉讼与非诉讼相衔接的矛盾纠纷解决机制的若干意见**（经中央批准，2009年7月24日印发）

5. 认真贯彻执行《中华人民共和国劳动争议调解仲裁法》和相关司法解释的

规定，加强与劳动、人事争议等仲裁机构的沟通和协调，根据劳动、人事争议案件的特点采取适当的审理方式，支持和鼓励仲裁机制发挥作用。对劳动、人事争议仲裁机构不予受理或者逾期未作出决定的劳动、人事争议事项，申请人向人民法院提起诉讼的，人民法院应当依法受理。

6.……当事人对农村土地承包仲裁机构裁决不服而提起诉讼的，人民法院应当及时审理。当事人申请法院强制执行已经发生法律效力的裁决书和调解书的，人民法院应当依法及时执行。

8.……当事人不服行政机关对平等主体之间民事争议所作的调解、裁决或者其他处理，以对方当事人为被告就原争议向人民法院起诉的，由人民法院作为民事案件受理。法律或司法解释明确规定作为行政案件受理的，人民法院在对行政行为进行审查时，可对其中的民事争议一并审理，并在作出行政判决的同时，依法对当事人之间的民事争议一并作出民事判决。

行政机关依法对民事纠纷进行调处后达成的有民事权利义务内容的调解协议或者作出的其他不属于可诉具体行政行为的处理，经双方当事人签字或者盖章后，具有民事合同性质，法律另有规定的除外。

9. 没有仲裁协议的当事人申请仲裁委员会对民事纠纷进行调解的，由该仲裁委员会专门设立的调解组织按照公平中立的调解规则进行调解后达成的有民事权利义务内容的调解协议，经双方当事人签字或者盖章后，具有民事合同性质。

10. 人民法院鼓励和支持行业协会、社会组织、企事业单位等建立健全调解相关纠纷的职能和机制。经商事调解组织、行业调解组织或者其他具有调解职能的组织调解后达成的具有民事权利义务内容的调解协议，经双方当事人签字或者盖章后，具有民事合同性质。

【法发［2010］16号】　最高人民法院《关于进一步贯彻"调解优先、调判结合"工作原则的若干意见》（2010年6月7日）

9（第3款）. 立案阶段的调解应当坚持以效率、快捷为原则，避免案件在立案阶段积压。适用简易程序的一审民事案件，立案阶段调解期限原则上不超过立案后10日；适用普通程序的一审民事案件，立案阶段调解期限原则上不超过20日，经双方当事人同意，可以再延长10日。延长的调解期间不计入审限。

【法发［2010］57号】　最高人民法院关于进一步做好边境地区涉外民商事案件审判工作的指导意见（2010年12月8日）

九、人民法院应当支持和鼓励当事人通过仲裁等非诉讼途径解决边境地区发生的涉外民商事纠纷。当事人之间就纠纷的解决达成了有效的仲裁协议，或者在无协议时根据相关国际条约的规定当事人之间的争议应当通过仲裁解决的，人民法院应当告知当事人通过仲裁方式解决纠纷。

【法研［2011］31号】　最高人民法院研究室关于王某与某公司劳动争议纠纷申请再审一案适用法律问题的答复（2011年3月9日答复甘肃高院"［2010］甘民申字第416号"请示）

原则同意你院审委会的第一种意见，即根据《中华人民共和国劳动法》、《社会保险费征缴暂行条例》的有关规定，征缴社会保险费属于社会保险费征缴部门的法定职责，不属于人民法院受理民事案件的范围。另，建议你院可结合本案向有关社会保险费征缴部门发出司法建议，建议其针对当前用人单位与劳动者之间因社会保险引发争议所涉及的保险费征缴问题，加强调查研究，妥善处理类似问题，依法保护有关当事人的合法权益。

【主席令［2012］73号】　中华人民共和国劳动合同法（2012年12月28日全国人大常委会［11届30次］修订，2013年7月1日起施行）

第56条　用人单位违反集体合同，侵犯职工劳动权益的，工会可以依法要求用人单位承担责任；因履行集体合同发生争议，经协商解决不成，工会可以依法申请仲裁、提起诉讼。

【法［2016］399号】　第八次全国法院民事商事审判工作会议（民事部分）纪要（最高法2016年11月21日印发）

六、关于劳动争议纠纷案件的审理

（一）关于案件受理问题

26. 劳动人事仲裁机构作出仲裁裁决，当事人在法定期限内未提起诉讼但再次申请仲裁，劳动人事仲裁机构作出不予受理裁决、决定或通知，当事人不服提起诉讼，经审查认为前后两次申请仲裁事项属于不同事项的，人民法院予以受理；经审查认为属于同一事项的，人民法院不予受理，已经受理的裁定驳回起诉。

【人社部发［2017］70号】　人力资源社会保障部、最高人民法院关于加强劳动人事争议仲裁与诉讼衔接机制建设的意见（2017年11月8日）

三、规范裁审程序衔接

（一）规范受理程序衔接。对未经仲裁程序直接起诉到人民法院的劳动人事争议案件，人民法院应裁定不予受理；对已受理的，应驳回起诉，并告知当事人向有管辖权的仲裁委员会申请仲裁。当事人因仲裁委员会逾期未作出仲裁裁决而向人民法院提起诉讼且人民法院立案受理的，人民法院应及时将该案的受理情况告知仲裁委员会，仲裁委员会应及时决定该案件终止审理。

【法释［2020］26 号】　最高人民法院关于审理劳动争议案件适用法律问题的解释（一）（2020 年 12 月 25 日最高法审委会［1825 次］通过，2020 年 12 月 29 日公布，2021 年 1 月 1 日起施行）（另见本书第 51 条）

第 1 条　劳动者与用人单位之间发生的下列纠纷，属于劳动争议，当事人不服劳动争议仲裁机构作出的裁决，依法提起诉讼的，人民法院应予受理：（一）劳动者与用人单位在履行劳动合同过程中发生的纠纷；（二）劳动者与用人单位之间没有订立书面劳动合同，但已形成劳动关系后发生的纠纷；（三）劳动者与用人单位因劳动关系是否已经解除或者终止，以及应否支付解除或者终止劳动关系经济补偿金发生的纠纷；（四）劳动者与用人单位解除或者终止劳动关系后，请求用人单位返还其收取的劳动合同定金、保证金、抵押金、抵押物发生的纠纷，或者办理劳动者的人事档案、社会保险关系等转移手续发生的纠纷；（五）劳动者以用人单位未为其办理社会保险手续，且社会保险经办机构不能补办导致其无法享受社会保险待遇为由，要求用人单位赔偿损失发生的纠纷；（六）劳动者退休后，与尚未参加社会保险统筹的原用人单位因追索养老金、医疗费、工伤保险待遇和其他社会保险待遇而发生的纠纷；（七）劳动者因为工伤、职业病，请求用人单位依法给予工伤保险待遇发生的纠纷；（八）劳动者依据劳动合同法第 85 条规定，要求用人单位支付加付赔偿金发生的纠纷；（九）因企业自主进行改制发生的纠纷。

第 2 条　下列纠纷不属于劳动争议：（一）劳动者请求社会保险经办机构发放社会保险金的纠纷；（二）劳动者与用人单位因住房制度改革产生的公有住房转让纠纷；（三）劳动者对劳动能力鉴定委员会的伤残等级鉴定结论或者对职业病诊断鉴定委员会的职业病诊断鉴定结论的异议纠纷；（四）家庭或者个人与家政服务人员之间的纠纷；（五）个体工匠与帮工、学徒之间的纠纷；（六）农村承包经营户与受雇人之间的纠纷。

第 5 条　劳动争议仲裁机构以无管辖权为由对劳动争议案件不予受理，当事人提起诉讼的，人民法院按照以下情形分别处理：

（一）经审查认为该劳动争议仲裁机构对案件确无管辖权的，应当告知当事人向有管辖权的劳动争议仲裁机构申请仲裁；

（二）经审查认为该劳动争议仲裁机构有管辖权的，应当告知当事人申请仲裁，并将审查意见书面通知该劳动争议仲裁机构；劳动争议仲裁机构仍不受理，当事人就该劳动争议事项提起诉讼的，人民法院应予受理。

第 6 条　劳动争议仲裁机构以当事人申请仲裁的事项不属于劳动争议为由，作出不予受理的书面裁决、决定或者通知，当事人不服依法提起诉讼的，人民法院应当分别情况予以处理：

（一）属于劳动争议案件的，应当受理；

（二）虽不属于劳动争议案件，但属于人民法院主管的其他案件，应当依法受理。

第7条 劳动争议仲裁机构以申请仲裁的主体不适格为由，作出不予受理的书面裁决、决定或者通知，当事人不服依法提起诉讼，经审查确属主体不适格的，人民法院不予受理；已经受理的，裁定驳回起诉。

第8条 劳动争议仲裁机构为纠正原仲裁裁决错误重新作出裁决，当事人不服依法提起诉讼的，人民法院应当受理。

第9条 劳动争议仲裁机构仲裁的事项不属于人民法院受理的案件范围，当事人不服依法提起诉讼的，人民法院不予受理；已经受理的，裁定驳回起诉。

第10条 当事人不服劳动争议仲裁机构作出的预先支付劳动者劳动报酬、工伤医疗费、经济补偿或者赔偿金的裁决，依法提起诉讼的，人民法院不予受理。

用人单位不履行上述裁决中的给付义务，劳动者依法申请强制执行的，人民法院应予受理。

第11条 劳动争议仲裁机构作出的调解书已经发生法律效力，一方当事人反悔提起诉讼的，人民法院不予受理；已经受理的，裁定驳回起诉。

第12条 劳动争议仲裁机构逾期未作出受理决定或仲裁裁决，当事人直接提起诉讼的，人民法院应予受理，但申请仲裁的案件存在下列事由的除外：（一）移送管辖的；（二）正在送达或者送达延误的；（三）等待另案诉讼结果、评残结论的；（四）正在等待劳动争议仲裁机构开庭的；（五）启动鉴定程序或者委托其他部门调查取证的；（六）其他正当事由。

当事人以劳动争议仲裁机构逾期未作出仲裁裁决为由提起诉讼的，应当提交该仲裁机构出具的受理通知书或者其他已接受仲裁申请的凭证、证明。

第13条 劳动者依据劳动合同法第30条第2款和调解仲裁法第16条规定向人民法院申请支付令，符合民事诉讼法第17章督促程序规定的，人民法院应予受理。

依据劳动合同法第30条第2款规定申请支付令被人民法院裁定终结督促程序后，劳动者就劳动争议事项直接提起诉讼的，人民法院应当告知其先向劳动争议仲裁机构申请仲裁。

依据调解仲裁法第16条规定申请支付令被人民法院裁定终结督促程序后，劳动者依据调解协议直接提起诉讼的，人民法院应予受理。

第15条 劳动者以用人单位的工资欠条为证据直接提起诉讼，诉讼请求不涉及劳动关系其他争议的，视为拖欠劳动报酬争议，人民法院按照普通民事纠纷受理。

【法〔2021〕281 号】　　最高人民法院关于深入开展虚假诉讼整治工作的意见（2021 年 11 月 4 日印发，2021 年 11 月 10 日起施行）

八、慎查调解协议，确保真实合法。……诉前调解协议内容涉及物权、知识产权确权的，应当裁定不予受理，已经受理的，应当裁定驳回申请。

【人社部发〔2022〕9 号】　　人力资源社会保障部、最高人民法院关于劳动人事争议仲裁与诉讼衔接有关问题的意见（一）（2022 年 2 月 21 日）

一、劳动人事争议仲裁委员会对调解协议仲裁审查申请不予受理或者经仲裁审查决定不予制作调解书的，当事人可依法就协议内容中属于劳动人事争议仲裁受理范围的事项申请仲裁。当事人直接向人民法院提起诉讼的，人民法院不予受理，但下列情形除外：

（一）依据《中华人民共和国劳动争议调解仲裁法》第 16 条①规定申请支付令被人民法院裁定终结督促程序后，劳动者依据调解协议直接提起诉讼的；

（二）当事人在《中华人民共和国劳动争议调解仲裁法》第 10 条规定的调解组织②主持下仅就劳动报酬争议达成调解协议，用人单位不履行调解协议约定的给付义务，劳动者直接提起诉讼的；

（三）当事人在经依法设立的调解组织主持下就支付拖欠劳动报酬、工伤医疗费、经济补偿或者赔偿金事项达成调解协议，双方当事人依据《中华人民共和国民事诉讼法》第 201 条规定共同向人民法院申请司法确认，人民法院不予确认，劳动者依据调解协议直接提起诉讼的。

四、申请人撤回仲裁申请后向人民法院起诉的，人民法院应当裁定不予受理；已经受理的，应当裁定驳回起诉。

申请人再次申请仲裁的，劳动人事争议仲裁委员会应当受理。

十二、（第 1 款）　　劳动人事争议仲裁委员会按照《劳动人事争议仲裁办案规则》第 50 条第 4 款规定对不涉及确认劳动关系的案件分别作出终局裁决和非终局裁决，劳动者对终局裁决向基层人民法院提起诉讼、用人单位向中级人民法院申请撤销终局裁决、劳动者或者用人单位对非终局裁决向基层人民法院提起诉讼的，有管辖权的人民法院应当依法受理。

十八、（第 2 款）　　劳动人事争议仲裁委员会重新作出处理结果后，当事人

---

① 《劳动争议调解仲裁法》第 16 条："因支付拖欠劳动报酬、工伤医疗费、经济补偿或者赔偿金事项达成调解协议，用人单位在协议约定期限内不履行的，劳动者可以持调解协议书依法向人民法院申请支付令。人民法院应当依法发出支付令。"

② 《劳动争议调解仲裁法》第 10 条第 1 款："发生劳动争议，当事人可以到下列调解组织申请调解：（一）企业劳动争议调解委员会；（二）依法设立的基层人民调解组织；（三）在乡镇、街道设立的具有劳动争议调解职能的组织。"

依法提起诉讼的，人民法院应当受理。

【主席令［2022］114号】 中华人民共和国体育法（1995年8月29日全国人大常委会［8届15次］通过，1995年10月1日起施行；2022年6月24日全国人大常委会［13届35次］新修，2023年1月1日起施行）

第97条 体育仲裁裁决书自作出之日起发生法律效力。

裁决作出后，当事人就同一纠纷再申请体育仲裁或者向人民法院起诉的，体育仲裁委员会或者人民法院不予受理。①

（票据纠纷）

【法释［1997］8号】 最高人民法院关于审理存单纠纷案件的若干规定（1997年11月25日最高法审委会［946次］通过，1997年12月11日公布，1997年12月13日起施行；根据法释［2020］18号《决定》修正，2021年1月1日起施行）

第1条 存单纠纷案件的范围：（一）存单持有人以存单为重要证据向人民法院提起诉讼的纠纷案件；（二）当事人以进账单、对账单、存款合同等凭证为主要证据向人民法院提起诉讼的纠纷案件；（三）金融机构向人民法院起诉要求确认存单、进账单、对账单、存款合同等凭证无效的纠纷案件；（四）以存单为表现形式的借贷纠纷案件。

第3条（第1款） 存单纠纷案件当事人向人民法院提起诉讼，人民法院应当依照《中华人民共和国民事诉讼法》第119条（现第122条）的规定予以审查，符合规定的，均应受理。

【法释［2000］32号】 最高人民法院关于审理票据纠纷案件若干问题的规定（2000年2月24日最高法审委会［1102次］通过，2000年11月14日公布，2000年11月21日起施行；根据法释［2020］18号《决定》修正，2021年1月1日起施行）

第1条 因行使票据权利或者票据法上的非票据权利而引起的纠纷，人民法院应当依法受理。

第2条 依照票据法第10条的规定，票据债务人（即出票人）以在票据未转让时的基础关系违法、双方不具有真实的交易关系和债权债务关系、持票人应付对价而未付对价为由，要求返还票据而提起诉讼的，人民法院应当依法受理。

---

① 根据《体育法》第98条规定，当事人认为仲裁程序等不合法的，可以向法院申请撤销裁决。根据《民事诉讼法》第248条规定，仲裁裁决被法院裁定不执行的，当事人可以重新申请仲裁，也可以提起诉讼。

　　第 3 条　依照票据法第 36 条的规定，票据被拒绝承兑、被拒绝付款或者汇票、支票超过提示付款期限后，票据持有人背书转让的，被背书人以背书人为被告行使追索权而提起诉讼的，人民法院应当依法受理。

　　第 4 条　持票人不先行使付款请求权而先行使追索权遭拒绝提起诉讼的，人民法院不予受理。除有票据法第 61 条第 2 款和本规定第 3 条所列情形外，持票人只能在首先向付款人行使付款请求权而得不到付款时，才可以行使追索权。

　　第 36 条　失票人为行使票据所有权，向非法持有票据人请求返还票据的，人民法院应当依法受理。

　　第 37 条　失票人向人民法院提起诉讼的，应向人民法院说明曾经持有票据及丧失票据的情形，人民法院应当根据案件的具体情况，决定当事人是否应当提供担保以及担保的数额。

　　【主席令［2004］22 号】　中华人民共和国票据法（1995 年 5 月 10 日全国人大常委会［8 届 13 次］通过，主席令第 49 号公布，1996 年 1 月 1 日起施行；2004 年 8 月 28 日全国人大常委会［10 届 11 次］修正，同日公布施行）

　　第 61 条　汇票到期被拒绝付款的，持票人可以对背书人、出票人以及汇票的其他债务人行使追索权。

　　汇票到期日前，有下列情形之一的，持票人也可以行使追索权：（一）汇票被拒绝承兑的；（二）承兑人或者付款人死亡、逃匿的；（三）承兑人或者付款人被依法宣告破产的或者因违法被责令终止业务活动的。

（知识产权纠纷）

　　【法释［2001］5 号】　最高人民法院关于审理植物新品种纠纷案件若干问题的解释（2000 年 12 月 25 日最高法审委会［1154 次］通过，2001 年 2 月 5 日公布，2001 年 2 月 14 日起施行；根据法释［2020］19 号《决定》修正，2021 年 1 月 1 日起施行）

　　第 2 条　人民法院在依法审查当事人涉及植物新品种权的起诉时，只要符合《中华人民共和国民事诉讼法》第 119 条（现第 122 条）、《中华人民共和国行政诉讼法》第 49 条规定的民事案件或者行政案件的起诉条件，均应当依法予以受理。

　　【法释［2021］14 号】　最高人民法院关于审理侵害植物新品种权纠纷案件具体应用法律问题的若干规定（二）（2021 年 6 月 29 日最高法审委会［1843 次］通过，2021 年 7 月 5 日公布，2021 年 7 月 7 日起施行；以本规为准）

　　第 2 条　品种权转让未经国务院农业、林业主管部门登记、公告，受让人以品种权人名义提起侵害品种权诉讼的，人民法院不予受理。

【法释［2001］24号】　最高人民法院关于审理涉及计算机网络域名民事纠纷案件适用法律若干问题的解释（2001年6月26日最高法审委会［1182次］通过，2001年7月17日公布，2001年7月24日起施行；根据法释［2020］19号《决定》修正，2021年1月1日起施行）

第1条　对于涉及计算机网络域名注册、使用等行为的民事纠纷，当事人向人民法院提起诉讼，经审查符合民事诉讼法第119条（现第122条）规定的，人民法院应当受理。

【法释［2002］31号】　最高人民法院关于审理著作权民事纠纷案件适用法律若干问题的解释（2002年10月12日最高法审委会［1246次］通过，同日公布，2002年10月15日起施行；根据法释［2020］19号《决定》修正，2021年1月1日起施行；以本规为准）

第3条（第1款）　对著作权行政管理部门查处的侵害著作权行为，当事人向人民法院提起诉讼追究该行为人民事责任的，人民法院应当受理。

第6条　依法成立的著作权集体管理组织，根据著作权人的书面授权，以自己的名义提起诉讼，人民法院应当受理。

【法释［2002］32号】　最高人民法院关于审理商标民事纠纷案件适用法律若干问题的解释（2002年10月12日最高法审委会［1246次］通过，同日公布，2002年10月16日起施行；根据法释［2020］19号《决定》修正，2021年1月1日起施行；以本规为准）

第4条（第2款）　在发生注册商标专用权被侵害时，独占使用许可合同的被许可人可以向人民法院提起诉讼；排他使用许可合同的被许可人可以和商标注册人共同起诉，也可以在商标注册人不起诉的情况下，自行提起诉讼；普通使用许可合同的被许可人经商标注册人明确授权，可以提起诉讼。

第5条　商标注册人或者利害关系人在注册商标续展宽展期内提出续展申请，未获核准前，以他人侵犯其注册商标专用权提起诉讼的，人民法院应当受理。

【民三函字［2002］3号】　最高人民法院关于对国家知识产权局《在新修改的专利法实施前受理但尚未结案的专利纠纷案件适用法律问题的函》的答复（2002年2月21日答复国家知产局"国知发法字［2001］第163号"请示）①

新修改的《专利法》已经于2001年7月1日起施行。《专利法》规定，专利管理部门对侵权赔偿数额等涉及当事人民事权益争议的，只能进行调解。调解不

_____

① 载中国人大网，http://www.npc.gov.cn/zgrdw/huiyi/lfzt/zlfxzaca/2008-08/22/content_1444896.htm，最后访问日期：2023年11月12日。

成，当事人向人民法院提起民事诉讼。在新修改的《专利法》实施后，专利管理部门仍旧适用原《专利法》有关处理纠纷程序上的规定行使职权，已丧失了法律依据，也将与人民法院依法审判涉及专利的民事纠纷案件及行政案件发生矛盾。因此，对于专利管理部门在 2001 年 7 月 1 日前受理尚未审结的案件，应当适用现行的《专利法》及其实施细则的规定处理。

【法释［2008］3 号】　最高人民法院关于审理注册商标、企业名称与在先权利冲突的民事纠纷案件若干问题的规定（2008 年 2 月 18 日最高法审委会［1444 次］通过，同日公布，2008 年 3 月 1 日起施行；根据法释［2020］19 号《决定》修正，2021 年 1 月 1 日起施行）

　　第 1 条　原告以他人注册商标使用的文字、图形等侵犯其著作权、外观设计专利权、企业名称权等在先权利为由提起诉讼，符合民事诉讼法第 119 条（现第 122 条）规定的，人民法院应当受理。

　　原告以他人使用在核定商品上的注册商标与其在先的注册商标相同或者近似为由提起诉讼的，人民法院应当根据民事诉讼法 124 条（现第 127 条）第（三）项的规定，告知原告向有关行政主管机关申请解决。但原告以他人超出核定商品的范围或者以改变显著特征、拆分、组合等方式使用的注册商标，与其注册商标相同或者近似为由提起诉讼的，人民法院应当受理。

　　第 2 条　原告以他人企业名称与其在先的企业名称相同或者近似，足以使相关公众对其商品的来源产生混淆，违反反不正当竞争法第 6 条第（二）项的规定为由提起诉讼，符合民事诉讼法第 119 条（现第 122 条）规定的，人民法院应当受理。

【法释［2009］21 号】　最高人民法院关于审理侵犯专利权纠纷案件应用法律若干问题的解释（2009 年 12 月 21 日最高法审委会［1480 次］通过，2009 年 12 月 28 日公布，2010 年 1 月 1 日起施行；以本规为准）

　　第 18 条　权利人向他人发出侵犯专利权的警告，被警告人或者利害关系人经书面催告权利人行使诉权，自权利人收到该书面催告之日起 1 个月内或者自书面催告发出之日起 2 个月内，权利人不撤回警告也不提起诉讼，被警告人或者利害关系人向人民法院提起请求确认其行为不侵犯专利权的诉讼的，人民法院应当受理。

【法研［2011］88 号】　最高人民法院研究室关于兰州某研究所与兰州某有限责任公司专利权侵权纠纷一案如何适用法律问题的答复（2011 年 6 月 29 日答复甘肃高院"甘高法［2011］99 号"请示）

　　根据《中华人民共和国专利法》第 11 条、第 40 条的规定，起诉实用新型专利权侵权应以专利权被依法授予为前提，而实用新型专利权自公告之日起生效，因此在专利申请日到公告日之间，实用新型专利权并未产生，在此期间发生的实施与该实用新型专利申请相同技术方案的行为，不构成专利权侵权，由此引发的纠纷应适用相关法律规定处理。

【法释［2016］1号】 最高人民法院关于审理侵犯专利权纠纷案件应用法律若干问题的解释（二）（2016年1月25日最高法审委会［1676次］通过，2016年3月21日公布，2016年4月1日起施行；根据法释［2020］19号《决定》修正，2021年1月1日起施行）

第1条 权利要求书有2项以上权利要求的，权利人应当在起诉状中载明据以起诉被诉侵权人侵犯其专利权的权利要求。起诉状对此未记载或者记载不明的，人民法院应当要求权利人明确。经释明，权利人仍不予明确的，人民法院可以裁定驳回起诉。

第2条 权利人在专利侵权诉讼中主张的权利要求被国务院专利行政部门/专利复审委员会宣告无效的，审理侵犯专利权纠纷案件的人民法院可以裁定驳回权利人基于该无效权利要求的起诉。

有证据证明宣告上述权利要求无效的决定被生效的行政判决撤销的，权利人可以另行起诉。

专利权人另行起诉的，诉讼时效期间从本条第2款所称行政判决书送达之日起计算。

【主席令［2020］62号】 中华人民共和国著作权法（2020年11月11日全国人大常委会［13届23次］修订，2021年6月1日起施行）

第60条 著作权纠纷可以调解，也可以根据当事人达成的书面仲裁协议或者著作权合同中的仲裁条款，向仲裁机构申请仲裁。

当事人没有书面仲裁协议，也没有在著作权合同中订立仲裁条款的，可以直接向人民法院起诉。

【国务院令［2013］632号】 计算机软件保护条例（2013年1月16日国务院第231次常务会议修订，2013年1月30日公布，2013年3月1日起施行）

第31条 软件著作权侵权纠纷可以调解。软件著作权合同纠纷可以依据合同中的仲裁条款或者事后达成的书面仲裁协议，向仲裁机构申请仲裁。当事人没有在合同中订立仲裁条款，事后又没有书面仲裁协议的，可以直接向人民法院提起诉讼。

（档案纠纷）

【民立他字 ［2004］47 号】　　最高人民法院关于人事档案被原单位丢失后当事人起诉原用人单位补办人事档案并赔偿经济损失是否受理的复函（2006 年 6 月 13 日答复安徽高院"［2004］皖民一他字第 19 号"请示）①

保存档案的企事业单位，违反关于妥善保存档案的法律规定，丢失他人档案的，应当承担相应的民事责任。档案关系人起诉请求补办档案、赔偿损失的，人民法院应当作为民事案件受理。

【法刊文摘】　　新型疑难民商事案件受理问题（《立案工作指导》2006 年第 1 辑第 63-73 页）

人事档案的权属为国有，单位和个人对档案不享有民法上的所有权，对人事档案无占有、使用、收益、处分的权利。用人单位对人事档案的占有也是暂时的，要根据规定进行流转和移交。按照当事人适格原理，第一，个人对人事档案不享有管理处分权，不能提起侵犯档案权之诉。第二，档案管理单位与职工之间，不存在委托保管合同关系，也不可基于合同关系提起合同之诉。理解上应当注意的问题是：

1. 丢失档案的单位通常是国有企业、事业单位，也包括人才交流机构。根据《流动人员人事档案管理暂行规定》第 7 条第 3 项的精神，还应包括丢失学生档案的学校。国家党政机关丢失人事档案的纠纷比较少见，如其丢失人事档案也应当承担赔偿责任，但是该责任系民事赔偿责任还是国家赔偿责任，有待研究，目前不宜比照民事案件受理。

2. 尽管安徽高院只就人事档案纠纷向最高院请示，但由于工人档案丢失纠纷和学生档案丢失纠纷，性质上皆属于身份类档案纠纷，故不宜厚此薄彼，对于后两种纠纷人民法院也应当依法受理。对于非身份类档案（如医疗档案）的丢失是否受理，是个值得研究的问题。

3. 档案丢失的后果具有多样性，可能造成工资、福利、保险的损失，还有可能造成再就业的不便。由于档案丢失有可能造成劳动者与用人单位发生有关工资、保险、福利、等劳动争议，因此将档案丢失纠纷作为普通民事案件受理，即与劳动争议案件竞合。因此，当事人可以选择档案丢失纠纷起诉，也可以选择按照有关工资、保险、福利等劳动争议案件申请仲裁。

4. 补办档案的诉讼请求应否支持。不少人认为，对赔偿损失的请求人民法院应当受理，但是补办人事档案的诉讼请求属于单位内部行政行为范畴，且有些档案可能是永久遗失，无法补办，因此人民法院不能受理补办档案的诉讼请求。我

---

① 最高人民法院立案庭：《立案工作指导与参考》2003 年第 3 卷，人民法院出版社 2003 年 12 月第 1 版。

们认为，补办档案的请求，属于《民法通则》第 111 条规定的"采取补救措施"范畴，也可视为第 134 条规定的"恢复原状"的承担民事责任的方式。大多数当事人起诉的目的，主要是补办档案，其次才是赔偿损失。如果不受理补办档案诉讼请求，只受理赔偿请求，则不仅难于充分保护当事人的合法利益，更可能纵容侵权者的违法行为。审判实践中，档案如果能够补办的，人民法院应当支持补办档案的诉讼请求。至于补办的内容是否真实、全面，则属于单位内部行政管理范畴，人民法院不宜作实质审查；确实无法补办的，则属于履行不能，人民法院不应支持补办档案的诉讼请求，但可以判决加大赔偿数额，以平衡当事人的利益。

（公司纠纷）

【法经〔1991〕121 号】 最高人民法院经济审判庭关于对南宁市金龙车辆配件厂集资纠纷是否由人民法院受理问题的答复（1991 年 9 月 29 日答复广西高院"法经字〔1991〕第 16 号"请示）

南宁市金龙车辆配件厂集资纠纷，已经南宁市人民政府调查组、自治区乡镇企业局和南宁市人民政府联合工作组的查处，历经四年，政府及主管部门已做了大量工作。在此情况下如果将此纠纷交法院处理，将会拖延时间，不利于及时解决。而且，集资纠纷案件不属于人民法院经济审判庭的收案范围。因此，该纠纷仍由有关人民政府及主管部门处理为妥。但是，如果集资人作为债权人坚持以《民事诉讼法》中的"企业法人破产还债程序"向人民法院提出破产还债申请，或者南宁市金龙车辆配件厂作为债务人向人民法院申请宣告破产还债的，法院则应依法予以受理。

【法复〔1996〕4 号】 最高人民法院关于对因政府调整划转企业国有资产引起的纠纷是否受理问题的批复（见本单元"其他纠纷"小节）

【民立他字〔2001〕32 号】 最高人民法院关于上海水仙电器股份有限公司股票终止上市后引发的诉讼应否受理等问题的复函（2001 年 7 月 17 日答复上海高院"沪高法〔2001〕236 号"请示）

一、水仙公司作为上市公司，虽已被证监会终止上市，但其作为独立法人的资格并不因此受到影响，对债权人以水仙公司为被告提起的民事诉讼，只要符合《中华人民共和国民事诉讼法》第 108 条（现第 122 条）规定的起诉条件，人民法院以受理为宜。

二、根据《中华人民共和国公司法》和《中华人民共和国证券法》的规定，证监会是依法具有行政职权的证券市场的监督管理者。证监会按照其法定职权针对特定的上市公司作出的退市决定，属于《中华人民共和国行政诉讼法》上规定的可诉的具体行政行为，股东对证监会作出的退市决定提起的诉讼，人民法院应当依法受理。

三、关于正在审理、执行的民事案件是否中止审理、执行的问题，法律已有明确规定，不属请示的范围，你院可根据案件的具体情况依法视情而定。

【民立他字［2002］1 号】　最高人民法院关于王文祥诉马恩树、兖州市南郊水暖安装工程有限公司解散、清算公司一案应否受理的复函（2002 年 8 月 26 日答复山东高院"鲁高法函［2002］1 号"请示）

《中华人民共和国公司法》未规定公司的司法解散程序。人民法院受理股东强制解散、清算公司的诉讼请求没有法律依据。依据《民事诉讼法》第 108 条（现第 122 条）之规定，本案原告的诉讼请求不属人民法院的受案范围。

【民立他字［2003］3 号】　最高人民法院关于原北京市北协建设工程公司第三工程处起诉北京市北协建设工程公司解除挂靠经营纠纷是否受理问题的复函（2003 年 8 月 28 日答复北京高院"京高法［2002］306 号"请示）

经研究认为，原北京市北协建设工程公司第三工程处符合最高人民法院《关于适用〈中华人民共和国民事诉讼法〉若干问题的意见》第 40 条第 9 项规定的"其他组织"的条件，其作为原告起诉北京市北协建设工程公司解除挂靠经营关系，人民法院应予受理。

【民立他字［2004］23 号】　最高人民法院关于方烈炬与重庆国际信托有限公司返还财产纠纷一案的法律适用问题的复函（2004 年 9 月 30 日答复重庆高院请示）[1]

检察机关对方烈炬作出不起诉决定后，不影响人民法院对涉及平等主体之间民事纷争的受理。[2]

---

[1] 最高人民法院立案庭：《立案工作指导》2004 年第 3 辑，人民法院出版社 2004 年 11 月第 1 版。

[2] 注：该案，重庆高院和重庆人大内务司法委员会的意见分歧较大。重庆高院认为：本案方烈炬从信托公司以借款名义通过转账和提现方式支用公司 92 万元，并用虚假发票冲账的事实属实。检察机关因认定方烈炬犯贪污罪、挪用公款罪证据不足而作出不起诉决定，不能排除法院将本案作为民事案件处理；否则，信托公司的损失无法得到有效保护。重庆人大内司委认为：方烈炬的行为属于职务行为，该行为的性质是由检察机关不起诉决定认定的，属于刑事法律关系而非民事法律关系，法院不能改变对这一行为性质的认定，不能作为民事案件受理。最高法认为：2004 年 3 月 11 日重庆市检［2002］4 号不起诉决定书，无法取得证据否定方烈炬用公款炒股系经领导同意及方烈炬用其兄方可的钱与公款作调换和拿给徐治勇 82 万元的辩解，仅凭现有证据无法证明方烈炬犯有贪污罪、挪用公款罪，故作出了证据不足不起诉的决定。但该决定也没有确定方烈炬的行为就是经过领导同意的职务行为，否则，检察机关就应当作出无罪不起诉的决定。另外，根据最高法关于适用民事诉讼法若干问题的意见第 75 条的规定，该决定书不是人民法院的判决，未经过开庭审理，不能直接作为认定案件事实的证据使用。

【法释［2003］1号】 最高人民法院关于审理与企业改制相关民事纠纷案件若干问题的规定（2002年12月3日最高法审委会［1259次］通过，2003年1月3日公布，2003年2月1日起施行；根据法释［2020］18号《决定》修正，2021年1月1日起施行）（详见本书第51条）

第1条 人民法院受理以下平等民事主体间在企业产权制度改造中发生的民事纠纷案件：（一）企业公司制改造中发生的民事纠纷；（二）企业股份合作制改造中发生的民事纠纷；（三）企业分立中发生的民事纠纷；（四）企业债权转股权纠纷；（五）企业出售合同纠纷；（六）企业兼并合同纠纷；（七）与企业改制相关的其他民事纠纷。

第2条 当事人起诉符合本规定第1条所列情形，并符合民事诉讼法第119条（现第122条）规定的起诉条件的，人民法院应当予以受理。

第3条 政府主管部门在对企业国有资产进行行政性调整、划转过程中发生的纠纷，当事人向人民法院提起民事诉讼的，人民法院不予受理。

【法释［2008］6号】 最高人民法院关于适用《中华人民共和国公司法》若干问题的规定（二）（2008年5月5日最高法审委会［1447次］通过，2008年5月12日公布，2008年5月19日起施行；"法释［2014］2号"修正，2014年3月1日起施行；根据法释［2020］18号《决定》再次修正，2021年1月1日起施行）（详见本书第22章"重组与破产"专辑）

第1条 单独或者合计持有公司全部股东表决权10%以上的股东，以下列事由之一提起解散公司诉讼，并符合公司法第182条（现第231条）规定的，人民法院应予受理：（一）公司持续2年以上无法召开股东会或者股东大会，公司经营管理发生严重困难的；（二）股东表决时无法达到法定或者公司章程规定的比例，持续两年以上不能做出有效的股东会或者股东大会决议，公司经营管理发生严重困难的；（三）公司董事长期冲突，且无法通过股东会或者股东大会解决，公司经营管理发生严重困难的；（四）经营管理发生其他严重困难，公司继续存续会使股东利益受到重大损失的情形。

股东以知情权、利润分配请求权等权益受到损害，或者公司亏损、财产不足以偿还全部债务，以及公司被吊销企业法人营业执照未进行清算等为由，提起解散公司诉讼的，人民法院不予受理。

第7条 公司应当依照公司法第183条（现第232条）的规定，在解散事由出现之日起15日内成立清算组，开始自行清算。

有下列情形之一，债权人申请人民法院指定清算组进行清算的，人民法院应予受理：（一）公司解散逾期不成立清算组进行清算的；（二）虽然成立清算组但故意拖延清算的；（三）违法清算可能严重损害债权人或者股东利益的。

具有本条第 2 款所列情形，而债权人未提起清算申请，公司股东申请人民法院指定清算组对公司进行清算的，人民法院应予受理。

第 12 条　公司清算时，债权人对清算组核定的债权有异议的，可以要求清算组重新核定。清算组不予重新核定，或者债权人对重新核定的债权仍有异议，债权人以公司为被告向人民法院提起诉讼请求确认的，人民法院应予受理。

第 23 条　清算组成员从事清算事务时，违反法律、行政法规或者公司章程给公司或者债权人造成损失，公司或者债权人主张其承担赔偿责任的，人民法院应依法予以支持。

有限责任公司的股东、股份有限公司连续 180 日以上单独或者合计持有 1% 以上股份的股东，依据公司法第 151 条（现第 189 条）第 3 款的规定，以清算组成员有前款所述行为为由向人民法院提起诉讼的，人民法院应予受理。

公司已经清算完毕注销，上述股东参照公司法第 151 条（现第 189 条）第 3 款的规定，直接以清算组成员为被告、其他股东为第三人向人民法院提起诉讼的，人民法院应予受理。

【法发〔2009〕19 号】　最高人民法院关于审理涉及金融不良债权转让案件工作座谈会纪要（2008 年 10 月 14 日在海口召开；2009 年 3 月 30 日印发）①

二、关于案件的受理

会议认为，为确保此类案件得到公正妥善的处理，凡符合民事诉讼法规定的受理条件及《纪要》有关规定精神涉及的此类案件，人民法院应予受理。不良债权已经剥离至金融资产管理公司又被转让给受让人后，国有企业债务人知道或者应当知道不良债权已经转让而仍向原国有银行清偿的，不得对抗受让人对其提起的追索之诉，国有企业债务人在对受让人清偿后向原国有银行提起返还不当得利之诉的，人民法院应予受理；国有企业债务人不知道不良债权已经转让而向原国有银行清偿的，可以对抗受让人对其提起的追索之诉，受让人向国有银行提起返还不当得利之诉的，人民法院应予受理。

受让人在对国有企业债务人的追索诉讼中，主张追加原国有银行为第三人的，人民法院不予支持；在《纪要》发布前已经终审或者根据《纪要》做出终审的，当事人根据《纪要》认为生效裁判存在错误而申请再审的，人民法院不予支持。

案件存在下列情形之一的，人民法院不予受理：（一）金融资产管理公司与国有银行就政策性金融资产转让协议发生纠纷起诉到人民法院的；（二）债权人

---

① 最高人民法院立案庭：《立案工作指导》2009 年第 2 辑，人民法院出版社 2009 年 12 月第 1 版。

向国家政策性关闭破产的国有企业债务人主张清偿债务的；（三）债权人向已列入经国务院批准的全国企业政策性关闭破产总体规划并拟实施关闭破产的国有企业债务人主张清偿债务的；（四）《纪要》发布前，受让人与国有企业债务人之间的债权债务关系已经履行完毕，优先购买权人或国有企业债务人提起不良债权转让合同无效诉讼的；（五）受让人自金融资产管理公司受让不良债权后，以不良债权存在瑕疵为由起诉原国有银行的；（六）国有银行或金融资产管理公司转让享受天然林资源保护工程政策的国有森工企业不良债权而引发受让人向森工企业主张债权的（具体详见《天然林资源保护区森工企业金融机构债务免除申请表》名录）；（七）在不良债权转让合同无效之诉中，国有企业债务人不能提供相应担保或者优先购买权人放弃优先购买权的。

五、关于国有企业的诉权及相关诉讼程序

会议认为，为避免当事人滥用诉权，在受让人向国有企业债务人主张债权的诉讼中，国有企业债务人以不良债权转让行为损害国有资产等为由，提出不良债权转让合同无效抗辩的，人民法院应告知其向同一人民法院另行提起不良债权转让合同无效的诉讼；国有企业债务人不另行起诉的，人民法院对其抗辩不予支持。……

十二、关于《纪要》的适用范围

会议认为，在《纪要》中，国有银行包括国有独资商业银行、国有控股商业银行以及国有政策性银行；金融资产管理公司包括华融、长城、东方和信达等金融资产管理公司和资产管理公司通过组建或参股等方式成立的资产处置联合体。国有企业债务人包括国有独资和国有控股的企业法人。受让人是指非金融资产管理公司法人、自然人。不良债权转让包括金融资产管理公司政策性和商业性不良债权的转让。政策性不良债权是指1999年至2000年上述4家金融资产管理公司在国家统一安排下通过再贷款或者财政担保的商业票据形式支付收购成本从中国银行、中国农业银行、中国建设银行、中国工商银行以及国家开发银行收购的不良债权；商业性不良债权是指2004年至2005年上述4家金融资产管理公司在政府主管部门主导下从交通银行、中国银行、中国建设银行和中国工商银行等收购的不良债权。

《纪要》的内容和精神仅适用于在《纪要》发布之后尚在一审或者二审阶段的涉及最初转让方为国有银行、金融资产管理公司通过债权转让方式处置不良资产形成的相关案件。人民法院依照审判监督程序决定再审的案件，不适用《纪要》。……

【法释〔2012〕9号】 最高人民法院关于税务机关就破产企业欠缴税款产生的滞纳金提起的债权确认之诉应否受理问题的批复 (见本书第22章"清算、重组与破产"专辑)

【法明传 ［2016］ 469 号】　最高人民法院关于破产案件立案受理有关问题的通知（见本书第 22 章 "重组与破产" 专辑）

【法释 ［2017］ 16 号】　最高人民法院关于适用《中华人民共和国公司法》若干问题的规定（四）（2016 年 12 月 5 日最高法审委会 ［1702 次］ 通过，2017 年 8 月 25 日公布，2017 年 9 月 1 日起施行；根据法释 ［2020］ 18 号《决定》修正，2021 年 1 月 1 日起施行）

第 1 条　公司股东、董事、监事等请求确认股东会或者股东大会、董事会决议无效或者不成立的，人民法院应当依法予以受理。

【法释 ［2019］ 7 号】　最高人民法院关于适用《中华人民共和国公司法》若干问题的规定（五）（2019 年 4 月 22 日最高法审委会 ［1766 次］ 通过，2019 年 4 月 28 日公布，2019 年 4 月 29 日起施行；根据法释 ［2020］ 18 号《决定》修正，2021 年 1 月 1 日起施行）

第 1 条（第 2 款）　公司没有提起诉讼的，符合公司法第 151 条（现第 189 条）第 1 款规定条件的股东，可以依据公司法第 151 条（现第 189 条）第 2 款、第 3 款规定向人民法院提起诉讼。

第 2 条　关联交易合同存在无效或者可撤销情形，公司没有起诉合同相对方的，符合公司法第 151 条（现第 189 条）第 1 款规定条件的股东，可以依据公司法第 151 条（现第 189 条）第 2 款、第 3 款规定向人民法院提起诉讼。

【法 ［2019］ 254 号】　全国法院民商事审判工作会议纪要（"九民纪要"，2019 年 7 月 3-4 日在哈尔滨召开，2019 年 9 月 11 日最高法审委会民事行政专委会 ［319 次］ 通过，2019 年 11 月 8 日发布）

29.【请求召开股东（大）会不可诉】公司召开股东（大）会本质上属于公司内部治理范围。股东请求判令公司召开股东（大）会的，人民法院应当告知其按照《公司法》第 40 条（现第 63 条）或者第 101 条（现第 114 条）规定的程序自行召开。股东坚持起诉的，人民法院应当裁定不予受理；已经受理的，裁定驳回起诉。

108.【破产申请的不予受理和撤回】人民法院裁定受理破产申请前，提出破产申请的债权人的债权因清偿或者其他原因消灭的，因申请人不再具备申请资格，人民法院应当裁定不予受理。但该裁定不影响其他符合条件的主体再次提出破产申请。破产申请受理后，管理人以上述清偿符合《企业破产法》第 31 条、第 32 条为由请求撤销的，人民法院查实后应当予以支持。

人民法院裁定受理破产申请系对债务人具有破产原因的初步认可，破产申请受理后，申请人请求撤回破产申请的，人民法院不予准许。除非存在《企业破产法》第 12 条第 2 款规定的情形，人民法院不得裁定驳回破产申请。

110.（第 3 款） 人民法院受理破产申请后，债权人新提起的要求债务人清偿的民事诉讼，人民法院不予受理，同时告知债权人应当向管理人申报债权。债权人申报债权后，对管理人编制的债权表记载有异议的，可以根据《企业破产法》第 58 条的规定提起债权确认之诉。

【法释［2020］7 号】 最高人民法院关于审理侵犯商业秘密民事案件适用法律若干问题的规定（2020 年 8 月 24 日最高法审委会［1810 次］通过，2020 年 9 月 10 日公布，2020 年 9 月 12 日起施行；以本规为准）

第 26 条 对于侵犯商业秘密行为，商业秘密独占使用许可合同的被许可人提起诉讼的，人民法院应当依法受理。

排他使用许可合同的被许可人和权利人共同提起诉讼，或者在权利人不起诉的情况下自行提起诉讼的，人民法院应当依法受理。

普通使用许可合同的被许可人和权利人共同提起诉讼，或者经权利人书面授权单独提起诉讼的，人民法院应当依法受理。

【法释［2021］20 号】 最高人民法院关于人民法院强制执行股权若干问题的规定（2021 年 11 月 15 日最高法审委会［1850 次］通过，2021 年 12 月 20 日公布，2022 年 1 月 1 日起施行；以本规为准）（余见本书第 117 条）

第 8 条（第 3 款） 股权所在公司或者公司董事、高级管理人员故意通过增资、减资、合并、分立、转让重大资产、对外提供担保等行为导致被冻结股权价值严重贬损，影响申请执行人债权实现的，申请执行人可以依法提起诉讼。

【法二巡（会 3）［2022］6 号】 确认公司决议有效是否有诉的利益[①]（最高法第二巡回法庭 2021 年第 16 次法官会议纪要）

我国《公司法》及其司法解释均未规定股东可提起确认公司决议有效之诉。作为民事法律行为，除非法律另有规定或当事人另有约定，公司决议按照法律规定或章程约定的程序作出之日起即成立并生效。况且公司治理以自治为原则，司法介入应保持审慎态度，除非违反法律强制性规定或损害公共利益，否则司法不应轻易否定公司决议的效力。因此，此类诉讼原则上不具备通过法院作出判决确认有效的必要性和实效性，通常而言股东不具有诉的利益。

【主席令［2023］15 号】 中华人民共和国公司法（2023 年 12 月 29 日全国人大常委会［14 届 7 次］修订，2024 年 7 月 1 日起施行）

第 26 条 公司股东会或者股东大会、董事会的会议召集程序、表决方式违反

---

① 贺小荣主编：《最高人民法院第二巡回法庭法官会议纪要（第三辑）》，人民法院出版社 2022 年版，第 89 页。

法律、行政法规或者公司章程，或者决议内容违反公司章程的，股东自决议作出之日起 60 日内，可以请求人民法院撤销。但是，股东会、董事会的会议召集程序或者表决方式仅有轻微瑕疵，对决议未产生实质影响的除外。

（新增）未被通知参加股东会会议的股东自知道或者应当知道股东会决议作出之日起 60 日内，可以请求人民法院撤销；自决议作出之日起 1 年内没有行使撤销权的，撤销权消灭。

第 52 条（第 3 款）　股东对失权有异议的，应当自接到失权通知之日起 30 日内，向人民法院提起诉讼。

第 57 条（第 2 款）　股东可以要求查阅公司会计账簿、会计凭证。股东要求查阅公司会计账簿、会计凭证的，应当向公司提出书面请求，说明目的。公司有合理根据认为股东查阅会计账簿、会计凭证有不正当目的，可能损害公司合法利益的，可以拒绝提供查阅，并应当自股东提出书面请求之日起 15 日内书面答复股东并说明理由。公司拒绝提供查阅的，股东可以向人民法院提起诉讼。

第 86 条（第 1 款）　股东转让股权的，应当书面通知公司，请求变更股东名册；需要办理变更登记的，并请求公司向公司登记机关办理变更登记。公司拒绝或者在合理期限内不予答复的，转让人、受让人可以依法向人民法院提起诉讼。

第 89 条（第 2 款）　（有限责任公司）自股东会会议决议作出/通过之日起 60 日内，股东与公司不能达成股权收购协议的，股东可以自股东会会议决议作出/通过之日起 90 日内向人民法院提起诉讼。

第 161 条（第 2 款）　（股份有限公司）自股东会决议作出之日起 60 日内，股东与公司不能达成股份收购协议的，股东可以自股东会决议作出之日起 90 日内向人民法院提起诉讼。

第 188 条　董事、监事、高级管理人员执行公司职务违反法律、行政法规或者公司章程的规定，给公司造成损失的，应当承担赔偿责任。

第 189 条　董事、高级管理人员有前条规定的情形的，有限责任公司的股东、股份有限公司连续 180 日以上单独或者合计持有公司 1% 以上股份的股东，可以书面请求监事会或者不设监事会的有限责任公司的监事向人民法院提起诉讼；监事有前条规定的情形的，前述股东可以书面请求董事会或者不设董事会的有限责任公司的执行董事向人民法院提起诉讼。

监事会、不设监事会的有限责任公司的监事，或者董事会、执行董事收到前款规定的股东书面请求后拒绝提起诉讼，或者自收到请求之日起 30 日内未提起诉讼，或者情况紧急、不立即提起诉讼将会使公司利益受到难以弥补的损害的，前款规定的股东有权为公司利益以自己的名义直接向人民法院提起诉讼。

他人侵犯公司合法权益，给公司造成损失的，本条第 1 款规定的股东可以依照前 2 款的规定向人民法院提起诉讼。

（新增）公司全资子公司的董事、监事、高级管理人员有前条规定情形，或者他人侵犯公司全资子公司合法权益造成损失的，有限责任公司的股东、股份有限公司连续 180 日以上单独或者合计持有公司 1% 以上股份的股东，可以依照前 3 款规定书面请求全资子公司的监事会、董事会向人民法院提起诉讼或者以自己的名义直接向人民法院提起诉讼。

第 190 条　董事、高级管理人员违反法律、行政法规或者公司章程的规定，损害股东利益的，股东可以向人民法院提起诉讼。

【法释［2006］3 号】　最高人民法院关于适用《中华人民共和国公司法》若干问题的规定（一）（2006 年 3 月 27 日最高法审委会［1382 次］通过，2006 年 4 月 28 日公布，2006 年 5 月 9 日起施行）

第 1 条　公司法实施后，人民法院尚未审结的和新受理的民事案件，其民事行为或事件发生在公司法实施以前的，适用当时的法律法规和司法解释。

第 2 条　因公司法实施前有关民事行为或者事件发生纠纷起诉到人民法院的，如当时的法律法规和司法解释没有明确规定时，可参照适用公司法的有关规定。

第 3 条　原告以公司法第 22 条（现第 26 条）第 2 款、第 75 条（现第 89 条）第 2 款规定事由，向人民法院提起诉讼时，超过公司法规定期限的，人民法院不予受理。

第 4 条　公司法第 152 条（现第 189 条）规定的 180 日以上连续持股期间，应为股东向人民法院提起诉讼时，已期满的持股时间；规定的合计持有公司 1% 以上股份，是指 2 个以上股东持股份额的合计。

第 5 条　人民法院对公司法实施前已经终审的案件依法进行再审时，不适用公司法的规定。

第 6 条　本规定自公布之日起实施。①

【法释［2024］6 号】　最高人民法院关于审理垄断民事纠纷案件适用法律若干问题的解释（2024 年 2 月 4 日最高法审委会［1915 次］通过，2024 年 6 月 24 日公布，2024 年 7 月 1 日起施行；法释［2012］5 号《关于审理因垄断行为引发的民事纠纷案件应用法律若干问题的规定》同时废止）

第 2 条　原告依据反垄断法直接向人民法院提起民事诉讼，或者在反垄断执法机构认定构成垄断行为的处理决定作出后向人民法院提起民事诉讼，且符合法

---

① 注：经核《最高人民法院公报》2006 年第 6 期，本规定公告的落款日期为 2006 年 4 月 28 日，且公告明确本规定自 2006 年 5 月 9 日起施行。公告内容与本条规定相矛盾。

律规定的受理条件的，人民法院应予受理。

原告起诉仅请求人民法院确认被告的特定行为构成垄断，而不请求被告承担民事责任的，人民法院不予受理。

第3条　一方当事人向人民法院提起垄断民事诉讼，另一方当事人以双方之间存在合同关系且有仲裁协议为由，主张人民法院不应受理的，人民法院不予支持。

（证券保险纠纷）

【民立他字〔1986〕2号】　最高人民法院关于王淑才与许桂兰为分配保险赔偿费发生的纠纷主管部门正在处理应由他们继续解决人民法院不宜直接受理的批复（1986年2月17日答复河北高院"冀法民〔1985〕28号"请示）①

据报告：唐山铁路建筑段工人单福利在中国土木建筑公司派往伊拉克修筑高速公路时，因车祸死亡。中国土木建筑公司决定发给单福利遗嘱保险赔偿人民币2万元，单福利的配偶许桂兰与母亲王淑才为分配此款发生纠纷，唐山铁路建筑段调解不成，将该款存入银行。王淑才于1985年1月向唐山市路北区人民法院起诉。

我们经研究认为：王淑才与许桂兰为分配赔偿费发生的纠纷，主管部门正在处理，并有处理意见，应由他们继续解决。因此同意你院报告中所提处理办法：此纠纷法院暂不宜直接受理。一、二审所收的诉讼费应予退还。

【法释〔2006〕10号】　最高人民法院关于审理海上保险纠纷案件若干问题的规定（2006年11月13日最高法审委会〔1405次〕通过，2006年11月23日公布，2007年1月1日起施行；根据法释〔2020〕18号《决定》修正，2021年1月1日起施行）

第13条　保险人在行使代位请求赔偿权利时，未依照海事诉讼特别程序法的规定，向人民法院提交其已经向被保险人实际支付保险赔偿凭证的，人民法院不予受理；已经受理的，裁定驳回起诉。

【主席令〔2009〕11号】　中华人民共和国保险法（2009年2月28日全国人大常委会〔11届7次〕修订，2009年10月1日起施行）

第38条　保险人对人寿保险的保险费，不得用诉讼方式要求投保人支付。

【法释〔2013〕14号】　最高人民法院关于适用《中华人民共和国保险法》若干问题的解释（二）（2013年5月6日最高法审委会〔1577次〕通过，2013年5月31日公布，2013年6月8日起施行；根据法释〔2020〕18号《决定》修正，2021年1月1日起施行）

---

① 本《批复》一直未见废止。

第19条（第2款） 财产保险事故发生后，被保险人就其所受损失从第三者取得赔偿后的不足部分提起诉讼，请求保险人赔偿的，人民法院应予依法受理。

【法［2020］185号】 全国法院审理债券纠纷案件座谈会纪要（2019年12月24日在北京召开，邀请全国人大常委会法工委、司法部、国家发改委、央行、证监会等单位参会，最高法2020年7月15日印发）

9. 欺诈发行、虚假陈述案件的受理。债券持有人、债券投资者以自己受到欺诈发行、虚假陈述侵害为由，对欺诈发行、虚假陈述行为人提起的民事赔偿诉讼，符合民事诉讼法第119条（现第122条）规定的，人民法院应当予以受理。欺诈发行、虚假陈述行为人以债券持有人、债券投资者主张的欺诈发行、虚假陈述行为未经有关机关行政处罚或者生效刑事裁判文书认定为由请求不予受理或者驳回起诉的，人民法院不予支持。

（借贷纠纷）

【民他字［1990］38号】 最高人民法院关于诈骗犯罪的被害人起诉要求诈骗过程中的保证人代偿"借款"应如何处理的复函（1990年10月13日答复新疆高院"［1990］新法民请字第2号"请示）

经研究认为：冯树源从胡强处"借款"的行为既已被认定为诈骗罪行，胡强追索冯树源所"借"4万元则属刑事案件中的追赃问题。因此，对胡要求受冯欺骗的"担保人"代偿"借款"的纠纷，人民法院不宜作为民事案件受理。一审法院裁定驳回起诉是正确的。

【法（经）函［1991］151号】 最高人民法院关于因科技项目借款合同纠纷提起的诉讼人民法院应予受理的复函（1991年12月20日答复湖北高院"鄂法［1990］经呈字第5号"请示）

根据1986年1月23日国务院发布的《关于科学技术拨款管理的暂行规定》，国家重大科技项目普遍实行合同制。用于这些项目的科技3项费用（中间试验、新产品试制、重大科研项目补助费）在有偿使用的情况下，科研开发单位与委托单位（主持项目的部门）之间是合同关系。

当事人因此发生的纠纷属于平等主体之间的民事争议。对于符合《中华人民共和国民事诉讼法》第108条（现第122条）规定的起诉条件的，人民法院应予受理。受理后依据有关的法律、法规，公正保护双方的合法权益。

【民他字［1999］4号】 最高人民法院关于职工执行公务在单位借款长期挂账发生纠纷法院是否受理问题的答复（1999年4月5日答复吉林高院"吉高法［1998］144号"请示）

经研究，同意你院审判委员会倾向性意见，即刘坤受单位委派，从单位预支

15000 元处理一起交通事故是职务行为，其与单位之间不存在平等主体间的债权债务关系，人民法院不应作为民事案件受理。刘坤在受托事项完成后，因未及时报销冲账与单位发生纠纷，应由单位按其内部财会制度处理。

【民立他字［2004］58 号】　最高人民法院关于上诉人中国农业银行十堰市分行与被上诉人十堰市城区农村信用合作社联合社、原审被告中国农业银行十堰市车城支行、十堰市金穗实业公司债务纠纷一案请示的复函（2005 年 3 月 2 日答复湖北高院"鄂高法［2004］430 号"请示）[①]

十堰市城区农村信用合作社联合社诉中国农业银行十堰市分行、中国农业银行十堰市车城支行、十堰市金穗实业公司债务纠纷一案，符合《中华人民共和国民事诉讼法》第 108 条（现第 122 条）的有关规定，人民法院应当予以受理。[②]

【法释［2005］7 号】　最高人民法院关于银行储蓄卡密码被泄露导致存款被他人骗取引起的储蓄合同纠纷应否作为民事案件受理问题的批复（2005 年 7 月 4 日最高法审委会［1358 次］通过，2005 年 7 月 25 日公布，答复四川高院请示，2005 年 8 月 1 日起施行）

因银行储蓄卡密码被泄露，他人伪造银行储蓄卡骗取存款人银行存款，存款人依其与银行订立的储蓄合同提起民事诉讼的，人民法院应当依法受理。

【法研［2011］100 号】　最高人民法院研究室关于某银行诉某公司金融借款合同纠纷一案是否应予受理问题的答复（2011 年 7 月 21 日答复辽宁高院"［2009］辽民二终字第 234 号"请示）

本案发生在 2007 年修改韵《中华人民共和国民事诉讼法》实施之前，根据有关规定。《最高人民法院关于当事人对具有强制执行效力的公证债权文书的内容有争议提起诉讼人民法院是否受理问题的批复》（法释［2008］17 号）（已被《最高人民法院关于公证债权文书执行若干问题的规定》替代）对本案不适用。

---

① 最高人民法院立案庭：《立案工作指导》2004 年第 4 辑，人民法院出版社 2005 年 5 月第 1 版。

② 注：城区联合社与金皇公司借款合同纠纷案，经湖北高院终审判决生效。执行中，新发现金皇公司的开办单位未投入注册资金及金融机构出具了虚假证明，城区联合社因此就欠款一事再次起诉金穗公司和十堰农行。湖北高院审委会倾向于认为：城区联合社属于一案二诉，其应在执行中变更被执行人或以出现新的事实为由申请再审。最高法认为：城区联合社起诉金穗公司、十堰农行，是基于其作为开办单位未实际出资而应承担的民事责任，之前两级法院审理的以金皇公司为被告的借款合同纠纷案件，二者属于不同的诉讼主体、不同的法律事实、不同的法律关系，不属于一案两诉。本案也不属于审判监督程序解决的问题，在审理金皇公司借款合同纠纷一案时，双方都没有涉及金皇公司的注册资金是否到位的问题，法院仅就借款一事进行审理并作出判决，并无不当；城区联合社因发现事实，从而提起诉讼要求金穗公司和十堰农行承担民事责任，属于新的诉讼，而不能以原案遗漏事实和当事人为由，就原判决申请再审。

你院应当根据 2007 年修改前的《中华人民共和国民事诉讼法》的相关规定，决定是否受理本案。

【法［2019］254 号】 全国法院民商事审判工作会议纪要（"九民纪要"，2019 年 7 月 3-4 日在哈尔滨召开，2019 年 9 月 11 日最高法审委会民事行政专委会［319 次］通过，2019 年 11 月 8 日发布）

十二、关于民刑交叉案件的程序处理

会议认为，近年来，在民间借贷、P2P 等融资活动中，与涉嫌诈骗、合同诈骗、票据诈骗、集资诈骗、非法吸收公众存款等犯罪有关的民商事案件的数量有所增加，出现了一些新情况和新问题。在审理案件时，应当依照《最高人民法院关于在审理经济纠纷案件中涉及经济犯罪嫌疑若干问题的规定》《最高人民法院关于审理非法集资刑事案件具体应用法律若干问题的解释》《最高人民法院最高人民检察院公安部关于办理非法集资刑事案件适用法律若干问题的意见》以及民间借贷司法解释等规定，处理好民刑交叉案件之间的程序关系。

128.【分别审理】同一当事人因不同事实分别发生民商事纠纷和涉嫌刑事犯罪，民商事案件与刑事案件应当分别审理，主要有下列情形：

（1）主合同的债务人涉嫌刑事犯罪或者刑事裁判认定其构成犯罪，债权人请求担保人承担民事责任的；

（2）行为人以法人、非法人组织或者他人名义订立合同的行为涉嫌刑事犯罪或者刑事裁判认定其构成犯罪，合同相对人请求该法人、非法人组织或者他人承担民事责任的；

（3）法人或者非法人组织的法定代表人、负责人或者其他工作人员的职务行为涉嫌刑事犯罪或者刑事裁判认定其构成犯罪，受害人请求该法人或者非法人组织承担民事责任的；

（4）侵权行为人涉嫌刑事犯罪或者刑事裁判认定其构成犯罪，被保险人、受益人或者其他赔偿权利人请求保险人支付保险金的；

（5）受害人请求涉嫌刑事犯罪的行为人之外的其他主体承担民事责任的。

审判实践中出现的问题是，在上述情形下，有的人民法院仍然以民商事案件涉嫌刑事犯罪为由不予受理，已经受理的，裁定驳回起诉。对此，应予纠正。

129.【涉众型经济犯罪与民商事案件的程序处理】2014 年颁布实施的《最高人民法院最高人民检察院公安部关于办理非法集资刑事案件适用法律若干问题的意见》和 2019 年 1 月颁布实施的《最高人民法院最高人民检察院公安部关于办理非法集资刑事案件若干问题的意见》规定的涉嫌集资诈骗、非法吸收公众存款等涉众型经济犯罪，所涉人数众多、当事人分布地域广、标的额特别巨大、影响范围广,严重影响社会稳定,对于受害人就同一事实提起的以犯罪嫌疑人或者刑事被告人为被告的民事诉讼,人民法院应当裁定不予受理,并将有关材料移送侦查机关、检察机关或者正在审理该刑事案件的人民法院。受害人的民事权利保护应当通过刑事追赃、退赔的方式解决。正在审理民商事案件的人民法院发现有上述涉众型经济犯罪线索的,应当及时将犯罪线索和有关材料移送侦查机关。侦查机关作出立案决定前,人民法院应当中止审理;作出立案决定后,应当裁定驳回起诉;侦查机关未及时立案的,人民法院必要时可以将案件报请党委政法委协调处理。除上述情形人民法院不予受理外,要防止通过刑事手段干预民商事审判,搞地方保护,影响营商环境。

当事人因租赁、买卖、金融借款等与上述涉众型经济犯罪无关的民事纠纷,请求上述主体承担民事责任的,人民法院应予受理。

【法释[2020]6 号】　最高人民法院关于审理民间借贷案件适用法律若干问题的规定("法释[2015]18 号"公布,2015 年 9 月 1 日起施行;法(民)发[1991]21 号《关于人民法院审理借贷案件的若干意见》同时废止。2020 年 8 月 18 日最高法审委会[1809 次]修订,2020 年 8 月 19 日公布,次日施行;根据法释[2020]17 号《决定》修正,2021 年 1 月 1 日起施行。以本规为准)[①]

第 2 条　出借人向人民法院提起民间借贷诉讼(起诉)时,应当提供借据、收据、欠条等债权凭证以及其他能够证明借贷法律关系存在的证据。

当事人持有的借据、收据、欠条等债权凭证没有载明债权人,持有债权凭证的当事人提起民间借贷诉讼的,人民法院应予受理。被告对原告的债权人资格提出有事实依据的抗辩,人民法院经审查认为原告不具有债权人资格的,裁定驳回起诉。

第 5 条　人民法院立案后,发现民间借贷行为本身涉嫌非法集资等犯罪的,应当裁定驳回起诉,并将涉嫌非法集资等犯罪的线索、材料移送公安或者检察机关。

公安或者检察机关不予立案,或者立案侦查后撤销案件,或者检察机关作出不起诉决定,或者经人民法院生效判决认定不构成非法集资等犯罪,当事人又以同一事实向人民法院提起诉讼的,人民法院应予受理。

第 8 条　借款人涉嫌犯罪或者生效判决认定其有罪,出借人起诉请求担保人承担民事责任的,人民法院应予受理。

[①]《最高人民法院关于新民间借贷司法解释适用范围问题的批复》(法释[2020]27 号,2020 年 12 月 29 日答复广东高院"粤高法[2020]108 号"请示,2021 年 1 月 1 日起施行):经征求金融监管部门意见,由地方金融监管部门监管的小额贷款公司、融资担保公司、区域性股权市场、典当行、融资租赁公司、商业保理公司、地方资产管理公司等 7 类地方金融组织,属于经金融监管部门批准设立的金融机构,其因从事相关金融业务引发的纠纷,不适用新民间借贷司法解释。

（交通纠纷）

【法工办复字［2005］1号】 全国人大常委会法制工作委员会办公室关于交通事故责任认定行为是否属于具体行政行为，可否纳入行政诉讼受案范围的意见（2005年1月5日答复某省人大常委会法规工作委员会）

根据道路交通安全法第73条①的规定，公安机关交通管理部门制作的交通事故认定书，作为处理交通事故案件的证据使用。因此，交通事故责任认定行为不属于具体行政行为，不能向人民法院提起行政诉讼。如果当事人对交通事故认定书牵连的民事赔偿不服的，可以向人民法院提起民事诉讼。

【主席令［2011］47号】 中华人民共和国道路交通安全法（2003年10月28日全国人大常委会［10届5次］通过，2004年5月1日起施行；2011年4月22日全国人大常委会［11届20次］第2次修正，2011年5月1日起施行；2021年4月29日全国人大常委会［13届28次］统修）

第74条 对交通事故损害赔偿的争议，当事人可以请求公安机关交通管理部门调解，也可以直接向人民法院提起民事诉讼。

经公安机关交通管理部门调解，当事人未达成协议或者调解书生效后不履行的，当事人可以向人民法院提起民事诉讼。②

【法释［2012］19号】 最高人民法院关于审理道路交通事故损害赔偿案件适用法律若干问题的解释（2012年9月17日最高法审委会［1556次］通过，2012年11月27日公布，2012年12月21日起施行；根据法释［2020］17号《决定》修正，2021年1月1日起施行）

第23条（第1款） 被侵权人因道路交通事故死亡，无近亲属或者近亲属不明，未经法律授权的机关或者有关组织向人民法院起诉主张死亡赔偿金的，人民法院不予受理。

【主席令［2021］79号】 中华人民共和国海上交通安全法（1983年9月2日全国人大常委会［6届2次］通过，主席令第7号公布，1984年1月1日起实施；2021年4月29日全国人大常委会［13届28次］最新修订，2021年9月1日起施行）

---

① 《道路交通安全法》第73条："公安机关交通管理部门应当根据交通事故现场勘验、检查、调查情况和有关的检验、鉴定结论，及时制作交通事故认定书，作为处理交通事故的证据。交通事故认定书应当载明交通事故的基本事实、成因和当事人的责任，并送达当事人。"

② 也即：经公安机关交通管理部门调解达成协议并生效后，对方依约履行调解协议的，当事人若无新的证据，则不能再（反悔）提起民事诉讼。

第 115 条　因海上交通事故引发民事纠纷的，当事人可以依法申请仲裁或者向人民法院提起诉讼。

（医药纠纷）

【法释〔2017〕20 号】　最高人民法院关于审理医疗损害责任纠纷案件适用法律若干问题的解释（2017 年 3 月 27 日最高法审委会〔1713 次〕通过，2017 年 12 月 13 日公布，2017 年 12 月 14 日起施行；根据法释〔2020〕17 号《决定》修正，2021 年 1 月 1 日起施行。以本规为准）（详见本书第 79 条）

第 2 条（第 1 款）　患者因同一伤病在多个医疗机构接受诊疗受到损害，起诉部分或者全部就诊的医疗机构的，应予受理。

第 3 条（第 1 款）　患者因缺陷医疗产品受到损害，起诉部分或者全部医疗产品的生产者、销售者、<u>药品上市许可持有人</u>和医疗机构的，应予受理。

【法释〔2021〕13 号】　最高人民法院关于审理申请注册的药品相关的专利权纠纷民事案件适用法律若干问题的规定（2021 年 5 月 24 日最高法审委会〔1839 次〕通过，2021 年 7 月 4 日公布，次日起施行；以本规为准）

第 3 条　专利权人或者利害关系人依据专利法第 76 条①起诉的，应当按照民事诉讼法第 119 条（现第 122 条）第 3 项的规定提交下列材料：（一）国务院有关行政部门依据衔接办法②所设平台中登记的相关专利信息，包括专利名称、专利号、相关的权利要求等；（二）国务院有关行政部门依据衔接办法所设平台中公示的申请注册药品的相关信息，包括药品名称、药品类型、注册类别以及申请注册药品与所涉及的上市药品之间的对应关系等；（三）药品上市许可申请人依据衔接办法作出的四类声明及声明依据。

药品上市许可申请人应当在一审答辩期内，向人民法院提交其向国家药品审评机构申报的、与认定是否落入相关专利权保护范围对应的必要技术资料副本。

第 4 条　专利权人或者利害关系人在衔接办法规定的期限③内未向人民法院

① 《专利法》第 76 条：药品上市审评审批过程中，药品上市许可申请人与有关专利权人或者利害关系人，因申请注册的药品相关的专利权产生纠纷的，相关当事人可以向人民法院起诉，请求就申请注册的药品相关技术方案是否落入他人药品专利权保护范围作出判决。国务院药品监督管理部门在规定的期限内，可以根据人民法院生效裁判作出是否暂停批准相关药品上市的决定。// 药品上市许可申请人与有关专利权人或者利害关系人也可以就申请注册的药品相关的专利权纠纷，向国务院专利行政部门请求行政裁决。// 国务院药品监督管理部门会同国务院专利行政部门制定药品上市许可审批与药品上市许可申请阶段专利权纠纷解决的具体衔接办法，报国务院同意后实施。

② 《药品专利纠纷早期解决机制实施办法（试行）》经国务院同意，由国家药品监督管理局、国家知识产权局 2021 年 7 月 4 日公告（第 89 号）发布施行。

③ 《药品专利纠纷早期解决机制实施办法（试行）》第 7 条，详见本书第 12 章第 1 节"除斥与诉讼时效"专辑"其他纠纷"专题。

提起诉讼的，药品上市许可申请人可以向人民法院起诉，请求确认申请注册药品未落入相关专利权保护范围。

【国务院令［2010］586 号】 **工伤保险条例**（2003 年 4 月 27 日国务院令第 375 号公布，2004 年 1 月 1 日起施行；2010 年 12 月 8 日国务院第 136 次常务会议修订，2010 年 12 月 20 日公布，2011 年 1 月 1 日起施行）

第 55 条 有下列情形之一的，有关单位或者个人可以依法申请行政复议，也可以依法向人民法院提起行政诉讼：（一）申请工伤认定的职工或者其近亲属、该职工所在单位对工伤认定申请不予受理的决定不服的；（二）申请工伤认定的职工或者其近亲属、该职工所在单位对工伤认定结论不服的；（三）用人单位对经办机构确定的单位缴费费率不服的；（四）签订服务协议的医疗机构、辅助器具配置机构认为经办机构未履行有关协议或者规定的；（五）工伤职工或者其近亲属对经办机构核定的工伤保险待遇有异议的。

（人身损害纠纷）

【法释［2022］14 号】 **最高人民法院关于审理人身损害赔偿案件适用法律若干问题的解释**（"法释［2003］20 号"公布，2004 年 5 月 1 日起施行；"法释［2020］17 号"修订，2021 年 1 月 1 日起施行；2022 年 2 月 15 日最高法审委会［1864 次］修正，2022 年 4 月 24 日公布，2022 年 5 月 1 日起施行）

第 1 条 因生命、身体、健康遭受侵害，赔偿权利人起诉请求赔偿义务人赔偿物质损害/财产损失和精神损害的，人民法院应予受理。

本条所称"赔偿权利人"，是指因侵权行为或者其他致害原因直接遭受人身损害的受害人、依法由受害人承担扶养义务的被扶养人以及死亡受害人的近亲属。

本条所称"赔偿义务人"，是指因自己或者他人的侵权行为以及其他致害原因依法应当承担民事责任的自然人、法人或者其他非法人组织。

（精神损害赔偿）

【法释［2001］7 号】 **最高人民法院关于确定民事侵权精神损害赔偿责任若干问题的解释**（2001 年 2 月 26 日最高法审委会［1161 次］通过，2001 年 3 月 8 日公布，2001 年 3 月 10 日起施行；根据法释［2020］17 号《决定》修正，2021 年 1 月 1 日起施行。以本规为准）

第 1 条 因人身权益/下列人格权利：（一）生命权、健康权、身体权；（二）姓名权、肖像权、名誉权、荣誉权；（三）人格尊严权、人身自由权或者具有人身意义的特定物①受到侵害/遭受非法侵害，自然人或者其近亲属向人民法院提起诉

---

① 原第 4 条："具有人格象征意义的特定纪念物品，因侵权行为而永久性灭失或者毁损，物品所有人以侵权为由，向人民法院起诉请求赔偿精神损害的，人民法院应当依法予以受理。"

讼请求精神损害赔偿的，人民法院应当依法予以受理。

~~违反社会公共利益、社会公德侵害他人隐私或者其他人格利益，受害人以侵权为由向人民法院起诉请求赔偿精神损害的，人民法院应当依法予以受理。~~

第 2 条　非法使被监护人脱离监护，导致亲子关系或者近亲属间的亲属关系遭受严重损害，监护人向人民法院起诉请求赔偿精神损害的，人民法院应当依法予以受理。

第 3 条①　死者的姓名、肖像、名誉、荣誉、隐私、遗体、遗骨等受到侵害，其近亲属向人民法院提起诉讼请求精神损害赔偿的，人民法院应当依法予以支持。

第 4 条　法人或者其他非法人组织以名誉权、荣誉权、名称权/人格权利遭受侵害为由，向人民法院起诉请求精神损害赔偿的，人民法院不予支持/受理。

（婚姻家庭纠纷）

【民他字［1986］42 号】　**最高人民法院关于原判决维持收养关系后当事人再次起诉，人民法院是否作新案受理的批复**（1987 年 2 月 11 日答复湖北高院"鄂法［86］民行字第 10 号"请示）

何品善诉何建业解除收养关系一案，终审判决维持收养关系，半年后，何品善再次起诉要求解除，人民法院是否作为新案受理的问题。经研究，同意你院审判委员会的意见，如终审判决并无不当，判决后，双方关系继续恶化，当事人又起诉要求解除收养关系的，可作为新案受理。

【主席令［2012］72 号】　**中华人民共和国老年人权益保障法**（2012 年 12 月 28 日全国人大常委会［11 届 30 次］修订，2013 年 7 月 1 日起施行；2018 年 12 月 29 日全国人大常委会［13 届 7 次］新修）

第 73 条（第 1 款）　老年人合法权益受到侵害的，被侵害人或者其代理人有权要求有关部门处理，或者依法向人民法院提起诉讼。

第 75 条（第 1 款）　老年人与家庭成员因赡养、扶养或者住房、财产等发生纠纷，可以申请人民调解委员会或者其他有关组织进行调解，也可以直接向人民法院提起诉讼。

---

①　原第 3 条："自然人死亡后，其近亲属因下列侵权行为遭受精神痛苦，向人民法院起诉请求赔偿精神损害的，人民法院应当依法予以受理：（一）以侮辱、诽谤、贬损、丑化或者违反社会公共利益、社会公德的其他方式，侵害死者姓名、肖像、名誉、荣誉；（二）非法披露、利用死者隐私，或者以违反社会公共利益、社会公德的其他方式侵害死者隐私；（三）非法利用、损害遗体、遗骨，或者以违反社会公共利益、社会公德的其他方式侵害遗体、遗骨。"

【主席令［2020］45 号】 中华人民共和国民法典（2020 年 5 月 28 日全国人大［13 届 3 次］通过，2021 年 1 月 1 日起施行；本部分内容，本书标注了对《婚姻法》的修改）

第 1079 条（第 1 款） 夫妻一方要求离婚的，可以由有关组织进行调解或者直接向人民法院提起离婚诉讼。

第 1092 条 夫妻一方隐藏、转移、变卖、毁损、挥霍夫妻共同财产，或者伪造夫妻共同债务企图侵占另一方财产的，在离婚分割夫妻共同财产时，对该方可以少分或者不分。离婚后，另一方发现有上述行为的，可以向人民法院提起诉讼，请求再次分割夫妻共同财产。

【主席令［2022］122 号】 中华人民共和国妇女权益保障法（2022 年 10 月 30 日全国人大常委会［13 届 37 次］修订，2023 年 1 月 1 日起施行）

第 23 条（第 1 款） 禁止违背妇女意愿，以言语、文字、图像、肢体行为等方式对其实施性骚扰。

（第 3 款） 受害妇女可以向公安机关报案，也可以向人民法院提起民事诉讼，依法请求行为人承担民事责任。

第 68 条（第 2 款） 女方因抚育子女、照料老人、协助男方工作等负担较多义务的，有权在离婚时要求男方予以补偿。补偿办法由双方协议确定；协议不成的，可以向人民法院提起诉讼。

第 69 条 离婚时，分割夫妻共有的房屋或者处理夫妻共同租住的房屋，由双方协议解决；协议不成的，可以向人民法院提起诉讼。

（涉灾涉疫纠纷）

【法［2008］164 号】 最高人民法院关于依法做好抗震救灾恢复重建期间民事审判和执行工作的通知（针对 2008 年 5 月 12 日四川省汶川县特大地震，2008 年 6 月 6 日印发）

三、在灾后重建期间，对于当事人起诉到人民法院的案件，符合立案条件的起诉，尤其是宣告失踪、宣告死亡以及对灾区输出农民工追讨劳动报酬等纠纷，应当及时立案，切实保障当事人诉权的实现。……对属于人民法院收案范围的纠纷，人民法院受理案件后，要切实加强涉灾民事案件的诉讼指导和法律释明，注重对当事人进行诉讼风险的提示；对不属于或不宜由人民法院处理的纠纷，应认真做好群众思想疏导工作，引导当事人选择其他有效途径和方式解决争议。

【法发［2008］21 号】 最高人民法院关于处理涉及汶川地震相关案件适用法律问题的意见（一）（2008 年 7 月 14 日）

三、农村承包地因地震灾害导致不能耕种、边界不明，当事人起诉要求进行调整。边界划定或重新确权的，人民法院应当告知当事人向有关政府行政主管部门申请解决。

【法 ［2010］ 178 号】 　最高人民法院关于依法做好抗震救灾和恢复重建期间审判工作切实维护灾区社会稳定的通知（2010 年 4 月 19 日）

六、在灾后重建期间，对于当事人起诉到人民法院的案件，符合立案条件的起诉，尤其是宣告失踪、宣告死亡等案件，应当及时立案，切实保障当事人诉权的实现。……对属于人民法院收案范围的纠纷，人民法院受理案件后，要切实加强涉灾民事案件的诉讼指导和法律释明，注重对当事人进行诉讼风险的提示；对不属于或不宜由人民法院处理的纠纷，应认真做好群众思想疏导工作，引导当事人选择其他有效途径和方式解决争议。

（涉外纠纷）

【法发 ［2005］ 26 号】 　第二次全国涉外商事海事审判工作会议纪要（2005 年 11 月 15-16 日在南京召开；2005 年 12 月 26 日公布）

16. 外国当事人作为原告时，应根据《中华人民共和国民事诉讼法》第 110 条（现第 124 条）第 1 项的规定，向人民法院提供身份证明，证明材料应符合我国法律要求的形式。拒不提供的，应裁定不予受理。案件已经受理的，可要求原告在指定期限内补充提供相关资料，期满无正当理由仍未提供的，可以裁定驳回起诉。

17. 外国当事人作为被告时，应针对不同情况分别作如下处理：（1）原告起诉时提供了被告存在的证明，但未提供被告的明确住址或者依据原告所提供的被告住址无法送达（公告送达除外）的，应要求原告补充提供被告的明确住址。依据原告补充的材料仍不能确定被告住址的，应依法向被告公告送达相关司法文书；（2）原告起诉时没有提供被告存在的证明，但根据起诉状所列明的被告的姓名、名称、住所、法定代表人的姓名等情况对被告按照法定的送达途径（公告送达除外）能够送达的，送达后被告不在法定的期限内应诉答辩，又拒不到庭的，可以依法缺席审判；（3）原告在起诉时没有提供被告存在的证明，根据起诉状所列明的情况对被告按照法定的送达途径（公告送达除外）无法送达的，应要求原告补充提供被告存在的证明，原告拒不提供或者补充提供后仍无法确定被告真实存在的，可以认定为没有明确的被告，应根据《中华人民共和国民事诉讼法》第 108 条（现第 122 条）第 2 项的规定裁定驳回原告的起诉。

【法发 ［2021］ 7 号】 　最高人民法院关于为跨境诉讼当事人提供网上立案服务的若干规定（2021 年 2 月 3 日公布，2021 年 2 月 3 日起施行）（详见本书第 123-124 条）

第 9 条 受诉法院收到网上立案申请后，应当作出以下处理：

（一）符合法律规定的，及时登记立案；

（二）提交诉状和材料不符合要求的，应当一次性告知当事人在 15 日内补正。当事人难以在 15 日内补正材料，可以向受诉法院申请延长补正期限至 30 日。当事人未在指定期限内按照要求补正，又未申请延长补正期限的，立案材料作退回处理；

（三）不符合法律规定的，可在线退回材料并释明具体理由；

（四）无法即时判定是否符合法律规定的，应当在 7 个工作日内决定是否立案。

跨境诉讼当事人可以在线查询处理进展以及立案结果。

第 10 条 跨境诉讼当事人提交的立案材料中包含以下内容的，受诉法院不予登记立案：（一）危害国家主权、领土完整和安全；（二）破坏国家统一、民族团结和宗教政策；（三）违反法律法规，泄露国家秘密，损害国家利益；（四）侮辱诽谤他人，进行人身攻击、谩骂、诋毁，经法院告知仍拒不修改；（五）所诉事项不属于人民法院管辖范围；（六）其他不符合法律规定的起诉。

（执行纠纷）

【民立他字［2001］34 号】 **最高人民法院关于当事人对人民法院生效法律文书所确定的给付事项超过申请执行期限后又重新就其中的部分给付内容达成新的协议的应否立案的批复**（2002 年 1 月 30 日答复四川高院"川高法［2001］144号"请示）

经研究，同意你院审判委员会多数人意见。当事人就人民法院生效裁判文书所确定的给付事项超过执行期限后又重新达成协议的，应当视为当事人之间形成了新的民事法律关系，当事人就该新协议向人民法院提起诉讼的，只要符合《民事诉讼法》立案受理的有关规定的，人民法院应当受理。

【法释［2018］3 号】 **最高人民法院关于执行和解若干问题的规定**（2017年 11 月 6 日最高法审委会［1725 次］通过，2018 年 2 月 22 日公布，2018 年 3 月 1 日起施行；根据法释［2020］21 号《决定》修正，2021 年 1 月 1 日起施行。以本规为准）（详见本书第 237 条）

第 9 条 被执行人一方不履行执行和解协议的，申请执行人可以申请恢复执行原生效法律文书，也可以就履行执行和解协议向执行法院提起诉讼。

第 13 条 恢复执行后，对申请执行人就履行执行和解协议提起的诉讼，人民法院不予受理。

第 15 条 执行和解协议履行完毕，申请执行人因被执行人迟延履行、瑕疵履行遭受损害的，可以向执行法院另行提起诉讼。

【法释［2018］4 号】　最高人民法院关于执行担保若干问题的规定（2017 年 12 月 11 日最高法审委会［1729 次］通过，2018 年 2 月 22 日公布，2018 年 3 月 1 日起施行；根据法释［2020］21 号《决定》修正，2021 年 1 月 1 日起施行。以本规为准）（详见本书第 238 条）

第 14 条　担保人承担担保责任后，提起诉讼向被执行人追偿的，人民法院应予受理。

（涉罪纠纷）

【法经（复）［1988］号】　最高人民法院经济审判庭关于经济纠纷和经济犯罪案件一并移送后受移送的检察院和法院未按刑事附带民事诉讼审理又未将纠纷部分退回法院处理移送法院是否仍可对纠纷进行审理问题的电话答复（1988 年 10 月 14 日答复江西高院"赣法经［1988］18 号"请示）

经济纠纷和经济犯罪案件一并移送后，受诉法院即不再有案件，如受移送的机关未退回，原受诉法院不存在继续审理的问题。移送后或刑事案件审结后，经济纠纷当事人仍请求原受诉法院审理经济纠纷的，应告知当事人可以向受诉法院另行起诉，向受移送的机关催索。如受移送的机关既不处理经济纠纷，又不将经济纠纷部分退回，至于是否追加第三人，是否合并审理的问题，请按民事诉讼法（试行）的有关规定和本院的有关解答，结合案件的具体情况办理。

【法经（复）［1990］号】　最高人民法院经济审判庭关于个体经营人因诈骗罪判刑后被骗人能否再对其提起经济诉讼问题的电话答复（1990 年 1 月 24 日答复天津高院"津高法［1989］6 号"请示）

一、姚建国诈骗机电公司预付款案，虽作为合同纠纷审理在前，但在实体判决前即中止审理，移送公安、检察机关查处。现全案已按刑事犯罪处理，姚建国因犯有诈骗罪被判处有期徒刑 14 年。故本案就不宜再作为经济纠纷案重复审理。原中止审理的法院在刑事终审后又恢复了对原案的审理，并作出了实体判决，对此，二审法院应当裁定撤销原判及原审法院制作的先行给付的裁定，发回重审。再由原审法院驳回原告的起诉。

二、关于刑事判决中未提及姚建国应当将赃款退赔机电公司的问题，可由作出刑事判决的法院裁定予以补正。对在发现犯罪移送前已裁定先行给付机电公司的 1 万多元及被告人姚建国尚未退赔的款项，应当依照刑法第 60 条规定退赔给机电公司。

【法（经）函［1991］13 号】　最高人民法院关于广州市芳村区工业供销公司诉铁道部第二勘测设计院华美商业公司购销煤炭合同纠纷案应移送公安部门处理的函（1991 年 2 月 11 日函致广东高院）

去年 9 月，我院经济庭收到了公安部五局转来的铁道部公安局关于请求协调徐开元与广州市芳村区工业供销公司煤炭预付款案的报告，最近又收到广州市中级人民法院《关于芳村区工业供销公司诉铁二院华美商业公司购销合同纠纷案不移送公安部门处理的情况报告》。经研究认为，徐开元虽然以铁道部第二勘测设计院华美公司的名义与广州市芳村区工业供销公司签订了购销煤炭合同，但使用的是徐开元私刻的印章；为签订合同骗取定金，徐开元还提供了从煤炭来源到水陆运输的各种虚假证件。取得定金后，徐开元除归还欠款外，还挥霍 9 万多元。因此，该案是徐开元等人以签订经济合同为名，骗取对方财物的诈骗犯罪，按经济纠纷处理不妥。广州市中级人民法院应告知芳村区工业供销公司撤回诉讼请求，或驳回起诉，并将有关材料移送铁道部第二勘测设计院公安处，由公安部门依法查处。

【法经［1991］195 号】　最高人民法院经济审判庭有关刑事案件与经济纠纷案件交叉时如何处理问题的函（1991 年 12 月 11 日答复公安部第五局）①

你局公刑［1991］501 号要求协调由延边朝鲜族自治州公安局立案侦查的特大烟用丝束投机倒把案和深圳市中级人民法院受理的广东省烟草公司惠来县公司诉吉林省延边朝鲜族自治州对外经济贸易公司、海南振海工贸联合有限公司丝束购销合同货款纠纷案的函收悉。经研究，意见如下：

吉林省延边朝鲜族自治州对外经济贸易公司禹根夏等人私刻公章、伪造国家批文，倒卖巨额烟用丝束投机倒把的犯罪行为与广东省烟草公司惠来县公司同吉林省延边朝鲜族自治州对外经济贸易公司、海南振海工贸联合有限公司的丝束购销合同关系是两种既有联系，又有本质不同的法律事实和法律关系。前者是一种扰乱社会经济秩序，危害国家利益的犯罪行为，应当由公安机关立案侦查；后者是平等主体之间的民事法律关系，它们之间的纠纷可以由人民法院通过诉讼程序解决。人民法院对该经济纠纷案件的审理并不影响公安机关对有关刑事案件的侦查。因此，广东省烟草公司惠来县公司诉吉林省延边朝鲜族自治州对外经济贸易公司、海南振海工贸联合有限公司丝束购销合同货款纠纷案，可以由深圳市中级人民法院继续审理。

【民他字［1999］2 号】　最高人民法院关于咸阳爱心总公司与咸阳爱心总公司 1930 名传销员传销纠纷如何适用［1998］38 号通知的复函（1999 年 4 月 6 日答复陕西高院"［1998］陕民终字第 58 号"请示）

经研究，依照国务院有关文件的规定和我院［1998］38 号通知精神，传销或者变相传销行为，由工商行政管理机关进行认定和处罚，当事人之间因传销行为发生纠纷诉至人民法院的，人民法院不宜将此类纠纷作为民事案件受理。对于在

---

① 本《函》原标题为"有关……"，而非"关于……"。

最高人民法院有关传销案件受理问题的通知下发前已经受理、但尚未审结的一审和二审案件，也应当依照上述规定办理，但要协助有关部门做好各方当事人的工作，防止矛盾激化。

（其他纠纷）

【民他字［1987］58 号】　最高人民法院关于邹树文金珠首饰在"文革"中下落不明，人民法院能否作为民事赔偿案件受理的批复（1987 年 11 月 6 日答复江苏高院"［87］民他字 3 号"请示）

据报告述称：邹树文夫妇在"文革"中怕再次被抄家，将一盒金珠首饰"上交"给南京市杭大附中红卫兵总部负责人王自力（高三学生）和张登舟（初二学生）。1973 年以来，邹树文及其家属多次向有关部门提出要求落实政策，清退财物。你院就上述问题请示我院能否作为民事赔偿案件由人民法院受理。

经研究，我们认为：邹树文夫妇要求清退"文革"中"上交"的金珠首饰，根据中央有关文件的规定，属于落实政策的问题，不应按一般民事赔偿案件由人民法院受理。

【法经（复）［1988］号】　最高人民法院经济审判庭关于甘肃省工艺美术公司控告中国农业银行临洮县支行八里营业所错转信汇索赔纠纷一案的电话答复（1988 年 12 月 23 日答复甘肃高院"甘法经［1988］第 14 号"请示）

中国农业银行临洮县支行八里铺营业所（简称"营业所"）在办理甘肃省工艺美术公司（简称"美术公司"）信汇临洮县个体劳动者协会（简称"劳协"）25 万元预付款事项中，违反银行规定，在明知劳协无银行帐户，信汇支票上账号是假帐号的情况下，将本应退回美术公司的款，故意落入本县个体工商户苟克明的个人帐户内，并从中还贷了 3 万多元。该款现已被苟挥霍掉，苟也因犯有诈骗罪被判处无期徒刑。因营业所的过错给美术公司造成的贷款损失，营业所应当承担赔偿责任。营业所在承担赔偿责任后，仍有权向苟克明追还这笔贷款。因此，对美术公司的起诉，有管辖权的人民法院应予立案受理。

【法经（复）［1989］号】　最高人民法院经济审判庭关于村委会要求村民按合同议定数额履行交纳国家征购粮的起诉人民法院是否受理问题的电话答复（1989 年 6 月 26 日答复宁夏高院"［1989］宁法研字第 5 号"请示）

根据国务院国发［1985］131 号《国务院关于切实抓紧抓好粮食工作的通知》和国务院国发［1986］96 号《国务院关于完善粮食合同定购制度的通知》中有关规定，签订粮食定购合同，催收国家定购粮，追究拒交国家定购粮行为人的责任，均属国家行政职权范围。虽某些地区将农民应上交国家的粮食定购数额写入村委会与村民签订的土地承包合同中，但这并不影响国家行使行政职权，向农民征收定购粮。国家向农民征购粮食同村委会与村民签订土地承包合同，是属于两个不同性质的法律行为和法律关系。国家向农民征购粮食属于国家计划定购，除依法减免外，应作为义务完成定购数额。因此，对村委会要求村民按照合同议定数额履行交纳国家定购粮的起诉，人民法院不予受理。

【法（经）函［1990］73号】 　最高人民法院关于劳务输出合同的担保纠纷人民法院应否受理问题的复函（1990年10月9日答复浙江高院"［1990］浙发经字10号"请示）[①]

本案浙江省宁波市国际经济技术合作公司（下称"宁波公司"）与单洁因及其担保人单威祥（单洁因之父）签订的出国劳务人员保证书，是派出单位宁波公司为保证与美国佛罗里达州奥兰多大中集团劳务输出合同的顺利实施，而依其行政职权要求派出人员单洁因对在出国期间遵守所在国法律和所在国公司各项行政规章及出国纪律等方面作出的行为保证。这是派出单位对派出人员进行管理的一种行政措施。因此，单威祥为其女单洁因提供的担保，不属于民法和经济合同法调整范畴。目前，这类纠纷尚无法律规定可以向人民法院起诉。故依照民事诉讼法（试行）第84条第（二）项规定，应当告知原告宁波公司向有关行政部门申请解决。

【民立他字［2001］3号】 　最高人民法院关于金龙万、金龙哲与黑龙江省国际经济技术合作公司出国劳务合同纠纷案是否适用最高人民法院（法（经）函［1990］73号）复函的答复（2001年2月19日答复黑龙江高院"［2000］黑监级复字第2号"请示）

经研究认为，金龙万和金龙哲与黑龙江省国际经济技术合作公司之间形成的劳务关系及担保关系是平等主体之间基于合同而建立的民事法律关系，属民法调整的范围，人民法院应予受理。我院法（经）函［1990］73号复函不适用于本案。

【法（经）复［1991］4号】 　最高人民法院关于企业经营者依企业承包经营合同要求保护其合法权益的起诉人民法院应否受理的批复（1991年8月13日答复新疆高院"新法经字［1991］第2号"请示）

根据《全民所有制工业企业承包经营责任制暂行条例》的规定，承包经营合同的发包方是人民政府指定的有关部门，承包方是实行承包经营的企业。企业经营者通过公开招标或者国家规定的其他方式确定之后，即成为企业的厂长（经理）、企业的法定代表人，对企业全面负责。企业经营者因政府有关部门免去或变更其厂长（经理）职务而向人民法院起诉，要求继续担任厂长（经理）的，属

[①] 本《复函》一直未见废止。本书留存备查。

于人事任免争议，人民法院不予受理；企业经营者为请求兑现承包经营合同规定的收入而向人民法院起诉的，属于合同纠纷，人民法院应予受理。

【法经［1992］154 号】 最高人民法院经济审判庭关于人民法院是否受理建筑安装工程分包合同纠纷问题的复函（1992 年 9 月 25 日答复新疆高院请示）

你院受理的新疆喀什市第二建筑安装工程公司（分包单位）诉新疆南疆建筑工程公司（总包单位）建筑安装工程分包合同结算纠纷一案，系平等主体之间的权利义务纠纷。根据《建筑安装工程承包合同条例》第 12 条第 2 款的规定，"承包单位可将承包的工程，部分分包给其他分包单位"，分包合同属于建筑安装工程承包合同中的一种形式。城乡建设环境保护部 1986 年发布的《建筑安装工程总分包实施办法》第 4 条规定，当事人双方"可提请城乡建设主管部门调解或向经济合同仲裁机关申请仲裁，"并不是"必须"或者"只能"提请调解或申请仲裁，而且该实施办法只是部门规章，人民法院不能据以剥夺当事人的诉权。因此，总分包单位因分包合同发生纠纷向人民法院起诉，只要符合民事诉讼法第 108 条（现第 122 条）规定的起诉条件的，人民法院应予受理。

【法经［1994］133 号】 最高人民法院经济审判庭对于新经济合同法施行前已经工商行政管理部门作出行政处理的经济合同纠纷案件当事人又以经济纠纷提起民事诉讼应否受理问题的函（1994 年 6 月 7 日答复福建高院经济庭）

关于厦门新星包装联合公司诉江西凯隆化工有限公司购销聚脂饮料瓶合同纠纷案，我庭曾以法经［1994］3 号函提出处理意见。收到你们今年 3 月 1 日的报告后，又作了研究，现答复如下：

1993 年 7 月 20 日，江西省工商行政管理局以无效经济合同确认书的形式确认南昌石泉饮料厂 1993 年 1 月 18 日以江西凯隆化工有限公司南昌分公司名义与厦门新星包装联合公司签订的购销聚脂饮料瓶合同为无效合同，债务由南昌石泉饮料厂承担。该局于 8 月 2 日邮寄送达无效经济合同确认书。厦门新星包装联合公司于 8 月 9 日签收了法律文书。该公司于 8 月 2 日以江西凯隆化工有限公司为被告向厦门市湖里区人民法院提起民事诉讼。江西凯隆化工有限公司以该案已经工商行政管理部门作出行政处理，法院不应重复立案为由，在法定期限内提出了管辖异议。湖里区人民法院裁定予以驳回，该公司提起上诉，厦门市中级人民法院驳回上诉，维持原裁定。

我们认为，对于新经济合同法施行前已经工商行政管理部门通过行政方式处理了的经济合同纠纷案件，根据本院［1992］行他字第 5 号答复精神，人民法院不应再按经济纠纷立案受理，已经受理了的，应当驳回当事人起诉，厦门市中级人民法院应当依法裁定撤销一、二审法院驳回当事人管辖异议的裁定并驳回当事人起诉。如果当事人不服江西省工商行政管理局的行政处理决定，可以在接到厦门市中级人民法院驳回起诉的裁定书的次日起 1 个月之内，依行政诉讼法的有关规定向有管辖权的人民法院提起行政诉讼。

【法复［1996］4 号】　最高人民法院关于对因政府调整划转企业国有资产引起的纠纷是否受理问题的批复（1996 年 4 月 2 日印发各高院）

近年来，在地方政府及其所属主管部门对一些企业国有资产以改变隶属关系或者分设新企业等方式进行调整、划转之后，出现了企业不服政府及其所属主管部门的决定，要求收回已被调整、划转资产的纠纷。部分高级人民法院就人民法院是否应当受理因这类纠纷提起诉讼的问题，向我院请示，现答复如下：

一、因政府及其所属主管部门在对企业国有资产调整、划转过程中引起相关国有企业之间的纠纷，应由政府或所属国有资产管理部门处理。国有企业作为当事人向人民法院提起民事诉讼的，人民法院不予受理。

二、当事人不服政府及其所属主管部门依据有关行政法规作出的调整、划转企业国有资产决定，向人民法院提起行政诉讼，凡符合法定起诉条件的，人民法院应予受理。

【法释［2001］25 号】　最高人民法院关于以侵犯姓名权的手段侵犯宪法保护的公民受教育的基本权利是否应承担民事责任的批复（2001 年 6 月 28 日最高法审委会［1183 次］通过，2001 年 7 月 24 日公布，答复山东高院"［1999］鲁民终字第 258 号"请示，2001 年 8 月 13 日起施行；2008 年 12 月 24 日起被法释［2008］15 号《最高人民法院关于废止的 2007 年底以前发布的有关司法解释目录（第 7 批）》废止）

你院［1999］鲁民终字第 258 号《关于齐玉苓与陈晓琪、陈克政、山东省济宁市商业学校、山东省滕州市第八中学、山东省滕州市教育委员会姓名权纠纷一案的请示》收悉。经研究，我们认为，根据本案事实，陈晓琪等以侵犯姓名权的手段，侵犯了齐玉苓依据宪法规定所享有的受教育的基本权利，并造成了具体的损害后果，应承担相应的民事责任。

【民立他字［2002］53 号】　最高人民法院关于恩施市人民检察院诉张苏文返还国有资产一案的复函（见本书第 58 条）

【法释［2007］12 号】　最高人民法院关于审理涉及会计师事务所在审计业务活动中民事侵权赔偿案件的若干规定（2007 年 6 月 4 日最高法审委会［1428 次］通过，2007 年 6 月 11 日公布，2007 年 6 月 15 日起施行）

第 1 条　利害关系人以会计师事务所在从事注册会计师法第 14 条规定的审计

业务活动中出具不实报告并致其遭受损失为由，向人民法院提起民事侵权赔偿诉讼的，人民法院应当依法受理。

【民立他字［2007］15 号】   最高人民法院关于对基层供销社产权整体转让纠纷能否受理请示的答复（2007 年 12 月 7 日答复甘肃高院"甘高法［2007］18 号"请示）①

我院经研究认为，基层供销社是集体经济组织，财产属社员集体所有，上级供销联社违反国家政策的有关规定，未征得社员同意而将基层供销社整体转让给私人的行为，侵害了社员的财产权，属于民事侵权行为，人民法院受理这类案件符合国家有关保护农民合法财产利益的政策精神。故同意你院请示的第二种意见，及邢作明等 1998 户社员诉甘州区供销合作联社转让行为无效一案，符合《中华人民共和国民事诉讼法》第 108 条（现第 122 条）规定的起诉条件，人民法院可予受理。

【法研［2012］号】   最高人民法院研究室关于执行拍卖合同是否具有民事可诉性问题的研究意见（《司法研究与指导》总第 3 辑，人民法院出版社 2013 年 5 月出版）

就我国目前司法实践来看，普遍认为执行拍卖为法院的司法处分行为，是人民法院对被执行人财产采取的一种执行措施和处分执行行为。基于执行拍卖具有公法性质，执行拍卖合同不具有可诉性。针对执行拍卖中的纠纷，当事人或者利害关系人应当通过执行监督方式解决。

【主席令［2017］70 号】   中华人民共和国水污染防治法（2008 年 2 月 28 日全国人大常委会［10 届 32 次］修订，2008 年 6 月 1 日起施行；2017 年 6 月 27 日全国人大常委会［12 届 28 次］修正，2018 年 1 月 1 日起施行）

第 97 条   因水污染引起的损害赔偿责任和赔偿金额的纠纷，可以根据当事人的请求，由环境保护主管部门或者海事管理机构、渔业主管部门按照职责分工调解处理；调解不成的，当事人可以向人民法院提起诉讼。当事人也可以直接向人民法院提起诉讼。

【法［2018］68 号】   最高人民法院关于加强"红色经典"和英雄烈士合法权益司法保护弘扬社会主义核心价值观的通知（2018 年 5 月 11 日）

三、要切实保障红色经典和英雄烈士相关利益主体的诉讼权利

（第 1 款）   根据著作权法规定，红色经典作品的作者对原作品享有署名权、修改权、保护作品完整权，上述人身权的保护期不受时间限制，其他人未经明确

---

① 最高人民法院立案庭：《立案工作指导》2008 年第 3 辑，人民法院出版社 2009 年 1 月第 1 版。

授权不得行使。权利人或者利害关系人依法向人民法院提起诉讼的，人民法院应当受理。

【法释〔2021〕17号】 **最高人民法院关于审理食品药品纠纷案件适用法律若干问题的规定**（"法释〔2013〕28号"公布，2014年3月15日起施行；根据法释〔2020〕17号《决定》修正，2021年1月1日起施行；2021年11月15日最高法审委会〔1850次〕修正，2021年11月18日公布，2021年12月1日起施行）

第1条　消费者因食品、药品纠纷提起民事诉讼，符合民事诉讼法规定受理条件的，人民法院应予受理。

【法二巡（会3）〔2022〕8号】 **政府会议纪要是否属于民事合同**①（最高法第二巡回法庭2021年第17次法官会议纪要）

本案的核心争议点是该会议纪要的性质，即其是否可以作为民事合同据以确定当事人之间的权利义务关系。该会议由政府组织相关职能部门参与，并与甲公司就前期的收取费用的协议进行善后处理，对如何给予甲公司补偿达成意见，并形成会议纪要。该会议纪要具备民事合同的基本构成要素。首先，市政府属于《民法典》中的机关法人，其完全可以作为民事合同一方主体从事民事活动。其次，本案的会议纪要内容，不涉及行政管理或公共服务，而是双方约定的民事权利义务。最后，本次会议纪要由甲公司与市政府作为平等主体进行磋商，具备作为合同基本内容的主体、标的、履行方式等三要素，并未体现行政法上的权利义务关系，故可以认定该会议纪要系民事合同，甲公司可依据该民事合同主张权利。

【法释〔2022〕1号】 **最高人民法院关于审理生态环境侵权纠纷案件适用惩罚性赔偿的解释**（2021年12月27日最高法审委会〔1858次〕通过，2022年1月12日公布，2022年1月20日起施行）

第3条　被侵权人在生态环境侵权纠纷案件中请求惩罚性赔偿的，应当在起诉时明确赔偿数额以及所依据的事实和理由。

被侵权人在生态环境侵权纠纷案件中没有提出惩罚性赔偿的诉讼请求，诉讼终结后又基于同一污染环境、破坏生态事实另行起诉请求惩罚性赔偿的，人民法院不予受理。

【法释〔2022〕2号】 **最高人民法院关于审理证券市场虚假陈述侵权民事赔偿案件的若干规定**（2021年12月30日最高法审委会〔1860次〕通过，2022年1月21日公布，2022年1月22日起施行；法明传〔2001〕43号《关于受理证

---

① 贺小荣主编：《最高人民法院第二巡回法庭法官会议纪要（第三辑）》，人民法院出版社2022年版，第121页。

券市场因虚假陈述引发的民事侵权纠纷案件有关问题的通知》、法释〔2003〕2 号《关于审理证券市场因虚假陈述引发的民事赔偿案件的若干规定》同时废止）①

第 2 条　原告提起证券虚假陈述侵权民事赔偿诉讼，符合民事诉讼法第 122 条规定，并提交以下证据或者证明材料的，人民法院应当受理：（一）证明原告身份的相关文件；（二）信息披露义务人实施虚假陈述的相关证据；（三）原告因虚假陈述进行交易的凭证及投资损失等相关证据。

人民法院不得仅以虚假陈述未经监管部门行政处罚或者人民法院生效刑事判决的认定为由裁定不予受理。

● 入库案例　【2023-13-2-169-003】　某银行股份有限公司诉张某志、张某滔确认不侵害专利权纠纷案（2020.06.12/〔2020〕最高法知民终 225 号）

裁判要旨：专利权无效宣告请求审查决定并非一经作出即发生确定的法律效力，在其产生确定的法律效力前，专利权仍属有效，侵权警告仍然具有权利基础；被警告人针对侵权警告提起的确认不侵害专利权之诉，符合法定起诉条件的，人民法院应予受理。

【2023-13-2-183-004】　商丘市某制药有限公司诉湖北某医药有限公司垄断协议纠纷案（2021.08.19/〔2021〕最高法知民辖终 187 号）

裁判要旨：涉及同一合同的合同之诉和垄断协议之诉，分别涉及合同法律关系和反垄断法律关系，诉讼标的不同，即便所涉当事人相同或者后诉的诉讼请求实质否定前诉裁判结果，其亦不构成重复诉讼，但原则上由一个法院合并审理为宜。

【2023-13-2-184-005】　朝阳某供热公司诉朝阳某热电公司拒绝交易纠纷案（2020.09.14/〔2020〕最高法知民终 934 号）

裁判要旨：垄断民事纠纷案件中，如果被告所实施的涉嫌垄断行为系因行政机关或者法律、法规授权的具有管理公共事务职能的组织运用行政权力限定交易或者强制要求而发生，相关行政行为在原告起诉时尚未被依法认定构成滥用行政权力排除、限制竞争的，人民法院可以不予受理或者驳回起诉。

【2023-16-2-001-001】　张某诉北京某公司、四川某公司等生命权、身体权、健康权纠纷案（新疆高院兵团分院/2023.09.05/〔2023〕兵民申 452 号）

裁判要旨：由于民法和劳动法从人身损害和社会保险的角度对工伤事故加以

---

① 注：法释〔2007〕12 号《最高人民法院关于审理涉及会计师事务所在审计业务活动中民事侵权赔偿案件的若干规定》与本规定不一致的，以本规定为准。

规范，从而使工伤事故具有民事侵权赔偿和社会保险赔偿双重性质。基于此，工伤的劳动者就存在两个请求权：一个是基于工伤保险关系而享有的工伤保险待遇请求权，另一个是基于人身损害而享有的民事侵权损害赔偿请求权。二者不具有相互排斥性，生命健康权属于法律优先保护的法益，具有一定的优先性，在失去行政救济途径后，依法主张民事赔偿并不违反法律禁止性规定。无论依据《侵权责任法》第13条还是《民法典》第178条的规定，受害人有权向部分侵权人主张权利，可要求部分或所有的连带责任人承担全部赔偿责任。

【2023-16-2-090-001】 **南京某公司诉北京某公司、沈某某等合作开发房地产合同纠纷案**（2015.12.24/［2014］民抗字第14-1号/再审）

裁判要旨：房地产项目利益是一个集合概念，一般包括房屋所涉物权、对应的土地使用权、项目利润等权益。未经依法批准、未取得建设工程规划许可证，或者擅自变更工程规划而建造的建筑，属于违法建筑。违法建筑所涉房地产项目利益本质上属于非法利益，非法利益不受法律保护，不宜列为民事诉讼标的，相关利益方也不享有合法诉权。对违法建筑所涉房地产项目利益纠纷，应以行政权处置为先，司法权处置为后，以防通过司法程序将非法利益"洗白"。

【2023-16-2-115-006】 **陕西某公司诉山东某医院建设工程施工合同纠纷案**（2016.12.30/［2016］最高法民申2826号）

裁判要旨：2. 当事人的诉讼请求不同，应当是指诉讼请求相互不能替代或涵盖，以及请求权的属性不同，两次诉讼的裁判结果也应当不会相互影响。如果当事人的诉讼请求只是主张支付款项数额增加或者减少，则不能视为诉讼请求不同。

【2023-16-2-189-001】 **郑某诉某大学聘用合同纠纷案**（福建高院/2022.07.29/［2022］闽民再248号）

裁判要旨：根据国家有关事业单位人事方面的特别规定，事业单位与实行聘用制的工作人员可以在聘用合同中约定违约金条款。

【2023-16-2-490-003】 **蒋某甲等诉浙江某公司劳动争议纠纷案**（焦作中院/2017.06.29/［2017］豫08民再31号）

裁判要旨：1. 劳动者发生交通事故因工死亡的，产生第三人侵权和工伤保险责任竞合，受害人亲属有权分别起诉，既有权向侵权第三人请求民事损害赔偿，也有权向用人单位请求工伤保险赔偿。

2. 劳动者一方因第三人侵权已经获得赔偿的，受害人亲属起诉用人单位要求赔偿工伤保险款项时，其已获得的第三人侵权赔偿不应从用人单位应赔付的工伤保险中予以扣除。

【2024-01-2-504-001】　　北京某经贸公司诉北京某房地产公司、河北某建投公司侵权责任纠纷案（2020.11.13/［2020］最高法民再301号）

裁判要旨：2. 当事人没有获得人防工程使用许可并不影响其依据相关合同提起民事诉讼。申请办理《人防工程使用证》等规定，属于行政管理性规范，并不影响投资者基于投资行为而提起诉讼并主张其享有投资性权益的权利。……

● **公报案例**　　（法公报［2016］9期）　　李稳博诉上海虹口区艺术合子美术进修学校合同纠纷案（上海二中院民事裁定书［2015］沪二中民四（商）终字第1161号）

裁判摘要：一、对于根据《民办教育促进法》等法律法规的规定，经教育部门许可并通过民政部门登记设立的民办学校，当事人以其系民办学校的实际出资人为由诉请变更举办人身份的，属于行政许可范围，不属于民事诉讼受案范围。二、对于经教育部门许可并通过民政部门登记设立的民办学校，当事人以其系该民办学校实际出资人为由诉请确认其出资份额的，因该类民办学校系公益性组织，对该类学校的出资在本质上属于向社会的捐赠，民办学校对于已投入的资产享有独立法人财产权，且投入的财产终极归属于社会而非出资人，故出资人对学校财产不具有财产权益，其要求确认出资份额的诉请没有法律上的财产权依据。三、对于没有法律上的权利基础的事实确认，不能作为独立的诉讼请求。当事人诉请要求确认没有法律权利基础的某项事实的，人民法院应裁定不予受理或驳回起诉。

（法公报［2021］1期）　　甘肃华远实业有限公司等与兰州银行股份有限公司庆阳分行等金融借款合同纠纷案（最高法院民事裁定书［2019］最高法民终77号）

裁判摘要：当事人依据多个法律关系合并提出多项诉讼请求，虽各个法律关系之间具有一定事实上的关联性，但若并非基于同一事实或者诉讼标的并非同一或同类，经人民法院释明后，当事人仍不分别起诉的，可以裁定驳回起诉。

（法公报［2021］7期）　　王记龙诉中国人寿财产保险股份有限公司芜湖市中心支公司财产保险合同纠纷案（上海金融法院2019年6月21日民事判决书）

裁判摘要：被保险人起诉要求侵权人赔偿损失获生效判决支持但未实际执行到位的，有权要求保险人承担赔偿责任，并不违反"一事不再理"原则，保险人履行保险赔偿责任后依法获得保险代位求偿权。……

（法公报［2021］11期）　　中铁物上海有限公司与济南润和机车车辆物流有限公司、中车山东机车车辆有限公司申请执行人执行异议之诉案（最高法院2021年4月12日民事裁定书［2021］最高法民申42号）

第二编　第十二章

裁判摘要：生效仲裁裁决或人民法院判决已经驳回当事人的部分请求，当事人在执行过程中又以相同的请求和理由提出执行异议之诉的，属于重复诉讼，应当裁定驳回起诉。

（法公报［2022］2期）　明发集团有限公司与宝龙集团发展有限公司等合同纠纷案（最高法院2021年3月26日民事裁定书［2021］最高法知民终480号）

裁判摘要：当事人在合同中约定，双方发生与合同有关的争议，既可以向人民法院起诉，也可以向仲裁机构申请仲裁的，当事人关于仲裁的约定无效。但发生纠纷后，一方当事人向仲裁机构申请仲裁，另一方未提出异议并实际参加仲裁的，应视为双方就通过仲裁方式解决争议达成了合意。其后双方就同一合同有关争议又向人民法院起诉的，人民法院不予受理；已经受理的，应裁定驳回起诉。

（法公报［2023］1期）　陈龙与陕西博鑫体育文化传播有限公司、任双成公司解散纠纷案（最高法院2021年11月30日民事裁定书［2021］最高法民申6453号）

裁判摘要：一、《最高人民法院关于适用〈中华人民共和国公司法〉若干问题的规定（三）》第16条规定："股东未履行或者未全面履行出资义务或者抽逃出资，公司根据公司章程或者股东会决议对其利润分配请求权、新股优先认购权、剩余财产分配请求权等股东权利作出相应的合理限制，该股东请求认定该限制无效的，人民法院不予支持。"根据该条规定，股东因未履行或者未全面履行出资义务而受限的股东权利，并不包括其提起解散公司之诉的权利。二、《中华人民共和国公司法》第182条（现第231条）规定："公司经营管理发生严重困难，继续存续会使股东利益受到重大损失，通过其他途径不能解决的，持有公司全部股东表决权10%以上的股东，可以请求人民法院解散公司。"该条中的"严重困难"包括对外的生产经营困难及对内的管理困难。

● **高法判例　【［2013］民提字第201号】　李某与企业清算事务所、律师事务所管理人责任纠纷再审案**（最高法院2013年12月5日民事裁定）①

裁判摘要：《中华人民共和国民事诉讼法》对于立案受理条件的规定，要求原告与案件有利害关系，即原告需适格，但是对于被告的规定与之不同，仅要求具有明确的被告，即原告能够提供被告准确的名称、住址、联系方式等信息，就可视为有明确的被告，在符合其它受理条件的情况下，人民法院应当立案受理并使案件进入实体审理程序。被告不存在是否"适格"或"正确"的问题，除非原告有恶意滥诉的目的，否则法院不得以被告不正确为由，裁定驳回原告起诉。

---

① 注：请同时参阅"相关规定"中的【法二巡（会1）［2019］17号】案例。

【[2018] 最高法民再 85 号】　工贸公司、某商场债权转让合同纠纷再审案（最高法 2018 年 6 月 5 日）

裁判摘要：重复起诉的构成要件，包括当事人相同、诉讼标的相同、诉讼请求相同或者相反、前诉正在审理或者已经作出生效裁判 4 个方面。民事判决生效后，债权人未向法院申请执行，而是与债务人达成和解协议，且债务人履行了部分还款义务，债权人将该债权转让，最后由债权受让人承继。债权受让人就剩余欠款提起本案诉讼。诉讼主体为债权受让人与债务人，诉讼标的为双方再次形成的欠款法律关系，诉讼请求为债务人偿还《协议书》项下剩余欠款。通过对比可见，本案诉讼是在确认前诉生效判决基础上，发生了新的事实，与前诉在当事人、诉讼标的、诉讼请求等方面均有不同，不构成重复起诉。①

【[2020] 最高法民再 118 号】　李某欣申请撤销仲裁裁决再审案（最高法院 2020 年 6 月 17 日民事裁定）（另见本书第 20 章"仲裁裁决的中止执行与撤销"专辑）

裁判摘要：李某欣第一次向云南省昭通市昭阳区人民法院提起申请，一审法院以不符合级别管辖为由裁定驳回起诉，李某欣上诉至仲裁所在地的云南省昭通市中级人民法院后，该院此时作为二审法院首先应针对李某欣的上诉解决级别管辖问题。在确定级别管辖之后，再由享有级别管辖权的法院适用一审程序确定是否属法院受案范围问题，如适用一审程序认定不属于法院受案范围，当事人可依法提起上诉。云南省昭通市中级人民法院 [2018] 云 06 民终 1441 号裁定在就级别管辖问题进行二审审理时，置级别管辖问题于不顾，以案件不属于法院受案范围为由驳回上诉，混淆了两者的区别，也导致当事人就法院主管问题失去上诉的权利。基于 [2018] 云 06 民终 1441 号裁定结果是维持一审裁定，此时应当认定该裁定仅系就级别管辖作出的裁定，结论在于云南省昭通市昭阳区人民法院就该案无管辖权。此后，李某欣再向云南省昭通市中级人民法院以同一事实和理由申请撤销仲裁调解书，系向享有管辖权的法院第一次提起的诉讼，自不属于"一事不再理"的情形，原审认为构成重复起诉的理由错误。②

---

①　注：本案参照《民事诉讼法》第 250 条"执他字 [1999] 10 号"《复函》精神。

②　注：该案，李某欣向昭阳法院请求撤销 [2016] 昭仲裁字第 73 号调解书，该院以应向仲裁所在地的中级法院起诉为由裁定驳回起诉；李某欣向昭通中院上诉，该院以法院受理撤销仲裁调解案件无法律依据为由裁定驳回上诉。李某欣再次诉至昭通中院，请求撤销上述第 73 号调解书，该院以构成重复起诉为由裁定不予受理；李某欣向云南高院上诉，请求指令昭通中院立案，该院以构成重复起诉为由裁定驳回上诉。

【[2020]最高法民再247号】 曹某、李某珍与科技发展公司、王某、周某东、天津科技公司股权转让纠纷再审案（最高法2021年1月6日民事裁定）

裁判摘要：本院再审认为，本案争议焦点在于合同一方当事人以合同相对方为被告提起民事诉讼，人民法院立案受理后，公安机关基于合同相对方的举报以涉嫌合同诈骗立案侦查期间，受诉人民法院如何处理已受理的民事案件。最高人民法院《关于在审理经济纠纷案件中涉及经济犯罪嫌疑若干问题的规定》第12条规定："人民法院已立案审理的经济纠纷案件，公安机关或检察机关认为有经济犯罪嫌疑，并说明理由附有关材料函告受理该案的人民法院的，有关人民法院应当认真审查。经过审查，认为确有经济犯罪嫌疑的，应当将案件移送公安机关或检察机关，并书面通知当事人，退还案件受理费；如认为确属经济纠纷案件的，应当依法继续审理，并将结果函告有关公安机关或检察机关。"可见，公安机关就涉嫌刑事犯罪立案侦查并不是人民法院裁定驳回民事案件原告起诉的充分条件。经本院审查，科技发展公司就案涉合同向天津市公安局河西分局陈塘庄派出所报案后，天津市公安局河西分局虽然已经立案侦查，但是并没有就所立刑事案件"说明理由附有关材料函告受理该案的人民法院"，受诉法院也没有在审查中发现本案涉嫌经济犯罪证据而得出本案确有经济犯罪嫌疑的结论。本案并不具备移送公安机关处理的法定条件。原审仅以公安机关已经立案为由，认定本案与刑事案件属于同一法律关系，裁定将本案移送公安机关处理，驳回曹某、李某珍起诉，适用法律错误。

● 文书格式 **【法[2016]221号】** 民事诉讼文书样式（2016年2月22日最高法审委会[1679次]通过，2016年6月28日公布，2016年8月1日起施行）（本书对格式略有调整）

受理案件\应诉\参加诉讼通知书（通知起诉人\对方当事人\其他当事人）①

（××××）……民初……号

×××：

……（写明当事人及案由）一案，本院于×年×月×日立案。本案案号为（××××）……民初……号。（通知其他当事人参加诉讼时，写明：）……（写明通知参加诉讼的原因），通知你作为原告/被告/共同原告/共同被告/有独立请求权的第三人/无独立请求权的第三人/法定代理人/共同诉讼代表人参加诉讼。现将受理案件\应诉\参加诉讼的有关事项通知如下：

一、在诉讼过程中，当事人必须依法行使诉讼权利，有权行使《中华人民共

① 对执行案件的被申请人，不发放应诉通知书，而发放执行通知书。

和国民事诉讼法》第 52 条、第 53 条、第 54 条等规定的诉讼权利，同时也必须遵守诉讼秩序，履行诉讼义务。

二、在收到起诉状/答辩状/申请书副本后 15 日/30 日内向本院提交答辩状，并按对方当事人的人数提出副本。(**本条针对对方当事人**)

二、自然人应当提交身份证或者通行证、护照复印件；法人或者其他组织应当提交营业执照或者事业单位法人代码证复印件、法定代表人或者主要负责人身份证明书。

三、当事人、法定代理人可以委托 1 至 2 人作为诉讼代理人。

委托他人代为诉讼，必须向人民法院提交由委托人签名或者盖章的授权委托书。授权委托书必须记明委托事项和权限。诉讼代理人代为承认、放弃、变更诉讼请求，进行和解，提起反诉或者上诉，必须有委托人的特别授权。

侨居在国外的中华人民共和国公民从国外寄交或者托交的授权委托书，必须经中华人民共和国驻该国的使领馆证明；没有使领馆的，由与中华人民共和国有外交关系的第三国驻该国的使领馆证明，再转由中华人民共和国驻第三国使领馆证明，或者由当地的爱国华侨团体证明。

四、应在接到本通知书后 7 日内，向本院预交案件受理费/申请费……元。本院诉讼费开户名称：××人民法院（财政汇缴专户）；开户银行：……；账号：……。(**本条针对起诉人**)

五、根据《最高人民法院关于人民法院在互联网公布裁判文书的规定》，本院作出的生效裁判文书将在中国裁判文书网上公布。如果你认为案件涉及个人隐私或商业秘密，申请对裁判文书中的有关内容进行技术处理或者申请不予公布的，至迟应在裁判文书送达之日起 3 日内以书面形式提出并说明具体理由。经本院审查认为理由正当的，可以在公布裁判文书时隐去相关内容或不予公布。

六、本案审判组织成员为审判长×××、审判员/代理审判员/人民陪审员×××、审判员/代理审判员/人民陪审员×××，书记员×××。

联系人：……（写明姓名、部门、职务）　　　　　联系电话：……

联系地址：……

特此通知。

×年×月×日（院印）

民事裁定书 （对起诉\反诉不予受理用）①

（××××）……民初……号②

起诉人\反诉人：×××，……（写明姓名或名称、住所地等基本情况）。

（以上写明起诉人\反诉人及其代理人的姓名或名称等基本信息，不列被起诉\反诉人）

×年×月×日，本院收到×××的起诉状\反诉状。起诉人\反诉人×××向本院提出诉讼\反诉请求：1.……；2.……（明确原告的诉讼请求）。事实和理由：……（概述原告主张的事实和理由）。

本院经审查认为，……（写明对起诉\反诉不予受理的理由）。

依照《中华人民共和国民事诉讼法》第 122 条、第 126 条，《最高人民法院关于适用〈中华人民共和国民事诉讼法〉的解释》第 233 条③（反诉适用）规定，裁定如下：

对×××的起诉\反诉，本院不予受理。

如不服本裁定，可以在裁定书送达之日起 10 日④内，向本院递交上诉状，上诉于××人民法院。

（代理）审判员　×××（非独任审判的，落款为合议庭）

×年×月×日（院印）

法官助理、书记员

民事裁定书 （驳回起诉用）⑤

（××××）……民初……号

原告：×××，……（写明姓名或名称、住所地等基本情况）。

被告：×××，……（写明姓名或名称、住所地等基本情况）。

（以上写明当事人和其他诉讼参与人的姓名或者名称等基本信息）

原告×××与被告×××……（写明案由）一案，本院于×年×月×日立案后，依法进行审理。

---

① 本裁定书只送达起诉人\反诉人一方。对第三人撤销之诉不予受理的，不适用本样式。制作简易程序、小额诉讼程序、公益诉讼、第三人撤销之诉、执行异议之诉等适用第一审程序的民事裁定书，准用第一审普通程序民事裁定书样式。但是，其他第一审程序民事裁定书已规定专门样式的除外。

② 同一案件有多次裁定的，首次裁定直接使用案号，第二次起在案号后缀"之一""之二"等。

③ 法释〔2022〕11 号《解释》第 233 条：反诉的当事人应当限于本诉的当事人的范围。// 反诉与本诉的诉讼请求基于相同法律关系、诉讼请求之间具有因果关系，或者反诉与本诉的诉讼请求基于相同事实的，人民法院应当合并审理。// 反诉应由其他人民法院专属管辖，或者与本诉的诉讼标的及诉讼请求所依据的事实、理由无关联的，裁定不予受理，告知另行起诉。

④ 在我国领域内没有住所的，上诉期为 30 日。

⑤ 小额诉讼程序裁定驳回起诉的，见《民事诉讼法》第 166 条的文书格式。

×××向本院提出诉讼请求：1. ……；2. …… （明确原告的诉讼请求）。事实和理由：…… （概述原告主张的事实和理由）。

本院经审查认为，…… （写明驳回起诉的理由）。

依照《中华人民共和国民事诉讼法》第 122 条／第 127 条第×项、第 157 条第 1 款第 3 项、《最高人民法院关于适用〈中华人民共和国民事诉讼法〉的解释》第 208 条第 3 款规定，裁定如下：

驳回×××的起诉。

如不服本裁定，可以在裁定书送达之日起 10 日①内，向本院递交上诉状，上诉于××人民法院。

（代理） 审判员　×××（非独任审判的，落款为合议庭）

×年×月×日 （院印）

法官助理、书记员

（本书汇）【民事案件的案由、案号】

● **相关规定**　　【法释［1997］8 号】　　**最高人民法院关于审理存单纠纷案件的若干规定** （1997 年 11 月 25 日最高法审委会［946 次］通过，1997 年 12 月 11 日公布，1997 年 12 月 13 日起施行；根据法释［2020］18 号《决定》修正，2021 年 1 月 1 日起施行）

第 2 条　存单纠纷案件的案由：人民法院可将本规定第 1 条 （见本书第 122 条） 所列案件，一律以存单纠纷为案由。实际审理时应以存单纠纷案件中真实法律关系为基础依法处理。

【法释［2001］24 号】　　**最高人民法院关于审理涉及计算机网络域名民事纠纷案件适用法律若干问题的解释** （2001 年 6 月 26 日最高法审委会［1182 次］通过，2001 年 7 月 17 日公布，2001 年 7 月 24 日起施行；根据法释［2020］19 号《决定》修正，2021 年 1 月 1 日起施行）

第 3 条　域名纠纷案件的案由，根据双方当事人争议的法律关系的性质确定，并在其前冠以计算机网络域名；争议的法律关系的性质难以确定的，可以通称为计算机网络域名纠纷案件。

---

① 在我国领域内没有住所的，上诉期为 30 日。

【法释〔2004〕20 号】 最高人民法院关于审理技术合同纠纷案件适用法律若干问题的解释（2004 年 11 月 30 日最高法审委会〔1335 次〕通过，2004 年 12 月 16 日公布，2005 年 1 月 1 日起施行；根据法释〔2020〕19 号《决定》修正，2021 年 1 月 1 日起施行）

第 42 条 当事人将技术合同和其他合同内容或者将不同类型的技术合同内容订立在一个合同中的，应当根据当事人争议的权利义务内容，确定案件的性质和案由。

技术合同名称与约定的权利义务关系不一致的，应当按照约定的权利义务内容，确定合同的类型和案由。

技术转让合同或者技术许可合同中约定让与人或者许可人负责包销或者回购受让人、被许可人实施合同标的技术制造的产品，仅因让与人或者许可人不履行或者不能全部履行包销或者回购义务引起纠纷，不涉及技术问题的，应当按照包销或者回购条款约定的权利义务内容确定案由。

【法释〔2008〕3 号】 最高人民法院关于审理注册商标、企业名称与在先权利冲突的民事纠纷案件若干问题的规定（2008 年 2 月 18 日最高法审委会〔1444 次〕通过，同日公布，2008 年 3 月 1 日起施行；根据法释〔2020〕19 号《决定》修正，2021 年 1 月 1 日起施行）

第 3 条 人民法院应当根据原告的诉讼请求和争议民事法律关系的性质，按照民事案件案由规定，确定注册商标或者企业名称与在先权利冲突的民事纠纷案件的案由，并适用相应的法律。

【法释〔2010〕13 号】 最高人民法院关于审理旅游纠纷案件适用法律若干问题的规定（2010 年 9 月 13 日最高法审委会〔1496 次〕通过，2010 年 10 月 26 日公布，2010 年 11 月 1 日起施行；根据法释〔2020〕17 号《决定》修正，2021 年 1 月 1 日起施行）

第 3 条 因旅游/旅行经营者方面的同一原因造成旅游/旅行者人身损害、财产损失，旅游/旅行者选择请求旅游/旅行经营者承担违约责任或者侵权责任的，人民法院应当根据当事人选择的案由进行审理。

【法〔2020〕347 号】 最高人民法院关于印发修改后的《民事案件案由规定》的通知（2020 年 12 月 14 日最高法审委会〔1821 次〕修正，①2020 年 12

---

① 注：该修正内容单独印发《最高人民法院关于修改〈民事案件案由规定〉的决定》（法〔2020〕346 号），本书已将其内容整合标注。

29 日印发，2021 年 1 月 1 日起施行）①

五、适用修改后的《案由规定》应当注意的问题

1. 在案由横向体系上应当按照由低到高的顺序选择适用个案案由。确定个案案由时，应当优先适用第四级案由，没有对应的第四级案由的，适用相应的第三级案由；第三级案由中没有规定的，适用相应的第二级案由；第二级案由没有规定的，适用相应的第一级案由。这样处理，有利于更准确地反映当事人诉争的法律关系的性质，有利于促进分类管理科学化和提高司法统计准确性。

2. 关于个案案由的变更。人民法院在民事立案审查阶段，可以根据原告诉讼请求涉及的法律关系性质，确定相应的个案案由；人民法院受理民事案件后，经审理发现当事人起诉的法律关系与实际诉争的法律关系不一致的，人民法院结案时应当根据法庭查明的当事人之间实际存在的法律关系的性质，相应变更个案案由。当事人在诉讼过程中增加或者变更诉讼请求导致当事人诉争的法律关系发生变更的，人民法院应当相应变更个案案由。

3. 存在多个法律关系时个案案由的确定。同一诉讼中涉及 2 个以上的法律关系的，应当根据当事人诉争的法律关系的性质确定个案案由；均为诉争的法律关系的，则按诉争的 2 个以上法律关系并列确定相应的案由。

4. 请求权竞合时个案案由的确定。在请求权竞合的情形下，人民法院应当按照当事人自主选择行使的请求权所涉及的诉争的法律关系的性质，确定相应的案由。

5. 正确认识民事案件案由的性质与功能。案由体系的编排制定是人民法院进行民事审判管理的手段。各级人民法院应当依法保障当事人依照法律规定享有的起诉权利，不得将修改后的《案由规定》等同于民事诉讼法第 119 条（现第 122 条）规定的起诉条件，不得以当事人的诉请在修改后的《案由规定》中没有相应

---

① 关于案由的确定标准：民事案件案由应当依据当事人诉争的民事法律关系的性质来确定。鉴于具体案件中当事人的诉讼请求、争议的焦点可能有多个，争议的标的也可能是多个，为保证案由的高度概括和简洁明了，修改后的《案由规定》仍沿用 2011 年《案由规定》（法［2011］41 号）关于案由的确定标准，即对民事案件案由的表述方式原则上确定为"法律关系性质"加"纠纷"，一般不包含争议焦点、标的物、侵权方式等要素。但是，实践中当事人诉争的民事法律关系的性质具有复杂多变性，单纯按照法律关系标准来划分案由体系的做法难以更好地满足民事审判实践的需要，难以更好地满足司法统计的需要。为此，修改后的《案由规定》在坚持以法律关系性质作为确定案由的主要标准的同时，对少部分案由也依据请求权、形成权或者确认之诉、形成之诉等其他标准进行确定，对少部分案由的表述也包含了争议焦点、标的物、侵权方式等要素。另外，为了与行政案件案由进行明显区分，本次修改还对个别案由的表述进行了特殊处理。对民事诉讼规定的适用特别程序、督促程序、公示催告程序、公司清算、破产程序等非讼程序审理的案件案由，根据当事人的诉讼请求予以直接表述；对公益诉讼、第三人撤销之诉、执行程序中的异议之诉等特殊诉讼程序案件的案由，根据修改后民事诉讼法规定的诉讼制度予以直接表述。

案由可以适用为由，裁定不予受理或者驳回起诉，损害当事人的诉讼权利。

6. 案由体系中的选择性案由（即含有顿号的部分案由）的使用方法。对这些案由，应当根据具体案情，确定相应的个案案由，不应直接将该案由全部引用。如"生命权、身体权、健康权纠纷"案由，应当根据具体侵害对象来确定相应的案由。

民事案件案由规定

第一部分：人格权纠纷

一、人格权纠纷：1. 生命权、身体权、健康权纠纷；2. 姓名权纠纷；3. 名称权纠纷；4. 肖像权纠纷；5. 声音保护纠纷；6. 名誉权纠纷；7. 荣誉权纠纷；8. 隐私权、个人信息保护纠纷：（1）隐私权纠纷；（2）个人信息保护纠纷；9. 婚姻自主权纠纷；10. 人身自由权纠纷；11. 一般人格权纠纷：（1）平等就业权纠纷。

第二部分：婚姻家庭、继承纠纷

二、婚姻家庭纠纷：12. 婚约财产纠纷；13. 婚内夫妻财产分割纠纷；14. 离婚纠纷；15. 离婚后财产纠纷；16. 离婚后损害责任纠纷；17. 婚姻无效纠纷；18. 撤销婚姻纠纷；19. 夫妻财产约定纠纷；20. 同居关系纠纷：（1）同居关系析产纠纷；（2）同居关系子女抚养纠纷；21. 亲子关系纠纷：（1）确认亲子关系纠纷；（2）否认亲子关系纠纷；22. 抚养纠纷：（1）抚养费纠纷；（2）变更抚养关系纠纷；23. 扶养纠纷：（1）扶养费纠纷；（2）变更扶养关系纠纷；24. 赡养纠纷：（1）赡养费纠纷；（2）变更赡养关系纠纷；25. 收养关系纠纷：（1）确认收养关系纠纷；（2）解除收养关系纠纷；26. 监护权纠纷；27. 探望权纠纷；28. 分家析产纠纷。

三、继承纠纷：29. 法定继承纠纷：（1）转继承纠纷；（2）代位继承纠纷；30. 遗嘱继承纠纷；31. 被继承人债务清偿纠纷；32. 遗赠纠纷；33. 遗赠扶养协议纠纷；34. 遗产管理纠纷。

第三部分：物权纠纷①

四、不动产登记纠纷：35. 异议登记不当损害责任纠纷；36. 虚假登记损害责任纠纷。

五、物权保护纠纷：37. 物权确认纠纷：（1）所有权确认纠纷；（2）用益物

---

① 注：关于物权纠纷案由与合同纠纷案由的编排设置。按照物权变动原因与结果相区分的原则，对于涉及物权变动的原因，即债权性质的合同关系引发的纠纷案件的案由，修改后的《案由规定》将其放在合同纠纷项下（如"居住权合同纠纷"列在第二级案由"合同纠纷"项下）；对于涉及物权变动的结果，即物权设立、权属、效力、使用、收益等物权关系产生的纠纷案件的案由，修改后的《案由规定》将其放在物权纠纷项下（如"居住权纠纷"列在第二级案由"用益物权纠纷"项下）。

权确认纠纷;(3)担保物权确认纠纷;38. 返还原物纠纷;39. 排除妨害纠纷;40. 消除危险纠纷;41. 修理、重作、更换纠纷;42. 恢复原状纠纷;43. 财产损害赔偿纠纷。

六、所有权纠纷①:44. 侵害集体经济组织成员权益纠纷;45. 建筑物区分所有权纠纷:(1)业主专有权纠纷;(2)业主共有权纠纷;(3)车位纠纷;(4)车库纠纷;46. 业主撤销权纠纷;47. 业主知情权纠纷;48. 遗失物返还纠纷;49. 漂流物返还纠纷;50. 埋藏物返还纠纷;51. 隐藏物返还纠纷;52. 添附物归属纠纷;53. 相邻关系纠纷:(1)相邻用水、排水纠纷;(2)相邻通行纠纷;(3)相邻土地、建筑物利用关系纠纷;(4)相邻通风纠纷;(5)相邻采光、日照纠纷;(6)相邻污染侵害纠纷;(7)相邻损害防免关系纠纷;54. 共有纠纷:(1)共有权确认纠纷;(2)共有物分割纠纷;(3)共有人优先购买权纠纷;(4)债权人代位析产纠纷。

七、用益物权纠纷:55. 海域使用权纠纷;56. 探矿权纠纷;57. 采矿权纠纷;58. 取水权纠纷;59. 养殖权纠纷;60. 捕捞权纠纷;61. 土地承包经营权纠纷:(1)土地承包经营权确认纠纷;(2)承包地征收补偿费用分配纠纷;(3)土地承包经营权继承纠纷;62. 土地经营权纠纷;63. 建设用地使用权纠纷;64. 宅基地使用权纠纷;65. 居住权纠纷;66. 地役权纠纷。

八、担保物权纠纷:67. 抵押权纠纷:(1)建筑物和其他土地附着物抵押权纠纷;(2)在建建筑物抵押权纠纷;(3)建设用地使用权抵押权纠纷;(4)土地承包经营权抵押权纠纷;(5)探矿权抵押权纠纷;(6)采矿权抵押权纠纷;(7)海域使用权抵押权纠纷;(8)动产抵押权纠纷;(9)在建船舶、航空器抵押权纠纷;(10)动产浮动抵押权纠纷;(11)最高额抵押权纠纷;68. 质权纠纷:(1)动产质权纠纷;(2)转质权纠纷;(3)最高额质权纠纷;(4)票据质权纠纷;(5)债券质权纠纷;(6)存单质权纠纷;(7)仓单质权纠纷;(8)提单质权纠纷;(9)股权质权纠纷;(10)基金份额质权纠纷;(11)知识产权质权纠纷;(12)应收账款质权纠纷;69. 留置权纠纷。

---

① 注:"所有权纠纷""用益物权纠纷""担保物权纠纷"案由既包括以上 3 种类型的物权确认纠纷案由,也包括以上 3 种类型的侵害物权纠纷案由。民法典物权编第三章"物权的保护"所规定的物权请求权或者债权请求权保护方法,即"物权保护纠纷",在修改后的《案由规定》列举的每个物权类型(第三级案由)项下都可能部分或者全部适用,多数都可以作为第四级案由列举,但为避免使整个案由体系冗长繁杂,在各第三级案由下并未一一列出。实践中需要确定具体个案案由时,如果当事人的诉讼请求只涉及"物权保护纠纷"项下的一种物权请求权或者债权请求权,则可以选择适用"物权保护纠纷"项下的 6 种第三级案由;如果当事人的诉讼请求涉及"物权保护纠纷"项下的 2 种或者 2 种以上物权请求权或者债权请求权,则应按照所保护的权利种类,选择适用"所有权纠纷""用益物权纠纷""担保物权纠纷"项下的第三级案由(各种物权类型纠纷)。

九、占有保护纠纷：70. 占有物返还纠纷；71. 占有排除妨害纠纷；72. 占有消除危险纠纷；73. 占有物损害赔偿纠纷。

第四部分：合同、准合同/~~无因管理、不当得利~~纠纷

十、合同纠纷①：74. 缔约过失责任纠纷；<u>75.</u> 预约合同纠纷；76. 确认合同效力纠纷：（1）确认合同有效纠纷；（2）确认合同无效纠纷；77. 债权人代位权纠纷；78. 债权人撤销权纠纷；79. 债权转让合同纠纷；80. 债务转移合同纠纷；81. 债权债务概括转移合同纠纷；<u>82.</u> 债务加入纠纷；83. 悬赏广告纠纷；84. 买卖合同纠纷：（1）分期付款买卖合同纠纷；（2）凭样品买卖合同纠纷；（3）试用买卖合同纠纷；<u>（4）</u> 所有权保留买卖合同纠纷；（5）招标投标买卖合同纠纷；（6）互易纠纷；（7）国际货物买卖合同纠纷；（8）<u>信息网络买卖</u>/网络购物合同纠纷；~~（7）电视购物合同纠纷"~~。85. 拍卖合同纠纷；86. 建设用地使用权合同纠纷：（1）建设用地使用权出让合同纠纷；（2）建设用地使用权转让合同纠纷；87. 临时用地合同纠纷；88. 探矿权转让合同纠纷；89. 采矿权转让合同纠纷；90. 房地产开发经营合同纠纷（1）委托代建合同纠纷；（2）合资、合作开发房地产合同纠纷；（3）项目转让合同纠纷；91. 房屋买卖合同纠纷：（1）商品房预约合同纠纷；（2）商品房预售合同纠纷；（3）商品房销售合同纠纷；（4）商品房委托代理销售合同纠纷；（5）经济适用房转让合同纠纷；（6）农村房屋买卖合同纠纷；92. <u>民事主体间房屋拆迁安置补偿合同纠纷</u>；93. 供用电合同纠纷；94. 供用水合同纠纷；95. 供用气合同纠纷；96. 供用热力合同纠纷；<u>97.</u> 排污权交易纠纷；<u>98.</u> 用能权交易纠纷；<u>99.</u> 用水权交易纠纷；<u>100.</u> 碳排放权交易纠纷；<u>101.</u> 碳汇交易纠纷；102. 赠与合同纠纷：（1）公益事业捐赠合同纠纷；（2）附义务赠与合同纠纷；103. 借款合同纠纷：（1）金融借款合同纠纷；（2）同业拆借纠纷；~~（3）企业借贷纠纷"；~~（3）民间借贷纠纷；（4）小额借款合同纠纷；（5）金融不良债权转让合同纠纷；（6）金融不良债权追偿纠纷；104. 保证合同纠纷；105. 抵押合同纠纷；106. 质押合同纠纷；107. 定金合同纠纷；108. 进出口押汇纠纷；109. 储蓄存款合同纠纷；110. 银行卡纠纷：（1）借记卡纠纷；（2）信用卡纠纷；111. 租赁合同纠纷：（1）土地租赁合同纠纷；（2）房屋租赁合同纠纷；（3）车辆租赁合同纠纷；（4）建筑设备租赁合同纠纷；112. 融资租赁合同纠纷；<u>113.</u> 保理合同纠纷；114. 承揽合同纠纷：（1）加工合同纠纷；（2）定作合同纠

---

① 注：人民法院应根据当事人诉争的法律关系的性质，查明该法律关系涉及的是物权变动的原因关系还是物权变动的结果关系，以正确确定案由。当事人诉争的法律关系性质涉及物权变动原因的，即因债权性质的合同关系引发的纠纷案件，应当选择适用"合同纠纷"项下的案由，如"居住权合同纠纷"案由；当事人诉争的法律关系性质涉及物权变动结果的，即因物权设立、权属、效力、使用、收益等物权关系引发的纠纷案件，应当选择"物权纠纷"项下的案由，如"居住权纠纷"案由。

纷；（3）修理合同纠纷；（4）复制合同纠纷；（5）测试合同纠纷；（6）检验合同纠纷；（7）铁路机车、车辆建造合同纠纷；115. 建设工程合同纠纷：（1）建设工程勘察合同纠纷；（2）建设工程设计合同纠纷；（3）建设工程施工合同纠纷；（4）建设工程价款优先受偿权纠纷；（5）建设工程分包合同纠纷；（6）建设工程监理合同纠纷；（7）装饰装修合同纠纷；（8）铁路修建合同纠纷；（9）农村建房施工合同纠纷；116. 运输合同纠纷：（1）公路旅客运输合同纠纷；（2）公路货物运输合同纠纷；（3）水路旅客运输合同纠纷；（4）水路货物运输合同纠纷；（5）航空旅客运输合同纠纷；（6）航空货物运输合同纠纷；（7）出租汽车运输合同纠纷；（8）管道运输合同纠纷；（9）城市公交运输合同纠纷；（10）联合运输合同纠纷；（11）多式联运合同纠纷；（12）铁路货物运输合同纠纷；（13）铁路旅客运输合同纠纷；（14）铁路行李运输合同纠纷；（15）铁路包裹运输合同纠纷；（16）国际铁路联运合同纠纷；117. 保管合同纠纷；118. 仓储合同纠纷；119. 委托合同纠纷：（1）进出口代理合同纠纷；（2）货运代理合同纠纷；（3）民用航空运输销售代理合同纠纷；（4）诉讼、仲裁、人民调解代理合同纠纷；(5) 销售代理合同纠纷；120. 委托理财合同纠纷：（1）金融委托理财合同纠纷；（2）民间委托理财合同纠纷；121. 物业服务合同纠纷；122. 行纪合同纠纷；123. 中介/居间合同纠纷；124. 补偿贸易纠纷；125. 借用合同纠纷；126. 典当纠纷；127. 合伙合同/协议纠纷；128. 种植、养殖回收合同纠纷；129. 彩票、奖券纠纷；130. 中外合作勘探开发自然资源合同纠纷；131. 农业承包合同纠纷；132. 林业承包合同纠纷；133. 渔业承包合同纠纷；134. 牧业承包合同纠纷；135. 农村土地承包经营权合同纠纷：(1) 土地承包经营权转包合同纠纷"；（1）土地承包经营权转让合同纠纷；（2）土地承包经营权互换合同纠纷；（3）土地承包经营权入股合同纠纷；（4）土地承包经营权抵押合同纠纷；（5）土地承包经营权出租合同纠纷；136. 居住权合同纠纷；137. 服务合同纠纷：（1）电信服务合同纠纷；（2）邮政/邮寄服务合同纠纷；(3) 快递服务合同纠纷；（4）医疗服务合同纠纷；（5）法律服务合同纠纷。127. 请求确认人民调解协议效力。

　　十一、不当得利纠纷：144. 不当得利纠纷。

　　十二、无因管理纠纷：145. 无因管理纠纷。

　　第五部分：知识产权与竞争纠纷

　　十三、知识产权合同纠纷：146. 著作权合同纠纷：（1）委托创作合同纠纷；（2）合作创作合同纠纷；（3）著作权转让合同纠纷；（4）著作权许可使用合同纠纷；（5）出版合同纠纷；（6）表演合同纠纷；（7）音像制品制作合同纠纷；（8）广播电视播放合同纠纷；（9）邻接权转让合同纠纷；（10）邻接权许可使用合同纠纷；（11）计算机软件开发合同纠纷；（12）计算机软件著作权转让合同纠纷：（13）计算机软件著作权许可使用合同纠纷；147. 商标合同纠纷：（1）商标权转让合同纠纷；（2）商标使用许可合同纠纷；（3）商标代理合同纠纷；148. 专利合同纠纷：（1）专利申请权转让合同纠纷；（2）专利权转让合同纠纷；（3）发明专利实施许可合同纠纷；（4）实用新型专利实施许可合同纠纷；（5）外观设计专利实施许可合同纠纷；（6）专利代理合同纠纷；149. 植物新品种合同纠纷：（1）植物新品种育种合同纠纷；（2）植物新品种申请权转让合同纠纷；（3）植物新品种权转让合同纠纷；（4）植物新品种实施许可合同纠纷；150. 集成电路布图设计合同纠纷：（1）集成电路布图设计创作合同纠纷；（2）集成电路布图设计专有权转让合同纠纷；（3）集成电路布图设计许可使用合同纠纷；151. 商业秘密合同纠纷：（1）技术秘密让与合同纠纷；（2）技术秘密许可使用合同纠纷；（3）经营秘密让与合同纠纷；（4）经营秘密许可使用合同纠纷；152. 技术合同纠纷：（1）技术委托开发合同纠纷；（2）技术合作开发合同纠纷；（3）技术转化合同纠纷；（4）技术转让合同纠纷；(5) 技术许可合同纠纷；(6) 技术咨询合同纠纷；(7) 技术服务合同纠纷；(8) 技术培训合同纠纷；(9) 技术中介合同纠纷；(10) 技术进口合同纠纷；(11) 技术出口合同纠纷；(12) 职务技术成果完成人奖励、报酬纠纷；(13) 技术成果完成人署名权、荣誉权、奖励权纠纷；153. 特许经营合同纠纷；154. 企业名称（商号）合同纠纷：(1) 企业名称（商号）转让合同纠纷；(2) 企业名称（商号）使用合同纠纷；155. 特殊标志合同纠纷；156. 网络域名合同纠纷：（1）网络域名注册合同纠纷；(2) 网络域名转让合同纠纷；(3) 网络域名许可使用合同纠纷；157. 知识产权质押合同纠纷。

十四、知识产权权属、侵权纠纷：158. 著作权权属、侵权纠纷：(1) 著作权权属纠纷；(2) 侵害作品发表权纠纷；(3) 侵害作品署名权纠纷；(4) 侵害作品修改权纠纷；(5) 侵害保护作品完整权纠纷；(6) 侵害作品复制权纠纷；(7) 侵害作品发行权纠纷；(8) 侵害作品出租权纠纷；(9) 侵害作品展览权纠纷；(10) 侵害作品表演权纠纷；(11) 侵害作品放映权纠纷；(12) 侵害作品广播权纠纷；(13) 侵害作品信息网络传播权纠纷；(14) 侵害作品摄制权纠纷；(15) 侵害作品改编权纠纷；(16) 侵害作品翻译权纠纷；(17) 侵害作品汇编权纠纷；(18) 侵害其他著作财产权纠纷；(19) 出版者权权属纠纷；(20) 表演者权权属纠纷；(21) 录音录像制作者权权属纠纷；(22) 广播组织权权属纠纷；(23) 侵害出版者权纠纷；(24) 侵害表演者权纠纷；(25) 侵害录音录像制作者权纠纷；(26) 侵害广播组织权纠纷；(27) 计算机软件著作权权属纠纷；(28) 侵害计算机软件著作权纠纷；159. 商标权权属、侵权纠纷：(1) 商标权权属纠纷；(2) 侵害商标权纠纷；160. 专利权权属、侵权纠纷：(1) 专利申请权权属纠纷；(2) 专利权权属纠纷；（3）侵害发明专利权纠纷；（4）侵害实用新型专利权纠纷；（5）侵害外观设计专利权纠纷；（6）假冒他人专利纠纷；（7）发明专利临时保护期使用费纠纷；（8）职务发明创造发明人、设计人奖励、报酬纠纷；（9）发明创造发明人、设计人署名权纠纷；(10) 标准必要专利使用费纠纷；161.植物新品种权权属、侵权纠纷：（1）植物新品种申请权权属纠纷；（2）植物新品种权权属纠纷；（3）侵害植物新品种权纠纷；（4）植物新品种临时保护期使用费纠纷；162.集成电路布图设计专有权权属、侵权纠纷：（1）集成电路布图设计专有权权属纠纷；（2）侵害集成电路布图设计专有权纠纷；163.侵害企业名称（商号）权纠纷；164.侵害特殊标志专有权纠纷；165.网络域名权属、侵权纠纷：（1）网络域名权属纠纷；（2）侵害网络域名纠纷；166.发现权纠纷；167.发明权纠纷；168.其他科技成果权纠纷；169.确认不侵害知识产权纠纷：（1）确认不侵害专利权纠纷；（2）确认不侵害商标权纠纷；（3）确认不侵害著作权纠纷；（4）确认不侵害植物新品种权纠纷；（5）确认不侵害集成电路布图设计专用权纠纷；（6）确认不侵害计算机软件著作权纠纷；170.因申请知识产权临时措施损害责任纠纷：（1）因申请诉前停止侵害专利权损害责任纠纷；（2）因申请诉前停止侵害注册商标专用权损害责任纠纷；（3）因申请诉前停止侵害著作权损害责任纠纷；（4）因申请诉前停止侵害植物新品种权损害责任纠纷；（5）因申请海关知识产权保护措施损害责任纠纷；（6）因申请诉前停止侵害计算机软件著作权损害责任纠纷；（7）因申请诉前停止侵害集成电路布图设计专用权损害责任纠纷；171.因恶意提起知识产权诉讼损害责任纠纷；172.专利权宣告无效后返还费用纠纷。

十五、不正当竞争纠纷：173.仿冒纠纷：（1）擅自使用与他人有一定影响的/知名商品特有名称、包装、装潢等相同或者近似的标识纠纷；（2）擅自使用他人有一定影响的企业名称、社会组织名称、姓名纠纷；(3) 擅自使用他人有一定影响的域名主体部分、网站名称、网页纠纷；(3) 伪造、冒用产品质量标志纠纷；(4) 伪造产地纠纷；174.商业贿赂不正当竞争纠纷；175.虚假宣传纠纷；176.侵害商业秘密纠纷：（1）侵害技术秘密纠纷；（2）侵害经营秘密纠纷；177.低价倾销不正当竞争纠纷；178.捆绑销售不正当竞争纠纷；179.有奖销售纠纷；180.商业诋毁纠纷；181.串通投标不正当竞争纠纷；182.网络不正当竞争纠纷。

十六、垄断纠纷：183.垄断协议纠纷：（1）横向垄断协议纠纷；（2）纵向垄断协议纠纷；184.滥用市场支配地位纠纷：（1）垄断定价纠纷；（2）掠夺定价纠纷；（3）拒绝交易纠纷；（4）限定交易纠纷；（5）捆绑交易纠纷；（6）差别待遇纠纷；185.经营者集中纠纷。

第六部分：劳动争议、人事争议

十七、劳动争议：186. 劳动合同纠纷：（1）确认劳动关系纠纷；（2）集体合同纠纷；（3）劳务派遣合同纠纷；（4）非全日制用工纠纷；（5）追索劳动报酬纠纷；（6）经济补偿金纠纷；（7）竞业限制纠纷；187. 社会保险纠纷：（1）养老保险待遇纠纷；（2）工伤保险待遇纠纷；（3）医疗保险待遇纠纷；（4）生育保险待遇纠纷；（5）失业保险待遇纠纷；188. 福利待遇纠纷。

十八、人事争议：~~172. 人事争议；~~ 189. 聘用合同纠纷/~~争议~~；190. 聘任合同纠纷；191. 辞职纠纷/~~争议~~；192. 辞退纠纷/~~争议~~。

第七部分：海事海商纠纷

十九、海事海商纠纷：193. 船舶碰撞损害责任纠纷；194. 船舶触碰损害责任纠纷；195. 船舶损坏空中设施、水下设施损害责任纠纷；196. 船舶污染损害责任纠纷；197. 海上、通海水域污染损害责任纠纷；198. 海上、通海水域养殖损害责任纠纷；199. 海上、通海水域财产损害责任纠纷；200. 海上、通海水域人身损害责任纠纷；201. 非法留置船舶、船载货物、船用燃油、船用物料损害责任纠纷；202. 海上、通海水域货物运输合同纠纷；203. 海上、通海水域旅客运输合同纠纷；204. 海上、通海水域行李运输合同纠纷；205. 船舶经营管理合同纠纷；206. 船舶买卖合同纠纷；207. 船舶建造合同纠纷；208. 船舶修理合同纠纷；209. 船舶改建合同纠纷；210. 船舶拆解合同纠纷；211. 船舶抵押合同纠纷；212. 航次租船合同纠纷；213. 船舶租用合同纠纷：（1）定期租船合同纠纷；（2）光船租赁合同纠纷；214. 船舶融资租赁合同纠纷；215. 海上、通海水域运输船舶承包合同纠纷；216. 渔船承包合同纠纷；217. 船舶属具租赁合同纠纷；218. 船舶属具保管合同纠纷；219. 海运集装箱租赁合同纠纷；220. 海运集装箱保管合同纠纷；221. 港口货物保管合同纠纷；222. 船舶代理合同纠纷；223. 海上、通海水域货运代理合同纠纷；224. 理货合同纠纷；225. 船舶物料和备品供应合同纠纷；226. 船员劳务合同纠纷；227. 海难救助合同纠纷；228. 海上、通海水域打捞合同纠纷；229. 海上、通海水域拖航合同纠纷；230. 海上、通海水域保险合同纠纷；231. 海上、通海水域保赔合同纠纷；232. 海上、通海水域运输联营合同纠纷；233. 船舶营运借款合同纠纷；234. 海事担保合同纠纷；235. 航道、港口疏浚合同纠纷；236. 船坞、码头建造合同纠纷；237. 船舶检验合同纠纷；238. 海事请求担保纠纷；239. 海上、通海水域运输重大责任事故责任纠纷；240. 港口作业重大责任事故责任纠纷；241. 港口作业纠纷；242. 共同海损纠纷；243. 海洋开发利用纠纷；244. 船舶共有纠纷；245. 船舶权属纠纷；246. 海运欺诈纠纷；247. 海事债权确权纠纷。

第八部分：与公司、证券、保险、票据等有关的民事纠纷

二十、与企业有关的纠纷：248. 企业出资人权益确认纠纷；249. 侵害企业出资人权益纠纷；250. 企业公司制改造合同纠纷；251. 企业股份合作制改造合同纠纷；252. 企业债权转股权合同纠纷；253. 企业分立合同纠纷；254. 企业租赁经营合同纠纷；255. 企业出售合同纠纷；256. 挂靠经营合同纠纷；257. 企业兼并合同纠纷；258. 联营合同纠纷；259. 企业承包经营合同纠纷：（1）中外合资经营企业承包经营合同纠纷；（2）中外合作经营企业承包经营合同纠纷；（3）外商独资企业承包经营合同纠纷；（4）乡镇企业承包经营合同纠纷；260. 中外合资经营企业合同纠纷；261. 中外合作经营企业合同纠纷。

二十一、与公司有关的纠纷：262. 股东资格确认纠纷；263. 股东名册记载纠纷；264. 请求变更公司登记纠纷；265. 股东出资纠纷；266. 新增资本认购纠纷；267. 股东知情权纠纷；268. 请求公司收购股份纠纷；269. 股权转让纠纷；270. 公司决议纠纷：（1）公司决议效力确认纠纷；（2）公司决议撤销纠纷；271. 公司设立纠纷；272. 公司证照返还纠纷；273. 发起人责任纠纷；274. 公司盈余分配纠纷；275. 损害股东利益责任纠纷；276. 损害公司利益责任纠纷；277. 股东损害公司债权人利益责任纠纷：（1）股东损害公司债权人利益责任纠纷；（2）实际控制人损害公司债权人利益责任纠纷；278. 公司关联交易损害责任纠纷；279. 公司合并纠纷；280. 公司分立纠纷；281. 公司减资纠纷；282. 公司增资纠纷；283. 公司解散纠纷；284. 清算责任纠纷；285. 上市公司收购纠纷。

二十二、合伙企业纠纷：286. 入伙纠纷；287. 退伙纠纷；288. 合伙企业财产份额转让纠纷。

二十三、与破产有关的纠纷：289. 请求撤销个别清偿行为纠纷；290. 请求确认债务人行为无效纠纷；291. 对外追收债权纠纷；292. 追收未缴出资纠纷；293. 追收抽逃出资纠纷；294. 追收非正常收入纠纷；295. 破产债权确认纠纷：（1）职工破产债权确认纠纷；（2）普通破产债权确认纠纷；296. 取回权纠纷：（1）一般取回权纠纷；（2）出卖人取回权纠纷；297. 破产抵销权纠纷；298. 别除权纠纷；299. 破产撤销权纠纷；300. 损害债务人利益赔偿纠纷；301. 管理人责任纠纷。

二十四、证券纠纷：302. 证券权利确认纠纷：（1）股票权利确认纠纷；（2）公司债券权利确认纠纷；（3）国债权利确认纠纷；（4）证券投资基金权利确认纠纷；303. 证券交易合同纠纷：（1）股票交易纠纷；（2）公司债券交易纠纷；（3）国债交易纠纷；（4）证券投资基金交易纠纷；304. 金融衍生品种交易纠纷；305. 证券承销合同纠纷：（1）证券代销合同纠纷；（2）证券包销合同纠纷；306. 证券投资咨询纠纷；307. 证券资信评级服务合同纠纷；308. 证券回购合同纠纷：（1）股票回购合同纠纷；（2）国债回购合同纠纷；（3）公司债券回购合同纠纷；

（4）证券投资基金回购合同纠纷；（5）质押式证券回购纠纷；309. 证券上市合同纠纷；310. 证券交易代理合同纠纷；311. 证券上市保荐合同纠纷；312. 证券发行纠纷：（1）证券认购纠纷；（2）证券发行失败纠纷；313. 证券返还纠纷；314. 证券欺诈责任纠纷：（1）证券内幕交易责任纠纷；（2）操纵证券交易市场责任纠纷；（3）证券虚假陈述责任纠纷；（4）欺诈客户责任纠纷；315. 证券托管纠纷；316. 证券登记、存管、结算纠纷；317. 融资融券交易纠纷；318. 客户交易结算资金纠纷。

二十五、期货交易纠纷：319. 期货经纪合同纠纷；320. 期货透支交易纠纷；321. 期货强行平仓纠纷；322. 期货实物交割纠纷；323. 期货保证合约纠纷；324. 期货交易代理合同纠纷；325. 侵占期货交易保证金纠纷；326. 期货欺诈责任纠纷；327. 操纵期货交易市场责任纠纷；328. 期货内幕交易责任纠纷；329. 期货虚假信息责任纠纷；

二十六、信托纠纷：330. 民事信托纠纷；331. 营业信托纠纷；332. 公益信托纠纷。

二十七、保险纠纷：333. 财产保险合同纠纷：（1）财产损失保险合同纠纷；（2）责任保险合同纠纷；（3）信用保险合同纠纷；（4）保证保险合同纠纷；（5）保险人代位求偿权纠纷；334. 人身保险合同纠纷：（1）人寿保险合同纠纷；（2）意外伤害保险合同纠纷；（3）健康保险合同纠纷；335. 再保险合同纠纷；336. 保险经纪合同纠纷；337. 保险代理合同纠纷；338. 进出口信用保险合同纠纷；339. 保险费纠纷。

二十八、票据纠纷：340. 票据付款请求权纠纷；341. 票据追索权纠纷；342. 票据交付请求权纠纷；343. 票据返还请求权纠纷；344. 票据损害责任纠纷；345. 票据利益返还请求权纠纷；346. 汇票回单签发请求权纠纷；347. 票据保证纠纷；348. 确认票据无效纠纷；349. 票据代理纠纷；350. 票据回购纠纷。

二十九、信用证纠纷：351. 委托开立信用证纠纷；352. 信用证开证纠纷；353. 信用证议付纠纷；354. 信用证欺诈纠纷；355. 信用证融资纠纷；356. 信用证转让纠纷。

三十、独立保函纠纷：357. 独立保函开立纠纷；358. 独立保函付款纠纷；359. 独立保函追偿纠纷；360. 独立保函欺诈纠纷；361. 独立保函转让纠纷；362. 独立保函通知纠纷；363. 独立保函撤销纠纷。

第九部分：侵权责任纠纷①

三十一、侵权责任纠纷②：364. 监护人责任纠纷；365. 用人单位责任纠纷；366. 劳务派遣工作人员侵权责任纠纷；367. 提供劳务者致害责任纠纷；368. 提供劳务者受害责任纠纷；369. 网络侵权责任纠纷：(1) 网络侵害虚拟财产纠纷；370. 违反安全保障义务责任纠纷：(1) ~~经营场所、~~公共场所的~~经营者、管理者/管理人~~责任纠纷；(2) 群众性活动组织者责任纠纷；371. 教育机构责任纠纷；372. 性骚扰损害责任纠纷；373. 产品责任纠纷：(1) 产品生产者责任纠纷；(2) 产品销售者责任纠纷；(3) 产品运输者责任纠纷；(4) 产品仓储者责任纠纷；374. 机动车交通事故责任纠纷；375. 非机动车交通事故责任纠纷；376. 医疗损害责任纠纷：(1) 侵害患者知情同意权责任纠纷；(2) 医疗产品责任纠纷；377. 环境污染责任纠纷：(1) 大气污染责任纠纷；(2) 水污染责任纠纷；(3) 土壤污染责任纠纷；(4) 电子废物污染责任纠纷；(5) 固体废物污染责任纠纷；(6) 噪声污染责任纠纷；(7) 光污染责任纠纷；(8) 放射性污染责任纠纷；378. 生态破坏责任纠纷；379. 高度危险责任纠纷：(1) 民用核设施、核材料损害责任纠纷；(2) 民用航空器损害责任纠纷；(3) 占有、使用高度危险物损害责任纠纷；(4) 高度危险活动损害责任纠纷；(5) 遗失、抛弃高度危险物损害责任纠纷；(6) 非法占有高度危险物损害责任纠纷；380. 饲养动物损害责任纠纷；381. 建筑物和物件损害责任纠纷：(1) 物件脱落、坠落损害责任纠纷；(2) 建筑物、构筑物倒塌、塌陷损害责任纠纷；(3) 高空抛物、坠物/~~不明抛掷物、坠落物~~损害责任纠纷；(4) 堆放物倒塌、滚落、滑落损害责任纠纷；(5) 公共道路妨碍通行损害责任纠纷；(6) 林木折断、倾倒、果实坠落损害责任纠纷；(7) 地面施工、地下设施损害责任纠纷；382. 触电人身损害责任纠纷；383. 义务帮工人受害责任

---

① 注：根据民法典侵权责任编的相关规定，该编的保护对象为民事权益，具体范围是民法典总则编第 5 章所规定的人身、财产权益。这些民事权益，又分别在人格权编、物权编、婚姻家庭编、继承编等予以了细化规定，而这些民事权益纠纷往往既包括权属确认纠纷也包括侵权责任纠纷。为了尽可能避免重复交叉，修改后的《案由规定》将这些侵害民事权益侵权责任纠纷案由仍旧分别保留在"人格权纠纷""婚姻家庭、继承纠纷""物权纠纷""知识产权与竞争纠纷"等第一级案由体系项下；同时，将一些实践中常见的、其他第一级案由不便列出的侵权责任纠纷案由列在第一级案由"侵权责任纠纷"项下，如"非机动车交通事故责任纠纷"。从"兜底"考虑，修改后的《案由规定》将第一级案由"侵权责任纠纷"列在其他 8 个民事权益纠纷类型之后，作为第九部分。

② 注：涉及侵权责任纠纷的，应当先适用本项下（根据民法典侵权责任编相关规定）列出的具体案由；没有相应案由的，再适用"人格权纠纷""物权纠纷""知识产权与竞争纠纷"等其他部分项下的案由。如环境污染、高度危险行为均可能造成人身损害和财产损害，确定案由时，应适用"侵权责任纠纷"项下"环境污染责任纠纷""高度危险责任纠纷"案由，而不应适用第一部分"人格权纠纷"项下的"生命权、身体权、健康权纠纷"案由，也不应适用第三部分"物权纠纷"项下的"财产损害赔偿纠纷"案由。

纠纷；384. 见义勇为人受害责任纠纷；385. 公证损害责任纠纷；386. 防卫过当损害责任纠纷；387. 紧急避险损害责任纠纷；388. 驻香港、澳门特别行政区军人执行职务侵权责任纠纷；389. 铁路运输损害责任纠纷：（1）铁路运输人身损害责任纠纷；（2）铁路运输财产损害责任纠纷；390. 水上运输损害责任纠纷：（1）水上运输人身损害责任纠纷；（2）水上运输财产损害责任纠纷；391. 航空运输损害责任纠纷：（1）航空运输人身损害责任纠纷；（2）航空运输财产损害责任纠纷；392. 因申请诉前财产保全损害责任纠纷；393. 因申请行为保全损害责任纠纷；394. 因申请诉前证据保全损害责任纠纷；395. 因申请先予执行损害责任纠纷；368. 因申请诉中财产保全损害责任纠纷；369. 因申请诉中证据保全损害责任纠纷。

第十部分：非讼程序/适用特殊程序案件案由

三十二、选民资格案件：396. 申请确定选民资格

三十三、宣告失踪、宣告死亡案件：397. 申请宣告自然人/公民失踪；398. 申请撤销宣告失踪判决；399. 申请为失踪人财产指定、变更代管人；400. 申请宣告自然人/公民死亡；401. 申请撤销宣告自然人/公民死亡判决。

三十四、认定自然人/公民无民事行为能力、限制民事行为能力案件；402. 申请宣告自然人/公民无民事行为能力；403. 申请宣告自然人/公民限制民事行为能力；404. 申请宣告自然人/公民恢复限制民事行为能力；405. 申请宣告自然人/公民恢复完全民事行为能力。

三十五、指定遗产管理人案件：406. 申请指定遗产管理人。

三十六、认定财产无主案件：407. 申请认定财产无主；408. 申请撤销认定财产无主判决。

三十七、确认调解协议案件：409. 申请司法确认调解协议；410. 申请撤销确认调解协议裁定。

三十八、实现担保物权案件：411. 申请实现担保物权；412. 申请撤销准许实现担保物权裁定。

三十九、监护权特别程序案件：413. 申请确定监护人；414. 申请指定监护人；415. 申请变更监护人；416. 申请撤销监护人资格；417. 申请恢复监护人资格。

四十、督促程序案件：418. 申请支付令。

四十一、公示催告程序案件：419. 申请公示催告。

四十二、公司清算案件：420. 申请公司清算。

四十三、破产程序案件：421. 申请破产清算；422. 申请破产重整；423. 申请破产和解；424. 申请对破产财产追加分配。

四十四、申请诉前停止侵害知识产权案件：425. 申请诉前停止侵害专利权；

426. 申请诉前停止侵害注册商标专用权；427. 申请诉前停止侵害著作权；428. 申请诉前停止侵害植物新品种权；429. 申请诉前停止侵害计算机软件著作权；430. 申请诉前停止侵害集成电路布图设计专用权。

四十五、申请保全案件：431. 申请诉前财产保全；432. 申请诉前行为保全；433. 申请诉前证据保全；434. 申请仲裁前财产保全；435. 申请仲裁前行为保全；436. 申请仲裁前/诉中证据保全；437. 仲裁程序中的财产保全；438. 仲裁程序中的证据保全；439. 申请执行前/诉中财产保全；440. 申请中止支付信用证项下款项；441. 申请中止支付保函项下款项。

四十六、申请人身安全保护令案件：442. 申请人身安全保护令。

四十七、申请人格权侵害禁令案件：443. 申请人格权侵害禁令。

四十八、仲裁程序案件：444. 申请确认仲裁协议效力；445. 申请撤销仲裁裁决。

四十九、海事诉讼特别程序案件：446. 申请海事请求保全：（1）申请扣押船舶；（2）申请拍卖扣押船舶；（3）申请扣押船载货物；（4）申请拍卖扣押船载货物；（5）申请扣押船用燃油及船用物料；（6）申请拍卖扣押船用燃油及船用物料；447. 申请海事支付令；448. 申请海事强制令；449. 申请海事证据保全；450. 申请设立海事赔偿责任限制基金；451. 申请船舶优先权催告；452. 申请海事债权登记与受偿。

五十、申请承认与执行法院判决、仲裁裁决案件：453. 申请执行海事仲裁裁决；454. 申请执行知识产权仲裁裁决；455. 申请执行涉外仲裁裁决；456. 申请认可和执行香港特别行政区法院民事判决；457. 申请认可和执行香港特别行政区仲裁裁决；458. 申请认可和执行澳门特别行政区法院民事判决；459. 申请认可和执行澳门特别行政区仲裁裁决；460. 申请认可和执行台湾地区法院民事判决；461. 申请认可和执行台湾地区仲裁裁决；462. 申请承认和执行外国法院民事判决、裁定；463. 申请承认和执行外国仲裁裁决。

第十一部分：特殊诉讼程序案件案由

五十一、与宣告失踪、宣告死亡案件有关的纠纷：464. 失踪人债务支付纠纷；465. 被撤销死亡宣告人请求返还财产纠纷。

五十二、公益诉讼：466. 生态环境保护民事公益诉讼：（1）环境污染民事公益诉讼；（2）生态破坏民事公益诉讼；（3）生态环境损害赔偿诉讼；467. 英雄烈士保护民事公益诉讼；468. 未成年人保护民事公益诉讼；469. 消费者权益保护民事公益诉讼。

五十三、第三人撤销之诉：470. 第三人撤销之诉。

五十四、执行程序中的异议之诉：471. 执行异议之诉：（1）案外人执行异议之诉；（2）申请执行人执行异议之诉；<u>472.</u> 追加、变更被执行人异议之诉；473. 执行分配方案异议之诉。

【法［2023］68 号】 最高人民法院关于司法赔偿案件案由的规定（见本书第 19 章"司法赔偿"专辑）

【法发［2014］26 号】 最高人民法院关于执行案件立案、结案若干问题的意见（2014 年 12 月 17 日印发，2015 年 1 月 1 日起施行）（余见本书第 22 章"执行结案"专辑）

第 5 条 执行实施类案件类型代字为"执字"，按照立案时间的先后顺序确定案件编号，单独进行排序；但执行财产保全裁定的，案件类型代字为"执保字"，按照立案时间的先后顺序确定案件编号，单独进行排序；恢复执行的，案件类型代字为"执恢字"，按照立案时间的先后顺序确定案件编号，单独进行排序。

第 8 条 执行审查类案件按下列规则确定类型代字和案件编号：

（一）执行异议案件类型代字为"执异字"，按照立案时间的先后顺序确定案件编号，单独进行排序；

（二）执行复议案件类型代字为"执复字"，按照立案时间的先后顺序确定案件编号，单独进行排序；

（三）执行监督案件类型代字为"执监字"，按照立案时间的先后顺序确定案件编号，单独进行排序；

（四）执行请示案件类型代字为"执请字"，按照立案时间的先后顺序确定案件编号，单独进行排序；

（五）执行协调案件类型代字为"执协字"，按照立案时间的先后顺序确定案件编号，单独进行排序。

【法［2015］137 号】 最高人民法院关于人民法院案件案号的若干规定（最高法审委会［第 1645 次］通过，2015 年 5 月 13 日印发，2016 年 1 月 1 日起施行；2018 年 12 月 7 日法［2018］335 号修改，2019 年 1 月 1 日起施行）

第 2 条 案号的基本要素为收案年度、法院代字、专门审判代字、类型代字、案件编号。

收案年度是收案的公历自然年，用阿拉伯数字表示。

法院代字是案件承办法院的简化标识，用中文汉字、阿拉伯数字表示。

专门审判代字是最高人民法院确定的专门审判类别简称，用 1 个中文汉字表示。

类型代字是案件类型的简称，用中文汉字表示。

案件编号是收案的次序号，用阿拉伯数字表示。

第3条　案号各基本要素的编排规格为："（"+收案年度+"）"+法院代字+专门审判代字+类型代字+案件编号+"号"。

每个案件编定的案号均应具有唯一性。

第4条　最高人民法院的法院代字为"最高法"。

各省、自治区、直辖市高级人民法院的法院代字与其所在省、自治区、直辖市行政区划简称一致，但第3款规定情形除外。

内蒙古自治区高级人民法院、中国人民解放军军事法院、新疆维吾尔自治区高级人民法院生产建设兵团分院的法院代字分别为"内""军""兵"。

第5条　中级、基层法院的法院代字，分别由所属高院的法院代字与其数字代码组合而成。

中级、基层法院的数字代码，分别由2位、4位阿拉伯数字表示，并按下列规则确定：

（一）各省、自治区按地级市、地区、自治州、盟等地级行政区划设置的中级法院和按县、自治县、县级市、旗、自治旗、市辖区、林区、特区等县级行政区划设置的基层法院，数字代码分别与其相应行政区划代码（即三层6位层次码）的中间2位、后4位数字一致；

（二）直辖市、中国人民解放军军事法院、新疆维吾尔自治区高级人民法院生产建设兵团分院所辖的中级法院，数字代码均按01-20确定；

（三）省、自治区、直辖市高级人民法院所辖的铁路、海事、知识产权、油田、林业、农垦专门中级法院，各省、自治区高级人民法院所辖的跨行政区划中级法院以及为省（自治区）内部分县级行政区划人民法院对应设立的中级法院，数字代码分别按71、72、73、74、75-80、81-85，87-95以及96-99确定；

（四）中国人民解放军军事法院和新疆维吾尔自治区高级人民法院生产建设兵团分院所辖的基层法院，以及在同一高院辖区内铁路、油田、林业、农垦专门中级法院所辖的铁路、油田、林业、农垦基层法院，数字代码的前2位与其中院数字代码一致，后2位均按01-40确定；

（五）地级市未设县级行政区划单位时，该市中级法院所辖基层法院的数字代码，前2位与该中院数字代码一致，后2位按71-80确定；

（六）在同一高院辖区内无铁路专门中院的铁路基层法院，其数字代码前2位为86，后2位按01-20确定；

（七）非林业、农垦专门中院所辖的林业、农垦基层法院及为非行政区划建制的开发区、新区、园区、库区、矿区等特别设立的基层法院，数字代码的前2位与其所属中院数字代码一致，后2位在91-99范围内确定。

前款第2项至第7项所列中级、基层法院，分别同属一个高院、中院的，综合设立先后、建制等因素编制数字代码顺序。

第6条　确定中级、基层法院的所属各省、自治区、直辖市高院，以人、财、物统一管理为标准。

本规定第5条第2款第7项所列基层法院的所属中院是指在同一高院辖区内主要承担该基层法院案件二审职权的中级法院。

第7条　确定案件的类型代字，应结合案件所涉事项的法律关系性质与适用程序的特点。

类型代字应简练、贴切反映该类型案件的核心特征，用3个以内中文汉字表示。

每一类型案件的类型代字均应具有唯一性。

第8条　案件合并审理或并用多个程序办理时，以必须先决的事项及所适用程序作为确定类型代字的依据。

第9条　不同法院承办或同一法院承办不同类型代字的案件，其编号均应单独编制。

第10条　相同专门审判和类型代字的案件编号，按照案件在同一收案年度内的收案顺序，以顺位自然数编排，但第2款规定情形除外。

刑事复核案件的编号以8位自然数为固定长度，由承办法院随机确定，且不得依序编制。

第13条　行政区划发生变更但对应的中级、基层法院未作相应调整前，法院代字按原行政区划代码编制。

中级、基层法院因其原适用的第5条第2款所列规则情形发生变化的，法院代字按变化后情形应适用的编码规则编制。

第15条　法律、行政法规的制定、修改、废止致使案件类型发生变化的，最高人民法院应及时调整案件类型及其代字标准。

最高人民法院制定、修改、废止司法解释或规范性文件将导致案件类型发生变化的，应同步调整案件类型及其代字标准。

附件1：人民法院案件类型及其代字标准

案件类型	类型代字
一、管辖案件	
（二）民事管辖案件	
01. 民事提级管辖案件 02. 民事指定管辖案件 03. 民事移交管辖审批案件 04. 民事管辖协商案件	民辖

案件类型	类型代字
05. 民事管辖上诉案件	民辖终
06. 民事管辖监督案件	民辖监
三、民事案件	
（一）民事一审案件	民初
（二）民事二审案件	民终
（三）民事审判监督案件	
01. 民事依职权再审审查案件	民监
02. 民事申请再审审查案件	民申
03. 民事抗诉再审审查案件	民抗
04. 民事再审案件	民再
（四）第三人撤销之诉案件	民撤
（五）特别程序案件	
01. 选民资格案件 02. 宣告失踪、死亡案件 03. 财产代管人申请变更代管案件 04. 行为能力认定案件 05. 监护人指定异议案件 06. 监护关系变更案件 07. 财产无主认定案件 08. 实现担保物权案件 09. 调解协议司法确认案件① 10. 设立海事赔偿责任限制基金案件 11. 海事债权登记与受偿案件 12. 撤销仲裁裁决案件 13. 申请确认仲裁协议效力案件（2015 年 12 月 24 日增设）	民特
13. 民事特别程序监督案件	民特监
（六）催告案件	

---

  ① 注：根据《最高人民法院关于诉前调解申请司法确认和出具调解书案件不纳入民事案件司法统计的通知》（法明传〔2021〕661 号，见本书第 8 章 "诉前调解" 专辑），2022 年 1 月 1 日起，诉前调解成功后申请司法确认案件编立 "诉前调确" 案号，不再使用 "民特" 字案号；诉前调解成功出具调解书案件编立 "诉前调书" 案号，不再使用 "民初" 字案号。

案件类型	类型代字
01. 船舶优先权催告案件 02. 公示催告案件	民催
（七）督促案件	
01. 申请支付令审查案件	民督
02. 支付令监督案件	民督监
（八）破产案件（2016 年 8 月 1 日起失效）	
01. 破产清算案件 02. 破产重整案件 03. 破产和解案件	民破
（九）强制清算案件（2016 年 8 月 1 日起失效）	民算
（十）其他民事案件	民他
（十一）人身安全保护令案件①	
01. 人身安全保护令申请审查案件	民保令
02. 人身安全保护令变更案件	民保更
（十二）知识产权民事案件②	知民
五、国家赔偿与司法救助案件	
（二）司法赔偿案件	
01. 法院作为赔偿义务机关自赔案件	法赔
02. 赔偿委员会审理赔偿案件	委赔
03. 司法赔偿监督审查案件	委赔监
赔偿确认申诉审查案件（2015 年 12 月 24 日增设）	赔确监
04. 司法赔偿监督上级法院赔偿委员会重审案件	委赔提
05. 司法赔偿监督本院赔偿委员会重审案件	委赔再
（三）其他赔偿案件	赔他
（四）司法救助案件	

---

① 根据 2016 年 1 月 27 日《最高人民法院关于确定人身安全保护令案件及其类型代字的通知》（法 [2016] 37 号）增设，2016 年 3 月 1 日起施行。

② 根据 2016 年 7 月 5 日《最高人民法院关于在全国法院推进知识产权民事、行政和刑事案件审判"三合一"工作的意见》（法发 [2016] 17 号）第 9 条增设。

案件类型	类型代字
02. 民事司法救助案件	司救民
04. 国家赔偿司法救助案件	司救赔
05. 执行司法救助案件	司救执
（五）其他司法救助案件	司救他
六、区际司法协助案件	
（一）认可与执行申请审查案件	
01. 认可与执行台湾地区法院裁判审查案件 02. 认可与执行台湾地区仲裁裁决审查案件	认台
03. 认可与执行香港特区法院裁判审查案件 04. 认可与执行香港特区仲裁裁决审查案件	认港
05. 认可与执行澳门特区法院裁判审查案件 06. 认可与执行澳门特区仲裁裁决审查案件	认澳
07. 认可与执行审查复议案件	认复
08. 认可与执行审查其他案件	认他
（二）送达文书案件（2015年12月24日局部修正）	
01. 请求台湾地区法院送达文书审查案件	请台送
02. 请求香港特区法院送达文书审查案件	请港送
03. 请求澳门特区法院送达文书审查案件	请澳送
04. 台湾地区法院请求送达文书审查案件 05. 协助台湾地区法院送达文书案件	台请送
06. 香港特区法院请求送达文书审查案件 07. 协助香港特区法院送达文书案件	港请送
08. 澳门特区法院请求送达文书审查案件 09. 协助澳门特区法院送达文书案件	澳请送
（三）调查取证案件（2015年12月24日局部修正）	
01. 请求台湾地区法院调查取证审查案件	请台调
02. 请求香港特区法院调查取证审查案件	请港调
03. 请求澳门特区法院调查取证审查案件	请澳调
04. 台湾地区法院请求调查取证审查案件 05. 协助台湾地区法院调查取证案件	台请调

案件类型	类型代字
06. 香港特区法院请求调查取证审查案件 07. 协助香港特区法院调查取证案件	港请调
08. 澳门特区法院请求调查取证审查案件 09. 协助澳门特区法院调查取证案件	澳请调
七、国际司法协助案件	
（一）承认与执行申请审查案件	
01. 承认与执行外国法院裁判审查案件 02. 承认与执行国外仲裁裁决审查案件	协外认
03. 承认与执行审查其他案件	协他
（二）送达文书案件	
01. 外国法院请求送达文书审查案件 02. 送达外国法院文书案件	外协送
03. 请求外国法院送达文书审查案件	请外送
（三）调查取证案件	
01. 外国法院请求调查取证审查案件 02. 外国法院请求调查取证实施案件	协外调
03. 请求外国法院调查取证审查案件	请外调
八、司法制裁案件	
（一）司法制裁审查案件	
01. 司法拘留案件 02. 司法罚款案件	司惩
（二）司法制裁复议案件	司惩复
九、非诉保全审查案件	
（一）非诉财产保全审查案件	财保
（二）非诉行为保全审查案件	行保
（三）非诉行为保全复议案件	行保复
（四）非诉证据保全审查案件	证保
十、执行类案件	
（一）执行实施类案件	
01. 首次执行案件	执

民事诉讼法全厚细

续表

案件类型	类型代字
02. 恢复执行案件	执恢
03. 财产保全执行案件	执保
（二）执行审查类案件	
01. 执行异议案件	执异
02. 执行复议案件	执复
03. 执行监督案件	执监
04. 执行协调案件	执协
（三）其他执行案件	执他
十一、强制清算与破产案件①	
（一）强制清算与破产申请审查案件	
01. 强制清算申请审查案件	清申
02. 破产申请审查案件	破申
（二）强制清算与破产上诉案件	
01. 强制清算上诉案件	清终
02. 破产上诉案件	破终
（三）强制清算与破产监督案件	
01. 强制清算监督案件	清监
02. 破产监督案件	破监
（四）强制清算案件	强清
（五）破产案件	
01. 破产清算案件 02. 破产重整案件 03. 破产和解案件	破

附件 2：各级法院代字表（略）

---

① 根据 2016 年 7 月 6 日《最高人民法院关于调整强制清算与破产案件类型划分的通知》（法 [2016] 237 号）增设，2016 年 8 月 1 日起施行。

附件3：人民法院案件收、立案信息登记表

本案案号		承办部门	
收案来源		案由	
当事人情况	（姓名或名称）	（案件地位）	（身份证件号）
关联案件情况（载明此前所经历程序或一并审理的案件）	（案号）	（结案日期）	（原审承办人）
收案日期		收案部门	
收案人		审查人	
立案审查结果		登记立案日期	
标的数额		拟适用程序	
法定审限	（月数）	（天数）	

说明：此表所载信息项目供参考，对具体编排顺序、载体等，各级法院可结合实际情况掌握。

【法〔2016〕27号】 最高人民法院关于在同一案件多个裁判文书上规范使用案号有关事项的通知（2016年2月1日）

一、同一案件的案号具有唯一性，各级法院应规范案号在案件裁判文书上的使用。对同一案件出现的多个同类裁判文书，首份裁判文书直接使用案号，第二份开始可在案号后缀"之一""之二"…，以示区别。（示例:）

1. 某法院执行案件第一份裁定：××中级人民法院执行裁定书（20××）×01执8号

2. 某法院执行案件第二份裁定：××中级人民法院执行裁定书（20××）×01执8号之一

3. 某法院执行案件第三份裁定：××中级人民法院执行裁定书（20××）×01执8号之二

二、在同一案件的多个不同类型裁判文书之间，无需通过上述案号后缀方法进行区分。（示例:）

1. 某法院一审案件管辖权异议裁定：××中级人民法院民事裁定书（20××）×01民初9号

2. 某法院一审案件判决：××中级人民法院民事判决书（20××）×01民初9号

三、同一案件不同类型的裁判文书均出现 2 个以上时，每一类型裁判文书从其第二份开始均可采用上述案号后缀方法加以区分。（示例：）

1. 某法院一审案件管辖权异议裁定：××中级人民法院民事裁定书（20××）×01 民初 10 号

2. 某法院一审案件先予执行裁定：××中级人民法院民事裁定书（20××）×01 民初 10 号之一

3. 某法院一审案件中间判决：××中级人民法院民事判决书（20××）×01 民初 10 号

4. 某法院一审案件最终判决：××中级人民法院民事判决书（20××）×01 民初 10 号之一

四、上述所称裁判文书的类型包括判决书、裁定书、调解书、决定书以及通知书等。

第二节　审理前的准备

第 128 条[19910409]　**【送达起诉状与答辩状】**人民法院对追索赡养费、扶养费、抚育费、抚恤金和劳动报酬的案件，应当在受理后 5 日内将起诉状副本发送被告，被告在收到后 10 日内提出答辩状。其他案件的起诉状副本，应当在立案之日起/受理后 5 日内将起诉状副本发送被告，被告应当[20130101]在收到之日/后 15 日内提出答辩状。答辩状应当记明被告的姓名、性别、年龄、民族、职业、工作单位、住所、联系方式；法人或者其他组织的名称、住所和法定代表人或者主要负责人的姓名、职务、联系方式。[20130101]被告提出答辩状的，[20130101]人民法院应当在收到答辩状之日起 5 日内将答辩状副本发送原告。

被告不提出答辩状的，不影响人民法院审理。

● **相关规定**　**【法释〔2015〕4 号】**　**最高人民法院关于审理专利纠纷案件适用法律问题的若干规定**（"法释〔2001〕21 号"公布，2001 年 7 月 1 日起施行；"法释〔2013〕9 号"修正，2013 年 4 月 15 日起施行；2015 年 1 月 19 日最高法审委会〔1641 次〕修正，2015 年 2 月 1 日起施行；根据法释〔2020〕19 号《决定》修正，2021 年 1 月 1 日起施行。以本规为准）

第4条（第2款）　侵犯实用新型、外观设计专利权纠纷案件的被告请求中止诉讼的，应当在答辩期内对原告的专利权提出宣告无效的请求。

【法释［2019］19号】　最高人民法院关于民事诉讼证据的若干规定（"法释［2001］33号"公布，2002年4月1日起施行；2019年10月14日最高法审委会［1777次］修订，2019年12月25日公布，2020年5月1日起施行）

第49条　被告应当在答辩期届满前提出书面答辩，阐明其对原告诉讼请求及所依据的事实和理由的意见。

● **知名案例**　**【［2019］渝0103民初6556号】　朱某娟诉河南高级人民法院侵权责任纠纷案**（河南高院2019年5月10日民事答辩状）①

河南省高级人民法院（以下称答辩人）对重庆市渝中区人民法院［2019］渝0103民初6556号朱某娟起诉侵权责任纠纷一案答辩如下：

通过原告诉状及查阅有关卷宗资料获知，1992年朱某娟女士之子被犯罪嫌疑人何某平拐走。1995年河南省兰某县公安局在打击拐卖妇女儿童专项行动中解救了一批被拐卖的儿童，其中被取名为"许甲"的男孩疑似朱某娟女士之子；兰某县公安局遂委托答辩人进行亲子鉴定。答辩人法医技术室依据当时的DNA指纹检测技术，作出"许甲"与朱某娟女士具有亲权关系的意见。2018年何某平主动向重庆警方投案，朱某娟女士被拐走的儿子出现，经重庆市公安局物证鉴定中心运用PCR扩增和基因检测技术重新鉴定，朱某娟女士与"许时盼"亲权关系不成立。对以上情况，答辩人均予认可。

答辩人获知以上情况后，高度重视，派人赴渝与朱某娟女士见面，了解情况，并表示希望通过协商妥善处理相关问题。同时答辩人通过咨询有关专家，积极查找鉴定结论出现错误的原因。答辩人了解到：DNA指纹检测技术于上世纪90年代初引入我国，由于实验环节复杂、技术要求严格，特别是实验方法难以标准化等原因，该项技术存在局限性。自九十年代中后期开始，随着PCR-STR分型技术的推广与应用，DNA指纹检测技术逐步被更加成熟的技术取代。

由于技术条件所限，答辩人1996年出具的案涉亲子关系鉴定结论错误。为此，答辩人向朱某娟女士深表歉意。答辩人充分理解朱某娟女士作为一个母亲的感受，并尊重其通过诉讼主张自己的合法权益。

答辩人将依法参与并积极配合渝中区人民法院的审理工作。在此特别声明：答辩人始终抱有对朱某娟女士的深深歉意，秉持最大的诚意在诉讼全过程继续与

---

① 《亲子鉴定出错，致错养儿子23年！女子索赔295万》，载澎湃号·政务澎湃新闻，-The Paper https：//www.thepaper.cn/newsDetail_forward_3721344，最后访问时间：2024年7月11日。

朱某娟女士协商、和解；尊重、接受合法公正的裁判结果，愿意承担相应的法律责任。

● **文书格式** 【法〔2016〕221 号】 **民事诉讼文书样式**（2016 年 2 月 22 日最高法审委会〔1679 次〕通过，2016 年 6 月 28 日公布，2016 年 8 月 1 日起施行）（本书对格式略有调整）

应诉通知书（详见本书第 126 条文书格式）

民事答辩状（对民事起诉提出答辩用）①

答辩人：×××，男/女，×年×月×日生，×族，……（写明工作单位和职务或职业），住……。联系方式：……。（★答辩人是法人或其他组织的，本段写明原告的名称、住所）

法定代理人/指定代理人②：×××，……。（★答辩人是法人或其他组织的，本段写明法定代表人、主要负责人及其姓名、职务、联系方式）

委托诉讼代理人：×××，……。（答辩时已经委托诉讼代理人的，写明此项）

（以上写明答辩人和其他诉讼参与人的姓名或者名称等基本信息）

对××人民法院（××××）……民初……号……（写明当事人和案由）一案的起诉，答辩如下：

……（写明答辩意见）。

证据和证据来源，证人姓名和住所：

……

此致：××人民法院

附：本答辩状副本×份

答辩人（签名③）
×年×月×日

---

① 注：被告应当在收到起诉状副本之日起 15 日内提出答辩状。被告在我国领域内没有住所的，答辩期为 30 日。被告申请延期答辩的，由人民法院决定是否准许。

② 注：答辩人是无民事行为能力或限制民事行为能力人的，应当写明法定代理人姓名、性别、出生日期、民族、职业、工作单位、住所、联系方式，在诉讼地位后括注与答辩人的关系。

③ 注：答辩人是法人或其他组织的，本处盖单位公章，并由法定代表人或主要负责人签名。

第 129 条¹⁹⁹¹⁰⁴⁰⁹ 　【告知诉讼权利义务】人民法院对决定受理的案件，应当在受理案件通知书和应诉通知书中向当事人告知有关的诉讼权利义务，或者口头告知。

第 130 条 　（见第 37 条之前）

第 131 条¹⁹⁹¹⁰⁴⁰⁹ 　【告知审判人员】审判/合议庭组成²⁰²²⁰¹⁰⁹人员确定后，应当在 3 日内告知当事人。

● **相关规定** 　【法释［2019］5 号】 　最高人民法院关于适用《中华人民共和国人民陪审员法》若干问题的解释（2019 年 2 月 18 日最高法审委会［1761 次］通过，2019 年 4 月 24 日公布，2019 年 5 月 1 日起施行；法释［2010］2 号《最高人民法院关于人民陪审员参加审判活动若干问题的规定》同时废止）

第 1 条　根据人民陪审员法第 15 条、第 16 条（见本书第 40 条）的规定，人民法院决定由人民陪审员和法官组成合议庭审判的，合议庭成员确定后，应当及时告知当事人。

第 2 条　对于人民陪审员法第 15 条、第 16 条规定之外的第一审普通程序案件，人民法院应当告知刑事案件被告人、民事案件原告和被告、行政案件原告，在收到通知 5 日内有权申请由人民陪审员参加合议庭审判案件。

人民法院接到当事人在规定期限内提交的申请后，经审查决定由人民陪审员和法官组成合议庭审判的，合议庭成员确定后，应当及时告知当事人。

第 3 条（第 2 款）　人民法院可以根据案件审判需要，从人民陪审员名单中随机抽取一定数量的候补人民陪审员，并确定递补顺序，一并告知当事人。

第 4 条　人民陪审员确定后，人民法院应当将参审案件案由、当事人姓名或名称、开庭地点、开庭时间等事项告知参审人民陪审员及候补人民陪审员。

必要时，人民法院可以将参加审判活动的时间、地点等事项书面通知人民陪审员所在单位。

第 8 条　人民法院应当在开庭前，将相关权利和义务告知人民陪审员，并为其阅卷提供便利条件。

● **文书格式** 　【法［2016］221 号】 　民事诉讼文书样式（2016 年 2 月 22 日最高法审委会［1679 次］通过，2016 年 6 月 28 日公布，2016 年 8 月 1 日起施行）（本书对格式略有调整）

诉讼权利义务告知书（告知当事人用）①

一、当事人的诉讼权利（以下逐项逐行列写）：1. 原告有向法院提起诉讼和放弃、变更诉讼请求的权利，有申请财产保全、证据保全的权利；2. 被告针对原告的起诉，有应诉和答辩及提起反诉的权利；3. 有委托诉讼代理人参加诉讼的权利；4. 有使用本民族语言文字进行诉讼的权利；5. 审判人员、书记员、翻译人员、鉴定人、勘验人有下列情形之一的，有申请回避的权利：（1）是本案当事人或者当事人、诉讼代理人近亲属的；（2）与本案有利害关系的；（3）与本案当事人、诉讼代理人有其他关系，可能影响对案件公正审理的；6. 有按规定申请延长举证期限或向法院申请调查、收集证据的权利；7. 有进行辩论，请求调解、自行和解的权利；8. 有查阅法庭笔录并要求补正的权利；9. 有在法定期限内提起上诉的权利；10. 有申请执行已经发生法律效力的判决、裁定、调解书的权利。

二、当事人的诉讼义务及责任（以下逐项逐行列写）：1. 依法行使诉讼权利的义务；2. 按规定交纳诉讼费用的义务；3. 向法院提供准确的送达地址和联系方式的义务；4. 按规定期限向法院提供证据的义务；5. 按时到庭参加诉讼的义务；6. 服从法庭指挥，遵守诉讼秩序的义务；7. 履行已经发生法律效力的判决、裁定、调解书的义务。

对于不履行诉讼义务妨害民事诉讼的行为，根据情节轻重，人民法院可以分别采取训诫、罚款、拘留等强制措施；构成犯罪的，依法追究刑事责任。

三、根据《最高人民法院关于人民法院在互联网公布裁判文书的规定》，本院作出的生效裁判文书将在中国裁判文书网上公布。如果认为案件涉及个人隐私或商业秘密，申请对裁判文书中的有关内容进行技术处理或者申请不予公布的，至迟应在裁判文书送达之日起 3 日内以书面形式提出并说明具体理由。经本院审查认为理由正当的，可以在公布裁判文书时隐去相关内容或不予公布。

（变更）合议庭组成人员通知书（通知当事人）②

（××××）……民初……号

×××:

本院受理……（当事人及案由）一案，（变更组成人员的，写明:）（因……，需要变更本案合议庭组成人员,）决定由×××担任审判长，与审判员/代理审判员/人民陪审员×××、×××组成合议庭进行审理。

特此通知。

×年×月×日（院印）

---

① 本文书可以在向当事人送达受理案件＼应诉＼参加诉讼通知书（见第 126 条）时，一并送达。

② 注：委托送达、委托调查、委托宣判等代办事毕后，均可使用本文书函复委托人法院。

> 第 132-133 条　（见第 70 条之后）
>
> 第 134 条　【委托调查】人民法院在必要时可以委托外地人民法院调查。
>
> 委托调查，必须提出明确的项目和要求。受委托人民法院可以主动补充调查。
>
> 受委托人民法院收到委托书后，应当在 30 日内完成调查。因故不能完成的，应当在上述期限内函告委托人民法院。

● 相关规定　【法释〔2023〕6 号】　**最高人民法院关于生态环境侵权民事诉讼证据的若干规定**（2023 年 4 月 17 日最高法审委会〔1885 次〕通过，2023 年 8 月 14 日公布，2023 年 9 月 1 日起施行；以本规为准）

第 11 条　实行环境资源案件集中管辖的法院，可以委托侵权行为实施地、侵权结果发生地、被告住所地等人民法院调查收集证据。受委托法院应当在收到委托函之日起 30 日内完成委托事项，并将调查收集的证据及有关笔录移送委托法院。

受委托法院未能完成委托事项的，应当向委托法院书面告知有关情况及未能完成的原因。

● 文书格式　【法〔2016〕221 号】　**民事诉讼文书样式**（2016 年 2 月 22 日最高法审委会〔1679 次〕通过，2016 年 6 月 28 日公布，2016 年 8 月 1 日起施行）（本书对格式略有调整）

委托书（委托外地法院调查用）

（××××）……民×……号（同诉讼案件案号）

××人民法院（受委托法院名称）：

我院受理……（写明当事人及案由）一案，因……（写明委托调查的原因），依照《中华人民共和国民事诉讼法》第 134 条规定，特此委托你院协助调查下列提纲中所列举的事项。请你院在收到本委托书后 30 日内完成调查，并将调查材料函复我院。因故不能完成的，请在上述期限内函告我院。

联系人：……（写明姓名、部门、职务）　　　　　联系电话：……

联系地址：……

附：调查提纲

×年×月×日（院印）

民事诉讼法全厚细

代办事毕复函（答复委托人民法院用）①

（××××）……民他……号（制文单位案号）

××人民法院（委托人法院名称）：

你院×年×月×日（××××）……号及附件收悉。现将你院委托事项的办理情况和结果，函复如下：

……（写明办理委托事项的有关情况和结果。因故不能完成的，应当在法定期限内函告委托法院）。

联系人：……（写明姓名、部门、职务）　　　　联系电话：……

联系地址：……

附件：……

×年×月×日（院印）

第 135 条　（见第 51 条之后）

第 136 条²⁰¹³⁰¹⁰¹　**【确定审理程序】** 人民法院对受理的案件，分别情形，予以处理：

（一）当事人没有争议，符合督促程序规定条件的，可以转入督促程序；

（二）开庭前可以调解的，采取调解方式及时解决纠纷；

（三）根据案件情况，确定适用简易程序或者普通程序；

（四）需要开庭审理的，通过要求当事人交换证据等方式，明确争议焦点。

（本书汇）【庭前会议】

● **相关规定**　**【法释〔2019〕19 号】**　**最高人民法院关于民事诉讼证据的若干规定**（"法释〔2001〕33 号"公布，2002 年 4 月 1 日起施行；2019 年 10 月 14 日最高法审委会〔1777 次〕修订，2019 年 12 月 25 日公布，2020 年 5 月 1 日起施行）

第 56 条　人民法院依照民事诉讼法第 133 条（现第 136 条）第 4 项的规定，通过组织证据交换进行审理前准备的，证据交换之日举证期限届满。

证据交换的时间可以由当事人协商一致并经人民法院认可，也可以由人民法院指定。当事人申请延期举证经人民法院准许的，证据交换日相应顺延。

---

①　本文书可以在向当事人送达受理案件＼应诉＼参加诉讼通知书（见第 126 条）时，一并送达。

第 57 条 证据交换应当在审判人员的主持下进行。

在证据交换的过程中，审判人员对当事人无异议的事实、证据应当记录在卷；对有异议的证据，按照需要证明的事实分类记录在卷，并记载异议的理由。通过证据交换，确定双方当事人争议的主要问题。

第 58 条 当事人收到对方交换的证据后有反驳证据需要提交/提出反驳并提出新证据的，人民法院应当再次组织证据交换/通知当事人在指定的时间进行交换。

证据交换一般不超过 2 次。但重大、疑难和案情特别复杂的案件，人民法院认为确有必要再次进行证据交换的除外。

第 41 条 《民事诉讼法》第 125 条第 1 款规定的"新的证据"，是指以下情形：

（一）一审程序中的新的证据包括：当事人在一审举证期限届满后新发现的证据；当事人确因客观原因无法在举证期限内提供，经人民法院准许，在延长的期限内仍无法提供的证据。

（二）二审程序中的新的证据包括：一审庭审结束后新发现的证据；当事人在一审举证期限届满前申请人民法院调查取证未获准许，二审法院经审查认为应当准许并依当事人申请调取的证据。

第 42 条 当事人在一审程序中提供新的证据的，应当在一审开庭前或者开庭审理时提出。

当事人在二审程序中提供新的证据的，应当在二审开庭前或者开庭审理时提出；二审不需要开庭审理的，应当在人民法院指定的期限内提出。

第 43 条 当事人举证期限届满后提供的证据不是新的证据的，人民法院不予采纳。

当事人经人民法院准许延期举证，但因客观原因未能在准许的期限内提供，且不审理该证据可能导致裁判明显不公的，其提供的证据可视为新的证据。

第 44 条 《民事诉讼法》第 179 条第 1 款第 1 项规定的"新的证据"，是指原审庭审结束后新发现的证据。

当事人在再审程序中提供新的证据的，应当在申请再审时提出。

第 45 条 一方当事人提出新的证据的，人民法院应当通知对方当事人在合理期限内提出意见或者举证。

第 46 条 由于当事人的原因未能在指定期限内举证，致使案件在二审或者再审期间因提出新的证据被人民法院发回重审或者改判的，原审裁判不属于错误裁判案件。一方当事人请求提出新的证据的另一方当事人负担由此增加的差旅、误工、证人出庭作证、诉讼等合理费用以及由此扩大的直接损失，人民法院应予支持。

【法释［2022］11 号】　最高人民法院关于适用《中华人民共和国民事诉讼法》的解释（"法释［2015］5 号"公布，2015 年 2 月 4 日起施行；根据法释［2020］20 号《决定》修正，2021 年 1 月 1 日起施行；2022 年 3 月 22 日最高法审委会［1866 次］修正，2022 年 4 月 1 日公布，2022 年 4 月 10 日起施行；以本规为准）

第 224 条　依照民事诉讼法第 136 条第 4 项规定，人民法院可以在答辩期届满后，通过组织证据交换、召集庭前会议等方式，作好审理前的准备。

第 225 条　根据案件具体情况，庭前会议可以包括下列内容：（一）明确原告的诉讼请求和被告的答辩意见；（二）审查处理当事人增加、变更诉讼请求的申请和提出的反诉，以及第三人提出的与本案有关的诉讼请求；（三）根据当事人的申请决定调查收集证据，委托鉴定，要求当事人提供证据，进行勘验，进行证据保全；（四）组织交换证据；（五）归纳争议焦点；（六）进行调解。

第 226 条　人民法院应当根据当事人的诉讼请求、答辩意见以及证据交换的情况，归纳争议焦点，并就归纳的争议焦点征求当事人的意见。

● **文书格式**　【**法［2016］221 号**】　**民事诉讼文书样式**（2016 年 2 月 22 日最高法审委会［1679 次］通过，2016 年 6 月 28 日公布，2016 年 8 月 1 日起施行）（本书对格式略有调整）

庭前会议笔录

（××××）……民×……号

时间：×年×月×日×时×分至×时×分

地点：……

审判人员：……（写明职务和姓名）

书记员：×××

记录如下：……（根据"法释［2022］11 号"《解释》第 225 条，写明记录内容）。

（以下无正文）

当事人和其他诉讼参加人（签名或者盖章）：

审判人员（签名）：

书记员（签名）：

第三节 开庭审理

> **第 137 条** （见第 10 条之后）
>
> **第 138 条**[19910409] 【巡回审理】人民法院审理民事案件，应当根据需要和可能，派出法庭进行巡回审理，就地办案/开庭审理。
>
> 人民法院派出法庭巡回审理时，除重大、复杂的案件以外，适用简易程序。

● **相关规定** 【法发［2010］59 号】 **最高人民法院关于大力推广巡回审判方便人民群众诉讼的意见**（2010 年 12 月 22 日）

4. 西部边远地区、少数民族地区以及其他群众诉讼不便地区的基层人民法院，特别是人民法庭，应当逐步确立以巡回审判为主的工作机制。通过大力推广巡回审判，全面提高巡回审判工作质效，切实解决当前在一定程度上存在的司法权不能切实覆盖、人民群众日益增长的司法需求难以得到有效满足的问题。

5. 经济发达和较为发达地区的基层人民法院和人民法庭，要以着力化解经济社会发展中的矛盾纠纷，着力解决影响社会稳定的突出问题，着力提供更加便捷有效的司法服务为出发点开展巡回审判工作。通过大力推广巡回审判，力争做到审判工作优质高效开展与服务当地经济社会又好又快发展两不误、两促进。

7. 注意发挥人民法庭在大力推广巡回审判工作中的重要作用，确有必要的，基层人民法院也可根据需要组织专门力量开展巡回审判工作。继续贯彻最高人民法院《关于全面加强人民法庭工作的决定》有关人民法庭可以直接立案的规定精神，切实解决人民群众"告状难"问题。按照有利于消除当事人对抗心理和充分实现巡回审判功能要求选择巡回审判地点，针对可能引发的突发事件，还应做好应急预案，维护巡回审判的顺利进行。

9. 加大巡回审判点的建设力度，切实解决巡回审判场所不足的问题。根据当地具体情况，加强与公安、司法行政部门的沟通和联系，在派出人民法庭覆盖不到的地方，充分利用派出所、司法所等现有资源建立相对固定、规范的巡回审判点。

【法释［2016］30 号】 **最高人民法院关于巡回法庭审理案件若干问题的规定**（"法释［2015］3 号"公布，2015 年 2 月 1 日起施行；2016 年 12 月 19 日最高法审委会［1704 次］修正，2016 年 12 月 27 日公布，2016 年 12 月 28 日起施行）

第 9 条　巡回法庭根据审判工作需要，可以在巡回区内巡回审理案件、接待来访。

> **第 139 条　【开庭通知】** 人民法院审理民事案件，应当在开庭 3 日前通知当事人和其他诉讼参与人。公开审理的，应当公告当事人姓名、案由和开庭的时间、地点。

● **相关规定**　**【法发〔2004〕9 号】**　最高人民法院、司法部关于规范法官和律师相互关系维护司法公正的若干规定（2004 年 3 月 19 日）

第 9 条　法官应当严格遵守法律规定的审理期限，合理安排审判事务，遵守开庭时间。

律师应当严格遵守法律规定的提交诉讼文书的期限及其他相关程序性规定，遵守开庭时间。

法官和律师均不得借故延迟开庭。法官确有正当理由不能按期开庭，或者律师确有正当理由不能按期出庭的，人民法院应当在不影响案件审理期限的情况下，另行安排开庭时间，并及时通知当事人及其委托的律师。

【司发〔2015〕14 号】　最高人民法院、最高人民检察院、公安部、国家安全部、司法部关于依法保障律师执业权利的规定（2015 年 9 月 16 日）

第 25 条（第 1 款）　人民法院确定案件开庭日期时，应当为律师出庭预留必要的准备时间并书面通知律师。律师因开庭日期冲突等正当理由申请变更开庭日期的，人民法院应当在不影响案件审理期限的情况下，予以考虑并调整日期，决定调整日期的，应当及时通知律师。

【法发〔2015〕16 号】　最高人民法院关于依法切实保障律师诉讼权利的规定（2015 年 12 月 29 日）

三、依法保障律师出庭权。确定开庭日期时，应当为律师预留必要的出庭准备时间。因特殊情况更改开庭日期的，应当提前 3 日告知律师。律师因正当理由请求变更开庭日期的，法官可在征询其他当事人意见后准许。……

【法释〔2022〕11 号】　最高人民法院关于适用《中华人民共和国民事诉讼法》的解释（"法释〔2015〕5 号"公布，2015 年 2 月 4 日起施行；根据法释〔2020〕20 号《决定》修正，2021 年 1 月 1 日起施行；2022 年 3 月 22 日最高法审委会〔1866 次〕修正，2022 年 4 月 1 日公布，2022 年 4 月 10 日起施行；以本规为准）

第 227 条 人民法院适用普通程序审理案件，应当在开庭 3 日前用传票传唤当事人。对诉讼代理人、证人、鉴定人、勘验人、翻译人员应当用通知书通知其到庭。当事人或者其他诉讼参与人在外地的，应当留有必要的在途时间。

● **文书格式** 【**法〔2016〕221 号**】 **民事诉讼文书样式**（2016 年 2 月 22 日最高法审委会〔1679 次〕通过，2016 年 6 月 28 日公布，2016 年 8 月 1 日起施行）（本书对格式略有调整）

传票（传唤当事人）①

案号	（××××）……号
案由	
被传唤人	
住所	
传唤事由	
应到时间	年 月 日 时 分
应到处所	

注意事项：
1. 被传唤人必须准时到达应到处所；
2. 本传票由被传唤人携带来院报到；
3. 被传唤人收到传票后，应在送达回证上签名或者盖章。
（如有其他事项，可以在注意事项栏内续号增写……）

×年×月×日（院印）

本联送达被传唤人 \ 本联存卷（存卷联，注意事项内容改为"备考"，落款日期及院印不变）

出庭通知书（通知其他诉讼参与人）②

（××××）……民×……号

×××：

本院……（写明当事人及案由）一案，定于×年×月×日×时×分在……（写明地址）本院第×法庭开庭审理。依照《中华人民共和国民事诉讼法》第 139 条、《最高人民法院关于适用〈中华人民共和国民事诉讼法〉的解释》第 227 条规定，你作为委托诉讼代理人/鉴定人/勘验人/翻译人员应准时出庭。

联系人：……（写明姓名、部门、职务）　　　　　　　联系电话：……

---

① 注：本传票应当在应到时间 3 日前送达当事人。当事人在外地的，应当留有必要的在途时间。
② 适用普通程序审理案件在开庭 3 日前通知。诉讼参与人在外地的，应当留有必要的在途时间。

联系地址：……

特此通知。

×年×月×日（院印）

公告（公告开庭）

（××××）……民×……号

本院定于×年×月×日……（具体时间）在……（写明开庭地点）公开开庭审理……（写明当事人及案由）一案。

特此公告。

×年×月×日（院印）

第 140 条　【开庭程序】 开庭审理前，书记员应当查明当事人和其他诉讼参与人是否到庭，宣布法庭纪律。

开庭审理时，由审判<u>长或者独任审判员</u>①20220101 核对当事人，宣布案由，宣布审判人员、<u>法官助理、</u>20240101 书记员<u>等的</u>20240101 名单，告知当事人<u>有关</u>19910409 的诉讼权利义务，询问当事人是否提出回避申请。

（本书汇）【出庭人员】

● **相关规定　【司发［2015］14 号】　最高人民法院、最高人民检察院、公安部、国家安全部、司法部关于依法保障律师执业权利的规定（2015 年 9 月 16 日）**

第 25 条（第 2 款）　律师可以根据需要，向人民法院申请带律师助理参加庭审。律师助理参加庭审仅能从事相关辅助工作，不得发表辩护、代理意见。

第 48 条　本规定所称"律师助理"，是指辩护、代理律师所在律师事务所的其他律师和申请律师执业实习人员。

【法发［2015］16 号】　最高人民法院关于依法切实保障律师诉讼权利的规定（2015 年 12 月 29 日）

三、依法保障律师出庭权。……律师带助理出庭的，应当准许。

---

① 注：本部分内容为 1982 年 10 月 1 日起试行的《民事诉讼法》原有的内容；1991 年 4 月 9 日正式颁行的《民事诉讼法》将其删除；2022 年 1 月 1 日起施行的第 4 次修正的《民事诉讼法》又将其添加了回来。

第 141 条[19910409]   【法庭调查】法庭调查按照下列顺序进行：

（一）询问当事人和当事人陈述；

（二）告知证人的权利义务，证人作证/~~询问证人~~，宣读未到庭的证人证言；

~~（三）询问鉴定人，宣读鉴定结论；~~

（三）出示书证、物证、视听资料和电子数据[20130101]；

（四）宣读鉴定意见/~~结论~~[20130101]；

（五）宣读勘验笔录。

第 142 条   （本条第 1 款、第 2-3 款分别见第 71、83 条之后）

第 143 条   （见第 54 条之后）

第 144 条   【法庭辩论】法庭辩论按照下列顺序进行：

（一）原告及其诉讼代理人发言；

（二）被告及其诉讼代理人答辩；

（三）[19910409] 第三人及其诉讼代理人发言或者答辩；

（四）互相辩论。

法庭辩论终结，由审判长或者独任审判员[20220101] 按照原告、被告、第三人[19910409] 的先后顺序征询各方最后意见。

● 相关规定 【司发〔2015〕14 号】 最高人民法院、最高人民检察院、公安部、国家安全部、司法部关于依法保障律师执业权利的规定（2015 年 9 月 16 日）

第 29 条 法庭审理过程中，律师可以就证据的真实性、合法性、关联性，从证明目的、证明效果、证明标准、证明过程等方面，进行法庭质证和相关辩论。

第 30 条 法庭审理过程中，律师可以就案件事实、证据和适用法律等问题，进行法庭辩论。

第 31 条 法庭审理过程中，法官应当注重诉讼权利平等和控辩平衡。对于律师发问、质证、辩论的内容、方式、时间等，法庭应当依法公正保障，以便律师充分发表意见，查清案件事实。

法庭审理过程中，法官可以对律师的发问、辩论进行引导，除发言过于重复、相关问题已在庭前会议达成一致、与案件无关或者侮辱、诽谤、威胁他人，故意扰乱法庭秩序的情况外，法官不得随意打断或者制止律师按程序进行的发言。

【法发［2018］9 号】　最高人民法院关于人民法院立案、审判与执行工作协调运行的意见（2018 年 5 月 28 日）

7. 审判部门在审理案件时，应当核实立案部门在立案时采集的有关信息。信息发生变化或者记录不准确的，应当及时予以更正、补充。

【法释［2022］11 号】　最高人民法院关于适用《中华人民共和国民事诉讼法》的解释（"法释［2015］5 号"公布，2015 年 2 月 4 日起施行；根据法释［2020］20 号《决定》修正，2021 年 1 月 1 日起施行；2022 年 3 月 22 日最高法审委会［1866 次］修正，2022 年 4 月 1 日公布，2022 年 4 月 10 日起施行；以本规为准）

第 228 条　法庭审理应当围绕当事人争议的事实、证据和法律适用等焦点问题进行。

第 229 条　当事人在庭审中对其在审理前的准备阶段认可的事实和证据提出不同意见的，人民法院应当责令其说明理由。必要时，可以责令其提供相应证据。人民法院应当结合当事人的诉讼能力、证据和案件的具体情况进行审查。理由成立的，可以列入争议焦点进行审理。

第 230 条　人民法院根据案件具体情况并征得当事人同意，可以将法庭调查和法庭辩论合并进行。

● **公报案例**　（法公报［2020］5 期）　佛山市顺德区美的洗涤电器制造有限公司与佛山市云米电器科技有限公司等侵害实用新型专利权纠纷案（最高法院民事裁定书［2019］最高法知民申 1 号）

　　裁判摘要：侵害专利权纠纷案件中，被诉侵权人举证证明被诉侵权技术方案属于现有技术，由此主张其行为为不构成侵犯专利权的，即构成现有技术抗辩。鉴于现有技术证据均早于专利申请日，为维护生效裁判既判力，规范诉讼程序，避免对专利权人造成诉讼突袭并架空第一、二审诉讼程序，引导当事人在第一、二审程序中充分抗辩、解决纠纷，对于被诉侵权人在再审审查程序中首次提出的现有技术抗辩理由和证据，不应予以审查。

　　（法公报［2021］3 期）　武汉大西洋连铸设备工程有限责任公司与宋祖兴公司盈余分配纠纷案（最高法院民事判决书［2019］最高法民再 135 号）

　　裁判摘要：民刑交叉案件中，刑事裁判认定的事实一般对于后行的民事诉讼具有预决效力。但是，先行刑事案件中无罪的事实认定则需要区分具体情况。刑事裁判认定无罪，并不导致民事案件必然认定侵权行为或违约行为不存在，相关行为是否存在还需结合证据进行判断和认定。

（本书汇）【休庭】

● 相关规定 【司发［2015］14 号】 最高人民法院、最高人民检察院、公安部、国家安全部、司法部关于依法保障律师执业权利的规定（2015 年 9 月 16 日）

第 34 条 法庭审理过程中，有下列情形之一的，律师可以向法庭申请休庭：（一）辩护律师因法定情形拒绝为被告人辩护的；（二）被告人拒绝辩护律师为其辩护的；（三）需要对新的证据作辩护准备的；（四）其他严重影响庭审正常进行的情形。

第 38 条（第 1 款） 法庭审理过程中，律师就回避，案件管辖，非法证据排除，申请通知证人、鉴定人、有专门知识的人出庭，申请通知新的证人到庭，调取新的证据，申请重新鉴定、勘验等问题当庭提出申请，或者对法庭审理程序提出异议的，法庭原则上应当休庭进行审查，依照法定程序作出决定。其他律师有相同异议的，应一并提出，法庭一并休庭审查。法庭决定驳回申请或者异议的，律师可当庭提出复议。经复议后，律师应当尊重法庭的决定，服从法庭的安排。

第 145 条 （见第 97 条之前）

第 146 条[19910409] 【原告不到庭或擅自退庭的处理】原告经~~人民法院 2 次传票~~／合法传唤，无正当理由拒不到庭的，或者未经法庭许可中途退庭的，可以按撤诉处理；被告反诉的，可以缺席判决。

第 147 条[19910409] 【被告不到庭或擅自退庭的处理】被告经~~人民法院 2 次传票~~／合法传唤，无正当理由拒不到庭的，或者未经法庭许可中途退庭的，~~除适用本法第 76 条（现第 112 条）规定外~~，可以缺席判决。

第 148 条 【撤诉】宣判前，原告申请撤诉的，是否准许，由人民法院裁定。

（新增）[19910409] 【法院不准撤诉原告拒不到庭的处理】人民法院裁定不准许撤诉的，原告经传票传唤，无正当理由拒不到庭的，可以缺席判决。

● 相关规定 【法发［2003］25 号】 人民法院民事诉讼风险提示书（2003 年 12 月 23 日最高法审委会［1302 次］通过，次日公布，2003 年 12 月 24 日起施行）

十三、不按时出庭或者中途退出法庭

原告经传票传唤，无正当理由拒不到庭，或者未经法庭许可中途退出法庭的，人民法院将按自动撤回起诉处理；被告反诉的，人民法院将对反诉的内容缺席审判。

被告经传票传唤，无正当理由拒不到庭，或者未经法庭许可中途退出法庭的，人民法院将缺席判决。

【法刊文摘】　审查立案若干疑难问题解答（二）（浙江高院立案庭撰稿，《立案工作指导与参考》2003 年第 2 卷，人民法院出版社 2003 年 10 月）

51. 被告不服管辖权异议裁定上诉后，原告与被告达成案外和解协议，原告要求撤回起诉的，该如何处理？

被告不服一审法院作出的有关管辖权异议裁定，向上一级法院提起上诉后，该案即进入第二审程序。在二审程序终结以前，原审原告与被告就有关实体问题案外达成和解协议，原告要求撤回起诉的，应由上诉人（一审被告）向二审法院就其管辖权异议的上诉申请撤诉，二审法院裁定同意上诉人撤诉后，再由一审法院裁定同意原告撤回起诉。

【法发［2008］21 号】　最高人民法院关于处理涉及汶川地震相关案件适用法律问题的意见（一）（2008 年 7 月 14 日）

五、人民法院正在审理的刑事案件、民事案件、行政案件以及执行案件中，当事人死亡或失踪的，要依法分别处理。刑事案件被告人死亡的，终止审理。民事案件、行政案件和执行案件当事人死亡或者失踪的，裁定中止审理、执行，待灾区安置及恢复重建工作进行到一定阶段，经法定程序对涉案人身、财产关系明确后，人民法院依法决定是否恢复审理、执行，或者按撤诉处理、终结诉讼、终结执行，或者变更主体等。

【法［2017］369 号】　最高人民法院关于认真贯彻实施民事诉讼法及相关司法解释有关规定的通知（2017 年 12 月 29 日）

一、（第 2 款）对于原告经传票传唤无正当理由拒不到庭或者未经法庭许可中途退庭的，应当依照民事诉讼法第 143 条（现第 146 条）规定按撤诉处理。依照民事诉讼法第 145 条（现第 148 条）、《民诉法解释》第 238 条规定，当事人有违反法律的行为需要依法处理，人民法院裁定不准撤诉或者不按撤诉处理的案件，原告经传票传唤无正当理由拒不到庭的，应当依照民事诉讼法第 145 条（现第 148 条）第 2 款规定缺席判决。属于民事诉讼法第 112 条（现第 115 条）规定的虚假诉讼或者第 55 条（现第 58 条）规定的公益诉讼案件，对不到庭就无法查明案件基本事实的原告，可以依照《民诉法解释》第 174 条第 2 款（见本书第 112 条）规定适用拘传。

【法〔2019〕254号】　全国法院民商事审判工作会议纪要（"九民纪要"，2019年7月3-4日在哈尔滨召开，2019年9月11日最高法审委会民事行政专委会〔319次〕通过，2019年11月8日发布）

44.（第2款）　当事人在一审程序中因达成以物抵债协议申请撤回起诉的，人民法院可予准许。当事人在二审程序中申请撤回上诉的，人民法院应当告知其申请撤回起诉。当事人申请撤回起诉，经审查不损害国家利益、社会公共利益、他人合法权益的，人民法院可予准许。当事人不申请撤回起诉，请求人民法院出具调解书对以物抵债协议予以确认的，因债务人完全可以立即履行该协议，没有必要由人民法院出具调解书，故人民法院不应准许，同时应当继续对原债权债务关系进行审理。

108.（第2款）　人民法院裁定受理破产申请系对债务人具有破产原因的初步认可，破产申请受理后，申请人请求撤回破产申请的，人民法院不予准许。除非存在《企业破产法》第12条第2款规定的情形，人民法院不得裁定驳回破产申请。

【法释〔2020〕6号】　最高人民法院关于审理民间借贷案件适用法律若干问题的规定（"法释〔2015〕18号"公布，2015年9月1日起施行；法（民）发〔1991〕21号《关于人民法院审理借贷案件的若干意见》同时废止。2020年8月18日最高法审委会〔1809次〕修订，2020年8月19日公布，次日施行；根据法释〔2020〕17号《决定》修正，2021年1月1日起施行。以本规为准）

第17条　依据《最高人民法院关于适用〈中华人民共和国民事诉讼法〉的解释》第174条第2款之规定，负有举证证明责任的原告无正当理由拒不到庭，经审查现有证据无法确认借贷行为、借贷金额、支付方式等案件主要事实的，人民法院对原告主张的事实不予认定。

【法释〔2020〕26号】　最高人民法院关于审理劳动争议案件适用法律问题的解释（一）（2020年12月25日最高法审委会〔1825次〕通过，2020年12月29日公布，2021年1月1日起施行）

第4条　劳动者与用人单位均不服劳动争议仲裁机构的同一裁决，向同一人民法院起诉的，人民法院应当并案审理，双方当事人互为原告和被告，对双方的诉讼请求，人民法院应当一并作出裁决。在诉讼过程中，一方当事人撤诉的，人民法院应当根据另一方当事人的诉讼请求继续审理。……

【法释〔2021〕12号】　人民法院在线诉讼规则（2021年5月18日最高法审委会〔1838次〕通过，2021年6月16日公布，2021年8月1日起施行；以本规为准）

第25条（第2款）　除确属网络故障、设备损坏、电力中断或者不可抗力等原因外，当事人无正当理由不参加在线庭审，视为"拒不到庭"；在庭审中擅自退出，经提示、警告后仍不改正的，视为"中途退庭"，分别按照相关法律和司法解释的规定处理。

【法释［2022］11 号】 最高人民法院关于适用《中华人民共和国民事诉讼法》的解释（"法释［2015］5 号"公布，2015 年 2 月 4 日起施行；根据法释［2020］20 号《决定》修正，2021 年 1 月 1 日起施行；2022 年 3 月 22 日最高法审委会［1866 次］修正，2022 年 4 月 1 日公布，2022 年 4 月 10 日起施行；以本规为准）

第 234 条 无民事行为能力人的离婚诉讼，当事人的法定代理人应当到庭；法定代理人不能到庭的，人民法院应当在查清事实的基础上，依法作出判决。

第 235 条 无民事行为能力的当事人的法定代理人，经传票传唤无正当理由拒不到庭，属于原告方的，比照民事诉讼法第 146 条的规定，按撤诉处理；属于被告方的，比照民事诉讼法第 147 条的规定，缺席判决。必要时，人民法院可以拘传其到庭。

第 236 条 有独立请求权的第三人经人民法院传票传唤，无正当理由拒不到庭的，或者未经法院许可中途退庭的，比照民事诉讼法第 146 条的规定，按撤诉处理。

第 237 条 有独立请求权的第三人参加诉讼后，原告申请撤诉，人民法院在准许原告撤诉后，有独立请求权的第三人作为另案原告，原案原告、被告作为另案被告，诉讼继续进行。

第 238 条 当事人申请撤诉或者依法可以按撤诉处理的案件，如果当事人有违反法律的行为需要依法处理的，人民法院可以不准许撤诉或者不按撤诉处理。

法庭辩论终结后原告申请撤诉，被告不同意的，人民法院可以不予准许。

第 239 条 人民法院准许本诉原告撤诉的，应当对反诉继续审理；被告申请撤回反诉的，人民法院应予准许。

第 240 条 无独立请求权的第三人经人民法院传票传唤，无正当理由拒不到庭，或者未经法庭许可中途退庭的，不影响案件的审理。

第 241 条 被告经传票传唤无正当理由拒不到庭，或者未经法庭许可中途退庭的，人民法院应当按期开庭或者继续开庭审理，对到庭的当事人诉讼请求、双方的诉辩理由以及已经提交的证据及其他诉讼材料进行审理后，可以依法缺席判决。

● **入库案例** **【2023-11-2-466-017】** 北京市丰台区某环境研究所诉江苏某集团有限公司环境污染民事公益诉讼案（苏州中院/2021.06.05/［2019］苏 05 民初 299 号）

裁判要旨：环境民事公益诉讼中，原告诉讼请求除涉及其自身利益外，还包括清除污染、修复生态环境、赔偿损失等涉及公共利益的内容。原告申请撤诉的，人民法院应对其撤诉申请进行审查。如负有环境资源保护监督管理职责的部门依法履行监管职责，而使原告关于被告承担生态环境修复、赔偿责任等涉及公共利益的诉讼请求已经全部实现，符合《最高人民法院关于审理环境民事公益诉讼案件适用法律若干问题的解释》第26条规定的，应准许原告撤诉；对于被告承担律师费及为诉讼支出的其他合理费用等仅涉及原告自身利益的诉讼请求，则应按照普通民事诉讼撤诉审查标准审查。

● **高法判例** 【［2022］最高法知民终851号】 **冯某德、某琴行等侵害发明专利权纠纷案**（最高法院知产庭2023年3月9日二审民事判决）

裁判摘要：本案中，某琴行上诉主张原审法院审理程序违法的主要理由是其按时参加庭审，但冯某德却未能按时到庭，某琴行等了一段时间冯某德到庭后才开庭。对此本院认为，原审法院在各方当事人均到庭后再进行庭审的做法并无不当，也未对各方当事人的实体权利和诉讼权利造成实质性损害，某琴行如对此有异议应在原审程序中明确提出，故其在二审程序中主张本案原审应按撤诉处理的主张缺乏事实依据，因此其有关原审法院审理程序违法的上诉主张依据不足，本院不予支持。

● **文书格式** 【法［2016］221号】 **民事诉讼文书样式**（2016年2月22日最高法审委会［1679次］通过，2016年6月28日公布，2016年8月1日起施行）
（本书对格式略有调整）

申请书（申请撤回起诉\撤回反诉用）①

申请人：×××，男/女，×年×月×日生，×族，……（写明工作单位和职务或职业），住……。联系方式：……。（★申请人是法人或其他组织的，本段写明名称、住所）

法定代理人/指定代理人②：×××，……。（★申请人是法人或其他组织的，本段写明法定代表人、主要负责人及其姓名、职务、联系方式）

委托诉讼代理人：×××，……。（申请时已经委托诉讼代理人的，写明此项）

（以上写明申请人和其他诉讼参与人的姓名或者名称等基本信息）

请求事项：

———————————

① 注：宣判前，原告申请撤诉的，是否准许，由人民法院裁定。
② 注：申请人是无民事行为能力人或限制民事行为能力人的，应当写明法定代理人姓名、性别、出生日期、民族、职业、工作单位、住所、联系方式，在诉讼地位后括注与申请人的关系。

撤回你院（××××）……号……（写明当事人和案由）一案的起诉 \ 反诉。

事实和理由：

……（写明申请撤回起诉 \ 撤回反诉的理由）

此致：××人民法院

申请人（自然人签名或单位盖章）

×年×月×日

民事裁定书（准许/不准许撤诉）

（××××）……民初……号

原告：×××，……（写明姓名或名称、住所地等基本情况）。

被告：×××，……（写明姓名或名称、住所地等基本情况）。

（以上写明当事人及其代理人和其他诉讼参与人的姓名或名称等基本信息）

原告×××与被告×××……（写明案由）一案，本院于×年×月×日立案。（★反诉的，另写明：×年×月×日，被告×××对原告×××提出反诉。）×年×月×日，原告 \ 反诉原告×××向本院提出撤诉申请。

本院认为，……（写明准许/不准许撤诉的理由）。

依照《中华人民共和国民事诉讼法》第 148 条第 1 款规定（不准许撤诉的，另援引《最高人民法院关于适用〈中华人民共和国民事诉讼法〉的解释》第 238 条第×款 \ 第 239 条），裁定如下：

准许/不准许×××撤回起诉 \ 反诉。

案件受理费 \ 反诉案件受理费……元，减半收取计……元，由×××负担。

（代理）审判员　×××（非独任审判的，落款为合议庭）

×年×月×日（院印）

法官助理、书记员

民事裁定书（拒不参加诉讼按撤诉处理用）①

（××××）……民初……号

原告：×××，……（写明姓名或名称、住所地等基本情况）。

被告：×××，……（写明姓名或名称、住所地等基本情况）。

（以上写明当事人及其代理人和其他诉讼参与人的姓名或名称等基本信息）

原告×××与被告×××……（写明案由）一案，本院于×年×月×日立案。×年×月×日，×××经传票传唤，无正当理由拒不到庭/未经法庭许可中途退庭。

---

① 注：未预交、未补交案件受理费按撤诉处理的，见《民事诉讼法》第 121 条的文书格式。

依照《中华人民共和国民事诉讼法》第 146 条、第 157 条第 1 款第 11 项规定，①

裁定如下：

本案按×××撤回起诉处理。

已经收取的案件受理费……元，减半收取计……元，由×××负担。

（代理）审判员　×××（非独任审判的，落款为合议庭）

×年×月×日（院印）

法官助理、书记员

第 149 条[19910409]　【延期审理】有下列情形之一的，可以延期开庭审理：

（一）必须到庭的当事人和其他诉讼参与人有正当理由没有到庭的；

（二）当事人临时提出回避申请~~不能进行审理~~的；

（三）需要通知新的证人到庭，调取新的证据，重新鉴定、勘验，或者需要补充调查的；

（四）其他应当延期~~审理~~的情形。

● **相关规定**　【法释［2019］4 号】　**最高人民法院关于严格规范民商事案件延长审限和延期开庭问题的规定**（"法释［2018］9 号"公布，2018 年 4 月 26 日起施行；2019 年 2 月 25 日最高法审委会［1762 次］修订，2019 年 3 月 27 日公布，2019 年 3 月 28 日起施行；以本规为准）②

第 2 条　民事诉讼法第 146 条（现第 149 条）第 4 项规定的"其他应当延期的情形"，是指因不可抗力或者意外事件导致庭审无法正常进行的情形。

第 3 条　人民法院应当严格限制延期开庭审理次数。适用普通程序审理民商事案件，延期开庭审理次数不超过 2 次；适用简易程序以及小额速裁程序审理民商事案件，延期开庭审理次数不超过 1 次。

第 5 条　人民法院开庭审理民商事案件后，认为需要延期开庭审理/~~再次开庭~~的，应当依法告知当事人下次开庭的时间。两次开庭间隔时间不得超过 1 个月，

---

①　注：原告法定代理人或有独立请求权的第三人经传票传唤，无正当理由拒不到庭或未经法庭许可中途退庭的，比照《民事诉讼法》第 146 条的规定按撤诉处理，分别另行引用《最高人民法院关于适用〈中华人民共和国民事诉讼法〉的解释》第 235 条或者第 236 条。

②　注：本《规定》施行不到 1 年即被修改。

但因不可抗力或当事人同意的除外。

第6条　独任审判员或者合议庭适用民事诉讼法第146条（现第149条）第4项规定决定延期开庭的，应当报本院院长批准。

（本书汇）【婚姻案件审理】

（插）第65条　【离婚当事人出庭】离婚案件有诉讼代理人的，本人除不能表达意思/意志²⁰¹³⁰¹⁰¹的以外，仍应出庭；确因特殊情况无法出庭的，必须向人民法院提交书面意见。

（复）第127条（第7项）　【不受理离婚起诉的情形】人民法院对下列起诉，分别情形，予以处理：

（七）判决不准离婚和调解和好的离婚案件，……没有新情况、新理由，原告在6个月内又起诉的，不予受理。

（复）第137条（第2款）　【离婚案件可以公开审理】离婚案件，……当事人申请不公开审理的，可以不公开审理。

（复）第151条（第4款）　【离婚宣判告知】宣告离婚判决，必须告知当事人在判决发生法律效力前不得另行结婚。

（复）第154条（第3项）　【终结诉讼】有下列情形之一的，终结诉讼：

（三）离婚案件一方当事人死亡的；

（复）第213条　【解除婚姻不得再审】当事人对已经发生法律效力的解除婚姻关系的判决、调解书²⁰¹³⁰¹⁰¹，不得申请再审。

● 相关规定　【主席令［2020］45号】　中华人民共和国民法典（2020年5月28日全国人大［13届3次］通过，2021年1月1日起施行；本部分内容，本书标注了对《婚姻法》的修改）

第1042条　禁止包办、买卖婚姻和其他干涉婚姻自由的行为。禁止借婚姻索取财物。

禁止重婚。禁止有配偶者与他人同居。

禁止家庭暴力。禁止家庭成员间的虐待和遗弃。

第1049条　要求结婚的男女双方应当亲自到婚姻登记机关申请结婚登记。符合本法规定的，予以登记，发给结婚证。完成结婚登记，即确立婚姻关系。未办理结婚登记的，应当补办登记。

第1051条　有下列情形之一的，婚姻无效：（一）重婚；（二）有禁止结婚的亲属关系；~~（三）婚前患有医学上认为不应当结婚的疾病，婚后尚未治愈的；~~（三）未到法定婚龄。

第1052条　因胁迫结婚的，受胁迫的一方可以向婚姻登记机关或人民法院请求撤销婚姻。

请求撤销婚姻的，应当自胁迫行为终止之日起1年内提出。

被非法限制人身自由的当事人请求撤销婚姻的，应当自恢复人身自由之日起1年内提出。

第1053条　一方患有重大疾病的，应当在结婚登记前如实告知另一方；不如实告知的，另一方可以向人民法院请求撤销婚姻。

请求撤销婚姻的，应当自知道或者应当知道撤销事由之日起1年内提出。

第1054条　无效的或者被撤销的婚姻自始没有法律约束力，当事人不具有夫妻的权利和义务。同居期间所得的财产，由当事人协议处理；协议不成的，由人民法院根据照顾无过错方的原则判决。对重婚导致的无效婚姻的财产处理，不得侵害合法婚姻当事人的财产权益。当事人所生的子女，适用本法关于父母子女的规定。

（新增）　婚姻无效或者被撤销的，无过错方有权请求损害赔偿。

第1062条　夫妻在婚姻关系存续期间所得的下列财产，为夫妻的共同财产，归夫妻共同所有：（一）工资、奖金、劳务报酬；（二）生产、经营、投资的收益；（三）知识产权的收益；（四）继承或者受赠的财产，但是本法第1063条第3项规定的除外；（五）其他应当归共同所有的财产。

夫妻对共同财产，有平等的处理权。

第1063条　下列财产为夫妻一方的个人财产：（一）一方的婚前财产；（二）一方因受到人身损害获得的赔偿或者补偿/~~医疗费、残疾人生活补助费等费用~~；（三）遗嘱或者赠与合同中确定只归一方的财产；（四）一方专用的生活用品；（五）其他应当归一方的财产。

第1065条　男女双方可以约定婚姻关系存续期间所得的财产以及婚前财产归各自所有、共同所有或者部分各自所有、部分共同所有。约定应当采用书面形式。没有约定或者约定不明确的，适用本法第1062条、第1063条的规定。

夫妻对婚姻关系存续期间所得的财产以及婚前财产的约定，对双方具有法律约束力。

夫妻对婚姻关系存续期间所得的财产约定归各自所有，夫或者妻一方对外所负的债务，相对人/~~第三人~~知道该约定的，以夫或者妻一方的个人财产清偿。

第1079条　夫妻一方要求离婚的，可以由有关组织进行调解或者直接向人民法院提起离婚诉讼。

人民法院审理离婚案件，应当进行调解；如果感情确已破裂，调解无效的，应当准予离婚。

有下列情形之一，调解无效的，应当准予离婚：（一）重婚或者有配偶者与他人同居；（二）实施家庭暴力或者虐待、遗弃家庭成员；（三）有赌博、吸毒等恶习屡教不改；（四）因感情不和分居满2年；（五）其他导致夫妻感情破裂的情形。

一方被宣告失踪，另一方提起离婚诉讼的，应当准予离婚。

（新增）　经人民法院判决不准离婚后，双方又分居满1年，一方再次提起离婚诉讼的，应当准予离婚。

<u>第1080条</u>　完成离婚登记，或者离婚判决书、调解书生效，即解除婚姻关系。

第1081条　现役军人的配偶要求离婚，<u>应当</u>/须征得军人同意，但是军人一方有重大过错的除外。

第1082条　女方在怀孕期间、分娩后1年内或者<u>终止</u>/中止妊娠后6个月内，男方不得提出离婚；但是，女方提出离婚或者人民法院认为确有必要受理男方离婚请求的除外。

第1087条　离婚时，夫妻的共同财产由双方协议处理；协议不成的，由人民法院根据财产的具体情况，按照照顾子女、女方和无过错方权益的原则判决。

对夫或者妻在家庭土地承包经营中享有的权益等，应当依法予以保护。

第1088条　夫妻书面约定婚姻关系存续期间所得的财产归各自所有，一方因抚育子女、照料老年人、协助另一方工作等<u>负担</u>/付出较多义务的，离婚时有权向另一方请求补偿，另一方应当给予补偿。具体办法由双方协议；协议不成的，由人民法院判决。

第1089条　离婚时，原为夫妻<u>生活所负</u>的债务应当共同偿还。共同财产不足清偿或者财产归各自所有的，由双方协议清偿；协议不成的，由人民法院判决。

第1090条　离婚时，如果一方生活困难，<u>有负担能力的另一方应当从其住房等个人财产中给予适当帮助</u>。具体办法由双方协议；协议不成的，由人民法院判决。

第1091条　有下列情形之一，导致离婚的，无过错方有权请求损害赔偿：（一）重婚；（二）<u>有配偶者与他人同居</u>；（三）实施家庭暴力；（四）虐待、遗弃家庭成员；<u>（五）</u>有其他重大过错。

第1092条　夫妻一方隐藏、转移、变卖、毁损、挥霍夫妻共同财产，或者伪造<u>夫妻共同债务</u>企图侵占另一方财产的，在<u>离婚</u>分割夫妻共同财产时，对该方可以少分或者不分。离婚后，另一方发现有上述行为的，可以向人民法院提起诉讼，请求再次分割夫妻共同财产。

人民法院对前款规定的妨害民事诉讼的行为，依照民事诉讼法的规定予以制裁。

【法释〔2020〕22 号】 最高人民法院关于适用《中华人民共和国民法典》婚姻家庭编的解释（一）（2020 年 12 月 25 日最高法审委会〔1825 次〕通过，2020 年 12 月 29 日公布，2021 年 1 月 1 日起施行）

一、一般规定

第 1 条 持续性、经常性的家庭暴力，可以认定为民法典第 1042 条、第 1079 条、第 1091 条所称的"虐待"。

第 2 条 民法典第 1042 条、第 1079 条、第 1091 条规定的"与他人同居"的情形，是指有配偶者与婚外异性，不以夫妻名义，持续、稳定地共同居住。

第 3 条 当事人提起诉讼仅请求解除同居关系的，人民法院不予受理；已经受理的，裁定驳回起诉。

当事人因同居期间财产分割或者子女抚养纠纷提起诉讼的，人民法院应当受理。

第 4 条 当事人仅以民法典第 1043 条①为依据提起诉讼的，人民法院不予受理；已经受理的，裁定驳回起诉。

第 5 条 当事人请求返还按照习俗给付的彩礼的，如果查明属于以下情形，人民法院应当予以支持：（一）双方未办理结婚登记手续；（二）双方办理结婚登记手续但确未共同生活；（三）婚前给付并导致给付人生活困难。

适用前款第 2 项、第 3 项的规定，应当以双方离婚为条件。

二、结婚

第 6 条 男女双方依据民法典第 1049 条规定补办结婚登记的，婚姻关系的效力从双方均符合民法典所规定的结婚的实质要件时起算。

第 7 条 未依据民法典第 1049 条规定办理结婚登记而以夫妻名义共同生活的男女，提起诉讼要求离婚的，应当区别对待：

（一）1994 年 2 月 1 日民政部《婚姻登记管理条例》公布实施以前，男女双方已经符合结婚实质要件的，按事实婚姻处理。

（二）1994 年 2 月 1 日民政部《婚姻登记管理条例》公布实施以后，男女双

---

① 《民法典》第 1043 条："家庭应当树立优良家风，弘扬家庭美德，重视家庭文明建设。夫妻应当互相忠实，互相尊重，互相关爱；家庭成员应当敬老爱幼，互相帮助，维护平等、和睦、文明的婚姻家庭关系。"

方符合结婚实质要件的，人民法院应当告知其补办结婚登记。未补办结婚登记的，依据本解释第3条规定处理。

第8条　未依据民法典第1049条规定办理结婚登记而以夫妻名义共同生活的男女，一方死亡，另一方以配偶身份主张享有继承权的，依据本解释第7条的原则处理。

第9条　有权依据民法典第1051条规定向人民法院就已办理结婚登记的婚姻请求确认婚姻无效的主体，包括婚姻当事人及利害关系人。其中，利害关系人包括：（一）以重婚为由的，为当事人的近亲属及基层组织；（二）以未到法定婚龄为由的，为未到法定婚龄者的近亲属；（三）以有禁止结婚的亲属关系为由的，为当事人的近亲属。

第10条　当事人依据民法典第1051条规定向人民法院请求确认婚姻无效，法定的无效婚姻情形在提起诉讼时已经消失的，人民法院不予支持。

第11条　人民法院受理请求确认婚姻无效案件后，原告申请撤诉的，不予准许。

对婚姻效力的审理不适用调解，应当依法作出判决。

涉及财产分割和子女抚养的，可以调解。调解达成协议的，另行制作调解书；未达成调解协议的，应当一并作出判决。

第12条　人民法院受理离婚案件后，经审理确属无效婚姻的，应当将婚姻无效的情形告知当事人，并依法作出确认婚姻无效的判决。

第13条　人民法院就同一婚姻关系分别受理了离婚和请求确认婚姻无效案件的，对于离婚案件的审理，应当待请求确认婚姻无效案件作出判决后进行。

第14条　夫妻一方或者双方死亡后，生存一方或者利害关系人依据民法典第1051条的规定请求确认婚姻无效的，人民法院应当受理。

第15条　利害关系人依据民法典第1051条的规定，请求人民法院确认婚姻无效的，利害关系人为原告，婚姻关系当事人双方为被告。

夫妻一方死亡的，生存一方为被告。

第16条　人民法院审理重婚导致的无效婚姻案件时，涉及财产处理的，应当准许合法婚姻当事人作为有独立请求权的第三人参加诉讼。

第17条　当事人以民法典第1051条规定的3种无效婚姻以外的情形请求确认婚姻无效的，人民法院应当判决驳回当事人的诉讼请求。

当事人以结婚登记程序存在瑕疵为由提起民事诉讼，主张撤销结婚登记的，告知其可以依法申请行政复议或者提起行政诉讼。

第18条　行为人以给另一方当事人或者其近亲属的生命、身体、健康、名誉、财产等方面造成损害为要挟，迫使另一方当事人违背真实意愿结婚的，可以认定为民法典第 1052 条所称的"胁迫"。

因受胁迫而请求撤销婚姻的，只能是受胁迫一方的婚姻关系当事人本人。

第 19 条　民法典第 1052 条规定的"1 年"，不适用诉讼时效中止、中断或者延长的规定。

受胁迫或者被非法限制人身自由的当事人请求撤销婚姻的，不适用民法典第 152 条第 2 款的规定。

第 20 条　民法典第 1054 条所规定的"自始没有法律约束力"，是指无效婚姻或者可撤销婚姻在依法被确认无效或者被撤销时，才确定该婚姻自始不受法律保护。

第 21 条　人民法院根据当事人的请求，依法确认婚姻无效或者撤销婚姻的，应当收缴双方的结婚证书并将生效的判决书寄送当地婚姻登记管理机关。

第 22 条　被确认无效或者被撤销的婚姻，当事人同居期间所得的财产，除有证据证明为当事人一方所有的以外，按共同共有处理。

三、夫妻关系

第 23 条　夫以妻擅自中止①妊娠侵犯其生育权为由请求损害赔偿的，人民法院不予支持；夫妻双方因是否生育发生纠纷，致使感情确已破裂，一方请求离婚的，人民法院经调解无效，应依照民法典第 1079 条第 3 款第 5 项的规定处理。

第 24 条　民法典第 1062 条第 1 款第 3 项规定的"知识产权的收益"，是指婚姻关系存续期间，实际取得或者已经明确可以取得的财产性收益。

第 25 条　婚姻关系存续期间，下列财产属于民法典第 1062 条规定的"其他应当归共同所有的财产"：（一）一方以个人财产投资取得的收益；（二）男女双方实际取得或者应当取得的住房补贴、住房公积金；（三）男女双方实际取得或者应当取得的基本养老金、破产安置补偿费。

第 26 条　夫妻一方个人财产在婚后产生的收益，除孳息和自然增值外，应认定为夫妻共同财产。

第 27 条　由一方婚前承租、婚后用共同财产购买的房屋，登记在一方名下的，应当认定为夫妻共同财产。

第 28 条　一方未经另一方同意出售夫妻共同所有的房屋，第三人善意购买、支付合理对价并已办理不动产登记，另一方主张追回该房屋的，人民法院不予支持。

夫妻一方擅自处分共同所有的房屋造成另一方损失，离婚时另一方请求赔偿损失的，人民法院应予支持。

第 29 条　当事人结婚前，父母为双方购置房屋出资的，该出资应当认定为对自己子女个人的赠与，但父母明确表示赠与双方的除外。

___

① 注：本处应为"终止"（妊娠无法中止）。

当事人结婚后，父母为双方购置房屋出资的，依照约定处理；没有约定或者约定不明确的，按照民法典第1062条第1款第4项规定的原则处理。

第30条 军人的伤亡保险金、伤残补助金、医药生活补助费属于个人财产。

第31条 民法典第1063条规定为夫妻一方的个人财产，不因婚姻关系的延续而转化为夫妻共同财产。但当事人另有约定的除外。

第32条 婚前或者婚姻关系存续期间，当事人约定将一方所有的房产赠与另一方或者共有，赠与方在赠与房产变更登记之前撤销赠与，另一方请求判令继续履行的，人民法院可以按照民法典第658条的规定处理。

第33条 债权人就一方婚前所负个人债务向债务人的配偶主张权利的，人民法院不予支持。但债权人能够证明所负债务用于婚后家庭共同生活的除外。

第34条 夫妻一方与第三人串通，虚构债务，第三人主张该债务为夫妻共同债务的，人民法院不予支持。

夫妻一方在从事赌博、吸毒等违法犯罪活动中所负债务，第三人主张该债务为夫妻共同债务的，人民法院不予支持。

第35条 当事人的离婚协议或者人民法院生效判决、裁定、调解书已经对夫妻财产分割问题作出处理的，债权人仍有权就夫妻共同债务向男女双方主张权利。

一方就夫妻共同债务承担清偿责任后，主张由另一方按照离婚协议或者人民法院的法律文书承担相应债务的，人民法院应予支持。

第36条 夫或者妻一方死亡的，生存一方应当对婚姻关系存续期间的夫妻共同债务承担清偿责任。

第37条 民法典第1065条第3款①所称"相对人知道该约定的"，夫妻一方对此负有举证责任。

第38条 婚姻关系存续期间，除民法典第1066条规定情形以外，夫妻一方请求分割共同财产的，人民法院不予支持。

四、父母子女关系（略）

五、离婚

第62条 无民事行为能力人的配偶有民法典第36条第1款规定行为，其他有监护资格的人可以要求撤销其监护资格，并依法指定新的监护人；变更后的监护人代理无民事行为能力一方提起离婚诉讼的，人民法院应予受理。

第63条 人民法院审理离婚案件，符合民法典第1079条第3款规定"应当准予离婚"情形的，不应当因当事人有过错而判决不准离婚。

---

① 《民法典》第1065条第3款：夫妻对婚姻关系存续期间所得的财产约定归各自所有，夫或者妻一方对外所负的债务，相对人知道该约定的，以夫或者妻一方的个人财产清偿。

第64条 民法典第1081条所称的"军人一方有重大过错",可以依据民法典第1079条第3款前3项规定及军人有其他重大过错导致夫妻感情破裂的情形予以判断。

第65条 人民法院作出的生效的离婚判决中未涉及探望权,当事人就探望权问题单独提起诉讼的,人民法院应予受理。

第66条 当事人在履行生效判决、裁定或者调解书的过程中,一方请求中止探望的,人民法院在征询双方当事人意见后,认为需要中止探望的,依法作出裁定;中止探望的情形消失后,人民法院应当根据当事人的请求书面通知其恢复探望。

第67条 未成年子女、直接抚养子女的父或者母以及其他对未成年子女负担抚养、教育、保护义务的法定监护人,有权向人民法院提出中止探望的请求。

第68条 对于拒不协助另一方行使探望权的有关个人或者组织,可以由人民法院依法采取拘留、罚款等强制措施,但是不能对子女的人身、探望行为进行强制执行。

第69条 当事人达成的以协议离婚或者到人民法院调解离婚为条件的财产以及债务处理协议,如果双方离婚未成,一方在离婚诉讼中反悔的,人民法院应当认定该财产以及债务处理协议没有生效,并根据实际情况依照民法典第1087条和第1089条的规定判决。

当事人依照民法典第1076条签订的离婚协议中关于财产以及债务处理的条款,对男女双方具有法律约束力。登记离婚后当事人因履行上述协议发生纠纷提起诉讼的,人民法院应当受理。

第70条 夫妻双方协议离婚后就财产分割问题反悔,请求撤销财产分割协议的,人民法院应当受理。

人民法院审理后,未发现订立财产分割协议时存在欺诈、胁迫等情形的,应当依法驳回当事人的诉讼请求。

第71条 人民法院审理离婚案件,涉及分割发放到军人名下的复员费、自主择业费等一次性费用的,以夫妻婚姻关系存续年限乘以年平均值,所得数额为夫妻共同财产。

前款所称年平均值,是指将发放到军人名下的上述费用总额按具体年限均分得出的数额。其具体年限为人均寿命70岁与军人入伍时实际年龄的差额。

第72条 夫妻双方分割共同财产中的股票、债券、投资基金份额等有价证券以及未上市股份有限公司股份时,协商不成或者按市价分配有困难的,人民法院可以根据数量按比例分配。

第73条 人民法院审理离婚案件,涉及分割夫妻共同财产中以一方名义在有限责任公司的出资额,另一方不是该公司股东的,按以下情形分别处理:

（一）夫妻双方协商一致将出资额部分或者全部转让给该股东的配偶，其他股东过半数同意，并且其他股东均明确表示放弃优先购买权的，该股东的配偶可以成为该公司股东；

（二）夫妻双方就出资额转让份额和转让价格等事项协商一致后，其他股东半数以上不同意转让，但愿意以同等条件购买该出资额的，人民法院可以对转让出资所得财产进行分割。其他股东半数以上不同意转让，也不愿意以同等条件购买该出资额的，视为其同意转让，该股东的配偶可以成为该公司股东。

用于证明前款规定的股东同意的证据，可以是股东会议材料，也可以是当事人通过其他合法途径取得的股东的书面声明材料。

第74条　人民法院审理离婚案件，涉及分割夫妻共同财产中以一方名义在合伙企业中的出资，另一方不是该企业合伙人的，当夫妻双方协商一致，将其合伙企业中的财产份额全部或者部分转让给对方时，按以下情形分别处理：

（一）其他合伙人一致同意的，该配偶依法取得合伙人地位；

（二）其他合伙人不同意转让，在同等条件下行使优先购买权的，可以对转让所得的财产进行分割；

（三）其他合伙人不同意转让，也不行使优先购买权，但同意该合伙人退伙或者削减部分财产份额的，可以对结算后的财产进行分割；

（四）其他合伙人既不同意转让，也不行使优先购买权，又不同意该合伙人退伙或者削减部分财产份额的，视为全体合伙人同意转让，该配偶依法取得合伙人地位。

第75条　夫妻以一方名义投资设立个人独资企业的，人民法院分割夫妻在该个人独资企业中的共同财产时，应当按照以下情形分别处理：

（一）一方主张经营该企业的，对企业资产进行评估后，由取得企业资产所有权一方给予另一方相应的补偿；

（二）双方均主张经营该企业的，在双方竞价基础上，由取得企业资产所有权的一方给予另一方相应的补偿；

（三）双方均不愿意经营该企业的，按照《中华人民共和国个人独资企业法》等有关规定办理。

第76条　双方对夫妻共同财产中的房屋价值及归属无法达成协议时，人民法院按以下情形分别处理：

（一）双方均主张房屋所有权并且同意竞价取得的，应当准许；

（二）一方主张房屋所有权的，由评估机构按市场价格对房屋作出评估，取得房屋所有权的一方应当给予另一方相应的补偿；

（三）双方均不主张房屋所有权的，根据当事人的申请拍卖、变卖房屋，就所得价款进行分割。

第 77 条 离婚时双方对尚未取得所有权或者尚未取得完全所有权的房屋有争议且协商不成的，人民法院不宜判决房屋所有权的归属，应当根据实际情况判决由当事人使用。

当事人就前款规定的房屋取得完全所有权后，有争议的，可以另行向人民法院提起诉讼。

第 78 条 夫妻一方婚前签订不动产买卖合同，以个人财产支付首付款并在银行贷款，婚后用夫妻共同财产还贷，不动产登记于首付款支付方名下的，离婚时该不动产由双方协议处理。

依前款规定不能达成协议的，人民法院可以判决该不动产归登记一方，尚未归还的贷款为不动产登记一方的个人债务。双方婚后共同还贷支付的款项及其相对应财产增值部分，离婚时应根据民法典第 1087 条第 1 款规定的原则，由不动产登记一方对另一方进行补偿。

第 79 条 婚姻关系存续期间，双方用夫妻共同财产出资购买以一方父母名义参加房改的房屋，登记在一方父母名下，离婚时另一方主张按照夫妻共同财产对该房屋进行分割的，人民法院不予支持。购买该房屋时的出资，可以作为债权处理。

第 80 条 离婚时夫妻一方尚未退休、不符合领取基本养老金条件，另一方请求按照夫妻共同财产分割基本养老金的，人民法院不予支持；婚后以夫妻共同财产缴纳基本养老保险费，离婚时一方主张将养老金账户中婚姻关系存续期间个人实际缴纳部分及利息作为夫妻共同财产分割的，人民法院应予支持。

第 81 条 婚姻关系存续期间，夫妻一方作为继承人依法可以继承的遗产，在继承人之间尚未实际分割，起诉离婚时另一方请求分割的，人民法院应当告知当事人在继承人之间实际分割遗产后另行起诉。

第 82 条 夫妻之间订立借款协议，以夫妻共同财产出借给一方从事个人经营活动或者用于其他个人事务的，应视为双方约定处分夫妻共同财产的行为，离婚时可以按照借款协议的约定处理。

第 83 条 离婚后，一方以尚有夫妻共同财产未处理为由向人民法院起诉请求分割的，经审查该财产确属离婚时未涉及的夫妻共同财产，人民法院应当依法予以分割。

第 84 条 当事人依据民法典第 1092 条的规定向人民法院提起诉讼，请求再次分割夫妻共同财产的诉讼时效期间为 3 年，从当事人发现之日起计算。

第 85 条 夫妻一方申请对配偶的个人财产或者夫妻共同财产采取保全措施的，人民法院可以在采取保全措施可能造成损失的范围内，根据实际情况，确定合理的财产担保数额。

第 86 条　民法典第 1091 条规定的"损害赔偿"，包括物质损害赔偿和精神损害赔偿。涉及精神损害赔偿的，适用《最高人民法院关于确定民事侵权精神损害赔偿责任若干问题的解释》的有关规定。

第 87 条　承担民法典第 1091 条规定的损害赔偿责任的主体，为离婚诉讼当事人中无过错方的配偶。

人民法院判决不准离婚的案件，对于当事人基于民法典第 1091 条提出的损害赔偿请求，不予支持。

在婚姻关系存续期间，当事人不起诉离婚而单独依据民法典第 1091 条提起损害赔偿请求的，人民法院不予受理。

第 88 条　人民法院受理离婚案件时，应当将民法典第 1091 条等规定中当事人的有关权利义务，书面告知当事人。在适用民法典第 1091 条时，应当区分以下不同情况：

（一）符合民法典第 1091 条规定的无过错方作为原告基于该条规定向人民法院提起损害赔偿请求的，必须在离婚诉讼的同时提出。

（二）符合民法典第 1091 条规定的无过错方作为被告的离婚诉讼案件，如果被告不同意离婚也不基于该条规定提起损害赔偿请求的，可以就此单独提起诉讼。

（三）无过错方作为被告的离婚诉讼案件，一审时被告未基于民法典第 1091 条规定提出损害赔偿请求，二审期间提出的，人民法院应当进行调解；调解不成的，告知当事人另行起诉。双方当事人同意由第二审人民法院一并审理的，第二审人民法院可以一并裁判。

第 89 条　当事人在婚姻登记机关办理离婚登记手续后，以民法典第 1091 条规定为由向人民法院提出损害赔偿请求的，人民法院应当受理。但当事人在协议离婚时已经明确表示放弃该项请求的，人民法院不予支持。

第 90 条　夫妻双方均有民法典第 1091 条规定的过错情形，一方或者双方向对方提出离婚损害赔偿请求的，人民法院不予支持。

【国务院令［2003］387 号】　婚姻登记条例（2003 年 7 月 30 日国务院第 16 次常务会议通过，2003 年 8 月 8 日公布，2003 年 10 月 1 日起施行；民政部令［1994］1 号《婚姻登记管理条例》同时废止）

第 2 条　内地居民办理婚姻登记的机关是县级人民政府民政部门或者乡（镇）人民政府，省、自治区、直辖市人民政府可以按照便民原则确定农村居民办理婚姻登记的具体机关。

中国公民同外国人，内地居民同香港特别行政区居民（以下简称香港居民）、澳门特别行政区居民（以下简称澳门居民）、台湾地区居民（以下简称台湾居

第二编　第十二章

民）、华侨办理婚姻登记的机关是省、自治区、直辖市人民政府民政部门或者省、自治区、直辖市人民政府民政部门确定的机关。

第4条　内地居民结婚，男女双方应当共同到一方当事人常住户口所在地的婚姻登记机关办理结婚登记。①

中国公民同外国人在中国内地结婚的，内地居民同香港居民、澳门居民、台湾居民、华侨在中国内地结婚的，男女双方应当共同到内地居民常住户口所在地的婚姻登记机关办理结婚登记。

第5条　办理结婚登记的内地居民应当出具下列证件和证明材料：（一）本人的户口簿、身份证；（二）本人无配偶以及与对方当事人没有直系血亲和三代以内旁系血亲关系的签字声明。

办理结婚登记的香港居民、澳门居民、台湾居民应当出具下列证件和证明材料：（一）本人的有效通行证、身份证；（二）经居住地公证机构公证的本人无配偶以及与对方当事人没有直系血亲和3代以内旁系血亲关系的声明。

办理结婚登记的华侨应当出具下列证件和证明材料：（一）本人的有效护照；（二）居住国公证机构或者有权机关出具的、经中华人民共和国驻该国使（领）馆认证的本人无配偶以及与对方当事人没有直系血亲和3代以内旁系血亲关系的证明，或者中华人民共和国驻该国使（领）馆出具的本人无配偶以及与对方当事人没有直系血亲和3代以内旁系血亲关系的证明。

办理结婚登记的外国人应当出具下列证件和证明材料：（一）本人的有效护照或者其他有效的国际旅行证件；（二）所在国公证机构或者有权机关出具的、经中华人民共和国驻该国使（领）馆认证或者该国驻华使（领）馆认证的本人无配偶的证明，或者所在国驻华使（领）馆出具的本人无配偶的证明。

第6条　办理结婚登记的当事人有下列情形之一的，婚姻登记机关不予登记：（一）未到法定结婚年龄的；（二）非双方自愿的；（三）一方或者双方已有配偶的；（四）属于直系血亲或者3代以内旁系血亲的；（五）患有医学上认为不应当结婚的疾病的。

第8条　男女双方补办结婚登记的，适用本条例结婚登记的规定。

第9条②　因胁迫结婚的，受胁迫的当事人依据婚姻法第11条的规定向婚姻登记机关请求撤销其婚姻的，应当出具下列证明材料：（一）本人的身份证、结婚证；（二）能够证明受胁迫结婚的证明材料。

婚姻登记机关经审查认为受胁迫结婚的情况属实且不涉及子女抚养、财产及

---

① 国函〔2023〕34号《批复》对本款有调整，21个省（自治区、直辖市）试点"跨省通办"。

② 注：《民法典》删除了"受胁迫结婚"可以向婚姻登记机关申请的规定，本条已经失效。

债务问题的，应当撤销该婚姻，宣告结婚证作废。

第 10 条　内地居民自愿离婚的，男女双方应当共同到一方当事人常住户口所在地的婚姻登记机关办理离婚登记。①

中国公民同外国人在中国内地自愿离婚的，内地居民同香港居民、澳门居民、台湾居民、华侨在中国内地自愿离婚的，男女双方应当共同到内地居民常住户口所在地的婚姻登记机关办理离婚登记。

第 11 条　办理离婚登记的内地居民应当出具下列证件和证明材料：（一）本人的户口簿、身份证；（二）本人的结婚证；（三）双方当事人共同签署的离婚协议书。

办理离婚登记的香港居民、澳门居民、台湾居民、华侨、外国人除应当出具前款第（二）项、第（三）项规定的证件、证明材料外，香港居民、澳门居民、台湾居民还应当出具本人的有效通行证、身份证，华侨、外国人还应当出具本人的有效护照或者其他有效国际旅行证件。

离婚协议书应当载明双方当事人自愿离婚的意思表示以及对子女抚养、财产及债务处理等事项协商一致的意见。

第 12 条　办理离婚登记的当事人有下列情形之一的，婚姻登记机关不予受理：（一）未达成离婚协议的；（二）属于无民事行为能力人或者限制民事行为能力人的；（三）其结婚登记不是在中国内地办理的。

第 14 条　离婚的男女双方自愿恢复夫妻关系的，应当到婚姻登记机关办理复婚登记。复婚登记适用本条例结婚登记的规定。

第 16 条　婚姻登记机关收到人民法院宣告婚姻无效或者撤销婚姻的判决书副本后，应当将该判决书副本收入当事人的婚姻登记档案。

第 17 条　结婚证、离婚证遗失或者损毁的，当事人可以持户口簿、身份证向原办理婚姻登记的机关或者一方当事人常住户口所在地的婚姻登记机关申请补领。婚姻登记机关对当事人的婚姻登记档案进行查证，确认属实的，应当为当事人补发结婚证、离婚证。

第 19 条　中华人民共和国驻外使（领）馆可以依照本条例的有关规定，为男女双方均居住于驻在国的中国公民办理婚姻登记。

【民发〔2015〕230 号】　婚姻登记工作规范（民政部 2015 年 12 月 8 日印发，2016 年 2 月 1 日起实施；根据民发〔2020〕116 号《通知》修改）

第 4 条　婚姻登记机关履行下列职责：（一）办理婚姻登记；（二）补发婚姻

---

① 国函〔2023〕34 号《批复》对本款有调整，21 个省（自治区、直辖市）试点"跨省通办"。

登记证；(三) 撤销受胁迫的婚姻；(四) 建立和管理婚姻登记档案；(五) 宣传婚姻法律法规，倡导文明婚俗。

第5条 婚姻登记管辖按照行政区域划分。

(一) 县、不设区的市、市辖区人民政府民政部门办理双方或者一方常住户口在本行政区域内的内地居民之间的婚姻登记。

省级人民政府可以根据实际情况，规定乡 (镇) 人民政府办理双方或者一方常住户口在本乡 (镇) 的内地居民之间的婚姻登记。

(二) 省级人民政府民政部门或者其确定的民政部门，办理一方常住户口在辖区内的涉外和涉香港、澳门、台湾居民以及华侨的婚姻登记。

办理经济技术开发区、高新技术开发区等特别区域内居民婚姻登记的机关由省级人民政府民政部门提出意见报同级人民政府确定。

(三) 现役军人由部队驻地、入伍前常住户口所在地或另一方当事人常住户口所在地婚姻登记机关办理婚姻登记。

婚姻登记机关不得违反上述规定办理婚姻登记。

第28条 受理结婚登记申请的条件是：(一) 婚姻登记处具有管辖权；(二) 要求结婚的男女双方共同到婚姻登记处提出申请；(三) 当事人男年满22周岁，女年满20周岁；(四) 当事人双方均无配偶 (未婚、离婚、丧偶)；(五) 当事人双方没有直系血亲和3代以内旁系血亲关系；(六) 双方自愿结婚；(七) 当事人提交3张2寸双方近期半身免冠合影照片；(八) 当事人持有本规范第29条至第35条规定的有效证件。

第29条 内地居民办理结婚登记应当提交本人有效的居民身份证和户口簿，因故不能提交身份证的可以出具有效的临时身份证。

居民身份证与户口簿上的姓名、性别、出生日期、公民身份号码应当一致；不一致的，当事人应当先到有关部门更正。

户口簿上的婚姻状况应当与当事人声明一致。不一致的，当事人应当向登记机关提供能够证明其声明真实性的法院生效司法文书、配偶居民死亡医学证明 (推断) 书等材料；不一致且无法提供相关材料的，当事人应当先到有关部门更正。

当事人声明的婚姻状况与婚姻登记档案记载不一致的，当事人应当向登记机关提供能够证明其声明真实性的法院生效司法文书、配偶居民死亡医学证明 (推断) 书等材料。

第30条 现役军人办理结婚登记应当提交本人的居民身份证、军人证件和部队出具的军人婚姻登记证明。

居民身份证、军人证件和军人婚姻登记证明上的姓名、性别、出生日期、公民身份号码应当一致；不一致的，当事人应当先到有关部门更正。

第 31 条　香港居民办理结婚登记应当提交：（一）港澳居民来往内地通行证或者港澳同胞回乡证；（二）香港居民身份证；（三）经香港委托公证人公证的本人无配偶以及与对方当事人没有直系血亲和三代以内旁系血亲关系的声明。

第 32 条　澳门居民办理结婚登记应当提交：（一）港澳居民来往内地通行证或者港澳同胞回乡证；（二）澳门居民身份证；（三）经澳门公证机构公证的本人无配偶以及与对方当事人没有直系血亲和 3 代以内旁系血亲关系的声明。

第 33 条　台湾居民办理结婚登记应当提交：（一）台湾居民来往大陆通行证或者其他有效旅行证件；（二）本人在台湾地区居住的有效身份证；（三）经台湾公证机构公证的本人无配偶以及与对方当事人没有直系血亲和 3 代以内旁系血亲关系的声明。

第 34 条　华侨办理结婚登记应当提交：（一）本人的有效护照；（二）居住国公证机构或者有权机关出具的、经中华人民共和国驻该国使（领）馆认证的本人无配偶以及与对方当事人没有直系血亲和三代以内旁系血亲关系的证明，或者中华人民共和国驻该国使（领）馆出具的本人无配偶以及与对方当事人没有直系血亲和 3 代以内旁系血亲关系的证明。

与中国无外交关系的国家出具的有关证明，应当经与该国及中国均有外交关系的第三国驻该国使（领）馆和中国驻第三国使（领）馆认证，或者经第三国驻华使（领）馆认证。

第 35 条　外国人办理结婚登记应当提交：（一）本人的有效护照或者其他有效的国际旅行证件；（二）所在国公证机构或者有权机关出具的、经中华人民共和国驻该国使（领）馆认证或者该国驻华使（领）馆认证的本人无配偶的证明，或者所在国驻华使（领）馆出具的本人无配偶证明。

与中国无外交关系的国家出具的有关证明，应当经与该国及中国均有外交关系的第三国驻该国使（领）馆和中国驻第三国使（领）馆认证，或者经第三国驻华使（领）馆认证。

第 36 条　婚姻登记员受理结婚登记申请，应当按照下列程序进行：

（一）询问当事人的结婚意愿；

（二）查验本规范第 29 条至第 35 条规定的相应证件和材料；

（三）自愿结婚的双方各填写一份《申请结婚登记声明书》；《申请结婚登记声明书》中"声明人"一栏的签名必须由声明人在监誓人面前完成并按指纹；

（四）当事人现场复述声明书内容，婚姻登记员作监誓人并在监誓人一栏签名。

第 37 条　婚姻登记员对当事人提交的证件、证明、声明进行审查，符合结婚条件的，填写《结婚登记审查处理表》和结婚证。

第42条　申请补办结婚登记的，当事人填写《申请补办结婚登记声明书》，婚姻登记机关按照结婚登记程序办理。

第43条　申请复婚登记的，当事人填写《申请结婚登记声明书》，婚姻登记机关按照结婚登记程序办理。

~~第46条　受胁迫结婚的婚姻当事人，可以向原办理该结婚登记的机关请求撤销婚姻。~~

第55条　受理离婚登记申请的条件是：（一）婚姻登记处具有管辖权；（二）要求离婚的夫妻双方共同到婚姻登记处提出申请；（三）双方均具有完全民事行为能力；（四）当事人持有离婚协议书，协议书中载明双方自愿离婚的意思表示以及对子女抚养、财产及债务处理等事项协商一致的意见；（五）当事人持有内地婚姻登记机关或者中国驻外使（领）馆颁发的结婚证；（六）当事人各提交2张2寸单人近期半身免冠照片；（七）当事人持有本规范第29条至第35条规定的有效身份证件。

~~第59条　颁发离婚证，应当在当事人双方均在场时按照下列步骤进行：……~~

【民发〔2020〕116号】　民政部关于贯彻落实《中华人民共和国民法典》中有关婚姻登记规定的通知（2020年11月24日）

一、婚姻登记机关不再受理因胁迫结婚请求撤销业务

《民法典》第1052条第1款规定："因胁迫结婚的，受胁迫的一方可以向人民法院请求撤销婚姻。"因此，婚姻登记机关不再受理因胁迫结婚的撤销婚姻申请，《婚姻登记工作规范》第4条第3款、第5章废止，删除第14条第5项中"及可撤销婚姻"、第25条第2项中"撤销受胁迫婚姻"及第72条第2项中"撤销婚姻"表述。

二、调整离婚登记程序

根据《民法典》第1076条、第1077条和第1078条规定，离婚登记按如下程序办理：

（一）申请。夫妻双方自愿离婚的，应当签订书面离婚协议，共同到有管辖权的婚姻登记机关提出申请，并提供以下证件和证明材料：1.内地婚姻登记机关或者中国驻外使（领）馆颁发的结婚证；2.符合《婚姻登记工作规范》第29条至第35条规定的有效身份证件；3.在婚姻登记机关现场填写的《离婚登记申请书》（附件1）。

（二）受理。婚姻登记员按照《婚姻登记工作规范》有关规定对当事人提交的上述材料进行初审。

　　申请办理离婚登记的当事人有一本结婚证丢失的，当事人应当书面声明遗失，婚姻登记员可以根据另一本结婚证受理离婚登记申请；申请办理离婚登记的当事人两本结婚证都丢失的，当事人应当书面声明结婚证遗失并提供加盖查档专用章的结婚登记档案复印件，婚姻登记员可根据当事人提供的上述材料受理离婚登记申请。

　　婚姻登记员对当事人提交的证件和证明材料初审无误后，发给《离婚登记申请受理回执单》（附件2）。不符合离婚登记申请条件的，不予受理。当事人要求出具《不予受理离婚登记申请告知书》（附件3）的，应当出具。

　　（三）冷静期。自婚姻登记机关收到离婚登记申请并向当事人发放《离婚登记申请受理回执单》之日起30日内，任何一方不愿意离婚的，可以持本人有效身份证件和《离婚登记申请受理回执单》（遗失的可不提供，但需书面说明情况），向受理离婚登记申请的婚姻登记机关撤回离婚登记申请，并亲自填写《撤回离婚登记申请书》（附件4）。经婚姻登记机关核实无误后，发给《撤回离婚登记申请确认单》（附件5），并将《离婚登记申请书》、《撤回离婚登记申请书》与《撤回离婚登记申请确认单（存根联）》一并存档。

　　自离婚冷静期届满后30日内，双方未共同到婚姻登记机关申请发给离婚证的，视为撤回离婚登记申请。

　　（四）审查。自离婚冷静期届满后30日内（期间届满的最后一日是节假日的，以节假日后的第一日为期限届满的日期），双方当事人应当持《婚姻登记工作规范》第55条第4至7项规定的证件和材料，共同到婚姻登记机关申请发给离婚证。

　　婚姻登记机关按照《婚姻登记工作规范》第56条和第57条规定的程序和条件执行和审查。婚姻登记机关对不符合离婚登记条件的，不予办理。当事人要求出具《不予办理离婚登记告知书》（附件7）的，应当出具。

　　（五）登记（发证）。婚姻登记机关按照《婚姻登记工作规范》第58条至60条规定，予以登记，发给离婚证。

　　离婚协议书一式3份，男女双方各1份并自行保存，婚姻登记处存档1份。婚姻登记员在当事人持有的两份离婚协议书上加盖"此件与存档件一致，涂改无效。××××婚姻登记处××××年××月××日"的长方形红色印章并填写日期。多页离婚协议书同时在骑缝处加盖此印章，骑缝处不填写日期。当事人亲自签订的离婚协议书原件存档。婚姻登记处在存档的离婚协议书加盖"×××登记处存档件××××年××月××日"的长方形红色印章并填写日期。

　　三、离婚登记档案归档

　　婚姻登记机关应当按照《婚姻登记档案管理办法》规定建立离婚登记档案、

形成电子档案。

归档材料应当增加离婚登记申请环节所有材料（含附件1、4、5）。

四、工作要求

（一）加强宣传培训。要将本《通知》纳入信息公开的范围，将更新后的婚姻登记相关规定和工作程序及时在相关网站、婚姻登记场所公开，让群众知悉婚姻登记的工作流程和工作要求，最大限度做到便民利民。要抓紧开展教育培训工作，使婚姻登记员及时掌握《通知》的各项规定和要求，确保婚姻登记工作依法依规开展。

（二）做好配套衔接。要加快推进本地区相关配套制度的"废改立"工作，确保与本《通知》的规定相一致。要做好婚姻登记信息系统的升级，及时将离婚登记的申请、撤回等环节纳入信息系统，确保婚姻登记程序的有效衔接。

（三）强化风险防控。要做好分析研判，对《通知》实施过程中可能出现的风险和问题要有应对措施，确保矛盾问题得到及时处置。要健全请示报告制度，在通知执行过程中遇到的重要问题和有关情况，要及时报告民政部。

本通知自2021年1月1日起施行。《民政部关于印发〈婚姻登记工作规范〉的通知》（民发〔2015〕230号）中与本通知不一致的，以本通知为准。

【国函〔2023〕34号】　国务院关于同意扩大内地居民婚姻登记"跨省通办"试点的批复（2023年5月12日批复民政部，试点2年）

一、同意扩大内地居民婚姻登记"跨省通办"试点。调整后，在北京、天津、河北、内蒙古、辽宁、上海、江苏、浙江、安徽、福建、江西、山东、河南、湖北、广东、广西、海南、重庆、四川、陕西、宁夏等21个省（自治区、直辖市）实施结婚登记和离婚登记"跨省通办"试点。

二、在试点地区，相应暂时调整实施《婚姻登记条例》第4条第1款、第10条第1款的有关规定①。调整后，双方均非本地户籍的婚姻登记当事人可以凭一方居住证和双方户口簿、身份证，在居住证发放地婚姻登记机关申请办理婚姻登记，或者自行选择在一方常住户口所在地办理婚姻登记。②

---

① 《婚姻登记条例》第4条第1款：内地居民结婚，男女双方应当共同到一方当事人常住户口所在地的婚姻登记机关办理结婚登记。第10条第1款：内地居民自愿离婚的，男女双方应当共同到一方当事人常住户口所在地的婚姻登记机关办理离婚登记。

② 试点过程中，民政部要指导试点地区进步加强婚姻登记管理信息系统升级改造，着力提升婚姻登记信息化水平；充分发挥全国一体化政务服务平台公共支撑作用，强化部门间信息共享，完善婚姻登记信息数据库，确保婚姻登记的准确性；编制婚姻登记办事指南，开展婚姻登记"跨省通办"实务培训，依法有序开展试点工作；加强宣传引导和政策解读，营造良好的社会氛围；加强调查研究，及时发现和解决突出问题，防范和化解各种风险。

【高检发办字〔2021〕109号】　最高人民法院、最高人民检察院、公安部、民政部关于妥善处理以冒名顶替或者弄虚作假的方式办理婚姻登记问题的指导意见（2021年11月18日）

四、民政部门对于当事人反映身份信息被他人冒用办理婚姻登记，或者婚姻登记的一方反映另一方系冒名顶替、弄虚作假骗取婚姻登记的，应当及时将有关线索转交公安、司法等部门，配合相关部门做好调查处理。

民政部门收到公安、司法等部门出具的事实认定相关证明、情况说明、司法建议书、检察建议书等证据材料，应当对相关情况进行审核，符合条件的及时撤销相关婚姻登记。

民政部门决定撤销或者更正婚姻登记的，应当将撤销或者更正婚姻登记决定书于作出之日起15个工作日内送达当事人及利害关系人，同时抄送人民法院、人民检察院或者公安机关。

民政部门作出撤销或者更正婚姻登记决定后，应当及时在婚姻登记管理信息系统中备注说明情况并在附件中上传决定书。同时参照婚姻登记档案管理相关规定存档保管相关文书和证据材料。

五、民政部门应当根据《关于对婚姻登记严重失信当事人开展联合惩戒的合作备忘录》等文件要求，及时将使用伪造、变造或者冒用他人身份证件、户口簿、无配偶证明及其他证件、证明材料办理婚姻登记的当事人纳入婚姻登记领域严重失信当事人名单，由相关部门进行联合惩戒。

六、本指导意见所指当事人包括：涉案婚姻登记行为记载的自然人，使用伪造、变造的身份证件或者冒用他人身份证件办理婚姻登记的自然人，被冒用身份证件的自然人，其他利害关系人。

【发改财金〔2018〕342号】　国家发展改革委、人民银行、民政部、中央组织部、中央宣传部、中央编办、中央文明办、最高人民法院、教育部、工业和信息化部、公安部、司法部、财政部、人力资源社会保障部、商务部、卫生计生委、审计署、国资委、海关总署、税务总局、工商总局、质检总局、新闻出版广电总局、统计局、旅游局、银监会、证监会、保监会、国家公务员局、共青团中央、全国妇联关于对婚姻登记严重失信当事人开展联合惩戒的合作备忘录（2018年2月26日）

一、联合惩戒对象

联合惩戒对象为婚姻登记严重失信当事人。当事人有以下行为之一的，由民政部门列入严重失信名单：（一）使用伪造、变造或者冒用他人身份证件、户口簿、无配偶证明及其他证件、证明材料的；（二）作无配偶、无直系亲属关系、无 3 代以内旁系血亲等虚假声明的；（三）故意隐瞒对方无民事行为能力或限制民事行为能力状况，严重损害对方合法权益的；（四）其他严重违反《中华人民共和国婚姻法》和《婚姻登记条例》行为的。

二、信息共享与联合惩戒的实施方式

民政部基于全国婚姻登记信用信息平台，建立严重失信名单，通过全国信用信息共享平台与全国婚姻登记信用信息平台实现数据交换和共享。最高人民法院将婚姻登记当事人的判决或调解离婚、撤销婚姻登记、宣告婚姻无效、宣告死亡等案件信息与民政部交换和共享。公安部将婚姻登记当事人及其配偶的身份信息、死亡信息通过国家人口基础信息库与民政部交换和共享。工业和信息化部将婚姻登记当事人的通信信息与民政部交换和共享。卫生计生委将婚姻登记当事人及其配偶的死亡信息与民政部交换和共享。签署本备忘录的各相关部门从全国信用信息共享平台获取婚姻登记严重失信名单后，执行或者协助执行本备忘录规定的惩戒措施，有关部门根据实际情况将联合惩戒的实施情况反馈国家发展改革委和民政部。

三、联合惩戒措施及实施单位（略）

四、联合惩戒的动态管理

民政部对婚姻登记严重失信名单进行动态管理，及时更新相关信息，相关记录在后台长期保存。有关部门依据各自法定职责，按照法律法规和有关规定实施联合惩戒或者解除联合惩戒。

五、其他事宜

各部门和单位应密切协作，积极落实本备忘录，及时在本系统内下发，并指导监督本系统各级单位按照有关规定实施联合惩戒。

本备忘录签署后，各部门、各领域内相关法律、法规、规章及规范性文件有修改或调整，与本备忘录不一致的，以修改或调整后的法律法规为准。实施过程中具体操作问题，由各部门另行协商明确。

【法〔2016〕399 号】 第八次全国法院民事商事审判工作会议（民事部分）纪要（最高法 2016 年 11 月 21 日印发）

二、关于婚姻家庭纠纷案件的审理

（一）关于未成年人保护问题

1. 在审理婚姻家庭案件中，应注重对未成年人权益的保护，特别是涉及家庭暴力的离婚案件，从未成年子女利益最大化的原则出发，对于实施家庭暴力的父母一方，一般不宜判决其直接抚养未成年子女。

2. 离婚后，不直接抚养未成年子女的父母一方提出探望未成年子女诉讼请求的，应当向双方当事人释明探望权的适当行使对未成年子女健康成长、人格塑造的重要意义，并根据未成年子女的年龄、智力和认知水平，在有利于未成年子女成长和尊重其意愿的前提下，保障当事人依法行使探望权。

3. 祖父母、外祖父母对父母已经死亡或父母无力抚养的未成年孙子女、外孙子女尽了抚养义务，其定期探望孙子女、外孙子女的权利应当得到尊重，并有权通过诉讼方式获得司法保护。

（二）关于夫妻共同财产认定问题

4. 婚姻关系存续期间以夫妻共同财产投保，投保人和被保险人同为夫妻一方，离婚时处于保险期内，投保人不愿意继续投保的，保险人退还的保险单现金价值部分应按照夫妻共同财产处理；离婚时投保人选择继续投保的，投保人应当支付保险单现金价值的一半给另一方。

5. 婚姻关系存续期间，夫妻一方作为被保险人依据意外伤害保险合同、健康保险合同获得的具有人身性质的保险金，或者夫妻一方作为受益人依据以死亡为给付条件的人寿保险合同获得的保险金，宜认定为个人财产，但双方另有约定的除外。

婚姻关系存续期间，夫妻一方依据以生存到一定年龄为给付条件的具有现金价值的保险合同获得的保险金，宜认定为夫妻共同财产，但双方另有约定的除外。

【法发〔2017〕14号】   最高人民法院关于民商事案件繁简分流和调解速裁操作规程（试行）（2017年5月8日）

第20条（第1款）   基层人民法院对于离婚后财产纠纷、……等事实清楚、权利义务关系明确、争议不大的金钱给付纠纷，可以采用速裁方式审理。

【主席令〔2020〕57号】   中华人民共和国未成年人保护法（2020年10月17日全国人大常委会〔13届22次〕最新修订，2021年6月1日起施行；2024年4月26日全国人大常委会〔14届9次〕统修）

第24条   未成年人的父母离婚时，应当妥善处理未成年子女的抚养、教育、探望、财产等事宜，听取有表达意愿能力未成年人的意见。不得以抢夺、藏匿未成年子女等方式争夺抚养权。

未成年人的父母离婚后，不直接抚养未成年子女的一方应当依照协议、人民法院判决或者调解确定的时间和方式，在不影响未成年人学习、生活的情况下探望未成年子女，直接抚养的一方应当配合，但被人民法院依法中止探望权的除外。

【法释〔2022〕11号】   最高人民法院关于适用《中华人民共和国民事诉讼法》的解释（"法释〔2015〕5号"公布，2015年2月4日起施行；根据法释〔2020〕20号《决定》修正，2021年1月1日起施行；2022年3月22日最高法审委会〔1866次〕修正，2022年4月1日公布，2022年4月10日起施行；以本规为准）

第 12 条 夫妻一方离开住所地超过 1 年，另一方起诉离婚的案件，可以由原告住所地人民法院管辖。

夫妻双方离开住所地超过 1 年，一方起诉离婚的案件，由被告经常居住地人民法院管辖；没有经常居住地的，由原告起诉时被告居住地人民法院管辖。

第 13 条 在国内结婚并定居国外的华侨，如定居国法院以离婚诉讼须由婚姻缔结地法院管辖为由不予受理，当事人向人民法院提出离婚诉讼的，由婚姻缔结地或者一方在国内的最后居住地人民法院管辖。

第 14 条 在国外结婚并定居国外的华侨，如定居国法院以离婚诉讼须由国籍所属国法院管辖为由不予受理，当事人向人民法院提出离婚诉讼的，由一方原住所地或者在国内的最后居住地人民法院管辖。

第 15 条 中国公民一方居住在国外，一方居住在国内，不论哪一方向人民法院提起离婚诉讼，国内一方住所地人民法院都有权管辖。国外一方在居住国法院起诉，国内一方向人民法院起诉的，受诉人民法院有权管辖。

第 16 条 中国公民双方在国外但未定居，一方向人民法院起诉离婚的，应由原告或者被告原住所地人民法院管辖。

第 17 条 已经离婚的中国公民，双方均定居国外，仅就国内财产分割提起诉讼的，由主要财产所在地人民法院管辖。

第 145 条（第 2 款） 人民法院审理离婚案件，应当进行调解，但不应久调不决。

第 147 条（第 2 款） 离婚案件当事人确因特殊情况无法出庭参加调解的，除本人不能表达意志的以外，应当出具书面意见。

第 148 条（第 2 款） 无民事行为能力人的离婚案件，由其法定代理人进行诉讼。法定代理人与对方达成协议要求发给判决书的，可根据协议内容制作判决书。

第 214 条（第 2 款） 原告撤诉或者按撤诉处理的离婚案件，没有新情况、新理由，6 个月内又起诉的，比照民事诉讼法第 127 条第 7 项的规定不予受理。

第 217 条 夫妻一方下落不明，另一方诉至人民法院，只要求离婚，不申请宣告下落不明人失踪或者死亡的案件，人民法院应当受理，对下落不明人公告送达诉讼文书。

第 234 条 无民事行为能力人的离婚诉讼，当事人的法定代理人应当到庭；法定代理人不能到庭的，人民法院应当在查清事实的基础上，依法作出判决。

第 327 条 一审判决不准离婚的案件，上诉后，第二审人民法院认为应当判决离婚的，可以根据当事人自愿的原则，与子女抚养、财产问题一并调解；调解不成的，发回重审。

双方当事人同意由第二审人民法院一并审理的，第二审人民法院可以一并裁判。

【法释［2022］17 号】　　最高人民法院关于办理人身安全保护令案件适用法律若干问题的规定（2022 年 6 月 7 日最高法审委会［1870 次］通过，2022 年 7 月 14 日公布，2022 年 8 月 1 日起施行）（全文见本书第 9 章"人身安全保护令"专辑）

第 9 条　离婚等案件中，当事人仅以人民法院曾作出人身安全保护令为由，主张存在家庭暴力事实的，人民法院应当根据《最高人民法院关于适用〈中华人民共和国民事诉讼法〉的解释》第 108 条（见本书第 67 条第 3 款）的规定，综合认定是否存在该事实。

第 11 条　离婚案件中，判决不准离婚或者调解和好后，被申请人违反人身安全保护令实施家庭暴力的，可以认定为民事诉讼法第 127 条第 7 项规定的"新情况、新理由"。

【主席令［2022］122 号】　　中华人民共和国妇女权益保障法（2022 年 10 月 30 日全国人大常委会［13 届 37 次］修订，2023 年 1 月 1 日起施行）

第 67 条　离婚诉讼期间，夫妻一方申请查询登记在对方名下财产状况且确因客观原因不能自行收集的，人民法院应当进行调查取证，有关部门和单位应当予以协助。

离婚诉讼期间，夫妻双方均有向人民法院申报全部夫妻共同财产的义务。一方隐藏、转移、变卖、损毁、挥霍夫妻共同财产，或者伪造夫妻共同债务企图侵占另一方财产的，在离婚分割夫妻共同财产时，对该方可以少分或者不分财产。

第 68 条（第 2 款）　女方因抚育子女、照料老人、协助男方工作等负担较多义务的，有权在离婚时要求男方予以补偿。补偿办法由双方协议确定；协议不成的，可以向人民法院提起诉讼。

第 69 条　离婚时，分割夫妻共有的房屋或者处理夫妻共同租住的房屋，由双方协议解决；协议不成的，可以向人民法院提起诉讼。

【法释［2024］1 号】　　最高人民法院关于审理涉彩礼纠纷案件适用法律若干问题的规定（2023 年 11 月 13 日最高法审委会［1905 次］通过，2024 年 1 月 17 日公布，2024 年 2 月 1 日起施行）

第 4 条　婚约财产纠纷中，婚约一方及其实际给付彩礼的父母可以作为共同原告；婚约另一方及其实际接收彩礼的父母可以作为共同被告。

离婚纠纷中，一方提出返还彩礼诉讼请求的，当事人仍为夫妻双方。

【法发［2024］7 号】　　最高人民法院关于全面加强未成年人司法保护及犯罪防治工作的意见（2024 年 5 月 30 日发布并实施）

8. 合理确定直接抚养人。对涉抚养案件，未成年子女已满八周岁的，应当充分听取其意见，尊重其真实意愿。未成年子女向人民法院表达意愿或者陈述事实时，人民法院可以通知社会观护人员或者其他合适人员在场陪同。陪同人员可以辅助未成年子女表达真实意愿。必要时，人民法院可以单独询问、听取未成年子女意见，并提供适宜未成年人心理特点的友善环境，确保其隐私及安全。未成年子女表达的意见不利于其身心健康成长的，人民法院应当予以释明，并依据最有利于未成年人的原则进行裁判。

9. 妥善审理探望权案件。对于探望权案件，人民法院在裁判文书中应当根据案件实际情况，写明探望时间、方式等具体内容。不直接抚养一方因外出务工等原因不能见面探望的，人民法院可以引导当事人积极通过电话、书信、网络、视频连线等方式给予子女亲情关爱。

不直接抚养未成年子女的一方应当依照协议、人民法院判决或者调解确定的时间和方式，在不影响未成年子女学习、生活的情况下探望未成年子女，直接抚养的一方应当配合，拒不协助的，人民法院可予以教育、训诫，直至依法采取拘留、罚款等强制措施。探望不利于未成年子女身心健康、当事人请求中止探望的，人民法院在征询双方当事人及未成年子女意见并查明事实后，认为需要中止探望的，依法作出裁定。未成年子女请求父母探望，或者祖父母、外祖父母请求探望孙子女、外孙子女的，人民法院根据案件具体情况，按照最有利于未成年人的原则依法裁判。

11. 依法保护未成年人合法财产权益。人民法院在审理离婚案件时，应当注意审查当事人拟分割的财产中是否包括未成年子女的财产以及是否已将未成年子女的财产分列，防止当事人违法处分未成年子女的财产。未成年子女存在重病等特殊情形的，人民法院根据财产的具体情况，应以照顾子女、女方和无过错方权益的原则依法处理。人民法院审理继承案件，应当依法保护未成年人的继承权和受遗赠权。

22. 积极完善社会观护。人民法院审理离婚、抚养、收养、监护、探望等民事案件涉及未成年人的，可以委托从事未成年人保护相关工作的社会组织或者人员就未成年人相关情况开展调查、参与案件调解、必要时陪同未成年人接受询问、对未成年人进行心理疏导、判后延伸观察保护等社会观护工作。社会观护员可通过分别听取当事人、未成年人意见和走访街道、社区、幼儿园、学校等方式，全面了解未成年人的实际生活状况。社会观护报告可以作为人民法院审理案件及开展司法延伸工作的参考和依据。

23. 积极开展心理疏导。人民法院审理涉未成年人案件，根据案件情况认为有必要时，可以自行或者聘请专业人员对未成年当事人进行心理疏导和矫治，安抚未成年人情绪，消除、化解未成年人心理危机和心理障碍；经未成年人及其法定代理人同意，也可以对未成年人进行心理测评，心理测评报告可以作为办理案件和教育矫治的参考。应当及时为未成年被害人及遭受家庭暴力的未成年人提供心理疏导。

【法民字［1981］09 号】　最高人民法院关于离婚时协议一方不负担子女抚养费，经过若干时间他方提起要求对方负担抚养费的诉讼，法院如何处理的复函（1981 年 7 月 30 日答复新疆高院）

第一个问题。据你院来文所述，男女当事人在民政部门登记离婚，对孩子抚养问题，当时以一方抚养孩子，另一方不负担抚养费达成协议。过若干时间（如一、两年）后，抚养孩子的一方以新婚姻法第 30 条为依据，向法院提起要求对方负担抚养费用的诉讼。另一方则据原协议拒绝这种要求。人民法院应如何处理？

我们认为：根据婚姻法第 29 条："父母与子女间的关系，不因父母离婚而消除。离婚后，子女无论由父方或母方抚养，仍是父母双方的子女。""离婚后，父母对子女仍有抚养和教育的权利和义务。"和第 30 条："关于子女生活费和教育费的协议或判决，不妨碍子女在必要时向父母任何一方提出超过协议或判决原定数额的合理要求"的规定，抚养孩子的一方向法院提起要求对方负担抚养费用的诉讼，人民法院应予受理，并根据原告申述的理由，经调查了解双方经济情况有无变化，子女的生活费和教育费是否确有增加的必要，从而作出变更或维持原协议的判决。

第二个问题。当事人邓森，因双方和孩子的情况发生了较大变化，要求改变原来对孩子抚养费部分的判决。我们同意你院的下述意见：即"邓森所提不是基于对原判不服的申诉，而是依据新情况提出诉讼请求。"因此，可由你院发交基层法院作新案处理。

【法民字［1984］12 号】　最高人民法院关于周兴荣诉黄文英离婚一案管辖的批复（1984 年 11 月 14 日答复云南省景东县景福人民法庭）①

周兴荣诉黄文英离婚一案，据你庭来函，黄文英在婚后被拐卖至安徽省固镇县何集公社何集大队一队与他人重婚，因此你庭按民事诉讼法（试行）第 20 条的规定，于 1983 年 9 月 27 日将该案移送安徽省固镇县人民法院。该院于 1983 年 10 月 24 日以地址不详、查无此人，将案件退回。经你庭查准黄文英地址后，于 1983 年 12 月 7 日再次将案件移送固镇县人民法院，并于 1984 年 3 月 7 日和 5 月 6 日 2 次去函催办，未得到回复，为此，向本院反映这一情况。

本院 1964 年 10 月 23 日［64］法研字第 91 号《关于外流妇女重婚案件和外流妇女重婚后的离婚案件管辖问题的批复》（已废止）中第 3 项指出：女方外流重婚后，原夫起诉要求离婚的案件……应由原夫所在地人民法院审理"。这一批

_____
① 本《批复》一直未见废止。

复是根据外流妇女重婚后的特殊情况作出的。妇女外流重婚后，原夫往往难以查知其下落，为使原夫能及时向人民法院起诉离婚，以及根据民事诉讼法（试行）第21条规定的精神，我们认为，对外流妇女原夫起诉要求离婚的案件，仍按照上述批复，由原夫所在地人民法院审理为宜。因此，本案应由你庭受理。在审理中，需要向黄文英进行调查的，可以要求固镇县人民法院给以协助。

【民他字〔1985〕35号】 最高人民法院关于林守义诉熊正俭离婚案管辖问题的批复（1985年11月21日答复陕西高院）①

熊正俭于1982年9月离开西安到福建省三明市其女儿家居住至今。林守义于1985年4月向西安市坝桥区人民法院起诉，要求与熊正俭离婚。西安市坝桥区人民法院将案件移送福建省三明市三元区人民法院。三元区人民法院受理后，于1985年5至7月曾3次发函委托西安市坝桥区人民法院调查。西安市坝桥区人民法院既不调查，又不将未调查的原因告知三元区人民法院。在此情况下，三元区人民法院将案件移送西安市中级人民法院。对上述情况，我们研究后认为，根据《中华人民共和国民事诉讼法（试行）》第20条、第32条、第89条的规定，该案应由福建省三明市三元区人民法院受理；陕西省西安市坝桥区人民法院对三元区人民法院的委托调查应在法定期限内完成。如因故不能完成，应及时函告说明原因。坝桥区和三元区人民法院的上述做法是不对的，应注意改正。

【民他字〔1984〕14号】 最高人民法院关于旅居阿根廷的中国公民按阿根廷法律允许的方式达成的长期分居协议我国法律是否承认其离婚效力问题的复函（见本书第298-300条）

【民他字〔1985〕37号】 最高人民法院关于美国法院未通过外交途径径直将离婚判决书寄给我人民法院应如何处理问题的批复（见本书第298-300条）

【法释〔2020〕20号】 最高人民法院关于中国公民申请承认外国法院离婚判决程序问题的规定（见本书第298-300条）

【法释〔2000〕6号】 最高人民法院关于人民法院受理申请承认外国法院离婚判决案件有关问题的规定（见本书第298-300条）

【民立他字〔2003〕15号】 最高人民法院关于中国公民黄爱京申请承认外国法院离婚确认书受理问题的复函（见本书第298-300条）

【法释〔2005〕8号】 最高人民法院关于当事人申请承认澳大利亚法院出具的离婚证明书人民法院应否受理问题的批复（见本书第298-300条）

---

① 见法律出版社法规中心编写的《婚姻家庭法律纠纷处理依据与解读》，2014年6月第1版。

【主席令［2010］36号】　**中华人民共和国涉外民事关系法律适用法**（2010年10月28日全国人大［11届17次］通过，2011年4月1日起施行）

第26条　协议离婚，当事人可以协议选择适用一方当事人经常居所地法律或者国籍国法律。当事人没有选择的，适用共同经常居所地法律；没有共同经常居所地的，适用共同国籍国法律；没有共同国籍的，适用办理离婚手续机构所在地法律。

第27条　诉讼离婚，适用法院地法律。

● **指导案例**　【法［2016］311号】　**最高人民法院第14批指导性案例**（2016年9月19日）

（指导案例66号）雷某某诉宋某某离婚纠纷案（北京三中院2015年10月19日［2015］三中民终字第08205号民事判决）

裁判要点：一方在离婚诉讼期间或离婚诉讼前，隐藏、转移、变卖、毁损夫妻共同财产，或伪造债务企图侵占另一方财产的，离婚分割夫妻共同财产时，依照《婚姻法》第47条（现民法典第1092条）的规定可以少分或不分财产。

【高检发办字［2021］51号】　**最高人民检察院第30批指导性案例**（2021年6月30日最高检检委会［13届69次］通过，2021年8月17日印发）

（检例第121号）姚某诉福建省某县民政局撤销婚姻登记检察监督案

要旨：……人民检察院办理婚姻登记行政诉讼监督案件，对确属冒名婚姻登记的应当建议民政部门依法撤销，发现有关个人涉嫌犯罪的，应当依法监督有关部门立案侦查。

● **入库案例**　【2023-07-2-015-001】　**胡某诉刘某离婚后财产纠纷案**（北京三中院/2023.06.21/［2023］京03民终2580号）

裁判要旨：2.配偶一方违反夫妻忠实义务，在婚姻存续期间与婚外异性存在不正当关系，离婚后3天即再婚并在不到半年内生育子女，严重伤害夫妻感情，导致婚姻破裂，应当认定为民法典第1091条规定的"有其他重大过错"情形。

【2023-16-2-015-003】　**杨某乙诉杨某甲离婚后财产纠纷案**（云南高院/2018.06.19/［2017］云民再99号）

裁判要旨：夫妻共同财产，是指夫妻双方或一方在婚姻存续期间所得，除法律另有规定或夫妻双方另有约定之外，归属夫妻共同所有的财产。离婚案件中对财产的分割，仅指夫妻共同财产，夫妻的个人财产及其他财产均不在分割之列。夫妻一方个人所有的财产，不因婚姻关系的延续而转化为夫妻共同财产。在婚姻关系存续期间，夫妻一方以个人财产购置的房屋等不动产仍应归个人所有，不属于夫妻共同财产。

【2023-16-2-030-002】 顾甲 A、顾甲 B、顾甲 C 诉顾乙 B、顾甲 D 等遗嘱继承纠纷案（上海高院/2020.09.18/［2020］沪民再 11 号）

裁判要旨：1. 我国《继承法》将附义务的遗嘱作为公民处分其遗产的一种重要方式列入遗产继承制度中，从法律上肯定了附义务遗嘱的地位和作用。案涉代书遗嘱为附义务遗嘱，亦属于附义务的民事法律行为。该义务施加是单方意思表示，无须与对方协商，也无须征得对方同意，相对人只存在接受与不接受的选择权，义务具有强制性，如果相对人不履行义务，其享有的权利可能被撤销。

2. 我国《继承法》等都规定了成年子女有赡养扶助父母的义务。子女赡养父母是法定义务，但父母在遗嘱中明确由哪个儿女赡养是父母的自由，指定赡养人并不免除其他子女的赡养义务。对于立遗嘱人的赡养义务，出现了法定义务和遗嘱义务并存的情况。从义务性质来看，遗嘱义务应当具有优先性，而法定义务则具有兜底补充性。根据《继承法》的相关规定，遗嘱对于遗产的处置要优先于法律的默示处置规则。因此，只有在遗嘱继承人无力承担赡养义务的前提下，其余法定继承人方才承担赡养义务。从遗嘱制度的设立初衷来看，遗嘱制度旨在体现立遗嘱人的意愿，保护其对自有财产的支配权。从案涉遗嘱内容来看，立遗嘱人之意愿并非由全部法定继承人对其承担赡养义务。从权利义务一致原则来看，其余 2 位非遗嘱继承人未获得继承收益，如仍让其负担丧葬费不符合权利义务一致的原则。而 4 位遗嘱继承人所负担的遗嘱义务亦明显小于其所享有的继承利益。

● **典型案例** 【法办［2023］号】 **中国反家暴十大典型案例**（最高法 2023 年 6 月 15 日发布）

（案例 9） 张某与邹某离婚纠纷案：受暴方过错并非家暴理由，施暴方不宜直接抚养未成年子女

基本案情：张某（女）因婚后与其他异性有不正当关系，经常被丈夫邹某打骂。2018 年 11 月 24 日，邹某持裁纸刀划伤张某面部、衣服，并导致张某身体其他部位受伤，张某遂报警，经鉴定为轻微伤。张某以邹某多年来数次实施家庭暴力为由，起诉离婚，并请求自己抚养儿子邹小某。邹某认为张某出轨在先，其纠纷是夫妻之间的普通争吵行为，其对张某没有严重性、经常性、持续性的殴打迫害，不构成家庭暴力，不同意离婚，且要求共同抚养邹小某。法院认为，张某虽有过错，但邹某不能用暴力来解决问题。根据《反家庭暴力法》，严重性、持续性、经常性并非家庭暴力的构成要件，张某所受损伤构成轻微伤，可见邹某的行为已经构成家庭暴力。加之双方已经分居，张某坚持要求离婚，法院判决准许双方离婚，邹小某由张某抚养，邹某于每月 20 日前支付抚养费 1000 元，直至其年满 18 周岁为止。

　　典型意义：1. 家暴行为证据的采纳与认定具有特殊性。家庭暴力往往具有私密性，目睹家庭暴力的极可能仅有未成年子女，导致许多家庭暴力难以得到及时认定和处理。本案中，人民法院委托家事调查员与邹小某进行谈话，邹小某对家事调查员表示其曾看到过一次父母在家吵架，父亲打了母亲，母亲的嘴部流血，综合邹某承认其与张某确实发生争吵伴有肢体接触，其对张某有压制行为，并看到张某嘴部流血，法院认定2013年6、7月邹某实施了家暴行为。法院采纳未成年子女提供的与其年龄、智力相适应的证言，在能与其他证据相印证达到较大可能性标准的情况下，认定施暴人的家暴行为，既有利于充分保护受暴者，同时对涉家暴纠纷审判实践也具有指导意义。2. 受暴方是否有过错，殴打行为是否具有严重性、经常性、持续性均不是认定家庭暴力的构成要件。3. 实施家庭暴力是离婚法定事由，应依法判决离婚，及时阻断家庭暴力。邹某在婚姻关系存续期间，对张某实施家庭暴力，张某坚决要求离婚，即使邹某不同意离婚，法院也应依法判决双方离婚，及时遏制家庭暴力。4. 根据最有利于未成年人原则，施暴方一般不宜直接抚养未成年子女。在处理离婚纠纷涉子女抚养权归属时，是否存在家庭暴力是确定子女抚养权归属的重要考量因素。审判中，施暴者往往辩称家暴行为只存在于夫妻之间，并不影响其对孩子的感情，甚至以希望孩子有完整的家庭为由，拒绝离婚。但是，家庭暴力是家庭成员之间的严重侵害行为，未成年子女目睹施暴过程会给其内心造成极大的心理创伤，目睹家庭暴力的未成年人实际上也是家庭暴力的受害者。因此，若父母一方被认定构成家暴，无论是否直接向未成年子女施暴，如无其他情形，一般认定施暴方不宜直接抚养未成年子女。

　　【法办发［2023］号】　人民法院反家庭暴力典型案例（第2批）（最高法2023年11月27日发布）

　　（案例3）刘某某与王某某离婚纠纷案：离婚纠纷中，施暴方不宜直接抚养未成年子女

　　关键词：离婚纠纷；家庭暴力；直接抚养；子女意愿

　　基本案情：刘某某（女）和王某某系夫妻关系，双方生育1子1女。婚后，因王某某存在家暴行为，刘某某报警8次，其中一次经派出所调解，双方达成"王某某搬离共同住房，不得再伤害刘某某"的协议。刘某某曾向人民法院申请人身安全保护令。现因王某某实施家暴等行为，夫妻感情破裂，刘某某诉至人民法院，请求离婚并由刘某某直接抚养子女，王某某支付抚养费等。诉讼中，王某某主张同意女儿由刘某某抚养，儿子由王某某抚养。儿子已年满8周岁，但其在书写意见时表示愿意和妈妈一起生活，在王某某录制的视频和法院的询问笔录中又表示愿意和爸爸一起生活，其回答存在反复。

裁判理由及结果：人民法院经审理认为，双方均确认夫妻感情已破裂，符合法定的离婚条件，准予离婚。双方对儿子抚养权存在争议。根据《中华人民共和国民法典》第 1084 条规定，人民法院应当按照最有利未成年子女的原则处理抚养纠纷。本案中，九岁的儿子虽然具有一定的辨识能力，但其表达的意见存在反复，因此，应当全面客观看待其出具的不同意见。王某某存在家暴行为，说明其不能理性、客观地处理亲密关系人之间的矛盾，在日常生活中该行为对未成年人健康成长存在不利影响；同时，两个孩子从小一起生活，均由刘某某抚养，能够使兄妹俩在今后的学习、生活中相伴彼此、共同成长；刘某某照顾陪伴两个孩子较多，较了解学习、生活习惯，有利于孩子的身心健康成长。判决：一、准予刘某某与王某某离婚；二、婚生儿子、女儿均由刘某某抚养，王某某向刘某某支付儿子、女儿抚养费直至孩子年满 18 周岁止。

典型意义：根据民法典第 1084 条规定，离婚纠纷中，对于已满 8 周岁的子女，在确定由哪一方直接抚养时，应当尊重其真实意愿。由于未成年人年龄及智力发育尚不完全，基于情感、经济依赖等因素，其表达的意愿可能会受到成年人一定程度的影响，因此，应当全面考察未成年人的生活状况，深入了解其真实意愿，并按照最有利于未成年人的原则判决。本案中，由于儿子表达的意见存在反复，说明其对于和哪一方共同生活以及该生活对自己后续身心健康的影响尚无清晰认识，人民法院慎重考虑王某某的家暴因素，坚持最有利于未成年子女的原则，判决孩子由最有利于其成长的母亲直接抚养，有助于及时阻断家暴代际传递，也表明了对婚姻家庭中施暴方在法律上予以否定性评价的立场。

【法办〔2023〕号】　人民法院涉彩礼纠纷典型案例（最高法 2023 年 12 月 27 日发布）

（案例 1）王某某与李某某离婚纠纷案：已办理结婚登记但共同生活时间较短，离婚时应当根据共同生活时间、孕育子女等事实对数额过高的彩礼酌情返还

基本案情：2020 年 9 月，王某某与李某某（女）登记结婚。王某某家在当地属于低收入家庭。为与对方顺利结婚，王某某给付李某某彩礼 18.8 万元。李某某于 2021 年 4 月终止妊娠。因双方家庭矛盾加深，王某某于 2022 年 2 月起诉离婚，并请求李某某返还彩礼 18.8 万元。

裁判结果：审理法院认为，双方当事人由于婚前缺乏了解，婚后亦未建立起深厚感情，婚姻已无存续可能，准予离婚。结合当地经济生活水平及王某某家庭经济情况，王某某所给付的彩礼款 18.8 万元属于数额过高，事实上造成较重的家庭负担。综合考虑双方共同生活时间较短，女方曾有终止妊娠等事实，为妥善平衡双方当事人利益，化解矛盾纠纷，酌定李某某返还彩礼款 56400 元。

典型意义:彩礼是以缔结婚姻为目的依据习俗给付的财物。作为我国婚嫁领域的传统习俗,彩礼是男女双方及家庭之间表达感情的一种方式,也蕴含着对婚姻的期盼与祝福。然而,超出负担能力给付的高额彩礼却背离了爱情的初衷和婚姻的本质,使婚姻演变成物质交换,不仅对彩礼给付方造成经济压力,影响婚姻家庭的和谐稳定,也不利于弘扬社会文明新风尚。2021年以来,"中央一号文件"连续三年提出治理高额彩礼问题。遏制高额彩礼陋习、培育文明乡风成为全社会的共同期盼。基于彩礼给付的特定目的,一般情况下,双方已办理结婚登记手续并共同生活,离婚时一方请求返还按照习俗给付的彩礼的,人民法院不予支持。但是,也要看到,给付彩礼的目的除了办理结婚登记这一法定形式要件外,更重要的是双方长期共同生活。因此,共同生活时间长短应当作为确定彩礼是否返还以及返还比例的重要考量因素。本案中,双方共同生活仅一年多时间,给付彩礼的目的尚未全部实现,给付方不存在明显过错,相对于其家庭收入来讲,彩礼数额过高,给付彩礼已造成较重的家庭负担,同时,考虑到终止妊娠对女方身体健康亦造成一定程度的损害等事实,判决酌情返还部分彩礼,能够较好地平衡双方当事人间的利益,引导树立正确的婚恋观,倡导形成文明节俭的婚礼习俗,让婚姻始于爱,让彩礼归于"礼"。

(案例2) 张某与赵某婚约财产纠纷案:男女双方举行结婚仪式后共同生活较长时间且已育有子女,一般不支持返还彩礼

基本案情:张某与赵某(女)于2018年11月经人介绍相识,自2019年2月起共同生活,于2020年6月生育一子。2021年1月双方举行结婚仪式,至今未办理结婚登记手续。赵某收到张某彩礼款160000元。后双方感情破裂,于2022年8月终止同居关系。张某起诉主张赵某返还80%彩礼,共计128000元。

裁判结果:审理法院认为,双方自2019年2月起即共同生活并按民间习俗举行了婚礼,双方在共同生活期间生育一子,现已年满2周岁,且共同生活期间必然因日常消费及生育、抚养孩子产生相关费用,若在以夫妻名义共同生活数年且已共同养育子女2年后仍要求返还彩礼,对赵某明显不公平,故判决驳回张某的诉讼请求。

典型意义:习近平总书记强调指出,家庭是社会的基本细胞,是人生的第一所学校。不论时代发生多大变化、不论生活格局发生多大变化,我们都要重视家庭建设,注重家庭、注重家教、注重家风。民法典规定,家庭应当树立优良家风、弘扬家庭美德,重视家庭文明建设,保护妇女、未成年人、老年人、残疾人的合法权益。人民法院在审理涉及彩礼纠纷案件中要坚决贯彻落实习近平总书记关于家庭家教家风建设的重要论述精神和民法典的相关规定。《最高人民法院关于适用〈中华人民共和国民法典〉婚姻家庭编的解释(一)》第5条关于未办理结婚

登记手续应返还彩礼的规定，应当限于未共同生活的情形。已经共同生活的双方因未办理结婚登记手续不具有法律上的夫妻权利义务关系，但在审理彩礼返还纠纷时，不应当忽略共同生活的"夫妻之实"。该共同生活的事实不仅承载着给付彩礼一方的重要目的，也会对女性身心健康产生一定程度的影响，尤其是在孕育子女等情况下。如果仅因未办理结婚登记而要求接收彩礼一方全部返还，有违公平原则，也不利于保护妇女合法权益。本案中，双方当事人虽未办理结婚登记，但按照当地习俗举办了婚礼，双方以夫妻名义共同生活三年有余，且已生育一子。本案判决符合当地风俗习惯，平衡各方当事人利益，特别体现了对妇女合法权益的保护。

（案例 3）刘某与朱某婚约财产纠纷案：已办理结婚登记，仅有短暂同居经历尚未形成稳定共同生活的，应扣除共同消费等费用后返还部分彩礼

基本案情：刘某与朱某（女）2020 年 7 月确立恋爱关系，2020 年 9 月登记结婚。刘某于结婚当月向朱某银行账户转账一笔 80 万元并附言为"彩礼"，转账一笔 26 万元并附言为"五金"。双方分别在不同省份的城市工作生活。后因筹备举办婚礼等事宜发生纠纷，双方于 2020 年 11 月协议离婚，婚姻关系存续不到三个月。婚后未生育子女，无共同财产，无共同债权债务。双方曾短暂同居，并因筹备婚宴、拍婚纱照、共同旅游、亲友相互往来等发生部分费用。离婚后，因彩礼返还问题发生争议，刘某起诉请求朱某返还彩礼 106 万元。

裁判结果：审理法院认为，彩礼是男女双方在缔结婚姻时一方依据习俗向另一方给付的钱物。关于案涉款项的性质，除已明确注明为彩礼的 80 万元款项外，备注为"五金"的 26 万元亦符合婚礼习俗中对于彩礼的一般认知，也应当认定为彩礼。关于共同生活的认定，双方虽然已经办理结婚登记，但从后续拍摄婚纱照、筹备婚宴的情况看，双方仍在按照习俗举办婚礼仪式的过程中。双方当事人婚姻关系仅存续不到三个月，其间双方工作、生活在不同的城市，对于后续如何工作、居住、生活未形成一致的规划。双方虽有短暂同居经历，但尚未形成完整的家庭共同体和稳定的生活状态，不能认定为已经有稳定的共同生活。鉴于双方已经登记结婚，且刘某支付彩礼后双方有共同筹备婚礼仪式、共同旅游、亲友相互往来等共同开销的情况，对该部分费用予以扣减。据此，法院酌情认定返还彩礼 80 万元。

典型意义：涉彩礼返还纠纷中，不论是已办理结婚登记还是未办理结婚登记的情况，在确定是否返还以及返还的具体比例时，共同生活时间均是重要的考量因素。但是，案件情况千差万别，对何谓"共同生活"，很难明确规定统一的标准，而应具体情况具体分析。本案中，双方婚姻关系存续时间短，登记结婚后仍在筹备婚礼过程中，双方对于后续如何工作、居住、生活未形成一致的规划，未形成完整的家庭共同体和稳定的生活状态，不宜认定为已经共同生活。但是，考虑到办理结婚登记以及短暂同居经历对女方的影响、双方存在共同消费、彩礼数额过高等因素，判决酌情返还大部分彩礼，能够妥善平衡双方利益。

（案例4）张某某与赵某某、赵某、王某婚约财产纠纷案：婚约财产纠纷中，接收彩礼的婚约方父母可作为共同被告

基本案情： 张某某与赵某某（女）经人介绍认识，双方于2022年4月定亲。张某某给付赵某某父母赵某和王某定亲礼36600元；2022年9月张某某向赵某某银行账户转账彩礼136600元。赵某某等购买价值1120元的嫁妆并放置在张某某处。双方未办理结婚登记，未举行结婚仪式。2022年9月，双方解除婚约后因彩礼返还问题发生争议，张某某起诉请求赵某某及其父母赵某、王某共同返还彩礼173200元。

裁判结果： 审理法院认为，双方未办理结婚登记，现有证据不足以证明张某某与赵某某持续、稳定地共同生活，张某某不存在明显过错，但在案证据也能证实赵某某为缔结婚姻亦有付出的事实，故案涉定亲礼、彩礼在扣除嫁妆后应予适当返还。关于赵某、王某是否系本案适格被告的问题，审理法院认为，关于案涉彩礼136600元，系张某某以转账方式直接给付给赵某某，应由赵某某承担返还责任，扣除嫁妆后，酌定返还121820元；关于案涉定亲礼36600元，系赵某某与其父母共同接收，应由赵某某、赵某、王某承担返还责任，酌定返还32940元。

典型意义： 民法典第10条规定，处理民事纠纷，应当依照法律；法律没有规定的，可以适用习惯，但是不得违背公序良俗。法律没有就彩礼问题予以规定，人民法院应当在不违背公序良俗的情况下按照习惯处理涉彩礼纠纷。根据中国传统习俗，缔结婚约的过程中，一般是由男女双方父母在亲朋、媒人等见证下共同协商、共同参与完成彩礼的给付。因此，在确定诉讼当事人时，亦应当考虑习惯做法。当然，各地区、各家庭情况千差万别，彩礼接收人以及对该笔款项如何使用，情况非常复杂，既有婚约当事人直接接收的，也有婚约当事人父母接收的；彩礼的去向也呈现不同样态，既有接收一方将彩礼作为嫁妆一部分返还的，也有全部返回给婚约当事人作为新家庭生活启动资金的，还有的由接收彩礼一方父母另作他用。如果婚约当事人一方的父母接收彩礼的，可视为与其子女的共同行为，在婚约财产纠纷诉讼中，将婚约一方及父母共同列为当事人，符合习惯，也有利于查明彩礼数额、彩礼实际使用情况等案件事实，从而依法作出裁判。

● **文书格式**　**【法［2016］221号】**　**民事诉讼文书样式**（2016年2月22日最高法审委会［1679次］通过，2016年6月28日公布，2016年8月1日起施行）
（本书对格式略有调整）

意见书（离婚案件当事人出具书面意见用）①

提交意见人：×××，男/女，×年×月×日出生，×族，……（写明工作单位和职务或者职业），住……。联系方式：……。

你院×年×月×日立案受理了（××××）……号原告×××与被告×××离婚纠纷一案。本人因……（写明理由），无法出庭参加×年×月×日调解。

书面意见：……

（以上写明对于离婚、子女抚养、财产处置等意见）

此致：××人民法院

提交意见人（签名）

×年×月×日

第 150 条[19910409]　**【庭审笔录】**书记员应当将法庭审理的全部活动记入笔录，由审判人员和书记员签名。

法庭笔录应当当庭宣读，也可以告知当事人和其他诉讼参与人当庭或者在 5 日内阅读。当事人和其他诉讼参与人认为对自己的陈述记录/记载确有遗漏或者差错的，有权申请补正。如果不予补正，应当将申请记录在案。

法庭笔录由当事人和其他诉讼参与人签名或者盖章。拒绝签名盖章的，记明情况附卷。

● **相关规定**　**【法释〔2003〕15 号】**　**最高人民法院关于适用简易程序审理民事案件的若干规定**（2003 年 7 月 4 日最高法审委会〔1280 次〕通过，2003 年 9 月 10 日公布，2003 年 12 月 1 日起施行；根据法释〔2020〕20 号《决定》修正，2021 年 1 月 1 日起施行。以本规为准）

第 24 条　书记员应当将适用简易程序审理民事案件的全部活动记入笔录。对于下列事项，应当详细记载：（一）审判人员关于当事人诉讼权利义务的告知、争议焦点的概括、证据的认定和裁判的宣告等重大事项；（二）当事人申请回避、自认、撤诉、和解等重大事项；（三）当事人当庭陈述的与其诉讼权利直接相关的其他事项。

---

① 注：离婚案件当事人确因特殊情况无法出庭参加调解，本人能表达意志的，应当出具书面意见。

【司发［2015］14 号】　最高人民法院、最高人民检察院、公安部、国家安全部、司法部关于依法保障律师执业权利的规定（2015 年 9 月 16 日）

第 38 条　法庭审理过程中，律师就回避、案件管辖、非法证据排除、申请通知证人、鉴定人、有专门知识的人出庭，申请通知新的证人到庭，调取新的证据，申请重新鉴定、勘验等问题当庭提出申请，或者对法庭审理程序提出异议的，法庭原则上应当休庭进行审查，依照法定程序作出决定。其他律师有相同异议的，应一并提出，法庭一并休庭审查。法庭决定驳回申请或者异议的，律师可当庭提出复议。经复议后，律师应当尊重法庭的决定，服从法庭的安排。

律师不服法庭决定保留意见的内容应当详细记入法庭笔录，可以作为上诉理由，或者向同级或者上一级人民检察院申诉、控告。

【法发［2016］21 号】　最高人民法院关于进一步推进案件繁简分流优化司法资源配置的若干意见（2016 年 9 月 12 日）（余见《行政诉讼全厚细》第 7 章第 3 节）

11. 推行庭审记录方式改革。积极开发利用智能语音识别技术，实现庭审语音同步转化为文字并生成法庭笔录。落实庭审活动全程录音录像的要求，探索使用庭审录音录像简化或者替代书记员法庭记录。

【法释［2017］5 号】　最高人民法院关于人民法院庭审录音录像的若干规定（2017 年 1 月 25 日最高法审委会［1708 次］通过，2017 年 2 月 22 日公布，2017 年 3 月 1 日起施行；以本规为准）

第 6 条　人民法院通过使用智能语音识别系统同步转换生成的庭审文字记录，经审判人员、书记员、诉讼参与人核对签字后，作为法庭笔录管理和使用。

第 7 条　诉讼参与人对法庭笔录有异议并申请补正的，书记员可以播放庭审录音录像进行核对、补正；不予补正的，应当将申请记录在案。

第 8 条　适用简易程序审理民事案件的庭审录音录像，经当事人同意的，可以替代法庭笔录。

第 9 条　人民法院应当将替代法庭笔录的庭审录音录像同步保存在服务器或者刻录成光盘，并由当事人和其他诉讼参与人对其完整性校验值签字或者采取其他方法进行确认。

第 18 条　人民法院从事其他审判活动或者进行执行、听证、接访等活动需要进行录音录像的，参照本规定执行。

【法释［2021］12 号】　人民法院在线诉讼规则（2021 年 5 月 18 日最高法审委会［1838 次］通过，2021 年 6 月 16 日公布，2021 年 8 月 1 日起施行；以本规为准）

第34条 适用在线诉讼的案件，人民法院应当在调解、证据交换、庭审、合议等诉讼环节同步形成电子笔录。电子笔录以在线方式核对确认后，与书面笔录具有同等法律效力。

● **文书格式** 【**法〔2016〕221号**】 **民事诉讼文书样式**（2016年2月22日最高法审委会〔1679次〕通过，2016年6月28日公布，2016年8月1日起施行）（本书对格式略有调整）

法庭笔录①

　　时间：×年×月×日×时×分至×时×分

　　地点：××人民法院第×法庭

　　案号：（××××）……民×……号

　　案由：……（写明案由）

　　审判人员：……（写明职务和姓名）

　　书记员：×××

　　（开庭审理前，书记员应当查明当事人和其他诉讼参与人是否到庭，落座后宣布法庭纪律，请审判人员入庭就座）

　　审判人员：（敲击法槌）现在开庭。首先核对当事人和其他诉讼参加人的基本信息。

　　（下面依次核对、并逐人逐行记录原告、被告、第三人的基本信息）

　　……（以上写明当事人和其他诉讼参加人的基本信息，未到庭的括注未到庭，委托诉讼代理人括注代理权限）

　　（下面依次询问、并逐人逐行记录原告、被告、第三人"对出庭人员有无异议？"）

　　……

　　审判人员：经核对，各方当事人和其他诉讼参加人均符合法律规定，可以参加本案诉讼活动。××人民法院依照《中华人民共和国民事诉讼法》第134条规定，今天依法适用普通程序，公开/不公开开庭审理（××××）……民×……号……（写明当事人及案由）一案。本案由审判员×××、审判员/代理审判员/人民陪审员×××、×××组成合议庭，由审判员×××担任审判长，由书记员×××担任记录。

　　告知当事人有关的诉讼权利义务。

　　审判人员：当事人可以提出回避申请。

---

　　① 注：当庭调解达成协议\当庭宣判的，使用法庭笔录记明，不另行制作调解笔录\宣判笔录。

（下面依次询问、并逐人逐行记录原告、被告、第三人"是否申请回避?"）

......

审判人员:现在进行法庭调查。首先由原告陈述诉讼请求、事实和理由。

原告:诉讼请求:......。事实与理由:......。

审判人员:现在由被告答辩。

被告:......。

审判人员:现在由第三人陈述。

第三人:......。

审判人员:根据各方当事人的诉讼请求、答辩意见以及证据交换情况,合议庭归纳本案庭审争议焦点如下:一、......;二......;三、......。各方当事人对合议庭归纳的争议焦点是否有异议?

（下面逐人逐行记录原告、被告、第三人是否有异议）

......

审判人员:下面围绕本案争议焦点涉及的事实问题展开调查。

问题一:......。（下面逐人逐行记录原告、被告、第三人发表的意见）

......

问题二:......。（下面逐人逐行记录原告、被告、第三人发表的意见）

......。

审判人员:现在进行法庭辩论。法庭辩论阶段需要当事人发表法律意见的问题是:一、......;二、......;三、......。首先由原告发言。

原告:......。

审判人员:现在由被告答辩。

被告:......。

审判人员:现在由第三人发言/答辩。

第三人:......。

审判人员:现在由当事人互相辩论。（下面逐人逐行记录原告、被告、第三人发表的辩论意见）

......

审判人员:法庭辩论终结。现在由当事人最后陈述。（下面逐人逐行记录原告、被告、第三人的最后陈述）

......

审判人员:征询各方当事人的调解意向。

（下面依次询问、并逐人逐行记录原告、被告、第三人"是否愿意调解?"）

......

审判人员：现在闭庭。（敲击法槌）

（如当庭宣判的，按下列格式：）

审判人员：现在休庭×分钟，由合议庭进行评议。（敲击法槌）

审判人员：（敲击法槌）现在继续开庭。

审判人员：……（写明当事人及案由）一案，合议庭经过审理，并进行了评议。现在当庭宣告裁判内容如下：（敲击法槌）

书记员：全体起立。

审判人员：……（宣告判决主文）。

如不服本判决，可以在判决书送达之日起15日内，向本院递交上诉状，并按对方当事人或者代表人的人数提出副本，上诉于××人民法院。

如当事人不当庭要求邮寄发送本裁判文书，应在×年×月×日到……处领取裁判文书，否则承担相应后果。

审：现在闭庭。（敲击法槌）

（下面逐项逐行由原告、被告、第三人、审判人员、书记员签名或盖章，拒绝签章的，记明情况附卷）……

第 151 条　【宣判】人民法院对公开审理或者不公开审理的案件，[19910409] 一律公开宣告判决。

当庭宣判的，应当在 10 日内发送判决书；定期宣判的，宣判后立即发给判决书。

宣告判决时，必须告知当事人上诉权利、上诉期限和上诉的法院。

宣告离婚判决，必须告知当事人在判决发生法律效力前不得另行结婚。

● **相关规定　【法发［1999］3 号】　**最高人民法院关于严格执行公开审判制度的若干规定（1999 年 3 月 8 日）（详见本书第 10 条）

六、人民法院审理的所有案件应当一律公开宣告判决。

宣告判决，应当对案件事实和证据进行认定，并在此基础上正确适用法律。

**【法释［2003］15 号】　**最高人民法院关于适用简易程序审理民事案件的若干规定（2003 年 7 月 4 日最高法审委会［1280 次］通过，2003 年 9 月 10 日公布，2003 年 12 月 1 日起施行；根据法释［2020］20 号《决定》修正，2021 年 1

月 1 日起施行。以本规为准)

第 27 条　适用简易程序审理的民事案件，除人民法院认为不宜当庭宣判的以外，应当当庭宣判。

【法发［2016］21 号】　**最高人民法院关于进一步推进案件繁简分流优化司法资源配置的若干意见**（2016 年 9 月 12 日）(余见《行政诉讼全厚细》第 7 章第 3 节)

14. 促进当庭宣判。对于适用小额诉讼程序审理的民事案件、适用速裁程序审理的刑事案件，原则上应当当庭宣判。对于适用民事、刑事、行政简易程序审理的案件，一般应当当庭宣判。对于适用普通程序审理的民事、刑事、行政案件，逐步提高当庭宣判率。

【法释［2022］11 号】　**最高人民法院关于适用《中华人民共和国民事诉讼法》的解释**（"法释［2015］5 号"公布，2015 年 2 月 4 日起施行；根据法释［2020］20 号《决定》修正，2021 年 1 月 1 日起施行；2022 年 3 月 22 日最高法审委会［1866 次］修正，2022 年 4 月 1 日公布，2022 年 4 月 10 日起施行；以本规为准)

第 242 条　一审宣判后，原审人民法院发现判决有错误，当事人在上诉期内提出上诉的，原审人民法院可以提出原判决有错误的意见，报送第二审人民法院，由第二审人民法院按照第二审程序进行审理；当事人不上诉的，按照审判监督程序处理。

第 253 条　当庭宣判的案件，除当事人当庭要求邮寄发送裁判文书的外，人民法院应当告知当事人或者诉讼代理人领取裁判文书的时间和地点以及逾期不领取的法律后果。上述情况，应当记入笔录。

● **文书格式**　**【法［2016］221 号】**　**民事诉讼文书样式**（2016 年 2 月 22 日最高法审委会［1679 次］通过，2016 年 6 月 28 日公布，2016 年 8 月 1 日起施行）(本书对格式略有调整)

宣判笔录①

时间：×年×月×日×时×分至×时×分

地点：××人民法院第×法庭

旁听人数：×人

审判人员：……（写明职务和姓名）

---

① 注：定期宣判的，宣判后立即发给判决书。

书记员：×××

到庭的当事人和其他诉讼参加人：……（写明诉讼地位和姓名）

书记员：全体起立。

审判人员：（××××）……民×……号……（写明当事人及案由）一案，宣告判决如下：

……（写明判决结果）。

如不服本判决，可以在判决书送达之日起 15 日内，向本院递交上诉状，并按对方当事人或者代表人的人数提出副本，上诉于××人民法院。

（判决准予离婚的，写明：）当事人在判决发生法律效力前不得另行结婚。

（以下无正文）

原告（签名或盖章）：（拒绝签名盖章的，应记明情况。下同）

被告（签名或盖章）：

第三人（签名或盖章）：

审判人员（签名）：

书记员（签名）：

委托宣判函（见本书第 91 条）

第 152 条[19910409]　**【一审普通审限】**人民法院适用普通程序审理的案件，应当在立案之日起 6 个月内审结。有特殊情况需要延长的，~~经~~/由[20220101]本院院长批准，可以延长 6 个月；还需要延长的，报请上级人民法院批准。

● **相关规定**　**【法释〔2000〕29 号】**　**最高人民法院关于严格执行案件审理期限制度的若干规定**（2000 年 9 月 14 日最高法审委会〔1130 次〕通过，2000 年 9 月 22 日公布，2000 年 9 月 28 日起施行）

第 2 条（第 1 款）　适用普通程序审理的第一审民事案件，期限为 6 个月；有特殊情况需要延长的，经本院院长批准，可以延长 6 个月，还需延长的，报请上一级人民法院批准，可以再延长 3 个月。

（第 4 款）　审理第一审船舶碰撞、共同海损案件的期限为 1 年；有特殊情况需要延长的，经本院院长批准，可以延长 6 个月。

第 8 条　案件的审理期限从立案次日起计算。

……由简易程序转为普通程序审理的第一审民事案件的期限，从立案次日起连续计算。

第 9 条　下列期间不计入审理、执行期限：……（五）因当事人、诉讼代理人、辩护人申请通知新的证人到庭、调取新的证据、申请重新鉴定或者勘验，法院决定延期审理 1 个月之内的期间；（六）民事、行政案件公告、鉴定的期间；（七）审理当事人提出的管辖权异议和处理法院之间的管辖争议的期间；（八）民事、行政、执行案件由有关专业机构进行审计、评估、资产清理的期间；……

第 12 条　民事案件应当在审理期限届满 10 日前向本院院长提出申请；还需延长的，应当在审理期限届满 10 日前向上一级人民法院提出申请。

第 14 条　对于下级人民法院申请延长办案期限的报告，上级人民法院应当在审理期限届满 3 日前作出决定，并通知提出申请延长审理期限的人民法院。

需要本院院长批准延长办案期限的，院长应当在审限届满前批准或者决定。

【法［2001］164 号】　最高人民法院案件审限管理规定（2001 年 10 月 16 日最高法审委会［1195 次］通过，2001 年 11 月 5 日公布，2002 年 1 月 1 日起施行）

第 15 条（第 1 款）　案件的审理期限从立案次日起计算。

第 16 条　不计入审理期限的期间依照本院《关于严格执行案件审理期限制度的若干规定》（下称《若干规定》）第 9 条执行。案情重大、疑难，需由审判委员会作出决定的案件，自提交审判委员会之日起至审判委员会作出决定之日止的期间，不计入审理期限。

需要向有关部门征求意见的案件，征求意见的期间不计入审理期限，参照《若干规定》第 9 条第 8 项的规定办理。

要求下级人民法院查报的案件，下级人民法院复查的期间不计入审理期限。

第 19 条　（刑事以外）其他案件需要延长审理期限的，应当在审理期限届满 10 日以前，向院长提出申请。

第 20 条　需要院长批准延长审理期限的，院长应当在审限届满以前作出决定。

【法释［2004］12 号】　最高人民法院关于人民法院民事调解工作若干问题的规定（2004 年 8 月 18 日最高法审委会［1321 次］通过，2004 年 9 月 16 日公布，2004 年 11 月 1 日起施行；根据法释［2020］20 号《决定》修正，2021 年 1 月 1 日起施行。以本规为准）

第 2 条（第 1 款）　……双方当事人申请庭外和解的期间，不计入审限。

第 4 条　……延长的调解期间不计入审限。

【法释［2019］4 号】　最高人民法院关于严格规范民商事案件延长审限和延期开庭问题的规定（"法释［2018］9 号"公布，2018 年 4 月 26 日起施行；2019 年 2 月 25 日最高法审委会［1762 次］修订，2019 年 3 月 27 日公布，2019

年3月28日起施行；以本规为准)①

第1条　人民法院审理民商事案件时，应当严格遵守法律及司法解释有关审限的规定。适用普通程序审理的第一审案件，审限为6个月；……

法律规定有特殊情况需要延长审限的，独任审判员或合议庭应当在期限届满15日前向本院院长提出申请，并说明详细情况和理由。院长应当在期限届满5日前作出决定。

经本院院长批准延长审限后尚不能结案，需要再次延长的，应当在期限届满15日前报请上级人民法院批准。上级人民法院应当在审限届满5日前作出决定。

第3条　人民法院应当严格限制延期开庭审理次数。适用普通程序审理民商事案件，延期开庭审理次数不超过2次；适用简易程序以及小额速裁程序审理民商事案件，延期开庭审理次数不超过1次。

【法释［2022］11号】　最高人民法院关于适用《中华人民共和国民事诉讼法》的解释（"法释［2015］5号"公布，2015年2月4日起施行；根据法释［2020］20号《决定》修正，2021年1月1日起施行；2022年3月22日最高法审委会［1866次］修正，2022年4月1日公布，2022年4月10日起施行；以本规为准)

第243条　民事诉讼法第152条规定的审限，是指从立案之日起至裁判宣告、调解书送达之日止的期间，但公告期间、鉴定期间、双方当事人和解期间、审理当事人提出的管辖异议以及处理人民法院之间的管辖争议期间不应计算在内。

● 文书格式　【法［2016］221号】　民事诉讼文书样式（2016年2月22日最高法审委会［1679次］通过，2016年6月28日公布，2016年8月1日起施行）
(本书对格式略有调整)

关于申请延长……（一审普通程序当事人及案由）

一案审理期限的报告（报本院院长）

（××××）……民初……号②

院长：

我院于×年×月×日立案的……（写明当事人及案由）一案，依法适用第一审普通程序，审理期限到×年×月×日届满。但因……（写明需要延长审理期限的原因），不能如期结案，需要延长审理期限×个月，至×年×月×日。

请审批。

---

① 注：本《规定》施行不到1年即被修改。
② 注：再审案件一审适用《民事诉讼法》第152条规定的审限，案号类型代字为"民再"。

　　附：案件延长审理或者执行期限审批表 1 份

（合议庭成员署名）

×年×月×日

关于申请延长……（一审普通程序当事人及案由）
一案审理期限的请示（报上级法院）

（××××）……民初……号①

××人民法院：

　　我院于×年×月×日立案的……（写明当事人及案由）一案，依法适用第一审普通程序，审理期限到×年×月×日届满。但因……（写明需要延长审理期限的原因），虽经×年×月×日报请本院院长批准延长审理期限至×年×月×日，仍不能如期结案，需要继续延长审理期限×个月，至×年×月×日。

　　以上请示，请批复。

　　附：案件延长审理或者执行期限审批表 1 份

×年×月×日（院印）

关于对延长……（一审普通程序当事人及案由）
一案审理期限的批复（上级法院批复）

（××××）……民他……号

××人民法院：

　　你院×年×月×日（××××）……民初……号关于申请延长……（写明当事人及案由）一案审理期限的请示收悉。经审查，批复如下：

　　……（写明批复内容）。

　　（同意延长审理期限的，写明：）同意延长审理期限×个月，至×年×月×日。

×年×月×日（院印）

（本书汇）【结案日期】

● **相关规定** 　**【法释〔2000〕29 号】** 　**最高人民法院关于严格执行案件审理期限制度的若干规定**（2000 年 9 月 14 日最高法审委会〔1130 次〕通过，2000 年 9 月 22 日公布，2000 年 9 月 28 日起施行）

　　第 10 条 　人民法院判决书宣判、裁定书宣告或者调解书送达最后一名当事人的日期为结案时间。如需委托宣判、送达的，委托宣判、送达的人民法院应当在

---

　① 注：再审案件一审适用《民事诉讼法》第 152 条规定的审限，案号类型代字为"民再"。

审限届满前将判决书、裁定书、调解书送达受托人民法院。受托人民法院应当在收到委托书后 7 日内送达。

人民法院判决书宣判、裁定书宣告或者调解书送达有下列情形之一的，结案时间遵守以下规定：

（一）留置送达的，以裁判文书留在受送达人的住所日为结案时间；

（二）公告送达的，以公告刊登之日为结案时间；

（三）邮寄送达的，以交邮日期为结案时间；

（四）通过有关单位转交送达的，以送达回证上当事人签收的日期为结案时间。

【法〔2001〕164 号】　最高人民法院案件审限管理规定（2001 年 10 月 16 日最高法审委会〔1195 次〕通过，2001 年 11 月 5 日公布，2002 年 1 月 1 日起施行）

第 17 条　结案时间除按《若干规定》（法释〔2000〕29 号）第 10 条执行外，请示案件的结案时间以批复、复函签发日期为准，审查申诉的结案时间以作出决定或裁定的日期为准，执行协调案件以批准协调方案日期为准。

第四节　诉讼中止和终结

第 153 条[19910409]　【中止诉讼】有下列情形之一的，中止诉讼：

（一）一方当事人死亡，需要等待继承人表明是否参加诉讼的；

（二）一方当事人丧失诉讼行为能力，尚未确定法定代理人的；

（三）作为一方当事人的法人或者其他组织终止，尚未确定权利义务承受人的；

（四）一方当事人因不可抗拒的事由，不能参加诉讼的；

（五）本案必须以另一案的审理结果为依据，而另一案尚未审结的；

（六）其他应当中止诉讼的情形。

中止诉讼的原因消除后，恢复诉讼程序。

● 相关规定　【法释〔1997〕8 号】　最高人民法院关于审理存单纠纷案件的若干规定（1997 年 11 月 25 日最高法审委会〔946 次〕通过，1997 年 12 月 11 日公布，1997 年 12 月 13 日起施行；根据法释〔2020〕18 号《决定》修正，2021 年 1 月 1 日起施行）

第 3 条（第 2 款）　人民法院在受理存单纠纷案件后，如发现犯罪线索，应将犯罪线索及时书面告知公安或检察机关。如案件当事人因伪造、变造、虚开存单或涉嫌诈骗，有关国家机关已立案侦查，存单纠纷案件确须待刑事案件结案后才能审理的，人民法院应当中止审理。对于追究有关当事人的刑事责任不影响对存单纠纷案件审理的，人民法院应对存单纠纷案件有关当事人是否承担民事责任以及承担民事责任的大小依法及时进行认定和处理。

【法〔1998〕152 号】　最高人民法院关于中止审理、中止执行已编入全国证券回购机构间债务清欠链条的证券回购经济纠纷案件的通知（1998 年 12 月 18 日）①

根据国务院国发〔1996〕20 号国务院批转中国人民银行《关于进一步做好证券回购债务清偿工作请示的通知》的有关精神，为有利于证券回购债务清偿工作的顺利进行，对已编入全国证券回购机构间债务清欠链条的证券回购纠纷案件问题，通知如下：

自本通知下达之日起，对已编入全国证券回购机构间债务清欠链条的证券回购纠纷，未受理的，暂不受理；已经受理的上述证券回购纠纷案件，应根据民事诉讼法第 136 条（现第 153 条）第 1 款第 6 项的规定中止诉讼；对已发生法律效力的上述证券回购纠纷案件，应根据民事诉讼法第 234 条（现第 267 条）第 1 款第 5 项的规定中止执行；对因此类纠纷案件已裁定冻结上述证券回购机构帐户款项的，应当解除冻结。何时恢复诉讼和执行，依照本院通知办理。

【法〔2000〕115 号】　最高人民法院关于恢复受理、审理和执行已经编入全国证券回购机构间债务清欠链条的证券回购经济纠纷案件的通知（2000 年 7 月 26 日）②

1998 年 12 月 18 日和 1999 年 1 月 21 日，我院先后下发了法〔1998〕152 号《关于中止审理、中止执行已编入全国证券回购机构间债务清欠链条的证券回购经济纠纷案件的通知》和法〔1999〕6 号《关于补发最高人民法院〔1998〕152 号通知附件的通知》。对已经编入全国证券回购机构间债务清欠链条的证券回购纠纷，决定暂不受理、中止诉讼和中止执行。目前，全国证券回购债务清欠工作已经进入收尾阶段。现就有关问题通知如下：

---

① 本《通知》一直未见废止，本书留存备查。
② 本《通知》一直未见废止，本书留存备查。

自本通知下发之日起，各级人民法院对涉及已经编入全国证券回购机构间债务清欠链条，但债权债务未能清欠的证券回购纠纷，符合《中华人民共和国民事诉讼法》第 108 条（现第 122 条）规定的，应当予以受理；对中止审理的已经编入全国证券回购机构间债务清欠链条的证券回购纠纷案件应当恢复审理；对已经发生法律效力的已经编入全国证券回购机构间债务清欠链条的证券回购纠纷案件的裁判文书应当恢复执行。

【法释［2001］5 号】 最高人民法院关于审理植物新品种纠纷案件若干问题的解释（2000 年 12 月 25 日最高法审委会［1154 次］通过，2001 年 2 月 5 日公布，2001 年 2 月 14 日起施行；根据法释［2020］19 号《决定》修正，2021 年 1 月 1 日起施行）

第 6 条 人民法院审理侵害/侵犯植物新品种权纠纷案件，被告在答辩期间内向植物新品种审批/行政主管机关请求宣告该植物新品种权无效的，人民法院一般不中止诉讼。

【法释［2004］20 号】 最高人民法院关于审理技术合同纠纷案件适用法律若干问题的解释（2004 年 11 月 30 日最高法审委会［1335 次］通过，2004 年 12 月 16 日公布，2005 年 1 月 1 日起施行；根据法释［2020］19 号《决定》修正，2021 年 1 月 1 日起施行）

第 45 条 第三人向受理技术合同纠纷案件的人民法院就合同标的技术提出权属或者侵权请求时，……受诉人民法院对此没有管辖权的，应当告知其向有管辖权的人民法院另行起诉或者将已经受理的权属或者侵权纠纷案件移送有管辖权的人民法院。权属或者侵权纠纷另案受理后，合同纠纷应当中止诉讼。

专利实施许可合同诉讼中，被许可人/受让人或者第三人向国家知识产权局/专利复审委员会请求宣告专利权无效的，人民法院可以不中止诉讼。在案件审理过程中专利权被宣告无效的，按照专利法第 47 条第 2 款和第 3 款的规定处理。

【主席令［2006］54 号】 中华人民共和国企业破产法（2006 年 8 月 27 日全国人大［10 届 23 次］通过，2007 年 6 月 1 日起施行）（详见本书第 22 章"重组与破产"专辑）

第 20 条 人民法院受理破产申请后，已经开始而尚未终结的有关债务人的民事诉讼或者仲裁应当中止；在管理人接管债务人的财产后，该诉讼或者仲裁继续进行。

第 134 条（第 1 款） ……国务院金融监督管理机构依法对出现重大经营风险的金融机构采取接管、托管等措施的，可以向人民法院申请中止以该金融机构为被告或者被执行人的民事诉讼程序或者执行程序。

【民四他字 [2006] 18 号】 最高人民法院关于建和财务有限公司与丰业财务有限公司、丰业酒店集团有限公司借款、担保合同纠纷一案的请示的复函（2006 年 9 月 14 日答复山东高院 "[2002] 鲁民四初字第 4 号" 请示）

一、关于丰业财务有限公司清盘引起的法律后果问题

根据我国《民事诉讼法》第 4 条的规定："凡在中华人民共和国领域内进行民事诉讼，必须遵守本法。"而《民事诉讼法》并未规定在公司清盘时应中止诉讼，且本院《第二次全国涉外商事海事审判工作会议纪要》第 15 条规定："人民法院在审理案件过程中查明外国当事人被宣告破产或者进入清算程序的，应通知外国当事人的破产财产管理人或者清算人参加诉讼。"故本案不应中止诉讼。同意你院对该问题的请示意见。

【法 [2008] 164 号】 最高人民法院关于依法做好抗震救灾恢复重建期间民事审判和执行工作的通知（针对 2008 年 5 月 12 日四川省汶川县特大地震，2008 年 6 月 6 日印发）

四、……人民法院对当事人因抗震救灾、灾后重建而不能参加诉讼活动的，要依法延期或中止审理；延期或中止的原因消除后，及时恢复审理。

【法发 [2008] 21 号】 最高人民法院关于处理涉及汶川地震相关案件适用法律问题的意见（一）（2008 年 7 月 14 日）

五、人民法院正在审理的刑事案件、民事案件、行政案件以及执行案件中，当事人死亡或失踪的，要依法分别处理。刑事案件被告人死亡的，终止审理。民事案件、行政案件和执行案件当事人死亡或者失踪的，裁定中止审理、执行，待灾区安置及恢复重建工作进行到一定阶段，经法定程序对涉案人身、财产关系明确后，人民法院依法决定是否恢复审理、执行，或者按撤诉处理、终结诉讼、终结执行，或者变更主体等。

七、对民法通则第 139 条（现民法典第 194 条）规定的"中止时效的原因消除"、民事诉讼法第 76 条规定的"障碍消除"、第 136 条（现第 153 条）规定的"中止诉讼的原因消除"以及第 232 条（现第 267 条）规定的"中止的情形消失"，《最高人民法院关于执行〈中华人民共和国行政诉讼法〉若干问题的解释》第 51 条规定的"中止诉讼的原因消除"之日的确定，要区别灾区不同情况，坚持从宽掌握的原则，结合个案具体情况具体分析。

人民法院在确定时可以考虑以下因素：1. 人民法院恢复正常工作的情况；2. 当地恢复重建进展的情况；3. 失踪当事人重新出现、财产代管人经依法确定、被有关部门确定死亡或被人民法院宣告死亡明确继承人的情况；4. 作为法人或其他组织的当事人恢复经营能力或者已经确立权利义务承受人的情况。

【法［2010］178 号】　最高人民法院关于依法做好抗震救灾和恢复重建期间审判工作切实维护灾区社会稳定的通知（针对 2010 年 4 月 14 日青海省玉树藏族自治州 7.1 级特大地震，2010 年 4 月 19 日印发）

七、……人民法院对当事人因抗震救灾、灾后重建而不能参加诉讼活动的，要依法延期或中止审理；延期或中止的原因消除后，及时恢复审理。

【法发［2009］19 号】　最高人民法院关于审理涉及金融不良债权转让案件工作座谈会纪要（2008 年 10 月 14 日在海口召开；2009 年 3 月 30 日印发）①

五、关于国有企业的诉权及相关诉讼程序

会议认为，为避免当事人滥用诉权，在受让人向国有企业债务人主张债权的诉讼中，……国有企业债务人另行提起不良债权转让合同无效诉讼的，人民法院应中止审理受让人向国有企业债务人主张债权的诉讼，在不良债权转让合同无效诉讼被受理后，两案合并审理。国有企业债务人在二审期间另行提起不良债权转让合同无效诉讼的，人民法院应中止审理受让人向国有企业债务人主张债权的诉讼，在不良债权转让合同无效诉讼被受理且做出一审裁判后再行审理。

【法释［2010］9 号】　最高人民法院关于审理外商投资企业纠纷案件若干问题的规定（一）（2010 年 5 月 17 日最高法审委会［1487 次］通过，2010 年 8 月 5 日公布，2010 年 8 月 16 日起施行；根据法释［2020］18 号《决定》修正，2021 年 1 月 1 日起施行。以本规为准）

第 9 条　外商投资企业股权转让合同成立后，受让方未支付股权转让款，转让方和外商投资企业亦未履行报批义务，转让方请求受让方支付股权转让款的，人民法院应当中止审理，指令转让方在一定期限内办理报批手续。该股权转让合同获得外商投资企业审批机关批准的，对转让方关于支付转让款的诉讼请求，人民法院应予支持。

【法释［2015］4 号】　最高人民法院关于审理专利纠纷案件适用法律问题的若干规定（"法释［2001］21 号"公布，2001 年 7 月 1 日起施行；"法释［2013］9 号"修正，2013 年 4 月 15 日起施行；2015 年 1 月 19 日最高法审委会［1641 次］修正，2015 年 2 月 1 日起施行；根据法释［2020］19 号《决定》修正，2021 年 1 月 1 日起施行。以本规为准）

第 4 条　……根据案件审理需要，人民法院可以要求原告提交检索报告或者专利权评价报告。原告无正当理由不提交的，人民法院可以裁定中止诉讼或者判令原告承担可能的不利后果。

---

① 最高人民法院立案庭：《立案工作指导》2009 年第 2 辑，人民法院出版社 2009 年 12 月第 1 版。

侵犯实用新型、外观设计专利权纠纷案件的被告请求中止诉讼的，应当在答辩期内对原告的专利权提出宣告无效的请求。

第5条　人民法院受理的侵犯实用新型、外观设计专利权纠纷案件，被告在答辩期间内请求宣告该项专利权无效的，人民法院应当中止诉讼，但具备下列情形之一的，可以不中止诉讼：（一）原告出具的检索报告或者专利权评价报告未发现导致实用新型或者外观设计专利权无效的事由/专利丧失新颖性、创造性的技术文献的；（二）被告提供的证据足以证明其使用的技术已经公知的；（三）被告请求宣告该项专利权无效所提供的证据或者依据的理由明显不充分的；（四）人民法院认为不应当中止诉讼的其他情形。

第6条　人民法院受理的侵犯实用新型、外观设计专利权纠纷案件，被告在答辩期间届满后请求宣告该项专利权无效的，人民法院不应当中止诉讼，但经审查认为有必要中止诉讼的除外。

第7条　人民法院受理的侵犯发明专利权纠纷案件或者经国务院专利行政部门/专利复审委员会审查维持专利权的侵犯实用新型、外观设计专利权纠纷案件，被告在答辩期间内请求宣告该项专利权无效的，人民法院可以不中止诉讼。

第8条　人民法院决定中止诉讼，专利权人或者利害关系人请求责令被告停止有关行为或者采取其他制止侵权损害继续扩大的措施，并提供了担保，人民法院经审查符合有关法律规定的，可以在裁定中止诉讼的同时一并作出有关裁定。

【法［2019］254号】 **全国法院民商事审判工作会议纪要**（"九民纪要"，2019年7月3-4日在哈尔滨召开，2019年9月11日最高法审委会民事行政专委会［319次］通过，2019年11月8日发布）

129.【涉众型经济犯罪与民商事案件的程序处理】……正在审理民商事案件的人民法院发现有上述涉众型经济犯罪线索的，应当及时将犯罪线索和有关材料移送侦查机关。侦查机关作出立案决定前，人民法院应当中止审理；作出立案决定后，应当裁定驳回起诉；侦查机关未及时立案的，人民法院必要时可以将案件报请党委政法委协调处理。……

130.【民刑交叉案件中民商事案件中止审理的条件】人民法院在审理民商事案件时，如果民商事案件必须以相关刑事案件的审理结果为依据，而刑事案件尚未审结的，应当根据《民事诉讼法》第150条（现第153条）第5项的规定裁定中止诉讼。待刑事案件审结后，再恢复民商事案件的审理。如果民商事案件不是必须以相关的刑事案件的审理结果为依据，则民商事案件应当继续审理。

【法释〔2020〕6 号】　最高人民法院关于审理民间借贷案件适用法律若干问题的规定（"法释〔2015〕18 号"公布，2015 年 9 月 1 日起施行；法（民）发〔1991〕21 号《关于人民法院审理借贷案件的若干意见》同时废止。2020 年 8 月 18 日最高法审委会〔1809 次〕修订，2020 年 8 月 19 日公布，次日施行；根据法释〔2020〕17 号《决定》修正，2021 年 1 月 1 日起施行。以本规为准）

第 7 条　民间借贷纠纷的基本案件事实必须以刑事案件的审理结果为依据，而该刑事案件尚未审结的，人民法院应当裁定中止诉讼。

【法释〔2020〕7 号】　最高人民法院关于审理侵犯商业秘密民事案件适用法律若干问题的规定（2020 年 8 月 24 日最高法审委会〔1810 次〕通过，2020 年 9 月 10 日公布，2020 年 9 月 12 日起施行；以本规为准）

第 25 条　当事人以涉及同一被诉侵犯商业秘密行为的刑事案件尚未审结为由，请求中止审理侵犯商业秘密民事案件，人民法院在听取当事人意见后认为必须以该刑事案件的审理结果为依据的，应予支持。

【法发〔2021〕10 号】　最高人民法院、最高人民检察院、公安部、司法部关于进一步加强虚假诉讼犯罪惩治工作的意见（2021 年 3 月 4 日印发，2021 年 3 月 10 日起施行）

第 14 条　人民法院向公安机关移送涉嫌虚假诉讼犯罪案件，民事案件必须以相关刑事案件的审理结果为依据的，应当依照民事诉讼法第 150 条（现第 153 条）第 1 款第 5 项的规定裁定中止诉讼。刑事案件的审理结果不影响民事诉讼程序正常进行的，民事案件应当继续审理。

【法释〔2021〕13 号】　最高人民法院关于审理申请注册的药品相关的专利权纠纷民事案件适用法律若干问题的规定（2021 年 5 月 24 日最高法审委会〔1839 次〕通过，2021 年 7 月 4 日公布，次日起施行；以本规为准）

第 5 条　当事人以国务院专利行政部门已经受理专利法第 76 条①所称行政裁决请求为由，主张不应当受理专利法第 76 条所称诉讼或者申请中止诉讼的，人民法院不予支持。

---

①　《专利法》第 76 条：药品上市审评审批过程中，药品上市许可申请人与有关专利权人或者利害关系人，因申请注册的药品相关的专利权产生纠纷的，相关当事人可以向人民法院起诉，请求就申请注册的药品相关技术方案是否落入他人药品专利权保护范围作出判决。国务院药品监督管理部门在规定的期限内，可以根据人民法院生效裁判作出是否暂停批准相关药品上市的决定。// 药品上市许可申请人与有关专利权人或者利害关系人也可以就申请注册的药品相关的专利权纠纷，向国务院专利行政部门请求行政裁决。// 国务院药品监督管理部门会同国务院专利行政部门制定药品上市许可审批与药品上市许可申请阶段专利权纠纷解决的具体衔接办法，报国务院同意后实施。

第 6 条   当事人依据专利法第 76 条起诉后，以国务院专利行政部门已经受理宣告相关专利权无效的请求为由，申请中止诉讼的，人民法院一般不予支持。

【法发［2022］2 号】 最高人民法院关于充分发挥司法职能作用助力中小微企业发展的指导意见（2022 年 1 月 13 日）

8.……除法律、司法解释另有规定外，对中小微企业等市场主体与刑事案件犯罪嫌疑人或者被告人产生的民事纠纷，如果民事案件不是必须以刑事案件的审理结果为依据，则不得以刑事案件正在侦查或者尚未审结为由对民事案件不予受理或者中止审理，切实避免因刑事案件影响中小微企业等市场主体通过民事诉讼及时维护其合法权益。……

【人社部发［2022］9 号】 人力资源社会保障部、最高人民法院关于劳动人事争议仲裁与诉讼衔接有关问题的意见（一）（2022 年 2 月 21 日）

十二、劳动人事争议仲裁委员会按照《劳动人事争议仲裁办案规则》第 50 条第 4 款规定对不涉及确认劳动关系的案件分别作出终局裁决和非终局裁决，劳动者对终局裁决向基层人民法院提起诉讼、用人单位向中级人民法院申请撤销终局裁决、劳动者或者用人单位对非终局裁决向基层人民法院提起诉讼的，有管辖权的人民法院应当依法受理。

审理申请撤销终局裁决案件的中级人民法院认为该案件必须以非终局裁决案件的审理结果为依据，另案尚未审结的，可以中止诉讼。

【法释［2022］11 号】 最高人民法院关于适用《中华人民共和国民事诉讼法》的解释（"法释［2015］5 号"公布，2015 年 2 月 4 日起施行；根据法释［2020］20 号《决定》修正，2021 年 1 月 1 日起施行；2022 年 3 月 22 日最高法审委会［1866 次］修正，2022 年 4 月 1 日公布，2022 年 4 月 10 日起施行；以本规为准）

第 55 条   在诉讼中，一方当事人死亡，需要等待继承人表明是否参加诉讼的，裁定中止诉讼。人民法院应当及时通知继承人作为当事人承担诉讼，被继承人已经进行的诉讼行为对承担诉讼的继承人有效。

第 246 条   裁定中止诉讼的原因消除，恢复诉讼程序时，不必撤销原裁定，从人民法院通知或者准许当事人双方继续进行诉讼时起，中止诉讼的裁定即失去效力。

【主席令［2022］127 号】 中华人民共和国预备役人员法（2022 年 12 月 30 日全国人大常委会［13 届 38 次］通过，2023 年 3 月 1 日起施行）

第 37 条（第 3 款）   预备役人员因被征召，诉讼、行政复议、仲裁活动不能正常进行的，适用有关时效中止和程序中止的规定，但是法律另有规定的除外。

【法发［2023］15 号】　最高人民法院关于优化法治环境 促进民营经济发展壮大的指导意见（2023 年 9 月 25 日）

22.（第 2 款）　依法受理刑民交叉案件，健全刑事案件线索移送工作机制。如刑事案件与民事案件非"同一事实"，民事案件与刑事案件应分别审理；民事案件无需以刑事案件裁判结果为依据的，不得以刑事案件正在侦查或者尚未审结为由拖延民事诉讼；如果民事案件必须以刑事案件的审理结果为依据，在中止诉讼期间，应当加强工作交流，共同推进案件审理进展，及时有效保护民营经济主体合法权益。

【法释［2023］13 号】　最高人民法院关于适用《中华人民共和国民法典》合同编通则若干问题的解释（2023 年 5 月 23 日最高法审委会［1889 次］通过，2023 年 12 月 4 日公布，次日 2023 年 12 月 5 日起施行）

第 36 条　债权人提起代位权诉讼后，债务人或者相对人以双方之间的债权债务关系订有仲裁协议为由对法院主管提出异议的，人民法院不予支持。但是，债务人或者相对人在首次开庭前就债务人与相对人之间的债权债务关系申请仲裁的，人民法院可以依法中止代位权诉讼。

第 38 条　债权人向人民法院起诉债务人后，又向同一人民法院对债务人的相对人提起代位权诉讼，属于该人民法院管辖的，可以合并审理。不属于该人民法院管辖的，应当告知其向有管辖权的人民法院另行起诉；在起诉债务人的诉讼终结前，代位权诉讼应当中止。

第 39 条　在代位权诉讼中，债务人对超过债权人代位请求数额的债权部分起诉相对人，属于同一人民法院管辖的，可以合并审理。不属于同一人民法院管辖的，应当告知其向有管辖权的人民法院另行起诉；在代位权诉讼终结前，债务人对相对人的诉讼应当中止。

【法释［2024］6 号】　最高人民法院关于审理垄断民事纠纷案件适用法律若干问题的解释（2024 年 2 月 4 日最高法审委会［1915 次］通过，2024 年 6 月 24 日公布，2024 年 7 月 1 日起施行；法释［2012］5 号《关于审理因垄断行为引发的民事纠纷案件应用法律若干问题的规定》同时废止）

第 13 条　反垄断执法机构对被诉垄断行为已经立案调查的，人民法院可以根据案件具体情况，裁定中止诉讼。

● 文书格式　【法［2016］221 号】　民事诉讼文书样式（2016 年 2 月 22 日最高法审委会［1679 次］通过，2016 年 6 月 28 日公布，2016 年 8 月 1 日起施行）（本书对格式略有调整）

民事裁定书（中止诉讼）

（××××）……民初……号

原告：×××，……（写明姓名或名称、住所地等基本情况）。

被告：×××，……（写明姓名或名称、住所地等基本情况）。

（以上写明当事人及其代理人和其他诉讼参与人的姓名或名称等基本信息）

原告×××与被告×××……（写明案由）一案，本院于×年×月×日立案。

本案在审理过程中，……（写明中止诉讼的事实依据）。

本院经审查认为，……（写明中止诉讼的理由）。

依照《中华人民共和国民事诉讼法》第 153 条第 1 款第×项、第 157 条第 1 款第 6 项规定，裁定如下：

本案中止诉讼。

（代理）审判员　×××（非独任审判的，落款为合议庭）

×年×月×日（院印）

法官助理、书记员

申请书（申请恢复诉讼用）①

申请人：×××，男/女，×年×月×日生，×族，……（写明工作单位和职务或职业），住……。联系方式：……。（★申请人是法人或其他组织的，本段写明名称、住所）

法定代理人/指定代理人②：×××，……。（★申请人是法人或其他组织的，本段写明法定代表人、主要负责人及其姓名、职务、联系方式）

委托诉讼代理人：×××，……。（申请时已经委托诉讼代理人的，写明此项）

（以上写明申请人和其他诉讼参与人的姓名或者名称等基本信息）

请求事项：

恢复……（写明当事人和案由）一案的诉讼。

事实和理由：

你院于×年×月×日作出（××××）……号裁定中止诉讼。

……（写明申请恢复诉讼的理由）

---

① 注：中止诉讼的原因消除后，当事人按本样式向人民法院申请恢复诉讼。

② 注：申请人是无民事行为能力人或限制民事行为能力人的，应当写明法定代理人姓名、性别、出生日期、民族、职业、工作单位、住所、联系方式，在诉讼地位后括注与申请人的关系。

此致：××人民法院

申请人（自然人签名或单位盖章）

×年×月×日

第 154 条　【终结诉讼】 有下列情形之一的，终结诉讼：①

（一）原告死亡，没有继承人，或者继承人放弃诉讼权利的；

（二）被告死亡，没有遗产，也没有应当承担义务的人的；

（三）离婚案件一方当事人死亡的；

（四）¹⁹⁹¹⁰⁴⁰⁹ 追索赡养费、扶养费、抚养/抚育²⁰²²⁰¹⁰¹ 费以及解除收养关系案件的一方当事人死亡的。

● **相关规定　【法［2001］161号】**　全国审判监督工作座谈会关于当前审判监督工作若干问题的纪要（2001 年 9 月 21-24 日在重庆召开，2001 年 11 月 1 日印发）

20. 人民法院开庭审理抗诉案件，……经依法传唤，向抗诉机关申诉的一方当事人无正当理由不到庭或者表示撤回申请的，应建议检察机关撤回抗诉，抗诉机关同意的，按撤诉处理，作出裁定书；经依法传唤，当事人均不到庭，应当裁定终结再审程序，但原审判决严重损害国家利益或者社会公共利益的除外。

【法函［2004］25号】　最高人民法院关于人民法院在再审程序中应当如何处理当事人撤回原抗诉申请问题的复函（2004 年 4 月 20 日答复云南高院"云高法［2003］9号"请示）

人民法院对于人民检察院提起抗诉的民事案件作出再审裁定后，当事人正式提出撤回原抗诉申请，人民检察院没有撤回抗诉的，人民法院应当裁定终止审理，但原判决、裁定可能违反社会公共利益的除外。

【法释［2008］14号】　最高人民法院关于适用《中华人民共和国民事诉讼法》审判监督程序若干问题的解释（2008 年 11 月 10 日最高法审委会［1453 次］通过，2008 年 11 月 25 日公布，2008 年 12 月 1 日起施行；根据法释［2020］20 号《决定》修正，2021 年 1 月 1 日起施行。以本规为准）（详见本书第 218 条）

第 25 条　有下列情形之一的，人民法院可以裁定终结审查：（一）申请再审人死亡或者终止，无权利义务承受人或者权利义务承受人声明放弃再审申请的；

---

① 注：《民事诉讼法》第 186 条规定了特别程序的终结条件及其处理方式。

（二）在给付之诉中，负有给付义务的被申请人死亡或者终止，无可供执行的财产，也没有应当承担义务的人的；（三）当事人达成执行和解协议且已履行完毕的，但当事人在执行和解协议中声明不放弃申请再审权利的除外；（四）当事人之间的争议可以另案解决的。

第 23 条　申请再审人在再审期间撤回再审申请的，是否准许由人民法院裁定。裁定准许的，应终结再审程序。申请再审人经传票传唤，无正当理由拒不到庭的，或者未经法庭许可中途退庭的，可以裁定按自动撤回再审申请处理。

人民检察院抗诉再审的案件，申请抗诉的当事人有前款规定的情形，且不损害国家利益、社会公共利益或第三人利益的，人民法院应当裁定终结再审程序；人民检察院撤回抗诉的，应当准予。

终结再审程序的，恢复原判决的执行。

【法发［2009］26 号】　最高人民法院关于受理审查民事申请再审案件的若干意见（2009 年 4 月 27 日）（详见本书第 218 条）

第 25 条　审查过程中，申请再审人或者被申请人死亡或者终止的，按下列情形分别处理：

（一）申请再审人有权利义务继受人且该权利义务继受人申请参加审查程序的，变更其为申请再审人；

（二）被申请人有权利义务继受人的，变更其权利义务继受人为被申请人；

（三）申请再审人无权利义务继受人或其权利义务继受人未申请参加审查程序的，裁定终结审查程序；

（四）被申请人无权利义务继受人且无可供执行财产的，裁定终结审查程序。

【法释［2022］11 号】　最高人民法院关于适用《中华人民共和国民事诉讼法》的解释（"法释［2015］5 号"公布，2015 年 2 月 4 日起施行；根据法释［2020］20 号《决定》修正，2021 年 1 月 1 日起施行；2022 年 3 月 22 日最高法审委会［1866 次］修正，2022 年 4 月 1 日公布，2022 年 4 月 10 日起施行；以本规为准）

第 320 条　上诉案件的当事人死亡或者终止的，人民法院依法通知其权利义务承继者参加诉讼。

需要终结诉讼的，适用民事诉讼法第 154 条规定。

第 400 条　再审申请审查期间，有下列情形之一的，裁定终结审查：（一）再审申请人死亡或者终止，无权利义务承继者或者权利义务承继者声明放弃再审申请的；（二）在给付之诉中，负有给付义务的被申请人死亡或者终止，无可供执行的财产，也没有应当承担义务的人的；（三）当事人达成和解协议且已履行完毕的，但当事人在和解协议中声明不放弃申请再审权利的除外；（四）他人未经授权以当事人名义申请再审的；（五）原审或者上一级人民法院已经裁定再审的；（六）有本解释第 381 条第 1 款①规定情形的。

第 404 条　再审审理期间，有下列情形之一的，可以裁定终结再审程序：（一）再审申请人在再审期间撤回再审请求，人民法院准许的；（二）再审申请人经传票传唤，无正当理由拒不到庭的，或者未经法庭许可中途退庭，按撤回再审请求处理的；（三）人民检察院撤回抗诉的；（四）有本解释第 400 条第 1 项至第 4 项规定情形的。

因人民检察院提出抗诉裁定再审的案件，申请抗诉的当事人有前款规定的情形，且不损害国家利益、社会公共利益或者他人合法权益的，人民法院应当裁定终结再审程序。

再审程序终结后，人民法院裁定中止执行的原生效判决自动恢复执行。

第 407 条　人民法院对调解书裁定再审后，按照下列情形分别处理：

（一）当事人提出的调解违反自愿原则的事由不成立，且调解书的内容不违反法律强制性规定的，裁定驳回再审申请；

（二）人民检察院抗诉或者再审检察建议所主张的损害国家利益、社会公共利益的理由不成立的，裁定终结再审程序。

前款规定情形，人民法院裁定中止执行的调解书需要继续执行的，自动恢复执行。

【民立他字〔2001〕19 号】　最高人民法院对山东省高级人民法院关于《人民检察院对人民法院再审裁定终结诉讼的案件能否提出抗诉的请示》的复函（见本书第 219 条）

【国务院令〔2006〕481 号】　诉讼费用交纳办法（2006 年 12 月 8 日国务院第 159 次常务会议通过，2006 年 12 月 19 日公布，2007 年 4 月 1 日起施行）（详见本书第 121 条）

第 28 条　依照民事诉讼法第 137 条（现第 154 条）规定终结诉讼的案件，依照本办法规定已交纳的案件受理费不予退还。

---

① 法释〔2022〕11 号《解释》第 381 条第 1 款："当事人申请再审，有下列情形之一的，人民法院不予受理：（一）再审申请被驳回后再次提出申请的；（二）对再审判决、裁定提出申请的；（三）在人民检察院对当事人的申请作出不予提出再审检察建议或者抗诉决定后又提出申请的。"

● **指导案例**　【法［2012］172号】　最高人民法院第2批指导性案例（2012年4月9日）

（指导案例7号）牡丹江市宏阁建筑安装有限责任公司诉牡丹江市华隆房地产开发有限责任公司、张继增建设工程施工合同纠纷案（最高法院2011年7月6日［2011］民抗字第29号民事裁定）

裁判要点：人民法院接到民事抗诉书后，经审查发现案件纠纷已经解决，当事人申请撤诉，且不损害国家利益、社会公共利益或第三人利益的，应当依法作出对抗诉案终结审查的裁定；如果已裁定再审，应当依法作出终结再审诉讼的裁定。①

● **公报案例**　（法公报［2020］11期）　汤国伟与广州市海顺房地产发展有限公司、长春高斯达生物科技集团股份有限公司案外人执行异议之诉案（最高法院民事判决书［2017］最高法民申3075号）

裁判摘要：案外人与被执行人之间订立的房屋买卖合同的真实性、合同效力以及履行情况等，均属于案外人执行异议之诉本应审理的范畴。在执行异议之诉之外，案外人与被执行人另行单独就执行标的提出有关合同效力、继续履行等诉讼的，存在串通诉讼的嫌疑，可能损害到执行申请人的利益，故该另案诉讼不应继续审理，执行异议之诉不因另案诉讼而终止审理。

● **文书格式**　【法［2016］221号】　民事诉讼文书样式（2016年2月22日最高法审委会［1679次］通过，2016年6月28日公布，2016年8月1日起施行）

（本书对格式略有调整）

民事裁定书（终结诉讼）

（××××）……民初……号

原告：×××，……（写明姓名或名称、住所地等基本情况）。

被告：×××，……（写明姓名或名称、住所地等基本情况）。

（以上写明当事人及其代理人和其他诉讼参与人的姓名或名称等基本信息）

原告×××与被告×××……（写明案由）一案，本院于×年×月×日立案。

本案在审理过程中，……（写明终结诉讼的事实依据）。

本院经审查认为，……（写明终结诉讼的理由）。

---

① 最高人民法院认为：由于当事人有权在法律规定的范围内自由处分自己的民事权益和诉讼权利，其撤诉申请意思表示真实，已裁定准许其撤回再审申请，本案当事人之间的纠纷已得到解决，且本案并不涉及国家利益、社会公共利益或第三人利益，故检察机关抗诉的基础已不存在，本案已无按抗诉程序裁定进入再审的必要，应当依法裁定本案终结审查。

依照《中华人民共和国民事诉讼法》第 154 条第×项、第 157 条第 1 款第 6 项规定，裁定如下：

本案终结诉讼。

×××已经预交的案件受理费……元，不予退还。

（代理）审判员　×××（非独任审判的，落款为合议庭）

×年×月×日（院印）

法官助理、书记员

第五节　判决和裁定

民事诉讼法全厚细

第 155 条[19910409]　【判决书】判决书应当写明判决结果和作出该判决的理由。判决书内容包括[20130101]：

（一）案由、诉讼请求、争议的事实和理由；

（二）判决认定的事实和理由、适用的法律和理由/法律依据[20130101]；

（三）判决结果和诉讼费用的负担；

（四）上诉期间/期限和上诉的法院。

判决书由审判人员、书记员署名，加盖人民法院印章。

● 相关规定　【法释〔2002〕25 号】　最高人民法院关于人民法院合议庭工作的若干规定（2002 年 7 月 30 日最高法审委会〔1234 次〕通过，2002 年 8 月 12 日公布，2002 年 8 月 17 日起施行）

第 14 条　合议庭一般应当在作出评议结论或者审判委员会作出决定后的 5 个工作日内制作出裁判文书。

第 15 条　裁判文书一般由审判长或者承办法官制作。但是审判长或者承办法官的评议意见与合议庭评议结论或者审判委员会的决定有明显分歧的，也可以由其他合议庭成员制作裁判文书。

对制作的裁判文书，合议庭成员应当共同审核，确认无误后签名。

第 16 条　院长、庭长可以对合议庭的评议意见和制作的裁判文书进行审核，但是不得改变合议庭的评议结论。

第 17 条　院长、庭长在审核合议庭的评议意见和裁判文书过程中，对评议结论有异议的，可以建议合议庭复议，同时应当对要求复议的问题及理由提出书面意见。

合议庭复议后，庭长仍有异议的，可以将案件提请院长审核，院长可以提交审判委员会讨论决定。

【法释［2003］15号】 最高人民法院关于适用简易程序审理民事案件的若干规定（2003年7月4日最高法审委会［1280次］通过，2003年9月10日公布，2003年12月1日起施行；根据法释［2020］20号《决定》修正，2021年1月1日起施行。以本规为准）

第32条 适用简易程序审理的民事案件，有下列情形之一的，人民法院在制作裁判文书时对认定事实或者判决理由部分可以适当简化：（一）当事人达成调解协议并需要制作民事调解书的；（二）一方当事人在诉讼过程中明确表示承认对方全部诉讼请求或者部分诉讼请求的；（三）当事人对案件事实没有争议或者争议不大的；（四）涉及自然人的／个人隐私、个人信息，或者商业秘密的案件，当事人一方要求简化裁判文书中的相关内容，人民法院认为理由正当的；（五）当事人双方一致同意简化裁判文书的。

【法［2007］19号】 最高人民法院关于在民事判决书中增加向当事人告知民事诉讼法第229条①（现第264条）规定内容的通知（2007年2月7日）

根据《中共中央关于构建社会主义和谐社会若干重大问题的决定》有关'落实当事人权利义务告知制度'的要求，为使胜诉的当事人及时获得诉讼成果，促使败诉的当事人及时履行义务，经研究决定，在具有金钱给付内容的民事判决书中增加向当事人告知民事诉讼法第229条（现第264条）规定的内容。现将在民事判决书中具体表述方式通知如下：

一、一审判决中具有金钱给付义务的，应当在所有判项之后另起一行写明：如果未按本判决指定的期间履行给付金钱义务，应当依照《中华人民共和国民事诉讼法》第229条（现第264条）之规定，加倍支付迟延履行期间的债务利息。

二、二审判决作出改判的案件，无论一审判决是否写入了上述告知内容，均应在所有判项之后另起一行写明第1条的告知内容。

三、如一审判决已经写明上述告知内容，二审维持原判的判决，可不再重复告知。

---

① 注：本处原为"第232条"；《民事诉讼法》2007年修订后，《最高人民法院关于调整司法解释等文件中引用〈中华人民共和国民事诉讼法〉条文序号的决定》（法释［2008］18号，2008年12月31日起施行）将其修改为"第229条"。正文中亦然。

按：《民事诉讼法》被修订（主席令［2007］75号，2008年4月1日起施行）后，条文序号已经变化，因此，之前发布的司法解释本应当随即（修正）引用新的序号。但是，法释［2008］18号《决定》于2008年12月16日公布，规定"自2008年12月31日起施行"。该《决定》已被法释［2020］16号《最高人民法院关于废止部分司法解释及相关规范性文件的决定》宣布废止，2021年1月1日起施行。

【法释〔2009〕3 号】 最高人民法院关于审理涉及驰名商标保护的民事纠纷案件应用法律若干问题的解释（2009 年 4 月 22 日最高法审委会〔1467 次〕通过，同日公布，2009 年 5 月 1 日起施行；根据法释〔2020〕19 号《决定》修正，2021 年 1 月 1 日起施行。以本规为准）

第 13 条　在涉及驰名商标保护的民事纠纷案件中，人民法院对于商标驰名的认定，仅作为案件事实和判决理由，不写入判决主文；以调解方式审结的，在调解书中对商标驰名的事实不予认定。

【法释〔2009〕14 号】 最高人民法院关于裁判文书引用法律、法规等规范性法律文件的规定（2009 年 7 月 13 日最高法审委会〔1470 次〕通过，2009 年 10 月 26 日公布，2009 年 11 月 4 日起施行；以本规为准）

第 1 条　人民法院的裁判文书应当依法引用相关法律、法规等规范性法律文件作为裁判依据。引用时应当准确完整写明规范性法律文件的名称、条款序号，需要引用具体条文的，应当整条引用。

第 2 条　并列引用多个规范性法律文件的，引用顺序如下：法律及法律解释、行政法规、地方性法规、自治条例或者单行条例、司法解释。同时引用 2 部以上法律的，应当先引用基本法律，后引用其他法律。引用包括实体法和程序法的，先引用实体法，后引用程序法。

第 3 条　刑事裁判文书……（见《刑事诉讼法全厚细》第 3 编第 2 章第 1 节"裁判文书要求"专辑）

第 4 条　民事裁判文书应当引用法律、法律解释或者司法解释。对于应当适用的行政法规、地方性法规或者自治条例和单行条例，可以直接引用。

第 5 条　行政裁判文书……（见《行政诉讼法全厚细》第 7 章第 2 节"裁判文书"专辑）

第 6 条　对本规定第 3 条、第 4 条、第 5 条规定之外的规范性文件，根据审理案件的需要，经审查认定为合法有效的，可以作为裁判说理的依据。

第 7 条　人民法院制作裁判文书确需引用的规范性法律文件之间存在冲突，根据立法等有关法律规定无法选择适用的，应当依法提请有决定权的机关做出裁决，不得自行在裁判文书中认定相关规范性法律文件的效力。

【司发〔2015〕14 号】 最高人民法院、最高人民检察院、公安部、国家安全部、司法部关于依法保障律师执业权利的规定（2015 年 9 月 16 日）

第 36 条　人民法院适用普通程序审理案件，应当在裁判文书中写明律师依法提出的辩护、代理意见，以及是否采纳的情况，并说明理由。

【法发［2016］21 号】　最高人民法院关于进一步推进案件繁简分流优化司法资源配置的若干意见（2016 年 9 月 12 日）（余见《行政诉讼全厚细》第 7 章第 3 节）

15. 推行裁判文书繁简分流。根据法院审级、案件类型、庭审情况等对裁判文书的体例结构及说理进行繁简分流。复杂案件的裁判文书应当围绕争议焦点进行有针对性地说理。新类型、具有指导意义的简单案件，加强说理；其他简单案件可以使用令状式、要素式、表格式等简式裁判文书，简化说理。当庭宣判的案件，裁判文书可以适当简化。当庭即时履行的民事案件，经征得各方当事人同意，可以在法庭笔录中记录相关情况后不再出具裁判文书。

【法［2016］221 号】　人民法院民事裁判文书制作规范（2016 年 2 月 22 日最高法审委会［1679 次］通过，2016 年 6 月 28 日公布，2016 年 8 月 1 日起施行。同时印发《民事诉讼文书样式》见本书"文书格式"）

一、基本要素

文书由标题、正文、落款 3 部分组成。

标题包括法院名称、文书名称和案号。

正文包括首部、事实、理由、裁判依据、裁判主文、尾部。首部包括诉讼参加人及其基本情况，案件由来和审理经过等；事实包括当事人的诉讼请求、事实和理由，人民法院认定的证据及事实；理由是根据认定的案件事实和法律依据，对当事人的诉讼请求是否成立进行分析评述，阐明理由；裁判依据是人民法院作出裁判所依据的实体法和程序法条文；裁判主文是人民法院对案件实体、程序问题作出的明确、具体、完整的处理决定；尾部包括诉讼费用负担和告知事项。

落款包括署名和日期。

二、标题

标题由法院名称、文书名称和案号构成，例如："××人民法院民事判决书（民事调解书、民事裁定书）+案号"。

（一）法院名称

法院名称一般应与院印的文字一致。基层人民法院、中级人民法院名称前应冠以省、自治区、直辖市的名称，但军事法院、海事法院、铁路运输法院、知识产权法院等专门人民法院除外。

涉外裁判文书，法院名称前一般应冠以"中华人民共和国"国名；案件当事人中如果没有外国人、无国籍人、外国企业或组织的，地方人民法院、专门人民法院制作的裁判文书标题中的法院名称无需冠以"中华人民共和国"。

（二）案号

案号由收案年度、法院代字、类型代字、案件编号组成。

案号＝"（"＋收案年度＋"）"＋法院代字＋类型代字＋案件编号＋"号"。

案号的编制、使用应根据《最高人民法院关于人民法院案件案号的若干规定》等执行。

三、正文

（一）当事人的基本情况

1. 当事人的基本情况包括：诉讼地位和基本信息。

2. 当事人是自然人的，应当写明其姓名、性别、出生年月日、民族、职业或者工作单位和职务、住所。姓名、性别等身份事项以居民身份证、户籍证明为准。

当事人职业或者工作单位和职务不明确的，可以不表述。

当事人住所以其户籍所在地为准；离开户籍所在地有经常居住地的，经常居住地为住所。连续两个当事人的住所相同的，应当分别表述，不用"住所同上"的表述。

3. 有法定代理人或指定代理人的，应当在当事人之后另起一行写明其姓名、性别、职业或工作单位和职务、住所，并在姓名后用括号注明其与当事人的关系。代理人为单位的，写明其名称及其参加诉讼人员的基本信息。

4. 当事人是法人的，写明名称和住所，并另起一行写明法定代表人的姓名和职务。当事人是其他组织的，写明名称和住所，并另起一行写明负责人的姓名和职务。

当事人是个体工商户的，写明经营者的姓名、性别、出生年月日、民族、住所；起有字号的，以营业执照上登记的字号为当事人，并写明该字号经营者的基本信息。

当事人是起字号的个人合伙的，在其姓名之后用括号注明"系……（写明字号）合伙人"。

5. 法人、其他组织、个体工商户、个人合伙的名称应写全称，以其注册登记文件记载的内容为准。

6. 法人或者其他组织的住所是指法人或者其他组织的主要办事机构所在地；主要办事机构所在地不明确的，法人或者其他组织的注册地或者登记地为住所。

7. 当事人为外国人的，应当写明其经过翻译的中文姓名或者名称和住所，并用括号注明其外文姓名或者名称和住所。

外国自然人应当注明其国籍。国籍应当用全称。无国籍人，应当注明无国籍。

港澳台地区的居民在姓名后写明"香港特别行政区居民""澳门特别行政区居民"或"台湾地区居民"。

外国自然人的姓名、性别等基本信息以其护照等身份证明文件记载的内容为准；外国法人或者其他组织的名称、住所等基本信息以其注册登记文件记载的内容为准。

8. 港澳地区当事人的住所，应当冠以"香港特别行政区""澳门特别行政区"。台湾地区当事人的住所，应当冠以"台湾地区"。

9. 当事人有曾用名，且该曾用名与本案有关联的，裁判文书在当事人现用名之后用括号注明曾用名。

诉讼过程中当事人姓名或名称变更的，裁判文书应当列明变更后的姓名或名称，变更前姓名或名称无需在此处列明。对于姓名或者名称变更的事实，在查明事实部分写明。

10. 诉讼过程中，当事人权利义务继受人参加诉讼的，诉讼地位从其承继的诉讼地位。裁判文书中，继受人为当事人；被继受人在当事人部分不写，在案件由来中写明继受事实。

11. 在代表人诉讼中，被代表或者登记权利的当事人人数众多的，可以采取名单附后的方式表述，"原告×××等×人（名单附后）"。

当事人自行参加诉讼的，要写明其诉讼地位及基本信息。

12. 当事人诉讼地位在前，其后写当事人姓名或者名称，两者之间用冒号。当事人姓名或者名称之后，用逗号。

（二）委托诉讼代理人的基本情况

1. 当事人有委托诉讼代理人的，应当在当事人之后另起一行写明为"委托诉讼代理人"，并写明委托诉讼代理人的姓名和其他基本情况。有两个委托诉讼代理人的，分行分别写明。

2. 当事人委托近亲属或者本单位工作人员担任委托诉讼代理人的，应当列在第一位，委托外单位的人员或者律师等担任委托诉讼代理人的列在第二位。

3. 当事人委托本单位人员作为委托诉讼代理人的，写明姓名、性别及其工作人员身份。其身份信息可表述为"该单位（如公司、机构、委员会、厂等）工作人员"。

4. 律师、基层法律服务工作者担任委托诉讼代理人的，写明律师、基层法院法律服务工作者的姓名，所在律师事务所的名称、法律服务所的名称及执业身份。其身份信息表述为"××律师事务所律师""××法律服务所法律工作者"。属于提供法律援助的，应当写明法律援助情况。

5. 委托诉讼代理人是当事人近亲属的，应当在姓名后用括号注明其与当事人的关系，写明住所。代理人是当事人所在社区、单位以及有关社会团体推荐的公民的，写明姓名、性别、住所，并在住所之后注明具体由何社区、单位、社会团体推荐。

6. 委托诉讼代理人变更的，裁判文书首部只列写变更后的委托诉讼代理人。对于变更的事实可根据需要写明。

7. 委托诉讼代理人后用冒号，再写委托诉讼代理人姓名。委托诉讼代理人姓名后用逗号。

（三）当事人的诉讼地位

1. 一审民事案件当事人的诉讼地位表述为"原告""被告"和"第三人"。先写原告，后写被告，再写第三人。有多个原告、被告、第三人的，按照起诉状列明的顺序写。起诉状中未列明的当事人，按照参加诉讼的时间顺序写。

提出反诉的，需在本诉称谓后用括号注明反诉原告、反诉被告。反诉情况在案件由来和事实部分写明。

2. 二审民事案件当事人的诉讼地位表述为"上诉人""被上诉人""第三人""原审原告""原审被告""原审第三人"。先写上诉人，再写被上诉人，后写其他当事人。其他当事人按照原审诉讼地位和顺序写明。被上诉人也提出上诉的，列为"上诉人"。

上诉人和被上诉人之后，用括号注明原审诉讼地位。

3. 再审民事案件当事人的诉讼地位表述为"再审申请人""被申请人"。其他当事人按照原审诉讼地位表述，例如，一审终审的，列为"原审原告""原审被告""原审第三人"；二审终审的，列为"二审上诉人""二审被上诉人"等。

再审申请人、被申请人和其他当事人诉讼地位之后，用括号注明一审、二审诉讼地位。

抗诉再审案件（再审检察建议案件），应当写明抗诉机关（再审检察建议机关）及申诉人与被申诉人的诉讼地位。案件由来部分写明检察机关出庭人员的基本情况。对于检察机关因国家利益、社会公共利益受损而依职权启动程序的案件，应列明当事人的原审诉讼地位。

4. 第三人撤销之诉案件，当事人的诉讼地位表述为"原告""被告""第三人"。"被告"之后用括号注明原审诉讼地位。

5. 执行异议之诉案件，当事人的诉讼地位表述为"原告""被告""第三人"，并用括号注明当事人在执行异议程序中的诉讼地位。

6. 特别程序案件，当事人的诉讼地位表述为"申请人"。有被申请人的，应当写明被申请人。

选民资格案件，当事人的诉讼地位表述为"起诉人"。

7. 督促程序案件，当事人的诉讼地位表述为"申请人""被申请人"。

公示催告程序案件，当事人的诉讼地位表述为"申请人"；有权利申报人的，表述为"申报人"。申请撤销除权判决的案件，当事人表述为"原告""被告"。

8. 保全案件，当事人的诉讼地位表述为"申请人""被申请人"。

9. 复议案件，当事人的诉讼地位表述为"复议申请人""被申请人"。

10. 执行案件，执行实施案件，当事人的诉讼地位表述为"申请执行人""被执行人"。

执行异议案件，提出异议的当事人或者利害关系人的诉讼地位表述为"异议人"，异议人之后用括号注明案件当事人或利害关系人，其他未提出异议的当事人亦应分别列明。

案外人异议案件，当事人的诉讼地位表述为"案外人""申请执行人""被执行人"。

（四）案件由来和审理经过

1. 案件由来部分简要写明案件名称与来源。

2. 案件名称是当事人与案由的概括。民事一审案件名称表述为"原告×××与被告×××……（写明案由）一案"。

诉讼参加人名称过长的，可以在案件由来部分第一次出现时用括号注明其简称，表述为"（以下简称×××）"。裁判文书中其他单位或组织名称过长的，也可在首次表述时用括号注明其简称。

诉讼参加人的简称应当规范，需能够准确反映其名称的特点。

3. 案由应当准确反映案件所涉及的民事法律关系的性质，符合最高人民法院有关民事案件案由的规定。

经审理认为立案案由不当的，以经审理确定的案由为准，但应在本院认为部分予以说明。

4. 民事一审案件来源包括：（1）新收；（2）有新的事实、证据重新起诉；（3）上级人民法院发回重审；（4）上级人民法院指令立案受理；（5）上级人民法院指定审理；（6）上级人民法院指定管辖；（7）其他人民法院移送管辖；（8）提级管辖。

5. 书写一审案件来源的总体要求是：

（1）新收、重新起诉的，应当写明起诉人；

（2）上级法院指定管辖、本院提级管辖的，除应当写明起诉人外，还应写明报请上级人民法院指定管辖（报请移送上级人民法院）日期或者下级法院报请指定管辖（下级法院报请移送）日期，以及上级法院或者本院作出管辖裁定日期；

（3）上级法院发回重审、上级法院指令受理、上级法院指定审理、移送管辖的，应当写明原审法院作出裁判的案号及日期，上诉人，上级法院作出裁判的案号及日期、裁判结果，说明引起本案的起因。

6. 一审案件来源为上级人民法院发回重审的，发回重审的案件应当写明"原告×××与被告×××……（写明案由）一案，本院于×年×月×日作出……（写明案号）民事判决。×××不服该判决，向××法院提起上诉。××法院于×年×月×日作出……（写明案号）裁定，发回重审。本院依法另行组成合议庭……"。

7. 审理经过部分应写明立案日期及庭审情况。

8. 立案日期表述为："本院于×年×月×日立案后"。

9. 庭审情况包括适用程序、程序转换、审理方式、参加庭审人员等。

10. 适用程序包括普通程序、简易程序、小额诉讼程序和非讼程序。

非讼程序包括特别程序、督促程序、公示催告程序等。

11. 民事一审案件由简易程序（小额诉讼程序）转为普通程序的，审理经过表述为："于×年×月×日公开/因涉及……不公开（写明不公开开庭的理由）开庭审理了本案，经审理发现有不宜适用简易程序（小额诉讼程序）的情形，裁定转为普通程序，于×年×月×日再次公开/不公开开庭审理了本案"。

12. 审理方式包括开庭审理和不开庭审理。开庭审理包括公开开庭和不公开开庭。

不公开开庭的情形包括：（1）因涉及国家秘密不公开开庭；（2）因涉及个人隐私不公开开庭；（3）因涉及商业秘密，经当事人申请，决定不公开开庭；（4）因离婚，经当事人申请，决定不公开开庭；（5）法律另有规定的。

13. 开庭审理的应写明当事人出庭参加诉讼情况（包括未出庭或者中途退庭情况）；不开庭的，不写。不开庭审理的，应写明不开庭的原因。

14. 当事人未到庭应诉或者中途退庭的，写明经传票传唤，无正当理由拒不到庭或者未经法庭许可中途退庭的情况。

15. 一审庭审情况表述为："本院于×年×月×日公开/因涉及……（写明不公开开庭的理由）不公开开庭审理了本案，原告×××及其诉讼代理人×××，被告×××及其诉讼代理人×××等到庭参加诉讼。"

16. 对于审理中其他程序性事项，如中止诉讼情况应当写明。对中止诉讼情形，表述为："因……（写明中止诉讼事由），于×年×月×日裁定中止诉讼，×年×月×日恢复诉讼。"

（五）事实

1. 裁判文书的事实主要包括：原告起诉的诉讼请求、事实和理由，被告答辩的事实和理由，法院认定的事实和据以定案的证据。

2. 事实首先写明当事人的诉辩意见。按照原告、被告、第三人的顺序依次表述当事人的起诉意见、答辩意见、陈述意见。诉辩意见应当先写明诉讼请求，再写事实和理由。

二审案件先写明当事人的上诉请求等诉辩意见。然后再概述一审当事人的诉讼请求，人民法院认定的事实、裁判理由、裁判结果。

再审案件应当先写明当事人的再审请求等诉辩意见，然后再简要写明原审基本情况。生效判决为一审判决的，原审基本情况应概述一审诉讼请求、法院认定的事实、裁判理由和裁判结果；生效判决为二审判决的，原审基本情况先概述一审诉讼请求、法院认定的事实和裁判结果，再写明二审上诉请求、认定的事实、裁判理由和裁判结果。

3. 诉辩意见不需原文照抄当事人的起诉状或答辩状、代理词内容或起诉、答辩时提供的证据，应当全案考虑当事人在法庭上的诉辩意见和提供的证据综合表述。

4. 当事人在法庭辩论终结前变更诉讼请求或者提出新的请求的，应当在诉称部分中写明。

5. 被告承认原告主张的全部事实的，写明"×××承认×××主张的事实"。被告承认原告主张的部分事实的，写明"×××承认×××主张的……事实"。

被告承认全部诉讼请求的，写明："×××承认×××的全部诉讼请求"。被告承认部分诉讼请求的，写明被告承认原告的部分诉讼请求的具体内容。

6. 在诉辩意见之后，另起一段简要写明当事人举证、质证的一般情况，表述为："本案当事人围绕诉讼请求依法提交了证据，本院组织当事人进行了证据交换和质证。"

7. 当事人举证质证一般情况后直接写明人民法院对证据和事实的认定情况。对当事人所提交的证据原则上不一一列明，可以附录全案证据或者证据目录。

对当事人无争议的证据，写明"对当事人无异议的证据，本院予以确认并在卷佐证"。对有争议的证据，应当写明争议的证据名称及人民法院对争议证据认定的意见和理由；对有争议的事实，应当写明事实认定意见和理由。

8. 对于人民法院调取的证据、鉴定意见，经庭审质证后，按照当事人是否有争议分别写明。对逾期提交的证据、非法证据等不予采纳的，应当说明理由。

9. 争议证据认定和事实认定，可以合并写，也可以分开写。分开写的，在证据的审查认定之后，另起一段概括写明法院认定的基本事实，表述为："根据当事人陈述和经审查确认的证据，本院认定事实如下：……"。

10. 认定的事实，应当重点围绕当事人争议的事实展开。按照民事举证责任分配和证明标准，根据审查认定的证据有无证明力、证明力大小，对待证事实存在与否进行认定。要说明事实认定的结果、认定的理由以及审查判断证据的过程。

11. 认定事实的书写方式应根据案件的具体情况，层次清楚，重点突出，繁简得当，避免遗漏与当事人争议有关的事实。一般按时间先后顺序叙述，或者对法律关系或请求权认定相关的事实着重叙述，对其他事实则可归纳、概括叙述。

综述事实时，可以划分段落层次，亦可根据情况以"另查明"为引语叙述其他相关事实。

12. 召开庭前会议时或者在庭审时归纳争议焦点的，应当写明争议焦点。争议焦点的摆放位置，可以根据争议的内容处理。争议焦点中有证据和事实内容的，可以在当事人诉辩意见之后在当事人争议的证据和事实中写明。争议焦点主要是法律适用问题的，可以在本院认为部分，先写明争议焦点。

13. 适用外国法的，应当叙述查明外国法的事实。

（六）理由

1. 理由部分的核心内容是针对当事人的诉讼请求，根据认定的案件事实，依照法律规定，明确当事人争议的法律关系，阐述原告请求权是否成立，依法应当如何处理。裁判文书说理要做到论理透彻，逻辑严密，精炼易懂，用语准确。

2. 理由部分以"本院认为"作为开头，其后直接写明具体意见。

3. 理由部分应当明确纠纷的性质、案由。原审确定案由错误，二审或者再审予以改正的，应在此部分首先进行叙述并阐明理由。

4. 说理应当围绕争议焦点展开，逐一进行分析论证，层次明确。对争议的法律适用问题，应当根据案件的性质、争议的法律关系、认定的事实，依照法律、司法解释规定的法律适用规则进行分析，作出认定，阐明支持或不予支持的理由。

5. 争议焦点之外，涉及当事人诉讼请求能否成立或者与本案裁判结果有关的问题，也应在说理部分一并进行分析论证。

6. 理由部分需要援引法律、法规、司法解释时，应当准确、完整地写明规范性法律文件的名称、条款项序号和条文内容，不得只引用法律条款项序号，在裁判文书后附相关条文。引用法律条款中的项的，一律使用汉字不加括号，①例如："第一项"。

7. 正在审理的案件在基本案情和法律适用方面与最高人民法院颁布的指导性案例相类似的，应当将指导性案例作为裁判理由引述，并写明指导性案例的编号和裁判要点。

8. 司法指导性文件体现的原则和精神，可在理由部分予以阐述或者援引。

9. 在说理最后，可以另起一段，以"综上所述"引出，对当事人的诉讼请求

---

① 注：最高法在各种司法解释和规范性文件中援引法条的"项"时，仍然多使用括号。

是否支持进行评述。

（七）裁判依据

1. 引用法律、法规、司法解释时，应当严格适用《最高人民法院关于裁判文书引用法律、法规等规范性法律文件的规定》。

2. 引用多个法律文件的，顺序如下：法律及法律解释、行政法规、地方性法规、自治条例或者单行条例、司法解释；同时引用两部以上法律的，应当先引用基本法律，后引用其他法律；同时引用实体法和程序法的，先引用实体法，后引用程序法。

3. 确需引用的规范性文件之间存在冲突，根据《中华人民共和国立法法》等有关法律规定无法选择适用的，应依法提请有决定权的机关作出裁决，不得自行在裁判文书中认定相关规范性法律文件的效力。

4. 裁判文书不得引用宪法和各级人民法院关于审判工作的指导性文件、会议纪要、各审判业务庭的答复意见以及人民法院与有关部门联合下发的文件作为裁判依据，但其体现的原则和精神可以在说理部分予以阐述。

5. 引用最高人民法院的司法解释时，应当按照公告公布的格式书写。

6. 指导性案例不作为裁判依据引用。

（八）裁判主文

1. 裁判主文中当事人名称应当使用全称。

2. 裁判主文内容必须明确、具体、便于执行。

3. 多名当事人承担责任的，应当写明各当事人承担责任的形式、范围。

4. 有多项给付内容的，应当先写明各项目的名称、金额，再写明累计金额。如："交通费……元、误工费……元、……，合计……元"。

5. 当事人互负给付义务且内容相同的，应当另起一段写明抵付情况。

6. 对于金钱给付的利息，应当明确利息计算的起止点、计息本金及利率。

7. 一审判决未明确履行期限的，二审判决应当予以纠正。

判决承担利息，当事人提出具体请求数额的，二审法院可以根据当事人请求的数额作出相应判决；当事人没有提出具体请求数额的，可以表述为"按×××利率，自×年×月×日起计算至×年×月×日止"。

（九）尾部

1. 尾部应当写明诉讼费用的负担和告知事项。

2. 诉讼费用包括案件受理费和其他诉讼费用。收取诉讼费用的，写明诉讼费用的负担情况。如："案件受理费……元，由……负担；申请费……元，由……负担"。

3. 诉讼费用不属于诉讼争议的事项，不列入裁判主文，在判决主文后另起一段写明。

4. 一审判决中具有金钱给付义务的，应当在所有判项之后另起一行写明："如果未按本判决指定的期间履行给付金钱义务，应当依照《中华人民共和国民事诉讼法》第253条的规定，加倍支付迟延履行期间的债务利息。"二审判决具有金钱给付义务的，属于二审改判的，无论一审判决是否写入了上述告知内容，均应在所有判项之后另起一行写明上述告知内容。二审维持原判的判决，如果一审判决已经写明上述告知内容，可不再重复告知。

5. 对依法可以上诉的一审判决，在尾部表述为："如不服本判决，可以在判决书送达之日起15日内，向本院递交上诉状，并按对方当事人的人数或者代表人的人数提出副本，上诉于××人民法院。"

6. 对一审不予受理、驳回起诉、管辖权异议的裁定，尾部表述为："如不服本裁定，可以在裁定书送达之日起10日内，向本院递交上诉状，并按对方当事人的人数或者代表人的人数提出副本，上诉于××人民法院。"

四、落款

（一）署名

诉讼文书应当由参加审判案件的合议庭组成人员或者独任审判员署名。

合议庭的审判长，不论审判职务，均署名为"审判长"；合议庭成员有审判员的，署名为"审判员"；有助理审判员的，署名为"代理审判员"；有陪审员的，署名为"人民陪审员"。独任审理的，署名为"审判员"或者"代理审判员"。书记员，署名为"书记员"。

（二）日期

裁判文书落款日期为作出裁判的日期，即裁判文书的签发日期。当庭宣判的，应当写宣判的日期。

（三）核对戳

本部分加盖"本件与原本核对无异"字样的印戳。

五、数字用法

（一）裁判主文的序号使用汉字数字，例："一""二"；

（二）裁判尾部落款时间使用汉字数字，例："二•一六年八月二十九日"；

（三）案号使用阿拉伯数字，例："［2016］京0101民初1号"；

（四）其他数字用法按照《中华人民共和国国家标准GB/T15835-2011出版物上数字用法》执行。

六、标点符号用法

（一）"被告辩称""本院认为"等词语之后用逗号。

（二）"×××向本院提出诉讼请求""本院认定如下""判决如下""裁定如

下"等词语之后用冒号。

（三）裁判项序号后用顿号。

（四）除本规范有明确要求外，其他标点符号用法按照《中华人民共和国国家标准 GB/T15834-2011 标点符号用法》执行。

七、引用规范

（一）引用法律、法规、司法解释应书写全称并加书名号。

（二）法律全称太长的，也可以简称，简称不使用书名号。可以在第一次出现全称后使用简称，例："《中华人民共和国民事诉讼法》（以下简称民事诉讼法）"。

（三）引用法律、法规和司法解释条文有序号的，书写序号应与法律、法规和司法解释正式文本中的写法一致。

（四）引用公文应先用书名号引标题，后用圆括号引发文字号；引用外文应注明中文译文。

八、印刷标准

（一）纸张标准，A4 型纸，成品幅面尺寸为：210mm×297mm。

（二）版心尺寸为：156mm×225mm，一般每面排 22 行，每行排 28 个字。

（三）采用双面印刷；单页页码居右，双页页码居左；印品要字迹清楚、均匀。

（四）标题位于版心下空两行，居中排布。标题中的法院名称和文书名称一般用二号小标宋体字；标题中的法院名称与文书名称分两行排列。

（五）案号之后空 2 个汉字空格至行末端。

（六）案号、主文等用三号仿宋体字。

（七）落款与正文同处一面。排版后所剩空白处不能容下印章时，可以适当调整行距、字距，不用"此页无正文"的方法解决。审判长、审判员每个字之间空 2 个汉字空格。审判长、审判员与姓名之间空 3 个汉字空格，姓名之后空 2 个汉字空格至行末端。

（八）院印加盖在日期居中位置。院印上不压审判员，下不压书记员，下弧骑年压月在成文时间上。印章国徽底边缘及上下弧以不覆盖文字为限。公章不应歪斜、模糊。

（九）凡裁判文书中出现误写、误算，诉讼费用漏写、误算和其他笔误的，未送达的应重新制作，已送达的应以裁定补正，避免使用校对章。

（十）确需加装封面的应印制封面。封面可参照以下规格制作：

1. 国徽图案高 55mm，宽 50mm。

2. 上页边距为 65mm，国徽下沿与标题文字上沿之间距离为 75mm。

3. 标题文字为"××人民法院××判决书（或裁定书等）"，位于国徽图案下方，字体为小标宋体字；标题分两行或三行排列，法院名称字体大小为 30 磅，裁判文书名称字体大小为 36 磅。

4. 封面应庄重、美观，页边距、字体大小及行距可适当进行调整。

九、其他

（一）本规范可以适用于人民法院制作的其他诉讼文书，根据具体文书性质和内容作相应调整。

（二）本规范关于裁判文书的要素和文书格式、标点符号、数字使用、印刷规范等技术化标准，各级人民法院应当认真执行。对于裁判文书正文内容、事实认定和说理部分，可以根据案件的情况合理确定。

（三）逐步推行裁判文书增加二维条形码，增加裁判文书的可识别性。

【法释［2016］30号】 最高人民法院关于巡回法庭审理案件若干问题的规定（"法释［2015］3号"公布，2015年2月1日起施行；2016年12月19日最高法审委会［1704次］修正，2016年12月27日公布，2016年12月28日起施行）

第 11 条 ……巡回法庭作出的判决、裁定，经合议庭成员签署后，由审判长签发。

【法发［2018］9号】 最高人民法院关于人民法院立案、审判与执行工作协调运行的意见（2018年5月28日）

11. 法律文书主文应当明确具体：

（1）给付金钱的，应当明确数额。需要计算利息、违约金数额的，应当有明确的计算基数、标准、起止时间等；

（2）交付特定标的物的，应当明确特定物的名称、数量、具体特征等特定信息，以及交付时间、方式等；

（3）确定继承的，应当明确遗产的名称、数量、数额等；

（4）离婚案件分割财产的，应当明确财产名称、数量、数额等；

（5）继续履行合同的，应当明确当事人继续履行合同的内容、方式等；

（6）排除妨碍、恢复原状的，应当明确排除妨碍、恢复原状的标准、时间等；

（7）停止侵害的，应当明确停止侵害行为的具体方式，以及被侵害权利的具体内容或者范围等；

（8）确定子女探视权的，应当明确探视的方式、具体时间和地点，以及交接办法等；

（9）当事人之间互负给付义务的，应当明确履行顺序。

对前款规定中财产数量较多的，可以在法律文书后另附清单。

【法发［2018］10 号】　最高人民法院关于加强和规范裁判文书释法说理的指导意见（2018 年 6 月 1 日印发，2018 年 6 月 13 日起施行）

一、裁判文书释法说理的目的是通过阐明裁判结论的形成过程和正当性理由，提高裁判的可接受性，实现法律效果和社会效果的有机统一；其主要价值体现在增强裁判行为公正度、透明度，规范审判权行使，提升司法公信力和司法权威，发挥裁判的定分止争和价值引领作用，弘扬社会主义核心价值观，努力让人民群众在每一个司法案件中感受到公平正义，切实维护诉讼当事人合法权益，促进社会和谐稳定。

二、裁判文书释法说理，要阐明事理，说明裁判所认定的案件事实及其根据和理由，展示案件事实认定的客观性、公正性和准确性；要释明法理，说明裁判所依据的法律规范以及适用法律规范的理由；要讲明情理，体现法理情相协调，符合社会主流价值观；要讲究文理，语言规范，表达准确，逻辑清晰，合理运用说理技巧，增强说理效果。

三、裁判文书释法说理，要立场正确、内容合法、程序正当，符合社会主义核心价值观的精神和要求；要围绕证据审查判断、事实认定、法律适用进行说理，反映推理过程，做到层次分明；要针对诉讼主张和诉讼争点、结合庭审情况进行说理，做到有的放矢；要根据案件社会影响、审判程序、诉讼阶段等不同情况进行繁简适度的说理，简案略说，繁案精说，力求恰到好处。

四、裁判文书中对证据的认定，应当结合诉讼各方举证质证以及法庭调查核实证据等情况，根据证据规则，运用逻辑推理和经验法则，必要时使用推定和司法认知等方法，围绕证据的关联性、合法性和真实性进行全面、客观、公正的审查判断，阐明证据采纳和采信的理由。

五、刑事被告人及其辩护人提出排除非法证据申请的，裁判文书应当说明是否对证据收集的合法性进行调查、证据是否排除及其理由。民事、行政案件涉及举证责任分配或者证明标准争议的，裁判文书应当说明理由。

六、裁判文书应当结合庭审举证、质证、法庭辩论以及法庭调查核实证据等情况，重点针对裁判认定的事实或者事实争点进行释法说理。依据间接证据认定事实时，应当围绕间接证据之间是否存在印证关系、是否能够形成完整的证明体系等进行说理。采用推定方法认定事实时，应当说明推定启动的原因、反驳的事实和理由，阐释裁断的形成过程。

七、诉讼各方对案件法律适用无争议且法律含义不需要阐明的，裁判文书应当集中围绕裁判内容和尺度进行释法说理。诉讼各方对案件法律适用存有争议或者法律含义需要阐明的，法官应当逐项回应法律争议焦点并说明理由。法律适用存在法律规范竞合或者冲突的，裁判文书应当说明选择的理由。民事案件没有明确的法律规定作为裁判直接依据的，法官应当首先寻找最相类似的法律规定作出裁判；如果没有最相类似的法律规定，法官可以依据习惯、法律原则、立法目的等作出裁判，并合理运用法律方法对裁判依据进行充分论证和说理。法官行使自由裁量权处理案件时，应当坚持合法、合理、公正和审慎的原则，充分论证运用自由裁量权的依据，并阐明自由裁量所考虑的相关因素。

八、下列案件裁判文书，应当强化释法说理：疑难、复杂案件；诉讼各方争议较大的案件；社会关注度较高、影响较大的案件；宣告无罪、判处法定刑以下刑罚、判处死刑的案件；行政诉讼中对被诉行政行为所依据的规范性文件一并进行审查的案件；判决变更行政行为的案件；新类型或者可能成为指导性案例的案件；抗诉案件；二审改判或者发回重审的案件；重审案件；再审案件；其他需要强化说理的案件。

九、下列案件裁判文书，可以简化释法说理：适用民事简易程序、小额诉讼程序审理的案件；适用民事特别程序、督促程序及公示催告程序审理的案件；适用刑事速裁程序、简易程序审理的案件；当事人达成和解协议的轻微刑事案件；适用行政简易程序审理的案件；适用普通程序审理但是诉讼各方争议不大的案件；其他适宜简化说理的案件。

十、二审或者再审裁判文书应当针对上诉、抗诉、申请再审的主张和理由强化释法说理。二审或者再审裁判文书认定的事实与一审或者原审不同的，或者认为一审、原审认定事实不清、适用法律错误的，应当在查清事实、纠正法律适用错误的基础上进行有针对性的说理；针对一审或者原审已经详尽阐述理由且诉讼各方无争议或者无新证据、新理由的事项，可以简化释法说理。

十一、制作裁判文书应当遵循《人民法院民事裁判文书制作规范》《民事申请再审诉讼文书样式》《涉外商事海事裁判文书写作规范》《人民法院破产程序法律文书样式（试行）》《民事简易程序诉讼文书样式（试行）》《人民法院刑事诉讼文书样式》《行政诉讼文书样式（试行）》《人民法院国家赔偿案件文书样式》等规定的技术规范标准，但是可以根据案件情况合理调整事实认定和说理部分的体例结构。

十二、裁判文书引用规范性法律文件进行释法说理，应当适用《最高人民法院关于裁判文书引用法律、法规等规范性法律文件的规定》等相关规定，准确、完整地写明规范性法律文件的名称、条款项序号；需要加注引号引用条文内容的，应当表述准确和完整。

十三、除依据法律法规、司法解释的规定外，法官可以运用下列论据论证裁判理由，以提高裁判结论的正当性和可接受性：最高人民法院发布的指导性案例；最高人民法院发布的非司法解释类审判业务规范性文件；公理、情理、经验法则、交易惯例、民间规约、职业伦理；立法说明等立法材料；采取历史、体系、比较等法律解释方法时使用的材料；法理及通行学术观点；与法律、司法解释等规范性法律文件不相冲突的其他论据。

十四、为便于释法说理，裁判文书可以选择采用下列适当的表达方式：案情复杂的，采用列明裁判要点的方式；案件事实或数额计算复杂的，采用附表的方式；裁判内容用附图的方式更容易表达清楚的，采用附图的方式；证据过多的，采用附录的方式呈现构成证据链的全案证据或证据目录；采用其他附件方式。

十五、裁判文书行文应当规范、准确、清楚、朴实、庄重、凝炼，一般不得使用方言、俚语、土语、生僻词语、古旧词语、外语；特殊情形必须使用的，应当注明实际含义。裁判文书释法说理应当避免使用主观臆断的表达方式、不恰当的修辞方法和学术化的写作风格，不得使用贬损人格尊严、具有强烈感情色彩、明显有违常识常理常情的用语，不能未经分析论证而直接使用"没有事实及法律依据，本院不予支持"之类的表述作为结论性论断。

十六、各级人民法院应当定期收集、整理和汇编辖区内法院具有指导意义的优秀裁判文书，充分发挥典型案例释法说理的引导、规范和教育功能。

十七、人民法院应当将裁判文书的制作和释法说理作为考核法官业务能力和审判质效的必备内容，确立为法官业绩考核的重要指标，纳入法官业绩档案。

十八、最高人民法院建立符合裁判文书释法说理规律的统一裁判文书质量评估体系和评价机制，定期组织裁判文书释法说理评查活动，评选发布全国性的优秀裁判文书，通报批评瑕疵裁判文书，并作为监督指导地方各级人民法院审判工作的重要内容。

十九、地方各级人民法院应当将裁判文书释法说理作为裁判文书质量评查的重要内容，纳入年度常规性工作之中，推动建立第三方开展裁判文书质量评价活动。

二十、各级人民法院可以根据本指导意见，结合实际制定刑事、民事、行政、国家赔偿、执行等裁判文书释法说理的实施细则。

【法释［2019］2号】　最高人民法院关于技术调查官参与知识产权案件诉讼活动的若干规定（2019年1月28日最高法审委会［1760次］通过，2019年3月18日发布，2019年5月1日起施行；以本规为准）

第12条　技术调查官参与知识产权案件诉讼活动的，应当在裁判文书上署名。技术调查官的署名位于法官助理之下、书记员之上。

【法释〔2019〕5号】 **最高人民法院关于适用《中华人民共和国人民陪审员法》若干问题的解释**（2019年2月18日最高法审委会〔1761次〕通过，2019年4月24日公布，2019年5月1日起施行；法释〔2010〕2号《最高人民法院关于人民陪审员参加审判活动若干问题的规定》同时废止）

第16条 案件审结后，人民法院应将裁判文书副本及时送交参加该案审判的人民陪审员。

【法〔2021〕21号】 **最高人民法院关于深入推进社会主义核心价值观融入裁判文书释法说理的指导意见**（2021年1月19日印发，2021年3月1日起施行）

二、各级人民法院应当深入推进社会主义核心价值观融入裁判文书释法说理，将社会主义核心价值观作为理解立法目的和法律原则的重要指引，作为检验自由裁量权是否合理行使的重要标准，确保准确认定事实，正确适用法律。对于裁判结果有价值引领导向、行为规范意义的案件，法官应当强化运用社会主义核心价值观释法说理，切实发挥司法裁判在国家治理、社会治理中的规范、评价、教育、引领等功能，以公正裁判树立行为规则，培育和弘扬社会主义核心价值观。

三、各级人民法院应当坚持以事实为根据，以法律为准绳。在释法说理时，应当针对争议焦点，根据庭审举证、质证、法庭辩论以及法律调查等情况，结合社会主义核心价值观，重点说明裁判事实认定和法律适用的过程和理由。

四、下列案件的裁判文书，应当强化运用社会主义核心价值观释法说理：（一）涉及国家利益、重大公共利益，社会广泛关注的案件；（二）涉及疫情防控、抢险救灾、英烈保护、见义勇为、正当防卫、紧急避险、助人为乐等，可能引发社会道德评价的案件；（三）涉及老年人、妇女、儿童、残疾人等弱势群体以及特殊群体保护，诉讼各方存在较大争议且可能引发社会广泛关注的案件；（四）涉及公序良俗、风俗习惯、权利平等、民族宗教等，诉讼各方存在较大争议且可能引发社会广泛关注的案件；（五）涉及新情况、新问题，需要对法律规定、司法政策等进行深入阐释，引领社会风尚、树立价值导向的案件；（六）其他应当强化运用社会主义核心价值观释法说理的案件。

五、有规范性法律文件作为裁判依据的，法官应当结合案情，先行释明规范性法律文件的相关规定，再结合法律原意，运用社会主义核心价值观进一步明晰法律内涵、阐明立法目的、论述裁判理由。

六、民商事案件无规范性法律文件作为裁判直接依据的，除了可以适用习惯以外，法官还应当以社会主义核心价值观为指引，以最相类似的法律规定作为裁判依据；如无最相类似的法律规定，法官应当根据立法精神、立法目的和法律原则等作出司法裁判，并在裁判文书中充分运用社会主义核心价值观阐述裁判依据和裁判理由。

七、案件涉及多种价值取向的，法官应当依据立法精神、法律原则、法律规定以及社会主义核心价值观进行判断、权衡和选择，确定适用于个案的价值取向，并在裁判文书中详细阐明依据及其理由。

八、刑事诉讼中的公诉人、当事人、辩护人、诉讼代理人和民事、行政诉讼中的当事人、诉讼代理人等在诉讼文书中或在庭审中援引社会主义核心价值观作为诉辩理由的，人民法院一般应当采用口头反馈、庭审释明等方式予以回应；属于本意见第 4 条规定的案件的，人民法院应当在裁判文书中明确予以回应。

九、深入推进社会主义核心价值观融入裁判文书释法说理应当正确运用解释方法：

（一）运用文义解释的方法，准确解读法律规定所蕴含的社会主义核心价值观的精神内涵，充分说明社会主义核心价值观在个案中的内在要求和具体语境。

（二）运用体系解释的方法，将法律规定与中国特色社会主义法律体系、社会主义核心价值体系联系起来，全面系统分析法律规定的内涵，正确理解和适用法律。

（三）运用目的解释的方法，以社会发展方向及立法目的为出发点，发挥目的解释的价值作用，使释法说理与立法目的、法律精神保持一致。

（四）运用历史解释的方法，结合现阶段社会发展水平，合理判断、有效平衡司法裁判的政治效果、法律效果和社会效果，推动社会稳定、可持续发展。

十、裁判文书释法说理应当使用简洁明快、通俗易懂的语言，讲求繁简得当，丰富修辞论证，提升语言表达和释法说理的接受度和认可度。

十一、人民法院应当探索建立强化运用社会主义核心价值观释法说理的案件识别机制，立案部门、审判部门以及院长、庭长等应当加强对案件诉讼主体、诉讼请求等要素的审查，及时识别强化运用社会主义核心价值观释法说理的重点案件，并与审判权力制约监督机制有机衔接。

十二、人民法院应当认真落实《最高人民法院关于统一法律适用加强类案检索的指导意见（试行）》《最高人民法院关于完善统一法律适用标准工作机制的意见》等相关要求，统一法律适用，确保同类案件运用社会主义核心价值观释法说理的一致性。

十三、对于本意见第 4 条规定的案件，根据审判管理相关规定，需要提交专业法官会议或审判委员会讨论的，法官应当重点说明运用社会主义核心价值观释法说理的意见。

【法〔2021〕94 号】 全国法院贯彻实施民法典工作会议纪要（2021 年 3 月 15 日最高法审委会〔1834 次〕通过，2021 年 4 月 6 日印发）

15. 人民法院根据案件情况需要引用已废止的司法解释条文作为裁判依据时，先列明《时间效力规定》相关条文，后列明该废止的司法解释条文。需要同时引用民法通则、合同法等法律及行政法规的，按照《最高人民法院关于裁判文书引用法律、法规等规范性法律文件的规定》确定引用条文顺序。

16. 人民法院需要引用《修改决定》涉及的修改前的司法解释条文作为裁判依据时，先列明《时间效力规定》相关条文，后列明修改前司法解释名称、相应文号和具体条文。人民法院需要引用修改后的司法解释作为裁判依据时，可以在相应名称后以括号形式注明该司法解释的修改时间。

● **文书格式** **【法〔2016〕221 号】** 民事诉讼文书样式（2016 年 2 月 22 日最高法审委会〔1679 次〕通过，2016 年 6 月 28 日公布，2016 年 8 月 1 日起施行）（本书对格式略有调整）

民事判决书（一审）

（××××）……民初……号

原告：×××，……。

法定代理人/指定代理人/法定代表人/主要负责人：×××，……。

委托诉讼代理人：×××，……。

被告：×××，……。（格式同上）

第三人：×××，……。（格式同上）

（以上写明当事人及其代理人和其他诉讼参与人的姓名或名称等基本信息）

原告×××与被告×××、第三人×××……（写明案由）一案，本院于×年×月×日立案后，依法适用普通程序，公开/因涉及……（写明不公开开庭的理由）不公开开庭进行了审理。原告×××、被告×××、第三人×××（写明当事人和其他诉讼参加人的诉讼地位和姓名或者名称）到庭参加诉讼。本案现已审理终结。

×××向本院提出诉讼请求：1.……；2.……（明确原告的诉讼请求）。事实和理由：……（概述原告主张的事实和理由）。

×××辩称，……（概述被告答辩意见）。

×××诉/述称，……（概述第三人陈述意见）。

当事人围绕诉讼请求依法提交了证据，本院组织当事人进行了证据交换和质证。对当事人无异议的证据，本院予以确认并在卷佐证。对有争议的证据和事实，本院认定如下：1.……；2.……（写明法院是否采信证据，事实认定的意见和理由）。

本院认为，……（写明争议焦点，根据认定的事实和相关法律，对当事人的诉讼请求作出分析评判，说明理由）。

综上所述，……（对当事人的诉讼请求是否支持进行总结评述）。依照《中华人民共和国……法》第×条、……（写明法律文件名称及其条款项序号）规定，判决如下：

……（分项写明判决结果）

如果未按本判决指定的期间履行给付金钱义务，应当依照《中华人民共和国民事诉讼法》第 260 条规定，加倍支付迟延履行期间的债务利息（没有给付金钱义务的，不写）。

案件受理费……元，由……负担（写明当事人姓名或者名称、负担金额）。

如不服本判决，可以在判决书送达之日起 15 日内，向本院递交上诉状，并按照对方当事人或者代表人的人数提出副本，上诉于××人民法院。

（代理）审判员　×××（或者合议庭成员署名）

×年×月×日（院印）

法官助理、书记员

【法〔2020〕105 号】　　民事诉讼程序繁简分流改革试点问答口径（一）（最高法 2020 年 4 月 15 日公布）

二十一、小额诉讼案件和简易程序案件裁判文书如何简化？

答：裁判文书一般应当重点简化当事人诉辩称、认定事实和裁判理由的内容。对于当事人诉辩称主要记载诉讼请求、答辩意见及简要理由；对于事实认定，主要记载法院对当事人产生争议的事实和证据认定情况；对于裁判理由，主要针对事实和法律争点进行简要释法说理，明确适用的法条依据。

满足下列条件的，小额诉讼案件裁判文书可以不载明裁判理由，具体条件为：一是案件事实清楚、权利义务关系明确，法律适用清晰；二是人民法院对案件作出当庭裁判，并已口头说明裁判理由；三是裁判过程及裁判理由，已在庭审录音录像或者庭审笔录作完整记录。

简化的裁判文书可以采取要素式、表格式、令状式等文书格式。对于案件争点较多、证据较繁杂、需加强裁判说理的案件，裁判文书不宜一律简化。最高人民法院下一步将对简式裁判文书的具体样式作出统一规范。

【法〔2020〕261 号】　　最高人民法院关于印发《民事诉讼程序繁简分流改革试点相关诉讼文书样式》的通知（2020 年 9 月 30 日印发京、沪、苏、浙、皖、闽、鲁、豫、鄂、粤、川、贵、云、陕、宁等 10 高院，2020 年 11 月 1 日起施行）

（本书对格式有调整，并统一省略了题头"××人民法院"）

民事判决书（小额诉讼程序简式裁判文书用）①

（××××）……民初……号

原告：×××，……。（写明诉讼参与人的姓名或者名称等基本信息，下同）

被告：×××，……。

原告×××与被告×××……（写明案由）一案，本院于×年×月×日立案后，根据《全国人民代表大会常务委员会关于授权最高人民法院在部分地区开展民事诉讼程序繁简分流改革试点工作的决定》，依法适用小额诉讼程序，公开/因涉及……（写明不公开开庭的理由）不公开开庭进行了审理。原告×××、被告×××（写明当事人和其他诉讼参与人的诉讼地位和姓名或者名称）到庭参加诉讼。本案现已审理终结。

×××向本院提出诉讼请求：1. ……；2. ……（明确原告的诉讼请求）。事实和理由：……（概述原告主张的事实和理由）。

×××辩称，……（概述被告答辩意见）。

×××诉/述称，……（概述第三人陈述意见）。

经审理查明：……（简述查明的案件基本事实）。

本院认为，……（简要写明裁判理由，对诉讼请求作出评判。对于案情简单、法律适用明确，法官通过当庭裁判说明裁判理由，并将裁判过程用庭审录音录像或庭审笔录完整记录的，裁判文书可不写裁判理由。）②

依照《中华人民共和国……法》第×条、……（写明法律文件名称及其项序号）规定，判决如下：

……（写明判决结果）。

如果未按本判决指定的期间履行给付金钱义务，应当依照《中华人民共和国民事诉讼法》第260条及相关司法解释之规定，加倍支付迟延履行期间的债务利息（没有给付金钱义务的，不写）。

案件受理费……元，由……负担（写明当事人姓名或者名称、负担金额）。

---

① 注：小额诉讼案件判决书，除适用本样式外，也可以继续适用2016年《民事诉讼文书样式》中的要素式、表格式、令状式判决书格式，但需在首部中的"案件由来和审理经过"部分添加"根据《全国人民代表大会常务委员会关于授权最高人民法院在部分地区开展民事诉讼程序繁简分流改革试点工作的决定》，依法适用小额诉讼程序"。

② 注：裁判文书一般应当重点简化当事人诉称、认定事实和裁判理由的内容。对于当事人诉辩称主要记载诉讼请求、答辩意见及简要理由；对于事实认定，主要记载法院对当事人产生争议的事实和证据认定情况；对于裁判理由，主要针对事实和法律争点进行简要释法说理，明确适用的法条依据。满足下列条件的，小额诉讼案件裁判文书可以不载明裁判理由：一是案件事实清楚、权利义务关系明确，法律适用清晰；二是法院对案件作出当庭裁判，并已口头说明裁判理由；三是裁判过程及裁判理由，已在庭审录音录像或者庭审笔录作完整记录。

本判决为终审判决。

（代理）审判员　×××

×年×月×日（院印）

法官助理、书记员

第二编　第十二章

> **第 156 条　【先行判决】** 人民法院审理案件，其中一部分事实已经清楚，可以就该部分先行判决。

● **相关规定**　**【法释〔2011〕14 号】**　**最高人民法院关于审理船舶油污损害赔偿纠纷案件若干问题的规定**（2011 年 1 月 10 日最高法审委会〔1509 次〕通过，2011 年 5 月 4 日公布，2011 年 7 月 1 日起施行；根据法释〔2020〕18 号《决定》修正，2021 年 1 月 1 日起施行）**（详见本书第 21 章"海事赔偿"专辑）**

第 25 条　对油轮装载持久性油类造成的油污损害，受损害人提起诉讼时主张船舶所有人无权限制赔偿责任的，海事法院对船舶所有人是否有权限制赔偿责任的争议，可以先行审理并作出判决。

【主席令〔2012〕72 号】　中华人民共和国老年人权益保障法（2012 年 12 月 28 日全国人大常委会〔11 届 30 次〕修订，2013 年 7 月 1 日起施行；2018 年 12 月 29 日全国人大常委会〔13 届 7 次〕新修）

第 75 条（第 3 款）　人民法院对老年人追索赡养费或者扶养费的申请，可以依法裁定先予执行。

【法释〔2021〕14 号】　最高人民法院关于审理侵害植物新品种权纠纷案件具体应用法律问题的若干规定（二）（2021 年 6 月 29 日最高法审委会〔1843 次〕通过，2021 年 7 月 5 日公布，2021 年 7 月 7 日起施行；以本规为准）

第 14 条　人民法院根据已经查明侵害品种权的事实，认定侵权行为成立的，可以先行判决停止侵害，并可以依据当事人的请求和具体案情，责令采取消灭活性等阻止被诉侵权物扩散、繁殖的措施。

【主席令〔2007〕80 号】　中华人民共和国劳动争议调解仲裁法（2007 年 12 月 29 日全国人大常委会〔10 届 31 次〕通过，2008 年 5 月 1 日起施行）

第 43 条（第 2 款）　仲裁庭裁决劳动争议案件时，其中一部分事实已经清楚，可以就该部分先行裁决。

【贸仲〔2024〕号】　中国国际经济贸易仲裁委员会仲裁规则（中国国际贸易促进委员会/中国国际商会 2023 年 9 月 2 日核准通过，2024 年 1 月 1 日起施行）

第 53 条　部分裁决

（一）仲裁庭认为必要或当事人提出请求并经仲裁庭同意的，仲裁庭可以在作出最终裁决之前，就当事人的某些请求事项先行作出部分裁决。部分裁决是终局的，对双方当事人均有约束力。

（二）一方当事人不履行部分裁决，不影响仲裁程序的继续进行，也不影响仲裁庭作出最终裁决。

● **高法判例**　【［2022］最高法知民终 2177 号】　制药株式会社、药业公司确认是否落入专利权保护范围纠纷案（最高法院知产庭 2022 年 12 月 13 日二审民事判决：药品专利诉讼参照适用"先行裁驳、另行起诉"）

裁判摘要：权利人或利害关系人提起确认是否落入专利权保护范围纠纷与侵害专利权纠纷之诉，其与案件的直接利害关系均在于权利人拥有合法有效的专利权。对于国家知识产权局已宣告专利权无效、宣告专利权无效的审查决定尚未确定发生法律效力时的专利权，其在两类诉讼中应具有相同的地位，即对起诉条件的影响应当相同。因此，人民法院在审理权利人或利害关系人提起的确认是否落入专利权保护范围纠纷之诉时，可以参照适用侵犯专利权纠纷解释（二）（法释［2016］1 号，见本书第 127 条）第 2 条关于"先行裁驳、另行起诉"的规定。

● **文书格式**　　　　**民事判决书**（先行判决）

（××××）×民初字第××-1 号（应编立分案号）

原告×××，……（写明姓名或名称等基本情况）。

法定代表人（或负责人）×××，……（写明姓名和职务）。

法定代理人（或指定代理人）×××，……（写明姓名等基本情况）。

委托代理人×××，……（写明姓名等基本情况）。

被告×××，……（格式同上，写明法定代表人、法定代理人、委托代理人等情况）

第三人×××，……（格式同上，写明法定代表人、法定代理人、委托代理人等情况）

……（写明当事人的姓名或名称和案由）一案，本院受理后，依法组成合议庭（或依法由审判员×××独任审判），公开（或不公开）开庭进行了审理。……（写明本案当事人及诉讼代理人等）到庭参加诉讼。本案现已审理终结。

×××诉称，……（列明原告提出的具体诉讼请求和所根据的事实与理由）。

×××辩称，……（概述被告答辩的主要内容）。

第三人×××诉称，……（概述第三人的主要意见）。

经审理查明，……（写明法院认定的事实和证据）。

除本院审理查明的上述事实外，关于……的问题（写明尚未查清的事实问题）仍在审理中。

本院认为，……（写明判决的理由）。鉴于……事实已经查清，根据《中华人民共和国民事诉讼法》第156条"人民法院审理案件，其中一部分事实已经清楚，可以就该部分先行判决"之规定，本院对本案除……以外（写明不作判决的诉讼请求）的部分先行判决，对其余诉讼请求继续审理，另行制作裁判文书。

综上，……。本院依照……（写明判决所依据的法律条款项）之规定，判决如下：

……（写明判决结果）。

……（写明诉讼费用的负担）。

如不服本判决，可在判决书送达之日起15日内，向本院递交上诉状，并按对方当事人的人数提出副本，上诉于××人民法院。

审判长　×××

（代理）审判员　×××

人民陪审员　×××

×年×月×日（院印）

本件与原本核对无异（印戳）

法官助理　×××

书记员　×××

第157条[19910409]　【裁定】裁定适用于下列范围：

（一）不予受理；

（二）对管辖权有异议的；

（三）驳回起诉；

（四）关于财产[20130101]/诉讼保全和先予执行/先行给付；

（五）准许或者不准许撤诉；

（六）中止或者终结诉讼；

（七）补正判决书中的笔误/失误；

（八）中止或者终结执行；

（九）[19910409]撤销或者[20130101]不予执行仲裁裁决；

（十）不予执行公证机关赋予强制执行效力的债权文书；

（十一）其他需要裁定解决的事项。

对前款第 1 项至第 3 项裁定，可以上诉。

裁定书应当写明裁定结果和作出该裁定的理由[20130101]。裁定书由审判人员、书记员署名，加盖人民法院印章。口头裁定的，记入笔录。

● **相关规定** 　**【法释〔1998〕7 号】** 　最高人民法院关于在审理经济纠纷案件中涉及经济犯罪嫌疑若干问题的规定（1998 年 4 月 9 日最高法审委会〔974 次〕通过，1998 年 4 月 21 日公布，1998 年 4 月 29 日起施行；根据法释〔2020〕17 号《决定》修正，2021 年 1 月 1 日起施行）

第 11 条　人民法院作为经济纠纷受理的案件，经审理认为不属经济纠纷案件而有经济犯罪嫌疑的，应当裁定驳回起诉，将有关材料移送公安机关或检察机关。

第 12 条　人民法院已立案审理的经济纠纷案件，公安机关或检察机关认为有经济犯罪嫌疑，并说明理由附有关材料函告受理该案的人民法院的，有关人民法院应当认真审查。经过审查，认为确有经济犯罪嫌疑的，应当将案件移送公安机关或检察机关，并书面通知当事人，退还案件受理费；如认为确属经济纠纷案件的，应当依法继续审理，并将结果函告有关公安机关或检察机关。

【法发〔2018〕9 号】 　最高人民法院关于人民法院立案、审判与执行工作协调运行的意见（2018 年 5 月 28 日）

8. 审判部门在审理确权诉讼时，应当查询所要确权的财产权属状况。需要确权的财产已经被人民法院查封、扣押、冻结的，应当裁定驳回起诉，并告知当事人可以依照民事诉讼法第 227 条（现第 238 条）的规定主张权利。

【法释〔2022〕11 号】 　最高人民法院关于适用《中华人民共和国民事诉讼法》的解释（"法释〔2015〕5 号"公布，2015 年 2 月 4 日起施行；根据法释〔2020〕20 号《决定》修正，2021 年 1 月 1 日起施行；2022 年 3 月 22 日最高法审委会〔1866 次〕修正，2022 年 4 月 1 日公布，2022 年 4 月 10 日起施行；以本规为准）

第 245 条　民事诉讼法第 157 条第 1 款第 7 项规定的笔误是指法律文书误写、误算，诉讼费用漏写、误算和其他笔误。

● **文书格式** 　**【法〔2016〕221 号】** 　民事诉讼文书样式（2016 年 2 月 22 日最高法审委会〔1679 次〕通过，2016 年 6 月 28 日公布，2016 年 8 月 1 日起施行）

（本书对格式略有调整）

民事裁定书 （补正法律文书中的笔误用）①

（××××）……民×……号（与被补正的法律文书案号相同）

本院于×年×月×日对……（写明当事人及案由）一案作出的（××××）……民×……号……（写明被补正的法律文书名称）中，存在笔误，②应予补正。

依照《中华人民共和国民事诉讼法》第 157 条第 1 款第 7 项、《最高人民法院关于适用〈中华人民共和国民事诉讼法〉的解释》第 245 条规定，裁定如下：

（××××）……民×……号……（写明被补正的法律文书名称）中"……"（写明法律文书误写、误算，诉讼费用漏写、误算和其他笔误）补正为"……"（写明补正后的内容）。

（代理）审判员　×××（非独任审判的，落款为合议庭）

×年×月×日（院印）

法官助理、书记员

> **第 158 条　【一审生效的裁判】**最高人民法院的判决、裁定，以及依法不准上诉或者超过上诉期没有上诉的判决、裁定，是发生法律效力的判决、裁定。

● **相关规定　【法释〔2022〕11 号】　最高人民法院关于适用《中华人民共和国民事诉讼法》的解释**（"法释〔2015〕5 号"公布，2015 年 2 月 4 日起施行；根据法释〔2020〕20 号《决定》修正，2021 年 1 月 1 日起施行；2022 年 3 月 22 日最高法审委会〔1866 次〕修正，2022 年 4 月 1 日公布，2022 年 4 月 10 日起施行；以本规为准）

第 536 条　（涉外诉讼）不服第一审人民法院判决、裁定的上诉期，对在中华人民共和国领域内有住所的当事人，适用民事诉讼法第 171 条规定的期限；对在中华人民共和国领域内没有住所的当事人，适用民事诉讼法第 276 条（现第 286 条）规定的期限。当事人的上诉期均已届满没有上诉的，第一审人民法院的判决、裁定即发生法律效力。

● **文书格式　【法〔2016〕221 号】　民事诉讼文书样式**（2016 年 2 月 22 日最高法审委会〔1679 次〕通过，2016 年 6 月 28 日公布，2016 年 8 月 1 日起施行）（本书对格式略有调整）

---

①　注：法律文书包括判决书、裁定书、调解书、决定书、通知书等。
②　注：法律文书中的笔误是指误写、误算，诉讼费用漏写、误算和其他笔误。

证明书（证明裁判文书生效用）①

（××××）……民×……号（与诉讼案号相同）

本院于×年×月×日作出的（××××）……民×……号……（写明当事人及案由）民事判决/民事裁定/民事调解书已于×年×月×日生效。

特此证明。

×年×月×日（院印）

（本书汇）【类案检索】

● 相关规定 【法发〔2020〕24 号】 最高人民法院关于统一法律适用加强类案检索的指导意见（试行）（2020 年 7 月 27 日印发，2020 年 7 月 31 日起试行）

一、本意见所称类案，是指与待决案件在基本事实、争议焦点、法律适用问题等方面具有相似性，且已经人民法院裁判生效的案件。

二、人民法院办理案件具有下列情形之一，应当进行类案检索：（一）拟提交专业（主审）法官会议或者审判委员会讨论的；（二）缺乏明确裁判规则或者尚未形成统一裁判规则的；（三）院长、庭长根据审判监督管理权限要求进行类案检索的；（四）其他需要进行类案检索的。

三、承办法官依托中国裁判文书网、审判案例数据库等进行类案检索，并对检索的真实性、准确性负责。

四、类案检索范围一般包括：（一）最高人民法院发布的指导性案例；（二）最高人民法院发布的典型案例及裁判生效的案件；（三）本省（自治区、直辖市）高级人民法院发布的参考性案例及裁判生效的案件；（四）上一级人民法院及本院裁判生效的案件。

除指导性案例以外，优先检索近 3 年的案例或者案件；已经在前一顺位中检索到类案的，可以不再进行检索。

五、类案检索可以采用关键词检索、法条关联案件检索、案例关联检索等方法。

六、承办法官应当将待决案件与检索结果进行相似性识别和比对，确定是否属于类案。

七、对本意见规定的应当进行类案检索的案件，承办法官应当在合议庭评议、专业（主审）法官会议讨论及审理报告中对类案检索情况予以说明，或者制作专

---

① 出具证明书的情形包括：超过上诉期没有上诉的；当事人在我国领域外使用我国法院的判决书、裁定书，要求证明其法律效力的；外国法院要求我院证明判决书、裁定书的法律效力的。

门的类案检索报告，并随案归档备查。

八、类案检索说明或者报告应当客观、全面、准确，包括检索主体、时间、平台、方法、结果，类案裁判要点以及待决案件争议焦点等内容，并对是否参照或者参考类案等结果运用情况予以分析说明。

九、检索到的类案为指导性案例的，人民法院应当参照作出裁判，但与新的法律、行政法规、司法解释相冲突或者为新的指导性案例所取代的除外。

检索到其他类案的，人民法院可以作为作出裁判的参考。

十、公诉机关、案件当事人及其辩护人、诉讼代理人等提交指导性案例作为控（诉）辩理由的，人民法院应当在裁判文书说理中回应是否参照并说明理由；提交其他类案作为控（诉）辩理由的，人民法院可以通过释明等方式予以回应。

十一、检索到的类案存在法律适用不一致的，人民法院可以综合法院层级、裁判时间、是否经审判委员会讨论等因素，依照《最高人民法院关于建立法律适用分歧解决机制的实施办法》等规定，通过法律适用分歧解决机制予以解决。

十二、各级人民法院应当积极推进类案检索工作，加强技术研发和应用培训，提升类案推送的智能化、精准化水平。

各高级人民法院应当充分运用现代信息技术，建立审判案例数据库，为全国统一、权威的审判案例数据库建设奠定坚实基础。

十三、各级人民法院应当定期归纳整理类案检索情况，通过一定形式在本院或者辖区法院公开，供法官办案参考，并报上一级人民法院审判管理部门备案。

【法发〔2020〕35 号】　最高人民法院关于完善统一法律适用标准工作机制的意见（2020 年 9 月 14 日）

三、建立健全最高人民法院法律适用问题解决机制

7. 健全法律适用分歧解决机制。……对于最高人民法院生效裁判之间存在法律适用分歧或者在审案件作出的裁判结果可能与生效裁判确定的法律适用标准存在分歧的，应当依照《最高人民法院关于建立法律适用分歧解决机制的实施办法》提请解决。

五、强化审判组织统一法律适用标准的法定职责

10. 强化独任法官、合议庭正确适用法律职责。……发现将要作出的裁判与其他同类案件裁判不一致的，应当及时提请专业法官会议研究。合议庭应当将统一法律适用标准情况纳入案件评议内容，健全完善评议规则，确保合议庭成员平等行权、集思广益、民主决策、共同负责。

九、完善类案和新类型案件强制检索报告工作机制

18. 规范和完善类案检索工作。按照《最高人民法院关于统一法律适用加强

类案检索的指导意见（试行）》要求，承办法官应当做好类案检索和分析。对于拟提交专业法官会议或者审判委员会讨论决定的案件、缺乏明确裁判规则或者尚未形成统一裁判规则的案件、院庭长根据审判监督管理权限要求进行类案检索的案件，应当进行类案检索。对于应当类案检索的案件，承办法官应当在合议庭评议、专业法官会议讨论及审理报告中对类案检索情况予以说明，或者制作类案检索报告，并随案流转归档备查。

19. 规范类案检索结果运用。法官在类案检索时，检索到的类案为指导性案例的，应当参照作出裁判，但与新的法律、行政法规、司法解释相冲突或者为新的指导性案例所取代的除外；检索到其他类案的，可以作为裁判的参考；检索到的类案存在法律适用标准不统一的，可以综合法院层级、裁判时间、是否经审判委员会讨论决定等因素，依照法律适用分歧解决机制予以解决。各级人民法院应当定期归纳整理类案检索情况，通过一定形式在本院或者辖区内法院公开，供法官办案参考。

【湘高法发〔2020〕29号】　湖南省高级人民法院关于类案检索的实施意见（试行）（2020年12月18日）

一、检索启动

1. 类案，是指与待决案件在基本事实、争议焦点、法律适用问题等方面具有相似性，且已经人民法院裁判生效的案件。

2. 当事人及其诉讼代理人（辩护人）、检察机关在诉讼过程中，可以检索案件并把检索情况作为诉辩意见向法院提出。

3. 案件属于院庭长审判监督管理范围的，院庭长可以根据审判监督管理权限要求合议庭检索类案，院庭长也可以自行检索类案，提示承办人、合议庭注意。

4. 承办人、合议庭在案件办理过程中，具有下列情形之一的，应当检索类案：（1）拟提交专业法官会议或者审判委员会讨论的案件；（2）缺乏明确裁判规则或者尚未形成统一裁判规则的案件；（3）院庭长根据审判监督管理权限要求进行类案检索的案件；（4）合议庭成员意见分歧较大的案件；（5）拟改判、发回重审或者提审、指令再审的案件；（6）当事人及其诉讼代理人（辩护人）、检察机关提交案例支持其诉辩意见的案件；（7）承办人、合议庭认为需要检索的其他案件。

事实清楚，权利义务关系明确，争议不大的案件，可以不予检索。

二、检索事项

5. 类案检索的范围一般包括：（1）最高人民法院发布的指导性案例；（2）最高人民法院发布的典型案例及裁判生效的案件；（3）省高级人民法院发布的参考

性案例及裁判生效的案件；（4）上一级人民法院及本院裁判生效的案件。

6. 已经检索到指导性案例的，可以不再进行后续顺位的检索。

鼓励当事人及其诉讼代理人（辩护人）、检察机关根据办案需要检索案件。

7. 类案检索的要素包括基本事实、争议焦点、法律适用 3 方面，检索人应当围绕待决案件的 1 个或者几个要素检索类案。

三、检索方法

8. 人民法院一般依托中国裁判文书网、法信等审判案例数据库检索类案。

当事人及其诉讼代理人（辩护人）、检察机关还可以依托其他商业数据库积极检索类案。

9. 类案检索可以采用关键词、法条关联案件、案例关联等检索方法。

10. 当事人及其诉讼代理人（辩护人）、检察机关提交检索的案件作为诉辩意见的，可以形成案件检索报告。案件检索报告作为诉辩意见的一部分。

11. 当事人及其诉讼代理人（辩护人）、检察机关提交检索的案件作为诉辩意见的，应当对检索的案件来源、案件真实性以及是否发生法律效力作出书面说明。

当事人及其诉讼代理人（辩护人）、检察机关作出说明后，承办人、合议庭应当依托中国裁判文书网、法信等审判案例数据库对诉辩双方提交的案件来源、案件真实性以及是否发生法律效力进行核实。

12. 承办人、合议庭检索类案应当全面。类案检索情况应当制作类案检索报告。类案检索报告可以是单独的检索报告，也可以作为审理报告、合议庭评议笔录的一项内容。承办人、合议庭可以根据案件情况采用备注式检索报告、表格式检索报告或者分析式检索报告。

13. 人民法院应当根据类案检索报告的不同载体，分别作为案卷正、副卷归档。

14. 拟提交专业法官会议或者审判委员会讨论的案件，一般采用分析式检索报告。分析式检索报告应标明类案案号、类案来源，摘取类案在基本事实认定、争议焦点归纳、法律适用等一方面或几方面的裁判要旨，并对与待决案件识别比对情况进行简要分析说明。

院庭长监督案件、缺乏明确裁判规则或者尚未形成统一裁判规则的案件，一般采用表格式检索报告。表格式检索报告一般标明类案案号、类案来源，摘取的类案裁判要旨。

其他需要检索的案件，可以采用备注式检索报告。备注式检索报告一般标明类案案号、类案来源等基本信息。

四、结果应用

15. 当事人及其诉讼代理人（辩护人）、检察机关提交检索案件作为诉辩理由的，承办人、合议庭可以自行识别、比对；也可以视案件办理需要，组织诉辩双方交换检索到的案件，要求诉辩双方在指定期限内就提交的案件与待决案件的识别、比对、参考、参照适用以书面形式发表辩论意见；也可以组织诉辩双方交换检索到的案件后，在庭前会议、开庭审理、询问、听证时要求诉辩双方发表辩论意见。

16. 承办人、合议庭在案件办理过程中依职权检索到案件的，可以自行识别、比对；也可以视案件办理需要，在庭前会议、开庭审理、询问、听证时，要求诉辩双方就该案与待决案件的识别、比对、参考、参照适用发表辩论意见或者在指定期限内以书面形式发表辩论意见。

17. 承办人、合议庭应当依照法律规定，对诉辩双方就类案的识别、比对和参照适用发表的辩论意见进行审查。

18. 承办人向合议庭、院庭长、专业法官会议、审判委员会汇报案件时，应当全面汇报检索结果和识别、比对、参考、参照适用情况，不得选择性、倾向性地只汇报支持其主张的类案。

19. 合议庭应当将类案识别、比对、参考、参照适用等情况纳入案件评议内容。

20. 对案件负有审判监督职责的院庭长应当对承办人、合议庭检索的类案是否全面，类案与待决案件的识别、比对、参考、参照适用等方面进行监督。

21. 对检索到的案件，经识别、比对为类案，按照下列情形办理：

（1）类案为最高人民法院发布的指导性案例的，应当参照适用，但该指导性案例与新的法律、司法解释相冲突或者被新的指导性案例所取代而失去指导价值的除外；

（2）类案为非指导性案例的，可以依照法律、司法解释的规定，决定是否参考；

（3）类案为非指导性案例，但多个非指导性类案之间不一致的，可以斟酌类案案情、法院层级、裁判要点、裁判时间等因素，依照法律、司法解释的规定，决定是否参考以及参考的类案。

22. 承办人、合议庭、院庭长、专业法官会议参加人员、审委会委员对类案的识别、比对、参考、参照适用应当依照现行法律规定，遵循法官职业道德，运用逻辑推理和日常生活经验，对类案要素进行全面梳理对比，分析得出处理意见，确保案件办理政治效果、法律效果和社会效果相统一。

23. 当事人及其诉讼代理人（辩护人）、检察机关提交指导性案例作为诉辩意见的，承办人、合议庭应当在裁判文书说理部分回应是否参照并说明理由；提交其他类案作为诉辩意见的，人民法院可以通过释明等方式予以回应。

五、监督追责

24. 院庭长在监督案件过程中，发现承办人、合议庭在类案的检索、识别、比对、参考、参照适用等方面明显存在问题，可以依照程序采取召集专业法官会议、建议或者决定将案件提交审判委员会讨论等举措，确保裁判尺度统一。

25. 专业法官会议参加人员、审判委员会委员在讨论案件过程中，发现应当检索类案但未检索的，或者未能全面检索类案的，应当要求承办人、合议庭对相关问题补充完善后再提交会议讨论。承办人、合议庭已全面检索类案的，专业法官会议参加人员、审判委员会委员应当对类案的识别、比对、参考、参照适用等方面进行审查把关。

26. 因应当检索类案未检索，或者类案检索、应用错误，造成不合格案件或者错案的，依照程序追究相应的审判责任。

六、配套保障

27. 全省各级人民法院应继续推进信息化建设及应用力度，逐步优化类案与关联案件检索系统功能，进一步提升数据及信息分析能力，为类案与关联案件检索工作提供有力技术支撑。省高级人民法院应将类案检索纳入法官培训重要内容，邀请类案检索技术人员授课，帮助法官和审判辅助人员熟练掌握类案检索技能。

28. 省高级人民法院、各中级人民法院应当定期归纳整理类案检索情况，通过一定形式在本院或者辖区内法院公开，供办案人员参考。省高级人民法院、各中级人民法院审判管理办公室（研究室）应当围绕审判需要，针对辖区内案件办理中普遍性的法律问题，加强类案库建设，或者出台类案裁判指引，为辖区法院工作提供业务指导。

29. 全省各级人民法院院庭长或受院庭长委托的资深法官应当通过主持或参加专业法官会议，及时指导法官就依法对类案进行识别、比对、参考、参照适用进行分析，促进全体法官提高统一法律适用标准的能力。

30. 上级法院业务庭或审判团队应与本辖区法院对口业务庭或者审判团队就已形成的统一法律适用成果，积极选派业务骨干进行专门授课、交流，及时指导下级法院法官就依法对类案进行识别、比对、参考、参照适用进行分析，促进下级法院法官提高统一法律适用标准的能力。

【湘高法发〔2021〕1号】   **湖南省高级人民法院、湖南省司法厅、湖南省律师协会关于协同推进类案强制检索机制共同维护司法公正的意见（试行）**（2021年1月15日）

第4条   律师向人民法院提交检索的案例作为诉辩意见的，可以形成案例检索报告。案例检索报告作为诉辩意见的一部分。

第二编 第十二章

第5条 律师向人民法院提交案例作为诉辩意见的类案的，应当就下列事项作出书面说明：（一）检索时间、检索方法、检索来源；（二）案号、生效裁判法院；（三）发生法律效力裁判文书的制作时间；（四）是否指导性案例，指导性案例发布的时间、批次及其编号；（五）提出作为类案参照或参考适用的裁判要旨及适用的法律；（六）与待决案件或其某一争议焦点的相类性及其理由；（七）其他需要说明的情况。

前述规定的书面说明，律师可以根据检索案例的情况制作《类案检索情况登记表》。

第6条 下列案例，律师可以作为类案向人民法院提交：（一）最高人民法院发布的指导性案例；（二）最高人民法院发布的典型案例及裁判生效的案件；（三）省高级人民法院发布的参考性案例及裁判生效的案件；（四）上一级人民法院及本院裁判生效的案件。

前款作为类案的案例，除第1项人民法院应当参照作出裁判外，第2项至第4项可以作为裁判的参考。

律师向人民法院提交的作为类案的裁判应当已经发生法律效力。

第10条 诉辩双方在庭前会议、开庭审理、询问、听证时就类案辩论的情况应当记入笔录。

第13条 对诉辩双方提交或人民法院检索的案例，经识别、比对为待决案件的类案的，独任法官、合议庭应当按照下列情形处理：

（一）类案为本意见第6条第1款第1项最高人民法院发布的指导性案例的，应当参照适用，但该指导性案例与新的法律法规、司法解释相冲突或者被新的指导性案例所废止的除外；

（二）类案为本意见第6条第1款第2至4项规定的案例的，可以依照法律和司法解释的规定，参考类案作出裁判；

（三）类案为本意见第6条第1款第2至4项规定的案例，但多个类案之间不一致的，可以斟酌类案案情、法院层级、裁判要点、裁判时间等因素，依照法律、司法解释的规定，决定是否参考以及参考的类案作出裁判。

第14条 诉辩双方提交指导性案例作为诉辩意见的，人民法院应当在裁判文书说理部分回应是否参照并说明理由；提交其他类案作为诉辩意见的，人民法院可以通过释明等方式予以回应。

第15条 律师作为诉辩意见提交的类案，人民法院应当归入案卷卷宗的正卷。

人民法院依职权检索的案例，应当根据类案检索报告的不同载体，分别归入案卷卷宗的正卷、副卷。

● **高法判例** 　【［2018］最高法民终 462 号】 　刘某艳诉周某方、融投担保集团等案外人执行异议之诉案（最高法院 2018 年 12 月 4 日二审民事判决书）（详见本书第 255 条）

　　裁判摘要：本案的基本案情与最高人民法院［2015］民一终字第 150 号案件（见本书第 238 条）所认定的事实具有高度相似之处，基于相类似案件作相同处理的内在裁判要求，本案亦作与该案相同的裁判，认定刘某艳对案涉房产享有足以排除强制执行的民事权益。

　　【［2021］最高法民申 2980 号】 　蔡某双、庄某桑与证券公司保证合同纠纷案（最高法院 2021 年 6 月 11 日再审民事判决书）（另见本书第 7 条）

　　裁判摘要：蔡某双、庄某桑主张有 5 个案例可以证明案涉协议书签订时的司法观点和裁判尺度，但未提供相应裁判文书。[①]且上述案例均非指导性案例，无论其裁判理由及结果如何，对本案均无拘束力。仅从形式而言，本院［2014］民一终字第 270 号案裁判文书在 2012 年之后，也不可能成为蔡某双、庄某桑签订案涉协议书的参考依据。

　　第 159 条[20130101] 　　**【裁判文书公开】**公众可以查阅发生法律效力的判决书、裁定书，但涉及国家秘密、商业秘密和个人隐私的内容除外。

● **相关规定** 　【法办发［2000］4 号】 　**最高人民法院裁判文书公布管理办法**（2000 年 6 月 15 日）

　　一、公布的裁判文书是指本院各审判庭审理案件所作出的判决书、裁定书。

　　二、裁判文书的公布主要通过以下 5 种渠道：

　　1. 对有重大影响的案件的裁判文书，商请人民日报、法制日报等报刊予以公布。

　　2. 对具有典型意义、有一定指导作用的案件的裁判文书，不定期地在人民法院报、公报上公布。

　　3. 日常的裁判文书可随时在人民法院报网和我院开通的政府网上公布。这是公布裁判文书的一种主要形式。

---

　　① 注：蔡某双、庄某桑提供了［2009］高民终字第 1730 号、［2011］闽民终字第 77 号、［2012］苏商终字第 30 号、［2012］甘民二终字第 28 号、［2014］民一终字第 270 号等 5 个类案，以证明其在 2012 年签订涉案协议时的司法观点和裁判尺度。但因未提供相应的裁判文书而未被法庭采纳。本书认为该做法有待商榷。

4. 所有公布的裁判文书可装订成册，放在指定部门供各届人士查阅。目前先考虑放在出版社的读者服务部，同时设置一部触摸式电脑将公布的裁判文书输入，供查阅。如当事人需要索取的，可收取成本费。

5. 每年将所公布的裁判文书汇集成册，由出版社出版发行。

三、公布程序：

1. 本院的裁判文书公布工作由办公厅负责统一协调。

2. 各审判庭负责提供各类裁判文书的正本。

3. 办公厅总值班室对各审判庭的裁判文书加盖院印时留存3份，1份供筛选公布，1份供装订成册，1份备查。

4. 公报编辑部负责对裁判文书进行初选，并将拟公布的裁判文书冠一个案名，商有关审判庭提出公布的意见后，送办公厅。

5. 办公厅对拟公布的裁判文书进行审核。必要时，报主管院领导审核。

6. 办公厅宣传处负责对经领导审核后可予以公布的裁判文书进行编号，对外提供。

7. 公布时间一般以裁判文书盖章后1个月之后。对送达有特殊情形需要延长裁判文书公布时间的，有关审判庭应及时通知公报编辑部。特殊案件的裁判文书协调好时间后即可公布。

四、不宜公布的几种情况：

1. 裁判文书中涉及国家政治生活，公布后可能产生不良影响的；

2. 案件涉及国家秘密、商业秘密，未成年人犯罪和个人隐私情况的；

3. 裁判文书比较集中反映死刑数字的；

4. 裁判文书中过多涉及其他人和事，因可能会给他人造成精神压力或给法院工作带来不利影响而无必要公布的；

5. 裁判文书中的理由部分说理不透彻，不足以印证裁判主文的；

6. 裁判文书文字表达存在缺陷、错误的；

7. 其他不宜公布的裁判文书。

五、对违反本办法擅自对外公布裁判文书造成重大恶劣影响的，按照有关规定追究有关人员的责任。

【法发〔2009〕58号】　最高人民法院关于司法公开的六项规定（2009年12月8日印发施行；同文号印发《最高人民法院关于人民法院接受新闻媒体舆论监督的若干规定》）

五、文书公开

裁判文书应当充分表述当事人的诉辩意见、证据的采信理由、事实的认定、适用法律的推理与解释过程，做到说理公开。人民法院可以根据法制宣传、法学研究、案例指导、统一裁判标准的需要，集中编印、刊登各类裁判文书。除涉及国家秘密、未成年人犯罪、个人隐私以及其他不适宜公开的案件和调解结案的案件外，人民法院的裁判文书可以在互联网上公开发布。当事人对于在互联网上公开裁判文书提出异议并有正当理由的，人民法院可以决定不在互联网上发布。为保护裁判文书所涉及到的公民、法人和其他组织的正当权利，可以对拟公开发布的裁判文书中的相关信息进行必要的技术处理。人民法院应当注意收集社会各界对裁判文书的意见和建议，作为改进工作的参考。

【法发〔2013〕13 号】　　**最高人民法院关于推进司法公开三大平台建设的若干意见**（2013 年 11 月 21 日）

三、推进裁判文书公开平台建设

10. 最高人民法院建立中国裁判文书网，作为全国法院统一的裁判文书公开平台。地方各级人民法院应当在政务网站的醒目位置设置中国裁判文书网的网址链接，并严格按照《最高人民法院关于人民法院在互联网公布裁判文书的规定》，在裁判文书生效后七日内将其传送至中国裁判文书网公布。人民法院可以通过政务微博，以提供链接或长微博等形式，发布社会关注度高、具有法制教育、示范和指导意义的案件的裁判文书。

11. 在互联网公布裁判文书应当以公开为原则，不公开为例外，不得在法律和司法解释规定之外对这项工作设置任何障碍。各级人民法院对其上传至中国裁判文书网的裁判文书的质量负责。

12. 人民法院应当严格把握保障公众知情权与维护公民隐私权和个人信息安全之间的关系，结合案件类别，对不宜公开的个人信息进行技术处理。对于因网络传输故障或技术处理失误导致当事人信息被不当公开的，人民法院应当依照程序及时修改或者更换。

13. 中国裁判文书网应当提供便捷有效的查询检索系统，方便公众按照关键词对在该网公布的裁判文书进行检索，确保裁判文书的有效获取。

14. 最高人民法院率先推动本院裁判文书在互联网公布，并监督指导地方各级人民法院在互联网公布裁判文书的工作。各高级人民法院监督指导辖区内法院在互联网公布裁判文书的工作。各级人民法院应当指定专门机构，负责在互联网公布裁判文书的组织、管理、指导和监督工作，并完善工作流程，明确工作职责。

【法发〔2016〕6 号】　　**人民法院审理人民检察院提起公益诉讼案件试点工作实施办法**（2016 年 2 月 22 日最高法审委会〔1679 次〕通过，2016 年 2 月 25 日印发，2016 年 3 月 1 日起施行）（详见本书第 58 条）

第二编　第十二章

第 20 条　人民法院审理人民检察院提起的公益诉讼案件，……裁判文书应当按照有关规定在互联网上公开发布。

【法释［2016］19 号】　最高人民法院关于人民法院在互联网公布裁判文书的规定（2016 年 7 月 25 日最高法审委会［1689 次］通过，2016 年 8 月 29 日公布，2016 年 10 月 1 日起施行；以本规为准）①

第 1 条　人民法院在互联网公布裁判文书，应当依法、全面、及时、规范。

第 2 条　中国裁判文书网是全国法院公布裁判文书的统一平台。各级人民法院在本院政务网站及司法公开平台设置中国裁判文书网的链接。

第 3 条　人民法院作出的下列裁判文书应当在互联网公布：（一）刑事、民事、行政判决书；（二）刑事、民事、行政、执行裁定书；（三）支付令；（四）刑事、民事、行政、执行驳回申诉通知书；（五）国家赔偿决定书；（六）强制医疗决定书或者驳回强制医疗申请的决定书；（七）刑罚执行与变更决定书；（八）对妨害诉讼行为、执行行为作出的拘留、罚款决定书，提前解除拘留决定书，因对不服拘留、罚款等制裁决定申请复议而作出的复议决定书；（九）行政调解书、民事公益诉讼调解书；（十）其他有中止、终结诉讼程序作用或者对当事人实体权益有影响、对当事人程序权益有重大影响的裁判文书。

第 4 条　人民法院作出的裁判文书有下列情形之一的，不在互联网公布：（一）涉及国家秘密的；（二）未成年人犯罪的；（三）以调解方式结案或者确认人民调解协议效力的，但为保护国家利益、社会公共利益、他人合法权益确有必要公开的除外；（四）离婚诉讼或者涉及未成年子女抚养、监护的；（五）人民法院认为不宜在互联网公布的其他情形。

第 5 条　人民法院应当在受理案件通知书、应诉通知书中告知当事人在互联网公布裁判文书的范围，并通过政务网站、电子触摸屏、诉讼指南等多种方式，向公众告知人民法院在互联网公布裁判文书的相关规定。

第 6 条　不在互联网公布的裁判文书，应当公布案号、审理法院、裁判日期及不公开理由，但公布上述信息可能泄露国家秘密的除外。

第 7 条　发生法律效力的裁判文书，应当在裁判文书生效之日起 7 个工作日内在互联网公布。依法提起抗诉或者上诉的一审判决书、裁定书，应当在二审裁判生效后 7 个工作日内在互联网公布。

第 8 条　人民法院在互联网公布裁判文书时，应当对下列人员的姓名进行隐名处理：（一）婚姻家庭、继承纠纷案件中的当事人及其法定代理人；（二）刑事

---

① 注：在本《规定》之前，最高法还公布过 2 个同名《规定》：2010 年 11 月 8 日施行的"法发［2010］48 号"《规定》和 2014 年 1 月 1 日起施行的"法释［2013］26 号"《规定》。均已被废止。

案件被害人及其法定代理人、附带民事诉讼原告人及其法定代理人、证人、鉴定人；（三）未成年人及其法定代理人。

第9条　根据本规定第8条进行隐名处理时，应当按以下情形处理：（一）保留姓氏，名字以"某"替代；（二）对于少数民族姓名，保留第1个字，其余内容以"某"替代；（三）对于外国人、无国籍人姓名的中文译文，保留第1个字，其余内容以"某"替代；对于外国人、无国籍人的英文姓名，保留第1个英文字母，删除其他内容。

对不同姓名隐名处理后发生重复的，通过在姓名后增加阿拉伯数字进行区分。

第10条　人民法院在互联网公布裁判文书时，应当删除下列信息：（一）自然人的家庭住址、通讯方式、身份证号码、银行账号、健康状况、车牌号码、动产或不动产权属证书编号等个人信息；（二）法人以及其他组织的银行账号、车牌号码、动产或不动产权属证书编号等信息；（三）涉及商业秘密的信息；（四）家事、人格权益等纠纷中涉及个人隐私的信息；（五）涉及技术侦查措施的信息；（六）人民法院认为不宜公开的其他信息。

按照本条第1款删除信息影响对裁判文书正确理解的，用符号"×"作部分替代。

第11条　人民法院在互联网公布裁判文书，应当保留当事人、法定代理人、委托代理人、辩护人的下列信息：（一）除根据本规定第8条进行隐名处理的以外，当事人及其法定代理人是自然人的，保留姓名、出生日期、性别、住所地所属县、区；当事人及其法定代理人是法人或其他组织的，保留名称、住所地、组织机构代码，以及法定代表人或主要负责人的姓名、职务；（二）委托代理人、辩护人是律师或者基层法律服务工作者的，保留姓名、执业证号和律师事务所、基层法律服务机构名称；委托代理人、辩护人是其他人员的，保留姓名、出生日期、性别、住所地所属县、区，以及与当事人的关系。

第12条　办案法官认为裁判文书具有本规定第4条第五项不宜在互联网公布情形的，应当提出书面意见及理由，由部门负责人审查后报主管副院长审定。

第13条　最高人民法院监督指导全国法院在互联网公布裁判文书的工作。高级、中级人民法院监督指导辖区法院在互联网公布裁判文书的工作。

各级人民法院审判管理办公室或者承担审判管理职能的其他机构负责本院在互联网公布裁判文书的管理工作，履行以下职责：（一）组织、指导在互联网公布裁判文书；（二）监督、考核在互联网公布裁判文书的工作；（三）协调处理社会公众对裁判文书公开的投诉和意见；（四）协调技术部门做好技术支持和保障；（五）其他相关管理工作。

第14条　各级人民法院应当依托信息技术将裁判文书公开纳入审判流程管理，减轻裁判文书公开的工作量，实现裁判文书及时、全面、便捷公布。

第二编　第十二章

第15条　在互联网公布的裁判文书，除依照本规定要求进行技术处理的以外，应当与裁判文书的原本一致。①

人民法院对裁判文书中的笔误进行补正的，应当及时在互联网公布补正笔误的裁定书。

办案法官对在互联网公布的裁判文书与裁判文书原本的一致性，以及技术处理的规范性负责。

第16条　在互联网公布的裁判文书与裁判文书原本不一致或者技术处理不当的，应当及时撤回并在纠正后重新公布。

在互联网公布的裁判文书，经审查存在本规定第4条列明情形的，应当及时撤回，并按照本规定第6条处理。

第17条　人民法院信息技术服务中心负责中国裁判文书网的运行维护和升级完善，为社会各界合法利用在该网站公开的裁判文书提供便利。

中国裁判文书网根据案件适用不同审判程序的案号，实现裁判文书的相互关联。

【法办［2019］号】　最高人民法院关于"中国裁判文书网"网站建设建议的答复（2019年2月19日）②

问题一：网站运行速度慢，故障频繁，经常出现页面无法显示的问题，经多次刷新后才能显示，并且持续不了几分钟，反复出现无法显示的问题。建议对网站加强维护，提高网站运行效率。

答复：由于中国裁判文书网公开文书数量和影响力不断增加，访问用户数不断增长。同时，5月初以来，大量技术公司通过爬虫系统无限制并发访问非法获取裁判文书数据，造成网站负荷过大，大量正常用户请求堵塞，访问出现速度慢或部分页面无法显示等现象。为更好地确保正常用户访问性能，2018年7月，我们以验证码的方式上线系统软件防爬功能。由于网站访问策略变更，且调整优化未一步到位，确实降低了正常用户的访问体验。通过后台监测，八月中旬以来，中国裁判文书网访问速度基本正常，95%的首页响应速度基本保持在3秒以内，网站性能已恢复稳定。后续，我们将不定期更新防爬虫技术，加强网站维护，提

---

① 《最高人民法院关于判决书的原本、正本、抄本如何区别问题的批复》（法研字第19526号，1957年9月13日答复江苏高院请示；被《最高人民法院关于废止部分司法解释（第13批）的决定》（法释［2019］11号，2019年7月20日起施行）废止）：我们基本上同意你院的意见，所拟判决书经签字定稿的是原本，加盖人民法院印章送达当事人、诉讼关系人或有关机关的是正本，事后抄录不加人民法院印章的是抄本。以上意见供你院答复时参考。

② 载最高人民法院网站，https://www.court.gov.cn/zixun-xiangqing-144582.html，最后访问日期：2023年11月12日。

高网站运行效率和稳定性。

　　问题二：登陆该网站经常出现"您的访问频次超出正常访问范围，为保障网站稳定运行，请输入验证码后继续查看"的提示，输入验证码后，每次都出现"验证码错误"的提示，无法正常浏览网页。针对这一问题，即使刚刚打开电脑，点击该网站也会提示访问频次超出正常访问范围，让人很难理解，同时对设置访问频次提出质疑，既然是信息公开为什么要设置访问频次的限制；第二为什么输入验证码后，每次都会出现"验证码错误"的提示，仍然无法浏览网页。这一问题严重影响查询效率，希望取消访问频次的设置，及时消除网页故障，方便群众查询。

　　答复：验证码技术是防爬虫的一种有效措施，当浏览量在某段时间内达到一定数量后，将启用验证码机制进行核验。前期，因该验证码校验程序刚上线时不稳定，造成验证不通过偶有发生，此问题目前已解决。同时，由于互联网上出口IP 共用现象较为突出，造成实际正常访问被错误识别为爬虫的"误防"现象时有发生。根据您所反馈的问题，目前我们已通过压缩单位时间长度、提高单位时间容量大幅提升用户并发量，减少"误防干扰"。

　　问题三：在查询相关信息的时候，没有以"公开时间"为检索条件的设置，造成查询不便。希望增设以"公开时间"为检索条件的设置，提高检索的查询效率。

　　答复：在中国裁判文书网的高级检索中，可以根据"裁判日期"进行检索。目前暂没有设置"公开时间"的检索条件，主要原因是爬虫系统会根据"公开时间"项进行增量文书爬取，待下一步防爬虫系统稳定、可靠运行一段时间后，我们将适时考虑增加"公开时间"检索项。

　　问题四：在浏览网页的时候，是可以选择每页显示信息数量的，分为"5，10，15，20"的选择项，但是大多数的时候选择大于 5 的选项后每页依然显示 5条信息。并且在每页显示 5 条信息的情况下，当点击超过 6~7 页以后，相关信息开始不再更新，反复显示以前的信息。希望这一问题可以尽快解决，方便查询。

　　答复：由于前期爬虫行为过于猖獗，无限制暴力访问大幅降低正常用户访问性能，我们采取了通过限制列表页面翻页数量来防止爬虫系统的措施，用户如需浏览更多内容，可以通过设置组合检索条件，以提高检索精准度而获取相关文书内容。

　　问题五：该网站没有设置可选择页数的选项，比如我想浏览第 10 页的信息，只能从第 1 页开始逐页点击，直到第 10 页。建议设置这一选项，可以方便查找信息。

答复：目前已根据单次搜索显示容量优化完善了页面列表，每页显示 20 条记录，可以直接选择前 20 页中任意一页。

【赣高法［2019］56 号】 **江西省高级人民法院在互联网公布裁判文书的实施办法（试行）**（2019 年 4 月 19 日高院审委会［4 次］通过，2019 年 4 月 23 日印发）

第 1 条　本办法所称在互联网公布裁判文书，是指将本院作出的已发生法律效力、符合本办法规定条件的裁判文书，按照规定的程序公布到中国裁判文书网，对人民群众和社会各界予以公开。

在互联网公布裁判文书，既包括在互联网公布裁判文书内容，也包括在互联网公布裁判文书信息项。

第 3 条　本院应当在受理案件通知书、应诉通知书、参加诉讼通知书、送达地址确认书中告知当事人人民法院在互联网公布裁判文书的范围，并通过政务网站、电子触摸屏、诉讼指南等多种方式，向公众告知人民法院在互联网公布裁判文书的相关规定。

第 4 条　下列裁判文书，应当在互联网公布裁判文书内容（法定公开）：（一）刑事、民事、行政判决书；（二）刑事、民事、行政、执行裁定书；（三）支付令；（四）刑事、行政、执行驳回申诉通知书；（五）国家赔偿决定书；（六）强制医疗决定书或者驳回强制医疗申请的决定书；（七）刑罚执行与变更决定书；（八）对妨害诉讼行为、执行行为作出的拘留、罚款决定书，提前解除拘留决定书，因对不服拘留、罚款等制裁决定申请复议而作出的复议决定书；（九）行政调解书、民事公益诉讼调解书；本项为第 5 条第 3 项"以调解方式结案"不公开的例外情形。（十）其他有中止、终结诉讼程序作用或者对当事人实体权益有影响、对当事人程序权益有重大影响的裁判文书等。

第 5 条　有下列情形之一的，不在互联网公布裁判文书内容（法定不公开）：（一）涉及国家秘密的；（二）未成年人犯罪的；（三）以调解方式结案或者确认人民调解协议效力，但为保护国家利益、社会公共利益、他人合法权益确有必要公开的除外；刑事附带民事诉讼达成调解协议属于以调解方式结案。（四）离婚诉讼或者涉及未成年子女抚养、监护的；（五）其他不宜在互联网公布的。

第 6 条　有下列情形之一的，属本办法第 5 条第 5 项"其他不宜在互联网公布的"情形（裁量不公开）：（一）被告人被判处死刑的；（二）省管干部职务犯罪的；（三）涉及疫苗类的；（四）涉军的；（五）涉及重大政治、外交、国防、民族、宗教、社会稳定、历史遗留问题等敏感因素，公布后可能导致出现严重后果的。

第7条　依据本办法第5、第6条不在互联网公布裁判文书内容的，应当在互联网公布裁判文书信息项，即公布案号、案由、审理法院、审判组织成员、裁判日期及不公开理由等案件基本信息项。但公布上述信息可能泄露国家秘密或者导致极其严重后果的除外。

第8条　在互联网公布裁判文书内容时，应当对下列人员的姓名进行隐名处理：

（一）婚姻家庭、继承纠纷案件中的当事人及其法定代理人；

（二）刑事案件被害人及其法定代理人，附带民事诉讼原告人及其法定代理人、证人（包括虽未列为证人但在案件事实中起证明作用的自然人、法人或其他组织）、鉴定人、有专门知识的人；

（三）未成年人及其法定代理人；

（四）民事、行政案件终审胜诉当事人，认为裁判文书公布后将对其生活、工作造成严重困扰，主动申请隐名处理的。

第9条　根据本办法第8条进行隐名处理时，应当按以下情形处理：

（一）自然人：1. 保留姓氏，名字以"某"替代；2. 对于少数民族姓名，保留第一个字，其余内容以"某"替代；3. 对于外国人、无国籍人姓名的中文译文，保留第一个字，其余内容以"某"替代；对于外国人、无国籍人的英文姓名，保留第一个英文字母，删除其他内容。

（二）法人或其他组织，参照本条第1项第2、3种方式处理，并在名称前注明其所在地域或国家。

对不同姓名或名称在隐名处理后发生重复的，通过在姓名或名称后增加阿拉伯数字进行区分。

第10条　在互联网公布裁判文书内容时，应当删除下列信息：（一）自然人的家庭住址、通讯方式、身份证号码、银行账号、健康状况、车牌号码、动产或不动产权属证书编号等个人信息；（二）法人或其他组织的银行账号、车牌号码、动产或不动产权属证书编号等信息；（三）涉及商业秘密的信息；（四）家事、人格权益等纠纷中涉及个人隐私的信息；（五）涉及技术侦查措施的信息；（六）人民法院认为不宜公开的其他信息。

按照本条第1项删除信息影响对裁判文书正确理解的，可用符号"×"作部分替代。

第11条　在互联网公布裁判文书内容时，应当保留当事人、法定代理人、委托代理人、辩护人的下列信息：

（一）除根据本办法第8条进行隐名处理的以外，当事人及其法定代理人是自然人的，保留姓名、出生日期、性别、住所地所属县、区；当事人及其法定代理人是法人或其他组织的，保留名称、住所地、组织机构代码，以及法定代表人或主要负责人的姓名、职务；

（二）委托代理人、辩护人是律师或者基层法律服务工作者的，保留姓名、执业证号和律师事务所、基层法律服务机构名称；委托代理人、辩护人是其他人员的，保留姓名、出生日期、性别、住所地所属县、区，以及与当事人的关系。

第 12 条　在互联网公布裁判文书信息项时，应当对文书名称中当事人按照本规定第 9 条进行隐名处理。

第 13 条　在互联网公布裁判文书，应当在裁判文书生效之日起 7 个工作日内公布。一审裁判文书送达且上诉日期届满前依法提起上诉或抗诉的，裁判文书暂存于后台，待二审裁判文书上传时将自动关联一并公布。

第 15 条　在互联网公布裁判文书内容时，具体操作流程为：承办法官进入办案系统"裁判文书库"，在"未处理文书"中查找应上网文书，点击"文书屏蔽上网"，完成对预处理文书的信息屏蔽后点击"保存"，弹出确认上网提示对话框，点击"确认"进入文书直报界面后仔细核对，确认准确规范无遗漏后点击"保存"，弹出"传入直报系统成功"后点击"确定"，推送文书至中国裁判文书网后台，待本院中国裁判文书网后台管理员审核后上线公布。

第 16 条　在互联网公布裁判文书信息项时，具体操作流程为：进入办案系统中的"裁判文书库"，在"未处理文书"中查找应上网文书，点击"文书不上网"，选择不上网理由后点击"公开案件信息"，进入文书直报界面后仔细核对，确认准确规范无遗漏后点击"保存"，弹出"传入直报系统成功"后点击"确定"，推送文书至中国裁判文书网后台，待本院中国裁判文书网后台管理员审核后上线公布。

属于本办法第 6 条情形的裁判文书，应当在文书直报界面选择"人民法院认为不宜在互联网公布的其他情形"为不公开理由，并详细填写不公开理由说明，经分管院领导或者由分管院领导授权的庭长审批同意后，推送文书至中国裁判文书网后台。

第 19 条　因涉及国家秘密等原因，裁判文书拟不在互联网公布的，在办案系统中不作任何操作。由承办法官在裁判文书生效之日起 7 个工作日内填写《裁判文书不宜公布申请表》，经部门负责人审核，并报分管院领导审批同意后，交审判管理办公室备案。

第 20 条　在互联网公布的裁判文书，除依照本办法要求进行技术处理的以外，应当与裁判文书的原本一致。

对裁判文书中的笔误进行补正的，应当及时在互联网公布补正笔误的裁定书。

第 21 条　承办法官对在互联网公布的裁判文书与原本的一致性、技术处理的规范性和案件信息的准确性负责。

拟在互联网公布的裁判文书，承办法官应当认真审阅，仔细核对系统自动提取的信息项，检查并补全缺失的信息项，手动修改错误的信息项，确保公布的裁判文书电子文本准确规范。

在互联网公布裁判文书由法官助理、书记员操作完成时，承办法官应当履行监督管理职责，在上网前对公布的裁判文书进行确认审核。

第 22 条　在互联网公布的裁判文书与裁判文书原本不一致或者技术处理不当的，由承办法官填写《上网裁判文书修改申请表》，提出书面意见及具体理由，经部门负责人审核，报审判管理办公室备案后，及时撤回并在纠正后重新公布。

第 23 条　在互联网公布的裁判文书，存在本办法第 5 条、第 6 条列明情形的，由承办法官填写《上网裁判文书撤回申请表》，提出书面意见及具体理由，经部门负责人审核，报分管副院长审定，再报审判管理办公室备案后，及时撤回，并按照本办法第 7 条处理。

第 24 条　在互联网公布的裁判文书，相关自然人、法人或其他组织认为不应当公布或者公布内容不当的，可以提出修改或撤回的书面申请；承办法官审查后认为申请理由成立的，参照第 22 条、第 23 条的规定处理。

第 29 条　因过失导致在互联网公布的裁判文书出现重大错漏，造成严重后果或恶劣影响的，依据《人民法院工作人员处分条例》追究相关人员的责任。

【法释〔2022〕11 号】　最高人民法院关于适用《中华人民共和国民事诉讼法》的解释（"法释〔2015〕5 号"公布，2015 年 2 月 4 日起施行；根据法释〔2020〕20 号《决定》修正，2021 年 1 月 1 日起施行；2022 年 3 月 22 日最高法审委会〔1866 次〕修正，2022 年 4 月 1 日公布，2022 年 4 月 10 日起施行；以本规为准）

第 254 条　公民、法人或者其他组织申请查阅发生法律效力的判决书、裁定书的，应当向作出该生效裁判的人民法院提出。申请应当以书面形式提出，并提供具体的案号或者当事人姓名、名称。

第 255 条　对于查阅判决书、裁定书的申请，人民法院根据下列情形分别处理：

（一）判决书、裁定书已经通过信息网络向社会公开的，应当引导申请人自行查阅；

（二）判决书、裁定书未通过信息网络向社会公开，且申请符合要求的，应当及时提供便捷的查阅服务；

（三）判决书、裁定书尚未发生法律效力，或者已失去法律效力的，不提供查阅并告知申请人；

（四）发生法律效力的判决书、裁定书不是本院作出的，应当告知申请人向作出生效裁判的人民法院申请查阅；

（五）申请查阅的内容涉及国家秘密、商业秘密、个人隐私的，不予准许并告知申请人。

第十三章　简易程序

第 160 条　【简易程序的适用】基层人民法院和它派出的法庭审理事实清楚、权利义务关系明确、争议不大的[19910409]简单的民事案件，适用本章规定。

（新增）[20130101]基层人民法院和它派出的法庭审理前款规定以外的民事案件，当事人双方也可以约定适用简易程序。

（原）原第 104 条（第 2 款）　人民法院派出法庭巡回审理时，除重大、复杂的案件以外，适用简易程序。[19910409]

第 161 条　【口头起诉】对简单的民事案件，原告可以口头起诉。

【简易受理，当即审理】当事人双方可以同时到基层人民法院或者它派出的法庭，请求解决纠纷/争议[19910409]。基层人民法院或者它派出的法庭可以当即审理，也可以另定日期审理。

第 162 条　【简易传唤、送达、审理】基层人民法院和它派出的法庭审理简单的民事案件，可以用简便方式随时[20130101]传唤当事人和证人、送达诉讼文书、审理案件，但应当保障当事人陈述意见的权利[20130101]。

第 163 条　【简易独任审理】简单的民事案件由审判员一人独任审理/审判[19910409]，并不受本法第 139 条、第 141 条、第 144 条规定的限制。

　　第 164 条¹⁹⁹¹⁰⁴⁰⁹　　**【简易程序审限】**人民法院适用简易程序审理案件，应当在立案之日起 3 个月内审结。有特殊情况需要延长的，经本院院长批准，可以延长 1 个月。²⁰²²⁰¹⁰¹

　　（插）第 170 条²⁰¹³⁰¹⁰¹　　**【不适宜简易程序的处理】**人民法院在审理过程中，发现案件不宜适用简易程序的，裁定转为普通程序。

● **相关规定**　**【主席令［1999］28 号】**　**中华人民共和国海事诉讼特别程序法**（1999 年 12 月 25 日全国人大常委会［9 届 13 次］通过，2000 年 7 月 1 日起施行）

　　第 98 条　海事法院审理事实清楚、权利义务关系明确、争议不大的简单的海事案件，可以适用《中华人民共和国民事诉讼法》简易程序的规定。

【法释［2000］29 号】　**最高人民法院关于严格执行案件审理期限制度的若干规定**（2000 年 9 月 14 日最高法审委会［1130 次］通过，2000 年 9 月 22 日公布，2000 年 9 月 28 日起施行）

　　第 2 条（第 2 款）　适用简易程序审理的民事案件，期限为 3 个月。

【法释［2003］15 号】　**最高人民法院关于适用简易程序审理民事案件的若干规定**（2003 年 7 月 4 日最高法审委会［1280 次］通过，2003 年 9 月 10 日公布，2003 年 12 月 1 日起施行；根据法释［2020］20 号《决定》修正，2021 年 1 月 1 日起施行。以本规为准）

　　一、适用范围

　　第 1 条　基层人民法院根据民事诉讼法第 157 条（现第 160 条）规定审理简单的民事案件，适用本规定，但有下列情形之一的案件除外：（一）起诉时被告下落不明的；（二）发回重审的；（三）共同诉讼中一方或者双方当事人人数众多的；（四）法律规定应当适用特别程序、审判监督程序、督促程序、公示催告程序和企业法人破产还债程序的；（五）人民法院认为不宜适用简易程序进行审理的。

　　第 2 条　基层人民法院适用第一审普通程序审理的民事案件，当事人各方自愿选择适用简易程序，经人民法院审查同意的，可以适用简易程序进行审理。

　　人民法院不得违反当事人自愿原则，将普通程序转为简易程序。

　　第 3 条　当事人就适用简易程序提出异议，人民法院认为异议成立的，或者人民法院在审理过程中发现不宜适用简易程序的，应当将案件转入普通程序审理。

　　二、起诉与答辩

　　第 4 条　原告本人不能书写起诉状，委托他人代写起诉状确有困难的，可以口头起诉。

原告口头起诉的，人民法院应当将当事人的基本情况、联系方式、诉讼请求、事实及理由予以准确记录，将相关证据予以登记。人民法院应当将上述记录和登记的内容向原告当面宣读，原告认为无误后应当签名或者按指印/捺印。

第5条　当事人应当在起诉或者答辩时向人民法院提供自己准确的送达地址、收件人、电话号码等其他联系方式，并签名或者按指印/捺印确认。

送达地址应当写明受送达人住所地的邮政编码和详细地址；受送达人是有固定职业的自然人的，其从业的场所可以视为送达地址。

第6条　原告起诉后，人民法院可以采取捎口信、电话、传真、电子邮件等简便方式随时传唤双方当事人、证人。

第7条　双方当事人到庭后，被告同意口头答辩的，人民法院可以当即开庭审理；被告要求书面答辩的，人民法院应当将提交答辩状的期限和开庭的具体日期告知各方当事人，并向当事人说明逾期举证以及拒不到庭的法律后果，由各方当事人在笔录和开庭传票的送达回证上签名或者按指印/捺印。

第8条　人民法院按照原告提供的被告的送达地址或者其他联系方式无法通知被告应诉的，应当按以下情况分别处理：

（一）原告提供了被告准确的送达地址，但人民法院无法向被告直接送达或者留置送达应诉通知书的，应当将案件转入普通程序审理；

（二）原告不能提供被告准确的送达地址，人民法院经查证后仍不能确定被告送达地址的，可以被告不明确为由裁定驳回原告起诉。①

第9条　被告到庭后拒绝提供自己的送达地址和联系方式的，人民法院应当告知其拒不提供送达地址的后果；经人民法院告知后被告仍然拒不提供的，按下列方式处理：

（一）被告是自然人的，以其户籍登记中的住所地或者经常居所地为送达地址；

（二）被告是法人或者其他非法人组织的，应当以其在登记机关/工商登记或者其他依法登记、备案中的住所地为送达地址。

人民法院应当将上述告知的内容记入笔录。

第10条　因当事人自己提供的送达地址不准确、送达地址变更未及时告知人

---

① 注：对于本项规定，应当结合"法释〔2004〕17号"《批复》以及"法释〔2022〕11号"《解释》第209条的规定（详见《民事诉讼法》第122条）进行理解。有观点认为，本项规定是对"简易程序"的特殊规定；本书认为，从保障诉权的角度，应当谨慎区分"被告不明确"与"被告下落不明"，从严把握本项规定的适用。

民事诉讼法全厚细

民法院，或者当事人拒不提供自己的送达地址而导致诉讼文书未能被当事人实际接收的，按下列方式处理：

（一）邮寄送达的，以邮件回执上注明的退回之日视为送达之日；

（二）直接送达的，送达人当场在送达回证上记明情况之日视为送达之日。

上述内容，人民法院应当在原告起诉和被告答辩时以书面或者口头方式告知当事人。

第 11 条　受送达的自然人以及他的同住成年家属拒绝签收诉讼文书的，或者法人、~~其他非法人~~组织负责收件的人拒绝签收诉讼文书的，送达人应当依据民事诉讼法第 86 条（现第 89 条）的规定邀请有关基层组织或者所在单位的代表到场见证，被邀请的人不愿到场见证的，送达人应当在送达回证上记明拒收事由、时间和地点以及被邀请人不愿到场见证的情形，将诉讼文书留在受送达人的住所或者从业场所，即视为送达。

受送达人的同住成年家属或者法人、~~其他非法人~~组织负责收件的人是同一案件中另一方当事人的，不适用前款规定。

三、审理前的准备

第 12 条　适用简易程序审理的民事案件，当事人及其诉讼代理人~~申请人民法院调查收集证据~~和申请证人出庭作证，应当在举证期限届满前提出，~~但其提出申请的期限不受《最高人民法院关于民事诉讼证据的若干规定》第 19 条第 1 款、第 54 条第 1 款的限制~~。

第 13 条　当事人一方或者双方就适用简易程序提出异议后，人民法院应当进行审查，并按下列情形分别处理：

（一）异议成立的，应当将案件转入普通程序审理，并将合议庭的组成人员及相关事项以书面形式通知双方当事人；

（二）异议不成立的，口头告知双方当事人，并将上述内容记入笔录。

转入普通程序审理的民事案件的审理期限自人民法院立案的次日起开始计算。

（第 14-17 条调解相关规定见本书第 8 章）

四、开庭审理

第 18 条　以捎口信、电话、传真、电子邮件等形式发送的开庭通知，未经当事人确认或者没有其他证据足以证明当事人已经收到的，人民法院不得将其作为按撤诉处理和缺席判决的根据。

第 19 条　开庭前已经书面或者口头告知当事人诉讼权利义务，或者当事人各方均委托律师代理诉讼的，审判人员除告知当事人申请回避的权利外，可以不再告知当事人其他的诉讼权利义务。

第 20 条　对没有委托律师代理诉讼的当事人，审判人员应当对回避、自认、举证责任等相关内容向其作必要的解释或者说明，并在庭审过程中适当提示当事人正确行使诉讼权利、履行诉讼义务，指导当事人进行正常的诉讼活动。

第21条 开庭时，审判人员可以根据当事人的诉讼请求和答辩意见归纳出争议焦点，经当事人确认后，由当事人围绕争议焦点举证、质证和辩论。

当事人对案件事实无争议的，审判人员可以在听取当事人就适用法律方面的辩论意见后迳行判决、裁定。

（第22条举证期限、第24条审理笔录，分别见本书第68条、第150条）

第23条 适用简易程序审理的民事案件，应当一次开庭审结，但人民法院认为确有必要再次开庭的除外。

第25条 庭审结束时，审判人员可以根据案件的审理情况对争议焦点和当事人各方举证、质证和辩论的情况进行简要总结，并就是否同意调解征询当事人的意见。

第26条 审判人员在审理过程中发现案情复杂需要转为普通程序的，应当在审限届满前及时作出决定，并书面通知当事人。

（第27条宣判、第32条裁判文书，分别见本书第151条、第155条）

五、宣判与送达

第28条 当庭宣判的案件，除当事人当庭要求邮寄送达的以外，人民法院应当告知当事人或者诉讼代理人领取裁判文书的期间和地点以及逾期不领取的法律后果。上述情况，应当记入笔录。

人民法院已经告知当事人领取裁判文书的期间和地点的，当事人在指定期间内领取裁判文书之日即为送达之日；当事人在指定期间内未领取的，指定领取裁判文书期间届满之日即为送达之日，当事人的上诉期从人民法院指定领取裁判文书期间届满之日的次日起开始计算。

第29条 当事人因交通不便或者其他原因要求邮寄送达裁判文书的，人民法院可以按照当事人自己提供的送达地址邮寄送达。

人民法院根据当事人自己提供的送达地址邮寄送达的，邮件回执上注明收到或者退回之日即为送达之日，当事人的上诉期从邮件回执上注明收到或者退回之日的次日起开始计算。

第30条 原告经传票传唤，无正当理由拒不到庭或者未经法庭许可中途退庭的，可以按撤诉处理；被告经传票传唤，无正当理由拒不到庭或者未经法庭许可中途退庭的，人民法院可以根据原告的诉讼请求及双方已经提交给法庭的证据材料缺席判决。

按撤诉处理或者缺席判决的，人民法院可以按照当事人自己提供的送达地址将裁判文书送达给未到庭的当事人。

第 31 条　定期宣判的案件，定期宣判之日即为送达之日，当事人的上诉期自定期宣判的次日起开始计算。当事人在定期宣判的日期无正当理由未到庭的，不影响该裁判上诉期间的计算。

当事人确有正当理由不能到庭，并在定期宣判前已经告知人民法院的，人民法院可以按照当事人自己提供的送达地址将裁判文书送达给未到庭的当事人。

六、其他

第 34 条　……2003 年 12 月 1 日以后受理的民事案件，适用本规定。

【法发［2008］8 号】　全国法院涉港澳商事审判工作座谈会纪要（2007 年 11 月 21-22 日在南宁召开；2008 年 1 月 21 日印发）

31. 有管辖权的基层人民法院审理事实清楚、权利义务关系明确、争议不大的涉港澳商事案件，可以适用《中华人民共和国民事诉讼法》规定的简易程序。

【法发［2016］21 号】　最高人民法院关于进一步推进案件繁简分流优化司法资源配置的若干意见（2016 年 9 月 12 日）（余见《行政诉讼全厚细》第 7 章第 3 节）

4. 发挥民事案件快速审判程序的优势。根据民事诉讼法及其司法解释规定，积极引导当事人双方约定适用简易程序审理民事案件。对于标的额超过规定标准的简单民事案件，或者不属于民事诉讼法第 157 条（现第 160 条）第 1 款规定情形但标的额在规定标准以下的民事案件，当事人双方约定适用小额诉讼程序的，可以适用小额诉讼程序审理。依法适用实现担保物权案件特别程序。……

8. 推行集中时间审理案件的做法。对于适用简易程序审理的民事案件……，实行集中立案、移送、排期、开庭、宣判，由同一审判组织在同一时段内对多个案件连续审理。

10. 创新开庭方式。对于适用简易程序审理的民事、刑事案件，经当事人同意，可以采用远程视频方式开庭。证人、鉴定人、被害人可以使用视听传输技术或者同步视频作证室等作证。

14. 促进当庭宣判。……对于适用民事、刑事、行政简易程序审理的案件，一般应当当庭宣判。……

【法发［2016］34 号】　最高人民法院关于为自由贸易试验区建设提供司法保障的意见（2016 年 12 月 30 日）

10. 探索审判程序创新，公正高效审理涉自贸试验区案件。……人民法院审理涉自贸试验区的涉外、涉港澳台一审民商事案件，事实简单、法律关系明确的，可以探索适用简易程序。……

【法发［2017］14号】　最高人民法院关于民商事案件繁简分流和调解速裁操作规程（试行）（2017年5月8日）

第19条　基层人民法院可以设立专门速裁组织，对适宜速裁的民商事案件进行裁判。

第20条　基层人民法院对于离婚后财产纠纷、买卖合同纠纷、商品房预售合同纠纷、金融借款合同纠纷、民间借贷纠纷、银行卡纠纷、租赁合同纠纷等事实清楚、权利义务关系明确、争议不大的金钱给付纠纷，可以采用速裁方式审理。

但下列情形除外：（一）新类型案件；（二）重大疑难复杂案件；（三）上级人民法院发回重审、指令立案受理、指定审理、指定管辖，或者其他人民法院移送管辖的案件；（四）再审案件；（五）其他不宜速裁的案件。

第21条　采用速裁方式审理民商事案件，一般只开庭1次，庭审直接围绕诉讼请求进行，不受法庭调查、法庭辩论等庭审程序限制，但应当告知当事人回避、上诉等基本诉讼权利，并听取当事人对案件事实的陈述意见。

第22条　采用速裁方式审理的民商事案件，可以使用令状式、要素式、表格式等简式裁判文书，应当当庭宣判并送达。

当庭即时履行的，经征得各方当事人同意，可以在法庭笔录中记录后不再出具裁判文书。

第23条　人民法院采用速裁方式审理民商事案件，一般应当在10日内审结，最长不超过15日。

第24条　采用速裁方式审理案件出现下列情形之一的，应当及时将案件转为普通程序：（一）原告增加诉讼请求致案情复杂；（二）被告提出反诉；（三）被告提出管辖权异议；（四）追加当事人；（五）当事人申请鉴定、评估；（六）需要公告送达。

程序转换后，审限连续计算。

【法释［2019］4号】　最高人民法院关于严格规范民商事案件延长审限和延期开庭问题的规定（"法释［2018］9号"公布，2018年4月26日起施行；2019年2月25日最高法审委会［1762次］修订，2019年3月27日公布，2019年3月28日起施行；以本规为准）

第1条　人民法院审理民商事案件时，应当严格遵守法律及司法解释有关审限的规定。适用普通程序审理的第一审案件，审限为6个月；适用简易程序审理的第一审案件，审限为3个月。审理对判决的上诉案件，审限为3个月；审理对裁定的上诉案件，审限为30日。

法律规定有特殊情况需要延长审限的，独任审判员或合议庭应当在期限届满

15 日前向本院院长提出申请,并说明详细情况和理由。院长应当在期限届满 5 日前作出决定。

经本院院长批准延长审限后尚不能结案,需要再次延长的,应当在期限届满 15 日前报请上级人民法院批准。上级人民法院应当在审限届满 5 日前作出决定。

第 3 条　人民法院应当严格限制延期开庭审理次数。适用普通程序审理民商事案件,延期开庭审理次数不超过 2 次;适用简易程序以及小额速裁程序审理民商事案件,延期开庭审理次数不超过 1 次。

第 4 条　基层人民法院及其派出的法庭审理事实清楚、权利义务关系明确、争议不大的简单民事案件,适用简易程序。

基层人民法院及其派出的法庭审理符合前款规定且标的额为各省、自治区、直辖市上年度就业人员年平均工资 2 倍以下的民商事案件,应当适用简易程序,法律及司法解释规定不适用简易程序的案件除外。

适用简易程序审理的民商事案件,证据交换、庭前会议等庭前准备程序与开庭程序一并进行,不再另行组织。

适用简易程序的案件,不适用公告送达。

【法释〔2019〕19 号】　**最高人民法院关于民事诉讼证据的若干规定**（"法释〔2001〕33 号"公布,2002 年 4 月 1 日起施行;2019 年 10 月 14 日最高法审委会〔1777 次〕修订,2019 年 12 月 25 日公布,2020 年 5 月 1 日起施行）

~~第 81 条　人民法院适用简易程序审理案件,不受本解释中第 32 条~~（现第 49 条,见本书第 128 条）、~~第 33 条第 3 款~~（现第 51 条,见本书第 68 条）~~和第 79 条~~（现第 97 条,见本书第 67 条第 3 款）~~规定的限制。~~

【法〔2020〕10 号】　**民事诉讼程序繁简分流改革试点方案**（最高法 2020 年 1 月 15 日印发,试点 2 年）

二、主要内容（详见本书第 165-170 条）

（三）完善简易程序规则。对需要进行公告送达的简单民事案件,可以适用简易程序审理。明确简易程序案件庭审和裁判文书的简化规则,完善简易程序审限规定。

【法〔2020〕11 号】　**民事诉讼程序繁简分流改革试点实施办法**（最高法 2020 年 1 月 15 日印发,试点 2 年;只适用于试点法院）（详见本书第 165-170 条）

四、完善简易程序规则

第 12 条　事实清楚、权利义务关系明确的简单案件,需要公告送达的,可以适用简易程序审理。

第 13 条　适用简易程序审理的案件,人民法院可以根据案件情况,采取下列方式简化庭审程序，但应当保障当事人答辩、举证、质证、陈述、辩论等诉讼权利：

（一）开庭前已经通过庭前会议或者其他方式完成当事人身份核实、权利义务告知、庭审纪律宣示的，开庭时可以不再重复；

（二）经庭前会议笔录记载的无争议事实和证据，可以不再举证、质证；

（三）庭审可以直接围绕诉讼请求或者案件要素进行。

第 14 条　适用简易程序审理的案件，人民法院可以采取下列方式简化裁判文书：

（一）对于能够概括出案件固定要素的，可以根据案件要素载明原告、被告意见、证据和法院认定理由、依据及裁判结果；

（二）对于一方当事人明确表示承认对方全部或者主要诉讼请求的、当事人对案件事实没有争议或者争议不大的，裁判文书可以只包含当事人基本信息、诉讼请求、答辩意见、主要事实、简要裁判理由、裁判依据和裁判主文。

简化后的裁判文书应当包含诉讼费用负担、告知当事人上诉权利等必要内容。

第 15 条　人民法院适用简易程序审理的案件，应当在立案之日起 3 个月内审结。有特殊情况需要延长的，经本院院长批准，可以延长 1 个月。

【法发〔2020〕8 号】　最高人民法院关于人民法院深化"分调裁审"机制改革的意见（2020 年 2 月 10 日）

13. 民事案件繁简分流标准。除下列不适宜速裁快审的案件外，基层人民法院和人民法庭对于其他事实清楚、权利义务关系明确、争议不大的一审民事案件作为简单案件分流：（一）新类型案件；（二）与破产有关案件；（三）当事人一方或双方人数众多的案件；（四）上级人民法院发回重审案件；（五）适用审判监督程序的案件；（六）第三人撤销之诉；（七）执行异议之诉；（八）涉及国家利益、社会公共利益的案件；（九）社会关注度高、裁判结果具有示范意义的案件。

中级人民法院一审民事案件繁简分流标准在参照上述标准确定的同时，应当考虑诉讼标的额等情况。

第二审人民法院对于第一审人民法院采用速裁快审方式审结的上诉案件，以及当事人撤回上诉、起诉、按自动撤回上诉处理案件，针对不予受理、驳回起诉、管辖权异议提起上诉的案件等，原则上作为简单案件分流。高级人民法院可以探索开展民事申请再审案件繁简分流工作。

各地人民法院可以结合实际制定民事案件具体分流标准。

16. 执行案件繁简分流标准。人民法院对于下列执行案件作为简单案件分流：（一）被执行人提供存款、非银行支付机构的资金等可直接划拨以足额清偿债务的案件；（二）被执行人财产可及时变价以足额清偿债务的案件；（三）被执行人在同一时期其他案件中已被认定无财产可供执行的案件；（四）保全执行案件。

18. 完善民事和行政案件简转繁机制。民事和行政速裁、快审团队收到案件后，应当在 3 个工作日内审查是否存在当事人下落不明，需要调查取证、勘验、审计、鉴定、评估，案件疑难复杂不适宜速裁快审等情形。对具有上述情形的，即时提出异议，由程序分流员收回作为复杂案件分流。对在速裁快审期间，出现致使案情复杂情形的，承办法官应当在该情形出现 2 个工作日内提出简转繁申请，经审核同意后由程序分流员转其他专门团队法官办理，并告知当事人。

20. 推行要素式审判和示范裁判。对金融借款合同纠纷、民间借贷纠纷、买卖合同纠纷、机动车交通事故责任纠纷、劳动争议、离婚纠纷、物业服务合同纠纷、信用卡纠纷、政府信息公开、商标授权确权行政纠纷等逐步推行要素式审判。由当事人填写案件要素表，并围绕案件要素简化庭审程序，使用要素式裁判文书。对多个当事人分别提起的同类型或者系列民事、行政简单案件，先行选取一个案件开展示范裁判，树立裁判标准，其他案件参照示范案例批量办理。

21. 建立符合速裁快审特点的流程管理。速裁快审案件一般当日分案、一次开庭、当庭宣判、当场送达。对采用速裁方式审理的案件，一般应当 10 日内审结，最长不超过 15 日；采用快审快执方式办理的案件，一般应当 30 日内审结执结，最长不超过 60 日，但速裁快审期间因当事人增加、变更诉讼请求，提出反诉、管辖权异议等经过的期间不计入上述期限。法律和司法解释规定审理期限短于上述规定期间的，按照法律和司法解释执行。

【法〔2020〕105 号】　　民事诉讼程序繁简分流改革试点问答口径（一）（最高法 2020 年 4 月 15 日公布）

十八、《实施办法》第 13 条明确简易程序案件"庭审可以直接围绕诉讼请求或者案件要素进行"，实践中应当如何操作？

答：试点法院适用简易程序审理法律关系明确、案情相对固定的类型化案件，可以不受一般庭审程序关于当事人诉辩称、法庭调查、法庭辩论等阶段限制，而根据案件的固定要素，围绕主要争点展开庭审。开展"要素式庭审"一般应当完成以下 3 个步骤：第一，概括案件要素。应当针对买卖合同、民间借贷、金融借款、物业服务、机动车交通事故责任等类型化纠纷，概括提炼案件事实要素，确定案件审理要点，制作"案件要素表"。第二，确定案件争点。应当在庭审前指导各方当事人填写"案件要素表"，充分履行释明告知义务，引导当事人确认本案的核心要素事实和主要争点。第三，开展要素式审理。开庭时，应当再次归纳和确认本案审理的要素事实和争议焦点，对各方无争议的事实结合相关证据直接确认，对有争议的要素事实逐一进行陈述辩论、举证质证、调查询问，不受法庭调查、法庭辩论等程序限制。

十九、简易程序案件可以报请延长审限的"特殊情况"具体指哪些情形?

答:根据《实施办法》第 15 条,适用简易程序审理的案件,有特殊情况的,经本院院长批准,审限可以延长 1 个月。"特殊情况"一般包括:发生不可抗力或意外事件;需等待法院依职权调取关键性证据;需与关联案件统筹协调等。简易程序案件延长审限后又转为普通程序审理的,审理期限自人民法院立案之日计算,已延长的 1 个月审理期限应当计算在内。

二十、哪些期间可以不计入简易程序案件审理期限?

答:根据《民事诉讼法》及其司法解释、《最高人民法院关于严格执行案件审理期限制度的若干规定》,案件中止期间、公告期间、鉴定期间、双方当事人和解期间、审理当事人提出的管辖异议以及处理人民法院之间的管辖争议期间,不计入审限,但对扣除审限的期间和次数应当从严把握。

二十三、简易程序转换为普通程序后,能否采取独任制审理?

答:案件由简易程序转换为普通程序审理后,符合"事实不易查明,但法律适用明确"的标准,并且不属于《实施办法》第 17 条规定的应当组成合议庭审理情形的,可以采取独任制审理。由简易程序转换为普通程序审理的,须按《民事诉讼法》第 163 条的规定作出裁定,并通知当事人。试点法院应当将简易程序转换为独任制普通程序审理的案件情况纳入院庭长审判监督事项。

【法〔2020〕272 号】 民事诉讼程序繁简分流改革试点问答口径(二)(最高法 2020 年 10 月 23 日公布)

十七、简易程序审限到期后需要延长审限的案件,当事人同意继续适用简易程序审理的,审限能否再延长 3 个月?

答:不可以。《实施办法》第 15 条关于简易程序案件延长审限的规定,是对《民事诉讼法司法解释》第 258 条的调整适用,简易程序案件延长审限的时间已从 3 个月缩短为 1 个月,同时取消了延长审限需"双方当事人同意继续适用简易程序"的要求。实践中,即使当事人同意继续适用简易程序,人民法院也不得再适用《民事诉讼法司法解释》第 258 条的规定。

【法释〔2022〕11 号】 最高人民法院关于适用《中华人民共和国民事诉讼法》的解释("法释〔2015〕5 号"公布,2015 年 2 月 4 日起施行;根据法释〔2020〕20 号《决定》修正,2021 年 1 月 1 日起施行;2022 年 3 月 22 日最高法审委会〔1866 次〕修正,2022 年 4 月 1 日公布,2022 年 4 月 10 日起施行;以本规为准)

第 256 条 民事诉讼法第 160 条规定的简单民事案件中的事实清楚,是指当事人对争议的事实陈述基本一致，并能提供相应的证据，无须人民法院调查收集证据即可查明事实；权利义务关系明确是指能明确区分谁是责任的承担者，谁是权利的享有者；争议不大是指当事人对案件的是非、责任承担以及诉讼标的争执无原则分歧。

第257条　下列案件，不适用简易程序：（一）起诉时被告下落不明的；（二）发回重审的；（三）当事人一方人数众多的；（四）适用审判监督程序的；（五）涉及国家利益、社会公共利益的；（六）第三人起诉请求改变或者撤销生效判决、裁定、调解书的；（七）其他不宜适用简易程序的案件。

第258条　适用简易程序审理的案件，审理期限到期后，<u>有特殊情况需要延长/双方当事人同意继续适用简易程序</u>的，<u>经/由</u>本院院长批准，可以延长审理期限。延长后的审理期限累计不得超过<u>4个月/6个月</u>。

人民法院发现案件<u>不宜适用简易程序/案情复杂</u>，需要转为普通程序审理的，应当在审理期限届满前作出裁定并将<u>审判人员/合议庭组成人员</u>及相关事项书面通知双方当事人。

案件转为普通程序审理的，审理期限自人民法院立案之日计算。

第259条　当事人双方可就开庭方式向人民法院提出申请，由人民法院决定是否准许。经当事人双方同意，可以采用视听传输技术等方式开庭。

第260条　已经按照普通程序审理的案件，在开庭后不得转为简易程序审理。

第261条　适用简易程序审理案件，人民法院可以<u>依照民事诉讼法第90条、第162条</u>的规定采取捎口信、电话、短信、传真、电子邮件等简便方式传唤双方当事人、通知证人和送达裁判文书以外的诉讼文书。

以简便方式送达的开庭通知，未经当事人确认或者没有其他证据证明当事人已经收到的，人民法院不得缺席判决。

适用简易程序审理案件，由审判员独任审判，书记员担任记录。

第262条　人民法庭制作的判决书、裁定书、调解书，必须加盖基层人民法院印章，不得用人民法庭的印章代替基层人民法院的印章。

第263条　适用简易程序审理案件，卷宗中应当具备以下材料：（一）起诉状或者口头起诉笔录；（二）答辩状或者口头答辩笔录；（三）当事人身份证明材料；（四）委托他人代理诉讼的授权委托书或者口头委托笔录；（五）证据；（六）询问当事人笔录；（七）审理（包括调解）笔录；（八）判决书、裁定书、调解书或者调解协议；（九）送达和宣判笔录；（十）执行情况；（十一）诉讼费收据；（十二）适用民事诉讼法第165条规定审理的，有关程序适用的书面告知。

第264条　当事人双方根据民事诉讼法第160条第2款规定约定适用简易程序的，应当在开庭前提出。口头提出的，记入笔录，由双方当事人签名或者捺印确认。

本解释第 257 条规定的案件，当事人约定适用简易程序的，人民法院不予准许。

第 265 条 原告口头起诉的，人民法院应当将当事人的姓名、性别、工作单位、住所、联系方式等基本信息，诉讼请求，事实及理由等准确记入笔录，由原告核对无误后签名或者捺印。对当事人提交的证据材料，应当出具收据。

第 266 条 适用简易程序案件的举证期限由人民法院确定，也可以由当事人协商一致并经人民法院准许，但不得超过 15 日。被告要求书面答辩的，人民法院可在征得其同意的基础上，合理确定答辩期间。

人民法院应当将举证期限和开庭日期告知双方当事人，并向当事人说明逾期举证以及拒不到庭的法律后果，由双方当事人在笔录和开庭传票的送达回证上签名或者捺印。

当事人双方均表示不需要举证期限、答辩期间的，人民法院可以立即开庭审理或者确定开庭日期。

第 267 条 适用简易程序审理案件，可以简便方式进行审理前的准备。

第 268 条 对没有委托律师、基层法律服务工作者代理诉讼的当事人，人民法院在庭审过程中可以对回避、自认、举证证明责任等相关内容向其作必要的解释或者说明，并在庭审过程中适当提示当事人正确行使诉讼权利、履行诉讼义务。

第 269 条 当事人就案件适用简易程序提出异议，人民法院经审查，异议成立的，裁定转为普通程序；异议不成立的，裁定驳回。裁定以口头方式作出的/口头告知当事人，应当/并记入笔录。

转为普通程序的，人民法院应当将审判人员/合议庭组成人员及相关事项以书面形式通知双方当事人。

转为普通程序前，双方当事人已确认的事实，可以不再进行举证、质证。

第 270 条 适用简易程序审理的案件，有下列情形之一的，人民法院在制作判决书、裁定书、调解书时，对认定事实或者裁判理由部分可以适当简化：（一）当事人达成调解协议并需要制作民事调解书的；（二）一方当事人明确表示承认对方全部或者部分诉讼请求的；（三）涉及商业秘密、个人隐私的案件，当事人一方要求简化裁判文书中的相关内容，人民法院认为理由正当的；（四）当事人双方同意简化的。

● **文书格式** **【法［2016］221 号】** **民事诉讼文书样式**（2016 年 2 月 22 日最高法审委会［1679 次］通过，2016 年 6 月 28 日公布，2016 年 8 月 1 日起施行）

（本书对格式略有调整）

异议书（对适用简易＼小额诉讼程序提出异议用）①

异议人（原告/被告/第三人）：×××，男/女，×年×月×日生，×族，……（写明工作单位和职务或职业），住……。联系方式：……。（★申请人是法人或其他组织的，本段写明名称、住所）

法定代理人/指定代理人②：×××，……。（★申请人是法人或其他组织的，本段写明法定代表人、主要负责人及其姓名、职务、联系方式）

委托诉讼代理人：×××，……。（申请时已经委托诉讼代理人的，写明此项）

（以上写明当事人和其他诉讼参与人的姓名或者名称等基本信息）

请求事项：

依法对（××××）……号……（写明当事人和案由）一案适用普通＼简易程序进行审理。③

事实和理由：

……（写明不应适用简易＼小额诉讼程序审理的事实和理由）

此致：××人民法院

申请人（自然人签名或单位盖章）
×年×月×日

适用简易程序其他规定审理通知书（小额诉讼转换通知当事人用）

（××××）……民初……号

×××：

……（写明当事人及案由）一案，本院在适用小额诉讼程序审理过程中，发现案件不符合小额诉讼条件。依照《中华人民共和国民事诉讼法》第 160 条、《最高人民法院关于适用〈中华人民共和国民事诉讼法〉的解释》第 278 条/第 279 条规定，决定本案适用简易程序的其他规定审理。

特此通知。

×年×月×日（院印）

---

① 当事人对按照小额诉讼案件/简易程序审理有异议的，应当在开庭前提出。人民法院经审查，异议成立的，适用简易程序/普通程序的其他规定审理；异议不成立的，告知当事人，并记入笔录。

② 注：申请人是无民事行为能力人或限制民事行为能力人的，应当写明法定代理人姓名、性别、出生日期、民族、职业、工作单位、住所、联系方式，在诉讼地位后括注与申请人的关系。

③ 下列案件不适用简易程序：（一）起诉时被告下落不明的；（二）发回重审的；（三）当事人一方人数众多的；（四）适用审判监督程序的；（五）涉及国家利益、社会公共利益的；（六）第三人起诉请求改变或者撤销生效判决、裁定、调解书的；（七）其他不宜适用简易程序的案件。

关于申请延长⋯⋯（简易程序当事人及案由）
一案审理期限的报告（报本院院长）

（××××）⋯⋯民初⋯⋯号

院长：

我院于×年×月×日立案的⋯⋯（写明当事人及案由）一案，依法适用简易程序，审理期限到×年×月×日届满。但因⋯⋯（写明需要延长审理期限的原因），不能如期结案，当事人同意继续适用简易程序，需要延长审理期限×个月，至×年×月×日。

请审批。

附：案件延长审理或者执行期限审批表1份（见本书第152条文书格式）

审判员　×××（组成合议庭审理的，落款为合议庭）

×年×月×日

民事判决书（简易程序）

（××××）⋯⋯民初⋯⋯号

原告×××，⋯⋯。

被告×××，⋯⋯。

（以上写明当事人及其法定代表人、法定代理人、委托代理人的姓名或者名称等基本信息）

原告×××与被告×××⋯⋯（写明案由）一案，本院于×年×月×日立案后，依法适用简易程序，公开/因涉及⋯⋯（写明不公开开庭的理由）不公开开庭进行了审理。原告×××、被告×××（写明当事人和其他诉讼参加人的诉讼地位和姓名或者名称）到庭参加诉讼。本案现已审理终结。

×××向本院提出诉讼请求：1.⋯⋯；2.⋯⋯（明确原告的诉讼请求）。事实和理由：⋯⋯（概述原告主张的事实和理由）。

×××承认原告在本案中所主张的事实，但认为，⋯⋯（概述被告对法律适用、责任承担的意见）。

（或者：）×××承认×××提出的全部诉讼请求。

本院认为，×××承认×××在本案中主张的事实，故对×××主张的事实予以确认。⋯⋯（对当事人诉讼请求进行简要评判）。

（或者：）本院认为，当事人有权在法律规定的范围内处分自己的民事权利和诉讼权利。被告承认原告的诉讼请求，不违反法律规定。

依照《中华人民共和国⋯⋯法》第13条第2款、⋯⋯（写明法律文件名称及其条款项序号）规定，判决如下：

……（写明判决结果）。

如果未按本判决指定的期间履行给付金钱义务，应当依照《中华人民共和国民事诉讼法》第260条规定，加倍支付迟延履行期间的债务利息（没有给付金钱义务的，不写）。

案件受理费……元，减半收取计……元，由×××负担……元，×××负担……元。

如不服本判决，可在判决书送达之日起15日内，向本院递交上诉状，并按对方当事人的人数提出副本，上诉于××人民法院。

（合议庭成员署名）

×年×月×日　（院印）

本件与原本核对无异（印戳）

法官助理、书记员

民事判决书（简易程序和小额诉讼程序要素式判决用，以劳动争议为例）

（××××）……民初……号

原告×××，……。

被告×××，……。

（以上写明当事人及其法定代表人、法定代理人、委托代理人的姓名或者名称等基本信息）

原告×××与被告×××……（写明案由）一案，本院于×年×月×日立案后，依法适用简易程序（或小额诉讼程序），公开/因涉及……（写明不公开开庭的理由）不公开开庭进行了审理。原告×××、被告×××（写明当事人和其他诉讼参与人）到庭参加诉讼。本案现已审理终结。本案查明的事实如下：[①]

一、入职时间：_____年____月____日。

二、签订书面劳动合同时间：_____年____月____日（未签的写"未签订"，如有签订多份的，请逐份载明）。

三、合同期满时间：_____年____月____日。

四、劳动合同约定工作岗位：_____；劳动者实际工作岗位：_____。

五、合同约定的工时制度、每月工资数及工资构成：_____。

原告主张及证据：_____。

被告抗辩意见及证据：_____。

法院认定及理由：_____。

---

① 注：法院可以印制相关内容的要素表，供相关诉讼参与人填写。

六、劳动者实际实行的工时制度、领取的每月工资数及工资构成：_____
_____。

七、参加社会保险的时间和险种：_____；申请社会保险待遇：_____。

八、发生工伤时间：_____年____月____日；死亡时间：_____年____月____日；工伤认定情况：_____。

九、住院起止时间：_____年____月____日至_____年____月____日。

十、工伤各项费用：医疗费数额：_____；假肢安装费数额：_____；伙食补助费数额：_____；交通费数额：_____；丧葬费：_____（可视实际情况增加）。

十一、伤残等级鉴定时间：_____年____月____日；鉴定结果：_____。

十二、受伤后至劳动能力鉴定前工资发放情况：_____。

十三、××上年度职工月平均工资：_____；同期最低工资标准：_____。

十四、用人单位需支付的保险待遇种类及金额：_____。

十五、加班时间：正常工作日加班时间____小时、法定休息日加班时间____小时、法定节假日加班时间____小时。

十六、加班工资计算基数：_____。

十七、应发工资金额：_____，计算期间：_____，工资构成：_____，加班工资的计算方法：_____。

十八、实发工资金额：_____，计算期间：_____，工资构成：_____，加班工资的计算方法：_____。

十九、欠发工资及加班工资数额：_____。

二十、解除或终止劳动关系前12个月劳动者的月平均工资数额：_____。

二十一、劳动者的工作年限：_____。

二十二、解除或终止劳动关系的原因：_____。

二十三、解除或终止劳动关系的时间：_____年____月____日。

二十四、解除或终止劳动关系经济补偿金或赔偿金数额：_____。

二十五、应休年休假：____日，实休年休假：____日。

二十六、扣除加班工资后的本人工资数额：_____。

二十七、未休年休假工资：_____。

二十八、未签订书面劳动合同的二倍工资：_____。

二十九、双方发生劳动争议的时间：_____年____月____日。

三十、申请仲裁时间：_____年____月____日。

三十一、仲裁请求：_____。

三十二、仲裁结果：＿＿＿＿＿＿＿＿。

三十三、需要说明的其他事项：＿＿＿＿＿＿（包括先予执行、诉讼保全、鉴定等需要说明的问题）。

三十四、原告的诉讼请求：＿＿＿＿＿＿＿。

以上事项中，双方有争议的事项为第×项、第×项，其他事项双方无争议。

依照《中华人民共和国……法》第×条、……（写明法律文件名称及其条款项序号）、《中华人民共和国民事诉讼法》第160/165条规定，判决如下：

……（写明判决结果）。

如果未按本判决指定的期间履行给付金钱义务，应当依照《中华人民共和国民事诉讼法》第260条规定，加倍支付迟延履行期间的债务利息（没有给付金钱义务的，不写）。

案件受理费……元，减半收取计……元，由×××负担……元，×××负担……元。

如不服本判决，可以在判决书送达之日起15日内，向本院递交上诉状，并按对方当事人或者代表人的人数提出副本，上诉于××人民法院。

（小额诉讼程序写明：）本判决为终审判决。

（代理）审判员　×××

×年×月×日　（院印）

法官助理、书记员

【法〔2020〕261号】　最高人民法院关于印发《民事诉讼程序繁简分流改革试点相关诉讼文书样式》的通知（2020年9月30日印发京、沪、苏、浙、皖、闽、鲁、豫、鄂、粤、川、贵、云、陕、宁等10高院，2020年11月1日起施行）（本书对格式有调整，并统一省略了题头"××人民法院"）

民事裁定书（简易程序转为普通程序独任审理）

（××××）……民初……号

原告：×××，……。（写明诉讼参与人的姓名或者名称等基本信息，下同）

被告：×××，……。

原告×××与被告×××……（写明案由）一案，本院于×年×月×日立案后，依法适用简易程序。

×年×月×日，××提出异议认为，……（概述不宜适用简易程序的事实和理由），本案不宜适用简易程序。（法院依职权发现不宜适用简易程序的，不写）

本院经审查认为，……（写明不宜适用简易程序审理的情形），本案不宜适用简易程序。因本案事实不易查明，但法律适用明确，可以适用普通程序独任审理。

依照《中华人民共和国民事诉讼法》第 170 条规定、《全国人民代表大会常务委员会关于授权最高人民法院在部分地区开展民事诉讼繁简分流改革试点工作的决定》，裁定如下：①

本案转为普通程序，由审判员独任审理。

（代理）审判员 ×××

×年×月×日（院印）

法官助理、书记员

第 165 条20130101 **【小额程序的适用】**基层人民法院和它派出的法庭审理事实清楚、权利义务关系明确、争议不大的简单金钱给付/~~符合本法第 157 条第 1 款规定的简单的~~20220101 民事案件，标的额为各省、自治区、直辖市上年度就业人员年平均工资 50%/~~30%~~20220101 以下的，适用小额诉讼的程序审理20220101，实行一审终审。

（新增）20220101 基层人民法院和它派出的法庭审理前款规定的民事案件，标的额超过各省、自治区、直辖市上年度就业人员年平均工资 50%但在 2 倍以下的，当事人双方也可以约定适用小额诉讼的程序。

第 166 条20220101 **【不适用小额程序的情形】**人民法院审理下列民事案件，不适用小额诉讼的程序：

（一）人身关系、财产确权案件；

（二）涉外案件；

（三）需要评估、鉴定或者对诉前评估、鉴定结果有异议的案件；

（四）一方当事人下落不明的案件；

（五）当事人提出反诉的案件；

（六）其他不宜适用小额诉讼的程序审理的案件。

第 167 条20220101 **【小额一次审结】**人民法院适用小额诉讼的程序审理案件，可以一次开庭审结并且当庭宣判。

---

① 注：基层法院审理的事实不易查明，但法律适用明确的案件，可以由法官一人适用普通程序独任审理。人民法院发现需要转为普通程序独任审理的，应当在审理期限届满前作出裁定。如审判人员发生变化，落款中的审判人员应为转为普通程序后的独任法官。

第 168 条²⁰²²⁰¹⁰¹　　【小额程序的审限】人民法院适用小额诉讼的程序审理案件，应当在立案之日起 2 个月内审结。有特殊情况需要延长的，经本院院长批准，可以延长 1 个月。

第 169 条²⁰²²⁰¹⁰¹　　【不适宜小额程序的处理】人民法院在审理过程中，发现案件不宜适用小额诉讼的程序的，应当适用简易程序的其他规定审理或者裁定转为普通程序。

当事人认为案件适用小额诉讼的程序审理违反法律规定的，可以向人民法院提出异议。人民法院对当事人提出的异议应当审查，异议成立的，应当适用简易程序的其他规定审理或者裁定转为普通程序；异议不成立的，裁定驳回。

第 170 条　　（见第 164 条之后）

● **相关规定**　　【法［2011］129 号】　　**最高人民法院关于部分基层人民法院开展小额速裁试点工作的指导意见**（2011 年 3 月 17 日）

一、开展小额速裁试点工作的目的

在现行民事诉讼立法和相关司法解释的框架下，小额速裁并非独立的诉讼程序，而是在司法体制和工作机制改革背景下，借鉴国内外民事审判实践经验特别是一些国家和地区小额诉讼立法的基础上，根据现有法律规定的基本原则和基本精神，积极探索改革民事诉讼简易程序的一种新形式。小额速裁通过设定专门的审理流程、设立专门的速裁机构，最大限度地简化民事诉讼程序。小额速裁比我国现行司法实践中所实行的简易程序更为简易、快捷、方便。选择部分基层人民法院，在给予当事人程序选择权的基础上，开展此项工作试点。以期通过试点，进一步完善民事诉讼简易程序，并为将来修改民事诉讼法，创设小额速裁程序积累审判实践经验。

二、小额速裁试点工作的内容

1. 小额速裁的适用对象

当事人起诉的案件法律关系单一，事实清楚，争议标的金额不足 1 万元的下列给付之诉的案件，可以适用小额速裁，但当事人提出异议的除外：（1）权利义务关系明确的借贷、买卖、租赁和借用纠纷案件；（2）身份关系清楚，仅在给付的数额、时间上存在争议的抚养费、赡养费、扶养费纠纷案件；（3）责任明确、损失金额确定的道路交通事故损害赔偿和其他人身损害赔偿纠纷案件；（4）权利义务关系明确的拖欠水、电、暖、天然气费及物业管理费纠纷案件；（5）其他可以适用小额速裁的案件。

各省、自治区、直辖市高级人民法院可以根据当地经济发展情况，在上述规定范围内具体确定本辖区试点法院小额速裁案件的最高收案标的金额。经济发达地区可根据实际情况，适当放宽，但不得超过 5 万元。本辖区高级人民法院确定的前述最高收案标的金额以上 5 万元以下的给付之诉，当事人双方书面申请人民法院小额速裁的，人民法院可以适用。当事人变更诉讼请求，追加当事人或者提出反诉的，除当事人双方同意继续适用小额速裁并经人民法院准许外，一律不得适用小额速裁。

2. 小额速裁的起诉和审理

人民法院经立案审查认为当事人的起诉符合适用小额速裁条件的，应当以书面方式将小额速裁的适用条件、审判组织、审理方式、审理期限、裁判方式、诉讼费用收取标准、当事人的异议申请权利，以及人民法院对异议审查后的处理情况等相关程序性安排，告知当事人。当事人选择小额速裁的，人民法院应当记录在案并由当事人签名或捺印确认。

当事人以书面形式申请适用小额速裁的，人民法院应当将其申请入卷备查。双方当事人均选择适用小额速裁的，人民法院应当将适用小额速裁审理案件的决定告知当事人。

人民法院适用小额速裁审理民事案件，由审判员一人独任审理，并根据案件需要为当事人指定答辩期、举证期，但期限不得超过 7 日。

人民法院适用小额速裁审理民事案件，可以根据当事人的申请安排在晚间、休息日进行调解或者开庭。

人民法院适用小额速裁审理民事案件，可以灵活地安排询问证人的时间。当事人可以口头申请人民法院询问证人。当事人申请利用视频系统等方式询问证人的，人民法院认为适当的，予以准许。

人民法院适用小额速裁审理案件，可不区分法庭调查、法庭辩论阶段。

3. 小额速裁的裁判和收费

适用小额速裁审理民事案件，应当在立案之日起 1 个月内审结，不得延长审限。1 个月内未能审结的，应当转而适用普通程序继续审理。

适用小额速裁审理民事案件，应当贯彻调解优先原则，调解不成的，要及时作出裁判。

适用小额速裁审理民事案件，可以当庭宣判。

当事人对于人民法院适用小额速裁作出的判决不服，可以在收到判决书之日起 10 日内向原审人民法院提出异议申请。

人民法院应当指定其他审判员对异议申请进行审查。

经审查异议不成立的，人民法院应当在 3 日内裁定驳回异议。经审查异议成立的，人民法院应当裁定撤销原判，并适用普通程序对案件进行审理。

人民法院适用小额速裁审理民事案件，诉讼费用按《诉讼费用交纳加去》确定的标准减半收取。

三、小额速裁工作试点安排

1. 试点法院的确定。由北京、天津、上海、广东、江苏、浙江、安徽、江西、湖北、四川、贵州、甘肃、青海等 13 个省、直辖市高级人民法院在本辖区内各指定两个基层人民法院作为最高人民法院的试点单位。

各高级人民法院在本辖区内指定两个基层人民法院作为高级人民法院的试点单位。

2. 试点法院应当指定专人负责试点工作，并将实施试点工作的方案和联系人报所在省、自治区、直辖市高级人民法院。

试点法院应指定具有审判实践经验的审判员从事小额速裁案件的审理和异议审查工作。

试点法院应逐月做好相关统计工作，对适用小额速裁审理案件的数量、当事人对判决结果提出异议的案件数（比例）以及审查异议后维持的案件数（比例）进行统计，并及时总结试点工作中的经验及存在问题。

3. 各高级人民法院应当高度重视小额速裁试点工作，指定院内相关部门和人员对试点工作进行指导。尽快建立试点法院与高级人民法院和最高人民法院的沟通协调机制，将作为最高人民法院的试点法院和联系人以及本院负责小额速裁试点工作的人员名单及联系方式报最高人民法院民事审判第一庭。

各高级人民法院应当加强对试点法院的业务指导与监督，及时发现、总结试点工作的经验和存在问题，每 3 个月向最高人民法院报告 1 次。

【法释［2013］16 号】 **最高人民法院关于海事法院可否适用小额诉讼程序问题的批复**（2013 年 5 月 27 日最高法审委会［1579 次］通过，2013 年 6 月 19 日公布，答复上海高院"沪高法［2013］5 号"请示，2013 年 6 月 26 日起施行）

2012 年修订的《中华人民共和国民事诉讼法》简易程序一章规定了小额诉讼程序，《中华人民共和国海事诉讼特别程序法》第 98 条规定海事法院可以适用简易程序。因此，海事法院可以适用小额诉讼程序审理简单的海事、海商案件。

适用小额诉讼程序的标的额应以实际受理案件的海事法院或其派出法庭所在的省、自治区、直辖市上年度就业人员年平均工资 30% 为限。

【法发［2016］21 号】 **最高人民法院关于进一步推进案件繁简分流优化司法资源配置的若干意见**（2016 年 9 月 12 日）(余见《行政诉讼全厚细》第 7 章第 3 节)

12. 推进民事庭审方式改革。对于适用小额诉讼程序审理的民事案件，可以直接围绕诉讼请求进行庭审，不受法庭调查、法庭辩论等庭审程序限制。对于案件要素与审理要点相对集中的民事案件，可以根据相关要素并结合诉讼请求确定庭审顺序，围绕有争议的要素同步进行法庭调查和法庭辩论。

14. 促进当庭宣判。对于适用小额诉讼程序审理的民事案件……，原则上应当当庭宣判。……

【人大常委会字［2019］42号】 全国人民代表大会常务委员会关于授权最高人民法院在部分地区开展民事诉讼程序繁简分流改革试点工作的决定（2019年12月28日全国人大常委会［13届15次］通过，2019年12月29日起施行；期限2年）

授权最高人民法院在北京、上海市辖区内中级人民法院、基层人民法院，南京、苏州、杭州、宁波、合肥、福州、厦门、济南、郑州、洛阳、武汉、广州、深圳、成都、贵阳、昆明、西安、银川市中级人民法院及其辖区内基层人民法院，北京、上海、广州知识产权法院，上海金融法院，北京、杭州、广州互联网法院，就优化司法确认程序、完善小额诉讼程序、完善简易程序规则、扩大独任制适用范围、健全电子诉讼规则等，开展民事诉讼程序繁简分流改革试点工作。试点期间，试点法院暂时调整适用《中华人民共和国民事诉讼法》第39条（现第40条）第1款、第2款，第40条（现第41条）第1款，第87条（现第90条）第1款，第162条（现第165条），第169条（现第176条）第1款，第194条（现第205条）。试点工作应当遵循民事诉讼法的基本原则，充分保障当事人诉讼权利，促进提升司法效率，确保司法公正。试点具体办法由最高人民法院牵头研究制定，报全国人民代表大会常务委员会备案。试点期限为2年，自试点办法印发之日起算。

最高人民法院应当加强对试点工作的组织指导和监督检查。试点过程中，最高人民法院应当就试点情况向全国人民代表大会常务委员会作出中期报告。试点期满后，对实践证明可行的，应当修改完善有关法律；对实践证明不宜调整的，恢复施行有关法律规定。

【法［2020］10号】 民事诉讼程序繁简分流改革试点方案（最高法2020年1月15日印发，试点2年）

二、主要内容

（一）优化司法确认程序。（见本书第205-206条）

（二）完善小额诉讼程序。加强小额诉讼程序适用，适当提高小额诉讼案件标的额基准，明确适用小额诉讼程序的案件范围。进一步简化小额诉讼案件的审理方式和裁判文书，合理确定小额诉讼案件审理期限。完善小额诉讼程序与简易程序、普通程序的转换适用机制。

（三）完善简易程序规则。（见本书第 160-164 条）

（四）扩大独任制适用范围。（见本书第 42 条）

（五）健全电子诉讼规则。（见本书第 16 条）

三、试点范围和期限

（一）试点范围：北京、上海市辖区内中级人民法院、基层人民法院，南京、苏州、杭州、宁波、合肥、福州、厦门、济南、郑州、洛阳、武汉、广州、深圳、成都、贵阳、昆明、西安、银川市中级人民法院及其辖区内基层人民法院，北京、上海、广州知识产权法院，上海金融法院，北京、杭州、广州互联网法院。

（二）试点期限：试点期限为 2 年，自试点实施办法印发之日起算。

【法〔2020〕11 号】　民事诉讼程序繁简分流改革试点实施办法（最高法 2020 年 1 月 15 日印发，试点 2 年；只适用于试点法院）

三、完善小额诉讼程序

第 5 条　基层人民法院审理的事实清楚、权利义务关系明确、争议不大的简单金钱给付类案件，标的额为人民币 5 万元以下的，适用小额诉讼程序，实行一审终审。

标的额超出前款规定，但在人民币 5 万元以上、10 万元以下的简单金钱给付类案件，当事人双方约定适用小额诉讼程序的，可以适用小额诉讼程序审理。

适用小额诉讼程序审理的案件，人民法院应当向当事人告知审判组织、审理期限、审理方式、一审终审等相关事项。

第 6 条　下列案件，不适用小额诉讼程序审理：（一）人身关系、财产确权纠纷；（二）涉外民事纠纷；（三）需要评估、鉴定或者对诉前评估、鉴定结果有异议的纠纷；（四）一方当事人下落不明的纠纷；（五）其他不宜适用小额诉讼程序审理的纠纷。

第 7 条　适用小额诉讼程序审理的案件，经人民法院告知放弃答辩期间、举证期限的法律后果后，当事人明确表示放弃的，人民法院可以直接开庭审理。

当事人明确表示不放弃答辩期间的，人民法院可以在征得其同意的基础上，合理确定答辩期间，但一般不超过 7 日。

当事人明确表示不放弃举证期限的，可以由当事人自行约定举证期限或者由人民法院指定举证期限，但一般不超过 7 日。

第 8 条　适用小额诉讼程序审理的案件，可以比照简易程序进一步简化传唤、送达、证据交换的方式，但不得减损当事人答辩、举证、质证、陈述、辩论等诉讼权利。

适用小额诉讼程序审理的案件，庭审可以不受法庭调查、法庭辩论等庭审程序限制，直接围绕诉讼请求或者案件要素进行，原则上应当一次开庭审结，但人民法院认为确有必要再次开庭的除外。

第9条　适用小额诉讼程序审理的案件，可以比照简易程序进一步简化裁判文书，主要记载当事人基本信息、诉讼请求、答辩意见、主要事实、简要裁判理由、裁判依据、裁判主文和一审终审的告知等内容。

对于案情简单、法律适用明确的案件，法官可以当庭作出裁判并说明裁判理由。对于当庭裁判的案件，裁判过程经庭审录音录像或者庭审笔录完整记录的，人民法院在制作裁判文书时可以不再载明裁判理由。

第10条　适用小额诉讼程序审理的案件，应当在立案之日起2个月内审结，有特殊情况需要延长的，经本院院长批准，可以延长1个月。

第11条　适用小额诉讼程序审理的案件，出现下列情形之一，符合适用简易程序审理条件的，裁定转为简易程序审理：（一）当事人认为案件不符合本办法第5条、第6条关于小额诉讼程序适用条件的规定，向人民法院提出异议，经审查认为异议成立的；（二）当事人申请增加或者变更诉讼请求、追加当事人，致使案件标的额在人民币5万元以上、10万元以下，且一方当事人不同意继续适用小额诉讼程序的；（三）当事人申请增加或者变更诉讼请求、追加当事人，致使案件标的额在人民币10万元以上或者不符合小额诉讼程序适用条件的；（四）当事人提出反诉的；（五）需要鉴定、评估、审计的；（六）其他不宜继续适用小额诉讼程序的情形。

适用小额诉讼程序审理的案件，审理中发现案情疑难复杂，并且不适宜适用简易程序审理的，裁定转为普通程序审理。由小额诉讼程序转为简易程序审理的案件，一般不得再转为普通程序审理，但确有必要的除外。

适用小额诉讼程序审理的案件，转为简易程序或者普通程序审理前，双方当事人已确认的事实，可以不再举证、质证。

七、附则

第27条　本办法仅适用于北京、上海市辖区内中级人民法院、基层人民法院，南京、苏州、杭州、宁波、合肥、福州、厦门、济南、郑州、洛阳、武汉、广州、深圳、成都、贵阳、昆明、西安、银川市中级人民法院及其辖区内基层人民法院，北京、上海、广州知识产权法院，上海金融法院，北京、杭州、广州互联网法院。

本办法所称的人民法院，是指纳入试点的人民法院；所称的第二审人民法院，包括纳入试点的中级人民法院、知识产权法院和金融法院；所称的中级人民法院、基层人民法院包括试点地区内的铁路运输中级法院和基层法院。

第 28 条　试点地区高级人民法院根据本办法，结合工作实际，制定具体实施方案和相关制度规定，并于 2020 年 2 月 10 日前报最高人民法院备案。

试点地区高级人民法院在制定实施方案、修订现有规范、做好机制衔接的前提下，组织试点法院自本法印发之日起全面启动试点工作，试点时间二年。2021 年 1 月 1 日前，试点地区高级人民法院应当形成试点工作中期报告报最高人民法院。

第 29 条　本办法由最高人民法院负责解释。

第 30 条　本办法报全国人民代表大会常务委员会备案，自发布之日起实施；之前有关民事诉讼制度规定与本办法不一致的，按照本办法执行。

【法发［2020］8 号】　最高人民法院关于人民法院深化"分调裁审"机制改革的意见（2020 年 2 月 10 日）

19. 推动速裁快审快执案件诉讼程序简捷化。对符合小额诉讼程序、刑事速裁程序适用条件的案件，一律自动适用小额诉讼或者刑事速裁程序。对其他简单案件，适用简易程序、督促程序、普通程序等从简从快办理。推行集中时间审理简单案件做法。对简单案件可以集中立案、开庭、宣判，由同一审判团队在同一时间段对多个案件连续审理。在依法保障当事人诉讼权利情况下，进一步简化审理程序。采取诉讼平台、电话、手机短信、传真、电子邮件、即时通讯账号等简便方式通知当事人。当事人双方表示不需要举证期限、答辩期间的，人民法院可以径行开庭。当事人已经行使答辩权的，开庭时间不受举证期限、答辩期间限制。探索采取远程视频开庭或作证等在线方式进行审理，并推广使用电子签名和电子送达方式。进一步简化裁判文书，简要填写当事人情况、裁判理由和裁判结果。探索简化执行案件财产调查。对被执行人在同一时期其他案件中已被认定无财产可供执行的案件，申请执行人对被执行人财产状况无异议的，可以不再进行财产调查。

21. 建立符合速裁快审特点的流程管理。速裁快审案件一般当日分案、一次开庭、当庭宣判、当场送达。对采用速裁方式审理的案件，一般应当 10 日内审结，最长不超过 15 日；……法律和司法解释规定审理期限短于上述规定期间的，按照法律和司法解释执行。

【法［2020］105 号】　民事诉讼程序繁简分流改革试点问答口径（一）（最高法 2020 年 4 月 15 日公布）

一、除全国人大常委会授权调整适用的法律条文外，哪些司法解释条文可以一并调整适用？

答：根据《全国人民代表大会常务委员会关于授权最高人民法院在部分地区开展民事诉讼程序繁简分流改革试点工作的决定》（以下简称《授权决定》），试点法院可以调整适用的《中华人民共和国民事诉讼法》（以下简称《民事诉讼法》）条文共6条，与之相关联的司法解释条文一并调整适用，具体包括：《最高人民法院关于适用〈中华人民共和国民事诉讼法〉的解释》（以下简称《民事诉讼法司法解释》）第136条、第140条、第257条、第258条第1款、第259条、第261条、第271条、第272条、第274条、第275条、第277条、第280条、第282条；《最高人民法院关于人民法院特邀调解的规定》第19条；《最高人民法院关于人民法院通过互联网公开审判流程信息的规定》第14条；《最高人民法院关于严格规范民商事案件延长审限和延期开庭问题的规定》第4条第4款。

二、《最高人民法院关于民事诉讼程序繁简分流改革试点实施办法》（以下简称《实施办法》）条文能否作为裁判依据引用？

答：不能。《最高人民法院关于裁判文书引用法律、法规等规范性法律文件的规定》第4条规定，民事裁判文书应当引用法律、法律解释或者司法解释。《实施办法》不是司法解释，不能作为裁判依据引用。对于试点工作已调整适用的《民事诉讼法》及其司法解释相关规定，需要在庭审或裁判文书中明确法律条文依据的，可以引用《授权决定》，例如："依据《全国人民代表大会常务委员会关于授权最高人民法院在部分地区开展民事诉讼程序繁简分流改革试点工作的决定》，本案适用普通程序，由审判员独任审理。"

三、如何配合试点工作，健全完善诉讼分流和衔接机制？

答：试点法院应当根据《实施办法》及《最高人民法院关于深化"分调裁审"机制改革的意见》，结合本院实际，健全完善诉讼分流和衔接机制，重点做好以下3个阶段的分流：

第一，完善"诉非分流"机制。加强诉讼与非诉讼解纷方式分流，做好与党委政府牵头建立的线上线下矛盾纠纷多元调处化解平台工作对接，前移解纷端口，加强法律指引，示范典型案例，积极引导当事人通过调解、仲裁、行政复议、行政裁决等方式解决纠纷。

第二，完善"调裁分流"机制。对起诉到人民法院的民事纠纷，除根据案件性质不适宜调解，或者已经调解但无法达成调解协议的情形外，先行在诉讼服务中心进行"调裁分流"。在征得当事人同意后，可以在诉前开展委派调解。达成调解协议的，鼓励引导当事人自动履行。当事人不同意诉前调解的，依法登记立案。委派调解不成登记立案的，调解材料经充分告知、当事人同意及法院审查合法后，可以作为诉讼材料继续使用。

第三，完善"繁简分流"机制。试点法院可以设置程序分流员，综合考虑案件性质、案由、标的额、当事人数量、疑难复杂程度、社会关注程度等因素，判断案件繁简难易程度，初步确定应当适用的审理程序和审判组织类型，并在审判系统中标记。案件分配至审判组织后，应当先由其审查确认案件审理程序。审判组织认为程序分流不当的，应当与程序分流员沟通，一致认为应当调整的，收回重新分流；不能达成一致意见的，及时报院庭长审批。向当事人告知相关事项后，发现符合审判组织或审理程序转换情形的，应当依法转换，不得再退回重新分流。涉及审判组织转换的，除非存在回避和投诉违法事宜，原独任法官一般继续参加案件审理。

四-七（见本书第 205-206 条）

八、如何理解《实施办法》第 5 条第 1 款规定的应当适用小额诉讼程序的"金钱给付类案件"？标的额如何确定？

答：《实施办法》第 5 条第 1 款规定的"金钱给付类案件"，一般是指当事人仅在金钱给付的数额、时间、方式上存在争议的案件。对于当事人除给付金钱外，还提出其他诉讼请求的案件，原则上不适用小额诉讼程序。

金钱给付类案件的"标的额"，是指当事人起诉时确定的诉讼请求数额，对于持续发生的违约金、利息等或者存在特定计算方法的，应当以当事人起诉之日确定的金额总额作为标的额。

九、第二审法院能否以第一审法院应当适用小额诉讼程序而没有适用为由发回重审？

答：不能。按照《民事诉讼法》第 40 条第 2 款、《实施办法》第 17 条第 6 项之规定，发回重审的案件应当组成合议庭按普通程序审理。如果第二审法院以第一审法院应当适用小额诉讼程序而没有适用为由将案件发回重审，案件将重新按照普通程序审理，这样既违背小额诉讼程序快捷解决纠纷、降低诉讼成本的制度定位，也增加了当事人讼累。实践中，这类情况应当通过健全完善以"该用即用"为导向的考评机制予以解决。

十、当事人双方约定适用小额诉讼程序，之后又反悔的如何处理？

答：《实施办法》第 5 条第 2 款规定，"标的额超出前款规定，但在人民币 5万元以上、10 万元以下的简单金钱给付类案件，当事人双方约定适用小额诉讼程序的，可以适用小额诉讼程序审理"。这里"当事人双方约定"，可以是原被告诉前约定适用，也可以是立案后原被告达成一致意见适用。案件开庭审理前，经充分告知原被告小额诉讼程序一审终审等相关事项，可以征询当事人双方意见，一致同意适用小额诉讼程序的，可以按小额诉讼程序审理，并将有关情况记录在案。当事人双方一经约定适用小额诉讼程序，原则上不得反悔。对适用小额诉讼程序提出异议的，应当说明正当理由并提供相应证据，经审查案件符合《实施办法》第 11 条有关程序转换情形的，应当准许转换程序；不符合的，应当予以驳回。

十一、能否适用小额诉讼程序审理简单知识产权案件？

答：简单知识产权案件，例如图片类、音乐作品类著作权侵权案件等，只要事实清楚、权利义务关系明确、争议不大，且在规定标的额以下的，可以适用小额诉讼程序审理。

十二、小额诉讼程序的答辩期间如何确定？

答：根据《实施办法》第 7 条第 2 款，在征得当事人同意的基础上，可以合理确定不超过 7 天的答辩期间；人民法院没有征询当事人意见或者当事人未明确放弃答辩期间，也未就答辩期间作出明确意思表示的，根据《民事诉讼法》第 125 条之规定，答辩期间为 15 日；人民法院可以通过电话、电子邮件、传真、手机短信等简便方式征询当事人意见。

十三、小额诉讼程序的举证期限可否延期？如何确定？

答：根据《实施办法》第 7 条第 3 款，举证期限一般不得超过 7 日。当事人确有正当理由申请延长的，可以根据实际情况予以准许，但是举证期限一共不得超过 15 日，当事人已放弃举证期限又提出延期举证申请的，一般不予准许。当事人明确表示不放弃答辩期间和举证期限的，答辩期间和举证期限原则上分开计算，但当事人同意合并的除外。

十四、如何处理因当事人增加或者变更诉讼请求，致小额诉讼程序转换为简易程序或者普通程序的情形？

答：根据《实施办法》第 11 条第 1 款第 2、3 项的规定，当事人变更诉讼请求，导致案件总标的额超过《实施办法》第 5 条规定的数额上限，或者增加诉讼请求导致案件主要争议超出金钱给付类范围的，如果符合简易程序适用条件，应当裁定转为简易程序审理，否则应当裁定转为普通程序审理；当事人根据《民事诉讼法》第 157 条第 2 款约定适用简易程序的，也可以裁定转为简易程序。

十五、如何理解《实施办法》第 11 条第 2 款规定的"确有必要"情形？

答：《实施办法》第 11 条第 2 款规定，"由小额诉讼程序转为简易程序审理的案件，一般不得再转为普通程序审理，但确有必要的除外。"这里的"确有必要"，是指审理过程中，出现《实施办法》第 17 条第 1 至 5 项或者第 9 项规定的"需要依法组成合议庭，适用普通程序审理的"情形。

十六、小额诉讼程序应当以什么形式转换为简易程序或者普通程序？程序转换前已经开庭审理的，是否需要再次开庭？

答：小额诉讼案件转换为简易程序或者普通程序审理的，应当以裁定方式作出，可以视情采用口头或者书面形式。采用口头形式的，应当以笔录或者录音录像的方式记录。对于转换为普通程序且需组成合议庭审理的，裁定应以合议庭名义作出，合议庭组成人员及相关事项应当书面通知双方当事人。适用小额诉讼程序审理的案件，转换为简易程序或普通程序前，双方当事人已经确认的事实，可以不再举证、质证；开庭后转换为简易程序或普通程序的，应当再次开庭审理，但双方当事人同意不再开庭的除外；转换为普通程序且需组成合议庭进行审理的，应当再次开庭审理。

十七、普通程序或者简易程序能否转换为小额诉讼程序？

答：对于正在适用普通程序审理的案件，一般不符合"简单民事案件"标准，不能转换为小额诉讼程序。简易程序可以转换为小额诉讼程序，但应当从严把握。适用简易程序审理的简单民事案件，经充分告知当事人小额诉讼程序有关事项，符合下列情形之一的，可以转换为小额诉讼程序审理：第一，符合《实施办法》第 5 条第 2 款规定的标的额条件，或者因为当事人减少或者变更诉讼请求，致使案件符合前述标的额条件，双方当事人同意适用小额诉讼程序的；第二，因为当事人减少或者变更诉讼请求，致使案件符合《实施办法》第 5 条第 1 款规定的适用条件，且当事人对适用小额诉讼程序无异议或者异议不成立的。

【法〔2020〕272 号】　　民事诉讼程序繁简分流改革试点问答口径（二）（最高法 2020 年 10 月 23 日公布）

十二、案件标的额在 10 万元以下，但起诉中包含金钱给付以外的其他诉讼请求，能否适用小额诉讼程序？

答：按照《实施办法》第 5 条的规定，小额诉讼程序适用于简单金钱给付类案件，对于当事人除给付金钱外，还提出其他诉讼请求的，原则上不适用小额诉讼程序，但如果案件标的额在 10 万元以下，且案件事实清楚、权利义务关系明确、争议不大，各方当事人均同意适用小额诉讼程序的，可以适用小额诉讼程序审理。

十三、适用小额诉讼程序的案件，能否缺席审理和判决？

答：适用小额诉讼程序的案件，原则上可以缺席审理和判决，但需要注意以下 2 方面问题：第一，案件因当事人下落不明，需要公告送达的；或者因无法获取对方当事人意见，难以判断案件是否事实清楚、权利义务关系是否明确、争议是否不大的，不得适用小额诉讼程序。第二，小额诉讼案件缺席审理和判决应当以依法完成送达为前提。根据《民事诉讼法司法解释》第 261 条第 2 款，以简便方式送达的开庭通知，未经当事人确认或者没有其他证据证明当事人已收到的，人民法院不得缺席审理和判决。采取电子送达方式的，应当根据《实施办法》第 26 条的规定，确定已完成有效送达，否则不得缺席审理和判决。

十四、小额诉讼程序中的标的额"5万元以上""5万元以下",是否包含本数?

答:《实施办法》第5条第1款规定,"标的额为人民币5万元以下的,适用小额诉讼程序",此处"5万元以下"应包含本数5万元,即以5万元为上限。《实施办法》第5条第2款规定,"标的额超出前款规定,但在人民币5万元以上、10万元以下的简单金钱给付类案件",此处"5万元以上"不包含本数5万元。

十五、在格式合同中,如何认定当事人约定适用小额诉讼程序条款的效力?

答:当事人在格式合同中约定在诉讼中适用小额诉讼程序的,应当根据以下规则确定是否适用小额诉讼程序:第一,对于案件符合《实施办法》第5条第1款的规定,无论约定是否有效,人民法院均应当适用小额诉讼程序。第二,对于案件不符合《实施办法》第5条第2款关于约定适用小额诉讼程序的条件,或者符合《实施办法》第6条不得适用小额诉讼程序情形的,无论该条款是否符合格式条款要求,人民法院均不得适用小额诉讼程序。第三,对于符合约定适用小额诉讼程序条件的,应当根据《中华人民共和国民法典》第496条的规定,按照格式条款要求认定其效力。因在诉讼中是否适用小额诉讼程序,涉及当事人重要诉讼利益,与当事人有重大利害关系,若提供格式条款的一方未采取合理方式,履行提示说明义务的,对方当事人可以主张该约定无效。

十六、小额诉讼程序的答辩期间与举证期限,能否合并计算?

答:可以。《民事诉讼法司法解释》第99条和《最高人民法院关于民事诉讼证据的若干规定》第50条均规定,人民法院应当在审理前的准备阶段确定当事人的举证期限,向当事人送达举证通知书。按照《民事诉讼法》第12章第2节,审理前的准备阶段为立案后至开庭审理前的阶段,该阶段包含了答辩期,因此答辩期和举证期限可以合并计算。

【法释〔2021〕12号】 人民法院在线诉讼规则(2021年5月18日最高法审委会〔1838次〕通过,2021年6月16日公布,2021年8月1日起施行;以本规为准)(详见本书第16条)

第20条(第2款) 适用小额诉讼程序或者民事、行政简易程序审理的案件,同时符合下列情形的,人民法院和当事人可以在指定期限内,按照庭审程序环节分别录制参与庭审视频并上传至诉讼平台,非同步完成庭审活动:(一)各方当事人同时在线参与庭审确有困难;(二)一方当事人提出书面申请,各方当事人均表示同意;(三)案件经过在线证据交换或者调查询问,各方当事人对案件主要事实和证据不存在争议。

【法释〔2022〕11 号】　　最高人民法院关于适用《中华人民共和国民事诉讼法》的解释（"法释〔2015〕5 号"公布，2015 年 2 月 4 日起施行；根据法释〔2020〕20 号《决定》修正，2021 年 1 月 1 日起施行；2022 年 3 月 22 日最高法审委会〔1866 次〕修正，2022 年 4 月 1 日公布，2022 年 4 月 10 日起施行；以本规为准）

第 271 条　人民法院审理小额诉讼案件，适用民事诉讼法第 165 条的规定，实行一审终审。

第 272 条　民事诉讼法第 165 条规定的各省、自治区、直辖市上年度就业人员年平均工资，是指已经公布的各省、自治区、直辖市上一年度就业人员年平均工资。在上一年度就业人员年平均工资公布前，以已经公布的最近年度就业人员年平均工资为准。

第 273 条　海事法院可以适用小额诉讼的程序审理海事、海商小额诉讼案件。案件标的额应当以实际受理案件的海事法院或者其派出法庭所在的省、自治区、直辖市上年度就业人员年平均工资为基数计算/30% 为限。

（原）第 274 条　~~下列金钱给付的案件，适用小额诉讼程序审理：（一）买卖合同、借款合同、租赁合同纠纷；（二）身份关系清楚，仅在给付的数额、时间、方式上存在争议的赡养费、抚育费、扶养费纠纷；（三）责任明确，仅在给付的数额、时间、方式上存在争议的交通事故损害赔偿和其他人身损害赔偿纠纷；（四）供用水、电、气、热力合同纠纷；（五）银行卡纠纷；（六）劳动关系清楚，仅在劳动报酬、工伤医疗费、经济补偿金或者赔偿金给付数额、时间、方式上存在争议的劳动合同纠纷；（七）劳务关系清楚，仅在劳务报酬给付数额、时间、方式上存在争议的劳务合同纠纷；（八）物业、电信等服务合同纠纷；（九）其他金钱给付纠纷。~~

（原）第 275 条　~~下列案件，不适用小额诉讼程序审理：（一）人身关系、财产确权纠纷；（二）涉外民事纠纷；（三）知识产权纠纷；（四）需要评估、鉴定或者对诉前评估、鉴定结果有异议的纠纷；（五）其他不宜适用一审终审的纠纷。~~

第 274 条　人民法院受理小额诉讼案件，应当向当事人告知该类案件的审判组织、一审终审、审理期限、诉讼费用交纳标准等相关事项。

第 275 条　小额诉讼案件的举证期限由人民法院确定，也可以由当事人协商一致并经人民法院准许，但一般不超过 7 日。

被告要求书面答辩的，人民法院可以在征得其同意的基础上合理确定答辩期间，但最长不得超过 15 日。

当事人到庭后表示不需要举证期限和答辩期间的，人民法院可立即开庭审理。

第 276 条 当事人对小额诉讼案件提出管辖异议的，人民法院应当作出裁定。裁定一经作出即生效。

第 277 条 人民法院受理小额诉讼案件后，发现起诉不符合民事诉讼法第 122 条规定的起诉条件的，裁定驳回起诉。裁定一经作出即生效。

第 278 条 因当事人申请增加或者变更诉讼请求、提出反诉、追加当事人等，致使案件不符合小额诉讼案件条件的，应当适用简易程序的其他规定审理。

前款规定案件，应当适用普通程序审理的，裁定转为普通程序。

适用简易程序的其他规定或者普通程序审理前，双方当事人已确认的事实，可以不再进行举证、质证。

第 279 条 当事人对按照小额诉讼案件审理有异议的，应当在开庭前提出。人民法院经审查，异议成立的，适用简易程序的其他规定审理或者裁定转为普通程序；异议不成立的，裁定驳回。裁定以口头方式作出的／告知当事人，应当／并记入笔录。

第 280 条 小额诉讼案件的裁判文书可以简化，主要记载当事人基本信息、诉讼请求、裁判主文等内容。

第 281 条 人民法院审理小额诉讼案件，本解释没有规定的，适用简易程序的其他规定。

第 424 条 对小额诉讼案件的判决、裁定，当事人以民事诉讼法第 207 条规定的事由向原审人民法院申请再审的，人民法院应当受理。申请再审事由成立的，应当裁定再审，组成合议庭进行审理。作出的再审判决、裁定，当事人不得上诉。

当事人以不应按小额诉讼案件审理为由向原审人民法院申请再审的，人民法院应当受理。理由成立的，应当裁定再审，组成合议庭审理。作出的再审判决、裁定，当事人可以上诉。

【苏高法电［2022］12 号】 **江苏省高级人民法院关于适用小额诉讼程序审理民事案件标的限额的通知**（2022 年 1 月 6 日）

根据新修订的《中华人民共和国民事诉讼法》第 165 条之规定和《江苏统计年鉴（2021）》发布的 2020 年度我省城镇非私营单位就业人员年平均工资数额，自 2022 年 1 月 7 日起，全省各基层人民法院及其派出人民法庭、南京海事法院新受理的事实清楚、权利义务关系明确、争议不大、标的额在人民币 51811 元以下（含 51811 元）的简单金钱给付民事、海事、海商案件，适用小额诉讼的程序审理，实行一审终审。上述案件标的额超过人民币 51811 元但在 207242 元以下的，当事人双方也可以约定适用小额诉讼的程序。

● **文书格式** 　【**法〔2016〕221 号**】　　**民事诉讼文书样式**（2016 年 2 月 22 日最高法审委会〔1679 次〕通过，2016 年 6 月 28 日公布，2016 年 8 月 1 日起施行）**（本书对格式略有调整）**

小额诉讼程序告知书（告知当事人）

一、小额诉讼程序审理的构成要件（逐项逐行列写）：（一）事实清楚、权利义务关系明确、争议不大的简单民事案件；（二）标的额为各省、自治区、直辖市上年度就业人员年平均工资 30% 以下。

二、小额诉讼程序审理的案件类型（逐项逐行列写）：（一）买卖合同、借款合同、租赁合同纠纷；（二）身份关系清楚，仅在给付的数额、时间、方式上存在争议的赡养费、抚育费、扶养费纠纷；（三）责任明确，仅在给付的数额、时间、方式上存在争议的交通事故损害赔偿和其他人身损害赔偿纠纷；（四）供用水、电、气、热力合同纠纷；（五）银行卡纠纷；（六）劳动关系清楚，仅在劳动报酬、工伤医疗费、经济补偿金或者赔偿金给付数额、时间、方式上存在争议的劳动合同纠纷；（七）劳务关系清楚，仅在劳务报酬给付数额、时间、方式上存在争议的劳务合同纠纷；（八）物业、电信等服务合同纠纷；（九）其他金钱给付纠纷。

三、不适用小额诉讼程序审理的案件类型（逐项逐行列写）：（一）人身关系、财产确权纠纷；（二）涉外民事纠纷；（三）知识产权纠纷；（四）需要评估、鉴定或者对诉前评估、鉴定结果有异议的纠纷；（五）其他不宜适用一审终审的纠纷。

四、小额诉讼程序审理适用简易程序的一般规定（逐项逐行列写）：（一）原告可以口头起诉。当事人双方可以同时到基层人民法院或者它派出的法庭，请求解决纠纷。法院可以当即审理，也可以另定日期审理。（二）可以用简便方式传唤当事人和证人、送达诉讼文书、审理案件，但应当保障当事人陈述意见的权利。（三）由审判员 1 人独任审理，并不受《中华人民共和国民事诉讼法》第 139 条、第 141 条、第 144 条规定的限制。（四）应当在立案之日起 3 个月内审结。

五、小额诉讼程序审理的特殊规定

（一）举证期限由人民法院确定，也可以由当事人协商一致并经人民法院准许，但一般不超过 7 日。被告要求书面答辩的，人民法院可以在征得其同意的基础上合理确定答辩期间，但最长不得超过 15 日。当事人到庭后表示不需要举证期限和答辩期间的，人民法院可立即开庭审理。

（二）当事人对小额诉讼案件提出管辖异议的，人民法院应当作出裁定。裁定一经作出即生效。

（三）人民法院受理小额诉讼案件后，发现起诉不符合《中华人民共和国民事诉讼法》第122条规定的起诉条件的，裁定驳回起诉。裁定一经作出即生效。

（四）因当事人申请增加或者变更诉讼请求、提出反诉、追加当事人等，致使案件不符合小额诉讼程序条件的，应当适用简易程序的其他规定审理或者裁定转为普通程序。适用简易程序的其他规定或者普通程序审理前，双方当事人已确认的事实，可以不再进行举证、质证。

（五）当事人对按照小额诉讼案件审理有异议的，应当在开庭前提出。人民法院经审查，异议成立的，适用简易程序的其他规定审理；异议不成立的，告知当事人，并记入笔录。

（六）小额诉讼案件的裁判文书可以简化，主要记载当事人基本信息、诉讼请求、裁判主文等内容。

（七）小额诉讼案件实行一审终审。

（八）对小额诉讼案件的判决、裁定，当事人以《中华人民共和国民事诉讼法》第207条规定的事由向原审人民法院申请再审的，人民法院应当受理。申请再审事由成立的，应当裁定再审，组成合议庭进行审理。作出的再审判决、裁定，当事人不得上诉。当事人以不应按小额诉讼案件审理为由向原审人民法院申请再审的，人民法院应当受理。理由成立的，应当裁定再审，组成合议庭审理。作出的再审判决、裁定，当事人可以上诉。

异议书（当事人对适用小额诉讼程序提出异议用）（见本书第170条）

民事裁定书（小额诉讼程序驳回起诉）

（××××）……民初……号

原告×××，……。

被告×××，……。

（以上写明当事人及其法定代表人、法定代理人、委托代理人的姓名或者名称等基本信息）

原告×××与被告×××……（写明案由）一案，本院于×年×月×日立案后，依法适用小额诉讼程序进行了审理。本案现已审理终结。

×××向本院提出诉讼请求：1.……；2.……（明确原告的诉讼请求）。事实和理由：……（概述原告主张的事实和理由）。

本院认为，……（写明驳回起诉的理由）。

依照《中华人民共和国民事诉讼法》第122条、第157条第1款第3项、《最高人民法院关于适用〈中华人民共和国民事诉讼法〉的解释》第277条规定，裁定如下：

驳回×××的起诉。

本裁定一经作出即生效。

（代理）审判员　×××

×年×月×日（院印）

书记员　×××

民事判决书（小额诉讼程序令状式判决）①

（××××）……民初……号

原告×××，……。

被告×××，……。

（以上写明当事人及其法定代表人、法定代理人、委托代理人的姓名或者名称等基本信息）

原告×××与被告×××……（写明案由）一案，本院于×年×月×日立案后，依法适用小额诉讼程序，公开/因涉及……（写明不公开开庭的理由）不公开开庭进行了审理。原告×××、被告×××（写明当事人和其他诉讼参加人的诉讼地位和姓名或者名称）到庭参加诉讼。本案现已审理终结。

×××向本院提出诉讼请求：1.……；2.……（明确原告的诉讼请求）。事实和理由：……（概述原告主张的事实和理由，可以非常简略）。

×××辩称，……（概述被告答辩意见，可以非常简略）。

本院认为，……（结合查明的案件事实，对诉讼请求作出评判）。

依照《中华人民共和国……法》第×条、……（写明法律文件名称及其条款项序号）、《中华人民共和国民事诉讼法》第 165 条规定，判决如下：

……（写明判决结果）。

如果未按本判决指定的期间履行给付金钱义务，应当依照《中华人民共和国民事诉讼法》第 260 条规定，加倍支付迟延履行期间的债务利息（没有给付金钱义务的，不写）。

案件受理费……元，减半收取计……元，由×××负担……元，×××负担……元。

本判决为终审判决。

（代理）审判员　×××

×年×月×日（院印）

书记员　×××

---

① 注：令状式判决可以简化，主要记载当事人基本信息、诉讼请求、判决主文等内容。

民事诉讼法全厚细

××人民法院
民事判决书（小额诉讼程序表格式）

（××××）……民初……号

原告	写明当事人基本信息
被告	写明当事人基本信息
案由	……纠纷
诉讼请求	1.……；2.……

　　本院于×年×月×日对本案适用小额诉讼程序公开/不公开开庭（写明不公开开庭的理由）进行了审理。本案现已审理终结。

　　依照《中华人民共和国……法》第×条、……（写明法律文件名称及其项序号）、《中华人民共和国民事诉讼法》第165条规定，判决如下：

　　……（写明判决结果）。

　　如果未按本判决指定的期间履行给付金钱义务，应当依照《中华人民共和国民事诉讼法》第260条规定，加倍支付迟延履行期间的债务利息（没有给付金钱义务的，不写）。

　　案件受理费……元，由……负担（写明当事人姓名或者名称、负担金额）。

　　本判决为终审判决。

（代理）审判员　×××

×年×月×日（院印）

书记员　×××

【法〔2020〕261号】　　最高人民法院关于印发《民事诉讼程序繁简分流改革试点相关诉讼文书样式》的通知（2020年9月30日印发京、沪、苏、浙、皖、闽、鲁、豫、鄂、粤、川、贵、云、陕、宁等10高院，2020年11月1日起施行）

（本书对格式有调整，并统一省略了题头"××人民法院"）

民事裁定书（小额诉讼程序转为简易程序）

（××××）……民初……号

　　原告：×××，……。（写明诉讼参与人的姓名或者名称等基本信息，下同）

　　被告：×××，……。

　　原告×××与被告×××……（写明案由）一案，本院于×年×月×日立案后，根据《全国人民代表大会常务委员会关于授权最高人民法院在部分地区开展民事诉讼程序繁简分流改革试点工作的决定》，依法适用小额诉讼程序。

×年×月×日，×××提出异议认为①，……（概括不宜适用小额诉讼程序的事实和理由），本案不宜适用小额诉讼程序。（法院依职权发现不宜适用小额诉讼程序的，此段不写）

本院经审查认为，……（写明不宜适用小额诉讼程序审理的情形），本案不宜适用小额诉讼程序。因本案事实清楚、权利义务关系明确、争议不大，可以适用简易程序。

依照《中华人民共和国民事诉讼法》第 160 条规定、《全国人民代表大会常务委员会关于授权最高人民法院在部分地区开展民事诉讼程序繁简分流改革试点工作的决定》，裁定如下：

本案转为简易程序。

（代理）审判员　×××

×年×月×日（院印）

法官助理、书记员

民事裁定书（小额诉讼程序转为普通程序独任审理）

（××××）……民初……号

原告：×××，……。（写明诉讼参与人的姓名或者名称等基本信息，下同）

被告：×××，……。

原告×××与被告×××……（写明案由）一案，本院于×年×月×日立案后，根据《全国人民代表大会常务委员会关于授权最高人民法院在部分地区开展民事诉讼程序繁简分流改革试点工作的决定》，依法适用小额诉讼程序。

×年×月×日，×××提出异议认为，……（概述不宜适用小额诉讼程序的事实和理由），本案不宜适用小额诉讼程序。（法院依职权发现不宜适用的，此段不写）

本院经审查认为，……（写明不宜适用小额诉讼程序的情形），本案不宜适用小额诉讼程序。因本案事实不易查明，但法律适用明确，可以适用普通程序独任审理。②

依照《中华人民共和国民事诉讼法》第 166 条规定、《全国人民代表大会常务委员会关于授权最高人民法院在部分地区开展民事诉讼繁简分流改革试点工作的决定》，裁定如下：

---

①　注：当事人对按照小额诉讼案件审理有异议的，应当在开庭前提出。人民法院经审查认为异议成立，且符合简易程序审理条件的，适用简易程序审理；异议不成立的，告知当事人，并记入笔录。

②　注：基层法院审理的事实不易查明，但法律适用明确的案件，可以适用普通程序独任审理。需要转为普通程序独任审理的，应当在审理期限届满前作出裁定。如审判人员发生变化，应随之变更。

本案转为普通程序，由审判员独任审理。

（代理）审判员　×××

×年×月×日（院印）

法官助理、书记员

民事裁定书（小额诉讼程序转为普通程序合议庭审理）

（××××）……民初……号

原告：×××，……。（写明诉讼参与人的姓名或者名称等基本信息，下同）

被告：×××，……。

原告×××与被告×××……（写明案由）一案，本院于×年×月×日立案后，根据《全国人民代表大会常务委员会关于授权最高人民法院在部分地区开展民事诉讼程序繁简分流改革试点工作的决定》，依法适用小额诉讼程序。

×年×月×日，×××提出异议认为，……（概述不宜适用小额诉讼程序的事实和理由），本案不宜适用小额诉讼程序。（法院依职权发现不宜适用的，此段不写）

本院经审查认为，……（写明不宜适用小额诉讼程序审理的情形），本案不宜适用小额诉讼程序，应适用普通程序组成合议庭审理。

依照《中华人民共和国民事诉讼法》第166条规定、《全国人民代表大会常务委员会关于授权最高人民法院在部分地区开展民事诉讼繁简分流改革试点工作的决定》，裁定如下：①

本案转为普通程序，组成合议庭审理。

（合议庭成员署名）

×年×月×日（院印）

法官助理、书记员

民事裁定书（小额诉讼程序用，以驳回起诉为例）②

（××××）……民初……号

原告：×××，……。（写明诉讼参与人的姓名或者名称等基本信息，下同）

被告：×××，……。

原告×××与被告×××……（写明案由）一案，本院于×年×月×日立案后，根

---

① 注：应当在审理期限届满前作出裁定。落款为转为合议庭审理后的合议庭组成人员。

② 注：适用小额诉讼程序审理的其他民事裁定书，参照该样式在首部中的"案件由来和审理经过"添加"根据《全国人民代表大会常务委员会关于授权最高人民法院在部分地区开展民事诉讼程序繁简分流改革试点工作的决定》，依法适用小额诉讼程序"；其他部分内容继续参照2016年《民事诉讼文书样式》。

据《全国人民代表大会常务委员会关于授权最高人民法院在部分地区开展民事诉讼程序繁简分流改革试点工作的决定》，依法适用小额诉讼程序进行了审理。本案现已审理终结。

　　×××向本院提出诉讼请求：1. ……；2. ……（明确原告的诉讼请求）。事实和理由：……。（概述原告主张的事实和理由）。

　　本院认为，……（写明驳回起诉的理由）。

　　依照《中华人民共和国民事诉讼法》第 122 条、第 157 条第 1 款第 3 项、《最高人民法院关于适用〈中华人民共和国民事诉讼法〉的解释》第 277 条规定，裁定如下：

　　驳回×××的起诉。

　　本裁定一经作出即生效。

（代理）审判员　×××

×年×月×日（院印）

法官助理、书记员

第二编　第十三章

民事裁定书（简易程序转为小额诉讼程序）

（××××）……民初……号

　　原告：×××，……。（写明诉讼参与人的姓名或者名称等基本信息，下同）

　　被告：×××，……。

　　原告×××与被告×××……（写明案由）一案，本院于×年×月×日立案后，依法适用简易程序。

　　本院经审查认为，……（写明可以转换为小额诉讼程序审理的情形①），可以适用小额诉讼程序。

　　依照《全国人民代表大会常务委员会关于授权最高人民法院在部分地区开展民事诉讼繁简分流改革试点工作的决定》，裁定如下：②

　　本案转为小额诉讼程序。

（代理）审判员　×××

×年×月×日（院印）

法官助理、书记员

---

① 可以转换为小额程序的情形见"法〔2020〕105 号"《问答口径（一）》第 17 条。

② 注：如审判人员发生变化，落款应为转为小额诉讼程序后的独任法官。

民事调解书（小额诉讼程序）①

（××××）……民初……号

原告：×××，……。（写明诉讼参与人的姓名或者名称等基本信息，下同）

被告：×××，……。

原告×××与被告×××……（写明案由）一案，本院于×年×月×日立案后，根据《全国人民代表大会常务委员会关于授权最高人民法院在部分地区开展民事诉讼程序繁简分流改革试点工作的决定》，依法适用小额诉讼程序进行了审理。

……（写明当事人的诉讼请求、事实和理由；小额诉讼案件，可以不写案件事实）。

本案审理过程中，经本院主持调解，当事人自愿达成如下协议/当事人自行和解达成如下协议，请求人民法院确认/经本院委托……（写明受委托单位）主持调解，当事人自愿达成如下协议：

一、……；

二、……。（分项写明调解协议内容）

上述协议，不违反法律规定，本院予以确认。

案件受理费……元，由……负担（写明当事人姓名或者名称、负担金额。调解协议包含诉讼费用负担的，则不写）。

本调解书经各方当事人签收后，即具有法律效力/本调解协议经各方当事人在笔录上签名或者盖章，本院予以确认后即具有法律效力（各方当事人同意在调解协议上签名或者盖章后发生法律效力的）。

（代理）审判员　×××

×年×月×日（院印）

法官助理、书记员

小额诉讼程序告知书（告知当事人小额诉讼程序）②

一、根据《全国人民代表大会常务委员会关于授权最高人民法院在部分地区开展民事诉讼程序繁简分流改革试点工作的决定》及《民事诉讼程序繁简分流改革试点实施办法》，对于基层人民法院审理的事实清楚、权利义务关系明确、争议不大，标的额为人民币5万元以下的简单金钱给付类案件，应当适用小额诉讼程序；对于标的额超过5万元、10万元以下，当事人双方约定适用小额诉讼程序的，可以适用小额诉讼程序审理。以下案件不适用小额诉讼程序：（一）人身关

---

① 本样式供基层法院在小额程序审理中，当事人自行和解达成协议请求法院确认、人民法院主持或委托有关单位主持调解达成协议由人民法院确认后，制作民事调解书用。

② 注：小额诉讼案件，应当向当事人告知该类案件的审判组织、一审终审、审理期限等相关事项。

系、财产确权纠纷；（二）涉外民事纠纷；（三）需要评估、鉴定或者对诉前评估、鉴定结果有异议的纠纷；（四）一方当事人下落不明的纠纷；（五）其他不宜适用小额诉讼程序审理的纠纷。

二、适用小额诉讼程序审理的案件，应遵守以下规定。

（一）原告可以口头起诉。当事人双方可以同时到基层人民法院或者它派出的法庭，请求解决纠纷。法院可以当即审理，也可以另定日期审理。

（二）由审判员 1 人独任审理，不受《中华人民共和国民事诉讼法》第 139 条、第 141 条、第 144 条规定的限制。

（三）经人民法院告知放弃答辩期间、举证期限的法律后果后，当事人明确表示放弃的，人民法院可以直接开庭审理。当事人明确表示不放弃答辩期间的，人民法院可以在征得其同意的基础上，合理确定答辩期间，但一般不超过 7 日。当事人明确表示不放弃举证期限的，可以由当事人自行约定举证期限或者由人民法院指定举证期限，但一般不超过 7 日。

（四）可以比照简易程序进一步简化传唤、送达、证据交换的方式，但不得减损当事人答辩、举证、质证、陈述、辩论等诉讼权利。

庭审可以不受法庭调查、法庭辩论等庭审程序限制，直接围绕诉讼请求或者案件要素进行，原则上应当 1 次开庭审结，但人民法院认为确有必要再次开庭的除外。

（五）可以比照简易程序进一步简化裁判文书，主要记载当事人基本信息、诉讼请求、答辩意见、主要事实、简要裁判理由、裁判依据、裁判主文和一审终审的告知等内容。

对于案情简单、法律适用明确的案件，法官可以当庭作出裁判并说明裁判理由。对于当庭裁判的案件，裁判过程经庭审录音录像或者庭审笔录完整记录的，人民法院在制作裁判文书时可以不再载明裁判理由。

（六）应当在立案之日起 2 个月内审结，有特殊情况需要延长的，经本院院长批准，可以延长 1 个月。双方当事人和解期间、审理当事人提出的管辖权异议以及处理法院之间的管辖争议期间不计入审理期限。

（七）因当事人向人民法院提出异议，经审查异议成立或当事人申请增加或变更诉讼请求、追加当事人、提出反诉，需要鉴定、评估、审计等，致使案件不符合小额诉讼程序条件的，裁定转为简易程序或普通程序审理。由小额诉讼程序转为简易程序审理的案件，一般不得再转为普通程序审理，但确有必要的除外。转为简易程序或者普通程序审理前，双方当事人已确认的事实，可以不再举证、质证。

（八）当事人对按照小额诉讼案件审理有异议的，应当在开庭前提出。人民法院经审查，异议成立的，适用简易程序或普通程序审理；异议不成立的，告知当事人，并记入笔录。

（九）当事人双方一经约定适用小额诉讼程序，原则上不得反悔。

三、案件适用小额诉讼程序审理作出的裁判，具有以下法律效力：

（一）当事人对小额诉讼案件提出管辖异议的，人民法院应当作出裁定。裁定一经作出即生效。

（二）人民法院受理小额诉讼案件后，发现起诉不符合《中华人民共和国民事诉讼法》第 122 条规定的起诉条件的，裁定驳回起诉。裁定一经作出即生效。

（三）小额诉讼案件实行一审终审。

（四）对小额诉讼案件的判决、裁定，当事人以《中华人民共和国民事诉讼法》第 207 条规定的事由向原审人民法院申请再审的，人民法院应当受理。申请再审事由成立的，应当裁定再审，组成合议庭进行审理。作出的再审判决、裁定，当事人不得上诉。当事人以不应按小额诉讼案件审理为由向原审人民法院申请再审的，人民法院应当受理。理由成立的，应当裁定再审，组成合议庭审理。作出的再审判决、裁定，当事人可以上诉。

第十四章　第二审程序

> 　　　**第 171 条**[19910409]　　【上诉期限】当事人不服地方人民法院第一审判决的，有权在判决书送达之日起 15 日内向上一级人民法院提起上诉。
>
> 　　当事人不服地方人民法院第一审裁定的，有权在裁定书送达之日起 10 日内向上一级人民法院提起上诉。
>
> 　　（本书汇）【上诉立案期限】

● **相关规定**　【**法释〔2000〕29 号**】　**最高人民法院关于严格执行案件审理期限制度的若干规定**（2000 年 9 月 14 日最高法审委会〔1130 次〕通过，2000 年 9 月 22 日公布，2000 年 9 月 28 日起施行）

　　第 6 条（第 3 款）　第二审人民法院应当在收到第一审人民法院移送的上（抗）诉材料及案卷材料后的 5 日内立案。

第 17 条　当事人提出上诉的二审民事、行政案件，第一审人民法院收到上诉状，应当在 5 日内将上诉状副本送达对方当事人。人民法院收到答辩状，应当在 5 日内将副本送达上诉人。

人民法院受理人民检察院抗诉的民事、行政案件的移送期限，比照前款规定办理。

第 18 条　第二审人民法院立案时发现上诉案件材料不齐全的，应当在两日内通知第一审人民法院。第一审人民法院应当在接到第二审人民法院的通知后 5 日内补齐。

【法〔2001〕164 号】　最高人民法院案件审限管理规定（2001 年 10 月 16 日最高法审委会〔1195 次〕通过，2001 年 11 月 5 日公布，2002 年 1 月 1 日起施行）

第 13 条（第 1 款）　二审案件应当在收到上（抗）诉书及案卷材料后的 5 日内立案。

【法释〔2022〕11 号】　最高人民法院关于适用《中华人民共和国民事诉讼法》的解释（"法释〔2015〕5 号"公布，2015 年 2 月 4 日起施行；根据法释〔2020〕20 号《决定》修正，2021 年 1 月 1 日起施行；2022 年 3 月 22 日最高法审委会〔1866 次〕修正，2022 年 4 月 1 日公布，2022 年 4 月 10 日起施行；以本规为准）

第 244 条　可以上诉的判决书、裁定书不能同时送达双方当事人的，上诉期从各自收到判决书、裁定书之日计算。

第 318 条　一审宣判时或者判决书、裁定书送达时，当事人口头表示上诉的，人民法院应告知其必须在法定上诉期间内递交上诉状。未在法定上诉期间内递交上诉状的，视为未提起上诉。虽递交上诉状，但未在指定的期限内交纳上诉费的，按自动撤回上诉处理。

第 319 条　无民事行为能力人、限制民事行为能力人的法定代理人，可以代理当事人提起上诉。

第 320 条　上诉案件的当事人死亡或者终止的，人民法院依法通知其权利义务承继者参加诉讼。

需要终结诉讼的，适用民事诉讼法第 154 条规定。

第 334 条　在第二审程序中，作为当事人的法人或者其他组织分立的，人民法院可以直接将分立后的法人或者其他组织列为共同诉讼人；合并的，将合并后的法人或者其他组织列为当事人。

第 536 条　（涉外诉讼）不服第一审人民法院判决、裁定的上诉期，对在中华人民共和国领域内有住所的当事人，适用民事诉讼法第 171 条规定的期限；对在中华人民共和国领域内没有住所的当事人，适用民事诉讼法第 276 条（现第 286 条）规定的期限。当事人的上诉期均已届满没有上诉的，第一审人民法院的判决、裁定即发生法律效力。

第 172 条[19910409]　**【上诉状内容】** 上诉应当递交上诉状。上诉状的内容，应当包括当事人的姓名，法人/企业事业单位、机关、团体的名称及其法定代表人的姓名或者其他组织的名称及其主要负责人的姓名；原审人民法院名称、案件的编号和案由；上诉的请求和理由。

第 173 条　**【上诉状递交】** 上诉状应当通过原审人民法院提出，并按照对方当事人或者代表人[19910409]的人数提出副本。

当事人直接向第二审人民法院上诉的，第二审人民法院应当在 5 日内将上诉状移交/发交[19910409]原审人民法院。

第 174 条[19910409]　**【上诉状与答辩状的送达、上报】** 原审人民法院收到上诉状，应当在 5 日内将上诉状副本送达对方当事人，对方当事人在收到之日起 15 日内提出答辩状。人民法院应当在收到答辩状之日起 5 日内将副本送达上诉人。对方当事人不提出答辩状的，不影响人民法院审理。

原审人民法院收到上诉状、答辩状，应当在 5 日内/尽快连同全部案卷和证据，报送第二审人民法院。

● **相关规定** 　**【法〔2004〕222 号】** 　**最高人民法院关于委托高级人民法院向当事人送达预交上诉案件受理费等有关事项的通知**（2004 年 10 月 25 日印发，2005 年 1 月 1 日起施行）

为提高最高人民法院第二审民事、行政案件立案工作效率，保障当事人的诉权，方便当事人诉讼，最高人民法院实行委托高级人民法院向当事人送达《当事人提起上诉及预交上诉案件受理费有关事项的通知》制度。具体通知如下：

第 1 条　高级人民法院在向当事人送达第一审裁判文书的同时送达《当事人提起上诉及预交上诉案件受理费等事项的通知》（见附件 1）（见本书第 122 条）。

第 2 条　当事人收到《当事人提起上诉及预交上诉案件受理费等事项的通知》后，未在规定的交费期间预交上诉案件受理费，也未提出缓交、减交、免交上诉案件受理费申请的，高级人民法院应将上诉状、送达回证、第一审裁判文书等有关材料报送最高人民法院立案庭。

第3条　当事人收到《当事人提起上诉及预交上诉案件受理费等事项的通知》后，在规定的期间内向作出第一审裁判的高级人民法院提出缓交、减交、免交上诉案件受理费申请及相关证明的，该高级人民法院应将申请连同全部案件卷宗报送最高人民法院立案庭。

第4条　高级人民法院报送的上诉案件卷宗材料应当符合《最高人民法院立案工作细则》和最高人民法院立案庭《关于严格执行〈最高人民法院立案工作细则〉的通知》的有关规定。

高级人民法院报送的案件卷宗材料应当附上诉状、上诉状副本送达回证或邮寄回执、第一审裁判文书五份以及各方当事人签收《当事人提起上诉及预交上诉案件受理费等事项的通知》的送达回证或邮寄回执。

第5条　高级人民法院报送的案件卷宗材料不符合本通知第4条规定，最高人民法院立案庭通知该高级人民法院补报的，该高级人民法院接到通知后10日内仍未补报的，最高人民法院立案庭将全部案件卷宗材料退回该高级人民法院。

第6条　当事人直接向最高人民法院递交上诉状的，最高人民法院在上诉状上加盖签收印章（见附件2），用例稿函（见附件3）（见本单元文书格式）将上诉状移交有关高级人民法院审查处理。当事人的上诉日期以最高人民法院签收的日期为准。

【司发〔2015〕14号】　最高人民法院、最高人民检察院、公安部、国家安全部、司法部关于依法保障律师执业权利的规定（2015年9月16日）

第38条　法庭审理过程中，律师就回避，案件管辖，非法证据排除，申请通知证人、鉴定人、有专门知识的人出庭，申请通知新的证人到庭，调取新的证据，申请重新鉴定、勘验等问题当庭提出申请，或者对法庭审理程序提出异议的，法庭原则上应当休庭进行审查，依照法定程序作出决定。其他律师有相同异议的，应一并提出，法庭一并休庭审查。法庭决定驳回申请或者异议的，律师可当庭提出复议。经复议后，律师应当尊重法庭的决定，服从法庭的安排。

律师不服法庭决定保留意见的内容应当详细记入法庭笔录，可以作为上诉理由，或者向同级或者上一级人民检察院申诉、控告。

【法释〔2016〕30号】　最高人民法院关于巡回法庭审理案件若干问题的规定（"法释〔2015〕3号"公布，2015年2月1日起施行；2016年12月19日最高法审委会〔1704次〕修正，2016年12月27日公布，2016年12月28日起施行）

第6条　当事人不服巡回区内高级人民法院作出的第一审行政或者民商事判决、裁定提起上诉的，上诉状应当通过原审人民法院向巡回法庭提出。当事人直接向巡回法庭上诉的，巡回法庭应当在 5 日内将上诉状移交原审人民法院。原审人民法院收到上诉状、答辩状，应当在 5 日内连同全部案卷和证据，报送巡回法庭。

【法释〔2022〕11号】 最高人民法院关于适用《中华人民共和国民事诉讼法》的解释（"法释〔2015〕5号"公布，2015年2月4日起施行；根据法释〔2020〕20号《决定》修正，2021年1月1日起施行；2022年3月22日最高法审委会〔1866次〕修正，2022年4月1日公布，2022年4月10日起施行；以本规为准）

第315条 双方当事人和第三人都提起上诉的，均列为上诉人。人民法院可以依职权确定第二审程序中当事人的诉讼地位。

第316条 民事诉讼法第173条、第174条规定的对方当事人包括被上诉人和原审其他当事人。

第317条 必要共同诉讼人的一人或者部分人提起上诉的，按下列情形分别处理：

（一）上诉仅对与对方当事人之间权利义务分担有意见，不涉及其他共同诉讼人利益的，对方当事人为被上诉人，未上诉的同一方当事人依原审诉讼地位列明；

（二）上诉仅对共同诉讼人之间权利义务分担有意见，不涉及对方当事人利益的，未上诉的同一方当事人为被上诉人，对方当事人依原审诉讼地位列明；

（三）上诉对双方当事人之间以及共同诉讼人之间权利义务承担有意见的，未提起上诉的其他当事人均为被上诉人。

第318条 一审宣判时或者判决书、裁定书送达时，当事人口头表示上诉的，人民法院应告知其必须在法定上诉期间内递交上诉状。未在法定上诉期间内递交上诉状的，视为未提起上诉。虽递交上诉状，但未在指定的期限内交纳上诉费的，按自动撤回上诉处理。

【法释〔2023〕10号】 最高人民法院关于知识产权法庭若干问题的规定（法释〔2018〕22号公布，2019年1月1日起施行；2023年10月16日最高法审委会〔1901次〕修订，2023年10月21日公布，2023年11月1日起施行；以本规为准）

第3条 本规定第2条（见本书第2章末"知识产权纠纷管辖"专辑）第1、2、3项所称案件的下级人民法院/第一审案件的审理法院应当按照规定及时向知识产权法庭移送纸质、电子卷宗。

● **入库案例**　【2024-07-2-472-002】　唐山某某公司与沈阳某某公司等变更、追加被执行人执行异议之诉纠纷案（河北高院/2022.03.27/［2021］冀民终 724 号）

裁判要旨：《民事诉讼法》及相关司法解释未规定被执行人有提起执行异议之诉的权利，但规定了其在诉讼中可以作为被告或第三人参加诉讼。至于被执行人是否享有上诉权，当前没有明确规定。因被执行人作为一审被告或第三人，依法享有抗辩和发表意见的权利，在其认为一审判决侵害其权利时，其上诉权利不应被剥夺。故在当前未有禁止性规定的情形下，应依据民事诉讼法的一般原则，允许被执行人提起上诉。……

● **文书格式**　【法［2016］221 号】　民事诉讼文书样式（2016 年 2 月 22 日最高法审委会［1679 次］通过，2016 年 6 月 28 日公布，2016 年 8 月 1 日起施行）（本书对格式略有调整）

民事上诉状（当事人提起上诉）①

上诉人（原审诉讼地位）：×××，男/女，×年×月×日生，×族，……（写明工作单位和职务或职业），住……。联系方式：……。（★上诉人是法人或其他组织的，本段写明原告的名称、住所）

法定代理人/指定代理人②：×××，……。（★上诉人是法人或其他组织的，本段写明法定代表人、主要负责人及其姓名、职务、联系方式）

委托诉讼代理人：×××，……。（上诉时已经委托诉讼代理人的，写明此项）

被上诉人（原审诉讼地位）：×××，……。（自然人写明姓名、性别、单位、住所等；法人或其他组织写明名称、住所等）

……（以上写明当事人和其他诉讼参与人的姓名或者名称等基本信息）

上诉人×××因与被上诉人×××……（写明案由）一案，不服××人民法院×年×月×日作出的（××××）……民初……号民事判决\裁定，现提起上诉。

上诉请求：

1. 撤销××人民法院（××××）……民初……号民事判决\裁定书；

2.……（★对一审驳回管辖权异议裁定不服的，本处为："本案移送××人民法院处理。"）

上诉理由：

……（写明上诉的理由）

---

①　注：当事人不服地方人民法院第一审判决\裁定的，有权在判决书\裁定书送达之日起 15 日\10 日内向上一级人民法院提起上诉。在我国领域内没有住所的，其上诉期为 30 日。

②　注：上诉人是无民事行为能力或限制民事行为能力人的，应当写明法定代理人姓名、性别、出生日期、民族、职业、工作单位、住所、联系方式，在诉讼地位后括注与上诉人的关系。

新的证据和证据来源，证人姓名和住所：

……

此致：××人民法院（上诉状应当通过原审人民法院提出，但本处为其上一级人民法院）

附：本上诉状副本×份（按照对方当事人或者代表人的人数提出副本）

上诉人（签名①）

×年×月×日

送交上诉状副本通知书（原审法院送对方当事人）

（××××）……民初……号

×××（写明上诉人的姓名或者名称）：

本院受理……（写明当事人名称及案由）一案，于×年×月×日作出（××××）……民初……号民事判决/裁定。×××不服，提出上诉。现送去上诉状副本 1 份，你可在收到上诉状副本之日起 15 日内向本院递交答辩状（正本 1 份，副本×份），以便一并上报××人民法院（二审法院）。

×年×月×日（院印）

上诉移送函（向二审法院移送案卷等材料）

（××××）……民初……号

××人民法院（第二审法院名称）：

本院×年×月×日判决/裁定的（××××）……民初……号……（写明当事人及案由）一案，因×××（写明当事人姓名或者名称）不服，提出上诉。我院已将该案的上诉状副本送达×××（写明对方当事人的姓名或者名称）。×××（写明提出答辩状的当事人姓名或者名称）在收到上诉状副本之日起 15 日内提出答辩状，本院已将答辩状副本送达×××（写明上诉人姓名或者名称）。

现将该案上诉状、答辩状以及全部案卷共计×卷，一并送上，请查收。

附件（逐项逐行列写）：1. 上诉状及送达回证；2. 答辩状及送达回证；3.（××××）××民初××号案卷共×卷；4. 证据

×年×月×日（院印）

---

① 注：上诉人是法人或其他组织的，本处盖单位公章，并由法定代表人或主要负责人签名。

受理案件 \ 应诉通知书 （二审法院通知上诉人 \ 其他当事人）

（××××）……民终……号

×××：

×××（写明上诉人的姓名或者名称）因与×××（写明对方当事人的姓名或者名称）、×××（写明一审其他当事人的姓名或者名称）……（写明案由）一案，不服××人民法院作出的（××××）……民初……号民事判决/裁定，向本院提起上诉。一审法院已经将一审案卷及上诉状报送本院。经审查，本院决定受理该上诉案件，现将有关事项通知如下：

一、你（你公司/单位）应向本院提交身份证明复印件（若为公司或单位应提交营业执照副本复印件、法定代表人身份证明书）；如需委托代理人代理诉讼，应向本院提交授权委托书（委托书应写明授权范围）。（涉外案件中还应写明：在中华人民共和国领域内没有住所的外国人、无国籍人、外国企业和组织委托中华人民共和国律师或者他人代理诉讼，应当依照《中华人民共和国民事诉讼法》第 271 条规定，办理相应的公证、认证手续。）

二、你方可以向本院提供与该案有关的证据。

（以上材料请用 A4 纸提交，左侧留出 3 厘米装订空白）

三、当事人参加诉讼，必须依法行使诉讼权利，遵守诉讼秩序。

四、本案二审合议庭由审判长×××、审判员×××、审判员×××组成。书记员由×××担任。

五、根据《最高人民法院关于人民法院在互联网公布裁判文书的规定》，本院作出的生效裁判文书将在中国裁判文书网上公布。如果你（公司/单位）认为案件涉及个人隐私或商业秘密，申请对裁判文书中的有关内容进行技术处理或者申请不予公布的，至迟应在裁判文书送达之日起 3 日内以书面形式提出并说明具体理由。经我院审查认为理由正当的，可以在公布裁判文书时隐去相关内容或不予公布。

联系人：……（写明姓名、部门、职务）　　　　　　　联系电话：……

联系地址：……

特此通知。

附（给上诉人无此项）：1. 上诉状副本 1 份；2. 当事人送达地址确认书 1 份

×年×月×日（院印）

民事诉讼法全厚细

第 175 条 【二审审查内容】第二审人民法院应当对上诉请求的有关事实和适用法律进行审查/必须全面审查第一审人民法院认定的事实和适用的法律，不受上诉范围的限制[19910409]。

第 176 条 【二审开庭、不开庭】第二审人民法院对上诉案件应当组成合议庭[20220101]，开庭审理/审判[19910409]。经过阅卷、调查和询问当事人，对没有提出新的事实、证据或者理由/在事实核对清楚后[20130101]，人民法院/合议庭[20220101]认为不需要开庭审理/审判[19910409]的，可以不开庭审理/也可以径行判决、裁定[20130101]。

【二审审理地点】第二审人民法院审理上诉案件，可以在本院进行，也可以到案件发生地或者原审人民法院所在地就地[19910409]进行。

● 相关规定 【法经（复）［1989］号】 最高人民法院经济审判庭关于审理管辖权争议案件有关问题的电话答复（1989 年 5 月 18 日答复广东高院"［89］粤法经请字第 1 号"请示）

二、根据民事诉讼法（试行）第 150 条（现第 176 条）规定，二审法院在审理上诉案件中，要询问当事人。但鉴于当事人就管辖权问题提起的上诉，仍属于程序审理，如果二审法院合议庭经阅卷审查，认为事实清楚，可以不经询问当事人而作出裁定。

【法释［2000］29 号】 最高人民法院关于严格执行案件审理期限制度的若干规定（2000 年 9 月 14 日最高法审委会［1130 次］通过，2000 年 9 月 22 日公布，2000 年 9 月 28 日起施行）

第 19 条 下级人民法院接到上级人民法院调卷通知后，应当在 5 日内将全部案卷和证据移送，至迟不超过 10 日。

【法［2020］272 号】 民事诉讼程序繁简分流改革试点问答口径（二）（最高法 2020 年 10 月 23 日公布）

二十一、已经开庭审理的二审独任制案件，依法转为合议庭审理后，是否需要再次开庭？

答：已经开庭审理的二审独任制案件，依法转为合议庭审理后，并不要求一律再次开庭。案件是否需要再次开庭，应当由合议庭根据《民事诉讼法》第 169 条（现第 176 条）的规定，结合案件具体情况确定。

案件存在下列情形的，应当再次开庭：（一）开庭后，当事人又提出新的事实、证据和理由，申请再次开庭审理的；（二）案件审理过程中产生较大社会影响，人民群众广泛关注的；（三）案件属于新类型或者疑难复杂，合议庭认为有必要通过再次开庭查明相关案件事实的。

【法释〔2022〕11 号】　　最高人民法院关于适用《中华人民共和国民事诉讼法》的解释（"法释〔2015〕5 号"公布，2015 年 2 月 4 日起施行；根据法释〔2020〕20 号《决定》修正，2021 年 1 月 1 日起施行；2022 年 3 月 22 日最高法审委会〔1866 次〕修正，2022 年 4 月 1 日公布，2022 年 4 月 10 日起施行；以本规为准）

第 321 条　第二审人民法院应当围绕当事人的上诉请求进行审理。

当事人没有提出请求的，不予审理，但一审判决违反法律禁止性规定，或者损害国家利益、社会公共利益、他人合法权益的除外。

第 322 条　　开庭审理的上诉案件，第二审人民法院可以依照民事诉讼法第 136 条第 4 项规定进行审理前的准备。

　　　第 177 条[20130101]　　**【二审裁判】**第二审人民法院对上诉案件，经过审理，按照下列情形，分别处理：①

　　（一）原判决、裁定认定事实清楚，适用法律正确的，以判决、裁定方式驳回上诉，维持原判决、裁定；

　　（二）原判决认定事实清楚，但是[19910409]、裁定认定事实错误或者适用法律错误的，以判决、裁定方式依法改判、撤销或者变更；

　　（三）~~原判决认定事实错误，或者~~②原判决认定基本事实不清，~~证据不足~~[20130101]，~~或者由于违反法定程序可能影响案件正确判决~~[19910409]的，裁定撤销原判决，发回原审人民法院重审，或者查清事实后改判；

　　（四）[19910409]原判决遗漏当事人或者违法缺席判决等严重违反法定程序~~，可能影响案件正确判决~~的，裁定撤销原判决，发回原审人民法院重审。

---

　　①　《刑事诉讼法》第 236 条规定：二审维持原判或发回重审时，一律使用"裁定"；只有在改判时使用"判决"。在民事二审中：维持原判或改判，均使用"判决"；发回重审时使用"裁定"；对一审裁定的上诉处理，一律使用"裁定"。

　　②　注：该部分内容为 1991 年 4 月 9 日正式颁行的《民事诉讼法》增加的内容；2013 年 1 月 1 日起施行的第 2 次修正的《民事诉讼法》将其删除。

当事人对重审案件的判决、裁定，可以上诉。

（新增）【限制发回重审】原审人民法院对发回重审的案件作出判决后，当事人提起上诉的，第二审人民法院不得再次发回重审。

第 178 条 【对裁定的二审裁定】第二审人民法院对不服第一审人民法院裁定的上诉案件的处理，一律使用裁定。

（插）第 182 条 【二审生效】第二审人民法院的判决、裁定，是终审的判决、裁定。

● 相关规定 【法民［1990］8 号】 最高人民法院关于第二审人民法院因追加、更换当事人发回重审的民事裁定书上应如何列当事人问题的批复（1990 年 4 月 14 日答复山东高院"鲁法（经）函［1990］19 号"请示）

第二审人民法院审理需要追加或更换当事人的案件，如调解不成，应发回重审。在发回重审的民事裁定书上，不应列被追加或更换的当事人。

【民他字［1991］48 号】 最高人民法院关于原告诉讼请求的根据在第二审期间被人民政府撤销的案件第二审法院如何处理问题的复函（1991 年 10 月 24 日答复海南高院"琼高法（民）函［1991］1 号"请示）

经我们研究认为，该案原告邓冠英、王文国持琼海县人民政府的决定，要求被告琼海县无线电厂腾退房屋，属于落实侨房政策问题，不属人民法院主管。据此，依照民事诉讼法第 108 条（现第 122 条）第 1 款第 4 项、第 153 条（现第 177 条）第 1 款第 2 项和第 158 条（现第 182 条）的规定，第二审人民法院可以裁定撤销原判，驳回原告起诉。

【法（经）函［1991］85 号】 最高人民法院关于原审法院确认合同效力有错误而上诉人未对合同效力提出异议的案件第二审法院可否变更问题的复函（1991 年 8 月 14 日答复四川高院"川法研［1991］34 号"请示）

《中华人民共和国民事诉讼法》第 151 条（现第 175 条）规定："第二审人民法院应当对上诉请求的有关事实和适用法律进行审查。"这一规定并不排斥人民法院在审理上诉案件时，对上诉人在上诉请求中未提出的问题进行审查。如果第二审人民法院发现原判对上诉请求未涉及的问题的处理确有错误，应当在二审中予以纠正。

【法发［1999］3 号】 最高人民法院关于严格执行公开审判制度的若干规定（1999 年 3 月 8 日）（详见本书第 10 条）

七（第 1 款）、凡应当依法公开审理的案件没有公开审理的，应当按下列规定处理：

（一）当事人提起上诉或者人民检察院对刑事案件的判决、裁定提起抗诉的，第二审人民法院应当裁定撤销原判决，发回重审；

（二）当事人申请再审的，人民法院可以决定再审；人民检察院按照审判监督程序提起抗诉的，人民法院应当决定再审。

【法释［2000］29 号】　最高人民法院关于严格执行案件审理期限制度的若干规定（2000 年 9 月 14 日最高法审委会［1130 次］通过，2000 年 9 月 22 日公布，2000 年 9 月 28 日起施行）

第 6 条（第 4 款）　发回重审或指令再审的案件，应当在收到发回重审或指令再审裁定及案卷材料后的次日内立案。

【法发［2010］61 号】　最高人民法院关于规范上下级人民法院审判业务关系的若干意见（最高法审委会［1493 次］通过，2010 年 12 月 28 日印发施行）

第 6 条　第一审人民法院已经查清事实的案件，第二审人民法院原则上不得以事实不清、证据不足为由发回重审。

第二审人民法院作出发回重审裁定时，应当在裁定书中详细阐明发回重审的理由及法律依据。

第 7 条　第二审人民法院因原审判决事实不清、证据不足将案件发回重审的，原则上只能发回重审 1 次。

【法释［2015］7 号】　最高人民法院关于民事审判监督程序严格依法适用指令再审和发回重审若干问题的规定（2015 年 2 月 2 日最高法审委会［1643 次］通过，2015 年 2 月 16 日公布，2015 年 3 月 15 日起施行；以本规为准）（详见本书第 218 条）

第 5 条　人民法院按照第二审程序审理再审案件，发现第一审人民法院有下列严重违反法定程序情形之一的，可以依照民事诉讼法第 170 条（现第 177 条）第 1 款第 4 项的规定，裁定撤销原判决，发回第一审人民法院重审：（一）原判决遗漏必须参加诉讼的当事人的；（二）无诉讼行为能力人未经法定代理人代为诉讼，或者应当参加诉讼的当事人，因不能归责于本人或者其诉讼代理人的事由，未参加诉讼的；（三）未经合法传唤缺席判决，或者违反法律规定剥夺当事人辩论权利的；（四）审判组织的组成不合法或者依法应当回避的审判人员没有回避的；（五）原判决、裁定遗漏诉讼请求的。

【法释［2022］11 号】　最高人民法院关于适用《中华人民共和国民事诉讼法》的解释（"法释［2015］5 号"公布，2015 年 2 月 4 日起施行；根据法释

[2020] 20 号《决定》修正，2021 年 1 月 1 日起施行；2022 年 3 月 22 日最高法审委会 [1866 次] 修正，2022 年 4 月 1 日公布，2022 年 4 月 10 日起施行；以本规为准）

第 323 条　下列情形，可以认定为民事诉讼法第 177 条第 1 款第 4 项规定的严重违反法定程序：（一）审判组织的组成不合法的；（二）应当回避的审判人员未回避的；（三）无诉讼行为能力人未经法定代理人代为诉讼的；（四）违法剥夺当事人辩论权利的。

第 324 条　对当事人在第一审程序中已经提出的诉讼请求，原审人民法院未作审理、判决的，第二审人民法院可以根据当事人自愿的原则进行调解；调解不成的，发回重审。

第 325 条　必须参加诉讼的当事人或者有独立请求权的第三人，在第一审程序中未参加诉讼，第二审人民法院可以根据当事人自愿的原则予以调解；调解不成的，发回重审。

第 326 条　在第二审程序中，原审原告增加独立的诉讼请求或者原审被告提出反诉的，第二审人民法院可以根据当事人自愿的原则就新增加的诉讼请求或者反诉进行调解；调解不成的，告知当事人另行起诉。

双方当事人同意由第二审人民法院一并审理的，第二审人民法院可以一并裁判。

第 327 条　一审判决不准离婚的案件，上诉后，第二审人民法院认为应当判决离婚的，可以根据当事人自愿的原则，与子女抚养、财产问题一并调解；调解不成的，发回重审。

双方当事人同意由第二审人民法院一并审理的，第二审人民法院可以一并裁判。

第 328 条　人民法院依照第二审程序审理案件，认为依法不应由人民法院受理的，可以由第二审人民法院直接裁定撤销原裁判，驳回起诉。

第 329 条　人民法院依照第二审程序审理案件，认为第一审人民法院受理案件违反专属管辖规定的，应当裁定撤销原裁判并移送有管辖权的人民法院。

第 330 条　第二审人民法院查明第一审人民法院作出的不予受理裁定有错误的，应当在撤销原裁定的同时，指令第一审人民法院立案受理；查明第一审人民法院作出的驳回起诉裁定有错误的，应当在撤销原裁定的同时，指令第一审人民法院审理。

第 331 条　第二审人民法院对下列上诉案件，依照民事诉讼法第 176 条规定可以不开庭审理：（一）不服不予受理、管辖权异议和驳回起诉裁定的；（二）当事人提出的上诉请求明显不能成立的；（三）原判决、裁定认定事实清楚，但适用法律错误的；（四）原判决严重违反法定程序，需要发回重审的。

第 332 条　原判决、裁定认定事实或者适用法律虽有瑕疵，但裁判结果正确的，第二审人民法院可以在判决、裁定中纠正瑕疵后，依照民事诉讼法第 177 条第 1 款第 1 项规定予以维持。

第 333 条　民事诉讼法第 177 条第 1 款第 3 项规定的基本事实，是指用以确定当事人主体资格、案件性质、民事权利义务等对原判决、裁定的结果有实质性影响的事实。

● 文书格式　【法［2016］221 号】　民事诉讼文书样式（2016 年 2 月 22 日最高法审委会［1679 次］通过，2016 年 6 月 28 日公布，2016 年 8 月 1 日起施行）（本书对格式略有调整，并统一省略了题头"××人民法院"）

民事判决书（二审维持原判或改判）

（××××）……民终……号

上诉人（原审诉讼地位）：×××，……。①

被上诉人（原审诉讼地位）：×××，……。

原审原告/被告/第三人：×××，……。

（以上写明当事人及其代理人和其他诉讼参与人的姓名或者名称等基本信息）

上诉人×××因与被上诉人×××/上诉人×××及原审原告/被告/第三人×××……（写明案由）一案，不服××人民法院（××××）……民初……号民事判决，向本院提起上诉。本院于×年×月×日立案后，依法组成合议庭，开庭/因涉及……（写明不开庭的理由）不开庭进行了审理。上诉人×××、被上诉人×××、原审原告/被告/第三人×××（写明当事人和其他诉讼参加人的诉讼地位和姓名或者名称）到庭参加诉讼。本案现已审理终结。

×××上诉请求：……（写明上诉请求）。事实和理由：……（概述上诉人主张的事实和理由）。②

×××辩称，……（概述被上诉人答辩意见）。

×××述称，……（概述原审原告/被告/第三人陈述意见）。

×××向一审法院起诉请求：……（写明原告/反诉原告/有独立请求权的第三

---

①　注：上诉人在一审诉讼地位有 2 个的，按照本诉、反诉的顺序列明，中间以顿号分割。例如，上诉人（原审被告、反诉原告）。有多个上诉人或者被上诉人的，相同身份的当事人之间，以顿号分割。双方当事人提起上诉的，均列为上诉人。写明：上诉人×××、×××因与上诉人×××（列在最后的，写明上诉人的身份，用"因与"与前列当事人连接）。原审其他当事人按照一审判决列明的顺序写明，用顿号分割。

②　注：多个当事人上诉的，针对每个上诉请求逐一答辩，分别写明。未答辩的，也要写明。

人的诉讼请求)。

一审法院认定事实：……（概述一审认定的事实）。一审法院认为，……（概述一审裁判理由）。判决：……（写明一审判决主文）。

本院二审期间，当事人围绕上诉请求依法提交了证据。本院组织当事人进行了证据交换和质证（当事人没有提交新证据的，写明：二审中，当事人没有提交新证据）。对当事人二审争议的事实，本院认定如下：……（写明二审法院采信证据、认定事实的意见和理由，对一审查明相关事实的评判）。①

本院认为，……（根据二审认定的案件事实和相关法律规定，对当事人的上诉请求进行分析评判，说明理由）。②

（一审判决认定事实清楚，适用法律正确的，写明：）

综上所述，×××的上诉请求不能成立，应予驳回；一审判决认定事实清楚，适用法律正确，应予维持。依照《中华人民共和国民事诉讼法》第 177 条第 1 款第 1 项规定，判决如下：

驳回上诉，维持原判。

（一审判决认定事实或者适用法律虽有瑕疵，但裁判结果正确的，写明：）

综上所述，×××的上诉请求不能成立，应予驳回；一审判决认定事实清楚，适用法律正确，应予维持。依照《中华人民共和国民事诉讼法》第 177 条第 1 款第 1 项规定，判决如下：

驳回上诉，维持原判。

（一审判决认定事实错误或者适用法律错误的，写明：）

综上所述，×××的上诉请求（部分）成立。依照《中华人民共和国×××法》第×条（适用法律错误的，应当引用实体法）、《中华人民共和国民事诉讼法》第 177 条第 1 款第×项规定，判决如下：

（全部改判的，写明：）

一、撤销××××人民法院（××××）……民初……号民事判决；③

---

① 注：一审认定事实清楚、当事人对一审认定事实问题没有争议的，写明：本院对一审查明的事实予以确认。一审查明事实有遗漏或者错误的，应当写明相应的评判。

② 注：因为出现新的证据导致事实认定发生变化而改判的，需要加以说明。人民法院依法在上诉请求范围之外改判的，也应加以说明。

③ 注：二审对一审判决进行改判的，应当对一审判决中驳回其他诉讼请求的判项一并进行处理，如果驳回其他诉讼请求的内容和范围发生变化的，应撤销原判中驳回其他诉讼请求的判项，重新作出驳回其他诉讼请求的判项。

二、……（写明改判内容）。^①

（部分改判的，写明：）

一、维持××人民法院（××××）……民初……号民事判决第×项（对一审维持判项，逐一写明）；

二、撤销××人民法院（××××）……民初……号民事判决第×项（将一审判决错误判项逐一撤销）；

三、变更××人民法院（××××）……民初……号民事判决第×项为……；

四、……（写明新增判项）。

一审案件受理费……元，由……负担（写明当事人姓名或者名称、负担金额）。二审案件受理费……元，由……负担（写明当事人姓名或者名称、负担金额）。

本判决为终审判决。

（合议庭成员署名）
×年×月×日（院印）

本件与原本核对无异

法官助理、书记员

民事裁定书（二审发回重审）

（××××）……民终……号

上诉人（原审诉讼地位）：×××，……。（诉讼地位不单一的，列写格式同上述"民事判决书"）

被上诉人（原审诉讼地位）：×××，……。

原审原告/被告/第三人：×××，……。

（以上写明当事人及其代理人和其他诉讼参与人的姓名或者名称等基本信息）

上诉人×××因与被上诉人×××/上诉人×××及原审原告/被告/第三人×××……（写明案由）一案，不服××人民法院（××××）……民初……号民事判决，向本院提起上诉。本院于×年×月×日立案后，依法组成合议庭进行了审理。

本院认为，……（写明原判决认定基本事实不清或者严重违反法定程序的问题）。依照《中华人民共和国民事诉讼法》第177条第1款第3项\第4项规定，裁定如下：^②

---

① 注：一审判决主文有给付内容，但未明确履行期限的，二审判决应当予以纠正。判决承担利息，当事人提出具体请求数额的，二审法院可以根据当事人请求的数额作出相应判决；当事人没有提出具体请求数额的，可以表述为"按……利率，自×年×月×日起计算至×年×月×日止"。

② 注：本裁定书不写当事人起诉情况以及二审认定事实情况，应全面阐述发回重审的理由，不另附函。

一、撤销××人民法院（××××）……民初……号民事判决；

二、本案发回××人民法院重审。

上诉人×××预交的二审案件受理费……元予以退回。

（落款格式同上述"民事判决书"）

民事裁定书（二审维持不予受理\驳回起诉裁定）

（××××）……民终……号

（……诉讼参与人信息格式同上述"民事判决书"，本处略）

上诉人×××因与被上诉人×××/上诉人×××及原审原告/被告/第三人×××……（写明案由）一案，不服××人民法院（××××）……民初……号民事判决，向本院提起上诉。本院于×年×月×日立案后，依法组成合议庭进行了审理。

×××上诉请求：……（写明上诉请求）。事实和理由：……（概述上诉人主张的事实和理由）。

本院认为：……（对上诉人的上诉请求及相关事由和理由进行分析评判，阐明一审裁定不予受理\驳回起诉正确，上诉请求应予驳回的理由）。

综上，×××的上诉请求不能成立，一审裁定认定事实清楚、适用法律正确，本院依照《中华人民共和国民事诉讼法》第177条第1款第1项、第178条规定，裁定如下：

驳回上诉\驳回起诉，维持原裁定。

本裁定为终审裁定。

（落款格式同上述"民事判决书"）

民事裁定书（二审指令立案受理）

（××××）……民终……号

上诉人（一审起诉人）：×××，……。（写明上诉人及其代理人的姓名或者名称等基本信息）

上诉人×××因……（写明案由）一案，不服××人民法院（××××）……民初……号民事裁定，向本院提起上诉。本院依法组成合议庭对本案进行了审理。

×××上诉请求：……（写明上诉请求）。事实和理由：……（概述上诉人主张的事实和理由）。

本院审理查明，……（二审查明的事实与一审查明的事实一致，没有新的证据和事实的，该部分可以不作表述）。

本院认为：……（简要写明指令立案受理的理由）。依照《中华人民共和国民事诉讼法》第178条、《最高人民法院关于适用〈中华人民共和国民事诉讼法〉的解释》第330条规定，裁定如下：

一、撤销××人民法院（××××）……民初……号民事裁定；

二、本案指令××人民法院立案受理。

本裁定为终审裁定。

（落款格式同上述"民事判决书"）

> **第 179 条　【二审调解】**第二审人民法院审理上诉案件，可以进行调解。调解达成协议，应当制作调解书，由审判人员、书记员署名，加盖人民法院印章。调解书送达后，原审人民法院的判决即视为撤销。

● **相关规定**　**【法发［2017］14 号】　最高人民法院关于民商事案件繁简分流和调解速裁操作规程（试行）**（2017 年 5 月 8 日）

第 15 条　第二审人民法院在征得当事人同意后，可以在立案后移送审理前由专职调解员或者合议庭进行调解，法律规定不予调解的情形除外。

二审审理前的调解应当在 10 日内完成。各方当事人同意的，可以适当延长，延长期限不超过 10 日。调解期间不计入审理期限。

【法释［2022］11 号】　最高人民法院关于适用《中华人民共和国民事诉讼法》的解释（"法释［2015］5 号"公布，2015 年 2 月 4 日起施行；根据法释［2020］20 号《决定》修正，2021 年 1 月 1 日起施行；2022 年 3 月 22 日最高法审委会［1866 次］修正，2022 年 4 月 1 日公布，2022 年 4 月 10 日起施行；以本规为准）

第 337 条　当事人在第二审程序中达成和解协议的，人民法院可以根据当事人的请求，对双方达成的和解协议进行审查并制作调解书送达当事人；因和解而申请撤诉，经审查符合撤诉条件的，人民法院应予准许。

● **公报案例**　**（法公报［2022］7 期）　江西银行股份有限公司南昌洪城支行与上海神州数码有限公司等借款合同纠纷案**（最高法院 2021 年 8 月 26 日民事判决书［2021］最高法民终 479 号）

裁判摘要：部分当事人对一审民事判决中的部分判项提起上诉的，人民法院在二审程序中可以就当事人的上诉请求开展调解工作，对当事人达成的调解协议依法审查后，予以确认并制作调解书。调解书送达后，一审判决即视为撤销。对于上诉请求和调解书中并未涉及的其余一审判项，经审查与调解书不相冲突也未损害各方当事人合法权益的，可以在二审判决中予以确认。

第 180 条¹⁹⁹¹⁰⁴⁰⁹ 【二审宣判前的撤回上诉】第二审人民法院判决宣告/宣判前，上诉人申请撤回上诉的，是否准许，由第二审人民法院裁定。

● **相关规定** 【法研〔2009〕226 号】 最高人民法院研究室关于上级人民检察院向同级人民法院撤回抗诉后又决定支持抗诉的效力问题的答复（2009 年 12 月 23 日答复湖北高院"鄂高法〔2009〕282 号"请示）

抗诉期满后第二审人民法院宣告裁判前，上级人民检察院认为下级人民检察院的抗诉不当，向同级人民法院撤回抗诉，而后又重新支持抗诉的，应区分不同情况处理：如果人民法院未裁定准许人民检察院撤回抗诉的，原抗诉仍然有效；如果人民法院已裁定准许撤回抗诉的，对同级人民检察院重新支持抗诉不予准许。

【法释〔2022〕11 号】 最高人民法院关于适用《中华人民共和国民事诉讼法》的解释（"法释〔2015〕5 号"公布，2015 年 2 月 4 日起施行；根据法释〔2020〕20 号《决定》修正，2021 年 1 月 1 日起施行；2022 年 3 月 22 日最高法审委会〔1866 次〕修正，2022 年 4 月 1 日公布，2022 年 4 月 10 日起施行；以本规为准）

第 335 条 在第二审程序中，当事人申请撤回上诉，人民法院经审查认为一审判决确有错误，或者当事人之间恶意串通损害国家利益、社会公共利益、他人合法权益的，不应准许。

第 336 条 在第二审程序中，原审原告申请撤回起诉，经其他当事人同意，且不损害国家利益、社会公共利益、他人合法权益的，人民法院可以准许。准许撤诉的，应当一并裁定撤销一审裁判。

原审原告在第二审程序中撤回起诉后重复起诉的，人民法院不予受理。

● **文书格式** 【法〔2016〕221 号】 民事诉讼文书样式（2016 年 2 月 22 日最高法审委会〔1679 次〕通过，2016 年 6 月 28 日公布，2016 年 8 月 1 日起施行）

（本书对格式略有调整，并统一省略了题头"××人民法院"）

民事裁定书（二审准许 \ 不准许撤回上诉）

（××××）……民终……号

上诉人（原审诉讼地位）：×××，……。（诉讼地位不单一的，列写格式同第 177 条"民事判决书"）

被上诉人（原审诉讼地位）：×××，……。

原审原告/被告/第三人：×××，……。

（以上写明当事人及其代理人和其他诉讼参与人的姓名或者名称等基本信息）

上诉人×××因与被上诉人×××/上诉人×××及原审原告/被告/第三人×××……（写明案由）一案，不服××人民法院（××××）……民初……号民事判决，向本院提起上诉。本院于×年×月×日立案后，依法组成合议庭进行了审理。

本院审理过程中，……（简要写明上诉人提出撤回其上诉的情况，包括时间和理由）。

（准许撤回上诉的，写明：）

本院认为，×××在本案审理期间提出撤回上诉的请求，不违反法律规定，本院予以准许。依照《中华人民共和国民事诉讼法》第180条规定，裁定如下：

准许×××撤回上诉。一审判决/裁定自本裁定书送达之日起发生法律效力。

二审案件受理费……元，减半收取……元，由上诉人……负担（如一审为裁定案件，则无需写本项）。

本裁定为终审裁定。

（不准许撤回上诉的，写明：）

本院认为，×××虽在本案审理期间提出撤回上诉的请求，但经审查，……（写明不准许撤回上诉的理由）。

依照《中华人民共和国民事诉讼法》第180条、《最高人民法院关于适用〈中华人民共和国民事诉讼法〉的解释》第335条规定，裁定如下：

不准许×××撤回上诉。

审判长　×××

（代理）审判员　×××

人民陪审员　×××

×年×月×日（院印）

本件与原本核对无异

法官助理　×××

书记员　×××

民事裁定书（二审准许 \ 不准许撤回起诉）

（××××）……民终……号

（……诉讼参与人信息格式同上述"撤回上诉"情形，本处略）

上诉人×××因与被上诉人×××/上诉人×××及原审原告/被告/第三人×××……（写明案由）一案，不服××人民法院（××××）……民初……号民事判决，向本院提起上诉。本院于×年×月×日立案后，依法组成合议庭进行了审理。

本院审理过程中，……（简要写明上诉人提出撤回其起诉的情况，包括时间和理由)。

(准许撤回起诉的,写明:)

本院认为,×××在本案审理期间提出撤回起诉的请求,已经其他当事人同意,且不损害国家利益、社会公共利益、他人合法权益,本院予以准许。依照《中华人民共和国民事诉讼法》第 157 条第 1 款第 5 项、《最高人民法院关于适用〈中华人民共和国民事诉讼法〉的解释》第 336 条规定,裁定如下:

一、撤销××人民法院(××××)……民初……号民事判决/裁定;

二、准许×××(写明原审原告的姓名或名称)撤回起诉。

一审案件受理费……元,减半收取……元,由×××(写明原审原告的姓名或名称)负担。二审案件受理费……元,减半收取……元,由……(写明原审原告的姓名或名称)负担。

本裁定为终审裁定。

(不准许撤回起诉的,写明:)

本院认为,×××虽在本案审理期间提出撤回起诉的请求,但经审查,……(写明不准许撤回起诉的理由)。

依照《中华人民共和国民事诉讼法》第 157 条第 1 款第 5 项、《最高人民法院关于适用〈中华人民共和国民事诉讼法〉的解释》第 336 条规定,裁定如下:

不准许×××撤回起诉。

(落款格式同上述"撤回上诉"情形)

第 181 条 **【二审其他程序】**第二审人民法院审理上诉案件,除依照本章规定外,适用第一审普通程序。

第 182 条 (见第 178 条之后)

● **相关规定** **【法释〔2022〕11 号】** 最高人民法院关于适用《中华人民共和国民事诉讼法》的解释("法释〔2015〕5 号"公布,2015 年 2 月 4 日起施行;根据法释〔2020〕20 号《决定》修正,2021 年 1 月 1 日起施行;2022 年 3 月 22 日最高法审委会〔1866 次〕修正,2022 年 4 月 1 日公布,2022 年 4 月 10 日起施行;以本规为准)

第 338 条 第二审人民法院宣告判决可以自行宣判,也可以委托原审人民法院或者当事人所在地人民法院代行宣判。

第 340 条 当事人在第一审程序中实施的诉讼行为,在第二审程序中对该当事人仍具有拘束力。

当事人推翻其在第一审程序中实施的诉讼行为时，人民法院应当责令其说明理由。理由不成立的，不予支持。

● **文书格式**　【法〔2016〕221 号】　**民事诉讼文书样式**（2016 年 2 月 22 日最高法审委会〔1679 次〕通过，2016 年 6 月 28 日公布，2016 年 8 月 1 日起施行）
（本书对格式略有调整）

民事裁定书（不参加二审诉讼的处理）

（××××）……民终……号

上诉人（原审诉讼地位）：×××，……。

被上诉人（原审诉讼地位）：×××，……。

原审原告/被告/第三人：×××，……。

（以上写明当事人及其代理人和其他诉讼参与人的姓名或者名称等基本信息）

上诉人×××因与被上诉人×××/上诉人×××及原审原告/被告/第三人×××……（写明案由）一案，不服××人民法院（××××）……民初……号民事判决，向本院提起上诉。本院于×年×月×日立案后，依法进行了审理。

本院审理过程中，……（简要写明上诉人经传票传唤无正当理由拒不出庭的事实）。依照《中华人民共和国民事诉讼法》第 146 条、第 157 条第 1 款第 11 项、第 181 条规定，裁定如下：

本案按上诉人×××撤回上诉处理。一审判决/裁定自本裁定书送达之日起发生法律效力。

二审案件受理费……元，减半收取……元，由上诉人×××负担。

本裁定为终审裁定。

（代理）审判员　×××（非独任审判的，落款为合议庭）

×年×月×日（院印）

法官助理　×××

书记员　×××

第 183 条[19910409]　　**【二审审限】**人民法院审理对判决的上诉案件，应当在第二审立案之日起 3 个月内审结。有特殊情况需要延长的，由本院院长批准。[①]

---

　　① 注：与《民事诉讼法》第 152 条相比，本院院长对一审审限至多只能延长 6 个月，超过的须报上级法院批准；但二审审限无此限制。

> 人民法院审理对裁定的上诉案件，应当在第二审立案之日起 30 日内作出终审裁定。

● **相关规定** **【法释［2000］29 号】** **最高人民法院关于严格执行案件审理期限制度的若干规定**（2000 年 9 月 14 日最高法审委会［1130 次］通过，2000 年 9 月 22 日公布，2000 年 9 月 28 日起施行）

第 2 条（第 5 款） 审理对民事判决的上诉案件，审理期限为 3 个月；有特殊情况需要延长的，经本院院长批准，可以延长 3 个月。

第 2 条（第 6 款） 审理对民事裁定的上诉案件，审理期限为 30 日。

第 9 条 下列期间不计入审理、执行期限：……（五）因当事人、诉讼代理人、辩护人申请通知新的证人到庭、调取新的证据、申请重新鉴定或者勘验，法院决定延期审理 1 个月之内的期间；（六）民事、行政案件公告、鉴定的期间；（七）审理当事人提出的管辖权异议和处理法院之间的管辖争议的期间；……

【法［2001］164 号】 **最高人民法院案件审限管理规定**（2001 年 10 月 16 日最高法审委会［1195 次］通过，2001 年 11 月 5 日公布，2002 年 1 月 1 日起施行）

第 2 条 审理对民事判决的上诉案件，期限为 3 个月；有特殊情况需要延长的，经院长批准，可以延长 3 个月。

审理对民事裁定的上诉案件，期限为 1 个月。

第 16 条 不计入审理期限的期间依照本院《关于严格执行案件审理期限制度的若干规定》（下称《若干规定》）第 9 条执行。案情重大、疑难，需由审判委员会作出决定的案件，自提交审判委员会之日起至审判委员会作出决定之日止的期间，不计入审理期限。

需要向有关部门征求意见的案件，征求意见的期间不计入审理期限，参照《若干规定》第 9 条第 8 项的规定办理。

要求下级人民法院查报的案件，下级人民法院复查的期间不计入审理期限。

第 19 条 （刑事以外）其他案件需要延长审理期限的，应当在审理期限届满 10 日以前，向院长提出申请。

第 20 条 需要院长批准延长审理期限的，院长应当在审限届满以前作出决定。

【法释［2019］4 号】 **最高人民法院关于严格规范民商事案件延长审限和延期开庭问题的规定**（"法释［2018］9 号"公布，2018 年 4 月 26 日起施行；2019 年 2 月 25 日最高法审委会［1762 次］修订，2019 年 3 月 27 日公布，2019

年 3 月 28 日起施行；以本规为准) ①

第 1 条 人民法院审理民商事案件时，应当严格遵守法律及司法解释有关审限的规定。……审理对判决的上诉案件，审限为 3 个月；审理对裁定的上诉案件，审限为 30 日。

法律规定有特殊情况需要延长审限的，独任审判员或合议庭应当在期限届满 15 日前向本院院长提出申请，并说明详细情况和理由。院长应当在期限届满 5 日前作出决定。

经本院院长批准延长审限后尚不能结案，需要再次延长的，应当在期限届满 15 日前报请上级人民法院批准。上级人民法院应当在审限届满 5 日前作出决定。

第 3 条 人民法院应当严格限制延期开庭审理次数。适用普通程序审理民商事案件，延期开庭审理次数不超过 2 次；适用简易程序以及小额速裁程序审理民商事案件，延期开庭审理次数不超过 1 次。

【法释〔2022〕11 号】 最高人民法院关于适用《中华人民共和国民事诉讼法》的解释 （"法释〔2015〕5 号"公布，2015 年 2 月 4 日起施行；根据法释〔2020〕20 号《决定》修正，2021 年 1 月 1 日起施行；2022 年 3 月 22 日最高法审委会〔1866 次〕修正，2022 年 4 月 1 日公布，2022 年 4 月 10 日起施行；以本规为准)

第 339 条 人民法院审理对裁定的上诉案件，应当在第二审立案之日起 30 日内作出终审裁定。有特殊情况需要延长审限的，由本院院长批准。

● **文书格式 【法〔2016〕221 号】 民事诉讼文书样式** （2016 年 2 月 22 日最高法审委会〔1679 次〕通过，2016 年 6 月 28 日公布，2016 年 8 月 1 日起施行)

（本书对格式略有调整）

关于申请延长……（二审程序当事人及案由）

一案审理期限的报告（报本院院长）

（××××）……民初……号②

院长：

我院于×年×月×日立案的……（写明当事人及案由）一案，依法适用第二审程序，审理期限到×年×月×日届满。但因……（写明需要延长审理期限的原因），不能如期结案，需要延长审理期限至×年×月×日。

---

① 注：本《规定》施行不到 1 年即被修改。

② 注：再审案件二审适用《民事诉讼法》第 183 条规定的审限，案号类型代字为"民再"。

请审批。

附：案件延长审理或者执行期限审批表 1 份（见本书第 152 条文书格式）

审判长 ×××

审判员 ×××

审判员 ×××

×年×月×日

第十五章 特别程序

第一节 一般规定

第 184 条[19910409] 【特别程序的适用】人民法院审理选民资格/名单案件、宣告失踪或者宣告死亡案件、指定遗产管理人案件、[20240101]认定公民无民事行为能力或者限制民事行为能力案件、认定财产无主案件、确认调解协议案件和实现担保物权案件[20130101]，适用本章规定①。本章没有规定的，适用本法和其他法律的有关规定。

第 185 条[19910409] 【特别程序一审生效，独任审理】依照本章程序审理的案件，实行一审终审。选民资格/名单案件或者重大、疑难的案件，由审判员②组成合议庭审理/审判；其他案件由审判员一人独任审理/审判。

第 186 条[19910409] 【特别程序的终结】人民法院在依照本章程序审理案件的过程中，发现本案属于民事权益争议的，应当裁定终结特别程序，并告知利害关系人可以按照普通程序或者简易程序另行起诉。

---

① 注：根据《最高人民法院关于人身安全保护令案件相关程序问题的批复》（法释〔2016〕15号，见本书第 9 章 "人身安全保护令" 专辑），人身安全保护令案件比照特别程序进行审理。

② 注：此处限定了合议庭的组成人员必须是 "审判员"，即不能有人民陪审员参加。

<u>第 187 条</u>¹⁹⁹¹⁰⁴⁰⁹   【特别审限】人民法院适用特别程序审理的案件,应当在立案之日起 30 日内或者公告期满后 30 日内审结。有特殊情况需要延长的,由本院院长批准。但审理选民资格的案件除外。

● 相关规定 【法释［2000］29 号】   最高人民法院关于严格执行案件审理期限制度的若干规定（2000 年 9 月 14 日最高法审委会［1130 次］通过,2000 年 9 月 22 日公布,2000 年 9 月 28 日起施行）

第 2 条（第 3 款）   适用特别程序审理的民事案件,期限为 30 日;有特殊情况需要延长的,经本院院长批准,可以延长 30 日,但审理选民资格案件必须在选举日前审结。

【法发［2009］45 号】   最高人民法院关于建立健全诉讼与非诉讼相衔接的矛盾纠纷解决机制的若干意见（经中央批准,2009 年 7 月 24 日印发）

23. 人民法院审理申请确认调解协议案件,参照适用《中华人民共和国民事诉讼法》有关简易程序的规定。案件由审判员 1 人独任审理,双方当事人应当同时到庭。……

【法释［2022］11 号】   最高人民法院关于适用《中华人民共和国民事诉讼法》的解释（"法释［2015］5 号"公布,2015 年 2 月 4 日起施行;根据法释［2020］20 号《决定》修正,2021 年 1 月 1 日起施行;2022 年 3 月 22 日最高法审委会［1866 次］修正,2022 年 4 月 1 日公布,2022 年 4 月 10 日起施行;以本规为准）

第 349 条（第 2 款）   有关当事人依照民法典第 31 条第 1 款规定直接向人民法院申请指定监护人的,适用特别程序审理,判决指定监护人。判决书应当送达申请人、判决指定的监护人。

第 372 条   适用特别程序作出的判决、裁定,当事人、利害关系人认为有错误的,可以向作出该判决、裁定的人民法院提出异议。人民法院经审查,异议成立或者部分成立的,作出新的判决、裁定撤销或者改变原判决、裁定;异议不成立的,裁定驳回。

对人民法院作出的确认调解协议、准许实现担保物权的裁定,当事人有异议的,应当自收到裁定之日起 15 日内提出;利害关系人有异议的,自知道或者应当知道其民事权益受到侵害之日起 6 个月内^①提出。

---

① 注:本《解释》第 127 条规定,本处规定的 6 个月为不变期间,不适用诉讼时效中止、中断、延长的规定。

● 文书格式 **【法［2016］221号】** 民事诉讼文书样式（2016年2月22日最高法审委会［1679次］通过，2016年6月28日公布，2016年8月1日起施行）

（本书对格式略有调整）

民事裁定书（对特别程序申请不予受理）

（××××）……民特……号

申请人：×××，……。

（以上写明申请人及其代理人的姓名或者名称等基本信息）

×年×月×日，本院收到×××……（写明案由）的申请书。申请人×××称，……（概述申请人的请求、事实和理由）。

本院经审查认为，……（写明对申请不予受理的理由）。

依照《中华人民共和国民事诉讼法》第157条第1款第1项、第185条规定，裁定如下：

对×××的申请，本院不予受理。

（代理）审判员 ×××

×年×月×日（院印）

书记员 ×××

关于申请延长……（特别程序当事人及案由）
一案审理期限的报告（报本院院长）

（××××）……民特……号

院长：

我院于×年×月×日立案的……（写明当事人及案由）一案，依法适用特别程序，审理期限到×年×月×日届满。但因……（写明需要延长审理期限的原因），不能如期结案，需要延长审理期限×日，至×年×月×日。

请审批。

附：案件延长审理或者执行期限审批表1份（见本书第152条文书格式）

审判员 ×××（组成合议庭审理的，落款为合议庭）

×年×月×日

申请书（申请撤回特别程序）①

申请人：×××，男/女，×年×月×日生，×族，……（写明工作单位和职务或职业），住……。联系方式：……。（★申请人是法人或其他组织的，本段写明名称、住所）

---

① 注：本样式适用于各种特别程序案由。

法定代理人/指定代理人①：×××，……。（★申请人是法人或其他组织的，本段写明法定代表人、主要负责人及其姓名、职务、联系方式）

委托诉讼代理人：×××，……。（申请时已经委托诉讼代理人的，写明此项）

（以上写明申请人和其他诉讼参与人的姓名或者名称等基本信息）

请求事项：

撤回……的申请。

事实和理由：

关于……（写明当事人和案由）一案，你院已于×年×月×日立案。……（写明撤回申请的理由）。

此致：××人民法院

　　　　　　　　　　　　　　　申请人（自然人签名或单位盖章）

　　　　　　　　　　　　　　　×年×月×日

民事裁定书（准许撤回特别程序申请）

　　　　　　　　　　　　　（××××）……民特……号

申请人：×××，……。

被申请人：×××，……。

（以上写明申请人、被申请人及其代理人的姓名或者名称等基本信息）

申请人×××与被申请人×××……（写明案由）一案，本院于×年×月×日立案。申请人×××于×年×月×日向本院提出撤回申请。

本院认为，当事人有权在法律规定的范围内处分自己的民事权利和诉讼权利。申请人撤回申请，不违反法律规定。

依照《中华人民共和国民事诉讼法》第 13 条第 2 款、第 157 条第 1 款第 11 项规定，裁定如下：

准许申请人×××撤回申请。

　　　　　　　　　　　　　　　（代理）审判员　×××

　　　　　　　　　　　　　　　×年×月×日（院印）

　　　　　　　　　　　　　　　书记员　×××

民事裁定书（终结特别程序）

　　　　　　　　　　　　　（××××）……民特……号

申请人：×××，……。

---

①　注：申请人是无民事行为能力人或限制民事行为能力人的，应当写明法定代理人姓名、性别、出生日期、民族、职业、工作单位、住所、联系方式，在诉讼地位后括注与申请人的关系。

被申请人：×××，……。

（以上写明申请人、被申请人及其代理人的姓名或者名称等基本信息）

申请人×××与被申请人×××……（写明案由）一案，本院于×年×月×日立案后进行了审理。

本院经审查认为，……（写明终结特别程序的理由）。

依照《中华人民共和国民事诉讼法》第186条规定，裁定如下：

终结本案程序。

（代理）审判员 ×××

×年×月×日（院印）

书记员 ×××

第二节 选民资格/名单¹⁹⁹¹⁰⁴⁰⁹案件

第 188 条¹⁹⁹¹⁰⁴⁰⁹ 【选民资格的起诉】公民不服选举委员会对选民资格/名单的申诉所作的处理决定，可以在选举日的 5 日以前向选区所在地基层人民法院起诉。

第 189 条 【选民资格的审限】人民法院受理选民资格/名单¹⁹⁹¹⁰⁴⁰⁹案件后，必须在选举日前审结。

【选民资格当事人参与】审理时，起诉人、选举委员会的代表和有关公民必须参加。

【选民资格判决书送达】人民法院的判决书，应当在选举日前/立即¹⁹⁹¹⁰⁴⁰⁹送达选举委员会和起诉人，并通知有关公民。

● **相关规定** 【主席令［2020］61 号】 **中华人民共和国全国人民代表大会和地方各级人民代表大会选举法**（1979 年 7 月 1 日全国人大［5 届 2 次］通过，1979 年 7 月 4 日全国人大常委会委员长令第 2 号公布，1980 年 1 月 1 日起施行；2020 年 10 月 17 日全国人大常委会［13 届 22 次］最新修正，2020 年 10 月 18 日起施行）

第4条 中华人民共和国年满 18 周岁的公民，不分民族、种族、性别、职业、家庭出身、宗教信仰、教育程度、财产状况和居住期限，都有选举权和被选举权。

依照法律被剥夺政治权利的人没有选举权和被选举权。

第 5 条　每一选民在一次选举中只有 1 个投票权。

第 6 条　人民解放军单独进行选举，选举办法另订。

第 7 条（第 3 款）　旅居国外的中华人民共和国公民在县级以下人民代表大会代表选举期间在国内的，可以参加原籍地或者出国前居住地的选举。

第 27 条　选民登记按选区进行，经登记确认的选民资格长期有效。每次选举前对上次选民登记以后新满 18 周岁的、被剥夺政治权利期满后恢复政治权利的选民，予以登记。对选民经登记后迁出原选区的，列入新迁入的选区的选民名单；对死亡的和依照法律被剥夺政治权利的人，从选民名单上除名。

精神病患者不能行使选举权利的，经选举委员会确认，不列入选民名单。

第 28 条　选民名单应在选举日的 20 日以前公布，实行凭选民证参加投票选举的，并应当发给选民证。

第 29 条　对于公布的选民名单有不同意见的，可以在选民名单公布之日起 5 日内向选举委员会提出申诉。选举委员会对申诉意见，应在 3 日内作出处理决定。申诉人如果对处理决定不服，可以在选举日的 5 日以前向人民法院起诉，人民法院应在选举日以前作出判决。人民法院的判决为最后决定。

【主席令［2021］82 号】　中国人民解放军选举全国人民代表大会和县级以上地方各级人民代表大会代表的办法（1981 年 6 月 10 日全国人大常委会［5 届 19 次］通过，同日全国人大常委会第 6 号公布施行；2021 年 4 月 29 日全国人大常委会［13 届 28 次］最新修正，2021 年 4 月 30 日起施行）

第 5 条　人民解放军军人、文职人员，军队管理的离休、退休人员和其他人员，参加军队选举。

驻军的驻地距离当地居民的居住地较远，随军家属参加地方选举有困难的，经选举委员会或者军人委员会批准，可以参加军队选举。

第 6 条　驻地方工厂、铁路、水运、科研等单位的军代表，在地方院校学习的军队人员，可以参加地方选举。

第 7 条　本办法第 5 条所列人员，凡年满 18 周岁，不分民族、种族、性别、职业、家庭出身、宗教信仰、教育程度、财产状况、居住期限，都具有选民资格，享有选举权和被选举权。

依照法律被剥夺政治权利的人没有选举权和被选举权。

精神病患者不能行使选举权利的，经选举委员会确认，不参加选举。

第 40 条　人民武装警察部队选举全国人民代表大会和县级以上地方各级人民代表大会代表，适用本办法。

【主席令［1989］21号】 **中华人民共和国城市居民委员会组织法**（1989年12月26日全国人大常委会［7届11次］通过，1990年1月1日起施行；2018年12月29日全国人大常委会［13届7次］修正，同日主席令第21号公布施行）

第8条（第2款） 年满18周岁的本居住地区居民，不分民族、种族、性别、职业、家庭出身、宗教信仰、教育程度、财产状况、居住期限，都有选举权和被选举权；但是，依照法律被剥夺政治权利的人除外。

第22条 省、自治区、直辖市的人民代表大会常务委员会可以根据本法制定实施办法。

【主席令［2010］37号】 **中华人民共和国村民委员会组织法**（1998年11月4日全国全国人大常委会［9届5次］通过，同日公布施行；2010年10月28日全国人大常委会［11届17次］修订，同日公布施行；2018年12月29日全国人大常委会［13届7次］修正，同日主席令第21号公布施行）

第13条 年满18周岁的村民，不分民族、种族、性别、职业、家庭出身、宗教信仰、教育程度、财产状况、居住期限，都有选举权和被选举权；但是，依照法律被剥夺政治权利的人除外。

村民委员会选举前，应当对下列人员进行登记，列入参加选举的村民名单：（一）户籍在本村并且在本村居住的村民；（二）户籍在本村，不在本村居住，本人表示参加选举的村民；（三）户籍不在本村，在本村居住1年以上，本人申请参加选举，并且经村民会议或者村民代表会议同意参加选举的公民。

已在户籍所在村或者居住村登记参加选举的村民，不得再参加其他地方村民委员会的选举。

第40条 省、自治区、直辖市的人民代表大会常务委员会根据本法，结合本行政区域的实际情况，制定实施办法。

● **公报案例** **（法公报［2003］6期）** **吴少晖不服选民资格处理决定案**（福建省屏南县人民法院民事裁定书）

裁判摘要：《中华人民共和国村民委员会组织法》规定，村民委员会的"具体选举办法由省、自治区、直辖市的人民代表大会常务委员会规定"。《福建省村民选举委员会选举办法》规定："凡具有选民资格的村民可以在户籍所在地的村民选举委员会进行选民登记。"根据上述规定，选举日前（*而不是在选民登记日之前*），吴少晖有权在户籍所在地即路下村的选举委员会进行选民登记。

● 文书格式　【法［2016］221 号】　民事诉讼文书样式（2016 年 2 月 22 日最高法审委会［1679 次］通过，2016 年 6 月 28 日公布，2016 年 8 月 1 日起施行）（本书对格式略有调整，并统一省略了题头"××人民法院"）

起诉状（申请确定选民资格）

原告：×××，男/女，×年×月×日生，×族，……（写明工作单位和职务或职业），住……。联系方式：……。

法定代理人/指定代理人①：×××，……。

委托诉讼代理人：×××，……。（起诉时已经委托诉讼代理人的，写明此项）

……（以上写明当事人和其他诉讼参与人的姓名或者名称等基本信息）

请求事项：

确定×××在……选区具有/不具有选民资格。

事实和理由：

……（写明选举委员会对选民资格的申诉所作的处理决定）。

……（写明起诉人/有关公民×××具有/不具有选民资格的事实和理由）。

证据和证据来源，证人姓名和住所：

……

此致：××人民法院

附：……选举委员会关于……的决定（选委会对选民资格申诉的处理决定）

起诉人（签名）

×年×月×日

民事判决书（申请确定选民资格）

（××××）……民特……号

起诉人：×××，……。

……

（以上写明起诉人及其代理人的姓名或者名称等基本信息）

起诉人×××申请确定选民资格一案，本院于×年×月×日立案后，依法适用特别程序进行了审理。起诉人×××、×××选举委员会的代表×××、公民×××到庭参加诉讼。现已审理终结。

×××诉称，……（概述起诉人的请求、事实和理由）。

经审理查明：×年×月×日，×××选举委员会作出《关于……的决定》，……（写明选举委员会对起诉人选民资格问题的处理和法院查明的其他事实）。

---

① 注：起诉人是无民事行为能力或限制民事行为能力人的，应当写明法定代理人姓名、性别、出生日期、民族、职业、工作单位、住所、联系方式，在诉讼地位后括注与起诉人的关系。

民事诉讼法全厚细

本院认为，……（写明判决理由）。

依照《中华人民共和国民事诉讼法》第 189 条规定，判决如下：

（支持申请的，写明：）×××在……选区具有/不具有选民资格。

（驳回申请的，写明：）驳回×××的申请。

本判决为终审判决。

（合议庭成员署名）①

×年×月×日（院印）

本件与原本核对无异

法官助理、书记员

第三节 宣告失踪、宣告失踪人¹⁹⁹¹⁰⁴⁰⁹ 死亡案件

第 190 条¹⁹⁹¹⁰⁴⁰⁹ 【宣告失踪申请】公民下落不明满 2 年，利害关系人申请宣告其失踪的，向下落不明人住所地基层人民法院提出。

申请书应当写明失踪的事实、时间和请求，并附有公安机关或者其他有关机关关于该公民下落不明的书面证明。

第 191 条¹⁹⁹¹⁰⁴⁰⁹ 【宣告死亡申请】公民下落不明满 4 年，或者因意外事件/事故²⁰²²⁰¹⁰¹ 下落不明满 2 年，或者因意外事件/事故²⁰²²⁰¹⁰¹ 下落不明，经有关机关证明该公民不可能生存，利害关系人申请宣告其死亡的，向下落不明人住所地/失踪人最后居所地基层人民法院提出。

申请书应当写明下落不明/失踪的事实、时间和请求，并附有公安机关或者其他有关机关关于该公民下落不明/失踪的书面证明。

第 192 条¹⁹⁹¹⁰⁴⁰⁹ 【寻人公告期限】人民法院受理宣告失踪、宣告失踪人死亡案件后，应当发出寻找下落不明/失踪人的公告。宣告失踪的公告期间为 3 个月，宣告死亡的公告期间为 1 年。因意外事件/

① 注：根据《民事诉讼法》第 185 条规定，选民资格案件不适用独任审理，也不能有人民陪审员参加合议庭。

事故²⁰²²⁰¹⁰¹ 下落不明，经有关机关证明该公民不可能生存的，宣告死亡的公告期间为 3 个月。

公告期间届满，人民法院应当根据被宣告失踪、宣告~~失踪人~~死亡的事实是否得到确认，作出~~终结审理的裁定或者~~宣告失踪、宣告死亡的判决或者驳回申请的判决。

第 193 条　【撤销宣告】被宣告失踪、¹⁹⁹¹⁰⁴⁰⁹ 宣告死亡的公民重新出现，经本人或者利害关系人申请，人民法院应当作出新判决，撤销原判决。

● **相关规定**　【主席令［2020］45 号】　**中华人民共和国民法典**（2020 年 5 月 28 日全国人大［13 届 3 次］通过，2021 年 1 月 1 日起施行）

第 40 条　自然人下落不明满 2 年的，利害关系人可以向人民法院申请宣告该自然人为失踪人。

第 41 条　自然人下落不明的时间自其失去音讯之日起计算。战争期间下落不明的，下落不明的时间自战争结束之日或者有关机关确定的下落不明之日起计算。

第 42 条　失踪人的财产由其配偶、成年子女、父母或者其他愿意担任财产代管人的人代管。

代管有争议，没有前款规定的人，或者前款规定的人无代管能力的，由人民法院指定的人代管。

第 43 条　财产代管人应当妥善管理失踪人的财产，维护其财产权益。

失踪人所欠税款、债务和应付的其他费用，由财产代管人从失踪人的财产中支付。

财产代管人因故意或者重大过失造成失踪人财产损失的，应当承担赔偿责任。

第 44 条　财产代管人不履行代管职责、侵害失踪人财产权益或者丧失代管能力的，失踪人的利害关系人可以向人民法院申请变更财产代管人。

财产代管人有正当理由的，可以向人民法院申请变更财产代管人。

人民法院变更财产代管人的，变更后的财产代管人有权请求原财产代管人及时移交有关财产并报告财产代管情况。

第 45 条　失踪人重新出现，经本人或者利害关系人申请，人民法院应当撤销失踪宣告。

失踪人重新出现，有权请求财产代管人及时移交有关财产并报告财产代管情况。

第 46 条　自然人有下列情形之一的，利害关系人可以向人民法院申请宣告该自然人死亡：（一）下落不明满 4 年；（二）因意外事件，下落不明满 2 年。

因意外事件下落不明，经有关机关证明该自然人不可能生存的，申请宣告死亡不受2年时间的限制。

第47条　对同一自然人，有的利害关系人申请宣告死亡，有的利害关系人申请宣告失踪，符合本法规定的宣告死亡条件的，人民法院应当宣告死亡。

第48条　被宣告死亡的人，人民法院宣告死亡的判决作出之日视为其死亡的日期；因意外事件下落不明宣告死亡的，意外事件发生之日视为其死亡的日期。

第49条　自然人被宣告死亡但是并未死亡的，不影响该自然人在被宣告死亡期间实施的民事法律行为的效力。

第50条　被宣告死亡的人重新出现，经本人或者利害关系人申请，人民法院应当撤销死亡宣告。

第51条　被宣告死亡的人的婚姻关系，自死亡宣告之日起消除。死亡宣告被撤销的，婚姻关系自撤销死亡宣告之日起自行恢复。但是，其配偶再婚或者向婚姻登记机关书面声明不愿意恢复的除外。

第52条　被宣告死亡的人在被宣告死亡期间，其子女被他人依法收养的，在死亡宣告被撤销后，不得以未经本人同意为由主张收养行为无效。

第53条　被撤销死亡宣告的人有权请求依照本法第六编取得其财产的民事主体返还财产；无法返还的，应当给予适当补偿。

利害关系人隐瞒真实情况，致使他人被宣告死亡而取得其财产的，除应当返还财产外，还应当对由此造成的损失承担赔偿责任。

【法释〔2022〕6号】　最高人民法院关于适用《中华人民共和国民法典》总则编若干问题的解释（2021年12月30日最高法审委会〔1861次〕通过，2022年2月24日公布，2022年3月1日起施行）

第14条　人民法院审理宣告失踪案件时，下列人员应当认定为民法典第40条规定的利害关系人：（一）被申请人的近亲属；（二）依据民法典第1128条、第1129条①规定对被申请人有继承权的亲属；（三）债权人、债务人、合伙人等与被申请人有民事权利义务关系的民事主体，但是不申请宣告失踪不影响其权利行使、义务履行的除外。

第15条　失踪人的财产代管人向失踪人的债务人请求偿还债务的，人民法院应当将财产代管人列为原告。

---

　　① 《民法典》第1128条：被继承人的子女先于被继承人死亡的，由被继承人的子女的直系晚辈血亲代位继承。// 被继承人的兄弟姐妹先于被继承人死亡的，由被继承人的兄弟姐妹的子女代位继承。// 代位继承人一般只能继承被代位继承人有权继承的遗产份额。《民法典》第1129条：丧偶儿媳对公婆，丧偶女婿对岳父母，尽了主要赡养义务的，作为第一顺序继承人。

债权人提起诉讼，请求失踪人的财产代管人支付失踪人所欠的债务和其他费用的，人民法院应当将财产代管人列为被告。经审理认为债权人的诉讼请求成立的，人民法院应当判决财产代管人从失踪人的财产中支付失踪人所欠的债务和其他费用。

第 16 条　人民法院审理宣告死亡案件时，被申请人的配偶、父母、子女，以及依据民法典第 1129 条规定对被申请人有继承权的亲属应当认定为民法典第 46 条规定的利害关系人。

符合下列情形之一的，被申请人的其他近亲属，以及依据民法典第 1128 条规定对被申请人有继承权的亲属应当认定为民法典第 46 条规定的利害关系人：（一）被申请人的配偶、父母、子女均已死亡或者下落不明的；（二）不申请宣告死亡不能保护其相应合法权益的。

被申请人的债权人、债务人、合伙人等民事主体不能认定为民法典第 46 条规定的利害关系人，但是不申请宣告死亡不能保护其相应合法权益的除外。

第 17 条　自然人在战争期间下落不明的，利害关系人申请宣告死亡的期间适用民法典第 46 条第 1 款第 1 项的规定，自战争结束之日或者有关机关确定的下落不明之日起计算。

【民他字［1985］28 号】　**最高人民法院关于失踪人的工作单位能否向人民法院申请宣告失踪人死亡的批复**（1986 年 2 月 28 日答复湖北高院"鄂法［1985］民行字第 14 号"请示）

经我们研究认为：《中华人民共和国民事诉讼法（试行）》第 133 条（现第 190 条）所指的利害关系人，必须是与被申请宣告死亡的人存在一定的人身关系或者民事权利义务关系的人。宣恩县人大常委会为解决减员增补以及停发失踪人聂××的工资等问题，不宜作为利害关系人向人民法院申请宣告失踪人死亡，应按《中华人民共和国地方各级人民代表大会和地方各级人民政府组织法》及我国劳动制度的有关规定处理。

【法［2008］164 号】　**最高人民法院关于依法做好抗震救灾恢复重建期间民事审判和执行工作的通知**（针对 2008 年 5 月 12 日四川省汶川县特大地震，2008 年 6 月 6 日印发）

三、在灾后重建期间，对于当事人起诉到人民法院的案件，符合立案条件的起诉，尤其是宣告失踪、宣告死亡以及对灾区输出农民工追讨劳动报酬等纠纷，应当及时立案，切实保障当事人诉权的实现。……

五、对于宣告失踪、宣告死亡案件，人民法院要依法积极受理，以便尽快明确身份关系和财产关系。……

【法发［2008］21号】 最高人民法院关于处理涉及汶川地震相关案件适用法律问题的意见（一）（2008年7月14日）

一、对于涉及灾区群众人身、财产关系的婚姻家庭、继承、宣告死亡、宣告失踪等案件，人民法院要依法积极受理，尽快解决因地震造成相关人身和财产权利义务关系变化而带来的问题。

五、……民事案件、行政案件和执行案件当事人死亡或者失踪的，裁定中止审理、执行，待灾区安置及恢复重建工作进行到一定阶段，经法定程序对涉案人身、财产关系明确后，人民法院依法决定是否恢复审理、执行，或者按撤诉处理、终结诉讼、终结执行，或者变更主体等。

八、正在审理中的案件当事人在地震灾害中下落不明的，人民法院在核实当事人的身份、下落等有关情况后可以公告送达法律文书。

利害关系人申请宣告下落不明人失踪的，人民法院作出宣告失踪判决后，应当变更财产代管人为当事人，相关法律文书向财产代管人送达。

【法［2010］178号】 最高人民法院关于依法做好抗震救灾和恢复重建期间审判工作切实维护灾区社会稳定的通知（针对2010年4月14日青海省玉树藏族自治州7.1级特大地震，2010年4月19日印发）

六、在灾后重建期间，对于当事人起诉到人民法院的案件，符合立案条件的起诉，尤其是宣告失踪、宣告死亡等案件，应当及时立案，切实保障当事人诉权的实现。……

八、对于因地震中下落不明申请宣告失踪、宣告死亡案件，人民法院要依法积极受理，以便尽快明确身份关系和财产关系。……

【法［2021］94号】 全国法院贯彻实施民法典工作会议纪要（2021年3月15日最高法审委会［1834次］通过，2021年4月6日印发）

1. 申请宣告失踪或宣告死亡的利害关系人，包括被申请宣告失踪或宣告死亡人的配偶、父母、子女、兄弟姐妹、祖父母、外祖父母、孙子女、外孙子女以及其他与被申请人有民事权利义务关系的民事主体。宣告失踪不是宣告死亡的必经程序，利害关系人可以不经申请宣告失踪而直接申请宣告死亡。但是，为了确保各方当事人权益的平衡保护，对于配偶、父母、子女以外的其他利害关系人申请宣告死亡，人民法院审查后认为申请人通过申请宣告失踪足以保护其权利，其申请宣告死亡违背民法典第132条①关于不得滥用民事权利的规定的，不予支持。

---

① 《民法典》第132条规定，民事主体不得滥用民事权利损害国家利益、社会公共利益或者他人合法权益。

【**法释〔2022〕11 号**】　**最高人民法院关于适用《中华人民共和国民事诉讼法》的解释**（"法释〔2015〕5 号"公布，2015 年 2 月 4 日起施行；根据法释〔2020〕20 号《决定》修正，2021 年 1 月 1 日起施行；2022 年 3 月 22 日最高法审委会〔1866 次〕修正，2022 年 4 月 1 日公布，2022 年 4 月 10 日起施行；以本规为准）

第 341 条　宣告失踪或者宣告死亡案件，人民法院可以根据申请人的请求，清理下落不明人的财产，并指定案件审理期间的财产管理人。公告期满后，人民法院判决宣告失踪的，应当同时依照民法典第 42 条的规定指定失踪人的财产代管人。

第 342 条　失踪人的财产代管人经人民法院指定后，代管人申请变更代管的，比照民事诉讼法特别程序的有关规定进行审理。申请理由成立的，裁定撤销申请人的代管人身份，同时另行指定财产代管人；申请理由不成立的，裁定驳回申请。

失踪人的其他利害关系人申请变更代管的，人民法院应当告知其以原指定的代管人为被告起诉，并按普通程序进行审理。

第 343 条　人民法院判决宣告公民失踪后，利害关系人向人民法院申请宣告失踪人死亡，自失踪之日起满 4 年的，人民法院应当受理，宣告失踪的判决即是该公民失踪的证明，审理中仍应依照民事诉讼法第 192 条规定进行公告。

第 344 条　符合法律规定的多个利害关系人提出宣告失踪、宣告死亡申请的，列为共同申请人。

第 345 条　寻找下落不明人的公告应当记载下列内容：

（一）被申请人应当在规定期间内向受理法院申报其具体地址及其联系方式。否则，被申请人将被宣告失踪、宣告死亡；

（二）凡知悉被申请人生存现状的人，应当在公告期间内将其所知道情况向受理法院报告。

第 346 条　人民法院受理宣告失踪、宣告死亡案件后，作出判决前，申请人撤回申请的，人民法院应当裁定终结案件，但其他符合法律规定的利害关系人加入程序要求继续审理的除外。

● **文书格式**　【**法〔2016〕221 号**】　**民事诉讼文书样式**（2016 年 2 月 22 日最高法审委会〔1679 次〕通过，2016 年 6 月 28 日公布，2016 年 8 月 1 日起施行）（本书对格式略有调整）

申请书（申请宣告公民失踪＼死亡）

申请人（利害关系人）：×××，男/女，×年×月×日生，×族，……（写明工作单位和职务或职业），住……。联系方式：……。

法定代理人/指定代理人①：×××，……。

委托诉讼代理人：×××，……。（申请时已经委托诉讼代理人的，写明此项）

被申请人：×××，……。

（以上写明申请人和其他诉讼参与人的姓名或者名称等基本信息）

请求事项：

1. 宣告×××失踪＼死亡；

2. 指定×××为失踪人×××的财产代管人。（本项为申请宣告公民失踪）

事实和理由：

申请人×××与下落不明人×××，男/女，×年×月×日出生，×族，……（写明工作单位和职务或者职业），住……，系……（写明双方的关系）。……（写明下落不明的事实、时间），至今已下落不明满2年＼4年②。

此致：××人民法院

附：公安机关（或其他有关机关）关于×××下落不明（包括意外事件、不可能生存等）的证明

申请人（签名）
×年×月×日

申请书（申请变更失踪人财产代管人）③

申请人（财产代管人④）：×××，男/女，×年×月×日生，×族，……（写明工作单位和职务或职业），住……。联系方式：……。

法定代理人/指定代理人⑤：×××，……。

委托诉讼代理人：×××，……。（申请时已经委托诉讼代理人的，写明此项）

（以上写明申请人和其他诉讼参与人的姓名或者名称等基本信息）

请求事项：

1. 撤销×××为失踪人×××的财产代管人；

2. 指定×××为失踪人×××的财产代管人。

---

① 注：申请人是无民事行为能力人或限制民事行为能力人的，应当写明法定代理人姓名、性别、出生日期、民族、职业、工作单位、住所、联系方式，在诉讼地位后括注与申请人的关系。

② 利害关系人可以申请宣告公民死亡的3种情形：（1）公民下落不明满4年；（2）因意外事件下落不明满2年；（3）因意外事件下落不明，经有关机关证明该公民不可能生存。

③ 注：本样式根据"法释〔2022〕11号"《解释》第342条第1款制定，供人民法院指定的（失踪人的）财产代管人申请变更代管人用。

④ 注：失踪人的其他利害关系人申请变更代管的，人民法院应当告知其以原指定的代管人为被告起诉，并按普通程序进行审理。

⑤ 注：申请人是无民事行为能力人或限制民事行为能力人的，应当写明法定代理人姓名、性别、出生日期、民族、职业、工作单位、住所、联系方式，在诉讼地位后括注与申请人的关系。

事实和理由：

×年×月×日，××人民法院作出（××××）……民特……号民事判决：一、宣告×××为失踪人；二、指定×××为失踪人×××的财产代管人。……（写明原财产代管人不能继续代管的事实和理由）。

此致：××人民法院

附：××人民法院（××××）……民特……号民事判决书

申请人（签名）

×年×月×日

公告（宣告公民失踪 \ 死亡前，公告寻找下落不明的人）

（××××）……民特……号

本院于×年×月×日立案受理申请人×××申请宣告×××失踪 \ 死亡一案。申请人×××称，……（写明下落不明人失踪的事实、时间）。下落不明人×××应当自公告之日起 3 个月 \ 1 年内向本院申报本人具体地址及其联系方式。逾期不申报的，下落不明人×××将被宣告失踪 \ 死亡。凡知悉下落不明人×××生存现状的人，应当自公告之日起 3 个月 \ 1 年内将知悉的下落不明人×××情况，向本院报告。

特此公告。

×年×月×日（院印）

民事判决书（宣告公民失踪 \ 死亡）

（××××）……民特……号

申请人：×××，……。

……

（以上写明申请人及其代理人的姓名或者名称等基本信息）

申请人×××申请宣告公民失踪 \ 死亡一案，本院于×年×月×日立案后，依法适用特别程序进行了审理。现已审理终结。

×××称，……（概述申请人的请求、事实和理由）。

经审理查明：下落不明人×××，男/女，×年×月×日生，×族，户籍地……，原住……，系申请人×××的××。……（写明下落不明的事实、时间）。申请人×××申请宣告×××失踪 \ 死亡后，本院于×年×月×日在……（写明公告方式）发出寻找×××的公告。（下落不明得到确认的，写明:）法定公告期间为 3 个月 \ 1 年，现已届满，×××仍然下落不明。（下落不明得不到确认的，写明事实根据:）……。

本院认为，……（写明判决理由）。

依照《中华人民共和国民事诉讼法》第 192 条、《最高人民法院关于适用〈中华人民共和国民事诉讼法〉的解释》第 341 条规定，判决如下：

（宣告失踪的，逐项逐行写明：）一、宣告×××失踪；二、指定×××为失踪人×
××的财产代管人。

（宣告死亡的，写明：）宣告×××死亡。

（驳回申请的，写明：）驳回×××的申请。

本判决为终审判决。

（代理）审判员　×××

×年×月×日（院印）

书记员　×××

民事裁定书（申请变更失踪人财产代管人）

（××××）……民特……号

申请人：×××，……。

……

（以上写明申请人及其代理人的姓名或者名称等基本信息）

申请人×××申请变更失踪人财产代管人一案，本院于×年×月×日立案后，依
法适用特别程序进行了审理。现已审理终结。

×××称，……（概述申请人的请求、事实和理由）。

经审理查明：×年×月×日，××人民法院（××××）……民特……号民事判决：
一、宣告×××失踪；二、指定×××为失踪人×××的财产代管人。

……（写明失踪人的基本信息、原财产代管人与失踪人的关系、原代管情
况、拟代管人基本信息等）。

本院认为，……（写明裁定理由）。

依照《中华人民共和国民事诉讼法》第157条第1款第11项、《最高人民法
院关于适用〈中华人民共和国民事诉讼法〉的解释》第342条第1款规定，裁定
如下：

（变更失踪人财产代管人的，逐项逐行写明：）一、撤销×××为失踪人×××的
财产代管人身份；二、指定×××为失踪人×××的财产代管人。

（驳回申请的，写明：）驳回×××的申请。

本裁定一经作出即生效。

（代理）审判员　×××

×年×月×日（院印）

书记员　×××

申请书（申请撤销宣告失踪\死亡）

申请人（本人或利害关系人）：×××，男/女，×年×月×日生，×族，……（写

明工作单位和职务或职业），住……。联系方式：……。（申请人为利害关系人的，另写明与被宣告人的关系"系×××的……"）

法定代理人/指定代理人①：×××，……。

委托诉讼代理人：×××，……。（申请时已经委托诉讼代理人的，写明此项）

（以上写明申请人和其他诉讼参与人的姓名或者名称等基本信息）

请求事项：

撤销××××人民法院（××××）……民特……号宣告失踪\死亡民事判决。

事实和理由：

×年×月×日，××人民法院作出（××××）……民特……号民事判决，宣告×××失踪\死亡。……（写明被宣告失踪\死亡人已重新出现或者确知其下落的事实）。

此致：××人民法院

附1：××人民法院（××××）……民特……号民事判决书

附2：……关于×××下落不明的证明

申请人（签名或者盖章）

×年×月×日

民事判决书（撤销宣告公民失踪\死亡）

（××××）……民特……号

申请人：×××，……。

……

（以上写明申请人及其代理人的姓名或者名称等基本信息）

申请人×××申请撤销宣告公民失踪\死亡一案，本院于×年×月×日立案后，依法适用特别程序进行了审理。现已审理终结。

×××称，……（概述申请人的请求、事实和理由）。

经审理查明：×年×月×日，××人民法院作出（××××）……民特……号民事判决：宣告×××失踪\死亡。

×年×月×日，被宣告失踪\死亡人×××……（写明被宣告失踪\死亡人是否重新出现的事实）。

本院认为，……（写明判决理由）。

依照《中华人民共和国民事诉讼法》第193条规定，判决如下：

（撤销宣告失踪\死亡的，写明：）撤销××人民法院（××××）……民特……号民事判决。

---

① 注：申请人是无民事行为能力人或限制民事行为能力人的，应当写明法定代理人姓名、性别、出生日期、民族、职业、工作单位、住所、联系方式，在诉讼地位后括注与申请人的关系。

（驳回申请的，写明：）驳回×××的申请。

本判决为终审判决。

（代理）审判员　×××

×年×月×日（院印）

书记员　×××

第四节　指定遗产管理人案件

第 194 条　【申请指定遗产管理人】对遗产管理人的确定有争议，利害关系人申请指定遗产管理人的，向被继承人死亡时住所地或者主要遗产所在地基层人民法院提出。

申请书应当写明被继承人死亡的时间、申请事由和具体请求，并附有被继承人死亡的相关证据。

第 195 条　【判决指定遗产管理人】人民法院受理申请后，应当审查核实，并按照有利于遗产管理的原则，判决指定遗产管理人。

第 196 条　【另行指定遗产管理人】被指定的遗产管理人死亡、终止、丧失民事行为能力或者存在其他无法继续履行遗产管理职责情形的，人民法院可以根据利害关系人或者本人的申请另行指定遗产管理人。

第 197 条　【撤销遗产管理人资格】遗产管理人违反遗产管理职责，严重侵害继承人、受遗赠人或者债权人合法权益的，人民法院可以根据利害关系人的申请，撤销其遗产管理人资格，并依法指定新的遗产管理人。

● 相关规定　**【主席令［1985］24 号】**　中华人民共和国继承法（1985 年 4 月 10 日全国人大［6 届 3 次］通过，1985 年 10 月 1 日起施行；2021 年 1 月 1 日起被《民法典》替代、废止）

第 23 条　继承开始后，知道被继承人死亡的继承人应当及时通知其他继承人和遗嘱执行人。继承人中无人知道被继承人死亡或者知道被继承人死亡而不能通知的，由被继承人生前所在单位或者住所地的居民委员会、村民委员会负责通知。

第 24 条　存有遗产的人，应当妥善保管遗产，任何人不得侵吞或者争抢。

【主席令［2001］50 号】 **中华人民共和国信托法**（2001 年 4 月 28 日全国人大常委会［9 届 21 次］通过，2001 年 10 月 1 日起施行）

第 13 条　设立遗嘱信托，应当遵守继承法（现民法典）关于遗嘱的规定。

遗嘱指定的人拒绝或者无能力担任受托人的，由受益人另行选任受托人；受益人为无民事行为能力人或者限制民事行为能力人的，依法由其监护人代行选任。遗嘱对选任受托人另有规定的，从其规定。

第 15 条　信托财产与委托人未设立信托的其他财产相区别。设立信托后，委托人死亡或者依法解散、被依法撤销、被宣告破产时，委托人是唯一受益人的，信托终止，信托财产作为其遗产或者清算财产；委托人不是唯一受益人的，信托存续，信托财产不作为其遗产或者清算财产；但作为共同受益人的委托人死亡或者依法解散、被依法撤销、被宣告破产时，其信托受益权作为其遗产或者清算财产。

第 16 条　信托财产与属于受托人所有的财产（以下简称固有财产）相区别，不得归入受托人的固有财产或者成为固有财产的一部分。

受托人死亡或者依法解散、被依法撤销、被宣告破产而终止，信托财产不属于其遗产或者清算财产。

第 39 条　受托人有下列情形之一的，其职责终止：（一）死亡或者被依法宣告死亡；（二）被依法宣告为无民事行为能力人或者限制民事行为能力人；（三）被依法撤销或者被宣告破产；（四）依法解散或者法定资格丧失；（五）辞任或者被解任；（六）法律、行政法规规定的其他情形。

受托人职责终止时，其继承人或者遗产管理人、监护人、清算人应当妥善保管信托财产，协助新受托人接管信托事务。

【主席令［2010］36 号】 **中华人民共和国涉外民事关系法律适用法**（2010 年 10 月 28 日全国人大［11 届 17 次］通过，2011 年 4 月 1 日起施行）

第 34 条　遗产管理等事项，适用遗产所在地法律。

【法释［2016］21 号】 **最高人民法院关于民事执行中变更、追加当事人若干问题的规定**（2016 年 8 月 29 日最高法审委会［1691 次］通过，2016 年 11 月 7 日公布，2016 年 12 月 1 日起施行；根据法释［2020］21 号《决定》修正，2021 年 1 月 1 日起施行。以本规为准）

第 10 条（第 1 款）　作为被执行人的自然人/公民死亡或被宣告死亡，申请执行人申请变更、追加该自然人/公民的遗产管理人/遗嘱执行人、继承人、受遗赠人或其他因该自然人/公民死亡或被宣告死亡取得遗产的主体为被执行人，在遗产范围内承担责任的，人民法院应予支持。继承人放弃继承或受遗赠人放弃受遗赠，又无遗嘱执行人的，人民法院可以直接执行遗产。

【主席令 [2020] 45 号】 中华人民共和国民法典（2020 年 5 月 28 日全国人大 [13 届 3 次] 通过，2021 年 1 月 1 日起施行）

第 1145 条 继承开始后，遗嘱执行人为遗产管理人；没有遗嘱执行人的，继承人应当及时推选遗产管理人；继承人未推选的，由继承人共同担任遗产管理人；没有继承人或者继承人均放弃继承的，由被继承人生前住所地的民政部门或者村民委员会担任遗产管理人。

第 1146 条 对遗产管理人的确定有争议的，利害关系人可以向人民法院申请指定遗产管理人。

第 1147 条 遗产管理人应当履行下列职责：（一）清理遗产并制作遗产清单；（二）向继承人报告遗产情况；（三）采取必要措施防止遗产毁损、灭失；（四）处理被继承人的债权债务；（五）按照遗嘱或者依照法律规定分割遗产；（六）实施与管理遗产有关的其他必要行为。

第 1148 条 遗产管理人应当依法履行职责，因故意或者重大过失造成继承人、受遗赠人、债权人损害的，应当承担民事责任。

第 1149 条 遗产管理人可以依照法律规定或者按照约定获得报酬。

● **公报案例** **（法公报 [2023] 12 期）顾某甲、顾某乙、顾某丙申请指定遗产管理人案**（2022 年 12 月 7 日江苏省太仓市人民法院 [2022] 苏 0585 民特 32 号民事判决）

案例要旨：继承开始后，没有继承人的，对被继承人没有法定扶养义务但事实上扶养较多的人，符合《中华人民共和国民法典》第 1131 条规定的"可以分给适当的遗产"的条件，遗产的妥善保管与其存在法律上的利害关系，其有权向人民法院申请指定遗产管理人。

● **典型案例** **【法办发 [2022] 号】 人民法院贯彻实施民法典典型案例（第一批）**（最高法 2022 年 2 月 25 日发布）

（案例 9） 欧某士申请指定遗产管理人案①

基本案情：厦门市思明区某处房屋原业主为魏姜氏（19 世纪生人）。魏姜氏育有 3 女 1 子，该 4 支继承人各自向下已经延嗣到第 5 代，但其中儿子一支无任何可查信息，幼女一支散落海外情况不明，仅长女和次女两支部分继承人居住在境内。因继承人无法穷尽查明，长女和次女两支继承人曾历经 2 代、长达 10 年的

---

① 注：该案审理法院巧用民法典新创设的遗产管理人法律制度，创造性地在可查明的继承人中引入管养房屋方案"竞标"方式，让具有管养维护遗产房屋优势条件的部分继承人担任侨房遗产管理人，妥善解决了涉侨祖宅的管养维护问题。

继承诉讼，仍未能顺利实现继承析产。民法典实施后，长女一支继承人以欧某士为代表提出，可由生活在境内的可查明信息的两支继承人共同管理祖宅；次女一支继承人则提出，遗产房屋不具有共同管理的条件，应由现实际居住在境内且别无住处的次女一支继承人中的陈某萍和陈某芬担任遗产管理人。

裁判结果：生效裁判认为，魏姜氏遗产的多名继承人目前下落不明、信息不明，遗产房屋将在较长时间内不能明确所有权人，其管养维护责任可能长期无法得到有效落实，确有必要在析产分割条件成就前尽快依法确定管理责任人。而魏姜氏生前未留有遗嘱，未指定其遗嘱执行人或遗产管理人，在案各继承人之间就遗产管理问题又分歧巨大、未能协商达成一致意见，故当秉承最有利于遗产保护、管理、债权债务清理的原则，在综合考虑被继承人内心意愿、各继承人与被继承人亲疏远近关系、各继承人管理保护遗产的能力水平等方面因素，确定案涉遗产房屋的合适管理人。次女魏某燕一直在魏姜氏生前尽到主要赡养义务，与产权人关系较为亲近，且历代长期居住在遗产房屋内并曾主持危房改造，与遗产房屋有更深的历史情感联系，对周边人居环境更为熟悉，更有实际能力履行管养维护职责，更有能力清理遗产上可能存在的债权债务；长女魏某静一支可查后人现均居住漳州市，客观上无法对房屋尽到充分、周到的管养维护责任。故，由魏某静一支继承人跨市管理案涉遗产房屋暂不具备客观条件；魏某燕一支继承人能够协商支持由陈某萍、陈某芬共同管理案涉遗产房屋，符合遗产效用最大化原则。因此判决指定陈某萍、陈某芬为魏姜氏房屋的遗产管理人。

● **高法判例**　【［2020］最高法民再 111 号】　**翁某雅、吕某雯第三人撤销之诉再审案**（最高法院 2020 年 12 月 30 日民事裁定）（另见本书第 51 条）①

裁判摘要：三、关于遗产管理人及受托人在受托期间能否将遗产关联公司股权登记在自身名下，从而以名义股东身份管理相应遗产的问题。翁某芳等 4 人既是遗嘱执行人，也是遗产管理人，还是信托受托人。对此 3 种身份，各方当事人在庭审中均一致认可。现有法律并未明确禁止翁某芳等 4 人成为遗产关联公司的股东，并办理股权登记。尤其在法律已对遗嘱信托、遗嘱执行人、遗产管理人制度作出规定的情况下，11 号判决基于翁某芳等 4 人的遗嘱执行人、遗产管理人及信托受托人地位，允许将案涉股权登记在翁某芳等 4 人名下，并不违反法律规定（确认翁某芳等 4 人享有的是遗产管理人及受托人权利，并非是对股权的所有权）。如果不按照 11 号判决的方式处理，案涉遗产将难以管理、难以确保遗嘱的

---

①　注：最高法同一合议庭同日作出了 4 份裁定书（［2020］最高法民再 111~114 号），除当事人名称差异（分别为翁某雅、翁某文、翁甲雅、翁甲文）之外，其余内容无区别。

执行和信托财产的收集与分配。四、翁某雅作为遗嘱受益人如认为遗产管理人及受托人不适任或者存在侵犯遗嘱受益人权益的行为，可以另行通过诉讼等方式解决。

第五节　认定公民无民事行为能力、限制民事[19910409]行为能力案件

第 198 条[19910409]　【认定民事行为能力申请】申请认定公民无民事行为能力或者限制民事行为能力，由其近亲属或者其他利害关系人或者有关组织[20220101]向该公民住所地／户籍所在地基层人民法院提出。

申请书应当写明该公民无民事行为能力或者限制民事行为能力的事实和根据。

第 199 条　【民事行为能力鉴定】人民法院受理申请后，必要时应当对被请求认定为无民事行为能力或者限制民事[19910409]行为能力的公民进行鉴定。申请人已提供鉴定意见／结论[20130101]的，应当对鉴定意见／结论[20130101]进行审查。

第 200 条[19910409]　【民事行为能力的审理与认定】人民法院审理认定公民无民事行为能力或者限制民事行为能力的案件，应当由该公民的近亲属为代理人，但申请人除外。近亲属互相推诿的／必要时，由人民法院指定其中一人为代理人，并且应当询问本人。该公民健康情况许可的，还应当询问本人的意见／传唤到庭。

人民法院经审理认定申请有事实根据的，判决认定该公民为无民事行为能力或者限制民事行为能力人，应当依法为他指定监护人；认定申请没有事实根据／无理的，应当判决予以驳回。

第 201 条[19910409]　【撤销认定】人民法院根据被认定为无民事行为能力人、限制民事行为能力人本人、利害关系人或者有关组织／或者他的监护人[20220101]的申请，证实该公民无民事行为能力或者限制民事行为能力的原因已经消除的，应当作出新判决，撤销原判决。

● **相关规定**　【主席令［2020］45 号】　**中华人民共和国民法典**（2020 年 5 月 28 日全国人大［13 届 3 次］通过，2021 年 1 月 1 日起施行）

第 24 条　不能辨认或者不能完全辨认自己行为的成年人，其利害关系人或者有关组织，可以向人民法院申请认定该成年人为无民事行为能力人或者限制民事行为能力人。

被人民法院认定为无民事行为能力人或者限制民事行为能力人的，经本人、利害关系人或者有关组织申请，人民法院可以根据其智力、精神健康恢复的状况，认定该成年人恢复为限制民事行为能力人或者完全民事行为能力人。

本条规定的有关组织包括：居民委员会、村民委员会、学校、医疗机构、妇女联合会、残疾人联合会、依法设立的老年人组织、民政部门等。

【法释［2022］11 号】　**最高人民法院关于适用《中华人民共和国民事诉讼法》的解释**（"法释［2015］5 号"公布，2015 年 2 月 4 日起施行；根据法释［2020］20 号《决定》修正，2021 年 1 月 1 日起施行；2022 年 3 月 22 日最高法审委会［1866 次］修正，2022 年 4 月 1 日公布，2022 年 4 月 10 日起施行；以本规为准）

第 347 条　在诉讼中，当事人的利害关系人或者有关组织提出该当事人不能辨认或者不能完全辨认自己的行为/患有精神病，要求宣告该当事人无民事行为能力或限制民事行为能力的，应由利害关系人或者有关组织向人民法院提出申请，由受诉人民法院按照特别程序立案审理，原诉讼中止。

第 350 条　申请认定公民无民事行为能力或者限制民事行为能力的案件，被申请人没有近亲属的，~~人民法院可以指定其他亲属为代理人。被申请人没有亲属的，~~人民法院可以指定经被申请人所在单位或者住所地的居民委员会、村民委员会或者民政部门同意，且愿意担任代理人的个人或者组织/关系密切的朋友为代理人。

没有前款规定的代理人的，由被申请人所在单位或者住所地的居民委员会、村民委员会或者民政部门担任代理人。

代理人可以是 1 人，也可以是同一顺序中的 2 人。

● **文书格式**　【法［2016］221 号】　**民事诉讼文书样式**（2016 年 2 月 22 日最高法审委会［1679 次］通过，2016 年 6 月 28 日公布，2016 年 8 月 1 日起施行）（本书对格式略有调整）

申请书（申请宣告公民无\限制民事行为能力）

申请人（利害关系人或有关组织）：×××，男/女，×年×月×日生，×族，……（写明工作单位和职务或职业），住……。联系方式：……。（★申请人是有关组

织的，本段写明名称、住所)

法定代理人/指定代理人①：×××，……。(★申请人是有关组织的，本段写明主要负责人及其姓名、职务、联系方式)

委托诉讼代理人：×××，……。(申请时已经委托诉讼代理人的，写明此项)

被申请人：×××，……。

(以上写明申请人和其他诉讼参与人的姓名或者名称等基本信息)

请求事项：

1. 宣告×××为无\限制民事行为能力人；

2. 指定×××为×××的监护人。

事实和理由：

申请人×××与被申请人×××系……(写明双方的关系)。

……(写明被申请人无\限制民事行为能力人的事实)。

此致：××人民法院

附：……诊断证明/鉴定意见书

申请人 (自然人签名或单位盖章)

×年×月×日

通知书 (指定行为能力案件代理人)

(××××) ……民特……号

×××：

本院立案受理申请人×××申请认定×××无/限制民事行为能力一案中，×××被申请认定无/限制民事行为能力。依照《中华人民共和国民事诉讼法》第196条第1款、《最高人民法院关于适用〈中华人民共和国民事诉讼法〉的解释》第350条②规定，本院指定你为×××的代理人，参加本案审理。

(代理) 审判员 ×××

×年×月×日 (院印)

民事判决书 (认定公民无\限制民事行为能力)

(××××) ……民特……号

申请人：×××，……。

被申请人：×××，……。

---

① 注：申请人是无民事行为能力人或限制民事行为能力人的，应当写明法定代理人姓名、性别、出生日期、民族、职业、工作单位、住所、联系方式，在诉讼地位后括注与申请人的关系。

② 注：该条原规定：被申请人没有近亲属的，人民法院可以指定其他亲属为代理人。该规定已被修改 (删除)，2022年4月10日起施行。

代理人（除申请人之外的 被申请人的近亲属）：×××（系被申请人×××的……），……。

（以上写明申请人、被申请人及其代理人的姓名或者名称等基本信息）

申请人×××申请认定×××无＼限制民事行为能力一案，本院于×年×月×日立案后，依法适用特别程序进行了审理。现已审理终结。

×××称，……（概述申请人的请求、事实和理由）。

×××称，……（概述被申请人意见）。

×××称，……（概述代理人意见）。

经审理查明：……（写明被申请人的基本信息、申请人与被申请人的关系、行为能力鉴定意见等）。

本院认为，……（写明判决理由）。

依照《中华人民共和国民事诉讼法》第 196 条规定，判决如下：

（认定无＼限制民事行为能力的，写明：）×××为无＼限制民事行为能力人。

（驳回申请的，写明：）驳回×××的申请。

本判决为终审判决。

（代理）审判员　×××

×年×月×日（院印）

书记员　×××

申请书（申请宣告公民恢复限制＼完全民事行为能力）

申请人（利害关系人或有关组织）：×××，男/女，×年×月×日生，×族，……（写明工作单位和职务或职业），住……。联系方式：……。（★申请人是有关组织的，本段写明名称、住所）

法定代理人/指定代理人①：×××，……。（★申请人是有关组织的，本段写明主要负责人及其姓名、职务、联系方式）

委托诉讼代理人：×××，……。（申请时已经委托诉讼代理人的，写明此项）

被申请人：×××，……。

（以上写明申请人和其他诉讼参与人的姓名或者名称等基本信息）

请求事项：

1. 撤销××××人民法院（××××）……民特……号宣告无/限制民事行为能力民事判决；

2. 恢复×××为限制＼完全民事行为能力人。

---

① 注：申请人是无民事行为能力人或限制民事行为能力人的，应当写明法定代理人姓名、性别、出生日期、民族、职业、工作单位、住所、联系方式，在诉讼地位后括注与申请人的关系。

事实和理由:

×年×月×日，××人民法院作出（××××）……民特……号民事判决：一、宣告×××为无/限制民事行为能力人；二、指定×××为×××的监护人。

……（写明恢复限制＼完全民事行为能力的事实）。

此致：××人民法院

附：……诊断证明/鉴定意见书

申请人（自然人签名或单位盖章）

×年×月×日

民事判决书（恢复公民限制＼完全民事行为能力）

（××××）……民特……号

申请人：×××，……。

被申请人：×××，……。

（以上写明申请人、被申请人及其代理人的姓名或者名称等基本信息）

申请人×××申请认定×××恢复限制＼完全民事行为能力一案，本院于×年×月×日立案后，依法适用特别程序进行了审理。现已审理终结。

×××称，……（概述申请人的请求、事实和理由）。

×××称，……（概述被申请人意见）。

经审理查明：×年×月×日，××人民法院（××××）……民特……号民事判决：一、×××为无＼限制民事行为能力人；二、指定×××为×××的监护人。

……（写明申请人与被申请人的关系、行为能力鉴定意见等）。

本院认为，……（写明判决理由）。

依照《中华人民共和国民事诉讼法》第197条规定，判决如下：

（恢复限制＼完全民事行为能力的，逐项逐行写明:）一、撤销××人民法院（××××）……民特……号民事判决；二、×××为限制＼完全民事行为能力人。

（驳回申请的，写明:）驳回×××的申请。

本判决为终审判决。

（代理）审判员　×××

×年×月×日（院印）

书记员　×××

（本书汇）【监护权特别程序】

● **相关规定** 【主席令［2020］45号】 **中华人民共和国民法典**（2020年5月28日全国人大［13届3次］通过，2021年1月1日起施行）

第23条 无民事行为能力人、限制民事行为能力人的监护人是其法定代理人。

第27条 父母是未成年子女的监护人。

未成年人的父母已经死亡或者没有监护能力的，由下列有监护能力的人按顺序担任监护人：（一）祖父母、外祖父母；（二）兄、姐；（三）其他愿意担任监护人的个人或者组织，但是须经未成年人住所地的居民委员会、村民委员会或者民政部门同意。

第28条 无民事行为能力或者限制民事行为能力的成年人，由下列有监护能力的人按顺序担任监护人：（一）配偶；（二）父母、子女；（三）其他近亲属；（四）其他愿意担任监护人的个人或者组织，但是须经被监护人住所地的居民委员会、村民委员会或者民政部门同意。

第29条 被监护人的父母担任监护人的，可以通过遗嘱指定监护人。

第30条 依法具有监护资格的人之间可以协议确定监护人。协议确定监护人应当尊重被监护人的真实意愿。

第31条 对监护人的确定有争议的，由被监护人住所地的居民委员会、村民委员会或者民政部门指定监护人，有关当事人对指定不服的，可以向人民法院申请指定监护人；有关当事人也可以直接向人民法院申请指定监护人。

居民委员会、村民委员会、民政部门或者人民法院应当尊重被监护人的真实意愿，按照最有利于被监护人的原则在依法具有监护资格的人中指定监护人。

依据本条第1款规定指定监护人前，被监护人的人身权利、财产权利以及其他合法权益处于无人保护状态的，由被监护人住所地的居民委员会、村民委员会、法律规定的有关组织或者民政部门担任临时监护人。

监护人被指定后，不得擅自变更；擅自变更的，不免除被指定的监护人的责任。

第32条 没有依法具有监护资格的人的，监护人由民政部门担任，也可以由具备履行监护职责条件的被监护人住所地的居民委员会、村民委员会担任。

第33条 具有完全民事行为能力的成年人，可以与其近亲属、其他愿意担任监护人的个人或者组织事先协商，以书面形式确定自己的监护人，在自己丧失或者部分丧失民事行为能力时，由该监护人履行监护职责。

第36条 监护人有下列情形之一的，人民法院根据有关个人或者组织的申请，撤销其监护人资格，安排必要的临时监护措施，并按照最有利于被监护人的原则依法指定监护人：（一）实施严重损害被监护人身心健康的行为；（二）怠于履行监护职责，或者无法履行监护职责且拒绝将监护职责部分或者全部委托给他人，导致被监护人处于危困状态；（三）实施严重侵害被监护人合法权益的其他行为。

本条规定的有关个人、组织包括：其他依法具有监护资格的人，居民委员会、村民委员会、学校、医疗机构、妇女联合会、残疾人联合会、未成年人保护组织、依法设立的老年人组织、民政部门等。

前款规定的个人和民政部门以外的组织未及时向人民法院申请撤销监护人资格的，民政部门应当向人民法院申请。

第38条 被监护人的父母或者子女被人民法院撤销监护人资格后，除对被监护人实施故意犯罪的外，确有悔改表现的，经其申请，人民法院可以在尊重被监护人真实意愿的前提下，视情况恢复其监护人资格，人民法院指定的监护人与被监护人的监护关系同时终止。

第39条 有下列情形之一的，监护关系终止：（一）被监护人取得或者恢复完全民事行为能力；（二）监护人丧失监护能力；（三）被监护人或者监护人死亡；（四）人民法院认定监护关系终止的其他情形。

监护关系终止后，被监护人仍然需要监护的，应当依法另行确定监护人。

【法释〔2022〕6号】 最高人民法院关于适用《中华人民共和国民法典》总则编若干问题的解释（2021年12月30日最高法审委会〔1861次〕通过，2022年2月24日公布，2022年3月1日起施行）

第6条 人民法院认定自然人的监护能力，应当根据其年龄、身心健康状况、经济条件等因素确定；认定有关组织的监护能力，应当根据其资质、信用、财产状况等因素确定。

第7条 担任监护人的被监护人父母通过遗嘱指定监护人，遗嘱生效时被指定的人不同意担任监护人的，人民法院应当适用民法典第27条、第28条的规定确定监护人。

未成年人由父母担任监护人，父母中的一方通过遗嘱指定监护人，另一方在遗嘱生效时有监护能力，有关当事人对监护人的确定有争议的，人民法院应当适用民法典第27条第1款的规定确定监护人。

第8条 未成年人的父母与其他依法具有监护资格的人订立协议，约定免除具有监护能力的父母的监护职责的，人民法院不予支持。协议约定在未成年人的父母丧失监护能力时由该具有监护资格的人担任监护人的，人民法院依法予以支持。

依法具有监护资格的人之间依据民法典第 30 条的规定，约定由民法典第 27 条第 2 款、第 28 条规定的不同顺序的人共同担任监护人，或者由顺序在后的人担任监护人的，人民法院依法予以支持。

第 9 条　人民法院依据民法典第 31 条第 2 款、第 36 条第 1 款的规定指定监护人时，应当尊重被监护人的真实意愿，按照最有利于被监护人的原则指定，具体参考以下因素：（一）与被监护人生活、情感联系的密切程度；（二）依法具有监护资格的人的监护顺序；（三）是否有不利于履行监护职责的违法犯罪等情形；（四）依法具有监护资格的人的监护能力、意愿、品行等。

人民法院依法指定的监护人一般应当是 1 人，由数人共同担任监护人更有利于保护被监护人利益的，也可以是数人。

第 10 条　有关当事人不服居民委员会、村民委员会或者民政部门的指定，在接到指定通知之日起 30 日内向人民法院申请指定监护人的，人民法院经审理认为指定并无不当，依法裁定驳回申请；认为指定不当，依法判决撤销指定并另行指定监护人。

有关当事人在接到指定通知之日起 30 日后提出申请的，人民法院应当按照变更监护关系处理。

第 11 条　具有完全民事行为能力的成年人与他人依据民法典第 33 条的规定订立书面协议事先确定自己的监护人后，协议的任何一方在该成年人丧失或者部分丧失民事行为能力前请求解除协议的，人民法院依法予以支持。该成年人丧失或者部分丧失民事行为能力后，协议确定的监护人无正当理由请求解除协议的，人民法院不予支持。

该成年人丧失或者部分丧失民事行为能力后，协议确定的监护人有民法典第 36 条第 1 款规定的情形之一，该条第 2 款规定的有关个人、组织申请撤销其监护人资格的，人民法院依法予以支持。

第 12 条　监护人、其他依法具有监护资格的人之间就监护人是否有民法典第 39 条第 1 款第 2 项、第 4 项规定的应当终止监护关系的情形发生争议，申请变更监护人的，人民法院应当依法受理。经审理认为理由成立的，人民法院依法予以支持。

被依法指定的监护人与其他具有监护资格的人之间协议变更监护人的，人民法院应当尊重被监护人的真实意愿，按照最有利于被监护人的原则作出裁判。

第 13 条　监护人因患病、外出务工等原因在一定期限内不能完全履行监护职责，将全部或者部分监护职责委托给他人，当事人主张受托人因此成为监护人的，人民法院不予支持。

【主席令［2020］57号】 中华人民共和国未成年人保护法（2020年10月17日全国人大常委会［13届22次］最新修订，2021年6月1日起施行；2024年4月26日全国人大常委会［14届9次］统修）

第92条 具有下列情形之一的，民政部门应当依法对未成年人进行临时监护：（一）未成年人流浪乞讨或者身份不明，暂时查找不到父母或者其他监护人；（二）监护人下落不明且无其他人可以担任监护人；（三）监护人因自身客观原因或者因发生自然灾害、事故灾难、公共卫生事件等突发事件不能履行监护职责，导致未成年人监护缺失；（四）监护人拒绝或者怠于履行监护职责，导致未成年人处于无人照料的状态；（五）监护人教唆、利用未成年人实施违法犯罪行为，未成年人需要被带离安置；（六）未成年人遭受监护人严重伤害或者面临人身安全威胁，需要被紧急安置；（七）法律规定的其他情形。

第93条 对临时监护的未成年人，民政部门可以采取委托亲属抚养、家庭寄养等方式进行安置，也可以交由未成年人救助保护机构或者儿童福利机构进行收留、抚养。

临时监护期间，经民政部门评估，监护人重新具备履行监护职责条件的，民政部门可以将未成年人送回监护人抚养。

第94条 具有下列情形之一的，民政部门应当依法对未成年人进行长期监护：（一）查找不到未成年人的父母或者其他监护人；（二）监护人死亡或者被宣告死亡且无其他人可以担任监护人；（三）监护人丧失监护能力且无其他人可以担任监护人；（四）人民法院判决撤销监护人资格并指定由民政部门担任监护人；（五）法律规定的其他情形。

第95条 民政部门进行收养评估后，可以依法将其长期监护的未成年人交由符合条件的申请人收养。收养关系成立后，民政部门与未成年人的监护关系终止。

【法刊文摘】 审查立案若干疑难问题解答（二）①

72. 原告系未成年人或无民事行为能力或限制民事行为能力人，其监护人不履行监护职责，侵害了被监护人的合法权益，如何确定原、被告主体？

根据最高人民法院《关于贯彻执行〈中华人民共和国民法通则〉若干问题意见（试行）》第20条、《中华人民共和国民法通则》第16条、第17条的规定，其他有监护资格的人或者单位向人民法院起诉，要求监护人承担民事责任的，可列未成年人或无民事行为能力人、限制民事行为能力人为原告，其他有监护资格

---

① 参见中华人民共和国最高人民法院立案庭编：《立案工作指导与参考》（2003年第2卷·总第3卷），人民法院出版社2003年版。

的人或单位为法定代理人，不履行监护职责的监护人为被告。如起诉系要求变更监护关系的，按照特别程序审理，列其他有监护资格的人或单位为申请人，不履行监护职责的人为被申请人。如起诉系既要求承担民事责任的，又要求变更监护关系的，应分别立案。

【法发［2014］24号】　最高人民法院、最高人民检察院、公安部、民政部关于依法处理监护人侵害未成年人权益行为若干问题的意见（2014年12月18日印发，2015年1月1日起施行）（余见本书第9章"人身安全保护令"专辑）

一、一般规定

1. 本意见所称监护侵害行为，是指父母或者其他监护人（以下简称监护人）性侵害、出卖、遗弃、虐待、暴力伤害未成年人，教唆、利用未成年人实施违法犯罪行为，胁迫、诱骗、利用未成年人乞讨，以及不履行监护职责严重危害未成年人身心健康等行为。

二、报告和处置

11. 公安机关在出警过程中，发现未成年人身体受到严重伤害、面临严重人身安全威胁或者处于无人照料等危险状态的，应当将其带离实施监护侵害行为的监护人，就近护送至其他监护人、亲属、村（居）民委员会或者未成年人救助保护机构，并办理书面交接手续。未成年人有表达能力的，应当就护送地点征求未成年人意见。

负责接收未成年人的单位和人员（以下简称临时照料人）应当对未成年人予以临时紧急庇护和短期生活照料，保护未成年人的人身安全，不得侵害未成年人合法权益。

公安机关应当书面告知临时照料人有权依法向人民法院申请人身安全保护裁定和撤销监护人资格。

三、临时安置和人身安全保护裁定

19. 未成年人救助保护机构应当与公安机关、村（居）民委员会、学校以及未成年人亲属等进行会商，根据案件侦办查处情况说明、调查评估报告和监护人接受教育辅导等情况，并征求有表达能力的未成年人意见，形成会商结论。

经会商认为本意见第11条第1款规定的危险状态已消除，监护人能够正确履行监护职责的，未成年人救助保护机构应当及时通知监护人领回未成年人。监护人应当在3日内领回未成年人并办理书面交接手续。会商形成结论前，未成年人救助保护机构不得将未成年人交由监护人领回。

经会商认为监护侵害行为属于本意见第35条规定情形的，未成年人救助保护机构应当向人民法院申请撤销监护人资格。

四、申请撤销监护人资格诉讼

27. 下列单位和人员（以下简称有关单位和人员）有权向人民法院申请撤销监护人资格：（一）未成年人的其他监护人，祖父母、外祖父母、兄、姐，关系密切的其他亲属、朋友；（二）未成年人住所地的村（居）民委员会，未成年人父、母所在单位；（三）民政部门及其设立的未成年人救助保护机构；（四）共青团、妇联、关工委、学校等团体和单位。

申请撤销监护人资格，一般由前款中负责临时照料未成年人的单位和人员提出，也可以由前款中其他单位和人员提出。

28. 有关单位和人员向人民法院申请撤销监护人资格的，应当提交相关证据。

有包含未成年人基本情况、监护存在问题、监护人悔过情况、监护人接受教育辅导情况、未成年人身心健康状况以及未成年人意愿等内容的调查评估报告的，应当一并提交。

29. 有关单位和人员向公安机关、人民检察院申请出具相关案件证明材料的，公安机关、人民检察院应当提供证明案件事实的基本材料或者书面说明。

30. 监护人因监护侵害行为被提起公诉的案件，人民检察院应当书面告知未成年人及其临时照料人有权依法申请撤销监护人资格。

对于监护侵害行为符合本意见第35条规定情形而相关单位和人员没有提起诉讼的，人民检察院应当书面建议当地民政部门或者未成年人救助保护机构向人民法院申请撤销监护人资格。

31. 申请撤销监护人资格案件，由未成年人住所地、监护人住所地或者侵害行为地基层人民法院管辖。

人民法院受理撤销监护人资格案件，不收取诉讼费用。

五、撤销监护人资格案件审理和判后安置

32. 人民法院审理撤销监护人资格案件，比照民事诉讼法规定的特别程序进行，在1个月内审理结案。有特殊情况需要延长的，由本院院长批准。

33. 人民法院应当全面审查调查评估报告等证据材料，听取被申请人、有表达能力的未成年人以及村（居）民委员会、学校、邻居等的意见。

34. 人民法院根据案件需要可以聘请适当的社会人士对未成年人进行社会观护，并可以引入心理疏导和测评机制，组织专业社会工作者、儿童心理问题专家等专业人员参与诉讼，为未成年人和被申请人提供心理辅导和测评服务。

35. 被申请人有下列情形之一的，人民法院可以判决撤销其监护人资格：（一）性侵害、出卖、遗弃、虐待、暴力伤害未成年人，严重损害未成年人身心健康的；（二）将未成年人置于无人监管和照看的状态，导致未成年人面临死亡或者严重伤害危险，经教育不改的；（三）拒不履行监护职责长达6个月以上，导致未成年人流离失所或者生活无着的；（四）有吸毒、赌博、长期酗酒等恶习无法正确履行监护职责或者因服刑等原因无法履行监护职责，且拒绝将监护职责部分或者全部委托给他人，致使未成年人处于困境或者危险状态的；（五）胁迫、诱骗、利用未成年人乞讨，经公安机关和未成年人救助保护机构等部门 3 次以上批评教育拒不改正，严重影响未成年人正常生活和学习的；（六）教唆、利用未成年人实施违法犯罪行为，情节恶劣的；（七）有其他严重侵害未成年人合法权益行为的。

36. 判决撤销监护人资格，未成年人有其他监护人的，应当由其他监护人承担监护职责。其他监护人应当采取措施避免未成年人继续受到侵害。

没有其他监护人的，人民法院根据最有利于未成年人的原则，在民法通则第 16 条第 2 款、第 4 款规定的人员和单位中指定监护人。指定个人担任监护人的，应当综合考虑其意愿、品行、身体状况、经济条件、与未成年人的生活情感联系以及有表达能力的未成年人的意愿等。

没有合适人员和其他单位担任监护人的，人民法院应当指定民政部门担任监护人，由其所属儿童福利机构收留抚养。

37. 判决不撤销监护人资格的，人民法院可以根据需要走访未成年人及其家庭，也可以向当地民政部门、辖区公安派出所、村（居）民委员会、共青团、妇联、未成年人所在学校、监护人所在单位等发出司法建议，加强对未成年人的保护和对监护人的监督指导。

38. 被撤销监护人资格的侵害人，自监护人资格被撤销之日起 3 个月至 1 年内，可以书面向人民法院申请恢复监护人资格，并应当提交相关证据。

人民法院应当将前款内容书面告知侵害人和其他监护人、指定监护人。

39. 人民法院审理申请恢复监护人资格案件，按照变更监护关系的案件审理程序进行。

人民法院应当征求未成年人现任监护人和有表达能力的未成年人的意见，并可以委托申请人住所地的未成年人救助保护机构或者其他未成年人保护组织，对申请人监护意愿、悔改表现、监护能力、身心状况、工作生活情况等进行调查，形成调查评估报告。

申请人正在服刑或者接受社区矫正的，人民法院应当征求刑罚执行机关或者社区矫正机构的意见。

40. 人民法院经审理认为申请人确有悔改表现并且适宜担任监护人的，可以判决恢复其监护人资格，原指定监护人的监护人资格终止。

申请人具有下列情形之一的，一般不得判决恢复其监护人资格：（一）性侵害、出卖未成年人的；（二）虐待、遗弃未成年人 6 个月以上、多次遗弃未成年人，并且造成重伤以上严重后果的；（三）因监护侵害行为被判处 5 年有期徒刑以上刑罚的。

42. 被撤销监护人资格的父、母应当继续负担未成年人的抚养费用和因监护侵害行为产生的各项费用。相关单位和人员起诉的，人民法院应予支持。

【主席令［2015］37 号】　中华人民共和国反家庭暴力法（2015 年 12 月 27 日全国人大常委会［12 届 18 次］通过，2016 年 3 月 1 日起施行）

第 21 条（第 1 款）　监护人实施家庭暴力严重侵害被监护人合法权益的，人民法院可以根据被监护人的近亲属、居民委员会、村民委员会、县级人民政府民政部门等有关人员或者单位的申请，依法撤销其监护人资格，另行指定监护人。

【法释［2022］11 号】　最高人民法院关于适用《中华人民共和国民事诉讼法》的解释（"法释［2015］5 号"公布，2015 年 2 月 4 日起施行；根据法释［2020］20 号《决定》修正，2021 年 1 月 1 日起施行；2022 年 3 月 22 日最高法审委会［1866 次］修正，2022 年 4 月 1 日公布，2022 年 4 月 10 日起施行；以本规为准）

第 83 条　在诉讼中，无民事行为能力人、限制民事行为能力人的监护人是他的法定代理人。事先没有确定监护人的，可以由有监护资格的人协商确定；协商不成的，由人民法院在他们之中指定诉讼中的法定代理人。当事人没有民法典第 27 条、第 28 条规定的监护人的，可以指定民法典第 32 条规定的有关组织担任诉讼中的法定代理人。

第 349 条　被指定的监护人不服居民委员会、村民委员会或者民政部门指定，应当自接到通知之日起 30 日内向人民法院提出异议。经审理，认为指定并无不当的，裁定驳回异议；指定不当的，判决撤销指定，同时另行指定监护人。判决书应当送达异议人、原指定单位及判决指定的监护人。

（新增）　有关当事人依照民法典第 31 条第 1 款规定直接向人民法院申请指定监护人的，适用特别程序审理，判决指定监护人。判决书应当送达申请人、判决指定的监护人。

● **文书格式　【法［2016］221 号】　民事诉讼文书样式**（2016 年 2 月 22 日最高法审委会［1679 次］通过，2016 年 6 月 28 日公布，2016 年 8 月 1 日起施行）
（本书对格式略有调整）

申请书（申请撤销监护人资格）①

申请人：×××，男/女，×年×月×日生，×族，……（写明工作单位和职务或职业），住……。联系方式：……。（★申请人是法人或其他组织的，本段写明名称、住所）

法定代理人/指定代理人②：×××，……。（★申请人是法人或其他组织的，本段写明法定代表人、主要负责人及其姓名、职务、联系方式）

委托诉讼代理人：×××，……。（申请时已经委托诉讼代理人的，写明此项）

（以上写明申请人和其他诉讼参与人的姓名或者名称等基本信息）

请求事项：

撤销×××为×××的监护人资格。

事实和理由：

……（写明撤销监护人的事实和理由）。

此致：××人民法院

申请人（自然人签名或单位盖章）

×年×月×日

申请书（申请撤销\变更指定监护人）③

申请人（被指定的监护人/利害关系人）：×××，男/女，×年×月×日生，×族，……（写明工作单位和职务或职业），住……。联系方式：……。

委托诉讼代理人：×××，……。（申请时已经委托诉讼代理人的，写明此项）

（以上写明申请人和其他诉讼参与人的姓名或者名称等基本信息）

请求事项：

1. 撤销指定×××（甲）为×××的监护人；

2. 指定×××（乙）为×××的监护人。

事实和理由：

申请人因对……（原指定单位）指定×××（甲）担任×××，……（写明被监护人的性别、出生日期、民族、写明工作单位和职务或者职业、住所）的监护人

---

① 监护人不履行监护职责或者侵害被监护人的合法权益的，有关人员或有关单位可以申请撤销监护人的资格；监护人实施家庭暴力严重侵害被监护人合法权益的，被监护人的近亲属、居民委员会、村民委员会、县级人民政府民政部门等有关人员或单位，可以申请依法撤销其监护人资格，另行指定监护人。

② 注：申请人是无民事行为能力人或限制民事行为能力人的，应当写明法定代理人姓名、性别、出生日期、民族、职业、工作单位、住所、联系方式，在诉讼地位后括注与申请人的关系。

③ 注：被指定的监护人有异议，应当自接到通知之日起30日内向人民法院申请撤销指定。超过30日的，按申请变更监护人确定案由。

不服，向你院提出异议＼申请变更。

　　……（写明申请撤销＼变更指定监护的事实和理由）

　　此致：××人民法院

　　附：有关单位指定意见书或者人民法院确定监护人民事判决书

申请人（自然人签名或单位盖章）

×年×月×日

民事判决书（撤销＼变更监护人）①

（××××）……民特……号

　　申请人：×××，……。

　　被申请人：×××，……。（申请变更监护人的，不用列写本项）

　　（以上写明申请人、被申请人及其代理人的姓名或者名称等基本信息）

　　申请人×××与被申请人×××申请撤销＼变更监护人资格一案，本院于×年×月×日立案后进行了审理。现已审理终结。

　　×××称，……（概述申请人的请求、事实和理由）。

　　经审理查明：……（被监护人基本信息、申请人与被监护人的关系、原指定监护情况、拟指定监护人基本信息等）。

　　本院认为，……（原指定监护是否适当，是否撤销＼变更原指定同时另行指定监护人的理由）。

　　依照《中华人民共和国民事诉讼法》第185条、《最高人民法院关于适用〈中华人民共和国民事诉讼法〉的解释》第349条规定，判决如下：

　　（撤销的，逐项逐行写明：）一、撤销×××为×××的监护人的指定；二、指定×××为×××的监护人。

　　（变更的，写明：）×××的监护人变更为×××。

　　（驳回申请的，写明：）驳回×××的申请。

　　本判决为终审判决。

（代理）审判员　×××

×年×月×日（院印）

书记员　×××

---

　　① 注：本判决书应当送达异议人、原指定监护人及判决指定的监护人。

　　★被指定的监护人不服指定，在接到指定通知30日内向人民法院提出异议，而人民法院经审查认为原指定监护并无不当的，应当参照本样式，制作"民事裁定书"驳回异议。

● **指导案例**　【法［2024］112号】　最高人民法院第40批指导性案例

（指导案例228号）张某诉李某、刘某监护权纠纷案

裁判要点：1. 在夫妻双方分居期间，一方或者其近亲属擅自带走未成年子女，致使另一方无法与未成年子女相见的，构成对另一方因履行监护职责所产生的权利的侵害。

2. 对夫妻双方分居期间的监护权纠纷，人民法院可以参照适用民法典关于离婚后子女抚养的有关规定，暂时确定未成年子女的抚养事宜，并明确暂时直接抚养未成年子女的一方有协助对方履行监护职责的义务。

（指导案例229号）沙某某诉袁某某探望权纠纷案

裁判要点：未成年人的父、母一方死亡，祖父母或者外祖父母向人民法院提起诉讼请求探望孙子女或者外孙子女的，人民法院应当坚持最有利于未成年人、有利于家庭和谐的原则，在不影响未成年人正常生活和身心健康的情况下，依法予以支持。①

● **公报案例**　（法公报［2015］8期）　张琴诉镇江市姚桥镇迎北村村民委员会撤销监护人资格纠纷案（镇江经济开发区法院2014年8月22日民事判决［2014］镇经民特字第0002号）

裁判摘要：认定监护人的监护能力，应当根据监护人的身体健康状况、经济条件，以及与被监护人在生活上的联系状况等综合因素确定。未成年人的近亲属没有监护能力，亦无关系密切的其他亲属、朋友愿意承担监护责任的。人民法院可以根据对被监护人有利的原则，直接指定具有承担社会救助和福利职能的民政部门担任未成年人的监护人，履行监护职责。

（法公报［2022］9期）　姜某某、孟某某与乔某甲申请变更监护人案（上海长宁法院2017年4月12日民事判决书）②

裁判摘要：在申请变更监护人、变更抚养关系等需要确认未成年人、无行为

---

① 注：隔代探望属于伦理常情。对此，《民法典（一审稿）》曾规定："祖父母、外祖父母探望孙子女、外孙子女的，参照适用前条（父母探望权）规定"。二审稿增加了限制条件："祖父母、外祖父母探望孙子女、外孙子女的，如果其尽了抚养义务或者孙子女、外孙子女的父母一方死亡的，可以参照适用前条规定"。因争议较大，全国人大宪法和法律委员会经研究认为（见《中国人大》2019年第21期），鉴于目前各方面对此尚未形成共识，可以考虑暂不在民法典中规定；祖父母、外祖父母进行隔代探望，如与直接抚养子女的一方不能协商一致，可以通过诉讼由人民法院根据具体情况解决。因而《民法典》最终未对此进行规定。但也可见，立法并没有否定司法裁判保障隔代探望行使的途径。而且，《民法典》第10条规定："处理民事纠纷，应当依照法律；法律没有规定的，可以适用习惯，但是不得违背公序良俗。"

② 注：上海高院审委会2019年第1次会议将本案列入上海法院第7批参考性案例（第62号）。

能力或者限制行为能力人的财产监管责任的案件中，如监护人因年龄、身体健康等原因导致财产监管能力不足，或者监护人与被监护人的财产利益存在冲突等情况，造成监护人无法有效管理被监护人财产，可能造成其财产利益受损的，为体现"最有利于被监护人"的法律原则，经监护人与第三方协商一致并听取被监护人意见，经法院审查认定，可将被监护人财产委托第三方监管。

● **典型案例** 【法办发［2022］号】 **人民法院贯彻实施民法典典型案例（第一批）**（最高法 2022 年 2 月 25 日发布）

（案例 1）广州市黄埔区民政局与陈某金申请变更监护人案

基本案情：吴某为智力残疾三级，2010 年 10 月 28 日出生，于 2011 年 8 月 22 日被收养；其养父母于 2012 年和 2014 年先后病故，后由其养祖母陈某金作为监护人。陈某金年事已高并有疾病在身，除每月 500 余元农村养老保险及每年 2000 余元社区股份分红外，无其他经济收入来源。吴某的外祖父母也年事已高亦无经济收入来源。2018 年起，陈某金多次向街道和区民政局申请将吴某送往儿童福利机构养育。为妥善做好吴某的后期监护，广州市黄埔区民政局依照民法典相关规定向人民法院申请变更吴某的监护人为民政部门，区检察院出庭支持民政部门的变更申请。

裁判结果：鉴于陈某金已不适宜继续承担吴某的监护职责且同意变更，而吴某的外祖父母也不具备监护能力，故判决自 2021 年 7 月 23 日起，吴某的监护人变更为广州市黄埔区民政局。

（案例 2）梅河口市儿童福利院与张某柔申请撤销监护人资格案

基本案情：2021 年 3 月 14 日 3 时，张某柔在吉林省梅河口市某烧烤店内生育一女婴（非婚生，生父未知），随后将其遗弃在梅河口市某村露天垃圾箱内。当日 9 时 30 分许，女婴被群众发现并报案，被民警送至医院抢救治疗，一周后出院并被梅河口市儿童福利院抚养至今。张某柔因犯遗弃罪，被判刑，后仍不履行抚养义务，其近亲属亦无抚养意愿。梅河口市儿童福利院申请撤销张某柔监护人资格，更换为福利院；梅河口检察院出庭支持申请。

裁判结果：生效裁判认为，张某柔的遗弃行为严重损害了被监护人的身心健康和合法权益，其监护人资格应当予以撤销。指定梅河口市儿童福利院为女婴的监护人。

第六节　认定财产无主案件

第 202 条　【认定财产无主申请】申请认定财产无主，由公民、法人或者其他组织/有关机关、团体、企业事业单位、基层组织或者个人¹⁹⁹¹⁰⁴⁰⁹向财产所在地基层人民法院提出。

申请书应当写明财产的种类、数量以及要求认定财产无主的根据。

第 203 条　【财产认领公告与判决】人民法院受理认定财产无主的申请后，经审查核实，应当发出财产认领公告。公告满 1 年后无人认领的，即判决认定财产无主，收归国家或者集体所有。

第 204 条¹⁹⁹¹⁰⁴⁰⁹　**【撤销判决】**判决认定财产无主后，原财产所有人或者合法继承人出现，并在民法典/民法通则²⁰²²⁰¹⁰¹规定的诉讼时效期间可以对财产提出请求，人民法院审查属实后，应当作出新判决，撤销原判决。

● **相关规定**　**【法释〔2022〕11 号】　最高人民法院关于适用《中华人民共和国民事诉讼法》的解释**（"法释〔2015〕5 号"公布，2015 年 2 月 4 日起施行；根据法释〔2020〕20 号《决定》修正，2021 年 1 月 1 日起施行；2022 年 3 月 22 日最高法审委会〔1866 次〕修正，2022 年 4 月 1 日公布，2022 年 4 月 10 日起施行；以本规为准）

第 348 条　认定财产无主案件，公告期间有人对财产提出请求的，人民法院应当裁定终结特别程序，告知申请人另行起诉，适用普通程序审理。

第 460 条（第 2 款）　认定财产无主的判决，由作出判决的人民法院将无主财产收归国家或者集体所有。

● **文书格式**　**【法〔2016〕221 号】　民事诉讼文书样式**（2016 年 2 月 22 日最高法审委会〔1679 次〕通过，2016 年 6 月 28 日公布，2016 年 8 月 1 日起施行）

（本书对格式略有调整）

申请书（申请认定财产无主）

申请人：×××，男/女，×年×月×日生，×族，……（写明工作单位和职务或

职业），住……。联系方式：……。（★申请人是法人或其他组织的，本段写明名称、住所）

法定代理人/指定代理人①：×××，……。（★申请人是法人或其他组织的，本段写明法定代表人、主要负责人及其姓名、职务、联系方式）

委托诉讼代理人：×××，……。（申请时已经委托诉讼代理人的，写明此项）

（以上写明申请人和其他诉讼参与人的姓名或者名称等基本信息）

请求事项：

认定……（写明无主财产的名称、数量②）为无主财产，收归国家/……（写明集体名称）所有。

事实和理由：

……（写明相关的事实和理由）

此致：××人民法院

申请人（自然人签名或单位盖章）
×年×月×日

<h3 align="center">公告（财产认领）</h3>

（××××）……民特……号

本院于×年×月×日立案受理申请人×××申请认定财产无主一案。申请人×××申请称，……（写明财产无主的事实与理由）。凡认为对该财产具有所有权或者其他财产权益的人，应当自公告之日起1年内向本院申请认领，并提供具体联系地址及其联系方式。逾期无人认领的，本院将判决认定该财产无主，收归国家/×××集体所有。

特此公告。

×年×月×日（院印）

<h3 align="center">民事判决书（申请认定财产无主）</h3>

（××××）……民特……号

申请人：×××，……。

（以上写明申请人及其代理人的姓名或者名称等基本信息）

申请人×××申请认定财产无主一案，本院于×年×月×日立案后，依法适用特别程序进行了审理。现已审理终结。

×××称，……（概述申请人的请求、事实和理由）。

---

① 注：申请人是无民事行为能力人或限制民事行为能力人的，应当写明法定代理人姓名、性别、出生日期、民族、职业、工作单位、住所、联系方式，在诉讼地位后括注与申请人的关系。

② 注：财产多的正文可以只写明概况，财产清单附后。

经审理查明：……（写明申请人要求认定的无主财产的名称、数量及其根据）。

本院于×年×月×日在……（写明公告方式）发出认领上述财产的公告，法定公告期间为 1 年，现已届满，上述财产无人认领。

本院认为，人民法院受理认定财产无主申请后，经审查核实，发出财产认领公告满 1 年无人认领的，判决认定财产无主，收归国家或者集体所有。

依照《中华人民共和国民事诉讼法》第 199 条规定，判决如下：

……（写明无主财产的名称、数量；财产多的只写明概况，财产清单附后）为无主财产，收归国家/×××所有。

本判决为终审判决。

（代理）审判员　×××

×年×月×日（院印）

书记员　×××

申请书（申请撤销认定财产无主）

（……申请人和其他诉讼参与人的姓名或者名称等基本信息，格式同"申请认定财产无主"）

请求事项：

1. 撤销××人民法院（××××）……民特……号认定财产无主民事判决；

2. ……（写明无主财产的名称、数量①）归申请人×××所有。

事实和理由：

×年×月×日，××人民法院作出（××××）……民特……号民事判决：……为无主财产，收归国家/……（写明集体名称）所有。

……（写明要求撤销认定财产无主的判决以及无主财产归申请人所有的事实和理由）

此致：××人民法院

附：××人民法院（××××）……民特……号认定财产无主民事判决书。

申请人（自然人签名或单位盖章）

×年×月×日

民事判决书（申请撤销认定财产无主）

（××××）……民特……号

申请人：×××，……。

（以上写明申请人及其代理人的姓名或者名称等基本信息）

---

① 注：财产多的正文可以只写明概况，财产清单附后。

申请人×××申请撤销认定财产无主一案，本院于×年×月×日立案后，依法适用特别程序进行了审理。现已审理终结。

×××称，……（概述申请人的请求、事实和理由）。

经审理查明：×年×月×日，××人民法院（××××）……民特……号民事判决：……财产为无主财产，收归国家/×××所有。

……（写明申请人系原判决认定无主的财产所有权人或者继承人的事实）。

本院认为，申请人×××作为案涉财产的所有权人/继承人在诉讼时效期间内申请撤销（×××）……民特……号民事判决，应予支持。

依照《中华人民共和国民事诉讼法》第200条规定，判决如下：

撤销××人民法院（××××）……民特……号民事判决。

本判决为终审判决。

（代理）审判员 ×××

×年×月×日（院印）

书记员 ×××

第七节²⁰¹³⁰¹⁰¹ 确认调解协议案件

第205条 【调解的司法确认申请】 经依法设立的调解组织调解达成调解协议²⁰²²⁰¹⁰¹，申请司法确认调解协议²⁰²²⁰¹⁰¹的，由双方当事人依照人民调解法等法律，²⁰²²⁰¹⁰¹ 自调解协议生效之日起30日内，共同向下列人民法院提出：向调解组织所在地基层人民法院提出。²⁰²²⁰¹⁰¹

（一）人民法院邀请调解组织开展先行调解的，向作出邀请的人民法院提出；

（二）调解组织自行开展调解的，向当事人住所地、标的物所在地、调解组织所在地的基层人民法院提出；调解协议所涉纠纷应当由中级人民法院管辖的，向相应的中级人民法院提出。

第206条 【裁定调解协议有效与驳回申请】 人民法院受理申请后，经审查，符合法律规定的，裁定调解协议有效，一方当事人拒绝履行或者未全部履行的，对方当事人可以向人民法院申请执行；不符合法律规定的,裁定驳回申请,当事人可以通过调解方式变更原调解协议或者达成新的调解协议,也可以向人民法院提起诉讼。

（插） **第 245 条**[19910409] 　**【调解书执行】** 人民法院制作的调解书的执行,适用本编的规定。

● **相关规定** 　**【法释［1998］15 号】** 　**最高人民法院关于人民法院执行工作若干问题的规定（试行）**（1998 年 6 月 11 日最高法审委会［992 次］通过,1998 年 7 月 8 日公布施行;根据法释［2020］21 号《决定》修正,2021 年 1 月 1 日起施行;以本规为准）①

73. 上级法院发现下级法院执行的非诉讼生效法律文书有不予执行事由,应当依法作出不予执行裁定而不制作的,可以责令下级法院在指定时限内作出裁定,必要时可直接裁定不予执行。

【法释［2004］12 号】 　**最高人民法院关于人民法院民事调解工作若干问题的规定**（2004 年 8 月 18 日最高法审委会［1321 次］通过,2004 年 9 月 16 日公布,2004 年 11 月 1 日起施行;根据法释［2020］20 号《决定》修正,2021 年 1 月 1 日起施行。以本规为准）

第 15 条（第 1 款）　调解书确定的担保条款条件或者承担民事责任的条件成就时,当事人申请执行的,人民法院应当依法执行。

【主席令［2009］14 号】 　**中华人民共和国农村土地承包经营纠纷调解仲裁法**（2009 年 6 月 27 日全国人大常委会［11 届 9 次］通过,2010 年 1 月 1 日起施行）

第 49 条　当事人对发生法律效力的调解书、裁决书,应当依照规定的期限履行。一方当事人逾期不履行的,另一方当事人可以向被申请人住所地或者财产所在地的基层人民法院申请执行。受理申请的人民法院应当依法执行。

【法发［2009］45 号】 　**最高人民法院关于建立健全诉讼与非诉讼相衔接的矛盾纠纷解决机制的若干意见**（经中央批准,2009 年 7 月 24 日印发）

11. 经《中华人民共和国劳动争议调解仲裁法》规定的调解组织调解达成的劳动争议调解协议,由双方当事人签名或者盖章,经调解员签名并加盖调解组织印章后生效,对双方当事人具有合同约束力,当事人应当履行。双方当事人可以不经仲裁程序,根据本意见关于司法确认的规定直接向人民法院申请确认调解协

---

① 注：本《规定》自 1998 年 7 月 8 日公布试行 22 年多,至 2020 年 12 月 23 日修正,仍为"试行"。

议效力。人民法院不予确认的，当事人可以向劳动争议仲裁委员会申请仲裁。

20. 经行政机关、人民调解组织、商事调解组织、行业调解组织或者其他具有调解职能的组织调解达成的具有民事合同性质的协议，经调解组织和调解员签字盖章后，当事人可以申请有管辖权的人民法院确认其效力。当事人请求履行调解协议、请求变更、撤销调解协议或者请求确认调解协议无效的，可以向人民法院提起诉讼。

22. 当事人应当共同向有管辖权的人民法院以书面形式或者口头形式提出确认申请。一方当事人提出申请，另一方表示同意的，视为共同提出申请。当事人提出申请时，应当向人民法院提交调解协议书、承诺书。人民法院在收到申请后应当及时审查，材料齐备的，及时向当事人送达受理通知书。双方当事人签署的承诺书应当明确载明以下内容：（一）双方当事人出于解决纠纷的目的自愿达成协议，没有恶意串通、规避法律的行为；（二）如果因为该协议内容而给他人造成损害的，愿意承担相应的民事责任和其他法律责任。

23. 人民法院审理申请确认调解协议案件，参照适用《中华人民共和国民事诉讼法》有关简易程序的规定。案件由审判员1人独任审理，双方当事人应当同时到庭。人民法院应当面询问双方当事人是否理解所达成协议的内容，是否接受因此而产生的后果，是否愿意由人民法院通过司法确认程序赋予该协议强制执行的效力。

24. 有下列情形之一的，人民法院不予确认调解协议效力：（一）违反法律、行政法规强制性规定的；（二）侵害国家利益、社会公共利益的；（三）侵害案外人合法权益的；（四）涉及是否追究当事人刑事责任的；（五）内容不明确，无法确认和执行的；（六）调解组织、调解员强迫调解或者有其他严重违反职业道德准则的行为的；（七）其他情形不应当确认的。

当事人在违背真实意思的情况下签订调解协议，或者调解组织、调解员与案件有利害关系、调解显失公正的，人民法院对调解协议效力不予确认，但当事人明知存在上述情形，仍坚持申请确认的除外。

25. 人民法院依法审查后，决定是否确认调解协议的效力。确认调解协议效力的决定送达双方当事人后发生法律效力，一方当事人拒绝履行的，另一方当事人可以依法申请人民法院强制执行。

【主席令〔2010〕34号】 中华人民共和国人民调解法（2010年8月28日全国人大常委会〔11届16次〕通过，2011年1月1日起施行）

第32条 经人民调解委员会调解达成调解协议后，当事人之间就调解协议的履行或者调解协议的内容发生争议的，一方当事人可以向人民法院提起诉讼。

第33条 经人民调解委员会调解达成调解协议后，双方当事人认为有必要的，可以自调解协议生效之日起 30 日内共同向人民法院申请司法确认，人民法院应当及时对调解协议进行审查，依法确认调解协议的效力。

人民法院依法确认调解协议有效，一方当事人拒绝履行或者未全部履行的，对方当事人可以向人民法院申请强制执行。

人民法院依法确认调解协议无效的，当事人可以通过人民调解方式变更原调解协议或者达成新的调解协议，也可以向人民法院提起诉讼。

【法释［2011］5 号】　最高人民法院关于人民调解协议司法确认程序的若干规定（2011 年 3 月 21 日最高法审委会［1515 次］通过，2011 年 3 月 23 日公布，2011 年 3 月 30 日起施行）

第 1 条　当事人根据《中华人民共和国人民调解法》第 33 条的规定共同向人民法院申请确认调解协议的，人民法院应当依法受理。

第 2 条　当事人申请确认调解协议的，由主持调解的人民调解委员会所在地基层人民法院或者它派出的法庭管辖。

人民法院在立案前委派人民调解委员会调解并达成调解协议，当事人申请司法确认的，由委派的人民法院管辖。

第 3 条　当事人申请确认调解协议，应当向人民法院提交司法确认申请书、调解协议和身份证明、资格证明，以及与调解协议相关的财产权利证明等证明材料，并提供双方当事人的送达地址、电话号码等联系方式。委托他人代为申请的，必须向人民法院提交由委托人签名或者盖章的授权委托书。

第 4 条　人民法院收到当事人司法确认申请，应当在 3 日内决定是否受理。人民法院决定受理的，应当编立"调确字"案号，并及时向当事人送达受理通知书。双方当事人同时到法院申请司法确认的，人民法院可以当即受理并作出是否确认的决定。

有下列情形之一的，人民法院不予受理：（一）不属于人民法院受理民事案件的范围或者不属于接受申请的人民法院管辖的；（二）确认身份关系的；（三）确认收养关系的；（四）确认婚姻关系的。

第 5 条　人民法院应当自受理司法确认申请之日起 15 日内作出是否确认的决定。因特殊情况需要延长的，经本院院长批准，可以延长 10 日。

在人民法院作出是否确认的决定前，一方或者双方当事人撤回司法确认申请的，人民法院应当准许。

第 6 条　人民法院受理司法确认申请后，应当指定一名审判人员对调解协议进行审查。人民法院在必要时可以通知双方当事人同时到场，当面询问当事人。当事人应当向人民法院如实陈述申请确认的调解协议的有关情况，保证提交的证明材料真实、合法。人民法院在审查中，认为当事人的陈述或者提供的证明材料不充分、不完备或者有疑义的，可以要求当事人补充陈述或者补充证明材料。当事人无正当理由未按时补充或者拒不接受询问的，可以按撤回司法确认申请处理。

第 7 条　具有下列情形之一的，人民法院不予确认调解协议效力：（一）违反法律、行政法规强制性规定的；（二）侵害国家利益、社会公共利益的；（三）侵害案外人合法权益的；（四）损害社会公序良俗的；（五）内容不明确，无法确认的；（六）其他不能进行司法确认的情形。

第 8 条　人民法院经审查认为调解协议符合确认条件的，应当作出确认决定书；决定不予确认调解协议效力的，应当作出不予确认决定书。

第 9 条　人民法院依法作出确认决定后，一方当事人拒绝履行或者未全部履行的，对方当事人可以向作出确认决定的人民法院申请强制执行。

第 10 条　案外人认为经人民法院确认的调解协议侵害其合法权益的，可以自知道或者应当知道权益被侵害之日起 1 年内，向作出确认决定的人民法院申请撤销确认决定。

第 11 条　人民法院办理人民调解协议司法确认案件，不收取费用。

第 12 条　人民法院可以将调解协议不予确认的情况定期或者不定期通报同级司法行政机关和相关人民调解委员会。

第 13 条　经人民法院建立的调解员名册中的调解员调解达成协议后，当事人申请司法确认的，参照本规定办理。人民法院立案后委托他人调解达成的协议的司法确认，按照《最高人民法院关于人民法院民事调解工作若干问题的规定》（法释［2004］12 号）的有关规定办理。

【主席令［2013］6 号】　中华人民共和国商标法（1982 年 8 月 23 日全国人大常委会［5 届 24 次］通过，人大常委会令第 10 号公布，1983 年 3 月 1 日起施行；2013 年 8 月 30 日全国人大常委会［12 届 4 次］三修，2014 年 5 月 1 日起施行；根据主席令［2019］29 号《决定》统修，2019 年 4 月 23 日公布，2019 年 11 月 1 日起施行）

第 60 条（第 3 款）　对侵犯商标专用权的赔偿数额的争议，当事人可以请求进行处理的工商行政管理部门调解，也可以依照《中华人民共和国民事诉讼法》向人民法院起诉。经工商行政管理部门调解，当事人未达成协议或者调解书生效后不履行的，当事人可以依照《中华人民共和国民事诉讼法》向人民法院起诉。

【法释［2016］14 号】　最高人民法院关于人民法院特邀调解的规定（2016 年 5 月 23 日最高法审委会［1684 次］通过，2016 年 6 月 28 日公布，2016 年 7 月 1 日起施行）（详见本书第 98 条）

第 19 条（第 2 款）   委派调解达成的调解协议，当事人可以依照民事诉讼法、人民调解法等法律申请司法确认。当事人申请司法确认的，由调解组织所在地或者委派调解的基层人民法院管辖。

第 25 条（第 2 款）   经司法确认的调解协议，一方当事人拒绝履行或者未全部履行的，对方当事人可以向人民法院申请执行。

【法发〔2016〕14 号】   最高人民法院关于人民法院进一步深化多元化纠纷解决机制改革的意见（2016 年 6 月 28 日）

31. 完善司法确认程序。经行政机关、人民调解组织、商事调解组织、行业调解组织或者其他具有调解职能的组织调解达成的具有民事合同性质的协议，当事人可以向调解组织所在地基层人民法院或者人民法庭依法申请确认其效力。登记立案前委派给特邀调解组织或者特邀调解员调解达成的协议，当事人申请司法确认的，由调解组织所在地或者委派调解的基层人民法院管辖。

【法发〔2017〕14 号】   最高人民法院关于民商事案件繁简分流和调解速裁操作规程（试行）（2017 年 5 月 8 日）

第 14 条   经委托调解达成协议后撤诉，或者人民调解达成协议未经司法确认，当事人就调解协议的内容或者履行发生争议的，可以提起诉讼。

人民法院应当就当事人的诉讼请求进行审理，当事人的权利义务不受原调解协议的约束。

【法释〔2019〕8 号】   最高人民法院关于审理生态环境损害赔偿案件的若干规定（试行）（2019 年 5 月 20 日最高法审委会〔1769 次〕通过，2019 年 6 月 4 日公布，2019 年 6 月 5 日起试行；根据法释〔2020〕17 号《决定》修正，2021 年 1 月 1 日起施行）

第 20 条   经磋商达成生态环境损害赔偿协议的，当事人可以向人民法院申请司法确认。

人民法院受理申请后，应当公告协议内容，公告期间不少于 30 日。公告期满后，人民法院经审查认为协议的内容不违反法律法规强制性规定且不损害国家利益、社会公共利益的，裁定确认协议有效。裁定书应当写明案件的基本事实和协议内容，并向社会公开。

第 21 条   一方当事人在期限内未履行/拒绝履行或者未全部履行发生法律效力的生态环境损害赔偿诉讼案件裁判或者经司法确认的生态环境损害赔偿协议的，对方当事人可以向人民法院申请强制执行。需要修复生态环境的，依法由省级、市地级人民政府及其指定的相关部门、机构组织实施。

【法发［2020］1号】 最高人民法院关于进一步完善委派调解机制的指导意见（2020年1月9日）（详见本书第8章"诉前调解"专辑）

十一、协议履行。当事人经委派调解达成调解协议的，应当遵照诚实信用原则，及时、充分履行协议约定的内容。当事人向作出委派调解的人民法院申请司法确认的，人民法院应当依法受理。

【法发［2020］8号】 最高人民法院关于人民法院深化"分调裁审"机制改革的意见（2020年2月10日）

5. 增强司法确认质效。推动基层人民法院和人民法庭，以及纳入民事诉讼程序繁简分流改革试点工作的中级人民法院、专门人民法院依托人民法院调解平台开展指导培训、司法确认等工作。经人民法院委派调解达成调解协议的，当事人可以向作出委派调解的人民法院申请司法确认。制作调解协议、司法确认申请等统一样式，提升工作规范化水平。加强对民间借贷等案件司法确认审查甄别工作，防范恶意串通调解、虚假诉讼等行为。

【法［2020］10号】 民事诉讼程序繁简分流改革试点方案（最高法2020年1月15日印发，试点2年）

二、主要内容（详见本书第165-170条）

（一）优化司法确认程序。健全特邀调解制度，加强特邀调解名册管理，完善诉前委派调解与司法确认程序的衔接机制。合理拓宽司法确认程序适用范围，经律师调解工作室（中心）等特邀调解组织、特邀调解员，或者人民调解委员会依法调解达成民事调解协议的，当事人可以按照程序要求，向人民法院申请司法确认。完善司法确认案件管辖规则，符合级别管辖和专门管辖标准的，由对应的中级人民法院和专门人民法院受理。

【法［2020］11号】 民事诉讼程序繁简分流改革试点实施办法（最高法2020年1月15日印发，试点2年；只适用于试点法院）（详见本书第165-170条）

二、优化司法确认程序

第2条 人民法院应当建立特邀调解名册，按照规定的程序和条件，确定特邀调解组织和特邀调解员，并对名册进行管理。

第3条 经人民调解委员会、特邀调解组织或者特邀调解员调解达成民事调解协议的，双方当事人可以自调解协议生效之日起30日内共同向人民法院申请司法确认。

第4条 司法确认案件按照以下规定依次确定管辖：

（一）委派调解的，由作出委派的人民法院管辖；

（二）当事人选择由人民调解委员会或者特邀调解组织调解的，由调解组织所在地基层人民法院管辖；当事人选择由特邀调解员调解的，由调解协议签订地基层人民法院管辖。

案件符合级别管辖或者专门管辖标准的，由对应的中级人民法院或者专门人民法院管辖。

【法［2020］105 号】　　民事诉讼程序繁简分流改革试点问答口径（一）（最高法 2020 年 4 月 15 日公布）

四、……当事人对特邀调解名册以外的调解组织或调解员调解达成的调解协议，能否向人民法院申请司法确认？

答：不能。……实践中，当事人可以基于自愿，自主选择由名册之外的调解组织、调解员调解解决纠纷，达成调解协议后应当自动履行；这类情况申请司法确认的，人民法院不予受理。

五、人民法院受理司法确认案件是否以对纠纷具有诉讼管辖权为前提？

答：司法确认作为特别程序，不是对调解协议所涉纠纷事实的认定，而是对调解协议本身自愿性、合法性、可执行性的审查。根据《授权决定》，司法确认案件应当按照《实施办法》第 4 条确定管辖法院，不以对纠纷具有诉讼管辖权为前提，这样更有利于人民法院及时核实情况，提升调解协议审查的专业化、集约化水平。

六、当事人自行约定由特邀调解员调解，申请司法确认的，如何认定"调解协议签订地"？

答：当事人自行约定由特邀调解员调解的，可以分 3 种情形处理：第一，调解协议实际签订地与管理特邀调解名册的基层人民法院辖区一致的，由调解协议实际签订地的基层人民法院管辖；第二，调解协议实际签订地与管理特邀调解名册的基层人民法院辖区不一致的，以管理特邀调解名册的基层人民法院辖区为调解协议签订地；第三，因调解协议在线签订等情况，难以确定实际签订地的，由管理特邀调解名册的基层人民法院管辖。

七、人民法院审查司法确认案件能否适用合议制？

答：可以。《民事诉讼法》第 178 条规定了特别程序案件的审判组织，明确选民资格案件或者重大、疑难的案件，由审判员组成合议庭审查，其他案件由审判员 1 人独任审查。实践中，对于司法确认案件，总体上以适用独任制为原则，以合议制为例外。同时，试点法院应当加强对民间借贷等案件司法确认审查甄别工作，切实防范恶意串通调解、虚假诉讼等行为。对于待确认调解协议的标的额特别巨大，并存在虚假调解可能的，由合议庭审查更显慎重。按照级别管辖标准，一些司法确认案件虽然应当由中级人民法院、专门人民法院受理，但标的额不大，法律关系较为简单，也可以由审判员 1 人独任审查。

【法〔2020〕272号】 民事诉讼程序繁简分流改革试点问答口径（二）（最高法2020年10月23日公布）

六、当事人自行选择由特邀调解组织调解，达成调解协议后向人民法院申请司法确认的，应当如何确定管辖法院？

答：当事人自行选择由特邀调解组织调解，达成调解协议后向人民法院申请司法确认的，按照以下规则确定管辖法院：（一）调解组织所在地人民法院与名册所属人民法院一致的，由调解组织所在地人民法院管辖；（二）调解组织所在地人民法院与名册所属人民法院不一致的，由名册所属人民法院管辖。（三）调解组织同属多个人民法院名册的，各人民法院均有管辖权，由最先立案的人民法院管辖，但申请由中级人民法院或者专门人民法院确认的，应当符合级别管辖或者专门管辖标准。

七、中级人民法院诉前委派调解成功后申请司法确认的案件，后因减少标的额达不到级别管辖标准的，是否需要调整管辖法院？

答：按照《最高人民法院关于民事诉讼程序繁简分流改革试点实施办法》（以下简称《实施办法》）第4条第1款第1项，委派调解成功后申请司法确认的，应当遵循"谁委派、谁确认"的原则，这样便于委派调解的人民法院监督指导调解过程，公正高效审查调解协议，提升调解工作质效。当事人在调解过程中，为达成调解协议作出让步，减少标的额是常见现象，对该类调解协议申请司法确认的，仍应当由委派调解的人民法院管辖。

八、当事人申请司法确认能否约定选择管辖法院？

答：协议管辖是一种诉讼管辖规则，不适用于特别程序案件。因此，司法确认案件不能协议约定管辖，当事人应当严格按照《实施办法》第4条的规定，向有管辖权的人民法院提出申请。

九、申请司法确认的调解协议如果内容不明确、内容存在瑕疵或者不具备可执行性的，应当如何处理？

答：对于调解协议内容不明确的，应当根据《最高人民法院关于适用〈中华人民共和国民事诉讼法〉的解释》（以下简称《民事诉讼法司法解释》）第360条（现第358条）第5项的规定，裁定驳回申请。

对于调解协议内容存在瑕疵的，需要结合具体情况区别处理。第一，如果对该瑕疵的解释、澄清或纠正，足以导致调解协议约定的权利义务发生实质性变动的，人民法院应当裁定驳回申请，当事人可以重新调解或者直接起诉；第二，如果该瑕疵属于笔误等显而易见的微细失误，且当事人对立即纠正相关瑕疵不存在争议的，人民法院可以在当事人共同纠正瑕疵后，依法作出裁定。

对于调解协议不具备可执行性，人民法院在案件受理时发现的，应当裁定不予受理;在案件受理后发现的,应当裁定驳回申请。

十、司法确认案件是否可以在书面审查后直接作出裁定?

答:司法确认案件可以采取书面方式审查,主要适用于以下情形:第一,通过书面审查,能够明显判断调解协议符合《民事诉讼法司法解释》第357条(现第355条)规定的不予受理情形的,或者符合《民事诉讼法司法解释》第360条(现第358条)规定的裁定驳回情形的,人民法院可以直接作出裁定。第二,当事人达成的调解协议,是由人民法院委派调解,调解全程受人民法院监督指导的,可以经书面审查后直接作出裁定。第三,对于调解协议所涉纠纷事实清楚,权利义务关系明确,且不涉及国家利益、社会公共利益和他人合法权益,人民法院认为不需要进一步审查核实相关情况的,可以经书面审查后直接作出裁定。

十一、下列纠纷,当事人经调解达成调解协议的,可否申请司法确认:(一)涉及抵押权的优先受偿等准物权纠纷的;(二)离婚后财产纠纷、分家析产纠纷中涉及房屋所有权分割问题及分割后需办理房屋过户手续的;(三)代持股权权属认定的;(四)合同纠纷中双方当事人约定仲裁的?

答:《民事诉讼法司法解释》第357条(现第355条)规定:调解协议内容涉及适用其他特别程序、物权确权以及不属于人民法院受理范围等情形,当事人申请司法确认的,人民法院应当裁定不予受理或驳回申请。根据上述规定,对于第(一)类调解协议,当事人应当按照《中华人民共和国民事诉讼法》(以下简称《民事诉讼法》)第196条、第197条的规定,通过实现担保物权程序解决;对于第(二)(三)类调解协议,由于房屋所有权分割、代持股权权属认定属于确权类纠纷,不宜由司法确认程序处理,应当通过诉讼程序解决;对于第(四)类调解协议,根据《中华人民共和国仲裁法》第5条和《民事诉讼法》第124条的规定,当事人已经达成书面仲裁协议,约定通过仲裁方式解决纠纷的,不属于人民法院主管范围,应当按照约定提起仲裁。总之,上述调解协议均不符合司法确认程序的适用条件,当事人不能申请司法确认。

【法释[2020]26号】　最高人民法院关于审理劳动争议案件适用法律问题的解释(一)(2020年12月25日最高法审委会[1825次]通过,2020年12月29日公布,2021年1月1日起施行)(另见本书第51条)

第51条　当事人在调解仲裁法第10条规定的调解组织主持下达成的具有劳动权利义务内容的调解协议,具有劳动合同的约束力,可以作为人民法院裁判的根据。

当事人在调解仲裁法第10条规定的调解组织主持下仅就劳动报酬争议达成调解协议,用人单位不履行调解协议确定的给付义务,劳动者直接提起诉讼的,人民法院可以按照普通民事纠纷受理。

第52条 当事人在人民调解委员会主持下仅就给付义务达成的调解协议，双方认为有必要的，可以共同向人民调解委员会所在地的基层人民法院申请司法确认。

【法发［2021］3号】 最高人民法院、司法部关于为律师提供一站式诉讼服务的意见（2020年12月16日）①（详见本书第61条）

第9条 ……律师依法按程序出具的调解协议，当事人可以在线申请司法确认。

【法释［2021］23号】 人民法院在线调解规则（2021年12月27日最高法审委会［1859次］通过，2021年12月30日公布，2022年1月1日起施行；以本规为准）（详见本书第99条）

第20条（第1款） 各方当事人在立案前达成调解协议的，调解员应当记入调解笔录并按诉讼外调解结案，引导当事人自动履行。依照法律和司法解释规定可以申请司法确认调解协议的，当事人可以在线提出申请，人民法院经审查符合法律规定的，裁定调解协议有效。

【法［2021］150号】 最高人民法院关于进一步健全完善民事诉讼程序繁简分流改革试点法院特邀调解名册制度的通知（2021年6月16日）（详见本书第98条）

九、优化司法确认案件管辖规则。在市域范围内由上级法院统建名册的试点地区，当事人申请司法确认调解协议的，可以按照民事诉讼法除协议管辖外的其他地域管辖规定，向与争议有实际联系的地点的人民法院提出。符合级别管辖或者专门管辖标准的，向相应的中级人民法院或者专门人民法院提出。接受人民法院立案前委派调解的，向作出委派的人民法院提出。

【法［2021］247号】 最高人民法院关于加快推进人民法院调解平台进乡村、进社区、进网格工作的指导意见（2021年10月18日公布）（详见本书第8章"诉前调解"专辑）

12.……经人民调解委员会、特邀调解组织或者特邀调解员调解达成调解协议，且当事人申请司法确认的，向有管辖权的人民法院或者派出的人民法庭在线提出申请。化解、调解不成功的，记录不成功原因，并由村（社区）司法联络员在征得当事人意愿后，推送乡镇（街道）基层治理单位再次化解、调解或者直接

---

① 注：本《意见》落款日期为2020年12月16日，实际公布日期为2021年1月14日，使用了2021年的文号。

退回人民法庭。人民法庭对于退回的纠纷，依法及时登记立案。

13.……化解、调解成功的，应当在调解平台上记录处理结果；对依法可以申请司法确认的，在线提出申请。化解、调解不成功的，由基层治理单位司法联络员记录不成功原因后，在线将案件推送至人民法院案件分流员，人民法院应当依法及时登记立案。

14.……调解成功的，引导鼓励自动履行，当事人依法申请司法确认，可以在线提出；调解不成功的，由专业性行业性调解组织司法联络员将案件退回人民法院，人民法院应当依法及时登记立案。

【法［2021］281号】　最高人民法院关于深入开展虚假诉讼整治工作的意见（2021年11月4日印发，2021年11月10日起施行）

八、慎查调解协议，确保真实合法。……当事人诉前达成调解协议，申请司法确认的，应当着重审查调解协议是否存在违反法律、行政法规强制性规定、违背公序良俗或者侵害国家利益、社会公共利益、他人合法权益等情形；诉前调解协议内容涉及物权、知识产权确权的，应当裁定不予受理，已经受理的，应当裁定驳回申请。

【法办［2021］313号】　最高人民法院办公厅、中国证券监督管理委员会办公厅关于建立"总对总"证券期货纠纷在线诉调对接机制的通知（2021年8月20日）

四、工作内容

（五）（第2款）　调解组织接受法院委派、委托调解或自行调解成功的案件，调解员组织双方当事人在线签订调解协议或上传调解协议。鼓励双方当事人自动履行。确有必要的，可就达成的调解协议共同申请在线司法确认或者出具调解书，人民法院将在线进行司法确认或者出具调解书；未调解成功的案件由人民法院依据法律规定进行立案或者继续审理。经调解组织线下调解成功的案件，依法能够进行司法确认的，可通过调解平台进行在线司法确认。

【法办［2022］3号】　最高人民法院办公厅、人力资源社会保障部办公厅关于建立劳动人事争议"总对总"在线诉调对接机制的通知（2021年12月30日）

三、"总对总"在线诉调对接工作流程

（三）在线申请司法确认调解协议、出具法院调解书流程。调解组织调解成功后，双方当事人可以依据法律和司法解释规定，就达成的调解协议共同向人民法院申请在线司法确认或者出具法院调解书。调解组织可以通过人社调解平台向法院调解平台提供案件办理情况，为人民法院开展司法确认或者出具法院调解书提供支持。

【人社部发［2022］9号】 人力资源社会保障部、最高人民法院关于劳动人事争议仲裁与诉讼衔接有关问题的意见（一）（2022年2月21日）

二、经依法设立的调解组织调解达成的调解协议生效后，当事人可以共同向有管辖权的人民法院申请确认调解协议效力。

【法释［2022］11号】 最高人民法院关于适用《中华人民共和国民事诉讼法》的解释（"法释［2015］5号"公布，2015年2月4日起施行；根据法释［2020］20号《决定》修正，2021年1月1日起施行；2022年3月22日最高法审委会［1866次］修正，2022年4月1日公布，2022年4月10日起施行；以本规为准）

第351条 申请司法确认调解协议的，双方当事人应当本人或者由符合民事诉讼法第61条规定的代理人依照民事诉讼法第201条的规定/向调解组织所在地基层人民法院或者人民法庭提出申请。

第352条 调解组织自行开展的调解，有2个以上调解组织参与调解的，符合民事诉讼法第201条规定的各调解组织所在地基层人民法院均有管辖权。

双方当事人可以共同向符合民事诉讼法第201条（现第205条）规定的其中一个有管辖权的/调解组织所在地基层人民法院提出申请；双方当事人共同向2个以上有管辖权的/调解组织所在地基层人民法院提出申请的，由最先立案的人民法院管辖。

第353条 当事人申请司法确认调解协议，可以采用书面形式或者口头形式。当事人口头申请的，人民法院应当记入笔录，并由当事人签名、捺印或者盖章。

第354条 当事人申请司法确认调解协议，应当向人民法院提交调解协议、调解组织主持调解的证明，以及与调解协议相关的财产权利证明等材料，并提供双方当事人的身份、住所、联系方式等基本信息。

当事人未提交上述材料的，人民法院应当要求当事人限期补交。

第355条 当事人申请司法确认调解协议，有下列情形之一的，人民法院裁定不予受理：（一）不属于人民法院受理范围的；（二）不属于收到申请的人民法院管辖的；（三）申请确认婚姻关系、亲子关系、收养关系等身份关系无效、有效或者解除的；（四）涉及适用其他特别程序、公示催告程序、破产程序审理的；（五）调解协议内容涉及物权、知识产权确权的。

人民法院受理申请后，发现有上述不受理情形的，应当裁定驳回当事人的申请。

第356条 人民法院审查相关情况时，应当通知双方当事人共同到场对案件进行核实。

人民法院经审查，认为当事人的陈述或者提供的证明材料不充分、不完备或者有疑义的，可以要求当事人限期补充陈述或者补充证明材料。必要时，人民法院可以向调解组织核实有关情况。

第 357 条确认调解协议的裁定作出前，当事人撤回申请的，人民法院可以裁定准许。

当事人无正当理由未在限期内补充陈述、补充证明材料或者拒不接受询问的，人民法院可以按撤回申请处理。

第 358 条　经审查，调解协议有下列情形之一的，人民法院应当裁定驳回申请：（一）违反法律强制性规定的；（二）损害国家利益、社会公共利益、他人合法权益的；（三）违背公序良俗的；（四）违反自愿原则的；（五）内容不明确的；（六）其他不能进行司法确认的情形。

第 460 条（第 1 款）　发生法律效力的实现担保物权裁定、确认调解协议裁定、支付令，由作出裁定、支付令的人民法院或者与其同级的被执行财产所在地的人民法院执行。

● 入库案例　【2023-11-2-409-001】　贵州省人民政府与息烽某劳务有限公司、贵阳某化肥有限公司申请司法确认调解协议案（贵阳清镇市院/2017.03.28/[2017] 黔 0181 民特 6 号）

裁判要旨：人民法院应对生态环境损害赔偿协议进行实质性审查，具体方式为人民法院在受理磋商协议司法确认申请后，及时将《生态环境损害赔偿协议》、修复方案等内容通过互联网向社会公开，接受公众监督，保障公众的知情权和参与权。人民法院对生态环境损害赔偿协议的司法确认，赋予了赔偿协议强制执行效力。

【2023-11-2-409-003】　四川省生态环境厅与彭州市某物流公司申请司法确认调解协议案（成都中院/2020.11.13/[2020] 川 01 民特 573 号）

裁判要旨：生态环境损害赔偿协议签订后，赔偿权利人指定的部门或者机构与赔偿义务人可依据民事诉讼法相关规定，到有管辖权的中级人民法院申请司法确认。

● 文书格式　【法 [2016] 221 号】　民事诉讼文书样式（2016 年 2 月 22 日最高法审委会 [1679 次] 通过，2016 年 6 月 28 日公布，2016 年 8 月 1 日起施行）（本书对格式略有调整）

申请书（申请司法确认调解协议）①

申请人（甲）：×××，男/女，×年×月×日生，×族，……（写明工作单位和职

---

①　注：当事人口头申请的，人民法院应当记入笔录，并由当事人签名、捺印或者盖章。

务或职业），住……。联系方式：……。（★申请人是法人或其他组织的，本段写明名称、住所）

法定代理人/指定代理人①：×××，……。（★申请人是法人或其他组织的，本段写明法定代表人、主要负责人及其姓名、职务、联系方式）

委托诉讼代理人：×××，……。（申请时已经委托诉讼代理人的，写明此项）

申请人（乙）：……（格式同上）

法定代理人/指定代理人：……（格式同上）

委托诉讼代理人：……（格式同上）

（以上写明申请人和其他诉讼参与人的姓名或者名称等基本信息）

请求事项：

确认申请人×××与×××于×年×月×日达成的……（写明调解协议名称）有效。

事实和理由：

×年×月×日，申请人×××与×××经……（写明调解组织名称）主持调解，达成了如下调解协议：……（写明调解协议内容）。

申请人出于解决纠纷的目的自愿达成协议，没有恶意串通、规避法律的行为；如果因为该协议内容而给国家、集体或他人造成损害的，愿意承担相应的民事责任和其他法律责任。

此致：××人民法院

附：1. 调解协议及调解组织主持调解的证明等材料

2. 与调解协议相关的财产权利证明等材料

申请人（自然人签名或单位盖章）

×年×月×日

民事裁定书（对申请司法确认调解协议不予受理，一经裁定即生效）

（××××）……民特……号

申请人（甲）：×××，……。

申请人（乙）：×××，……。

（以上写明申请人及其代理人的姓名或者名称等基本信息）

×年×月×日，本院收到×××与×××申请司法确认调解协议的申请书。申请人×××、×××称，……（概述申请人的请求、事实和理由）。

本院经审查认为，……（写明"法释〔2022〕11号"《解释》第355条规定的对申请不予受理的理由）。

---

① 注：申请人是无民事行为能力人或限制民事行为能力人的，应当写明法定代理人姓名、性别、出生日期、民族、职业、工作单位、住所、联系方式，在诉讼地位后括注与申请人的关系。

依照《中华人民共和国民事诉讼法》第 157 条第 1 款第 1 项、《最高人民法院关于适用〈中华人民共和国民事诉讼法〉的解释》第 355 条第 1 款第×项规定，裁定如下：

对×××、×××的申请，本院不予受理。

申请人不服本裁定，应当在收到本裁定书之日起 **15** 日内，向本院提出异议。

（代理）审判员　×××

×年×月×日（院印）

书记员　×××

民事裁定书（准许撤回司法确认调解协议申请）

（××××）……民特……号

申请人（甲）：×××，……。

申请人（乙）：×××，……。

（以上写明申请人及其代理人的姓名或者名称等基本信息）

申请人×××与×××申请司法确认调解协议一案，本院于×年×月×日立案。申请人×××、×××于×年×月×日向本院提出撤回申请。

本院认为，申请人×××、×××在确认调解协议的裁定作出前，向本院撤回其申请，不违反法律规定，依法予以准许。

依照《中华人民共和国民事诉讼法》第 157 条第 1 款第 11 项、《最高人民法院关于适用〈中华人民共和国民事诉讼法〉的解释》第 357 条第 1 款规定，裁定如下：

准许申请人×××、×××撤回申请。

（代理）审判员　×××

×年×月×日（院印）

书记员　×××

民事裁定书（按撤回司法确认调解协议申请处理）

（××××）……民特……号

申请人（甲）：×××，……。

申请人（乙）：×××，……。

（以上写明申请人及其代理人的姓名或者名称等基本信息）

申请人×××与×××申请司法确认调解协议一案，本院于×年×月×日立案。申请人×××、×××未在本院指定的×年×月×日前向本院补充陈述/补充证明材料/拒不接受询问。

本院认为，申请人无正当理由未在限期内补充陈述/补充证明材料/拒不接受询问，可以按撤回申请处理。

依照《中华人民共和国民事诉讼法》第 157 条第 1 款第 11 项、《最高人民法院关于适用〈中华人民共和国民事诉讼法〉的解释》第 357 条第 2 款规定，裁定如下：

本案按申请人×××、×××撤回申请处理。

申请人不服本裁定，应当在收到本裁定书之日起 15 日内，向本院提出异议。

（代理）审判员　×××

×年×月×日（院印）

书记员　×××

民事裁定书（司法确认＼不予以确认调解协议有效）

（××××）……民特……号

申请人（甲）：×××，……。

申请人（乙）：×××，……。

（以上写明申请人及其代理人的姓名或者名称等基本信息）

申请人×××与×××申请司法确认调解协议一案，本院于×年×月×日立案，现已审查终结。

申请人因……（写明纠纷案由），于×年×月×日经……（调解组织）主持调解，达成调解协议如下：

……（写明调解协议内容）。

本院经审查认为，申请人达成的调解协议，……（根据"法释［2022］11号"《解释》第 355 条规定，写明确认＼不予确认理由），符合＼不符合司法确认调解协议的法定条件。

依照《中华人民共和国民事诉讼法》第 206 条、《最高人民法院关于适用〈中华人民共和国民事诉讼法〉的解释》第 355 条第 1 款第×项、第 2 款/第 358 条第×项规定，裁定如下：

（确认有效的，写明：）

申请人×××与×××于×年×月×日经……（调解组织）主持调解达成的调解协议有效。

当事人应当按照调解协议的约定自觉履行义务。一方当事人拒绝履行或者未全部履行的，对方当事人可以向人民法院申请执行。

（不予以确认的，写明：）

驳回×××与×××司法确认调解协议的申请。

当事人可以通过调解方式变更原调解协议或者达成新的调解协议，也可以向人民法院提起诉讼；当事人之间有仲裁协议的，可以向仲裁机构申请仲裁。

申请人不服本裁定,应当在收到本裁定书之日起 15 日内,向本院提出异议。

(代理) 审判员　×××

×年×月×日 (院印)

书记员　×××

申请书 (对确认调解协议裁定提出异议,申请撤销)[1]

申请人 (原申请人/利害关系人):×××,男/女,×年×月×日生,×族,……(写明工作单位和职务或职业),住……。联系方式:……。(★申请人是法人或其他组织的,本段写明名称、住所)

法定代理人/指定代理人[2]:×××,……。(★申请人是法人或其他组织的,本段写明法定代表人、主要负责人及其姓名、职务、联系方式)

委托诉讼代理人:×××,……。(申请时已经委托诉讼代理人的,写明此项)

被申请人 (原申请人):…… (格式同上)

(以上写明申请人和其他诉讼参与人的姓名或者名称等基本信息)

请求事项:

撤销××人民法院 (××××) ……民特……号民事裁定。

事实和理由:

×年×月×日,××人民法院作出 (××××) ……民特……号民事裁定:……(写明裁定结果)。

……(写明确认调解协议裁定错误的事实和理由)。

此致:××人民法院

附:××人民法院 (××××) ……民特……号民事裁定书

申请人 (自然人签名或单位盖章)

×年×月×日

民事裁定书 (对确认调解协议裁定的异议进行处理)

(××××) ……民特监……号

申请人 (原申请人/利害关系人):×××,……。

被申请人 (原申请人):×××,……。

(以上写明申请人、被申请人及其代理人的姓名或者名称等基本信息)

本院于×年×月×日立案受理申请人×××申请撤销司法确认调解协议裁定一案,

---

[1]　注:对人民法院作出的确认调解协议的裁定,当事人有异议的,应当自收到裁定之日起 15 日内提出;利害关系人有异议的,自知道或者应当知道其民事权益受到侵害之日起 6 个月内提出。

[2]　注:申请人是无民事行为能力人或限制民事行为能力人的,应当写明法定代理人姓名、性别、出生日期、民族、职业、工作单位、住所、联系方式,在诉讼地位后括注与申请人的关系。

依法适用特别程序进行了审查。现已审查终结。

申请人×××称，……（概述申请人的请求、事实和理由）。

被申请人×××称，……（概述被申请人的意见）。

经审查查明：×年×月×日，××人民法院作出（××××）……民特……号民事裁定：申请人×××与×××于×年×月×日经……（调解组织）主持调解达成的调解协议有效。

……（写明调解协议符合或者不符合法律规定的事实根据）。

本院认为，原申请人×××与×××于×年×月×日达成的调解协议，……（写明符合或者不符合法律规定的理由）。××人民法院作出的（××××）……民特……号确认调解协议有效的民事裁定，应予撤销/维持。

依照《中华人民共和国民事诉讼法》第157条第1款第11项、《最高人民法院关于适用〈中华人民共和国民事诉讼法〉的解释》第372条规定，裁定如下：

（撤销裁定的，写明：）撤销××人民法院（××××）……民特……号民事裁定。

（驳回申请的，写明：）驳回×××的申请。

（合议庭成员署名）①

×年×月×日（院印）

书记员 ×××

第八节²⁰¹³⁰¹⁰¹　实现担保物权案件

第 207 条　【实现担保物权申请】申请实现担保物权，由担保物权人以及其他有权请求实现担保物权的人依照民法典/物权法²⁰²²⁰¹⁰¹等法律，向担保财产所在地或者担保物权登记地基层人民法院提出。

第 208 条　【裁定变卖担保财产与驳回申请】人民法院受理申请后，经审查，符合法律规定的，裁定拍卖、变卖担保财产，当事人依据该裁定可以向人民法院申请执行；不符合法律规定的，裁定驳回申请，当事人可以向人民法院提起诉讼。

---

① 注：本案涉及异议、撤销，应当属于疑难案件。根据《民事诉讼法》第185条规定，不适用独任审理，也不能有人民陪审员参加合议庭。

● **相关规定**　**【法释［1998］15 号】**　**最高人民法院关于人民法院执行工作若干问题的规定（试行）**（1998 年 6 月 11 日最高法审委会［992 次］通过，1998 年 7 月 8 日公布施行；根据法释［2020］21 号《决定》修正，2021 年 1 月 1 日起施行；以本规为准）①

73. 上级法院发现下级法院执行的非诉讼生效法律文书有不予执行事由，应当依法作出不予执行裁定而不制作的，可以责令下级法院在指定时限内作出裁定，必要时可直接裁定不予执行。

【法［2019］254 号】　**全国法院民商事审判工作会议纪要**（"九民纪要"，2019 年 7 月 3-4 日在哈尔滨召开，2019 年 9 月 11 日最高法审委会民事行政专委会［319 次］通过，2019 年 11 月 8 日发布）

四、关于担保纠纷案件的审理

会议认为，要注意担保法及其司法解释与物权法对独立担保、混合担保、担保期间等有关制度的不同规定，根据新的规定优于旧的规定的法律适用规则，优先适用物权法的规定。从属性是担保的基本属性，要慎重认定独立担保行为的效力，将其严格限定在法律或者司法解释明确规定的情形。要根据区分原则，准确认定担保合同效力。要坚持物权法定、公示公信原则，区分不动产与动产担保物权在物权变动、效力规则等方面的异同，准确适用法律。要充分发挥担保对缓解融资难融资贵问题的积极作用，不轻易否定新类型担保、非典型担保的合同效力及担保功能。

（一）关于担保的一般规则

54.【独立担保】从属性是担保的基本属性，但由银行或者非银行金融机构开立的独立保函除外。独立保函纠纷案件依据《最高人民法院关于审理独立保函纠纷案件若干问题的规定》处理。需要进一步明确的是：凡是由银行或者非银行金融机构开立的符合该司法解释第 1 条、第 3 条规定情形的保函，无论是用于国际商事交易还是用于国内商事交易，均不影响保函的效力。银行或者非银行金融机构之外的当事人开立的独立保函，以及当事人有关排除担保从属性的约定，应当认定无效。但是，根据"无效法律行为的转换"原理，在否定其独立担保效力的同时，应当将其认定为从属性担保。此时，如果主合同有效，则担保合同有效，担保人与主债务人承担连带保证责任。主合同无效，则该所谓的独立担保也随之无效，担保人无过错的，不承担责任；担保人有过错的，其承担民事责任的部分，不应超过债务人不能清偿部分的三分之一。

---

① 注：本《规定》自 1998 年 7 月 8 日公布试行 22 年多，至 2020 年 12 月 23 日修正，仍为"试行"。

55.【担保责任的范围】担保人承担的担保责任范围不应当大于主债务，是担保从属性的必然要求。当事人约定的担保责任的范围大于主债务的，如针对担保责任约定专门的违约责任、担保责任的数额高于主债务、担保责任约定的利息高于主债务利息、担保责任的履行期先于主债务履行期届满，等等，均应当认定大于主债务部分的约定无效，从而使担保责任缩减至主债务的范围。

56.【混合担保中担保人之间的追偿问题】被担保的债权既有保证又有第三人提供的物的担保的，担保法司法解释第38条明确规定，承担了担保责任的担保人可以要求其他担保人清偿其应当分担的份额。但《物权法》第176条（现民法典第392条）并未作出类似规定，根据《物权法》第178条关于"担保法与本法的规定不一致的，适用本法"的规定，承担了担保责任的担保人向其他担保人追偿的，人民法院不予支持，但担保人在担保合同中约定可以相互追偿的除外。

57.【借新还旧的担保物权】贷款到期后，借款人与贷款人订立新的借款合同，将新贷用于归还旧贷，旧贷因清偿而消灭，为旧贷设立的担保物权也随之消灭。贷款人以旧贷上的担保物权尚未进行涂销登记为由，主张对新贷行使担保物权的，人民法院不予支持，但当事人约定继续为新贷提供担保的除外。

58.【担保债权的范围】以登记作为公示方式的不动产担保物权的担保范围，一般应当以登记的范围为准。但是，我国目前不动产担保物权登记，不同地区的系统设置及登记规则并不一致，人民法院在审理案件时应当充分注意制度设计上的差别，作出符合实际的判断：一是多数省区市的登记系统未设置"担保范围"栏目，仅有"被担保主债权数额（最高债权数额）"的表述，且只能填写固定数字。而当事人在合同中又往往约定担保物权的担保范围包括主债权及其利息、违约金等附属债权，致使合同约定的担保范围与登记不一致。显然，这种不一致是由于该地区登记系统设置及登记规则造成的该地区的普遍现象。人民法院以合同约定认定担保物权的担保范围，是符合实际的妥当选择。二是一些省区市不动产登记系统设置与登记规则比较规范，担保物权登记范围与合同约定一致在该地区是常态或者普遍现象，人民法院在审理案件时，应当以登记的担保范围为准。

59.【主债权诉讼时效届满的法律后果】抵押权人应当在主债权的诉讼时效期间内行使抵押权。抵押权人在主债权诉讼时效届满前未行使抵押权，抵押人在主债权诉讼时效届满后请求涂销抵押权登记的，人民法院依法予以支持。

以登记作为公示方法的权利质权，参照适用前款规定。

（二）关于不动产担保物权

60.【未办理登记的不动产抵押合同的效力】不动产抵押合同依法成立，但未办理抵押登记手续，债权人请求抵押人办理抵押登记手续的，人民法院依法予以支持。因抵押物灭失以及抵押物转让他人等原因不能办理抵押登记，债权人请求抵押人以抵押物的价值为限承担责任的，人民法院依法予以支持，但其范围不得超过抵押权有效设立时抵押人所应当承担的责任。

61.【房地分别抵押】根据《物权法》第 182 条（现民法典第 397 条）之规定，仅以建筑物设定抵押的，抵押权的效力及于占用范围内的土地；仅以建设用地使用权抵押的，抵押权的效力亦及于其上的建筑物。在房地分别抵押，即建设用地使用权抵押给一个债权人，而其上的建筑物又抵押给另一个人的情况下，可能产生两个抵押权的冲突问题。基于"房地一体"规则，此时应当将建筑物和建设用地使用权视为同一财产，从而依照《物权法》第 199 条（现民法典第 414 条）的规定确定清偿顺序：登记在先的先清偿；同时登记的，按照债权比例清偿。同一天登记的，视为同时登记。应予注意的是，根据《物权法》第 200 条（现民法典第 417 条）的规定，建设用地使用权抵押后，该土地上新增的建筑物不属于抵押财产。

62.【抵押权随主债权转让】抵押权是从属于主合同的从权利，根据"从随主"规则，债权转让的，除法律另有规定或者当事人另有约定外，担保该债权的抵押权一并转让。受让人向抵押人主张行使抵押权，抵押人以受让人不是抵押合同的当事人、未办理变更登记等为由提出抗辩的，人民法院不予支持。

（三）关于动产担保物权

63.【流动质押的设立与监管人的责任】在流动质押中，经常由债权人、出质人与监管人订立三方监管协议，此时应当查明监管人究竟是受债权人的委托还是受出质人的委托监管质物，确定质物是否已经交付债权人，从而判断质权是否有效设立。如果监管人系受债权人的委托监管质物，则其是债权人的直接占有人，应当认定完成了质物交付，质权有效设立。监管人违反监管协议约定，违规向出质人放货、因保管不善导致质物毁损灭失，债权人请求监管人承担违约责任的，人民法院依法予以支持。

如果监管人系受出质人委托监管质物，表明质物并未交付债权人，应当认定质权未有效设立。尽管监管协议约定监管人系债权人的委托监管质物，但有证据证明其并未履行监管职责，质物实际上仍由出质人管领控制的，也应当认定质物并未实际交付，质权未有效设立。此时，债权人可以基于质押合同的约定请求质押人承担违约责任，但其范围不得超过质权有效设立时质押人所应当承担的责任。监管人未履行监管职责的，债权人也可以请求监管人承担违约责任。

64.【浮动抵押的效力】企业将其现有的以及将有的生产设备、原材料、半成品及产品等财产设定浮动抵押后，又将其中的生产设备等部分财产设定了动产抵押，并都办理了抵押登记的，根据《物权法》第 199 条（现民法典第 414 条）的规定，登记在先的浮动抵押优先于登记在后的动产抵押。

65. 【动产抵押权与质权竞存】同一动产上同时设立质权和抵押权的，应当参照适用《物权法》第199条（现民法典第414条）的规定，根据是否完成公示以及公示先后情况来确定清偿顺序：质权有效设立、抵押权办理了抵押登记的，按照公示先后确定清偿顺序；顺序相同的，按照债权比例清偿；质权有效设立，抵押权未办理抵押登记的，质权优先于抵押权；质权未有效设立，抵押权未办理抵押登记的，因此时抵押权已经有效设立，故抵押权优先受偿。

根据《物权法》第178条规定（担保法与本法的规定不一致的，适用本法）的精神，担保法司法解释第79条第1款不再适用。

（四）关于非典型担保

66. 【担保关系的认定】当事人订立的具有担保功能的合同，不存在法定无效情形的，应当认定有效。虽然合同约定的权利义务关系不属于物权法规定的典型担保类型，但是其担保功能应予肯定。

67. 【约定担保物权的效力】债权人与担保人订立担保合同，约定以法律、行政法规未禁止抵押或者质押的财产设定以登记作为公示方法的担保，因无法定的登记机构而未能进行登记的，不具有物权效力。当事人请求按照担保合同的约定就该财产折价、变卖或者拍卖所得价款等方式清偿债务的，人民法院依法予以支持，但对其他权利人不具有对抗效力和优先性。

68. 【保兑仓交易】保兑仓交易作为一种新类型融资担保方式，其基本交易模式是，以银行信用为载体、以银行承兑汇票为结算工具、由银行控制货权、卖方（或者仓储方）受托保管货物并以承兑汇票与保证金之间的差额作为担保。其基本的交易流程是：卖方、买方和银行订立三方合作协议，其中买方向银行缴存一定比例的承兑保证金，银行向买方签发以卖方为收款人的银行承兑汇票，买方将银行承兑汇票交付卖方作为货款，银行根据买方缴纳的保证金的一定比例向卖方签发提货单，卖方根据提货单向买方交付对应金额的货物，买方销售货物后，将货款再缴存为保证金。

在三方协议中，一般来说，银行的主要义务是及时签发承兑汇票并按约定方式将其交给卖方，卖方的主要义务是根据银行签发的提货单发货，并在买方未及时销售或者回赎货物时，就保证金与承兑汇票之间的差额部分承担责任。银行为保障自身利益，往往还会约定卖方要将货物交给由其指定的当事人监管，并设定质押，从而涉及监管协议以及流动质押等问题。实践中，当事人还可能在前述基本交易模式基础上另行作出其他约定，只要不违反法律、行政法规的效力性强制性规定，这些约定应当认定有效。

一方当事人因保兑仓交易纠纷提起诉讼的，人民法院应当以保兑仓交易合同作为审理案件的基本依据，但买卖双方没有真实买卖关系的除外。

69.【无真实贸易背景的保兑仓交易】保兑仓交易以买卖双方有真实买卖关系为前提。双方无真实买卖关系的，该交易属于名为保兑仓交易实为借款合同，保兑仓交易因构成虚伪意思表示而无效，被隐藏的借款合同是当事人的真实意思表示，如不存在其他合同无效情形，应当认定有效。保兑仓交易认定为借款合同关系的，不影响卖方和银行之间担保关系的效力，卖方仍应当承担担保责任。

70.【保兑仓交易的合并审理】当事人就保兑仓交易中的不同法律关系的相对方分别或者同时向同一人民法院起诉的，人民法院可以根据民事诉讼法司法解释第 221 条的规定，合并审理。当事人未起诉某一方当事人的，人民法院可以依职权追加未参加诉讼的当事人为第三人，以便查明相关事实，正确认定责任。

71.【让与担保】债务人或者第三人与债权人订立合同，约定将财产形式上转让至债权人名下，债务人到期清偿债务，债权人将该财产返还给债务人或第三人，债务人到期没有清偿债务，债权人可以对财产拍卖、变卖、折价偿还债权的，人民法院应当认定合同有效。合同如果约定债务人到期没有清偿债务，财产归债权人所有的，人民法院应当认定该部分约定无效，但不影响合同其他部分的效力。

当事人根据上述合同约定，已经完成财产权利变动的公示方式转让至债权人名下，债务人到期没有清偿债务，债权人请求确认财产归其所有的，人民法院不予支持，但债权人请求参照法律关于担保物权的规定对财产拍卖、变卖、折价优先偿还其债权的，人民法院依法予以支持。债务人因到期没有清偿债务，请求对该财产拍卖、变卖、折价偿还所欠债权人合同项下债务的，人民法院亦应依法予以支持。

【法〔2020〕185 号】　全国法院审理债券纠纷案件座谈会纪要（2019 年 12 月 24 日在北京召开，邀请全国人大常委会法工委、司法部、国家发改委、央行、证监会等单位参会，最高法 2020 年 7 月 15 日印发）

18. 登记在受托管理人名下的担保物权行使。根据《最高人民法院关于〈国土资源部办公厅关于征求为公司债券持有人办理国有土地使用权抵押登记意见函〉的答复》精神，为债券设定的担保物权可登记在受托管理人名下，受托管理人根据民事诉讼法第 196 条、第 197 条（现第 207、208 条）的规定或者通过普通程序主张担保物权的，人民法院应当予以支持，但应在裁判文书主文中明确由此所得权益归属于全体债券持有人。受托管理人仅代表部分债券持有人提起诉讼的，人民法院还应当根据其所代表的债券持有人份额占当期发行债券的比例明确其相应的份额。

【主席令［2020］45号】 中华人民共和国民法典（2020年5月28日全国人大［13届3次］通过，2021年1月1日起施行）(抵押权、质权、留置权的详细规定见《民法典》第394-457条)

第386条 担保物权人在债务人不履行到期债务或者发生当事人约定的实现担保物权的情形，依法享有就担保财产优先受偿的权利，但是法律另有规定的除外。

第387条 债权人在借贷、买卖等民事活动中，为保障实现其债权，需要担保的，可以依照本法和其他法律的规定设立担保物权。

第三人为债务人向债权人提供担保的，可以要求债务人提供反担保。反担保适用本法和其他法律的规定。

第388条 设立担保物权，应当依照本法和其他法律的规定订立担保合同。担保合同包括抵押合同、质押合同和其他具有担保功能的合同。担保合同是主债权债务合同的从合同。主债权债务合同无效的，担保合同无效，但是法律另有规定的除外。

担保合同被确认无效后，债务人、担保人、债权人有过错的，应当根据其过错各自承担相应的民事责任。

第389条 担保物权的担保范围包括主债权及其利息、违约金、损害赔偿金、保管担保财产和实现担保物权的费用。当事人另有约定的，按照其约定。

第390条 担保期间，担保财产毁损、灭失或者被征收等，担保物权人可以就获得的保险金、赔偿金或者补偿金等优先受偿。被担保债权的履行期限未届满的，也可以提存该保险金、赔偿金或者补偿金等。

第391条 第三人提供担保，未经其书面同意，债权人允许债务人转移全部或者部分债务的，担保人不再承担相应的担保责任。

第392条 被担保的债权既有物的担保又有人的担保的，债务人不履行到期债务或者发生当事人约定的实现担保物权的情形，债权人应当按照约定实现债权；没有约定或者约定不明确，债务人自己提供物的担保的，债权人应当先就该物的担保实现债权；第三人提供物的担保的，债权人可以就物的担保实现债权，也可以请求保证人承担保证责任。提供担保的第三人承担担保责任后，有权向债务人追偿。

第393条 有下列情形之一的，担保物权消灭：（一）主债权消灭；（二）担保物权实现；（三）债权人放弃担保物权；（四）法律规定担保物权消灭的其他情形。

【法释［2020］28 号】　最高人民法院关于适用《中华人民共和国民法典》有关担保制度的解释（2020 年 12 月 25 日最高法审委会［1824 次］通过，2020 年 12 月 31 日公布，2021 年 1 月 1 日起施行）

三、关于担保物权

（一）担保合同与担保物权的效力

第 37 条　当事人以所有权、使用权不明或者有争议的财产抵押，经审查构成无权处分的，人民法院应当依照民法典第 311 条的规定处理。

当事人以依法被查封或者扣押的财产抵押，抵押权人请求行使抵押权，经审查查封或者扣押措施已经解除的，人民法院应予支持。抵押人以抵押权设立时财产被查封或者扣押为由主张抵押合同无效的，人民法院不予支持。

以依法被监管的财产抵押的，适用前款规定。

第 38 条　主债权未受全部清偿，担保物权人主张就担保财产的全部行使担保物权的，人民法院应予支持，但是留置权人行使留置权的，应当依照民法典第 450 条的规定处理。

担保财产被分割或者部分转让，担保物权人主张就分割或者转让后的担保财产行使担保物权的，人民法院应予支持，但是法律或者司法解释另有规定的除外。

第 39 条　主债权被分割或者部分转让，各债权人主张就其享有的债权份额行使担保物权的，人民法院应予支持，但是法律另有规定或者当事人另有约定的除外。

主债务被分割或者部分转移，债务人自己提供物的担保，债权人请求以该担保财产担保全部债务履行的，人民法院应予支持；第三人提供物的担保，主张对未经其书面同意转移的债务不再承担担保责任的，人民法院应予支持。

第 40 条　从物产生于抵押权依法设立前，抵押权人主张抵押权的效力及于从物的，人民法院应予支持，但是当事人另有约定的除外。

从物产生于抵押权依法设立后，抵押权人主张抵押权的效力及于从物的，人民法院不予支持，但是在抵押权实现时可以一并处分。

第 41 条　抵押权依法设立后，抵押财产被添附，添附物归第三人所有，抵押权人主张抵押权效力及于补偿金的，人民法院应予支持。

抵押权依法设立后，抵押财产被添附，抵押人对添附物享有所有权，抵押权人主张抵押权的效力及于添附物的，人民法院应予支持，但是添附导致抵押财产价值增加的，抵押权的效力不及于增加的价值部分。

抵押权依法设立后，抵押人与第三人因添附成为添附物的共有人，抵押权人主张抵押权的效力及于抵押人对共有物享有的份额的，人民法院应予支持。

本条所称添附，包括附合、混合与加工。

第42条 抵押权依法设立后，抵押财产毁损、灭失或者被征收等，抵押权人请求按照原抵押权的顺位就保险金、赔偿金或者补偿金等优先受偿的，人民法院应予支持。

给付义务人已经向抵押人给付了保险金、赔偿金或者补偿金，抵押权人请求给付义务人向其给付保险金、赔偿金或者补偿金的，人民法院不予支持，但是给付义务人接到抵押权人要求向其给付的通知后仍然向抵押人给付的除外。

抵押权人请求给付义务人向其给付保险金、赔偿金或者补偿金的，人民法院可以通知抵押人作为第三人参加诉讼。

第43条 当事人约定禁止或者限制转让抵押财产但是未将约定登记，抵押人违反约定转让抵押财产，抵押权人请求确认转让合同无效的，人民法院不予支持；抵押财产已经交付或者登记，抵押权人请求确认转让不发生物权效力的，人民法院不予支持，但是抵押权人有证据证明受让人知道的除外；抵押权人请求抵押人承担违约责任的，人民法院依法予以支持。

当事人约定禁止或者限制转让抵押财产且已经将约定登记，抵押人违反约定转让抵押财产，抵押权人请求确认转让合同无效的，人民法院不予支持；抵押财产已经交付或者登记，抵押权人主张转让不发生物权效力的，人民法院应予支持，但是因受让人代替债务人清偿债务导致抵押权消灭的除外。

第44条 主债权诉讼时效期间届满后，抵押权人主张行使抵押权的，人民法院不予支持；抵押人以主债权诉讼时效期间届满为由，主张不承担担保责任的，人民法院应予支持。主债权诉讼时效期间届满前，债权人仅对债务人提起诉讼，经人民法院判决或者调解后未在民事诉讼法规定的申请执行时效期间内对债务人申请强制执行，其向抵押人主张行使抵押权的，人民法院不予支持。

主债权诉讼时效期间届满后，财产被留置的债务人或者对留置财产享有所有权的第三人请求债权人返还留置财产的，人民法院不予支持；债务人或者第三人请求拍卖、变卖留置财产并以所得价款清偿债务的，人民法院应予支持。

主债权诉讼时效期间届满的法律后果，以登记作为公示方式的权利质权，参照适用第1款的规定；动产质权、以交付权利凭证作为公示方式的权利质权，参照适用第2款的规定。

第45条 当事人约定当债务人不履行到期债务或者发生当事人约定的实现担保物权的情形，担保物权人有权将担保财产自行拍卖、变卖并就所得的价款优先受偿的，该约定有效。因担保人的原因导致担保物权人无法自行对担保财产进行拍卖、变卖，担保物权人请求担保人承担因此增加的费用的，人民法院应予支持。

当事人依照民事诉讼法有关"实现担保物权案件"的规定，申请拍卖、变卖担保财产，被申请人以担保合同约定仲裁条款为由主张驳回申请的，人民法院经审查后，应当按照以下情形分别处理：

（一）当事人对担保物权无实质性争议且实现担保物权条件已经成就的，应当裁定准许拍卖、变卖担保财产；

（二）当事人对实现担保物权有部分实质性争议的，可以就无争议的部分裁定准许拍卖、变卖担保财产，并告知可以就有争议的部分申请仲裁；

（三）当事人对实现担保物权有实质性争议的，裁定驳回申请，并告知可以向仲裁机构申请仲裁。

债权人以诉讼方式行使担保物权的，应当以债务人和担保人作为共同被告。

【法释〔2022〕11 号】　最高人民法院关于适用《中华人民共和国民事诉讼法》的解释（"法释〔2015〕5 号"公布，2015 年 2 月 4 日起施行；根据法释〔2020〕20 号《决定》修正，2021 年 1 月 1 日起施行；2022 年 3 月 22 日最高法审委会〔1866 次〕修正，2022 年 4 月 1 日公布，2022 年 4 月 10 日起施行；以本规为准）

第 359 条　民事诉讼法第 203 条（现第 207 条）规定的担保物权人，包括抵押权人、质权人、留置权人；其他有权请求实现担保物权的人，包括抵押人、出质人、财产被留置的债务人或者所有权人等。

第 360 条　实现票据、仓单、提单等有权利凭证的权利质权案件，可以由权利凭证持有人住所地人民法院管辖；无权利凭证的权利质权，由出质登记地人民法院管辖。

第 361 条　实现担保物权案件属于海事法院等专门人民法院管辖的，由专门人民法院管辖。

第 362 条　同一债权的担保物有多个且所在地不同，申请人分别向有管辖权的人民法院申请实现担保物权的，人民法院应当依法受理。

第 363 条　依照民法典第 392 条/物权法第 176 条的规定，被担保的债权既有物的担保又有人的担保，当事人对实现担保物权的顺序有约定，实现担保物权的申请违反该约定的，人民法院裁定不予受理；没有约定或者约定不明的，人民法院应当受理。

第 364 条　同一财产上设立多个担保物权，登记在先的担保物权尚未实现的，不影响后顺位的担保物权人向人民法院申请实现担保物权。

第 365 条　申请实现担保物权，应当提交下列材料：（一）申请书。申请书应当记明申请人、被申请人的姓名或者名称、联系方式等基本信息，具体的请求和事实、理由；（二）证明担保物权存在的材料，包括主合同、担保合同、抵押登记证明或者他项权利证书，权利质权的权利凭证或者质权出质登记证明等；

（三）证明实现担保物权条件成就的材料；（四）担保财产现状的说明；（五）人民法院认为需要提交的其他材料。

第366条 人民法院受理申请后，应当在5日内向被申请人送达申请书副本、异议权利告知书等文书。

被申请人有异议的，应当在收到人民法院通知后的5日内向人民法院提出，同时说明理由并提供相应的证据材料。

第367条 实现担保物权案件可以由审判员一人独任审查。担保财产标的额超过基层人民法院管辖范围的，应当组成合议庭进行审查。

第368条 人民法院审查实现担保物权案件，可以询问申请人、被申请人、利害关系人，必要时可以依职权调查相关事实。

第369条 人民法院应当就主合同的效力、期限、履行情况，担保物权是否有效设立、担保财产的范围、被担保的债权范围、被担保的债权是否已届清偿期等担保物权实现的条件，以及是否损害他人合法权益等内容进行审查。

被申请人或者利害关系人提出异议的，人民法院应当一并审查。

第370条 人民法院审查后，按下列情形分别处理：

（一）当事人对实现担保物权无实质性争议且实现担保物权条件成就的，裁定准许拍卖、变卖担保财产；

（二）当事人对实现担保物权有部分实质性争议的，可以就无争议部分裁定准许拍卖、变卖担保财产；

（三）当事人对实现担保物权有实质性争议的，裁定驳回申请，并告知申请人向人民法院提起诉讼。

第371条 人民法院受理申请后，申请人对担保财产提出保全申请的，可以按照民事诉讼法关于诉讼保全的规定办理。

第460条（第1款） 发生法律效力的实现担保物权裁定、确认调解协议裁定、支付令，由作出裁定、支付令的人民法院或者与其同级的被执行财产所在地的人民法院执行。

● **指导案例** 【法［2015］320号】 **最高人民法院第11批指导性案例**（2015年11月19日）

（指导案例54号） 中国农业发展银行安徽省分行诉 张大标、安徽长江融资担保集团有限公司执行异议之诉纠纷案（安徽高院2013年11月19日［2013］皖民二终字第00261号民事判决）

裁判要点： 当事人依约为出质的金钱开立保证金专门账户，且质权人取得对该专门账户的占有控制权，符合金钱特定化和移交占有的要求，即使该账户内资金余额发生浮动，也不影响该金钱质权的设立。

● **文书格式**　【法［2016］221 号】　**民事诉讼文书样式**（2016 年 2 月 22 日最高法审委会［1679 次］通过，2016 年 6 月 28 日公布，2016 年 8 月 1 日起施行）（本书对格式略有调整）

申请书（申请实现担保物权用）①

申请人：×××，男/女，×年×月×日生，×族，……（写明工作单位和职务或职业），住……。联系方式：……。（★申请人是法人或其他组织的，本段写明名称、住所）

法定代理人/指定代理人②：×××，……。（★申请人是法人或其他组织的，本段写明法定代表人、主要负责人及其姓名、职务、联系方式）

委托诉讼代理人：×××，……。（申请时已经委托诉讼代理人的，写明此项）

被申请人：……（格式同上）

（以上写明申请人和其他诉讼参与人的姓名或者名称等基本信息）

请求事项：

准许拍卖/变卖被申请人×××的……（写明担保财产的名称、性质、数量、数额、所在地等），申请人×××对变价后所得价款在……（写明金额）的范围内优先受偿。

事实和理由：

……（写明申请人主张的事实和理由）

此致：××人民法院

附：1. 证明担保物权存在的材料，包括主合同、担保合同、抵押登记证明或者他项权利证书，权利质权的权利凭证或者质权出质登记证明等；

2. 证明实现担保物权条件成就的材料，以及担保财产现状的说明。

申请人（自然人签名或单位盖章）
×年×月×日

异议权利告知书（告知被申请人受理实现担保物权案件）

（××××）……民特……号

×××：

本院已立案受理申请人×××与被申请人×××申请实现担保物权一案。依照

---

① 注：人民法院受理本申请后，应当在 5 日内向被申请人送达申请书副本、异议权利告知书等文书。

② 注：申请人是无民事行为能力人或限制民事行为能力人的，应当写明法定代理人姓名、性别、出生日期、民族、职业、工作单位、住所、联系方式，在诉讼地位后括注与申请人的关系。

《最高人民法院关于适用〈中华人民共和国民事诉讼法〉的解释》第366条规定，你方依法享有提出异议的权利。现将异议权利及有关事项告知如下：

一、被申请人有异议的，应当在收到申请书副本、异议权利告知书之日起5日内向人民法院书面提出，同时说明理由并提供相应的证据材料。逾期未提出异议的，不影响案件审理。

二、被申请人可以就以下事项提出异议（逐项逐行列写）：1. 主合同及担保合同的效力；2. 依法应登记的担保物权是否已登记；3. 实现担保物权的条件是否已成就，如主债务是否已届清偿期等；4. 担保债务的范围与金额，如利息和违约金等费用的计算是否合理，主债务是否已获部分清偿等；5. 被申请人认为不符合实现担保物权条件的其他情形。

三、人民法院将对申请人提出的实现担保物权申请、被申请人提出的异议以及双方提供的证据进行综合审查，并视情况决定是否进行询问。询问将通知申请人、被申请人及相关利害关系人到庭，当事人应按要求如期参加或委托诉讼代理人参加询问。

询问过程中，当事人依法享有申请主持人、记录人回避等权利，亦有义务遵守询问秩序，无正当理由拒不参加询问或中途退出者，视为对自己权利的放弃。确因特殊原因无法出庭的，经人民法院准许，可以书面答复人民法院的询问。

×年×月×日（院印）

异议书（对实现担保物权申请提出异议）①

异议人（被申请人/利害关系人）：×××，男/女，×年×月×日生，×族，……（写明工作单位和职务或职业），住……。联系方式：……。（★异议人是法人或其他组织的，本段写明名称、住所）

法定代理人/指定代理人②：×××，……。（★异议人是法人或其他组织的，本段写明法定代表人、主要负责人及其姓名、职务、联系方式）

委托诉讼代理人：×××，……。（异议时已经委托诉讼代理人的，写明此项）

（以上写明异议人和其他诉讼参与人的姓名或者名称等基本信息）

请求事项：

裁定驳回×××对……（写明担保财产的名称、性质、数量、数额、所在地等）实现担保物权的申请。

---

① 注：被申请人收到人民法院受理的实现担保物权的申请后，上述材料后5日内向人民法院提出异议，同时说明理由并提供相应的证据。

② 注：异议人是无民事行为能力或限制民事行为能力人的，应当写明法定代理人姓名、性别、出生日期、民族、职业、工作单位、住所、联系方式，在诉讼地位后括注与异议人的关系。

事实和理由：

……（写明异议人主张的事实和理由）

此致：××人民法院

申请人（自然人签名或单位盖章）

×年×月×日

民事裁定书（准许\不准许实现担保物权）

（××××）……民特……号

申请人：×××，……。

被申请人：×××，……。

（以上写明申请人、被申请人及其代理人的姓名或者名称等基本信息）

申请人×××与被申请人×××申请实现担保物权一案，本院于×年×月×日立案后，依法适用特别程序进行了审查。现已审查终结。

×××称，……（写明申请人的请求、事实和理由）。

×××称，……（写明被申请人的意见）。

本院经审查认为，……（写明准许\不准许拍卖、变卖担保财产的理由）。当事人对实现担保物权无\有实质性争议，申请人×××的申请符合\不符合法律规定。

依照《中华人民共和国民事诉讼法》第 204 条、《最高人民法院关于适用〈中华人民共和国民事诉讼法〉的解释》第 370 条第 1 项/第 2 项\第 3 项规定，裁定如下：

（准许的，写明：）准许拍卖、变卖被申请人×××的……（写明财产种类和数量）。

申请费……元，由被申请人×××负担。①

申请人不服本裁定，应当在收到本裁定书之日起 15 日内，向本院提出异议。

（不准许的，写明：）驳回×××的申请。

申请费……元，由申请人×××负担。

申请人可以向人民法院提起诉讼。

（代理）审判员　×××②

×年×月×日（院印）

书记员　×××

---

① 实现担保物权案件，人民法院裁定拍卖、变卖担保财产的，申请费由债务人、担保人负担。

② 实现担保物权案件可以独任审理。担保财产标的额超过基层法院管辖范围的，则组成合议庭审理。

民事诉讼法全厚细

申请书 （申请撤销准许实现担保物权裁定）①

申请人：×××，男/女，×年×月×日生，×族，……（写明工作单位和职务或职业），住……。联系方式：……。（★申请人是法人或其他组织的，本段写明名称、住所）

法定代理人/指定代理人②：×××，……。（★申请人是法人或其他组织的，本段写明法定代表人、主要负责人及其姓名、职务、联系方式）

委托诉讼代理人：×××，……。（申请时已经委托诉讼代理人的，写明此项）

被申请人：……（格式同上）

（以上写明申请人和其他诉讼参与人的姓名或者名称等基本信息）

请求事项：

撤销××人民法院（××××）……民特……号民事裁定。

事实和理由：

×年×月×日，××人民法院作出（××××）……民特……号民事裁定：准许拍卖/变卖被申请人×××的……（写明担保财产的名称、性质、数量、数额、所在地等），申请人×××对变价后所得价款在……（写明金额）的范围内优先受偿。申请费……元，由……负担。

……（写明申请人主张撤销的事实和理由）

此致：××人民法院

附：××人民法院（××××）……民特……号民事裁定书

申请人（自然人签名或单位盖章）

×年×月×日

民事裁定书 （对准许实现担保物权裁定的异议进行处理）

（××××）……民特监……号

申请人（原申请人/利害关系人）：×××，……。

被申请人（原申请人）：×××，……。

（以上写明申请人、被申请人及其代理人的姓名或者名称等基本信息）

本院于×年×月×日立案受理申请人×××与被申请人×××申请撤销准许实现担保物权裁定一案，依法适用特别程序进行了审查。现已审查终结。

申请人×××称，……（概述申请人的请求、事实和理由）。

---

① 对人民法院作出的准许实现担保物权的裁定，当事人有异议的，应当自收到裁定之日起15日内提出；利害关系人有异议的，自知道或者应当知道其民事权益受到侵害之日起6个月内提出。

② 注：申请人是无民事行为能力人或限制民事行为能力人的，应当写明法定代理人姓名、性别、出生日期、民族、职业、工作单位、住所、联系方式，在诉讼地位后括注与申请人的关系。

被申请人×××称，……（概述被申请人的意见）。

经审查查明：×年×月×日，××人民法院作出（××××）……民特……号民事裁定：准许拍卖、变卖被申请人×××的……（财产）。申请费……元，由……负担。

……（写明准许拍卖、变卖担保财产符合或者不符合法律规定的事实根据）。

本院认为，原申请人×××与×××于×年×月×日提出的准许拍卖、变卖担保财产的申请，……（写明符合或者不符合法律规定的理由）。××人民法院作出的（××××）……民特……号准许实现担保物权的民事裁定，应予撤销/维持。

依照《中华人民共和国民事诉讼法》第157条第1款第11项、《最高人民法院关于适用〈中华人民共和国民事诉讼法〉的解释》第372条规定，裁定如下：

（撤销裁定的，写明：）撤销××人民法院（××××）……民特……号民事裁定。

原申请费……元，由……负担（改变原裁定结果的，应当对原申请费的负担一并作出处理）。

（驳回申请的，写明：）驳回×××的申请。

（合议庭成员署名）①

×年×月×日（院印）

书记员　×××

第十六章　审判监督程序

> **第209条**　（见第215条之后）
>
> **第210条**　【当事人申请再审】当事人、~~法定代理人~~¹⁹⁹¹⁰⁴⁰⁹对已经发生法律效力的判决、裁定，认为~~确~~¹⁹⁹¹⁰⁴⁰⁹有错误的，可以向~~原审人民法院或者~~²⁰⁰⁸⁰⁴⁰¹上一级人民法院申请再审；<u>当事人一方人数众多或者当事人双方为公民的案件，也可以向原审人民法院申请再审</u>。当事人申请再审的，~~但~~²⁰¹³⁰¹⁰¹不停止判决、裁定的执行。~~人民法院对已经发生法律效力的判决、裁定的申诉，经过复查，认为原判决、裁定正确，申诉无理的，通知驳回；原判决、裁定确有错误的，~~

---

① 注：本案涉及异议、撤销，应当属于疑难案件。根据《民事诉讼法》第185条的规定，不适用独任审理，也不能有人民陪审员参加合议庭。

由院长提交审判委员会讨论决定。¹⁹⁹¹⁰⁴⁰⁹

第 211 条¹⁹⁹¹⁰⁴⁰⁹　　【再审条件】 当事人的申请符合下列情形之一的，人民法院应当再审：

（一）有新的证据，足以推翻原判决、裁定的；

（二）原判决、裁定认定的基本事实缺乏证据证明/~~认定事实的主要证据不足~~²⁰⁰⁸⁰⁴⁰¹的；

（三）²⁰⁰⁸⁰⁴⁰¹原判决、裁定认定事实的主要证据是伪造的；

（四）²⁰⁰⁸⁰⁴⁰¹原判决、裁定认定事实的主要证据未经质证的；

（五）²⁰⁰⁸⁰⁴⁰¹对审理案件需要的主要²⁰¹³⁰¹⁰¹证据，当事人因客观原因不能自行收集，书面申请人民法院调查收集，人民法院未调查收集的；

（六）原判决、裁定适用法律确有错误的；

（七）²⁰⁰⁸⁰⁴⁰¹~~违反法律规定，管辖错误的；~~²⁰¹³⁰¹⁰¹

（七）²⁰⁰⁸⁰⁴⁰¹审判组织的组成不合法或者依法应当回避的审判人员没有回避的；

（八）²⁰⁰⁸⁰⁴⁰¹无诉讼行为能力人未经法定代理人代为诉讼或者应当参加诉讼的当事人，因不能归责于本人或者其诉讼代理人的事由，未参加诉讼的；

（九）²⁰⁰⁸⁰⁴⁰¹违反法律规定，剥夺当事人辩论权利的；

（十）²⁰⁰⁸⁰⁴⁰¹未经传票传唤，缺席判决的；

（十一）²⁰⁰⁸⁰⁴⁰¹原判决、裁定遗漏或者超出诉讼请求的；

（十二）²⁰⁰⁸⁰⁴⁰¹据以作出原判决、裁定的法律文书被撤销或者变更的；

~~（四）人民法院违反法定程序，可能影响案件正确判决、裁定的；~~²⁰⁰⁸⁰⁴⁰¹

~~（五）审判人员在审理该案件时有贪污受贿，徇私舞弊，枉法裁判行为的。~~²⁰⁰⁸⁰⁴⁰¹

（十三）²⁰¹³⁰¹⁰¹ 审判人员审理该案件时有贪污受贿，徇私舞弊，枉法裁判行为的。

~~人民法院对不符合前款规定的申请，予以驳回。~~²⁰⁰⁸⁰⁴⁰¹

（新增）²⁰⁰⁸⁰⁴⁰¹ ~~对违反法定程序可能影响案件正确判决、裁定的情形，或者审判人员在审理该案件时有贪污受贿，徇私舞弊，枉法裁判行为的，人民法院应当再审。~~²⁰¹³⁰¹⁰¹①

第 212 条¹⁹⁹¹⁰⁴⁰⁹ 　**【调解的再审】** 当事人对已经发生法律效力的调解书，提出证据证明调解违反自愿原则或者调解协议的内容违反法律的，可以申请再审。经人民法院审查属实的，应当再审。

第 213 条¹⁹⁹¹⁰⁴⁰⁹ 　**【解除婚姻不得再审】** 当事人对已经发生法律效力的解除婚姻关系的判决、调解书²⁰¹³⁰¹⁰¹，不得申请再审。

第 214 条²⁰⁰⁸⁰⁴⁰¹ 　**【再审申请材料】** 当事人申请再审的，应当提交再审申请书等材料。人民法院应当自收到再审申请书之日起 5 日内将再审申请书副本发送对方当事人。对方当事人应当自收到再审申请书副本之日起 15 日内提交书面意见；不提交书面意见的，不影响人民法院审查。人民法院可以要求申请人和对方当事人补充有关材料，询问有关事项。

（插） **第 216 条**¹⁹⁹¹⁰⁴⁰⁹ 　**【再审申请期限】** 当事人申请再审，应当在判决、裁定发生法律效力后 6 个月/~~2 年~~²⁰¹³⁰¹⁰¹ 内提出；②有本法第 211 条第 1 项、第 3 项、第 12 项、第 13 项规定情形/~~2 年后据以作出原判决、裁定的法律文书被撤销或者变更，以及发现审判人员在审理该案件时有贪污受贿，徇私舞弊，枉法裁判行为~~²⁰¹³⁰¹⁰¹ 的，自知道或者应当知道之日起 6 个月/~~3 个月~~²⁰¹³⁰¹⁰¹ 内提出。

---

① 注：1991 年 4 月 9 日正式颁行《民事诉讼法》时，增加了本条规定；本款内容原为本条第 1 款第 4 项、第 5 项。2008 年 4 月 1 日起施行的《民事诉讼法》将其修改为本条第 2 款；2013 年 1 月 1 日起施行的第 2 次修正的《民事诉讼法》再次将其修改为本条第 1 款第 13 项。

② 注：本条规定中"；"之后的内容为全国人大常委会［10 届 30 次］新增，2008 年 4 月 1 日起施行；全国人大常委会［11 届 28 次］再次对其局部修改（见波浪线），2013 年 1 月 1 日起施行。

● **相关规定** **【法发［2002］13号】** **最高人民法院关于规范人民法院再审立案的若干意见（试行）**（最高法审委会［1230次］通过，2002年9月10日印发，2002年11月1日起试行）

第5条 再审申请人或申诉人向人民法院申请再审或申诉，应当提交以下材料：

（一）再审申请书或申诉状，应当载明当事人的基本情况、申请再审或申诉的事实与理由；

（二）原一、二审判决书、裁定书等法律文书，经过人民法院复查或再审的，应当附有驳回通知书、再审判决书或裁定书；

（三）以有新的证据证明原裁判认定的事实确有错误为由申请再审或申诉的，应当同时附有证据目录、证人名单和主要证据复印件或者照片；需要人民法院调查取证的，应当附有证据线索。

申请再审或申诉不符合前款规定的，人民法院不予审查。

第8条 对终审民事裁判、调解的再审申请，具备下列情形之一的，人民法院应当裁定再审：（一）有再审申请人以前不知道或举证不能的证据，可能推翻原裁判的；（二）主要证据不充分或者不具有证明力的；（三）原裁判的主要事实依据被依法变更或撤销的；（四）就同一法律事实或同一法律关系，存在两个相互矛盾的生效法律文书，再审申请人对后一生效法律文书提出再审申请的；（五）引用法律条文错误或者适用失效、尚未生效法律的；（六）违反法律关于溯及力规定的；（七）调解协议明显违反自愿原则，内容违反法律或者损害国家利益、公共利益和他人利益的；（八）审判程序不合法，影响案件公正裁判的；（九）审判人员在审理案件时索贿受贿、徇私舞弊并导致枉法裁判的。

第12条 人民法院对民事、行政案件的再审申请人或申诉人超过2年提出再审申请或申诉的，不予受理。

第13条 人民法院对不符合法定主体资格的再审申请或申诉，不予受理。

第14条 人民法院对下列民事案件的再审申请不予受理：

（一）人民法院依照督促程序、公示催告程序和破产还债程序审理的案件；

（二）人民法院裁定撤销仲裁裁决和裁定不予执行仲裁裁决的案件；

（三）人民法院判决、调解解除婚姻关系的案件，但当事人就财产分割问题申请再审的除外。

第15条 上级人民法院对经终审法院的上一级人民法院依照审判监督程序审理后维持原判或者经两级人民法院依照审判监督程序复查均驳回的申请再审或申诉案件，一般不予受理。

但再审申请人或申诉人提出新的理由，且符合《中华人民共和国刑事诉讼法》第 204 条、《中华人民共和国民事诉讼法》第 179 条（现第 211 条）、《中华人民共和国行政诉讼法》第 62 条及本规定第 7、8、9 条规定条件的，以及刑事案件的原审被告人可能被宣告无罪的除外。

第 16 条　最高人民法院再审裁判或者复查驳回的案件，再审申请人或申诉人仍不服提出再审申请或申诉的，不予受理。

【法释［2008］14 号】　最高人民法院关于适用《中华人民共和国民事诉讼法》审判监督程序若干问题的解释（2008 年 11 月 10 日最高法审委会［1453 次］通过，2008 年 11 月 25 日公布，2008 年 12 月 1 日起施行；根据法释［2020］20号《决定》修正，2021 年 1 月 1 日起施行。以本规为准）

第 1 条　当事人在民事诉讼法第 205 条（现第 216 条）规定的期限内，以民事诉讼法第 200 条（现第 211 条）所列明的再审事由，向原审人民法院的上一级人民法院申请再审的，上一级人民法院应当依法受理。

第 2 条　民事诉讼法第 205 条（现第 216 条）规定的申请再审期间不适用中止、中断和延长的规定。

第 3 条　当事人申请再审，应当向人民法院提交再审申请书，并按照对方当事人人数提出副本。

人民法院应当审查再审申请书是否载明下列事项：（一）申请再审人与对方当事人的姓名、住所及有效联系方式等基本情况；法人或其他组织的名称、住所和法定代表人或主要负责人的姓名、职务及有效联系方式等基本情况；（二）原审人民法院的名称，原判决、裁定、调解文书案号；（三）申请再审的法定情形及具体事实、理由；（四）具体的再审请求。

第 4 条　当事人申请再审，应当向人民法院提交已经发生法律效力的判决书、裁定书、调解书，身份证明及相关证据材料。

~~第 5 条　案外人对原判决、裁定、调解书确定的执行标的物主张权利，且无法提起新的诉讼解决争议的，可以在判决、裁定、调解书发生法律效力后 2 年内，或者自知道或应当知道利益被损害之日起 3 个月内，向作出原判决、裁定、调解书的人民法院的上一级人民法院申请再审。在执行过程中，案外人对执行标的提出书面异议的，按照民事诉讼法第 204 条的规定处理。~~

第 5 条　申请再审人提交的再审申请书或者其他材料不符合本解释第 3 条、第 4 条的规定，或者有人身攻击等内容，可能引起矛盾激化的，人民法院应当要求申请再审人补充或改正。

~~第 10 条　申请再审人提交下列证据之一的，人民法院可以认定为民事诉讼法第 179 条第 1 款第 1 项规定的"新的证据"：（一）原审庭审结束前已客观存在庭~~

审结束后新发现的证据；（二）原审庭审结束前已经发现，但因客观原因无法取得或在规定的期限内不能提供的证据；（三）原审庭审结束后原作出鉴定结论、勘验笔录或者重新鉴定、勘验，推翻原结论的证据。当事人在原审中提供的主要证据，原审未予质证、认证，但足以推翻原判决、裁定的，应当视为新的证据。

第 11 条　对原判决、裁定的结果有实质影响、用以确定当事人主体资格、案件性质、具体权利义务和民事责任等主要内容所依据的事实，人民法院应当认定为民事诉讼法第 179 条第 1 款第 2 项规定的"基本事实"。

第 9 条　民事诉讼法第 200 条（现第 211 条）第 5 项规定的"对审理案件需要的主要证据"，是指人民法院认定案件基本事实所必须的证据。

第 13 条　原判决、裁定适用法律、法规或司法解释有下列情形之一的，人民法院应当认定为民事诉讼法第 179 条第 1 款第 6 项规定的"适用法律确有错误"：（一）适用的法律与案件性质明显不符的；（二）确定民事责任明显违背当事人约定或者法律规定的；（三）适用已经失效或尚未施行的法律的；（四）违反法律溯及力规定的；（五）违反法律适用规则的；（六）明显违背立法本意的。

第 14 条　违反专属管辖、专门管辖规定以及其他严重违法行使管辖权的，人民法院应当认定为民事诉讼法第 179 条第 1 款第 7 项规定的"管辖错误"。

第 15 条　原审开庭过程中审判人员不允许当事人行使辩论权利，或者以不送达起诉状副本或上诉状副本等其他方式，致使当事人无法行使辩论权利的，人民法院应当认定为民事诉讼法第 179 条第 1 款第 10 项规定的"剥夺当事人辩论权利"。但依法缺席审理，依法径行判决、裁定的除外。

第 10 条　原判决、裁定对基本事实和案件性质的认定系根据其他法律文书作出，而上述其他法律文书被撤销或变更的，人民法院可以认定为民事诉讼法第 200 条（现第 211 条）第 12 项规定的情形。

第 17 条　民事诉讼法第 179 条第 2 款规定的"违反法定程序可能影响案件正确判决、裁定的情形"，是指除民事诉讼法第 179 条第 1 款第 4 项以及第 7 项至第 12 项之外的其他违反法定程序，可能导致案件裁判结果错误的情形。

第 18 条　民事诉讼法第 179 条第 2 款规定的"审判人员在审理该案件时有贪污受贿，徇私舞弊，枉法裁判行为"，是指该行为已经相关刑事法律文书或者纪律处分决定确认的情形。

第 11 条　人民法院经审查再审申请书等材料，认为申请再审事由成立的，应当进行裁定再审。

当事人申请再审超过民事诉讼法第 205 条（现第 216 条）规定的期限，或者超出民事诉讼法第 200 条（现第 211 条）所列明的再审事由范围的，人民法院应当裁定驳回再审申请。

【法发［2009］26 号】　　最高人民法院关于受理审查民事申请再审案件的若干意见（2009 年 4 月 27 日）

第 1 条　当事人或案外人申请再审，应当提交再审申请书等材料，并按照被申请人及原审其他当事人人数提交再审申请书副本。

第 2 条　人民法院应当审查再审申请书是否载明下列事项：

（一）申请再审人、被申请人及原审其他当事人的基本情况。当事人是自然人的，应列明姓名、性别、年龄、民族、职业、工作单位、住所及有效联系电话、邮寄地址；当事人是法人或者其他组织的，应列明名称、住所和法定代表人或者主要负责人的姓名、职务及有效联系电话、邮寄地址；（二）原审法院名称，原判决、裁定、调解文书案号；（三）具体的再审请求；（四）申请再审的法定事由及具体事实、理由；（五）受理再审申请的法院名称；（六）申请再审人的签名或者盖章。

第 3 条　申请再审人申请再审，除应提交符合前条规定的再审申请书外，还应当提交以下材料：

（一）申请再审人是自然人的，应提交身份证明复印件；申请再审人是法人或其他组织的，应提交营业执照复印件、法定代表人或主要负责人身份证明书。委托他人代为申请的，应提交授权委托书和代理人身份证明；

（二）申请再审的生效裁判文书原件，或者经核对无误的复印件；生效裁判系二审、再审裁判的，应同时提交一审、二审裁判文书原件，或者经核对无误的复印件；

（三）在原审诉讼过程中提交的主要证据复印件；

（四）支持申请再审事由和再审诉讼请求的证据材料。

第 4 条　申请再审人提交再审申请书等材料的同时，应提交材料清单一式 2 份，并可附申请再审材料的电子文本，同时填写送达地址确认书。

第 5 条　申请再审人提交的再审申请书等材料不符合上述要求，或者有人身攻击等内容，可能引起矛盾激化的，人民法院应将材料退回申请再审人并告知其补充或改正。

再审申请书等材料符合上述要求的，人民法院应在申请再审人提交的材料清单上注明收到日期，加盖收件章，并将其中 1 份清单返还申请再审人。

第 6 条　申请再审人提出的再审申请符合以下条件的，人民法院应当在 5 日内受理并向申请再审人发送受理通知书，同时向被申请人及原审其他当事人发送受理通知书、再审申请书副本及送达地址确认书：

（一）申请再审人是生效裁判文书列明的当事人，或者符合法律和司法解释规定的案外人；

（二）受理再审申请的法院是作出生效裁判法院的上一级法院；

（三）申请再审的裁判属于法律和司法解释允许申请再审的生效裁判；

（四）申请再审的事由属于民事诉讼法第 179 条（现第 211 条）规定的情形。

再审申请不符合上述条件的，应当及时告知申请再审人。

第 7 条　申请再审人向原审法院申请再审的，原审法院应针对申请再审事由并结合原裁判理由作好释明工作。申请再审人坚持申请再审的，告知其可以向上一级法院提出。

第 8 条　申请再审人越级申请再审的，有关上级法院应告知其向原审法院的上一级法院提出。

第 9 条　人民法院认为再审申请不符合民事诉讼法第 184 条（现第 216 条）规定的期间要求的，应告知申请再审人。申请再审人认为未超过法定期间的，人民法院可以限期要求其提交生效裁判文书的送达回证复印件或其他能够证明裁判文书实际生效日期的相应证据材料。

【法释〔2011〕2 号】　最高人民法院关于判决生效后当事人将判决确认的债权转让债权受让人对该判决不服提出再审申请人民法院是否受理问题的批复（2010 年 12 月 16 日最高法审委会〔1506 次〕通过，2011 年 1 月 7 日公布，答复海南高院"〔2009〕琼民再终字第 16 号"请示，2011 年 2 月 1 日起施行）

判决生效后当事人将判决确认的债权转让，债权受让人对该判决不服提出再审申请的，因其不具有申请再审人主体资格，人民法院应依法不予受理。

【法发〔2015〕16 号】　最高人民法院关于依法切实保障律师诉讼权利的规定（2015 年 12 月 29 日）

八、依法保障律师代理申诉的权利。对律师代理当事人对案件提出申诉的，要依照法律规定的程序认真处理。认为原案件处理正确的，要支持律师向申诉人做好释法析理、息诉息访工作。

【法释〔2016〕1 号】　最高人民法院关于审理侵犯专利权纠纷案件应用法律若干问题的解释（二）（2016 年 1 月 25 日最高法审委会〔1676 次〕通过，2016 年 3 月 21 日公布，2016 年 4 月 1 日起施行；根据法释〔2020〕19 号《决定》修正，2021 年 1 月 1 日起施行）

第 30 条　在法定期限内对宣告专利权无效的决定不向人民法院起诉或者起诉后生效裁判未撤销该决定，当事人根据该决定依法申请再审，请求撤销宣告专利权无效前人民法院作出但未执行的专利侵权的判决、调解书的，人民法院应当再审。……

【法释［2016］30号】　最高人民法院关于巡回法庭审理案件若干问题的规定（"法释［2015］3号"公布，2015年2月1日起施行；2016年12月19日最高法审委会［1704次］修正，2016年12月27日公布，2016年12月28日起施行）

第7条　当事人对巡回区内高级人民法院作出的已经发生法律效力的判决、裁定申请再审或者申诉的，应当向巡回法庭提交再审申请书、申诉书等材料。

【法发［2017］8号】　最高人民法院、最高人民检察院、司法部关于逐步实行律师代理申诉制度的意见（2017年4月1日）

一、坚持平等、自愿原则。当事人对人民法院、人民检察院作出的生效裁判、决定不服的，提出申诉的，可以自行委托律师；人民法院、人民检察院，可以引导申诉人、被申诉人委托律师代为进行。

申诉人因经济困难没有委托律师的，可以向法律援助机构提出申请。

三、探索建立律师驻点工作制度。人民法院、人民检察院可以在诉讼服务大厅等地开辟专门场所，提供必要的办公设施，由律师协会派驻律师开展法律咨询等工作。对未委托律师的申诉人到人民法院、人民检察院反映诉求的，可以先行引导由驻点律师提供法律咨询。法律援助机构安排律师免费为申诉人就申诉事项提供法律咨询。

六、扩大律师服务范围。律师在代理申诉过程中，可以开展以下工作：听取申诉人诉求，询问案件情况，提供法律咨询；对经审查认为不符合人民法院或者人民检察院申诉立案条件的，做好法律释明工作；对经审查符合人民法院或者人民检察院申诉立案条件的，为申诉人代写法律文书，接受委托代为申诉；经审查认为可能符合法律援助条件的，协助申请法律援助；接受委托后，代为提交申诉材料，接收法律文书，代理参加听证、询问、讯问和开庭等。

七、完善申诉立案审查程序。律师接受申诉人委托，可以到人民法院、人民检察院申诉接待场所或者通过来信、网上申诉平台、远程视频接访系统、律师服务平台等提交申诉材料。

提交的材料不符合要求的，人民法院或人民检察院可以通知其限期补充或者补正，并一次性告知应当补充或者补正的全部材料。未在通知期限内提交的，人民法院或者人民检察院不予受理。

对符合法律规定条件的申诉，人民法院、人民检察院应当接收材料，依法立案审查。经审查认为不符合立案条件的，应当以书面形式通知申诉人及代理律师。

【法［2019］254号】　全国法院民商事审判工作会议纪要（"九民纪要"，2019年7月3-4日在哈尔滨召开，2019年9月11日最高法审委会民事行政专委会［319次］通过，2019年11月8日发布）

121.【必要共同诉讼漏列的当事人申请再审】民事诉讼法司法解释对必要共同诉讼漏列的当事人申请再审规定了 2 种不同的程序，二者在管辖法院及申请再审期限的起算点上存在明显差别，人民法院在审理相关案件时应予注意：

（1）该当事人在执行程序中以案外人身份提出异议，异议被驳回的，根据民事诉讼法司法解释第 423 条的规定，其可以在驳回异议裁定送达之日起 6 个月内向原审人民法院申请再审；

（2）该当事人未在执行程序中以案外人身份提出异议的，根据民事诉讼法司法解释第 422 条的规定，其可以根据《民事诉讼法》第 200 条（现第 211 条）第 8 项的规定，自知道或者应当知道生效裁判之日起 6 个月内向上一级人民法院申请再审。当事人一方人数众多或者当事人双方为公民的案件，也可以向原审人民法院申请再审。

【高检发释字［2021］1 号】 人民检察院民事诉讼监督规则（2021 年 2 月 9 日最高检检委会［13 届 62 次］通过，2021 年 6 月 26 日公布，2021 年 8 月 1 日起施行）

第 76 条 当事人因故意或者重大过失逾期提供的证据，人民检察院不予采纳。但该证据与案件基本事实有关并且能够证明原判决、裁定确有错误的，应当认定为《中华人民共和国民事诉讼法》第 200 条（现第 211 条）第 1 项规定的情形。

人民检察院依照本规则第 63 条、第 64 条规定调查取得的证据，与案件基本事实有关并且能够证明原判决、裁定确有错误的，应当认定为《中华人民共和国民事诉讼法》第 200 条（现第 211 条）第 1 项规定的情形。

第 77 条 有下列情形之一的，应当认定为《中华人民共和国民事诉讼法》第 200 条（现第 211 条）第 2 项规定的"认定的基本事实缺乏证据证明"：（一）认定的基本事实没有证据支持，或者认定的基本事实所依据的证据虚假、缺乏证明力的；（二）认定的基本事实所依据的证据不合法的；（三）对基本事实的认定违反逻辑推理或者日常生活法则的；（四）认定的基本事实缺乏证据证明的其他情形。

第 78 条 有下列情形之一，导致原判决、裁定结果错误的，应当认定为《中华人民共和国民事诉讼法》第 200 条（现第 211 条）第 6 项规定的"适用法律确有错误"：（一）适用的法律与案件性质明显不符的；（二）确定民事责任明显违背当事人约定或者法律规定的；（三）适用已经失效或者尚未施行的法律的；（四）违反法律溯及力规定的；（五）违反法律适用规则的；（六）明显违背立法原意的；（七）适用法律错误的其他情形。

第 79 条 有下列情形之一的，应当认定为《中华人民共和国民事诉讼法》第 200 条（现第 211 条）第 7 项规定的"审判组织的组成不合法"：（一）应当组成合议庭审理的案件独任审判的；（二）人民陪审员参与第二审案件审理的；（三）再审、发回重审的案件没有另行组成合议庭的；（四）审理案件的人员不具有审判资格的；（五）审判组织或者人员不合法的其他情形。

第 80 条　有下列情形之一的，应当认定为《中华人民共和国民事诉讼法》第 200 条（现第 211 条）第 9 项规定的"违反法律规定，剥夺当事人辩论权利"：（一）不允许或者严重限制当事人行使辩论权利的；（二）应当开庭审理而未开庭审理的；（三）违反法律规定送达起诉状副本或者上诉状副本，致使当事人无法行使辩论权利的；（四）违法剥夺当事人辩论权利的其他情形。

【法发［2021］10 号】　最高人民法院、最高人民检察院、公安部、司法部关于进一步加强虚假诉讼犯罪惩治工作的意见（2021 年 3 月 4 日印发，2021 年 3 月 10 日起施行）

第 15 条　刑事案件裁判认定民事诉讼当事人的行为构成虚假诉讼犯罪，相关民事案件尚在审理或者执行过程中的，作出刑事裁判的人民法院应当及时函告审理或者执行该民事案件的人民法院。

人民法院对于与虚假诉讼刑事案件的裁判存在冲突的已经发生法律效力的民事判决、裁定、调解书，应当及时依法启动审判监督程序予以纠正。

【人大常委会字［2021］38 号】　全国人民代表大会常务委员会关于授权最高人民法院组织开展四级法院审级职能定位改革试点工作的决定（2021 年 8 月 20 日全国人大常委会［13 届 30 次］通过，同日公布施行）

授权最高人民法院在本院和北京、天津、辽宁、上海、江苏、浙江、山东、河南、广东、四川、重庆、陕西 12 个省、直辖市的人民法院组织开展四级法院审级职能定位改革试点工作，就完善民事、行政案件级别管辖制度，完善案件管辖权转移和提级审理机制，完善民事、行政再审申请程序和标准，完善最高人民法院审判权力运行机制等内容开展改革试点。试点期间，试点法院暂时调整适用《中华人民共和国民事诉讼法》第 199 条（现第 210 条），《中华人民共和国行政诉讼法》第 15 条、第 90 条。试点工作应当遵循有关诉讼法律的基本原则，充分保障当事人的诉讼权利，坚持依法纠错与维护生效裁判权威相统一，确保司法公正。试点具体办法由最高人民法院组织研究制定，报全国人民代表大会常务委员会备案。试点期限为 2 年，自试点办法印发之日起算。

最高人民法院应当加强对试点工作的组织指导和监督检查。试点过程中，最高人民法院应当就试点情况向全国人民代表大会常务委员会作出中期报告。试点期满后，对实践证明可行的，应当修改完善有关法律；对实践证明不宜调整的，恢复施行有关法律规定。

【法〔2021〕242号】 最高人民法院关于完善四级法院审级职能定位改革试点的实施办法（2021年9月16日最高法审委会〔1846次〕通过，2021年9月27日公布，2021年10月1日起施行；2023年9月28日起被"法〔2023〕154号"《通知》终止）（余见本书第39条）

第11条 当事人对高级人民法院作出的已经发生法律效力的民事、行政判决、裁定，认为有错误的，应当向原审高级人民法院申请再审；符合下列情形之一的，可以向最高人民法院申请再审：（一）再审申请人对原判决、裁定认定的基本事实、主要证据和诉讼程序无异议，但认为适用法律有错误的；（二）原判决、裁定经高级人民法院审判委员会讨论决定的。

当事人对高级人民法院作出的已经发生法律效力的民事、行政调解书申请再审的，应当向相关高级人民法院提出。

第12条 当事人根据本办法第11条第1款第1项向最高人民法院申请再审的，除依法必须载明的事项外，应当在再审申请书中声明对原判决、裁定认定的基本事实、认定事实的主要证据、适用的诉讼程序没有异议，同时载明案件所涉法律适用问题的争议焦点、生效裁判适用法律存在错误的论证理由和依据。

再审申请人提交的再审申请书不符合前款要求的，最高人民法院应当给予指导和释明，一次性全面告知其在10日内予以补正。再审申请人无正当理由逾期未予补正的，按撤回申请处理。

第16条 当事人向最高人民法院申请再审的，最高人民法院应当向其释明委托律师作为诉讼代理人的必要性。

对于委托律师有困难的再审申请人，最高人民法院应当及时告知其有权申请法律援助。

第17条 最高人民法院立案庭和各巡回法庭、知识产权法庭的诉讼服务中心根据法律、司法解释和本办法第12条的规定收取申请再审材料，确保材料齐全；材料齐全的，交由相关审判庭、巡回法庭、知识产权法庭的审判人员审核。

【法〔2023〕154号】 最高人民法院关于四级法院审级职能定位改革试点结束后相关工作要求的通知（2023年9月12日印发，2023年9月27日起生效）

按照第13届全国人大常委会第30次会议作出的《关于授权最高人民法院组织开展四级法院审级职能定位改革试点工作的决定》（以下简称《授权决定》）确定的试点期限，四级法院审级职能定位改革试点工作将于2023年9月27日正式结束，现就试点结束后的相关工作要求通知如下。

一、自2023年9月28日起，不再执行《最高人民法院关于完善四级法院审级职能定位改革试点的实施办法》（法〔2021〕242号，以下简称《试点实施办法》）。最高人民法院、各高级人民法院恢复施行现行《中华人民共和国民事诉讼法》（以下简称《民事诉讼法》）第 206 条（即《授权决定》中的《民事诉讼法》第 199 条）（现第 210 条）、《中华人民共和国行政诉讼法》（以下简称《行政诉讼法》）第 90 条的规定。北京、天津、辽宁、上海、江苏、浙江、山东、河南、广东、重庆、四川、陕西省（市）辖区内的中级、基层人民法院恢复施行《行政诉讼法》第 15 条的规定。

二、试点省（市）辖区内的基层人民法院在 2023 年 9 月 28 日前按照《试点实施办法》第 2 条受理的四类行政案件，尚未审结的，依法继续审理；已经收取材料但尚未登记立案的，告知当事人按照《行政诉讼法》第 15 条的规定，向有管辖权的人民法院提起诉讼，并退回相关材料。

三、各高级人民法院在 2023 年 9 月 28 日前已经受理的不服本院民事、行政生效裁判的申请再审查案件，依法继续办理。高级人民法院正在办理或已经办结的上述申请再审查案件，再审申请人又向最高人民法院提出再审申请的，按照相关法律和司法解释的规定处理。

四、各高级人民法院应当科学研判试点结束后本院及辖区法院案件数量结构变化情况，及时健全相关工作程序、优化审判资源配置、完善审判机构职能划分，做好相关政策变化对外释明告知，确保各项工作平稳有序开展。

本通知自 2023 年 9 月 27 日起生效。最高人民法院各单位和各高级人民法院要严格按照本通知要求，结合实际认真抓好贯彻落实。

【法〔2021〕281 号】　最高人民法院关于深入开展虚假诉讼整治工作的意见（2021 年 11 月 4 日印发，2021 年 11 月 10 日起施行）

十九、做好程序衔接，保持刑民协同。经审理认为民事诉讼当事人的行为构成虚假诉讼犯罪的，作出生效刑事裁判的人民法院应当及时函告审理或者执行该民事案件的人民法院。生效刑事裁判认定构成虚假诉讼犯罪的，有关人民法院应当及时依法启动审判监督程序对相关民事判决、裁定、调解书予以纠正。当事人、案外人以生效刑事裁判认定构成虚假诉讼犯罪为由对生效民事判决、裁定、调解书申请再审的，应当依法及时进行审查。

【法释〔2022〕11 号】　最高人民法院关于适用《中华人民共和国民事诉讼法》的解释（"法释〔2015〕5 号"公布，2015 年 2 月 4 日起施行；根据法释〔2020〕20 号《决定》修正，2021 年 1 月 1 日起施行；2022 年 3 月 22 日最高法审委会〔1866 次〕修正，2022 年 4 月 1 日公布，2022 年 4 月 10 日起施行；以本规为准）

第 127 条（摘）　民事诉讼法第 212 条（现第 216 条）规定的 6 个月为不变

期间，不适用诉讼时效中止、中断、延长的规定。

第 373 条 当事人死亡或者终止的，其权利义务承继者可以根据民事诉讼法第 206 条（现第 210 条）、第 208 条（现第 212 条）的规定申请再审。

判决、调解书生效后，当事人将判决、调解书确认的债权转让，债权受让人对该判决、调解书不服申请再审的，人民法院不予受理。

第 374 条 民事诉讼法第 206 条（现第 210 条）规定的人数众多的一方当事人，包括公民、法人和其他组织。

民事诉讼法第 206 条（现第 210 条）规定的当事人双方为公民的案件，是指原告和被告均为公民的案件。

第 375 条 当事人申请再审，应当提交下列材料：（一）再审申请书，并按照被申请人和原审其他当事人的人数提交副本；（二）再审申请人是自然人的，应当提交身份证明；再审申请人是法人或者其他组织的，应当提交营业执照、组织机构代码证书、法定代表人或者主要负责人身份证明书。委托他人代为申请的，应当提交授权委托书和代理人身份证明；（三）原审判决书、裁定书、调解书；（四）反映案件基本事实的主要证据及其他材料。

前款第 2 项、第 3 项、第 4 项规定的材料可以是与原件核对无异的复印件。

第 376 条 再审申请书应当记明下列事项：（一）再审申请人与被申请人及原审其他当事人的基本信息；（二）原审人民法院的名称，原审裁判文书案号；（三）具体的再审请求；（四）申请再审的法定情形及具体事实、理由。

再审申请书应当明确申请再审的人民法院，并由再审申请人签名、捺印或者盖章。

第 378 条 适用特别程序、督促程序、公示催告程序、破产程序等非讼程序审理的案件，当事人不得申请再审。

第 379 条 当事人认为发生法律效力的不予受理、驳回起诉的裁定错误的，可以申请再审。

第 382 条 当事人对已经发生法律效力的调解书申请再审，应当在调解书发生法律效力后 6 个月内①提出。

第 385 条 再审申请人提供的新的证据，能够证明原判决、裁定认定基本事实或者裁判结果错误的，应当认定为民事诉讼法第 207 条（现第 211 条）第 1 项规定的情形。

对于符合前款规定的证据，人民法院应当责令再审申请人说明其逾期提供该证据的理由；拒不说明理由或者理由不成立的，依照民事诉讼法第 68 条第 2 款和

① 注：本《解释》第 127 条规定，本处规定的 6 个月为不变期间，不适用诉讼时效中止、中断、延长的规定。

本解释第 102 条的规定处理。

第 386 条　再审申请人证明其提交的新的证据符合下列情形之一的,可以认定逾期提供证据的理由成立:(一)在原审庭审结束前已经存在,因客观原因于庭审结束后才发现的;(二)在原审庭审结束前已经发现,但因客观原因无法取得或者在规定的期限内不能提供的;(三)在原审庭审结束后形成,无法据此另行提起诉讼的。

再审申请人提交的证据在原审中已经提供,原审人民法院未组织质证且未作为裁判根据的,视为逾期提供证据的理由成立,但原审人民法院依照民事诉讼法第 68 条规定不予采纳的除外。

第 387 条　当事人对原判决、裁定认定事实的主要证据在原审中拒绝发表质证意见或者质证中未对证据发表质证意见的,不属于民事诉讼法第 207 条 (现第 211 条) 第 4 项规定的未经质证的情形。

第 388 条　有下列情形之一,导致判决、裁定结果错误的,应当认定为民事诉讼法第 207 条 (现第 211 条) 第 6 项规定的原判决、裁定适用法律确有错误:(一)适用的法律与案件性质明显不符的;(二)确定民事责任明显违背当事人约定或者法律规定的;(三)适用已经失效或者尚未施行的法律的;(四)违反法律溯及力规定的;(五)违反法律适用规则的;(六)明显违背立法原意的。

第 389 条　原审开庭过程中有下列情形之一的,应当认定为民事诉讼法第 207 条 (现第 211 条) 第 9 项规定的剥夺当事人辩论权利:(一)不允许当事人发表辩论意见的;(二)应当开庭审理而未开庭审理的;(三)违反法律规定送达起诉状副本或者上诉状副本,致使当事人无法行使辩论权利的;(四)违法剥夺当事人辩论权利的其他情形。

第 390 条　民事诉讼法第 207 条 (现第 211 条) 第 11 项规定的诉讼请求,包括一审诉讼请求、二审上诉请求,但当事人未对一审判决、裁定遗漏或者超出诉讼请求提起上诉的除外。

第 391 条　民事诉讼法第 207 条 (现第 211 条) 第 12 项规定的法律文书包括:(一)发生法律效力的判决书、裁定书、调解书;(二)发生法律效力的仲裁裁决书;(三)具有强制执行效力的公证债权文书。

第 392 条　民事诉讼法第 207 条 (现第 211 条) 第 13 项规定的审判人员审理该案件时有贪污受贿、徇私舞弊、枉法裁判行为,是指已经由生效刑事法律文书或者纪律处分决定所确认的行为。

第 399 条　人民法院准许撤回再审申请或者按撤回再审申请处理后,再审申请人再次申请再审的,不予受理,但有民事诉讼法第 207 条 (现第 211 条) 第 1

项、第 3 项、第 12 项、第 13 项规定情形，自知道或者应当知道之日起 6 个月内①提出的除外。

第 420 条 必须共同进行诉讼的当事人因不能归责于本人或者其诉讼代理人的事由未参加诉讼的，可以根据民事诉讼法第 207 条（现第 211 条）第 8 项规定，自知道或者应当知道之日起 6 个月内②申请再审，但符合本解释第 421 条（见本书第 238 条）规定情形的除外。

人民法院因前款规定的当事人申请而裁定再审，按照第一审程序再审的，应当追加其为当事人，作出新的判决、裁定；按照第二审程序再审，经调解不能达成协议的，应当撤销原判决、裁定，发回重审，重审时应追加其为当事人。

第 423 条 本解释第 338 条规定③适用于审判监督程序。

第 424 条 对小额诉讼案件的判决、裁定，当事人以民事诉讼法第 207 条（现第 211 条）规定的事由向原审人民法院申请再审的，人民法院应当受理。申请再审事由成立的，应当裁定再审，组成合议庭进行审理。作出的再审判决、裁定，当事人不得上诉。

当事人以不应按小额诉讼案件审理为由向原审人民法院申请再审的，人民法院应当受理。理由成立的，应当裁定再审，组成合议庭审理。作出的再审判决、裁定，当事人可以上诉。

● **高法判例** 【［2020］最高法民申 1092 号】 杨某武申请再审案（最高法 2020 年 4 月 9 日）

裁判摘要：鉴于二审判决 2005 年 12 月 27 日就已经作出，则杨某武早就应当知道诉争贷款未偿还的事实，至其 2019 年申请再审，早已经超过申请再审的法定期间。综上，即使杨某武提交的《贷款催收通知书》真实合法，无论永某信用社于 2019 年 5 月 20 日向杨某武催收贷款时是否超过诉讼时效期间，本案均不宜启动再审程序。

● **文书格式** 【法［2016］221 号】 民事诉讼文书样式（2016 年 2 月 22 日最高法审委会［1679 次］通过，2016 年 6 月 28 日公布，2016 年 8 月 1 日起施行）

（本书对格式略有调整）

---

① 注：本《解释》第 127 条规定，本处规定的 6 个月为不变期间，不适用诉讼时效中止、中断、延长的规定。

② 注：本《解释》第 127 条规定，本处规定的 6 个月为不变期间，不适用诉讼时效中止、中断、延长的规定。

③ 即：第二审人民法院宣告判决可以自行宣判，也可以委托原审人民法院或者当事人所在地人民法院代行宣判。

民事再审申请书

再审申请人（一、二审诉讼地位）：×××，男/女，×年×月×日生，×族，……（写明工作单位和职务或职业），住……。联系方式：……。（★申请人是法人或其他组织的，本段写明名称、住所）

法定代理人/指定代理人①：×××，……。（★申请人是法人或其他组织的，本段写明法定代表人、主要负责人及其姓名、职务、联系方式）

委托诉讼代理人：×××，……。（申请时已经委托诉讼代理人的，写明此项）

被申请人（一、二审诉讼地位）：×××，……。

原审原告/被告/第三人（一审诉讼地位）：×××，……。

（以上写明当事人和其他诉讼参与人的姓名或者名称等基本信息）

再审申请人×××因与×××……（写明案由）一案，不服××人民法院（原审法院名称）×年×月×日作出的（××××）……号民事判决/民事裁定/民事调解书，现提出再审申请。

再审请求：

……

事实和理由：

……（写明申请再审的法定情形及事实和理由）。②

新的证据和证据来源，证人姓名和住所：

……

此致：××人民法院

附：1. 再审申请书副本×份（按照被申请人和原审其他当事人的人数提交副本）

2. 原审判决书、裁定书、调解书

申请人（自然人签名或单位盖章）

×年×月×日

---

① 注：申请人是无民事行为能力人或限制民事行为能力人的，应当写明法定代理人姓名、性别、出生日期、民族、职业、工作单位、住所、联系方式，在诉讼地位后括注与申请人的关系。

② 注：当事人对已经发生法律效力的调解书，提出证据证明调解违反自愿原则或者调解协议的内容违反法律的，也可以申请再审。

第 215 条²⁰⁰⁸⁰⁴⁰¹　　【再审立案审查期限】人民法院应当自收到再审申请书之日起 3 个月内审查，符合本法规定/第 179 条规定情形之一²⁰¹³⁰¹⁰¹的，裁定再审；不符合本法第 179 条²⁰¹³⁰¹⁰¹规定的，裁定驳回申请。有特殊情况需要延长的，由本院院长批准。

　　【依申请再审管辖】因当事人申请裁定再审的案件由中级人民法院以上的人民法院审理，但当事人依照本法第 210 条的规定选择向基层人民法院申请再审的除外²⁰¹³⁰¹⁰¹。最高人民法院、高级人民法院裁定再审的案件，由本院再审或者交其他人民法院再审，也可以交原审人民法院再审。

　　（插）第 209 条²⁰¹³⁰¹⁰¹　　【法院主动再审】各级人民法院院长对本院已经发生法律效力的判决、裁定、调解书，发现确有错误，认为¹⁹⁹¹⁰⁴⁰⁹需要再审的，应当提交审判委员会讨论决定。

　　最高人民法院对地方各级人民法院已经发生法律效力的判决、裁定、调解书，上级人民法院对下级人民法院已经发生法律效力的判决、裁定、调解书，发现确有错误的，有权提审或者指令下级人民法院再审。

　　第 216 条　　（见第 214 条之后）

　　第 217 条²⁰¹³⁰¹⁰¹　　【中止原判】按照审判监督程序决定再审的案件，裁定中止原判决、裁定、调解书的执行，但追索赡养费、扶养费、抚养/抚育²⁰²²⁰¹⁰¹费、抚恤金、医疗费用、劳动报酬等案件，可以不中止执行。裁定由院长署名，加盖人民法院印章。

　　第 218 条¹⁹⁹¹⁰⁴⁰⁹　　【再审审理程序】人民法院按照审判监督程序再审的案件，发生法律效力的判决、裁定是由第一审法院作出/原来是第一审的，按照第一审程序审理/审判，所作的判决、裁定，当事人可以上诉；发生法律效力的判决、裁定是由第二审法院作出/原来是第二审的，按照第二审程序审理/审判，所作的判决、裁定，是发生法律效力的判决、裁定；上级人民法院按照审判监督程序提审的，按照第二审程序审理，所作的判决、裁定是发生法律效力的判决、裁定。

　　（新增）人民法院审理再审案件，应当另行组成合议庭。

　　（本书汇）【再审审理期限】

● **相关规定**　　**【法释〔1998〕17 号】**　　**最高人民法院关于人民法院发现本院作出的诉前保全裁定和在执行程序中作出的裁定确有错误以及人民检察院对人民法院作出的诉前保全裁定提出抗诉人民法院应当如何处理的批复**（1998 年 7 月 21 日最高法审委会〔1005 次〕通过，1998 年 7 月 30 日公布，答复山东高院"鲁高法函〔1998〕57 号、58 号"请示，1998 年 8 月 5 日起施行）

一、人民法院院长对本院已经发生法律效力的诉前保全裁定和在执行程序中作出的裁定，发现确有错误，认为需要撤销的，应当提交审判委员会讨论决定后，裁定撤销原裁定。

【法释〔2000〕29 号】　　**最高人民法院关于严格执行案件审理期限制度的若干规定**（2000 年 9 月 14 日最高法审委会〔1130 次〕通过，2000 年 9 月 22 日公布，2000 年 9 月 28 日起施行）

第 4 条（第 2 款）　　裁定再审的民事、行政案件，根据再审适用的不同程序，分别执行第一审或第二审审理期限的规定。

第 6 条（第 4 款）　　发回重审或指令再审的案件，应当在收到发回重审或指令再审裁定及案卷材料后的次日内立案。

第 6 条（第 5 款）　　按照审判监督程序重新审判的案件，应当在作出提审、再审裁定（决定）的次日立案。

【法〔2001〕164 号】　　**最高人民法院案件审限管理规定**（2001 年 10 月 16 日最高法审委会〔1195 次〕通过，2001 年 11 月 5 日公布，2002 年 1 月 1 日起施行）

第 7 条　　对不服本院生效裁判或不服高级人民法院复查驳回、再审改判的各类申诉或申请再审案件，应当在 3 个月内审查完毕，作出决定或裁定，至迟不得超过 6 个月。

第 13 条（第 2 款）　　按照审判监督程序重新审判的案件，应当在作出提审、再审裁定或决定的次日立案。

第 15 条（第 2 款）　　申诉或申请再审的审查期限从收到申诉或申请再审材料并经立案后的次日起计算。

【法发〔2001〕20 号】　　**最高人民法院关于办理不服本院生效裁判案件的若干规定**（2001 年 10 月 16 日最高法审委会〔1195 次〕通过，2001 年 10 月 29 日印发）

一、立案庭对不服本院生效裁判案件经审查认为可能有错误，决定再审立案或者登记立案并移送审判监督庭后，审判监督庭应及时审理。

二、经立案庭审查立案的不服本院生效裁判案件，立案庭应将本案全部卷宗材料调齐，一并移送审判监督庭。经立案庭登记立案、尚未归档的不服本院生效裁判案件，审判监督庭需要调阅有关案卷材料的，应向相关业务庭发出调卷通知。有关业务庭应在收到调卷通知 10 日内，将有关案件卷宗按规定装订整齐，移送审判监督庭。

三、在办理不服本院生效裁判案件过程中，经庭领导同意，承办人可以就案件有关情况与原承办人或原合议庭交换意见；未经同意，承办人不得擅自与原承办人或原合议庭交换意见。

四、对立案庭登记立案的不服本院生效裁判案件，合议庭在审查过程中，认为对案件有关情况需要听取双方当事人陈述的，应报庭领导决定。

五、对本院生效裁判案件经审查认为应当再审的，或者已经进入再审程序、经审理认为应当改判的，由院长提交审判委员会讨论决定。

提交审判委员会讨论的案件审理报告应注明原承办人和原合议庭成员的姓名，并可附原合议庭对审判监督庭再审审查结论的书面意见。

六、审判监督庭经审查驳回当事人申请再审的，或者经过再审程序审理结案的，应及时向本院有关部门通报案件处理结果。

七、审判监督庭在审理案件中，发现原办案人员有《人民法院审判人员违法审判责任追究办法（试行）》、《人民法院审判纪律处分办法（试行）》规定的违法违纪情况的，应移送纪检组（监察室）处理。

当事人在案件审查或审理过程中反映原办案人员有违法违纪问题或提交有关举报材料的，应告知其向本院纪检组（监察室）反映或提交；已收举报材料的，审判监督庭应及时移送纪检组（监察室）。

八、对不服本院执行工作办公室、赔偿委员会办公室办理的有关案件，按照本规定执行。

九、审判监督庭负责本院国家赔偿的确认工作，办理高级人民法院国家赔偿确认工作的请示，负责对全国法院赔偿确认工作的监督与指导。

十、地方各级人民法院、专门人民法院可根据本规定精神，制定具体规定。

【法〔2001〕161 号】 **全国审判监督工作座谈会关于当前审判监督工作若干问题的纪要**（2001 年 9 月 21-24 日在重庆召开，2001 年 11 月 1 日印发）

一、关于再审程序中适用裁定或决定处理的几个问题

因违反法定程序、认定事实错误、适用法律错误进入再审程序的案件，应视情形分别处理。

1. 符合下列情形之一的，应裁定撤销原裁定：（1）原不予受理裁定错误的，应予撤销并指令原审法院受理；（2）原驳回起诉裁定错误的，应予撤销并指令原审法院审理；（3）原管辖权异议裁定错误，且案件尚未作出生效判决的，应予撤

销并将案件移送有管辖权的人民法院。

2. 刑事再审案件符合下列情形之一的，……

3. 民事、行政再审案件符合下列情形之一的，可裁定撤销原判，驳回起诉：(1) 不属于法院受案范围的；(2) 法律规定必须经过前置程序，未经前置程序直接诉至法院的；(3) 当事人双方约定仲裁而一方直接诉至法院，对方在首次开庭前对人民法院受理该案提出异议，且不参加诉讼活动的，但人民法院终审裁定驳回其异议后，当事人参加诉讼活动的除外；(4) 诉讼主体错误的；(5) 其他不予受理的情形。

4. 民事、行政再审案件符合下列情形之一，可能影响案件正确判决、裁定的，上级法院裁定撤销原判，发回原审人民法院重审：(1) 审判组织组成不合法的；(2) 审理本案的审判人员、书记员应当回避未回避的；(3) 依法应当开庭审理而未经开庭即作出判决的；(4) 适用普通程序审理的案件当事人未经传票传唤而缺席判决的；(5) 作为定案依据的主要证据未经当庭质证的；(6) 民事诉讼的原判遗漏了必须参加诉讼的当事人，且调解不成的；(7) 其他发回重审的情形。

5. 上一级人民法院认为下级人民法院已经再审但确有必须改判的错误的，应当裁定提审，改判后应在一定范围内通报。

下级人民法院以驳回通知书复查结案的，或者以驳回起诉再审结案的，上级人民法院可以裁定指令再审。

二、关于再审程序中适用判决处理的几个问题

再审案件的改判必须慎重，既要维护法院判决的既判力和严肃性，又要准确纠正符合法定改判条件且必须纠正的生效判决。

6. 符合下列情形的，应予改判：

(1) 原判定性明显错误的：……民事案件确定案由错误、认定合同效力错误、认定责任错误导致错判的；……

(2) 违反法定责任种类和责任标准的：民事案件错判承担民事责任形式、错划承担民事责任致显失公正的；……

(3) 原判主文在数量方面确有错误且不属裁定补救范围的：……民事案件执行期限或财产数额错误的；……

(4) 调解案件严重违反自愿原则或者法律规定的：刑事自诉案件、民事案件、行政附带民事案件、行政赔偿案件的调解协议严重违反自愿原则或者违反法律的。

(5) 其他应当改判的情形。

7. 符合下列情形的，一般不予改判：(1) 原判文书在事实认定、理由阐述、适用法律方面存在错误、疏漏，但原判文书主文正确或者基本正确的；(2) 原判

结果的误差在法官自由裁量幅度范围内的；（3）原判定性有部分错误，但即使定性问题纠正后，原判结果仍在可以维持范围内的；（4）原判有漏证或错引、漏引法条情况，但原判结果仍在可以维持范围内的；（5）原判应一并审理，但未审理部分可以另案解决的；（6）原判有错误，但可以用其他方法补救，而不必进行再审改判的。

三、关于民事、行政再审案件庭审方式改革的几个问题

必须加快再审案件的审判方式改革，在审理中应严格执行公开审判，规范再审案件开庭审理程序。为此，在进行庭审改革时，应把握以下几点：

8. 送达再审开庭通知书时，应同时告知当事人的诉讼权利义务；明确当事人的举证时限及举证不能所应承担的法律后果。根据有关法院的司法实践，将举证时限限定在法庭辩论之前。

9. 开庭前的准备工作应当充分，保证当事人能够较好地行使诉讼权利及履行诉讼义务。开庭前可召集双方当事人及其诉讼代理人交换、核对证据，对双方无争议的原判事实和证据应当记录在卷，并由双方当事人签字确认，保证开庭时能够针对焦点问题进行充分的调查。

10. 再审程序虽然适用一审或二审程序，但应突出再审案件的特点，再审案件的审理范围应把握这样几个原则：

由当事人申请再审启动再审程序的案件，再审案件的审理范围应确定在原审范围内，申请人诉什么就审什么，不诉不审；

由上级法院或院长发现程序启动的案件，应在原审案件的范围内全案审查，但上级法院有明确审查范围意见的除外。

11. 经复查听证后进入再审程序的案件，或者开庭前已由书记员核对当事人身份，告知诉讼权利义务，出示、质证当事人认同的证据或事实等事项的案件，开庭后，不必再重复上述程序，但应重申关于申请回避的权利。

12. 再审案件当事人经法院传票传唤无正当理由拒不到庭的，由审判长宣布缺席审理，并说明传票送达合法及缺席审理的依据。

13. 当事人申请再审提出的新证据，必须当庭质证；出示的书证、物证等应当交由对方当事人当庭辨认，发表质证意见；审判长根据案件的具体情况，经征求合议庭成员意见后，可当庭认证，或经合议庭评议后再行认证。

【法发［2002］13号】 最高人民法院关于规范人民法院再审立案的若干意见（试行）（最高法审委会［1230次］通过，2002年9月10日印发，2002年11月1日起试行）

第1条 各级人民法院、专门人民法院对本院或者上级人民法院对下级人民

法院作出的终审裁判，经复查认为符合再审立案条件的，应当决定或裁定再审。

人民检察院依照法律规定对人民法院作出的终审裁判提出抗诉的，应当再审立案。

第 2 条　地方各级人民法院、专门人民法院负责下列案件的再审立案：（一）本院作出的终审裁判，符合再审立案条件的；（二）下一级人民法院复查驳回或者再审改判，符合再审立案条件的；（三）上级人民法院指令再审的；（四）人民检察院依法提出抗诉的。

第 3 条　最高人民法院负责下列案件的再审立案：（一）本院作出的终审裁判，符合再审立案条件的；（二）高级人民法院复查驳回或者再审改判，符合再审立案条件的；（三）最高人民检察院依法提出抗诉的；（四）最高人民法院认为应由自己再审的。

第 4 条　上级人民法院对下级人民法院作出的终审裁判，认为确有必要的，可以直接立案复查，经复查认为符合再审立案条件的，可以决定或裁定再审。

第 6 条　申请再审或申诉一般由终审人民法院审查处理。

上一级人民法院对未经终审人民法院审查处理的申请再审或申诉，一般交终审人民法院审查；对经终审人民法院审查处理后仍坚持申请再审或申诉的，应当受理。

对未经终审人民法院及其上一级人民法院审查处理，直接向上级人民法院申请再审或申诉的，上级人民法院应当交下一级人民法院处理。

第 7-10 条　（刑事、行政诉讼，本书略）

第 11 条　人民法院对刑事附带民事案件中仅就民事部分提出申诉的，一般不予再审立案。但有证据证明民事部分明显失当且原审被告人有赔偿能力的除外。

【法刊文摘】　审查立案若干疑难问题解答（二）[①]

50. 案外人以自己的权利受到生效裁判的侵害，向人民法院申请再审的，该如何处理？

《民事诉讼法》第 178 条（现第 210 条）规定，当事人对已经发生法律效力的判决、裁定，认为有错误的，可以向原审人民法院或者上一级人民法院申请再审，但不停止判决、裁定的执行。立法明确规定只有当事人才能对生效判决、裁定申请再审，因此，案外人无权申请再审。但是，在司法实践中，偶尔确实会存在生效裁判涉及他人财产的情形。按法理，民事主体的权利均应得到法律的同一保护，且有权利就要有救济。当案外人的权利受到生效裁判的侵害时，司法应当

① 参见中华人民共和国最高人民法院立案庭编：《立案工作指导与参考》（2003 年第 2 卷·总第 3 卷），人民法院出版社 2003 年版。

提供适当的救济途径。虽然案外人没有申请再审权，但有申诉权。因此，对于案外人认为生效裁判损害其利益而申诉的，应当进行审查，如果原判确实有错误，损害了其利益的，应当以院长发现的方式提起再审。

【法释［2002］24 号】 最高人民法院关于人民法院对民事案件发回重审和指令再审有关问题的规定（2002 年 4 月 15 日最高法审委会［1221 次］通过，2002 年 7 月 31 日公布，2002 年 8 月 15 日起施行)①

第 1 条 第二审人民法院根据民事诉讼法第 153 条（现第 177 条）第 1 款第 3 项的规定将案件发回原审人民法院重审的，对同一案件，只能发回重审 1 次。第一审人民法院重审后，第二审人民法院认为原判决认定事实仍有错误，或者原判决认定事实不清、证据不足的，应当查清事实后依法改判。

第 2 条 各级人民法院依照民事诉讼法第 177 条（现第 209 条）第 1 款的规定对同一案件进行再审的，只能再审 1 次。

上级人民法院根据民事诉讼法第 177 条（现第 209 条）第 2 款的规定指令下级人民法院再审的，只能指令再审 1 次。上级人民法院认为下级人民法院作出的发生法律效力的再审判决、裁定需要再次进行再审的，上级人民法院应当依法提审。

上级人民法院因下级人民法院违反法定程序而指令再审的，不受前款规定的限制。

第 3 条 同一人民法院根据民事诉讼法第 178 条（现第 210 条）的规定，对同一案件只能依照审判监督程序审理 1 次。

前款所称"依照审判监督程序审理 1 次"不包括人民法院对当事人的再审申请审查后用通知书驳回的情形。

【法［2003］169 号】 最高人民法院关于正确适用《关于人民法院对民事案件发回重审和指令再审有关问题的规定》的通知（最高法审委会［1285 次］通过，2003 年 11 月 13 日印发)②

一、各级人民法院对本院已经发生法律效力的民事判决、裁定，不论以何种方式启动审判监督程序的，一般只能再审 1 次。

二、对于下级人民法院已经再审过的民事案件，上一级人民法院认为需要再审的，应当依法提审。提审的人民法院对该案件只能再审 1 次。

---

① 注：本《规定》已被法释［2019］11 号《最高人民法院关于废止部分司法解释（第 13 批）的决定》废止，2019 年 7 月 20 日起施行。废止理由：已被"法释［2017］7 号"《规定》代替。

② 注：《最高人民法院关于人民法院对民事案件发回重审和指令再审有关问题的规定》（法释［2002］24 号）已被废止。

三、人民检察院按照审判监督程序提起抗诉的民事案件，一般应当由作出生效裁判的人民法院再审；作出生效裁判的人民法院已经再审过的，由上一级人民法院提审，或者指令该法院的其他同级人民法院再审。

四、各级人民法院院长发现本院发生法律效力的再审裁判确有错误依法必须改判的，应当提出书面意见请示上一级人民法院，并附全部案卷。上一级人民法院一般应当提审，也可以指令该法院的其他同级人民法院再审。

人民法院对行政案件进行再审的，参照上述原则执行。

【法〔2004〕103 号】　最高人民法院关于开展审判监督工作若干问题的通知（2004 年 5 月 18 日）

一、本院有关业务庭审查后要求高级人民法院复查并报送复查结果的申诉或者申请再审案件，高级人民法院应当在限定的期限内进行复查并依法处理，对申诉人或者再审申请人作出书面答复，同时将复查结果报本院相关业务庭。

二、本院有关业务庭调卷的案件，相关高级人民法院应当在限定的期限内将案件全部卷宗寄出。

本院有关业务庭根据审判监督工作实际需要提出的其他要求，高级人民法院应当在限定期限内完成。

如有特殊情况，高级人民法院无法按期完成上述案件复查、调卷或其他事宜的，应当在期限届满前向本院有关业务庭说明情况，并提出预期完成的时间。

三、本院指令高级人民法院再审并发函指出问题的案件，高级人民法院在作出裁判后应当将裁判文书及时报送最高人民法院。

四、本院各有关业务庭按照职责分工开展审判监督工作，均系代表本院行使审判监督职权。各高级人民法院承担审判监督任务的有关业务庭应当以高度负责的态度，各司其职，积极协助和配合本院有关业务庭搞好申诉和申请再审案件的相关工作和审判监督工作，不得因上下级法院业务部门不对口而推诿拖延。

五、违反上述要求的，本院有关业务庭应当积极督办；经督办仍无改进的，本院将依照有关规定。

【法释〔2008〕14 号】　最高人民法院关于适用《中华人民共和国民事诉讼法》审判监督程序若干问题的解释（2008 年 11 月 10 日最高法审委会〔1453 次〕通过，2008 年 11 月 25 日公布，2008 年 12 月 1 日起施行；根据法释〔2020〕20 号《决定》修正，2021 年 1 月 1 日起施行。以本规为准）

第 6 条　人民法院应当自收到符合条件的再审申请书等材料后 5 日内完成向申请再审人发送受理通知书等受理登记手续，并向对方当事人发送受理通知书及再审申请书副本。

第7条 人民法院受理再审申请后，应当组成合议庭予以审查。

第8条 人民法院对再审申请的审查，应当围绕再审事由是否成立进行。

第12条 人民法院认为仅审查再审申请书等材料难以作出裁定的，应当调阅原审卷宗予以审查。

第13条 人民法院可以根据案情需要决定是否询问当事人。

以有新的证据足以推翻原判决、裁定为由申请再审的，人民法院应当询问当事人。

第14条 在审查再审申请过程中，对方当事人也申请再审的，人民法院应当将其列为申请再审人，对其提出的再审申请一并审查。

第15条 申请再审人在案件审查期间申请撤回再审申请的，是否准许，由人民法院裁定。

申请再审人经传票传唤，无正当理由拒不接受询问，可以裁定按撤回再审申请处理。

第16条 人民法院经审查认为申请再审事由不成立的，应当裁定驳回再审申请。

驳回再审申请的裁定一经送达，即发生法律效力。

第18条 上一级人民法院经审查认为申请再审事由成立的，一般由本院提审。最高人民法院、高级人民法院也可以指定与原审人民法院同级的其他人民法院再审，或者指令原审人民法院再审。

第19条 上一级人民法院可以根据案件的影响程度以及案件参与人等情况，决定是否指定再审。需要指定再审的，应当考虑便利当事人行使诉讼权利以及便利人民法院审理等因素。

接受指定再审的人民法院，应当按照民事诉讼法第207条（现第218条）第1款规定的程序审理。

第20条 有下列情形之一的，不得指令原审人民法院再审：（一）原审人民法院对该案无管辖权的；（二）审判人员在审理该案件时有贪污受贿，徇私舞弊，枉法裁判行为的；（三）原判决、裁定系经原审人民法院审判委员会讨论作出的；（四）其他不宜指令原审人民法院再审的。

第21条 当事人未申请再审、人民检察院未抗诉的案件，人民法院发现原判决、裁定、调解协议有损害国家利益、社会公共利益等确有错误情形的，应当依照民事诉讼法第198条（现第209条）的规定提起再审。

第22条 人民法院应当依照民事诉讼法第207条（现第218条）的规定，按照第一审程序或者第二审程序审理再审案件。

人民法院审理再审案件应当开庭审理。但按照第二审程序审理的，双方当事人已经其他方式充分表达意见，且书面同意不开庭审理的除外。

~~第 32 条　人民法院开庭审理再审案件，应分别不同情形进行：~~

~~（一）因当事人申请裁定再审的，先由申请再审人陈述再审请求及理由，后由被申请人答辩及其他原审当事人发表意见；~~

~~（二）因人民检察院抗诉裁定再审的，先由抗诉机关宣读抗诉书，再由申请抗诉的当事人陈述，后由被申请人答辩及其他原审当事人发表意见；~~

~~（三）人民法院依职权裁定再审的，当事人按照其在原审中的诉讼地位依次发表意见。~~

~~第 33 条　人民法院应当在具体的再审请求范围内或在抗诉支持当事人请求的范围内审理再审案件。当事人超出原审范围增加、变更诉讼请求的，不属于再审审理范围。但涉及国家利益、社会公共利益，或者当事人在原审诉讼中已经依法要求增加、变更诉讼请求，原审未予审理且客观上不能形成其他诉讼的除外。经再审裁定撤销原判决，发回重审后，当事人增加诉讼请求的，人民法院依照民事诉讼法第 126 条的规定处理。~~

第 23 条　申请再审人在再审期间撤回再审申请的，是否准许由人民法院裁定。裁定准许的，应终结再审程序。申请再审人经传票传唤，无正当理由拒不到庭的，或者未经法庭许可中途退庭的，可以裁定按自动撤回再审申请处理。

人民检察院抗诉再审的案件，申请抗诉的当事人有前款规定的情形，且不损害国家利益、社会公共利益或第三人利益的，人民法院应当裁定终结再审程序；人民检察院撤回抗诉的，应当准予。

终结再审程序的，恢复原判决的执行。

第 24 条　按照第一审程序审理再审案件时，一审原告申请撤回起诉的，是否准许由人民法院裁定。裁定准许的，应当同时裁定撤销原判决、裁定、调解书。

第 25 条　当事人在再审审理中经调解达成协议的，人民法院应当制作调解书。调解书经各方当事人签收后，即具有法律效力，原判决、裁定视为被撤销。

第 26 条　人民法院经再审审理认为，原判决、裁定认定事实清楚、适用法律正确的，应予维持；原判决、裁定在认定事实、适用法律、阐述理由方面虽有瑕疵，但裁判结果正确的，人民法院应在再审判决、裁定中纠正上述瑕疵后予以维持。

第 27 条　人民法院按照第二审程序审理再审案件，发现原判决认定事实错误或者认定事实不清的，应当在查清事实后改判。但原审人民法院便于查清事实，化解纠纷的，可以裁定撤销原判决，发回重审；原审程序遗漏必须参加诉讼的当事人且无法达成调解协议，以及其他违反法定程序不宜在再审程序中直接作出实体处理的，应当裁定撤销原判决，发回重审。

第39条 ~~新的证据证明原判决、裁定确有错误的，人民法院应予改判。申请~~ ~~再审人或者申请抗诉的当事人提出新的证据致使再审改判，被申请人等当事人因~~ ~~申请再审人或者申请抗诉的当事人的过错未能在原审程序中及时举证，请求补偿~~ ~~其增加的差旅、误工等诉讼费用的，人民法院应当支持；请求赔偿其由此扩大的~~ ~~直接损失，可以另行提起诉讼解决。~~

第28条 人民法院以调解方式审结的案件裁定再审后，经审理发现申请再审人提出的调解违反自愿原则的事由不成立，且调解协议的内容不违反法律强制性规定的，应当裁定驳回再审申请，并恢复原调解书的执行。

第29条 民事再审案件的当事人应为原审案件的当事人。原审案件当事人死亡或者终止的，其权利义务承受人可以申请再审并参加再审诉讼。

第42条 ~~因案外人申请人民法院裁定再审的，人民法院经审理认为案外人应~~ ~~为必要的共同诉讼当事人，在按第一审程序再审时，应追加其为当事人，作出新~~ ~~的判决；在按第二审程序再审时，经调解不能达成协议的，应撤销原判，发回重~~ ~~审，重审时应追加案外人为当事人。案外人不是必要的共同诉讼当事人的，仅审~~ ~~理其对原判决提出异议部分的合法性，并应根据审理情况作出撤销原判决相关判~~ ~~项或者驳回再审请求的判决；撤销原判决相关判项的，应当告知案外人以及原审~~ ~~当事人可以提起新的诉讼解决相关争议。~~

第30条 本院以前发布的司法解释与本解释不一致的，以本解释为准。本解释未作规定的，按照以前的规定执行。

【民立他字〔2008〕25号】 最高人民法院立案庭关于当事人以管辖错误为由申请再审审查处理方式等问题的答复（2008年3月20日答复山东高院"〔2008〕鲁立函字第3号"请示）

同意你院关于当事人以管辖错误为由申请再审审查处理方式等问题的处理意见。

附：山东省高级人民法院请示的问题

（一）在二审法院针对当事人提出的管辖权异议上诉作出终审裁定后，在案件尚未进入实体开庭审理前，当事人以管辖权为由申请再审的，由高级人民法院立案庭统一依照相关法律规定进行审查处理。

（二）终审判决生效后，当事人仅以一二审法院违反法律规定管辖错误一个事由申请再审的，由高级人民法院立案庭审查处理。

当事人申请再审理由成立的，裁定撤销一二审法院相关裁定及一二审判决，并将案件裁定指令有管辖权法院审理。当事人申请再审理由不成立的，裁定驳回再审申请。

（三）终审判决生效后，当事人以一二审法院管辖错误和实体判决结果存在问题等其他事由申请再审的，应当对管辖权问题先行审查。

如果当事人关于管辖错误的主张成立，由高级人民法院立案庭径行依照前条规定处理。

如果当事人关于管辖错误的主张不成立，但关于判决结果存在问题的主张成立，则依照相关规定处理。

（四）终审判决生效后，当事人以人民法院无司法主管权为由申请再审的，由高级人民法院立案庭进行审查，如果当事人主张的事由成立，则径行裁定撤销一二审法院相关裁定及一二审判决，并驳回原告的起诉。

【法发〔2009〕26 号】　最高人民法院关于受理审查民事申请再审案件的若干意见（2009 年 4 月 27 日）

第 10 条　人民法院受理申请再审案件后，应当组成合议庭进行审查。

第 11 条　人民法院审查申请再审案件，应当围绕申请再审事由是否成立进行，申请再审人未主张的事由不予审查。

第 12 条　人民法院审查申请再审案件，应当审查当事人诉讼主体资格的变化情况。

第 13 条　人民法院审查申请再审案件，采取以下方式：（一）审查当事人提交的再审申请书、书面意见等材料；（二）审阅原审卷宗；（三）询问当事人；（四）组织当事人听证。

第 14 条　人民法院经审查申请再审人提交的再审申请书、对方当事人提交的书面意见、原审裁判文书和证据等材料，足以确定申请再审事由不能成立的，可以径行裁定驳回再审申请。

第 15 条　对于以下列事由申请再审，且根据当事人提交的申请材料足以确定再审事由成立的案件，人民法院可以径行裁定再审：（一）违反法律规定，管辖错误的；（二）审判组织的组成不合法或者依法应当回避的审判人员没有回避的；（三）无诉讼行为能力人未经法定代理人代为诉讼，或者应当参加诉讼的当事人因不能归责于本人或者其诉讼代理人的事由未参加诉讼的；（四）据以作出原判决、裁定的法律文书被撤销或者变更的；（五）审判人员在审理该案件时有贪污受贿、徇私舞弊、枉法裁判行为，并经相关刑事法律文书或者纪律处分决定确认的。

第 16 条　人民法院决定调卷审查的，原审法院应当在收到调卷函后 15 日内按要求报送卷宗。

调取原审卷宗的范围可根据审查工作需要决定。必要时，在保证真实的前提下，可要求原审法院以传真件、复印件、电子文档等方式及时报送相关卷宗材料。

第17条　人民法院可根据审查工作需要询问一方或者双方当事人。

第18条　人民法院对以下列事由申请再审的案件，可以组织当事人进行听证：（一）有新的证据，足以推翻原判决、裁定的；（二）原判决、裁定认定的基本事实缺乏证据证明的；（三）原判决、裁定认定事实的主要证据是伪造的；（四）原判决、裁定适用法律确有错误的。

第19条　合议庭决定听证的案件，应在听证5日前通知当事人。

第20条　听证由审判长主持，围绕申请再审事由是否成立进行。

第21条　申请再审人经传票传唤，无正当理由拒不参加询问、听证或未经许可中途退出的，裁定按撤回再审申请处理。被申请人及原审其他当事人不参加询问、听证或未经许可中途退出的，视为放弃在询问、听证过程中陈述意见的权利。

第22条　人民法院在审查申请再审案件过程中，被申请人或者原审其他当事人提出符合条件的再审申请的，应当将其列为申请再审人，对于其申请再审事由一并审查，审查期限重新计算。经审查，其中一方申请再审人主张的再审事由成立的，人民法院即应裁定再审。各方申请再审人主张的再审事由均不成立的，一并裁定驳回。

第23条　申请再审人在审查过程中撤回再审申请的，是否准许，由人民法院裁定。

第24条　审查过程中，申请再审人、被申请人及原审其他当事人自愿达成和解协议，当事人申请人民法院出具调解书且能够确定申请再审事由成立的，人民法院应当裁定再审并制作调解书。

第25条　审查过程中，申请再审人或者被申请人死亡或者终止的，按下列情形分别处理：

（一）申请再审人有权利义务继受人且该权利义务继受人申请参加审查程序的，变更其为申请再审人；

（二）被申请人有权利义务继受人的，变更其权利义务继受人为被申请人；

（三）申请再审人无权利义务继受人或其权利义务继受人未申请参加审查程序的，裁定终结审查程序；

（四）被申请人无权利义务继受人且无可供执行财产的，裁定终结审查程序。

第26条　人民法院经审查认为再审申请超过民事诉讼法第184条（现第216条）规定期间的，裁定驳回申请。

第27条　人民法院经审查认为申请再审事由成立的，一般应由本院提审。

第28条　最高人民法院、高级人民法院审查的下列案件，可以指令原审法院再审：

（一）依据民事诉讼法第179条（现第211条）第1款第8至第13项事由提

起再审的;

（二）因违反法定程序可能影响案件正确判决、裁定提起再审的;

（三）上一级法院认为其他应当指令原审法院再审的。

第 29 条　提审和指令再审的裁定书应当包括以下内容:（一）申请再审人、被申请人及原审其他当事人基本情况;（二）原审法院名称、申请再审的生效裁判文书名称、案号;（三）裁定再审的法律依据;（四）裁定结果。

裁定书由院长署名,加盖人民法院印章。

第 30 条　驳回再审申请的裁定书,应当包括以下内容:（一）申请再审人、被申请人及原审其他当事人基本情况;（二）原审法院名称、申请再审的生效裁判文书名称、案号;（三）申请再审人主张的再审事由、被申请人的意见;（四）驳回再审申请的理由、法律依据;（五）裁定结果。

裁定书由审判人员、书记员署名,加盖人民法院印章。

第 31 条　再审申请被裁定驳回后,申请再审人以相同理由再次申请再审的,不作为申请再审案件审查处理。

申请再审人不服驳回其再审申请的裁定,向作出驳回裁定法院的上一级法院申请再审的,不作为申请再审案件审查处理。

第 32 条　人民法院应当自受理再审申请之日起 3 个月内审查完毕,但鉴定期间等不计入审查期限。有特殊情况需要延长的,报经本院院长批准。

第 33 条　2008 年 4 月 1 日之前受理,尚未审结的案件,符合申请再审条件的,由受理再审申请的人民法院继续审查处理并作出裁定。

【法 [2011] 335 号】　最高人民法院关于建立最高人民法院发回重审、指令再审案件信息反馈机制的工作意见（2011 年 11 月 30 日）

一、发回重审、指令再审案件信息反馈机制是指,人民法院专门审判管理机构利用案件信息管理平台,对审判业务部门发回重审、指令再审的案件,进行信息汇总、分析、跟踪、反馈的工作机制。

二、本意见适用于最高人民法院各审判业务部门发回重审、指令再审以及以其他形式要求报送处理结果的案件（不包括死刑案件）。

三、最高人民法院执法办案协调督办工作领导小组负责发回重审、指令再审案件信息反馈工作。最高人民法院审判管理办公室负责具体事务,向执法办案协调督办工作领导小组负责。

各高级人民法院审判管理办公室负责发回重审、指令再审案件信息反馈机制的相关工作。

四、最高人民法院审判管理办公室建立发回重审、指令再审案件台帐,各审判业务部门于每季度末将案件相关信息送交审判管理办公室。

五、最高人民法院审判管理办公室每季度将各审判业务部门提供的案件信息汇总分析，分发各高级人民法院审判管理办公室，相关案件纳入各高级人民法院跟踪督办和重点案件评查范围。各高级人民法院审判管理办公室将相关案件办理信息每半年向最高人民法院审判管理办公室报送1次。

六、最高人民法院审判管理办公室将各高级人民法院审判管理办公室报送的相关案件办理信息汇总分析，每半年向本院各审判业务部门反馈1次。本院各审判业务部门根据下级法院相关案件办理情况有针对性地进行指导和监督，并将情况向审判管理办公室反馈。

七、最高人民法院审判管理办公室适时根据各高级人民法院报送的材料和最高人民法院审判业务部门反馈的情况，就最高人民法院发回重审、指令再审案件办理情况及存在问题书面报告院执法办案协调督办工作领导小组，并依程序以通报形式反馈各高级人民法院。

八、本意见由最高人民法院执法办案协调督办工作领导小组负责解释。

【法办〔2013〕36号】 **全国法院民事再审审查工作座谈会纪要**（2013年1月6-7日在昆明召开，最高法办公厅2013年3月29日印发）

一、关于民事申请再审案件的受理

1. 当事人一方人数众多或者当事人双方为公民的案件，当事人申请再审的，应当向原审人民法院提交申请再审材料，原审人民法院应当及时接收。当事人向原审人民法院提交申请再审材料时间为其申请再审时间。

原审人民法院接收上述案件材料后，区分下列情形处理：

（1）当事人选择向原审人民法院申请再审的，依法受理；

（2）当事人选择向上一级人民法院申请再审，经释明，当事人同意向原审人民法院申请再审的，依法受理；

（3）当事人选择向上一级人民法院申请再审，经释明，当事人不同意向原审人民法院申请再审的，在1个月内将申请再审材料、案件全部卷宗和释明情况一并报送上一级人民法院。

对于原审人民法院报送的申请再审案件材料，上一级人民法院认为符合法定条件的，应当及时受理。

2. 原告或者被告一方为3人以上的案件，为民事诉讼法第199条（现第210条）规定的当事人一方人数众多的案件。

原审人民法院受理的3件以上的劳动争议、物业服务合同酒疯等一方当事人相同且诉讼标的是同一种类的案件，其中3件以上案件当事人申请再审的，可以作为当事人一方人数众多的案件。

3. 原告和被告均为公民的案件，为民事诉讼法第 199 条（现第 210 条）规定的当事人双方为公民的案件。

4. 有下列情形之一的，告知当事人依据民事诉讼法第 209 条（现第 220 条）向人民检察院申请检察建议或者抗诉，不作为申请再审案件受理：

（1）再审申请人在人民法院驳回其再审申请后又向人民法院申请再审的；

（2）当事人认为再审判决、裁定有错误，向人民法院申请再审的。

5. 有下列情形之一的，为民事诉讼法第 209 条（现第 220 条）第 3 项规定的再审判决、裁定：

（1）第一审人民法院对于生效第一审判决、裁定，由本院再审后作出的、当事人未在法定期间内上诉的判决、裁定；

（2）第二审人民法院对于生效第二审判决、裁定，由本院再审后作出的判决、裁定；

（3）上级人民法院对于生效判决、裁定提审后作出的判决、裁定。

6. 当事人在裁判文书发生法律效力 6 个月后申请再审，符合以下条件的，应予受理：

（1）依据民事诉讼法第 200 条（现第 211 条）第 1 项、第 3 项、第 12 项或者第 13 项申请再审；

（2）书面说明知道或者应当知道所依据再审事由的时间，并提交相应证据；

（3）提交支持再审事由的证据材料，并书面说明该证据材料证明再审事由成立的理由。

7. 2013 年 1 月 1 日之前生效的裁判，适用修改前民事诉讼法第 184 条（现第 216 条）的规定计算申请再审期限。上述裁判申请再审期限在 2013 年 1 月 1 日前已届满，当事人在 2013 年 1 月 1 日后申请再审的，不予受理；申请再审期限在 2013 年 1 月 1 日至 6 月 30 日之间届满的，计算至届满之日。

上述裁判申请再审期限在 2013 年 6 月 30 日后届满的，计算至 2013 年 6 月 30 日。但下列情形仍适用修改前民事诉讼法第 184 条（现第 216 条）的规定：

（1）当事人以有新的证据，足以推翻原判决、裁定为由申请再审的，应当在裁判生效后 2 年内提出；

（2）当事人以原判决、裁定认定事实的主要证据系伪造为由申请再审的，应当在裁判生效后 2 年内提出；

（3）裁判生效 2 年后，当事人以据以作出原裁判的法律文书被撤销或者变更为由申请再审的，应当自知道或者应当知道之日起 3 个月内提出；

（4）裁判生效 2 后，当事人以审判人员在审理该案件时有贪污受贿，徇私舞弊，枉法裁判行为为由申请再审的，应当自知道或者应当知道之日起 3 个月内提出。

二、关于民事申请再审案件的审查

8. 人民法院在审查申请再审案件过程中，再审申请人变更或者增加再审事由，符合民事诉讼法第 205 条（现第 216 条）规定的期间要求的，人民法院应当向被申请人及原审其他当事人发送变更后的再审申请书副本，审查期限重新计算，必要时可再次组织询问；不符合民事诉讼法第 205 条（现第 216 条）规定的，不予审查。

9. 上一级人民法院审查并裁定再审的案件，一般应当提审。

10. 基层人民法院作出生效裁判的案件，当事人依据民事诉讼法第 199 条（现第 210 条）的规定选择向基层人民法院申请再审，再审事由成立的，基层人民法院应裁定由本院再审；当事人选择向中级人民法院申请再审，再审事由成立的，中级人民法院应裁定由本院提审。

11. 对于追索赡养费、扶养费、抚育费、抚恤金、医疗费用、劳动报酬案件的裁判裁定再审的，可以不中止执行。对于不予受理、驳回起诉或者驳回当事人全部诉讼请求等没有执行内容的裁判裁定再审的，可以不中止执行。对于其他裁判裁定再审不中止执行的，应当从严把握。

12. 人民法院审查民事申请再审案件所作的裁定书由审判人员、书记员署名加盖人民法院印章。

13. 2013 年 1 月 1 日之前受理的未结案件，当事人申请再审所依据的再审事由在民事诉讼法第 200 条（现第 211 条）和第 201 条（现第 212 条）中有相应再审事由的，在裁定书中引用该再审事由在民事诉讼法中的条文序号。

上述案件当事人依据修改前民事诉讼第 179 条（现第 211 条）第 1 款第 7 项"违反法律规定，管辖错误的"情形申请再审，区分下列情形处理：

（1）对生效判决申请再审且未主张其他再审事由的，可以该情形不属于法定再审事由，裁定驳回；

（2）对管辖权异议裁定申请再审，案件尚未作出生效裁判且该裁定确有错误的，依照民事诉讼法第 200 条（现第 211 条）第 6 项的规定裁定再审；

（3）对管辖权异议裁定申请再审，案件已经作出生效裁判的，告知当事人依法对生效裁判申请再审，裁定终结审查。

上述案件当事人依据修改前民事诉讼法第 179 条（现第 211 条）第 2 款"违反法定程序可能影响案件正确判决、裁定的情形"申请再审，其主张的违反法定程序情形在民事诉讼法第 200 条（现第 211 条）和第 201 条（现第 212 条）中有相应再审事由的，可以在裁定书中引用该再审事由在民事诉讼法中的条文序号，事由成立的，裁定再审；不属于法定再审事由的，裁定驳回。

14. 人民法院应当自受理申请再审案件之日起 3 个月内审查完毕，但公告期间、调卷期间、双方当事人申请调解期间等不计入审查期限。有特殊情况需要延长的，由本院院长批准。

15. 本纪要所称民事诉讼法，是指根据《全国人民代表大会常务委员会关于修改〈中华人民共和国民事诉讼法〉的决定》（2012 年 8 月 31 日第 1 届全国人民代表大会常务委员会第 28 次会议通过，2013 年 1 月 1 日起施行）（以下简称《决定》）作相应修改后的《中华人民共和国民事诉讼法》。

本纪要所称修改前的民事诉讼法，是指《决定》施行前的《中华人民共和国民事诉讼法》。

【法释〔2015〕7 号】　最高人民法院关于民事审判监督程序严格依法适用指令再审和发回重审若干问题的规定（2015 年 2 月 2 日最高法审委会〔1643 次〕通过，2015 年 2 月 16 日公布，2015 年 3 月 15 日起施行；以本规为准）

第 1 条　上级人民法院应当严格依照民事诉讼法第 200 条（现第 211 条）等规定审查当事人的再审申请，符合法定条件的，裁定再审。不得因指令再审而降低再审启动标准，也不得因当事人反复申诉将依法不应当再审的案件指令下级人民法院再审。

第 2 条　因当事人申请裁定再审的案件一般应当由裁定再审的人民法院审理。有下列情形之一的，最高人民法院、高级人民法院可以指令原审人民法院再审：（一）依据民事诉讼法第 200 条（现第 211 条）第 4 项、第 5 项或者第 9 项裁定再审的；（二）发生法律效力的判决、裁定、调解书是由第一审法院作出的；（三）当事人一方人数众多或者当事人双方为公民的；（四）经审判委员会讨论决定的其他情形。

人民检察院提出抗诉的案件，由接受抗诉的人民法院审理，具有民事诉讼法第 200 条（现第 211 条）第 1 至第 5 项规定情形之一的，可以指令原审人民法院再审。

人民法院依据民事诉讼法第 198 条（现第 209 条）第 2 款裁定再审的，应当提审。

第 3 条　虽然符合本规定第 2 条可以指令再审的条件，但有下列情形之一的，应当提审：（一）原判决、裁定系经原审人民法院再审审理后作出的；（二）原判决、裁定系经原审人民法院审判委员会讨论作出的；（三）原审判人员在审理该案件时有贪污受贿，徇私舞弊，枉法裁判行为的；（四）原审人民法院对该案无再审管辖权的；（五）需要统一法律适用或裁量权行使标准的；（六）其他不宜指令原审人民法院再审的情形。

第 4 条　人民法院按照第二审程序审理再审案件，发现原判决认定基本事实不清的，一般应当通过庭审认定事实后依法作出判决。但原审人民法院未对基本事实进行过审理的，可以裁定撤销原判决，发回重审。原判决认定事实错误的，上级人民法院不得以基本事实不清为由裁定发回重审。

第5条 （见本书第177条）

第6条 上级人民法院裁定指令再审、发回重审的，应当在裁定书中阐明指令再审或者发回重审的具体理由。

第7条 再审案件应当围绕申请人的再审请求进行审理和裁判。对方当事人在再审庭审辩论终结前也提出再审请求的，应一并审理和裁判。当事人的再审请求超出原审诉讼请求的不予审理，构成另案诉讼的应告知当事人可以提起新的诉讼。

第8条 再审发回重审的案件，应当围绕当事人原诉讼请求进行审理。当事人申请变更、增加诉讼请求和提出反诉的，按照《最高人民法院关于适用〈中华人民共和国民事诉讼法〉的解释》第252条（见本书第143条）的规定审查决定是否准许。当事人变更其在原审中的诉讼主张、质证及辩论意见的，应说明理由并提交相应的证据，理由不成立或证据不充分的，人民法院不予支持。

第9条 各级人民法院对民事案件指令再审和再审发回重审的审判行为，应当严格遵守本规定。违反本规定的，应当依照相关规定追究有关人员的责任。

第10条 最高人民法院以前发布的司法解释与本规定不一致的，不再适用。

【法发［2017］8号】 最高人民法院、最高人民检察院、司法部关于逐步实行律师代理申诉制度的意见（2017年4月1日）

七、完善申诉立案审查程序。律师接受申诉人委托，可以到人民法院、人民检察院申诉接待场所或者通过来信、网上申诉平台、远程视频接访系统、律师服务平台等提交申诉材料。

提交的材料不符合要求的，人民法院或人民检察院可以通知其限期补充或者补正，并一次性告知应当补充或者补正的全部材料。未在通知期限内提交的，人民法院或者人民检察院不予受理。

对符合法律规定条件的申诉，人民法院、人民检察院应当接收材料，依法立案审查。经审查认为不符合立案条件的，应当以书面形式告知申诉人及代理律师。

八、尊重代理申诉律师意见。人民法院、人民检察院应认真审查律师代为提出的申诉意见，并在法律规定期限内审查完毕。

对经审查认为申诉不能成立的，依法向申诉人出具法律文书，同时送达代理律师。认为案件确有错误的，依法予以纠正。认为案件存在瑕疵的，依法采取相应补正、补救措施。

【法明传［2018］71号】　最高人民法院关于办理涉夫妻债务纠纷案件有关工作的通知（2018年2月7日）

一、正在审理的一审、二审案件，适用《解释》①的规定。

二、已经终审的案件，甄别时应当严格把握认定事实不清、适用法律错误、结果明显不公的标准。比如，对夫妻一方与债权人恶意串通坑害另一方，另一方在毫不知情的情况下无端背负巨额债务的案件等，应当依法予以纠正。再审案件改判引用法律条文时，尽可能引用婚姻法第17条、第41条（现民法典第1062条、第1064条）等法律。

三、对于符合改判条件的终审案件，要加大调解力度，尽可能消化在再审审查阶段或者再审调解阶段。案件必须改判的，也要尽量做好当事人服判息诉工作。

四、对于符合上述改判条件的终审案件，也可由执行部门尽量通过执行和解等方式，解决对利益严重受损的配偶一方权益保护问题。

【法发［2018］9号】　最高人民法院关于人民法院立案、审判与执行工作协调运行的意见（2018年5月28日）

10. 审判部门在审理再审裁定撤销原判决、裁定发回重审的案件时，应当注意审查诉讼标的物是否存在灭失或者发生变化致使原诉讼请求无法实现的情形。存在该情形的，应告知当事人可申请变更诉讼请求。

【法［2021］242号】　最高人民法院关于完善四级法院审级职能定位改革试点的实施办法（2021年9月16日最高法审委会［1846次］通过，2021年9月27日印发，2021年10月1日起施行；2023年9月28日起被"法［2023］154号"《通知》终止）（余见本书第210条）

第6条　本办法所称具有普遍法律适用指导意义的案件，是指法律、司法解释规定不明确或者司法解释没有规定，需要通过司法裁判进一步明确法律适用的案件。

第13条　最高人民法院应当自收到民事、行政再审申请书之日起30日内，决定由本院或者作出生效判决、裁定的高级人民法院审查。民事、行政申请再审案件符合下列情形之一的，最高人民法院可以决定由原审高级人民法院审查：（一）案件可能存在基本事实不清、诉讼程序违法、遗漏诉讼请求情形的；（二）原判决、裁定适用法律可能存在错误，但不具有法律适用指导意义的。

最高人民法院决定将案件交原审高级人民法院审查的，应当在10日内将决定书、再审申请书和相关材料送原审高级人民法院立案庭，并书面通知再审申请人。

---

① 注：《最高人民法院关于审理涉及夫妻债务纠纷案件适用法律有关问题的解释》（法释［2018］2号），已被"法释［2020］16号"《决定》废止，2021年1月1日起施行。

第 23 条（第 3 款）　最高人民法院于本办法实施之前受理的民事、行政申请再审案件，实施当日尚未审查完毕的，应当继续审查，并按照相关法律规定作出处理。

【法释〔2022〕11 号】　最高人民法院关于适用《中华人民共和国民事诉讼法》的解释（"法释〔2015〕5 号"公布，2015 年 2 月 4 日起施行；根据法释〔2020〕20 号《决定》修正，2021 年 1 月 1 日起施行；2022 年 3 月 22 日最高法审委会〔1866 次〕修正，2022 年 4 月 1 日公布，2022 年 4 月 10 日起施行；以本规为准）

第 377 条　当事人一方人数众多或者当事人双方为公民的案件，当事人分别向原审人民法院和上一级人民法院申请再审且不能协商一致的，由原审人民法院受理。

第 380 条　当事人就离婚案件中的财产分割问题申请再审，如涉及判决中已分割的财产，人民法院应当依照民事诉讼法第 207 条（现第 211 条）的规定进行审查，符合再审条件的，应当裁定再审；如涉及判决中未作处理的夫妻共同财产，应当告知当事人另行起诉。

第 381 条　当事人申请再审，有下列情形之一的，人民法院不予受理：（一）再审申请被驳回后再次提出申请的；（二）对再审判决、裁定提出申请的；（三）在人民检察院对当事人的申请作出不予提出再审检察建议或者抗诉决定后又提出申请的。

前款第 1 项、第 2 项规定情形，人民法院应当告知当事人可以向人民检察院申请再审检察建议或者抗诉，但因人民检察院提出再审检察建议或者抗诉而再审作出的判决、裁定除外。

第 383 条　人民法院应当自收到符合条件的再审申请书等材料之日起 5 日内向再审申请人发送受理通知书，并向被申请人及原审其他当事人发送应诉通知书、再审申请书副本等材料。

第 384 条　人民法院受理申请再审案件后，应当依照民事诉讼法第 207 条、第 208 条、第 211 条（现第 211 条、第 212 条、第 215 条）等规定，对当事人主张的再审事由进行审查。

第 393 条　当事人主张的再审事由成立，且符合民事诉讼法和本解释规定的申请再审条件的，人民法院应当裁定再审。

当事人主张的再审事由不成立，或者当事人申请再审超过法定申请再审期限、超出法定再审事由范围等不符合民事诉讼法和本解释规定的申请再审条件的，人民法院应当裁定驳回再审申请。

第 394 条　人民法院对已经发生法律效力的判决、裁定、调解书依法决定再审,依照民事诉讼法第 213 条（现第 217 条）规定,需要中止执行的,应当在再审裁定中同时写明中止原判决、裁定、调解书的执行；情况紧急的,可以将中止执行裁定口头通知负责执行的人民法院,并在通知后 10 日内发出裁定书。

第 395 条　人民法院根据审查案件的需要决定是否询问当事人。新的证据可能推翻原判决、裁定的,人民法院应当询问当事人。

第 396 条　审查再审申请期间,被申请人及原审其他当事人依法提出再审申请的,人民法院应当将其列为再审申请人,对其再审事由一并审查,审查期限重新计算。经审查,其中一方再审申请人主张的再审事由成立的,应当裁定再审。各方再审申请人主张的再审事由均不成立的,一并裁定驳回再审申请。

第 398 条　审查再审申请期间,再审申请人撤回再审申请的,是否准许,由人民法院裁定。

再审申请人经传票传唤,无正当理由拒不接受询问的,可以按撤回再审申请处理。

第 400 条　再审申请审查期间,有下列情形之一的,裁定终结审查：（一）再审申请人死亡或者终止,无权利义务承继者或者权利义务承继者声明放弃再审申请的；（二）在给付之诉中,负有给付义务的被申请人死亡或者终止,无可供执行的财产,也没有应当承担义务的人的；（三）当事人达成和解协议且已履行完毕的,但当事人在和解协议中声明不放弃申请再审权利的除外；（四）他人未经授权以当事人名义申请再审的；（五）原审或者上一级人民法院已经裁定再审的；（六）有本解释第 381 条第 1 款规定情形的。

第 401 条　人民法院审理再审案件应当组成合议庭开庭审理,但按照第二审程序审理,有特殊情况或者双方当事人已经通过其他方式充分表达意见,且书面同意不开庭审理的除外。

符合缺席判决条件的,可以缺席判决。

第 402 条　人民法院开庭审理再审案件,应当按照下列情形分别进行：

（一）因当事人申请再审的,先由再审申请人陈述再审请求及理由,后由被申请人答辩、其他原审当事人发表意见；

（二）因抗诉再审的,先由抗诉机关宣读抗诉书,再由申请抗诉的当事人陈述,后由被申请人答辩、其他原审当事人发表意见；

（三）人民法院依职权再审,有申诉人的,先由申诉人陈述再审请求及理由,后由被申诉人答辩、其他原审当事人发表意见；

（四）人民法院依职权再审,没有申诉人的,先由原审原告或者原审上诉人陈述,后由原审其他当事人发表意见。

对前款第 1 项至第 3 项规定的情形,人民法院应当要求当事人明确其再审请求。

第 403 条 人民法院审理再审案件应当围绕再审请求进行。当事人的再审请求超出原审诉讼请求的,不予审理;符合另案诉讼条件的,告知当事人可以另行起诉。

被申请人及原审其他当事人在庭审辩论结束前提出的再审请求,符合民事诉讼法第 212 条 (现第 216 条) 规定的,人民法院应当一并审理。

人民法院经再审,发现已经发生法律效力的判决、裁定损害国家利益、社会公共利益、他人合法权益的,应当一并审理。

第 404 条 再审审理期间,有下列情形之一的,可以裁定终结再审程序:(一) 再审申请人在再审期间撤回再审请求,人民法院准许的;(二) 再审申请人经传票传唤,无正当理由拒不到庭的,或者未经法庭许可中途退庭的,按撤回再审请求处理的;(三) 人民检察院撤回抗诉的;(四) 有本解释第 400 条第 1 项至第 4 项规定情形的。

因人民检察院提出抗诉裁定再审的案件,申请抗诉的当事人有前款规定的情形,且不损害国家利益、社会公共利益或者他人合法权益的,人民法院应当裁定终结再审程序。

再审程序终结后,人民法院裁定中止执行的原生效判决自动恢复执行。

第 405 条 人民法院经再审审理认为,原判决、裁定认定事实清楚、适用法律正确的,应予维持;原判决、裁定认定事实、适用法律虽有瑕疵,但裁判结果正确的,应当在再审判决、裁定中纠正瑕疵后予以维持。

原判决、裁定认定事实、适用法律错误,导致裁判结果错误的,应当依法改判、撤销或者变更。

第 406 条 按照第二审程序再审的案件,人民法院经审理认为不符合民事诉讼法规定的起诉条件或者符合民事诉讼法第 127 条规定不予受理情形的,应当裁定撤销一、二审判决,驳回起诉。

第 407 条 人民法院对调解书裁定再审后,按照下列情形分别处理:

(一) 当事人提出的调解违反自愿原则的事由不成立,且调解书的内容不违反法律强制性规定的,裁定驳回再审申请;

(二) 人民检察院抗诉或者再审检察建议所主张的损害国家利益、社会公共利益的理由不成立的,裁定终结再审程序。

前款规定情形,人民法院裁定中止执行的调解书需要继续执行的,自动恢复执行。

第 408 条 一审原告在再审审理程序中申请撤回起诉,经其他当事人同意,且不损害国家利益、社会公共利益、他人合法权益的,人民法院可以准许。裁定准许撤诉的,应当一并撤销原判决。

一审原告在再审审理程序中撤回起诉后重复起诉的,人民法院不予受理。

第 409 条　当事人提交新的证据致使再审改判,因再审申请人或者申请检察监督当事人的过错未能在原审程序中及时举证,被申请人等当事人请求补偿其增加的交通、住宿、就餐、误工等必要费用的,人民法院应予支持。

第 410 条　部分当事人到庭并达成调解协议,其他当事人未作出书面表示的,人民法院应当在判决中对该事实作出表述;调解协议内容不违反法律规定,且不损害其他当事人合法权益的,可以在判决主文中予以确认。

第 420 条　必须共同进行诉讼的当事人因不能归责于本人或者其诉讼代理人的事由未参加诉讼的,可以根据民事诉讼法第 207 条第 8 项规定,自知道或者应当知道之日起 6 个月内①申请再审,但符合本解释第 421 条规定情形的除外。

人民法院因前款规定的当事人申请而裁定再审,按照第一审程序再审的,应当追加其为当事人,作出新的判决、裁定;按照第二审程序再审,经调解不能达成协议的,应当撤销原判决、裁定,发回重审,重审时应追加其为当事人。

第 421 条　根据民事诉讼法第 234 条（现第 238 条）规定,案外人对驳回其执行异议的裁定不服,认为原判决、裁定、调解书内容错误损害其民事权益的,可以自执行异议裁定送达之日起 6 个月内②,向作出原判决、裁定、调解书的人民法院申请再审。

第 422 条　根据民事诉讼法第 234 条（现第 238 条）规定,人民法院裁定再审后,案外人属于必要的共同诉讼当事人的,依照本解释第 420 条第 2 款规定处理。

案外人不是必要的共同诉讼当事人的,人民法院仅审理原判决、裁定、调解书对其民事权益造成损害的内容。经审理,再审请求成立的,撤销或者改变原判决、裁定、调解书;再审请求不成立的,维持原判决、裁定、调解书。

第 537 条　人民法院对涉外民事案件的当事人申请再审进行审查的期间,不受民事诉讼法第 211 条（现第 215 条）规定的限制。

【法发［2023］13 号】　**最高人民法院关于加强和规范案件提级管辖和再审提审工作的指导意见**（2023 年 7 月 28 日印发,2023 年 8 月 1 日起施行;以本规为准）

一、一般规定

第 1 条　……中级以上人民法院应当加大再审提审适用力度,精准履行审级

---

① 注:本《解释》第 127 条规定,本处规定的 6 个月为不变期间,不适用诉讼时效中止、中断、延长的规定。
② 注:本《解释》第 127 条规定,本处规定的 6 个月为不变期间,不适用诉讼时效中止、中断、延长的规定。

监督和再审纠错职能。……

第3条 本意见所称"再审提审",是指根据《中华人民共和国民事诉讼法》第205条（现第209条）第2款、第211条（现第215条）第2款,《中华人民共和国行政诉讼法》第91条、第92条第2款的规定,上级人民法院对下级人民法院已经发生法律效力的民事、行政判决、裁定,认为确有错误并有必要提审的,裁定由本院再审,包括上级人民法院依职权提审、上级人民法院依当事人再审申请提审、最高人民法院依高级人民法院报请提审。

三、规范民事、行政再审提审机制

第15条 上级人民法院对下级人民法院已经发生法律效力的民事、行政判决、裁定,认为符合再审条件的,一般应当提审。

对于符合再审条件的民事、行政判决、裁定,存在下列情形之一的,最高人民法院、高级人民法院可以指令原审人民法院再审,或者指定与原审人民法院同级的其他人民法院再审,但法律和司法解释另有规定的除外:（一）原判决、裁定认定事实的主要证据未经质证的;（二）对审理案件需要的主要证据,当事人因客观原因不能自行收集,书面申请人民法院调查收集,人民法院未调查收集的;（三）违反法律规定,剥夺当事人辩论权利的;（四）发生法律效力的判决、裁定是由第一审法院作出的;（五）当事人一方人数众多或者当事人双方均为公民的民事案件;（六）经审判委员会讨论决定的其他情形。

第16条 最高人民法院依法受理的民事、行政申请再审审查案件,除法律和司法解释规定应当提审的情形外,符合下列情形之一的,也应当裁定提审:（一）在全国有重大影响的;（二）具有普遍法律适用指导意义的;（三）所涉法律适用问题在最高人民法院内部存在重大分歧的;（四）所涉法律适用问题在不同高级人民法院之间裁判生效的同类案件存在重大分歧的;（五）由最高人民法院提审更有利于案件公正审理的;（六）最高人民法院认为应当提审的其他情形。

最高人民法院依职权主动发现地方各级人民法院已经发生法律效力的民事、行政判决、裁定确有错误,并且符合前款规定的,应当提审。

第17条 高级人民法院对于本院和辖区内人民法院作出的已经发生法律效力的民事、行政判决、裁定,认为适用法律确有错误,且属于本意见第16条第1款第1项至第5项所列情形之一的,经本院审判委员会讨论决定后,可以报请最高人民法院提审。

第18条 高级人民法院报请最高人民法院再审提审的案件,应当向最高人民法院提交书面请示,请示应当包括以下内容:（一）案件基本情况;（二）本院再审申请审查情况;（三）报请再审提审的理由;（四）合议庭评议意见、审判委员会讨论意见;（五）必要的案件材料。

第 19 条　最高人民法院收到高级人民法院报送的再审提审请示及材料后，由立案庭编立"监"字号，转相关审判庭组成合议庭审查，并在 3 个月以内作出下述处理：

（一）符合提审条件的，作出提审裁定；

（二）不符合提审条件的，作出不同意提审的批复。

最高人民法院不同意提审的，应当在批复中说明意见和理由。

第 20 条　案件报请最高人民法院再审提审的期间和最高人民法院审查处理期间，不计入申请再审审查案件办理期限。

对不同意再审提审的案件，自高级人民法院收到批复之日起，恢复申请再审审查案件的办理期限计算。

四、完善提级管辖、再审提审的保障机制（见本书第 39 条）

【法释［2023］10 号】　最高人民法院关于知识产权法庭若干问题的规定（法释［2018］22 号公布，2019 年 1 月 1 日起施行；2023 年 10 月 16 日最高法审委会［1901 次］修订，2023 年 10 月 21 日公布，2023 年 11 月 1 日起施行；以本规为准）

~~第 13 条　本规定第 2 条第 1、2、3 项所称第一审案件已经发生法律效力的判决、裁定、调解书，于 2019 年 1 月 1 日前作出，对其依法申请再审、抗诉、再审的，适用《中华人民共和国民事诉讼法》《中华人民共和国行政诉讼法》有关规定。~~

【法释［2024］7 号】　最高人民法院关于适用《中华人民共和国公司法》时间效力的若干规定（2024 年 6 月 27 日最高法审委会［1992 次］通过，2024 年 6 月 29 日公布，2024 年 7 月 1 日起施行）

第 7 条　公司法施行前已经终审的民事纠纷案件，当事人申请再审或者人民法院按照审判监督程序决定再审的，适用当时的法律、司法解释的规定。

● 入库案例　【2024-16-2-490-001】　赵某诉大庆某公司劳动争议案（黑龙江高院/2024.01.10/［2023］黑民再 648 号）

裁判要旨：民事再审案件，在检察机关抗诉意见及当事人申诉请求有理应予支持、原判金额应予减少的情形下，依法应对案件全面予以审查，包括对未申诉一方当事人的抗辩意见依法予以审查，以防止仅针对申诉请求审查，忽视未申诉方意见而导致当事人之间利益失衡。

● 公报案例　（法公报［2016］4 期）　经纬纺织机械股份有限公司与裴雅芬等分期付款买卖合同纠纷案（最高法院民事判决书［2015］最高法民申字第 1823 号）

裁判摘要：生效裁判确定的数债务人中，仅有部分债务人申请再审且理由可以成立的，人民法院在依法裁定再审时，还应当审查案件再审是否可能影响其他债务人按照原裁判承担债务。如再审不影响其他债务人按照原裁判承担债务的，应当仅中止对再审申请人的执行，以确保在实现再审依法纠错功能的同时，合理保护债权人的合法权利。

● **文书格式**　**【法〔2001〕161号】**　**全国审判监督工作座谈会关于当前审判监督工作若干问题的纪要**（2001年9月21-24日在重庆召开，2001年11月1日印发）

五、关于再审案件法律文书改革的几个问题

23. 关于制作"驳回申请再审（申诉）通知书"

"驳回申请再审（申诉）通知书"是审判监督程序复查阶段的结果，是对申请再审人提出申请再审进行复查后，认为理由不成立的书面答复。复查通知书与再审判决书不同，因此，不能用进入再审程序后制作判决书的标准来要求，但也不能过于简单，更不能采取格式化的方式答复。总的要求是针对再审申请人的主要理由进行批驳，正确适用有关法律规定，作出明确的答复。

24. 关于制作"民事再审裁定书"

（1）首部简明扼要，不再列举当事人的自然情况。

（2）在制作民事再审裁定书时，不再表述"原判决（调解、裁定）确有错误"或"原判认定事实不清，适用法律错误"等文字，

变更为"经本院审查认为：当事人的申请符合《中华人民共和国民事诉讼法》第×条第×款第×项规定的再审立案条件。根据《中华人民共和国民事诉讼法》第×条、第×条的规定，裁定如下:"。

（3）民事再审裁定书体现院长对本院案件进行监督的，署院长姓名；院长授权的，也可以署副院长姓名；体现上级法院对下级法院进行监督的，署合议庭组成人员姓名。

检察机关抗诉启动再审程序的，加盖院印不署名。

25. 关于民事再审案件判决书改革的几点要求

（1）首部要规范，程序要公开。判决书首部应当规范，与原审判决书相比，再审案件判决书的首部要素内容有其特征，如对当事人的称谓，原审及再审立案时间等等；

对检察院提起抗诉的再审案件，判决书首部首先要列明抗诉机关；

判决文书应当反映原审及再审程序提起的过程。

（2）原审诉辩要表述，再审理由要具体，主要证据要列明，争执焦点要明确。再审案件判决书中应将当事人的原审诉辩主张根据案件的具体情况予以表述；对抗诉理由或申请再审的主要理由应作具体的表述；支持当事人原审诉辩主张和

申请再审的主要证据一般应当编列序号，分项列述；判决书中要提炼案件争执的焦点问题，即在程序和实体方面证据的分歧、适用法律的争执点等。

（3）正确运用有效证据，区别情况采取不同的方法对案件事实予以认定。对原审认定事实清楚部分和当事人无争议的事实可作简单概括。对有争议及原审认定不清的事实应详细地综合认证；对原审认定有错误的部分应着重分析，运用证据来表述其错在何处，取消"经再审查明"的传统表述方法，改为"经再审认定的证据，可证明如下事实："的表述方法。

（4）再审判决书，说理部分应结构严谨、语言精确、文简意赅、是非分明；内容紧紧围绕争议焦点、再审申请的主要理由展开；对案件争议的焦点可采用多种论证方法；法律法规和司法解释的适用要准确、规范，不能漏引、错引；注重服判息诉的社会效果。

（5）判决主文是人民法院对当事人争议事项所作的结论，必须用鲜明、简洁、准确、规范、便于执行的文字表述；判决主义的表述顺序为：先维持、后撤销、再改判。

会议认为，再审判决书改革后的制作，是审监改革过程中必须解决的问题，各级人民法院应在司法实践中，不断探索、不断提高、不断总结。建议各地参照以上意见制作优秀的法律文书，并及时报送最高人民法院审监庭，以期确定再审判决书的标准格式。

【法办发〔2012〕17 号】　最高人民法院关于民事申请再审案件诉讼文书写作的基本要求（2011 年 4 月 21 日 "法〔2011〕160 号" 印发，最高法办公厅 2012 年 12 月 24 日修正，2013 年 1 月 1 日起施行）

一、关于当事人基本情况部分

（一）当事人~~案外人~~申请再审的，列为"再审申请人~~/申请再审人~~"；各方当事人均申请再审的，均列为"再审申请人~~/申请再审人~~"；再审申请书载明的被申请人列为"被申请人"；未提出再审申请或者未被列为被申请人的原审其他当事人按照其在一审、二审、再审中的地位依次列明，如"一审原告、二审被上诉人"；对不予受理裁定申请再审的案件，只列再审申请人~~/申请再审人~~。

（二）"再审申请人~~/申请再审人~~"、"被申请人"后的括号中按照"一审原告、反诉被告（或一审被告、反诉原告），二审上诉人（或二审被上诉人）~~、原申请再审人（或原被申请人）~~"列明当事人在一审、二审、再审中的诉讼地位；~~民事申请再审案件经过 2 次以上再审的，括号中的再审诉讼地位按照当事人在最后一次再审中的诉讼地位列明；再审程序是由人民检察院抗诉或者人民法院依职权启动的，括号中的再审诉讼地位按照"原申诉人（或原被申诉人）"列明；案外~~

民事诉讼法全厚细

人中申请再审的，~~在括号中列明"案外人"。~~

（三）当事人名称变化的，在名称后加括号注明原名称。

（四）当事人是自然人的，列明姓名、性别、民族、出生日期、职业、住址；自然人职业不明确的，可以不表述；<u>外国籍或港澳台地区的自然人，应注明其国籍及所处地区。</u>当事人是法人或者其他组织的，列明名称、住所和法定代表人或者主要负责人的姓名、职务。

（五）当事人是自然人的，住址写为"住（具体地址）"；<u>再审申请</u>/~~申请再审~~书上载明的地址与生效裁判或身份证上载明的住址不一致的，住址写为"住（身份证上载明的住址），现住（<u>再审申请</u>/~~申请再审~~书上载明的地址）"。当事人是法人或者其他组织的，住所写为"住所地：（营业执照上载明的住所）"。

当事人住址或住所在市辖区的，写为"××省（直辖市、自治区）××市××区（具体地址）"；当事人住址或住所在市辖县、市辖县级市的，写为"××省（直辖市、自治区）××县（市）（具体地址）"，不写所在地级市（地区）；如有2个以上当事人住址相同，应当分别写明，不能用"住址同上"代替。

（六）法人或者其他组织的法定代表人或主要负责人写为"法定代表人（或负责人）：×××，该公司（或厂、村委会等）董事长（或厂长、主任等职务）"。

（七）委托代理人是律师的，写为"委托代理人：×××，××律师事务所律师"，~~并审核其律师执业证书、律师事务所函、授权委托书和代理权限~~；委托代理人是同一律师事务所律师的，应当分别写明所在律师事务所；同一律师事务所的实习律师与律师共同担任委托代理人的，实习律师写为"委托代理人：×××，××律师事务所实习律师"；委托代理人是法律工作者的，写为"委托代理人：×××，××法律服务所法律工作者"。

法人或者其他组织的工作人员受所在单位委托代为诉讼的，写为"委托代理人：×××，该公司（或厂、村委会等）工作人员（可写明职务）"，~~并审核其身份证、授权委托书和代理权限~~。

委托代理人是<u>当事人的近亲属或者当事人所在社区、单位以及有关社会团体推荐的公民</u>/~~自然人~~的，写为"委托代理人：×××，性别，民族，出生日期，职业，住址"，~~并审核其身份证、授权委托书和代理权限~~；委托代理人是当事人近亲属的，还应当在<u>住址</u>/~~姓名~~之后用括号注明其与当事人的关系；~~律师助理以委托代理人身份参加诉讼的，按照委托代理人是自然人的情形写明姓名、性别等基本情况~~。

（八）诉讼地位与当事人姓名或名称、代理人姓名之间用冒号隔开。

<u>（九）</u>一方当事人死亡，其继承人明确表示参加诉讼的，列其继承人为当事人，但应在其后加括号注明其与原当事人的关系。

示例：

再审申请人（一审被告、二审被上诉人~~、原被申请人~~）：××生物技术工程有限公司（原××生物技术研究所）。住所地：××省××市××区××街××号。

法定代表人：×××，该公司董事长。

委托代理人：×××，该公司法律顾问。

委托代理人：×××，××律师事务所律师。

~~被申请人（一审原告、二审上诉人、原申请再审人）：××银行××分行。住所地：北京市××区××路××号。~~

~~负责人：×××，该公司总经理。~~

~~委托代理人：×××，××律师事务所律师。~~

~~委托代理人：×××，××律师事务所实习律师。~~

被申请人（一审原告、二审上诉人）：李××，女，汉族，×年×月×日出生，个体工商户，住北京市××区××路××号（李×之女，李×于×年×月×日死亡）。

委托代理人：×××，×××法律服务所法律工作者。

委托代理人：王××，男，汉族，×年×月×日出生，个体工商户，住北京市××区××路××号，系李××之夫。

一审被告、二审上诉人：××市城市管理局。住所地：××省××市××路××号。

法定代表人：×××，该局局长。

二、关于案件来源部分

（一）本部分在当事人全称后加括号注明简称。

（二）当事人简称应当保持一致，做到简明规范，体现当事人的特点。

（三）未提出再审申请或者未被列为被申请人的原审其他当事人应当在被申请人之后，按照其在一审、二审、再审中的诉讼地位依次列明。民事申请再审案件经过2次以上再审的，再审诉讼地位按照当事人在最后一次再审中的诉讼地位列明；再审程序是由人民检察院抗诉或者人民法院依职权启动的，再审诉讼地位按照"原申诉人（或原被申诉人）"列明。

（四）申请再审的裁判文书表述为"不服××人民法院（××××）×法民×字第××号民事判决（裁定、调解书）"。

示例：

再审申请人天成生物技术工程有限公司（以下简称天成公司）因与被申请人中阳科技发展有限公司（以下简称中阳公司），一审被告、二审上诉人××市城市管理局（以下简称××城管局）居间合同纠纷一案，不服××省××人民法院（或本院）（××××）×法民××字第××号民事判决，向本院申请再审。本院依法组成合议庭对本案进行了审查，现已审查终结。

三、关于申请再审的事实与理由部分

（一）本部分首句表述为"×××（申请再审人的简称）申请再审称"，中间与具体事实和理由以冒号隔开。

（二）对于申请再审的事实与理由应当进行总体概括，做到简洁、准确、全面，避免按照再审申请书罗列的具体事实和理由照抄。

（三）申请再审的事实与理由有多个，且分为多级层次的，结构层次序数依次按照"（一）"、"1."和"（1）"写明，应注意"（一）"和"（1）"之后不加顿号，结构层次序数中的阿拉伯数字右下用圆点，不用逗号或顿号；只有一级层次的，结构层次序数写为"（一）"、"（二）"、"（三）/ 1.、2.、3."；有2级层次的，写为"（一）"、"1."；有3级层次的，写为"（一）"、"1."、"（1）"。

（四）本部分应在结尾处写明申请再审的法律依据，表述为"×××依据《中华人民共和国民事诉讼法》第200条（现第211条）第×款第×项的规定申请再审。"条、项的序号应用汉字注明，项的序号不加括号①。

示例：

××公司申请再审称：（一）本案一、二审判决存在被告主体不适格的问题。（概括理由）。（二）本案违反法律规定，管辖错误。1.本案不属专属管辖。2.本案属于合同纠纷。3.当事人对管辖地进行了约定。（三）本案判决缺乏事实依据。××公司依据《中华人民共和国民事诉讼法》第179条第1款第（二）项、第（六）项和第（七）项的规定申请再审。

××公司申请再审称：（一）本案二审判决认定的基本事实缺乏证据证明……（概括理由）。（二）本案二审判决适用法律错误……（概括理由）。××公司依据《中华人民共和国民事诉讼法》第200条（现第211条）第2项、第6项的规定申请再审。

四、关于被申请人意见部分

（一）被申请人以书面或口头形式发表意见的，表述为"×××提交意见认为，×××的再审申请缺乏事实与法律依据，请求予以驳回"；也可以根据案件情况对被申请人的意见进行归纳。

（二）被申请人未提交书面或口头意见的，不作表述。

五、关于本院审查查明部分

驳回再审申请的案件，如在审查过程中查明了与申请再审事由相关的新的事实，可以在本部分写明，对于原审查明的事实不予表态。当事人诉讼主体资格变

---

① 注：最高法在各种司法解释和规范性文件中援引法条的"项"时，仍然多使用括号。

化的，应当在本部分写明。

六、关于本院经审查认为部分

本部分应针对申请再审事由和理由逐一进行分析评判，避免漏审。

七、几点技术性要求

（一）为避免引起歧义，裁定书中不使用"原审"的表述，应当指出具体审级，如"一审法院"、"二审判决"。

（二）在裁定书中指代本院时，应当使用"本院"，不应使用"我院"的表述。在内部函中指代发函法院时，应当使用"我院"，不应使用"本院"的表述。

（三）当事人有简称的，在当事人基本情况、案件来源和裁定书主文部分用当事人全称，裁定书其余部分均用简称指代该当事人，不使用"再审申请人、被申请人"等代称。出现次数很少的当事人不必使用简称。

（四）第一次引用法律或司法解释的，应写明全称并注明简称，如《中华人民共和国合同法》（以下简称合同法），此后使用该简称不加书名号。引用次数很少的法律或司法解释不必使用简称。

（五）引用法律法规条文，应当用汉字注明条文序号，如《中华人民共和国合同法》第六十六条。引用司法解释，司法解释条文序号使用汉字的，用汉字注明条文序号，如《最高人民法院关于适用〈中华人民共和国合同法〉若干问题的解释（二）》第 10 条；司法解释条文序号使用阿拉伯数字的，用阿拉伯数字注明条文序号，如《最高人民法院关于适用〈中华人民共和国民事诉讼法〉若干问题的意见》第 1 条。

（六）5 位及 5 位以上的阿拉伯数字，数字应当连续写，数字中间不加空格或分节号，如 123456 元；尾数零多的，可以改写为以万、亿作单位的数，如 100000 元可以写作 10 万元。一个用阿拉伯数字书写的多位数不能移行。

【法办发［2012］17 号】　　**民事申请再审案件诉讼文书样式**（2011 年 4 月 21 日 "法［2011］160 号"印发，最高法办公厅 2012 年 12 月 24 日修正，2013 年 1 月 1 日起施行）①

民事申请再审案件受理通知书 \ 应诉通知书

（通知再审申请人 \ 被申请人、原审其他当事人）

（××××）×民申（民再申）字第××号

×××：

×××（再审申请人的姓名或名称）\ 你（你单位）因与×××（被申请人的姓

---

① 注：本书对文书样式作了适当调整、归纳，并统一省略了文书标题的法院名称。法院名称应当与院印一致，但基层法院应冠以省级名称。

名或名称）\ 你（你单位）、×××（原审其他当事人的姓名或名称）\ 你（你单位）……（案由）纠纷一案，不服××人民法院于×年×月×日作出的（××××）×民××号民事判决（裁定或调解书），向本院申请再审，本院已立案审查。

现依法向你（你单位）发送再审申请书副本。你（你单位）应当自收到再审申请书副本之日起 15 日（外国、港澳台地区当事人为 30 日）内提交书面意见、当事人送达地址确认书、身份证明复印件（若为单位提交营业执照副本复印件、法定代表人身份证明）、授权委托书、证据材料；不提交书面意见，不影响本院审查。（通知再审申请人的省略此段）

特此通知。

注：如需向本院提交或补充材料，应列明材料清单，一并通过邮局邮寄给×省×市×路×号××人民法院××庭×××（写明案件承办人、书记员（联系电话））；邮编：×××。

附：1. 再审申请书副本 1 份；2. 当事人送达地址确认书 1 份（通知再审申请人的无附件）

×年×月×日 （院印）

民事诉讼法全厚细

当事人送达地址确认书

案号			
案由			
告知事项	1. 为便于当事人及时收到人民法院诉讼文书，保证诉讼程序顺利进行，当事人应当如实提供确切的送达地址； 2. 确认的送达地址适用于民事申请再审案件。 2. 诉讼/再审审查期间如果送达地址有变更，应当及时告知人民法院变更后的送达地址； 3. 如果提供的地址不确切，或不及时告知变更后的地址，使诉讼文书无法送达或未及时送达，当事人将自行承担由此可能产生的法律后果； 4. 有关送达的法律规定，见本确认书后页。		
送达地址	当事人		
	送达地址		
	固定电话及手机		邮编
	其他联系方式		
当事人确认	我已经阅读（听明白）本确认书的告知事项，提供了上栏送达地址，并保证所提供的送达地址各项内容是正确的、有效的。 当事人（签章） 年　月　日		

续表

备注	如知道其他当事人联系电话请在此处注明:	
法院工作人员签名		

注:收到后请于 ~~15日/1~~ 周内填妥寄回

(当事人送达地址确认书后页:)

最高人民法院关于以法院专递方式邮寄送达民事诉讼文书的若干规定 (节选)

第1条　法院专递的适用范围 (略,见本书第91条 "法释〔2004〕13号")

第2条　法院专递的法律效力 (略,同上)

第3条　送达地址的提供或者确认 (略,同上)

第5条　送达地址的推定 (略,同上)

第11条　法律后果及其除外条件 (略,同上)

调卷函 (上级法院调取原审卷宗用)

（××××）×民申 ~~(民再申)~~ 字第××号

××人民法院:

再审申请人/ ~~申请再审人~~ ×××因与被申请人××× (写明被申请人的姓名或名称)、××× (写明原审其他当事人的姓名或名称) …… (案由) 纠纷一案,不服你院 (或我院)（××××）××字第××号民事判决 (裁定或调解书),向我院申请再审。我院经研究,决定对本案调卷审查。请你院接到本通知之日起30日内,检齐本案一审、二审全部卷宗 (或一审卷宗) 报送我院。

需调取卷宗的案件案号:

1.××人民法院（××××）×民××字第××号;

2.××人民法院（××××）×民××字第××号;

……。

联系人:××庭××× (姓名)　　　　电话:×××

×年×月×日

(××人民法院××庭印)

送卷函 (下级法院检送原审卷宗用)

（××××）×送字第××号

××人民法院:

你院×年×月×日（××××）×民申字第××号调卷函已收到。现检送×××与×××纠纷一案的全部卷卷材料,请查收。

附:案卷共计×宗

1.××人民法院（××××）××字第××号;

2.××人民法院（××××）××字第××号；

……。

联系人：××庭×××（姓名）　　　　电话：×××

××年×月×日（院印）

关于申请再审人×××与被申请人×××及一审被告、二审上诉人×××……（案由）一案的审查报告

（××××）×民申（民再申）字第××号

一、当事人基本情况

再审申请人（一审、二审诉讼地位）：××公司。住所地：××省××市××区××街××号。

法定代表人：×××，职务。

委托代理人：×××，××律师事务所律师。

被申请人（一审、二审诉讼地位）：×××，性别，民族，出生日期，职业，住××省××县××路××号。

委托代理人：×××，性别，民族，出生日期，职业，住××省××县××路××号。

一审被告、二审上诉人：×××市城市管理局。住所地：××省××市××路××号。

法定代表人：×××，该局局长。

二、案件来源

再审申请人×××（写明申请再审人的姓名或名称）因与被申请人×××（写明被申请人的姓名或名称）、×××（写明原审其他当事人的姓名或名称）及一审被告、二审上诉人×××（写明原审其他当事人的全称，原审其他当事人为法人或其他组织的，在当事人全称后加括号注明简称）……（案由）纠纷一案①，不服××人民法院（××××）×字第××号民事判决（裁定或调解书），向我院申请再审。

简要概括诉讼经过，表述为"本案原由×××（写明原告姓名或名称）于×年×月×日向××人民法院提起诉讼，该院于×年×月×日作出（××××）×民××字第××号民事判决（裁定或调解书）。×××不服，向××人民法院（或我院）提起上诉，该院（或我院）于×年×月×日作出（××××）×民××号民事判决。"从本部分起，当事人名称一律使用简称，并注意保持简称同一。

三、一审审理情况

概述一审查明的事实和裁判情况，写明原告诉讼请求。从本部分起，在第一次使用当事人全称后注明简称，并注意保持简称同一。

---

① 注：若两方或以上当事人均申请再审，则表述为："再审申请人×××因与再审申请人×××及×××（写明原审其他当事人的全称）……（案由）纠纷一案"。

四、二审审理情况

概述二审上诉人上诉请求和理由、二审查明的事实和裁判情况。二审查明事实与一审相同的，不必重复。

五、申请再审事由和被申请人意见

概括申请再审人主张的再审事由及具体事实理由，做到简洁、准确、全面。

概括被申请人的书面或口头意见，供合议庭评议时参考。原审其他当事人发表意见的，亦应概括写明。

六、审查查明的事实

如在审查过程中查明了与申请再审事由相关的新的事实，以及当事人诉讼主体资格变化等情况，在这一部分写明。

七、承办人审查意见

针对申请再审事由和理由逐一分析评判，提出明确处理意见，避免漏审。

八、需要说明的问题

如有矛盾激化、社会影响大等其他特殊情况，可在这一部分予以说明。

九、合议庭意见

需要提交审判长联席会讨论的案件，写明合议庭意见。

承办人：（签名）

×年×月×日

民事裁定书（上级院提审，或者指令下级院再审）

（××××）×民申（民再申）字第××号

再审申请人（一、二审诉讼地位）：……（写明姓名或名称等基本情况）。

法定代表人（或负责人）：……（写明姓名和职务）。

法定代理人（或指定代理人）：……（写明姓名等基本情况）。

委托代理人：……（写明姓名等基本情况）。

被申请人（一、二审诉讼地位）：……（写明姓名或名称等基本情况）。

法定代表人（或负责人）：……（写明姓名和职务）。

法定代理人（或指定代理人）：……（写明姓名等基本情况）。

委托代理人：……（写明姓名等基本情况）。

一审原告（或生效裁判中的其他称谓）：……（写明姓名或名称等基本情况）。

法定代表人（或负责人）：……（写明姓名和职务）。

法定代理人（或指定代理人）：……（写明姓名等基本情况）。

委托代理人：……（写明姓名等基本情况）。

再审申请人×××因与被申请人×××、×××（写明原审其他当事人的姓名或名称）……（案由）纠纷一案，不服××人民法院（××××）×字第××号民事判决（裁定或调解书），向本院申请再审。本院依法组成合议庭对本案进行了审查，现已审查终结。

本院认为，×××的再审申请符合《中华人民共和国民事诉讼法》第 207 条第×项\第 208 条规定的情形①。

（当事人在上级法院再审审查阶段达成调解协议，申请裁定提审后制作民事调解书的，提审理由表述为：）本院再审审查过程中，经本院主持调解，当事人自愿达成调解协议，申请由本院制作民事调解书。

依照《中华人民共和国民事诉讼法》第 211 条\第 208 条、第 213 条之规定，裁定如下：

一、本案由本院提审（或者：指令××人民法院再审本案）；

二、再审期间，中止原判决（裁定或调解书）的执行。②

（合议庭成员署名）/院长×××

×年×月×日（院印）

本件与原本核对无异

书记员×××

内部函（上级指令下级法院再审，与裁定书一并下发）

（××××）×民申（民再申）字第××号

××人民法院：

申请再审人×××因与被申请人×××、×××（写明原审其他当事人的姓名或名称）……（案由）纠纷一案，不服你院（××××）×字第××号民事判决（裁定或调解书），向我院申请再审。我院现以（××××）×民申（民再申）字第××号民事裁定指令你院再审。再审时请注意以下问题：

……（根据案件具体情况指出需要注意的问题。需要分层次的，按照"（一）"、"1."、"（1）"的序号列明。）

请你院依法及时审理，并将审理结果报告我院。

×年×月×日（院印）

---

① 注：本处不需阐述具体理由，不作"原判确有错误""原判认定事实不清、适用法律有误"之类的表述。当事人双方申请再审，一方主张的再审事由成立，另一方主张的再审事由不成立的，本裁定书仅写明一方的再审申请符合《中华人民共和国民事诉讼法》第 211 条第×项规定的情形，对于另一方再审申请是否成立不必表态。

② 注：若该案为追索赡养费、扶养费、抚育费、抚恤金、医疗费用、劳动报酬等案件，人民法院经审查认为可以不中止执行的，本项表述为：再审期间，不中止原判决（裁定或调解书）的执行。

审理结果反馈地址：××人民法院××庭   邮编：×××

联系人：×××   办公电话：×××

民事裁定书（驳回当事人再审申请用）

（××××）×民申（<u>民再申</u>）字第××号

（再审申请人、被申请人、原审其他当事人，及其代理人的基本信息，略）

再审申请人×××（以下简称×××）因与被申请人×××（以下简称×××）、×××（写明原审其他当事人的姓名或名称）……（案由）纠纷一案，不服××人民法院（××××）×字第××号民事判决（裁定或调解书），向本院申请再审。本院依法组成合议庭对本案进行了审查，现已审查终结。

×××（申请再审人简称）申请再审称：……（概括申请再审的事实与理由，做到简洁、准确、全面，避免按照再审申请书罗列的具体事实和理由照抄）。

×××（被申请人简称）提交意见认为，×××的再审申请缺乏事实与法律依据，请求予以驳回。（根据案件情况，可对被申请人的意见进行归纳。被申请人未提交书面或口头意见的，不在此表述）。

本院审查查明：……（写明审查过程中查明的新的事实和证据，对于原审查明的事实不予表态。没有新的事实和证据的，不写这一部分）。

本院认为：……（针对申请再审事由和理由逐一进行分析评判，阐明应予驳回的理由）。

综上，×××的再审申请不符合《中华人民共和国民事诉讼法》第207条第×项规定的情形。依照《中华人民共和国民事诉讼法》第211条第1款之规定，裁定如下：

驳回×××的再审申请。

（当事人对调解书申请再审的，表述为：）

综上，×××的再审申请不符合《中华人民共和国民事诉讼法》第208条的规定。依照《中华人民共和国民事诉讼法》第211条第1款、第208条之规定，裁定如下：

驳回×××的再审申请。

（再审申请超过法定期限的，表述为：）

×××的再审申请已超过《中华人民共和国民事诉讼法》第212条规定的申请再审期限。依照《中华人民共和国民事诉讼法》第211条第1款、第212条之规定，裁定如下：

驳回×××的再审申请。

（再审申请不属于法定再审事由范围的，表述为：）

×××的再审申请不属于《中华人民共和国民事诉讼法》第207条规定的再审

事由。依照《中华人民共和国民事诉讼法》第 211 条第 1 款、《最高人民法院关于适用〈中华人民共和国民事诉讼法〉审判监督程序若干问题的解释》第 19 条第 2 款之规定，裁定如下：

驳回×××的再审申请。

（案外人申请再审的，表述为：）

×××的再审申请不符合《最高人民法院关于适用〈中华人民共和国民事诉讼法〉审判监督程序若干问题的解释》第 5 条的规定。依照《中华人民共和国民事诉讼法》第 211 条第 1 款、《最高人民法院关于适用〈中华人民共和国民事诉讼法〉审判监督程序若干问题的解释》第 5 条（已废除）之规定，裁定如下：

驳回×××的再审申请。

（合议庭成员署名）

×年×月×日 （院印）

本件与原本核对无异

书记员×××

民事裁定书 （审查中准许或不准许撤回再审申请用）

（××××） ×民申（民再申）字第××号

（再审申请人、被申请人、原审其他当事人，及其代理人的基本信息，略）

再审申请人×××因与被申请人×××、××× （写明原审其他当事人的姓名或名称） ……（案由）纠纷一案，不服××人民法院（××××）×字第××号民事判决（裁定或调解书），向本院申请再审。本院依法组成合议庭，对本案进行了审查。

本院审查过程中，……（简要写明申请再审人提出撤回其再审申请的情况，包括时间、理由等内容；或者本院向其发出传票后，无正当理由拒不接受询问的事实）。

本院认为，×××在本案审查期间提出撤回再审申请的请求，不违反法律规定，本院予以准许 （如果审查后不准许撤回再审申请，或者按当事人撤回再审申请处理的，则写明相应理由）。依照《中华人民共和国民事诉讼法》第 157 条、《最高人民法院关于适用〈中华人民共和国民事诉讼法〉审判监督程序若干问题的解释》第 15 条第 1 款/第 2 款之规定，裁定如下：

（第 1 种情况，准许撤回再审申请）

准许××× （写明申请再审人的姓名或名称） 撤回再审申请。

（第 2 种情况，不准许撤回再审申请，一般可用口头裁定，记入笔录；必要时也可使用书面裁定）

不准许××× （写明申请再审人的姓名或名称） 撤回再审申请。

（第 3 种情况，按当事人撤回再审申请处理）

本案按×××（写明申请再审人的姓名或名称）撤回再审申请处理。

（合议庭成员署名）

×年×月×日（院印）

本件与原本核对无异

书记员×××

民事裁定书（终结对再审申请的审查用）

（××××）×民申 ~~（民再申）~~ 字第××号

（再审申请人、被申请人、原审其他当事人，及其代理人的基本信息，略）

再审申请人×××因与被申请人×××、×××（写明原审其他当事人的姓名或名称）……（案由）纠纷一案，不服××人民法院（××××）×字第××号民事判决（裁定或调解书），向本院申请再审。本院依法组成合议庭，对本案进行了审查。

本院审查过程中，××人民检察院依据《中华人民共和国民事诉讼法》第 216 条第 1 款第 2 项的规定向本院提出抗诉（或写明终结审查的其他事实根据）。依照《中华人民共和国民事诉讼法》第 157 条、第 216 条第 1 款第 2 项、第 218 条、《最高人民法院关于适用〈中华人民共和国民事诉讼法〉审判监督程序若干问题的解释》第 25 条第×项（已废除）之规定，裁定如下：

本案终结审查。

（合议庭成员署名）

×年×月×日（院印）

本件与原本核对无异

民事调解书（审查中调解达成协议用）

（××××）×民提（再）字第××号

（再审申请人、被申请人、原审其他当事人，及其代理人的基本信息，略）

再审申请人×××（以下简称×××）因与被申请人×××（以下简称×××）、×××（写明原审其他当事人的姓名或名称）……（案由）纠纷一案，不服××人民法院（××××）×字第××号民事判决（裁定或调解书），向本院申请再审。本院于×年×月×日作出（××××）×民××号民事裁定，提审本案。

……（简要写明案件事实，也可以不写）。

本案审理过程中，经本院主持调解，双方当事人自愿达成如下协议（或"当事人请求本院确认其自行达成的如下协议"）：

……（写明协议内容，包括原一审、二审诉讼费用的负担）。

上述协议，符合有关法律规定，本院予以确认。

本调解书经双方当事人签收后，即具有法律效力（如果当事人各方同意在调解协议上签名或者盖章后生效，并依据《最高人民法院关于人民法院民事调解工作若干问题的规定》第 13 条的规定使调解协议发生法律效力的，可不写此句话）。

（合议庭成员署名）

×年×月×日（院印）

本件与原本核对无异

书记员×××

【法〔2016〕221 号】 民事诉讼文书样式（2016 年 2 月 22 日最高法审委会〔1679 次〕通过，2016 年 6 月 28 日公布，2016 年 8 月 1 日起施行）（本书对格式略有调整）

关于申请延长……（再审立案审查程序当事人及案由）

一案审理期限的报告（报本院院长用）①

（××××）……民申……号

院长：

我院于×年×月×日立案的……（写明当事人及案由）一案，依法适用民事申请再审审查案件程序，审理期限到×年×月×日届满。但因……（写明需要延长审理期限的原因），不能如期结案，需要延长审理期限至×年×月×日。

请审批。

附：案件延长审理或者执行期限审批表 1 份（见本书第 152 条文书格式）

（合议庭成员署名）

×年×月×日

第 219 条[19910409]　**【检察抗诉，检察建议】** 最高人民检察院对各级人民法院已经发生法律效力的判决、裁定，上级人民检察院对下级人民法院已经发生法律效力的判决、裁定，发现有本法第 211 条规定/下列②[20080401]情形之一的，或者发现调解书损害国家利益、社会公共利益的，[20130101] 应当按照审判监督程序[20080401] 提出抗诉。

---

① 注：本处是指延长《民事诉讼法》第 215 条规定的再审立案审查期限，不是决定再审后的审理期限。

② 注：本处原规定的"下列"情形为：（一）原判决、裁定认定事实的主要证据不足的；（二）原判决、裁定适用法律确有错误的；（三）人民法院违反法定程序，可能影响案件正确判决、裁定的；（四）审判人员在审理该案件时有贪污受贿，徇私舞弊，枉法裁判行为的。

地方各级人民检察院对同级人民法院已经发生法律效力的判决、裁定,发现有本法第 211 条/<del>前款</del>²⁰⁰⁸⁰⁴⁰¹ 规定情形之一的,<u>或者发现调解书损害国家利益、社会公共利益的</u>,可以向同级人民法院提出检察建议,并报上级人民检察院备案;²⁰¹³⁰¹⁰¹ 也可以/<del>应当</del>²⁰¹³⁰¹⁰¹ 提请上级人民检察院向同级人民法院<del>按照审判监督程序</del>²⁰⁰⁸⁰⁴⁰¹ 提出抗诉。

(新增)²⁰¹³⁰¹⁰¹ 各级人民检察院对审判监督程序以外的其他审判程序中审判人员的违法行为,有权向同级人民法院提出检察建议。

第 220 条²⁰¹³⁰¹⁰¹   **【申请检察监督】** 有下列情形之一的,当事人可以向人民检察院申请检察建议或者抗诉:

(一)人民法院驳回再审申请的;

(二)人民法院逾期未对再审申请作出裁定的;

(三)再审判决、裁定有明显错误的。

人民检察院对当事人的申请应当在 3 个月内进行审查,作出提出或者不予提出检察建议或者抗诉的决定。当事人不得再次向人民检察院申请检察建议或者抗诉。

第 221 条²⁰¹³⁰¹⁰¹   **【检察调查权】** 人民检察院因履行法律监督职责提出检察建议或者抗诉的需要,可以向当事人或者案外人调查核实有关情况。

第 222 条¹⁹⁹¹⁰⁴⁰⁹   **【检察抗诉的审理】** 人民检察院提出抗诉的案件,接受抗诉的²⁰⁰⁸⁰⁴⁰¹ 人民法院应当自收到抗诉书之日起 30 日内作出再审的裁定;有本法第 211 条第 1 项至第 5 项规定情形之一的,可以交下一级人民法院²⁰⁰⁸⁰⁴⁰¹ 再审,<u>但经该下一级人民法院再审的除外</u>²⁰¹³⁰¹⁰¹。

第 223 条¹⁹⁹¹⁰⁴⁰⁹   **【抗诉书】** 人民检察院决定对人民法院的判决、裁定、调解书²⁰¹³⁰¹⁰¹ 提出抗诉的,应当制作抗诉书。

第 224 条¹⁹⁹¹⁰⁴⁰⁹   **【检察抗诉出庭】** 人民检察院提出抗诉的案件,人民法院再审时,应当通知人民检察院派员出席法庭。

第二编   第十六章

● **相关规定** 【法复［1995］5号】 最高人民法院关于对执行程序中的裁定的抗诉不予受理的批复（1995年8月10日答复广东高院"粤高法［1995］37号"请示）

根据《中华人民共和国民事诉讼法》的有关规定，人民法院为了保证已发生法律效力的判决、裁定或者其他法律文书的执行而在执行程序中作出的裁定，不属于抗诉的范围。因此，人民检察院针对人民法院在执行程序中作出的查封财产裁定提出抗诉，于法无据。对于坚持抗诉的，人民法院应通知不予受理。

【法复［1995］7号】 最高人民法院关于人民检察院提出抗诉按照审判监督程序再审维持原裁判的民事、经济、行政案件，人民检察院再次提出抗诉应否受理问题的批复（1995年10月6日答复四川高院）

经研究，同意你院意见，即上级人民检察院对下级人民法院已经发生法律效力的民事、经济、行政案件提出抗诉的，无论是同级人民法院再审还是指令下级人民法院再审，凡作出维持原裁判的判决、裁定后，原提出抗诉的人民检察院再次提出抗诉的，人民法院不予受理；原提出抗诉的人民检察院的上级人民检察院提出抗诉的，人民法院应当受理。

【法释［1998］17号】 最高人民法院关于人民法院发现本院作出的诉前保全裁定和在执行程序中作出的裁定确有错误以及人民检察院对人民法院作出的诉前保全裁定提出抗诉人民法院应当如何处理的批复（1998年7月21日最高法审委会［1005次］通过，1998年7月30日公布，答复山东高院"鲁高法函［1998］57号、58号"请示，1998年8月5日起施行）

二、人民检察院对人民法院作出的诉前保全裁定提出抗诉，没有法律依据，人民法院应当通知其不予受理。

【法释［1998］22号】 最高人民法院关于人民法院不予受理人民检察院单独就诉讼费负担裁定提出抗诉问题的批复（1998年7月21日最高法审委会［1005次］通过，答复河南高院"豫高法［1998］131号"请示，1998年9月5日起施行）

经研究，同意你院意见，即：人民检察院对人民法院就诉讼费负担的裁定提出抗诉，没有法律依据，人民法院不予受理。

【法释［1999］4号】 最高人民法院关于人民检察院对民事调解书提出抗诉人民法院应否受理问题的批复（1999年1月26日最高法审委会［1041次］通过，1999年2月13日答复"黑高法［1998］67号""豫高法［1998］130号"请示。该批复已被2019年5月13日最高人民法院审判委员会第1768次会议通过，自 2019 年 7 月 20 日起施行的《最高人民法院关于废止部分司法解释（第十三批）的决定》废止。）

《中华人民共和国民事诉讼法》第 187 条（现第 219 条）只规定人民检察院可以对人民法院已经发生法律效力的判决、裁定提出抗诉，没有规定人民检察院可以对调解书提出抗诉。人民检察院对调解书提出抗诉的，人民法院不予受理。

【法释［2000］17 号】　最高人民法院关于人民检察院对撤销仲裁裁决的民事裁定提起抗诉，人民法院应如何处理问题的批复（见本书第 20 章 "仲裁裁决的中止执行与撤销" 专辑）

【法释［2000］29 号】　最高人民法院关于严格执行案件审理期限制度的若干规定（2000 年 9 月 14 日最高法审委会［1130 次］通过，2000 年 9 月 22 日公布，2000 年 9 月 28 日起施行）

第 17 条　当事人提出上诉的二审民事、行政案件，第一审人民法院收到上诉状，应当在 5 日内将上诉状副本送达对方当事人。人民法院收到答辩状，应当在 5 日内将副本送达上诉人。

人民法院受理人民检察院抗诉的民事、行政案件的移送期限，比照前款规定办理。

【法研［2001］36 号】　最高人民法院研究室关于人民法院可否驳回人民检察院就民事案件提出的抗诉问题的答复（2001 年 4 月 20 日答复黑龙江高院 "［1999］黑监经再字第 236 号" 请示）

人民法院将同级人民检察院提出抗诉的民事案件转交下级人民法院再审，再审法院依法再审后，认为应当维持原判的，可以在判决、裁定中说明抗诉理由不能成立。判决、裁定作出后，再审法院应当将裁判文书送达提出抗诉的人民检察院。

【民立他字［2001］19 号】　最高人民法院对山东省高级人民法院关于《人民检察院对人民法院再审裁定终结诉讼的案件能否提出抗诉的请示》的复函（2003 年 5 月 15 日答复山东高院 "［2001］鲁立经发字第 8 号" 请示）①

你院请示涉及的山东省东阿县大李乡人民政府与东阿县水泵厂借款纠纷一案，属于再审中发现申请人主体不合格而裁定终结诉讼的案件，人民检察院对该裁定提起抗诉，缺乏法律依据，人民法院不予受理。

———————————

① 本《复函》于 2003 年作出，却使用 2001 年的文号，比较少见。

【法〔2001〕161 号】 　**全国审判监督工作座谈会关于当前审判监督工作若干问题的纪要**（2001 年 9 月 21-24 日在重庆召开，2001 年 11 月 1 日印发）

四、关于审理民事、行政抗诉案件的几个问题

各级人民法院应与同级人民检察院加强协调，多人来人往，少文来文往，互相配合，搞好合作，为实现共同目标——司法公正而努力。

为规范各级人民法院审理民事、行政抗诉案件的程序，提出以下要求：

14. 人民法院依照民事诉讼法规定的特别程序、督促程序、公示催告程序、企业法人破产还债程序审理的案件；人民法院已经决定再审的案件；以调解方式审结的案件；涉及婚姻关系和收养的案件；当事人撤诉或者按撤诉处理的案件；执行和解的案件；原审案件当事人在原审裁判生效 2 年内无正当理由，未向人民法院或人民检察院提出申诉的案件；同一检察院提出过抗诉的案件和最高人民法院司法解释中明确不适用抗诉程序处理的案件，人民检察院提出抗诉的，人民法院不予受理。

对不予受理的案件，人民法院应先同人民检察院协商，请人民检察院收回抗诉书销案；检察院坚持抗诉的，裁定不予受理。

15. 抗诉案件的审理范围应围绕抗诉内容进行审理。抗诉内容与当事人申请再审理由不一致的，原则上应以检察机关的抗诉书为准。

16. 人民检察院根据审判监督程序提出抗诉的案件，一般应由作出生效判决、裁定的人民法院裁定进行再审；人民检察院向作出生效判决、裁定的人民法院的上一级人民法院提出抗诉的，该上级人民法院可以交由作出生效判决、裁定的人民法院进行再审；人民检察院对生效的再审判决提出抗诉的，一般应由上级人民法院提审。

再审裁定书由审理抗诉案件的人民法院作出。

17. 人民检察院对人民法院的审判工作提出检察建议书的，人民法院应认真研究以改进工作；经与同级人民法院协商同意，对个案提出检察建议书的，如符合再审立案条件，可依职权启动再审程序。

18. 人民法院开庭审理抗诉案件，经提前通知提出抗诉的人民检察院，检察院不派员出席法庭的，按撤回抗诉处理。

19. 人民法院开庭审理抗诉案件，由抗诉机关出席法庭的人员按照再审案件的审判程序宣读抗诉书，不参与庭审中的其他诉讼活动，以避免抗诉机关成为一方当事人的"辩护人"或"代理人"，保证诉讼当事人平等的民事诉讼地位。

由于抗诉机关的特殊地位，对方当事人不得对不参与庭审的抗诉机关出席法庭的人员进行询问、质问或者发表过激言论。

人民检察院出席法庭的标牌和裁判文书的称谓统一为"抗诉机关"。

20. 人民法院开庭审理抗诉案件，向抗诉机关申诉的对方当事人经依法传唤，无正当理由不到庭或者未经法庭许可中途退庭的，依照民事诉讼法和行政诉讼法中的有关规定，缺席判决。经依法传唤，向抗诉机关申诉的一方当事人无正当理由不到庭或者表示撤回申请的，应建议检察机关撤回抗诉，抗诉机关同意的，按撤诉处理，作出裁定书；经依法传唤，当事人均不到庭，应当裁定终结再审程序，但原审判决严重损害国家利益或者社会公共利益的除外。

21. 在制作检察机关抗诉理由不能成立的裁判文书中，一般不使用"驳回抗诉"的表述。

22. 对一审生效裁判文书抗诉的，当事人要求二审法院直接审理的，二审法院可以参照我院《人民法院诉讼收费办法》补充规定第 28 条第 2 项规定，收费后提审；当事人拒交诉讼费用的，交由一审法院再审。

【民立他字［2003］45 号】　最高人民法院关于下级法院撤销仲裁裁决后又以院长监督程序提起再审应如何处理问题的复函（见本书第 20 章"仲裁裁决的中止执行与撤销"专辑）

【法函［2004］25 号】　最高人民法院关于人民法院在再审程序中应当如何处理当事人撤回原抗诉申请问题的复函（2004 年 4 月 20 日答复云南高院"云高法［2003］9 号"请示）

人民法院对于人民检察院提起抗诉的民事案件作出再审裁定后，当事人正式提出撤回原抗诉申请，人民检察院没有撤回抗诉的，人民法院应当裁定终止审理，但原判决、裁定可能违反社会公共利益的除外。

【民立他字［2004］59 号】　最高人民法院关于裁定准许撤回上诉后，第二审人民法院的同级人民检察院能否对一审判决提出抗诉问题的复函（2004 年 12 月 22 日答复湖北高院"鄂高法［2004］474 号"请示）

原则同意你院审判委员会第二种意见。武汉市中级人民法院裁定准许撤回上诉后，武汉市洪山区人民法院作出的第一审判决即发生法律效力。根据《中华人民共和国民事诉讼法》第 185 条（现第 219 条）的规定，武汉市人民检察院对武汉市洪山区人民法院已经发生法律效力的判决，发现有法律规定的情形的，有权按照审判监督程序提出抗诉。

【法释［2008］14 号】　最高人民法院关于适用《中华人民共和国民事诉讼法》审判监督程序若干问题的解释（2008 年 11 月 10 日最高法审委会［1453 次］通过，2008 年 11 月 25 日公布，2008 年 12 月 1 日起施行；根据法释［2020］20 号《决定》修正，2021 年 1 月 1 日起施行。以本规为准）

第 17 条　人民法院审查再审申请期间，人民检察院对该案提出抗诉的，人民法院应依照民事诉讼法第 211 条（现第 222 条）的规定裁定再审。申请再审人提出的具体再审请求应纳入审理范围。

第 23 条　申请再审人在再审期间撤回再审申请的，是否准许由人民法院裁定。裁定准许的，应当终结再审程序。申请再审人经传票传唤，无正当理由拒不到庭的，或者未经法庭许可中途退庭的，可以裁定按自动撤回再审申请处理。

人民检察院抗诉再审的案件，申请抗诉的当事人有前款规定的情形，且不损害国家利益、社会公共利益或第三人利益的，人民法院应当裁定终结再审程序；人民检察院撤回抗诉的，应当准予。

终结再审程序的，恢复原判决的执行。

【高检会［2011］1号】　最高人民法院、最高人民检察院关于对民事审判活动与行政诉讼实行法律监督的若干意见（试行）（2011 年 3 月 10 日）

第 3 条　人民检察院对于已经发生法律效力的判决、裁定、调解，有下列情形之一的，可以向当事人或者案外人调查核实：（一）可能损害国家利益、社会公共利益的；（二）民事诉讼的当事人或者行政诉讼的原告、第三人在原审中因客观原因不能自行收集证据，书面申请人民法院调查收集，人民法院应当调查收集而未调查收集的；（三）民事审判、行政诉讼活动违反法定程序，可能影响案件正确判决、裁定的。

第 4 条　当事人在一审判决、裁定生效前向人民检察院申请抗诉的，人民检察院应当告知其依照法律规定提出上诉。当事人对可以上诉的一审判决、裁定在发生法律效力后提出申诉的，应当说明未提出上诉的理由；没有正当理由的，不予受理。

第 5 条（第 1 款）　最高人民检察院对各级人民法院已经发生法律效力的民事判决、裁定，上级人民检察院对下级人民法院已经发生法律效力的民事判决、裁定，经过立案审查，发现有《中华人民共和国民事诉讼法》第 179 条（现第 211 条）规定情形之一，符合抗诉条件的，应当依照《中华人民共和国民事诉讼法》第 187 条（现第 219 条）之规定，向同级人民法院提出抗诉。

第 6 条　人民检察院发现人民法院已经发生法律效力的民事调解、行政赔偿调解损害国家利益、社会公共利益的，应当提出抗诉。

第 7 条　地方各级人民检察院对符合本意见第 5 条、第 6 条规定情形的判决、裁定、调解，经检察委员会决定，可以向同级人民法院提出再审检察建议。

人民法院收到再审检察建议后，应当在 3 个月内进行审查并将审查结果书面回复人民检察院。人民法院认为需要再审的，应当通知当事人。人民检察院认为人民法院不予再审的决定不当的,应当提请上级人民检察院提出抗诉。

第 8 条　人民法院裁定驳回再审申请后,当事人又向人民检察院申诉的,人民检察院对驳回再审申请的裁定不应当提出抗诉。人民检察院经审查认为原生效判决、裁定、调解符合抗诉条件的,应当提出抗诉。人民法院经审理查明,抗诉事由与被驳回的当事人申请再审事由实质相同的,可以判决维持原判。

第 9 条　人民法院的审判活动有本意见第 5 条、第 6 条以外违反法律规定情形,不适用再审程序的,人民检察院应当向人民法院提出检察建议。

当事人认为人民法院的审判活动存在前款规定情形,经提出异议人民法院未予纠正,向人民检察院申诉的,人民检察院应当受理。

第 10 条　人民检察院提出检察建议的,人民法院应当在 1 个月内作出处理并将处理情况书面回复人民检察院。

人民检察院对人民法院的回复意见有异议的,可以通过上一级人民检察院向上一级人民法院提出。上一级人民法院认为人民检察院的意见正确的,应当监督下级人民法院及时纠正。

第 12 条　人民检察院办理民事、行政申诉案件,经审查认为人民法院的审判活动合法、裁判正确的,应当及时将审查结果告知相关当事人并说明理由,做好服判息诉工作。

人民检察院办理民事申诉、行政赔偿诉讼申诉案件,当事人双方有和解意愿、符合和解条件的,可以建议当事人自行和解。

第 13 条　人民法院审理抗诉案件,应当通知人民检察院派员出席法庭。

检察人员出席再审法庭的任务是:(一)宣读抗诉书;(二)对人民检察院依职权调查收集的、包括有利于和不利于申诉人的证据予以出示,并对当事人提出的问题予以说明。

检察人员发现庭审活动违法的,应当待庭审结束或者休庭之后,向检察长报告,以人民检察院的名义提出检察建议。

第 14 条　人民检察院办理民事、行政诉讼监督案件,应当依法履行法律监督职责,严格遵守办案规则以及相关检察纪律规范,不得谋取任何私利,不得滥用监督权力。

第 15 条　人民法院发现检察监督行为违反法律或者检察纪律的,可以向人民检察院提出书面建议,人民检察院应当在 1 个月内将处理结果书面回复人民法院;人民法院对于人民检察院的回复意见有异议的,可以通过上一级人民法院向上一级人民检察院提出。上一级人民检察院认为人民法院建议正确的,应当要求下级人民检察院及时纠正。

【法释〔2011〕23号】 最高人民法院关于审理人民检察院按照审判监督程序提出的刑事抗诉案件若干问题的规定（2011年4月18日最高法审委会〔1518次〕通过，2011年10月14日公布，2012年1月1日起施行；以本规为准）

第1条 人民法院收到人民检察院的抗诉书后，应在1个月内立案。经审查，具有下列情形之一的，应当决定退回人民检察院：（一）不属于本院管辖的；（二）按照抗诉书提供的住址无法向被提出抗诉的原审被告人送达抗诉书的；（三）以有新证据为由提出抗诉，抗诉书未附有新的证据目录、证人名单和主要证据复印件或者照片的；（四）以有新证据为由提出抗诉，但该证据并不是指向原起诉事实的。

人民法院决定退回的刑事抗诉案件，人民检察院经补充相关材料后再次提出抗诉，经审查符合受理条件的，人民法院应当予以受理。

第2条 人民检察院按照审判监督程序提出的刑事抗诉案件，接受抗诉的人民法院应当组成合议庭进行审理。涉及新证据需要指令下级人民法院再审的，接受抗诉的人民法院应当在接受抗诉之日起1个月以内作出决定，并将指令再审决定书送达提出抗诉的人民检察院。

第3条 本规定所指的新证据，是指具有下列情形之一，指向原起诉事实并可能改变原判决、裁定据以定罪量刑的事实的证据：（一）原判决、裁定生效后新发现的证据；（二）原判决、裁定生效前已经发现，但由于客观原因未予收集的证据；（三）原判决、裁定生效前已经收集，但庭审中未予质证、认证的证据；（四）原生效判决、裁定所依据的鉴定结论，勘验、检查笔录或其他证据被改变或者否定的。

第4条 对于原判决、裁定事实不清或者证据不足的案件，接受抗诉的人民法院进行重新审理后，应当按照下列情形分别处理：

（一）经审理能够查清事实的，应当在查清事实后依法裁判；

（二）经审理仍无法查清事实，证据不足，不能认定原审被告人有罪的，应当判决宣告原审被告人无罪；

（三）经审理发现有新证据且超过刑事诉讼法规定的指令再审期限的，可以裁定撤销原判，发回原审人民法院重新审判。

第5条 对于指令再审的案件，如果原来是第一审案件，接受抗诉的人民法院应当指令第一审人民法院依照第一审程序进行审判，所作的判决、裁定，可以上诉、抗诉；如果原来是第二审案件，接受抗诉的人民法院应当指令第二审人民法院依照第二审程序进行审判，所作的判决、裁定，是终审的判决、裁定。

第6条 在开庭审理前，人民检察院撤回抗诉的，人民法院应当裁定准许。

第7条 在送达抗诉书后被提出抗诉的原审被告人未到案的，人民法院应当裁定中止审理；原审被告人到案后，恢复审理。

第 8 条　被提出抗诉的原审被告人已经死亡或者在审理过程中死亡的，人民法院应当裁定终止审理，但对能够查清事实，确认原审被告人无罪的案件，应当予以改判。

第 9 条　人民法院作出裁判后，当庭宣告判决的，应当在 5 日内将裁判文书送达当事人、法定代理人、诉讼代理人、提出抗诉的人民检察院、辩护人和原审被告人的近亲属；定期宣告判决的，应当在判决宣告后立即将裁判文书送达当事人、法定代理人、诉讼代理人、提出抗诉的人民检察院、辩护人和原审被告人的近亲属。

【法研［2012］号】　最高人民法院研究室关于检察机关能否对人民法院发回重审的民事裁定提出抗诉问题的研究意见

法院发回重审的民事裁定，在《民事诉讼法》中并未被规定为抗诉的法定事由，故检察机关对此抗诉的依据不足。

【法刊文摘】　检答网集萃 20：特别程序的生效裁定的监督方法（来自最高人民检察院网①）

咨询内容（广西壮族自治区南宁市检察院江波）：人民法院在适用《民事诉讼法》第 197 条所设置的实现担保物权的特别程序时，没有遵循《最高人民法院关于适用〈中华人民共和国民事诉讼法〉的解释》第 372 条第 3 项的规定，反而对有实质性争议的担保物权纠纷裁定拍卖、变卖担保财产。对于这种特别程序的生效裁定，是适用《人民检察院民事诉讼监督规则（试行）》第 6 章的规定对生效判决、裁定、调解书进行监督还是适用第 7 章的规定对审判程序中审判人员违法行为进行监督？

解答摘要（专家黄强）：根据《人民检察院民事诉讼监督规则（试行）》第 99 条第 1 项规定，人民检察院发现同级人民法院民事审判程序中有"判决、裁定确有错误，但不适用再审程序纠正的"情形的，应当向同级人民法院提出检察建议。而按照《最高人民法院关于适用〈中华人民共和国民事诉讼法〉的解释》第 380 条的规定，人民法院在特别程序、督促程序、公示催告程序、破产程序等非讼程序中作出的判决、裁定，是不能适用再审程序的。所以，应适用《中华人民共和国民事诉讼法》第 208 条第 3 款以及《人民检察院民事诉讼监督规则（试行）》第 7 章的相关规定进行监督。

---

① 载中华人民共和国最高人民检察院网，https：//www.spp.gov.cn/spp/zdgz/202003/t20200308_455989.shtml，最后访问日期：2024 年 6 月 29 日。

【高检发释字〔2021〕1号】　人民检察院民事诉讼监督规则（2021年2月9日最高检检委会〔13届62次〕通过，2021年6月26日公布，2021年8月1日起施行）

~~第32条　对人民法院作出的一审民事判决、裁定，当事人依法可以上诉但未提出上诉，而依照《中华人民共和国民事诉讼法》第209条第1款第1项、第2项的规定向人民检察院申请监督的，人民检察院不予受理，但有下列情形之一的除外：（一）据以作出原判决、裁定的法律文书被撤销或者变更的；（二）审判人员有贪污受贿、徇私舞弊、枉法裁判等严重违法行为的；（三）人民法院送达法律文书违反法律规定，影响当事人行使上诉权的；（四）当事人因自然灾害等不可抗力无法行使上诉权的；（五）当事人因人身自由被剥夺、限制，或者因严重疾病等客观原因不能行使上诉权的；（六）有证据证明他人以暴力、胁迫、欺诈等方式阻止当事人行使上诉权的；（七）因其他不可归责于当事人的原因没有提出上诉的。~~①

第19条　有下列情形之一的，当事人可以向人民检察院申请监督：

（一）已经发生法律效力的民事判决、裁定、调解书符合《中华人民共和国民事诉讼法》第209条（现第220条）第1款规定的；（二）……

第20条　当事人依照本规则第19条第1项规定向人民检察院申请监督，应当在人民法院作出驳回再审申请裁定或者再审判决、裁定发生法律效力之日起2年内提出。

本条规定的期间为不变期间，不适用中止、中断、延长的规定。

人民检察院依职权启动监督程序的案件，不受本条第1款规定期限的限制。

第27条　当事人根据《中华人民共和国民事诉讼法》第209条（现第220条）第1款的规定向人民检察院申请监督，有下列情形之一的，人民检察院不予受理：（一）当事人未向人民法院申请再审的；（二）当事人申请再审超过法律规定的期限的，但不可归责于其自身原因的除外；（三）人民法院在法定期限内正在对民事再审申请进行审查的；（四）人民法院已经裁定再审且尚未审结的；（五）判决、调解解除婚姻关系的，但对财产分割部分不服的除外；（六）人民检察院已经审查终结作出决定的；（七）民事判决、裁定、调解书是人民法院根据人民检察院的抗诉或者再审检察建议再审后作出的；（八）申请监督超过本规则

---

①　本条规定与《民事诉讼法》第209条（现第220条）不一致。最高检2018年9月15日印发《关于停止执行〈人民检察院民事诉讼监督规则（试行）〉第32条的通知》（特急，高检发研字〔2018〕18号）：经研究，最高人民检察院决定停止执行《人民检察院民事诉讼监督规则（试行）》第32条，当事人针对人民法院作出的已经发生法律效力的一审民事判决、裁定提出的监督申请，无论是否提出过上诉，只要符合《中华人民共和国民事诉讼法》第209条（现第220条）规定，均应依法受理。

第 20 条规定的期限的；（九）其他不应受理的情形。

第 29 条　当事人根据《中华人民共和国民事诉讼法》第 209 条（现第 220 条）第 1 款的规定向人民检察院申请检察建议或者抗诉，由作出生效民事判决、裁定、调解书的人民法院所在地同级人民检察院负责控告申诉检察的部门受理。

人民法院裁定驳回再审申请或者逾期未对再审申请作出裁定，当事人向人民检察院申请监督的，由作出原生效民事判决、裁定、调解书的人民法院所在地同级人民检察院受理。

第 5 章　对生效判决、裁定、调解书的监督

第 1 节　一般规定

第 74 条　人民检察院发现人民法院已经发生法律效力的民事判决、裁定有《中华人民共和国民事诉讼法》第 200 条（现第 211 条）规定情形之一的，依法向人民法院提出再审检察建议或者抗诉。

第 75 条　人民检察院发现民事调解书损害国家利益、社会公共利益的，依法向人民法院提出再审检察建议或者抗诉。

人民检察院对当事人通过虚假诉讼获得的民事调解书应当依照前款规定监督。

第 2 节　再审检察建议和提请抗诉

第 81 条　地方各级人民检察院发现同级人民法院已经发生法律效力的民事判决、裁定有下列情形之一的，可以向同级人民法院提出再审检察建议：（一）有新的证据，足以推翻原判决、裁定的；（二）原判决、裁定认定的基本事实缺乏证据证明的；（三）原判决、裁定认定事实的主要证据是伪造的；（四）原判决、裁定认定事实的主要证据未经质证的；（五）对审理案件需要的主要证据，当事人因客观原因不能自行收集，书面申请人民法院调查收集，人民法院未调查收集的；（六）审判组织的组成不合法或者依法应当回避的审判人员没有回避的；（七）无诉讼行为能力人未经法定代理人代为诉讼或者应当参加诉讼的当事人，因不能归责于本人或者其诉讼代理人的事由，未参加诉讼的；（八）违反法律规定，剥夺当事人辩论权利的；（九）未经传票传唤，缺席判决的；（十）原判决、裁定遗漏或者超出诉讼请求的；（十一）据以作出原判决、裁定的法律文书被撤销或者变更的。

第 82 条　符合本规则第 81 条规定的案件有下列情形之一的，地方各级人民检察院一般应当提请上一级人民检察院抗诉：（一）判决、裁定是经同级人民法院再审后作出的；（二）判决、裁定是经同级人民法院审判委员会讨论作出的。

第 83 条　地方各级人民检察院发现同级人民法院已经发生法律效力的民事判决、裁定有下列情形之一的，一般应当提请上一级人民检察院抗诉：（一）原判决、裁定适用法律确有错误的；（二）审判人员在审理该案件时有贪污受贿，徇

私舞弊，枉法裁判行为的。

第84条 符合本规则第82条、第83条规定的案件，适宜由同级人民法院再审纠正的，地方各级人民检察院可以向同级人民法院提出再审检察建议。

第85条 地方各级人民检察院发现民事调解书损害国家利益、社会公共利益的，可以向同级人民法院提出再审检察建议，也可以提请上一级人民检察院抗诉。

第86条 对人民法院已经采纳再审检察建议进行再审的案件，提出再审检察建议的人民检察院一般不得再向上级人民检察院提请抗诉。

第87条 人民检察院提出再审检察建议，应当制作《再审检察建议书》，在决定提出再审检察建议之日起15日内将《再审检察建议书》连同案件卷宗移送同级人民法院，并制作决定提出再审检察建议的《通知书》，发送当事人。

人民检察院提出再审检察建议，应当经本院检察委员会决定，并将《再审检察建议书》报上一级人民检察院备案。

第88条 人民检察院提请抗诉，应当制作《提请抗诉报告书》，在决定提请抗诉之日起15日内将《提请抗诉报告书》连同案件卷宗报送上一级人民检察院，并制作决定提请抗诉的《通知书》，发送当事人。

第89条 人民检察院认为当事人的监督申请不符合提出再审检察建议或者提请抗诉条件的，应当作出不支持监督申请的决定，并在决定之日起15日内制作《不支持监督申请决定书》，发送当事人。

第3节 抗诉

第90条 最高人民检察院对各级人民法院已经发生法律效力的民事判决、裁定、调解书，上级人民检察院对下级人民法院已经发生法律效力的民事判决、裁定、调解书，发现有《中华人民共和国民事诉讼法》第200条、第208条规定情形的，应当向同级人民法院提出抗诉。

第91条 人民检察院提出抗诉的案件，接受抗诉的人民法院将案件交下一级人民法院再审，下一级人民法院审理后作出的再审判决、裁定仍有明显错误的，原提出抗诉的人民检察院可以依职权再次提出抗诉。

第92条 人民检察院提出抗诉，应当制作《抗诉书》，在决定抗诉之日起15日内将《抗诉书》连同案件卷宗移送同级人民法院，并由接受抗诉的人民法院向当事人送达再审裁定时一并送达《抗诉书》。

人民检察院应当制作决定抗诉的《通知书》，发送当事人。上级人民检察院可以委托提请抗诉的人民检察院将决定抗诉的《通知书》发送当事人。

第93条 人民检察院认为当事人的监督申请不符合抗诉条件的，应当作出不支持监督申请的决定，并在决定之日起15日内制作《不支持监督申请决定书》，发送当事人。上级人民检察院可以委托提请抗诉的人民检察院将《不支持监督申请决定书》发送当事人。

第 4 节　出庭

第 94 条　人民检察院提出抗诉的案件，人民法院再审时，人民检察院应当派员出席法庭。

必要时，人民检察院可以协调人民法院安排人民监督员旁听。

第 95 条　接受抗诉的人民法院将抗诉案件交下级人民法院再审的，提出抗诉的人民检察院可以指令再审人民法院的同级人民检察院派员出庭。

第 96 条　检察人员出席再审法庭的任务是：（一）宣读抗诉书；（二）对人民检察院调查取得的证据予以出示和说明；（三）庭审结束时，经审判长许可，可以发表法律监督意见；（四）对法庭审理中违反诉讼程序的情况予以记录。

检察人员发现庭审活动违法的，应当待休庭或者庭审结束之后，以人民检察院的名义提出检察建议。

出庭检察人员应当全程参加庭审。

第 97 条　当事人或者其他参加庭审人员在庭审中对检察机关或者出庭检察人员有侮辱、诽谤、威胁等不当言论或者行为的，出庭检察人员应当建议法庭即时予以制止；情节严重的，应当建议法庭依照规定予以处理，并在庭审结束后向检察长报告。

第 6 章　对审判程序中审判人员违法行为的监督

第 98 条　《中华人民共和国民事诉讼法》第 208 条（现第 219 条）第 3 款规定的审判程序包括：（一）第一审普通程序；（二）简易程序；（三）第二审程序；（四）特别程序；（五）审判监督程序；（六）督促程序；（七）公示催告程序；（八）海事诉讼特别程序；（九）破产程序。

第 99 条　《中华人民共和国民事诉讼法》第 208 条（现第 219 条）第 3 款的规定适用于法官、人民陪审员、法官助理、书记员。

第 100 条　人民检察院发现同级人民法院民事审判程序中有下列情形之一的，应当向同级人民法院提出检察建议：（一）判决、裁定确有错误，但不适用再审程序纠正的；（二）调解违反自愿原则或者调解协议的内容违反法律的；（三）符合法律规定的起诉和受理条件，应当立案而不立案的；（四）审理案件适用审判程序错误的；（五）保全和先予执行违反法律规定的；（六）支付令违反法律规定的；（七）诉讼中止或者诉讼终结违反法律规定的；（八）违反法定审理期限的；（九）对当事人采取罚款、拘留等妨害民事诉讼的强制措施违反法律规定的；（十）违反法律规定送达的；（十一）其他违反法律规定的情形。

第 101 条　人民检察院发现同级人民法院民事审判程序中审判人员有《中华人民共和国法官法》第 46 条等规定的违法行为且可能影响案件公正审判、执行的，应当向同级人民法院提出检察建议。

第102条 人民检察院依照本章规定提出检察建议的，应当制作《检察建议书》，在决定提出检察建议之日起15日内将《检察建议书》连同案件卷宗移送同级人民法院，并制作决定提出检察建议的《通知书》，发送申请人。

第103条 人民检察院认为当事人申请监督的审判程序中审判人员违法行为认定依据不足的，应当作出不支持监督申请的决定，并在决定之日起15日内制作《不支持监督申请决定书》，发送申请人。

【法发［2021］10号】 最高人民法院、最高人民检察院、公安部、司法部关于进一步加强虚假诉讼犯罪惩治工作的意见（2021年3月4日印发，2021年3月10日起施行）

第15条 刑事案件裁判认定民事诉讼当事人的行为构成虚假诉讼犯罪，相关民事案件尚在审理或者执行过程中的，作出刑事裁判的人民法院应当及时函告审理或者执行该民事案件的人民法院。

人民法院对于与虚假诉讼刑事案件的裁判存在冲突的已经发生法律效力的民事判决、裁定、调解书，应当及时依法启动审判监督程序予以纠正。

第18条 人民检察院发现已经发生法律效力的判决、裁定、调解书系民事诉讼当事人通过虚假诉讼获得的，应当依照民事诉讼法第208条（现第219条）第1款、第2款等法律和相关司法解释的规定，向人民法院提出再审检察建议或者抗诉。

【法释［2022］11号】 最高人民法院关于适用《中华人民共和国民事诉讼法》的解释（"法释［2015］5号"公布，2015年2月4日起施行；根据法释［2020］20号《决定》修正，2021年1月1日起施行；2022年3月22日最高法审委会［1866次］修正，2022年4月1日公布，2022年4月10日起施行；以本规为准）

第411条 人民检察院依法对损害国家利益、社会公共利益的发生法律效力的判决、裁定、调解书提出抗诉，或者经人民检察院检察委员会讨论决定提出再审检察建议的，人民法院应予受理。

第412条 人民检察院对已经发生法律效力的判决以及不予受理、驳回起诉的裁定依法提出抗诉的，人民法院应予受理，但适用特别程序、督促程序、公示催告程序、破产程序以及解除婚姻关系的判决、裁定等不适用审判监督程序的判决、裁定除外。

第413条 人民检察院依照民事诉讼法第216条（现第220条）第1款第3项规定对有明显错误的再审判决、裁定提出抗诉或者再审检察建议的，人民法院应予受理。

第 414 条　地方各级人民检察院依当事人的申请对生效判决、裁定向同级人民法院提出再审检察建议，符合下列条件的，应予受理：（一）再审检察建议书和原审当事人申请书及相关证据材料已经提交；（二）建议再审的对象为依照民事诉讼法和本解释规定可以进行再审的判决、裁定；（三）再审检察建议书列明该判决、裁定有民事诉讼法第 215 条（现第 219 条）第 2 款规定情形；（四）符合民事诉讼法第 216 条（现第 220 条）第 1 款第 1 项、第 2 项规定情形；（五）再审检察建议经该人民检察院检察委员会讨论决定。

不符合前款规定的，人民法院可以建议人民检察院予以补正或者撤回；不予补正或者撤回的，应当函告人民检察院不予受理。

第 415 条　人民检察院依当事人的申请对生效判决、裁定提出抗诉，符合下列条件的，人民法院应当在 30 日内裁定再审：（一）抗诉书和原审当事人申请书及相关证据材料已经提交；（二）抗诉对象为依照民事诉讼法和本解释规定可以进行再审的判决、裁定；（三）抗诉书列明该判决、裁定有民事诉讼法第 215 条（现第 219 条）第 1 款规定情形；（四）符合民事诉讼法第 216 条（现第 220 条）第 1 款第 1 项、第 2 项规定情形。

不符合前款规定的，人民法院可以建议人民检察院予以补正或者撤回；不予补正或者撤回的，人民法院可以裁定不予受理。

第 416 条　当事人的再审申请被上级人民法院裁定驳回后，人民检察院对原判决、裁定、调解书提出抗诉，抗诉事由符合民事诉讼法第 207 条（现第 211 条）第 1 项至第 5 项规定情形之一的，受理抗诉的人民法院可以交由下一级人民法院再审。

第 417 条　人民法院收到再审检察建议后，应当组成合议庭，在 3 个月内进行审查，发现原判决、裁定、调解书确有错误，需要再审的，依照民事诉讼法第 205 条（现第 209 条）规定裁定再审，并通知当事人；经审查，决定不予再审的，应当书面回复人民检察院。

第 418 条　人民法院审理因人民检察院抗诉或者检察建议裁定再审的案件，不受此前已经作出的驳回当事人再审申请裁定的影响。

第 419 条　人民法院开庭审理抗诉案件，应当在开庭 3 日前通知人民检察院、当事人和其他诉讼参与人。同级人民检察院或者提出抗诉的人民检察院应当派员出庭。

人民检察院因履行法律监督职责向当事人或者案外人调查核实的情况，应当向法庭提交并予以说明，由双方当事人进行质证。

【法刊文摘】 检答网集萃 87：检察机关能否再次受理当事人申请监督（来自最高人民检察院网①）

咨询内容（新疆维吾尔自治区检察院胡明屹）：《人民检察院民事诉讼监督规则》第 27 条规定，当事人根据民事诉讼法第 209 条第 1 款的规定向人民检察院申请监督，有下列情形之一的，人民检察院不予受理，其中第 7 项为"民事判决、裁定、调解书是人民法院根据人民检察院的抗诉或者再审检察建议再审后作出的"。如果在作出该民事判决时，当事人提出反诉，法院依法将本诉与反诉一并审理，检察机关能否受理。

解答摘要（专家颜良伟）：不论是本诉还是反诉，都不应当受理，如果已经受理，应当终结审查。理由：根据民事诉讼法第 209 条第 2 款规定，人民检察院依据当事人监督申请对民事生效裁判提出再审检察建议或者抗诉，法院依法作出再审裁判的，双方当事人对再审裁判均不能再次申请监督。人民检察院发现再审裁判确有错误的，可以依照《人民检察院民事诉讼监督规则》有关规定依职权跟进监督。

【法发［2023］18 号】 最高人民法院、最高人民检察院关于规范办理民事再审检察建议案件若干问题的意见（2023 年 11 月 24 日）

第 2 条 人民检察院发现同级人民法院生效民事判决、裁定有《中华人民共和国民事诉讼法》第 207 条（现第 211 条）规定情形之一的，或者民事调解书有损害国家利益、社会公共利益情形的，可以向同级人民法院提出再审检察建议；地方各级人民检察院提出再审检察建议的，应报上级人民检察院备案。

人民检察院发现生效民事判决、裁定、调解书系民事诉讼当事人通过虚假诉讼获得的，依照《最高人民法院、最高人民检察院、公安部、司法部关于进一步加强虚假诉讼犯罪惩治工作的意见》（法发［2021］10 号）第 18 条规定办理。

第 3 条 人民检察院对同级人民法院再审或者审判委员会讨论后作出的生效民事判决、裁定、调解书，一般不适用提出再审检察建议的方式进行监督。

人民法院生效民事判决、裁定、调解书存在的笔误或者表述瑕疵不属于提出再审检察建议的情形，人民检察院可以提出改进工作建议。

第 4 条 人民检察院提出再审检察建议，一般应当经检察委员会讨论决定。存在特殊情形的，人民检察院可与同级人民法院会商解决。

第 5 条 人民检察院提出再审检察建议，应当将再审检察建议书连同检察案件材料一并移送同级人民法院。

---

① 载中华人民共和国最高人民检察院网，https://www.spp.gov.cn/zdgz/202206/t20220620_560225.shtml，最后访问日期：2024 年 6 月 29 日。

再审检察建议书应当载明案件相关情况、监督意见并列明原判决、裁定、调解书存在《中华人民共和国民事诉讼法》第 215 条、第 216 条（现第 219、220条）规定的情形。

人民检察院提出再审检察建议案件不符合前述规定的，人民法院依照《最高人民法院关于适用〈中华人民共和国民事诉讼法〉的解释》（法释〔2022〕11号）第 414 条规定处理。

第 6 条　人民法院应当自收到符合条件的再审检察建议书和相关检察案件材料之日起 7 日内编立案号，纳入案件流程管理，依法进行审查，并告知人民检察院。

本院或者上级人民法院已作出驳回再审申请裁定的，不影响人民法院受理同级人民检察院提出的再审检察建议。

人民检察院提出再审检察建议的案件已经同级人民法院裁定再审但尚未审结的，人民法院应当将再审检察建议并入再审案件一并审理，并函告人民检察院。案件已经上级人民法院裁定再审但尚未审结的，同级人民法院可以将再审检察建议书及检察案件材料报送上级人民法院并告知提出再审检察建议的人民检察院。

第 7 条　人民法院对民事再审检察建议案件，应当组成合议庭，在 3 个月内审查完毕。有特殊情况需要延长的，应当依照相关审批程序延长审查期限。

在原审判程序中参与过本案审判工作的审判人员，不得再参与该民事再审检察建议案件的办理。

第 8 条　人民法院对民事再审检察建议案件，一般采取审查人民检察院移交的案件材料、调阅原审案件卷宗等方式进行书面审查。经审查，案件可能启动再审或者存在其他确有必要情形的，应当询问当事人。

第 9 条　人民法院对民事再审检察建议案件经审查认为原判决、裁定、调解书确有错误，决定采纳检察建议启动再审的，再审裁定书应当载明监督机关及民事再审检察建议文号。裁定书应当送交同级人民检察院。

人民法院经审查决定不予再审的，应当书面回复人民检察院并述明理由。人民检察院可以适当方式将人民法院不予再审结果告知申请人。

第 10 条　人民法院采纳再审检察建议启动再审的民事案件，按照《最高人民法院关于适用〈中华人民共和国民事诉讼法〉的解释》第 402 条（见本书第 218条，法释〔2022〕11 号）第 1 款第 3 项、第 4 项规定的程序开庭审理。有下列情形之一的，人民检察院可以派员出席法庭：（一）人民检察院认为原案的处理损害国家利益或者社会公共利益的；（二）人民检察院认为原案存在虚假诉讼的；（三）人民检察院调查核实的证据需要向法庭出示的；（四）具有重大社会影响等其他确有出庭必要的。

人民检察院派员出席法庭的，可以参照《最高人民法院关于适用〈中华人民共和国民事诉讼法〉的解释》第 402 条（见本书第 218 条，法释［2022］11 号）第 1 款第 2 项规定的程序开庭审理。

第 11 条　人民法院采纳再审检察建议启动再审的民事案件，应当将再审后作出的判决书、裁定书送交同级人民检察院。调解结案的，书面告知同级人民检察院。

【高检发办字［2023］49 号】　人民检察院办理知识产权案件工作指引（2023 年 4 月 25 日印发施行）

第 23 条　当事人对知识产权法院、中级人民法院已经发生法律效力的第一审案件判决、裁定和调解书申请监督，按照相关规定此类案件应以最高人民法院为第二审人民法院的，由作出该第一审生效判决、裁定、调解书的人民法院所在地同级人民检察院受理。经审查符合监督条件的，受理案件的人民检察院可以向同级人民法院提出再审检察建议，或者提请最高人民检察院向最高人民法院抗诉。

前款规定的案件，当事人认为人民检察院对同级人民法院第一审已经发生法律效力的民事判决、裁定、调解书作出的不支持监督申请决定存在明显错误的，可以在不支持监督申请决定作出之日起 1 年内向最高人民检察院申请复查 1 次。

第 24 条　根据本指引 23 条受理的案件，下级人民检察院在提请最高人民检察院抗诉时，应当将《提请抗诉报告书》和案件卷宗等材料直接报送最高人民检察院，同时将相关法律文书抄送省级人民检察院备案。

● **指导案例　【高检发办字［2022］91 号】　最高人民检察院第 38 批指导性案例**（2022 年 5 月 20 日最高检检委会［13 届 99 次］通过，2022 年 6 月 28 日印发）

（检例第 154 号）李某荣等 7 人与李某云民间借贷纠纷抗诉案（见本书第 67 条第 3 款）

（检例第 155 号）某小额贷款公司与某置业公司借款合同纠纷抗诉案①

要旨：检察机关在办理借款合同纠纷监督案件中发现小额贷款公司设立关联公司，以收取咨询费、管理费等名义预先扣除借款本金、变相收取高额利息的，应当按照实际借款金额认定借款本金并依法计息。检察机关在办理相关案件中应当加强对小额贷款公司等地方金融组织违规发放贷款行为的审查和调查核实，发挥司法能动作用，依法维护金融秩序和金融安全。

---

① 注：本案当事人双方均未上诉，一审判决生效；重庆市永川区检察院在另案监督中，发现本案线索。经调查，某信息咨询服务部是某小额贷款公司设立，实际上是"一套人马、两块牌子"，某小额贷款公司做账时，将每月收取的钱款分别做成利息与咨询费，本案实际年利率达到 42%。故提请重庆市检察院第五分院抗诉，纠正原判错误。

（检例第 156 号）郑某安与某物业发展公司商品房买卖合同纠纷再审检察建议案（最高法驳回再审申请后，最高检抗诉）①

要旨："一房二卖"民事纠纷中，房屋差价损失是当事人在订立合同时应当预见的内容，属可得利益损失，应当由违约方予以赔偿。对于法院行使自由裁量权明显失当的，检察机关应当合理选择监督方式，依法进行监督，促进案件公正审理。

（检例第 157 号）陈某与向某贵房屋租赁合同纠纷抗诉案②

要旨：出租人履行房屋租赁合同，应当保证租赁物符合约定的用途。租赁物存在权利瑕疵并导致房屋租赁合同目的不能实现时，承租人有权解除房屋租赁合同。检察机关在办案中应当准确适用关于合同解除的法律规定，保障当事人能够按照法定条件和程序解除合同。

● **公报案例**　**（检公报〔2014〕3 号）**　**余恩惠、李赞、李芊诉重庆西南医院医疗事故损害赔偿纠纷抗诉案**（高检民抗〔2013〕34 号民事抗诉书）③

抗诉摘要：1. 本案中根据司法鉴定科学技术研究所司法鉴定中心作出的司鉴

---

① 基本案情：2004 年 3 月 13 日，郑某安与某物业发展公司订立《商品房买卖合同》，约定购买商铺并付款 503.54 万元；后商铺交付郑某安使用并出租，但因故未办理过户手续。2012 年 1 月 20 日，某物业发展公司将商铺出售给某百货公司并办理过户手续。2013 年 2 月 28 日，郑某安起诉要求解除双方签订的《商品房买卖合同》，返还已付购房款 503.54 万元，并承担已付房款 1 倍的赔偿及房屋涨价损失。青海高院一审委托评估，以 2012 年 1 月 20 日作为基准日，涉案商铺的市场价格为 1654.91 万元。故判令解除《合同》、返还购房款 503.54 万元、赔偿商铺差价损失 1151.37 万元；但物业公司不存在恶意欺诈行为，故不支持 1 倍赔偿。双方均提出上诉。

最高法二审认为：《关于审理商品房买卖合同纠纷案件适用法律若干问题的解释》第 8 条规定，可能承担的违约责任，除对方当事人所遭受直接损失外，还可能包括已付购房款 1 倍的赔偿；综合本案郑某安实际占有案涉商铺并出租获益 6 年多等因素，一审判决导致双方当事人之间利益失衡，超出当事人对违反合同可能造成损失的预期。故，改判解除《合同》、返还购房款 503.54 万元、赔偿 503.54 万元，不再赔偿商铺差价损失 1151.37 万元。郑某安向最高法申请再审，被裁定驳回申请；遂向最高检申请监督。

最高检认为：依照《合同法》规定，违约损失赔偿额相当于因违约所造成的损失，包括合同履行后可以获得的利益，但不得超过违反合同一方订立合同时预见或者应当预见的因违反合同可能造成的损失。某物业发展公司作为从事房地产开发的专业企业，订立合同时应预见到，若违反合同约定将承担包括差价损失赔偿在内的违约责任；其二次出售商铺时，对市应当知悉，对因此给郑某安造成的房屋差价损失也是明知的。因此，差价 1151.37 万元属于可得利益损失，应予赔偿。故向最高法发出再审检察建议。

最高法再审期间，当事双方达成调解协议：解除《合同》；返还房款 503.54 万元，赔偿 503.54 万元；另分 2 期支付差价损失 450 万元，若未如期足额则再赔偿 701.37 万元。最高法对调解协议予以确认。

② 注：本案当事双方均未上诉，一审判决生效后，原告申请再审；被驳回后，再向检察机关申请监督。

③ 注：本案同时作为最高法公布的 7 起保障民生典型案例之一，最高人民法院立案庭：《最高人民法院公报》2014 年第 10 期（详见本书第 73 条）。

中心［2011］病鉴字第174号鉴定意见书，重庆西南医院的医疗行为存在一定过错，且与患者死亡之间存在一定因果关系，余恩惠等人以重庆西南医院在医疗过程中存在过错导致患者人身损害为由提起医疗赔偿诉讼，为因医疗事故以外的原因引起的医疗赔偿纠纷，应当适用《民法通则》及相关的司法解释的规定。终审判决以《民法通则》没有规定具体的赔偿范围和计算标准为由参照适用《医疗事故处理条例》，适用法律确有错误。2. 余恩惠等人虽然没有提供购买人血白蛋白的收据，但是从西南医院出具的本案死者李安富的临时医嘱记录单上都有为李安富注射人血白蛋白的医疗记录，且记录中明确为"自备"。由此可以看出，余恩惠等人确实按照西南医院医嘱购买了人血白蛋白。终审判决仅仅以余恩惠等人没有提供购买收据即对其关于人血白蛋白费用的诉讼请求不予支持，认定事实缺乏证据证明。

● **文书格式** 【**法发［2004］8号**】 **民事、行政抗诉案件调卷函样式**（最高法2004年3月9日）

样式之一

××人民法院

调卷函（审理人民检察院民事、行政抗诉案件用）

（　　）字第　　号

××人民法院：

　　××人民检察院对××人民法院（××）×字第××号判决的（写明当事人及案由）纠纷一案提出抗诉。

　　请你院自接本函之日，即通知下级执行法院、本院执行机构暂缓执行原判决，并于××日内将该案一审、二审、再审、复查、执行（按需要选择）全部案卷材料检齐报送我院。

×年×月×日（院印）

书记员：×××

样式之二

××人民法院

调卷函（审理人民检察院民事、行政抗诉案件用）

（　　）字第　　号

××人民法院：

　　××人民检察院对××人民法院（××）×字第××号判决的（写明当事人及案由）纠纷一案提出抗诉。

　　请你院自接本函之日，即通知下级执行法院、本院执行机构暂缓执行原判决，并于××日内将该案一审、二审、再审、复查、执行（按需要选择）全部案卷材料检齐报送我院。

×年×月×日（院印）

书记员：×××

签发人：×××

经办人：×××

（本联存卷）

调卷函样式说明

1. 本样式供中级以上人民法院在接到人民检察院民事、行政案件抗诉书后，不能及时下达再审裁定书时使用。

2. 本函的作用是明确在调取下级法院卷宗的同时暂缓执行原生效判决至中止执行的再审裁定下达时止。

3. 本样式为填充式，一式两份，发往有关下级法院一份，存卷一份。

4. 对于需要调取的案卷，可在"一审、二审、再审、复查、执行"卷中选择，也可在函后附相关案件的案号。

【法〔2016〕221号】 　民事诉讼文书样式（2016年2月22日最高法审委会〔1679次〕通过，2016年6月28日公布，2016年8月1日起施行）（本书对格式略有调整）

书记员　×××

复函\民事决定书（不予受理\不采纳再审检察建议）

（××××）……民×……号

监督机关：××人民检察院。

申诉人（一、二审的诉讼地位）：×××，……。

被申诉人（一、二审的诉讼地位）：×××，……。

二审上诉人/二审被上诉人/第三人（一审诉讼地位）：×××，……。

（以上写明当事人及其代理人和其他诉讼参与人的姓名或者名称等基本信息）

（如果是复函，以上只需写明称呼"××人民检察院："）

申诉人×××因与被申诉人×××……（写明案由）纠纷一案，不服××人民法院于×年×月×日作出（××××）……号民事判决/民事裁定/民事调解书，向××人民检察院申诉。××人民检察院以……号民事再审检察建议书向本院提出再审检察建议。

本院经审查认为，……（阐明再审检察建议不应受理\不采纳的理由）。鉴于你院未撤回再审检察建议/未对再审检察建议予以补正，依照《最高人民法院关于适用〈中华人民共和国民事诉讼法〉若干问题的解释》第 414 条第 2 款 \ 第 417 条规定，对……号民事再审检察建议，本院不予受理 \ 不予采纳。

（如果是复函，结尾写明"此复"）

××人民法院
×年×月×日（院印）

民事裁定书（采纳再审检察建议并裁定再审）

（××××）……民×……号

监督机关：××人民检察院。

申诉人（一、二审的诉讼地位）：×××，……。

被申诉人（一、二审的诉讼地位）：×××，……。

二审上诉人/二审被上诉人/第三人（一审诉讼地位）：×××，……。

（以上写明当事人及其代理人和其他诉讼参与人的姓名或者名称等基本信息）

申诉人×××因与被申诉人×××……（写明案由）纠纷一案，不服××人民法院于×年×月×日作出（××××）……号民事判决/民事裁定/民事调解书，向××人民检察院申诉。××人民检察院以……号民事再审检察建议书向本院提出再审检察建议。

经本院院长提交审判委员会讨论认为，该判决/裁定/调解书确有错误，应予再审，依照《中华人民共和国民事诉讼法》第 209 条第 1 款、第 217 条规定，裁定如下：

一、本案由本院再审；

二、再审期间，中止原判决/裁定/调解书的执行。

（落款合议庭成员）

×年×月×日（院印）
书记员 ×××

民事判决书（依再审检察建议对本院案件再审）

（××××）……民再……号

监督机关：××人民检察院。

申诉人（一、二审的诉讼地位）：×××，……。

被申诉人（一、二审的诉讼地位）：×××，……。

（按一审程序的，写明：）原审原告/被告/第三人：×××，……。

（按二审程序的，写明：）二审上诉人/二审被上诉人/第三人（一审诉讼地位）：×××，……。

（以上写明当事人及其代理人和其他诉讼参与人的姓名或者名称等基本信息）

申诉人×××因与被申诉人×××……（写明案由）纠纷一案，不服××人民法院于×年×月×日作出（××××）……号民事判决/民事裁定/民事调解书，向××人民检察院申诉。××人民检察院以……号民事再审检察建议书向本院提出再审检察建议。经本院审判委员会讨论决定，于×年×月×日作出（××××）……号民事裁定，再审本案。本院依法另行组成合议庭开庭审理了本案。××人民检察院指派检察员×××出庭。申诉人×××、被申诉人×××（写明当事人和其他诉讼参加人的诉讼地位和姓名或者名称）到庭参加诉讼。（未开庭的，写明：本院依法组成合议庭审理了本案。）本案现已审理终结。

××人民检察院提出再审检察建议，……（概括写明人民检察院建议理由）。

×××称，……（写明再审过程中申诉人的再审请求、事实和理由）。

×××辩称，……（概述被申诉人的答辩意见）。

×××述称，……（概述原审其他当事人的意见）。

×××向原审/一审法院起诉请求：……（写明原告的诉讼请求）。原审/一审法院认定事实：……。原审/一审法院认为，……（概述判决理由）。原审/一审法院判决：……（写明判决主文）。

（按二审程序的，写明：）×××不服一审判决，上诉请求：……（写明上诉请求）。二审法院认定事实：……（概述二审认定事实）。二审法院认为，……（概述二审判决理由）。二审法院判决：……（写明判决主文）。

围绕当事人的再审请求，本院对有争议的证据和事实认定如下：

……（写明再审法院采信证据、认定事实的意见和理由，对原审法院认定相关的事实进行评判）。

本院再审认为，……（写明争议焦点，根据再审认定的案件事实和相关法律，对再审请求进行分析评判，说明理由）。

依照《中华人民共和国民事诉讼法》第 218 条第 1 款、第 177 条第 1 款第×项、……（写明法律文件名称及其条款项序号）规定，判决如下（逐项逐行写明裁判结果）：

一、……；

二、……。

……（写明诉讼费用的负担）。

（按一审程序的，写明：）如不服本判决，可在判决书送达之日起 15 日内，向本院递交上诉状，并按对方当事人的人数提出副本，上诉于××人民法院，并预交上诉案件受理费。

（按二审程序的，写明：）本判决为终审判决。

（合议庭成员署名）

×年×月×日（院印）

书记员　×××

民事裁定书（依再审检察建议对本院案件发回重审）

（××××）……民再……号

（……当事人及其代理人和其他诉讼参与人的姓名或者名称等基本信息，格式同上述"民事判决书"）

申诉人×××因与被申诉人×××……（写明案由）纠纷一案，不服××人民法院于×年×月×日作出（××××）……号民事判决/民事裁定/民事调解书，向××人民检察院申诉。××人民检察院以……号民事再审检察建议书向本院提出再审检察建议。经本院审判委员会讨论决定，于×年×月×日作出（××××）……号民事裁定，再审本案。本院依法另行组成合议庭开庭审理了本案。××人民检察院指派检察员×××出庭。申诉人×××、被申诉人×××（写明当事人和其他诉讼参加人的诉讼地位和姓名或者名称）到庭参加诉讼。（未开庭的，写明：本院依法组成合议庭审理了本案。）本案现已审理终结。

××人民检察院提出再审检察建议，……（概括写明人民检察院建议理由）。

×××称，……（写明再审过程中申诉人的再审请求、事实和理由）。

×××辩称，……（概述被申诉人的答辩意见）。

×××述称，……（概述原审其他当事人的意见）。

本院再审认为，……（写明发回重审的具体理由）。

依照《中华人民共和国民事诉讼法》第218条第1款、第177条第1款第×项规定，裁定如下：

一、撤销××人民法院（××××）……民终……号民事判决/民事裁定/民事调解书及××人民法院（××××）……民初……号民事判决/民事裁定；

二、本案发回××人民法院重审。

（合议庭成员署名）

×年×月×日（院印）

书记员　×××

（本书汇）【再审案件编号】

● 相关规定　【法〔2008〕127号】　最高人民法院关于统一再审立案阶段和再审审理阶段民事案件编号的通知（2008年4月7日印发；以本规为准）

一、再审立案阶段民事案件编号

1. 当事人不服生效一审或者二审判决、裁定、调解书，向上一级人民法院申请再审，且符合申请再审受理条件的案件，编立"民申字"案号；

2. 当事人不服生效再审判决、裁定、调解书，向上一级人民法院申请再审，且符合申请再审受理条件的案件，编立"民再申字"案号；

3. 人民法院依据民事诉讼法第 177 条（现第 209 条）依职权进行审查的案件，编立"民监字"案号；

4. 人民检察院依法提出抗诉的案件，编立"民抗字"案号。

二、再审审理阶段民事案件编号

1. 上级人民法院提审的再审案件，编立"民提字"案号；

2. 下列案件，编立"民再字"案号：

（1）各级人民法院依据民事诉讼法第 177 条（现第 209 条）第 1 款对于本院生效判决、裁定决定再审的案件；

（2）最高人民法院对地方各级人民法院生效判决、裁定，上级人民法院对下级人民法院生效判决、裁定，依据民事诉讼法第 177 条（现第 209 条）第 2 款指令再审的案件。

（3）最高人民法院、高级人民法院依据民事诉讼法第 181 条（现第 215 条）第 2 款指令原审人民法院再审的案件；

（4）最高人民法院、高级人民法院依据民事诉讼法第 181 条（现第 215 条）第 2 款指令其他人民法院再审的案件；

（5）上级人民法院对于人民检察院提出抗诉的案件，依据民事诉讼法第 188 条（现第 222 条）指令下一级人民法院再审的案件。

第十七章   督促程序

第 225 条 **【申请支付令】**债权人请求债务人给付金钱、有价证券，符合下列条件的，可以向有管辖权的基层人民法院申请支付令：

（一）债权人与债务人没有其他债务纠纷的；

（二）支付令能够送达债务人的。

申请书应当写明请求给付金钱或者有价证券的数量和所根据的事实、证据。

第 226 条 【审查受理期限】债权人提出申请后，人民法院应当在 5 日内通知债权人是否受理。

第 227 条 【支付令的发出、异议、执行】人民法院受理申请后，经审查债权人提供的事实、证据，对债权债务关系明确、合法的，应当在受理之日起 15 日内向债务人发出支付令；申请不成立的，裁定予以驳回。

债务人应当自收到支付令之日起 15 日内清偿债务，或者向人民法院提出书面异议。

债务人在前款规定的期间不提出异议又不履行支付令的，债权人可以向人民法院申请执行。

第 228 条 【支付令异议的处理】人民法院收到债务人提出的书面异议后，经审查，异议成立的，20130101 应当裁定终结督促程序，支付令自行失效，债权人可以起诉 20130101。

（新增）20130101 支付令失效的，转入诉讼程序，但申请支付令的一方当事人不同意提起诉讼的除外。

● **相关规定** 【法经［1992］5 号】 **最高人民法院经济审判庭对上饶市人民法院关于依法拘留郭琳的情况报告的有关问题的复函**（1992 年 1 月 7 日答复江西高院（经济审判庭）"赣法（经）函［1991］5 号"报告）

一、上饶市人民法院制作的支付令，委托濮阳市中级人民法院送达，濮阳市中级人民法院又移至濮阳市市区人民法院送达。濮阳市市区人民法院经济庭证明，该院是 1991 年 8 月 3 日送达被申请人的。上饶市人民法院所派人员于 1991 年 7 月 25 日向债务人送达支付令后，于 8 月 3 日即拘留了债务人的委托代理人、副经理郭琳。根据民事诉讼法第 191 条 （现第 227 条） 第 2 款的规定，"债务人应当自收到支付令之日起 15 日内清偿债务，或者向人民法院提出书面异议。"上饶市人民法院的支付令送达后未满 15 日，就将郭琳拘禁至上饶市，是违反法律规定的。

二、在《上饶市人民法院关于依法拘留郭琳的情况报告》中，没有提供足够的证据证明郭琳妨害诉讼的行为已达到应当拘留的程度。

鉴于上述情况，上饶市人民法院违反《民事诉讼法》规定剥夺被申请人自动清偿债务或提出书面异议的权利，拘留郭琳是错误的，应立即释放。如果债务人对支付令提出异议，应终止督促程序，由债权人向有管辖权的人民法院提起诉讼。

请你院迅速责成上饶市人民法院纠正错误，并妥善处理有关事宜。全部情况及处理结果望告。

【法函［1992］98 号】　最高人民法院关于支付令生效后发现确有错误应当如何处理问题的复函（1992 年 7 月 13 日答复山东高院"鲁高法函［1992］35 号"请示）

一、债务人未在法定期间提出书面异议，支付令即发生法律效力，债务人不得申请再审；超过法定期间债务人提出的异议，不影响支付令的效力。

二、人民法院院长对本院已经发生法律效力的支付令，发现确有错误，认为需要撤销的，应当提交审判委员会讨论通过后，裁定撤销原支付令，驳回债权人的申请。

【法释［1998］15 号】　最高人民法院关于人民法院执行工作若干问题的规定（试行）（1998 年 6 月 11 日最高法审委会［992 次］通过，1998 年 7 月 8 日公布施行；根据法释［2020］21 号《决定》修正，2021 年 1 月 1 日起施行；以本规为准）①

73. 上级法院发现下级法院执行的非诉讼生效法律文书有不予执行事由，应当依法作出不予执行裁定而不制作的，可以责令下级法院在指定时限内作出裁定，必要时可直接裁定不予执行。

【主席令［1999］28 号】　中华人民共和国海事诉讼特别程序法（1999 年 12 月 25 日全国人大常委会［9 届 13 次］通过，2000 年 7 月 1 日起施行）

第 99 条　债权人基于海事事由请求债务人给付金钱或者有价证券，符合《中华人民共和国民事诉讼法》有关规定的，可以向有管辖权的海事法院申请支付令。

债务人是外国人、无国籍人、外国企业或者组织，但在中华人民共和国领域内有住所、代表机构或者分支机构并能够送达支付令的，债权人可以向有管辖权的海事法院申请支付令。

【法释［2003］11 号】　最高人民法院关于在民事审判工作中适用《中华人民共和国工会法》若干问题的解释（2003 年 1 月 9 日最高法审委会［1263 次］通过，2003 年 6 月 25 日公布，2003 年 7 月 9 日起施行；根据法释［2020］17 号《决定》修正，2021 年 1 月 1 日起施行）

第 3 条　基层工会或者上级工会依照工会法第 43 条（现第 44 条）规定向人

---

① 注：本《规定》自 1998 年 7 月 8 日公布试行 22 年多，至 2020 年 12 月 23 日修正，仍为"试行"。

民法院申请支付令的，由被申请人所在地的基层人民法院管辖。

第 4 条 人民法院根据工会法第 43 条（现第 44 条）的规定受理工会提出的拨缴工会经费的支付令申请后，应当先行征询被申请人的意见。被申请人仅对应拨缴经费数额有异议的，人民法院应当就无异议部分的工会经费数额发出支付令。

人民法院在审理涉及工会经费的案件中，需要按照工会法第 42 条（现第 43 条）第 1 款第 2 项规定的"全部职工""工资总额"确定拨缴数额的，"全部职工""工资总额"的计算，应当按照国家有关部门规定的标准执行。

第 5 条 根据工会法第 43 条（现第 44 条）和民事诉讼法的有关规定，上级工会向人民法院申请支付令或者提起诉讼，要求企业、事业单位拨缴工会经费的，人民法院应当受理。基层工会要求参加诉讼的，人民法院可以准许其作为共同申请人或者共同原告参加诉讼。

【主席令［2007］80 号】 中华人民共和国劳动争议调解仲裁法（2007 年 12 月 29 日全国人大常委会［10 届 31 次］通过，2008 年 5 月 1 日起施行）

第 16 条 因支付拖欠劳动报酬、工伤医疗费、经济补偿或者赔偿金事项达成调解协议，用人单位在协议约定期限内不履行的，劳动者可以持调解协议书依法向人民法院申请支付令。人民法院应当依法发出支付令。

【法释［2010］12 号】 最高人民法院关于审理劳动争议案件适用法律若干问题的解释（三）（2010 年 7 月 12 日最高法审委会［1489］次会议通过，2010 年 9 月 13 日起公布，2010 年 9 月 14 日起施行。2021 年 1 月 1 日被《最高人民法院关于废止部分司法解释及相关规范性文件的决定》废止。）

第 13 条 劳动者依据劳动合同法第 30 条第 2 款和调解仲裁法第 16 条规定向人民法院申请支付令，符合民事诉讼法第 17 章督促程序规定的，人民法院应予受理。

依据劳动合同法第 30 条第 2 款规定申请支付令被人民法院裁定终结督促程序后，劳动者就劳动争议事项直接提起诉讼的，人民法院应当告知其先向劳动争议仲裁机构申请仲裁。

依据调解仲裁法第 16 条规定申请支付令被人民法院裁定终结督促程序后，劳动者依据调解协议直接提起诉讼的，人民法院应予受理。

【法发［2009］45 号】 最高人民法院关于建立健全诉讼与非诉讼相衔接的矛盾纠纷解决机制的若干意见（经中央批准，2009 年 7 月 24 日印发）

13. 对于具有合同效力和给付内容的调解协议，债权人可以根据《中华人民共和国民事诉讼法》和相关司法解释的规定向有管辖权的基层人民法院申请支付令。申请书应当写明请求给付金钱或者有价证券的数量和所根据的事实、证据，并附调解协议原件。

因支付拖欠劳动报酬、工伤医疗费、经济补偿或者赔偿金事项达成调解协议，用人单位在协议约定期限内不履行的，劳动者可以持调解协议书依法向人民法院申请支付令。

【主席令［2012］73 号】　中华人民共和国劳动合同法（2012 年 12 月 28 日全国人大常委会［11 届 30 次］修订，2013 年 7 月 1 日起施行）

第 30 条　用人单位应当按照劳动合同约定和国家规定，向劳动者及时足额支付劳动报酬。

用人单位拖欠或者未足额支付劳动报酬的，劳动者可以依法向当地人民法院申请支付令，人民法院应当依法发出支付令。

【法发［2016］14 号】　最高人民法院关于人民法院进一步深化多元化纠纷解决机制改革的意见（2016 年 6 月 28 日）

32. 加强调解与督促程序的衔接。以金钱或者有价证券给付为内容的和解协议、调解协议，债权人依据民事诉讼法及其司法解释的规定，向有管辖权的基层人民法院申请支付令的，人民法院应当依法发出支付令。债务人未在法定期限内提出书面异议且逾期不履行支付令的，人民法院可以强制执行。

【法发［2016］21 号】　最高人民法院关于进一步推进案件繁简分流优化司法资源配置的若干意见（2016 年 9 月 12 日）（余见《行政诉讼全厚细》第 7 章第 3 节）

4.……积极引导当事人将债权人请求债务人给付金钱、有价证券的案件转入督促程序，推广使用电子支付令。

【主席令［2021］107 号】　中华人民共和国工会法（1992 年 4 月 3 日全国人大［7 届 5 次］会议通过，同日公布，同日施行。2021 年 12 月 24 日全国人大常委会［13 届 32 次］第三次修订，2022 年 1 月 1 日起施行）

第 43 条（第 1 款）　工会经费的来源：（一）工会会员缴纳的会费；（二）建立工会组织的企业、事业单位、社会组织、机关按每月全部职工工资总额的 2% 向工会拨缴的经费；（三）工会所属的企业、事业单位上缴的收入；（四）人民政府的补助；（五）其他收入。

第 44 条　企业、事业单位、社会组织无正当理由拖延或者拒不拨缴工会经费，基层工会或者上级工会可以向当地人民法院申请支付令；拒不执行支付令的，工会可以依法申请人民法院强制执行。

【人社部发［2022］9号】 人力资源社会保障部、最高人民法院关于劳动人事争议仲裁与诉讼衔接有关问题的意见（一）（2022年2月21日）

五、劳动者请求用人单位支付违法解除或者终止劳动合同赔偿金，劳动人事争议仲裁委员会、人民法院经审查认为用人单位系合法解除劳动合同应当支付经济补偿的，可以依法裁或者判决用人单位支付经济补偿。

劳动者基于同一事实在仲裁辩论终结前或者人民法院一审辩论终结前将仲裁请求、诉讼请求由要求用人单位支付经济补偿变更为支付赔偿金的，劳动人事争议仲裁委员会、人民法院应予准许。

【法释［2022］11号】 最高人民法院关于适用《中华人民共和国民事诉讼法》的解释（"法释［2015］5号"公布，2015年2月4日起施行；根据法释［2020］20号《决定》修正，2021年1月1日起施行；2022年3月22日最高法审委会［1866次］修正，2022年4月1日公布，2022年4月10日起施行；以本规为准）

第425条 2个以上人民法院都有管辖权的，债权人可以向其中一个基层人民法院申请支付令。

债权人向2个以上有管辖权的基层人民法院申请支付令的，由最先立案的人民法院管辖。

第426条 人民法院收到债权人的支付令申请书后，认为申请书不符合要求的，可以通知债权人限期补正。人民法院应当自收到补正材料之日起5日内通知债权人是否受理。

第427条 债权人申请支付令，符合下列条件的，基层人民法院应当受理，并在收到支付令申请书后5日内通知债权人：（一）请求给付金钱或者汇票、本票、支票、股票、债券、国库券、可转让的存款单等有价证券；（二）请求给付的金钱或者有价证券已到期且数额确定，并写明了请求所根据的事实、证据；（三）债权人没有对待给付义务；（四）债务人在我国境内且未下落不明；（五）支付令能够送达债务人；（六）收到申请书的人民法院有管辖权；（七）债权人未向人民法院申请诉前保全。

不符合前款规定的，人民法院应当在收到支付令申请书后5日内通知债权人不予受理。

基层人民法院受理申请支付令案件，不受债权金额的限制。

第428条 人民法院受理申请后，由审判员一人进行审查。经审查，有下列情形之一的，裁定驳回申请：（一）申请人不具备当事人资格；（二）给付金钱或者有价证券的证明文件没有约定逾期给付利息或者违约金、赔偿金，债权人坚持要求给付利息或者违约金、赔偿金的；（三）要求给付的金钱或者有价证券属于违法所得的；（四）要求给付的金钱或者有价证券尚未到期或者数额不确定的。

人民法院受理支付令申请后，发现不符合本解释规定的受理条件的，应当在受理之日起 15 日内裁定驳回申请。

第 429 条　向债务人本人送达支付令，债务人拒绝接收的，人民法院可以留置送达。

第 430 条　有下列情形之一的，人民法院应当裁定终结督促程序，已发出支付令的，支付令自行失效：（一）人民法院受理支付令申请后，债权人就同一债权债务关系又提起诉讼的；（二）人民法院发出支付令之日起 30 日内无法送达债务人的；（三）债务人收到支付令前，债权人撤回申请的。

第 431 条　债务人在收到支付令后，未在法定期间提出书面异议，而向其他人民法院起诉的，不影响支付令的效力。

债务人超过法定期间提出异议的，视为未提出异议。

第 432 条　债权人基于同一债权债务关系，在同一支付令申请中向债务人提出多项支付请求，债务人仅就其中一项或者几项请求提出异议的，不影响其他各项请求的效力。

第 433 条　债权人基于同一债权债务关系，就可分之债向多个债务人提出支付请求，多个债务人中的一人或者几人提出异议的，不影响其他请求的效力。

第 434 条　对设有担保的债务的主债务人发出的支付令，对担保人没有拘束力。

债权人就担保关系单独提起诉讼的，支付令自人民法院受理案件之日起失效。

第 435 条　经形式审查，债务人提出的书面异议有下列情形之一的，应当认定异议成立，裁定终结督促程序，支付令自行失效：（一）本解释规定的不予受理申请情形的；（二）本解释规定的裁定驳回申请情形的；（三）本解释规定的应当裁定终结督促程序情形的；（四）人民法院对是否符合发出支付令条件产生合理怀疑的。

第 436 条　债务人对债务本身没有异议，只是提出缺乏清偿能力、延缓债务清偿期限、变更债务清偿方式等异议的，不影响支付令的效力。

人民法院经审查认为异议不成立的，裁定驳回。

债务人的口头异议无效。

第 437 条　人民法院作出终结督促程序或者驳回异议裁定前，债务人请求撤回异议的，应当裁定准许。

债务人对撤回异议反悔的，人民法院不予支持。

第 438 条　支付令失效后，申请支付令的一方当事人不同意提起诉讼的，应当自收到终结督促程序裁定之日起 7 日内向受理申请的人民法院提出。

申请支付令的一方当事人不同意提起诉讼的，不影响其向其他有管辖权的人民法院提起诉讼。

第439条 支付令失效后，申请支付令的一方当事人自收到终结督促程序裁定之日起7日内未向受理申请的人民法院表明不同意提起诉讼的，视为向受理申请的人民法院起诉。

债权人提出支付令申请的时间，即为向人民法院起诉的时间。

第440条 债权人向人民法院申请执行支付令的期间，适用民事诉讼法第246条（现第250条）的规定。

第441条 人民法院院长发现本院已经发生法律效力的支付令确有错误，认为需要撤销的，应当提交本院审判委员会讨论决定后，裁定撤销支付令，驳回债权人的申请。

● 文书格式 【法〔2016〕221号】 民事诉讼文书样式（2016年2月22日最高法审委会〔1679次〕通过，2016年6月28日公布，2016年8月1日起施行）（本书对格式略有调整）

申请书（申请\撤回申请支付令）①

申请人：×××，男/女，×年×月×日生，×族，……（写明工作单位和职务或职业），住……。联系方式：……。（★申请人是法人或其他组织的，本段写明名称、住所）

法定代理人/指定代理人②：×××，……。（★申请人是法人或其他组织的，本段写明法定代表人、主要负责人及其姓名、职务、联系方式）

委托诉讼代理人：×××，……。（申请时已经委托诉讼代理人的，写明此项）

被申请人：×××，……。

（以上写明申请人和其他诉讼参与人的姓名或者名称等基本信息）

请求事项：

向被申请人×××发出支付令，督促被申请人×××给付申请人×××……（写明请求给付的金钱或者有价证券的名称和数量）。

\或者：撤回向被申请人×××发出给付申请人×××……（写明请求给付的金钱或者有价证券的名称和数量）的支付令申请。

事实和理由：

……（写明债权债务关系发生的事实、证据，\或者：撤回申请支付令的事

---

① 注：无独立请求权的第三人认为案件处理结果同他有法律上的利害关系的，按本样式向人民法院申请参加诉讼。第一审程序中未参加诉讼的第三人，申请参加第二审程序的，人民法院可以准许。

② 注：申请人是无民事行为能力人或限制民事行为能力人的，应当写明法定代理人姓名、性别、出生日期、民族、职业、工作单位、住所、联系方式，在诉讼地位后括注与申请人的关系。

实和理由)①。

　　此致：××人民法院

申请人（自然人签名或单位盖章）

×年×月×日

不予受理支付令申请通知书（收到支付令申请后 5 日内通知申请人）

（××××）……民督……号

×××：

　　你方请求本院向×××发出支付令的申请书，本院于×年×月×日收到。经审查认为，你方的申请不符合《中华人民共和国民事诉讼法》第 221 条、《最高人民法院关于适用〈中华人民共和国民事诉讼法〉的解释》第 427 条规定的条件，本院决定不予受理。

　　特此通知。

×年×月×日（院印）

　　　　民事裁定书（驳回支付令申请，受理后 15 日内作出裁定）

（××××）……民督……号

　　申请人：×××，……。

　　被申请人：×××，……。

　　(以上写明申请人、被申请人及其代理人的姓名或者名称等基本信息)

　　申请人×××于×年×月×日向本院申请支付令。本院于×年×月×日受理后，经审查认为，……（写明申请不成立的理由）。

　　依照《中华人民共和国民事诉讼法》第 223 条第 1 款、《最高人民法院关于适用〈中华人民共和国民事诉讼法〉的解释》第 428 条规定，裁定如下：

　　驳回×××的支付令申请。

　　本裁定为终审裁定。

（代理）审判员　×××

×年×月×日（院印）

书记员　×××

　　　　　　支付令（督促程序）

（××××）……民督……号

　　申请人：×××，……。

　　被申请人：×××，……。

---

①　注：债权人撤回支付令申请的，人民法院应当裁定终结督促程序。

（以上写明申请人、被申请人及其代理人的姓名或者名称等基本信息）

申请人×××于×年×月×日向本院申请支付令。申请人×××称，……（概述申请人提供的债权债务关系的事实、证据）。要求被申请人×××给付申请人×××……（写明请求给付的金钱或者有价证券的名称和数量）。

本院经审查认为，申请人的申请符合民事诉讼法规定的条件。

依照《中华人民共和国民事诉讼法》第225条、第227条规定，特发出如下支付令：

被申请人×××应当自收到本支付令之日起15日内，给付申请人×××……（写明应给付的金钱或者有价证券的名称和数量）。

申请费……元，由被申请人×××负担。

被申请人如有异议，应当自收到本支付令之日起15日内向本院书面提出；逾期不提出书面异议的，本支付令即发生法律效力。

（代理）审判员　×××

×年×月×日（院印）

书记员　×××

异议书\撤回异议申请书（对支付令提出\撤回异议用）①

异议人（被申请人）：×××，男/女，×年×月×日生，×族，……（写明工作单位和职务或职业），住……。联系方式：……。（★异议人是法人或其他组织的，本段写明名称、住所）

法定代理人/指定代理人②：×××，……。（★异议人是法人或其他组织的，本段写明法定代表人、主要负责人及其姓名、职务、联系方式）

委托诉讼代理人：×××，……。（异议时已经委托诉讼代理人的，写明此项）

（以上写明申请人和其他诉讼参与人的姓名或者名称等基本信息）

请求事项：

裁定终结督促程序。\或者：撤回对支付令的异议。

事实和理由：

异议人于×年×月×日收到你院于×年×月×日根据×××申请发出的（××××）……民督……号支付令：……（写明支付令内容）。……（写明终结督促程序的

---

① 注：1. 债务人的口头异议无效。2. 无独立请求权的第三人认为案件处理结果同他有法律上的利害关系的，按本样式向法院申请参加诉讼。一审未参加诉讼的第三人，申请参加二审的，人民法院可以准许。

② 注：异议人是无民事行为能力或限制民事行为能力人的，应当写明法定代理人姓名、性别、出生日期、民族、职业、工作单位、住所、联系方式，在诉讼地位后括注与异议人的关系。

理由）。

　　\ 或者：我方于×年×月×日对你院发出的（××××）……民督……号支付令提出书面异议，现申请撤回。……（写明申请撤回支付令异议的理由）。①

　　此致：××人民法院

申请人（自然人签名或单位盖章）

×年×月×日

民事裁定书（驳回 \ 准许撤回支付令异议）

（××××）……民督……号

　　异议人（被申请人）：×××，……。

　　（以上写明异议人及其代理人的姓名或者名称等基本信息）

　　申请人×××与被申请人×××申请支付令一案，本院于×年×月×日立案后，于×年×月×日发出（××××）……民督……号支付令，限令被申请人×××在收到支付令之日起 15 日内清偿债务，或者向本院提出书面异议。

　　被申请人×××于×年×月×日向本院提出支付令异议，认为，……（写明异议的事实根据与理由）。

　　（撤回异议的，写明：）×年×月×日，异议人×××以……为由，向本院提出撤回支付令异议。

　　（驳回异议的，写明：）本院经审查认为，……（写明异议不成立的理由）。

　　（准许撤回异议的，写明：）本院经审查认为，人民法院作出终结督促程序或者驳回异议裁定前，债务人请求撤回异议的，应当裁定准许。

　　依照《中华人民共和国民事诉讼法》第 157 条第 1 款第 11 项、《最高人民法院关于适用〈中华人民共和国民事诉讼法〉的解释》第 436 条 \ 第 437 条第 1 款规定，裁定如下：

　　驳回×××的支付令异议。\ 准许×××撤回支付令异议。

（代理）审判员　×××

×年×月×日（院印）

书记员　×××

民事裁定书（终结督促程序）

（××××）……民督……号

　　申请人：×××，……。

---

　　① 注：人民法院作出终结督促程序或驳回异议裁定前，债务人请求撤回异议的，应当裁定准许。债务人对撤回异议反悔的，人民法院不予支持。

被申请人：×××，……。

（以上写明申请人、被申请人及其代理人的姓名或者名称等基本信息）

申请人×××与被申请人×××申请支付令一案，本院于×年×月×日立案后，于×年×月×日发出（××××）……民督……号支付令，限令被申请人×××在收到支付令之日起 15 日内清偿债务，或者向本院提出书面异议。

本院经审查认为，……（根据"法释［2022］11 号"《解释》第 430 条、第 435 条规定，写明终结督促程序的原因）。

依照《中华人民共和国民事诉讼法》第 232 条、《最高人民法院关于适用〈中华人民共和国民事诉讼法〉的解释》第 430 条第×项/第 435 条第×项规定，裁定如下：

终结本案的督促程序。

本院（××××）……民督……号支付令自行失效。

申请费……元，由申请人×××负担。

（代理）审判员　×××

×年×月×日（院印）

书记员　×××

民事裁定书（主动纠错，撤销支付令）

（××××）……民督监……号

原申请人：×××，……。

原被申请人：×××，……。

（以上写明原申请人、原被申请人及其代理人的姓名或者名称等基本信息）

申请人×××与被申请人×××申请支付令一案，本院于×年×月×日以（××××）……民督……号立案，于×年×月×日发出支付令：被申请人×××应当自收到本支付令之日起 15 日内，给付申请人×××……。申请费……元，由被申请人×××负担。被申请人逾期不提出书面异议，支付令已发生法律效力。

本院经审查认为，……（写明撤销支付令的理由）。

经本院审判委员会讨论决定，依照《中华人民共和国民事诉讼法》第 157 条第 1 款第 11 项、《最高人民法院关于适用〈中华人民共和国民事诉讼法〉的解释》第 441 条规定，裁定如下：

一、撤销××人民法院（××××）……民督……号支付令；

二、驳回×××的支付令申请。

（合议庭成员署名）

×年×月×日（院印）

民事诉讼法全厚细

本件与原本核对无异

法官助理　×××

书记员　×××

第十八章　公示催告程序

　　第 229 条　【公示催告申请】按照规定可以背书转让的票据持有人，因票据被盗、遗失或者灭失，可以向票据支付地的基层人民法院申请公示催告。依照法律规定可以申请公示催告的其他事项，适用本章规定。

　　申请人应当向人民法院递交申请书，写明票面金额、发票人、持票人、背书人等票据主要内容和申请的理由、事实。

　　第 230 条　【止付通知，公告期限】人民法院决定受理申请，应当同时通知支付人停止支付，并在 3 日内发出公告，催促利害关系人申报权利。公示催告的期间，由人民法院根据情况决定，但不得少于60 日。

　　第 231 条　【止付期限】支付人收到人民法院停止支付的通知，应当停止支付，至公示催告程序终结。

　　公示催告期间，转让票据权利的行为无效。

　　第 232 条　【利害关系人申报】利害关系人应当在公示催告期间向人民法院申报。

　　人民法院收到利害关系人的申报后，应当裁定终结公示催告程序，并通知申请人和支付人。

　　申请人或者申报人可以向人民法院起诉。

　　第 233 条　【判决票据无效】没有人申报的，人民法院应当根据申请人的申请，作出判决，宣告票据无效。判决应当公告，并通知支付人。自判决公告之日起，申请人有权向支付人请求支付。

> **第 234 条** 【未申报的起诉期限】 利害关系人因正当理由不能在判决前向人民法院申报的，自知道或者应当知道判决公告之日起 1 年内，可以向作出判决的人民法院起诉。

● **相关规定** 【法函［1992］60 号】 **最高人民法院关于对遗失金融债券可否按"公示催告"程序办理的复函**（1992 年 5 月 8 日答复中国银行"中银综［1992］59 号"请示）

我国民事诉讼法第 193 条（现第 229 条）规定："按照规定可以背书转让的票据持有人，因票据被盗、遗失或者灭失，可以向票据支付地的基层人民法院申请公示催告。依照法律规定可以申请公示催告的其他事项，适用本章规定。"这里的票据是指汇票、本票和支票。你行发行的金融债券不属于以上几种票据，也不属于"依照法律规定可以申请公示催告的其他事项"。而且你行在"发行通知"中明确规定，此种金融债券"不计名、不挂失，可以转让和抵押"。因此，对你行发行的金融债券不能适用公示催告程序。

【主席令［1999］28 号】 **中华人民共和国海事诉讼特别程序法**（1999 年 12 月 25 日全国人大常委会［9 届 13 次］通过，2000 年 7 月 1 日起施行）

第 100 条 提单等提货凭证持有人，因提货凭证失控或者灭失，可以向货物所在地海事法院申请公示催告。

【法释［2003］3 号】 **最高人民法院关于适用《中华人民共和国海事诉讼特别程序法》若干问题的解释**（2002 年 12 月 3 日最高法审委会［1259 次］通过，2003 年 1 月 6 日公布，2003 年 2 月 1 日起施行）

第 70 条 海事诉讼特别程序法第 100 条规定的失控指提单或者其他提货凭证被盗、遗失。

第 71 条 申请人依据海事诉讼特别程序法第 100 条的规定向海事法院申请公示催告的，应当递交申请书。申请书应当载明：提单等提货凭证的种类、编号、货物品名、数量、承运人、托运人、收货人、承运船舶名称、航次以及背书情况和申请的理由、事实等。有副本的应当附有单证的副本。

第 72 条 海事法院决定受理公示催告申请的，应当同时通知承运人、承运人的代理人或者货物保管人停止交付货物，并于 3 日内发出公告，敦促利害关系人申报权利。公示催告的期间由海事法院根据情况决定，但不得少于 30 日。

第 73 条 承运人、承运人的代理人或者货物保管人收到海事法院停止交付货物的通知后，应当停止交付，至公示催告程序终结。

第 74 条 公示催告期间，转让提单的行为无效；有关货物的存储保管费用及风险由申请人承担。

第 75 条　公示催告期间，国家重点建设项目待安装、施工、生产的货物，救灾物资，或者货物本身属性不宜长期保管以及季节性货物，在申请人提供充分可靠担保的情况下，海事法院可以依据申请人的申请作出由申请人提取货物的裁定。

承运人、承运人的代理人或者货物保管人收到海事法院准予提取货物的裁定后，应当依据裁定的指令将货物交付给指定的人。

第 76 条　公示催告期间，利害关系人可以向海事法院申报权利。海事法院收到利害关系人的申报后，应当裁定终结公示催告程序，并通知申请人和承运人、承运人的代理人或者货物保管人。

申请人、申报人可以就有关纠纷向海事法院提起诉讼。

第 77 条　公示催告期间无人申报的，海事法院应当根据申请人的申请作出判决，宣告提单或者有关提货凭证无效。判决内容应当公告，并通知承运人、承运人的代理人或者货物保管人。自判决公告之日起，申请人有权请求承运人、承运人的代理人或者货物保管人交付货物。

第 78 条　利害关系人因正当理由不能在公示催告期间向海事法院申报的，自知道或者应当知道判决公告之日起 1 年内，可以向作出判决的海事法院起诉。

【法释［2000］32 号】　最高人民法院关于审理票据纠纷案件若干问题的规定（2000 年 2 月 24 日最高法审委会［1102 次］通过，2000 年 11 月 14 日公布，2000 年 11 月 21 日起施行；根据法释［2020］18 号《决定》修正，2021 年 1 月 1 日起施行）

第 22 条　代理付款人在人民法院公示催告公告发布以前按照规定程序善意付款后，承兑人或者付款人以已经公示催告为由拒付代理付款人已经垫付的款项的，人民法院不予支持。

第 23 条　票据丧失后，失票人直接向人民法院申请公示催告或者提起诉讼的，人民法院应当依法受理。

第 24 条　出票人已经签章的授权补记的支票丧失后，失票人依法向人民法院申请公示催告的，人民法院应当依法受理。

第 25 条　票据法第 15 条第 3 款规定的可以申请公示催告的失票人，是指按照规定可以背书转让的票据在丧失票据占有以前的最后合法持票人。

第 26 条　出票人已经签章但未记载代理付款人的银行汇票丧失后，失票人依法向付款人即出票银行所在地人民法院申请公示催告的，人民法院应当依法受理。

第 27 条　超过付款提示期限的票据丧失以后，失票人申请公示催告的，人民法院应当依法受理。

第28条 失票人通知票据付款人挂失止付后3日内向人民法院申请公示催告的，公示催告申请书应当载明下列内容：（一）票面金额；（二）出票人、持票人、背书人；（三）申请的理由、事实；（四）通知票据付款人或者代理付款人挂失止付的时间；（五）付款人或者代理付款人的名称、通信地址、电话号码等。

第29条 人民法院决定受理公示催告申请，应当同时通知付款人及代理付款人停止支付，并自立案之日起3日内发出公告。

第30条 付款人或者代理付款人收到人民法院发出的止付通知，应当立即停止支付，直至公示催告程序终结。非经发出止付通知的人民法院许可擅自解付的，不得免除票据责任。

第31条 公告应当在全国性报纸或者其他媒体上刊登，并于同日公布于人民法院公告栏内。人民法院所在地有证券交易所的，还应当同日在该交易所公布。

第32条 依照《中华人民共和国民事诉讼法》（以下简称民事诉讼法）第219条（现第230条）的规定，公告期间不得少于60日，且公示催告期间届满日不得早于票据付款日后15日。

第33条 依照民事诉讼法第220条（现第231条）第2款的规定，在公示催告期间，以公示催告的票据质押、贴现，因质押、贴现而接受该票据的持票人主张票据权利的，人民法院不予支持，但公示催告期间届满以后人民法院作出除权判决以前取得该票据的除外。

第69条 付款人及其代理付款人有下列情形之一的，应当自行承担责任：……（二）公示催告期间对公示催告的票据付款的；……

【法〔2016〕109号】 最高人民法院关于人民法院发布公示催告程序中公告有关问题的通知（2016年4月11日）

依据《中华人民共和国民事诉讼法》第219条（现第230条）、最高人民法院《关于适用〈中华人民共和国民事诉讼法〉的解释》第448条（现第446条）、最高人民法院《关于进一步规范法院公告发布工作的通知》等文件的规定，人民法院受理公示催告申请后发布公告的，应当在《人民法院报》上刊登，《人民法院报》电子版、中国法院网同步免费刊载。

【法〔2019〕254号】 全国法院民商事审判工作会议纪要（"九民纪要"，2019年7月3-4日在哈尔滨召开，2019年9月11日最高法审委会民事行政专委会〔319次〕通过，2019年11月8日发布）

106.【恶意申请公示催告的救济】公示催告程序本为对合法持票人进行失票救济所设，但实践中却沦为部分票据出卖方在未获得票款情形下，通过伪报票据丧失事实申请公示催告、阻止合法持票人行使票据权利的工具。对此，民事诉讼法司法解释已经作出了相应规定。适用时，应当区别付款人是否已经付款等情形，作出不同认定：

（1）在除权判决作出后，付款人尚未付款的情况下，最后合法持票人可以根据《民事诉讼法》第 223 条（现第 234 条）的规定，在法定期限内请求撤销除权判决，待票据恢复效力后再依法行使票据权利。最后合法持票人也可以基于基础法律关系向其直接前手退票并请求其直接前手另行给付基础法律关系项下的对价。

（2）除权判决作出后，付款人已经付款的，因恶意申请公示催告并持除权判决获得票款的行为损害了最后合法持票人的权利，最后合法持票人请求申请人承担侵权损害赔偿责任的，人民法院依法予以支持。

【法释〔2022〕11 号】   最高人民法院关于适用《中华人民共和国民事诉讼法》的解释（"法释〔2015〕5 号"公布，2015 年 2 月 4 日起施行；根据法释〔2020〕20 号《决定》修正，2021 年 1 月 1 日起施行；2022 年 3 月 22 日最高法审委会〔1866 次〕修正，2022 年 4 月 1 日公布，2022 年 4 月 10 日起施行；以本规为准）

第 127 条   ……民事诉讼法第 230 条（现第 234 条）规定的 1 年，为不变期间，不适用诉讼时效中止、中断、延长的规定。

第 442 条   民事诉讼法第 225 条（现第 229 条）规定的票据持有人，是指票据被盗、遗失或者灭失前的最后持有人。

第 443 条   人民法院收到公示催告的申请后，应当立即审查，并决定是否受理。经审查认为符合受理条件的，通知予以受理，并同时通知支付人停止支付；认为不符合受理条件的，7 日内裁定驳回申请。

第 444 条   因票据丧失，申请公示催告的，人民法院应结合票据存根、丧失票据的复印件、出票人关于签发票据的证明、申请人合法取得票据的证明、银行挂失止付通知书、报案证明等证据，决定是否受理。

第 445 条   人民法院依照民事诉讼法第 226 条（现第 230 条）规定发出的受理申请的公告，应当写明下列内容：（一）公示催告申请人的姓名或者名称；（二）票据的种类、号码、票面金额、出票人、背书人、持票人、付款期限等事项以及其他可以申请公示催告的权利凭证的种类、号码、权利范围、权利人、义务人、行权日期等事项；（三）申报权利的期间；（四）在公示催告期间转让票据等权利凭证，利害关系人不申报的法律后果。

第 446 条   公告应当在有关报纸或者其他媒体上刊登，并于同日公布于人民法院公告栏内。人民法院所在地有证券交易所的，还应当同日在该交易所公布。

第447条 公告期间不得少于60日，且公示催告期间届满日不得早于票据付款日后15日。

第448条 在申报期届满后、判决作出之前，利害关系人申报权利的，应当适用民事诉讼法第228条（现第232条）第2款、第3款规定处理。

第449条 利害关系人申报权利，人民法院应当通知其向法院出示票据，并通知公示催告申请人在指定的期间查看该票据。公示催告申请人申请公示催告的票据与利害关系人出示的票据不一致的，应当裁定驳回利害关系人的申报。

第450条 在申报权利的期间无人申报权利，或者申报被驳回的，申请人应当自公示催告期间届满之日起1个月内申请作出判决。逾期不申请判决的，终结公示催告程序。

裁定终结公示催告程序的，应当通知申请人和支付人。

第451条 判决公告之日起，公示催告申请人有权依据判决向付款人请求付款。

付款人拒绝付款，申请人向人民法院起诉，符合民事诉讼法第226条（现第230条）规定的起诉条件的，人民法院应予受理。

第452条 适用公示催告程序审理案件，可由审判员一人独任审理；判决宣告票据无效的，应当组成合议庭审理。

第453条 公示催告申请人撤回申请，应在公示催告前提出；公示催告期间申请撤回的，人民法院可以径行裁定终结公示催告程序。

第454条 人民法院依照民事诉讼法第227条（现第231条）规定通知支付人停止支付，应当符合有关财产保全的规定。支付人收到停止支付通知后拒不止付的，除可依照民事诉讼法第114条、第117条规定采取强制措施外，在判决后，支付人仍应承担付款义务。

第455条 人民法院依照民事诉讼法第228条（现第232条）规定终结公示催告程序后，公示催告申请人或者申请人向人民法院提起诉讼，因票据权利纠纷提起的，由票据支付地或者被告住所地人民法院管辖；因非票据权利纠纷提起的，由被告住所地人民法院管辖。

第456条 依照民事诉讼法第228条（现第232条）规定制作的终结公示催告程序的裁定书，由审判员、书记员署名，加盖人民法院印章。

第457条 依照民事诉讼法第230条（现第234条）的规定，利害关系人向人民法院起诉的，人民法院可按票据纠纷适用普通程序审理。

第458条 民事诉讼法第230条（现第234条）规定的正当理由，包括：（一）因发生意外事件或者不可抗力而使利害关系人无法知道公告事实的；（二）利害关系人因被限制人身自由而无法知道公告事实，或者虽然知道公告事实，但无法自己或者委托他人代为申报权利的；（三）不属于法定申请公示催告情形的；（四）未予公告或者未按法定方式公告的；（五）其他导致利害关系人在判决作出前未能向人民法院申报权利的客观事由。

第 459 条　根据民事诉讼法第 230 条（现第 234 条）的规定，利害关系人请求人民法院撤销除权判决的，应当将申请人列为被告。

利害关系人仅诉请确认其为合法持票人的，人民法院应当在裁判文书中写明，确认利害关系人为票据权利人的判决作出后，除权判决即被撤销。

【主席令［2023］15 号】　中华人民共和国公司法（2023 年 12 月 29 日全国人大常委会［14 届 7 次］修订，2024 年 7 月 1 日起施行）

第 164 条　记名股票被盗、遗失或者灭失，股东可以依照《中华人民共和国民事诉讼法》规定的公示催告程序，请求人民法院宣告该股票失效。人民法院宣告该股票失效后，股东可以向公司申请补发股票。

● 公报案例　（法公报［2016］6 期）　杭州翔盛纺织有限公司诉余姚市圣凯五金厂（普通合伙）票据损害责任纠纷案（余姚法院民事判决书［2015］甬余商初字第 23 号）

裁判摘要：票据经公示催告程序被人民法院作出除权判决之后，原合法持票人可以公示催告申请人不当申请公示催告致其票据权利丧失为由，向人民法院提起诉讼，请求公示催告的不当申请人承担损害赔偿责任。

● 文书格式　【法［2016］221 号】　民事诉讼文书样式（2016 年 2 月 22 日最高法审委会［1679 次］通过，2016 年 6 月 28 日公布，2016 年 8 月 1 日起施行）（本书对格式略有调整）

申请书（申请＼撤回申请公示催告）

申请人：×××，男/女，×年×月×日生，×族，……（写明工作单位和职务或职业），住……。联系方式：……。（★申请人是法人或其他组织的，本段写明名称、住所）

法定代理人/指定代理人①：×××，……。（★申请人是法人或其他组织的，本段写明法定代表人、主要负责人及其姓名、职务、联系方式）

委托诉讼代理人：×××，……。（申请时已经委托诉讼代理人的，写明此项）

被申请人：×××，……。

---

① 注：申请人是无民事行为能力人或限制民事行为能力人的，应当写明法定代理人姓名、性别、出生日期、民族、职业、工作单位、住所、联系方式，在诉讼地位后括注与申请人的关系。

（以上写明申请人和其他诉讼参与人的姓名或者名称等基本信息）

请求事项：

1. 对……票据进行公示催告（写明票面金额、发票人、持票人、背书人等票据主要内容）①；

2. 受理后立即通知票据支付人停止支付；

3. 在公告期满后，无人申报权利的，或者申报被驳回的，人民法院作出除权判决，宣告已丧失的票据不再具有法律效力。

＼或者：请求撤回对……票据（写明票面金额、发票人、持票人、背书人等票据主要内容）公示催告申请。

事实和理由：

……（写明申请公示催告的事实和理由，＼或者：写明撤回申请的原因）②

此致：××人民法院

申请人（自然人签名或单位盖章）

×年×月×日

民事裁定书（收到公示催告申请后，在 7 日内驳回申请）

（××××）……民催……号

申请人：×××，……。

（以上写明申请人及其代理人的姓名或者名称等基本信息）

申请人×××于×年×月×日向本院申请对出票人/持票人/背书人×××、号码……、票面金额……元……的×票公示催告。

本院经审查认为，……（写明不符合申请公示催告的条件和理由）。

依照《中华人民共和国民事诉讼法》第 157 条第 1 款第 11 项、第 229 条、《最高人民法院关于适用〈中华人民共和国民事诉讼法〉的解释》第 443 条规定，裁定如下：

驳回×××的申请。

申请费……元，由申请人×××负担。

（代理）审判员 ×××

×年×月×日（院印）

书记员 ×××

---

① 其他可以申请公示催告的权利凭证的，申请书应当写明权利凭证的种类、号码、权利范围、权利人、义务人、行权日期等事项。

② 注：公示催告申请人撤回申请，应在公示催告前提出；公示催告期间撤回的，人民法院可以径行裁定终结公示催告程序。

停止支付通知书（受理申请的同时，通知支付人停止支付）

（××××）……民催……号

×××（写明支付人名称）：

申请人×××因……（写明有关票据名称及被盗或者遗失、灭失等事由），向本院申请公示催告，本院决定受理。依照《中华人民共和国民事诉讼法》第 230 条、第 231 条规定，通知你方对……（写明票据名称、票面金额和出票人、持票人、背书人的姓名和名称等）立即停止支付，待本院作出裁定或者判决后再作处理。

特此通知。

×年×月×日（院印）

民事裁定书（在公示催告前，准许撤回公示催告申请）

（××××）……民催……号

申请人：×××，……。

（以上写明申请人及其代理人的姓名或者名称等基本信息）

申请人×××申请公示催告一案，本院于×年×月×日立案后。申请人×××于×年×月×日向本院提出撤回申请。

本院认为，申请人×××在公示催告前向本院提出撤回申请，不违反法律规定，应予准许。

依照《中华人民共和国民事诉讼法》第 157 条第 1 款第 11 项、《最高人民法院关于适用〈中华人民共和国民事诉讼法〉的解释》第 453 条规定，裁定如下：

准许×××撤回申请。

申请费……元，由申请人×××负担。

（代理）审判员　×××

×年×月×日（院印）

书记员　×××

公告（受理申请后，在 3 日内公告催促利害关系人申报权利）

（××××）……民催……号

×××因……（写明被盗、遗失或灭失的票据的名称和主要内容以及申请理由），向本院申请公示催告。本院决定受理。依照《中华人民共和国民事诉讼法》第 230 条规定，现予公告。

一、公示催告申请人：×××（公示催告申请人的姓名或者名称）。

二、公示催告的票据/权利凭证：……（票据的种类、号码、票面金额、出票人、背书人、持票人、付款期限等事项以及其他可以申请公示催告的权利凭证的种类、号码、权利范围、权利人、义务人、行权日期等事项）。

三、申报权利的期间：自×年×月×日起至×年×月×日止。

四、自公告之日起×日内，利害关系人应向本院申报权利。届时如果无人申报权利，本院将依法作出判决，宣告上述票据/权利凭证无效。在公示催告期间，转让该票据/权利凭证权利的行为无效。

特此公告。

×年×月×日 （院印）

申报书 （利害关系人申报权利）

申报人：…… （格式同上述"申请书"）

（以上写明申报人及其代理人和其他诉讼参与人的姓名或者名称等基本信息）

请求事项：

裁定终结（××××）……民催……号公示催告程序。

事实和理由：

刊登在…… （写明《人民法院报》和中国法院网或其他报纸媒体的名称）上的公告载明：…… （写明公告内容）。

申报人系公告所载票据的合法权利人。…… （写明理由）。①

此致：××人民法院

附：……票据

申请人 （自然人签名或单位盖章）

×年×月×日

民事裁定书 （驳回利害关系人申报）

（××××）……民催……号

申报人：×××，……。

申请人：×××，……。

（以上写明申报人、申请人及其代理人的姓名或者名称等基本信息）

申请人×××于×年×月×日向本院申请对号码……、票面金额……元……的×票公示催告。本院于×年×月×日立案后，于×年×月×日发出公告，催促利害关系人在×日内申报权利。

×年×月×日，申报人×××向本院申报权利。申报人×××向本院出示的票据载明：…… （写明票据名称、票据金额、票据号码、出票人等内容）。本院通知公示催告申请人在×日内查看该票据。

申请人×××认为，…… （写明申请人的意见，或者写明：申请人×××未查看/

---

① 注：人民法院收到利害关系人的申报后，应当裁定终结公示催告程序，并通知申请人和支付人。

未发表意见)。

本院经审查认为，申报人×××出示的票据与申请人×××申请公示催告的票据不一致，申请人×××的申报不能成立。

依照《中华人民共和国民事诉讼法》第 157 条第 1 款第 11 项、《最高人民法院关于适用〈中华人民共和国民事诉讼法〉的解释》第 449 条规定，裁定如下：

驳回×××的申报。

（代理）审判员　×××

×年×月×日（院印）

书记员　×××

民事裁定书（终结公示催告程序）

（××××）……民催……号

申请人：×××，……。

申报人：×××，……。

（以上写明申请人、申报人及其代理人的姓名或者名称等基本信息）

申请人×××因……（写明票据名称及其被盗或遗失、灭失的情况），向本院申请公示催告。本院于×年×月×日立案后，于×年×月×日发出公告，催促利害关系人在×日内申报权利。

（申报人申报的，写明：）申报人×××已于×年×月×日向本院申报。

（申请人逾期不申请判决的，写明：）申请人×××于公示催告期间届满之日起 1 个月内未申请作出判决。

（申请人在公示催告期间撤回申请的，写明：）申请人×××已于×年×月×日在公示催告期间申请撤回公示催告。

依照《中华人民共和国民事诉讼法》第 232 条/《最高人民法院关于适用〈中华人民共和国民事诉讼法〉的解释》第 450 条/第 453 条规定，裁定如下：

终结本案的公示催告程序。

申请费……元、公告费……元，由申请人×××负担。

（代理）审判员　×××

×年×月×日（院印）

书记员　×××

民事判决书（公示催告除权）

（××××）……民催……号

申请人：×××，……。

（以上写明申请人及其代理人的姓名或者名称等基本信息）

申请人×××申请公示催告一案，本院于×年×月×日立案后，依法于×年×月×日发出公告，催促利害关系人在 60 日内申报权利。现公示催告期间已满，无人向本院提出申报（或者×××向本院申报被驳回）。

依照《中华人民共和国民事诉讼法》第 233 条、《最高人民法院关于适用〈中华人民共和国民事诉讼法〉的解释》第 450 条规定，判决如下：

一、宣告申请人×××持有的号码……、票面金额……元……的×票无效；

二、自本判决公告之日起，申请人×××有权向支付人请求支付。

申请费……元、公告费……元，由申请人×××负担。

审判长　×××

（代理）审判员　×××

人民陪审员　×××

×年×月×日（院印）

本件与原本核对无异

法官助理　×××

书记员　×××

公告（公示催告除权判决）

（××××）……民催……号

本院于×年×月×日立案受理申请人×××的公示催告申请，对其被盗/遗失/灭失的……（写明票据或权利凭证的主要内容），依法办理了公示催告手续。公示催告期间无人申报权利/申报人×××于×年×月×日申报权利，但因×××出示的票据与申请公示催告的票据不一致，本院于×年×月×日驳回×××的申报。本院于×年×月×日判决：一、宣告申请人×××持有的号码……、票面金额……元……的×票无效；二、自本判决公告之日起，申请人×××有权向支付人请求支付。

特此公告。

×年×月×日（院印）

（本书汇）【船舶优先权催告程序】

● **相关规定**　【主席令［1992］64 号】　**中华人民共和国海商法**（1992 年 11 月 7 日全国人大常委会［7 届 28 次］通过，1993 年 7 月 1 日起施行）

第 3 条　本法所称船舶，是指海船和其他海上移动式装置，但是用于军事的、政府公务的船舶和 20 总吨以下的小型船艇除外。

前款所称船舶，包括船舶属具。

第 21 条　船舶优先权，是指海事请求人依照本法第 22 条的规定，向船舶所有人、光船承租人、船舶经营人提出海事请求，对产生该海事请求的船舶具有优先受偿的权利。

第 22 条　下列各项海事请求具有船舶优先权：（一）船长、船员和在船上工作的其他在编人员根据劳动法律、行政法规或者劳动合同所产生的工资、其他劳动报酬、船员遣返费用和社会保险费用的给付请求；（二）在船舶营运中发生的人身伤亡的赔偿请求；（三）船舶吨税、引航费、港务费和其他港口规费的缴付请求；（四）海难救助的救助款项的给付请求；（五）船舶在营运中因侵权行为产生的财产赔偿请求。

载运 2000 吨以上的散装货油的船舶，持有有效的证书，证明已经进行油污损害民事责任保险或者具有相应的财务保证的，对其造成的油污损害的赔偿请求，不属于前款第 5 项规定的范围。

第 23 条　本法第 22 条第 1 款所列各项海事请求，依照顺序受偿。但是，第 4 项海事请求，后于第 1 项至第 3 项发生的，应当先于第 1 项至第 3 项受偿。

本法第 22 条第 1 款第 1、2、3、5 项中有 2 个上海事请求的，不分先后，同时受偿；不足受偿的，按照比例受偿。第 4 项中有 2 个以上海事请求的，后发生的先受偿。

第 24 条　因行使船舶优先权产生的诉讼费用，保存、拍卖船舶和分配船舶价款产生的费用，以及为海事请求人的共同利益而支付的其他费用，应当从船舶拍卖所得价款中先行拨付。

第 25 条　船舶优先权先于船舶留置权受偿，船舶抵押权后于船舶留置权受偿。

前款所称船舶留置权，是指造船人、修船人在合同另一方未履行合同时，可以留置所占有的船舶，以保证造船费用或者修船费用得以偿还的权利。船舶留置权在造船人、修船人不再占有所造或者所修的船舶时消灭。

第 26 条　船舶优先权不因船舶所有权的转让而消灭。但是，船舶转让时，船舶优先权自法院应受让人申请予以公告之日起满 60 日不行使的除外。

第 27 条　本法第 22 条规定的海事请求权转移的，其船舶优先权随之转移。

第 28 条　船舶优先权应当通过法院扣押产生优先权的船舶行使。

第 29 条　船舶优先权，除本法第 26 条规定的外，因下列原因之一而消灭：（一）具有船舶优先权的海事请求，自优先权产生之日起满 1 年不行使；（二）船舶经法院强制出售；（三）船舶灭失。

前款第 1 项的 1 年期限，不得中止或者中断。

第 30 条　本节规定不影响本法第 11 章关于海事赔偿责任限制规定的实施。

第二编　第十八章

【主席令［1999］28号】 **中华人民共和国海事诉讼特别程序法**（1999年12月25日全国人大常委会［9届13次］通过，2000年7月1日起施行）

第120条 船舶转让时，受让人可以向海事法院申请船舶优先权催告，催促船舶优先权人及时主张权利，消灭该船舶附有的船舶优先权。

第121条 受让人申请船舶优先权催告的，应当向转让船舶交付地或者受让人住所地海事法院提出。

第122条 申请船舶优先权催告，应当向海事法院提交申请书、船舶转让合同、船舶技术资料等文件。申请书应当载明船舶的名称、申请船舶优先权催告的事实和理由。

第123条 海事法院在收到申请书以及有关文件后，应当进行审查，在7日内作出准予或者不准予申请的裁定。

受让人对裁定不服的，可以申请复议1次。

第124条 海事法院在准予申请的裁定生效后，应当通过报纸或者其他新闻媒体发布公告，催促船舶优先权人在催告期间主张船舶优先权。

船舶优先权催告期间为60日。

第125条 船舶优先权催告期间，船舶优先权人主张权利的，应当在海事法院办理登记；不主张权利的，视为放弃船舶优先权。

第126条 船舶优先权催告期间届满，无人主张船舶优先权的，海事法院应当根据当事人的申请作出判决，宣告该转让船舶不附有船舶优先权。判决内容应当公告。

【法释［2003］3号】 **最高人民法院关于适用《中华人民共和国海事诉讼特别程序法》若干问题的解释**（2002年12月3日最高法审委会［1259次］通过，2003年1月6日公布，2003年2月1日起施行）

第92条 船舶转让合同订立后船舶实际交付前，受让人即可申请船舶优先权催告。

受让人不能提供原船舶证书的，不影响船舶优先权催告申请的提出。

第93条 海事诉讼特别程序法第120条规定的受让人指船舶转让中的买方和有买船意向的人，但受让人申请海事法院作出除权判决时，必须提交其已经实际受让船舶的证据。

第94条 船舶受让人对不准予船舶优先权催告申请的裁定提出复议的，海事法院应当在7日内作出复议决定。

第95条 海事法院准予船舶优先权催告申请的裁定生效后，应当通过报纸或者其他新闻媒体连续公告3日。优先权催告的船舶为可以航行于国际航线的，应当通过对外发行的报纸或者其他新闻媒体发布公告。

第 96 条　利害关系人在船舶优先权催告期间提出优先权主张的，海事法院应当裁定优先权催告程序终结。

第 19 章　企业法人破产还债程序²⁰⁰⁸⁰⁴⁰¹ ①

第 199 条　企业法人因严重亏损，无力清偿到期债务，债权人可以向人民法院申请宣告债务人破产还债，债务人也可以向人民法院申请宣告破产还债。

第 200 条　人民法院裁定宣告进入破产还债程序后，应当在 10 日内通知债务人和已知的债权人，并发出公告。

债权人应当在收到通知后 30 日内，未收到通知的债权人应当自公告之日起 3 个月内，向人民法院申报债权。逾期未申报债权的，视为放弃债权。

债权人可以组成债权人会议，讨论通过破产财产的处理和分配方案或者和解协议。

第 201 条　人民法院可以组织有关机关和有关人员成立清算组织。清算组织负责破产财产的保管、清理、估价、处理和分配。清算组织可以依法进行必要的民事活动。

清算组织对人民法院负责并报告工作。

第 202 条　企业法人与债权人会议达成和解协议的，经人民法院认可后，由人民法院发布公告，中止破产还债程序。和解协议自公告之日起具有法律效力。

第 203 条　已作为银行贷款等债权的抵押物或者其他担保物的财产，银行和其他债权人享有就该抵押物或者其他担保物优先受偿的权利。抵押物或者其他担保物的价款超过其所担保的债务数额的，超过部分属于破产还债的财产。

第 204 条　破产财产优先拨付破产费用后，按照下列顺序清偿：（一）破产企业所欠职工工资和劳动保险费用；（二）破产企业所欠税款；（三）破产债权。

破产财产不足清偿同一顺序的清偿要求的，按照比例分配。

第 205 条　企业法人破产还债，由该企业法人住所地的人民法院管辖。

---

① 注：因为《企业破产法》已于 2007 年 6 月 1 日起施行，全国人大常委会〔10 届 30 次〕将本章内容删除，2008 年 4 月 1 日起施行。鉴于该部分内容及其相关规定与民事诉讼相关性较大，本书将其汇集于第 22 章 "清算、重组与破产" 专辑。

第206条 全民所有制企业的破产还债程序适用中华人民共和国企业破产法的规定。

不是法人的企业、个体工商户、农村承包经营户、个人合伙，不适用本章规定。

第三编　执行程序

第十九章　一般规定

> **第 235 条　【执行管辖】**发生法律效力的民事判决、裁定~~和调解协议~~[19910409]，以及刑事判决、裁定中的财产部分，由第一审人民法院或者与第一审人民法院同级的被执行的财产所在地人民法院[20080401]执行。
>
> 法律规定由人民法院执行的其他法律文书①，由被执行人住所地或者被执行的财产所在地~~有管辖权的~~[19910409]人民法院执行。

● **相关规定**　**【法释［1998］15 号】　最高人民法院关于人民法院执行工作若干问题的规定（试行）**（1998 年 6 月 11 日最高法审委会［992 次］通过，1998 年 7 月 8 日公布施行；根据法释［2020］21 号《决定》修正，2021 年 1 月 1 日起施行；以本规为准）②

一、执行机构及其职责

1. 人民法院根据需要，依据有关法律的规定，设立执行机构，专门负责执行工作。

2. 执行机构负责执行下列生效法律文书：（1）人民法院民事、行政判决、裁定、调解书，民事制裁决定、支付令，以及刑事附带民事判决、裁定、调解书，刑事裁判涉财产部分；（2）依法应由人民法院执行的行政处罚决定、行政处理决定；（3）我国仲裁机构作出的仲裁裁决和调解书，人民法院依据《中华人民共和国仲裁法》有关规定作出的财产保全和证据保全裁定；（4）公证机关依法赋予强制执行效力的~~关于追偿债款、物品的~~债权文书；（5）经人民法院裁定承认其效力的外国法院作出的判决、裁定，以及国外仲裁机构作出的仲裁裁决；（6）法律规

---

① 如：仲裁裁决书、具有强制执行效力的公证债权文书、人民法院制作的调解书等。

② 本《规定》自 1998 年 7 月 8 日公布试行 22 年多，至 2020 年 12 月 23 日修正，仍为"试行"。

定由人民法院执行的其他法律文书。

3. 人民法院在审理民事、行政案件中作出的财产保全和先予执行裁定，~~一般应当移送执行机构实施~~/由审理案件的审判庭负责执行。

4. 人民法庭审结的案件，由人民法庭负责执行。其中复杂、疑难或被执行人不在本法院辖区的案件，由执行机构负责执行。

5. 执行程序中重大事项的办理，应由 3 名以上执行员讨论，并报经院长批准。

6. ~~依据民事诉讼法第 217 条或第 260 条的规定对仲裁裁决是否有不予执行事由进行审查的，应组成合议庭进行。~~

6. 执行机构应配备必要的交通工具、通讯设备、音像设备和警械用具等，以保障及时有效地履行职责。

7. 执行人员执行公务时，应向有关人员出示工作证件/工作证和执行公务证，并按规定着装。必要时应由司法警察参加。

~~执行公务证由最高人民法院统一制发。~~

8. 上级人民法院执行机构负责本院对下级人民法院执行工作的监督、指导和协调。

二、执行管辖

~~10. 仲裁机构作出的国内仲裁裁决、公证机关依法赋予强制执行效力的公证债权文书，由被执行人住所地或被执行的财产所在地人民法院执行。~~

~~前款案件的级别管辖，参照各地法院受理诉讼案件的级别管辖的规定确定。~~

9. 在国内仲裁过程中，当事人申请财产保全，经仲裁机构提交人民法院的，由被申请人住所地或被申请保全的财产所在地的基层人民法院裁定并执行；申请证据保全的，由证据所在地的基层人民法院裁定并执行。

10. 在涉外仲裁过程中，当事人申请财产保全，经仲裁机构提交人民法院的，由被申请人住所地或被申请保全的财产所在地的中级人民法院裁定并执行；申请证据保全的，由证据所在地的中级人民法院裁定并执行。

11. 专利管理机关依法作出的处理决定和处罚决定，由被执行人住所地或财产所在地的省、自治区、直辖市有权受理专利纠纷案件的中级人民法院执行。

12. 国务院各部门、各省、自治区、直辖市人民政府和海关依照法律、法规作出的处理决定和处罚决定，由被执行人住所地或财产所在地的中级人民法院执行。

13. 2 个以上人民法院都有管辖权的，当事人可以向其中一个人民法院申请执行；当事人向 2 个以上人民法院申请执行的，由最先立案的人民法院管辖。

14. 人民法院之间因执行管辖权发生争议的，由双方协商解决；协商不成的，报请双方共同的上级人民法院指定管辖。

15. 基层人民法院和中级人民法院管辖的执行案件，因特殊情况需要由上级人民法院执行的，可以报请上级人民法院执行。

【法发［2000］3 号】　最高人民法院关于高级人民法院统一管理执行工作若干问题的规定（2000 年 1 月 14 日）（详见本书第 19 章"对执行的法院内部监督与协调"专辑）

八、高级人民法院对本院及下级人民法院的执行案件，认为需要指定执行的，可以裁定指定执行。

高级人民法院对最高人民法院函示指定执行的案件，应当裁定指定执行。

九、高级人民法院对下级人民法院的下列案件可以裁定提级执行：

1. 高级人民法院指令下级人民法院限期执结，逾期未执结需要提级执行的；

2. 下级人民法院报请高级人民法院提级执行，高级人民法院认为应当提级执行的；

3. 疑难、重大和复杂的案件，高级人民法院认为应当提级执行的。

高级人民法院对最高人民法院函示提级执行的案件，应当裁定提级执行。

【执监字［2002］262 号】　最高人民法院执行工作办公室关于湖北安陆市政府反映河南焦作中院"错误裁定"、"错误执行"案及河南高院反映焦作中院在执行安陆市政府时遭到暴力抗法案的复函（2002 年 12 月 25 日答复河南高院；收录于《人民法院执行工作规范全集》，人民法院出版社 2015 年 6 月）

关于湖北省安陆市政府向我院反映焦作市中级人民法院执行湖北三鹏化工股份有限公司一案的有关问题，经研究，现提出如下处理意见：

经核查，焦作市中级人民法院立案执行的依据是河南省修武县公证处［2001］修证经字第 18 号"具有强制执行效力的债权文书公证书"。该公证书认定湖北三鹏化工股份有限公司如不能在约定的期限内履行还款义务，申请人丁慈咪有权向申请人所在地人民法院申请强制执行。

本院认为，关于此类执行管辖问题，《中华人民共和国民事诉讼法》第 201 条（现第 235 条）第 2 款、最高人民法院《关于适用〈中华人民共和国民事诉讼法〉若干问题的意见》第 256 条（现"法释［2022］11 号"《解释》第 460 条）和《关于人民法院执行工作若干问题的规定（试行）》第 10 条（已废止）均已有明确规定，即公证机关依法赋予强制执行效力的公证债权文书，由被执行人住所地或被执行人的财产所在地人民法院执行。据此，当事人无权约定执行管辖，公证机关也无权确认当事人约定执行管辖，焦作市中级人民法院更不能依据当事人的约定予以立案执行。请你院监督焦作市中级人民法院依法撤销案件及相关法律文书，并告知申请人依法向有管辖权的人民法院申请执行。

【法释［2006］7号】 最高人民法院关于适用《中华人民共和国仲裁法》若干问题的解释（2005年12月26日最高法审委会［1375次］通过，2006年8月23日公布，2006年9月8日起施行）

第29条 当事人申请执行仲裁裁决案件，由被执行人住所地或者被执行的财产所在地的中级人民法院管辖。

【法释［2008］13号】 最高人民法院关于适用《中华人民共和国民事诉讼法》执行程序若干问题的解释（2008年9月8日最高法审委会［1452次］通过，2008年11月3日公布，2009年1月1日起施行；根据法释［2020］21号《决定》修正，2021年1月1日起施行。以本规为准）

第3条 人民法院受理执行申请后，当事人对管辖权有异议的，应当自收到执行通知书之日起10日内提出。

人民法院对当事人提出的异议，应当审查。异议成立的，应当撤销执行案件，并告知当事人向有管辖权的人民法院申请执行；异议不成立的，裁定驳回。当事人对裁定不服的，可以向上一级人民法院申请复议。

管辖权异议审查和复议期间，不停止执行。

第18条 债权人或者被执行人对分配方案提出书面异议的，执行法院应当通知未提出异议的债权人或被执行人。

未提出异议的债权人、被执行人收到通知之日起15日内未提出反对意见的，执行法院依异议人的意见对分配方案审查修正后进行分配；提出反对意见的，应当通知异议人。异议人可以自收到通知之日起15日内，以提出反对意见的债权人、被执行人为被告，向执行法院提起诉讼；异议人逾期未提起诉讼的，执行法院依原分配方案进行分配。

诉讼期间进行分配的，执行法院应当将与争议债权数额相应的款项予以提存。

【法［2011］195号】 最高人民法院关于依法制裁规避执行行为的若干意见（2011年5月27日）

9. 严格执行关于案外人异议之诉的管辖规定。在执行阶段，案外人对人民法院已经查封、扣押、冻结的财产提起异议之诉的，应当依照《中华人民共和国民事诉讼法》第204条（现第238条）和《最高人民法院关于适用民事诉讼法执行程序若干问题的解释》第18条的规定，由执行法院受理。

案外人违反上述管辖规定，向执行法院之外的其他法院起诉，其他法院已经受理尚未作出裁判的，应当中止审理或者撤销案件，并告知案外人向作出查封、扣押、冻结裁定的执行法院起诉。

11. 对于当事人恶意诉讼取得的生效裁判应当依法再审。案外人违反上述管辖规定，向执行法院之外的其他法院起诉，并取得生效裁判文书将已被执行法院查封、扣押、冻结的财产确权或者分割给案外人，或者第三人与被执行人虚构事实取得人民法院生效裁判文书申请参与分配，执行法院认为该生效裁判文书系恶意串通规避执行损害执行债权人利益的，可以向作出该裁判文书的人民法院或者其上级人民法院提出书面建议，有关法院应当依照《中华人民共和国民事诉讼法》和有关司法解释的规定决定再审。

【法释［2021］20 号】　最高人民法院关于人民法院强制执行股权若干问题的规定（2021 年 11 月 15 日最高法审委会［1850 次］通过，2021 年 12 月 20 日公布，2022 年 1 月 1 日起施行；以本规为准）（详见本书第 255 条）

第 3 条　依照民事诉讼法第 224 条（现第 235 条）的规定以被执行股权所在地确定管辖法院的，股权所在地是指股权所在公司的住所地。

【法释［2022］11 号】　最高人民法院关于适用《中华人民共和国民事诉讼法》的解释（"法释［2015］5 号"公布，2015 年 2 月 4 日起施行；根据法释［2020］20 号《决定》修正，2021 年 1 月 1 日起施行；2022 年 3 月 22 日最高法审委会［1866 次］修正，2022 年 4 月 1 日公布，2022 年 4 月 10 日起施行；以本规为准）

第 460 条　发生法律效力的实现担保物权裁定、确认调解协议裁定、支付令，由作出裁定、支付令的人民法院或者与其同级的被执行财产所在地的人民法院执行。

认定财产无主的判决，由作出判决的人民法院将无主财产收归国家或者集体所有。

● **指导案例**　**【法［2014］327 号】　最高人民法院第 8 批指导性案例**（2014 年 12 月 18 日）

（指导案例 36 号）中投信用担保有限公司与海通证券股份有限公司等证券权益纠纷执行复议案（最高法院［2010］执复字第 2 号执行裁定）

裁判要点：被执行人在收到执行法院执行通知之前，收到另案执行法院要求其向申请执行人的债权人直接清偿已经法院生效法律文书确认的债务的通知，并清偿债务的，执行法院不能将该部分已清偿债务纳入执行范围。

● **公报案例**　**（法公报［2016］9 期）　大庆筑安建工集团有限公司等与中煤第 68 工程有限公司施工合同纠纷**（最高法院执行裁定书［2015］执申字第 42 号）

裁判摘要：一、《民事诉讼法》第 224 条（现第 235 条）及最高人民法院《关于适用〈中华人民共和国仲裁法〉若干问题的解释》第 29 条对仲裁案件执行的级别管辖和地域管辖做出的明确规定，具有强制约束力。二、关于仲裁裁决的执行，其确定管辖的连接点只有 2 个，一个是被执行人住所地，二是被执行的财产所在地。三、民事诉讼属于公法性质的法律规范，法律没有赋予权利即属禁止。虽然民事诉讼法没有明文禁止当事人协商执行管辖法院，但对当事人就执行案件管辖权的选择限定于上述两个连接点之间，当事人只能依法选择向其中一个有管辖权的法院提出执行申请。四、民事诉讼法有关应诉管辖的规定适用于诉讼程序，不适用于执行程序。因此，当事人通过协议方式选择，或通过不提管辖异议、放弃管辖异议等默认方式自行确定向无管辖权的法院申请执行的，不予支持。

● 文书格式 　【法［2016］221号】　民事诉讼文书样式（2016年2月22日最高法审委会［1679次］通过，2016年6月28日公布，2016年8月1日起施行）（本书对格式略有调整）

报请上级人民法院执行函

（××××）……执……号

××人民法院（上级法院名称）：

　　×××与×××……（写明案由）一案，本院于×年×月×日立案执行，案号为（×××）……号。因……（写明报请执行的事实和理由），需钧院执行。依照《最高人民法院关于人民法院执行工作若干问题的规定（试行）》第15条规定，现将该案有关案情报告呈报钧院，请予审查批准。

　　附：案情报告×份

×年×月×日（院印）

执行决定书（指定执行管辖）

（××××）……执……号

××人民法院、××人民法院：

　　××人民法院以……（写明函文字号、标题）协调函，报请本院协调与××人民法院在执行中因×××与×××……（写明案由）一案产生的执行管辖权争议，报请本院指定管辖。本院依法组成合议庭进行审查，现已审查终结。

　　经审查，……（写明查明的事实）。本院认为，……（写明理由）。

　　依照《最高人民法院关于人民法院执行工作若干问题的规定（试行）》第14条、第67条（见本书第19章"对执行的法院内部监督与协调"专辑）规定，决定如下：

　　×××与×××……（写明案由）一案由××人民法院执行。

　　本决定立即执行。

（合议庭成员署名）
×年×月×日（院印）

书记员　×××

第 236 条²⁰⁰⁸⁰⁴⁰¹ 　**【当事人、利害关系人异议】** 当事人、利害关系人认为执行行为违反法律规定的，可以向负责执行的人民法院提出书面异议。当事人、利害关系人提出书面异议的，人民法院应当自收到书面异议之日起 15 日内审查，理由成立的，裁定撤销或者改正；理由不成立的，裁定驳回。当事人、利害关系人对裁定不服的，可以自裁定送达之日起 10 日内向上一级人民法院申请复议。

（插）第 238 条²⁰⁰⁸⁰⁴⁰¹ 　**【案外人异议】** 执行过程中，案外人对执行标的提出书面异议的，~~人民法院~~/执行员应当自收到书面异议之日起 15 日内/~~按照法定程序~~¹⁹⁹¹⁰⁴⁰⁹ 进行审查，理由成立的，~~由院长批准~~裁定中止对该标的的执行；理由不成立的，裁定~~予以~~驳回。案外人、当事人对裁定不服，~~认为~~/如果发现原判决、裁定确有错误的，依照审判监督程序办理；与原判决、裁定无关^①的，可以自裁定送达之日起 15 日内向人民法院提起诉讼。

● **相关规定** 　**【法释〔1998〕15 号】** 　最高人民法院关于人民法院执行工作若干问题的规定（试行）（1998 年 6 月 11 日最高法审委会〔992 次〕通过，1998 年 7 月 8 日公布施行；根据法释〔2020〕21 号《决定》修正，2021 年 1 月 1 日起施行；以本规为准）

　八、对案外人异议的处理

　70. 案外人对执行标的主张权利的，可以向执行法院提出异议。

　案外人异议一般应当以书面形式提出，并提供相应的证据。以书面形式提出确有困难的，可以允许以口头形式提出。

　71. 对案外人提出的异议，执行法院应当依照民事诉讼法第 208 条的规定进行审查。

　审查期间可以对财产采取查封、扣押、冻结等保全措施，但不得进行处分。正在实施的处分措施应当停止。

　经审查认为案外人的异议理由不成立的，裁定驳回其异议，继续执行。

　72. 案外人提出异议的执行标的物是法律文书指定交付的特定物，经审查认

---

　① 注：指导案例 154 号认为：法律规定的案外人的执行异议"与原判决、裁定无关"是指案外人提出的执行异议不含有其认为原判决、裁定错误的主张。法释〔2022〕11 号《民事诉讼法解释》第 304 条明确："与原判决、裁定无关"是指"诉讼请求"与原判决、裁定无关。

为案外人的异议成立的，报经院长批准，裁定对生效法律文书中该项内容中止执行。

73. 执行标的物不属生效法律文书指定交付的特定物，经审查认为案外人的异议成立的，报经院长批准，停止对该标的物的执行。已经采取的执行措施应当裁定立即解除或撤销，并将该标的物交还案外人。

74. 对案外人提出的异议一时难以确定是否成立，案外人已提供确实有效的担保的，可以解除查封、扣押措施。申请执行人提供确实有效的担保的，可以继续执行。因提供担保而解除查封扣押或继续执行有错误，给对方造成损失的，应裁定以担保的财产予以赔偿。

75. 执行上级人民法院的法律文书遇有本规定 72 条规定的情形的，或执行的财产是上级人民法院裁定保全的财产时遇有本规定 73 条、74 条规定的情形的，需报经上级人民法院批准。

【经他字［1998］1 号】　最高人民法院关于处理案外人异议问题的函（1998 年 1 月 4 日答复天津高院）

香港旭展有限公司向本院反映：天津市第二中级法院在执行该公司与山西省海外贸易公司购销生铁纠纷仲裁案时，驳回了案外人山西省粮油总公司天津金良科工贸实业公司对财产保全裁定的异议，5 个月后又受理了该案外人与所持异议主张相同的诉讼请求，此案现正由你院审理。对此，该公司认为：天津市第二中级法院停止执行和受理案外人诉讼，在程序上违法，损害了该公司的合法权益，请求本院对此案予以审查并纠正错误。

本院经审查认为：天津市第二中级法院在执行生效仲裁裁决过程中，已依法驳回了案外人对该院财产保全裁定的异议，此后再受理此"异议之诉"并作出［1997］二中经一初字第 74 号民事判决，没有法律依据；且该院在其制作的法律文书仍发生法律效力的情况下，又用普通程序予以审理，与法相悖。为此，特通知你院：

一、依法撤销天津市第二中级法院［1997］二中经一初字第 74 号民事判决，驳回起诉。

二、监督天津市第二中级法院依法执行本案仲裁裁决书，妥善处理相关事宜，并将执行结果报告本院。

【法释［2004］12 号】　最高人民法院关于人民法院民事调解工作若干问题的规定（2004 年 8 月 18 日最高法审委会［1321 次］通过，2004 年 9 月 16 日公布，2004 年 11 月 1 日起施行；根据法释［2020］20 号《决定》修正，2021 年 1 月 1 日起施行。以本规为准）

第 16 条　调解书约定给付特定标的物的，调解协议达成前该物上已经存在的第三人的物权和优先权不受影响。第三人在执行过程中对执行标的物提出异议的，应当按照民事诉讼法第 227 条（现第 238 条）规定处理。

【法释［2004］15 号】　最高人民法院关于人民法院民事执行中查封、扣押、冻结财产的规定（2004 年 10 月 26 日最高法审委会［1330 次］通过，2004 年 11 月 4 日公布，2005 年 1 月 1 日起施行；根据法释［2020］21 号《决定》修正，2021 年 1 月 1 日起施行；以本规为准）（详见本书第 253-255 条）

第 16 条　被执行人购买第三人的财产，已经支付部分价款并实际占有该财产，第三人依合同约定保留所有权的，人民法院可以查封、扣押、冻结。保留所有权已办理登记的，第三人的剩余价款从该财产变价款中优先支付；第三人主张取回该财产的，可以依据民事诉讼法第 227 条（现第 238 条）规定提出异议。

【法发［2006］35 号】　最高人民法院关于人民法院执行公开的若干规定（2006 年 12 月 23 日印发，2007 年 1 月 1 日起施行；同文号印发《关于人民法院办理执行案件若干期限的规定》）（详见本书第 19 章"执行公开"专辑）

第 12 条　人民法院对案外人异议、不予执行的申请以及变更、追加被执行主体等重大执行事项，一般应当公开听证进行审查；案情简单，事实清楚，没有必要听证的，人民法院可以直接审查。审查结果应当依法制作裁定书送达各方当事人。

【法发［2006］35 号】　最高人民法院关于人民法院办理执行案件若干期限的规定（2006 年 12 月 23 日印发，2007 年 1 月 1 日起施行；同文号印发《关于人民法院执行公开的若干规定》）

第 9 条　对执行异议的审查，承办人应当在收到异议材料及执行案卷后 15 日内提出审查处理意见。

第 10 条　对执行异议的审查需进行听证的，合议庭应当在决定听证后 10 日内组织异议人、申请执行人、被执行人及其他利害关系人进行听证。

承办人应当在听证结束后 5 日内提出审查处理意见。

第 11 条　对执行异议的审查，人民法院一般应当在 1 个月内办理完毕。

需延长期限的，承办人应当在期限届满前 3 日内提出申请。

【法释［2008］13 号】　最高人民法院关于适用《中华人民共和国民事诉讼法》执行程序若干问题的解释（2008 年 9 月 8 日最高法审委会［1452 次］通过，2008 年 11 月 3 日公布，2009 年 1 月 1 日起施行；根据法释［2020］21 号《决定》修正，2021 年 1 月 1 日起施行。以本规为准）

第5条 执行过程中，当事人、利害关系人认为执行法院的执行行为违反法律规定的，可以依照民事诉讼法第225条（现第236条）的规定提出异议。

执行法院审查处理执行异议，应当自收到书面异议之日起15日内作出裁定。

第6条 当事人、利害关系人依照民事诉讼法第225条（现第236条）规定申请复议的，应当采取书面形式。

第7条 当事人、利害关系人申请复议的书面材料，可以通过执行法院转交，也可以直接向执行法院的上一级人民法院提交。

执行法院收到复议申请后，应当在5日内将复议所需的案卷材料报送上一级人民法院；上一级人民法院收到复议申请后，应当通知执行法院在5日内报送复议所需的案卷材料。

~~第8条 上一级人民法院对当事人、利害关系人的复议申请，应当组成合议庭进行审查。~~

第8条 当事人、利害关系人依照民事诉讼法第225条（现第236条）规定申请复议的，上一级人民法院应当自收到复议申请之日起30日内审查完毕，并作出裁定。有特殊情况需要延长的，经本院院长批准，可以延长，延长的期限不得超过30日。

第9条 执行异议审查和复议期间，不停止执行。

被执行人、利害关系人提供充分、有效的担保请求停止相应处分措施的，人民法院可以准许；申请执行人提供充分、有效的担保请求继续执行的，应当继续执行。

第14条 案外人对执行标的主张所有权或者有其他足以阻止执行标的的转让、交付的实体权利的，可以依照民事诉讼法第227条（现第238条）的规定，向执行法院提出异议。

第15条 案外人异议审查期间，人民法院不得对执行标的的进行处分。

案外人向人民法院提供充分、有效的担保请求解除对异议标的的查封、扣押、冻结的，人民法院可以准许；申请执行人提供充分、有效的担保请求继续执行的，应当继续执行。

因案外人提供担保解除查封、扣押、冻结有错误，致使该标的无法执行的，人民法院可以直接执行担保财产；申请执行人提供担保请求继续执行有错误，给对方造成损失的，应当予以赔偿。

~~第17条 案外人依照民事诉讼法第204条规定提起诉讼，对执行标的的主张实体权利，并请求对执行标的停止执行的，应当以申请执行人为被告；被执行人反对案外人对执行标的的所主张的实体权利的，应当以申请执行人和被执行人为共同被告。~~

第 18 条 案外人依照民事诉讼法第 204 条规定提起诉讼的，由执行法院管辖。

第 19 条 案外人依照民事诉讼法第 204 条规定提起诉讼的，执行法院应当依照诉讼程序审理。经审理，理由不成立的，判决驳回其诉讼请求；理由成立的，根据案外人的诉讼请求作出相应的裁判。

第 16 条 案外人依照民事诉讼法第 204 条规定提起诉讼的，诉讼期间，不停止执行。

案外人执行异议之诉审理期间，人民法院不得对执行标的进行处分。申请执行人请求人民法院继续执行并提供相应担保的，人民法院可以准许。①

案外人请求停止执行、请求解除查封、扣押、冻结或者申请执行人请求继续执行有错误，给对方造成损失的，应当予以赔偿。

第 21 条 申请执行人依照民事诉讼法第 204 条规定提起诉讼，请求对执行标的许可执行的，应当以案外人为被告；被执行人反对申请执行人请求的，应当以案外人和被执行人为共同被告。

第 22 条 申请执行人依照民事诉讼法第 204 条规定提起诉讼的，由执行法院管辖。

第 23 条 人民法院依照民事诉讼法第 204 条规定裁定对异议标的中止执行后，申请执行人自裁定送达之日起 15 日内未提起诉讼的，人民法院应当裁定解除已经采取的执行措施。

第 24 条 申请执行人依照民事诉讼法第 204 条规定提起诉讼的，执行法院应当依照诉讼程序审理。经审理，理由不成立的，判决驳回其诉讼请求；理由成立的，根据申请执行人的诉讼请求作出相应的裁判。

第 17 条 多个债权人对同一被执行人申请执行或者对执行财产申请参与分配的，执行法院应当制作财产分配方案，并送达各债权人和被执行人。债权人或者被执行人对分配方案有异议的，应当自收到分配方案之日起 15 日内向执行法院提出书面异议。

第 18 条 债权人或者被执行人对分配方案提出书面异议的，执行法院应当通知未提出异议的债权人或被执行人。

未提出异议的债权人、被执行人收到通知之日起 15 日内未提出反对意见的，执行法院依异议人的意见对分配方案审查修正后进行分配；提出反对意见的，应当通知异议人。异议人可以自收到通知之日起 15 日内，以提出反对意见的债权

---

① 本款原规定为：案外人的诉讼请求确有理由或者提供充分、有效的担保请求停止执行的，可以裁定停止对执行标的进行处分；申请执行人提供充分、有效的担保请求继续执行的，应当继续执行。

人、被执行人为被告，向执行法院提起诉讼；异议人逾期未提起诉讼的，执行法院依原分配方案进行分配。

诉讼期间进行分配的，执行法院应当将与争议债权数额相应的款项予以提存。

第27条　本解释施行前本院公布的司法解释与本解释不一致的，以本解释为准。

【法〔2011〕195号】　最高人民法院关于依法制裁规避执行行为的若干意见（2011年5月27日）

9.（第1款）　严格执行关于案外人异议之诉的管辖规定。在执行阶段，案外人对人民法院已经查封、扣押、冻结的财产提起异议之诉的，应当依照《中华人民共和国民事诉讼法》第204条（现第238条）和《最高人民法院关于适用民事诉讼法执行程序若干问题的解释》第18条的规定，由执行法院受理。

【法发〔2011〕15号】　最高人民法院关于执行权合理配置和科学运行的若干意见（2011年10月19日）（详见本书第19章"对执行的法院内部监督与协调"专辑）

17.（第2款）　当事人、案外人、利害关系人对财产保全、先予执行的实施行为提出异议的，由执行局根据异议事项的性质按照民事诉讼法第202条或者第204条（现第236条、第238条）的规定进行审查。

（第3款）　当事人、案外人的异议既指向财产保全、先予执行的裁定，又指向实施行为的，一并由作出裁定的立案机构或者审判机构分别按照民事诉讼法第99条和第202条或者第204条（现第111条、第236条、第238条）的规定审查。

【法办〔2014〕62号】　最高人民法院办公厅关于切实保障执行当事人及案外人异议权的通知（2014年5月9日）

……我院在处理人民群众来信来访的过程中，也发现在个别地方法院，仍然不同程度地存在忽视甚至漠视执行当事人及案外人异议权的一些问题：有的法院对执行当事人及案外人提出的异议不受理、不立案；有的法院受理异议后，无正当理由不按照法定的异议期限作出异议裁定；有的法院违背法定程序，对异议裁定一裁终局，剥夺异议当事人通过执行复议和异议之诉再行救济的权利。

出现上述问题，既有执行案件数量大幅增加、执行机构人手不够、法律规定不够完善等客观方面的原因，也有个别执行人员司法为民意识不强、素质不高等主观方面的原因。执行当事人及案外人异议权行使渠道不畅，将使当事人对执行程序的公正性存在疑问，对强制执行产生抵触情绪，在一定程度上加剧"执行难"；另一方面，也会使部分群众对人民法院的执行工作产生负面评价，降低司法公信力。因此, 必须采取切实有力的措施加以解决。……

二、严格依法受理和审查执行异议。对于符合法律规定条件的执行异议和复议、异议之诉案件, 各级人民法院必须及时受理并办理正式立案手续, 受理后必须及时审查、及时作出异议、复议裁定或者异议之诉判决。依法应当再审、另诉或者通过其他程序解决的, 应当及时向异议当事人进行释明, 引导当事人申请再审、另诉或者通过其他程序解决。上级人民法院应当恪尽监督职责, 对于执行当事人及案外人反映下级人民法院存在拒不受理异议或者受理异议后久拖不决的, 应当责令下级人民法院依法及时受理和审查异议, 必要时, 可以指定异地人民法院受理和审查执行异议。

三、提高执行异议案件审查的质量。对于受理的执行异议案件, 一要注意正确区分不同性质的异议, 严守法定程序, 确保认定事实清楚, 适用法律正确, 处理得当; 二要注意提高法律文书质量, 做到格式规范, 逻辑清晰, 说理透彻, 依据充分; 三要注意公开透明, 该听证的要及时组织公开听证, 确保当事人的知情权和程序参与权。

【法发〔2014〕26 号】 　最高人民法院关于执行案件立案、结案若干问题的意见 (2014 年 12 月 17 日印发, 2015 年 1 月 1 日起施行) (详见本书第 20 章 "执行立案" 专辑)

第 9 条　下列案件, 人民法院应当按照执行异议案件予以立案: (一) 当事人、利害关系人认为人民法院的执行行为违反法律规定, 提出书面异议的; (二) 执行过程中, 案外人对执行标的提出书面异议的; (三) 人民法院受理执行申请后, 当事人对管辖权提出异议的; (四) 申请执行人申请追加、变更被执行人的; (五) 被执行人以债权消灭、超过申请执行期间或者其他阻止执行的实体事由提出阻止执行的; (六) 被执行人对仲裁裁决或者公证机关赋予强制执行效力的公证债权文书申请不予执行的; (七) 其他依法可以申请执行异议的。

第 10 条　下列案件, 人民法院应当按照执行复议案件予以立案: (一) 当事人、利害关系人不服人民法院针对本意见第 9 条第 1 项、第 3 项、第 5 项作出的裁定, 向上一级人民法院申请复议的; (二) 除因夫妻共同债务、出资人未依法出资、股权转让引起的追加和对一人公司股东的追加外, 当事人、利害关系人不服人民法院针对本意见第 9 条第 4 项作出的裁定, 向上一级人民法院申请复议的; (三) 当事人不服人民法院针对本意见第 9 条第 6 项作出的不予执行公证债权文书、驳回不予执行公证债权文书申请、不予执行仲裁裁决、驳回不予执行仲裁裁决申请的裁定, 向上一级人民法院申请复议的; (四) 其他依法可以申请复议的。

第 24 条　执行异议案件的结案方式包括: (一) 准予撤回异议或申请, 即异议人撤回异议或申请的；（二）驳回异议或申请，即异议不成立或者案外人虽然对执行标的享有实体权利但不能阻止执行的；（三）撤销相关执行行为、中止对执行标的的执行、不予执行、追加变更当事人，即异议成立的；（四）部分撤销并变更执行行为、部分不予执行、部分追加变更当事人，即异议部分成立的；（五）不能撤销、变更执行行为，即异议成立或部分成立，但不能撤销、变更执行行为的；（六）移送其他人民法院管辖，即管辖权异议成立的。

执行异议案件应当制作裁定书，并送达当事人。法律、司法解释规定对执行异议案件可以口头裁定的，应当记入笔录。

第25条 执行复议案件的结案方式包括：（一）准许撤回申请，即申请复议人撤回复议申请的；（二）驳回复议申请，维持异议裁定，即异议裁定认定事实清楚，适用法律正确，复议理由不成立的；（三）撤销或变更异议裁定，即异议裁定认定事实错误或者适用法律错误，复议理由成立的；（四）查清事实后作出裁定，即异议裁定认定事实不清，证据不足的；（五）撤销异议裁定，发回重新审查，即异议裁定遗漏异议请求或者异议裁定错误对案外人异议适用执行行为异议审查程序的。

人民法院对重新审查的案件作出裁定后，当事人申请复议的，上级人民法院不得再次发回重新审查。

执行复议案件应当制作裁定书，并送达当事人。法律、司法解释规定对执行复议案件可以口头裁定的，应当记入笔录。

【法释〔2015〕10号】 最高人民法院关于人民法院办理执行异议和复议案件若干问题的规定（2014年12月29日最高法审委会〔1638次〕通过，2015年5月5日公布施行；根据法释〔2020〕21号《决定》修正，2021年1月1日起施行）

第1条 异议人提出执行异议或者复议申请人申请复议，应当向人民法院提交申请书。申请书应当载明具体的异议或者复议请求、事实、理由等内容，并附下列材料：（一）异议人或者复议申请人的身份证明；（二）相关证据材料；（三）送达地址和联系方式。

第2条 执行异议符合民事诉讼法第225条或者第227条（现第236条、第238条）规定条件的，人民法院应当在3日内立案，并在立案后3日内通知异议人和相关当事人。不符合受理条件的，裁定不予受理；立案后发现不符合受理条件的，裁定驳回申请。

执行异议申请材料不齐备的，人民法院应当一次性告知异议人在3日内补足，逾期未补足的，不予受理。

异议人对不予受理或者驳回申请裁定不服的，可以自裁定送达之日起10内向上一级人民法院申请复议。上一级人民法院审查后认为符合受理条件的,应当裁定撤销原裁定,指令执行法院立案或者对执行异议进行审查。

第 3 条　执行法院收到执行异议后 3 日内既不立案又不作出不予受理裁定,或者受理后无正当理由超过法定期限不作出异议裁定的,异议人可以向上一级人民法院提出异议。上一级人民法院审查后认为理由成立的,应当指令执行法院在 3 日内立案或者在 15 日内作出异议裁定。

第 4 条　执行案件被指定执行、提级执行、委托执行后,当事人、利害关系人对原执行法院的执行行为提出异议的,由提出异议时负责该案件执行的人民法院审查处理;受指定或者受委托的人民法院是原执行法院的下级人民法院的,仍由原执行法院审查处理。

执行案件被指定执行、提级执行、委托执行后,案外人对原执行法院的执行标的提出异议的,参照前款规定处理。

第 5 条　有下列情形之一的,当事人以外的自然人/公民、法人和其他非法人组织,可以作为利害关系人提出执行行为异议:(一)认为人民法院的执行行为违法,妨碍其轮候查封、扣押、冻结的债权受偿的;(二)认为人民法院的拍卖措施违法,妨碍其参与公平竞价的;(三)认为人民法院的拍卖、变卖或者以物抵债措施违法,侵害其对执行标的的优先购买权的;(四)认为人民法院要求协助执行的事项超出其协助范围或者违反法律规定的;(五)认为其他合法权益受到人民法院违法执行行为侵害的。

第 6 条　当事人、利害关系人依照民事诉讼法第 225 条(现第 236 条)规定提出异议的,应当在执行程序终结之前提出,但对终结执行措施提出异议的除外。

案外人依照民事诉讼法第 227 条(现第 238 条)规定提出异议的,应当在异议指向的执行标的执行终结之前提出;执行标的由当事人受让的,应当在执行程序终结之前提出。

第 7 条　当事人、利害关系人认为执行过程中或者执行保全、先予执行裁定过程中的下列行为违法提出异议的,人民法院应当依照民事诉讼法第 225 条(现第 236 条)规定进行审查:(一)查封、扣押、冻结、拍卖、变卖、以物抵债、暂缓执行、中止执行、终结执行等执行措施;(二)执行的期间、顺序等应当遵守的法定程序;(三)人民法院作出的侵害当事人、利害关系人合法权益的其他行为。

被执行人以债权消灭、丧失强制执行效力等执行依据生效之后的实体事由提出排除执行异议的,人民法院应当参照民事诉讼法第 225 条(现第 236 条)规定进行审查。

除本规定第 19 条规定的情形外,被执行人以执行依据生效之前的实体事由提出排除执行异议的，人民法院应当告知其依法申请再审或者通过其他程序解决。

第8条 案外人基于实体权利既对执行标的提出排除执行异议又作为利害关系人提出执行行为异议的，人民法院应当依照民事诉讼法第227条（现第238条）规定进行审查。

案外人既基于实体权利对执行标的提出排除执行异议又作为利害关系人提出与实体权利无关的执行行为异议的，人民法院应当分别依照民事诉讼法第227条和第225条（现第238条，236条）规定进行审查。

第9条 被限制出境的人认为对其限制出境错误的，可以自收到限制出境决定之日起10日内向上一级人民法院申请复议。上一级人民法院应当自收到复议申请之日起15日内作出决定。复议期间，不停止原决定的执行。

第10条 当事人不服驳回不予执行公证债权文书申请的裁定的，可以自收到裁定之日起10日内向上一级人民法院申请复议。上一级人民法院应当自收到复议申请之日起30日内审查，理由成立的，裁定撤销原裁定，不予执行该公证债权文书；理由不成立的，裁定驳回复议申请。复议期间，不停止执行。

第11条 人民法院审查执行异议或者复议案件，应当依法组成合议庭。

指令重新审查的执行异议案件，应当另行组成合议庭。

办理执行实施案件的人员不得参与相关执行异议和复议案件的审查。

第12条 人民法院对执行异议和复议案件实行书面审查。案情复杂、争议较大的，应当进行听证。

第13条 执行异议、复议案件审查期间，异议人、复议申请人申请撤回异议、复议申请的，是否准许由人民法院裁定。

第14条 异议人或者复议申请人经合法传唤，无正当理由拒不参加听证，或者未经法庭许可中途退出听证，致使人民法院无法查清相关事实的，由其自行承担不利后果。

第15条 当事人、利害关系人对同一执行行为有多个异议事由，但未在异议审查过程中一并提出，撤回异议或者被裁定驳回异议后，再次就该执行行为提出异议的，人民法院不予受理。

案外人撤回异议或者被裁定驳回异议后，再次就同一执行标的提出异议的，人民法院不予受理。

第16条 人民法院依照民事诉讼法第225条（现第236条）规定作出裁定时，应当告知相关权利人申请复议的权利和期限。

人民法院依照民事诉讼法第227条（现第238条）规定作出裁定时，应当告知相关权利人提起执行异议之诉的权利和期限。

人民法院作出其他裁定和决定时，法律、司法解释规定了相关权利人申请复议的权利和期限的，应当进行告知。

第 17 条　人民法院对执行行为异议，应当按照下列情形，分别处理：（一）异议不成立的，裁定驳回异议；（二）异议成立的，裁定撤销相关执行行为；（三）异议部分成立的，裁定变更相关执行行为；（四）异议成立或者部分成立，但执行行为无撤销、变更内容的，裁定异议成立或者相应部分异议成立。

第 18 条　执行过程中，第三人因书面承诺自愿代被执行人偿还债务而被追加为被执行人后，无正当理由反悔并提出异议的，人民法院不予支持。

第 19 条　当事人互负到期债务，被执行人请求抵销，请求抵销的债务符合下列情形的，除依照法律规定或者按照债务性质不得抵销的以外，人民法院应予支持：（一）已经生效法律文书确定或者经申请执行人认可；（二）与被执行人所负债务的标的物种类、品质相同。

第 20 条　金钱债权执行中，符合下列情形之一，被执行人以执行标的系本人及所扶养家属维持生活必需的居住房屋为由提出异议的，人民法院不予支持：（一）对被执行人有扶养义务的人名下有其他能够维持生活必需的居住房屋的；（二）执行依据生效后，被执行人为逃避债务转让其名下其他房屋的；（三）申请执行人按照当地廉租住房保障面积标准为被执行人及所扶养家属提供居住房屋，或者同意参照当地房屋租赁市场平均租金标准从该房屋的变价款中扣除 5 至 8 年租金的。

执行依据确定被执行人交付居住的房屋，自执行通知送达之日起，已经给予 3 个月的宽限期，被执行人以该房屋系本人及所扶养家属维持生活的必需品为由提出异议的，人民法院不予支持。

第 21 条　当事人、利害关系人提出异议请求撤销拍卖，符合下列情形之一的，人民法院应予支持：（一）竞买人之间、竞买人与拍卖机构之间恶意串通，损害当事人或者其他竞买人利益的；（二）买受人不具备法律规定的竞买资格的；（三）违法限制竞买人参加竞买或者对不同的竞买人规定不同竞买条件的；（四）未按照法律、司法解释的规定对拍卖标的物进行公告的；（五）其他严重违反拍卖程序且损害当事人或者竞买人利益的情形。

当事人、利害关系人请求撤销变卖的，参照前款规定处理。

第 22 条　公证债权文书对主债务和担保债务同时赋予强制执行效力的，人民法院应予执行；仅对主债务赋予强制执行效力未涉及担保债务的，对担保债务的执行申请不予受理；仅对担保债务赋予强制执行效力未涉及主债务的，对主债务的执行申请不予受理。

人民法院受理担保债务的执行申请后，被执行人仅以担保合同不属于赋予强制执行效力的公证债权文书范围为由申请不予执行的，不予支持。

第23条 上一级人民法院对不服异议裁定的复议申请审查后，应当按照下列情形，分别处理：

（一）异议裁定认定事实清楚，适用法律正确，结果应予维持的，裁定驳回复议申请，维持异议裁定；

（二）异议裁定认定事实错误，或者适用法律错误，结果应予纠正的，裁定撤销或者变更异议裁定；

（三）异议裁定认定基本事实不清、证据不足的，裁定撤销异议裁定，发回作出裁定的人民法院重新审查，或者查清事实后作出相应裁定；

（四）异议裁定遗漏异议请求或者存在其他严重违反法定程序的情形，裁定撤销异议裁定，发回作出裁定的人民法院重新审查；

（五）异议裁定对应当适用民事诉讼法第227条（现第238条）规定审查处理的异议，错误适用民事诉讼法第225条（现第236条）规定审查处理的，裁定撤销异议裁定，发回作出裁定的人民法院重新作出裁定。

除依照本条第1款第3、4、5项发回重新审查或者重新作出裁定的情形外，裁定撤销或者变更异议裁定且执行行为可撤销、变更的，应当同时撤销或者变更该裁定维持的执行行为。

人民法院对发回重新审查的案件作出裁定后，当事人、利害关系人申请复议的，上一级人民法院复议后不得再次发回重新审查。

第24条 对案外人提出的排除执行异议，人民法院应当审查下列内容：（一）案外人是否系权利人；（二）该权利的合法性与真实性；（三）该权利能否排除执行。

第25条 对案外人的异议，人民法院应当按照下列标准判断其是否系权利人：

（一）已登记的不动产，按照不动产登记簿判断；未登记的建筑物、构筑物及其附属设施，按照土地使用权登记簿、建设工程规划许可、施工许可等相关证据判断；

（二）已登记的机动车、船舶、航空器等特定动产，按照相关管理部门的登记判断；未登记的特定动产和其他动产，按照实际占有情况判断；

（三）银行存款和存管在金融机构的有价证券，按照金融机构和登记结算机构登记的账户名称判断；有价证券由具备合法经营资质的托管机构名义持有的，按照该机构登记的实际出资人/投资人账户名称判断；

（四）股权按照工商行政管理机关的登记和企业信用信息公示系统公示的信息判断；

（五）其他财产和权利，有登记的，按照登记机构的登记判断；无登记的，按照合同等证明财产权属或者权利人的证据判断。

案外人依据另案生效法律文书提出排除执行异议，该法律文书认定的执行标的权利人与依照前款规定得出的判断不一致的，依照本规定第26条规定处理。

第26条　金钱债权执行中，案外人依据执行标的被查封、扣押、冻结前作出的另案生效法律文书提出排除执行异议，人民法院应当按照下列情形，分别处理：①

（一）该法律文书系就案外人与被执行人之间的权属纠纷以及租赁、借用、保管等不以转移财产权属为目的的合同纠纷，判决、裁决执行标的归属于案外人或者向其返还执行标的且其权利能够排除执行的，应予支持；

（二）该法律文书系就案外人与被执行人之间除前项所列合同之外的债权纠纷，判决、裁决执行标的归属于案外人或者向其交付、返还执行标的的，不予支持。

（三）该法律文书系案外人受让执行标的的拍卖、变卖成交裁定或者以物抵债裁定且其权利能够排除执行的，应予支持。

金钱债权执行中，案外人依据执行标的被查封、扣押、冻结后作出的另案生效法律文书提出排除执行异议的，人民法院不予支持。

非金钱债权执行中，案外人依据另案生效法律文书提出排除执行异议，该法律文书对执行标的权属作出不同认定的，人民法院应当告知案外人依法申请再审或者通过其他程序解决。

申请执行人或者案外人不服人民法院依照本条第1、2款规定作出的裁定，可以依照民事诉讼法第227条（现第238条）规定提起执行异议之诉。

第27条　申请执行人对执行标的依法享有对抗案外人的担保物权等优先受偿权，人民法院对案外人提出的排除执行异议不予支持，但法律、司法解释另有规定的除外。

第28条　金钱债权执行中，买受人对登记在被执行人名下的不动产提出异议，符合下列情形且其权利能够排除执行的，人民法院应予支持：（一）在人民法院查封之前已签订合法有效的书面买卖合同；（二）在人民法院查封之前已合法占有该不动产；（三）已支付全部价款，或者已按照合同约定支付部分价款且将剩余价款按照人民法院的要求交付执行；（四）非因买受人自身原因未办理过户登记②。

第29条　金钱债权执行中，买受人对登记在被执行的房地产开发企业名下的

① 注：理解本条，需结合《全国法院民商事审判工作会议纪要》（法〔2019〕254号）第124条。
② 注：根据《全国法院民商事审判工作会议纪要》（法〔2019〕254号）第127条的规定，一般而言，买受人只要有向房屋登记机构递交过户登记材料，或向出卖人提出了办理过户登记的请求等积极行为的，可以认为符合该条件。买受人无上述积极行为，其未办理过户登记有合理的客观理由的，亦可认定符合该条件。

商品房提出异议，符合下列情形且其权利能够排除执行的，人民法院应予支持：（一）在人民法院查封之前已签订合法有效的书面买卖合同；（二）所购商品房系用于居住且买受人名下无其他用于居住的房屋；（三）已支付的价款超过合同约定总价款的50%。①

第30条 金钱债权执行中，对被查封的办理了受让物权预告登记的不动产，受让人提出停止处分异议的，人民法院应予支持；符合物权登记条件，受让人提出排除执行异议的，应予支持。

第31条 承租人请求在租赁期内阻止向受让人移交占有被执行的不动产，在人民法院查封之前已签订合法有效的书面租赁合同并占有使用该不动产的，人民法院应予支持。

承租人与被执行人恶意串通，以明显不合理的低价承租被执行的不动产或者伪造交付租金证据的，对其提出的阻止移交占有的请求，人民法院不予支持。

第32条 本规定施行后尚未审查终结的执行异议和复议案件，适用本规定。本规定施行前已经审查终结的执行异议和复议案件，人民法院依法提起执行监督程序的，不适用本规定。

【法刊文摘】 法答网精选答问（第4批）（人民法院报2024年4月11日第7版）

问题5（海南省高级人民法院铁路庭夏伟伟）：执行异议之诉案件中如何参照适用《最高人民法院关于人民法院办理执行异议和复议案件若干问题的规定》（以下简称《规定》）第29条"买受人名下无其他用于居住的房屋"的规定？

答疑摘要（最高人民法院民一庭万挺）：执行异议之诉必须实体审理，以实现实质公平为目标，目前多参照上述规定进行裁判。"名下无其他用于居住的房屋"属于较为典型的形式判断规则，执行异议之诉的实体裁判标准应为是否用于家庭基本居住生活需要。《全国法院民商事审判工作会议纪要》第125条认为："商品房消费者名下虽然已有一套房屋，但购买的房屋在面积上仍然属于满足基本居住需要的，可以理解为符合该规定的精神。"例如，商品房消费者名下首套住房面积较小，结合家庭人口及居住生活情况，另外购买的住房仍在满足基本居住需要范围内的，应认为符合《规定》第29条的精神。

---

① 注：根据《全国法院民商事审判工作会议纪要》（法〔2019〕254号）第125条的规定，"买受人名下无其他用于居住的房屋"，可以理解为在案涉房屋同一设区的市或者县级市范围内商品房消费者名下没有用于居住的房屋。商品房消费者名下虽然已有1套房屋，但购买的房屋在面积上仍然属于满足基本居住需要的，可以理解为符合该规定的精神。对于"已支付的价款超过合同约定总价款的50%"，如果商品房消费者支付的价款接近于50%，且已按照合同约定将剩余价款支付给申请执行人或者按照人民法院的要求交付执行的，可以理解为符合该规定的精神。

【法释［2016］3 号】　最高人民法院关于对人民法院终结执行行为提出执行异议期限问题的批复（2015 年 11 月 30 日最高法审委会［1668 次］通过，2016 年 2 月 14 日公布，答复湖北高院"鄂高法［2015］295 号"关于咸宁市广泰置业有限公司与咸宁市枫丹置业有限公司房地产开发经营合同纠纷案的请示，2016 年 2 月 15 日起施行）

当事人、利害关系人依照民事诉讼法第 225 条（现第 236 条）规定对终结执行行为提出异议的，应当自收到终结执行法律文书之日起 60 日内提出；未收到法律文书的，应当自知道或者应当知道人民法院终结执行之日起 60 日内提出。批复发布前终结执行的，自批复发布之日起 60 日内提出。超出该期限提出执行异议的，人民法院不予受理。

【法释［2016］18 号】　最高人民法院关于人民法院网络司法拍卖若干问题的规定（2016 年 5 月 30 日最高法审委会［1685 次］通过，2016 年 8 月 2 日公布，2017 年 1 月 1 日起施行）（详见本书第 258 条）

第 31 条　当事人、利害关系人提出异议请求撤销网络司法拍卖，符合下列情形之一的，人民法院应当支持：

（一）由于拍卖财产的文字说明、视频或者照片展示以及瑕疵说明严重失实，致使买受人产生重大误解，购买目的无法实现的，但拍卖时的技术水平不能发现或者已经就相关瑕疵以及责任承担予以公示说明的除外；

（二）由于系统故障、病毒入侵、黑客攻击、数据错误等原因致使拍卖结果错误，严重损害当事人或者其他竞买人利益的；

（三）竞买人之间，竞买人与网络司法拍卖服务提供者之间恶意串通，损害当事人或者其他竞买人利益的；

（四）买受人不具备法律、行政法规和司法解释规定的竞买资格的；

（五）违法限制竞买人参加竞买或者对享有同等权利的竞买人规定不同竞买条件的；

（六）其他严重违反网络司法拍卖程序且损害当事人或者竞买人利益的情形。

第 32 条　网络司法拍卖被人民法院撤销，当事人、利害关系人、案外人认为人民法院的拍卖行为违法致使其合法权益遭受损害的，可以依法申请国家赔偿；认为其他主体的行为违法致使其合法权益遭受损害的，可以另行提起诉讼。

第 33 条　当事人、利害关系人、案外人认为网络司法拍卖服务提供者的行为违法致使其合法权益遭受损害的，可以另行提起诉讼；理由成立的，人民法院应当支持，但具有法定免责事由的除外。

第 36 条　当事人、利害关系人认为网络司法拍卖行为违法侵害其合法权益的，可以提出执行异议。异议、复议期间，人民法院可以决定暂缓或者裁定中止拍卖。

案外人对网络司法拍卖的标的提出异议的，人民法院应当依据《中华人民共和国民事诉讼法》第 227 条（现第 238 条）及相关司法解释的规定处理，并决定暂缓或者裁定中止拍卖。

【法释［2016］21号】　最高人民法院关于民事执行中变更、追加当事人若干问题的规定（2016 年 8 月 29 日最高法审委会［1691 次］通过，2016 年 11 月 7 日公布，2016 年 12 月 1 日起施行；根据法释［2020］21 号《决定》修正，2021 年 1 月 1 日起施行。以本规为准）（详见本书第 243 条）

第30条　被申请人、申请人或其他执行当事人对执行法院作出的变更、追加裁定或驳回申请裁定不服的，可以自裁定书送达之日起 10 日内向上一级人民法院申请复议，但依据本规定第 32 条的规定应当提起诉讼的除外。

第31条　上一级人民法院对复议申请应当组成合议庭审查，并自收到申请之日起 60 日内作出复议裁定。有特殊情况需要延长的，由本院院长批准。

被裁定变更、追加的被申请人申请复议的，复议期间，人民法院不得对其争议范围内的财产进行处分。申请人请求人民法院继续执行并提供相应担保的，人民法院可以准许。

第32条　被申请人或申请人对执行法院依据本规定第 14 条第 2 款、第 17 条至第 21 条规定（见本书第 243 条）作出的变更、追加裁定或驳回申请裁定不服的，可以自裁定书送达之日起 15 日内，向执行法院提起执行异议之诉。

被申请人提起执行异议之诉的，以申请人为被告。申请人提起执行异议之诉的，以被申请人为被告。

第33条　被申请人提起的执行异议之诉，人民法院经审理，按照下列情形分别处理：

（一）理由成立的，判决不得变更、追加被申请人为被执行人或者判决变更责任范围；

（二）理由不成立的，判决驳回诉讼请求。

诉讼期间，人民法院不得对被申请人争议范围内的财产进行处分。申请人请求人民法院继续执行并提供相应担保的，人民法院可以准许。

第34条　申请人提起的执行异议之诉，人民法院经审理，按照下列情形分别处理：

（一）理由成立的，判决变更、追加被申请人为被执行人并承担相应责任或者判决变更责任范围；

（二）理由不成立的，判决驳回诉讼请求。

【法释［2016］22号】 最高人民法院关于人民法院办理财产保全案件若干问题的规定（2016年10月17日最高法审委会［1696次］通过，2016年11月7日公布，2016年12月1日起施行；根据法释［2020］21号《决定》修正，2021年1月1日起施行。以本规为准）

第26条 申请保全人、被保全人、利害关系人认为保全裁定实施过程中的执行行为违反法律规定提出书面异议的，人民法院应当依照民事诉讼法第225条（现第236条）规定审查处理。

第27条（第1款） 人民法院对诉讼争议标的以外的财产进行保全，案外人对保全裁定或者保全裁定实施过程中的执行行为不服，基于实体权利对被保全财产提出书面异议的，人民法院应当依照民事诉讼法第227条（现第238条）规定审查处理并作出裁定。案外人、申请保全人对该裁定不服的，可以自裁定送达之日起15日内向人民法院提起执行异议之诉。

【法发［2016］30号】 最高人民法院、最高人民检察院关于民事执行活动法律监督若干问题的规定（2016年11月2日印发，2017年1月1日起施行）（详见本书第246条）

第6条 当事人、利害关系人、案外人认为民事执行活动存在违法情形，向人民检察院申请监督，法律规定可以提出异议、复议或者提起诉讼，当事人、利害关系人、案外人没有提出异议、申请复议或者提起诉讼的，人民检察院不予受理，但有正当理由的除外。

当事人、利害关系人、案外人已经向人民法院提出执行异议或者申请复议，人民法院审查异议、复议期间，当事人、利害关系人、案外人又向人民检察院申请监督的，人民检察院不予受理，但申请对人民法院的异议、复议程序进行监督的除外。

【法［2016］373号】 最高人民法院关于严格规范终结本次执行程序的规定（试行）（2016年10月29日印发，2016年12月1日起试行）（详见本书第268条）

第7条 当事人、利害关系人认为终结本次执行程序违反法律规定的，可以提出执行异议。人民法院应当依照民事诉讼法第225条（现第236条）的规定进行审查。

第14条 当事人、利害关系人认为公布的终结本次执行程序案件信息错误的，可以向执行法院申请更正。执行法院审查属实的，应当在3日内予以更正。

【法［2017］369号】 最高人民法院关于认真贯彻实施民事诉讼法及相关司法解释有关规定的通知（2017年12月29日）

三、（第2款） 在对到期债权的执行中，应当依法保护次债务人的利益，对于次债务人在法定期限内提出异议的，除到期债权系经生效法律文书确定的外，人民法院对提出的异议不予审查，即应停止对次债务人的执行，债权人可以另行提起代位权诉讼主张权利。对于其他利害关系人提出的异议符合民事诉讼法第227条（现第234条）规定的，人民法院应当按照相应程序予以处理。

【法释［2018］3号】 最高人民法院关于执行和解若干问题的规定（2017年11月6日最高法审委会［1725次］通过，2018年2月22日公布，2018年3月1日起施行；根据法释［2020］21号《决定》修正，2021年1月1日起施行。以本规为准）（详见本书第241条）

第12条 当事人、利害关系人认为恢复执行或者不予恢复执行违反法律规定的，可以依照民事诉讼法第225条（现第236条）规定提出异议。

第17条 恢复执行后，执行和解协议已经履行部分应当依法扣除。当事人、利害关系人认为人民法院的扣除行为违反法律规定的，可以依照民事诉讼法第225条（现第236条）规定提出异议。

第19条 执行过程中，被执行人根据当事人自行达成但未提交人民法院的和解协议，或者一方当事人提交人民法院但其他当事人不予认可的和解协议，依照民事诉讼法第225条（现第236条）规定提出异议的，人民法院按照下列情形，分别处理：

（一）和解协议履行完毕的，裁定终结原生效法律文书的执行；

（二）和解协议约定的履行期限尚未届至或者履行条件尚未成就的，裁定中止执行，但符合民法典第578条①规定情形的除外；

（三）被执行人一方正在按照和解协议约定履行义务的，裁定中止执行；

（四）被执行人不履行和解协议的，裁定驳回异议；

（五）和解协议不成立、未生效或者无效的，裁定驳回异议。

【法释［2018］15号】 最高人民法院关于人民法院确定财产处置参考价若干问题的规定（2018年6月4日最高法审委会［1741次］通过，2018年8月28日公布，2018年9月1日起施行）（详见本书第258条）

第22条 当事人、利害关系人认为网络询价报告或者评估报告具有下列情形之一的，可以在收到报告后5日内提出书面异议：（一）财产基本信息错误；（二）超出财产范围或者遗漏财产；（三）评估机构或者评估人员不具备相应评估资质；（四）评估程序严重违法。

---

① 《民法典》第578条规定，当事人一方明确表示或者以自己的行为表明不履行合同义务的，对方可以在履行期限届满前请求其承担违约责任。

对当事人、利害关系人依据前款规定提出的书面异议,人民法院应当参照民事诉讼法第225条(现第236条)的规定处理。

第23条　当事人、利害关系人收到评估报告后5日内对评估报告的参照标准、计算方法或者评估结果等提出书面异议的,人民法院应当在3日内交评估机构予以书面说明。评估机构在5日内未作说明或者当事人、利害关系人对作出的说明仍有异议的,人民法院应当交由相关行业协会在指定期限内组织专业技术评审,并根据专业技术评审出具的结论认定评估结果或者责令原评估机构予以补正。

当事人、利害关系人提出前款异议,同时涉及本规定第22条第1款第1、2项情形的,按照前款规定处理;同时涉及本规定第22条第1款第3、4项情形的,按照本规定第22条第2款先对第3、4项情形审查,异议成立的,应当通知评估机构3日内将人民法院委托评估时移交的材料退回,另行委托下一顺序的评估机构重新进行评估;异议不成立的,按照前款规定处理。

第24条　当事人、利害关系人未在本规定第22条、第23条规定的期限内提出异议或者对网络询价平台、评估机构、行业协会按照本规定第22条、第23条所作的补正说明、专业技术评审结论提出异议的,人民法院不予受理。

当事人、利害关系人对议价或者定向询价提出异议的,人民法院不予受理。

第25条　当事人、利害关系人有证据证明具有下列情形之一,且在发布一拍拍卖公告或者直接进入变卖程序之前提出异议的,人民法院应当按照执行监督程序进行审查处理:(一)议价中存在欺诈、胁迫情形;(二)恶意串通损害第三人利益;(三)有关机构出具虚假定向询价结果;(四)依照本规定第22条、第23条作出的处理结果确有错误。

【赣高法〔2019〕78号】　江西省高级人民法院关于执行异议之诉案件的审理指南(2019年6月22日印发;根据2021年3月17日赣高法〔2021〕18号《江西省高级人民法院关于修改部分办案指导文件的决定》修改)

1. 执行标的已经执行法院处置,并由执行案件当事人受让,且该执行案件已执行终结(终结本次执行程序除外),案外人针对执行标的提起执行异议之诉的,应裁定驳回起诉。

2. 执行标的已经执行法院处置,并为执行案件当事人之外的第三人受让,且已执行完毕,案外人针对执行标的提起执行异议之诉的,应裁定驳回起诉。

3. 案外人主张对执行标的排除执行的,可以同时提出确认其民事权益的请求。案外人同时提出被执行人继续履行合同、交付标的物、承担违约责任或损害赔偿责任等诉讼请求的,不属于案外人与排除执行直接相关的实体权益审理范围,应当不予受理;已经受理的,驳回起诉。案外人可就此另行主张权利。

申请执行人不能同时提出对执行标的进行确权的诉讼请求。

4. 案外人、申请执行人提起执行异议之诉的理由必须是针对执行标的的实体权利提出异议，而不是针对执行行为提出异议。

执行异议之诉中，案外人同时提出执行标的异议和执行行为异议的，如果该执行行为与案外人对执行标的的享有的实体权利无关的，人民法院应当仅就其执行标的的异议是否成立以及案外人享有的民事权益是否足以排除执行进行审理，对其提出的执行行为异议不进行审查，案外人可通过执行异议、复议程序解决。

5. 不属于执行异议之诉的受理范围，但执行法院的执行异议裁定错误告知当事人提起执行异议之诉的，应裁定驳回起诉。所涉执行异议裁定应通过执行复议、执行监督程序予以纠正。

6. 案外人提起的执行异议之诉系针对执行依据指定交付的特定物提出，或者认为执行依据本身错误的，应裁定驳回起诉，并根据下列情形告知其救济途径：

（1）执行依据系生效判决、裁定或调解书的，告知案外人按照《民诉法解释》第303条及第423条所规定的第三人撤销之诉程序或者审判监督程序依法寻求救济；

（2）执行依据系生效仲裁裁决的，告知案外人按照《最高人民法院关于人民法院办理仲裁裁决执行案件若干问题的规定》第9条以及第18条的规定，向执行仲裁裁决的法院申请不予执行予以救济；

（3）执行依据系具有强制执行效力的公证债权文书的，告知案外人按照《最高人民法院关于公证债权文书执行若干问题的规定》第24条的规定，另行向有管辖权的法院提起诉讼予以救济。

7. 人民法院应当依照《民诉法解释》第307条、第308条及第309条的规定确定被执行人的诉讼地位；如被执行人下落不明或经法院依法传唤未到庭且未出具书面意见的，人民法院可以将其列为共同被告。

8. 执行异议之诉案件应当由执行法院管辖。对于提级执行、指定执行、委托执行的案件，申请执行人或案外人对执行异议裁定不服提起执行异议之诉的，应当由作出中止执行或驳回异议裁定的人民法院管辖。

9. 案外人对人民法院作出的保全裁定不服的，应当依照《民诉法解释》第172条的规定向作出保全裁定的人民法院申请复议。案外人提起执行异议之诉的，应当不予受理；已经受理的，裁定驳回起诉。

10. 案外人针对轮候查封、扣押、冻结提起执行异议之诉的，不予受理；已经受理的，裁定驳回起诉。

11. 金钱债权执行中，案外人依据执行标的被查封、扣押、冻结前作出的另案生效确权或形成性质的法律文书，主张其享有所有权，因此提起执行异议之诉，请求排除执行的，应予支持。但具有下列情形的，不予支持：（1）案外人根据伪造的证据取得另案生效法律文书的；（2）案外人与被执行人恶意串通，以逃避债务或规避执行的；（3）案外人取得的另案生效仲裁裁决存在《中华人民共和国仲裁法》第 58 条规定情形的。

12. 申请执行人对案外人在执行标的被查封、扣押、冻结前取得的另案生效确权或形成类法律文书申请再审的，可以根据案件具体情况决定执行异议之诉案件是否中止审理，以等待再审的处理结果。

13. 金钱债权执行中，案外人依据执行标的被查封、扣押、冻结后作出的另案生效确权或形成性质的法律文书，主张其享有所有权，由此引起的执行异议之诉案件，根据下列情形处理：

（1）案外人以另案生效法律文书（判决书、调解书或仲裁裁决）为依据，主张其享有民事实体权益，请求排除执行的，原则上不予支持。但案外人有充分证据足以证明其是实际权利人的除外；

（2）案外人未向执行法院提出执行异议，或者在提出执行异议的同时，另行对被执行人提起诉讼，请求对执行标的予以确权的，执行法院或者其他法院应当不予受理；已经受理的，应当裁定驳回起诉。违反上述规定作出的生效裁判文书应通过审判监督程序予以撤销。

14. 执行异议之诉案件审理期间，作为执行依据的生效判决、裁定或调解书被提起再审的，执行异议之诉案件应当中止审理，等待再审案件的处理结果决定继续审理还是终结诉讼。

15. 金钱债权执行中，案外人主张其借用被执行人的名义开立账户，被执行人只是名义权利人，案外人才是账户内资金的实际权利人，就此提起执行异议之诉，请求排除执行，符合下列条件的，应予支持：（1）真实的借用账户事实；（2）案外人对被执行人账户有排他的控制权；（3）被执行人账户资金特定化，与被执行人的其他财产相区分；（4）未损害申请执行人的信赖利益，即在申请执行人债权形成之时，被执行人的责任财产中不包括案涉被执行人账户资金。

16. 金钱债权执行中，案外人主张被执行人账户资金系案外人错误汇入被执行人账户，就此提起执行异议之诉，请求排除执行，符合下列条件的，应予支持：（1）案外人确系误转的事实；（2）案外人和被执行人均无支付和接受的意思表示；（3）被误转后被执行人账户的资金特定化，未与被执行人的其他资金混同。

17. 金钱债权执行中，案外人主张其就被执行人账户资金享有质权，就此提起执行异议之诉，请求排除执行，符合下列条件的，应予支持：（1）案外人与被执行人之间存在质押合同关系；（2）用于出质的账户资金已经特定化，账户内资金独立于被执行人和案外人的其他资金；（3）用于出质的账户已经移交案外人控制，被执行人对账户资金的支取无控制权。

18. 金钱债权执行中，案外人就自身账户资金请求排除强制执行，申请执行人请求许可执行的，申请执行人应当举证证明案外人账户资金实际系被执行人所有且该笔资金已经特定化。

19. 金钱债权执行中，案外人主张对被执行人名下的不动产已经办理了预告登记，如该预告登记在人民法院查封之前且为尚在有效期间内的所有权预告登记，同时该预告登记人取得执行标的的原因行为真实且合法有效，其提起执行异议之诉，请求排除执行的，应予支持。

20. ~~金钱债权执行中，案外人为《最高人民法院关于审理商品房买卖合同纠纷案件适用法律若干问题的解释》第7条规定的被拆迁人，其与作为被执行人的拆迁人在人民法院查封之前按照所有权调换形式订立了真实、合法、有效的拆迁补偿安置协议，明确约定或以行为确定了拆迁人以位置、用途特定的房屋对其予以补偿安置，执行法院将该补偿安置房屋作为执行标的，案外人提起执行异议之诉，请求排除执行的，应予支持。~~

20. 金钱债权执行中，买受人对登记在被执行人名下的不动产提起执行异议之诉，主张其享有物权期待权，请求排除执行的，应当按照《查扣冻规定》第15条或者《异议复议规定》第28条规定的条件进行审查，符合下列情形的，应予支持：（1）买受人与被执行人在涉案不动产查封之前已经签订合法有效的书面房屋买卖合同（含网签）且已办理商品房预售登记；（2）买受人在不动产查封之前已经实际合法占有该不动产；（3）买受人已经支付全部价款；（4）非因买受人原因未办理过户登记。

21. 对《异议复议规定》第28条第2项规定的"合法占有"，应当从对占有的事实和行为两方面进行审查判断：

（1）人民法院判断买受人是否"占有"不动产时，应当根据买受人对不动产是否实现了支配和控制进行评价，如买受人是否取得入户门钥匙、是否办理了入住手续以及该买受人及其共同居住人是否交纳了水、暖、电、气及物业等费用。

买受人有证据证明其向他人以出租或出借等形式对不动产进行了管理的，可以视为其已经占有该不动产；

（2）人民法院判断买受人是否为"合法"的占有，应当根据买受人占有的原因行为是否合法，以及占有行为本身是否合法进行评价，如买受人未经出卖人同意擅自占有的，其对不动产现实的控制，不属于"合法"的占有。

22. 符合下列下情形的，应当认定属于《异议复议规定》第28条第4项规定的"非因买受人自身原因未办理过户登记"：（1）案外人未提起诉讼或仲裁行使物权登记请求权，或者未通过法院强制执行完成物权变动登记手续的；（2）登记机关未及时办理、出卖人拒不协助办理过户登记的；（3）抵押权人、共有权人拒不协助办理过户登记的；（4）案外人作为被征收人，其所购房屋因政府征收调换拆迁安置房等原因未能办理过户登记手续的。

23. 金钱债权执行中，商品房消费者对登记在被执行人名下的不动产提起案外人执行异议之诉的，应当按照《异议复议规定》第29条规定的条件进行审查，符合下列情形的，应予支持：（1）商品房消费者在涉案不动产查封之前已经签订合法有效的商品房买卖合同（含网签）且已办理商品房预售登记；（2）商品房消费者签订房屋买卖合同的相对方为房地产开发企业；（3）商品房消费者已经支付了50%以上的价款；（4）商品房消费者个人名下及其配偶、未成年子女名下均无其他用于居住的房屋。

商品房消费者，是指为生活居住而购买由房地产开发企业销售的商品房的个人。

24. 金钱债权执行中，案外人主张其借用被执行人的名义购买不动产并办理登记，被执行人只是名义权利人，案外人才是该不动产的实际权利人，并就此提起执行异议之诉，请求排除执行的，不予支持。但是案外人有充分证据证明被执行人只是名义产权人，案外人才是真正产权人，且不违反国家、社会公共利益的除外。

25. 金钱债权执行中，案外人主张其与被执行人签订了以房抵债协议，以其为房屋的实际权利人为由提起执行异议之诉，请求排除执行，符合下列情形的，应予支持：（1）案外人与被执行人在涉案房屋被查封前存在合法有效的到期债权债务关系；（2）案外人对被执行人享有的债权清偿期已经届满且与执行标的的实际价值大致相当；（3）案外人与被执行人在涉案房屋被查封前已经签订书面以房抵债协议；（4）以房抵债协议不存在规避执行或逃避债务情形；（5）以房抵债协议不违反《第8次全国法院民商事审判工作会议（民事部分）纪要》精神。

26. 金钱债权执行中，离婚协议约定的房屋所有权人与登记所有权人不一致，离婚协议约定的房屋所有权人对登记在被执行人名下的房屋提起执行异议之诉，符合下列条件的，应予支持：（1）离婚的事实客观存在；（2）离婚协议约定的房屋变更登记请求权先于执行案件的债权而产生；（3）离婚协议对房屋所有权的处分不存在规避执行或逃避债务的情形。

27. 金钱债权执行中，案外人以其系房屋合作开发或联建合同关系当事人为由提起的执行异议之诉案件，请求排除执行的，区分下列情形进行处理：

（1）执行法院对被执行人与他人显名合作开发、联建的房屋采取执行措施，案外人以其为合作开发、联建合同的另一方，并对房屋享有共有权为由提起执行异议之诉，如合作开发、联建合同已明确约定案外人应分得的建筑物的具体部位、楼层或者房屋的部分，对该约定部分应予支持；如合作开发、联建合同未明确约定应分得的建筑物的具体部位、楼层或者房屋，仅约定分配份额或者比例的，对案外人应得的份额或比例之内的部分应予支持；

（2）执行法院对被执行人开发建设的房屋采取执行措施，案外人以其与被执行人存在隐名合作开发、联建合同关系，对隐名合同中约定归其所有的房屋提出执行异议之诉，要求排除执行的，不予支持。

28. 金钱债权执行中，案外人以其对执行标的享有足以排除执行的民事权益为由，提起执行异议之诉，经审查发现该执行标的系未取得建设工程规划许可证或者未按照建设工程规划许可证的规定进行建设的，人民法院不予受理；已经受理的，裁定驳回起诉。但案外人系以其为合法占有人为由对执行法院针对不具备首次登记条件的建筑物进行的"现状处置"提起执行异议之诉的，应依法受理，并对是否许可执行或不予执行该执行标的作出裁判，但不得就违法建筑予以确权或判决案外人对此享有所有权。

29. 金钱债权执行中，案外人基于执行标的的共有权人身份提出执行异议之诉，请求排除执行的，区分下列情形予以处理：

（1）执行标的可分割的，对案外人享有的份额部分应予支持；

（2）执行标的不可分割的，应判决驳回其诉讼请求，但对案外人享有的变现份额不得执行。

30. 金钱债权执行中，执行法院针对登记在被执行人名下的机动车、船舶、航空器等特殊动产采取执行措施，案外人以其在查封前已经购买了该特殊动产为由提起执行异议之诉，请求排除执行的，不予支持。但符合下列条件的，应予支持：（1）案外人与被执行人在人民法院查封之前已签订合法有效的买卖合同；（2）案外人在人民法院查封之前已向被执行人支付了全部价款；（3）案外人在人民法院查封之前已合法占有并使用该机动车或船舶；（4）案外人对未办理所有权过户登记手续没有过错。

31. 金钱债权执行中，执行法院针对登记在被执行人名下的机动车、船舶、航空器等特殊动产采取执行措施，案外人以其与被执行人之间存在挂靠经营关系为由提起执行异议之诉，请求排除执行的，区分下列情形进行处理：

（1）运输企业出资购买车辆，将车辆运输经营权转让给个人，由个人挂靠在运输企业从事道路运输，挂靠人仅享有机动车经营权，对其排除执行的请求应当不予支持；

（2）个人出资购买车辆，挂靠在运输企业，以运输企业作为车主办理车辆所有权登记，如果经审理查明案外人确系执行标的的实际所有权人的，对其排除执行的请求应予支持。

32. 金钱债权执行中，承租人作为案外人提起执行异议之诉的，应当区分情形分别处理：

（1）如果法院在执行过程中并不否定承租人享有的租赁权，承租人只是对执行法院要求其腾退房屋的执行行为有异议的，属于对执行行为的异议，应当通过执行复议程序或执行监督程序解决，承租人提起执行异议之诉的，不予受理；已经受理的，裁定驳回起诉；

（2）如果执行法院否定承租人租赁权的成立或存续的，因涉及实体权利的争议，承租人主张其享有足以排除执行的占有、使用和收益权的，在执行异议被驳回后，可以提起执行异议之诉。

33. 金钱债权执行中，承租人在执行法院采取查封等执行措施之前，已与被执行人签订了合法有效的房屋租赁合同，且已按约支付租金并实际占有使用租赁物的，应认定为先租赁后查封。执行法院对该租赁物的执行如果影响到承租人租赁权的行使，承租人据此提起执行异议之诉，请求排除执行的，应予支持。

承租人在执行法院采取查封等执行措施之后，与被执行人签订房屋租赁合同的，应认定为先查封后租赁。承租人提起执行异议之诉，请求排除执行的，不予支持。

34. 金钱债权执行中，承租人在债权人设立抵押权之前，已经与被执行人签订了合法有效的房屋租赁合同，且已按约支付租金，并实际占有使用租赁物的，应认定为先租赁后抵押。执行法院对该租赁物的执行如果影响到承租人租赁权的行使，承租人据此提起执行异议之诉，请求排除执行的，应予支持。

承租人在债权人设立抵押权之后，与被执行人签订房屋租赁合同的，应当认定为先抵押后租赁。承租人提起执行异议之诉，请求排除执行的，不予支持。

35. 人民法院针对被执行人对第三人的到期债权实施强制执行，第三人否认其与被执行人之间存在到期债权或主张债权债务未经结算的，应通过执行复议程序或提起代位权诉讼解决。申请执行人或第三人提起执行异议之诉的，不予受理，已经受理的，裁定驳回起诉。

另案生效的法律文书在裁判主文中就被执行人对第三人的到期债权进行了确认，申请执行人或第三人对人民法院的执行异议裁定不服提起执行异议之诉的，应予受理。

36. 人民法院针对建设工程发包人应给付承包人的工程款到期债权实施强制执行，实际施工人以其与承包人之间存在挂靠关系，其应享有工程款债权为由提起执行异议之诉的，不予支持。

37. 人民法院对登记在被执行人名下的股权强制执行，案外人以其系实际出资人为由提起执行异议之诉，请求排除执行的，不予支持。

第三编　第十九章

【法发［2019］35 号】 最高人民法院关于在执行工作中进一步强化善意文明执行理念的意见（2019 年 12 月 16 日）（详见本书第 258 条）

9. 适当增加财产变卖程序适用情形。要在坚持网络司法拍卖优先原则的基础上，综合考虑变价财产实际情况、是否损害执行债权人、第三人或社会公共利益等因素，适当采取直接变卖或强制变卖等措施。

（3）被执行人认为网络询价或评估价过低，申请以不低于网络询价或评估价自行变卖查封财产清偿债务的，人民法院经审查认为不存在被执行人与他人恶意串通低价处置财产情形的，可以监督其在一定期限内进行变卖。

被执行人依照 9（3）规定申请自行变卖，经人民法院准许后，又依照《最高人民法院关于人民法院确定财产处置参考价若干问题的规定》第 22、23 条规定向人民法院提起异议的，不予受理；被执行人就网络询价或评估价提起异议后，又依照 9（3）规定申请自行变卖的，不应准许。

【法［2019］254 号】 全国法院民商事审判工作会议纪要（"九民纪要"，2019 年 7 月 3-4 日在哈尔滨召开，2019 年 9 月 11 日最高法审委会民事行政专委会［319 次］通过，2019 年 11 月 8 日发布）

119.【案外人执行异议之诉的审理】案外人执行异议之诉以排除对特定标的物的执行为目的，从程序上而言，案外人依据《民事诉讼法》第 227 条（现第 238 条）提出执行异议被驳回的，即可向执行人民法院提起执行异议之诉。人民法院对执行异议之诉的审理，一般应当就案外人对执行标的物是否享有权利、享有什么样的权利、权利是否足以排除强制执行进行判断。至于是否作出具体的确权判项，视案外人的诉讼请求而定。案外人未提出确权或者给付诉讼请求的，不作出确权判项，仅在裁理理由中进行分析判断并作出是否排除执行的判项即可。但案外人既提出确权、给付请求，又提出排除执行请求的，人民法院对该请求是否支持、是否排除执行，均应当在具体判项中予以明确。执行异议之诉不以否定作为执行依据的生效裁判为目的，案外人如认为裁判确有错误的，只能通过申请再审或者提起第三人撤销之诉的方式进行救济。

121.【必要共同诉讼漏列的当事人申请再审】民事诉讼法司法解释对必要共同诉讼漏列的当事人申请再审规定了 2 种不同的程序，二者在管辖法院及申请再审期限的起算点上存在明显差别，人民法院在审理相关案件时应予注意：

（1）该当事人在执行程序中以案外人身份提出异议，异议被驳回的，根据民事诉讼法司法解释第 423 条的规定，其可以在驳回异议裁定送达之日起 6 个月内向原审人民法院申请再审；

（2）该当事人未在执行程序中以案外人身份提出异议的，根据民事诉讼法司解释第 422 条的规定，其可以根据《民事诉讼法》第 200 条（现第 211 条）第 8 项的规定，自知道或者应当知道生效裁判之日起 6 个月内向上一级人民法院申请再审。当事人一方人数众多或者当事人双方为公民的案件，也可以向原审人民法院申请再审。

122.【程序启动后案外人不享有程序选择权】案外人申请再审与第三人撤销之诉功能上近似，如果案外人既有申请再审的权利，又符合第三人撤销之诉的条件，对于案外人是否可以行使选择权，民事诉讼法司法解释采取了限制的司法态度，即依据民事诉讼法司法解释第 303 条的规定，按照启动程序的先后，案外人只能选择相应的救济程序：案外人先启动执行异议程序的，对执行异议裁定不服，认为原裁判内容错误损害其合法权益的，只能向作出原裁判的人民法院申请再审，而不能提起第三人撤销之诉；案外人先启动了第三人撤销之诉，即便在执行程序中又提出执行异议，也只能继续进行第三人撤销之诉，而不能依《民事诉讼法》第 227 条（现第 238 条）申请再审。

123.【案外人依据另案生效裁判对非金钱债权的执行提起执行异议之诉】审判实践中，案外人有时依据另案生效裁判所认定的与执行标的物有关的权利提起执行异议之诉，请求排除对标的物的执行。此时，鉴于作为执行依据的生效裁判与作为案外人提出执行异议依据的生效裁判，均涉及对同一标的物权属或给付的认定，性质上属于两个生效裁判所认定的权利之间可能产生的冲突，人民法院在审理执行异议之诉时，需区别不同情况作出判断：如果作为执行依据的生效裁判是确权裁判，不论作为执行异议依据的裁判是确权裁判还是给付裁判，一般不应据此排除执行，但人民法院应当告知案外人对作为执行依据的确权裁判申请再审；如果作为执行依据的生效裁判是给付标的物的裁判，而作为提出异议之诉依据的裁判是确权裁判，一般应据此排除执行，此时人民法院应告知其对该确权裁判申请再审；如果两个裁判均属给付标的物的裁判，人民法院需依法判断哪个裁判所认定的给付权利具有优先性，进而判断是否可以排除执行。

124.【案外人依据另案生效裁判对金钱债权的执行提起执行异议之诉】作为执行依据的生效裁判并未涉及执行标的物，只是执行中为实现金钱债权对特定标的物采取了执行措施。对此种情形，《最高人民法院关于人民法院办理执行异议和复议案件若干问题的规定》第 26 条规定了解决案外人执行异议的规则，在审理执行异议之诉时可以参考适用。依据该条规定，作为案外人提起执行异议之诉依据的裁判将执行标的物确权给案外人，可以排除执行；作为案外人提起执行异议之诉依据的裁判，未将执行标的物确权给案外人，而是基于不以转移所有权为目的的有效合同（如租赁、借用、保管合同），判令向案外人返还执行标的物的，其性质属于物权请求权，亦可以排除执行；基于以转移所有权为目的有效合同（如买卖合同），判令向案外人交付标的物的，其性质属于债权请求权，不能排除执行。

应予注意的是，在金钱债权执行中，如果案外人提出执行异议之诉依据的生效裁判认定以转移所有权为目的的合同（如买卖合同）无效或应当解除，进而判令向案外人返还执行标的物的，此时案外人享有的是物权性质的返还请求权，本可排除金钱债权的执行，但在双务合同无效的情况下，双方互负返还义务，在案外人未返还价款的情况下，如果允许其排除金钱债权的执行，将会使申请执行人既执行不到被执行人名下的财产，又执行不到本应返还给被执行人的价款，显然有失公允。为平衡各方当事人的利益，只有在案外人已经返还价款的情况下，才能排除普通债权人的执行。反之，案外人未返还价款的，不能排除执行。

125.【案外人系商品房消费者】实践中，商品房消费者向房地产开发企业购买商品房，往往没有及时办理房地产过户手续。房地产开发企业因欠债而被强制执行，人民法院在对尚登记在房地产开发企业名下但已出卖给消费者的商品房采取执行措施时，商品房消费者往往会提出执行异议，以排除强制执行。对此，《最高人民法院关于人民法院办理执行异议和复议案件若干问题的规定》第29条规定，符合下列情形的，应当支持商品房消费者的诉讼请求：一是在人民法院查封之前已签订合法有效的书面买卖合同；二是所购商品房系用于居住且买受人名下无其他用于居住的房屋；三是已支付的价款超过合同约定总价款的50%。人民法院在审理执行异议之诉案件时，可参照适用此条款。

问题是，对于其中"所购商品房系用于居住且买受人名下无其他用于居住的房屋"如何理解，审判实践中掌握的标准不一。"买受人名下无其他用于居住的房屋"，可以理解为在案涉房屋同一设区的市或者县级市范围内商品房消费者名下没有用于居住的房屋。商品房消费者名下虽然已有1套房屋，但购买的房屋在面积上仍然属于满足基本居住需要的，可以理解为符合该规定的精神。

对于其中"已支付的价款超过合同约定总价款的50%"如何理解，审判实践中掌握的标准也不一致。如果商品房消费者支付的价款接近于50%，且已按照合同约定将剩余价款支付给申请执行人或者按照人民法院的要求交付执行的，可以理解为符合该规定的精神。

126.【商品房消费者的权利与抵押权的关系】根据《最高人民法院关于建设工程价款优先受偿权问题的批复》①第1条、第2条的规定，交付全部或者大部分款项的商品房消费者的权利优先于抵押权人的抵押权，故抵押权人申请执行登记在房地产开发企业名下但已销售给消费者的商品房，消费者提出执行异议的，人民法院依法予以支持。但应当特别注意的是，此情况是针对实践中存在的商品房

① 注：该《批复》（法释〔2002〕16号）已被《最高人民法院关于废止部分司法解释及相关规范性文件的决定》（法释〔2020〕16号）宣布废止，2021年1月1日起施行。

预售不规范现象为保护消费者生存权而作出的例外规定，必须严格把握条件，避免扩大范围，以免动摇抵押权具有优先性的基本原则。因此，这里的商品房消费者应当仅限于符合本纪要第 125 条规定的商品房消费者。买受人不是本纪要第 125 条规定的商品房消费者，而是一般的房屋买卖合同的买受人，不适用上述处理规则。

127.【案外人系商品房消费者之外的一般买受人】金钱债权执行中，商品房消费者之外的一般买受人对登记在被执行人名下的不动产提出异议，请求排除执行的，《最高人民法院关于人民法院办理执行异议和复议案件若干问题的规定》第 28 条规定，符合下列情形的依法予以支持：一是在人民法院查封之前已签订合法有效的书面买卖合同；二是在人民法院查封之前已合法占有该不动产；三是已支付全部价款，或者已按照合同约定支付部分价款且将剩余价款按照人民法院的要求交付执行；四是非因买受人自身原因未办理过户登记。人民法院在审理执行异议之诉案件时，可参照适用此条款。

实践中，对于该规定的前 3 个条件，理解并无分歧。对于其中的第 4 个条件，理解不一致。一般而言，买受人只要有向房屋登记机构递交过户登记材料，或向出卖人提出了办理过户登记的请求等积极行为的，可以认为符合该条件。买受人无上述积极行为，其未办理过户登记有合理的客观理由的，亦可认定符合该条件。

【法一巡（会1）[2020] 3 号】　　破产程序对执行异议之诉的影响（最高法第一巡回法庭 2017 年第 12 次法官会议纪要）①

裁判思路小结：执行异议之诉存在的条件之一，是执行程序合法续且可以有效进行但各方对执行程序中的标的财产存在争议。破产程序作为特别程序，应当优先于执行程序等一般民事程序。在人民法院受理破产申请后，有关债务人的执行程序应当中止；在宣告被执行人破产时，执行程序应当终结。此时，对于受破产程序影响的案外人执行异议之诉，人民法院审理案件应根据破产程序所处的不同阶段判断是否已经丧失存在或继续进行的前提条件：若处于人民法院已受理破产申请但未作出进一步决定的阶段，应当根据《中华人民共和国企业破产法》中止审理，对于人民法院在破产宣告前已裁定批准重整计划或和解协议的，执行程序已无继续审理之必要，对失去诉的利益的执行异议之诉应当裁定终结审查，本案应当根据《民事诉讼法》第 154 条第 1 款第 6 项的规定，终结再审审查。人民法院裁定终结破产程序的，第三人为债务人提供足额担保或全部到期债务已为

---

① 该案，阮某购买 B 公司房产，因马某起诉、申请执行 B 公司查封了该房产，提出执行异议之诉，一审、二审均驳回阮某的诉讼请求。阮某申请再审。在此期间，B 公司申请重整，法院后批准了重整计划，裁定终结再审申请审查程序。

债务人或第三人清偿，执行异议之诉亦失去继续审理的必要。破产宣告前，债务人进入破产清算程序的，债权人的债权将通过破产财产的分配得以实现，亦不存在强制执行的问题，无须继续审理。

【法一巡（会1）[2020] 6号】　不动产买受人所享有足以排除执行之民事权益的认定（最高法第一巡回法庭 2017 年第 19 次法官会议纪要）

在连续交易不动产但均未办理过户登记手续的情形下，如果被执行人及其后手均主张自己因生效法律文书取得不动产所有权，而最终交易已向其前手支付全部价款并实际占有不动产，此时最终交易方作为案外人所提出排除执行的主张应当得到支持。

【法一巡（会1）[2020] 7号】　另案查封之后签订不动产买卖合同的能否排除执行（最高法第一巡回法庭 2018 年第 4 次法官会议纪要）

即便系另案查封，且另案所依据的基础法律关系并非本案当事人之间的法律关系，但只要是在查封状态中签订的不动产买卖合同，就不符合《最高人民法院关于人民法院办理执行异议和复议案件若干问题的规定》第 28 条第 1 项规定的"在人民法院查封之前已签订合法有效的书面买卖合同"之情形。且在查封状态下签订不动产买卖合同，执行异议申请人对不动产不能办理过户是有预期的，其对未办理过户存在过错，亦不符合《最高人民法院关于人民法院办理执行异议和复议案件若干问题的规定》第 28 条第 4 项规定的"非因买受人自身原因未办理过户登记"之情形。故不能排除执行。

【法一巡（会1）[2020] 13号】　案外人执行异议之诉起诉条件的认定（最高法第一巡回法庭 2018 年第 13 次法官会议纪要）[①]

本案中，C 在其提起的执行异议被 A 法院裁定驳回后，遂提起案外人执行异议之诉，请求确认其对案涉车位享有所有权，而在作为本案执行依据的生效判决已确认甲银行对包括案涉车位在内的房产变价所得价款享有优先受偿权的情形下，C 起诉要求确认其对案涉车位享有所有权，实际是认为本案据以执行的执行依据错误，属于《民事诉讼法》第 227 条（现第 238 条）规定的情形。故 C 不符合提起本案案外人执行异议之诉的起诉条件。

[①] 该案，丙公司将其房产抵押给甲银行，并办理了抵押登记手续。后甲银行将乙公司、丙公司起诉至 A 法院。A 法院判令乙公司向甲银行偿还借款本金并支付利息，甲银行对丙公司提供的抵押物享有抵押权，有权在变价所得价款中优先受偿。强制执行过程中，因甲银行享有的债权由 B 承接，A 法院裁定变更 B 为申请执行人并于执行期间查封了乙公司的抵押财产。C 以其是被查封车位的实际购买人为由，向 A 法院提出执行异议，请求解除查封。A 法院裁定驳回 C 提出的执行异议。C 不服，提出案外人执行异议之诉。

【人社部发〔2020〕93 号】　最高人民法院、人力资源社会保障部、中国银保监会关于做好防止农民工工资专用账户资金和工资保证金被查封、冻结或者划拨有关工作的通知（2020 年 12 月 25 日）

五、当事人、利害关系人（包含两类账户监管部门）认为人民法院查封、冻结或者划拨行为违法的，银行业金融机构认为人民法院要求其协助执行行为违法的，均可依法向人民法院提出异议，人民法院应当依法处理。两类账户监管部门提出异议的，异议审查期间不得查封、冻结或者划拨两类账户资金。

【法释〔2021〕20 号】　最高人民法院关于人民法院强制执行股权若干问题的规定（2021 年 11 月 15 日最高法审委会〔1850 次〕通过，2021 年 12 月 20 日公布，2022 年 1 月 1 日起施行；以本规为准）（详见本书第 255 条）

第 4 条（第 2 款）　案外人基于实体权利对被冻结股权提出排除执行异议的，人民法院应当依照民事诉讼法第 227 条（现第 238 条）的规定进行审查。

第 5 条（第 2 款）　被执行人认为冻结明显超标的额的，可以依照民事诉讼法第 225 条（现第 236 条）的规定提出书面异议，并附证明股权等查封、扣押、冻结财产价额的证据材料。人民法院审查后裁定异议成立的，应当自裁定生效之日起 7 日内解除对明显超标的额部分的冻结。

【法〔2021〕322 号】　最高人民法院关于进一步完善执行权制约机制 加强执行监督的意见（2021 年 12 月 6 日）

15.（第 2 款）　人民法院采取诉讼保全措施，案外人对保全裁定或者保全裁定实施过程中的执行行为不服，基于对标的物享有实体权利提出异议的，人民法院应当依照民事诉讼法第 227 条（现第 238 条）规定处理，切实将案外人权利救济前移。

（第 3 款）　一方当事人以超标的查封为由提出执行异议，争议较大的，人民法院可以根据当事人申请进行评估，评估期间不停止查封。

【法二巡（会 3）〔2022〕3 号】　错误以物抵债裁定的司法救济（最高法第二巡回法庭 2021 年第 15 次法官会议纪要）

以物抵债裁定有别于一般的执行措施，错误的以物抵债裁定，原则上应当通过执行监督程序救济，但在一定情况下也可以通过提起执行异议之诉进行救济。在通过执行异议之诉救济的情况下，应当对案外人的权利进行确认，并在判项中作出撤销以物抵债裁定中直接导致物权变动的内容。此外，通过法院内部的沟通协调，促成执行法院自行撤销以物抵债裁定。

【法释［2022］11 号】 最高人民法院关于适用《中华人民共和国民事诉讼法》的解释（"法释［2015］5 号"公布，2015 年 2 月 4 日起施行；根据法释［2020］20 号《决定》修正，2021 年 1 月 1 日起施行；2022 年 3 月 22 日最高法审委会［1866 次］修正，2022 年 4 月 1 日公布，2022 年 4 月 10 日起施行；以本规为准）

第 301 条 第三人提起撤销之诉后，未中止生效判决、裁定、调解书执行的，执行法院对第三人依照民事诉讼法第 234 条（现第 238 条）规定提出的执行异议，应予审查。第三人不服驳回执行异议裁定，申请对原判决、裁定、调解书再审的，人民法院不予受理。

案外人对人民法院驳回其执行异议裁定不服，认为原判决、裁定、调解书内容错误损害其合法权益的，应当根据民事诉讼法第 234 条（现第 238 条）规定申请再审，提起第三人撤销之诉的，人民法院不予受理。

第 302 条 根据民事诉讼法第 234 条（现第 238 条）规定，案外人、当事人对执行异议裁定不服，自裁定送达之日起 15 日内向人民法院提起执行异议之诉的，由执行法院管辖。

第 303 条 案外人提起执行异议之诉，除符合民事诉讼法第 122 条规定外，还应当具备下列条件：（一）案外人的执行异议申请已经被人民法院裁定驳回；（二）有明确的排除对执行标的执行的诉讼请求，且诉讼请求与原判决、裁定无关；（三）自执行异议裁定送达之日起 15 日内提起。

人民法院应当在收到起诉状之日起 15 日内决定是否立案。

第 304 条 申请执行人提起执行异议之诉，除符合民事诉讼法第 122 条规定外，还应当具备下列条件：（一）依案外人执行异议申请，人民法院裁定中止执行；（二）有明确的对执行标的的继续执行的诉讼请求，且诉讼请求与原判决、裁定无关；（三）自执行异议裁定送达之日起 15 日内提起。

人民法院应当在收到起诉状之日起 15 日内决定是否立案。

第 305 条 案外人提起执行异议之诉的，以申请执行人为被告。被执行人反对案外人异议的，被执行人为共同被告；被执行人不反对案外人异议的，可以列被执行人为第三人。

第 306 条 申请执行人提起执行异议之诉的，以案外人为被告。被执行人反对申请执行人主张的，以案外人和被执行人为共同被告；被执行人不反对申请执行人主张的，可以列被执行人为第三人。

第 307 条 申请执行人对中止执行裁定未提起执行异议之诉，被执行人提起执行异议之诉的，人民法院告知其另行起诉。

第 308 条 人民法院审理执行异议之诉案件，适用普通程序。

第 309 条　案外人或者申请执行人提起执行异议之诉的，案外人应当就其对执行标的享有足以排除强制执行的民事权益承担举证证明责任。

第 310 条　对案外人提起的执行异议之诉，人民法院经审理，按照下列情形分别处理：

（一）案外人就执行标的享有足以排除强制执行的民事权益的，判决不得执行该执行标的；

（二）案外人就执行标的不享有足以排除强制执行的民事权益的，判决驳回诉讼请求。

案外人同时提出确认其权利的诉讼请求的，人民法院可以在判决中一并作出裁判。

第 311 条　对申请执行人提起的执行异议之诉，人民法院经审理，按照下列情形分别处理：

（一）案外人就执行标的不享有足以排除强制执行的民事权益的，判决准许执行该执行标的；

（二）案外人就执行标的享有足以排除强制执行的民事权益的，判决驳回诉讼请求。

第 312 条　对案外人执行异议之诉，人民法院判决不得对执行标的的执行的，执行异议裁定失效。

对申请执行人执行异议之诉，人民法院判决准许对该执行标的的执行的，执行异议裁定失效，执行法院可以根据申请执行人的申请或者依职权恢复执行。

第 313 条　案外人执行异议之诉审理期间，人民法院不得对执行标的的进行处分。申请执行人请求人民法院继续执行并提供相应担保的，人民法院可以准许。

被执行人与案外人恶意串通，通过执行异议、执行异议之诉妨害执行的，人民法院应当依照民事诉讼法第 116 条规定处理。申请执行人因此受到损害的，可以提起诉讼要求被执行人、案外人赔偿。

第 314 条　人民法院对执行标的的裁定中止执行后，申请执行人在法律规定的期间内未提起执行异议之诉的，人民法院应当自起诉期限届满之日起 7 日内解除对该执行标的的采取的执行措施。

第 421 条　根据民事诉讼法第 234 条（现第 238 条）规定，案外人对驳回其执行异议的裁定不服，认为原判决、裁定、调解书内容错误损害其民事权益的，可以自执行异议裁定送达之日起 6 个月内①，向作出原判决、裁定、调解书的人

----

① 注：本《解释》第 127 条规定，本处规定的 6 个月为不变期间，不适用诉讼时效中止、中断、延长的规定。

民法院申请再审。

第 462 条　根据民事诉讼法第 234 条（现第 238 条）规定，案外人对执行标的提出异议的，应当在该执行标的执行程序终结前提出。

第 463 条　案外人对执行标的提出的异议，经审查，按照下列情形分别处理：

（一）案外人对执行标的不享有足以排除强制执行的权益的，裁定驳回其异议；

（二）案外人对执行标的享有足以排除强制执行的权益的，裁定中止执行。

驳回案外人执行异议裁定送达案外人之日起 15 日内，人民法院不得对执行标的进行处分。

第 479 条　当事人请求不予执行仲裁裁决或者公证债权文书的，应当在执行终结前向执行法院提出。

第 493 条（第 3 款）　他人主张合法持有财物或者票证的，可以根据民事诉讼法第 234 条（现第 238 条）规定提出执行异议。

第 499 条（第 2 款）　该他人对到期债权有异议，申请执行人请求对异议部分强制执行的，人民法院不予支持。利害关系人对到期债权有异议的，人民法院应当按照民事诉讼法第 234 条（现第 238 条）规定处理。

【法发〔2023〕4 号】　**最高人民法院关于办理申请执行监督案件若干问题的意见**（2023 年 1 月 19 日印发，2023 年 2 月 1 日起施行）（详见本书第 19 章"对执行的法院内部监督"专辑）

第 1 条　当事人、利害关系人对于人民法院依照民事诉讼法第 232 条（现第 236 条）规定作出的执行复议裁定不服，向上一级人民法院申请执行监督，人民法院应当立案，但法律、司法解释或者本意见另有规定的除外。

申请人依法应当提出执行异议而未提出，直接向异议法院的上一级人民法院申请执行监督的，人民法院应当告知其向异议法院提出执行异议或者申请执行监督；申请人依法应当申请复议而未申请，直接向复议法院的上一级人民法院申请执行监督的，人民法院应当告知其向复议法院申请复议或者申请执行监督。

人民法院在办理执行申诉信访过程中，发现信访诉求符合前 2 款规定情形的，按照前 2 款规定处理。

【法发〔2023〕15 号】　**最高人民法院关于优化法治环境 促进民营经济发展壮大的指导意见**（2023 年 9 月 25 日）

5.（第 2 款）　进一步畅通权益救济渠道，被告人或案外人对查封、扣押、冻结的财物及其孳息提出权属异议的，人民法院应当听取意见，必要时可以通知案外人出庭。被告人或案外人以生效裁判侵害其合法财产权益或对是否属于赃款赃物认定错误为由提出申诉的，人民法院应当及时受理审查，确有错误的，应予纠正。

● **指导案例**　**【法 [2019] 294 号】**　**最高人民法院第 23 批指导性案例**（2019年 12 月 24 日）

　　（指导案例 117 号）中建三局第一建设工程有限责任公司与澳中财富（合肥）投资置业有限公司、安徽文峰置业有限公司执行复议案（见本书第 247 条）

　　（指导案例 118 号）东北电气发展股份有限公司与国家开发银行股份有限公司、沈阳高压开关有限责任公司等执行复议案（最高法院 2017 年 8 月 31 日执行裁定 [2017] 最高法执复 27 号）

　　裁判要点：1. 债权人撤销权诉讼的生效判决撤销了债务人与受让人的财产转让合同，并判令受让人向债务人返还财产，受让人未履行返还义务的，债权人可以债务人、受让人为被执行人申请强制执行。2. 受让人未通知债权人，自行向债务人返还财产，债务人将返还的财产立即转移，致使债权人丧失申请法院采取查封、冻结等措施的机会，撤销权诉讼目的无法实现的，不能认定生效判决已经得到有效履行。债权人申请对受让人执行生效判决确定的财产返还义务的，人民法院应予支持。

　　（指导案例 120 号）青海金泰融资担保有限公司与上海金桥工程建设发展有限公司、青海三工置业有限公司执行复议案（最高法院 2017 年 12 月 21 日执行裁定 [2017] 最高法执复 38 号）

　　裁判要点：在案件审理期间保证人为被执行人提供保证，承诺在被执行人无财产可供执行或者财产不足清偿债务时承担保证责任的，执行法院对保证人应当适用一般保证的执行规则。在被执行人虽有财产但严重不方便执行时，可以执行保证人在保证责任范围内的财产。

　　【法 [2021] 55 号】　**最高人民法院第 27 批指导性案例**（2021 年 2 月 19 日）

　　（指导案例 154 号）王四光诉中天建设集团有限公司、白山和丰置业有限公司案外人执行异议之诉案

　　裁判要点：在建设工程价款强制执行过程中，房屋买受人对强制执行的房屋提起案外人执行异议之诉，请求确认其对案涉房屋享有可以排除强制执行的民事权益，但不否定原生效判决确认的债权人所享有的建设工程价款优先受偿权的，属于民事诉讼法第 227 条（现第 238 条）规定的"与原判决、裁定无关"的情形，人民法院应予依法受理。

　　（指导案例 155 号）中国建设银行股份有限公司怀化市分行诉中国华融资产管理股份有限公司湖南省分公司等案外人执行异议之诉案

　　裁判要点：在抵押权强制执行中，案外人以其在抵押登记之前购买了抵押房

第三编　第十九章

产，享有优先于抵押权的权利为由提起执行异议之诉，主张依据《最高人民法院关于人民法院办理执行异议和复议案件若干问题的规定》排除强制执行，但不否认抵押权人对抵押房产的优先受偿权的，属于民事诉讼法第227条（现第238条）规定的"与原判决、裁定无关"的情形，人民法院应予依法受理。

（指导案例156号） 王岩岩诉徐意君、北京市金陆房地产发展有限责任公司案外人执行异议之诉案

裁判要点：《最高人民法院关于人民法院办理执行异议和复议案件若干问题的规定》第28条规定了不动产买受人排除金钱债权执行的权利，第29条规定了消费者购房人排除金钱债权执行的权利。案外人对登记在被执行的房地产开发企业名下的商品房请求排除强制执行的，可以选择适用第28条或者第29条规定；案外人主张适用第28条规定的，人民法院应予审查。

【高检发办字［2021］13号】 最高人民检察院第28批指导性案例（2021年4月1日最高检检委会［13届64次］通过，2021年4月27日印发）

（检例第108号） 江苏某银行申请执行监督案

要旨：质权人为实现约定债权申请执行法院解除对质物的冻结措施，向法院承诺对申请解除冻结错误造成的损失承担责任，该承诺不是对出质人债务的保证，人民法院不应裁定执行其财产①。对人民法院错误裁定执行其财产的行为不服提出的异议是对执行行为的异议，对该异议裁定不服的救济途径为复议程序而非执行异议之诉。

● **入库案例** **【2023-07-2-471-005】** 尹某某诉胡某某、河南省某建设工程有限公司等案外人执行异议之诉案（驻马店中院/2023.02.28/［2023］豫17民终446号）

裁判要旨：挂靠人借用被挂靠人银行账户收取工程款，被挂靠人银行账户被人民法院冻结，应按照银行账户的登记名称来判断权利人，挂靠人对被挂靠人账户内的资金仅享有债权请求权，挂靠人的债权请求权原则上不享有足以排除强制执行的民事权益。

【2023-08-2-471-001】 常某诉某银行等执行异议之诉案（2021.06.28/［2021］最高法民申3602号）

裁判要旨：建设用地使用权抵押后，案外人在该土地上新建了建筑物。根据

---

① 本案指导意义：执行程序中将案外人认定为保证人，意味着直接使得生效法律文书列明的被执行人以外的人承担实体责任，对当事人权利义务将产生无法律依据的不当影响，因此关于保证责任的认定应严格遵循有关法律规定，根据当事人真实意思表示慎重审查认定。

民法典第 417 条关于建设用地使用权及地上建筑物在实现抵押权时应当"一体处分、分别受偿"之规定，案外人以新增建筑物不属于抵押财产为由主张排除对抵押建设用地使用权及新增建筑物的执行处分的，人民法院不予支持。但是，应当保障案外人依法参加执行分配程序，抵押权人对新增建筑物所得价款不享有优先受偿权。

【2024-07-2-472-002】　唐山某某公司与沈阳某某公司等变更、追加被执行人执行异议之诉纠纷案（河北高院/2022.03.27/［2021］冀民终 724 号）

裁判要旨：《民事诉讼法》及相关司法解释未规定被执行人有提起执行异议之诉的权利，但规定了其在诉讼中可以作为被告或第三人参加诉讼。至于被执行人是否享有上诉权，当前没有明确规定。因被执行人作为一审被告或第三人，依法享有抗辩和发表意见的权利，在其认为一审判决侵害其权利时，其上诉权利不应被剥夺。故在当前未有禁止性规定的情形下，应依据民事诉讼法的一般原则，允许被执行人提起上诉。……

【2024-16-2-471-004】　张某诉门某、孙某申请执行人执行异议之诉案（黑龙江高院/2021.06.10/［2020］黑民再 102 号）

裁判要旨：轮候查封在性质上不属于正式查封，并不产生正式查封的效力，其效力处于待定状态，亦不会损害案外人对查封标的物所享有的实体权利。案外人对轮候查封提出执行异议，不具备依照民事诉讼法第 232 条（现第 236 条）提起执行异议的前提条件，亦不具备依据第 234 条（现第 238 条）规定提起执行异议之诉的前提条件，此类案件法院应当裁定不予受理，已经受理执行异议之诉的应裁定驳回起诉。

【2024-17-5-203-049】　刘某某、王某乙与某农资公司、王某执行监督案（2023.12.08/［2023］最高法执监 504 号）

裁判要旨：在仲裁裁决、仲裁调解书执行过程中，人民法院应当认真审查案外人申请不予执行的异议请求及相关证据，结合当事人关系、案件事实、仲裁过程等多方面情况审查判断相关法律文书是否存在虚假仲裁情形，是否损害国家利益、社会公共利益或者他人的合法权益。对于仲裁裁决主张的事实和理由明显不符合常理，作出仲裁裁决的主要证据存在伪造、变造嫌疑等情形的，人民法院应当重点甄别是否可能存在虚假诉讼。

● 公报案例　（法公报［2015］7 期）　孙昌明与江苏威特集团有限公司、盐城经济开发区祥欣农村小额贷款有限公司案外人执行异议纠纷案（最高法院 2014 年 5 月 30 日民事裁定［2013］民提字第 207 号）

裁判摘要：一、执行过程中，案外人对执行标的提出的书面异议被驳回后，应当根据其权利主张与原判决、裁定之间的关系，依法选择通过审判监督程序或者执行异议之诉维护其合法权益。二、执行异议之诉是对案外人权利保护提供的司法救济途径，针对的是执行行为本身，核心在于以案外人是否对执行标的具有足以阻却执行程序的正当权利为前提，就执行程序应当继续还是应该停止作出评价和判断。如案外人权利主张所指向的民事权利义务关系或者其诉讼请求所指向的标的物，与原判决、裁定确定的民事权利义务关系或者该权利义务关系的客体具有同一性，执行标的就是作为执行依据的生效裁判确定的权利义务关系的特定客体，其则属于"认为原判决、裁定错误"的情形，应依照审判监督程序办理。

（法公报［2016］6 期）　　钟某玉与王某、林某达案外人执行异议纠纷案（最高法院民事判决［2015］民一终字第 150 号）

裁判摘要：最高人民法院《关于人民法院办理执行异议和复议案件若干问题的规定》是关于执行程序中当事人提出执行异议时如何处理的规定。由于执行程序需要贯彻已生效判决的执行力，因此，在对执行异议是否成立的判断标准上，应坚持较高的、外观化的判断标准。这一判断标准，要高于执行异议之诉中原告能否排除执行的判断标准。由此，最高人民法院《关于人民法院办理执行异议和复议案件若干问题的规定》第 25 条至第 28 条的规定应当在如下意义上理解，即符合这些规定所列条件的，执行异议能够成立；不满足这些规定所列条件的，异议人在执行异议之诉中的请求也未必不成立。是否成立，应根据案件的具体情况和异议人所主张的权利、申请执行人债权实现的效力以及被执行人对执行标的的权利作出比较并综合判断，从而确定异议人的权利是否能够排除执行。

（法公报［2016］10 期）　　大连银行股份有限公司沈阳分行与抚顺市艳丰建材有限公司、郑克旭案外人执行异议之诉案（最高法院民事判决［2015］民提字第 175 号）

裁判摘要：最高人民法院《关于适用的解释》第 312 条规定，对于案外人提起的执行异议之诉，人民法院经审理，案外人就执行标的享有足以排除强制执行的民事权益的，判决不得执行该执行标的。本案中，承兑汇票出票人向银行承兑汇票保证金专用账户交存保证金作为承兑汇票业务的担保，该行为性质属于设立金钱质押。当出票人未支付到期票款，银行履行垫款义务后，银行基于质权享有就该保证金优先受偿的权利。质权属于担保物权，足以排除另案债权的强制执行。

（法公报［2017］2 期）　　李建国与孟凡生、长春圣祥建筑工程有限公司等案外人执行异议之诉案（最高法院民事判决［2016］最高法民再 149 号）

裁判摘要：一、法律规则是立法机关综合衡量取舍之后确立的价值评判标准，应当成为司法实践中具有普遍适用效力的规则，除非法律有特别规定，否则在适用时不应受到某些特殊情况或者既定事实的影响。二、分公司的财产即为公司财产，分公司的民事责任由公司承担，这是《中华人民共和国公司法》确立的基本规则。以分公司名义依法注册登记的，即应受到该规则调整。至于分公司与公司之间有关权利义务及责任划分的内部约定，因不足以对抗其依法注册登记的公示效力，进而不足以对抗第三人。三、遵法守法依法行事者，其合法权益必将受到法律保护；不遵法守法甚至违反法律者，因其漠视甚至无视法律规则，就应当承担不受法律保护或者受到法律追究的风险。四、最高人民法院《关于人民法院执行工作若干问题的规定（试行）》第78条规定以及予以保护的承包或者租赁经营。应当是法律所准许的承包、租赁形式。企业或者个人以承包租赁为名借用建筑施工企业资质之实的，因违反有关法律及司法解释规定，故不应包含在该条保护范围之内。五、实际施工人是《最高人民法院关于审理建设工程施工合同纠纷案件适用法律问题的解释》（已废止）中规定的概念，因其规范情形之特定性，故亦应在该规范所涉之建设工程施工合同纠纷案件中，才适宜对实际施工人的身份作出认定。

（法公报［2020］6期）　富滇银行股份有限公司大理分行与杨凤鸣、大理建标房地产开发有限公司案外人执行异议之诉案（云南高院2018年12月28日民事判决）

裁判摘要：保证人与债权银行之间约定设立保证金账户，按比例存入一定金额的保证金用于履行某项保证责任，未经同意保证人不得使用保证金，债权银行有权从该账户直接扣收有关款项，并约定了保证期间等，应认定双方存在金钱质押的合意。保证金账户内资金的特定化不等于固定化，只要资金的浮动均与保证金业务对应、有关，未作日常结算使用，即应认定符合最高人民法院《关于适用〈中华人民共和国担保法〉若干问题的解释》第85条规定的金钱以特户形式特定化的要求。如债权银行实际控制和管理保证金账户，应认定已符合对出质金钱占有的要求。

（法公报［2020］11期）　汤国伟与广州市海顺房地产发展有限公司、长春高斯达生物科技集团股份有限公司案外人执行异议之诉案（见本书第154条公报案例）

（法公报［2021］11期）　中铁物上海有限公司与济南润和机车车辆物流有限公司、中车山东机车车辆有限公司申请执行人执行异议之诉案（见本书第127条公报案例）

（法公报〔2022〕9期）　武汉和平华裕物流有限公司与乐昌市粤汉钢铁贸易有限公司等案外人执行异议之诉案（最高法院 2020 年 4 月 28 日民事判决〔2019〕最高法民终 1790 号）

裁判摘要：出租人将土地出租给承租人，当该土地被强制执行时，案外人主张承租人向其转租土地，且其在土地上兴建建筑物并对之享有足以排除强制执行的合法权益时，可通过案外人执行异议之诉主张权利。人民法院在审理次承租人以案外人提起的执行异议之诉案件时，既要依法维护次承租人的正当权利，也要防止其滥用案外人执行异议之诉，妨害强制执行程序的正常进行。对于次承租人提起的执行异议能否排除强制执行，应当依据《最高人民法院关于适用〈中华人民共和国民事诉讼法〉的解释》第 311 条（现第 309 条）的规定进行审查。

（法公报〔2022〕11期）　黔南州荔波县茂兰镇甲介煤矿与张学新、贵州甲盛龙集团矿业投资有限公司案外人执行异议之诉案（最高法院 2021 年 11 月 11 日民事判决〔2021〕最高法民再 141 号）

裁判摘要：一、支付定金后即变更采矿权人登记系兼并重组政策的要求，登记权利人仅支付定金未实际经营，申请执行人应当知晓案外人系案涉采矿权的实际权利人，对采矿权登记在登记权利人名下不产生信赖利益保护，案外人提出执行异议的，人民法院应予支持。二、执行异议之诉中，案涉采矿权在判决作出前已通过以物抵债裁定变更到申请执行人名下，当人民法院判决不得执行该采矿权时，如不涉及维护司法拍卖、变卖程序安定性及不特定第三人利益保护等问题，则不得执行的范围可以及于该以物抵债裁定书，以物抵债裁定书应予以撤销，并解除查封等强制执行措施。

（法公报〔2023〕6期）　中国建设银行股份有限公司怀化市分行与中国华融资产管理股份有限公司湖南省分公司等案外人执行异议之诉案（最高法院 2022 年 6 月 29 日民事判决〔2022〕最高法民终 34 号）

裁判摘要：一、执行异议之诉案件可参照适用《最高人民法院关于人民法院办理执行异议和复议案件若干问题的规定》进行审查处理，同时需基于案件具体情况对案外人是否享有足以排除强制执行的民事权益进行实质审查。二、非消费者购房人能否排除抵押权人的申请执行，可基于双方权利的性质，取得权利时间的先后，权利取得有无过错以及如何降低或者预防风险再次发生等因素，结合具体案情，对双方享有的权利进行实体审查后作出相应判断。

● **典型案例**　【法办发 [2023] 号】　人民法院涉"一带一路"建设典型案例
（第 4 批）（最高法 2023 年 9 月 27 日发布）

（案例 10）依法驳回案外人执行异议诉请，及时有效执行外国仲裁裁决——
中国中小企业投资有限公司与俄罗斯萨哈林海产品无限股份公司、东方国际经济
技术合作公司案外人执行异议之诉（最高法院 [2019] 最高法民终 1429 号二审
民事裁定）

　　2000 年 10 月，俄罗斯联邦萨哈林地区仲裁法庭裁决：东方合作公司应给付
萨哈林公司货款总计 3007319.2 美元以及俄罗斯联邦财政税 83490 卢布。经萨哈
林公司申请，黑龙江高院于 2004 年 1 月裁定承认并执行该裁决，冻结东方公司持
有的 6300 万元股权及红利。2011 年 9 月，东方公司将该 6300 万股股权转让给中
小企业公司。通过诉讼程序，2012 年 3 月 29 日，河北省河间市法院判决确认中
小企业公司对该股权享有所有权。中小企业公司据此先后向黑龙江高院提出执行
异议申请和执行异议之诉，均被驳回，遂向最高法院上诉。最高法院二审认为，
案外人执行异议之诉，主张的权利应当是所有权等在性质上能够排除人民法院对
执行标的的强制执行的实体权利。中小企业公司与东方公司签订《股权转让协议》
时，案涉股权已经被依法冻结，不能诉请确权①。遂驳回上诉，并对河间法院的
确权判决予以再审。

● **高法判例**　【 [2015] 民一终字第 150 号】　王某、钟某玉等股权转让纠纷、
案外人执行异议之诉案（最高法院 2016 年 1 月 10 日二审民事判决书）

　　裁判摘要： 1. 执行程序需要贯彻已生效判决的执行力，因此，对执行异议是
否成立应坚持较高的、外观化的判断标准，要高于执行异议之诉中原告能否排除
执行的判断标准。《最高人民法院关于人民法院办理执行异议和复议案件若干问
题的规定》第 25 条至第 28 条的规定就应当在如下意义上理解，即符合这些规定
所列条件的，执行异议能够成立；不满足这些规定所列条件的，异议人在执行异
议之诉中的请求也未必不成立。是否成立，应根据案件的具体情况和异议人所主
张的权利、申请执行人债权实现的效力以及被执行人对执行标的的权利作出比较
后综合判断，从而确定异议人的权利是否能够排除执行。2. 从内容上看，钟某玉
的请求权系针对诉争房屋的请求权，而王某的债权为金钱债权，并未指向特定的
财产，诉争房屋只是作为林某达的责任财产成为王某的债权的一般担保。从功能

---

　　① 《最高人民法院关于执行权合理配置和科学运行的若干意见》（法发 [2011] 15 号）第 26 条规
定，审判机构在审理确权诉讼时，应当查询所要确权的财产权属状况，发现已经被执行局查封、扣押、
冻结的，应当中止审理；当事人诉请确权的财产被执行局处置的，应当撤销确权案件；在执行局查封、
扣押、冻结后确权的，应当撤销确权判决或者调解书。

上看，该房产具有为钟某玉及其所生子女提供生活保障的功能。与王某的金钱债权相比，钟某玉及其子女享有的请求权在伦理上具有一定的优先性。因此，钟某玉对诉争房产所享有的权利应当能够阻却对本案讼争房产的执行。

【［2018］最高法民终 462 号】 刘某艳诉周某方、融投担保集团等案外人执行异议之诉案（最高法院 2018 年 12 月 4 日二审民事判决书）（详见本书第 255 条）

裁判摘要： 民事诉讼法设立执行异议之诉的目的在于保护相关民事主体对标的财产所享有的足以排除强制执行的合法权益，保护其不因标的财产被强制执行而遭受不可逆的损害。在执行异议之诉案件的审理过程中，根据个案的具体情况，比较有关权益的形成时间和权益的内容、性质、效力以及对权益主体的利害影响等，是执行异议之诉案件的审理范围。

【［2020］最高法民终 1226 号】 刘某邑与上海某资产管理有限公司、中国某资产管理股份有限公司北京市分公司等案外人执行异议之诉二审案（最高法院 2020 年 11 月 23 日民事判决）

裁判摘要： 案涉房产未经登记，不发生物权变动的效力。刘某邑主张通过父母离婚协议书约定的受赠方式取得案涉房产，但其因自身原因一直未办理过户登记，并未取得案涉房产所有权。刘某邑主张依据离婚协议书已取得案涉房产的所有权，但其仅依据夫妻内部处分行为排斥对外法定公示物权效力，并无依据。另外，案涉房产用途为商用，并非住宅，总面积达 1340 平方米，不属于为保障刘某邑最基本生活居住条件用途。

【［2021］最高法民申 3543 号】 陈某平诉罗某奇、陶某君等案外人执行异议之诉再审案（最高法院 2021 年 6 月 30 日再审民事裁定书）

裁判摘要： 不动产物权登记产生的公示公信效力，亦仅是一种推定效力，登记行为本身不产生物权，当事人有证据证明其为真正权利人时可以推翻不动产登记的推定，维护事实上的真实。具体到本案，罗某奇与陶某君之间存在借名购房关系，罗某奇也提供证据证明其系案涉房屋实际出资人及占有人，案涉房屋因尚未还清银行贷款未及时变更产权登记。且罗某奇通过借名买房，将真实物权登记于陶某君名下，并非为了规避法律、行政法规的强制性规定或国家、地方政府限购政策，亦不违背公序良俗，符合《最高人民法院关于适用〈中华人民共和国物权法〉若干问题的解释（一）》第 2 条之规定，当物权登记与实际权利状况不符时，以实际权利状况为依据认定事实的情形。故江西省高级人民法院［2020］赣民终 898 号二审判决据此认定罗某奇为案涉房屋实际权利人，享有足以排除强制执行的民事权益，适用法律并无不当。

● **文书格式**　　**【法［2016］221 号】**　　**民事诉讼文书样式**（2016 年 2 月 22 日最高法审委会［1679 次］通过，2016 年 6 月 28 日公布，2016 年 8 月 1 日起施行）
（本书对格式略有调整，并统一省略了题头"××人民法院"）

执行异议书（当事人、利害关系人＼案外人提出异议）

异议人（申请执行人/被执行人/利害关系人）：×××，男/女，×年×月×日生，×族，……（写明工作单位和职务或职业），住……。联系方式：……。（★异议人是法人或其他组织的，本段写明名称、住所）

法定代理人/指定代理人①：×××，……。（★异议人是法人或其他组织的，本段写明法定代表人、主要负责人及其姓名、职务、联系方式）

委托诉讼代理人：×××，……。（异议时已经委托诉讼代理人的，写明此项）

（以上写明异议人和其他诉讼参与人的姓名或者名称等基本信息）

申请执行人×××与被执行人×××……（写明案由）一案，××人民法院（或其他生效法律文书的作出机关）（××××）……号民事判决（或其他生效法律文书）已发生法律效力。

××人民法院在执行本案过程中，异议人对××人民法院……（写明执行行为）不服，提出异议。（★异议人是案外人的，本段写:）异议人对××人民法院执行……（写明执行标的）不服，提出异议。

请求事项：……

事实与理由：……

此致：××人民法院

附：1. 生效法律文书×份；2. 异议人的身份证明，送达地址和联系方式；3. 相关证据材料

异议人（自然人签名或单位盖章）

×年×月×日

执行裁定书（当事人、利害关系人＼案外人异议）

（××××）……执异……号

异议人（申请执行人/被执行人/利害关系人＼案外人）：×××，……。

申请执行人：×××，……。

被执行人：×××，……。

……

（以上写明异议人、申请执行人、被执行人及其代理人和其他诉讼参与人的

---

① 注：异议人是无民事行为能力或限制民事行为能力人的，应当写明法定代理人姓名、性别、出生日期、民族、职业、工作单位、住所、联系方式，在诉讼地位后括注与异议人的关系。

姓名或名称等基本信息)

在本院执行×××与×××……（写明案由）一案中，异议人×××对……（写明人民法院执行行为\执行标的）不服，向本院提出书面异议。本院受理后，依法组成合议庭进行审查，[（举行听证的，写明：）并于×年×月×日举行了听证。×××（当事人、利害关系人\案外人或委托诉讼代理人）参加了听证，并提交了书面意见。]现已审查终结。

异议人×××称，……（写明提出异议的请求、事实和理由）。

申请执行人×××称，……（写明申请执行人的意见）。

被执行人×××称，……（写明被执行人的意见）。

本院查明，……（写明查明的事实）。

本院认为，……（写明争议焦点，根据认定的案件事实和相关法律，对异议请求进行分析评判，说明理由）。依照《中华人民共和国民事诉讼法》第232\234条、《最高人民法院关于人民法院办理执行异议和复议案件若干问题的规定》第17条第×项\第15条规定，裁定如下：

（支持异议请求的，写明：）中止对……（写明执行行为\标的）的执行。

（驳回异议请求的，写明：）驳回×××的异议请求。

（撤销或者变更执行行为的，写明：）撤销/变更××人民法院作出的（××××）……号……（生效法律文书），……（写明撤销或变更内容）。

如不服本裁定，（当事人、利害关系人异议的，写明：）可以自本裁定书送达之日起10日内，向××人民法院申请复议。

（案外人异议的，写明：）认为原判决、裁定错误的，应当依照审判监督程序办理；与原判决、裁定无关的，可以自本裁定送达之日起15日内向人民法院提起诉讼。

（合议庭成员署名）

×年×月×日（院印）

书记员　×××

复议申请书（当事人、利害关系人提出异议复议）

复议申请人（申请执行人/被执行人/利害关系人）：×××，男/女，×年×月×日生，×族，……（写明工作单位和职务或职业），住……。联系方式：……。（★异议人是法人或其他组织的，本段写明名称、住所）

法定代理人/指定代理人①：×××，……。（★异议人是法人或其他组织的，本

---

① 注：异议人是无民事行为能力或限制民事行为能力人的，应当写明法定代理人姓名、性别、出生日期、民族、职业、工作单位、住所、联系方式，在诉讼地位后括注与异议人的关系。

段写明法定代表人、主要负责人及其姓名、职务、联系方式）

　　　委托诉讼代理人：×××，……。（异议时已经委托诉讼代理人的，写明此项）

　　（以上写明异议人和其他诉讼参与人的姓名或者名称等基本信息）

　　　申请执行人×××与被执行人×××……（写明案由）一案，复议申请人不服××人民法院（××××）……执异……号执行裁定，申请复议。

　　　请求事项：……

　　　事实与理由：……

　　　此致：××人民法院

　　　附：1. 驳回异议裁定书×份；2. 申请人的身份证明，送达地址和联系方式；3. 相关证据材料

复议申请人（自然人签名或单位盖章）

×年×月×日

受理案件通知书（收到异议或复议时，告知相关权利）

（××××）……执……号

×××：

　　　×××与×××……（写明案由）一案，你/你单位向本院提出异议/申请复议，本院立案审查。现将有关事项通知如下：

　　　一、本案合议庭由审判长×××、审判员×××、审判员×××组成。书记员由×××担任。

　　　二、自然人应当提交身份证或者通行证、护照复印件；法人或者其他组织应当提交营业执照或者事业单位法人代码证复印件、法定代表人或者主要负责人身份证明书。

　　　三、当事人、法定代理人可以委托 1 至 2 人作为诉讼代理人。委托他人行使权利，必须向人民法院提交由委托人签名或者盖章的授权委托书。授权委托书必须记明委托事项和权限。

　　　侨居在国外的中华人民共和国公民从国外寄交或者托交的授权委托书，必须经中华人民共和国驻该国的使领馆证明；没有使领馆的，由与中华人民共和国有外交关系的第三国驻该国的使领馆证明，再转由中华人民共和国驻该第三国使领馆证明，或者由当地的爱国华侨团体证明。

　　　四、根据《最高人民法院关于人民法院在互联网公布裁判文书的规定》，本院作出的生效裁判文书将在中国裁判文书网上公布。如果你认为案件涉及个人隐私或商业秘密，申请对裁判文书中的有关内容进行技术处理或者申请不予公布的，至迟应在裁判文书送达之日起 3 日内以书面形式提出并说明具体理由。经本院审

查认为理由正当的，可以在公布裁判文书时隐去相关内容或不予公布。

五、如需向本院提交或补充材料，应附材料清单和电子版。

特此通知。

联系人、联系电话：……

本院地址、邮编：……

×年×月×日（院印）

执行裁定书（执行复议）

（××××）……执复……号

复议申请人（申请执行人/被执行人/利害关系人）：×××，……。

法定代理人/指定代理人/法定代表人/主要负责人：×××，……。

委托诉讼代理人：×××，……。

申请执行人/被执行人/利害关系人：×××，……。

……

（以上写明复议申请人、申请执行人、被执行人、利害关系人和其他诉讼参加人的姓名或名称等基本信息）

复议申请人×××不服××人民法院（××××）……执异……号裁定，向本院申请复议，本院受理后，依法组成合议庭进行审查，[（举行听证的，写明：）并于×年×月×日举行了听证，×××（当事人、利害关系人或委托代理人）参加了听证，并提交了书面意见。]现已审查终结。

……（简要写明执行过程）。

××人民法院查明，……（写明审查异议法院查明的事实）。

××人民法院认为，……（写明审查异议法院的理由）。

×××向本院申请复议称，……（写明申请复议的请求、事实和理由）。

×××称，……（写明其他当事人或利害关系人的意见）。

本院查明，……（写明查明的事实）。

本院认为，……（写明争议焦点，根据认定的案件事实和相关法律，对复议请求进行分析评判，说明理由）。依照《中华人民共和国民事诉讼法》第236条、最高人民法院《关于人民法院办理执行异议和复议案件若干问题的规定》第23条第×项规定，裁定如下：

（异议裁定认定事实清楚，适用法律正确，结果应予维持的，写明：）驳回×××复议申请，维持××人民法院（××××）……执异……号异议裁定。

（异议裁定认定事实错误，或者适用法律错误，结果应予纠正的，写明：）撤销/变更××人民法院（××××）……执异……号异议裁定。（如执行行为可变更、撒销的，还应另起一行写明：）撤销/变更……（异议裁定所维持的执行行为）。

（异议裁定认定基本事实不清、证据不足的，写明：）一、撤销××人民法院（××××）……执异……号异议裁定；二、发回××人民法院重新审查/查清事实后作出相应裁定。①

（异议裁定遗漏异议请求或者存在其他严重违反法定程序的情形，写明：）一、撤销××人民法院（××××）……执异……号异议裁定；二、发回××人民法院重新审查。

（异议裁定对应当适用民事诉讼法第238条规定审查处理的异议，错误适用民事诉讼法第236条规定审查处理的，写明：）一、撤销××人民法院（××××）……执异……号异议裁定；二、发回××人民法院重新作出裁定。

本裁定为终审裁定。

（合议庭成员署名）

×年×月×日（院印）

书记员　×××

民事起诉状（案外人＼申请执行人提起执行异议之诉）

原告（案外人＼申请执行人）：×××，男/女，×年×月×日生，×族，……（写明工作单位和职务或职业），住……。联系方式：……。（★起诉人是法人或其他组织的，本段写明原告的名称、住所）

法定代理人/指定代理人②：×××，……。（★起诉人是法人或其他组织的，本段写明法定代表人、主要负责人及其姓名、职务、联系方式）

委托诉讼代理人：×××，……。（起诉时已经委托诉讼代理人的，写明此项）

被告（申请执行人＼案外人）③：×××，……。（自然人写明姓名、性别、单位、住所等；法人或其他组织写明名称、住所等）

被告/第三人（被执行人）④：×××，……。

……（以上写明当事人和其他诉讼参与人的姓名或者名称等基本信息）

诉讼请求：（★申请执行人提起执行异议之诉的，本项写明：准许执行……执行标的）

---

① 注：对发回重新审查的案件作出裁定后，当事人、利害关系人再次申请复议的，上一级人民法院复议后不得再次发回重新审查。

② 注：起诉人是无民事行为能力或限制民事行为能力人的，应当写明法定代理人姓名、性别、出生日期、民族、职业、工作单位、住所、联系方式，在诉讼地位后括注与起诉人的关系。

③ 注：案外人提起执行异议之诉的，以申请执行人为被告；申请执行人提起执行异议之诉的，以案外人为被告。

④ 注：被执行人反对原告主张的，将其列为共同被告；不反对原告主张的，可以将其列为第三人。

1. 不得执行……（写明执行标的）；

2. （请求确认权利的，写明:）……。

事实和理由:

×年×月×日，××人民法院（××××）……号对……（写明当事人和案由）一案作出民事判决/民事裁定/民事调解书:……（写明判决结果）。

×年×月×日，×××对执行标的提出书面异议。××人民法院于×年×月×日作出（××××）……执异……号执行异议裁定:驳回×××的异议。

……（写明事实和理由）

证据和证据来源，证人姓名和住所:

……

此致:××人民法院

附: 1. 本起诉状副本×份（按照被告人数提出副本）; 2. 驳回异议裁定书

起诉人（签名①）

×年×月×日

民事判决书（申请执行人\案外人执行异议之诉用，适用普通程序、合议庭开庭审理）

（××××）……民初……号

原告（申请执行人\案外人）:×××，……。

被告（案外人\申请执行人）:×××，……。②

被告/第三人（被执行人）:×××，……。③

（以上写明当事人及其代理人和其他诉讼参与人的姓名或者名称等基本信息）

原告×××与被告×××、被告/第三人×××申请执行人\案外人执行异议之诉一案，本院于×年×月×日立案后，依法适用普通程序，公开/因涉及……（写明不公开开庭的理由）不公开开庭进行了审理。原告×××、被告×××、被告/第三人×××（写明当事人和其他诉讼参与人的诉讼地位和姓名或名称）到庭参加诉讼。本案现已审理终结。

×××向本院提出诉讼请求:（申请执行人请求:）准许执行……（××××）……号……（写明制作单位、案号、文书名称和具体执行标的）。（案外人请求:）

---

① 注:起诉人是法人或其他组织的，本处盖单位公章，并由法定代表人或主要负责人签名。

② 注:案外人提起执行异议之诉的，以申请执行人为被告;申请执行人提起执行异议之诉的，以案外人为被告。

③ 注:被执行人反对原告主张的，列为共同被告;被执行人不反对原告主张的，可以列为第三人。在当事人诉讼地位后括注执行异议程序中的诉讼地位。

1.……；2.……（明确原告的诉讼请求）。事实和理由：……（概述原告主张的事实和理由）。

×××辩称，……（概述被告答辩意见）。

×××诉/述称，……（概述第三人陈述意见）。

当事人围绕诉讼请求依法提交了证据，本院组织当事人进行了证据交换和质证。对当事人无异议的证据，本院予以确认并在卷佐证。对有争议的……证据和事实，本院认定如下：……（写明法院是否采信证据，事实认定的意见和理由）。

本院认为，……（围绕争议焦点，根据认定的事实和相关法律，对是否准许对执行标的执行\对当事人的排除对执行标的的执行的请求或确权请求进行分析评判，说理）。

综上所述，……（对原告的诉讼请求是否应予支持总结评述）。依照……（写明法律文件名称及其条款项序号）、《中华人民共和国民事诉讼法》第236\238条、《最高人民法院关于适用〈中华人民共和国民事诉讼法〉的解释》第304\303条、第311\312条规定，判决如下：

（案外人就执行标的不享有足以排除强制执行的民事权益的，写明：）准许执行……（××××）……号……（写明制作单位、案号、文书名称和执行标的）。

（案外人就执行标的的享有足以排除强制执行的民事权益的，写明：）驳回×××的诉讼请求。

案件受理费……元，由……负担（写明当事人姓名或者名称、负担金额）。

如不服本判决，可以在判决书送达之日起15日内，向本院递交上诉状，并按对方当事人或者代表人的人数提出副本，上诉于××人民法院。

（准许执行的，写明：）本院（××××）……执异……号执行异议裁定于本判决生效时自动失效。[①]

审判长　×××

（代理）审判员　×××

人民陪审员　×××

×年×月×日（院印）

本件与原本核对无异

法官助理　×××

书记员　×××

---

① 注：执行法院可以根据申请执行人的申请或者依职权恢复执行。

> **第 237 条**20080401 　　**【执行不作为】**人民法院自收到申请执行书之
> 日起超过 6 个月未执行的，申请执行人可以向上一级人民法院申请执
> 行。上一级人民法院经审查，可以责令原人民法院在一定期限内执
> 行，也可以决定由本院执行或者指令其他人民法院执行。
> 　　**第 238 条**　　（见第 236 条之后）

● **相关规定**　　**【法释［1998］15 号】**　　**最高人民法院关于人民法院执行工作若
干问题的规定（试行）**（1998 年 6 月 11 日最高法审委会［992 次］通过，1998 年
7 月 8 日公布施行；根据法释［2020］21 号《决定》修正，2021 年 1 月 1 日起施
行；以本规为准）①

　　74. 上级法院发现下级法院的执行案件（包括受委托执行的案件）在规定的
期限内未能执行结案的，应当作出裁定、决定、通知而不制作的，或应当依法实
施具体执行行为而不实施的，应当督促下级法院限期执行，及时作出有关裁定等
法律文书，或采取相应措施。

　　对下级法院长期未能执结的案件，确有必要的，上级法院可以决定由本院执
行或与下级法院共同执行，也可以指定本辖区其他法院执行。

【法释［2008］13 号】　　**最高人民法院关于适用《中华人民共和国民事诉讼
法》执行程序若干问题的解释**（2008 年 9 月 8 日最高法审委会［1452 次］通过，
2008 年 11 月 3 日公布，2009 年 1 月 1 日起施行；根据法释［2020］21 号《决
定》修正，2021 年 1 月 1 日起施行。以本规为准）

　　第 10 条　　依照民事诉讼法第 226 条（现第 237 条）的规定，有下列情形之一
的，上一级人民法院可以根据申请执行人的申请，责令执行法院限期执行或者变
更执行法院：

　　（一）债权人申请执行时被执行人有可供执行的财产，执行法院自收到申请
执行书之日起超过 6 个月对该财产未执行完结的；

　　（二）执行过程中发现被执行人可供执行的财产，执行法院自发现财产之日
起超过 6 个月对该财产未执行完结的；

　　（三）对法律文书确定的行为义务的执行，执行法院自收到申请执行书之日
起超过 6 个月未依法采取相应执行措施的；

　　（四）其他有条件执行超过 6 个月未执行的。

---

　　① 注：本《规定》自 1998 年 7 月 8 日公布试行 22 年多，至 2020 年 12 月 23 日修正，仍为"试行"。

第 11 条　上一级人民法院依照民事诉讼法第 226 条（现第 237 条）规定责令执行法院限期执行的，应当向其发出督促执行令，并将有关情况书面通知申请执行人。

上一级人民法院决定由本院执行或者指令本辖区其他人民法院执行的，应当作出裁定，送达当事人并通知有关人民法院。

第 12 条　上一级人民法院责令执行法院限期执行，执行法院在指定期间内无正当理由仍未执行完结的，上一级人民法院应当裁定由本院执行或者指令本辖区其他人民法院执行。

第 13 条　民事诉讼法第 226 条（现第 237 条）规定的 6 个月期间，不应当计算执行中的公告期间、鉴定评估期间、管辖争议处理期间、执行争议协调期间、暂缓执行期间以及中止执行期间。

● **文书格式**　【法〔2016〕221 号】　**民事诉讼文书样式**（2016 年 2 月 22 日最高法审委会〔1679 次〕通过，2016 年 6 月 28 日公布，2016 年 8 月 1 日起施行）（本书对格式略有调整）

提级执行申请书①

申请执行人：×××，男/女，×年×月×日生，×族，……（写明工作单位和职务或职业），住……。联系方式：……。（★申请人是法人或其他组织的，本段写明名称、住所）

法定代理人/指定代理人②：×××，……。（★申请人是法人或其他组织的，本段写明法定代表人、主要负责人及其姓名、职务、联系方式）

委托诉讼代理人：×××，……。（申请时已经委托诉讼代理人的，写明此项）

被执行人：×××，……。

（以上写明申请执行人、被执行人和其他诉讼参与人的姓名或者名称等基本信息）

请求事项：

请求依法对××人民法院执行的（××××）……执……号案件提级执行。

事实和理由：

申请执行人×××与被执行人×××……（写明案由）一案，××人民法院（或其他生效法律文书的作出机关）（××××）……号民事判决（或其他生效法律文书）已发生法律效力。……（写明申请提级执行的事实和理由）。

此致：××人民法院

---

① 注：人民法院收到申请执行书超过 6 个月未执行的，申请执行人可以向上一级法院申请执行。

② 注：申请人是无民事行为能力人或限制民事行为能力人的，应当写明法定代理人姓名、性别、出生日期、民族、职业、工作单位、住所、联系方式，在诉讼地位后括注与申请人的关系。

附：生效法律文书×份

申请执行人（自然人签名或单位盖章）

×年×月×日

督促执行令（上级法院督促下级法院执行）

（××××）……执……号

××人民法院：

你院立案执行的×××与×××……（写明案由）一案，……（写明案件逾期未执行完结的事实）。依照《中华人民共和国民事诉讼法》第237条、《最高人民法院关于适用〈中华人民共和国民事诉讼法〉执行程序若干问题的解释》第11条、第12条第1款规定，责令你院在收到本督促执行令之日起立即执行该案，于×年×月×日前执结，并将执行结果书面报告我院。

此令

×年×月×日（院印）

执行裁定书（提级执行）

（××××）……执……号

申请执行人：×××，……。

法定代理人/指定代理人/法定代表人/主要负责人：×××，……。

委托诉讼代理人：×××，……。

被执行人：×××，……。

……

（以上写明申请执行人、被执行人和其他诉讼参加人的姓名或者名称等基本信息）

××人民法院执行的……（写明原执行案号、当事人及案由）一案，……（写明提级执行的理由）。根据《最高人民法院关于人民法院执行工作若干问题的规定（试行）》第74条第2款规定，裁定如下：

××人民法院（或其他生效法律文书的作出机关）（××××）……号民事判决（或其他生效法律文书）由本院执行。

××人民法院应在收到本裁定书后将有关案卷材料移送本院，并通知相关当事人。本裁定立即执行。

（合议庭成员署名）

×年×月×日（院印）

书记员　×××

执行决定书（决定与下级法院共同执行案件）

（××××）……执……号

××人民法院:

你院执行的×××与×××……（写明案由）一案，因……（写明共同执行的事实和理由），依照《最高人民法院关于人民法院执行工作若干问题的规定（试行）》第 74 条第 2 款规定，决定如下:

本案由本院与你院共同执行。

×年×月×日（院印）

执行裁定书（指定执行）

（××××）……执……号

申请执行人:×××，……。

法定代理人/指定代理人/法定代表人/主要负责人:×××，……。

委托诉讼代理人:×××，……。

被执行人:×××，……。

……

（以上写明申请执行人、被执行人和其他诉讼参加人的姓名或者名称等基本信息）

×××与×××……（写明案由）一案，××人民法院于×年×月×日立案执行。现因……（写明指定执行的理由）。根据《中华人民共和国民事诉讼法》第 237 条、《最高人民法院关于适用〈中华人民共和国民事诉讼法〉执行程序若干问题的解释》第 11 条、第 12 条第 2 款（上一级法院责令执行法院限期执行，执行法院在指定期间内无正当理由仍未执行完结的，引用《最高人民法院关于适用〈中华人民共和国民事诉讼法〉执行程序若干问题的解释》第 13 条）规定，裁定如下:

××人民法院（或其他生效法律文书的作出机关）（××××）……号民事判决（或其他生效法律文书）由××人民法院执行。

××人民法院应在收到本裁定书后将有关案卷材料移送××人民法院，并通知相关当事人。

本裁定立即执行。

（合议庭成员署名）

×年×月×日（院印）

书记员　×××

第 239 条[19910409]　【执行人，执行示证、笔录】执行工作由执行员、~~书记员进行，重大执行措施，应当有司法警察参加。~~

采取强制执行措施时，执行员应当向被执行人或者他的成年家属出示证件。执行完毕后，应当~~并~~将执行情况制作笔录，由在场的有关人员签名或者盖章。

（新增）基层人民法院、~~中级~~[20080401]人民法院根据需要可以设立执行机构。~~执行机构的职责由最高人民法院规定。~~[20080401]

● **相关规定**　**【法发［2004］5 号】**　最高人民法院、国土资源部、建设部关于依法规范人民法院执行和国土资源房地产管理部门协助执行若干问题的通知（2004 年 2 月 10 日印发，2004 年 3 月 1 日起实施）（详见本书第 261 条）

二、人民法院对土地使用权、房屋实施查封或者进行实体处理前，应当向国土资源、房地产管理部门查询该土地、房屋的权属。

人民法院执行人员到国土资源、房地产管理部门查询土地、房屋权属情况时，应当出示本人工作证和执行公务证，并出具协助查询通知书。

人民法院执行人员到国土资源、房地产管理部门办理土地使用权或者房屋查封、预查封登记手续时，应当出示本人工作证和执行公务证，并出具查封、预查封裁定书和协助执行通知书。

【法政［2018］335 号】　最高人民法院政治部关于《关于解决聘用制书记员执行公务证相关问题的请示》研究意见的复函（2018 年 10 月 20 日答复江苏高院政治部"苏高法政［2018］42 号"请示）

一、关于为聘用制书记员发放人民法院执行公务证的问题。根据最高人民法院《关于加强执行公务证管理使用相关问题的通知》（法［2009］4 号），执行公务证发放人员范围是人民法院正式在编且具有公务员身份的人员。目前，为聘用制书记员办理执行公务证缺乏政策依据，也不利于执行工作的规范管理。

二、关于执行过程中的"双人双证"问题。最高人民法院《关于人民法院执行工作若干问题的规定（试行）》《关于依法规范人民法院执行和金融机构协助执行的通知》《关于依法规范人民法院执行和国土资源房地产管理部门协助执行若干问题的通知》，均只规定人民法院执行人员执行公务时应出示本人工作证和执行公务证，对执行人员数量没有明确要求。当前执行工作需要，原则同意你部关于"外出执行时，只要一名执行人员具有工作证和执行公务证，另一名执行人员有工作证即可"的意见，具体操作问题，请你院与当地房地产管理部门、金融机构协调解决。

【法［2021］322 号】　最高人民法院关于进一步完善执行权制约机制 加强执行监督的意见（2021 年 12 月 6 日）

7. 健全事务集约、繁简分流的执行权运行机制。首次执行案件应在立案后或者完成集中查控后，根据查控结果，以有无足额财产可供执行、有无财产需要处置、能否一次性有效执行等为标准，实施繁简分流，实现简案快执、难案攻坚。简易执行案件由快执团队办理，普通案件由以法官为主导的团队办理。做好简易执行案件与普通案件的衔接，简易执行案件无法在既定期限内执结的，应转为普通案件办理。通过对繁简案件分类考核、精准管理，有效避免繁简案件混杂引发的选择性执行问题。

> **第 240 条**[19910409]　**【委托执行】**被执行人或者被执行的财产在外地的，可以委托当地人民法院代为执行。受委托人民法院收到委托函件后，~~必须~~/应当在 15 日内开始执行，不得拒绝。执行完毕后，应当将执行结果及时函复委托人民法院；在 30 日内如果还未执行完毕，也应当将执行情况函告委托人民法院。
>
> （新增）受委托人民法院自收到委托函件之日起 15 日内不执行的，委托人民法院可以请求受委托人民法院的上级人民法院指令受委托人民法院执行。

● **相关规定**　**【法释［1998］15 号】　最高人民法院关于人民法院执行工作若干问题的规定（试行）**（1998 年 6 月 11 日最高法审委会［992 次］通过，1998 年 7 月 8 日公布施行；根据法释［2020］21 号《决定》修正，2021 年 1 月 1 日起施行；以本规为准）

~~111. 凡需要委托执行的案件，委托法院应在立案后 1 个月内办妥委托执行手续。超过此期限委托的，应当经对方法院同意。~~

~~112. 委托法院明知被执行人有下列情形的，应当及时依法裁定中止执行或终结执行，不得委托当地法院执行：（1）无确切住所，长期下落不明，又无财产可供执行的；（2）有关法院已经受理以被执行人为债务人的破产案件或者已经宣告其破产的。~~

~~113. 委托执行一般应在同级人民法院之间进行。经对方法院同意，也可委托上一级的法院执行。~~

~~被执行人是军队企业的，可以委托其所在地的军事法院执行。~~

~~执行标的物是船舶的，可以委托有关海事法院执行。~~

114. 委托法院应当向受委托法院出具书面委托函，并附送据以执行的生效法律文书副本原件、立案审批表复印件及有关情况说明，包括财产保全情况、被执行人的财产状况、生效法律文书履行的情况，并注明委托法院地址、联系电话、联系人等。

115. 委托执行案件的实际支出费用，由受托法院向被执行人收取，确有必要的，可以向申请执行人预收。委托法院已经向申请执行人预收费用的，应当将预收的费用转交受托法院。

116. 案件委托执行后，未经受托法院同意，委托法院不得自行执行。

117. 受托法院接到委托后，应当及时将指定的承办人、联系电话、地址等告知委托法院；如发现委托执行的手续、资料不全，应及时要求委托法院补办。但不得据此拒绝接受委托。

118. 受托法院对受托执行的案件应当严格按照民事诉讼法和最高人民法院有关规定执行，有权依法采取强制执行措施和对妨害执行行为的强制措施。

119. 被执行人在受托法院当地有工商登记或户籍登记，但人员下落不明，如有可供执行的财产，可以直接执行其财产。

120. 对执行担保和执行和解的情况以及案外人对非属法律文书指定交付的执行标的物提出的异议，受托法院可以按照有关法律规定处理，并及时通知委托法院。

121. 受托法院在执行中，认为需要变更被执行人的，应当将有关情况函告委托法院，由委托法院依法决定是否作出变更被执行人的裁定。

122. 受托法院认为受托执行的案件应当中止、终结执行的，应提供有关证据材料，函告委托法院作出裁定。受托法院提供的证据材料确实、充分的，委托法院应当及时作出中止或终结执行的裁定。

123. 受托法院认为委托执行的法律文书有错误，如执行可能造成执行回转困难或无法执行回转的，应当首先采取查封、扣押、冻结等保全措施，必要时要将保全款项划到法院帐户，然后函请委托法院审查。受托法院按照委托法院的审查结果继续执行或停止执行。

124. 人民法院在异地执行时，当地人民法院应当积极配合，协同排除障碍，保证执行人员的人身安全和执行装备、执行标的物不受侵害。

【法释［2000］29号】　最高人民法院关于严格执行案件审理期限制度的若干规定（2000年9月14日最高法审委会［1130次］通过，2000年9月22日公布，2000年9月28日起施行）

第5条（第2款）　委托执行的案件，委托的人民法院应当在立案后1个月内办理完委托执行手续，受委托的人民法院应当在收到委托函件后 30 日内执行完毕。未执行完毕，应当在期限届满后 15 日内将执行情况函告委托人民法院。

【法释〔2011〕11 号】　最高人民法院关于委托执行若干问题的规定（2011年 4 月 25 日最高法审委会〔1521 次〕通过，2011 年 5 月 3 日公布，2011 年 5 月 16 日起施行；根据法释〔2020〕21 号《决定》修正，2021 年 1 月 1 日起施行）

第 1 条　执行法院经调查发现被执行人在本辖区内已无财产可供执行，且在其他省、自治区、直辖市内有可供执行财产的，~~可以~~/应当将案件委托异地的同级人民法院执行。

~~执行案件中有 3 个以上被执行人或者 3 处以上被执行财产在本省、自治区、直辖市辖区以外，且分属不同异地的，~~执行法院根据案件具体情况确需赴异地执行案件的，应当报经其所在辖区高级人民法院批准后可以异地执行。

第 2 条　案件委托执行后，受托法院应当依法立案，委托法院应当在收到受托法院的立案通知书后作~~销案~~/委托结案处理。

委托异地法院协助查询、冻结、查封、调查或者送达法律文书等有关事项的，受托法院不作为委托执行案件立案办理，但应当积极予以协助。

第 3 条　委托执行应当以执行标的物所在地或者执行行为实施地的同级人民法院为受托执行法院。有 2 处以上财产在异地的，可以委托主要财产所在地的人民法院执行。

被执行人是现役军人或者军事单位的，可以委托对其有管辖权的军事法院执行。

执行标的物是船舶的，可以委托有管辖权的海事法院执行。

第 4 条　委托执行案件应当由委托法院直接向受托法院办理委托手续，并层报各自所在的高级人民法院备案。

事项委托应当~~通过人民法院执行指挥中心综合管理平台办理~~/以机要形式送达委托事项的相关手续，~~不需报高级人民法院备案~~。

第 5 条　案件委托执行时，委托法院应当提供下列材料：（一）委托执行函；（二）申请执行书和委托执行案件审批表；（三）据以执行的生效法律文书副本；（四）有关案件情况的材料或者说明，包括本辖区无财产的调查材料、财产保全情况、被执行人财产状况、生效法律文书的履行情况等；（五）申请执行人地址、联系电话；（六）被执行人身份证件或者营业执照复印件、地址、联系电话；（七）委托法院执行员和联系电话；（八）其他必要的案件材料等。

第 6 条　委托执行时，委托法院应当将已经查封、扣押、冻结的被执行人的异地财产，一并移交受托法院处理，并在委托执行函中说明。

委托执行后，委托法院对被执行人财产已经采取查封、扣押、冻结等措施的，视为受托法院的查封、扣押、冻结措施。受托法院需要继续查封、扣押、冻结，持委托执行函和立案通知书办理相关手续。续封续冻时，仍为原委托法院的查封冻结顺序。

查封、扣押、冻结等措施的有效期限在移交受托法院时不足1个月的，委托法院应当先行续封或者续冻，再移交受托法院。

第7条 受托法院收到委托执行函后，应当在7日内予以立案，并及时将立案通知书通过委托法院送达申请执行人，同时将指定的承办人、联系电话等书面告知委托法院。

委托法院收到上述通知书后，应当在7日内书面通知申请执行人案件已经委托执行，并告知申请执行人可以直接与受托法院联系执行相关事宜。

第8条 受托法院如发现委托执行的手续、材料不全，可以要求委托法院补办。委托法院应当在30日内完成补办事项，在上述期限内未完成的，应当作出书面说明。委托法院既不补办又不说明原因的，视为撤回委托，受托法院可以将委托材料退回委托法院。

第9条 受托法院退回委托的，应当层报所在辖区高级人民法院审批。高级人民法院同意退回后，受托法院应当在15日内将有关委托手续和案卷材料退回委托法院，并作出书面说明。

委托执行案件退回后，受托法院已立案的，应当作销案处理。委托法院在案件退回原因消除之后可以再行委托。确因委托不当被退回的，委托法院应当决定撤销委托并恢复案件执行，报所在的高级人民法院备案。

第10条 委托法院在案件委托执行后又发现有可供执行财产的，应当及时告知受托法院。受托法院发现被执行人在受托法院辖区外另有可供执行财产的，可以直接异地执行，一般不再行委托执行。根据情况确需再行委托的，应当按照委托执行案件的程序办理，并通知案件当事人。

第11条 受托法院未能在6个月内将受托案件执结的，申请执行人有权请求受托法院的上一级人民法院提级执行或者指定执行，上一级人民法院应当立案审查，发现受托法院无正当理由不予执行的，应当限期执行或者作出裁定提级执行或者指定执行。

第12条 ~~执行法院赴异地执行案件时，应当持有其所在辖区高级人民法院的批准函件，但异地采取财产保全措施和查封、扣押、冻结等非处分性执行措施的除外。~~

异地执行时，可以根据案件具体情况，请求当地法院协助执行，当地法院应当积极配合，保证执行人员的人身安全和执行装备、执行标的物不受侵害。

第13条 高级人民法院应当对辖区内委托执行和异地执行工作实行统一管理和协调，履行以下职责：（一）统一管理跨省、自治区、直辖市辖区的委托和受托执行案件；（二）指导、检查、监督本辖区内的受托案件的执行情况；（三）协调本辖区内跨省、自治区、直辖市辖区的委托和受托执行争议案件；（四）承办需异地执行的有关案件的审批事项；（五）对下级法院报送的有关委托和受托执行案件中的相关问题提出指导性处理意见；（六）办理其他涉及委托执行工作的事项。

第14条 本规定所称的异地是指本省、自治区、直辖市以外的区域。各省、自治区、直辖市内的委托执行，由各高级人民法院参照本规定，结合实际情况，制定具体办法。

第15条 本规定施行之后，其他有关委托执行的司法解释不再适用。

【法发〔2014〕26号】 最高人民法院关于执行案件立案、结案若干问题的意见（2014年12月17日印发，2015年1月1日起施行）(详见本书第20章"执行立案"专辑)

第6条 下列案件，人民法院应当按照恢复执行案件予以立案：……（四）执行实施案件因委托执行结案后，确因委托不当被已立案的受托法院退回委托的；……

【法发〔2017〕27号】 最高人民法院关于严格规范执行事项委托工作的管理办法（试行）（2017年9月8日）

第1条 人民法院在执行案件过程中遇有下列事项需赴异地办理的，可以委托相关异地法院代为办理。（一）冻结、续冻、解冻、扣划银行存款、理财产品；（二）公示冻结、续冻、解冻股权及其他投资权益；（三）查封、续封、解封、过户不动产和需要登记的动产；（四）调查被执行人财产情况；（五）其他人民法院执行事项委托系统中列明的事项。

第2条 委托调查被执行人财产情况的，委托法院应当在委托函中明确具体调查内容、具体协助执行单位并附对应的协助执行通知书。调查内容应当为总对总查控系统尚不支持的财产类型及范围。

第3条 委托法院进行事项委托一律通过执行办案系统发起和办理，不再通过线下邮寄材料方式进行。受托法院收到线下邮寄材料的，联系委托法院线上补充提交事项委托后再予办理。

第4条 委托法院发起事项委托应当由承办人在办案系统事项委托模块中录入委托法院名称、受托法院名称、案号、委托事项、办理期限、承办人姓名、联系方式，并附相关法律文书。经审批后，该事项委托将推送至人民法院执行事项委托系统，委托法院执行指挥中心核查文书并加盖电子签章后推送给受托法院。

第5条 受托法院一般应当为委托事项办理地点的基层人民法院，受托同级人民法院更有利于事项委托办理的除外。

第6条 办理期限应当根据具体事项进行合理估算，一般应不少于10天，不超过20天，需要紧急办理的，推送事项委托后，通过执行指挥中心联系受托法院，受托法院应当于24小时内办理完毕。

第7条 相关法律文书应当包括执行裁定书、协助执行通知书、委托执行函、送达回证（或回执），并附执行公务证件扫描件，委托扣划已冻结款项的，应当提供执行依据扫描件并加盖委托法院电子签章。

第8条 受托法院通过人民法院执行事项委托系统收到事项委托后，应当尽快核实材料并签收办理。

第9条 委托办理的事项超出本办法第1条所列范围且受托法院无法办理的，受托法院与委托法院沟通后可予以退回。

第10条 委托法院提供的法律文书不符合要求或缺少必要文书、收到法院无法办理的，应及时与委托法院沟通告知应当补充的材料。未经沟通，受托法院不得直接退回该委托。委托法院应于3日内通过系统补充材料，补充材料后仍无法办理的，受托法院可说明原因后退回。

第11条 受托法院应当及时签收并办理事项委托，完成后及时将办理情况及送达回证、回执或其他材料通过系统反馈委托法院，委托法院应当及时确认办结。

第12条 执行事项委托不作为委托执行案件立案办理，事项委托由受托法院根据本地的实际按一定比例折合为执行实施案件计入执行人员工作量并纳入考核范围。

第13条 委托法院可在人民法院执行事项委托系统中对已经办结的事项委托进行评价，或向受托法院的上级法院进行投诉并说明具体投诉原因，被投诉的受托法院可通过事项委托系统说明情况。评价、投诉信息将作为考核事项委托工作的一项指标。

第14条 各高级、中级人民法院应当认真履行督促职责，通过执行指挥管理平台就辖区法院未及时签收并办理、未及时确认办结情况进行督办。最高人民法院、高级人民法院定期对辖区法院事项委托办理情况进行统计、通报。

● 文书格式 【法［2016］221号】 民事诉讼文书样式（2016年2月22日最高法审委会［1679次］通过，2016年6月28日公布，2016年8月1日起施行）

（本书对格式略有调整）

委托执行函（委托其他法院执行）

（××××）……执……号

××人民法院：

　　本院在执行×××与×××……（写明案由）一案中，……（写明当事人未能履行义务的情况及委托执行的理由）。依照《中华人民共和国民事诉讼法》第 236 条第 1 款规定，特委托你院代为执行……（写明案件或有关事项），并将执行结果及时函复我院。

　　联系人、联系电话：……　　　　本院地址、邮编：……

　　附（逐项逐行列写）：1. 申请执行书和委托执行案件审批表；2. 据以执行的生效法律文书（副本）；3. 有关案件情况的材料或者说明；4. 申请执行人地址、联系电话；5. 被执行人身份证件或者营业执照复印件、地址、联系电话；6. 其他必要的案件材料。

×年×月×日（院印）

接受委托执行案件复函（回复委托法院）

（××××）……执……号

××人民法院：

　　你院×年×月×日（××××）……号来函及附件收悉。现将你院委托执行的×××与×××……（写明案由）一案立案通知书（副本）、受托事项办理情况函复你院。请你院代为送达我院立案通知书（副本），并通知申请执行人可以直接与我院联系。

　　联系人、联系电话：……　　　　本院地址、邮编：……

　　附：执行立案通知书（副本）

×年×月×日（院印）

退回委托执行案件函（退回委托法院）

（××××）……执……号

××人民法院：

　　你院×年×月×日委托执行的×××与×××……（写明案由）一案，委托执行的手续/材料不全，我院曾请你院补充有关手续/材料[①]，但你院既未补办又不说明原因。经报请××××高级人民法院批准，现将本案退回你院。

　　请予查收。

---

　　① 注：根据《最高人民法院关于委托执行若干问题的规定》第 8 条规定，若发现委托执行的手续、资料不全，应及时要求委托法院补办，但不得直接据此拒绝接受委托。

联系人、联系电话：……　　　　本院地址、邮编：……

×年×月×日（院印）

第 241 条　【执行和解】在执行中，双方当事人自行和解达成协议的，执行员应当将协议内容记入笔录，由双方当事人签名或者盖章。

（新增）¹⁹⁹¹⁰⁴⁰⁹申请执行人因受欺诈、胁迫与被执行人达成和解协议，或者一方²⁰¹³⁰¹⁰¹当事人不履行和解协议的，人民法院可以根据~~对方~~²⁰¹³⁰¹⁰¹当事人的申请，恢复对原生效法律文书的执行。

● **相关规定**　【法释〔1998〕15号】　最高人民法院关于人民法院执行工作若干问题的规定（试行）（1998年6月11日最高法审委会〔992次〕通过，1998年7月8日公布施行；根据法释〔2020〕21号《决定》修正，2021年1月1日起施行；以本规为准）

86. ~~在执行中，双方当事人可以自愿达成和解协议，变更生效法律文书确定的履行义务主体、标的物及其数额、履行期限和履行方式。~~

~~和解协议一般应当采取书面形式。执行人员应将和解协议副本附卷。无书面协议的，执行人员将和解协议的内容记入笔录，并由双方当事人签名或盖章。~~

87. ~~当事人之间达成的和解协议合法有效并已履行完毕的，人民法院作执行结案处理。~~

【执监字〔2005〕24-1号】　最高人民法院关于当事人对迟延履行和解协议的争议应当另诉解决的复函（2005年6月24日函复四川高院）

关于云南川龙翔实业有限责任公司（下称龙翔公司）申请执行四川省烟草公司资阳分公司简阳卷烟营销管理中心（下称烟草公司）债务纠纷一案，你院以〔2004〕川执请字第1号答复资阳市中级人民法院，认为龙翔公司申请恢复执行并无不当。烟草公司不服你院的答复，向我院提出申诉。

我院经调卷审查认为，根据我国民事诉讼法和我院司法解释的有关规定，执行和解协议已履行完毕的人民法院不予恢复执行。本案执行和解协议的履行尽管存在瑕疵，但和解协议确已履行完毕，人民法院应予不恢复执行。至于当事人对延迟履行和解协议的争议，不属执行程序处理，应由当事人另诉解决。请你院按此意见妥善处理该案。

【法发〔2010〕16号】　最高人民法院关于进一步贯彻"调解优先、调判结合"工作原则的若干意见（2010年6月7日）

7（第1款）　努力做好执行案件和解工作。要进一步改进执行方式，充分运用调解手段和执行措施，积极促成执行和解，有效化解执行难题。

（第3款）　对被执行人系危困、改制、拟破产企业的，要协调有关部门和被执行人，综合运用执行担保、以物抵债、债转股等方式，促成双方当事人达成执行和解协议。

【法发〔2014〕26号】　最高人民法院关于执行案件立案、结案若干问题的意见（2014年12月17日印发，2015年1月1日起施行）（详见本书第20章"执行立案"专辑）

第6条　下列案件，人民法院应当按照恢复执行案件予以立案：（一）申请执行人因受欺诈、胁迫与被执行人达成和解协议，申请恢复执行原生效法律文书的；（二）一方当事人不履行或不完全履行执行和解协议，对方当事人申请恢复执行原生效法律文书的；……

【法发〔2016〕30号】　最高人民法院、最高人民检察院关于民事执行活动法律监督若干问题的规定（2016年11月2日印发，2017年1月1日起施行）

第15条　当事人在人民检察院审查案件过程中达成和解协议且不违反法律规定的，人民检察院应当告知其将和解协议送交人民法院，由人民法院依照民事诉讼法第230条（现第241条）的规定进行处理。

【法释〔2018〕3号】　最高人民法院关于执行和解若干问题的规定（2017年11月6日最高法审委会〔1725次〕通过，2018年2月22日公布，2018年3月1日起施行；根据法释〔2020〕21号《决定》修正，2021年1月1日起施行。以本规为准）

第1条　当事人可以自愿协商达成和解协议，依法变更生效法律文书确定的权利义务主体、履行标的、期限、地点和方式等内容。

和解协议一般采用书面形式。

第2条　和解协议达成后，有下列情形之一的，人民法院可以裁定中止执行：（一）各方当事人共同向人民法院提交书面和解协议的；（二）一方当事人向人民法院提交书面和解协议，其他当事人予以认可的；（三）当事人达成口头和解协议，执行人员将和解协议内容记入笔录，由各方当事人签名或者盖章的。

第3条　中止执行后，申请执行人申请解除查封、扣押、冻结的，人民法院可以准许。

第4条　委托代理人代为执行和解，应当有委托人的特别授权。

第5条　当事人协商一致，可以变更执行和解协议，并向人民法院提交变更后的协议，或者由执行人员将变更后的内容记入笔录，并由各方当事人签名或者盖章。

第6条　当事人达成以物抵债执行和解协议的，人民法院不得依据该协议作出以物抵债裁定。

第7条　执行和解协议履行过程中，符合民法典第570条①规定情形的，债务人可以依法向有关机构申请提存；执行和解协议约定给付金钱的，债务人也可以向执行法院申请提存。

第8条　执行和解协议履行完毕的，人民法院作执行结案处理。

第9条　被执行人一方不履行执行和解协议的，申请执行人可以申请恢复执行原生效法律文书，也可以就履行执行和解协议向执行法院提起诉讼。

第10条　申请恢复执行原生效法律文书，适用民事诉讼法第239条（现第250条）申请执行期间的规定。

当事人不履行执行和解协议的，申请恢复执行期间自执行和解协议约定履行期间的最后一日起计算。

第11条　申请执行人以被执行人一方不履行执行和解协议为由申请恢复执行，人民法院经审查，理由成立的，裁定恢复执行；有下列情形之一的，裁定不予恢复执行：（一）执行和解协议履行完毕后申请恢复执行的；（二）执行和解协议约定的履行期限尚未届至或者履行条件尚未成就的，但符合民法典第578条②规定情形的除外；（三）被执行人一方正在按照执行和解协议约定履行义务的；（四）其他不符合恢复执行条件的情形。

第12条、第17条、第19条（见本书第236条）

第13条　恢复执行后，对申请执行人就履行执行和解协议提起的诉讼，人民法院不予受理。

第14条　申请执行人就履行执行和解协议提起诉讼，执行法院受理后，可以裁定终结原生效法律文书的执行。执行中的查封、扣押、冻结措施，自动转为诉讼中的保全措施。

第15条　执行和解协议履行完毕，申请执行人因被执行人迟延履行、瑕疵履行遭受损害的，可以向执行法院另行提起诉讼。

----

① 《民法典》第570条规定，有下列情形之一，难以履行债务的，债务人可以将标的物提存：（一）债权人无正当理由拒绝受领；（二）债权人下落不明；（三）债权人死亡未确定继承人、遗产管理人，或者丧失民事行为能力未确定监护人；（四）法律规定的其他情形。// 标的物不适于提存或者提存费用过高的，债务人依法可以拍卖或者变卖标的物，提存所得的价款。

② 《民法典》第578条规定，当事人一方明确表示或者以自己的行为表明不履行合同义务的，对方可以在履行期限届满前请求其承担违约责任。

第 16 条　当事人、利害关系人认为执行和解协议无效或者应予撤销的，可以向执行法院提起诉讼。执行和解协议被确认无效或者撤销后，申请执行人可以据此申请恢复执行。

被执行人以执行和解协议无效或者应予撤销为由提起诉讼的，不影响申请执行人申请恢复执行。

第 18 条　执行和解协议中约定担保条款，且担保人向人民法院承诺在被执行人不履行执行和解协议时自愿接受直接强制执行的，恢复执行原生效法律文书后，人民法院可以依申请执行人申请及担保条款的约定，直接裁定执行担保财产或者保证人的财产。

【法发［2022］2 号】　最高人民法院关于充分发挥司法职能作用助力中小微企业发展的指导意见（2022 年 1 月 13 日）

15. 积极促成当事人达成执行和解。在执行过程中，中小微企业因资金流动性困难不能清偿执行债务的，积极引导当事人达成减免债务、延期支付的执行和解协议；多个案件由不同人民法院管辖的，可以通过提级执行、指定执行等方式集中办理，积极促成当事人达成履行债务的"一揽子"协议，依法为企业缓解债务压力、恢复生产经营创造条件。

【法释［2022］11 号】　最高人民法院关于适用《中华人民共和国民事诉讼法》的解释（"法释［2015］5 号"公布，2015 年 2 月 4 日起施行；根据法释［2020］20 号《决定》修正，2021 年 1 月 1 日起施行；2022 年 3 月 22 日最高法审委会［1866 次］修正，2022 年 4 月 1 日公布，2022 年 4 月 10 日起施行；以本规为准）

第 464 条　申请执行人与被执行人达成和解协议后请求中止执行或者撤回执行申请的，人民法院可以裁定中止执行或者终结执行。

第 465 条　一方当事人不履行或者不完全履行在执行中双方自愿达成的和解协议，对方当事人申请执行原生效法律文书的，人民法院应当恢复执行，但和解协议已履行的部分应当扣除。和解协议已经履行完毕的，人民法院不予恢复执行。

第 466 条　申请恢复执行原生效法律文书，适用民事诉讼法第 246 条（现第 250 条）申请执行期间的规定。申请执行期间因达成执行中的和解协议而中断，其期间自和解协议约定履行期限的最后一日起重新计算。

● **指导案例**　**【法［2011］354 号】　最高人民法院第 1 批指导性案例**（2011 年 12 月 20 日）

（指导案例 2 号）吴梅诉四川省眉山西城纸业有限公司买卖合同纠纷案（眉

山中院 2010 年 7 月 7 日 ［2010］眉执督字第 4 号复函）

裁判要点：民事案件二审期间，双方当事人达成和解协议，人民法院准许撤回上诉的，该和解协议未经人民法院依法制作调解书，属于诉讼外达成的协议。一方当事人不履行和解协议，另一方当事人申请执行一审判决的，人民法院应予支持。①

【法 ［2019］294 号】　最高人民法院第 23 批指导性案例（2019 年 12 月 24 日）

（指导案例 119 号） 安徽省滁州市建筑安装工程有限公司与湖北追日电气股份有限公司执行复议案②

裁判要点：执行程序开始前，双方当事人自行达成和解协议并履行，一方当事人申请强制执行原生效法律文书的，人民法院应予受理。被执行人以已履行和解协议为由提出执行异议的，可以参照《最高人民法院关于执行和解若干问题的规定》第 19 条的规定审查处理。

（指导案例 124 号） 中国防卫科技学院与联合资源教育发展（燕郊）有限公司执行监督案（最高法院 ［2017］最高法执监 344 号执行裁定）

裁判要点：申请执行人与被执行人对执行和解协议的内容产生争议，客观上已无法继续履行的，可以执行原生效法律文书。对执行和解协议中原执行依据未

---

① 注：撤回上诉后，一审判决即为生效判决，具有强制执行的效力；而双方当事人诉讼外达成的协议，未经人民法院依法确认制作调解书，不具有强制执行力。

② 注：本案，青海高院 2018 年 5 月 24 日作出 ［2017］青执异 18 号执行裁定，支持了追日电气公司的异议，认为追日电气公司与滁州建安公司 2016 年 9 月 27 日协商签订《和解协议书》后，追日电气公司已完全履行了约定义务。申请执行人滁州建安公司认为，案涉《和解协议书》签字人"王兴刚"无权代理签订协议，其亦未加盖公章，追日电气公司亦未按《和解协议书》给付全款；若认为《和解协议书》有效，一审判决不应再履行，应申请再审或另案起诉处理。最高人民法院 2019 年 3 月 7 日作出 ［2018］最高法执复 88 号执行裁定，驳回滁州建安公司的复议请求，认为：1. 案涉《和解协议书》系当事人在执行程序开始前自行达成的和解协议，属于执行外和解。与执行和解协议相比，执行外和解协议不能自动对人民法院的强制执行产生影响，当事人仍然有权向人民法院申请强制执行。2.《和解协议书》签订后，滁州建安公司根据约定向青海高院申请解除了对追日电气公司财产的保全查封，并就《和解协议书》项下款项的支付及开具收据发票等事宜与追日电气公司进行多次协商，接收《和解协议书》项下款项、开具收据、发票，故其以实际履行行为表明其对王兴刚的代理权及《和解协议书》的效力是完全认可的。3. 追日电气公司的支付款额虽然与《和解协议书》约定的 463.3 万元尚差 4000 余元，但是滁州建安公司予以接受并为追日电气公司分别开具了总额 463 万元的收据及发票，根据《最高人民法院关于贯彻执行〈中华人民共和国民法通则〉若干问题的意见（试行）》第 66 条的规定，结合滁州建安公司在接受付款后较长时间未对付款金额提出异议的事实，可以认定双方以行为对《和解协议书》约定的付款金额进行了变更，构成合同的默示变更，故案涉《和解协议书》约定的付款义务已经履行完毕。关于付款期限问题，根据《最高人民法院关于执行和解若干问题的规定》第 15 条的规定，若滁州建安公司认为追日电气公司延期付款对其造成损害，可另行提起诉讼解决，而不能仅以此为由申请执行一审判决。

涉及的内容，以及履行过程中产生的争议，当事人可以通过其他救济程序解决。

（指导案例 126 号） 江苏天宇建设集团有限公司与无锡时代盛业房地产开发有限公司执行监督案（最高法院［2018］最高法执监 34 号执行裁定）

裁判要点： 在履行和解协议的过程中，申请执行人因被执行人迟延履行申请恢复执行的同时，又继续接受并积极配合被执行人的后续履行，直至和解协议全部履行完毕的，属于民事诉讼法及相关司法解释规定的和解协议已经履行完毕不再恢复执行原生效法律文书的情形。

【法［2021］272 号】　最高人民法院第 30 批指导性案例（2021 年 11 月 9 日）

（指导案例 166 号） 北京隆昌伟业贸易有限公司诉北京城建重工有限公司合同纠纷案（北京二中院 2017 年 10 月 31 日［2017］京 02 民终 8676 号民事判决）

裁判要点： 当事人双方就债务清偿达成和解协议，约定解除财产保全措施及违约责任。一方当事人依约申请人民法院解除了保全措施后，另一方当事人违反诚实信用原则不履行和解协议，并在和解协议违约金诉讼中请求减少违约金的，人民法院不予支持。

● **典型案例**　**【法办发［2020］号】　善意文明执行典型案例**（最高法 2020 年 1 月 2 日发布）

（案例 3） 许某某等申请执行莆田市某房地产公司等借款纠纷系列案件——莆田中院引入战略投资者帮助盘活被执行企业资产

摘要： 本案被执行人莆田市某房地产公司是有着十几年历史的企业，员工上千人，因一时投资决策失误，资金链骤然断裂，债务缠身，债权人纷纷诉至法院。莆田中院强化府院联系，主动沟通协调，积极引入第三方战略投资者，盘活被执行人资产，依法妥善采取执行措施，推动案件执行和解，促使 491 件系列执行案件逐步得到妥善处理，使得涉案房地产项目 400 多户购房户的房产得到交付，同时带动被执行人其他楼盘 3425 户业主的产权证件办理，支付拖欠的农民工工资 2 亿多元，顺利平息化解矛盾纠纷。

第 242 条[19910409]　**【执行担保与暂缓执行】** 在执行中，被执行人向人民法院提供担保，并经申请执行人同意的，人民法院可以决定暂缓执行及暂缓执行的期限。被执行人逾期仍不履行的，人民法院有权执行被执行人的担保财产或者担保人的财产。

● **相关规定**　【法释［1998］15号】　**最高人民法院关于人民法院执行工作若干问题的规定（试行）**（1998年6月11日最高法审委会［992次］通过，1998年7月8日公布施行；根据法释［2020］21号《决定》修正，2021年1月1日起施行；以本规为准）①

~~74. 对案外人提出的异议一时难以确定是否成立，案外人已提供确实有效的担保的，可以解除查封、扣押措施。申请执行人提供确实有效的担保的，可以继续执行。因提供担保而解除查封扣押或继续执行有错误，给对方造成损失的，应裁定以担保的财产予以赔偿。~~

~~84. 被执行人或其担保人以财产向人民法院提供执行担保的，应当依据《中华人民共和国担保法》的有关规定，按照担保物的种类、性质，将担保物移交执行法院，或依法到有关机关办理登记手续。~~

54. 人民法院在审理案件期间，保证人为被执行人提供保证，人民法院据此未对被执行人的财产采取保全措施或解除保全措施的，案件审结后如果被执行人无财产可供执行或其财产不足清偿债务时，即使生效法律文书中未确定保证人承担责任，人民法院有权裁定执行保证人在保证责任范围内的财产。

【法释［2000］16号】　**最高人民法院关于如何处理人民检察院提出的暂缓执行建议问题的批复**（2000年6月30日最高法审委会［1121次］通过，2000年7月10日公布，答复广东高院"粤高法民［1998］186号"请示，2000年7月15日起施行）

根据《中华人民共和国民事诉讼法》的规定，人民检察院对人民法院生效民事判决提出暂缓执行的建议没有法律依据。

【法发［2002］16号】　**最高人民法院关于正确适用暂缓执行措施若干问题的规定**（2002年9月24日最高法审委会［1244次］通过，2002年9月28日印发施行；以本规为准）

第1条　执行程序开始后，人民法院因法定事由，可以决定对某一项或者某几项执行措施在规定的期限内暂缓实施。

执行程序开始后，除法定事由外，人民法院不得决定暂缓执行。

第2条　暂缓执行由执行法院或者其上级人民法院作出决定，由执行机构统一办理。

人民法院决定暂缓执行的，应当制作暂缓执行决定书，并及时送达当事人。

第3条　有下列情形之一的，经当事人或者其他利害关系人申请，人民法院

---

① 本《规定》自1998年7月8日公布试行22年多，至2020年12月23日修正，仍为"试行"。

可以决定暂缓执行：（一）执行措施或者执行程序违反法律规定的；（二）执行标的物存在权属争议的；（三）被执行人对申请执行人享有抵销权的。

第 4 条　人民法院根据本规定第 3 条决定暂缓执行的，应当同时责令申请暂缓执行的当事人或者其他利害关系人在指定的期限内提供相应的担保。

被执行人或者其他利害关系人提供担保申请暂缓执行，申请执行人提供担保要求继续执行的，执行法院可以继续执行。

第 5 条　当事人或者其他利害关系人提供财产担保的，应当出具评估机构对担保财产价值的评估证明。

评估机构出具虚假证明给当事人造成损失的，当事人可以对担保人、评估机构另行提起损害赔偿诉讼。

第 6 条　人民法院在收到暂缓执行申请后，应当在 15 日内作出决定，并在作出决定后 5 日内将决定书发送当事人或者其他利害关系人。

第 7 条　有下列情形之一的，人民法院可以依职权决定暂缓执行：（一）上级人民法院已经受理执行争议案件并正在处理的；（二）人民法院发现据以执行的生效法律文书确有错误，并正在按照审判监督程序进行审查的。

人民法院依照前款规定决定暂缓执行的，一般应由申请执行人或者被执行人提供相应的担保。

第 8 条　依照本规定第 7 条第 1 款第 1 项决定暂缓执行的，由上级人民法院作出决定。依照本规定第 7 条第 1 款第 2 项决定暂缓执行的，审判机构应当向本院执行机构发出暂缓执行建议书，执行机构收到建议书后，应当办理暂缓相关执行措施的手续。

第 9 条　在执行过程中，执行人员发现据以执行的判决、裁定、调解书和支付令确有错误的，应当依照最高人民法院《关于适用〈中华人民共和国民事诉讼法〉若干问题的意见》第 258 条的规定处理。

在审查处理期间，执行机构可以报经院长决定对执行标的暂缓采取处分性措施，并通知当事人。

第 10 条　暂缓执行的期间不得超过 3 个月。因特殊事由需要延长的，可以适当延长，延长的期限不得超过 3 个月。

暂缓执行的期限从执行法院作出暂缓执行决定之日起计算。暂缓执行的决定由上级人民法院作出的，从执行法院收到暂缓执行决定之日起计算。

第 11 条　人民法院对暂缓执行的案件，应当组成合议庭对是否暂缓执行进行审查，必要时应当听取当事人或者其他利害关系人的意见。

第 12 条　上级人民法院发现执行法院对不符合暂缓执行条件的案件决定暂缓执行，或者对符合暂缓执行条件的案件未予暂缓执行的，应当作出决定予以纠正。

执行法院收到该决定后，应当遵照执行。

第13条 暂缓执行期限届满后，人民法院应当立即恢复执行。

暂缓执行期限届满前，据以决定暂缓执行的事由消灭的，如果该暂缓执行的决定是由执行法院作出的，执行法院应当立即作出恢复执行的决定；如果该暂缓执行的决定是由执行法院的上级人民法院作出的，执行法院应当将该暂缓执行事由消灭的情况及时报告上级人民法院，该上级人民法院应当在收到报告后10日内审查核实并作出恢复执行的决定。

第14条 本规定自公布之日起施行。本规定施行后，其他司法解释与本规定不一致的，适用本规定。

【法释［2018］3号】 最高人民法院关于执行和解若干问题的规定（2017年11月6日最高法审委会［1725次］通过，2018年2月22日公布，2018年3月1日起施行；根据法释［2020］21号《决定》修正，2021年1月1日起施行。以本规为准）（详见本书第241条）

第18条 执行和解协议中约定担保条款，且担保人向人民法院承诺在被执行人不履行执行和解协议时自愿接受直接强制执行的，恢复执行原生效法律文书后，人民法院可以依申请执行人申请及担保条款的约定，直接裁定执行担保财产或者保证人的财产。

【法释［2018］4号】 最高人民法院关于执行担保若干问题的规定（2017年12月11日最高法审委会［1729次］通过，2018年2月22日公布，2018年3月1日起施行；根据法释［2020］21号《决定》修正，2021年1月1日起施行。以本规为准）

第1条 本规定所称执行担保，是指担保人依照民事诉讼法第231条（现第242条）规定，为担保被执行人履行生效法律文书确定的全部或者部分义务，向人民法院提供的担保。

第2条 执行担保可以由被执行人提供财产担保，也可以由他人提供财产担保或者保证。

第3条 被执行人或者他人提供执行担保的，应当向人民法院提交担保书，并将担保书副本送交申请执行人。

第4条 担保书中应当载明担保人的基本信息、暂缓执行期限、担保期间、被担保的债权种类及数额、担保范围、担保方式、被执行人于暂缓执行期限届满后仍不履行时担保人自愿接受直接强制执行的承诺等内容。

提供财产担保的，担保书中还应当载明担保财产的名称、数量、质量、状况、所在地、所有权或者使用权归属等内容。

第 5 条　公司为被执行人提供执行担保的，应当提交符合公司法第 16 条（现第 15 条）规定的公司章程、董事会或者股东会、股东大会决议。

第 6 条　被执行人或者他人提供执行担保，申请执行人同意的，应当向人民法院出具书面同意意见，也可以由执行人员将其同意的内容记入笔录，并由申请执行人签名或者盖章。

第 7 条　被执行人或者他人提供财产担保，可以依照民法典/物权法、担保法规定办理登记等担保物权公示手续；已经办理公示手续的，申请执行人可以依法主张优先受偿权。

申请执行人申请人民法院查封、扣押、冻结担保财产的，人民法院应当准许，但担保书另有约定的除外。

第 8 条　人民法院决定暂缓执行的，可以暂缓全部执行措施的实施，但担保书另有约定的除外。

第 9 条　担保书内容与事实不符，且对申请执行人合法权益产生实质影响的，人民法院可以依申请执行人的申请恢复执行。

第 10 条　暂缓执行的期限应当与担保书约定一致，但最长不得超过 1 年。

第 11 条　暂缓执行期限届满后被执行人仍不履行义务，或者暂缓执行期间担保人有转移、隐藏、变卖、毁损担保财产等行为的，人民法院可以依申请执行人的申请恢复执行，并直接裁定执行担保财产或者保证人的财产，不得将担保人变更、追加为被执行人。

执行担保财产或者保证人的财产，以担保人应当履行义务部分的财产为限。被执行人有便于执行的现金、银行存款的，应当优先执行该现金、银行存款。

第 12 条　担保期间自暂缓执行期限届满之日起计算。

担保书中没有记载担保期间或者记载不明的，担保期间为 1 年。

第 13 条　担保期间届满后，申请执行人申请执行担保财产或者保证人财产的，人民法院不予支持。他人提供财产担保的，人民法院可以依其申请解除对担保财产的查封、扣押、冻结。

第 14 条　担保人承担担保责任后，提起诉讼向被执行人追偿的，人民法院应予受理。

第 15 条　被执行人申请变更、解除全部或者部分执行措施，并担保履行生效法律文书确定义务的，参照适用本规定。

第 16 条（第 2 款）　本规定施行前成立的执行担保，不适用本规定。

【法释〔2022〕11 号】　最高人民法院关于适用《中华人民共和国民事诉讼法》的解释（"法释〔2015〕5 号"公布，2015 年 2 月 4 日起施行；根据法释

[2020] 20 号《决定》修正，2021 年 1 月 1 日起施行；2022 年 3 月 22 日最高法审委会 [1866 次] 修正，2022 年 4 月 1 日公布，2022 年 4 月 10 日起施行；以本规为准）

第 467 条 人民法院依照民事诉讼法第 238 条 （现第 242 条）规定决定暂缓执行的，如果担保是有期限的，暂缓执行的期限应当与担保期限一致，但最长不得超过 1 年。被执行人或者担保人对担保的财产在暂缓执行期间有转移、隐藏、变卖、毁损等行为的，人民法院可以恢复强制执行。

第 468 条 根据民事诉讼法第 238 条 （现第 242 条）规定向人民法院提供执行担保的，可以由被执行人或者他人提供财产担保，也可以由他人提供保证。担保人应当具有代为履行或者代为承担赔偿责任的能力。

他人提供执行保证的，应当向执行法院出具保证书，并将保证书副本送交申请执行人。被执行人或者他人提供财产担保的，应当参照民法典/物权法、担保法的有关规定办理相应手续。

第 469 条 被执行人在人民法院决定暂缓执行的期限届满后仍不履行义务的，人民法院可以直接执行担保财产，或者裁定执行担保人的财产，但执行担保人的财产以担保人应当履行义务部分的财产为限。

● 文书格式 【法 [2016] 221 号】 民事诉讼文书样式 (2016 年 2 月 22 日最高法审委会 [1679 次] 通过，2016 年 6 月 28 日公布，2016 年 8 月 1 日起施行)
（本书对格式略有调整）

保证书（执行担保）

××人民法院：

你院在执行……号……（写明当事人及案由）一案中，因……（写明申请暂缓执行的理由），被执行人向你院申请暂缓执行……（写明申请暂缓执行的期限）。本人/本单位自愿提供保证。如被执行人×××在你院决定暂缓执行的期限届满后仍不履行义务，你院可以直接执行本人/本单位的财产。

保证人（自然人签名或单位盖章）
×年×月×日

暂缓执行决定书（因担保，本院决定暂缓执行）

（××××）……执……号

申请执行人：×××，……。

法定代理人/指定代理人/法定代表人/主要负责人：×××，……。

委托诉讼代理人：×××，……。

被执行人：×××，……。

担保人：×××，……。

……

（以上写明申请执行人、被执行人、担保人和其他诉讼参加人的姓名或者名称等基本信息）

本院在执行×××与×××……（写明案由）一案中，担保人×××为被执行人×××以……（写明财产名称、数量或数额、所在地、期限等）提供担保，该担保已经申请执行人×××同意。依照《中华人民共和国民事诉讼法》第 238 条、《最高人民法院关于适用〈中华人民共和国民事诉讼法〉的解释》第 467 条规定，决定如下：

暂缓执行×××与×××……（写明案由）一案（或具体执行行为），暂缓执行至×年×月×日。①

被执行人在暂缓期满后仍不履行的，或者被执行人、担保人对担保的财产在暂缓执行期间有转移、隐藏、变卖、毁损等行为的，本院将依法执行担保财产。

×年×月×日（院印）

执行裁定书（暂缓执行期届满后执行担保人财产）

（××××）……执……号

申请执行人：×××，……。

法定代理人/指定代理人/法定代表人/主要负责人：×××，……。

委托诉讼代理人：×××，……。

被执行人：×××，……。

担保人：×××，……。

……

（以上写明申请执行人、被执行人、担保人及其代理人和其他诉讼参加人的姓名或者名称等基本信息）

本院在执行×××与×××……（写明案由）一案中，因×××提供了……（写明财产名称、数量或数额、所在地等），本院于×年×月×日作出（××××）……执……号暂缓执行决定。现暂缓执行期届满，被执行人×××仍不履行生效法律文书确定的义务。依照《中华人民共和国民事诉讼法》第 238 条、《最高人民法院关于适用〈中华人民共和国民事诉讼法〉的解释》第 469 条/第 467 条规定，裁定如下：

执行×××的……（写明财产名称、数量或数额、所在地等）。

---

① 注：暂缓执行的期限应当与担保期限一致，但最长不得超过 1 年。

本裁定立即执行。

（合议庭成员署名）

×年×月×日（院印）

书记员 ×××

执行裁定书（执行保证人财产）

（××××）……执……号

申请执行人：×××，……。

被执行人：×××，……。

保证人：×××，……。

……

（以上写明申请执行人、被执行人、保证人及其代理人和其他诉讼参加人的姓名或者名称等基本信息）

本院在执行×××与×××……（写明案由）一案中，被执行人×××不能履行××人民法院（或其他生效法律文书的作出机关）（××××）……号民事判决（或其他生效法律文书）确定的义务。因保证人×××在案件审理期间，于×年×月×日自愿为×××提供保证，本院/××人民法院据此未对×××的财产采取保全措施（或解除了对×××财产采取的保全措施）。现因×××无财产履行/财产不足清偿债务，致使×××的债权无法实现。依照《最高人民法院关于人民法院执行工作若干问题的规定（试行）》第54条规定，裁定如下：

×××在保证责任范围内向×××清偿……（写明履行义务的内容）。

本裁定立即执行。

（合议庭成员署名）

×年×月×日（院印）

书记员 ×××

执行裁定书（以担保财产赔偿损失）

（××××）……执……号

申请执行人：×××，……。

被执行人：×××，……。

案外人：×××，……。

……

（以上写明申请执行人、被执行人、案外人及其代理人和其他诉讼参加人的姓名或者名称等基本信息）

本院在执行×××与×××……（写明案由）一案中，案外人×××提出异议，并于×年×月×日提供了担保，本院依法解除了对案外人主张权利财产的查封/扣押/冻结。（或申请执行人×××于×年×月×日提供了财产担保，本院依法继续执行。）现因解除强制执行措施/继续执行有错误，给申请执行人/案外人×××造成损失……元。依照《最高人民法院关于人民法院执行工作若干问题的规定（试行）》第 74 条[①]规定，裁定如下：

　　一、案外人/申请执行人×××应以担保的……（写明财产名称、数量或数额、所在地等）赔偿申请执行人/案外人×××的损失……元。

　　二、强制执行案外人/申请执行人×××担保的……（写明财产名称、数量或数额、所在地等）。

　　本裁定立即执行。

（合议庭成员署名）

×年×月×日（院印）

书记员　×××

　　第 243 条[19910409]　　**【变更被执行人】** 作为被执行人的公民死亡的，以其遗产偿还债务。作为被执行人的法人或者其他组织终止的，由其权利义务承受人履行义务。

　　（本书汇）【变更申请执行人】

● **相关规定**　**【法释［1998］15 号】**　最高人民法院关于人民法院执行工作若干问题的规定（试行）（1998 年 6 月 11 日最高法审委会［992 次］通过，1998 年 7 月 8 日公布施行；根据法释［2020］21 号《决定》修正，2021 年 1 月 1 日起施行；以本规为准）

　　~~九、被执行主体的变更和追加~~

　　~~76. 被执行人为无法人资格的私营独资企业，无能力履行法律文书确定的义务的，人民法院可以裁定执行该独资企业业主的其他财产。~~

　　~~77. 被执行人为个人合伙组织或合伙型联营企业，无能力履行生效法律文书确定的义务的，人民法院可以裁定追加该合伙组织的合伙人或参加该联营企业的法人为被执行人。~~

　　~~78. 被执行人为企业法人的分支机构不能清偿债务时，可以裁定企业法人为被执行人。企业法人直接经营管理的财产仍不能清偿债务的，人民法院可以裁定~~

---

　　①　注：该条规定已被废止。

第三编　第十九章

执行该企业法人其他分支机构的财产。

若必须执行已被承包或租赁的企业法人分支机构的财产时，对承包人或承租人投入及应得的收益应依法保护。

79. 被执行人按法定程序分立为 2 个或多个具有法人资格的企业，分立后存续的企业按照分立协议确定的比例承担债务；不符合法定程序分立的，裁定由分立后存续的企业按照其从被执行企业分得的资产占原企业总资产的比例对申请执行人承担责任。

80. 被执行人无财产清偿债务，如果其开办单位对其开办时投入的注册资金不实或抽逃注册资金，可以裁定变更或追加其开办单位为被执行人，在注册资金不实或抽逃注册资金的范围内，对申请执行人承担责任。

81. 被执行人被撤销、注销或歇业后，上级主管部门或开办单位无偿接受被执行人的财产，致使被执行人无遗留财产清偿债务或遗留财产不足清偿的，可以裁定由上级主管部门或开办单位在所接受的财产范围内承担责任。

82. 被执行人的开办单位已经在注册资金范围内或接受财产的范围内向其他债权人承担了全部责任的，人民法院不得裁定开办单位重复承担责任。

83. 依照民事诉讼法第 213 条、最高人民法院关于适用民事诉讼法若干问题的意见第 271 条至第 274 条及本规定裁定变更或追加被执行主体的，由执行法院的执行机构办理。

【法释〔2001〕12 号】 最高人民法院关于审理涉及金融资产管理公司收购、管理、处置国有银行不良贷款形成的资产的案件适用法律若干问题的规定（2001 年 4 月 3 日最高法审委会〔1167 次〕通过，2001 年 4 月 11 日公布，2001 年 4 月 23 日起施行；2020 年 12 月 29 日被《最高人民法院关于废止部分司法解释及相关规范性文件的决定》（法释〔2020〕16 号）宣布废止，2021 年 1 月 1 日起施行）①

第 1 条 金融资产管理公司办事处领取中国人民银行颁发的《金融机构营业许可证》，并向工商行政管理部门依法办理登记的，可以作为诉讼主体参加诉讼。

第 2 条 金融资产管理公司受让国有银行债权后，人民法院对于债权转让前原债权银行已经提起诉讼尚未审结的案件，可以根据原债权银行或者金融资产管理公司的申请将诉讼主体变更为受让债权的金融资产管理公司。

第 3 条 金融资产管理公司向债务人提起诉讼的，应当由被告人住所地人民

---

① 本《规定》创设性地回应了金融资产管理公司关于金融不良资产处置工作中面临的诸多争议性法律问题，有效地解决了金融资产管理公司发展初期遇到的困难和挑战，并为众多投资人从金融资产管理公司收购不良资产提供了有力的法律保障，堪称行业发展的基石，故本书将其收录于此，以供参阅。

法院管辖。

　　原债权银行与债务人有协议管辖约定的，如不违反法律规定，该约定继续有效。

　　第 4 条　人民法院对金融资产管理公司申请支付令的，应当依法受理。债务人提出异议的，依照《中华人民共和国民事诉讼法》第 17 章的规定处理。

　　第 5 条　人民法院对金融资产管理公司申请财产保全的，如金融资产管理公司与债务人之间债权债务关系明确，根据《中华人民共和国民事诉讼法》第 92 条（现第 110 条）第 2 款的规定，可以不要求金融资产管理公司提供担保。

　　第 6 条　金融资产管理公司受让国有银行债权后，原债权银行在全国或者省级有影响的报纸上发布债权转让公告或通知的，人民法院可以认定债权人履行了《中华人民共和国合同法》第 80 条（现民法典第 696 条）第 1 款规定的通知义务。

　　在案件审理中，债务人以原债权银行转让债权未履行通知义务为由进行抗辩的，人民法院可以将原债权银行传唤到庭调查债权转让事实，并责令原债权银行告知债务人债权转让的事实。

　　第 7 条　债务人逾期归还贷款，原借款合同约定的利息计算方法不违反法律法规规定的，该约定有效。没有约定或者不明的，依照中国人民银行《人民币利率管理规定》计算利息和复息。

　　第 8 条　人民法院对最高额抵押所担保的不特定债权特定后，原债权银行转让主债权的，可以认定转让债权的行为有效。

　　第 9 条　金融资产管理公司受让有抵押担保的债权后，可以依法取得对债权的抵押权，原抵押权登记继续有效。

　　第 10 条　债务人在债权转让协议，债权转让通知上签章或者签收债务催收通知的，诉讼时效中断。原债权银行在全国或者省级有影响的报纸上发布的债权转让公告或通知中，有催收债务内容的，该公告或通知可以作为诉讼时效中断证据。

　　第 11 条　本规定所称金融资产管理公司包括其依法设立在各地的办事处。

　　第 12 条　本规定仅适用于审理涉及金融资产管理公司收购、管理、处置国有银行不良贷款形成的资产的有关案件。

【法〔2005〕62 号】　最高人民法院关于金融资产管理公司收购、处置银行不良资产有关问题的补充通知（2005 年 5 月 30 日）①

　　……最近，根据国务院关于国有独资商业银行股份制改革的总体部署，中国

---

　　① 注：《最高人民法院关于审理涉及金融资产管理公司收购、管理、处置国有银行不良贷款形成的资产的案件适用法律若干问题的规定》（法释〔2001〕12 号）已被《最高人民法院关于废止部分司法解释及相关规范性文件的决定》（法释〔2020〕16 号，2020 年 12 月 29 日公布，2021 年 1 月 1 日起施行）宣布废止。

信达资产管理公司收购了中国银行、中国建设银行和交通银行剥离的不良资产。为了维护金融资产安全，降低不良资产处置成本，现将审理金融资产管理公司在收购、处置不良资产发生的纠纷案件的有关问题补充通知如下：

一、国有商业银行（包括国有控股银行）向金融资产管理公司转让不良贷款，或者金融资产管理公司受让不良贷款后，通过债权转让方式处置不良资产的，可以适用本院发布的上述规定。

二、国有商业银行（包括国有控股银行）向金融资产管理公司转让不良贷款，或者金融资产管理公司收购、处置不良贷款的，担保债权同时转让，无须征得担保人的同意，担保人仍应在原担保范围内对受让人继续承担担保责任。担保合同中关于合同变更需经担保人同意的约定，对债权人转让债权没有约束力。

三、金融资产管理公司转让、处置已经涉及诉讼、执行或者破产等程序的不良债权时，人民法院应当根据债权转让协议和转让人或者受让人的申请，裁定变更诉讼或者执行主体。

【法释［2007］12号】 最高人民法院关于审理涉及会计师事务所在审计业务活动中民事侵权赔偿案件的若干规定（2007年6月4日最高法审委会［1428次］通过，2007年6月11日公布，2007年6月15日起施行）

第12条 本规定所涉会计师事务所侵权赔偿纠纷未经审判，人民法院不得将会计师事务所追加为被执行人。

第13条 本规定自公布之日起施行。本院过去发布的有关会计师事务所民事责任的相关规定，与本规定相抵触的，不再适用。

在本规定公布施行前已经终审，当事人申请再审或者按照审判监督程序决定再审的会计师事务所民事侵权赔偿案件，不适用本规定。

在本规定公布施行后尚在一审或者二审阶段的会计师事务所民事侵权赔偿案件，适用本规定。

【执他字［2009］1号】 最高人民法院关于判决确定的金融不良债权多次转让人民法院能否裁定变更申请执行主体请示的答复（2009年6月16日答复湖北高院"鄂高法［2009］21号"请示）

《最高人民法院关于人民法院执行工作若干问题的规定（试行）》已经对申请执行人的资格予以明确。其中第18条第1款规定："人民法院受理执行案件应当符合下列条件：……（2）申请执行人是生效法律文书确定的权利人或其继承人、权利承受人。"该条中的"权利承受人"，包含通过债权转让的方式承受债权的人。依法从金融资产管理公司受让债权的受让人将债权再行转让给其他普通受让人的，执行法院可以依据上述规定，依债权转让协议以及受让人或者转让人的申请，裁定变更申请执行主体。

《最高人民法院关于金融资产管理公司收购、处置银行不良资产有关问题的补充通知》第 3 条虽只就金融资产管理公司转让金融不良债权环节可以变更申请执行主体作了专门规定，但并未排除普通受让人再行转让给其他普通受让人时变更申请执行主体。此种情况下裁定变更申请执行主体，也符合该通知及其他相关文件中关于支持金融不良资产债权处置工作的司法政策，但对普通受让人不能适用诉讼费减半收取和公告通知债务人等专门适用于金融资产管理公司处置不良债权的特殊政策规定。

【法发〔2009〕19 号】　最高人民法院关于审理涉及金融不良债权转让案件工作座谈会纪要（2008 年 10 月 14 日在海口召开；2009 年 3 月 30 日印发）

十、关于诉讼或执行主体的变更

会议认为，金融资产管理公司转让已经涉及诉讼、执行或者破产等程序的不良债权的，人民法院应当根据债权转让合同以及受让人或者转让人的申请，裁定变更诉讼主体或者执行主体。在不良债权转让合同被认定无效后，金融资产管理公司请求变更受让人为金融资产管理公司以通过诉讼继续追索国有企业债务人的，人民法院应予支持。人民法院裁判金融不良债权转让合同无效后当事人履行相互返还义务时，应从不良债权最终受让人开始逐一与前手相互返还，直至完成第一受让人与金融资产管理公司的相互返还。后手受让人直接对金融资产管理公司主张不良债权转让合同无效并请求赔偿的，人民法院不予支持。

【法〔2011〕195 号】　最高人民法院关于依法制裁规避执行行为的若干意见（2011 年 5 月 27 日）

20. 依法变更追加被执行主体或者告知申请执行人另行起诉。有充分证据证明被执行人通过离婚析产、不依法清算、改制重组、关联交易、财产混同等方式恶意转移财产规避执行的，执行法院可以通过依法变更追加被执行人或者告知申请执行人通过诉讼程序追回被转移的财产。

【法释〔2016〕21 号】　最高人民法院关于民事执行中变更、追加当事人若干问题的规定（2016 年 8 月 29 日最高法审委会〔1691 次〕通过，2016 年 11 月 7 日公布，2016 年 12 月 1 日起施行；根据法释〔2020〕21 号《决定》修正，2021 年 1 月 1 日起施行。以本规为准）

第 1 条　执行过程中，申请执行人或其继承人、权利承受人可以向人民法院申请变更、追加当事人。申请符合法定条件的，人民法院应予支持。

第 2 条　作为申请执行人的自然人/公民死亡或被宣告死亡，该自然人/公民的遗产管理人/遗嘱执行人、继承人、受遗赠人或其他因该自然人/公民死亡或被宣告死亡依法承受生效法律文书确定权利的主体，申请变更、追加其为申请执行人的，人民法院应予支持。

作为申请执行人的~~自然人~~/公民被宣告失踪，该~~自然人~~/公民的财产代管人申请变更、追加其为申请执行人的，人民法院应予支持。

第3条　作为申请执行人的~~自然人~~/公民离婚时，生效法律文书确定的权利全部或部分分割给其配偶，该配偶申请变更、追加其为申请执行人的，人民法院应予支持。

第4条　作为申请执行人的法人或其他~~非法人~~组织终止，因该法人或其他~~非法人~~组织终止依法承受生效法律文书确定权利的主体，申请变更、追加其为申请执行人的，人民法院应予支持。

第5条　作为申请执行人的法人或~~其他非法人~~组织因合并而终止，合并后存续或新设的法人、~~其他非法人~~组织申请变更其为申请执行人的，人民法院应予支持。

第6条　作为申请执行人的法人或~~其他非法人~~组织分立，依分立协议约定承受生效法律文书确定权利的新设法人或~~其他非法人~~组织，申请变更、追加其为申请执行人的，人民法院应予支持。

第7条　作为申请执行人的法人或~~其他非法人~~组织清算或破产时，生效法律文书确定的权利依法分配给第三人，该第三人申请变更、追加其为申请执行人的，人民法院应予支持。

第8条　作为申请执行人的机关法人被撤销，继续履行其职能的主体申请变更、追加其为申请执行人的，人民法院应予支持，但生效法律文书确定的权利依法应由其他主体承受的除外；没有继续履行其职能的主体，且生效法律文书确定权利的承受主体不明确，作出撤销决定的主体申请变更、追加其为申请执行人的，人民法院应予支持。

第9条　申请执行人将生效法律文书确定的债权依法转让给第三人，且书面认可第三人取得该债权，该第三人申请变更、追加其为申请执行人的，人民法院应予支持。

第10条　作为被执行人的~~自然人~~/公民死亡或被宣告死亡，申请执行人申请变更、追加该~~自然人~~/公民的遗产管理人/遗嘱执行人、继承人、受遗赠人或其他因该~~自然人~~/公民死亡或被宣告死亡取得遗产的主体为被执行人，在遗产范围内承担责任的，人民法院应予支持。~~继承人放弃继承或受遗赠人放弃受遗赠，又无遗嘱执行人的，人民法院可以直接执行遗产。~~

作为被执行人的~~自然人~~/公民被宣告失踪，申请执行人申请变更该~~自然人~~/公民的财产代管人为被执行人，在代管的财产范围内承担责任的，人民法院应予支持。

第 11 条　作为被执行人的法人或其他非法人组织因合并而终止，申请执行人申请变更合并后存续或新设的法人、其他非法人组织为被执行人的，人民法院应予支持。

第 12 条　作为被执行人的法人或其他非法人组织分立，申请执行人申请变更、追加分立后新设的法人或其他非法人组织为被执行人，对生效法律文书确定的债务承担连带责任的，人民法院应予支持。但被执行人在分立前与申请执行人就债务清偿达成的书面协议另有约定的除外。

第 13 条　作为被执行人的个人独资企业，不能清偿生效法律文书确定的债务，申请执行人申请变更、追加其出资人/投资人为被执行人的，人民法院应予支持。个人独资企业出资人/投资人作为被执行人的，人民法院可以直接执行该个人独资企业的财产。

个体工商户的字号为被执行人的，人民法院可以直接执行该字号经营者的财产。

第 14 条　作为被执行人的合伙企业，不能清偿生效法律文书确定的债务，申请执行人申请变更、追加普通合伙人为被执行人的，人民法院应予支持。

作为被执行人的有限合伙企业，财产不足以清偿生效法律文书确定的债务，申请执行人申请变更、追加未按期足额缴纳出资的有限合伙人为被执行人，在未足额缴纳出资的范围内承担责任的，人民法院应予支持。

第 15 条　作为被执行人的法人分支机构，不能清偿生效法律文书确定的债务，申请执行人申请变更、追加该法人为被执行人的，人民法院应予支持。法人直接管理的责任财产仍不能清偿债务的，人民法院可以直接执行该法人其他分支机构的财产。

作为被执行人的法人，直接管理的责任财产不能清偿生效法律文书确定债务的，人民法院可以直接执行该法人分支机构的财产。

第 16 条　个人独资企业、合伙企业、法人分支机构以外的其他非法人组织作为被执行人，不能清偿生效法律文书确定的债务，申请执行人申请变更、追加依法对该其他非法人组织的债务承担责任的主体为被执行人的，人民法院应予支持。①

第 17 条　作为被执行人的营利/企业法人，财产不足以清偿生效法律文书确定的债务，申请执行人申请变更、追加未缴纳或未足额缴纳出资的股东、出资人或依公司法规定对该出资承担连带责任的发起人为被执行人，在尚未缴纳出资的

---

① 注：根据"法释〔2022〕11 号"《解释》第 52 条（见本书第 51 条），"其他组织"有 8 种类型；而本条规定只针对其中部分类型的其他组织作出了变更被执行人的规定，这与《解释》第 471 条的规定不一致。

范围内依法承担责任的，人民法院应予支持。

第18条　作为被执行人的营利/企业法人，财产不足以清偿生效法律文书确定的债务，申请执行人申请变更、追加抽逃出资的股东、出资人为被执行人，在抽逃出资的范围内承担责任的，人民法院应予支持。

第19条　作为被执行人的公司，财产不足以清偿生效法律文书确定的债务，其股东未依法履行出资义务即转让股权，申请执行人申请变更、追加该原股东或依公司法规定对该出资承担连带责任的发起人为被执行人，在未依法出资的范围内承担责任的，人民法院应予支持。

第20条　作为被执行人的一人有限责任公司，财产不足以清偿生效法律文书确定的债务，股东不能证明公司财产独立于自己的财产，申请执行人申请变更、追加该股东为被执行人，对公司债务承担连带责任的，人民法院应予支持。

第21条　作为被执行人的公司，未经清算即办理注销登记，导致公司无法进行清算，申请执行人申请变更、追加有限责任公司的股东、股份有限公司的董事和控股股东为被执行人，对公司债务承担连带清偿责任的，人民法院应予支持。

第22条　作为被执行人的法人或其他非法人组织，被注销或出现被吊销营业执照、被撤销、被责令关闭、歇业等解散事由后，其股东、出资人或主管部门无偿接受其财产，致使该被执行人无遗留财产或遗留财产不足以清偿债务，申请执行人申请变更、追加该股东、出资人或主管部门为被执行人，在接受的财产范围内承担责任的，人民法院应予支持。

第23条　作为被执行人的法人或其他非法人组织，未经依法清算即办理注销登记，在登记机关办理注销登记时，第三人书面承诺对被执行人的债务承担清偿责任，申请执行人申请变更、追加该第三人为被执行人，在承诺范围内承担清偿责任的，人民法院应予支持。

第24条　执行过程中，第三人向执行法院书面承诺自愿代被执行人履行生效法律文书确定的债务，申请执行人申请变更、追加该第三人为被执行人，在承诺范围内承担责任的，人民法院应予支持。

第25条　作为被执行人的法人或其他非法人组织，财产依行政命令被无偿调拨、划转给第三人，致使该被执行人财产不足以清偿生效法律文书确定的债务，申请执行人申请变更、追加该第三人为被执行人，在接受的财产范围内承担责任的，人民法院应予支持。

第26条　被申请人在应承担责任范围内已承担相应责任的，人民法院不得责令其重复承担责任。

第27条　执行当事人的姓名或名称发生变更的，人民法院可以直接将姓名或名称变更后的主体作为执行当事人，并在法律文书中注明变更前的姓名或名称。

第 28 条　申请人申请变更、追加执行当事人，应当向执行法院提交书面申请及相关证据材料。

除事实清楚、权利义务关系明确、争议不大的案件外，执行法院应当组成合议庭审查并公开听证。经审查，理由成立的，裁定变更、追加；理由不成立的，裁定驳回。

执行法院应当自收到书面申请之日起 60 日内作出裁定。有特殊情况需要延长的，由本院院长批准。

第 29 条　执行法院审查变更、追加被执行人申请期间，申请人申请对被申请人的财产采取查封、扣押、冻结措施的，执行法院应当参照民事诉讼法第 100 条（现第 103 条）的规定办理。

申请执行人在申请变更、追加第三人前，向执行法院申请查封、扣押、冻结该第三人财产的，执行法院应当参照民事诉讼法第 101 条（现第 104 条）的规定办理。

第 30—34 条　（见本书第 236 条）

【法释［2018］4 号】　最高人民法院关于执行担保若干问题的规定（2017年 12 月 11 日最高法审委会［1729 次］通过，2018 年 2 月 22 日公布，2018 年 3月 1 日起施行；根据法释［2020］21 号《决定》修正，2021 年 1 月 1 日起施行。以本规为准）（详见本书第 242 条）

第 11 条（第 1 款）　暂缓执行期限届满后被执行人仍不履行义务，或者暂缓执行期间担保人有转移、隐藏、变卖、毁损担保财产等行为的，人民法院可以依申请执行人的申请恢复执行，并直接裁定执行担保财产或者保证人的财产，不得将担保人变更、追加为被执行人。

【法释［2022］11 号】　最高人民法院关于适用《中华人民共和国民事诉讼法》的解释（"法释［2015］5 号"公布，2015 年 2 月 4 日起施行；根据法释［2020］20 号《决定》修正，2021 年 1 月 1 日起施行；2022 年 3 月 22 日最高法审委会［1866 次］修正，2022 年 4 月 1 日公布，2022 年 4 月 10 日起施行；以本规为准）

第 470 条　依照民事诉讼法第 239 条（现第 243 条）规定，执行中作为被执行人的法人或者其他组织分立、合并的，人民法院可以裁定变更后的法人或者其他组织为被执行人；被注销的，如果依照有关实体法的规定有权利义务承受人的，可以裁定该权利义务承受人为被执行人。

第 471 条　其他组织在执行中不能履行法律文书确定的义务的，人民法院可以裁定执行对该其他组织依法承担义务的法人或者公民个人的财产。①

第472条 在执行中，作为被执行人的法人或者其他组织名称变更的，人民法院可以裁定变更后的法人或者其他组织为被执行人。

第473条 作为被执行人的公民死亡，其遗产继承人没有放弃继承的，人民法院可以裁定变更被执行人，由该继承人在遗产的范围内偿还债务。继承人放弃继承的，人民法院可以直接执行被执行人的遗产。

● **指导案例** 【**法〔2014〕327号**】 **最高人民法院第8批指导性案例**（2014年12月18日）

（指导案例34号）李晓玲、李鹏裕申请执行厦门海洋实业（集团）股份有限公司、厦门海洋实业总公司执行复议案（最高法院〔2012〕执复字第26号执行裁定）

裁判要点： 生效法律文书确定的权利人在进入执行程序前合法转让债权的，债权受让人即权利承受人可以作为申请执行人直接申请执行，无需执行法院作出变更申请执行人的裁定。

【**法〔2019〕294号**】 **最高人民法院第23批指导性案例**（2019年12月24日）

（指导案例117号）中建三局第一建设工程有限责任公司与澳中财富（合肥）投资置业有限公司、安徽文峰置业有限公司执行复议案②

裁判要点： 根据民事调解书和调解笔录，第三人以债务承担方式加入债权债务关系的，执行法院可以在该第三人债务承担范围内对其强制执行。债务人用商业承兑汇票来履行执行依据确定的债务，虽然开具并向债权人交付了商业承兑汇

---

① 注：根据"法释〔2022〕11号"《解释》第52条（见本书第51条），"其他组织"有8种类型；而"法释〔2016〕21号"《规定》第16条只针对其中部分类型的其他组织作出了变更被执行人的规定，这与本条规定不一致。

② 注：本案，第三人文峰公司按调解书向中建三局一公司交付了商业承兑汇票，但相关账户余额不足而无法兑现。中建三局一公司申请强制执行后，安徽高院冻结了文峰公司的银行账户。文峰公司提出异议，认为自己不是被执行人，且已经出具了商业承兑汇票；即使应该对商业承兑汇票承担代付款责任，也应先执行债务人澳中公司，而不能直接冻结文峰公司的账户。安徽高院2017年9月12日作出〔2017〕皖执异1号执行裁定，变更被执行人为澳中公司。最高人民法院复议认为，票据的法律关系包括原因关系（系当事人间授受票据的原因）、资金关系（系指当事人间在资金供给或资金补偿方面的关系）、票据预约关系（系当事人间有了原因关系之后，在发出票据之前，就票据种类、金额、到期日、付款地等票据内容及票据授受行为订立的合同）和票据关系（系当事人间基于票据行为而直接发生的债权债务关系）。其中，前3种关系属于票据的基础关系，是一般民法上的法律关系。根据调解协议，文峰公司在票据预约关系层面有出票和交付票据的义务，在原因关系层面有债务清偿义务。故于2017年12月28日作出〔2017〕最高法执复68号执行裁定，撤销安徽高院变更被执行人的执行裁定。

票，但因汇票付款账户资金不足、被冻结等不能兑付的，不能认定实际履行了债务，债权人可以请求对债务人继续强制执行。

【高检发办字［2021］13 号】　最高人民检察院第 28 批指导性案例（2021年 4 月 1 日最高检检委会［13 届 64 次］通过，2021 年 4 月 27 日印发）

（检例第 110 号）黑龙江何某申请执行监督案①

要旨：执行程序应当按照生效判决等确定的执行依据进行，变更、追加被执行人应当遵循法定原则和程序，不得在法律和司法解释规定之外或者未经依法改判的情况下变更、追加被执行人。对于执行程序中违法变更、追加被执行人的，人民检察院应当依法监督。

● **入库案例　【2024-07-2-472-002】　唐山某某公司与沈阳某某公司等变更、追加被执行人执行异议之诉纠纷案**（河北高院/2022.03.27/［2021］冀民终 724 号）

裁判要旨：……追加被执行人股东或出资人为被执行人的，法院应先予审查被执行人财产是否不足以清偿生效法律文书确定的债务。如果被执行人或追加的被执行人提交证据证明债务足以清偿或者已经清偿完毕的，应依法不予追加。

● **高法判例　【［2020］最高法执复 4 号】　中国某银行股份有限公司重庆分行、重庆外贸某物资公司金融借款合同纠纷案**（最高法 2020 年 6 月 23 日执行审查类执行裁定书：被执行企业法人被吊销营业执照但未被注销，不得追加其股东为被执行人）

裁判摘要：从变更、追加规定（法释［2016］21 号）第 21 条规定的内容来看，该条规定了公司在未经清算的情况下自行办理注销登记，导致公司不能清算的，有限责任公司的股东应对公司债务承担连带责任。此时，股东承担连带责任的前提是因该股东的行为导致公司不能清算而办理了注销，该股东对公司不能清算存在过错。具体到本案，根据重庆高院认定及复议申请人陈述的事实，两被执

---

① 注：本案，张某因销售燃煤向魏某借款 35 万元，黑龙江铁力市法院判令张某还款。之后，张某与何某协议离婚。铁力法院认为，婚姻关系存续期间，夫妻一方以个人名义所负债务，除债权人与债务人明确约定为个人债务或夫妻约定婚姻关系存续期间财产归各自所有外，都应视为夫妻共同债务，裁定追加何某为被执行人，并驳回何某的异议。何某不服向伊春中院申请复议，也被驳回。何某向铁力市人民检察院申请执行监督。铁力检察院向铁力法院发出检察建议书，认为追加何某为被执行人缺乏法律依据；铁力法院复函认为适用法律准确、程序合法，且上级法院已作出执行异议复议裁定，故不予采纳检察建议。

铁力检察院提请伊春市检察院跟进监督。伊春市检察院向伊春中院发出检察建议书，认为生效判决并未确认案涉款项为夫妻共同债务，执行环节不应直接改变执行依据，在未经法院改判的情况下不应直接将判决确认的个人债务推定为夫妻共同债务；追加何某为被执行人，既影响判决的既判力，又剥夺何某的诉讼权利，使何某未经审判程序即承担义务，建议纠正。伊春中院采纳建议，撤销铁力法院执行裁定；铁力法院随后解除对何某工资账户的冻结。

行人是被吊销营业执照的状态而非被注销，不属于上述规定要求的未经清算即办理注销登记的情形，不应适用该条的规定。重庆高院异议裁定认为追加被执行人的股东为被执行人①缺乏前述规定追加的基础和前提条件，并无不当。

● **文书格式** 【法〔2016〕221号】 民事诉讼文书样式（2016年2月22日最高法审委会〔1679次〕通过，2016年6月28日公布，2016年8月1日起施行）(本书对格式略有调整)

执行裁定书（变更申请执行人）

（××××）……执……号

申请人：×××，……。

法定代理人/指定代理人/法定代表人/主要负责人：×××，……。

委托诉讼代理人：×××，……。

申请执行人：×××，……。

被执行人：×××，……。

……

（以上写明申请人、申请执行人、被执行人及其代理人和其他诉讼参加人的姓名或者名称等基本信息）

本院在执行×××与×××……（写明案由）一案中，申请人×××于×年×月×日向本院申请变更为本案的申请执行人，并提供了……（写明证据）。

经审查，……（写明查明的事实）。本院认为，……（写明理由）。

依照《中华人民共和国民事诉讼法》第157条第1款第11项规定，裁定如下：

（变更的，写明：）变更×××为本案申请执行人。

（驳回的，写明：）驳回×××变更为本案申请执行人的请求。

本裁定送达后即发生法律效力。

（合议庭成员署名）

×年×月×日（院印）

书记员×××

执行裁定书（变更名称变更后的法人或其他组织为被执行人）

（××××）……执……号

申请执行人：×××，……。

---

① 注：本案进入执行程序后，重庆高院查明被执行人无经营无财产，于2000年11月24日作出〔2000〕渝高法经执字第66号民事裁定，对本案终结执行。光大银行向重庆高院申请追加被执行人的2个法人股东重庆畜产品进出口公司、重庆国际贸易集团有限公司为被执行人。

被执行人:×××,……。

(以上写明申请执行人、被执行人及其代理人和其他诉讼参加人的姓名或者名称等基本信息)

本院在执行×××与×××……(写明案由)一案中,×××没有履行生效法律文书确定的义务。因……(写明作为被执行人的法人或者其他组织变更名称的事实)。依照《最高人民法院关于适用〈中华人民共和国民事诉讼法〉的解释》第472条规定,裁定如下:

一、将本案被执行人由×××(写明原名称)变更为×××(写明现名称);

二、×××向×××履行……(写明履行义务的内容)。

本裁定送达后即发生法律效力。

(合议庭成员署名)

×年×月×日(院印)

书记员　×××

执行裁定书 (变更分立、合并、注销后的法人或其他组织为被执行人)

(××××)……执……号

申请执行人:×××,……。

被执行人:×××,……。

第三人:×××,……。

(以上写明申请执行人、被执行人、第三人及其代理人和其他诉讼参加人的姓名或者名称等基本信息)

本院在执行×××与×××……(写明案由)一案中,因……(写明第三人因分立、合并、撤销后的法人或其他组织而继受财产的情况,应当变更其为被执行人的事实和理由)。依照《中华人民共和国民事诉讼法》第243条、《最高人民法院关于适用〈中华人民共和国民事诉讼法〉的解释》第470条规定,裁定如下:

一、变更×××为本案的被执行人;

二、×××应在本裁定生效之日起×日内向×××履行……(写明履行义务的内容)。

本裁定送达后即发生法律效力。

(合议庭成员署名)

×年×月×日(院印)

书记员　×××

第三编　第十九章

执行裁定书（变更遗产继承人为被执行人）

（××××）……执……号

（以上写明申请执行人、被执行人、第三人及其代理人和其他诉讼参加人的姓名或者名称等基本信息，格式同上）

本院在执行×××与×××……（写明案由）一案中，因……（写明第三人继承财产的情况，以及变更其为被执行人的事实和理由）。依照《中华人民共和国民事诉讼法》第243条、《最高人民法院关于适用〈中华人民共和国民事诉讼法〉的解释》第473条规定，裁定如下：

一、变更×××为本案的被执行人，应在其继承的财产范围内承担责任；

二、×××向×××履行……（写明履行义务的内容）。

本裁定送达后即发生法律效力。

（合议庭成员署名）

×年×月×日（院印）

书记员　×××

执行裁定书（追加对其他组织依法承担义务的法人或公民为被执行人）

（××××）……执……号

（以上写明申请执行人、被执行人、第三人及其代理人和其他诉讼参加人的姓名或者名称等基本信息，格式同上）

本院在执行×××与×××……（写明案由）一案中，因……（写明其他组织不能履行有关法律文书确定的债务，×××对该其他组织依法应承担相应责任的根据，以及追加其为被执行人的事实和理由）。依照《中华人民共和国民事诉讼法》第243条、《最高人民法院关于适用〈中华人民共和国民事诉讼法〉的解释》第471条规定，裁定如下：

一、追加×××为本案被执行人；

二、×××应在本裁定生效之日起×日内向×××履行……（写明履行义务的内容）。

本裁定送达后即发生法律效力。

（合议庭成员署名）

×年×月×日（院印）

书记员　×××

民事诉讼法全厚细

> 　　第 244 条[19910409] 【**执行回转**】 执行完毕后，据以执行的判决、裁定和其他法律文书确有错误，被人民法院撤销的，对已被执行的财产，人民法院应当作出裁定，责令取得财产的人返还；拒不返还的，强制执行。

● **相关规定**　【**法释〔1998〕15 号**】　**最高人民法院关于人民法院执行工作若干问题的规定（试行）**（1998 年 6 月 11 日最高法审委会〔992 次〕通过，1998 年 7 月 8 日公布施行；根据法释〔2020〕21 号《决定》修正，2021 年 1 月 1 日起施行；以本规为准）①

65. 在执行中或执行完毕后，据以执行的法律文书被人民法院或其他有关机关撤销或变更的，原执行机构应当依照民事诉讼法第 233 条（现第 244 条）的规定，依当事人申请或依职权，按照新的生效法律文书，作出执行回转的裁定，责令原申请执行人返还已取得的财产及其孳息。拒不返还的，强制执行。

执行回转应重新立案，适用执行程序的有关规定。

66. 执行回转时，已执行的标的物系特定物的，应当退还原物。不能退还原物的，经双方当事人同意，可以折价赔偿。

（新增）　双方当事人对折价赔偿不能协商一致的，人民法院应当终结执行回转程序。申请执行人可以另行起诉。

【**执监字〔2013〕37 号**】　**最高人民法院关于祁某某申请执行回转中国农业银行张掖市分行一案的复函**（2013 年 8 月 8 日答复甘肃高院"〔2012〕甘执复字第 07 号"请示）

一、关于应否适用执行回转程序

依照本院《关于人民法院执行工作若干问题的规定（试行）》第 109 条的规定，适用执行回转程序的条件为：一是原执行依据中关于给付内容的主文被依法撤销或者变更，二是原执行依据确定的给付内容执行完毕。从你院报告情况看，本院再审判决撤销了原执行依据你院〔2007〕甘民一终字第 268 号民事判决的全部主文，即原执行依据主文第 2 项关于祁某某向中国农业银行张掖市分行（以下简称张掖农行）返还财产的给付内容也被撤销。同时，再审判决仍然认定祁某某与张掖农行之间的《抵债资产处置合同》为有效合同，而依据合同，将涉案房地产交付祁某某占有是张掖农行的义务之一。因此，张掖市中级人民法院（以下简称张掖中院）应当裁定执行回转。至于实际上能否回转，则是另外一个问题。

---

①　本《规定》自 1998 年 7 月 8 日公布试行 22 年多，至 2020 年 12 月 23 日修正，仍为"试行"。

二、关于执行回转的内容

执行回转的实质是将原执行的结果恢复到执行前的状态，因此，执行回转的内容应当根据原执行的内容进行判断。就本案而言，祁某某丧失涉案房产所有权并非法院的执行所造成，而是在进入强制执行程序前，由于相关行政机关的行政行为所致，所以，执行回转不是恢复祁某某对涉案房产的所有权。同样，由于祁某某一直没有取得涉案土地使用权，也不存在恢复其土地使用权的问题。但是祁某某基于与张掖农行之间的合同合法占有涉案房地产，而张掖中院在执行程序中剥夺了其占有，因此，执行回转的内容应该是恢复其对涉案房地产的占有。

三、关于不能恢复对涉案房地产的占有时能否折价抵偿

依照本院《关于人民法院执行工作若干问题的规定（试行）》第110条的规定，当特定物无法执行回转时，适用"折价抵偿"程序的前提，是执行回转的申请人已经取得特定物的所有权或者相关财产权利，且该物或者财产权利的价值在执行程序中能够确定。如果需要回转的内容不能以货币折算对价，则只能寻求其他程序解决。本案中，由于在张掖中院执行之前，相关行政机关已经撤销了祁某某对涉案房产的所有权登记，也由于其一直没有取得涉案土地使用权，从而使其对涉案房地产的占有处于对物支配的事实状态，而占有的事实状态无法折算为具体的财产对价，因此，不能适用折价抵偿程序。本案如果无法恢复占有，应当终结执行回转程序。同时，此案中申请执行人的合法权益应当得到保护和救济，请你院监督张掖中院务必做好该案的审、执协调配合工作，向祁某某释明其享有另行提起民事诉讼和行政诉讼要求赔偿的权利。如祁某某另案提起诉讼，应当做到及时立案、审理和执行，避免久拖不决。另将张掖农行的申诉材料一并转你院依法妥处。

【法释〔2022〕11号】 最高人民法院关于适用《中华人民共和国民事诉讼法》的解释（"法释〔2015〕5号"公布，2015年2月4日起施行；根据法释〔2020〕20号《决定》修正，2021年1月1日起施行；2022年3月22日最高法审委会〔1866次〕修正，2022年4月1日公布，2022年4月10日起施行；以本规为准）

第173条 人民法院先予执行后，根据发生法律效力的判决，申请人应当返还因先予执行所取得的利益的，适用民事诉讼法第240条（现第244条）的规定。

第474条 法律规定由人民法院执行的其他法律文书执行完毕后，该法律文书被有关机关或者组织依法撤销的，经当事人申请，适用民事诉讼法第240条（现第244条）规定。

第481条（第2款） 被执行人履行全部或者部分义务后，又以不知道申请执行时效期间届满为由请求执行回转的，人民法院不予支持。

● **文书格式**　　**【法［2016］221 号】**　　**民事诉讼文书样式**（2016 年 2 月 22 日最高法审委会［1679 次］通过，2016 年 6 月 28 日公布，2016 年 8 月 1 日起施行）

（本书对格式略有调整）

执行裁定书（执行回转）①

（××××）……执……号

申请执行人：×××，……。

法定代理人/指定代理人/法定代表人/主要负责人：×××，……。

委托诉讼代理人：×××，……。

被执行人：×××，……。

……

（以上写明申请执行人、被执行人和其他诉讼参与人的姓名或者名称等基本信息）

本院执行的×××与×××……（写明案由）一案，因据以执行的……（写明法律文书）被××××（写明法院或有关机关、组织）以……（写明法律文书字号、名称）撤销/变更。……[（当事人申请执行回转的，写明：）申请执行人×××于×年×月×日向本院申请执行回转，请求……；（人民法院依职权执行回转的，写明：）执行回转的事实]。

本院经审查认为，……[（当事人申请执行回转的，写明：）×××的申请符合法律规定；（法院依职权采取的，写明：）执行回转的理由]。依照《中华人民共和国民事诉讼法》第 244 条、《最高人民法院关于适用〈中华人民共和国民事诉讼法〉的解释》第 476 条、《最高人民法院关于人民法院执行工作若干问题的规定（试行）》第 65 条（不能退还原物的，增加引用第 66 条）规定，裁定如下：

（能够退换原物的，写明：）×××应在本裁定生效之日起××日内向×××返还……（写明原执行程序中已取得的财产及孳息）。

（不能退换原物的，写明：）对被执行人×××在原执行程序中已取得的……（写明财产名称、数量或数额、所在地等）予以折价抵偿。

本裁定立即执行。

审判长　×××

审判员　×××

审判员　×××

第三编　第十九章

---

①　注：1. 执行回转时，已执行的标的是特定物且尚为原申请执行人占有的，应当退还原物。不能返还原物的，可以折价抵偿。需要折价抵偿的，应按评估、拍卖、变卖等程序的要求另行制作相应的法律文书。

2. 执行回转应重新立案，适用执行程序的有关规定。

×年×月×日（院印）

本件与原本核对无异

书记员 ×××

（本书汇）【司法赔偿】

● **相关规定** 【主席令［2012］68号】 中华人民共和国国家赔偿法（1994年5月12日主席令第23号公布，1995年1月1日起施行；2012年10月26日全国人大常委会［11届29次］最新修正，2013年1月1日起施行）

第12条 要求赔偿应当递交申请书，申请书应当载明下列事项：（一）受害人的姓名、性别、年龄、工作单位和住所，法人或者其他组织的名称、住所和法定代表人或者主要负责人的姓名、职务；（二）具体的要求、事实根据和理由；（三）申请的年、月、日。

赔偿请求人书写申请书确有困难的，可以委托他人代书；也可以口头申请，由赔偿义务机关记入笔录。

赔偿请求人不是受害人本人的，应当说明与受害人的关系，并提供相应证明。

赔偿请求人当面递交申请书的，赔偿义务机关应当当场出具加盖本行政机关专用印章并注明收讫日期的书面凭证。申请材料不齐全的，赔偿义务机关应当当场或者在5日内一次性告知赔偿请求人需要补正的全部内容。

第24条 赔偿义务机关在规定期限内未作出是否赔偿的决定，赔偿请求人可以自期限届满之日起30日内向赔偿义务机关的上一级机关申请复议。

赔偿请求人对赔偿的方式、项目、数额有异议的，或者赔偿义务机关作出不予赔偿决定的，赔偿请求人可以自赔偿义务机关作出赔偿或者不予赔偿决定之日起30日内，向赔偿义务机关的上一级机关申请复议。

赔偿义务机关是人民法院的，赔偿请求人可以依照本条规定向其上一级人民法院赔偿委员会申请作出赔偿决定。

第25条 复议机关应当自收到申请之日起2个月内作出决定。

赔偿请求人不服复议决定的，可以在收到复议决定之日起30日内向复议机关所在地的同级人民法院赔偿委员会申请作出赔偿决定；复议机关逾期不作决定的，赔偿请求人可以自期限届满之日起30日内向复议机关所在地的同级人民法院赔偿委员会申请作出赔偿决定。

第4章 赔偿方式和计算标准

第32条 国家赔偿以支付赔偿金为主要方式。

能够返还财产或者恢复原状的，予以返还财产或者恢复原状。

第33条 侵犯公民人身自由的，每日赔偿金按照国家上年度职工日平均工资计算。

第34条 侵犯公民生命健康权的，赔偿金按照下列规定计算：

（一）造成身体伤害的，应当支付医疗费、护理费，以及赔偿因误工减少的收入。减少的收入每日的赔偿金按照国家上年度职工日平均工资计算，最高额为国家上年度职工年平均工资的五倍；

（二）造成部分或者全部丧失劳动能力的，应当支付医疗费、护理费、残疾生活辅助具费、康复费等因残疾而增加的必要支出和继续治疗所必需的费用，以及残疾赔偿金。残疾赔偿金根据丧失劳动能力的程度，按照国家规定的伤残等级确定，最高不超过国家上年度职工年平均工资的 20 倍。造成全部丧失劳动能力的，对其扶养的无劳动能力的人，还应当支付生活费；

（三）造成死亡的，应当支付死亡赔偿金、丧葬费，总额为国家上年度职工年平均工资的 20 倍。对死者生前扶养的无劳动能力的人，还应当支付生活费。

前款第 2 项、第 3 项规定的生活费的发放标准，参照当地最低生活保障标准执行。被扶养的人是未成年人的，生活费给付至 18 周岁止；其他无劳动能力的人，生活费给付至死亡时止。

第35条 有本法第3条或者第17条规定情形之一，致人精神损害的，应当在侵权行为影响的范围内，为受害人消除影响，恢复名誉，赔礼道歉；造成严重后果的，应当支付相应的精神损害抚慰金。

第36条 侵犯公民、法人和其他组织的财产权造成损害的，按照下列规定处理：

（一）处罚款、罚金、追缴、没收财产或者违法征收、征用财产的，返还财产；

（二）查封、扣押、冻结财产的，解除对财产的查封、扣押、冻结，造成财产损坏或者灭失的，依照本条第3项、第4项的规定赔偿；

（三）应当返还的财产损坏的，能够恢复原状的恢复原状，不能恢复原状的，按照损害程度给付相应的赔偿金；

（四）应当返还的财产灭失的，给付相应的赔偿金；

（五）财产已经拍卖或者变卖的，给付拍卖或者变卖所得的价款；变卖的价款明显低于财产价值的，应当支付相应的赔偿金；

（六）吊销许可证和执照、责令停产停业的，赔偿停产停业期间必要的经常性费用开支；

（七）返还执行的罚款或者罚金、追缴或者没收的金钱，解除冻结的存款或者汇款的，应当支付银行同期存款利息；

（八）对财产权造成其他损害的，按照直接损失给予赔偿。

第 37 条　赔偿费用列入各级财政预算。

赔偿请求人凭生效的判决书、复议决定书、赔偿决定书或者调解书，向赔偿义务机关申请支付赔偿金。

赔偿义务机关应当自收到支付赔偿金申请之日起 7 日内，依照预算管理权限向有关的财政部门提出支付申请。财政部门应当自收到支付申请之日起 15 日内支付赔偿金。

赔偿费用预算与支付管理的具体办法由国务院规定。

第 5 章　其他规定

第 38 条　人民法院在民事诉讼、行政诉讼过程中，违法采取对妨害诉讼的强制措施、保全措施或者对判决、裁定及其他生效法律文书执行错误，造成损害的，赔偿请求人要求赔偿的程序，适用本法刑事赔偿程序的规定（见《刑事诉讼法全厚细》第 3 编第 5 章"刑事赔偿"专辑）。

第 39 条　赔偿请求人请求国家赔偿的时效为 2 年，自其知道或者应当知道国家机关及其工作人员行使职权时的行为侵犯其人身权、财产权之日起计算，但被羁押等限制人身自由期间不计算在内。……

赔偿请求人在赔偿请求时效的最后 6 个月内，因不可抗力或者其他障碍不能行使请求权的，时效中止。从中止时效的原因消除之日起，赔偿请求时效期间继续计算。

第 40 条　外国人、外国企业和组织在中华人民共和国领域内要求中华人民共和国国家赔偿的，适用本法。

外国人、外国企业和组织的所属国对中华人民共和国公民、法人和其他组织要求该国国家赔偿的权利不予保护或者限制的，中华人民共和国与该外国人、外国企业和组织的所属国实行对等原则。

第 6 章　附则

第 41 条　赔偿请求人要求国家赔偿的，赔偿义务机关、复议机关和人民法院不得向赔偿请求人收取任何费用。

对赔偿请求人取得的赔偿金不予征税。

【法释［2012］1 号】　最高人民法院关于国家赔偿案件立案工作的规定（2011 年 12 月 26 日最高法审委会［1537 次］通过，2012 年 1 月 13 日公布，2012 年 2 月 15 日起施行；法发［2000］2 号《最高人民法院关于刑事赔偿和非刑事司法赔偿案件立案工作的暂行规定（试行）》同时废止）

第1条　本规定所称国家赔偿案件，是指国家赔偿法……第38条规定的下列案件：……（九）在民事诉讼、行政诉讼过程中，违法采取对妨害诉讼的强制措施、保全措施或者对判决、裁定及其他生效法律文书执行错误，造成损害的。

第3条　赔偿请求人当面递交赔偿申请的，收到申请的人民法院应当依照国家赔偿法第12条的规定，当场出具加盖本院专用印章并注明收讫日期的书面凭证。

赔偿请求人以邮寄等形式提出赔偿申请的，收到申请的人民法院应当及时登记审查。

申请材料不齐全的，收到申请的人民法院应当在5日内一次性告知赔偿请求人需要补正的全部内容。收到申请的时间自人民法院收到补正材料之日起计算。

第4条　赔偿请求人向作为赔偿义务机关的人民法院提出赔偿申请，收到申请的人民法院经审查认为其申请符合下列条件的，应予立案：（一）赔偿请求人具备法律规定的主体资格；（二）本院是赔偿义务机关；（三）有具体的申请事项和理由；（四）属于本规定第1条规定的情形。

第5条　赔偿请求人对作为赔偿义务机关的人民法院作出的是否赔偿的决定不服，依照国家赔偿法第24条的规定向其上一级人民法院赔偿委员会提出赔偿申请，收到申请的人民法院经审查认为其申请符合下列条件的，应予立案：（一）有赔偿义务机关作出的是否赔偿的决定书；（二）符合法律规定的请求期间，因不可抗力或者其他障碍未能在法定期间行使请求权的情形除外。

第6条　作为赔偿义务机关的人民法院逾期未作出是否赔偿的决定，赔偿请求人依照国家赔偿法第24条的规定向其上一级人民法院赔偿委员会提出赔偿申请，收到申请的人民法院经审查认为其申请符合下列条件的，应予立案：（一）赔偿请求人具备法律规定的主体资格；（二）被申请的赔偿义务机关是法律规定的赔偿义务机关；（三）有具体的申请事项和理由；（四）属于本规定第1条规定的情形；（五）有赔偿义务机关已经收到赔偿申请的收讫凭证或者相应证据；（六）符合法律规定的请求期间，因不可抗力或者其他障碍未能在法定期间行使请求权的情形除外。

第8条　复议机关逾期未作出复议决定，赔偿请求人依照国家赔偿法第25条的规定向复议机关所在地的同级人民法院赔偿委员会提出赔偿申请，收到申请的人民法院经审查认为其申请符合下列条件的，应予立案：（一）赔偿请求人具备法律规定的主体资格；（二）被申请的赔偿义务机关、复议机关是法律规定的赔偿义务机关、复议机关；（三）有具体的申请事项和理由；（四）属于本规定第1条规定的情形；（五）有赔偿义务机关、复议机关已经收到赔偿申请的收讫凭证或者相应证据；（六）符合法律规定的请求期间，因不可抗力或者其他障碍未能在法定期间行使请求权的情形除外。

第 9 条 人民法院应当在收到申请之日起 7 日内决定是否立案。

决定立案的，人民法院应当在立案之日起 5 日内向赔偿请求人送达受理案件通知书。属于人民法院赔偿委员会审理的国家赔偿案件，还应当同时向赔偿义务机关、复议机关送达受理案件通知书、国家赔偿申请书或者《申请赔偿登记表》副本。

经审查不符合立案条件的，人民法院应当在 7 日内作出不予受理决定，并应当在作出决定之日起 10 日内送达赔偿请求人。

第 10 条 赔偿请求人对复议机关或者作为赔偿义务机关的人民法院作出的决定不予受理的文书不服，依照国家赔偿法第 24 条、第 25 条的规定向人民法院赔偿委员会提出赔偿申请，收到申请的人民法院可以依照本规定第 6 条、第 8 条予以审查立案。

经审查认为原不予受理错误的，人民法院赔偿委员会可以直接审查并作出决定，必要时也可以交由复议机关或者作为赔偿义务机关的人民法院作出决定。

【法办［2013］68 号】 最高人民法院办公厅关于在文书中如何引用国家赔偿法名称的通知（2013 年 6 月 3 日）

自收到本通知之日起，在文书中引用 2010 年 4 月 29 日修正以前的国家赔偿法，一律称"1994 年《中华人民共和国国家赔偿法》"；引用 2010 年 4 月 29 日修正的国家赔偿法，一律称"2010 年《中华人民共和国国家赔偿法》"；引用 2012 年 10 月 26 日修正的国家赔偿法，一律称"《中华人民共和国国家赔偿法》"。以前发布的通知与本通知不一致的，以本通知为准。

【法［2001］164 号】 最高人民法院案件审限管理规定（2001 年 10 月 16 日最高法审委会［1195 次］通过，2001 年 11 月 5 日公布，2002 年 1 月 1 日起施行）

第 5 条 审理赔偿案件的期限为 3 个月；有特殊情况需要延长的，经院长批准，可以延长 3 个月。

【法释［2013］19 号】 最高人民法院关于人民法院办理自赔案件程序的规定（2013 年 4 月 1 日最高法审委会［1573 次］通过，2013 年 7 月 26 日公布，2013 年 9 月 1 日起施行。以本规为准）

第 1 条 本规定所称自赔案件，是指人民法院办理的本院作为赔偿义务机关的国家赔偿案件。

第 2 条 基层人民法院国家赔偿小组、中级以上人民法院赔偿委员会负责办理本院的自赔案件。

第 3 条 人民法院对赔偿请求人提出的赔偿申请，根据《最高人民法院关于国家赔偿案件立案工作的规定》予以审查立案。

第4条　人民法院办理自赔案件，应当指定1名审判员承办。

负责承办的审判员应当查清事实并提出处理意见，经国家赔偿小组或者赔偿委员会讨论后，报请院长决定。重大、疑难案件由院长提交院长办公会议讨论决定。

第5条　参与办理自赔案件的审判人员是赔偿请求人或其代理人的近亲属，与本案有利害关系，或者有其他关系，可能影响案件公正办理的，应当主动回避。

赔偿请求人认为参与办理自赔案件的审判人员有前款规定情形的，有权以书面或者口头方式申请其回避。

以上规定，适用于书记员、翻译人员、鉴定人、勘验人。

第6条　赔偿请求人申请回避，应当在人民法院作出赔偿决定前提出。

人民法院应当自赔偿请求人申请回避之日起3日内作出书面决定。赔偿请求人对决定不服的，可以申请复议一次。人民法院对复议申请，应当在3日内做出复议决定，并通知复议申请人。复议期间，被申请回避的人员不停止案件办理工作。

审判人员的回避，由院长决定；其他人员的回避，由国家赔偿小组负责人或者赔偿委员会主任决定。

第8条　人民法院可以与赔偿请求人就赔偿方式、赔偿项目和赔偿数额在法律规定的范围内进行协商。协商应当遵循自愿、合法的原则。协商情况应当制作笔录。

经协商达成协议的，人民法院应当制作国家赔偿决定书。协商不成的，人民法院应当依法及时作出决定。

第9条　人民法院作出决定前，赔偿请求人撤回赔偿申请的，人民法院应当准许。

赔偿请求人撤回赔偿申请后，在国家赔偿法第39条规定的时效内又申请赔偿，并有证据证明其撤回申请确属违背真实意思表示或者其他正当理由的，人民法院应予受理。

第10条　有下列情形之一的，人民法院应当决定中止办理：（一）作为赔偿请求人的公民死亡，需要等待其继承人和其他有扶养关系的亲属表明是否参加赔偿案件处理的；（二）作为赔偿请求人的公民丧失行为能力，尚未确定法定代理人的；（三）作为赔偿请求人的法人或者其他组织终止，尚未确定权利承受人的；（四）赔偿请求人因不可抗力或者其他障碍，在法定期限内不能参加赔偿案件处理的；（五）宣告无罪的案件，人民法院决定再审或者人民检察院按照审判监督程序提出抗诉的。

中止办理的原因消除后，人民法院应当及时恢复办理，并通知赔偿请求人。

第 11 条 有下列情形之一的，人民法院应当决定终结办理：（一）作为赔偿请求人的公民死亡，没有继承人和其他有扶养关系的亲属，或者其继承人和其他有扶养关系的亲属放弃要求赔偿权利的；（二）作为赔偿请求人的法人或者其他组织终止后，其权利承受人放弃要求赔偿权利的；（三）赔偿请求人据以申请赔偿的撤销案件决定、不起诉决定或者宣告无罪的判决被撤销的。

第 12 条 人民法院应当自收到赔偿申请之日起 2 个月内作出是否赔偿的决定，并制作国家赔偿决定书。

申请人向人民法院申请委托鉴定、评估的，鉴定、评估期间不计入办理期限。

第 13 条 国家赔偿决定书应当载明以下事项：（一）赔偿请求人的基本情况；（二）申请事项及理由；（三）决定的事实理由及法律依据；（四）决定内容；（五）申请上一级人民法院赔偿委员会作出赔偿决定的期间和上一级人民法院名称。

第 14 条 人民法院决定赔偿或不予赔偿的，应当自作出决定之日起 10 日内将国家赔偿决定书送达赔偿请求人。

第 15 条 赔偿请求人依据国家赔偿法第 37 条第 2 款的规定向人民法院申请支付赔偿金的，应当递交申请书，并提交以下材料：（一）赔偿请求人的身份证明；（二）生效的国家赔偿决定书。

赔偿请求人当面递交申请支付材料的，人民法院应当出具收讫凭证。赔偿请求人书写申请书确有困难的，可以口头申请，人民法院应当记入笔录，由赔偿请求人签名、捺印或者盖章。

第 16 条 申请支付材料真实、有效、完整的，人民法院应当受理，并书面通知赔偿请求人。人民法院受理后，应当自收到支付申请之日起 7 日内，依照预算管理权限向有关财政部门提出支付申请。

申请支付材料不完整的，人民法院应当当场或者在 3 个工作日内一次性告知赔偿请求人需要补正的全部材料。收到支付申请的时间自人民法院收到补正材料之日起计算。

申请支付材料虚假、无效，人民法院决定不予受理的，应当在 3 个工作日内书面通知赔偿请求人并说明理由。

第 17 条 赔偿请求人对人民法院不予受理申请支付的通知有异议的，可以自收到通知之日起 10 日内向上一级人民法院申请复核。上一级人民法院应当自收到复核申请之日起 5 个工作日内作出复核决定，并在作出复核决定之日起 3 个工作日内送达赔偿请求人。

第 18 条 财政部门告知人民法院申请支付材料不符合要求的，人民法院应当自接到通知之日起 5 个工作日内按照要求提交补正材料。

需要赔偿请求人补正材料的，人民法院应当及时通知赔偿请求人。

第 19 条　财政部门告知人民法院已支付国家赔偿费用的，人民法院应当及时通知赔偿请求人。

【法释［2013］27 号】　最高人民法院关于人民法院赔偿委员会适用质证程序审理国家赔偿案件的规定（2013 年 12 月 16 日最高法审委会［1600 次］通过，2013 年 12 月 19 日公布，2014 年 3 月 1 日起施行）

第 1 条　赔偿委员会根据国家赔偿法第 27 条的规定，听取赔偿请求人、赔偿义务机关的陈述和申辩，进行质证的，适用本规定。

第 2 条　有下列情形之一，经书面审理不能解决的，赔偿委员会可以组织赔偿请求人和赔偿义务机关进行质证：（一）对侵权事实、损害后果及因果关系有争议的；（二）对是否属于国家赔偿法第 19 条规定的国家不承担赔偿责任的情形有争议的；（三）对赔偿方式、赔偿项目或者赔偿数额有争议的；（四）赔偿委员会认为应当质证的其他情形。

第 3 条　除涉及国家秘密、个人隐私或者法律另有规定的以外，质证应当公开进行。

赔偿请求人或者赔偿义务机关申请不公开质证，对方同意的，赔偿委员会可以不公开质证。

第 4 条　赔偿请求人和赔偿义务机关在质证活动中的法律地位平等，有权委托代理人，提出回避申请，提供证据，申请查阅、复制本案质证材料，进行陈述、质询、申辩，并应当依法行使质证权利，遵守质证秩序。

第 5 条　赔偿请求人、赔偿义务机关对其主张的有利于自己的事实负举证责任，但法律、司法解释另有规定的除外。

没有证据或者证据不足以证明其事实主张的，由负有举证责任的一方承担不利后果。

第 6 条　下列事实需要证明的，由赔偿义务机关负举证责任：（一）赔偿义务机关行为的合法性；（二）赔偿义务机关无过错；（三）因赔偿义务机关过错致使赔偿请求人不能证明的待证事实；（四）赔偿义务机关行为与被羁押人在羁押期间死亡或者丧失行为能力不存在因果关系。

第 7 条　下列情形，由赔偿义务机关负举证责任：（一）属于法定免责情形；（二）赔偿请求超过法定时效；（三）具有其他抗辩事由。

第 8 条　赔偿委员会认为必要时，可以通知复议机关参加质证，由复议机关对其作出复议决定的事实和法律依据进行说明。

第9条 赔偿请求人可以在举证期限内申请赔偿委员会调取下列证据：（一）由国家有关部门保存，赔偿请求人及其委托代理人无权查阅调取的证据；（二）涉及国家秘密、商业秘密、个人隐私的证据；（三）赔偿请求人及其委托代理人因客观原因不能自行收集的其他证据。

赔偿请求人申请赔偿委员会调取证据，应当提供具体线索。

第10条 赔偿委员会有权要求赔偿请求人、赔偿义务机关提供或者补充证据。

涉及国家利益、社会公共利益或者他人合法权益的事实，或者涉及依职权追加质证参加人、中止审理、终结审理、回避等程序性事项的，赔偿委员会可以向有关单位和人员调查情况、收集证据。

第11条 赔偿请求人、赔偿义务机关应当在收到受理案件通知书之日起10日内提供证据。赔偿请求人、赔偿义务机关因客观事由不能在该期限内提供证据的，赔偿委员会可以根据其申请适当延长举证期限。

赔偿请求人、赔偿义务机关无正当理由逾期提供证据的，应当承担相应的不利后果。

第12条 对于证据较多或者疑难复杂的案件，赔偿委员会可以组织赔偿请求人、赔偿义务机关在质证前交换证据，明确争议焦点，并将交换证据的情况记录在卷。

赔偿请求人、赔偿义务机关在证据交换过程中没有争议并记录在卷的证据，经审判员在质证中说明后，可以作为认定案件事实的依据。

第13条 赔偿委员会应当指定审判员组织质证，并在质证3日前通知赔偿请求人、赔偿义务机关和其他质证参与人。必要时，赔偿委员会可以通知赔偿义务机关实施原职权行为的工作人员或者其他利害关系人到场接受询问。

赔偿委员会决定公开质证的，应当在质证3日前公告案由，赔偿请求人和赔偿义务机关的名称，以及质证的时间、地点。

第14条 适用质证程序审理国家赔偿案件，未经质证的证据不得作为认定案件事实的依据，但法律、司法解释另有规定的除外。

第15条 赔偿请求人、赔偿义务机关应围绕证据的关联性、真实性、合法性，针对证据有无证明力以及证明力大小，进行质证。

第16条 质证开始前，由书记员查明质证参与人是否到场，宣布质证纪律。

质证开始时，由主持质证的审判员核对赔偿请求人、赔偿义务机关，宣布案由，宣布审判员、书记员名单，向赔偿请求人、赔偿义务机关告知质证权利义务以及询问是否申请回避。

第17条 质证一般按照下列顺序进行：

（一）赔偿请求人、赔偿义务机关分别陈述，复议机关进行说明；

（二）审判员归纳争议焦点；

（三）赔偿请求人、赔偿义务机关分别出示证据，发表意见；

（四）询问参加质证的证人、鉴定人、勘验人；

（五）赔偿请求人、赔偿义务机关就争议的事项进行质询和辩论；

（六）审判员宣布赔偿请求人、赔偿义务机关认识一致的事实和证据；

（七）赔偿请求人、赔偿义务机关最后陈述意见。

第18条　赔偿委员会根据赔偿请求人申请调取的证据，作为赔偿请求人提供的证据进行质证。

赔偿委员会依照职权调取的证据应当在质证时出示，并就调取该证据的情况予以说明，听取赔偿请求人、赔偿义务机关的意见。

第19条　赔偿请求人或者赔偿义务机关对对方主张的不利于自己的事实，在质证中明确表示承认的，对方无需举证；既未表示承认也未否认，经审判员询问并释明法律后果后，其仍不作明确表示的，视为对该项事实的承认。

赔偿请求人、赔偿义务机关委托代理人参加质证的，代理人在代理权限范围内的承认视为被代理人的承认，但参加质证的赔偿请求人、赔偿义务机关当场明确表示反对的除外；代理人超出代理权限范围的承认，参加质证的赔偿请求人、赔偿义务机关当场不作否认表示的，视为被代理人的承认。

上述承认违反法律禁止性规定，或者损害国家利益、社会公共利益、他人合法权益的，不发生自认的效力。

第20条　下列事实无需举证证明：（一）自然规律以及定理、定律；（二）众所周知的事实；（三）根据法律规定推定的事实；（四）已经依法证明的事实；（五）根据日常生活经验法则推定的事实。

前款2、3、4、5项，赔偿请求人、赔偿义务机关有相反证据否定其真实性的除外。

第21条　有证据证明赔偿义务机关持有证据无正当理由拒不提供的，赔偿委员会可以就待证事实作出有利于赔偿请求人的推定。

第22条　赔偿委员会应当依据法律规定，遵照法定程序，全面客观地审核证据，运用逻辑推理和日常生活经验，对证据的证明力进行独立、综合的审查判断。

第23条　书记员应当将质证的全部活动记入笔录。质证笔录由赔偿请求人、赔偿义务机关和其他质证参与人核对无误或者补正后签名或者盖章。拒绝签名或者盖章的，应当记明情况附卷，由审判员和书记员签名。

具备条件的，赔偿委员会可以对质证活动进行全程同步录音录像。

第24条　赔偿请求人、赔偿义务机关经通知无正当理由拒不参加质证或者未经许可中途退出质证的，视为放弃质证，赔偿委员会可以综合全案情况和对方意见认定案件事实。

第 25 条　有下列情形之一的，可以延期质证：（一）赔偿请求人、赔偿义务机关因不可抗拒的事由不能参加质证的；（二）赔偿请求人、赔偿义务机关临时提出回避申请，是否回避的决定不能在短时间内作出的；（三）需要通知新的证人到场，调取新的证据，重新鉴定、勘验，或者补充调查的；（四）其他应当延期的情形。

【法释［2014］7号】　人民法院赔偿委员会依照《中华人民共和国国家赔偿法》第30条规定纠正原生效的赔偿委员会决定应如何适用人身自由赔偿标准问题的批复（见《刑事诉讼法全厚细》第3编第5章"刑事赔偿"专辑）

【法释［2016］20号】　最高人民法院关于审理民事、行政诉讼中司法赔偿案件适用法律若干问题的解释（2016年2月15日最高法审委会［1678次］通过，2016年9月7日公布，2016年10月1日起施行）

第 1 条　人民法院在民事、行政诉讼过程中，违法采取对妨害诉讼的强制措施、保全措施、先予执行措施，或者对判决、裁定及其他生效法律文书执行错误，侵犯公民、法人和其他组织合法权益并造成损害的，赔偿请求人可以依法向人民法院申请赔偿。

第 2 条　违法采取对妨害诉讼的强制措施，包括以下情形：（一）对没有实施妨害诉讼行为的人采取罚款或者拘留措施的；（二）超过法律规定金额采取罚款措施的；（三）超过法律规定期限采取拘留措施的；（四）对同一妨害诉讼的行为重复采取罚款、拘留措施的；（五）其他违法情形。

第 3 条　违法采取保全措施，包括以下情形：（一）依法不应当采取保全措施而采取的；（二）依法不应当解除保全措施而解除，或者依法应当解除保全措施而不解除的；（三）明显超出诉讼请求的范围采取保全措施的，但保全财产为不可分割物且被保全人无其他财产或者其他财产不足以担保债权实现的除外；（四）在给付特定物之诉中，对与案件无关的财物采取保全措施的；（五）违法保全案外人财产的；（六）对查封、扣押、冻结的财产不履行监管职责，造成被保全财产毁损、灭失的；（七）对季节性商品或者鲜活、易腐烂变质以及其他不宜长期保存的物品采取保全措施，未及时处理或者违法处理，造成物品毁损或者严重贬值的；（八）对不动产或者船舶、航空器和机动车等特定动产采取保全措施，未依法通知有关登记机构不予办理该保全财产的变更登记，造成该保全财产所有权被转移的；（九）违法采取行为保全措施的；（十）其他违法情形。

第 4 条　违法采取先予执行措施，包括以下情形：（一）违反法律规定的条件和范围先予执行的；（二）超出诉讼请求的范围先予执行的；（三）其他违法情形。

第 5 条　对判决、裁定及其他生效法律文书执行错误，包括以下情形：（一）执行未生效法律文书的；（二）超出生效法律文书确定的数额和范围执行的；（三）对已经发现的被执行人的财产，故意拖延执行或者不执行，导致被执行财产流失的；（四）应当恢复执行而不恢复，导致被执行财产流失的；（五）违法执行案外人财产的；（六）违法将案件执行款物执行给其他当事人或者案外人的；（七）违法对抵押物、质物或者留置物采取执行措施，致使抵押权人、质权人或者留置权人的优先受偿权无法实现的；（八）对执行中查封、扣押、冻结的财产不履行监管职责，造成财产毁损、灭失的；（九）对季节性商品或者鲜活、易腐烂变质以及其他不宜长期保存的物品采取执行措施，未及时处理或者违法处理，造成物品毁损或者严重贬值的；（十）对执行财产应当拍卖而未依法拍卖的，或者应当由资产评估机构评估而未依法评估，违法变卖或者以物抵债的；（十一）其他错误情形。

第 6 条　人民法院工作人员在民事、行政诉讼过程中，有殴打、虐待或者唆使、放纵他人殴打、虐待等行为，以及违法使用武器、警械，造成公民身体伤害或者死亡的，适用国家赔偿法第 17 条第 4 项、第 5 项的规定予以赔偿。

第 7 条　具有下列情形之一的，国家不承担赔偿责任：（一）属于民事诉讼法第 105 条、第 107 条第 2 款和第 233 条（现第 108 条、第 110 条和第 244 条）规定情形的；（二）申请执行人提供执行标的物错误的，但人民法院明知该标的物错误仍予以执行的除外；（三）人民法院依法指定的保管人对查封、扣押、冻结的财产违法动用、隐匿、毁损、转移或者变卖的；（四）人民法院工作人员与行使职权无关的个人行为；（五）因不可抗力、正当防卫和紧急避险造成损害后果的；（六）依法不应由国家承担赔偿责任的其他情形。

第 8 条　因多种原因造成公民、法人和其他组织合法权益损害的，应当根据人民法院及其工作人员行使职权的行为对损害结果的发生或者扩大所起的作用等因素，合理确定赔偿金额。

第 9 条　受害人对损害结果的发生或者扩大也有过错的，应当根据其过错对损害结果的发生或者扩大所起的作用等因素，依法减轻国家赔偿责任。

第 10 条　公民、法人和其他组织的损失，已经在民事、行政诉讼过程中获得赔偿、补偿的，对该部分损失，国家不承担赔偿责任。

第 11 条　人民法院及其工作人员在民事、行政诉讼过程中，具有本解释第 2 条、第 6 条规定情形，侵犯公民人身权的，应当依照国家赔偿法第 33 条、第 34 条的规定计算赔偿金。致人精神损害的，应当依照国家赔偿法第 35 条的规定，在侵权行为影响的范围内，为受害人消除影响、恢复名誉、赔礼道歉；造成严重后果的，还应当支付相应的精神损害抚慰金。

第 12 条 人民法院及其工作人员在民事、行政诉讼过程中，具有本解释第 2 条至第 5 条规定情形，侵犯公民、法人和其他组织的财产权并造成损害的，应当依照国家赔偿法第 36 条的规定承担赔偿责任。

财产不能恢复原状或者灭失的，应当按照侵权行为发生时的市场价格计算损失；市场价格无法确定或者该价格不足以弥补受害人所受损失的，可以采用其他合理方式计算损失。

第 13 条 人民法院及其工作人员对判决、裁定及其他生效法律文书执行错误，且对公民、法人或者其他组织的财产已经依照法定程序拍卖或者变卖的，应当给付拍卖或者变卖所得的价款。

人民法院违法拍卖，或者变卖价款明显低于财产价值的，应当依照本解释第 12 条的规定支付相应的赔偿金。

第 14 条 国家赔偿法第 36 条第 6 项规定的停产停业期间必要的经常性费用开支，是指法人、其他组织和个体工商户为维系停产停业期间运营所需的基本开支，包括留守职工工资、必须缴纳的税费、水电费、房屋场地租金、设备租金、设备折旧费等必要的经常性费用。

第 15 条 国家赔偿法第 36 条第 7 项规定的银行同期存款利息，以作出生效赔偿决定时中国人民银行公布的 1 年期人民币整存整取定期存款基准利率计算，不计算复利。

应当返还的财产属于金融机构合法存款的，对存款合同存续期间的利息按照合同约定利率计算。

应当返还的财产系现金的，比照本条第 1 款规定支付利息。

第 16 条 依照国家赔偿法第 36 条规定返还的财产系国家批准的金融机构贷款的，除贷款本金外，还应当支付该贷款借贷状态下的贷款利息。

第 17 条 用益物权人、担保物权人、承租人或者其他合法占有使用财产的人，依据国家赔偿法第 38 条规定申请赔偿的，人民法院应当依照《最高人民法院关于国家赔偿案件立案工作的规定》予以审查立案。

第 18 条 人民法院在民事、行政诉讼过程中，违法采取对妨害诉讼的强制措施、保全措施、先予执行措施，或者对判决、裁定及其他生效法律文书执行错误，系因上一级人民法院复议改变原裁决所致的，由该上一级人民法院作为赔偿义务机关。

第 19 条 公民、法人或者其他组织依据国家赔偿法第 38 条规定申请赔偿的，应当在民事、行政诉讼程序或者执行程序终结后提出，但下列情形除外：（一）人民法院已依法撤销对妨害诉讼的强制措施的；（二）人民法院采取对妨害诉讼的强制措施，造成公民身体伤害或者死亡的；（三）经诉讼程序依法确认不属于被保全人或者被执行人的财产，且无法在相关诉讼程序或者执行程序中予以补救的；（四）人民法院生效法律文书已确认相关行为违法，且无法在相关诉讼程序或者执行程序中予以补救的；（五）赔偿请求人有证据证明其请求与民事、行政诉讼程序或者执行程序无关的；（六）其他情形。

赔偿请求人依据前款规定，在民事、行政诉讼程序或者执行程序终结后申请赔偿的，该诉讼程序或者执行程序期间不计入赔偿请求时效。

第20条　人民法院赔偿委员会审理民事、行政诉讼中的司法赔偿案件，有下列情形之一的，相应期间不计入审理期限：（一）需要向赔偿义务机关、有关人民法院或者其他国家机关调取案卷或者其他材料的；（二）人民法院赔偿委员会委托鉴定、评估的。

第21条　人民法院赔偿委员会审理民事、行政诉讼中的司法赔偿案件，应当对人民法院及其工作人员行使职权的行为是否符合法律规定，赔偿请求人主张的损害事实是否存在，以及该职权行为与损害事实之间是否存在因果关系等事项一并予以审查。

【法发〔2014〕14号】　最高人民法院关于人民法院赔偿委员会审理国家赔偿案件适用精神损害赔偿若干问题的意见（2014年7月29日）

二、严格遵循精神损害赔偿的适用原则

人民法院赔偿委员会适用精神损害赔偿条款，应当严格遵循以下原则：一是依法赔偿原则。严格依照国家赔偿法的规定，不得扩大或者缩小精神损害赔偿的适用范围，不得增加或者减少其适用条件。二是综合裁量原则。综合考虑个案中侵权行为的致害情况、侵权机关及其工作人员的违法、过错程度等相关因素，准确认定精神损害赔偿责任。三是合理平衡原则。坚持同等情况同等对待，不同情况区别处理，适当考虑个案及地区差异，兼顾社会发展整体水平和当地居民生活水平。

三、准确把握精神损害赔偿的前提条件和构成要件

人民法院赔偿委员会适用精神损害赔偿条款，应当以公民的人身权益遭受侵犯为前提条件，并审查是否满足以下责任构成要件：行使侦查、检察、审判职权的机关以及看守所、监狱管理机关及其工作人员在行使职权时有国家赔偿法第17条规定的侵权行为；致人精神损害；侵权行为与精神损害事实及后果之间存在因果关系。

四、依法认定"致人精神损害"和"造成严重后果"

人民法院赔偿委员会适用精神损害赔偿条款，应当严格依法认定侵权行为是否"致人精神损害"以及是否"造成严重后果"。一般情形下，人民法院赔偿委员会应当综合考虑受害人人身自由、生命健康受到侵害的情况，精神受损情况，日常生活、工作学习、家庭关系、社会评价受到影响的情况，并考量社会伦理道德、日常生活经验等因素，依法认定侵权行为是否致人精神损害以及是否造成严重后果。

受害人因侵权行为而死亡、残疾（含精神残疾）或者所受伤害经有合法资质的机构鉴定为重伤或者诊断、鉴定为严重精神障碍的，人民法院赔偿委员会应当认定侵权行为致人精神损害并且造成严重后果。①

五、妥善处理两种责任方式的内在关系

人民法院赔偿委员会适用精神损害赔偿条款，应当妥善处理"消除影响，恢复名誉，赔礼道歉"与"支付相应的精神损害抚慰金"两种责任方式的内在关系。

侵权行为致人精神损害但未造成严重后果的，人民法院赔偿委员会应当根据案件具体情况决定由赔偿义务机关为受害人消除影响、恢复名誉或者向其赔礼道歉。

侵权行为致人精神损害且造成严重后果的，人民法院赔偿委员会除依照前述规定决定由赔偿义务机关为受害人消除影响、恢复名誉或者向其赔礼道歉外，还应当决定由赔偿义务机关支付相应的精神损害抚慰金。

六、正确适用"消除影响，恢复名誉，赔礼道歉"责任方式人民法院赔偿委员会适用精神损害赔偿条款，要注意"消除影响、恢复名誉"与"赔礼道歉"作为非财产责任方式，既可以单独适用，也可以合并适用。其中，消除影响、恢复名誉应当公开进行。人民法院赔偿委员会可以根据赔偿义务机关与赔偿请求人协商的情况，或者根据侵权行为直接影响所及、受害人住所地、经常居住地等因素确定履行范围，决定由赔偿义务机关以适当方式公开为受害人消除影响、恢复名誉。人民法院赔偿委员会决定由赔偿义务机关公开赔礼道歉的，参照前述规定执行。

赔偿义务机关在案件审理终结前已经履行消除影响、恢复名誉或者赔礼道歉义务，人民法院赔偿委员会可以在国家赔偿决定书中予以说明，不再写入决定主文。人民法院赔偿委员会决定由赔偿义务机关为受害人消除影响、恢复名誉或者向其赔礼道歉的，赔偿义务机关应当自收到人民法院赔偿委员会国家赔偿决定书

① 注：《最高人民法院关于审理国家赔偿案件确定精神损害赔偿责任适用法律若干问题的解释》（法释〔2021〕3号，2021年4月1日起施行）扩大了精神损害赔偿范围。

之日起 30 日内主动履行消除影响、恢复名誉或者赔礼道歉义务。

赔偿义务机关逾期未履行的，赔偿请求人可以向作出生效国家赔偿决定的赔偿委员会所在法院申请强制执行。强制执行产生的费用由赔偿义务机关负担。

七、综合酌定"精神损害抚慰金"的具体数额

人民法院赔偿委员会适用精神损害赔偿条款，决定采用"支付相应的精神损害抚慰金"方式的，应当综合考虑以下因素确定精神损害抚慰金的具体数额：精神损害事实和严重后果的具体情况；侵权机关及其工作人员的违法、过错程度；侵权的手段、方式等具体情节；罪名、刑罚的轻重；纠错的环节及过程；赔偿请求人住所地或者经常居住地平均生活水平；赔偿义务机关所在地平均生活水平；其他应当考虑的因素。

人民法院赔偿委员会确定精神损害抚慰金的具体数额，还应当注意体现法律规定的"抚慰"性质，原则上不超过依照国家赔偿法第 33 条、第 34 条所确定的人身自由赔偿金、生命健康赔偿金总额的 35%[①]，最低不少于 1 千元。

受害人对精神损害事实和严重后果的产生或者扩大有过错的，可以根据其过错程度减少或者不予支付精神损害抚慰金。

八、认真做好法律释明工作

人民法院赔偿委员会发现赔偿请求人在申请国家赔偿时仅就人身自由或者生命健康所受侵害提出赔偿申请，没有同时就精神损害提出赔偿申请的，应当向其释明国家赔偿法第 35 条的内容，并将相关情况记录在案。在案件终结后，赔偿请求人基于同一事实、理由，就同一赔偿义务机关另行提出精神损害赔偿申请的，人民法院一般不予受理。

九、其他国家赔偿案件的参照适用

人民法院审理国家赔偿法第 3 条、第 38 条规定的涉及侵犯人身权的国家赔偿案件，以及人民法院办理涉及侵犯人身权的自赔案件，需要适用精神损害赔偿条款的，参照本意见处理。

【法释［2017］9 号】　最高人民法院关于国家赔偿监督程序若干问题的规定（2017 年 2 月 27 日最高法审委会［1711 次］通过，2017 年 4 月 20 日公布，2017 年 5 月 1 日起施行；以本规为准）

第 1 条　依照国家赔偿法第 30 条的规定，有下列情形之一的，适用本规定予以处理：（一）赔偿请求人或者赔偿义务机关认为赔偿委员会生效决定确有错误，向上一级人民法院赔偿委员会提出申诉的；（二）赔偿委员会生效决定违反国家

[①]　注：《最高人民法院关于审理国家赔偿案件确定精神损害赔偿责任适用法律若干问题的解释》（法释［2021］3 号，2021 年 4 月 1 日起施行）将该额度提升至 50%。

赔偿法规定，经本院院长决定或者上级人民法院指令重新审理，以及上级人民法院决定直接审理的；（三）最高人民检察院对各级人民法院赔偿委员会生效决定，上级人民检察院对下级人民法院赔偿委员会生效决定，发现违反国家赔偿法规定，向同级人民法院赔偿委员会提出重新审查意见的。

行政赔偿案件的审判监督依照行政诉讼法的相关规定执行。

第2条 赔偿请求人或者赔偿义务机关对赔偿委员会生效决定，认为确有错误的，可以向上一级人民法院赔偿委员会提出申诉。申诉审查期间，不停止生效决定的执行。

第3条 赔偿委员会决定生效后，赔偿请求人死亡或者其主体资格终止的，其权利义务承继者可以依法提出申诉。

赔偿请求人死亡，依法享有继承权的同一顺序继承人有数人时，其中一人或者部分人申诉的，申诉效力及于全体；但是申请撤回申诉或者放弃赔偿请求的，效力不及于未明确表示撤回申诉或者放弃赔偿请求的其他继承人。

赔偿义务机关被撤销或者职权变更的，继续行使其职权的机关可以依法提出申诉。

第4条 赔偿请求人、法定代理人可以委托1至2人作为代理人代为申诉。申诉代理人的范围包括：（一）律师、基层法律服务工作者；（二）赔偿请求人的近亲属或者工作人员；（三）赔偿请求人所在社区、单位以及有关社会团体推荐的公民。

赔偿义务机关可以委托本机关工作人员、法律顾问、律师1至2人代为申诉。

第5条 赔偿请求人或者赔偿义务机关申诉，应当提交以下材料：

（一）申诉状。申诉状应当写明申诉人和被申诉人的基本信息，申诉的法定事由，以及具体的请求、事实和理由；书写申诉状确有困难的，可以口头申诉，由人民法院记入笔录。

（二）身份证明及授权文书。赔偿请求人申诉的，自然人应当提交身份证明，法人或者其他组织应当提交营业执照、组织机构代码证书、法定代表人或者主要负责人身份证明；赔偿义务机关申诉的，应当提交法定代表人或者主要负责人身份证明；委托他人申诉的，应当提交授权委托书和代理人身份证明。

（三）法律文书。即赔偿义务机关、复议机关及赔偿委员会作出的决定书等法律文书。

（四）其他相关材料。以有新的证据证明原决定认定的事实确有错误为由提出申诉的，应当同时提交相关证据材料。

申诉材料不符合前款规定的，人民法院应当一次性告知申诉人需要补正的全部内容及补正期限。补正期限一般为15日，最长不超过1个月。申诉人对必要材料拒绝补正或者未能在规定期限内补正的，不予审查。收到申诉材料的时间自人民法院收到补正后的材料之日起计算。

第 6 条　申诉符合下列条件的，人民法院应当在收到申诉材料之日起 7 日内予以立案：（一）申诉人具备本规定的主体资格；（二）受理申诉的人民法院是作出生效决定的人民法院的上一级人民法院；（三）提交的材料符合本规定第 5 条的要求。

申诉不符合上述规定的，人民法院不予受理并应当及时告知申诉人。

第 7 条　赔偿请求人或者赔偿义务机关申诉，有下列情形之一的，人民法院不予受理：

（一）赔偿委员会驳回申诉后，申诉人再次提出申诉的；

（二）赔偿请求人对作为赔偿义务机关的人民法院作出的决定不服，未在法定期限内向其上一级人民法院赔偿委员会申请作出赔偿决定，在赔偿义务机关的决定发生法律效力后直接向人民法院赔偿委员会提出申诉的；

（三）赔偿请求人、赔偿义务机关对最高人民法院赔偿委员会作出的决定不服提出申诉的；

（四）赔偿请求人对行使侦查、检察职权的机关以及看守所主管机关、监狱管理机关作出的决定，未在法定期限内向其上一级机关申请复议，或者申请复议后复议机关逾期未作出决定或者复议机关已作出复议决定，但赔偿请求人未在法定期限内向复议机关所在地的同级人民法院赔偿委员会申请作出赔偿决定，在赔偿义务机关、复议机关的相关决定生效后直接向人民法院赔偿委员会申诉的。

第 8 条　赔偿委员会对于立案受理的申诉案件，应当着重围绕申诉人的申诉事由进行审查。必要时，应当对原决定认定的事实、证据和适用法律进行全面审查。

第 9 条　赔偿委员会审查申诉案件采取书面审查的方式，根据需要可以听取申诉人和被申诉人的陈述和申辩。

第 10 条　赔偿委员会审查申诉案件，一般应当在 3 个月内作出处理，至迟不得超过 6 个月。有特殊情况需要延长的，由本院院长批准。

第 11 条　有下列情形之一的，应当决定重新审理：（一）有新的证据，足以推翻原决定的；（二）原决定认定的基本事实缺乏证据证明的；（三）原决定认定事实的主要证据是伪造的；（四）原决定适用法律确有错误的；（五）原决定遗漏赔偿请求，且确实违反国家赔偿法规定的；（六）据以作出原决定的法律文书被撤销或者变更的；（七）审判人员在审理该案时有贪污受贿、徇私舞弊、枉法裁判行为的；（八）原审理程序违反法律规定，可能影响公正审理的。

第 12 条　申诉人在申诉阶段提供新的证据，应当说明逾期提供的理由。

申诉人提供的新的证据，能够证明原决定认定的基本事实或者处理结果错误的，应当认定为本规定第 11 条第 1 项规定的情形。

第13条　赔偿委员会经审查，对申诉人的申诉按照下列情形分别处理：

（一）申诉人主张的重新审理事由成立，且符合国家赔偿法和本规定的申诉条件的，决定重新审理。重新审理包括上级人民法院赔偿委员会直接审理或者指令原审人民法院赔偿委员会重新审理。

（二）申诉人主张的重新审理事由不成立，或者不符合国家赔偿法和本规定的申诉条件的，书面驳回申诉。

（三）原决定不予受理或者驳回赔偿申请错误的，撤销原决定，指令原审人民法院赔偿委员会依法审理。

第14条　人民法院院长发现本院赔偿委员会生效决定违反国家赔偿法规定，认为需要重新审理的，应当提交审判委员会讨论决定。

最高人民法院对各级人民法院赔偿委员会生效决定，上级人民法院对下级人民法院赔偿委员会生效决定，发现违反国家赔偿法规定的，有权决定直接审理或者指令下级人民法院赔偿委员会重新审理。

第15条　最高人民检察院对各级人民法院赔偿委员会生效决定，上级人民检察院对下级人民法院赔偿委员会生效决定，向同级人民法院赔偿委员会提出重新审查意见的，同级人民法院赔偿委员会应当决定直接审理，并将决定书送达提出意见的人民检察院。

第16条　赔偿委员会重新审理案件，适用国家赔偿法和相关司法解释关于赔偿委员会审理程序的规定；本规定依据国家赔偿法和相关法律对重新审理程序有特别规定的，适用本规定。

原审人民法院赔偿委员会重新审理案件，应当另行指定审判人员。

第17条　决定重新审理的案件，可以根据案件情形中止原决定的执行。

第18条　赔偿委员会重新审理案件，采取书面审理的方式，必要时可以向有关单位和人员调查情况、收集证据，听取申诉人、被申诉人或者赔偿请求人、赔偿义务机关的陈述和申辩。有本规定第11条第1项、第3项情形，或者赔偿委员会认为确有必要的，可以组织申诉人、被申诉人或者赔偿请求人、赔偿义务机关公开质证。

对于人民检察院提出意见的案件，赔偿委员会组织质证时应当通知提出意见的人民检察院派员出席。

第19条　赔偿委员会重新审理案件，应当对原决定认定的事实、证据和适用法律进行全面审理。

第20条　赔偿委员会重新审理的案件，应当在2个月内依法作出决定。

第21条　案件经重新审理后，应当根据下列情形分别处理：

（一）原决定认定事实清楚、适用法律正确的，应当维持原决定；

（二）原决定认定事实、适用法律虽有瑕疵，但决定结果正确的，应当在决定中纠正瑕疵后予以维持；

（三）原决定认定事实、适用法律错误，导致决定结果错误的，应当撤销、变更、重新作出决定；

（四）原决定违反国家赔偿法规定，对不符合案件受理条件的赔偿申请进行实体处理的，应当撤销原决定，驳回赔偿申请；

（五）申诉人、被申诉人或者赔偿请求人、赔偿义务机关经协商达成协议的，赔偿委员会依法审查并确认后，应当撤销原决定，根据协议作出新决定。

第22条　赔偿委员会重新审理后作出的决定，应当及时送达申诉人、被申诉人或者赔偿请求人、赔偿义务机关和提出意见的人民检察院。

第23条　在申诉审查或者重新审理期间，有下列情形之一的，赔偿委员会应当决定中止审查或者审理：（一）申诉人、被申诉人或者原赔偿请求人、原赔偿义务机关死亡或者终止，尚未确定权利义务承继者的；（二）申诉人、被申诉人或者赔偿请求人丧失行为能力，尚未确定法定代理人的；（三）宣告无罪的案件，人民法院决定再审或者人民检察院按照审判监督程序提出抗诉的；（四）申诉人、被申诉人或者赔偿请求人、赔偿义务机关因不可抗拒的事由，在法定审限内不能参加案件处理的；（五）其他应当中止的情形。

中止的原因消除后，赔偿委员会应当及时恢复审查或者审理，并通知申诉人、被申诉人或者赔偿请求人、赔偿义务机关和提出意见的人民检察院。

第24条　在申诉审查期间，有下列情形之一的，赔偿委员会应当决定终结审查：（一）申诉人死亡或者终止，无权利义务承继者或者权利义务承继者声明放弃申诉的；（二）据以申请赔偿的撤销案件决定、不起诉决定或者无罪判决被撤销的；（三）其他应当终结的情形。

在重新审理期间，有上述情形或者人民检察院撤回意见的，赔偿委员会应当决定终结审理。

第25条　申诉人在申诉审查或者重新审理期间申请撤回申诉的，赔偿委员会应当依法审查并作出是否准许的决定。

赔偿委员会准许撤回申诉后，申诉人又重复申诉的，不予受理，但有本规定第11条第1项、第3项、第6项、第7项规定情形，自知道或者应当知道该情形之日起6个月内提出的除外。

第26条　赔偿请求人在重新审理期间申请撤回赔偿申请的，赔偿委员会应当依法审查并作出是否准许的决定。准许撤回赔偿申请的，应当一并撤销原决定。

赔偿委员会准许撤回赔偿申请的决定送达后，赔偿请求人又重复申请国家赔偿的，不予受理。

【法释〔2021〕3号】 最高人民法院关于审理国家赔偿案件确定精神损害赔偿责任适用法律若干问题的解释（2021年2月7日最高法审委会〔1831次〕通过，2021年3月24日公布，2021年4月1日起施行；以本规为准）

第1条　公民以人身权受到侵犯为由提出国家赔偿申请，依照国家赔偿法第35条的规定请求精神损害赔偿的，适用本解释。

法人或者非法人组织请求精神损害赔偿的，人民法院不予受理。

第2条　公民以人身权受到侵犯为由提出国家赔偿申请，未请求精神损害赔偿，或者未同时请求消除影响、恢复名誉、赔礼道歉以及精神损害抚慰金的，人民法院应当向其释明。经释明后不变更请求，案件审结后又基于同一侵权事实另行提出申请的，人民法院不予受理。

第3条　赔偿义务机关有国家赔偿法第3条、第17条规定情形之一，依法应当承担国家赔偿责任的，可以同时认定该侵权行为致人精神损害。但是赔偿义务机关有证据证明该公民不存在精神损害，或者认定精神损害违背公序良俗的除外。

第4条　侵权行为致人精神损害，应当为受害人消除影响、恢复名誉或者赔礼道歉；侵权行为致人精神损害并造成严重后果，应当在支付精神损害抚慰金的同时，视案件具体情形，为受害人消除影响、恢复名誉或者赔礼道歉。

消除影响、恢复名誉与赔礼道歉，可以单独适用，也可以合并适用，并应当与侵权行为的具体方式和造成的影响范围相当。

第5条　人民法院可以根据案件具体情况，组织赔偿请求人与赔偿义务机关就消除影响、恢复名誉或者赔礼道歉的具体方式进行协商。

协商不成作出决定的，应当采用下列方式：（一）在受害人住所地或者所在单位发布相关信息；（二）在侵权行为直接影响范围内的媒体上予以报道；（三）赔偿义务机关有关负责人向赔偿请求人赔礼道歉。

第6条　决定为受害人消除影响、恢复名誉或者赔礼道歉的，应当载入决定主文。

赔偿义务机关在决定作出前已为受害人消除影响、恢复名誉或者赔礼道歉，或者原侵权案件的纠正被媒体广泛报道，客观上已经起到消除影响、恢复名誉作用，且符合本解释规定的，可以在决定书中予以说明。

第7条　有下列情形之一的，可以认定为国家赔偿法第35条规定的"造成严重后果"：（一）无罪或者终止追究刑事责任的人被羁押6个月以上；（二）受害人经鉴定为轻伤以上或者残疾；（三）受害人经诊断、鉴定为精神障碍或者精神残疾，且与侵权行为存在关联；（四）受害人名誉、荣誉、家庭、职业、教育等方面遭受严重损害，且与侵权行为存在关联。

受害人无罪被羁押10年以上；受害人死亡；受害人经鉴定为重伤或者残疾一

至四级，且生活不能自理；受害人经诊断、鉴定为严重精神障碍或者精神残疾一至二级，生活不能自理，且与侵权行为存在关联的，可以认定为后果特别严重。

第8条　致人精神损害，造成严重后果的，精神损害抚慰金一般应当在国家赔偿法第33条、第34条规定的人身自由赔偿金、生命健康赔偿金总额的50%以下（包括本数）酌定；后果特别严重，或者虽然不具有本解释第7条第2款规定情形，但是确有证据证明前述标准不足以抚慰的，可以在50%以上酌定。

第9条　精神损害抚慰金的具体数额，应当在兼顾社会发展整体水平的同时，参考下列因素合理确定：（一）精神受到损害以及造成严重后果的情况；（二）侵权行为的目的、手段、方式等具体情节；（三）侵权机关及其工作人员的违法、过错程度、原因力比例；（四）原错判罪名、刑罚轻重、羁押时间；（五）受害人的职业、影响范围；（六）纠错的事由以及过程；（七）其他应当考虑的因素。

第10条　精神损害抚慰金的数额一般不少于1千元；数额在1千元以上的，以千为计数单位。

赔偿请求人请求的精神损害抚慰金少于1千元，且其请求事由符合本解释规定的造成严重后果情形，经释明不予变更的，按照其请求数额支付。

第11条　受害人对损害事实和后果的发生或者扩大有过错的，可以根据其过错程度减少或者不予支付精神损害抚慰金。

第12条　决定中载明的支付精神损害抚慰金及其他责任承担方式，赔偿义务机关应当履行。

第13条　人民法院审理国家赔偿法第38条所涉侵犯公民人身权的国家赔偿案件，以及作为赔偿义务机关审查处理国家赔偿案件，涉及精神损害赔偿的，参照本解释规定。

【法释〔2022〕3号】　最高人民法院关于审理涉执行司法赔偿案件适用法律若干问题的解释（2021年12月20日最高法审委会〔1857次〕通过，2022年2月8日公布，2022年3月1日起施行；以本规为准）

第1条　人民法院在执行判决、裁定及其他生效法律文书过程中，错误采取财产调查、控制、处置、交付、分配等执行措施或者罚款、拘留等强制措施，侵犯公民、法人和其他组织合法权益并造成损害，受害人依照国家赔偿法第38条规定申请赔偿的，适用本解释。

第2条　公民、法人和其他组织认为有下列错误执行行为造成损害申请赔偿的，人民法院应当依法受理：（一）执行未生效法律文书，或者明显超出生效法律文书确定的数额和范围执行的；（二）发现被执行人有可供执行的财产，但故意拖延执行、不执行，或者应当依法恢复执行而不恢复的；（三）违法执行案外人财产，或者违法将案件执行款物交付给其他当事人、案外人的；（四）对抵押、质押、留置、保留所有权等财产采取执行措施，未依法保护上述权利人优先受偿权等合法权益的；（五）对其他人民法院已经依法采取保全或者执行措施的财产违法执行的；（六）对执行中查封、扣押、冻结的财产故意不履行或者怠于履行监管职责的；（七）对不宜长期保存或者易贬值的财产采取执行措施，未及时处理或者违法处理的；（八）违法拍卖、变卖、以物抵债，或者依法应当评估而未评估，依法应当拍卖而未拍卖的；（九）违法撤销拍卖、变卖或者以物抵债的；（十）违法采取纳入失信被执行人名单、限制消费、限制出境等措施的；（十一）因违法或者过错采取执行措施或者强制措施的其他行为。

第3条　原债权人转让债权的，其基于债权申请国家赔偿的权利随之转移，但根据债权性质、当事人约定或者法律规定不得转让的除外。

第4条　人民法院将查封、扣押、冻结等事项委托其他人民法院执行的，公民、法人和其他组织认为错误执行行为造成损害申请赔偿的，委托法院为赔偿义务机关。

第5条　公民、法人和其他组织申请错误执行赔偿，应当在执行程序终结后提出，终结前提出的不予受理。但有下列情形之一，且无法在相关诉讼或者执行程序中予以补救的除外：（一）罚款、拘留等强制措施已被依法撤销，或者实施过程中造成人身损害的；（二）被执行的财产经诉讼程序依法确认不属于被执行人，或者人民法院生效法律文书已确认执行行为违法的；（三）自立案执行之日起超过5年，且已裁定终结本次执行程序，被执行人已无可供执行财产的；（四）在执行程序终结前可以申请赔偿的其他情形。

赔偿请求人依据前款规定，在执行程序终结后申请赔偿的，该执行程序期间不计入赔偿请求时效。

第6条　公民、法人和其他组织在执行异议、复议或者执行监督程序审查期间，就相关执行措施或者强制措施申请赔偿的，人民法院不予受理，已经受理的予以驳回，并告知其在上述程序终结后可以依照本解释第5条的规定依法提出赔偿申请。

公民、法人和其他组织在执行程序中未就相关执行措施、强制措施提出异议、申请复议或者申请执行监督，不影响其依法申请赔偿的权利。

第7条　经执行异议、复议或者执行监督程序作出的生效法律文书，对执行行为是否合法已有认定的，该生效法律文书可以作为人民法院赔偿委员会认定执行行为合法性的根据。

赔偿请求人对执行行为的合法性提出相反主张，且提供相应证据予以证明的，人民法院赔偿委员会应当对执行行为进行合法性审查并作出认定。

第8条　根据当时有效的执行依据或者依法认定的基本事实作出的执行行为，不因下列情形而认定为错误执行：（一）采取执行措施或者强制措施后，据以执行的判决、裁定及其他生效法律文书被撤销或者变更的；（二）被执行人足以对抗执行的实体事由，系在执行措施完成后发生或者被依法确认的；（三）案外人对执行标的享有足以排除执行的实体权利，系在执行措施完成后经法定程序确认的；（四）人民法院作出准予执行行政行为的裁定并实施后，该行政行为被依法变更、撤销、确认违法或者确认无效的；（五）根据财产登记采取执行措施后，该登记被依法确认错误的；（六）执行依据或者基本事实嗣后改变的其他情形。

第9条　赔偿请求人应当对其主张的损害负举证责任。但因人民法院未列清单、列举不详等过错致使赔偿请求人无法就损害举证的，应当由人民法院对上述事实承担举证责任。

双方主张损害的价值无法认定的，应当由负有举证责任的一方申请鉴定。负有举证责任的一方拒绝申请鉴定的，由其承担不利的法律后果；无法鉴定的，人民法院赔偿委员会应当结合双方的主张和在案证据，运用逻辑推理、日常生活经验等进行判断。

第10条　被执行人因财产权被侵犯依照本解释第5条第1款规定申请赔偿，其债务尚未清偿的，获得的赔偿金应当首先用于清偿其债务。

第11条　因错误执行取得不当利益且无法返还的，人民法院承担赔偿责任后，可以依据赔偿决定向取得不当利益的人追偿。

因错误执行致使生效法律文书无法执行，申请执行人获得国家赔偿后申请继续执行的，不予支持。人民法院承担赔偿责任后，可以依据赔偿决定向被执行人追偿。

第12条　在执行过程中，因保管人或者第三人的行为侵犯公民、法人和其他组织合法权益并造成损害的，应当由保管人或者第三人承担责任。但人民法院未尽监管职责的，应当在其能够防止或者制止损害发生、扩大的范围内承担相应的赔偿责任，并可以依据赔偿决定向保管人或者第三人追偿。

第13条　属于下列情形之一的，人民法院不承担赔偿责任：（一）申请执行人提供财产线索错误的；（二）执行措施系根据依法提供的担保而采取或者解除的；（三）人民法院工作人员实施与行使职权无关的个人行为的；（四）评估或者拍卖机构实施违法行为造成损害的；（五）因不可抗力、正当防卫或者紧急避险造成损害的；（六）依法不应由人民法院承担赔偿责任的其他情形。

前款情形中，人民法院有错误执行行为的，应当根据其在损害发生过程和结果中所起的作用承担相应的赔偿责任。

第14条　错误执行造成公民、法人和其他组织利息、租金等实际损失的，适用国家赔偿法第36条第8项的规定予以赔偿。

第15条　侵犯公民、法人和其他组织的财产权，按照错误执行行为发生时的市场价格不足以弥补受害人损失或者该价格无法确定的，可以采用下列方式计算损失：（一）按照错误执行行为发生时的市场价格计算财产损失并支付利息，利息计算期间从错误执行行为实施之日起至赔偿决定作出之日止；（二）错误执行行为发生时的市场价格无法确定，或者因时间跨度长、市场价格波动大等因素按照错误执行行为发生时的市场价格计算显失公平的，可以参照赔偿决定作出时同类财产市场价格计算；（三）其他合理方式。

第16条　错误执行造成受害人停产停业的，下列损失属于停产停业期间必要的经常性费用开支：（一）必要留守职工工资；（二）必须缴纳的税款、社会保险费；（三）应当缴纳的水电费、保管费、仓储费、承包费；（四）合理的房屋场地租金、设备租金、设备折旧费；（五）维系停产停业期间运营所需的其他基本开支。

错误执行生产设备、用于营运的运输工具，致使受害人丧失唯一生活来源的，按照其实际损失予以赔偿。

第17条　错误执行侵犯债权的，赔偿范围一般应当以债权标的额为限。债权受让人申请赔偿的，赔偿范围以其受让债权时支付的对价为限。

第18条　违法采取保全措施的案件进入执行程序后，公民、法人和其他组织申请赔偿的，应当作为错误执行案件予以立案审查。

第19条　审理违法采取妨害诉讼的强制措施、保全、先予执行赔偿案件，可以参照适用本解释。

【法〔2023〕68号】　最高人民法院关于司法赔偿案件案由的规定（2023年4月3日最高法审委会〔1883次〕通过，2023年4月19日印发，2023年6月1日起施行；法〔2012〕32号《关于国家赔偿案件案由的规定》同时废止）

二、非刑事司法赔偿：适用于赔偿请求人主张人民法院在民事、行政诉讼等非刑事司法活动中，侵犯人身权或者财产权的赔偿案件。

（四）违法采取对妨害诉讼的强制措施赔偿：适用于赔偿请求人主张人民法院在民事、行政诉讼中，违法采取对妨害诉讼的强制措施的赔偿案件。

1. 违法司法罚款赔偿：适用于赔偿请求人主张人民法院在民事、行政诉讼中，违法司法罚款的赔偿案件。

2. 违法司法拘留赔偿：适用于赔偿请求人主张人民法院在民事、行政诉讼中，违法司法拘留的赔偿案件。

（五）违法保全赔偿：适用于赔偿请求人主张人民法院在民事、行政诉讼中，违法采取或者违法解除保全措施的赔偿案件。

（六）违法先予执行赔偿：适用于赔偿请求人主张人民法院在民事、行政诉讼中，违法采取先予执行措施的赔偿案件。

（七）错误执行赔偿：适用于赔偿请求人主张人民法院对民事、行政判决、裁定以及其他生效法律文书执行错误的赔偿案件。

1. 无依据、超范围执行赔偿：适用于赔偿请求人主张人民法院执行未生效法律文书，或者超出生效法律文书确定的数额、范围执行的赔偿案件。

2. 违法执行损害案外人权益赔偿：适用于赔偿请求人主张人民法院违法执行案外人财产、未依法保护案外人优先受偿权等合法权益，或者对其他法院已经依法保全、执行的财产违法执行的赔偿案件。

3. 违法采取执行措施赔偿：适用于赔偿请求人主张人民法院违法采取查封、扣押、冻结、拍卖、变卖、以物抵债、交付等执行措施，或者在采取前述措施过程中存在未履行监管职责等过错的赔偿案件。

4. 违法采取执行强制措施赔偿：适用于赔偿请求人主张人民法院违法采取纳入失信被执行人名单、限制消费、限制出境、罚款、拘留等执行强制措施的赔偿案件。

5. 违法不执行、拖延执行赔偿：适用于赔偿请求人主张人民法院违法不执行、拖延执行或者应当依法恢复执行而不恢复的赔偿案件。

【法释［2023］2号】　最高人民法院关于审理司法赔偿案件适用请求时效制度若干问题的解释（2023年4月3日最高法审委会［1883次］通过，2023年5月23日印发，2023年6月1日起施行；以本规为准）

第1条　赔偿请求人向赔偿义务机关提出赔偿请求的时效期间为2年，自其知道或者应当知道国家机关及其工作人员行使职权时的行为侵犯其人身权、财产权之日起计算。

赔偿请求人知道上述侵权行为时，相关诉讼程序或者执行程序尚未终结的，请求时效期间自该诉讼程序或者执行程序终结之日起计算，但是本解释有特别规定的除外。

第2-4条　（见《刑事诉讼法全厚细》第3编第5章"刑事赔偿"专辑）

第5条　赔偿请求人以人身权或者财产权受到侵犯为由，依照国家赔偿法第38条规定申请赔偿的，请求时效期间自赔偿请求人收到民事、行政诉讼程序或者执行程序终结的法律文书之日起计算，但是下列情形除外：

（一）罚款、拘留等强制措施已被依法撤销的，请求时效期间自赔偿请求人收到撤销决定之日起计算；

（二）在民事、行政诉讼过程中，有殴打、虐待或者唆使、放纵他人殴打、虐待等行为，以及违法使用武器、警械，造成公民人身损害的，请求时效期间的计算适用本解释第3条的规定。

人民法院未作出民事、行政诉讼程序或者执行程序终结的法律文书，请求时效期间自赔偿请求人知道或者应当知道其人身权或者财产权受到侵犯之日起计算。

第6条　依照国家赔偿法第39条第1款规定，赔偿请求人被羁押等限制人身自由的期间，不计算在请求时效期间内。

赔偿请求人依照法律法规规定的程序向相关机关申请确认职权行为违法或者寻求救济的期间，不计算在请求时效期间内，但是相关机关已经明确告知赔偿请求人应当依法申请国家赔偿的除外。

第7条　依照国家赔偿法第39条第2款规定，在请求时效期间的最后6个月内，赔偿请求人因下列障碍之一，不能行使请求权的，请求时效中止：（一）不可抗力；（二）无民事行为能力人或者限制民事行为能力人没有法定代理人，或者法定代理人死亡、丧失民事行为能力、丧失代理权；（三）其他导致不能行使请求权的障碍。

自中止时效的原因消除之日起满6个月，请求时效期间届满。

第8条　请求时效期间届满的，赔偿义务机关可以提出不予赔偿的抗辩。

请求时效期间届满，赔偿义务机关同意赔偿或者予以赔偿后，又以请求时效期间届满为由提出抗辩或者要求赔偿请求人返还赔偿金的，人民法院赔偿委员会不予支持。

第9条　赔偿义务机关以请求时效期间届满为由抗辩，应当在人民法院赔偿委员会作出国家赔偿决定前提出。

赔偿义务机关未按前款规定提出抗辩，又以请求时效期间届满为由申诉的，人民法院赔偿委员会不予支持。

第10条　人民法院赔偿委员会审理国家赔偿案件，不得主动适用请求时效的规定。

第11条　请求时效期间起算的当日不计入，自下一日开始计算。

请求时效期间按照年、月计算，到期月的对应日为期间的最后一日；没有对应日的，月末日为期间的最后一日。

请求时效期间的最后一日是法定休假日的，以法定休假日结束的次日为期间的最后一日。

第12条　本解释自2023年6月1日起施行。本解释施行后，案件尚在审理的，适用本解释；对本解释施行前已经作出生效赔偿决定的案件进行再审，不适用本解释。

● **指导案例**　【法〔2019〕293 号】　**最高人民法院第 22 批指导性案例**（2019 年 12 月 24 日）

（**指导案例 116 号**）丹东益阳投资有限公司申请丹东市中级人民法院错误执行国家赔偿案①

裁判要点：人民法院执行行为确有错误造成申请执行人损害，因被执行人无清偿能力且不可能再有清偿能力而终结本次执行的，不影响申请执行人依法申请国家赔偿。②

● **入库案例**　【2023-15-4-273-001】　**张某申请某法院违法采取执行措施国家赔偿案**（见本书第 258 条）

● **文书格式**　【法办发〔2012〕11 号】　**人民法院国家赔偿案件文书样式**（最高法审委会〔1554 次〕通过，最高法办公厅 2012 年 9 月 20 日印发，2012 年 10 月 15 日起施行；2000 年 1 月 11 日《国家赔偿案件文书样式（试行）》和 2004 年 8 月 16 日《最高人民法院确认案件文书样式》同时废止）（本书对格式略有调整）

国家赔偿申请书

赔偿请求人：……（自然人，写明其姓名、性别、有效身份证件号码、民族、职业或职务、住址、送达地址、联系电话；有别名或者曾用名，应在姓名之后用括号标明。法人或者其他组织，写明其名称、住所地，并写明法定代表人或负责人的姓名和职务、联系电话。有法定代理人或委托代理人的，应写明其姓名、性别、职业或职务，及住址、联系电话）。

赔偿义务机关：……（写明名称、住所地）。

---

① 注：该案原载于《最高人民法院公报》2019 年第 2 期。

② 最高法赔偿委员会认为，执行程序终结不是国家赔偿程序启动的绝对标准。一般来讲，执行程序只有终结以后，才能确定错误执行行为给当事人造成的损失数额，才能避免执行程序和赔偿程序之间的并存交叉，也才能对赔偿案件在穷尽其他救济措施后进行终局性的审查处理。但是，这种理解不应当绝对化和形式化，应当从实质意义上进行理解。在人民法院执行行为长期无任何进展、也不可能再有进展，被执行人实际上已经彻底丧失清偿能力，申请执行人等因错误执行行为遭受无法挽回的损失的情况下，应当允许其提出国家赔偿申请。否则，有错误执行行为的法院只要不作出执行程序终结的结论，国家赔偿程序就不能启动，这与国家赔偿法以及相关司法解释的目的背道而驰。本案中，丹东中院的执行行为已经长达 11 年没有任何进展，其错误执行行为亦已被证实造成了无法通过其他渠道挽回的实际损失，故应承担国家赔偿责任。

法定代表人：……（写明姓名、职务）。

复议机关：……（写明名称、住所地）。

法定代表人：……（写明姓名、职务）。

×××（赔偿请求人姓名或名称）因……（申请国家赔偿案由），申请×××（赔偿义务机关名称）……（申请国家赔偿的具体要求）。

……（事实与理由，主要是认为赔偿义务机关及其工作人员侵权造成赔偿请求人合法权益损害的事实和根据，申请国家赔偿的法律依据等；已经向赔偿义务机关申请国家赔偿、向复议机关申请复议，认为赔偿义务机关、复议机关作出决定错误的理由，或者逾期不作出决定的事实和证据；根据有关法律规定应当获得国家赔偿的理由）。

……（证据和证据来源，证人姓名和住址）。

此致：××人民法院＼人民法院赔偿委员会

附：……（本国家赔偿申请书副本三份和有关法律文书及证明材料目录）

赔偿请求人×××（签名或盖章）

×年×月×日

××人民法院补正通知书（收到申请后5日内，一次性通知补正材料）①

×××（赔偿请求人姓名或名称）：

你（你单位）于×年×月×日以……（申请国家赔偿的案由）为由申请×××（赔偿义务机关名称）国家赔偿一案，向本院＼本院赔偿委员会提出国家赔偿申请。经审查，你（你单位）的申请材料不齐全，依照《中华人民共和国国家赔偿法》第12条、第22条的规定＼依照《最高人民法院关于人民法院赔偿委员会审理国家赔偿案件程序的规定》第3条的规定，你（你单位）应当补正以下材料：……（补正材料的内容）。补正申请材料所用时间不计入立案审查期限。

特此通知。

×年×月×日（印章）

××人民法院受理案件通知书（受理国家赔偿申请）

（××××）×法赔字＼法委赔字第×号

×××（赔偿请求人姓名或名称）：

你（你单位）以……（申请国家赔偿的案由）为由，向本院申请国家赔偿＼向本院赔偿委员会申请作出赔偿决定。经审查，你（你单位）的国家赔偿申请符

---

① 注：标题中的人民法院名称，应当与院印的文字一致。基层人民法院应冠以省、自治区、直辖市名称；涉外案件，应在人民法院全称前冠以"中华人民共和国"字样。其他文书样式标题中的人民法院名称，参照本说明适用。

合立案条件，本院于×年×月×日决定予以受理。（如有其他需要通知赔偿请求人的事项，写明"现将有关事项通知如下：……"）

特此通知。

×年×月×日（印章）

××人民法院不予受理案件决定书（不受理国家赔偿申请）

（××××）×法赔立字\法委赔立字第×号

赔偿请求人：……（写明姓名或名称等基本情况）。

赔偿义务机关：……（写明名称、住所地）。

法定代表人：……（写明姓名、职务）。

复议机关：……（写明名称、住所地）。

法定代表人：……（写明姓名、职务）。

赔偿请求人×××（姓名或名称）于×年×月×日以……（申请国家赔偿的案由）为由，申请×××（赔偿义务机关名称）国家赔偿一案，……（不服赔偿义务机关或复议机关的决定，或是赔偿义务机关、复议机关逾期不作出决定等情形），向本院申请国家赔偿\向本院赔偿委员会申请作出赔偿决定。

经审查，本院认为，……（阐明不予受理的具体理由）。依照《最高人民法院关于国家赔偿案件立案工作的规定》第9条的规定，决定如下：

对赔偿请求人……（姓名或名称）的国家赔偿申请不予受理。

（申请人民法院赔偿的，写明：）如不服本决定，可在决定书送达之日起30日内，向×××（上级法院名称）人民法院赔偿委员会申请作出赔偿决定。

（申请其他义务机关赔偿的，写明：）本决定为发生法律效力的决定。

×年×月×日（印章）

关于×××申请×××（赔偿义务机关名称）……（案由）一案的审理报告（承办人）

（××××）×法赔字\法委赔字第×号

一、赔偿请求人、赔偿义务机关及复议机关的基本情况

赔偿请求人：……（写明姓名或名称等基本情况）。

赔偿义务机关：……（写明名称、住所地）。

法定代表人、委托代理人：……（写明姓名、职务等基本情况）。

复议机关及其法定代表人、委托代理人：……（格式同上）。

二、案件由来及处理经过

×××（赔偿请求人姓名或名称）因……（申请国家赔偿的案由）申请×××（赔偿义务机关名称）国家赔偿一案，……（不服赔偿义务机关或复议机关的决

定，或上述机关逾期不作出决定等情形)，向本院赔偿委员会申请作出赔偿决定。

三、申请国家赔偿事项及理由

……（写明赔偿请求人提出的申请事项及其理由、所陈述的事实及其依据。对此部分应作必要的归纳，力求简明扼要）。

四、赔偿义务机关的答辩意见以及复议机关的意见

……（对赔偿义务机关的答辩意见以及复议机关的意见，要作必要的归纳提炼）。

五、审理认定的案件事实

……（写明经审理认定的案件基本事实及所依据的证据。如果当事人对证据和事实互相存在争议的，应当有重点地逐项分析论证）。

六、其他需要说明的问题

……（写明与本案处理有关的问题）。

七、处理意见及理由

……（对赔偿请求人的申请理由能否成立作出分析评定，对赔偿义务机关及复议机关的决定是否正确作出分析评定，根据认定的事实和有关法律规定提出处理意见）。

承办人　×××
×年×月×日

××人民法院＼人民法院赔偿委员会决定书（决定中止＼终结审查用）①

(××××) ×法赔字＼法委赔字第×号

赔偿请求人：……（写明姓名或名称等基本情况）。

赔偿义务机关：……（写明名称、住所地）。

法定代表人、委托代理人：……（写明姓名、职务等基本情况）。

复议机关及其法定代表人、委托代理人：……（格式同上）。

本院在审查×××（赔偿请求人姓名或名称）申请国家赔偿一案中，……（中止＼终结审查的事实和理由②）。依照《最高人民法院关于人民法院赔偿委员会审理国家赔偿案件程序的规定》第17＼18条的规定，决定如下：

本案中止＼终结审查。

×年×月×日 (印章)

---

① 注：在中止审查的法定事由消失后，即可依申请或依职权恢复审查，无需作出恢复审查的决定书。

② 注：终结审查的，只需写明导致终结审查的法定情形，无需涉及申请国家赔偿的请求和理由等内容。

××人民法院\ 人民法院赔偿委员会决定书（程序性驳回国家赔偿申请）

（××××）×法赔字\ 法委赔字第×号

赔偿请求人：……（写明姓名或名称等基本情况）。

赔偿义务机关：……（写明名称、住所地）。

法定代表人、委托代理人：……（写明姓名、职务等基本情况）。

复议机关及其法定代表人、委托代理人：……（格式同上）。

×××（赔偿请求人姓名或名称）于×年×月×日以……（申请国家赔偿的案由）为由，向本院申请国家赔偿。

经审查，本院认为，……（充分说明应予驳回国家赔偿申请的理由），依照……（法律及司法解释条文）的规定，决定如下：

（第一种情况，赔偿义务机关或者复议机关逾期不作决定的，人民法院赔偿委员会审理后程序性驳回的）

驳回×××（赔偿请求人姓名或名称）的国家赔偿申请。

（第二种情况，赔偿义务机关及复议机关作出不予受理决定，或者作出赔偿或不赔偿决定的，人民法院赔偿委员会受理后程序性驳回的）

一、撤销……（写明机关名称和文号）决定；

二、驳回×××（赔偿请求人姓名或名称）的国家赔偿申请。

（第三种情况，赔偿义务机关或者复议机关作出不予受理决定或者程序性驳回国家赔偿申请的，人民法院赔偿委员会决定维持的）

驳回×××（赔偿请求人姓名或名称）的国家赔偿申请。

（申请人民法院赔偿的，写明:）如不服本决定，可在决定书送达之日起30日内向××人民法院赔偿委员会申请作出赔偿决定。

（申请其他义务机关赔偿的，写明:）本决定为发生法律效力的决定。

×年×月×日（印章）

××人民法院\ 人民法院赔偿委员会国家赔偿决定书（作出国家赔偿决定）

（××××）×法赔字\ 法委赔字第×号

赔偿请求人：……（写明姓名或名称等基本情况）。

赔偿义务机关：……（写明名称、住所地）。

法定代表人、委托代理人：……（写明姓名、职务等基本情况）。

复议机关及其法定代表人、委托代理人：……（格式同上）。

×××（赔偿请求人姓名或名称）于×年×月×日以……（申请国家赔偿的案由）为由，申请×××（赔偿义务机关名称）国家赔偿一案，……（不服赔偿义务机关或复议机关的决定，或赔偿义务机关、复议机关逾期不作出决定等情形），向本院申请国家赔偿＼向本院赔偿委员会申请作出赔偿决定。

本院＼本院赔偿委员会依法对本案进行了审理，现已审理终结。

……（赔偿义务机关的处理情况、复议机关的复议情况，赔偿请求人申请事项及理由；人民法院听取赔偿请求人意见的，写明听取意见内容；人民法院赔偿委员会审理时进行过质证的，写明质证内容）。

经审查查明，……（认定的证据和查明的事实，达成协议的情况及协议内容）。

……（如果与赔偿请求人达成协议的，写明协商事实和协议内容）。

本院＼本院赔偿委员会认为①，……（决定赔偿与否的理由或者认为协商协议内容合法有效。如果涉及违法归责或过错归责的案件，则应增加对违法或过错认定的内容）。依照……（法律及司法解释条文）的规定，决定如下：

（第一种情况，人民法院决定予以赔偿）

……（赔偿的方式及赔偿数额）②。

（第二种情况，人民法院决定不予以赔偿）

驳回×××（赔偿请求人姓名或名称）关于……（申请事项）的国家赔偿申请。

（第三种情况，人民法院决定部分赔偿的）

一、……（赔偿的方式及赔偿数额。先写予以赔偿的部分，后写不予赔偿的部分）；

二、驳回×××（赔偿请求人姓名或名称）关于……（申请事项）的国家赔偿申请。

（第四种情况，人民法院赔偿委员会维持原复议决定或者赔偿义务机关决定的）

维持……（机关名称和文号）决定。

（第五种情况，人民法院赔偿委员会撤销复议决定或者赔偿义务机关决定，重新作出决定的）

一、撤销……（机关名称和文号）（国家赔偿）决定。

二、……（赔偿的方式及赔偿数额）或者驳回×××（赔偿请求人姓名或名称）关于……（申请事项）的国家赔偿申请。

（第六种情况，人民法院赔偿委员会变更复议决定或者赔偿义务机关决定的）

一、撤销……（原决定主文的事项）；

---

① 注：经过审判委员会讨论的案件应当写明"经本院审判委员会讨论决定"字样。如果涉及违法归责或过错归责的案件，则应在"本院赔偿委员会认为"部分增加对违法或过错认定的内容。

② 注：国家赔偿决定主文中赔偿金额涉及国家上年度职工平均工资标准，且作出决定时尚未公布该标准的，应当在决定主文后注明"本院于××年度国家赔偿金标准公布后15日内，以通知书的形式确定具体的赔偿数额"。

二、维持……（原决定主文的事项）；

三、……（其他决定的事项，如果变更决定的赔偿金额高于原赔偿决定且赔偿金已支付的，则应写明予以扣除）。

（申请人民法院赔偿的，写明：）如不服本决定，可在本决定书送达之日起30日内向××人民法院赔偿委员会申请作出赔偿决定。

（申请其他义务机关赔偿的，写明：）本决定为发生法律效力的决定。

×年×月×日（印章）

人民法院赔偿委员会国家赔偿决定书（确认国家赔偿协议）

（××××）×法委赔字第×号

赔偿请求人：……（写明姓名或名称等基本情况）。

赔偿义务机关：……（写明名称、住所地）。

法定代表人、委托代理人：……（写明姓名、职务等基本情况）。

复议机关及其法定代表人、委托代理人：……（格式同上）。

×××（赔偿请求人姓名或名称）因……（申请国家赔偿的案由）申请×××（赔偿义务机关名称）国家赔偿一案，……（不服赔偿义务机关或复议机关的决定，或赔偿义务机关、复议机关逾期不作出决定等情形），向本院赔偿委员会申请作出赔偿决定。本院赔偿委员会依法对本案进行了审理，现已审理终结。

……（赔偿义务机关的处理情况、复议机关的复议情况，赔偿请求人申请事项及理由）。

本案在审理过程中，×××（赔偿请求人姓名或名称）与×××（赔偿义务机关名称）自愿达成如下协议：

……（具体写明协议内容）。

本院赔偿委员会审查认为，上述协议不违反法律规定，依照《最高人民法院关于人民法院赔偿委员会审理国家赔偿案件程序的规定》第11条的规定，决定如下：

……（根据协议内容，写出决定主文）

本决定为发生法律效力的决定。

×年×月×日（印章）

第245条　（见第206条之后）

第246条²⁰¹³⁰¹⁰¹　【对执行的检察监督】人民检察院有权对民事执行活动实行法律监督。

（本书汇）【对执行的法院内部监督与协调】

第三编　第十九章

● **相关规定** **【法释［1998］15号】** **最高人民法院关于人民法院执行工作若干问题的规定（试行）**（1998年6月11日最高法审委会［992次］通过，1998年7月8日公布施行；根据法释［2020］21号《决定》修正，2021年1月1日起施行；以本规为准）①

十二、执行争议的协调

67. 2个或2个以上人民法院在执行相关案件中发生争议的，应当协商解决。协商不成的，逐级报请上级法院，直至报请共同的上级法院协调处理。

执行争议经高级人民法院协商不成的，由有关的高级人民法院书面报请最高人民法院协调处理。

68. 执行中发现两地法院或人民法院与仲裁机构就同一法律关系作出不同裁判内容的法律文书的，各有关法院应当立即停止执行，报请共同的上级法院处理。

69. 上级法院协调处理有关执行争议案件，认为必要时，可以决定将有关款项划到本院指定的账户。

70. 上级法院协调下级法院之间的执行争议所作出的处理决定，有关法院必须执行。

十三、执行监督

71. 上级人民法院依法监督下级人民法院的执行工作。最高人民法院依法监督地方各级人民法院和专门法院的执行工作。

72. 上级法院发现下级法院在执行中作出的裁定、决定、通知或具体执行行为不当或有错误的，应当及时指令下级法院纠正，并可以通知有关法院暂缓执行。

下级法院收到上级法院的指令后必须立即纠正。如果认为上级法院的指令有错误，可以在收到该指令后5日内请求上级法院复议。

上级法院认为请求复议的理由不成立，而下级法院仍不纠正的，上级法院可直接作出裁定或决定予以纠正，送达有关法院及当事人，并可直接向有关单位发出协助执行通知书。

75. 上级法院在监督、指导、协调下级法院执行案件中，发现据以执行的生效法律文书确有错误的，应当书面通知下级法院暂缓执行，并按照审判监督程序处理。

76. 上级法院在申诉案件复查期间，决定对生效法律文书暂缓执行的，有关审判庭应当将暂缓执行的通知抄送执行机构。

77. 上级法院通知暂缓执行的，应同时指定暂缓执行的期限。暂缓执行的期限一般不得超过3个月。有特殊情况需要延长的，应报经院长批准，并及时通知

---

① 本《规定》自1998年7月8日公布试行22年多，至2020年12月23日修正，仍为"试行"。

下级法院。

暂缓执行的原因消除后，应当及时通知执行法院恢复执行。期满后上级法院未通知继续暂缓执行的，执行法院可以恢复执行。

78. 下级法院不按照上级法院的裁定、决定或通知执行，造成严重后果的，按照有关规定追究有关主管人员和直接责任人员的责任。

【法发［2000］3号】　最高人民法院关于高级人民法院统一管理执行工作若干问题的规定（2000年1月14日）

一、高级人民法院在最高人民法院的监督和指导下，对本辖区执行工作的整体部署、执行案件的监督和协调、执行力量的调度以及执行装备的使用等，实行统一管理。

地方各级人民法院办理执行案件，应当依照法律规定分级负责。

二、高级人民法院应当根据法律、法规、司法解释和最高人民法院的有关规定，结合本辖区的实际情况制定统一管理执行工作的具体规章制度，确定一定时期内执行工作的目标和重点，组织本辖区内的各级人民法院实施。

三、高级人民法院应当根据最高人民法院的统一部署或本地区的具体情况适时组织集中执行和专项执行活动。

四、高级人民法院在组织集中执行、专项执行或其他重大执行活动中，可以统一调度、使用下级人民法院的执行力量，包括执行人员、司法警察、执行装备等。

五、高级人民法院有权对下级人民法院的违法、错误的执行裁定、执行行为函告下级法院自行纠正或直接下达裁定、决定予以纠正。

六、高级人民法院负责协调处理本辖区内跨中级人民法院辖区的法院与法院之间的执行争议案件。对跨高级人民法院辖区的法院与法院之间的执行争议案件，由争议双方所在地的两地高级人民法院协商处理；协商不成的，按有关规定报请最高人民法院协调处理。

七、对跨高级人民法院辖区的法院与公安、检察等机关之间的执行争议案件，由执行法院所在地的高级人民法院与有关公安、检察等机关所在地的高级人民法院商有关机关协调解决，必要时可报请最高人民法院协调处理。

八、……九、……（见本书第235条）

十、高级人民法院应监督本辖区内各级人民法院按有关规定精神配备合格的执行人员，并根据最高人民法院的要求和本辖区的具体情况，制定培训计划，确定培训目标，采取切实有效措施予以落实。

十一、中级人民法院、基层人民法院和专门人民法院执行机构的主要负责人在按干部管理制度和法定程序规定办理任免手续前应征得上一级人民法院的同意。

上级人民法院认为下级人民法院执行机构的主要负责人不称职的，可以建议有关部门予以调整、调离或者免职。

十二、高级人民法院应根据执行工作需要，商财政、计划等有关部门编制本辖区内各级人民法院关于交通工具、通讯设备、警械器具、摄录器材等执行装备和业务经费的计划，确定执行装备的标准和数量，并由本辖区内各级人民法院协同当地政府予以落实。

十三、下级人民法院不执行上级人民法院对执行工作和案件处理作出的决定，上级人民法院应通报批评；情节严重的，可以建议有关部门对有关责任人员予以纪律处分。

十四、中级人民法院、基层人民法院和专门人民法院对执行工作的管理职责由高级人民法院规定。

【法释［2000］16 号】　最高人民法院关于如何处理人民检察院提出的暂缓执行建议问题的批复（见本书第 242 条）

【法［2001］164 号】　最高人民法院案件审限管理规定（2001 年 10 月 16 日最高法审委会［1195 次］通过，2001 年 11 月 5 日公布，2002 年 1 月 1 日起施行）

第 12 条　办理执行协调案件的期限为 3 个月，至迟不得超过 6 个月。

【法发［2006］11 号】　最高人民法院关于执行案件督办工作的规定（试行）（2006 年 5 月 18 日印发试行 3 项规定）

第 1 条　最高人民法院对地方各级人民法院执行案件进行监督。高级人民法院、中级人民法院对本辖区内人民法院执行案件进行监督。

第 2 条　当事人反映下级法院有消极执行或者案件长期不能执结，上级法院认为情况属实的，应当督促下级法院及时采取执行措施，或者在指定期限内办结。

第 3 条　上级法院应当在受理反映下级法院执行问题的申诉后 10 日内，对符合督办条件的案件制作督办函，并附相关材料函转下级法院。遇有特殊情况，上级法院可要求下级法院立即进行汇报，或派员实地进行督办。

下级法院在接到上级法院的督办函后，应指定专人办理。

第 4 条　下级法院应当在上级法院指定的期限内，将案件办理情况或者处理意见向督办法院作出书面报告。

第 5 条　对于上级法院督办的执行案件，被督办法院应当按照上一级法院的要求，及时制作案件督办函，并附案件相关材料函转至执行法院。被督办法院负责在上一级法院限定的期限届满前，将督办案件办理情况书面报告上一级法院，并附相关材料。

第6条　下级法院逾期未报告工作情况或案件处理结果的，上级法院根据情况可以进行催报，也可以直接调卷审查，指定其他法院办理，或者提级执行。

第7条　上级法院收到下级法院的书面报告后，认为下级法院的处理意见不当的，应当提出书面意见函告下级法院。下级法院应当按照上级法院的意见办理。

第8条　下级法院认为上级法院的处理意见错误，可以按照有关规定提请上级法院复议。

对下级法院提请复议的案件，上级法院应当另行组成合议庭进行审查。经审查认为原处理意见错误的，应当予以纠正；认为原处理意见正确的，应当拟函督促下级法院按照原处理关于执行款物管理工作的规定（试行）意见办理。

第9条　对于上级法院督办的执行案件，下级法院无正当理由逾期未报告工作情况或案件处理结果，或者拒不落实、消极落实上级法院的处理意见，经上级法院催办后仍未纠正的，上级法院可以在辖区内予以通报，并依据有关规定追究相关法院或者责任人的责任。

【法［2006］285号】　最高人民法院关于进一步规范跨省、自治区、直辖市执行案件协调工作的通知（2006年9月30日）

一、跨省执行争议案件需要报请最高人民法院协调处理的，应当在上报前，经过争议各方高级人民法院执行局（庭）负责人之间面对面协商；对重大疑难案件，必要时，应当经过院领导出面协商。协商应当形成书面记录或者纪要，并经双方签字。

二、相关高级人民法院应当对本辖区法院执行争议案件的事实负责。对于下级法院上报协调的案件，高级人民法院应当对案件事实进行核查，必要时应当采取听证方式进行。

三、高级人民法院报请最高人民法院协调的执行争议案件，必须经过执行局（庭）组织研究，形成处理意见，对下级法院报送的意见不得简单地照抄照转。

四、相关高级人民法院在相互协商跨省执行争议案件过程中，发现本辖区法院的执行行为存在错误的，应当依法纠正。

五、相关高级人民法院之间对处理执行争议的法律适用问题不能达成一致意见的，应当各自经审委会讨论后形成倾向性意见。

六、请求最高人民法院协调跨省执行争议案件的报告，应当经高级人民法院主管院领导审核签发，一式5份。报告应当附相关法律文书和高级人民法院之间的协调记录或纪要，必要时应附案卷。

七、跨省执行争议案件，一方法院提出协商处理请求后，除采取必要的控制财产措施外，未经争议各方法院或者最高人民法院同意，任何一方法院不得处分争议财产。

八、跨省执行争议案件经最高人民法院协调达成一致处理意见的，形成协调纪要。相关高级人民法院应当负责协调意见的落实；协调不成的，由最高人民法院作出处理意见。必要时，最高人民法院可以作出决定或者裁定，并直接向有关部门发出协助执行通知书。

【法发〔2009〕43号】 最高人民法院关于进一步加强和规范执行工作的若干意见（2009年7月17日）

四、强化执行监督制约机制

各级人民法院要把强化执行监督制约机制作为长效机制建设的重要内容，切实抓紧抓好。一是按照分权制衡的原则对执行权进行科学配置。区分执行审查权和执行实施权，分别由不同的内设机构或者人员行使，使各项权能之间相互制约、相互监督，保证执行权的正当行使。二是对执行实施的重点环节和关键节点进行风险防范。除编制很少的地区外，应当对执行实施权再行分解，总结出重点环节和关键节点，划分为若干阶段，由不同组织或人员负责，加强相互监督和制约，以此强化对执行工作的动态管理，防止执行权的滥用。三是加大上级法院对下级法院的监督力度。认真实施、严格落实修改后的民事诉讼法，通过办理执行异议、执行复议和案外人异议案件，以及上级法院提级执行、指定执行、交叉执行等途径，纠正违法执行和消极执行行为，加强对执行权行使的监督。四是进一步实行执行公开，自觉接受执行各方当事人的监督。建立执行立案阶段发放廉政监督卡或者执行监督卡、送达执行文书时公布或告知举报电话、当事人正当参与执行等制度。要抓好执行公开制度的贯彻落实，利用信息化手段和网络增强执行工作透明度，严禁暗箱操作，切实保障当事人的知情权、参与权、监督权，预防徇私枉法、权钱交易、违法干预办案等问题的发生，确保执行公正。五是拓宽监督渠道，主动接受社会各界对执行工作的监督。完善党委、人大、舆论等各类监督机制，探索人民陪审员和执行监督员参与执行工作的办法和途径，提高执行的公信力。

【法发〔2011〕15号】 最高人民法院关于执行权合理配置和科学运行的若干意见（2011年10月19日）

一、关于执行权分权和高效运行机制

1. 执行权是人民法院依法采取各类执行措施以及对执行异议、复议、申诉等事项进行审查的权力，包括执行实施权和执行审查权。

2. 地方人民法院执行局应当按照分权运行机制设立和其他业务庭平行的执行实施和执行审查部门，分别行使执行实施权和执行审查权。

3. 执行实施权的范围主要是财产调查、控制、处分、交付和分配以及罚款、拘留措施等实施事项。执行实施权由执行员或者法官行使。

4. 执行审查权的范围主要是审查和处理执行异议、复议、申诉以及决定执行管辖权的移转等审查事项。执行审查权由法官行使。

5. 执行实施事项的处理应当采取审批制，执行审查事项的处理应当采取合议制。

6. 人民法院可以将执行实施程序分为财产查控、财产处置、款物发放等不同阶段并明确时限要求，由不同的执行人员集中办理，互相监督，分权制衡，提高执行工作质量和效率。执行局的综合管理部门应当对分段执行实行节点控制和流程管理。

7. 执行中因情况紧急必须及时采取执行措施的，执行人员经执行指挥中心指令，可依法采取查封、扣押、冻结等财产保全和其他控制性措施，事后 2 个工作日内应当及时补办审批手续。

8. 人民法院在执行局内建立执行信访审查处理机制，以有效解决消极执行和不规范执行问题。执行申诉审查部门可以参与涉执行信访案件的接访工作，并应当采取排名通报、挂牌督办等措施促进涉执行信访案件的及时处理。

9. 继续推进全国法院执行案件信息管理系统建设，积极参与社会信用体系建设。执行信息部门应当发挥职能优势，采取多种措施扩大查询范围，实现执行案件所有信息在法院系统内的共享，推进执行案件信息与其他部门信用信息的共享，并通过信用惩戒手段促使债务人自动履行义务。

二、关于执行局与立案、审判等机构之间的分工协作

10. 执行权由人民法院的执行局行使；人民法庭可根据执行局授权执行自审案件，但应接受执行局的管理和业务指导。

11. 办理执行实施、执行异议、执行复议、执行监督、执行协调、执行请示等执行案件和案外人执行异议之诉、申请执行人执行异议之诉、执行分配方案异议之诉、代位析产之诉等涉执行的诉讼案件，由立案机构进行立案审查，并纳入审判和执行案件统一管理体系。

人民法庭经授权执行自审案件，可由其自行办理立案登记手续，并纳入执行案件的统一管理。

12. 案外人执行异议之诉、申请执行人执行异议之诉、执行分配方案异议之诉、代位析产之诉等涉执行的诉讼，由人民法院的审判机构按照民事诉讼程序审理。逐步促进涉执行诉讼审判的专业化，具备条件的人民法院可以设立专门审判机构，对涉执行的诉讼案件集中审理。

案外人、当事人认为据以执行的判决、裁定错误的，由作出生效判决、裁定的原审人民法院或其上级人民法院按照审判监督程序审理。

13. 行政非诉案件、行政诉讼案件的执行申请，由立案机构登记后转行政审判机构进行合法性审查；裁定准予强制执行的，再由立案机构办理执行立案登记后移交执行局执行。

14. 强制清算的实施由执行局负责，强制清算中的实体争议由民事审判机构负责审理。

15. 诉前、申请执行前的财产保全申请由立案机构进行审查并作出裁定；裁定保全的，移交执行局执行。

16. 诉中财产保全、先予执行的申请由相关审判机构审查并作出裁定；裁定财产保全或者先予执行的，移交执行局执行。

17. 当事人、案外人对财产保全、先予执行的裁定不服申请复议的，由作出裁定的立案机构或者审判机构按照民事诉讼法第99条（现第111条）的规定进行审查。

当事人、案外人、利害关系人对财产保全、先予执行的实施行为提出异议的，由执行局根据异议事项的性质按照民事诉讼法第202条或者第204条（现第236条、第238条）的规定进行审查。

当事人、案外人的异议既指向财产保全、先予执行的裁定，又指向实施行为的，一并由作出裁定的立案机构或者审判机构分别按照民事诉讼法第99条和第202条或者第204条（现第111条，第236条、第238条）的规定审查。

18. 具有执行内容的财产刑和非刑罚制裁措施的执行由执行局负责。

19. 境外法院、仲裁机构作出的生效法律文书的执行申请，由审判机构负责审查；依法裁定准予执行或者发出执行令的，移交执行局执行。

20. 不同法院因执行程序，执行与破产、强制清算、审判等程序之间对执行标的产生争议，经自行协调无法达成一致意见的，由争议法院的共同上级法院执行局中的协调指导部门处理。

21. 执行过程中依法需要变更、追加执行主体的，由执行局按照法定程序办理；应当通过另诉或者提起再审追加、变更的，由审判机构按照法定程序办理。

22. 委托评估、拍卖、变卖由司法辅助部门负责，对评估、拍卖、变卖所提异议由执行局审查。

23. 被执行人对国内仲裁裁决提出不予执行抗辩的，由执行局审查。

24. 立案、审判机构在办理民商事和附带民事诉讼案件时，应当根据案件实际，就追加诉讼当事人、申请诉前、诉中和申请执行前的财产保全等内容向当事人作必要的释明和告知。

25. 立案、审判机构在办理民商事和附带民事诉讼案件时，除依法缺席判决等无法准确查明当事人身份和地址的情形外，应当在有关法律文书中载明当事人的身份证号码，在卷宗中载明送达地址。

26. 审判机构在审理确权诉讼时，应当查询所要确权的财产权属状况，发现已经被执行局查封、扣押、冻结的，应当中止审理；当事人诉请确权的财产被执行局处置的，应当撤销确权案件；在执行局查封、扣押、冻结后确权的，应当撤销确权判决或者调解书。

27. 对符合法定移送执行条件的法律文书，审判机构应当在法律文书生效后及时移送执行局执行。

三、关于执行工作的统一管理

28. 中级以上人民法院对辖区人民法院的执行工作实行统一管理。下级人民法院拒不服从上级人民法院统一管理的，依照有关规定追究下级人民法院有关责任人的责任。

29. 上级人民法院可以根据本辖区的执行工作情况，组织集中执行和专项执行活动。

30. 对下级人民法院违法、错误的执行裁定、执行行为，上级人民法院有权指令下级人民法院自行纠正或者通过裁定、决定予以纠正。

31. 上级人民法院在组织集中执行、专项执行或其他重大执行活动中，可以统一指挥和调度下级人民法院的执行人员、司法警察和执行装备。

32. 上级人民法院根据执行工作需要，可以商政府有关部门编制辖区内人民法院的执行装备标准和业务经费计划。

33. 上级人民法院有权对下级人民法院的执行工作进行考核，考核结果向下级人民法院通报。

【法发〔2014〕26号】　最高人民法院关于执行案件立案、结案若干问题的意见（2014年12月17日印发，2015年1月1日起施行）（详见本书第20章"执行立案"专辑）

第11条　上级人民法院对下级人民法院，最高人民法院对地方各级人民法院依法进行监督的案件，应当按照执行监督案件予以立案。

第12条　下列案件，人民法院应当按照执行请示案件予以立案：

（一）当事人向人民法院申请执行内地仲裁机构作出的涉港澳仲裁裁决或者香港特别行政区、澳门特别行政区仲裁机构作出的仲裁裁决或者临时仲裁庭在香港特别行政区、澳门特别行政区作出的仲裁裁决，人民法院经审查认为裁决存在依法不予执行的情形，在作出裁定前，报请所属高级人民法院进行审查的，以及高级人民法院同意不予执行，报请最高人民法院的；

（二）下级人民法院依法向上级人民法院请示的。

第13条 下列案件，人民法院应当按照执行协调案件予以立案：（一）不同法院因执行程序、执行与破产、强制清算、审判等程序之间对执行标的产生争议，经自行协调无法达成一致意见，向共同上级人民法院报请协调处理的；（二）对跨高级人民法院辖区的法院与公安、检察等机关之间的执行争议案件，执行法院报请所属高级人民法院与有关公安、检察等机关所在地的高级人民法院商有关机关协调解决或者报请最高人民法院协调处理的；（三）当事人对内地仲裁机构作出的涉港澳仲裁裁决分别向不同人民法院申请撤销及执行，受理执行申请的人民法院对受理撤销申请的人民法院作出的决定撤销或者不予撤销的裁定存在异议，亦不能直接作出与该裁定相矛盾的执行或者不予执行的裁定，报请共同上级人民法院解决的；（四）当事人对内地仲裁机构作出的涉港澳仲裁裁决向人民法院申请执行且人民法院已经作出应予执行的裁定后，一方当事人向人民法院申请撤销该裁决，受理撤销申请的人民法院认为裁决应予撤销且该人民法院与受理执行申请的人民法院非同一人民法院时，报请共同上级人民法院解决的；（五）跨省、自治区、直辖市的执行争议案件报请最高人民法院协调处理的；（六）其他依法报请协调的。

第26条 执行监督案件的结案方式包括：（一）准许撤回申请，即当事人撤回监督申请的；（二）驳回申请，即监督申请不成立的；（三）限期改正，即监督申请成立，指定执行法院在一定期限内改正的；（四）撤销并改正，即监督申请成立，撤销执行法院的裁定直接改正的；（五）提级执行，即监督申请成立，上级人民法院决定提级自行执行的；（六）指定执行，即监督申请成立，上级人民法院决定指定其他法院执行的；（七）其他，即其他可以报结的情形。

第27条 执行请示案件的结案方式包括：（一）答复，即符合请示条件的；（二）销案，即不符合请示条件的。

第28条 执行协调案件的结案方式包括：（一）撤回协调请求，即执行争议法院自行协商一致，撤回协调请求的；（二）协调解决，即经过协调，执行争议法院达成一致协调意见，将协调意见记入笔录或者向执行争议法院发出协调意见函的。

【法发［2016］15号】 最高人民法院关于人民法院办理执行信访案件若干问题的意见（2016年6月27日）

一、关于办理执行信访案件的基本要求

1. 执行信访案件，指信访当事人向人民法院申诉信访，请求督促执行或者纠正执行错误的案件。执行信访案件分为执行实施类信访案件、执行审查类信访案件两类。

2. 各级人民法院执行部门应当设立执行信访专门机构;执行信访案件的接待处理、交办督办以及信访终结的复查、报请、决定及备案等各项工作,由各级人民法院执行部门统一归口管理。

3. 各级人民法院应当建立健全执行信访案件办理机制,畅通执行申诉信访渠道,切实公开信访办理流程与处理结果,确保相关诉求依法、及时、公开得到处理:

(1) 设立执行申诉来访接待窗口,公布执行申诉来信邮寄地址,并配备专人接待来访与处理来信;

(2) 收到申诉信访材料后,应当通过网络系统、内部函文等方式,及时向下级人民法院交办;

(3) 以书面通知或其他适当方式,向信访当事人告知案件处理过程及结果。

4. 各级人民法院应当建立执行信访互联网申诉、远程视频接访等网络系统,引导信访当事人通过网络反映问题,减少传统来人来方式信访。

5. 各级人民法院应当建立和落实执行信访案件交办督办制度:

(1) 上级人民法院交办执行信访案件后,通过挂牌督办、巡回督导、领导包案等有效工作方式进一步督促办理;

(2) 设立执行信访案件台账,以执行信访案件总数、已化解信访案件数量等作为基数,以案访比、化解率等作为指标,定期对辖区法院进行通报;

(3) 将辖区法院执行信访工作情况纳入绩效考评,并提请同级党委政法委纳入社会治安综合治理考核范围;

(4) 下级人民法院未落实督办意见或者信访化解工作长期滞后,上级人民法院可以约谈下级人民法院分管副院长或者执行局长,进行告诫谈话,提出整改要求。

二、关于执行实施类信访案件的办理

6. 执行实施类信访案件,指申请执行人申诉信访,反映执行法院消极执行,请求督促执行的案件。

执行实施类信访案件的办理,应当遵照"执行到位、有效化解"原则。如果被执行人具有可供执行财产,应当穷尽各类执行措施,尽快执行到位。如果被执行人确无财产可供执行,应当尽最大努力解释说明,争取息诉罢访,有效化解信访矛盾;经解释说明,仍然反复申诉、缠访闹访,可以依法终结信访。

7. 执行实施类信访案件,符合下列情形的,可以认定为有效化解,上级人民法院不再交办督办:(1) 案件确已执行到位;(2) 当事人达成执行和解协议并已开始依协议实际履行;(3) 经重新核查,被执行人确无财产可供执行,经解释说明或按照有关规定进行司法救助后,申请执行人书面承诺息诉罢访。

8. 申请执行人申诉信访请求督促执行，如果符合下列情形，上级人民法院不再作为执行信访案件交办督办：（1）因受理破产申请而中止执行，已告知申请执行人依法申报债权；（2）再审裁定中止执行，已告知申请执行人依法应诉；（3）因牵涉犯罪，案件已根据相关规定中止执行并移送有关机关处理；（4）信访诉求系认为执行依据存在错误。

9. 案件已经执行完毕，但申请执行人以案件尚未执行完毕为由申诉信访，应当制作结案通知书，并告知针对结案通知书提出执行异议。

10. 被执行人确无财产可供执行，执行法院根据相关规定作出终结本次执行程序裁定，申请执行人以案件尚未执行完毕为由申诉信访，告知针对终结本次执行程序裁定提出执行异议。

三、关于执行审查类信访案件的办理

11. 执行审查类信访案件，指信访当事人申诉信访，反映执行行为违反法律规定或对执行标的主张实体权利，请求纠正执行错误的案件。

执行审查类信访案件的办理，应当遵照"诉访分离"原则。如果能够通过《民事诉讼法》及相关司法解释予以救济，必须通过法律程序审查；如果已经穷尽法律救济程序以及本意见所规定的执行监督程序，仍然反复申诉、缠访闹访，可以依法终结信访。如果属于审判程序、国家赔偿程序处理范畴，告知通过相应程序寻求救济。

12. 信访当事人向执行法院请求纠正执行错误，如果符合执行异议、案外人异议受理条件，应当严格按照立案登记制要求，正式立案审查。

13. 信访当事人未向执行法院提交《执行异议申请》，但以"申诉书"、"情况反映"等形式主张执行行为违反法律规定或对执行标的主张实体权利，应当参照执行异议申请予以受理。

14. 信访当事人向上级人民法院申诉信访，主张下级人民法院执行行为违反法律规定或对执行标的主张实体权利，如案件尚未经过异议程序或执行监督程序处理，上级人民法院一般不进行实质性审查，按照如下方式处理：（1）告知信访当事人按照相关规定寻求救济；（2）通过信访制度交办督办，责令下级人民法院按照异议程序或执行监督程序审查；（3）下级人民法院正式立案审查后，上级人民法院不再交办督办。

15. 当事人、利害关系人不服《民事诉讼法》第225条（现第236条）所规定执行复议裁定，向上一级人民法院申诉信访，上一级人民法院应当作为执行监督案件立案审查，以裁定方式作出结论。

16. 当事人、利害关系人在异议期限之内已经提出异议，但是执行法院未予立案审查，如果当事人、利害关系人在异议期限之后继续申诉信访，执行法院应当作为执行监督案件立案审查，以裁定方式作出结论。

当事人、利害关系人不服前款所规定执行监督裁定，向上一级人民法院继续申诉信访，上一级人民法院应当作为执行监督案件立案审查，以裁定方式作出结论。

17. 信访当事人向上级人民法院申诉信访，反映异议、复议案件严重超审限的，上级人民法院应当通过信访制度交办督办，责令下级人民法院限期作出异议、复议裁定。

18. 当事人、利害关系人申诉信访请求纠正执行错误，如果符合下列情形，上级人民法院不再作为执行信访案件交办督办：（1）信访诉求系针对人民法院根据行政机关申请所作出准予执行裁定，并非针对执行行为；（2）信访诉求系认为执行依据存在错误。

四、关于执行信访案件的依法终结

19. 被执行人确无财产可供执行，申请执行人书面承诺息诉罢访，如果又以相同事由反复申诉、缠访闹访，执行法院可以逐级报请高级人民法院决定终结信访。

20. 当事人、利害关系人提出执行异议，经异议程序、复议程序及执行监督程序审查，最终结论驳回其请求，如果仍然反复申诉、缠访闹访，可以依法终结信访：（1）执行监督裁定由高级人民法院作出的，由高级人民法院决定终结信访；（2）执行复议、监督裁定由最高人民法院作出的，由最高人民法院决定终结信访或交高级人民法院终结信访。

21. 执行实施类信访案件，即使已经终结信访，执行法院仍然应当定期查询被执行人财产状况；申请执行人提出新的财产线索而请求恢复执行的，执行法院应当立即恢复执行。

22. 申请执行人因案件未能执行到位而导致生活严重困难的，一般不作信访终结。

23. 高级人民法院决定终结信访之前，应当报请最高人民法院备案。最高人民法院对于不符合条件的，及时通知高级人民法院予以补正或者退回。不予终结备案的，高级人民法院不得终结。

24. 最高人民法院、高级人民法院决定终结信访的，应当书面告知信访当事人。

25. 已经终结的执行信访案件，除另有规定外，上级人民法院不再交办督办，各级人民法院不再重复审查；信访终结后，信访当事人仍然反复申诉、缠访闹访的，依法及时处理，并报告同级党委政法委。

26. 执行信访终结其他程序要求，依照民事案件信访终结相关规定办理。

【法发〔2016〕30号】 最高人民法院、最高人民检察院关于民事执行活动法律监督若干问题的规定（2016年11月2日印发，2017年1月1日起施行）

第1条 人民检察院依法对民事执行活动实行法律监督。人民法院依法接受人民检察院的法律监督。

第2条 人民检察院办理民事执行监督案件，应当以事实为依据，以法律为准绳，坚持公开、公平、公正和诚实信用原则，尊重和保障当事人的诉讼权利，监督和支持人民法院依法行使执行权。

第3条 人民检察院对人民法院执行生效民事判决、裁定、调解书、支付令、仲裁裁决以及公证债权文书等法律文书的活动实施法律监督。

第4条 对民事执行活动的监督案件，由执行法院所在地同级人民检察院管辖。

上级人民检察院认为确有必要的，可以办理下级人民检察院管辖的民事执行监督案件。下级人民检察院对有管辖权的民事执行监督案件，认为需要上级人民检察院办理的，可以报请上级人民检察院办理。

第5条 当事人、利害关系人、案外人认为人民法院的民事执行活动存在违法情形向人民检察院申请监督，应当提交监督申请书、身份证明、相关法律文书及证据材料。提交证据材料的，应当附证据清单。

申请监督材料不齐备的，人民检察院应当要求申请人限期补齐，并明确告知应补齐的全部材料。申请人逾期未补齐的，视为撤回监督申请。

第6条 当事人、利害关系人、案外人认为民事执行活动存在违法情形，向人民检察院申请监督，法律规定可以提出异议、复议或者提起诉讼，当事人、利害关系人、案外人没有提出异议、申请复议或者提起诉讼的，人民检察院不予受理，但有正当理由的除外。

当事人、利害关系人、案外人已经向人民法院提出执行异议或者申请复议，人民法院审查异议、复议期间，当事人、利害关系人、案外人又向人民检察院申请监督的，人民检察院不予受理，但申请对人民法院的异议、复议程序进行监督的除外。

第7条 具有下列情形之一的民事执行案件，人民检察院应当依职权进行监督：（一）损害国家利益或者社会公共利益的；（二）执行人员在执行该案时有贪污受贿、徇私舞弊、枉法执行等违法行为、司法机关已经立案的；（三）造成重大社会影响的；（四）需要跟进监督的。

第8条 人民检察院因办理监督案件的需要，依照有关规定可以调阅人民法院的执行卷宗，人民法院应当予以配合。

通过拷贝电子卷、查阅、复制、摘录等方式能够满足办案需要的，不调阅卷宗。

人民检察院调阅人民法院卷宗，由人民法院办公室（厅）负责办理，并在5日内提供，因特殊情况不能按时提供的，应当向人民检察院说明理由，并在情况消除后及时提供。

人民法院正在办理或者已结案尚未归档的案件，人民检察院办理民事执行监督案件时可以直接到办理部门查阅、复制、拷贝、摘录案件材料，不调阅卷宗。

第9条　人民检察院因履行法律监督职责的需要，可以向当事人或者案外人调查核实有关情况。

第10条　人民检察院认为人民法院在民事执行活动中可能存在怠于履行职责情形的，可以向人民法院书面了解相关情况，人民法院应当说明案件的执行情况及理由，并在15日内书面回复人民检察院。

第11条　人民检察院向人民法院提出民事执行监督检察建议，应当经检察长批准或者检察委员会决定，制作检察建议书，在决定之日起15日内将检察建议书连同案件卷宗移送同级人民法院。

检察建议书应当载明检察机关查明的事实、监督理由、依据以及建议内容等。

第12条　人民检察院提出的民事执行监督检察建议，统一由同级人民法院立案受理。

第13条　人民法院收到人民检察院的检察建议书后，应当在3个月内将审查处理情况以回复意见函的形式回复人民检察院，并附裁定、决定等相关法律文书。有特殊情况需要延长的，经本院院长批准，可以延长1个月。

回复意见函应当载明人民法院查明的事实、回复意见和理由并加盖院章。不采纳检察建议的，应当说明理由。

第14条　人民法院收到检察建议后逾期未回复或者处理结果不当的，提出检察建议的人民检察院可以依职权提请上一级人民检察院向其同级人民法院提出检察建议。上一级人民检察院认为应当跟进监督的，应当向其同级人民法院提出检察建议。人民法院应当在3个月内提出审查处理意见并以回复意见函的形式回复人民检察院，认为人民检察院的意见正确的，应当监督下级人民法院及时纠正。

第15条　当事人在人民检察院审查案件过程中达成和解协议且不违反法律规定的，人民检察院应当告知其将和解协议送交人民法院，由人民法院依照民事诉讼法第230条（现第241条）的规定进行处理。

第16条　当事人、利害关系人、案外人申请监督的案件，人民检察院认为人民法院民事执行活动不存在违法情形的，应当作出不支持监督申请的决定，在决定之日起15日内制作不支持监督申请决定书，发送申请人，并做好释法说理工作。

人民检察院办理依职权监督的案件，认为人民法院民事执行活动不存在违法情形的，应当作出终结审查决定。

第17条　人民法院认为检察监督行为违反法律规定的，可以向人民检察院提出书面建议。人民检察院应当在收到书面建议后3个月内作出处理并将处理情况书面回复人民法院；人民法院对于人民检察院的回复有异议的，可以通过上一级人民法院向上一级人民检察院提出。上一级人民检察院认为人民法院建议正确的，应当要求下级人民检察院及时纠正。

第18条　有关国家机关不依法履行生效法律文书确定的执行义务或者协助执行义务的，人民检察院可以向相关国家机关提出检察建议。

第19条　人民检察院民事检察部门在办案中发现被执行人涉嫌构成拒不执行判决、裁定罪且公安机关不予立案侦查的，应当移送侦查监督部门处理。

第20条　人民法院、人民检察院应当建立完善沟通联系机制，密切配合，互相支持，促进民事执行法律监督工作依法有序稳妥开展。

第21条　人民检察院对人民法院行政执行活动实施法律监督，行政诉讼法及有关司法解释没有规定的，参照本规定执行。

【高检发释字［2021］1号】　人民检察院民事诉讼监督规则（2021年2月9日最高检检委会［13届62次］通过，2021年6月26日公布，2021年8月1日起施行）

第104条　人民检察院对人民法院执行生效民事判决、裁定、调解书、支付令、仲裁裁决以及公证债权文书等法律文书的活动实行法律监督。

第105条　人民检察院认为人民法院在执行活动中可能存在怠于履行职责情形的，可以依照有关规定向人民法院发出《说明案件执行情况通知书》，要求说明案件的执行情况及理由。

第106条　人民检察院发现人民法院在执行活动中有下列情形之一的，应当向同级人民法院提出检察建议：（一）决定是否受理、执行管辖权的移转以及审查和处理执行异议、复议、申诉等执行审查活动存在违法、错误情形的；（二）实施财产调查、控制、处分、交付和分配以及罚款、拘留、信用惩戒措施等执行实施活动存在违法、错误情形的；（三）存在消极执行、拖延执行等情形的；（四）其他执行违法、错误情形。

第107条　人民检察院依照本规则第30条（见本书第14条）第2款规定受理后交办的案件，下级人民检察院经审查认为人民法院作出的执行复议裁定、决定等存在违法、错误情形的，应当提请上级人民检察院监督；认为人民法院作出的执行复议裁定、决定等正确的，应当作出不支持监督申请的决定。

第 108 条　人民检察院对执行活动提出检察建议的,应当经检察长或者检察委员会决定,制作《检察建议书》,在决定之日起 15 日内将《检察建议书》连同案件卷宗移送同级人民法院,并制作决定提出检察建议的《通知书》,发送当事人。

第 109 条　人民检察院认为当事人申请监督的人民法院执行活动不存在违法情形的,应当作出不支持监督申请的决定,并在决定之日起 15 日内制作《不支持监督申请决定书》,发送申请人。

第 110 条　人民检察院发现同级人民法院执行活动中执行人员存在违法行为的,参照本规则第 6 章 (见本书第 219-224 条) 有关规定执行。

【法办发〔2021〕7 号】　人民法院办理执行案件"十个必须"(最高法办公厅 2021 年 11 月 11 日)

一、必须强化政治意识、宗旨意识,筑牢政治忠诚,践行执行为民,严禁"冷硬横推"、"吃拿卡要"、作风不正;

二、必须强化纪法意识,严守纪律规矩,严禁有令不行、有禁不止、弄权谋私、执行不廉;

三、必须严格遵守"3 个规定",严禁与当事人、律师不正当交往,违规干预过问案件;

四、必须高效公正执行,严禁消极执行、拖延执行、选择性执行;

五、必须规范文明执行,严禁违规评估、拍卖,超标的查封,乱执行;

六、必须严格把握无财产可供执行案件的结案标准,严禁未穷尽执行措施而以终结本次执行方式结案、应恢复执行而不及时恢复;

七、必须全面实行执行案款"一案一账号"管理模式,具备发放条件的 15 个工作日内完成案款发放,严禁截留、挪用、超期发放;

八、必须接访即办,件件有录入、事事有回应,严禁敷衍塞责、程序空转、化解不到位;

九、必须深化执行公开,关键节点信息实时推送,严禁暗箱操作、权力寻租;

十、必须强化执行权监督制约,自觉接受各方监督,严禁恣意妄为、滥用职权。

【法〔2021〕322 号】　最高人民法院关于进一步完善执行权制约机制 加强执行监督的意见(2021 年 12 月 6 日)

27.(第 1 款)　依法及时协调执行争议案件。2 个或者 2 个以上人民法院发生执行争议的,应及时协商解决,协商不成的,应逐级报共同上级人民法院协调解决。上级人民法院应当在 1 个月内解决争议,提出协调方案,下级人民法院对下达的协调意见必须在 15 个工作日内有效落实,无正当理由不得拖延。人民法院与检察机关、公安机关及税务、海关、土地、金融、市场管理等执法机关因执行发生争议的，要依法及时协商解决，协商不成的，及时书面报送同级党委政法委或者依法治省（市、区〔县〕）委员会协调，需要报上级人民法院协调有关部门的，应当在 5 个工作日内报请上级人民法院协调解决。上级人民法院应当在 10 个工作日内启动与其他部门的协调程序，切实有效解决因部门之间长期不能达成一致意见，久拖不决，损害人民群众合法权益问题。

28. 纠正错误执行，防止消极执行。上级人民法院发现下级人民法院错误的执行裁定以及违法、失当、失范执行行为的，应函告下级人民法院自行纠正，或者直接下达裁定、决定予以纠正；对存在消极执行或者疑难重大复杂的案件，上级人民法院应充分运用民事诉讼法第 226 条（现第 237 条）规定，及时督促执行、提级执行或者指令其他法院执行；指令其他法院执行必须坚持有利于及时公正执行标准，严禁以"指令其他法院执行"之名，行消极执行、拖延执行之实。

29. 改革执行监督案件审查程序。当事人、利害关系人对高级人民法院依照民事诉讼法第 225 条（现第 236 条）作出的发生法律效力的复议裁定，认为有错误的，参照《最高人民法院关于完善四级法院审级职能定位改革试点的实施办法》①第 11 条至第 15 条规定办理。

30. 充分发挥执行信访发现执行工作突出问题、解决人民群众"急难愁盼"的工作窗口作用。切实完善四级法院"统一办理机制、统一化解标准、统一解决程序"工作机制，确保接访即办，有错必纠，件件有录入，事事有回应。人民法院收到信访材料后 5 个工作日内必须录入执行信访办理系统，30 个工作日内办结，并将办理结果及时反馈当事人。

【法发〔2023〕4 号】 　最高人民法院关于办理申请执行监督案件若干问题的意见（2023 年 1 月 19 日印发，2023 年 2 月 1 日起施行）

第 1 条　当事人、利害关系人对于人民法院依照民事诉讼法第 232 条规定作出的执行复议裁定不服，向上一级人民法院申请执行监督，人民法院应当立案，但法律、司法解释或者本意见另有规定的除外。

申请人依法应当提出执行异议而未提出，直接向异议法院的上一级人民法院申请执行监督的，人民法院应当告知其向异议法院提出执行异议或者申请执行监督；申请人依法应当申请复议而未申请，直接向复议法院的上一级人民法院申请执行监督的，人民法院应当告知其向复议法院申请复议或者申请执行监督。

人民法院在办理执行申诉信访过程中，发现信访诉求符合前 2 款规定情形的，

---

① 注：根据"法〔2023〕154 号"《通知》，本《办法》自 2023 年 9 月 28 日起终止，详见本书第 210 条。

按照前 2 款规定处理。

第 2 条　申请执行人认为人民法院应当采取执行措施而未采取，向执行法院请求采取执行措施的，人民法院应当及时审查处理，一般不立执行异议案件。

执行法院在法定期限内未执行，申请执行人依照民事诉讼法第 233 条规定请求上一级人民法院提级执行、责令下级人民法院限期执行或者指令其他人民法院执行的，应当立案办理。

第 3 条　当事人对执行裁定不服，向人民法院申请复议或者申请执行监督，有下列情形之一的，人民法院应当以适当的方式向其释明法律规定或者法定救济途径，一般不作为执行复议或者执行监督案件受理：

（一）依照民事诉讼法第 234 条规定，对案外人异议裁定不服，依照审判监督程序办理或者向人民法院提起诉讼的；

（二）依照《最高人民法院关于民事执行中变更、追加当事人若干问题的规定》第 32 条规定，对处理变更、追加当事人申请的裁定不服，可以向人民法院提起执行异议之诉的；

（三）依照民事诉讼法第 244 条规定，仲裁裁决被人民法院裁定不予执行，当事人可以重新申请仲裁或者向人民法院起诉的；

（四）依照《最高人民法院关于公证债权文书执行若干问题的规定》第 20 条规定，公证债权文书被裁定不予执行或者部分不予执行，当事人可以向人民法院提起诉讼的；

（五）法律或者司法解释规定不通过执行复议程序进行救济的其他情形。

第 4 条　申请人向人民法院申请执行监督，有下列情形之一的，不予受理：（一）针对人民法院就复议裁定作出的执行监督裁定提出执行监督申请的；（二）在人民检察院对申请人的申请作出不予提出检察建议后又提出执行监督申请的。

前款第 1 项规定情形，人民法院应当告知当事人可以向人民检察院申请检察建议，但因人民检察院提出检察建议而作出执行监督裁定的除外。

第 5 条　申请人对执行复议裁定不服向人民法院申请执行监督的，参照民事诉讼法第 212 条规定，应当在执行复议裁定发生法律效力后 6 个月内提出。

申请人因超过提出执行异议期限或者申请复议期限向人民法院申请执行监督的，应当在提出异议期限或者申请复议期限届满之日起 6 个月内提出。

申请人超过上述期限向人民法院申请执行监督的，人民法院不予受理；已经受理的，裁定终结审查。

第 6 条　申请人对高级人民法院作出的执行复议裁定不服的，应当向原审高级人民法院申请执行监督；申请人向最高人民法院申请执行监督，符合下列情形之一的，最高人民法院应当受理：（一）申请人对执行复议裁定认定的基本事实和审查程序无异议，但认为适用法律有错误的；（二）执行复议裁定经高级人民法院审判委员会讨论决定的。

第 7 条　向最高人民法院申请执行监督的，执行监督申请书除依法必须载明的事项外，还应当声明对原裁定认定的基本事实、适用的审查程序没有异议，同时载明案件所涉法律适用问题的争议焦点、论证裁定适用法律存在错误的理由和依据。

申请人提交的执行监督申请书不符合前款规定要求的，最高人民法院应当给予指导和释明，一次性全面告知其在 10 日内予以补正；申请人无正当理由逾期未予补正的，按撤回监督申请处理。

第 8 条　高级人民法院作出的执行复议裁定适用法律确有错误，且符合下列情形之一的，最高人民法院可以立执行监督案件：（一）具有普遍法律适用指导意义的；（二）最高人民法院或者不同高级人民法院之间近 3 年裁判生效的同类案件存在重大法律适用分歧，截至案件审查时仍未解决的；（三）最高人民法院认为应当立执行监督案件的其他情形。

最高人民法院对地方各级人民法院、专门人民法院已经发生法律效力的执行裁定，发现确有错误，且符合前款所列情形之一的，可以立案监督。

第 9 条　向最高人民法院申请的执行监督案件符合下列情形之一的，最高人民法院可以决定由原审高级人民法院审查：（一）案件可能存在基本事实不清、审查程序违法、遗漏异议请求情形的；（二）原执行复议裁定适用法律可能存在错误，但不具有普遍法律适用指导意义的。

第 10 条　高级人民法院经审查，认为原裁定适用法律确有错误，且符合本意见第 8 条第 1 项、第 2 项规定情形之一，需要由最高人民法院审查的，经该院审判委员会讨论决定后，可以报请最高人民法院审查。

最高人民法院收到高级人民法院根据前款规定提出的报请后，认为有必要由本院审查的，应当立案审查；认为没有必要的，不予立案，并决定交高级人民法院立案审查。

第 11 条　最高人民法院应当自收到执行监督申请书之日起 30 日内，决定由本院或者作出执行复议裁定的高级人民法院立案审查。

最高人民法院决定由原审高级人民法院审查的，应当在作出决定之日起 10 日内将执行监督申请书和相关材料交原审高级人民法院立案审查，并及时通知申请人。

第 12 条　除《最高人民法院关于执行案件立案、结案若干问题的意见》第 26 条规定的结案方式外，执行监督案件还可采用以下方式结案：（一）撤销执行异议裁定和执行复议裁定，发回异议法院重新审查；或者撤销执行复议裁定，发回复议法院重新审查;(二)按撤回执行监督申请处理;(三)终结审查。

第 13 条 人民法院审查执行监督案件,一般应当作出执行裁定,但不支持申诉请求的,可以根据案件具体情况作出驳回通知书。

第 14 条 本意见自 2023 年 2 月 1 日起施行。本意见施行以后,最高人民法院之前有关意见的规定与本意见不一致的,按照本意见执行。

最高人民法院于本意见施行之前受理的申请执行监督案件,施行当日尚未审查完毕的,应当继续审查处理。

● **指导案例** 【高检发办字［2021］13 号】 **最高人民检察院第 28 批指导性案例**（2021 年 4 月 1 日最高检检委会［13 届 64 次］通过,2021 年 4 月 27 日印发）

（检例第 108 号） 江苏某银行申请执行监督案（见本书第 236 条）

（检例第 109 号） 湖北某房地产公司申请执行监督案

要旨: 对于民事执行监督中当事人有证据证明执行标的物评估结果失实问题,人民检察院应当依法受理并围绕影响评估结果的关键性因素进行调查核实;经过调查核实查明违法情形属实的,人民检察院应当依法监督纠正;对于发现的执行人员和相关人员违纪、违法犯罪线索应当及时移送有关单位或部门处理。

（检例第 110 号） 黑龙江何某申请执行监督案（见本书第 243 条）

● **文书格式** 【法［2016］221 号】 **民事诉讼文书样式**（2016 年 2 月 22 日最高法审委会［1679 次］通过,2016 年 6 月 28 日公布,2016 年 8 月 1 日起施行）（本书对格式略有调整）

关于报请协调处理××执行争议案的报告

（××××）……执协……号

××人民法院:

我院执行的×××与×××……（写明案由）一案,与××人民法院执行的×××与×××……（写明案由）一案,因……发生执行争议,双方经协商未达成一致意见。现将该案全部案卷材料报送你院,请予协调处理。

一、争议各方执行案件的基本情况……

二、执行争议的焦点问题……

三、报请协调的意见……

联系人、联系电话:…… 本院地址、邮编:……

附:案卷×宗

×年×月×日 （院印）

执行决定书／协调函（协调执行争议）

（××××）……执协……号

××人民法院：

本院协调处理的……（写明执行争议法院名称）执行争议一案，……（写明事实和理由）。依照《最高人民法院关于人民法院执行工作若干问题的规定（试行）》第70条规定，决定如下：

……（写明协调处理结果）。

×年×月×日（院印）

协调划款决定书（上级法院处理执行争议）

（××××）……执协……号

××人民法院：

本院协调处理的……（写明执行争议法院名称）执行争议一案，……（写明划款的事实和理由）。依照《最高人民法院关于人民法院执行工作若干问题的规定（试行）》第69条规定，决定将你院执行该案的款项……元划到本院指定账户。

开户银行：……　　　账户名称：……　　　帐号：……

×年×月×日（院印）

暂缓执行通知书（发现错误，上级法院通知下级法院）

（××××）……执……号

××人民法院：

你院正在执行的×××与×××……（写明案由）一案，在执行中作出的（××××）……执……号执行裁定／决定／通知错误，……（写明事实和理由）。依照《最高人民法院关于人民法院执行工作若干问题的规定（试行）》第72条第1款、第77条规定，通知如下：

暂缓执行你院正在执行的……（具体执行行为），期限自×年×月×日起至×年×月×日止（不超过3个月）。

期满后本院未通知继续暂缓执行的，你院可恢复执行。

×年×月×日（院印）

继续暂缓执行通知书（上级法院通知下级法院延长期限）

（××××）……执……号

××人民法院：

本院于×年×月×日对×××与×××……（写明案由）一案作出的（××××）……执……号暂缓执行通知，于×年×月×日期满。由于……（写明需要延长暂缓执行期限特殊情况的事实和理由）。依照《最高人民法院关于人民法院执行工作若干问题的规定（试行）》第77条第1款规定，通知如下：

你院对×××与×××……（写明案由）一案（或者具体执行行为），继续暂缓执行至×年×月×日。

特此通知。

×年×月×日（院印）

恢复执行通知书（上级法院通知下级法院）

（××××）……执……号

××人民法院：

你院执行的×××与×××……（写明案由）一案，本院已于×年×月×日作出（×××）……执……号暂缓执行通知书。现因……（写明恢复执行的事实和理由），本院认为暂缓执行的原因已经消除，应当恢复执行。依照《最高人民法院关于人民法院执行工作若干问题的规定（试行）》第77条第2款规定，特通知你院对本案恢复执行。

特此通知。

×年×月×日（院印）

执行裁定书（驳回当事人申诉＼指令下级法院重新审查处理）

（××××）……执监……号

申诉人（申请执行人/被执行人/利害关系人）：×××，……。

法定代理人/指定代理人/法定代表人/主要负责人：×××，……。

委托诉讼代理人：×××，……。

申请执行人/被执行人/利害关系人：×××，……。

……

（以上写明申诉人、申请执行人、被执行人、利害关系人和其他诉讼参加人的姓名或名称等基本信息）

申诉人×××不服××人民法院（××××）……号裁定（或其他法律文书），向本院申诉。本院受理后，依法组成合议庭进行审查，[（举行听证的，写明：）并于×年×月×日举行了听证，申诉人×××、申请执行人/被执行人/利害关系人×××（写明当事人、利害关系人或委托诉讼代理人）参加了听证。] 本案现已审查终结。

……（写明本案申诉之前的执行情况）

×××称，……（写明申诉请求和理由）。

×××称，……（写明意见）。

本院查明，……（写明查明的事实）。

本院认为，……（写明争议焦点，根据认定的案件事实和相关法律，对申诉请求进行分析评判，说明理由）。

（驳回申诉的，写明：）

综上所述，××人民法院（××××）……号裁定（或其他法律文书）认定事实清楚，适用法律正确，本院予以维持。×××的申诉请求不能成立，本院不予支持。参照《中华人民共和国民事诉讼法》第215条，依照《最高人民法院关于人民法院执行工作若干问题的规定（试行）》第71条规定，裁定如下：

驳回×××的申诉请求。

（指令下级法院重新审查的，写明：）

综上所述，……（对申诉人的请求是否成立进行总结评述）。××人民法院（××××）……号裁定（或其他法律文书）认定事实不清，应予撤销。参照《中华人民共和国民事诉讼法》第215条，依照《最高人民法院关于人民法院执行工作若干问题的规定（试行）》第71条规定，裁定如下：

一、撤销××人民法院（××××）……号裁定（或其他法律文书）；

二、本案由××人民法院重新审查处理。

（合议庭成员署名）

×年×月×日（院印）

书记员 ×××

（本书汇）【执行公开】

● 相关规定 【法发〔2009〕58号】 最高人民法院关于司法公开的六项规定（2009年12月8日印发施行；同文号印发《最高人民法院关于人民法院接受新闻媒体舆论监督的若干规定》）（详见本书第10条）

三、执行公开

执行的依据、标准、规范、程序以及执行全过程应当向社会和当事人公开，但涉及国家秘密、商业秘密、个人隐私等法律禁止公开的信息除外。进一步健全和完善执行信息查询系统，扩大查询范围，为当事人查询执行案件信息提供方便。人民法院采取查封、扣押、冻结、划拨等执行措施后应及时告知双方当事人。人民法院选择鉴定、评估、拍卖等机构的过程和结果向当事人公开。执行款项的收取发放、执行标的物的保管、评估、拍卖、变卖的程序和结果等重点环节和重点事项应当及时告知当事人。执行中的重大进展应当通知当事人和利害关系人。

【法〔2009〕129 号】　最高人民法院关于全国法院被执行人信息查询平台信息异议处理的若干规定（2009 年 3 月 30 日印发施行）

第 1 条　全国法院被/执行人信息查询平台是最高人民法院集中全国法院录入的执行案件信息数据后，通过最高人民法院网站统一向社会提供被执行人信息查询的网络平台。

第 2 条　全国法院被执行人信息查询平台提供的社会查询案件范围和信息内容，由最高人民法院确定。

第 3 条　全国法院被执行人信息查询平台的信息数据由执行法院通过全国法院执行案件信息管理系统录入。信息数据的准确性由执行案件承办人员负责。信息数据必须与案卷记载一致。

第 4 条　当事人对全国法院被执行人信息查询平台提供的信息内容有异议的，应及时向执行法院书面提出，并附相关证明材料。

信息异议包括没有录入有关信息的异议、信息内容不准确的异议、信息发布不及时的异议。

第 5 条　执行法院应在接到书面异议后 3 日内予以审查核对，异议成立的，应当在 2 日内对相关信息予以补录或更正。

执行法院必须在接到书面异议后 7 日内将处理结果答复异议人。

第 6 条　执行法院对信息异议逾期未作处理，或对处理结果不服的，异议人可以向上一级人民法院书面请求复核，并附相关证明材料。

第 7 条　复核法院应在接到复核申请后 2 日内将复核申请函转执行法院，执行法院必须在 2 日内书面报告复核情况。执行法院不同意复核申请的，复核报告需附相关案卷材料。必要时，复核法院可调卷复核。

复核请求成立的，复核法院应责成执行法院在 2 日内对相关信息予以补录或更正。

复核法院必须在接到复核申请后 7 日内将处理结果答复复核申请人。

第 8 条　本规定由最高人民法院负责解释。各高级人民法院应结合本辖区工作实际制定实施细则，并报最高人民法院备案。

【法发〔2006〕35 号】　最高人民法院关于人民法院执行公开的若干规定（2006 年 12 月 23 日印发，2007 年 1 月 1 日起施行；同文号印发《关于人民法院办理执行案件若干期限的规定》）

第 1 条　本规定所称的执行公开，是指人民法院将案件执行过程和执行程序予以公开。

第 2 条　人民法院应当通过通知、公告或者法院网络、新闻媒体等方式，依法公开案件执行各个环节和有关信息，但涉及国家秘密、商业秘密等法律禁止公开的信息除外。

第3条　人民法院应当向社会公开执行案件的立案标准和启动程序。

人民法院对当事人的强制执行申请立案受理后，应当及时将立案的有关情况、当事人在执行程序中的权利和义务以及可能存在的执行风险书面告知当事人；不予立案的，应当制作裁定书送达申请人，裁定书应当载明不予立案的法律依据和理由。

第4条　人民法院应当向社会公开执行费用的收费标准和根据，公开执行费减、缓、免交的基本条件和程序。

第5条　人民法院受理执行案件后，应当及时将案件承办人或合议庭成员及联系方式告知双方当事人。

第6条　人民法院在执行过程中，申请执行人要求了解案件执行进展情况的，执行人员应当如实告知。

第7条　人民法院对申请执行人提供的财产线索进行调查后，应当及时将调查结果告知申请执行人；对依职权调查的被执行人财产状况和被执行人申报的财产状况，应当主动告知申请执行人。

第8条　人民法院采取查封、扣押、冻结、划拨等执行措施的，应当依法制作裁定书送达被执行人，并在实施执行措施后将有关情况及时告知双方当事人，或者以方便当事人查询的方式予以公开。

第9条　人民法院采取拘留、罚款、拘传等强制措施的，应当依法向被采取强制措施的人出示有关手续，并说明对其采取强制措施的理由和法律依据。采取强制措施后，应当将情况告知其他当事人。

采取拘留或罚款措施的，应当在决定书中告知被拘留或者被罚款的人享有向上级人民法院申请复议的权利。

第10条　人民法院拟委托评估、拍卖或者变卖被执行人财产的，应当及时告知双方当事人及其他利害关系人，并严格按照《中华人民共和国民事诉讼法》和最高人民法院《关于人民法院民事执行中拍卖、变卖财产的规定》等有关规定，采取公开的方式选定评估机构和拍卖机构，并依法公开进行拍卖、变卖。

评估结束后，人民法院应当及时向双方当事人及其他利害关系人送达评估报告；拍卖、变卖结束后，应当及时将结果告知双方当事人及其他利害关系人。

第11条　人民法院在办理参与分配的执行案件时，应当将被执行人财产的处理方案、分配原则和分配方案以及相关法律规定告知申请参与分配的债权人。必要时，应当组织各方当事人举行听证会。

第12条　人民法院对案外人异议、不予执行的申请以及变更、追加被执行主体等重大执行事项，一般应当公开听证进行审查；案情简单，事实清楚，没有必要听证的，人民法院可以直接审查。审查结果应当依法制作裁定书送达各方当事人。

第 13 条　人民法院依职权对案件中止执行的，应当制作裁定书并送达当事人。裁定书应当说明中止执行的理由，并明确援引相应的法律依据。

对已经中止执行的案件，人民法院应当告知当事人中止执行案件的管理制度、申请恢复执行或者人民法院依职权恢复执行的条件和程序。

第 14 条　人民法院依职权对据以执行的生效法律文书终结执行的，应当公开听证，但申请执行人没有异议的除外。

终结执行应当制作裁定书并送达双方当事人。裁定书应当充分说明终结执行的理由，并明确援引相应的法律依据。

第 15 条　人民法院未能按照最高人民法院《关于人民法院办理执行案件若干期限的规定》中规定的期限完成执行行为的，应当及时向申请执行人说明原因。

第 16 条　人民法院对执行过程中形成的各种法律文书和相关材料，除涉及国家秘密、商业秘密等不宜公开的文书材料外，其他一般都应当予以公开。

当事人及其委托代理人申请查阅执行卷宗的，经人民法院许可，可以按照有关规定查阅、抄录、复制执行卷宗正卷中的有关材料。

第 17 条　对违反本规定不公开或不及时公开案件执行信息的，视情节轻重，依有关规定追究相应的责任。

第 18 条　各高级人民法院在实施本规定过程中，可以根据实际需要制定实施细则。

【法发［2013］13 号】　　最高人民法院关于推进司法公开三大平台建设的若干意见（2013 年 11 月 21 日）

四、推进执行信息公开平台建设

15. 人民法院应当规范执行信息的收集、交换和使用行为，在确保信息安全的前提下，实现上下级法院之间、异地法院之间、同一法院的立案、审判与执行部门之间的执行信息共享。

16. 人民法院应当整合各类执行信息，方便当事人凭密码从执行信息公开平台获取以下信息：（1）执行立案信息；（2）执行人员信息；（3）执行程序变更信息；（4）执行措施信息；（5）执行财产处置信息；（6）执行裁决信息；（7）执行结案信息；（8）执行款项分配信息；（9）暂缓执行、中止执行、终结执行信息等。

17. 人民法院应当通过执行信息公开平台，向公众公开以下信息：（1）执行案件的立案标准、启动程序、执行收费标准和根据、执行费缓减免的条件和程序；

（2）执行风险提示；（3）悬赏公告、拍卖公告等。

18. 人民法院应当对重大执行案件的听证、实施过程进行同步录音录像，并允许当事人依申请查阅。有条件的人民法院应当为执行工作人员配备与执行指挥中心系统对接的信息系统，将执行现场的视频、音频通过无线网络实时传输回执行指挥中心，并及时存档，实现执行案件的全程公开。

19. 人民法院应当充分发挥执行信息公开平台对失信被执行人的信用惩戒功能，向公众公开以下信息，并方便公众根据被执行人的姓名或名称、身份证号或组织机构代码进行查询：（1）未结执行实施案件的被执行人信息；（2）失信被执行人名单信息；（3）限制出境被执行人名单信息；（4）限制招投标被执行人名单信息；（5）限制高消费被执行人名单信息等。

20. 人民法院应当为各类征信系统提供科学、准确、全面的信息，实现执行信息公开平台与各类征信平台的有效对接。

【法发［2014］18号】 最高人民法院关于人民法院执行流程公开的若干意见（2014年9月3日）

一、总体要求

第1条 人民法院执行流程信息以公开为原则、不公开为例外。对依法应当公开、可以公开的执行流程及其相关信息，一律予以公开，实现执行案件办理过程全公开、节点全告知、程序全对接、文书全上网，为当事人和社会公众提供全方位、多元化、实时性的执行公开服务，全面推进阳光执行。

第2条 人民法院执行流程公开工作，以各级人民法院互联网门户网站（政务网）为基础平台和主要公开渠道，辅以手机短信、电话语音系统、电子公告屏和触摸屏、手机应用客户端、法院微博、法院微信公众号等其他平台或渠道，将执行案件流程节点信息、案件进展状态及有关材料向案件当事人及委托代理人公开，将与法院执行工作有关的执行服务信息、执行公告信息等公共信息向社会公众公开。

各级人民法院应当在本院门户网站（政务网）下设的审判流程信息公开网上建立查询执行流程信息的功能模块。最高人民法院在政务网上建立"中国执行信息公开网"，开设"中国审判流程信息公开网"的入口，提供查询执行案件流程信息的功能以及全国各级人民法院执行流程信息公开平台的链接。各级人民法院应当建立电话语音系统，在立案大厅或信访接待等场所设立电子触摸屏，供案件当事人和委托代理人以及社会公众查阅有关执行公开事项。具备条件的法院，应当建立电子公告屏、在执行指挥系统建设中增加12368智能短信服务平台、法院微博以及法院微信公众号等公开渠道。

二、公开的渠道和内容

第3条　下列执行案件信息应当向当事人及委托代理人公开：（一）当事人名称、案号、案由、立案日期等立案信息；（二）执行法官以及书记员的姓名和办公电话；（三）采取执行措施信息，包括被执行人财产查询、查封、冻结、扣划、扣押等信息；（四）采取强制措施信息，包括司法拘留、罚款、拘传、搜查以及限制出境、限制高消费、纳入失信被执行人名单库等信息；（五）执行财产处置信息，包括委托评估、拍卖、变卖、以物抵债等信息；（六）债权分配和执行款收付信息，包括债权分配方案、债权分配方案异议、债权分配方案修改、执行款进入法院执行专用账户、执行款划付等信息；（七）暂缓执行、中止执行、委托执行、指定执行、提级执行等信息；（八）执行和解协议信息；（九）执行实施案件结案信息，包括执行结案日期、执行标的到位情况、结案方式、终结本次执行程序征求申请执行人意见等信息；（十）执行异议、执行复议、案外人异议、执行主体变更和追加等案件的立案时间、案件承办法官和合议庭其他组成人员以及书记员的姓名和办公电话、执行裁决、结案时间等信息；（十一）执行申诉信访、执行督促、执行监督等案件的立案时间、案件承办法官和合议庭其他组成人员以及书记员的姓名和办公电话、案件处理意见、结案时间等信息；（十二）执行听证、询问的时间、地点等信息；（十三）案件的执行期限或审查期限，以及执行期限或审查期限扣除、延长等变更情况；（十四）执行案件受理通知书、执行通知书、财产申报通知书、询问通知、听证通知、传票和询问笔录、调查取证笔录、执行听证笔录等材料；（十五）执行裁定书、决定书等裁判文书；（十六）执行裁判文书开始送达时间、完成送达时间、送达方式等送达信息；（十七）执行裁判文书在执行法院执行流程信息公开模块、中国执行信息公开网及中国裁判文书网公布的情况，包括公布时间、查询方式等；（十八）有关法律或司法解释要求公布的其他执行流程信息。

第4条　具备条件的法院，询问当事人、执行听证和开展重大执行活动时应当进行录音录像。询问、听证和执行活动结束后，该录音录像应当向当事人及委托代理人公开。当事人及委托代理人申请查阅录音录像的，执行法院经核对身份信息后，及时提供查阅。

第5条　各级人民法院通过网上办案，自动生成执行案件电子卷宗。电子卷宗正卷应当向当事人及委托代理人公开。当事人及委托代理人申请查阅电子卷宗的，执行法院经核对身份信息后，及时提供查阅。

第6条　对于执行裁定书、决定书以外的程序性执行文书，各级法院通过执行流程信息公开模块，向当事人及诉讼代理人提供电子送达服务。当事人及委托代理人同意人民法院采用电子方式送达执行文书的，应当在立案时提交签名或者盖章的确认书。

第 7 条 各级人民法院通过互联网门户网站（政务网）向社会公众公开本院下列信息：（一）法院地址、交通图示、联系方式、管辖范围、下辖法院、内设部门及其职能、投诉渠道等机构信息；（二）审判委员会组成人员、审判执行人员的姓名、职务等人员信息；（三）执行流程、执行裁判文书和执行信息的公开范围和查询方法等执行公开指南信息；（四）执行立案条件、执行流程、申请执行书等执行文书样式、收费标准、执行费缓减免交的条件和程序、申请强制执行风险提示等执行指南信息；（五）听证公告、悬赏公告、拍卖公告；（六）评估、拍卖及其他社会中介入选机构名册等名册信息。（七）司法解释、指导性案例、执行业务文件等。

三、公开的流程

第 8 条 除执行请示、执行协调案件外，各级人民法院受理的各类执行案件，应当及时向案件当事人及委托代理人预留的手机号码，自动推送短信，提示案件流程进展情况，提醒案件当事人及委托代理人及时接受电子送达的执行文书。

立案部门、执行机构在向案件当事人及其委托代理人送达案件受理通知书、执行通知书时，应当告知案件流程进展查询、接受电子送达执行文书的方法，并做好宣传、咨询服务等工作。

在执行过程中，追加或变更当事人、委托代理人的，由执行机构在送达相关法律文书时告知前述事项。

第 9 条 在执行案件办理过程中，案件当事人及委托代理人可凭有效证件号码或组织机构代码、手机号码以及执行法院提供的查询码、密码，通过执行流程信息公开模块、电话语音系统、电子公告屏和触摸屏、手机应用客户端、法院微博、法院微信公众号等多种载体，查询、下载有关执行流程信息、材料等。

第 10 条 执行流程信息公开模块应具备双向互动功能。案件当事人及委托代理人登录执行流程信息公开模块后，可向案件承办人留言。留言内容应于次日自动导入网上办案平台，案件承办人可通过网上办案平台对留言进行回复。

第 11 条 同意采用电子方式送达执行文书的当事人及委托代理人，可以通过执行流程信息公开模块签收执行法院以电子方式送达的各类执行文书。

当事人及委托代理人下载或者查阅以电子方式送达的执行文书时，自动生成送达回证，记录受送达人下载文书的名称、下载时间、IP 地址等。自动生成的送达回证归入电子卷宗。

执行机构书记员负责跟踪受送达人接受电子送达的情况，提醒、指导受送达人及时下载、查阅电子送达的执行文书。提醒短信发出后 3 日内受送达人未下载或者查阅电子送达的执行文书的，应当通过电子邮件、传真、邮寄等方式及时送达。

四、职责分工

第12条　具备网上办案条件的法院，应当严格按照网上办案的相关要求，在网上办案系统中流转、审批执行案件，制作各类文书、笔录和报告，及时、准确、完整地扫描、录入案件材料和案件信息。

执行案件因特殊情形未能严格实行网上办案的，案件信息录入工作应当与实际操作同步完成。

因具有特殊情形不能及时录入信息的，应当详细说明原因，报执行机构负责人和分管院领导审批。

第13条　案件承办人认为具体案件不宜按照本意见第3条、第4条和第5条公开全部或部分流程信息及材料的，应当填写《执行流程信息不予公开审批表》，详细说明原因，经执行机构负责人审核后，呈报分管院领导审批。

第14条　各级人民法院网上办案系统生成的执行流程数据和执行过程中生成的其他流程信息，应当存储在网上办案系统数据库中，作为执行信息公开的基础数据，通过数据摆渡的方式同步到互联网上的执行信息公开模块，并及时、全面、准确将执行案件流程数据录入全国法院执行案件信息管理系统数据库。

执行法院网上办案系统形成的执行裁判文书，通过数据摆渡的方式导出至执行法院互联网门户网站（政务网）下设的裁判文书公开网，并提供与中国裁判文书网和中国执行信息公开网链接的端口。

第15条　案件承办人认为具体案件不宜按照本意见第2条和第3条公开全部或部分流程信息及材料的，应当填写《执行流程信息不予公开审批表》，详细说明原因，经执行机构负责人审核后，呈报分管院领导审批。

第16条　已在执行流程信息公开平台上发布的信息，因故需要变更的，案件承办人应当呈报执行机构领导审批后，及时更正网上办案平台中的相关信息，并通知当事人及网管人员，由网管人员及时更新执行流程信息公开平台上的相关信息。

第17条　各级人民法院立案部门、执行机构是执行流程信息公开平台具体执行案件进度信息公开工作的责任部门，负责确保案件信息的准确性、完整性和录入、公开的及时性。

第18条　各级人民法院司法行政装备管理部门应当为执行信息公开工作提供物质保障。

信息技术部门负责网站建设、运行维护、技术支持，督促技术部门每日定时将网上办案平台中的有关信息数据，包括领导已经签发的各类执行文书等，导出至执行流程信息公开平台，并通过执行流程信息公开平台将收集的有关信息，包括自动生成的送达回证等，导入网上办案平台，实现网上办案平台与执行流程信息公开平台的数据安全传输和对接。

第 19 条　审判管理部门负责组织实施执行流程公开工作，监管执行流程信息公开平台，适时组织检查，汇总工作信息，向院领导报告工作情况，编发通报，进行督促、督办等。

发现案件信息不完整、滞后公开或存在错误的，审判管理部门应当督促相关部门补正，并协调、指导信息技术部门及时做好信息更新等工作。

第 20 条　向公众公开信息的发布和更新，由各级法院确定具体负责部门。

五、责任与考评

第 21 条　因过失导致公开的执行流程信息出现重大错漏，造成严重后果的，依据相关规定追究有关人员的责任。

第 22 条　执行流程信息公开工作纳入司法公开工作绩效考评范围，考评办法另行制定。

【法释 [2018] 7 号】　最高人民法院关于人民法院通过互联网公开审判流程信息的规定（2018 年 2 月 12 日最高法审委会 [1733 次] 通过，2018 年 3 月 4 日公布，2018 年 9 月 1 日起施行）（详见本书第 10 条）

第 8 条（第 2 款）　公开保全、先予执行等流程信息可能影响事项处理的，可以在事项处理完毕后公开。

第二十章　执行的申请和移送

> 第 247 条　【判决、裁定的申请执行、移送执行】发生法律效力的民事判决、裁定~~、调解协议和其他应当由人民法院执行的法律文书~~，当事人必须履行。一方拒绝履行的，对方当事人可以向人民法院申请执行，也可以由审判员移送执行员执行。
>
> （新增）【调解书等法律文书的申请执行】调解书和其他应当由人民法院执行的法律文书，当事人必须履行。一方拒绝履行的，对方当事人可以向人民法院申请执行。

● 相关规定　【法释 [1998] 15 号】　最高人民法院关于人民法院执行工作若干问题的规定（试行）（1998 年 6 月 11 日最高法审委会 [992 次] 通过，1998 年

7 月 8 日公布施行；根据法释〔2020〕21 号《决定》修正，2021 年 1 月 1 日起施行；以本规为准）①

三、执行的申请和移送

16. 人民法院受理执行案件应当符合下列条件：（1）申请或移送执行的法律文书已经生效；（2）申请执行人是生效法律文书确定的权利人或其继承人、权利承受人；~~（3）申请执行人在法定期限内提出申请~~；（3）申请执行的法律文书有给付内容，且执行标的和被执行人明确；（4）义务人在生效法律文书确定的期限内未履行义务；（5）属于受申请执行的人民法院管辖。

人民法院对符合上述条件的申请，应当在 7 日内予以立案；不符合上述条件之一的，应当在 7 日内裁定不予受理。

17. 生效法律文书的执行，一般应当由当事人依法提出申请。

发生法律效力的具有给付赡养费、扶养费、抚育费内容的法律文书、民事制裁决定书，以及刑事附带民事判决、裁定、调解书，由审判庭移送执行机构执行。

18. 申请执行，应向人民法院提交下列文件和证件：

（1）申请执行书。申请执行书中应当写明申请执行的理由、事项、执行标的，以及申请执行人所了解的被执行人的财产状况。

申请执行人书写申请执行书确有困难的，可以口头提出申请。人民法院接待人员对口头申请应当制作笔录，由申请执行人签字或盖章。

外国一方当事人申请执行的，应当提交中文申请执行书。当事人所在国与我国缔结或共同参加的司法协助条约有特别规定的，按照条约规定办理。

（2）生效法律文书副本。

（3）申请执行人的身份证明。自然人/~~公民个人~~申请的，应当出示居民身份证；法人申请的，应当提交法人营业执照副本和法定代表人身份证明；~~其他非法人~~组织申请的，应当提交营业执照副本和主要负责人身份证明。

（4）继承人或权利承受人申请执行的，应当提交继承或承受权利的证明文件。

（5）其他应当提交的文件或证件。

20. 申请执行人可以委托代理人代为申请执行。委托代理的，应当向人民法院提交经委托人签字或盖章的授权委托书，写明代理人的姓名或者名称、代理/委托事项、代理人权限和期限。

委托代理人代为放弃、变更民事权利，或代为进行执行和解，或代为收取执行款项的，应当有委托人的特别授权。

21. 执行申请费的收取按照《诉讼费用交纳办法》办理。

---

① 本《规定》自 1998 年 7 月 8 日公布试行 22 年多，至 2020 年 12 月 23 日修正，仍为"试行"。

【法刊文摘】 审查立案若干疑难问题解答（二）①

56. 对不予受理执行申请的裁定能否上诉？

最高人民法院《关于人民法院执行工作若干问题的规定（试行）》第 18 条（现第 16 条）规定：……（略）。但对执行案件的不予受理裁定能否上诉问题，没有作出规定。参照《民事诉讼法》第 140 条（现第 157 条）对于不予受理裁定、对定辖权有异议的裁定、驳回起诉的裁定可以上诉的规定，为充分保护债权人的权利，应当给予申请人以救济权。如申请人不服不予受理裁定而提起上诉的，上一级法院应予以受理。

【法刊文摘】 审查立案若干疑难问题解答（第三部分）②

4. 有的民事判决判令某人对某公司组织清算，以清算后的财产偿还原告。判决生效后被告不组织清算，原告申请执行，能否受理？

能够受理。根据《中华人民共和国民事诉讼法》第 231 条（现第 263 条）的规定，对执行、裁定和其他法律文书指定的行为，被执行人未按执行通知履行的，人民法院可以强制执行或者委托有关单位或其他人完成，费用由被执行人承担。最高人民法院《关于人民法院执行工作若干问题的规定》第 60 条（现第 44 条）规定："……对于可以替代履行的行为，可以委托有关单位或他人完成，因完成上述行为发生的费用，由被执行人负担。"对某公司组织清算，以清算后的财产偿还原告，属于对完成行为的执行，对此申请，人民法院应予以受理。

12. 如何理解申请执行的法律文书具有给付内容？

最高人民法院《关于人民法院执行工作若干问题的规定（试行）》（以下简称《规定》）第 18 条（现第 16 条）规定：……（略）。《规定》要求申请执行的法律文书必须有给付内容。这里的给付内容不能简单地理解为是金钱或其他财产的交付，它有特定的内涵。给付内容包括 3 部分，即金钱的支付、财产的交付、行为的完成。金钱的支付、财产的交付比较容易理解和执行，而行为的完成有时比较难以把握。行为包括为一定的行为和不为一定的行为。《规定》第 60 条（现第 44 条）规定：……（略）。因此，只要判决主文中确定了被执行人有为一定的行为和不为一定的行为的义务，而被执行人不履行，权利人申请执行，同时又符合其他条件的，人民法院应予受理，不能以无给付内容为由而不予受理。

---

① 参见中华人民共和国最高人民法院立案庭编：《立案工作指导与参考》（2003 年第 2 卷·总第 3 卷），人民法院出版社 2003 年版。

② 参见中华人民共和国最高人民法院立案庭编：《立案工作指导与参考》（2003 年第 3 卷·总第 4 卷），人民法院出版社 2003 年版。

【法发［2003］25 号】　人民法院民事诉讼风险提示书（2003 年 12 月 23 日最高法审委会［1302 次］通过，次日公布，2003 年 12 月 24 日起施行）

十五、超过期限申请强制执行

向人民法院申请强制执行的期限，双方或者一方当事人是公民的为 1 年，双方是法人或者其他组织的为 6 个月。期限自生效法律文书确定的履行义务期限届满之日起算。超过上述期限申请的，人民法院不予受理。

● **指导案例**　【法［2014］327 号】　最高人民法院第 8 批指导性案例（2014 年 12 月 18 日）

（**指导案例 34 号**）李晓玲、李鹏裕申请执行厦门海洋实业（集团）股份有限公司、厦门海洋实业总公司执行复议案（最高法院［2012］执复字第 26 号执行裁定）

裁判要点：生效法律文书确定的权利人在进入执行程序前合法转让债权的，债权受让人即权利承受人可以作为申请执行人直接申请执行，无需执行法院作出变更申请执行人的裁定。

【法［2019］294 号】　最高人民法院第 23 批指导性案例（2019 年 12 月 24 日）

（**指导案例 117 号**）中建三局第一建设工程有限责任公司与澳中财富（合肥）投资置业有限公司、安徽文峰置业有限公司执行复议案

裁判要点：根据民事调解书和调解笔录，第三人以债务承担方式加入债权债务关系的，执行法院可以在该第三人债务承担范围内对其强制执行。债务人用商业承兑汇票来履行执行依据确定的债务，虽然开具并向债权人交付了商业承兑汇票，但因汇票付款账户资金不足、被冻结等不能兑付的，不能认定实际履行了债务，债权人可以请求对债务人继续强制执行。

● **入库案例**　【2024-17-5-202-006】　陈某与于某、张某、第三人甲公司执行复议案（2023.08.25/［2023］最高法执复 26 号）

裁判要旨：……当股东代表诉讼进入执行程序后，股东代表出于继续维护公司利益的目的，在其公司怠于主张自身权利时，有权向人民法院申请执行生效法律文书，符合股东代表诉讼这一制度设计的内在逻辑，属于股东代表诉讼在执行阶段的延伸。

● **公报案例**　（**法公报**［2015］12 期）　伊宁市华强新型建材有限责任公司不服新疆维吾尔自治区高级人民法院执行裁定案（最高法院 2014 年 12 月 2 日［2014］执监字第 80 号执行裁定）

裁判摘要：一、依法生效的调解书不仅是对当事人在自愿、合法基础上达成

的权利义务协议内容的确定，而且也是具有强制执行效力的法律文书。二、可采取强制执行措施的生效法律文书所确定的内容必须具有给付性，如果一方当事人不按照确定的给付内容履行，另一方当事人可以就该确定的给付内容向人民法院申请强制执行。因此，人民法院在受理执行案件时，首先应对申请人的债权请求权是否存在予以审查，即有权对调解书等法律文书是否具有可执行性进行审查，主要包括审查法律文书是否已经生效、义务人是否在法律文书确定的期限内履行义务、法律文书确定的强制执行条件是否明确等。三、调解书等生效法律文书中所确定的基于双方违约责任而导致的给付义务，取决于未来发生的事实，即当事人双方在履行生效调解书过程中是否违约以及违约程度等，属于与案件审结后新发生事实相结合而形成的新的实体权利义务争议，并非简单的事实判断，在执行程序中直接加以认定。缺乏程序的正当性和必要的程序保障。为能够更加有效地保障各方当事人的合法权益，应允许当事人通过另行提起诉讼的方式予以解决。

● **文书格式**　【**法〔2016〕221号**】　**民事诉讼文书样式**（2016年2月22日最高法审委会〔1679次〕通过，2016年6月28日公布，2016年8月1日起施行）
（本书对格式略有调整）

执行申请书①

申请执行人：×××，男/女，×年×月×日生，×族，……（写明工作单位和职务或职业），住……。联系方式：……。（★申请人是法人或其他组织的，本段写明名称、住所）

法定代理人/指定代理人②：×××，……。（★申请人是法人或其他组织的，本段写明法定代表人、主要负责人及其姓名、职务、联系方式）

委托诉讼代理人：×××，……。（申请时已经委托诉讼代理人的，写明此项）

被执行人：×××，……。

（以上写明申请执行人、被执行人和其他诉讼参与人的姓名或者名称等基本信息）

申请执行人×××与被执行人×××……（写明案由）一案，××××人民法院（或其他生效法律文书的作出机关）（××××）……号民事判决（或其他生效法律文书）已发生法律效力。被执行人×××未履行/未全部履行生效法律文书确定的给付义务，特向你院申请强制执行。

---

① 注：申请执行人向人民法院申请强制执行的内容，必须为生效法律文书确定的给付义务。
② 注：申请人是无民事行为能力或限制民事行为能力人的，应当写明法定代理人姓名、性别、出生日期、民族、职业、工作单位、住所、联系方式，在诉讼地位后括注与申请人的关系。

请求事项：
……（写明请求执行的内容）
此致：××人民法院
附：生效法律文书×份

申请执行人（自然人签名或单位盖章）

×年×月×日

×××× 人民法院商请移送执行函①

第 248 条[19910409]　　**【仲裁裁决的申请执行】**对依法设立的仲裁机构的裁决发生法律效力后，一方当事人不履行的，对方当事人可以向有管辖权的人民法院申请执行。受申请的人民法院应当执行。

（新增）**【仲裁裁决的不予执行】**被申请人提出证据证明仲裁裁决有下列情形之一的，经人民法院组成合议庭审查核实，裁定不予执行：

（一）当事人在合同中没有订有仲裁条款或者事后没有达成书面仲裁协议的；

（二）裁决的事项不属于仲裁协议的范围或者仲裁机构无权仲裁的；

（三）仲裁庭的组成或者仲裁的程序违反法定程序的；

（四）裁决所根据的证据是伪造/认定事实的主要证据不足[20130101]的；

（五）对方当事人向仲裁机构隐瞒了足以影响公正裁决的证据/适用法律确有错误[20130101]的；

（六）仲裁员在仲裁该案时有贪污受贿，徇私舞弊，枉法裁决行为的。

（新增）人民法院认定执行该裁决违背社会公共利益的，裁定不予执行。

（新增）裁定书应当送达双方当事人和仲裁机构。

---

① 见本书第 21 章"轮候查封与优先债权"专辑。

　　（新增）【仲裁裁决不予执行的救济】仲裁裁决被人民法院裁定不予执行的，当事人可以根据双方达成的书面仲裁协议重新申请仲裁，也可以向人民法院起诉。

　　（本书汇）【仲裁裁决的中止执行与撤销】

● **相关规定** 【主席令［1994］31号】 **中华人民共和国仲裁法**（1994年8月31日全国人大常委会［8届9次］通过，1995年9月1日起施行；根据主席令［2017］76号新修，2018年1月1日起施行）

　　第16条　仲裁协议包括合同中订立的仲裁条款和以其他书面方式在纠纷发生前或者纠纷发生后达成的请求仲裁的协议。

　　仲裁协议应当具有下列内容：（一）请求仲裁的意思表示；（二）仲裁事项；（三）选定的仲裁委员会。

　　第19条　仲裁协议独立存在，合同的变更、解除、终止或者无效，不影响仲裁协议的效力。

　　仲裁庭有权确认合同的效力。

　　第20条　当事人对仲裁协议的效力有异议的，可以请求仲裁委员会作出决定或者请求人民法院作出裁定。一方请求仲裁委员会作出决定，另一方请求人民法院作出裁定的，由人民法院裁定。

　　当事人对仲裁协议的效力有异议，应当在仲裁庭首次开庭前提出。

　　第27条　申请人可以放弃或者变更仲裁请求。被申请人可以承认或者反驳仲裁请求，有权提出反请求。

　　第58条　当事人提出证据证明裁决有下列情形之一的，可以向仲裁委员会所在地的中级人民法院申请撤销裁决：（一）没有仲裁协议的；（二）裁决的事项不属于仲裁协议的范围或者仲裁委员会无权仲裁的；（三）仲裁庭的组成或者仲裁的程序违反法定程序的；（四）裁决所根据的证据是伪造的；（五）对方当事人隐瞒了足以影响公正裁决的证据的；（六）仲裁员在仲裁该案时有索贿受贿，徇私舞弊，枉法裁决行为的。

　　人民法院经组成合议庭审查核实裁决有前款规定情形之一的，应当裁定撤销。

　　人民法院认定该裁决违背社会公共利益的，应当裁定撤销。

　　第59条　当事人申请撤销裁决的，应当自收到裁决书之日起6个月内提出。

　　第60条　人民法院应当在受理撤销裁决申请之日起2个月内作出撤销裁决或者驳回申请的裁定。

　　第61条　人民法院受理撤销裁决的申请后，认为可以由仲裁庭重新仲裁的，通知仲裁庭在一定期限内重新仲裁，并裁定中止撤销程序。仲裁庭拒绝重新仲裁的，人民法院应当裁定恢复撤销程序。

第 62 条　当事人应当履行裁决。一方当事人不履行的，另一方当事人可以依照民事诉讼法的有关规定向人民法院申请执行。受申请的人民法院应当执行。

第 63 条　被申请人提出证据证明裁决有民事诉讼法第 213 条（现第 248 条）第 2 款规定的情形之一的，经人民法院组成合议庭审查核实，裁定不予执行。

第 64 条　一方当事人申请执行裁决，另一方当事人申请撤销裁决的，人民法院应当裁定中止执行。

人民法院裁定撤销裁决的，应当裁定终结执行。撤销裁决的申请被裁定驳回的，人民法院应当裁定恢复执行。

【法发〔1997〕4 号】　最高人民法院关于实施《中华人民共和国仲裁法》几个问题的通知（1997 年 3 月 26 日）

二、在仲裁过程中，当事人申请财产保全的，一般案件由被申请人住所地或者财产所在地的基层人民法院作出裁定；属涉外仲裁案件的，依据《中华人民共和国民事诉讼法》第 258 条（现第 289 条）的规定，由被申请人住所地或者财产所在地的中级人民法院作出裁定。有关人民法院对仲裁机构提交的财产保全申请应当认真进行审查，符合法律规定的，即应依法作出财产保全的裁定；如认为不符合法律规定的，应依法裁定驳回申请。

【执他字〔2004〕13 号】　最高人民法院执行工作办公室关于执行监督程序中裁定不予执行仲裁裁决几个问题的请示案的复函（2004 年 12 月 24 日答复广东高院；收录于《人民法院执行工作规范全集》，人民法院出版社 2015 年 6 月）

一、关于审判部门裁定驳回当事人撤销仲裁裁决的申请后，执行部门能否再裁定不予受理的问题。

本院正在起草适用《中华人民共和国仲裁法》司法解释，其中涉及此问题已有意见，请你院待该司法解释生效后，按有关规定办理。

二、关于当事人未向审判部门提出撤销仲裁裁决的申请而在执行阶段申请不予执行的，是否由执行部门审查并依法作出裁定的问题。《中华人民共和国民事诉讼法》第 217 条（现第 248 条）规定："被申请人提出证据证明仲裁裁决有下列情形之一的，经人民法院组成合议庭审查核实，裁定不予执行……"据此，只要是人民法院的审判人员组成的合议庭都符合法律规定。各法院可按照法院内部各部门之间业务分工的规定办理。

三、关于上级法院执行部门是否有权监督下级法院作出的不予执行仲裁裁决裁定，是否适用法复〔1996〕8 号批复（已废止）的问题。

本院《关于人民法院执行工作若干问题的规定（试行）》（法释［1998］15号）（以下简称《执行规定》）第 130 条（现第 72 条，见本书第 246 条）第 1 款规定："上级法院发现下级法院在执行中作出的裁定、决定、通知或具体执行行为不当或有错误的，应当及时指令下级法院纠正，并可以通知有关法院暂缓执行。"该条规定赋予了上级法院对下级法院在执行中作出的不当或错误裁定的监督权。上级法院的执行部门代表人民法院行使职权，有权依据《执行规定》第 130 条监督纠正下级法院作出的不予执行仲裁裁决的裁定。而最高人民法院法复［1996］8 号批复（已废止）是针对当事人申请再审而言的，并不影响上级法院对下级法院执行工作的监督权。

【法释［2006］7 号】　最高人民法院关于适用《中华人民共和国仲裁法》若干问题的解释（2005 年 12 月 26 日最高法审委会［1375 次］通过，2006 年 8 月 23 日公布，2006 年 9 月 8 日起施行）

第 1 条　仲裁法第 16 条规定的"其他书面形式"的仲裁协议，包括以合同书、信件和数据电文（包括电报、电传、传真、电子数据交换和电子邮件）等形式达成的请求仲裁的协议。

第 2 条　当事人概括约定仲裁事项为合同争议的，基于合同成立、效力、变更、转让、履行、违约责任、解释、解除等产生的纠纷都可以认定为仲裁事项。

第 3 条　仲裁协议约定的仲裁机构名称不准确，但能够确定具体的仲裁机构的，应当认定选定了仲裁机构。

第 4 条　仲裁协议仅约定纠纷适用的仲裁规则的，视为未约定仲裁机构，但当事人达成补充协议或者按照约定的仲裁规则能够确定仲裁机构的除外。

第 8 条　当事人订立仲裁协议后合并、分立的，仲裁协议对其权利义务的继受人有效。

当事人订立仲裁协议后死亡的，仲裁协议对承继其仲裁事项中的权利义务的继承人有效。

前 2 款规定情形，当事人订立仲裁协议时另有约定的除外。

第 9 条　债权债务全部或者部分转让的，仲裁协议对受让人有效，但当事人另有约定、在受让债权债务时受让人明确反对或者不知有单独仲裁协议的除外。

第 18 条　仲裁法第 58 条第 1 款第 1 项规定的"没有仲裁协议"是指当事人没有达成仲裁协议。仲裁协议被认定无效或者被撤销的，视为没有仲裁协议。

第 19 条　当事人以仲裁裁决事项超出仲裁协议范围为由申请撤销仲裁裁决，经审查属实的，人民法院应当撤销仲裁裁决中的超裁部分。但超裁部分与其他裁决事项不可分的，人民法院应当撤销仲裁裁决。

第 20 条　仲裁法第 58 条规定的"违反法定程序"，是指违反仲裁法规定的仲裁程序和当事人选择的仲裁规则可能影响案件正确裁决的情形。

第 21 条　当事人申请撤销国内仲裁裁决的案件属于下列情形之一的，人民法院可以依照仲裁法第 61 条的规定通知仲裁庭在一定期限内重新仲裁：（一）仲裁裁决所根据的证据是伪造的；（二）对方当事人隐瞒了足以影响公正裁决的证据的。

人民法院应当在通知中说明要求重新仲裁的具体理由。

第 22 条　仲裁庭在人民法院指定的期限内开始重新仲裁的，人民法院应当裁定终结撤销程序；未开始重新仲裁的，人民法院应当裁定恢复撤销程序。

第 23 条　当事人对重新仲裁裁决不服的，可以在重新仲裁裁决书送达之日起 6 个月内依据仲裁法第 58 条规定向人民法院申请撤销。

第 24 条　当事人申请撤销仲裁裁决的案件，人民法院应当组成合议庭审理，并询问当事人。

第 25 条　人民法院受理当事人撤销仲裁裁决的申请后，另一方当事人申请执行同一仲裁裁决的，受理执行申请的人民法院应当在受理后裁定中止执行。

第 26 条　当事人向人民法院申请撤销仲裁裁决被驳回后，又在执行程序中以相同理由提出不予执行抗辩的，人民法院不予支持。

第 27 条　当事人在仲裁程序中未对仲裁协议的效力提出异议，在仲裁裁决作出后以仲裁协议无效为由主张撤销仲裁裁决或者提出不予执行抗辩的，人民法院不予支持。

当事人在仲裁程序中对仲裁协议的效力提出异议，在仲裁裁决作出后又以此为由主张撤销仲裁裁决或者提出不予执行抗辩，经审查符合仲裁法第 58 条或者民事诉讼法第 217 条（现第 248 条）、第 260 条（现第 291 条）规定的，人民法院应予支持。

第 28 条　当事人请求不予执行仲裁调解书或者根据当事人之间的和解协议作出的仲裁裁决书的，人民法院不予支持。

第 29 条　当事人申请执行仲裁裁决案件，由被执行人住所地或者被执行的财产所在地的中级人民法院管辖。

第 30 条　根据审理撤销、执行仲裁裁决案件的实际需要，人民法院可以要求仲裁机构作出说明或者向相关仲裁机构调阅仲裁案卷。

人民法院在办理涉及仲裁的案件过程中作出的裁定，可以送相关的仲裁机构。

【法复［1996］10 号】　最高人民法院关于劳动争议仲裁委员会的复议仲裁决定书可否作为执行依据问题的批复（1996 年 7 月 21 日答复河南高院"［1995］豫法执请字第 1 号"请示）

仲裁一裁终局制度，是指仲裁决定一经作出即发生法律效力，当事人没有提

第三编　第二十章

请再次裁决的权利，但这并不排除原仲裁机构发现自己作出的裁决有错误进行重新裁决的情况。劳动争议仲裁委员会发现自己作出的仲裁决定书有错误而进行重新仲裁，符合实事求是的原则，不违背一裁终局制度，不应视为违反法定程序。因此对李双凤申请执行郑州市劳动争议仲裁委员会郑劳仲复裁字［1991］第1号复议仲裁决定书一案，应予立案执行。如被执行人提出申辩称该复议仲裁决定书有其他应不予执行的情形，应按照民诉法第217条（现第248条）的规定，认真审查，慎重处理。

【法［1997］120号】 最高人民法院关于不得以裁决书送达超过期限而裁定撤销仲裁裁决的通知（1997年4月6日）

据了解，目前一些地区人民法院以仲裁裁决书送达超过规定期限，不符合仲裁程序，违反国务院办公厅国办发［1995］38号"关于进一步做好重新组建仲裁机构工作的通知"（简称国办发［1995］38号文）规定为由，裁定撤销仲裁裁决。

国办发［1995］38号文第3条规定中提到的6个月期限，指的是仲裁机构作出仲裁裁决的期限，不包括送达仲裁裁决的期限。法院以仲裁裁决送达超过6个月规定期限，不符合仲裁程序，违反国办发［1995］38号文规定为由，裁定撤销仲裁裁决，既于法律无据，也不利于保护当事人合法权益。因此，各地人民法院凡发现在审判工作中存在上述问题的，应当及时依法予以纠正。

【法释［1998］21号】 最高人民法院关于未被续聘的仲裁员在原参加审理的案件裁决书上签名，人民法院应当执行该仲裁裁决书的批复（1998年7月13日最高法审委会［1001次］通过，1998年8月31日公布，答复广东高院"［1996］粤高法执函字第5号"请示，1998年9月5日起施行）

在中国国际经济贸易仲裁委员会深圳分会对深圳东鹏实业有限公司与中国化工建设深圳公司合资经营合同纠纷案件仲裁过程中，陈野被当事人指定为该案的仲裁员时具有合法的仲裁员身份，并参与了开庭审理工作。之后，新的仲裁员名册中没有陈野的名字，说明仲裁机构不再聘任陈野为仲裁员，但这只能约束仲裁机构以后审理的案件，不影响陈野在此前已合法成立的仲裁庭中的案件审理工作。其在该仲裁庭所作的［94］深国仲结字第47号裁决书上签字有效。深圳市中级人民法院应当根据当事人的申请对该仲裁裁决书予以执行。①

【法发［2004］129号】 最高人民法院关于现职法官不得担任仲裁员的通知（2004年7月13日）

根据《中华人民共和国法官法》、《中华人民共和国仲裁法》的有关规定，法

---

① 注：本《批复》在正式的司法解释中出现具体的个案名称及其当事人姓名，比较罕见。

官担任仲裁员，从事案件的仲裁工作，不符合有关法律规定，超出了人民法院和法官的职权范围，不利于依法公正保护诉讼当事人的合法权益。因此，法官不得担任仲裁员；已经被仲裁委员会聘任，担任仲裁员的法官应当在本通知下发后 1 个月内辞去仲裁员职务，解除聘任关系。

【法研［2010］35 号】　最高人民法院研究室关于人民法院其他工作人员能否担任仲裁员的答复（2010 年 2 月 24 日答复内蒙古自治区高院"内高法［2010］1 号"请示）

根据《中华人民共和国公务员法》、《中华人民共和国仲裁法》的有关规定，人民法院法官及其他现职工作人员不得担任仲裁员。

【主席令［2007］80 号】　中华人民共和国劳动争议调解仲裁法（2007 年 12 月 29 日全国人大常委会［10 届 31 次］通过，2008 年 5 月 1 日起施行）

第 44 条　仲裁庭对追索劳动报酬、工伤医疗费、经济补偿或者赔偿金的案件，根据当事人的申请，可以裁决先予执行，移送人民法院执行。

仲裁庭裁决先予执行的，应当符合下列条件：（一）当事人之间权利义务关系明确；（二）不先予执行将严重影响申请人的生活。

劳动者申请先予执行的，可以不提供担保。

第 47 条　下列劳动争议，除本法另有规定的外，仲裁裁决为终局裁决，裁决书自作出之日起发生法律效力：（一）追索劳动报酬、工伤医疗费、经济补偿或者赔偿金，不超过当地月最低工资标准 12 个月金额的争议；（二）因执行国家的劳动标准在工作时间、休息休假、社会保险等方面发生的争议。

第 48 条　劳动者对本法第 47 条规定的仲裁裁决不服的，可以自收到仲裁裁决书之日起 15 日内向人民法院提起诉讼。

第 49 条　用人单位有证据证明本法第 47 条规定的仲裁裁决有下列情形之一，可以自收到仲裁裁决书之日起 30 日内向劳动争议仲裁委员会所在地的中级人民法院申请撤销裁决：（一）适用法律、法规确有错误的；（二）劳动争议仲裁委员会无管辖权的；（三）违反法定程序的；（四）裁决所根据的证据是伪造的；（五）对方当事人隐瞒了足以影响公正裁决的证据的；（六）仲裁员在仲裁该案时有索贿受贿、徇私舞弊、枉法裁决行为的。

人民法院经组成合议庭审查核实裁决有前款规定情形之一的，应当裁定撤销。

仲裁裁决被人民法院裁定撤销的，当事人可以自收到裁定书之日起 15 日内就该劳动争议事项向人民法院提起诉讼。

第 50 条　当事人对本法第 47 条规定以外的其他劳动争议案件的仲裁裁决不服的，可以自收到仲裁裁决书之日起 15 日内向人民法院提起诉讼；期满不起诉的，裁决书发生法律效力。

第 51 条 当事人对发生法律效力的调解书、裁决书，应当依照规定的期限履行。一方当事人逾期不履行的，另一方当事人可以依照民事诉讼法的有关规定向人民法院申请执行。受理申请的人民法院应当依法执行。

【主席令［2009］14 号】 中华人民共和国农村土地承包经营纠纷调解仲裁法（2009 年 6 月 27 日全国人大常委会［11 届 9 次］通过，2010 年 1 月 1 日起施行）

第 42 条 对权利义务关系明确的纠纷，经当事人申请，仲裁庭可以先行裁定维持现状、恢复农业生产以及停止取土、占地等行为。

一方当事人不履行先行裁定的，另一方当事人可以向人民法院申请执行，但应当提供相应的担保。

第 49 条 当事人对发生法律效力的调解书、裁决书，应当依照规定的期限履行。一方当事人逾期不履行的，另一方当事人可以向被申请人住所地或者财产所在地的基层人民法院申请执行。受理申请的人民法院应当依法执行。

【法释［1998］15 号】 最高人民法院关于人民法院执行工作若干问题的规定（试行）（1998 年 6 月 11 日最高法审委会［992 次］通过，1998 年 7 月 8 日公布施行；根据法释［2020］21 号《决定》修正，2021 年 1 月 1 日起施行；以本规为准）①

19. 申请执行仲裁机构的仲裁裁决，应当向人民法院提交有仲裁条款的合同书或仲裁协议书。

申请执行国外仲裁机构的仲裁裁决的，应当提交经我国驻外使领馆认证或我国公证机关公证的仲裁裁决书中文本。

73. 上级法院发现下级法院执行的非诉讼生效法律文书有不予执行事由，应当依法作出不予执行裁定而不制作的，可以责令下级法院在指定时限内作出裁定，必要时可直接裁定不予执行。

【法释［1998］16 号】 最高人民法院关于审理当事人申请撤销仲裁裁决案件几个具体问题的批复（1998 年 6 月 11 日最高法审委会［992 次］通过，1998 年 7 月 21 日公布，答复安徽高院"［1996］经他字第 26 号"请示，1998 年 7 月 28 日起施行）

一、原依照有关规定设立的仲裁机构在《中华人民共和国仲裁法》（以下简称仲裁法）实施前受理、实施后审理的案件，原则上应当适用仲裁法的有关规

① 本《规定》自 1998 年 7 月 8 日公布试行 22 年多，至 2020 年 12 月 23 日修正，仍为"试行"。

定。鉴于原仲裁机构的体制与仲裁法规定的仲裁机构有所不同,原仲裁机构适用仲裁法某些规定有困难的,如仲裁庭的组成,也可以适用《中华人民共和国经济合同仲裁条例》的有关规定,人民法院在审理有关申请撤销仲裁裁决案件中不应以未适用仲裁法的规定为由,撤销仲裁裁决。

二、一方当事人向人民法院申请撤销仲裁裁决的,人民法院在审理时,应当列对方当事人为被申请人。

三、当事人向人民法院申请撤销仲裁裁决的案件,应当按照非财产案件收费标准计收案件受理费;该费用由申请人交纳。

【法释［1999］6 号】　最高人民法院关于当事人对人民法院撤销仲裁裁决的裁定不服申请再审人民法院是否受理问题的批复（1999 年 1 月 29 日最高法审委会［1042 次］通过,1999 年 2 月 11 日公布,答复陕西高院“陕高法［1998］78 号”请示,1999 年 2 月 16 日起施行）

根据《中华人民共和国仲裁法》第 9 条规定的精神,当事人对人民法院撤销仲裁裁决的裁定不服申请再审的,人民法院不予受理。

【法释［2004］9 号】　最高人民法院关于当事人对驳回其申请撤销仲裁裁决的裁定不服而申请再审,人民法院不予受理问题的批复（2004 年 7 月 20 日最高法审委会［1320 次］通过,2004 年 7 月 26 日公布,答复陕西高院“陕高法［2004］225 号”请示,2004 年 7 月 29 日起施行）

根据《中华人民共和国仲裁法》第 9 条规定的精神,当事人对人民法院驳回其申请撤销仲裁裁决的裁定不服而申请再审的,人民法院不予受理。

【法释［2000］17 号】　最高人民法院关于人民检察院对撤销仲裁裁决的民事裁定提起抗诉,人民法院应如何处理问题的批复（2000 年 6 月 30 日最高法审委会［1121 次］通过,2000 年 7 月 10 日公布,答复陕西高院“陕高法［1999］183 号”请示,2000 年 7 月 15 日起施行）

检察机关对发生法律效力的撤销仲裁裁决的民事裁定提起抗诉,没有法律依据,人民法院不予受理。依照《中华人民共和国仲裁法》第 9 条的规定,仲裁裁决被人民法院依法撤销后,当事人可以重新达成仲裁协议申请仲裁,也可以向人民法院提起诉讼。

【法释［2000］46 号】　最高人民法院关于人民检察院对不撤销仲裁裁决的民事裁定提出抗诉人民法院应否受理问题的批复（2000 年 12 月 12 日最高法审委会［1150 次］通过,2000 年 12 月 13 日公布,答复内蒙古自治区高院“［2000］内法民再字第 29 号”请示,2000 年 12 月 19 日起施行）

第三编　第二十章

人民检察院对发生法律效力的不撤销仲裁裁决的民事裁定提出抗诉，没有法律依据，人民法院不予受理。

【民立他字［2003］34 号】　最高人民法院关于安庆市康宅房地产开发有限责任公司与杨新潮申请撤销仲裁裁决复查一案请示的复函（2004 年 8 月 17 日答复安徽高院"［2002］皖民一监字第 131 号"请示）

对安庆市康宅房地产开发有限责任公司与杨某潮申请撤销仲裁裁决复查一案中的驳回申请撤销仲裁裁决的裁定，人民法院不得依职权提起再审。①

【民立他字［2003］71 号】　最高人民法院关于对驳回申请撤销仲裁裁决的裁定能否申请再审问题的复函（2004 年 7 月 27 日答复北京高院"京高法［2003］286 号"请示）

同意你院的第一种意见。当事人对人民法院驳回申请撤销仲裁裁决的裁定不服申请再审的，不属于申请再审案件受理范围，人民法院不予受理。

【民立他字［2003］45 号】　最高人民法院关于下级法院撤销仲裁裁决后又以院长监督程序提起再审应如何处理问题的复函（2004 年 8 月 27 日答复黑龙江高院"［2003］黑立民他字第 1 号"请示）

黑龙江国祥房地产开发有限公司与黑龙江省九利建筑工程公司欠款纠纷一案，经哈尔滨市中级人民法院裁定撤销仲裁裁决后，当事人可以依据《中华人民共和国仲裁法》第 9 条的规定重新达成仲裁协议申请仲裁，也可以向人民法院提起诉讼。哈尔滨市中级人民法院不应以院长发现撤销仲裁裁决的裁定确有错误为由提起再审。已经再审的，你院应当通知该院予以纠正。

【法［2005］66 号】　最高人民法院关于指定上海海事法院管辖与中国海事仲裁委员会上海分会相关的海事仲裁司法审查案件的通知（2005 年 5 月 27 日）

指定上海海事法院管辖涉及中国海事仲裁委员会上海分会的海事仲裁协议效力的案件和申请撤销其海事仲裁裁决的案件。

---

① 注：安徽高院审委会一致认为：本案当事人对驳回申请撤销仲裁的裁定无权申请再审，但人民法院在审查当事人的申诉时发现已生效裁判确有错误，可以依职权提起再审。否则，此类案件就会出现无救济途径而无法纠错，有错不纠显然不符合我国的立法精神。
最高法认为：法院驳回当事人撤销仲裁裁决的申请后，又以院长监督程序进行再审没有法律依据。仲裁具有民间性和准司法性的特征，是当事人自愿选择的快速解决纠纷的一种程序，因此法院对于仲裁裁决的干预是有限度的。以院长监督程序对于驳回撤销仲裁裁决申请的裁定提起再审，不符合我院有关批复的一贯精神。将仲裁司法监督限制在一定范围内，避免审判权对于仲裁的干预过大，体现了对当事人意思自治的保护，有利于及时解决纠纷，稳定经济关系，实现仲裁制度设立的目的。如果允许以院长监督程序提起再审，则明显违背这一原则。

【民四他字［2007］7 号】　　最高人民法院关于朱裕华与上海海船厨房设备金属制品厂申请撤销仲裁裁决再审一案的请示报告的复函（2007 年 9 月 18 日答复上海高院"［2007］沪高民四（商）他字第 2 号"请示）

根据你院的请示报告，中国国际经济贸易仲裁委员会上海分会在仲裁朱裕华与上海海船厨房设备金属制品厂合作合同纠纷一案过程中，因将受送达人失裕华的送达地址书写不当而未能向其送达"仲裁通知"、"仲裁规则"、"仲裁员名册"、"仲裁申请书及附件材料"及"仲裁庭组成和开庭通知"，导致受送达人朱裕华未能出庭并陈述意见。根据《中华人民共和国仲裁法》第 70 条、《中华人民共和国民事诉讼法》第 260 条（现第 291 条）第 1 款第 2 项之规定，同意你院的审查意见，即中国国际经济贸易仲裁委员会上海分会［2004］中国贸仲沪裁字第 073 号裁决应予撤销。

【民四他字［2007］23 号】　　最高人民法院关于香港永开利企业公司申请执行中国国际经济贸易仲裁委员会［1996］贸仲裁字第 0109 号仲裁裁决一案请示的复函（2007 年 10 月 23 日答复广西高院"［2007］桂高法执请字第 1 号"请示）

根据你院请示及所附材料，香港永开利企业有限公司与"广西进出口贸易股份有限公司梧州分公司"在 1994 年 8 月 2 日签订了 94PYGXD020 号买卖合同，中国国际经济贸易仲裁委员会对该合同下的争议作出 19961 贸仲裁字第 0109 号裁决后，香港永开利企业有限公司向南宁市中级人民法院申请执行该裁决。经南宁市中级人民法院和你院查证，仲裁裁决书所确定的被申请人地址上不存在被申请人"广西进出口贸易股份有限公司梧州分公司"，工商部门也无"广西进出口贸易股份有限公司梧加分公司"的登记资料，且香港永开利企业有限公司自认与其有交易关系的是广西桂信实业开发公司，有关款项给付了广西桂信实业开发公司。由于"广西进出口贸易股份有限公司梧州分公司"在法律上和事实上均不存在，以"广西进出口贸易股份有限公司梧州分公司"为被申请人的［1996］贸仲裁字第 0109 号裁决应予不执行。同意你院不予执行上述仲裁裁决的意见。

【民四他字［2007］44 号】　　最高人民法院关于撤销中国国际经济贸易仲裁委员会［2007］CIETAC 裁决第 0140 号仲裁裁决一案的请示的复函（2008 年 4 月 7 日答复北京高院"京高法［2007］377 号"请示）

本案所涉仲裁条款存在于北京昌信回龙园别墅有限公司（以下简称昌信公司）及北京龙城假日酒店作为承担连带责任的"业主"、假日酒店（中国）有限公司（以下简称假日酒店）作为"管理人"于 2001 年 10 月 18 日共同签订的《北京龙城皇冠假日酒店管理合同》中，但昌信公司及北京龙城假日酒店和假日酒店于 2002 年 8 月 8 日签订修订协议，约定自 2002 年 8 月 8 日起，北京龙城皇冠假日酒店承担管理合同项下的业主应承担的全部责任和义务，昌信公司不再是管理合同项下的业主。即，昌信公司于 2002 年 8 月 8 日退出管理合同，其不再受管理合同中仲裁条款的约束。

在仲裁程序进行中，昌信公司向仲裁庭提出的管辖权异议被仲裁庭驳回后，其再未参加仲裁程序。昌信公司向仲裁庭提交管辖权异议以及未参加仲裁程序的行为亦表明仲裁庭未能因当事人的实际行为取得管辖权，中国国际经济贸易仲裁委员会仲裁庭对昌信公司行使管辖权缺乏依据。但本案仲裁程序方面的瑕疵可以通过重新仲裁的方式得以弥补，根据《中华人民共和国仲裁法》第 61 条之规定，本案撤销程序应予中止，并应通知仲裁庭重新仲裁。

【法释〔2008〕13 号】　最高人民法院关于适用《中华人民共和国民事诉讼法》执行程序若干问题的解释（2008 年 9 月 8 日最高法审委会〔1452 次〕通过，2008 年 11 月 3 日公布，2009 年 1 月 1 日起施行；根据法释〔2020〕21 号《决定》修正，2021 年 1 月 1 日起施行；以本规为准）

第 1 条　申请执行人向被执行的财产所在地人民法院申请执行的，应当提供该人民法院辖区有可供执行财产的证明材料。

第 4 条　对人民法院采取财产保全措施的案件，申请执行人向采取保全措施的人民法院以外的其他有管辖权的人民法院申请执行的，采取保全措施的人民法院应当将保全的财产交执行法院处理。

【执监字〔2010〕117 号】　最高人民法院执行局关于仲裁裁决部分裁项适用法律确有错误如何裁定不予执行的问题的复函（2010 年 11 月 29 日答复广东高院）

关于仲裁裁决部分裁项适用法律确有错误如何裁定不予执行的问题，本院认为，应当综合裁决的具体情况和公平原则考虑，如果仲裁裁决的裁项可分，参照《最高人民法院关于适用〈中华人民共和国民事诉讼法〉若干问题的意见》第 277 条的规定，只应当对适用法律确有错误的部分裁定不予执行，对适用法律正确的部分则应予执行。你院〔2006〕粤高法执督字第 216 号函文和〔2009〕粤高法执监字第 72 号函文，在仅认定涉案仲裁裁决关于违约金部分的裁项适用法律错误的情况下，要求深圳中院对涉案仲裁裁决裁定全部不予执行不当，应予纠正。

【法研〔2012〕号】　最高人民法院研究室关于人民法院应否受理当事人提起的申请撤销仲裁调解书之诉问题的研究意见

人民法院不应受理仲裁当事人提起的申请撤销仲裁调解书之诉。理由：申请撤销仲裁调解书并无法律依据，仲裁法第 58 条的规定仅适用于当事人申请撤销仲裁裁决的情形，并不包括申请撤销仲裁调解书，因此，当事人提起申请撤销仲裁调解书之诉并无法律依据。

【法研［2013］号】　最高人民法院研究室关于仲裁委员会及案外人能否作为申请撤销仲裁裁决主体问题的研究意见

在现行法框架下，仲裁委员会及案外人都不能成为申请撤销仲裁裁决的主体。此时对案外人的救济可以通过案外人就执行标的提出异议或者另行起诉的方式来解决。虽然赋予案外人申请撤销仲裁裁决的权利，确有积极意义，但目前尚无明确法律依据。①

【主席令［2009］14 号】　中华人民共和国农村土地承包经营纠纷调解仲裁法（2009 年 6 月 27 日全国人大常委会［11 届 9 次］通过，2010 年 1 月 1 日起施行）

第 49 条　当事人对发生法律效力的调解书、裁决书，应当依照规定的期限履行。一方当事人逾期不履行的，另一方当事人可以向被申请人住所地或者财产所在地的基层人民法院申请执行。受理申请的人民法院应当依法执行。

【法释［2014］1 号】　最高人民法院关于审理涉及农村土地承包经营纠纷调解仲裁案件适用法律若干问题的解释（2013 年 12 月 27 日最高法审委会［1601 次］通过，2014 年 1 月 9 日公布，2014 年 1 月 24 日起施行；根据法释［2020］17 号《决定》修正，2021 年 1 月 1 日起施行）

第 3 条　当事人在收到农村土地承包仲裁委员会作出的裁决书之日起 30 日内，向人民法院提起诉讼，请求撤销仲裁裁决的，人民法院应当告知当事人就原纠纷提起诉讼。

第 9 条　农村土地承包仲裁委员会作出先行裁定后，一方当事人依法向被执行人住所地或者被执行的财产所在地基层人民法院申请执行的，人民法院应予受理和执行。

申请执行先行裁定的，应当提供以下材料：（一）申请执行书；（二）农村土地承包仲裁委员会作出的先行裁定书；（三）申请执行人的身份证明；（四）申请执行人提供的担保情况；（五）其他应当提交的文件或证件。

第 10 条　当事人根据农村土地承包经营纠纷调解仲裁法第 49 条规定，向人

---

① 最高法研究室认为：（1）仲裁委员会申请撤销仲裁裁决无法律依据，况且其作为仲裁裁决的主体，不能再作为撤销其裁决的申请人。（2）由于仲裁法第 58 条仅将申请撤销仲裁裁决的权利赋予给当事人而未赋予案外人，故依照现行法律其也不能成为申请撤销仲裁裁决的主体。但是考虑到案外人尚能适用再审程序对人民法院的生效裁判提出撤销仲裁裁决的诉讼请求，赋予案外人对仲裁庭申请撤销的权利并无不可，但应当通过立法予以明确。

民法院申请执行调解书、裁决书，符合《最高人民法院关于人民法院执行工作若干问题的规定（试行）》第16条规定条件的，人民法院应予受理和执行。

第12条 本解释施行后，人民法院尚未审结的一审、二审案件适用本解释规定。本解释施行前已经作出生效裁判的案件，本解释施行后依法再审的，不适用本解释规定。

【人社部发［2017］70号】 人力资源社会保障部、最高人民法院关于加强劳动人事争议仲裁与诉讼衔接机制建设的意见（2017年11月8日）

三、规范裁审程序衔接

（三）规范执行程序衔接。仲裁委员会依法裁决先予执行的，应向有执行权的人民法院移送先予执行裁决书、裁决书的送达回证或其他送达证明材料；接受移送的人民法院应按照《中华人民共和国民事诉讼法》和《中华人民共和国劳动争议调解仲裁法》相关规定执行。人民法院要加强对仲裁委员会裁决书、调解书的执行工作，加大对涉及劳动报酬、工伤保险待遇争议特别是集体劳动人事争议等案件的执行力度。

【法释［2017］22号】 最高人民法院关于审理仲裁司法审查案件若干问题的规定（2017年12月4日最高法审委会［1728次］通过，2017年12月26日公布，2018年1月1日起施行）

第17条（第1款） 人民法院对申请执行我国内地仲裁机构作出的非涉外仲裁裁决案件的审查，适用《中华人民共和国民事诉讼法》第237条（现第248条）的规定。

第18条 《中华人民共和国仲裁法》第58条第1款第6项和《中华人民共和国民事诉讼法》第237条（现第248条）第2款第6项规定的仲裁员在仲裁该案时有索贿受贿，徇私舞弊，枉法裁决行为，是指已经由生效刑事法律文书或者纪律处分决定所确认的行为。

【法释［2018］5号】 最高人民法院关于人民法院办理仲裁裁决执行案件若干问题的规定（2018年1月5日最高法审委会［1730次］通过，2018年2月22日公布，2018年3月1日起施行）

第1条 本规定所称的仲裁裁决执行案件，是指当事人申请人民法院执行仲裁机构依据仲裁法作出的仲裁裁决或者仲裁调解书的案件。

第2条 当事人对仲裁机构作出的仲裁裁决或者仲裁调解书申请执行的，由被执行人住所地或者被执行的财产所在地的中级人民法院管辖。

符合下列条件的，经上级人民法院批准，中级人民法院可以参照民事诉讼法第38条的规定指定基层人民法院管辖：（一）执行标的额符合基层人民法院一审民商事案件级别管辖受理范围；（二）被执行人住所地或者被执行的财产所在地在被指定的基层人民法院辖区内。

被执行人、案外人对仲裁裁决执行案件申请不予执行的，负责执行的中级人民法院应当另行立案审查处理；执行案件已指定基层人民法院管辖的，应当于收到不予执行申请后 3 日内移送原执行法院另行立案审查处理。

第 3 条　仲裁裁决或者仲裁调解书执行内容具有下列情形之一导致无法执行的，人民法院可以裁定驳回执行申请；导致部分无法执行的，可以裁定驳回该部分的执行申请；导致部分无法执行且该部分与其他部分不可分的，可以裁定驳回执行申请。（一）权利义务主体不明确；（二）金钱给付具体数额不明确或者计算方法不明确导致无法计算出具体数额；（三）交付的特定物不明确或者无法确定；（四）行为履行的标准、对象、范围不明确。

仲裁裁决或者仲裁调解书仅确定继续履行合同，但对继续履行的权利义务，以及履行的方式、期限等具体内容不明确，导致无法执行的，依照前款规定处理。

第 4 条　对仲裁裁决主文或者仲裁调解书中的文字、计算错误以及仲裁庭已经认定但在裁决主文中遗漏的事项，可以补正或说明的，人民法院应当书面告知仲裁庭补正或说明，或者向仲裁机构调阅仲裁案卷查明。仲裁庭不补正也不说明，且人民法院调阅仲裁案卷后执行内容仍然不明确具体无法执行的，可以裁定驳回执行申请。

第 5 条　申请执行人对人民法院依照本规定第 3 条、第 4 条作出的驳回执行申请裁定不服的，可以自裁定送达之日起 10 日内向上一级人民法院申请复议。

第 6 条　仲裁裁决或者仲裁调解书确定交付的特定物确已毁损或者灭失的，依照《最高人民法院关于适用〈中华人民共和国民事诉讼法〉的解释》第 494 条的规定处理。

第 7 条　被执行人申请撤销仲裁裁决并已由人民法院受理的，或者被执行人、案外人对仲裁裁决执行案件提出不予执行申请并提供适当担保的，执行法院应当裁定中止执行。中止执行期间，人民法院应当停止处分性措施，但申请执行人提供充分、有效的担保请求继续执行的除外；执行标的查封、扣押、冻结期限届满前，人民法院可以根据当事人申请或者依职权办理续行查封、扣押、冻结手续。

申请撤销仲裁裁决、不予执行仲裁裁决案件司法审查期间，当事人、案外人申请对已查封、扣押、冻结之外的财产采取保全措施的，负责审查的人民法院参照民事诉讼法第 100 条（现第 103 条）的规定处理。司法审查后仍需继续执行的，保全措施自动转为执行中的查封、扣押、冻结措施；采取保全措施的人民法院与执行法院不一致的，应当将保全手续移送执行法院，保全裁定视为执行法院作出的裁定。

第8条　被执行人向人民法院申请不予执行仲裁裁决的，应当在执行通知书送达之日起15日内提出书面申请；有民事诉讼法第237条（现第248条）第2款第4、6项规定情形且执行程序尚未终结的，应当自知道或者应当知道有关事实或案件之日起15日内提出书面申请。

本条前款规定期限届满前，被执行人已向有管辖权的人民法院申请撤销仲裁裁决且已被受理的，自人民法院驳回撤销仲裁裁决申请的裁判文书生效之日起重新计算期限。

第9条　案外人向人民法院申请不予执行仲裁裁决或者仲裁调解书的，应当提交申请书以及证明其请求成立的证据材料，并符合下列条件：（一）有证据证明仲裁案件当事人恶意申请仲裁或者虚假仲裁，损害其合法权益；（二）案外人主张的合法权益所涉及的执行标的尚未执行终结；（三）自知道或者应当知道人民法院对该标的采取执行措施之日起30日内提出。

第10条　被执行人申请不予执行仲裁裁决，对同一仲裁裁决的多个不予执行事由应当一并提出。不予执行仲裁裁决申请被裁定驳回后，再次提出申请的，人民法院不予审查，但有新证据证明存在民事诉讼法第237条（现第248条）第2款第4、6项规定情形的除外。

第11条　人民法院对不予执行仲裁裁决案件应当组成合议庭围绕被执行人申请的事由、案外人的申请进行审查；对被执行人没有申请的事由不予审查，但仲裁裁决可能违背社会公共利益的除外。

被执行人、案外人对仲裁裁决执行案件申请不予执行的，人民法院应当进行询问；被执行人在询问终结前提出其他不予执行事由的，应当一并审查。人民法院审查时，认为必要的，可以要求仲裁庭作出说明，或者向仲裁机构调阅仲裁案卷。

第12条　人民法院对不予执行仲裁裁决案件的审查，应当在立案之日起2个月内审查完毕并作出裁定；有特殊情况需要延长的，经本院院长批准，可以延长1个月。

第13条　下列情形经人民法院审查属实的，应当认定为民事诉讼法第237条（现第248条）第2款第2项规定的"裁决的事项不属于仲裁协议的范围或者仲裁机构无权仲裁的"情形：（一）裁决的事项超出仲裁协议约定的范围；（二）裁决的事项属于依照法律规定或者当事人选择的仲裁规则规定的不可仲裁事项；（三）裁决内容超出当事人仲裁请求的范围；（四）作出裁决的仲裁机构非仲裁协议所约定。

第14条　违反仲裁法规定的仲裁程序、当事人选择的仲裁规则或者当事人对仲裁程序的特别约定，可能影响案件公正裁决，经人民法院审查属实的，应当认定为民事诉讼法第237条（现第248条）第2款第3项规定的"仲裁庭的组成或者仲裁的程序违反法定程序的"情形。

当事人主张未按照仲裁法或仲裁规则规定的方式送达法律文书导致其未能参与仲裁，或者仲裁员根据仲裁法或仲裁规则的规定应当回避而未回避，可能影响公正裁决，经审查属实的，人民法院应当支持；仲裁庭按照仲裁法或仲裁规则以及当事人约定的方式送达仲裁法律文书，当事人主张不符合民事诉讼法有关送达规定的，人民法院不予支持。

适用的仲裁程序或仲裁规则经特别提示，当事人知道或者应当知道法定仲裁程序或选择的仲裁规则未被遵守，但仍然参加或者继续参加仲裁程序且未提出异议，在仲裁裁决作出之后以违反法定程序为由申请不予执行仲裁裁决的，人民法院不予支持。

第15条　符合下列条件的，人民法院应当认定为民事诉讼法第237条（现第248条）第2款第4项规定的"裁决所根据的证据是伪造的"情形：（一）该证据已被仲裁裁决采信；（二）该证据属于认定案件基本事实的主要证据；（三）该证据经查明确属通过捏造、变造、提供虚假证明等非法方式形成或者获取，违反证据的客观性、关联性、合法性要求。

第16条　符合下列条件的，人民法院应当认定为民事诉讼法第237条（现第248条）第2款第5项规定的"对方当事人向仲裁机构隐瞒了足以影响公正裁决的证据的"情形：（一）该证据属于认定案件基本事实的主要证据；（二）该证据仅为对方当事人掌握，但未向仲裁庭提交；（三）仲裁过程中知悉存在该证据，且要求对方当事人出示或者请求仲裁庭责令其提交，但对方当事人无正当理由未予出示或者提交。

当事人一方在仲裁过程中隐瞒己方掌握的证据，仲裁裁决作出后以己方所隐瞒的证据足以影响公正裁决为由申请不予执行仲裁裁决的，人民法院不予支持。

第17条　被执行人申请不予执行仲裁调解书或者根据当事人之间的和解协议、调解协议作出的仲裁裁决，人民法院不予支持，但该仲裁调解书或者仲裁裁决违背社会公共利益的除外。

第18条　案外人根据本规定第9条申请不予执行仲裁裁决或者仲裁调解书，符合下列条件的，人民法院应当支持：（一）案外人系权利或者利益的主体；（二）案外人主张的权利或者利益合法、真实；（三）仲裁案件当事人之间存在虚构法律关系，捏造案件事实的情形；（四）仲裁裁决主文或者仲裁调解书处理当事人民事权利义务的结果部分或者全部错误，损害案外人合法权益。

第19条　被执行人、案外人对仲裁裁决执行案件逾期申请不予执行的，人民法院应当裁定不予受理；已经受理的，应当裁定驳回不予执行申请。

被执行人、案外人对仲裁裁决执行案件申请不予执行，经审查理由成立的，人民法院应当裁定不予执行；理由不成立的，应当裁定驳回不予执行申请。

第20条　当事人向人民法院申请撤销仲裁裁决被驳回后，又在执行程序中以相同事由提出不予执行申请的，人民法院不予支持；当事人向人民法院申请不予执行被驳回后，又以相同事由申请撤销仲裁裁决的，人民法院不予支持。

在不予执行仲裁裁决案件审查期间，当事人向有管辖权的人民法院提出撤销仲裁裁决申请并被受理的，人民法院应当裁定中止对不予执行申请的审查；仲裁裁决被撤销或者决定重新仲裁的，人民法院应当裁定终结执行，并终结对不予执行申请的审查；撤销仲裁裁决申请被驳回或者申请执行人撤回撤销仲裁裁决申请的，人民法院应当恢复对不予执行申请的审查；被执行人撤回撤销仲裁裁决申请的，人民法院应当裁定终结对不予执行申请的审查，但案外人申请不予执行仲裁裁决的除外。

第21条　人民法院裁定驳回撤销仲裁裁决申请或者驳回不予执行仲裁裁决、仲裁调解书申请的，执行法院应当恢复执行。

人民法院裁定撤销仲裁裁决或者基于被执行人申请裁定不予执行仲裁裁决，原被执行人申请执行回转或者解除强制执行措施的，人民法院应当支持。原申请执行人对已履行或者被人民法院强制执行的款物申请保全的，人民法院应当依法准许；原申请执行人在人民法院采取保全措施之日起30日内，未根据双方达成的书面仲裁协议重新申请仲裁或者向人民法院起诉的，人民法院应当裁定解除保全。

人民法院基于案外人申请裁定不予执行仲裁裁决或者仲裁调解书，案外人申请执行回转或者解除强制执行措施的，人民法院应当支持。

第22条　人民法院裁定不予执行仲裁裁决、驳回或者不予受理不予执行仲裁裁决申请后，当事人对该裁定提出执行异议或者申请复议的，人民法院不予受理。

人民法院裁定不予执行仲裁裁决的，当事人可以根据双方达成的书面仲裁协议重新申请仲裁，也可以向人民法院起诉。

人民法院基于案外人申请裁定不予执行仲裁裁决或者仲裁调解书，当事人不服的，可以自裁定送达之日起10日内向上一级人民法院申请复议；人民法院裁定驳回或者不予受理案外人提出的不予执行仲裁裁决、仲裁调解书申请，案外人不服的，可以自裁定送达之日起10日内向上一级人民法院申请复议。

第23条　本规定第8条、第9条关于对仲裁裁决执行案件申请不予执行的期限自本规定施行之日起重新计算。

第24条（第2款）　本规定施行前已经执行终结的执行案件，不适用本规定；本规定施行后尚未执行终结的执行案件，适用本规定。

【法释［2018］10 号】　最高人民法院关于仲裁机构"先予仲裁"裁决或者调解书立案、执行等法律适用问题的批复（2018 年 5 月 28 日最高法审委会［1740 次］通过，2018 年 6 月 5 日公布，答复广东高院"粤高法［2018］99 号"请示，2018 年 6 月 12 日起施行）

当事人申请人民法院执行仲裁机构根据仲裁法作出的仲裁裁决或者调解书，人民法院经审查，符合民事诉讼法、仲裁法相关规定的，应当依法及时受理，立案执行。但是，根据仲裁法第 2 条的规定，仲裁机构可以仲裁的是当事人间已经发生的合同纠纷和其他财产权益纠纷。因此，网络借贷合同当事人申请执行仲裁机构在纠纷发生前作出的仲裁裁决或者调解书的，人民法院应当裁定不予受理；已经受理的，裁定驳回执行申请。

你院请示中提出的下列情形，应当认定为民事诉讼法第 237 条（现第 248 条）第 2 款第 3 项规定的"仲裁庭的组成或者仲裁的程序违反法定程序"的情形：

一、仲裁机构未依照仲裁法规定的程序审理纠纷或者主持调解，径行根据网络借贷合同当事人在纠纷发生前签订的和解或者调解协议作出仲裁裁决、仲裁调解书的；

二、仲裁机构在仲裁过程中未保障当事人申请仲裁员回避、提供证据、答辩等仲裁法规定的基本程序权利的。

前款规定情形中，网络借贷合同当事人以约定弃权条款为由，主张仲裁程序未违反法定程序的，人民法院不予支持。

人民法院办理其他合同纠纷、财产权益纠纷仲裁裁决或者调解书执行案件，适用本批复。

【主席令［2018］20 号】　中华人民共和国公务员法（2005 年 4 月 27 日全国人大常委会［10 届 15 次］通过，同日公布，2006 年 1 月 1 日施行。2018 年 12 月 29 日全国人大常委会［13 届 7 次］新修订，2019 年 6 月 1 日起施行）

第 105 条（第 3 款）　……仲裁裁决生效后，一方当事人不履行的，另一方当事人可以申请人民法院执行。

【法［2019］254 号】　全国法院民商事审判工作会议纪要（"九民纪要"，2019 年 7 月 3-4 日在哈尔滨召开，2019 年 9 月 11 日最高法审委会民事行政专委会［319 次］通过，2019 年 11 月 8 日发布）

98.【仲裁协议对保险人的效力】被保险人和第三者在保险事故发生前达成的仲裁协议，对行使保险代位求偿权的保险人是否具有约束力，实务中存在争议。保险代位求偿权是一种法定债权转让，保险人在向被保险人赔偿保险金后，有权行使被保险人对第三者请求赔偿的权利。被保险人和第三者在保险事故发生前达成的仲裁协议，对保险人具有约束力。考虑到涉外民商事案件的处理常常涉及国际条约、国际惯例的适用，相关问题具有特殊性，故具有涉外因素的民商事纠纷案件中该问题的处理，不纳入本条规范的范围。

【法释〔2020〕26 号】 最高人民法院关于审理劳动争议案件适用法律问题的解释（一）（2020 年 12 月 25 日最高法审委会〔1825 次〕通过，2020 年 12 月 29 日公布，2021 年 1 月 1 日起施行）

第 16 条 劳动争议仲裁机构作出仲裁裁决后，当事人对裁决中的部分事项不服，依法提起诉讼的，劳动争议仲裁裁决不发生法律效力。

第 17 条 劳动争议仲裁机构对多个劳动者的劳动争议作出仲裁裁决后，部分劳动者对仲裁裁决不服，依法提起诉讼的，仲裁裁决对提起诉讼的劳动者不发生法律效力；对未提起诉讼的部分劳动者，发生法律效力，如其申请执行的，人民法院应当受理。

第 18 条 仲裁裁决的类型以仲裁裁决书确定为准。仲裁裁决书未载明该裁决为终局裁决或者非终局裁决，用人单位不服该仲裁裁决向基层人民法院提起诉讼的，应当按照以下情形分别处理：

（一）经审查认为该仲裁裁决为非终局裁决的，基层人民法院应予受理；

（二）经审查认为该仲裁裁决为终局裁决的，基层人民法院不予受理，但应告知用人单位可以自收到不予受理裁定书之日起 30 日内向劳动争议仲裁机构所在地的中级人民法院申请撤销该仲裁裁决；已经受理的，裁定驳回起诉。

第 19 条 仲裁裁决书未载明该裁决为终局裁决或者非终局裁决，劳动者依据调解仲裁法第 47 条第 1 项规定，追索劳动报酬、工伤医疗费、经济补偿或者赔偿金，如果仲裁裁决涉及数项，每项确定的数额均不超过当地月最低工资标准 12 个月金额的，应当按照终局裁决处理。

第 20 条 劳动争议仲裁机构作出的同一仲裁裁决同时包含终局裁决事项和非终局裁决事项，当事人不服该仲裁裁决向人民法院提起诉讼的，应当按照非终局裁决处理。

第 21 条 劳动者依据调解仲裁法第 48 条规定向基层人民法院提起诉讼，用人单位依据调解仲裁法第 49 条规定向劳动争议仲裁机构所在地的中级人民法院申请撤销仲裁裁决的，中级人民法院应当不予受理；已经受理的，应当裁定驳回申请。

被人民法院驳回起诉或者劳动者撤诉的，用人单位可以自收到裁定书之日起 30 日内，向劳动争议仲裁机构所在地的中级人民法院申请撤销仲裁裁决。

第 22 条 用人单位依据调解仲裁法第 49 条规定向中级人民法院申请撤销仲裁裁决，中级人民法院作出的驳回申请或者撤销仲裁裁决的裁定为终审裁定。

第 23 条　中级人民法院审理用人单位申请撤销终局裁决的案件，应当组成合议庭开庭审理。经过阅卷、调查和询问当事人，对没有新的事实、证据或者理由，合议庭认为不需要开庭审理的，可以不开庭审理。

中级人民法院可以组织双方当事人调解。达成调解协议的，可以制作调解书。一方当事人逾期不履行调解协议的，另一方可以申请人民法院强制执行。

第 24 条　当事人申请人民法院执行劳动争议仲裁机构作出的发生法律效力的裁决书、调解书，被申请人提出证据证明劳动争议仲裁裁决书、调解书有下列情形之一，并经审查核实的，人民法院可以根据民事诉讼法第 237 条（现第 248 条）规定，裁定不予执行：（一）裁决的事项不属于劳动争议仲裁范围，或者劳动争议仲裁机构无权仲裁的；（二）适用法律、法规确有错误的；（三）违反法定程序的；（四）裁决所根据的证据是伪造的；（五）对方当事人隐瞒了足以影响公正裁决的证据的；（六）仲裁员在仲裁该案时有索贿受贿、徇私舞弊、枉法裁决行为的；（七）人民法院认定执行该劳动争议仲裁裁决违背社会公共利益的。

人民法院在不予执行的裁定书中，应当告知当事人在收到裁定书之次日起 30 日内，可以就该劳动争议事项向人民法院提起诉讼。

第 25 条　劳动争议仲裁机构作出终局裁决，劳动者向人民法院申请执行，用人单位向劳动争议仲裁机构所在地的中级人民法院申请撤销的，人民法院应当裁定中止执行。

用人单位撤回撤销终局裁决申请或者其申请被驳回的，人民法院应当裁定恢复执行。仲裁裁决被撤销的，人民法院应当裁定终结执行。

用人单位向人民法院申请撤销仲裁裁决被驳回后，又在执行程序中以相同理由提出不予执行抗辩的，人民法院不予支持。

【法（民四）明传〔2021〕60 号】　全国法院涉外商事海事审判工作座谈会会议纪要（2021 年 6 月 10 日在南京召开，最高法 2021 年 12 月 31 日印发）

98.【申请执行仲裁裁决案件的审查依据】人民法院对申请执行我国内地仲裁机构作出的非涉外仲裁裁决案件的审查，适用民事诉讼法第 244 条（现第 248 条）的规定。人民法院对申请执行我国内地仲裁机构作出的涉外仲裁裁决案件的审查，适用民事诉讼法第 281 条（现第 291 条）的规定。

人民法院根据前款规定，对被申请人主张的不予执行仲裁裁决事由进行审查。对被申请人未主张的事由或其主张事由超出民事诉讼法第 244 条（现第 248 条）第 2 款、第 281 条（现第 291 条）第 1 款规定的法定事由范围的，人民法院不予审查。

人民法院应当根据民事诉讼法第 244 条（现第 248 条）第 3 款、第 281 条

（现第291条）第2款的规定，依职权审查执行裁决是否违反社会公共利益。

99.【申请撤销仲裁调解书】仲裁调解书与仲裁裁决书具有同等法律效力。当事人申请撤销仲裁调解书的，人民法院应予受理。人民法院应当根据仲裁法第58条的规定，对当事人提出的撤销仲裁调解书的申请进行审查。当事人申请撤销涉外仲裁调解书的，根据仲裁法第70条的规定进行审查。

101.【违反法定程序的认定】违反仲裁法规定的仲裁程序、当事人选择的仲裁规则或者当事人对仲裁程序的特别约定，可能影响案件公正裁决，经人民法院审查属实的，应当认定为仲裁法第58条第1款第3项规定的情形。

102.【超裁的认定】仲裁裁决的事项超出当事人仲裁请求或者仲裁协议约定的范围，经人民法院审查属实的，应当认定构成仲裁法第58条第1款第2项、民事诉讼法第244条（现第248条）第2款第2项规定的"裁决的事项不属于仲裁协议的范围"的情形。

仲裁裁决在查明事实和说理部分涉及仲裁请求或者仲裁协议约定的仲裁事项范围以外的内容，但裁决项未超出仲裁请求或者仲裁协议约定的仲裁事项范围，当事人以构成仲裁法第58条第1款第2项、民事诉讼法第244条（现第248条）第2款第2项规定的情形为由，请求撤销或者不予执行仲裁裁决的，人民法院不予支持。

103.【无权仲裁的认定】作出仲裁裁决的仲裁机构非仲裁协议约定的仲裁机构、裁决事项系法律规定或者当事人选择的仲裁规则规定的不可仲裁事项，经人民法院审查属实的，应当认定构成仲裁法第58条第1款第2项、民事诉讼法第244条（现第248条）第2款第2项规定的"仲裁机构无权仲裁"的情形。

104.【重新仲裁的适用】申请人申请撤销仲裁裁决，人民法院经审查认为存在应予撤销的情形，但可以通过重新仲裁予以弥补的，人民法院可以通知仲裁庭重新仲裁。

人民法院决定由仲裁庭重新仲裁的，通知仲裁庭在一定期限内重新仲裁并在通知中说明要求重新仲裁的具体理由，同时裁定中止撤销程序。仲裁庭在人民法院指定的期限内开始重新仲裁的，人民法院应当裁定终结撤销程序。

仲裁庭拒绝重新仲裁或者在人民法院指定期限内未开始重新仲裁的，人民法院应当裁定恢复撤销程序。

【人社部发〔2022〕9号】 人力资源社会保障部、最高人民法院关于劳动人事争议仲裁与诉讼衔接有关问题的意见（一）（2022年2月21日）

三、用人单位依据《中华人民共和国劳动合同法》第90条规定，要求劳动者承担赔偿责任的，劳动人事争议仲裁委员会应当依法受理。

十、仲裁裁决涉及下列事项，对单项裁决金额不超过当地月最低工资标准 12 个月金额的，劳动人事争议仲裁委员会应当适用终局裁决：（一）劳动者在法定标准工作时间内提供正常劳动的工资；（二）停工留薪期工资或者病假工资；（三）用人单位未提前通知劳动者解除劳动合同的 1 个月工资；（四）工伤医疗费；（五）竞业限制的经济补偿；（六）解除或者终止劳动合同的经济补偿；（七）《中华人民共和国劳动合同法》第 82 条规定的第 2 倍工资；（八）违法约定试用期的赔偿金；（九）违法解除或者终止劳动合同的赔偿金；（十）其他劳动报酬、经济补偿或者赔偿金。

十一、裁决事项涉及确认劳动关系的，劳动人事争议仲裁委员会就同一案件应当作出非终局裁决。

十二、（第 1 款）劳动人事争议仲裁委员会按照《劳动人事争议仲裁办案规则》第 50 条第 4 款规定对不涉及确认劳动关系的案件分别作出终局裁决和非终局裁决，劳动者对终局裁决向基层人民法院提起诉讼、用人单位向中级人民法院申请撤销终局裁决、劳动者或者用人单位对非终局裁决向基层人民法院提起诉讼的，有管辖权的人民法院应当依法受理。

十三、劳动者不服终局裁决向基层人民法院提起诉讼，中级人民法院对用人单位撤销终局裁决的申请不予受理或者裁定驳回申请，用人单位主张终局裁决存在《中华人民共和国劳动争议调解仲裁法》第 49 条第 1 款规定情形的，基层人民法院应当一并审理。

十四、用人单位申请撤销终局裁决，当事人对部分终局裁决事项达成调解协议的，中级人民法院可以对达成调解协议的事项出具调解书；对未达成调解协议的事项进行审理，作出驳回申请或者撤销仲裁裁决的裁定。

十五、当事人就部分裁决事项向人民法院提起诉讼的，仲裁裁决不发生法律效力。当事人提起诉讼的裁决事项属于人民法院受理的案件范围的，人民法院应当进行审理。当事人未提起诉讼的裁决事项属于人民法院受理的案件范围的，人民法院应当在判决主文中予以确认。

十六、人民法院根据案件事实对劳动关系是否存在及相关合同效力的认定与当事人主张、劳动人事争议仲裁委员会裁决不一致的，人民法院应当将法律关系性质或者民事行为效力作为焦点问题进行审理，但法律关系性质对裁判理由及结果没有影响，或者有关问题已经当事人充分辩论的除外。

当事人根据法庭审理情况变更诉讼请求的，人民法院应当准许并可以根据案件的具体情况重新指定举证期限。

不存在劳动关系且当事人未变更诉讼请求的，人民法院应当判决驳回诉讼请求。

十七、对符合简易处理情形的案件，劳动人事争议仲裁委员会按照《劳动人事争议仲裁办案规则》第60条规定，已经保障当事人陈述意见的权利，根据案件情况确定举证期限、开庭日期、审理程序、文书制作等事项，作出终局裁决，用人单位以违反法定程序为由申请撤销终局裁决的，人民法院不予支持。

十八、（第1款）　劳动人事争议仲裁委员会认为已经生效的仲裁处理结果确有错误，可以依法启动仲裁监督程序，但当事人提起诉讼，人民法院已经受理的除外。

十九、用人单位因劳动者违反诚信原则，提供虚假学历证书、个人履历等与订立劳动合同直接相关的基本情况构成欺诈解除劳动合同，劳动者主张解除劳动合同经济补偿或者赔偿金的，劳动人事争议仲裁委员会、人民法院不予支持。

二十、用人单位自用工之日起满1年未与劳动者订立书面劳动合同，视为自用工之日起满1年的当日已经与劳动者订立无固定期限劳动合同。

存在前款情形，劳动者以用人单位未订立书面劳动合同为由要求用人单位支付自用工之日起满1年之后的第2倍工资的，劳动人事争议仲裁委员会、人民法院不予支持。

二十一、当事人在劳动合同或者保密协议中约定了竞业限制和经济补偿，劳动合同解除或者终止后，因用人单位的原因导致3个月未支付经济补偿，劳动者请求解除竞业限制约定的，劳动人事争议仲裁委员会、人民法院应予支持。

【法释〔2022〕11号】　最高人民法院关于适用《中华人民共和国民事诉讼法》的解释（"法释〔2015〕5号"公布，2015年2月4日起施行；根据法释〔2020〕20号《决定》修正，2021年1月1日起施行；2022年3月22日最高法审委会〔1866次〕修正，2022年4月1日公布，2022年4月10日起施行；以本规为准）

第461条　当事人申请人民法院执行的生效法律文书应当具备下列条件：（一）权利义务主体明确；（二）给付内容明确。

法律文书确定继续履行合同的，应当明确继续履行的具体内容。

第475条　仲裁机构裁决的事项，部分有民事诉讼法第244条（现第248条）第2款、第3款规定情形的，人民法院应当裁定对该部分不予执行。

应当不予执行部分与其他部分不可分的，人民法院应当裁定不予执行仲裁裁决。

第476条　依照民事诉讼法第244条（现第248条）第2款、第3款规定，人民法院裁定不予执行仲裁裁决后，当事人对该裁定提出执行异议或者复议的，人民法院不予受理。当事人可以就该民事纠纷重新达成书面仲裁协议申请仲裁，也可以向人民法院起诉。

第 477 条 在执行中，被执行人通过仲裁程序将人民法院查封、扣押、冻结的财产确权或者分割给案外人的，不影响人民法院执行程序的进行。

案外人不服的，可以根据民事诉讼法第 234 条（现第 238 条）规定提出异议。

【主席令［2022］114 号】 **中华人民共和国体育法**（1995 年 8 月 29 日全国人大常委会［8 届 15 次］通过，1995 年 10 月 1 日起施行；2022 年 6 月 24 日全国人大常委会［13 届 35 次］新修，2023 年 1 月 1 日起施行）

第 98 条 有下列情形之一的，当事人可以自收到仲裁裁决书之日起 30 日内向体育仲裁委员会所在地的中级人民法院申请撤销裁决：（一）适用法律、法规确有错误的；（二）裁决的事项不属于体育仲裁受理范围的；（三）仲裁庭的组成或者仲裁的程序违反有关规定，足以影响公正裁决的；（四）裁决所根据的证据是伪造的；（五）对方当事人隐瞒了足以影响公正裁决的证据的；（六）仲裁员在仲裁该案时有索贿受贿、徇私舞弊、枉法裁决行为的。

人民法院经组成合议庭审查核实裁决有前款规定情形之一的，或者认定裁决违背社会公共利益的，应当裁定撤销。

人民法院受理撤销裁决的申请后，认为可以由仲裁庭重新仲裁的，通知仲裁庭在一定期限内重新仲裁，并裁定中止撤销程序。仲裁庭拒绝重新仲裁的，人民法院应当裁定恢复撤销程序。

第 99 条 当事人应当履行体育仲裁裁决。一方当事人不履行的，另一方当事人可以依照《中华人民共和国民事诉讼法》的有关规定向人民法院申请执行。

● **指导案例** 【法［2022］267 号】 **最高人民法院第 36 批指导性案例**（2022 年 12 月 27 日）

（指导案例 198 号） 中国工商银行股份有限公司岳阳分行与刘友良申请撤销仲裁裁决案（岳阳中院 2018 年 11 月 12 日［2018］湘 06 民特 1 号民事裁定）

裁判要点：实际施工人并非发包人与承包人签订的施工合同的当事人，亦未与发包人、承包人订立有效仲裁协议，不应受发包人与承包人的仲裁协议约束。实际施工人依据发包人与承包人的仲裁协议申请仲裁，仲裁机构作出仲裁裁决后，发包人请求撤销仲裁裁决的，人民法院应予支持。

（指导案例 199 号） 高哲宇与深圳市云丝路创新发展基金企业、李斌申请撤销仲裁裁决案（深圳中院 2020 年 4 月 26 日［2018］粤 03 民特 719 号民事裁定）

裁判要点：仲裁裁决裁定被申请人赔偿与比特币等值的美元，再将美元折算成人民币，属于变相支持比特币与法定货币之间的兑付交易，违反了国家对虚拟货币金融监管的规定，违背了社会公共利益，人民法院应当裁定撤销仲裁裁决。

第三编   第二十章

● **入库案例** 【2023-10-2-463-001】 某资源国际公司诉某贸易有限公司申请承认与执行外国仲裁裁决案（上海一中院/2017.08.11/［2016］沪01民认1号/一审）

裁判要旨：当事人在仲裁条款中的约定与当事人援引的仲裁规则相冲突时，在仲裁条款的相关约定不违背仲裁的强制性规定前提下，仲裁条款的约定应当优于仲裁规则的规定；仲裁机构作为经当事人授权而取得仲裁管辖权的仲裁程序管理方，应当对该特别约定予以充分尊重并优先适用，否则相关的仲裁裁决不应当被承认与执行。

【2023-16-2-445-001】 陈某昱、张某彬诉某咨询公司申请撤销仲裁裁决案（南平中院/2023.01.16/［2022］闽07民再3号）

裁判要旨：仲裁是当事人自治性解决纠纷的制度，其立法意旨在于充分尊重当事人的意思自治、简化程序、迅速、快捷地解决纠纷。如果允许当事人对于法院驳回申请撤销仲裁裁决的裁定申请再审，则仲裁裁决随时有可能通过再审程序被撤销，效力无法确定，违背了"一裁终局"和仲裁司法监督有限的原则。以院长发现程序启动再审会产生同样的问题，一般亦不应准许。然本案的特殊之处在于当事人对于合同是否存在仲裁条款存有争议，而根据查明的事实，可以认定仲裁条款的印章系事后加盖，并非当事人的真实意思表示。在此情况下，自不存在尊重当事人意思自治原则，对驳回申请撤销仲裁裁决的裁定应当启动再审程序予以纠正。

【2024-17-5-203-063】 某网络银行与刘某执行监督案（2023.12.11/［2023］最高法执监509号）

裁判要旨：不予受理仲裁执行申请与不予执行仲裁裁决在法定条件、后续救济途径等方面存在不同。人民法院对不予受理仲裁执行申请与不予执行仲裁裁决应当适用不同的审查程序，对于应当适用裁定不予执行的情形，不得以不符合立案条件为由裁定驳回执行申请。

● **高法判例** 【［2020］最高法民再118号】 李某欣申请撤销仲裁裁决再审民事裁定书（最高法院2020年6月17日民事裁定书）（另见本书第127条）

裁判摘要：基于仲裁调解与仲裁裁决均是通过仲裁方式解决民事纠纷，具有同等法律效力，都具有强制执行力。为保障仲裁当事人获得平等司法救济的权利，制度设计上，法律赋予司法对仲裁进行监督，不应狭义地理解为仅是对仲裁裁决的监督，还应包含对仲裁调解的监督。民事诉讼法对诉讼调解规定了当事人可以向人民法院申请再审，而无论是诉讼调解或仲裁调解，都存在违反自愿原则或者调解协议的内容违反法律, 以及损害当事人、案外人利益甚至社会公共利益的可能。故有必要赋予仲裁调解当事人申请撤销仲裁调解书, 获得司法救济的权利。①

● **文书格式**　【法 [2016] 221 号】　**民事诉讼文书样式**(2016 年 2 月 22 日最高法审委会 [1679 次] 通过, 2016 年 6 月 28 日公布, 2016 年 8 月 1 日起施行)

(本书对格式略有调整)

申请书 (申请撤销仲裁裁决)

申请人: ×××, 男/女, ×年×月×日生, ×族, …… (写明工作单位和职务或职业), 住……。联系方式: ……。(★申请人是法人或其他组织的, 本段写明名称、住所)

法定代理人/指定代理人②: ×××, ……。(★申请人是法人或其他组织的, 本段写明法定代表人、主要负责人及其姓名、职务、联系方式)

委托诉讼代理人: ×××, ……。(申请时已经委托诉讼代理人的, 写明此项)

被申请人: ×××, ……。

(以上写明申请人和其他诉讼参与人的姓名或者名称等基本信息)

请求事项:

撤销××××仲裁委员会……号裁决。

事实和理由:

×年×月×日, ××仲裁委员会作出 (××××) ……号裁决: …… (写明裁决结果)。…… (写明申请撤销裁决的事实和理由)。

此致: ××人民法院

附: ××仲裁委员会……号裁决书

申请人 (自然人签名或单位盖章)

×年×月×日

申请书 (用人单位申请撤销劳动争议仲裁裁决)③

申请人 (用人单位): ×××, 住所地……。

法定代表人/主要负责人: ×××, ……, 联系方式: ……。

委托诉讼代理人: ×××, ……。(申请时已经委托诉讼代理人的, 写明此项)

被申请人 (劳动者): ×××, ……。

(以上写明申请人和其他诉讼参与人的姓名或者名称等基本信息)

---

① 注: 本裁判观点与 "法研 [2012] 号" 最高法研究室的研究意见截然相反。

② 注: 申请人是无民事行为能力人或限制民事行为能力人的, 应当写明法定代理人姓名、性别、出生日期、民族、职业、工作单位、住所、联系方式, 在诉讼地位后括注与申请人的关系。

③ 注: 劳动者对仲裁裁决不服的, 可以自收到仲裁裁决书之日起 15 日内提起诉讼。

请求事项：

撤销××××劳动争议仲裁委员会（××××）⋯⋯号裁决。

事实和理由：

×年×月×日，××劳动争议仲裁委员会作出（××××）⋯⋯号裁决：⋯⋯（写明裁决结果）。

⋯⋯（写明申请撤销裁决的事实和理由）。

此致：××人民法院

附：××劳动争议仲裁委员会⋯⋯号裁决书

申请人（签名或盖章）

×年×月×日

民事调解书（申请撤销劳动争议仲裁裁决案件）

（××××）⋯⋯民特⋯⋯号

申请人：×××，⋯⋯。

被申请人：×××，⋯⋯。

（以上写明申请人、被申请人及其代理人的姓名或者名称等基本信息）

申请人×××与被申请人×××申请撤销⋯⋯（写明仲裁机构名称、仲裁书的文号）劳动争议仲裁裁决一案，本院于×年×月×日立案后，依法组成合议庭进行了审理。

×××申请称，⋯⋯（概述申请人的请求、撤销裁决的事实和理由）。

×××辩称，⋯⋯（概述被申请人的答辩意见）。

⋯⋯（概述案件事实，写明劳动争议仲裁裁决结果）。

本案审理过程中，经本院主持调解，当事人自愿达成如下协议/当事人自行和解达成如下协议，请求人民法院确认：

⋯⋯（分项写明调解协议内容）。

上述协议，不违反法律规定，本院予以确认。

案件受理费⋯⋯元，由⋯⋯负担（写明当事人姓名或者名称、负担金额。调解协议包含诉讼费用负担的，则不写）。

本调解书经各方当事人签收后，即具有法律效力。

（合议庭成员署名）

×年×月×日（院印）

书记员 ×××

民事裁定书（可重新仲裁而中止撤销程序）

（××××）……民特……号

申请人：×××，……。

被申请人：×××，……。

（以上写明申请人、被申请人及其代理人的姓名或者名称等基本信息）

申请人×××与被申请人×××申请撤销仲裁裁决一案，本院于×年×月×日立案后进行了审查，认为可以由仲裁庭重新仲裁。

依照《中华人民共和国仲裁法》第 61 条规定，裁定如下：

本案中止撤销程序。

（合议庭成员署名）

×年×月×日（院印）

书记员　×××

通知书（通知仲裁庭重新仲裁）

（××××）……民特……号

××仲裁委员会：

本院于×年×月×日立案受理申请人×××与被申请人×××申请撤销仲裁裁决一案后，因……（写明要求重新仲裁的具体理由）。本院认为可以由仲裁庭重新仲裁。依照《中华人民共和国仲裁法》第 61 条、《最高人民法院关于适用〈中华人民共和国仲裁法〉若干问题的解释》第 21 条规定，本院通知你委于×年×月×日前重新仲裁，并将仲裁结果书面告知本院。

特此通知。

附：××人民法院（××××）……民特……号民事裁定书。

×年×月×日（院印）

民事裁定书（终结＼恢复撤销程序）

（××××）……民特……号

申请人：×××，……。

被申请人：×××，……。

（以上写明申请人、被申请人及其代理人的姓名或者名称等基本信息）

申请人×××与被申请人×××申请撤销仲裁裁决一案，本院于×年×月×日立案后进行了审查，认为可以由仲裁庭重新仲裁，通知仲裁庭在×日内重新仲裁，并裁定中止撤销程序。

（仲裁庭重新仲裁的，终结撤销程序、并处置受理费：）

仲裁庭已于×年×月×日开始重新仲裁。

第三编　第二十章

依照《中华人民共和国仲裁法》第 61 条、《最高人民法院关于适用〈中华人民共和国仲裁法〉若干问题的解释》第 22 条规定，裁定如下：

本案终结撤销程序。

已交纳的案件受理费……元，不予退还。

申请费×××元，由……负担（写明当事人姓名或者名称、负担金额）。

（仲裁庭拒绝重新仲裁的，恢复撤销程序：）

×年×月×日，仲裁庭拒绝重新仲裁/在本院指定的期限内未开始重新仲裁。

依照《中华人民共和国仲裁法》第 61 条、《最高人民法院关于适用〈中华人民共和国仲裁法〉若干问题的解释》第 22 条规定，裁定如下：

本案恢复撤销程序。

（合议庭成员署名）

×年×月×日（院印）

书记员　×××

民事裁定书（驳回申请＼撤销裁决，受理后 2 个月内作出裁定）

（××××）……民特……号

申请人：×××，……。

被申请人：×××，……。

（以上写明申请人、被申请人及其代理人的姓名或者名称等基本信息）

申请人×××与被申请人×××申请撤销（劳动争议）仲裁裁决一案，本院于×年×月×日立案后进行了审查。现已审查终结。

申请人×××称，……（概述申请人的请求、事实和理由）。

被申请人×××称，……（概述被申请人的意见）。

经审查查明：×年×月×日，××（劳动争议）仲裁委员会作出（××××）……号裁决：……（写明裁决结果）。

……（写明驳回申请＼撤销裁决的事实根据）。

本院认为，……（写明驳回申请＼撤销裁决的理由）。

依照《中华人民共和国仲裁法》第 60 条＼第 58-60 条规定①，裁定如下：

（驳回申请的，写明：）驳回×××的申请。

申请费……元，由申请人×××负担。

（撤销全部裁决的，写明：）撤销××仲裁委员会（××××）……号裁决。

---

① 注：驳回撤销劳动争议裁决申请的，援引"《中华人民共和国劳动争议调解仲裁法》第 47 条第×项"；撤销劳动争议裁决的，援引"《中华人民共和国劳动争议调解仲裁法》第 47 条第×项、第 49 条"。

申请费……元，由被申请人×××负担。

（撤销部分裁决的，写明：）撤销××仲裁委员会（××××）……号裁决第×项，即：……。

申请费……元，由申请人×××负担……元，被申请人×××负担……元。

当事人可以自收到裁定书之日起 15 日内就该（劳动争议）纠纷事项向人民法院提起诉讼。

审判长　×××

（代理）审判员　×××

人民陪审员　×××

×年×月×日（院印）

本件与原本核对无异

法官助理　×××

书记员　×××

执行裁定书（审查不予执行国内仲裁裁决申请）

（××××）……执……号

申请人：×××，……。

被申请人：×××，……。

（以上写明申请人、被申请人及其代理人的姓名或者名称等基本信息）

本院在执行×××与×××……（写明案由）一案中，×××申请不予执行××仲裁委员会作出（××××）……号裁决。本院依法组成合议庭进行审查，现已审查终结。

×××称，……（写明申请不予执行仲裁裁决的事实和理由）。

×××辩称，……（写明答辩意见）。

经审查，……（写明查明的事实）。本院认为，……（写明理由）。

综上所述，依照《中华人民共和国民事诉讼法》第 157 条第 1 款第 11 项/第 248 条第 2 款第×项/第 3 款（部分不予执行的，增加引用"法释〔2022〕11 号"《解释》第 475 条）规定，裁定如下：

（不予执行全部仲裁裁决内容的，写明：）不予执行××仲裁委员会（××××）……号裁决。

（不予执行部分仲裁裁决内容的，写明：）不予执行××仲裁委员会（××××）……号裁决的××事项。

（驳回申请的，写明：）驳回申请人×××不予执行××仲裁委员会（××××）……号裁决的申请。

本裁定送达后即发生法律效力。

（合议庭成员署名）

×年×月×日 （院印）

书记员 ×××

执行裁定书 （上级法院直接裁定不予执行非诉法律文书）①

（××××） ……执监……号

申诉人（被执行人）：×××，……。

法定代理人/指定代理人/法定代表人/主要负责人：×××，……。

委托诉讼代理人：×××，……。

申请执行人：×××，……。

……

（以上写明申诉人、申请执行人和其他诉讼参加人的姓名或者名称等基本信息）

××人民法院执行×××与×××……（写明案由）一案，×××提出书面申请，请求不予执行××仲裁委员会/公证处作出的（××××）……号仲裁裁决/公证债权文书，××人民法院不予受理审查/逾期不予受理。×××于×年×月×日向本院提出申诉。本院依法组成合议庭进行审查，现已审查终结。

×××称，……（写明不予执行仲裁裁决或公证债权文书的事实和理由）。

×××辩称，……（写明答辩意见）。

本院查明，……（写明查明的事实）。

本院认为，……（写明争议焦点，根据认定的案件事实和相关法律，对申诉请求进行分析评判，说明理由）。依照《中华人民共和国民事诉讼法》第248条第2款第×项/第3款、《最高人民法院关于人民法院执行工作若干问题的规定（试行）》第73条规定，裁定如下：

不予执行××仲裁委员会（××××）……号裁决。

（或：不予执行××仲裁委员会（××××）……号裁决的××事项。）

（或：不予执行××公证机构（××××）……号公证债权文书。）

（合议庭成员署名）

×年×月×日 （院印）

书记员 ×××

---

① 注：上级法院在作出裁定前，应当先函示下级法院仲裁裁决或公证债权文有不予执行事由、应当裁定不予执行；只有当下级法院不作出裁定时，方可启动监督程序，依法裁定。

> **第 249 条**¹⁹⁹¹⁰⁴⁰⁹　【公证债权文书的申请执行】对公证机关依法赋予强制执行效力的债权文书，一方当事人不履行的，对方当事人可以向有管辖权的 ~~基层~~ 人民法院申请执行，受申请的人民法院应当执行。
>
> 　　【公证债权文书的不予执行】~~受申请的人民法院发现~~ 公证债权文书确有错误的，人民法院裁定不予执行，并将裁定书送达/~~通知~~ 双方当事人和公证机关。

● 相关规定　【主席令［2005］39 号】　中华人民共和国公证法（2005 年 8 月 28 日全国人大常委会［10 届 17 次］通过，2006 年 3 月 1 日起施行；2017 年 9 月 1 日全国人大常委会［12 届 29 次］新修，2018 年 1 月 1 日起施行）

　　第 37 条　对经公证的以给付为内容并载明债务人愿意接受强制执行承诺的债权文书，债务人不履行或者履行不适当的，债权人可以依法向有管辖权的人民法院申请执行。

　　前款规定的债权文书确有错误的，人民法院裁定不予执行，并将裁定书送达双方当事人和公证机构。

　　第 38 条　法律、行政法规规定未经公证的事项不具有法律效力的，依照其规定。

　　第 39 条　当事人、公证事项的利害关系人认为公证书有错误的，可以向出具该公证书的公证机构提出复查。公证书的内容违法或者与事实不符的，公证机构应当撤销该公证书并予以公告，该公证书自始无效；公证书有其他错误的，公证机构应当予以更正。

　　第 40 条　当事人、公证事项的利害关系人对公证书的内容有争议的，可以就该争议向人民法院提起民事诉讼。

【法释［1998］15 号】　最高人民法院关于人民法院执行工作若干问题的规定（试行）（1998 年 6 月 11 日最高法审委会［992 次］通过，1998 年 7 月 8 日公布施行；根据法释［2020］21 号《决定》修正，2021 年 1 月 1 日起施行；以本规为准）①

　　73. 上级法院发现下级法院执行的非诉讼生效法律文书有不予执行事由，应当依法作出不予执行裁定而不制作的，可以责令下级法院在指定时限内作出裁定，必要时可直接裁定不予执行。

---

　　① 本《规定》自 1998 年 7 月 8 日公布试行 22 年多，至 2020 年 12 月 23 日修正，仍为"试行"。

【司发通［2000］107 号】　最高人民法院、司法部关于公证机关赋予强制执行效力的债权文书执行有关问题的联合通知（2000 年 9 月 1 日）

一、公证机关赋予强制执行效力的债权文书应当具备以下条件：（一）债权文书具有给付货币、物品、有价证券的内容；（二）债权债务关系明确，债权人和债务人对债权文书有关给付内容无疑义；（三）债权文书中载明债务人不履行义务或不完全履行义务时，债务人愿意接受依法强制执行的承诺。

二、公证机关赋予强制执行效力的债权文书的范围：（一）借款合同、借用合同、无财产担保的租赁合同；（二）赊欠货物的债权文书；（三）各种借据、欠单；（四）还款（物）协议；（五）以给付赡养费、扶养费、抚育费、学费、赔（补）偿金为内容的协议；（六）符合赋予强制执行效力条件的其他债权文书。

三、公证机关在办理符合赋予强制执行的条件和范围的合同、协议、借据、欠单等债权文书公证时，应当依法赋予该债权文书具有强制执行效力。

未经公证的符合本通知第 2 条规定的合同、协议、借据、欠单等债权文书，在履行过程中，债权人申请公证机关赋予强制执行效力的，公证机关必须征求债务人的意见；如债务人同意公证并愿意接受强制执行的，公证机关可以依法赋予该债权文书强制执行效力。

四、债务人不履行或不完全履行公证机关赋予强制执行效力的债权文书的，债权人可以向原公证机关申请执行证书。

五、公证机关签发执行证书应当注意审查以下内容：（一）不履行或不完全履行的事实确实发生；（二）债权人履行合同义务的事实和证据，债务人依照债权文书已经部分履行的事实；（三）债务人对债权文书规定的履行义务有无疑义。

六、公证机关签发执行证书应当注明被执行人、执行标的和申请执行的期限。债务人已经履行的部分，在执行证书中予以扣除。因债务人不履行或不完全履行而发生的违约金、利息、滞纳金等，可以列入执行标的。

七、债权人凭原公证书及执行证书可以向有管辖权的人民法院申请执行。

八、人民法院接到申请执行书，应当依法按规定程序办理。必要时，可以向公证机关调阅公证卷宗，公证机关应当提供。案件执行完毕后，由人民法院在 15 日内将公证卷宗附结案通知退回公证机关。

九、最高人民法院、司法部《关于执行〈民事诉讼法（试行）〉中涉及公证条款的几个问题的通知》（1984 年 11 月 8 日）和《关于已公证的债权文书依法强制执行问题的答复》（1985 年 4 月 9 日）自本联合通知发布之日起废止。

【法发［2009］45 号】　　最高人民法院关于建立健全诉讼与非诉讼相衔接的矛盾纠纷解决机制的若干意见（经中央批准，2009 年 7 月 24 日印发）

12. 经行政机关、人民调解组织、商事调解组织、行业调解组织或者其他具有调解职能的组织对民事纠纷调解后达成的具有给付内容的协议，当事人可以按照《中华人民共和国公证法》的规定申请公证机关依法赋予强制执行效力。债务人不履行或者不适当履行具有强制执行效力的公证文书的，债权人可以依法向有管辖权的人民法院申请执行。

【法释［2018］18 号】　　最高人民法院关于公证债权文书执行若干问题的规定（2018 年 6 月 25 日最高法审委会［1743 次］通过，2018 年 9 月 30 日公布，2018 年 10 月 1 日起施行；以本规为准）

第 1 条　本规定所称公证债权文书，是指根据公证法第 37 条第 1 款规定经公证赋予强制执行效力的债权文书。

第 2 条　公证债权文书执行案件，由被执行人住所地或者被执行的财产所在地人民法院管辖。

前款规定案件的级别管辖，参照人民法院受理第一审民商事案件级别管辖的规定确定。

第 3 条　债权人申请执行公证债权文书，除应当提交作为执行依据的公证债权文书等申请执行所需的材料外，还应当提交证明履行情况等内容的执行证书。

第 4 条　债权人申请执行的公证债权文书应当包括公证证词、被证明的债权文书等内容。权利义务主体、给付内容应当在公证证词中列明。

第 5 条　债权人申请执行公证债权文书，有下列情形之一的，人民法院应当裁定不予受理；已经受理的，裁定驳回执行申请：（一）债权文书属于不得经公证赋予强制执行效力的文书；（二）公证债权文书未载明债务人接受强制执行的承诺；（三）公证证词载明的权利义务主体或者给付内容不明确；（四）债权人未提交执行证书；（五）其他不符合受理条件的情形。

第 6 条　公证债权文书赋予强制执行效力的范围同时包含主债务和担保债务的，人民法院应当依法予以执行；仅包含主债务的，对担保债务部分的执行申请不予受理；仅包含担保债务的，对主债务部分的执行申请不予受理。

第 7 条　债权人对不予受理、驳回执行申请裁定不服的，可以自裁定送达之日起 10 日内向上一级人民法院申请复议。

申请复议期满未申请复议，或者复议申请被驳回的，当事人可以就公证债权文书涉及的民事权利义务争议向人民法院提起诉讼。

第 8 条　公证机构决定不予出具执行证书的，当事人可以就公证债权文书涉及的民事权利义务争议直接向人民法院提起诉讼。

第9条 申请执行公证债权文书的期间自公证债权文书确定的履行期间的最后一日起计算；分期履行的，自公证债权文书确定的每次履行期间的最后一日起计算。

债权人向公证机构申请出具执行证书的，申请执行时效自债权人提出申请之日起中断。

第10条 人民法院在执行实施中，根据公证债权文书并结合申请执行人的申请依法确定给付内容。

第11条 因民间借贷形成的公证债权文书，文书中载明的利率超过人民法院依照法律、司法解释规定应予支持的上限的，对超过的利息部分不纳入执行范围；载明的利率未超过人民法院依照法律、司法解释规定应予支持的上限，被执行人主张实际超过的，可以依照本规定第22条第1款规定提起诉讼。

第12条 有下列情形之一的，被执行人可以依照民事诉讼法第238条（现第249条）第2款规定申请不予执行公证债权文书：（一）被执行人未到场且未委托代理人到场办理公证的；（二）无民事行为能力人或者限制民事行为能力人没有监护人代为办理公证的；（三）公证员为本人、近亲属办理公证，或者办理与本人、近亲属有利害关系的公证的；（四）公证员办理该项公证有贪污受贿、徇私舞弊行为，已经由生效刑事法律文书等确认的；（五）其他严重违反法定公证程序的情形。

被执行人以公证债权文书的内容与事实不符或者违反法律强制性规定等实体事由申请不予执行的，人民法院应当告知其依照本规定第22条第1款规定提起诉讼。

第13条 被执行人申请不予执行公证债权文书，应当在执行通知书送达之日起15日内向执行法院提出书面申请，并提交相关证据材料；有本规定第12条第1款第3项、第4项规定情形且执行程序尚未终结的，应当自知道或者应当知道有关事实之日起15日内提出。

公证债权文书执行案件被指定执行、提级执行、委托执行后，被执行人申请不予执行的，由提出申请时负责该案件执行的人民法院审查。

第14条 被执行人认为公证债权文书存在本规定第12条第1款规定的多个不予执行事由的，应当在不予执行案件审查期间一并提出。

不予执行申请被裁定驳回后，同一被执行人再次提出申请的，人民法院不予受理。但有证据证明不予执行事由在不予执行申请被裁定驳回后知道的，可以在执行程序终结前提出。

第15条 人民法院审查不予执行公证债权文书案件，案情复杂、争议较大的，应当进行听证。必要时可以向公证机构调阅公证案卷，要求公证机构作出书面说明，或者通知公证员到庭说明情况。

第 16 条　人民法院审查不予执行公证债权文书案件，应当在受理之日起 60 日内审查完毕并作出裁定；有特殊情况需要延长的，经本院院长批准，可以延长 30 日。

第 17 条　人民法院审查不予执行公证债权文书案件期间，不停止执行。

被执行人提供充分、有效的担保，请求停止相应处分措施的，人民法院可以准许；申请执行人提供充分、有效的担保，请求继续执行的，应当继续执行。

第 18 条　被执行人依照本规定第 12 条第 1 款规定申请不予执行，人民法院经审查认为理由成立的，裁定不予执行；理由不成立的，裁定驳回不予执行申请。

公证债权文书部分内容具有本规定第 12 条第 1 款规定情形的，人民法院应当裁定对该部分不予执行；应当不予执行部分与其他部分不可分的，裁定对该公证债权文书不予执行。

第 19 条　人民法院认定执行公证债权文书违背公序良俗的，裁定不予执行。

第 20 条　公证债权文书被裁定不予执行的，当事人可以就该公证债权文书涉及的民事权利义务争议向人民法院提起诉讼；公证债权文书被裁定部分不予执行的，当事人可以就该部分争议提起诉讼。

当事人对不予执行裁定提出执行异议或者申请复议的，人民法院不予受理。

第 21 条　当事人不服驳回不予执行申请裁定的，可以自裁定送达之日起 10 日内向上一级人民法院申请复议。上一级人民法院应当自收到复议申请之日起 30 日内审查。经审查，理由成立的，裁定撤销原裁定，不予执行该公证债权文书；理由不成立的，裁定驳回复议申请。复议期间，不停止执行。

第 22 条　有下列情形之一的，债务人可以在执行程序终结前，以债权人为被告，向执行法院提起诉讼，请求不予执行公证债权文书：（一）公证债权文书载明的民事权利义务关系与事实不符；（二）经公证的债权文书具有法律规定的无效、可撤销等情形；（三）公证债权文书载明的债权因清偿、提存、抵销、免除等原因全部或者部分消灭。

债务人提起诉讼，不影响人民法院对公证债权文书的执行。债务人提供充分、有效的担保，请求停止相应处分措施的，人民法院可以准许；债权人提供充分、有效的担保，请求继续执行的，应当继续执行。

第 23 条　对债务人依照本规定第 22 条第 1 款规定提起的诉讼，人民法院经审理认为理由成立的，判决不予执行或者部分不予执行；理由不成立的，判决驳回诉讼请求。

当事人同时就公证债权文书涉及的民事权利义务争议提出诉讼请求的，人民法院可以在判决中一并作出裁判。

第24条　有下列情形之一的，债权人、利害关系人可以就公证债权文书涉及的民事权利义务争议直接向有管辖权的人民法院提起诉讼：（一）公证债权文书载明的民事权利义务关系与事实不符；（二）经公证的债权文书具有法律规定的无效、可撤销等情形。

债权人提起诉讼，诉讼案件受理后又申请执行公证债权文书的，人民法院不予受理。进入执行程序后债权人又提起诉讼的，诉讼案件受理后，人民法院可以裁定终结公证债权文书的执行；债权人请求继续执行其未提出争议部分的，人民法院可以准许。

利害关系人提起诉讼，不影响人民法院对公证债权文书的执行。利害关系人提供充分、有效的担保，请求停止相应处分措施的，人民法院可以准许；债权人提供充分、有效的担保，请求继续执行的，应当继续执行。

【法释［2022］11号】　最高人民法院关于适用《中华人民共和国民事诉讼法》的解释（"法释［2015］5号"公布，2015年2月4日起施行；根据法释［2020］20号《决定》修正，2021年1月1日起施行；2022年3月22日最高法审委会［1866次］修正，2022年4月1日公布，2022年4月10日起施行；以本规为准）

第478条　有下列情形之一的，可以认定为民事诉讼法第245条（现第249条）第2款规定的公证债权文书确有错误：（一）公证债权文书属于不得赋予强制执行效力的债权文书的；（二）被执行人一方未亲自或者未委托代理人到场公证等严重违反法律规定的公证程序的；（三）公证债权文书的内容与事实不符或者违反法律强制性规定的；（四）公证债权文书未载明被执行人不履行义务或者不完全履行义务时同意接受强制执行的。

人民法院认定执行该公证债权文书违背社会公共利益的，裁定不予执行。

公证债权文书被裁定不予执行后，当事人、公证事项的利害关系人可以就债权争议提起诉讼。

● **入库案例**　**【2024-07-2-471-002】　邯郸某房地产开发有限公司诉朱某某等执行异议之诉案**（河北高院/2022.05.16/［2019］冀民终953号）

裁判要旨：1. 被执行人依据《公证执行规定》第22条第1款"公证债权文书载明的权利义务与事实不符"为由提起不予执行异议之诉，法院不仅要形式审查公证债权文书载明的权利义务内容，同时还应结合《公证执行规定》第22条、第23条进行体系性把握，对公证债权文书所涉基础民事法律关系进行实体审理。

2. 被执行人依据《公证执行规定》第22条第1款"公证债权文书载明的权利义务与事实不符"为由提起不予执行异议之诉，应依据民事证据规则由被执行人（原告）首先承担举证证明责任。因其提起不予执行之诉旨在推翻其签字并经公证的债权文书的真实合法性，依据《最高人民法院关于民事诉讼证据的若干规定》第 10 条第 1 款第 7 项、第 2 款规定，被执行人需要提交证据足以推翻案涉公证债权文书的内容，才达到不予执行公证债权文书的证明标准。

3. 被执行人依据《公证执行规定》第 22 条第 2 款 "经公证的债权文书具有法律规定的无效、可撤销等情形" 为由提起不予执行异议之诉，认为申请执行人存在职业放贷、高利转贷等行为的，因涉及法律行为效力问题，法院应发挥能动司法作用，依职权对申请执行人是否存在职业放贷、高利转贷行为等情形进行审查，准确认定合同效力。

● **公报案例**　（**法公报〔2016〕4 期**）　**李杰与辽宁金鹏房屋开发有限公司金融不良债权追偿纠纷案**（最高法院 2014 年 12 月 29 日〔2014〕民二终字第 199 号二审民事判决）

裁判摘要： 根据《民事诉讼法》第 238 条（现第 249 条）、最高人民法院《关于当事人对具有强制执行效力的公证债权文书的内容有争议提起诉讼人民法院是否受理问题的批复》（法释〔2008〕17 号，已被《最高人民法院关于公证债权文书执行若干问题的规定》替代）的规定，具有强制执行效力的公证债权文书与生效判决书、仲裁裁决书一样，是人民法院的执行依据，当事人可以据此申请强制执行。对于有强制执行效力的公证债权文书，发生争议后债权人应当申请强制执行，直接提起诉讼的，人民法院不予受理。

根据最高人民法院、司法部《关于公证机关赋予强制执行效力的债权文书执行有关问题的联合通知》第 1 条的规定，赋予强制执行效力的公证债权文书必须符合当事人已经就强制执行问题在债权文书中达成书面合意的条件。如果仅有公证的形式，而没有当事人关于执行问题的特殊合意，也不能产生可以申请强制执行的效果。因此，合同当事人的意思表示是赋予强制执行效力的公证债权文书强制执行效力的重要来源，当事人可以通过合意的方式约定直接申请强制执行的内容，法律亦不禁止当事人变更直接申请强制执行的内容，放弃对债权的特殊保障。在存在有强制执行效力的公证债权文书的情况下，双方当事人后又对部分债权约定可以采取诉讼方式解决纠纷，是通过合意的方式变更了可以直接申请强制执行的内容，当事人可以就该部分债权提起诉讼。

● **文书格式**　【**法〔2016〕221 号**】　**民事诉讼文书样式**（2016 年 2 月 22 日最高法审委会〔1679 次〕通过，2016 年 6 月 28 日公布，2016 年 8 月 1 日起施行）

（本书对格式略有调整）

执行裁定书（审查不予执行公证债权文书申请）

（××××）……执……号

申请人：×××，……。

被申请人：×××，……。

（以上写明申请人、被申请人及其代理人的姓名或者名称等基本信息）

（当事人申请不予执行的，写明：）×××于×年×月×日向本院提出书面申请，请求不予执行××公证处制发的赋予强制执行效力的（××××）……号债权文书。本院依法组成合议庭进行审查，现已审查终结。

×××称，……（写明请求不予执行的事实和理由）。

×××辩称，……（写明答辩意见）。

（人民法院发现公证债权文书确有错误，依职权作出裁定的，可略去以上3部分，写明：）×××申请执行××公证处制发的赋予强制执行效力的（××××）……号债权文书一案，本院依法组成合议庭进行审查，现已审查终结。

经审查，……（写明查明的事实）。本院认为，……（写明理由）。

依照《中华人民共和国民事诉讼法》第249条第2款，《最高人民法院关于适用〈中华人民共和国民事诉讼法〉的解释》第478条第1款第×项（或第2款）、第479条，《最高人民法院关于人民法院办理执行异议和复议案件若干问题的规定》第10条规定，裁定如下：

（驳回申请的，写明：）驳回申请人×××不予执行××公证处（××××）……号公证债权文书的申请。

（不予执行的，写明：）不予执行××公证处（××××）……号公证债权文书。

本裁定送达后即发生法律效力。

（合议庭成员署名）

×年×月×日（院印）

书记员　×××

执行裁定书

（上级法院直接裁定不予执行非诉法律文书，详见本书第244条文书格式）

第250条²⁰⁰⁸⁰⁴⁰¹ 　【**申请执行期限**】申请执行的期间为 **2 年**/双方或者一方当事人是公民的为 **1 年**，双方是法人或者其他组织的为 **6个月**。申请执行时效的中止、中断，适用法律有关诉讼时效中止、中断的规定。

　　前款规定的期间，从法律文书规定履行期间的最后一日起计算；法律文书规定分期履行的，从最后一期履行期限届满之日/规定的每次履行期间的最后一日20220101起计算；法律文书未规定履行期间的，从法律文书生效之日起计算。

● **相关规定**　　【执他字［1999］10 号】　　最高人民法院执行办公室关于如何处理因当事人达成和解协议致使逾期申请执行问题的复函（1999 年 4 月 21 日答复广东高院"［1997］粤高法执请字第 36 号"请示）

　　《民事诉讼法》第 219 条（现第 250 条）规定，申请执行的期限，双方或者一方当事人是公民的为 1 年，双方是法人或者其他组织的为 6 个月（现均为 2 年）。申请执行人未在法定期限内申请执行，便丧失了请求法院强制执行保护其合法权益的权利。双方当事人于判决生效后达成还款协议，并不能引起法定申请执行期限的更改。本案的债权人超过法定期限申请执行，深圳市中级人民法院仍立案执行无法律依据。深圳华达化工有限公司的债权成为自然债，可自行向债务人索取，也可以深圳东部实业有限公司不履行还款协议为由向有管辖权的人民法院提起诉讼。

　　【法释［2008］13 号】　　最高人民法院关于适用《中华人民共和国民事诉讼法》执行程序若干问题的解释（2008 年 9 月 8 日最高法审委会［1452 次］通过，2008 年 11 月 3 日公布，2009 年 1 月 1 日起施行；根据法释［2020］21 号《决定》修正，2021 年 1 月 1 日起施行。以本规为准）

　　第 19 条　　在申请执行时效期间的最后 6 个月内，因不可抗力或者其他障碍不能行使请求权的，申请执行时效中止。从中止时效的原因消除之日起，申请执行时效期间继续计算。

　　第 20 条　　申请执行时效因申请执行、当事人双方达成和解协议、当事人一方提出履行要求或者同意履行义务而中断。从中断时起，申请执行时效期间重新计算。

　　第 21 条　　生效法律文书规定债务人负有不作为义务的，申请执行时效期间从债务人违反不作为义务之日起计算。

　　【法发［2020］20 号】　　最高人民法院关于依法妥善审理涉新冠肺炎疫情民事案件若干问题的指导意见（三）（2020 年 6 月 8 日印发施行；涉港澳台参照本意见）

　　5. 根据《中华人民共和国民事诉讼法》第 239 条（现第 250 条）和《最高人

民法院关于适用〈中华人民共和国民事诉讼法〉的解释》第 547 条（现第 545 条）的规定，当事人申请承认和执行外国法院作出的发生法律效力的判决、裁定或者外国仲裁裁决的期间为 2 年。在时效期间的最后 6 个月内，当事人因疫情或者疫情防控措施不能提出承认和执行申请，依据《中华人民共和国民法总则》第 194 条第 1 款①第 1 项规定主张时效中止的，人民法院应予支持。

【法释［2022］11 号】 最高人民法院关于适用《中华人民共和国民事诉讼法》的解释（"法释［2015］5 号"公布，2015 年 2 月 4 日起施行；根据法释［2020］20 号《决定》修正，2021 年 1 月 1 日起施行；2022 年 3 月 22 日最高法审委会［1866 次］修正，2022 年 4 月 1 日公布，2022 年 4 月 10 日起施行；以本规为准）

第 466 条　申请恢复执行原生效法律文书，适用民事诉讼法第 246 条（现第 250 条）申请执行期间的规定。申请执行期间因达成执行中的和解协议而中断，其期间自和解协议约定履行期限的最后一日起重新计算。

第 481 条　申请执行人超过申请执行时效期间向人民法院申请强制执行的，人民法院应予受理。被执行人对申请执行时效期间提出异议，人民法院经审查异议成立的，裁定不予执行。

被执行人履行全部或者部分义务后，又以不知道申请执行时效期间届满为由请求执行回转的，人民法院不予支持。

第 515 条　债权人根据民事诉讼法第 261 条（现第 265 条）规定请求人民法院继续执行的，不受民事诉讼法第 246 条（现第 250 条）规定申请执行时效期间的限制。

第 517 条（第 2 款）　依照前款规定终结执行后，申请执行人发现被执行人有可供执行财产的，可以再次申请执行。再次申请不受申请执行时效期间的限制。

第 518 条　因撤销申请而终结执行后，当事人在民事诉讼法第 246 条（现第 250 条）规定的申请执行时效期间内再次申请执行的，人民法院应当受理。

第 545 条　当事人申请承认和执行外国法院作出的发生法律效力的判决、裁定或者外国仲裁裁决的期间，适用民事诉讼法第 246 条（现第 250 条）的规定。

当事人仅申请承认而未同时申请执行的，申请执行的期间自人民法院对承认申请作出的裁定生效之日起重新计算。

---

① 现《民法典》第 194 条第 1 款：在诉讼时效期间的最后 6 个月内，因下列障碍，不能行使请求权的，诉讼时效中止：（一）不可抗力；（二）……

● **指导案例**　**【法［2014］327 号】**　**最高人民法院第 8 批指导性案例**（2014 年 12 月 18 日）

（指导案例 37 号） 上海金纬机械制造有限公司与瑞士瑞泰克公司仲裁裁决执行复议案（上海高院［2009］沪高执复议字第 2 号执行裁定）

裁判要点：……当事人申请法院强制执行的时效期间，应当自发现被申请执行人或者其财产在我国领域内之日起算。

● **入库案例**　**【2023-17-5-203-009】**　**四川某工程公司与北川某科技公司执行监督案**（2021.09.17/［2021］最高法执监 342 号）

裁判要旨：生效判决判令双方当事人互负债务且没有先后履行顺序，原则上只有当申请执行的债权人已经履行给付义务或提出给付的，人民法院才可以开始对对方强制执行。故该申请执行人申请执行的，表明其对该判决中确定的己方义务无异议并同意履行，进入执行程序后将导致对方的申请执行时效发生中断的法律效果，且在执行程序中一直处于中断状态。对方申请执行时前一个执行程序尚未终结的，未超过申请执行时效。

（本书汇）【执行立案】

第 251 条　**【执行通知】**执行员接到申请执行书或者移交执行书，应当在 10 日内了解案情，并[19910409] 向被执行人发出执行通知，~~责令其在指定的期间履行，~~并可以立即采取强制执行措施~~/逾期不履行的，强制执行~~[20130101]。

（新增）[20080401] ~~被执行人不履行法律文书确定的义务，并有可能隐匿、转移财产的，执行员可以立即采取强制执行措施。~~[20130101]

● **相关规定**　**【法释［1998］15 号】**　**最高人民法院关于人民法院执行工作若干问题的规定（试行）**（1998 年 6 月 11 日最高法审委会［992 次］通过，1998 年 7 月 8 日公布施行；根据法释［2020］21 号《决定》修正，2021 年 1 月 1 日起施行；以本规为准）①

四、执行前的准备

22. 人民法院应当在收到申请执行书或者移交执行书/决定受理执行案件后 10

---

① 本《规定》自 1998 年 7 月 8 日公布试行 22 年多，至 2020 年 12 月 23 日修正，仍为"试行"。

日/3 日内发出执行通知。

执行通知中除应责令被执行人履行法律文书确定的义务外，还应通知其承担民事诉讼法第 253 条（现第 264 条）规定的迟延履行利息/债务利息或者迟延履行金。

23. 执行通知书的送达，适用民事诉讼法关于送达的规定。

24. 被执行人未按执行通知书指定的期间履行生效法律文书确定的义务的，应当及时采取执行措施。

在执行通知书指定的期限内，被执行人转移、隐匿、变卖、毁损财产的，应当立即采取执行措施。

人民法院采取执行措施，应当制作相应法律文书/裁定书，送达被执行人。

25. 人民法院执行非诉讼生效法律文书，必要时可向制作生效法律文书的机构调取卷宗材料。

28.（第 1 款） 申请执行人应当向人民法院提供其所了解的被执行人的财产状况或线索。被执行人必须如实向人民法院报告其财产状况。

72.（第 3 款） 上级法院认为请求复议的理由不成立，而下级法院仍不纠正的，上级法院可直接作出裁定或决定予以纠正，送达有关法院及当事人，并可直接向有关单位发出协助执行通知书。

【法发〔2006〕35 号】 最高人民法院关于人民法院办理执行案件若干期限的规定（2006 年 12 月 23 日印发，2007 年 1 月 1 日起施行；同文号印发《关于人民法院执行公开的若干规定》）

第 2 条 人民法院应当在立案后 7 日内确定承办人。

第 3 条 承办人收到案件材料后，经审查认为情况紧急、需立即采取执行措施的，经批准后可立即采取相应的执行措施。

第 4 条 承办人应当在收到案件材料后 3 日内向被执行人发出执行通知书，通知被执行人按照有关规定申报财产，责令被执行人履行生效法律文书确定的义务。

被执行人在指定的履行期间内有转移、隐匿、变卖、毁损财产等情形的，人民法院在获悉后应当立即采取控制性执行措施。

【法释〔2008〕13 号】 最高人民法院关于适用《中华人民共和国民事诉讼法》执行程序若干问题的解释（2008 年 9 月 8 日最高法审委会〔1452 次〕通过，2008 年 11 月 3 日公布，2009 年 1 月 1 日起施行；根据法释〔2020〕21 号《决定》修正，2021 年 1 月 1 日起施行。以本规为准）

第 2 条 对 2 个以上人民法院都有管辖权的执行案件，人民法院在立案前发现其他有管辖权的人民法院已经立案的，不得重复立案。

立案后发现其他有管辖权的人民法院已经立案的，应当撤销案件；已经采取执行措施的，应当将控制的财产交先立案的执行法院处理。

第 22 条　执行员依照民事诉讼法第 240 条（现第 251 条）规定立即采取强制执行措施的，可以同时或者自采取强制执行措施之日起 3 日内发送执行通知书。

【法发［2014］26 号】　最高人民法院关于执行案件立案、结案若干问题的意见（2014 年 12 月 17 日印发，2015 年 1 月 1 日起施行）（余见本书第 22 章"执行结案"专辑）

第 1 条　本意见所称执行案件包括执行实施类案件和执行审查类案件。

执行实施类案件是指人民法院因申请执行人申请、审判机构移送、受托、提级、指定和依职权，对已发生法律效力且具有可强制执行内容的法律文书所确定的事项予以执行的案件。

执行审查类案件是指在执行过程中，人民法院审查和处理执行异议、复议、申诉、请示、协调以及决定执行管辖权的移转等事项的案件。

第 2 条　执行案件统一由人民法院立案机构进行审查立案，人民法庭经授权执行自审案件的，可以自行审查立案，法律、司法解释规定可以移送执行的，相关审判机构可以移送立案机构办理立案登记手续。

立案机构立案后，应当依照法律、司法解释的规定向申请人发出执行案件受理通知书。

第 3 条　人民法院对符合法律、司法解释规定的立案标准的执行案件，应当予以立案，并纳入审判和执行案件统一管理体系。

人民法院不得有审判和执行案件统一管理体系之外的执行案件。

任何案件不得以任何理由未经立案即进入执行程序。

第 4 条　立案机构在审查立案时，应当按照本意见确定执行案件的类型代字和案件编号，不得违反本意见创设案件类型代字。

第 5 条　执行实施类案件类型代字为"执字"，按照立案时间的先后顺序确定案件编号，单独进行排序；但执行财产保全裁定的，案件类型代字为"执保字"，按照立案时间的先后顺序确定案件编号，单独进行排序；恢复执行的，案件类型代字为"执恢字"，按照立案时间的先后顺序确定案件编号，单独进行排序。

第 6 条　（分别见本书第 240 条、第 241 条、第 268 条）

第 7 条　除下列情形外，人民法院不得人为拆分执行实施案件：

（一）生效法律文书确定的给付内容为分期履行的，各期债务履行期间届满，被执行人未自动履行，申请执行人可分期申请执行，也可以对几期或全部到期债权一并申请执行；

（二）生效法律文书确定有多个债务人各自单独承担明确的债务的，申请执行人可以对每个债务人分别申请执行，也可以对几个或全部债务人一并申请执行；

（三）生效法律文书确定有多个债权人各自享有明确的债权的（包括按份共有），每个债权人可以分别申请执行；

（四）申请执行赡养费、扶养费、抚养费的案件，涉及金钱给付内容的，人民法院应当根据申请执行时已发生的债权数额进行审查立案，执行过程中新发生的债权应当另行申请执行；涉及人身权内容的，人民法院应当根据申请执行时义务人未履行义务的事实进行审查立案，执行过程中义务人延续消极行为的，应当依据申请执行人的申请一并执行。

第8条 执行审查类案件按下列规则确定类型代字和案件编号：

（一）执行异议案件类型代字为"执异字"，按照立案时间的先后顺序确定案件编号，单独进行排序；

（二）执行复议案件类型代字为"执复字"，按照立案时间的先后顺序确定案件编号，单独进行排序；

（三）执行监督案件类型代字为"执监字"，按照立案时间的先后顺序确定案件编号，单独进行排序；

（四）执行请示案件类型代字为"执请字"，按照立案时间的先后顺序确定案件编号，单独进行排序；

（五）执行协调案件类型代字为"执协字"，按照立案时间的先后顺序确定案件编号，单独进行排序。

第9-10、24-25条，第11-13、26-28条 （分别见本书第236条、第246条）

第18条 执行实施案件立案后，有下列情形之一的，可以以"销案"方式结案：（一）被执行人提出管辖异议，经审查异议成立，将案件移送有管辖权的法院或申请执行人撤回申请的；（二）发现其他有管辖权的人民法院已经立案在先的；（三）受托法院报经高级人民法院同意退回委托的。

第20条 执行实施案件立案后，经审查发现不符合《最高人民法院关于人民法院执行工作若干问题的规定（试行）》第18条规定的受理条件，裁定驳回申请的，以"驳回申请"方式结案。

第21条 （见本书第109条）

【苏高法［2018］86号】 江苏省高级人民法院关于执行疑难问题的解答（2018年6月12日）

十、执行程序中，如何送达相关法律文书？

　　在审判、执行阶段，当事人提供送达地址确认书的，应当向送达地址确认书确认的地址进行送达。委托代理人的，代理人确认的送达地址视为当事人的送达地址。同意电子送达的，可以采用传真、电子信箱、微信号、手机短信等方式进行送达，或者以诉讼服务平台、微信公众号等平台为依托进行电子送达。

　　因当事人提供的送达地址不准确、送达地址变更未书面告知人民法院，导致法律文书未能被受送达人实际接收的，直接送达的，法律文书留在该地址之日为送达之日；邮寄送达的，文书被退回之日为送达之日。

　　当事人未确认送达地址或以拒接电话、避而不见送达人员、搬离原住所等躲避、规避送达，人民法院不能或无法要求其确认送达地址的，可以分别以下列情形处理：1. 当事人在诉讼所涉及的合同、往来函件中对送达地址有明确约定的，以约定的地址为送达地址；2. 没有约定的，以当事人在执行立案时或执行程序中提交的书面材料中载明的地址为送达地址；3. 没有约定、当事人也未提交书面材料或者书面材料中未载明地址的，以 1 年内进行其他诉讼、仲裁、执行案件中提供的地址为送达地址；4. 无以上情形的，以当事人 1 年内进行民事活动时经常使用的地址为送达地址。人民法院按照上述地址进行送达的，可以同时以电话、微信等方式通知受送达人。依上述方式仍不能确认送达地址的，自然人以其户籍登记的住所或者在经常居住地登记的住址为送达地址，法人或者其他组织以其工商登记或其他依法登记、备案的住所地为送达地址。以上述地址送达的为有效送达，无需公告送达。

　　对于移动通信工具能够接通但无法直接送达、邮寄送达的，除裁定书外，可以采取电话送达的方式，由送达人员告知当事人诉讼文书内容，并记录拨打、接听电话号码、通话时间、送达诉讼文书内容，通话过程应当录音以存卷备查。

　　在送达工作中，可以借助基层组织的力量和社会力量，加强与基层组织和有关部门的沟通、协调，为做好送达工作创造良好的外部环境。有条件的地方可以要求基层组织协助送达，并可适当支付费用。

　　十一、被执行人送达地址不明的，如何送达询价或评估报告？

　　因被执行人拒不提供送达地址或因被执行人下落不明无法获知送达地址的，询价或评估报告无需公告送达，可采取被执行人的近亲属转交、张贴在被执行人所在自然村或小区公共活动场所、邮寄至生效法律文书载明的被执行人住所地等方式送达。

　　向利害关系人送达询价或评估报告时，参照对被执行人的送达方式。

【法释〔2022〕11号】 最高人民法院关于适用《中华人民共和国民事诉讼法》的解释（"法释〔2015〕5号"公布，2015年2月4日起施行；根据法释〔2020〕20号《决定》修正，2021年1月1日起施行；2022年3月22日最高法审委会〔1866次〕修正，2022年4月1日公布，2022年4月10日起施行；以本规为准）

第480条 人民法院应当在收到申请执行书或者移交执行书后10日内发出执行通知。

执行通知中除应责令被执行人履行法律文书确定的义务外，还应通知其承担民事诉讼法第260条（现第264条）规定的迟延履行利息或者迟延履行金。

● **文书格式** **【法〔2016〕221号】 民事诉讼文书样式**（2016年2月22日最高法审委会〔1679次〕通过，2016年6月28日公布，2016年8月1日起施行）（本书对格式略有调整）

受理案件通知书（执行立案后通知申请执行人）

（××××）……执……号

×××：

×××与×××……（写明案由）一案，本院（或其他生效法律文书的作出机关）作出的（××××）……号民事判决（或其他生效法律文书）已发生法律效力。你/你单位向本院申请执行。经审查，该申请符合法定受理条件，本院决定立案执行。（如为移送执行案件，写明：）××××移送执行，本院决定立案执行。现将有关事宜通知如下：

一、请补充提交被执行人名下财产情况。

二、本案由法官/执行员×××负责执行。

特此通知。

联系人、联系电话：……　　　　本院地址、邮编：……

×年×月×日（院印）

提供被执行人财产状况通知书（通知申请执行人）

（××××）……执……号

×××：

你/你单位申请本院执行与×××……（写明案由）一案，依照《最高人民法院关于人民法院执行工作若干问题的规定（试行）》第28条[①]第1款规定，通知你/你单位向本院提供被执行人×××的财产状况。

---

① 注：该条规定已被废止。

如不能提供有关被执行人×××财产状况的证据或线索，本院又未能查到可供执行的财产，将依照《最高人民法院关于适用〈中华人民共和国民事诉讼法〉的解释》第 517 条第 1 款规定终结本次执行程序。

特此通知。

联系人、联系电话：……　　　　本院地址、邮编：……

×年×月×日（院印）

执行通知书（通知被执行人）

（××××）……执……号

×××：

你/你单位与×××……（写明案由）一案，本院（或其他生效法律文书的作出机关）（××××）……号民事判决（或写明其他生效法律文书）已发生法律效力。申请执行人（或委托、移送、报请执行的单位）×××于×年×月×日向本院申请/委托/移送/报请强制执行，本院于×年×月×日立案。依照《中华人民共和国民事诉讼法》第 251 条、《最高人民法院关于人民法院执行工作若干问题的规定（试行）》第 22 条规定，责令你/你单位履行下列义务：

……（写明案件受理费、其他诉讼费用、申请执行费的数额等）

开户银行：××××　　账户名称：××××　　账　　号：……

特此通知。

联系人、联系电话：……　　　　本院地址、邮编：……

×年×月×日（院印）

风险提示：

根据《最高人民法院关于公布失信被执行人名单信息的若干规定》第 1 条的规定，被执行人有履行能力而不履行生效法律文书确定的义务并具有下列情形之一的，人民法院将其纳入失信被执行人名单，依法对其进行信用惩戒（逐项逐行列写）：（1）以伪造证据、暴力、威胁等方法妨碍、抗拒执行的；（2）以虚假诉讼、虚假仲裁或者以隐匿、转移财产等方法规避执行的；（3）违反财产报告制度的；（4）违反限制高消费令的；（5）被执行人无正当理由拒不履行执行和解协议的；（6）其他有履行能力而拒不履行生效法律文书确定义务的。

第三编　第二十章

第二十一章　执行措施

> 　　**第 252 条**²⁰⁰⁸⁰⁴⁰¹　　【被执行人报告财产】被执行人未按执行通知履行法律文书确定的义务，应当报告当前以及收到执行通知之日前 1 年的财产情况。被执行人拒绝报告或者虚假报告的，人民法院可以根据情节轻重对被执行人或者其法定代理人、有关单位的主要负责人或者直接责任人员予以罚款、拘留。
>
> 　　（本书汇）【被执行人财产查控】

● **相关规定**　【法释〔1998〕15 号】　　**最高人民法院关于人民法院执行工作若干问题的规定（试行）**（1998 年 6 月 11 日最高法审委会〔992 次〕通过，1998 年 7 月 8 日公布施行；根据法释〔2020〕21 号《决定》修正，2021 年 1 月 1 日起施行；以本规为准）

~~28. 申请执行人应当向人民法院提供其所了解的被执行人的财产状况或线索。被执行人必须如实向人民法院报告其财产状况。~~

~~人民法院在执行中有权向被执行人、有关机关、社会团体、企业事业单位或公民个人，调查了解被执行人的财产状况，对调查所需的材料可以进行复制、抄录或拍照，但应当依法保密。~~

~~29. 为查明被执行人的财产状况和履行义务的能力，可以传唤被执行人或被执行人的法定代表人或负责人到人民法院接受询问。~~

~~30. 被执行人拒绝按人民法院的要求提供其有关财产状况的证据材料的，人民法院可以按照民事诉讼法第 227 条的规定进行搜查。~~

~~31. 人民法院依法搜查时，对被执行人可能存放隐匿的财物及有关证据材料的处所、箱柜等，经责令被执行人开启而拒不配合的，可以强制开启。~~

【法发〔2006〕35 号】　　**最高人民法院关于人民法院执行公开的若干规定**（2006 年 12 月 23 日印发，2007 年 1 月 1 日起施行；同文号印发《关于人民法院办理执行案件若干期限的规定》）（详见本书第 19 章"执行公开"专辑）

第 7 条　人民法院对申请执行人提供的财产线索进行调查后，应当及时将调查结果告知申请执行人；对依职权调查的被执行人财产状况和被执行人申报的财产状况，应当主动告知申请执行人。

第 8 条　人民法院采取查封、扣押、冻结、划拨等执行措施的，应当依法制作裁定书送达被执行人，并在实施执行措施后将有关情况及时告知双方当事人，或者以方便当事人查询的方式予以公开。

【法发〔2006〕35 号】　最高人民法院关于人民法院办理执行案件若干期限的规定（2006 年 12 月 23 日印发，2007 年 1 月 1 日起施行；同文号印发《关于人民法院执行公开的若干规定》）

第 5 条　承办人应当在收到案件材料后 3 日内通知申请执行人提供被执行人财产状况或财产线索。

第 6 条　申请执行人提供了明确、具体的财产状况或财产线索的，承办人应当在申请执行人提供财产状况或财产线索后 5 日内进行查证、核实。情况紧急的，应当立即予以核查。

申请执行人无法提供被执行人财产状况或财产线索，或者提供财产状况或财产线索确有困难，需人民法院进行调查的，承办人应当在申请执行人提出调查申请后 10 日内启动调查程序。

根据案件具体情况，承办人一般应当在 1 个月内完成对被执行人收入、银行存款、有价证券、不动产、车辆、机器设备、知识产权、对外投资权益及收益、到期债权等资产状况的调查。

【法释〔2008〕13 号】　最高人民法院关于适用《中华人民共和国民事诉讼法》执行程序若干问题的解释（2008 年 9 月 8 日最高法审委会〔1452 次〕通过，2008 年 11 月 3 日公布，2009 年 1 月 1 日起施行；根据法释〔2020〕21 号《决定》修正，2021 年 1 月 1 日起施行。以本规为准）

第 31 条　人民法院依照民事诉讼法第 217 条规定责令被执行人报告财产情况的，应当向其发出报告财产令。报告财产令中应当写明报告财产的范围、报告财产的期间、拒绝报告或者虚假报告的法律后果等内容。

第 32 条　被执行人依照民事诉讼法第 217 条的规定，应当书面报告下列财产情况：（一）收入、银行存款、现金、有价证券；（二）土地使用权、房屋等不动产；（三）交通运输工具、机器设备、产品、原材料等动产；（四）债权、股权、投资权益、基金、知识产权等财产性权利；（五）其他应当报告的财产。

被执行人自收到执行通知之日前 1 年至当前财产发生变动的，应当对该变动情况进行报告。

被执行人在报告财产期间履行全部债务的，人民法院应当裁定终结报告程序。

第 33 条　被执行人报告财产后，其财产情况发生变动，影响申请执行人债权

实现的，~~应当自财产变动之日起 10 日内向人民法院补充报告。~~

第 34 条　~~对被执行人报告的财产情况，申请执行人请求查询的，人民法院应当准许。申请执行人对查询的被执行人财产情况，应当保密。~~

第 35 条　~~对被执行人报告的财产情况，执行法院可以依申请执行人的申请或者依职权调查核实。~~

【法发〔2009〕15 号】　**中央政法委、最高人民法院关于规范集中清理执行积案结案标准的通知**（2009 年 3 月 19 日）（详见本书第 268 条）

二、执行法院应依法穷尽财产调查措施，并将调查结果告知申请执行人。只有在积极采取法律赋予的调查手段、穷尽对被执行人财产状况的相关调查措施之后，才可以将有关案件认定为无财产可供执行的案件。

1. 申请执行人不能提供被执行人的财产或财产线索的，执行法院应当要求被执行人进行财产申报。

被执行人进行了财产申报，或者申请执行人提供了被执行人的财产或财产线索的，执行法院必须进行调查核实。调查结果应当告知申请执行人。

如果根据有关线索认定被执行人有履行能力，但无法查到确切财产下落的，执行法院可以根据案件具体情况，采取在征信系统记录、通过媒体公布不履行义务信息等合法措施。

2. 被执行人申报无财产或申请执行人无法提供被执行人财产或财产线索的，执行法院应按照下列情况处理：

（1）被执行人是法人的，应当向有关金融机构查询银行存款，向有关房地产管理部门查询房地产登记，向法人登记机关查询股权，向有关车管部门查询车辆等。

（2）被执行人是自然人的，应当向被执行人所在单位及居住地周边群众调查了解被执行人的财产状况或财产线索，包括被执行人的经济收入来源、被执行人到期债权等。如果根据财产线索判断被执行人有较高收入，应当按照对法人的调查途径进行调查。

3. 作为被执行人的企业法人被撤销、注销、吊销营业执照或者歇业的，在申请执行人提出清算或审计申请并预交相关费用后，执行法院可以责令股东进行清算或者由执行法院委托中介机构进行审计。

4. 需要查找被执行人的案件，执行依据中记载被执行人地址或者联系方式的，必须根据该线索进行查找或联系。无其他适当线索的，被执行人是法人的，应根据登记机关的登记资料查找其负责人；被执行人是自然人的，应到其户籍所在地、住所地（暂住地）向当地公安派出所、居委会、村委会、被执行人的亲属和邻居进行调查。

【法发［2010］16号】　最高人民法院关于进一步贯彻"调解优先、调判结合"工作原则的若干意见（2010 年 6 月 7 日）

7.（第 2 款）　对被执行财产难以发现的，要充分发挥执行联动威慑机制的作用，通过限制高消费措施、被执行人报告财产制度，以及委托律师调查、强制审计、公安机关协查等方式方法，最大限度地发现被执行人的财产，敦促被执行人提出切实可行的还款计划。

【法［2011］195号】　最高人民法院关于依法制裁规避执行行为的若干意见（2011 年 5 月 27 日）

一、强化财产报告和财产调查，多渠道查明被执行人财产

1. 严格落实财产报告制度。对于被执行人未按执行通知履行法律文书确定义务的，执行法院应当要求被执行人限期如实报告财产，并告知拒绝报告或者虚假报告的法律后果。对于被执行人暂时无财产可供执行的，可以要求被执行人定期报告。

2. 强化申请执行人提供财产线索的责任。各地法院可以根据案件的实际情况，要求申请执行人提供被执行人的财产状况或者财产线索，并告知不能提供的风险。各地法院也可根据本地的实际情况，探索尝试以调查令、委托调查函等方式赋予代理律师法律规定范围内的财产调查权。

3. 加强人民法院依职权调查财产的力度。各地法院要充分发挥执行联动机制的作用，完善与金融、房地产管理、国土资源、车辆管理、工商管理等各有关单位的财产查控网络，细化协助配合措施，进一步拓宽财产调查渠道，简化财产调查手续，提高财产调查效率。

4. 适当运用审计方法调查被执行人财产。被执行人未履行法律文书确定的义务，且有转移隐匿处分财产、投资开设分支机构、入股其他企业或者抽逃注册资金等情形的，执行法院可以根据申请执行人的申请委托中介机构对被执行人进行审计。审计费用由申请执行人垫付，被执行人确有转移隐匿处分财产等情形的，实际执行到位后由被执行人承担。

5. 建立财产举报机制。执行法院可以依据申请执行人的悬赏执行申请，向社会发布举报被执行人财产线索的悬赏公告。举报人提供的财产线索经查证属实并实际执行到位的，可按申请执行人承诺的标准或者比例奖励举报人。奖励资金由申请执行人承担。

二、强化财产保全措施，加大对保全财产和担保财产的执行力度

6. 加大对当事人的风险提示。各地法院在立案和审判阶段，要通过法律释明向当事人提示诉讼和执行风险，强化当事人的风险防范意识，引导债权人及时申请财产保全，有效防止债务人在执行程序开始前转移财产。

7. 加大财产保全力度。各地法院要加强立案、审判和执行环节在财产保全方面的协调配合，加大依法进行财产保全的力度，强化审判与执行在财产保全方面的衔接，降低债务人或者被执行人隐匿、转移财产的风险。

8. 对保全财产和担保财产及时采取执行措施。进入执行程序后，各地法院要加大对保全财产和担保财产的执行力度，对当事人、担保人或者第三人提出的异议要及时进行审查，审查期间应当依法对相应财产采取控制性措施，驳回异议后应当加大对相应财产的执行力度。

五、充分运用民事和刑事制裁手段，依法加强对规避执行行为的刑事处罚力度

15. 对规避执行行为加大民事强制措施的适用。被执行人既不履行义务又拒绝报告财产或者进行虚假报告、拒绝交出或者提供虚假财务会计凭证、协助执行义务人拒不协助执行或者妨碍执行、到期债务第三人提出异议后又擅自向被执行人清偿等，给申请执行人造成损失的，应当依法对相关责任人予以罚款、拘留。

【法释〔2013〕20号】 **最高人民法院关于网络查询、冻结被执行人存款的规定**（2013年8月26日最高法审委会〔1587次〕通过，2013年8月29日公布，2013年9月2日起施行）

第1条 人民法院与金融机构已建立网络执行查控机制的，可以通过网络实施查询、冻结被执行人存款等措施。

网络执行查控机制的建立和运行应当具备以下条件：（一）已建立网络执行查控系统，具有通过网络执行查控系统发送、传输、反馈查控信息的功能；（二）授权特定的人员办理网络执行查控业务；（三）具有符合安全规范的电子印章系统；（四）已采取足以保障查控系统和信息安全的措施。

第2条 人民法院实施网络执行查控措施，应当事前统一向相应金融机构报备有权通过网络采取执行查控措施的特定执行人员的相关公务证件。办理具体业务时，不再另行向相应金融机构提供执行人员的相关公务证件。

人民法院办理网络执行查控业务的特定执行人员发生变更的，应当及时向相应金融机构报备人员变更信息及相关公务证件。

第3-5条 （见本书第253条）

第6条 金融机构认为人民法院通过网络执行查控系统采取的查控措施违反相关法律、行政法规规定的，应当向人民法院书面提出异议。人民法院应当在15日内审查完毕并书面回复。

第7条 人民法院应当依据法律、行政法规规定及相应操作规范使用网络执行查控系统和查控信息，确保信息安全。

人民法院办理执行案件过程中，不得泄露通过网络执行查控系统取得的查控信息，也不得用于执行案件以外的目的。

人民法院办理执行案件过程中，不得对被执行人以外的非执行义务主体采取网络查控措施。

第 8 条　人民法院工作人员违反第 7 条规定的，应当按照《人民法院工作人员处分条例》给予纪律处分；情节严重构成犯罪的，应当依法追究刑事责任。

第 9 条　人民法院具备相应网络扣划技术条件，并与金融机构协商一致的，可以通过网络执行查控系统采取扣划被执行人存款措施。

第 10 条　人民法院与工商行政管理、证券监管、土地房产管理等协助执行单位已建立网络执行查控机制，通过网络执行查控系统对被执行人股权、股票、证券账户资金、房地产等其他财产采取查控措施的，参照本规定执行。

【法 ［2016］ 373 号】　最高人民法院关于严格规范终结本次执行程序的规定（试行）（2016 年 10 月 29 日印发，2016 年 12 月 1 日起试行）（全文见本书第 268 条）

第 2 条　本规定第 1 条第 1 项中的"责令被执行人报告财产"，是指应当完成下列事项：（一）向被执行人发出报告财产令；（二）对被执行人报告的财产情况予以核查；（三）对逾期报告、拒绝报告或者虚假报告的被执行人或者相关人员，依法采取罚款、拘留等强制措施，构成犯罪的，依法启动刑事责任追究程序。

人民法院应当将财产报告、核实及处罚的情况记录入卷。

第 9 条（第 2 款）　终结本次执行程序后的 5 年内，执行法院应当每 6 个月通过网络执行查控系统查询一次被执行人的财产，并将查询结果告知申请执行人。符合恢复执行条件的，执行法院应当及时恢复执行。

第 10 条　终结本次执行程序后，发现被执行人有可供执行财产，不立即采取执行措施可能导致财产被转移、隐匿、出卖或者毁损的，执行法院可以依申请执行人申请或依职权立即采取查封、扣押、冻结等控制性措施。

【法释 ［2017］ 8 号】　最高人民法院关于民事执行中财产调查若干问题的规定（2017 年 1 月 25 日最高法审委会 ［1708 次］ 通过，2017 年 2 月 28 日公布，2017 年 5 月 1 日起施行；根据法释 ［2020］ 21 号《决定》修正，2021 年 1 月 1 日起施行。以本规为准）

第 1 条　执行过程中，申请执行人应当提供被执行人的财产线索；被执行人应当如实报告财产；人民法院应当通过网络执行查控系统进行调查，根据案件需要应当通过其他方式进行调查的，同时采取其他调查方式。

第 2 条　申请执行人提供被执行人财产线索，应当填写财产调查表。财产线索明确、具体的，人民法院应当在 7 日内调查核实；情况紧急的，应当在 3 日内调查核实。财产线索确实的，人民法院应当及时采取相应的执行措施。

申请执行人确因客观原因无法自行查明财产的，可以申请人民法院调查。

第 3 条　人民法院依申请执行人的申请或依职权责令被执行人报告财产情况的，应当向其发出报告财产令。金钱债权执行中，报告财产令应当与执行通知同时发出。

人民法院根据案件需要再次责令被执行人报告财产情况的，应当重新向其发出报告财产令。

第 4 条　报告财产令应当载明下列事项：（一）提交财产报告的期限；（二）报告财产的范围、期间；（三）补充报告财产的条件及期间；（四）违反报告财产义务应承担的法律责任；（五）人民法院认为有必要载明的其他事项。

报告财产令应附财产调查表，被执行人必须按照要求逐项填写。

第 5 条　被执行人应当在报告财产令载明的期限内向人民法院书面报告下列财产情况：（一）收入、银行存款、现金、理财产品、有价证券；（二）土地使用权、房屋等不动产；（三）交通运输工具、机器设备、产品、原材料等动产；（四）债权、股权、投资权益、基金份额、信托受益权、知识产权等财产性权利；（五）其他应当报告的财产。

被执行人的财产已出租、已设立担保物权等权利负担，或者存在共有、权属争议等情形的，应当一并报告；被执行人的动产由第三人占有，被执行人的不动产、特定动产、其他财产权等登记在第三人名下的，也应当一并报告。

被执行人在报告财产令载明的期限内提交书面报告确有困难的，可以向人民法院书面申请延长期限；申请有正当理由的，人民法院可以适当延长。

第 6 条　被执行人自收到执行通知之日前 1 年至提交书面财产报告之日，其财产情况发生下列变动的，应当将变动情况一并报告：（一）转让、出租财产的；（二）在财产上设立担保物权等权利负担的；（三）放弃债权或延长债权清偿期的；（四）支出大额资金的；（五）其他影响生效法律文书确定债权实现的财产变动。

第 7 条　被执行人报告财产后，其财产情况发生变动，影响申请执行人债权实现的，应当自财产变动之日起 10 日内向人民法院补充报告。

第 8 条　对被执行人报告的财产情况，人民法院应当及时调查核实，必要时可以组织当事人进行听证。

申请执行人申请查询被执行人报告的财产情况的，人民法院应当准许。申请执行人及其代理人对查询过程中知悉的信息应当保密。

第 9 条　被执行人拒绝报告、虚假报告或者无正当理由逾期报告财产情况的，人民法院可以根据情节轻重对被执行人或者其法定代理人予以罚款、拘留；构成犯罪的，依法追究刑事责任。

人民法院对有前款规定行为之一的单位，可以对其主要负责人或者直接责任人员予以罚款、拘留；构成犯罪的，依法追究刑事责任。

第 10 条　被执行人拒绝报告、虚假报告或者无正当理由逾期报告财产情况的，人民法院应当依照相关规定将其纳入失信被执行人名单。

第 11 条　有下列情形之一的，财产报告程序终结：（一）被执行人履行完毕生效法律文书确定义务的；（二）人民法院裁定终结执行的；（三）人民法院裁定不予执行的；（四）人民法院认为财产报告程序应当终结的其他情形。

发出报告财产令后，人民法院裁定终结本次执行程序的，被执行人仍应依照本规定第 7 条的规定履行补充报告义务。

第 12 条　被执行人未按执行通知履行生效法律文书确定的义务，人民法院有权通过网络执行查控系统、现场调查等方式向被执行人、有关单位或个人调查被执行人的身份信息和财产信息，有关单位和个人应当依法协助办理。

人民法院对调查所需资料可以复制、打印、抄录、拍照或以其他方式进行提取、留存。

申请执行人申请查询人民法院调查的财产信息的，人民法院可以根据案件需要决定是否准许。申请执行人及其代理人对查询过程中知悉的信息应当保密。

第 13 条　人民法院通过网络执行查控系统进行调查，与现场调查具有同等法律效力。

人民法院调查过程中作出的电子法律文书与纸质法律文书具有同等法律效力；协助执行单位反馈的电子查询结果与纸质反馈结果具有同等法律效力。

第 14 条　被执行人隐匿财产、会计账簿等资料拒不交出的，人民法院可以依法采取搜查措施。

人民法院依法搜查时，对被执行人可能隐匿财产或者资料的处所、箱柜等，经责令被执行人开启而拒不配合的，可以强制开启。

第 15 条　为查明被执行人的财产情况和履行义务的能力，可以传唤被执行人或被执行人的法定代表人、负责人、实际控制人、直接责任人员到人民法院接受调查询问。

对必须接受调查询问的被执行人、被执行人的法定代表人、负责人或者实际控制人，经依法传唤无正当理由拒不到场的，人民法院可以拘传其到场；上述人员下落不明的，人民法院可以依照相关规定通知有关单位协助查找。

第 16 条　人民法院对已经办理查封登记手续的被执行人机动车、船舶、航空器等特定动产未能实际扣押的，可以依照相关规定通知有关单位协助查找。

第 17 条 作为被执行人的法人或其他非法人组织不履行生效法律文书确定的义务，申请执行人认为其有拒绝报告、虚假报告财产情况，隐匿、转移财产等逃避债务情形或者其股东、出资人有出资不实、抽逃出资等情形的，可以书面申请人民法院委托审计机构对该被执行人进行审计。人民法院应当自收到书面申请之日起 10 日内决定是否准许。

第 18 条 人民法院决定审计的，应当随机确定具备资格的审计机构，并责令被执行人提交会计凭证、会计账簿、财务会计报告等与审计事项有关的资料。

被执行人隐匿审计资料的，人民法院可以依法采取搜查措施。

第 19 条 被执行人拒不提供、转移、隐匿、伪造、篡改、毁弃审计资料，阻挠审计人员查看业务现场或者有其他妨碍审计调查行为的，人民法院可以根据情节轻重对被执行人或其主要负责人、直接责任人员予以罚款、拘留；构成犯罪的，依法追究刑事责任。

第 20 条 审计费用由提出审计申请的申请执行人预交。被执行人存在拒绝报告或虚假报告财产情况，隐匿、转移财产或者其他逃避债务情形的，审计费用由被执行人承担；未发现被执行人存在上述情形的，审计费用由申请执行人承担。

第 21 条 被执行人不履行生效法律文书确定的义务，申请执行人可以向人民法院书面申请发布悬赏公告查找可供执行的财产。申请书应当载明下列事项：（一）悬赏金的数额或计算方法；（二）有关人员提供人民法院尚未掌握的财产线索，使该申请执行人的债权得以全部或部分实现时，自愿支付悬赏金的承诺；（三）悬赏公告的发布方式；（四）其他需要载明的事项。

人民法院应当自收到书面申请之日起 10 日内决定是否准许。

第 22 条 人民法院决定悬赏查找财产的，应当制作悬赏公告。悬赏公告应当载明悬赏金的数额或计算方法、领取条件等内容。

悬赏公告应当在全国法院执行悬赏公告平台、法院微博或微信等媒体平台发布，也可以在执行法院公告栏或被执行人住所地、经常居住地等处张贴。申请执行人申请在其他媒体平台发布，并自愿承担发布费用的，人民法院应当准许。

第 23 条 悬赏公告发布后，有关人员向人民法院提供财产线索的，人民法院应当对有关人员的身份信息和财产线索进行登记；2 人以上提供相同财产线索的，应当按照提供线索的先后顺序登记。

人民法院对有关人员的身份信息和财产线索应当保密，但为发放悬赏金需要告知申请执行人的除外。

第 24 条 有关人员提供人民法院尚未掌握的财产线索，使申请发布悬赏公告的申请执行人的债权得以全部或部分实现的，人民法院应当按照悬赏公告发放悬赏金。

悬赏金从前款规定的申请执行人应得的执行款中予以扣减。特定物交付执行或者存在其他无法扣减情形的，悬赏金由该申请执行人另行支付。

有关人员为申请执行人的代理人、有义务向人民法院提供财产线索的人员或者存在其他不应发放悬赏金情形的，不予发放。

第 25 条　执行人员不得调查与执行案件无关的信息，对调查过程中知悉的国家秘密、商业秘密和个人隐私应当保密。

【法发〔2019〕34 号】　最高人民法院、司法部、中华全国律师协会关于深入推进律师参与人民法院执行工作的意见（2019 年 12 月 25 日）

5. 充分发挥律师在执行调查中的作用。申请执行人的代理律师可以协助申请执行人向人民法院提供所了解的被执行人的财产状况或线索，申请人民法院进行调查，必要时，可以向人民法院申请发布悬赏公告或委托审计机构进行审计。被执行人的代理律师应当告知被执行人有向人民法院如实报告财产的义务，并向其说明拒不报告、虚假报告或逾期报告财产的法律后果。

人民法院应当通过执行网络查控系统和其他必要方式开展执行调查。要依法保障律师调查取证的权利，进一步拓宽执行调查方式和渠道，研究建立委托律师调查相关工作机制。

【法〔2021〕322 号】　最高人民法院关于进一步完善执行权制约机制 加强执行监督的意见（2021 年 12 月 6 日）

13. 依法及时查封财产。执行部门收到立案部门移送的案件材料后，必须在 5 个工作日内通过"总对总""点对点"网络查控系统对被执行人财产发起查询，查询范围应覆盖系统已开通查询功能的全部财产类型。经线上查询反馈被执行人名下有财产可供执行的，应当立即采取控制措施，无法线上采取控制措施的，应当在收到反馈结果后 3 个工作日内采取控制措施。申请执行人或者案外人提供财产线索明确、具体，情况紧急的，应在 24 小时内启动调查核实，经查属实的，应当立即采取控制措施。有效解决消极、拖延执行、选择性执行顽疾。

14. 同步录入财产信息。人民法院必须将全部已查控财产统一纳入节点管控范围，对于通过网络查控系统线上控制到的财产，财产信息同步自动录入执行案件流程管理系统；对于线下查控到的财产，执行人员应当及时将财产信息手动录入执行案件流程管理系统。财产查控信息应及时向当事人推送，彻底消除查控财产情况不公开不透明、规避监管和"体外循环"现象。

24.（第 2 款）　依法穷尽必要的合理的财产调查措施。必须使用"总对总""点对点"网络查控系统全面核查财产情况；当事人提供财产线索的，应当及时核查，有财产的立即采取控制措施；有初步线索和证据证明被执行人存在规避执行、逃避执行嫌疑的，人民法院应当根据申请执行人申请采取委托专项审计、搜查等措施，符合条件的，应当采取罚款、司法拘留或者追究拒执罪等措施。

（第 3 款） 执行中已查控到财产的，人民法院应当依法及时推进变价处置程序，不得滥用《最高人民法院关于严格规范终结本次执行程序的规定（试行）》第 4 条关于"发现的财产不能处置"的规定，不得以申请执行人未申请拍卖为由不进行处置而终结本次执行程序；不得对轮候查封但享有优先权的财产未经法定程序商请首封法院移送处置权而终结本次执行程序。

● **书刊案例** 【**法报〔2022〕12 月**】 **刘某某辱骂和威胁执行干警被罚款案**（人民法院报 2022 年 12 月 20 日第 7 版）

案情摘要： 2021 年 6 月，四川省丹棱县人民法院依法审理刘某某与王某某借款纠纷案。双方达成调解协议后，刘某某未在约定期限内归还欠款。案件进入执行程序后，执行干警依法向刘某某送达了执行通知书、报告财产令等法律文书，但刘某某未在法律规定的期限内向法院申报个人财产，也未履行还款义务。2022年 3 月，执行干警联系刘某某，要求其尽快履行还款义务，并告知其拒不履行生效法律文书可能面临的法律后果。刘某某明确表示拒绝还钱，并言语辱骂、威胁执行干警。丹棱法院根据《民事诉讼法》第 114 条第 1 款第 4 项对刘某某作出罚款 5000 元的处罚决定①，刘某某对处罚结果未提出异议。

● **文书格式** 【**法〔2016〕221 号**】 **民事诉讼文书样式**（2016 年 2 月 22 日最高法审委会〔1679 次〕通过，2016 年 6 月 28 日公布，2016 年 8 月 1 日起施行）

（本书对格式略有调整）

报告财产令（命令被执行人报告财产）

（××××）……执……号

×××：

本院于×年×月×日立案执行×××与×××……（写明案由）一案，已向你/你单位送达执行通知书。你/你单位未履行义务，应当限期如实报告财产。依照《中华人民共和国民事诉讼法》第 252 条，《最高人民法院关于适用〈中华人民共和国民事诉讼法〉执行程序若干问题的解释》第 31-33 条规定，责令你/你单位在收到此令后×日内，如实向本院报告当前以及收到执行通知之日前 1 年的财产情况。执行中，如果财产状况发生变动，应当自财产变动之日起 10 日内向本院补充报告。

拒绝报告或者虚假报告，本院将根据情节轻重采取罚款、拘留等措施。

---

① 本书认为：本案完全可以直接依据民事诉讼法第 248 条对当事人拒绝报告财产情况的行为进行司法处罚，却绕道适用民事诉讼法第 114 条第 1 款第 4 项，反而有处罚失当之嫌。

此令

联系人、联系电话：……　　　　本院地址、邮编：……

附：被执行人财产申报表

×年×月×日（院印）

被执行人财产申报表（被执行人报告财产）

××人民法院：

根据你院（××××）……执……号报告财产令，被执行人×××现向你院申报财产如下：

被执行人基本情况	证件号（身份证或组织机构代码证等）	
	住址（或住所）	
	联系电话	
当前财产情况	现金、银行存款、收入等	
	不动产（土地使用权、房屋等）	
	动产（交通运输工具、机器设备、产品、原材料等）	
	财产性权益（债权、股权、股票、债券、投资权益、基金份额、知识产权等）	
	其他财产情况	
一年内财产变动情况		

被执行人（签名或者盖章）
×年×月×日

第 253 条①20130101　　**【存款、证券的执行措施与限度】**被执行人未按执行通知履行法律文书确定的义务，人民法院有权向有关银行、信用合作社和其他有储蓄业务的单位查询被执行人的存款、债券、股票、基金份额等财产情况。人民法院有权根据不同情形扣押、冻结、划拨、变价被执行人的财产/存款。人民法院查询、扣押、冻结、划拨、变价的财产/存款不得超出被执行人应当履行义务的范围。

---

① 注：本条规定为 1991 年 4 月 9 日正式颁行的《民事诉讼法》在原（试行版）第 171 条第 1 款的基础上修订、增设的内容。

人民法院决定扣押、冻结、划拨、变价财产／存款，应当作出裁定，并发出协助执行通知书，有关／银行、信用合作社和其他有储蓄业务的单位必须办理。

第171条（第1款）　人民法院为扣留、提取被执行人的储蓄存款或者劳动收入而发出的协助执行通知书，有关单位必须按照办理。[19910409]

第179条　执行企业事业单位、机关、团体的存款，由银行、信用合作社根据人民法院的协助执行通知书划拨或者转交。[19910409]

第254条[19910409]　【收入的执行措施与限度】

被执行人未按执行通知履行法律文书确定的义务，人民法院有权／决定扣留、提取被执行人应当履行义务部分的劳动收入。但应当保留被执行人及其所扶养／供养家属的生活必需费用。

（新增）人民法院扣留、提取收入时，应当作出裁定，并发出协助执行通知书，被执行人所在单位、银行、信用合作社和其他有储蓄业务的单位必须办理。

第255条[19910409]　【其他财产的执行措施与限度】

被执行人未按执行通知履行法律文书确定的义务，人民法院有权查封、扣押、冻结、拍卖、变卖被执行人应当履行义务部分的财产。但应当保留被执行人必要的生产工具和他本人及其所扶养／供养家属的生活必需品。

采取前款措施，人民法院应当作出裁定／必须经人民法院院长批准。

（插）第261条[19910409]　【不动产的执行措施】

强制迁出房屋或者强制退出土地，由院长签发公告，责令／通知被执行人在指定期间／期限内履行。被执行人逾期不履行的，由执行员强制执行。

强制执行时，被执行人是公民的，应当通知被执行人或者他的成年家属应当到场；被执行人是法人或者其他组织的，应当通知其法定代表人或者主要负责人到场。拒不到场的，不影响执行。被执行人是公民的，其工作单位或者／和房屋、土地所在地的基层组织应当派人参加。执行员应当将强制执行情况记入笔录，由在场人签名或者盖章。

　　强制迁出房屋被搬出/~~执行~~的财物，由人民法院派人运至指定处所，交给被执行人~~或者他的成年家属~~。被执行人是公民的，也可以交给他的成年家属。因拒绝接收而造成的损失，由被执行人承担。

　　（插）　第 265 条[19910409]　　**【继续执行】**　人民法院采取本法第 253 条、第 254 条、第 255 条规定的执行措施后，被执行人仍不能偿还债务的，应当继续履行义务。债权人发现被执行人有其他财产的，可以随时请求人民法院执行。

● **相关规定**　　　　　　　（账户存款、资金、收入）

　　【法经［1992］42 号】　最高人民法院经济审判庭关于广东省江门市富田农工商经理部诉海南省海南宁赣贸易公司购销合同一案中法院可否冻结银行承兑汇票问题的复函（1992 年 3 月 24 日答复广东高院"［1991］粤法经请字第 5 号"请示）

　　你院请示中的持票人海南机设信托投资股份（集团）有限公司经海南宁赣贸易公司背书，并且给付对价后取得编号为×18421208 的银行承兑汇票，根据《银行结算办法》有关银行承兑汇票的规定和中国人民银行银发［1991］258 号《关于加强商业汇票管理的通知》第 6 条的规定，有权持票要求承兑银行兑付，法院不得冻结该汇票。另外，持票人海南机设信托投资股份（集团）有限公司的前手海南宁赣贸易公司经背书转让了票据权利，现已无权将汇票返还签发银行。承兑银行应向承兑申请人追回欠款。富田经理部可以合同纠纷向宁赣公司追回欠款。

　　【法经［1992］169 号】　最高人民法院经济审判庭关于大庆市中级人民法院、望奎县人民法院对大同市中级人民法院已经实施冻结的银行存款及扣押的财产擅自扣划启封问题的复函（1992 年 11 月 4 日答复山西高院"［1990］晋法经字第 5 号"、黑龙江高院"黑法经字［1991］158 号"请示）

　　大同市中级人民法院在审理山西省石油公司大同分公司（下称"大同分公司"）诉黑龙江省大庆市牧工商联合公司炼油厂（下称"炼油厂"，系刘清波个人开办，未经当地工商行政管理局注册登记）购销合同纠纷案中，于 1989 年 10 月 10 日以［1989］法经裁字第 66 号裁定冻结了炼油厂 270 万元银行存款（该帐户实际存款仅有 16.1 万元）。刘清波为了偿还欠款，以欺诈手段，与吉林省石油公司双辽支公司签订了一份购销 500 吨柴汽油的合同。10 月 28 日，吉林省石油公司双辽支公司将 70 万元货款汇入该帐户中。对这笔货款，大庆市中级人民法院于 11 月 8 日先以便函通知被告开户行不准扣划，1990 年 1 月 5 日又以［1989］

经裁字第 23 号先行给付裁定和［1990］执划字第 1 号扣划存款通知扣划退还给了吉林省石油公司双辽支公司。1990 年 3 月 19 日，刘清波被招聘为望奎县石油化工厂负责人。5 月 20 日，刘清波擅自以该厂的全部资产作为对大同分公司债务的担保。大同市中级人民法院于 1990 年 6 月 23 日依据刘清波提供的债务担保查封扣押了望奎县石油化工厂的 2 台油槽车。但这一被查封、扣押物，又被望奎县政府于 1990 年 10 月 30 日擅自解封，退还给了望奎县石油化工厂。望奎县人民法院参与了这项活动。

大庆市中级人民法院扣划已经大同市中级人民法院冻结的当事人银行帐户上的存款和望奎县人民法院参与当地县政府擅自解封已经大同市中级人民法院查封、扣押的财产尽管有一定原因，刘清波骗取吉林省石油公司双辽支公司的货款及擅自以望奎县石油化工厂的资产为自己债务担保，属于无效行为，不受法律保护，受骗人的合法权益应当依法保护。但在做法上应通过两地法院依法协调处理，由大同市中级人民法院给予解封，当地法院在未征得查封法院同意前自行解封，是违反法律规定的。鉴于本案债务大部分已基本了结，对尚留债务，大庆市中级人民法院和望奎县人民法院应当积极协助大同市中级人民法院执行，并应当注意今后不要再发生类似问题。

【法（经）复［1990］15 号】　最高人民法院关于军队单位作为经济纠纷案件的当事人可否对其银行账户上的存款采取诉讼保全和军队费用能否强行划拨偿还债务问题的批复（1990 年 10 月 9 日答复河北高院"［87］冀法请字第 5 号"、江苏高院"苏法经［1987］51 号"请示）

一、最高人民法院和中国人民银行《关于查询、冻结和扣划企事业单位、机关、团体的银行存款的通知》，同样适用于军队系统的企事业单位。

二、按照中国人民银行、中国工商银行、中国农业银行、中国人民解放军总后勤部［1985］财字第 110 号通知印发的《军队单位在银行开设帐户和存款的管理办法》中"军队工厂（矿）、农场、马场、军人服务部、省军区以上单位实行企业经营的招待所（含总部、军区、军兵种批准实行企业经营的军以下单位招待所）和企业的上级财务主管部门等单位，开设'特种企业存款，有息存款'"的规定，军队从事生产经营活动应当以此账户结算。因此，在经济纠纷诉讼中，人民法院根据对方当事人申请或者依职权有权对军队的"特种企业存款"账户的存款采取诉讼保全措施，并可依据《民事诉讼法（试行）》第 179 条的规定，对该账户的存款采取执行措施。

三、人民法院在审理经济纠纷案件过程中，如果发现军队机关或所属单位以不准用于从事经营性业务往来结算的账户从事经营性业务往来结算和经营性借贷或者担保等违反国家政策、法律的,人民法院有权依法对其账户动用的资金采取诉讼保全措施和执行措施。军队一方当事人的上级领导机关,应当协助人民法院共同查清其账户的情况,依法予以冻结或者扣划。

【银办函〔1996〕30 号】　中国人民银行关于金融机构协助冻结、扣划信用卡账户款项有关问题的批复(1996 年 2 月 17 日答复中国人民银行福建省分行"闽银〔1996〕第 006 号"请示)

信用卡账户不同于其他存款账户,冻结、扣划信用卡账户,不能立刻停止持卡人使用信用卡进行违法犯罪活动或进行消费性活动,反而会造成银行垫付资金。因此,不宜对信用卡账户采取冻结、扣划等强制措施。

【法〔1996〕83 号】　最高人民法院、最高人民检察院、公安部关于对冻结、扣划企业事业单位、机关团体在银行、非银行金融机构存款的执法活动加强监督的通知(1996 年 8 月 13 日)

一、最高人民法院、最高人民检察院、公安部发现地方各级人民法院、人民检察院、公安机关冻结、解冻、扣划有关单位在银行、非银行金融机构存款有错误时,上级人民法院、人民检察院、公安机关发现下级人民法院、人民检察院、公安机关冻结、解冻、扣划有关单位在银行、非银行金融机构存款有错误时,可以依照法定程序作出决定或者裁定,送达本系统地方各级或下级有关院、检察院、公安机关限期纠正。有关法院、检察院、公安机关应当立即执行。

二、有关法院、检察院、公安机关认为上级机关的决定或者裁定有错误的,可在收到该决定或者裁定之日起 5 日以内向作出决定或裁定的人民法院、人民检察院、公安机关请求复议。最高人民法院、最高人民检察院、公安部或上级人民法院、人民检察院、公安机关经审查,认为请求复议的理由不能成立,依法有权直接向有关银行发出法律文书,纠正各自的下级机关所作的错误决定,并通知原作出决定的机关;有关银行、非银行金融机构接到此项法律文书后,应当立即办理,不得延误,不必征得原作出决定机关的同意。

【法经〔1997〕12 号】　最高人民法院执行工作办公室关于企业职工建房集资款不属企业所得问题的函(1997 年 1 月 27 日发函湖北高院)

陕西建光机器厂给我院来函反映:你省荆沙市沙市区人民法院在执行荆沙市中级人民法院〔1996〕荆经字第 175 号生效判决时,将所有权不属于该厂的职工建房集资款 60 万元人民币予以冻结。为此,该厂向沙市区人民法院提出异议,沙市区人民法院则以此款是职工预购房款,属该厂所有为由,驳回其异议。

经审查,陕西建光机器厂为解决本厂职工住房困难,于 1995 年 12 月 15 日以集资修建职工住房方案为题下发了〔1995〕180 号文件,该文件明确了集资对象、条件及方式。经上报市房改办公室获批后，该厂按市房改办批复的要求，将上述职工个人集资款存入指定银行的专项帐户。上列事实清楚，证据充分。国务院住房制度改革领导小组办公室还专就此事致函我办，明确指出："此款其性质属于职工个人的，不应视为企业的其他资金。"请你院接到此函后，通知并监督荆沙市沙市区人民法院立即将此款解冻。

【法经［1997］32号】 最高人民法院关于法院冻结财产的户名与账号不符银行能否自行解冻的请示的答复（1997年1月20日答复江西高院"赣高法研［1996］6号"请示；根据法释［2020］21号《决定》修正，2021年1月1日起施行）

人民法院根据当事人申请，对财产采取冻结措施，是我国民事诉讼法赋予人民法院的职权，任何组织或者个人/~~其他单位、组织和个人~~均不得加以妨碍。人民法院在完成对财产冻结手续后，银行如发现被冻结的户名与账号不符时，应主动向法院提出存在的问题，由法院更正，而不能自行解冻；如因自行解冻不当造成损失，应视其过错程度承担相应的法律责任。

【法复［1997］6号】 最高人民法院关于产业工会、基层工会是否具备社会团体法人资格和工会经费集中户可否冻结划拨问题的批复（1997年5月16日印发各高院；根据法释［2020］21号《决定》修正①，2021年1月1日起施行）

一、根据《中华人民共和国工会法》（以下简称工会法）的规定，产业工会社会团体法人资格的取得是由工会法直接规定的，依法不需要办理法人登记。基层工会只要符合《中华人民共和国民法典》、工会法和《中国工会章程》规定的条件，报上一级工会批准成立，即具有社会团体法人资格。人民法院在审理案件中，应当严格按照法律规定的社会团体法人条件，审查基层工会社会团体法人的法律地位。产业工会、具有社会团体法人资格的基层工会与建立工会的营利法人是各自独立的法人主体。企业或企业工会对外发生的经济纠纷，各自承担民事责任。上级工会对基层工会是否具备法律规定的社会团体法人的条件审查不严或不实，应当承担与其过错相应的民事责任。

二、确定产业工会或者基层工会兴办企业的法人资格，原则上以工商登记为准；其上级工会依据有关规定进行审批是必经程序，人民法院不应以此为由冻结、划拨上级工会的经费并替欠债企业清偿债务。产业工会或基层工会投资兴办的具备法人资格的企业，如果投资不足或者抽逃资金的，应当补足投资或者在注册资金不实的范围内承担责任；如果投资全部到位，又无抽逃资金的行为，当企业负债时，应当以企业所有的或者经营管理的财产承担有限责任。

---

① 修正内容为：将（含标题）原"社团法人"修改为"社会团体法人"，以匹配《民法典》。

三、根据工会法的规定，工会经费包括工会会员缴纳的会费，建立工会组织的企业事业单位、机关按每月全部职工工资总额的 2% 的比例向工会拨交的经费，以及工会所属的企业、事业单位上缴的收入和人民政府的补助等。工会经费要按比例逐月向地方各级总工会和全国总工会拨交。工会的经费一经拨交，所有权随之转移。在银行独立开列的"工会经费集中户"，与企业经营资金无关，专门用于工会经费的集中与分配，不能在此账户开支费用或挪用、转移资金。因此，人民法院在审理案件中，不应将工会经费视为所在企业的财产，在企业欠债的情况下，不应冻结、划拨工会经费及"工会经费集中户"的款项。

【法释〔1997〕4 号】　最高人民法院关于人民法院能否对信用证开证保证金采取冻结和扣划措施问题的规定（1996 年 6 月 20 日最高法审委会〔822 次〕通过，1997 年 9 月 3 日公布施行；根据法释〔2020〕21 号《决定》修正，2021 年 1 月 1 日起施行）

信用证开证保证金属于有进出口经营权的企业向银行申请对国外（境外）方开立信用证而备付的具有担保支付性质的资金。为了严肃执法和保护当事人的合法权益，现就有关冻结、扣划信用证开证保证金的问题规定如下：

一、人民法院在审理或执行案件时，依法可以对信用证开证保证金采取冻结措施，但不得扣划。如果当事人、开证银行认为人民法院冻结和扣划的某项资金属于信用证开证保证金的，应当依法提出异议并提供有关证据予以证明。人民法院审查后，可按以下原则处理：对于确系信用证开证保证金的，不得采取扣划措施；如果开证银行履行了对外支付义务，根据该银行的申请，人民法院应当立即解除对信用证开证保证金相应部分的冻结措施；如果申请开证人提供的开证保证金是外汇，当事人又举证证明信用证的受益人提供的单据与信用证条款相符时，人民法院应当立即解除冻结措施。

二、如果银行因信用证无效、过期，或者因单证不符而拒付信用证款项并且免除了对外支付义务，以及在正常付出了信用证款项并从信用证开证保证金中扣除相应款额后尚有剩余，即在信用证开证保证金帐户存款已丧失保证金功能的情况下，人民法院可以依法采取扣划措施。

三、人民法院对于为逃避债务而提供虚假证据证明属信用证开证保证金的单位和个人，应当依照民事诉讼法的有关规定严肃处理。

【法释〔1998〕2 号】　最高人民法院关于对被执行人存在银行的凭证式国库券可否采取执行措施问题的批复（1998 年 2 月 5 日最高法审委会〔985 次〕通过，1998 年 2 月 12 日公布施行，答复北京高院"京高法〔1997〕194 号"请示；根据法释〔2020〕21 号《决定》修正，2021 年 1 月 1 日起施行）

被执行人存在银行的凭证式国库券是由被执行人交银行管理的到期偿还本息的有价证券，在性质上与银行的定期储蓄存款相似，属于被执行人的财产。依照《中华人民共和国民事诉讼法》第242条（现第253条）规定的精神，人民法院有权冻结、划拨被执行人存在银行的凭证式国库券。有关银行应当按照人民法院的协助执行通知书将本息划归申请执行人。

【法释［1998］15号】 最高人民法院关于人民法院执行工作若干问题的规定（试行）（1998年6月11日最高法审委会［992次］通过，1998年7月8日公布施行；根据法释［2020］21号《决定》修正，2021年1月1日起施行；以本规为准）①

五、金钱给付的执行

~~32.~~ ~~查询、冻结、划拨被执行人在银行（含其分理处、营业所和储蓄所）、非银行金融机构、其他有储蓄业务的单位（以下简称金融机构）的存款，依照中国人民银行、最高人民法院、最高人民检察院、公安部《关于查询、冻结、扣划企业事业单位、机关、团体银行存款的通知》的规定办理。~~

26. 金融机构擅自解冻被人民法院冻结的款项，致冻结款项被转移的，人民法院有权责令其限期追回已转移的款项。在限期内未能追回的，应当裁定该金融机构在转移的款项范围内以自己的财产向申请执行人承担责任。

27. 被执行人为金融机构的，对其交存在人民银行的存款准备金和备付金不得冻结和扣划，但对其在本机构、其他金融机构的存款，及其在人民银行的其他存款可以冻结、划拨，并可对被执行人的其他财产采取执行措施，但不得查封其营业场所。

28. 作为被执行人的<u>自然人/公民</u>，其收入转为储蓄存款的，应当责令其交出存单。拒不交出的，人民法院应当作出提取其存款的裁定，向金融机构发出协助执行通知书，~~并附生效法律文书，~~由金融机构提取被执行人的存款交人民法院或存入人民法院指定的账户。

29. 被执行人在有关单位的收入尚未支取的，人民法院应当作出裁定，向该单位发出协助执行通知书，由其协助扣留或提取。

30. 有关单位收到人民法院协助执行被执行人收入的通知后，擅自向被执行人或其他人支付的，人民法院有权责令其限期追回；逾期未追回的，应当裁定其在支付的数额内向申请执行人承担责任。

【银函［1999］48号】 中国人民银行关于对查询、冻结、扣划国库库款有关问题的复函［1999年2月5日批复中国人民银行成都分行（原四川省分行）

---

① 本《规定》自1998年7月8日公布试行22年多，至2020年12月23日修正，仍为"试行"。

"川人行国［1998］66 号"《关于请求进一步明确司法机关不能随意查询、冻结、扣划国库库款的报告》]

一、根据《中华人民共和国预算法》及《中华人民共和国国家金库条例》的规定，国库负责办理国家预算资金的收入和支出，各级国库库款的支配权属于本级政府财政部门。除法律、行政法规另有规定外，未经本级政府财政部门同意，任何部门、单位和个人都无权动用国库库款或者以其他方式支配已入国库的库款。因此，中国人民银行、最高人民法院、最高人民检察院、公安部《关于查询、冻结、扣划企业事业单位、机关、团体银行存款的通知》（银发［1993］356 号）①中查询、冻结、扣划的存款范围不包括国库库款。

二、对党政机关根据法律规定应对所办经济实体承担连带民事责任的，应由该党政机关以自有的资金和财产为限承担其连带民事责任，而不应由同级政府承担连带民事责任。

【法［1999］228 号】　最高人民法院关于严禁冻结或划拨国有企业下岗职工基本生活保障资金的通知（1999 年 11 月 24 日）

国有企业下岗职工基本生活保障资金是采取企业、社会、财政各承担 1/3 的办法筹集的，由企业再就业服务中心设立专户管理，专项用于保障下岗职工基本生活，具有专项资金的性质，不得挪作他用，不能与企业的其他财产等同对待。各地人民法院在审理和执行经济纠纷案件时，不得将该项存于企业再就业服务中心的专项资金作为企业财产处置，不得冻结或划拨该项资金用以抵偿企业债务。

各地人民法院应对已审结和执行完毕的经济纠纷案件做一下清理，凡发现违反上述规定的，应当及时依法予以纠正。

【法发［2000］4 号】　最高人民法院关于执行《封闭贷款管理暂行办法》和《外经贸企业封闭贷款管理暂行办法》中应注意的几个问题的通知（2000 年 1 月 10 日）

一、(见第 109 条)

二、人民法院在执行案件时，不得执行被执行人的封闭贷款结算专户中的款项。

三、如果有证据证明债务人为逃避债务将其他款项打入封闭贷款结算专户的，人民法院可以仅就所打入的款项采取执行措施。

四、如果债权人从债务人的封闭贷款结算专户中扣取了老的贷款和欠息，或者扣收老的欠税及各种费用，债务人起诉的，人民法院应当受理，并按照《封闭

---

① 注：本《通知》被 2023 年 4 月 18 日中国人民银行、最高人民法院、最高人民检察院、公安部、中国银保监会公告［2023］第 7 号宣布废止。

贷款管理暂行办法》第 14 条的规定处理。债务人属于外经贸企业的，则按照《外经贸企业封闭贷款管理暂行办法》第 21 条的规定处理。①

【法〔2000〕19 号】 最高人民法院关于在审理和执行民事、经济纠纷案件时不得查封、冻结和扣划社会保险基金的通知（2000 年 2 月 18 日）②

社会保险基金是由社会保险机构代参保人员管理，并最终由参保人员享用的公共基金，不属于社会保险机构所有。社会保险机构对该项基金设立专户管理，专款专用，专项用于保障企业退休职工、失业人员的基本生活需要，属专项资金，不得挪作他用。因此，各地人民法院在审理和执行民事、经济纠纷案件时，不得查封、冻结或扣划社会保险基金；不得用社会保险基金偿还社会保险机构及其原下属企业的债务。

【银条法〔2000〕31 号】 中国人民银行关于海关、军队保卫、证券监管部门对个人及单位银行存款查、冻、扣问题的复函（2000 年 4 月 30 日答复中国银行法律事务部"中银法律〔2000〕8 号"请示）

一、根据《商业银行法》第 29 条、第 30 条及《海关法》第 37 条的规定，海关在必要时可以要求银行协助在纳税义务人或者担保人的存款中扣缴税款，但没有规定海关可以对存款采取查询、冻结措施，因此，海关对纳税义务人或者担保人的存款没有查询、冻结权。

二、根据《商业银行法》第 29 条和第 30 条、《刑事诉讼法》第 117 条和第 225 条、八届全国人大常委会《关于军队保卫部门行使刑事侦查权的决定》的规定，军队保卫部门根据侦查犯罪的需要，可以依照规定查询、冻结犯罪嫌疑人的存款，但无权扣划。

【法释〔2001〕8 号】 最高人民法院关于审理军队、武警部队、政法机关移交、撤销企业与党政机关脱钩企业相关纠纷案件若干问题的规定（2001 年 2 月 6 日最高法审委会〔1158 次〕通过，2001 年 3 月 20 日公布，2001 年 3 月 23 日起施行；根据法释〔2020〕18 号《决定》修正，2021 年 1 月 1 日起施行）

第 1 条 军队、武警部队、政法机关和党政机关开办的企业（以下简称被开办企业）具备法人条件并领取了企业法人营业执照的，根据民法典第 60 条的规定，应当以其全部财产独立承担民事责任。

第 2 条 被开办企业领取了企业法人营业执照，虽然实际投入的资金与注册

---

① 注：该 2 个《暂行办法》均已被 2007 年 6 月 21 日《商务部、国家发展和改革委员会、财政部、中国人民银行、国家税务总局关于废止有关文件的通知》（国财发〔2007〕228 号）宣布停止执行。
② 注：应当结合"法研〔2002〕13 号"《答复》和"执他字〔2014〕22 号"《复函》准确理解本通知内容。

资金不符，但已达到了《中华人民共和国企业法人登记管理条例施行细则》第 12 条①第 7 项规定数额的，应当认定其具备法人资格，开办单位应当在该企业实际投入资金与注册资金的差额范围内承担民事责任。

第 3 条　被开办企业虽然领取了企业法人营业执照，但投入的资金未达到《中华人民共和国企业法人登记管理条例施行细则》第 12 条第 7 项规定数额的，或者不具备企业法人其他条件的，应当认定其不具备法人资格，其民事责任由开办单位承担。

~~第 4 条　开办单位向被开办企业收取资金或实物的，应当在所收取的资金和实物的范围内对其开办企业的债务承担民事责任。~~

第 4 条　开办单位抽逃、转移资金或者隐匿财产以逃避被开办企业债务的，应当将所抽逃、转移的资金或者隐匿的财产退回，用以清偿被开办企业的债务。

~~第 6 条　开办单位为被开办企业的注册资金提供担保的，应当在其承诺担保的范围内承担民事责任。~~

第 5 条　开办单位或其主管部门在被开办企业撤销时，向工商行政管理机关出具证明文件，自愿对被开办企业的债务承担责任的，应当按照承诺在其接受财产范围内对被开办企业的债务承担民事责任。

~~第 8 条　军队开办的企业无偿移交地方的，应当由接受单位承担开办单位的民事责任。~~

~~第 9 条　2 个以上单位共同开办企业的，作为共同诉讼人，并按照各自出资比例或者盈余分配的比例承担相应的民事责任。~~

第 6 条　开办单位已经在被开办企业注册资金不实的范围内承担了民事责任的，应视为开办单位的注册资金已经足额到位，不再继续承担注册资金不实的责任。

第 7-9 条　*（见本书第 22 章"清算、重组与破产"专辑）*

第 10 条　人民法院在审理有关移交、撤销、脱钩的企业的案件时，认定开办单位应当承担民事责任的，不得对开办单位的国库款、军费、财政经费账户、办公用房、车辆等其他办公必需品采取查封、扣押、冻结、拍卖等保全和执行措施。

~~第 16 条　人民法院在执行涉及开办单位承担民事责任的生效判决时，只能用开办单位财政资金以外的自有资金清偿债务。如果开办单位没有财政资金以外自有资金的，应当依法裁定终结执行。~~

第 11 条　本规定仅适用于审理此次军队、武警部队、政法机关移交、撤销企业和与党政机关脱钩的企业所发生的债务纠纷案件和破产案件。

---

①　《企业法人登记管理条例施行细则》（国家市场监督管理总局令［2020］31 号）第 12 条规定："申请企业法人登记，应当具备下列条件（外商投资企业另列）：……（七）有符合规定数额并与经营范围相适应的注册资金，国家对企业注册资金数额有专项规定的按规定执行；……"

【执他字［2001］10号】 最高人民法院执行工作办公室关于能否强制执行甘肃金昌市东区管委会有关财产请示的复函（2001年4月19日答复甘肃高院"甘高法［1999］07号"请示）

我们认为，预算内资金和预算外资金均属国家财政性资金，其用途国家有严格规定，不能用来承担连带经济责任①。金昌市东区管委会属行政性单位，人民法院在执行涉及行政性单位承担连带责任的生效法律文书时，只能用该行政单位财政资金以外的自有资金清偿债务。为了保证行政单位正常的履行职能，不得对行政单位的办公用房、车辆等其他办公必需品采取执行措施。

【法［2001］1号】 最高人民法院关于执行旅行社质量保证金问题的通知（2001年1月8日）

人民法院在执行涉及旅行社的案件时，遇有下列情形而旅行社不承担或无力承担赔偿责任的，可以执行旅行社质量保证金②：（1）旅行社因自身过错未达到合同约定的服务质量标准而造成旅游者的经济权益损失；（2）旅行社的服务未达到国家或行业规定的标准而造成旅游者的经济权益损失；（3）旅行社破产后造成旅游者预交旅行费损失；（4）人民法院判决、裁定及其他生效法律文书认定的旅行社损害旅游者合法权益的情形。

除上述情形之外，不得执行旅行社质量保证金。同时，执行涉及旅行社的经济赔偿案件时，不得从旅游行政管理部门行政经费帐户上划转行政经费资金。

【银发［2002］1号】 金融机构协助查询、冻结、扣划工作管理规定（中国人民银行2002年1月15日印发，2002年2月1日起施行）

第2条 本规定所称"协助查询、冻结、扣划"是指金融机构依法协助有权机关查询、冻结、扣划单位或个人在金融机构存款的行为。

协助查询是指金融机构依照有关法律或行政法规的规定以及有权机关查询的要求，将单位或个人存款的金额、币种以及其它存款信息告知有权机关的行为。

协助冻结是指导金融机构依照法律的规定以及有权机关冻结的要求，在一定时期内禁止单位或个人提取其存款账户内的全部或部分存款的行为。

---

① 注：国发［1996］29号《决定》第5条明确：预算外资金是国家财政性资金，不是单位自有资金。

② 注：旅游服务质量保证金是根据《旅游法》及《旅行社条例》，由旅行社在指定银行缴存或由银行担保提供的一定数额用于旅游服务质量赔偿支付和团队旅游者人身安全遇有危险时紧急救助费用垫付的资金。1995年6月28日国家旅游局、财政部印发《旅行社质量保证金财务管理暂行办法》（旅财发［1995］120号）；2009年5月21日国家旅游局修订为《旅行社质量保证金存取管理办法》（旅发［2009］25号）；2013年9月26日国家旅游局办公室修正为《旅游服务质量保证金存取管理办法》（旅办发［2013］170号）。

协助扣划是指金融机构依照法律的规定以及有权机关扣划的要求，将单位或个人存款账户内的全部或部分存款资金划拨到指定账户上的行为。

第 3 条　本规定所称金融机构是指依法经营存款业务的金融机构（含外资金融机构），包括政策性银行、商业银行、城市和农村信用合作社、财务公司、邮政储蓄机构等。

金融机构协助查询、冻结和扣划存款，应当在存款人开户的营业分支机构具体办理。

第 4 条　本规定所称有权机关是指依照法律、行政法规的明确规定，有权查询、冻结、扣划单位或个人在金融机构存款的司法机关、行政机关、军事机关及行使行政职能的事业单位（详见附表）。

第 5 条　协助查询、冻结和扣划工作应当遵循依法合规、不损害客户合法权益的原则。

第 8 条　办理协助查询业务时，经办人员应当核实执法人员的工作证件，以及有权机关县团级以上（含，下同）机构签发的协助查询存款通知书。

第 9 条　办理协助冻结业务时，金融机构经办人员应当核实以下证件和法律文书：（一）有权机关执法人员的工作证件；（二）有权机关县团级以上机构签发的协助冻结存款通知书，法律、行政法规规定应当由有权机关主要负责人签字的，应当由主要负责人签字；（三）人民法院出具的冻结存款裁定书、其它有权机关出具的冻结存款决定书。

第 10 条　办理协助扣划业务时，金融机构经办人员应当核实以下证件和法律文书：（一）有权机关执法人员的工作证件；（二）有权机关县团级以上机构签发的协助扣划存款通知书，法律、行政法规规定应当由有权机关主要负责人签字的，应当由主要负责人签字；（三）有关生效法律文书或行政机关的有关决定书。

第 11 条　金融机构在协助冻结、扣划单位或个人存款时，应当审查以下内容：（一）"协助冻结、扣划存款通知书"填写的需被冻结或扣划存款的单位或个人开户金融机构名称、户名和账号、大小写金额；（二）协助冻结或扣划存款通知书上的义务人应与所依据的法律文书上的义务人相同；（三）协助冻结或扣划存款通知书上的冻结或扣划金额应当是确定的。如发现缺少应附的法律文书，以及法律文书有关内容与"协助冻结、扣划存款通知书"的内容不符，应说明原因，退回"协助冻结、扣划存款通知书"或所附的法律文书。

有权机关对个人存款户不能提供账户的，金融机构应当要求有权机关提供该个人的居民身份证号码或其它足以确定该个人存款账户的情况。

第 12 条　金融机构应当按照内控制度的规定建立和完善协助查询、冻结和扣划工作的登记制度。

金融机构在协助有权机关办理查询、冻结和扣划手续时，应对下列情况进行登记：有权机关名称，执法人员姓名和证件号码，金融机构经办人员姓名，被查询、冻结、扣划单位或个人的名称或姓名，协助查询、冻结、扣划的时间和金额，相关法律文书名称及文号，协助结果等。

登记表应当在协助办理查询、冻结、扣划手续时填写，并由有权机关执法人员和金融机构经办人签字。

金融机构应当妥善保存登记表，并严格保守有关国家秘密。

金融机构协助查询、冻结、扣划存款，涉及内控制度中的核实、授权和审批工作时，应当严格按内控制度及时办理相关手续，不得拖延推诿。

第13条 金融机构对有权机关办理查询、冻结和扣划手续完备的，应当认真协助办理。在接到协助冻结、扣划存款通知书后，不得再扣划应当协助执行的款项用于收贷收息，不得向被查询、冻结、扣划单位或个人通风报信，帮助隐匿或转移存款。

金融机构在协助有权机关办理完毕查询存款手续后，有权机关要求予以保密的，金融机构应当保守秘密。金融机构在协助有权机关办理完毕冻结、扣划存款手续后，根据业务需要可以通知存款单位或个人。

第14条 金融机构协助有权机关查询的资料应限于存款资料，包括被查询单位或个人开户、存款情况以及与存款有关的会计凭证、账簿、对账单等资料。对上述资料，金融机构应当如实提供，有权机关根据需要可以抄录、复制、照相，但不得带走原件。

金融机构协助复制存款资料等支付了成本费用的，可以按相关规定收取工本费。

第15条 有权机关在查询单位存款情况时，只提供被查询单位名称而未提供账号的，金融机构应当根据账户管理档案积极协助查询，没有所查询的账户的，应如实告知有权机关。

第16条 冻结单位或个人存款的期限最长为6个月，期满后可以续冻。有权机关应在冻结期满前办理续冻手续，逾期未办理续冻手续的，视为自动解除冻结措施。

第17条 有权机关要求对已被冻结的存款再行冻结的，金融机构不予办理并应当说明情况。

第18条 在冻结期限内，只有在原作出冻结决定的有权机关作出解冻决定并出具解除冻结存款通知书的情况下，金融机构才能对已经冻结的存款予以解冻。被冻结存款的单位或个人对冻结提出异议的，金融机构应告知其与作出冻结决定的有权机关联系，在存款冻结期限内金融机构不得自行解冻。

第 19 条　有权机关在冻结、解冻工作中发生错误，其上级机关直接作出变更决定或裁定的，金融机构接到变更决定书或裁定书后，应当予以办理。

第 20 条　金融机构协助扣划时，应当将扣划的存款直接划入有权机关指定的账户。有权机关要求提取现金的，金融机构不予协助。

第 21 条　查询、冻结、扣划存款通知书与解除冻结、扣划存款通知书均应由有权机关执法人员依法送达，金融机构不接受有权机关执法人员以外的人员代为送达的上述通知书。

第 22 条　2 个以上有权机关对同一单位或个人的同一笔存款采取冻结或扣划措施时，金融机构应当协助最先送达协助冻结、扣划存款通知书的有权机关办理冻结、扣划手续。

2 个以上有权机关对金融机构协助冻结、扣划的具体措施有争议的，金融机构应当按照有关争议机关协商后的意见办理。

附表：有权查询、冻结、扣划单位、个人存款的执法机关一览表

单位名称	查询		冻结		扣划	
	单位	个人	单位	个人	单位	个人
人民法院	有权	有权	有权	有权	有权	有权
税务机关	有权	有权	有权	有权	有权	有权
海关	有权	有权	有权	有权	有权	有权
人民检察院	有权	有权	有权	有权	无权	无权
公安机关	有权	有权	有权	有权	无权	无权
国家安全机关	有权	有权	有权	有权	无权	无权
军队保卫部门	有权	有权	有权	有权	无权	无权
监狱	有权	有权	有权	有权	无权	无权
走私犯罪侦查机关	有权	有权	有权	有权	无权	无权
监察机关（包括军队监察机关）	有权	无权	无权	无权	无权	无权
审计机关	有权	有权	无权	无权	无权	无权
工商行政管理机关	有权	无权	暂停结算	暂停结算	无权	无权
证券监管管理机关	有权	无权	无权	无权	无权	无权

注：本表所列机关是《金融机构协助查询、冻结、扣划工作管理规定》发布之日前有关法律、行政法规明确规定具有查询、冻结或者扣划存款权力的机关。规定发布实施之后，法律、行政法规有新规定的，从其规定。

【法研［2002］13 号】　最高人民法院研究室关于执行程序中能否扣划离退休人员离休金退休金清偿其债务问题的答复（2002 年 1 月 30 日答复天津高院"津高法［2001］28 号"请示）

为公平保护债权人和离退休债务人的合法权益，根据《民法通则》和《民事诉讼法》的有关规定，在离退休人员的其他可供执行的财产或者收入不足偿还其债务的情况下，人民法院可以要求其离退休金发放单位或者社会保障机构协助扣划其离休金或退休金，用以偿还该离退休人员的债务。上述单位或者机构应当予以协助。

人民法院在执行时应当为离退休人员留出必要的生活费用。生活费用标准可参照当地的有关标准确定。

【劳社厅函［2002］27 号】　劳动和社会保障部办公厅关于对扣发离退休人员基本养老金抵偿债务问题的复函（2002 年 2 月 4 日答复重庆市劳动和社会保障局"渝劳社文［2001］72 号"请示）

基本养老金是保障离退休人员的"养命钱"，离退休人员能否按时足额领取养老金直接关系到离退休人员的合法权益和社会稳定。同时，基本养老金在发放给离退休人员之前，仍属于养老保险基金，任何单位不得查封、冻结和划扣。最高人民法院《关于在审理和执行民事、经济纠纷案件时不得查封、冻结和扣划社会保险基金的通知》（法［2000］19 号）对此也做出了相应规定。社会保险经办机构作为法定授权的社会保险基金收支、管理和运营机构，承担着将基本养老金按时足额发放给离退休人员的职能，社会保险经办机构不能直接扣发离退休人员基本养老金抵偿法院判决的债务。

【民一他字［2004］26 号】　最高人民法院关于空难死亡赔偿金能否作为遗产处理的复函（2005 年 3 月 22 日答复广东高院"粤高法民一请字［2004］1 号"请示）

空难死亡赔偿金是基于死者死亡对死者近亲属所支付的赔偿。获得空难死亡赔偿金的权利人是死者近亲属，而非死者。故空难死亡赔偿金不宜认定为遗产。

【法［2005］209 号】　最高人民法院关于强制执行中不应将企业党组织的党费作为企业财产予以冻结或划拨的通知（2005 年 11 月 22 日）

企业党组织的党费是企业每个党员按月工资比例向党组织交纳的用于党组织活动的经费。党费由党委组织部门代党委统一管理，单立账户，专款专用，不属于企业的责任财产。因此，在企业作为被执行人时，人民法院不得冻结或划拨该企业党组织的党费，不得用党费偿还企业的债务。执行中，如果申请执行人提供证据证明企业的资金存入党费账户，并申请人民法院对该项资金予以执行的，人民法院可以对该项资金先行冻结;被执行人提供充分证据证明该项资金属于党费的,人民法院应当解除冻结。

【法函［2006］76 号】　最高人民法院关于民事执行中查封、扣押、冻结财产有关期限问题的答复（2006 年 7 月 11 日答复上海高院"沪高法［2006］12号"请示）

同意你院倾向性意见,即《最高人民法院关于人民法院民事执行中查封、扣押、冻结财产的规定》施行前采取的查封、扣押、冻结措施,除了当时法律、司法解释及有关通知对期限问题有专门规定的以外,没有期限限制。但人民法院应当对有关案件尽快处理。

【国务院令［2002］350 号】　住房公积金管理条例（1999 年 4 月 3 日国务院令第 262 号发布施行;2002 年 3 月 24 日国务院令第 350 号修订施行;2019 年 3月 24 日国务院令第 710 号统修施行）

第 3 条　职工个人缴存的住房公积金和职工所在单位为职工缴存的住房公积金,属于职工个人所有。

第 5 条　住房公积金应当用于职工购买、建造、翻建、大修自住住房,任何单位和个人不得挪作他用。

第 24 条（第 1 款）　职工有下列情形之一的,可以提取职工住房公积金账户内的存储余额:(一)购买、建造、翻建、大修自住住房的;(二)离休、退休的;(三)完全丧失劳动能力,并与单位终止劳动关系的;(四)出境定居的;(五)偿还购房贷款本息的;(六)房租超出家庭工资收入的规定比例的。

(第 3 款)　职工死亡或者被宣告死亡的,职工的继承人、受遗赠人可以提取职工住房公积金账户内的存储余额;无继承人也无受遗赠人的,职工住房公积金账户内的存储余额纳入住房公积金的增值收益。

【法释［2013］20 号】　最高人民法院关于网络查询、冻结被执行人存款的规定（2013 年 8 月 26 日最高法审委会［1587 次］通过,2013 年 8 月 29 日公布,2013 年 9 月 2 日起施行）

第 3 条　人民法院通过网络查询被执行人存款时,应当向金融机构传输电子协助查询存款通知书。多案集中查询的,可以附汇总的案件查询清单。

对查询到的被执行人存款需要冻结或者续行冻结的,人民法院应当及时向金融机构传输电子冻结裁定书和协助冻结存款通知书。

对冻结的被执行人存款需要解除冻结的,人民法院应当及时向金融机构传输电子解除冻结裁定书和协助解除冻结存款通知书。

第 4 条　人民法院向金融机构传输的法律文书,应当加盖电子印章。

作为协助执行人的金融机构完成查询、冻结等事项后，应当及时通过网络向人民法院回复加盖电子印章的查询、冻结等结果。

人民法院出具的电子法律文书、金融机构出具的电子查询、冻结等结果，与纸质法律文书及反馈结果具有同等效力。

第5条 人民法院通过网络查询、冻结、续冻、解冻被执行人存款，与执行人员赴金融机构营业场所查询、冻结、续冻、解冻被执行人存款具有同等效力。

【法释〔2016〕24号】 最高人民法院关于审理独立保函纠纷案件若干问题的规定（2016年7月11日最高法审委会〔1688次〕通过，2016年11月18日公布，2016年12月1日起施行；根据法释〔2020〕18号《决定》修正，2021年1月1日起施行）

第24条 对于按照特户管理并移交开立人占有的独立保函开立保证金，人民法院可以采取冻结措施，但不得扣划。保证金账户内的款项丧失开立保证金的功能时，人民法院可以依法采取扣划措施。

开立人已履行对外支付义务的，根据该开立人的申请，人民法院应当解除对开立保证金相应部分的冻结措施。

【最高法执他〔2018〕11号】 最高人民法院关于矿山地质灾害和地质环境治理恢复保证金能否作为执行的答复（2018年9月30日答复贵州高院"〔2017〕黔执他3号"请示）

原则同意你院审判委员会多数意见。设立矿山地质环境治理恢复保证金，是为了确保有充足资金用于治理恢复因矿产资源勘查开采活动造成的矿山地质环境破坏，以促进矿产资源的合理开发利用和经济社会、资源环境的协调发展。矿山地质环境治理恢复保证金虽为企业所有，但应当遵循政府监管、专款专用的原则，只有在符合法定条件时，才可以返还采矿权人。在返还之前，采矿权人对保证金的使用受到严格限制，缺乏自主处分权利。人民法院在执行以采矿权人为被执行人的案件中，可向有关单位发出协助执行通知书，先对保证金采取查控措施，待保证金符合返还条件时再予执行。

【国务院令〔2020〕724号】 保障农民工工资支付条例（2019年12月4日国务院第73次常务会议通过，2020年4月22日公布，2020年5月1日起施行）

第2条 保障农民工工资支付，适用本条例。

本条例所称农民工，是指为用人单位提供劳动的农村居民。

本条例所称工资，是指农民工为用人单位提供劳动后应当获得的劳动报酬。

第33条 除法律另有规定外，农民工工资专用账户资金和工资保证金不得因支付为本项目提供劳动的农民工工资之外的原因被查封、冻结或者划拨。

【人社部发〔2020〕93 号】　最高人民法院、人力资源社会保障部、中国银保监会关于做好防止农民工工资专用账户资金和工资保证金被查封、冻结或者划拨有关工作的通知（2020 年 12 月 25 日）

一、本通知所称农民工工资专用账户资金和工资保证金，是指有关单位在银行业金融机构开设的农民工工资专用账户和工资保证金账户（以下简称两类账户）中存储的专项用于支付为本项目提供劳动的农民工工资的资金。

二、人民法院在查封、冻结或者划拨相关单位银行账户资金时，应当严格审查账户类型，除法律另有专门规定外，不得因支付为本项目提供劳动的农民工工资之外的原因查封、冻结或者划拨两类账户资金。

三、对农民工工资专用账户中明显超出工程施工合同约定并且明显超出足额支付该项目农民工工资所需全部人工费的资金，对工资保证金账户中超出工资保证金主管部门公布的资金存储规定部分的资金，人民法院经认定可依法采取冻结或者划拨措施。当事人及有关单位、个人利用两类账户规避、逃避执行的，应当依法承担责任。

四、人民法院可以依法对两类账户采取预冻结措施，在工程完工且未拖欠农民工工资，监管部门按规定解除对两类账户监管后，预冻结措施自动转为冻结措施，并可依法划拨剩余资金。

五、（见本书第 236、238 条）

六、银行业金融机构应当规范两类账户开设工作，与开户单位认真核实账户性质，在业务系统中对两类账户进行特殊标识，并在相关网络查控平台、电子化专线信息传输系统等作出整体限制查封、冻结或者划拨设置，妥善处理查封、冻结或者划拨等事项，保障两类账户资金安全。

七、银行业金融机构接到人民法院等有权机关对两类账户资金查封、冻结或者划拨指令时，应当通过人工或系统等方式，向人民法院等有权机关提示该账户性质和《条例》（《保障农民工工资支付条例》）第 33 条规定，并同时将相关情况告知两类账户监管部门，两类账户监管部门有权提出异议。

八、银行业金融机构遇到两类账户资金因不当操作被有权机关查封、冻结或者划拨等重大异常情况时，应当及时向当地两类账户监管部门报告。

九、各地有关部门应完善工作机制，加强沟通协调，防止两类账户资金被违法查封、冻结或者划拨。

十、有关部门相关人员在两类账户资金查封、冻结或者划拨过程中滥用职权、玩忽职守、徇私舞弊的，依法依规给予处分。

十一、本通知自 2020 年 12 月 25 日起施行。银行业金融机构应当自施行之日起 2 个月内完成上述事项调整。

【法〔2022〕12号】 最高人民法院、住房和城乡建设部、中国人民银行关于规范人民法院保全执行措施确保商品房预售资金用于项目建设的通知（见本书第 105 条）

【法释〔2022〕11号】 最高人民法院关于适用《中华人民共和国民事诉讼法》的解释（"法释〔2015〕5号"公布，2015 年 2 月 4 日起施行；根据法释〔2020〕20号《决定》修正，2021 年 1 月 1 日起施行；2022 年 3 月 22 日最高法审委会〔1866 次〕修正，2022 年 4 月 1 日公布，2022 年 4 月 10 日起施行；以本规为准）

第 483 条 人民法院有权查询被执行人的身份信息与财产信息，掌握相关信息的单位和个人必须按照协助执行通知书办理。

第 484 条 对被执行的财产，人民法院非经查封、扣押、冻结不得处分。对银行存款等各类可以直接扣划的财产，人民法院的扣划裁定同时具有冻结的法律效力。

第 485 条 人民法院冻结被执行人的银行存款的期限不得超过 1 年，查封、扣押动产的期限不得超过 2 年，查封不动产、冻结其他财产权的期限不得超过 3 年。

申请执行人申请延长期限的，人民法院应当在查封、扣押、冻结期限届满前办理续行查封、扣押、冻结手续，续行期限不得超过前款规定的期限。

人民法院也可以依职权办理续行查封、扣押、冻结手续。

第 515 条 债权人根据民事诉讼法第 261 条（现第 265 条）规定请求人民法院继续执行的，不受民事诉讼法第 246 条（现第 250 条）规定申请执行时效期间的限制。

第 517 条（第 2 款） 依照前款规定终结执行后，申请执行人发现被执行人有可供执行财产的，可以再次申请执行。再次申请不受申请执行时效期间的限制。

（证券、期货、信托、股权）

【法释〔1998〕15号】 最高人民法院关于人民法院执行工作若干问题的规定（试行）（1998 年 6 月 11 日最高法审委会〔992 次〕通过，1998 年 7 月 8 日公布施行；根据法释〔2020〕21号《决定》修正，2021 年 1 月 1 日起施行；以本规为准）①

36. 对被执行人从有关企业中应得的已到期的股息或红利等收益，人民法院有权裁定禁止被执行人提取和有关企业向被执行人支付，并要求有关企业直接向申请执行人支付。

对被执行人预期从有关企业中应得的股息或红利等收益，人民法院可以采取

---

① 本《规定》自 1998 年 7 月 8 日公布试行 22 年多，至 2020 年 12 月 23 日修正，仍为"试行"。

冻结措施，禁止到期后被执行人提取和有关企业向被执行人支付。到期后人民法院可从有关企业中提取，并出具提取收据。

37. 对被执行人在其他股份有限公司中持有的股份凭证（股票），人民法院可以扣押，并强制被执行人按照公司法的有关规定转让，也可以直接采取拍卖、变卖的方式进行处分，或直接将股票抵偿给债权人，用于清偿被执行人的债务。

38. 对被执行人在有限责任公司、其他法人企业中的投资权益或股权，人民法院可以采取冻结措施。

冻结投资权益或股权的，应当通知有关企业不得办理被冻结投资权益或股权的转移手续，不得向被执行人支付股息或红利。被冻结的投资权益或股权，被执行人不得自行转让。

39. 被执行人在其独资开办的法人企业中拥有的投资权益被冻结后，人民法院可以直接裁定予以转让，以转让所得清偿其对申请执行人的债务。

对被执行人在有限责任公司中被冻结的投资权益或股权，人民法院可以依据《中华人民共和国公司法》第 71 条、第 72 条、第 73 条（现第 84-87 条）的规定，征得全体股东过半数同意后，予以拍卖、变卖或以其他方式转让。不同意转让的股东，应当购买该转让的投资权益或股权，不购买的，视为同意转让，不影响执行。

人民法院也可允许并监督被执行人自行转让其投资权益或股权，将转让所得收益用于清偿对申请执行人的债务。

~~55. 对被执行人在中外合资、合作经营企业中的投资权益或股权，在征得合资或合作他方的同意和对外经济贸易主管机关的批准后，可以对冻结的投资权益或股权予以转让。~~

~~如果被执行人除在中外合资、合作企业中的股权以外别无其他财产可供执行，其他股东又不同意转让的，可以直接强制转让被执行人的股权，但应当保护合资他方的优先购买权。~~

40. 有关企业收到人民法院发出的协助冻结通知后，擅自向被执行人支付股息或红利，或擅自为被执行人办理已冻结股权的转移手续，造成已转移的财产无法追回的，应当在所支付的股息或红利或转移的股权价值范围内向申请执行人承担责任。

【银条法［2000］31 号】 中国人民银行关于海关、军队保卫、证券监管部门对个人及单位银行存款查、冻、扣问题的复函（2000 年 4 月 30 日答复中国银行法律事务部"中银法律［2000］8 号"请示）

三、《证券法》第 168 条规定："国务院证券监督管理机构依法履行职责，有权采取下列措施：（四）查询当事人和与被调查事件有关的单位和个人的资金帐户、证券帐户，对有证据证明有转移或者隐匿违法资金、证券迹象的，可以申请司法机关予以冻结。"本条规定是查询个人资金账户的法律依据。这里的"个人资金帐户"应仅指投资者在证券公司、信托投资公司证券营业部开立的交易保证金帐户，不包括在银行等存款机构开立的存款帐户。

【主席令［2001］50 号】 中华人民共和国信托法（2001 年 4 月 28 日全国人大常委会［9 届 21 次］通过，2001 年 10 月 1 日起施行）

第 17 条 除因下列情形之一外，对信托财产不得强制执行：（一）设立信托前债权人已对该信托财产享有优先受偿的权利，并依法行使该权利的；（二）受托人处理信托事务所产生债务，债权人要求清偿该债务的；（三）信托财产本身应担负的税款；（四）法律规定的其他情形。

对于违反前款规定而强制执行信托财产，委托人、受托人或者受益人有权向人民法院提出异议。

【法释［2003］10 号】 最高人民法院关于审理期货纠纷案件若干问题的规定（2003 年 5 月 16 日最高法审委会［1270 次］通过，2003 年 6 月 18 日公布，2003 年 7 月 1 日起施行；根据法释［2020］18 号《决定》修正，2021 年 1 月 1 日起施行）

第 59 条 期货交易所、期货公司为债务人的，人民法院不得冻结、划拨期货公司在期货交易所或者客户在期货公司保证金账户中的资金。

有证据证明该保证金账户中有超出期货公司、客户权益资金的部分，期货交易所、期货公司在人民法院指定的合理期限内不能提出相反证据的，人民法院可以依法冻结、划拨该账户中属于期货交易所、期货公司的自有资金。

第 60 条 期货公司为债务人的，人民法院不得冻结、划拨专用结算账户中未被期货合约占用的用于担保期货合约履行的最低限额的结算准备金；期货公司已经结清所有持仓并清偿客户资金的，人民法院可以对结算准备金依法予以冻结、划拨。

期货公司有其他财产的，人民法院应当依法先行冻结、查封、执行期货公司的其他财产。

第 62 条 本规定所称期货公司是指经依法批准代理投资者从事期货交易业务的经营机构及其分公司、营业部等分支机构。客户是指委托期货公司从事期货交易的投资者。

【法［2004］239 号】 最高人民法院关于冻结、扣划证券交易结算资金有关问题的通知（2004 年 11 月 9 日公布；以本规为准）

一、人民法院办理涉及证券交易结算资金的案件，应当根据资金的不同性质区别对待。证券交易结算资金，包括客户交易结算资金和证券公司从事自营证券业务的自有资金。证券公司将客户交易结算资金全额存放于客户交易结算资金专用存款帐户和结算备付金帐户，将自营证券业务的自有资金存放于自有资金专用存款帐户，而上述帐户均应报中国证券监督管理委员会备案。因此，对证券市场主体为被执行人的案件，要区别处理：

当证券公司为被执行人时，人民法院可以冻结、扣划该证券公司开设的自有资金存款帐户中的资金，但不得冻结、扣划该证券公司开设的客户交易结算资金专用存款帐户中的资金。

当客户为被执行人时，人民法院可以冻结、扣划该客户在证券公司营业部开设的资金帐户中的资金，证券公司应当协助执行。但对于证券公司在存管银行开设的客户交易结算资金专用存款帐户中属于所有客户共有的资金，人民法院不得冻结、扣划。

二、人民法院冻结、扣划证券结算备付金时，应当正确界定证券结算备付金与自营结算备付金。证券结算备付金是证券公司从客户交易结算资金、自营证券业务的自有资金中缴存于中国证券登记结算有限责任公司（以下简称登记结算公司）的结算备用资金，专用于证券交易成交后的清算，具有结算履约担保作用。登记结算公司对每个证券公司缴存的结算备付金分别设立客户结算备付金帐户和自营结算备付金帐户进行帐务管理，并依照经中国证券监督管理委员会批准的规则确定结算备付金最低限额。因此，对证券公司缴存在登记结算公司的客户结算备付金，人民法院不得冻结、扣划。

当证券公司为被执行人时，人民法院可以向登记结算公司查询确认该证券公司缴存的自营结算备付金余额；对其最低限额以外的自营结算备付金，人民法院可以冻结、扣划，登记结算公司应当协助执行。

三、人民法院不得冻结、扣划新股发行验资专用帐户中的资金。登记结算公司在结算银行开设的新股发行验资专用帐户，专门用于证券市场的新股发行业务中的资金存放、调拨，并按照中国证券监督管理委员会批准的规则开立、使用、备案和管理，故人民法院不得冻结、扣划该专用帐户中的资金。

四、人民法院在执行中应当正确处理清算交收程序与执行财产顺序的关系。当证券公司或者客户为被执行人时，人民法院可以冻结属于该被执行人的已完成清算交收后的证券或者资金，并以书面形式责令其在7日内提供可供执行的其他财产。被执行人提供了其他可供执行的财产的，人民法院应当先执行该财产；逾期不提供或者提供的财产不足清偿债务的，人民法院可以执行上述已经冻结的证券或者资金。

对被执行人的证券交易成交后进入清算交收期间的证券或者资金，以及被执行人为履行清算交收义务交付给登记结算公司但尚未清算的证券或者资金，人民法院不得冻结、扣划。

五、人民法院对被执行人证券帐户内的流通证券采取执行措施时，应当查明该流通证券确属被执行人所有。

人民法院执行流通证券，可以指令被执行人所在的证券公司营业部在 30 个交易日内通过证券交易将该证券卖出，并将变卖所得价款直接划付到人民法院指定的帐户。

六、人民法院在冻结、扣划证券交易结算资金的过程中，对于当事人或者协助执行人对相关资金是否属客户交易结算资金、结算备付金提出异议的，应当认真审查；必要时，可以提交中国证券监督管理委员会作出审查认定后，依法处理。

七、人民法院在证券交易、结算场所采取保全或者执行措施时，不得影响证券交易、结算业务的正常秩序。

【法发〔2008〕4 号】 最高人民法院、最高人民检察院、公安部、中国证监会关于查询、冻结、扣划证券和证券交易结算资金有关问题的通知（2008 年 1 月 10 日印发，2008 年 3 月 1 日起施行；以本规为准）

二、人民法院要求证券登记结算机构或者证券公司协助查询、冻结、扣划证券和证券交易结算资金，人民检察院、公安机关要求证券登记结算机构或者证券公司协助查询、冻结证券和证券交易结算资金时，有关执法人员应当依法出具相关证件和有效法律文书。

执法人员证件齐全、手续完备的，证券登记结算机构或者证券公司应当签收有关法律文书并协助办理有关事项。

拒绝签收人民法院生效法律文书的，可以留置送达。

三、人民法院、人民检察院、公安机关可以依法向证券登记结算机构查询客户和证券公司的证券账户、证券交收账户和资金交收账户内已完成清算交收程序的余额、余额变动、开户资料等内容。

人民法院、人民检察院、公安机关可依法向证券公司查询客户的证券账户和资金账户、证券交收账户和资金交收账户内的余额、余额变动、证券及资金流向、开户资料等内容。

查询自然人账户的，应当提供自然人姓名和身份证件号码；查询法人账户的，应当提供法人名称和营业执照或者法人注册登记证书号码。

证券登记结算机构或者证券公司应当出具书面查询结果并加盖业务专用章。查询机关对查询结果有疑问时，证券登记结算机构、证券公司在必要时应当进行书面解释并加盖业务专用章。

四、人民法院、人民检察院、公安机关按照法定权限冻结、扣划相关证券、资金时，应当明确冻结、扣划证券、资金所在的账户名称、账户号码、冻结期限，所冻结、扣划证券的名称、数量或者资金的数额。扣划时，还应当明确拟划入的账户名称、账号。

冻结证券和交易结算资金时，应当明确冻结的范围是否及于孳息。

本通知规定的以证券登记结算机构名义建立的各类专门清算交收账户不得整体冻结。

五、证券登记结算机构依法按照业务规则收取并存放于专门清算交收账户内的下列证券，不得冻结、扣划：（一）证券登记结算机构设立的证券集中交收账户、专用清偿账户、专用处置帐户内的证券；（二）证券公司按照业务规则在证券登记结算机构开设的客户证券交收账户、自营证券交收账户和证券处置账户内的证券。

六、证券登记结算机构依法按照业务规则收取并存放于专门清算交收账户内的下列资金，不得冻结、扣划：（一）证券登记结算机构设立的资金集中交收账户、专用清偿账户内的资金；（二）证券登记结算机构依法收取的证券结算风险基金和结算互保金；（三）证券登记结算机构在银行开设的结算备付金专用存款账户和新股发行验资专户内的资金，以及证券登记结算机构为新股发行网下申购配售对象开立的网下申购资金账户内的资金；（四）证券公司在证券登记结算机构开设的客户资金交收账户内的资金；（五）证券公司在证券登记结算机构开设的自营资金交收账户内最低限额自营结算备付金及根据成交结果确定的应付资金。

七、证券登记结算机构依法按照业务规则要求证券公司等结算参与人、投资者或者发行人提供的回购质押券、价差担保物、行权担保物、履约担保物，在交收完成之前，不得冻结、扣划。

八、证券公司在银行开立的自营资金账户内的资金可以冻结、扣划。

九、在证券公司托管的证券的冻结、扣划，既可以在托管的证券公司办理，也可以在证券登记结算机构办理。不同的执法机关同一交易日分别在证券公司、证券登记结算机构对同一笔证券办理冻结扣划手续的，证券公司协助办理的为在先冻结、扣划。

冻结、扣划未在证券公司或者其他托管机构托管的证券或者证券公司自营证券的，由证券登记结算机构协助办理。

十、证券登记结算机构受理冻结、扣划要求后，应当在受理日对应的交收日交收程序完成后根据交收结果协助冻结、扣划。

证券公司受理冻结、扣划要求后，应当立即停止证券交易，冻结时已经下单但尚未撮合成功的应当采取撤单措施。冻结后，根据成交结果确定的用于交收的应付证券和应付资金可以进行正常交收。在交收程序完成后，对于剩余部分可以扣划。同时，证券公司应当根据成交结果计算出等额的应收资金或者应收证券交由执法机关冻结或者扣划。

十一、已被人民法院、人民检察院、公安机关冻结的证券或证券交易结算资金，其他人民法院、人民检察院、公安机关或者同一机关因不同案件可以进行轮候冻结。冻结解除的，登记在先的轮候冻结自动生效。

轮候冻结生效后，协助冻结的证券登记结算机构或者证券公司应当书面通知做出该轮候冻结的机关。

十二、冻结证券的期限不得超过 2 年，冻结交易结算资金的期限不得超过 6 个月。

需要延长冻结期限的，应当在冻结期限届满前办理续行冻结手续，每次续行冻结的期限不得超过前款规定的期限。

十三、不同的人民法院、人民检察院、公安机关对同一笔证券或者交易结算资金要求冻结、扣划或者轮候冻结时，证券登记结算机构或者证券公司应当按照送达协助冻结、扣划通知书的先后顺序办理协助事项。

十四、要求冻结、扣划的人民法院、人民检察院、公安机关之间，因冻结、扣划事项发生争议的，要求冻结、扣划的机关应当自行协商解决。协商不成的，由其共同上级机关决定；没有共同上级机关的，由其各自的上级机关协商解决。

在争议解决之前，协助冻结的证券登记结算机构或者证券公司应当按照争议机关所送达法律文书载明的最大标的范围对争议标的进行控制。

十五、依法应当予以协助而拒绝协助，或者向当事人通风报信，或者与当事人通谋转移、隐匿财产的，对有关的证券登记结算机构或者证券公司和直接责任人应当依法进行制裁。

十七、本通知中所规定的证券登记结算机构，是指中国证券登记结算有限责任公司及其分公司。

【执监字［2010］16 号】 　**最高人民法院执行局关于法院能否以公司证券登记结算地为财产所在地获得管辖权问题的复函**（2010 年 7 月 15 日答复广东高院）

经核查，唐山钢铁集团有限责任公司作为上市公司，其持有的证券在上市交易前存管于中国证券登记结算有限责任公司深圳分公司，深圳市中级人民法院（以下简称深圳中院）以此认定深圳市为被执行人的财产所在地受理了当事人一方的执行申请。本院认为，证券登记结算机构是为证券交易提供集中登记、存管与结算服务的机构，但证券登记结算机构存管的仅是股权凭证，不能将股权凭证所在地视为股权所在地。由于股权与其发行公司具有最密切的联系，因此，应当将股权的发行公司住所地认定为该类财产所在地。深圳中院将证券登记结算机构所在地认定为上市公司的财产所在地予以立案执行不当。

请你院监督深圳中院依法撤销案件及相关法律文书，并告知申请人依法向有管辖权的人民法院申请执行。同时，鉴于深圳中院对被执行人的股权已采取冻结措施，为防止已冻结财产被转移，请你院监督深圳中院做好已控被执行人财产与新的执行法院的衔接工作，避免申请执行人的权益受到损害。

【法释［2011］1 号】　最高人民法院关于审理期货纠纷案件若干问题的规定（二）（2010 年 12 月 27 日最高法审委会［1507 次］通过，2010 年 12 月 31 日公布①，2011 年 1 月 17 日起施行；根据法释［2020］18 号《决定》修正，2021 年 1 月 1 日起施行）

第 3 条　期货交易所为债务人，债权人请求冻结、划拨以下账户中资金或者有价证券的，人民法院不予支持：（一）期货交易所会员在期货交易所保证金账户中的资金；（二）期货交易所会员向期货交易所提交的用于充抵保证金的有价证券。

第 4 条　期货公司为债务人，债权人请求冻结、划拨以下账户中资金或者有价证券的，人民法院不予支持：（一）客户在期货公司保证金账户中的资金；（二）客户向期货公司提交的用于充抵保证金的有价证券。

第 5 条　实行会员分级结算制度的期货交易所的结算会员为债务人，债权人请求冻结、划拨结算会员以下资金或者有价证券的，人民法院不予支持：（一）非结算会员在结算会员保证金账户中的资金；（二）非结算会员向结算会员提交的用于充抵保证金的有价证券。

第 6 条　有证据证明保证金账户中有超过上述第 3 条、第 4 条、第 5 条规定的资金或者有价证券部分权益的，期货交易所、期货公司或者期货交易所结算会员在人民法院指定的合理期限内不能提出相反证据的，人民法院可以依法冻结、划拨超出部分的资金或者有价证券。

有证据证明期货交易所、期货公司、期货交易所结算会员自有资金与保证金发生混同，期货交易所、期货公司或者期货交易所结算会员在人民法院指定的合理期限内不能提出相反证据的，人民法院可以依法冻结、划拨相关账户内的资金或者有价证券。

第 7 条　实行会员分级结算制度的期货交易所或者其结算会员为债务人，债权人请求冻结、划拨期货交易所向其结算会员依法收取的结算担保金的，人民法院不予支持。

有证据证明结算会员在结算担保金专用账户中有超过交易所要求的结算担保金数额部分的，结算会员在人民法院指定的合理期限内不能提出相反证据的，人民法院可以依法冻结、划拨超出部分的资金。

① 注：本《规定（二）》2010 年公布，却预用 2011 年的文号，较少见。

【主席令［2012］71号】 **中华人民共和国证券投资基金法**（2003年10月28日全国人大常委会［10届5次］通过，2004年6月1日起施行；2012年12月28日全国人大常委会［11届30次］修订，2013年6月1日起施行；2015年4月24日主席令［2015］23号修正，同日施行）

第7条 非因基金财产本身承担的债务，不得对基金财产强制执行。

【苏高法［2018］86号】 **江苏省高级人民法院关于执行疑难问题的解答**（2018年6月12日）

六、被执行人的股权（股份）如何处置？

执行被执行人所持上市公司流通股（股票）时，执行法院在采取控制措施后，经申请执行人同意，可以责令被执行人限期30日内自行处置，并由执行法院控制相应价款，也可以直接指令证券公司限期抛售（强制平仓）或者按照收盘价直接抵债给债权人并办理过户手续。被执行人自行处置时，不得损害债权人利益。

执行被执行人所持上市公司限售流通股（股票），可以先将限售流通股强制扣划至申请执行人账户，待限售股办理解禁手续转为流通股后再行处置。在此过程中，执行法院视情可以冻结申请执行人该账户，防止变价款高于执行标的额时申请执行人转移变价款损害被执行人利益。

执行被执行人所持上市公司国有股或社会法人股时，如果股权持有人或所有权人在限期内提供了方便执行的其他财产，应当首先执行其他财产。其他财产不足以清偿债务的，方可执行股权，且应当采取拍卖的方式。

执行被执行人所持其他股权或股份，应当采用拍卖方式。

七、拍卖股权时，保留价如何确定？（见本书第258条）

【法发［2019］35号】 **最高人民法院关于在执行工作中进一步强化善意文明执行理念的意见**（2019年12月16日）

7. 严格规范上市公司股票冻结。为维护资本市场稳定，依法保障债权人合法权益和债务人投资权益，人民法院在冻结债务人在上市公司的股票时，应当依照下列规定严格执行：

（1）严禁超标的冻结。冻结上市公司股票，应当以其价值足以清偿生效法律文书确定的债权额为限。股票价值应当以冻结前一交易日收盘价为基准，结合股票市场行情，一般在不超过20%的幅度内合理确定。股票冻结后，其价值发生重大变化的，经当事人申请，人民法院可以追加冻结或者解除部分冻结。

（2）可售性冻结。保全冻结上市公司股票后，被保全人申请将冻结措施变更为可售性冻结的，应当准许，但应当提前将被保全人在证券公司的资金账户在明确具体的数额范围内予以冻结。在执行过程中，被执行人申请通过二级市场交易方式自行变卖股票清偿债务的，人民法院可以按照前述规定办理，但应当要求其在 10 个交易日内变卖完毕。特殊情形下，可以适当延长。

（3）已质押股票的冻结。上市公司股票存在质押且质权人非本案保全申请人或申请执行人，目前，人民法院在采取冻结措施时，由于需要计入股票上存在的质押债权且该债权额往往难以准确计算，尤其是当股票存在多笔质押时还需指定对哪一笔质押股票进行冻结，为保障普通债权人合法权益，人民法院一般会对质押股票进行全部冻结，这既存在超标的冻结的风险，也会对质押债权人自行实现债权造成影响，不符合执行经济原则。

最高人民法院经与中国证券监督管理委员会沟通协调，由中国证券登记结算有限公司（以下简称中国结算公司）对现有冻结系统进行改造，确立了质押股票新型冻结方式，并在系统改造完成后正式实施。具体内容如下：

第一，债务人持有的上市公司股票存在质押且质权人非本案保全申请人或申请执行人，人民法院对质押股票冻结时，应当依照 7（1）规定的计算方法冻结相应数量的股票，无需将质押债权额计算在内。冻结质押股票时，人民法院应当提前冻结债务人在证券公司的资金账户，并明确具体的冻结数额，不得对资金账户进行整体冻结。

第二，股票冻结后，不影响质权人变价股票实现其债权。质权人解除任何一部分股票质押的，冻结效力在冻结股票数量范围内对解除质押部分的股票自动生效。质权人变价股票实现其债权后变价款有剩余的，冻结效力在本案债权额范围内对剩余变价款自动生效。

第三，在执行程序中，为实现本案债权，人民法院可以在质押债权和本案债权额范围内对相应数量的股票采取强制变价措施，并在优先实现质押债权后清偿本案债务。

第四，两个以上国家机关冻结同一质押股票的，按照在证券公司或中国结算公司办理股票冻结手续的先后确定冻结顺位，依次满足各国家机关的冻结需求。2 个以上国家机关在同一交易日分别在证券公司、中国结算公司冻结同一质押股票的，在先在证券公司办理股票冻结手续的为在先冻结。

第五，人民法院与其他国家机关就冻结质押股票产生争议的，由最高人民法院主动与最高人民检察院、公安部等部门依法协调解决。争议协调解决期间，证券公司或中国结算公司控制产生争议的相关股票，不协助任何一方执行。争议协调解决完成，证券公司或中国结算公司按照争议机关协商的最终结论处理。

第六，系统改造完成前已经完成的冻结不适用前述规定。案件保全申请人或申请执行人为质权人的，冻结措施不适用前述规定。

【法释〔2021〕20号】 最高人民法院关于人民法院强制执行股权若干问题的规定（2021年11月15日最高法审委会〔1850次〕通过，2021年12月20日公布，2022年1月1日起施行；以本规为准）

第1条 本规定所称股权，包括有限责任公司股权、股份有限公司股份，但是在依法设立的证券交易所上市交易以及在国务院批准的其他全国性证券交易场所交易的股份有限公司股份除外。

第2条 被执行人是公司股东的，人民法院可以强制执行其在公司持有的股权，不得直接执行公司的财产。

第3条 依照民事诉讼法第224条（现第235条）的规定以被执行股权所在地确定管辖法院的，股权所在地是指股权所在公司的住所地。

第4条 人民法院可以冻结下列资料或者信息之一载明的属于被执行人的股权：（一）股权所在公司的章程、股东名册等资料；（二）公司登记机关的登记、备案信息；（三）国家企业信用信息公示系统的公示信息。

案外人基于实体权利对被冻结股权提出排除执行异议的，人民法院应当依照民事诉讼法第227条（现第238条）的规定进行审查。

第5条 人民法院冻结被执行人的股权，以其价额足以清偿生效法律文书确定的债权额及执行费用为限，不得明显超标的额冻结。股权价额无法确定的，可以根据申请执行人申请冻结的比例或者数量进行冻结。

被执行人认为冻结明显超标的额的，可以依照民事诉讼法第225条（现第236条）的规定提出书面异议，并附证明股权等查封、扣押、冻结财产价额的证据材料。人民法院审查后裁定异议成立的，应当自裁定生效之日起7日内解除对明显超标的额部分的冻结。

第6条 人民法院冻结被执行人的股权，应当向公司登记机关送达裁定书和协助执行通知书，要求其在国家企业信用信息公示系统进行公示。股权冻结自在公示系统公示时发生法律效力。多个人民法院冻结同一股权的，以在公示系统先办理公示的为在先冻结。

依照前款规定冻结被执行人股权的，应当及时向被执行人、申请执行人送达裁定书，并将股权冻结情况书面通知股权所在公司。

第7条 被执行人就被冻结股权所作的转让、出质或者其他有碍执行的行为，不得对抗申请执行人。

第8-9条，第10-15条 （分别见本书第117条、第258条）

第16条 生效法律文书确定被执行人交付股权，因股权所在公司在生效法律文书作出后增资或者减资导致被执行人实际持股比例降低或者升高的，人民法院应当按照下列情形分别处理：

（一）生效法律文书已经明确交付股权的出资额的，按照该出资额交付股权；

（二）生效法律文书仅明确交付一定比例的股权的，按照生效法律文书作出时该比例所对应出资额占当前公司注册资本总额的比例交付股权。

第 17 条　在审理股东资格确认纠纷案件中，当事人提出要求公司签发出资证明书、记载于股东名册并办理公司登记机关登记的诉讼请求且其主张成立的，人民法院应当予以支持；当事人未提出前述诉讼请求的，可以根据案件具体情况向其释明。

生效法律文书仅确认股权属于当事人所有，当事人可以持该生效法律文书自行向股权所在公司、公司登记机关申请办理股权变更手续；向人民法院申请强制执行的，不予受理。

第 18 条　人民法院对被执行人在其他营利法人享有的投资权益强制执行的，参照适用本规定。

【法发［2023］5 号】　最高人民法院关于完整准确全面贯彻新发展理念为积极稳妥推进碳达峰碳中和提供司法服务的意见（2023 年 2 月 16 日）

20. 依法办理涉碳排放配额、核证自愿减排量金钱债权执行案件。对被执行人的存款、现金、有价证券、机动车等可以执行的动产和其他方便执行的财产执行完毕后，债务仍未能得到清偿的，可依法查封、扣押、冻结被执行人的碳排放配额、核证自愿减排量。查封、扣押、冻结的财产不得超出被执行人应当履行义务部分的范围。应当向碳排放权、核证自愿减排注册登记机构、交易机构送达执行裁定书和协助执行通知书。

【主席令［2023］15 号】　中华人民共和国公司法（2023 年 12 月 29 日全国人大常委会［14 届 7 次］修订，2024 年 7 月 1 日起施行）

第 85 条　人民法院依照法律规定的强制执行程序转让股东的股权时，应当通知公司及全体股东，其他股东在同等条件下有优先购买权。其他股东自人民法院通知之日起满 20 日不行使优先购买权的，视为放弃优先购买权。

（其他动产、不动产）

【法释［1998］15 号】　最高人民法院关于人民法院执行工作若干问题的规定（试行）（1998 年 6 月 11 日最高法审委会［992 次］通过，1998 年 7 月 8 日公布施行；根据法释［2020］21 号《决定》修正，2021 年 1 月 1 日起施行；以本规为准）①

38. 被执行人无金钱给付能力的，人民法院有权裁定对被执行人的其他财产

---

① 本《规定》自 1998 年 7 月 8 日公布试行 22 年多，至 2020 年 12 月 23 日修正，仍为"试行"。

采取查封、扣押措施。裁定书应送达被执行人。

采取前款措施需有关单位协助的，应当向有关单位发出协助执行通知书，连同裁定书副本一并送达有关单位。

~~39. 查封、扣押财产的价值应当与被执行人履行债务的价值相当。~~

31. 人民法院对被执行人所有的其他人享有抵押权、质押权或留置权的财产，可以采取查封、扣押措施。财产拍卖、变卖后所得价款，应当在抵押权人、质押权人或留置权人优先受偿后，其余额部分用于清偿申请执行人的债权。

~~41. 对动产的查封，应当采取加贴封条的方式。不便加贴封条的，应当张贴公告。~~

~~对有产权证照的动产或不动产的查封，应当向有关管理机关发出协助执行通知书，要求其不得办理查封财产的转移过户手续，同时可以责令被执行人将有关财产权证照交人民法院保管。必要时也可以采取加贴封条或张贴公告的方法查封。~~

~~既未向有关管理机关发出协助执行通知书，也未采取加贴封条或张贴公告的办法查封的，不得对抗其他人民法院的查封。~~

~~42. 被查封的财产，可以指令由被执行人负责保管。如继续使用被查封的财产对其价值无重大影响，可以允许被执行人继续使用。因被执行人保管或使用的过错造成的损失，由被执行人承担。~~

~~43. 被扣押的财产，人民法院可以自行保管，也可以委托其他单位或个人保管。对扣押的财产，保管人不得使用。~~

32. 被执行人或其他人擅自处分已被查封、扣押、冻结财产的，人民法院有权责令责任人限期追回财产或承担相应的赔偿责任。

~~45. 被执行人的财产经查封、扣押后，在人民法院指定的期间内履行义务的，人民法院应当及时解除查封、扣押措施。~~

【法发［2004］5号】 最高人民法院、国土资源部、建设部关于依法规范人民法院执行和国土资源房地产管理部门协助执行若干问题的通知（2004年2月10日印发，2004年3月1日起实施）

一、人民法院在办理案件时，需要国土资源、房地产管理部门协助执行的，国土资源、房地产管理部门应当按照人民法院的生效法律文书和协助执行通知书办理协助执行事项。

国土资源、房地产管理部门依法协助人民法院执行时，除复制有关材料所必需的工本费外，不得向人民法院收取其他费用。登记过户的费用按照国家有关规定收取。

二、人民法院对土地使用权、房屋实施查封或者进行实体处理前，应当向国土资源、房地产管理部门查询该土地、房屋的权属。

人民法院执行人员到国土资源、房地产管理部门查询土地、房屋权属情况时，应当出示本人工作证和执行公务证，并出具协助查询通知书。

人民法院执行人员到国土资源、房地产管理部门办理土地使用权或者房屋查封、预查封登记手续时，应当出示本人工作证和执行公务证，并出具查封、预查封裁定书和协助执行通知书。

三、对人民法院查封或者预查封的土地使用权、房屋，国土资源、房地产管理部门应当及时办理查封或者预查封登记。

国土资源、房地产管理部门在协助人民法院执行土地使用权、房屋时，不对生效法律文书和协助执行通知书进行实体审查。国土资源、房地产管理部门认为人民法院查封、预查封或者处理的土地、房屋权属错误的，可以向人民法院提出审查建议，但不应当停止办理协助执行事项。

四、人民法院在国土资源、房地产管理部门查询并复制或者抄录的书面材料，由土地、房屋权属的登记机构或者其所属的档案室（馆）加盖印章。无法查询或者查询无结果的，国土资源、房地产管理部门应当书面告知人民法院。

五、人民法院查封时，土地、房屋权属的确认以国土资源、房地产管理部门的登记或者出具的权属证明为准。权属证明与权属登记不一致的，以权属登记为准。

在执行人民法院确认土地、房屋权属的生效法律文书时，应当按照人民法院生效法律文书所确认的权利人办理土地、房屋权属变更、转移登记手续。

六、土地使用权和房屋所有权归属同一权利人的，人民法院应当同时查封；土地使用权和房屋所有权归属不一致的，查封被执行人名下的土地使用权或者房屋。

七、登记在案外人名下的土地使用权、房屋，登记名义人（案外人）书面认可该土地、房屋实际属于被执行人时，执行法院可以采取查封措施。

如果登记名义人否认该土地、房屋属于被执行人，而执行法院、申请执行人认为登记为虚假时，须经当事人另行提起诉讼或者通过其他程序，撤销该登记并登记在被执行人名下之后，才可以采取查封措施。

八、对被执行人因继承、判决或者强制执行取得，但尚未办理过户登记的土地使用权、房屋的查封，执行法院应当向国土资源、房地产管理部门提交被执行人取得财产所依据的继承证明、生效判决书或者执行裁定书及协助执行通知书，由国土资源、房地产管理部门办理过户登记手续后，办理查封登记。

九、对国土资源、房地产管理部门已经受理被执行人转让土地使用权、房屋的过户登记申请，尚未核准登记的，人民法院可以进行查封，已核准登记的，不得进行查封。

十、人民法院对可以分割处分的房屋应当在执行标的额的范围内分割查封，不可分割的房屋可以整体查封。

分割查封的，应当在协助执行通知书中明确查封房屋的具体部位。

十一、人民法院对土地使用权、房屋的查封期限不得超过2年。期限届满可以续封1次，续封时应当重新制作查封裁定书和协助执行通知书，续封的期限不得超过1年。确有特殊情况需要再续封的，应当经过所属高级人民法院批准，且每次再续封的期限不得超过1年。

查封期限届满，人民法院未办理继续查封手续的，查封的效力消灭。

十二、人民法院在案件执行完毕后，对未处理的土地使用权、房屋需要解除查封的，应当及时作出裁定解除查封，并将解除查封裁定书和协助执行通知书送达国土资源、房地产管理部门。

十三、被执行人全部缴纳土地使用权出让金但尚未办理土地使用权登记的，人民法院可以对该土地使用权进行预查封。

十四、被执行人部分缴纳土地使用权出让金但尚未办理土地使用权登记的，对可以分割的土地使用权，按已缴付的土地使用权出让金，由国土资源管理部门确认被执行人的土地使用权，人民法院可以对确认后的土地使用权裁定预查封。对不可以分割的土地使用权，可以全部进行预查封。

被执行人在规定的期限内仍未全部缴纳土地出让金的，在人民政府收回土地使用权的同时，应当将被执行人缴纳的按照有关规定应当退还的土地出让金交由人民法院处理，预查封自动解除。

十五、下列房屋虽未进行房屋所有权登记，人民法院也可以进行预查封：

（一）作为被执行人的房地产开发企业，已办理了商品房预售许可证且尚未出售的房屋；

（二）被执行人购买的已由房地产开发企业办理了房屋权属初始登记的房屋；

（三）被执行人购买的办理了商品房预售合同登记备案手续或者商品房预告登记的房屋。

十六、国土资源、房地产管理部门应当依据人民法院的协助执行通知书和所附的裁定书办理预查封登记。土地、房屋权属在预查封期间登记在被执行人名下的，预查封登记自动转为查封登记，预查封转为正式查封后，查封期限从预查封之日起开始计算。

十七、预查封的期限为2年。期限届满可以续封1次，续封时应当重新制作预查封裁定书和协助执行通知书，预查封的续封期限为1年。确有特殊情况需要再续封的，应当经过所属高级人民法院批准，且每次再续封的期限不得超过1年。

十八、预查封的效力等同于正式查封。预查封期限届满之日，人民法院未办理预查封续封手续的，预查封的效力消灭。

十九、2 个以上人民法院对同一宗土地使用权、房屋进行查封的，国土资源、房地产管理部门为首先送达协助执行通知书的人民法院办理查封登记手续后，对后来办理查封登记的人民法院作轮候查封登记，并书面告知该土地使用权、房屋已被其他人民法院查封的事实及查封的有关情况。

二十、轮候查封登记的顺序按照人民法院送达协助执行通知书的时间先后进行排列。查封法院依法解除查封的，排列在先的轮候查封自动转为查封；查封法院对查封的土地使用权、房屋全部处理的，排列在后的轮候查封自动失效；查封法院对查封的土地使用权、房屋部分处理的，对剩余部分，排列在后的轮候查封自动转为查封。

预查封的轮候登记参照第 19 条和本条第 1 款的规定办理。

二十一、已被人民法院查封、预查封并在国土资源、房地产管理部门办理了查封、预查封登记手续的土地使用权、房屋，被执行人隐瞒真实情况，到国土资源、房地产管理部门办理抵押、转让等手续的，人民法院应当依法确认其行为无效，并可视情节轻重，依法追究有关人员的法律责任。国土资源、房地产管理部门应当按照人民法院的生效法律文书撤销不合法的抵押、转让等登记，并注销所颁发的证照。

二十二、国土资源、房地产管理部门对被人民法院依法查封、预查封的土地使用权、房屋，在查封、预查封期间不得办理抵押、转让等权属变更、转移登记手续。

国土资源、房地产管理部门明知土地使用权、房屋已被人民法院查封、预查封，仍然办理抵押、转让等权属变更、转移登记手续的，对有关的国土资源、房地产管理部门和直接责任人可以依照民事诉讼法第 102 条（现第 114 条）的规定处理。

二十三、在变价处理土地使用权、房屋时，土地使用权、房屋所有权同时转移；土地使用权与房屋所有权归属不一致的，受让人继受原权利人的合法权利。

二十四、人民法院执行集体土地使用权时，经与国土资源管理部门取得一致意见后，可以裁定予以处理，但应当告知权利受让人到国土资源管理部门办理土地征用和国有土地使用权出让手续，缴纳土地使用权出让金及有关税费。

对处理农村房屋涉及集体土地的，人民法院应当与国土资源管理部门协商一致后再行处理。

二十五、人民法院执行土地使用权时，不得改变原土地用途和出让年限。

二十六、经申请执行人和被执行人协商同意，可以不经拍卖、变卖，直接裁定将被执行人以出让方式取得的国有土地使用权及其地上房屋经评估作价后交由申请执行人抵偿债务，但应当依法向国土资源和房地产管理部门办理土地、房屋权属变更、转移登记手续。

二十七、人民法院制作的土地使用权、房屋所有权转移裁定送达权利受让人时即发生法律效力，人民法院应当明确告知权利受让人及时到国土资源、房地产管理部门申请土地、房屋权属变更、转移登记。

国土资源、房地产管理部门依据生效法律文书进行权属登记时，当事人的土地、房屋权利应当追溯到相关法律文书生效之时。

二十八、人民法院进行财产保全和先予执行时适用本通知。

二十九、本通知下发前已经进行的查封，自本通知实施之日起计算期限。

【法释〔2004〕15号】 最高人民法院关于人民法院民事执行中查封、扣押、冻结财产的规定（2004年10月26日最高法审委会〔1330次〕通过，2004年11月4日公布，2005年1月1日起施行；根据法释〔2020〕21号《决定》修正，2021年1月1日起施行；以本规为准）

第1条 人民法院查封、扣押、冻结被执行人的动产、不动产及其他财产权，应当作出裁定，并送达被执行人和申请执行人。

采取查封、扣押、冻结措施需要有关单位或者个人协助的，人民法院应当制作协助执行通知书，连同裁定书副本一并送达协助执行人。查封、扣押、冻结裁定书和协助执行通知书送达时发生法律效力。

第2条 人民法院可以查封、扣押、冻结被执行人占有的动产、登记在被执行人名下的不动产、特定动产及其他财产权。

未登记的建筑物和土地使用权，依据土地使用权的审批文件和其他相关证据确定权属。

对于第三人占有的动产或者登记在第三人名下的不动产、特定动产及其他财产权，第三人书面确认该财产属于被执行人的，人民法院可以查封、扣押、冻结。

~~第3条 作为执行依据的法律文书生效后至申请执行前，债权人可以向有执行管辖权的人民法院申请保全债务人的财产。人民法院可以参照民事诉讼法第92条的规定作出保全裁定，保全裁定应当立即执行。~~

~~第4条 诉讼前、诉讼中及仲裁中采取财产保全措施的，进入执行程序后，自动转为执行中的查封、扣押、冻结措施，并适用本规定第29条关于查封、扣押、冻结期限的规定。~~

第3条 人民法院对被执行人的下列财产不得查封、扣押、冻结：（一）被执行人及其所扶养家属生活所必需的衣服、家具、炊具、餐具及其他家庭生活必需的物品;(二)被执行人及其所扶养家属所必需的生活费用。当地有最低生活保障标准的,必需的生活费用依照该标准确定;(三)被执行人及其所扶养家属完成义务教育所必需的物品;(四)未公开的发明或者未发表的著作;(五)被执行人及其所扶养家属用于身体缺陷所必需的辅助工具、医疗物品;(六)被执行人所得的勋章及其他荣誉表彰的物品;(七)根据《中华人民共和国缔结条约程序法》,以中华人民共和国、中华人民共和国政府或者中华人民共和国政府部门名义同外国、国际组织缔结的条约、协定和其他具有条约、协定性质的文件中规定免于查封、扣押、冻结的财产;(八)法律或者司法解释规定的其他不得查封、扣押、冻结的财产。

第4条　对被执行人及其所扶养家属生活所必需的居住房屋,人民法院可以查封,但不得拍卖、变卖或者抵债。

第5条　对于超过被执行人及其所扶养家属生活所必需的房屋和生活用品,人民法院根据申请执行人的申请,在保障被执行人及其所扶养家属最低生活标准所必需的居住房屋和普通生活必需品后,可予以执行。

第6条　查封、扣押动产的,人民法院可以直接控制该项财产。人民法院将查封、扣押的动产交付其他人控制的,应当在该动产上加贴封条或者采取其他足以公示查封、扣押的适当方式。

第7条　查封不动产的,人民法院应当张贴封条或者公告,并可以提取保存有关财产权证照。

查封、扣押、冻结已登记的不动产、特定动产及其他财产权,应当通知有关登记机关办理登记手续。未办理登记手续的,不得对抗其他已经办理了登记手续的查封、扣押、冻结行为。

第8条　查封尚未进行权属登记的建筑物时,人民法院应当通知其管理人或者该建筑物的实际占有人,并在显著位置张贴公告。

第9条　扣押尚未进行权属登记的机动车辆时,人民法院应当在扣押清单上记载该机动车辆的发动机编号。该车辆在扣押期间权利人要求办理权属登记手续的,人民法院应当准许并及时办理相应的扣押登记手续。

第10条　查封、扣押的财产不宜由人民法院保管的,人民法院可以指定被执行人负责保管;不宜由被执行人保管的,可以委托第三人或者申请执行人保管。

由人民法院指定被执行人保管的财产,如果继续使用对该财产的价值无重大影响,可以允许被执行人继续使用;由人民法院保管或者委托第三人、申请执行人保管的,保管人不得使用。

第11条　查封、扣押、冻结担保物权人占有的担保财产,一般应当指定该担保物权人作为保管人;该财产由人民法院保管的,质权、留置权不因转移占有而消灭。

第12条 对被执行人与其他人共有的财产，人民法院可以查封、扣押、冻结，并及时通知共有人。

共有人协议分割共有财产，并经债权人认可的，人民法院可以认定有效。查封、扣押、冻结的效力及于协议分割后被执行人享有份额内的财产；对其他共有人享有份额内的财产的查封、扣押、冻结，人民法院应当裁定予以解除。

共有人提起析产诉讼或者申请执行人代位提起析产诉讼的，人民法院应当准许。诉讼期间中止对该财产的执行。

第13条 对第三人为被执行人的利益占有的被执行人的财产，人民法院可以查封、扣押、冻结；该财产被指定给第三人继续保管的，第三人不得将其交付给被执行人。

对第三人为自己的利益依法占有的被执行人的财产，人民法院可以查封、扣押、冻结，第三人可以继续占有和使用该财产，但不得将其交付给被执行人。

第三人无偿借用被执行人的财产的，不受前款规定的限制。

第14条 被执行人将其财产出卖给第三人，第三人已经支付部分价款并实际占有该财产，但根据合同约定被执行人保留所有权的，人民法院可以查封、扣押、冻结；第三人要求继续履行合同的，应当由第三人在合理期限内向人民法院交付全部余款后，裁定解除查封、扣押、冻结。

第15条 被执行人将其所有的需要办理过户登记的财产出卖给第三人，第三人已经支付部分或者全部价款并实际占有该财产，但尚未办理产权过户登记手续的，人民法院可以查封、扣押、冻结；第三人已经支付全部价款并实际占有，但未办理过户手续的，如果第三人对此没有过错，人民法院不得查封、扣押、冻结。

第16条 被执行人购买第三人的财产，已经支付部分价款并实际占有该财产，但第三人依合同约定保留所有权，申请执行人已向第三人支付剩余价款或者第三人书面同意剩余价款从该财产变价款中优先支付的，人民法院可以查封、扣押、冻结。保留所有权已办理登记的，第三人的剩余价款从该财产变价款中优先支付；第三人主张取回该财产的，可以依据民事诉讼法第227条（现第238条）规定提出异议。

第17条 被执行人购买需要办理过户登记的第三人的财产，已经支付部分或者全部价款并实际占有该财产，虽未办理产权过户登记手续，但申请执行人已向第三人支付剩余价款或者第三人同意剩余价款从该财产变价款中优先支付的，人民法院可以查封、扣押、冻结。

第18条 查封、扣押、冻结被执行人的财产时，执行人员应当制作笔录，载明下列内容：（一）执行措施开始及完成的时间；（二）财产的所在地、种类、数量；（三）财产的保管人；（四）其他应当记明的事项。

执行人员及保管人应当在笔录上签名，有民事诉讼法第 245 条规定的人员到场的，到场人员也应当在笔录上签名。

第 19 条　查封、扣押、冻结被执行人的财产，以其价额足以清偿法律文书确定的债权额及执行费用为限，不得明显超标的额查封、扣押、冻结。

发现超标的额查封、扣押、冻结的，人民法院应当根据被执行人的申请或者依职权，及时解除对超标的额部分财产的查封、扣押、冻结，但该财产为不可分物且被执行人无其他可供执行的财产或者其他财产不足以清偿债务的除外。

第 20 条　查封、扣押的效力及于查封、扣押物的从物和天然孳息。

第 21 条　查封地上建筑物的效力及于该地上建筑物使用范围内的土地使用权，查封土地使用权的效力及于地上建筑物，但土地使用权与地上建筑物的所有权分属被执行人与他人的除外。

地上建筑物和土地使用权的登记机关不是同一机关的，应当分别办理查封登记。

第 22 条　查封、扣押、冻结的财产灭失或者毁损的，查封、扣押、冻结的效力及于该财产的替代物、赔偿款。人民法院应当及时作出查封、扣押、冻结该替代物、赔偿款的裁定。

第 23 条　查封、扣押、冻结协助执行通知书在送达登记机关时，登记机关已经受理被执行人转让不动产、特定动产及其他财产的过户登记申请，尚未完成/核准登记的，应当协助人民法院执行。人民法院不得对登记机关已经完成/核准登记的被执行人已转让的财产实施查封、扣押、冻结措施。

查封、扣押、冻结协助执行通知书在送达登记机关时，其他人民法院已向该登记机关送达了过户登记协助执行通知书的，应当优先办理过户登记。

第 24 条　被执行人就已经查封、扣押、冻结的财产所作的移转、设定权利负担或者其他有碍执行的行为，不得对抗申请执行人。

第三人未经人民法院准许占有查封、扣押、冻结的财产或者实施其他有碍执行的行为的，人民法院可以依据申请执行人的申请或者依职权解除其占有或者排除其妨害。

人民法院的查封、扣押、冻结没有公示的，其效力不得对抗善意第三人。

第 25 条　人民法院查封、扣押被执行人设定最高额抵押权的抵押物的，应当通知抵押权人。抵押权人受抵押担保的债权数额自收到人民法院通知时起不再增加。

人民法院虽然没有通知抵押权人，但有证据证明抵押权人知道或者应当知道查封、扣押事实的，受抵押担保的债权数额从其知道或者应当知道该事实时起不再增加。

第26条　对已被人民法院查封、扣押、冻结的财产，其他人民法院可以进行轮候查封、扣押、冻结。查封、扣押、冻结解除的，登记在先的轮候查封、扣押、冻结即自动生效。

其他人民法院对已登记的财产进行轮候查封、扣押、冻结的，应当通知有关登记机关协助进行轮候登记，实施查封、扣押、冻结的人民法院应当允许其他人民法院查阅有关文书和记录。

其他人民法院对没有登记的财产进行轮候查封、扣押、冻结的，应当制作笔录，并经实施查封、扣押、冻结的人民法院执行人员及被执行人签字，或者书面通知实施查封、扣押、冻结的人民法院。

~~第29条　人民法院冻结被执行人的银行存款及其他资金的期限不得超过6个月，查封、扣押动产的期限不得超过1年，查封不动产、冻结其他财产权的期限不得超过2年。法律、司法解释另有规定的除外。~~

~~申请执行人申请延长期限的，人民法院应当在查封、扣押、冻结期限届满前办理续行查封、扣押、冻结手续，续行期限不得超过前款规定期限的二分之一。~~

第27条　查封、扣押、冻结期限届满，人民法院未办理延期手续的，查封、扣押、冻结的效力消灭。

查封、扣押、冻结的财产已经被执行拍卖、变卖或者抵债的，查封、扣押、冻结的效力消灭。

第28条　有下列情形之一的，人民法院应当作出解除查封、扣押、冻结裁定，并送达申请执行人、被执行人或者案外人：（一）查封、扣押、冻结案外人财产的；（二）申请执行人撤回执行申请或者放弃债权的；（三）查封、扣押、冻结的财产流拍或者变卖不成，申请执行人和其他执行债权人又不同意接受抵债，且对该财产又无法采取其他执行措施的；（四）债务已经清偿的；（五）被执行人提供担保且申请执行人同意解除查封、扣押、冻结的；（六）人民法院认为应当解除查封、扣押、冻结的其他情形。

解除以登记方式实施的查封、扣押、冻结的，应当向登记机关发出协助执行通知书。

第29条　财产保全裁定和先予执行裁定的执行适用本规定。

【法发〔2006〕35号】　最高人民法院关于人民法院办理执行案件若干期限的规定（2006年12月23日印发，2007年1月1日起施行；同文号印发《关于人民法院执行公开的若干规定》）

　　第 8 条　执行中涉及不动产、特定动产及其它财产需办理过户登记手续的,承办人应当在 5 日内向有关登记机关送达协助执行通知书。

　　【法 [2008] 164 号】　**最高人民法院关于依法做好抗震救灾恢复重建期间民事审判和执行工作的通知**（针对 2008 年 5 月 12 日四川省汶川县特大地震,2008 年 6 月 6 日印发）

　　六、人民法院在执行工作中,应当慎用强制执行措施。特别是对明确专用于抗震救灾的资金和物资,一律不得采取查封、扣押、冻结、划拨等财产保全措施和强制执行措施。

　　【法发 [2008] 21 号】　**最高人民法院关于处理涉及汶川地震相关案件适用法律问题的意见（一）**（2008 年 7 月 14 日）

　　九（第 1 款）、在诉讼过程中,因地震造成已查封、扣押的财产损毁、灭失的,应当参照最高人民法院《关于人民法院民事执行中查封、扣押、冻结财产的规定》第 24 条（现第 22 条）的规定处理;申请人提供其他财产线索申请查封、扣押的,可不再交纳申请费。

　　【执他字 [2008] 8 号】　**最高人民法院执行局关于如何处理建设工程款债权与请求交付房产的债权冲突问题的复函**（2008 年 11 月 5 日答复青海高院）

　　浙江省东阳第三建筑公司（以下简称东阳三建）请求青海华峰房地产有限公司（以下简称华峰公司）支付建筑工程款的权利以及青海量具刃具有限责任公司（以下简称量具公司）请求华峰公司交付房产的权利均为债权。依据《物权法》第 9 条、第 30 条（现民法典 209、231 条）之规定,争议房产仍然属于华峰公司所有,应当作为华峰公司的责任财产由有关债权人按照法定的顺序受偿。依据《合同法》第 286 条（现民法典第 807 条）以及本院《关于建设工程价款优先受偿权问题的批复》第 1 条之规定,应当对相应的争议房产进行变价,变价款由东阳三建优先受偿。东阳三建受偿后,剩余价款及未变价处理的房产应当交付量具公司。如无法按照执行依据确定的数量和质量执行实物,对量具公司非金钱债权的差额部分,应当依照本院《关于人民法院执行工作若干问题的规定（试行）》第 57 条之规定,折价后执行华峰公司的其他财产。

　　【执他字 [2009] 7 号】　**最高人民法院执行局关于人民法院能否在执行程序中以被执行人擅自出租查封房产为由认定该租赁合同无效或解除租赁合同的答复**（2009 年 12 月 22 日答复山东高院）

　　在执行程序中被执行人擅自处分法院的查封物,包括本案中以出租的形式妨害查封效果的行为,执行法院有权以裁定形式执结予以处理。根据最高人民法院

《关于人民法院执行中查封、扣押、冻结财产的规定》第26条，被执行人擅自处分查封物，与第三人签订的租赁合同，并不当然无效，只是不得对抗申请执行人。第三人依据租赁合同占有查封物的，人民法院可以解除其占有，但不应当在裁定中直接宣布租赁合同无效或解除租赁合同，而仅应指出租赁合同不能对抗申请执行人。

【法发〔2009〕17号】 最高人民法院关于处理涉及汶川地震相关案件适用法律问题的意见（二）（2009年3月23日）

十七、因地震造成人民法院已查封或扣押的财产毁损、灭失或价值贬值，协助人民法院查封、扣押的协助执行人以及人民法院指定的查封、扣押财产的保管人（被执行人除外）没有过错的，不承担赔偿责任。人民法院应当努力通过促成执行和解妥善解决纠纷。

【法〔2010〕178号】 最高人民法院关于依法做好抗震救灾和恢复重建期间审判工作切实维护灾区社会稳定的通知（针对2010年4月14日青海省玉树藏族自治州7.1级特大地震，2010年4月19日印发）

十、人民法院在执行工作中，应当慎用强制执行措施。特别是对明确专门用于抗震救灾的资金和物资，一律不得采取查封、扣押、冻结、划拨等财产保全措施和强制执行措施。

【法发〔2009〕15号】 中央政法委、最高人民法院关于规范集中清理执行积案结案标准的通知（2009年3月19日）（详见本书第268条）

一、坚决依法执结有财产可供执行的案件，切实提高执行到位率。

1. 属于被执行人所有的财产，除法律或司法解释规定的被执行人及其所抚养家属生活所必需的房屋、生活用品、生活费用或其他不得查封、扣押、冻结的财产外，均为可供执行的财产。

2. 执行法院对已查明的被执行人可供执行的财产，应当依法及时采取查封、扣押、冻结等相应的执行措施，并依法采取拍卖、变卖、以物抵债等执行措施。

3. 被执行人下落不明但有财产可供执行的，可以直接对其财产采取执行措施。执行通知书的送达应依照有关法律规定办理。

7. 原统计为有财产可供执行的案件，在清理积案期间经进一步调查属于无财产可供执行的案件，须报上一级法院审查确认。

【执他字［2010］1 号】　　最高人民法院执行局关于人民法院在执行程序中如何处理案外人拒不接收强制迁出财产问题的答复（2010 年答复吉林高院）①

执行程序中案外人无合法依据占有被执行的标的物不动产的，执行法院依法可以强制迁出；案外人拒不迁出的，对标的物上的财产，执行法院可指定他人保管并通知领取；案外人不领取或下落不明的，为避免保管费用过高或财产价值减损，执行法院可以处分该财产，处分所得价款，扣除搬迁、保管及拍卖变卖等相关费用后，保存于执行法院账户，通知该案外人领取。

【执他字［2010］2 号】　　最高人民法关于人民法院在执行程序中能否查封被执行人拥有的药品批准文号的答复（2010 年 6 月 10 日答复安徽高院"［2009］皖执复字第 0022 号"请示）

原则同意你院第二种意见即少数人意见。药品批准文号系国家药品监督管理部门准许企业生产的合法标志，该批准文号受行政许可法的调整，本身不具有财产价值。因此，人民法院在执行中对药品批准文号不应进行查封。

【执他字［2010］8 号】　　最高人民法关于房屋与占用范围内的土地使用权欠缺一并处分条件的应否单独处分房屋问题的答复（2010 年 6 月 29 日答复辽宁高院"［2009］辽执一复字第 3 号"请示）

原则同意你院审判委员会多数人意见。根据房随地走，地随房走的原则及《物权法》第 146 条、第 147 条（现民法典第 356 条、第 357 条）和我院《关于人民法院民事执行中查封、扣押、冻结财产的规定》第 23 条（现第 21 条）第 1 款的规定，人民法院在执行中需要处理房地产时亦应遵循上述原则和规定。本案中，兴城市市政管理处办公楼系 1983 年建造，由于当时管理不规范等原因致使权利人与房地产管理部门没有办理相应手续，造成土地权属不明。你院可责成执行法院与当地房地产管理部门协调处理，协调处理不成时，应按房地一致原则处置房产。

【建法函［2012］102 号】　　住房和城乡建设部关于无证房产依据协助执行文书办理产权登记有关问题的函（经商最高法，2012 年 5 月 30 日答复浙江省住建厅"浙建房［2011］72 号"请示）②

一、对已办理初始登记的房屋，房屋登记机构应当按照人民法院生效法律文书和协助执行通知书的要求予以办理。

二、对未办理初始登记的房屋，在完善相关手续后具备初始登记条件的，房

① 《执行工作指导》2010 年第 1 辑，人民法院出版社 2010 年 5 月出版。
② 该文件于 2019 年 5 月 15 日被《住房和城乡建设部关于废止部分文件的决定》（建法［2019］58 号）废止。

屋登记机构应当按照人民法院生效法律文书和协助执行通知书予以登记；不具备初始登记条件的，房屋登记机构应当向人民法院书面说明情况，在人民法院按照法律和有关规定作出处理前，房屋登记机构暂停办理登记。

三、房屋登记机构依据人民法院协助执行通知书予以登记的，应当在房屋登记簿上记载基于人民法院生效的法律文书予以登记的事实。

【法〔2012〕151 号】 最高人民法院关于转发住房和城乡建设部《关于无证房产依据协助执行文书办理产权登记有关问题的函》的通知（2012 年 6 月 15 日）

现将住房和城乡建设部《关于无证房产依据协助执行文书办理产权登记有关问题的函》（建法函〔2012〕102 号）转发你们，请参照执行，并在执行中注意如下问题：

一、各级人民法院在执行程序中，既要依法履行强制执行职责，又要尊重房屋登记机构依法享有的行政权力；既要保证执行工作的顺利开展，也要防止"违法建筑"等不符合法律、行政法规规定的房屋通过协助执行行为合法化。

二、执行程序中处置未办理初始登记的房屋时，具备初始登记条件的，执行法院处置后可以依法向房屋登记机构发出《协助执行通知书》；暂时不具备初始登记条件的，执行法院处置后可以向房屋登记机构发出《协助执行通知书》，并载明待房屋买受人或承受人完善相关手续具备初始登记条件后，由房屋登记机构按照《协助执行通知书》予以登记；不具备初始登记条件的，原则上进行"现状处置"，即处置前披露房屋不具备初始登记条件的现状，买受人或承受人按照房屋的权利现状取得房屋，后续的产权登记事项由买受人或承受人自行负责。

三、执行法院向房屋登记机构发出《协助执行通知书》，房屋登记机构认为不具备初始登记条件并作出书面说明的，执行法院应在 30 日内依照法律和有关规定，参照行政规章，对其说明理由进行审查。理由成立的，撤销或变更《协助执行通知书》并书面通知房屋登记机构；理由不成立的，书面通知房屋登记机构限期按《协助执行通知书》办理。

【法〔2016〕401 号】 最高人民法院关于在执行工作中规范执行行为切实保护各方当事人财产权益的通知（2016 年 11 月 22 日）

三、在采取查冻扣措施时注意把握执行政策。查封、扣押、冻结财产要严格遵守相应的适用条件与法定程序，坚决杜绝超范围、超标的查封、扣押、冻结财产，对银行账户内资金采取冻结措施的，应当明确具体冻结数额；对土地、房屋等不动产保全查封时，如果登记在一个权利证书下的不动产价值超过应保全的数额，则应加强与国土部门的沟通、协商，尽量仅对该不动产的相应价值部分采取保全措施，避免影响其他部分财产权益的正常行使。

在采取具体执行措施时，要注意把握执行政策，尽量寻求依法平等保护各方利益的平衡点：对能采取"活封""活扣"措施的，尽量不"死封""死扣"，使保全财产继续发挥其财产价值，防止减损当事人利益，如对厂房、机器设备等生产经营性财产进行保全时，指定被保全人保管的，应当允许其继续使用；对车辆进行查封，可考虑与交管部门建立协助执行机制，以在车辆行驶证上加注查封标记的方式进行，既可防止被查封车辆被擅自转让，也能让车辆继续使用，避免"死封"带来的价值贬损及高昂停车费用。对有多种财产并存的，尽量优先采取方便执行且对当事人生产经营影响较小的执行措施。在不损害债权人利益前提下，允许被执行人在法院监督下处置财产，尽可能保全财产市场价值。在条件允许的情况下可以为企业预留必要的流动资金和往来账户，最大限度降低对企业正常生产经营活动的不利影响。对符合法定情形的，应当在法定期限内及时解除保全措施，避免因拖延解保给被保全人带来财产损失。《最高人民法院关于人民法院办理财产保全案件若干问题的规定》即将正式施行，各级人民法院要在执行工作中认真贯彻落实。

【法［2017］48 号】 最高人民法院关于依法妥善审理涉及夫妻债务案件有关问题的通知（2017 年 2 月 28 日）

六、保护被执行夫妻双方基本生存权益不受影响。要树立生存权益高于债权的理念。对夫妻共同债务的执行涉及到夫妻双方的工资、住房等财产权益，甚至可能损害其基本生存权益的，应当保留夫妻双方及其所扶养家属的生活必需费用。执行夫妻名下住房时，应保障生活所必需的居住房屋，一般不得拍卖、变卖或抵债被执行人及其所扶养家属生活所必需的居住房屋。

【法释［2018］3 号】 **最高人民法院关于执行和解若干问题的规定**（2017 年 11 月 6 日最高法审委会［1725 次］通过，2018 年 2 月 22 日公布，2018 年 3 月 1 日起施行；根据法释［2020］21 号《决定》修正，2021 年 1 月 1 日起施行。以本规为准）（详见本书第 241 条）

第 3 条 中止执行后，申请执行人申请解除查封、扣押、冻结的，人民法院可以准许。

【法发［2018］9 号】 **最高人民法院关于人民法院立案、审判与执行工作协调运行的意见**（2018 年 5 月 28 日）

14. 执行标的物为特定物的，应当执行原物。原物已经毁损或者灭失的，经双方当事人同意，可以折价赔偿。双方对折价赔偿不能协商一致的，按照下列方法处理：

（1）原物毁损或者灭失发生在最后一次法庭辩论结束前的，执行机构应当告知当事人可通过审判监督程序救济；

（2）原物毁损或者灭失发生在最后一次法庭辩论结束后的，执行机构应当终结执行程序并告知申请执行人可另行起诉。

无法确定原物在最后一次法庭辩论结束前还是结束后毁损或者灭失的，按照前款第2项规定处理。

15. 执行机构发现本院作出的生效法律文书执行内容不明确的，应书面征询审判部门的意见。审判部门应在15日内作出书面答复或者裁定予以补正。审判部门未及时答复或者不予答复的，执行机构可层报院长督促审判部门答复。

执行内容不明确的生效法律文书是上级法院作出的，执行法院的执行机构应当层报上级法院执行机构，由上级法院执行机构向审判部门征询意见。审判部门应在15日内作出书面答复或者裁定予以补正。上级法院的审判部门未及时答复或者不予答复的，上级法院执行机构层报院长督促审判部门答复。

执行内容不明确的生效法律文书是其他法院作出的，执行法院的执行机构可以向作出生效法律文书的法院执行机构发函，由该法院执行机构向审判部门征询意见。审判部门应在15日内作出书面答复或者裁定予以补正。审判部门未及时答复或者不予答复的，作出生效法律文书的法院执行机构层报院长督促审判部门答复。

【苏高法〔2018〕86号】 江苏省高级人民法院关于执行疑难问题的解答
（2018年6月12日）

一、在集体土地上建造的房屋，是否可以处置？

（一）在集体土地上未经批准建造的房屋，是否可以处置？

参照《最高人民法院关于转发住房与城乡建设部〈关于无证房产依据协助执行文书办理产权登记有关问题的函〉的通知》（法〔2012〕151号），可以进行"现状处置"。处置时应在拍卖公告中披露房屋不具备登记条件的现状及土地性质，买受人或承受人按照房屋现状取得房屋，后续的产权登记事项及将来可能面临的拆除、拆迁及补偿不能等风险由买受人或承受人自行负责。变价不成的，债权人可以接受该房屋抵债。变价或抵债裁定中应载明上述内容和风险。

（二）在租赁的集体土地上建造的厂房及厂区内的办公楼、宿舍、仓库等，是否可以处置？

在不改变租赁合同前提下，可不征得集体经济组织同意进行"现状处置"，但处置前应告知集体经济组织。处置时应当充分披露租赁合同内容，特别是公告租赁剩余期限、租金标准及支付等情况。

确定保留价需考虑租金支付情况。成交或抵债后，被执行人作为承租人的权利义务由受让人继受。

拍卖前租赁期限已届满，租赁合同对于房屋归属及补偿有约定的，尊重租赁合同的约定。如约定房屋收归集体组织但给予承租人（被执行人）补偿的，执行补偿款。没有约定收归集体组织的，被执行人继续使用租赁土地，集体组织没有提出异议的，原租赁合同继续有效，但租赁期限为不定期，执行法院可以对房屋进行处置。租金标准及支付方式由执行法院与集体组织协商确定。不能协商确定的，执行法院可以参照市价标准确定。

二、在国有建设用地上建造的无证房屋，是否可以处置？

依据《最高人民法院关于转发住房与城乡建设部〈关于无证房产依据协助执行文书办理产权登记有关问题的函〉的通知》（法［2012］151 号），对于国有建设用地上建造的无证房屋可以处置。执行法院应就该房屋是否可转化为有证房屋征求行政机关意见，并作为确定无证房屋价值的参考。

处置未办理初始登记的房屋，具备初始登记条件的，执行法院处置后应当向房屋登记机构发出《协助执行通知书》；暂时不具备初始登记条件的，执行法院处置后应当向房屋登记机构发出《协助执行通知书》，并载明待房屋买受人或承受人完善相关手续具备初始登记条件后，由房屋登记机构按照《协助执行通知书》予以登记；不具备初始登记条件的，原则上进行"现状处置"，即处置前披露房屋不具备初始登记条件的现状，买受人或承受人按照房屋的权利现状取得房屋，后续的产权登记事项由买受人或承受人自行负责。

三、被执行人购买的预售商品房，如何执行？

被执行人已将房款全部支付给开发商（被执行人自付一部分，银行贷款一部分），银行办理了抵押预告登记（预抵押登记），开发商在预售房产办理抵押权登记之前对银行贷款承担阶段性连带担保责任的商品房预售情形下，预售的商品房被法院预查封后，开发商或被执行人以仲裁或诉讼方式解除合同的，不得对抗人民法院的执行，人民法院可以继续执行预售房产。

人民法院在办理预售商品房预查封时，除向房产登记部门送达预查封有关法律文书之外，还应及时向开发商送达预查封裁定和协助执行通知书，告知预售商品房已被法院预查封，擅自向被执行人退款承担法律责任。

在人民法院办理预售商品房预查封后向开发商送达预查封裁定和协助执行通知书前，开发商已退还给被执行人的款项，在变价款中预先扣除支付给开发商。向开发商送达预查封裁定和协助执行通知书后，开发商擅自退还给被执行人的款项，由开发商自行追索。

对于开发商已退还银行的相应款项，在变价款中预先扣除支付给开发商。开发商尚未退还银行相应款项的，在变价款中预先扣除银行贷款相应款项支付给银行，并通知开发商。

四、对于被执行人与案外人（含配偶）共有的财产以及未成年子女名下财产，如何执行？

生效法律文书仅载明被执行人个人为债务人，对于下列财产，执行法院可以执行。

（一）被执行人配偶名下的存款、股权（股份）、金融理财产品等，婚后登记在被执行人配偶单方名下的房产、车辆以及婚后登记在被执行人和其配偶双方名下的房产、车辆等财产；

（二）登记在被执行人及其他人名下的共有财产以及登记在案外人名下但案外人承认属于被执行人财产或同意作为被执行人财产接受强制执行的财产；

（三）对于被执行人未成年子女名下与其收入明显不相称的较大数额存款，登记在被执行人未成年子女单方名下的房产、车辆或者登记在被执行人和其未成年子女名下的房产等，执行法院可以执行。

对于共有财产，应当先行实物分割后执行，但不能实物分割或分割会导致财产价值明显减损的，执行法院可以整体处置。

对于处置后变价款的执行，以被执行人在共有财产中所占份额为限。被执行人在共有财产中所占份额，以登记公示为准；没有登记公示的，按照出资额确定；不能确定出资额的，视为等额享有。但对于被执行人配偶单方名下以及被执行人与其配偶双方名下的夫妻共同财产，原则上以 1/2 份额为限执行。

在人民法院整体处置前，共有人愿意支付被执行人应有份额部分对应的价款申请排除执行，债权人和债务人对此予以认可的，人民法院可以准许。处置时鼓励共有人积极参与竞买，共有人竞买成交后仅需支付被执行人应有份额部分对应的价款即可。

共有人及未成年人子女基于实体权利提出异议的，适用民事诉讼法第 227 条（现第 238 条）审查处理。

五、房屋腾空过程中清理出的物品，如何处置？

被执行人下落不明的，腾空房屋时，必须使用执法记录仪同步全程录音录像，同时邀请公证人员对清理出的物品清单进行公证。腾空清理出的被执行人及案外人（承租人、保管人、现居住人、非法占有人等）的物品，执行法院可以指定申请执行人或其他人保管，并通知权利人限期 30 日内领取。拒不领取或下落不明的，执行法院可以处分该财产。处分所得价款，扣除搬迁、保管及拍卖变卖等相关必要费用后，暂时保管于法院账户，并通知权利人限期领取，但权利人明确表示放弃的除外。

处分被执行人物品所得价款，可用于清偿债务，清偿债务后有剩余的，退还给被执行人，被执行人下落不明的，可以向有关机构提存；处分案外人物品所得价款，经通知领取拒不领取的，可以向有关机构提存。

依法不能处置或变价不成的物品经通知领取拒不领取的，可将物品向提存机构提存，构成妨碍执行的，可以根据民事诉讼法第 111 条（现第 114 条）处罚。但权利人明确表示抛弃该物品的，执行法院可以酌情处理。

【法发〔2019〕35 号】　最高人民法院关于在执行工作中进一步强化善意文明执行理念的意见（2019 年 12 月 16 日）

3. 合理选择执行财产。被执行人有多项财产可供执行的，人民法院应选择对被执行人生产生活影响较小且方便执行的财产执行。在不影响执行效率和效果的前提下，被执行人请求人民法院先执行某项财产的，应当准许；未准许的，应当有合理正当理由。

执行过程中，人民法院应当为被执行人及其扶养家属保留必需的生活费用。要严格按照中央有关产权保护的精神，严格区分企业法人财产与股东个人财产，严禁违法查封案外人财产，严禁对不得查封的财产采取执行措施，切实保护民营企业等企业法人、企业家和各类市场主体合法权益。要注意到，信托财产在信托存续期间独立于委托人、受托人各自的固有财产，并且受益人对信托财产享有的权利表现为信托受益权，信托财产并非受益人的责任财产。因此，当事人因其与委托人、受托人或者受益人之间的纠纷申请对存管银行或信托公司专门账户中的信托资金采取保全或执行措施的，除符合《中华人民共和国信托法》第 17 条规定的情形外，人民法院不应准许。

4. 严禁超标的查封。强制执行被执行人的财产，以其价值足以清偿生效法律文书确定的债权额为限，坚决杜绝明显超标的查封。冻结被执行人银行账户内存款的，应当明确具体冻结数额，不得影响冻结之外资金的流转和账户的使用。需要查封的不动产整体价值明显超出债权额的，应当对该不动产相应价值部分采取查封措施；相关部门以不动产登记在同一权利证书下为由提出不能办理分割查封的，人民法院在对不动产进行整体查封后，经被执行人申请，应当及时协调相关部门办理分割登记并解除对超标的部分的查封。相关部门无正当理由拒不协助办理分割登记和查封的，依照民事诉讼法第 114 条（现第 117 条）采取相应的处罚措施。

5. 灵活采取查封措施。对能"活封"的财产，尽量不进行"死封"，使查封财产能够物尽其用，避免社会资源浪费。查封被执行企业厂房、机器设备等生产资料的，被执行人继续使用对该财产价值无重大影响的，可以允许其使用。对资金周转困难、暂时无力偿还债务的房地产开发企业，人民法院应按照下列情形分别处理：

（1）查封在建工程后，原则上应当允许被执行人继续建设。

（2）查封在建工程后，对其采取强制变价措施虽能实现执行债权人债权，但会明显贬损财产价值、对被执行人显失公平的，应积极促成双方当事人达成暂缓执行的和解协议，待工程完工后再行变价；无法达成和解协议，但被执行人提供相应担保并承诺在合理期限内完成建设的，可以暂缓采取强制变价措施。

（3）查封在建商品房或现房后，在确保能够控制相应价款的前提下，可以监督被执行人在一定期限内按照合理价格自行销售房屋。人民法院在确定期限时，应当明确具体的时间节点，避免期限过长影响执行效率、损害执行债权人合法权益。

6. 充分发挥查封财产融资功能。人民法院查封财产后，被保全人或被执行人申请用查封财产融资的，按照下列情形分别处理：

（1）保全查封财产后，被保全人申请用查封财产融资替换查封财产的，在确保能够控制相应融资款的前提下，可以监督被保全人按照合理价格进行融资。

（2）执行过程中，被执行人申请用查封财产融资清偿债务，经执行债权人同意或者融资款足以清偿所有执行债务的，可以准许。

被保全人或被执行人利用查封财产融资，出借人要求先办理财产抵押或质押登记再放款的，人民法院应积极协调有关部门做好财产解封、抵押或质押登记等事宜，并严格控制融资款。

【法办〔2019〕259号】　最高人民法院办公厅关于在财产保全和执行工作中对危险标的物加强安全监管的紧急通知（2019年8月2日）

一、在财产保全和执行程序中，如有其他更适宜的财产可以保全或执行，人民法院一般不对危险物品、重大危险源等标的物采取保全或执行措施。

危险物品，是指易燃易爆物品、危险化学品、放射性物品等能够危及人身安全和财产安全的物品。

重大危险源，是指长期地或者临时地生产、搬运、使用或者储存危险物品，且危险物品的数量等于或者超过临界量的单元（包括场所和设施）。

二、人民法院对疑似危险物品、重大危险源的保全或执行标的物，应当进行现场调查，并向安全生产监督管理部门、生产经营单位等有关单位了解情况，明确相关标的物的危险性及其他性质特点。

三、人民法院确需对危险物品、重大危险源采取财产保全或者执行措施的，应当向上一级人民法院备案。

四、人民法院在财产保全或者执行程序中查封、扣押、处置危险物品、重大危险源等标的物时，应当邀请安全生产监督管理部门有关人员到场，通知生产经营单位有关负责人到场，并制作笔录。笔录应当载明下列内容：（一）执行措施开始及完成时间；（二）危险物品、重大危险源的名称、性质、数量、位置；（三）危险物品、重大危险源的占有、使用、保管情况；（四）执行措施的法律后果；（五）其他应当记录的事项。

执行人员、保管人以及到场人员应当在笔录上签名。

五、人民法院对危险物品、重大危险源采取查封、扣押措施后，一般应指定生产经营单位负责保管，并责令其依法履行安全风险管理职责，建立专门的安全管理制度，采取可靠的安全措施，接受有关主管部门依法实施的监督管理。

六、人民法院对危险物品、重大危险源采取财产保全或者执行措施的，应当根据《中华人民共和国安全生产法》等法律规定，加强与安全生产监督管理部门协调，将危险物品、重大危险源及有关安全措施、应急措施报安全生产监督管理部门和有关部门备案。

七、人民法院在查封、扣押、处置危险物品、重大危险源的过程中，对依法应当由有关主管部门审批的，应当在有关主管部门依照有关法律、法规的规定和国家标准或者行业标准审批后采取保全或执行措施。

八、查封、扣押危险物品、重大危险源后，应当在执行程序中依照法定期限要求及时处置财产。确有合理理由的，可以不受法定期限的限制，但应当说明理由，并报执行局长或者相关负责人审批。

【法二巡（会3）［2022］2号】　以物抵债权利人能否排除一般债权人的执行（最高法第二巡回法庭 2021 年第 15 次法官会议纪要）

《执行异议和复议规定》第 28 条规定了无过错不动产买受人可以排除金钱债权人执行的四个条件，只要有一个要件不符合则不能排除金钱债权的强制执行。以物抵债协议不同于买卖合同，其性质或者是新债清偿，或者是债务更新。在新债清偿场合，同时存在新旧两个债，与单一之债性质的买卖合同判然有别；在债务更新场合，债权人仅享有权利而无须履行付款义务，与需要支付对价的买卖合同亦不相同。因此，仅依据以物抵债协议，并不足以排除另一个金钱债权的执行。

【法二巡（会2）［2021］11号】　执行异议之诉中机动车实际买受人是否可以排除执行（最高法第二巡回法庭 2020 年第 3 次法官会议纪要）

原《物权法》第 23 条（现民法典第 224 条）规定动产物权变动采取交付生效主义，机动车作为特殊动产应予适用，该基本原则在执行异议之诉中并未动摇。因此，出卖人向买受人交付机动车后，即发生机动车物权变动的法律效力，是否办理物权变更登记，仅是能否对抗善意第三人的要件，不是机动车物权变动的生效要件。一般债权的申请执行人不属于该法第 24 条（现民法典第 225

条）规定的"善意第三人"，买受人可以其物权对抗一般债权人并排除执行。为防止案外人与被执行人恶意串通，通过虚假交易恶意对抗执行，故在执行异议之诉中，有必要实质审查异议人是否为真实买受人并完成交付。在排除虚假诉讼合理怀疑，可以认定异议人为真实物权人的情况下，异议人具有排除强制执行的民事权益。

【法〔2021〕322 号】 最高人民法院关于进一步完善执行权制约机制 加强执行监督的意见（2021 年 12 月 6 日）

15.（第 1 款） 严禁超标的查封、乱查封。强制执行被执行人的财产，以其价值足以清偿生效法律文书确定的债权额为限，坚决杜绝明显超标的查封。冻结被执行人银行账户内存款的，应当明确具体冻结数额，不得影响冻结之外资金的流转和账户的使用。需要查封的不动产整体价值明显超出债权额的，应当对该不动产相应价值部分采取查封措施；相关部门以不动产登记在同一权利证书下为由提出不能办理分割查封的，人民法院在对不动产进行整体查封后，经被执行人申请，应当及时协调相关部门办理分割登记并解除对超标的部分的查封。有多种财产的，选择对当事人生产生活影响较小且方便执行的财产查封。

【法发〔2022〕2 号】 最高人民法院关于充分发挥司法职能作用助力中小微企业发展的指导意见（2022 年 1 月 13 日）

14. 依法保障建设工程领域中小微企业和农民工合法权益。……冻结商品房预售资金监管账户的，应当及时通知当地住房和城乡建设主管部门；除当事人申请执行因建设该商品房项目而产生的工程建设进度款、材料款、设备款等债权案件外，在商品房项目完成房屋所有权首次登记前，对于监管账户中监管额度内的款项，不得采取扣划措施，不得影响账户内资金依法依规使用。除法律另有专门规定外，不得以支付为本项目提供劳动的农民工工资之外的原因冻结或者划拨农民工工资专用账户和工资保证金账户资金；为办理案件需要，人民法院可以对前述两类账户采取预冻结措施。

17. 全面清查超标的查封、乱查封问题。开展专项清查行动，依法及时纠正超标的查封、乱查封问题。各级人民法院应当依托 12368 司法服务热线、执行信访等问题反映渠道，建立解决超标的查封、乱查封问题快速反应机制，对当事人反映的问题及时受理，快速处理；执行人员对超标的查封、乱查封问题存在过错的，依法严肃追责。

19. 依法灵活采取查封、变价措施。查封中小微企业等市场主体的厂房、机器设备等生产性资料的，优先采取"活封"措施，在能够保障债权人利益的情况下，应当允许其继续使用或者利用该财产进行融资。需要查封的不动产整体价值明显超出债权额的，应当对该不动产相应价值部分采取查封措施；因不动产未办理分割登记而对其进行整体查封后，应当及时协调相关部门办理分割登记并解除对超标的部分的查封。积极引导当事人通过议价、询价等方式确定财产处置参考价，切实为被执行中小微企业等市场主体节省评估费用。发挥网络司法拍卖溢价率高、成本低的优势，优先适用网络司法拍卖方式处置财产。对不动产等标的额较大或者情况复杂的财产，被执行中小微企业等市场主体认为委托评估确定的参考价过低，申请在一定期限内自行处置的，在能够保障债权人利益的情况下，人民法院可以准许。

（铁路运输、船舶及其载货）

【法〔1994〕2号】　最高人民法院关于执行领事条约中对派遣国船舶实行强制措施时保护条款的通知（1994 年 1 月 14 日印发各海事法院及其所属高院）

一、诉前扣船是在紧急情况下采取的财产保全措施，执行扣押船舶的海事法院，必须在发布扣船命令的同时，书面通知船籍国驻我国的使、领馆。

二、海事法院裁定拍卖被扣押船舶清偿债务的，必须在发布拍卖船舶公告前，书面通知被告所在国驻我国的使、领馆。

三、海事法院因海事、海商纠纷需要，在缔约国船舶上进行正式调查的，应事先通知船籍国驻我国的使、领馆，如情况紧急，不能事先通知，应在调查之后立即书面通知。

四、各海事法院在采取上述行动时，凡因情况紧急，事后通知船籍国驻我国使领馆的，如该国领事官员请求提供所采取行动的全部情况的，应当迅速提供。

五、上述通知书由海事法院报送其所在省、市高级人民法院审查后，径送外交部领事司，再通过领事司负责转给被通知的船舶派遣国驻我国的使、领馆。

六、在送达通知书时，须附有扣押船舶的民事裁定书。或强制拍卖被扣押船舶的民事裁定书和送达回证。

附：（1）通知书的文书样式（略）。

（2）我国已签订的领事条约情况。

我国已签订的领事条约情况

（一）已生效的中外领事条约对方缔约国为：

美国、南斯拉夫、波兰、朝鲜、匈牙利、意大利、古巴、俄罗斯（继承原《中苏领事条约》）、墨西哥、保加利亚、捷克、老挝、立陶宛、阿根廷、突尼斯、土耳其、伊拉克、罗马尼亚、印度、蒙古、斯洛伐克（继承原《中捷领事条约》）、克罗地亚（适用原《中南领事条约》）、斯洛文尼亚（适用原《中南领事条约》）。

（二）尚未生效的中外领事条约对方缔约国为：

哈萨克斯坦、巴基斯坦、摩尔多瓦、玻利维亚、乌克兰、也门、土库曼斯坦、白俄罗斯。

【法发〔1997〕8号】　　最高人民法院关于人民法院扣押铁路运输货物若干问题的规定（1997年4月22日印发施行；根据法释〔2020〕21号《决定》修正，2021年1月1日起施行）

一、人民法院依法可以裁定扣押铁路运输货物。铁路运输企业依法应当予以协助。

二、当事人申请人民法院扣押铁路运输货物，应当提供担保，申请人不提供担保的，驳回申请。申请人的申请应当写明：要求扣押货物的发货站、到货站，托运人、收货人的名称，货物的品名、数量、货票号码等。

三、人民法院扣押铁路运输货物，应当制作裁定书并附协助执行通知书。协助执行通知书中应当载明：扣押货物的发货站、到货站，托运人、收货人的名称，货物的品名、数量和货票号码。在货物发送前扣押的，人民法院应当将裁定书副本和协助执行通知书送达始发地的铁路运输企业由其协助执行；在货物发送后扣押的，应当将裁定书副本和协助执行通知书送达目的地或最近中转编组站的铁路运输企业由其协助执行。

人民法院一般不应在中途站、中转站扣押铁路运输货物。必要时，在不影响铁路正常运输秩序、不损害其他自然人、法人和非法人组织/公民法人的合法权益的情况下，可在最近中转编组站或有条件的车站扣押。

人民法院裁定扣押国际铁路联运货物，应当通知铁路运输企业、海关、边防、商检等有关部门协助执行。属于进口货物的，人民法院应当向我国进口国（边）境站、到货站或有关部门送达裁定书副本和协助执行通知书；属于出口货物的，在货物发送前应当向发货站或有关部门送达，在货物发送后未出我国国（边）境前，应当向我国出境站或有关部门送达。

四、经人民法院裁定扣押的铁路运输货物，该铁路运输企业与托运人之间签订的铁路运输合同中涉及被扣押货物部分合同终止履行的，铁路运输企业不承担责任。因扣押货物造成的损失，由有关责任人承担。

因申请人申请扣押错误所造成的损失，由申请人承担赔偿责任。

五、铁路运输企业及有关部门因协助执行扣押货物而产生的装卸、保管、检验、监护等费用，由有关责任人承担，但应先由申请人垫付。申请人不是责任人的，可以再向责任人追偿。

六、扣押后的进出口货物，因尚未办结海关手续，人民法院在对此类货物作出最终处理决定前，应当先责令有关当事人补交关税并办理海关其他手续。

【交他字［1998］1号】　最高人民法院关于船东所有的船舶能否因期租人对第三方负有责任而被扣押等问题的复函（2001 年 1 月 3 日答复上海高院"［1996］沪高经终字第 515 号"请示）①

一、根据最高人民法院《关于海事法院诉讼前扣押船舶的规定》第 3 条第 1 款、第 3 款的规定，海事法院可以扣押对海事请求负有责任的船舶经营人、承租人所有的、经营的或租用的其他船舶。故三善海运株式会社可以申请扣押亚马大益卡埃琳达斯公司期租给亚马大益卡埃劳埃德公司的"阿曼达·格劳列"轮。因该轮关系到所有权归属问题，所以不能变卖。

二、亚马大益卡埃劳埃德公司对"阿曼达·格劳列"轮的扣押负有责任，给船舶所有人亚马大益卡埃琳达斯公司造成的损失应负赔偿责任。其在与亚马达益卡埃琳达斯公司的期租船合同责任期间，提出解除合同的行为应属无效。该行为不影响财产保全的效力。

三、根据 2000 年 7 月 1 日起实施的《中华人民共和国海事诉讼特别程序法》第 23 条的规定，对定期租船人或者航次租船人经营的或租用的船舶不得扣押。该案是发生在《中华人民共和国海事诉讼特别程序法》颁布实施以前，所以应适用最高人民法院《关于海事法院诉讼前扣押船舶的规定》②。

【主席令［1999］28号】　中华人民共和国海事诉讼特别程序法（1999 年 12 月 25 日全国人大常委会［9 届 13 次］通过，2000 年 7 月 1 日起施行）

第 21 条　下列海事请求，可以申请扣押船舶：（一）船舶营运造成的财产灭失或者损坏；（二）与船舶营运直接有关的人身伤亡；（三）海难救助；（四）船舶对环境、海岸或者有关利益方造成的损害或者损害威胁；为预防、减少或者消除此种损害而采取的措施；为此种损害而支付的赔偿；为恢复环境而实际采取或者准备采取的合理措施的费用；第三方因此种损害而蒙受或者可能蒙受的损失；以及与本项所指的性质类似的损害、费用或者损失；（五）与起浮、清除、回收或者摧毁沉船、残骸、搁浅船、被弃船或者使其无害有关的费用，包括与起浮、清除、回收或者摧毁仍在或者曾在该船上的物件或者使其无害的费用，以及与维护放弃的船舶和维持其船员有关的费用；（六）船舶的使用或者租用的协议；（七）货物运输或者旅客运输的协议；（八）船载货物（包括行李）或者与其有关的灭失或者损坏；（九）共同海损；（十）拖航；（十一）引航；（十二）为船

---

① 注：该《复函》历经数年才答复，并且在 2001 年仍沿用 1998 年的文号，很罕见。
② 注：该《规定》（法发［1994］14 号）已被《海事诉讼特别程序法》代替，被法释［2002］6 号《最高人民法院予以废止的 2000 年底以前发布的有关司法解释目录（第 5 批）》宣布废止，2002 年 3 月 10 日起施行。

舶营运、管理、维护、维修提供物资或者服务；（十三）船舶的建造、改建、修理、改装或者装备；（十四）港口、运河、码头、港湾以及其他水道规费和费用；（十五）船员的工资和其他款项，包括应当为船员支付的遣返费和社会保险费；（十六）为船舶或者船舶所有人支付的费用；（十七）船舶所有人或者光船承租人应当支付或者他人为其支付的船舶保险费（包括互保会费）；（十八）船舶所有人或者光船承租人应当支付的或者他人为其支付的与船舶有关的佣金、经纪费或者代理费；（十九）有关船舶所有权或者占有的纠纷；（二十）船舶共有人之间有关船舶的使用或者收益的纠纷；（二十一）船舶抵押权或者同样性质的权利；（二十二）因船舶买卖合同产生的纠纷。

第 22 条　非因本法第 21 条规定的海事请求不得申请扣押船舶，但为执行判决、仲裁裁决以及其他法律文书的除外。

第 23 条　有下列情形之一的，海事法院可以扣押当事船舶：（一）船舶所有人对海事请求负有责任，并且在实施扣押时是该船的所有人；（二）船舶的光船承租人对海事请求负有责任，并且在实施扣押时是该船的光船承租人或者所有人；（三）具有船舶抵押权或者同样性质的权利的海事请求；（四）有关船舶所有权或者占有的海事请求；（五）具有船舶优先权的海事请求。

海事法院可以扣押对海事请求负有责任的船舶所有人、光船承租人、定期租船人或者航次租船人在实施扣押时所有的其他船舶，但与船舶所有权或者占有有关的请求除外。

从事军事、政府公务的船舶不得被扣押。

第 24 条　海事请求人不得因同一海事请求申请扣押已被扣押过的船舶，但有下列情形之一的除外：（一）被请求人未提供充分的担保；（二）担保人有可能不能全部或者部分履行担保义务；（三）海事请求人因合理的原因同意释放被扣押的船舶或者返还已提供的担保；或者不能通过合理措施阻止释放被扣押的船舶或者返还已提供的担保。

第 25 条　海事请求人申请扣押当事船舶，不能立即查明被请求人名称的，不影响申请的提出。

第 26 条　海事法院在发布或者解除扣押船舶命令的同时，可以向有关部门发出协助执行通知书，通知书应当载明协助执行的范围和内容，有关部门有义务协助执行。海事法院认为必要，可以直接派员登轮监护。

第 27 条　海事法院裁定对船舶实施保全后，经海事请求人同意，可以采取限制船舶处分或者抵押等方式允许该船舶继续营运。

第 28 条　海事请求保全扣押船舶的期限为 30 日。

海事请求人在 30 日内提起诉讼或者申请仲裁以及在诉讼或者仲裁过程中申请

扣押船舶的，扣押船舶不受前款规定期限的限制。

第 44 条　海事请求人为保障其海事请求的实现，可以申请扣押船载货物。

申请扣押的船载货物，应当属于被请求人所有。

第 45 条　海事请求人申请扣押船载货物价值，应当与其债权数额相当。

第 46 条　海事请求保全扣押船载货物的期限为 15 日。

海事请求人在 15 日内提起诉讼或者申请仲裁以及在诉讼或者仲裁过程中申请扣押船载货物的，扣押船载货物不受前款规定期限的限制。

第 47 条　船载货物扣押期间届满，被请求人不提供担保，而且货物不宜继续扣押的，海事请求人可以在提起诉讼或者申请仲裁后，向扣押船载货物的海事法院申请拍卖货物。

对无法保管、不易保管或者保管费用可能超过其价值的物品，海事请求人可以申请提前拍卖。

第 50 条　海事请求人对与海事请求有关的船用燃油、船用物料申请海事请求保全，适用本节规定 (见本法第 44-47 条)。

【法释［2003］3 号】　最高人民法院关于适用《中华人民共和国海事诉讼特别程序法》若干问题的解释 (2002 年 12 月 3 日最高法审委会［1259 次］通过，2003 年 1 月 6 日公布，2003 年 2 月 1 日起施行)

第 38 条　海事请求人申请扣押船用燃油、物料的，除适用海事诉讼特别程序法第 50 条的规定外，还可以适用海事诉讼特别程序法第 3 章第 1 节 (海诉法第 12-20 条，见本书"海事请求保全、强制令"专辑) 的规定。

第 39 条　20 总吨以下小型船艇的扣押和拍卖，可以依照民事诉讼法规定的扣押和拍卖程序进行。

【法释［2015］6 号】　最高人民法院关于扣押与拍卖船舶适用法律若干问题的规定 (2014 年 12 月 8 日最高法审委会［1631 次］通过，2015 年 2 月 28 日公布，2015 年 3 月 1 日起施行；法发［1994］14 号《关于海事法院拍卖被扣押船舶清偿债务的规定》同时废止)

第 1 条　海事请求人申请对船舶采取限制处分或者抵押等保全措施的，海事法院可以依照民事诉讼法的有关规定，裁定准许并通知船舶登记机关协助执行。

前款规定的保全措施不影响其他海事请求人申请扣押船舶。

第 2 条 (第 1 款)　海事法院应不同海事请求人的申请，可以对本院或其他海事法院已经扣押的船舶采取扣押措施。

第 4 条　海事请求人申请扣押船舶的，海事法院应当责令其提供担保。但因船员劳务合同、海上及通海水域人身损害赔偿纠纷申请扣押船舶，且事实清楚、权利义务关系明确的，可以不要求提供担保。

第 7 条 船舶扣押期间由船舶所有人或光船承租人负责管理。

船舶所有人或光船承租人不履行船舶管理职责的，海事法院可委托第三人或者海事请求人代为管理，由此产生的费用由船舶所有人或光船承租人承担，或在拍卖船舶价款中优先拨付。

第 9 条 扣押船舶裁定执行前，海事请求人撤回扣押船舶申请的，海事法院应当裁定予以准许，并终结扣押船舶裁定的执行。

扣押船舶裁定作出后因客观原因无法执行的，海事法院应当裁定终结执行。

第 24 条 海事法院的上级人民法院扣押与拍卖船舶的，适用本规定。

执行程序中拍卖被扣押船舶清偿债务的，适用本规定。

第 25 条 本规定施行前已经实施的船舶扣押与拍卖，本规定施行后当事人申请复议的，不适用本规定。

本规定施行后，最高人民法院 1994 年 7 月 6 日制定的《关于海事法院拍卖被扣押船舶清偿债务的规定》（法发〔1994〕14 号）同时废止。最高人民法院以前发布的司法解释和规范性文件与本规定不一致的，以本规定为准。

● **指导案例** 【法〔2019〕294 号】 最高人民法院第 23 批指导性案例（2019 年 12 月 24 日）

（指导案例 123 号） 于红岩与锡林郭勒盟隆兴矿业有限责任公司执行监督案

裁判要点： 生效判决认定采矿权转让合同依法成立但尚未生效，判令转让方按照合同约定办理采矿权转让手续，并非对采矿权归属的确定，执行法院依此向相关主管机关发出协助办理采矿权转让手续通知书，只具有启动主管机关审批采矿权转让手续的作用，采矿权能否转让应由相关主管机关依法决定。申请执行人请求变更采矿权受让人的，也应由相关主管机关依法判断。

● **入库案例** 【2023-17-5-203-028】 杨某某、丁某与兰州某贷款公司执行监督案（2021.06.29/〔2021〕最高法执监 121 号）

裁判要旨： 案涉质押的股权系本案判决主文确定的执行对象，执行法院当然可以根据申请执行人的申请，对案涉股权进行评估、拍卖。质押义务人不是一般保证中的保证人，对法院执行质押物的行为，没有先诉抗辩权。

【2023-17-5-203-041】 丁公司与赵某等执行监督案（2021.12.20/〔2021〕最高法执监 434 号）

裁判要旨： 我国现行法律和司法解释对被执行人到期债权和收入的执行有不同的规定。收入是指公民基于劳务等非经营性原因所得和应得的财物，主要包括个人的工资、奖金、劳务报酬等。股权转让款系依据股权转让合同支付的对价，与工资、奖金、劳务报酬等不同，不属于收入。执行法院在执行被执行人对第三人享有的股权转让款债权中，适用收入执行规定的，系适用法律错误。

● **公报案例**　（法公报［2016］10 期）　**中国农业银行吉林市东升支行与吉林市碧碧溪外国语试验学校借款担保合同纠纷执行案**（最高法院执行裁定书［2015］执申字第 55 号）

　　裁判摘要：一、豁免执行必须有法律法规的明确规定，现行法律法规中没有规定对教育用地或教育设施豁免执行，学校应以学校的财产包括教育用地与教育设施负担其债务。二、债权实现与维护社会公共利益之间应当保持平衡，法院采取的执行措施不能影响社会公益设施的使用。为保障社会公益事业发展，保障公众受教育权等基本权益，对教育用地与教育设施的执行不能改变其公益性用途，不能影响实际使用。

● **典型案例**　【法办发［2020］号】　**善意文明执行典型案例**（最高法 2020 年 1 月 2 日发布）

　　（案例 1）某投资公司与某资源集团公司等财产保全案件——北京法院通过"换封"方式解除对债务人持有的某上市公司股票的保全冻结为民营企业发展营造更好司法环境

　　摘要：本案执行保全裁定过程中，北京法院冻结了民营企业某资源集团公司持有的某上市公司的股票。某资源集团公司请求解除股票冻结，北京法院本着善意执行、文明执行的理念，积极与保全申请人沟通，最终通过"换封"方式解除了对某资源集团公司股票的冻结，在确保申请人实现债权不受影响的前提下，最大限度降低了对被申请人及相关上市公司的不利影响。

　　（案例 2）北京某房地产公司申请执行北京某生物科技公司等股权转让纠纷案件——北京一中院积极推动对涉案不动产的分割登记、部分查封

　　摘要：本案被执行人名下一座共 20 层大厦只有 1 个产权证，整体查封明显超过了本案执行标的额，但按照法律规定对于不可分物且被执行人无其他可供执行的财产可以整体查封。北京一中院坚持善意执行理念，多次前往北京住建委、规土委、不动产登记中心，反复协调沟通之后，将涉案大厦原有的 1 个产权证分割为 24 个产权证，然后办理了整栋大楼解除查封手续，变更为查封该大厦 1—10 层的房产，并重新查封了以上房屋之分摊土地面积，避免因查封影响财产效用的发挥，尽量降低对债务人的不利影响。

【法办发［2022］号】 人民法院贯彻实施民法典典型案例（第一批）（最高法 2022 年 2 月 25 日发布）

（案例 5）邱某光与董某军居住权执行案

摘要： 邱某光与董某峰于 2006 年登记结婚，双方均系再婚，婚后未生育子女。董某峰于 2016 年 3 月去世，生前遗嘱："我名下位于洪山区珞狮路某房遗赠给我弟弟董某军，在我丈夫邱某光没再婚前拥有居住权，此房是我毕生心血，不许分割、不许转让、不许卖出……"董某峰离世后，董某军与邱某光因遗嘱继承纠纷诉至法院。法院判决案涉房屋的所有权归董某军享有，邱某光在再婚前享有该房屋的居住使用权。判决生效后，邱某光一直居住在该房屋内。2021 年初，邱某光发现该房屋被董某军挂在某房产中介出售，其担心房屋出售后自己被赶出家门，遂向法院申请居住权强制执行。法院裁定将董某军所有的案涉房屋的居住权登记在邱某光名下。①

● **高法判例** 【［2018］最高法民终 462 号】 刘某艳诉周某方、融投担保集团等案外人执行异议之诉案（最高法院 2018 年 12 月 4 日二审民事判决书：离婚协议约定房产归女方所有，未过户，能否排除男方债权人的强制执行）

裁判摘要： 1. 刘某艳与郑某在《离婚协议书》中约定案涉房屋归刘某艳所有，属于双方对夫妻共同财产的合法处分，真实有效，刘某艳可根据约定向不动产登记机关请求变更登记。根据物权法第 9 条（现民法典第 209 条）关于"不动产物权的设立、变更、转让和消灭，经依法登记，发生效力；未经登记，不发生效力，但法律另有规定的除外"的规定，共有人关于共有财产归属的约定并不必然导致不动产所有权的变动。刘某艳请求确认不动产物权发生变动，其实现有赖于案涉房屋抵押权人的同意与否，最终取决于是否在不动产登记机关办理了权属变更登记。2. 虽然周某方提出刘某艳与郑某协议离婚涉嫌转移财产、逃避债务，但未提示相应证据，不能认定刘某艳与郑某的离婚系逃避债务的行为。在此情况下，刘某艳对案涉房屋所享有的请求办理过户的权利与周某方对郑某的保证债权均为平等债权。从权利内容看，周某方对郑某享有的保证债权的实现以郑某实质上所有的全部合法财产作为责任财产范围，并不单一地指向案涉房屋；而刘某艳对案涉房屋所享有的请求办理过户的权利则直接指向案涉房屋本身，其权利针对

---

① 《民法典》第 368 条规定，居住权无偿设立，但是当事人另有约定的除外。设立居住权的，应当向登记机构申请居住权登记。居住权自登记时设立。

性更加强烈，故认定刘某艳对案涉房产享有足以排除强制执行的民事权益。①

【［2019］最高法民申 2508 号】　周某宏、周某传申请执行人执行异议之诉再审审查与审判监督案（最高法院 2019 年 6 月 27 日民事裁定：以其子女名义购买的房屋可否执行）

裁判摘要：周某传、韩某书在明知尚有欠债未予偿还的情况下，仍以其女周某宏的名义购买涉案房屋，其行为已构成对债权人的损害。应据实认定周某传系《商品房买卖合同》的实际权利义务人，涉案房屋作为家庭共有财产，应对家庭对外债务承担责任。

【［2019］最高法民申 3349 号】　王某力、张某明申请执行人执行异议之诉再审审查与审判监督（2019 年 7 月 26 日，车位是否认定为居住性房屋）

裁判摘要：《执行异议和复议规定》第 29 条旨在保护消费者基本生存权，该条所称"商品房"特指"居住房屋"，用于保证购房者的基本生活之需。本案诉争标的物为车位，虽然主要是供该小区内的业主使用，但尚未达到影响业主生存权的程度，不能被认定为居住性房屋，不属于该司法解释第 29 条的调整范畴。

【［2022］最高法民终 86 号】　张某曦、某银行股份有限公司兰州市中央广场支行等申请执行人执行异议之诉（2022 年 6 月 29 日，车位虽不属于住宅，但具有保障居住权益的属性）

裁判摘要：1. 车位虽不属于住宅，但依法属于满足业主住宅需要的必要设施，具有《执行异议和复议规定》第 29 条对"消费者购买的商品房"特别保护的必要居住权利属性。②

2. 张某曦支付了全部购买款，并实际占有和使用了案涉车位，且对未办理产权登记无过错；享有的不再是单纯的债权，事实上接近于完整的所有权，应当优于一般债权予以保护，其占有对在后设定的抵押权具有公示力，某银行中央广场

---

① 最高人民法院认为：从对相关民事主体的利害影响看，男女双方之间的离婚协议，往往基于双方之间权利义务的统筹安排，有关财产的分割也往往涉及其他有关义务的承担，另外还包含了情感补偿、子女抚养以及对一方生存能力等因素的考量，在财产分配上对于抚养子女一方作适当倾斜的情形较为常见。此类离婚财产分割协议，如无明显的不正当目的，亦未严重损害相关利害关系人的合法权益，则既为法律所允许，也为风俗所提倡。保证债权的权利保护，主要体现为交易的平等性和自愿性，并不涉及情感补偿、生活利益照顾等因素，在对相关民事主体的利害影响上，不及于离婚财产分割。另外，夫妻离婚时对共同财产的分割，经过一段时间后，在有关当事人之间以及相关方面已经形成了比较稳定的社会关系，如果不存在合理的必要性，不宜轻易打破这种稳定的社会关系。故判决撤销贵州高院［2017］黔民初 173 号民事判决，停止对北京市×房屋的强制执行。

② 注：本观点与［2019］最高法民申 3349 号裁定书存在冲突。

支行未尽到必要的注意义务。因此可以认定张某曦对车位享有排除银行抵押权的执行的合法权益。

● **文书格式** 【法［2016］221 号】 **民事诉讼文书样式**（2016 年 2 月 22 日最高法审委会［1679 次］通过，2016 年 6 月 28 日公布，2016 年 8 月 1 日起施行）（本书对格式略有调整）

协助执行通知书

（××××）……执……号

×××：

×××与×××……（写明案由）一案，本院（或其他生效法律文书的作出机关）作出的（××××）……号民事判决（或其他生效法律文书）已发生法律效力。因……（写明协助执行的原因）。依照《中华人民共和国民事诉讼法》第 253 条/第 254 条/第 255 条/第 262 条、《最高人民法院关于人民法院执行工作若干问题的规定》第 36 条/第 38 条/第 50 条规定，请协助执行以下事项：

……。

联系人、联系电话：……　　　　本院地址、邮编：……

附：（××××）……号裁定书

×年×月×日 （院印）

协助查询存款通知书

（××××）……执……号

×××（写明金融机构名称）：

兹因须向你单位查询×××（证件种类、号码：……）的存款，特派我院×××、×××前往你处，请予协助查询为盼。

联系人、联系电话：……　　　　本院地址、邮编：……

×年×月×日 （院印）

协助查询存款通知书（回执）

××人民法院：

你院（××××）……号查询通知书收悉。现将×××（证件种类、号码：……）的存款情况提供如下：

……

联系人、联系电话：……　　　　本行地址、邮编：……

×年×月×日 （公章）

协助冻结 \ 划拨存款通知书

（××××）……执……号

×××（写明金融机构名称）：

本院在执行×××与×××……（写明案由）一案中，因被执行人×××在期限内未予执行，请将该被执行人×××（证件种类、号码：……）在你处××账户的存款……元：

（冻结的，写明：）暂停支付×年（自×年×月×日起至×年×月×日止）。逾期或解除冻结后，方可支付。

（划拨的，写明：）划拨至××银行账户/国库。开户银行：……账户名称：……账号：……

附：（××××）……号裁定书

联系人、联系电话：……　　　　　本院地址、邮编：……

×年×月×日（院印）

协助冻结 \ 划拨存款通知书（回执）

××人民法院：

你院（××××）……号协助冻结 \ 划拨通知书收悉。×××（证件种类、号码：……）在我处的××账户存款应冻结 \ 划拨……元，已冻结 \ 划拨……元（至××银行账户/国库），未冻结 \ 划拨……元，原因为……。

联系人、联系电话：……　　　　　本行地址、邮编：……

×年×月×日（公章）

解除冻结存款通知书

（××××）……执……号

×××（写明金融机构名称）：

本院×年×月×日（××××）……号协助冻结存款通知书冻结×××（证件种类、号码：……）在你处××账户的存款……元，现请解除冻结。

附：（××××）……号裁定书

联系人、联系电话：……　　　　　本院地址、邮编：……

×年×月×日（院印）

解除冻结存款通知书（回执）

××人民法院：

你院（××××）……号解除冻结通知书收悉。×××（证件种类、号码：……）在我处的××账户存款……元，已解除冻结。此复

联系人、联系电话：……　　　　　本行地址、邮编：……

×年×月×日（公章）

协助查询通知书（查询股权、其他投资权益）

（××××）……执……号

××市场监督管理局：

　　根据执行案件需要，现向你局查询被执行人×××（证件种类、号码：……）持有公司等市场主体股权、其他投资权益或者……信息。依照《中华人民共和国民事诉讼法》第253条规定，请予协助查询为盼。

　　经办人员：×××　　　　联系电话：……

×年×月×日（院印）

协助查询通知书（回执）

××人民法院：

　　你院（××××）……执……号协助查询通知书收悉。经查询，被执行人×××（证件种类、号码：……）持有公司等市场主体股权、其他投资权益等情况如下：

　　……

　　经办人员：×××　　　　联系电话：……

×年×月×日（公章）

协助公示通知书（公示冻结、续行冻结）

（××××）……执……号

××市场监督管理局：

　　根据本院（××××）……号执行裁定，依照《中华人民共和国民事诉讼法》第253条规定，请协助公示下列事项：

　　冻结/继续冻结被执行人×××（证件种类、号码：……）持有×××……（股权、其他投资权益的数额），冻结期限为×年（自×年×月×日起至×年×月×日止）。

　　附：（××××）……号裁定书

　　经办人员：×××　　　　联系电话：……

×年×月×日（院印）

协助执行通知书[①]

（××××）……执……号

××市场监督管理局：

　　根据本院（××××）……执……号执行裁定，依照《中华人民共和国民事诉讼法》第253条、《最高人民法院关于人民法院强制执行股权若干问题的规定》

---

　　① 注：本样式为"法释〔2021〕20号"《规定》之附件。本书已修正了文中援引的《民事诉讼法》条文序号。

第 6 条的规定,请协助执行下列事项:

一、对下列情况进行公示:冻结被执行人×××(证件种类、号码:……)持有×××……(股权的数额),冻结期限自×年×月×日起至×年×月×日止;

二、冻结期间,未经本院许可,在你局职权范围内,不得为被冻结股权办理……等有碍执行的事项(根据不同的公司类型、冻结需求,载明具体的协助执行事项)。

经办人员:×××　　　　联系电话:……

×年×月×日 (院印)

协助执行通知书 (回执) ①

××人民法院:

你院(××××)……执……号执行裁定书、(××××)……执……号协助执行通知书收悉,我局处理结果如下:

已于×年×月×日在国家企业信用信息公示系统将你院冻结股权的情况进行公示,并将在我局职权范围内按照你院要求履行相关协助执行义务。

经办人员:×××　　　　联系电话:……

×年×月×日 (公章)

执行裁定书 (追究擅自处分被查封、扣押、冻结财产责任人赔偿责任)

(××××)……执……号

申请执行人:×××,……。

被执行人:×××,……。

第三人:×××,……。

(以上写明申请执行人、被执行人、第三人及其代理人和其他诉讼参加人的姓名或者名称等基本信息)

本院在执行×××与×××……(写明案由)一案中,于×年×月×日以(××××)……号执行裁定查封/扣押/冻结了被执行人×××所有的……(写明财产名称、数量或数额、所在地等),×××擅自处分已被查封/扣押/冻结的财产。依照《最高人民法院关于人民法院执行工作若干问题的规定(试行)》第 32 条规定,裁定如下:

×××应于裁定生效之日起××日内赔偿×××……元。

本裁定立即执行。

(合议庭成员署名)

×年×月×日 (院印)

书记员　×××

---

① 注:本样式为"法释〔2021〕20 号"《规定》之附件。

执行裁定书（追究擅自解除冻结款项造成后果的金融机构赔偿责任）

（××××）……执……号

申请执行人：×××，……。

被执行人：×××，……。

协助执行人：×××，……。

（以上写明申请执行人、被执行人、协助执行人及其代理人和其他诉讼参加人的姓名或者名称等基本信息）

本院在执行×××与×××……（写明案由）一案中，于×年×月×日以（××××）……号执行裁定冻结被执行人×××……元，并向协助执行人×××送达了（××××）……号协助冻结存款通知书。因×××擅自解冻，致使冻结的款项……元被转移。本院于×年×月×日向×××发出（××××）……号责令追回被转移款项通知书，……（写明追款结果）。依照《最高人民法院关于人民法院执行工作若干问题的规定（试行）》第26条规定，裁定如下：

×××应在未追回的……元范围内，以自己的财产向×××承担……元的责任。

本裁定立即执行。

（合议庭成员署名）

×年×月×日（院印）

书记员 ×××

执行裁定书（追究擅自支付收入的有关单位赔偿责任）

（××××）……执……号

申请执行人：×××，……。

被执行人：×××，……。

协助执行人：×××，……。

（以上写明申请执行人、被执行人、协助执行人及其代理人和其他诉讼参加人的姓名或者名称等基本信息）

本院在执行×××与×××……（写明案由）一案中，于×年×月×日向协助执行人×××送达了（××××）……号协助执行通知书，要求×××协助执行×××收入……元。×年×月×日，×××擅自向×××支付……元。本院于×年×月×日向×××发出（××××）……号责令追回擅自支付款项通知书（此为必须前置程序），责令其于×年×月×日前追回擅自支付的款项，……（写明追款结果）。依照《最高人民法院关于人民法院执行工作若干问题的规定（试行）》第30条规定，裁定如下：

×××在擅自支付而未能追回的……元范围内，向×××承担……元的责任。

本裁定立即执行。

（合议庭成员署名）

×年×月×日（院印）

书记员　×××

执行裁定书（追究擅自支付股息或办理股权转移手续的有关企业赔偿责任）

（××××）……执……号

申请执行人：×××，……。

被执行人：×××，……。

协助执行人：×××，……。

（以上写明申请执行人、被执行人、协助执行人及其代理人和其他诉讼参加人的姓名或者名称等基本信息）

本院在执行×××与×××……（写明案由）一案中，于×年×月×日向协助执行人×××送达了（××××）……号协助执行通知书，要求……（写明协助执行的事项）。×××……（写明拒不履行协助义务的事实），造成被执行财产无法追回的后果。依照《最高人民法院关于人民法院执行工作若干问题的规定（试行）》第40条规定，裁定如下：

×××在未追回股息/红利/股权……价值范围内向×××承担责任。

本裁定立即执行。

（合议庭成员署名）

×年×月×日（院印）

书记员　×××

第 256 条[19910409]　**【查封、扣押程序】**人民法院查封、扣押财产时，被执行人是公民的，应当通知被执行人或者他的成年家属到场；被执行人是法人或者其他组织的，应当通知其法定代表人或者主要负责人到场。拒不到场的，不影响执行。被执行人是公民的，其工作单位或者财产所在地的基层组织应当派人参加。

对被查封、扣押的财产，执行员必须造具清单，由在场人签名或者盖章后，交被执行人或者他的成年家属一份。被执行人是公民的，也可以交他的成年家属一份。

> **第 257 条** **【被查封财产的保管和损失责任】** 被查封的财产，执行员可以指定被执行人负责保管。因被执行人的过错造成的损失，由被执行人承担。
>
> **（本书汇）【轮候查封】**

● **相关规定** **【法发〔2004〕5 号】** 最高人民法院、国土资源部、建设部关于依法规范人民法院执行和国土资源房地产管理部门协助执行若干问题的通知（2004 年 2 月 10 日印发，2004 年 3 月 1 日起实施）（详见本书第 261 条）

十九、2 个以上人民法院对同一宗土地使用权、房屋进行查封的，国土资源、房地产管理部门为首先送达协助执行通知书的人民法院办理查封登记手续后，对后来办理查封登记的人民法院作轮候查封登记，并书面告知该土地使用权、房屋已被其他人民法院查封的事实及查封的有关情况。

二十、轮候查封登记的顺序按照人民法院送达协助执行通知书的时间先后进行排列。查封法院依法解除查封的，排列在先的轮候查封自动转为查封；查封法院对查封的土地使用权、房屋全部处理的，排列在后的轮候查封自动失效；查封法院对查封的土地使用权、房屋部分处理的，对剩余部分，排列在后的轮候查封自动转为查封。

预查封的轮候登记参照第 19 条和本条第 1 款的规定办理。

【法释〔2004〕15 号】 最高人民法院关于人民法院民事执行中查封、扣押、冻结财产的规定（2004 年 10 月 26 日最高法审委会〔1330 次〕通过，2004 年 11 月 4 日公布，2005 年 1 月 1 日起施行；根据法释〔2020〕21 号《决定》修正，2021 年 1 月 1 日起施行；以本规为准）（详见本书第 253-255 条）

第 26 条 对已被人民法院查封、扣押、冻结的财产，其他人民法院可以进行轮候查封、扣押、冻结。查封、扣押、冻结解除的，登记在先的轮候查封、扣押、冻结即自动生效。

其他人民法院对已登记的财产进行轮候查封、扣押、冻结的，应当通知有关登记机关协助进行轮候登记，实施查封、扣押、冻结的人民法院应当允许其他人民法院查阅有关文书和记录。

其他人民法院对没有登记的财产进行轮候查封、扣押、冻结的，应当制作笔录，并经实施查封、扣押、冻结的人民法院执行人员及被执行人签字，或者书面通知实施查封、扣押、冻结的人民法院。

【法发〔2006〕35 号】 最高人民法院关于人民法院执行公开的若干规定（2006 年 12 月 23 日印发，2007 年 1 月 1 日起施行；同文号印发《关于人民法院办理执行案件若干期限的规定》）（详见本书第 19 章"执行公开"专辑）

第 8 条　人民法院采取查封、扣押、冻结、划拨等执行措施的，应当依法制作裁定书送达被执行人，并在实施执行措施后将有关情况及时告知双方当事人，或者以方便当事人查询的方式予以公开。

【法函〔2007〕100 号】　最高人民法院关于查封法院全部处分标的物后轮候查封的效力问题的批复（2007 年 9 月 11 日答复北京高院"京高法〔2007〕208号"请示）

根据《最高人民法院关于人民法院民事执行中查封、扣押、冻结财产的规定》（法释〔2004〕15 号）第 28 条第 1 款的规定，轮候查封、扣押、冻结自在先的查封、扣押、冻结解除时自动生效，故人民法院对已查封、扣押、冻结的全部财产进行处分后，该财产上的轮候查封自始未产生查封、扣押、冻结的效力。同时，根据上述司法解释第 30 条的规定，人民法院对已查封、扣押、冻结的财产进行拍卖、变卖或抵债的，原查封、扣押、冻结的效力消灭，人民法院无需先行解除该财产上的查封、扣押、冻结，可直接进行处分，有关单位应当协助办理有关财产权证照转移手续。

【法发〔2011〕15 号】　最高人民法院关于执行权合理配置和科学运行的若干意见（2011 年 10 月 19 日）（详见本书第 19 章"对执行的法院内部监督与协调"专辑）

5. 执行实施事项的处理应当采取审批制，执行审查事项的处理应当采取合议制。

7. 执行中因情况紧急必须及时采取执行措施的，执行人员经执行指挥中心指令，可依法采取查封、扣押、冻结等财产保全和其他控制性措施，事后 2 个工作日内应当及时补办审批手续。

【法〔2022〕107 号】　最高人民法院关于正确处理轮候查封效力相关问题的通知（2022 年 4 月 14 日）

轮候查封制度对于确保人民法院间查封处置财产的有序衔接，防止债务人转移财产规避执行，维护轮候查封债权人合法权益，具有重要作用。但实践中部分法院未能准确掌握和运用轮候查封制度，尤其在首封法院处置查封物所得价款由在先查封债权人受偿后有剩余的情况下对轮候查封效力问题存在错误认识，导致相关财产处置损害轮候查封债权人合法权益。为了正确处理轮候查封效力相关问题，现将有关事项通知如下。

一、轮候查封具有确保轮候查封债权人能够取得首封债权人从查封物变价款受偿后剩余部分的作用。首封法院对查封物处置变现后，首封债权人受偿后变价款有剩余的，该剩余价款属于轮候查封物的替代物，轮候查封的效力应当及于该替代物，即对于查封物变价款中多于首封债权人应得数额部分有正式查封的效力。轮候查封债权人对该剩余价款有权主张相应权利。

二、轮候查封对于首封处置法院有约束力。首封法院在所处置的查封物有轮候查封的情况下，对于查封物变价款清偿首封债权人后的剩余部分，不能径行返还被执行人，首封债权人和被执行人也无权自行或协商处理。首封法院有义务将相关处置情况告知变价款处置前已知的轮候查封法院，并将剩余变价款移交给轮候查封法院，由轮候查封法院依法处理；轮候查封法院案件尚在诉讼程序中的，应由首封处置法院予以留存，待审判确定后依法处理。

三、首封处置法院在明知拍卖标的物有轮候查封的情况下，违反上述义务，径行将剩余变价款退还被执行人的，构成执行错误。

请各级人民法院严格遵照执行上述要求，遇有问题，请及时层报最高人民法院。

● **高法判例** 【[2014]执复字第25号】 **兰州甲机器制造有限公司与兰州新区某小额贷款有限责任公司企业借贷纠纷、申请承认与执行法院判决、仲裁裁决案件**（最高法院2015年6月25日执行裁定书）

裁判摘要：轮候查封在性质上不属于正式查封，并不产生正式查封的效力。轮候查封产生的仅是一种预期效力，类似于效力待定的行为。甘肃高院02号异议裁定关于轮候查封措施的"查封效力尚未显现"的认定并无不当。同时，甘肃高院对甲公司名下土地使用权实施的轮候查封属于诉讼保全措施，在性质和效力上属于临时性措施，主要目的是防止甲公司转移财产，在客观上并未对保全的标的进行处置。即便本案将来进入执行程序，所查封的土地使用权变现所得价款究竟还有多少可用于实现本案债权，尚取决于在先查封案件的执行情况。鉴于此，甘肃高院冻结甲公司名下银行账户存款的措施不构成重复保全。

● **文书格式**

商请移送执行函①

（××××）……号

××××人民法院：

……（写明当事人姓名或名称和案由）一案的……（写明生效法律文书名称）已经发生法律效力。由于……[写明本案债权人依法享有顺位在先的担保物权（优先权）和首先查封法院没有及时对查封财产进行处理的情况，以及商请移

---

① 本样式为"法释[2016]6号"《批复》之附件1，用于商请其他法院将查封的财产移送本院执行。

送执行的理由]。根据《最高人民法院关于首先查封法院与优先债权执行法院处分查封财产有关问题的批复》之规定，请你院在收到本函之日起 15 日内向我院出具移送执行函，将……（写明具体查封财产）移送我院执行。

附件：1. 据以执行的生效法律文书

2. 有关案件情况说明 [内容包括本案债权依法享有顺位在先的担保物权（优先权）的具体情况、案件执行情况、执行员姓名及联系电话、申请执行人地址及联系电话等]

3. 其他必要的案件材料

×年×月×日（院印）

本院地址：……邮编：……联系人：……联系电话：……

移送执行函①

（××××）……号

××××人民法院：

你院（××××）……号商请移送执行函收悉。我院于×年×月×日对……（写明具体查封财产，以下简称查封财产）予以查封（或者扣押、冻结），鉴于你院（××××）……号执行案件债权人对该查封财产享有顺位在先的担保物权（优先权），现根据《最高人民法院关于首先查封法院与优先债权执行法院处分查封财产有关问题的批复》之规定及你院的来函要求，将上述查封财产移送你院执行，对该财产的续封、解封和变价、分配等后续工作，交由你院办理，我院不再负责。请你院在后续执行程序中，对我院执行案件债权人××作为首先查封债权人所享有的各项权利依法予以保护，并将执行结果及时告知我院。

附件：1. 据以执行的生效法律文书

2. 有关案件情况的材料和说明（内容包括查封财产的查封、调查、异议、评估、处置和剩余债权数额等案件执行情况，执行员姓名及联系电话、申请执行人地址及联系电话等）

3. 其他必要的案件材料

×年×月×日（院印）

本院地址：……邮编：……联系人：……联系电话：……

---

① 本样式为"法释 [2016] 6 号"《批复》之附件 2，用于将本院查封的财产移送其他法院执行。

第 258 条¹⁹⁹¹⁰⁴⁰⁹ 　【拍卖、变卖】 财产被查封、扣押后，执行员应当责令被执行人在指定期间/~~期限内~~履行法律文书确定的义务。① 被执行人逾期不履行的，人民法院**应当拍卖**/~~可以按照规定交有关单位拍卖或者变卖~~²⁰¹³⁰¹⁰¹ 被查封、扣押的财产；<u>不适于拍卖或者当事人双方同意不进行拍卖的，人民法院可以委托有关单位变卖或者自行变卖</u>²⁰¹³⁰¹⁰¹。国家禁止自由买卖的物品，交有关单位按照国家规定的价格收购。

● **相关规定**　【法〔1994〕2 号】　最高人民法院关于执行领事条约中对派遣国船舶实行强制措施时保护条款的通知（详见本书"船舶及其载货的扣押"专辑，本处略）

【法释〔1998〕15 号】　最高人民法院关于人民法院执行工作若干问题的规定（试行）（1998 年 6 月 11 日最高法审委会〔992 次〕通过，1998 年 7 月 8 日公布施行；根据法释〔2020〕21 号《决定》修正，2021 年 1 月 1 日起施行；以本规为准）②

46. 人民法院对查封、扣押的被执行人财产进行变价时，应当委托拍卖机构进行拍卖。

~~财产无法委托拍卖、不适于拍卖或当事人双方同意不需要拍卖的，人民法院可以交由有关单位变卖或自行组织变卖。~~

47. ~~人民法院对拍卖、变卖被执行人的财产，应当委托依法成立的资产评估机构进行价格评估。~~

33. 被执行人申请对人民法院查封的财产自行变卖的，人民法院可以准许，但应当监督其按照合理价格在指定的期限内进行，并控制变卖的价款。

34. 拍卖、变卖被执行人的财产成交后，必须即时钱物两清。

委托拍卖、组织变卖被执行人财产所发生的实际费用，从所得价款中优先扣除。所得价款超出执行标的数额和执行费用的部分，应当退还被执行人。

35. 被执行人不履行生效法律文书确定的义务，人民法院有权裁定禁止被执行人转让其专利权、注册商标专用权、著作权（财产权部分）等知识产权。上述

---

① 注：本处"。"之后的内容原为：逾期不履行的，交有关单位收购、变卖。1991 年 4 月 9 日正式颁行《民事诉讼法》时，对其进行了修订；2013 年 1 月 1 日起施行的《民事诉讼法》再次对其局部修改。

② 本《规定》自 1998 年 7 月 8 日公布试行 22 年多，至 2020 年 12 月 23 日修正，仍为"试行"。

权利有登记主管部门的，应当同时向有关部门发出协助执行通知书，要求其不得办理财产权转移手续，必要时可以责令被执行人将产权或使用权证照交人民法院保存。

对前款财产权，可以采取拍卖、变卖等执行措施。

【主席令［1992］64 号】   中华人民共和国海商法（1992 年 11 月 7 日全国人大常委会［7 届 28 次］通过，1993 年 7 月 1 日起施行）

第 87 条   应当向承运人支付的运费、共同海损分摊、滞期费和承运人为货物垫付的必要费用以及应当向承运人支付的其他费用没有付清，又没有提供适当担保的，承运人可以在合理的限度内留置其货物。

第 88 条   承运人根据本法第 87 条规定留置的货物，自船舶抵达卸货港的次日起满 60 日无人提取的，承运人可以申请法院裁定拍卖；货物易腐烂变质或者货物的保管费用可能超过其价值的，可以申请提前拍卖。

拍卖所得价款，用于清偿保管、拍卖货物的费用和运费以及应当向承运人支付的其他有关费用；不足的金额，承运人有权向托运人追偿；剩余的金额，退还托运人；无法退还、自拍卖之日起满 1 年又无人领取的，上缴国库。

【主席令［1999］28 号】   中华人民共和国海事诉讼特别程序法（1999 年 12 月 25 日全国人大常委会［9 届 13 次］通过，2000 年 7 月 1 日起施行）

第 29 条   船舶扣押期间届满，被请求人不提供担保，而且船舶不宜继续扣押的，海事请求人可以在提起诉讼或者申请仲裁后，向扣押船舶的海事法院申请拍卖船舶。

第 30 条   海事法院收到拍卖船舶的申请后，应当进行审查，作出准予或者不准予拍卖船舶的裁定。

当事人对裁定不服的，可以在收到裁定书之日起 5 日内申请复议 1 次。海事法院应当在收到复议申请之日起 5 日内作出复议决定。复议期间停止裁定的执行。

第 31 条   海事请求人提交拍卖船舶申请后，又申请终止拍卖的，是否准许由海事法院裁定。海事法院裁定终止拍卖船舶的，为准备拍卖船舶所发生的费用由海事请求人承担。

第 32 条   海事法院裁定拍卖船舶，应当通过报纸或者其他新闻媒体发布公告。拍卖外籍船舶的，应当通过对外发行的报纸或者其他新闻媒体发布公告。

公告包括以下内容：（一）被拍卖船舶的名称和国籍；（二）拍卖船舶的理由和依据；（三）拍卖船舶委员会的组成；（四）拍卖船舶的时间和地点；（五）被拍卖船舶的展示时间和地点；（六）参加竞买应当办理的手续；（七）办理债权登记事项；（八）需要公告的其他事项。

拍卖船舶的公告期间不少于 30 日。

第 33 条　海事法院应当在拍卖船舶 30 日前，向被拍卖船舶登记国的登记机关和已知的船舶优先权人、抵押权人和船舶所有人发出通知。

通知内容包括被拍卖船舶的名称、拍卖船舶的时间和地点、拍卖船舶的理由和依据以及债权登记等。

通知方式包括书面方式和能够确认收悉的其他适当方式。

第 34 条　拍卖船舶由拍卖船舶委员会实施。拍卖船舶委员会由海事法院指定的本院执行人员和聘请的拍卖师、验船师 3 人或者 5 人组成。

拍卖船舶委员会组织对船舶鉴定、估价；组织和主持拍卖；与竞买人签订拍卖成交确认书；办理船舶移交手续。

拍卖船舶委员会对海事法院负责，受海事法院监督。

第 35 条　竞买人应当在规定的期限内向拍卖船舶委员会登记。登记时应当交验本人、企业法定代表人或者其他组织负责人身份证明和委托代理人的授权委托书，并交纳一定数额的买船保证金。

第 36 条　拍卖船舶委员会应当在拍卖船舶前，展示被拍卖船舶，并提供察看被拍卖船舶的条件和有关资料。

第 37 条　买受人在签署拍卖成交确认书后，应当立即交付不低于 20% 的船舶价款，其余价款在成交之日起 7 日内付清，但拍卖船舶委员会与买受人另有约定的除外。

第 38 条　买受人付清全部价款后，原船舶所有人应当在指定的期限内于船舶停泊地以船舶现状向买受人移交船舶。拍卖船舶委员会组织和监督船舶的移交，并在船舶移交后与买受人签署船舶移交完毕确认书。

移交船舶完毕，海事法院发布解除扣押船舶命令。

第 39 条　船舶移交后，海事法院应当通过报纸或者其他新闻媒体发布公告，公布船舶已经公开拍卖并移交给买受人。

第 40 条　买受人接收船舶后，应当持拍卖成交确认书和有关材料，向船舶登记机关办理船舶所有权登记手续。原船舶所有人应当向原船舶登记机关办理船舶所有权注销登记。原船舶所有人不办理船舶所有权注销登记的，不影响船舶所有权的转让。

第 41 条　竞买人之间恶意串通的，拍卖无效。参与恶意串通的竞买人应当承担拍卖船舶费用并赔偿有关损失。海事法院可以对参与恶意串通的竞买人处最高应价 10% 以上 30% 以下的罚款。

第 42 条　除本节规定的以外，拍卖适用《中华人民共和国拍卖法》的有关规定。

第 43 条　执行程序中拍卖被扣押船舶清偿债务的，可以参照本节有关规定。

第 48 条　海事法院收到拍卖船载货物的申请后，应当进行审查，在 7 日内作出准予或者不准予拍卖船载货物的裁定。

当事人对裁定不服的，可以在收到裁定书之日起 5 日内申请复议 1 次。海事法院应当在收到复议申请之日起 5 日内作出复议决定。复议期间停止裁定的执行。

第 49 条　拍卖船载货物由海事法院指定的本院执行人员和聘请的拍卖师组成的拍卖组织实施，或者由海事法院委托的机构实施。

拍卖船载货物，本节没有规定的，参照本章第二节拍卖船舶的有关规定（见本法第 29—43 条）。

【法释〔2003〕3 号】　最高人民法院关于适用《中华人民共和国海事诉讼特别程序法》若干问题的解释（2002 年 12 月 3 日最高法审委会〔1259 次〕通过，2003 年 1 月 6 日公布，2003 年 2 月 1 日起施行）

第 35 条　海事诉讼特别程序法第 38 条规定的船舶现状指船舶展示时的状况。船舶交接时的状况与船舶展示时的状况经评估确有明显差别的，船舶价款应当作适当的扣减，但属于正常损耗或者消耗的燃油不在此限。

第 39 条　20 总吨以下小型船艇的扣押和拍卖，可以依照民事诉讼法规定的扣押和拍卖程序进行。

第 40 条　申请人依据《中华人民共和国海商法》第 88 条规定申请拍卖留置的货物的，参照海事诉讼特别程序法关于拍卖船载货物的规定执行。

【法释〔2001〕28 号】　最高人民法院关于冻结、拍卖上市公司国有股和社会法人股若干问题的规定（2001 年 8 月 28 日最高法审委会〔1188 次〕通过，2001 年 9 月 21 日公布，2001 年 9 月 30 日起施行）

第 1 条　人民法院在审理民事纠纷案件过程中，对股权采取冻结、评估、拍卖和办理股权过户等财产保全和执行措施，适用本规定。

第 2 条　本规定所指上市公司国有股、包括国家股和国有法人股。国家股指有权代表国家投资的机构或部门向股份有限公司出资或依据法定程序取得的股份；国有法人股指国有法人单位，包括国有资产比例超过 50% 的国有控股企业，以其依法占有的法人资产向股份有限公司出资形成或者依据法定程序取得的股份。

本规定所指社会法人股是指非国有法人资产投资于上市公司形成的股份。

第 3 条　人民法院对股权采取冻结、拍卖措施时，被保全人和被执行人应当是股权的持有人或者所有权人。被冻结、拍卖股权的上市公司非依法定程序确定为案件当事人或者被执行人，人民法院不得对其采取保全或执行措施。

第 4 条　人民法院在审理案件过程中，股权持有人或者所有权人作为债务人，如有偿还能力的，人民法院一般不应对其股权采取冻结保全措施。

人民法院已对股权采取冻结保全措施的，股权持有人、所有权人或者第三人提供了有效担保，人民法院经审查符合法律规定的，可以解除对股权的冻结。

第5条　人民法院裁定冻结或者解除冻结股权，除应当将法律文书送达负有协助执行义务的单位以外，还应当在作出冻结或者解除冻结裁定后7日内，将法律文书送达股权持有人或者所有权人并书面通知上市公司。

人民法院裁定拍卖上市公司股权，应当于委托拍卖之前将法律文书送达股权持有人或者所有权人并书面通知上市公司。

被冻结或者拍卖股权的当事人是国有股份持有人的，人民法院在向该国有股份持有人送达冻结或者拍卖裁定时，应当告其于5日内报主管财政部门备案。

第6条　冻结股权的期限不超过1年。如申请人需要延长期限的，人民法院应当根据申请，在冻结期限届满前办理续冻手续，每次续冻期限不超过6个月。逾期不办理续冻手续的，视为自动撤销冻结。

第7条　人民法院采取保全措施，所冻结的股权价值不得超过股权持有人或者所有权人的债务总额。股权价值应当按照上市公司最近期报表每股资产净值计算。

股权冻结的效力及于股权产生的股息以及红利、红股等孳息，但股权持有人或者所有权人仍可享有因上市公司增发、配售新股而产生的权利。

第8条　人民法院采取强制执行措施时，如果股权持有人或者所有权人在限期内提供了方便执行的其他财产，应当首先执行其他财产。其他财产不足以清偿债务的，方可执行股权。

本规定所称可供方便执行的其他财产，是指存款、现金、成品和半成品、原材料、交通工具等。

人民法院执行股权，必须进行拍卖。

股权的持有人或者所有权人以股权向债权人质押的，人民法院执行时也应当通过拍卖方式进行，不得直接将股权执行给债权人。

第9条　拍卖股权之前，人民法院应当委托具有证券从业资格的资产评估机构对股权价值进行评估。资产评估机构由债权人和债务人协商选定。不能达成一致意见的，由人民法院召集债权人和债务人提出候选评估机构，以抽签方式决定。

第10条　人民法院委托资产评估机构评估时，应当要求资产评估机构严格依照国家规定的标准、程序和方法对股权价值进行评估，并说明其应当对所作出的评估报告依法承担相应责任。

人民法院还应当要求上市公司向接受人民法院委托的资产评估机构如实提供有关情况和资料；要求资产评估机构对上市公司提供的情况和资料保守秘密。

第 11 条 人民法院收到资产评估机构作出的评估报告后，须将评估报告分别送达债权人和债务人以及上市公司。债权人和债务人以及上市公司对评估报告有异议的，应当在收到评估报告后 7 日内书面提出。人民法院应当将异议书交资产评估机构，要求该机构在 10 日之内作出说明或者补正。

第 12 条 对股权拍卖，人民法院应当委托依法成立的拍卖机构进行。拍卖机构的选定，参照本规定第 9 条规定的方法进行。

第 13 条 股权拍卖保留价，应当按照评估值确定。

第 1 次拍卖最高应价未达到保留价时，应当继续进行拍卖，每次拍卖的保留价应当不低于前次保留价的 90%。经 3 次拍卖仍不能成交时，人民法院应当将所拍卖的股权按第 3 次拍卖的保留价折价抵偿给债权人。

人民法院可以在每次拍卖未成交后主持调解，将所拍卖的股权参照该次拍卖保留价折价抵偿给债权人。

第 14 条 拍卖股权，人民法院应当委托拍卖机构于拍卖日前 10 天，在《中国证券报》、《证券时报》或者《上海证券报》上进行公告。

第 15 条 国有股权竞买人应当具备依法受让国有股权的条件。

第 16 条 股权拍卖过程中，竞买人已经持有的该上市公司股份数额和其竞买的股份数额累计不得超过该上市公司已经发行股份数额的 30%。如竞买人累计持有该上市公司股份数额已达到 30% 仍参与竞买的，须依照《中华人民共和国证券法》的相关规定办理，在此期间应当中止拍卖程序。

第 17 条 拍卖成交后，人民法院应当向证券交易市场和证券登记结算公司出具协助执行通知书，由买受人持拍卖机构出具的成交证明和财政主管部门对股权性质的界定等有关文件，向证券交易市场和证券登记结算公司办理股权变更登记。

【法发［2004］5 号】 最高人民法院、国土资源部、建设部关于依法规范人民法院执行和国土资源房地产管理部门协助执行若干问题的通知（2004 年 2 月 10 日印发，2004 年 3 月 1 日起实施）（详见本书第 261 条）

二十六、经申请执行人和被执行人协商同意，可以不经拍卖、变卖，直接裁定将被执行人以出让方式取得的国有土地使用权及其地上房屋经评估作价后交由申请执行人抵偿债务，但应当依法向国土资源和房地产管理部门办理土地、房屋权属变更、转移登记手续。

【法释［2004］16 号】 最高人民法院关于人民法院民事执行中拍卖、变卖财产的规定（2004 年 10 月 26 日最高法审委会［1330 次］通过，2004 年 11 月 15 日公布，2005 年 1 月 1 日起施行；根据法释［2020］21 号《决定》修正，2021 年 1 月 1 日起施行。以本规为准）

第 1 条 在执行程序中，被执行人的财产被查封、扣押、冻结后，人民法院应当及时进行拍卖、变卖或者采取其他执行措施。

第 2 条 人民法院对查封、扣押、冻结的财产进行变价处理时，应当首先采取拍卖的方式，但法律、司法解释另有规定的除外。

第 3 条 人民法院拍卖被执行人财产，应当委托具有相应资质的拍卖机构进行，并对拍卖机构的拍卖进行监督，但法律、司法解释另有规定的除外。

第 4 条 对拟拍卖的财产，人民法院可以委托具有相应资质的评估机构进行价格评估。对于财产价值较低或者价格依照通常方法容易确定的，可以不进行评估。

当事人双方及其他执行债权人申请不进行评估的，人民法院应当准许。

对被执行人的股权进行评估时，人民法院可以责令有关企业提供会计报表等资料；有关企业拒不提供的，可以强制提取。

~~第 5 条 评估机构由当事人协商一致后经人民法院审查确定；协商不成的，从负责执行的人民法院或者被执行人财产所在地的人民法院确定的评估机构名册中，采取随机的方式确定；当事人双方申请通过公开招标方式确定评估机构的，人民法院应当准许。~~

~~第 6 条 人民法院收到评估机构作出的评估报告后，应当在 5 日内将评估报告发送当事人及其他利害关系人。当事人或者其他利害关系人对评估报告有异议的，可以在收到评估报告后 10 日内以书面形式向人民法院提出。当事人或者其他利害关系人有证据证明评估机构、评估人员不具备相应的评估资质或者评估程序严重违法而申请重新评估的，人民法院应当准许。~~

~~第 7 条 拍卖机构由当事人协商一致后经人民法院审查确定；协商不成的，从负责执行的人民法院或者被执行人财产所在地的人民法院确定的拍卖机构名册中，采取随机的方式确定；当事人双方申请通过公开招标方式确定拍卖机构的，人民法院应当准许。~~

第 5 条 拍卖应当确定保留价。

拍卖财产经过评估的，评估价即为第一次拍卖的保留价/拍卖保留价由人民法院参照评估价确定；未作评估的，保留价由人民法院参照市价确定，并应当征询有关当事人的意见。

人民法院确定的保留价，~~第一次拍卖时，不得低于评估价或者市价的 80%；~~如果出现流拍，再行拍卖时，可以酌情降低保留价，但每次降低的数额不得超过前次保留价的 20%。

第 6 条 保留价确定后，依据本次拍卖保留价计算，拍卖所得价款在清偿优先债权和强制执行费用后无剩余可能的，应当在实施拍卖前将有关情况通知申请执行人。申请执行人于收到通知后 5 日内申请继续拍卖的，人民法院应当准许，但应当重新确定保留价；重新确定的保留价应当大于该优先债权及强制执行费用的总额。

依照前款规定流拍的，拍卖费用由申请执行人负担。

第 7 条　执行人员应当对拍卖财产的权属状况、占有使用情况等进行必要的调查，制作拍卖财产现状的调查笔录或者收集其他有关资料。

第 8 条　拍卖应当先期公告。

拍卖动产的，应当在拍卖 7 日前公告；拍卖不动产或者其他财产权的，应当在拍卖 15 日前公告。

第 9 条　拍卖公告的范围及媒体由当事人双方协商确定；协商不成的，由人民法院确定。拍卖财产具有专业属性的，应当同时在专业性报纸上进行公告。

当事人申请在其他新闻媒体上公告或者要求扩大公告范围的，应当准许，但该部分的公告费用由其自行承担。

第 10 条　拍卖不动产、其他财产权或者价值较高的动产的，竞买人应当于拍卖前向人民法院预交保证金。申请执行人参加竞买的，可以不预交保证金。保证金的数额由人民法院确定，但不得低于评估价或者市价的 5%。

应当预交保证金而未交纳的，不得参加竞买。拍卖成交后，买受人预交的保证金充抵价款，其他竞买人预交的保证金应当在 3 日内退还；拍卖未成交的，保证金应当于 3 日内退还竞买人。

第 11 条　人民法院应当在拍卖 5 日前以书面或者其他能够确认收悉的适当方式，通知当事人和已知的担保物权人、优先购买权人或者其他优先权人于拍卖日到场。

优先购买权人经通知未到场的，视为放弃优先购买权。

第 12 条　法律、行政法规对买受人的资格或者条件有特殊规定的，竞买人应当具备规定的资格或者条件。

申请执行人、被执行人可以参加竞买。

第 13 条　拍卖过程中，有最高应价时，优先购买权人可以表示以该最高价买受，如无更高应价，则拍归优先购买权人；如有更高应价，而优先购买权人不作表示的，则拍归该应价最高的竞买人。

顺序相同的多个优先购买权人同时表示买受的，以抽签方式决定买受人。

第 14 条　拍卖多项财产时，其中部分财产卖得的价款足以清偿债务和支付被执行人应当负担的费用的，对剩余的财产应当停止拍卖，但被执行人同意全部拍卖的除外。

第 15 条　拍卖的多项财产在使用上不可分，或者分别拍卖可能严重减损其价值的，应当合并拍卖。

第16条 拍卖时无人竞买或者竞买人的最高应价低于保留价，到场的申请执行人或者其他执行债权人申请或者同意以该次拍卖所定的保留价接受拍卖财产的，应当将该财产交其抵债。

有2个以上执行债权人申请以拍卖财产抵债的，由法定受偿顺位在先的债权人优先承受；受偿顺位相同的，以抽签方式决定承受人。承受人应受清偿的债权额低于抵债财产的价额的，人民法院应当责令其在指定的期间内补交差额。

第17条 在拍卖开始前，有下列情形之一的，人民法院应当撤回拍卖委托：（一）据以执行的生效法律文书被撤销的；（二）申请执行人及其他执行债权人撤回执行申请的；（三）被执行人全部履行了法律文书确定的金钱债务的；（四）当事人达成了执行和解协议，不需要拍卖财产的；（五）案外人对拍卖财产提出确有理由的异议的；（六）拍卖机构与竞买人恶意串通的；（七）其他应当撤回拍卖委托的情形。

第18条 人民法院委托拍卖后，遇有依法应当暂缓执行或者中止执行的情形的，应当决定暂缓执行或者裁定中止执行，并及时通知拍卖机构和当事人。拍卖机构收到通知后，应当立即停止拍卖，并通知竞买人。

暂缓执行期限届满或者中止执行的事由消失后，需要继续拍卖的，人民法院应当在15日内通知拍卖机构恢复拍卖。

第19条 被执行人在拍卖日之前向人民法院提交足额金钱清偿债务，要求停止拍卖的，人民法院应当准许，但被执行人应当负担因拍卖支出的必要费用。

第20条 拍卖成交或者以流拍的财产抵债的，人民法院应当作出裁定，并于价款或者需要补交的差价全额交付后10日内，送达买受人或者承受人。

第21条 拍卖成交后，买受人应当在拍卖公告确定的期限或者人民法院指定的期限内将价款交付到人民法院或者汇入人民法院指定的账户。

第22条 拍卖成交或者以流拍的财产抵债后，买受人逾期未支付价款或者承受人逾期未补交差价而使拍卖、抵债的目的难以实现的，人民法院可以裁定重新拍卖。重新拍卖时，原买受人不得参加竞买。

重新拍卖的价款低于原拍卖价款造成的差价、费用损失及原拍卖中的佣金，由原买受人承担。人民法院可以直接从其预交的保证金中扣除。扣除后保证金有剩余的，应当退还原买受人；保证金数额不足的，可以责令原买受人补交；拒不补交的，强制执行。

第23条 拍卖时无人竞买或者竞买人的最高应价低于保留价，到场的申请执行人或者其他执行债权人不申请以该次拍卖所定的保留价抵债的，应当在60日内再行拍卖。

第 24 条　对于第 2 次拍卖仍流拍的动产，人民法院可以依照本规定第 16 条的规定将其作价交申请执行人或者其他执行债权人抵债。申请执行人或者其他执行债权人拒绝接受或者依法不能交付其抵债的，人民法院应当解除查封、扣押，并将该动产退还被执行人。

第 25 条　对于第 2 次拍卖仍流拍的不动产或者其他财产权，人民法院可以依照本规定第 16 条的规定将其作价交申请执行人或者其他执行债权人抵债。申请执行人或者其他执行债权人拒绝接受或者依法不能交付其抵债的，应当在 60 日内进行第 3 次拍卖。

第 3 次拍卖流拍且申请执行人或者其他执行债权人拒绝接受或者依法不能接受该不动产或者其他财产权抵债的，人民法院应当于第 3 次拍卖终结之日起 7 日内发出变卖公告。自公告之日起 60 日内没有买受人愿意以第 3 次拍卖的保留价买受该财产，且申请执行人、其他执行债权人仍不表示接受该财产抵债的，应当解除查封、冻结，将该财产退还被执行人，但对该财产可以采取其他执行措施的除外。

第 26 条　~~动产拍卖成交或者抵债后，其所有权自该动产交付时起转移给买受人或者承受人。~~不动产、有登记的特定动产或者其他财产权拍卖成交或者抵债后，该不动产、特定动产的所有权、其他财产权自拍卖成交或者抵债裁定送达买受人或者承受人时起转移。

第 27 条　人民法院裁定拍卖成交或者以流拍的财产抵债后，除有依法不能移交的情形外，应当于裁定送达后 15 日内，将拍卖的财产移交买受人或者承受人。被执行人或者第三人占有拍卖财产应当移交而拒不移交的，强制执行。

第 28 条　拍卖财产上原有的担保物权及其他优先受偿权，因拍卖而消灭，拍卖所得价款，应当优先清偿担保物权人及其他优先受偿权人的债权，但当事人另有约定的除外。

拍卖财产上原有的租赁权及其他用益物权，不因拍卖而消灭，但该权利继续存在于拍卖财产上，对在先的担保物权或者其他优先受偿权的实现有影响的，人民法院应当依法将其除去后进行拍卖。

第 29 条　拍卖成交的，拍卖机构可以按照下列比例向买受人收取佣金：

拍卖成交价 200 万元以下的，收取佣金的比例不得超过 5%；超过 200 万元至 1000 万元的部分，不得超过 3%；超过 1000 万元至 5000 万元的部分，不得超过 2%；超过 5000 万元至 1 亿元的部分，不得超过 1%；超过 1 亿元的部分，不得超过 0.5%。

采取公开招标方式确定拍卖机构的，按照中标方案确定的数额收取佣金。

拍卖未成交或者非因拍卖机构的原因撤回拍卖委托的，拍卖机构为本次拍卖已经支出的合理费用，应当由被执行人负担。

第30条 在执行程序中拍卖上市公司国有股和社会法人股的，适用最高人民法院《关于冻结、拍卖上市公司国有股和社会法人股若干问题的规定》。

第31条 对查封、扣押、冻结的财产，当事人双方及有关权利人同意变卖的，可以变卖。

金银及其制品、当地市场有公开交易价格的动产、易腐烂变质的物品、季节性商品、保管困难或者保管费用过高的物品，人民法院可以决定变卖。

第32条 当事人双方及有关权利人对变卖财产的价格有约定的，按照其约定价格变卖；无约定价格但有市价的，变卖价格不得低于市价；无市价但价值较大、价格不易确定的，应当委托评估机构进行评估，并按照评估价格进行变卖。

按照评估价格变卖不成的，可以降低价格变卖，但最低的变卖价不得低于评估价的1/2。

变卖的财产无人应买的，适用本规定第16条的规定将该财产交申请执行人或者其他执行债权人抵债；申请执行人或者其他执行债权人拒绝接受或者依法不能交付其抵债的，人民法院应当解除查封、扣押，并将该财产退还被执行人。

【法发〔2006〕35号】 最高人民法院关于人民法院执行公开的若干规定（2006年12月23日印发，2007年1月1日起施行；同文号印发《关于人民法院办理执行案件若干期限的规定》）（详见本书第19章"执行公开"专辑）

第10条 人民法院拟委托评估、拍卖或者变卖被执行人财产的，应当及时告知双方当事人及其他利害关系人，并严格按照《中华人民共和国民事诉讼法》和最高人民法院《关于人民法院民事执行中拍卖、变卖财产的规定》等有关规定，采取公开的方式选定评估机构和拍卖机构，并依法公开进行拍卖、变卖。

评估结束后，人民法院应当及时向双方当事人及其他利害关系人送达评估报告；拍卖、变卖结束后，应当及时将结果告知双方当事人及其他利害关系人。

【法发〔2006〕35号】 最高人民法院关于人民法院办理执行案件若干期限的规定（2006年12月23日印发，2007年1月1日起施行；同文号印发《关于人民法院执行公开的若干规定》）

第7条 执行中采取评估、拍卖措施的，承办人应当在10日内完成评估、拍卖机构的遴选。

【法发〔2008〕21号】 最高人民法院关于处理涉及汶川地震相关案件适用法律问题的意见（一）（2008年7月14日）

九（第2款）、对于已评估过的财产，因地震造成损毁或价值贬损的，可以根据申请人的申请重新评估，评估费用按照《诉讼费用交纳办法》第12条的规定确定。

【法释［2009］16 号】　最高人民法院关于人民法院委托评估、拍卖和变卖工作的若干规定（2009 年 8 月 24 日最高法审委会［1472 次］通过，2009 年 11 月 12 日公布，2009 年 11 月 20 日起施行；以本规为准）

第 1 条　人民法院司法技术管理部门负责本院的委托评估、拍卖和流拍财产的变卖工作，依法对委托评估、拍卖机构的评估、拍卖活动进行监督。

第 2 条　根据工作需要，下级人民法院可将评估、拍卖和变卖工作报请上级人民法院办理。

第 3 条　人民法院需要对异地的财产进行评估或拍卖时，可以委托财产所在地人民法院办理。

第 4 条　人民法院按照公开、公平、择优的原则编制人民法院委托评估、拍卖机构名册。

人民法院编制委托评估、拍卖机构名册，应当先期公告，明确入册机构的条件和评审程序等事项。

第 5 条　人民法院在编制委托评估、拍卖机构名册时，由司法技术管理部门、审判部门、执行部门组成评审委员会，必要时可邀请评估、拍卖行业的专家参加评审。

第 6 条　评审委员会对申请加入人民法院委托评估、拍卖名册的机构，应当从资质等级、职业信誉、经营业绩、执业人员情况等方面进行审查、打分，按分数高低经过初审、公示、复审后确定进入名册的机构，并对名册进行动态管理。

第 7 条　人民法院选择评估、拍卖机构，应当在人民法院委托评估、拍卖机构名册内采取公开随机的方式选定。

第 8 条　人民法院选择评估、拍卖机构，应当通知审判、执行人员到场，视情况可邀请社会有关人员到场监督。

第 9 条　人民法院选择评估、拍卖机构，应当提前通知各方当事人到场；当事人不到场的，人民法院可将选择机构的情况，以书面形式送达当事人。

第 10 条　评估、拍卖机构选定后，人民法院应当向选定的机构出具委托书，委托书中应当载明本次委托的要求和工作完成的期限等事项。

第 11 条　评估、拍卖机构接受人民法院的委托后，在规定期限内无正当理由不能完成委托事项的，人民法院应当解除委托，重新选择机构，并对其暂停备选资格或从委托评估、拍卖机构名册内除名。

第 12 条　评估机构在工作中需要对现场进行勘验的，人民法院应当提前通知审判、执行人员和当事人到场。当事人不到场的，不影响勘验的进行，但应当有见证人见证。评估机构勘验现场，应当制作现场勘验笔录。

勘验现场人员、当事人或见证人应当在勘验笔录上签字或盖章确认。

第 13 条 拍卖财产经过评估的，评估价即为第一次拍卖的保留价；未作评估的，保留价由人民法院参照市价确定，并应当征询有关当事人的意见。

第 14 条 审判、执行部门未经司法技术管理部门同意擅自委托评估、拍卖，或对流拍财产进行变卖的，按照有关纪律规定追究责任。

第 15 条 人民法院司法技术管理部门，在组织评审委员会审查评估、拍卖入册机构，或选择评估、拍卖机构，或对流拍财产进行变卖时，应当通知本院纪检监察部门。纪检监察部门可视情况派员参加。

【法释〔2011〕21 号】 最高人民法院关于人民法院委托评估、拍卖工作的若干规定（2010 年 8 月 16 日最高法审委会〔1492 次〕通过，2011 年 9 月 7 日公布，2012 年 1 月 1 日起施行；以本规为准）①

第 1 条 人民法院司法辅助部门负责统一管理和协调司法委托评估、拍卖工作。

第 2 条 取得政府管理部门行政许可并达到一定资质等级的评估、拍卖机构，可以自愿报名参加人民法院委托的评估、拍卖活动。人民法院不再编制委托评估、拍卖机构名册。

第 3 条 人民法院采用随机方式确定评估、拍卖机构。高级人民法院或者中级人民法院可以根据本地实际情况统一实施对外委托。

第 4 条 人民法院委托的拍卖活动应在有关管理部门确定的统一交易场所或网络平台上进行，另有规定的除外。

第 5 条 受委托的拍卖机构应通过管理部门的信息平台发布拍卖信息，公示评估、拍卖结果。

第 6 条 涉国有资产的司法委托拍卖由省级以上国有产权交易机构实施，拍卖机构负责拍卖环节相关工作，并依照相关监管部门制定的实施细则进行。

第 7 条 《中华人民共和国证券法》规定应当在证券交易所上市交易或转让的证券资产的司法委托拍卖，通过证券交易所实施，拍卖机构负责拍卖环节相关工作；其他证券类资产的司法委托拍卖由拍卖机构实施，并依照相关监管部门制定的实施细则进行。

第 8 条 人民法院对其委托的评估、拍卖活动实行监督。出现下列情形之一，影响评估、拍卖结果，侵害当事人合法利益的，人民法院将不再委托其从事委托评估、拍卖工作。涉及违反法律法规的，依据有关规定处理：（1）评估结果明显失实；（2）拍卖过程中弄虚作假、存在瑕疵；（3）随机选定后无正当理由不能按

---

① 注：本《规定》内容简单，却在审委会通过 1 年多之后才公布，并且次年才施行，较为少见。

时完成评估拍卖工作；（4）其他有关情形。

第 9 条　各高级人民法院可参照本规定，结合各地实际情况，制定实施细则，报最高人民法院备案。

第 10 条　本规定自 2012 年 1 月 1 日起施行。此前的司法解释和有关规定，与本规定相抵触的，以本规定为准。

【执他字［2013］9 号】　最高人民法院关于执行程序中资产评估公司资质问题的复函（2013 年 8 月 8 日答复辽宁高院）

资产评估机构及评估人员能否从事房地产估价业务在评估行业争议由来已久。《国务院对确需保留的行政审批项目设定行政许可的决定》（以下简称《决定》）对房地产评估机构资质的核准部门作了规定，但对在《决定》生效之前已经取得房地产评估资质的资产评估机构及评估人员，在法律、法规未作出进一步明确规定前，应尊重行政权力的行使，不宜否定其从事房地产评估的资质。请你院在核查具体事实基础上，按照上述精神，妥善处理好相关案件。

【执他字［2014］4 号】　最高人民法院关于司法拍卖程序中竞买人资格审查问题的复函（2014 年 4 月 9 日答复安徽高院"［2013］皖执他字第 00146 号"请示）

设立中公司虽然不具有法人资格，但是可以从事设立公司所必需的民事行为。发起人为设立中公司购买财产，并以设立中公司名义参与司法拍卖的，不应仅以竞买人是设立中公司为由否定司法拍卖的效力。

【法发［2014］26 号】　最高人民法院关于执行案件立案、结案若干问题的意见（2014 年 12 月 17 日印发，2015 年 1 月 1 日起施行）（余见本书第 268 条）

第 16 条　有下列情形之一的，可以以"终结本次执行程序"方式结案：

（四）被执行人的财产无法拍卖变卖，或者动产经 2 次拍卖、不动产或其他财产权经 3 次拍卖仍然流拍，申请执行人拒绝接受或者依法不能交付其抵债，经人民法院穷尽财产调查措施，被执行人确无其他财产可供执行的；……

【法释［2015］6 号】　最高人民法院关于扣押与拍卖船舶适用法律若干问题的规定（2014 年 12 月 8 日最高法审委会［1631 次］通过，2015 年 2 月 28 日公布，2015 年 3 月 1 日起施行；法发［1994］14 号《关于海事法院拍卖被扣押船舶清偿债务的规定》同时废止）

第 2 条（第 2 款）　先申请扣押船舶的海事请求人未申请拍卖船舶的，后申请扣押船舶的海事请求人可以依据海事诉讼特别程序法第 29 条的规定，向准许其扣押申请的海事法院申请拍卖船舶。

第 3 条 船舶因光船承租人对海事请求负有责任而被扣押的,海事请求人依据海事诉讼特别程序法第 29 条的规定,申请拍卖船舶用于清偿光船承租人经营该船舶产生的相关债务的,海事法院应予准许。

第 10 条 船舶拍卖未能成交,需要再次拍卖的,适用拍卖法第 45 条关于拍卖日 7 日前发布拍卖公告的规定。

第 11 条 拍卖船舶由拍卖船舶委员会实施,海事法院不另行委托拍卖机构进行拍卖。

第 12 条 海事法院拍卖船舶应当依据评估价确定保留价。保留价不得公开。

第一次拍卖时,保留价不得低于评估价的 80%;因流拍需要再行拍卖的,可以酌情降低保留价,但降低的数额不得超过前次保留价的 20%。

第 13 条 对经过 2 次拍卖仍然流拍的船舶,可以进行变卖。变卖价格不得低于评估价的 50%。

第 14 条 依照本规定第 13 条变卖仍未成交的,经已受理登记债权 2/3 以上份额的债权人同意,可以低于评估价的 50% 进行变卖处理。仍未成交的,海事法院可以解除船舶扣押。

第 15 条 船舶经海事法院拍卖、变卖后,对该船舶已采取的其他保全措施效力消灭。

第 16 条 海事诉讼特别程序法第 111 条规定的申请债权登记期间的届满之日,为拍卖船舶公告最后一次发布之日起第 60 日。

前款所指公告为第一次拍卖时的拍卖船舶公告。

【法释〔2016〕18 号】 最高人民法院关于人民法院网络司法拍卖若干问题的规定(2016 年 5 月 30 日最高法审委会〔1685 次〕通过,2016 年 8 月 2 日公布,2017 年 1 月 1 日起施行)(余见本书第 238 条)

第 1 条 本规定所称的网络司法拍卖,是指人民法院依法通过互联网拍卖平台,以网络电子竞价方式公开处置财产的行为。

第 2 条 人民法院以拍卖方式处置财产的,应当采取网络司法拍卖方式,但法律、行政法规和司法解释规定必须通过其他途径处置,或者不宜采用网络拍卖方式处置的除外。

第 3 条 网络司法拍卖应当在互联网拍卖平台上向社会全程公开,接受社会监督。

第 4 条 最高人民法院建立全国性网络服务提供者名单库。网络服务提供者申请纳入名单库的,其提供的网络司法拍卖平台应当符合下列条件:(一)具备全面展示司法拍卖信息的界面;(二)具备本规定要求的信息公示、网上报名、竞价、结算等功能；（三）具有信息共享、功能齐全、技术拓展等功能的独立系统；（四）程序运作规范、系统安全高效、服务优质价廉；（五）在全国具有较高的知名度和广泛的社会参与度。

最高人民法院组成专门的评审委员会，负责网络服务提供者的选定、评审和除名。最高人民法院每年引入第三方评估机构对已纳入和新申请纳入名单库的网络服务提供者予以评审并公布结果。

第 5 条　网络服务提供者由申请执行人从名单库中选择；未选择或者多个申请执行人的选择不一致的，由人民法院指定。

第 6 条　实施网络司法拍卖的，人民法院应当履行下列职责：（一）制作、发布拍卖公告；（二）查明拍卖财产现状、权利负担等内容，并予以说明；（三）确定拍卖保留价、保证金的数额、税费负担等；（四）确定保证金、拍卖款项等支付方式；（五）通知当事人和优先购买权人；（六）制作拍卖成交裁定；（七）办理财产交付和出具财产权证照转移协助执行通知书；（八）开设网络司法拍卖专用账户；（九）其他依法由人民法院履行的职责。

第 7 条　实施网络司法拍卖的，人民法院可以将下列拍卖辅助工作委托社会机构或者组织承担：（一）制作拍卖财产的文字说明及视频或者照片等资料；（二）展示拍卖财产，接受咨询，引领查看，封存样品等；（三）拍卖财产的鉴定、检验、评估、审计、仓储、保管、运输等；（四）其他可以委托的拍卖辅助工作。

社会机构或者组织承担网络司法拍卖辅助工作所支出的必要费用由被执行人承担。

第 8 条　实施网络司法拍卖的，下列事项应当由网络服务提供者承担：（一）提供符合法律、行政法规和司法解释规定的网络司法拍卖平台，并保障安全正常运行；（二）提供安全便捷配套的电子支付对接系统；（三）全面、及时展示人民法院及其委托的社会机构或者组织提供的拍卖信息；（四）保证拍卖全程的信息数据真实、准确、完整和安全；（五）其他应当由网络服务提供者承担的工作。

网络服务提供者不得在拍卖程序中设置阻碍适格竞买人报名、参拍、竞价以及监视竞买人信息等后台操控功能。

网络服务提供者提供的服务无正当理由不得中断。

第 9 条　网络司法拍卖服务提供者从事与网络司法拍卖相关的行为，应当接受人民法院的管理、监督和指导。

第 10 条　网络司法拍卖应当确定保留价，拍卖保留价即为起拍价。

起拍价由人民法院参照评估价确定；未作评估的，参照市价确定，并征询当事人意见。起拍价不得低于评估价或者市价的 70%。

第 11 条　网络司法拍卖不限制竞买人数量。1 人参与竞拍，出价不低于起拍价的，拍卖成交。

第 12 条　网络司法拍卖应当先期公告，拍卖公告除通过法定途径发布外，还应同时在网络司法拍卖平台发布。拍卖动产的，应当在拍卖 15 日前公告；拍卖不动产或者其他财产权的，应当在拍卖 30 日前公告。

拍卖公告应当包括拍卖财产、价格、保证金、竞买人条件、拍卖财产已知瑕疵、相关权利义务、法律责任、拍卖时间、网络平台和拍卖法院等信息。

第 13 条　实施网络司法拍卖的，人民法院应当在拍卖公告发布当日通过网络司法拍卖平台公示下列信息：（一）拍卖公告；（二）执行所依据的法律文书，但法律规定不得公开的除外；（三）评估报告副本，或者未经评估的定价依据；（四）拍卖时间、起拍价以及竞价规则；（五）拍卖财产权属、占有使用、附随义务等现状的文字说明、视频或者照片等；（六）优先购买权主体以及权利性质；（七）通知或者无法通知当事人、已知优先购买权人的情况；（八）拍卖保证金、拍卖款项支付方式和账户；（九）拍卖财产产权转移可能产生的税费及承担方式；（十）执行法院名称、联系、监督方式等；（十一）其他应当公示的信息。

第 14 条　实施网络司法拍卖的，人民法院应当在拍卖公告发布当日通过网络司法拍卖平台对下列事项予以特别提示：（一）竞买人应当具备完全民事行为能力，法律、行政法规和司法解释对买受人资格或者条件有特殊规定的，竞买人应当具备规定的资格或者条件；（二）委托他人代为竞买的，应当在竞价程序开始前经人民法院确认，并通知网络服务提供者；（三）拍卖财产已知瑕疵和权利负担；（四）拍卖财产以实物现状为准，竞买人可以申请实地看样；（五）竞买人决定参与竞买的，视为对拍卖财产完全了解，并接受拍卖财产一切已知和未知瑕疵；（六）载明买受人真实身份的拍卖成交确认书在网络司法拍卖平台上公示；（七）买受人悔拍后保证金不予退还。

第 15 条　被执行人应当提供拍卖财产品质的有关资料和说明。

人民法院已按本规定第 13 条、第 14 条的要求予以公示和特别提示，且在拍卖公告中声明不能保证拍卖财产真伪或者品质的，不承担瑕疵担保责任。

第 16 条　网络司法拍卖的事项应当在拍卖公告发布 3 日前以书面或者其他能够确认收悉的合理方式，通知当事人、已知优先购买权人。权利人书面明确放弃权利的，可以不通知。无法通知的，应当在网络司法拍卖平台公示并说明无法通知的理由，公示满 5 日视为已经通知。

优先购买权人经通知未参与竞买的，视为放弃优先购买权。

第 17 条　保证金数额由人民法院在起拍价的 5% 至 20% 范围内确定。

竞买人应当在参加拍卖前以实名交纳保证金，未交纳的，不得参加竞买。申请执行人参加竞买的，可以不交保证金；但债权数额小于保证金数额的按差额部分交纳。

交纳保证金，竞买人可以向人民法院指定的账户交纳，也可以由网络服务提供者在其提供的支付系统中对竞买人的相应款项予以冻结。

第 18 条　竞买人在拍卖竞价程序结束前交纳保证金经人民法院或者网络服务提供者确认后，取得竞买资格。网络服务提供者应当向取得资格的竞买人赋予竞买代码、参拍密码；竞买人以该代码参与竞买。

网络司法拍卖竞价程序结束前，人民法院及网络服务提供者对竞买人以及其他能够确认竞买人真实身份的信息、密码等，应当予以保密。

第 19 条　优先购买权人经人民法院确认后，取得优先竞买资格以及优先竞买代码、参拍密码，并以优先竞买代码参与竞买；未经确认的，不得以优先购买权人身份参与竞买。

顺序不同的优先购买权人申请参与竞买的，人民法院应当确认其顺序，赋予不同顺序的优先竞买代码。

第 20 条　网络司法拍卖从起拍价开始以递增出价方式竞价，增价幅度由人民法院确定。竞买人以低于起拍价出价的无效。网络司法拍卖的竞价时间应当不少于 24 小时。竞价程序结束前 5 分钟内无人出价的，最后出价即为成交价；有出价的，竞价时间自该出价时点顺延 5 分钟。竞买人的出价时间以进入网络司法拍卖平台服务系统的时间为准。

竞买代码及其出价信息应当在网络竞买页面实时显示，并储存、显示竞价全程。

第 21 条　优先购买权人参与竞买的，可以与其他竞买人以相同的价格出价，没有更高出价的，拍卖财产由优先购买权人竞得。

顺序不同的优先购买权人以相同价格出价的，拍卖财产由顺序在先的优先购买权人竞得。

顺序相同的优先购买权人以相同价格出价的，拍卖财产由出价在先的优先购买权人竞得。

第 22 条　网络司法拍卖成交的，由网络司法拍卖平台以买受人的真实身份自动生成确认书并公示。

拍卖财产所有权自拍卖成交裁定送达买受人时转移。

第 23 条　拍卖成交后，买受人交纳的保证金可以充抵价款；其他竞买人交纳的保证金应当在竞价程序结束后 24 小时内退还或者解冻。拍卖未成交的，竞买人交纳的保证金应当在竞价程序结束后 24 小时内退还或者解冻。

第 24 条　拍卖成交后买受人悔拍的，交纳的保证金不予退还，依次用于支付拍卖产生的费用损失、弥补重新拍卖价款低于原拍卖价款的差价、冲抵本案被执行人的债务以及与拍卖财产相关的被执行人的债务。

悔拍后重新拍卖的，原买受人不得参加竞买。

第 25 条 拍卖成交后，买受人应当在拍卖公告确定的期限内将剩余价款交付人民法院指定账户。拍卖成交后 24 小时内，网络服务提供者应当将冻结的买受人交纳的保证金划入人民法院指定账户。

第 26 条 网络司法拍卖竞价期间无人出价的，本次拍卖流拍。流拍后应当在 30 日内在同一网络司法拍卖平台再次拍卖，拍卖动产的应当在拍卖 7 日前公告；拍卖不动产或者其他财产权的应当在拍卖 15 日前公告。再次拍卖的起拍价降价幅度不得超过前次起拍价的 20%。

再次拍卖流拍的，可以依法在同一网络司法拍卖平台变卖。

第 27 条 起拍价及其降价幅度、竞价增价幅度、保证金数额和优先购买权人竞买资格及其顺序等事项，应当由人民法院依法组成合议庭评议确定。

第 28 条 网络司法拍卖竞价程序中，有依法应当暂缓、中止执行等情形的，人民法院应当决定暂缓或者裁定中止拍卖；人民法院可以自行或者通知网络服务提供者停止拍卖。

网络服务提供者发现系统故障、安全隐患等紧急情况的，可以先行暂缓拍卖，并立即报告人民法院。

暂缓或者中止拍卖的，应当及时在网络司法拍卖平台公告原因或者理由。

暂缓拍卖期限届满或者中止拍卖的事由消失后，需要继续拍卖的，应当在 5 日内恢复拍卖。

第 29 条 网络服务提供者对拍卖形成的电子数据，应当完整保存不少于 10 年，但法律、行政法规另有规定的除外。

第 30 条 因网络司法拍卖本身形成的税费，应当依照相关法律、行政法规的规定，由相应主体承担；没有规定或者规定不明的，人民法院可以根据法律原则和案件实际情况确定税费承担的相关主体、数额。

第 34 条 实施网络司法拍卖的，下列机构和人员不得竞买并不得委托他人代为竞买与其行为相关的拍卖财产：（一）负责执行的人民法院；（二）网络服务提供者；（三）承担拍卖辅助工作的社会机构或者组织；（四）第（一）至（三）项规定主体的工作人员及其近亲属。

第 35 条 网络服务提供者有下列情形之一的，应当将其从名单库中除名：（一）存在违反本规定第 8 条第 2 款规定操控拍卖程序、修改拍卖信息等行为的；（二）存在恶意串通、弄虚作假、泄漏保密信息等行为的；（三）因违反法律、行政法规和司法解释等规定受到处罚，不适于继续从事网络司法拍卖的；（四）存在违反本规定第 34 条规定行为的；（五）其他应当除名的情形。

网络服务提供者有前款规定情形之一，人民法院可以依照《中华人民共和国民事诉讼法》的相关规定予以处理。

第 37 条　人民法院通过互联网平台以变卖方式处置财产的，参照本规定执行。执行程序中委托拍卖机构通过互联网平台实施网络拍卖的，参照本规定执行。本规定对网络司法拍卖行为没有规定的，适用其他有关司法拍卖的规定。

【法［2016］431 号】　最高人民法院关于认真学习贯彻适用《最高人民法院关于人民法院网络司法拍卖若干问题的规定》的通知（2016 年 12 月 12 日）

二、《网拍规定》适用中应当注意的问题

（一）地方各级人民法院在开展网络司法拍卖过程中，要严格执行法律法规及司法解释的规定，建立健全各项规章制度，加强对网络司法拍卖流程节点和对工作人员的监管，确保网络司法拍卖依法有序进行。

（二）《网拍规定》施行后，地方各级人民法院在开展司法拍卖工作过程中应严格坚持网络司法拍卖优先原则。对法律、行政法规和司法解释规定必须通过其他途径处置或不宜采取网络拍卖方式处置的，报经执行法院院领导审批后可采用委托拍卖方式或其他方式对涉案财产进行变价。

（三）《网拍规定》确立了由最高人民法院建立全国司法拍卖网络服务提供者名单库制度。经评审，最高人民法院将淘宝网、京东网、人民法院诉讼资产网、公拍网和中国拍卖行业协会网纳入首批公布的网络服务提供者名单库。地方各级人民法院在工作中应严格遵守《网拍规定》的要求，将申请执行人选择网拍平台程序前置于执行案件立案阶段，切实保障申请执行人从全国网络服务提供者名单库中自主选择平台进行网络司法拍卖的权利。

（四）为避免地方各级人民法院与名单库中的平台分别对接带来的工作负担与操作不便，最高人民法院在人民法院执行案件流程信息管理系统中嵌入专门的网络司法拍卖工作子平台，直接与名单库中的网络司法拍卖平台对接进行数据交互。地方各级人民法院在工作中应严格按照《网拍规定》及子平台操作规范的要求，在流程信息管理系统中创建网络司法拍卖、发布拍卖公告及拍卖财产信息、查看或改变拍卖状态、获取竞价信息与拍卖结果等。

（五）网络司法拍卖工作由执行局负责实施，委托拍卖工作由司法技术辅助工作部门负责。网络司法拍卖中辅助工作的组织管理既可由执行局负责，也可以由司法技术辅助工作部门负责，具体由哪个部门组织管理，由各高级人民法院根据实际予以规范。

（六）地方各级人民法院应严格按照《网拍规定》确定的拍卖程序开展网络

司法拍卖。《网拍规定》施行前，就同一不动产或其他财产权利通过网络平台第 2 次拍卖流拍、已发布第 3 次拍卖公告，且第 3 次拍卖将于 2017 年 1 月 1 日后举行的，该次拍卖按拍卖公告进行。

（七）个案中，执行法院根据《网拍规定》委托相关社会机构或者组织承担网络司法拍卖辅助工作的，所支出的必要费用由本案被执行人承担。具体收费标准在最高人民法院通过司法解释或规范性文件予以明确前，地方各级人民法院可根据实际情况酌情确定。

【法〔2016〕401 号】　最高人民法院关于在执行工作中规范执行行为切实保护各方当事人财产权益的通知（2016 年 11 月 22 日）

三（第 2 款）……在不损害债权人利益前提下，允许被执行人在法院监督下处置财产，尽可能保全财产市场价值。……

四、提高财产处置变现效率。对被依法查封的财产进行变价处置时，要依法优先采取拍卖等有利于公开公正实现财产价值的变现方式。要严格规范评估、拍卖、变卖和以物抵债等变价环节，防止对拟处置财产低估贱卖，侵害被执行人合法权益。对于司法强制拍卖要求一次性付清价款，门槛较高，可能不利于扩大竞买范围的问题，可借鉴部分地方法院的成熟经验，在司法拍卖中开展与银行业金融机构的按揭合作，降低竞买门槛，通过更广范围的竞价更好地让拍品变现。……

【法发〔2017〕6 号】　最高人民法院关于执行款物管理工作的规定（2017 年 2 月 27 日印发，2017 年 5 月 1 日起施行；法发〔2006〕11 号《规定（试行）》同时废止）

第 21 条　对季节性商品、鲜活、易腐烂变质以及其他不宜长期保存的物品，人民法院可以责令当事人及时处理，将价款交付人民法院；必要时，执行人员可予以变卖，并将价款依照本规定要求交财务部门。

【法释〔2017〕12 号】　最高人民法院关于审理矿业权纠纷案件适用法律若干问题的解释（2017 年 2 月 20 日最高法审委会〔1710 次〕通过，2017 年 6 月 24 日公布，2017 年 7 月 27 日起施行；根据法释〔2020〕17 号《决定》修正，2021 年 1 月 1 日起施行）

第 16 条　债务人不履行到期债务或者发生当事人约定的实现抵押权的情形，抵押权人依据民事诉讼法第 196 条、第 197 条（现第 207、208 条）规定申请实现抵押权的，人民法院可以拍卖、变卖矿业权或者裁定以矿业权抵债，但矿业权竞买人、受让人应具备相应的资质条件。

【法明传［2017］253 号】　最高人民法院关于进一步规范人民法院网络司法拍卖工作的通知（2017 年 4 月 19 日）

一、关于各高级人民法院下发的实施意见、明传通知的规范性问题。各高级人民法院结合本地工作实际，以出台具体实施意见、下发明传通知等方式指导辖区法院开展网络司法拍卖工作，应当在充分理解司法解释内容及我院院［2016］431 号文件要求的前提下进行。司法解释、文件有明确要求的，应严格遵守；除拍卖财产本身因性质原因不宜通过网络司法拍卖方式处置的外，司法拍卖应当以网络拍卖方式为主，以委托拍卖方式为辅，不得任意扩大通过委托拍卖方式处置财产的范围；应严格落实最高法院网络服务提供者名单库制度，确保申请执行人从 5 家网站中选择平台，不得擅自缩小名单库范围；应按照 431 号文件的要求充分保障申请执行人选择平台权利，指导、协调执行部门与连部门将申请执行人选择平台程序前置到立案阶段。

二、关于网拍辅助工作的有关问题。辅助工作机构如何选定、工作如何开展、费用如何收取，是影响网络司法拍卖工作能否顺利推进的重要因素之一。各高级人民法院应以有利于工作开展、防范消极怠工、杜绝司法不廉为基本出发点，加强调研、创新思路、因地制宜，拟定具体实施方案，明确辅助工作机构的选择标准、工作内容、收费标准及监督管理办法等，可采取先行试点——总结经验——全面铺开的方法，进一步规范网拍辅助工作。各高级人民法院制定的实施细则应报最高人民法院执行局备案。

三、关于加价幅度如何确定问题。司法解释要求加价幅度应经过合议庭合议后确定，但实践中部分法院认为较难把握，加价幅度的确定也较为混乱，存在过低或过高的问题。加价幅度可参考以下原则确定：起拍价为 10 万元以下（含 10 万元）的标的物，加价幅度不宜超过起拍价的 2%；起拍价为 10 万元至 100 万元（含 100 万元）的标的物，加价幅度不宜超过起拍价的 1%；起拍价为 100 万元的标的物，加价幅度不宜超过起拍价的 0.5%。

四、关于加大培训力度的问题。人民法院网络司法拍卖平台连接了办案系统与 5 家网络服务提供者，作为内网操作系统已于日正式上线，运行情况良好。但各地适用情况参差不齐，有的省份使用法院覆盖率达到 85% 以上，有的省份仅有一两家法院在使用，这主要与网拍工作开展不够深入和系统操作不熟练有关，同时也有未能很好掌握司法解释内容本身的原因。各高级人民法院应加大对辖区法院的培训、指导力度，提供必要的业务和技术支持，积极推进网拍工作的开展及平台的广泛使用，定期对辖区法院拍卖情况进行监管、检查和督促，确保辖区法院与全国其他法院统一步调，顺利通过内网开展好网络司法拍卖工作。

五、及时报告的要求。网络司法拍卖正在全面推进中，各高级人民法院应注意收集辖区法院工作过程中和系统使用中遇到的情况、问题与建议，定期整理并报告最高人民法院执行局，以便及时发现问题、解决问题。

六、认真贯彻落实党中央关于设立河北雄安新区的重大决策部署，各级人民法院应统一思想、提高认识，在处置涉该新区有关土地、房产过程中，凡可能影响新区整体建设规划、不符合新区整体布局安排的，可在最高执行局报备后暂停司法拍卖工作。

【法明传［2017］455号】　最高人民法院关于认真做好网络司法拍卖与网络司法变卖衔接工作的通知（2017年7月18日）

一、关于网络司法变卖平台选择的问题。网络司法拍卖二拍流拍后，人民法院采取网络司法变卖方式处置财产的，应当在最高人民法院确定的网络服务提供者名单库中的平台上实施。原则上沿用网拍程序适用的平台，但申请执行人在网拍二拍流拍后10日内书面要求更换到名单库中的其他平台上实施的，执行法院应当准许。

二、关于发布网络司法变卖公告期限的问题。网拍二拍流拍后，人民法院应当于10日内询问申请执行人或其他执行债权人是否接受以物抵债。不接受以物抵债的，人民法院应当于网拍二拍流拍之日起15日内发布网络司法变卖公告。

三、关于网络司法变卖公告期、变卖期的问题。网络司法变卖期为60天，人民法院应当在公告中确定变卖期的开始时间。变卖动产的，应当在变卖期开始7日前公告；变卖不动产或者其他财产权的，应当在变卖期开始15日前公告。变卖公告应当包括但不限于变卖财产、变卖价、变卖期、变卖期开始时间、变卖流程、保证金数额、加价幅度等内容，应当特别提示变卖成交后不交纳尾款的，保证金不予退还。

四、关于变卖价确定的问题。网络司法变卖的变卖价为网络司法拍卖二拍流拍价。各级人民法院应当认真领会《网拍规定》关于确定一拍、二拍起拍价的精神，在评估价（或市场价）基础上按《网络规定》进行降价拍卖。

五、关于竞买人资格确定的问题。竞买人交齐变卖价全款后，取得竞买资格。竞买人可以向法院指定的账户交纳，也可以在变卖平台上在线报名并交纳。竞买人向法院指定账户交纳的，人民法院应当及时通过操作系统录入并推送给确定的变卖平台。

六、关于网络司法拍卖变卖流程问题。变卖期开始后，取得竞买资格的竞买人即可以出价。自第一次出价开始进入24小时竞价程序，其他取得竞买资格的竞买人可在竞价程序内以递增出价方式参与竞买。竞价程序参照《网拍规定》第20条规定进行，加价幅度参照我院法明传［2017］第253号通知要求进行设置。竞价程序内无其他人出价的，变卖财产由第一次出价的竞买人竞得；竞价程序内有其他人出价的，变卖财产由竞价程序结束时最高出价者竞得。变卖成交的，竞价程序结束时变卖期结束。

七、关于网络司法变卖结束后相关事宜处理的问题。变卖成交的，由平台以买受人的真实身份自动生成确认书并公示；变卖期内无人出价的，变卖期结束时变卖程序结束，相关财产按相关司法解释和规范性文件依法处置。

八、关于变卖成交后买受人不交纳尾款如何处理的问题。经过竞价变卖成交后，买受人反悔不交纳尾款的，从所交纳变卖价款中扣留变卖公告中所确定的保证金不予退还，扣留的保证金参照《网络规定》第 24 条处理，买受人反悔不交纳尾款导致人民法院重新变卖的，原买受人不得再次参与竞买。

九、关于未经拍卖直接变卖财产如何处置的问题。未经拍卖直接变卖的财产，按照《最高人民法院关于人民法院民事执行中拍卖、变卖财产的规定》进行变卖。

【苏高法 [2018] 86 号】　江苏省高级人民法院关于执行疑难问题的解答
（2018 年 6 月 12 日）

七、拍卖股权时，保留价如何确定？

拍卖股权（上市公司国有股和社会法人股除外）时，保留价可以由当事人协商确定；也可以根据最近 3 个月成交价、股权所在公司出具的价格意见（向股权所在公司的询价）确定；同时，还可以参照在税务、工商部门备案或提交的资产负债表、损益表、净资产表以及该公司公布的年度报表等确定股权价值。必要时，可以就确定价格征询评估公司、会计事务所、审计部门等有关专业机构或人士的意见。

以上方式无法确定保留价的，委托评估机构对股权进行评估。股权价值评估时，人民法院可以责令被执行人及股权所在的公司提供评估所需的财务会计报表等资料。未在指定期限内提供的，可以向税务、工商部门调取资产负债表、损益表、净资产表及该公司公布的年度报表等财务资料交予评估公司评估，同时，可以根据情节轻重，对拒不执行及拒不协助执行的被执行人及股权所在公司及其主要负责人或直接责任人员进行相应处罚。

被执行人对依职权确定股权价值提出异议的，应当提供能证实其主张的财务资料。仅提出异议而拒不提供相应财务资料证实的，仍以原评估价进行拍卖。在股权保留价确定之前，人民法院通知被执行人提交确定股权保留价所需材料无正当理由拒不提交，在保留价确定后提出异议并提交财务资料的，可以根据民事诉讼法第 111 条（现第 114 条）进行相应处罚。人民法院可以根据被执行人提交的能确定股权价值的财务资料进行评估或补充评估或据此调整股权价格。

第三编　第二十一章

八、拍定人未在拍卖公告确定的期限内支付余款的，如何处理？

拍定人明确表示放弃买受或明确表示拒绝支付余款的，以及执行法院责令限期（以不超过 15 日为宜）支付余款逾期仍未支付的，视为"悔拍"，可以没收保证金，并裁定重新拍卖，但债权人同意延迟付款的除外。

执行法院支持银行贷款的拍卖，因银行放款方面原因导致余款迟延支付的，原则上不视为"悔拍"。

对于超过拍卖公告确定的期限付款的，债权人主张迟延履行利息损失的，可以责令拍定人支付。

九、评估报告已超过有效期，能否使用？

评估报告的有效期按照评估报告载明的期限确定。评估报告是否超过有效期的判断节点为拍卖公告发布时间。发布拍卖公告时评估报告没有超过有效期，处置过程中评估报告有效期届满不影响拍卖、变卖和以物抵债程序的继续进行。

评估报告已超过有效期的，除超期时间过长或市场行情发生重大变化外，原则上可以依该评估报告确定保留价。当事人不同意以该评估报告确定保留价的，应当提供证据证明市场行情发生了重大变化导致评估价值明显偏离市场价值。不能提供证据证明的，仍以该评估报告确定保留价，已提供证据证明的，应当重新定价。当事人同意以超期的评估报告确定保留价的，可以直接确定保留价，也可以根据当前市场情况，以该评估报告为基础由当事人协商确定保留价或法院依职权调整评估报告确定的价格并经当事人同意后作为拍卖保留价。

【法释〔2018〕15 号】 最高人民法院关于人民法院确定财产处置参考价若干问题的规定（2018 年 6 月 4 日最高法审委会〔1741 次〕通过，2018 年 8 月 28 日公布，2018 年 9 月 1 日起施行）

第 1 条 人民法院查封、扣押、冻结财产后，对需要拍卖、变卖的财产，应当在 30 日内启动确定财产处置参考价程序。

第 2 条 人民法院确定财产处置参考价，可以采取当事人议价、定向询价、网络询价、委托评估等方式。

第 3 条 人民法院确定参考价前，应当查明财产的权属、权利负担、占有使用、欠缴税费、质量瑕疵等事项。

人民法院查明前款规定事项需要当事人、有关单位或者个人提供相关资料的，可以通知其提交；拒不提交的，可以强制提取；对妨碍强制提取的，参照民事诉讼法第 111 条、第 114 条的规定处理。

查明本条第 1 款规定事项需要审计、鉴定的，人民法院可以先行审计、鉴定。

第 4 条 采取当事人议价方式确定参考价的，除一方当事人拒绝议价或者下落不明外，人民法院应当以适当的方式通知或者组织当事人进行协商，当事人应当在指定期限内提交议价结果。

双方当事人提交的议价结果一致，且不损害他人合法权益的，议价结果为参考价。

第5条　当事人议价不能或者不成，且财产有计税基准价、政府定价或者政府指导价的，人民法院应当向确定参考价时财产所在地的有关机构进行定向询价。

双方当事人一致要求直接进行定向询价，且财产有计税基准价、政府定价或者政府指导价的，人民法院应当准许。

第6条　采取定向询价方式确定参考价的，人民法院应当向有关机构出具询价函，询价函应当载明询价要求、完成期限等内容。

接受定向询价的机构在指定期限内出具的询价结果为参考价。

第7条　定向询价不能或者不成，财产无需由专业人员现场勘验或者鉴定，且具备网络询价条件的，人民法院应当通过司法网络询价平台进行网络询价。

双方当事人一致要求或者同意直接进行网络询价，财产无需由专业人员现场勘验或者鉴定，且具备网络询价条件的，人民法院应当准许。

第8条　最高人民法院建立全国性司法网络询价平台名库。

司法网络询价平台应当同时符合下列条件：（一）具备能够依法开展互联网信息服务工作的资质；（二）能够合法获取并整合全国各地区同种类财产一定时期的既往成交价、政府定价、政府指导价或者市场公开交易价等不少于3类价格数据，并保证数据真实、准确；（三）能够根据数据化财产特征，运用一定的运算规则对市场既往交易价格、交易趋势予以分析；（四）程序运行规范、系统安全高效、服务质优价廉；（五）能够全程记载数据的分析过程，将形成的电子数据完整保存不少于10年，但法律、行政法规、司法解释另有规定的除外。

第9条　最高人民法院组成专门的评审委员会，负责司法网络询价平台的选定、评审和除名。每年引入权威第三方对已纳入和新申请纳入名单库的司法网络询价平台予以评审并公布结果。

司法网络询价平台具有下列情形之一的，应当将其从名单库中除名：（一）无正当理由拒绝进行网络询价；（二）无正当理由1年内累计5次未按期完成网络询价；（三）存在恶意串通、弄虚作假、泄露保密信息等行为；（四）经权威第三方评审认定不符合提供网络询价服务条件；（五）存在其他违反询价规则以及法律、行政法规、司法解释规定的情形。

司法网络询价平台被除名后，5年内不得被纳入名单库。

第10条　采取网络询价方式确定参考价的，人民法院应当同时向名单库中的全部司法网络询价平台发出网络询价委托书。网络询价委托书应当载明财产名称、物理特征、规格数量、目的要求、完成期限以及其他需要明确的内容等。

第 11 条 司法网络询价平台应当在收到人民法院网络询价委托书之日起 3 日内出具网络询价报告。网络询价报告应当载明财产的基本情况、参照样本、计算方法、询价结果及有效期等内容。

司法网络询价平台不能在期限内完成询价的，应当在期限届满前申请延长期限。全部司法网络询价平台均未能在期限内出具询价结果的，人民法院应当根据各司法网络询价平台的延期申请延期 3 日；部分司法网络询价平台在期限内出具网络询价结果的，人民法院对其他司法网络询价平台的延期申请不予准许。

全部司法网络询价平台均未在期限内出具或者补正网络询价报告，且未按照规定申请延长期限的，人民法院应当委托评估机构进行评估。

人民法院未在网络询价结果有效期内发布一拍拍卖公告或者直接进入变卖程序的，应当通知司法网络询价平台在 3 日内重新出具网络询价报告。

第 12 条 人民法院应当对网络询价报告进行审查。网络询价报告均存在财产基本信息错误、超出财产范围或者遗漏财产等情形的，应当通知司法网络询价平台在 3 日内予以补正；部分网络询价报告不存在上述情形的，无需通知其他司法网络询价平台补正。

第 13 条 全部司法网络询价平台均在期限内出具询价结果或者补正结果的，人民法院应当以全部司法网络询价平台出具结果的平均值为参考价；部分司法网络询价平台在期限内出具询价结果或者补正结果的，人民法院应当以该部分司法网络询价平台出具结果的平均值为参考价。

当事人、利害关系人依据本规定第 22 条的规定对全部网络询价报告均提出异议，且所提异议被驳回或者司法网络询价平台已作出补正的，人民法院应当以异议被驳回或者已作出补正的各司法网络询价平台出具结果的平均值为参考价；对部分网络询价报告提出异议的，人民法院应当以网络询价报告未被提出异议的各司法网络询价平台出具结果的平均值为参考价。

第 14 条 法律、行政法规规定必须委托评估、双方当事人要求委托评估或者网络询价不能或不成的，人民法院应当委托评估机构进行评估。

第 15 条 最高人民法院根据全国性评估行业协会推荐的评估机构名单建立人民法院司法评估机构名单库。按评估专业领域和评估机构的执业范围建立名单分库，在分库下根据行政区划设省、市两级名单子库。

评估机构无正当理由拒绝进行司法评估或者存在弄虚作假等情形的，最高人民法院可以商全国性评估行业协会将其从名单库中除名；除名后 5 年内不得被纳入名单库。

第 16 条 采取委托评估方式确定参考价的，人民法院应当通知双方当事人在指定期限内从名单分库中协商确定 3 家评估机构以及顺序；双方当事人在指定期限内协商不成或者一方当事人下落不明的，采取摇号方式在名单分库或者财产所在地的名单子库中随机确定 3 家评估机构以及顺序。双方当事人一致要求在同一名单子库中随机确定的，人民法院应当准许。

第 17 条　人民法院应当向顺序在先的评估机构出具评估委托书，评估委托书应当载明财产名称、物理特征、规格数量、目的要求、完成期限以及其他需要明确的内容等，同时应当将查明的财产情况及相关材料一并移交给评估机构。

评估机构应当出具评估报告，评估报告应当载明评估财产的基本情况、评估方法、评估标准、评估结果及有效期等内容。

第 18 条　评估需要进行现场勘验的，人民法院应当通知当事人到场；当事人不到场的，不影响勘验的进行，但应当有见证人见证。现场勘验需要当事人、协助义务人配合的，人民法院依法责令其配合；不予配合的，可以依法强制进行。

第 19 条　评估机构应当在 30 日内出具评估报告。人民法院决定暂缓或者裁定中止执行的期间，应当从前述期限中扣除。

评估机构不能在期限内出具评估报告的，应当在期限届满 5 日前书面向人民法院申请延长期限。人民法院决定延长期限的，延期次数不超过两次，每次不超过 15 日。

评估机构未在期限内出具评估报告、补正说明，且未按照规定申请延长期限的，人民法院应当通知该评估机构 3 日内将人民法院委托评估时移交的材料退回，另行委托下一顺序的评估机构重新进行评估。

人民法院未在评估结果有效期内发布一拍拍卖公告或者直接进入变卖程序的，应当通知原评估机构在 15 日内重新出具评估报告。

第 20 条　人民法院应当对评估报告进行审查。具有下列情形之一的，应当责令评估机构在 3 日内予以书面说明或者补正：（一）财产基本信息错误；（二）超出财产范围或者遗漏财产；（三）选定的评估机构与评估报告上签章的评估机构不符；（四）评估人员执业资格证明与评估报告上署名的人员不符；（五）具有其他应当书面说明或者补正的情形。

第 21 条　人民法院收到定向询价、网络询价、委托评估、说明补正等报告后，应当在 3 日内发送给当事人及利害关系人。

当事人、利害关系人已提供有效送达地址的，人民法院应当将报告以直接送达、留置送达、委托送达、邮寄送达或者电子送达的方式送达；当事人、利害关系人下落不明或者无法获取其有效送达地址，人民法院无法按照前述规定送达的，应当在中国执行信息公开网上予以公示，公示满 15 日即视为收到。①

第 22-25 条 （见本书第 236 条）

第 26 条 当事人、利害关系人对评估报告未提出异议、所提异议被驳回或者评估机构已作出补正的，人民法院应当以评估结果或者补正结果为参考价；当事人、利害关系人对评估报告提出的异议成立的，人民法院应当以评估机构作出的补正结果或者重新作出的评估结果为参考价。专业技术评审对评估报告未作出否定结论的，人民法院应当以该评估结果为参考价。

第 27 条 司法网络询价平台、评估机构应当确定网络询价或者委托评估结果的有效期，有效期最长不得超过 1 年。

当事人议价的，可以自行协商确定议价结果的有效期，但不得超过前款规定的期限；定向询价结果的有效期，参照前款规定确定。

人民法院在议价、询价、评估结果有效期内发布一拍拍卖公告或者直接进入变卖程序，拍卖、变卖时未超过有效期 6 个月的，无需重新确定参考价，但法律、行政法规、司法解释另有规定的除外。

第 28 条 具有下列情形之一的，人民法院应当决定暂缓网络询价或者委托评估：（一）案件暂缓执行或者中止执行；（二）评估材料与事实严重不符，可能影响评估结果，需要重新调查核实；（三）人民法院认为应当暂缓的其他情形。

第 29 条 具有下列情形之一的，人民法院应当撤回网络询价或者委托评估：（一）申请执行人撤回执行申请；（二）生效法律文书确定的义务已全部执行完毕；（三）据以执行的生效法律文书被撤销或者被裁定不予执行；（四）人民法院认为应当撤回的其他情形。

人民法院决定网络询价或者委托评估后，双方当事人议价确定参考价或者协商不再对财产进行变价处理的，人民法院可以撤回网络询价或者委托评估。

第 30 条 人民法院应当在参考价确定后 10 日内启动财产变价程序。拍卖的，参照参考价确定起拍价；直接变卖的，参照参考价确定变卖价。

第 31 条 人民法院委托司法网络询价平台进行网络询价的，网络询价费用应当按次计付给出具网络询价结果与财产处置成交价最接近的司法网络询价平台；多家司法网络询价平台出具的网络询价结果相同或者与财产处置成交价差距相同的，网络询价费用平均分配。

---

① 注：本款规定了拍卖过程中确定财产处置参考价的相关材料的公告送达方式，但其公告期（15 日）与《民事诉讼法》第 95 条规定（30 日）相冲突；其公告载体（中国执行信息公开网）也与《最高人民法院关于进一步规范法院公告发布工作的通知》（法〔2005〕72 号）规定的"法院公告一律由《人民法院报》刊登"不一致。（详见《民事诉讼法》第 95 条）

人民法院依照本规定第 11 条第 3 款规定委托评估机构进行评估或者依照本规定第 29 条规定撤回网络询价的，对司法网络询价平台不计付费用。

第 32 条　人民法院委托评估机构进行评估，财产处置未成交的，按照评估机构合理的实际支出计付费用；财产处置成交价高于评估价的，以评估价为基准计付费用；财产处置成交价低于评估价的，以财产处置成交价为基准计付费用。

人民法院依照本规定第 29 条规定撤回委托评估的，按照评估机构合理的实际支出计付费用；人民法院依照本规定通知原评估机构重新出具评估报告的，按照前款规定的 30% 计付费用。

人民法院依照本规定另行委托评估机构重新进行评估的，对原评估机构不计付费用。

第 33 条　网络询价费及委托评估费由申请执行人先行垫付，由被执行人负担。

申请执行人通过签订保险合同的方式垫付网络询价费或者委托评估费的，保险人应当向人民法院出具担保书。担保书应当载明因申请执行人未垫付网络询价费或者委托评估费由保险人支付等内容，并附相关证据材料。

第 34 条　最高人民法院建设全国法院询价评估系统。询价评估系统与定向询价机构、司法网络询价平台、全国性评估行业协会的系统对接，实现数据共享。

询价评估系统应当具有记载当事人议价、定向询价、网络询价、委托评估、摇号过程等功能，并形成固化数据，长期保存、随案备查。

【法办［2018］273 号】　　**人民法院委托评估工作规范**（最高法办公厅、中国资产评估协会、中国土地估价师与土地登记代理人协会、中国房地产估价师与房地产经纪人学会、中国矿业权评估师协会、中国珠宝玉石首饰行业协会根据"法释［2018］15 号"《规定》制定，2018 年 12 月 10 日印发）

一、最高人民法院根据中国资产评估协会、中国土地估价师与土地登记代理人协会、中国房地产估价师与房地产经纪人学会、中国矿业权评估师协会、中国珠宝玉石首饰行业协会等全国性评估行业协会推荐的评估机构名单建立人民法院涉执财产处置司法评估机构名库。

按评估专业领域和评估机构的执业范围在名单库下设资产、土地、房地产、矿业权、珠宝玉石首饰等名单分库；在分库下根据行政区划设省、市两级名单子库；市级行政区划内的评估机构满 3 家的，设市级名单子库；除青海、西藏两地省级行政区划内的评估机构满 5 家即设省级名单子库外，其他省级行政区划内的评估机构满 10 家的，设省级名单子库。

二、中国资产评估协会、中国土地估价师与土地登记代理人协会、中国房地产估价师与房地产经纪人学会、中国矿业权评估师协会、中国珠宝玉石首饰行业协会等全国性评估行业协会自行制定本行业推荐入选名单库的标准。

因违反资产评估法或者评估行业监督管理办法被有关部门处罚的评估机构，5年内不得推荐入选名单库。

评估机构的收费标准高于所属全国性评估行业协会各评估机构平均收费标准10%的，不得推荐入选名单库。

三、最高人民法院应当将入选名单库的评估机构及其评估专业人员的基本信息，以及评估机构在其所属全国性评估行业协会报备的收费标准，在中国执行信息公开网上进行公示。

已入选名单库的评估机构变更名称、法定代表人、注册地址、联系人、联系电话、评估专业人员的，该评估机构所属全国性评估行业协会应当及时函告最高人民法院。

最高人民法院应当及时更新中国执行信息公开网上公示的相关信息。

四、已入选名单库的评估机构具有下列情形之一的，该评估机构所属全国性评估行业协会应当及时函告最高人民法院，将其除名：（一）被纳入失信被执行人名单的；（二）因违反资产评估法或者评估行业监督管理办法被有关部门处罚的；（三）已办理企业注销登记的；（四）已被市场监管部门吊销营业执照的；（五）违反所属行业协会自律管理规定，受到严重惩戒的。

最高人民法院应当根据各全国性评估行业协会的建议，将相关评估机构从名单库中除名，并函告全国性评估行业协会，同时建议全国性评估行业协会5年内不得再推荐该评估机构入选名单库。

五、已入选名单库的评估机构具有下列情形之一的，最高人民法院应当函告该评估机构所属的全国性评估行业协会，将其除名，5年内不得再推荐该评估机构入选名单库：（一）无正当理由拒绝进行司法评估的；（二）存在弄虚作假情形的；（三）具有第4条第1款规定情形之一，但全国性评估行业协会未函告最高人民法院的；（四）未按照在所属全国性评估行业协会报备的收费标准计算评估费用的。

全国性评估行业协会应当及时回复意见，最高人民法院根据全国性评估行业协会的回复意见，将相关评估机构从名单库中除名，并函告全国性评估行业协会。

六、最高人民法院应当将除名的评估机构名单在中国执行信息公开网上进行公示。

七、最高人民法院每年将名单库中评估机构的评估工作情况向其所属的全国性评估行业协会通报1次。

各全国性评估行业协会每年根据最高人民法院通报的已入选名单库和新申请

加入名单库的评估机构的情况，重新向最高人民法院推荐入选名单库的评估机构名单。

八、最高人民法院建设全国法院询价评估系统（以下简称询价评估系统），各全国性评估行业协会建设本协会全国司法评估管理系统/平台（以下简称评估管理系统/平台），询价评估系统与评估管理系统/平台，通过最高人民法院与各全国性评估行业协会之间专线进行对接，实现对推荐入选名单库的评估机构及其评估专业人员和收费标准的信息共享，以及最高人民法院与各全国性评估行业协会、人民法院与评估机构之间委托评估数据和相关材料的传输。

九、具有下列情形之一，人民法院应当委托评估机构进行评估：（一）涉及国有资产或者公共利益等事项的；（二）企业国有资产法、公司法、合伙企业法、证券法、拍卖法、公路法等法律、行政法规规定必须委托评估的；（三）双方当事人要求委托评估的；（四）司法网络询价平台不能或者在期限内均未出具网络询价结果的；（五）法律、法规有明确规定的。

十、委托评估的，人民法院应当通知双方当事人在指定期间内从人民法院指定的名单分库中协商确定 3 家评估机构及顺序。

双方当事人未在人民法院指定的期间内，在名单分库中一致确定 3 家评估机构及顺序，或者因一方当事人下落不明无法进行协商的，人民法院应当及时在询价评估系统中采取摇号方式随机确定 3 家评估机构及顺序。财产所在地设有市级名单子库的，应当在市级名单子库中随机确定；财产所在地未设市级名单子库，但设有省级名单子库的，应当在省级名单子库中随机确定；财产所在地未设名单子库的，应当根据财产类型，在名单分库中随机确定。

十一、最高人民法院应当将当事人协商或者通过摇号方式确定的评估机构名称在中国执行信息公开网上进行公示。

十二、评估机构确定后，人民法院应当及时通过询价评估系统向顺序在先的评估机构发送评估委托书，评估委托书应当附财产清单。

人民法院应当按照本规范附件中列明的各项评估需要提供的材料清单，将查明的材料扫描上传至询价评估系统。本规范附件评估材料清单中列明的委托评估必须提供的材料，人民法院未能调取到或实际不存在的，应当在评估委托书中注明。图纸、账册等无法扫描的，人民法院应当在评估委托书中注明。

十三、评估机构应当及时通过系统接收人民法院的评估委托书。

人民法院通过询价评估系统向评估机构成功发出评估委托书后，评估机构 3 个工作日内未接收的，人民法院应当通知评估机构接收，全国性评估行业协会应当督促评估机构接收。评估机构接到通知后 3 个工作日内仍未接收的，人民法院应当撤回对该评估机构的委托，并另行委托下一顺序的评估机构重新进行评估。

十四、评估机构接收人民法院评估委托书后，认为有下列情形之一的，应当在 3 个工作日内向人民法院说明情况，提出不承接委托评估申请：（一）其与当事人或者评估财产有利害关系；（二）已办理注销登记或者被市场监管部门吊销营业执照；（三）依法不能进行评估的其他情形。

人民法院经审查，认为评估机构申请不承接委托评估的理由成立的，应当在 3 日内撤回对该评估机构的委托，并另行委托下一顺序的评估机构重新进行评估；认为评估机构申请不承接委托评估的理由不成立的，应当在 3 日内通知评估机构。

评估机构未在规定期限内向人民法院提出不承接委托评估申请的，视为接受委托。

十五、最高人民法院应当将评估机构不承接委托评估的理由进行公开。

当事人协商或者通过摇号方式确定的 3 家评估机构不承接委托评估的理由均成立的，人民法院应当通过原方式重新确定评估机构；当事人不能协商确定 3 家评估机构的，人民法院应当通过摇号方式确定。

十六、评估机构接受委托或者其不承接委托评估的理由不成立的，人民法院应当将扫描上传至询价评估系统的材料发送给评估机构；图纸、账册等材料无法扫描的，应当及时邮寄或者直接交付给评估机构。

十七、评估机构收到评估委托书和相关材料后，应当及时确定评估专业人员，并通过系统将评估专业人员的信息发送给人民法院。

因违反资产评估法或者评估行业监督管理办法被有关部门处罚不满 1 年，以及与当事人或者评估财产有利害关系的评估专业人员，不得参与司法委托评估工作。

十八、评估机构确定评估专业人员后，应当及时开展评估工作。

需要现场勘验的，评估机构应当及时通知人民法院组织进行。

十九、人民法院未按本规范附件中列明的委托评估需要提供的材料清单提供全部材料，评估机构认为无法进行评估或者影响评估结果的，应当及时告知人民法院。人民法院应当告知当事人，并要求当事人提供材料或材料线索。

当事人不提供或未能提供，以及根据当事人提供的材料线索无法提取到相关材料的，人民法院应当通知评估机构根据现有材料进行评估，并告知当事人因缺乏材料可能影响评估结果的风险。

二十、评估机构应在收到评估委托书和相关材料后 30 日内出具评估报告，并通过系统发送给人民法院。人民法院通过询价评估系统发送委托评估材料的，询价评估系统提示成功发送的时间为评估机构收到的时间；人民法院邮寄或者直接交付委托评估材料的，以评估机构签收的时间为收到时间。

二十一、评估机构认为不能在期限内出具评估报告的，应当在期限届满 5 日前通过系统向人民法院发送书面的延期申请。申请书中应当说明不能按期完成评估的原因，以及申请延长的期限，但期限不得超过 15 日。

人民法院收到评估机构的延期申请后，应当在 3 日内决定是否延期，并通过系统通知评估机构。决定延期的，应当确定延长的期限；决定不延期的，应当说明理由。

评估机构在人民法院确定的延长期限内，仍不能出具评估报告的，应当按照第 1 款的要求向人民法院再次提出一次延期申请。对于评估机构的延期申请，人民法院应当按照第 2 款的要求办理。

二十二、评估机构未在收到评估委托书和相关材料后 30 日内或者未在人民法院确定的第一次延长期限内出具评估报告，亦不向人民法院申请延期的，人民法院应当撤回对该评估机构的委托，告知其在 3 日内退回委托评估的材料，并另行委托下一顺序的评估机构重新进行评估。

二十三、人民法院认为评估报告具有参考价规定（法释［2018］15 号，下同）第 20 条规定的情形之一的，应当通过系统向评估机构发出通知书，要求评估机构在 3 日内予以说明或者补正。通知书应当载明评估报告存在的问题，需要说明或者补正的事项。

评估机构未在期限内按照人民法院的要求进行说明或者补正的，人民法院应当通知该评估机构在 3 日内退回委托评估的材料，并另行委托下一顺序的评估机构重新进行评估。

二十四、人民法院应当在收到评估报告或者书面说明、补正材料后，按照参考价规定第 21 条的规定向当事人、利害关系人发送。

二十五、当事人、利害关系人认为评估报告存在参考价的规定第 22 条第 1 款第 1、2 项情形，在收到评估报告后 5 日内提出书面异议，人民法院经审查，裁定异议成立的，人民法院应当在 3 日内交评估机构予以书面说明或者补正。

评估机构在 5 日内未作说明或者补正的，人民法院应当撤回对该评估机构的委托，告知其在 3 日内退回委托评估的材料，并另行委托下一顺序的评估机构重新进行评估。

二十六、当事人、利害关系人认为评估报告存在参考价规定第 22 条第 1 款第 3、4 项情形，在收到评估报告后 5 日内提出书面异议，人民法院经审查，裁定异议成立的，人民法院应当通知该评估机构在 3 日内退回委托评估的材料，并另行委托下一顺序的评估机构进行评估。

二十七、当事人、利害关系人收到评估报告后 5 日内对评估报告的参照标准、计算方法或者评估结果等提出书面异议的，人民法院应当在 3 日内交评估机构予以书面说明。评估机构在 5 日内未作说明或者当事人、利害关系人对作出的说明仍有异议的，人民法院应当交该评估机构所属全国性评估行业协会组织进行专业技术评审。全国性评估行业协会可以根据实际情况，指定省级评估行业协会进行专业技术评审。

省级评估行业协会或者全国性行业协会应当在人民法院指定的期限内出具评审意见。

二十八、人民法院依据参考价规定第28条决定暂缓委托评估的，应当通过系统向评估机构发送暂缓委托评估通知书。

暂缓情形消失后，人民法院应当及时通过系统向评估机构发送恢复委托评估通知书。

二十九、人民法院依据参考价规定第29条撤回委托评估的，应当通过系统及时向评估机构发送撤回委托评估通知书。通知书应当载明撤回委托评估的原因，以及指定期限要求评估机构出具因评估已实际支出费用的说明，并附相关凭证。

三十、评估机构应当按照其在所属全国性评估行业协会报备的收费标准，并依据参考价规定第32条的规定收取委托评估费用。

三十一、评估机构应当根据评估报告中的评估价和在所属全国性评估行业协会报备的收费标准计算预估评估费，并出具预估评估费交纳通知书与评估报告一并提交给人民法院。人民法院应当按照预估评估费用的50%通知申请执行人垫付。

人民法院应当将申请执行人交纳的评估费支付给评估机构，并注明实际评估费用按照参考价规定第32条的规定计算，多退少补。申请执行人以签订保险合同的方式垫付评估费的，人民法院应当告知评估机构。

三十二、人民法院通过系统向评估机构成功发送退回委托评估材料的通知，即视为终止委托评估。

评估机构是否接收前款规定的通知，以及是否退回委托评估的材料，不影响人民法院另行委托评估机构重新进行评估。

人民法院通过线下发送给评估机构的评估材料，评估机构未在期限内退回的，人民法院可以强制提取。对妨碍强制提取的，人民法院可以参照民事诉讼法第111条、第114条（现第114、117条）的规定处理。

三十三、最高人民法院与各全国性评估行业协会建立司法委托评估工作协调和处理机制工作小组，负责名单库的推荐与除名，以及解决人民法院与评估机构间因委托评估发生的相关事宜。

三十四、最高人民法院与各全国性评估行业协会协商确定的《人民法院委托评估需要提供的材料清单》作为本规范附件。

附件：人民法院委托评估需要提供的材料清单（详见"民法库"微信公众号）

【法发［2019］34 号】　最高人民法院、司法部、中华全国律师协会关于深入推进律师参与人民法院执行工作的意见（2019 年 12 月 25 日）

6. 充分发挥律师在财产控制和变价中的作用。人民法院应当及时查封、扣押、冻结被执行人应当履行义务部分的财产，完成财产控制后，应当及时书面告知申请执行人或代理律师财产控制情况。查封、扣押、冻结期限届满前，代理律师可以协助申请执行人向人民法院申请延长期限，防止期限届满后财产被转移等后果出现。

人民法院应当及时对控制的财产进行变价，严禁违规评估、拍卖财产及违规以物抵债。在人民法院确定财产处置参考价过程中，代理律师应当协助当事人配合人民法院依法查明拟变价财产的权属、权利负担、占有使用、欠缴税费、质量瑕疵等事项。人民法院应当依法保障代理律师在财产变价过程中的执业权利，确保财产变价过程的公开、公平、公正。

执行款到账后，人民法院应当在规定的期限内通知申请执行人或有特别授权的代理律师办理领取手续，严禁隐瞒、截留、挪用执行款物及拖延发放执行案款。

【法发［2019］35 号】　最高人民法院关于在执行工作中进一步强化善意文明执行理念的意见（2019 年 12 月 16 日）

8. 合理确定财产处置参考价。执行过程中，人民法院应当按照《最高人民法院关于人民法院确定财产处置参考价若干问题的规定》合理确定财产处置参考价。要在不损害第三人合法权益的情况下，积极促成双方当事人就参考价达成一致意见，以进一步提高确定参考价效率，避免后续产生争议。财产有计税基准价、政府定价或政府指导价，当事人议价不能、不成或者双方当事人一致要求定向询价的，人民法院应当积极协调有关机构办理询价事宜。定向询价结果严重偏离市场价格的，可以进行适当修正。实践证明，网络询价不仅效率高，而且绝大多数询价结果基本能够反映市场真实价格，对于财产无需由专业人员现场勘验或鉴定的，人民法院应积极引导当事人通过网络询价确定参考价，并对询价报告进行审查。

经委托评估确定参考价，被执行人认为评估价严重背离市场价格并提起异议的，为提高工作效率，人民法院可以以评估价为基准，先促成双方当事人就参考价达成一致意见。无法快速达成一致意见的，依法提交评估机构予以书面说明。评估机构逾期未做说明或者被执行人仍有异议的，应及时提交相关行业协会组织专业技术评审。在确定财产处置参考价过程中，人民法院应当依法履行监督职责，发现当事人、竞拍人与相关机构、人员恶意串通压低参考价的，应当及时查处和纠正。

9. 适当增加财产变卖程序适用情形。要在坚持网络司法拍卖优先原则的基础上，综合考虑变价财产实际情况、是否损害执行债权人、第三人或社会公共利益等因素，适当采取直接变卖或强制变卖等措施。

（1）被执行人申请自行变卖查封财产清偿债务的，在确保能够控制相应价款的前提下，可以监督其在一定期限内按照合理价格变卖。变卖期限由人民法院根据财产实际情况、市场行情等因素确定，但最长不得超过60日。

（2）被执行人申请对查封财产不经拍卖直接变卖的，经执行债权人同意或者变卖款足以清偿所有执行债务的，人民法院可以不经拍卖直接变卖。

（3）被执行人认为网络询价或评估价过低，申请以不低于网络询价或评估价自行变卖查封财产清偿债务的，人民法院经审查认为不存在被执行人与他人恶意串通低价处置财产情形的，可以监督其在一定期限内进行变卖。

（4）财产经拍卖后流拍且执行债权人不接受抵债，第三人申请以流拍价购买的，可以准许。

（5）网络司法拍卖第2次流拍后，被执行人提出以流拍价融资的，人民法院应结合拍卖财产基本情况、流拍价与市场价差异程度以及融资期限等因素，酌情予以考虑。准许融资的，暂不启动以物抵债或强制变卖程序。

被执行人依照9（3）规定申请自行变卖，经人民法院准许后，又依照《最高人民法院关于人民法院确定财产处置参考价若干问题的规定》第22、23条（见本书第236条）规定向人民法院提起异议的，不予受理；被执行人就网络询价或评估价提起异议后，又依照9（3）规定申请自行变卖的，不应准许。

10. 充分吸引更多主体参与竞买。拍卖过程中，人民法院应当全面真实披露拍卖财产的现状、占有使用情况、附随义务、已知瑕疵和权利负担、竞买资格等事项，严禁故意隐瞒拍品瑕疵诱导竞买人竞拍，严禁故意夸大拍品瑕疵误导竞买人竞拍。拍卖财产为不动产且被执行人或他人无权占用的，人民法院应当依法负责腾退，不得在公示信息中载明"不负责腾退交付"等信息。要充分发挥网拍平台、拍卖辅助机构的专业优势，做好拍品视频宣介、向专业市场主体定向推送拍卖信息、实地看样等相关工作，以吸引更多市场主体参与竞拍。

11. 最大限度实现财产真实价值。同一类型的执行财产数量较多，被执行人认为分批次变价或者整体变价能够最大限度实现其价值的，人民法院可以准许。尤其是对体量较大的整栋整层楼盘、连片商铺或别墅等不动产，已经分割登记或事后可以分割登记的，被执行人认为分批次变价能够实现不动产最大价值的，一般应当准许。多项财产分别变价时，其中部分财产变价款足以清偿债务的，应当停止变价剩余财产，但被执行人同意全部变价的除外。

12. 准确把握不动产收益权质权变价方式。生效法律文书确定申请执行人对被执行人的公路、桥梁、隧道等不动产收益权享有质权，申请执行人自行扣划收益权收费账户内资金实现其质押债权，其他债权人以申请执行人仅对收费权享有质权而对收费账户内资金不享有质权为由，向人民法院提起异议的，不予支持。在执行过程中，人民法院可以扣划收益权收费账户内资金实现申请执行人质押债权，收费账户内资金足以清偿债务的，不应对被执行人的收益权进行强制变价。

【最高法执他〔2019〕5号】 最高人民法院关于竞买人迟延交付部分保证金是否影响拍卖效力的答复（2020年3月31日答复湖北高院"〔2017〕鄂执复112号"请示）

关于竞买人迟延交付部分保证金后又悔拍的，拍卖的效力如何确定的问题。执行程序中竞买人迟延交付部分保证金的，并不能当然否定竞拍资格及拍卖效力。你院应当围绕竞买人迟延缴纳部分竞买保证金是否损害当事人、其他竞买人合法权益，是否明显影响公平竞价及充分竞价等因素综合判断本案第一次拍卖效力。

【法〔2021〕322号】 最高人民法院关于进一步完善执行权制约机制 加强执行监督的意见（2021年12月6日）

16. 合理确定财产处置参考价。财产处置参考价应当通过全国法院询价评估系统确定。人民法院查封、扣押、冻结财产后，对需要拍卖、变卖的财产，应当在30日内启动确定财产处置参考价程序，参考价确定后10日内启动财产变价程序。

双方当事人议价一致的，优先采取议价方式确定财产处置参考价，当事人议价不成的，可以网络询价或者定向询价。无法采取上述方式确定参考价的，应当委托评估机构进行评估。

17. 探索建立被执行人自行处置机制。对不动产等标的额较大或者情况复杂的财产，被执行人认为委托评估确定的参考价过低、申请自行处置的，在可控制其拍卖款的情况下，人民法院可以允许其通过网络平台自行公开拍卖；有确定的交易对象的，在征得申请执行人同意或者能够满足执行债权额度的情况下，人民法院可以允许其直接交易。自行处置期限由人民法院根据财产实际情况、市场行情等因素确定，但最长不得超过90日。

18. 坚持网络拍卖优先原则。人民法院以拍卖方式处置财产的，应当采取网络司法拍卖方式，但法律、行政法规和司法解释规定必须通过其他途径处置，或者不宜采用网络司法拍卖方式处置的除外。

各级人民法院不得在最高人民法院司法拍卖网络服务提供者名单库中进一步限定网络司法拍卖平台，不得干预、替代申请执行人进行选择。

拍卖财产为不动产且被执行人或者他人无权占用的，人民法院应当依法负责腾退，不得在公示信息中载明"不负责腾退交付"等信息。

严格贯彻落实《最高人民法院关于加强对司法拍卖辅助工作管理的通知》，由高级人民法院制定拍卖辅助机构管理办法，建立名单库并规范委托拍卖辅助机构开展拍卖辅助工作。

【法释［2021］18 号】 **最高人民法院关于人民法院司法拍卖房产竞买人资格若干问题的规定**（2021 年 9 月 16 日最高法审委会［1846 次］通过，2021 年 12 月 17 日公布，2022 年 1 月 1 日起施行；以本规为准）

第 1 条 人民法院组织的司法拍卖房产活动，受房产所在地限购政策约束的竞买人申请参与竞拍的，人民法院不予准许。

第 2 条 人民法院组织司法拍卖房产活动时，发布的拍卖公告载明竞买人必须具备购房资格及其相应法律后果等内容，竞买人申请参与竞拍的，应当承诺具备购房资格及自愿承担法律后果。

第 3 条 人民法院在司法拍卖房产成交后、向买受人出具成交裁定书前，应当审核买受人提交的自其申请参与竞拍到成交裁定书出具时具备购房资格的证明材料；经审核买受人不符合持续具备购房资格条件，买受人请求出具拍卖成交裁定书的，人民法院不予准许。

第 4 条 买受人虚构购房资格参与司法拍卖房产活动且拍卖成交，当事人、利害关系人以违背公序良俗为由主张该拍卖行为无效的，人民法院应予支持。

依据前款规定，买受人虚构购房资格导致拍卖行为无效的，应当依法承担赔偿责任。

第 5 条 司法拍卖房产出现流拍等无法正常处置情形，不具备购房资格的申请执行人等当事人请求以该房抵债的，人民法院不予支持。

第 6 条 人民法院组织的司法拍卖房产活动，竞买人虚构购房资格或者当事人之间恶意串通，侵害他人合法权益或者逃避履行法律文书确定的义务的，人民法院应当根据情节轻重予以罚款、拘留；构成犯罪的，依法追究刑事责任。

第 7 条 除前六条规定的情形外，人民法院组织司法拍卖房产活动的其他事宜，适用《最高人民法院关于人民法院网络司法拍卖若干问题的规定》《最高人民法院关于人民法院民事执行中拍卖、变卖财产的规定》以及《最高人民法院关于适用〈中华人民共和国民事诉讼法〉的解释》的有关规定。

第 8 条 人民法院组织司法变卖房产活动的，参照适用本规定。

【法释［2021］20 号】 **最高人民法院关于人民法院强制执行股权若干问题的规定**（2021 年 11 月 15 日最高法审委会［1850 次］通过，2021 年 12 月 20 日公布，2022 年 1 月 1 日起施行；以本规为准）（详见本书第 255 条）

第 10 条 被执行人申请自行变价被冻结股权，经申请执行人及其他已知执行债权人同意或者变价款足以清偿执行债务的，人民法院可以准许，但是应当在能够控制变价款的情况下监督其在指定期限内完成，最长不超过 3 个月。

第 11 条　拍卖被执行人的股权，人民法院应当依照《最高人民法院关于人民法院确定财产处置参考价若干问题的规定》规定的程序确定股权处置参考价，并参照参考价确定起拍价。

确定参考价需要相关材料的，人民法院可以向公司登记机关、税务机关等部门调取，也可以责令被执行人、股权所在公司以及控制相关材料的其他主体提供；拒不提供的，可以强制提取，并可以依照民事诉讼法第 111 条、第 114 条的规定处理。

为确定股权处置参考价，经当事人书面申请，人民法院可以委托审计机构对股权所在公司进行审计。

第 12 条　委托评估被执行人的股权，评估机构因缺少评估所需完整材料无法进行评估或者认为影响评估结果，被执行人未能提供且人民法院无法调取补充材料的，人民法院应当通知评估机构根据现有材料进行评估，并告知当事人因缺乏材料可能产生的不利后果。

评估机构根据现有材料无法出具评估报告的，经申请执行人书面申请，人民法院可以根据具体情况以适当高于执行费用的金额确定起拍价，但是股权所在公司经营严重异常，股权明显没有价值的除外。

依照前款规定确定的起拍价拍卖的，竞买人应当预交的保证金数额由人民法院根据实际情况酌定。

第 13 条　人民法院拍卖被执行人的股权，应当采取网络司法拍卖方式。

依据处置参考价并结合具体情况计算，拍卖被冻结股权所得价款可能明显高于债权额及执行费用的，人民法院应当对相应部分的股权进行拍卖。对相应部分的股权拍卖严重减损被冻结股权价值的，经被执行人书面申请，也可以对超出部分的被冻结股权一并拍卖。

第 14 条　被执行人、利害关系人以具有下列情形之一为由请求不得强制拍卖股权的，人民法院不予支持：（一）被执行人未依法履行或者未依法全面履行出资义务；（二）被执行人认缴的出资未届履行期限；（三）法律、行政法规、部门规章等对该股权自行转让有限制；（四）公司章程、股东协议等对该股权自行转让有限制。

人民法院对具有前款第 1、2 项情形的股权进行拍卖时，应当在拍卖公告中载明被执行人认缴出资额、实缴出资额、出资期限等信息。股权处置后，相关主体依照有关规定履行出资义务。

第 15 条　股权变更应当由相关部门批准的，人民法院应当在拍卖公告中载明法律、行政法规或者国务院决定规定的竞买人应当具备的资格或者条件。必要时，人民法院可以就竞买资格或者条件征询相关部门意见。

拍卖成交后，人民法院应当通知买受人持成交确认书向相关部门申请办理股权变更批准手续。买受人取得批准手续的，人民法院作出拍卖成交裁定书；买受人未在合理期限内取得批准手续的，应当重新对股权进行拍卖。重新拍卖的，原买受人不得参加竞买。

买受人明知不符合竞买资格或者条件依然参加竞买，且在成交后未能在合理期限内取得相关部门股权变更批准手续的，交纳的保证金不予退还。保证金不足以支付拍卖产生的费用损失、弥补重新拍卖价款低于原拍卖价款差价的，人民法院可以裁定原买受人补交；拒不补交的，强制执行。

【法释［2022］11号】 **最高人民法院关于适用《中华人民共和国民事诉讼法》的解释**（"法释［2015］5号"公布，2015年2月4日起施行；根据法释［2020］20号《决定》修正，2021年1月1日起施行；2022年3月22日最高法审委会［1866次］修正，2022年4月1日公布，2022年4月10日起施行；以本规为准）

第153条　人民法院对季节性商品、鲜活、易腐烂变质以及其他不宜长期保存的物品采取保全措施时，可以责令当事人及时处理，由人民法院保存价款；必要时，人民法院可予以变卖，保存价款。

第486条　依照民事诉讼法第254条（现第258条）规定，人民法院在执行中需要拍卖被执行人财产的，可以由人民法院自行组织拍卖，也可以交由具备相应资质的拍卖机构拍卖。

交拍卖机构拍卖的，人民法院应当对拍卖活动进行监督。

第487条　拍卖评估需要对现场进行检查、勘验的，人民法院应当责令被执行人、协助义务人予以配合。被执行人、协助义务人不予配合的，人民法院可以强制进行。

第488条　人民法院在执行中需要变卖被执行人财产的，可以交有关单位变卖，也可以由人民法院直接变卖。

对变卖的财产，人民法院或者其工作人员不得买受。

第489条　经申请执行人和被执行人同意，且不损害其他债权人合法权益和社会公共利益的，人民法院可以不经拍卖、变卖，直接将被执行人的财产作价交申请执行人抵偿债务。对剩余债务，被执行人应当继续清偿。

第490条　被执行人的财产无法拍卖或者变卖的，经申请执行人同意，且不损害其他债权人合法权益和社会公共利益的，人民法院可以将该项财产作价后交付申请执行人抵偿债务，或者交付申请执行人管理；申请执行人拒绝接收或者管理的，退回被执行人。

第 491 条 拍卖成交或者依法定程序裁定以物抵债的，标的物所有权自拍卖成交裁定或者抵债裁定送达买受人或者接受抵债物的债权人时转移。

● **指导案例** 【法〔2014〕327 号】 **最高人民法院第 8 批指导性案例**（2014年 12 月 18 日）

（**指导案例 35 号**）广东龙正投资发展有限公司与广东景茂拍卖行有限公司委托拍卖执行复议案（最高法院〔2012〕执复字第 6 号执行裁定）

裁判要点：拍卖行与买受人有关联关系，拍卖行为存在以下情形，损害与标的物相关权利人合法权益的，人民法院可以视为拍卖行与买受人恶意串通，依法裁定该拍卖无效：（1）拍卖过程中没有其他无关联关系的竞买人参与竞买，或者虽有其他竞买人参与竞买，但未进行充分竞价的；（2）拍卖标的物的评估价明显低于实际价格，仍以该评估价成交的。

【法〔2019〕294 号】 **最高人民法院第 23 批指导性案例**（2019 年 12 月24 日）

（**指导案例 125 号**）陈载果与刘荣坤、广东省汕头渔业用品进出口公司等申请撤销拍卖执行监督案

裁判要点：网络司法拍卖是人民法院通过互联网拍卖平台进行的司法拍卖，属于强制执行措施。人民法院对网络司法拍卖中产生的争议，应当适用民事诉讼法及相关司法解释的规定处理。

● **入库案例** 【2023-15-4-273-001】 **张某申请某法院违法采取执行措施国家赔偿案**（延边中院/2021.06.29/〔2021〕吉 24 委赔 5 号）

裁判要旨：人民法院网络司法拍卖流拍后，再次拍卖的起拍价降价幅度不得超过前次起拍价的 20%，人民法院作出的拍卖财产产权确认裁定因降价幅度超过前次起拍价的 20% 而被撤销，由此造成竞买人财产损失的，依法应当承担相应的赔偿责任。

● **典型案例** 【法办发〔2020〕 号】 **善意文明执行典型案例**（最高法 2020 年1 月 2 日发布）

（**案例 3**）许某某等申请执行莆田市某房地产公司等借款纠纷系列案件——莆田中院引入战略投资者帮助盘活被执行企业资产

摘要：本案被执行人莆田市某房地产公司是有着十几年历史的企业，员工上千人，因一时投资决策失误，资金链骤然断裂，债务缠身，面临"烂尾"的风

险，债权人纷纷诉至法院。鉴于被执行公司资大于债，只是资金周转暂时出现困难，莆田中院强化府院联系，主动沟通协调，积极引入第三方战略投资者，盘活被执行人资产，上海高院同意暂不拍卖已查封的地块，上海某房地产公司同意把涉案房地产项目土地使用权的抵押权人分期置换为莆田市某投资集团，依法妥善采取执行措施，推动案件执行和解。

第 259 条[19910409]   **【搜查令】** 被执行人不履行法律文书确定的义务，并隐匿财产的，人民法院有权发出搜查令，对被执行人及其住所或者财产隐匿地进行搜查。

采取前款措施，由院长签发搜查令。

● **相关规定** **【法释〔2022〕11 号】** 最高人民法院关于适用《中华人民共和国民事诉讼法》的解释（"法释〔2015〕5 号"公布，2015 年 2 月 4 日起施行；根据法释〔2020〕20 号《决定》修正，2021 年 1 月 1 日起施行；2022 年 3 月 22 日最高法审委会〔1866 次〕修正，2022 年 4 月 1 日公布，2022 年 4 月 10 日起施行；以本规为准）

第 494 条　在执行中，被执行人隐匿财产、会计账簿等资料的，人民法院除可依照民事诉讼法第 114 条第 1 款第 6 项规定对其处理外，还应责令被执行人交出隐匿的财产、会计账簿等资料。被执行人拒不交出的，人民法院可以采取搜查措施。

第 495 条　搜查人员应当按规定着装并出示搜查令和工作证件。

第 496 条　人民法院搜查时禁止无关人员进入搜查现场；搜查对象是公民的，应当通知被执行人或者他的成年家属以及基层组织派员到场；搜查对象是法人或者其他组织的，应当通知法定代表人或者主要负责人到场。拒不到场的，不影响搜查。

搜查妇女身体，应当由女执行人员进行。

第 497 条　搜查中发现应当依法采取查封、扣押措施的财产，依照民事诉讼法第 252 条（现第 256 条）第 2 款和第 254 条（现第 258 条）规定办理。

第 498 条　搜查应当制作搜查笔录，由搜查人员、被搜查人及其他在场人签名、捺印或者盖章。拒绝签名、捺印或者盖章的，应当记入搜查笔录。

第 260 条　　**【财物、票证的交付】** 法律文书指定交付的财物或者票证，由执行员传唤双方当事人当面交付，或者由执行员转交，并由被交付人签收。

有关单位持有该项财物或者票证的，应当根据人民法院的协助执行通知书转交，并由被交付人签收。

~~有关公民~~/当事人以外的人¹⁹⁹¹⁰⁴⁰⁹持有该项财物或者票证的，人民法院通知其交出。拒不交出的，强制执行。

第 261 条　　（见第 255 条之后）

第 262 条¹⁹⁹¹⁰⁴⁰⁹　　**【财产权证照转移】** 在执行中，需要办理有关财产权证照转移手续的，人民法院可以向有关单位发出协助执行通知书，有关单位必须办理。

（本书汇）【一般债权的执行】

第 263 条¹⁹⁹¹⁰⁴⁰⁹　　**【行为的执行】** 对判决、裁定和其他法律文书指定的行为，~~执行员应当通知被执行人履行；被执行人未按执行通知履行~~/无正当理由拒不履行的，人民法院可以强制执行或者委托有关单位或者其他人完成，费用由被执行人承担/~~负担~~。

● **相关规定**　　**【法释［1998］15 号】**　　最高人民法院关于人民法院执行工作若干问题的规定（试行）（1998 年 6 月 11 日最高法审委会［992 次］通过，1998 年 7 月 8 日公布施行；根据法释［2020］21 号《决定》修正，2021 年 1 月 1 日起施行；以本规为准）^①

六、交付财产和完成行为的执行

41.（第 2 款）　　~~对有权证照的动产或不动产的查封，应当向有关管理机关发出协助执行通知书，要求其不得办理查封财产的转移过户手续，同时可以责令被执行人将有关财产权证照交人民法院保管。必要时也可以采取加贴封条或张贴公告的方法查封。~~

41.　　生效法律文书确定被执行人交付特定标的物的，应当执行原物。原物被隐匿或非法转移的，人民法院有权责令其交出。原物确已毁损/~~变质~~、~~损坏~~或灭失的，经双方当事人同意，可以折价赔偿/~~应当裁定折价赔偿或按标的物的价值强制执行被执行人的其他财产~~。

――――――
① 本《规定》自 1998 年 7 月 8 日公布试行 22 年多，至 2020 年 12 月 23 日修正，仍为"试行"。

（新增） 双方当事人对折价赔偿不能协商一致的，人民法院应当终结执行程序。申请执行人可以另行起诉。

42. 有关组织或者个人/单位或公民持有法律文书指定交付的财物或票证，在接到人民法院协助执行通知书或通知书后，协同被执行人转移财物或票证的，人民法院有权责令其限期追回；逾期未追回的，应当裁定其承担赔偿责任。

43. 被执行人的财产经拍卖、变卖或裁定以物抵债后，需从现占有人处交付给买受人或申请执行人的，适用民事诉讼法第 249 条、第 250 条（现第 260、261条）和本规定第 41 条、第 42 条的规定。

44. 被执行人拒不履行生效法律文书中指定的行为的，人民法院可以强制其履行。

对于可以替代履行的行为，可以委托有关单位或他人完成，因完成上述行为发生的费用由被执行人承担。

对于只能由被执行人完成的行为，经教育，被执行人仍拒不履行的，人民法院应当按照妨害执行行为的有关规定处理。

七、被执行人到期债权的执行

45. 被执行人不能清偿债务，但对本案以外的第三人享有到期债权的，人民法院可以依申请执行人或被执行人的申请，向第三人发出履行到期债务的通知（以下简称履行通知）。履行通知必须直接送达第三人。

履行通知应当包含下列内容：（1）第三人直接向申请执行人履行其对被执行人所负的债务，不得向被执行人清偿；（2）第三人应当在收到履行通知后的 15 日内向申请执行人履行债务；（3）第三人对履行到期债权有异议的，应当在收到履行通知后的 15 日内向执行法院提出；（4）第三人违背上述义务的法律后果。

46. 第三人对履行通知的异议一般应当以书面形式提出，口头提出的，执行人员应记入笔录，并由第三人签字或盖章。

47. 第三人在履行通知指定的期间内提出异议，人民法院不得对第三人强制执行，对提出的异议不进行审查。

48. 第三人提出自己无履行能力或其与申请执行人无直接法律关系，不属于本规定所指的异议。

第三人对债务部分承认、部分有异议的，可以对其承认的部分强制执行。

49. 第三人在履行通知指定的期限内没有提出异议，而又不履行的，执行法院有权裁定对其强制执行。此裁定同时送达第三人和被执行人。

50. 被执行人收到人民法院履行通知后，放弃其对第三人的债权或延缓第三人履行期限的行为无效，人民法院仍可在第三人无异议又不履行的情况下予以强制执行。

51. 第三人收到人民法院要求其履行到期债务的通知后，擅自向被执行人履行，造成已向被执行人履行的财产不能追回的，除在已履行的财产范围内与被执行人承担连带清偿责任外，可以追究其妨害执行的责任。

52. 在对第三人作出强制执行裁定后，第三人确无财产可供执行的，不得就第三人对他人享有的到期债权强制执行。

53. 第三人按照人民法院履行通知向申请执行人履行了债务或已被强制执行后，人民法院应当出具有关证明。

【法［2011］195 号】　最高人民法院关于依法制裁规避执行行为的若干意见（2011 年 5 月 27 日）

四、完善对被执行人享有债权的保全和执行措施，运用代位权、撤销权诉讼制裁规避执行行为

12. 依法执行已经生效法律文书确认的被执行人的债权。对于被执行人已经生效法律文书确认的债权，执行法院可以书面通知被执行人在限期内向有管辖权的人民法院申请执行该生效法律文书。限期届满被执行人仍怠于申请执行的，执行法院可以依法强制执行该到期债权。

被执行人已经申请执行的，执行法院可以请求执行该债权的人民法院协助扣留相应的执行款物。

13. 依法保全被执行人的未到期债权。对被执行人的未到期债权，执行法院可以依法冻结，待债权到期后参照到期债权予以执行。第三人仅以该债务未到期为由提出异议的，不影响对该债权的保全。

14. 引导申请执行人依法诉讼。被执行人怠于行使债权对申请执行人造成损害的，执行法院可以告知申请执行人依照《中华人民共和国合同法》第 73 条（现民法典第 535 条）的规定，向有管辖权的人民法院提起代位权诉讼。

被执行人放弃债权、无偿转让财产或者以明显不合理的低价转让财产，对申请执行人造成损害的，执行法院可以告知申请执行人依照《中华人民共和国合同法》第 74 条（现民法典第 538 条）的规定向有管辖权的人民法院提起撤销权诉讼。

【法发［2017］6 号】　最高人民法院关于执行款物管理工作的规定（2017 年 2 月 27 日印发，2017 年 5 月 1 日起施行；法发［2006］11 号《规定（试行）》同时废止）

第 1 条　本规定所称执行款物，是指执行程序中依法应当由人民法院经管的财物。

第 2 条　执行款物的管理实行执行机构与有关管理部门分工负责、相互配合、

相互监督的原则。

第 3 条　财务部门应当对执行款的收付进行逐案登记，并建立明细账。

对于由人民法院保管的查封、扣押物品，应当指定专人或部门负责，逐案登记，妥善保管，任何人不得擅自使用。

执行机构应当指定专人对执行款物的收发情况进行管理，设立台账、逐案登记，并与执行款物管理部门对执行款物的收发情况每月进行核对。

第 4 条　人民法院应当开设执行款专户或在案款专户中设置执行款科目，对执行款实行专项管理、独立核算、专款专付。

人民法院应当采取一案一账号的方式，对执行款进行归集管理，案号、款项、被执行人或交款人应当一一对应。

第 5 条　执行人员应当在执行通知书或有关法律文书中告知人民法院执行款专户或案款专户的开户银行名称、账号、户名，以及交款时应当注明执行案件案号、被执行人姓名或名称、交款人姓名或名称、交款用途等信息。

第 6 条　被执行人可以将执行款直接支付给申请执行人；人民法院也可以将执行款从被执行人账户直接划至申请执行人账户。但有争议或需再分配的执行款，以及人民法院认为确有必要的，应当将执行款划至执行款专户或案款专户。

人民法院通过网络执行查控系统扣划的执行款，应当划至执行款专户或案款专户。

第 7 条　交款人直接到人民法院交付执行款的，执行人员可以会同交款人或由交款人直接到财务部门办理相关手续。

交付现金的，财务部门应当即时向交款人出具收款凭据；交付票据的，财务部门应当即时向交款人出具收取凭证，在款项到账后 3 日内通知执行人员领取收款凭据。

收到财务部门的收款凭据后，执行人员应当及时通知被执行人或交款人在指定期限内用收取凭证更换收款凭据。被执行人或交款人未在指定期限内办理更换手续或明确拒绝更换的，执行人员应当书面说明情况，连同收款凭据一并附卷。

第 8 条　交款人采用转账汇款方式交付和人民法院采用扣划方式收取执行款的，财务部门应当在款项到账后 3 日内通知执行人员领取收款凭据。

收到财务部门的收款凭据后，执行人员应当参照本规定第 7 条第 3 款规定办理。

第 9 条　执行人员原则上不直接收取现金和票据；确有必要直接收取的，应当不少于 2 名执行人员在场，即时向交款人出具收取凭证，同时制作收款笔录，由交款人和在场人员签名。

执行人员直接收取现金或者票据的，应当在回院后当日将现金或票据移交财务部门；当日移交确有困难的，应当在回院后一日内移交并说明原因。财务部门应当按照本规定第 7 条第 2 款规定办理。

收到财务部门的收款凭据后，执行人员应当按本规定第 7 条第 3 款规定办理。

第 10 条　执行人员应当在收到财务部门执行款到账通知之日起 30 日内，完成执行款的核算、执行费用的结算、通知申请执行人领取和执行款发放等工作。

有下列情形之一的，报经执行局局长或主管院领导批准后，可以延缓发放：（一）需要进行案款分配的；（二）申请执行人因另案诉讼、执行或涉嫌犯罪等原因导致执行款被保全或冻结的；（三）申请执行人经通知未领取的；（四）案件被依法中止或者暂缓执行的；（五）有其他正当理由需要延缓发放执行款的。

上述情形消失后，执行人员应当在 10 日内完成执行款的发放。

第 11 条　人民法院发放执行款，一般应当采取转账方式。

执行款应当发放给申请执行人，确需发放给申请执行人以外的单位或个人的，应当组成合议庭进行审查，但依法应当退还给交款人的除外。

第 12 条　发放执行款时，执行人员应当填写执行款发放审批表。执行款发放审批表中应当注明执行案件案号、当事人姓名或名称、交款人姓名或名称、交款金额、交款时间、交款方式、收款人姓名或名称、收款人账号、发款金额和方式等情况。报经执行局局长或主管院领导批准后，交由财务部门办理支付手续。

委托他人代为办理领取执行款手续的，应当附特别授权委托书、委托代理人的身份证复印件。委托代理人是律师的，应当附所在律师事务所出具的公函及律师执照复印件。

第 13 条　申请执行人要求或同意人民法院采取转账方式发放执行款的，执行人员应当持执行款发放审批表及申请执行人出具的本人或本单位接收执行款的账户信息的书面证明，交财务部门办理转账手续。

申请执行人或委托代理人直接到人民法院办理领取执行款手续的，执行人员应当在查验领款人身份证件、授权委托手续后，持执行款发放审批表，会同领款人到财务部门办理支付手续。

第 14 条　财务部门在办理执行款支付手续时，除应当查验执行款发放审批表，还应当按照有关财务管理规定进行审核。

第 15 条　发放执行款时，收款人应当出具合法有效的收款凭证。财务部门另有规定的，依照其规定。

第 16 条　有下列情形之一，不能在规定期限内发放执行款的，人民法院可以将执行款提存：（一）申请执行人无正当理由拒绝领取的；（二）申请执行人下落不明的；（三）申请执行人死亡未确定继承人或者丧失民事行为能力未确定监护人的；（四）按照申请执行人提供的联系方式无法通知其领取的；（五）其他不能发放的情形。

第17条 需要提存执行款的，执行人员应当填写执行款提存审批表并附具有提存情形的证明材料。执行款提存审批表中应注明执行案件案号、当事人姓名或名称、交款人姓名或名称、交款金额、交款时间、交款方式、收款人姓名或名称、提存金额、提存原因等情况。报经执行局局长或主管院领导批准后，办理提存手续。

提存费用应当由申请执行人负担，可以从执行款中扣除。

第18条 被执行人将执行依据确定交付、返还的物品（包括票据、证照等）直接交付给申请执行人的，被执行人应当向人民法院出具物品接收证明；没有物品接收证明的，执行人员应当将履行情况记入笔录，经双方当事人签字后附卷。

被执行人将物品交由人民法院转交给申请执行人或由人民法院主持双方当事人进行交接的，执行人员应当将交付情况记入笔录，经双方当事人签字后附卷。

第19条 查封、扣押至人民法院或被执行人、担保人等直接向人民法院交付的物品，执行人员应当立即通知保管部门对物品进行清点、登记，有价证券、金银珠宝、古董等贵重物品应当封存，并办理交接。保管部门接收物品后，应当出具收取凭证。

对于在异地查封、扣押，且不便运输或容易毁损的物品，人民法院可以委托物品所在地人民法院代为保管，代为保管的人民法院应当按照前款规定办理。

第20条 人民法院应当确定专门场所存放本规定第19条规定的物品。

第21条 对季节性商品、鲜活、易腐烂变质以及其他不宜长期保存的物品，人民法院可以责令当事人及时处理，将价款交付人民法院；必要时，执行人员可予以变卖，并将价款依照本规定要求交财务部门。

第22条 人民法院查封、扣押或被执行人交付，且属于执行依据确定交付、返还的物品，执行人员应当自查封、扣押或被执行人交付之日起30日内，完成执行费用的结算、通知申请执行人领取和发放物品等工作。不属于执行依据确定交付、返还的物品，符合处置条件的，执行人员应当依法启动财产处置程序。

第23条 人民法院解除对物品的查封、扣押措施的，除指定由被执行人保管的外，应当自解除查封、扣押措施之日起10日内将物品发还给所有人或交付人。

物品在人民法院查封、扣押期间，因自然损耗、折旧所造成的损失，由物品所有人或交付人自行负担，但法律另有规定的除外。

第24条 符合本规定第16条规定情形之一的，人民法院可以对物品进行提存。

物品不适于提存或者提存费用过高的，人民法院可以提存拍卖或者变卖该物品所得价款。

第 25 条　物品的发放、延缓发放、提存等，除本规定有明确规定外，参照执行款的有关规定办理。

第 26 条　执行款物的收发凭证、相关证明材料，应当附卷归档。

第 27 条　案件承办人调离执行机构，在移交案件时，必须同时移交执行款物收发凭证及相关材料。执行款物收发情况复杂的，可以在交接时进行审计。执行款物交接不清的，不得办理调离手续。

第 28 条　各高级人民法院在实施本规定过程中，结合行政事业单位内部控制建设的要求，以及执行工作实际，可制定具体实施办法。

【法 ［2017］369 号】　　最高人民法院关于认真贯彻实施民事诉讼法及相关司法解释有关规定的通知（2017 年 12 月 29 日）

三、被执行人的债权作为其财产的重要组成部分，是其债务的一般担保，不能豁免执行。但是执行到期债权涉及次债务人的权利保护，法律关系较为复杂，在执行程序中适用《民诉法解释》第 501 条（现第 499 条）时，应当严格遵守法定条件与程序，兼顾相关各方主体的权利保护。

在对到期债权的执行中，应当依法保护次债务人的利益，对于次债务人在法定期限内提出异议的，除到期债权系经生效法律文书确定的外，人民法院对提出的异议不予审查，即应停止对次债务人的执行，债权人可以另行提起代位权诉讼主张权利。对于其他利害关系人提出的异议符合民事诉讼法第 227 条（现第 238 条）规定的，人民法院应当按照相应程序予以处理。

被执行人有银行存款或者其他能够执行的财产的，人民法院原则上应优先予以执行；对于被执行人未到期的债权，在到期之前，只能冻结，不能责令次债务人履行。

【法发 ［2019］35 号】　　最高人民法院关于在执行工作中进一步强化善意文明执行理念的意见（2019 年 12 月 16 日）

22. 全面推行"一案一账户"系统。案款到账后且无争议的，人民法院应当按照规定在 1 个月内及时发还给执行债权人；部分案款有争议的，应当先将无争议部分及时发放。目前，最高人民法院正在全面推行"一案一账户"系统，各地法院要按照规定的时间节点和标准要求，严格落实系统部署与使用工作，确保案款收发公开透明、及时高效、全程留痕，有效堵塞案款管理漏洞，消除廉政风险隐患，最大限度保障各方当事人合法权益。

【主席令 ［2020］45 号】　　中华人民共和国民法典（2020 年 5 月 28 日全国人大 ［13 届 3 次］通过，2021 年 1 月 1 日起施行）

第 187 条　民事主体因同一行为应当承担民事责任、行政责任和刑事责任的，承担行政责任或者刑事责任不影响承担民事责任；民事主体的财产不足以支付的，优先用于承担民事责任。

【法〔2021〕322号】 最高人民法院关于进一步完善执行权制约机制 加强执行监督的意见（2021年12月6日）

22. 及时发放执行案款。具备发放条件的，执行部门应当在执行案款到账后10个工作日内向财务部门发出支付案款通知，财务部门在接到通知后5个工作日内向申请执行人发放案款。部分案款有争议的，应当先将无争议部分及时发放。有效解决执行案款发放不及时问题。

执行案款发放要严格履行审批程序，层层把关，做到手续完备、线下和线上手续相互印证。对于有法定事由延缓发放或者提存的，应当在法定期限内提出申请，严格履行报批手续。

【法办发〔2021〕7号】 人民法院办理执行案件"十个必须"（最高法办公厅2021年11月11日）

七、必须全面实行执行案款"一案一账号"管理模式，具备发放条件的15个工作日内完成案款发放，严禁截留、挪用、超期发放。

【法释〔2022〕11号】 最高人民法院关于适用《中华人民共和国民事诉讼法》的解释（"法释〔2015〕5号"公布，2015年2月4日起施行；根据法释〔2020〕20号《决定》修正，2021年1月1日起施行；2022年3月22日最高法审委会〔1866次〕修正，2022年4月1日公布，2022年4月10日起施行；以本规为准）

第492条 执行标的物为特定物的，应当执行原物。原物确已毁损或者灭失的，经双方当事人同意，可以折价赔偿。

双方当事人对折价赔偿不能协商一致的，人民法院应当终结执行程序。申请执行人可以另行起诉。

第493条 他人持有法律文书指定交付的财物或者票证，人民法院依照民事诉讼法第256条（现第260条）第2款、第3款规定发出协助执行通知后，拒不转交的，可以强制执行，并可依照民事诉讼法第117条、第118条规定处理。

他人持有期间财物或者票证毁损、灭失的，参照本解释第492条规定处理。

他人主张合法持有财物或者票证的，可以根据民事诉讼法第234条（现第238条）规定提出执行异议。

第499条 人民法院执行被执行人对他人的到期债权，可以作出冻结债权的裁定，并通知该他人向申请执行人履行。

该他人对到期债权有异议，申请执行人请求对异议部分强制执行的，人民法

民事诉讼法全厚细

院不予支持。利害关系人对到期债权有异议的，人民法院应当按照民事诉讼法第234条（现第238条）规定处理。

对生效法律文书确定的到期债权，该他人予以否认的，人民法院不予支持。

第500条　人民法院在执行中需要办理房产证、土地证、林权证、专利证书、商标证书、车船执照等有关财产权证照转移手续的，可以依照民事诉讼法第258条（现第262条）规定办理。

第501条　被执行人不履行生效法律文书确定的行为义务，该义务可由他人完成的，人民法院可以选定代履行人；法律、行政法规对履行该行为义务有资格限制的，应当从有资格的人中选定。必要时，可以通过招标的方式确定代履行人。

申请执行人可以在符合条件的人中推荐代履行人，也可以申请自己代为履行，是否准许，由人民法院决定。

第502条　代履行费用的数额由人民法院根据案件具体情况确定，并由被执行人在指定期限内预先支付。被执行人未预付的，人民法院可以对该费用强制执行。

代履行结束后，被执行人可以查阅、复制费用清单以及主要凭证。

第503条　被执行人不履行法律文书指定的行为，且该项行为只能由被执行人完成的，人民法院可以依照民事诉讼法第114条第1款第6项规定处理。

被执行人在人民法院确定的履行期间内仍不履行的，人民法院可以依照民事诉讼法第114条第1款第6项规定再次处理。

● **文书格式**　【法［2016］221号】　**民事诉讼文书样式**（2016年2月22日最高法审委会［1679次］通过，2016年6月28日公布，2016年8月1日起施行）（本书对格式略有调整）

责令交出财物（票证）通知书

（责令被执行人或占有人交出特定标的物）

（××××）……执……号

×××：

本院在执行×××与×××……（写明案由）一案中，查明××人民法院（或其他生效法律文书的作出机关）（××××）……号民事判决（或其他生效法律文书）确定交付的……被你/你单位持有/隐匿/非法转移。依照《最高人民法院关于人民法院执行工作若干问题的规定（试行）》第41条（被执行人的财产经拍卖、变卖或者裁定以物抵债后交付的，引用第59条；有关公民持有该项财产或票证的，引用《民事诉讼法》第260条第3款）规定，责令你/你单位自本通知书送达之日起×日内将……交付本院。

逾期不交的，本院将采取强制执行措施。

特此通知。

联系人、联系电话：……　　　　本院地址、邮编：……

×年×月×日（院印）

责令追回财物（票证）通知书
（责令被执行人或占有人追回特定标的物）

（××××）……执……号

×××：

本院在执行×××与×××……（写明案由）一案中，因你/你单位持有××人民法院（或其他生效法律文书的作出机关）（××××）……号民事判决（或其他生效法律文书）指定交付的……（写明财物或票证名称、数量或数额、所在地等），于×年×月×日向你/你单位送达协助执行通知书。你/你单位却协同被执行人×××将财物/票证转移。依照《最高人民法院关于人民法院执行工作若干问题的规定（试行）》第42条规定，责令你/你单位在本通知书送达后×日内向本院交出……（写明财物或票证名称、数量或数额、所在地等）。

逾期不向本院交出财物/票证，你/你单位将承担相应赔偿责任。

特此通知。

联系人、联系电话：……　　　　本院地址、邮编：……

×年×月×日（院印）

强制保管产权证照通知书（责令被执行人交出产权证照）

（××××）……执……号

×××：

本院在执行×××与×××……（写明案由）一案中，经查，……（写明被执行人持有产权证照的事实及责令强制保管的理由）。依照《最高人民法院关于人民法院执行工作若干问题的规定（试行）》第41条①第2款规定，责令你/你单位自本通知书送达时将……的产权证照交由本院保管。拒不履行，本院将采取强制执行措施。

特此通知。

联系人、联系电话：……　　　　本院地址、邮编：……

×年×月×日（院印）

---

① 注：该条规定已被废止。

证照（财物）保管清单

（××××）……执……号

持有人姓名			案由		
编号	证照/财物名称	证件号码	数量或数额		备　注
1					
2					
3					
……					

持有人（签名或捺印）
在场人（签名或捺印）
×年×月×日

执行人员（签名）
×年×月×日

注：本清单一式 2 份，1 份交被执行人，1 份随强制保管证照通知书存卷。

代为完成指定行为委托书

（××××）……执……号

　　本院在执行×××与×××……（写明案由）一案中，被执行人未在××人民法院（或其他生效法律文书的作出机关）（××××）……号民事判决（或其他生效法律文书）确定的期限内完成指定行为。依照《中华人民共和国民事诉讼法》第 263条、《最高人民法院关于适用〈中华人民共和国民事诉讼法〉的解释》第 501 条、第 502 条，《最高人民法院关于人民法院执行工作若干问题的规定（试行）》第 44 条第 2 款规定，现委托你/你单位完成 ……（写明指定行为），并将履行指定行为的情况及时报告本院。

　　附：生效法律文书×份

×年×月×日（院印）

通知书（通知第三人履行到期债务，必须直接送达，不能公告送达）

（××××）……执……号

×××：

　　在本院执行×××与×××……（写明案由）一案中，被执行人×××对你/你单位享有到期债权，申请执行人/被执行人×××于×年×月×日向本院申请执行对你/你单位的到期债权。本院经审查认为，申请执行人/被执行人×××的申请符合法律规定。依照《最高人民法院关于人民法院执行工作若干问题的规定（试行）》第 45 条、第 51 条规定，通知如下：

你/你单位自收到本通知后的 15 日内向申请执行人×××履行对被执行人×××到期债务……元，不得向被执行人清偿。

如有异议，应当自收到本通知后的 15 日内向本院提出；若擅自向被执行人×××履行，造成财产不能追回的，除在已履行的财产范围内与被执行人承担连带清偿责任外，本院将依法追究你妨害执行的法律责任。

逾期不履行又不提出异议的，本院将强制执行。

特此通知。

联系人、联系电话：……　　　　本院地址、邮编：……

×年×月×日（院印）

履行债务证明书（证明第三人已履行到期债务）

（××××）……执……号

在本院执行×××与×××……（写明案由）一案中，第三人×××于×年×月×日已向申请执行人×××履行对被执行人×××到期债务……元。

特此证明。

×年×月×日（院印）

执行裁定书（执行到期债权）

（××××）……执……号

申请执行人：×××，……。

法定代理人/指定代理人/法定代表人/主要负责人：×××，……。

委托诉讼代理人：×××，……。

被执行人：×××，……。

第三人：×××，……。

……

（以上写明申请执行人、被执行人、第三人和其他诉讼参加人的姓名或者名称等基本信息）

本院在执行×××与×××……（写明案由）一案中，于×年×月×日向第三人×××送达了履行到期债务通知。第三人×××在指定期限内未对到期债务提出异议，亦未主动履行。（或被执行人×××对第三人×××的到期债权为（××××）……号判决/裁定/调解书/仲裁裁决/公证债权文书所确认，第三人×××予以否认，本院不予支持。）依照《最高人民法院关于人民法院执行工作若干问题的规定（试行）》第48 条、第 49 条（或《最高人民法院关于适用〈中华人民共和国民事诉讼法〉的解释》第 499 条第 3 款）规定，裁定如下：

强制执行被执行人×××对第三人×××的到期债权……元。①

本裁定立即执行。

（合议庭成员署名）

×年×月×日（院印）

书记员 ×××

（本书汇）【参与分配与优先受偿顺序】

第 180 条¹⁹⁹¹⁰⁴⁰⁹ 被执行人被执行的财产，不能满足所有申请人要求的，按下列顺序清偿：（一）工资、生活费；（二）国家税收；（三）国家银行和信用合作社贷款；（四）其他债务。

不足清偿同一顺序的申请人要求的，按比例分配。

● **相关规定** 【法释［1998］15 号】 **最高人民法院关于人民法院执行工作若干问题的规定（试行）**（1998 年 6 月 11 日最高法审委会［992 次］通过，1998 年 7 月 8 日公布施行；根据法释［2020］21 号《决定》修正，2021 年 1 月 1 日起施行；以本规为准)②

九、多个债权人对一个债务人申请执行和参与分配

55. 多份生效法律文书确定金钱给付内容的多个债权人分别对同一被执行人申请执行，各债权人对执行标的物均无担保物权的，按照执行法院采取执行措施的先后顺序受偿。

多个债权人的债权种类不同的，基于所有权和担保物权而享有的债权，优先于金钱债权受偿。有多个担保物权的，按照各担保物权成立的先后顺序清偿。

一份生效法律文书确定金钱给付内容的多个债权人对同一被执行人申请执行，执行的财产不足清偿全部债务的，各债权人对执行标的物均无担保物权的，按照各债权人比例受偿。

89. 被执行人为企业法人，其财产不足清偿全部债务的，可告知当事人依法申请被执行人破产。

90. 被执行人为公民或其他组织，其全部或主要财产已被一个人民法院因执行确定金钱给付的生效法律文书而查封、扣押或冻结，无其他财产可供执行或其

---

① 注：第三人对债务部分承认、部分有异议，可以对其承认的部分强制执行。制作裁定书时，应在说明理由部分将没有异议部分的内容阐述清楚。

② 本《规定》自 1998 年 7 月 8 日公布试行 22 年多，至 2020 年 12 月 23 日修正，仍为"试行"。

他财产不足清偿全部债务的，在被执行人的财产被执行完毕前，对该被执行人已经取得金钱债权执行依据的其他债权人可以申请对该被执行人的财产参与分配。

56. 对参与被执行人财产的具体分配，应当由首先查封、扣押或冻结的法院主持进行。

首先查封、扣押、冻结的法院所采取的执行措施如系为执行财产保全裁定，具体分配应当在该院案件审理终结后进行。

~~92. 债权人申请参与分配的，应当向其原申请执行法院提交参与分配申请书，写明参与分配的理由，并附有执行依据。该执行法院应将参与分配申请书转交给主持分配的法院，并说明执行情况。~~

~~93. 对人民法院查封、扣押或冻结的财产有优先权、担保物权的债权人，可以申请参加参与分配程序，主张优先受偿权。~~

~~94. 参与分配案件中可供执行的财产，在对享有优先权、担保权的债权人依照法律规定的顺序优先受偿后，按照各个案件债权额的比例进行分配。~~

~~95. 被执行人的财产被分配给各债权人后，被执行人对其剩余债务应当继续清偿。债权人发现被执行人有其他财产的，人民法院可以根据债权人的申请继续依法执行。~~

~~96. 被执行人为企业法人，未经清理或清算而撤销、注销或歇业，其财产不足清偿全部债务的，应当参照本规定90条至95条的规定，对各债权人的债权按比例清偿。~~

【执他字［2014］23、24号】 最高人民法院针对山东省高级人民法院就处置济南彩石山庄房屋买卖合同纠纷案请示的答复（2014年7月18日答复山东高院）

你院在办理有关案件中，就"开发商未建成房产时购买者的购房款能否优先于建筑工程价款和土地使用权抵押债权受偿问题"形成2种意见。多数人认为交付全部或者大部分款项的购房者享有的购房款返还请求权优先于承包人的建设工程价款优先权和抵押权人的抵押权。少数人认为债权应当平等保护，购买者享有的购房款请求权不应优先于其他一般债权。因该问题涉及《最高人民法院关于建设工程价款优先受偿权问题的批复》①（法释［2002］16号，下称《批复》）的理解和适用，你院向我院提交［2014］鲁执三他字第9号、第10号2个报告进行请示。因2个报告请示的系同一法律问题，经研究，一并答复如下：

一、《批复》第1条规定：人民法院在审理房地产纠纷案件和办理执行案件中，应当依照《中华人民共和国合同法》第286条（**现民法典第807条**）的规

---

① 注：该《批复》（法释［2002］16号）已被《最高人民法院关于废止部分司法解释及相关规范性文件的决定》（法释［2020］16号）宣布废止，2021年1月1日起施行。

定，认定建筑工程的承包人的优先受偿权优于抵押权和其他债权。第 2 条规定：消费者交付购买商品房的全部或者大部分款项后，承包人就该商品房享有的工程价款优先受偿权不得对抗买受人①。上述 2 个条文明确规定了房屋买受人的权利优先于建筑工程承包人的优先受偿权与抵押权人的抵押权，体现了优先保护处于相对弱势地位的房屋买受人的精神。

二、基于《批复》保护处于弱势地位的房屋买受人的精神，对于《批复》第 2 条"承包人的工程价款优先受偿权不得对抗买受人"的规定，应当理解为既不得对抗买受人在房屋建成情况下的房屋交付请求权，也不得对抗买受人在房屋未建成等情况下的购房款返还请求权。

三、综合考虑《批复》的立法目的、相关制度的衔接、各方主体的利益平衡等多种因素，我院认为你院审判委员会的多数人意见更符合《批复》的精神，处理结果更为妥当。我院原则同意你院审判委员会的多数人意见。

四、请你院依照《批复》的规定与精神，以你院审判委员会的多数人意见为基础，结合具体案情依法妥善处理相关案件。同时注意以下几个问题：

1. 对于房屋买受人主张的违约金是否优先保护问题，你院应当在兼顾建筑工程承包人、抵押权人等各方当事人合法权益的基础上妥善处理，避免相关主体之间的利益失衡。

2. 与执行程序相比，破产程序能更好地清理债权债务。在破产程序中，《批复》关于优先保护商品房买受人权利的规定也应予以适用，请你院考虑可否引导相关案件通过破产程序处理。

3. 如相关案件债务人不能进入破产程序，在房屋买受人的购房款返还请求权未经生效法律文书确认的情况下，根据现行法律规定，应通过参与分配程序实现其优先受偿。在参与分配程序中，应注意确保对各方当事人依法进行程序性救济。

你院请示问题涉及相关案件中大量房屋买受人的利益保护，关系到社会稳定的大局，山东省委、省政府一直予以密切关注。你院要紧紧依靠山东省委的领导，积极争取山东省政府的支持，坚持司法为民，严格把握法律规定与政策精神，针对可能出现的问题制定相应预案，依法妥善处理相关案件，切实防止出现社会性群体事件，依法保护各方当事人的合法权益。

【法释［2016］6 号】　最高人民法院关于首先查封法院与优先债权执行法院处分查封财产有关问题的批复（2015 年 12 月 16 日最高法审委会［1672 次］通过，2016 年 4 月 12 日公布，答复福建高院"闽高法［2015］261 号"请示，

---

① 注：全国人大常委会法工委办公室认为本条内容"法律对此没有作出规定，宜作个案处理"。

2016 年 4 月 14 日起施行)

一、执行过程中，应当由首先查封、扣押、冻结（以下简称查封）法院负责处分查封财产。但已进入其他法院执行程序的债权对查封财产有顺位在先的担保物权、优先权（该债权以下简称优先债权），自首先查封之日起已超过 60 日，且首先查封法院就该查封财产尚未发布拍卖公告或者进入变卖程序的，优先债权执行法院可以要求将该查封财产移送执行。

二、优先债权执行法院要求首先查封法院将查封财产移送执行的，应当出具商请移送执行函，并附确认优先债权的生效法律文书及案件情况说明。

首先查封法院应当在收到优先债权执行法院商请移送执行函之日起 15 日内出具移送执行函，将查封财产移送优先债权执行法院执行，并告知当事人。

移送执行函应当载明将查封财产移送执行及首先查封债权的相关情况等内容。

三、财产移送执行后，优先债权执行法院在处分或继续查封该财产时，可以持首先查封法院移送执行函办理相关手续。

优先债权执行法院对移送的财产变价后，应当按照法律规定的清偿顺序分配，并将相关情况告知首先查封法院。

首先查封债权尚未经生效法律文书确认的，应当按照首先查封债权的清偿顺位，预留相应份额。

四、首先查封法院与优先债权执行法院就移送查封财产发生争议的，可以逐级报请双方共同的上级法院指定该财产的执行法院。

共同的上级法院根据首先查封债权所处的诉讼阶段、查封财产的种类及所在地、各债权数额与查封财产价值之间的关系等案件具体情况，认为由首先查封法院执行更为妥当的，也可以决定由首先查封法院继续执行，但应当督促其在指定期限内处分查封财产。

【法发〔2019〕34 号】 最高人民法院、司法部、中华全国律师协会关于深入推进律师参与人民法院执行工作的意见（2019 年 12 月 25 日）

8. 充分发挥律师在参与分配和执行转破产程序中的作用。被执行人为公民或其他组织，其财产不足以清偿全部债务，其他已经取得执行依据的债权人的代理律师可以协助该债权人向人民法院申请参与分配。对符合条件的申请，人民法院应当及时受理。……

【主席令〔2020〕45 号】 中华人民共和国民法典（2020 年 5 月 28 日全国人大〔13 届 3 次〕通过，2021 年 1 月 1 日起施行）

第 807 条 发包人未按照约定支付价款的，承包人可以催告发包人在合理期限内支付价款。发包人逾期不支付的，除根据建设工程的性质不宜折价、拍卖外，承包人可以与发包人协议将该工程折价，也可以请求人民法院将该工程依法拍卖。建设工程的价款就该工程折价或者拍卖的价款优先受偿。

【法释〔2020〕11号】 **最高人民法院关于审理涉船员纠纷案件若干问题的规定**（2020年6月8日最高法审委会〔1803次〕通过，2020年9月27日公布，2020年9月29日起施行；以本规为准）

第6条　具有船舶优先权的海事请求，船员未依照《中华人民共和国海商法》第28条的规定请求扣押产生船舶优先权的船舶，仅请求确认其在一定期限内对该产生船舶优先权的船舶享有优先权的，应予支持。

前款规定的期限自优先权产生之日起以1年为限。

第7条　具有船舶优先权的海事请求，船员未申请限制船舶继续营运，仅申请对船舶采取限制处分、限制抵押等保全措施的，应予支持。船员主张该保全措施构成《中华人民共和国海商法》第28条规定的船舶扣押的，不予支持。

第8条　因登船、在船工作、离船遣返产生的下列工资、其他劳动报酬，船员主张船舶优先权的，应予支持：（一）正常工作时间的报酬或基本工资；（二）延长工作时间的加班工资，休息日、法定休假日加班工资；（三）在船服务期间的奖金、相关津贴和补贴，以及特殊情况下支付的工资等；（四）未按期支付上述款项产生的孳息。

《中华人民共和国劳动法》和《中华人民共和国劳动合同法》中规定的相关经济补偿金、赔偿金，未依据《中华人民共和国劳动合同法》第82条之规定签订书面劳动合同而应支付的双倍工资，以及因未按期支付本款规定的前述费用而产生的孳息，船员主张船舶优先权的，不予支持。

第9条　船员因登船、在船工作、离船遣返而产生的工资、其他劳动报酬、船员遣返费用、社会保险费用，船舶所有人未依约支付，第三方向船员垫付全部或部分费用，船员将相应的海事请求权转让给第三方，第三方就受让的海事请求权请求确认或行使船舶优先权的，应予支持。

第18条　本规定中的船舶所有人，包括光船承租人、船舶管理人、船舶经营人。

第19条　本规定施行后尚未终审的案件，适用本规定；本规定施行前已经终审，当事人申请再审或者按照审判监督程序决定再审的案件，不适用本规定。

【法释〔2020〕25号】 **最高人民法院关于审理建设工程施工合同纠纷案件适用法律问题的解释（一）**（2020年12月25日最高法审委会〔1825次〕通过，2020年12月29日公布，2021年1月1日起施行）

第35条　与发包人订立建设工程施工合同的承包人，依据民法典第807条的规定请求其承建工程的价款就工程折价或者拍卖的价款优先受偿的，人民法院应予支持。

第36条　承包人根据民法典第807条规定享有的建设工程价款优先受偿权优于抵押权和其他债权。

第37条　装饰装修工程具备折价或者拍卖条件，装饰装修工程的承包人请求工程价款就该装饰装修工程折价或者拍卖的价款优先受偿的，人民法院应予支持。

第38条　建设工程质量合格，承包人请求其承建工程的价款就工程折价或者拍卖的价款优先受偿的，人民法院应予支持。

第39条　未竣工的建设工程质量合格，承包人请求其承建工程的价款就其承建工程部分折价或者拍卖的价款优先受偿的，人民法院应予支持。

第40条　承包人建设工程价款优先受偿的范围依照国务院有关行政主管部门关于建设工程价款范围的规定确定。

承包人就逾期支付建设工程价款的利息、违约金、损害赔偿金等主张优先受偿的，人民法院不予支持。

第41条　承包人应当在合理期限内行使建设工程价款优先受偿权，但最长不得超过18个月，自发包人应当给付建设工程价款之日起算。

第42条　发包人与承包人约定放弃或者限制建设工程价款优先受偿权，损害建筑工人利益，发包人根据该约定主张承包人不享有建设工程价款优先受偿权的，人民法院不予支持。

【法（民四）明传［2021］60号】　全国法院涉外商事海事审判工作座谈会会议纪要（2021年6月10日在南京召开，最高法2021年12月31日印发）

76.【就海上货物运输合同产生的财产损失主张船舶优先权的法律适用】承运人履行海上货物运输合同过程中，造成货物灭失或者损坏的，船载货物权利人对本船提起的财产赔偿请求不具有船舶优先权。碰撞船舶互有过失造成船载货物灭失或者损坏的，船载货物权利人可以根据海商法第22条第1款第5项的规定向对方船舶主张船舶优先权。

77.【就海上旅客运输合同产生的财产损失主张船舶优先权的法律适用】承运人履行海上旅客运输合同过程中，造成旅客行李灭失或者损坏的，旅客对本船提起的财产赔偿请求不具有船舶优先权。碰撞船舶互有过失造成旅客行李灭失或者损坏的，旅客可以根据海商法第22条第1款第5项的规定向对方船舶主张船舶优先权。

【法释〔2022〕1号】　最高人民法院关于审理生态环境侵权纠纷案件适用惩罚性赔偿的解释（2021年12月27日最高法审委会〔1858次〕通过，2022年1月12日公布，2022年1月20日起施行）

第11条　侵权人因同一污染环境、破坏生态行为，应当承担包括惩罚性赔偿在内的民事责任、行政责任和刑事责任，其财产不足以支付的，应当优先用于承担民事责任。

侵权人因同一污染环境、破坏生态行为，应当承担包括惩罚性赔偿在内的民事责任，其财产不足以支付的，应当优先用于承担惩罚性赔偿以外的其他责任。

【法释〔2022〕11号】　最高人民法院关于适用《中华人民共和国民事诉讼法》的解释（"法释〔2015〕5号"公布，2015年2月4日起施行；根据法释〔2020〕20号《决定》修正，2021年1月1日起施行；2022年3月22日最高法审委会〔1866次〕修正，2022年4月1日公布，2022年4月10日起施行；以本规为准）

第506条　被执行人为公民或者其他组织，在执行程序开始后，被执行人的其他已经取得执行依据的债权人发现被执行人的财产不能清偿所有债权的，可以向人民法院申请参与分配。

对人民法院查封、扣押、冻结的财产有优先权、担保物权的债权人，可以直接申请参与分配，主张优先受偿权。

第507条　申请参与分配，申请人应当提交申请书。申请书应当写明参与分配和被执行人不能清偿所有债权的事实、理由，并附有执行依据。

参与分配申请应当在执行程序开始后，被执行人的财产执行终结前提出。

第508条　参与分配执行中，执行所得价款扣除执行费用，并清偿应当优先受偿的债权后，对于普通债权，原则上按照其占全部申请参与分配债权数额的比例受偿。清偿后的剩余债务，被执行人应当继续清偿。债权人发现被执行人有其他财产的，可以随时请求人民法院执行。

第509条　多个债权人对执行财产申请参与分配的，执行法院应当制作财产分配方案，并送达各债权人和被执行人。债权人或者被执行人对分配方案有异议的，应当自收到分配方案之日起15日内向执行法院提出书面异议。

第510条　债权人或者被执行人对分配方案提出书面异议的，执行法院应当通知未提出异议的债权人、被执行人。

未提出异议的债权人、被执行人自收到通知之日起15日内未提出反对意见的，执行法院依异议人的意见对分配方案审查修正后进行分配；提出反对意见的，应当通知异议人。异议人可以自收到通知之日起15日内，以提出反对意见的债权人、被执行人为被告,向执行法院提起诉讼;异议人逾期未提起诉讼的,执行法院按照原分配方案进行分配。

诉讼期间进行分配的,执行法院应当提存与争议债权数额相应的款项。

第514条 当事人不同意移送破产或者被执行人住所地人民法院不受理破产案件的,执行法院就执行变价所得财产,在扣除执行费用及清偿优先受偿的债权后,对于普通债权,按照财产保全和执行中查封、扣押、冻结财产的先后顺序清偿。

【法释[2023]1号】 最高人民法院关于商品房消费者权利保护问题的批复(2023年2月14日最高法审委会[1879次]通过,2023年4月20日公布,答复河南高院"豫高法[2023]56号"请示,同日起施行)

一、建设工程价款优先受偿权、抵押权以及其他债权之间的权利顺位关系,按照《最高人民法院关于审理建设工程施工合同纠纷案件适用法律问题的解释(一)》(法释[2020]25号)第36条的规定处理。

二、商品房消费者以居住为目的购买房屋并已支付全部价款,主张其房屋交付请求权优先于建设工程价款优先受偿权、抵押权以及其他债权的,人民法院应当予以支持。

只支付了部分价款的商品房消费者,在一审法庭辩论终结前已实际支付剩余价款的,可以适用前款规定。

三、在房屋不能交付且无实际交付可能的情况下,商品房消费者主张价款返还请求权优先于建设工程价款优先受偿权、抵押权以及其他债权的,人民法院应当予以支持。

● **指导案例** **【法[2015]320号】 最高人民法院第11批指导性案例**(2015年11月19日)

(指导案例53号) 福建海峡银行股份有限公司福州五一支行诉长乐亚新污水处理有限公司、福州市政工程有限公司金融借款合同纠纷案(福建高院2013年9月17日[2013]闽民终字第870号民事判决)

裁判要点:1.特许经营权的收益权可以质押,并可作为应收账款进行出质登记。2.特许经营权的收益权依其性质不宜折价、拍卖或变卖,质权人主张优先受偿权的,人民法院可以判令出质债权的债务人将收益权的应收账款优先支付质权人。

【法[2016]449号】 最高人民法院第15批指导性案例(2016年12月28日)

(指导案例73号) 通州建总集团有限公司诉安徽天宇化工有限公司别除权纠纷案(安徽高院2014年7月14日[2014]皖民一终字第00054号民事判决)

裁判要点：符合《破产法》第 18 条规定的情形，建设工程施工合同视为解除的，承包人行使优先受偿权的期限应自合同解除之日起计算。

【法〔2019〕3 号】　最高人民法院第 21 批指导性案例（2019 年 2 月 25 日）

（指导案例 111 号）中国建设银行股份有限公司广州荔湾支行诉广东蓝粤能源发展有限公司等信用证开证纠纷案（最高法院 2015 年 10 月 19 日〔2015〕民提字第 126 号民事判决）

裁判要点：……2. 开证行对信用证项下单据中的提单以及提单项下的货物享有质权的，开证行行使提单质权的方式与行使提单项下货物动产质权的方式相同，即对提单项下货物折价、变卖、拍卖后所得价款享有优先受偿权。

【法〔2019〕294 号】　最高人民法院第 23 批指导性案例（2019 年 12 月 24 日）

（指导案例 122 号）河南神泉之源实业发展有限公司与赵五军、汝州博易观光医疗主题园区开发有限公司等执行监督案①

裁判要点：执行法院将同一被执行人的几个案件合并执行的，应当按照申请执行人的各个债权的受偿顺序进行清偿，避免侵害顺位在先的其他债权人的利益。

● **公报案例**　（法公报〔2016〕4 期）　**中铁 22 局集团第 4 工程有限公司与安徽瑞讯交通开发有限公司、安徽省高速公路控股集团有限公司建设工程施工合同纠纷案**（最高法院民事判决书〔2014〕民一终字第 56 号）

裁判摘要：最高人民法院《关于建设工程价款优先受偿权问题的批复》②第 3 条规定："建设工程价款包括承包人为建设工程应当支付的工作人员报酬、材料款等实际支出的费用，不包括承包人因发包人违约所造成的损失。"承包人诉讼请求中所主张的因发包人违约造成的停窝工损失和材料价差损失，不属于建设工程价款优先受偿权的权利行使范围，承包人请求对上述两部分款项行使优先受偿权的，人民法院不予支持。

---

①　注：本案，最高人民法院认为，根据《最高人民法院关于人民法院民事执行中查封、扣押、冻结财产的规定》第 23 条第 1 款有关查封土地使用权的效力及于地上建筑物的规定精神，贾强强对该建筑物及该建筑物占用范围内的土地使用权均系轮候查封。执行法院虽将春少峰、贾强强的案件与陈冬利、郭红宾的案件合并执行，但仍应按照相应债权申请查封的顺序确定受偿顺序。平顶山中院裁定将全部涉案财产抵债给神泉之源公司，实质上是将查封顺位在后的原贾建强、春少峰债权受偿顺序提前，影响了在先轮候的债权人的合法权益。故于 2019 年 3 月 19 日作出〔2018〕最高法执监 848、847、845 号裁定，驳回神泉之源公司的申请请求，维持河南高院〔2017〕豫执复 158 号等执行裁定。

②　注：该《批复》（法释〔2002〕16 号）已被《最高人民法院关于废止部分司法解释及相关规范性文件的决定》（法释〔2020〕16 号）宣布废止，2021 年 1 月 1 日起施行。

（法公报［2016］5 期） 　中国建设银行股份有限公司广州荔湾支行与广东蓝粤能源发展有限公司等信用证开证纠纷案（最高法院民事判决书［2015］民提字第 126 号）

　　裁判摘要： 提单具有债权凭证和所有权凭证的双重属性，提单持人是否因受领提单的交付而取得物权以及取得何种类型的物权，取决于合同的约定。本案中，开证行根据其与开证申请人之间的合同约定持有提单，结合当事人的真实意思表示以及信用证交易的特点，应认定开证行对信用证项下单据中的提单以及提单项下的货物享有质权，开证行行使提单质权的方式与行使提单项下动产质权的方式相同，即对提单项下货物折价、变卖、拍卖后所得价款享有优先受偿权。

（法公报［2016］10 期） 　大连银行股份有限公司沈阳分行与抚顺市艳丰建材有限公司、郑克旭案外人执行异议之诉案（最高法院民事判决书［2015］民提字第 175 号）

　　裁判摘要： 承兑汇票出票人向银行承兑保证金专用账户交存保证金作为承兑汇票业务的担保，该行为性质属于设立金钱质押。当出票人未支付到期票款，银行履行垫款义务后，银行基于对质权享有就该保证金优先受偿的权利。质权属于担保物权，足以排除另案债权的强制执行。

（法公报［2022］6 期） 　黄明与陈琪玲、陈泽峰、福建省丰泉环保集团有限公司民间借贷纠纷案（最高法院 2020 年 6 月 30 日民事判决书［2019］最高法民终 218 号）

　　裁判摘要： 抵销权的行使不得损害第三人的合法权益。当债权人同时为多个执行案件的被执行人且无实际财产可供清偿他人债务时，债务人以受让申请执行人对债权人享有的执行债权，主张抵销债权人债权的，人民法院应对主动债权的取得情况进行审查，防止主动债权变相获得优先受偿，进而损害其他债权人的利益。债务人受让的执行债权仍应当在债权人作为被执行人的执行案件中以参与分配的方式实现，以遏制恶意抵销和维护债权公平受偿的私法秩序。

（法公报［2022］9 期） 　江苏南通二建集团有限公司与上海农村商业银行股份有限公司浦东分行等建设工程施工合同纠纷案（最高法院 2021 年 8 月 10 日民事裁定书［2021］最高法民申 3629 号）

　　裁判摘要： 承包人出具虚假的工程款收款证明，就其未获清偿的工程款债权主张享有建设工程价款优先受偿权的，人民法院不予支持。

（法公报［2023］3 期）　　四川中成煤炭建设（集团）有限责任公司与成都泓昌嘉泰房地产有限公司建设工程施工合同纠纷案（最高法院 2021 年 11 月 9 日民事判决书［2021］最高法民再 188 号）

　　裁判摘要：建设工程中基坑工程承包人投入的建筑材料和劳动力已物化到建筑物中，与建筑物不可分割，基坑施工合同的承包人应享有优先受偿权。对于同一建设工程，可能存在多个承包人，如承包人完成的工程属于建设工程，且共同完成的建设工程宜于折价、拍卖的，则应依法保障承包人的优先受偿权。根据建筑行业管理规范和办法，深基坑工程施工包括支护结构施工、地下水和地表水控制、土石方开挖等内容，故基坑支护、降水、土石方运工程施工合同的承包人，要求在未受偿工程款范围内享有优先受偿权的，人民法院应予支持。

● **高法判例**　【［2022］最高法民再 69 号】　章某潭、郑某凌等申请执行人执行异议之诉再审案（最高法 2022 年 12 月 14 日民事判决书）

　　裁判摘要：根据执行异议和复议规定第 27 条之规定，申请执行人对执行标的依法享有对抗案外人的担保物权等优先受偿权，人民法院对案外人提出的排除执行异议不予支持，但法律、司法解释另有规定的除外。但该规定的前提系申请执行人与案外人针对的系同一执行标的，某公司对土地使用权及地上房屋是否一并享有抵押权，是其能否强制执行案涉土地及房屋并享有优先受偿权的前提条件。某公司对土地使用权享有抵押权，但并不当然对土地上新增的房屋享有抵押权，即案涉房屋不属于某公司的抵押权范围。某公司如实现其抵押权，应将土地使用权和案涉房屋一并处分，但对处分案涉房屋所得价款，不享有优先受偿权。

● **文书格式**　【法［2016］221 号】　民事诉讼文书样式（2016 年 2 月 22 日最高法审委会［1679 次］通过，2016 年 6 月 28 日公布，2016 年 8 月 1 日起施行）
（本书对格式略有调整，并统一省略了题头"××人民法院"）

执行财产分配方案（参与分配用）

（××××）……执……号

　　债权人：×××，男/女，×年×月×日出生，×族，……（写明工作单位和职务或者职业），住……。（★债权人是法人或其他组织的，本段写明原告的名称、住所）

　　法定代理人/指定代理人：×××，……。（★债权人是法人或其他组织的，本段写明法定代表人、主要负责人及其姓名、职务、联系方式）

　　委托诉讼代理人：×××，……。

被执行人：×××，……。

法定代理人/指定代理人/法定代表人/主要负责人：×××，……。

委托诉讼代理人：×××，……。

（以上写明债权人、被执行人和其他诉讼参加人的姓名或者名称等基本信息）

本院在执行×××与×××……（写明案由）案件中，因被执行人×××可供执行的财产不足以清偿全部债务，债权人×××、债权人×××申请参与分配。本院依法组成合议庭，对债权人的申请审查完毕，并作出参与分配方案。

本院现已查控被执行人×××的财产为……（或已变价的款项数额为……元），并于×年×月×日，召开债权人听证会，听取了债权人对财产分配的意见。债权人意见如下：

债权人×××认为，……（写明意见）。

债权人×××认为，……（写明意见）。

上述债权人已经/未能达成一致意见。

本院查明，……（写明被执行人所有债务的类型及数额）。

本院认为，……（写明各个债权的受偿顺序、受偿比例、数额及理由）。

综上所述，依照《最高人民法院关于适用〈中华人民共和国民事诉讼法〉执行程序若干问题的解释》第25条、《最高人民法院关于适用〈中华人民共和国民事诉讼法〉的解释》第506条、第509条规定，债权人受偿如下：

……（分项写明各个债权的受偿顺序及数额）。

债权人、被执行人对分配方案有异议的，应当自收到本分配方案之日起15日内向本院提出书面异议。

审判长　×××

（代理）审判员　×××

人民陪审员　×××

×年×月×日（院印）

法官助理　×××

书记员　×××

执行异议书（对财产分配方案提出异议）①

异议人（申请执行人/被执行人/利害关系人）：×××，男/女，×年×月×日生，×族，……（写明工作单位和职务或职业），住……。联系方式：……。（★异议人是法人或其他组织的，本段写明名称、住所）

---

① 注：本样式根据"法释〔2022〕11号"《解释》第509条制定。债权人或者被执行人对财产分配方案有异议的，应当自收到财产分配方案之日起15日内向执行法院提出书面异议。

法定代理人/指定代理人①：×××，……。（★异议人是法人或其他组织的，本段写明法定代表人、主要负责人及其姓名、职务、联系方式）

委托诉讼代理人：×××，……。（异议时已经委托诉讼代理人的，写明此项）

债权人/被执行人：×××，……。

（以上写明异议人和其他诉讼参与人的姓名或者名称等基本信息）

请求事项：

因被执行人×××的财产不能清偿所有债务，××人民法院于×年×月×日作出财产分配方案，异议人不服，提出以下异议请求：……

事实与理由：

……

此致：××人民法院

附：××人民法院财产分配方案

异议人（自然人签名或单位盖章）

×年×月×日

（本书汇）【海事赔偿】

● 相关规定　【主席令［1992］64号】　中华人民共和国海商法（1992年11月7日全国人大常委会［7届28次］通过，1993年7月1日起施行）

第3条　本法所称船舶，是指海船和其他海上移动式装置，但是用于军事的、政府公务的船舶和20总吨以下的小型船艇除外。

前款所称船舶，包括船舶属具。

第169条　船舶发生碰撞，碰撞的船舶互有过失的，各船按照过失程度的比例负赔偿责任；过失程度相当或者过失程度的比例无法判定的，平均负赔偿责任。

互有过失的船舶，对碰撞造成的船舶以及船上货物和其他财产的损失，依照前款规定的比例负赔偿责任。碰撞造成第三人财产损失的，各船的赔偿责任均不超过其应当承担的比例。

互有过失的船舶，对造成的第三人的人身伤亡，负连带赔偿责任。一船连带支付的赔偿超过本条第1款规定的比例的，有权向其他有过失的船舶追偿。

第204条　船舶所有人、救助人，对本法第207条所列海事赔偿请求，可以

---

① 注：异议人是无民事行为能力或限制民事行为能力人的，应当写明法定代理人姓名、性别、出生日期、民族、职业、工作单位、住所、联系方式，在诉讼地位后括注与异议人的关系。

依照本章规定限制赔偿责任。

前款所称的船舶所有人，包括船舶承租人和船舶经营人。

第205条 本法第207条所列海事赔偿请求，不是向船舶所有人、救助人本人提出，而是向他们对其行为、过失负有责任的人员提出的，这些人员可以依照本章规定限制赔偿责任。

第206条 被保险人依照本章规定可以限制赔偿责任的，对该海事赔偿请求承担责任的保险人，有权依照本章规定享受相同的赔偿责任限制。

第207条 下列海事赔偿请求，除本法第208条和第209条另有规定外，无论赔偿责任的基础有何不同，责任人均可以依照本章规定限制赔偿责任：

（一）在船上发生的或者与船舶营运、救助作业直接相关的人身伤亡或者财产的灭失、损坏，包括对港口工程、港池、航道和助航设施造成的损坏，以及由此引起的相应损失的赔偿请求；

（二）海上货物运输因迟延交付或者旅客及其行李运输因迟延到达造成损失的赔偿请求；

（三）与船舶营运或者救助作业直接相关的，侵犯非合同权利的行为造成其他损失的赔偿请求；

（四）责任人以外的其他人，为避免或者减少责任人依照本章规定可以限制赔偿责任的损失而采取措施的赔偿请求，以及因此项措施造成进一步损失的赔偿请求。

前款所列赔偿请求，无论提出的方式有何不同，均可以限制赔偿责任。但是，第4项涉及责任人以合同约定支付的报酬，责任人的支付责任不得援用本条赔偿责任限制的规定。

第208条 本章规定不适用于下列各项：（一）对救助款项或者共同海损分摊的请求；（二）中华人民共和国参加的国际油污损害民事责任公约规定的油污损害的赔偿请求；（三）中华人民共和国参加的国际核能损害责任限制公约规定的核能损害的赔偿请求；（四）核动力船舶造成的核能损害的赔偿请求；（五）船舶所有人或者救助人的受雇人提出的赔偿请求，根据调整劳务合同的法律，船舶所有人或者救助人对该类赔偿请求无权限制赔偿责任，或者该项法律作了高于本章规定的赔偿限额的规定。

第209条 经证明，引起赔偿请求的损失是由于责任人的故意或者明知可能造成损失而轻率地作为或者不作为造成的，责任人无权依照本章规定限制赔偿责任。

第210条 除本法第211条另有规定外，海事赔偿责任限制，依照下列规定计算赔偿限额：

（一）关于人身伤亡的赔偿请求

1. 总吨位 300 吨至 500 吨的船舶，赔偿限额为 333000 计算单位；

2. 总吨位超过 500 吨的船舶，500 吨以下部分适用本项第 1 目的规定，500 吨以上的部分，应当增加下列数额：501 吨至 3000 吨的部分，每吨增加 500 计算单位；3001 吨至 30000 吨的部分，每吨增加 333 计算单位；30001 吨至 70000 吨的部分，每吨增加 250 计算单位；超过 70000 吨的部分，每吨增加 167 计算单位。

（二）关于非人身伤亡的赔偿请求

1. 总吨位 300 吨至 500 吨的船舶，赔偿限额为 167000 计算单位；

2. 总吨位超过 500 吨的船舶，500 吨以下部分适用本项第 1 目的规定，500 吨以上的部分，应当增加下列数额：501 吨至 30000 吨的部分，每吨增加 167 计算单位；30001 吨至 70000 吨的部分，每吨增加 125 计算单位；超过 70000 吨的部分，每吨增加 83 计算单位。

（三）依照第 1 项规定的限额，不足以支付全部人身伤亡的赔偿请求的，其差额应当与非人身伤亡的赔偿请求并列，从第 2 项数额中按照比例受偿。

（四）在不影响第 3 项关于人身伤亡赔偿请求的情况下，就港口工程、港池、航道和助航设施的损害提出的赔偿请求，应当较第 2 项中的其他赔偿请求优先受偿。

（五）不以船舶进行救助作业或者在被救船舶上进行救助作业的救助人，其责任限额按照总吨位为 1500 吨的船舶计算。

总吨位不满 300 吨的船舶，从事中华人民共和国港口之间的运输的船舶，以及从事沿海作业的船舶，其赔偿限额由国务院交通主管部门制定，报国务院批准后施行。

第 211 条　海上旅客运输的旅客人身伤亡赔偿责任限制，按照 46666 计算单位乘以船舶证书规定的载客定额计算赔偿限额，但是最高不超过 25000000 计算单位。

中华人民共和国港口之间海上旅客运输的旅客人身伤亡，赔偿限额由国务院交通主管部门制定，报国务院批准后施行。

第 212 条　本法第 210 条和第 211 条规定的赔偿限额，适用于特定场合发生的事故引起的，向船舶所有人、救助人本人和他们对其行为、过失负有责任的人员提出的请求的总额。

第 213 条　责任人要求依照本法规定限制赔偿责任的，可以在有管辖权的法院设立责任限制基金。基金数额分别为本法第 210 条、第 211 条规定的限额，加上自责任产生之日起至基金设立之日止的相应利息。

第 214 条　责任人设立责任限制基金后，向责任人提出请求的任何人，不得

第三编　第二十一章

对责任人的任何财产行使任何权利；已设立责任限制基金的责任人的船舶或者其他财产已经被扣押，或者基金设立人已经提交抵押物的，法院应当及时下令释放或者责令退还。

第215条　享受本章规定的责任限制的人，就同一事故向请求人提出反请求的，双方的请求金额应当相互抵消，本章规定的赔偿限额仅适用于两个请求金额之间的差额。

【主席令［1999］28号】　中华人民共和国海事诉讼特别程序法（1999年12月25日全国人大常委会［9届13次］通过，2000年7月1日起施行）

第101条　船舶所有人、承租人、经营人、救助人、保险人在发生海事事故后，依法申请责任限制的，可以向海事法院申请设立海事赔偿责任限制基金。

船舶造成油污损害的，船舶所有人及其责任保险人或者提供财务保证的其他人为取得法律规定的责任限制的权利，应当向海事法院设立油污损害的海事赔偿责任限制基金。

设立责任限制基金的申请可以在起诉前或者诉讼中提出，但最迟应当在一审判决作出前提出。

第102条　当事人在起诉前申请设立海事赔偿责任限制基金的，应当向事故发生地、合同履行地或者船舶扣押地海事法院提出。

第103条　设立海事赔偿责任限制基金，不受当事人之间关于诉讼管辖协议或者仲裁协议的约束。

第104条　申请人向海事法院申请设立海事赔偿责任限制基金，应当提交书面申请。申请书应当载明申请设立海事赔偿责任限制基金的数额、理由，以及已知的利害关系人的名称、地址和通讯方法，并附有关证据。

第105条　海事法院受理设立海事赔偿责任限制基金申请后，应当在7日内向已知的利害关系人发出通知，同时通过报纸或者其他新闻媒体发布公告。

通知和公告包括下列内容：（一）申请人的名称；（二）申请的事实和理由；（三）设立海事赔偿责任限制基金事项；（四）办理债权登记事项；（五）需要告知的其他事项。

第106条　利害关系人对申请人申请设立海事赔偿责任限制基金有异议的，应当在收到通知之日起7日内或者未收到通知的在公告之日起30日内，以书面形式向海事法院提出。

海事法院收到利害关系人提出的书面异议后，应当进行审查，在15日内作出裁定。异议成立的，裁定驳回申请人的申请；异议不成立的，裁定准予申请人设立海事赔偿责任限制基金。

当事人对裁定不服的，可以在收到裁定书之日起 7 日内提起上诉。第二审人民法院应当在收到上诉状之日起 15 日内作出裁定。

第 107 条　利害关系人在规定的期间内没有提出异议的，海事法院裁定准予申请人设立海事赔偿责任限制基金。

第 108 条　准予申请人设立海事赔偿责任限制基金的裁定生效后，申请人应当在海事法院设立海事赔偿责任限制基金。

设立海事赔偿责任限制基金可以提供现金，也可以提供经海事法院认可的担保。

海事赔偿责任限制基金的数额，为海事赔偿责任限额和自事故发生之日起至基金设立之日止的利息。以担保方式设立基金的，担保数额为基金数额及其在基金设立期间的利息。

以现金设立基金的，基金到达海事法院指定帐户之日为基金设立之日。以担保设立基金的，海事法院接受担保之日为基金设立之日。

第 109 条　设立海事赔偿责任限制基金以后，当事人就有关海事纠纷应当向设立海事赔偿责任限制基金的海事法院提起诉讼，但当事人之间订有诉讼管辖协议或者仲裁协议的除外。

第 110 条　申请人申请设立海事赔偿责任限制基金错误的，应当赔偿利害关系人因此所遭受的损失。

第 111 条　海事法院裁定强制拍卖船舶的公告发布后，债权人应当在公告期间，就与被拍卖船舶有关的债权申请登记。公告期间届满不登记的，视为放弃在本次拍卖船舶价款中受偿的权利。

第 112 条　海事法院受理设立海事赔偿责任限制基金的公告发布后，债权人应当在公告期间就与特定场合发生的海事事故有关的债权申请登记。公告期间届满不登记的，视为放弃债权。

第 113 条　债权人向海事法院申请登记债权的，应当提交书面申请，并提供有关债权证据。

债权证据，包括证明债权的具有法律效力的判决书、裁定书、调解书、仲裁裁决书和公证债权文书，以及其他证明具有海事请求的证据材料。

第 114 条　海事法院应当对债权人的申请进行审查，对提供债权证据的，裁定准予登记；对不提供债权证据的，裁定驳回申请。

第 115 条　债权人提供证明债权的判决书、裁定书、调解书、仲裁裁决书或者公证债权文书的，海事法院经审查认定上述文书真实合法的，裁定予以确认。

第 116 条　债权人提供其他海事请求证据的，应当在办理债权登记以后，在受理债权登记的海事法院提起确权诉讼。当事人之间有仲裁协议的，应当及时申请仲裁。

海事法院对确权诉讼作出的判决、裁定具有法律效力，当事人不得提起上诉。

第117条　海事法院审理并确认债权后，应当向债权人发出债权人会议通知书，组织召开债权人会议。

第118条　债权人会议可以协商提出船舶价款或者海事赔偿责任限制基金的分配方案，签订受偿协议。

受偿协议经海事法院裁定认可，具有法律效力。

债权人会议协商不成的，由海事法院依照《中华人民共和国海商法》以及其他有关法律规定的受偿顺序，裁定船舶价款或者海事赔偿责任限制基金的分配方案。

第119条　拍卖船舶所得价款及其利息，或者海事赔偿责任限制基金及其利息，应当一并予以分配。

分配船舶价款时，应当由责任人承担的诉讼费用，为保存、拍卖船舶和分配船舶价款产生的费用，以及为债权人的共同利益支付的其他费用，应当从船舶价款中先行拨付。

清偿债务后的余款，应当退还船舶原所有人或者海事赔偿责任限制基金设立人。

【法释〔2003〕3号】　最高人民法院关于适用《中华人民共和国海事诉讼特别程序法》若干问题的解释（2002年12月3日最高法审委会〔1259次〕通过，2003年1月6日公布，2003年2月1日起施行）

第79条　海事诉讼特别程序法第101条规定的船舶所有人指有关船舶证书上载明的船舶所有人。

第80条　海事事故发生在中华人民共和国领域外的，船舶发生事故后进入中华人民共和国领域内的第一到达港视为海事诉讼特别程序法第102条规定的事故发生地。

第81条　当事人在诉讼中申请设立海事赔偿责任限制基金的，应当向受理相关海事纠纷案件的海事法院提出，但当事人之间订有有效诉讼管辖协议或者仲裁协议的除外。

第82条　设立海事赔偿责任限制基金应当通过报纸或者其他新闻媒体连续公告3日。如果涉及的船舶是可以航行于国际航线的，应当通过对外发行的报纸或者其他新闻媒体发布公告。

第83条　利害关系人依据海事诉讼特别程序法第106条的规定对申请人设立海事赔偿责任限制基金提出异议的，海事法院应当对设立基金申请人的主体资格、事故所涉及的债权性质和申请设立基金的数额进行审查。

第 84 条　准予申请人设立海事赔偿责任限制基金的裁定生效后，申请人应当在 3 日内在海事法院设立海事赔偿责任限制基金。申请人逾期未设立基金的，按自动撤回申请处理。

第 85 条　海事诉讼特别程序法第 108 条规定的担保指中华人民共和国境内的银行或者其他金融机构所出具的担保。

第 86 条　设立海事赔偿责任限制基金后，向基金提出请求的任何人，不得就该项索赔对设立或以其名义设立基金的人的任何其他财产，行使任何权利。

第 87 条　海事诉讼特别程序法第 111 条规定的与被拍卖船舶有关的债权指与被拍卖船舶有关的海事债权。

第 88 条　海事诉讼特别程序法第 115 条规定的判决书、裁定书、调解书和仲裁裁决书指我国国内的判决书、裁定书、调解书和仲裁裁决书。对于债权人提供的国外的判决书、裁定书、调解书和仲裁裁决书，适用民事诉讼法第 268 条和第 269 条（现第 297 条、第 298 条）规定的程序审查。

第 89 条　在债权登记前，债权人已向受理债权登记的海事法院以外的海事法院起诉的，受理案件的海事法院应当将案件移送至登记债权的海事法院一并审理，但案件已经进入二审的除外。

第 90 条　债权人依据海事诉讼特别程序法第 116 条规定向受理债权登记的海事法院提起确权诉讼的，应当在办理债权登记后 7 日内提起。

第 91 条　海事诉讼特别程序法第 119 条第 2 款规定的 3 项费用按顺序拨付。

【法发［2005］26 号】　第二次全国涉外商事海事审判工作会议纪要（2005年 11 月 15-16 日在南京召开；2005 年 12 月 26 日公布）

101. 承运人因无正本提单放货给正本提单持有人造成损失的，应当承担违约责任；提货人因无正本提单提货或者其他责任人因无正本提单放货给正本提单持有人造成损失的，无正本提单提货人或者其他责任人应当承担侵权责任。

102. 承运人承担无正本提单放货责任，不得援引《中华人民共和国海商法》第 56 条关于限制赔偿责任的规定。

103. 承运人与实际承运人对无正本提单放货均负有赔偿责任的，依据《中华人民共和国海商法》第 63 条的规定，应当承担连带责任。

104. 承运人倒签提单或者预借提单，不影响正本提单持有人向承运人主张无正本提单放货的权利。

105. 承运人凭伪造的正本提单放货，应当承担无正本提单放货的赔偿责任。

106. 承运人的代理人根据承运人的指示无正本提单放货，或者承运人的代理人超越代理权无正本提单放货后得到承运人追认的，由承运人承担无正本提单放货的赔偿责任。

107. 承运人承担的无正本提单放货违约赔偿责任，应当相当于承运人本人违反运输合同所造成的损失。赔偿范围可以包括：（1）货物装船时的价值。货物装船时的价值可以依据贸易合同约定的价格、结算单据或者核销单据确定，数额不一致的，依实际支付的货款额确定；（2）实际支付货款的利息损失；（3）实际支付的运费和保险费。

108. 无正本提单放货后，正本提单持有人虽然占有货物，但仍有损失的，承运人应当予以赔偿。

109. 提货人因无正本提单提货或者其他责任人因无正本提单放货承担的侵权赔偿责任，应当相当于权利人因此所遭受的实际损失。赔偿范围可以包括：（1）货物装船时的价值。货物装船时的价值可以依据贸易合同约定的价格、结算单据或者核销单据确定，数额不一致的，依实际支付的货款额确定；（2）实际支付的运费和保险费；（3）实际发生的其他损失。

110. 有下列情况之一的，承运人不承担无正本提单放货的赔偿责任：（1）承运人有充分证据证明正本提单持有人认可无正本提单放货；（2）提单载明的卸货港所在地法律强制性规定到港的货物必须交付给当地海关或港口当局；（3）目的港无人提货，承运人按照托运人的指示交付货物。

无正本提单放货后，正本提单持有人已经占有货物但没有发生损失的，或者虽有损失但已经挽回，正本提单持有人向人民法院提起诉讼，请求承运人承担赔偿责任的，人民法院不予支持。

116.（第2款）　发生船舶碰撞码头保险事故时，码头保险人行使代位请求赔偿权利向船舶所有人追偿的，适用《中华人民共和国海商法》的规定。

124. 保险人根据《中华人民共和国海商法》第249条的规定不接受委付的，不影响被保险人要求保险人按照全部损失赔偿的权利。

125. 受理保险人行使代位请求赔偿权纠纷的法院应当仅就第三者与被保险人之间的法律关系进行审理，第三者对保险人行使代位请求赔偿权利依据的保险合同效力提出异议的，海事法院不予审查。

126. 保险人向被保险人支付保险赔偿前，被保险人向第三者提起诉讼、提交仲裁或者第三者同意履行义务导致诉讼时效中断时，效力及于保险人。

127. 保险人向被保险人实际赔付保险赔偿取得代位请求赔偿权利后，被保险人与第三者之间就解决纠纷达成的管辖协议以及仲裁协议对保险人不具有约束力。

129. 船舶触碰造成损害引起的侵权纠纷案件，适用《中华人民共和国民法通则》确定各方当事人的权利义务，适用《最高人民法院关于审理船舶碰撞和触碰案件财产损害赔偿的规定》确定损害赔偿责任范围。

130. 船舶所有人对船舶碰撞负有责任，船舶被光船租赁且依法登记的除外。船舶经营人或者管理人对船舶碰撞有过失的，与船舶所有人或者光船承租人承担连带责任，但不影响责任主体之间的追偿。

船舶所有人是指依法登记为船舶所有人的人；船舶没有依法登记的，指实际占有船舶的人。

131.《中华人民共和国海商法》第169条第2款规定的第三人财产损失，是指除互有过失的船舶上所载货物或船员、旅客或船上其他人员的物品外，由于船舶碰撞事故所直接造成的其他财产损失。

132.《中华人民共和国海商法》第169条第3款规定的第三人的人身伤亡，包括碰撞当事船舶上的船员、旅客和其他人员的人身伤亡。

133. 船舶碰撞纠纷的当事人之间已经就船舶碰撞纠纷提起诉讼的，海事法院对船舶碰撞造成第三人财产损失赔偿纠纷案件应当中止审理，待船舶碰撞纠纷案件审理终结后恢复审理。

135. 船舶碰撞纠纷的当事人之间就过失程度比例达成协议的，可以按照约定的比例对第三人的财产损失承担相应的赔偿责任，但不得损害第三人的合法利益。

船舶碰撞纠纷的当事人之间仅就相互赔偿数额达成协议，而未明确相互过失程度比例的，按照赔偿数额确定的比例对第三人的财产损失承担相应的赔偿责任，但不得损害第三人的合法利益。

139. 就沉船沉物强制打捞清除费用提出的请求为海事赔偿请求，责任人不能依照《中华人民共和国海商法》第11章的规定享受海事赔偿责任限制。

140. 清除搁浅或者沉没船舶所产生的费用，可以在行使船舶优先权所拍卖船舶的价款中先行拨付。

144. 因船舶油污直接遭受财产损失的公民、法人或其他组织，有权向油污责任人提起索赔诉讼。

145. 国家海事行政主管部门或其他企事业单位为防止或减轻油污损害而支出的费用，包括清污费用，可直接向油污责任人提起诉讼。

149. 对于受1992年油污公约调整的船舶油污损害赔偿纠纷，因船舶油污造成损害的，由漏油船舶所有人承担赔偿责任。

对于不受1992年油污公约调整的油污损害赔偿纠纷，因船舶碰撞造成油污损害的，由碰撞船舶所有人承担连带赔偿责任，但不影响油污损害赔偿责任人之间的追偿。

150. 油污损害赔偿范围包括：（1）船舶油污造成的公民、法人或其他组织的财产损失；（2）为防止或减轻污染支出的清污费用损失。清污费用的计算，应当结合污染范围、污染程度、溢油数量、清污人员和设备的费用以及有关证据合理认定；（3）因船舶油污造成的渔业资源和海洋资源损失，此种损失应限于已实际采取或将要采取的合理恢复措施的费用。

151. 在船舶油污损害赔偿纠纷中，权利人就清污费用的请求与其他污染损害赔偿的请求按照法院所确定的债权数额比例受偿。

【法释［2010］11号】 最高人民法院关于审理海事赔偿责任限制相关纠纷案件的若干规定（2010年3月22日最高法审委会［1484次］通过，2010年8月27日公布，2010年9月15日起施行；根据法释［2020］18号《决定》修正，2021年1月1日起施行）

第1条 审理海事赔偿责任限制相关纠纷案件，适用海事诉讼特别程序法、海商法的规定；海事诉讼特别程序法、海商法没有规定的，适用其他相关法律、行政法规的规定。

第5条 海事诉讼特别程序法第106条第2款规定的海事法院在15日内作出裁定的期间，自海事法院受理设立海事赔偿责任限制基金申请的最后一次公告发布之次日起第30日开始计算。

第6条 海事诉讼特别程序法第112条规定的申请债权登记期间的届满之日，为海事法院受理设立海事赔偿责任限制基金申请的最后一次公告发布之次日起第60日。

第7条 债权人申请登记债权，符合有关规定的，海事法院应当在海事赔偿责任限制基金设立后，依照海事诉讼特别程序法第114条的规定作出裁定；海事赔偿责任限制基金未依法设立的，海事法院应当裁定终结债权登记程序。债权人已经交纳的申请费由申请设立海事赔偿责任限制基金的人负担。

第8条 海事赔偿责任限制基金设立后，海事请求人基于责任人依法不能援引海事赔偿责任限制抗辩的海事赔偿请求，可以对责任人的财产申请保全。

第9条 海事赔偿责任限制基金设立后，海事请求人就同一海事事故产生的属于海商法第207条规定的可以限制赔偿责任的海事赔偿请求，以行使船舶优先权为由申请扣押船舶的，人民法院不予支持。

第10条 债权人提起确权诉讼时，依据海商法第209条的规定主张责任人无权限制赔偿责任的，应当以书面形式提出。案件的审理不适用海事诉讼特别程序法规定的确权诉讼程序，当事人对海事法院作出的判决、裁定可以依法提起上诉。

2个以上债权人主张责任人无权限制赔偿责任的，海事法院可以将相关案件合并审理。

第11条 债权人依据海事诉讼特别程序法第116条第1款的规定提起确权诉讼后，需要判定碰撞船舶过失程度比例的，案件的审理不适用海事诉讼特别程序法规定的确权诉讼程序，当事人对海事法院作出的判决、裁定可以依法提起上诉。

第 12 条　海商法第 204 条规定的船舶经营人是指登记的船舶经营人，或者接受船舶所有人委托实际使用和控制船舶并应当承担船舶责任的人，但不包括无船承运业务经营者。

第 13 条　责任人未申请设立海事赔偿责任限制基金，不影响其在诉讼中对海商法第 207 条规定的海事请求提出海事赔偿责任限制抗辩。

第 14 条　责任人未提出海事赔偿责任限制抗辩的，海事法院不应主动适用海商法关于海事赔偿责任限制的规定进行裁判。

第 15 条　责任人在一审判决作出前未提出海事赔偿责任限制抗辩，在二审、再审期间提出的，人民法院不予支持。

第 16 条　责任人对海商法第 207 条规定的海事赔偿请求未提出海事赔偿责任限制抗辩，债权人依据有关生效裁判文书或者仲裁裁决书，申请执行责任人海事赔偿责任限制基金以外的财产的，人民法院应予支持，但债权人以上述文书作为债权证据申请登记债权并经海事法院裁定准予的除外。

第 17 条　海商法第 207 条规定的可以限制赔偿责任的海事赔偿请求不包括因沉没、遇难、搁浅或者被弃船舶的起浮、清除、拆毁或者使之无害提起的索赔，或者因船上货物的清除、拆毁或者使之无害提起的索赔。

由于船舶碰撞致使责任人遭受前款规定的索赔，责任人就因此产生的损失向对方船舶追偿时，被请求人主张依据海商法第 207 条的规定限制赔偿责任的，人民法院应予支持。

第 18 条　海商法第 209 条规定的"责任人"是指海事事故的责任人本人。

第 19 条　海事请求人以发生海事事故的船舶不适航为由主张责任人无权限制赔偿责任，但不能证明引起赔偿请求的损失是由于责任人本人的故意或者明知可能造成损失而轻率地作为或者不作为造成的，人民法院不予支持。

第 20 条　海事赔偿责任限制基金应当以人民币设立，其数额按法院准予设立基金的裁定生效之日的特别提款权对人民币的换算办法计算。

第 21 条　海商法第 213 条规定的利息，自海事事故发生之日起至基金设立之日止，按中国人民银行确定的金融机构同期 1 年期贷款基准利率计算。

以担保方式设立海事赔偿责任限制基金的，基金设立期间的利息按中国人民银行确定的金融机构同期 1 年期贷款基准利率计算。

第 22 条　本规定施行前已经终审的案件，人民法院进行再审时，不适用本规定。

第 23 条　本规定施行前本院发布的司法解释与本规定不一致的，以本规定为准。

【法释〔2011〕14号】 最高人民法院关于审理船舶油污损害赔偿纠纷案件若干问题的规定（2011年1月10日最高法审委会〔1509次〕通过，2011年5月4日公布，2011年7月1日起施行；根据法释〔2020〕18号《决定》修正，2021年1月1日起施行）

第19条 对油轮装载的非持久性燃油、非油轮装载的燃油造成油污损害的赔偿请求，适用海商法关于海事赔偿责任限制的规定。

同一海事事故造成前款规定的油污损害和海商法第207条规定的可以限制赔偿责任的其他损害，船舶所有人依照海商法第11章（见海商法第204-215条）的规定主张在同一赔偿限额内限制赔偿责任的，人民法院应予支持。

第20条 为避免油轮装载的非持久性燃油、非油轮装载的燃油造成油污损害，对沉没、搁浅、遇难船舶采取起浮、清除或者使之无害措施，船舶所有人对由此发生的费用主张依照海商法第11章（见海商法第204-215条）的规定限制赔偿责任的，人民法院不予支持。

第21条 对油轮装载持久性油类造成的油污损害，船舶所有人，或者船舶油污责任保险人、财务保证人主张责任限制的，应当设立油污损害赔偿责任限制基金。

油污损害赔偿责任限制基金以现金方式设立的，基金数额为《防治船舶污染海洋环境管理条例》、《1992年国际油污损害民事责任公约》规定的赔偿限额。以担保方式设立基金的，担保数额为基金数额及其在基金设立期间的利息。

第22条 船舶所有人、船舶油污损害责任保险人或者财务保证人申请设立油污损害赔偿责任限制基金，利害关系人对船舶所有人主张限制赔偿责任有异议的，应当在海事诉讼特别程序法第106条第1款规定的异议期内以书面形式提出，但提出该异议不影响基金的设立。

第23条 对油轮装载持久性油类造成的油污损害，利害关系人没有在异议期内对船舶所有人主张限制赔偿责任提出异议，油污损害赔偿责任限制基金设立后，海事法院应当解除对船舶所有人的财产采取的保全措施或者发还为解除保全措施而提供的担保。

第24条 对油轮装载持久性油类造成的油污损害，利害关系人在异议期内对船舶所有人主张限制赔偿责任提出异议的，人民法院在认定船舶所有人有权限制赔偿责任的裁决生效后，应当解除对船舶所有人的财产采取的保全措施或者发还为解除保全措施而提供的担保。

第25条 对油轮装载持久性油类造成的油污损害，受损害人提起诉讼时主张船舶所有人无权限制赔偿责任的，海事法院对船舶所有人是否有权限制赔偿责任的争议，可以先行审理并作出判决。

第26条 对油轮装载持久性油类造成的油污损害，受损害人没有在规定的债权登记期间申请债权登记的，视为放弃在油污损害赔偿责任限制基金中受偿的权利。

第 27 条　油污损害赔偿责任限制基金不足以清偿有关油污损害的，应根据确认的赔偿数额依法按比例分配。

第 28 条　对油轮装载持久性油类造成的油污损害，船舶所有人、船舶油污损害责任保险人或者财务保证人申请设立油污损害赔偿责任限制基金、受损害人申请债权登记与受偿，本规定没有规定的，适用海事诉讼特别程序法及相关司法解释的规定。

第 29 条　在油污损害赔偿责任限制基金分配以前，船舶所有人、船舶油污损害责任保险人或者财务保证人，已先行赔付油污损害的，可以书面申请从基金中代位受偿。代位受偿应限于赔付的范围，并不超过接受赔付的人依法可获得的赔偿数额。

海事法院受理代位受偿申请后，应书面通知所有对油污损害赔偿责任限制基金提出主张的利害关系人。利害关系人对申请人主张代位受偿的权利有异议的，应在收到通知之日起 15 日内书面提出。

海事法院经审查认定申请人代位受偿权利成立，应裁定予以确认；申请人主张代位受偿的权利缺乏事实或者法律依据的，裁定驳回其申请。当事人对裁定不服的，可以在收到裁定书之日起 10 日内提起上诉。

第 30 条　船舶所有人为主动防止、减轻油污损害而支出的合理费用或者所作的合理牺牲，请求参与油污损害赔偿责任限制基金分配的，人民法院应予支持，比照本规定第 29 条第 2 款、第 3 款的规定处理。

第 31 条　本规定中下列用语的含义是：

（一）船舶，是指非用于军事或者政府公务的海船和其他海上移动式装置，包括航行于国际航线和国内航线的油轮和非油轮。其中，油轮是指为运输散装持久性货油而建造或者改建的船舶，以及实际装载散装持久性货油的其他船舶。

（二）油类，是指烃类矿物油及其残余物，限于装载于船上作为货物运输的持久性货油、装载用于本船运行的持久性和非持久性燃油，不包括装载于船上作为货物运输的非持久性货油。

（三）船舶油污事故，是指船舶泄漏油类造成油污损害，或者虽未泄漏油类但形成严重和紧迫油污损害威胁的一个或者一系列事件。一系列事件因同一原因而发生的，视为同一事故。

（四）船舶油污损害责任保险人或者财务保证人，是指海事事故中泄漏油类或者直接形成油污损害威胁的船舶一方的油污责任保险人或者财务保证人。

（五）油污损害赔偿责任限制基金，是指船舶所有人、船舶油污损害责任保险人或者财务保证人，对油轮装载持久性油类造成的油污损害申请设立的赔偿责任限制基金。

第 32 条 本规定实施前本院发布的司法解释与本规定不一致的，以本规定为准。本规定施行前已经终审的案件，人民法院进行再审时，不适用本规定。

【法释［2015］6 号】 最高人民法院关于扣押与拍卖船舶适用法律若干问题的规定（2014 年 12 月 8 日最高法审委会［1631 次］通过，2015 年 2 月 28 日公布，2015 年 3 月 1 日起施行；法发［1994］14 号《关于海事法院拍卖被扣押船舶清偿债务的规定》同时废止）

第 17 条 海事法院受理债权登记申请后，应当在船舶被拍卖、变卖成交后，依照海事诉讼特别程序法第 114 条的规定作出是否准予的裁定。

第 18 条 申请拍卖船舶的海事请求人未经债权登记，直接要求参与拍卖船舶价款分配的，海事法院应予准许。

第 19 条 海事法院裁定终止拍卖船舶的，应当同时裁定终结债权登记受偿程序，当事人已经缴纳的债权登记申请费予以退还。

第 20 条 当事人在债权登记前已经就有关债权提起诉讼的，不适用海事诉讼特别程序法第 116 条第 2 款的规定，当事人对海事法院作出的判决、裁定可以依法提起上诉。

第 21 条 债权人依照海事诉讼特别程序法第 116 条第 1 款的规定提起确权诉讼后，需要判定碰撞船舶过失程度比例的，当事人对海事法院作出的判决、裁定可以依法提起上诉。

第 22 条 海事法院拍卖、变卖船舶所得价款及其利息，先行拨付海事诉讼特别程序法第 119 条第 2 款规定的费用后，依法按照下列顺序进行分配：（一）具有船舶优先权的海事请求；（二）由船舶留置权担保的海事请求；（三）由船舶抵押权担保的海事请求；（四）与被拍卖、变卖船舶有关的其他海事请求。

依据海事诉讼特别程序法第 23 条第 2 款的规定申请扣押船舶的海事请求人申请拍卖船舶的，在前款规定海事请求清偿后，参与船舶价款的分配。

依照前款规定分配后的余款，按照民事诉讼法及相关司法解释的规定执行。

第 23 条 当事人依照民事诉讼法第 15 章第 7 节的规定，申请拍卖船舶实现船舶担保物权的，由船舶所在地或船籍港所在地的海事法院管辖，按照海事诉讼特别程序法以及本规定关于船舶拍卖受偿程序的规定处理。

【法发［2020］20 号】 最高人民法院关于依法妥善审理涉新冠肺炎疫情民事案件若干问题的指导意见（三）（2020 年 6 月 8 日印发施行；涉港澳台参照本意见）

13. 目的港具有因疫情或者疫情防控措施被限制靠泊卸货等情形，导致承运人在目的港邻近的安全港口或者地点卸货,除合同另有约定外,托运人或者收货人请求承运人承担违约责任的,人民法院不予支持。

承运人卸货后未就货物保管作出妥善安排并及时通知托运人或者收货人,托运人或者收货人请求承运人承担相应责任的,人民法院依法予以支持。

15. 货运代理企业以托运人名义向承运人订舱后,承运人因疫情或者疫情防控措施取消航次或者变更航期,托运人主张由货运代理企业赔偿损失的,人民法院不予支持。但货运代理企业未尽到勤勉和谨慎义务,未及时就航次取消、航期变更通知托运人,或在配合托运人处理相关后续事宜中存在过错,托运人请求货运代理企业承担相应责任的,人民法院依法予以支持。

16. (第2款)因受疫情或者疫情防控措施影响,船舶延期交付导致适用新的船舶建造标准的,除合同另有约定外,当事人请求分担因此增加的成本与费用,人民法院应当综合考虑疫情或者疫情防控措施对迟延交船的影响以及当事人履行合同是否存在可归责事由等因素,酌情予以支持。

17. 2020年1月29日《交通运输部关于统筹做好疫情防控与水路运输保障有关工作的紧急通知》规定,严禁港口经营企业以疫情防控为名随意采取禁限货运船舶靠港作业、锚地隔离14天等措施。在港口经营企业所在地的海事部门、港口管理部门没有明确要求的情况下,港口经营企业擅自以检疫隔离为由限制船舶停泊期限,船舶所有人或者经营人请求其承担赔偿责任的,人民法院依法予以支持。

【法(民四)明传〔2021〕60号】   **全国法院涉外商事海事审判工作座谈会会议纪要**(2021年6月10日在南京召开,最高法2021年12月31日印发)

71.【内河船舶不得享受海事赔偿责任限制】海商法第11章关于海事赔偿责任限制规定适用的船舶应当为海商法第3条规定的海船,不适用于内河船舶。海船的认定应当根据船舶检验证书记载的航行能力和准予航行航区予以确认,内河船舶的船舶性质及其准予航行航区不因船舶实际航行区域而改变。

79.【同一事故中当事船舶适用同一赔偿限额】同一事故中的当事船舶的海事赔偿限额,有适用海商法第210条第1款规定的,无论其是否申请设立海事赔偿责任限制基金或者主张海事赔偿责任限制,其他从事中华人民共和国港口之间货物运输或者沿海作业的当事船舶的海事赔偿责任限额也应适用该条规定。

80.【单一责任限制制度的适用规则】海商法第215条关于"先抵销,后限制"的规定适用于同类海事请求。若双方存在非人身伤亡和人身伤亡的2类赔偿请求,不同性质的赔偿请求应当分别抵销,分别限制。

81.【养殖损害赔偿的责任承担】因船舶碰撞或者触碰、环境污染造成海上及通海可航水域养殖设施、养殖物受到损害的,被侵权人可以请求侵权人赔偿其由此造成的养殖设施损失、养殖物损失、恢复生产期间减少的收入损失，以及为排除妨害、消除危险、确定损失支出的合理费用。养殖设施损失和收入损失的计算标准可以依照或者参照《最高人民法院关于审理船舶油污损害赔偿纠纷案件若干问题的规定》的相关规定。

被侵权人就养殖损害主张赔偿时，应当提交证据证明其在事故发生时已经依法取得海域使用权证和养殖许可证；养殖未经相关行政主管部门许可的，人民法院对收入损失请求不予支持，但被侵权人举证证明其无需取得使用权及养殖许可的除外。

被侵权人擅自在港区、航道进行养殖，或者未依法采取安全措施，对养殖损害的发生有过错的，可以减轻或者免除侵权人的赔偿责任。

86.【基金设立程序中的管辖权异议】利害关系人对受理设立海事赔偿责任限制基金申请法院的管辖权有异议的，应当适用海事诉讼特别程序法第106条有关期间的规定。

【法刊文摘】 法答网精选答问（第6批）（人民法院报2024年6月13日第7版）

问题4（上海海事法院海商审判庭谢振衔）：承运人为货主投保海上货物运输险，并告知保险人不得行使代位求偿权即放弃向承运人追究货损责任，此类保险合同是否有效？

答疑摘要（上海市高级人民法院海事及海商审判庭金晓峰）：如果双方订立的海上货物运输保险合同本身不存在无效、可撤销等效力问题，合同中约定保险人不得向投保人行使代位求偿权，无论该条款本身效力如何，都不应影响保险合同整体的效力。至于当事人在海上货物运输保险合同中约定的保险人不得向投保人行使代位求偿权条款，一般也应认为有效。法律上未禁止在财产保险合同中约定保险人不得向投保人行使代位求偿权。代位求偿权系保险人的权利，保险人在保险合同中自愿放弃向投保人代位求偿的权利，嗣后又违背诚信原则向投保人代位求偿，不应支持；另一方面，保险人之所以同意放弃代位求偿权，一般系出于商业利益考量，一些较大的货运企业往往掌握有大量的货源即货运业务来源，保险人以放弃代位求偿权为代价换取大量稳定的业务，系保险人在精算基础上所作的商业安排，互利共赢且不损害第三人利益，司法裁判应当尊重当事人意思自治，保护在实践中形成的、不违反法律强制性规定的商业交易模式。如果保险合同对于保险人放弃代位求偿权附有条件，比如预约保险合同中约定申报的货物数量达到一定的量后，才有权要求保险人放弃对投保人行使代位求偿权的，投保人对保险人行使代位求偿权的抗辩，也要符合合同约定的条件。

● **指导案例**　【法［2013］24 号】　**最高人民法院第 4 批指导性案例**（2013 年 1 月 31 日）

（**指导案例 16 号**）中海发展股份有限公司货轮公司申请设立海事赔偿责任限制基金案（上海高院 2009 年 7 月 27 日［2009］沪高民四（海）限字第 1 号民事裁定）

裁判要点：1. 对于申请设立海事赔偿责任限制基金的，法院仅就申请人主体资格、事故所涉及的债权性质和申请设立基金的数额进行程序性审查。有关申请人实体上应否享有海事赔偿责任限制，以及事故所涉债权除限制性债权外是否同时存在其他非限制性债权等问题，不影响法院依法作出准予设立海事赔偿责任限制基金的裁定。2.《中华人民共和国海商法》第 210 条第 2 款规定的"从事中华人民共和国港口之间的运输的船舶"，应理解为发生海事事故航次正在从事中华人民共和国港口之间运输的船舶。

【法［2019］3 号】　**最高人民法院第 21 批指导性案例**（2019 年 2 月 25 日）
（**指导案例 112 号**）阿斯特克有限公司申请设立海事赔偿责任限制基金案（最高法院 2019 年 3 月 27 日［2019］最高法知民终 2 号民事判决）

裁判要点：海商法第 212 条确立海事赔偿责任限制实行"1 次事故，1 个限额，多次事故，多个限额"的原则。判断 1 次事故还是多次事故的关键是分析事故之间是否因同一原因所致。如果因同一原因发生多个事故，且原因链没有中断的，应认定为 1 次事故。如果原因链中断并再次发生事故，则应认定为形成新的独立事故。

第 264 条[19910409]　**【迟延履行金】**被执行人未按判决、裁定和其他法律文书指定的期间履行给付金钱义务的，应当加倍支付迟延履行期间的债务利息。被执行人未按判决、裁定和其他法律文书指定的期间履行其他义务的，应当支付迟延履行金。

第 265 条　（见第 255 条之后）

● **相关规定**　【法复［1996］15 号】　**最高人民法院关于对企业借贷合同借款方逾期不归还借款的应如何处理问题的批复**（1996 年 9 月 23 日答复四川高院"川高法［1995］223 号"请示）

企业借贷合同违反有关金融法规，属无效合同。对于合同期限届满后，借款方逾期不归还本金，当事人起诉到人民法院的，人民法院除应按照最高人民法院法（经）发［1990］27 号《关于审理联营合同纠纷案件若干问题的解答》第 4

条第 2 项的有关规定判决外，对自双方当事人约定的还款期满之日起，至法院判决确定借款人返还本金期满期间内的利息，应当收缴，该利息按借贷双方原约定的利率计算，如果双方当事人对借款利息未约定，按同期银行贷款利率计算。借款人未按判决确定的期限归还本金的，应当依照《中华人民共和国民事诉讼法》第 229 条①（现第 264 条）的规定加倍支付迟延履行期间的利息。

【法释［2004］12 号】 最高人民法院关于人民法院民事调解工作若干问题的规定（2004 年 8 月 18 日最高法审委会［1321 次］通过，2004 年 9 月 16 日公布，2004 年 11 月 1 日起施行；根据法释［2020］20 号《决定》修正，2021 年 1 月 1 日起施行。以本规为准）

第 15 条 调解书确定的担保条款条件或者承担民事责任的条件成就时，当事人申请执行的，人民法院应当依法执行。

不履行调解协议的当事人按照前款规定承担了调解书确定的民事责任后，对方当事人又要求其承担民事诉讼法第 253 条（现第 264 条）规定的迟延履行责任的，人民法院不予支持。

【法释［2009］6 号】 最高人民法院关于在执行工作中如何计算迟延履行期间的债务利息等问题的批复（2009 年 3 月 30 日最高法审委会［1465 次］通过，2009 年 5 月 11 日公布，答复四川高院"川高法［2007］390 号"请示，2009 年 5 月 18 日起施行）

一、人民法院根据《中华人民共和国民事诉讼法》第 229 条（现第 264 条）计算"迟延履行期间的债务利息"时，应当按照中国人民银行规定的同期贷款基准利率计算。

二、执行款不足以偿付全部债务的，应当根据并还原则按比例清偿法律文书确定的金钱债务与迟延履行期间的债务利息，但当事人在执行和解中对清偿顺序另有约定的除外。

附：具体计算方法

（1）执行款=清偿的法律文书确定的金钱债务+清偿的迟延履行期间的债务利息。

---

① 注：本处原为《民事诉讼法》（1991）"第 232 条"；《民事诉讼法》2007 年修正后，《最高人民法院关于调整司法解释等文件中引用〈中华人民共和国民事诉讼法〉条文序号的决定》（法释［2008］18 号）将其修改为"第 229 条"。按：《民事诉讼法》被修正（主席令［2007］75 号，2008 年 4 月 1 日起施行）后，条文序号已经变化，因此，之前发布的司法解释本应当随即（修正）引用新的序号。但是，法释［2008］18 号《决定》于 2008 年 12 月 16 日公布，规定"自 2008 年 12 月 31 日起施行"。该《决定》已被法释［2020］16 号《最高人民法院关于废止部分司法解释及相关规范性文件的决定》宣布废止，2021 年 1 月 1 日起施行。

（2）清偿的迟延履行期间的债务利息＝清偿的法律文书确定的金钱债务×同期贷款基准利率×2×迟延履行期间。

【法发［2009］19 号】　最高人民法院关于审理涉及金融不良债权转让案件工作座谈会纪要（2008 年 10 月 14 日在海口召开；2009 年 3 月 30 日印发）

九、关于受让人收取利息的问题

会议认为，受让人向国有企业债务人主张利息的计算基数应以原借款合同本金为准；受让人向国有企业债务人主张不良债权受让日之后发生的利息的，人民法院不予支持。但不良债权转让合同被认定无效的，出让人在向受让人返还受让款本金的同时，应当按照中国人民银行规定的同期定期存款利率支付利息。

【民二他字［2009］21 号】　最高人民法院关于如何理解最高人民法院法发［2009］19 号《会议纪要》若干问题的请示之答复（2009 年 9 月 25 日答复云南高院）

我院于 2009 年 4 月 3 日发布的法发［2009］19 号《关于审理涉及金融不良债权转让案件工作座谈会纪要》（以下简称《纪要》）所要解决的问题实质是如何解决和化解计划经济时期形成的历史遗留问题。其主要目的在于规范金融不良债权转让行为，维护企业和社会稳定，防止国有资产流失，保障国家经济安全。根据《纪要》的精神和目的，涉及非国有企业债务人的金融不良债权转让纠纷案件，亦应参照适用《纪要》的规定。债务人未对不良债权转让合同的效力提出异议，但案件的事实和相关证据情况能够引发人民法院对不良债权转让合同效力产生合理怀疑的，人民法院可以依职权主动审查不良债权转让合同的效力①。

【执他字［2013］4 号】　最高人民法院关于非金融机构受让金融不良债权后能否向非国有企业债务人主张利息的请示的复函（经最高法审委会讨论决定，2013 年 11 月 26 日答复湖北高院"鄂高法［2012］323 号"请示）

一、非金融机构受让经生效法律文书确定的金融不良债权能否在执行程序中向非国有企业债务人主张受让日后利息的问题，应当参照我院 2009 年 3 月 30 日《关于审理涉及金融不良债权转让案件工作座谈会纪要》（法发［2009］19 号，以下简称《海南座谈会纪要》）的精神处理。

二、根据《海南座谈会纪要》第 12 条的规定，《海南座谈会纪要》不具有溯及力。《海南座谈会纪要》发布前，非金融资产管理公司的机构或个人受让经生效法律文书确定的金融不良债权，或者受让的金融不良债权经生效法律文书确定的，发布日之前的利息按照相关法律规定计算；发布日之后不再计付利息。《海

---

① 注：本答复对"法发［2009］19 号"《座谈会纪要》第 9 条作了变通。

南座谈会纪要》发布后，非金融资产管理公司的机构或个人受让经生效法律文书确定的金融不良债权的，受让日之前的利息按照相关法律规定计算；受让日之后不再计付利息。

根据上述规定，本案中的利息（包括《中华人民共和国民事诉讼法》第253条（现第264条）规定的迟延履行利息）应按照法律规定计算至《海南座谈会纪要》发布之日。

【法释［2014］8号】 最高人民法院关于执行程序中计算迟延履行期间的债务利息适用法律若干问题的解释（2014年6月9日最高法审委会［1619次］通过，2014年7月7日公布，2014年8月1日起施行；以本规为准）

第1条 根据民事诉讼法第253条（现第264条）规定加倍计算之后的迟延履行期间的债务利息，包括迟延履行期间的一般债务利息和加倍部分债务利息。

迟延履行期间的一般债务利息，根据生效法律文书确定的方法计算；生效法律文书未确定给付该利息的，不予计算。

加倍部分债务利息的计算方法为：加倍部分债务利息＝债务人尚未清偿的生效法律文书确定的除一般债务利息之外的金钱债务×日1.75‰×迟延履行期间。

第2条 加倍部分债务利息自生效法律文书确定的履行期间届满之日起计算；生效法律文书确定分期履行的，自每次履行期间届满之日起计算；生效法律文书未确定履行期间的，自法律文书生效之日起计算。

第3条 加倍部分债务利息计算至被执行人履行完毕之日；被执行人分次履行的，相应部分的加倍部分债务利息计算至每次履行完毕之日。

人民法院划拨、提取被执行人的存款、收入、股息、红利等财产的，相应部分的加倍部分债务利息计算至划拨、提取之日；人民法院对被执行人财产拍卖、变卖或者以物抵债的，计算至成交裁定或者抵债裁定生效之日；人民法院对被执行人财产通过其他方式变价的，计算至财产变价完成之日。

非因被执行人的申请，对生效法律文书审查而中止或者暂缓执行的期间及再审中止执行的期间，不计算加倍部分债务利息。

第4条 被执行人的财产不足以清偿全部债务的，应当先清偿生效法律文书确定的金钱债务，再清偿加倍部分债务利息，但当事人对清偿顺序另有约定的除外。

第5条 生效法律文书确定给付外币的，执行时以该种外币按日1.75‰计算加倍部分债务利息，但申请执行人主张以人民币计算的，人民法院应予准许。

以人民币计算加倍部分债务利息的，应当先将生效法律文书确定的外币折算或者套算为人民币后再进行计算。

外币折算或者套算为人民币的，按照加倍部分债务利息起算之日的中国外汇交易中心或者中国人民银行授权机构公布的人民币对该外币的中间价折合成人民币计算；中国外汇交易中心或者中国人民银行授权机构未公布汇率中间价的外币，按照该日境内银行人民币对该外币的中间价折算成人民币，或者该外币在境内银行、国际外汇市场对美元汇率，与人民币对美元汇率中间价进行套算。

第 6 条　执行回转程序中，原申请执行人迟延履行金钱给付义务的，应当按照本解释的规定承担加倍部分债务利息。

第 7 条　本解释施行时尚未执行完毕部分的金钱债务，本解释施行前的迟延履行期间债务利息按照之前的规定计算；施行后的迟延履行期间债务利息按照本解释计算。

本解释施行前本院发布的司法解释与本解释不一致的，以本解释为准。

【法释〔2022〕11 号】　最高人民法院关于适用《中华人民共和国民事诉讼法》的解释（"法释〔2015〕5 号"公布，2015 年 2 月 4 日起施行；根据法释〔2020〕20 号《决定》修正，2021 年 1 月 1 日起施行；2022 年 3 月 22 日最高法审委会〔1866 次〕修正，2022 年 4 月 1 日公布，2022 年 4 月 10 日起施行；以本规为准）

第 504 条　被执行人迟延履行的，迟延履行期间的利息或者迟延履行金自判决、裁定和其他法律文书指定的履行期间届满之日起计算。

第 505 条　被执行人未按判决、裁定和其他法律文书指定的期间履行非金钱给付义务的，无论是否已给申请执行人造成损失，都应当支付迟延履行金。已经造成损失的，双倍补偿申请执行人已经受到的损失；没有造成损失的，迟延履行金可以由人民法院根据具体案件情况决定。

● **入库案例**　**【2023-07-2-114-001】　金昌某工业气体公司诉甘肃某环保科技公司加工合同纠纷案**（2022.03.31／〔2022〕最高法民再 77 号）

裁判要旨：逾期付款违约责任系基于双方合同约定，法定延迟履行责任系基于法律规定，二者是不同的责任，法定延迟履行责任的承担不能免除逾期付款违约责任。在债务清偿前，逾期付款的事实持续存在，债权人请求将逾期付款违约金计算至债务实际清偿之日的，人民法院应予支持。

【2023-17-5-203-009】　四川某工程公司与北川某科技公司执行监督案（2021.09.17／〔2021〕最高法执监 342 号）

裁判要旨：生效判决判令双方当事人互负债务且没有先后履行顺序，原则上只有当申请执行的债权人已经履行给付义务或提出给付的，人民法院才可以开始对对方强制执行。故该申请执行人申请执行的，表明其对该判决中确定的己方义务无异议并同意履行……

【2024-17-5-202-013】 **攀枝花市某建设投资经营有限责任公司与攀枝花市某机械化施工有限公司执行复议案**（四川高院／2023.03.30／［2023］川执复109号）

裁判要旨： 执行依据为仲裁裁决，没有载明债务人迟延履行义务应承担《民事诉讼法》规定的迟延履行期间债务利息，被执行人迟延履行该仲裁裁决的，申请执行人可以依据法律规定主张迟延履行期间的债务利息。

【2024-17-5-202-024】 **沂水某银行与临沂某集团公司等执行复议案**（山东高院／2021.06.29／［2021］鲁执复150号）

裁判要旨： 民事调解协议中约定了债务人不履行协议应当承担民事责任时，不履行调解协议的当事人按照约定承担了调解书确定的民事责任后，对方当事人不应当再就民事诉讼法第253条（现第264条）规定的迟延履行责任承担责任。即排除适用民事诉讼法第253条（现第264条）承担迟延履行责任的具体情形，是不履行调解协议的当事人承担了调解书确定的民事责任。除此之外，当事人不履行调解书确定的义务的，申请执行人可以要求不履行调解协议的义务人承担迟延履行责任。

【2024-17-5-203-009】 **蔡某与某酿酒公司合同纠纷执行监督案**（2022.03.22／［2022］最高法执监45号）

裁判要旨： 裁决确定的违约金自生效法律文书确定的履行之日起算，延伸至实际付清法律文书确定的金钱债务之日止，其实质上具有一般利息之属性，亦与迟延履行期间的债务利息计算期间重叠。以该违约金为基数计算迟延履行期间的加倍部分债务利息缺乏法律依据。

【2024-17-5-203-061】 **郭某升与陈某刚、王某霞执行监督案**（山东高院／2023.07.13／［2023］鲁执监82号）

裁判要旨： 生效民事调解书系当事人在自愿、合法基础上达成的权利义务协议内容的确定，调解书确定的迟延履行民事责任，不能与民事诉讼法第264条规定的迟延履行债务利息同时适用。被执行人已承担调解书确定的迟延履行责任的，不应再承担民事诉讼法第264条规定的迟延履行期间的债务利息。

● **公报案例**（法公报［2023］8期） **金昌久策工业气体有限公司与甘肃丰盛环保科技股份有限公司加工合同纠纷案**（最高法院2022年3月31日民事执行裁定［2022］最高法民再77号）

裁判要旨：合同约定的逾期付款违约金与民事诉讼法规定的迟延履行金系两种不同且可并用的民事责任，法院判决生效后，逾期付款的违约行为在债务清偿前持续存在，债务人应继续承担逾期付款违约责任，债权人请求将违约金计算至实际清偿之日的，人民法院应予支持。

第 266 条²⁰⁰⁸⁰⁴⁰¹　　**【限制措施】** 被执行人不履行法律文书确定的义务的，人民法院可以对其采取或者通知有关单位协助采取限制出境、在征信系统记录、通过媒体公布不履行义务信息以及法律规定的其他措施。

● **相关规定**　**【法释〔1998〕15 号】**　**最高人民法院关于人民法院执行工作若干问题的规定（试行）**（1998 年 6 月 11 日最高法审委会〔992 次〕通过，1998 年 7 月 8 日公布施行；根据法释〔2020〕21 号《决定》修正，2021 年 1 月 1 日起施行；以本规为准）①

35.（第 1 款）　被执行人不履行生效法律文书确定的义务，人民法院有权裁定禁止被执行人转让其专利权、注册商标专用权、著作权（财产权部分）等知识产权。上述权利有登记主管部门的，应当同时向有关部门发出协助执行通知书，要求其不得办理财产权转移手续，必要时可以责令被执行人将产权或使用权证照交人民法院保存。

【法发〔2003〕25 号】　**人民法院民事诉讼风险提示书**（2003 年 12 月 23 日最高法审委会〔1302 次〕通过，次日公布，2003 年 12 月 24 日起施行）

十七、不履行生效法律文书确定义务

被执行人未按生效法律文书指定期间履行给付金钱义务的，将要支付迟延履行期间的双倍债务利息。

被执行人未按生效法律文书指定期间履行其他义务的，将要支付迟延履行金。

【法发〔2005〕26 号】　**第二次全国涉外商事海事审判工作会议纪要**（2005 年 11 月 15-16 日在南京召开；2005 年 12 月 26 日公布）

93. 人民法院在审理涉外商事纠纷案件中，对同时具备下列条件的有关人员，可以采取措施限制其出境：（1）在我国确有未了结的涉外商事纠纷案件；（2）被限制出境人员是未了结案件中的当事人或者当事人的法定代表人、负责人；（3）有

---

① 本《规定》自 1998 年 7 月 8 日公布试行 22 年多，至 2020 年 12 月 23 日修正，仍为"试行"。

逃避诉讼或者逃避履行法定义务的可能；（4）其出境可能造成案件难以审理、无法执行的。

采取限制出境措施必须严格依照最高人民法院、最高人民检察院、公安部、国家安全部〔87〕公发16号《关于依法限制外国人和中国公民出境问题的若干规定》（见《刑事诉讼法全厚细》第155条）审查办理，从严掌握。

94. 限制出境措施在案件一方当事人提出申请后采取。人民法院在必要时，可以责令申请人提供有效的担保。

95. 限制出境采取扣留有效出境证件方式的，被扣证人或者其担保人向人民法院提供有效担保（提供担保的数额应相当于诉讼请求的数额）或者履行了法定义务后，人民法院应立即口头通知被扣证人解除限制，收回扣留证件证明，发还所扣留的证件，由被扣证人签收，限制其出境的扣证决定自行撤销。作出扣证决定的人民法院应将解除出境限制的有关情况书面通知公安、边检部门。

96. 人民法院采取限制出境措施过程中产生的费用，由申请人预交，最终应判令由败诉一方当事人负担。

【法发〔2008〕21号】　最高人民法院关于处理涉及汶川地震相关案件适用法律问题的意见（一）（2008年7月14日）

十（第2款）、灾区受灾企业或者公民申请强制执行，被执行人为非灾区企业或者公民的，人民法院应当加大执行力度，依法及时执行，以利于灾区企业和公民更好地恢复生产、重建家园。

【法释〔2008〕13号】　最高人民法院关于适用《中华人民共和国民事诉讼法》执行程序若干问题的解释（2008年9月8日最高法审委会〔1452次〕通过，2008年11月3日公布，2009年1月1日起施行；根据法释〔2020〕21号《决定》修正，2021年1月1日起施行。以本规为准）

第23条　依照民事诉讼法第255条（现第266条）规定对被执行人限制出境的，应当由申请执行人向执行法院提出书面申请；必要时，执行法院可以依职权决定。

第24条　被执行人为单位的，可以对其法定代表人、主要负责人或者影响债务履行的直接责任人员限制出境。

被执行人为无民事行为能力人或者限制民事行为能力人的，可以对其法定代理人限制出境。

第25条　在限制出境期间，被执行人履行法律文书确定的全部债务的，执行法院应当及时解除限制出境措施；被执行人提供充分、有效的担保或者申请执行人同意的，可以解除限制出境措施。

第 26 条 依照民事诉讼法第 255 条（现第 266 条）的规定，执行法院可以依职权或者依申请执行人的申请，将被执行人不履行法律文书确定义务的信息，通过报纸、广播、电视、互联网等媒体公布。

媒体公布的有关费用，由被执行人负担；申请执行人申请在媒体公布的，应当垫付有关费用。

【法〔2011〕195 号】 最高人民法院关于依法制裁规避执行行为的若干意见（2011 年 5 月 27 日）

23. 充分运用限制高消费手段。各地法院应当充分运用限制高消费手段，逐步构建与有关单位的协作平台，明确有关单位的监督责任，细化协作方式，完善协助程序。

【法释〔2015〕17 号】 最高人民法院关于限制被执行人高消费及有关消费的若干规定（"法释〔2010〕8 号"公布《最高人民法院关于限制被执行人高消费的若干规定》，2010 年 10 月 1 日起施行；2015 年 7 月 6 日最高法审委会〔1657 次〕修正并更名，2015 年 7 月 20 日公布，2015 年 7 月 22 日起施行）

第 1 条 被执行人未按执行通知书指定的期间履行生效法律文书确定的给付义务的，人民法院可以采取限制消费措施，限制其高消费及非生活或者经营必需的有关消费。

（新增）纳入失信被执行人名单的被执行人，人民法院应当对其采取限制消费措施。

第 2 条 人民法院决定采取限制高消费措施时，应当考虑被执行人是否有消极履行、规避执行或者抗拒执行的行为以及被执行人的履行能力等因素。

第 3 条 被执行人为自然人的，被采取限制高消费措施后，不得有以下高消费及非生活和工作必需的消费行为/以其财产支付费用的行为：（一）乘坐交通工具时，选择飞机、列车软卧、轮船二等以上舱位；（二）在星级以上宾馆、酒店、夜总会、高尔夫球场等场所进行高消费；（三）购买不动产或者新建、扩建、高档装修房屋；（四）租赁高档写字楼、宾馆、公寓等场所办公；（五）购买非经营必需车辆；（六）旅游、度假；（七）子女就读高收费私立学校；（八）支付高额保费购买保险理财产品；（九）乘坐 G 字头动车组列车全部座位、其他动车组列车一等以上座位等其他非生活和工作必需的高消费行为。

被执行人为单位的，被采取限制高消费措施后，禁止被执行人及其法定代表人、主要负责人、影响债务履行的直接责任人员、实际控制人不得以单位财产实施前款规定的行为。因私消费以个人财产实施前款规定行为的，可以向执行法院提出申请。执行法院审查属实的，应予准许。

第4条 限制高消费措施一般由申请执行人提出书面申请，经人民法院审查决定；必要时人民法院可以依职权决定。

第5条 人民法院决定采取限制高消费措施的，应当向被执行人发出限制高消费令。限制高消费令由人民法院院长签发。限制高消费令应当载明限制高消费的期间、项目、法律后果等内容。

第6条 人民法院决定采取限制消费措施的，可以根据案件需要和被执行人的情况可以向有义务协助调查、执行的单位送达协助执行通知书，也可以在相关媒体上进行公告。

第7条 限制高消费令的公告费用由被执行人负担；申请执行人申请在媒体公告的，应当垫付公告费用。

第8条 被限制高消费的被执行人因生活或者经营必需而进行本规定禁止的消费活动的，应当向人民法院提出申请，获批准后方可进行。

第9条 在限制高消费期间，被执行人提供确实有效的担保或者经申请执行人同意的，人民法院可以解除限制高消费令；被执行人履行完毕生效法律文书确定的义务的，人民法院应当在本规定第6条通知或者公告的范围内及时以通知或者公告解除限制高消费令。

第10条 人民法院应当设置举报电话或者邮箱，接受申请执行人和社会公众对被限制高消费的被执行人违反本规定第3条的举报，并进行审查认定。

第11条 （分别见本书第114条、第117条）

【发改财金［2016］141号】 关于对失信被执行人实施联合惩戒的合作备忘录（国家发展改革委、最高人民法院、人民银行、中央组织部、中央宣传部、中央编办、中央文明办、最高人民检察院、教育部、工业和信息化部、公安部、安全部、民政部、司法部、财政部、人力资源社会保障部、国土资源部、环境保护部、住房城乡建设部、交通运输部、农业部、商务部、文化部、卫生计生委、国资委、海关总署、税务总局、工商总局、质检总局、安全监管总局、食品药品监管总局、林业局、知识产权局、旅游局、法制办、国家网信办、银监会、证监会、保监会、公务员局、外汇局、共青团中央、全国工商联、中国铁路总公司2016年1月20日会签）

一、联合惩戒对象

联合惩戒对象为最高人民法院公布的失信被执行人（包括自然人和单位）。

二、信息共享与联合惩戒的实施方式

国家发展改革委基于全国信用信息共享平台建立失信行为联合惩戒系统。最高人民法院通过该系统向签署本备忘录的其他部门和单位提供失信被执行人信息并按照有关规定更新动态。其他部门和单位从失信行为联合惩戒系统获取失信被执行人信息，执行或协助执行本备忘录规定的惩戒措施并按季度将执行情况通过该系统反馈给最高人民法院和国家发展改革委。国家发展改革委统筹各部门反馈时间及反馈方式。

三、惩戒措施、共享内容及实施单位

（16）……协调相关互联网新闻信息服务单位向社会公布失信被执行人信息，由国家网信办实施。

（17）……协助限制招录（聘）失信被执行人为公务员或事业单位工作人员，由中组部、人力资源社会保障部、公务员局等有关部门实施。

（19）……限制失信被执行人及失信被执行人的法定代表人、主要负责人、影响债务履行的直接责任人员、实际控制人乘坐飞机、列车软卧、乘坐 G 字头动车组列车全部座位、其他动车组列车一等以上座位等其他非生活和工作必需的消费行为，由交通运输部、铁路总公司等实施。

（20）……限制失信被执行人及失信被执行人的法定代表人、主要负责人、影响债务履行的直接责任人员、实际控制人住宿四星级以上宾馆、酒店及其他高等级、高消费宾馆、酒店，限制在夜总会、高尔夫球场消费，由国家旅游局、商务部、公安部、文化部实施。

（23）……限制失信被执行人及失信被执行人的法定代表人、主要负责人、影响债务履行的直接责任人员、实际控制人的子女就读高收费私立学校，由最高人民法院、教育部实施。

（24）……协助查询反馈失信被执行人身份、护照信息及车辆财产信息；协助查找下落不明的失信被执行人；限制失信被执行人出境；协助查封、扣押失信被执行人名下的车辆。由公安部实施。

（32）……协助对失信被执行人以拒不执行判决、裁定罪立案侦查、起诉等，由最高人民检察院、公安部实施。

【法释〔2017〕7号】　最高人民法院关于公布失信被执行人名单信息的若干规定（"法释〔2013〕17号"公布，2013 年 10 月 1 日起施行；2017 年 1 月 16 日最高法审委会〔1707 次〕修正，2017 年 2 月 28 日公布，2017 年 5 月 1 日起施行）

第 1 条　被执行人未履行/具有履行能力而不履行生效法律文书确定的义务，并具有下列情形之一的，人民法院应当将其纳入失信被执行人名单，依法对其进行信用惩戒：（一）其他有履行能力而拒不履行生效法律文书确定义务的；（二）以伪造证据、暴力、威胁等方法妨碍、抗拒执行的；（三）以虚假诉讼、虚假仲裁或者以隐匿、转移财产等方法规避执行的；（四）违反财产报告制度的；（五）违反限制高消费令的；（六）~~被执行人~~无正当理由拒不履行执行和解协议的。

　　第2条　被执行人具有本规定第1条第2项至第6项规定情形的，纳入失信被执行人名单的期限为2年。被执行人以暴力、威胁方法妨碍、抗拒执行情节严重或具有多项失信行为的，可以延长1至3年。

　　失信被执行人积极履行生效法律文书确定义务或主动纠正失信行为的，人民法院可以决定提前删除失信信息。

　　第3条　具有下列情形之一的，人民法院不得依据本规定第1条第1项的规定将被执行人纳入失信被执行人名单：（一）提供了充分有效担保的；（二）已被采取查封、扣押、冻结等措施的财产足以清偿生效法律文书确定债务的；（三）被执行人履行顺序在后，对其依法不应强制执行的；（四）其他不属于有履行能力而拒不履行生效法律文书确定义务的情形。

　　第4条　被执行人为未成年人的，人民法院不得将其纳入失信被执行人名单。

　　第5条　人民法院向被执行人发出的执行通知/《执行通知书》中，应当载明有关纳入失信被执行人名单的风险提示等内容。

　　申请执行人认为被执行人具有（存在）本规定第1条规定情形/所列失信行为之一的，可以向人民法院申请将其/该被执行人纳入失信被执行人名单。人民法院应当自收到申请之日起15日内审查并/经审查后作出决定。人民法院认为被执行人具有/存在本规定第1条规定情形/所列失信行为之一的，也可以依职权决定将其/该被执行人纳入失信被执行人名单。

　　人民法院决定将被执行人纳入失信被执行人名单的，应当制作决定书，决定书应当写明纳入失信被执行人名单的理由，有纳入期限的，应当写明纳入期限。决定书由院长签发，自作出之日起生效。决定书应当按照民事诉讼法规定的法律文书送达方式送达当事人。

　　第6条　记载和公布的失信被执行人名单信息应当包括：（一）作为被执行人的法人或者其他组织的名称、统一社会信用代码（或组织机构代码）、法定代表人或者负责人姓名；（二）作为被执行人的自然人的姓名、性别、年龄、身份证号码；（三）生效法律文书确定的义务和被执行人的履行情况；（四）被执行人失信行为的具体情形；（五）执行依据的制作单位和文号、执行案号、立案时间、执行法院；（六）人民法院认为应当记载和公布的不涉及国家秘密、商业秘密、个人隐私的其他事项。

　　第7条　各级人民法院应当将失信被执行人名单信息录入最高人民法院失信被执行人名单库，并通过该名单库统一向社会公布。

　　各级人民法院可以根据各地实际情况，将失信被执行人名单通过报纸、广播、电视、网络、法院公告栏等其他方式予以公布，并可以采取新闻发布会或者其他方式对本院及辖区法院实施失信被执行人名单制度的情况定期向社会公布。

第 8 条　人民法院应当将失信被执行人名单信息，向政府相关部门、金融监管机构、金融机构、承担行政职能的事业单位及行业协会等通报，供相关单位依照法律、法规和有关规定，在政府采购、招标投标、行政审批、政府扶持、融资信贷、市场准入、资质认定等方面，对失信被执行人予以信用惩戒。

人民法院应当将失信被执行人名单信息向征信机构通报，并由征信机构在其征信系统中记录。

国家工作人员、人大代表、政协委员等被纳入失信被执行人名单的，人民法院应当将失信情况通报其所在单位和相关部门。

国家机关、事业单位、国有企业等被纳入失信被执行人名单的，人民法院应当将失信情况通报其上级单位、主管部门或者履行出资人职责的机构。

第 9 条　不应纳入失信被执行人名单的公民、法人或其他组织被纳入失信被执行人名单的，人民法院应当在 3 个工作日内撤销失信信息。

记载和公布的失信信息不准确的，人民法院应当在 3 个工作日内更正失信信息。

第 10 条　失信被执行人具有/符合下列情形之一的，人民法院应当在 3 个工作日内将其有关信息从失信被执行人名单库中删除失信信息：（一）被执行人已履行/全部履行生效法律文书确定的义务或人民法院已执行完毕的；（二）当事人与申请执行人达成执行和解协议且已经申请执行人确认履行完毕的；（三）申请执行人书面申请删除失信信息，人民法院审查同意的；（四）终结本次执行程序后，通过网络执行查控系统查询被执行人财产 2 次以上，未发现有可供执行财产，且申请执行人或者其他人未提供有效财产线索的；（五）因审判监督或破产程序，人民法院依法裁定对失信被执行人中止执行的；（六）人民法院依法裁定不予执行的；（七）人民法院依法裁定终结执行的。

（新增）有纳入期限的，不适用前款规定。纳入期限届满后 3 个工作日内，人民法院应当删除失信信息。

（新增）依照本条第 1 款规定删除失信信息后，被执行人具有本规定第 1 条规定情形之一的，人民法院可以重新将其纳入失信被执行人名单。

（新增）依照本条第 1 款第 3 项规定删除失信信息后 6 个月内，申请执行人申请将该被执行人纳入失信被执行人名单的，人民法院不予支持。

第 11 条　被执行人认为将其纳入失信被执行人名单的公民、法人或其他组织认为有下列情形之一/错误的，可以向执行法院申请纠正：（一）不应将其纳入失信被执行人名单的；（二）记载和公布的失信信息不准确的；（三）失信信息应予删除的。被执行人是自然人的，一般应由被执行人本人到人民法院提出并说明理由；被执行人是法人或者其他组织的，一般应由被执行人的法定代表人或者负责人本人到人民法院提出并说明理由。人民法院经审查认为理由成立的，应当作出决定予以纠正。

第 12 条 公民、法人或其他组织对被纳入失信被执行人名单申请纠正的，执行法院应当自收到书面纠正申请之日起 15 日内审查，理由成立的，应当在 3 个工作日内纠正；理由不成立的，决定驳回。公民、法人或其他组织对驳回决定不服的，可以自决定书送达之日起 10 日内向上一级人民法院申请复议。上一级人民法院应当自收到复议申请之日起 15 日内作出决定。

复议期间，不停止原决定的执行。

第 13 条 人民法院工作人员违反本规定公布、撤销、更正、删除失信信息的，参照有关规定追究责任。

【法〔2018〕141 号】 最高人民法院关于进一步规范近期执行工作相关问题的通知（2018 年 5 月 28 日）

一、关于失信被执行人名单相关问题

（一）执行法院应当严格依照《最高人民法院关于公布失信被执行人名单信息的若干规定》（法释〔2017〕7 号，以下简称《失信规定》）第 1 条的规定审查被执行人是否符合纳入名单的法定情形，严禁将不符合条件的被执行人纳入失信名单。

（二）具有《失信规定》第 3 条规定情形之一的，不得依据《失信规定》第 1 条第 1 项的规定将被执行人纳入失信名单。已经纳入的，应当撤销，纳入后才具有《失信规定》第 3 条第 1、2 项情形之一的，应当屏蔽。

（三）对于有失信期限的失信被执行人名单信息，失信被执行人履行完毕的，应当依照《失信规定》第 2 条第 2 款的规定提前删除失信信息，具体操作按我院"法明传〔2018〕33 号"通知要求进行。

（四）案件已经以终结本次执行程序方式报结，执行法院按照我院"法明传〔2017〕699 号"通知要求，已将案件标注为实结，尚有失信被执行人名单信息处于发布状态的，应当屏蔽；如果纳入失信被执行人名单错误的，应当撤销。

【法发〔2019〕35 号】 最高人民法院关于在执行工作中进一步强化善意文明执行理念的意见（2019 年 12 月 16 日）

14. 严格适用条件和程序。采取纳入失信名单或限制消费措施，必须严格依照民事诉讼法、《最高人民法院关于公布失信被执行人名单信息的若干规定》（以下简称失信名单规定）、《最高人民法院关于限制被执行人高消费及有关消费的若干规定》等规定的条件和程序进行。对于不符合法定条件的被执行人，坚决不得采取纳入失信名单或限制消费惩戒措施。对于符合法定条件的被执行人，决定采取惩戒措施的，应当制作决定书或限制消费令，并依法由院长审核后签发。

需要特别指出的是，根据司法解释规定，虽然纳入失信名单决定书由院长签发后即生效，但应当依照民事诉讼法规定的送达方式送达当事人，坚决杜绝只签发、不送达等不符合法定程序的现象发生。

15. 适当设置一定的宽限期。各地法院可以根据案件具体情况，对于决定纳入失信名单或者采取限制消费措施的被执行人，可以给予其 1 至 3 个月的宽限期。在宽限期内，暂不发布其失信或者限制消费信息；期限届满，被执行人仍未履行生效法律文书确定义务的，再发布其信息并采取相应惩戒措施。

16. 不采取惩戒措施的几类情形。被执行人虽然存在有履行能力而拒不履行生效法律文书确定义务、无正当理由拒不履行和解协议的情形，但人民法院已经控制其足以清偿债务的财产或者申请执行人申请暂不采取惩戒措施的，不得对被执行人采取纳入失信名单或限制消费措施。单位是失信被执行人的，人民法院不得将其法定代表人、主要负责人、影响债务履行的直接责任人员、实际控制人等纳入失信名单。全日制在校生因"校园贷"纠纷成为被执行人的，一般不得对其采取纳入失信名单或限制消费措施。

17. 解除限制消费措施的几类情形。人民法院在对被执行人采取限制消费措施后，被执行人及其有关人员申请解除或暂时解除的，按照下列情形分别处理：

（1）单位被执行人被限制消费后，其法定代表人、主要负责人、影响债务履行的直接责任人员、实际控制人以因私消费为由提出以个人财产从事消费行为，经审查属实的，应予准许。

（2）单位被执行人被限制消费后，其法定代表人、主要负责人确因经营管理需要发生变更，原法定代表人、主要负责人申请解除对其本人的限制消费措施的，应举证证明其并非单位的实际控制人、影响债务履行的直接责任人员。人民法院经审查属实的，应予准许，并对变更后的法定代表人、主要负责人依法采取限制消费措施。

（3）被限制消费的个人因本人或近亲属重大疾病就医，近亲属丧葬，以及本人执行或配合执行公务，参加外事活动或重要考试等紧急情况亟需赴外地，向人民法院申请暂时解除乘坐飞机、高铁限制措施，经严格审查并经本院院长批准，可以给予其最长不超过一个月的暂时解除期间。

上述人员在向人民法院提出申请时，应当提交充分有效的证据并按要求作出书面承诺；提供虚假证据或者违反承诺从事消费行为的，人民法院应当及时恢复对其采取的限制消费措施，同时依照民事诉讼法第 111 条（现第 114 条）从重处理，并对其再次申请不予批准。

18. 畅通惩戒措施救济渠道。自然人、法人或其他组织对被纳入失信名单申请纠正的，人民法院应当依照失信名单规定第12条规定的程序和时限及时审查并作出处理决定。对被采取限制消费措施申请纠正的，参照失信名单规定第12条规定办理。

人民法院发现纳入失信名单、采取限制消费措施可能存在错误的，应当及时进行自查并作出相应处理；上级法院发现下级法院纳入失信名单、采取限制消费措施存在错误的，应当责令其及时纠正，也可以依法直接纠正。

19. 及时删除失信信息。失信名单信息依法应当删除（屏蔽）的，应当及时采取删除（屏蔽）措施。超过3个工作日采取删除（屏蔽）措施，或者虽未超过3个工作日但能够立即采取措施却未采取造成严重后果的，依法追究相关人员责任。

被执行人因存在多种失信情形，被同时纳入有固定期限的失信名单和无固定期限的失信名单的，其主动履行完毕生效法律文书确定义务后，一般应当将有固定期限的名单信息和无固定期限的名单信息同时删除（屏蔽）。

20. 准确理解限制被执行人子女就读高收费学校。限制被执行人子女就读高收费学校，是指限制其子女就读超出正常收费标准的学校，虽然是私立学校，但如果其收费未超出正常标准，也不属于限制范围。人民法院在采取此项措施时，应当依法严格审查，不得影响被执行人子女正常接受教育的权利；在新闻媒体对人民法院采取此项措施存在误报误读时，应当及时予以回应和澄清。人民法院经依法审查，决定限制被执行人子女就读高收费学校的，应当做好与被执行人子女、学校的沟通工作，尽量避免给被执行人子女带来不利影响。

21. 探索建立惩戒分级分类机制和守信激励机制。各地法院可以结合工作实际，积极探索根据案件具体情况对被执行人分级分类采取失信惩戒、限制消费措施，让失信惩戒、限制消费措施更具有精准性，更符合比例原则。

各地法院在依法开展失信惩戒的同时，可以结合工作实际，探索开展出具自动履行生效法律文书证明、将自动履行信息向征信机构推送、对诚信债务人依法酌情降低诉讼保全担保金额等守信激励措施，营造鼓励自动履行、支持诚实守信的良好氛围。

【法（民四）明传［2021］60号】　全国法院涉外商事海事审判工作座谈会会议纪要（2021年6月10日在南京召开，最高法2021年12月31日印发）

50. 【限制出境的适用条件】《第二次全国涉外商事海事审判工作会议纪要》（法发［2005］26号）第93条规定的"逃避诉讼或者逃避履行法定义务的可能"是指申请人提起的民事诉讼有较高的胜诉可能性，而被申请人存在利用出境逃避诉讼、逃避履行法定义务的可能。申请人提出限制出境申请的，人民法院可以要求申请人提供担保，担保数额一般应当相当于诉讼请求的数额。

被申请人在中华人民共和国领域内有足额可供扣押的财产的，不得对其采取限制出境措施。被限制出境的被申请人或其法定代表人、负责人提供有效担保或者履行法定义务的，人民法院应当立即作出解除限制的决定并通知公安机关。

【法〔2021〕322 号】　最高人民法院关于进一步完善执行权制约机制 加强执行监督的意见（2021 年 12 月 6 日）

23. 严格规范失信惩戒及限制消费措施。严格区分和把握采取纳入失信名单及限制消费措施的适用条件，符合失信情形的，纳入失信名单同时限制消费，仅符合限制消费情形的，不得纳入失信名单。

被执行人履行完毕的，人民法院必须在 3 个工作日内解除限制消费令，因情况紧急当事人申请立即解除的，人民法院应当立即解除限制消费令；在限制消费期间，被执行人提供有效担保或者经申请执行人同意的，人民法院应当在 3 个工作日内解除限制消费令。被执行人的法定代表人发生变更的，应当依当事人申请及时解除对原法定代表人的限制消费令。

纳入失信名单必须严格遵守法律规定并制作决定书送达当事人。当事人对将其纳入失信名单提出纠正申请的，人民法院应及时审查，及时纠正，不得拖延。案件执行完毕的，人民法院应当及时屏蔽失信信息并向征信部门推送，完善失信被执行人信用修复机制。

探索施行宽限期制度。人民法院可以根据案件具体情况，设置一定宽限期，在宽限期内暂不执行限制消费令和纳入失信名单，通过宽限期给被执行人以警示，促使其主动履行。

【法发〔2022〕2 号】　最高人民法院关于充分发挥司法职能作用助力中小微企业发展的指导意见（2022 年 1 月 13 日）

20. 依法精准适用失信惩戒和限制消费措施。严格区分失信惩戒与限制消费措施的适用条件，被执行中小微企业等市场主体仅符合限制消费情形但不符合失信情形的，不得将其纳入失信名单。严格区分失信与丧失履行能力，中小微企业等市场主体因经营失利丧失履行能力且不具有法律、司法解释规定的规避、抗拒执行等违法情形的，不得以有履行能力拒不履行义务为由将其纳入失信名单。健全信用修复机制，中小微企业等市场主体的失信信息符合法定屏蔽条件的，应当及时采取屏蔽措施；失信信息被屏蔽后，其因融资、招投标等需要请求提供信用修复证明的，人民法院可以出具相关证明材料。

【法释〔2022〕11 号】　最高人民法院关于适用《中华人民共和国民事诉讼法》的解释（"法释〔2015〕5 号"公布，2015 年 2 月 4 日起施行；根据法释〔2020〕20 号《决定》修正，2021 年 1 月 1 日起施行；2022 年 3 月 22 日最高法

审委会［1866 次］修正，2022 年 4 月 1 日公布，2022 年 4 月 10 日起施行；以本规为准）

第 516 条 被执行人不履行法律文书确定的义务的，人民法院除对被执行人予以处罚外，还可以根据情节将其纳入失信被执行人名单，将被执行人不履行或者不完全履行义务的信息向其所在单位、征信机构以及其他相关机构通报。

【法发［2023］15 号】 最高人民法院关于优化法治环境 促进民营经济发展壮大的指导意见（2023 年 9 月 25 日）

23.（第 1 款）完善拖欠账款常态化预防和清理机制。……严厉打击失信被执行人通过多头开户、关联交易、变更法定代表人等方式规避执行的行为，确保企业及时收回账款。

25.（第 2 款）在依法保障胜诉债权人权益实现的同时，最大限度减少对被执行企业权益的影响，严格区分失信与丧失履行能力，对丧失履行能力的，只能采取限制消费措施，不得纳入失信名单。决定纳入失信名单或者采取限制消费措施的，可以给予其 1 至 3 个月宽限期，对于信用良好的，应当给予其宽限期，宽限期内暂不发布其失信或者限制消费信息。加快修订相关司法解释，建立健全失信被执行人分类分级惩戒制度及信用修复机制。

● **知名案例 地方人民政府被列为失信被执行人案件①**

（1）黑龙江高院［2006］黑商终字第 34 号民事判决书判令大庆市人民政府对大庆驻外总公司进行清算，所得财产清偿大连港公司 425 万余元，并负担两审案件受理费 62538 元。2006 年 12 月 11 日大庆中院作出［2007］庆法执字第 00023 号执行裁定。大庆市政府全部未履行，于 2016 年 5 月 31 日被列入失信被执行人名单。②

（2）吉林高院 2015 年 12 月 25 日［2015］吉民二初字第 21 号民事调解书确定松原市前郭尔罗斯蒙古族自治县人民政府返还松原市鑫基发房地产开发有限公司合同纠纷款 15985 万元及利息 63292584 元。前郭县政府履行 6000 万元后，伪造证据妨碍、抗拒执行③。吉林高院 2016 年 9 月 9 日作出［2016］吉执 10 号执行裁定书，指定吉林中院执行。2016 年 12 月 3 日，前郭县政府被列入失信被执行

---

① 注：信息数据来源于中国执行信息公开网、中国裁判文书网。《全国至少 20 个县级以上政府成"老赖"不乏陈年积案》，载新华网，http：//www.xinhuanet.com/politics/2017-04/11/c_1120784139.htm，另载人民政协网，https：//www.rmzxb.com.cn/c/2017-04-01/1456879.shtml，最后访问时间：2024 年 7 月 10 日。

② 注：这是目前可查的地级市人民政府被列为失信被执行人的唯一案例。

③ 注：这是目前被公开报道的人民政府伪造证据妨碍、抗拒执行的唯一案例。

人名单。

（3）沈阳市中级人民法院［2014］沈中行初字第 250 号行政判决确认新民市人民政府对该市两村民的地上物实施的强制拆除行为违法，并判令赔偿地上种植物损失 1155800 元。新民市政府不服，辽宁高院 2015 年 4 月 24 日［2015］辽行终字第 00081 号行政判决维持原判。新民市政府全部未履行，于 2015 年 6 月 12 日被列入失信被执行人名单。

（4）郑州市中级人民法院 2015 年 11 月 10 日［2015］郑行初字第 163 号行政判决撤销中牟县人民政府牟政（不受复决）字［2015］01 号不予受理行政复议申请决定，判令中牟县政府重新处理原告申海忠申请恢复其郑州电子信息职业技术学院（原河南电器化学校）举办人身份的行政复议。中牟县政府不服，河南高院 2016 年 8 月 28 日［2016］豫行终 34 号行政判决维持原判。中牟县政府未履行，于 2016 年 12 月 30 日被列入失信被执行人名单。

（5）山西长治潞城市人民政府因为欠 337 万元工程款全部未履行，于 2016 年 8 月 28 日被列入失信被执行人名单。

（6）黑龙江伊春市伊春区人民政府拖欠利息 990 余万及案件执行费、诉讼费，于 2015 年 4 月 13 日被列入失信被执行人名单。

（7）江苏徐州市云龙区人民政府，因为云龙区市容管理局拖欠工程款 35 万元及利息 58065 元，而被法院判决承担连带责任，于 2015 年 9 月 16 日被列入失信被执行人名单。

（8）其他被列入失信被执行人名单的人民政府有：河南省新乡县人民政府，鹤壁市浚县人民政府，平顶山市郏县人民政府，郑州市中原区人民政府，驻马店市汝南县人民政府，洛阳市西工区人民政府，黑龙江省大庆市肇源县人民政府，绥化市兰西县人民政府，绥化市望奎县人民政府，江苏省邳州市人民政府，徐州市丰县人民政府，江西省吉安市万安县人民政府，山东省潍坊市昌乐县人民政府。

● **文书格式**　【法［2016］221 号】　**民事诉讼文书样式**（2016 年 2 月 22 日最高法审委会［1679 次］通过，2016 年 6 月 28 日公布，2016 年 8 月 1 日起施行）（本书对格式略有调整）

执行决定书（将被执行人纳入失信被执行人名单）

（××××）……执……号

本院在执行××人民法院（或其他生效法律文书的作出机关）（××××）……号民事判决（或其他生效法律文书）中，经查（或者：申请执行人×××申请将被执行人×××纳入失信被执行人名单，本院经审查认为），……（写明将被执行人纳入失信被执行人名单的事实和理由）。依照《中华人民共和国民事诉讼法》第 266

条、《最高人民法院关于公布失信被执行人名单信息的若干规定》第×条第×款规定，决定如下：

将×××纳入失信被执行人名单。

本决定一经作出即生效。

×年×月×日（院印）

执行决定书（纠正或驳回将被执行人纳入失信被执行人名单）

（××××）……执……号

本院在执行×××与×××……（写明案由）一案中，被执行人×××认为将其纳入失信被执行人名单错误，向我院申请纠正。

本院经审查认为，……（写明准许或者驳回申请的事实和理由）。依照《中华人民共和国民事诉讼法》第266条、《最高人民法院关于公布失信被执行人名单信息的若干规定》第3条规定，决定如下：

（应当删除的，写明：）将×××从失信被执行人名单中删除。

（应当修改的，写明：）……（修改的内容）。

（应当驳回的，写明：）驳回×××的申请。

本决定一经作出即生效。

×年×月×日（院印）

执行决定书（限制被执行人出境）

（××××）……执……号

申请执行人：×××，……。

被执行人：×××，……。①

（以上写明申请执行人、被执行人的姓名或者名称等基本信息）

本院依据已经发生法律效力的……（写明生效法律文书的案号和名称），于×年×月×日向被执行人×××发出执行通知书，责令被执行人……（写明指定履行的义务），但被执行人×××未履行该义务。申请执行人×××向本院提出申请，请求限制被执行人×××（或被执行人的法定代表人/主要负责人/影响债务履行的直接责任人×××）出境。

本院经审查认为，申请执行人×××的申请符合法律规定。依照《中华人民共和国出境入境管理法》第12条第3项（被执行人为外国人的，引用《出境入境管理法》第28条第2项）、《中华人民共和国民事诉讼法》第266条（被执行

---

① 被执行人为单位的，可以对其法定代表人、主要负责人或者影响债务履行的直接责任人员限制出境。被执行人为无\限制民事行为能力人的，可以对其法定代理人限制出境。

为单位的，增加引用《最高人民法院关于适用〈中华人民共和国民事诉讼法〉执行程序若干问题的解释》第37条）规定，决定如下：

限制被执行人（或被执行人的法定代表人/主要负责人/影响债务履行的直接责任人）×××（写明护照或通行证号码）出境。

×年×月×日　（院印）

执行决定书（解除限制被执行人出境）

（××××）……执……号

申请执行人：×××，……。

被执行人：×××，……。

（以上写明申请执行人、被执行人的姓名或者名称等基本信息）

本院于×年×月×日作出（××××）……执……号执行决定，限制被执行人（或被执行人的法定代表人/主要负责人/影响债务履行的直接责任人）×××出境。……（写明解除限制出境的理由）。依照《中华人民共和国出境入境管理法》第65条、《最高人民法院关于适用〈中华人民共和国民事诉讼法〉执行程序若干问题的解释》第38条规定，决定如下：

解除对被执行人（或被执行人的法定代表人/主要负责人/影响债务履行的直接责任人）×××（写明护照或通行证号码）的出境限制。

×年×月×日　（院印）

（本书汇）【执行联动与突发事件处理】

● **相关规定**　【法发〔2009〕43号】　最高人民法院关于进一步加强和规范执行工作的若干意见（2009年7月17日）

一、进一步加大执行工作力度

（一）建立执行快速反应机制。要努力提高执行工作的快速反应能力，加强与公安、检察等部门的联系，及时处理执行线索和突发事件。高、中级人民法院应当成立执行指挥中心，组建快速反应力量。有条件的基层人民法院根据工作需要也可以成立执行指挥中心。指挥中心负责人由院长或其授权的副院长担任，执行局长具体负责组织实施。为了便于与纪检、公安、检察等有关部门的协调，统一调用各类司法资源，符合条件的执行局长可任命为党组成员。指挥中心办事机构设在执行局，并开通24小时值班电话。快速反应力量由辖区法院的执行人员、司法警察等人员组成，下设快速反应执行小组，根据指挥中心的指令迅速采取执行行动。

（二）完善立审执协调配合机制。加强立案、审判和执行三个环节的协作配合，形成法院内部解决执行难的合力。立案阶段要加强诉讼指导、法律释明、风险告知和审前和解，尤其是对符合法定条件的案件依法及时采取诉前财产保全措施。审判阶段对符合条件的案件要依法及时采取诉讼保全和先予执行措施；要大力推进诉讼调解，提高调解案件的当庭履行率和自觉履行率；要增强裁判文书的说理性，强化判后答疑制度，促使当事人服判息诉，案结事了；要努力提高裁判文书质量，增强说理性，对双方的权利义务要表述准确、清晰，并充分考虑判项的可执行性。

（三）建立有效的执行信访处理机制。各级人民法院要设立专门的执行申诉处理机构，负责执行申诉信访的审查和督办，在理顺与立案庭等部门职能分工的基础上，探索建立四级法院上下一体的执行信访审查处理机制。上级法院要建立辖区法院执行信访案件挂牌督办制度，在人民法院网上设置专页，逐案登记，加强督办，分类办结后销号。进一步规范执行信访案件的办理流程，畅通民意沟通途径，对重大、复杂信访案件一律实行公开听证。要重视初信初访，从基层抓起，从源头抓起。要加强与有关部门的协作配合，充分发挥党委领导下的信访终结机制的作用。加大信访案件督办力度，落实领导包案制度，开展执行信访情况排名通报。完善执行信访工作的考评机制，信访责任追究和责任倒查机制。

（四）强化执行宣传工作。各级人民法院要加强同党委宣传部门的联系，将执行工作作为法制宣传工作的重要内容，制定执行工作宣传的整体规划，提高全社会的法制意识和风险意识。要与广播、报纸、电视、网络等媒体建立稳定的合作关系，采取召开新闻发布会、专题报道、跟踪报道、现场采访、设置专栏等方式，开展执行法规政策讲解、重大执行活动报道、典型案例通报、被执行人逃避、规避或抗拒执行行为的曝光等宣传活动。要高度重视民意沟通工作，通过进农村、进社区、进企业等多种形式，广泛深入地了解人民群众和社会各界对执行工作的意见和建议，把合理的社情民意转化为改进工作的具体措施，提高执行工作水平。

二、加快执行工作长效机制建设

（一）建立执行工作联席会议制度。各级人民法院要在各级党委的领导下，充分发挥执行工作联席会议制度的作用，组织排查和清理阻碍执行的地方性规定和文件，解决执行工作中遇到的突出困难和法院自身难以解决的问题，督促查处党政部门、领导干部非法干预执行或特殊主体阻碍、抗拒执行的违法违纪行为，协调处理可能影响社会稳定的重大突发事件或暴力抗法事件、重大执行信访案件；组织集中清理执行积案活动，对各类重点执行案件实行挂牌督办；对政府机关、国有企业等特殊主体案件，研究解决办法。重大执行事项经联席会议讨论作出决定或形成会议纪要后，交由相关部门负责落实，落实情况纳入综合治理考核范围。

（二）加快执行联动威慑机制建设。各级人民法院要努力争取党委的支持，动员全社会的力量共同解决执行难问题。要在制度上明确与执行工作相关的党政管理部门，包括纪检监察、组织人事、新闻宣传、综合治理、检察、公安、政府法制、财政、民政、发展和改革、司法行政、国土资源管理、住房和城乡建设管理、人民银行、银行业监管、税务、工商行政管理和证券监管等部门在执行工作中的具体职责，积极协助人民法院开展有关工作。要建设好全国法院执行案件信息管理系统，积极参与社会信用体系建设，实现执行案件信息与其他部门信用信息的共享，并通过信用惩戒手段促使债务人自动履行义务。

（三）实施严格的执行工作考评机制。要完善和细化现有的执行工作考核体系，科学设定执行标的到位率、执行申诉率、执行结案率、执行结案合格率、自行履行率等指标，合理分配考核分值，建立规范有效的考核评价机制。考核由各级人民法院在辖区范围内定期、统一进行，考核结果实行公开排位，并建立末位情况分析制、报告制以及责任追究制。实行执行案件质量评查和超期限分析制度，将执行案件的质量和效率纳入质效管理部门的监管范围。各级人民法院要建立执行人员考评机制，建立质效档案，并将其作为考评定级、提职提级、评优评先的重要依据。要规定科学的结案标准，建立严格的无财产案件的程序终结制度，并作结案统计。建立上级法院执行局和本院质效管理部门对执行错案和瑕疵案件的分析和责任倒查制度。上级法院撤销或改变下级法院裁定或决定时，要附带对案件进行责任分析。本院质效管理部门发现执行案件存在问题的，也要进行责任分析。

三、继续推进执行改革

（一）优化执行职权配置。一是进一步完善高级人民法院执行机构统一管理、统一协调的执行工作管理机制，中级人民法院（直辖市除外）对所辖地区执行工作实行统一管理、统一协调。进一步推进"管案、管事、管人"相结合的管理模式。二是实行案件执行重心下移，最高人民法院和高级人民法院作为执行工作统一管理、统一协调的机构，原则上不执行具体案件，案件主要由中级人民法院和基层人民法院执行，也可以指定专门法院执行某些特定案件，以排除不当干预。三是科学界定执行审查权和执行实施权，并分别由不同的内设机构或者人员行使。将财产调查、控制、处分及交付和分配、采取罚款、拘留强制措施等事项交由实施机构办理，对各类执行异议、复议、案外人异议及变更执行法院的申请等事项交由审查机构办理。四是实行科学的执行案件流程管理，打破一个人负责到底的传统执行模式，积极探索建立分段集约执行的工作机制。指定专人负责统一调查、控制和处分被执行财产，以提高执行效率。要实施以节点控制为特征的流程管理制度，充分发挥合议庭和审判长（执行长）联席会议在审查、评议并提出执行方案方面的作用。

（二）统一执行机构设置。各级人民法院统一设立执行局，并统一执行局内设机构及职能。高级人民法院设立复议监督、协调指导、申诉审查以及综合管理机构，中级人民法院和基层人民法院设执行实施、执行审查、申诉审查和综合管理机构。复议监督机构负责执行案件的监督，并办理异议复议、申请变更执行法院和执行监督案件；协调指导机构负责跨辖区委托执行案件和异地执行案件的协调和管理，办理执行请示案件以及负责与同级政府有关部门的协调；申诉审查机构负责执行申诉信访案件的审查和督办等事项；综合管理机构负责辖区执行工作的管理部署、巡视督查、评估考核、起草规范性文件、调研统计等各类综合性事项。

（三）合理确定执行机构与其他部门的职责分工。要理顺执行机构与法院其他相关部门的职责分工，推进执行工作专业化和执行队伍职业化建设。实行严格的归口管理，明确行政非诉案件和行政诉讼案件的执行，财产保全、先予执行、财产刑等统一由执行机构负责实施。加强和规范司法警察参与执行工作。基层人民法院审判监督庭和高、中级人民法院的质效管理部门承担执行工作质量监督、瑕疵案件责任分析等职能。

【法发〔2009〕50号】　最高人民法院关于人民法院预防和处理执行突发事件的若干规定（试行）（2009年9月22日印发，2009年10月1日起试行）

第1条　本规定所称执行突发事件，是指在执行工作中突然发生，造成或可能危及执行人员及其他人员人身财产安全，严重干扰执行工作秩序，需要采取应急处理措施予以应对的群体上访、当事人自残、聚众围堵执行现场、以暴力或暴力相威胁抗拒执行等事件。

第2条　按照危害程度、影响范围等因素，执行突发事件分为特别重大、重大、较大和一般四级。

特别重大的执行突发事件是指严重影响社会稳定、造成人员死亡或3人以上伤残的事件。

除特别重大执行突发事件外，分级标准由各高级人民法院根据辖区实际自行制定。

第3条　高级人民法院应当加强对辖区法院执行突发事件应急处理工作的指导。

执行突发事件的应急处理工作由执行法院或办理法院负责。各级人民法院应当成立由院领导负责的应急处理工作机构，并建立相关工作机制。

异地执行发生突发事件时，发生地法院必须协助执行法院做好现场应急处理工作。

第4条　执行突发事件应对工作实行预防为主、预防与应急处理相结合的原则。执行突发事件应急处理坚持人身安全至上、社会稳定为重的原则。

第 5 条　各级人民法院应当制定执行突发事件应急处理预案。执行应急处理预案包括组织与指挥、处理原则与程序、预防和化解、应急处理措施、事后调查与报告、装备及人员保障等内容。

第 6 条　执行突发事件实行事前、事中和事后全程报告制度。执行人员应当及时将有关情况报告本院执行应急处理工作机构。

异地执行发生突发事件的，发生地法院应当及时将有关情况报告当地党委、政府。

第 7 条　各级人民法院应当定期对执行应急处理人员和执行人员进行执行突发事件应急处理有关知识培训。

第 8 条　执行人员办理案件时，应当认真研究全案执行策略，讲究执行艺术和执行方法，积极做好执行和解工作，从源头上预防执行突发事件的发生。

第 9 条　执行人员应当强化程序公正意识，严格按照法定执行程序采取强制执行措施，规范执行行为，防止激化矛盾引发执行突发事件。

第 10 条　执行人员必须严格遵守执行工作纪律有关规定，廉洁自律，防止诱发执行突发事件。

第 11 条　执行人员应当认真做好强制执行准备工作，制定有针对性的执行方案。执行人员在采取强制措施前，应当全面收集并研究被执行人的相关信息，结合执行现场的社会情况，对发生执行突发事件的可能性进行分析，并研究相关应急化解措施。

第 12 条　执行人员在执行过程中，发现有执行突发事件苗头，应当及时向执行突发事件应急处理工作机构报告。执行法院必须启动应急处理预案，采取有效措施全力化解执行突发事件危机。

第 13 条　异地执行时，执行人员请求当地法院协助的，当地法院必须安排专人负责联系和协调，并做好应急准备。

第 14 条　发生下列情形，必须启动执行突发事件应急处理预案：（一）涉执上访人员在 15 人以上的；（二）涉执上访人员有无理取闹、缠诉领导、冲击机关等严重影响国家机关办公秩序行为的；（三）涉执上访人员有自残行为的；（四）当事人及相关人员携带易燃、易爆物品及管制刀具等凶器上访的；（五）当事人及相关人员聚众围堵，可能导致执行现场失控的；（六）当事人及相关人员在执行现场使用暴力或以暴力相威胁抗拒执行的；（七）其他严重影响社会稳定或危害执行人员安全的。

第 15 条　执行突发事件发生后，执行人员应当立即报告执行突发事件应急处理工作机构。应急处理工作机构负责人应当迅速启动应急处理机制，采取有效措施防止事态恶性发展。同时协调公安机关及时出警控制现场，并将有关情况报告党委、政府。

第16条　执行突发事件造成人员伤亡或财产损失的，执行应急处理人员应当及时协调公安、卫生、消防等部门组织力量进行抢救，全力减轻损害和减少损失。

第17条　对继续采取执行措施可能导致现场失控、激发暴力事件、危及人身安全的，执行人员应当立即停止执行措施，及时撤离执行现场。

第18条　异地执行发生执行突发事件的，执行人员应当在第一时间将有关情况通报发生地法院，发生地法院应当积极协助组织开展应急处理工作。发生地法院必须立即派员赶赴现场，同时报告当地党委和政府，协调公安等有关部门出警控制现场，采取有效措施进行控制，防止事态恶化。

第19条　执行突发事件发生后，执行法院必须就该事件进行专项调查，形成书面报告材料，在5个工作日内逐级上报至高级人民法院。对特别重大执行突发事件，高级人民法院应当立即组织调查，并在3个工作日内书面报告最高人民法院。

第20条　执行突发事件调查报告应包括以下内容：（一）事件发生的时间、地点和经过；（二）事件后果及人员伤亡、财产损失；（三）与事件相关的案件；（四）有关法院采取的预防和处理措施；（五）事件原因分析及经验、教训总结；（六）事件责任认定及处理；（七）其他需要报告的事项。

第21条　执行突发事件系由执行人员过错引发，或执行应急处理不当加重事件后果，或事后瞒报、谎报、缓报的，必须按照有关纪律处分办法追究相关人员责任。

第22条　对当事人及相关人员在执行突发事件中违法犯罪行为，有关法院应当协调公安、检察和纪检监察等有关部门，依法依纪予以严肃查处。

【法发〔2010〕15号】 **中央纪律检查委员会、中央组织部、中央宣传部、中央社会治安综合治理委员会办公室、最高人民法院、最高人民检察院、国家发展和改革委员会、公安部、监察部、民政部、司法部、国土资源部、住房和城乡建设部、中国人民银行、国家税务总局、国家工商行政管理总局、国务院法制办公室、中国银监会、中国证监会关于建立和完善执行联动机制若干问题的意见**（2010年7月7日）

第1条　纪检监察机关对人民法院移送的在执行工作中发现的党员、行政监察对象妨碍人民法院执行工作和违反规定干预人民法院执行工作的违法违纪线索，应当及时组织核查；必要时，应当立案调查。对于党员、行政监察对象妨碍人民法院执行工作或者违反规定干预人民法院执行工作，以及拒不履行生效法律文书确定义务的，应当依法依纪追究党纪政纪责任。

　　第2条　组织人事部门应当通过群众信访举报、干部考察考核等多种途径，及时了解和掌握党员、公务员拒不履行生效法律文书以及非法干预、妨害执行等情况，对有上述问题的党员、公务员，通过诫勉谈话、函询等形式，督促其及时改正。对拒不履行生效法律文书、非法干预或妨碍执行的党员、公务员，按照《中国共产党纪律处分条例》和《行政机关公务员处分条例》等有关规定处理。

　　第3条　新闻宣传部门应当加强对人民法院执行工作的宣传，教育引导社会各界树立诚信意识，形成自觉履行生效法律文书确定的义务、依法协助人民法院执行的良好风尚；把握正确的舆论导向，增强市场主体的风险意识。配合人民法院建立被执行人公示制度，及时将人民法院委托公布的被执行人名单以及其他干扰、阻碍执行的行为予以曝光。

　　第4条　综合治理部门应当将当地党委、人大、政府、政协重视和支持人民法院执行工作情况、被执行人特别是特殊主体履行债务情况、有关部门依法协助执行的情况、执行救助基金的落实情况等，纳入社会治安综合治理目标责任考核范围。建立健全基层协助执行网络，充分发挥基层组织的作用，配合人民法院做好执行工作。

　　第5条　检察机关应当对拒不执行法院判决、裁定以及其他妨害执行构成犯罪的人员，及时依法从严进行追诉；依法查处执行工作中出现的渎职侵权、贪污受贿等职务犯罪案件。

　　第6条　公安机关应当依法严厉打击拒不执行法院判决、裁定和其他妨害执行的违法犯罪行为；对以暴力、威胁方法妨害或者抗拒执行的行为，在接到人民法院通报后立即出警，依法处置。协助人民法院查询被执行人户籍信息、下落，在履行职责过程中发现人民法院需要拘留、拘传的被执行人的，及时向人民法院通报情况；对人民法院在执行中决定拘留的人员，及时予以收押。协助限制被执行人出境；协助人民法院办理车辆查封、扣押和转移登记等手续；发现被执行人车辆等财产时，及时将有关信息通知负责执行的人民法院。

　　第7条　政府法制部门应当依法履行备案审查监督职责，加强备案审查工作，对报送备案的规章和有关政府机关发布的具有普遍约束力的行政决定、命令，发现有超越权限、违反上位法规定、违反法定程序、规定不适当等情形，不利于人民法院开展执行工作的，应当依照《法规规章备案条例》等规定予以处理。

　　第8条　民政部门应当对生活特别困难的申请执行人，按照有关规定及时做好救助工作。

　　第9条　发展和改革部门应当协助人民法院依法查询被执行人有关工程项目

的立项情况及相关资料;对被执行人正在申请办理的投资项目审批、核准和备案手续,协调有关部门和地方,依法协助人民法院停止办理相关手续。

第10条 司法行政部门应当加强法制宣传教育,提高人民群众的法律意识,提高债务人主动履行生效法律文书的自觉性。对各级领导干部加强依法支持人民法院执行工作的观念教育,克服地方和部门保护主义思想。对监狱、劳教单位作为被执行人的案件,督促被执行人及时履行。指导律师、公证人员和基层法律服务工作者做好当事人工作,积极履行生效法律文书确定的义务。监狱、劳教所、强制隔离戒毒所对服刑、劳教人员和强制隔离戒毒人员作为被执行人的案件,积极协助人民法院依法执行。

第11条 国土资源管理部门应当协助人民法院及时查询有关土地使用权、探矿权、采矿权及相关权属等登记情况,协助人民法院及时办理土地使用权、探矿权、采矿权等的查封、预查封和轮候查封登记,并将有关情况及时告知人民法院。被执行人正在办理土地使用权、采矿权、探矿权等权属变更登记手续的,根据人民法院协助执行通知书的要求,停止办理相关手续。债权人持生效法律文书申请办理土地使用权变更登记的,依法予以办理。

第12条 住房和城乡建设管理部门应当协助人民法院及时查询有关房屋权属登记、变更、抵押等情况,协助人民法院及时办理房屋查封、预查封和轮候查封及转移登记手续,并将有关情况及时告知人民法院。被执行人正在办理房屋所有权转移登记等手续的,根据人民法院协助执行通知书的要求,停止办理相关手续。轮候查封的人民法院违法要求协助办理房屋登记手续的,依法不予办理。债权人持生效法律文书申请办理房屋转移登记手续的,依法予以办理。协助人民法院查询有关工程项目的规划审批情况,向人民法院提供必要的经批准的规划文件和规划图纸等资料。被执行人正在申请办理涉案项目规划审批手续的,根据人民法院协助执行通知书的要求,停止办理相关手续。将房地产、建筑企业不依法履行生效法律文书义务的情况,记入房地产和建筑市场信用档案,向社会披露有关信息。对拖欠房屋拆迁补偿安置资金的被执行人,依法采取制裁措施。

第13条 人民银行应当协助人民法院查询人民币银行结算账户管理系统中被执行人的账户信息;将人民法院提供的被执行人不履行法律文书确定义务的情况纳入企业和个人信用信息基础数据库。

第14条 银行业监管部门应当监督银行业金融机构积极协助人民法院查询被执行人的开户、存款情况,依法及时办理存款的冻结、轮候冻结和扣划等事宜。对金融机构拒不履行生效法律文书、拒不协助人民法院执行的行为,依法追究有关人员的责任。制定金融机构对被执行人申请贷款进行必要限制的规定,要求金融机构发放贷款时应当查询企业和个人信用信息基础数据库,并将被执行人履行生效法律文书确定义务的情况作为审批贷款时的考量因素。对拒不履行生效法律文书义务的被执行人，涉及金融债权的，可以采取不开新户、不发放新贷款、不办理对外支付等制裁措施。

第15条 证券监管部门应当监督证券登记结算机构、证券、期货经营机构依法协助人民法院查询、冻结、扣划证券和证券交易结算资金。督促作为被执行人的证券公司自觉履行生效裁判文书确定的义务；对证券登记结算机构、证券公司拒不履行生效法律文书确定义务、拒不协助人民法院执行的行为，督促有关部门依法追究有关负责人和直接责任人员的责任。

第16条 税务机关应当依法协助人民法院调查被执行人的财产情况，提供被执行人的纳税情况等相关信息；根据人民法院协助执行通知书的要求，提供被执行人的退税账户、退税金额及退税时间等情况。被执行人不缴、少缴税款的，请求法院依照法定清偿顺序追缴税款，并按照税款预算级次上缴国库。

第17条 工商行政管理部门应当协助人民法院查询有关企业的设立、变更、注销登记等情况；依照有关规定，协助人民法院办理被执行人持有的有限责任公司股权的冻结、转让登记手续。对申请注销登记的企业，严格执行清算制度，防止被执行人转移财产，逃避执行。逐步将不依法履行生效法律文书确定义务的被执行人录入企业信用分类监管系统。

第18条 人民法院应当将执行案件的有关信息及时、全面、准确地录入执行案件信息管理系统，并与有关部门的信息系统实现链接，为执行联动机制的顺利运行提供基础数据信息。

第19条 人民法院认为有必要对被执行人采取执行联动措施的，应当制作协助执行通知书或司法建议函等法律文书，并送达有关部门。

第20条 有关部门收到协助执行通知书或司法建议函后，应当在法定职责范围内协助采取执行联动措施。有关协助执行部门不应对生效法律文书和协助执行通知书、司法建议函等进行实体审查。对人民法院请求采取的执行联动措施有异议的，可以向人民法院提出审查建议，但不应当拒绝采取相应措施。

第21条 被执行人依法履行了生效法律文书确定的义务或者申请执行人同意解除执行联动措施的，人民法院经审查，认为符合有关规定的，应当解除相应措施。被执行人提供担保请求解除执行联动措施的，由人民法院审查决定。

第22条 为保障执行联动机制的建立和有效运行，成立执行联动机制工作领导小组，成员单位有中央纪律检查委员会、中央组织部、中央宣传部、中央政法委员会、中央社会治安综合治理委员会办公室、最高人民法院、最高人民检察院、国家发展和改革委员会、公安部、监察部、民政部、司法部、国土资源部、住房和城乡建设部、中国人民银行、国家税务总局、国家工商行政管理总局、国务院法制办公室、中国银监会、中国证监会等有关部门。领导小组下设办公室，具体负责执行联动机制建立和运行中的组织、协调、督促、指导等工作。

各成员单位确定一名联络员，负责执行联动机制运行中的联络工作。

各地应成立相应的执行联动机制工作领导小组及办公室。

第23条　执行联动机制工作领导小组由各级政法委员会牵头，定期、不定期召开会议，通报情况，研究解决执行联动机制运行中出现的问题，确保执行联动机制顺利运行。

第24条　有关单位不依照本意见履行职责的，人民法院可以向监察机关或其他有关机关提出相应的司法建议，或者报请执行联动机制领导小组协调解决，或者依照《中华人民共和国民事诉讼法》第103条的规定处理。

第25条　为确保本意见贯彻执行，必要时，人民法院可以会同有关部门制定具体的实施细则。

第二十二章　执行中止和终结

第 267 条[19910409]　【中止执行】有下列情形之一的，人民法院应当裁定中止执行：

（一）申请人表示可以延期执行的；

（二）案外人对执行标的提出确有理由的异议的；

~~（三）被执行人短期内无偿付能力；~~

（三）作为一方当事人的公民死亡，需要等待继承人继承权利或者承担义务的；

（四）作为一方当事人的法人或者其他组织终止，尚未确定权利义务承受人的；

（五）人民法院认为应当中止执行的其他情形/~~情况~~。

~~造成~~中止的情形/~~情况~~消失后，恢复执行。

第 268 条[19910409]　【终结执行】有下列情形之一的，人民法院裁定终结执行：

（一）申请人撤销申请的；

（二）据以执行的法律文书被撤销的；

（三）作为被执行人的公民死亡，无遗产可供执行，又无义务承担人的；

（四）追索赡养费、扶养费、抚养/抚育²⁰²²⁰¹⁰¹费案件的权利人死亡的；

（五）作为被执行人的公民因生活困难无力偿还借款，无收入来源，又丧失劳动能力的；

（六）人民法院认为应当终结执行的其他情形/情况。

第 269 条　【中止和终结执行裁定的生效】 中止和终结执行的裁定，送达当事人后立即生效。

（本书汇）【执行期限与结案】

● 相关规定　**【法释［1998］15 号】　最高人民法院关于人民法院执行工作若干问题的规定（试行）**（1998 年 6 月 11 日最高法审委会［992 次］通过，1998 年 7 月 8 日公布施行；根据法释［2020］21 号《决定》修正，2021 年 1 月 1 日起施行；以本规为准）①

~~102. 有下列情形之一的，人民法院应当依照民事诉讼法第 234 条第 1 款第 5 项的规定裁定中止执行：（1）人民法院已受理以被执行人为债务人的破产申请的；（2）被执行人确无财产可供执行的；（3）执行的标的物是其他法院或仲裁机构正在审理的案件争议标的物，需要等待该案件审理完毕确定权属的；（4）一方当事人申请执行仲裁裁决，另一方当事人申请撤销仲裁裁决的；（5）仲裁裁决的被申请执行人依据民事诉讼法第 217 条第 2 款的规定向人民法院提出不予执行请求，并提供适当担保的。~~

59. 按照审判监督程序提审或再审的案件，执行机构根据上级法院或本院作出的中止执行裁定书中止执行。

60. 中止执行的情形消失后，执行法院可以根据当事人的申请或依职权恢复执行。

恢复执行应当书面通知当事人。

61. 在执行中，被执行人被人民法院裁定宣告破产的，执行法院应当依照民事诉讼法第 257 条（现第 268 条）第 6 项的规定，裁定终结执行。

---

① 本《规定》自 1998 年 7 月 8 日公布试行 22 年多，至 2020 年 12 月 23 日修正，仍为"试行"。

62. 中止执行和终结执行的裁定书应当写明中止或终结执行的理由和法律依据。

63. 人民法院执行生效法律文书，一般应当在立案之日起 6 个月内执行结案，但中止执行的期间应当扣除。确有特殊情况需要延长的，由本院院长批准。

64. 执行结案的方式为：（1）~~生效法律文书确定的内容全部执行完毕~~；（2）终结本次执行程序；（3）~~裁定终结执行~~；（4）销案；（5）~~裁定不予执行~~；~~（4）当事人之间达成执行和解协议并已履行完毕~~；（6）驳回申请。

【法［1998］10 号】　最高人民法院关于继续中止执行涉及"辽国发"经济纠纷案件生效法律文书等问题的通知（1998 年 2 月 24 日）①

1996 年 4 月 23 日，本院曾发出法明传［1996］155 号《关于中止执行涉及"辽国发"经济纠纷案件生效判决的通知》。鉴于公安机关对辽宁国发（集团）股份有限公司重大金融诈骗案仍在侦查阶段，国务院组织有关部门对"辽国发"的资产及负债情况正在进行核查，待核查结束后，国务院将授权有关机构按确定的清偿率统一清偿"辽国发"的债务，为保证统一清偿工作的顺利进行，现特作如下通知：

一、各级人民法院对涉及"辽国发"的证券回购及其他经济纠纷案件，自本通知下达之日起不再受理。日后有关清偿机构在统一清偿过程中，当事人请求人民法院确认债权数额的，可依法受理。

二、各级人民法院对涉及"辽国发"经济纠纷案件的生效判决、调解协议及裁定，继续中止执行。有关事宜，本院将另行通知。

【银办函［2001］136 号】　中国人民银行办公厅关于最高人民法院恢复受理和执行涉及"辽国发"经济纠纷案件意见的复函（2001 年 3 月 16 日函复国务院办公厅秘书局）②

你局转来最高人民法院"法民二［2000］278 号"文件收悉。经商公安部、证监会，原则同意"法民二［2000］278 号"文件精神，并对具体操作提出以下意见：

一、在人民法院恢复受理和执行涉及辽宁国发（集团）股份有限公司（以下简称"辽国发"）的经济纠纷案件之前，应先行完成经国务院行政裁定的"辽国发"债务清偿工作。根据国务院要求，1998 年，人民银行和监察部牵头，公安部、最高人民法院、证监会等有关部门参加组成联合调查组，对"辽国发"资产负债情况进行核查，发现"辽国发"债务总额远远大于资产总额。经国务院裁

---

① 注：本《通知》一直未见废止，但明显过了适用期。本书留存备查。
② 注：本《通知》一直未见废止，但明显过了适用期。本书留存备查。

定，对"辽国发"债权单位按统一的 33.62% 清偿比率进行清偿。由于上海证券交易所未能退还多占的"辽国发"资产，清偿工作迟迟不能进行。

中国建设银行、国泰君安证券公司、江西省证券公司以先行垫付资金的形式清偿了"辽国发"以上述三家机构（或其分支机构）名义在北京联办 STAQ 系统、武汉证券交易中心、天津证券交易中心进行金融诈骗活动所形成的债务 25 亿元，并承接了相应债权，对推动全国证券回购债务清欠工作起到很大作用。但是，三家机构也因此背上了沉重的包袱。2000 年 3 月，经国务院裁定，上海证券交易所应退出多占的 4.93 亿元"辽国发"资产。证监会应督促上海证券交易所尽快退款，退款划入中国人民银行开设的专户，用于向中国建设银行等"辽国发"债权人清偿债务。

二、人民法院恢复受理和执行涉及"辽国发"的经济纠纷案件，应在国务院关于"辽国发"债务清偿行政裁定结果的基础上进行。对于已进入"辽国发"债务清偿名单的债务纠纷，建议人民法院恢复受理审理，但是不恢复执行。债权人可以凭法院的生效判决向负责"辽国发"债务清偿的机构申报债权，由该机构按国务院确定的统一比例清偿。

三、人民法院在涉及"辽国发"经济纠纷案件审理结果的执行过程中，应继续按照最高人民法院法发〔1997〕27 号文件精神，妥善处理相关当事人在证券登记结算机构清算账户中缴存资金的冻结问题，以免影响证券市场稳定。

四、考虑到涉及"辽国发"的经济纠纷案件情况复杂、牵涉面广，为保护所有当事人的合法利益，避免发生不必要的混乱，降低审理和执行中的难度，建议由最高人民法院对各地法院受理的涉及"辽国发"经济纠纷案件进行合并审理。

【法释〔2000〕29 号】　最高人民法院关于严格执行案件审理期限制度的若干规定（2000 年 9 月 14 日最高法审委会〔1130 次〕通过，2000 年 9 月 22 日公布，2000 年 9 月 28 日起施行）

第 5 条（第 1 款）　执行案件应当在立案之日起 6 个月内执结，非诉执行案件应当在立案之日起 3 个月内执结；有特殊情况需要延长的，经本院院长批准，可以延长 3 个月，还需延长的，层报高级人民法院备案。

第 5 条（第 2 款）　委托执行的案件，委托的人民法院应当在立案后 1 个月内办理完委托执行手续，受委托的人民法院应当在收到委托函件后 30 日内执行完毕。未执行完毕，应当在期限届满后 15 日内将执行情况函告委托人民法院。

第 9 条　下列期间不计入审理、执行期限：……（八）民事、行政、执行案件由有关专业机构进行审计、评估、资产清理的期间；（九）中止诉讼（审理）

或执行至恢复诉讼（审理）或执行的期间；（十）当事人达成执行和解或者提供执行担保后，执行法院决定暂缓执行的期间；（十一）上级人民法院通知暂缓执行的期间；（十二）执行中拍卖、变卖被查封、扣押财产的期间。

【法［2001］164号】　最高人民法院案件审限管理规定（2001年10月16日最高法审委会［1195次］通过，2001年11月5日公布，2002年1月1日起施行）

第16条　不计入审理期限的期间依照本院《关于严格执行案件审理期限制度的若干规定》（下称《若干规定》）第9条执行。案情重大、疑难，需由审判委员会作出决定的案件，自提交审判委员会之日起至审判委员会作出决定之日止的期间，不计入审理期限。

需要向有关部门征求意见的案件，征求意见的期间不计入审理期限，参照《若干规定》第9条第8项的规定办理。

要求下级人民法院查报的案件，下级人民法院复查的期间不计入审理期限。

【主席令［2006］54号】　中华人民共和国企业破产法（2006年8月27日全国人大［10届23次］通过，2007年6月1日起施行）**（详见本书第22章"重组与破产"专辑）**

第19条　人民法院受理破产申请后，有关债务人财产的保全措施应当解除，执行程序应当中止。

第134条（第1款）　……国务院金融监督管理机构依法对出现重大经营风险的金融机构采取接管、托管等措施的，可以向人民法院申请中止以该金融机构为被告或者被执行人的民事诉讼程序或者执行程序。

【法发［2006］35号】　最高人民法院关于人民法院执行公开的若干规定（2006年12月23日印发，2007年1月1日起施行；同文号印发《关于人民法院办理执行案件若干期限的规定》）**（详见本书第19章"执行公开"专辑）**

第13条　人民法院依职权对案件中止执行的，应当制作裁定书并送达当事人。裁定书应当说明中止执行的理由，并明确援引相应的法律依据。

对已经中止执行的案件，人民法院应当告知当事人中止执行案件的管理制度、申请恢复执行或者人民法院依职权恢复执行的条件和程序。

第14条　人民法院依职权对据以执行的生效法律文书终结执行的，应当公开听证，但申请执行人没有异议的除外。

终结执行应当制作裁定书并送达双方当事人。裁定书应当充分说明终结执行的理由，并明确援引相应的法律依据。

【法发［2003］25 号】　人民法院民事诉讼风险提示书（2003 年 12 月 23 日最高法审委会［1302 次］通过，次日公布，2003 年 12 月 24 日起施行）

十六、无财产或者无足够财产可供执行

被执行人没有财产或者没有足够财产履行生效法律文书确定义务的，人民法院可能对未履行的部分裁定中止执行，申请执行人的财产权益将可能暂时无法实现或者不能完全实现。

【法发［2006］35 号】　最高人民法院关于人民法院办理执行案件若干期限的规定（2006 年 12 月 23 日印发，2007 年 1 月 1 日起施行；同文号印发《关于人民法院执行公开的若干规定》）

第 1 条　被执行人有财产可供执行的案件，一般应当在立案之日起 6 个月内执结；非诉执行案件一般应当在立案之日起 3 个月内执结。

有特殊情况须延长执行期限的，应当报请本院院长或副院长批准。

申请延长执行期限的，应当在期限届满前 5 日内提出。

第 12 条　执行措施的实施及执行法律文书的制作需报经审批的，相关负责人应当在 7 日内完成审批程序。

第 13 条　下列期间不计入办案期限：1. 公告送达执行法律文书的期间；2. 暂缓执行的期间；3. 中止执行的期间；4. 就法律适用问题向上级法院请示的期间；5. 与其他法院发生执行争议报请共同的上级法院协调处理的期间。

第 14 条　法律或司法解释对办理期限有明确规定的，按照法律或司法解释规定执行。

【法发［2008］21 号】　最高人民法院关于处理涉及汶川地震相关案件适用法律问题的意见（一）（2008 年 7 月 14 日）

五、人民法院正在审理的刑事案件、民事案件、行政案件以及执行案件中，当事人死亡或失踪的，要依法分别处理。刑事案件被告人死亡的，终止审理。民事案件、行政案件和执行案件当事人死亡或者失踪的，裁定中止审理、执行，待灾区安置及恢复重建工作进行到一定阶段，经法定程序对涉案人身、财产关系明确后，人民法院依法决定是否恢复审理、执行，或者按撤诉处理、终结诉讼、终结执行，或者变更主体等。

七、对民法通则第 139 条（现民法典第 194 条）规定的"中止时效的原因消除"、民事诉讼法第 76 条规定的"障碍消除"、第 136 条（现第 153 条）规定的"中止诉讼的原因消除"以及第 232 条（现第 267 条）规定的"中止的情形消失"，《最高人民法院关于执行〈中华人民共和国行政诉讼法〉若干问题的解释》第 51 条规定的"中止诉讼的原因消除"之日的确定，要区别灾区不同情况，坚持从宽掌握的原则，结合个案具体情况具体分析。

人民法院在确定时可以考虑以下因素：1. 人民法院恢复正常工作的情况；2. 当地恢复重建进展的情况；3. 失踪当事人重新出现、财产代管人经依法确定、被有关部门确定死亡或被人民法院宣告死亡明确继承人的情况；4. 作为法人或其他组织的当事人恢复经营能力或者已经确立权利义务承受人的情况。

十（第 1 款）、申请执行人为非灾区企业或者公民，被执行人为灾区企业或者公民，财产无法确定或者确无财产可供执行的，应当中止执行；被执行人遭受灾害后有财产可供执行的，执行机关应尽力促成和解结案；申请执行人要求继续执行，但执行该财产将严重影响恢复重建工作顺利进行的，可以中止执行。中止执行的情形消失后，应当及时恢复执行。

【法发〔2009〕15 号】　中央政法委、最高人民法院关于规范集中清理执行积案结案标准的通知（2009 年 3 月 19 日）

全国集中清理执行积案活动开展以来，各地人民法院已执结了一大批积案，清积活动取得了阶段性成果。但也存在一些问题：有的地方认识不到位，清积力度不大，执结率不高；有的地方理解慎用强制措施有误区，不敢依法执行，不敢碰硬，导致债权人权益无法实现；有的地方结案标准存在偏差，存在不当中止、不当终结等问题；有的地方基础数据不准确，存在瞒报、漏报甚至弄虚作假的现象；有的地方案件卷宗质量不高，内容缺损。为实现这次集中清理执行积案活动的总体目标，现就进一步规范清理执行积案的结案标准通知如下：

一、坚决依法执结有财产可供执行的案件，切实提高执行到位率。

1. 属于被执行人所有的财产，除法律或司法解释规定的被执行人及其所抚养家属生活所必需的房屋、生活用品、生活费或其他不得查封、扣押、冻结的财产外，均为可供执行的财产。

2. 执行法院对已查明的被执行人可供执行的财产，应当依法及时采取查封、扣押、冻结等相应的执行措施，并依法采取拍卖、变卖、以物抵债等执行措施。

3. 被执行人下落不明但有财产可供执行的，可以直接对其财产采取执行措施。执行通知书的送达应依照有关法律规定办理。

4. 被执行人可供执行的财产在其他法院或者其他执法机关的控制之下，或该财产上存有权属争议或其他优先权正在审理或审查之中的，应按照法定程序提请上级法院或有关部门协调处理，不得作结案处理。

5. 因协助执行周期或财产变现周期较长、无法在清理积案活动期间执行完毕的案件，执行法院应积极协调有关部门，争取尽快依法执结；在执结之前，不得作结案处理。

6. 因涉及稳定、信访等因素在清理积案活动期间不宜强制执行的案件,执行法院应报请当地清理积案领导小组协调解决;在执结之前,不得作结案处理。

7. 原统计为有财产可供执行的案件,在清理积案期间经进一步调查属于无财产可供执行的案件,须报上一级法院审查确认。

二、执行法院应依法穷尽财产调查措施,并将调查结果告知申请执行人。只有在积极采取法律赋予的调查手段、穷尽对被执行人财产状况的相关调查措施之后,才可以将有关案件认定为无财产可供执行的案件。

1. 申请执行人不能提供被执行人的财产或财产线索的,执行法院应当要求被执行人进行财产申报。

被执行人进行了财产申报,或者申请执行人提供了被执行人的财产或财产线索的,执行法院必须进行调查核实。调查结果应当告知申请执行人。

如果根据有关线索认定被执行人有履行能力,但无法查到确切财产下落的,执行法院可以根据案件具体情况,采取在征信系统记录、通过媒体公布不履行义务信息等合法措施。

2. 被执行人申报无财产或申请执行人无法提供被执行人财产或财产线索的,执行法院应按照下列情况处理:

(1) 被执行人是法人的,应当向有关金融机构查询银行存款,向有关房地产管理部门查询房地产登记,向法人登记机关查询股权,向有关车管部门查询车辆等。

(2) 被执行人是自然人的,应当向被执行人所在单位及居住地周边群众调查了解被执行人的财产状况或财产线索,包括被执行人的经济收入来源、被执行人到期债权等。如果根据财产线索判断被执行人有较高收入,应当按照对法人的调查途径进行调查。

3. 作为被执行人的企业法人被撤销、注销、吊销营业执照或者歇业的,在申请执行人提出清算或审计申请并预交相关费用后,执行法院可以责令股东进行清算或者由执行法院委托中介机构进行审计。

4. 需要查找被执行人的案件,执行依据中记载被执行人地址或者联系方式的,必须根据该线索进行查找或联系。无其他适当线索的,被执行人是法人的,应根据登记机关的登记资料查找其负责人;被执行人是自然人的,应到其户籍所在地、住所地(暂住地)向当地公安派出所、居委会、村委会、被执行人的亲属和邻居进行调查。

5. 如果认定被执行人下落不明且无财产可供执行,案卷中必须具备下列材料:

(1) 被执行人是法人的,其注册登记情况、法律文书中注明的营业地址现场调查情况或者登记机关的书面证明材料。

（2）被执行人是自然人的，其近亲属、邻居、当地村委会、居委会、公安派出所的调查笔录或者证明材料。

6. 认定被执行人无财产可供执行的，必须将所采取的各种财产调查措施的材料归入案卷。包括工作记录、调查（询问）笔录、谈话笔录、当事人书面确认材料、被查询单位出具的书面查询结果，以及其他能够证明被执行人财产状况和执行法院进行相关调查工作情况的材料。

7. 执行法院应当及时将案件执行情况向申请执行人反馈，反馈情况记录必须归入案卷。

8. 对无财产可供执行的重点案件，应分别按照下列情况办理：

（1）申请执行人属于特困群体，已经设立救助资金的，应当启动特困群体救助程序，给予申请执行人适当救助金；未设立救助资金的，应报请当地清理积案领导小组，协调有关部门给予申请执行人以适当救助。

（2）申请执行人不属于特困群体但坚持要求执行的，应通过说明解释工作，实现当事人息诉息访。

给予申请执行人适当救助资金后，如发现被执行人有可供执行的财产，执行法院应积极采取措施执行。在申请执行人实现债权后，应将救助资金扣回纳入救助资金循环使用。

三、对有财产可供执行的案件，应依法按规定结案；对无财产可供执行的案件，可按下列条件和方式结案。

1. 符合法律或司法解释规定的终结执行情形的，可依法结案。仲裁裁决、公证债权文书被裁定不予执行的，可依法结案。

2. 被执行人可供执行的财产执行完毕后，申请执行人书面表示放弃剩余债权的，可依法结案。

3. 案件执行标的款全部执行到执行款专户，因申请执行人下落不明无法领取或不愿领取，执行法院已依法予以提存的，可以作结案处理。

4. 委托执行的案件，受托法院可以按照新收执行案件办理，委托法院不得作结案处理。待受托法院将案件依法结案后，委托法院的案件一并依法结案。

5. 中止执行的案件，不得作结案处理。

6. 提级执行或指定执行的案件，提级执行的法院或被指定执行的法院应当按照新收执行案件办理，原执行法院可作销案处理，不得作结案处理。

7. 因重复立案移送管辖的案件，原执行法院应作销案处理，不得作结案处理。

8. 无财产可供执行的案件，执行程序在一定期间无法继续进行，且有下列情

形之一的, 经合议庭评议, 可裁定终结本次执行程序后结案: ①

（1）被执行人确无财产可供执行, 申请执行人书面同意人民法院终结本次执行程序的;

（2）因被执行人无财产而中止执行满两年, 经查证被执行人确无财产可供执行的;

（3）申请执行人明确表示提供不出被执行人的财产或财产线索, 并在人民法院穷尽财产调查措施之后对人民法院认定被执行人无财产可供执行书面表示认可的;

（4）被执行人的财产无法拍卖变卖, 或者动产经两次拍卖、不动产或其他财产权经三次拍卖仍然流拍, 申请执行人拒绝接受或者依法不能交付其抵债, 经人民法院穷尽财产调查措施, 被执行人确无其他财产可供执行的;

（5）作为被执行人的企业法人被撤销、注销、吊销营业执照或者歇业后既无财产可供执行, 又无义务承受人, 也没有能够依法追加变更执行主体的;

（6）经人民法院穷尽财产调查措施, 被执行人确无财产可供执行或虽有财产但不宜强制执行, 当事人达成分期履行和解协议的;

（7）被执行人确无财产可供执行, 申请执行人属于特困群体, 执行法院已经给予其适当救助资金的。

9. 裁定终结本次执行程序的, 应当符合下列要求:

（1）裁定书中应当载明执行标的总额、已经执行的债权数额和剩余的债权数额, 并写明申请执行人在具备执行条件时, 可以向有管辖权的人民法院申请执行剩余债权。

（2）执行法院终结本次执行程序, 在下达裁定前应当告知申请执行人。申请执行人对终结本次执行程序有异议的, 执行法院应当另行派员组织当事人就被执行人是否有财产可供执行进行听证; 申请执行人提供被执行人财产线索的, 执行法院应当就其提供的线索重新调查核实, 发现被执行人有财产可供执行的, 应当继续执行。

10. 裁定终结本次执行程序后, 如发现被执行人有财产可供执行的, 申请执行人可以再次提出执行申请。申请执行人再次提出执行申请不受申请执行期间的限制。

申请执行人申请或者人民法院依职权恢复执行的, 应当重新立案。

---

① 注: 本《通知》在法律之外设立了一种特殊的执行终结制度"终结本次执行程序", 其实质法律效果与"执行中止"类似, 都是暂时终结执行程序, 对当事人生效法律文书确认的实体权利并没有影响。

各地法院对清理积案活动以来已经报结的执行案件要重新进行核查，对不符合本通知要求的已结案件要抓紧整改。清理积案领导小组将适时派出检查组进行检查验收。发现故意弄虚作假、欺上瞒下等情况的，将坚决依照有关规定严肃处理。

【法发〔2014〕26号】 **最高人民法院关于执行案件立案、结案若干问题的意见**（2014年12月17日印发，2015年1月1日起施行）（详见本书第20章"执行立案"专辑）

第6条 下列案件，人民法院应当按照恢复执行案件予以立案：……（三）执行实施案件以裁定终结本次执行程序方式报结后，如发现被执行人有财产可供执行，申请执行人申请或者人民法院依职权恢复执行的；……（五）依照民事诉讼法第257条（现第268条）的规定而终结执行的案件，申请执行的条件具备时，申请执行人申请恢复执行的。

第14条 除执行财产保全裁定、恢复执行的案件外，其他执行实施类案件的结案方式包括：（一）执行完毕；（二）终结本次执行程序；（三）终结执行；（四）销案；（五）不予执行；（六）驳回申请。

第15条 生效法律文书确定的执行内容，经被执行人自动履行、人民法院强制执行，已全部执行完毕，或者是当事人达成执行和解协议，且执行和解协议履行完毕，可以以"执行完毕"方式结案。

执行完毕应当制作结案通知书并发送当事人。双方当事人书面认可执行完毕或口头认可执行完毕并记入笔录的，无需制作结案通知书。

执行和解协议应当附卷，没有签订书面执行和解协议的，应当将口头和解协议的内容作成笔录，经当事人签字后附卷。

第16条 有下列情形之一的，可以以"终结本次执行程序"方式结案：

（一）被执行人确无财产可供执行，申请执行人书面同意人民法院终结本次执行程序的；

（二）因被执行人无财产而中止执行满2年，经查证被执行人确无财产可供执行的；

（三）申请执行人明确表示提供不出被执行人的财产或财产线索，并在人民法院穷尽财产调查措施之后，对人民法院认定被执行人无财产可供执行书面表示认可的；

（四）被执行人的财产无法拍卖变卖，或者动产经2次拍卖、不动产或其他财产权经3次拍卖仍然流拍，申请执行人拒绝接受或者依法不能交付其抵债，经人民法院穷尽财产调查措施，被执行人确无其他财产可供执行的；

（五）经人民法院穷尽财产调查措施，被执行人确无财产可供执行或虽有财产但不宜强制执行，当事人达成分期履行和解协议，且未履行完毕的；

（六）被执行人确无财产可供执行，申请执行人属于特困群体，执行法院已经给予其适当救助的。

人民法院应当依法组成合议庭，就案件是否终结本次执行程序进行合议。

终结本次执行程序应当制作裁定书，送达申请执行人。裁定应当载明案件的执行情况、申请执行人债权已受偿和未受偿的情况、终结本次执行程序的理由，以及发现被执行人有可供执行财产，可以申请恢复执行等内容。

依据本条第 1 款第 2、4、5、6 项规定的情形裁定终结本次执行程序前，应当告知申请执行人可以在指定的期限内提出异议。申请执行人提出异议的，应当另行组成合议庭组织当事人就被执行人是否有财产可供执行进行听证；申请执行人提供被执行人财产线索的，人民法院应当就其提供的线索重新调查核实，发现被执行人有财产可供执行的，应当继续执行；经听证认定被执行人确无财产可供执行，申请执行人亦不能提供被执行人有可供执行财产的，可以裁定终结本次执行程序。

本条第 1 款第 3、4、5 项中规定的"人民法院穷尽财产调查措施"，是指至少完成下列调查事项：

（一）被执行人是法人或其他组织的，应当向银行业金融机构查询银行存款，向有关房地产管理部门查询房地产登记，向法人登记机关查询股权，向有关车管部门查询车辆等情况；

（二）被执行人是自然人的，应当向被执行人所在单位及居住地周边群众调查了解被执行人的财产状况或财产线索，包括被执行人的经济收入来源、被执行人到期债权等。如果根据财产线索判断被执行人有较高收入，应当按照对法人或其他组织的调查途径进行调查；

（三）通过最高人民法院的全国法院网络执行查控系统和执行法院所属高级人民法院的"点对点"网络执行查控系统能够完成的调查事项；

（四）法律、司法解释规定必须完成的调查事项。

人民法院裁定终结本次执行程序后，发现被执行人有财产的，可以依申请执行人的申请或依职权恢复执行。申请执行人申请恢复执行的，不受申请执行期限的限制。

第 17 条　有下列情形之一的，可以以"终结执行"方式结案：（一）申请人撤销申请或者是当事人双方达成执行和解协议，申请执行人撤回执行申请的；（二）据以执行的法律文书被撤销的；（三）作为被执行人的公民死亡，无遗产可供执行，又无义务承担人的；（四）追索赡养费、扶养费、抚育费案件的权利人死亡的；（五）作为被执行人的公民因生活困难无力偿还借款，无收入来源，又丧失劳动能力的；（六）作为被执行人的企业法人或其他组织被撤销、注销、吊销营业执照或者歇业、终止后既无财产可供执行，又无义务承受人，也没有能够依法追加变更执行主体的；（七）依照刑法第53条规定免除罚金的；（八）被执行人被人民法院裁定宣告破产的；（九）行政执行标的灭失的；（十）案件被上级人民法院裁定提级执行的；（十一）案件被上级人民法院裁定指定由其他法院执行的；（十二）按照《最高人民法院关于委托执行若干问题的规定》，办理了委托执行手续，且收到受托法院立案通知书的；（十三）人民法院认为应当终结执行的其他情形。

前款除第10项、第11项、第12项规定的情形外，终结执行的，应当制作裁定书，送达当事人。

第19条 执行实施案件立案后，被执行人对仲裁裁决或公证债权文书提出不予执行申请，经人民法院审查，裁定不予执行的，以"不予执行"方式结案。

第22条 恢复执行案件的结案方式包括：（一）执行完毕；（二）终结本次执行程序；（三）终结执行。

第23条 下列案件不得作结案处理：（一）人民法院裁定中止执行的；（二）人民法院决定暂缓执行的；（三）执行和解协议未全部履行完毕，且不符合本意见第16条、第17条规定终结本次执行程序、终结执行条件的。

第29条 执行案件的立案、执行和结案情况应当及时、完整、真实、准确地录入全国法院执行案件信息管理系统。

第30条 地方各级人民法院不能制定与法律、司法解释和本意见规定相抵触的执行案件立案、结案标准和结案方式。

违反法律、司法解释和本意见的规定立案、结案，或者在全国法院执行案件信息管理系统录入立案、结案情况时弄虚作假的，通报批评；造成严重后果或恶劣影响的，根据《人民法院工作人员纪律处分条例》追究相关领导和工作人员的责任。

第31条 各高级人民法院应当积极推进执行信息化建设，通过建立、健全辖区三级法院统一使用、切合实际、功能完备、科学有效的案件管理系统，加强对执行案件立、结案的管理。实现立、审、执案件信息三位一体的综合管理；实现对终结本次执行程序案件的单独管理；实现对恢复执行案件的动态管理；实现辖区的案件管理系统与全国法院执行案件信息管理系统的数据对接。

【法释〔2016〕1号】 最高人民法院关于审理侵犯专利权纠纷案件应用法律若干问题的解释（二）（2016年1月25日最高法审委会〔1676次〕通过，2016年3月21日公布，2016年4月1日起施行；根据法释〔2020〕19号《决定》修正，2021年1月1日起施行）

第30条　在法定期限内对宣告专利权无效的决定不向人民法院起诉或者起诉后生效裁判未撤销该决定，当事人根据该决定依法申请再审，请求撤销宣告专利权无效前人民法院作出但未执行的专利侵权的判决、调解书的，人民法院应当再审。当事人根据该决定，依法申请终结执行宣告专利权无效前人民法院作出但未执行的专利侵权的判决、调解书的，人民法院应当裁定终结执行。

【法释〔2016〕3号】　最高人民法院关于对人民法院终结执行行为提出执行异议期限问题的批复（见本书第236条）

【法〔2016〕373号】　最高人民法院关于严格规范终结本次执行程序的规定（试行）（2016年10月29日印发，2016年12月1日起试行）

第1条　人民法院终结本次执行程序，应当同时符合下列条件：（一）已向被执行人发出执行通知、责令被执行人报告财产；（二）已向被执行人发出限制消费令，并将符合条件的被执行人纳入失信被执行人名单；（三）已穷尽财产调查措施，未发现被执行人有可供执行的财产或者发现的财产不能处置；（四）自执行案件立案之日起已超过3个月；（五）被执行人下落不明的，已依法予以查找；被执行人或者其他人妨害执行的，已依法采取罚款、拘留等强制措施，构成犯罪的，已依法启动刑事责任追究程序。

第2条　本规定第1条第1项中的"责令被执行人报告财产"，是指应当完成下列事项：（一）向被执行人发出报告财产令；（二）对被执行人报告的财产情况予以核查；（三）对逾期报告、拒绝报告或者虚假报告的被执行人或者相关人员，依法采取罚款、拘留等强制措施，构成犯罪的，依法启动刑事责任追究程序。

人民法院应当将财产报告、核实及处罚的情况记录入卷。

第3条　本规定第1条第3项中的"已穷尽财产调查措施"，是指应当完成下列调查事项：（一）对申请执行人或者其他人提供的财产线索进行核查；（二）通过网络执行查控系统对被执行人的存款、车辆及其他交通运输工具、不动产、有价证券等财产情况进行查询；（三）无法通过网络执行查控系统查询本款第2项规定的财产情况的，在被执行人住所地或者可能隐匿、转移财产所在地进行必要调查；（四）被执行人隐匿财产、会计账簿等资料且拒不交出的，依法采取搜查措施；（五）经申请执行人申请，根据案件实际情况，依法采取审计调查、公告悬赏等调查措施；（六）法律、司法解释规定的其他财产调查措施。

人民法院应当将财产调查情况记录入卷。

第4条　本规定第1条第3项中的"发现的财产不能处置"，包括下列情形：（一）被执行人的财产经法定程序拍卖、变卖未成交，申请执行人不接受抵债或者依法不能交付其抵债，又不能对该财产采取强制管理等其他执行措施的；（二）

人民法院在登记机关查封的被执行人车辆、船舶等财产，未能实际扣押的。

第5条 终结本次执行程序前，人民法院应当将案件执行情况、采取的财产调查措施、被执行人的财产情况、终结本次执行程序的依据及法律后果等信息告知申请执行人，并听取其对终结本次执行程序的意见。

人民法院应当将申请执行人的意见记录入卷。

第6条 终结本次执行程序应当制作裁定书，载明下列内容：（一）申请执行的债权情况；（二）执行经过及采取的执行措施、强制措施；（三）查明的被执行人财产情况；（四）实现的债权情况；（五）申请执行人享有要求被执行人继续履行债务及依法向人民法院申请恢复执行的权利，被执行人负有继续向申请执行人履行债务的义务。

终结本次执行程序裁定书送达申请执行人后，执行案件可以作结案处理。人民法院进行相关统计时，应当对以终结本次执行程序方式结案的案件与其他方式结案的案件予以区分。

终结本次执行程序裁定书应当依法在互联网上公开。

第7条 当事人、利害关系人认为终结本次执行程序违反法律规定的，可以提出执行异议。人民法院应当依照民事诉讼法第225条（现第236条）的规定进行审查。

第8条 终结本次执行程序后，被执行人应当继续履行生效法律文书确定的义务。被执行人自动履行完毕的，当事人应当及时告知执行法院。

第9条 终结本次执行程序后，申请执行人发现被执行人有可供执行财产的，可以向执行法院申请恢复执行。申请恢复执行不受申请执行时效期间的限制。执行法院核查属实的，应当恢复执行。

终结本次执行程序后的5年内，执行法院应当每6个月通过网络执行查控系统查询一次被执行人的财产，并将查询结果告知申请执行人。符合恢复执行条件的，执行法院应当及时恢复执行。

第10条 终结本次执行程序后，发现被执行人有可供执行财产，不立即采取执行措施可能导致财产被转移、隐匿、出卖或者毁损的，执行法院可以依申请执行人申请或依职权立即采取查封、扣押、冻结等控制性措施。

第11条 案件符合终结本次执行程序条件，又符合移送破产审查相关规定的，执行法院应当在作出终结本次执行程序裁定的同时，将执行案件相关材料移送被执行人住所地人民法院进行破产审查。

第12条 终结本次执行程序裁定书送达申请执行人以后，执行法院应当在7日内将相关案件信息录入最高人民法院建立的终结本次执行程序案件信息库，并通过该信息库统一向社会公布。

第13条　终结本次执行程序案件信息库记载的信息应当包括下列内容:(一)作为被执行人的法人或者其他组织的名称、住所地、组织机构代码及其法定代表人或者负责人的姓名,作为被执行人的自然人的姓名、性别、年龄、身份证件号码和住址;(二)生效法律文书的制作单位和文号、执行案号、立案时间、执行法院;(三)生效法律文书确定的义务和被执行人的履行情况;(四)人民法院认为应当记载的其他事项。

第14条　当事人、利害关系人认为公布的终结本次执行程序案件信息错误的,可以向执行法院申请更正。执行法院审查属实的,应当在3日内予以更正。

第15条　终结本次执行程序后,人民法院已对被执行人依法采取的执行措施和强制措施继续有效。

第16条　终结本次执行程序后,申请执行人申请延长查封、扣押、冻结期限的,人民法院应当依法办理续行查封、扣押、冻结手续。

终结本次执行程序后,当事人、利害关系人申请变更、追加执行当事人,符合法定情形的,人民法院应予支持。变更、追加被执行人后,申请执行人申请恢复执行的,人民法院应予支持。

第17条　终结本次执行程序后,被执行人或者其他人妨害执行的,人民法院可以依法予以罚款、拘留;构成犯罪的,依法追究刑事责任。

第18条　有下列情形之一的,人民法院应当在3日内将案件信息从终结本次执行程序案件信息库中屏蔽:(一)生效法律文书确定的义务执行完毕的;(二)依法裁定终结执行的;(三)依法应予屏蔽的其他情形。

【法释〔2018〕3号】　最高人民法院关于执行和解若干问题的规定(2017年11月6日最高法审委会〔1725次〕通过,2018年2月22日公布,2018年3月1日起施行;根据法释〔2020〕21号《决定》修正,2021年1月1日起施行。以本规为准)(详见本书第241条)

第2条　和解协议达成后,有下列情形之一的,人民法院可以裁定中止执行:(一)各方当事人共同向人民法院提交书面和解协议的;(二)一方当事人向人民法院提交书面和解协议,其他当事人予以认可的;(三)当事人达成口头和解协议,执行人员将和解协议内容记入笔录,由各方当事人签名或者盖章的。

第8条　执行和解协议履行完毕的,人民法院作执行结案处理。

第14条　申请执行人就履行执行和解协议提起诉讼,执行法院受理后,可以裁定终结原生效法律文书的执行。执行中的查封、扣押、冻结措施,自动转为诉讼中的保全措施。

第19条　执行过程中,被执行人根据当事人自行达成但未提交人民法院的和解协议，或者一方当事人提交人民法院但其他当事人不予认可的和解协议，依照民事诉讼法第 225 条（现第 236 条）规定提出异议的，人民法院按照下列情形，分别处理：

（一）和解协议履行完毕的，裁定终结原生效法律文书的执行；

（二）和解协议约定的履行期限尚未届至或者履行条件尚未成就的，裁定中止执行，但符合民法典第 578 条①规定情形的除外；

（三）被执行人一方正在按照和解协议约定履行义务的，裁定中止执行；……

【法［2018］141 号】　最高人民法院关于进一步规范近期执行工作相关问题的通知（2018 年 5 月 28 日）

二、关于终结本次执行程序相关问题

（一）原终结本次执行程序中已发出限制消费令的恢复执行案件，人民法院再次终结本次执行程序的，可无须再根据《终本规定》第 1 条第 2 项发出限制消费令。

（二）在严格按照《终本规定》的程序标准和实质标准完成必要的执行措施后，人民法院终结本次执行程序，可不受《终本规定》第 1 条第 4 项 3 个月期限的限制。同时，要严格杜绝随立随结、违规报结等滥用终结本次程序的行为。立案后不满 3 个月即终结本次执行程序的案件，将作为日常考核和本次巡查、评估工作中重点抽查的案件。

（三）执行法院通过总对总网络执行查控系统查询被执行人财产的，必须完成对所有已开通查询功能的财产项目的查询，仅查询部分财产项目的，不符合完成网络调查事项的要求。拟终结本次执行程序时距完成前次总对总网络查控已超过 3 个月的，还应在终结本次程序之前再次通过总对总网络执行查控系统查询被执行人的财产。

（四）根据《终本规定》第 5 条征求申请执行人意见时，可以采取面谈、电话、邮件、传真、短信、微信等方式，必须将征求意见情况记录入卷为凭；有下列情形之一的，可不再征求申请执行人意见：1. 执行内容仅为追缴诉讼费或罚款的；2. 行政非诉执行案件；3. 刑事财产刑执行案件；4. 申请执行人申请终结本次执行程序的。

（五）人民法院终结本次执行程序前，应严格执行《最高人民法院关于民事执行中财产调查若干问题的规定》，积极采取现场调查等方式，查明被执行人财产状况和履行义务能力，一般应当完成下列调查事项：

---

① 《民法典》第 578 条规定，当事人一方明确表示或者以自己的行为表明不履行合同义务的，对方可以在履行期限届满前请求其承担违约责任。

1. 对申请执行人提供的财产线索，必须予以核实，并将核实情况记录入卷；

2. 向被执行人发出报告财产令时，应及时传唤被执行人或其法定代表人、负责人、实际控制人到人民法院接受调查询问；

3. 住房公积金、金融理财产品、收益类保险、股息红利等未实现网络查控的财产，应前往现场调查，并制作调查笔录附卷为凭；

4. 被执行人是自然人的，向被执行人所在单位及居住地周边群众调查了解被执行人生活居住、劳动就业、收入、债权、股权等情况，并制作调查笔录附卷为凭；

5. 被执行人是法人或其他组织的，对其住所地、经营场所进行现场调查；全面核查被执行人企业性质及设立、合并分立、投资经营、债权债务、变更终止等情况，并可依申请进行审计调查。

（六）本辖区中级、基层人民法院机构发生调整的，对此前已裁定终结本次执行程序的案件，高级人民法院应及时指定相关法院负责后续管理。

三、关于和解长期履行案件的报结问题

当事人达成执行和解协议，需要长期履行的，可以以终结执行方式（选择"和解长期履行"情形）报结。执行案件流程系统须进行相应改造，在终结执行内增加"和解长期履行"作为终结执行的一种情形；同时，对该种情形终结执行的案件在报结时可以不作必须解除强制执行措施的要求。因被执行人不履行和解协议申请执行人申请恢复执行原生效法律文书的，以恢复执行方式立案。对接使用最高人民法院执行案件流程信息管理系统的执行法院，由各高级人民法院负责改造系统；直接使用最高人民法院执行案件流程信息管理系统的执行法院，由我院负责改造系统并进行远程升级。

【法发［2019］34号】　最高人民法院、司法部、中华全国律师协会关于深入推进律师参与人民法院执行工作的意见（2019年12月25日）

9. 充分发挥律师在终结本次执行程序中的作用。人民法院拟对案件终结本次执行程序的，应当将案件的执行情况、采取的财产调查措施、被执行人的财产情况、终结本次执行程序的依据及法律后果等信息告知申请执行人或代理律师。代理律师应当在受委托的权限内向人民法院反映当事人关于终结本次执行程序的意见，同时向当事人全面客观释明人民法院终结本次执行程序的法律依据和后果。

人民法院应当将申请执行人及代理律师的意见记录入卷，严禁违规适用终结本次执行程序，不得变相强迫申请执行人或代理律师同意终结本次执行程序。终结本次执行程序后，人民法院应当对案件进行定期查询。发现被执行人有可供执行财产，不立即采取执行措施可能导致财产被转移、隐匿、出卖或毁损的，人民法院可以依申请，也可以依职权立即采取查封、扣押、冻结等控制性措施。

【法释〔2020〕26号】 最高人民法院关于审理劳动争议案件适用法律问题的解释（一）（2020年12月25日最高法审委会〔1825次〕通过，2020年12月29日公布，2021年1月1日起施行）

第25条 劳动争议仲裁机构作出终局裁决，劳动者向人民法院申请执行，用人单位向劳动争议仲裁机构所在地的中级人民法院申请撤销的，人民法院应当裁定中止执行。

用人单位撤回撤销终局裁决申请或者其申请被驳回的，人民法院应当裁定恢复执行。仲裁裁决被撤销的，人民法院应当裁定终结执行。

用人单位向人民法院申请撤销仲裁裁决被驳回后，又在执行程序中以相同理由提出不予执行抗辩的，人民法院不予支持。

【法办发〔2021〕7号】 人民法院办理执行案件"十个必须"（最高法办公厅2021年11月11日）

六、必须严格把握无财产可供执行案件的结案标准，严禁未穷尽执行措施而以终结本次执行方式结案、应恢复执行而不及时恢复；

【法〔2021〕322号】 最高人民法院关于进一步完善执行权制约机制 加强执行监督的意见（2021年12月6日）

5.……人民法院收到移送破产审查决定书面通知的，应依法中止执行……

24.（第1款） 严格把握规范终结本次执行程序的程序标准和实质标准。严禁对有财产可供执行的案件以终结本次执行方式结案，严禁因追求结案率而弄虚作假、虚假终本，损害申请执行人的合法权益。

（第2款见本书第252条）

（第3款） 执行中已查控到财产的，人民法院应当依法及时推进变价处置程序，不得滥用《最高人民法院关于严格规范终结本次执行程序的规定（试行）》第4条关于"发现的财产不能处置"的规定，不得以申请执行人未申请拍卖为由不进行处置而终结本次执行程序；不得对轮候查封但享有优先权的财产未经法定程序商请首封法院移送处置权而终结本次执行程序。

（第4款） 人民法院终结本次执行程序应当制作执行裁定书并送达当事人。申请执行人对终结本次执行程序有异议的，人民法院应及时受理。严禁诱导胁迫申请执行人同意终结本次执行程序或者撤回执行申请。

【法释〔2022〕11号】 最高人民法院关于适用《中华人民共和国民事诉讼法》的解释（"法释〔2015〕5号"公布，2015年2月4日起施行；根据法释〔2020〕20号《决定》修正，2021年1月1日起施行；2022年3月22日最高法审委会〔1866次〕修正，2022年4月1日公布，2022年4月10日起施行；以本

规为准)

第 464 条　申请执行人与被执行人达成和解协议后请求中止执行或者撤回执行申请的，人民法院可以裁定中止执行或者终结执行。

第 465 条　一方当事人不履行或者不完全履行在执行中双方自愿达成的和解协议，对方当事人申请执行原生效法律文书的，人民法院应当恢复执行，但和解协议已履行的部分应当扣除。和解协议已经履行完毕的，人民法院不予恢复执行。

第 511 条　在执行中，作为被执行人的企业法人符合企业破产法第 2 条第 1 款规定情形的，执行法院经申请执行人之一或者被执行人同意，应当裁定中止对该被执行人的执行，将执行案件相关材料移送被执行人住所地人民法院。

第 512 条　被执行人住所地人民法院应当自收到执行案件相关材料之日起 30 日内，将是否受理破产案件的裁定告知执行法院。不予受理的，应当将相关案件材料退回执行法院。

第 513 条　被执行人住所地人民法院裁定受理破产案件的，执行法院应当解除对被执行人财产的保全措施。被执行人住所地人民法院裁定宣告被执行人破产的，执行法院应当裁定终结对该被执行人的执行。

被执行人住所地人民法院不受理破产案件的，执行法院应当恢复执行。

第 514 条　当事人不同意移送破产或者被执行人住所地人民法院不受理破产案件的，执行法院就执行变价所得财产，在扣除执行费用及清偿优先受偿的债权后，对于普通债权，按照财产保全和执行中查封、扣押、冻结财产的先后顺序清偿。

第 517 条　经过财产调查未发现可供执行的财产，在申请执行人签字确认或者执行法院组成合议庭审查核实并经院长批准后，可以裁定终结本次执行程序。

依照前款规定终结执行后，申请执行人发现被执行人有可供执行财产的，可以再次申请执行。再次申请不受申请执行时效期间的限制。

第 518 条　因撤销申请而终结执行后，当事人在民事诉讼法第 246 条（现第 250 条）规定的申请执行时效期间内再次申请执行的，人民法院应当受理。

第 519 条　在执行终结 6 个月内，被执行人或者其他人对已执行的标的有妨害行为的，人民法院可以依申请排除妨害，并可以依照民事诉讼法第 114 条规定进行处罚。因妨害行为给执行债权人或者其他人造成损失的，受害人可以另行起诉。

● **指导案例**　【法［2021］272 号】　**最高人民法院第 30 批指导性案例**（2021 年 11 月 9 日）

（**指导案例 167 号**）北京大唐燃料有限公司诉山东百富物流有限公司买卖合同纠纷案（最高法院 2019 年 6 月 20 日［2019］最高法民终 6 号民事判决）

裁判要点：代位权诉讼执行中，因相对人无可供执行的财产而被终结本次执行程序，债权人就未实际获得清偿的债权另行向债务人主张权利的，人民法院应予支持。

● **公报案例** **（法公报［2016］4期）** 经纬纺织机械股份有限公司与裘雅芬等分期付款买卖合同纠纷案（最高法院民事判决书［2015］最高法民申字第1823号）

　　裁判摘要： 生效裁判确定的数债务人中，仅有部分债务人申请再审且理由可以成立的，人民法院在依法裁定再审时，还应当审查案件再审是否可能影响其他债务人按照原裁判承担债务。如再审不影响其他债务人按照原裁判承担债务的，应当仅中止对再审申请人的执行，以确保在实现再审依法纠错功能的同时，合理保护债权人的合法权利。

● **高法判例** **【［2020］最高法执复4号】** 中国某银行股份有限公司重庆分行、重庆外贸某物资公司金融借款合同纠纷案（最高法院2020年6月23日执行审查类执行裁定：执行案件终结执行后能否恢复执行）

　　裁判摘要： 根据查明的事实，重庆高院作出终结执行裁定①，实际上系基于被执行人某物资公司确无可供执行的财产等原因终结执行，属于终结本次执行程序的情形，应适用民诉法解释第519条（现第517条）及立、结案意见（法发［2014］26号）第6条第3项的规定予以审查。

● **文书格式** **【法［2016］221号】** 民事诉讼文书样式（2016年2月22日最高法审委会［1679次］通过，2016年6月28日公布，2016年8月1日起施行）（本书对格式略有调整）

关于申请延长……（执行程序当事人及案由）
一案审理期限的报告（报本院院长）②

（××××）……号

院长：

　　我院于×年×月×日立案的……（写明当事人及案由）一案，依法适用执行程序，执行期限到×年×月×日届满。但因……（写明需要延长执行期限的原因），不

---

　　① 注：本案进入执行程序后，重庆高院查明被执行人无经营无财产，于2000年11月24日作出［2000］渝高法经执字第66号民事裁定，对本案终结执行。重庆高院认为：执行终结是指在民事执行程序中，因发生法定的事由，民事执行机关对已经没有必要或者没有可能继续实施执行而结束民事执行程序的制度。从一般意义理解，终结执行即意味着执行程序彻底、不可逆的结束，不存在恢复的可能性。因此，原则上，案件终结执行后，执行程序不可能再次启动。

　　② 本样式根据《最高人民法院关于严格执行案件审理期限制度的若干规定》（法释［2000］29号）第5条制定。

能如期结案，需要延长执行期限至×年×月×日。

请审批。

附：案件延长审理或者执行期限审批表 1 份（见本书第 152 条文书格式）

执行员　×××

×年×月×日

执行裁定书（中止＼终结执行）

（××××）……执……号

申请执行人：×××，……。

被执行人：×××，……。

（以上写明申请执行人、被执行人及其代理人的姓名或者名称等基本信息）

本院在执行×××与×××……（写明案由）一案中，……（写明中止＼终结执行的事实和理由）。依照《中华人民共和国民事诉讼法》第 267 条第 1 款第×项＼第 268 条第×项、第 265 条（终结本次执行程序的，引用《最高人民法院关于适用〈中华人民共和国民事诉讼法〉的解释》第 517 条），《最高人民法院关于人民法院执行工作若干问题的规定（试行）》第 102 条①第×项（在执行中被执行人被人民法院裁定宣告破产的，增加引用《最高人民法院关于人民法院执行工作若干问题的规定（试行）》第 61 条）规定，裁定如下：

中止＼终结（××××）……号……（生效法律文书）的执行。

（如中止执行法律文书主文部分内容的，写明：）中止（××××）……号……（生效法律文书）第×项的执行。

（本案有 2 个以上被执行人，仅有部分被执行人符合终结执行条件的，写明：）终结（××××）……号案件中对被执行人×××的执行。

（终结本次执行程序的，写明：）终结本次执行程序。申请执行人发现被执行人有可供执行财产的，可以再次申请执行。

本裁定送达后立即生效。

（合议庭成员）

×年×月×日（院印）

书记员　×××

---

① 注：该条规定已被废止。可以替补为《最高人民法院关于执行和解若干问题的规定》第 2 条。

被执行人财产状况表 (申请执行人提供被执行人财产状况或线索) ①

申请执行人	姓名或名称	
	地址及电话	
被执行人	姓名或名称	
	地址及电话	
内容包括：银行开户、户名、账号和存款金额；动产、不动产（如房产、车辆、电器、首饰等）；到期债权、可得利益（如以他人名义购置的不动产、股票、知识产权等收益）；分支机构或所属公司的资产情况；其他财产情况（如保全财产的状况、期限等）。		
提供可执行财产的线索，以及需要法院核实的情况：…… …… 申请人（自然人签名或单位盖章） ×年×月×日		
备 注		

恢复执行通知书 (中止\终结本次执行后恢复执行) ②

(××××) ……执恢……号

×××：

　　本院于×年×月×日作出（××××）……执……号执行裁定，中止\终结本次执行×××与×××……（写明案由）一案。现因申请执行人×××发现被行人×××有可供执行的财产……（写明恢复执行的事实和理由）。依照《中华人民共和国民事诉讼法》第 267 条第 2 款、《最高人民法院关于人民法院执行工作若干问题的规定（试行）》第 60 条、《最高人民法院关于适用〈中华人民共和国民事诉讼法〉的解释》第 517 条第 2 款（当事人未履行执行和解协议，要求恢复执行原生效法律文书的，增加引用《解释》第 465 条）规定，本院决定恢复（××××）……号案件的执行。

　　特此通知。

　　联系人、联系电话：……　　　　本院地址、邮编：……

×年×月×日 （院印）

---

① 注：中止诉讼的原因消除后，当事人按本样式向人民法院申请恢复诉讼。
② 注：不予恢复执行的通知书，可参照本样式制作。

（本书汇）【执行文书归档】

● **相关规定**　【**法发〔2006〕11号**】　**人民法院执行文书立卷归档办法（试行）**（2006年5月18日最高法印发3项规定）

第2条　本办法所称的执行文书，是指人民法院在案件执行过程中所形成的一切与案件有关的各类文书材料。

第3条　人民法院办理的下列执行案件，纳入立卷归档的范围。1. 本院直接受理的执行案件；2. 提级执行、受指定执行的案件；3. 受托执行的案件；4. 执行监督、请示、协调的案件；5. 申请复议的案件；6. 其他执行案件。

第4条　执行案件由立案庭统一立案，按照案件类型分类编号。

执行案件必须1案1号。一个案件从收案到结案所形成的法律文书、公文、函电等所有司法文书以及执行文书的立卷、归档、保管均使用收案时编定的案号。

中止执行的案件恢复执行后，不得重新立案，应继续使用原案号。

第5条　执行文书材料由承办书记员负责收集、整理立卷，承办执行法官或执行员和部门领导负责检查卷宗质量，并监督、承办书记员按期归档。

第8条　送达法律文书应当有送达回证附卷。

邮寄送达法律文书被退回的，挂号函件收据、附有邮局改退批条的退回邮件信封应当附卷。

公告送达法律文书的，公告的原件和附件、刊登公告的报纸版面或张贴公告的照片应当附卷。

第9条　执行款物的收付材料必须附卷，包括收取执行款物的收据存根；交付、退回款物后当事人开具的收据；划款通知书；法院扣收申请执行费、实际支出费的票据；以物抵债裁定书及抵债物交付过程的材料；双方当事人签订和解协议后交付款物的收据复印件等。

第10条　入卷的执行法律文书，除卷内装订的外，应当随卷各附3份归档，装入卷底袋内备用。其他文书材料，一般只保存一份（有领导人批示的材料除外）。

第11条　入卷的执行文书材料应当保留原件，未能提供原件的可保存一份复印件，但要注明没有原件的原因。执行人员依职权通过摘录、复制方式取得的与案件有关的证明材料，应注明来源、日期，并由经手人或经办人签名，同时加盖提供单位印章。

第12条　下列文书材料一般不归档：1. 没有证明价值的信封、工作材料；2. 内容相同的重份材料；3. 法规、条例复制件；4. 一般的法律文书草稿（未定稿）；5. 与本案无关的材料。

第14条 执行文书材料的排列顺序应当按照执行程序的进程、形成文书的时间顺序，兼顾文书材料之间的有机联系进行排列。

执行卷宗应当按照利于保密、方便利用的原则，分别立正卷和副卷。无不宜公开内容的案件可以不立副卷。

第15条 执行案件正卷文书材料排列顺序：1. 卷宗封面；2. 卷内目录；3. 立案审批表；4. 申请执行书；5. 执行依据；6. 受理案件通知书、举证通知书及送达回执；7. 案件受理费及实际支出费收据；8. 执行通知书、财产申报通知书及送达回执；9. 申请执行人、被执行人身份证明、工商登记资料、法定代表人身份证明及授权委托书、律师事务所函；10. 申请执行人、被执行人、案外人举证材料；11. 询问笔录、调查笔录、听证笔录、执行笔录及人民法院取证材料；12. 采取、解除、撤销强制执行措施（包括查询、查封、冻结、扣划、扣押、评估、拍卖、变卖、搜查、拘传、罚款、拘留等）文书材料；13. 追加、变更执行主体裁定书正本；14. 强制执行裁定书正本；15. 执行和解协议；16. 执行和解协议履行情况的证明材料；17. 以物抵债裁定书及相关材料；18. 中止执行、终结执行、不予执行裁定书及执行凭证；19. 执行款物收取、交付凭证及有关审批材料；20. 延长执行期限的审批表；21. 结案报告、结案审批表；22. 送达回证；23. 备考表；24. 证物袋；25. 卷底。

第16条 执行监督案件正卷文书材料的排列顺序：1. 卷宗封面；2. 卷内目录；3. 立案审批表；4. 执行监督申请书；5. 原执行裁定书；6. 当事人身份证明或法定代表人身份证明及授权委托书、律师事务所函；7. 当事人提供的证据材料；8. 听证笔录、调查笔录；9. 督办函；10. 执行法院书面报告；11. 监督结果或有关裁定书；12. 结案报告、结案审批表；13. 送达回证；14. 备考表；15. 证物券；16. 卷底。

第17条 执行协调案件文书材料的排列顺序：1. 卷宗封面；2. 卷内目录；3. 立案审批表；4. 请求协调报告及相关证据材料；5. 协调函；6. 被协调法院的报告及相关证据材料；7. 协调会议记录；8. 承办人审查报告；9. 合议庭评议案件笔录；10. 执行局（庭）研究案件记录及会议纪要；11. 审判委员会研究案件记录及会议纪要；12. 协调意见书；13. 结案报告、结案审批表；14. 备考表；15. 证物袋；16. 卷底。

第18条 执行请示案件文书材料的排列顺序：1. 卷宗封面；2. 卷内目录；3. 立案审批表；4. 请示报告及相关证据材料；5. 承办人审查报告；6. 合议庭评议案件笔录；7. 执行局（庭）研究案件笔录及会议纪要；8. 本院审判委员会评议案件笔录及会议纪要；9. 向上级法院的请示或报告；10. 批复意见；11. 结案报告、结案审批表；12. 备考表；13. 证物袋；14. 卷底。

第19条　执行复议案件正卷文书材料的排列顺序：1. 卷宗封面；2. 卷内目录；3. 立案审批表；4. 复议申请书；5. 原决定书；6. 复议申请人身份证明、法定代表人身份证明及授权委托书、律师事务所函；7. 复议申请人提供的证据材料；8. 听证笔录、调查笔录；9. 复议决定书；10. 结案报告、结案审批表；11. 送达回证；12. 备考表；13. 证物袋；14. 卷底。

第20条　各类执行案件副卷文书材料的排列顺序：1. 卷宗封面；2. 卷内目录；3. 阅卷笔录；4. 执行方案；5. 承办人与有关部门内部交换意见的材料或笔录；6. 有关案件的内部请示与批复；7. 上级法院及有关单位领导人对案件的批示；8. 承办人审查报告；9. 合议庭评议案件笔录；10. 执行局（庭）研究案件记录及会议纪要；11. 审判委员会研究案件记录及会议纪要；12. 法律文书签发件；13. 其他不宜公开的材料；14. 备考表；15. 证物袋；16. 卷底。

第21条　人民法院执行文书材料经过系统收集、整理、排列后，逐页编号。页号一律用阿拉伯数字编写，正面书写在右上角，背面书写在左上角，背面无字迹的不编页号。卷宗封面、卷内目录、备考表、证物袋、卷底不编页号。

第22条　执行文书材料包括卷皮的书写、签发必须使用碳素墨水、蓝黑墨水或微机打印，如出现文书材料使用红、蓝墨水或铅笔、圆珠笔及易褪色不易长期保管书写工具书写的，要附复印件。需要归档的传真文书材料必须复印，复印件归档，传真件不归档。

第23条　卷宗封面必须按项目要求填写齐全，字迹工整、规范、清晰。卷面案号应当与卷内文件案号一致；案件类别栏填写"执行"；案由栏填写执行依据确认的案由；当事人栏应当填写准确、完整，不能缩写、简称或省略；收、结案日期应当与卷内文书记载一致；执行标的栏，应当填写申请执行标的；执行结果栏，应当填写已经执行的金额或其他情况；裁决机关栏，应当填写作出生效法律文书的机关；结案方式栏，按不同情况分别填写自动履行、强制执行、终结执行、执行和解或不予执行等；结案日期栏，应当填写批准报结的日期。

第24条　卷内目录应当按文书材料顺序逐项填写。一份文书材料编一个顺序号。

第25条　卷内文件目录所在页的编号，除最后一份需填写起止号外，其余只填起号。

第26条　卷内备考表，由本卷情况说明、立卷人、检查人、验收人、立卷日期等项目组成。

"本卷情况说明"栏内填写卷内文书缺损、修改、补充、移出、销毁等情况；"立卷人"由立卷人签字；"检查人"由承办执行法官或执行员签字；"验收人"由档案部门接收人签字；"立卷日期"填写立卷完成的日期。

第28条 卷宗装订前，要对文书材料进行全面检查，材料不完整的要补齐，破损或褪色、字迹扩散的要修补、复制。

卷内材料用纸以 A4 办公纸为标准。纸张过大的要修剪折叠，纸张过小、订口过窄的要加贴衬纸。

外文及少数民族文字材料应当附上汉语译文。

作为证据查考日期的信封，保留原件，打开展平加贴衬纸。

卷宗内严禁留置金属物。

第30条 承办书记员应当在案件报结后 1 个月内将执行卷宗装订完毕，并送有关部门或负责人核查是否符合案件归档条件，验收合格的应当立即归档。不合格的，应当及时予以补救。

执行卷宗应当在案件报结后的 3 个月内完成归档工作。

第31条 执行机构应当对执行卷宗的归档情况登记造册，归档案件必须有档案部门的签收手续。

第32条 中止执行的案件可以由执行机构统一保管执行卷宗，不得在执行人员处存放。

第33条 执行档案的保管期限由档案管理部门按照有关规定确定。

（本书汇）【清算、重组与破产】①

● **相关规定** 【主席令［2006］54 号】 **中华人民共和国企业破产法**（2006 年 8 月 27 日全国人大［10 届 23 次］通过，2007 年 6 月 1 日起施行）

第2条 企业法人不能清偿到期债务，并且资产不足以清偿全部债务或者明显缺乏清偿能力的，依照本法规定清理债务。

企业法人有前款规定情形，或者有明显丧失清偿能力可能的，可以依照本法规定进行重整。

第4条 破产案件审理程序，本法没有规定的，适用民事诉讼法的有关规定。

第7条 债务人有本法第 2 条规定的情形，可以向人民法院提出重整、和解或者破产清算申请。

债务人不能清偿到期债务，债权人可以向人民法院提出对债务人进行重整或者破产清算的申请。

企业法人已解散但未清算或者未清算完毕，资产不足以清偿债务的，依法负

---

① 注：现行《民事诉讼法》未专门规定涉及企业重组与破产清算案件的审理程序，本书将其汇集于此；但并不表示该类案件适用《民事诉讼法》关于特别程序的相关规定。

有清算责任的人应当向人民法院申请破产清算。

第 8 条　向人民法院提出破产申请，应当提交破产申请书和有关证据。

破产申请书应当载明下列事项：（一）申请人、被申请人的基本情况；（二）申请目的；（三）申请的事实和理由；（四）人民法院认为应当载明的其他事项。

债务人提出申请的，还应当向人民法院提交财产状况说明、债务清册、债权清册、有关财务会计报告、职工安置预案以及职工工资的支付和社会保险费用的缴纳情况。

第 10 条　债权人提出破产申请的，人民法院应当自收到申请之日起 5 日内通知债务人。债务人对申请有异议的，应当自收到人民法院的通知之日起 7 日内向人民法院提出。人民法院应当自异议期满之日起 10 日内裁定是否受理。

除前款规定的情形外，人民法院应当自收到破产申请之日起 15 日内裁定是否受理。

有特殊情况需要延长前 2 款规定的裁定受理期限的，经上一级人民法院批准，可以延长 15 日。

第 11 条　人民法院受理破产申请的，应当自裁定作出之日起 5 日内送达申请人。

债权人提出申请的，人民法院应当自裁定作出之日起 5 日内送达债务人。债务人应当自裁定送达之日起 15 日内，向人民法院提交财产状况说明、债务清册、债权清册、有关财务会计报告以及职工工资的支付和社会保险费用的缴纳情况。

第 12 条　人民法院裁定不受理破产申请的，应当自裁定作出之日起 5 日内送达申请人并说明理由。申请人对裁定不服的，可以自裁定送达之日起 10 日内向上一级人民法院提起上诉。

人民法院受理破产申请后至破产宣告前，经审查发现债务人不符合本法第 2 条规定情形的，可以裁定驳回申请。申请人对裁定不服的，可以自裁定送达之日起 10 日内向上一级人民法院提起上诉。

第 13 条　人民法院裁定受理破产申请的，应当同时指定管理人。

第 14 条　人民法院应当自裁定受理破产申请之日起 25 日内通知已知债权人，并予以公告。

通知和公告应当载明下列事项：（一）申请人、被申请人的名称或者姓名；（二）人民法院受理破产申请的时间；（三）申报债权的期限、地点和注意事项；（四）管理人的名称或者姓名及其处理事务的地址；（五）债务人的债务人或者财产持有人应当向管理人清偿债务或者交付财产的要求；（六）第一次债权人会议召开的时间和地点；（七）人民法院认为应当通知和公告的其他事项。

第 15 条　自人民法院受理破产申请的裁定送达债务人之日起至破产程序终结之日，债务人的有关人员承担下列义务：（一）妥善保管其占有和管理的财产、印章和账簿、文书等资料;(二)根据人民法院、管理人的要求进行工作,并如实回答询问;(三)列席债权人会议并如实回答债权人的询问;(四)未经人民法院许可,不得离开住所地;(五)不得新任其他企业的董事、监事、高级管理人员。

前款所称有关人员,是指企业的法定代表人;经人民法院决定,可以包括企业的财务管理人员和其他经营管理人员。

第16条 人民法院受理破产申请后,债务人对个别债权人的债务清偿无效。

第17条 人民法院受理破产申请后,债务人的债务人或者财产持有人应当向管理人清偿债务或者交付财产。

债务人的债务人或者财产持有人故意违反前款规定向债务人清偿债务或者交付财产,使债权人受到损失的,不免除其清偿债务或者交付财产的义务。

第18条 人民法院受理破产申请后,管理人对破产申请受理前成立而债务人和对方当事人均未履行完毕的合同有权决定解除或者继续履行,并通知对方当事人。管理人自破产申请受理之日起2个月内未通知对方当事人,或者自收到对方当事人催告之日起30日内未答复的,视为解除合同。

管理人决定继续履行合同的,对方当事人应当履行;但是,对方当事人有权要求管理人提供担保。管理人不提供担保的,视为解除合同。

第21条 人民法院受理破产申请后,有关债务人的民事诉讼,只能向受理破产申请的人民法院提起。

第22条 管理人由人民法院指定。

债权人会议认为管理人不能依法、公正执行职务或者有其他不能胜任职务情形的,可以申请人民法院予以更换。

指定管理人和确定管理人报酬的办法,由最高人民法院规定。

第24条 管理人可以由有关部门、机构的人员组成的清算组或者依法设立的律师事务所、会计师事务所、破产清算事务所等社会中介机构担任。

人民法院根据债务人的实际情况,可以在征询有关社会中介机构的意见后,指定该机构具备相关专业知识并取得执业资格的人员担任管理人。

有下列情形之一的,不得担任管理人:(一)因故意犯罪受过刑事处罚;(二)曾被吊销相关专业执业证书;(三)与本案有利害关系;(四)人民法院认为不宜担任管理人的其他情形。

个人担任管理人的,应当参加执业责任保险。

第25条 管理人履行下列职责:(一)接管债务人的财产、印章和账簿、文书等资料;(二)调查债务人财产状况,制作财产状况报告;(三)决定债务人的内部管理事务;(四)决定债务人的日常开支和其他必要开支;(五)在第一次债权人会议召开之前,决定继续或者停止债务人的营业;(六)管理和处分债务人的财产；（七）代表债务人参加诉讼、仲裁或者其他法律程序；（八）提议召开债权人会议；（九）人民法院认为管理人应当履行的其他职责。

本法对管理人的职责另有规定的，适用其规定。

第26条 在第一次债权人会议召开之前，管理人决定继续或者停止债务人的营业或者有本法第69条规定行为之一的，应当经人民法院许可。

第29条 管理人没有正当理由不得辞去职务。管理人辞去职务应当经人民法院许可。

第30条 破产申请受理时属于债务人的全部财产，以及破产申请受理后至破产程序终结前债务人取得的财产，为债务人财产。

第31条 人民法院受理破产申请前1年内，涉及债务人财产的下列行为，管理人有权请求人民法院予以撤销：（一）无偿转让财产的；（二）以明显不合理的价格进行交易的；（三）对没有财产担保的债务提供财产担保的；（四）对未到期的债务提前清偿的；（五）放弃债权的。

第32条 人民法院受理破产申请前6个月内，债务人有本法第2条第1款规定的情形，仍对个别债权人进行清偿的，管理人有权请求人民法院予以撤销。但是，个别清偿使债务人财产受益的除外。

第33条 涉及债务人财产的下列行为无效：（一）为逃避债务而隐匿、转移财产的；（二）虚构债务或者承认不真实的债务的。

第34条 因本法第31条、第32条或者第33条规定的行为而取得的债务人的财产，管理人有权追回。

第40条 债权人在破产申请受理前对债务人负有债务的，可以向管理人主张抵销。但是，有下列情形之一的，不得抵销：

（一）债务人的债务人在破产申请受理后取得他人对债务人的债权的；

（二）债权人已知债务人有不能清偿到期债务或者破产申请的事实，对债务人负担债务的；但是，债权人因为法律规定或者有破产申请1年前所发生的原因而负担债务的除外；

（三）债务人的债务人已知债务人有不能清偿到期债务或者破产申请的事实，对债务人取得债权的；但是，债务人的债务人因为法律规定或者有破产申请一年前所发生的原因而取得债权的除外。

第45条 人民法院受理破产申请后，应当确定债权人申报债权的期限。债权申报期限自人民法院发布受理破产申请公告之日起计算，最短不得少于30日，最长不得超过3个月。

第46条 未到期的债权，在破产申请受理时视为到期。

附利息的债权自破产申请受理时起停止计息。

第47条 附条件、附期限的债权和诉讼、仲裁未决的债权，债权人可以申报。

第48条 债权人应当在人民法院确定的债权申报期限内向管理人申报债权。

债务人所欠职工的工资和医疗、伤残补助、抚恤费用，所欠的应当划入职工个人账户的基本养老保险、基本医疗保险费用，以及法律、行政法规规定应当支付给职工的补偿金，不必申报，由管理人调查后列出清单并予以公示。职工对清单记载有异议的，可以要求管理人更正；管理人不予更正的，职工可以向人民法院提起诉讼。

第49条 债权人申报债权时，应当书面说明债权的数额和有无财产担保，并提交有关证据。申报的债权是连带债权的，应当说明。

第50条 连带债权人可以由其中一人代表全体连带债权人申报债权，也可以共同申报债权。

第54条 债务人是委托合同的委托人，被裁定适用本法规定的程序，受托人不知该事实，继续处理委托事务的，受托人以由此产生的请求权申报债权。

第55条 债务人是票据的出票人，被裁定适用本法规定的程序，该票据的付款人继续付款或者承兑的，付款人以由此产生的请求权申报债权。

第56条 在人民法院确定的债权申报期限内，债权人未申报债权的，可以在破产财产最后分配前补充申报；但是，此前已进行的分配，不再对其补充分配。为审查和确认补充申报债权的费用，由补充申报人承担。

债权人未依照本法规定申报债权的，不得依照本法规定的程序行使权利。

第70条 债务人或者债权人可以依照本法规定，直接向人民法院申请对债务人进行重整。

债权人申请对债务人进行破产清算的，在人民法院受理破产申请后、宣告债务人破产前，债务人或者出资额占债务人注册资本1/10以上的出资人，可以向人民法院申请重整。

第75条 在重整期间，对债务人的特定财产享有的担保权暂停行使。但是，担保物有损坏或者价值明显减少的可能，足以危害担保权人权利的，担保权人可以向人民法院请求恢复行使担保权。

在重整期间，债务人或者管理人为继续营业而借款的，可以为该借款设定担保。

第76条 债务人合法占有的他人财产，该财产的权利人在重整期间要求取回的，应当符合事先约定的条件。

第77条 在重整期间，债务人的出资人不得请求投资收益分配。

在重整期间，债务人的董事、监事、高级管理人员不得向第三人转让其持有的债务人的股权。但是，经人民法院同意的除外。

第78条　在重整期间，有下列情形之一的，经管理人或者利害关系人请求，人民法院应当裁定终止重整程序，并宣告债务人破产：（一）债务人的经营状况和财产状况继续恶化，缺乏挽救的可能性；（二）债务人有欺诈、恶意减少债务人财产或者其他显著不利于债权人的行为；（三）由于债务人的行为致使管理人无法执行职务。

第79条　债务人或者管理人应当自人民法院裁定债务人重整之日起6个月内，同时向人民法院和债权人会议提交重整计划草案。

前款规定的期限届满，经债务人或者管理人请求，有正当理由的，人民法院可以裁定延期3个月。

债务人或者管理人未按期提出重整计划草案的，人民法院应当裁定终止重整程序，并宣告债务人破产。

第80条　债务人自行管理财产和营业事务的，由债务人制作重整计划草案。

管理人负责管理财产和营业事务的，由管理人制作重整计划草案。

第81条　重整计划草案应当包括下列内容：（一）债务人的经营方案；（二）债权分类；（三）债权调整方案；（四）债权受偿方案；（五）重整计划的执行期限；（六）重整计划执行的监督期限；（七）有利于债务人重整的其他方案。

第82条　下列各类债权的债权人参加讨论重整计划草案的债权人会议，依照下列债权分类，分组对重整计划草案进行表决：（一）对债务人的特定财产享有担保权的债权；（二）债务人所欠职工的工资和医疗、伤残补助、抚恤费用，所欠的应当划入职工个人账户的基本养老保险、基本医疗保险费用，以及法律、行政法规规定应当支付给职工的补偿金；（三）债务人所欠税款；（四）普通债权。

人民法院在必要时可以决定在普通债权组中设小额债权组对重整计划草案进行表决。

第83条　重整计划不得规定减免债务人欠缴的本法第82条第1款第2项规定以外的社会保险费用；该项费用的债权人不参加重整计划草案的表决。

第84条　人民法院应当自收到重整计划草案之日起30日内召开债权人会议，对重整计划草案进行表决。

出席会议的同一表决组的债权人过半数同意重整计划草案，并且其所代表的债权额占该组债权总额的2/3以上的，即为该组通过重整计划草案。

债务人或者管理人应当向债权人会议就重整计划草案作出说明，并回答询问。

第86条　各表决组均通过重整计划草案时，重整计划即为通过。

自重整计划通过之日起10日内，债务人或者管理人应当向人民法院提出批准重整计划的申请。人民法院经审查认为符合本法规定的，应当自收到申请之日起30日内裁定批准，终止重整程序，并予以公告。

第87条 部分表决组未通过重整计划草案的，债务人或者管理人可以同未通过重整计划草案的表决组协商。该表决组可以在协商后再表决1次。双方协商的结果不得损害其他表决组的利益。

未通过重整计划草案的表决组拒绝再次表决或者再次表决仍未通过重整计划草案，但重整计划草案符合下列条件的，债务人或者管理人可以申请人民法院批准重整计划草案：

（一）按照重整计划草案，本法第82条第1款第1项所列债权就该特定财产将获得全额清偿，其因延期清偿所受的损失将得到公平补偿，并且其担保权未受到实质性损害，或者该表决组已经通过重整计划草案；

（二）按照重整计划草案，本法第82条第1款第2项、第3项所列债权将获得全额清偿，或者相应表决组已经通过重整计划草案；

（三）按照重整计划草案，普通债权所获得的清偿比例，不低于其在重整计划草案被提请批准时依照破产清算程序所能获得的清偿比例，或者该表决组已经通过重整计划草案；

（四）重整计划草案对出资人权益的调整公平、公正，或者出资人组已经通过重整计划草案；

（五）重整计划草案公平对待同一表决组的成员，并且所规定的债权清偿顺序不违反本法第113条的规定；

（六）债务人的经营方案具有可行性。

人民法院经审查认为重整计划草案符合前款规定的，应当自收到申请之日起30日内裁定批准，终止重整程序，并予以公告。

第88条 重整计划草案未获得通过且未依照本法第87条的规定获得批准，或者已通过的重整计划未获得批准的，人民法院应当裁定终止重整程序，并宣告债务人破产。

第93条 债务人不能执行或者不执行重整计划的，人民法院经管理人或者利害关系人请求，应当裁定终止重整计划的执行，并宣告债务人破产。

人民法院裁定终止重整计划执行的，债权人在重整计划中作出的债权调整的承诺失去效力。债权人因执行重整计划所受的清偿仍然有效，债权未受清偿的部分作为破产债权。

前款规定的债权人，只有在其他同顺位债权人同自己所受的清偿达到同一比例时，才能继续接受分配。

有本条第1款规定情形的，为重整计划的执行提供的担保继续有效。

第94条 按照重整计划减免的债务，自重整计划执行完毕时起，债务人不再承担清偿责任。

第95条 债务人可以依照本法规定，直接向人民法院申请和解；也可以在人民法院受理破产申请后、宣告债务人破产前，向人民法院申请和解。

债务人申请和解，应当提出和解协议草案。

第97条 债权人会议通过和解协议的决议，由出席会议的有表决权的债权人过半数同意，并且其所代表的债权额占无财产担保债权总额的2/3以上。

第99条 和解协议草案经债权人会议表决未获得通过，或者已经债权人会议通过的和解协议未获得人民法院认可的，人民法院应当裁定终止和解程序，并宣告债务人破产。

第100条 经人民法院裁定认可的和解协议，对债务人和全体和解债权人均有约束力。

和解债权人是指人民法院受理破产申请时对债务人享有无财产担保债权的人。

和解债权人未依照本法规定申报债权的，在和解协议执行期间不得行使权利；在和解协议执行完毕后，可以按照和解协议规定的清偿条件行使权利。

第101条 和解债权人对债务人的保证人和其他连带债务人所享有的权利，不受和解协议的影响。

第103条 因债务人的欺诈或者其他违法行为而成立的和解协议，人民法院应当裁定无效，并宣告债务人破产。

有前款规定情形的，和解债权人因执行和解协议所受的清偿，在其他债权人所受清偿同等比例的范围内，不予返还。

第104条 债务人不能执行或者不执行和解协议的，人民法院经和解债权人请求，应当裁定终止和解协议的执行，并宣告债务人破产。

人民法院裁定终止和解协议执行的，和解债权人在和解协议中作出的债权调整的承诺失去效力。和解债权人因执行和解协议所受的清偿仍然有效，和解债权未受清偿的部分作为破产债权。

前款规定的债权人，只有在其他债权人同自己所受的清偿达到同一比例时，才能继续接受分配。

有本条第1款规定情形的，为和解协议的执行提供的担保继续有效。

第105条 人民法院受理破产申请后，债务人与全体债权人就债权债务的处理自行达成协议的，可以请求人民法院裁定认可，并终结破产程序。

第106条 按照和解协议减免的债务，自和解协议执行完毕时起，债务人不再承担清偿责任。

第107条 人民法院依照本法规定宣告债务人破产的，应当自裁定作出之日起5日内送达债务人和管理人，自裁定作出之日起10日内通知已知债权人，并予以公告。

债务人被宣告破产后，债务人称为破产人，债务人财产称为破产财产，人民法院受理破产申请时对债务人享有的债权称为破产债权。

第 108 条 破产宣告前，有下列情形之一的，人民法院应当裁定终结破产程序，并予以公告：

（一）第三人为债务人提供足额担保或者为债务人清偿全部到期债务的；

（二）债务人已清偿全部到期债务的。

第 109 条 对破产人的特定财产享有担保权的权利人，对该特定财产享有优先受偿的权利。

第 110 条 享有本法第 109 条规定权利的债权人行使优先受偿权利未能完全受偿的，其未受偿的债权作为普通债权；放弃优先受偿权利的，其债权作为普通债权。

第 113 条 破产财产在优先清偿破产费用和共益债务后，依照下列顺序清偿：（一）破产人所欠职工的工资和医疗、伤残补助、抚恤费用，所欠的应当划入职工个人账户的基本养老保险、基本医疗保险费用，以及法律、行政法规规定应当支付给职工的补偿金；（二）破产人欠缴的除前项规定以外的社会保险费用和破产人所欠税款；（三）普通破产债权。

破产财产不足以清偿同一顺序的清偿要求的，按照比例分配。

破产企业的董事、监事和高级管理人员的工资按照该企业职工的平均工资计算。

第 116 条 破产财产分配方案经人民法院裁定认可后，由管理人执行。

管理人按照破产财产分配方案实施多次分配的，应当公告本次分配的财产额和债权额。管理人实施最后分配的，应当在公告中指明，并载明本法第 117 条第 2 款规定的事项。

第 117 条 对于附生效条件或者解除条件的债权，管理人应当将其分配额提存。

管理人依照前款规定提存的分配额，在最后分配公告日，生效条件未成就或者解除条件成就的，应当分配给其他债权人；在最后分配公告日，生效条件成就或者解除条件未成就的，应当交付给债权人。

第 118 条 债权人未受领的破产财产分配额，管理人应当提存。债权人自最后分配公告之日起满 2 个月仍不领取的，视为放弃受领分配的权利，管理人或者人民法院应当将提存的分配额分配给其他债权人。

第 119 条 破产财产分配时，对于诉讼或者仲裁未决的债权，管理人应当将其分配额提存。自破产程序终结之日起满 2 年仍不能受领分配的，人民法院应当将提存的分配额分配给其他债权人。

第 120 条 破产人无财产可供分配的，管理人应当请求人民法院裁定终结破产程序。

　　管理人在最后分配完结后，应当及时向人民法院提交破产财产分配报告，并提请人民法院裁定终结破产程序。

　　人民法院应当自收到管理人终结破产程序的请求之日起 15 日内作出是否终结破产程序的裁定。裁定终结的，应当予以公告。

　　第 121 条　管理人应当自破产程序终结之日起 10 日内，持人民法院终结破产程序的裁定，向破产人的原登记机关办理注销登记。

　　第 123 条　自破产程序依照本法第 43 条第 4 款或者第 120 条的规定终结之日起 2 年内，有下列情形之一的，债权人可以请求人民法院按照破产财产分配方案进行追加分配：（一）发现有依照本法第 31 条、第 32 条、第 33 条、第 36 条规定应当追回的财产的；（二）发现破产人有应当供分配的其他财产的。

　　有前款规定情形，但财产数量不足以支付分配费用的，不再进行追加分配，由人民法院将其上交国库。

　　第 124 条　破产人的保证人和其他连带债务人，在破产程序终结后，对债权人依照破产清算程序未受清偿的债权，依法继续承担清偿责任。

　　第 132 条　本法施行后，破产人在本法公布之日前所欠职工的工资和医疗、伤残补助、抚恤费用，所欠的应当划入职工个人账户的基本养老保险、基本医疗保险费用，以及法律、行政法规规定应当支付给职工的补偿金，依照本法第 113 条的规定清偿后不足以清偿的部分，以本法第 109 条规定的特定财产优先于对该特定财产享有担保权的权利人受偿。

　　第 133 条　在本法施行前国务院规定的期限和范围内的国有企业实施破产的特殊事宜，按照国务院有关规定办理。①

　　第 134 条　商业银行、证券公司、保险公司等金融机构有本法第 2 条规定情形的，国务院金融监督管理机构可以向人民法院提出对该金融机构进行重整或者破产清算的申请。国务院金融监督管理机构依法对出现重大经营风险的金融机构采取接管、托管等措施的，可以向人民法院申请中止以该金融机构为被告或者被执行人的民事诉讼程序或者执行程序。

　　金融机构实施破产的，国务院可以依据本法和其他有关法律的规定制定实施办法。

　　第 135 条　其他法律规定企业法人以外的组织的清算，属于破产清算的，参照适用本法规定的程序。

---

　　① 注：主席令［1986］45 号颁布的《企业破产法（试行）》并无本条规定。因此，本规定中的"本法"是指 2007 年 6 月 1 日施行的《企业破产法》。

第三编　第二十二章

【主席令［2023］15 号】　中华人民共和国公司法（2023 年 12 月 29 日全国人大常委会［14 届 7 次］修订，2024 年 7 月 1 日起施行）

第 229 条　公司因下列原因解散：（一）公司章程规定的营业期限届满或者公司章程规定的其他解散事由出现；（二）股东会或者股东大会决议解散；（三）因公司合并或者分立需要解散；（四）依法被吊销营业执照、责令关闭或者被撤销；（五）人民法院依照本法第 231 条的规定予以解散。

（新增）公司出现前款规定的解散事由，应当在 10 日内将解散事由通过国家企业信用信息公示系统予以公示。

第 230 条　公司有前条第 1 款第 1 项、第 2 项情形，且尚未向股东分配财产的，可以通过修改公司章程或者经股东会决议而存续。

依照前款规定修改公司章程或者经股东会决议，有限责任公司须经持有 2/3 以上表决权的股东通过，股份有限公司须经出席股东会会议的股东所持表决权的 2/3 以上通过。

第 231 条　公司经营管理发生严重困难，继续存续会使股东利益受到重大损失，通过其他途径不能解决的，持有公司 10% 以上表决权的股东，可以请求人民法院解散公司。

第 232 条　公司因本法第 229 条第 1 款第 1 项、第 2 项、第 4 项、第 5 项规定而解散的，应当清算。董事为公司清算义务人，应当在解散事由出现之日起十五日内组成清算组进行清算。

有限责任公司的清算组由股东组成，股份有限公司的清算组由董事或者股东大会确定的人员组成，但是公司章程另有规定或者股东会决议另选他人的除外。

（新增）清算义务人未及时履行清算义务，给公司或者债权人造成损失的，应当承担赔偿责任。

第 233 条　公司依照前条第 1 款的规定应当清算，逾期不成立清算组进行清算或者成立清算组后不清算的，利害关系人/债权人可以申请人民法院指定有关人员组成清算组进行清算。人民法院应当受理该申请，并及时组织清算组进行清算。

（新增）公司因本法第 229 条第 1 款第 4 项的规定而解散的，作出吊销营业执照、责令关闭或者撤销决定的部门或者公司登记机关，可以申请人民法院指定有关人员组成清算组进行清算。

第 234 条　清算组在清算期间行使下列职权：（一）清理公司财产，分别编制资产负债表和财产清单；（二）通知、公告债权人；（三）处理与清算有关的公司未了结的业务；（四）清缴所欠税款以及清算过程中产生的税款；（五）清理债权、债务；（六）分配公司清偿债务后的剩余财产；（七）代表公司参与民事诉讼活动。

第 235 条　清算组应当自成立之日起 10 日内通知债权人，并于 60 日内在报纸上或者国家企业信用信息公示系统公告。债权人应当自接到通知之日起 30 日内，未接到通知的自公告之日起 45 日内，向清算组申报其债权。

债权人申报债权，应当说明债权的有关事项，并提供证明材料。清算组应当对债权进行登记。

在申报债权期间，清算组不得对债权人进行清偿。

第 236 条　清算组在清理公司财产、编制资产负债表和财产清单后，应当制订清算方案，并报股东会、股东大会或者人民法院确认。

公司财产在分别支付清算费用、职工的工资、社会保险费用和法定补偿金，缴纳所欠税款，清偿公司债务后的剩余财产，有限责任公司按照股东的出资比例分配，股份有限公司按照股东持有的股份比例分配。

清算期间，公司存续，但不得开展与清算无关的经营活动。公司财产在未依照前款规定清偿前，不得分配给股东。

第 237 条　清算组在清理公司财产、编制资产负债表和财产清单后，发现公司财产不足清偿债务的，应当依法向人民法院申请破产清算/宣告破产。

人民法院受理破产申请/公司经人民法院裁定宣告破产后，清算组应当将清算事务移交给人民法院指定的破产管理人。

第 238 条　清算组成员履行清算职责，负有忠实义务和勤勉义务/应当忠于职守，依法履行清算义务。

清算组成员不得利用职权收受贿赂或者其他非法收入，不得侵占公司财产。

清算组成员怠于履行清算职责，给公司造成损失的，应当承担赔偿责任；因故意或者重大过失给公司或者债权人造成损失的，应当承担赔偿责任。

第 239 条　公司清算结束后，清算组应当制作清算报告，报股东会或者人民法院确认，并报送公司登记机关，申请注销公司登记。

第 240 条　公司在存续期间未产生债务，或者已清偿全部债务的，经全体股东承诺，可以按照规定通过简易程序注销公司登记。

通过简易程序注销公司登记，应当通过国家企业信用信息公示系统予以公告，公告期限不少于 20 日。公告期限届满后，未有异议的，公司可以在 20 日内向公司登记机关申请注销公司登记。

公司通过简易程序注销公司登记，股东对本条第 1 款规定的内容承诺不实的，应当对注销登记前的债务承担连带责任。

第 241 条　公司被吊销营业执照、责令关闭或者被撤销，满 3 年未向公司登记机关申请注销公司登记的，公司登记机关可以通过国家企业信用信息公示系统予以公告，公告期限不少于 60 日。公告期限届满后，未有异议的，公司登记机关可以注销公司登记。

依照前款规定注销公司登记的，原公司股东、清算义务人的责任不受影响。

第 242 条　公司被依法宣告破产的，依照有关企业破产的法律实施破产清算。

第 249 条　外国公司撤销其在中华人民共和国境内的分支机构时，应当依法清偿债务，依照本法有关公司清算程序的规定进行清算。未清偿债务之前，不得将其分支机构的财产转移至中华人民共和国境外。

【法释［2024］7 号】　最高人民法院关于适用《中华人民共和国公司法》时间效力的若干规定（2024 年 6 月 27 日最高法审委会［1992 次］通过，2024 年 6 月 29 日公布，2024 年 7 月 1 日起施行）

第 6 条　应当进行清算的法律事实发生在公司法施行前，因清算责任发生争议的，适用当时的法律、司法解释的规定。

应当清算的法律事实发生在公司法施行前，但至公司法施行日未满 15 日的，适用公司法第 232 条的规定，清算义务人履行清算义务的期限自公司法施行日重新起算。

【法经［1992］39 号】　最高人民法院经济审判庭关于国务院［1990］68 号、最高人民法院［1991］10 号文件是否适用军队开办的企业问题的复函（1992 年 3 月 19 日答复黑龙江高院"黑法经上字［1991］38 号"请示）

在清理整顿中被撤并的军队开办企业的债务清偿问题，可以参照国务院（国发）［1990］68 号和最高人民法院［法（经）发］［1991］10 号文件（已废止）的规定处理。

【法复［1996］17 号】　最高人民法院关于实行社会保险的企业破产后各种社会保险统筹费用应缴纳至何时的批复（1996 年 11 月 22 日答复四川高院"川高法［1995］167 号"请示）

参加社会保险的企业破产的，欠缴的社会保险统筹费用应当缴纳至人民法院裁定宣告破产之日。

【劳社厅函［2001］286 号】　劳动和社会保障部办公厅关于对破产企业生产自救期间应否缴纳社会保险费问题的复函（2001 年 12 月 30 日答复广西劳保厅"桂劳社报字［2001］25 号"请示）

根据最高人民法院《关于实行社会保险的企业破产后各种社会统筹费用应缴纳至何时的批复》（法复［1996］17 号）中关于"参加社会保险的企业破产的，欠缴社会统筹费用应当缴纳至人民法院裁定宣告破产之日"的规定，我们认为，被申请破产的企业在整顿或重整期间，应当为职工缴纳社会保险费，已被人民法院裁定宣告破产的企业，从人民法院裁定宣告破产之日起，不再缴纳社会保险费。

企业被人民法院裁定宣告破产之后，在破产清算期间，是否可以受清算组委托或同意进行生产自救等方面的经营活动，目前法律没有规定。我们认为，在破产企业清算期间，受清算组委托或同意，进行生产、经营自救活动，并仍在给职工发放工资，可以按规定缴纳社会保险费，请你们根据实际情况处理。

【法释〔2001〕8号】 最高人民法院关于审理军队、武警部队、政法机关移交、撤销企业和与党政机关脱钩企业相关纠纷案件若干问题的规定（2001年2月6日最高法审委会〔1158次〕通过，2001年3月20日公布，2001年3月23日起施行；根据法释〔2020〕18号《决定》修正，2021年1月1日起施行）

二、移交、撤销、脱钩企业破产案件的处理

第7条　被开办企业或者债权人向人民法院申请破产的，不论开办单位的注册资金是否足额到位，人民法院均应当受理。

第8条　被开办企业被宣告破产的，开办单位对其没有投足的注册资金、收取的资金和实物、转移的资金或者隐匿的财产，都应当由清算组负责收回。

第9条　被开办企业向社会或者向企业内部职工集资未清偿的，在破产财产分配时，应当按照《中华人民共和国企业破产法》第113条第1款第1项的规定予以清偿。

~~第14条　移交、撤销、脱钩的企业的开办单位和移交后的接受单位，都应当作为破产清算组成员，参加破产清算工作。~~

第11条　本规定仅适用于审理此次军队、武警部队、政法机关移交、撤销企业和与党政机关脱钩的企业所发生的债务纠纷案件和破产案件。

【民立他字〔2001〕49号】 最高人民法院关于蓬莱京鲁通讯视像设备厂破产还债案有关法律适用问题的复函（2003年2月25日答复山东高院"〔2001〕鲁法经字8-1号"请示）①

对于你院所请示问题，最高人民法院1997年3月6日法发〔1997〕2号《关于当前人民法院审理企业破产案件应当注意的几个问题的通知》（已废止）第11条和2002年7月8日《关于审理企业破产案件若干问题的规定》第104条均已作

---

① 该案，山东高院经审查发现，蓬莱法院在审理该案时没有依据《破产法》的规定召开债权人会议，而是在发现破产财产不足以清偿工人工资及保险费用后，即参照其他法院在《人民法院报》上刊登有关公告的做法，裁定终结了破产还债程序；在处理破产财产时，虽然采用了拍卖的方法，但是将破产财产整体拍卖给了竞买方，且买方并没有将价款实际交付，而是以负责接收破产企业职工的方式代替实际交付，违反了有关的法律规定。但鉴于该案已审理终结，对此案再进行监督纠正，没有法律依据，遂向最高法院请示。

出明确规定，上级人民法院发现下级人民法院的裁定确有错误，应当通知其依法纠正；必要时可以裁定指令下级人民法院重新作出裁定。因此，对于已经审理终结的破产案件进行监督、纠正是有法可依的，但在适用时应当严格、谨慎，并应充分考虑该破产案件提起再审的可行性，依法妥善处理。

【法民二［2002］27号】　最高人民法院给重庆市高级人民法院的复函（2002年7月16日）

据中国银行反映亦经重庆市南岸区人民法院证实，该院于2001年7月10日受理了重庆市南岸区长生桥农村合作基金会破产一案，并于同年7月23日裁定该基金会破产还债，该案目前仍在审理中。

本院认为，农村合作基金会是设置在社区内不以营利为目的的资金互助组织，经依法核准登记，即取得社会团体法人资格。鉴于现有法律、法规尚无将农村合作基金会登记为企业法人的规定，因此农村合作基金会不能以资不抵债的企业法人向人民法院申请破产。为了有效防范和化解金融风险，保持农村经济和社会的稳定，各地人民政府正在根据国务院确定的统一部署、分别处理、风险自担、稳步推进的原则，对农村合作基金会进行全面清理整顿。人民法院不应受理农村合作基金会的破产案件。你院应依法督促重庆市南岸区人民法院立即撤销其受理的重庆市南岸区长生桥农村合作基金会破产案。并告知该基金会的清偿机构可以向有管辖权的人民法院提起诉讼，主张该基金会的合法债权。

请按以上意见迅速办理，并将结果书面报告我院。

【法释［2002］23号】　最高人民法院关于审理企业破产案件若干问题的规定（2002年7月18日最高法审委会［1232次］通过，2002年7月30日公布，2002年9月1日起施行）

一、关于企业破产案件管辖

第1条　企业破产案件由债务人住所地人民法院管辖。债务人住所地指债务人的主要办事机构所在地。债务人无办事机构的，由其注册地人民法院管辖。

第2条　基层人民法院一般管辖县、县级市或者区的工商行政管理机关核准登记企业的破产案件；

中级人民法院一般管辖地区、地级市（含本级）以上的工商行政管理机关核准登记企业的破产案件；

纳入国家计划调整的企业破产案件，由中级人民法院管辖。

第3条　上级人民法院审理下级人民法院管辖的企业破产案件，或者将本院管辖的企业破产案件移交下级人民法院审理，以及下级人民法院需要将自己管辖的企业破产案件交由上级人民法院审理的，依照民事诉讼法第39条的规定办理；

省、自治区、直辖市范围内因特殊情况需对个别企业破产案件的地域管辖作调整的，须经共同上级人民法院批准。

二、关于破产申请与受理

第4条　申请（被申请）破产的债务人应当具备法人资格，不具备法人资格的企业、个体工商户、合伙组织、农村承包经营户不具备破产主体资格。

第5条　国有企业向人民法院申请破产时，应当提交其上级主管部门同意其破产的文件；其他企业应当提供其开办人或者股东会议决定企业破产的文件。

第6条　债务人申请破产，应当向人民法院提交下列材料：（一）书面破产申请；（二）企业主体资格证明；（三）企业法定代表人与主要负责人名单；（四）企业职工情况和安置预案；（五）企业亏损情况的书面说明，并附审计报告；（六）企业至破产申请日的资产状况明细表，包括有形资产、无形资产和企业投资情况等；（七）企业在金融机构开设帐户的详细情况，包括开户审批材料、帐号、资金等；（八）企业债权情况表，列明企业的债务人名称、住所、债务数额、发生时间和催讨偿还情况；（九）企业债务情况表，列明企业的债权人名称、住所、债权数额、发生时间；（十）企业涉及的担保情况；（十一）企业已发生的诉讼情况；（十二）人民法院认为应当提交的其他材料。

第7条　债权人申请债务人破产，应当向人民法院提交下列材料：（一）债权发生的事实与证据；（二）债权性质、数额、有无担保，并附证据；（三）债务人不能清偿到期债务的证据。

第8条　债权人申请债务人破产，人民法院可以通知债务人核对以下情况：（一）债权的真实性；（二）债权在债务人不能偿还的到期债务中所占的比例；（三）债务人是否存在不能清偿到期债务的情况。

第9条　债权人申请债务人破产，债务人对债权人的债权提出异议，人民法院认为异议成立的，应当告知债权人先行提起民事诉讼。破产申请不予受理。

第10条　人民法院收到破产申请后，应当在7日内决定是否立案；破产申请人提交的材料需要更正、补充的，人民法院可以责令申请人限期更正、补充。按期更正、补充材料的，人民法院自收到更正补充材料之日起7日内决定是否立案；未按期更正、补充的，视为撤回申请。

人民法院决定受理企业破产案件的，应当制作案件受理通知书，并送达申请人和债务人。通知书作出时间为破产案件受理时间。

第11条　在人民法院决定受理企业破产案件前，破产申请人可以请求撤回破产申请。

人民法院准许申请人撤回破产申请的，在撤回破产申请之前已经支出的费用由破产申请人承担。

第12条 人民法院经审查发现有下列情况的，破产申请不予受理：（一）债务人有隐匿、转移财产等行为，为了逃避债务而申请破产的；（二）债权人借破产申请毁损债务人商业信誉，意图损害公平竞争的。

第13条 人民法院对破产申请不予受理的，应当作出裁定。

破产申请人对不予受理破产申请的裁定不服的，可以在裁定送达之日起10日内向上一级人民法院提起上诉。

第14条 人民法院受理企业破产案件后，发现不符合法律规定的受理条件或者有本规定第12条所列情形的，应当裁定驳回破产申请。

人民法院受理债务人的破产申请后，发现债务人巨额财产下落不明且不能合理解释财产去向的，应当裁定驳回破产申请。

破产申请人对驳回破产申请的裁定不服的，可以在裁定送达之日起10日内向上一级人民法院提起上诉。

第15条 人民法院决定受理企业破产案件后，应当组成合议庭，并在10日内完成下列工作：

（一）将合议庭组成人员情况书面通知破产申请人和被申请人，并在法院公告栏张贴企业破产受理公告。公告内容应当写明：破产申请受理时间、债务人名称、申报债权的期限、地点和逾期未申报债权的法律后果、第一次债权人会议召开的日期、地点；

（二）在债务人企业发布公告，要求保护好企业财产，不得擅自处理企业的帐册、文书、资料、印章，不得隐匿、私分、转让、出售企业财产；

（三）通知债务人立即停止清偿债务，非经人民法院许可不得支付任何费用；

（四）通知债务人的开户银行停止债务人的结算活动，并不得扣划债务人款项抵扣债务。但经人民法院依法许可的除外。

第16条 人民法院受理债权人提出的企业破产案件后，应当通知债务人在15日内向人民法院提交有关会计报表、债权债务清册、企业资产清册以及人民法院认为应当提交的资料。

第17条 人民法院受理企业破产案件后，除应当按照企业破产法第9条的规定通知已知的债权人外，还应当于30日内在国家、地方有影响的报纸上刊登公告，公告内容同第15条第1项的规定。

第18条 人民法院受理企业破产案件后，除可以随即进行破产宣告成立清算组的外，在企业原管理组织不能正常履行管理职责的情况下，可以成立企业监管组。企业监管组成员从企业上级主管部门或者股东会议代表、企业原管理人员、主要债权人中产生，也可以聘请会计师、律师等中介机构参加。企业监管组主要负责处理以下事务：（一）清点、保管企业财产；（二）核查企业债权；（三）为企业利益而进行的必要的经营活动；（四）支付人民法院许可的必要支出；（五）人民法院许可的其他工作。

企业监管组向人民法院负责，接受人民法院的指导、监督。

第19条　人民法院受理企业破产案件后，以债务人为原告的其他民事纠纷案件尚在一审程序的，受诉人民法院应当将案件移送受理破产案件的人民法院；案件已进行到二审程序的，受诉人民法院应当继续审理。

第20条　人民法院受理企业破产案件后，对债务人财产的其他民事执行程序应当中止。

以债务人为被告的其他债务纠纷案件，根据下列不同情况分别处理：

（一）已经审结但未执行完毕的，应当中止执行，由债权人凭生效的法律文书向受理破产案件的人民法院申报债权。

（二）尚未审结且无其他被告和无独立请求权的第三人的，应当中止诉讼，由债权人向受理破产案件的人民法院申报债权。在企业被宣告破产后，终结诉讼。

（三）尚未审结并有其他被告或者无独立请求权的第三人的，应当中止诉讼，由债权人向受理破产案件的人民法院申报债权。待破产程序终结后，恢复审理。

（四）债务人系从债务人的债务纠纷案件继续审理。

三、关于债权申报

第21条　债权人申报债权应当提交债权证明和合法有效的身份证明；代理申报人应当提交委托人的有效身份证明、授权委托书和债权证明。

申报的债权有财产担保的，应当提交证明财产担保的证据。

第22条　人民法院在登记申报的债权时，应当记明债权人名称、住所、开户银行、申报债权数额、申报债权的证据、财产担保情况、申报时间、联系方式以及其他必要的情况。

已经成立清算组的，由清算组进行上述债权登记工作。

第23条　连带债务人之一或者数人破产的，债权人可就全部债权向该债务人或者各债务人行使权利，申报债权。债权人未申报债权的，其他连带债务人可就将来可能承担的债务申报债权。

第24条　债权人虽未在法定期间申报债权，但有民事诉讼法第76条规定情形的，在破产财产分配前可向清算组申报债权。清算组负责审查其申报的债权，并由人民法院审查确定。债权人会议对人民法院同意该债权人参加破产财产分配有异议的，可以向人民法院申请复议。

四、关于破产和解与破产企业整顿

第25条　人民法院受理企业破产案件后，在破产程序终结前，债务人可以向人民法院申请和解。人民法院在破产案件审理过程中，可以根据债权人、债务人具体情况向双方提出和解建议。

人民法院作出破产宣告裁定前，债权人会议与债务人达成和解协议并经人民法院裁定认可的，由人民法院发布公告，中止破产程序。

人民法院作出破产宣告裁定后，债权人会议与债务人达成和解协议并经人民法院裁定认可，由人民法院裁定中止执行破产宣告裁定，并公告中止破产程序。

第26条　债务人不按和解协议规定的内容清偿全部债务的，相关债权人可以申请人民法院强制执行。

第27条　债务人不履行或者不能履行和解协议的，经债权人申请，人民法院应当裁定恢复破产程序。和解协议系在破产宣告前达成的，人民法院应当在裁定恢复破产程序的同时裁定宣告债务人破产。

第28条　企业由债权人申请破产的，如被申请破产的企业系国有企业，依照企业破产法第四章的规定，其上级主管部门可以申请对该企业进行整顿。整顿申请应当在债务人被宣告破产前提出。

企业无上级主管部门的，企业股东会议可以通过决议并以股东会议名义申请对企业进行整顿。整顿工作由股东会议指定人员负责。

第29条　企业整顿期间，企业的上级主管部门或者负责实施整顿方案的人员应当定期向债权人会议和人民法院报告整顿情况、和解协议执行情况。

第30条　企业整顿期间，对于债务人财产的执行仍适用企业破产法第11条的规定。

五、关于破产宣告

第31条　企业破产法第3条第1款规定的"不能清偿到期债务"是指：（一）债务的履行期限已届满；（二）债务人明显缺乏清偿债务的能力。

债务人停止清偿到期债务并呈连续状态，如无相反证据，可推定为"不能清偿到期债务"。

第32条　人民法院受理债务人破产案件后，有下列情形之一的，应当裁定宣告债务人破产：（一）债务人不能清偿债务且与债权人不能达成和解协议的；（二）债务人不履行或者不能履行和解协议的；（三）债务人在整顿期间有企业破产法第21条规定情形的；（四）债务人在整顿期满后有企业破产法第22条第2款规定情形的。

宣告债务人破产应当公开进行。由债权人提出破产申请的，破产宣告时应当通知债务人到庭。

第33条　债务人自破产宣告之日起停止生产经营活动。为债权人利益确有必要继续生产经营的，须经人民法院许可。

第34条　人民法院宣告债务人破产后，应当通知债务人的开户银行，限定其银行帐户只能由清算组使用。人民法院通知开户银行时应当附破产宣告裁定书。

第35条　人民法院裁定宣告债务人破产后应当发布公告，公告内容包括债务人亏损情况、资产负债状况、破产宣告时间、破产宣告理由和法律依据以及对债务人的财产、帐册、文书、资料和印章的保护等内容。

第36条　破产宣告后，破产企业的财产在其他民事诉讼程序中被查封、扣押、冻结的，受理破产案件的人民法院应当立即通知采取查封、扣押、冻结措施的人民法院予以解除，并向受理破产案件的人民法院办理移交手续。

第37条　企业被宣告破产后，人民法院应当指定必要的留守人员。破产企业的法定代表人、财会、财产保管人员必须留守。

第38条　破产宣告后，债权人或者债务人对破产宣告有异议的，可以在人民法院宣告企业破产之日起10日内，向上一级人民法院申诉。上一级人民法院应当组成合议庭进行审理，并在30日内作出裁定。

六、关于债权人会议

第39条　债权人会议由申报债权的债权人组成。

债权人会议主席由人民法院在有表决权的债权人中指定。必要时，人民法院可以指定多名债权人会议主席，成立债权人会议主席委员会。

少数债权人拒绝参加债权人会议，不影响会议的召开。但债权人会议不得作出剥夺其对破产财产受偿的机会或者不利于其受偿的决议。

第40条　第一次债权人会议应当在人民法院受理破产案件公告3个月期满后召开。除债务人的财产不足以支付破产费用，破产程序提前终结外，不得以一般债权的清偿率为零为理由取消债权人会议。

第41条　第一次债权人会议由人民法院召集并主持。人民法院除完成本规定第17条确定的工作外，还应当做好以下准备工作：（一）拟订第一次债权人会议议程；（二）向债务人的法定代表人或者负责人发出通知，要求其必须到会；（三）向债务人的上级主管部门、开办人或者股东会议代表发出通知，要求其派员列席会议；（四）通知破产清算组成员列席会议；（五）通知审计、评估人员参加会议；（六）需要提前准备的其他工作。

第42条　债权人会议一般包括以下内容：（一）宣布债权人会议职权和其他有关事项；（二）宣布债权人资格审查结果；（三）指定并宣布债权人会议主席；（四）安排债务人法定代表人或者负责人接受债权人询问；（五）由清算组通报债务人的生产经营、财产、债务情况并作清算工作报告和提出财产处理方案及分配方案；（六）讨论并审查债权的证明材料、债权的财产担保情况及数额、讨论通过和解协议、审阅清算组的清算报告、讨论通过破产财产的处理方案与分配方案等。讨论内容应当记明笔录。债权人对人民法院或者清算组登记的债权提出异议的，人民法院应当及时审查并作出裁定；（七）根据讨论情况，依照企业破产法第 16 条的规定进行表决。

以上第 5 至 7 项议程内的工作在本次债权人会议上无法完成的，交由下次债权人会议继续进行。

第 43 条　债权人认为债权人会议决议违反法律规定或者侵害其合法权益的，可以在债权人会议作出决议后 7 日内向人民法院提出，由人民法院依法裁定。

第 44 条　清算组财产分配方案经债权人会议两次讨论未获通过的，由人民法院依法裁定。对前款裁定，占无财产担保债权总额半数以上债权的债权人有异议的，可以在人民法院作出裁定之日起 10 日内向上一级人民法院申诉。上一级人民法院应当组成合议庭进行审理，并在 30 日内作出裁定。

第 45 条　债权人可以委托代理人出席债权人会议，并可以授权代理人行使表决权。代理人应当向人民法院或者债权人会议主席提交授权委托书。

第 46 条　第一次债权人会议后又召开债权人会议的，债权人会议主席应当在发出会议通知前 3 日报告人民法院，并由会议召集人在开会前 15 日将会议时间、地点、内容、目的等事项通知债权人。

七、关于清算组

第 47 条　人民法院应当自裁定宣告企业破产之日起 15 日内成立清算组。

第 48 条　清算组成员可以从破产企业上级主管部门、清算中介机构以及会计、律师中产生，也可以从政府财政、工商管理、计委、经委、审计、税务、物价、劳动、社会保险、土地管理、国有资产管理、人事等部门中指定。人民银行分（支）行可以按照有关规定派人参加清算组。

第 49 条　清算组经人民法院同意可以聘请破产清算机构、律师事务所、会计事务所等中介机构承担一定的破产清算工作。中介机构就清算工作向清算组负责。

第 50 条　清算组的主要职责是：（一）接管破产企业。向破产企业原法定代表人及留守人员接收原登记造册的资产明细表、有形资产清册，接管所有财产、帐册、文书档案、印章、证照和有关资料。破产宣告前成立企业监管组的，由企业监管组和企业原法定代表人向清算组进行移交。（二）清理破产企业财产，编制财产明细表和资产负债表，编制债权债务清册，组织破产财产的评估、拍卖、变现；（三）回收破产企业的财产，向破产企业的债务人、财产持有人依法行使财产权利；（四）管理、处分破产财产，决定是否履行合同和在清算范围内进行经营活动。确认别除权、抵销权、取回权；（五）进行破产财产的委托评估、拍卖及其他变现工作；（六）依法提出并执行破产财产处理和分配方案；（七）提交清算报告；（八）代表破产企业参加诉讼和仲裁活动；（九）办理企业注销登记等破产终结事宜；（十）完成人民法院依法指定的其他事项。

第51条　清算组对人民法院负责并且报告工作，接受人民法院的监督。人民法院应当及时指导清算组的工作，明确清算组的职权与责任，帮助清算组拟订工作计划，听取清算组汇报工作。清算组有损害债权人利益的行为或者其他违法行为的，人民法院可以根据债权人的申请或者依职权予以纠正。人民法院可以根据债权人的申请或者依职权更换不称职的清算组成员。

第52条　清算组应当列席债权人会议，接受债权人会议的询问。债权人有权查阅有关资料、询问有关事项；清算组的决定违背债权人利益的，债权人可以申请人民法院裁定撤销该决定。

第53条　清算组对破产财产应当及时登记、清理、审计、评估、变价。必要时，可以请求人民法院对破产企业财产进行保全。

第54条　清算组应当采取有效措施保护破产企业的财产。债务人的财产权利如不依法登记或者及时行使将丧失权利的，应当及时予以登记或者行使；对易损、易腐、跌价或者保管费用较高的财产应当及时变卖。

八、关于破产债权

第55条　下列债权属于破产债权：（一）破产宣告前发生的无财产担保的债权；（二）破产宣告前发生的虽有财产担保但是债权人放弃优先受偿的债权；（三）破产宣告前发生的虽有财产担保但是债权数额超过担保物价值部分的债权；（四）票据出票人被宣告破产，付款人或者承兑人不知其事实而向持票人付款或者承兑所产生的债权；（五）清算组解除合同，对方当事人依法或者依照合同约定产生的对债务人可以用货币计算的债权；（六）债务人的受托人在债务人破产后，为债务人的利益处理委托事务所发生的债权；（七）债务人发行债券形成的债权；（八）债务人的保证人代替债务人清偿债务后依法可以向债务人追偿的债权；（九）债务人的保证人按照《中华人民共和国担保法》第32条的规定预先行使追偿权而申报的债权；（十）债务人为保证人的，在破产宣告前已经被生效的法律文书确定承担的保证责任；（十一）债务人在破产宣告前因侵权、违约给他人造成财产损失而产生的赔偿责任；（十二）人民法院认可的其他债权。

以上第5项债权以实际损失为计算原则。违约金不作为破产债权，定金不再适用定金罚则。

第56条　因企业破产解除劳动合同，劳动者依法或者依据劳动合同对企业享有的补偿金请求权，参照企业破产法第37条第2款第1项规定的顺序清偿。

第57条　债务人所欠非正式职工（含短期劳动工）的劳动报酬，参照企业破产法第37条第2款第1项规定的顺序清偿。

第58条　债务人所欠企业职工集资款，参照企业破产法第37条第2款第1项规定的顺序清偿。但对违反法律规定的高额利息部分不予保护。职工向企业的投资，不属于破产债权。

第 59 条　债务人退出联营应当对该联营企业的债务承担责任的，联营企业的债权人对该债务人享有的债权属于破产债权。

第 60 条　与债务人互负债权债务的债权人可以向清算组请求行使抵销权，抵销权的行使应当具备以下条件：（一）债权人的债权已经得到确认；（二）主张抵销的债权债务均发生在破产宣告之前。

经确认的破产债权可以转让。受让人以受让的债权抵销其所欠债务人债务的，人民法院不予支持。

第 61 条　下列债权不属于破产债权：（一）行政、司法机关对破产企业的罚款、罚金以及其他有关费用；（二）人民法院受理破产案件后债务人未支付应付款项的滞纳金，包括债务人未执行生效法律文书应当加倍支付的迟延利息和劳动保险金的滞纳金；（三）破产宣告后的债务利息；（四）债权人参加破产程序所支出的费用；（五）破产企业的股权、股票持有人在股权、股票上的权利；（六）破产财产分配开始后向清算组申报的债权；（七）超过诉讼时效的债权；（八）债务人开办单位对债务人未收取的管理费、承包费。上述不属于破产债权的权利，人民法院或者清算组也应当对当事人的申报进行登记。

第 62 条　政府无偿拨付给债务人的资金不属于破产债权。但财政、扶贫、科技管理等行政部门通过签订合同，按有偿使用、定期归还原则发放的款项，可以作为破产债权。

第 63 条　债权人对清算组确认或者否认的债权有异议的，可以向清算组提出。债权人对清算组的处理仍有异议的，可以向人民法院提出。人民法院应当在查明事实的基础上依法作出裁决。

九、关于破产财产

第 64 条　破产财产由下列财产构成：（一）债务人在破产宣告时所有的或者经营管理的全部财产；（二）债务人在破产宣告后至破产程序终结前取得的财产；（三）应当由债务人行使的其他财产权利。

第 65 条　债务人与他人共有的物、债权、知识产权等财产或者财产权，应当在破产清算中予以分割，债务人分割所得属于破产财产；不能分割的，应当就其应得部分转让，转让所得属于破产财产。

第 66 条　债务人的开办人注册资金投入不足的，应当由该开办人予以补足，补足部分属于破产财产。

第 67 条　企业破产前受让他人财产并依法取得所有权或者土地使用权的，即便未支付或者未完全支付对价，该财产仍属于破产财产。

第 68 条　债务人的财产被采取民事诉讼执行措施的，在受理破产案件后尚未执行的或者未执行完毕的剩余部分，在该企业被宣告破产后列入破产财产。因错误执行应当执行回转的财产，在执行回转后列入破产财产。

第 69 条 债务人依照法律规定取得代位求偿权的，依该代位求偿权享有的债权属于破产财产。

第 70 条 债务人在被宣告破产时未到期的债权视为已到期，属于破产财产，但应当减去未到期的利息。

第 71 条 下列财产不属于破产财产：（一）债务人基于仓储、保管、加工承揽、委托交易、代销、借用、寄存、租赁等法律关系占有、使用的他人财产；（二）抵押物、留置物、出质物，但权利人放弃优先受偿权的或者优先偿付被担保债权剩余的部分除外；（三）担保物灭失后产生的保险金、补偿金、赔偿金等代位物；（四）依照法律规定存在优先权的财产，但权利人放弃优先受偿权或者优先偿付特定债权剩余的部分除外；（五）特定物买卖中，尚未转移占有但相对人已完全支付对价的特定物；（六）尚未办理产权证或者产权过户手续但已向买方交付的财产；（七）债务人在所有权保留买卖中尚未取得所有权的财产；（八）所有权专属于国家且不得转让的财产；（九）破产企业工会所有的财产。

第 72 条 本规定第 71 条第 1 项所列的财产，财产权利人有权取回。前款财产在破产宣告前已经毁损灭失的，财产权利人仅能以直接损失额为限申报债权；在破产宣告后因清算组的责任毁损灭失的，财产权利人有权获得等值赔偿。债务人转让上述财产获利的，财产权利人有权要求债务人等值赔偿。

十、关于破产财产的收回、处理和变现

第 73 条 清算组应当向破产企业的债务人和财产持有人发出书面通知，要求债务人和财产持有人于限定的时间向清算组清偿债务或者交付财产。破产企业的债务人和财产持有人有异议的，应当在收到通知后的七日内提出，由人民法院作出裁定。破产企业的债务人和财产持有人在收到通知后既不向清算组清偿债务或者交付财产，又没有正当理由不在规定的异议期内提出异议的，由清算组向人民法院提出申请，经人民法院裁定后强制执行；破产企业在境外的财产，由清算组予以收回。

第 74 条 债务人享有的债权，其诉讼时效自人民法院受理债务人的破产申请之日起，适用《中华人民共和国民法通则》第 140 关于诉讼时效中断的规定。债务人与债权人达成和解协议，中止破产程序的，诉讼时效自人民法院中止破产程序裁定之日起重新计算。

第 75 条 经人民法院同意，清算组可以聘用律师或者其他中介机构的人员追收债权。

第 76 条 债务人设立的分支机构和没有法人资格的全资机构的财产，应当一并纳入破产程序进行清理。

第77条 债务人在其开办的全资企业中的投资权益应当予以追收。全资企业资不抵债的，清算组停止追收。

第78条 债务人对外投资形成的股权及其收益应当予以追收。对该股权可以出售或者转让，出售、转让所得列入破产财产进行分配。股权价值为负值的，清算组停止追收。

第79条 债务人开办的全资企业，以及由其参股、控股的企业不能清偿到期债务，需要进行破产还债的，应当另行提出破产申请。

第80条 清算组处理集体所有土地使用权时，应当遵守相关法律规定。未办理土地征用手续的集体所有土地使用权，应当在该集体范围内转让。

第81条 破产企业的职工住房，已经签订合同、交付房款，进行房改给个人的，不属于破产财产。未进行房改的，可由清算组向有关部门申请办理房改事项，向职工出售。按照国家规定不具备房改条件，或者职工在房改中不购买住房的，由清算组根据实际情况处理。

第82条 债务人的幼儿园、学校、医院等公益福利性设施，按国家有关规定处理，不作为破产财产分配。

第83条 处理破产财产前，可以确定有相应评估资质的评估机构对破产财产进行评估，债权人会议、清算组对破产财产的评估结论、评估费用有异议的，参照最高人民法院《关于民事诉讼证据的若干规定》第27条的规定处理。

第84条 债权人会议对破产财产的市场价格无异议的，经人民法院同意后，可以不进行评估。但是国有资产除外。

第85条 破产财产的变现应当以拍卖方式进行。由清算组负责委托有拍卖资格的拍卖机构进行拍卖。

依法不得拍卖或者拍卖所得不足以支付拍卖所需费用的，不进行拍卖。前款不进行拍卖或者拍卖不成的破产财产，可以在破产分配时进行实物分配或者作价变卖。债权人对清算组在实物分配或者作价变卖中对破产财产的估价有异议的，可以请求人民法院进行审查。

第86条 破产财产中的成套设备，一般应当整体出售。

第87条 依法属于限制流通的破产财产，应当由国家指定的部门收购或者按照有关法律规定处理。

十一、关于破产费用

第88条 破产费用包括：（一）破产财产的管理、变卖、分配所需要的费用；（二）破产案件的受理费；（三）债权人会议费用；（四）催收债务所需费用；（五）为债权人的共同利益而在破产程序中支付的其他费用。

第89条　人民法院受理企业破产案件可以按照《人民法院诉讼收费办法补充规定》预收案件受理费。

破产宣告前发生的经人民法院认可的必要支出，从债务人财产中拨付。债务人财产不足以支付的，如系债权人申请破产的，由债权人支付。

第90条　清算期间职工生活费、医疗费可以从破产财产中优先拨付。

第91条　破产费用可随时支付，破产财产不足以支付破产费用的，人民法院根据清算组的申请裁定终结破产程序。

十二、关于破产财产的分配

第92条　破产财产分配方案经债权人会议通过后，由清算组负责执行。财产分配可以一次分配，也可以多次分配。

第93条　破产财产分配方案应当包括以下内容：（一）可供破产分配的财产种类、总值，已经变现的财产和未变现的财产；（二）债权清偿顺序、各顺序的种类与数额，包括破产企业所欠职工工资、劳动保险费用和破产企业所欠税款的数额和计算依据，纳入国家计划调整的企业破产，还应当说明职工安置费的数额和计算依据；（三）破产债权总额和清偿比例；（四）破产分配的方式、时间；（五）对将来能够追回的财产拟进行追加分配的说明。

第94条　列入破产财产的债权，可以进行债权分配。债权分配以便于债权人实现债权为原则。将人民法院已经确认的债权分配给债权人的，由清算组向债权人出具债权分配书，债权人可以凭债权分配书向债务人要求履行。债务人拒不履行的，债权人可以申请人民法院强制执行。

第95条　债权人未在指定期限内领取分配的财产的，对该财产可以进行提存或者变卖后提存价款，并由清算组向债权人发出催领通知书。债权人在收到催领通知书1个月后或者在清算组发出催领通知书2个月后，债权人仍未领取的，清算组应当对该部分财产进行追加分配。

十三、关于破产终结

第96条　破产财产分配完毕，由清算组向人民法院报告分配情况，并申请人民法院终结破产程序。

人民法院在收到清算组的报告和终结破产程序申请后，认为符合破产程序终结规定的，应当在7日内裁定终结破产程序。

第97条　破产程序终结后，由清算组向破产企业原登记机关办理企业注销登记。破产程序终结后仍有可以追收的破产财产、追加分配等善后事宜需要处理的，经人民法院同意，可以保留清算组或者保留部分清算组成员。

第98条　破产程序终结后出现可供分配的财产的，应当追加分配。追加分配的财产，除企业破产法第40条规定的由人民法院追回的财产外，还包括破产程序中因纠正错误支出收回的款项，因权利被承认追回的财产，债权人放弃的财产和破产程序终结后实现的财产权利等。

第99条 破产程序终结后，破产企业的帐册、文书等卷宗材料由清算组移交破产企业上级主管机关保存；无上级主管机关的，由破产企业的开办人或者股东保存。

十四、其他

第100条 人民法院在审理企业破产案件中，发现破产企业的原法定代表人或者直接责任人员有企业破产法第35条所列行为的，应当向有关部门建议，对该法定代表人或者直接责任人员给予行政处分；涉嫌犯罪的，应当将有关材料移送相关国家机关处理。

第101条 破产企业有企业破产法第35条所列行为，致使企业财产无法收回，造成实际损失的，清算组可以对破产企业的原法定代表人、直接责任人员提起民事诉讼，要求其承担民事赔偿责任。

第102条 人民法院受理企业破产案件后，发现企业有巨额财产下落不明的，应当将有关涉嫌犯罪的情况和材料，移送相关国家机关处理。

第103条 人民法院可以建议有关部门对破产企业的主要责任人员限制其再行开办企业，在法定期限内禁止其担任公司的董事、监事、经理。

第104条 最高人民法院发现各级人民法院，或者上级人民法院发现下级人民法院在破产程序中作出的裁定确有错误的，应当通知其纠正；不予纠正的，可以裁定指令下级人民法院重新作出裁定。

第105条 纳入国家计划调整的企业破产案件，除适用本规定外，还应当适用国家有关企业破产的相关规定。

【法释［2003］6号】 最高人民法院关于破产企业国有划拨土地使用权应否列入破产财产等问题的批复（2002年10月11日最高法审委会［1245次］通过，2003年4月18日公布，答复湖北高院"鄂高法［2002］158号"请示，同日起施行；根据法释［2020］18号《决定》修正，2021年1月1日起施行）

一、根据《中华人民共和国土地管理法》第58条第1款第3项及《城镇国有土地使用权出让和转让暂行条例》第47条的规定，破产企业以划拨方式取得的国有土地使用权不属于破产财产，在企业破产时，有关人民政府可以予以收回，并依法处置。纳入国家兼并破产计划的国有企业，其依法取得的国有土地使用权，应依据国务院有关文件规定办理。

二、企业对其以划拨方式取得的国有土地使用权无处分权，以该土地使用权设定抵押，未经有审批权限的人民政府或土地行政管理部门批准的，不影响抵押合同效力；履行了法定的审批手续，并依法办理抵押登记的，抵押权自登记时设立。根据《中华人民共和国城市房地产管理法》第 51 条的规定，抵押权人只有在以抵押标的物折价或拍卖、变卖所得价款缴纳相当于土地使用权出让金的款项后，对剩余部分方可享有优先受偿权。但纳入国家兼并破产计划的国有企业，其用以划拨方式取得的国有土地使用权设定抵押的，应依据国务院有关文件规定办理。

三、国有企业以关键设备、成套设备、建筑物设定抵押的，如无其他法定的无效情形，不应当仅以未经政府主管部门批准为由认定抵押合同无效。

本批复自公布之日起施行，正在审理或者尚未审理的案件，适用本批复，但对提起再审的判决、裁定已经发生法律效力的案件除外。

【法发〔2005〕26 号】　第二次全国涉外商事海事审判工作会议纪要（2005 年 11 月 15-16 日在南京召开；2005 年 12 月 26 日公布）

92. 外商投资企业终止之前，必须根据《外商投资企业清算办法》的规定进行清算。外商投资企业不能进行普通清算而进行特别清算的，由企业审批机关或其委托的部门负责组织。人民法院对清算过程中发生的纠纷享有管辖权的，应予受理。

在清算终结前，外商投资企业的诉讼主体资格依然存在；已经成立清算组织的，在清算期间，清算组织代表企业参与民事诉讼活动。

【国办发〔2006〕3 号】　~~国务院办公厅转发全国企业兼并破产和职工再就业工作领导小组关于进一步做好国有企业政策性关闭破产工作意见的通知~~（国务院办公厅 2006 年 1 月 16 日转发，并于 2015 年 11 月 27 日被《国务院关于宣布失效一批国务院文件的决定》（国发〔2015〕68 号）废止。）

一、总体规划实施的范围和重点

实施政策性关闭破产的期限为 2005 年至 2008 年。2008 年后不再实施政策性关闭破产。已列入规划的拟关闭破产企业，按年度编制关闭破产计划。全国领导小组按规定程序组织有关部门和国有金融机构进行审核，上报国务院批准后组织实施。

总体规划的实施范围包括：一是新增的拟关闭破产企业，共 1610 户，涉及国有金融机构债权 1502.6 亿元，职工 228 万人；二是目前已送各国有金融机构审核的拟关闭破产企业，共 506 户，涉及国有金融机构债权 769 亿元，职工 123 万人。以上企业共计 2116 户，涉及国有金融机构债权 2271.6 亿元，职工 351 万人。

实施政策性关闭破产的重点是：继续支持东北地区等老工业基地振兴和中西部地区经济结构调整；支持军工企业改革脱困和资源枯竭煤矿关闭破产；继续做

好有色金属困难企业关闭破产的收尾工作。

三、……对列入总体规划拟实施关闭破产的企业，有关金融机构不得在企业关闭破产方案实施前转让或出售已确认的债权（国有金融机构之间经国家批准的债权转让除外），也不得加紧追讨债权及担保责任。但对企业恶意逃废金融债权的行为，有关金融机构应依法维护自身合法权益。国有金融机构以企业破产终结时法院裁定的清偿率进行清收。股份制金融机构（包括改制后的国有商业银行）债权由金融机构按照内部议事程序，依据企业破产终结法院裁定依法核销。

国家有关部门对金融资产管理公司进行考核时，应对其执行国家政策性关闭破产政策核销贷款发生的损失因素予以考虑。在核销政策性关闭破产企业贷款时，如贷款的审批、发放和贷后管理无违规违纪问题，国有金融机构可不对有关责任人员处罚后再核销呆账。

【民四他字［2006］18号】　最高人民法院关于建和财务有限公司与丰业财务有限公司、丰业酒店集团有限公司借款、担保合同纠纷一案的请示的复函（2006年9月14日答复山东高院"［2002］鲁民四初字第4号"请示）

一、关于丰业财务有限公司清盘引起的法律后果问题

根据我国《民事诉讼法》第4条的规定："凡在中华人民共和国领域内进行民事诉讼，必须遵守本法。"而《民事诉讼法》并未规定在公司清盘时应中止诉讼，且本院《第二次全国涉外商事海事审判工作会议纪要》第15条规定："人民法院在审理案件过程中查明外国当事人被宣告破产或者进入清算程序的，应通知外国当事人的破产财产管理人或者清算人参加诉讼。"故本案不应中止诉讼。同意你院对该问题的请示意见。

【法释［2007］8号】　最高人民法院关于审理企业破产案件指定管理人的规定（2007年4月4日最高法审委会［1422次］通过，2007年4月12日公布，2007年6月1日起施行）

一、管理人名册的编制

第1条　人民法院审理企业破产案件应当指定管理人。除企业破产法和本规定另有规定外，管理人应当从管理人名册中指定。

第2条　高级人民法院应当根据本辖区律师事务所、会计师事务所、破产清算事务所等社会中介机构及专职从业人员数量和企业破产案件数量，确定由本院或者所辖中级人民法院编制管理人名册。

人民法院应当分别编制社会中介机构管理人名册和个人管理人名册。由直辖市以外的高级人民法院编制的管理人名册中，应当注明社会中介机构和个人所属中级人民法院辖区。

第3条　符合企业破产法规定条件的社会中介机构及其具备相关专业知识并取得执业资格的人员，均可申请编入管理人名册。已被编入机构管理人名册的社会中介机构中，具备相关专业知识并取得执业资格的人员，可以申请编入个人管理人名册。

第4条　社会中介机构及个人申请编入管理人名册的，应当向所在地区编制管理人名册的人民法院提出，由该人民法院予以审定。

人民法院不受理异地申请，但异地社会中介机构在本辖区内设立的分支机构提出申请的除外。

第5条　人民法院应当通过本辖区有影响的媒体就编制管理人名册的有关事项进行公告。公告应当包括以下内容：（一）管理人申报条件；（二）应当提交的材料；（三）评定标准、程序；（四）管理人的职责以及相应的法律责任；（五）提交申报材料的截止时间；（六）人民法院认为应当公告的其他事项。

第6条　律师事务所、会计师事务所申请编入管理人名册的，应当提供下列材料：（一）执业证书、依法批准设立文件或者营业执照；（二）章程；（三）本单位专职从业人员名单及其执业资格证书复印件；（四）业务和业绩材料；（五）行业自律组织对所提供材料真实性以及有无被行政处罚或者纪律处分情况的证明；（六）人民法院要求的其他材料。

第7条　破产清算事务所申请编入管理人名册的，应当提供以下材料：（一）营业执照或者依法批准设立的文件；（二）本单位专职从业人员的法律或者注册会计师资格证书，或者经营管理经历的证明材料；（三）业务和业绩材料；（四）能够独立承担民事责任的证明材料；（五）行业自律组织对所提供材料真实性以及有无被行政处罚或者纪律处分情况的证明，或者申请人就上述情况所作的真实性声明；（六）人民法院要求的其他材料。

第8条　个人申请编入管理人名册的，应当提供下列材料：（一）律师或者注册会计师执业证书复印件以及执业年限证明；（二）所在社会中介机构同意其担任管理人的函件；（三）业务专长及相关业绩材料；（四）执业责任保险证明；（五）行业自律组织对所提供材料真实性以及有无被行政处罚或者纪律处分情况的证明；（六）人民法院要求的其他材料。

第9条　社会中介机构及个人具有下列情形之一的，人民法院可以适用企业破产法第24条第3款第4项的规定：（一）因执业、经营中故意或者重大过失行为，受到行政机关、监管机构或者行业自律组织行政处罚或者纪律处分之日起未逾3年；（二）因涉嫌违法行为正被相关部门调查；（三）因不适当履行职务或者拒绝接受人民法院指定等原因，被人民法院从管理人名册除名之日起未逾3年；（四）缺乏担任管理人所应具备的专业能力；（五）缺乏承担民事责任的能力；

（六）人民法院认为可能影响履行管理人职责的其他情形。

第 10 条 编制管理人名册的人民法院应当组成专门的评审委员会，决定编入管理人名册的社会中介机构和个人名单。评审委员会成员应不少于 7 人。

人民法院应当根据本辖区社会中介机构以及社会中介机构中个人的实际情况，结合其执业业绩、能力、专业水准、社会中介机构的规模、办理企业破产案件的经验等因素制定管理人评定标准，由评审委员会根据申报人的具体情况评定其综合分数。

人民法院根据评审委员会评审结果，确定管理人初审名册。

第 11 条 人民法院应当将管理人初审名册通过本辖区有影响的媒体进行公示，公示期为 10 日。

对于针对编入初审名册的社会中介机构和个人提出的异议，人民法院应当进行审查。异议成立、申请人确不宜担任管理人的，人民法院应将该社会中介机构或者个人从管理人初审名册中删除。

第 12 条 公示期满后，人民法院应审定管理人名册，并通过全国有影响的媒体公布，同时逐级报最高人民法院备案。

第 13 条 人民法院可以根据本辖区的实际情况，分批确定编入管理人名册的社会中介机构及个人。

编制管理人名册的全部资料应当建立档案备查。

第 14 条 人民法院可以根据企业破产案件受理情况、管理人履行职务以及管理人资格变化等因素，对管理人名册适时进行调整。新编入管理人名册的社会中介机构和个人应当按照本规定的程序办理。

人民法院发现社会中介机构或者个人有企业破产法第 24 条第 3 款规定情形的，应当将其从管理人名册中除名。

二、管理人的指定

第 15 条 受理企业破产案件的人民法院指定管理人，一般应从本地管理人名册中指定。

对于商业银行、证券公司、保险公司等金融机构以及在全国范围内有重大影响、法律关系复杂、债务人财产分散的企业破产案件，人民法院可以从所在地区高级人民法院编制的管理人名册列明的其他地区管理人或者异地人民法院编制的管理人名册中指定管理人。

第 16 条 受理企业破产案件的人民法院，一般应指定管理人名册中的社会中介机构担任管理人。

第 17 条 对于事实清楚、债权债务关系简单、债务人财产相对集中的企业破产案件，人民法院可以指定管理人名册中的个人为管理人。

第18条　企业破产案件有下列情形之一的，人民法院可以指定清算组为管理人：（一）破产申请受理前，根据有关规定已经成立清算组，人民法院认为符合本规定第19条的规定；（二）审理企业破产法第133条规定的案件；（三）有关法律规定企业破产时成立清算组；（四）人民法院认为可以指定清算组为管理人的其他情形。

第19条　清算组为管理人的，人民法院可以从政府有关部门、编入管理人名册的社会中介机构、金融资产管理公司中指定清算组成员，人民银行及金融监督管理机构可以按照有关法律和行政法规的规定派人参加清算组。

第20条　人民法院一般应当按照管理人名册所列名单采取轮候、抽签、摇号等随机方式公开指定管理人。

第21条　对于商业银行、证券公司、保险公司等金融机构或者在全国范围有重大影响、法律关系复杂、债务人财产分散的企业破产案件，人民法院可以采取公告的方式，邀请编入各地人民法院管理人名册中的社会中介机构参与竞争，从参与竞争的社会中介机构中指定管理人。参与竞争的社会中介机构不得少于3家。

采取竞争方式指定管理人的，人民法院应当组成专门的评审委员会。

评审委员会应当结合案件的特点，综合考量社会中介机构的专业水准、经验、机构规模、初步报价等因素，从参与竞争的社会中介机构中择优指定管理人。被指定为管理人的社会中介机构应经评审委员会成员1/2以上通过。

采取竞争方式指定管理人的，人民法院应当确定1至2名备选社会中介机构，作为需要更换管理人时的接替人选。

第22条　对于经过行政清理、清算的商业银行、证券公司、保险公司等金融机构的破产案件，人民法院除可以按照本规定第18条第1项的规定指定管理人外，也可以在金融监督管理机构推荐的已编入管理人名册的社会中介机构中指定管理人。

第23条　社会中介机构、清算组成员有下列情形之一，可能影响其忠实履行管理人职责的，人民法院可以认定为企业破产法第24条第3款第3项规定的利害关系：（一）与债务人、债权人有未了结的债权债务关系；（二）在人民法院受理破产申请前3年内，曾为债务人提供相对固定的中介服务；（三）现在是或者在人民法院受理破产申请前3年内曾经是债务人、债权人的控股股东或者实际控制人；（四）现在担任或者在人民法院受理破产申请前3年内曾经担任债务人、债权人的财务顾问、法律顾问；（五）人民法院认为可能影响其忠实履行管理人职责的其他情形。

第24条　清算组成员的派出人员、社会中介机构的派出人员、个人管理人有下列情形之一，可能影响其忠实履行管理人职责的，可以认定为企业破产法第24

条第 3 款第 3 项规定的利害关系：（一）具有本规定第 23 条规定情形；（二）现在担任或者在人民法院受理破产申请前 3 年内曾经担任债务人、债权人的董事、监事、高级管理人员；（三）与债权人或者债务人的控股股东、董事、监事、高级管理人员存在夫妻、直系血亲、3 代以内旁系血亲或者近姻亲关系；（四）人民法院认为可能影响其公正履行管理人职责的其他情形。

第 25 条 在进入指定管理人程序后，社会中介机构或者个人发现与本案有利害关系的，应主动申请回避并向人民法院书面说明情况。人民法院认为社会中介机构或者个人与本案有利害关系的，不应指定该社会中介机构或者个人为本案管理人。

第 26 条 社会中介机构或者个人有重大债务纠纷或者因涉嫌违法行为正被相关部门调查的，人民法院不应指定该社会中介机构或者个人为本案管理人。

第 27 条 人民法院指定管理人应当制作决定书，并向被指定为管理人的社会中介机构或者个人、破产申请人、债权人、债务人的企业登记机关送达。决定书应与受理破产申请的民事裁定书一并公告。

第 28 条 管理人无正当理由，不得拒绝人民法院的指定。

管理人一经指定，不得以任何形式将管理人应当履行的职责全部或者部分转给其他社会中介机构或者个人。

第 29 条 管理人凭指定管理人决定书按照国家有关规定刻制管理人印章，并交人民法院封样备案后启用。

管理人印章只能用于所涉破产事务。管理人根据企业破产法第 122 条规定终止执行职务后，应当将管理人印章交公安机关销毁，并将销毁的证明送交人民法院。

第 30 条 受理企业破产案件的人民法院应当将指定管理人过程中形成的材料存入企业破产案件卷宗，债权人会议或者债权人委员会有权查阅。

三、管理人的更换

第 31 条 债权人会议根据企业破产法第 22 条第 2 款的规定申请更换管理人的，应由债权人会议作出决议并向人民法院提出书面申请。

人民法院在收到债权人会议的申请后，应当通知管理人在 2 日内作出书面说明。

第 32 条 人民法院认为申请理由不成立的，应当自收到管理人书面说明之日起 10 日内作出驳回申请的决定。

人民法院认为申请更换管理人的理由成立的，应当自收到管理人书面说明之日起 10 日内作出更换管理人的决定。

第 33 条 社会中介机构管理人有下列情形之一的，人民法院可以根据债权人会议的申请或者依职权迳行决定更换管理人：（一）执业许可证或者营业执照被吊销或者注销；（二）出现解散、破产事由或者丧失承担执业责任风险的能力；（三）与本案有利害关系；（四）履行职务时，因故意或者重大过失导致债权人利益受到损害；（五）有本规定第26条规定的情形。

清算组成员参照适用前款规定。

第34条　个人管理人有下列情形之一的，人民法院可以根据债权人会议的申请或者依职权迳行决定更换管理人：（一）执业资格被取消、吊销；（二）与本案有利害关系；（三）履行职务时，因故意或者重大过失导致债权人利益受到损害；（四）失踪、死亡或者丧失民事行为能力；（五）因健康原因无法履行职务；（六）执业责任保险失效；（七）有本规定第26条规定的情形。

清算组成员的派出人员、社会中介机构的派出人员参照适用前款规定。

第35条　管理人无正当理由申请辞去职务的，人民法院不予许可。正当理由的认定，可参照适用本规定第33条、第34条规定的情形。

第36条　人民法院对管理人申请辞去职务未予许可，管理人仍坚持辞去职务并不再履行管理人职责的，人民法院应当决定更换管理人。

第37条　人民法院决定更换管理人的，原管理人应当自收到决定书之次日起，在人民法院监督下向新任管理人移交全部资料、财产、营业事务及管理人印章，并及时向新任管理人书面说明工作进展情况。原管理人不能履行上述职责的，新任管理人可以直接接管相关事务。

在破产程序终结前，原管理人应当随时接受新任管理人、债权人会议、人民法院关于其履行管理人职责情况的询问。

第38条　人民法院决定更换管理人的，应将决定书送达原管理人、新任管理人、破产申请人、债务人以及债务人的企业登记机关，并予公告。

第39条　管理人申请辞去职务未获人民法院许可，但仍坚持辞职并不再履行管理人职责，或者人民法院决定更换管理人后，原管理人拒不向新任管理人移交相关事务，人民法院可以根据企业破产法第130条的规定和具体情况，决定对管理人罚款。对社会中介机构为管理人的罚款5万元至20万元人民币，对个人为管理人的罚款1万元至5万元人民币。

管理人有前款规定行为或者无正当理由拒绝人民法院指定的，编制管理人名册的人民法院可以决定停止其担任管理人1年至3年，或者将其从管理人名册中除名。

第40条　管理人不服罚款决定的，可以向上一级人民法院申请复议，上级人民法院应在收到复议申请后5日内作出决定，并将复议结果通知下级人民法院和当事人。

【法释［2007］10号】 **最高人民法院关于《中华人民共和国企业破产法》施行时尚未审结的企业破产案件适用法律若干问题的规定**（2007年4月23日最高法审委会［1425次］通过，2007年4月25日公布，2007年6月1日起施行）

第1条 债权人、债务人或者出资人向人民法院提出重整或者和解申请，符合下列条件之一的，人民法院应予受理：

（一）债权人申请破产清算的案件，债务人或者出资人于债务人被宣告破产前提出重整申请，且符合企业破产法第70条第2款的规定；

（二）债权人申请破产清算的案件，债权人于债务人被宣告破产前提出重整申请，且符合企业破产法关于债权人直接向人民法院申请重整的规定；

（三）债务人申请破产清算的案件，债务人于被宣告破产前提出重整申请，且符合企业破产法关于债务人直接向人民法院申请重整的规定；

（四）债务人依据企业破产法第95条的规定申请和解。

第2条 清算组在企业破产法施行前未通知或者答复未履行完毕合同的对方当事人解除或者继续履行合同的，从企业破产法施行之日起计算，在该法第18条第1款规定的期限内未通知或者答复的，视为解除合同。

第3条 已经成立清算组的，企业破产法施行后，人民法院可以指定该清算组为管理人。

尚未成立清算组的，人民法院应当依照企业破产法和《最高人民法院关于审理企业破产案件指定管理人的规定》及时指定管理人。

第4条 债权人主张对债权债务抵销的，应当符合企业破产法第40条规定的情形；但企业破产法施行前，已经依据有关法律规定抵销的除外。

第5条 对于尚未清偿的破产费用，应当按企业破产法第41条和第42条的规定区分破产费用和共益债务，并依据企业破产法第43条的规定清偿。

第6条 人民法院尚未宣告债务人破产的，应当适用企业破产法第46条的规定确认债权利息；已经宣告破产的，依据企业破产法施行前的法律规定确认债权利息。

第7条 债权人已经向人民法院申报债权的，由人民法院将相关申报材料移交给管理人；尚未申报的，债权人应当直接向管理人申报。

第8条 债权人未在人民法院确定的债权申报期内向人民法院申报债权的，可以依据企业破产法第56条的规定补充申报。

第9条 债权人对债权表记载债权有异议，向受理破产申请的人民法院提起诉讼的，人民法院应当依据企业破产法第21条和第58条的规定予以受理。但人民法院对异议债权已经作出裁决的除外。

债权人就争议债权起诉债务人，要求其承担偿还责任的，人民法院应当告知该债权人变更其诉讼请求为确认债权。

第 10 条　债务人的职工就清单记载有异议，向受理破产申请的人民法院提起诉讼的，人民法院应当依据企业破产法第 21 条和第 48 条的规定予以受理。但人民法院对异议债权已经作出裁决的除外。

第 11 条　有财产担保的债权人未放弃优先受偿权利的，对于企业破产法第 61 条第 1 款第 7 项、第 10 项规定以外的事项享有表决权。但该债权人对于企业破产法施行前已经表决的事项主张行使表决权，或者以其未行使表决权为由请求撤销债权人会议决议的，人民法院不予支持。

第 12 条　债权人认为债权人会议的决议违反法律规定，损害其利益，向人民法院请求撤销该决议，裁定尚未作出的，人民法院应当依据企业破产法第 64 条的规定作出裁定。

第 13 条　债权人对于财产分配方案的裁定不服，已经申诉的，由上一级人民法院依据申诉程序继续审理；企业破产法施行后提起申诉的，人民法院应当告知其依据企业破产法第 66 条的规定申请复议。

债权人对于人民法院作出的债务人财产管理方案的裁定或者破产财产变价方案的裁定不服，向受理破产申请的人民法院申请复议的，人民法院应当依据企业破产法第 66 条的规定予以受理。

债权人或者债务人对破产宣告裁定有异议，已经申诉的，由上一级人民法院依据申诉程序继续审理；企业破产法施行后提起申诉的，人民法院不予受理。

第 14 条　企业破产法施行后，破产人的职工依据企业破产法第 132 条的规定主张权利的，人民法院应予支持。

第 15 条　破产人所欠董事、监事和高级管理人员的工资，应当依据企业破产法第 113 条第 3 款的规定予以调整。

第 16 条　本规定施行前本院作出的有关司法解释与本规定相抵触的，人民法院审理尚未审结的企业破产案件不再适用。

【法［2007］81 号】　最高人民法院执行《关于〈中华人民共和国企业破产法〉施行时尚未审结的企业破产案件适用法律若干问题的规定》的通知（2007 年 5 月 26 日）

一、企业破产法施行后，尚未审结的企业破产案件中，已经开始而尚未终结的有关债务人的民事诉讼案件，分别按照以下方式处理：

（一）以债务人为原告的一审案件，已经移交给受理破产案件的人民法院的，由受理破产案件的人民法院继续审理；尚未移交的，适用企业破产法第 20 条的规定。

以债务人为原告的二审案件，由二审人民法院继续审理。

（二）以债务人为被告的案件，已经中止诉讼，且受理破产案件的人民法院对相关争议已经作出裁定的，不适用企业破产法的规定；尚未作出裁定的，依照企业破产法第20条的规定继续审理。

二、根据企业破产法的规定，破产申请受理后，所有有关债务人的民事诉讼只能向受理破产申请的人民法院提起。尚未审结的企业破产案件中，债权人或者债务人的职工依据企业破产法和《规定》第9条或者第10条的规定，向人民法院提起诉讼的，受理破产案件的人民法院应当根据案件性质和人民法院内部职能分工，并依据民事诉讼法的有关规定，由相关审判庭以独任审判或者组成合议庭的方式进行审理。

三、对于有关债务人的其他民事诉讼，如债务人合同履行诉讼、追收债务人对外债权诉讼、撤销债务人处分财产行为诉讼、确认债务人处分财产行为无效诉讼、取回权诉讼、别除权诉讼和抵销权诉讼等，受理破产案件的人民法院应比照本通知第2条规定处理。

四、为保证破产程序的顺利进行，依据本通知第1条、第2条和第3条的规定审理有关债务人的民事诉讼案件的人民法院，应当在审限内尽可能加快审理有关债务人的民事诉讼案件，避免因拖延审理对相关权利人的权利造成不必要的损害。

五、尚未审结的企业破产案件中有关债务人财产行为的无效认定，适用《中华人民共和国企业破产法（试行）》的有关规定。

六、人民法院审理企业破产案件适用企业破产法第132条和《规定》第14条时，应当注意以下几个问题：

（一）企业破产法第132条仅适用于企业破产法公布之日前所欠的职工权益，形成于企业破产法公布之日后所欠的职工权益不属本条适用的范畴，该部分职工权益只能从破产企业已经设定担保物权之外的其他财产，或者担保物权人明确放弃行使优先受偿权后的已设定担保物权的财产中受偿；

（二）企业破产法公布之日前形成的职工权益，在按照正常清偿顺序无法得到清偿时，才可从已经设定物权担保的财产中受偿。在债务人尚有其他财产可以清偿时，不得先行从已经设定物权担保的财产中清偿；

（三）在企业破产法公布之日前所欠的职工权益，依法以设定物权担保的财产进行清偿的情况下，对于企业破产案件中因按照正常清偿顺序无法实现的破产费用、共益债务以及职工的其他权益不得优先于担保物权人受偿。

七、人民法院审理尚未审结的企业破产案件，对于尚未进行的程序，《规定》未作出规定的，原则上均应适用企业破产法的有关规定。

【法发［2008］8号】　全国法院涉港澳商事审判工作座谈会纪要（2007年11月21-22日在南宁召开；2008年1月21日印发）

四、关于"三资企业"股权纠纷、清算

22. 在内地依法设立的"三资企业"的股东及其股权份额应当根据外商投资企业批准证书记载的股东名称及股权份额确定。

23. 外商投资企业批准证书记载的股东以外的自然人、法人或者其他组织向人民法院提起民事诉讼，请求确认委托投资合同的效力及其在该"三资企业"中的股东地位和股权份额的，人民法院可以对当事人间是否存在委托投资合同、委托投资合同的效力等问题经过审理后作出判决，但应驳回其请求确认股东地位和股权份额的诉讼请求。

24. 在内地设立的"三资企业"的原股东向人民法院提起民事诉讼，请求确认股权转让合同无效并恢复其在该"三资企业"中的股东地位和股权份额的，人民法院审理后可以依法对股权转让合同的效力作出判决，但应驳回其请求恢复股东地位和股权份额的诉讼请求。

【法释［2008］6号】　最高人民法院关于适用《中华人民共和国公司法》若干问题的规定（二）（2008年5月5日最高法审委会［1447次］通过，2008年5月12日公布，2008年5月19日起施行；"法释［2014］2号"修正，2014年3月1日起施行；根据法释［2020］18号《决定》再次修正，2021年1月1日起施行）

第1条　单独或者合计持有公司全部股东表决权10%以上的股东，以下列事由之一提起解散公司诉讼，并符合公司法第182条（现第231条）规定的，人民法院应予受理：（一）公司持续2年以上无法召开股东会或者股东大会，公司经营管理发生严重困难的；（二）股东表决时无法达到法定或者公司章程规定的比例，持续2年以上不能做出有效的股东会或者股东大会决议，公司经营管理发生严重困难的；（三）公司董事长期冲突，且无法通过股东会或者股东大会解决，公司经营管理发生严重困难的；（四）经营管理发生其他严重困难，公司继续存续会使股东利益受到重大损失的情形。

股东以知情权、利润分配请求权等权益受到损害，或者公司亏损、财产不足以偿还全部债务，以及公司被吊销企业法人营业执照未进行清算等为由，提起解散公司诉讼的，人民法院不予受理。

第2条　股东提起解散公司诉讼，同时又申请人民法院对公司进行清算的，人民法院对其提出的清算申请不予受理。人民法院可以告知原告，在人民法院判决解散公司后，依据民法典第70条、公司法第183条（现第232条）和本规定第

7 条的规定，自行组织清算或者另行申请人民法院对公司进行清算。

第 3 条　股东提起解散公司诉讼时，向人民法院申请财产保全或者证据保全的，在股东提供担保且不影响公司正常经营的情形下，人民法院可予以保全。

第 4 条　股东提起解散公司诉讼应当以公司为被告。

原告以其他股东为被告一并提起诉讼的，人民法院应当告知原告将其他股东变更为第三人；原告坚持不予变更的，人民法院应当驳回原告对其他股东的起诉。

原告提起解散公司诉讼应当告知其他股东，或者由人民法院通知其参加诉讼。其他股东或者有关利害关系人申请以共同原告或者第三人身份参加诉讼的，人民法院应予准许。

第 5 条　人民法院审理解散公司诉讼案件，应当注重调解。当事人协商同意由公司或者股东收购股份，或者以减资等方式使公司存续，且不违反法律、行政法规强制性规定的，人民法院应予支持。当事人不能协商一致使公司存续的，人民法院应当及时判决。

经人民法院调解公司收购原告股份的，公司应当自调解书生效之日起 6 个月内将股份转让或者注销。股份转让或者注销之前，原告不得以公司收购其股份为由对抗公司债权人。

第 6 条　人民法院关于解散公司诉讼作出的判决，对公司全体股东具有法律约束力。

人民法院判决驳回解散公司诉讼请求后，提起该诉讼的股东或者其他股东又以同一事实和理由提起解散公司诉讼的，人民法院不予受理。

第 7 条　公司应当依照民法典第 70 条、公司法第 183 条（现第 232 条）的规定，在解散事由出现之日起 15 日内成立清算组，开始自行清算。

有下列情形之一，债权人、公司股东、董事或其他利害关系人申请人民法院指定清算组进行清算的，人民法院应予受理：（一）公司解散逾期不成立清算组进行清算的；（二）虽然成立清算组但故意拖延清算的；（三）违法清算可能严重损害债权人或者股东利益的。

具有本条第 2 款所列情形，而债权人未提起清算申请，公司股东申请人民法院指定清算组对公司进行清算的，人民法院应予受理。

第 8 条　人民法院受理公司清算案件，应当及时指定有关人员组成清算组。

清算组成员可以从下列人员或者机构中产生：（一）公司股东、董事、监事、高级管理人员；（二）依法设立的律师事务所、会计师事务所、破产清算事务所等社会中介机构；（三）依法设立的律师事务所、会计师事务所、破产清算事务所等社会中介机构中具备相关专业知识并取得执业资格的人员。

第 9 条　人民法院指定的清算组成员有下列情形之一的，人民法院可以根据债权人、公司股东、董事或其他利害关系人的申请，或者依职权更换清算组成员：（一）有违反法律或者行政法规的行为；（二）丧失执业能力或者民事行为能力；（三）有严重损害公司或者债权人利益的行为。

第 10 条　公司依法清算结束并办理注销登记前，有关公司的民事诉讼，应当以公司的名义进行。

公司成立清算组的，由清算组负责人代表公司参加诉讼；尚未成立清算组的，由原法定代表人代表公司参加诉讼。

第 11 条　公司清算时，清算组应当按照公司法第 185 条（现第 234 条）的规定，将公司解散清算事宜书面通知全体已知债权人，并根据公司规模和营业地域范围在全国或者公司注册登记地省级有影响的报纸上进行公告。

清算组未按照前款规定履行通知和公告义务，导致债权人未及时申报债权而未获清偿，债权人主张清算组成员对因此造成的损失承担赔偿责任的，人民法院应依法予以支持。

第 12 条　公司清算时，债权人对清算组核定的债权有异议的，可以要求清算组重新核定。清算组不予重新核定，或者债权人对重新核定的债权仍有异议，债权人以公司为被告向人民法院提起诉讼请求确认的，人民法院应予受理。

第 13 条　债权人在规定的期限内未申报债权，在公司清算程序终结前补充申报的，清算组应予登记。

公司清算程序终结，是指清算报告经股东会、股东大会或者人民法院确认完毕。

第 14 条　债权人补充申报的债权，可以在公司尚未分配财产中依法清偿。公司尚未分配财产不能全额清偿，债权人主张股东以其在剩余财产分配中已经取得的财产予以清偿的，人民法院应予支持；但债权人因重大过错未在规定期限内申报债权的除外。

债权人或者清算组，以公司尚未分配财产和股东在剩余财产分配中已经取得的财产，不能全额清偿补充申报的债权为由，向人民法院提出破产清算申请的，人民法院不予受理。

第 15 条　公司自行清算的，清算方案应当报股东会或者股东大会决议确认；人民法院组织清算的，清算方案应当报人民法院确认。未经确认的清算方案，清算组不得执行。

执行未经确认的清算方案给公司或者债权人造成损失，公司、股东、董事、公司其他利害关系人或者债权人主张清算组成员承担赔偿责任的，人民法院应依法予以支持。

第 16 条　人民法院组织清算的，清算组应当自成立之日起 6 个月内清算完毕。因特殊情况无法在 6 个月内完成清算的，清算组应当向人民法院申请延长。

第 17 条 人民法院指定的清算组在清理公司财产、编制资产负债表和财产清单时，发现公司财产不足清偿债务的，可以与债权人协商制作有关债务清偿方案。

债务清偿方案经全体债权人确认且不损害其他利害关系人利益的，人民法院可依清算组的申请裁定予以认可。清算组依据该清偿方案清偿债务后，应当向人民法院申请裁定终结清算程序。

债权人对债务清偿方案不予确认或者人民法院不予认可的，清算组应当依法向人民法院申请宣告破产。

第 18 条 有限责任公司的股东、股份有限公司的董事和控股股东未在法定期限内成立清算组开始清算，导致公司财产贬值、流失、毁损或者灭失，债权人主张其在造成损失范围内对公司债务承担赔偿责任的，人民法院应依法予以支持。

有限责任公司的股东、股份有限公司的董事和控股股东因怠于履行义务，导致公司主要财产、账册、重要文件等灭失，无法进行清算，债权人主张其对公司债务承担连带清偿责任的，人民法院应依法予以支持。

上述情形系实际控制人原因造成，债权人主张实际控制人对公司债务承担相应民事责任的，人民法院应依法予以支持。

第 19 条 有限责任公司的股东、股份有限公司的董事和控股股东，以及公司的实际控制人在公司解散后，恶意处置公司财产给债权人造成损失，或者未经依法清算，以虚假的清算报告骗取公司登记机关办理法人注销登记，债权人主张其对公司债务承担相应赔偿责任的，人民法院应依法予以支持。

第 20 条 公司解散应当在依法清算完毕后，申请办理注销登记。公司未经清算即办理注销登记，导致公司无法进行清算，债权人主张有限责任公司的股东、股份有限公司的董事和控股股东，以及公司的实际控制人对公司债务承担清偿责任的，人民法院应依法予以支持。

公司未经依法清算即办理注销登记，股东或者第三人在公司登记机关办理注销登记时承诺对公司债务承担责任，债权人主张其对公司债务承担相应民事责任的，人民法院应依法予以支持。

第 21 条 有限责任公司的股东、股份有限公司的董事和控股股东，以及公司的实际控制人为 2 人以上的，其中一人或者数人按照本规定第 18 条和第 20 条第 1 款的规定承担民事责任后，主张其他人员按照过错大小分担责任的，人民法院应依法予以支持。

第 21 条 按照本规定第 18 条和第 20 条第 1 款的规定应当承担责任的有限责任公司的股东、股份有限公司的董事和控股股东，以及公司的实际控制人为 2 人以上的，其中 1 人或者数人依法／按照本规定第 18 条和第 20 条第 1 款的规定承担民事责任后，主张其他人员按照过错大小分担责任的，人民法院应依法予以支持。

第 22 条　公司解散时，股东尚未缴纳的出资均应作为清算财产。股东尚未缴纳的出资，包括到期应缴未缴的出资，以及依照公司法第 26 条（现第 47 条）和第 80 条（现第 96 条）的规定分期缴纳尚未届满缴纳期限的出资。

公司财产不足以清偿债务时，债权人主张未缴出资股东，以及公司设立时的其他股东或者发起人在未缴出资范围内对公司债务承担连带清偿责任的，人民法院应依法予以支持。

第 23 条　清算组成员从事清算事务时，违反法律、行政法规或者公司章程给公司或者债权人造成损失，公司或者债权人主张其承担赔偿责任的，人民法院应依法予以支持。

有限责任公司的股东、股份有限公司连续 180 日以上单独或者合计持有 1% 以上股份的股东，依据公司法第 151 条（现第 189 条）第 3 款的规定，以清算组成员有前款所述行为为由向人民法院提起诉讼的，人民法院应予受理。

公司已经清算完毕注销，上述股东参照公司法第 151 条（现第 189 条）第 3 款的规定，直接以清算组成员为被告、其他股东为第三人向人民法院提起诉讼的，人民法院应予受理。

第 24 条　解散公司诉讼案件和公司清算案件由公司住所地人民法院管辖。公司住所地是指公司主要办事机构所在地。公司办事机构所在地不明确的，由其注册地人民法院管辖。

基层人民法院管辖县、县级市或者区的公司登记机关核准登记公司的解散诉讼案件和公司清算案件；中级人民法院管辖地区、地级市以上的公司登记机关核准登记公司的解散诉讼案件和公司清算案件。

【法释［2008］10 号】　最高人民法院关于债权人对人员下落不明或者财产状况不清的债务人申请破产清算案件如何处理的批复（2008 年 8 月 4 日最高法审委会［1450 次］通过，2008 年 8 月 7 日公布，答复贵州高院"［2007］黔高民二破请终字 1 号"请示，2008 年 8 月 18 日起施行）

债权人对人员下落不明或者财产状况不清的债务人申请破产清算，符合企业破产法规定的，人民法院应依法予以受理。债务人能否依据企业破产法第 11 条第 2 款的规定向人民法院提交财产状况说明、债权债务清册等相关材料，并不影响对债权人申请的受理。

人民法院受理上述破产案件后，应当依据企业破产法的有关规定指定管理人追收债务人财产；经依法清算，债务人确无财产可供分配的，应当宣告债务人破产并终结破产程序；破产程序终结后 2 年内发现有依法应当追回的财产或者有应当供分配的其他财产的，债权人可以请求人民法院追加分配。

债务人的有关人员不履行法定义务，人民法院可依据有关法律规定追究其相应法律责任；其行为导致无法清算或者造成损失，有关权利人起诉请求其承担相应民事责任的，人民法院应依法予以支持。

【主席令［2009］11号】 **中华人民共和国保险法**（1995年6月30日全国人大常委会［8届14次］通过，1995年10月1日起施行；2009年2月28日全国人大常委会［11届7次］修订，2009年10月1日起施行；2015年4月24日全国人大常委会［12届14次］修正，同日公布，同日施行。）

第89条　保险公司因分立、合并需要解散，或者股东会、股东大会决议解散，或者公司章程规定的解散事由出现，经国务院保险监督管理机构批准后解散。

经营有人寿保险业务的保险公司，除因分立、合并或者被依法撤销外，不得解散。

保险公司解散，应当依法成立清算组进行清算。

第90条　保险公司有《中华人民共和国企业破产法》第2条规定情形的，经国务院保险监督管理机构同意，保险公司或者其债权人可以依法向人民法院申请重整、和解或者破产清算；国务院保险监督管理机构也可以依法向人民法院申请对该保险公司进行重整或者破产清算。

第91条　破产财产在优先清偿破产费用和共益债务后，按照下列顺序清偿：（一）所欠职工工资和医疗、伤残补助、抚恤费用，所欠应当划入职工个人账户的基本养老保险、基本医疗保险费用，以及法律、行政法规规定应当支付给职工的补偿金；（二）赔偿或者给付保险金；（三）保险公司欠缴的除第1项规定以外的社会保险费用和所欠税款；（四）普通破产债权。

破产财产不足以清偿同一顺序的清偿要求的，按照比例分配。

破产保险公司的董事、监事和高级管理人员的工资，按照该公司职工的平均工资计算。

第92条　经营有人寿保险业务的保险公司被依法撤销或者被依法宣告破产的，其持有的人寿保险合同及责任准备金，必须转让给其他经营有人寿保险业务的保险公司；不能同其他保险公司达成转让协议的，由国务院保险监督管理机构指定经营有人寿保险业务的保险公司接受转让。

转让或者由国务院保险监督管理机构指定接受转让前款规定的人寿保险合同及责任准备金的，应当维护被保险人、受益人的合法权益。

【人社部发［2009］52号】 **人力资源社会保障部、财政部、国资委、监察部关于妥善解决关闭破产国有企业退休人员等医疗保障有关问题的通知**（经国务院同意，2009年5月27日印发）

一、各地要认真按照中发［2009］6号和国发［2009］12号文件要求，采取切实有效措施，于2009年年底前将未参保的关闭破产国有企业退休人员纳入当地城镇职工基本医疗保险。同时，统筹解决包括关闭破产集体企业退休人员和困难企业职工等在内的其他各类城镇人员医疗保障问题，切实保障他们的基本医疗需求。

二、各地要通过多渠道筹资的办法，妥善解决关闭破产国有企业退休人员参加城镇职工基本医疗保险所需资金。在企业实施关闭破产时，要按照《企业破产法》相关规定，通过企业破产财产偿付退休人员参保所需费用。企业破产财产不足偿付的，可以通过未列入破产财产的土地出让所得、财政补助、医疗保险基金结余调剂等多渠道筹资解决。省级政府对困难市、县应给予帮助和支持。地方各级政府安排用于帮助解决关闭破产企业退休人员参保的补助资金，可分年到位。对地方依法破产国有企业退休人员参加城镇职工基本医疗保险，中央财政按照"奖补结合"原则给予一次性补助。今后，各地要严格执行《企业破产法》等法律法规，妥善解决关闭破产企业退休人员参保所需资金，中央财政不再给予补助。

三、各地要认真落实《国务院办公厅转发国家经贸委等部门关于解决国有困难企业和关闭破产企业职工基本生活问题若干意见的通知》（国办发［2003］2号），将中央和中央下放地方政策性关闭破产国有企业退休人员及其参保所筹集资金纳入属地城镇职工基本医疗保险体系统一管理，不得单独管理、封闭运行。退休人员基本医疗待遇与原所属企业（或企业集团）脱钩，统筹地区应按规定确保退休人员享受当地城镇职工基本医疗保险的相关待遇。中央财政在按国办发［2003］2号文件规定安排补助的基础上，对中央和中央下放地方政策性关闭破产国有企业退休人员参加城镇职工基本医疗保险，给予一次性补助。

【法发［2009］52号】　最高人民法院关于审理公司强制清算案件工作座谈会纪要（2009年9月15-16日在绍兴召开，2009年11月4日印发）

一、关于审理公司强制清算案件应当遵循的原则

1. 会议认为，公司作为现代企业的主要类型，在参与市场竞争时，不仅要严格遵循市场准入规则，也要严格遵循市场退出规则。公司强制清算作为公司退出市场机制的重要途径之一，是公司法律制度的重要组成部分。人民法院在审理此类案件时，应坚持以下原则：

第一，坚持清算程序公正原则。公司强制清算的目的在于有序结束公司存续期间的各种商事关系，合理调整众多法律主体的利益，维护正常的经济秩序。人民法院审理公司强制清算案件，应当严格依照法定程序进行，坚持在程序正义的基础上实现清算结果的公正。

第二，坚持清算效率原则。提高社会经济的整体效率，是公司强制清算制度追求的目标之一，要严格而不失快捷地使已经出现解散事由的公司退出市场，将其可能给各方利益主体造成的损失降至最低。人民法院审理强制清算案件，要严格按照法律规定及时有效地完成清算，保障债权人、股东等利害关系人的利益及时得到实现，避免因长期拖延清算给相关利害关系人造成不必要的损失，保障社会资源的有效利用。

第三，坚持利益均衡保护原则。公司强制清算中应当以维护公司各方主体利益平衡为原则，实现公司退出环节中的公平公正。人民法院在审理公司强制清算案件时，既要充分保护债权人利益，又要兼顾职工利益、股东利益和社会利益，妥善处理各方利益冲突，实现法律效果和社会效果的有机统一。

二、关于强制清算案件的管辖

2. 对于公司强制清算案件的管辖应当分别从地域管辖和级别管辖2个角度确定。地域管辖法院应为公司住所地的人民法院，即公司主要办事机构所在地法院；公司主要办事机构所在地不明确、存在争议的，由公司注册登记地人民法院管辖。级别管辖应当按照公司登记机关的级别予以确定，即基层人民法院管辖县、县级市或者区的公司登记机关核准登记公司的公司强制清算案件；中级人民法院管辖地区、地级市以上的公司登记机关核准登记公司的公司强制清算案件。存在特殊原因的，也可参照适用《中华人民共和国企业破产法》第4条、《中华人民共和国民事诉讼法》第37条（现第38条）和第39条的规定，确定公司强制清算案件的审理法院。

三、关于强制清算案件的案号管理

3. 人民法院立案庭收到申请人提交的对公司进行强制清算的申请后，应当及时以"（××××）××法×清（预）字第×号"立案。立案庭立案后，应当将申请人提交的申请等有关材料移交审理强制清算案件的审判庭审查，并由审判庭依法作出是否受理强制清算申请的裁定。

4. 审判庭裁定不予受理强制清算申请的，裁定生效后，公司强制清算案件应当以"（××××）××法×清（预）字第×号"结案。审判庭裁定受理强制清算申请的，立案庭应当以"（××××）××法×清（算）字第×号"立案。

5. 审判庭裁定受理强制清算申请后，在审理强制清算案件中制作的民事裁定书、决定书等，应当在"（××××）××法×清（算）字第×号"后依次编号，如"（××××）××法×清（算）字第×-1号民事裁定书"、"（××××）××法×清（算）字第×-2号民事裁定书"等，或者（××××）××法×清（算）字第×-1号决定书"、"（××××）××法×清（算）字第×-2号决定书"等。

四、关于强制清算案件的审判组织

6. 因公司强制清算案件在案件性质上类似于企业破产案件，因此强制清算案件应当由负责审理企业破产案件的审判庭审理。有条件的人民法院，可由专门的审判庭或者指定专门的合议庭审理公司强制清算案件和企业破产案件。

公司强制清算案件应当组成合议庭进行审理。

五、关于强制清算的申请

7. 公司债权人或者股东向人民法院申请强制清算应当提交清算申请书。申请书应当载明申请人、被申请人的基本情况和申请的事实和理由。同时，申请人应当向人民法院提交被申请人已经发生解散事由以及申请人对被申请人享有债权或者股权的有关证据。公司解散后已经自行成立清算组进行清算，但债权人或者股东以其故意拖延清算，或者存在其他违法清算可能严重损害债权人或者股东利益为由，申请人民法院强制清算的，申请人还应当向人民法院提交公司故意拖延清算，或者存在其他违法清算行为可能严重损害其利益的相应证据材料。

8. 申请人提交的材料需要更正、补充的，人民法院应当责令申请人于 7 日内予以更正、补充。申请人由于客观原因无法按时更正、补充的，应当向人民法院予以书面说明并提出延期申请，由人民法院决定是否延长期限。

六、关于对强制清算申请的审查

9. 审理强制清算案件的审判庭审查决定是否受理强制清算申请时，一般应当召开听证会。对于事实清楚、法律关系明确、证据确实充分的案件，经书面通知被申请人，其对书面审查方式无异议的，也可决定不召开听证会，而采用书面方式进行审查。

10. 人民法院决定召开听证会的，应当于听证会召开 5 日前通知申请人、被申请人，并送达相关申请材料。公司股东、实际控制人等利害关系人申请参加听证的，人民法院应予准许。听证会中，人民法院应当组织有关利害关系人对申请人是否具备申请资格、被申请人是否已经发生解散事由、强制清算申请是否符合法律规定等内容进行听证。因补充证据等原因需要再次召开听证会的，应在补充期限届满后 10 日内进行。

11. 人民法院决定不召开听证会的，应当及时通知申请人和被申请人，并向被申请人送达有关申请材料，同时告知被申请人若对申请人的申请有异议，应当自收到人民法院通知之日起 7 日内向人民法院书面提出。

七、关于对强制清算申请的受理

12. 人民法院应当在听证会召开之日或者自异议期满之日起 10 日内，依法作出是否受理强制清算申请的裁定。

13. 被申请人就申请人对其是否享有债权或者股权，或者对被申请人是否发生解散事由提出异议的，人民法院对申请人提出的强制清算申请应不予受理。申请人可就有关争议单独提起诉讼或者仲裁予以确认后，另行向人民法院提起强制清算申请。但对上述异议事项已有生效法律文书予以确认，以及发生被吊销企业法人营业执照、责令关闭或者被撤销等解散事由有明确、充分证据的除外。

14. 申请人提供被申请人自行清算中故意拖延清算，或者存在其他违法清算可能严重损害债权人或者股东利益的相应证据材料后，被申请人未能举出相反证据的，人民法院对申请人提出的强制清算申请应予受理。债权人申请强制清算，被申请人的主要财产、帐册、重要文件等灭失，或者被申请人人员下落不明，导致无法清算的，人民法院不得以此为由不予受理。

15. 人民法院受理强制清算申请后，经审查发现强制清算申请不符合法律规定的，可以裁定驳回强制清算申请。

16. 人民法院裁定不予受理或者驳回受理申请，申请人不服的，可以向上一级人民法院提起上诉。

八、关于强制清算申请的撤回

17. 人民法院裁定受理公司强制清算申请前，申请人请求撤回其申请的，人民法院应予准许。

18. 公司因公司章程规定的营业期限届满或者公司章程规定的其他解散事由出现，或者股东会、股东大会决议自愿解散的，人民法院受理强制清算申请后，清算组对股东进行剩余财产分配前，申请人以公司修改章程，或者股东会、股东大会决议公司继续存续为由，请求撤回强制清算申请的，人民法院应予准许。

19. 公司因依法被吊销营业执照、责令关闭或者被撤销，或者被人民法院判决强制解散的，人民法院受理强制清算申请后，清算组对股东进行剩余财产分配前，申请人向人民法院申请撤回强制清算申请的，人民法院应不予准许。但申请人有证据证明相关行政决定被撤销，或者人民法院作出解散公司判决后当事人又达成公司存续和解协议的除外。

九、关于强制清算案件的申请费

20. 参照《诉讼费用交纳办法》第10条、第14条、第20条和第42条关于企业破产案件申请费的有关规定，公司强制清算案件的申请费以强制清算财产总额为基数，按照财产案件受理费标准减半计算，人民法院受理强制清算申请后从被申请人财产中优先拨付。

因财产不足以清偿全部债务，强制清算程序依法转入破产清算程序的，不再另行计收破产案件申请费；按照上述标准计收的强制清算案件申请费超过30万元的，超过部分不再收取，已经收取的，应予退还。

21. 人民法院裁定受理强制清算申请前，申请人请求撤回申请，人民法院准许的，强制清算案件的申请费不再从被申请人财产中予以拨付；人民法院受理强制清算申请后，申请人请求撤回申请，人民法院准许的，已经从被申请人财产中优先拨付的强制清算案件申请费不予退回。

十、关于强制清算组的指定

22. 人民法院受理强制清算案件后，应当及时指定清算组成员。公司股东、董事、监事、高级管理人员能够而且愿意参加清算的，人民法院可优先考虑指定上述人员组成清算组；上述人员不能、不愿进行清算，或者由其负责清算不利于清算依法进行的，人民法院可以指定《人民法院中介机构管理人名册》和《人民法院个人管理人名册》中的中介机构或者个人组成清算组；人民法院也可根据实际需要，指定公司股东、董事、监事、高级管理人员，与管理人名册中的中介机构或者个人共同组成清算组。人民法院指定管理人名册中的中介机构或者个人组成清算组，或者担任清算组成员的，应当参照适用《最高人民法院关于审理企业破产案件指定管理人的规定》。

23. 强制清算组成员的人数应当为单数。人民法院指定清算组成员的同时，应当根据清算组成员的推选，或者依职权，指定清算组负责人。清算组负责人代行清算中公司诉讼代表人职权。清算组成员未依法履行职责的，人民法院应当依据利害关系人的申请，或者依职权及时予以更换。

十一、关于强制清算组成员的报酬

24. 公司股东、实际控制人或者股份有限公司的董事担任清算组成员的，不计付报酬。上述人员以外的有限责任公司的董事、监事、高级管理人员，股份有限公司的监事、高级管理人员担任清算组成员的，可以按照其上一年度的平均工资标准计付报酬。

25. 中介机构或者个人担任清算组成员的，其报酬由中介机构或者个人与公司协商确定；协商不成的，由人民法院参照《最高人民法院关于审理企业破产案件确定管理人报酬的规定》确定。

十二、关于强制清算组的议事机制

26. 公司强制清算中的清算组因清算事务发生争议的，应当参照公司法第112条（现第125条）的规定，经全体清算组成员过半数决议通过。与争议事项有直接利害关系的清算组成员可以发表意见，但不得参与投票；因利害关系人回避表决无法形成多数意见的，清算组可以请求人民法院作出决定。与争议事项有直接利害关系的清算组成员未回避表决形成决定的，债权人或者清算组其他成员可以参照公司法第22条（现第26条）的规定，自决定作出之日起60日内，请求人民法院予以撤销。

十三、关于强制清算中的财产保全

27. 人民法院受理强制清算申请后，公司财产存在被隐匿、转移、毁损等可能影响依法清算情形的，人民法院可依清算组或者申请人的申请，对公司财产采取相应的保全措施。

十四、关于无法清算案件的审理

28. 对于被申请人主要财产、帐册、重要文件等灭失，或者被申请人人员下落不明的强制清算案件，经向被申请人的股东、董事等直接责任人员释明或采取罚款等民事制裁措施后，仍然无法清算或者无法全面清算，对于尚有部分财产，且依据现有帐册、重要文件等，可以进行部分清偿的，应当参照企业破产法的规定，对现有财产进行公平清偿后，以无法全面清算为由终结强制清算程序；对于没有任何财产、帐册、重要文件，被申请人人员下落不明的，应当以无法清算为由终结强制清算程序。

29. 债权人申请强制清算，人民法院以无法清算或者无法全面清算为由裁定终结强制清算程序的，应当在终结裁定中载明，债权人可以另行依据公司法司法解释二第18条的规定，要求被申请人的股东、董事、实际控制人等清算义务人对其债务承担偿还责任。股东申请强制清算，人民法院以无法清算或者无法全面清算为由作出终结强制清算程序的，应当在终结裁定中载明，股东可以向控股股东等实际控制公司的主体主张有关权利。

十五、关于强制清算案件衍生诉讼的审理

30. 人民法院受理强制清算申请前已经开始，人民法院受理强制清算申请时尚未审结的有关被强制清算公司的民事诉讼，由原受理法院继续审理，但应依法将原法定代表人变更为清算组负责人。

31. 人民法院受理强制清算申请后，就强制清算公司的权利义务产生争议的，应当向受理强制清算申请的人民法院提起诉讼，并由清算组负责人代表清算中公司参加诉讼活动。受理强制清算申请的人民法院对此类案件，可以适用民事诉讼法第37条（现第38条）和第39条的规定确定审理法院。

上述案件在受理法院内部各审判庭之间按照业务分工进行审理。人民法院受理强制清算申请后，就强制清算公司的权利义务产生争议，当事人双方就产生争议约定有明确有效的仲裁条款的，应当按照约定通过仲裁方式解决。

十六、关于强制清算和破产清算的衔接

32. 公司强制清算中，清算组在清理公司财产、编制资产负债表和财产清单时，发现公司财产不足清偿债务的，除依据公司法司法解释二第17条的规定，通过与债权人协商制作有关债务清偿方案并清偿债务的外，应依据公司法第188条（现第237条）和企业破产法第7条第3款的规定向人民法院申请宣告破产。

33. 公司强制清算中，有关权利人依据企业破产法第2条和第7条的规定向人民法院另行提起破产申请的，人民法院应当依法进行审查。权利人的破产申请符合企业破产法规定的，人民法院应当依法裁定予以受理。人民法院裁定受理破产申请后，应当裁定终结强制清算程序。

34. 公司强制清算转入破产清算后，原强制清算中的清算组由《人民法院中介机构管理人名册》和《人民法院个人管理人名册》中的中介机构或者个人组成或者参加的，除该中介机构或者个人存在与本案有利害关系等不宜担任管理人或者管理人成员的情形外，人民法院可根据企业破产法及其司法解释的规定，指定该中介机构或者个人作为破产案件的管理人，或者吸收该中介机构作为新成立的清算组管理人的成员。

上述中介机构或者个人在公司强制清算和破产清算中取得的报酬总额，不应超过按照企业破产计付的管理人或者管理人成员的报酬。

35. 上述中介机构或者个人不宜担任破产清算中的管理人或者管理人的成员的，人民法院应当根据企业破产法和有关司法解释的规定，及时指定管理人。原强制清算中的清算组应当及时将清算事务及有关材料等移交给管理人。

公司强制清算中已经完成的清算事项，如无违反企业破产法或者有关司法解释的情形的，在破产清算程序中应承认其效力。

十七、关于强制清算程序的终结

36. 公司依法清算结束，清算组制作清算报告并报人民法院确认后，人民法院应当裁定终结清算程序。公司登记机关依清算组的申请注销公司登记后，公司终止。

37. 公司因公司章程规定的营业期限届满或者公司章程规定的其他解散事由出现，或者股东会、股东大会决议自愿解散的，人民法院受理债权人提出的强制清算申请后，对股东进行剩余财产分配前，公司修改章程、或者股东会、股东大会决议公司继续存续，申请人在其个人债权及他人债权均得到全额清偿后，未撤回申请的，人民法院可以根据被申请人的请求裁定终结强制清算程序，强制清算程序终结后，公司可以继续存续。

十八、关于强制清算案件中的法律文书

38. 审理强制清算的审判庭审理该类案件时，对于受理、不受理强制清算申请、驳回申请人的申请、允许或者驳回申请人撤回申请、采取保全措施、确认清算方案、确认清算终结报告、终结强制清算程序的，应当制作民事裁定书。对于指定或者变更清算组成员、确定清算组成员报酬、延长清算期限、制裁妨碍清算行为的，应当制作决定书。

对于其他所涉有关法律文书的制作，可参照企业破产清算中人民法院的法律文书样式。

十九、关于强制清算程序中对破产清算程序的准用

39. 鉴于公司强制清算与破产清算在具体程序操作上的相似性，就公司法、公司法司法解释二，以及本会议纪要未予涉及的情形，如清算中公司的有关人员未依法妥善保管其占有和管理的财产、印章和帐簿、文书资料，清算组未及时接管清算中公司的财产、印章和帐簿、文书，清算中公司拒不向人民法院提交或者提交不真实的财产状况说明、债务清册、债权清册、有关财务会计报告以及职工工资的支付情况和社会保险费用的缴纳情况，清算中公司拒不向清算组移交财产、印章和帐簿、文书等资料，或者伪造、销毁有关财产证据材料而使财产状况不明、股东未缴足出资、抽逃出资，以及公司董事、监事、高级管理人员非法侵占公司财产等，可参照企业破产法及其司法解释的有关规定处理。

二十、关于审理公司强制清算案件中应当注意的问题

40. 鉴于此类案件属于新类型案件，且涉及的法律关系复杂、利益主体众多，人民法院在审理难度大、涉及面广、牵涉社会稳定的重大疑难清算案件时，要在严格依法的前提下，紧紧依靠党委领导和政府支持，充分发挥地方政府建立的各项机制，有效做好维护社会稳定的工作。同时，对于审判实践中发现的新情况、新问题，要及时逐级上报。上级人民法院要加强对此类案件的监督指导，注重深入调查研究，及时总结审判经验，确保依法妥善审理好此类案件。

【法释［2010］20号】 最高人民法院关于对因资不抵债无法继续办学被终止的民办学校如何组织清算问题的批复（2010年12月16日最高法审委会［1506次］通过，2010年12月29日公布，答复贵州高院"［2010］黔高研请字第1号"请示，2010年12月31日起施行；根据法释［2020］18号《决定》修正，2021年1月1日起施行）

依照《中华人民共和国民办教育促进法》第10条批准设立的民办学校因资不抵债无法继续办学被终止，当事人依照《中华人民共和国民办教育促进法》第58条第2款规定向人民法院申请清算的，人民法院应当依法受理。人民法院组织民办学校破产清算，参照适用《中华人民共和国企业破产法》规定的程序，并依照《中华人民共和国民办教育促进法》第59条规定的顺序清偿。

【法［2011］195号】 最高人民法院关于依法制裁规避执行行为的若干意见（2011年5月27日）

10. 加强对破产案件的监督。执行法院发现被执行人有虚假破产情形的，应当及时向受理破产案件的人民法院提出。申请执行人认为被执行人利用破产逃债的，可以向受理破产案件的人民法院或者其上级人民法院提出异议，受理异议的法院应当依法进行监督。

【民四他字［2011］19号】 最高人民法院关于北泰汽车工业控股有限公司申请认可香港特别行政区法院命令案的请示的复函（2011年9月28日答复北京高院"京高法［2011］第156号"请示）

本案系当事人申请认可香港特别行政区高等法院作出的清盘命令案件。根据《最高人民法院关于内地与香港特别行政区法院相互认可和执行当事人协议管辖的民商事案件判决的安排》第1条的规定，涉案清盘命令不属于该安排规定的可以相互认可和执行的判决范围，故本案不能适用该安排的规定。《中华人民共和国民事诉讼法》第265条（现第298条）和《中华人民共和国企业破产法》第5条是对外国法院所作判决的承认和执行的规定，亦不能适用于本案。你院关于适用上述法律规定对涉案清盘命令予以认可的理由不能成立。

综上，目前内地法院认可香港特别行政区高等法院作出的清盘命令没有法律依据，故对涉案清盘命令应不予认可。

【法释［2011］22号】 最高人民法院关于适用《中华人民共和国企业破产法》若干问题的规定（一）（2011年8月29日最高法审委会［1527次］通过，2011年9月9日公布，2011年9月26日起施行）

第1条 债务人不能清偿到期债务并且具有下列情形之一的，人民法院应当认定其具备破产原因：（一）资产不足以清偿全部债务；（二）明显缺乏清偿能力。

相关当事人以对债务人的债务负有连带责任的人未丧失清偿能力为由，主张债务人不具备破产原因的，人民法院应予支持。

第2条 下列情形同时存在的，人民法院应当认定债务人不能清偿到期债务：（一）债权债务关系依法成立；（二）债务履行期限已经届满；（三）债务人未完全清偿债务。

第3条 债务人的资产负债表，或者审计报告、资产评估报告等显示其全部资产不足以偿付全部负债的，人民法院应当认定债务人资产不足以清偿全部债务，但有相反证据足以证明债务人资产能够偿付全部负债的除外。

第4条 债务人账面资产虽大于负债，但存在下列情形之一的，人民法院应当认定其明显缺乏清偿能力：（一）因资金严重不足或者财产不能变现等原因，无法清偿债务；（二）法定代表人下落不明且无其他人员负责管理财产，无法清偿债务；（三）经人民法院强制执行，无法清偿债务；（四）长期亏损且经营扭亏困难，无法清偿债务；（五）导致债务人丧失清偿能力的其他情形。

第5条 企业法人已解散但未清算或者未在合理期限内清算完毕，债权人申请债务人破产清算的，除债务人在法定异议期限内举证证明其未出现破产原因外，人民法院应当受理。

第6条　债权人申请债务人破产的，应当提交债务人不能清偿到期债务的有关证据。债务人对债权人的申请未在法定期限内向人民法院提出异议，或者异议不成立的，人民法院应当依法裁定受理破产申请。

受理破产申请后，人民法院应当责令债务人依法提交其财产状况说明、债务清册、债权清册、财务会计报告等有关材料，债务人拒不提交的，人民法院可以对债务人的直接责任人员采取罚款等强制措施。

第7条　人民法院收到破产申请时，应当向申请人出具收到申请及所附证据的书面凭证。

人民法院收到破产申请后应当及时对申请人的主体资格、债务人的主体资格和破产原因，以及有关材料和证据等进行审查，并依据企业破产法第10条的规定作出是否受理的裁定。

人民法院认为申请人应当补充、补正相关材料的，应当自收到破产申请之日起5日内告知申请人。当事人补充、补正相关材料的期间不计入企业破产法第10条规定的期限。

第8条　破产案件的诉讼费用，应根据企业破产法第43条的规定，从债务人财产中拨付。相关当事人以申请人未预先交纳诉讼费用为由，对破产申请提出异议的，人民法院不予支持。

第9条　申请人向人民法院提出破产申请，人民法院未接收其申请，或者未按本规定第7条执行的，申请人可以向上一级人民法院提出破产申请。

上一级人民法院接到破产申请后，应当责令下级法院依法审查并及时作出是否受理的裁定；下级法院仍不作出是否受理裁定的，上一级人民法院可以径行作出裁定。

上一级人民法院裁定受理破产申请的，可以同时指令下级人民法院审理该案件。

【法释［2012］9号】　最高人民法院关于税务机关就破产企业欠缴税款产生的滞纳金提起的债权确认之诉应否受理问题的批复（2012年6月4日最高法审委会［1548次］通过，2012年6月26日公布，答复青海高院"青民他字［2011］1号"请示，2012年7月12日起施行）

税务机关就破产企业欠缴税款产生的滞纳金提起的债权确认之诉，人民法院应依法受理。依照企业破产法、税收征收管理法的有关规定，破产企业在破产案件受理前因欠缴税款产生的滞纳金属于普通破产债权。对于破产案件受理后因欠缴税款产生的滞纳金，人民法院应当依照《最高人民法院关于审理企业破产案件若干问题的规定》第61条规定处理。

【法释〔2012〕16 号】　最高人民法院关于个人独资企业清算是否可以参照适用企业破产法规定的破产清算程序的批复（2012 年 12 月 10 日最高法审委会〔1563 次〕通过，2012 年 12 月 11 日公布，答复贵州高院"〔2012〕黔高研请字第 2 号"请示，2012 年 12 月 18 日起施行）

根据《中华人民共和国企业破产法》第 135 条的规定，在个人独资企业不能清偿到期债务，并且资产不足以清偿全部债务或者明显缺乏清偿能力的情况下，可以参照适用企业破产法规定的破产清算程序进行清算。

根据《中华人民共和国个人独资企业法》第 31 条的规定，人民法院参照适用破产清算程序裁定终结个人独资企业的清算程序后，个人独资企业的债权人仍然可以就其未获清偿的部分向投资人主张权利。

【法〔2012〕261 号】　最高人民法院关于审理上市公司破产重整案件工作座谈会纪要（最高法会同中国证监会于 2012 年 3 月 22 日在海南万宁召开，2012 年 10 月 29 日印发）

二、关于上市公司破产重整案件的管辖

会议认为，上市公司破产重整案件应当由上市公司住所地的人民法院，即上市公司主要办事机构所在地法院管辖；上市公司主要办事机构所在地不明确、存在争议的，由上市公司注册登记地人民法院管辖。由于上市公司破产重整案件涉及法律关系复杂，影响面广，对专业知识和综合能力要求较高，人力物力投入较多，上市公司破产重整案件一般应由中级人民法院管辖。

三、关于上市公司破产重整的申请

会议认为，上市公司不能清偿到期债务，并且资产不足以清偿全部债务或者明显缺乏清偿能力，或者有明显丧失清偿能力可能的，上市公司或者上市公司的债权人、出资额占上市公司注册资本 1/10 以上的出资人可以向人民法院申请对上市公司进行破产重整。

申请人申请上市公司破产重整的，除提交《企业破产法》第 8 条规定的材料外，还应当提交关于上市公司具有重整可行性的报告、上市公司住所地省级人民政府向证券监督管理部门的通报情况材料以及证券监督管理部门的意见、上市公司住所地人民政府出具的维稳预案等。上市公司自行申请破产重整的，还应当提交切实可行的职工安置方案。

四、关于对上市公司破产重整申请的审查

会议认为，债权人提出重整申请，上市公司在法律规定的时间内提出异议，或者债权人、上市公司、出资人分别向人民法院提出破产清算申请和重整申请的，人民法院应当组织召开听证会。

人民法院召开听证会的，应当于听证会召开前通知申请人、被申请人，并送达相关申请材料。公司债权人、出资人、实际控制人等利害关系人申请参加听证的，人民法院应当予以准许。人民法院应当就申请人是否具备申请资格、上市公司是否已经发生重整事由、上市公司是否具有重整可行性等内容进行听证。

鉴于上市公司破产重整案件较为敏感，不仅涉及企业职工和二级市场众多投资者的利益安排，还涉及与地方政府和证券监管机构的沟通协调。因此，目前人民法院在裁定受理上市公司破产重整申请前，应当将相关材料逐级报送最高人民法院审查。

五、关于对破产重整上市公司的信息保密和披露

会议认为，对于股票仍在正常交易的上市公司，在上市公司破产重整申请相关信息披露前，上市公司及其债权人、出资人等利害关系人应当按照法律、行政法规、证券监管机构的部门规章及证券交易所上市规则做好信息保密工作。

上市公司的债权人提出破产重整申请的，人民法院应当要求债权人提供其已就此告知上市公司的有关证据。上市公司应当按照相关规则及时履行信息披露义务。

上市公司进入破产重整程序后，由管理人履行相关法律、行政法规、部门规章和公司章程规定的原上市公司董事会、董事和高级管理人员承担的职责和义务，上市公司自行管理财产和营业事务的除外。管理人在上市公司破产重整程序中存在信息披露违法违规行为的，应当依法承担相应的责任。

六、关于上市公司破产重整计划草案的制定

会议认为，上市公司或者管理人制定的上市公司重整计划草案应当包括详细的经营方案。有关经营方案涉及并购重组等行政许可审批事项的，上市公司或管理人应当聘请经证券监管机构核准的财务顾问机构、律师事务所以及具有证券期货业务资格的会计师事务所、资产评估机构等证券服务机构按照证券监管机构的有关要求及格式编制相关材料，并作为重整计划草案及其经营方案的必备文件。

控股股东、实际控制人及其关联方在上市公司破产重整程序前因违规占用、担保等行为对上市公司造成损害的，制定重整计划草案时应当根据其过错对控股股东及实际控制人支配的股东的股权作相应调整。

七、关于上市公司破产重整中出资人组的表决

会议认为，出资人组对重整计划草案中涉及出资人权益调整事项的表决，经参与表决的出资人所持表决权2/3以上通过的，即为该组通过重整计划草案。

考虑到出席表决会议需要耗费一定的人力物力，一些中小投资者可能放弃参加表决会议的权利。为最大限度地保护中小投资者的合法权益，上市公司或者管理人应当提供网络表决的方式，为出资人行使表决权提供便利。关于网络表决权行使的具体方式，可以参照适用中国证券监督管理委员会发布的有关规定。

八、关于上市公司重整计划草案的会商机制

会议认为，重整计划草案涉及证券监管机构行政许可事项的，受理案件的人民法院应当通过最高人民法院，启动与中国证券监督管理委员会的会商机制。即由最高人民法院将有关材料函送中国证券监督管理委员会，中国证券监督管理委员会安排并购重组专家咨询委员会对会商案件进行研究。并购重组专家咨询委员会应当按照与并购重组审核委员会相同的审核标准，对提起会商的行政许可事项进行研究并出具专家咨询意见。人民法院应当参考专家咨询意见，作出是否批准重整计划草案的裁定。

九、关于上市公司重整计划涉及行政许可部分的执行

会议认为，人民法院裁定批准重整计划后，重整计划内容涉及证券监管机构并购重组行政许可事项的，上市公司应当按照相关规定履行行政许可核准程序。重整计划草案提交出资人组表决且经人民法院裁定批准后，上市公司无须再行召开股东大会，可以直接向证券监管机构提交出资人组表决结果及人民法院裁定书，以申请并购重组许可申请。并购重组审核委员会审核工作应当充分考虑并购重组专家咨询委员会提交的专家咨询意见。并购重组申请事项获得证券监管机构行政许可后，应当在重整计划的执行期限内实施完成。

【法释［2013］22号】　最高人民法院关于适用《中华人民共和国企业破产法》若干问题的规定（二）（2013年7月29日最高法审委会［1586次］通过，2013年9月5日公布，2013年9月16日起施行；根据法释［2020］18号《决定》修正，2021年1月1日起施行）

第1条　除债务人所有的货币、实物外，债务人依法享有的可以用货币估价并可以依法转让的债权、股权、知识产权、用益物权等财产和财产权益，人民法院均应认定为债务人财产。

第2条　下列财产不应认定为债务人财产：（一）债务人基于仓储、保管、承揽、代销、借用、寄存、租赁等合同或者其他法律关系占有、使用的他人财产；（二）债务人在所有权保留买卖中尚未取得所有权的财产；（三）所有权专属于国家且不得转让的财产；（四）其他依照法律、行政法规不属于债务人的财产。

第3条　债务人已依法设定担保物权的特定财产，人民法院应当认定为债务人财产。

对债务人的特定财产在担保物权消灭或者实现担保物权后的剩余部分，在破产程序中可用以清偿破产费用、共益债务和其他破产债权。

第4条　债务人对按份享有所有权的共有财产的相关份额，或者共同享有所有权的共有财产的相应财产权利，以及依法分割共有财产所得部分，人民法院均

应认定为债务人财产。

人民法院宣告债务人破产清算,属于共有财产分割的法定事由。人民法院裁定债务人重整或者和解的,共有财产的分割应当依据民法典第303条的规定进行;基于重整或者和解的需要必须分割共有财产,管理人请求分割的,人民法院应予准许。

因分割共有财产导致其他共有人损害产生的债务,其他共有人请求作为共益债务清偿的,人民法院应予支持。

第5条 破产申请受理后,有关债务人财产的执行程序未依照企业破产法第19条的规定中止的,采取执行措施的相关单位应当依法予以纠正。依法执行回转的财产,人民法院应当认定为债务人财产。

第6条 破产申请受理后,对于可能因有关利益相关人的行为或者其他原因,影响破产程序依法进行的,受理破产申请的人民法院可以根据管理人的申请或者依职权,对债务人的全部或者部分财产采取保全措施。

第7条 对债务人财产已采取保全措施的相关单位,在知悉人民法院已裁定受理有关债务人的破产申请后,应当依照企业破产法第19条的规定及时解除对债务人财产的保全措施。

第8条 人民法院受理破产申请后至破产宣告前裁定驳回破产申请,或者依据企业破产法第108条的规定裁定终结破产程序的,应当及时通知原已采取保全措施并已依法解除保全措施的单位按照原保全顺位恢复相关保全措施。

在已依法解除保全的单位恢复保全措施或者表示不再恢复之前,受理破产申请的人民法院不得解除对债务人财产的保全措施。

第9条 管理人依据企业破产法第31条和第32条的规定提起诉讼,请求撤销涉及债务人财产的相关行为并由相对人返还债务人财产的,人民法院应予支持。

管理人因过错未依法行使撤销权导致债务人财产不当减损,债权人提起诉讼主张管理人对其损失承担相应赔偿责任的,人民法院应予支持。

第10条 债务人经过行政清理程序转入破产程序的,企业破产法第31条和第32条规定的可撤销行为的起算点,为行政监管机构作出撤销决定之日。

债务人经过强制清算程序转入破产程序的,企业破产法第31条和第32条规定的可撤销行为的起算点,为人民法院裁定受理强制清算申请之日。

第11条 人民法院根据管理人的请求撤销涉及债务人财产的以明显不合理价格进行的交易的,买卖双方应当依法返还从对方获取的财产或者价款。

因撤销该交易,对于债务人应返还受让人已支付价款所产生的债务,受让人请求作为共益债务清偿的,人民法院应予支持。

第12条 破产申请受理前一年内债务人提前清偿的未到期债务,在破产申请受理前已经到期，管理人请求撤销该清偿行为的，人民法院不予支持。但是，该清偿行为发生在破产申请受理前6个月内且债务人有企业破产法第2条第1款规定情形的除外。

第13条 破产申请受理后，管理人未依据企业破产法第31条的规定请求撤销债务人无偿转让财产、以明显不合理价格交易、放弃债权行为的，债权人依据民法典第538条、第539条等规定提起诉讼，请求撤销债务人上述行为并将因此追回的财产归入债务人财产的，人民法院应予受理。

相对人以债权人行使撤销权的范围超出债权人的债权抗辩的，人民法院不予支持。

第14条 债务人对以自有财产设定担保物权的债权进行的个别清偿，管理人依据企业破产法第32条的规定请求撤销的，人民法院不予支持。但是，债务清偿时担保财产的价值低于债权额的除外。

第15条 债务人经诉讼、仲裁、执行程序对债权人进行的个别清偿，管理人依据企业破产法第32条的规定请求撤销的，人民法院不予支持。但是，债务人与债权人恶意串通损害其他债权人利益的除外。

第16条 债务人对债权人进行的以下个别清偿，管理人依据企业破产法第32条的规定请求撤销的，人民法院不予支持：（一）债务人为维系基本生产需要而支付水费、电费等的；（二）债务人支付劳动报酬、人身损害赔偿金的；（三）使债务人财产受益的其他个别清偿。

第17条 管理人依据企业破产法第33条的规定提起诉讼，主张被隐匿、转移财产的实际占有人返还债务人财产，或者主张债务人虚构债务或者承认不真实债务的行为无效并返还债务人财产的，人民法院应予支持。

第18条 管理人代表债务人依据企业破产法第128条的规定，以债务人的法定代表人和其他直接责任人员对所涉债务人财产的相关行为存在故意或者重大过失，造成债务人财产损失为由提起诉讼，主张上述责任人员承担相应赔偿责任的，人民法院应予支持。

第19条 债务人对外享有债权的诉讼时效，自人民法院受理破产申请之日起中断。

债务人无正当理由未对其到期债权及时行使权利，导致其对外债权在破产申请受理前1年内超过诉讼时效期间的，人民法院受理破产申请之日起重新计算上述债权的诉讼时效期间。

第20条 管理人代表债务人提起诉讼，主张出资人向债务人依法缴付未履行的出资或者返还抽逃的出资本息，出资人以认缴出资尚未届至公司章程规定的缴纳期限或者违反出资义务已经超过诉讼时效为由抗辩的，人民法院不予支持。

管理人依据公司法的相关规定代表债务人提起诉讼，主张公司的发起人和负有监督股东履行出资义务的董事、高级管理人员，或者协助抽逃出资的其他股东、董事、高级管理人员、实际控制人等，对股东违反出资义务或者抽逃出资承担相应责任，并将财产归入债务人财产的，人民法院应予支持。

第21条　破产申请受理前，债权人就债务人财产提起下列诉讼，破产申请受理时案件尚未审结的，人民法院应当中止审理：（一）主张次债务人代替债务人直接向其偿还债务的；（二）主张债务人的出资人、发起人和负有监督股东履行出资义务的董事、高级管理人员，或者协助抽逃出资的其他股东、董事、高级管理人员、实际控制人等直接向其承担出资不实或者抽逃出资责任的；（三）以债务人的股东与债务人法人人格严重混同为由，主张债务人的股东直接向其偿还债务人对其所负债务的；（四）其他就债务人财产提起的个别清偿诉讼。

债务人破产宣告后，人民法院应当依照企业破产法第44条的规定判决驳回债权人的诉讼请求。但是，债权人一审中变更其诉讼请求为追收的相关财产归入债务人财产的除外。

债务人破产宣告前，人民法院依据企业破产法第12条或者第108条的规定裁定驳回破产申请或者终结破产程序的，上述中止审理的案件应当依法恢复审理。

第22条　破产申请受理前，债权人就债务人财产向人民法院提起本规定第21条第1款所列诉讼，人民法院已经作出生效民事判决书或者调解书但尚未执行完毕的，破产申请受理后，相关执行行为应当依据企业破产法第19条的规定中止，债权人应当依法向管理人申报相关债权。

第23条　破产申请受理后，债权人就债务人财产向人民法院提起本规定第21条第1款所列诉讼的，人民法院不予受理。

债权人通过债权人会议或者债权人委员会，要求管理人依法向次债务人、债务人的出资人等追收债务人财产，管理人无正当理由拒绝追收，债权人会议依据企业破产法第22条的规定，申请人民法院更换管理人的，人民法院应予支持。

管理人不予追收，个别债权人代表全体债权人提起相关诉讼，主张次债务人或者债务人的出资人等向债务人清偿或者返还债务人财产，或者依法申请合并破产的，人民法院应予受理。

第24条　债务人有企业破产法第2条第1款规定的情形时，债务人的董事、监事和高级管理人员利用职权获取的以下收入，人民法院应当认定为企业破产法第36条规定的非正常收入：（一）绩效奖金；（二）普遍拖欠职工工资情况下获取的工资性收入；（三）其他非正常收入。

债务人的董事、监事和高级管理人员拒不向管理人返还上述债务人财产，管理人主张上述人员予以返还的，人民法院应予支持。

债务人的董事、监事和高级管理人员因返还第 1 款第 1 项、第 3 项非正常收入形成的债权，可以作为普通破产债权清偿。因返还第 1 款第 2 项非正常收入形成的债权，依据企业破产法第 113 条第 3 款的规定，按照该企业职工平均工资计算的部分作为拖欠职工工资清偿；高出该企业职工平均工资计算的部分，可以作为普通破产债权清偿。

第 25 条　管理人拟通过清偿债务或者提供担保取回质物、留置物，或者与质权人、留置权人协议以质物、留置物折价清偿债务等方式，进行对债权人利益有重大影响的财产处分行为的，应当及时报告债权人委员会。未设立债权人委员会的，管理人应当及时报告人民法院。

第 26 条　权利人依据企业破产法第 38 条的规定行使取回权，应当在破产财产变价方案或者和解协议、重整计划草案提交债权人会议表决前向管理人提出。权利人在上述期限后主张取回相关财产的，应当承担延迟行使取回权增加的相关费用。

第 27 条　权利人依据企业破产法第 38 条的规定向管理人主张取回相关财产，管理人不予认可，权利人以债务人为被告向人民法院提起诉讼请求行使取回权的，人民法院应予受理。

权利人依据人民法院或者仲裁机关的相关生效法律文书向管理人主张取回所涉争议财产，管理人以生效法律文书错误为由拒绝其行使取回权的，人民法院不予支持。

第 28 条　权利人行使取回权时未依法向管理人支付相关的加工费、保管费、托运费、委托费、代销费等费用，管理人拒绝其取回相关财产的，人民法院应予支持。

第 29 条　对债务人占有的权属不清的鲜活易腐等不易保管的财产或者不及时变现价值将严重贬损的财产，管理人及时变价并提存变价款后，有关权利人就该变价款行使取回权的，人民法院应予支持。

第 30 条　债务人占有的他人财产被违法转让给第三人，依据民法典第 311 条的规定第三人已善意取得财产所有权，原权利人无法取回该财产的，人民法院应当按照以下规定处理：

（一）转让行为发生在破产申请受理前的，原权利人因财产损失形成的债权，作为普通破产债权清偿；

（二）转让行为发生在破产申请受理后的，因管理人或者相关人员执行职务导致原权利人损害产生的债务，作为共益债务清偿。

第 31 条　债务人占有的他人财产被违法转让给第三人，第三人已向债务人支付了转让价款，但依据民法典第 311 条的规定未取得财产所有权，原权利人依法追回转让财产的，对因第三人已支付对价而产生的债务，人民法院应当按照以下规定处理：

（一）转让行为发生在破产申请受理前的，作为普通破产债权清偿；

（二）转让行为发生在破产申请受理后的，作为共益债务清偿。

第32条　债务人占有的他人财产毁损、灭失，因此获得的保险金、赔偿金、代偿物尚未交付给债务人，或者代偿物虽已交付给债务人但能与债务人财产予以区分的，权利人主张取回就此获得的保险金、赔偿金、代偿物的，人民法院应予支持。

保险金、赔偿金已经交付给债务人，或者代偿物已经交付给债务人且不能与债务人财产予以区分的，人民法院应当按照以下规定处理：

（一）财产毁损、灭失发生在破产申请受理前的，权利人因财产损失形成的债权，作为普通破产债权清偿；

（二）财产毁损、灭失发生在破产申请受理后的，因管理人或者相关人员执行职务导致权利人损害产生的债务，作为共益债务清偿。

债务人占有的他人财产毁损、灭失，没有获得相应的保险金、赔偿金、代偿物，或者保险金、赔偿金、代偿物不足以弥补其损失的部分，人民法院应当按照本条第2款的规定处理。

第33条　管理人或者相关人员在执行职务过程中，因故意或者重大过失不当转让他人财产或者造成他人财产毁损、灭失，导致他人损害产生的债务作为共益债务，由债务人财产随时清偿不足弥补损失，权利人向管理人或者相关人员主张承担补充赔偿责任的，人民法院应予支持。

上述债务作为共益债务由债务人财产随时清偿后，债权人以管理人或者相关人员执行职务不当导致债务人财产减少给其造成损失为由提起诉讼，主张管理人或者相关人员承担相应赔偿责任的，人民法院应予支持。

第34条　买卖合同双方当事人在合同中约定标的物所有权保留，在标的物所有权未依法转移给买受人前，一方当事人破产的，该买卖合同属于双方均未履行完毕的合同，管理人有权依据企业破产法第18条的规定决定解除或者继续履行合同。

第35条　出卖人破产，其管理人决定继续履行所有权保留买卖合同的，买受人应当按照原买卖合同的约定支付价款或者履行其他义务。

买受人未依约支付价款或者履行完毕其他义务，或者将标的物出卖、出质或者作出其他不当处分，给出卖人造成损害，出卖人管理人依法主张取回标的物的，人民法院应予支持。但是，买受人已经支付标的物总价款75%以上或者第三人善意取得标的物所有权或者其他物权的除外。

因本条第2款规定未能取回标的物，出卖人管理人依法主张买受人继续支付价款、履行完毕其他义务，以及承担相应赔偿责任的，人民法院应予支持。

第36条　出卖人破产，其管理人决定解除所有权保留买卖合同，并依据企业破产法第17条的规定要求买受人向其交付买卖标的物的，人民法院应予支持。

买受人以其不存在未约支付价款或者履行完毕其他义务，或者将标的物出卖、出质或者作出其他不当处分情形抗辩的，人民法院不予支持。

买受人依法履行合同义务并依据本条第1款将买卖标的物交付出卖人管理人后，买受人已支付价款损失形成的债权作为共益债务清偿。但是，买受人违反合同约定，出卖人管理人主张上述债权作为普通破产债权清偿的，人民法院应予支持。

第37条　买受人破产，其管理人决定继续履行所有权保留买卖合同的，原买卖合同中约定的买受人支付价款或者履行其他义务的期限在破产申请受理时视为到期，买受人管理人应当及时向出卖人支付价款或者履行其他义务。

买受人管理人无正当理由未及时支付价款或者履行完毕其他义务，或者将标的物出卖、出质或者作出其他不当处分，给出卖人造成损害，出卖人依据民法典第641条等规定主张取回标的物的，人民法院应予支持。但是，买受人已支付标的物总价款75%以上或者第三人善意取得标的物所有权或者其他物权的除外。

因本条第2款规定未能取回标的物，出卖人依法主张买受人继续支付价款、履行完毕其他义务，以及承担相应赔偿责任的，人民法院应予支持。对因买受人未支付价款或者未履行完毕其他义务，以及买受人管理人将标的物出卖、出质或者作出其他不当处分导致出卖人损害产生的债务，出卖人主张作为共益债务清偿的，人民法院应予支持。

第38条　买受人破产，其管理人决定解除所有权保留买卖合同，出卖人依据企业破产法第38条的规定主张取回买卖标的物的，人民法院应予支持。

出卖人取回买卖标的物，买受人管理人主张出卖人返还已支付价款的，人民法院应予支持。取回的标的物价值明显减少给出卖人造成损失的，出卖人可从买受人已支付价款中优先予以抵扣后，将剩余部分返还给买受人；对买受人已支付价款不足以弥补出卖人标的物价值减损损失形成的债权，出卖人主张作为共益债务清偿的，人民法院应予支持。

第39条　出卖人依据企业破产法第39条的规定，通过通知承运人或者实际占有人中止运输、返还货物、变更到达地，或者将货物交给其他收货人等方式，对在运途中标的物主张了取回权但未能实现，或者在货物未达管理人前已向管理人主张取回在运途中标的物，在买卖标的物到达管理人后，出卖人向管理人主张取回的，管理人应予准许。

出卖人对在运途中标的物未及时行使取回权，在买卖标的物到达管理人后向管理人行使在运途中标的物取回权的，管理人不应准许。

第40条 债务人重整期间，权利人要求取回债务人合法占有的权利人的财产，不符合双方事先约定条件的，人民法院不予支持。但是，因管理人或者自行管理的债务人违反约定，可能导致取回物被转让、毁损、灭失或者价值明显减少的除外。

第41条 债权人依据企业破产法第40条的规定行使抵销权，应当向管理人提出抵销主张。

管理人不得主动抵销债务人与债权人的互负债务，但抵销使债务人财产受益的除外。

第42条 管理人收到债权人提出的主张债务抵销的通知后，经审查无异议的，抵销自管理人收到通知之日起生效。

管理人对抵销主张有异议的，应当在约定的异议期限内或者自收到主张债务抵销的通知之日起3个月内向人民法院提起诉讼。无正当理由逾期提起的，人民法院不予支持。

人民法院判决驳回管理人提起的抵销无效诉讼请求的，该抵销自管理人收到主张债务抵销的通知之日起生效。

第43条 债权人主张抵销，管理人以下列理由提出异议的，人民法院不予支持：（一）破产申请受理时，债务人对债权人负有的债务尚未到期；（二）破产申请受理时，债权人对债务人负有的债务尚未到期；（三）双方互负债务标的物种类、品质不同。

第44条 破产申请受理前6个月内，债务人有企业破产法第2条第1款规定的情形，债务人与个别债权人以抵销方式对个别债权人清偿，其抵销的债权债务属于企业破产法第40条第2、3项规定的情形之一，管理人在破产申请受理之日起3个月内向人民法院提起诉讼，主张该抵销无效的，人民法院应予支持。

第45条 企业破产法第40条所列不得抵销情形的债权人，主张以其对债务人特定财产享有优先受偿权的债权，与债务人对其不享有优先受偿权的债权抵销，债务人管理人以抵销存在企业破产法第40条规定的情形提出异议的，人民法院不予支持。但是，用以抵销的债权大于债权人享有优先受偿权财产价值的除外。

第46条 债务人的股东主张以下列债务与债务人对其负有的债务抵销，债务人管理人提出异议的，人民法院应予支持：（一）债务人股东因欠缴债务人的出资或者抽逃出资对债务人所负的债务；（二）债务人股东滥用股东权利或者关联关系损害公司利益对债务人所负的债务。

第47条　人民法院受理破产申请后，当事人提起的有关债务人的民事诉讼案件，应当依据企业破产法第21条的规定，由受理破产申请的人民法院管辖。

受理破产申请的人民法院管辖的有关债务人的第一审民事案件，可以依据民事诉讼法第38条（现第39条）的规定，由上级人民法院提审，或者报请上级人民法院批准后交下级人民法院审理。

受理破产申请的人民法院，如对有关债务人的海事纠纷、专利纠纷、证券市场因虚假陈述引发的民事赔偿纠纷等案件不能行使管辖权的，可以依据民事诉讼法第37条（现第38条）的规定，由上级人民法院指定管辖。

第48条　本规定施行前本院发布的有关企业破产的司法解释，与本规定相抵触的，自本规定施行之日起不再适用。

【法发［2016］19号】　最高人民法院关于企业破产案件信息公开的规定（试行）（见本书第10条）

【法［2016］209号】　最高人民法院关于在中级人民法院设立清算与破产审判庭的工作方案（经商中央编办同意，2016年6月21日印发）

二、设立范围

直辖市应当至少明确1个中级人民法院设立清算与破产审判庭，省会城市、副省级城市所在地中级人民法院应当设立清算与破产审判庭。其他中级人民法院是否设立清算与破产审判庭，由各省（区、市）高级人民法院会同省级机构编制部门，综合考虑经济社会发展水平、清算与破产案件数量、审判专业力量、破产管理人数量等因素，统筹安排。

根据各地经济发展水平、僵尸企业处置工作的实际需求、破产案件审判工作情况，首先在北京、上海、天津、重庆4个直辖市的一个中级人民法院以及河北、吉林、江苏、浙江、安徽、山东、河南、湖北、湖南、广东、四川等11个省的省会城市和副省级市中级人民法院设立清算与破产审判庭，于2016年7月底前完成。其余省（区）省会城市和副省级市中级人民法院于2016年12月底前完成清算与破产审判庭设立工作。设立清算与破产审判庭，不能突破中级人民法院原有内设机构总数。原有机构总数限额内调剂不了的，可以先行设立清算与破产审判庭，在下一步法院内设机构改革过程中调整到位。

三、职能范围

中级人民法院设立的清算与破产审判庭，职能范围主要包括：1.审理公司强制清算与企业破产案件；2.负责公司强制清算与企业破产案件审判工作的调研工作；3.对下级法院公司强制清算与企业破产案件审判工作进行业务指导；4.负责相关法院之间公司强制清算与企业破产案件的协调工作；5.负责破产管理人的管理、培训等相关工作。

四、案件管辖

中级人民法院设立的清算与破产审判庭一般管辖地（市）级以上（含本级）工商行政管理机关核准登记公司（企业）的强制清算与破产案件。省、自治区、直辖市范围内中级人民法院因特殊情况需对公司强制清算与企业破产案件的地域管辖作出调整的，须经当地高级人民法院批准。

五、人员配备

按照扁平化管理和司法责任制改革要求，根据案件数量和岗位需要合理核定人员编制和法官员额，并可根据案件数量适当调整。法官原则上从本院或者下级法院具有公司强制清算与企业破产案件及相关案件审判经验的优秀法官中选任产生。一般按照 1：1：1 的比例为法官配备法官助理和书记员。设立清算与破产审判庭所需人员编制在现有编制内调剂解决。

【法明传〔2016〕469 号】　最高人民法院关于破产案件立案受理有关问题的通知（2016 年 7 月 28 日）

一、破产案件的立案受理事关当事人破产申请权保障，决定破产程序能否顺利启动，是审理破产案件的基础性工作，各级法院要充分认识其重要性，依照本通知要求，切实做好相关工作，不得在法定条件外设置附加条件，限制剥夺当事人的破产申请权，阻止破产案件立案受理，影响破产程序正常启动。

二、自 2016 年 8 月 1 日起，对于债权人、债务人等法定主体提出的破产申请材料，人民法院立案部门应一律接受并出具书面凭证，然后根据《中华人民共和国企业破产法》第 8 条的规定进行形式审查。立案部门经审查认为申请人提交的材料符合法律规定的，应按 2016 年 8 月 1 日起实施的《强制清算与破产案件类型及代字标准》，以"破申"作为案件类型代字编制案号，当场登记立案，不符合法律规定的，应予释明，并以书面形式一次性告知应当补充、补正的材料，补充、补正期间不计入审查期限，申请人按要求补充、补正的，应当登记立案。

立案部门登记立案后，应及时将案件移送负责审理破产案件的审判业务部门。

三、审判业务部门应当在 5 日内将立案及合议庭组成情况通知债务人及提出申请的债权人。对于债权人提出破产申请的，应在通知中向债务人释明，如对破产申请有异议，应当自收到通知之日起 7 日内向人民法院提出。

四、债权人提出破产申请的，审判业务部门应当自债务人异议期满之日起 10 日内裁定是否受理。其他情形的，审判业务部门应当自人民法院收到破产申请之日起 15 日内裁定是否受理。

有特殊情况需要延长上述审限的，经上一级人民法院批准，可以延长 15 日。

【法发〔2017〕2号】 **最高人民法院关于执行案件移送破产审查若干问题的指导意见**（2016年11月29日最高法民事行政审判专业委员会通过，2017年1月20日印发施行）

一、执行案件移送破产审查的工作原则、条件与管辖

1. 执行案件移送破产审查工作，涉及执行程序与破产程序之间的转换衔接，不同法院之间，同一法院内部执行部门、立案部门、破产审判部门之间，应坚持依法有序、协调配合、高效便捷的工作原则，防止推诿扯皮，影响司法效率，损害当事人合法权益。

2. 执行案件移送破产审查，应同时符合下列条件：（1）被执行人为企业法人；（2）被执行人或者有关被执行人的任何一个执行案件的申请执行人书面同意将执行案件移送破产审查；（3）被执行人不能清偿到期债务，并且资产不足以清偿全部债务或者明显缺乏清偿能力。

3. 执行案件移送破产审查，由被执行人住所地人民法院管辖。在级别管辖上，为适应破产审判专业化建设的要求，合理分配审判任务，实行以中级人民法院管辖为原则、基层人民法院管辖为例外的管辖制度。中级人民法院经高级人民法院批准，也可以将案件交由具备审理条件的基层人民法院审理。

二、执行法院的征询、决定程序

4. 执行法院在执行程序中应加强对执行案件移送破产审查有关事宜的告知和征询工作。执行法院采取财产调查措施后，发现作为被执行人的企业法人符合破产法第2条规定的，应及时询问申请执行人、被执行人是否同意将案件移送破产审查。申请执行人、被执行人均不同意移送且无人申请破产的，执行法院应当按照《最高人民法院关于适用〈中华人民共和国民事诉讼法〉的解释》第516条的规定处理，企业法人的其他已经取得执行依据的债权人申请参与分配的，人民法院不予支持。

5. 执行部门应严格遵守执行案件移送破产审查的内部决定程序。承办人认为执行案件符合移送破产审查条件的，应提出审查意见，经合议庭评议同意后，由执行法院院长签署移送决定。

6. 为减少异地法院之间移送的随意性，基层人民法院拟将执行案件移送异地中级人民法院进行破产审查的，在作出移送决定前，应先报请其所在地中级人民法院执行部门审核同意。

7. 执行法院作出移送决定后，应当于5日内送达申请执行人和被执行人。申请执行人或被执行人对决定有异议的，可以在受移送法院破产审查期间提出，由受移送法院一并处理。

8. 执行法院作出移送决定后，应当书面通知所有已知执行法院，执行法院均

应中止对被执行人的执行程序。但是，对被执行人的季节性商品、鲜活、易腐烂变质以及其他不宜长期保存的物品，执行法院应当及时变价处置，处置的价款不作分配。受移送法院裁定受理破产案件的，执行法院应当在收到裁定书之日起7日内，将该价款移交受理破产案件的法院。

案件符合终结本次执行程序条件的，执行法院可以同时裁定终结本次执行程序。

9. 确保对被执行人财产的查封、扣押、冻结措施的连续性，执行法院决定移送后、受移送法院裁定受理破产案件之前，对被执行人的查封、扣押、冻结措施不解除。查封、扣押、冻结期限在破产审查期间届满的，申请执行人可以向执行法院申请延长期限，由执行法院负责办理。

三、移送材料及受移送法院的接收义务

10. 执行法院作出移送决定后，应当向受移送法院移送下列材料：（1）执行案件移送破产审查决定书；（2）申请执行人或被执行人同意移送的书面材料；（3）执行法院采取财产调查措施查明的被执行人的财产状况，已查封、扣押、冻结财产清单及相关材料；（4）执行法院已分配财产清单及相关材料；（5）被执行人债务清单；（6）其他应当移送的材料。

11. 移送的材料不完备或内容错误，影响受移送法院认定破产原因是否具备的，受移送法院可以要求执行法院补齐、补正，执行法院应于10日内补齐、补正。该期间不计入受移送法院破产审查的期间。

受移送法院需要查阅执行程序中的其他案件材料，或者依法委托执行法院办理财产处置等事项的，执行法院应予协助配合。

12. 执行法院移送破产审查的材料，由受移送法院立案部门负责接收。受移送法院不得以材料不完备等为由拒绝接收。立案部门经审核认为移送材料完备的，应以"破申"作为案件类型代字编制案号登记立案，并及时将案件移送破产审判部门进行破产审查。破产审判部门在审查过程中发现本院对案件不具有管辖权的，应当按照《中华人民共和国民事诉讼法》第36条的规定处理。

四、受移送法院破产审查与受理

13. 受移送法院的破产审判部门应当自收到移送的材料之日起30日内作出是否受理的裁定。受移送法院作出裁定后，应当在5日内送达申请执行人、被执行人，并送交执行法院。

14. 申请执行人申请或同意移送破产审查的，裁定书中以该申请执行人为申请人，被执行人为被申请人；被执行人申请或同意移送破产审查的，裁定书中以该被执行人为申请人；申请执行人、被执行人均同意移送破产审查的，双方均为申请人。

15. 受移送法院裁定受理破产案件的，在此前的执行程序中产生的评估费、公告费、保管费等执行费用，可以参照破产费用的规定，从债务人财产中随时清偿。

16. 执行法院收到受移送法院受理裁定后，应当于 7 日内将已经扣划到账的银行存款、实际扣押的动产、有价证券等被执行人财产移交给受理破产案件的法院或管理人。

17. 执行法院收到受移送法院受理裁定时，已通过拍卖程序处置且成交裁定已送达买受人的拍卖财产，通过以物抵债偿还债务且抵债裁定已送达债权人的抵债财产，已完成转账、汇款、现金交付的执行款，因财产所有权已经发生变动，不属于被执行人的财产，不再移交。

五、受移送法院不予受理或驳回申请的处理

18. 受移送法院做出不予受理或驳回申请裁定的，应当在裁定生效后 7 日内将接收的材料、被执行人的财产退回执行法院，执行法院应当恢复对被执行人的执行。

19. 受移送法院作出不予受理或驳回申请的裁定后，人民法院不得重复启动执行案件移送破产审查程序。申请执行人或被执行人以有新证据足以证明被执行人已经具备了破产原因为由，再次要求将执行案件移送破产审查的，人民法院不予支持。但是，申请执行人或被执行人可以直接向具有管辖权的法院提出破产申请。

20. 受移送法院裁定宣告被执行人破产或裁定终止和解程序、重整程序的，应当自裁定作出之日起 5 日内送交执行法院，执行法院应当裁定终结对被执行人的执行。

六、执行案件移送破产审查的监督

21. 受移送法院拒绝接收移送的材料，或者收到移送的材料后不按规定的期限作出是否受理裁定的，执行法院可函请受移送法院的上一级法院进行监督。上一级法院收到函件后应当指令受移送法院在 10 日内接收材料或作出是否受理的裁定。

受移送法院收到上级法院的通知后，10 日内仍不接收材料或不作出是否受理裁定的，上一级法院可以迳行对移送破产审查的案件行使管辖权。上一级法院裁定受理破产案件的，可以指令受移送法院审理。

【最高法民他［2017］72 号】   **最高人民法院关于破产申请受理前已经划扣到执行法院账户尚未支付给申请执行人的款项是否属于债务人财产及执行法院收到破产管理人中止执行告知函后应否中止执行问题的复函**（2017 年 12 月 12 日答复重庆高院"［2017］渝民他 12 号"请示）

人民法院裁定受理破产申请时已经扣划到执行法院账户但尚未支付给申请人执行的款项，仍属于债务人财产，人民法院裁定受理破产申请后，执行法院应当中止对该财产的执行。执行法院收到破产管理人发送的中止执行告知函后仍继续执行的，应当根据《最高人民法院关于适用〈中华人民共和国破产法〉若干问题的规定（二）》第5条依法予以纠正，故同意你院审判委员会的倾向性意见，由于法律、司法解释和司法政策的变化，我院2004年12月22日作出的《关于如何理解〈最高人民法院关于破产司法解释〉第68条的请示的答复》（［2003］民二他字第52号）相应废止。

【法［2018］53号】 全国法院破产审判工作会议纪要（2017年12月25日在深圳召开，最高法2018年3月4日印发）

二、破产审判的专业化建设

1. 推进破产审判机构专业化建设。省会城市、副省级城市所在地中级人民法院要根据最高人民法院《关于在中级人民法院设立清算与破产审判庭的工作方案》（法［2016］209号），抓紧设立清算与破产审判庭。其他各级法院可根据本地工作实际需求决定设立清算与破产审判庭或专门的合议庭，培养熟悉清算与破产审判的专业法官，以适应破产审判工作的需求。

2. 合理配置审判任务。要根据破产案件数量、案件难易程度、审判力量等情况，合理分配各级法院的审判任务。对于债权债务关系复杂、审理难度大的破产案件，高级人民法院可以探索实行中级人民法院集中管辖为原则、基层人民法院管辖为例外的管辖制度；对于债权债务关系简单、审理难度不大的破产案件，可以主要由基层人民法院管辖，通过快速审理程序高效审结。

四、破产重整

14. 重整企业的识别审查。破产重整的对象应当是具有挽救价值和可能的困境企业；对于僵尸企业，应通过破产清算，果断实现市场出清。人民法院在审查重整申请时，根据债务人的资产状况、技术工艺、生产销售、行业前景等因素，能够认定债务人明显不具备重整价值以及拯救可能性的，应裁定不予受理。

15. 重整案件的听证程序。对于债权债务关系复杂、债务规模较大，或者涉及上市公司重整的案件，人民法院在审查重整申请时，可以组织申请人、被申请人听证。债权人、出资人、重整投资人等利害关系人经人民法院准许，也可以参加听证。听证期间不计入重整申请审查期限。

16. 重整计划的制定及沟通协调。人民法院要加强与管理人或债务人的沟通，引导其分析债务人陷于困境的原因，有针对性地制定重整计划草案，促使企业重新获得盈利能力，提高重整成功率。人民法院要与政府建立沟通协调机制，帮助管理人或债务人解决重整计划草案制定中的困难和问题。

17. 重整计划的审查与批准。重整不限于债务减免和财务调整，重整的重点是维持企业的营运价值。人民法院在审查重整计划时，除合法性审查外，还应审查其中的经营方案是否具有可行性。重整计划中关于企业重新获得盈利能力的经营方案具有可行性、表决程序合法、内容不损害各表决组中反对者的清偿利益的，人民法院应当自收到申请之日起30日内裁定批准重整计划。

18. 重整计划草案强制批准的条件。人民法院应当审慎适用企业破产法第87条第2款，不得滥用强制批准权。确需强制批准重整计划草案的，重整计划草案除应当符合企业破产法第87条第2款规定外，如债权人分多组的，还应当至少有一组已经通过重整计划草案，且各表决组中反对者能够获得的清偿利益不低于依照破产清算程序所能获得的利益。

19. 重整计划执行中的变更条件和程序。债务人应严格执行重整计划，但因出现国家政策调整、法律修改变化等特殊情况，导致原重整计划无法执行的，债务人或管理人可以申请变更重整计划1次。债权人会议决议同意变更重整计划的，应自决议通过之日起10日内提请人民法院批准。债权人会议决议不同意或者人民法院不批准变更申请的，人民法院经管理人或者利害关系人请求，应当裁定终止重整计划的执行，并宣告债务人破产。

20. 重整计划变更后的重新表决与裁定批准。人民法院裁定同意变更重整计划的，债务人或者管理人应当在6个月内提出新的重整计划。变更后的重整计划应提交给因重整计划变更而遭受不利影响的债权人组和出资人组进行表决。表决、申请人民法院批准以及人民法院裁定是否批准的程序与原重整计划的相同。

五、破产清算

23. 破产宣告的条件。人民法院受理破产清算申请后，第一次债权人会议上无人提出重整或和解申请的，管理人应当在债权审核确认和必要的审计、资产评估后，及时向人民法院提出宣告破产的申请。人民法院受理破产和解或重整申请后，债务人出现应当宣告破产的法定原因时，人民法院应当依法宣告债务人破产。

24. 破产宣告的程序及转换限制。相关主体向人民法院提出宣告破产申请的，人民法院应当自收到申请之日起7日内作出破产宣告裁定并进行公告。债务人被宣告破产后，不得再转入重整程序或和解程序。

25. 担保权人权利的行使与限制。在破产清算和破产和解程序中，对债务人特定财产享有担保权的债权人可以随时向管理人主张就该特定财产变价处置行使优先受偿权，管理人应及时变价处置，不得以须经债权人会议决议等为由拒绝。但因单独处置担保财产会降低其他破产财产的价值而应整体处置的除外。

26. 破产财产的处置。破产财产处置应当以价值最大化为原则，兼顾处置效率。人民法院要积极探索更为有效的破产财产处置方式和渠道，最大限度提升破产财产变价率。采用拍卖方式进行处置的，拍卖所得预计不足以支付评估拍卖费用，或者拍卖不成的，经债权人会议决议，可以采取作价变卖或实物分配方式。变卖或实物分配的方案经债权人会议两次表决仍未通过的，由人民法院裁定处理。

27. 企业破产与职工权益保护。破产程序中要依法妥善处理劳动关系，推动完善职工欠薪保障机制，依法保护职工生存权。由第三方垫付的职工债权，原则上按照垫付的职工债权性质进行清偿；由欠薪保障基金垫付的，应按照企业破产法第113条第1款第2项的顺序清偿。债务人欠缴的住房公积金，按照债务人拖欠的职工工资性质清偿。

28. 破产债权的清偿原则和顺序。对于法律没有明确规定清偿顺序的债权，人民法院可以按照人身损害赔偿债权优先于财产性债权、私法债权优先于公法债权、补偿性债权优先于惩罚性债权的原则合理确定清偿顺序。因债务人侵权行为造成的人身损害赔偿，可以参照企业破产法第113条第1款第1项规定的顺序清偿，但其中涉及的惩罚性赔偿除外。破产财产依照企业破产法第113条规定的顺序清偿后仍有剩余的，可依次用于清偿破产受理前产生的民事惩罚性赔偿金、行政罚款、刑事罚金等惩罚性债权。

29. 建立破产案件审理的繁简分流机制。人民法院审理破产案件应当提升审判效率，在确保利害关系人程序和实体权利不受损害的前提下，建立破产案件审理的繁简分流机制。对于债权债务关系明确、债务人财产状况清楚的破产案件，可以通过缩短程序时间、简化流程等方式加快案件审理进程，但不得突破法律规定的最低期限。

30. 破产清算程序的终结。人民法院终结破产清算程序应当以查明债务人财产状况、明确债务人财产的分配方案、确保破产债权获得依法清偿为基础。破产申请受理后，经管理人调查，债务人财产不足以清偿破产费用且无人代为清偿或垫付的，人民法院应当依管理人申请宣告破产并裁定终结破产清算程序。

31. 保证人的清偿责任和求偿权的限制。破产程序终结前，已向债权人承担了保证责任的保证人，可以要求债务人向其转付已申报债权的债权人在破产程序中应得清偿部分。破产程序终结后，债权人就破产程序中未受清偿部分要求保证人承担保证责任的，应在破产程序终结后6个月内提出。保证人承担保证责任后，不得再向和解或重整后的债务人行使求偿权。

六、关联企业破产

32. 关联企业实质合并破产的审慎适用。人民法院在审理企业破产案件时，应当尊重企业法人人格的独立性，以对关联企业成员的破产原因进行单独判断并适用单个破产程序为基本原则。当关联企业成员之间存在法人人格高度混同、区分各关联企业成员财产的成本过高、严重损害债权人公平清偿利益时，可例外适用关联企业实质合并破产方式进行审理。

33. 实质合并申请的审查。人民法院收到实质合并申请后，应当及时通知相关利害关系人并组织听证，听证时间不计入审查时间。人民法院在审查实质合并申请过程中，可以综合考虑关联企业之间资产的混同程序及其持续时间、各企业之间的利益关系、债权人整体清偿利益、增加企业重整的可能性等因素，在收到申请之日起 30 日内作出是否实质合并审理的裁定。

34. 裁定实质合并时利害关系人的权利救济。相关利害关系人对受理法院作出的实质合并审理裁定不服的，可以自裁定书送达之日起 15 日内向受理法院的上一级人民法院申请复议。

35. 实质合并审理的管辖原则与冲突解决。采用实质合并方式审理关联企业破产案件的，应由关联企业中的核心控制企业住所地人民法院管辖。核心控制企业不明确的，由关联企业主要财产所在地人民法院管辖。多个法院之间对管辖权发生争议的，应当报请共同的上级人民法院指定管辖。

36. 实质合并审理的法律后果。人民法院裁定采用实质合并方式审理破产案件的，各关联企业成员之间的债权债务归于消灭，各成员的财产作为合并后统一的破产财产，由各成员的债权人在同一程序中按照法定顺序公平受偿。采用实质合并方式进行重整的，重整计划草案中应当制定统一的债权分类、债权调整和债权受偿方案。

37. 实质合并审理后的企业成员存续。适用实质合并规则进行破产清算的，破产程序终结后各关联企业成员均应予以注销。适用实质合并规则进行和解或重整的，各关联企业原则上应当合并为一个企业。根据和解协议或重整计划，确有需要保持个别企业独立的，应当依照企业分立的有关规则单独处理。

38. 关联企业破产案件的协调审理与管辖原则。多个关联企业成员均存在破产原因但不符合实质合并条件的，人民法院可根据相关主体的申请对多个破产程序进行协调审理，并可根据程序协调的需要，综合考虑破产案件审理的效率、破产申请的先后顺序、成员负债规模大小、核心控制企业住所地等因素，由共同的上级法院确定一家法院集中管辖。

39. 协调审理的法律后果。协调审理不消灭关联企业成员之间的债权债务关系，不对关联企业成员的财产进行合并，各关联企业成员的债权人仍以该企业成员财产为限依法获得清偿。但关联企业成员之间不当利用关联关系形成的债权，应当劣后于其他普通债权顺序清偿，且该劣后债权人不得就其他关联企业成员提供的特定财产优先受偿。

七、执行程序与破产程序的衔接

40. 执行法院的审查告知、释明义务和移送职责。执行部门要高度重视执行与破产的衔接工作，推动符合条件的执行案件向破产程序移转。执行法院发现作为被执行人的企业法人符合企业破产法第2条规定的，应当及时询问当事人是否同意将案件移送破产审查并释明法律后果。执行法院作出移送决定后，应当书面通知所有已知执行法院，执行法院均应中止对被执行人的执行程序。

41. 执行转破产案件的移送和接收。执行法院与受移送法院应加强移送环节的协调配合，提升工作实效。执行法院移送案件时，应当确保材料完备，内容、形式符合规定。受移送法院应当认真审核并及时反馈意见，不得无故不予接收或暂缓立案。

42. 破产案件受理后查封措施的解除或查封财产的移送。执行法院收到破产受理裁定后，应当解除对债务人财产的查封、扣押、冻结措施；或者根据破产受理法院的要求，出具函件将查封、扣押、冻结财产的处置权交破产受理法院。破产受理法院可以持执行法院的移送处置函件进行续行查封、扣押、冻结，解除查封、扣押、冻结，或者予以处置。

执行法院收到破产受理裁定拒不解除查封、扣押、冻结措施的，破产受理法院可以请求执行法院的上级法院依法予以纠正。

九、跨境破产

49. 对跨境破产与互惠原则。人民法院在处理跨境破产案件时，要妥善解决跨境破产中的法律冲突与矛盾，合理确定跨境破产案件中的管辖权。在坚持同类债权平等保护的原则下，协调好外国债权人利益与我国债权人利益的平衡，合理保护我国境内职工债权、税收债权等优先权的清偿利益。积极参与、推动跨境破产国际条约的协商与签订，探索互惠原则适用的新方式，加强我国法院和管理人在跨境破产领域的合作，推进国际投资健康有序发展。

50. 跨境破产案件中的权利保护与利益平衡。依照企业破产法第5条的规定，开展跨境破产协作。人民法院认可外国法院作出的破产案件的判决、裁定后，债务人在中华人民共和国境内的财产在全额清偿境内的担保权人、职工债权和社会保险费用、所欠税款等优先权后，剩余财产可以按照该外国法院的规定进行分配。

【京高法发［2018］156号】 **北京市高级人民法院关于加快破产案件审理的意见**（北京高院2018年4月4日印发施行）

一、基本原则

1.（繁简分流）人民法院审理破产案件，可以对案件进行繁简分流。对于债权债务关系明确、债务人财产状况清楚的简单破产案件，可以适用快速审理。执行部门查无财产的执行移送破产审查案件应当优先适用快速审理。

2. （效率原则）适用快速审理的破产案件，应当着重提升审判效率，尽量缩短程序时间、并联破产事项、简化破产流程，及时高效完成各项破产程序。

3. （权利保障）适用快速审理的破产案件，不得克减或损害破产参与人必须享有的程序权利和实体权利。

二、适用条件

4. （积极条件）债权债务关系明确、债务人财产状况清楚并且具备下列情形之一的破产案件，可以适用本意见第四部分的规定快速审理：（1）债务人资产和债权人人数均较少的；（2）破产财产可能不足以支付全部破产费用的；（3）债务人无财产或财产较少，且账簿、重要文件等灭失或人员下落不明的；（4）债务人财产易于变价或无需变价的；（5）债务人经过强制清算，资产和负债均已确认完毕的；（6）其他适宜适用快速审理的情形。

5. （消极条件）具有下列情形之一的破产案件，原则上不适用快速审理：（1）破产重整案件；（2）涉及人数众多、存在职工安置困难等复杂情形的破产案件；（3）债务人资产情况复杂或难以变现的；（4）债权债务关系复杂，可能需要进行审计等；（5）存在未结诉讼、仲裁纠纷，或受理后可能发生衍生诉讼，有可能影响案件快速审结的；（6）其他不宜适用快速审理的情形。

6. （范围）快速审理适用于破产案件受理之后。

三、启动程序

7. （征求意见）人民法院在破产申请的受理审查阶段，可以就适用快速审理事宜征求破产参与人的意见。

8. （程序启动）人民法院裁定受理破产申请后，合议庭认为可适用快速审理的，在履行内部审批程序后，应将相关事项及时告知破产参与人。

9. （程序转换）对已经按一般程序审理的破产案件，可在征求破产参与人的意见后，针对部分事项参照本意见快速审理。

破产参与人就适用快速审理提出异议，且有充分理由的，或者在审理过程中发生不宜继续适用快速审理的事由的，仍应按一般程序审理。

10. （审级和审判组织）受理破产申请的各级人民法院，均可对符合条件的破产案件适用快速审理。

基层人民法院适用快速审理的破产案件，可以由法官一人独任审理。中级人民法院适用快速审理的破产案件，应当由法官组成合议庭审理。

四、快速审理

11. （管理人指定方式）对于决定适用快速审理的破产案件，人民法院原则上应当采用随机方式，在裁定受理破产申请的同时指定管理人。

公司强制清算转入破产程序后，原清算组由我市管理人名册中的中介机构或者个人组成或者参加的，除该中介机构或者个人存在与本案有利害关系等不宜担任管理人或者管理人成员的情形外，人民法院可根据企业破产法及其司法解释的规定，指定该中介机构或者个人作为破产案件的管理人，或者吸收该中介机构作为破产案件的清算组成员。

12.（管理人介入）破产受理法院应当自裁定受理破产申请后立即指导、监督管理人开展对债务人的调查、接管以及对债权的审查等工作。管理人还应当在全国企业破产重整案件信息网的管理人工作平台及时录入案件信息，定期披露工作进展。

13.（财产统查）破产受理法院可以在裁定受理破产申请后，通过执行部门向北京市高级人民法院执行部门报送债务人财产统一查询需求，以缩短管理人财产调查周期。

执行移送破产审查案件，可以利用执行法院财产调查结果的，可以不必再次调查。

14.（账户开立的简化）经初步调查未发现债务人任何财产的案件，管理人可不开立银行账户。

15.（受理通知期限）破产受理法院应当自裁定受理破产申请之日起 7 日内通知已知债权人，并在全国企业破产重整案件信息网的法官工作平台发布公告。公告除应当载明企业破产法第 14 条规定必须载明的内容外，还应当载明案件适用快速审理的内容。

16.（债权申报期限）债权人申报债权的期限为 30 日，自受理破产申请公告发布之日起计算。

17.（第一次债权人会议召开时间）第一次债权人会议由法院召集，自债权申报期限届满之日起 5 日内召开。

18.（债权人会议的简化）适用快速审理的破产案件，原则上不设立债权人委员会。债权人会议召开一般不超过两次，并可以采用书面、数据电文、网络会议等形式进行。

19.（债权确认）人民法院一般应当在第一次债权人会议召开后 5 日内裁定确认无异议的债权。

20.（召集期限）召开债权人会议，管理人应当提前 5 日通知已知债权人。债权人因客观原因无法参加的，可以向管理人申请延期并说明理由。

21.（宣告破产期限）对于债务人符合破产宣告条件的案件，管理人一般应当在第一次债权人会议召开之日起 15 日内提请人民法院宣告债务人破产。人民法院根据管理人提交的申请，审查认为债务人符合宣告破产条件的，应当自收到申请之日起 5 日内裁定宣告债务人破产，并在裁定作出之日起 3 日内送达债务人和管理人，自裁定作出之日起 5 日内通知已知债权人，并予以公告。

22.（和解次数的限制）适用快速审理的破产案件，一般只能进行一次和解，否则不应继续适用快速审理。

23.（公告的简化）适用快速审理的破产案件的公告，应当在全国企业破产重整案件信息网上发布。

24.（执行行为效力的延续）执行程序中已经完成的评估、鉴定、审计、拍卖等行为，其效力可以延续至破产程序中的，相关程序无需再次进行。

25.（分配与处置）财产分配原则上应当以货币分配形式进行。破产审理法院及管理人应当释明并引导债权人会议作出以网络拍卖方式处置破产财产，或者以非货币方式进行分配的决议，提升破产财产处置效益。

26.（一次性分配）破产财产以一次性分配为原则。破产程序终结后，债权人可以依照企业破产法第123条的规定向破产受理法院申请追加分配。

27.（终结破产程序）破产人已无财产可供分配的，管理人应当请求人民法院裁定终结破产程序。人民法院应当自收到管理人终结破产程序的请求之日起5日内作出是否终结破产程序的裁定。

28.（申请注销登记）管理人应当自破产程序终结之日起5日内，持法院终结破产程序的裁定，向破产人的原登记机关办理注销登记。

29.（费用不足时垫付费用的准许）债务人财产不足以支付破产费用的，管理人应当提请人民法院宣告债务人破产并终结破产程序。但债权人、管理人、债务人的出资人或者其他利害关系人愿意垫付的，破产程序可以继续进行。

30.（审理期限）适用快速审理的破产案件，一般应在裁定受理之日起6个月内审结。无任何财产、无账簿文书、企业人员下落不明的破产案件，一般应在裁定受理之日起3个月内审结。案件有特殊情况无法在规定期限内审结的，可以申请延长审理期限1次。

五、附则

31.（强清案件参照适用）债权债务关系明确、企业财产状况清楚的强制清算案件，可以参照适用本意见审理。

【沪高法〔2018〕330号】 上海市高级人民法院关于上海铁路运输法院集中管辖本市国有企业破产案件的通知（2018年10月11日）

一、自2018年11月1日起，以本市地方国有企业为债务人的破产案件由上海铁路运输法院管辖，但级别管辖、专门管辖另有规定的除外。

二、本通知所称国有企业是指国务院国资委和财政部联合颁布的《企业国有资产交易监督管理办法》（国务院国有资产监督管理委员会令32号）第4条定义的"国有及国有控股企业、国有实际控制企业"。

三、本市地方国有企业破产管理人的指定，应依照《最高人民法院关于审理企业破产案件指定管理人的规定》《上海市高级人民法院指定企业破产案件管理人办法》等规定执行。采用指定清算组方式指定管理人的，必须符合上述规定的条件，并履行上报审核程序。

四、集中管辖实施中如有情况与问题，请及时报高院民二庭、立案庭。

附件：《企业国有资产交易监督管理办法》第 4 条：

本办法所称国有及国有控股企业、国有实际控制企业包括：（一）政府部门、机构、事业单位出资设立的国有独资企业（公司），以及上述单位、企业直接或间接合计持股为 100% 的国有全资企业；（二）本条第 1 款所列单位、企业单独或共同出资，合计拥有产（股）权比例超过 50%，且其中之一为最大股东的企业；（三）本条第 1、2 款所列企业对外出资，拥有股权比例超过 50% 的各级子企业；（四）政府部门、机构、事业单位、单一国有及国有控股企业直接或间接持股比例未超过 50%，但为第一大股东，并且通过股东协议、公司章程、董事会决议或者其他协议安排能够对其实际支配的企业。

【法释［2019］3 号】 最高人民法院关于适用《中华人民共和国企业破产法》若干问题的规定（三）（2019 年 2 月 25 日最高法审委会［1762 次］通过，2019 年 3 月 27 日公布，2019 年 3 月 28 日起施行；根据法释［2020］18 号《决定》修正，2021 年 1 月 1 日起施行）

第 1 条 人民法院裁定受理破产申请的，此前债务人尚未支付的公司强制清算费用、未终结的执行程序中产生的评估费、公告费、保管费等执行费用，可以参照企业破产法关于破产费用的规定，由债务人财产随时清偿。

此前债务人尚未支付的案件受理费、执行申请费，可以作为破产债权清偿。

第 2 条 破产申请受理后，经债权人会议决议通过，或者第一次债权人会议召开前经人民法院许可，管理人或者自行管理的债务人可以为债务人继续营业而借款。提供借款的债权人主张参照企业破产法第 42 条第 4 项的规定优先于普通破产债权清偿的，人民法院应予支持，但其主张优先于此前已就债务人特定财产享有担保的债权清偿的，人民法院不予支持。

管理人或者自行管理的债务人可以为前述借款设定抵押担保，抵押物在破产申请受理前已为其他债权人设定抵押的，债权人主张按照民法典第 414 条规定的顺序清偿，人民法院应予支持。

第 3 条 破产申请受理后，债务人欠缴款项产生的滞纳金，包括债务人未履行生效法律文书应当加倍支付的迟延利息和劳动保险金的滞纳金，债权人作为破产债权申报的，人民法院不予确认。

第 4 条 保证人被裁定进入破产程序的，债权人有权申报其对保证人的保证债权。

主债务未到期的，保证债权在保证人破产申请受理时视为到期。一般保证的保证人主张行使先诉抗辩权的，人民法院不予支持，但债权人在一般保证人破产程序中的分配额应予提存，待一般保证人应承担的保证责任确定后再按照破产清偿比例予以分配。

保证人被确定应当承担保证责任的，保证人的管理人可以就保证人实际承担的清偿额向主债务人或其他债务人行使偿权。

第5条　债务人、保证人均被裁定进入破产程序的，债权人有权向债务人、保证人分别申报债权。

债权人向债务人、保证人均申报全部债权的，从一方破产程序中获得清偿后，其对另一方的债权额不作调整，但债权人的受偿额不得超出其债权总额。保证人履行保证责任后不再享有求偿权。

第6条　管理人应当依照企业破产法第57条的规定对所申报的债权进行登记造册，详尽记载申报人的姓名、单位、代理人、申报债权额、担保情况、证据、联系方式等事项，形成债权申报登记册。

管理人应当依照企业破产法第57条的规定对债权的性质、数额、担保财产、是否超过诉讼时效期间、是否超过强制执行期间等情况进行审查、编制债权表并提交债权人会议核查。

债权表、债权申报登记册及债权申报材料在破产期间由管理人保管，债权人、债务人、债务人职工及其他利害关系人有权查阅。

第7条　已经生效法律文书确定的债权，管理人应当予以确认。

管理人认为债权人据以申报债权的生效法律文书确定的债权错误，或者有证据证明债权人与债务人恶意通过诉讼、仲裁或者公证机关赋予强制执行力公证文书的形式虚构债权债务的，应当依法通过审判监督程序向作出该判决、裁定、调解书的人民法院或者上一级人民法院申请撤销生效法律文书，或者向受理破产申请的人民法院申请撤销或者不予执行仲裁裁决、不予执行公证债权文书后，重新确定债权。

第8条　债务人、债权人对债权表记载的债权有异议的，应当说明理由和法律依据。经管理人解释或调整后，异议人仍然不服的，或者管理人不予解释或调整的，异议人应当在债权人会议核查结束后15日内向人民法院提起债权确认的诉讼。当事人之间在破产申请受理前订立有仲裁条款或仲裁协议的，应当向选定的仲裁机构申请确认债权债务关系。

第9条　债务人对债权表记载的债权有异议向人民法院提起诉讼的，应将被异议债权人列为被告。债权人对债权表记载的他人债权有异议的，应将被异议债权人列为被告；债权人对债权表记载的本人债权有异议的，应将债务人列为被告。

对同一笔债权存在多个异议人，其他异议人申请参加诉讼的，应当列为共同原告。

第 10 条　单个债权人有权查阅债务人财产状况报告、债权人会议决议、债权人委员会决议、管理人监督报告等参与破产程序所必需的债务人财务和经营信息资料。管理人无正当理由不予提供的，债权人可以请求人民法院作出决定；人民法院应当在 5 日内作出决定。

上述信息资料涉及商业秘密的，债权人应当依法承担保密义务或者签署保密协议；涉及国家秘密的应当依照相关法律规定处理。

第 11 条　债权人会议的决议除现场表决外，可以由管理人事先将相关决议事项告知债权人，采取通信、网络投票等非现场方式进行表决。采取非现场方式进行表决的，管理人应当在债权人会议召开后的 3 日内，以信函、电子邮件、公告等方式将表决结果告知参与表决的债权人。

根据企业破产法第 82 条规定，对重整计划草案进行分组表决时，权益因重整计划草案受到调整或者影响的债权人或者股东，有权参加表决；权益未受到调整或者影响的债权人或者股东，参照企业破产法第 83 条的规定，不参加重整计划草案的表决。

第 12 条　债权人会议的决议具有以下情形之一，损害债权人利益，债权人申请撤销的，人民法院应予支持：（一）债权人会议的召开违反法定程序；（二）债权人会议的表决违反法定程序；（三）债权人会议的决议内容违法；（四）债权人会议的决议超出债权人会议的职权范围。

人民法院可以裁定撤销全部或者部分事项决议，责令债权人会议依法重新作出决议。

债权人申请撤销债权人会议决议的，应当提出书面申请。债权人会议采取通信、网络投票等非现场方式进行表决的，债权人申请撤销的期限自债权人收到通知之日起算。

第 13 条　债权人会议可以依照企业破产法第 68 条第 1 款第 4 项的规定，委托债权人委员会行使企业破产法第 61 条第 1 款第 2、3、5 项规定的债权人会议职权。债权人会议不得作出概括性授权，委托其行使债权人会议所有职权。

第 14 条　债权人委员会决定所议事项应获得全体成员过半数通过，并作成议事记录。债权人委员会成员对所议事项的决议有不同意见的，应当在记录中载明。

债权人委员会行使职权应当接受债权人会议的监督，以适当的方式向债权人会议及时汇报工作，并接受人民法院的指导。

第 15 条　管理人处分企业破产法第 69 条规定的债务人重大财产的，应当事先制作财产管理或者变价方案并提交债权人会议进行表决，债权人会议表决未通过的，管理人不得处分。

管理人实施处分前，应当根据企业破产法第 69 条的规定，提前 10 日书面报告债权人委员会或者人民法院。债权人委员会可以依照企业破产法第 68 条第 2 款的规定，要求管理人对处分行为作出相应说明或者提供有关文件依据。

债权人委员会认为管理人实施的处分行为不符合债权人会议通过的财产管理或变价方案的，有权要求管理人纠正。管理人拒绝纠正的，债权人委员会可以请求人民法院作出决定。

人民法院认为管理人实施的处分行为不符合债权人会议通过的财产管理或变价方案的，应当责令管理人停止处分行为。管理人应当予以纠正，或者提交债权人会议重新表决通过后实施。

第 16 条　本规定自 2019 年 3 月 28 日起实施。

实施前本院发布的有关企业破产的司法解释，与本规定相抵触的，自本规定实施之日起不再适用。

【法发［2019］34 号】　**最高人民法院、司法部、中华全国律师协会关于深入推进律师参与人民法院执行工作的意见**（2019 年 12 月 25 日）

8. 充分发挥律师在参与分配和执行转破产程序中的作用。被执行人为公民或其他组织，其财产不足以清偿全部债务，其他已经取得执行依据的债权人的代理律师可以协助该债权人向人民法院申请参与分配。对符合条件的申请，人民法院应当及时受理。被执行人为企业法人，资产不足以清偿全部债务或明显缺乏清偿能力的，人民法院应当及时询问申请执行人、被执行人是否同意将执行案件移送破产审查。申请执行人或被执行人同意的，代理律师应当积极协助当事人向人民法院执行部门提供相关材料。进入破产程序后，债务人具备重整条件的，代理律师应当积极协助当事人向人民法院申请重整。被人民法院指定为破产管理人的律师事务所和律师，应当切实履行职责，制定可行重整计划，协助人民法院做好重整工作。

人民法院应当规范执行案件移送破产的审查工作，保障执行程序与破产程序有序衔接。积极推进简易破产程序设计，快速审理"无财产可破"案件。

【法发［2019］35 号】　**最高人民法院关于在执行工作中进一步强化善意文明执行理念的意见**（2019 年 12 月 16 日）

13. 依法用好执行和解和破产重整等相关制度。要在依法采取执行措施的同时，妥善把握执行时机、讲究执行策略、注意执行方法。对资金链暂时断裂，但仍有发展潜力、存在救治可能的企业，可以通过和解分期履行、兼并重组、引入第三方资金等方式盘活企业资产。要加大破产保护理念宣传，通过强化释明等方式引导执行债权人或被执行人同意依法将案件转入破产程序。对具有营运价值的企业通过破产重整、破产和解解决债务危机，充分发挥破产制度的拯救功能，帮助企业走出困境，平衡债权人、债务人、出资人、员工等利害关系人的利益，通过市场实现资源配置优化和社会整体价值最大化。

【法〔2019〕254号】 **全国法院民商事审判工作会议纪要**（"九民纪要"，2019年7月3–4日在哈尔滨召开，2019年9月11日最高法审委会民事行政专委会〔319次〕通过，2019年11月8日发布）

十、关于破产纠纷案件的审理

会议认为，审理好破产案件对于推动高质量发展、深化供给侧结构性改革、营造稳定公平透明可预期的营商环境，具有十分重要的意义。要继续深入推进破产审判工作的市场化、法治化、专业化、信息化，充分发挥破产审判公平清理债权债务、促进优胜劣汰、优化资源配置、维护市场经济秩序等重要功能。一是要继续加大对破产保护理念的宣传和落实，及时发挥破产重整制度的积极拯救功能，通过平衡债权人、债务人、出资人、员工等利害关系人的利益，实现社会整体价值最大化；注重发挥和解程序简便快速清理债权债务关系的功能，鼓励当事人通过和解程序或者达成自行和解的方式实现各方利益共赢；积极推进清算程序中的企业整体处置方式，有效维护企业营运价值和职工就业。二是要推进不符合国家产业政策、丧失经营价值的企业主体尽快从市场退出，通过依法简化破产清算程序流程加快对"僵尸企业"的清理。三是要注重提升破产制度实施的经济效益，降低破产程序运行的时间和成本，有效维护企业营运价值，最大程度发挥各类要素和资源潜力，减少企业破产给社会经济造成的损害。四是要积极稳妥进行实践探索，加强理论研究，分步骤、有重点地推进建立自然人破产制度，进一步推动健全市场主体退出制度。

107.【继续推动破产案件的及时受理】充分发挥破产重整案件信息网的线上预约登记功能，提高破产案件的受理效率。当事人提出破产申请的，人民法院不得以非法定理由拒绝接收破产申请材料。如果可能影响社会稳定的，要加强府院协调，制定相应预案，但不应当以"影响社会稳定"之名，行消极不作为之实。破产申请材料不完备的，立案部门应当告知当事人在指定期限内补充材料，待材料齐备后以"破申"作为案件类型代字编制案号登记立案，并及时将案件移送破产审判部门进行破产审查。

注重发挥破产和解制度简便快速清理债权债务关系的功能，债务人根据《企业破产法》第95条的规定，直接提出和解申请，或者在破产申请受理后宣告破产前申请和解的，人民法院应当依法受理并及时作出是否批准的裁定。

108.【破产申请的不予受理和撤回】人民法院裁定受理破产申请前，提出破产申请的债权人的债权因清偿或者其他原因消灭的，因申请人不再具备申请资格，人民法院应当裁定不予受理。但该裁定不影响其他符合条件的主体再次提出破产申请。破产申请受理后，管理人以上述清偿符合《企业破产法》第31条、第32条为由请求撤销的，人民法院查实后应当予以支持。

人民法院裁定受理破产申请系对债务人具有破产原因的初步认可，破产申请受理后，申请人请求撤回破产申请的，人民法院不予准许。除非存在《企业破产法》第12条第2款规定的情形，人民法院不得裁定驳回破产申请。

109.【受理后债务人财产保全措施的处理】要切实落实破产案件受理后相关保全措施应予解除、相关执行措施应当中止、债务人财产应当及时交付管理人等规定，充分运用信息化技术手段，通过信息共享与整合，维护债务人财产的完整性。相关人民法院拒不解除保全措施或者拒不中止执行的，破产受理人民法院可以请求该法院的上级人民法院依法予以纠正。对债务人财产采取保全措施或者执行措施的人民法院未依法及时解除保全措施、移交处置权，或者中止执行程序并移交有关财产的，上级人民法院应当依法予以纠正。相关人员违反上述规定造成严重后果的，破产受理人民法院可以向人民法院纪检监察部门移送其违法审判责任线索。

人民法院审理企业破产案件时，有关债务人财产被其他具有强制执行权力的国家行政机关，包括税务机关、公安机关、海关等采取保全措施或者执行程序的，人民法院应当积极与上述机关进行协调和沟通，取得有关机关的配合，参照上述具体操作规程，解除有关保全措施，中止有关执行程序，以便保障破产程序顺利进行。

110.【受理后有关债务人诉讼的处理】人民法院受理破产申请后，已经开始而尚未终结的有关债务人的民事诉讼，在管理人接管债务人财产和诉讼事务后继续进行。债权人已经对债务人提起的给付之诉，破产申请受理后，人民法院应当继续审理，但是在判定相关当事人实体权利义务时，应当注意与企业破产法及其司法解释的规定相协调。

上述裁判作出并生效前，债权人可以同时向管理人申报债权，但其作为债权尚未确定的债权人，原则上不得行使表决权，除非人民法院临时确定其债权额。上述裁判生效后，债权人应当根据裁判认定的债权数额在破产程序中依法统一受偿，其对债务人享有的债权利息应当按照《企业破产法》第46条第2款的规定停止计算。

人民法院受理破产申请后，债权人新提起的要求债务人清偿的民事诉讼，人民法院不予受理，同时告知债权人应当向管理人申报债权。债权人申报债权后，对管理人编制的债权表记载有异议的，可以根据《企业破产法》第58条的规定提起债权确认之诉。

111.【债务人自行管理的条件】重整期间，债务人同时符合下列条件的，经申请，人民法院可以批准债务人在管理人的监督下自行管理财产和营业事务：(1) 债务人的内部治理机制仍正常运转；(2) 债务人自行管理有利于债务人继续经营；(3) 债务人不存在隐匿、转移财产的行为；(4) 债务人不存在其他严重损害债权人利益的行为。

债务人提出重整申请时可以一并提出自行管理的申请。经人民法院批准由债务人自行管理财产和营业事务的，企业破产法规定的管理人职权中有关财产管理和营业经营的职权应当由债务人行使。

管理人应当对债务人的自行管理行为进行监督。管理人发现债务人存在严重损害债权人利益的行为或者有其他不适宜自行管理情形的，可以申请人民法院作出终止债务人自行管理的决定。人民法院决定终止的，应当通知管理人接管债务人财产和营业事务。债务人有上述行为而管理人未申请人民法院作出终止决定的，债权人等利害关系人可以向人民法院提出申请。

112.【重整中担保物权的恢复行使】重整程序中，要依法平衡保护担保物权人的合法权益和企业重整价值。重整申请受理后，管理人或者自行管理的债务人应当及时确定设定有担保物权的债务人财产是否为重整所必需。如果认为担保物不是重整所必需，管理人或者自行管理的债务人应当及时对担保物进行拍卖或者变卖，拍卖或者变卖担保物所得价款在支付拍卖、变卖费用后优先清偿担保物权人的债权。

在担保物权暂停行使期间，担保物权人根据《企业破产法》第75条的规定向人民法院请求恢复行使担保物权的，人民法院应当自收到恢复行使担保物权申请之日起30日内作出裁定。经审查，担保物权人的申请不符合第75条的规定，或者虽然符合该条规定但管理人或者自行管理的债务人有证据证明担保物是重整所必需，并且提供与减少价值相应担保或者补偿的，人民法院应当裁定不予批准恢复行使担保物权。担保物权人不服该裁定的，可以自收到裁定书之日起10日内，向作出裁定的人民法院申请复议。人民法院裁定批准行使担保物权的，管理人或者自行管理的债务人应当自收到裁定书之日起15日内启动对担保物的拍卖或者变卖，拍卖或者变卖担保物所得价款在支付拍卖、变卖费用后优先清偿担保物权人的债权。

113.【重整计划监督期间的管理人报酬及诉讼管辖】要依法确保重整计划的执行和有效监督。重整计划的执行期间和监督期间原则上应当一致。二者不一致的，人民法院在确定和调整重整程序中的管理人报酬方案时，应当根据重整期间和重整计划监督期间管理人工作量的不同予以区别对待。其中，重整期间的管理人报酬应当根据管理人对重整发挥的实际作用等因素予以确定和支付；重整计划监督期间管理人报酬的支付比例和支付时间，应当根据管理人监督职责的履行情况，与债权人按照重整计划实际受偿比例和受偿时间相匹配。

重整计划执行期间，因重整程序终止后新发生的事实或者事件引发的有关债务人的民事诉讼，不适用《企业破产法》第21条有关集中管辖的规定。除重整计划有明确约定外，上述纠纷引发的诉讼，不再由管理人代表债务人进行。

114.【重整程序与破产清算程序的衔接】重整期间或者重整计划执行期间，债务人因法定事由被宣告破产的，人民法院不再另立新的案号，原重整程序的管理人原则上应当继续履行破产清算程序中的职责。原重整程序的管理人不能继续履行职责或者不适宜继续担任管理人的，人民法院应当依法重新指定管理人。

重整程序转破产清算案件中的管理人报酬，应当综合管理人为重整工作和清算工作分别发挥的实际作用等因素合理确定。重整期间因法定事由转入破产清算程序的，应当按照破产清算案件确定管理人报酬。重整计划执行期间因法定事由转入破产清算程序的，后续破产清算阶段的管理人报酬应当根据管理人实际工作量予以确定，不能简单根据债务人最终清偿的财产价值总额计算。

重整程序因人民法院裁定批准重整计划草案而终止的，重整案件可作结案处理。重整计划执行完毕后，人民法院可以根据管理人等利害关系人申请，作出重整程序终结的裁定。

115.【庭外重组协议效力在重整程序中的延伸】继续完善庭外重组与庭内重整的衔接机制，降低制度性成本，提高破产制度效率。人民法院受理重整申请前，债务人和部分债权人已经达成的有关协议与重整程序中制作的重整计划草案内容一致的，有关债权人对该协议的同意视为对该重整计划草案表决的同意。但重整计划草案对协议内容进行了修改并对有关债权人有不利影响，或者与有关债权人重大利益相关的，受到影响的债权人有权按照企业破产法的规定对重整计划草案重新进行表决。

116.【审计、评估等中介机构的确定及责任】要合理区分人民法院和管理人在委托审计、评估等财产管理工作中的职责。破产程序中确实需要聘请中介机构对债务人财产进行审计、评估的，根据《企业破产法》第28条的规定，经人民法院许可后，管理人可以自行公开聘请，但是应当对其聘请的中介机构的相关行为进行监督。上述中介机构因不当履行职责给债务人、债权人或者第三人造成损害的，应当承担赔偿责任。管理人在聘用过程中存在过错的，应当在其过错范围内承担相应的补充赔偿责任。

117.【公司解散清算与破产清算的衔接】要依法区分公司解散清算与破产清算的不同功能和不同适用条件。债务人同时符合破产清算条件和强制清算条件的，应当及时适用破产清算程序实现对债权人利益的公平保护。债权人对符合破产清算条件的债务人提起公司强制清算申请，经人民法院释明，债权人仍然坚持申请对债务人强制清算的，人民法院应当裁定不予受理。

118.【无法清算案件的审理与责任承担】人民法院在审理债务人相关人员下落不明或者财产状况不清的破产案件时，应当充分贯彻债权人利益保护原则，避免债务人通过破产程序不当损害债权人利益，同时也要避免不当突破股东有限责任原则。

人民法院在适用《最高人民法院关于债权人对人员下落不明或者财产状况不清的债务人申请破产清算案件如何处理的批复》第3款的规定，判定债务人相关人员承担责任时，应当依照企业破产法的相关规定来确定相关主体的义务内容和责任范围，不得根据公司法司法解释（二）第18条第2款的规定来判定相关主体的责任。

上述批复第3款规定的"债务人的有关人员不履行法定义务，人民法院可依据有关法律规定追究其相应法律责任"，系指债务人的法定代表人、财务管理人员和其他经营管理人员不履行《企业破产法》第15条规定的配合清算义务，人民法院可以根据《企业破产法》第126条、第127条追究其相应法律责任，或者参照《民事诉讼法》第111条（现第114条）的规定，依法拘留，构成犯罪的，依法追究刑事责任；债务人的法定代表人或者实际控制人不配合清算的，人民法院可以依据《出境入境管理法》第12条的规定，对其作出不准出境的决定，以确保破产程序顺利进行。

上述批复第3款规定的"其行为导致无法清算或者造成损失"，系指债务人的有关人员不配合清算的行为导致债务人财产状况不明，或者依法负有清算责任的人未依照《企业破产法》第7条第3款的规定及时履行破产申请义务，导致债务人主要财产、账册、重要文件等灭失，致使管理人无法执行清算职务，给债权人利益造成损害。"有关权利人起诉请求其承担相应民事责任"，系指管理人请求上述主体承担相应损害赔偿责任并将因此获得的赔偿归入债务人财产。管理人未主张上述赔偿，个别债权人可以代表全体债权人提起上述诉讼。

上述破产清算案件被裁定终结后，相关主体以债务人主要财产、账册、重要文件等重新出现为由，申请对破产清算程序启动审判监督的，人民法院不予受理，但符合《企业破产法》第123条规定的，债权人可以请求人民法院追加分配。

【法发〔2020〕14号】　最高人民法院关于推进破产案件依法高效审理的意见（2020年4月15日）

一、优化案件公告和受理等程序流程

1.对于企业破产法及相关司法解释规定需要公告的事项，人民法院、管理人应当在全国企业破产重整案件信息网发布，同时还可以通过在破产案件受理法院公告栏张贴、法院官网发布、报纸刊登或者在债务人住所地张贴等方式进行公告。

对于需要通知或者告知的事项，人民法院、管理人可以采用电话、短信、传真、电子邮件、即时通信、通讯群组等能够确认其收悉的简便方式通知或者告知债权人、债务人及其他利害关系人。

2. 债权人提出破产申请，人民法院经采用本意见第 1 条第 2 款规定的简便方式和邮寄等方式无法通知债务人的，应当到其住所地进行通知。仍无法通知的，人民法院应当按照本意见第 1 条第 1 款规定的公告方式进行通知。自公告发布之日起 7 日内债务人未向人民法院提出异议的，视为债务人经通知对破产申请无异议。

3. 管理人在接管债务人财产、接受债权申报等执行职务过程中，应当要求债务人、债权人及其他利害关系人书面确认送达地址、电子送达方式及法律后果。有关送达规则，参照适用《最高人民法院关于进一步加强民事送达工作的若干意见》的规定。

人民法院作出的裁定书不适用电子送达，但纳入《最高人民法院民事诉讼程序繁简分流改革试点实施办法》的试点法院依照相关规定办理的除外。

4. 根据《全国法院破产审判工作会议纪要》第 38 条的规定，需要由一家人民法院集中管辖多个关联企业非实质合并破产案件，相关人民法院之间就管辖发生争议的，应当协商解决。协商不成的，由双方逐级报请上级人民法院协调处理，必要时报请共同的上级人民法院。请求上级人民法院协调处理的，应当提交已经进行协商的有关说明及材料。经过协商、协调，发生争议的人民法院达成一致意见的，应当形成书面纪要，双方遵照执行。其中有关事项依法需报请共同的上级人民法院作出裁定或者批准的，按照有关规定办理。

二、完善债务人财产接管和调查方式

5. 人民法院根据案件具体情况，可以在破产申请受理审查阶段同步开展指定管理人的准备工作。管理人对于提高破产案件效率、降低破产程序成本作出实际贡献的，人民法院应当作为确定或者调整管理人报酬方案的考虑因素。

6. 管理人应当及时全面调查债务人涉及的诉讼和执行案件情况。破产案件受理法院可以根据管理人的申请或者依职权，及时向管理人提供通过该院案件管理系统查询到的有关债务人诉讼和执行案件的基本信息。债务人存在未结诉讼或者未执行完毕案件的，管理人应当及时将债务人进入破产程序的情况报告相关人民法院。

7. 管理人应当及时全面调查债务人财产状况。破产案件受理法院可以根据管理人的申请或者依职权，及时向管理人提供通过该院网络执行查控系统查询到的债务人财产信息。

8. 管理人应当及时接管债务人的财产、印章和账簿、文书等资料。债务人拒不移交的，人民法院可以根据管理人的申请或者依职权对直接责任人员处以罚款，并可以就债务人应当移交的内容和期限作出裁定。债务人不履行裁定确定的义务的，人民法院可以依照民事诉讼法执行程序的有关规定采取搜查、强制交付等必要措施予以强制执行。

接管过程中，对于债务人占有的不属于债务人的财产，权利人可以依据企业破产法第38条的规定向管理人主张取回。管理人不予认可的，权利人可以向破产案件受理法院提起诉讼请求行使取回权。诉讼期间不停止管理人的接管。

9. 管理人需要委托中介机构对债务人财产进行评估、鉴定、审计的，应当与有关中介机构签订委托协议。委托协议应当包括完成相应工作的时限以及违约责任。违约责任可以包括中介机构无正当理由未按期完成的，管理人有权另行委托，原中介机构已收取的费用予以退还或者未收取的费用不再收取等内容。

三、提升债权人会议召开和表决效率

10. 第一次债权人会议可以采用现场方式或者网络在线视频方式召开。人民法院应当根据企业破产法第14条的规定，在通知和公告中注明第一次债权人会议的召开方式。经第一次债权人会议决议通过，以后的债权人会议还可以采用非在线视频通讯群组等其他非现场方式召开。债权人会议以非现场方式召开的，管理人应当核实参会人员身份，记录并保存会议过程。

11. 债权人会议除现场表决外，可以采用书面、传真、短信、电子邮件、即时通信、通讯群组等非现场方式进行表决。管理人应当通过打印、拍照等方式及时提取记载表决内容的电子数据，并盖章或者签字确认。管理人为中介机构或者清算组的，应当由管理人的两名工作人员签字确认。管理人应当在债权人会议召开后或者表决期届满后3日内，将表决结果告知参与表决的债权人。

12. 债权人请求撤销债权人会议决议，符合《最高人民法院关于适用〈中华人民共和国企业破产法〉若干问题的规定（三）》第12条规定的，人民法院应予支持，但会议召开或者表决程序仅有轻微瑕疵，且对决议未产生实质影响的，人民法院不予支持。

四、构建简单案件快速审理机制

13. 对于债权债务关系明确、债务人财产状况清楚、案情简单的破产清算、和解案件，人民法院可以适用快速审理方式。

破产案件具有下列情形之一的，不适用快速审理方式：（1）债务人存在未结诉讼、仲裁等情形，债权债务关系复杂的；（2）管理、变价、分配债务人财产可能期限较长或者存在较大困难等情形，债务人财产状况复杂的；（3）债务人系上市公司、金融机构，或者存在关联企业合并破产、跨境破产等情形的；（4）其他不宜适用快速审理方式的。

14. 人民法院在受理破产申请的同时决定适用快速审理方式的，应当在指定管理人决定书中予以告知，并与企业破产法第14条规定的事项一并予以公告。

15. 对于适用快速审理方式的破产案件，受理破产申请的人民法院应当在裁定受理之日起6个月内审结。

16. 管理人应当根据企业破产法第63条的规定，提前15日通知已知债权人参加债权人会议，并将需审议、表决事项的具体内容提前3日告知已知债权人。但全体已知债权人同意缩短上述时间的除外。

17. 在第一次债权人会议上，管理人可以将债务人财产变价方案、分配方案以及破产程序终结后可能追加分配的方案一并提交债权人会议表决。

债务人财产实际变价后，管理人可以根据债权人会议决议通过的分配规则计算具体分配数额，向债权人告知后进行分配，无需再行表决。

18. 适用快速审理方式的破产案件，下列事项按照如下期限办理：

（1）人民法院应当自裁定受理破产申请之日起15日内自行或者由管理人协助通知已知债权人；

（2）管理人一般应当自接受指定之日起30日内完成对债务人财产状况的调查，并向人民法院提交财产状况报告；

（3）破产人有财产可供分配的，管理人一般应当在破产财产最后分配完结后10日内向人民法院提交破产财产分配报告，并提请裁定终结破产程序；

（4）案件符合终结破产程序条件的，人民法院应当自收到管理人相关申请之日起10日内作出裁定。

19. 破产案件在审理过程中发生不宜适用快速审理方式的情形，或者案件无法在本意见第15条规定的期限内审结的，应当转换为普通方式审理，原已进行的破产程序继续有效。破产案件受理法院应当将转换审理方式决定书送达管理人，并予以公告。管理人应当将上述事项通知已知债权人、债务人。

五、强化强制措施和打击逃废债力度

20. 债务人的有关人员或者其他人员有故意作虚假陈述，或者伪造、销毁债务人的账簿等重要证据材料，或者对管理人进行侮辱、诽谤、诬陷、殴打、打击报复等违法行为的，人民法院除依法适用企业破产法规定的强制措施外，可以依照民事诉讼法第111条（现第114条）等规定予以处理。

21. 债务人财产去向不明，或者债权人、出资人等利害关系人提供了债务人相关财产可能存在被非法侵占、挪用、隐匿等情形初步证据或者明确线索的，管理人应当及时对有关财产的去向情况进行调查。有证据证明债务人及其有关人员存在企业破产法第31条、第32条、第33条、第36条等规定的行为的，管理人应当依法追回相关财产。

22. 人民法院要准确把握违法行为入刑标准，严厉打击恶意逃废债行为。因企业经营不规范导致债务人财产被不当转移或者处置的，管理人应当通过行使撤销权、依法追回财产、主张损害赔偿等途径维护债权人合法权益，追究相关人员的民事责任。企业法定代表人、出资人、实际控制人等有恶意侵占、挪用、隐匿企业财产，或者隐匿、故意销毁依法应当保存的会计凭证、会计账簿、财务会计报告等违法行为，涉嫌犯罪的，人民法院应当根据管理人的提请或者依职权及时移送有关机关依法处理。

【法〔2020〕185 号】 全国法院审理债券纠纷案件座谈会纪要（2019 年 12 月 24 日在北京召开，邀请全国人大常委会法工委、司法部、国家发改委、央行、证监会等单位参会，最高法 2020 年 7 月 15 日印发）

17. 破产程序中受托管理人和代表人的债委会成员资格。债券持有人会议授权的受托管理人或者推选的代表人参与破产重整、清算、和解程序的，人民法院在确定债权人委员会的成员时，应当将其作为债权人代表人选。

债券持有人自行主张权利的，人民法院在破产重整、清算、和解程序中确定债权人委员会的成员时，可以责成自行主张权利的债券持有人通过自行召集债券持有人会议等方式推选出代表人，并吸收该代表人进入债权人委员会，以体现和代表多数债券持有人的意志和利益。

19. 受托管理人所获利益归属于债券持有人。受托管理人提起诉讼或者参与破产程序的，生效裁判文书的既判力及于其所代表的债券持有人。在执行程序、破产程序中所得款项由受托管理人受领后在 10 个工作日内分配给各债券持有人。

33. 发行人破产管理人的债券信息披露责任。债券发行人进入破产程序后，发行人的债券信息披露义务由破产管理人承担，但发行人自行管理财产和营业事务的除外。破产管理人应当按照证券法及相关监管规定的要求，及时、公平地履行披露义务，所披露的信息必须真实、准确、完整。破产管理人就接管破产企业后的相关事项所披露的内容存在虚假记载、误导性陈述或者重大遗漏，足以影响投资人对发行人偿付能力的判断的，对债券持有人、债券投资者主张依法判令其承担虚假陈述民事责任的诉讼请求，人民法院应当予以支持。

34. 破产管理人无正当理由不予确认债权的赔偿责任。债券发行人进入破产程序后，受托管理人根据债券募集文件或者债券持有人会议决议的授权，依照债券登记机关出具的债券持仓登记文件代表全体债券持有人所申报的破产债权，破产管理人应当依法及时予以确认。因破产管理人无正当理由不予确认而导致的诉讼费用、律师费用、差旅费用等合理支出以及由此导致债权迟延清偿期间的利息损失，受托管理人另行向破产管理人主张赔偿责任的，人民法院应当予以支持。

【主席令［2020］45 号】 中华人民共和国民法典（2020 年 5 月 28 日全国人大［13 届 3 次］通过，2021 年 1 月 1 日起施行）

第 69 条 有下列情形之一的，法人解散：（一）法人章程规定的存续期间届满或者法人章程规定的其他解散事由出现；（二）法人的权力机构决议解散；（三）因法人合并或者分立需要解散；（四）法人依法被吊销营业执照、登记证书，被责令关闭或者被撤销；（五）法律规定的其他情形。

第 70 条 法人解散的，除合并或者分立的情形外，清算义务人应当及时组成清算组进行清算。

法人的董事、理事等执行机构或者决策机构的成员为清算义务人。法律、行政法规另有规定的，依照其规定。

清算义务人未及时履行清算义务，造成损害的，应当承担民事责任；主管机关或者利害关系人可以申请人民法院指定有关人员组成清算组进行清算。

第 71 条 法人的清算程序和清算组职权，依照有关法律的规定；没有规定的，参照适用公司法律的有关规定。

第 72 条 清算期间法人存续，但是不得从事与清算无关的活动。

法人清算后的剩余财产，按照法人章程的规定或者法人权力机构的决议处理。法律另有规定的，依照其规定。

清算结束并完成法人注销登记时，法人终止；依法不需要办理法人登记的，清算结束时，法人终止。

第 73 条 法人被宣告破产的，依法进行破产清算并完成法人注销登记时，法人终止。

第 107 条 非法人组织解散的，应当依法进行清算。

【公告［2020］208 号】 深圳经济特区个人破产条例（2020 年 8 月 26 日深圳市人大常委会［6 届 44 次］通过，2020 年 8 月 31 日公布，2021 年 3 月 1 日起施行）（略）

【法一巡（会1）［2020］3 号】 破产程序对执行异议之诉的影响（见本书第 238 条）

【法五巡（会）［2021］5 号】 破产管理人不当处置债务人财产，债权人是否有权提起赔偿之诉（最高法第五巡回法庭 2019 年第 22 次法官会议纪要）

虽然《企业破产法》第 22 条、第 68 条分别赋予债权人会议和债权人委员会对管理人处分财产的监督权，《最高人民法院关于适用〈中华人民共和国企业破产法〉若干问题的规定（三）》第 15 条规定了债权人委员会行使监督权的具体方式，但债权人会议和债权人委员会的监督权并不排斥债权人的赔偿请求权，两者互为补充。债权人委员会可以发挥事前与事中的监督与纠错作用，而债权人的赔偿请求权则是事后弥补监督机制失效的救济途径。根据《企业破产法》第130条"管理人未依照本法规定勤勉尽责，忠实执行职务的，人民法院可以依法处以罚款；给债权人、债务人或者第三人造成损失的，依法承担赔偿责任"之规定，明确赋予了债权人对于管理人的赔偿请求权，因此债权人以管理人执行职务不当导致债务人财产不当减损给其造成损失为由提起诉讼，主张管理人承担赔偿责任的，人民法院应予受理。

【发改财金规〔2021〕274号】 关于推动和保障管理人在破产程序中依法履职进一步优化营商环境的意见（国家发改委、最高法、财政部、人社部、自然资源部、住建部、人民银行、国资委、海关总署、税务总局、市监总局、银保监会、证监会2021年2月25日印发；最高法办公厅2021年3月2日转发）

（一）建立企业破产和退出状态公示制度。破产申请受理后，通过全国企业破产重整案件信息网向国家企业信用信息公示系统推送有关企业破产程序启动、程序种类、程序切换、程序终止、管理人联系方式等信息，实现企业破产状态及时公示。在破产清算程序终结以及重整或和解程序终止前，非经破产案件审理法院同意或管理人申请，市场监管等部门不得办理企业登记事项变更手续。（最高人民法院、市场监管总局等按职责分工负责）

（二）进一步落实破产企业简易注销制度。管理人可以凭企业注销登记申请书、人民法院终结破产程序裁定书申请办理破产企业注销，市场监管部门不额外设置简易注销条件。申请简易注销的破产企业营业执照遗失的，通过国家企业信用信息公示系统免费发布营业执照作废声明或在报纸刊登遗失公告后，破产企业或管理人可不再补领营业执照。（市场监管总局负责）

（三）建立破产企业相关人员任职限制登记制度。企业董事、监事或高级管理人员违反忠实勤勉义务，未履职尽责，致使所在企业破产，被人民法院判令承担相应责任的，管理人可以凭生效法律文书，通过全国企业破产重整案件信息网向市场监管、金融管理等部门申请对相关人员的任职资格限制进行登记。（最高人民法院、人民银行、市场监管总局、银保监会、证监会等按职责分工负责）

（四）强化金融服务支持。金融机构应当支持管理人依法履行接管破产企业财产等法定职责，建立和完善与破产程序相衔接的金融服务工作机制，加强对企业重整、和解的支持。对于商业银行、证券公司、保险公司等金融机构或在本地有重大影响的企业破产案件，清算组作为管理人的，人民法院可以依法指定金融资产管理公司作为清算组成员参与破产案件。（最高人民法院、人民银行、银保监会、证监会等按职责分工负责）

（六）支持管理人依法接管破产企业账户。管理人可以凭人民法院破产申请受理裁定书、指定管理人决定书接管破产企业账户，依法办理破产企业账户资金划转，非正常户激活或注销，司法冻结状态等账户信息、交易明细、征信信息查询等业务，金融机构应当予以配合并及时办理。（最高人民法院、人民银行、银保监会、证监会等按职责分工负责）

（七）协助配合推进破产程序。充分发挥金融机构债权人委员会、债券持有人会议等集体协商机制在企业破产中的协调、协商作用。鼓励金融机构进一步完善、明确内部管理流程，合理下放表决权行使权限，促进金融机构在破产程序中尤其是重整程序中积极高效行使表决权。金融机构破产的，管理人应当与金融管理部门加强协调沟通，维护金融稳定。（人民银行、银保监会、证监会等按职责分工负责）

（十）切实保护职工和债权人投资者合法权益。发挥管理人在防范"逃废债"等违法行为中的积极作用。管理人要加强对破产企业财产的追查和管理，有效保护职工劳动报酬、社会保险合法权益，及时向金融机构债权人委员会、债权人会议通报有关情况，破产企业的有关人员可能涉嫌犯罪的，管理人应当及时将犯罪线索报送司法或监察机关。金融机构依法积极支持管理人追查破产企业财产，鼓励将发现的恶意转移破产企业财产的情况通报管理人，有效保护债权人投资者合法权益。（最高人民法院、人力资源社会保障部、人民银行、国资委、银保监会、证监会等按职责分工负责）

（十七）妥善认定资产权属。依法积极推动存在未办理验收等瑕疵的不动产完善有关手续，明确权属，为破产企业不动产及时办理权属登记手续，支持管理人加快破产企业财产处置。有效利用各类资产的多元化专业交易流转平台，充分发挥交易市场的价格发现、价值实现功能，提升管理人的资产处置效率。（最高人民法院、自然资源部、住房和城乡建设部等按职责分工负责）

（十八）依法解除破产企业财产保全措施。人民法院裁定受理企业破产案件后，管理人持受理破产申请裁定书和指定管理人决定书，依法向有关部门、金融机构申请解除对破产企业财产的查封、扣押、冻结等保全措施的，相关部门和单位应当根据企业破产法规定予以支持配合。保全措施解除后，管理人应当及时通知原采取保全措施的相关部门和单位。管理人申请接管、处置海关监管货物的，应当先行办结海关手续，海关应当对管理人办理相关手续提供便利并予以指导。（最高人民法院、自然资源部、人民银行、海关总署、税务总局、银保监会、证监会等按职责分工负责）

【法发〔2021〕15号】 最高人民法院关于开展认可和协助香港特别行政区破产程序试点工作的意见（2021年5月11日）

为贯彻落实《中华人民共和国香港特别行政区基本法》第95条的规定，进一步完善内地与香港特别行政区司法协助制度体系，促进经济融合发展，优化法治化营商环境，最高人民法院与香港特别行政区政府结合司法实践，就内地与香港特别行政区法院相互认可和协助破产程序工作进行会谈协商，签署《最高人民法院与香港特别行政区政府关于内地与香港特别行政区法院相互认可和协助破产程序的会谈纪要》。按照纪要精神，最高人民法院依据《中华人民共和国民事诉讼法》《中华人民共和国企业破产法》等相关法律，制定本意见。

一、最高人民法院指定上海市、福建省厦门市、广东省深圳市人民法院开展认可和协助香港破产程序的试点工作。

二、本意见所称"香港破产程序"，是指依据香港特别行政区《公司（清盘及杂项条文）条例》《公司条例》进行的集体清偿程序，包括公司强制清盘、公司债权人自动清盘以及由清盘人或者临时清盘人提出并经香港特别行政区高等法院依据香港特别行政区《公司条例》第673条批准的公司债务重组程序。

三、本意见所称"香港管理人"，包括香港破产程序中的清盘人和临时清盘人。

四、本意见适用于香港特别行政区系债务人主要利益中心所在地的香港破产程序。

本意见所称"主要利益中心"，一般是指债务人的注册地。同时，人民法院应当综合考虑债务人主要办事机构所在地、主要营业地、主要财产所在地等因素认定。

在香港管理人申请认可和协助时，债务人主要利益中心应当已经在香港特别行政区连续存在6个月以上。

五、债务人在内地的主要财产位于试点地区、在试点地区存在营业地或者在试点地区设有代表机构的，香港管理人可以依据本意见申请认可和协助香港破产程序。

依据本意见审理的跨境破产协助案件，由试点地区的中级人民法院管辖。

向两个以上有管辖权的人民法院提出申请的，由最先立案的人民法院管辖。

六、申请认可和协助香港破产程序的，香港管理人应当提交下列材料：（一）申请书；（二）香港特别行政区高等法院请求认可和协助的函；（三）启动香港破产程序以及委任香港管理人的有关文件；（四）债务人主要利益中心位于香港特别行政区的证明材料，证明材料在内地以外形成的，还应当依据内地法律规定办理证明手续；（五）申请予以认可和协助的裁判文书副本；（六）香港管理人身份证件的复印件，身份证件在内地以外形成的，还应当依据内地法律规定办理证明手续；（七）债务人在内地的主要财产位于试点地区、在试点地区存在营业地或者在试点地区设有代表机构的相关证据。

向人民法院提交的文件没有中文文本的，应当提交中文译本。

七、申请书应当载明下列事项：（一）债务人的名称、注册地以及香港管理人所知悉的债务人主要负责人的姓名、职务、住所、身份证件信息、通讯方式等；（二）香港管理人的姓名、住所、身份证件信息、通讯方式等；（三）香港破产程序的进展情况和计划；（四）申请认可和协助的事项和理由；（五）债务人在内地的已知财产、营业地、代表机构和债权人情况；（六）债务人在内地涉及的诉讼、仲裁以及有关债务人财产的保全措施、执行程序等情况；（七）其他国家或者地区针对债务人进行破产程序的相关情况；（八）其他应当载明的事项。

八、人民法院应当自收到认可和协助申请之日起 5 日内通知已知债权人等利害关系人，并予以公告。利害关系人有异议的，应当自收到通知或者发布公告之日起 7 日内向人民法院书面提出。

人民法院认为有必要的，可以进行听证。

九、在人民法院收到认可和协助申请之后、作出裁定之前，香港管理人申请保全的，人民法院依据内地相关法律规定处理。

十、人民法院裁定认可香港破产程序的，应当依申请同时裁定认可香港管理人身份，并于 5 日内公告。

十一、人民法院认可香港破产程序后，债务人对个别债权人的清偿无效。

十二、人民法院认可香港破产程序后，已经开始而尚未终结的有关债务人的民事诉讼或者仲裁应当中止；在香港管理人接管债务人的财产后，该诉讼或者仲裁继续进行。

十三、人民法院认可香港破产程序后，有关债务人财产的保全措施应当解除，执行程序应当中止。

十四、人民法院认可香港破产程序后，可以依申请裁定允许香港管理人在内地履行下列职责：（一）接管债务人的财产、印章和账簿、文书等资料；（二）调查债务人财产状况，制作财产状况报告；（三）决定债务人的内部管理事务；（四）决定债务人的日常开支和其他必要开支；（五）在第一次债权人会议召开之前，决定继续或者停止债务人的营业；（六）管理和处分债务人的财产；（七）代表债务人参加诉讼、仲裁或者其他法律程序；（八）接受内地债权人的债权申报并进行审核；（九）人民法院认为可以允许香港管理人履行的其他职责。

香港管理人履行前款规定的职责时，如涉及放弃财产权益、设定财产担保、借款、将财产转移出内地以及实施其他对债权人利益有重大影响的财产处分行为，需经人民法院另行批准。

香港管理人履行职责，不得超出《中华人民共和国企业破产法》规定的范围，也不得超出香港特别行政区法律规定的范围。

十五、人民法院认可香港破产程序后，可以依香港管理人或者债权人的申请指定内地管理人。

指定内地管理人后，本意见第 14 条规定的职责由内地管理人行使，债务人在内地的事务和财产适用《中华人民共和国企业破产法》处理。

两地管理人应当加强沟通与合作。

十六、人民法院认可香港破产程序后，可以依申请裁定对破产财产变价、破产财产分配、债务重组安排、终止破产程序等事项提供协助。

人民法院应当自收到上述申请之日起 5 日内予以公告。利害关系人有异议的，应当自发布公告之日起 7 日内向人民法院书面提出。

人民法院认为有必要的，可以进行听证。

十七、发现影响认可和协助香港破产程序情形的，人民法院可以变更、终止认可和协助。

发生前款情形的，管理人应当及时报告人民法院并提交相关材料。

十八、利害关系人提供证据证明有下列情形之一的，人民法院审查核实后，应当裁定不予认可或者协助香港破产程序：（一）债务人主要利益中心不在香港特别行政区或者在香港特别行政区连续存在未满 6 个月的；（二）不符合《中华人民共和国企业破产法》第 2 条规定的；（三）对内地债权人不公平对待的；（四）存在欺诈的；（五）人民法院认为应当不予认可或者协助的其他情形。

人民法院认为认可或者协助香港破产程序违反内地法律的基本原则或者违背公序良俗的，应当不予认可或者协助。

十九、香港特别行政区和内地就同一债务人或者具有关联关系的债务人分别进行破产程序的，两地管理人应当加强沟通与合作。

二十、人民法院认可和协助香港破产程序的，债务人在内地的破产财产清偿其在内地依据内地法律规定应当优先清偿的债务后，剩余财产在相同类别债权人受到平等对待的前提下，按照香港破产程序分配和清偿。

二十一、人民法院作出裁定后，管理人或者利害关系人可以自裁定送达之日起 10 日内向上一级人民法院申请复议。复议期间不停止执行。

二十二、申请认可和协助香港破产程序的，应当依据内地有关诉讼收费的法律和规定交纳费用。

二十三、试点法院在审理跨境破产协助案件过程中，应当及时向最高人民法院报告、请示重大事项。

二十四、试点法院应当与香港特别行政区法院积极沟通和开展合作。

【法（民四）明传［2021］60号】　全国法院涉外商事海事审判工作座谈会会议纪要（2021年6月10日在南京召开，最高法2021年12月31日印发）

87. 【光船承租人因经营光租船舶产生债务在光船承租人或者船舶所有人破产时的受偿问题】因光船承租人而非船舶所有人应负责任的海事请求，对光租船舶申请扣押、拍卖，如果光船承租人进入破产程序，虽然该海事请求属于破产债权，但光租船舶并非光船承租人的财产，不属于破产财产，债权人可以通过海事诉讼程序而非破产程序清偿债务。

因光船承租人应负责任的海事请求而对光租船舶申请扣押、拍卖，且该海事请求具有船舶优先权、抵押权、留置权时，如果船舶所有人进入破产程序，请求人在破产程序开始后可直接向破产管理人请求从船舶价款中行使优先受偿权，并在无担保的破产债权人按照破产财产方案受偿之前进行清偿。

88. 【船舶所有人破产程序对船舶扣押与拍卖的影响】海事法院无论基于海事请求保全还是执行生效裁判文书等原因扣押、拍卖船舶，均应当在知悉针对船舶所有人的破产申请被受理后及时解除扣押、中止拍卖程序。

破产程序之前当事人已经申请扣押船舶，后又基于破产程序而解除扣押的，有关船舶优先权已经行使的法律效果不受影响。船舶所有人进入破产程序后，当事人不能申请扣押船舶，属于法定不能通过扣押行使船舶优先权的情形，该类期间可以不计入法定行使船舶优先权的1年期间内。船舶优先权人在船舶所有人进入破产程序后直接申报要求从产生优先权船舶的拍卖价款中优先受偿，且该申报没有超过法定行使船舶优先权1年期间的，该船舶优先权所担保的债权应当在一般破产债权之前优先清偿。

因扣押、拍卖船舶产生的评估、看管费用等支出，根据法发［2017］2号《最高人民法院关于执行案件移送破产审查若干问题的指导意见》第15条的规定，可以从债务人财产中随时清偿。

【法［2021］322号】　最高人民法院关于进一步完善执行权制约机制 加强执行监督的意见（2021年12月6日）

5. ……执行中发现企业法人不能清偿到期债务，并且资产不足以清偿全部债务或者明显缺乏清偿能力的，应当暂缓财产分配，及时询问申请执行人、被执行人是否申请或者同意将案件移送破产审查，避免影响各债权人的公平受偿权；对于无财产可供执行的终本案件，要及时启动执转破程序，清理僵尸企业，有序消化终本案件存量。人民法院收到移送破产审查决定书面通知的，应依法中止执行，坚决杜绝在破产案件受理后不配合解除相应保全措施、搞地方保护等现象。……

【法发〔2022〕2号】 **最高人民法院关于充分发挥司法职能作用助力中小微企业发展的指导意见**（2022年1月13日）

16. 科学甄别、依法保护有挽救价值的中小微企业。对受疫情等因素影响无法清偿所有债务但具有挽救价值的中小微企业，债权人提出破产申请的，积极引导当事人通过债务重组、资产重构等方式进行庭外和解，帮助企业渡过难关。对于已经进入破产程序但具有挽救价值的中小微企业，积极引导企业通过破产重整、和解等程序，全面解决企业债务危机，公平有序清偿相应债权，使企业获得再生。

【法释〔2022〕11号】 **最高人民法院关于适用《中华人民共和国民事诉讼法》的解释**（"法释〔2015〕5号"公布，2015年2月4日起施行；根据法释〔2020〕20号《决定》修正，2021年1月1日起施行；2022年3月22日最高法审委会〔1866次〕修正，2022年4月1日公布，2022年4月10日起施行；以本规为准）

第511条 在执行中，作为被执行人的企业法人符合企业破产法第2条第1款规定情形的，执行法院经申请执行人之一或者被执行人同意，应当裁定中止对该被执行人的执行，将执行案件相关材料移送被执行人住所地人民法院。

第512条 被执行人住所地人民法院应当自收到执行案件相关材料之日起30日内，将是否受理破产案件的裁定告知执行法院。不予受理的，应当将相关案件材料退回执行法院。

第513条 被执行人住所地人民法院裁定受理破产案件的，执行法院应当解除对被执行人财产的保全措施。被执行人住所地人民法院裁定宣告被执行人破产的，执行法院应当裁定终结对该被执行人的执行。

被执行人住所地人民法院不受理破产案件的，执行法院应当恢复执行。

第514条 当事人不同意移送破产或者被执行人住所地人民法院不受理破产案件的，执行法院就执行变价所得财产，在扣除执行费用及清偿优先受偿的债权后，对于普通债权，按照财产保全和执行中查封、扣押、冻结财产的先后顺序清偿。

● **指导案例** **【法〔2012〕227号】** **最高人民法院第3批指导性案例**（2012年9月18日）

（指导案例9号）上海存亮贸易有限公司诉蒋志东、王卫明等买卖合同纠纷案（上海一中院2010年9月1日〔2010〕沪一中民四（商）终字第1302号民事

判决）①

裁判要点：有限责任公司的股东、股份有限公司的董事和控股股东，应当依法在公司被吊销营业执照后履行清算义务，不能以其不是实际控制人或者未实际参加公司经营管理为由，免除清算义务。

【法〔2021〕228 号】　　**最高人民法院第 29 批指导性案例**（2021 年 9 月 14 日）②

（指导案例 163 号） 江苏省纺织工业（集团）进出口有限公司及其五家子公司实质合并破产重整案（南京中院于 2017 年 9 月 29 日〔2017〕苏 01 破 1、6～10 号民事裁定，2017 年 12 月 8 日〔2017〕苏 01 破 1、6-10 号之 2 民事裁定）

裁判要点：1. 当事人申请对关联企业合并破产的，人民法院应当对合并破产的必要性、正当性进行审查。关联企业成员的破产应当以适用单个破产程序为原则，在关联企业成员之间出现法人人格高度混同、区分各关联企业成员财产成本过高、严重损害债权人公平清偿利益的情况下，可以依申请例外适用关联企业实质合并破产方式进行审理。2. 采用实质合并破产方式的，各关联企业成员之间的债权债务归于消灭，各成员的财产作为合并后统一的破产财产，由各成员的债权人作为一个整体在同一程序中按照法定清偿顺位公平受偿。合并重整后，各关联企业原则上应当合并为一个企业，但债权人会议表决各关联企业继续存续，人民法院审查认为确有需要的，可以准许。3. 合并重整中，重整计划草案的制定应当综合考虑进入合并的关联企业的资产及经营优势、合并后债权人的清偿比例、出资人权益调整等因素，保障各方合法权益；同时，可以灵活设计"现金+债转股"等清偿方案、通过"预表决"方式事先征求债权人意见并以此为基础完善重整方案，推动重整的顺利进行。

（指导案例 164 号） 江苏苏醇酒业有限公司及关联公司实质合并破产重整案（江苏睢宁法院 2019 年 12 月 2 日〔2018〕苏 0324 破 1 号之 1 民事裁定）

裁判要点：在破产重整过程中，破产企业面临生产许可证等核心优质资产灭失、机器设备闲置贬损等风险，投资人亦希望通过试生产全面了解企业经营实力的，管理人可以向人民法院申请由投资人先行投入部分资金进行试生产。破产企业核心资产的存续直接影响到破产重整目的的实现，管理人的申请有利于恢复破产

①　注：根据《最高人民法院关于部分指导性案例不再参照的通知》（法〔2020〕343 号，2021 年 1 月 1 日起施行），9 号指导性案例不再参照。但该指导性案例的裁判以及参照该指导性案例作出的裁判仍然有效。

②　注：《人民法院报》2021 年 10 月 10 日（第 2 版）显示：《最高人民法院关于发布第 29 批指导性案例的通知》的落款日期为 2021 年 9 月 14 日，而各案例题注的发布日期为 2021 年 9 月 18 日。这是最高法关于文件印发日期的一个混乱之处。

企业持续经营能力，有利于保障各方当事人的利益，该试生产申请符合破产保护理念，人民法院经审查，可以准许。同时，投资人试生产在获得准许后，应接受人民法院、管理人及债权人的监督，以公平保护各方的合法权益。

（指导案例165号）重庆金江印染有限公司、重庆川江针纺有限公司破产管理人申请实质合并破产清算案（重庆市江津区法院［2015］津法民破字第00001号之4-之6民事裁定）

裁判要点：1. 人民法院审理关联企业破产清算案件，应当尊重关联企业法人人格的独立性，对各企业法人是否具备破产原因进行单独审查并适用单个破产程序为原则。当关联企业之间存在法人人格高度混同、区分各关联企业财产的成本过高、严重损害债权人公平清偿利益时，破产管理人可以申请对已进入破产程序的关联企业进行实质合并破产清算。2. 人民法院收到实质合并破产清算申请后，应当及时组织申请人、被申请人、债权人代表等利害关系人进行听证，并综合考虑关联企业之间资产的混同程度及其持续时间、各企业之间的利益关系、债权人整体清偿利益、增加企业重整的可能性等因素，依法作出裁定。

【法［2023］178号】 最高人民法院第38批指导性案例（2023年10月19日）

（指导案例214号）上海某某港实业有限公司破产清算转破产重整案

裁判要点：1. 人民法院审理涉流域港口码头经营企业破产重整案件，应当将环境污染治理作为实现重整价值的重要考量因素，及时消除影响码头经营许可资质存续的环境污染状态。

2. 港口码头经营企业对相关基础设施建设、维护缺失造成环境污染，不及时治理将影响其破产重整价值的，应当由管理人依法进行治理。管理人请求将相关环境治理费用作为共益债务由债务人财产随时清偿的，人民法院依法应予支持。

● 入库案例 【2024-01-2-114-004】 某某机械公司诉中铁某公司承揽合同纠纷案（山东高院/2022.08.04/［2022］鲁民辖终84号）

裁判要旨：《企业破产法》第21条之所以规定"人民法院受理破产申请后，有关债务人的民事诉讼，只能向受理破产申请的人民法院提起"，目的是便于受理破产申请的法院能够更加全面清晰掌握破产企业的债权债务关系，提高司法效率，实现对破产企业和债权人合法权益的充分保障。该规定属于特别规定，应当优先于普通管辖规定。故破产集中管辖法院与当事人协议管辖法院不一致时，应优先适用破产集中管辖规定。

【2024-01-2-144-002】　某光公司诉某而佳公司不当得利纠纷案（山东高院/2022.03.11/［2022］鲁民辖终17号）

裁判要旨：《企业破产法》第21条关于"人民法院受理破产申请后，有关债务人的民事诉讼，只能向受理破产申请的人民法院提起"的规定，适用于人民法院受理破产申请后，在破产程序进行中发生的有关债务人的民事诉讼。因重整程序终止后新发生的事实引发的与债务人有关的民事诉讼不适用破产集中管辖规定，应适用一般管辖的规定。

【2024-08-2-277-001】　中国某资产管理公司上海办事处诉上海某实业发展总公司、上海市某某公司股东损害公司债权人利益责任纠纷案（上海二中院/2014.01.27/［2013］沪二中民四（商）终字第1387号）

裁判要旨：股东清算赔偿责任属于侵权赔偿责任，请求权应当适用诉讼时效的规定，从债权人知道或应当知道其权利受到侵害时起算。

● 公报案例　（法公报［2022］1期）　王钦杰与上海力澄投资管理有限公司、郭睿星等民间借贷纠纷案（上海二中院2019年12月6日民事判决书［2019］沪02民终10503号）

裁判摘要：在注册资本认缴制下，公司债务产生后公司以股东（大）会决议或其他方式延长股东出资期限的，债权人以公司不能清偿到期债务为由，请求未届修改后出资期限的股东在未出资范围内对公司不能清偿的债务承担补充赔偿责任的，人民法院应予支持。

（法公报［2022］12期）　沙启英与塔尼尔生物科技（商丘）有限公司等破产债权确认纠纷案（见本书第12章第1节"除斥与诉讼时效"专辑）

（法公报［2023］7期）　国家开发银行河南省分行申请执行监督案（最高法院2022年9月26日民事执行裁定［2022］最高法执监121号）

裁判要旨：进入破产重整程序的被执行人未通知此前已经进入执行程序的债权人申报债权，导致其失去在破产重整程序中主张债权的机会；重整计划执行完毕后，该债权人有权依照《中华人民共和国企业破产法》第92条规定，按照破产重整计划规定的同类债权的清偿条件行使权利，申请恢复执行。

（法公报［2023］8期）　江苏东恒国际集团有限公司与江苏省国际高新技术展示交易中心有限公司破产清算转和解案（南京中院2021年9月22日民事执行裁定认可和解协议并终止和解程序）

案例要旨：对于具备挽救希望和挽救价值的中小微企业，应积极引导企业通过破产和解程序解决债务危机，探索运用预表决规则，通过听证程序征询全体债权人意见，在转入和解程序后根据已通过的表决规则，及时裁定认可和解协议，高效推进和解程序，推动中小微企业快速重生，实现稳市场主体保民生就业。

● **书刊案例** 【法报［2020］11 月】 **生效裁判确定的债权超过强制执行期间不作为破产债权——江苏淮安中院判决陈某宁诉某公司职工破产债权确认**（人民法院报 2020 年 11 月 26 日第 7 版）

裁判要旨：破产管理人将申报的债权编入债权表仅是债权的审查程序，非为对债权的确认。生效裁判确定的债权超过强制执行期间管理人有权不作为破产债权。

● **高法判例** 【［2017］最高法执监 422 号】 **安徽某置业有限公司、安徽某建设集团有限公司执行异议再审案**（最高法 2017 年 12 月 29 日执行裁定书）

裁判摘要：已经扣划到执行法院账户的银行存款等执行款，但未完成向申请执行人转账、汇款、现金交付的，财产权利归属未发生变动，仍属于被执行人的财产，执行法院收到受移送法院受理裁定后，不应再支付给申请执行人，应当将其移交给受理破产案件的法院或管理人①。从价值衡量角度看，个别债权人和全体债权人利益冲突的衡量，应该要向全体债权人倾斜，以有利于矛盾纠纷的化解。

● **文书格式** 【法［2016］221 号】 **民事诉讼文书样式**（2016 年 2 月 22 日最高法审委会［1679 次］通过，2016 年 6 月 28 日公布，2016 年 8 月 1 日起施行）（本书对格式略有调整）

移送函（执行转破产程序，向被执行人住所地法院移送执行案件材料）

（××××）……执……号

××人民法院：

我院在执行×××与×××……（写明案由）一案中，被执行人×××不能清偿到期债务，并且资产不足以清偿全部债务/明显缺乏清偿能力。被执行人×××的住所地……，在你院管辖范围内。经申请执行人×××/被执行人×××同意，我院已裁定中止对×××的执行。依照《中华人民共和国企业破产法》第 2 条第 1 款、《最高人民法院关于适用〈中华人民共和国民事诉讼法〉的解释》第 511 条规定，将执行案件相关材料移送你院，请按《中华人民共和国企业破产法》的有关规定办理。

---

① 最高法认为：安徽高院［2017］皖执复字第 28 号执行裁定书主张"专户资金实质上已由执行法院为申请执行人代管，该款项已脱离了债务人的实际控制，视为已向权利人交付"的观点，与"法发［2017］2 号"《指导意见》第 17 条规定的精神不一致。

　　联系人、联系电话：……　　　　本院地址、邮编：……

　　附：执行案件相关材料

　　　　　　　　　　　　　　　　　　　　×年×月×日（院印）

【法办发〔2011〕12号】 　**最高人民法院办公厅关于印发《人民法院破产程序法律文书样式（试行）》的通知**（2011年10月13日）

　　一、关于本文书样式的体例

　　针对破产程序各阶段和相关程序的工作内容，按照简洁、实用、便利的原则，文书样式分为"通用类文书"、"破产清算程序用文书"、"重整程序用文书"、"和解程序用文书"以及适用于破产衍生诉讼一审程序的"破产衍生诉讼用文书"5类共105个文书样式。各文书样式均包括文书主文和制作说明2部分。文书主文是文书的核心部分，包括文书名称、文号、名头、主文、落款、附件等部分。制作说明是文书样式的辅助部分，主要列明制作文书样式的法律依据以及文书制作中需要注意的问题，以有利于人民法院正确制作、使用文书。

　　二、关于相关案件的案号和各文书样式的文号

　　1. 破产案件的案号

　　破产案件的案号为"（××××）×破字第×号"。人民法院审理一个债务人的破产案件，包括破产申请受理前后，以及破产清算与重整、和解之间相互转化程序前后，均应使用同一案号。

　　"（××××）×破字第×号"中的"（××××）"，应列明人民法院受理破产案件的年份；"（××××）×破字第×号"中的"×"，应列明审理破产案件法院的简称；"（××××）×破字第×号"中的"×"，应列明该破产案件的案号。

　　2. 破产案件中出具的各类文书的文号

　　鉴于破产案件进展中程序不同和出具的各文书性质不同，人民法院在审理一个破产案件中将出具众多的民事裁定书、决定书、通知、公告和复函等各类文书，为体现相关文书出具的不同阶段以及各类文书的排序，人民法院在审理破产案件时，应当在上述案号的基础上，在所出具有关文书的文号上分别以"预"、"初"、"-×"等予以标识。具体如下：

　　"（××××）×破（预）字第×号"中的"（预）"，体现该文书出具在破产申请受理前，即人民法院裁定受理破产清算、重整、和解申请前制作的各类法律文书，以及作出的不予受理和受理上述申请的民事裁定书，均以"（××××）×破（预）字第×号"确定文号。人民法院裁定受理破产申请后，则应以"（××××）×破字第×号"确定文号。

　　"（××××）×破初字第×号"中的"初"，体现该文书系审理破产案件的人民

法院作出的一审裁定。根据企业破产法的规定，申请人不服该裁定的可向上一级人民法院提起上诉。此类文号涉及人民法院作出的不予受理破产申请和驳回破产申请两类民事裁定书。

"（××××）×破字第×-×号"中的"-×"，体现不同文书的编排序号。如人民法院在审理一个破产案件中作出的所有民事裁定书，应当分别以"（××××）×破字第×-1号"民事裁定书、"（××××）×破字第×-2号"民事裁定书、"（××××）×破字第×-3号"民事裁定书……依次编号；作出的所有决定书，应当分别以"（××××）×破字第×-1号"决定书、"（××××）×破字第×-2号"决定书、"（×××）×破字第×-3号"决定书……依次编号，等等。编排序号不受破产申请受理前后的影响，如破产申请受理前最后编号为"（××××）×破（预）字第×-5号"民事裁定书的，破产申请受理后应直接以"（××××）×破字第×-6号"民事裁定书依次编号。

3. 上一级人民法院审理相关案件的案号

受理破产案件的人民法院作出的不予受理或者驳回破产申请的民事裁定书，以及拘留、罚款决定书，根据法律规定可以分别向上一级人民法院提起上诉或申请复议。上一级人民法院对于这类案件应当分别以"（××××）×破（预）终字第×号"、"（××××）×破终字第×号"，以及"（××××）×破复字第×号"确定案号。其中，"（××××）×破（预）终字第×号"中的"（××××）"，应列明二审法院受理破产案件的年份；"（××××）×破（预）终字第×号"中的"×"，应列明二审法院的简称；"（××××）×破（预）终字第×号"中的"×"，应列明该二审案件的案号。其他两类文书同理。

4. 破产衍生诉讼案件的案号

根据企业破产法的规定，破产申请受理后有关债务人的实体权利义务等发生争议的，均应另行向受理破产申请的人民法院提起诉讼，即为破产衍生诉讼。因破产衍生诉讼独立于破产案件，系普通民商事案件，因此，其一审均应以"（××××）×民初字第×号"确定案号，二审均应以"（××××）×民终字第×号"确定案号。

三、关于本文书样式的适用

人民法院适用企业破产法审理相关案件涉及的文书样式十分复杂，且在实践中会不断遇到新情况新问题，此次下发的仅是其中常用的、具有代表性的文书样式，且有的文书样式尚待相关司法解释颁布后再作补充与完善。因此，实践中如遇未列出的文书，可参考这些常用样式，根据案件具体情况变通适用。

附：《人民法院破产程序法律文书样式（试行）》（略）

【法办发 [2011] 13 号】　最高人民法院办公厅关于印发《管理人破产程序工作文书样式（试行）》的通知（2011 年 10 月 13 日）

一、关于文书样式的体例

针对破产程序各阶段管理人的工作内容，按照简洁、实用、便利的原则，文书样式分为"通用类文书"、"破产清算程序用文书"、"重整程序用文书"、"和解程序用文书"四大类共计 59 个文书样式。各文书样式均包括文书主文和制作说明两部分。文书主文是文书的核心部分，包括文书名称、文号、名头、主文、落款、附件等部分。制作说明是文书样式的辅助部分，主要列明制作文书样式的法律依据以及文书制作中需要注意的问题，以有利于管理人正确制作、使用文书样式。

二、关于本文书样式的文号

管理人破产程序工作文书文号统一为（××××）××破管字第×号。"（××××）××破管字第×号"中的"（××××）"，应列明人民法院指定管理人的年份；"（××××）××破管字第×号"中的"××"，应列明破产企业的简称，简称一般为 2~4 个字；"（××××）××破管字第×号"中的序号"×"，应列明按文书制作时间先后编排的序号。

三、关于文书样式的适用

管理人在执行职务过程中需要制作大量的工作文书，涉及的文书样式十分复杂，且在实践中会不断遇到新情况新问题，此次下发的仅是其中常用的、具有代表性的样式，且有的文书样式尚待相关司法解释颁布后再作补充完善。因此，实践中如遇未列出的文书，可参考这些常用样式，根据案件具体情况变通适用。

附：《管理人破产程序工作文书样式（试行）》（略）

【法 [2016] 237 号】　最高人民法院关于调整强制清算与破产案件类型划分的通知（2016 年 7 月 6 日）

一、强制清算、破产案件从民事案件中分出，单独作为一大类案件，一级类型名称整合为强制清算与破产案件。

二、将强制清算、破产申请审查与受理后的强制清算、破产程序分列案件类型，即对强制清算或破产申请审查单独作为一类案件。

三、对不予受理、驳回强制清算申请或破产申请等裁定的上诉审理，作为强制清算与破产上诉案件，下设 2 个小类：强制清算上诉案件、破产上诉案件。

四、对强制清算或破产申请的不予受理、驳回申请裁定以及强制清算与破产上诉案件的监督，作为强制清算与破产监督案件，下设 2 小类：强制清算监督案件、破产监督案件。

五、强制清算、破产案件类型划分及代字新标准于 2016 年 8 月 1 日起施行。2016 年 8 月 1 日前已编立的案件案号不变。

附件：强制清算与破产案件类型划分及代字标准

类型新名称〖类型代字〗	类型新名称〖类型代字〗
（一）强制清算与破产申请审查案件	（三）强制清算与破产监督案件
01. 强制清算申请审查案件〖清申〗	01. 强制清算监督案件〖清监〗
02. 破产申请审查案件〖破申〗	02. 破产监督案件〖破监〗
（二）强制清算与破产上诉案件	（五）破产案件
01. 强制清算上诉案件〖清终〗	01. 破产清算案件〖破〗
02. 破产上诉案件〖破终〗	02. 破产重整案件〖破〗
（四）强制清算案件〖强清〗	03. 破产和解案件〖破〗

第四编　涉外民事诉讼程序的特别规定

第二十三章　一般原则

> **第 270 条**[19910409]　**【适用原则】**外国人、无国籍人、外国企业和组织在中华人民共和国领域内进行涉外民事诉讼，适用本编规定。本编没有规定的，适用本法其他有关规定。
>
> **第 271 条**　**【国际条约适用】**中华人民共和国缔结或者参加的国际条约同本法有不同规定的，适用该国际条约的规定，但中华人民共和国声明保留的条款除外。
>
> **第 272 条**　（见第 305 条之前）

● **相关规定**　**【法（经）发［1989］12 号】**　**全国沿海地区涉外、涉港澳经济审判工作座谈会纪要**（1988 年 12 月 12-16 日在佛山召开；1989 年 6 月 12 日印发）（本纪要一直未见废止）

三（五）法律适用问题

审理涉外、涉港澳经济纠纷案件，必须按照民法通则、民事诉讼法和涉外经济合同法的规定，正确地解决法律适用问题。当前，需要明确以下各点：

1. 在程序法方面，包括司法管辖权、诉讼过程中的文书送达、调查取证，以及判决的承认和执行等，应当按照我国民事诉讼法和其他法律中的程序规定办理。但是我国缔结或者参加的国际条约（例如《承认和执行外国仲裁裁决公约》和中外司法协助协定）与我国法律有不同规定的，除我国声明保留的条款外，应当优先适用国际条约的规定。

2. 在实体法方面，首先，鉴于我国已加入 1980 年《联合国国际货物销售合同公约》，承担了执行该公约的义务，自 1988 年 1 月 1 日起，我国公司同该公约的其他批准国（如美国、法国、意大利、南斯拉夫、埃及、叙利亚、阿根廷、赞比亚、莱索托等国）的公司订立的合同，如未另行选择所适用的法律，将自动直接适用该公约的有关规定。法院应当按该公约规定处理它们之间的合同纠纷。其次,凡是当事人在合同中引用的国际惯例,例如离岸价格（F.O.B）、成本加运费价格（C&F）、到岸价格（C.I.F）等国际贸易价格条件,以及托收、信用证付款等国际贸易支付方式,对当事人有约束力,法院应当尊重当事人的这种选择,予以适用。第三,对于外国或者港澳地区的公司、企业或其他经济组织是否具有法人资格,是承担有限责任还是无限责任的问题,应当根据该公司、企业或者其它经济组织成立地的法律确定。它们在中国境内进行经营活动的能力,还应当根据中国的法律予以确定。外国或港澳地区的公司、企业、其他经济组织或者个人之间在中国境外设立代理关系的,代理合同是否成立及其效力如何。应依代理人住所地或其营业所所在地的法律确定。

【主席令［1992］64号】　中华人民共和国海商法（1992年11月7日全国人大常委会［7届28次］通过,1993年7月1日起施行）

第3条　本法所称船舶,是指海船和其他海上移动式装置,但是用于军事的、政府公务的船舶和20总吨以下的小型船艇除外。

前款所称船舶,包括船舶属具。

第268条　中华人民共和国缔结或者参加的国际条约同本法有不同规定的,适用国际条约的规定;但是,中华人民共和国声明保留的条款除外。

中华人民共和国法律和中华人民共和国缔结或者参加的国际条约没有规定的,可以适用国际惯例。

第269条　合同当事人可以选择合同适用的法律,法律另有规定的除外。合同当事人没有选择的,适用与合同有最密切联系的国家的法律。

第270条　船舶所有权的取得、转让和消灭,适用船旗国法律。

第271条　船舶抵押权适用船旗国法律。

船舶在光船租赁以前或者光船租赁期间,设立船舶抵押权的,适用原船舶登记国的法律。

第272条　船舶优先权,适用受理案件的法院所在地法律。

第273条　船舶碰撞的损害赔偿,适用侵权行为地法律。

船舶在公海上发生碰撞的损害赔偿,适用受理案件的法院所在地法律。

同一国籍的船舶,不论碰撞发生于何地,碰撞船舶之间的损害赔偿适用船旗国法律。

第274条　共同海损理算,适用理算地法律。

第275条　海事赔偿责任限制,适用受理案件的法院所在地法律。第276条依照本章规定适用外国法律或者国际惯例,不得违背中华人民共和国的社会公共利益。

【主席令［1999］28 号】　中华人民共和国海事诉讼特别程序法（1999 年 12 月 25 日全国人大常委会［9 届 13 次］通过，2000 年 7 月 1 日起施行）

第 3 条　中华人民共和国缔结或者参加的国际条约与《中华人民共和国民事诉讼法》和本法对涉外海事诉讼有不同规定的，适用该国际条约的规定，但中华人民共和国声明保留的条款除外。

【主席令［1996］56 号】　中华人民共和国民用航空法（1995 年 10 月 30 日全国人大常委会［8 届 16 次］通过，1996 年 3 月 1 日起施行；2021 年 4 月 29 日全国人大常委会［13 届 28 次］最新统修）

第 184 条　中华人民共和国缔结或者参加的国际条约同本法有不同规定的，适用国际条约的规定；但是，中华人民共和国声明保留的条款除外。

中华人民共和国法律和中华人民共和国缔结或者参加的国际条约没有规定的，可以适用国际惯例。

【主席令［2004］22 号】　中华人民共和国票据法（1995 年 5 月 10 日全国人大常委会［8 届 13 次］通过，主席令第 49 号公布，1996 年 1 月 1 日起施行；2004 年 8 月 28 日全国人大常委会［10 届 11 次］修正，同日公布施行）

第 95 条　中华人民共和国缔结或者参加的国际条约同本法有不同规定的，适用国际条约的规定。但是，中华人民共和国声明保留的条款除外。

本法和中华人民共和国缔结或者参加的国际条约没有规定的，可以适用国际惯例。

【法发［2005］26 号】　第二次全国涉外商事海事审判工作会议纪要（2005 年 11 月 15-16 日在南京召开；2005 年 12 月 26 日公布）

46. 涉外商事合同的当事人可以在订立合同时或者订立合同后，经过协商一致，以明示方式选择合同争议所适用的法律。合同争议包括合同是否成立、成立的时间；效力、内容的解释、履行、违约责任，以及合同的解除、变更、中止、转让、终止等争议。

47. 涉外商事合同的当事人可以在订立合同后至一审法庭辩论终结前通过协商一致改变订立合同时选择的法律，但不得损害第三人的合法利益。

48. 当事人协议选择的法律，是指有关国家及地区的实体法规范，不包括冲突规范和程序法规范。

49. 人民法院按照最密切联系原则确定的涉外商事合同应适用的法律，是指有关国家及地区的实体法规范，不包括冲突规范和程序法规范。

50. 当事人规避中华人民共和国法律、行政法规的强制性或禁止性规定的行为，不发生适用外国法律的效力，人民法院应适用中华人民共和国法律。

51. 涉外商事纠纷案件应当适用的法律为外国法律时，由当事人提供或者证明该外国法律的相关内容。当事人可以通过法律专家、法律服务机构、行业自律性组织、国际组织、互联网等途径提供相关外国法律的成文法或者判例，亦可同时提供相关的法律著述、法律介绍资料、专家意见书等。

当事人对提供外国法律确有困难的，可以申请人民法院依职权查明相关外国法律。

52. 当事人提供的外国法律经质证后无异议的，人民法院应予确认。对当事人有异议的部分或者当事人提供的专家意见不一致的，由人民法院审查认定。

53. 外国法律的内容无法查明时，人民法院可以适用中华人民共和国法律。

54. 适用外国法律违反中华人民共和国法律的基本原则和社会公共利益的，该外国法律不予适用，而应适用中华人民共和国的法律。

55. 涉外商事合同的当事人没有选择合同所适用的法律的，人民法院受理案件后，当事人可以在一审法庭辩论终结前作出选择。如果当事人不能协商一致作出选择，适用与合同有最密切联系地的法律。

56. 人民法院根据最密切联系原则确定合同应适用的法律时，应根据合同的特殊性质，以及当事人履行的义务最能体现合同的本质特性等因素，确定与合同有最密切联系国家的法律作为合同的准据法。在通常情况下，下列合同的最密切联系地的法律是：（1）国际货物买卖合同，适用合同订立时卖方住所地法；如果合同是在买方住所地谈判并订立的，或者合同主要是依买方确定的条件并应买方发出的招标订立的，或者合同明确规定卖方须在买方住所地履行交货义务的，适用买方住所地法。（2）来料加工、来件装配以及其他各种加工承揽合同，适用加工承揽人住所地法。（3）成套设备供应合同，适用设备安装运转地法。（4）不动产买卖、租赁或者抵押合同，适用不动产所在地法。（5）动产租赁合同，适用出租人住所地法。（6）动产质押合同，适用质权人住所地法。（7）借款合同，适用贷款人住所地法。（8）赠与合同，适用赠与人住所地法。（9）保险合同，适用保险人住所地法。（10）融资租赁合同，适用承租人住所地法。（11）建设工程合同，适用建设工程所在地法。（12）仓储、保管合同，适用仓储、保管人住所地法。（13）保证合同，适用保证人住所地法。（14）委托合同，适用受托人住所地法。（15）债券的发行、销售和转让合同，分别适用债券发行地法、债券销售地法和债券登记地法。（16）拍卖合同，适用拍卖举行地法。（17）行纪合同，适用行纪人住所地法。（18）居间合同，适用居间人住所地法。

上述合同明显与另一国家或者地区有更密切联系的，适用该国或者地区的法律。

57. 具有中华人民共和国国籍的自然人、法人或者其他组织与外国的自然人、法人或者其他组织订立的在我国境内履行的下列合同，适用中华人民共和国法律：

（1）中外合资经营企业合同；（2）中外合作经营企业合同；（3）中夕卜合作勘探、开发自然资源合同；（4）转让中外合资经营企业、中外合作经营企业、外商独资企业股份的合同；（5）外国自然人、法人或者其他组织承包经营在我国境内设立的企业的合同。

115. 审理海上保险合同纠纷案件，适用《中华人民共和国海商法》的有关规定；《中华人民共和国海商法》没有规定的，适用《中华人民共和国保险法》等其他法律规定。

116. 港口设施及码头等作为保险标的的保险事故，不属于海上事故，亦不属于与海上航行有关的发生于内河或者陆上的事故，海事法院审理港口设施及码头等作为保险标的的保险合同纠纷案件，应当适用《中华人民共和国保险法》的规定。

发生船舶碰撞码头保险事故时，码头保险人行使代位请求赔偿权利向船舶所有人追偿的，适用《中华人民共和国海商法》的规定。

128.《中华人民共和国海商法》第 8 章的规定不适用于内河船舶之间发生的碰撞；军事船舶、政府公务船舶在从事商业活动时与《中华人民共和国海商法》第 165 条第 2 款所称的船舶发生碰撞产生纠纷的，适用《中华人民共和国海商法》的有关规定。

141. 我国加入的《1992 年国际油污损害民事责任公约》（以下简称 1992 年油污公约）适用于具有涉外因素的缔约国船舶油污损害赔偿纠纷，包括航行于国际航线的我国船舶在我国海域造成的油污损害赔偿纠纷。非航行于国际航线的我国船舶在我国海域造成的油污损害赔偿纠纷不适用该公约的规定。

142. 对于不受 1992 年油污公约调整的船舶油污损害赔偿纠纷，适用《中华人民共和国海商法》、《中华人民共和国海洋环境保护法》以及相关行政法规的规定确定当事人的责任；油污责任人亦可以依据《中华人民共和国海商法》第 11 章的规定享有海事赔偿责任限制。

143. 对于受 1992 年油污公约调整的船舶油污损害赔偿纠纷，船舶所有人及其责任保险人或者提供财务保证的其他人为取得公约规定的责任限制的权利，向海事法院申请设立油污损害赔偿责任限制基金的，适用《中华人民共和国海事诉讼特别程序法》第 9 章的规定。

【法释 [2005] 13 号】　最高人民法院关于审理信用证纠纷案件若干问题的规定（2005 年 10 月 24 日最高人民法审委会 [1368 次] 通过，2005 年 11 月 14 日公布，2006 年 1 月 1 日起施行；根据法释 [2020] 18 号《决定》修正，2021 年 1 月 1 日起施行）

第1条　本规定所指的信用证纠纷案件，是指在信用证开立、通知、修改、撤销、保兑、议付、偿付等环节产生的纠纷。

第2条　人民法院审理信用证纠纷案件时，当事人约定适用相关国际惯例或者其他规定的，从其约定；当事人没有约定的，适用国际商会《跟单信用证统一惯例》或者其他相关国际惯例。

第3条　开证申请人与开证行之间因申请开立信用证而产生的欠款纠纷、委托人和受托人之间因委托开立信用证产生的纠纷、担保人为申请开立信用证或者委托开立信用证提供担保而产生的纠纷以及信用证项下融资产生的纠纷，适用本规定。

第4条　因申请开立信用证而产生的欠款纠纷、委托开立信用证纠纷和因此产生的担保纠纷以及信用证项下融资产生的纠纷应当适用中华人民共和国相关法律。涉外合同当事人对法律适用另有约定的除外。

【法释〔2007〕14号】　最高人民法院关于审理涉外民事或商事合同纠纷案件法律适用若干问题的规定（2007年6月11日最高法审委会〔1429次〕通过，2007年7月23日公布，2007年8月8日起施行；并于2013年4月8日被《最高人民法院关于废止1997年7月1日至2011年12月31日期间发布的部分司法解释和司法解释性质文件（第十批）的决定》废止。以本规为准）

第1条　涉外民事或商事合同应适用的法律，是指有关国家或地区的实体法，不包括冲突法和程序法。

第2条　本规定所称合同争议包括合同的订立、合同的效力、合同的履行、合同的变更和转让、合同的终止以及违约责任等争议。

第3条　当事人选择或者变更选择合同争议应适用的法律，应当以明示的方式进行。

第4条　当事人在一审法庭辩论终结前通过协商一致，选择或者变更选择合同争议应适用的法律的，人民法院应予准许。

当事人未选择合同争议应适用的法律，但均援引同一国家或者地区的法律且未提出法律适用异议的，应当视为当事人已经就合同争议应适用的法律作出选择。

第5条　当事人未选择合同争议应适用的法律的，适用与合同有最密切联系的国家或者地区的法律。

人民法院根据最密切联系原则确定合同争议应适用的法律时，应根据合同的特殊性质，以及某一方当事人履行的义务最能体现合同的本质特性等因素，确定与合同有最密切联系的国家或者地区的法律作为合同的准据法。

（一）买卖合同，适用合同订立时卖方住所地法；如果合同是在买方住所地谈判并订立的，或者合同明确规定卖方须在买方住所地履行交货义务的，适用买方住所地法。

（二）来料加工、来件装配以及其他各种加工承揽合同，适用加工承揽人住所地法。

（三）成套设备供应合同，适用设备安装地法。

（四）不动产买卖、租赁或者抵押合同，适用不动产所在地法。

（五）动产租赁合同，适用出租人住所地法。

（六）动产质押合同，适用质权人住所地法。

（七）借款合同，适用贷款人住所地法。

（八）保险合同，适用保险人住所地法。

（九）融资租赁合同，适用承租人住所地法。

（十）建设工程合同，适用建设工程所在地法。

（十一）仓储、保管合同，适用仓储、保管人住所地法。

（十二）保证合同，适用保证人住所地法。

（十三）委托合同，适用受托人住所地法。

（十四）债券的发行、销售和转让合同，分别适用债券发行地法、债券销售地法和债券转让地法。

（十五）拍卖合同，适用拍卖举行地法。

（十六）行纪合同，适用行纪人住所地法。

（十七）居间合同，适用居间人住所地法。

如果上述合同明显与另一国家或者地区有更密切联系的，适用该另一国家或者地区的法律。

第 6 条 当事人规避中华人民共和国法律、行政法规的强制性规定的行为，不发生适用外国法律的效力，该合同争议应当适用中华人民共和国法律。

第 7 条 适用外国法律违反中华人民共和国社会公共利益的，该外国法律不予适用，而应当适用中华人民共和国法律。

第 8 条 在中华人民共和国领域内履行的下列合同，适用中华人民共和国法律：（一）中外合资经营企业合同；（二）中外合作经营企业合同；（三）中外合作勘探、开发自然资源合同；（四）中外合资经营企业、中外合作经营企业、外商独资企业股份转让合同；（五）外国自然人、法人或者其他组织承包经营在中华人民共和国领域内设立的中外合资经营企业、中外合作经营企业的合同；（六）外国自然人、法人或者其他组织购买中华人民共和国领域内的非外商投资企业股东的股权的合同；（七）外国自然人、法人或者其他组织认购中华人民共和国领域内的非外商投资有限责任公司或者股份有限公司增资的合同；（八）外国自然人、法人或者其他组织购买中华人民共和国领域内的非外商投资企业资产的合同；（九）中华人民共和国法律、行政法规规定应适用中华人民共和国法律的其他合同。

第 9 条 当事人选择或者变更选择合同争议应适用的法律为外国法律时，由当事人提供或者证明该外国法律的相关内容。

人民法院根据最密切联系原则确定合同争议应适用的法律为外国法律时，可以依职权查明该外国法律，亦可以要求当事人提供或者证明该外国法律的内容。

当事人和人民法院通过适当的途径均不能查明外国法律的内容的，人民法院可以适用中华人民共和国法律。

第 10 条 当事人对查明的外国法律内容经质证后无异议的，人民法院应予确认。当事人有异议的，由人民法院审查认定。

第 11 条 涉及香港特别行政区、澳门特别行政区的民事或商事合同的法律适用，参照本规定。

【法释［2010］19 号】 最高人民法院关于审理涉台民商事案件法律适用问题的规定（2010 年 4 月 26 日最高法审委会［1486 次］通过，2010 年 12 月 27 日公布，2011 年 1 月 1 日起施行；根据法释［2020］18 号《决定》修正，2021 年 1 月 1 日起施行）

第 1 条 人民法院审理涉台民商事案件，应当适用法律和司法解释的有关规定。

根据法律和司法解释中选择适用法律的规则，确定适用台湾地区民事法律的，人民法院予以适用。

第 2 条 台湾地区当事人在人民法院参与民事诉讼，与大陆当事人有同等的诉讼权利和义务，其合法权益受法律平等保护。

第 3 条 根据本规定确定适用有关法律违反国家法律的基本原则或者社会公共利益的，不予适用。

【法发［2010］57 号】 最高人民法院关于进一步做好边境地区涉外民商事案件审判工作的指导意见（2010 年 12 月 8 日）

六、边境地区受理案件的人民法院应当及时、准确地掌握我国缔结或者参加的民商事司法协助国际条约，在涉外民商事审判工作中更好地履行国际条约义务，充分运用已经生效的国际条约，特别是我国与周边国家缔结的双边民商事司法协助条约，必要时，根据条约的相关规定请求该周边国家协助送达司法文书、协助调查取证或者提供相关的法律资料。

【主席令［2010］36 号】 中华人民共和国涉外民事关系法律适用法（2010 年 10 月 28 日全国人大［11 届 17 次］通过，2011 年 4 月 1 日起施行）

第 1 章 一般规定

第 1 条 为了明确涉外民事关系的法律适用，合理解决涉外民事争议，维护当事人的合法权益，制定本法。

第 2 条　涉外民事关系适用的法律，依照本法确定。其他法律对涉外民事关系法律适用另有特别规定的，依照其规定。

本法和其他法律对涉外民事关系法律适用没有规定的，适用与该涉外民事关系有最密切联系的法律。

第 3 条　当事人依照法律规定可以明示选择涉外民事关系适用的法律。

第 4 条　中华人民共和国法律对涉外民事关系有强制性规定的，直接适用该强制性规定。

第 5 条　外国法律的适用将损害中华人民共和国社会公共利益的，适用中华人民共和国法律。

第 6 条　涉外民事关系适用外国法律，该国不同区域实施不同法律的，适用与该涉外民事关系有最密切联系区域的法律。

第 7 条　诉讼时效，适用相关涉外民事关系应当适用的法律。

第 8 条　涉外民事关系的定性，适用法院地法律。

第 9 条　涉外民事关系适用的外国法律，不包括该国的法律适用法。

第 10 条　涉外民事关系适用的外国法律，由人民法院、仲裁机构或者行政机关查明。当事人选择适用外国法律的，应当提供该国法律。

不能查明外国法律或者该国法律没有规定的，适用中华人民共和国法律。

第 2 章　民事主体

第 11 条　自然人的民事权利能力，适用经常居所地法律。

第 12 条　自然人的民事行为能力，适用经常居所地法律。

自然人从事民事活动，依照经常居所地法律为无民事行为能力，依照行为地法律为有民事行为能力的，适用行为地法律，但涉及婚姻家庭、继承的除外。

第 13 条　宣告失踪或者宣告死亡，适用自然人经常居所地法律。

第 14 条　法人及其分支机构的民事权利能力、民事行为能力、组织机构、股东权利义务等事项，适用登记地法律。

法人的主营业地与登记地不一致的，可以适用主营业地法律。法人的经常居所地，为其主营业地。

第 15 条　人格权的内容，适用权利人经常居所地法律。

第 16 条　代理适用代理行为地法律，但被代理人与代理人的民事关系，适用代理关系发生地法律。

当事人可以协议选择委托代理适用的法律。

第 17 条　当事人可以协议选择信托适用的法律。当事人没有选择的，适用信托财产所在地法律或者信托关系发生地法律。

第 18 条　当事人可以协议选择仲裁协议适用的法律。当事人没有选择的，适用仲裁机构所在地法律或者仲裁地法律。

第 19 条　依照本法适用国籍国法律，自然人具有 2 个以上国籍的，适用有经常居所的国籍国法律；在所有国籍国均无经常居所的，适用与其有最密切联系的国籍国法律。自然人无国籍或者国籍不明的，适用其经常居所地法律。

第 20 条　依照本法适用经常居所地法律，自然人经常居所地不明的，适用其现在居所地法律。

第 3 章　婚姻家庭

第 21 条　结婚条件，适用当事人共同经常居所地法律；没有共同经常居所地的，适用共同国籍国法律；没有共同国籍，在一方当事人经常居所地或者国籍国缔结婚姻的，适用婚姻缔结地法律。

第 22 条　结婚手续，符合婚姻缔结地法律、一方当事人经常居所地法律或者国籍国法律的，均为有效。

第 23 条　夫妻人身关系，适用共同经常居所地法律；没有共同经常居所地的，适用共同国籍国法律。

第 24 条　夫妻财产关系，当事人可以协议选择适用一方当事人经常居所地法律、国籍国法律或者主要财产所在地法律。当事人没有选择的，适用共同经常居所地法律；没有共同经常居所地的，适用共同国籍国法律。

第 25 条　父母子女人身、财产关系，适用共同经常居所地法律；没有共同经常居所地的，适用一方当事人经常居所地法律或者国籍国法律中有利于保护弱者权益的法律。

第 26 条　协议离婚，当事人可以协议选择适用一方当事人经常居所地法律或者国籍国法律。当事人没有选择的，适用共同经常居所地法律；没有共同经常居所地的，适用共同国籍国法律；没有共同国籍的，适用办理离婚手续机构所在地法律。

第 27 条　诉讼离婚，适用法院地法律。

第 28 条　收养的条件和手续，适用收养人和被收养人经常居所地法律。收养的效力，适用收养时收养人经常居所地法律。收养关系的解除，适用收养时被收养人经常居所地法律或者法院地法律。

第 29 条　扶养，适用一方当事人经常居所地法律、国籍国法律或者主要财产所在地法律中有利于保护被扶养人权益的法律。

第 30 条　监护，适用一方当事人经常居所地法律或者国籍国法律中有利于保护被监护人权益的法律。

第 4 章　继承

第 31 条　法定继承，适用被继承人死亡时经常居所地法律，但不动产法定继承，适用不动产所在地法律。

第 32 条　遗嘱方式，符合遗嘱人立遗嘱时或者死亡时经常居所地法律、国籍国法律或者遗嘱行为地法律的，遗嘱均为成立。

第 33 条　遗嘱效力，适用遗嘱人立遗嘱时或者死亡时经常居所地法律或者国籍国法律。

第 34 条　遗产管理等事项，适用遗产所在地法律。

第 35 条　无人继承遗产的归属，适用被继承人死亡时遗产所在地法律。

第 5 章　物权

第 36 条　不动产物权，适用不动产所在地法律。

第 37 条　当事人可以协议选择动产物权适用的法律。当事人没有选择的，适用法律事实发生时动产所在地法律。

第 38 条　当事人可以协议选择运输中动产物权发生变更适用的法律。当事人没有选择的，适用运输目的地法律。

第 39 条　有价证券，适用有价证券权利实现地法律或者其他与该有价证券有最密切联系的法律。

第 40 条　权利质权，适用质权设立地法律。

第 6 章　债权

第 41 条　当事人可以协议选择合同适用的法律。当事人没有选择的，适用履行义务最能体现该合同特征的一方当事人经常居所地法律或者其他与该合同有最密切联系的法律。

第 42 条　消费者合同，适用消费者经常居所地法律；消费者选择适用商品、服务提供地法律或者经营者在消费者经常居所地没有从事相关经营活动的，适用商品、服务提供地法律。

第 43 条　劳动合同，适用劳动者工作地法律；难以确定劳动者工作地的，适用用人单位主营业地法律。劳务派遣，可以适用劳务派出地法律。

第 44 条　侵权责任，适用侵权行为地法律，但当事人有共同经常居所地的，适用共同经常居所地法律。侵权行为发生后，当事人协议选择适用法律的，按照其协议。

第 45 条　产品责任，适用被侵权人经常居所地法律；被侵权人选择适用侵权人主营业地法律、损害发生地法律的，或者侵权人在被侵权人经常居所地没有从事相关经营活动的，适用侵权人主营业地法律或者损害发生地法律。

第 46 条　通过网络或者采用其他方式侵害姓名权、肖像权、名誉权、隐私权等人格权的，适用被侵权人经常居所地法律。

第 47 条　不当得利、无因管理，适用当事人协议选择适用的法律。当事人没有选择的，适用当事人共同经常居所地法律；没有共同经常居所地的，适用不当得利、无因管理发生地法律。

第 7 章 知识产权

第 48 条 知识产权的归属和内容，适用被请求保护地法律。

第 49 条 当事人可以协议选择知识产权转让和许可使用适用的法律。当事人没有选择的，适用本法对合同的有关规定。

第 50 条 知识产权的侵权责任，适用被请求保护地法律，当事人也可以在侵权行为发生后协议选择适用法院地法律。

第 8 章 附则

第 51 条 《中华人民共和国民法通则》第 146 条、第 147 条，《中华人民共和国继承法》第 36 条，与本法的规定不一致的，适用本法。

【法释〔2012〕24 号】 最高人民法院关于适用《中华人民共和国涉外民事关系法律适用法》若干问题的解释（一） （2012 年 12 月 10 日最高法审委会〔1563 次〕通过，2012 年 12 月 28 日公布，2013 年 1 月 7 日起施行；根据法释〔2020〕18 号《决定》修正，2021 年 1 月 1 日起施行）

第 1 条 民事关系具有下列情形之一的，人民法院可以认定为涉外民事关系：（一）当事人一方或双方是外国公民、外国法人或者其他组织、无国籍人；（二）当事人一方或双方的经常居所地在中华人民共和国领域外；（三）标的物在中华人民共和国领域外；（四）产生、变更或者消灭民事关系的法律事实发生在中华人民共和国领域外；（五）可以认定为涉外民事关系的其他情形。

第 2 条 涉外民事关系法律适用法实施以前发生的涉外民事关系，人民法院应当根据该涉外民事关系发生时的有关法律规定确定应当适用的法律；当时法律没有规定的，可以参照涉外民事关系法律适用法的规定确定。

第 3 条 涉外民事关系法律适用法与其他法律对同一涉外民事关系法律适用规定不一致的，适用涉外民事关系法律适用法的规定，但《中华人民共和国票据法》《中华人民共和国海商法》《中华人民共和国民用航空法》等商事领域法律的特别规定以及知识产权领域法律的特别规定除外。

涉外民事关系法律适用法对涉外民事关系的法律适用没有规定而其他法律有规定的，适用其他法律的规定。

第 4 条 涉外民事关系的法律适用涉及适用国际条约的，人民法院应当根据《中华人民共和国民法通则》第 142 条第 2 款以及《中华人民共和国票据法》第 95 条第 1 款、《中华人民共和国海商法》第 268 条第 1 款、《中华人民共和国民用航空法》第 184 条第 1 款等法律规定予以适用，但知识产权领域的国际条约已经转化或者需要转化为国内法律的除外。

第 5 条　涉外民事关系的法律适用涉及适用国际惯例的，人民法院应当根据《中华人民共和国民法通则》第 142 条第 3 款以及《中华人民共和国票据法》第 95 条第 2 款、《中华人民共和国海商法》第 268 条第 2 款、《中华人民共和国民用航空法》第 184 条第 2 款等法律规定予以适用。

第 4 条　中华人民共和国法律没有明确规定当事人可以选择涉外民事关系适用的法律，当事人选择适用法律的，人民法院应认定该选择无效。

第 5 条　一方当事人以双方协议选择的法律与系争的涉外民事关系没有实际联系为由主张选择无效的，人民法院不予支持。

第 6 条　当事人在一审法庭辩论终结前协议选择或者变更选择适用的法律的，人民法院应予准许。

各方当事人援引相同国家的法律且未提出法律适用异议的，人民法院可以认定当事人已经就涉外民事关系适用的法律做出了选择。

第 7 条　当事人在合同中援引尚未对中华人民共和国生效的国际条约的，人民法院可以根据该国际条约的内容确定当事人之间的权利义务，但违反中华人民共和国社会公共利益或中华人民共和国法律、行政法规强制性规定的除外。

第 8 条　有下列情形之一，涉及中华人民共和国社会公共利益、当事人不能通过约定排除适用、无需通过冲突规范指引而直接适用于涉外民事关系的法律、行政法规的规定，人民法院应当认定为涉外民事关系法律适用法第 4 条规定的强制性规定：（一）涉及劳动者权益保护的；（二）涉及食品或公共卫生安全的；（三）涉及环境安全的；（四）涉及外汇管制等金融安全的；（五）涉及反垄断、反倾销的；（六）应当认定为强制性规定的其他情形。

第 9 条　一方当事人故意制造涉外民事关系的连结点，规避中华人民共和国法律、行政法规的强制性规定的，人民法院应认定为不发生适用外国法律的效力。

第 10 条　涉外民事争议的解决须以另一涉外民事关系的确认为前提时，人民法院应当根据该先决问题自身的性质确定其应当适用的法律。

第 11 条　案件涉及 2 个或者 2 个以上的涉外民事关系时，人民法院应当分别确定应当适用的法律。

第 12 条　当事人没有选择涉外仲裁协议适用的法律，也没有约定仲裁机构或者仲裁地，或者约定不明的，人民法院可以适用中华人民共和国法律认定该仲裁协议的效力。

第 13 条　自然人在涉外民事关系产生或者变更、终止时已经连续居住 1 年以上且作为其生活中心的地方，人民法院可以认定为涉外民事关系法律适用法规定的自然人的经常居所地，但就医、劳务派遣、公务等情形除外。

第 14 条 人民法院应当将法人的设立登记地认定为涉外民事关系法律适用法规定的法人的登记地。

第 15 条 人民法院通过由当事人提供、已对中华人民共和国生效的国际条约规定的途径、中外法律专家提供等合理途径仍不能获得外国法律的，可以认定为不能查明外国法律。

根据涉外民事关系法律适用法第 10 条第 1 款的规定，当事人应当提供外国法律，其在人民法院指定的合理期限内无正当理由未提供该外国法律的，可以认定为不能查明外国法律。

第 16 条 人民法院应当听取各方当事人对应当适用的外国法律的内容及其理解与适用的意见，当事人对该外国法律的内容及其理解与适用均无异议的，人民法院可以予以确认；当事人有异议的，由人民法院审查认定。

第 17 条 涉及香港特别行政区、澳门特别行政区的民事关系的法律适用问题，参照适用本规定。

第 18 条 涉外民事关系法律适用法施行后发生的涉外民事纠纷案件，本解释施行后尚未终审的，适用本解释；本解释施行前已经终审，当事人申请再审或者按照审判监督程序决定再审的，不适用本解释。

【法释〔2023〕12 号】 最高人民法院关于适用《中华人民共和国涉外民事关系法律适用法》若干问题的解释（二）（2023 年 8 月 30 日最高法审委会〔1898次〕通过，2023 年 11 月 30 日公布，2024 年 1 月 1 日起施行；以本规为准）

第 1 条 人民法院审理涉外民商事案件适用外国法律的，应当根据涉外民事关系法律适用法第 10 条第 1 款的规定查明该国法律。

当事人选择适用外国法律的，应当提供该国法律。

当事人未选择适用外国法律的，由人民法院查明该国法律。

第 2 条 人民法院可以通过下列途径查明外国法律：（一）由当事人提供；（二）通过司法协助渠道由对方的中央机关或者主管机关提供；（三）通过最高人民法院请求我国驻该国使领馆或者该国驻我国使领馆提供；（四）由最高人民法院建立或者参与的法律查明合作机制参与方提供①；（五）由最高人民法院国际商事专家委员会专家提供；（六）由法律查明服务机构或者中外法律专家提供；（七）其他适当途径②。

---

① 例：我国最高人民法院与新加坡最高法院已经签署《关于法律查明问题的合作谅解备忘录》，新加坡法律的查明可以按照备忘录确定的程序进行。

② 本项开放式规定为查明外国法律的各类途径留出弹性空间，鼓励法官和当事人通过行业自律性组织、国际组织、学术机构、法律资料库、互联网等途径获取外国法律。

　　人民法院通过前款规定的其中一项途径无法获得外国法律或者获得的外国法律内容不明确、不充分的,应当通过该款规定的不同途径补充查明。

　　人民法院依据本条第 1 款第 1 项的规定要求当事人协助提供外国法律的,不得仅以当事人未予协助提供为由认定外国法律不能查明。

　　第 3 条　当事人提供外国法律的,应当提交该国法律的具体规定并说明获得途径、效力情况、与案件争议的关联性等。外国法律为判例法的,还应当提交判例全文。

　　第 4 条　法律查明服务机构、法律专家提供外国法律的,除提交本解释第 3 条规定的材料外,还应当提交法律查明服务机构的资质证明、法律专家的身份及资历证明,并附与案件无利害关系的书面声明。

　　第 5 条　查明的外国法律的相关材料均应当在法庭上出示。人民法院应当听取各方当事人对外国法律的内容及其理解与适用的意见。①

　　第 6 条　人民法院可以召集庭前会议或者以其他适当方式,确定需要查明的外国法律的范围。

　　第 7 条　人民法院认为有必要的,可以通知提供外国法律的法律查明服务机构或者法律专家出庭接受询问。当事人申请法律查明服务机构或者法律专家出庭,人民法院认为有必要的,可以准许。

　　法律查明服务机构或者法律专家现场出庭确有困难的,可以在线接受询问,但法律查明服务机构或者法律专家所在国法律对跨国在线参与庭审有禁止性规定的除外。

　　出庭的法律查明服务机构或者法律专家只围绕外国法律及其理解发表意见,不参与其他法庭审理活动。

　　第 8 条　人民法院对外国法律的内容及其理解与适用,根据以下情形分别作出处理:

　　(一) 当事人对外国法律的内容及其理解与适用均无异议的,人民法院可以予以确认;

　　(二) 当事人对外国法律的内容及其理解与适用有异议的,应当说明理由。人民法院认为有必要的,可以补充查明或者要求当事人补充提供材料。经过补充查明或者补充提供材料,当事人仍有异议的,由人民法院审查认定;

　　① 从程序启动上,包括 2 种方式:一是人民法院认为有必要时可以通知法律查明服务机构或法律专家出庭接受询问;二是当事人也可以申请法律查明服务机构或法律专家出庭作出说明。从参与方式上,包括 2 种方式:一是可以现场出庭接受询问;二是现场出庭确有困难的,可以在线接受询问。但法律查明服务机构或者法律专家只围绕外国法律及其理解发表意见,不参与其他法庭审理活动。

（三）外国法律的内容已为人民法院生效裁判所认定的，人民法院应当予以确认，但有相反证据足以推翻的除外。

第9条　人民法院应当根据外国法律查明办理相关手续等所需时间确定当事人提供外国法律的期限。当事人有具体理由说明无法在人民法院确定的期限内提供外国法律而申请适当延长期限的，人民法院视情可予准许。

当事人选择适用外国法律，其在人民法院确定的期限内无正当理由未提供该外国法律的，人民法院可以认定为不能查明外国法律。

第10条　人民法院依法适用外国法律审理案件，应当在裁判文书中载明外国法律的查明过程及外国法律的内容；人民法院认定外国法律不能查明的，应当载明不能查明的理由。

第11条　对查明外国法律的费用负担，当事人有约定的，从其约定；没有约定的，人民法院可以根据当事人的诉讼请求和具体案情，在作出裁判时确定上述合理费用的负担。

第12条　人民法院查明香港特别行政区、澳门特别行政区的法律，可以参照适用本解释。有关法律和司法解释对查明香港特别行政区、澳门特别行政区的法律另有规定的，从其规定。

【法释［2016］24号】　最高人民法院关于审理独立保函纠纷案件若干问题的规定（2016年7月11日最高法审委会［1688次］通过，2016年11月18日公布，2016年12月1日起施行；根据法释［2020］18号《决定》修正，2021年1月1日起施行）

第22条　涉外独立保函未载明适用法律，开立人和受益人在一审法庭辩论终结前亦未就适用法律达成一致的，开立人和受益人之间因涉外独立保函而产生的纠纷适用开立人经常居所地法律；独立保函由金融机构依法登记设立的分支机构开立的，适用分支机构登记地法律。

涉外独立保函欺诈纠纷，当事人就适用法律不能达成一致的，适用被请求止付的独立保函的开立人经常居所地法律；独立保函由金融机构依法登记设立的分支机构开立的，适用分支机构登记地法律；当事人有共同经常居所地的，适用共同经常居所地法律。

涉外独立保函止付保全程序，适用中华人民共和国法律。

【法发［2016］34号】　最高人民法院关于为自由贸易试验区建设提供司法保障的意见（2016年12月30日）

11. 建立合理的外国法查明机制。人民法院审理的涉自贸试验区的涉外民商事案件，当事人约定适用外国法律，在人民法院指定的合理期限内无正当理由未提供该外国法律或者该国法律没有规定的，适用中华人民共和国法律；人民法院了解查明途径的，可以告知当事人。当事人不能提供、按照我国参加的国际条约规定的途径亦不能查明的外国法律，可在一审开庭审理之前由当事人共同指定专家提供。根据冲突法规范应当适用外国法的，人民法院应当依职权查明外国法。

【法释［2023］14号】　最高人民法院关于设立国际商事法庭若干问题的规定（2018年6月27日"法释［2018］11号"公布，2018年7月1日起施行；2023年12月5日最高法审委会［1908次］修正，2023年12月18日公布，2024年1月1日起施行）

第3条　具有下列情形之一的商事案件，可以认定为本规定所称的国际商事案件：（一）当事人一方或者双方是外国人、无国籍人、外国企业或者组织的；（二）当事人一方或者双方的经常居所地在中华人民共和国领域外的；（三）标的物在中华人民共和国领域外的；（四）产生、变更或者消灭商事关系的法律事实发生在中华人民共和国领域外的。

第6条　国际商事法庭作出的保全裁定，可以指定下级人民法院执行。

第7条　国际商事法庭审理案件，依照《中华人民共和国涉外民事关系法律适用法》的规定确定争议适用的实体法律。

当事人依照法律规定选择适用法律的，应当适用当事人选择的法律。

第8条　国际商事法庭审理案件应当适用域外法律时，可以通过下列途径查明：（一）由当事人提供；（二）通过司法协助渠道由与我国订立司法协助协定的缔约对方的中央机关或者主管机关提供；（三）通过最高人民法院请求我国驻该国使领馆或者该国驻我国使领馆/使馆提供；（四）由最高人民法院建立或者参与的法律查明合作机制参与方提供；（五）由最高人民法院国际商事专家委员会专家提供；（六）由法律查明服务机构或者中外法律专家提供；（七）其他适当/合理途径。

通过上述途径提供的域外法律资料以及专家意见，应当依照法律规定在法庭上出示，并充分听取各方当事人的意见。

第18条　国际商事法庭通过电子诉讼服务平台、审判流程信息公开平台以及其他诉讼服务平台为诉讼参与人提供诉讼便利，并支持通过网络方式立案、缴费、阅卷、证据交换、送达、开庭等。

【法办发［2018］13号】　最高人民法院国际商事法庭程序规则（试行）（2018年10月29日最高法审委会［1751次］通过，最高法办公厅2018年11月21日印发，2018年12月5日起施行）

第4条　国际商事法庭支持通过网络方式受理、缴费、送达、调解、阅卷、证据交换、庭前准备、开庭等，为诉讼参加人提供便利。

第5条 当事人可以通过国际商事法庭官方网站（cicc. court. gov. cn）上的诉讼平台向国际商事法庭提交材料。如确有困难，当事人可以采取以下方式提交材料：（一）电子邮件；（二）邮寄；（三）现场提交；（四）国际商事法庭许可的其他方式。

通过前款第2项、第3项方式提交的，应提供纸质文件并按对方当事人人数提供副本，附光盘或其他可携带的储存设备。

第8条 原告根据《规定》（现法释［2023］14号，下同）第2条第1项向国际商事法庭提起诉讼，应当提交以下材料：（一）起诉状；（二）选择最高人民法院或第一国际商事法庭、第二国际商事法庭管辖的书面协议；（三）原告是自然人的，应当提交身份证明。原告是法人或者非法人组织的，应当提交营业执照或者其他登记证明、法定代表人或者负责人身份证明；（四）委托律师或者其他人代理诉讼的，应当提交授权委托书、代理人身份证明；（五）支持诉讼请求的相关证据材料；（六）填妥的《送达地址确认书》；（七）填妥的《审前分流程序征询意见表》。

前款第3项、第4项规定的证明文件，在中华人民共和国领域外形成的，应当办理公证、认证等证明手续。

第9条 国际商事法庭在接收原告根据第8条提交的材料后，出具电子或纸质凭证，并注明收到日期。

第10条 高级人民法院根据《规定》第2条第2项报请最高人民法院审理的，在报请时，应当说明具体理由并附有关材料。最高人民法院批准的，由国际商事法庭受理。

第11条 最高人民法院根据《规定》第2条第3项、第5项决定由国际商事法庭审理的案件，国际商事法庭应予受理。

第12条 国际商事法庭对符合民事诉讼法第119条（现第122条）规定条件的起诉，且原告在填妥的《审前分流程序征询意见表》中表示同意审前调解的，予以登记、编号，暂不收取案件受理费；原告不同意审前调解的，予以正式立案。

【法释［2020］11号】 最高人民法院关于审理涉船员纠纷案件若干问题的规定（2020年6月8日最高法审委会［1803次］通过，2020年9月27日公布，2020年9月29日起施行；以本规为准）

第17条 船员与船舶所有人之间的劳动合同具有涉外因素，当事人请求依照《中华人民共和国涉外民事关系法律适用法》第43条确定应适用的法律的，应予支持。

船员与船舶所有人之间的劳务合同，当事人没有选择应适用的法律，当事人主张适用劳务派出地、船舶所有人主营业地、船旗国法律的，应予支持。

船员与船员服务机构之间，以及船员服务机构与船舶所有人之间的居间或委托协议，当事人未选择应适用的法律，当事人主张适用与该合同有最密切联系的法律的，应予支持。

第 18 条　本规定中的船舶所有人，包括光船承租人、船舶管理人、船舶经营人。

第 19 条　本规定施行后尚未终审的案件，适用本规定；本规定施行前已经终审，当事人申请再审或者按照审判监督程序决定再审的案件，不适用本规定。

【法发［2020］20 号】　最高人民法院关于依法妥善审理涉新冠肺炎疫情民事案件若干问题的指导意见（三）（2020 年 6 月 8 日印发施行；涉港澳台参照本意见）

6. 对于与疫情相关的涉外商事海事纠纷等案件的适用法律问题，人民法院应当依照《中华人民共和国涉外民事关系法律适用法》等法律以及相关司法解释的规定，确定应当适用的法律。

应当适用我国法律的，关于不可抗力规则的具体适用，按照《最高人民法院关于依法妥善审理涉新冠肺炎疫情民事案件若干问题的指导意见（一）》执行。

应当适用域外法律的，人民法院应当准确理解该域外法中与不可抗力规则类似的成文法规定或者判例法的内容，正确适用，不能以我国法律中关于不可抗力的规定当然理解域外法的类似规定。

7. 人民法院根据《最高人民法院关于适用〈中华人民共和国涉外民事关系法律适用法〉若干问题的解释（一）》第 4 条的规定，确定国际条约的适用。对于条约不调整的事项，应当通过我国法律有关冲突规范的指引，确定应当适用的法律。

人民法院在适用《联合国国际货物销售合同公约》时，要注意，我国已于 2013 年撤回了关于不受公约第 11 条以及公约中有关第 11 条内容约束的声明，仍然保留了不受公约第 1 条第 1 款（b）项约束的声明。关于某一国家是否属于公约缔约国以及该国是否已作出相应保留，可查阅联合国国际贸易法委员会官方网站刊载的公约缔约国状况予以确定。此外，根据公约第 4 条的规定，公约不调整合同的效力以及合同对所售货物所有权可能产生的影响。对于这 2 类事项，应当通过我国法律有关冲突规范的指引，确定应当适用的法律，并根据该法律作出认定。

当事人以受疫情或者疫情防控措施影响为由，主张部分或者全部免除合同责

2072 ◀ 第四编 涉外民事诉讼程序的特别规定/第二十三章 一般原则

任的，人民法院应当依据公约第79条相关条款的规定进行审查，严格把握该条所规定的适用条件。对公约条款的解释，应当依据其用语按其上下文并参照公约的目的及宗旨所具有的通常意义，进行善意解释。同时要注意，《〈联合国国际货物销售合同公约〉判例法摘要汇编》并非公约的组成部分，审理案件过程中可以作为参考，但不能作为法律依据。

【法（民四）明传〔2021〕60号】　全国法院涉外商事海事审判工作座谈会会议纪要（2021年6月10日在南京召开，最高法2021年12月31日印发）

18.【国际条约未规定事项和保留事项的法律适用】中华人民共和国缔结或者参加的国际条约对涉外民商事案件中的具体争议没有规定，或者案件的具体争议涉及保留事项的，人民法院根据涉外民事关系法律适用法等法律的规定确定应当适用的法律。

19.【《联合国国际货物销售合同公约》的适用】营业地位于《联合国国际货物销售合同公约》不同缔约国的当事人缔结的国际货物销售合同应当自动适用该公约的规定，但当事人明确约定排除适用该公约的除外。人民法院应当在法庭辩论终结前向当事人询问关于适用该公约的具体意见。

20.【法律与国际条约的一致解释】人民法院审理涉外商事案件所适用的中华人民共和国法律、行政法规的规定存在两种以上合理解释的，人民法院应当选择与中华人民共和国缔结或者参加的国际条约一致的解释，但中华人民共和国声明保留的条款除外。

21.【查明域外法的途径】人民法院审理案件应当适用域外法律时，可以通过下列途径查明：（1）由当事人提供；（2）由中外法律专家提供；（3）由法律查明服务机构提供；（4）由最高人民法院国际商事专家委员提供；（5）由与我国订立司法协助协定的缔约相对方的中央机关提供；（6）由我国驻该国使领馆提供；（7）由该国驻我国使领馆提供；（8）其他合理途径。

通过上述途径提供的域外法律资料以及专家意见，应当在法庭上出示，并充分听取各方当事人的意见。

22.【委托国际商事专家委员提供咨询意见】人民法院委托最高人民法院国际商事专家委员就审理案件涉及的国际条约、国际商事规则、域外法律的查明和适用等法律问题提供咨询意见的，应当通过高级人民法院向最高人民法院国际商事法庭协调指导办公室办理寄交书面委托函，写明需提供意见的法律所属国别、法律部门、法律争议等内容，并附相关材料。

23.【域外法专家出庭】当事人可以依据民事诉讼法第82条的规定申请域外法专家出庭。

人民法院可以就专家意见书所涉域外法的理解，对出庭的专家进行询问。经法庭准许，当事人可以对出庭的专家进行询问。专家不得参与域外法查明事项之外的法庭审理活动。专家不能现场到庭的，人民法院可以根据案件审理需要采用视频方式询问。

24.【域外法内容的确定】双方当事人提交的域外法内容相同或者当事人对相对方提交的域外法内容无异议的，人民法院可以作为域外法依据予以确定。当事人对相对方提交的域外法内容有异议的，人民法院应当结合质证认证情况进行审查认定。人民法院不得仅以当事人对域外法内容存在争议为由认定不能查明域外法。

25.【域外法查明不能的认定】当事人应当提供域外法的，人民法院可以根据案件具体情况指定查明域外法的期限并可依据当事人申请适当延长期限。当事人在延长期限内仍不能提供的，视为域外法查明不能。

26.【域外法查明费用】对于应当适用的域外法，根据涉外民事关系法律适用法第 10 条第 1 款的规定由当事人提供的，查明费用由当事人直接支付给查明方，人民法院不得代收代付。人民法院可以根据当事人的诉讼请求和具体案情，对当事人因查明域外法而发生的合理费用予以支持。

52.【实际承运人责任的法律适用】海商法是调整海上运输关系的特别法律规定，应当优先于一般法律规定适用。就海上货物运输合同所涉及的货物灭失或者损坏，提单持有人选择仅向实际承运人主张赔偿的，人民法院应当优先适用海商法有关实际承运人的规定；海商法没有规定的，适用其他法律规定。

68.【涉外多式联运合同经营人的"网状责任制"】具有涉外因素的多式联运合同，当事人可以协议选择多式联运合同适用的法律；当事人没有选择的，适用最密切联系原则确定适用法律。

当事人就多式联运合同协议选择适用或者根据最密切联系原则适用中华人民共和国法律，但货物灭失或者损坏发生在国外某一运输区段的，人民法院应当根据海商法第 105 条的规定，适用该国调整该区段运输方式的有关法律规定，确定多式联运经营人的赔偿责任和责任限额，不能直接根据中华人民共和国有关调整该区段运输方式的法律予以确定；有关诉讼时效的认定，仍应当适用中华人民共和国相关法律规定。

【主席令［2021］79 号】　中华人民共和国海上交通安全法（1983 年 9 月 2 日全国人大常委会［6 届 2 次］通过，主席令第 7 号公布，1984 年 1 月 1 日起实施；2021 年 4 月 29 日全国人大常委会［13 届 28 次］最新修订，2021 年 9 月 1 日起施行）

第121条　中华人民共和国缔结或者参加的国际条约同本法有不同规定的，适用国际条约的规定，但中华人民共和国声明保留的条款除外。

【法释〔2022〕11号】　最高人民法院关于适用《中华人民共和国民事诉讼法》的解释（"法释〔2015〕5号"公布，2015年2月4日起施行；根据法释〔2020〕20号《决定》修正，2021年1月1日起施行；2022年3月22日最高法审委会〔1866次〕修正，2022年4月1日公布，2022年4月10日起施行；以本规为准）

第520条　有下列情形之一，人民法院可以认定为涉外民事案件：（一）当事人一方或者双方是外国人、无国籍人、外国企业或者组织的；（二）当事人一方或者双方的经常居所地在中华人民共和国领域外的；（三）标的物在中华人民共和国领域外的；（四）产生、变更或者消灭民事关系的法律事实发生在中华人民共和国领域外的；（五）可以认定为涉外民事案件的其他情形。

第549条　人民法院审理涉及香港、澳门特别行政区和台湾地区的民事诉讼案件，可以参照适用涉外民事诉讼程序的特别规定。

【法〔2022〕号】　中华人民共和国最高人民法院和新加坡共和国最高法院关于法律查明问题的合作谅解备忘录（2021年12月3日在中新两国签署，2022年4月3日公布，同日起生效）

中华人民共和国最高人民法院与新加坡共和国最高法院（单称"参与方"，合称"各参与方"）：

为促进中华人民共和国和新加坡共和国友好关系发展，共同推进"一带一路"建设，进一步密切两国司法领域的务实合作；为两国法院在国际民商事案件中查明对方法律提供便利，增强外国法查明的准确性和权威性，提高司法审判效率；双方就加强国际民商事案件外国法查明的双边合作达成共识并拟定以下谅解备忘录（以下简称"备忘录"）：

第1条　适用范围：当中华人民共和国和新加坡共和国的法院在审理国际民商事案件中需要适用对方国家的法律时，各参与方可以依据本备忘录请求对方针对其民事和商事的国内法和司法实践或相关事项，提供信息和意见。

第2条　有权提出请求的机构：提供信息和意见的请求将由双方有法律查明需求的法院提出（"请求法院"）。该请求只能就正在进行的民事或商事诉讼提出。

第3条　请求书的内容：提供信息和意见的请求书将包括：1.请求法院的名称；2.提出请求案件的性质；3.请求的具体法律事项；4.对请求作出答复所需要的事实、假设和其它辅助性信息。

提出请求时，不具体指明诉讼当事方或其作为当事方的诉讼。

第 4 条　请求的传递：来自中华人民共和国法院的请求由中华人民共和国最高人民法院向新加坡共和国最高法院传递，来自新加坡共和国法院的请求由新加坡共和国最高法院向中华人民共和国最高人民法院传递。就本备忘录而言，递交请求的参与方简称"请求方"，收到请求的参与方简称"接收方"。

第 5 条　请求的接收和答复：

中华人民共和国最高人民法院负责接收通过或由新加坡共和国最高法院传递的请求并进行答复。

新加坡共和国最高法院负责接收通过或由中华人民共和国最高人民法院传递的请求并进行答复。

第 6 条　答复的内容：接收方将以客观公正的方式向请求方提供信息和意见。在适当的情况下，答复将尽可能充分地对请求中包含的各项请求逐一回应，必要时可附正确理解信息所必需的任何其他文件，包括但不限于法律文本、相关判例、司法裁决、司法解释、法院指令等。

第 7 条　答复的传递：各参与方按照各自程序将答复直接提交给对方。

第 8 条　信息的澄清：接收方可以要求请求方对请求作进一步澄清，澄清请求将按照本备忘录第 4 条的规定送交请求方。

第 9 条　答复时间期限：接收方将尽快对提供信息和意见的请求作出答复。如在收到请求后 60 日内无法作出答复，接收方将及时通知请求方。

如果接收方要求请求方对请求作进一步澄清，请求方将尽快答复澄清请求。但是，如果在收到澄清请求后 30 天内不能作出答复，请求方将及时通知接收方。

第 10 条　答复的效力：

1. 答复所提供的信息和意见仅供参考使用，对请求法院在任何正在进行或未来的诉讼中裁判任何法律问题或在其他方面都不具有约束力。请求法院可根据其国内法、惯例和习惯，以其认为适当的方式使用答复中提供的信息和意见。

2. 为避免疑义：a. 请求法院有权将接收方的答复提供给请求案件的当事方，并请当事方就答复作出陈词；和 b. 请求法院有权通过请求方就答复提出要求提供进一步信息和意见的请求。

3. 接收方不对所提供的信息和意见承担责任。

第 11 条　不予答复的情形：如果接收方认为对提出的请求进行答复可能危害本国国家主权、安全、社会公共利益的，可不予答复，并立即通知请求方。

第 12 条　语言文字：

1. 请求及任何附件使用接收的官方语言文字或附以该官方语言文字的译本。

第四编　第二十三章

2. 答复及任何附件使用接收方的官方语言文字，并附以请求方官方语言文字的译本。

3. 就上文第 1 款和第 2 款而言，中华人民共和国最高人民法院的官方语言文字为中文，新加坡共和国最高法院的官方语言文字为英文。

第 13 条　联络部门：中华人民共和国最高人民法院指定最高人民法院国际合作局，新加坡共和国最高法院指定最高法院注册处为本备忘录项下联络部门。各参与方的请求和答复将由该联络部门通过指定的电子邮箱或其它认可的方式传递。

第 14 条　与其它外国法查明方式的关系：本备忘录的适用不妨碍两国法院在审理国际民商事案件时通过国际公约、双边条约、国内法律等其他方式查明对方国家的法律。

第 15 条　争端解决：在解释或执行本备忘录时如出现任何争议或分歧，将在各参与方互相理解和尊重的基础上通过友好协商解决，而不向任何第三方、法院、仲裁庭或任何其他审判机构提出。

第 16 条　修订：本备忘录可在任何时候经各参与方相互同意以书面形式修订。各参与方同意的任何修订将在各参与方同意的日期生效，并将视为本备忘录不可分割的一部分。

任何修订均不损害在该修订日期之前或截至该修订日期发出或收到的任何提供信息或意见的请求或收到的任何答复。

第 17 条　生效和终止：本备忘录将于 2022 年 4 月 3 日生效。任何参与方可以书面通知另一参与方终止本备忘录。在收到前述书面通知 6 个月后，本备忘录终止。

本备忘录不构成任何条约或法律，也不在参与方之间根据国内法或国际法规定设立任何具有法律约束力的权利或义务。

本备忘录于 2021 年 12 月 3 日在中华人民共和国和新加坡共和国签署，一式 2 份，中英文正本各 1 份，两种文本具有同等效力。

【法发〔2023〕16 号】　最高人民法院关于为广州南沙深化面向世界的粤港澳全面合作提供司法服务和保障的意见（2023 年 10 月 11 日）

15. 完善域外法律查明机制。进一步完善人民法院审理涉外、涉港澳台案件法律适用规则和工作机制，支持和引导根据区域特点和需求，充分利用各类域外法律查明途径，最大程度准确查明域外法律。合理认定域外法律查明内容和查明不能情形，避免在人民法院有义务查明域外法律情形下，仅以当事人未在合理期限内提供域外法律，或者在当事人有义务提供域外法律的情形下，仅因遗漏查明事项或当事人对提供的域外法律存在争议，认定域外法律无法查明。支持探索创新域外法律适用规则机制，深入调研商事主体依法选择适用域外法律解决商事纠纷有关问题。……

【法释〔2023〕15 号】　最高人民法院关于审理涉外民商事案件适用国际条约和国际惯例若干问题的解释（2023 年 12 月 5 日最高法审委会〔1908 次〕通过，2023 年 12 月 28 日公布，2024 年 1 月 1 日起施行；以本规为准）

第 1 条　人民法院审理《中华人民共和国海商法》、《中华人民共和国票据法》、《中华人民共和国民用航空法》、《中华人民共和国海上交通安全法》调整的涉外民商事案件，涉及适用国际条约的，分别按照《中华人民共和国海商法》（主席令〔1992〕64 号）第 268 条、《中华人民共和国票据法》（主席令〔2004〕22 号）第 95 条、《中华人民共和国民用航空法》（主席令〔1996〕56 号）第 184 条、《中华人民共和国海上交通安全法》（主席令〔2021〕79 号）第 121 条的规定予以适用。

人民法院审理上述法律调整范围之外的其他涉外民商事案件，涉及适用国际条约的，参照上述法律的规定。国际条约与中华人民共和国法律有不同规定的，适用国际条约的规定，但中华人民共和国声明保留的条款除外。

第 2 条　涉外民商事案件涉及 2 项或多项国际条约的适用时，人民法院应当根据国际条约中的适用关系条款确定应当适用的国际条约。

第 3 条　国际条约规定当事人可以约定排除或部分排除国际条约的适用，当事人主张依据其约定排除或部分排除国际条约适用的，人民法院予以支持。国际条约限制当事人排除或部分排除国际条约的适用，当事人主张依据其约定排除或部分排除国际条约适用的，人民法院不予支持。

第 4 条　当事人在合同中援引尚未对中华人民共和国生效的国际条约的，人民法院可以根据该国际条约的内容确定当事人之间的权利义务，但违反中华人民共和国法律、行政法规强制性规定或者损害中华人民共和国主权、安全和社会公共利益的除外。

第 5 条　涉外民商事合同当事人明示选择适用国际惯例，当事人主张根据国际惯例确定合同当事人之间的权利义务的，人民法院应予支持。

第 6 条　中华人民共和国法律和中华人民共和国缔结或者参加的国际条约没有规定的，人民法院可以适用国际惯例。当事人仅以未明示选择为由主张排除适用国际惯例的，人民法院不予支持。

第 7 条　适用国际条约和国际惯例损害中华人民共和国主权、安全和社会公共利益的，人民法院不予适用。

● **入库案例** 【2023-10-2-104-001】 **某银行有限公司诉胡某1、周某等保证合同纠纷案**（上海浦东新区法院／2021.10.29／［2020］沪0115民初4843号）

裁判要旨： 涉外商事合同中约定适用域外法律，且不违反我国法律强制性规定的，案件实体问题审查应适用相关域外法律。当事人委托境外执业律师就相关法律查明出具的专业意见，经审查后可作为法院查明域外法律的依据。

【2023-10-2-104-002】 **上海某贸易发展有限公司诉某国际商务贸易顾问有限公司、刘某某国际货物保证合同纠纷案**（上海嘉定区院／2019.08.30／［2019］沪0114民初1930号）

裁判要旨： 1. 当事人未约定涉外担保合同适用法律，但担保合同的签订地及履行地均在中国，根据最密切联系原则，就担保法律关系应当适用中华人民共和国法律。

【2023-10-2-483-003】 **某旅游公司诉某文化公司合同纠纷案**（重庆自贸区法院／2023.01.18／［2023］渝0192民初1634号）

裁判要旨： 对于涉外合同的法律适用，应依涉外合同中主体、内容等要素不同而分别适用不同准据法，对合同主体的民事权利能力、民事行为能力、诉讼主体资格、公司终止的效力、股东权利义务、债务承担等问题应适用公司登记地法律。对于案涉合同的内容、履行、终止等问题则适用当事人选择的法律，当事人没有选择的，可以适用合同特征履行地法律。

第 273 条[19910409] **【涉外诉讼语言文字】** 人民法院审理涉外民事案件，应当使用中华人民共和国通用的语言、文字。当事人要求提供翻译的，可以提供，费用由当事人承担／负担。

● **相关规定** 【法办发［2018］13号】 **最高人民法院国际商事法庭程序规则(试行)**（2018年10月29日最高法审委会［1751次］通过，最高法办公厅2018年11月21日印发，2018年12月5日起施行）

第6条 国际商事法庭根据当事人的申请，为当事人提供翻译服务，费用由当事人负担。

【法释［2022］11号】 **最高人民法院关于适用《中华人民共和国民事诉讼法》的解释**（"法释［2015］5号"公布，2015年2月4日起施行；根据法释［2020］20号《决定》修正，2021年1月1日起施行；2022年3月22日最高法审委会［1866次］修正，2022年4月1日公布，2022年4月10日起施行；以本规为准）

第525条 当事人向人民法院提交的书面材料是外文的, 应当同时向人民法院提交中文翻译件。

当事人对中文翻译件有异议的, 应当共同委托翻译机构提供翻译文本; 当事人对翻译机构的选择不能达成一致的, 由人民法院确定。

（本书汇）【涉外当事人主体资格】

第274条 【涉外诉讼委托律师】 外国人、无国籍人、外国企业和组织在人民法院起诉、应诉, 需要[19910409] 委托律师代理诉讼的, 必须委托中华人民共和国的律师。

第275条[19910409] **【域外委托书的效力】** 在中华人民共和国领域内没有住所/~~不在中华人民共和国领域内居住~~的外国人、无国籍人、外国企业和组织委托中华人民共和国律师或者其他人代理诉讼, 从中华人民共和国领域外寄交或者托交/~~寄给中国律师或者中国公民~~的授权委托书, 应当/~~必须~~经所在国公证机关证明, 并经中华人民共和国驻该国使领馆认证, 或者履行中华人民共和国与该所在国订立的有关条约中规定的证明手续后, 才具有效力。

● **相关规定** **【法（经）发［1989］12号】** **全国沿海地区涉外、涉港澳经济审判工作座谈会纪要**（1988年12月12-16日在佛山召开; 1989年6月12日印发）（本纪要一直未见废止）

三（三）诉讼主体和诉讼代理问题

1. 外国和港澳地区非法人企业的诉讼主体的确定问题。非法人企业（包括个体企业和合伙企业）的实体权利和义务最终是由个体业主或合伙人享有和承担, 其诉讼权利和义务也相应地应由他们享有和承担。法律文书上应将个体企业的业主和合伙企业的合伙人作为诉讼主体并列为: 某某人, 某某企业业主; 某某人, 某某企业合伙人。合伙企业有负责人的, 可将其列为诉讼代表人。遇到个体企业、合伙企业关闭或合伙人退伙的情况, 则分别写为: 某某人, 某某企业前业主或某某企业前合伙人。

2. 港澳律师能否代理诉讼问题。我国民事诉讼规定:"外国人、无国籍人、外国企业和组织在人民法院起诉、应诉, 委托律师代理诉讼的, 必须委托中华人民共和国律师。"司法部、铁道部和外国专家局《关于外国律师不得在我国开业的联合通知》也明确规定, 外国律师不得以律师的名义在我国代理诉讼和出庭。

目前，香港、澳门地区的律师尚不具有中华人民共和国的律师资格，所以他们不能作为当事人的诉讼代理人到内地参与诉讼。

【法发［2008］8号】 全国法院涉港澳商事审判工作座谈会纪要（2007年11月21-22日在南宁召开；2008年1月21日印发）

二、关于当事人主体资格

8. 香港特别行政区、澳门特别行政区的当事人参加诉讼，应提供经注册地公证、认证机构公证、认证的商业登记等身份证明材料。

9. 人民法院受理香港特别行政区、澳门特别行政区的当事人作为被告的案件的，该当事人在内地设立"三资企业"时向"三资企业"的审批机构提交并经审批的商业登记等身份证明材料可以作为证明其存在的证据，但有相反证据的除外。

10. 原告起诉时提供了作为被告的香港特别行政区、澳门特别行政区的当事人存在的证明，香港特别行政区、澳门特别行政区的当事人拒绝提供证明其身份的公证材料的，不影响人民法院对案件的审理。

六、其他

33. 本纪要中所称涉港澳商事案件是指当事人一方或者双方是香港特别行政区、澳门特别行政区的自然人或者企业、组织，或者当事人之间商事法律关系的设立、变更、终止的法律事实发生在香港特别行政区、澳门特别行政区，或者诉讼标的物在香港特别行政区、澳门特别行政区的商事案件。

【法发［2010］57号】 最高人民法院关于进一步做好边境地区涉外民商事案件审判工作的指导意见（2010年12月8日）

三、境外当事人到我国参加诉讼，人民法院应当要求其提供经过公证、认证的有效身份证明。境外当事人是法人时，对其法定代表人或者有权代表该法人参加诉讼的人的身份证明，亦应当要求办理公证、认证手续。如果境外当事人是自然人，其亲自到人民法院法官面前，出示护照等有效身份证明及入境证明，并提交上述材料的复印件的，可不再要求办理公证、认证手续。

四、境外当事人在我国境外出具授权委托书，委托代理人参加诉讼，人民法院应当要求其就授权委托书办理公证、认证手续。如果境外当事人在我国境内出具授权委托书，经我国的公证机关公证后，则不再要求办理认证手续。境外当事人是自然人或法人时，该自然人或者有权代表该法人出具授权委托书的人亲自到人民法院法官面前签署授权委托书的，无需办理公证、认证手续。

【法发［2020］20号】 最高人民法院关于依法妥善审理涉新冠肺炎疫情民事案件若干问题的指导意见（三）（2020年6月8日印发施行；涉港澳台参照本意见）

1. 外国企业或者组织向人民法院提交身份证明文件、代表人参加诉讼的证明，因疫情或者疫情防控措施无法及时办理公证、认证或者相关证明手续，申请延期提交的，人民法院应当依法准许，并结合案件实际情况酌情确定延长的合理期限。

在我国领域内没有住所的外国人、无国籍人、外国企业和组织从我国领域外寄交或者托交的授权委托书，因疫情或者疫情防控措施无法及时办理公证、认证或者相关证明手续，申请延期提交的，人民法院依照前款规定处理。

【法（民四）明传〔2021〕60 号】　全国法院涉外商事海事审判工作座谈会会议纪要（2021 年 6 月 10 日在南京召开，最高法 2021 年 12 月 31 日印发）

5.【"有明确被告"的认定】原告对住所地在中华人民共和国领域外的被告提起诉讼，能够提供该被告存在的证明的，即符合民事诉讼法第 122 条第 2 项规定的"有明确的被告"。被告存在的证明可以是处于有效期内的被告商业登记证、身份证明、合同书等文件材料，不应强制要求原告就上述证明办理公证认证手续。

6.【境外公司的诉讼代表人资格认定】在中华人民共和国领域外登记设立的公司因出现公司僵局、解散、重整、破产等原因，已经由登记地国法院指定司法管理人、清算管理人、破产管理人的，该管理人可以代表该公司参加诉讼。

管理人应当提交登记地国法院作出的判决、裁定及其公证认证手续等相关文件证明其诉讼代表资格。人民法院应当对上述证据组织质证，另一方当事人仅以登记地国法院作出的判决、裁定未经我国法院承认为由，否认管理人诉讼代表资格的，人民法院不予支持。

7.【外籍当事人委托公民代理的手续审查】根据民事诉讼法司法解释第 528 条、第 529 条的规定，涉外民事诉讼中的外籍当事人委托本国人为诉讼代理人或者委托本国律师以非律师身份担任诉讼代理人、外国驻华使馆官员受本国公民委托担任诉讼代理人的，不适用民事诉讼法第 61 条第 2 款第 3 项的规定，无须提交当事人所在社区、单位或者有关社会团体的推荐函。

8.【外国当事人一次性授权的手续审查】外国当事人一次性授权诉讼代理人代理多个案件或者 1 个案件的多个程序，该授权办理了公证认证或者司法协助协定规定的相关证明手续，诉讼代理人有权在授权委托书的授权范围和有效期内从事诉讼代理行为。对方当事人以该诉讼代理人的授权未就单个案件或者程序办理公证认证或者证明手续为由提出异议的，人民法院不予支持。

9.【境外寄交管辖权异议申请的审查】当事人从中华人民共和国领域外寄交或者托交管辖权异议申请的，应当提交其主体资格证明以及有效联系方式；未提交的，人民法院对其提出的管辖权异议不予审查。

【法释［2022］11号】　最高人民法院关于适用《中华人民共和国民事诉讼法》的解释（"法释［2015］5号"公布，2015年2月4日起施行；根据法释［2020］20号《决定》修正，2021年1月1日起施行；2022年3月22日最高法审委会［1866次］修正，2022年4月1日公布，2022年4月10日起施行；以本规为准）

第521条　外国人参加诉讼，应当向人民法院提交护照等用以证明自己身份的证件。

外国企业或者组织参加诉讼，向人民法院提交的身份证明文件，应当经所在国公证机关公证，并经中华人民共和国驻该国使领馆认证，或者履行中华人民共和国与该所在国订立的有关条约中规定的证明手续。

代表外国企业或者组织参加诉讼的人，应当向人民法院提交其有权作为代表人参加诉讼的证明，该证明应当经所在国公证机关公证，并经中华人民共和国驻该国使领馆认证，或者履行中华人民共和国与该所在国订立的有关条约中规定的证明手续。

本条所称的"所在国"，是指外国企业或者组织的设立登记地国，也可以是办理了营业登记手续的第三国。

第522条　依照民事诉讼法第271条（现第275条）以及本解释第521条规定，需要办理公证、认证手续，而外国当事人所在国与中华人民共和国没有建立外交关系的，可以经该国公证机关公证，经与中华人民共和国有外交关系的第三国驻该国使领馆认证，再转由中华人民共和国驻第三国使领馆认证。

第523条　外国人、外国企业或者组织的代表人在人民法院法官的见证下签署授权委托书，委托代理人进行民事诉讼的，人民法院应予认可。

第524条　外国人、外国企业或者组织的代表人在中华人民共和国境内签署授权委托书，委托代理人进行民事诉讼，经中华人民共和国公证机构公证的，人民法院应予认可。

第526条　涉外民事诉讼中的外籍当事人，可以委托本国人为诉讼代理人，也可以委托本国律师以非律师身份担任诉讼代理人；外国驻华使领馆官员，受本国公民的委托，可以以个人名义担任诉讼代理人，但在诉讼中不享有外交或者领事特权和豁免。

第527条　涉外民事诉讼中，外国驻华使领馆授权其本馆官员，在作为当事人的本国国民不在中华人民共和国领域内的情况下，可以以外交代表身份为其本国国民在中华人民共和国聘请中华人民共和国律师或者中华人民共和国公民代理民事诉讼。

（本书汇）【涉诉限制出境】

● **相关规定**　【**主席令 ［2012］57 号**】　**中华人民共和国出境入境管理法**
（2012 年 6 月 30 日全国人大常委会 ［11 届 27 次］通过，2013 年 7 月 1 日起施行）

　　第 12 条　中国公民有下列情形之一的，不准出境：（一）未持有效出境入境证件或者拒绝、逃避接受边防检查的；（二）被判处刑罚尚未执行完毕或者属于刑事案件被告人、犯罪嫌疑人的；（三）有未了结的民事案件，人民法院决定不准出境的；（四）因妨害国 （边）境管理受到刑事处罚或者因非法出境、非法居留、非法就业被其他国家或者地区遣返，未满不准出境规定年限的；（五）可能危害国家安全和利益，国务院有关主管部门决定不准出境的；（六）法律、行政法规规定不准出境的其他情形。

　　第 28 条　外国人有下列情形之一的，不准出境：（一）被判处刑罚尚未执行完毕或者属于刑事案件被告人、犯罪嫌疑人的，但是按照中国与外国签订的有关协议，移管被判刑人的除外；（二）有未了结的民事案件，人民法院决定不准出境的；（三）拖欠劳动者的劳动报酬，经国务院有关部门或者省、自治区、直辖市人民政府决定不准出境的；（四）法律、行政法规规定不准出境的其他情形。

【法发 ［2010］57 号】　　最高人民法院关于进一步做好边境地区涉外民商事案件审判工作的指导意见（2010 年 12 月 8 日）

　　七、人民法院在审理案件过程中，对外国人采取限制出境措施，应当从严掌握，必须同时具备以下条件：（一）被采取限制出境措施的人只能是在我国有未了结民商事案件的当事人或当事人的法定代表人、负责人；（二）当事人有逃避诉讼或者逃避履行法定义务的可能；（三）不采取限制出境措施可能造成案件难以审理或者无法执行。

第二十四章[19910409]　　管　辖

　　第 276 条[20240101]　　**【涉外管辖】**因涉外民事/合同纠纷或者其他财产权益纠纷，对在中华人民共和国领域内没有住所的被告提起除身份关系以外的诉讼，如果合同签订地、合同履行地、诉讼标的物所在

~~地、可供扣押财产所在地、侵权行为地、代表机构住所地位于中华人民共和国领域内的~~／合同在中华人民共和国领域内签订或者履行，或者诉讼标的物在中华人民共和国领域内，或者被告在中华人民共和国领域内有可供扣押的财产，或者被告在中华人民共和国领域内设有代表机构，可以由合同签订地、合同履行地、诉讼标的物所在地、可供扣押财产所在地、侵权行为地、~~或者代表机构住所地~~人民法院管辖。

（新增）除前款规定外，涉外民事纠纷与中华人民共和国存在其他适当联系的，可以由人民法院管辖。

~~第 242 条【涉外协议管辖】 涉外合同或者涉外财产权益纠纷的当事人，可以用书面协议选择与争议有实际联系的地点的法院管辖。选择中华人民共和国人民法院管辖的，不得违反本法关于级别管辖和专属管辖的规定。~~ 20130101

~~第 243 条【涉外应诉管辖】 涉外民事诉讼的被告对人民法院管辖不提出异议，并应诉答辩的，视为承认该人民法院为有管辖权的法院。~~ 20130101

第 277 条²⁰²⁴⁰¹⁰¹ 【涉外协议管辖】涉外民事纠纷的当事人书面协议选择人民法院管辖的，可以由人民法院管辖。

第 278 条²⁰²⁴⁰¹⁰¹ 【涉外应诉管辖】当事人未提出管辖异议，并应诉答辩或者提出反诉的，视为人民法院有管辖权。

第 279 条²⁰²⁴⁰¹⁰¹ 【涉外专属管辖】下列民事案件，由人民法院专属管辖：

（一）因在中华人民共和国领域内设立的法人或者其他组织的设立、解散、清算，以及该法人或者其他组织作出的决议的效力等纠纷提起的诉讼；

（二）因与在中华人民共和国领域内审查授予的知识产权的有效性有关的纠纷提起的诉讼；

（三）因在中华人民共和国领域内履行中外合资经营企业合同、中外合作经营企业合同、中外合作勘探开发自然资源合同发生纠纷提起的诉讼。

第 280 条²⁰²⁴⁰¹⁰¹　**【涉外并行管辖】**当事人之间的同一纠纷，一方当事人向外国法院起诉，另一方当事人向人民法院起诉，或者一方当事人既向外国法院起诉，又向人民法院起诉，人民法院依照本法有管辖权的，可以受理。当事人订立排他性管辖协议选择外国法院管辖且不违反本法对专属管辖的规定，不涉及中华人民共和国主权、安全或者社会公共利益的，人民法院可以裁定不予受理；已经受理的，裁定驳回起诉。

第 281 条²⁰²⁴⁰¹⁰¹　**【涉外诉讼中止与恢复】**人民法院依据前条规定受理案件后，当事人以外国法院已经先于人民法院受理为由，书面申请人民法院中止诉讼的，人民法院可以裁定中止诉讼，但是存在下列情形之一的除外：

（一）当事人协议选择人民法院管辖，或者纠纷属于人民法院专属管辖；

（二）由人民法院审理明显更为方便。

外国法院未采取必要措施审理案件，或者未在合理期限内审结的，依当事人的书面申请，人民法院应当恢复诉讼。

外国法院作出的发生法律效力的判决、裁定，已经被人民法院全部或者部分承认，当事人对已经获得承认的部分又向人民法院起诉的，裁定不予受理；已经受理的，裁定驳回起诉。

第 282 条²⁰²⁴⁰¹⁰¹　**【涉外方便管辖】**人民法院受理的涉外民事案件，被告提出管辖异议，且同时有下列情形的，可以裁定驳回起诉，告知原告向更为方便的外国法院提起诉讼：

（一）案件争议的基本事实不是发生在中华人民共和国领域内，人民法院审理案件和当事人参加诉讼均明显不方便；

（二）当事人之间不存在选择人民法院管辖的协议；

（三）案件不属于人民法院专属管辖；

（四）案件不涉及中华人民共和国主权、安全或者社会公共利益；

（五）外国法院审理案件更为方便。

裁定驳回起诉后，外国法院对纠纷拒绝行使管辖权，或者未采取必要措施审理案件，或者未在合理期限内审结，当事人又向人民法院起诉的，人民法院应当受理。

● **相关规定** 【法（经）发〔1989〕12号】 全国沿海地区涉外、涉港澳经济审判工作座谈会纪要（1988年12月12-16日在佛山召开；1989年6月12日印发）（本纪要一直未见废止）

三（一）管辖问题

1. 涉外、涉港澳经济诉讼，主要有3类：因经济合同纠纷提起的诉讼，因物权纠纷提起的诉讼和因侵权行为提起的诉讼。凡是合同履行地或合同签订地在我国境内的，或者双方争议的财产在我国境内的，或者侵权行为发生地或侵权结果发生地在我国境内的，我国人民法院有管辖权。此外，根据审判实践，凡是被告在我国境内有住所、营业所或设有常驻代表机构的，或者被告在我国境内有非争议财产的，我国人民法院亦可管辖。

对于发生在境外的我国法院没有管辖权的经济纠纷案件，除涉及不动产物权的纠纷外，只要双方当事人有书面协议，约定到中国法院进行诉讼的，我国人民法院依据当事人提交的书面协议，取得对该项诉讼的管辖权。在没有协议的情况下，一方当事人向我国人民法院起诉，另一方当事人应诉并就实体问题进行答辩的，视为双方当事人承认我国人民法院对该项诉讼的管辖权。

涉外、涉港澳经济合同的当事人书面协议提交仲裁的，如果该仲裁协议无效，或者内容不明确以致无法执行，一方当事人向我国人民法院起诉的，只要中国法院对该项诉讼具有管辖权，人民法院应予受理。

凡是中国法院享有管辖权的涉外、涉港澳经济纠纷案件，外国法院或者港澳地区法院对该案的受理，并不影响当事人就同一案件在我国人民法院起诉，但是否受理，应当根据案件的具体情况决定。

2. 凡是我国民事诉讼法和其他法律规定由中国法院专属管辖的经济纠纷案件，包括因不动产提起的诉讼，港口作业中发生的诉讼，因登记发生的诉讼，以及在我国境内履行的中外合资经营企业合同纠纷，中外合作经营企业合同纠纷和中外合作勘探开发自然资源合同纠纷引起的诉讼，外国法院或者港澳地区法院无权管辖，当事人也不得约定由我国境外的法院管辖。但是根据我国民事诉讼法第192条（现第288条）和涉外经济合同法第37条、第38条的规定，如果涉外经济合同中订有仲裁条款或者当事人另有仲裁协议，约定将合同争议提交中国涉外仲裁机构或者其他国家的仲裁机构仲裁的，只要该仲裁条款或仲裁协议合法有效，当事人因合同争议向我国法院提起诉讼时，我国人民法院应不予受理，当事人坚持起诉的，应当依法裁定驳回起诉，不能以属于我国法院专属管辖为由对抗或者否定当事人间仲裁条款或仲裁协议的效力。

3. 涉外经济纠纷案件，由中级人民法院作第一审，省、自治区、直辖市高级人民法院作第二审。涉港澳经济纠纷案件，当前一般仍应由中级人民法院作第一审，在有条件的地方，中级人民法院可以将案情比较简单、争讼标的较小的案件交由基层人民法院受理。

三（二）案件受理问题

1.2 个诉因并存的案件的受理问题。一个法律事实或法律行为有时可以同时产生 2 个法律关系，最常见的是债权关系与物权关系并存，或者被告的行为同时构成破坏合同和民事侵害。原告可以选择两者之中有利于自己的一种诉因提起诉讼，有管辖权的受诉法院不应以存在其他诉因为由拒绝受理。但当事人不得就同一法律事实或法律行为，分别以不同的诉因提起 2 个诉讼。

【法［2004］265 号】 　**最高人民法院关于加强涉外商事案件诉讼管辖工作的通知**（2004 年 12 月 29 日）

一（第 1 款）、受理边境贸易纠纷案件法院的上诉审中级人民法院，国务院批准设立的经济技术开发区法院的上诉审中级人民法院，以及其他中级人民法院，需要指定管辖一审涉外商事案件的，由其所在地的高级人民法院报请最高人民法院审批。

二、授权广东省和各直辖市的高级人民法院根据实际工作需要指定辖区内的基层人民法院管辖本区的第一审涉外（含港澳台）商事案件，明确基层人民法院与中级人民法院的案件管辖分工，并将指定管辖的情况报最高人民法院备案。

【法释［2005］4 号】 　**最高人民法院关于新疆生产建设兵团人民法院案件管辖权问题的若干规定**（2005 年 1 月 13 日最高法审委会［1340 次］通过，2005 年 5 月 24 日公布，2005 年 6 月 6 日起施行；以本规为准）

第 5 条　兵团人民法院管辖兵团范围内发生的涉外案件。新疆维吾尔自治区高级人民法院生产建设兵团分院根据最高人民法院的有关规定确定管辖涉外案件的兵团法院。

【法发［2005］26 号】 　**第二次全国涉外商事海事审判工作会议纪要**（2005 年 11 月 15-16 日在南京召开；2005 年 12 月 26 日公布）

1. 人民法院在审理国内商事纠纷案件过程中，因追加当事人而使得案件具有涉外因素的，属于涉外商事纠纷案件，应当按照《最高人民法院关于涉外民商事案件诉讼管辖若干问题的规定》①确定案件的管辖。当事人协议管辖不得违反前述规定。

无管辖权的人民法院不得受理涉外商事纠纷案件；已经受理的，应将案件移送有管辖权的人民法院审理。

① 注：该《规定》（法释［2002］5 号）已被《最高人民法院关于涉外民商事案件管辖若干问题的规定》（法释［2022］18 号）实际取代、废止。

2. 涉及外资金融机构（包括外国独资银行、独资财务公司、合资银行、合资财务公司、外国银行分行）的商事纠纷案件，其诉讼管辖按照《最高人民法院关于涉外民商事案件诉讼管辖若干问题的规定》办理。

3. 一方当事人以外国当事人为被告向人民法院提起诉讼，该外国当事人在我国境内设有来料加工、来样加工、来件装配或者补偿贸易企业（以下简称"三来一补"企业）的，应认定其在我国境内有可供扣押的财产，该"三来一补"企业所在地有涉外商事案件管辖权的人民法院可以对纠纷行使管辖权。

4. 人民法院在认定涉外商事纠纷案件当事人协议选择的法院是否属于《中华人民共和国民事诉讼法》第 244 条①规定的"与争议有实际联系的地点的法院"时，应该考虑当事人住所地、登记地、营业地、合同签订地、合同履行地、标的物所在地等因素。

5. 中外合资经营企业合同、中外合作经营企业合同，合资、合作企业的注册登记地为合同履行地；涉及转让在我国境内依法设立的中外合资经营企业、中外合作经营企业、外国独资企业股份的合同，上述外商投资企业的注册登记地为合同履行地。根据《中华人民共和国民事诉讼法》的规定，合同履行地的人民法院对上述合同纠纷享有管辖权。

6. 当事人申请确认涉外仲裁协议效力的案件，由申请人住所地、被申请人住所地或者仲裁协议签订地有权受理涉外商事案件的中级人民法院管辖；申请执行我国涉外仲裁裁决的案件，由被申请人住所地、财产所在地有权受理涉外商事案件的中级人民法院管辖；申请撤销我国涉外仲裁裁决的案件，由仲裁机构所在地有权受理涉外商事案件的中级人民法院管辖；申请承认与执行外国仲裁裁决的案件，由被申请人住所地或者财产所在地有权受理涉外商事案件的中级人民法院管辖。

7. 涉外商事合同的当事人之间签订的有效仲裁协议约定了因合同发生的或与合同有关的一切争议均应通过仲裁方式解决，原告就当事人在签订和履行合同过程中发生的纠纷以侵权为由向人民法院提起诉讼的，人民法院不享有管辖权。

8. 人民法院根据《中华人民共和国民事诉讼法》的规定仅对主合同纠纷或者担保合同纠纷享有管辖权，原告以主债务人和担保人为共同被告向人民法院提起诉讼的，人民法院可以对主合同纠纷和担保合同纠纷一并管辖，但主合同或者担保合同当事人订有仲裁协议或者管辖协议，约定纠纷由仲裁机构仲裁或者外国法院排他性管辖的，人民法院对订有此类协议的主合同纠纷或者担保合同纠纷不享

---

① 注：该条文规定为："涉外合同或者涉外财产权益纠纷的当事人，可以用书面协议选择与争议有实际联系的地点的法院管辖。选择中华人民共和国人民法院管辖的，不得违反本法关于级别管辖和专属管辖的规定。" 2012 年 8 月 31 日被全国人大常委会 [11 届 28 次] 删除，2013 年 1 月 1 日起施行。

有管辖权。

9. 担保合同的主债务人在我国境外，债权人在我国仅起诉担保人的，人民法院应根据《中华人民共和国民事诉讼法》的相关规定行使管辖权。在审理过程中，如发现依据担保合同的准据法，担保人享有先诉抗辩权或者该案需要先确定主合同债权额的，可以根据不同情况分别作如下处理：（1）人民法院对主合同纠纷享有管辖权的，可以要求原告在一定期限内追加主债务人为共同被告；（2）人民法院对主合同纠纷不享有管辖权的，应裁定中止审理，并指定一定的期限，告知债权人对主债务人提起诉讼或仲裁，或者以其他方式确定主债权额。债权人在指定的期限内对主债务人提起诉讼或仲裁，或者经其他方式可以明确主债权额的，人民法院应在债权人提交相应的生效裁判文书或者其他证明文件后恢复审理。

债权人在指定的期限内拒绝申请追加主债务人为共同被告，或者未对主债务人提起诉讼或仲裁，或者经其他方式仍未能明确主债权额，且人民法院调解不成的，裁定驳回债权人的起诉。

10. 我国法院和外国法院都享有管辖权的涉外商事纠纷案件，一方当事人向外国法院起诉且被受理后又就同一争议向我国法院提起诉讼，或者对方当事人就同一争议向我国法院提起诉讼的，外国法院是否已经受理案件或者作出判决，不影响我国法院行使管辖权，但是否受理，由我国法院根据案件具体情况决定。外国法院判决已经被我国法院承认和执行的，人民法院不应受理。我国缔结或者参加的国际条约另有规定的，按规定办理。

11. 我国法院在审理涉外商事纠纷案件过程中，如发现案件存在不方便管辖的因素，可以根据"不方便法院原则"裁定驳回原告的起诉。"不方便法院原则"的适用应符合下列条件：（1）被告提出适用"不方便法院原则"的请求，或者提出管辖异议而受诉法院认为可以考虑适用"不方便法院原则"；（2）受理案件的我国法院对案件享有管辖权；（3）当事人之间不存在选择我国法院管辖的协议；（4）案件不属于我国法院专属管辖；（5）案件不涉及我国公民、法人或者其他组织的利益；（6）案件争议发生的主要事实不在我国境内且不适用我国法律，我国法院若受理案件在认定事实和适用法律方面存在重大困难；（7）外国法院对案件享有管辖权且审理该案件更加方便。

12. 涉外商事纠纷案件的当事人协议约定外国法院对其争议享有非排他性管辖权时，可以认定该协议并没有排除其他国家有管辖权法院的管辖权。如果一方当事人向我国法院提起诉讼，我国法院依照《中华人民共和国民事诉讼法》的有关规定对案件享有管辖权的，可以受理。

第四编　第二十四章

【民四他字［2006］18号】 最高人民法院关于建和财务有限公司与丰业财务有限公司、丰业酒店集团有限公司借款、担保合同纠纷一案的请示的复函（2006年9月14日答复山东高院"［2002］鲁民四初字第4号"请示）

二、关于建和财务公司与丰业酒店集团有限公司之间的担保合同纠纷法律适用问题

本案为涉港案件，应参照适用关于涉外案件的有关规定。确定本案担保合同纠纷准据法的关键是确认当事人在《补充协议》中约定的法律适用条款的效力。如果当事人在《补充协议》中约定的法律适用条款有效，则应依约定适用我国内地的法律作为解决担保合同纠纷的准据法；如果该条款无效，则应审查当事人在《合营权益抵押契约》中约定法律适用条款的效力，有效按其约定，无效则应按照最密切联系原则确定担保合同纠纷的准据法。根据你院请示报告所述，本案目前确定《补充协议》中法律适用条款效力的核心问题是审查温汝成是否有权代表丰业酒店集团有限公司签署该《补充协议》，即对温汝成签订《补充协议》的行为能力作出准确认定。根据我国法律的基本原则，对于当事人的行为能力，一般应该根据其本国法作出认定。同时，最高人民法院《关于贯彻执行（民法通则）若干问题的意见（试行）》第180条规定："外国人在我国领域内进行民事活动，如依其本国法律为无民事行为能力，而依我国法律为有民事行为能力，应当认定为有民事行为能力。"参照上述规定，你院应首先查清温汝成签订《补充协议》的行为是在哪里进行的，即查清《补充协议》的签订地。如果《补充协议》是在香港签订，且温汝成为香港居民，则应适用香港法律对温汝成是否有权签订《补充协议》作出认定；如果《补充协议》是在我国内地签订，则应适用我国内地相关的法律对温汝成是否有权签订《补充协议》作出认定。你院应该在查明案件事实的情况下，根据上述原则，依法对温汝成签订的《补充协议》的效力作出认定。

由于你院对于《补充协议》签订地这一重要事实未予查清，因此请示报告中关于担保合同纠纷法律适用问题的2种分析意见均是缺乏充分根据的。

三、关于《合营权益抵押契约》的效力问题

《合营权益抵押契约》的效力问题是以你院请示的第二个问题即担保合同纠纷准据法的确定为前提的，在《合营权益抵押契约》的准据法未确定的情况下，不能依法对该契约的效力作出认定。你院应在《合营权益抵押契约》的准据法确定后，再根据确定的准据法对该契约的效力问题作出认定。

【法发［2008］8号】 全国法院涉港澳商事审判工作座谈会纪要（2007年11月21-22日在南宁召开；2008年1月21日印发）

一、关于案件管辖权

1. 人民法院受理涉港澳商事案件，应当参照《中华人民共和国民事诉讼法》第 4 编和《最高人民法院关于涉外民商事案件诉讼管辖若干问题的规定》①确定案件的管辖。

2. 有管辖权的人民法院受理的涉港澳商事案件，如果被告以存在有效仲裁协议为由对人民法院的管辖权提出异议，受理案件的人民法院可以对案件管辖问题作出裁定。如果认定仲裁协议无效、失效或者内容不明确无法执行的，在作出裁定前应当按照《最高人民法院关于人民法院处理与涉外仲裁及外国仲裁事项有关问题的通知》（法发［1995］18 号）逐级上报。

3. 人民法院受理涉港澳商事案件后，被告以存在有效仲裁协议为由对人民法院的管辖权提出异议，且在人民法院受理商事案件的前后或者同时向另一人民法院提起确认仲裁协议效力之诉的，应分别以下情况处理：

（1）确认仲裁协议效力之诉受理在先或者两案同时受理的，受理商事案件的人民法院应中止对管辖权异议的审理，待确认仲裁协议效力之诉审结后，再恢复审理并就管辖权问题作出裁定；

（2）商事案件受理在先且管辖权异议尚未审结的，对于被告另行提起的确认仲裁协议效力之诉，人民法院应不予受理；受理后发现其他人民法院已经先予受理当事人间的商事案件并正在就管辖权异议进行审理的，应当将案件移送受理商事案件的人民法院在管辖权异议程序中一并解决。

（3）商事案件受理在先且人民法院已经就案件管辖权问题作出裁定，确认仲裁协议无效的，被告又向其他人民法院提起确认仲裁协议效力之诉，人民法院应不予受理；受理后发现上述情况的，应裁定驳回当事人的起诉。

4. 下级人民法院违反《最高人民法院关于涉外民商事案件诉讼管辖若干问题的规定》受理涉港澳商事案件并作出实体判决的，上级人民法院可以程序违法为由撤销下级人民法院的判决，将案件移送有管辖权的人民法院审理。

5. 人民法院受理破产申请后，即使该人民法院不享有涉外民商事案件管辖权，但根据《中华人民共和国企业破产法》第 21 条的规定，有关债务人的涉港澳商事诉讼仍应由该人民法院管辖。

6. 内地人民法院和香港特别行政区法院或者澳门特别行政区法院都享有管辖权的涉港澳商事案件，一方当事人向香港特别行政区法院或者澳门特别行政区法院起诉被受理后，当事人又向内地人民法院提起相同诉讼，香港特别行政区法院或者澳门特别行政区法院是否已经受理案件或作出判决，不影响内地人民法院行

---

① 注：该《规定》（法释［2002］5 号）已被《最高人民法院关于涉外民商事案件管辖若干问题的规定》（法释［2022］18 号）实际取代、废止。

使管辖权，但是否受理由人民法院根据案件具体情况决定。

内地人民法院已经受理当事人申请认可或执行香港特别行政区法院或者澳门特别行政区法院就相同诉讼作出的判决的，或者香港特别行政区法院、澳门特别行政区法院的判决已获内地人民法院认可和执行的，内地人民法院不应再受理相同诉讼。

7. 人民法院受理的涉港澳商事案件，如果被告未到庭应诉，即使案件存在不方便管辖的因素，在被告未提出管辖权异议的情况下，人民法院不应依职权主动适用不方便法院原则放弃对案件的管辖权。

【法发［2010］57号】　最高人民法院关于进一步做好边境地区涉外民商事案件审判工作的指导意见（2010年12月8日）

一、发生在边境地区的涉外民商事案件，争议标的额较小、事实清楚、权利义务关系明确的，可以由边境地区的基层人民法院管辖。

【民四他字［2010］80号】　最高人民法院关于上海市高级人民法院就上海市所辖中级人民法院和基层人民法院管辖涉外、涉港澳台第一审民商事案件标准请示的批复（2011年1月21日答复上海高院"沪高法［2010］403号"请示；试行1年，已期满）

根据法发［2008］10号《最高人民法院关于调整高级人民法院和中级人民法院管辖第一审民商事案件标准的通知》和法释［2002］5号《最高人民法院关于涉外民商事案件诉讼管辖若干问题的规定》的精神，经研究，批复如下：

上海市所辖中级人民法院可管辖诉讼标的额为人民币8亿元以下的涉外、涉港澳台第一审民商事案件。

上海浦东新区人民法院和黄浦区人民法院可管辖诉讼标的额为人民币2000万元以下的涉外、涉港澳台第一审民商事案件；其他16家基层人民法院可管辖诉讼标的额为人民币1000万元以下的涉外、涉港澳台第一审民商事案件。但下列根据规定应由中级人民法院受理以及宜由中级人民法院受理的案件除外：（1）申请撤销、执行涉外仲裁裁决的案件；（2）申请承认（认可）和执行外国（港澳台）仲裁裁决的案件；（3）审查有关涉外、涉港澳台仲裁协议效力的案件；（4）申请承认（认可）和执行外国（港澳台）法院民商事判决的案件；（5）中外合资经营企业、中外合作经营企业和外资企业解散的案件；（6）与证券交易所监管职能相关的案件；（7）与中国证券登记结算有限责任公司履行职能相关的案件；（8）期货纠纷案件；（9）证券市场因虚假陈述引发的侵权纠纷案件；（10）新类型证券纠纷案件（包括融资融券、股指期货以及内幕交易等）；（11）信用证纠纷案件；（12）其他影响重大、宜由中级人民法院管辖的涉外、涉港澳台民商事案件。

重大、疑难案件不受上述标的额限制。

上海市高级人民法院每年受理的涉外、涉港澳台第一审民商事案件不得少于 10 件。

本批复意见暂试行 1 年，试行期满后请将试行情况书面报告我院。

【法释〔2017〕22 号】　最高人民法院关于审理仲裁司法审查案件若干问题的规定（2017 年 12 月 4 日最高法审委会〔1728 次〕通过，2017 年 12 月 26 日公布，2018 年 1 月 1 日起施行）

第 1 条　本规定所称仲裁司法审查案件，包括下列案件：（一）申请确认仲裁协议效力案件；（二）申请执行我国内地仲裁机构的仲裁裁决案件；（三）申请撤销我国内地仲裁机构的仲裁裁决案件；（四）申请认可和执行香港特别行政区、澳门特别行政区、台湾地区仲裁裁决案件；（五）申请承认和执行外国仲裁裁决案件；（六）其他仲裁司法审查案件。

第 3 条　外国仲裁裁决与人民法院审理的案件存在关联，被申请人住所地、被申请人财产所在地均不在我国内地，申请人申请承认外国仲裁裁决的，由受理关联案件的人民法院管辖。受理关联案件的人民法院为基层人民法院的，申请承认外国仲裁裁决的案件应当由该基层人民法院的上一级人民法院管辖。受理关联案件的人民法院是高级人民法院或者最高人民法院的，由上述法院决定自行审查或者指定中级人民法院审查。

外国仲裁裁决与我国内地仲裁机构审理的案件存在关联，被申请人住所地、被申请人财产所在地均不在我国内地，申请人申请承认外国仲裁裁决的，由受理关联案件的仲裁机构所在地的中级人民法院管辖。

第 4 条　申请人向 2 个以上有管辖权的人民法院提出申请的，由最先立案的人民法院管辖。

第 7 条（第 2 款）　申请人向对案件不具有管辖权的人民法院提出申请，人民法院应当告知其向有管辖权的人民法院提出申请，申请人仍不变更申请的，裁定不予受理。

（第 3 款）　申请人对不予受理的裁定不服的，可以提起上诉。

第 8 条　人民法院立案后发现不符合受理条件的，裁定驳回申请。

前款规定的裁定驳回申请的案件，申请人再次申请并符合受理条件的，人民法院应予受理。

当事人对驳回申请的裁定不服的，可以提起上诉。

第 9 条　对于申请人的申请，人民法院应当在 7 日内审查决定是否受理。

人民法院受理仲裁司法审查案件后，应当在 5 日内向申请人和被申请人发出通知书，告知其受理情况及相关的权利义务。

第 10 条 人民法院受理仲裁司法审查案件后，被申请人对管辖权有异议的，应当自收到人民法院通知之日起 15 日内提出。人民法院对被申请人提出的异议，应当审查并作出裁定。当事人对裁定不服的，可以提起上诉。

在中华人民共和国领域内没有住所的被申请人对人民法院的管辖权有异议的，应当自收到人民法院通知之日起 30 日内提出。

第 11 条 人民法院审查仲裁司法审查案件，应当组成合议庭并询问当事人。

【法〔2017〕152 号】 最高人民法院关于仲裁司法审查案件归口办理有关问题的通知（2017 年 5 月 22 日）

一、各级人民法院审理涉外商事案件的审判庭（合议庭）作为专门业务庭（以下简称专门业务庭）负责办理本通知规定的仲裁司法审查案件。

二、当事人申请确认仲裁协议效力的案件，申请撤销我国内地仲裁机构仲裁裁决的案件、申请认可和执行香港特别行政区、澳门特别行政区、台湾地区仲裁裁决的案件、申请承认和执行外国仲裁裁决等仲裁司法审查案件，由各级人民法院专门业务庭办理。

专门业务庭经审查裁定认可和执行香港特别行政区、澳门特别行政区、台湾地区仲裁裁决，承认和执行外国仲裁裁决的，交由执行部门执行。

三、一审法院作出的不予受理、驳回起诉、管辖权异议裁定涉及仲裁协议效力的，当事人不服该裁定提起上诉的案件，由二审人民法院专门业务庭办理。

四、各级人民法院应当建立仲裁司法审查案件的数据信息集中管理平台，加强对申请确认仲裁协议效力的案件，申请撤销或者执行我国内地仲裁机构仲裁裁决的案件，申请认可和执行香港特别行政区、澳门特别行政区、台湾地区仲裁裁决的案件，申请承认和执行外国仲裁裁决的案件，以及涉及确认仲裁协议效力的不予受理、驳回起诉、管辖权异议等仲裁司法审查案件的信息化管理和数据分析，有效保证法律适用的正确性和裁判尺度的统一性。此项工作由最高人民法院民事审判第四庭与人民法院信息技术服务中心具体负责。

【法〔2017〕359 号】 最高人民法院关于明确第一审涉外民商事案件级别管辖标准以及归口办理有关问题的通知（2017 年 12 月 7 日印发，2018 年 1 月 1 日起施行）

一、关于第一审涉外民商事案件的级别管辖标准

北京、上海、江苏、浙江、广东高级人民法院管辖诉讼标的额人民币 2 亿元以上的第一审涉外民商事案件；直辖市中级人民法院以及省会城市、计划单列市、经济特区所在地的市中级人民法院管辖诉讼标的额人民币 2000 万元以上的第一审

涉外民商事案件，其他中级人民法院管辖诉讼标的额人民币 1000 万元以上的第一审涉外民商事案件。

天津、河北、山西、内蒙古、辽宁、安徽、福建、山东、河南、湖北、湖南、广西、海南、四川、重庆高级人民法院管辖诉讼标的额人民币 8000 万元以上的第一审涉外民商事案件；直辖市中级人民法院以及省会城市、计划单列市、经济特区所在地的市中级人民法院管辖诉讼标的额人民币 1000 万元以上的第一审涉外民商事案件，其他中级人民法院管辖诉讼标的额人民币 500 万元以上的第一审涉外民商事案件。

吉林、黑龙江、江西、云南、陕西、新疆高级人民法院和新疆生产建设兵团分院管辖诉讼标的额人民币 4000 万元以上的第一审涉外民商事案件；省会城市、计划单列市中级人民法院，管辖诉讼标的额人民币 500 万元以上的第一审涉外民商事案件，其他中级人民法院管辖诉讼标的额人民币 200 万元以上的第一审涉外民商事案件。

贵州、西藏、甘肃、青海、宁夏高级人民法院管辖诉讼标的额人民币 2000 万元以上的第一审涉外民商事案件；省会城市、计划单列市中级人民法院，管辖诉讼标的额人民币 200 万元以上的第一审涉外民商事案件，其他中级人民法院管辖诉讼标的额人民币 100 万元以上的第一审涉外民商事案件。

各高级人民法院发布的本辖区级别管辖标准，除于 2011 年 1 月后经我院批复同意的外，不再作为确定第一审涉外民商事案件级别管辖的依据。

二、下列案件由涉外审判庭或专门合议庭审理：（一）当事人一方或者双方是外国人、无国籍人、外国企业或者组织，或者当事人一方或者双方的经常居所地在中华人民共和国领域外的民商事案件；（二）产生、变更或者消灭民事关系的法律事实发生在中华人民共和国领域外，或者标的物在中华人民共和国领域外的民商事案件；（三）外商投资企业设立、出资、确认股东资格、分配利润、合并、分立、解散等与该企业有关的民商事案件；（四）一方当事人为外商独资企业的民商事案件；（五）信用证、保函纠纷案件，包括申请止付保全案件；（六）对第 1 项至第 5 项案件的管辖权异议裁定提起上诉的案件；（七）对第 1 项至第 5 项案件的生效裁判申请再审的案件，但当事人依法向原审人民法院申请再审的除外；（八）跨境破产协助案件；（九）民商事司法协助案件；（十）最高人民法院《关于仲裁司法审查案件归口办理有关问题的通知》确定的仲裁司法审查案件。

前款规定的民商事案件不包括婚姻家庭纠纷、继承纠纷、劳动争议、人事争议、环境污染侵权纠纷及环境公益诉讼。

三、海事海商及知识产权纠纷案件，不适用本通知。

四、涉及香港、澳门特别行政区和台湾地区的民商事案件参照适用本通知。

第四编　第二十四章

【法释〔2023〕14号】　最高人民法院关于设立国际商事法庭若干问题的规定（2018年6月27日"法释〔2018〕11号"公布，2018年7月1日起施行；2023年12月5日最高法审委会〔1908次〕修正，2023年12月18日公布，2024年1月1日起施行）

第1条　最高人民法院设立国际商事法庭。国际商事法庭是最高人民法院的常设审判机构。

第2条　国际商事法庭受理下列案件：（一）当事人依照民事诉讼法第277条/第34条的规定协议选择最高人民法院管辖且标的额为人民币3亿元以上的第一审国际商事案件；（二）高级人民法院对其所管辖的第一审国际商事案件，认为需要由最高人民法院审理并获准许的；（三）在全国有重大影响的第一审国际商事案件；（四）依照本规定第14条申请仲裁保全、申请撤销或者执行国际商事仲裁裁决的；（五）最高人民法院认为应当由国际商事法庭审理的其他国际商事案件。

【法（民四）明传〔2021〕60号】　全国法院涉外商事海事审判工作座谈会会议纪要（2021年6月10日在南京召开，最高法2021年12月31日印发）

1.【排他性管辖协议的推定】涉外合同或者其他财产权益纠纷的当事人签订的管辖协议明确约定由一国法院管辖，但未约定该管辖协议为非排他性管辖协议的，应推定该管辖协议为排他性管辖协议。

2.【非对称管辖协议的效力认定】涉外合同或者其他财产权益纠纷的当事人签订的管辖协议明确约定一方当事人可以从一个以上国家的法院中选择某国法院提起诉讼，而另一方当事人仅能向一个特定国家的法院提起诉讼，当事人以显失公平为由主张该管辖协议无效的，人民法院不予支持；但管辖协议涉及消费者、劳动者权益或者违反民事诉讼法专属管辖规定的除外。

3.【跨境消费者网购合同管辖协议的效力】网络电商平台使用格式条款与消费者订立跨境网购合同，未采取合理方式提示消费者注意合同中包含的管辖条款，消费者根据民法典第496条的规定主张该管辖条款不成为合同内容的，人民法院应予支持。

网络电商平台虽已尽到合理提示消费者注意的义务，但该管辖条款约定在消费者住所地国以外的国家法院诉讼，不合理加重消费者寻求救济的成本，消费者根据民法典第497条的规定主张该管辖条款无效的，人民法院应予支持。

4.【主从合同约定不同管辖法院的处理】主合同和担保合同分别约定不同国家或者地区的法院管辖，且约定不违反民事诉讼法专属管辖规定的，应当依据管辖协议的约定分别确定管辖法院。当事人主张根据《最高人民法院关于适用〈中华人民共和国民法典〉有关担保制度的解释》第 21 条第 2 款的规定，根据主合同确定管辖法院的，人民法院不予支持。

9.【境外寄交管辖权异议申请的审查】当事人从中华人民共和国领域外寄交或者托交管辖权异议申请的，应当提交其主体资格证明以及有效联系方式；未提交的，人民法院对其提出的管辖权异议不予审查。

【法释〔2022〕11 号】 **最高人民法院关于适用《中华人民共和国民事诉讼法》的解释**（"法释〔2015〕5 号"公布，2015 年 2 月 4 日起施行；根据法释〔2020〕20 号《决定》修正，2021 年 1 月 1 日起施行；2022 年 3 月 22 日最高法审委会〔1866 次〕修正，2022 年 4 月 1 日公布，2022 年 4 月 10 日起施行；以本规为准）

第 529 条　涉外合同或者其他财产权益纠纷的当事人，可以书面协议选择被告住所地、合同履行地、合同签订地、原告住所地、标的物所在地、侵权行为地等与争议有实际联系地点的外国法院管辖。

根据民事诉讼法第 34 条和第 273 条（现第 279 条）规定，属于中华人民共和国法院专属管辖的案件，当事人不得协议选择外国法院管辖，但协议选择仲裁的除外。

第 530 条　涉外民事案件同时符合下列情形的，人民法院可以裁定驳回原告的起诉，告知其向更方便的外国法院提起诉讼：（一）被告提出案件应由更方便外国法院管辖的请求，或者提出管辖异议；（二）当事人之间不存在选择中华人民共和国法院管辖的协议；（三）案件不属于中华人民共和国法院专属管辖；（四）案件不涉及中华人民共和国国家、公民、法人或者其他组织的利益；（五）案件争议的主要事实不是发生在中华人民共和国境内，且案件不适用中华人民共和国法律，人民法院审理案件在认定事实和适用法律方面存在重大困难；（六）外国法院对案件享有管辖权，且审理该案件更加方便。

第 531 条　中华人民共和国法院和外国法院都有管辖权的案件，一方当事人向外国法院起诉，而另一方当事人向中华人民共和国法院起诉的，人民法院可予受理。判决后，外国法院申请或者当事人请求人民法院承认和执行外国法院对本案作出的判决、裁定的，不予准许；但双方共同缔结或者参加的国际条约另有规定的除外。

外国法院判决、裁定已经被人民法院承认，当事人就同一争议向人民法院起诉的，人民法院不予受理。

【法释〔2022〕18号】 最高人民法院关于涉外民商事案件管辖若干问题的规定（2022年8月16日最高法审委会〔1872次〕通过，2022年11月14日公布，2023年1月1日起施行）①

第1条 基层人民法院管辖第一审涉外民商事案件，法律、司法解释另有规定的除外。

第2条 中级人民法院管辖下列第一审涉外民商事案件：

（一）争议标的额大的涉外民商事案件。

北京、天津、上海、江苏、浙江、福建、山东、广东、重庆辖区中级人民法院，管辖诉讼标的额人民币4000万元以上（包含本数）的涉外民商事案件；

河北、山西、内蒙古、辽宁、吉林、黑龙江、安徽、江西、河南、湖北、湖南、广西、海南、四川、贵州、云南、西藏、陕西、甘肃、青海、宁夏、新疆辖区中级人民法院，解放军各战区、总直属军事法院，新疆维吾尔自治区高级人民法院生产建设兵团分院所辖各中级人民法院，管辖诉讼标的额人民币2000万元以上（包含本数）的涉外民商事案件。

（二）案情复杂或者一方当事人人数众多的涉外民商事案件。

（三）其他在本辖区有重大影响的涉外民商事案件。

法律、司法解释对中级人民法院管辖第一审涉外民商事案件另有规定的，依照相关规定办理。

第3条 高级人民法院管辖诉讼标的额人民币50亿元以上（包含本数）或者其他在本辖区有重大影响的第一审涉外民商事案件。

第4条 高级人民法院根据本辖区的实际情况，认为确有必要的，经报最高人民法院批准，可以指定1个或数个基层人民法院、中级人民法院分别对本规定第1条、第2条规定的第一审涉外民商事案件实行跨区域集中管辖。②

依据前款规定实行跨区域集中管辖的，高级人民法院应及时向社会公布该基层人民法院、中级人民法院相应的管辖区域。

第5条 涉外民商事案件由专门的审判庭或合议庭审理。

第6条 涉外海事海商纠纷案件、涉外知识产权纠纷案件、涉外生态环境损害赔偿纠纷案件以及涉外环境民事公益诉讼案件，不适用本规定。

第7条 涉及香港、澳门特别行政区和台湾地区的民商事案件参照适用本规定。

---

① 注：《最高人民法院关于涉外民商事案件诉讼管辖若干问题的规定》（法释〔2002〕5号）已被本规定实际取代、废止。

② 注：由于地方国际商事法庭所在的中级人民法院所实施的集中管辖范围已经报最高法院批准，故无须再报批。

【法释［2024］6 号】　最高人民法院关于审理垄断民事纠纷案件适用法律若干问题的解释（2024 年 2 月 4 日最高法审委会［1915 次］通过，2024 年 6 月 24 日公布，2024 年 7 月 1 日起施行；法释［2012］5 号《关于审理因垄断行为引发的民事纠纷案件应用法律若干问题的规定》同时废止）

第 6 条　原告依据反垄断法对在中华人民共和国境内没有住所的被告提起民事诉讼，主张被告在中华人民共和国境外的垄断行为对境内市场竞争产生排除、限制影响的，根据民事诉讼法第 276 条的规定确定管辖法院。

● **入库案例**　**【2023-10-2-193-002】　朝鲜某船舶会社诉某海运株式会社船舶碰撞损害责任纠纷案**（上海高院/2019.08.01/［2018］沪民终 504 号）

裁判要旨：海事纠纷的当事人系外国企业，当事人书面协议选择中华人民共和国海事法院管辖的，即使与纠纷有实际联系的地点不在我国领域内，我国海事法院对该纠纷也具有管辖权。

【2023-13-2-160-039】　中国某通讯股份有限公司诉卢森堡某无线许可有限公司专利权权属、侵权纠纷案（2020.08.21/［2019］最高法知民辖终 157 号）

裁判要旨：对于在中国境内没有住所和代表机构的被告提起的涉外民事纠纷案件，中国法院是否具有管辖权，应审查该纠纷与中国是否存在适当联系。判断被告在中国没有住所和办事机构的标准必要专利许可纠纷是否与中国存在适当联系，可以考虑许可标的所在地、专利实施地、合同签订地、合同履行地等是否在中国境内。前述地点之一在中国境内的，应当认为该案件与中国存在适当联系，中国法院对该案件具有管辖权。

【2023-13-2-184-004】　中国某移动通信公司及其深圳分公司诉卢森堡某公司及其香港子公司滥用市场支配地位纠纷案（2020.12.28/［2020］最高法知民辖终 392 号）

裁判要旨：当事人因境外垄断行为在中国境内受到损失而提起诉讼的，该被诉境外垄断行为对中国境内市场竞争产生排除、限制影响的结果地，可以作为案件管辖连结点。

【2023-13-2-488-001】　中国某集团三家公司诉某电信集团的瑞典公司、美国公司、中国公司不正当竞争纠纷案（2021.09.30/［2021］最高法知民辖终 300 号）

裁判要旨：当事人因境外不正当竞争行为在中国境内受到损失而提起诉讼的，该被诉境外不正当竞争行为对中国境内市场竞争秩序产生不利影响的结果地，可以作为案件管辖连结点。

【2024-10-2-104-001】 某外国公司诉陈某、苏某保证合同纠纷案（山东高院/2022.05.16/［2022］鲁民终 567 号）

裁判要旨：涉外合同或者其他财产权益纠纷的当事人签订的管辖协议明确约定一方当事人可以从一个以上国家或者地区的法院中选择某国或者某地区法院提起诉讼，而另一方当事人仅能向一个特定国家或者地区的法院提起诉讼，当事人以显失公平为由主张该管辖协议无效的，人民法院不予支持；但管辖协议涉及消费者、劳动者权益或者违反民事诉讼法专属管辖规定的除外。①

【2024-10-2-462-004】 S 公司、某股份公司申请承认和执行外国法院民事判决案（金华中院/2017.12.01/［2016］浙协外认 1 号）

裁判要旨：在订有双边司法协助协定的情况下，外国法院对案件的管辖权应当按照协定约定的依据进行审查。根据我国与法国签订的《中华人民共和国和法兰西共和国关于民事、商事司法协助的协定》的约定，按照被请求一方法律有关管辖权的原则，裁决由无管辖权的法院作出的，不应予以承认和执行。根据我国民事诉讼法的规定，当事人未提出管辖异议并应诉答辩的，视为接受受诉法院管辖，故当事人在法国法院参与诉讼、进行答辩且未就管辖权提出异议的，应当视为法国法院有管辖权。

第二十五章 送达、调查取证、²⁰²⁴⁰¹⁰¹ 期间

第 283 条¹⁹⁹¹⁰⁴⁰⁹ 【涉外送达】人民法院对在中华人民共和国领域内没有住所/不在中华人民共和国领域内居住的当事人送达诉讼文书，可以采用下列方式：

（一）依照受送达人所在国与中华人民共和国缔结或者共同参加的国际条约中规定的方式送达；

（四）当事人所在国和中华人民共和国有司法协助协议的，可以委托外国法院代为送达，或者按协议规定的其他方式送达；

（二）通过外交途径送达；

---

① 注：本案例裁判要旨与本书第 130 条入库案例（2024-10-2-483-002）有所不同。

（三）对具有中华人民共和国国籍的受送达人/~~当事人~~，可以委托中华人民共和国驻受送达人所在国的使领馆代为送达；

（四）向受送达人/~~当事人~~在本案中²⁰²⁴⁰¹⁰¹委托的~~有权代其接受送达的~~²⁰²⁴⁰¹⁰¹诉讼代理人送达；①

（五）向受送达人在中华人民共和国领域内设立的独资企业、²⁰²⁴⁰¹⁰¹代表机构、分支机构²⁰²⁴⁰¹⁰¹或者有权接受送达的~~分支机构、~~²⁰²⁴⁰¹⁰¹业务代办人送达；②

（六）²⁰²⁴⁰¹⁰¹受送达人为外国人、无国籍人，其在中华人民共和国领域内设立的法人或者其他组织担任法定代表人或者主要负责人，且与该法人或者其他组织为共同被告的，向该法人或者其他组织送达；

（七）²⁰²⁴⁰¹⁰¹受送达人为外国法人或者其他组织，其法定代表人或者主要负责人在中华人民共和国领域内的，向其法定代表人或者主要负责人送达；

（八）受送达人/~~当事人~~所在国的法律允许邮寄送达的，可以邮寄送达，自邮寄之日起满 3 个/~~6 个~~²⁰¹³⁰¹⁰¹月，送达回证没有退回，但根据各种情况足以认定已经送达的，期间届满之日视为送达；

（九）²⁰¹³⁰¹⁰¹采用~~传真、电子邮件等~~²⁰²⁴⁰¹⁰¹能够确认受送达人收悉的电子²⁰²⁴⁰¹⁰¹方式送达，但是受送达人所在国法律禁止的除外²⁰²⁴⁰¹⁰¹；

（十）²⁰²⁴⁰¹⁰¹以受送达人同意的其他方式送达，但是受送达人所在国法律禁止的除外。

~~（八）~~²⁰²⁴⁰¹⁰¹不能用上述方式送达的，公告送达，自发出公告之日起，经过 60 日/~~满 3 个月~~²⁰²⁴⁰¹⁰¹/~~满 6 个月~~²⁰¹³⁰¹⁰¹，即视为送达。③

---

① 注：在涉外民事案件审判实践中，有的诉讼代理人通过在授权委托书中载明"不包括接收司法文书"以逃避送达。《民事诉讼法》修改后，自 2024 年 1 月 1 日起，受送达人在本案中委托的诉讼代理人属于法定送达对象。

② 注：根据《民事诉讼法》的修改，自 2024 年 1 月 1 日起，受送达人在我国设立的独资企业、分支机构，无须授权就可以直接代为接受送达。

③ 注：本款规定原为本条第 8 项内容，自 2024 年 1 月 1 日起，改为本条第 2 款。

● **相关规定** 【外发［1986］47 号】 **最高人民法院、外交部、司法部关于我国法院和外国法院通过外交途径相互委托送达法律文书若干问题的通知**（1986 年 8 月 14 日）

一、凡已同我国建交国家的法院，通过外交途径委托我国法院向我国公民或法人以及在华的第三国或无国籍当事人送达法律文书，除该国同我国已订有协议的按协议处理外，一般根据互惠原则按下列程序和要求办理：

1. 由该国驻华使馆将法律文书交外交部领事司转递给有关高级人民法院，再由该高级人民法院指定有关中级人民法院送达给当事人。当事人在所附送达回证上签字后，中级人民法院将送达回证退高级人民法院，再通过外交部领事司转退给对方；如未附送达回证，则由有关中级人民法院出具送达证明交有关高级人民法院，再通过外交部领事司转给对方。

2. 委托送达法律文书须用委托书。委托书和所送法律文书须附有中文译本。

3. 法律文书的内容有损我国主权和安全的，予以驳回；如受送达人享有外交特权和豁免，一般不予送达；不属于我国法院职权范围或因地址不明或其他原因不能送达的，由有关高级人民法院提出处理意见或注明妨碍送达的原因，由外交部领事司向对方说明理由，予以退回。

二、外国驻华使、领馆可以直接向其在华的本国国民送达法律文书，但不得损害我国主权和安全，不得采取强制措施。如对方通过外交途径委托我方向其在华的该国国民送达法律文书，亦可按第 1 条的规定予以送达。

三、对拒绝转递我国法院通过外交途径委托送达法律文书的国家或有特殊限制的国家，我可根据情况采取相应措施。

四、我国法院通过外交途径向国外当事人送达法律文书，应按下列程序和要求办理：

1. 要求送达的法律文书须经省、自治区、直辖市高级人民法院审查，由外交部领事司负责转递。

2. 须准确注明受送达人姓名、性别、年龄、国籍及其在国外的详细外文地址，并将该案的基本情况函告外交部领事司，以便转递。

3. 须附有送达委托书。如对方法院名称不明，可委托当事人所在地区主管法院。委托书和所送法律文书还须附有该国文字或该国同意使用的第三国文字译本。如该国对委托书及法律文书有公证、认证等特殊要求，将由外交部领事司逐案通知。

五、我国法院向在外国领域内的中国籍当事人送达法律文书，如该国允许我使、领馆直接送达，可委托我驻该国使、领馆送达。此类法律文书可不必附有外文译本。

六、我国法院和外国法院通过外交途径相互委托送达法律文书的收费，一般按对等原则办理。外国法院支付我国法院代为送达法律文书的费用，由外交部领事司转交有关高级人民法院；我国法院支付外国法院代为送达法律文书的费用，由有关高级人民法院交外交部领事司转递。但应委托一方要求用特殊方式送达法律文书引起的费用，由委托一方负担。

七、中、日（本）双方法院委托对方法院代为送达法律文书，除按上述有关原则办理外，还应依照最高人民法院 1982 年 10 月 12 日《关于中、日两国之间委托送达法律文书使用送达回证问题的通知》①办理。

八、我国法院和外国法院通过外交途径相互委托代为调查或取证，参照以上有关规定办理。

【法（经）发［1989］12 号】　全国沿海地区涉外、涉港澳经济审判工作座谈会纪要（1988 年 12 月 12-16 日在佛山召开；1989 年 6 月 12 日印发）（本纪要一直未见废止）

三（七）公告送达、答辩和上诉期限的问题

对于在港澳地区的当事人公告送达的期限可以适用民事诉讼法第 75 条（现第 95 条）的规定。……

【外发［1992］8 号】　最高人民法院、外交部、司法部关于执行《关于向国外送达民事或商事司法文书和司法外文书公约》有关程序的通知（1992 年 3 月 4 日）

1991 年 3 月 2 日，第 7 届全国人民代表大会常务委员会第 18 次会议决定批准我国加入 1965 年 11 月 15 日订于海牙的《关于向国外送达民事或商事司法文书和司法外文书公约》（以下简称《公约》），并指定司法部为中央机关和有权接收外国通过领事途径转递的文书的机关。该公约已自 1992 年 1 月 1 日起对我国生效。现就执行该公约的有关程序通知如下：

一、凡公约成员国驻华使、领馆转送该国法院或其他机关请求我国送达的民事或商事司法文书，应直接送交司法部，由司法部转递给最高人民法院，再由最高人民法院交有关人民法院送达给当事人。送达证明由有关人民法院交最高人民法院退司法部，再由司法部送交该国驻华使、领馆。

二、凡公约成员国有权送交文书的主管当局或司法助理人员直接送交司法部请求我国送达的民事或商事司法文书，由司法部转递给最高人民法院，再由最高人民法院交有关人民法院送达给当事人。送达证明由有关人民法院交最高人民法

---

① 注：该《通知》（［82］法研字第 11 号）已被《最高人民法院关于废止部分司法解释（第 13 批）的决定（法释［2019］11 号，2019 年 7 月 20 日起施行）废止；废止理由：中国和日本均已经加入海牙送达公约。

院退司法部，再由司法部送交该国主管当局或司法助理人员。

三、对公约成员国驻华使、领馆直接向其在华的本国公民送达民事或商事司法文书，如不违反我国法律，可不表示异议。

四、我国法院若请求公约成员国向该国公民或第三国公民或无国籍人送达民事或商事司法文书，有关中级人民法院或专门人民法院将请求书和所送达司法文书送有关高级人民法院转最高人民法院，由最高人民法院送司法部转送给该国指定的中央机关；必要时，也可由最高人民法院送我国驻该国使馆转送给该国指定的中央机关。

五、我国法院欲向在公约成员国的中国公民送达民事或商事司法文书，可委托我国驻该国的使、领馆代为送达。委托书和所送司法文书应由有关中级人民法院或专门人民法院送有关高级人民法院转最高人民法院，由最高人民法院径送或经司法部转送我国驻该国使、领馆送达给当事人。送达证明按原途径退有关法院。

六、非公约成员国通过外交途径委托我国法院送达的司法文书按最高人民法院、外交部、司法部1986年6月14日联名颁发的外发〔1986〕47号《关于我国法院和外国法院通过外交途径相互委托送达法律文书若干问题的通知》办理。公约成员国在特殊情况下通过外交途径请求我国法院送达的司法文书，也按上述文件办理。

七、我国与公约成员国签订有司法协助协定的，按协定的规定办理。

八、执行公约中需同公约成员国交涉的事项由外交部办理。

九、执行公约的其他事项由司法部商有关部门办理。

【司发通〔1992〕093号】　司法部、最高人民法院、外交部关于执行海牙送达公约的实施办法（1992年9月19日印发施行）

一、司法部收到国外的请求书后，对于有中文译本的文书，应于5日内转给最高人民法院；对于用英文或法文写成，或者附有英文或法文译本的文书，应于7日内转给最高人民法院；对于不符合《公约》规定的文书，司法部将予以退回或要求请求方补充、修正材料。

二、最高人民法院应于5日内将文书转给送达执行地高级人民法院；高级人民法院收文后，应于3日内转有关的中级人民法院或者专门人民法院；中级人民法院或者专门人民法院收文后，应于10日内完成送达，并将送达回证尽快交最高人民法院转司法部。

三、执行送达的法院不管文书中确定的出庭日期或期限是否已过，均应送达。如受送达人拒收，应在送达回证上注明。

四、对于国外按《公约》提交的未附中文译本而附英、法文译本的文书，法院仍应予以送达。除双边条约中规定英、法文译本为可接受文字者外，受送达人有权以未附中文译本为由拒收。凡当事人拒收的，送达法院应在送达回证上注明。

五、司法部接到送达回证后，按《公约》的要求填写证明书，并将其转回国外请求方。

六、司法部在转递国外文书时，应说明收到请求书的日期、被送达的文书是否附有中文译本、出庭日期是否已过等情况。

七、我国法院需要向公约成员国居住的该国公民、第三国公民、无国籍人送达文书时，应将文书及相应文字的译本各一式3份（无需致外国法院的送达委托书及空白送达回证）按《通知》规定的途径送最高人民法院转司法部。译文应由译者签名或翻译单位盖章证明无误。

八、司法部收到最高人民法院转来向国外送达的文书后，应按《公约》附录中的格式制作请求书、被送达文书概要和空白证明书，与文书一并送交被请求国的中央机关；必要时，也可由最高人民法院将文书通过我国驻该国的使馆转交该国指定的机关。

九、我国法院如果需要通过我驻公约成员国的使领馆向居住在该国的中国公民送达文书，应将被送达的文书、致使领馆的送达委托书及空白送达回证按《通知》规定的途径转最高人民法院，由最高人民法院径送或经司法部转送我驻该国使领馆送达当事人。

十、司法部将国内文书转往公约成员国中央机关两个半月后，如果未收到证明书，将发函催办；请求法院如果直接收到国外寄回的证明书，应尽快通报最高人民法院告知司法部。

十一、本办法中的"文书"兼指司法文书和司法外文书。

【法释〔1999〕9号】　最高人民法院关于内地与香港特别行政区法院相互委托送达民商事司法文书的安排（见本书第27章"涉港澳台司法协助"专辑）

【法〔2000〕51号】　最高人民法院关于审理和执行涉外民商事案件应当注意的几个问题的通知（2000年4月17日）

一、……涉外民商事案件法律文书的送达手续必须合法；如用公告方式送达，必须严格按照《中华人民共和国民事诉讼法》第84条（现第95条）规定①办理，并应当在《人民法院报》或省级以上对外公开发行的报纸上和在受案法院公告栏内同时刊登。

① 该规定与《民事诉讼法》第283条第2款的规定相冲突。

【民四他字［2001］29 号】 最高人民法院关于如何确定涉港澳台当事人公告送达期限和答辩、上诉期限的请示的复函（2001 年 8 月 7 日答复上海高院"沪高法［2000］485 号"请示）

经研究认为：香港、澳门和台湾地区的当事人在内地法院起诉、应诉或者上诉时，需要履行一定的认证、公证或者转递手续，人民法院的司法文书目前尚无法采用与内地当事人完全相同的方式对港澳台当事人送达。因此，对港澳台当事人在内地诉讼时的公告送达期限和答辩、上诉的期限，应参照我国《民事诉讼法》涉外编的有关规定执行。

【民立他字［2002］47 号】 最高人民法院关于浙江省东阳市塑料工业公司与美国机械有限公司大卫标准公司产品质量纠纷一案一审判决书送达是否有效的复函（2003 年 6 月 25 日答复浙江高院"浙法民二［2002］13 号"报告）

你院以公告方式向美国大卫标准公司送达［1998］浙经初字第 4 号民事判决书的做法①，违反了《中华人民共和国民事诉讼法》第 247 条、第 238 条（现第 283 条、第 271 条）的规定，应视为未向美国大卫标准公司送达一审判决书，请你院依法向美国大卫标准公司送达一审判决书。

【法办［2003］297 号】 最高人民法院关于指定北京市、上海市、广东省、浙江省、江苏省高级人民法院依据海牙送达公约和海牙取证公约直接向外国中央机关提出和转递司法协助请求和相关材料的通知（2003 年 9 月 23 日印发，2003 年 11 月 1 日起试点）

为进一步提高国际司法协助工作效率，更好的为审判工作服务，我院决定，指定你院就涉及海牙送达公约、海牙取证公约的司法协助工作进行试点，由高级人民法院直接对公约成员国中央机关提出和转递司法协助请求书和相关材料。

试点工作所涉司法协助范围包括：

1. 依照《关于向国外送达民事或商事司法文书和司法外文书公约》，直接向海牙送达公约成员国中央机关提出和转递本院及下级人民法院依据海牙送达公约提出的送达民事司法文书和司法外文书的请求书及相关材料；但海牙送达公约成员国中与我国签订含有民事司法协助内容的双边司法协助条约的，按条约规定的途径办理；

2. （见本书第 294 条）

依我国和外国签订的双边司法协助条约，规定由双方中央机关负责转递的司

---

① 注：浙江高院在未采用《民事诉讼法》第 283 条规定的其他有效送达方式的情况下，直接采用在《人民法院报》公告的方式向美国大卫公司送达一审判决书。

法协助请求，需通过外交途径、领事途径提出的司法协助事务，仍按原程序办理。

你院在试点工作中，应当严格审批程序，提高工作质量和效率。建立催询制度，3 个月后发文催询。注意调查研究，总结经验。建立统计备案制度，有关统计数据，每半年报送我院外事局 1 次。工作中发现问题注意研究并及时报我院处理。

试点工作自 2003 年 11 月 1 日始。

【法发［2005］26 号】　第二次全国涉外商事海事审判工作会议纪要（2005年 11 月 15–16 日在南京召开；2005 年 12 月 26 日公布）

三、关于司法文书送达

（一）涉外商事纠纷案件司法文书的送达

24. 人民法院向在我国境内没有住所的当事人送达司法文书，可以直接送达给其在我国境内委托的诉讼代理人或者其在我国境内设立的代表机构。外国人、无国籍人或者外国公司、企业：其他组织的法定代表人或者负责人在我国境内的，人民法院可直接向其送达。当事人在我国境内有分支机构或者业务代办人的，经该当事人授权，人民法院可以向其分支机构或者业务代办人送达相关司法文书。人民法院向当事人的诉讼代理人、法定代表人或者负责人、代表机构以及有权接受的分支机构、业务代办人送达司法文书，适用留置送达。

25. 外国当事人如果在我国境内没有可以代其接受送达的代理人或者相关机构，若该当事人所在国与我国签订有司法协助协定或者其所在国是 1965 年海牙《关于向国外送达民事或商事司法文书和司法外文书公约》（以下简称《海牙送达公约》）的成员国，向该当事人送达司法文书依照司法协助协定或者公约的规定执行。具体程序可以分别按照最高人民法院发布的法（办）发［1988］3 号《关于执行中外司法协助协定的通知》；最高人民法院、外交部、司法部联合发布的外发［1992］8 号《关于执行〈关于向国外送达民事或商事司法文书和司法外文书公约〉有关程序的通知》、司发通［1992］093 号《关于执行海牙送达公约的实施办法》的规定办理。如果当事人所在国既与我国签订有司法协助协定，又是《海牙送达公约》的成员国，送达司法文书依照司法协助协定的规定办理。

对在我国境内没有住所的当事人，如果不能适用前述方式送达，可以通过外交途径送达。具体程序可以按照最高人民法院、外交部、司法部联合发布的外发［1986］47 号《关于我国法院和外国法院通过外交途径相互委托送达法律文书若干问题的通知》的规定办理。

26. 按照司法协助协定、《海牙送达公约》或者外交途径送达司法文书，自我国有关机关将司法文书转递受送达当事人所在国有关机关之日起满 6 个月，如果未能收到送达与否的证明文件，且根据其他情况也不足以认定已经送达的，视为不能适用该种方式送达。

27. 在我国境内没有住所的当事人，其所在国允许邮寄送达的，可以邮寄送达。邮寄送达时应附有送达回证，如果当事人未在送达回证上签收，但在邮件回执上签收，视为已经送达。自邮寄之日起满6个月，如无法得到送达与否的证明文件，且根据其他情况也不足以认定已经送达的，视为不能适用邮寄方式送达。

28. 人民法院通过公告方式送达司法文书，公告内容应该在国内外公开发行的报纸上刊登，同时可以在中国涉外商事海事审判网（http：//www.ccmt.org.cn）上公布。

29. 传真、电子邮件等送达方式，如果不违反受送达人住所地法律禁止性规定，人民法院在送达司法文书时可以采用。通过传真、电子邮件方式送达的，应当要求当事人在收到后7日内予以回复，当事人回复时确认收到的时间为送达的时间；若当事人回复时未确认收到的时间，其回复的时间为送达的时间。当事人未回复的，视为未送达。

30. 除公告送达方式外，人民法院可以同时采取多种方式对当事人进行送达，但应根据最先实现送达的送达方式确定送达时间。

31. 人民法院送达司法文书，根据有关规定须通过上级人民法院转递的，应附申请转递函。上级人民法院收到下级人民法院申请转递的司法文书，应当在7个工作日内予以转递。上级人民法院认为下级人民法院申请转递的司法文书不符合有关规定需要补正的，亦应在7个工作日内退回申请转递的人民法院。

32. 人民法院送达司法文书，根据有关规定需提供翻译件的，应由受理案件的人民法院委托我国境内的翻译机构进行翻译。翻译件不加盖人民法院印章，但应由翻译机构或翻译人员签名或盖章证明译文与原文一致。

33. 当事人虽未对人民法院送达的司法文书履行签收手续，但存在以下情形的，视为已经送达：（1）当事人通过口头或者书面形式向人民法院提及了所送达的司法文书的内容；（2）当事人已经按照所送达司法文书的内容履行。

（二）涉港澳台案件司法文书的送达

34. 住所地在香港特别行政区、澳门特别行政区的当事人如果在内地没有可以代其接受送达的代理人或者相关机构，需要向其送达司法文书时，分别按照《最高人民法院关于内地与香港特别行政区法院相互委托送达民商事司法文书的安排》或者《最高人民法院关于内地与澳门特别行政区法院就民商事案件相互委托送达司法文书和调查取证的安排》办理。按照上述2个安排（见本书第27章"涉港澳台司法协助"专辑）送达司法文书，自内地的高级人民法院或者最高人民法院将有关司法文书递送香港特别行政区高等法院或者澳门特别行政区终审法院之日起满3个月，如未收到送达与否的证明文件，且根据其他情况不足以认定已经送达的，视为不能适用上述安排中规定的方式送达。

35. 人民法院向住所地在香港特别行政区、澳门特别行政区、台湾地区的当事人送达司法文书，可以邮寄送达。邮寄送达时应附有送达回证，如果当事人未在送达回证上签收，但在邮件回执上签收，视为已经送达。自邮寄之日起满 2 个月，虽未得到送达与否的证明文件，但根据其他情况足以认定已经送达的，期间届满之日视为送达。自邮寄之日起满 2 个月，未得到送达与否的证明文件，且根据其他情况不足以认定已经送达的，视为不能适用邮寄方式送达。

36. 住所地在香港特别行政区、澳门特别行政区的当事人如果在内地没有可以代其接受送达的代理人或者相关机构，人民法院也不能通过 2 个安排规定的方式或者邮寄方式送达的，可以通过 e 公告方式送达。

37. 住所地在台湾地区的当事人如果在大陆没有可以代其接受送达的代理人或者相关机构，人民法院也不能通过邮寄方式送达的，可以通过公告方式送达。

38. 通过公告方式向住所地在香港特别行政区、澳门特别行政区、台湾地区的当事人送达司法文书，自公告之日起满 60 日，即视为送达。

【法释［2006］5 号】　最高人民法院关于涉外民事或商事案件司法文书送达问题若干规定（2006 年 7 月 17 日最高人民法院审判委员会［1394 次］通过，2006 年 8 月 10 日公布，2006 年 8 月 22 日起施行；根据法释［2020］20 号《决定》修正，2021 年 1 月 1 日起施行）

第 1 条　人民法院审理涉外民事或商事案件时，向在中华人民共和国领域内没有住所的受送达人送达司法文书，适用本规定。

第 2 条　本规定所称司法文书，是指起诉状副本、上诉状副本、反诉状副本、答辩状副本、传票、判决书、调解书、裁定书、支付令、决定书、通知书、证明书、送达回证以及其他司法文书。

第 3 条　作为受送达人的自然人或者企业、其他组织的法定代表人、主要负责人在中华人民共和国领域内的，人民法院可以向该自然人或者法定代表人、主要负责人送达。

第 4 条　除受送达人在授权委托书中明确表明其诉讼代理人无权代为接收有关司法文书外，其委托的诉讼代理人为民事诉讼法第 267 条（现第 283 条）第 4 项规定的有权代其接受送达的诉讼代理人，人民法院可以向该诉讼代理人送达。

第 5 条　人民法院向受送达人送达司法文书，可以送达给其在中华人民共和国领域内设立的代表机构。

受送达人在中华人民共和国领域内有分支机构或者业务代办人的，经该受送达人授权，人民法院可以向其分支机构或者业务代办人送达。

第6条 人民法院向在中华人民共和国领域内没有住所的受送达人送达司法文书时，若该受送达人所在国与中华人民共和国签订有司法协助协定，可以依照司法协助协定规定的方式送达；若该受送达人所在国是《关于向国外送达民事或商事司法文书和司法外文书公约》的成员国，可以依照该公约规定的方式送达。

依照受送达人所在国与中华人民共和国缔结或者共同参加的国际条约中规定的方式送达的，根据《最高人民法院关于依据国际公约和双边司法协助条约办理民商事案件司法文书送达和调查取证司法协助请求的规定》（法释［2013］11号，见本书第294-296条）办理。①

第7条 按照司法协助协定、《关于向国外送达民事或商事司法文书和司法外文书公约》或者外交途径送达司法文书，自我国有关机关将司法文书转递受送达人所在国有关机关之日起满6个月，如果未能收到送达与否的证明文件，且根据各种情况不足以认定已经送达的，视为不能用该种方式送达。

第8条 受达人所在国允许邮寄送达的，人民法院可以邮寄送达。

邮寄送达时应附有送达回证。受送达人未在送达回证上签收但在邮件回执上签收的，视为送达，签收日期为送达日期。

自邮寄之日起满 3个月/6个月，如果未能收到送达与否的证明文件，且根据各种情况不足以认定已经送达的，视为不能用邮寄方式送达。

第9条 人民法院依照民事诉讼法第267条（现第283条）第8项规定的公告方式送达时，公告内容应在国内外公开发行的报刊上刊登。

第10条 除本规定上述送达方式外，人民法院可以通过传真、电子邮件等能够确认收悉的其他适当方式向受送达人送达。

第11条 除公告送达方式外，人民法院可以同时采取多种方式向受送达人进行送达，但应根据最先实现送达的方式确定送达日期。

第11条 人民法院向受送达人在中华人民共和国领域内的法定代表人、主要负责人、诉讼代理人、代表机构以及有权接受送达的分支机构、业务代办人送达司法文书，可以适用留置送达的方式。

第13条 受送达人未对人民法院送达的司法文书履行签收手续，但存在以下情形之一的，视为送达：（一）受送达人书面向人民法院提及了所送达司法文书的内容；（二）受送达人已经按照所送达司法文书的内容履行；（三）其他可以视为已经送达的情形。

第14条 人民法院送达司法文书，根据有关规定需要通过上级人民法院转递

---

① 本款原规定为：受送达人所在国与中华人民共和国签订有司法协助协定，且为《关于向国外送达民事或商事司法文书和司法外文书公约》成员国的，人民法院依照司法协助协定的规定办理。

的，应附申请转递函。

上级人民法院收到下级人民法院申请转递的司法文书，应在 7 个工作日内予以转递。

上级人民法院认为下级人民法院申请转递的司法文书不符合有关规定需要补正的，应在 7 个工作日内退回申请转递的人民法院。

第 15 条　人民法院送达司法文书，根据有关规定需要提供翻译件的，应由受理案件的人民法院委托中华人民共和国领域内的翻译机构进行翻译。

翻译件不加盖人民法院印章，但应由翻译机构或翻译人员签名或盖章证明译文与原文一致。

【法发［2008］8 号】　全国法院涉港澳商事审判工作座谈会纪要（2007 年 11 月 21-22 日在南宁召开；2008 年 1 月 21 日印发）

三、关于司法文书送达

11. 作为受送达人的香港特别行政区、澳门特别行政区的自然人或者企业、组织的法定代表人、主要负责人在内地的，人民法院可以向该自然人或者法定代表人、主要负责人送达。

12. 除受送达人在授权委托书中明确表明其诉讼代理人无权代为接收有关司法文书外，其委托的诉讼代理人为有权代其接受送达的诉讼代理人，人民法院可以向该诉讼代理人送达。

13. 人民法院向香港特别行政区、澳门特别行政区的受送达人送达司法文书，可以送达给其在内地依法设立的代表机构。

受送达人在内地有分支机构或者业务代办人的，经该受送达人授权，人民法院可以向其分支机构或者业务代办人送达。

14. 人民法院向香港特别行政区、澳门特别行政区受送达人送达司法文书，可以分别按照《最高人民法院关于内地与香港特别行政区法院相互委托送达民商事司法文书的安排》或者《最高人民法院关于内地与澳门特别行政区法院就民商事案件相互委托送达司法文书和调取证据的安排》送达。

按照前款规定方式送达的，自内地的高级人民法院或者最高人民法院将有关司法文书递送香港特别行政区高等法院或者澳门特别行政区终审法院之日起满 3 个月，如果未能收到送达与否的证明文件且根据各种情况不足以认定已经送达的，视为不能适用上述安排中规定的方式送达。

15. 人民法院向香港特别行政区、澳门特别行政区受送达人送达司法文书，可以邮寄送达。

邮寄送达时应附有送达回证。受送达人未在送达回证上签收但在邮件回执上签收的，视为送达，签收日期为送达日期。

自邮寄之日起满 3 个月，虽未收到送达与否的证明文件，但根据各种情况足以认定已经送达的，期间届满之日视为送达。

自邮寄之日起满 3 个月，如果未能收到送达与否的证明文件，且根据各种情况不足以认定已经送达的，视为不能适用邮寄方式送达。

16. 除上述送达方式外，人民法院可以通过传真、电子邮件等能够确认收悉的其他适当方式向受送达人送达。

17. 人民法院不能依照上述方式送达的，可以公告送达。公告内容应当在境内外公开发行的报刊上刊登，自公告之日起满 3 个月即视为送达。

18. 除公告送达方式外，人民法院可以同时采取多种方式向香港特别行政区、澳门特别行政区的受送达人进行送达，但应当根据最先实现送达的送达方式确定送达时间。

19. 人民法院向在内地的香港特别行政区、澳门特别行政区的自然人或者企业、组织的法定代表人、主要负责人、诉讼代理人、代表机构以及有权接受送达的分支机构、业务代办人送达司法文书，可以适用留置送达的方式。

20. 香港特别行政区、澳门特别行政区的受送达人未对人民法院送达的司法文书履行签收手续，但存在以下情形之一的，视为送达：（1）受送达人向人民法院提及了所送达司法文书的内容；（2）受送达人已经按照所送达司法文书的内容履行；（3）其他可以视为已经送达的情形。

21. 人民法院送达司法文书，根据有关规定需通过上级人民法院转递的，应附申请转递函。

上级人民法院收到下级人民法院申请转递的司法文书，应在 7 个工作日内予以转递。

上级人民法院认为下级人民法院申请转递的司法文书不符合有关规定需要补正的，应说明需补正的事由并在 7 个工作日内退回申请转递的人民法院。

【法释［2008］4 号】 最高人民法院关于涉台民事诉讼文书送达的若干规定（最高法审委会［1421 次］通过，2008 年 4 月 17 日公布，2008 年 4 月 23 日起施行）

第 1 条 人民法院审理涉台民事案件向住所地在台湾地区的当事人送达民事诉讼文书，以及人民法院接受台湾地区有关法院的委托代为向住所地在大陆的当事人送达民事诉讼文书，适用本规定。

涉台民事诉讼文书送达事务的处理，应当遵守一个中国原则和法律的基本原则，不违反社会公共利益。

第 2 条　人民法院送达或者代为送达的民事诉讼文书包括：起诉状副本、上诉状副本、反诉状副本、答辩状副本、授权委托书、传票、判决书、调解书、裁定书、支付令、决定书、通知书、证明书、送达回证以及与民事诉讼有关的其他文书。

第 3 条　人民法院向住所地在台湾地区的当事人送达民事诉讼文书，可以采用下列方式：

（一）受送达人居住在大陆的，直接送达。受送达人是自然人，本人不在的，可以交其同住成年家属签收；受送达人是法人或者其他组织的，应当由法人的法定代表人、其他组织的主要负责人或者该法人、组织负责收件的人签收；

受送达人不在大陆居住，但送达时在大陆的，可以直接送达；

（二）受送达人在大陆有诉讼代理人的，向诉讼代理人送达。受送达人在授权委托书中明确表明其诉讼代理人无权代为接收的除外；

（三）受送达人有指定代收人的，向代收人送达；

（四）受送达人在大陆有代表机构、分支机构、业务代办人的，向其代表机构或者经受送达人明确授权接受送达的分支机构、业务代办人送达；

（五）受送达人在台湾地区的地址明确的，可以邮寄送达；

（六）有明确的传真号码、电子信箱地址的，可以通过传真、电子邮件方式向受送达人送达；

（七）按照两岸认可的其他途径送达。

采用上述方式不能送达或者台湾地区的当事人下落不明的，公告送达。

第 4 条　采用本规定第 3 条第 1 款第 1、2、3、4 项方式送达的，由受送达人、诉讼代理人或者有权接受送达的人在送达回证上签收或者盖章，即为送达；拒绝签收或者盖章的，可以依法留置送达。

第 5 条　采用本规定第 3 条第 1 款第 5 项方式送达的，应当附有送达回证。受送达人未在送达回证上签收但在邮件回执上签收的，视为送达，签收日期为送达日期。

自邮寄之日起满 3 个月，如果未能收到送达与否的证明文件，且根据各种情况不足以认定已经送达的，视为未送达。

第 6 条　采用本规定第 3 条第 1 款第 6 项方式送达的，应当注明人民法院的传真号码或者电子信箱地址，并要求受送达人在收到传真件或者电子邮件后及时予以回复。以能够确认受送达人收悉的日期为送达日期。

第 7 条　采用本规定第 3 条第 1 款第 7 项方式送达的，应当由有关的高级人民法院出具盖有本院印章的委托函。委托函应当写明案件各方当事人的姓名或者名称、案由、案号；受送达人姓名或者名称、受送达人的详细地址以及需送达的文书种类。

第 8 条　采用公告方式送达的，公告内容应当在境内外公开发行的报刊或者权威网站上刊登。

公告送达的，自公告之日起满 3 个月，即视为送达。

第 9 条　人民法院按照两岸认可的有关途径代为送达台湾地区法院的民事诉讼文书的，应当有台湾地区有关法院的委托函。

人民法院收到台湾地区有关法院的委托函后，经审查符合条件的，应当在收到委托函之日起 2 个月内完成送达。

民事诉讼文书中确定的出庭日期或者其他期限逾期的，受委托的人民法院亦应予送达。

第 10 条　人民法院按照委托函中的受送达人姓名或者名称、地址不能送达的，应当附函写明情况，将委托送达的民事诉讼文书退回。

完成送达的送达回证以及未完成送达的委托材料，可以按照原途径退回。

第 11 条　受委托的人民法院对台湾地区有关法院委托送达的民事诉讼文书的内容和后果不负法律责任。

【法释〔2009〕2 号】　最高人民法院关于涉港澳民商事案件司法文书送达问题若干规定（2009 年 2 月 16 日最高法审委会〔1463 次〕通过，2009 年 3 月 9 日公布，2009 年 3 月 16 日起施行）

第 1 条　人民法院审理涉及香港特别行政区、澳门特别行政区的民商事案件时，向住所地在香港特别行政区、澳门特别行政区的受送达人送达司法文书，适用本规定。

第 2 条　本规定所称司法文书，是指起诉状副本、上诉状副本、反诉状副本、答辩状副本、传票、判决书、调解书、裁定书、支付令、决定书、通知书、证明书、送达回证等与诉讼相关的文书。

第 3 条　作为受送达人的自然人或者企业、其他组织的法定代表人、主要负责人在内地的，人民法院可以直接向该自然人或者法定代表人、主要负责人送达。

第 4 条　除受送达人在授权委托书中明确表明其诉讼代理人无权代为接收有关司法文书外，其委托的诉讼代理人为有权代其接受送达的诉讼代理人，人民法院可以向该诉讼代理人送达。

第 5 条　受送达人在内地设立有代表机构的，人民法院可以直接向该代表机构送达。

受送达人在内地设立有分支机构或者业务代办人并授权其接受送达的，人民法院可以直接向该分支机构或者业务代办人送达。

第 6 条　人民法院向在内地没有住所的受送达人送达司法文书，可以按照《最高人民法院关于内地与香港特别行政区法院相互委托送达民商事司法文书的安排》或者《最高人民法院关于内地与澳门特别行政区法院就民商事案件相互委托送达司法文书和调取证据的安排》送达。

按照前款规定方式送达的，自内地的高级人民法院或者最高人民法院将有关司法文书递送香港特别行政区高等法院或者澳门特别行政区终审法院之日起满 3 个月，如果未能收到送达与否的证明文件且不存在本规定第 12 条规定情形的，视为不能适用上述安排中规定的方式送达。

第 7 条　人民法院向受送达人送达司法文书，可以邮寄送达。

邮寄送达时应附有送达回证。受送达人未在送达回证上签收但在邮件回执上签收的，视为送达，签收日期为送达日期。

自邮寄之日起满 3 个月，虽未收到送达与否的证明文件，但存在本规定第 12 条规定情形的，期间届满之日视为送达。

自邮寄之日起满 3 个月，如果未能收到送达与否的证明文件，且不存在本规定第 12 条规定情形的，视为未送达。

第 8 条　人民法院可以通过传真、电子邮件等能够确认收悉的其他适当方式向受送达人送达。

第 9 条　人民法院不能依照本规定上述方式送达的，可以公告送达。公告内容应当在内地和受送达人住所地公开发行的报刊上刊登，自公告之日起满 3 个月即视为送达。

第 10 条　除公告送达方式外，人民法院可以同时采取多种法定方式向受送达人送达。

采取多种方式送达的，应当根据最先实现送达的方式确定送达日期。

第 11 条　人民法院向在内地的受送达人或者受送达人的法定代表人、主要负责人、诉讼代理人、代表机构以及有权接受送达的分支机构、业务代办人送达司法文书，可以适用留置送达的方式。

第 12 条　受送达人未对人民法院送达的司法文书履行签收手续，但存在以下情形之一的，视为送达：（一）受送达人向人民法院提及了所送达司法文书的内容；（二）受送达人已经按照所送达司法文书的内容履行；（三）其他可以确认已经送达的情形。

第 13 条　下级人民法院送达司法文书，根据有关规定需要通过上级人民法院转递的，应当附申请转递函。

上级人民法院收到下级人民法院申请转递的司法文书，应当在 7 个工作日内予以转递。

上级人民法院认为下级人民法院申请转递的司法文书不符合有关规定需要补正的，应当在 7 个工作日内退回申请转递的人民法院。

【法发［2010］57号】 最高人民法院关于进一步做好边境地区涉外民商事案件审判工作的指导意见（2010年12月8日）

二、为更有效地向各方当事人送达司法文书和与诉讼相关的材料，切实保护当事人诉讼程序上的各项权利，保障当事人参与诉讼活动，人民法院可以根据边境地区的特点，进一步探索行之有效的送达方式。采用公告方式送达的，除人身关系案件外，可以采取在边境口岸张贴公告的形式。采用公告方式送达时，其他送达方式可以同时采用。

【民四他字［2011］44号】 最高人民法院关于香港特别行政区企业在国内开办全资独资企业法律文书送达问题的请示的复函（2011年10月27日答复湖南高院民三庭请示）

一、在涉港商事案件的审理过程中，如果当事人提交了经合法公证认证的香港特别行政区受送达人（以下简称受送达人）的登记注册资料，首先，人民法院应当对该受送达人的主体资格予以确认；其次，人民法院可以通过《最高人民法院关于涉港澳民商事案件司法文书送达问题若干规定》中规定的途径向该受送达人登记注册资料中载明的地址进行送达。即使人民法院向受送达人登记注册资料中载明的地址无法成功送达的，亦不能必然得出受送达人登记注册资料不实的结论，人民法院亦不能主动对此予以纠正。

二、参照《最高人民法院关于涉港澳民商事案件司法文书送达问题若干规定》第5条第2款的相关规定，受送达人在内地设立的独资企业未经其明确授权的，人民法院不能直接向该独资企业送达司法文书，但有证据证明通过该独资企业送达的司法文书成功送达到了受送达人的除外。参照《最高人民法院关于涉港澳民商事案件司法文书送达问题若干规定》第3条的规定，受送达人的董事一般可以被认定为有权代表该受送达人接受司法文书的主体。如果有证据证明受送达人的现任董事在内地出现，人民法院可以将送达给受送达人的司法文书向其董事本人进行送达。

今后此类案件应以你院的名义而非你庭的名义报送请示。①

【法发［2013］6号】 最高人民法院关于依据国际公约和双边司法协助条约办理民商事案件司法文书送达和调查取证司法协助请求的规定实施细则②**（试行）**（2013年4月7日印发，2013年5月2日起试行）

第2章 我国法院委托外国协助送达民商事案件司法文书

---

① 注：该请示由湖南高院民三庭于2011年7月29日致函最高法民四庭。
② 注：《最高人民法院关于依据国际公约和双边司法协助条约办理民商事案件司法文书送达和调查取证司法协助请求的规定》（法释［2013］11号）见本书第284—286条。

第 6 条　人民法院审判、执行部门向国际司法协助专办员、国际司法协助统一管理部门报送民商事案件司法文书送达请求时，应当制作给国际司法协助专办员或者国际司法协助统一管理部门的转递函，并按照下列要求办理：

（一）向在国外的法人和非中国籍公民送达

1. 所送达的各项文书应当附有被请求国官方文字的译文，对于不同地区使用不同官方文字的国家，如加拿大、瑞士等，应当附有该地区所使用的官方文字的译文。翻译为被请求国官方文字确有困难的，可以依据双边民事司法协助条约提出司法文书送达请求，并附双边民事司法协助条约中规定的第三方文字的译文。被请求国不接受双边民事司法协助条约中规定的第三方文字译文的，所送达的各项文书应当附有被请求国官方文字的译文。

2. 所送达的文书应当一式 2 份，分别装订为 2 套文书。

每套文书应当独立成册，参照下列顺序装订：（1）起诉状中文及译文；（2）应诉通知书中文及译文；（3）传票中文及译文；（4）合议庭组成人员通知书中文及译文；（5）举证通知书中文及译文；（6）其他材料之一中文及译文（其他材料之二、三依此类推）；（7）证据一中文及译文（证据二、三依此类推）；（8）翻译证明。

人民法院向在国外的法人和非中国籍公民送达民商事案件司法文书无需附送达回证及译文。但是，所送达的文书不能反映准确送达地址的，应当通过附送达回证及译文的方式说明准确的送达地址。

3. 被请求国协助送达要求支付费用的，送达费用由当事人负担。被请求国要求预付费的，应当将送达费用汇票与所送文书一并转递，并在转递函上注明汇票编号。

4. 所送达的各项文书中，受送达人的姓名、名称和送达地址应当一致、完整、准确。送达地址应当打印，不便打印的，手写地址应当清晰、可明确辨认；受送达人姓名、名称和送达地址不一致的，应当修改一致；送达地址不便修改的，应当在转递函中列明准确的送达地址，并注明"已核对，以此送达地址为准"。

5. 确定开庭日期时应当预留足够的送达时间。

（二）向在国外的中国籍公民送达

1. 转递函中列明受送达人为中国国籍。

2. 所送达的文书应当一式 2 份，无需译文，分别装订为 2 套文书。

每套文书应当独立成册，参照下列顺序装订：（1）起诉状；（2）应诉通知书；（3）传票；（4）合议庭组成人员通知书；（5）举证通知书；（6）其他材料之一（其他材料之二、三依此类推）；（7）证据一（证据二、三依此类推）；（8）送达回证（送达回证中应当列明上述文书各 1 份）。

3. 送达回证中应当打印受送达人准确的外文（所在国官方文字）送达地址；

不便打印的，手写地址应当清晰、可明确辨认；受送达人如有外文姓名的，亦应当在送达回证中注明外文姓名。

4. 确定开庭日期时应当预留足够的送达时间。

5. 我国驻外使、领馆要求出具委托书的，应当附提出送达请求的法院致我国驻该国使、领馆的委托书。委托书随文书一并转递。

第7条　国际司法协助专办员收到本院审判、执行部门或者下级法院报送的民商事案件司法文书送达请求后，应当按照下列标准进行审查：（一）有审判、执行部门或者下级法院的转递函；（二）被请求国是海牙送达公约缔约国，或者被请求国与我国签订的双边民事司法协助条约已经生效；（三）审判、执行部门或者下级法院转来的文书与转递函中所列的文书清单在名称和份数上一致；（四）所送达的文书按照第6条的相关规定分别装订成两套，两套文书的装订顺序一致；（五）应当附译文的，译文文字符合海牙送达公约或者双边民事司法协助条约的规定；（六）所送达的各项文书中载明的受送达人姓名、名称、送达地址应当一致；受送达人姓名、名称前后不一致的，应当退回审判、执行部门修改；送达地址不一致的，审判、执行部门或者下级法院应当在转递函中列明最终确认的送达地址并注明"已核对，以此送达地址为准"；（七）如果受送达人是外国国家、外国政府、外国政府组成机构以及享有外交特权和豁免权的主体，最高人民法院已经批准受理该案件；（八）需要受送达人出庭的，确定开庭日期时预留了足够的送达时间；（九）被请求国要求预付送达费用的，附有送达费用汇票；汇票中所列的收款机构、币种、数额符合被请求国的要求；汇票在有效期内；（十）向在国外的中国籍公民送达民商事案件司法文书，附有送达回证；送达回证中列明受送达人所在国官方文字的送达地址；送达回证中所列明的文书清单与实际送达的文书的名称、份数一致；（十一）向在国外的中国籍公民送达民商事案件司法文书，我国驻外使、领馆要求出具委托书的，附有提出送达请求的法院致我国驻该国使、领馆的委托书；（十二）送达的民商事案件司法文书，特别是证据材料中，不含有明确标注密级的材料；（十三）所送达的文书中，不存在应当填写而未填写的内容的情形；（十四）翻译证明符合被请求国的要求；（十五）其他应当审查的事项。

第8条　国际司法协助专办员对审判、执行部门报送的民商事案件司法文书送达请求审查合格的，应当制作转递函，及时报送高级人民法院国际司法协助统一管理部门。高级人民法院审查合格的，应当制作转递函，及时报送最高人民法院国际司法协助统一管理部门。文书中受送达人地址前后不一致的，高级人民法院应当在转递函中说明已核对无误的送达地址。最高人民法院审查合格的，应当制作转递函，及时转递中央机关。

　　除另有规定外，有权依据海牙送达公约直接对外发出民商事案件司法文书送达请求的高级人民法院国际司法协助统一管理部门收到下级法院或者本院审判、执行部门报送的民商事案件司法文书送达请求并审查合格的，应当填写符合海牙送达公约所附范本格式的请求书并加盖该高级人民法院国际司法协助专用章后邮寄被请求国中央机关。

　　第 9 条　最高人民法院国际司法协助统一管理部门收到中央机关转回的送达证明和被请求国事后要求支付送达费用的通知后，应当及时登记并转递有关高级人民法院国际司法协助统一管理部门。

　　高级人民法院收到最高人民法院转回的送达证明和付费通知后，或者有权依据海牙送达公约直接对外发出送达请求的高级人民法院收到外国中央机关转回的送达证明和付费通知后，应当及时登记并转递提出送达请求的人民法院。

　　第 10 条　提出送达请求的人民法院收到付费通知后，应当及时向当事人代收。当事人根据被请求国要求支付的费用，应当以汇票等形式支付并通过原途径转交被请求国相关机构。

　　第 3 章　外国委托我国法院协助送达民商事案件司法文书

　　第 11 条　最高人民法院国际司法协助统一管理部门收到中央机关转来的外国委托我国法院协助送达的民商事案件司法文书后，应当按照下列标准进行审查：（一）有中央机关的转递函或者请求书；（二）请求国是海牙送达公约缔约国或者与我国签订的双边民事司法协助条约已经生效；（三）属于海牙送达公约或者双边民事司法协助条约规定的范围；（四）属于人民法院的办理范围；（五）不具有海牙送达公约或者双边民事司法协助条约中规定的拒绝提供协助的情形；（六）请求方要求采取特殊方式送达的，所要求的特殊方式与我国法律不相抵触，且在实践中不存在无法办理或者办理困难的情形；（七）实际送达的文书与请求书中列明的文书在名称、份数上一致；（八）依据海牙送达公约委托我国协助送达的文书，应当附有中文译文，但请求方仅要求按照海牙送达公约第 5 条第 2 款规定的方式予以送达的除外；（九）依据双边民事司法协助条约委托我国协助送达的司法文书，附有中文译文或者双边民事司法协助条约中规定的第三方文字译文；（十）其他应当审查的事项。

　　第 12 条　我国法院委托外国协助送达的司法文书附有双边民事司法协助条约规定的第三方文字译文，但被请求国依然要求必须附有该国官方文字译文的，按照对等原则，该国委托我国协助送达的司法文书应当附有中文译文。

　　第 13 条　最高人民法院国际司法协助统一管理部门审查合格的，应当制作转递函，与所送达的文书一并转递受送达人所在地高级人民法院国际司法协助统一管理部门。

第 14 条 高级人民法院收到最高人民法院转来的转递函和所送达的文书后，应当参照第 11 条的规定进行审查。审查合格的，应当制作转递函，与所送达的文书一并转递受送达人所在地中级或者基层人民法院国际司法协助专办员。高级人民法院国际司法协助统一管理部门认为由本院办理更为适宜的，可以直接移交本院负责民商事案件司法文书送达工作的部门办理。

第 15 条 中级或者基层人民法院国际司法协助专办员收到高级人民法院转来的转递函和所送达的文书后，亦应当参照第 11 条的规定进行审查。审查合格的，及时移交本院负责民商事案件司法文书送达工作的部门办理。

第 16 条 人民法院送达司法文书时，应当使用本院的送达回证。

第 17 条 依据海牙送达公约委托我国法院协助送达的司法文书，无论文书中确定的开庭日期或者期限是否已过，办理送达的人民法院均应当予以送达。但是，请求方另有明确表示的除外。

第 18 条 受送达人是自然人的，应当由本人签收司法文书；受送达人是法人或者其他组织的，应当由法人的法定代表人、其他组织的主要负责人或者该法人、组织负责收件的人签收司法文书。他人代收的，应当符合民事诉讼法和相关司法解释的规定。

第 19 条 请求方要求采取海牙送达公约第 5 条第 2 款规定的方式送达的，办理送达的人民法院应当告知受送达人享有自愿接收的权利。受送达人拒收的，应当在送达回证上注明。

第 20 条 送达成功的，办理送达的部门应当将送达回证转递本院国际司法协助专办员。送达不成功的，办理送达的部门应当将送达回证和未能送达的文书一并转递本院国际司法协助专办员。

第 21 条 国际司法协助专办员收到送达回证后，应当按照下列标准进行审查：（一）送达回证加盖人民法院院章；（二）送达回证填写规范、完整。包括：逐一列明所送达的文书的名称和份数、送达日期、代收人与受送达人的关系以及受送达人、代收人、送达人的签字或者盖章。如果未能成功送达，送达人还应当在送达回证中说明未能成功送达的原因。

第 22 条 通过邮寄方式送达的，国际司法协助专办员收到邮政机构出具的邮寄送达证明后，应当参照第 21 条的规定进行审查。

第 23 条 国际司法协助专办员审查合格后，应当制作送达结果转递函，与送达回证、邮寄送达证明、未能送达的文书一并转递高级人民法院国际司法协助统一管理部门。

第 24 条 高级人民法院收到送达回证、邮寄送达证明、未能成功送达的文书后，应当参照第 21 条的规定进行审查。审查合格的，应当制作给最高人民法院国际司法协助统一管理部门的转递函，并在转递函和送达回证右上角注明最高人民法院原始转递的函号，然后将高级人民法院转递函、送达回证、邮寄送达证明、未能送达的文书转递最高人民法院国际司法协助统一管理部门。

第 25 条　最高人民法院收到高级人民法院转来的转递函、送达回证、邮寄送达证明、未能送达的文书后，应当进行审查。审查合格的，应当及时退回中央机关。

第 6 章　附则

第 45 条　人民法院办理民商事案件司法文书送达的送达回证、送达证明在各个转递环节均应当扫描为 PDF 文件以电子文档的形式保存，保存期限为 3 年；……

【贸仲〔2024〕号】　中国国际经济贸易仲裁委员会仲裁规则（中国国际贸易促进委员会/中国国际商会 2023 年 9 月 2 日核准通过，2024 年 1 月 1 日起施行）

第 8 条　送达及期限

（一）有关仲裁的一切文书、通知、材料（以下简称"仲裁文件"）等均可采用当面递交、挂号信、特快专递、传真、电子送达方式及其他任何能提供投递记录的通讯手段，或仲裁委员会仲裁院或仲裁庭认为适当的其他方式发送。电子送达方式包括向当事人约定/指定的电子邮箱、其他电子通讯地址，以及经由仲裁委员会信息化存储系统、各方可无障碍存取的信息系统等以电子形式送达仲裁文件。

（二）仲裁文件可优先采用电子送达。

（三）仲裁文件应发送当事人或其仲裁代理人自行提供的或当事人约定的地址，当事人或其仲裁代理人没有提供地址或当事人对地址没有约定的，按照对方当事人或其仲裁代理人提供的地址发送。

【法发〔2016〕34 号】　最高人民法院关于为自由贸易试验区建设提供司法保障的意见（2016 年 12 月 30 日）

10. 探索审判程序创新，公正高效审理涉自贸试验区案件。……妥善处理以"区内注册、区外经营"的企业为当事人的案件中存在的送达难问题。对在自贸试验区内注册的法人和其他组织，以其注册地为人民法院诉讼文书的送达地址，可以邮寄送达。境外民事主体在自贸试验区设立企业或办事处作为业务代办人的，可以向其业务代办人送达。境外民事主体概括指定其分支机构工作人员或者境内律师事务所律师作为特定时间、特定区域或者特定业务的诉讼代理人的，可以向其送达诉讼文书。

【法办发〔2018〕13 号】　最高人民法院国际商事法庭程序规则（试行）（2018 年 10 月 29 日最高法审委会〔1751 次〕通过，最高法办公厅 2018 年 11 月 21 日印发，2018 年 12 月 5 日起施行）

第 13 条　国际商事法庭应向被告及其他当事人送达原告提交的起诉状副本、

证据材料、《审前分流程序征询意见表》和《送达地址确认书》。

第 14 条 当事人在《送达地址确认书》中同意接收他方当事人向其送达诉讼材料，他方当事人向其直接送达、邮寄送达、电子方式送达等，能够确认受送达人收悉的，国际商事法庭予以认可。

第 15 条 当事人在《送达地址确认书》中填写的送达地址变更的，应当及时告知国际商事法庭。

第 16 条 因受送达人拒不提供送达地址、提供的送达地址不准确、送达地址变更未告知国际商事法庭，导致相关诉讼文书未能被实际接收的，视为送达。

【法释［2020］1 号】 最高人民法院关于内地与澳门特别行政区法院就民商事案件相互委托送达司法文书和调取证据的安排（见本书第 27 章"涉港澳台司法协助"专辑）

【法（民四）明传［2021］60 号】 全国法院涉外商事海事审判工作座谈会会议纪要（2021 年 6 月 10 日在南京召开，最高法 2021 年 12 月 31 日印发）

10.【邮寄送达退件的处理】人民法院向在中华人民共和国领域内没有住所的受送达人邮寄送达司法文书，如邮件被退回，且注明原因为"该地址查无此人""该地址无人居住"等情形的，视为不能用邮寄方式送达。

11.【电子送达】人民法院向在中华人民共和国领域内没有住所的受送达人送达司法文书，如受送达人所在国法律未禁止电子送达方式的，人民法院可以依据民事诉讼法第 274 条（现第 283 条）的规定采用电子送达方式，但违反我国缔结或参加的国际条约规定的除外。

受送达人所在国系《海牙送达公约》成员国，并在公约项下声明反对邮寄方式送达的，应推定其不允许电子送达方式，人民法院不能采用电子送达方式。

12.【外国自然人的境内送达】人民法院对外国自然人采用下列方式送达，能够确认受送达人收悉的，为有效送达：（一）向其在境内设立的外商独资企业转交送达；（二）向其在境内担任法定代表人、公司董事、监事和高级管理人员的企业转交送达；（三）向其同住成年家属转交送达；（四）通过能够确认受送达人收悉的其他方式送达。

13.【送达地址的认定】在中华人民共和国领域内没有住所的当事人未填写送达地址确认书，但在诉讼过程中提交的书面材料明确载明地址的，可以认定该地址为送达地址。

14.【管辖权异议文书的送达】对涉外商事案件管辖权异议程序的管辖权异议申请书、答辩书等司法文书，人民法院可以仅在相对方当事人之间进行送达，但管辖权异议裁定书应当列明并送达所有当事人。

【法释［2022］11号】 **最高人民法院关于适用《中华人民共和国民事诉讼法》的解释**（"法释［2015］5号"公布，2015年2月4日起施行；根据法释［2020］20号《决定》修正，2021年1月1日起施行；2022年3月22日最高法审委会［1866次］修正，2022年4月1日公布，2022年4月10日起施行；以本规为准）

第528条　涉外民事诉讼中，经调解双方达成协议，应当制发调解书。当事人要求发给判决书的，可以依协议的内容制作判决书送达当事人。

第532条　对在中华人民共和国领域内没有住所的当事人，经用公告方式送达诉讼文书，公告期满不应诉，人民法院缺席判决后，仍应当将裁判文书依照民事诉讼法第274条（现第283条）第8项规定公告送达。自公告送达裁判文书满3个月之日起，经过30日的上诉期当事人没有上诉的，一审判决即发生法律效力。

第533条　外国人或者外国企业、组织的代表人、主要负责人在中华人民共和国领域内的，人民法院可以向该自然人或者外国企业、组织的代表人、主要负责人送达。

外国企业、组织的主要负责人包括该企业、组织的董事、监事、高级管理人员等。

第534条　受送达人所在国允许邮寄送达的，人民法院可以邮寄送达。

邮寄送达时应当附有送达回证。受送达人未在送达回证上签收但在邮件回执上签收的，视为送达，签收日期为送达日期。

自邮寄之日起满3个月，如果未收到送达的证明文件，且根据各种情况不足以认定已经送达的，视为不能用邮寄方式送达。

第535条　人民法院一审时采取公告方式向当事人送达诉讼文书的，二审时可径行采取公告方式向其送达诉讼文书，但人民法院能够采取公告方式之外的其他方式送达的除外。

第284条²⁰²⁴⁰¹⁰¹ **【域外调查取证】**当事人申请人民法院调查收集的证据位于中华人民共和国领域外，人民法院可以依照证据所在国与中华人民共和国缔结或者共同参加的国际条约中规定的方式，或者通过外交途径调查收集。

在所在国法律不禁止的情况下，人民法院可以采用下列方式调查收集：

（一）对具有中华人民共和国国籍的当事人、证人，可以委托中华人民共和国驻当事人、证人所在国的使领馆代为取证；

（二）经双方当事人同意，通过即时通讯工具取证；

（三）以双方当事人同意的其他方式取证。

（本书汇）【涉外证据】

（复）第73条（第2款）　【外文书证要求】提交外文书证，必须附有中文译本。

● **相关规定** 　**【法民字［1992］17号】　最高人民法院关于我原驻苏联使馆教育处出具的证明不具有证明效力的复函**（经征外交部领事司，1992年9月22日答复安徽高院"民他字［1992］第13号"请示）

我国在国外行使涉外公证认证职能的机构，是我国外交代表机构和领事机构，即大使馆、总领事馆、领事馆等。在大使馆内，具体行使涉外公证认证职能的部门为领事部，大使馆内的其他部门如教育处、文化处、商务处等无权出具涉外公证认证文书。据此，我们同意你院请示中的第一种意见，即我国原驻苏联大使馆教育处对莫斯科大学学生耿纯要求离婚的书面意见和授权委托书的证明，不具有证明效力。

【法办［2003］297号】　最高人民法院关于指定北京市、上海市、广东省、浙江省、江苏省高级人民法院依据海牙送达公约和海牙取证公约直接向外国中央机关提出和转递司法协助请求和相关材料的通知（2003年9月23日印发，2003年11月1日起试点）（余见本书第293条）

2. 依照《关于从国外获取民事或商事证据公约》，直接向海牙取证公约成员国中接受我国加入并且该公约已在我国与该国之间生效的成员国中央机关提出和转递本院及下级人民法院依据海牙取证公约提出的涉外民事调查取证的请求书及相关材料。但上述成员国中与我国签订含有民事司法协助内容的双边司法协助条约的，按条约规定的途径办理。

【法发［2005］26号】　第二次全国涉外商事海事审判工作会议纪要（2005年11月15-16日在南京召开；2005年12月26日公布）

39. 对当事人提供的在我国境外形成的证据，人民法院应根据不同情况分别作如下处理：（1）对证明诉讼主体资格的证据，应履行相关的公证、认证或者其他证明手续；（2）对其他证据，由提供证据的一方当事人选择是否办理相关的公证、认证或者其他证明手续，但人民法院认为确需办理的除外。

对在我国境外形成的证据，不论是否已办理公证、认证或者其他证明手续，人民法院均应组织当事人进行质证，并结合当事人的质证意见进行审核认定。

40. 对当事人提供的在我国境外形成的应履行相关公证、认证或者其他证明手续的证据,应当经所在国公证机关公证,并经我国驻该国使领馆认证,或者履行我国与该所在国订立的有关条约中规定的证明手续。如果其所在国与我国没有外交关系,则该证据应经与我国有外交关系的第三国驻该国使领馆认证,再转由我国驻该第三国使领馆认证。

41. 当事人向人民法院提供外文视听资料的,应附有视听资料中所用语言的记录文本及中文译本。

【法释〔2008〕7号】　最高人民法院关于审理船舶碰撞纠纷案件若干问题的规定(2008年4月28日最高法审委会〔1446次〕通过,2008年5月19日公布,2008年5月23日起施行;根据法释〔2020〕18号《决定》修正,2021年1月1日起施行)

第8条(第2款)　前款规定的证据指具有法律效力的判决书、裁定书、调解书和仲裁裁决书。对于碰撞船舶提交的国外的判决书、裁定书、调解书和仲裁裁决书,依照民事诉讼法第282条和第283条(现第299条、第304条)规定的程序审查。(本条第1款见本书第67条)

【法发〔2010〕57号】　最高人民法院关于进一步做好边境地区涉外民商事案件审判工作的指导意见(2010年12月8日)

五、当事人提供境外形成的用于证明案件事实的证据时,可以自行决定是否办理相关证据的公证、认证手续。对于当事人提供的证据,不论是否办理了公证、认证手续,人民法院均应当进行质证并决定是否采信。

【法释〔2013〕11号】　最高人民法院关于依据国际公约和双边司法协助条约办理民商事案件司法文书送达和调查取证司法协助请求的规定(见本书第293-296条)

【法释〔2019〕19号】　最高人民法院关于民事诉讼证据的若干规定("法释〔2001〕33号"公布,2002年4月1日起施行;2019年10月14日最高法审委会〔1777次〕修订,2019年12月25日公布,2020年5月1日起施行)

第16条　当事人提供的公文书证/证据系在中华人民共和国领域外形成的,该证据应当经所在国公证机关予以证明,并经中华人民共和国驻该国使领馆予以认证,或者履行中华人民共和国与该所在国订立的有关条约中规定的证明手续。①

---

① 注:2023年3月8日,中国加入《取消外国公文书认证要求的公约》。2023年11月7日起,《公约》在中国生效实施。《公约》成员包括欧盟各国、美国、日本、韩国、德国、澳大利亚、俄罗斯等我国主要贸易伙伴及大多数共建"一带一路"国家。《公约》缔约国之间相互取消使领馆领事认证环节,改由文书出具国主管机关签发的附加证明书(Apostille)替代,仅证明公文书上最后一个印鉴、签名属实,不对公文书内容本身的真实性和合法性负责。公文书内容真实性仍遵循"谁出具,谁负责"原则。

（新增）中华人民共和国领域外形成的涉及身份关系的证据，应当经所在国公证机关证明并经中华人民共和国驻该国使领馆认证，或者履行中华人民共和国与该所在国订立的有关条约中规定的证明手续。

当事人向人民法院提供的证据是在香港、澳门、台湾地区形成的，应当履行相关的证明手续。

第 17 条 当事人向人民法院提供外文书证或者外文说明资料，应当附有中文译本。

【法发〔2020〕20 号】 最高人民法院关于依法妥善审理涉新冠肺炎疫情民事案件若干问题的指导意见（三）（2020 年 6 月 8 日印发施行；涉港澳台参照本意见）

2. 对于在我国领域外形成的证据，当事人以受疫情或者疫情防控措施影响无法在原定的举证期限内提供为由，申请延长举证期限的，人民法院应当要求其说明拟收集、提供证据的形式、内容、证明对象等基本信息。经审查理由成立的，应当准许，适当延长举证期限，并通知其他当事人。延长的举证期限适用于其他当事人。

3. 对于一方当事人提供的在我国领域外形成的公文书证，因疫情或者疫情防控措施无法及时办理公证或者相关证明手续，对方当事人仅以该公文书证未办理公证或者相关证明手续为由提出异议的，人民法院可以告知其在保留对证明手续异议的前提下，对证据的关联性、证明力等发表意见。

经质证，上述公文书证与待证事实无关联，或者即使符合证明手续要求也无法证明待证事实的，对提供证据一方的当事人延长举证期限的申请，人民法院不予准许。

【法释〔2020〕12 号】 最高人民法院关于知识产权民事诉讼证据的若干规定（2020 年 11 月 9 日最高法审委会〔1815 次〕通过，2020 年 11 月 16 日公布，2020 年 11 月 18 日起施行；以本规为准）

第 8 条 中华人民共和国领域外形成的下列证据，当事人仅以该证据未办理公证、认证等证明手续为由提出异议的，人民法院不予支持：（一）已为发生法律效力的人民法院裁判所确认的；（二）已为仲裁机构生效裁决所确认的；（三）能够从官方或者公开渠道获得的公开出版物、专利文献等；（四）有其他证据能够证明真实性的。

第 9 条 中华人民共和国领域外形成的证据，存在下列情形之一的，当事人仅以该证据未办理认证手续为由提出异议的，人民法院不予支持：（一）提出异议的当事人对证据的真实性明确认可的；（二）对方当事人提供证人证言对证据的真实性予以确认，且证人明确表示如作伪证愿意接受处罚的。

前款第 2 项所称证人作伪证，构成民事诉讼法第 111 条（现第 114 条）规定情形的，人民法院依法处理。

第 10 条　在一审程序中已经根据民事诉讼法第 59 条、第 264 条（现第 62 条、第 271 条）的规定办理授权委托书公证、认证或者其他证明手续的，在后续诉讼程序中，人民法院可以不再要求办理该授权委托书的上述证明手续。

【法（民四）明传［2021］60 号】　全国法院涉外商事海事审判工作座谈会会议纪要（2021 年 6 月 10 日在南京召开，最高法 2021 年 12 月 31 日印发）

15.【外国法院判决、仲裁裁决等作为证据的认定】一方当事人将外国法院作出的发生法律效力的判决、裁定或者外国仲裁机构作出的仲裁裁决作为证据提交，人民法院应当组织双方当事人质证后进行审查认定，但该判决、裁定或者仲裁裁决认定的事实，不属于民事诉讼法司法解释第 93 条第 1 款规定的当事人无须举证证明的事实。一方当事人仅以该判决、裁定或者仲裁裁决未经人民法院承认为由主张不能作为证据使用的，人民法院不予支持。

16.【域外公文书证】《最高人民法院关于民事诉讼证据的若干规定》第 16 条规定的公文书证包括外国法院作出的判决、裁定，外国行政机关出具的文件，外国公共机构出具的商事登记、出生及死亡证明、婚姻状况证明等文件，但不包括外国鉴定机构等私人机构出具的文件。

公文书证在中华人民共和国领域外形成的，应当经所在国公证机关证明，或者履行相应的证明手续，但是可以通过互联网方式核查公文书证的真实性或者双方当事人对公文书证的真实性均无异议的除外。

17.【庭审中翻译费用的承担】诉讼过程中翻译人员出庭产生的翻译费用，根据《诉讼费用交纳办法》第 12 条第 1 款的规定，由主张翻译或者负有翻译义务的一方当事人直接预付给翻译机构，人民法院不得代收代付。

人民法院应当在裁判文书中载明翻译费用，并根据《诉讼费用交纳办法》第 29 条的规定确定由败诉方负担。部分胜诉、部分败诉的，人民法院根据案件的具体情况决定当事人各自负担的数额。

● **公报案例**　**（法公报［2015］4 期）陈明、徐炎芳、陈洁诉上海携程国际旅行社有限公司旅游合同纠纷案**（上海一中院 2014 年 12 月 19 日民事判决［2014］沪一中民一（民）终字第 2510 号）①（另见本书第 67 条第 1 款）

裁判摘要：2. 按照有关司法解释的规定，旅游经营者向人民法院提供的证据

①　注：上海高院 2015 年 10 月 9 日［2015］沪高民一（民）申字第 516 号民事裁定驳回了携程旅行社的再审申请。

系在中华人民共和国领域外形成的，该证据应当按照法律规定完成公证、认证手续；在香港、澳门特区或台湾地区形成的，应当履行相关的证明手续。

（本书摘要）携程旅行社为其酒店费用损失提供了相关证据，但"收费证明"、"取消政策"等境外证据未经公证、认证，部分证据无翻译件，形式上明显存有瑕疵，难以证明携程旅行社实际发生了酒店费用的支出。

第 285 条[19910409] 　**【答辩期限】** 被告在中华人民共和国领域内没有住所/不在中华人民共和国领域内居住的，人民法院应当将起诉状副本送达被告/在送给被告的起诉状副本上加盖收文印章，并通知被告在收到起诉状副本后 30 日/60 日内提出答辩状。被告申请延期的，是否准许，由人民法院决定/可以准许，所延期限不得超过 30 日。

第 286 条[19910409] 　**【上诉期限】** 在中华人民共和国领域内没有住所/不在中华人民共和国领域内居住的当事人，不服第一审人民法院判决、裁定的，有权在判决书、裁定书送达之日起 30 日内提起上诉/上诉期为 60 日。被上诉人在收到上诉状副本后，应当在 30 日/60 日内提出答辩状。当事人不能在法定期间/规定期限内提起上诉或者提出答辩状，申请延期的，是否准许，由人民法院决定/可以准许，所延期限不得超过 30 日。

● **相关规定** 　**【法（经）发〔1989〕12 号】** 　**全国沿海地区涉外、涉港澳经济审判工作座谈会纪要**（1988 年 12 月 12-16 日在佛山召开；1989 年 6 月 12 日印发）（本纪要一直未见废止）

三（七）公告送达、答辩和上诉期限的问题

……港澳地区的被告提出答辩状的期限适用民事诉讼法第 86 条（现第 128 条）的规定；向第二审法院上诉或提交答辩状的期限分别适用民事诉讼法（试行）第 145 条和第 148 条（现第 171 条，第 174 条）的规定。

【民四他字〔2001〕29 号】 　**最高人民法院关于如何确定涉港澳台当事人公告送达期限和答辩、上诉期限的请示的复函**（2001 年 8 月 7 日答复上海高院"沪高法〔2000〕485 号"请示）

经研究认为：香港、澳门和台湾地区的当事人在内地法院起诉、应诉或者上诉时，需要履行一定的认证、公证或者转递手续，人民法院的司法文书目前尚无法采用与内地当事人完全相同的方式对港澳台当事人送达。因此，对港澳台当事人在内地诉讼时的公告送达期限和答辩、上诉的期限，应参照我国民事诉讼法涉外编的有关规定执行。

【法发［2008］8 号】　**全国法院涉港澳商事审判工作座谈会纪要**（2007 年 11 月 21-22 日在南宁召开；2008 年 1 月 21 日印发）

32. 人民法院审理涉港澳商事案件，在内地无住所的香港特别行政区、澳门特别行政区当事人的答辩、上诉期限，参照适用《中华人民共和国民事诉讼法》第 248 条、第 249 条（现第 285 条、第 286 条）的规定。

【贸仲［2024］号】　**中国国际经济贸易仲裁委员会仲裁规则**（中国国际贸易促进委员会/中国国际商会 2023 年 9 月 2 日核准通过，2024 年 1 月 1 日起施行）

第 8 条　送达及期限

（四）向一方当事人或其仲裁代理人发送的仲裁文件，如经当面递交收件人或发送至收件人的营业地、注册地、住所地、惯常居住地或通讯地址，或经对方当事人合理查询不能找到上述任一地点，仲裁委员会仲裁院以挂号信或特快专递或能提供投递记录的包括公证送达、委托送达和留置送达在内的其他任何手段投递给收件人最后一个为人所知的营业地、注册地、住所地、惯常居住地或通讯地址，即视为有效送达。

【法发［2020］20 号】　**最高人民法院关于依法妥善审理涉新冠肺炎疫情民事案件若干问题的指导意见（三）**（2020 年 6 月 8 日印发施行；涉港澳台参照本意见）

4. 在我国领域内没有住所的当事人因疫情或者疫情防控措施不能在法定期间提出答辩状或者提起上诉，分别依据《中华人民共和国民事诉讼法》第 268 条、第 269 条（现第 285 条、第 286 条）的规定申请延期的，人民法院应当依法准许，并结合案件实际情况酌情确定延长的合理期限。但有证据证明当事人存在恶意拖延诉讼情形的，对其延期申请，不予准许。

【法释［2022］11 号】　**最高人民法院关于适用《中华人民共和国民事诉讼法》的解释**（"法释［2015］5 号"公布，2015 年 2 月 4 日起施行；根据法释［2020］20 号《决定》修正，2021 年 1 月 1 日起施行；2022 年 3 月 22 日最高法审委会［1866 次］修正，2022 年 4 月 1 日公布，2022 年 4 月 10 日起施行；以本规为准）

第 536 条　不服第一审人民法院判决、裁定的上诉期，对在中华人民共和国领域内有住所的当事人，适用民事诉讼法第 171 条规定的期限；对在中华人民共和国领域内没有住所的当事人，适用民事诉讼法第 276 条（现第 286 条）规定的期限。当事人的上诉期均已届满没有上诉的，第一审人民法院的判决、裁定即发生法律效力。

第 287 条[19910409] 　　**【涉外审理期限】**人民法院审理涉外民事案件的期间，不受本法第 152 条、第 183 条规定的限制。

　　（本书汇）【涉外审理程序】

● **相关规定**　　**【法（经）发〔1989〕12 号】**　　**全国沿海地区涉外、涉港澳经济审判工作座谈会纪要**（1988 年 12 月 12-16 日在佛山召开；1989 年 6 月 12 日印发）（本纪要一直未见废止）

三（二）案件受理问题

1. 2 个诉因并存的案件的受理问题。一个法律事实或法律行为有时可以同时产生 2 个法律关系，最常见的是债权关系与物权关系并存，或者被告的行为同时构成破坏合同和民事侵害。原告可以选择两者之中有利于自己的一种诉因提起诉讼，有管辖权的受诉法院不应以存在其他诉因为由拒绝受理。但当事人不得就同一法律事实或法律行为，分别以不同的诉因提起 2 个诉讼。

2. 无效合同中解决争议条款的效力的问题。涉外、涉港澳经济合同中解决争议条款，包括仲裁条款、司法管辖条款和法律适用条款等，不因合同本身无效而失去效力。我国参加的《联合国国际货物销售合同公约》第 81 条就规定，宣告合同无效，解除了双方在合同中的义务，但不影响合同中关于解决争端的任何规定。在合同宣告无效后，当事人之间需要解决的善后问题，例如损害赔偿，返还价款或货物等，仍应按照当事人在合同中约定的解决争议条款加以处理。

（六）缺席判决问题

作为被告或者无独立请求权的第三人的外国或者港澳地区的当事人及其委托代理人既不答辩，又经 2 次合法传唤，无正当理由拒不到庭的，应视为自动放弃抗辩的权利，人民法院可以根据原告的诉讼请求、查明的事实和经过审查的证据，作出公正的缺席判决。

【法编字〔1951〕2612 号】　　**最高人民法院关于对外侨遗产继承的代管处理原则等问题的复函**（1951 年 12 月 13 日答复外交部"发部政字第〔51〕27 号"函）

1951 年 10 月 9 日发部政字第〔51〕27 号公函嘱将我院对外侨遗产继承的代管处理等原则及对外侨遗产和继承等问题之判例函告你部；查有关外侨遗产和继承的案件我院只受理过林芝甫与林林氏为养子关系争执继承一案。该案在邀由你部和法制委员会等机关座谈后，即已发回天津市人民法院重行审判；结果如何，尚不清楚。兹先检附该案判决抄本一件，请予参考。

关于外侨遗产继承的代管处理原则，我们认为你部 1950 年 11 月 13 日复上海外事处"关于英侨克拉克遗产案处理意见"第 2 至第 4 各点，如有类似事件发生，仍可参照，由管辖法院或其他机关与所在地外事部门分按具体情况随时联系处理。兹就一般情况提出下列意见以备研究：

一、外侨死亡，其继承人不在我国者，可由我有关机关设法通知或公告有继承权之人，限期申报继承。一面我有关机关可将死者的遗产代为管理。

二、死亡者如系与我国已建邦交国家的侨民，则除由有关机关定期公告外，应再通知其本国派驻我国之使领或其他外交代表，请将公告内容及期限设法通知或在其国内公告，并查报死亡者是否有继承人。

三、外侨死亡如确无继承人，或虽有继承人而已表示放弃继承时，我人民政府即可将其遗产收归国有；如死亡人遗有债务，自应就其遗产予以清理。

四、以上问题如两国间有条约规定者，应依条约规定处理。

【民他字［1988］26 号】 最高人民法院关于中国公民接受外侨遗赠法律程序问题的批复（1989 年 6 月 12 日答复黑龙江高院"［1988］民复字第 13 号"请示）

你院［1988］民复字第 13 号函关于中国公民宁俊华申请接受苏侨比斯阔·维克托尔·帕夫洛维赤遗赠案件的请示，经我院审判委员会第 404 次会议讨论认为，可由哈尔滨市中级人民法院知告比期阔的遗产代管部门，比斯阔将自己的个人财产遗赠给宁俊华、李成海，符合我国继承法的有关规定，对宁、李二人领受遗赠财产的请求应予允许。如经告知，遗产代管部门仍阻碍公民合法权利的实现，宁俊华、李成海则可以遗产代管部门为被告向法院起诉，人民法院应按照普通程序进行审理，并适用继承法的有关规定。

【法释［2000］29 号】 最高人民法院关于严格执行案件审理期限制度的若干规定（2000 年 9 月 14 日最高法审委会［1130 次］通过，2000 年 9 月 22 日公布，2000 年 9 月 28 日起施行）

第 2 条（第 8 款） 审理涉外民事案件，根据民事诉讼法第 248 条①（现第

---

① 注：本处原为《民事诉讼法》（1991）"第 250 条"；《民事诉讼法》2007 年修订后，《最高人民法院关于调整司法解释等文件中引用〈中华人民共和国民事诉讼法〉条文序号的决定》（法释［2008］18 号）将其修改为"第 248 条"。

按：《民事诉讼法》被修订（主席令［2007］75 号，2008 年 4 月 1 日起施行）后，条文序号已经变化，因此，之前发布的司法解释本应随即（修正）引用新的序号。但是，法释［2008］18 号《决定》于 2008 年 12 月 16 日公布，规定"自 2008 年 12 月 31 日起施行"。该决定已被法释［2020］16 号《最高人民法院关于废止部分司法解释及相关规范性文件的决定》宣布废止，2021 年 1 月 1 日起施行。

287 条）的规定，不受上述案件审理期限的限制。

第 2 条（第 9 款） 审理涉港、澳、台的民事案件的期限，参照涉外审理民事案件的规定办理。

【法［2001］164 号】 最高人民法院案件审限管理规定（2001 年 10 月 16 日最高法审委会［1195 次］通过，2001 年 11 月 5 日公布，2002 年 1 月 1 日起施行）

第 10 条 涉外、涉港、澳、台民事案件应当在庭审结束后 3 个月内结案；有特殊情况需要延长的，由院长批准。

第 15 条（第 3 款） 涉外、涉港、澳、台民事案件的结案期限从最后一次庭审结束后的次日起计算。

【法［2000］51 号】 最高人民法院关于审理和执行涉外民商事案件应当注意的几个问题的通知（2000 年 4 月 17 日）

一、严格执行涉外民商事案件审查程序，切实保护各方当事人的诉讼权利。各级人民法院要严格遵守《中华人民共和国民事诉讼法》和最高人民法院及其批准的高级人民法院有关案件管辖的规定，对诉至法院的涉外民商事案件认真进行审查。对属于人民法院受理范围、符合级别管辖、地域管辖和专属管辖规定并符合法律规定的起诉条件的，应当在法定期限内及时立案，不得拖延、推诿；对不属于人民法院受理范围的要及时告知当事人采取其他救济方式，不得违法滥用管辖权或无故放弃管辖权。对涉外合同中订有仲裁条款或者当事人事后达成书面仲裁协议的，人民法院不予受理；根据当事人的申请，依照法律规定，拟裁定涉外合同仲裁协议无效的，应先逐级上呈最高人民法院，待最高人民法院答复同意后才可以确认仲裁协议无效。涉外民商事案件法律文书的送达手续必须合法；如用公告方式送达，必须严格按照《中华人民共和国民事诉讼法》第 84 条（现第 95条）规定办理①，并应当在《人民法院报》或省级以上对外公开发行的报纸上和在受案法院公告栏内同时刊登。

二、严格依照冲突规范适用处理案件的民商事法律，切实做到依法公开、公正、及时、平等地保护国内外当事人的合法权益。各级人民法院审理涉外民商事案件时，要坚持国家主权原则和依法独立审判原则，保证案件处理的程序公正和实体公正。涉外民商事案件除法律另有规定的以外一律公开审理，允许新闻媒体自负其责地进行报道。审理案件必须做到认定事实客观、全面，适用法律准确、适当，实体处理公正、合法，除《中华人民共和国合同法》第 126 条（现民法典第 467 条）第 2 款规定的 3 类合同必须适用中国法律外，均应依照有关规定或者

---

① 该规定与《民事诉讼法》第 283 条第 2 款的规定相冲突。

当事人约定，准确选用准据法；对我国参加的国际公约，除我国声明保留的条款外，应予优先适用，同时可以参照国际惯例。制作涉外法律文书应文字通畅，逻辑严密，格式规范，说理透彻。

三、严格遵守涉外民商事案件生效法律文书的执行规定，切实维护国家司法权威。各级人民法院在强化执行工作过程中，应从维护国家司法形象和法制尊严的高度认识涉外执行工作的重要性，进一步加强涉外案件的执行，要注意执行方法，提高执行效率，注重执行效果。对涉外仲裁裁决和国外仲裁裁决的审查与执行，要严格依照有关国际公约和《中华人民共和国民事诉讼法》、最高人民法院《关于适用〈中华人民共和国民事诉讼法〉若干问题的意见》、《最高人民法院关于人民法院执行工作若干问题的规定（试行）》中有关涉外执行的规定和最高人民法院（法）经发［1987］5 号通知、法发［1995］18 号通知、法释［1998］28 号规定及法［1998］40 号通知办理。各级人民法院凡拟适用《中华人民共和国民事诉讼法》第 258 条（现第 291 条）和有关国际公约规定，不予执行涉外仲裁裁决、撤销涉外仲裁裁决或拒绝承认和执行外国仲裁机构的裁决的，均应按规定逐级呈报最高人民法院审查，在最高人民法院答复前，不得制发裁定。

四、各级人民法院要加强对国际条约、国际惯例等国际经贸规范的学习，不断提高审理涉外民商事案件的水平。对在适用法律上有重大争议的，应按最高人民法院《关于建立经济纠纷大案要案报告制度的通知》（法经函［1989］第 4 号）执行。审判人员要严格遵守审判纪律，不得私自接待国外当事人或其他有关人员；严格执行回避制度，不得单独接触一方当事人及其关系人；对于涉外案件外国当事人所在国家外交机构代表的正式询问，应由受案法院负责接待，有关情况应及时报告上级法院。

【法释［2023］14 号】　　最高人民法院关于设立国际商事法庭若干问题的规定（2018 年 6 月 27 日 "法释［2018］11 号" 公布，2018 年 7 月 1 日起施行；2023 年 12 月 5 日最高法审委会［1908 次］修正，2023 年 12 月 18 日公布，2024年 1 月 1 日起施行）

第 4 条　国际商事法庭法官由最高人民法院在具有丰富审判工作经验，熟悉国际条约、国际惯例以及国际贸易投资实务，能够同时熟练运用中文和英文作为工作语言的资深法官中选任。

第 5 条　国际商事法庭审理案件，由 3 名或者 3 名以上法官组成合议庭。

合议庭评议案件，实行少数服从多数的原则。少数意见可以在裁判文书中载明。

第 9 条　当事人向国际商事法庭提交的证据材料系在中华人民共和国领域外形成的，不论是否已办理公证、认证或者其他证明手续，均应当在法庭上质证。

当事人提交的证据材料系英文且经对方当事人同意的，可以不提交中文翻译件。

第10条 国际商事法庭调查收集证据以及组织质证，可以采用视听传输技术及其他信息网络方式。

第15条（第1款） 国际商事法庭作出的判决、裁定，是发生法律效力的判决、裁定。

第16条 当事人对国际商事法庭作出的已经发生法律效力的判决、裁定和调解书，可以依照民事诉讼法的规定向最高人民法院本部申请再审。

最高人民法院本部受理前款规定的申请再审案件以及再审案件，均应当另行组成合议庭。

【法办发［2018］13号】 最高人民法院国际商事法庭程序规则（试行）

（2018年10月29日最高法审委会［1751次］通过，最高法办公厅2018年11月21日印发，2018年12月5日起施行）

第27条 国际商事法庭在答辩期届满后召开庭前会议，做好审理前的准备。有特殊情况的，在征得当事人同意后，可在答辩期届满前召开。

庭前会议包括下列内容：（一）明确原告的诉讼请求和被告的答辩意见；（二）审查处理当事人增加、变更诉讼请求的申请和提出的反诉，以及第三人提出的与本案有关的诉讼请求；（三）听取对合并审理、追加当事人等事项的意见；（四）听取回避申请；（五）确定是否公开开庭审理；（六）根据当事人的申请决定证人出庭、调查收集证据、委托鉴定、要求当事人提供证据、进行勘验、进行证据保全；（七）组织证据交换；（八）明确域外法律的查明途径；（九）确定是否准许专家委员出庭做辅助说明；（十）归纳案件争议焦点；（十一）进行调解；（十二）安排翻译；（十三）当事人申请通过在线视频方式开庭的，由国际商事法庭根据情况确定；（十四）其他程序性事项。

第28条 庭前会议可以采取在线视频、现场或国际商事法庭认为合适的其他方式进行。

第29条 庭前会议可以由合议庭全体法官共同主持，也可以由合议庭委派1名法官主持。

第30条 通过在线视频方式开庭，除经查明属网络故障、设备损坏、电力中断或者不可抗力等原因外，当事人不按时参加在线庭审的，视为拒不到庭；庭审中擅自退出的，视为中途退庭。

【法发〔2020〕20 号】　　最高人民法院关于依法妥善审理涉新冠肺炎疫情民事案件若干问题的指导意见（三）（2020 年 6 月 8 日印发施行；涉港澳台参照本意见）

8. 在审理信用证纠纷案件时，人民法院应当遵循信用证的独立抽象性原则与严格相符原则。准确区分恶意不交付货物与因疫情或者疫情防控措施导致不能交付货物的情形，严格依据《最高人民法院关于审理信用证纠纷案件若干问题的规定》（法释〔2005〕13 号，见本书第 106 条）第 11 条的规定，审查当事人以存在信用证欺诈为由，提出中止支付信用证项下款项的申请应否得到支持。

适用国际商会《跟单信用证统一惯例》（UCP600）的，人民法院要正确适用该惯例第 36 条关于银行不再进行承付或者议付的具体规定。当事人主张因疫情或者疫情防控措施导致银行营业中断的，人民法院应当依法对是否构成该条规定的不可抗力作出认定。当事人关于不可抗力及其责任另有约定的除外。

9. 在审理独立保函纠纷案件时，人民法院应当遵循保函独立性原则与严格相符原则。依据《最高人民法院关于审理独立保函纠纷案件若干问题的规定》（法释〔2016〕24 号，见本书第 106 条）第 12 条的规定，严格认定构成独立保函欺诈的情形，并依据该司法解释第 14 条的规定，审查当事人以独立保函欺诈为由，提出中止支付独立保函项下款项的申请应否得到支持。

独立保函载明适用国际商会《见索即付保函统一规则》（URDG758）的，人民法院要正确适用该规则第 26 条因不可抗力导致独立保函或者反担保函项下的交单或者付款无法履行的规定以及相应的展期制度的规定。当事人主张因疫情或者疫情防控措施导致相关营业中断的，人民法院应当依法对是否构成该条规定的不可抗力作出认定。当事人关于不可抗力及其责任另有约定的除外。

【法释〔2022〕11 号】　　最高人民法院关于适用《中华人民共和国民事诉讼法》的解释（"法释〔2015〕5 号"公布，2015 年 2 月 4 日起施行；根据法释〔2020〕20 号《决定》修正，2021 年 1 月 1 日起施行；2022 年 3 月 22 日最高法审委会〔1866 次〕修正，2022 年 4 月 1 日公布，2022 年 4 月 10 日起施行；以本规为准）

第 537 条　人民法院对涉外民事案件的当事人申请再审进行审查的期间，不受民事诉讼法第 211 条（现第 215 条）规定的限制。

第四编　第二十五章

第二十六章^①　财产保全²⁰¹³⁰¹⁰¹

> 第 249 条　当事人依照本法第 92 条的规定可以向人民法院申请财产保全。
>
> 利害关系人依照本法第 93 条的规定可以在起诉前向人民法院申请财产保全。
>
> 第 250 条　人民法院裁定准许诉前财产保全后，申请人应当在 30 日内提起诉讼。逾期不起诉的，人民法院应当解除财产保全。
>
> 第 251 条　人民法院裁定准许财产保全后，被申请人提供担保的，人民法院应当解除财产保全。
>
> 第 252 条　申请有错误的，申请人应当赔偿被申请人因财产保全所遭受的损失。
>
> 第 253 条　人民法院决定保全的财产需要监督的，应当通知有关单位负责监督，费用由被申请人承担。
>
> 第 254 条　人民法院解除保全的命令由执行员执行。

第二十六章　仲　裁

> 第 288 条¹⁹⁹¹⁰⁴⁰⁹　【涉外仲裁的起诉限制】涉外经济贸易、运输和海事中发生的纠纷，当事人在合同中订有仲裁条款或者事后达成有书面仲裁协议，提交中华人民共和国涉外仲裁机构或者其他仲裁机构仲裁的，当事人不得向人民法院起诉。

---

① 注：因本章内容已被删除，本书未再标注 1991 年 4 月 9 日正式颁行的《民事诉讼法》对原试行版本的修改内容。

当事人在合同中没有订有仲裁条款或者事后没有达成书面仲裁协议的，可以向人民法院起诉。

第 289 条[19910409]　【涉外仲裁的保全】当事人申请采取财产[20130101]保全的，中华人民共和国的涉外仲裁机构~~认为需要采取保全措施的~~，应当将当事人的申请，提交/~~提请~~被申请人住所地或者财产所在地~~或者仲裁机构所在地~~的中级人民法院裁定。

第 290 条[19910409]　【涉外仲裁的执行】经中华人民共和国涉外仲裁机构裁决的~~案件~~，当事人不得向人民法院起诉。一方当事人不履行仲裁裁决的，对方当事人可以向被申请人住所地/~~该仲裁机构所在地~~或者财产所在地的中级人民法院申请执行。[①]

第 291 条[19910409]　【涉外仲裁的不予执行】对中华人民共和国涉外仲裁机构作出的裁决，被申请人提出证据证明仲裁裁决有下列情形之一的，经人民法院组成合议庭审查核实，裁定不予执行：

（一）当事人在合同中没有订有仲裁条款或者事后没有达成书面仲裁协议的；

（二）被申请人没有得到指定仲裁员或者进行仲裁程序的通知，或者由于其他不属于被申请人负责的原因未能陈述意见的；

（三）仲裁庭的组成或者仲裁的程序与仲裁规则不符的；

（四）裁决的事项不属于仲裁协议的范围或者仲裁机构无权仲裁的。

人民法院认定执行该裁决违背社会公共利益的，裁定不予执行。

第 292 条[19910409]　【涉外仲裁不予执行的救济】仲裁裁决被人民法院裁定不予执行的，当事人可以根据双方达成的书面仲裁协议重新申请仲裁，也可以向人民法院起诉。

● 相关规定　【主席令［1994］31 号】　中华人民共和国仲裁法（1994 年 8 月 31 日全国人大常委会［8 届 9 次］通过，1995 年 9 月 1 日起施行；根据主席令［2017］76 号新修，2018 年 1 月 1 日起施行）（详见本书第 248 条）

第 68 条　涉外仲裁的当事人申请证据保全的，涉外仲裁委员会应当将当事人的申请提交证据所在地的中级人民法院。

[①]　注：本条综合了 1982 年 10 月 1 日起试行的《民事诉讼法》第 193 条、第 195 条的内容。

第 69 条　涉外仲裁的仲裁庭可以将开庭情况记入笔录，或者作出笔录要点，笔录要点可以由当事人和其他仲裁参与人签字或者盖章。

第 70 条　当事人提出证据证明涉外仲裁裁决有民事诉讼法第 258 条（现第 291 条）第 1 款规定的情形之一的，经人民法院组成合议庭审查核实，裁定撤销。

第 71 条　被申请人提出证据证明涉外仲裁裁决有民事诉讼法第 258 条（现第 291 条）第 1 款规定的情形之一的，经人民法院组成合议庭审查核实，裁定不予执行。

第 72 条　涉外仲裁委员会作出的发生法律效力的仲裁裁决，当事人请求执行的，如果被执行人或者其财产不在中华人民共和国领域内，应当由当事人直接向有管辖权的外国法院申请承认和执行。

第 73 条　涉外仲裁规则可以由中国国际商会依照本法和民事诉讼法的有关规定制定。

【法发［1997］4 号】　最高人民法院关于实施《中华人民共和国仲裁法》几个问题的通知（1997 年 3 月 26 日）

二、在仲裁过程中，当事人申请财产保全的，一般案件由被申请人住所地或者财产所在地的基层人民法院作出裁定；属涉外仲裁案件的，依据《中华人民共和国民事诉讼法》第 256 条①（现第 289 条）的规定，由被申请人住所地或者财产所在地的中级人民法院作出裁定。有关人民法院对仲裁机构提交的财产保全申请应当认真进行审查，符合法律规定的，即应依法作出财产保全的裁定；如认为不符合法律规定的，应依法裁定驳回申请。

三、对依照《仲裁法》组建的仲裁机构所作出的涉外仲裁裁决，当事人申请执行的，人民法院应当依法受理。

【法释［2006］7 号】　最高人民法院关于适用《中华人民共和国仲裁法》若干问题的解释（2005 年 12 月 26 日最高法审委会［1375 次］通过，2006 年 8 月 23 日公布，2006 年 9 月 8 日起施行）

第 16 条　对涉外仲裁协议的效力审查，适用当事人约定的法律；当事人没有约定适用的法律但约定了仲裁地的，适用仲裁地法律；没有约定适用的法律也没有约定仲裁地或者仲裁地约定不明的，适用法院地法律。

第 17 条　当事人以不属于仲裁法第 58 条或者民事诉讼法第 260 条（现第 291 条）规定的事由申请撤销仲裁裁决的，人民法院不予支持。

第 27 条（第 2 款）　当事人在仲裁程序中对仲裁协议的效力提出异议，在仲

---

①　注：本处原为《民事诉讼法》（1991）"第 258 条"；《民事诉讼法》2007 年修订后，《最高人民法院关于调整司法解释等文件中引用〈中华人民共和国民事诉讼法〉条文序号的决定》（法释［2008］18 号）将其修改为"第 256 条"。

裁裁决作出后又以此为由主张撤销仲裁裁决或者提出不予执行抗辩，经审查符合仲裁法第 58 条或者民事诉讼法第 217 条（现第 248 条）、第 260 条（现第 291 条）规定的，人民法院应予支持。

【法经［1994］269 号】 最高人民法院关于中外合资经营企业对外发生经济合同纠纷，控制合营企业的外方与卖方有利害关系，合营企业的中方应以谁的名义向人民法院起诉问题的复函（1994 年 11 月 4 日答复江苏高院"苏高法［1993］214 号"请示）

据你院报告反映，张家港市涤沦长丝厂（以下简称长丝厂）与香港吉雄有限公司（以下简称吉雄公司）合资成立的张家港吉雄化纤有限公司（以下简称化纤有限公司）与香港大兴工程公司（以下简称大兴公司）发生的购销合同纠纷，因控制合营企业的港方吉雄公司与卖方大兴公司有直接利害关系，其拒绝召开董事会以合营企业名义起诉，致使长丝厂利益受到损害而无法得到法律保护。经研究认为，长丝厂可在合营企业董事会不作起诉的情况下行使诉权，人民法院依法应当受理。但就本案而言，由于合资经营合同与对外购买设备的合同中都订有仲裁条款，因此，其纠纷应提交仲裁裁决，法院不应受理。

【法发［1995］18 号】 最高人民法院关于人民法院处理与涉外仲裁及外国仲裁事项有关问题的通知（1995 年 8 月 28 日）

一、凡起诉到人民法院的涉外、涉港澳和涉台经济、海事海商纠纷案件，如果当事人在合同中订有仲裁条款或者事后达成仲裁协议，人民法院认为该仲裁条款或者仲裁协议无效、失效或者内容不明确无法执行的，在决定受理一方当事人起诉之前，必须报请本辖区所属高级人民法院进行审查；如果高级人民法院同意受理，应将其审查意见报最高人民法院。在最高人民法院未作答复前，可暂不予受理。

二、凡一方当事人向人民法院申请执行我国涉外仲裁机构裁决，或者向人民法院申请承认和执行外国仲裁机构的裁决，如果人民法院认为我国涉外仲裁机构裁决具有民事诉讼法第 258 条①（现第 291 条）情形之一的，或者申请承认和执行的外国仲裁裁决不符合我国参加的国际公约的规定或者不符合互惠原则的，在裁定不予执行或者拒绝承认和执行之前，必须报请本辖区所属高级人民法院进行审查；如果高级人民法院同意不予执行或者拒绝承认和执行，应将其审查意见报最高人民法院。待最高人民法院答复后，方可裁定不予执行或者拒绝承认和执行。

---

① 注：本处原为《民事诉讼法》（1991）"第 260 条"；《民事诉讼法》2007 年修订后，《最高人民法院关于调整司法解释等文件中引用〈中华人民共和国民事诉讼法〉条文序号的决定》（法释［2008］18 号）将其修改为"第 258 条"。

【法〔1998〕40 号】 最高人民法院关于人民法院撤销涉外仲裁裁决有关事项的通知（1998 年 4 月 23 日）

一、凡一方当事人按照仲裁法的规定向人民法院申请撤销我国涉外仲裁裁决，如果人民法院经审查认为涉外仲裁裁决具有民事诉讼法第 258 条①（现第 291 条）第 1 款规定的情形之一的，在裁定撤销裁决或通知仲裁庭重新仲裁之前，须报请本辖区所属高级人民法院进行审查。如果高级人民法院同意撤销裁决或通知仲裁庭重新仲裁，应将其审查意见报最高人民法院。待最高人民法院答复后，方可裁定撤销裁决或通知仲裁庭重新仲裁。

二、受理申请撤销裁决的人民法院如认为应予撤销裁决或通知仲裁庭重新仲裁的，应在受理申请后 30 日内报其所属的高级人民法院，该高级人民法院如同意撤销裁决或通知仲裁庭重新仲裁的，应在 15 日内报最高人民法院，以严格执行仲裁法第 60 条的规定。

【他〔1997〕35 号】 最高人民法院关于北京市第一中级人民法院不予执行美国制作公司和汤姆·胡莱特公司诉中国妇女旅行社演出合同纠纷仲裁裁决请示的批复（1997 年 12 月 26 日答复北京高院"京高法〔1996〕239 号"请示）

1992 年 8 月 28 日美国制作公司和汤姆·胡莱特公司因雇佣美国演员来华演出签订"合同与演出协议"。该"合同与演出协议"第 2 条 B 款中明确规定："演员们应尽全力遵守中国的规章制度和政策并圆满达到演出的娱乐效果。"同年 9 月 9 日该两公司又签订"合同附件"。该"合同附件"第 7 条第 2 款中规定："中国有权审查和批准演员演出的各项细节。"美国两公司依据上述合同与协议于 1992 年 12 月 23 日与中国妇女旅行社签订了来华演出的"合同与协议"。约定美国南方派乐队自 1993 年 1 月 25 日到同年 2 月 28 日在华演出 20 至 23 场。但是，在演出活动中，美方演员违背合同协议约定，不按报经我国文化部审批的演出内容进行演出，演出了不适合我国国情的"重金属歌曲"，违背了我国的社会公共利益，造成了很坏的影响，被我文化部决定停演。由此可见，停演及演出收入减少，是由演出方严重违约造成的。中国国际经济贸易仲裁委员会〔94〕贸仲字第 0015 号裁决书无视上述基本事实，是完全错误的。人民法院如果执行该裁决，就会损害我国的社会公共利益。依照《中华人民共和国民事诉讼法》第 258 条②（现第

---

① 注：本处原为《民事诉讼法》（1991）"第 260 条"；《民事诉讼法》2007 年修订后，《最高人民法院关于调整司法解释等文件中引用〈中华人民共和国民事诉讼法〉条文序号的决定》（法释〔2008〕18 号）将其修改为"第 258 条"。

② 注：本处原为《民事诉讼法》（1991）"第 260 条"；《民事诉讼法》2007 年修订后，《最高人民法院关于调整司法解释等文件中引用〈中华人民共和国民事诉讼法〉条文序号的决定》（法释〔2008〕18 号）将其修改为"第 258 条"。

291 条）第 2 款的规定，同意你院对该仲裁裁决不予执行的意见。

【民四他字［2002］8 号】　　最高人民法院关于山东省房地产开发集团青岛公司请求撤销中国国际经济贸易仲裁委员会［2000］贸仲裁字第 0333 号仲裁裁决案的复函（2003 年 7 月 8 日答复北京高院"京高法［2002］20 号"请示）

山东省房地产开发集团青岛公司与香港跃龙实业有限公司于 1999 年 5 月 24 日签订的《关于联合解决青岛房天成大房地产开发有限公司股东投资争议的协议书》明确约定，双方同意股东在合资过程中发生的争议，可提交中国国际经济贸易仲裁委员会仲裁。该约定对山东省房地产开发集团青岛公司与香港跃龙实业有限公司具有约束力，仲裁庭依据此约定受理该两公司之间的合资争议并据此做出裁决是有法律依据的。本案仲裁裁决不存在超裁或者其他依法应予撤销的情形，依法应当予以执行。

【民四他字［2002］44 号】　　最高人民法院关于撤销中国国际经济贸易仲裁委员会［2002］贸仲裁字第 0039 号裁决一案的请示的复函（2003 年 3 月 10 日答复北京高院"京高法［2002］307 号"请示）

根据《中国国际经济贸易仲裁委员会仲裁规则》第 32 条的规定，仲裁庭应当开庭审理案件。但经双方当事人申请或者征得双方当事人同意，仲裁庭也认为不必要开庭审理的，仲裁庭可以只依据书面文件进行审理并做出裁决。仲裁庭在审理台湾桦庆塑胶制品有限公司与烟台开发区塑料制网有限责任公司合作经营合同纠纷一案中，未经双方当事人同意即对台湾桦庆塑胶制品有限公司提出的反请求进行书面审理，违反了仲裁规则的规定属于民事诉讼法第 260 条（现第 291 条）第 1 款规定的"仲裁程序与仲裁规则不符"的情形，依法应当予以撤销。

【民四他字［2003］19 号】　　最高人民法院关于浙江省天河房地产联合发展公司申请撤销中国经济贸易仲裁委员会上海分会仲裁裁决案的复函（2003 年 11 月 10 日答复上海高院"［2003］沪高民三（商）他字第 3 号"请示）

本案中，浙江省天河房地产联合发展公司（以下简称天河公司）申请撤销中国国际经济贸易仲裁委员会上海分会 1997 沪贸仲字第 096 号仲裁裁决的理由归结起来主要是：（1）仲裁庭对远湖有限公司（以下简称远湖公司）提供的部分证据材料未经质证，天河公司因此丧失了陈述、申辩的机会，仲裁庭的做法违反了仲裁规则；（2）仲裁庭对有关出资问题的认定错误；（3）仲裁庭对天河公司与合资公司关于土地使用面积是 80 亩还是 68 亩的争议、台湾宁诚公司的购房款应付给谁、远湖公司的出资是否到位等问题进行认定超出了仲裁协议的范围；（4）该仲裁裁决违反了社会公共利益。

本案系对涉外仲裁裁决的申请撤销，人民法院应当依据《中华人民共和国仲裁法》第70条的规定和《中华人民共和国民事诉讼法》第260条（现第291条）的规定进行审查并作出裁决。

关于本案有关证据材料是否经过质证以及是否因此导致当事人未能陈述意见的问题。本案于1996年6月28日由仲裁委员会受理，组成仲裁庭后，经过两次开庭审理，1997年5月23日作出仲裁裁决。根据本案卷宗材料反映的事实，在仲裁过程中，仲裁庭均向双方当事人分别提供了相关的证据材料，组织了对有关证据材料的质证，当事人有充分的陈述自己意见的机会，符合仲裁规则的基本要求。对证据的分析和认定属于仲裁庭的权力范围，当事人不能以仲裁庭对有关证据材料的质证程度、采信与否作为申请撤销仲裁裁决的理由。天河公司认为远湖公司提出的几份证据材料系伪证且未予质证使其丧失了对该证据申辩的机会没有事实和法律依据。你院认为"远湖公司在提供给仲裁庭的一览表及附件上注明'只提供仲裁庭，不送天河公司'，仲裁卷中虽有证据证明仲裁庭于收到一览表第二日将该补充材料及附件邮寄给天河公司，但在相关的函上并没有列明各份材料的名称及页数，故无法证明览表及所附的材料已全部交给天河公司进行质证。仲裁庭的庭审记录上也只能反映曾出示过一览表，未能反映出该表所附的证据也经质证"，并以此认为"仲裁庭该做法违反法定程序"欠妥。

关于仲裁庭对有关出资问题的认定是否属实的问题。对当事人出资是否到位的认定系实体问题，而不是程序问题，人民法院对涉外仲裁裁决进行司法监督的范围仅限于程序问题。

关于本案是否部分超裁的问题。本案所涉仲裁裁决书对天河公司与合资公司关于土地使用面积是80亩还是68亩的争议、台湾宁诚公司的购房款应付给谁、远湖公司的出资是否到位等问题有所论及，但并没有对这些问题作出裁决，且裁决书中明确表示台湾宁诚公司与天河公司之间的有关约定系另一法律关系、合资公司与远湖公司、天河公司之间的争议系另一法律关系、不属于本案仲裁的范围。因此，不能认为本案仲裁裁决超出了仲裁庭应当裁决的范围。

关于执行该仲裁裁决是否会违反社会公共利益的问题。天河公司认为本案仲裁裁决的执行将会违反社会公共利益，没有事实和法律依据。

综上，天河公司申请撤销中国国际经济贸易仲裁委员会上海分会〔1997〕沪贸仲字第096号仲裁裁决的理由均不能成立，不构成《中华人民共和国民事诉讼法》第260条（现第291条）规定的对仲裁裁决应予撤销的情形。因此，人民法院应当驳回天河公司撤销该仲裁裁决的申请。

【民四他字［2003］26 号】　最高人民法院关于对中国国际经济贸易仲裁委员会［2002］贸仲裁字第 0112 号仲裁裁决不予执行的请示的复函（2004 年 2 月 24 日答复重庆高院"［2003］渝高法执示字第 22 号"报告）

根据你院请示报告所述事实，本案各方当事人均为在我国注册成立的法人，且争议事项也不具有涉外因素，因此虽然本案仲裁裁决是由中国国际经济贸易仲裁委员会作出，但该裁决在性质上应属于国内裁决，而非涉外仲裁裁决，不适用《最高人民法院关于人民法院处理与涉外仲裁及外国仲裁事项有关问题的通知》的规定。本案可由你院自行决定是否予以执行。

【民四他字［2003］31 号】　最高人民法院关于皇朝工程有限公司与西班牙奥安达电梯有限公司、广东奥安达电梯有限公司侵权纠纷管辖权异议一案的请示的复函（2004 年 4 月 5 日答复广东高院"［2002］粤高法立民终字第 293 号"请示）

同意你院的倾向性意见。西班牙奥安达电梯有限公司与皇朝工程有限公司于 1997 年 12 月 31 日签订的独家经销协议第 6 条明确约定："Disputes arising out in the performance of this Agreement shall be setled amicably. lfsuch settlement is not reached, all disputes arising in connection with this Agreement shall be settled under theaws of Spain, which are the only ones to rule and settle controversies which may arise between Orona and Dynasty in reference to this Agreement. Any disputes in this aspect will be setled without recourse to thecourts , by arbitration by law , in accordance with the Rules of Conciliation of the International Chamber of Commerce in Paris, France."（中文译文应为："因履行本协议产生的争端应通过友好协商的方式解决。如果经协商未能解决，则涉及本协议的所有争端均根据西班牙法律进行裁定。西班牙法律是对奥安达与皇朝之间因本协议而可能产生的争议进行约束和裁定的惟一适用的法律。有关这方面发生的任何争议均不提交法院，而应根据国际商会的调解规则在法国巴黎依法进行仲裁"）。根据该条款的约定，双方当事人的仲裁意愿是明确的，也明确排除了法院的管辖。鉴于双方当事人在签订本案独家经销协议时，国际商会的调解规则和仲裁规则载于《国际商会调解与仲裁规则》一个文件之中，应认定当事人协议所指的"国际商会调解规则"就是《国际商会调解与仲裁规则》本案当事人没有约定仲裁条款效力的准据法，应当按照仲裁地的有关法律确定本案仲裁条款的效力。当事人约定的仲裁地点在法国巴黎，根据仲裁地法律《法国民事诉讼法典》第四编的规定，对于国际仲裁，可以通过援引仲裁规则指定仲裁员或者规定其指定方式。而《国际商会调解与仲裁规则》中对仲裁员的指定有明确规定，当事人可以依照该规则组成仲裁庭，因此，本案仲裁条款是有效且可执行的，人民法院不应受理西班牙奥安达电梯有限公司与皇朝工程有限公司因履行独家经销协议而产生的纠纷。至于西班牙奥安达电梯有限公司与广东奥安达电梯有限公司之间的侵权纠纷，因双方未签订任何仲裁协议，因此，有关人民法院有权管辖。

【民四他字［2003］32号】 **最高人民法院关于黑龙江鸿昌国际货物运输代理有限公司申请撤销中国海事仲裁委员会仲裁裁决案的复函**（2003年12月10日答复天津高院"津高法［2003］171号"请示）

根据天津海事法院查明的事实，中国海事仲裁委员会于2002年11月29日受理福建省轮船总公司与美国连捷海运有限公司、黑龙江鸿昌国际货物运输代理有限公司（以下简称鸿昌公司）租金及滞纳金纠纷案，并于2002年11月29日将仲裁文件以特快专递方式向鸿昌公司进行送达，送达地址为哈尔滨市香坊区珠江路31号。但当时鸿昌公司已在工商行政管理机关将公司经营地址变更登记为哈尔滨市开发区嵩山路38号。在送达仲裁文件的特快专递被邮政部门因"迁移新址不明"退回的情况下，仲裁委员会仍委托送达人按原地址进行送达，而未采取向当地工商行政管理机关查询这一最通常的合理查询的方法。因此，本案仲裁文件的送达不符合《中国海事仲裁委员会仲裁规则》第81条"向当事人或其代理人发送的任何书面通讯，如经当面递交收讯人或投递至收讯人的营业地点、惯常住所或通讯地址，或者经合理查询不能找到上述任一地点而以挂号信或能提供作过投递企图的记录的其他任何手段投递给收讯人最后一个为人所知的营业地点、惯常住所或通讯地址"的规定，不能视为已经送达。中国海事仲裁委员会的仲裁裁决是在鸿昌公司没有得到指定仲裁员和进行仲裁程序通知的情况下作出的，属于不应由鸿昌公司负责的原因未能陈述意见的情况，符合《中华人民共和国民事诉讼法》第260条（现第291条）第1款规定的情形。根据《中华人民共和国仲裁法》第70条的规定，此仲裁裁决应予撤销。

【民四他字［2004］16号】 **最高人民法院关于不予执行佛山仲裁委［1998］佛仲字第04号仲裁裁决报请审查的请示的复函**（2004年8月30日答复广东高院"［2002］粤高法执请复字第35号"请示）

本案系涉港纠纷案件，CLINTON ENGINEERING LIMITED（以下简称克林顿公司）与广州市东峻房地产有限公司（以下简称东峻公司）根据双方签订的《机电工程协议书》中的仲裁条款，将纠纷提交佛山仲裁委员会进行仲裁，对于是否应当执行该仲裁裁决的审查应当参照适用《民事诉讼法》第260条（现第291条）的规定。

东峻公司与克林顿公司在仲裁委员会委托鉴定机构之前，对鉴定机构的选定有明确的要求，即：不同意选择广州以及佛山的鉴定机构。在仲裁委员会委托注册地在佛山辖区之内的广东德正会计师事务所之后，东峻公司对该情况及鉴定资质曾经提出了异议。现有证据显示：德正会计师事务所不具备工程质量与工程造价项目的鉴定资质。《仲裁法》第 44 条、《佛山仲裁规则》第 56 条均规定：仲裁庭对案件涉及的专门性问题认为需要鉴定的，可以交由当事人约定的鉴定部门鉴定，也可以交由仲裁庭指定的鉴定部门鉴定。在双方当事人共同委托仲裁庭指定鉴定机构时，仲裁庭可以依法以及依照仲裁规则作出指定，但该指定有一个基本的前提与限制：仲裁庭必须在对相关项目有鉴定资质的鉴定机构中进行选择。鉴定机构资质方面的要求，有关法律、仲裁规则虽未明确加以限定，但却是有关法律以及仲裁规则对鉴定结论作为证据形成程序合法性方面的隐含的必然要求。在鉴定机构缺乏法定资质的情况下，可以认定裁决存在《民事诉讼法》第 260 条（现第 291 条）第 1 款第 3 项规定的"仲裁的程序与仲裁规则不符的"情形。根据《民事诉讼法》第 260 条（现第 291 条）第 1 款第 3 项、《仲裁法》第 71 条的规定，本案仲裁裁决应当不予执行。

【民四他字［2004］18 号】　最高人民法院关于廊坊市中级人民法院对中国国际经济贸易仲裁委员会［2003］贸仲裁字第 0060 号裁决书裁定不予执行问题的请示的复函（2004 年 9 月 9 日答复河北高院"［2004］冀执监一字第 2 号"请示）

廊坊东方房地产开发有限公司于 1995 年 5 月 22 日与爱科工程咨询国际有限公司签订了一份东方花园别墅售楼合同。该合同第 16 条约定"合同用中、英文书写，两种文本具有同等效力"。另据瑞士、意大利驻华使馆照会及仲裁委反映，廊坊东方房地产开发有限公司又就相同标的与史密德个人订立了内容与上述中文本相同的英文本合同。两份合同第 14 条均约定"本合同依据中华人民共和国有关法律、廊坊市人民政府有关规定、条例制定，双方因履行合同发生纠纷，应友好协商解决，不能友好协商的，双方将交由设在北京的中国国际经济贸易仲裁委员会裁决。仲裁的裁决是终局的，败诉方将按中国有关规定承担费用"。事实上，史密德作为合同主体之一也得到了廊坊东方房地产开发有限公司的认可。如上述情况属实，应认定史密德个人也是东方花园别墅售楼合同及仲裁协议的一方当事人。仲裁庭将史密德与爱科工程咨询国际有限公司并列为共同主体并无不当，你院认为史密德不是仲裁协议的一方当事人没有事实依据。本案仲裁裁决不存在我国《民事诉讼法》第 260 条（现第 291 条）规定的不予执行的情形，依法应予执行。

【民四他字［2004］24 号】　最高人民法院关于辉影媒体销售有限公司申请撤销［2003］大仲字第 083 号仲裁裁决一案的请示的复函（2004 年 9 月 14 日答复辽宁高院"［2004］辽民四请字第 6 号"请示）

本案仲裁庭依据合资合同中的仲裁条款受理本案，该条款约定："凡因执行本合同所发生的或与本合同有关的一切争议，合营各方应通过友好协商解决。如果协商不成，应提交大连市仲裁委员会仲裁。该仲裁是终局的，对双方都有约束力，仲裁费用由败诉方承担。"依据该仲裁条款，仲裁庭裁决的范围只能限定于当事人之间合资性质的纠纷。现仲裁庭对不属于合资纠纷性质的当事人于2000年5月30日签订的关于支付顾问费的协议（以下简称530协议）进行了审理并作出裁决，而双方当事人签订的该份协议中没有仲裁条款，当事人事后也没有达成仲裁协议，仲裁庭无权对530协议进行审理并裁决。仲裁庭依据当事人之间关于解决合资纠纷的仲裁条款对530协议进行审理并作出裁决，就该仲裁事项而言，已经超出了仲裁协议的范围，且从裁决主文的内容看，超出仲裁协议范围的事项与其他事项不可分。因此，依照《中华人民共和国民事诉讼法》第260条（现第291条）第1款第1、4项、《中华人民共和国仲裁法》第70条的规定，应裁定撤销本案仲裁裁决。

【民四他字［2004］25号】 最高人民法院关于洪胜有限公司申请解除仲裁财产保全一案的请示的复函（2004年10月22日答复辽宁高院"［2004］辽民四请字第3号"请示）

《中华人民共和国仲裁法》第64条明确规定："一方当事人申请执行裁决，另一方当事人申请撤销裁决的，人民法院应当裁定中止执行。"而本案中并未有当事人申请执行仲裁裁决，因此也不涉及中止执行的问题。

《中华人民共和国仲裁法》第28条规定："一方当事人因另一方当事人的行为或者其他原因，可能使裁决不能执行或者难以执行的，可以申请财产保全。"根据该条的规定，当事人申请财产保全的目的应当是为了保证仲裁裁决的执行。《最高人民法院关于适用〈中华人民共和国民事诉讼法〉若干问题的意见》第109条规定："诉讼中的财产保全裁定的效力一般应维持到生效的法律文书执行时止。"对于仲裁程序中当事人申请人民法院作出的财产保全裁定的效力，可以参照该条规定确定，即仲裁程序中人民法院作出的财产保全裁定的效力应维持到生效的仲裁裁决执行时止。因此，如仲裁裁决发生法律效力后，一方当事人申请撤销仲裁裁决，另一方当事人则申请解除在仲裁程序中采取的财产保全，在人民法院审查是否撤销仲裁裁决的阶段，不应解除财产保全。

《中华人民共和国仲裁法》第64条第2款规定："人民法院裁定撤销裁决的，应当裁定终结执行。"《中华人民共和国仲裁法》第9条第2款规定："裁决被人民法院依法裁定撤销或者不予执行的，当事人就该纠纷可以根据双方重新达成的仲裁协议申请仲裁，也可以向人民法院起诉。"因此，如果人民法院裁定撤销仲裁裁决，则该仲裁案件不再存在，且终结执行，仲裁程序中采取财产保全的目的亦已消失，故人民法院在作出撤销仲裁裁决裁定的同时，亦应解除财产保全。

由于你院就本案所涉仲裁裁决是否应予撤销问题以［2004］辽民四请字第6号报告请示本院，本院以［2004］民四他字第24号函明确答复，本案所涉仲裁裁决应予撤销，因此，在人民法院裁定撤销本案仲裁裁决的同时，亦应解除在仲裁中采取的财产保全。

【民四他字［2005］7号】　最高人民法院关于通知中国国际经济贸易仲裁委员会对［2003］贸仲裁字第0398号案件重新仲裁的请示的复函（2005年3月21日答复北京高院"京高法［2004］405号"请示）

同意你院通知中国国际经济贸易仲裁委员会对［2003］贸仲裁字第0398号案件重新仲裁的意见。申请人大连水产集团有限公司（以下简称大连水产公司）与被申请人美国国际商品与投资有限公司（International Commodity & Investment, INC. 以下简称ICI公司）签订的《和解协议》约定：为表诚意和增强本《和解协议》的约束力，双方一致同意将本《和解协议》提交中国国际经济贸易仲裁委员会，请求该会按照现行有效仲裁规则，在北京提请仲裁，双方同意共同指定该仲裁委员会《仲裁员名册》中的穆子砺先生作为独任仲裁员组成独任仲裁庭，按照该会《仲裁规则》简易程序进行书面审理，并以快捷方式按照本《和解协议》的内容作出裁决。双方在随后签订的《〈和解协议〉补充修改协议》中又约定补充协议为《和解协议》的组成部分并受该协议中的仲裁条款约束。中国国际经济贸易仲裁委员会据此于2003年12月26日向大连水产公司函寄仲裁及组庭通知，确定本案适用2000年10月1日起施行的仲裁规则中的简易程序审理，但仲裁庭于同年12月30日作出裁决，并未完全遵守规则中有关简易程序的第66条"被申请人应在收到仲裁通知之日起30日内向仲裁委员会提交答辩书及有关证据文件"之规定，影响了当事人答辩权利的行使。但结合本案的实际情况，本案仲裁中存在的程序瑕疵尚未严重到必须以撤销裁决的方式来对当事人予以救济的程度，该程序瑕疵可以通过通知仲裁庭重新仲裁的方式予以弥补。根据《中华人民共和国仲裁法》第61条的规定，本案应裁定中止撤销程序，通知中国国际经济贸易仲裁委员会重新仲裁。

【民四他字［2005］9号】　最高人民法院关于对原告百事达（美国）企业有限公司与被告安徽饭店、何宗奎、章富成以及第三人安徽金辰酒店管理有限公司、中美合资安徽饭店有限公司清算委员会民事侵权赔偿纠纷一案管辖权异议的请示的复函（2005年6月16日答复安徽高院"［2004］皖民三初字第1号"请示）

百事达（美国）企业有限公司（以下简称"百事达公司"）与安徽饭店于1993年7月30日订立的《中美合资安徽饭店有限公司合同》第51条约定："凡

因执行本合同所发生的或与本合同有关的一切争议，双方应通过友好协商解决，如果协商不能解决，应提交北京中国国际贸易促进委员会对外贸易仲裁委员会仲裁。仲裁裁决是终局的，对双方都有约束力。"根据你院请示报告认定的事实，百事达公司现以安徽饭店利用其控股地位、独自侵占合资公司等为由提起诉讼，该纠纷应当理解为属于合资合同第51条约定的"与本合同有关的一切争议"。因此，对该纠纷双方应提请仲裁机关解决，人民法院对此无管辖权，故安徽饭店对本纠纷案的管辖权异议依法应认定成立。至于百事达公司以何宗奎、章富成为被告，以安徽金辰酒店管理有限公司、中美合资安徽饭店有限公司清算委员会为第一人提出的侵权诉讼，因有关被告和第三人不是合资合同的当事人，合资合同中的仲裁条款对其不具有法律约束力，又无证据表明有关各方曾达成了有效仲裁协议，因此，人民法院有权管辖。何宗奎、章富成和第三人提出的管辖异议依法不能成立，应予驳回。

【民四他字［2005］13号】 最高人民法院关于四川华航建设有限公司申请撤销仲裁纠纷一案的请示的复函（2005年6月15日答复四川高院"［2005］川立仲字第1号"请示）

本案裁决为我国仲裁机构作出的涉及台湾当事人的仲裁裁决，根据司法实践，涉及该裁决的撤销问题，应参照适用我国关于涉外仲裁裁决的有关规定。

根据你院请示报告所述事实，在仲裁案件的申请人王忠诚主张的法律关系的性质和民事行为的效力与仲裁庭的认定不一致时，仲裁庭未按照仲裁规则的规定告知当事人可以变更仲裁请求，而是直接自行代替当事人变更了请求并作出裁决，且未给被申请人重新指定举证期限，因此可以认定仲裁庭的仲裁程序与仲裁规则不符。根据《中华人民共和国仲裁法》第70条和《中华人民共和国民事诉讼法》第260条（现第291条）第1款第3项的规定，此案裁决具有应予撤销的情形。但从仲裁庭违反仲裁规则的情况看，尚未严重到撤销该裁决的程度。你院可告成都中院，依照《中华人民共和国仲裁法》第61条的规定，通知仲裁庭重新仲裁并裁定中止撤销程序。若仲裁庭拒绝重新仲裁，则可以恢复撤销程序，以仲裁程序与仲裁规则不符为由，撤销该裁决。

【民四他字［2005］23号】 最高人民法院关于江智锋申请撤销仲裁裁决一案的请示的复函（2005年6月28日答复上海高院"［2005］沪高民四（商）他字第1号"请示）

同意你院的请示意见。根据你院请示报告反映的事实，申请人江智锋于2004年3月3日与被申请人上海南阳建筑安装工程有限公司达成协议，约定：因2003年6月26日、7月16日双方签订的工程协议及装潢装饰工程协议发生的一切纠纷，任何一方均可提请上海仲裁委员会装饰装修争议仲裁中心按其仲裁规则进行仲裁。同日，上海仲裁委员会受理了当事人的仲裁申请，并根据双方调解协议出具了［2004］沪裁（经）字第 1062 号调解书。后上海南阳建筑安装工程有限公司以上述调解书内容不全面、江智锋不积极履行等为由就同一纠纷申请仲裁，上海仲裁委员会于 2004 年 11 月 5 日作出［2004］沪裁（经）字第 1068 号裁决书。《中华人民共和国仲裁法》第 9 条第 1 款、《上海仲裁委员会装饰装修争议简易程序仲裁规则》（试行）第 8 条、第 9 条均规定，仲裁实行一裁终局的制度，调解书与裁决书具有同等法律效力。上海仲裁委员会在就本案所涉纠纷作出［2004］沪裁（经）字第 1062 号调解书之后，又就相同当事人之间的同一纠纷作出［2004］沪裁（经）字第 1068 号裁决书，违反了我国《仲裁法》和《上海仲裁委员会仲裁规则》有关一裁终局的规定，也属于仲裁程序与仲裁规则不符的情形。根据《中华人民共和国仲裁法》第 70 条和《中华人民共和国民事诉讼法》第 260 条（现第 291 条）第 1 款第 3 项之规定，本案应裁定撤销上海仲裁委员会［2004］沪裁（经）字第 1068 号仲裁裁决。

【民四他字［2005］26 号】　　最高人民法院关于天津先达大酒店申请撤销［2003］津仲裁字第 364 号仲裁裁决一案的请示的复函（2005 年 8 月 11 日答复天津高院"津高法［2005］74 号"请示）

天津仲裁委员会依据天津先达大酒店（以下简称先达大酒店）与大一能量株式会社签订的《协作型联营合同》中的仲裁条款作出［2003］津仲裁字第 364 号仲裁裁决后，先达大酒店以仲裁庭拒绝接受其提供的证据，程序违法，法律关系定性错误，裁决结果危害公共利益等为由申请人民法院撤销该裁决。本案系涉外商事纠纷案件，天津仲裁委员会就该纠纷所作出的裁决属于涉外仲裁裁决。根据《中华人民共和国民事诉讼法》和《中华人民共和国仲裁法》关于涉外仲裁的规定，人民法院对仲裁庭就本案法律关系性质所作的认定和裁决结果无权进行审查。

《天津仲裁委员会仲裁规则》没有要求仲裁庭必须接受一方当事人提交的全部证据材料，先达大酒店亦未举证证明被拒绝接受的证据对裁决结果存在任何实质性影响，仲裁庭拒绝接受证据材料本身不能作为仲裁程序违法的理由。根据《中华人民共和国仲裁法》第 70 条、《中华人民共和国民事诉讼法》第 260 条（现第 291 条）的规定，本案不存在依法应予撤销的情形，先达大酒店撤销仲裁裁决的申请应当予以驳回。

【民四他字［2005］45 号】　　最高人民法院关于是否裁定不予执行中国国际经济贸易仲裁委员会仲裁裁决的复函（2006 年 1 月 23 日答复安徽高院"［2005］皖执他字第 11 号"请示）

中国国际经济贸易仲裁委员会依据深圳宝升竟高环保发展有限公司、合肥市市容环境卫生管理委员会（后变更为合肥市市容环境卫生管理局，以下简称市容管理局）、香港合升国际有限公司、合肥市进出口公司（后变更为合肥市进出口有限公司）以及美国 Wildcat Mfg. co. Inc. 之间签订的《合肥市市容环境卫生管理委员会引进美国野猫公司城市生活垃圾处理设备及技术合同》中的仲裁条款作出［2003］贸仲裁字第 0138 号仲裁裁决后，市容管理局以仲裁裁决违反法定程序、主要证据未经当事人质证、认定事实的主要依据不足、适用法律错误等为由申请人民法院不予执行该裁决。因合同存在涉外和涉港因素，中国国际经济贸易仲裁委员会仲裁庭就该纠纷所作出的裁决属于我国涉外仲裁裁决。根据《中华人民共和国民事诉讼法》和《中华人民共和国仲裁法》关于涉外仲裁的规定，人民法院对仲裁庭就本案具体适用法律和有关事实认定无权进行审查，市容管理局提出的仲裁裁决认定事实的主要证据不足、适用法律错误的理由不应予以支持。

《中国国际经济贸易仲裁委员会仲裁规则》（2000 年）第 40 条规定："专家报告和鉴定报告的副本，应送给双方当事人，给予双方当事人对专家报告和鉴定报告提出意见的机会。任何一方当事人要求专家/鉴定人参加开庭的，经仲裁庭同意后，专家/鉴定人可以参加开庭，并在仲裁庭认为必要和适宜的情况下就他们的报告作出解释。"第 41 条规定："当事人提出的证据由仲裁庭审定，专家报告和鉴定报告，由仲裁庭决定是否采纳。"该仲裁规则并未要求相关鉴定报告必须经开庭质证，仲裁庭有权对鉴定报告进行审查并决定是否采纳。在本案中，仲裁庭将鉴定报告分别送达双方当事人并要求其提出书面意见的做法既不违反仲裁规则也保证了双方当事人的程序权利。市容管理局的此项理由亦不应予以支持。

关于是否可以根据《中华人民共和国民事诉讼法》第 260 条（现第 291 条）第 2 款的规定以裁决违背社会公共利益为由不予执行的问题。《中华人民共和国民事诉讼法》第 260 条（现第 291 条）第 1 款规定的抗辩理由主要是为了维护仲裁程序上的公平和正义，赋予当事人以司法上的救济权利，而第 2 款社会公共利益不仅是为了维护仲裁程序上的公平而且还担负着维护国家根本法律秩序的功能。从本案情况来看，有关合同的签订与执行并不存在违背社会公共利益以至无法为我国法律秩序所容忍的情节。同时，有关设备闲置并非执行相关仲裁裁决产生的结果，以违背社会公共利益为由不予执行仲裁裁决缺乏依据。

综上，本案相关仲裁裁决应当予以执行。

【民四他字［2005］47 号】 **最高人民法院关于是否裁定撤销中国国际经济贸易仲裁委员会华南分会仲裁裁决的请示的复函**（2006 年 3 月 1 日答复广东高院"［2005］粤高法民四他字第 22 号"请示）

中国国际经济贸易仲裁委员会华南分会就罗定市供电局与辉恩中国投资有限公司之间的合作合同纠纷作出了［2005］中国贸仲深裁字第 37 号裁决。罗定市供电局以裁决事项超出合作合同仲裁协议范围、仲裁程序违反仲裁规则以及执行裁决违反社会公共利益等为由向深圳市中级人民法院申请撤销该仲裁裁决。因是否接受当事人的变更反请求系仲裁庭有权自行决定的事项，且罗定市供电局作为民事主体参与民事活动应当承担责任，故其有关仲裁程序违反仲裁规则及执行裁决违反社会公共利益的理由依法不能成立。但本案合作合同存在于罗定市供电局与辉恩中国投资有限公司之间，合作合同中的仲裁条款应仅约束该两当事人之间的合作合同纠纷，仲裁庭无权就辉恩中国投资有限公司与合作公司辉罗力有限公司之间的借贷合同纠纷以及与罗定市供电局之间的借贷担保合同纠纷进行仲裁。由于借贷合同及借贷担保合同约定的仲裁机构为广州仲裁委员会且该委已就借贷担保合同纠纷作出了［2004］穗仲案字第 1692 号仲裁裁决，因此，本案仲裁裁决第 1 项中有关股东借贷损失的内容，超出了合作合同仲裁条款约定的范围，应认定属于超裁。同意你院的请示意见，本案应撤销仲裁裁决第 1 项中的股东借贷损失部分。

【民四他字［2005］51 号】　　最高人民法院关于是否裁定撤销承德仲裁委员会仲裁裁决的请示的复函（2006 年 1 月 24 日答复河北高院"［2005］冀立民函字第 89 号"请示）

本案属于申请撤销我国仲裁机构做出的涉外仲裁裁决案件。根据你院请示报告及所附卷宗反映的情况，承德仲裁委员会就北京鹏华经济技术发展公司与英属韦津群岛好运有限公司之间的纠纷于 2000 年 12 月 26 日曾经做出了承仲裁字［2000］第 33 号仲裁裁决，但又于同年 12 月 28 日做出承仲裁补字［2000］第 1 号仲裁裁决，撤销了承仲裁字［2000］第 33 号裁决。《中华人民共和国仲裁法》第 56 条规定："对裁决书中的文字、计算错误或者仲裁段已经裁决但在裁决书中遗漏的事项，仲裁庭应当补正，当事人自收到裁决书之日起 20 日内，可以请求仲裁庭补正"。《承德仲裁委员会仲裁规则》第 46 条第 3 款规定："仲裁庭做出的补正或者补充裁决，是原裁决书的组成部分"。有关法律与仲裁规则仅授权仲裁委员会可以就程序和遗漏事项做出补充裁决，没有授权仲裁委员会撤销其已经做出、送达且生效的仲裁裁决。承德仲裁委员会在对同一纠纷已经做出仲裁裁决的情况下，又做出撤销原裁决的补充裁决缺乏法律依据，也不符合《承德仲裁委员会仲裁规则》的规定，属于《中华人民共和国民事诉讼法》第 260 条（现第 291 条）第 1 款第 3 项规定的"仲裁庭的组成或者仲裁的程序与仲裁规则不符"的情况，人民法院可以依据《中华人民共和国仲裁法》第 70 条的规定撤销仲裁裁决。

鉴于本案仲裁裁决存在的主要问题是仲裁程序违反法定程序，这种对程序的违反（以补充裁决撤销原裁决）对当事人权利的影响可以以通知仲裁庭重新仲裁的方式纠正。根据本案所涉仲裁裁决的实际情况，应当根据《中华人民共和国仲裁法》第61条的规定，通知仲裁庭在一定期限内重新仲裁，并裁定中止撤销程序。仲裁庭拒绝重新仲裁的，应当裁定恢复撤销程序，依法一并撤销该两仲裁裁决。

【民四他字［2005］54号】　最高人民法院关于是否裁定撤销大连仲裁委员会仲裁裁决的请示的复函（2006年2月23日答复辽宁高院"［2005］辽民四他字第3号"请示）

大连仲裁委员会就山西防暴电机（集团）有限公司与保罗卡斯特罗（Polino Castro）之间的技术转让合同纠纷做出了［2004］大仲字第54号裁决和第54-1号裁决。山西防爆电机（集团）有限公司以仲裁程序与仲裁规则不符、仲裁事项不属于仲裁协议的范围以及申请人未能对裁决事项陈述意见为由，向大连市中级人民法院申请撤销该仲裁裁决。

根据你院请示报告及所附卷宗材料，大连仲裁委员会做出的［2004］大仲字第54号裁决书上印有3名仲裁员的姓名并加盖了该委的印章。裁决书上虽未有该3名仲裁员的签名，但并无证据否定该仲裁裁决书的真实性。《大连仲裁委员会仲裁规则》第77条、第79条有关确定组庭方式或选定仲裁员及请求延期开庭的时限分别为"自被申请人收到本委受理通知之日起20日内"、"开庭12日前"，而大连仲裁委员会向申请人送达的答辩通知书、开庭通知书中的时限则分别为"自收到本通知书之日起45日内"、"开庭3日前"。上述答辩通知书、开庭通知书中的时限要求与《大连仲裁委员会仲裁规则》的规定不一致，但两者均放宽了对当事人的时限要求，有利于确保双方当事人有更充分的时间确定组庭方式、指定仲裁员或者申请延期开庭，客观上亦没有对双方当事人确定组庭方式、指定仲裁员或者申请延期开庭等程序权利产生任何不利影响。申请人山西防爆电机（集团）有限公司在仲裁程序中从未对上述答辩通知书、开庭通知书与《大连仲裁委员会仲裁规则》不符的情况提出异议，应认定其认可了此种变更。此外，大连仲裁委员会在申请人山西防爆电机（集团）有限公司向人民法院申请撤销［2004］大仲字第54号裁决后向其送达［2004］大仲字第54-1号补充裁决，没有违反《中华人民共和国仲裁法》的规定。申请人山西防爆电机（集团）有限公司有关仲裁程序与仲裁规则不符的理由不成立。

申请人山西防爆电机（集团）有限公司与被申请人保罗·卡斯特罗签订的合同第11条约定："双方的合同关系由本合同条款和中华人民共和国的法律制约。

仲裁机构为大连仲裁委员会。仲裁决定是最终的，对双方有效"。该争议解决条款未明确约定仲裁事项，但在双方当事人未明确排除特定事项仲裁机构无权仲裁的情况下，应推定本案仲裁事项为"因履行合同所发生的一切争议"。大连仲裁委员会有权就双方当事人有关"解除合同"、"赔偿损失"的仲裁请求进行审查，本案裁决事项不存在超裁的情形。

仲裁申请人保罗·卡斯特罗在请求书中要求被申请人山西防暴电机（集团）有限公司"支付技术使用费 170 万元"，庭审中将该请求变更为"赔偿技术转让费 170 万元"。大连仲裁委员会 [2004] 大仲字第 54-1 号补充裁决确认了该请求变更的事实，不应认定该补充裁决变更了当事人的仲裁请求。"支付技术使用费 170 万元"与"赔偿技术转让费 170 万元"实为同一仲裁请求，申请人山西防爆电机（集团）有限公司对保罗·卡斯特罗变更仲裁请求的事实是明知的，其在仲裁程序中完全有机会对其进行抗辩，其未进行抗辩是自己造成的，故该点撤销理由依法亦不成立。

综上，申请人山西防爆电机（集团）有限公司的撤销申请不符合《中华人民共和国仲裁法》第 70 条及《中华人民共和国民事诉讼法》第 260 条（现第 291 条）的规定，依法应予驳回。

【民四他字 [2006] 7 号】　　**最高人民法院关于是否裁定撤销中国国际经济贸易仲裁委员会上海分会仲裁裁决的请示的复函**（2006 年 3 月 16 日答复上海高院"[2005] 沪高民四（商）他字第 3 号"请示）

本案系一方当事人向人民法院申请撤销我国仲裁机构作出的涉外仲裁裁决，因此，应当根据《中华人民共和国仲裁法》第 70 条和《中华人民共和国民事诉讼法》第 260 条（现第 291 条）的规定进行审查。

本案中，江阴庆玛曼汽车塑件有限公司（以下简称江阴公司）与捷华实业有限公司（以下简称捷华公司）于 1996 年 3 月 24 日签订的购买"轿车保险杠自动涂装生产线及空气压缩机和空气净化设备"合同（以下简称 96 合同）中约定了有效的仲裁条款，因 96 合同引发的一切争议即应当通过仲裁解决。江南模具塑化有限公司与捷华公司、日本岩田株式会社于 1999 年 10 月 9 日签订的购买"水洗和火焰处理设备"合同（以下简称 99 合同）以及江阴模塑集团有限公司与捷华公司、日本岩田株式会社于 2001 年 2 月 6 日签订的购买"底漆烘干炉"合同（以下简称 01 合同）中均没有仲裁条款，且该两份合同完全独立于 96 合同，因此，因该两份合同引发的争议不受 96 合同中仲裁条款的约束。仲裁庭在审理江阴公司与捷华公司 96 合同纠纷的过程中认为，"不能因为上述 3 份合同之间的互相独立性而否认该 3 份合同之间存在关联性的事实"，仍需将 99 合同和 01 合同的订立与履行过程作为与系争合同当事人的权利义务有关的事实加以审理，并在仲裁裁决书主文第 1 项中裁决"被申请人应向申请人支付补充设备的损失人民币500000 元、日元 119000000 元……"实际上处理了江南模具塑化有限公司、江阴模塑集团有限公司及日本岩田株式会社的合法权益，应认定超出了仲裁庭有权审理的范围。申请人提出的其他撤销本案所涉仲裁裁决的理由均不能成立。因此，本案应当根据《中华人民共和国仲裁法》第 70 条和《中华人民共和国民事诉讼法》第 260 条（现第 291 条）第 1 款第 4 项的规定，裁定撤销中国国际经济贸易仲裁委员会上海分会于 2004 年 12 月 17 日作出的［2004］中国贸仲沪裁字第 177 号仲裁裁决第 1 项中的超裁部分，即"被申请人应向申请人支付补充设备的损失人民币 500000 元、日元 119000000 元"。

【民四他字［2006］13 号】　最高人民法院关于西安嘉侨电力有限公司与百营物业（中国）有限公司、百营物业（武汉）有限公司、施展望股权转让纠纷执行一案的请示的复函（2006 年 5 月 25 日答复湖北高院"鄂高法［2006］72 号"请示）

本案当事人之一百营物业（中国）有限公司的注册地在英属处女岛，因此，本案在主体方面存在涉外因素案涉裁决属于我国仲裁机构作出的涉外仲裁裁决，应当依据有关涉外仲裁司法审查的法律规定进行处理。

从本案程序方面来看，西安仲裁委员会的仲裁裁决作出后，百营物业（中国）有限公司等 3 被申请人向西安市中级人民法院申请撤销仲裁裁决。2005 年 4 月 14 日，西安市中级人民法院以 2005 西民四仲字第 35 号裁定驳回了上述当事人的申请。根据我院法发［2005］26 号最高人民法院《关于印发〈第二次全国涉外商事海事审判工作会议纪要的通知》内容的精神，当事人向人民法院申请撤销仲裁裁决被驳回后，又在执行程序中提出不予执行抗辩的人民法院不予支持。武汉市中级人民法院以西安市中级人民法院上述裁定为根据，以［2005］武执字第 00043-1 号裁定驳回相关被执行人不予执行仲裁裁决的申请是有法律依据的。

从仲裁裁决本身来看，百营物业（武汉）有限公司、施展望虽然与西安嘉侨电力有限公司没有签订书面仲裁协议，但其在被通知参加仲裁后，即选定了仲裁员，提出了答辩意见，积极参加仲裁，该行为表明其认可了仲裁庭的管辖权，仲裁庭有权对本案作出裁决。

本案应当维持武汉市中级人民法院［2005］武执字第 00043-1 号裁定的相关内容，有关仲裁裁决应当予以执行。

【民四他字［2006］24 号】   最高人民法院关于玉林市中级人民法院报请对东迅投资有限公司涉外仲裁一案不予执行的请示的复函 （2006 年 9 月 13 日答复广西高院"［2006］桂法执复字第 2 号、［2006］桂法执议字第 4 号"请示）

关于你院请示的第一个问题，涉及人民法院是否应予执行我国仲裁机构作出的涉外仲裁裁决，应当根据《中华人民共和国民事诉讼法》第 260 条（现第 291条）的规定进行审查。

从本案有关事实看，合作合同中明确约定合作双方为广西玉林市恒通有限公司（以下简称恒通公司）和东迅投资有限公司（以下简称东迅公司）。广西壮族自治区玉林市人民政府（以下简称玉林市政府）作为恒通公司主管部门，路劲基建有限公司（以下简称路劲公司）作为东迅公司的主管部门，尽管亦在该合作合同上签署，但是合作合同第二章明确约定合作公司的合作双方为恒通公司和东迅公司。因此，玉林市政府和路劲公司均不是合作合同的当事人，合作合同中的仲裁条款不能约束玉林市政府。玉林市政府提供的担保函中没有约定仲裁条款，玉林市政府与东迅公司之间亦未就他们之间的担保纠纷的解决达成仲裁协议。仲裁庭依据合作合同中的仲裁条款受理本案，就涉及玉林市政府的担保纠纷而言，仲裁裁决已经超出了仲裁协议的范围。

综上，根据《中华人民共和国民事诉讼法》第 260 条（现第 291 条）第 1 款第 4 项以及最高人民法院《关于适用〈中华人民共和国民事诉讼法〉若干问题的意见》第 277 条的规定，人民法院应当裁定不予执行涉及玉林市政府部分的仲裁裁决，其余部分应予执行。对此，同意你院的处理意见。

关于你院请示的第二个问题，对于人民法院作出的中止执行的裁定，当事人不能申请复议，因此，你院不应受理东迅公司申请复议一案。

【民四他字［2006］43 号】   最高人民法院关于中国电子进出口北京公司申请撤销中国国际经济贸易仲裁委员会［2006］中国贸仲京裁字第 0012 号裁决一案的请示的复函 （2006 年 12 月 15 日答复北京高院"京高法［2007］409 号"请示）

本案系当事人向人民法院申请撤销我国仲裁机构作出的涉外仲裁裁决的案件。本案所涉仲裁裁决将作为仲裁被申请人之一的"北京神州特信科技有限责任公司"的名称错误地列为"北京神州特信科技发展有限公司"，在仲裁裁决存在的上述错误已无法根据本案仲裁所适用的仲裁规则的规定进行更正的情况下，仲裁机构愿意通过重新仲裁的方式解决上述问题，应当认为属于"可以由仲裁庭重新仲裁的"情形。人民法院应当根据《中华人民共和国仲裁法》第 61 条的规定，通知仲裁庭在一定期限内重新仲裁，并裁定中止撤销程序。同意你院的处理意见。

【民四他字［2007］1 号】 最高人民法院关于浙江久立集团股份有限公司申请撤销仲裁裁决一案的请示的复函（2007 年 3 月 22 日答复上海高院"［2006］沪高民四（商）他字第 2 号"请示）（见本书"仲裁协议效力与纠纷管辖"专辑）

【民四他字［2007］12 号】 最高人民法院关于上海城通轨道交通投资开发建设有限公司、林敏申请撤销仲裁裁决一案的请示的复函（2007 年 9 月 18 日答复上海高院"［2007］沪高民四（商）他字第 1 号"请示）

本案为申请撤销涉外仲裁裁决案件，案件涉及到的 2 份仲裁协议即合资合同中的仲裁条款和《会议纪要》中的仲裁条款均是当事人真实意思表示，不违反法律规定，应认定有效。你院请示报告归纳的本案争议的实质问题是准确的，即本案实质在于解决合资合同中仲裁条款和《会议纪要》中仲裁条款效力范围的冲突问题，亦即两仲裁条款约定的仲裁事项的冲突问题。

本案所涉仲裁裁决解决的是当事人对《董事会决议》效力问题的争议。根据目前查明的事实，《董事会决议》是对合资各方增资问题作出的决议，作为本案当事人的各合资方在《董事会决议》作出后，又召开股东会议，形成一份《会议纪要》。《会议纪要》进一步对《董事会决议》的履行作出了约定，并明确"各投资方如不能履行本决议的，如有纠纷，由上海仲裁委员会进行仲裁。"如当事人未在《会议纪要》中约定新的仲裁条款，则对于因履行《董事会决议》产生的纠纷，中国国际经济贸易仲裁委员会上海分会（以下简称贸仲上海分会）依据合资合同中的仲裁条款当然有权进行仲裁。但由于当事人在《会议纪要》中约定了新的仲裁条款，依据该约定，因履行《董事会决议》（包括对其效力）产生的争议，当事人均应依照《会议纪要》中仲裁条款的约定，由上海仲裁委员会仲裁解决。因此贸仲上海分会无权对因《董事会决议》产生的纠纷进行仲裁。且上海市第一中级人民法院在贸仲上海分会作出仲裁裁决前，已经先行作出民事裁定，明确认定贸仲上海分会对有关庄城公司增资事项不具有管辖权，此后贸仲上海分会仍然作出涉案仲裁裁决，明显与人民法院生效裁定相违背。

综上，同意你院请示意见，本案仲裁裁决依法应予撤销。

【民四他字［2007］25 号】 最高人民法院关于俞影如申请撤销仲裁裁决一案的请示的复函（2007 年 10 月 23 日答复上海高院"［2007］沪高民四（商）他字第 5 号"请示）

根据你院请示报告反映的事实，本案仲裁被申请人林周毅在仲裁进行期间，即 2004 年 7 月 10 日去世，而相关仲裁裁决于 2005 年 1 月 13 日作出。仲裁裁决作出时，仲裁当事人已经病故，其主体身份明显不符合法定要求。

林周毅在公司章程中确认了其在我国台湾地区与美国的通讯地址，中国国际经济贸易仲裁委员会上海分会在杭州青少年活动中心表示难以提供林周毅其他通讯地址的情况下，推定林周毅在美国的地址为其最后一个为人所知的地址，并按照该地址送达相应文书。但是，在另外的仲裁程序中，杭州青少年活动中心于2002 年 12 月按照"杭州市昭庆寺里街 22 号"地址向林周毅送达了有关文件，俞影如也提供证据证明仲裁期间寄往该地址的信件被仲裁被申请人妥收的事实。杭州青少年活动中心在仲裁过程中并未向中国国际经济贸易仲裁委员会上海分会提供仲裁被申请人真实的最后为人所知的通讯地址，并导致了仲裁被申请人在仲裁程序当中未能提出申辩并行使相关权利。根据民事诉讼法第 260 条①（现第 291条）第 1 款第 2 项的规定，仲裁裁决具有法定应予撤销的情形。

　　鉴于中国国际经济贸易仲裁委员会上海分会已经表示可以重新仲裁，根据《中华人民共和国仲裁法》第 60 条的规定，本案应当裁定中止撤销程序，通知仲裁庭在 1 个月内重新仲裁。同意你院审委会的处理意见。

　　【民四他字［2007］43 号】　最高人民法院关于申请人长沙新治实业有限公司与被申请人美国 Metalsplus 国际有限公司申请撤销仲裁裁决一案请示的复函（2008 年 11 月 18 日答复湖南高院"［2007］湘高法民三请字第 16 号"报告）

　　一、本案双方当事人对仲裁意向存在的事实没有争议，当事人仅对仲裁条款中"courtry of defenclant"的约定理解不一致，但无论如何理解，并不影响当事人约定在中国进行仲裁的意思表示。因此，根据《最高人民法院关于适用〈中华人民共和国仲裁法〉若干问题的解释》第 16 条的规定，本案所涉仲裁条款的效力应根据中华人民共和国法律进行审查。

　　二、"country"通常被译作"国家"，将"country of defendant"译成"被告所在地"不能准确界定该法律术语的特有法律含义。由于本案双方当事人分属 2个国家，将"country of defendant"译成"被告所在国"更合理。

　　三、中国国内有若干仲裁机构，本案双方当事人产生争议后并没有按照《最高人民法院关于适用〈中华人民共和国仲裁法〉若干问题的解释》第 6 条的规定就仲裁机构选择达成一致意见。因此，本案所涉仲裁条款应认定无效。

　　同意你院的意见即本案所涉仲裁决应予撤销。

　　【民四他字［2008］1 号】　最高人民法院关于润和发展有限公司申请不予执行仲裁裁决一案的审查报告的复函（2008 年 5 月 8 日答复湖南高院"［2005］湘高法执请字第 1 号"报告）

---

　　①　注：《民事诉讼法》于 2007 年修改（2008 年 4 月 1 日起施行）后，原第 260 条已经变更为第258 条。此处为最高法援引法律条文序号的纰误。

1. 本案为当事人申请执行仲裁裁决案件，由于一方当事人润和发展有限公司（以下简称润和公司）系在香港注册成立的公司，故本案应适用关于执行涉外仲裁裁决的相关规定进行审查。

2. 根据仲裁裁决书记载的内容，仲裁庭按照申请人深圳妈湾电力有限公司（以下简称妈湾公司）在仲裁申请书中提供的地址向润和公司邮寄了仲裁通知、仲裁规则、仲裁员名册和申请人提交的仲裁申请书等文件后，被以"无此公司"为由退回，此后，妈湾公司通过华南分会委托律师代为查询的被申请人登记情况表明，被申请人的公司注册地为"231 Wing Lok Street 3rd FLR"。按照该注册地址，华南分会秘书处向润和公司又邮寄了上述文件，此后又按照该地址邮寄了仲裁庭组成和开庭通知等，但均被以"无人领取"或"无人居住"为由退回。而根据卷宗中记载的润和公司提交的其工商注册登记材料，其法定注册地址应为"3/F 231 WING LOK STREET HK"，且其提交证据证明香港政府部门依据该注册地址寄送的信件其已收悉。由于仲裁庭送达的地址与润和公司注册地址不符，客观上润和公司未能收到相关仲裁文件，因此，你院请示报告中"仲裁机构没有依法送达仲裁文件"的第1点不予执行理由是成立的。

3. 当事人虽然在仲裁协议中约定发生纠纷应当协商解决，但其未明确约定协商的期限，约定的内容比较原则，对这一条款应当如何履行和界定在理解上会产生歧义，而结合当事人订立仲裁协议的目的来判断该协议的真实意思，当事人约定的"友好协商"和"协商不成"这2项条件，前项属于程序上要求一个协商的形式，后一项可理解为必须有协商不成的结果，妈湾公司申请仲裁的行为，应视为已经出现了协商不成的结果，因此，在前一项条难以界定履行标准，而后一项条件已经成立的情况下，仲裁庭有权依据该仲裁协议受理案件。你院请示报告中"争议还未到提起仲裁的时间，仲裁机构不应受理"的第2点不予执行理由不能成立。

4. 仲裁庭依法有权对当事人间争议合同的效力、是否解除等事项作出裁决。本案中仲裁庭经审理认为妈湾公司有权解除合同，最终裁决润和公司返还妈湾公司相关款项和利息。仲裁庭并未就湖南省人民政府的批准证书及长沙市招商局批复的效力和是否撤销等问题作出裁决，因此，你院请示报告中"仲裁裁决改变政府行政机关的审批违法"的第3点不予执行理由不能成立。

5. 根据仲裁裁决书载明的内容，妈湾公司选定王瑾先生作为仲裁员，因润和公司未在规定期限内选定或委托选定仲裁员，根据《仲裁规则》的规定，中国国际经济贸易仲裁委员会华南分会主任为被申请人代指定了仲裁员罗利伟先生。因双方当事人未在规定的期限内共同选定或共同委托指定首席仲裁员，中国国际经济贸易委员会主任遂指定郭晓文先生作为首席仲裁员。你院请示报告查明的事实并未否定裁决书中载明的上述内容的真实性，而根据长沙中院向仲裁委调查的笔录记载的内容，仲裁委称对于指定仲裁员的报告是口头回复的，《仲裁规则》第 16 条、第 27 条亦未规定必须要求书面回复，因此仲裁案件卷宗内没有审批程序，并不能表明仲裁员的选定程序违法。你院关于"仲裁员的选定程序违法"的第 4 点不予执行理由不能成立。

综上，由于仲裁庭送达地址错误，没有依法送达仲裁文件，润和公司未能参加仲裁陈述意见，故依照《中华人民共和国民事诉讼法》第 260 条 ①（现第 291条）第 1 款第 2 项的规定，本案仲裁裁决应不予执行。

【民四他字［2008］2 号】　最高人民法院关于魏北鸿利有限公司申请撤销珠海仲裁委会涉外仲裁裁决一案的请示的答复（2008 年 5 月 27 日答复广东高院"［2007］粤高法民四他字第 18 号"请示）

……经研究答复如下：

（一）本案当事人中魏北鸿利有限公司（以下简称鸿利公司）系在英属维京群岛设立的公司，华生纸品厂有限公司（以下简称华生公司）是在香港设立的公司，故本案属于涉外仲裁案件。对于撤销该仲裁裁决的审查，应适用《中华人民共和国民事诉讼法》和《中华人民共和国仲裁法》有关涉外仲裁的规定。

（二）《珠海仲裁规则》第 7 章涉外仲裁的特别规定第 84 条规定："当事人一方或双方是外国人、无国籍人、外国企业或组织之间的合同纠纷和其他财产权益纠纷，适用本章的规定。本章没有规定的，适用本规则其他有关规定。"因本案属涉外仲裁案件，故应适用该章的相关规定处理。《珠海仲裁规则》第 7 章第 89条规定："仲裁案件首次开庭审理日期经仲裁庭决定后，仲裁委员会应当在仲裁庭开庭 20 日前将开庭时间通知当事人，当事人经商请仲裁庭同意可以提前开庭。"从你院请示报告中查明的事实来看，仲裁庭首次通知开庭的时间是 2006 年 10 月 30 日，首次开庭的时间是 2006 年 11 月 15 日，没有依照《珠海仲裁规则》的上述规定在首次开庭前 20 天通知当事人，也没有证据证明当事人商请仲裁庭同意提前开庭，则仲裁庭的仲裁程序违反了仲裁规则的规定。

（三）根据《珠海仲裁规则》第 84 条规定，第 7 章关于涉外仲裁中没有规定的，可以适用该仲裁规则的其他规定。根据《珠海仲裁规则》第 20 条"申请人变更仲裁请求或被申请人变更反请求应当在仲裁庭调查结束前提出，由仲裁庭决定是否接受。仲裁庭决定接受的，对方需要答辩期的，对方当事人应当自收到变更仲裁请求申请书或者变更反请求申请书之日起 15 日内就变更的请求事项向仲裁委员会提出书面答辩。"根据你院请示报告中查明的事实,在仲裁庭第二次开庭时,华生公司变更仲裁请求,仲裁庭没有将华生公司变更仲裁请求的情况告知鸿利公司,也没有询问鸿利公司是否需要答辩期和给予 15 天的答辩期,便作出裁决,其仲裁程序确有违反仲裁规则规定的情形。

综上,该案的仲裁程序中存在违反《珠海仲裁规则》第 89 条、第 20 条规定的情形,根据《中华人民共和国民事诉讼法》第 260 条①(现第 291 条)第 1 款第 3 项、《中华人民共和国仲裁法》第 70 条的规定,珠海仲裁委员会作出的珠仲裁字〔2006〕第 168 号仲裁裁决应予撤销。

【民四他字〔2008〕3 号】　最高人民法院关于订有仲裁条款的合同一方当事人不出庭应诉应如何处理的复函(2008 年 3 月 26 日答复山东高院请示)

根据《中华人民共和国和民事诉讼法》第 111 条(现第 127 条)第 2 项、第 257 条(现第 288 条)第 1 款关于订有仲裁条款的当事人不得向人民法院起诉的规定,应当告知原告向仲裁机构申请仲裁。你院受理后发现有仲裁条款的,应先审查确定仲裁条款的效力。如仲裁条款有效,被告经合法传唤未答辩应诉,不能据此认为其放弃仲裁并认定人民法院取得管辖权。如果本案所涉及仲裁条款有效、原告仍坚持起诉,你院应驳回原告的起诉。

【民四他字〔2008〕11 号】　最高人民法院关于不予承认和执行国际商会仲裁院仲裁裁决的请示的复函(2008 年 6 月 2 日答复山东高院"〔2007〕鲁民四他字第 12 号"请示)

本案仲裁裁决系国际商会仲裁院作出,应根据我国加入的 1958 年《承认及执行外国仲裁裁决公约》进行审查。

Hemofarm DD、MAG 国际贸易公司、苏拉么媒体有限公司与济南永宁制药股份有限公司在《济南-海慕法姆制药有限公司合资合同》中约定的仲裁条款仅约束合资合同当事人就合资事项发生的争议,不能约束济南永宁制药股份有限公司与合资公司济南-海慕法姆制药有限公司之间的租赁合同纠纷。国际商会仲裁院在仲裁 Hemofarm DD、MAG 国际贸易公司、苏拉么媒体有限公司与济南永宁制药股份有限公司合资合同纠纷案件中,对济南永宁制药股份有限公司与合资公司济南-海慕法姆制药有限公司之间的租赁合同纠纷进行了审理和裁决,超出了合资合同约定的仲裁协议的范围。在中国有关法院就济南永宁制药股份有限公司与合资公司济南-海慕法姆制药有限公司之间的租赁合同纠纷裁定对合资公司的财产

---

① 注:《民事诉讼法》于 2007 年修改(2008 年 4 月 1 日起施行)后,原第 260 条已经变更为第 258 条。

进行保全并作出判决的情况下，国际商会仲裁院再对济南永宁制药股份有限公司与合资公司济南-海慕法姆制药有限公司之间的租赁合同纠纷进行审理并裁决，侵犯了中国的司法主权和中国法院的司法管辖权。依据《承认及执行外国仲裁裁决公约》第 5 条第 1 款（丙）项和第 2 款（乙）项之规定，应拒绝承认和执行国际商会仲裁院第 13464/MS/JB/JEM 号仲裁裁决。

【民四他字〔2008〕13 号】　　最高人民法院关于广州增城市广英服装有限公司申请撤销广州仲裁委员会涉外仲裁裁决一案的请示的答复（2008 年 7 月 11 日答复广东高院"〔2007〕粤高法民四他字第 8 号"请示）

根据你院查明的案件事实，本案仲裁庭于 2005 年 11 月 22 日进行过一次合议，但最终裁决结果与合议结论相差甚远。《广州仲裁委员会仲裁规则》第 75 条明确规定："仲裁庭由 3 名仲裁员组成的，对仲裁案件的裁决应兰合议，并制作合议笔录。合议笔录应当包括事实和证据的认定、裁决的依据、裁决的结果、仲裁费用的承担等内容。"此条规定包含了以合议的方式解决仲裁裁决实体问题的内容。而从 2005 年 11 月 22 日的合议内容来看，得不出裁决中出现的"广英公司返还货款 99 万元及利息给欧亚公司"的结论。

本案最终裁决意见是 2 位仲裁员通过在经办秘书起草的裁决书草稿上签字、提出修改意见以及在最终裁决书上签名的方式形成的，对这一裁决意见及其形成方式，第 3 位仲裁员以传真的形式向仲裁庭表示了异议。同时，仲裁裁决与卷内记录的仲裁庭评议结果不一致，对于最终裁决，没有与其相应的合议记录，这与该仲裁委员会现行有效的仲裁规则不符。同时，这一最终裁决意见是未经合议形成的，不经合议而由每位仲裁员独立地对经办秘书起草的裁决书草稿提出修改意见的方式难以保证仲裁庭成员就裁决的依据和结果进行充分讨论，有违仲裁合议制度设立的目的。

鉴于本案仲裁程序方面的瑕疵可以通过重新仲裁的方式得以弥补，根据《中华人民共和国仲裁法》第 60 条之规定，本案撤销程序应予中止，并应通知仲裁庭重新仲裁。

【民四他字〔2008〕21 号】　　最高人民法院关于杨志红申请撤销广州仲裁委员会涉港仲裁裁决一案的请示的答复（2008 年 7 月 24 日答复广东高院"〔2007〕粤高法民四他字第 22 号"请示）

经研究认为，本案属于申请撤销内地仲裁机构作出的涉港仲裁裁决案件，应参照《中华人民共和国仲裁法》第 70 条和《中华人民共和国民事诉讼法》第 258 条（现第 291 条）的规定进行审查。根据你院请示报告及所附卷宗反映的情况，《广州仲裁委员会仲裁规则》第 8 章"简易程序"在第 97 条规定："除当事人另有约定外，凡是争议金额不超过人民币 20 万元的仲裁案件，适用本章规定，争议金额在 20 万元以上，双方当事人书面同意的，也可以适用本章规定。"而广州仲裁委员会裁决杨志红向首饰公司返购的黄金价值超过了 20 万元，且当事人没有书面意见同意仲裁委员会适用简易程序。在此情况下，广州仲裁委员会适用简易程序审理本案，属于《中华人民共和国民事诉讼法》第 258 条（现第 291 条）第 1 款第 3 项所指的"仲裁庭的组成或者仲裁程序与仲裁规则不符的"情形。

此外，首饰公司 2004 年 5 月 25 日向仲裁庭提交的《明确仲裁请求申请书》中，有"由首饰公司向杨志红返购库存黄金"的请求。但仲裁庭 5 月 31 日送达杨志红的《明确仲裁请求申请书》中却未载有该项内容，仲裁庭的开庭笔录中也没有上述明确仲裁请求的记载，仲裁庭在未将该项仲裁请求告知杨志红的情况下，裁决支持该仲裁请求导致杨志红未能就该请求陈述意见，属于《中华人民共和国民事诉讼法》第 258 条（现第 291 条）第 1 款第 2 项所指的被申请人由于"不属于被申请人负责的原因未能陈述意见的"情形。

综上，广州仲裁委员会作出的［2003］穗仲案字第 2671 号仲裁裁决应予撤销。

【民四他字［2008］25 号】　最高人民法院关于宜昌鸿兴实业开发公司申请撤销中国国际经济贸易仲裁委员会［2006］中国贸仲京裁字第 0348 号裁决一案的请示的答复（2008 年 7 月 25 日答复北京高院"京高法［2008］146 号"请示）

经研究认为，本案属于当事人申请撤销内地仲裁机构作出的涉港仲裁裁决案件，应参照《中华人民共和国仲裁法》第 70 条和《中华人民共和国民事诉讼法》第 258 条（现第 291 条）的规定进行审查。

根据你院请示报告所反映的情况，吴亚伦虽然代表意大利工程有限公司与宜昌鸿兴实业开发公司签订了《宜昌通利房地产开发有限公司终止合营协议书》，但是吴亚伦个人与宜昌鸿兴实业开发公司之间并没有订立仲裁协议。同时，吴亚伦也不能证明其有合同当事人意大利工程有限公司申请仲裁的授权。宜昌鸿兴实业开发公司认为其与吴亚伦没有订立仲裁协议，不能向其交付财产。对于宜昌鸿兴实业开发公司申请撤销仲裁裁决的请求，应予支持。

鉴于中国国际经济贸易仲裁委员会 120061 中国贸仲京裁字第 0348 号裁决书存在《中华人民共和国民事诉讼法》第 258 条（现第 291 条）第 1 款第 1 项所指的"当事人在合同中没有订有仲裁条款或者事后没有达成书面仲裁协议的"情形，根据《中华人民共和国仲裁法》第 70 条的规定，应裁定撤销。

【民四他字［2008］28 号】　最高人民法院关于韩国大成 G-3 株式会社与长春市元大汽车工程贸易有限公司撤销仲裁裁决纠纷一案的请示的答复（2008 年 10 月 21 日答复吉林高院"［2008］吉民三他字第 1 号"请示）

《中华人民共和国仲裁法》第 20 条第 2 款明确规定："当事人对仲裁协议的效力有异议，应当在仲裁庭首次开庭前提出。"根据你院请示报告所述事实，申请人韩国大成 G-3 株式会社只是在仲裁庭第 1 次开庭和第 4 次开庭中对仲裁协议效力及仲裁庭管辖权提出异议，但其并未在仲裁庭首次开庭前对仲裁协议效力提出异议。另，根据卷宗中所附裁决书反映的事实，韩国大成 G-3 株式会社在仲裁庭首次开庭前指定了仲裁员，委托了代理人，并提交了书面答辩状就案件实体问题进行答辩。因此，通过上述事实可以认定韩国大成 G-3 株式会社在仲裁庭首次开庭前已经认可长春仲裁委员会对该纠纷享有管辖权，应视为仲裁案件的双方当事人对将其纠纷提交长春仲裁委员会仲裁已经形成了一致意见，仲裁协议有效。韩国大成 G-3 株式会社虽在仲裁庭第 1 次开庭时对仲裁协议效力及仲裁庭管辖权提出异议，但已经超过了法律规定的当事人可以对仲裁协议效力提出异议的期限，仲裁协议有效，长春仲裁委员会依法对本案纠纷享有管辖权。对于大成会社就仲裁协议效力及仲裁庭管辖权提出的异议，不应予以支持。长春中院及你院请示报告中关于"可以认定双方当事人不能就仲裁机构选择达成一致，因此，仲裁协议无效应视为双方没有仲裁协议条款"的意见不能成立，本案不应以当事人在合同中没有订有仲裁条款或者事后没有达成书面仲裁协议为由，撤销所涉仲裁裁决。

【民四他字［2009］1 号】　最高人民法院关于撤销中国国际经济贸易仲裁委员会［2008］中国贸仲京裁字第 0044 号裁决的请示的复函（2009 年 3 月 18 日答复北京高院"京高法［2008］373 号"请示）

你院请示认为，香港中华药业生物科学有限公司（以下简称中华药业公司）未在参加仲裁程序前达成仲裁条款或者签署仲裁协议。主要理由在于中华药业公司的受托人北京中盛律师事务所刘会利律师提交给中国国际经济贸易仲裁委员会（以下简称贸仲）的第一、二份《授权委托书》没有办理公证手续；第三份《授权委托书》虽然在仲裁庭开庭后作了公证手续，但中华药业公司没有对刘会利律师参加仲裁的行为进行追认。据此认为中华药业公司并未表示接受贸仲的管辖，应撤销贸仲作出的仲裁裁决。

本案的焦点在于中华药业公司是否接受仲裁庭的管辖。从你院请示报告所述事实看，尽管中华药业公司因刘会利律师提交仲裁庭的第一、二份《授权委托书》未办理公证手续而否认其效力，但在仲裁庭开庭时，因汕头市欣源贸易有限公司（以下简称欣源公司）对刘会利律师提交的《授权委托书》未办理公证手续提出异议，刘会利律师当庭表示庭后补办手续，其并未对仲裁庭的管辖提出异议。嗣后，刘会利律师按照自己的承诺补办了第三份《授权委托书》并进行了公证。该委托书手续补办完整后，为仲裁庭所接受。对此，可以认为中华药业公司对刘会利律师参加仲裁的行为进行了追认。

《中华人民共和国仲裁法》第 20 条第 2 款规定："当事人对仲裁协议效力有异议的，应在仲裁庭首次开庭前提出。"刘会利律师于仲裁庭开庭时，并未提出管辖权异议，而是进行了实体答辩。根据《中国国际经济贸易仲裁委员会仲裁规则（2005 版）》第 8 条规定，"一方当事人知道或者理应知道本规则或仲裁协议中规定的任何条款或情事未被遵守，但仍参加仲裁程序或继续进行仲裁程序而且不对此不遵守情况及时地、明示地提出书面异议的，视为放弃其提出异议的权利。"据此，可以认为中华药业公司放弃了提出异议的权利，仲裁庭对本案享有管辖权。综上，香港中华药业生物科学有限公司以仲裁庭对案件不享有管辖权为由申请撤销，其理由不能成立。

【民四他字［2009］43 号】 最高人民法院关于申请人美国麦克伦集团国际贸易公司、美国麦克伦集团国际贸易公司北京代表处申请撤销［2008］厦仲裁字第 0379 号仲裁裁决一案的请示报告的复函（2009 年 10 月 29 日答复福建高院"［2009］闽民他字第 42 号"请示）（见本书"仲裁协议效力与纠纷管辖"专辑）

【民四他字［2009］45 号】 最高人民法院关于宁波永信汽车部件制造有限公司申请撤销宁波仲裁委员会甬仲裁字［2007］第 44 号裁决一案的请示报告的复函（2009 年 12 月 9 日答复浙江高院"［2009］浙商外他字第 2 号"请示）

本案系当事人向人民法院申请撤销宁波仲裁委员会作出的涉外仲裁裁决案件，因此，人民法院应当根据《中华人民共和国仲裁法》第 70 条以及《中华人民共和国民事诉讼法》第 258 条（现第 291 条）第 1 款的规定对该仲裁裁决进行司法审查。

本案中，株式会社韩国 CENTRAL 根据合资合同中约定的仲裁条款将合资合同纠纷交付仲裁解决，其仲裁请求包括裁定终止合资合同并解散合资企业进行清算。在仲裁过程中，宁波永信汽车部件制造有限公司虽然提出了仲裁庭无权对合资企业解散、清算的问题进行仲裁的抗辩，但仲裁裁决中依然包含了"合资成立的宁波森特汽车部件有限公司解散，并依法组织清算"的内容。严格讲，仲裁庭仅应就是否终止双方当事人之间的合资合同作出裁决，然而，由于中外合资经营企业合同终止所带来的必然的法律后果就是双方当事人依据合资合同成立的合资企业解散并进入清算程序，仲裁裁决终止合资合同的同时指出合资企业解散并清算，是对终止合资合同的法律后果的进一步阐释，况且，仲裁裁决合资企业解散并依法组织清算，也并不意味着是要由仲裁庭去组织合资企业的清算事宜，该部分仲裁内容仅是指出在合资合同终止后合资企业应当解散并进入清算程序，合资企业的具体清算问题，还要依照相关法律法规的规定办理。因此，不宜认定本案所涉仲裁裁决中"合资成立的森特公司解散，并依法组织清算"的内容属于仲裁庭无权仲裁的情形或者超出仲裁协议范围的情形。即：本案所涉仲裁裁决并不存在《中华人民共和国民事诉讼法》第258条（现第291条）第1款第4项规定的情形。此外，本案所涉仲裁裁决也不存在《中华人民共和国民事诉讼法》第258条（现第291条）第1款第1、2、3项规定的情形。

综上，人民法院应当裁定驳回宁波永信汽车部件制造有限公司关于部分撤销本案所涉仲裁裁决的申请。

【法发［2005］26号】　第二次全国涉外商事海事审判工作会议纪要（2005年11月15-16日在南京召开；2005年12月26日公布）

71. 对在我国境内依法成立的仲裁委员会作出的仲裁裁决，人民法院应当根据案件是否具有涉外因素而适用不同的法律条款进行审查。上述仲裁委员会作出的不具有涉外因素的仲裁裁决，按照《中华人民共和国仲裁法》第5章、第6章和《中华人民共和国民事诉讼法》第217条（现第248条）的规定审查；上述仲裁委员会作出的具有涉外因素的仲裁裁决，按照《中华人民共和国仲裁法》第7章和《中华人民共和国民事诉讼法》第28章（现第26章）的规定进行审查。是否具有涉外因素，应按照《最高人民法院关于贯彻执行〈中华人民共和国民法通则〉若干问题的意见（试行）》第178条①的规定确定。

72. 人民法院对在香港特别行政区作出的仲裁裁决或者台湾地区仲裁机构作出的仲裁裁决，应当按照《最高人民法院关于内地与香港特别行政区相互执行仲裁裁决的安排》或《最高人民法院关于人民法院认可台湾地区有关法院民事判决的规定》办理。

73. 涉及执行香港特别行政区、澳门特别行政区、台湾地区仲裁裁决的收费及审查期限问题，参照法释［1998］28号《最高人民法院关于承认和执行外国仲裁裁决收费及审查期限问题的规定》（已废止）办理。

74. 人民法院受理当事人撤销涉外仲裁裁决的申请后，另一方当事人又申请执行同一仲裁裁决的，受理申请执行仲裁裁决案件的人民法院应在受理后裁定中止执行。

75. 当事人在仲裁程序中未对仲裁庭的管辖权提出异议，在仲裁裁决作出后以仲裁庭无管辖权为由主张撤销或者提出不予执行抗辩的，人民法院不予支持。

76. 当事人向人民法院申请撤销仲裁裁决被驳回后，又在执行程序中提出不予执行抗辩的，人民法院不予支持。

---

① 注：该《意见（试行）》已废止，第178条的内容现对应《最高人民法院关于适用〈中华人民共和国民事诉讼法〉的解释》（法释［2022］11号）第520条，见本书第270条。

77. 当事人主张不予执行仲裁调解书或者根据当事人之间的和解协议作出的仲裁裁决书的，人民法院不予支持。

78. 涉外仲裁裁决超出仲裁协议范围的，可以撤销超裁部分的裁决；超裁部分与其他裁项不可分的，应撤销该仲裁裁决。

79. 对存在《中华人民共和国民事诉讼法》第 260 条（现第 291 条）规定情形的涉外仲裁裁决，人民法院可以视情况通知仲裁庭在一定期限内重新仲裁。通知仲裁庭重新仲裁的，应裁定中止撤销程序；仲裁庭在指定的期限内开始重新仲裁的，应裁定终止撤销程序；仲裁庭拒绝重新仲裁或者未在指定的期限内重新仲裁的，应通知或裁定恢复撤销程序。对仲裁庭重新仲裁作出的裁决有异议的，有关当事人可以依法申请撤销。

80. 人民法院根据案件的实际情况，可以向相关仲裁机构调阅案件卷宗或者要求仲裁机构作出说明，人民法院作出的有关裁定也可以抄送相关的仲裁机构。

【法发［2008］8 号】　全国法院涉港澳商事审判工作座谈会纪要（2007 年 11 月 21-22 日在南宁召开；2008 年 1 月 21 日印发）

五、关于仲裁司法审查

25. 人民法院审理当事人申请撤销、执行内地仲裁机构作出的涉港澳仲裁裁决案件，申请认可和执行香港特别行政区、澳门特别行政区仲裁机构作出的仲裁裁决或者临时仲裁庭在香港特别行政区、澳门特别行政区作出的仲裁裁决案件，对于事实清楚、争议不大的，可以经过书面审理后径行作出裁定；对于事实不清、争议较大的，可以在询问当事人、查清事实后再作出裁定。

26. 当事人向人民法院申请执行涉港澳仲裁裁决，应当在《中华人民共和国民事诉讼法》第 219 条（现第 250 条）规定的期限内提出申请。如果裁决书未明确履行期限，应从申请人收到裁决书正本或者正式副本之日起计算申请人申请执行的期限。

27. 当事人对内地仲裁机构作出的涉港澳仲裁裁决分别向不同人民法院申请撤销及执行的，受理执行申请的人民法院应当按照《最高人民法院关于适用〈中华人民共和国仲裁法〉若干问题的解释》第 25 条的规定中止执行。受理执行申请的人民法院如果对于受理撤销申请的人民法院作出的决定撤销或者不予撤销的裁定存在异议，亦不能直接作出与该裁定相矛盾的执行或者不予执行的裁定，而应报请它们的共同上级人民法院解决。

当事人对内地仲裁机构作出的涉港澳仲裁裁决向人民法院申请执行且人民法院已经作出应予执行的裁定后，如果一方当事人向人民法院申请撤销该裁决，受理撤销申请的人民法院认为裁决应予撤销且该人民法院与受理执行申请的人民法院非同一人民法院时，不应直接作出撤销仲裁裁决的裁定，而应报请它们的共同上级人民法院解决。

28. 当事人向人民法院申请执行内地仲裁机构作出的涉港澳仲裁裁决或者申请认可和执行香港特别行政区、澳门特别行政区仲裁机构作出的仲裁裁决或者临时仲裁庭在香港特别行政区、澳门特别行政区作出的仲裁裁决，人民法院经审查认为裁决存在依法不予执行或者不予认可和执行的情形，在作出裁定前，应当报请本辖区所属高级人民法院进行审查；如果高级人民法院同意不予执行或者不予认可和执行，应将其审查意见报最高人民法院，待最高人民法院答复后，方可作出裁定。

29. 当事人向人民法院申请撤销内地仲裁机构作出的涉港澳仲裁裁决，人民法院经审查认为裁决存在依法应予撤销或者可以重新仲裁的情形，在裁定撤销裁决或者通知仲裁庭重新仲裁之前，应当报请本辖区所属高级人民法院进行审查；如果高级人民法院同意撤销或者通知仲裁庭重新仲裁，应将其审查意见报最高人民法院，待最高人民法院答复后，方可裁定撤销或者通知仲裁庭重新仲裁。

30. 当事人申请内地人民法院撤销香港特别行政区、澳门特别行政区仲裁机构作出的仲裁裁决或者临时仲裁庭在香港特别行政区、澳门特别行政区作出的仲裁裁决的，人民法院应不予受理。

【法释〔2015〕15 号】　最高人民法院关于对上海市高级人民法院等就涉及中国国际经济贸易仲裁委员会及其原分会等仲裁机构所作仲裁裁决司法审查案件请示问题的批复（2015 年 6 月 23 日最高法审委会〔1655 次〕通过，2015 年 7 月 15 日公布，答复沪、苏、粤高院，2015 年 7 月 17 日起施行）

因中国国际经济贸易仲裁委员会（以下简称中国贸仲）于 2012 年 5 月 1 日施行修订后的仲裁规则以及原中国国际经济贸易仲裁委员会华南分会（现已更名为华南国际经济贸易仲裁委员会，同时使用深圳国际仲裁院的名称，以下简称华南贸仲）、原中国国际经济贸易仲裁委员会上海分会（现已更名为上海国际经济贸易仲裁委员会，同时使用上海国际仲裁中心的名称，以下简称上海贸仲）变更名称并施行新的仲裁规则，致使部分当事人对相关仲裁协议的效力以及上述各仲裁机构受理仲裁案件的权限、仲裁的管辖、仲裁的执行等问题产生争议，向人民法院请求确认仲裁协议效力、申请撤销或者不予执行相关仲裁裁决，引发诸多仲裁司法审查案件。上海市高级人民法院、江苏省高级人民法院、广东省高级人民法院就有关问题向我院请示。

为依法保护仲裁当事人合法权益，充分尊重当事人意思自治，考虑中国贸仲和华南贸仲、上海贸仲的历史关系，从支持和维护仲裁事业健康发展，促进建立多元纠纷解决机制出发，经研究，对有关问题答复如下：

一、当事人在华南贸仲更名为华南国际经济贸易仲裁委员会、上海贸仲更名为上海国际经济贸易仲裁委员会之前签订仲裁协议约定将争议提交"中国国际经济贸易仲裁委员会华南分会"或者"中国国际经济贸易仲裁委员会上海分会"仲裁的，华南贸仲或者上海贸仲对案件享有管辖权。当事人以华南贸仲或者上海贸仲无权仲裁为由请求人民法院确认仲裁协议无效、申请撤销或者不予执行仲裁裁决的，人民法院不予支持。

当事人在华南贸仲更名为华南国际经济贸易仲裁委员会、上海贸仲更名为上海国际经济贸易仲裁委员会之后（含更名之日）本批复施行之前签订仲裁协议约定将争议提交"中国国际经济贸易仲裁委员会华南分会"或者"中国国际经济贸易仲裁委员会上海分会"仲裁的，中国贸仲对案件享有管辖权。但申请人向华南贸仲或者上海贸仲申请仲裁，被申请人对华南贸仲或者上海贸仲的管辖权没有提出异议的，当事人在仲裁裁决作出后以华南贸仲或者上海贸仲无权仲裁为由申请撤销或者不予执行仲裁裁决的，人民法院不予支持。

当事人在本批复施行之后（含施行起始之日）签订仲裁协议约定将争议提交"中国国际经济贸易仲裁委员会华南分会"或者"中国国际经济贸易仲裁委员会上海分会"仲裁的，中国贸仲对案件享有管辖权。

二、仲裁案件的申请人向仲裁机构申请仲裁的同时请求仲裁机构对案件的管辖权作出决定，仲裁机构作出确认仲裁协议有效、其对案件享有管辖权的决定后，被申请人在仲裁庭首次开庭前向人民法院提起申请确认仲裁协议效力之诉的，人民法院应予受理并作出裁定。申请人或者仲裁机构根据最高人民法院《关于确认仲裁协议效力几个问题的批复》（法释〔1998〕27号）第3条或者最高人民法院《关于适用〈中华人民共和国仲裁法〉若干问题的解释》（法释〔2006〕7号）第13条第2款的规定主张人民法院对被申请人的起诉应当不予受理的，人民法院不予支持。

三、本批复施行之前，中国贸仲或者华南贸仲、上海贸仲已经受理的根据本批复第1条规定不应由其受理的案件，当事人在仲裁裁决作出后以仲裁机构无权仲裁为由申请撤销或者不予执行仲裁裁决的，人民法院不予支持。

四、本批复施行之前，中国贸仲或者华南贸仲、上海贸仲受理了同一仲裁案件，当事人在仲裁庭首次开庭前向人民法院申请确认仲裁协议效力的，人民法院应当根据本批复第1条的规定进行审理并作出裁定。

本批复施行之前，中国贸仲或者华南贸仲、上海贸仲受理了同一仲裁案件，当事人并未在仲裁庭首次开庭前向人民法院申请确认仲裁协议效力的，先受理的仲裁机构对案件享有管辖权。

【贸仲〔2024〕号】　中国国际经济贸易仲裁委员会仲裁规则（中国国际贸易促进委员会/中国国际商会 2023 年 9 月 2 日核准通过，2024 年 1 月 1 日起施行）

第 1 条　仲裁委员会

（一）中国国际经济贸易仲裁委员会（以下简称"仲裁委员会"），原名中国国际贸易促进委员会对外贸易仲裁委员会、中国国际贸易促进委员会对外经济贸易仲裁委员会，同时使用"中国国际商会仲裁院"名称。

（二）当事人在仲裁协议中订明由中国国际贸易促进委员会/中国国际商会仲裁，或由中国国际贸易促进委员会/中国国际商会的仲裁委员会或仲裁院仲裁的，或使用仲裁委员会原名称为仲裁机构的，均视为同意由中国国际经济贸易仲裁委员会仲裁。

第 23 条　保全措施及临时措施

（一）当事人申请保全措施的，仲裁委员会应当将当事人的保全措施申请转交当事人指明的有管辖权的法院。

仲裁委员会可依据当事人的请求，将其提交的保全措施申请在仲裁通知发出前先行转交上述法院。

（二）根据所适用的法律或当事人的约定，当事人可以依据《中国国际经济贸易仲裁委员会紧急仲裁员程序》（本规则附件三）向仲裁委员会仲裁院申请紧急性临时救济。紧急仲裁员可以决定采取必要或适当的紧急性临时救济措施。紧急仲裁员决定对双方当事人具有约束力。

（三）经一方当事人请求，仲裁庭依据所适用的法律或当事人的约定可以决定采取其认为必要或适当的临时措施，并有权决定由请求临时措施的一方当事人提供适当的担保。

【法释〔2017〕22 号】　最高人民法院关于审理仲裁司法审查案件若干问题的规定（2017 年 12 月 4 日最高法审委会〔1728 次〕通过，2017 年 12 月 26 日公布，2018 年 1 月 1 日起施行）

第 12 条　仲裁协议或者仲裁裁决具有《最高人民法院关于适用〈中华人民共和国涉外民事关系法律适用法〉若干问题的解释（一）》（见本书第 271-272 条）第 1 条规定情形的，为涉外仲裁协议或者涉外仲裁裁决。

第 13 条　当事人协议选择确认涉外仲裁协议效力适用的法律，应当作出明确的意思表示，仅约定合同适用的法律，不能作为确认合同中仲裁条款效力适用的法律。

第 14 条　人民法院根据《中华人民共和国涉外民事关系法律适用法》第 18

条①的规定，确定确认涉外仲裁协议效力适用的法律时，当事人没有选择适用的法律，适用仲裁机构所在地的法律与适用仲裁地的法律将对仲裁协议的效力作出不同认定的，人民法院应当适用确认仲裁协议有效的法律。

第 15 条　仲裁协议未约定仲裁机构和仲裁地，但根据仲裁协议约定适用的仲裁规则可以确定仲裁机构或者仲裁地的，应当认定其为《中华人民共和国涉外民事关系法律适用法》第 18 条中规定的仲裁机构或者仲裁地。

第 16 条　人民法院适用《承认及执行外国仲裁裁决公约》审查当事人申请承认和执行外国仲裁裁决案件时，被申请人以仲裁协议无效为由提出抗辩的，人民法院应当依照该公约第 5 条第 1 款（甲）项的规定，确定确认仲裁协议效力应当适用的法律。

第 17 条（第 2 款）　人民法院对申请执行我国内地仲裁机构作出的涉外仲裁裁决案件的审查，适用《中华人民共和国民事诉讼法》第 274 条（现第 291 条）的规定。

第 21 条　人民法院受理的申请确认涉及香港特别行政区、澳门特别行政区、台湾地区仲裁协议效力的案件，申请执行或者撤销我国内地仲裁机构作出的涉及香港特别行政区、澳门特别行政区、台湾地区仲裁裁决的案件，参照适用涉外仲裁司法审查案件的规定审查。

【法释〔2023〕14 号】　最高人民法院关于设立国际商事法庭若干问题的规定（2018 年 6 月 27 日"法释〔2018〕11 号"公布，2018 年 7 月 1 日起施行；2023 年 12 月 5 日最高法审委会〔1908 次〕修正，2023 年 12 月 18 日公布，2024 年 1 月 1 日起施行）

第 11 条　最高人民法院组建国际商事专家委员会，并选定符合条件的国际商事调解机构、国际商事仲裁机构与国际商事法庭共同构建调解、仲裁、诉讼有机衔接的纠纷解决平台，形成"一站式"国际商事纠纷解决机制。②

国际商事法庭支持当事人通过调解、仲裁、诉讼有机衔接的纠纷解决平台，选择其认为适宜的方式解决国际商事纠纷。

第 14 条　当事人协议选择本规定第 11 条第 1 款规定的国际商事仲裁机构仲

---

① 《涉外民事关系法律适用法》第 18 条：当事人可以协议选择仲裁协议适用的法律。当事人没有选择的，适用仲裁机构所在地法律或者仲裁地法律。

② 注：截至目前，"一站式"机制分 2 批共吸纳了 10 家国际商事仲裁机构和 2 家国际商事调解机构：中国国际经济贸易仲裁委员会、上海国际经济贸易仲裁委员会（上海国际仲裁中心）、深圳国际仲裁院、北京仲裁委员会/北京国际仲裁中心、中国海事仲裁委员会、广州仲裁委员会（广州国际仲裁院）、上海仲裁委员会、厦门仲裁委员会、海南国际仲裁院（海南仲裁委员会）、香港国际仲裁中心；中国国际贸易促进委员会调解中心、上海经贸商事调解中心。

裁的,可以在申请仲裁前或者仲裁程序开始后,向国际商事法庭申请证据、财产或者行为保全。

当事人向国际商事法庭申请撤销或者执行本规定第 11 条第 1 款规定的国际商事仲裁机构作出的仲裁裁决的,国际商事法庭依照民事诉讼法等相关法律规定进行审查。

【法办发 [2018] 13 号】　最高人民法院国际商事法庭程序规则 (试行) (2018 年 10 月 29 日最高法审委会 [1751 次] 通过,最高法办公厅 2018 年 11 月 21 日印发,2018 年 12 月 5 日起施行)

第 34 条　当事人依照《规定》(现法释 [2023] 14 号,下同) 第 14 条第 1 款的规定,就标的额人民币 3 亿元以上或其他有重大影响的国际商事案件申请保全的,应当由国际商事仲裁机构将当事人的申请依照民事诉讼法、仲裁法等法律规定提交国际商事法庭。国际商事法庭应当立案审查,并依法作出裁定。

第 35 条　当事人依照《规定》第 14 条第 2 款的规定,对国际商事仲裁机构就标的额人民币 3 亿元以上或其他有重大影响的国际商事案件作出的仲裁裁决向国际商事法庭申请撤销或者执行的,应当提交申请书,同时提交仲裁裁决书或者调解书原件。国际商事法庭应当立案审查,并依法作出裁定。

【法 [2019] 254 号】　全国法院民商事审判工作会议纪要("九民纪要",2019 年 7 月 3-4 日在哈尔滨召开,2019 年 9 月 11 日最高法审委会民事行政专委会 [319 次] 通过,2019 年 11 月 8 日发布)

98.【仲裁协议对保险人的效力】……被保险人和第三者在保险事故发生前达成的仲裁协议,对保险人具有约束力。考虑到涉外民商事案件的处理常常涉及国际条约、国际惯例的适用,相关问题具有特殊性,故具有涉外因素的民商事纠纷案件中该问题的处理,不纳入本条规范的范围。

【法释 [2019] 14 号】　最高人民法院关于内地与香港特别行政区法院就仲裁程序相互协助保全的安排(见本书第 27 章"涉港澳台司法协助"专辑)

【法发 [2020] 20 号】　最高人民法院关于依法妥善审理涉新冠肺炎疫情民事案件若干问题的指导意见 (三)(2020 年 6 月 8 日印发施行;涉港澳台参照本意见)

5. 根据《中华人民共和国民事诉讼法》第 239 条 (现第 250 条) 和《最高人民法院关于适用〈中华人民共和国民事诉讼法〉的解释》第 547 条 (现第 545 条) 的规定,当事人申请承认和执行外国法院作出的发生法律效力的判决、裁定或者外国仲裁裁决的期间为 2 年。在时效期间的最后 6 个月内,当事人因疫情或者疫情防控措施不能提出承认和执行申请，依据《中华人民共和国民法总则》第194条第1款①第1项规定主张时效中止的，人民法院应予支持。

【法（民四）明传〔2021〕60号】 全国法院涉外商事海事审判工作座谈会会议纪要（2021年6月10日在南京召开，最高法2021年12月31日印发）

98. **【申请执行仲裁裁决案件的审查依据】** 人民法院对申请执行我国内地仲裁机构作出的非涉外仲裁裁决案件的审查，适用民事诉讼法第244条（现第248条）的规定。人民法院对申请执行我国内地仲裁机构作出的涉外仲裁裁决案件的审查，适用民事诉讼法第281条（现第291条）的规定。

人民法院根据前款规定，对被申请人主张的不予执行仲裁裁决事由进行审查。对被申请人未主张的事由或其主张事由超出民事诉讼法第244条（现第248条）第2款、第281条（现第291条）第1款规定的法定事由范围的，人民法院不予审查。

人民法院应当根据民事诉讼法第244条（现第248条）第3款、第281条（现第291条）第2款的规定，依职权审查执行裁决是否违反社会公共利益。

99. **【申请撤销仲裁调解书】** 仲裁调解书与仲裁裁决书具有同等法律效力。当事人申请撤销仲裁调解书的，人民法院应予受理。人民法院应当根据仲裁法第58条的规定，对当事人提出的撤销仲裁调解书的申请进行审查。当事人申请撤销涉外仲裁调解书的，根据仲裁法第70条的规定进行审查。

100. **【境外仲裁机构在我国内地作出的裁决的执行】** 境外仲裁机构以我国内地为仲裁地作出的仲裁裁决，应当视为我国内地的涉外仲裁裁决。当事人向仲裁地中级人民法院申请撤销仲裁裁决的，人民法院应当根据仲裁法第70条的规定进行审查；当事人申请执行的，根据民事诉讼法第281条（现第291条）的规定进行审查。

104. **【重新仲裁的适用】** 申请人申请撤销仲裁裁决，人民法院经审查认为存在应予撤销的情形，但可以通过重新仲裁予以弥补的，人民法院可以通知仲裁庭重新仲裁。

人民法院决定由仲裁庭重新仲裁的，通知仲裁庭在一定期限内重新仲裁并在通知中说明要求重新仲裁的具体理由，同时裁定中止撤销程序。仲裁庭在人民法院指定的期限内开始重新仲裁的，人民法院应当裁定终结撤销程序。

仲裁庭拒绝重新仲裁或者在人民法院指定期限内未开始重新仲裁的，人民法院应当裁定恢复撤销程序。

---

① 现《民法典》第194条第1款：在诉讼时效期间的最后6个月内，因下列障碍，不能行使请求权的，诉讼时效中止：（一）不可抗力；（二）……

110.【仲裁司法审查裁定的上诉和再审申请】人民法院根据《最高人民法院关于仲裁司法审查若干问题的规定》①第 7 条、第 8 条、第 10 条的规定，因申请人的申请不符合受理条件作出的不予受理裁定、立案后发现不符合受理条件作出的驳回申请裁定、对管辖权异议作出的裁定，当事人不服的，可以提出上诉。对不予受理、驳回起诉的裁定，当事人可以依法申请再审。

除上述 3 类裁定外，人民法院在审理仲裁司法审查案件中作出的其他裁定，一经送达即发生法律效力。当事人申请复议、提出上诉或者申请再审的，人民法院不予受理，但法律、司法解释另有规定的除外。

【法释〔2022〕11 号】　最高人民法院关于适用《中华人民共和国民事诉讼法》的解释（"法释〔2015〕5 号"公布，2015 年 2 月 4 日起施行；根据法释〔2020〕20 号《决定》修正，2021 年 1 月 1 日起施行；2022 年 3 月 22 日最高法审委会〔1866 次〕修正，2022 年 4 月 1 日公布，2022 年 4 月 10 日起施行；以本规为准）

第 538 条　申请人向人民法院申请执行中华人民共和国涉外仲裁机构的裁决，应当提出书面申请，并附裁决书正本。如申请人为外国当事人，其申请书应当用中文文本提出。

第 539 条　人民法院强制执行涉外仲裁机构的仲裁裁决时，被执行人以有民事诉讼法第 281 条（现第 291 条）第 1 款规定的情形为由提出抗辩的，人民法院应当对被执行人的抗辩进行审查，并根据审查结果裁定执行或者不予执行。

第 540 条　依照民事诉讼法第 279 条（现第 289 条）规定，中华人民共和国涉外仲裁机构将当事人的保全申请提交人民法院裁定的，人民法院可以进行审查，裁定是否进行保全。裁定保全的，应当责令申请人提供担保，申请人不提供担保的，裁定驳回申请。

当事人申请证据保全，人民法院经审查认为无需提供担保的，申请人可以不提供担保。

● **指导案例**　**【法〔2014〕327 号】　最高人民法院第 8 批指导性案例**（2014 年 12 月 18 日）

（指导案例 37 号）上海金纬机械制造有限公司与瑞士瑞泰克公司仲裁裁决执行复议案（上海高院〔2009〕沪高执复议字第 2 号执行裁定）

裁判要点：当事人向我国法院申请执行发生法律效力的涉外仲裁裁决，发现

---

① 注：本处文件名称有误，正确名称应为《最高人民法院关于审理仲裁司法审查案件若干问题的规定》（法释〔2017〕22 号），第 7–10 条内容见本书第 26 章。

被申请执行人或者其财产在我国领域内的，我国法院即对该案具有执行管辖权。……

● **公报案例**　（法公报［2021］11期）　BY.O 诉豫商集团有限公司服务合同纠纷管辖权异议案（见本书第2章第2节"仲裁协议效力与纠纷管辖"专辑）

● **文书格式**　【法［2016］221号】　民事诉讼文书样式（2016年2月22日最高法审委会［1679次］通过，2016年6月28日公布，2016年8月1日起施行）（本书对格式略有调整）

执行裁定书（审查不予执行涉外仲裁裁决申请）

（××××）……执……号

申请人：×××，……。

被申请人：×××，……。

（以上写明申请人、被申请人及其代理人的姓名或者名称等基本信息）

×××与×××……（写明案由）一案，××仲裁委员会作出（××××）……号裁决。×××向本院申请强制执行，本院于×年×月×日立案执行。在本院执行过程中，×××提出不予执行申请。本院依法组成合议庭进行审查，现已审查终结。

×××称，……（写明申请不予执行仲裁裁决的事实和理由）。

×××辩称，……（写明答辩意见）。

经审查，……（写明查明的事实）。本院认为，……（写明理由）。

综上所述，依照《中华人民共和国民事诉讼法》第291条第1款第×项、《最高人民法院关于适用〈中华人民共和国民事诉讼法〉的解释》第539条规定，裁定如下：

（不予执行的，写明：）不予执行××仲裁委员会（××××）……号裁决。

（驳回申请的，写明：）驳回申请人提出不予执行的申请。

本裁定送达后即发生法律效力。

（合议庭成员署名）

×年×月×日（院印）

书记员　×××

（本书汇）【涉外调解】

● **相关规定**　【法释［2023］14号】　最高人民法院关于设立国际商事法庭若干问题的规定（2018年6月27日"法释［2018］11号"公布，2018年7月1

起施行；2023 年 12 月 5 日最高法审委会 ［1908 次］ 修正，2023 年 12 月 18 日公布，2024 年 1 月 1 日起施行）

第 12 条　国际商事法庭在受理案件后 7 日内，经当事人同意，可以委托国际商事专家委员会成员或者国际商事调解机构调解。

第 13 条　经国际商事专家委员会成员或者国际商事调解机构主持调解，当事人达成调解协议的，国际商事法庭可以依照法律规定制发调解书；当事人要求发给判决书的，可以依协议的内容制作判决书送达当事人。

第 15 条（第 2 款）　国际商事法庭作出的调解书，经双方当事人签收后，即具有与判决同等的法律效力。

【法办发 ［2018］ 13 号】　　**最高人民法院国际商事法庭程序规则（试行）**
（2018 年 10 月 29 日最高法审委会 ［1751 次］ 通过，最高法办公厅 2018 年 11 月 21 日印发，2018 年 12 月 5 日起施行）

第 17 条　案件管理办公室在起诉材料送达被告之日起 7 个工作日内（有多名被告的，自最后送达之日起算）召集当事人和/或委托代理人举行案件管理会议，讨论、确定审前调解方式，并应当商定调解期限，一般不超过 20 个工作日；当事人不同意审前调解的，确定诉讼程序时间表。

当事人同意由最高人民法院国际商事专家委员会成员（以下简称专家委员）进行审前调解的，可以共同选择 1 至 3 名专家委员担任调解员；不能达成一致的，由国际商事法庭指定 1 至 3 名专家委员担任调解员。

当事人同意由国际商事调解机构进行审前调解的，可以在最高人民法院公布的国际商事调解机构名单中共同选择调解机构。

第 21 条　专家委员主持调解不公开进行。调解应当记录调解情况，当事人和调解员应当签署。

第 22 条　专家委员主持调解过程中，有下列情形之一的，应当终止调解：（一）各方或者任何一方当事人书面要求终止调解程序；（二）当事人在商定的调解期限内未能达成调解协议，但当事人一致同意延期的除外；（三）专家委员无法履行、无法继续履行或者不适合履行调解职责且不能另行选定或者指定专家委员；（四）其他情形。

第 24 条　经专家委员或者国际商事调解机构主持调解，当事人达成调解协议的，国际商事专家委员会办公室或者国际商事调解机构应在 3 个工作日内将调解协议及案件相关材料送交案件管理办公室，由国际商事法庭依法审查后制发调解书；当事人要求发给判决书的，国际商事法庭可以制发判决书。

第 25 条　当事人未能达成调解协议或者因其他原因终止调解的，国际商事专家委员会办公室或者国际商事调解机构应在 3 个工作日内将《调解情况表》及案件相关材料送交案件管理办公室。

案件管理办公室收到材料后，应当正式立案并确定诉讼程序时间表。

第 26 条 调解记录及当事人为达成调解协议作出妥协而认可的事实，不得在诉讼程序中作为对其不利的根据，但是当事人均同意的除外。

第 37 条 由专家委员调解的案件，专家委员为调解支出的必要费用，由当事人协商解决；协商不成的，由当事人共同承担。

第 38 条 由国际商事调解机构调解的案件，调解费用适用该调解机构的收费办法。

【法办发〔2018〕14 号】 最高人民法院国际商事专家委员会工作规则（试行）（2018 年 10 月 29 日最高法审委会〔1751 次〕通过，最高法办公厅 2018 年 11 月 21 日印发，2018 年 12 月 5 日起施行）

第 1 条 最高人民法院设立国际商事专家委员会，为最高人民法院国际商事法庭（以下简称国际商事法庭）构建调解、仲裁、诉讼有机衔接的多元化纠纷解决机制提供支持与保障。

第 2 条 国际商事专家委员会由最高人民法院聘任的中外专家组成。

国际商事专家委员会成员（以下简称专家委员）应符合下列条件：（一）在国际贸易、投资等国际商事法律领域具有精深造诣并在国际上具有较高影响力；（二）品行高尚、公道正派；（三）能够按照本规则认真履职尽责。

第 3 条 专家委员可以根据国际商事法庭的委托，承担下列职责：（一）主持调解国际商事案件；（二）就国际商事法庭以及各级人民法院审理案件所涉及的国际条约、国际商事规则、域外法律的查明和适用等专门性法律问题提供咨询意见；（三）就国际商事法庭的发展规划提供意见和建议；（四）就最高人民法院制定相关司法解释及司法政策提供意见和建议；（五）国际商事法庭委托的其他事项。

第 4 条 专家委员应遵守下列规定：（一）结合专业特长，以个人身份独立、客观、公正地提供咨询意见及建议；（二）中立、公正调解国际商事案件，平等对待当事人；（三）遵守专家委员行为守则规定的其他事项。

第 5 条 专家委员由最高人民法院根据工作需要择优聘任。

专家委员每届聘期 4 年，期满可以续聘。

聘期内因个人意愿、身体健康等原因无法继续担任专家委员，或因其他原因不适合继续担任专家委员的，最高人民法院可以决定终止聘任。

第 6 条 最高人民法院设立国际商事专家委员会办公室，作为国际商事专家委员会的日常办事机构，并承担下列职责：（一）为专家委员与国际商事法庭之间的沟通协调和联络提供服务与保障；（二）为专家委员从事调解、咨询、意见和建议工作提供服务与保障；（三）登记、备案案件材料及裁判文书；（四）筹备、组织国际商事专家委员会研讨会及咨询会，制作简报，汇编、存档会议资料；（五）定期向专家委员发送国际商事法庭运行情况以及中国法治发展信息；（六）其他日常管理事务。

第 7 条 国际商事专家委员会办公室可以根据工作需要在专家委员中指定一人担任国际商事专家委员会会议召集人，并受国际商事专家委员会办公室委托处理有关事宜。

第 8 条 最高人民法院可以根据工作需要决定召开国际商事专家委员会研讨会或组织部分专家委员召开咨询会，由召集人或者国际商事专家委员会办公室主任负责召集。

召集人至迟应于会议召开 3 个月前通过国际商事专家委员会办公室向专家委员发送会议通知，专家委员应在收到通知后 7 个工作日内答复是否参加。

确有紧急情况，需要召开临时会议的，在取得专家委员同意的情况下，可不限于第 2 款规定的期限。

会议可以采用在线视频方式或者现场会议方式进行。

第 9 条 国际商事法庭根据《最高人民法院国际商事法庭程序规则（试行）》第 17 条委托专家委员调解的，应在受理案件后 7 个工作日内将《委托调解征询意见函》、选定或指定的专家委员名单报送国际商事专家委员会办公室，并附《审前分流程序征询意见表》及案件相关材料副本。

国际商事专家委员会办公室应在收到上述材料后 7 个工作日内联络专家委员，征询其意见。

专家委员应在收到《委托调解征询意见函》后 7 个工作日内予以回复。

国际商事专家委员会办公室应在收到专家委员回复后 3 个工作日内书面告知国际商事法庭。

第 10 条 专家委员同意主持调解的，应签署无利益冲突的书面声明，明确其不存在可能影响调解独立性、公正性的情形。

专家委员同意接受选定或者指定的，国际商事法庭应于 3 个工作日内出具《委托调解书》，并通知当事人。

第 11 条 专家委员主持调解，应当依照相关法律法规，遵守本规则以及《最高人民法院国际商事法庭程序规则（试行）》对调解的有关规定，参照国际惯例、交易习惯，在各方自愿的基础上，根据公平、合理、保密的原则进行，促进当事人互谅互让，达成和解。

调解可以通过在线视频方式或者现场方式进行。

第12条 根据《最高人民法院国际商事法庭程序规则（试行）》第22条终止调解时，专家委员应于终止调解后7个工作日内填妥《调解情况表》，连同案件相关材料，送交国际商事专家委员会办公室。国际商事专家委员会办公室应于收到后3个工作日内将《调解情况表》及案件相关材料，送交国际商事法庭，并保留副本。

第13条 经专家委员主持达成调解协议，并由国际商事法庭依照法律规定制发调解书或判决书的，国际商事法庭应在作出调解书或者判决书后3个工作日内，将调解书或者判决书副本送交国际商事专家委员会办公室备存。

国际商事专家委员会办公室应于收到调解书或者判决书后3个工作日内，向专家委员发送副本。

第14条 受理案件的国际商事法庭或者其他人民法院根据本规则第3条第2项的规定向专家委员进行咨询的，应以咨询函的形式向国际商事专家委员会办公室提出，并附相关材料。

咨询函应列明被咨询的专家委员姓名、所咨询的法律问题以及答复期限，答复期限一般不少于20个工作日。

国际商事专家委员会办公室应于收到咨询函后3个工作日内联系专家委员，征询其意见。

专家委员同意接受咨询的，应按期制作书面答复意见，签字确认后送交国际商事专家委员会办公室。必要时，可以由若干名专家委员召开专家咨询会，形成书面答复意见并共同签字确认。

第15条 对于专家委员受国际商事法庭委托出具的关于国际条约、国际商事规则以及域外法律等专门性法律问题的咨询意见，案件当事人申请专家委员出庭作辅助说明的，国际商事法庭应在收到申请后7个工作日内通过国际商事专家委员会办公室征询专家委员的意见。专家委员同意的，可以出庭作辅助说明。

第16条 国际商事法庭根据本规则第3条第3项、第4项的规定委托专家委员提出意见和建议等事项的，应以委托函的方式向国际商事专家委员会办公室提出，并附相关材料。

委托函应当列明受委托的专家委员姓名、委托事项以及答复期限，答复期限一般不少于20个工作日。

国际商事专家委员会办公室应于收到委托函后3个工作日内联系专家委员，征询其意见。

专家委员同意接受委托的，应按期制作书面答复意见，签字确认后送交国际商事专家委员会办公室。必要时，可以由若干名专家委员召开专家咨询会，形成书面答复意见并共同签字确认。

第 17 条　最高人民法院为专家委员履行职责提供相应的保障。

第 18 条　最高人民法院支持专家委员通过国际商事专家委员会办公室，对国际商事专家委员会及国际商事法庭的运行及发展提出意见和建议，并为专家委员和国际商事法庭之间、专家委员之间开展调研活动、信息交流以及各种形式的法律合作提供相应的便利条件。

【法办 ［2018］ 212 号】　**最高人民法院办公厅关于确定首批纳入"一站式"国际商事纠纷多元化解决机制的国际商事仲裁及调解机构的通知**（2018 年 11 月 13 日印发，2018 年 12 月 5 日起执行）

根据相关机构申报，经综合考虑各机构前期受理国际商事纠纷案件的数量、国际影响力、信息化建设等因素，现确定中国国际经济贸易仲裁委员会、上海国际经济贸易仲裁委员会、深圳国际仲裁院、北京仲裁委员会、中国海事仲裁委员会以及中国国际贸易促进委员会调解中心、上海经贸商事调解中心，作为首批纳入"一站式"国际商事纠纷多元化解决机制的仲裁和调解机构。

对诉至国际商事法庭的国际商事纠纷案件，当事人可以根据《最高人民法院关于设立国际商事法庭若干问题的规定》以及《最高人民法院国际商事法庭程序规则（试行）》（法办发 ［2018］ 13 号）的规定，协议选择纳入机制的调解机构调解。经调解机构主持调解，当事人达成调解协议的，国际商事法庭可以依照法律规定制发调解书；当事人要求发给判决书的，可以依协议的内容制作判决书送达当事人。

对纳入机制的仲裁机构所受理的国际商事纠纷案件，当事人可以依据《最高人民法院关于设立国际商事法庭若干问题的规定》以及《最高人民法院国际商事法庭程序规则（试行）》的规定，在申请仲裁前或者仲裁程序开始后，向国际商事法庭申请证据、财产或者行为保全；在仲裁裁决作出后，可以向国际商事法庭申请撤销或者执行仲裁裁决。

【法办 ［2022］ 326 号】　**最高人民法院办公厅关于确定第二批纳入"一站式"国际商事纠纷多元化解决机制的国际商事仲裁机构的通知**（2022 年 6 月 22 日）

2018 年，最高人民法院根据中央办公厅、国务院办公厅《关于建立"一带一路"国际商事争端解决机制和机构的意见》有关精神，建立了诉讼与调解、仲裁有机衔接的"一站式"国际商事纠纷多元化解决机制。为进一步落实中央关于推进共建"一带一路"高质量发展的决策部署，更好发挥"一站式"国际商事纠纷多元化解决机制的作用，根据相关机构自主申报，经综合考虑各机构受理国际商事纠纷案件的数量、国际影响力、信息化建设、服务"一带一路"建设工作实效等因素，最高人民法院研究，确定广州仲裁委员会、上海仲裁委员会、厦门仲裁委员会、海南国际仲裁院（海南仲裁委员会）、香港国际仲裁中心作为第二批纳入"一站式"国际商事纠纷多元化解决机制的仲裁机构。

【法发〔2023〕16 号】　最高人民法院关于为广州南沙深化面向世界的粤港澳全面合作提供司法服务和保障的意见（2023 年 10 月 11 日）

14. 健全涉外涉港澳纠纷实质性化解机制。支持广州南沙加强矛盾纠纷实质性化解机制建设，建设优化诉讼、仲裁、调解等多元化纠纷解决方式衔接协作的一站式系统平台和工作机制，总结推广内地、境外调解员"双调解"模式，支持商事调解组织、行业性调解组织、仲裁等法律服务机构提供诉前、诉中解纷服务，实现解决纠纷的社会资源科学合理配置。支持建立高效便捷的仲裁裁决执行机制，支持具备条件的港澳法律服务机构、调解员、律师参与纠纷调解。推动建立调解员执业统一资格认证和调解员职业水平评价体系，鼓励外籍调解员和港澳调解员参与纠纷化解，充分发挥港澳调解员和专家咨询委员等协助解决跨境纠纷优势。

第二十七章　司法协助

第 293 条[19910409]　**【司法协助原则】** 根据中华人民共和国缔结或者参加的国际条约，或者按照互惠原则，人民法院和外国法院可以相互请求/委托，代为送达文书、调查取证以及进行其他~~一定的~~诉讼行为。

外国法院请求协助/委托的事项有损于/同中华人民共和国的主权、安全或者社会公共利益不相容的，人民法院不予执行/~~予以驳回；不属于人民法院职权范围的，应当说明理由，退回外国法院。~~

第 294 条[19910409]　**【司法协助的途径】** 请求和提供司法协助，应当依照中华人民共和国缔结或者参加的国际条约所规定的途径进行；没有条约关系的，通过外交途径进行。

【外国使领馆送达文书和调查取证】 外国驻中华人民共和国的使领馆可以向该国公民送达文书和调查取证，但不得违反中华人民共和国的法律，并不得采取强制措施。

　　除前款规定的情况外，未经中华人民共和国主管机关准许，任何外国机关或者个人不得在中华人民共和国领域内送达文书、调查取证。

　　第 295 条[19910409]　　【司法协助的文字】外国法院请求/~~委托~~人民法院提供司法协助的请求书/~~代为送达、协助执行的法律文书，以及委托代为一定诉讼行为的委托书~~及其所附文件，应当/~~必须~~附有中文译本或者国际条约规定的其他文字文本。

　　人民法院请求/~~委托~~外国法院提供司法协助的请求书/~~代为送达、协助执行的法律文书，以及委托代为一定诉讼行为的委托书~~及其所附文件，应当/~~必须~~附有该国文字/~~外文~~译本或者国际条约规定的其他文字文本。

　　第 296 条[19910409]　　【司法协助的程序】人民法院提供司法协助，依照中华人民共和国法律规定的程序进行。外国法院请求采用特殊方式的，也可以按照其请求的特殊方式进行，但请求采用的特殊方式不得违反中华人民共和国法律。

● **相关规定**　　【法〔2011〕243 号】　　最高人民法院关于进一步规范人民法院涉港澳台调查取证工作的通知（2011 年 8 月 7 日）（见本书第 27 章"涉港澳台司法协助"专辑）

　　【法释〔2013〕11 号】　　最高人民法院关于依据国际公约和双边司法协助条约办理民商事案件司法文书送达和调查取证司法协助请求的规定（2013 年 1 月 21 日最高法审委会〔1568 次〕通过，2013 年 4 月 7 日公布，2013 年 5 月 2 日起施行；根据法释〔2020〕20 号《决定》修正，2021 年 1 月 1 日起施行）

　　第 1 条　人民法院应当根据便捷、高效的原则确定依据海牙送达公约（关于向国外送达民事或商事司法文书和司法外文书的公约）、海牙取证公约（关于从国外调取民事或商事证据的公约），或者双边民事司法协助条约，对外提出民商事案件司法文书送达和调查取证请求。

　　第 2 条　人民法院协助外国办理民商事案件司法文书送达和调查取证请求，适用对等原则。

　　第 3 条　人民法院协助外国办理民商事案件司法文书送达和调查取证请求，应当进行审查。外国提出的司法协助请求，具有海牙送达公约、海牙取证公约或双边民事司法协助条约规定的拒绝提供协助的情形的，人民法院应当拒绝提供协助。

第 4 条　人民法院协助外国办理民商事案件司法文书送达和调查取证请求，应当按照民事诉讼法和相关司法解释规定的方式办理。

请求方要求按照请求书中列明的特殊方式办理的，如果该方式与我国法律不相抵触，且在实践中不存在无法办理或者办理困难的情形，应当按照该特殊方式办理。

第 5 条　人民法院委托外国送达民商事案件司法文书和进行民商事案件调查取证，需要提供译文的，应当委托中华人民共和国领域内的翻译机构进行翻译。

翻译件不加盖人民法院印章，但应由翻译机构或翻译人员签名或盖章证明译文与原文一致。

第 6 条　最高人民法院统一管理全国各级人民法院的国际司法协助工作。高级人民法院应当确定一个部门统一管理本辖区各级人民法院的国际司法协助工作并指定专人负责。中级人民法院、基层人民法院和有权受理涉外案件的专门法院，应当指定专人管理国际司法协助工作；有条件的，可以同时确定一个部门管理国际司法协助工作。

第 7 条　人民法院应当建立独立的国际司法协助登记制度。

第 8 条　人民法院应当建立国际司法协助档案制度。办理民商事案件司法文书送达的送达回证、送达证明在各个转递环节应当以适当方式保存。办理民商事案件调查取证的材料应当作为档案保存。

第 9 条　经最高人民法院授权的高级人民法院，可以依据海牙送达公约、海牙取证公约直接对外发出本辖区各级人民法院提出的民商事案件司法文书送达和调查取证请求。

第 10 条　通过外交途径办理民商事案件司法文书送达和调查取证，不适用本规定。

第 11 条　最高人民法院国际司法协助统一管理部门根据本规定制定实施细则。

【法发〔2013〕6 号】　最高人民法院关于依据国际公约和双边司法协助条约办理民商事案件司法文书送达和调查取证司法协助请求的规定实施细则（试行）（2013 年 4 月 7 日印发，2013 年 5 月 2 日起试行）

第 4 章　我国法院委托外国法院协助进行民商事案件调查取证

第 26 条　人民法院审判、执行部门依据海牙取证公约提出调查取证请求时，应当按照下列要求办理：

（一）制作符合海牙取证公约规定的调查取证请求书。

被请求国对请求书及其附件文字未作出声明或者保留的，请求书及其附件应当附有被请求国官方文字、英文或者法文译文。

　　被请求国对请求书及其附件文字作出声明或者保留的，请求书及其附件应当附有被请求国官方文字的译文。

　　被请求国不同地区使用不同官方文字的，请求书及其附件应当附有该地区官方文字的译文。

　　请求书有附件的，附件译文的语种应当与请求书译文的语种一致。

　　（二）请求书、附件及其译文应当一式 2 份，参照下列顺序装订成 2 套：1. 请求书原文及译文；2. 附件一原文及译文（附件二、三依此类推）；3. 证明请求书及其附件的译文与原文一致的翻译证明。

　　（三）请求书在最终向外国中央机关发出之前，不填写签发日期、地点，也不加盖任一经手法院或者部门的印章。

　　（四）制作转递函，与请求书及其附件等一并报送国际司法协助专办员或者国际司法协助统一管理部门。

　　第 27 条　国际司法协助专办员收到本院审判、执行部门或者下级法院报送的依据海牙取证公约提出的调查取证请求后，应当按照下列标准进行审查：（一）有审判、执行部门或者下级法院的转递函；（二）被请求国是海牙取证公约缔约国且该公约已经在我国和该国之间生效；（三）请求书及其附件的译文符合海牙取证公约的规定和被请求国对此所作的声明和保留；附件译文的语种与请求书的语种一致；（四）请求书的各项内容填写规范、完整；（五）附件中不含有明确标注密级的材料；（六）其他应当审查的事项。

　　第 28 条　国际司法协助专办员对审判、执行部门报送的依据海牙取证公约提出的调查取证请求审查合格的，应当制作转递函，及时报送高级人民法院国际司法协助统一管理部门。高级人民法院审查合格的，应当制作转递函，及时报送最高人民法院国际司法协助统一管理部门。最高人民法院审查合格的，应当在请求书及其译文上填写签发日期、地点并加盖最高人民法院国际司法协助专用章后邮寄被请求国中央机关。

　　除另有规定外，有权依据海牙取证公约直接对外发出调查取证请求的高级人民法院国际司法协助统一管理部门收到下级法院或者本院审判、执行部门报送的调查取证请求并审查合格的，应当在请求书及其译文上填写签发日期、地点并加盖该高级人民法院国际司法协助专用章后邮寄被请求国中央机关。

　　第 29 条　人民法院审判、执行部门依据双边民事司法协助条约提出调查取证请求时，应当按照下列要求办理：

　　（一）制作符合双边民事司法协助条约规定的调查取证请求书。

　　请求书及其附件应当附有被请求国官方文字的译文。翻译为被请求国官方文字确有困难的，可以翻译为双边民事司法协助条约中规定的第三方文字。被请求国不接受双边民事司法协助条约中规定的第三方文字译文的，请求书及其附件应当附有被请求国官方文字的译文。

（二）请求书、附件及其译文应当一式2份，按照下列顺序装订成2套：1. 请求书原文及译文；2. 附件一原文及译文（附件二、三依此类推）；3. 证明请求书及其附件的译文与原文一致的翻译证明。

（三）请求书加盖提出调查取证请求的人民法院院章。

（四）制作转递函，与请求书及其附件等一并报送国际司法协助专办员或者国际司法协助统一管理部门。

第30条　国际司法协助专办员收到本院审判、执行部门或者下级法院报送的依据双边民事司法协助条约提出的调查取证请求后，应当按照下列标准进行审查：（一）有审判、执行部门或者下级法院的转递函；（二）被请求国与我国签订双边民事司法协助条约且已经生效；（三）请求书及其附件的译文符合双边民事司法协助条约的规定；附件译文的语种与请求书的语种一致；（四）请求书的各项内容符合双边民事司法协助条约的具体规定，填写规范、完整；（五）附件中不含有明确标注密级的材料；（六）其他应当审查的事项。

第31条　国际司法协助专办员对审判、执行部门报送的依据双边民事司法协助条约提出的调查取证请求审查合格的，应当制作转递函，及时报送高级人民法院国际司法协助统一管理部门。高级人民法院审查合格的，应当制作转递函，及时报送最高人民法院国际司法协助统一管理部门。最高人民法院审查合格的，应当制作转递函，及时转递中央机关。

第32条　最高人民法院国际司法协助统一管理部门收到中央机关转回的调查取证结果和被请求国事后要求支付相关费用的通知后，应当及时登记并转递有关高级人民法院国际司法协助统一管理部门。

高级人民法院收到最高人民法院转回的调查取证结果、付费通知后，或者有权依据海牙取证公约直接对外发出调查取证请求的高级人民法院收到外国中央机关转回的调查取证结果、付费通知后，应当及时登记并转递提出调查取证请求的人民法院。

第33条　被请求国要求支付调查取证费用，符合海牙取证公约或者双边民事司法协助条约规定的，提出调查取证请求的人民法院应当及时向当事人代收，当事人根据被请求国要求支付的费用，应当以汇票等形式支付并通过原途径转交被请求国相关机构。

第5章　外国法院委托我国法院协助进行民商事案件调查取证

第34条　最高人民法院国际司法协助统一管理部门收到中央机关转来的外国法院依据海牙取证公约或者双边民事司法协助条约提出的民商事案件调查取证请

求后，应当按照下列标准进行审查：（一）有中央机关的转递函或者请求书；（二）依据海牙取证公约提出调查取证请求的，该公约在我国与请求国之间已经生效；依据双边民事司法协助条约提出调查取证请求的，该条约已经生效；（三）属于海牙取证公约或者双边民事司法协助条约规定的范围；（四）属于人民法院的办理范围；（五）不具有海牙取证公约或者双边民事司法协助条约中规定的拒绝提供协助的情形；（六）请求方要求采取特殊方式调查取证的，所要求的特殊方式与我国法律不相抵触，且在实践中不存在无法办理或者办理困难的情形；（七）请求书及其附件有中文译文或者符合海牙取证公约、双边民事司法协助条约规定的语种译文；（八）其他应当审查的事项。

第 35 条　我国法院委托外国协助调查取证，请求书及其附件附有双边民事司法协助条约规定的第三方文字译文，但被请求国依然要求必须附有该国官方文字译文的，按照对等原则，该国委托我国协助调查取证的请求书及其附件应当附有中文译文。

第 36 条　最高人民法院国际司法协助统一管理部门审查合格的，应当制作转递函，与请求书及其附件一并转递证据或者证人所在地高级人民法院国际司法协助统一管理部门。同一调查取证请求中的证人或者证据位于不同高级人民法院辖区的，最高人民法院可以指定其中一个高级人民法院统一办理。如有需要，相关高级人民法院应当给予必要的协助。

第 37 条　高级人民法院国际司法协助统一管理部门收到最高人民法院转来的调查取证请求后，应当会同本院审判部门进一步审查。审查后认为可以提供协助的，应当制作转递函，与请求书及其附件一并转递证据或者证人所在地中级或者基层人民法院审查、办理。高级人民法院认为本院办理更为适宜的，可以直接办理。

第 38 条　调查取证请求应当由相应的审判部门的法官办理。

第 39 条　调查取证完毕后，办理调查取证的法官应当对调查取证结果按照下列标准进行审查：（一）调查取证的内容符合请求书的要求；（二）不含有明确标注密级的材料；（三）调查取证结果对外提供后不存在损害国家主权、安全、泄露国家秘密、侵犯商业秘密等情形；（四）提供的证据材料符合民事诉讼法和相关司法解释规定的形式要件；（五）其他应当审查的事项。

第 40 条　办理调查取证的法官审查合格后，应当将调查取证结果转递本院国际司法协助专办员。国际司法协助专办员应当参照第 39 条的规定对调查取证结果进行审查。审查合格的，应当制作转递函，与调查取证结果一并转递高级人民法院国际司法协助统一管理部门。

第 41 条　高级人民法院收到调查取证结果后，应当参照第 39 条的规定进行审查。审查合格的，应当制作转递函，与调查取证结果一并转递最高人民法院国际司法协助统一管理部门。

第42条　对于存在第39条第3项情形的证据材料，各级人民法院应当在转递函中注明，并将该材料按照第40条、第41条的规定与其他材料一并转递。

第43条　最高人民法院收到高级人民法院转来的转递函和调查取证结果后，应当进行审查，认为可以转交请求方的，应当及时转交中央机关。

第44条　我国法院协助外国法院调查取证产生的费用，根据海牙取证公约或者双边民事司法协助条约应当由请求方支付的，由办理调查取证的法院提出收费依据和费用清单，通过高级人民法院国际司法协助统一管理部门报请最高人民法院国际司法协助统一管理部门审核。最高人民法院认为应当收取的，通过中央机关要求请求方支付。请求方支付的费用，通过原途径转交办理调查取证的法院。

第6章　附则

第45条　……人民法院办理民商事案件调查取证的材料应当作为档案保存。

【法释〔2022〕11号】　最高人民法院关于适用《中华人民共和国民事诉讼法》的解释（"法释〔2015〕5号"公布，2015年2月4日起施行；根据法释〔2020〕20号《决定》修正，2021年1月1日起施行；2022年3月22日最高法审委会〔1866次〕修正，2022年4月1日公布，2022年4月10日起施行；以本规为准）

第547条　与中华人民共和国没有司法协助条约又无互惠关系的国家的法院，未通过外交途径，直接请求人民法院提供司法协助的，人民法院应予退回，并说明理由。

第548条　当事人在中华人民共和国领域外使用中华人民共和国法院的判决书、裁定书，要求中华人民共和国法院证明其法律效力的，或者外国法院要求中华人民共和国法院证明判决书、裁定书的法律效力的，作出判决、裁定的中华人民共和国法院，可以本法院的名义出具证明。

● **入库案例**　【2024-10-2-462-003】　**某航运公司诉某物流控股公司申请承认外国法院判决案**（上海海事法院/2022.03.17/〔2018〕沪72协外认1号）

裁判要旨：互惠关系的认定并不以相关外国法院对人民法院民商事判决先行给予承认和执行为必要条件。若根据作出判决的外国法院所在国的法律，人民法院作出的民商事判决可以得到该国法院的承认和执行，可以认定我国与该国存在承认和执行民商事判决的互惠关系。

● **文书格式**　【法［2016］221号】　**民事诉讼文书样式**（2016年2月22日最高法审委会［1679次］通过，2016年6月28日公布，2016年8月1日起施行）（本书对格式略有调整）

申请书（申请证明判决书或者裁定书的法律效力）①

申请人：×××，男／女，×年×月×日生，×族，……（写明工作单位和职务或职业），住……。联系方式：……。（★申请人是法人或其他组织的，本段写明名称、住所）

法定代理人／指定代理人②：×××，……。（★申请人是法人或其他组织的，本段写明法定代表人、主要负责人及其姓名、职务、联系方式）

委托诉讼代理人：×××，……。（申请时已经委托诉讼代理人的，写明此项）

（以上写明申请人和其他诉讼参与人的姓名或者名称等基本信息）

请求事项：

出具你院（××××）……号……（写明当事人和案由）一案民事判决／裁定书发生法律效力的证明书。

事实和理由：

你院作出的（××××）……号……（写明当事人和案由）一案民事判决书／裁定书已经发生法律效力。

……（写明需要出具证明书的理由）

此致：××人民法院

申请人（自然人签名或单位盖章）
×年×月×日

> **第297条**[19910409]　**【请求外国法院承认和执行裁判】**人民法院作出的发生法律效力的判决、裁定，如果被执行人／被申请人或者其财产不在中华人民共和国领域内，当事人请求执行／申请人要求强制执行的，可以由当事人直接向有管辖权的外国法院申请承认和执行，也可以由人民法院依照中华人民共和国缔结或者参加的国际条约的规定，或者按照互惠原则，请求／委托外国法院承认和执行／协助执行。

---

① 注：本申请书样式根据"法释［2022］11号"《解释》第548条制定，供当事人向作出生效判决书或裁定书的人民法院提出。

② 注：申请人是无民事行为能力人或限制民事行为能力人的，应当写明法定代理人姓名、性别、出生日期、民族、职业、工作单位、住所、联系方式，在诉讼地位后括注与申请人的关系。

民事诉讼法全厚细

【请求外国法院承认和执行仲裁】在中华人民共和国领域内依法／~~中华人民共和国涉外仲裁机构~~²⁰²⁴⁰¹⁰¹ 作出／~~确定~~的发生法律效力的仲裁裁决，当事人请求执行／~~申请人要求强制执行~~的，如果被执行人／~~被申请人~~或者其财产不在中华人民共和国领域内，当事人可以／~~应当由当事人~~²⁰²⁴⁰¹⁰¹ 直接向有管辖权的外国法院申请承认和执行／~~人民法院可以根据我国缔结或者参加的国际条约，或者按照互惠原则，委托外国法院协助执行。~~

第 298 条¹⁹⁹¹⁰⁴⁰⁹ 【请求承认和执行外国裁判】外国法院作出的发生法律效力的判决、裁定，需要~~中华人民共和国~~²⁰²⁴⁰¹⁰¹ 人民法院承认和执行的，可以由当事人直接向~~中华人民共和国~~²⁰²⁴⁰¹⁰¹ 有管辖权的中级人民法院申请承认和执行，也可以由外国法院依照该国与中华人民共和国缔结或者参加的国际条约的规定，或者按照互惠原则，请求人民法院承认和执行。

第 299 条¹⁹⁹¹⁰⁴⁰⁹ 【承认和执行外国裁判】人民法院对申请或者请求承认和执行／~~委托执行~~的外国法院作出／~~确定~~的发生法律效力的判决、裁定，依照中华人民共和国缔结或者参加的国际条约，或者按照互惠原则进行审查后，认为不违反中华人民共和国法律的基本原则／~~准则且不损害／或者~~²⁰²⁴⁰¹⁰¹ 国家主权、安全、社会公共利益的，裁定承认其效力；需要执行的，发出执行令，依照本法的有关规定执行。~~违反中华人民共和国法律的基本原则或者国家主权、安全、社会公共利益的，不予承认和执行。~~²⁰²⁴⁰¹⁰¹／~~否则，应当退回外国法院。~~

第 300 条²⁰²⁴⁰¹⁰¹ 【不承认和执行外国裁判】对申请或者请求承认和执行的外国法院作出的发生法律效力的判决、裁定，人民法院经审查，有下列情形之一的，裁定不予承认和执行：

（一）依据本法第 301 条的规定，外国法院对案件无管辖权；

（二）被申请人未得到合法传唤或者虽经合法传唤但未获得合理的陈述、辩论机会，或者无诉讼行为能力的当事人未得到适当代理；

（三）判决、裁定是通过欺诈方式取得；

（四）人民法院已对同一纠纷作出判决、裁定，或者已经承认第三国法院对同一纠纷作出的判决、裁定；

（五）违反中华人民共和国法律的基本原则或者损害国家主权、安全、社会公共利益。

第 301 条²⁰²⁴⁰¹⁰¹　【外国法院无管辖权】有下列情形之一的，人民法院应当认定该外国法院对案件无管辖权：

（一）外国法院依照其法律对案件没有管辖权，或者虽然依照其法律有管辖权但与案件所涉纠纷无适当联系；

（二）违反本法对专属管辖的规定；

（三）违反当事人排他性选择法院管辖的协议。

第 302 条²⁰²⁴⁰¹⁰¹　【涉外承认而中止诉讼】当事人向人民法院申请承认和执行外国法院作出的发生法律效力的判决、裁定，该判决、裁定涉及的纠纷与人民法院正在审理的纠纷属于同一纠纷的，人民法院可以裁定中止诉讼。

外国法院作出的发生法律效力的判决、裁定不符合本法规定的承认条件的，人民法院裁定不予承认和执行，并恢复已经中止的诉讼；符合本法规定的承认条件的，人民法院裁定承认其效力；需要执行的，发出执行令，依照本法的有关规定执行；对已经中止的诉讼，裁定驳回起诉。

第 303 条²⁰²⁴⁰¹⁰¹　【涉外承认的复议】当事人对承认和执行或者不予承认和执行的裁定不服的，可以自裁定送达之日起 10 日内向上一级人民法院申请复议。

第 304 条¹⁹⁹¹⁰⁴⁰⁹　【请求承认和执行外国仲裁】在中华人民共和国领域外作出的发生法律效力的仲裁/国外仲裁机构的²⁰²⁴⁰¹⁰¹裁决，需要中华人民共和国²⁰²⁴⁰¹⁰¹人民法院承认和执行的，当事人可以/应当由当事人²⁰²⁴⁰¹⁰¹直接向被执行人住所地或者其财产所在地的中级人民法院申请。¹⁹⁹¹⁰⁴⁰⁹被执行人住所地或者其财产不在中华人民共和国领域内的，当事人可以向申请人住所地或者与裁决的纠纷有适当联系的地点的中级人民法院申请。²⁰²⁴⁰¹⁰¹人民法院应当依照中华人民共和国缔结或者参加的国际条约，或者按照互惠原则办理。

● **相关规定** 　**【法（经）发［1987］5 号】　最高人民法院关于执行我国加入的《承认及执行外国仲裁裁决公约》的通知**（1987 年 4 月 10 日）

一、根据我国加入该公约时所作的互惠保留声明，我国对在另一缔约国领土内作出的仲裁裁决的承认和执行适用该公约。该公约与我国民事诉讼法（试行）有不同规定的，按该公约的规定办理。

对于在非缔约国领土内作出的仲裁裁决，需要我国法院承认和执行的，应按民事诉讼法（试行）第 204 条①的规定办理。

二、根据我国加入该公约时所作的商事保留声明，我国仅对按照我国法律属于契约性和非契约性商事法律关系所引起的争议适用该公约。所谓"契约性和非契约性商事法律关系"，具体的是指由于合同、侵权或者根据有关法律规定而产生的经济上的权利义务关系，例如货物买卖、财产租赁、工程承包、加工承揽、技术转让、合资经营、合作经营、勘探开发自然资源、保险、信贷、劳务、代理、咨询服务和海上、民用航空、铁路、公路的客货运输以及产品责任、环境污染、海上事故和所有权争议等，但不包括外国投资者与东道国政府之间的争端。

三、根据《1958 年纽约公约》第 4 条的规定，申请我国法院承认和执行在另一缔约国领土内作出的仲裁裁决，是由仲裁裁决的一方当事人提出的。对于当事人的申请应由我国下列地点的中级人民法院受理：

1. 被执行人为自然人的，为其户籍所在地或者居所地；

2. 被执行人为法人的，为其主要办事机构所在地；

3. 被执行人在我国无住所、居所或者主要办事机构，但有财产在我国境内的，为其财产所在地。

四、我国有管辖权的人民法院接到一方当事人的申请后，应对申请承认及执行的仲裁裁决进行审查，如果认为不具有《1958 年纽约公约》第 5 条第 1、2 两项所列的情形，应当裁定承认其效力，并且依照民事诉讼法（试行）规定的程序执行；如果认定具有第 5 条第 2 项所列的情形之一的，或者根据被执行人提供的证据证明具有第 5 条第 1 项所列的情形之一的，应当裁定驳回申请，拒绝承认及执行。

五、申请我国法院承认及执行的仲裁裁决，仅限于《1958 年纽约公约》对我

---

① 注：1982 年版《民事诉讼法（试行）》第 204 条规定，中华人民共和国人民法院对外国法院委托执行的已经确定的判决、裁定，应当根据中华人民共和国缔结或者参加的国际条约，或者按照互惠原则进行审查，认为不违反中华人民共和国法律的基本准则或者我国国家、社会利益的，裁定承认其效力，并且依照本法规定的程序执行。否则，应当退回外国法院。

国生效后在另一缔约国领土内作出的仲裁裁决。该项申请应当在民事诉讼法（试行）第 169 条①规定的申请执行期限内提出。

【法释〔2020〕20 号】　最高人民法院关于中国公民申请承认外国法院离婚判决程序问题的规定（1991 年 7 月 5 日最高法审委会〔503 次〕通过，1991 年 8 月 13 日公布施行；根据法释〔2020〕20 号《决定》修正，2021 年 1 月 1 日起施行）

第 1 条　对与我国没有订立司法协助协议的外国法院作出的离婚判决，中国籍当事人可以根据本规定向人民法院申请承认该外国法院的离婚判决。对与我国有司法协助协议的外国法院作出的离婚判决，按照协议的规定申请承认。②

第 2 条　外国法院离婚判决中的夫妻财产分割、生活费负担、子女抚养方面判决的承认执行，不适用本规定。

第 3 条　向人民法院申请承认外国法院的离婚判决，申请人应提出书面申请书，并须附有外国法院离婚判决书正本及经证明无误的中文译本。否则，不予受理。

第 4 条　申请书应记明以下事项：（一）申请人姓名、性别、年龄、工作单位和住址；（二）判决由何国法院作出，判决结果、时间；（三）受传唤及应诉的情况；（四）申请理由及请求；（五）其他需要说明的情况。

第 5 条　申请由申请人住所地中级人民法院受理。申请人住所地与经常居住地不一致的，由经常居住地中级人民法院受理。申请人不在国内的，由申请人原国内住所地中级人民法院受理。

第 6 条　人民法院接到申请书，经审查，符合本规定的受理条件的，应当在 7 日内立案；不符合的，应当在 7 日内通知申请人不予受理，并说明理由。

第 7 条　人民法院审查承认外国法院离婚判决的申请，由 3 名审判员组成合议庭进行，作出的裁定不得上诉。

第 8 条　人民法院受理申请后，对于外国法院离婚判决书没有指明已生效或

---

① 注：1982 年版《民事诉讼法（试行）》第 169 条（第 1 款）：申请执行的期限，双方或者一方当事人是个人的为 1 年；双方是企业事业单位、机关、团体的为 6 个月。

② 最高法认为，对于本条规定的"离婚判决"应作广义理解，理解为各国法院通过司法程序所作出的法律裁判文书比较符合原意。因为：1. 法院处理民事案件要对各种不同的客观事实依法作出不同的认定和断定；各种不同的断定，表现为各种不同形式的法律文书。比如我国法院作出的判决、裁定、决定等。2. 各国法院有其处理本国离婚案件的特有司法程序，出具的法律裁判文书形式不可能完全一致。3. 本《规定》之后下发的《申请承认外国法院离婚判决案件有关问题的规定》，将当事人向人民法院申请承认外国法院离婚调解书效力的，亦纳入人民法院的管辖范围，说明本《规定》中的"离婚判决"不仅仅指"判决"这一种裁判形式。4. 若对"判决"作狭义理解，对当事人的申请不予受理，会造成法律适用的不一致，不利于及时有效地保护当事人的合法权利。（见《立案工作指导与参考》2003 年第 2 卷，人民法院出版社 2003 年 10 月）

生效时间的，应责令申请人提交作出判决的法院出具的判决已生效的证明文件。

第9条 外国法院作出离婚判决的原告为申请人的，人民法院应责令其提交作出判决的外国法院已合法传唤被告出庭的有关证明文件。

第10条 按照第8条、第9条要求提供的证明文件，应经该外国公证部门公证和我国驻该国使、领馆认证，或者履行中华人民共和国与该所在国订立的有关条约中规定的证明手续。同时应由申请人提供经证明无误的中文译本。

第11条 居住在我国境内的外国法院离婚判决的被告为申请人，提交第8条、第10条所要求的证明文件和公证、认证有困难的，如能提交外国法院的应诉通知或出庭传票的，可推定外国法院离婚判决书为真实和已经生效。

第12条 经审查，外国法院的离婚判决具有下列情形之一的，不予承认：（一）判决尚未发生法律效力；（二）作出判决的外国法院对案件没有管辖权；（三）判决是在被告缺席且未得到合法传唤情况下作出的；（四）该当事人之间的离婚案件，我国法院正在审理或已作出判决，或者第三国法院对该当事人之间作出的离婚案件判决已为我国法院所承认；（五）判决违反我国法律的基本原则或者危害我国国家主权、安全和社会公共利益。

第13条 对外国法院的离婚判决的承认，以裁定方式作出。没有第12条规定的情形的，裁定承认其法律效力；具有第12条规定的情形之一的，裁定驳回申请人的申请。

第14条 裁定书以"中华人民共和国××中级人民法院"名义作出，由合议庭成员署名，加盖人民法院印章。

第15条 裁定书一经送达，即发生法律效力。

第16条 申请承认外国法院的离婚判决，申请人应向人民法院交纳案件受理费人民币100元。

第17条 申请承认外国法院的离婚判决，委托他人代理的，必须向人民法院提交由委托人签名或盖章的授权委托书。委托人在国外出具的委托书，必须经我国驻该国的使、领馆证明，或者履行中华人民共和国与该所在国订立的有关条约中规定的证明手续。

第18条 人民法院受理离婚诉讼后，原告一方变更请求申请承认外国法院离婚判决，或者被告一方另提出承认外国法院离婚判决申请的，其申请均不受理。

第19条 人民法院受理承认外国法院离婚判决的申请后，对方当事人向人民法院起诉离婚的，人民法院不予受理。

第20条 当事人之间的婚姻虽经外国法院判决，但未向人民法院申请承认的，不妨碍当事人一方另行向人民法院提出离婚诉讼。

第21条 申请人的申请为人民法院受理后，申请人可以撤回申请，人民法院可以裁定准予撤回。申请人撤回申请后，不得再提出申请，但可以另向人民法院起诉离婚。

第 22 条　申请人的申请被驳回后，不得再提出申请，但可以另行向人民法院起诉离婚。

【法释［1998］15 号】　**最高人民法院关于人民法院执行工作若干问题的规定（试行）**（1998 年 6 月 11 日最高法审委会［992 次］通过，1998 年 7 月 8 日公布施行；根据法释［2020］21 号《决定》修正，2021 年 1 月 1 日起施行；以本规为准）

19.（第 2 款）　申请执行国外仲裁机构的仲裁裁决的，应当提交经我国驻外使领馆认证或我国公证机关公证的仲裁裁决书中文本。

【法释［2000］6 号】　**最高人民法院关于人民法院受理申请承认外国法院离婚判决案件有关问题的规定**（1999 年 12 月 1 日最高法审委会［1090 次］通过，2000 年 2 月 29 日公布，2000 年 3 月 1 日起施行；法［1998］86 号《关于人民法院受理申请承认外国法院离婚判决案件几个问题的意见》同时废止。根据法释［2020］20 号《决定》修正，2021 年 1 月 1 日起施行）

一、中国公民向人民法院申请承认外国法院离婚判决，人民法院不应以其未在国内缔结婚姻关系而拒绝受理；中国公民申请承认外国法院在其缺席情况下作出的离婚判决，应同时向人民法院提交作出该判决的外国法院已合法传唤其出庭的有关证明文件。

二、外国公民向人民法院申请承认外国法院离婚判决，如果其离婚的原配偶是中国公民的，人民法院应予受理；如果其离婚的原配偶是外国公民的，人民法院不予受理，但可告知其直接向婚姻登记机关申请结婚/再婚登记。

三、当事人向人民法院申请承认外国法院离婚调解书效力的，人民法院应予受理，并根据《关于中国公民申请承认外国法院离婚判决程序问题的规定》进行审查，作出承认或不予承认的裁定。

【民他字［1984］14 号】　**最高人民法院关于旅居阿根廷的中国公民按阿根廷法律允许的方式达成的长期分居协议我国法律是否承认其离婚效力问题的复函**（1984 年 12 月 5 日答复驻阿根廷大使馆领事部"［84］领发 70 号"文）①

关于在国内结婚后旅居阿根廷的中国公民王钰与杨洁敏因婚姻纠纷，由于阿根廷婚姻法不允许离婚，即按阿根廷法律允许的方式达成长期分居协议，请求你

---

① 本复函来源于全国人大华侨委员会办公室法案室编写的《侨务法律法规实用手册》，中国民主法制出版社 2004 年版。

部承认并协助执行问题，经与外交部领事司研究认为，我驻外使领馆办理中国公民之间的有关事项，应当执行我国法律。王钰与杨洁敏的分居协议，不符合我国婚姻法的规定。故不能承认和协助执行。他们按照阿根廷法律允许的方式达成的分居协议，只能按阿根廷法律规定的程序向阿有关方面申请承认。如果他们要取得在国内离婚的效力，必须向国内原结婚登记机关或结婚登记地人民法院申办离婚手续。

【民他字［1985］37 号】 　**最高人民法院关于美国法院未通过外交途径径直将离婚判决书寄给我人民法院应如何处理问题的批复**（1985 年 12 月 26 日答复江苏高院"［85］民请第 27 号"请示)①

在中美两国目前尚无司法协定的情况下，美国加利福尼亚高等法院未通过外交途径，直接给苏州市中级人民法院寄来蔡××与周××离婚判决书副本，这种做法，不仅违反我国民事诉讼法的有关规定，也不符合一般国际关系中的互惠原则。因此，以上材料可由苏州市中级人民法院径直退回美国加利福尼亚高等法院。

【民他字［1987］65 号】 　**最高人民法院关于人民法院如何出具判决书法律效力证明问题的函**（1987 年 11 月 18 日答复北京中院)

我院收到外交部领事司转来奥地利驻华大使馆的照会，询问你院关于耿敏华与华锡圻离婚案的［83］中民字第 468 号民事判决书，是否已经生效，并请求出具证明。我们经研究认为，你院可根据具体情况出具证明。如果本案已上诉，第二审法院正在审理，证明内容可为："耿敏华诉华锡圻离婚案现正在上诉审审理期间，本院［83］中民字第 468 民事判决书不具有法律效力"；如果第二审审理终结，证明内容则为："耿敏华诉华锡圻离婚案的判决，应以北京市高级人民法院的终审判决为准"；如果本案第一审终结后，当事人没有上诉，证明内容可为"本院关于耿敏华诉华锡圻离婚案的［83］中民字第 468 号民事判决书，已于×年×月×日生效"。请你院查明情况，及时出具证明，并加盖院印，由外交部领事司转给奥地利驻华大使馆。以上意见供你们答复时参考。

【民他字［1988］61 号】 　**最高人民法院关于外国公民因子女抚养问题如何在人民法院进行诉讼问题的函**（1988 年 11 月 25 日答复外交部领事司)

转来的澳大利亚驻华使馆的照会收悉。关于该国公民 Levens 希望在中国通过法律程序，向住在新疆乌鲁木齐市解放路 32 号的钱国华领回由其丈夫 Genady Shr-

---

①　本批复来源于全国人大华侨委员会办公室法案室编写的《涉侨法律法规选编（2010 年版）》，中国民主法制出版社 2010 年版。

bakov（澳大利亚籍）带至该处的孩子 Daniel（澳大利亚籍）一事，我们研究认为，如 Levens 通过有关程序能证明澳大利亚法院在判决 Levens 与 Genady Shrbakov 离婚时，将 Daniel 判归 Levens 抚养，此事可先通过当地外办和公安部门，与钱国华协商解决；协商不成，Levens 可按照我国民事诉讼法（试行）的有关规定，向新疆乌鲁木齐市中级人民法院提交经我驻澳大利亚使领馆认证的本国判决书，证明 Daniel 归其抚养，对钱国华提起诉讼。根据我国民事诉讼收费办法（试行）的规定，原告起诉时应预交案件受理费人民币 5 元至 20 元。如有其他财产争议，则按财产案件另行收费。关于律师收费问题，请向司法部了解。

【民他字〔1991〕3 号】　最高人民法院关于如何确认在居留地所在国无合法居留权的我国公民的离婚诉讼文书的效力问题的复函（1991 年 4 月 28 日答复四川高院）①

你院关于我驻加拿大使领馆对非法在加拿大居住的我国公民姚开华寄给人民法院的离婚诉讼文书不予办理公证，如何确认其诉讼文书效力的请示收悉。经我们研究并征求了外交部领事司的意见认为，因私出境后，在居留地所在国无合法居留权的我国公民，为离婚而要求我使领馆办理诉讼文书公证的，由于其诉讼文书是在国内使用，与其非法居留地不发生关系，也不涉及我与该国关系，可在从严掌握的前提下，按有关规定予以办理。据此，你院可告知姚开华按照上述精神办理公证手续。

【民立他字〔2003〕15 号】　最高人民法院关于中国公民黄爱京申请承认外国法院离婚确认书受理问题的复函（2003 年 5 月 12 日答复吉林高院"吉高法〔2003〕23 号"请示）

对于中国公民黄爱京申请人民法院承认的韩国法院离婚确认书，应视为韩国法院出具的法律文书。当事人向人民法院申请承认该离婚确认书法律效力的案件，人民法院可比照最高人民法院《关于中国公民申请承认外国法院离婚判决程序问题的规定》第 1 条和《关于人民法院受理申请承认外国法院离婚判决案件有关问题的规定》第 3 条规定的精神予以受理。

【法释〔2005〕8 号】　最高人民法院关于当事人申请承认澳大利亚法院出具的离婚证明书人民法院应否受理问题的批复（2005 年 7 月 11 日最高法审委会〔1359 次〕通过，2005 年 7 月 26 日公布，答复广东高院"粤高法民一他字〔2004〕9 号"请示，2005 年 8 月 1 日起施行；根据法释〔2020〕20 号《决定》修正，2021 年 1 月 1 日起施行）

① 该文件一直未见废止。

当事人持澳大利亚法院出具的离婚证明书向人民法院申请承认其效力的，人民法院应予受理，并依照《中华人民共和国民事诉讼法》第281条和第282条（现第298条、第299条）以及最高人民法院《关于中国公民申请承认外国法院离婚判决程序问题的规定》的有关规定进行审查，依法作出承认或者不予承认的裁定。

【主席令［1999］28号】 中华人民共和国海事诉讼特别程序法（1999年12月25日全国人大常委会［9届13次］通过，2000年7月1日起施行）

第11条 当事人申请执行海事仲裁裁决，申请承认和执行外国法院判决、裁定以及国外海事仲裁裁决的，向被执行的财产所在地或者被执行人住所地海事法院提出。被执行的财产所在地或者被执行人住所地没有海事法院的，向被执行的财产所在地或者被执行人住所地的中级人民法院提出。

【民四他字［2001］12号】 最高人民法院关于对海口中院不予承认和执行瑞典斯德哥尔摩商会仲裁院仲裁裁决请示的复函（2001年7月13日答复海南高院"［2001］琼经复字第1号"请示）

海南省纺织工业总公司作为国有企业，在未经国家外汇管理部门批准并办理外债登记手续的情况下，对日本井物产株式会社直接承担债务，违反了我国有关外债审批及登记的法律规定和国家的外汇管理政策。但是，对于行政法规和部门规章中强制性规定的违反，并不当然构成对我国公共政策的违反。你院请示报告中所述的应当拒绝承认和执行本案仲裁裁决的理由依法均不成立，本案仲裁裁决不应以违反公共政策为由拒绝承认和执行。

【民四他字［2001］43号】 最高人民法院关于新加坡益得满亚洲私人有限公司申请承认及执行外国仲裁裁决一案的请示的复函（2003年6月12日答复江苏高院"［2001］苏立民二他字第008号"请示）

仲裁条款或者仲裁协议独立生效的前提，是有关当事人就通过仲裁解决争议达成合意。本案中，根据新加坡益得满亚洲私人有限公司与无锡华新可可食品有限公司之间的来往传真，双方当事人之间未就购买可可豆事宜产生的争议达成通过仲裁解决的合意。英国伦敦可可协会以新加坡益得满亚洲私人有限公司单方拟定的仲裁条款仲裁有关纠纷缺乏事实和法律依据。依照《中华人民共和国民事诉讼法》第269条（现第304条）及我国参加的《承认及执行外国仲裁裁决公约》的有关规定，我国人民法院应拒绝承认与执行本案仲裁裁决。

【民四他字［2003］3号】 最高人民法院关于ED&F曼氏（香港）有限公司申请承认和执行伦敦糖业协会仲裁裁决案的复函（2003年7月1日答复北京高院"京高法［2003］7号"请示）

中国糖业酒类集团公司与 ED&F 曼氏（香港）有限公司于 1994 年 12 月 14 日签订的 8008 合同明确约定，因该合同引起的一切争议均需提交伦敦糖业协会依照该协会规则进行仲裁。双方当事人就履行 8008 合同发生争议后，伦敦糖业协会依照双方当事人的上述约定受理有关争议具有法律依据。经审查，伦敦糖业协会在仲裁本案过程中不存在 1958 年《承认与执行外国仲裁裁决公约》第 5 条第 1 款规定的任何情形。双方当事人因履行期货交易合同产生的纠纷，在性质上属于因契约性商事法律关系产生的纠纷，依照我国法律规定可以约定提请仲裁。依照我国有关法律法规的规定，境内企业未经批准不得擅自从事境外期货交易。中国糖业酒类集团公司未经批准擅自从事境外期货交易的行为，依照中国法律无疑应认定为无效。但违反我国法律的强制性规定不能完全等同于违反我国的公共政策。因此，本案亦不存在 1958 年《承认与执行外国仲裁裁决公约》第 5 条第 2 款规定的不可仲裁及承认与执行该判决将违反我国公共政策的情形。依照《中华人民共和国民事诉讼法》第 269 条（现第 304 条）及 1958 年《承认与执行外国仲裁裁决公约》第 5 条之规定，应当承认和执行本案仲裁裁决。

【民四他字［2003］12 号】　最高人民法院关于美国 GMI 公司申请承认英国伦敦金属交易所仲裁裁决案的复函（2003 年 11 月 12 日答复安徽高院 "［2002］皖民二他终字第 10 号" 请示）

……本案仲裁庭根据美国 GMI 公司与芜湖冶炼厂签订的买卖合同中的仲裁条款受理案件，就仲裁范围而言，仲裁庭只能对 GMI 公司与芜湖冶炼厂之间的买卖合同纠纷作出裁决，但其却根据 GMI 公司的申请，将与 GMI 公司之间没有仲裁协议的芜湖恒鑫铜业集团有限公司列为仲裁被申请人，对所谓的 GMI 公司与芜湖冶炼厂及芜湖恒鑫铜业集团有限公司三方之间的纠纷作出了裁决，仲裁庭对 GMI 公司与芜湖恒鑫铜业集团有限公司之间所谓的买卖合同纠纷所作裁决，显然已经超出了本案仲裁协议的范围。

根据《纽约公约》第 5 条第 1 款（丙）项的规定，仲裁事项超出仲裁协议范围的，应不予执行，但如果仲裁庭有权裁决部分与超裁的部分是可分的，则有权裁决的部分是应该承认和执行的。本案中仲裁庭有权裁决部分和超裁部分是明确可以区分的。虽然仲裁庭在裁决书中多次使用 "被申请人" 的称谓，均未指明是芜湖冶炼厂还是芜湖恒鑫铜业集团有限公司，而从裁决书首部将芜湖冶炼厂和芜湖恒鑫铜业集团有限公司均列为被申请人看，裁决书在没有特别指明的情况下，其被申请人的含义应该既包括芜湖冶炼厂，也包括芜湖恒鑫铜业集团有限公司，但使用这种称谓，并不表明有权裁决部分和超裁部分是不可分的，从最终裁决结果看，有明确裁决芜湖冶炼厂单独承担责任的部分，就该部分裁决而言，仲裁庭有权裁决，而且与超裁部分是可分的，亦不存在其他不应予以承认和执行的情形，因此对于涉及芜湖冶炼厂单独承担责任部分的裁决应予承认和执行。而其他使用"被申请人"这个称谓表明应该承担责任部分的裁决，由于对于芜湖冶炼厂及芜湖恒鑫铜业集团有限公司承担的责任没有明确区分，因此，人民法院对于仲裁庭有权裁决部分和超裁部分亦无法区分，故对于无法区分部分的裁决不应予以承认和执行。

【民四他字〔2004〕32 号】 最高人民法院关于裁定不予承认和执行英国伦敦仲裁庭作出的塞浦路斯瓦赛斯航运有限公司与中国粮油饲料有限公司、中国人民财产保险股份有限公司河北省分公司、中国人保控股公司仲裁裁决一案的请示的复函（2004 年 9 月 30 日答复天津高院"津高法〔2004〕123 号"请示）

本案伦敦仲裁庭的 3 份仲裁裁决分别于 2001 年 3 月 14 日、2001 年 6 月 20 日、2002 年 2 月 13 日作出，天津海事法院收到申请人塞浦路斯瓦赛斯航运有限公司申请承认和执行仲裁裁决申请材料的日期是 2004 年 1 月 17 日。虽然 3 份仲裁裁决均未明确履行期限，且送达时间不明，但本案两被申请人中国粮油饲料有限公司、中国人民财产保险股份有限公司河北省分公司向英国高等法院提出起诉的时间，表明 3 份仲裁裁决书已于 2002 年 3 月 28 日前送达给两被申请人。本案中英国高等法院对仲裁裁决异议案件的审理与裁决不构成申请人申请承认和执行仲裁裁决期限中断或延长的理由。

根据我国《民事诉讼法》第 219 条（现第 250 条）关于申请执行期限的规定，本案申请人塞浦路斯瓦赛斯航运有限公司申请承认和执行伦敦仲裁裁决，已超过 6 个月（现 2 年）申请执行期限，应不予承认和执行。

【民四他字〔2005〕33 号】 最高人民法院关于对伏尔加-第聂伯航运公司申请执行俄罗斯联邦乌里扬诺夫斯克州仲裁法院裁决处理结果的请示的复函（2005 年 9 月 25 日答复北京高院"京高法〔2005〕138 号"请示）

该 8 份裁决均为俄罗斯法院的裁决。对你院请示的第 1 个问题，我们认为：本案系被申请人 Garment FashiorCorporation（中国）〔服装时装总公司（中国）〕未到庭而缺席作出裁决的案件。根据 1993 年 11 月 14 日生效的《中华人民共和国和俄罗斯联邦关于民事和刑事司法协助的条约》第 17 条第 2 款第 2 项之规定，应当证明未出庭的当事人一方已经合法传唤。而俄罗斯联邦乌里扬诺夫斯克州仲裁法院仅证明开庭审理的日期和地点已通过应有的途径通知了被申请人，但未同时指明"应有的途径"具体是什么途径。此种证明是不充分的。此外，该法院亦未证明申请人申请执行的 8 份裁决已经合法送达给了申请人。鉴于上述情况，可以认定申请人提出司法协助请示的手续不完全，但不宜以上述条约第 20 条第 5 项之规定拒绝承认与执行。

对你院请示的第 2 个问题，由于被申请人在国家工商行政管理局和北京市工商行政管理局均未注册，而申请人提供的被申请人的法定地址系客房，不存在长期包租情况，亦从未被申请人包租过，因此，可以认定被申请人主体不明或者不存在。上述条约第 18 条第 1 款规定，法院裁决的承认与执行，由被请示的缔约一方依照本国法律规定的程序进行，故本案所涉 8 份裁决应依照我国《民事诉讼法》规定的程序和条件进行审查。根据我国《民事诉讼法》第 108 条（现第 122 条）第 2 项、第 207 条（现第 235 条）第 2 款之规定，本案没有明确的被请人，亦无证据证明被申请人在我国境内存在任何财产，因此，本案不符合法律规定的受理条件，依法应予退回并明确告知退回理由。至于被申请人在北京以外地区注册成立可能引起的问题，我们认为：如果有事实证明被申请人在我国境内其他地区注册成立或者在其他地区存在财产，说明申请人向北京有关法院申请承认与执行有关裁决不当。在此情形下，申请人可以依法向有管辖权的人民法院申请承认与执行，有关人民法院应依法进行审查，不存在裁定相互矛盾的问题。

对你院请示的第 3 个问题，我们认为，翻译费用不同于诉讼费用。人民法院在申请人依法缴纳诉讼费用之后，要求其支付人民法院因履行通知职能而发生的翻译费用没有法律依据，该笔费用应由受理案件的人民法院自行承担。

【民四他字［2005］46 号】　最高人民法院关于是否承认和执行大韩商事仲裁院仲裁裁决的请示的复函（2006 年 3 月 3 日答复黑龙江高院"［2005］黑高商外他字第 1 号"请示）

大韩商事仲裁院就（株）TS 海码路与大庆派派思食品有限公司之间的开发协议和连锁协议纠纷，于 2004 年 10 月 22 日做出了第 04113-0004 号仲裁裁决。大庆派派思食品有限公司在（株）TS 海码路向哈尔滨市中级人民法院申请承认和执行该仲裁裁决后，以仲裁庭未按照《中华人民共和国和大韩民国关于民事和商事司法协助的条约》第 4 条和第 8 条的规定向其送达开庭通知书和仲裁裁决书为由主张拒绝承认和执行该仲裁裁决。由于双方当事人在开发协议和连锁协议中明确约定"仲裁适用《大韩商事仲裁院仲裁规则》"，而本案仲裁庭按照该仲裁规则的规定通过邮寄方式向大庆派派思食品有限公司送达了开庭通知书和仲裁裁决书，也有证据证明大庆派派思食品有限公司收到了上述开庭通知书和仲裁裁决书。虽然仲裁庭在送达开庭通知书和仲裁裁决书时未附中文译本，但通过邮寄方式送达以及未附中文译本的做法并不违反韩国仲裁法和《大韩商事仲裁院仲裁规则》的规定。《中华人民共和国和大韩民国关于民事和商事司法协助的条约》中有关"司法协助的联系途径"和"文字"的规定，仅适用于两国司法机关进行司法协助的情形，不适用于仲裁机构或者仲裁庭在仲裁程序中的送达。

大庆派派思食品有限公司没有举证证明本案仲裁裁决存在我国参加的《1958 年承认执行外国仲裁裁决公约》第 5 条第 1 款规定的情形，本案仲裁裁决依法应予承认和执行。

【民四他字［2005］53 号】 最高人民法院关于对韩进船务有限公司申请承认和执行英国仲裁裁决一案请示的复函（2006 年 6 月 2 日答复广东高院"［2005］粤高法民四他字第 14 号"请示）

本案所涉提单虽然在正面载明了"与租船合同一并使用"，且在背面条款中载明了"提单正面所注明的租船合同中的所有条件、条款、权利和除外事项，包括法律适用和仲裁条款，都并入本提单"，但韩进船务有限公司不能证明其提交的包运合同就是提单所载明的租船合同，而且该包运合同的当事人并非韩进船务有限公司，因此应认定该包运合同没有并入提单，包运合同文本中的仲裁条款也没有并入提单，韩进船务有限公司与广东富虹油品有限公司之间不存在书面仲裁协议或者仲裁条款，韩进船务有限公司提出承认和执行仲裁裁决的请求，不符合《纽约公约》第 2 条的相关规定。

同意你院的倾向性意见，即拒绝承认与执行英国仲裁员罗伯特·嘉什福特（Robert Gaisford）于 2004 年 12 月 6 日在英国作出的仲裁裁决。

【民四他字［2006］34 号】 最高人民法院关于是否裁定不予承认和执行英国伦敦"ABRA 轮 2004 年 12 月 28 日租约"仲裁裁决的请示的复函（2007 年 1 月 10 日答复天津高院"［2005］津高民四他字第 5 号"请示）

涉案申请人世界海运管理公司与被申请人天津市凯强商贸有限公司签订的租船合同约定："本合同产生的或者与本合同有关的所有争议当任何一方索赔总金额（除利息和费用外）不超过 50000 美元时，应根据伦敦海事仲裁员协会规则提交伦敦仲裁，其他所有争议，除非当事人立即同意一个独任仲裁员，应提交在英国执业的波罗的交易所成员的两个仲裁员最终仲裁裁决，每方当事人指定一个仲裁员，再由仲裁员指定首席仲裁员。本合同由英国法调整并根据英国法解释"。申请人索赔标的为 163815.38 美元，超过 50000 美元的限额，应由当事人指定仲裁员根据《1996 年英国仲裁法》第 14 条第 4 款规定，如果仲裁员需由当事人指定，仲裁程序以及指定仲裁员的通知可以由一方当事人向对方当事人送达。该法第 76 条规定：当事人可以通过仲裁协议对送达的方式进行约定没有约定的，通知或者其他文件可以任何有效的方式送达个人。

在仲裁过程中，涉案申请人根据《1996 年英国仲裁法》的规定，通过案外人采用电子邮件方式向被申请人送达，该送达方式并非我国所禁止，在申请人能够证明被申请人已收悉送达通知的情况下，该送达应为有效送达。但申请人未能提供被申请人确认收到电子邮件或者能够证明被申请人收到电子邮件的其他证据，证明被申请人得到指定仲裁员和仲裁程序的适当通知。根据《纽约公约》第 5 条第 1 款第 2 项的规定，天津海事法院应对该仲裁裁决不予承认和执行。同意你院的处理意见。

【民四他字［2006］35 号】　最高人民法院关于彼得·舒德申请承认及执行美国仲裁委员会裁决一案的请示的复函（2007 年 1 月 22 日答复北京高院"京高法［2006］328 号"请示）

　　本案系当事人申请承认及执行美国仲裁机构作出的仲裁裁决的案件，根据最高人民法院《关于执行我国加入的〈承认及执行外国仲裁裁决公约〉的通知》第 5 条规定确立的原则及《中华人民共和国民事诉讼法》（以下简称《民事诉讼法》）的相关规定并结合本案事实，申请人彼得·舒德应在 2003 年 7 月 5 日前向人民法院提出申请，但其向北京市第一中级人民法院提出申请的时间为 2003 年 10 月 30 日，已经超过了法定期限。对此申请人彼得·舒德提出了 3 点抗辩理由：（1）本案管辖权异议经法院审查后再审查执行期限，不符合相关的法律规定，被申请人爱德华·雷门就管辖权提出异议，视为其接受执行期限问题；（2）根据相关法律规定，领事认证是申请执行的法定条件，中华人民共和国驻纽约总领事馆做出认证的时间是 2002 年 11 月 5 日，应从 2002 年 11 月 5 日起算申请执行期限；（3）2003 年 3 月北京正值非典期间，按照最高人民法院《关于在防治传染非典型肺炎期间依法做好人民法院相关审判、执行工作的通知》第 5 条第 1 款的规定，当事人因防治"非典"耽误申请执行期限的，人民法院按照《民事诉讼法》第 76 条的规定处理。

　　本院认为：第一，被申请人爱德华·雷门就管辖权问题提出异议，并不能表明其认可申请人彼得·舒德可以在法定申请期限之外对裁决提出承认和执行的申请，在爱德华·雷门提出的管辖权异议被驳回后，其仍然有权就彼得·舒德申请执行的期限问题向人民法院提出异议，人民法院对其异议应予审查。第二，《民事诉讼法》第 219 条（现第 250 条）明确规定："申请执行的期限，双方或者一方当事人是公民的为 1 年，双方是法人或者其他组织的为 6 个月（现统一为 2 年）。前款规定的期限，从法律文书规定履行期间的最后一日起计算，法律文书规定分期履行的，从规定的每次履行期间的最后一日起计算。"依照上述规定，彼得·舒德关于应从领事认证的时间起算申请执行期限的意见是缺乏法律依据的。第三，2003 年 3 月份开始，北京确实爆发了严重的"非典"疫情，客观上对各行各业的正常工作以及人民群众的生活造成了影响。我国虽然并未对"非典"疫情消除的准确时间作出规定，但世界卫生组织 2003 年 6 月 24 日在日内瓦和北京同时宣布：解除对北京的旅行警告，同时将北京从"非典"疫区名单中除名，即所谓的"双解除"，据此可以认定从世界卫生组织宣布对北京实行"双解除"之日起，影响申请人彼得·舒德提出承认及执行仲裁裁决申请的障碍已经消除。依照法律规定彼得·舒德提出申请的最终期限为 2003 年 7 月 5 日，而世界卫生组织宣布对北京实行"双解除"之日其申请期限尚未届满，"非典"疫情并未耽误其申请执行期限。退一步进，如果依照申请人彼得·舒德主张的美国政府疾病控制中心解除对北京旅游警告的日期即 2003 年 7 月 11 日作为影响其申请承认和执行的障碍（"非典"疫情）消除的时间，则此时其申请承认和执行裁决的法定期限已过。最高人民法院《关于在防治传染性非典型肺炎期间依法做好人民法院相关审判、执行工作的通知》第 5 条第 1 款规定："当事人因防治非典耽误申请执行期限的，人民法院按照《民事诉讼法》第 76 条的规定处理。"《民事诉讼法》第 76 条规定："当事人因不可抗拒的事由或者其他正当理由耽误期限的，在障碍消除后的 10 日内，可以申请顺延期限，是否准许，由人民法院决定。"依照上述规定，彼得·舒德应该在障碍（"非典"疫情）消除后 10 日内即 2003 年 7 月 21 日前向人民法院申请顺延期限。根据目前查明的事实，彼得·舒德并未向人民法院提出申请顺延期限，而是迟至 2003 年 10 月 30 才向人民法院提出承认及执行仲裁裁决的申请，因此即使将美国政府疾病控制中心解除对北京旅游警告的日期，即 2003 年 7 月 11 日作为影响申请人彼得·舒德申请承认和执行的障碍（"非典"疫情）消除的时间，但由于其并未在法定期限内向人民法院申请顺延期限，故其关于"非典"疫情延误其申请承认及执行期限的理由亦不能成立。综上，彼得·舒德向人民法院提出的承认及执行仲裁裁决的申请超过了法定期限，其所述 2 点抗辩理由均不能成立，对于其申请应予驳回，同意你院的请示意见。

【民四他字［2006］36 号】 最高人民法院关于博而通株式会社申请承认外国仲裁裁决一案的请示的复函（2006 年 12 月 14 日答复北京高院"京高法［2006］323 号"请示）

根据你院请示认定的事实，大韩民国商事仲裁院第 05113-0010 号仲裁裁决案的仲裁开庭通知和仲裁裁决书是采用邮寄送达的方式，向被申请人的工商注册地址寄送的。仲裁程序中的送达不适用《中华人民共和国和大韩民国关于民事和商事司法协助的条约》和《关于向国外送达民事或商事司法文书和司法外文书公约》，而应依照仲裁规则确定送达是否适当。被申请人不能证明邮寄送达违反有关仲裁规则。被申请人地址变更后未给予通知，由此导致其未及时收到邮件，不属于《承认及执行外国仲裁裁决公约》第 5 条第 1 项（乙）款规定的情形。因此，不应依照《承认及执行外国仲裁裁决公约》第 5 条第 1 项（乙）款的规定拒绝承认和执行上述仲裁裁决。如无其他可不予承认和执行的法定情形，大韩民国商事仲裁院第 005113-0010 号仲裁裁决应予承认和执行。

【民四他字［2006］41 号】   最高人民法院关于邦基农贸新加坡私人有限公司申请承认和执行英国仲裁裁决一案的请示的复函（2007 年 6 月 25 日答复广东高院"［2006］粤高法民四他字第 10 号"请示）

本案一方当事人申请承认与执行国际油、油籽和油脂协会仲裁员在英国伦敦作出的仲裁裁决，该裁决为外国仲裁裁决。我国和英国均是《承认及执行外国仲裁裁决公约》（以下简称《纽约公约》）的缔约国，根据《中华人民共和国民事诉讼法》第 269 条（现第 304 条）的规定，本案仲裁裁决是否可以得到承认与执行，应当按照《纽约公约》的规定进行审查。关于本案所涉仲裁协议和仲裁程序的审查，应当适用双方当事人明确约定的国际油、油籽和油脂协会 2001 年 1 月 1 日修订并生效的《上诉和仲裁规则》以及英国 1996 年《仲裁法》。

《上诉和仲裁规则》第 1 条（f）款规定，"本协会将通知没有选定仲裁员或者替代仲裁员的一方当事人，本协会将为其指定一名仲裁员，除非该方当事人在本协会向其发出通知后的 14 日内为自己选定了仲裁员"。而本案仲裁庭在原为被申请人广东主源粮油集团有限公司指定的仲裁员 S. Biwood 先生自动回避后并没有向被申请人广东主源粮油集团有限公司发出选定替代仲裁员的通知，而是径直为其重新指定了仲裁员。仲裁庭重新指定仲裁员的行为违反了当事人约定的仲裁规则的上述规定，应认定属于《纽约公约》第 5 条第 1 款（丁）项规定的"仲裁机关之组成或仲裁程序与各造间协议不符"的情形。据此，人民法院应当拒绝承认和执行本案仲裁裁决。

【民四他字［2006］47 号】   最高人民法院关于申请人瑞士邦基有限公司申请承认和执行英国仲裁裁决一案的请示的复函（2007 年 5 月 9 日答复广东高院"［2006］粤高法民四他字第 9 号"请示）

1. 本案是申请承认和执行外国仲裁裁决纠纷案件。由于本案仲裁裁决在英国作出，中国和英国均为《承认及执行外国仲裁裁决公约》（以下简称《纽约公约》）的缔约国，根据《中华人民共和国民事诉讼法》第 269 条（现第 304 条）的规定，本案仲裁裁决是否予以承认和执行，应当依照《纽约公约》的规定进行审查。根据你院提供的案情，本案仲裁协议有效，仲裁程序合法，裁决应当予以承认；

2. 按照最高人民法院《关于执行我国加入的（承认及执行外国仲裁裁决公约）的通知》第 5 条的规定，申请人申请执行外国仲裁裁决的，应当在我国法律规定的申请执行期限内提出。根据《中华人民共和国民事诉讼法》第 219 条（现

第 250 条）的规定，申请执行的期限，双方是法人或者其他组织的为 6 个月（现 2 年），从法律文书规定履行期间的最后一日起计算。本案裁决书并无履行期限的内容，应当给予当事人一个合理的期限。根据《纽约公约》第 4 条的规定，申请人取得仲裁裁决正本或者正式副本是向法院申请承认执行仲裁裁决的必要条件。故可以从申请人收到裁决书正本或者正式副本之日起计算申请人申请执行的期限。请你院查清有关事实后，依法作出裁定。

【民四他字［2007］26 号】　最高人民法院关于不予承认日本商事仲裁协会东京 04-05 号仲裁裁决的报告的复函（2008 年 3 月 3 日答复江苏高院"［2007］苏民二他字第 0002 号"报告）

本案系日本信越化学工业株式会社（以下简称信越会社）向我国法院申请承认日本商事仲裁协会作出的仲裁裁决，中日两国均为《承认及执行外国仲裁裁决公约》（以下简称《纽约公约》）的缔约国，因此，应当依据《纽约公约》的有关规定进行审查。

从你院请示报告中反映的情况看，本案仲裁裁决在作出的期限及相关通知程序方面与《日本商事仲裁协会商事仲裁规则》（以下简称《仲裁规则》）和《日本仲裁法》的相关规定不符，存在《纽约公约》第 5 条第 1 款（乙）、（丁）项规定的情形。

首先，本案仲裁裁决在作出裁决的期限方面与《日本商事仲裁协会商事仲裁规则》（以下简称《仲裁规则》）不符。根据上述《仲裁规则》第 53.1 条的规定："仲裁庭认为仲裁程序已进行得完全充分，可以进行裁决并决定终结审理程序时，仲裁庭应在作出该决定之日起 5 周内作出仲裁裁决，如果因为案情复杂或其他原因，仲裁庭认为有必要时，可以适当延长该期限，但不得超过 8 周。"2005 年 7 月 7 日，仲裁庭决定接受日本信越化学工业株式会社（以下简称信越会社）变更仲裁请求的申请，并结束审理。2005 年 8 月 31 日，仲裁庭宣布延后 20 天即 2005 年 9 月 20 日作出仲裁裁决，而实际作出仲裁裁决的日期为 2006 年 2 月 23 日，在决定结束审理之后，仲裁庭没有依照《仲裁规则》的规定按期作出仲裁裁决。当事双方在合同中约定："由本协议产生和与本协议相关的所有纠纷在双方无法协商解决的情况下，根据《日本商事仲裁协会商事仲裁规则》在日本东京进行仲裁。"当事双方在合同中选择仲裁作为处理争议的方式，并明确约定了适用《日本商事仲裁协会商事仲裁规则》，因此，该《仲裁规则》中的有关内容已经成为当事人协议的一部分。上述仲裁庭违反《仲裁规则》以及《日本仲裁法》的行为构成了《纽约公约》第 5 条第 1 款（丁）项规定的"仲裁机关之组成或仲裁程序与各造间之协议不符，或无协议而与仲裁地所在国法律不符"的情形。

其次,《仲裁规则》第 53.2 条规定:"仲裁庭在前款审理终结时,应把将要作出裁决的期限通知当事人",仲裁庭在宣布 2005 年 9 月 20 日作出仲裁裁决后,直至实际作出裁决的 2006 年 2 月 23 日,没有按照《仲裁规则》的规定再次决定延期并通知当事人,构成了《纽约公约》第 5 条第 1 款(乙)项规定的"受裁决援用之一造未接获关于指派仲裁员或仲裁程序之适当通知,或因他故,致未能申辩者"的情形。

综上,同意你院的处理意见,本案仲裁裁决存在《纽约公约》第 5 条第 1 款(乙)、(丁)项规定的情形不应予以承认。

【民四他字〔2007〕35 号】　最高人民法院关于马绍尔群岛第一投资公司申请承认和执行英国伦敦临时仲裁庭仲裁裁决案的复函(2008 年 2 月 27 日答复福建高院"〔2007〕闽民他字第 36 号"请示)

本案是马绍尔群岛第一投资公司申请承认和执行英国伦敦时仲裁庭仲裁裁决案。我国为《1958 年承认和执行外国仲裁裁决公约》(以下简称《纽约公约》)的参加国,应当依照纽约公约的规定审查该裁决是否应当予以承认和执行。

本案仲裁庭虽由 3 名仲裁员组成,但是仲裁员王生长并未参与仲裁的全过程,没有参与最终仲裁裁决的全部审议。因此,仲裁庭的组成或仲裁程序与当事人之间仲裁协议的约定不符,也与仲裁地英国的法律相违背。根据《纽约公约》第 5 条第 1 款(4)项的规定,该仲裁裁决不应予以承认和执行。

【民四他字〔2010〕32 号】　最高人民法院关于不予承认日本商事仲裁协会东京 07-11 号仲裁裁决一案的请示的复函(2010 年 6 月 29 日答复江苏高院"〔2010〕苏知民仲审字第 0002 号"请示)

一、根据你院报送材料,日本商事仲裁协会仲裁庭在 07-11 号裁决前曾作出 04-05 仲裁裁决,该裁决驳回了信越会社关于确认 2004 年 1 月至 2008 年 12 月 31 日期间的《长期销售及采购协议》可履行的仲裁请求,其理由为自 2005 年 7 月后双方当事人之间已丧失信任关系、允许信越会社继续请求 2005 年 8 月之后的损失不公平。信越会社在本次仲裁中的请求是 2005 年 8 月至 2008 年 3 月的违约损失,其隐含了该时间段协议的可履行请求。因此,本次仲裁事项与前次仲裁程序中信越会社关于协议可履行的请求属同一仲裁事项,构成重复受理。仲裁终局力原则在本案当事人之间的仲裁协议(条款)中作出了明确约定,07-11 号裁决的作出违反了该原则,构成仲裁程序与当事人协议不符,应适用《纽约公约》第 5 条第 1 款(丁)项之规定予以拒绝承认。

二、关于公共政策问题,应仅限于承认仲裁裁决的结果将违反我国的基本法律制度、损害我国根本社会利益情形。本案存在其他的拒绝承认情形，不宜再适用公共政策原则拒绝承认涉案仲裁裁决。

综上，07-11 号裁决存在《纽约公约》第 5 条第 1 款（丁）项规定的情形，不予以承认。

【民四他字［2010］51 号】 最高人民法院关于申请人 DMT 有限公司（法国）与被申请人潮州市华业包装材料有限公司、被申请人潮安县华业包装材料有限公司申请承认和执行外国仲裁裁决一案请示的复函（2010 年 10 月 12 日答复广东高院"［2010］粤高法民四他字第 2 号"请示）

本案系申请承认和执行国际商会（新加坡）国际仲裁院做出的第 13450/EC 号仲裁裁决案①。中国和新加坡均是《承认和执行外国仲裁裁决公约》（以下简称《纽约公约》）的缔约国，因此，涉案仲裁裁决是否可以得到承认和执行，应当按照《纽约公约》的规定进行审查。

关于潮州市华业包装材料有限公司是否是本案适格的被申请人的问题。涉案仲裁裁决书虽将"潮州市华业包装材料有限公司"列为被申请人，但在申请人提出承认和执行仲裁裁决前，仲裁庭做出补充仲裁裁决书将之变更为"潮安县华业包装材料有限公司"。潮州市华业包装材料有限公司不是涉案仲裁案件的当事人，其与申请人之间不存在合同争议，亦不存在需要承认与执行的外国仲裁裁决。DMT 有限公司（法国）对于潮州市华业包装材料有限公司的申请应予以驳回。

关于仲裁庭指定的首席仲裁员是否符合双方当事人关于首席仲裁员约定的问题。潮安县华业包装材料有限公司在仲裁过程中并未就首席仲裁员新加坡居民的身份提出异议，也没有充分的证据证明其不熟悉中国法律且存在丧失独立性的情况。因此，潮安县华业包装材料有限公司关于仲裁庭指定的首席仲裁员不符合双方当事人约定的理由不能成立。潮安县华业包装材料有限公司提出的其他拒绝承认和执行仲裁裁决的理由属于实体审查范围，不在《纽约公约》规定的涉外仲裁裁决承认与执行的审查范围内。因此，潮安县华业包装材料有限公司关于不予承认与执行第 13450/EC 号仲裁裁决的理由不成立。

综上，同意你院承认与执行涉案仲裁裁决的请示意见。

【法发［2005］26 号】 第二次全国涉外商事海事审判工作会议纪要（2005 年 11 月 15-16 日在南京召开；2005 年 12 月 26 日公布）

81. 外国仲裁机构或者临时仲裁庭在我国境外作出的仲裁裁决，一方当事人

---

① 本复函将国际商会仲裁院在新加坡作出的仲裁裁决视为新加坡裁决，而没有视为法国（仲裁机构所在地）裁决。

向人民法院申请承认与执行的，人民法院应当依照《中华人民共和国民事诉讼法》第 269 条（现第 304 条）的规定办理。

82. 对具有执行内容的外国仲裁裁决，当事人仅申请承认而未同时申请执行的，人民法院仅对应否承认进行审查。承认后当事人申请执行的，人民法院应予受理并对是否执行进行审查。

83. 经当事人提供证据证明外国仲裁裁决尚未生效、被撤销或者停止执行的，人民法院应当拒绝承认与执行。外国仲裁裁决在国外被提起撤销或者停止执行程序尚未结案的，人民法院可以中止承认与执行程序；外国法院在相同情况下不中止承认与执行程序的，人民法院采取对等原则。

84. 外国仲裁裁决裁决当事人向仲裁员支付仲裁员费用的，因仲裁员不是仲裁裁决的当事人，其无权申请承认与执行该裁决中有关仲裁员费用的部分，但有关仲裁员可以单独就仲裁员费用以仲裁裁决为依据向有管辖权的人民法院提起诉讼。

【主席令［2006］54 号】　中华人民共和国企业破产法（2006 年 8 月 27 日全国人大［10 届 23 次］通过，2007 年 6 月 1 日起施行）（详见本书第 22 章"重组与破产"专辑）

第 5 条（第 2 款）　对外国法院作出的发生法律效力的破产案件的判决、裁定，涉及债务人在中华人民共和国领域内的财产，申请或者请求人民法院承认和执行的，人民法院依照中华人民共和国缔结或者参加的国际条约，或者按照互惠原则进行审查，认为不违反中华人民共和国法律的基本原则，不损害国家主权、安全和社会公共利益，不损害中华人民共和国领域内债权人的合法权益的，裁定承认和执行。

【法释［2008］7 号】　最高人民法院关于审理船舶碰撞纠纷案件若干问题的规定（2008 年 4 月 28 日最高法审委会［1446 次］通过，2008 年 5 月 19 日公布，2008 年 5 月 23 日起施行；根据法释［2020］18 号《决定》修正，2021 年 1 月 1 日起施行）

第 8 条（第 2 款）　前款规定的证据指具有法律效力的判决书、裁定书、调解书和仲裁裁决书。对于碰撞船舶提交的国外的判决书、裁定书、调解书和仲裁裁决书，依照民事诉讼法第 282 条和第 283 条（现第 299 条、第 304 条）规定的程序审查。（本条第 1 款见本书第 67 条）

【法发［2010］57 号】　最高人民法院关于进一步做好边境地区涉外民商事案件审判工作的指导意见（2010 年 12 月 8 日）

十、人民法院在审理边境地区涉外民商事纠纷案件的过程中，应当加强对当事人的诉讼指导。对在我国没有住所又没有可供执行的财产的被告提起诉讼,人民法院应当给予原告必要的诉讼指导,充分告知其诉讼风险,特别是无法有效送达的风险和生效判决在我国境内无法执行的风险。

败诉一方当事人在我国境内没有财产或者其财产不足以执行生效判决时,人民法院应当告知胜诉一方当事人可以根据我国与其他国家缔结的民商事司法协助国际条约的相关规定,向可供执行财产所在地国家的法院申请承认和执行我国法院的民商事判决。

【民四他字 [2011] 19 号】 最高人民法院关于北泰汽车工业控股有限公司申请认可香港特别行政区法院命令案的请示的复函 (见本书第 22 章"重组与破产"专辑)

【法释 [2015] 13 号】 最高人民法院关于认可和执行台湾地区法院民事判决的规定 (2015 年 6 月 2 日最高法审委会 [1653 次] 通过,2015 年 6 月 29 日公布,2015 年 7 月 1 日起施行;法释 [1998] 11 号《关于人民法院认可台湾地区有关法院民事判决的规定》、法释 [1999] 10 号《关于当事人持台湾地区有关法院民事调解书或者有关机构出具或确认的调解协议书向人民法院申请认可人民法院应否受理的批复》、法释 [2001] 13 号《关于当事人持台湾地区有关法院支付命令向人民法院申请认可人民法院应否受理的批复》、法释 [2009] 4 号《关于人民法院认可台湾地区有关法院民事判决的补充规定》同时废止)

第 1 条 台湾地区法院民事判决的当事人可以根据本规定,作为申请人向人民法院申请认可和执行台湾地区有关法院民事判决。

第 2 条 本规定所称台湾地区法院民事判决,包括台湾地区法院作出的生效民事判决、裁定、和解笔录、调解笔录、支付命令等。

申请认可台湾地区法院在刑事案件中作出的有关民事损害赔偿的生效判决、裁定、和解笔录的,适用本规定。

申请认可由台湾地区乡镇市调解委员会等出具并经台湾地区法院核定,与台湾地区法院生效民事判决具有同等效力的调解文书的,参照适用本规定。

第 3 条 申请人同时提出认可和执行台湾地区法院民事判决申请的,人民法院先按照认可程序进行审查,裁定认可后,由人民法院执行机构执行。

申请人直接申请执行的,人民法院应当告知其一并提交认可申请;坚持不申请认可的,裁定驳回其申请。

第 4 条 申请认可台湾地区法院民事判决的案件,由申请人住所地、经常居住地或者被申请人住所地、经常居住地、财产所在地中级人民法院或者专门人民法院受理。

申请人向两个以上有管辖权的人民法院申请认可的，由最先立案的人民法院管辖。

申请人向被申请人财产所在地人民法院申请认可的，应当提供财产存在的相关证据。

第5条　对申请认可台湾地区法院民事判决的案件，人民法院应当组成合议庭进行审查。

第6条　申请人委托他人代理申请认可台湾地区法院民事判决的，应当向人民法院提交由委托人签名或者盖章的授权委托书。

台湾地区、香港特别行政区、澳门特别行政区或者外国当事人签名或者盖章的授权委托书应当履行相关的公证、认证或者其他证明手续，但授权委托书在人民法院法官的见证下签署或者经中国大陆公证机关公证证明是在中国大陆签署的除外。

第7条　申请人申请认可台湾地区法院民事判决，应当提交申请书，并附有台湾地区有关法院民事判决文书和民事判决确定证明书的正本或者经证明无误的副本。台湾地区法院民事判决为缺席判决的，申请人应当同时提交台湾地区法院已经合法传唤当事人的证明文件，但判决已经对此予以明确说明的除外。

申请书应当记明以下事项：（一）申请人和被申请人姓名、性别、年龄、职业、身份证件号码、住址（申请人或者被申请人为法人或者其他组织的，应当记明法人或者其他组织的名称、地址、法定代表人或者主要负责人姓名、职务）和通讯方式；（二）请求和理由；（三）申请认可的判决的执行情况；（四）其他需要说明的情况。

第8条　对于符合本规定第4条和第7条规定条件的申请，人民法院应当在收到申请后7日内立案，并通知申请人和被申请人，同时将申请书送达被申请人；不符合本规定第4条和第7条规定条件的，应当在7日内裁定不予受理，同时说明不予受理的理由；申请人对裁定不服的，可以提起上诉。

第9条　申请人申请认可台湾地区法院民事判决，应当提供相关证明文件，以证明该判决真实并且已经生效。

申请人可以申请人民法院通过海峡两岸调查取证司法互助途径查明台湾地区法院民事判决的真实性和是否生效以及当事人得到合法传唤的证明文件；人民法院认为必要时，也可以就有关事项依职权通过海峡两岸司法互助途径向台湾地区请求调查取证。

第10条　人民法院受理认可台湾地区法院民事判决的申请之前或者之后，可以按照民事诉讼法及相关司法解释的规定，根据申请人的申请，裁定采取保全措施。

第 11 条　人民法院受理认可台湾地区法院民事判决的申请后，当事人就同一争议起诉的，不予受理。

一方当事人向人民法院起诉后，另一方当事人向人民法院申请认可的，对于认可的申请不予受理。

第 12 条　案件虽经台湾地区有关法院判决，但当事人未申请认可，而是就同一争议向人民法院起诉的，应予受理。

第 13 条　人民法院受理认可台湾地区法院民事判决的申请后，作出裁定前，申请人请求撤回申请的，可以裁定准许。

第 14 条　人民法院受理认可台湾地区法院民事判决的申请后，应当在立案之日起 6 个月内审结。有特殊情况需要延长的，报请上一级人民法院批准。

通过海峡两岸司法互助途径送达文书和调查取证的期间，不计入审查期限。

第 15 条　台湾地区法院民事判决具有下列情形之一的，裁定不予认可：（一）申请认可的民事判决，是在被申请人缺席又未经合法传唤或者在被申请人无诉讼行为能力又未得到适当代理的情况下作出的；（二）案件系人民法院专属管辖的；（三）案件双方当事人订有有效仲裁协议，且无放弃仲裁管辖情形的；（四）案件系人民法院已作出判决或者中国大陆的仲裁庭已作出仲裁裁决的；（五）香港特别行政区、澳门特别行政区或者外国的法院已就同一争议作出判决且已为人民法院所认可或者承认的；（六）台湾地区、香港特别行政区、澳门特别行政区或者外国的仲裁庭已就同一争议作出仲裁裁决且已为人民法院所认可或者承认的。

认可该民事判决将违反一个中国原则等国家法律的基本原则或者损害社会公共利益的，人民法院应当裁定不予认可。

第 16 条　人民法院经审查能够确认台湾地区法院民事判决真实并且已经生效，而且不具有本规定第 15 条所列情形的，裁定认可其效力；不能确认该民事判决的真实性或者已经生效的，裁定驳回申请人的申请。

裁定驳回申请的案件，申请人再次申请并符合受理条件的，人民法院应予受理。

第 17 条　经人民法院裁定认可的台湾地区法院民事判决，与人民法院作出的生效判决具有同等效力。

第 18 条　人民法院依据本规定第 15 条和第 16 条作出的裁定，一经送达即发生法律效力。

当事人对上述裁定不服的，可以自裁定送达之日起 10 日内向上一级人民法院申请复议。

第 19 条　对人民法院裁定不予认可的台湾地区法院民事判决，申请人再次提出申请的，人民法院不予受理，但申请人可以就同一争议向人民法院起诉。

第 20 条　申请人申请认可和执行台湾地区法院民事判决的期间，适用民事诉讼法第 239 条（现第 250 条）的规定，但申请认可台湾地区法院有关身份关系的判决除外。

申请人仅申请认可而未同时申请执行的，申请执行的期间自人民法院对认可申请作出的裁定生效之日起重新计算。

第 21 条　人民法院在办理申请认可和执行台湾地区法院民事判决案件中作出的法律文书，应当依法送达案件当事人。

第 22 条　申请认可和执行台湾地区法院民事判决，应当参照《诉讼费用交纳办法》的规定，交纳相关费用。

【法释［2015］14 号】　**最高人民法院关于认可和执行台湾地区仲裁裁决的规定**（2015 年 6 月 2 日最高法审委会［1653 次］通过，2015 年 6 月 29 日公布，2015 年 7 月 1 日起施行）

第 1 条　台湾地区仲裁裁决的当事人可以根据本规定，作为申请人向人民法院申请认可和执行台湾地区仲裁裁决。

第 2 条　本规定所称台湾地区仲裁裁决是指，有关常设仲裁机构及临时仲裁庭在台湾地区按照台湾地区仲裁规定就有关民商事争议作出的仲裁裁决，包括仲裁判断、仲裁和解和仲裁调解。

第 3 条　申请人同时提出认可和执行台湾地区仲裁裁决申请的，人民法院先按照认可程序进行审查，裁定认可后，由人民法院执行机构执行。

申请人直接申请执行的，人民法院应当告知其一并提交认可申请；坚持不申请认可的，裁定驳回其申请。

第 4 条　申请认可台湾地区仲裁裁决的案件，由申请人住所地、经常居住地或者被申请人住所地、经常居住地、财产所在地中级人民法院或者专门人民法院受理。

申请人向 2 个以上有管辖权的人民法院申请认可的，由最先立案的人民法院管辖。

申请人向被申请人财产所在地人民法院申请认可的，应当提供财产存在的相关证据。

第 5 条　对申请认可台湾地区仲裁裁决的案件，人民法院应当组成合议庭进行审查。

第 6 条　申请人委托他人代理申请认可台湾地区仲裁裁决的，应当向人民法院提交由委托人签名或者盖章的授权委托书。

台湾地区、香港特别行政区、澳门特别行政区或者外国当事人签名或者盖章的授权委托书应当履行相关的公证、认证或者其他证明手续，但授权委托书在人民法院法官的见证下签署或者经中国大陆公证机关公证证明是在中国大陆签署的除外。

第7条　申请人申请认可台湾地区仲裁裁决，应当提交以下文件或者经证明无误的副本：（一）申请书；（二）仲裁协议；（三）仲裁判断书、仲裁和解书或者仲裁调解书。

申请书应当记明以下事项：（一）申请人和被申请人姓名、性别、年龄、职业、身份证件号码、住址（申请人或者被申请人为法人或者其他组织的，应当记明法人或者其他组织的名称、地址、法定代表人或者主要负责人姓名、职务）和通讯方式；（二）申请认可的仲裁判断书、仲裁和解书或者仲裁调解书的案号或者识别资料和生效日期；（三）请求和理由；（四）被申请人财产所在地、财产状况及申请认可的仲裁裁决的执行情况；（五）其他需要说明的情况。

第8条　对于符合本规定第4条和第7条规定条件的申请，人民法院应当在收到申请后7日内立案，并通知申请人和被申请人，同时将申请书送达被申请人；不符合本规定第4条和第7条规定条件的，应当在7日内裁定不予受理，同时说明不予受理的理由；申请人对裁定不服的，可以提起上诉。

第9条　申请人申请认可台湾地区仲裁裁决，应当提供相关证明文件，以证明该仲裁裁决的真实性。

申请人可以申请人民法院通过海峡两岸调查取证司法互助途径查明台湾地区仲裁裁决的真实性；人民法院认为必要时，也可以就有关事项依职权通过海峡两岸司法互助途径向台湾地区请求调查取证。

第10条　人民法院受理认可台湾地区仲裁裁决的申请之前或者之后，可以按照民事诉讼法及相关司法解释的规定，根据申请人的申请，裁定采取保全措施。

第11条　人民法院受理认可台湾地区仲裁裁决的申请后，当事人就同一争议起诉的，不予受理。

当事人未申请认可，而是就同一争议向人民法院起诉的，亦不予受理，但仲裁协议无效的除外。

第12条　人民法院受理认可台湾地区仲裁裁决的申请后，作出裁定前，申请人请求撤回申请的，可以裁定准许。

第13条　人民法院应当尽快审查认可台湾地区仲裁裁决的申请，决定予以认可的，应当在立案之日起2个月内作出裁定；决定不予认可或者驳回申请的，应当在作出决定前按有关规定自立案之日起2个月内上报最高人民法院。

通过海峡两岸司法互助途径送达文书和调查取证的期间，不计入审查期限。

第 14 条　对申请认可和执行的仲裁裁决,被申请人提出证据证明有下列情形之一的,经审查核实,人民法院裁定不予认可:

(一)仲裁协议一方当事人依对其适用的法律在订立仲裁协议时属于无行为能力的;或者依当事人约定的准据法,或当事人没有约定适用的准据法而依台湾地区仲裁规定,该仲裁协议无效的;或者当事人之间没有达成书面仲裁协议的,但申请认可台湾地区仲裁调解的除外;

(二)被申请人未接到选任仲裁员或进行仲裁程序的适当通知,或者由于其他不可归责于被申请人的原因而未能陈述意见的;

(三)裁决所处理的争议不是提交仲裁的争议,或者不在仲裁协议范围之内;或者裁决载有超出当事人提交仲裁范围的事项的决定,但裁决中超出提交仲裁范围的事项的决定与提交仲裁事项的决定可以分开的,裁决中关于提交仲裁事项的决定部分可以予以认可;

(四)仲裁庭的组成或者仲裁程序违反当事人的约定,或者在当事人没有约定时与台湾地区仲裁规定不符的;

(五)裁决对当事人尚无约束力,或者业经台湾地区法院撤销或者驳回执行申请的。

依据国家法律,该争议事项不能以仲裁解决的,或者认可该仲裁裁决将违反一个中国原则等国家法律的基本原则或损害社会公共利益的,人民法院应当裁定不予认可。

第 15 条　人民法院经审查能够确认台湾地区仲裁裁决真实,而且不具有本规定第 14 条所列情形的,裁定认可其效力;不能确认该仲裁裁决真实性的,裁定驳回申请。

裁定驳回申请的案件,申请人再次申请并符合受理条件的,人民法院应予受理。

第 16 条　人民法院依据本规定第 14 条和第 15 条作出的裁定,一经送达即发生法律效力。

第 17 条　一方当事人向人民法院申请认可或者执行台湾地区仲裁裁决,另一方当事人向台湾地区法院起诉撤销该仲裁裁决,被申请人申请中止认可或者执行并且提供充分担保的,人民法院应当中止认可或者执行程序。

申请中止认可或者执行的,应当向人民法院提供台湾地区法院已经受理撤销仲裁裁决案件的法律文书。

台湾地区法院撤销该仲裁裁决的,人民法院应当裁定不予认可或者裁定终结执行;台湾地区法院驳回撤销仲裁裁决请求的,人民法院应当恢复认可或者执行程序。

第 18 条　对人民法院裁定不予认可的台湾地区仲裁裁决,申请人再次提出申请的，人民法院不予受理。但当事人可以根据双方重新达成的仲裁协议申请仲裁，也可以就同一争议向人民法院起诉。

第 19 条 申请人申请认可和执行台湾地区仲裁裁决的期间，适用民事诉讼法第 239 条的规定。

申请人仅申请认可而未同时申请执行的，申请执行的期间自人民法院对认可申请作出的裁定生效之日起重新计算。

第 20 条 人民法院在办理申请认可和执行台湾地区仲裁裁决案件中所作出的法律文书，应当依法送达案件当事人。

第 21 条 申请认可和执行台湾地区仲裁裁决，应当参照《诉讼费用交纳办法》的规定，交纳相关费用。

第 22 条（第 2 款） 本规定施行前，根据《最高人民法院关于人民法院认可台湾地区有关法院民事判决的规定》（法释［1998］11 号），人民法院已经受理但尚未审结的申请认可和执行台湾地区仲裁裁决的案件，适用本规定。

【法释［2017］22 号】 最高人民法院关于审理仲裁司法审查案件若干问题的规定（2017 年 12 月 4 日最高法审委会［1728 次］通过，2017 年 12 月 26 日公布，2018 年 1 月 1 日起施行）

第 6 条 申请人向人民法院申请执行或者撤销我国内地仲裁机构的仲裁裁决、申请承认和执行外国仲裁裁决的，应当提交申请书及裁决书正本或者经证明无误的副本。

申请书应当载明下列事项：（一）申请人或者被申请人为自然人的，应当载明其姓名、性别、出生日期、国籍及住所；为法人或者其他组织的，应当载明其名称、住所以及法定代表人或者代表人的姓名和职务；（二）裁决书的主要内容及生效日期；（三）具体的请求和理由。

当事人提交的外文申请书、裁决书及其他文件，应当附有中文译本。

第 7 条（第 1 款） 申请人提交的文件不符合第 5 条、第 6 条的规定，经人民法院释明后提交的文件仍然不符合规定的，裁定不予受理。

（第 3 款） 申请人对不予受理的裁定不服的，可以提起上诉。

第 17 条 人民法院对申请执行我国内地仲裁机构作出的非涉外仲裁裁决案件的审查，适用《中华人民共和国民事诉讼法》第 237 条（现第 248 条）的规定。

人民法院对申请执行我国内地仲裁机构作出的涉外仲裁裁决案件的审查，适用《中华人民共和国民事诉讼法》第 274 条（现第 291 条）的规定。

第 19 条 人民法院受理仲裁司法审查案件后，作出裁定前，申请人请求撤回申请的，裁定准许。

第 20 条　人民法院在仲裁司法审查案件中作出的裁定，除不予受理、驳回申请、管辖权异议的裁定外，一经送达即发生法律效力。当事人申请复议、提出上诉或者申请再审的，人民法院不予受理，但法律和司法解释另有规定的除外。

第 21 条　人民法院受理的申请确认涉及香港特别行政区、澳门特别行政区、台湾地区仲裁协议效力的案件，申请执行或者撤销我国内地仲裁机构作出的涉及香港特别行政区、澳门特别行政区、台湾地区仲裁裁决的案件，参照适用涉外仲裁司法审查案件的规定审查。

【法释［2023］14 号】　最高人民法院关于设立国际商事法庭若干问题的规定（2018 年 6 月 27 日"法释［2018］11 号"公布，2018 年 7 月 1 日起施行；2023 年 12 月 5 日最高法审委会［1908 次］修正，2023 年 12 月 18 日公布，2024 年 1 月 1 日起施行）

第 17 条　国际商事法庭作出的发生法律效力的判决、裁定和调解书，当事人可以向国际商事法庭申请执行。

【法办发［2018］13 号】　最高人民法院国际商事法庭程序规则（试行）（2018 年 10 月 29 日最高法审委会［1751 次］通过，最高法办公厅 2018 年 11 月 21 日印发，2018 年 12 月 5 日起施行）

第 32 条　国际商事法庭作出的发生法律效力的判决、裁定和调解书，当事人可以向国际商事法庭申请执行。国际商事法庭可以交相关执行机构执行。

第 33 条　国际商事法庭作出的发生法律效力的判决、裁定和调解书，如果被执行人或者其财产不在中华人民共和国领域内，当事人请求执行的，依照民事诉讼法第 280 条（现第 297 条）第 1 款的规定办理。

【法释［2021］21 号】　最高人民法院关于仲裁司法审查案件报核问题的有关规定（"法释［2017］21 号"公布，2018 年 1 月 1 日起施行；2021 年 11 月 15 日最高法审委会［1850 次］修正，2021 年 12 月 24 日公布，2022 年 1 月 1 日起施行）

第 1 条　本规定所称仲裁司法审查案件，包括下列案件：（一）申请确认仲裁协议效力案件；（二）申请撤销我国内地仲裁机构的仲裁裁决案件；（三）申请执行我国内地仲裁机构的仲裁裁决案件；（四）申请认可和执行香港特别行政区、澳门特别行政区、台湾地区仲裁裁决案件；（五）申请承认和执行外国仲裁裁决案件；（六）其他仲裁司法审查案件。

第 2 条　各中级人民法院或者专门人民法院办理涉外涉港澳台仲裁司法审查案件，经审查拟认定仲裁协议无效，不予执行或者撤销我国内地仲裁机构的仲裁裁决，不予认可和执行香港特别行政区、澳门特别行政区、台湾地区仲裁裁决，不予承认和执行外国仲裁裁决，应当向本辖区所属高级人民法院报核；高级人民法院经审查拟同意的，应当向最高人民法院报核。待最高人民法院审核后，方可依最高人民法院的审核意见作出裁定。

各中级人民法院或者专门人民法院办理非涉外涉港澳台仲裁司法审查案件，经审查拟认定仲裁协议无效，不予执行或者撤销我国内地仲裁机构的仲裁裁决，应当向本辖区所属高级人民法院报核；待高级人民法院审核后，方可依高级人民法院的审核意见作出裁定。

第3条 本规定第2条第2款规定的非涉外涉港澳台仲裁司法审查案件，高级人民法院经审查，拟同意中级人民法院或者专门人民法院以违背社会公共利益为由①不予执行或者撤销我国内地仲裁机构的仲裁裁决的，应当向最高人民法院报核，待最高人民法院审核后，方可依最高人民法院的审核意见作出裁定。

第4条 依据本规定第2条第2款由高级人民法院审核的案件，高级人民法院应当在作出审核意见之日起15日内向最高人民法院报备。

第5条 下级人民法院报请上级人民法院审核的案件，应当将书面报告和案件卷宗材料一并上报。书面报告应当写明审查意见及具体理由。

第6条 上级人民法院收到下级人民法院的报核申请后，认为案件相关事实不清的，可以询问当事人或者退回下级人民法院补充查明事实后再报。

第7条 上级人民法院应当以复函的形式将审核意见答复下级人民法院。

第8条 在民事诉讼案件中，对于人民法院因涉及仲裁协议效力而作出的不予受理、驳回起诉、管辖权异议的裁定，当事人不服提起上诉，第二审人民法院经审查拟认定仲裁协议不成立、无效、失效、内容不明确无法执行的，须按照本规定第2条的规定逐级报核，待上级人民法院审核后，方可依上级人民法院的审核意见作出裁定。

【法（民四）明传［2021］60号】 全国法院涉外商事海事审判工作座谈会会议纪要（2021年6月10日在南京召开，最高法2021年12月31日印发）

33.【审查标准及适用范围】人民法院在审理申请承认和执行外国法院判决、裁定案件时，应当根据民事诉讼法第289条（现第299条）以及民事诉讼法司法解释第544条（现第542条）第1款的规定，首先审查该国与我国是否缔结或者共同参加了国际条约。有国际条约的，依照国际条约办理；没有国际条约，或者虽然有国际条约但国际条约对相关事项未作规定的，具体审查标准可以适用本纪要。

---

① 注：原《规定》还有"人民法院认定仲裁协议无效，仲裁司法审查案件当事人住所地跨省级行政区域"的情形应当向最高人民法院报核。

破产案件、知识产权案件、不正当竞争案件以及垄断案件因具有较强的地域性、特殊性，相关判决的承认和执行不适用本纪要。

34.【申请人住所地法院管辖的情形】申请人申请承认外国法院判决、裁定，但被申请人在我国境内没有住所地，且其财产也不在我国境内的，可以由申请人住所地的中级人民法院管辖。

35.【申请材料】申请人申请承认和执行外国法院判决、裁定，应当提交申请书并附下列文件：（1）判决书正本或者经证明无误的副本；（2）证明判决已经发生法律效力的文件；（3）缺席判决的，证明外国法院合法传唤缺席方的文件。

判决、裁定对前款第 2 项、第 3 项的情形已经予以说明的，无需提交其他证明文件。

申请人提交的判决及其他文件为外文的，应当附有加盖翻译机构印章的中文译本。

申请人提交的文件如果是在我国领域外形成的，应当办理公证认证手续，或者履行中华人民共和国与该所在国订立的有关国际条约规定的证明手续。

36.【申请书】申请书应当载明下列事项：（1）申请人、被申请人。申请人或者被申请人为自然人的，应当载明其姓名、性别、出生年月、国籍、住所及身份证件号码；为法人或者非法人组织的，应当载明其名称、住所地，以及法定代表人或者代表人的姓名和职务；（2）作出判决的外国法院名称、裁判文书案号、诉讼程序开始日期和判决日期；（3）具体的请求和理由；（4）申请执行判决的，应当提供被申请人的财产状况和财产所在地，并说明该判决在我国领域外的执行情况；（5）其他需要说明的情况。

37.【送达被申请人】当事人申请承认和执行外国法院判决、裁定，人民法院应当在裁判文书中将对方当事人列为被申请人。双方当事人都提出申请的，均列为申请人。

人民法院应当将申请书副本送达被申请人。被申请人应当在收到申请书副本之日起 15 日内提交意见；被申请人在中华人民共和国领域内没有住所的，应当在收到申请书副本之日起 30 日内提交意见。被申请人在上述期限内不提交意见的，不影响人民法院审查。

38.【管辖权异议的处理】人民法院受理申请承认和执行外国法院判决、裁定案件后，被申请人对管辖权有异议的，应当自收到申请书副本之日起 15 日内提出；被申请人在中华人民共和国领域内没有住所的，应当自收到申请书副本之日起 30 日内提出。

人民法院对被申请人提出的管辖权异议，应当审查并作出裁定。当事人对管辖权异议裁定不服的，可以提起上诉。

39. 【保全措施】当事人向人民法院申请承认和执行外国法院判决、裁定，人民法院受理申请后，当事人申请财产保全的，人民法院可以参照民事诉讼法及相关司法解释的规定执行。申请人应当提供担保，不提供担保的，裁定驳回申请。

40. 【立案审查】申请人的申请不符合立案条件的，人民法院应当裁定不予受理，同时说明不予受理的理由。已经受理的，裁定驳回申请。当事人不服的，可以提起上诉。人民法院裁定不予受理或者驳回申请后，申请人再次申请且符合受理条件的，人民法院应予受理。

41. 【外国法院判决的认定标准】人民法院应当根据外国法院判决、裁定的实质内容，审查认定该判决、裁定是否属于民事诉讼法第 289 条（现第 299 条）规定的"判决、裁定"。

外国法院对民商事案件实体争议作出的判决、裁定、决定、命令等法律文书，以及在刑事案件中就民事损害赔偿作出的法律文书，应认定属于民事诉讼法第 289 条（现第 299 条）规定的"判决、裁定"，但不包括外国法院作出的保全裁定以及其他程序性法律文书。

42. 【判决生效的认定】人民法院应当根据判决作出国的法律审查该判决、裁定是否已经发生法律效力。有待上诉或者处于上诉过程中的判决、裁定不属于民事诉讼法第 289 条（现第 299 条）规定的"发生法律效力的判决、裁定"。

43. 【不能确认判决真实性和终局性的情形】人民法院在审理申请承认和执行外国法院判决、裁定案件时，经审查，不能够确认外国法院判决、裁定的真实性，或者该判决、裁定尚未发生法律效力的，应当裁定驳回申请。驳回申请后，申请人再次申请且符合受理条件的，人民法院应予受理。

44. 【互惠关系的认定】人民法院在审理申请承认和执行外国法院判决、裁定案件时，有下列情形之一的，可以认定存在互惠关系：（1）根据该法院所在国的法律，人民法院作出的民商事判决可以得到该国法院的承认和执行；（2）我国与该法院所在国达成了互惠的谅解或者共识；（3）该法院所在国通过外交途径对我国作出互惠承诺或者我国通过外交途径对该法院所在国作出互惠承诺，且没有证据证明该法院所在国曾以不存在互惠关系为由拒绝承认和执行人民法院作出的判决、裁定。

人民法院对于是否存在互惠关系应当逐案审查确定。

45. 【惩罚性赔偿判决】外国法院判决的判项为损害赔偿金且明显超出实际损失的，人民法院可以对超出部分裁定不予承认和执行。

46. 【不予承认和执行的事由】对外国法院作出的发生法律效力的判决、裁定，人民法院按照互惠原则进行审查后，认定有下列情形之一的，裁定不予承认和执行：（一）根据中华人民共和国法律，判决作出国法院对案件无管辖权；

（二）被申请人未得到合法传唤或者虽经合法传唤但未获得合理的陈述、辩论机会，或者无诉讼能力的当事人未得到适当代理；（三）判决通过欺诈方式取得；（四）人民法院已对同一纠纷作出判决，或者已经承认和执行第三国就同一纠纷做出的判决或者仲裁裁决。

外国法院作出的发生法律效力的判决、裁定违反中华人民共和国法律的基本原则或者国家主权、安全、社会公共利益的，不予承认和执行。

47.【违反仲裁协议作出的外国判决的承认】外国法院作出缺席判决后，当事人向人民法院申请承认和执行该判决，人民法院经审查发现纠纷当事人存在有效仲裁协议，且缺席当事人未明示放弃仲裁协议的，应当裁定不予承认和执行该外国法院判决。

48.【对申请人撤回申请的处理】人民法院受理申请承认和执行外国法院判决、裁定案件后，作出裁定前，申请人请求撤回申请的，可以裁定准许。

人民法院裁定准许撤回申请后，申请人再次申请且符合受理条件的，人民法院应予受理。

申请人无正当理由拒不参加询问程序的，按申请人自动撤回申请处理。

49.【承认和执行外国法院判决的报备及通报机制】各级人民法院审结当事人申请承认和执行外国法院判决案件的，应当在作出裁定后 15 日内逐级报至最高人民法院备案。备案材料包括申请人提交的申请书、外国法院判决及其中文译本、人民法院作出的裁定。

人民法院根据互惠原则进行审查的案件，在作出裁定前，应当将拟处理意见报本辖区所属高级人民法院进行审查；高级人民法院同意拟处理意见的，应将其审查意见报最高人民法院审核。待最高人民法院答复后，方可作出裁定。

105.【《纽约公约》第 4 条的理解】申请人向人民法院申请承认和执行外国仲裁裁决，应当根据《纽约公约》第 4 条的规定提交相应的材料，提交的材料不符合《纽约公约》第 4 条规定的，人民法院应当认定其申请不符合受理条件，裁定不予受理。已经受理的，裁定驳回申请。

106.【《纽约公约》第 5 条的理解】人民法院适用《纽约公约》审理申请承认和执行外国仲裁裁决案件时，应当根据《纽约公约》第 5 条的规定，对被申请人主张的不予承认和执行仲裁裁决事由进行审查。对被申请人未主张的事由或者其主张事由超出《纽约公约》第 5 条第 1 款规定的法定事由范围的，人民法院不予审查。

人民法院应当根据《纽约公约》第 5 条第 2 款的规定，依职权审查仲裁裁决是否存在裁决事项依我国法律不可仲裁，以及承认和执行仲裁裁决是否违反我国公共政策。

107. 【未履行协商前置程序不违反约定程序】人民法院适用《纽约公约》审理申请承认和执行外国仲裁裁决案件时，当事人在仲裁协议中约定"先协商解决，协商不成再提请仲裁"的，一方当事人未经协商即申请仲裁，另一方当事人以对方违反协商前置程序的行为构成《纽约公约》第5条第1款丁项规定的仲裁程序与各方之间的协议不符为由主张不予承认和执行仲裁裁决的，人民法院不予支持。

108. 【违反公共政策的情形】人民法院根据《纽约公约》审理承认和执行外国仲裁裁决案件时，如人民法院生效裁定已经认定当事人之间的仲裁协议不成立、无效、失效或者不可执行，承认和执行该裁决将与人民法院生效裁定相冲突的，应当认定构成《纽约公约》第5条第2款乙项规定的违反我国公共政策的情形。

109. 【承认和执行程序中的仲裁保全】当事人向人民法院申请承认和执行外国仲裁裁决，人民法院受理申请后，当事人申请财产保全的，人民法院可以参照民事诉讼法及相关司法解释的规定执行。申请人应当提供担保，不提供担保的，裁定驳回申请。

【法释［2022］11号】 最高人民法院关于适用《中华人民共和国民事诉讼法》的解释（"法释［2015］5号"公布，2015年2月4日起施行；根据法释［2020］20号《决定》修正，2021年1月1日起施行；2022年3月22日最高法审委会［1866次］修正，2022年4月1日公布，2022年4月10日起施行；以本规为准）

第541条 申请人向人民法院申请承认和执行外国法院作出的发生法律效力的判决、裁定，应当提交申请书，并附外国法院作出的发生法律效力的判决、裁定正本或者经证明无误的副本以及中文译本。外国法院判决、裁定为缺席判决、裁定的，申请人应当同时提交该外国法院已经合法传唤的证明文件，但判决、裁定已经对此予以明确说明的除外。

中华人民共和国缔结或者参加的国际条约对提交文件有规定的，按照规定办理。

第542条 当事人向中华人民共和国有管辖权的中级人民法院申请承认和执行外国法院作出的发生法律效力的判决、裁定的，如果该法院所在国与中华人民共和国没有缔结或者共同参加国际条约，也没有互惠关系的，裁定驳回申请，但当事人向人民法院申请承认外国法院作出的发生法律效力的离婚判决的除外。

承认和执行申请被裁定驳回的，当事人可以向人民法院起诉。

第543条 对临时仲裁庭在中华人民共和国领域外作出的仲裁裁决，一方当事人向人民法院申请承认和执行的，人民法院应当依照民事诉讼法第290条（现

第 304 条）规定处理。

第 544 条　对外国法院作出的发生法律效力的判决、裁定或者外国仲裁裁决，需要中华人民共和国法院执行的，当事人应当先向人民法院申请承认。人民法院经审查，裁定承认后，再根据民事诉讼法第 3 编的规定予以执行。

当事人仅申请承认而未同时申请执行的，人民法院仅对应否承认进行审查并作出裁定。

第 545 条　当事人申请承认和执行外国法院作出的发生法律效力的判决、裁定或者外国仲裁裁决的期间，适用民事诉讼法第 246 条（现第 250 条）的规定。

当事人仅申请承认而未同时申请执行的，申请执行的期间自人民法院对承认申请作出的裁定生效之日起重新计算。

第 546 条　承认和执行外国法院作出的发生法律效力的判决、裁定或者外国仲裁裁决的案件，人民法院应当组成合议庭进行审查。

人民法院应当将申请书送达被申请人。被申请人可以陈述意见。

人民法院经审查作出的裁定，一经送达即发生法律效力。

● **指导案例**　【法〔2022〕267 号】　**最高人民法院第 36 批指导性案例**（2022 年 12 月 27 日）

（指导案例 200 号）斯万斯克蜂蜜加工公司申请承认和执行外国仲裁裁决案

裁判要点：仲裁协议仅约定通过快速仲裁解决争议，未明确约定仲裁机构的，由临时仲裁庭作出裁决，不属于《承认及执行外国仲裁裁决公约》第 5 条第 1 款规定的情形，被申请人以采用临时仲裁不符合仲裁协议约定为由，主张不予承认和执行该临时仲裁裁决的，人民法院不予支持。

（指导案例 201 号）德拉甘·可可托维奇诉上海恩渥餐饮管理有限公司、吕恩劳务合同纠纷案

裁判要点：1. 国际单项体育组织内部纠纷解决机构作出的纠纷处理决定不属于《承认及执行外国仲裁裁决公约》项下的外国仲裁裁决。2. 当事人约定，发生纠纷后提交国际单项体育组织解决，如果国际单项体育组织没有管辖权则提交国际体育仲裁院仲裁，该约定不存在准据法规定的无效情形的，应认定该约定有效。国际单项体育组织实际行使了管辖权，涉案争议不符合当事人约定的提起仲裁条件的，人民法院对涉案争议依法享有司法管辖权。

● **入库案例**　【2024-10-2-458-005】　**梁某芳申请认可和执行澳门特别行政区刑事案件中有关民事赔偿的判决案**（中山中院/2022.04.20/〔2022〕粤 20 认澳 1 号）

裁判要旨：《最高人民法院关于内地与澳门特别行政区相互认可和执行民商事判决的安排》第 1 条规定，内地与澳门特别行政区民商事案件（在内地包括劳动争议案件，在澳门特别行政区包括劳动民事案件）判决的相互认可和执行，适用本安排。本安排亦适用于刑事案件中有关民事损害赔偿的判决、裁定。本案准确适用了该安排的相关规定，裁定认可和执行了案涉澳门特别行政区初级法院作出的刑事案件中有关民事赔偿的判决，依法及时保护了当事人的合法权益。

● **典型案例** **【法办发［2023］号】** 人民法院涉"一带一路"建设典型案例（第 4 批）（最高法 2023 年 9 月 27 日发布）

（案例 12） 厘清互惠原则适用标准 依法承认"一带一路"合作共建国家法院的民商事判决——某建筑有限公司申请承认与执行新加坡国家法院民事判决案（温州中院［2022］浙 03 协外认 4 号民事裁定）

2020 年 5 月 15 日，在新加坡注册成立的某公司向新加坡国家法院（Singapore State Courts）起诉中国公民潘某臣民间借贷纠纷。在新加坡国家法院发出盖有法院印章的传票令状和索偿书后，由某公司的律师向潘某臣送达。在 2 次送达失败后，该律师根据法院作出的命令，将文件张贴在潘某臣住所的门上。新加坡国家法院的命令内容为：送达附有索偿书的传票令状连同法院此间签发的一份庭令副本可以有效地通过张贴在新加坡某地址前门上（该地址为潘某臣最后可知的地址），以及通过 AR 挂号邮寄该地址。上述方式送达的传票令状、索偿书及法庭向潘某臣发出的庭令可视为适当和充分的送达。因潘某臣未出庭，新加坡国家法院2020 年 8 月 23 日判令潘某臣支付某公司 118225.8 新元及利息。某公司遂向潘某臣住所地法院即温州中院申请承认和执行上述民事判决。

温州中院审查期间，潘某臣确认新加坡国家法院作出的命令中所列地址为其在新加坡的住址，并对上述判决无异议。温州中院认为，中新两国虽未缔结或共同参加关于互相承认和执行生效裁判文书的国际条约，但由于新加坡高等法院曾对我国法院的民事判决予以执行，根据互惠原则，我国法院可以依据民事诉讼法第 288 条（现第 298 条）的规定，承认和执行符合条件的新加坡法院的民事判决。该案虽系缺席判决，但潘某臣已经得到合法传唤；该判决已经生效且不存在违反我国法律的基本原则或国家主权、安全、社会公共利益的情形，遂裁定对案涉判决的法律效力予以承认。

● **文书格式** **【法［2016］221 号】** 民事诉讼文书样式（2016 年 2 月 22 日最高法审委会［1679 次］通过，2016 年 6 月 28 日公布，2016 年 8 月 1 日起施行）

（本书对格式略有调整）

申请书（当事人申请承认和执行外国法院生效判决、裁定或仲裁裁决）①

申请人：×××，男/女，×年×月×日生，×族，……（写明工作单位和职务或职业），住……。联系方式：……。（★申请人是法人或其他组织的，本段写明名称、住所）

法定代理人/指定代理人②：×××，……。（★申请人是法人或其他组织的，本段写明法定代表人、主要负责人及其姓名、职务、联系方式）

委托诉讼代理人：×××，……。（申请时已经委托诉讼代理人的，写明此项）

被申请人：×××，……。

（以上写明申请人和其他诉讼参与人的姓名或者名称等基本信息）

请求事项：

请求承认和执行×国××法院×年×月×日作出的……号民事判决/×国××仲裁机构×年×月×日作出的……号仲裁裁决。

事实和理由：

……（写明相关的事实和理由）

此致：××中级人民法院

附：1. 本申请书副本×份

2. 外国法院判决书或仲裁裁决书正本，或者经证明无误的副本以及中文译本③

申请人（自然人签名或单位盖章）

×年×月×日

民事裁定书（准许撤回承认和执行外国法院生效判决、裁定申请）

（××××）……协外认……号

申请人：×××，……。

被申请人：×××，……。

（以上写明当事人及其代理人和其他诉讼参与人的姓名或名称等基本信息）

×年×月×日，申请人×××向本院申请承认/承认和执行××国××法院于×年×月×日作出的……号民事判决/裁定，本院于×年×月×日立案。本院依法组成合议庭进

---

① 注：可被申请承、执行的外国法院裁判文书种类，不仅包括判决还包括裁定以及依据国际公约、双边条约或者协定中规定其他裁判文书形式。对被申请承认、执行的外国法院裁判文书具体名称和文号的表述和援引应依据其翻译件的内容进行。

② 注：申请人是无民事行为能力人或限制民事行为能力人的，应当写明法定代理人姓名、性别、出生日期、民族、职业、工作单位、住所、联系方式，在诉讼地位后括注与申请人的关系。

③ 注：外国法院缺席判决、裁定的，申请人应当同时提交该外国法院已经合法传唤的证明文件，但判决、裁定已经对此予以明确说明的除外。我国缔结或参加的国际条约对提交文件有规定的，按照规定办理。

行了审查。

×××于×年×月×日向本院提出撤回申请。

本院经审查认为，……（写明准许撤回的理由）。×××撤回申请符合法律规定，应予准许。

依照最高人民法院《关于中国公民申请承认外国法院离婚判决程序问题的规定》第21条、……（明确写明公约、条约、法律、司法解释等法律依据）规定，裁定如下：

准许×××撤回申请。

案件申请费……元，由……负担（写明当事人姓名或者名称、负担金额）。

本裁定一经作出即生效。

（合议庭成员署名）

×年×月×日（院印）

书记员 ×××

民事裁定书（不予受理＼驳回申请承认和执行外国法院生效判决、裁定）

（××××）……协外认……号

申请人：×××，……。

被申请人：×××，……。

（以上写明当事人及其代理人和其他诉讼参与人的姓名或名称等基本信息）

×年×月×日，申请人×××向本院申请承认/承认和执行××国××法院于×年×月×日作出的……号民事判决/裁定。

（不予受理的，写明：）本院依法组成合议庭进行了审查，现已审查终结。

（驳回申请的，写明：）本院于×年×月×日立案。本院依法组成合议庭进行了审查，组织当事人进行了询问，现已审查终结。

×××申请称，……（简要写明申请人的请求、事实和理由）。

×××陈述意见称，……（简要写明同意或者不同意申请人请求的意见、事实和理由）。

本院经审查认为：……（写明不予受理＼驳回申请的理由）。

依照《最高人民法院关于适用〈中华人民共和国民事诉讼法〉的解释》第542条、《最高人民法院关于中国公民申请承认外国法院离婚判决程序问题的规定》第3条、第6条、……（写明公约、条约、法律、司法解释等法律依据）规定，裁定如下：

对×××的申请，本院不予受理。＼驳回×××的申请。

本裁定一经作出即生效。

（合议庭成员署名）

×年×月×日（院印）

书记员　×××

民事裁定书（不予承认/承认和执行外国法院生效判决、裁定 \ 仲裁裁决）

（××××）……协外认……号

申请人：×××，……。

被申请人：×××，……。

（以上写明当事人及其代理人和其他诉讼参与人的姓名或名称等基本信息）

申请人×××申请承认/承认和执行××国××法院……号民事判决/裁定（或者：××仲裁机构/仲裁庭……号仲裁裁决）一案，本院于×年×月×日立案。本院依法组成合议庭进行了审查，组织当事人进行了询问，现已审查终结。

×××申请称，……（简要写明申请人的请求、事实和理由）。

×××陈述意见称，……（简要写明同意或者不同意申请人请求的意见、事实和理由）。

经审查认定：……（写明案件的事实，写明外国法院民事裁判当事人、案号、作出判决/裁定的时间以及裁判结果等。该部分还需写明的其他事实包括我国与该外国是否参加了国际公约或者缔结了双边条约或者协定、该外国判决如系缺席判决当事人是否经过合法传唤以及该判决是否已经得到了部分执行等）。

本院认为，因中华人民共和国与××国共同参加了××国际条约或者缔结了××双边条约或者协定，对案涉判决的承认（和执行）应当依据××国际条约或者××双边条约或者协定的相关规定进行审查。如我国与该外国没有参加国际公约或者缔结双边条约或者协定的，也可以依据《中华人民共和国民事诉讼法》第 299 条规定的互惠原则进行审查。……（写明争议焦点，依据认定的事实和相关法律，对请求进行分析评判，说明理由，对该裁判是否符合相关国际公约或者双边条约、协定或者互惠原则或者相关司法解释规定，是否违反中华人民共和国法律的基本原则或者国家主权、安全、社会公共利益作出分析认定，并表明本院对该裁判是否予以承认和执行的意见等）。

依照《中华人民共和国民事诉讼法》第 299 条 \ 第 304 条、《承认及执行外国仲裁裁决公约》第 5 条第×项、……（写明公约、条约、法律、司法解释等法律依据，不予承认外国法院离婚判决的，法律依据应援引《最高人民法院关于中国公民申请承认外国法院离婚判决程序问题的规定》第 12 条）规定，裁定如下：

不予承认/承认/承认和执行××国××法院……号民事判决/裁定××项，即……

（写明具体承认和执行的内容）。

或者：不予承认/承认/承认和执行××仲裁机构/仲裁庭所作……号仲裁裁决××项，即……（写明具体承认和执行的内容）。

案件申请费……元，由……负担（写明当事人姓名或者名称、负担金额）。

审判长　×××

审判员　×××

审判员　×××

×年×月×日（院印）

本件与原本核对无异

书记员　×××

执行令（执行外国法院判决）

（××××）……执……号

申请人×××于×年×月×日向本院申请承认和执行××国××法院（或××国××法院请求本院承认和执行）对……（写明案件名称）一案于×年×月×日作出的……判决。本院于×年×月×日作出（××××）……号裁定，承认该判决的法律效力。依照《中华人民共和国民事诉讼法》第299条规定，命令按照该判决确定的未执行事项予以执行。

此令

院　长　×××

×年×月×日（院印）

民事裁定书（外国法院请求承认和执行外国法院生效判决、裁定）①

（××××）……协外认……号

请求法院：××国××法院。

原告：×××，……。

被告：×××，……。

……

（以上写明当事人和其他诉讼参加人的姓名或者名称等基本信息）

××国××法院请求承认/承认和执行××国××法院……号民事判决/裁定一案，本院于×年×月×日立案。本院依法组成合议庭进行了审查，组织当事人进行了询问，现已审查终结。

××国××法院请求，……（写明请求承认和执行的生效裁判文书、事实和

---

① 注：对于此类案件，人民法院受理后应当送达该外国法院判决所涉当事人。

理由)。

本院经审查认为，……（写明争议焦点，根据认定的事实和相关法律，对请求进行分析和评判，说明理由）。

依照《中华人民共和国民事诉讼法》第 298 条、第 299 条……（明确写明公约、条约、法律、司法解释等法律依据）规定，裁定如下：

（支持请求的，写明：）承认/承认和执行××国××法院……号民事判决/裁定。

（不予承认的，写明：）不予承认/承认和执行××国××法院……号民事判决/裁定。

案件申请费……元，由……负担（写明当事人姓名或者名称、负担金额）。

审判长   ×××

审判员   ×××

审判员   ×××

×年×月×日 （院印）

本件与原本核对无异

书记员   ×××

第四编   第二十七章

（本书汇）【涉港澳台司法协助】

● **相关规定**   【**法释〔1999〕9 号**】   **最高人民法院关于内地与香港特别行政区法院相互委托送达民商事司法文书的安排**（1998 年 12 月 30 日最高法审委会〔1038 次〕通过，1999 年 3 月 30 日公布施行）

一、内地法院和香港特别行政区法院可以相互委托送达民商事司法文书。

二、双方委托送达司法文书，均须通过各高级人民法院和香港特别行政区高等法院进行。最高人民法院司法文书可以直接委托香港特别行政区高等法院送达。

三、委托方请求送达司法文书，须出具盖有其印章的委托书，并须在委托书中说明委托机关的名称、受送达人的姓名或者名称、详细地址及案件的性质。

委托书应当以中文文本提出。所附司法文书没有中文文本的，应当提供中文译本。以上文件一式 2 份。受送达人为 2 人以上的，每人一式 2 份。

受委托方如果认为委托书与本安排的规定不符，应当通知委托方，并说明对委托书的异议。必要时可以要求委托方补充材料。

四、不论司法文书中确定的出庭日期或者期限是否已过，受委托方均应送达。委托方应当尽量在合理期限内提出委托请求。

受委托方接到委托书后，应当及时完成送达，最迟不得超过自收到委托书之日起 2 个月。

五、送达司法文书后，内地人民法院应当出具送达回证；香港特别行政区法院应当出具送达证明书。出具送达回证和证明书，应当加盖法院印章。

受委托方无法送达的，应当在送达回证或者证明书上注明妨碍送达的原因、拒收事由和日期，并及时退回委托书及所附全部文书。

六、送达司法文书，应当依照受委托方所在地法律规定的程序进行。

七、受委托方对委托方委托送达的司法文书的内容和后果不负法律责任。

八、委托送达司法文书费用互免。但委托方在委托书中请求以特定送达方式送达所产生的费用，由委托方负担。

九、本安排中的司法文书在内地包括：起诉状副本、上诉状副本、授权委托书、传票、判决书、调解书、裁定书、决定书、通知书、证明书、送达回证；在香港特别行政区包括：起诉状副本、上诉状副本、传票、状词、誓章、判案书、判决书、裁决书、通知书、法庭命令、送达证明。

上述委托送达的司法文书以互换司法文书样本为准。

十、本安排在执行过程中遇有问题和修改，应当通过最高人民法院与香港特别行政区高等法院协商解决。

【法释〔2000〕3 号】　最高人民法院关于内地与香港特别行政区相互执行仲裁裁决的安排（1999 年 6 月 18 日最高法审委会〔1069 次〕通过，2000 年 1 月 24 日公布，2000 年 2 月 1 日起施行；根据 2020 年 11 月 9 日最高法审委会〔1815 次〕通过、2020 年 11 月 26 日公布（次日签署）①的"法释〔2020〕13 号"《内地与香港特别行政区相互执行仲裁裁决的补充安排》修改）

一、在内地或者香港特区作出的仲裁裁决，一方当事人不履行仲裁裁决的，另一方当事人可以向被申请人住所地或者财产所在地的有关法院申请执行。内地人民法院执行按香港特区《仲裁条例》作出的仲裁裁决，香港特区法院执行按《中华人民共和国仲裁法》作出的仲裁裁决，适用本安排。（修改自 2021 年 5 月 19 日起施行）

二、上条所述的有关法院，在内地指被申请人住所地或者财产所在地的中级人民法院，在香港特区指香港特区高等法院。

---

①　注：最高法 2020 年 11 月 26 日公告时，内地与香港尚未正式签署《补充安排》。这种程序超前的做法不仅存在法理障碍，还导致实际问题：中国法院网 https：//www.chinacourt.org/article/detail/2020/11/id/5627689.shtml、中央驻香港联络办公室官网 http：//www.locpg.gov.cn/jsdt/2020-11/27/c_1210905740.htm 公告的原文为"本司法解释第 1 条、第 4 条自公布之日起施行……"但实际上，该补充安排在次日（2020 年 11 月 27 日）才签署生效。故而，《最高人民法院公报》（2021 年第 1 期）将公告内容更改为："本司法解释第 1 条、第 4 条自 2020 年 11 月 27 日起施行……"

被申请人住所地或者财产所在地在内地不同的中级人民法院辖区内的，申请人可以选择其中一个人民法院申请执行裁决，不得分别向2个或者2个以上人民法院提出申请。

被申请人的住所地或者财产所在地，既在内地又在香港特区的，申请人不得同时分别向两地有关法院提出申请。只有一地法院执行不足以偿还其债务时，才可就不足部分向另一地法院申请执行。两地法院先后执行仲裁裁决的总额，不得超过裁决数额。被申请人在内地和香港特区均有住所地或者可供执行财产的，申请人可以分别向两地法院申请执行。应对方法院要求，两地法院应当相互提供本方执行仲裁裁决的情况。两地法院执行财产的总额，不得超过裁决确定的数额。（修改自2021年5月19日起施行）

三、申请人向有关法院申请执行在内地或者香港特区作出的仲裁裁决的，应当提交以下文书：（一）执行申请书；（二）仲裁裁决书；（三）仲裁协议。

四、执行申请书的内容应当载明下列事项：（一）申请人为自然人的情况下，该人的姓名、地址；申请人为法人或者其他组织的情况下，该法人或其他组织的名称、地址及法定代表人姓名；（二）被申请人为自然人的情况下，该人的姓名、地址；被申请人为法人或者其他组织的情况下，该法人或其他组织的名称、地址及法定代表人姓名；（三）申请人为法人或者其他组织的，应当提交企业注册登记的副本。申请人是外国籍法人或者其他组织的，应当提交相应的公证和认证材料；（四）申请执行的理由与请求的内容，被申请人的财产所在地及财产状况。

执行申请书应当以中文文本提出，裁决书或者仲裁协议没有中文文本的，申请人应当提交正式证明的中文译本。

五、申请人向有关法院申请执行内地或者香港特区仲裁裁决的期限依据执行地法律有关时限的规定。

六、有关法院接到申请人申请后，应当按执行地法律程序处理及执行。

（新增）有关法院在受理执行仲裁裁决申请之前或者之后，可以依申请并按照执行地法律规定采取保全或者强制措施。（2020年11月27日起施行）

七、在内地或者香港特区申请执行的仲裁裁决，被申请人接到通知后，提出证据证明有下列情形之一的，经审查核实，有关法院可裁定不予执行：（一）仲裁协议当事人依对其适用的法律属于某种无行为能力的情形；或者该项仲裁协议依约定的准据法无效；或者未指明以何种法律为准时，依仲裁裁决地的法律是无效的；（二）被申请人未接到指派仲裁员的适当通知，或者因他故未能陈述意见的；（三）裁决所处理的争议不是交付仲裁的标的或者不在仲裁协议条款之内，或者裁决载有关于交付仲裁范围以外事项的决定的；但交付仲裁事项的决定可与未交付仲裁的事项划分时，裁决中关于交付仲裁事项的决定部分应当予以执行；

（四）仲裁庭的组成或者仲裁庭程序与当事人之间的协议不符，或者在有关当事人没有这种协议时与仲裁地的法律不符的；（五）裁决对当事人尚无约束力，或者业经仲裁地的法院或者按仲裁地的法律撤销或者停止执行的。

有关法院认定依执行地法律，争议事项不能以仲裁解决的，则可不予执行该裁决。

内地法院认定在内地执行该仲裁裁决违反内地社会公共利益，或者香港特区法院决定在香港特区执行该仲裁裁决违反香港特区的公共政策，则可不予执行该裁决。

八、申请人向有关法院申请执行在内地或者香港特区作出的仲裁裁决，应当根据执行地法院有关诉讼收费的办法交纳执行费用。

九、1997 年 7 月 1 日以后申请执行在内地或者香港特区作出的仲裁裁决按本安排执行。

十、对 1997 年 7 月 1 日至本安排生效之日的裁决申请问题，双方同意：1997 年 7 月 1 日至本安排生效之日因故未能向内地或者香港特区法院申请执行，申请人为法人或者其他组织的，可以在本安排生效后 6 个月内提出；如申请人为自然人的，可以在本安排生效后一年内提出。

对于内地或香港特区法院在 1997 年 7 月 1 日至本安排生效之日拒绝受理或者拒绝执行仲裁裁决的案件，应允许当事人重新申请。

十一、本安排在执行过程中遇有问题和修改，应当通过最高人民法院和香港特区政府协商解决。

（新增）《安排》所指执行内地或者香港特别行政区仲裁裁决的程序，应解释为包括认可和执行内地或者香港特别行政区仲裁裁决的程序。（2020 年 11 月 27 日起施行）

【法释〔2006〕2 号】　最高人民法院关于内地与澳门特别行政区相互认可和执行民商事判决的安排（2006 年 2 月 13 日最高法审委会〔1378 次〕通过，2006 年 2 月 28 日签署，2006 年 3 月 21 日公布，2006 年 4 月 1 日起生效）

第 1 条　内地与澳门特别行政区民商事案件（在内地包括劳动争议案件，在澳门特别行政区包括劳动民事案件）判决的相互认可和执行，适用本安排。

本安排亦适用于刑事案件中有关民事损害赔偿的判决、裁定。

本安排不适用于行政案件。

第 2 条　本安排所称"判决"，在内地包括：判决、裁定、决定、调解书、支付令；在澳门特别行政区包括：裁判、判决、确认和解的裁定、法官的决定或者批示。

本安排所称"被请求方"，指内地或者澳门特别行政区双方中，受理认可和执行判决申请的一方。

第3条　一方法院作出的具有给付内容的生效判决，当事人可以向对方有管辖权的法院申请认可和执行。

没有给付内容，或者不需要执行，但需要通过司法程序予以认可的判决，当事人可以向对方法院单独申请认可，也可以直接以该判决作为证据在对方法院的诉讼程序中使用。

第4条　内地有权受理认可和执行判决申请的法院为被申请人住所地、经常居住地或者财产所在地的中级人民法院。2个或者2个以上中级人民法院均有管辖权的，申请人应当选择向其中一个中级人民法院提出申请。

澳门特别行政区有权受理认可判决申请的法院为中级法院，有权执行的法院为初级法院。

第5条　被申请人在内地和澳门特别行政区均有可供执行财产的，申请人可以向一地法院提出执行申请。

申请人向一地法院提出执行申请的同时，可以向另一地法院申请查封、扣押或者冻结被执行人的财产。待一地法院执行完毕后，可以根据该地法院出具的执行情况证明，就不足部分向另一地法院申请采取处分财产的执行措施。

两地法院执行财产的总额，不得超过依据判决和法律规定所确定的数额。

第6条　请求认可和执行判决的申请书，应当载明下列事项：（一）申请人或者被申请人为自然人的，应当载明其姓名及住所；为法人或者其它组织的，应当载明其名称及住所，以及其法定代表人或者主要负责人的姓名、职务和住所；（二）请求认可和执行的判决的案号和判决日期；（三）请求认可和执行判决的理由、标的，以及该判决在判决作出地法院的执行情况。

第7条　申请书应当附生效判决书副本，或者经作出生效判决的法院盖章的证明书，同时应当附作出生效判决的法院或者有权限机构出具的证明下列事项的相关文件：（一）传唤属依法作出，但判决书已经证明的除外；（二）无诉讼行为能力人依法得到代理，但判决书已经证明的除外；（三）根据判决作出地的法律，判决已经送达当事人，并已生效；（四）申请人为法人的，应当提供法人营业执照副本或者法人登记证明书；（五）判决作出地法院发出的执行情况证明。

如被请求方法院认为已充分了解有关事项时，可以免除提交相关文件。

被请求方法院对当事人提供的判决书的真实性有疑问时，可以请求作出生效判决的法院予以确认。

第8条　申请书应当用中文制作。所附司法文书及其相关文件未用中文制作的，应当提供中文译本。其中法院判决书未用中文制作的，应当提供由法院出具的中文译本。

第9条　法院收到申请人请求认可和执行判决的申请后，应当将申请书送达被申请人。

被申请人有权提出答辩。

第10条　被请求方法院应当尽快审查认可和执行的请求，并作出裁定。

第11条　被请求方法院经审查核实存在下列情形之一的，裁定不予认可：（一）根据被请求方的法律，判决所确认的事项属被请求方法院专属管辖；（二）在被请求方法院已存在相同诉讼，该诉讼先于待认可判决的诉讼提起，且被请求方法院具有管辖权；（三）被请求方法院已认可或者执行被请求方以外的法院或仲裁机构就相同诉讼作出的判决或仲裁裁决；（四）根据判决作出地的法律规定，败诉的当事人未得到合法传唤，或者无诉讼行为能力人未依法得到代理；（五）根据判决作出地的法律规定，申请认可和执行的判决尚未发生法律效力，或者因再审被裁定中止执行；（六）在内地认可和执行判决将违反内地法律的基本原则或者社会公共利益；在澳门特别行政区认可和执行判决将违反澳门特别行政区法律的基本原则或者公共秩序。

第12条　法院就认可和执行判决的请求作出裁定后，应当及时送达。

当事人对认可与否的裁定不服的，在内地可以向上一级人民法院提请复议，在澳门特别行政区可以根据其法律规定提起上诉；对执行中作出的裁定不服的，可以根据被请求方法律的规定，向上级法院寻求救济。

第13条　经裁定予以认可的判决，与被请求方法院的判决具有同等效力。判决有给付内容的，当事人可以向该方有管辖权的法院申请执行。

第14条　被请求方法院不能对判决所确认的所有请求予以认可和执行时，可以认可和执行其中的部分请求。

第15条　法院受理认可和执行判决的申请之前或者之后，可以按照被请求方法律关于财产保全的规定，根据申请人的申请，对被申请人的财产采取保全措施。

第16条　在被请求方法院受理认可和执行判决的申请期间，或者判决已获认可和执行，当事人再行提起相同诉讼的，被请求方法院不予受理。

第17条　对于根据本安排第11条1、4、6项不予认可的判决，申请人不得再行提起认可和执行的申请。但根据被请求方的法律，被请求方法院有管辖权的，当事人可以就相同案件事实向当地法院另行提起诉讼。

本安排第11条5项所指的判决，在不予认可的情形消除后，申请人可以再行提起认可和执行的申请。

第18条　为适用本安排，由一方有权限公共机构（包括公证员）作成或者公证的文书正本、副本及译本，免除任何认证手续而可以在对方使用。

第19条　申请人依据本安排申请认可和执行判决，应当根据被请求方法律规定，交纳诉讼费用、执行费用。

申请人在生效判决作出地获准缓交、减交、免交诉讼费用的，在被请求方法院申请认可和执行判决时，应当享有同等待遇。

第20条　对民商事判决的认可和执行，除本安排有规定的以外，适用被请求方的法律规定。

第21条　本安排生效前提出的认可和执行请求，不适用本安排。

两地法院自1999年12月20日以后至本安排生效前作出的判决，当事人未向对方法院申请认可和执行，或者对方法院拒绝受理的，仍可以于本安排生效后提出申请。

澳门特别行政区法院在上述期间内作出的判决，当事人向内地人民法院申请认可和执行的期限，自本安排生效之日起重新计算。

第22条　本安排在执行过程中遇有问题或者需要修改，应当由最高人民法院与澳门特别行政区协商解决。

第23条　为执行本安排，最高人民法院和澳门特别行政区终审法院应当相互提供相关法律资料。

最高人民法院和澳门特别行政区终审法院每年相互通报执行本安排的情况。

【法释［2007］17号】　最高人民法院关于内地与澳门特别行政区相互认可和执行仲裁裁决的安排（2007年9月17日最高法审委会［1437次］通过，2007年10月30日签署，2007年12月12日公布，2008年1月1日起实施）

第1条　内地人民法院认可和执行澳门特别行政区仲裁机构及仲裁员按照澳门特别行政区仲裁法规在澳门作出的民商事仲裁裁决，澳门特别行政区法院认可和执行内地仲裁机构依据《中华人民共和国仲裁法》在内地作出的民商事仲裁裁决，适用本安排。

本安排没有规定的，适用认可和执行地的程序法律规定。

第2条　在内地或者澳门特别行政区作出的仲裁裁决，一方当事人不履行的，另一方当事人可以向被申请人住所地、经常居住地或者财产所在地的有关法院申请认可和执行。

内地有权受理认可和执行仲裁裁决申请的法院为中级人民法院。2个或者2个以上中级人民法院均有管辖权的，当事人应当选择向其中一个中级人民法院提出申请。

澳门特别行政区有权受理认可仲裁裁决申请的法院为中级法院，有权执行的法院为初级法院。

第3条　被申请人的住所地、经常居住地或者财产所在地分别在内地和澳门特别行政区的，申请人可以向一地法院提出认可和执行申请，也可以分别向两地法院提出申请。

当事人分别向两地法院提出申请的，两地法院都应当依法进行审查。予以认可的，采取查封、扣押或者冻结被执行人财产等执行措施。仲裁地法院应当先进行执行清偿；另一地法院在收到仲裁地法院关于经执行债权未获清偿情况的证明后，可以对申请人未获清偿的部分进行执行清偿。两地法院执行财产的总额，不得超过依据裁决和法律规定所确定的数额。

第4条　申请人向有关法院申请认可和执行仲裁裁决的，应当提交以下文件或者经公证的副本：（一）申请书；（二）申请人身份证明；（三）仲裁协议；（四）仲裁裁决书或者仲裁调解书。

上述文件没有中文文本的，申请人应当提交经正式证明的中文译本。

第5条　申请书应当包括下列内容：

（一）申请人或者被申请人为自然人的，应当载明其姓名及住所；为法人或者其他组织的，应当载明其名称及住所，以及其法定代表人或者主要负责人的姓名、职务和住所；申请人是外国籍法人或者其他组织的，应当提交相应的公证和认证材料；

（二）请求认可和执行的仲裁裁决书或者仲裁调解书的案号或识别资料和生效日期；

（三）申请认可和执行仲裁裁决的理由及具体请求，以及被申请人财产所在地、财产状况及该仲裁裁决的执行情况。

第6条　申请人向有关法院申请认可和执行内地或者澳门特别行政区仲裁裁决的期限，依据认可和执行地的法律确定。

第7条　对申请认可和执行的仲裁裁决，被申请人提出证据证明有下列情形之一的，经审查核实，有关法院可以裁定不予认可：

（一）仲裁协议一方当事人依对其适用的法律在订立仲裁协议时属于无行为能力的；或者依当事人约定的准据法，或当事人没有约定适用的准据法而依仲裁地法律，该仲裁协议无效的；

（二）被申请人未接到选任仲裁员或者进行仲裁程序的适当通知，或者因他故未能陈述意见的；

（三）裁决所处理的争议不是提交仲裁的争议，或者不在仲裁协议范围之内；或者裁决载有超出当事人提交仲裁范围的事项的决定，但裁决中超出提交仲裁范围的事项的决定与提交仲裁事项的决定可以分开的，裁决中关于提交仲裁事项的决定部分可以予以认可；

（四）仲裁庭的组成或者仲裁程序违反了当事人的约定，或者在当事人没有

约定时与仲裁地的法律不符的;

（五）裁决对当事人尚无约束力，或者业经仲裁地的法院撤销或者拒绝执行的。

有关法院认定，依执行地法律，争议事项不能以仲裁解决的，不予认可和执行该裁决。

内地法院认定在内地认可和执行该仲裁裁决违反内地法律的基本原则或者社会公共利益，澳门特别行政区法院认定在澳门特别行政区认可和执行该仲裁裁决违反澳门特别行政区法律的基本原则或者公共秩序，不予认可和执行该裁决。

第 8 条　申请人依据本安排申请认可和执行仲裁裁决的，应当根据执行地法律的规定，交纳诉讼费用。

第 9 条　一方当事人向一地法院申请执行仲裁裁决，另一方当事人向另一地法院申请撤销该仲裁裁决，被执行人申请中止执行且提供充分担保的，执行法院应当中止执行。

根据经认可的撤销仲裁裁决的判决、裁定，执行法院应当终结执行程序；撤销仲裁裁决申请被驳回的，执行法院应当恢复执行。

当事人申请中止执行的，应当向执行法院提供其他法院已经受理申请撤销仲裁裁决案件的法律文书。

第 10 条　受理申请的法院应当尽快审查认可和执行的请求，并作出裁定。

第 11 条　法院在受理认可和执行仲裁裁决申请之前或者之后，可以依当事人的申请，按照法院地法律规定，对被申请人的财产采取保全措施。

第 12 条　由一方有权限公共机构（包括公证员）作成的文书正本或者经公证的文书副本及译本，在适用本安排时，可以免除认证手续在对方使用。

第 13 条　本安排实施前，当事人提出的认可和执行仲裁裁决的请求，不适用本安排。

自 1999 年 12 月 20 日至本安排实施前，澳门特别行政区仲裁机构及仲裁员作出的仲裁裁决，当事人向内地申请认可和执行的期限，自本安排实施之日起算。

第 14 条　为执行本安排，最高人民法院和澳门特别行政区终审法院应当相互提供相关法律资料。

最高人民法院和澳门特别行政区终审法院每年相互通报执行本安排的情况。

第 15 条　本安排在执行过程中遇有问题或者需要修改的，由最高人民法院和澳门特别行政区协商解决。

【法释〔2008〕4 号】　最高人民法院关于涉台民事诉讼文书送达的若干规定（见本书第 283 条）

第四编　第二十七章

【法释〔2009〕2号】 最高人民法院关于涉港澳民商事案件司法文书送达问题若干规定 （见本书第283条）

【法〔2009〕415号】 最高人民法院关于香港仲裁裁决在内地执行的有关问题的通知 （2009年12月30日）

近期，有关人民法院或者当事人向我院反映，在香港特别行政区做出的临时仲裁裁决、国际商会仲裁院在香港作出的仲裁裁决，当事人可否依据《关于内地与香港特别行政区相互执行仲裁裁决的安排》（以下简称《安排》）在内地申请执行。为了确保人民法院在办理该类案件中正确适用《安排》，统一执法尺度，现就有关问题通知如下：

当事人向人民法院申请执行在香港特别行政区做出的临时仲裁裁决、国际商会仲裁院等国外仲裁机构在香港特别行政区作出的仲裁裁决的，人民法院应当按照《安排》的规定进行审查。不存在《安排》第7条规定的情形的，该仲裁裁决可以在内地得到执行。

【法释〔2010〕19号】 最高人民法院关于审理涉台民商事案件法律适用问题的规定 （见本书第270条）

【民四他字〔2011〕19号】 最高人民法院关于北泰汽车工业控股有限公司申请认可香港特别行政区法院命令案的请示的复函 （见本书第22章"重组与破产"专辑）

【法释〔2011〕15号】 最高人民法院关于人民法院办理海峡两岸送达文书和调查取证司法互助案件的规定 （2010年12月16日最高法审委会〔1506次〕通过，2011年6月14日公布，2011年6月25日起施行；以本规为准）

二、职责分工

第3条 人民法院和台湾地区业务主管部门通过各自指定的协议联络人，建立办理海峡两岸司法互助业务的直接联络渠道。

第4条 最高人民法院是与台湾地区业务主管部门就海峡两岸司法互助业务进行联络的一级窗口。最高人民法院台湾司法事务办公室主任是最高人民法院指定的协议联络人。

最高人民法院负责：就协议中涉及人民法院的工作事项与台湾地区业务主管部门开展磋商、协调和交流；指导、监督、组织、协调地方各级人民法院办理海峡两岸司法互助业务；就海峡两岸调查取证司法互助业务与台湾地区业务主管部门直接联络，并在必要时具体办理调查取证司法互助案件；及时将本院和台湾地区业务主管部门指定的协议联络人的姓名、联络方式及变动情况等工作信息通报高级人民法院。

第5条　最高人民法院授权高级人民法院就办理海峡两岸送达文书司法互助案件，建立与台湾地区业务主管部门联络的二级窗口。高级人民法院应当指定专人作为经最高人民法院授权的二级联络窗口联络人。

高级人民法院负责：指导、监督、组织、协调本辖区人民法院办理海峡两岸送达文书和调查取证司法互助业务；就办理海峡两岸送达文书司法互助案件与台湾地区业务主管部门直接联络，并在必要时具体办理送达文书和调查取证司法互助案件；登记、统计本辖区人民法院办理的海峡两岸送达文书司法互助案件；定期向最高人民法院报告本辖区人民法院办理海峡两岸送达文书司法互助业务情况；及时将本院联络人的姓名、联络方式及变动情况报告最高人民法院，同时通报台湾地区联络人和下级人民法院。

第6条　中级人民法院和基层人民法院应当指定专人负责海峡两岸司法互助业务。

中级人民法院和基层人民法院负责：具体办理海峡两岸送达文书和调查取证司法互助案件；定期向高级人民法院层报本院办理海峡两岸送达文书司法互助业务情况；及时将本院海峡两岸司法互助业务负责人员的姓名、联络方式及变动情况层报高级人民法院。

三、送达文书司法互助

第7条　人民法院向住所地在台湾地区的当事人送达民事和行政诉讼司法文书，可以采用下列方式：

（一）受送达人居住在大陆的，直接送达。受送达人是自然人，本人不在的，可以交其同住成年家属签收；受送达人是法人或者其他组织的，应当由法人的法定代表人、其他组织的主要负责人或者该法人、其他组织负责收件的人签收。

受送达人不在大陆居住，但送达时在大陆的，可以直接送达。

（二）受送达人在大陆有诉讼代理人的，向诉讼代理人送达。但受送达人在授权委托书中明确表明其诉讼代理人无权代为接收的除外。

（三）受送达人有指定代收人的，向代收人送达。

（四）受送达人在大陆有代表机构、分支机构、业务代办人的，向其代表机构或者经受送达人明确授权接受送达的分支机构、业务代办人送达。

（五）通过协议确定的海峡两岸司法互助方式，请求台湾地区送达。

（六）受送达人在台湾地区的地址明确的，可以邮寄送达。

（七）有明确的传真号码、电子信箱地址的，可以通过传真、电子邮件方式向受送达人送达。

采用上述方式均不能送达或者台湾地区当事人下落不明的，可以公告送达。

人民法院需要向住所地在台湾地区的当事人送达刑事司法文书，可以通过协议确定的海峡两岸司法互助方式，请求台湾地区送达。

第8条 人民法院协助台湾地区法院送达司法文书，应当采用民事诉讼法、刑事诉讼法、行政诉讼法等法律和相关司法解释规定的送达方式，并应当尽可能采用直接送达方式，但不采用公告送达方式。

第9条 人民法院协助台湾地区送达司法文书，应当充分负责，及时努力送达。

第10条 审理案件的人民法院需要台湾地区协助送达司法文书的，应当填写《〈海峡两岸共同打击犯罪及司法互助协议〉送达文书请求书》附录部分，连同需要送达的司法文书，一式2份，及时送交高级人民法院。

需要台湾地区协助送达的司法文书中有指定开庭日期等类似期限的，一般应当为协助送达程序预留不少于6个月的时间。

第11条 高级人民法院收到本院或者下级人民法院《〈海峡两岸共同打击犯罪及司法互助协议〉送达文书请求书》附录部分和需要送达的司法文书后，应当在7个工作日内完成审查。经审查认为可以请求台湾地区协助送达的，高级人民法院联络人应当填写《〈海峡两岸共同打击犯罪及司法互助协议〉送达文书请求书》正文部分，连同附录部分和需要送达的司法文书，立即寄送台湾地区联络人；经审查认为欠缺相关材料、内容或者认为不需要请求台湾地区协助送达的，应当立即告知提出请求的人民法院补充相关材料、内容或者在说明理由后将材料退回。

第12条 台湾地区成功送达并将送达证明材料寄送高级人民法院联络人，或者未能成功送达并将相关材料送还，同时出具理由说明给高级人民法院联络人的，高级人民法院应当在收到之日起7个工作日内，完成审查并转送提出请求的人民法院。经审查认为欠缺相关材料或者内容的，高级人民法院联络人应当立即与台湾地区联络人联络并请求补充相关材料或者内容。

自高级人民法院联络人向台湾地区寄送有关司法文书之日起满4个月，如果未能收到送达证明材料或者说明文件，且根据各种情况不足以认定已经送达的，视为不能按照协议确定的海峡两岸司法互助方式送达。

第13条 台湾地区请求人民法院协助送达台湾地区法院的司法文书并通过其联络人将请求书和相关司法文书寄送高级人民法院联络人的，高级人民法院应当在7个工作日内完成审查。经审查认为可以协助送达的，应当立即转送有关下级人民法院送达或者由本院送达；经审查认为欠缺相关材料、内容或者认为不宜协助送达的，高级人民法院联络人应当立即向台湾地区联络人说明情况并告知其补充相关材料、内容或者将材料送还。

具体办理送达文书司法互助案件的人民法院应当在收到高级人民法院转送的

材料之日起 5 个工作日内，以"协助台湾地区送达民事（刑事、行政诉讼）司法文书"案由立案，指定专人办理，并应当自立案之日起 15 日内完成协助送达，最迟不得超过 2 个月。

收到台湾地区送达文书请求时，司法文书中指定的开庭日期或者其他期限逾期的，人民法院亦应予以送达，同时高级人民法院联络人应当及时向台湾地区联络人说明情况。

第 14 条　具体办理送达文书司法互助案件的人民法院成功送达的，应当由送达人在《〈海峡两岸共同打击犯罪及司法互助协议〉送达回证》上签名或者盖章，并在成功送达之日起 7 个工作日内将送达回证送交高级人民法院；未能成功送达的，应当由送达人在《〈海峡两岸共同打击犯罪及司法互助协议〉送达回证》上注明未能成功送达的原因并签名或者盖章，在确认不能送达之日起 7 个工作日内，将该送达回证和未能成功送达的司法文书送交高级人民法院。

高级人民法院应当在收到前款所述送达回证之日起 7 个工作日内完成审查，由高级人民法院联络人在前述送达回证上签名或者盖章，同时出具《〈海峡两岸共同打击犯罪及司法互助协议〉送达文书回复书》，连同该送达回证和未能成功送达的司法文书，立即寄送台湾地区联络人。

四、调查取证司法互助

第 15 条　人民法院办理海峡两岸调查取证司法互助业务，限于与台湾地区法院相互协助调取与诉讼有关的证据，包括取得证言及陈述；提供书证、物证及视听资料；确定关系人所在地或者确认其身份、前科等情况；进行勘验、检查、扣押、鉴定和查询等。

第 16 条　人民法院协助台湾地区法院调查取证，应当采用民事诉讼法、刑事诉讼法、行政诉讼法等法律和相关司法解释规定的方式。

在不违反法律和相关规定、不损害社会公共利益、不妨碍正在进行的诉讼程序的前提下，人民法院应当尽力协助调查取证，并尽可能依照台湾地区请求的内容和形式予以协助。

台湾地区调查取证请求书所述的犯罪事实，依照大陆法律规定不认为涉嫌犯罪的，人民法院不予协助，但有重大社会危害并经双方业务主管部门同意予以个案协助的除外。台湾地区请求促使大陆居民至台湾地区作证，但未作出非经大陆主管部门同意不得追诉其进入台湾地区之前任何行为的书面声明的，人民法院可以不予协助。

第 17 条　审理案件的人民法院需要台湾地区协助调查取证的，应当填写《〈海峡两岸共同打击犯罪及司法互助协议〉调查取证请求书》附录部分，连同相关材料，一式 3 份，及时送交高级人民法院。

高级人民法院应当在收到前款所述材料之日起7个工作日内完成初步审查，并将审查意见和《〈海峡两岸共同打击犯罪及司法互助协议〉调查取证请求书》附录部分及相关材料，一式2份，立即转送最高人民法院。

第18条 最高人民法院收到高级人民法院转送的《〈海峡两岸共同打击犯罪及司法互助协议〉调查取证请求书》附录部分和相关材料以及高级人民法院审查意见后，应当在7个工作日内完成最终审查。经审查认为可以请求台湾地区协助调查取证的，最高人民法院联络人应当填写《〈海峡两岸共同打击犯罪及司法互助协议〉调查取证请求书》正文部分，连同附录部分和相关材料，立即寄送台湾地区联络人；经审查认为欠缺相关材料、内容或者认为不需要请求台湾地区协助调查取证的，应当立即通过高级人民法院告知提出请求的人民法院补充相关材料、内容或者在说明理由后将材料退回。

第19条 台湾地区成功调查取证并将取得的证据材料寄送最高人民法院联络人，或者未能成功调查取证并将相关材料送还，同时出具理由说明给最高人民法院联络人的，最高人民法院应当在收到之日起7个工作日内完成审查并转送高级人民法院，高级人民法院应当在收到之日起7个工作日内转送提出请求的人民法院。经审查认为欠缺相关材料或者内容的，最高人民法院联络人应当立即与台湾地区联络人联络并请求补充相关材料或者内容。

第20条 台湾地区请求人民法院协助台湾地区法院调查取证并通过其联络人将请求书和相关材料寄送最高人民法院联络人的，最高人民法院应当在收到之日起7个工作日内完成审查。经审查认为可以协助调查取证的，应当立即转送有关高级人民法院或者由本院办理，高级人民法院应当在收到之日起7个工作日内转送有关下级人民法院办理或者由本院办理；经审查认为欠缺相关材料、内容或者认为不宜协助调查取证的，最高人民法院联络人应当立即向台湾地区联络人说明情况并告知其补充相关材料、内容或者将材料送还。

具体办理调查取证司法互助案件的人民法院应当在收到高级人民法院转送的材料之日起5个工作日内，以"协助台湾地区民事（刑事、行政诉讼）调查取证"案由立案，指定专人办理，并应当自立案之日起一个月内完成协助调查取证，最迟不得超过3个月。因故不能在期限届满前完成的，应当提前函告高级人民法院，并由高级人民法院转报最高人民法院。

第21条 具体办理调查取证司法互助案件的人民法院成功调查取证的，应当在完成调查取证之日起7个工作日内将取得的证据材料一式3份，连同台湾地区提供的材料，并在必要时附具情况说明，送交高级人民法院；未能成功调查取证的，应当出具说明函一式3份，连同台湾地区提供的材料，在确认不能成功调查取证之日起7个工作日内送交高级人民法院。

高级人民法院应当在收到前款所述材料之日起 7 个工作日内完成初步审查，并将审查意见和前述取得的证据材料或者说明函等，一式 2 份，连同台湾地区提供的材料，立即转送最高人民法院。

最高人民法院应当在收到之日起 7 个工作日内完成最终审查，由最高人民法院联络人出具《〈海峡两岸共同打击犯罪及司法互助协议〉调查取证回复书》，必要时连同相关材料，立即寄送台湾地区联络人。

证据材料不适宜复制或者难以取得备份的，可不按本条第 1 款和第 2 款的规定提供备份材料。

五、附则

第 22 条　人民法院对于台湾地区请求协助所提供的和执行请求所取得的相关资料应当予以保密。但依据请求目的使用的除外。

第 23 条　人民法院应当依据请求书载明的目的使用台湾地区协助提供的资料。但最高人民法院和台湾地区业务主管部门另有商定的除外。

第 24 条　对于依照协议和本规定从台湾地区获得的证据和司法文书等材料，不需要办理公证、认证等形式证明。

第 25 条　人民法院办理海峡两岸司法互助业务，应当使用统一、规范的文书样式。

第 26 条　对于执行台湾地区的请求所发生的费用，由有关人民法院负担。但下列费用应当由台湾地区业务主管部门负责支付：（一）鉴定费用；（二）翻译费用和誊写费用；（三）为台湾地区提供协助的证人和鉴定人，因前往、停留、离开台湾地区所发生的费用；（四）其他经最高人民法院和台湾地区业务主管部门商定的费用。

第 27 条　人民法院在办理海峡两岸司法互助案件中收到、取得、制作的各种文件和材料，应当以原件或者复制件形式，作为诉讼档案保存。

第 28 条　最高人民法院审理的案件需要请求台湾地区协助送达司法文书和调查取证的，参照本规定由本院自行办理。

专门人民法院办理海峡两岸送达文书和调查取证司法互助业务，参照本规定执行。

【法〔2011〕243 号】　最高人民法院关于进一步规范人民法院涉港澳台调查取证工作的通知（2011 年 8 月 7 日）

一、人民法院在案件审判中，需要从港澳特区或者台湾地区调取证据的，应当按照相关司法解释和规范性文件规定的权限和程序，委托港澳特区或者台湾地区业务主管部门协助调查取证。除有特殊情况层报最高人民法院并经中央有关部门批准外，人民法院不得派员赴港澳特区或者台湾地区调查取证。

二、人民法院不得派员随同公安机关、检察机关团组赴港澳特区或者台湾地区就特定案件进行调查取证。

三、各高级人民法院应切实担负起职责，指导辖区内各级人民法院做好涉港澳台调查取证工作。对有关法院提出的派员赴港澳特区或者台湾地区调查取证的申请，各高级人民法院要严格把关，凡不符合有关规定和本通知精神的，应当予以退回。

四、对于未经报请最高人民法院并经中央有关部门批准，擅自派员赴港澳特区或者台湾地区调查取证的，除严肃追究有关法院和人员的责任，并予通报批评外，还要视情暂停审批有关法院一定期限内的赴港澳台申请。

【法〔2013〕26 号】 最高人民法院关于进一步规范人民法院涉港调查取证司法协助工作的通知（2013 年 2 月 4 日）

近日，国务院港澳事务办公室向我院通报了内地个别高级人民法院未经最高人民法院批准直接向香港特别行政区请求协助调查取证的有关情况。为进一步规范人民法院涉港调查取证司法协助工作，现就有关事项通知如下：

在内地与香港特别行政区就相互协助调查取证达成制度性安排之前，地方人民法院不得直接向香港方面提出协助调查取证请求，也不得擅自接受香港方面的协助调查取证请求。地方人民法院在具体案件审理中确需香港方面协助调查取证的，须层报最高人民法院批准并通过国务院港澳事务办公室与香港特别行政区政府联系和转递有关请求。如香港方面直接向地方人民法院提出协助调查取证请求，可告知香港方面通过香港特别行政区政府和国务院港澳事务办公室向最高人民法院转递有关请求。

请各高级人民法院接此通知后，及时将有关精神传达至辖区内各级人民法院。执行中遇有问题，请及时层报最高人民法院港澳台司法事务办公室。

【法发〔2014〕26 号】 最高人民法院关于执行案件立案、结案若干问题的意见（2014 年 12 月 17 日印发，2015 年 1 月 1 日起施行）（余见本书第 246 条）

第 12 条 下列案件，人民法院应当按照执行请示案件予以立案：（一）当事人向人民法院申请执行内地仲裁机构作出的涉港澳仲裁裁决或者香港特别行政区、澳门特别行政区仲裁机构作出的仲裁裁决或者临时仲裁庭在香港特别行政区、澳门特别行政区作出的仲裁裁决，人民法院经审查认为裁决存在依法不予执行的情形，在作出裁定前，报请所属高级人民法院进行审查的，以及高级人民法院同意不予执行，报请最高人民法院的；……

第 13 条 下列案件，人民法院应当按照执行协调案件予以立案：……（三）当事人对内地仲裁机构作出的涉港澳仲裁裁决分别向不同人民法院申请撤销及执行，受理执行申请的人民法院对受理撤销申请的人民法院作出的决定撤销或者不予撤销的裁定存在异议，亦不能直接作出与该裁定相矛盾的执行或者不予执行的裁定，报请共同上级人民法院解决的；（四）当事人对内地仲裁机构作出的涉港澳仲裁裁决向人民法院申请执行且人民法院已经作出应予执行的裁定后，一方当事人向人民法院申请撤销该裁决，受理撤销申请的人民法院认为裁决应予撤销且该人民法院与受理执行申请的人民法院非同一人民法院时，报请共同上级人民法院解决的；……

第 19 条　执行实施案件立案后，被执行人对仲裁裁决或公证债权文书提出不予执行申请，经人民法院审查，裁定不予执行的，以"不予执行"方式结案。

【法释〔2015〕13 号】　最高人民法院关于认可和执行台湾地区法院民事判决的规定（见本书第 298 条）

【法释〔2015〕14 号】　最高人民法院关于认可和执行台湾地区仲裁裁决的规定（见本书第 304 条）

【法释〔2017〕4 号】　最高人民法院关于内地与香港特别行政区法院就民商事案件相互委托提取证据的安排（2016 年 10 月 31 日最高法审委会〔1697 次〕通过，2016 年 12 月 29 日签署，2017 年 2 月 27 日公布，2017 年 3 月 1 日起生效）

第 1 条　内地人民法院与香港特别行政区法院就民商事案件相互委托提取证据，适用本安排。

第 2 条　双方相互委托提取证据，须通过各自指定的联络机关进行。其中，内地指定各高级人民法院为联络机关；香港特别行政区指定香港特别行政区政府政务司司长办公室辖下行政署为联络机关。

最高人民法院可以直接通过香港特别行政区指定的联络机关委托提取证据。

第 3 条　受委托方的联络机关收到对方的委托书后，应当及时将委托书及所附相关材料转送相关法院或者其他机关办理，或者自行办理。

如果受委托方认为委托材料不符合本辖区相关法律规定，影响其完成受托事项，应当及时通知委托方修改、补充。委托方应当按照受委托方的要求予以修改、补充，或者重新出具委托书。

如果受委托方认为委托事项不属于本安排规定的委托事项范围，可以予以退回并说明原因。

第 4 条　委托书及所附相关材料应当以中文文本提出。没有中文文本的，应当提供中文译本。

第 5 条　委托方获得的证据材料只能用于委托书所述的相关诉讼。

第 6 条　内地人民法院根据本安排委托香港特别行政区法院提取证据的，请求协助的范围包括：（一）讯问证人；（二）取得文件；（三）检查、拍摄、保存、保管或扣留财产;(四)取得财产样品或对财产进行试验;(五)对人进行身体检验。

香港特别行政区法院根据本安排委托内地人民法院提取证据的,请求协助的范围包括:(一)取得当事人的陈述及证人证言;(二)提供书证、物证、视听资料及电子数据;(三)勘验、鉴定。

第7条　受委托方应当根据本辖区法律规定安排取证。

委托方请求按照特殊方式提取证据的,如果受委托方认为不违反本辖区的法律规定,可以按照委托方请求的方式执行。

如果委托方请求其司法人员、有关当事人及其诉讼代理人(法律代表)在受委托方取证时到场,以及参与录取证言的程序,受委托方可以按照其辖区内相关法律规定予以考虑批准。批准同意的,受委托方应当将取证时间、地点通知委托方联络机关。

第8条　内地人民法院委托香港特别行政区法院提取证据,应当提供加盖最高人民法院或者高级人民法院印章的委托书。香港特别行政区法院委托内地人民法院提取证据,应当提供加盖香港特别行政区高等法院印章的委托书。

委托书或者所附相关材料应当写明:(一)出具委托书的法院名称和审理相关案件的法院名称;(二)与委托事项有关的当事人或者证人的姓名或者名称、地址及其他一切有助于联络及辨别其身份的信息;(三)要求提供的协助详情,包括但不限于:与委托事项有关的案件基本情况(包括案情摘要、涉及诉讼的性质及正在进行的审理程序等);需向当事人或者证人取得的指明文件、物品及询(讯)问的事项或问题清单;需要委托提取有关证据的原因等;必要时,需陈明有关证据对诉讼的重要性及用来证实的事实及论点等;(四)是否需要采用特殊方式提取证据以及具体要求;(五)委托方的联络人及其联络信息;(六)有助执行委托事项的其他一切信息。

第9条　受委托方因执行受托事项产生的一般性开支,由受委托方承担。

受委托方因执行受托事项产生的翻译费用、专家费用、鉴定费用、应委托方要求的特殊方式取证所产生的额外费用等非一般性开支,由委托方承担。

如果受委托方认为执行受托事项或会引起非一般性开支,应先与委托方协商,以决定是否继续执行受托事项。

第10条　受委托方应当尽量自收到委托书之日起6个月内完成受托事项。受委托方完成受托事项后,应当及时书面回复委托方。

如果受委托方未能按委托方的请求完成受托事项,或者只能部分完成受托事项,应当向委托方书面说明原因,并按委托方指示及时退回委托书所附全部或者部分材料。

如果证人根据受委托方的法律规定，拒绝提供证言时，受委托方应当以书面通知委托方，并按委托方指示退回委托书所附全部材料。

第 11 条　本安排在执行过程中遇有问题，或者本安排需要修改，应当通过最高人民法院与香港特别行政区政府协商解决。

第 12 条　本安排在内地由最高人民法院发布司法解释和香港特别行政区完成有关内部程序后，由双方公布生效日期。

本安排适用于受委托方在本安排生效后收到的委托事项，但不影响双方根据现行法律考虑及执行在本安排生效前收到的委托事项。

【法释〔2017〕22 号】　**最高人民法院关于审理仲裁司法审查案件若干问题的规定**（2017 年 12 月 4 日最高法审委会〔1728 次〕通过，2017 年 12 月 26 日公布，2018 年 1 月 1 日起施行）（详见本书第 297 条）

第 21 条　人民法院受理的申请确认涉及香港特别行政区、澳门特别行政区、台湾地区仲裁协议效力的案件，申请执行或者撤销我国内地仲裁机构作出的涉及香港特别行政区、澳门特别行政区、台湾地区仲裁裁决的案件，参照适用涉外仲裁司法审查案件的规定审查。

【法释〔2019〕14 号】　**最高人民法院关于内地与香港特别行政区法院就仲裁程序相互协助保全的安排**（2019 年 3 月 25 日最高法审委会〔1763 次〕通过，2019 年 4 月 2 日签署，2019 年 9 月 26 日公布，2019 年 10 月 1 日起生效）

第 1 条　本安排所称"保全"，在内地包括财产保全、证据保全、行为保全；在香港特别行政区包括强制令以及其他临时措施，以在争议得以裁决之前维持现状或者恢复原状、采取行动防止目前或者即将对仲裁程序发生的危害或者损害，或者不采取可能造成这种危害或者损害的行动、保全资产或者保全对解决争议可能具有相关性和重要性的证据。

第 2 条　本安排所称"香港仲裁程序"，应当以香港特别行政区为仲裁地，并且由以下机构或者常设办事处管理：

（一）在香港特别行政区设立或者总部设于香港特别行政区，并以香港特别行政区为主要管理地的仲裁机构；

（二）中华人民共和国加入的政府间国际组织在香港特别行政区设立的争议解决机构或者常设办事处；

（三）其他仲裁机构在香港特别行政区设立的争议解决机构或者常设办事处，且该争议解决机构或者常设办事处满足香港特别行政区政府订立的有关仲裁案件宗数以及标的金额等标准。

以上机构或者常设办事处的名单由香港特别行政区政府向最高人民法院提供，

并经双方确认。

第3条 香港仲裁程序的当事人，在仲裁裁决作出前，可以参照《中华人民共和国民事诉讼法》《中华人民共和国仲裁法》以及相关司法解释的规定，向被申请人住所地、财产所在地或者证据所在地的内地中级人民法院申请保全。被申请人住所地、财产所在地或者证据所在地在不同人民法院辖区的，应当选择向其中一个人民法院提出申请，不得分别向2个或者2个以上人民法院提出申请。

当事人在有关机构或者常设办事处受理仲裁申请后提出保全申请的，应当由该机构或者常设办事处转递其申请。

在有关机构或者常设办事处受理仲裁申请前提出保全申请，内地人民法院采取保全措施后30日内未收到有关机构或者常设办事处提交的已受理仲裁案件的证明函件的，内地人民法院应当解除保全。

第4条 向内地人民法院申请保全的，应当提交下列材料：（一）保全申请书；（二）仲裁协议；（三）身份证明材料：申请人为自然人的，应当提交身份证件复印件；申请人为法人或者非法人组织的，应当提交注册登记证书的复印件以及法定代表人或者负责人的身份证件复印件；（四）在有关机构或者常设办事处受理仲裁案件后申请保全的，应当提交包含主要仲裁请求和所根据的事实与理由的仲裁申请文件以及相关证据材料、该机构或者常设办事处出具的已受理有关仲裁案件的证明函件；（五）内地人民法院要求的其他材料。

身份证明材料系在内地以外形成的，应当依据内地相关法律规定办理证明手续。

向内地人民法院提交的文件没有中文文本的，应当提交准确的中文译本。

第5条 保全申请书应当载明下列事项：（一）当事人的基本情况：当事人为自然人的，包括姓名、住所、身份证件信息、通讯方式等；当事人为法人或者非法人组织的，包括法人或者非法人组织的名称、住所以及法定代表人或者主要负责人的姓名、职务、住所、身份证件信息、通讯方式等；（二）请求事项，包括申请保全财产的数额、申请行为保全的内容和期限等；（三）请求所依据的事实、理由和相关证据，包括关于情况紧急，如不立即保全将会使申请人合法权益受到难以弥补的损害或者将使仲裁裁决难以执行的说明等；（四）申请保全的财产、证据的明确信息或者具体线索；（五）用于提供担保的内地财产信息或者资信证明；（六）是否已在其他法院、有关机构或者常设办事处提出本安排所规定的申请和申请情况；（七）其他需要载明的事项。

第6条 内地仲裁机构管理的仲裁程序的当事人，在仲裁裁决作出前，可以依据香港特别行政区《仲裁条例》《高等法院条例》，向香港特别行政区高等法院申请保全。

第 7 条　向香港特别行政区法院申请保全的，应当依据香港特别行政区相关法律规定，提交申请、支持申请的誓章、附同的证物、论点纲要以及法庭命令的草拟本，并应当载明下列事项：（一）当事人的基本情况：当事人为自然人的，包括姓名、地址；当事人为法人或者非法人组织的，包括法人或者非法人组织的名称、地址以及法定代表人或者主要负责人的姓名、职务、通讯方式等；（二）申请的事项和理由；（三）申请标的所在地以及情况；（四）被申请人就申请作出或者可能作出的回应以及说法；（五）可能会导致法庭不批准所寻求的保全，或者不在单方面申请的情况下批准该保全的事实；（六）申请人向香港特别行政区法院作出的承诺；（七）其他需要载明的事项。

第 8 条　被请求方法院应当尽快审查当事人的保全申请。内地人民法院可以要求申请人提供担保等，香港特别行政区法院可以要求申请人作出承诺、就费用提供保证等。

经审查，当事人的保全申请符合被请求方法律规定的，被请求方法院应当作出保全裁定或者命令等。

第 9 条　当事人对被请求方法院的裁定或者命令等不服的，按被请求方相关法律规定处理。

第 10 条　当事人申请保全的，应当依据被请求方有关诉讼收费的法律和规定交纳费用。

第 11 条　本安排不减损内地和香港特别行政区的仲裁机构、仲裁庭、当事人依据对方法律享有的权利。

【法释［2020］1 号】　最高人民法院关于内地与澳门特别行政区法院就民商事案件相互委托送达司法文书和调取证据的安排（"法释［2001］26 号"公布，2001 年 9 月 15 日起生效；2019 年 12 月 30 日最高法审委会［1790 次］修正，2020 年 1 月 14 日签署公布，修改文本 2020 年 3 月 1 日起生效）

一、一般规定

第 1 条　内地人民法院与澳门特别行政区法院就民商事案件（在内地包括劳动争议案件，在澳门特别行政区包括民事劳工案件相互委托送达司法文书和调取证据，均适用本安排。

第 2 条　双方相互委托送达司法文书和调取证据，均须通过各高级人民法院和澳门特别行政区终审法院进行。最高人民法院与澳门特别行政区终审法院可以直接相互委托送达和调取证据。

本安排在执行过程中遇有问题，应当通过最高人民法院经与澳门特别行政区终审法院协商解决，最高人民法院可以授权部分中级人民法院、基层人民法院与澳门特别行政区终审法院相互委托送达和调取证据。

第3条 双方相互委托送达司法文书和调取证据,通过内地与澳门司法协助网络平台以电子方式转递;不能通过司法协助网络平台以电子方式转递的,采用邮寄方式。

通过司法协助网络平台以电子方式转递的司法文书、证据材料等文件,应当确保其完整性、真实性和不可修改性。

通过司法协助网络平台以电子方式转递的司法文书、证据材料等文件与原件具有同等效力。

第4条 各高级人民法院和澳门特别行政区终审法院相互收到对方法院的委托书后,应当立即将委托书及所附司法文书和相关文件转送根据其本辖区法律规定有权完成该受托事项的法院。

如果受委托方法院发现委托事项存在材料不齐全、信息不完整等问题/认为委托书不符合本安排规定,影响其完成受托事项的,应当及时通知委托方法院,并说明对委托书的异议。必要时可以要求委托方法院补充材料或者作出说明。

(新增)经授权的中级人民法院、基层人民法院收到澳门特别行政区终审法院委托书后,认为不属于本院管辖的,应当报请高级人民法院处理。

第5条 委托书应当以中文文本提出。所附司法文书及其他相关文件没有中文文本的,应当提供中文译本。

第6条 委托方法院应当在合理的期限内提出委托请求,以保证受委托方法院收到委托书后,及时完成受托事项。

受委托方法院应优先处理受托事项。完成受托事项的期限,送达文书最迟不得超过自收到委托书之日起2个月,调取证据最迟不得超过自收到委托书之日起3个月。

第7条 受委托方法院应当根据本辖区法律规定执行受托事项。委托方法院请求按照特殊方式执行委托事项的,如果受委托方法院认为不违反本辖区的法律规定的,可以按照其特殊方式执行。

第8条 委托方法院无须支付受委托方法院在送达司法文书、调取证据时发生的费用、税项。但受委托方法院根据其本辖区法律规定,有权在调取证据时,要求委托方法院预付鉴定人、证人、翻译人员的费用,以及因采用委托方法院在委托书中请求以特殊方式送达司法文书、调取证据所产生的费用。

第9条 受委托方法院收到委托书后,不得以其本辖区法律规定对委托方法院审理的该民商事案件享有专属管辖权或不承认对该请求事项提起诉讼的权利为由,不予执行受托事项。

受委托方法院在执行受托事项时,如果发现该事项不属于法院职权范围,或者内地人民法院认为在内地执行该受托事项将违反其基本法律原则或社会公共利益，或者澳门特别行政区法院认为在澳门特别行政区执行该受托事项将违反其基本法律原则或公共秩序的，可以不予执行，但应当及时向委托方法院书面说明不予执行的原因。

二、司法文书的送达

第10条　委托方法院请求送达司法文书，须出具盖有其印章或者法官签名的委托书，并在委托书中说明委托机关的名称、受送达人的姓名或者名称、详细地址及案件性质。如果委托方/执行方法院请求按特殊方式送达或者有特别注意的事项的，应当在委托书中注明。

第11条　采取邮寄方式委托的，委托书及所附司法文书和其他相关文件一式2份，受送达人为2人以上的，每人一式2份。

第12条　完成司法文书送达事项后，内地人民法院应当出具送达回证；澳门特别行政区法院应当出具送达证明书。出具的送达回证和送达证明书，应当注明送达的方法、地点和日期及司法文书接收人的身份，并加盖法院印章。

受委托方法院无法送达的，应当在送达回证或者送达证明书上注明妨碍送达的原因、拒收事由和日期，并及时书面回复委托方法院/退回委托书及所附全部文件。

第13条　不论委托方法院司法文书中确定的出庭日期或者期限是否已过，受委托方法院均应送达。

第14条　受委托方法院对委托方法院委托送达的司法文书和所附相关文件的内容和后果不负法律责任。

第15条　本安排中的司法文书在内地包括：起诉状副本、上诉状副本、反诉状副本、答辩状副本、授权委托书、传票、判决书、调解书、裁定书、支付令、决定书、通知书、证明书、送达回证以及其他司法文书和所附相关文件；在澳门特别行政区包括：起诉状复本、答辩状复本、反诉状复本、上诉状复本、陈述书、申辩书、声明异议书、反驳书、申请书、撤诉书、认诺书、和解书、财产目录、财产分割表、和解建议书、债权人协议书、传唤书、通知书、法官批示、命令状、法庭许可令状、判决书、合议庭裁判书、送达证明书以及其他司法文书和所附相关文件。

三、调取证据

第16条　委托方法院请求调取的证据只能是用于与诉讼有关的证据。

第17条　双方相互委托代为调取证据的委托书应当写明：（一）委托法院的名称；（二）当事人及其诉讼代理人的姓名、地址和其他一切有助于辨别其身份的情况；（三）委托调取证据的原因，以及委托调取证据的具体事项；（四）被调查人的姓名、地址和其他一切有助于辨别其身份的情况，以及需要向其提出的问题；（五）调取证据需采用的特殊方式；（六）有助于执行该委托的其他一切情况。

第18条 代为调取证据的范围包括：代为询问当事人、证人和鉴定人，代为进行鉴定和司法勘验，调取其他与诉讼有关的证据。

第19条 ~~如~~委托方法院提出要求的~~的~~，受委托方法院应当将取证的时间、地点通知委托方法院，以便有关当事人及其诉讼代理人能够出席。

第20条 受委托方法院在执行委托调取证据时，根据委托方法院的请求，可以允许委托方法院派司法人员出席。必要时，经受委托方允许，委托方法院的司法人员可以向证人、鉴定人等发问。

第21条 受委托方法院完成委托调取证据的事项后，应当向委托方法院书面说明。

如果未能按委托方法院的请求全部或部分完成调取证据事项~~的~~，受委托方法院应当向委托方法院书面说明妨碍调取证据的原因，采取邮寄方式委托的，并应及时退回委托书及所附全部文件。

如果当事人、证人根据受委托方的法律规定，拒绝作证或推辞提供证言时，受委托方法院应当以书面通知委托方法院，采取邮寄方式委托的，并应及时退回委托书及所附全部文件。

第22条 受委托方法院可以根据委托方法院的请求，并经证人、鉴定人同意，协助安排其辖区的证人、鉴定人到对方辖区出庭作证。

证人、鉴定人在委托方地域内逗留期间，不得因在其离开受委托方地域之前，在委托方境内所实施的行为或针对他所作的裁决而被刑事起诉、羁押，或者不得为履行刑罚或者其他处罚而被剥夺财产或者扣留身份证件，~~或者~~不得以任何方式对其人身自由加以限制。

证人、鉴定人完成所需诉讼行为，且可自由离开委托方地域后，在委托方境内逗留超过7天，或者已离开委托方地域又自行返回时，前款规定~~所指~~的豁免即行终止。

证人、鉴定人到委托方法院出庭而导致的费用及补偿，由委托方法院预付。

~~本条规定的/~~该条所指出庭作证人员，在澳门特别行政区还包括当事人。

第23条 受委托方法院可以根据委托方法院的请求，并经证人、鉴定人同意，协助安排其辖区的证人、鉴定人通过视频、音频作证。

第24条 受委托方法院取证时，被调查的当事人、证人、鉴定人等的代理人可以出席。

四、附则

第 25 条　受委托方法院可以根据委托方法院的请求代为查询并提供本辖区的有关法律。

第 26 条　本安排在执行过程中遇有问题的，由最高人民法院与澳门特别行政区终审法院协商解决。

如果本安排需要修改的，由/应当通过最高人民法院与澳门特别行政区代表协商解决。

【法发〔2021〕15 号】　最高人民法院关于开展认可和协助香港特别行政区破产程序试点工作的意见（2021 年 5 月 11 日）（见本书第 22 章"重组与破产"专辑）

【法释〔2021〕21 号】　最高人民法院关于仲裁司法审查案件报核问题的有关规定（"法释〔2017〕21 号"公布，2018 年 1 月 1 日起施行；2021 年 11 月 15 日最高法审委会〔1850 次〕修正，2021 年 12 月 24 日公布，2022 年 1 月 1 日起施行）（详见本书第 297 条）

第 2 条（第 1 款）　各中级人民法院或者专门人民法院办理涉外涉港澳台仲裁司法审查案件，经审查拟认定仲裁协议无效，不予执行或者撤销我国内地仲裁机构的仲裁裁决，不予认可和执行香港特别行政区、澳门特别行政区、台湾地区仲裁裁决，不予承认和执行外国仲裁裁决，应当向本辖区所属高级人民法院报核；高级人民法院经审查拟同意的，应当向最高人民法院报核。待最高人民法院审核后，方可依最高人民法院的审核意见作出裁定。

【法释〔2022〕4 号】　最高人民法院关于内地与香港特别行政区法院相互认可和执行婚姻家庭民事案件判决的安排（2017 年 5 月 22 日最高法审委会〔1718 次〕通过，2017 年 6 月 20 日签署，2022 年 2 月 14 日公布，2022 年 2 月 15 日起生效）①

根据《中华人民共和国香港特别行政区基本法》第 95 条的规定，最高人民法院与香港特别行政区政府经协商，现就婚姻家庭民事案件判决的认可和执行问题作出如下安排。

第 1 条　当事人向香港特别行政区法院申请认可和执行内地人民法院就婚姻家庭民事案件作出的生效判决，或者向内地人民法院申请认可和执行香港特别行政区法院就婚姻家庭民事案件作出的生效判决的，适用本安排。

当事人向香港特别行政区法院申请认可内地民政部门所发的离婚证，或者向

①　注：2021 年 5 月 5 日，香港特别行政区立法会通过《内地婚姻家庭案件判决（相互承认及强制执行）条例》，完成了香港本地的立法程序。

内地人民法院申请认可依据《婚姻制度改革条例》（香港法例第178章）第Ⅴ部、第ⅤA部规定解除婚姻的协议书、备忘录的，参照适用本安排。

第2条　本安排所称生效判决：

（一）在内地，是指第二审判决，依法不准上诉或者超过法定期限没有上诉的第一审判决，以及依照审判监督程序作出的上述判决；

（二）在香港特别行政区，是指终审法院、高等法院上诉法庭及原讼法庭和区域法院作出的已经发生法律效力的判决，包括依据香港法律可以在生效后作出更改的命令。

前款所称判决，在内地包括判决、裁定、调解书，在香港特别行政区包括判决、命令、判令、讼费评定证明书、定额讼费证明书，但不包括双方依据其法律承认的其他国家和地区法院作出的判决。

第3条　本安排所称婚姻家庭民事案件：

（一）在内地是指：1. 婚内夫妻财产分割纠纷案件；2. 离婚纠纷案件；3. 离婚后财产纠纷案件；4. 婚姻无效纠纷案件；5. 撤销婚姻纠纷案件；6. 夫妻财产约定纠纷案件；7. 同居关系子女抚养纠纷案件；8. 亲子关系确认纠纷案件；9. 抚养纠纷案件；10. 扶养纠纷案件（限于夫妻之间扶养纠纷）；11. 确认收养关系纠纷案件；12. 监护权纠纷案件（限于未成年子女监护权纠纷）；13. 探望权纠纷案件；14. 申请人身安全保护令案件。

（二）在香港特别行政区是指：1. 依据香港法例第179章《婚姻诉讼条例》第Ⅲ部作出的离婚绝对判令；2. 依据香港法例第179章《婚姻诉讼条例》第Ⅳ部作出的婚姻无效绝对判令；3. 依据香港法例第192章《婚姻法律程序与财产条例》作出的在讼案待决期间提供赡养费令；4. 依据香港法例第13章《未成年人监护条例》、第16章《分居令及赡养令条例》、第192章《婚姻法律程序与财产条例》第Ⅱ部、第ⅡA部作出的赡养令；5. 依据香港法例第13章《未成年人监护条例》、第192章《婚姻法律程序与财产条例》第Ⅱ部、第ⅡA部作出的财产转让及出售财产令；6. 依据香港法例第182章《已婚者地位条例》作出的有关财产的命令；7. 依据香港法例第192章《婚姻法律程序与财产条例》在双方在生时作出的修改赡养协议的命令；8. 依据香港法例第290章《领养条例》作出的领养令；9. 依据香港法例第179章《婚姻诉讼条例》、第429章《父母与子女条例》作出的父母身份、婚生地位或者确立婚生地位的宣告；10. 依据香港法例第13章《未成年人监护条例》、第16章《分居令及赡养令条例》、第192章《婚姻法律程序与财产条例》作出的管养令；11. 就受香港法院监护的未成年子女作出的管养令；12. 依据香港法例第189章《家庭及同居关系暴力条例》作出的禁制骚扰令、驱逐令、重返令或者更改、暂停执行就未成年子女的管养令、探视令。

第4条　申请认可和执行本安排规定的判决：

（一）在内地向申请人住所地、经常居住地或者被申请人住所地、经常居住地、财产所在地的中级人民法院提出；

（二）在香港特别行政区向区域法院提出。

申请人应当向符合前款第1项规定的其中一个人民法院提出申请。向两个以上有管辖权的人民法院提出申请的，由最先立案的人民法院管辖。

第5条　申请认可和执行本安排第1条第1款规定的判决的，应当提交下列材料：（一）申请书；（二）经作出生效判决的法院盖章的判决副本；（三）作出生效判决的法院出具的证明书，证明该判决属于本安排规定的婚姻家庭民事案件生效判决；（四）判决为缺席判决的，应当提交法院已经合法传唤当事人的证明文件，但判决已经对此予以明确说明或者缺席方提出申请的除外；（五）经公证的身份证件复印件。

申请认可本安排第1条第2款规定的离婚证或者协议书、备忘录的，应当提交下列材料：（一）申请书；（二）经公证的离婚证复印件，或者经公证的协议书、备忘录复印件；（三）经公证的身份证件复印件。

向内地人民法院提交的文件没有中文文本的，应当提交准确的中文译本。

第6条　申请书应当载明下列事项：（一）当事人的基本情况，包括姓名、住所、身份证件信息、通讯方式等；（二）请求事项和理由，申请执行的，还需提供被申请人的财产状况和财产所在地；（三）判决是否已在其他法院申请执行和执行情况。

第7条　申请认可和执行判决的期间、程序和方式，应当依据被请求方法律的规定。

第8条　法院应当尽快审查认可和执行的请求，并作出裁定或者命令。

第9条　申请认可和执行的判决，被申请人提供证据证明有下列情形之一的，法院审查核实后，不予认可和执行：（一）根据原审法院地法律，被申请人未经合法传唤，或者虽经合法传唤但未获得合理的陈述、辩论机会的；（二）判决是以欺诈方法取得的；（三）被请求方法院受理相关诉讼后，请求方法院又受理就同一争议提起的诉讼并作出判决的；（四）被请求方法院已经就同一争议作出判决，或者已经认可和执行其他国家和地区法院就同一争议所作出的判决的。

内地人民法院认为认可和执行香港特别行政区法院判决明显违反内地法律的基本原则或者社会公共利益，香港特别行政区法院认为认可和执行内地人民法院判决明显违反香港特别行政区法律的基本原则或者公共政策的，不予认可和执行。

申请认可和执行的判决涉及未成年子女的，在根据前款规定审查决定是否认可和执行时，应当充分考虑未成年子女的最佳利益。

第10条 被请求方法院不能对判决的全部判项予以认可和执行时，可以认可和执行其中的部分判项。

第11条 对于香港特别行政区法院作出的判决，一方当事人已经提出上诉，内地人民法院审查核实后，可以中止认可和执行程序。经上诉，维持全部或者部分原判决的，恢复认可和执行程序；完全改变原判决的，终止认可和执行程序。

内地人民法院就已经作出的判决裁定再审的，香港特别行政区法院审查核实后，可以中止认可和执行程序。经再审，维持全部或者部分原判决的，恢复认可和执行程序；完全改变原判决的，终止认可和执行程序。

第12条 在本安排下，内地人民法院作出的有关财产归一方所有的判项，在香港特别行政区将被视为命令一方向另一方转让该财产。

第13条 被申请人在内地和香港特别行政区均有可供执行财产的，申请人可以分别向两地法院申请执行。

两地法院执行财产的总额不得超过判决确定的数额。应对方法院要求，两地法院应当相互提供本院执行判决的情况。

第14条 内地与香港特别行政区法院相互认可和执行的财产给付范围，包括判决确定的给付财产和相应的利息、迟延履行金、诉讼费，不包括税收、罚款。

前款所称诉讼费，在香港特别行政区是指讼费评定证明书、定额讼费证明书核定或者命令支付的费用。

第15条 被请求方法院就认可和执行的申请作出裁定或者命令后，当事人不服的，在内地可以于裁定送达之日起10日内向上一级人民法院申请复议，在香港特别行政区可以依据其法律规定提出上诉。

第16条 在审理婚姻家庭民事案件期间，当事人申请认可和执行另一地法院就同一争议作出的判决的，应当受理。受理后，有关诉讼应当中止，待就认可和执行的申请作出裁定或者命令后，再视情终止或者恢复诉讼。

第17条 审查认可和执行判决申请期间，当事人就同一争议提起诉讼的，不予受理；已经受理的，驳回起诉。

判决获得认可和执行后，当事人又就同一争议提起诉讼的，不予受理。

判决未获认可和执行的，申请人不得再次申请认可和执行，但可以就同一争议向被请求方法院提起诉讼。

第18条 被请求方法院在受理认可和执行判决的申请之前或者之后，可以依据其法律规定采取保全或者强制措施。

第19条 申请认可和执行判决的，应当依据被请求方有关诉讼收费的法律和规定交纳费用。

第20条　内地与香港特别行政区法院自本安排生效之日起作出的判决，适用本安排。

第21条　本安排在执行过程中遇有问题或者需要修改的，由最高人民法院和香港特别行政区政府协商解决。

【法释〔2022〕7号】　最高人民法院关于内地与澳门特别行政区就仲裁程序相互协助保全的安排（2022年2月15日最高法审委会〔1864次〕通过，2022年2月24日公布，2022年3月25日起生效）①

根据《中华人民共和国澳门特别行政区基本法》第93条的规定，经最高人民法院与澳门特别行政区协商，现就内地与澳门特别行政区关于仲裁程序相互协助保全作出如下安排。

第1条　本安排所称"保全"，在内地包括财产保全、证据保全、行为保全；在澳门特别行政区包括为确保受威胁的权利得以实现而采取的保存或者预行措施。

第2条　按照澳门特别行政区仲裁法规向澳门特别行政区仲裁机构提起民商事仲裁程序的当事人，在仲裁裁决作出前，可以参照《中华人民共和国民事诉讼法》《中华人民共和国仲裁法》以及相关司法解释的规定，向被申请人住所地、财产所在地或者证据所在地的内地中级人民法院申请保全。被申请人住所地、财产所在地或者证据所在地在不同人民法院辖区的，应当选择向其中一个人民法院提出申请，不得分别向2个或者2个以上人民法院提出申请。

在仲裁机构受理仲裁案件前申请保全，内地人民法院采取保全措施后30日内未收到仲裁机构已受理仲裁案件的证明函件的，内地人民法院应当解除保全。

第3条　向内地人民法院申请保全的，应当提交下列材料：（一）保全申请书；（二）仲裁协议；（三）身份证明材料：申请人为自然人的，应当提交身份证件复印件；申请人为法人或者非法人组织的，应当提交注册登记证书的复印件以及法定代表人或者负责人的身份证件复印件；（四）在仲裁机构受理仲裁案件后申请保全的，应当提交包含主要仲裁请求和所根据的事实与理由的仲裁申请文件以及相关证据材料、仲裁机构出具的已受理有关仲裁案件的证明函件；（五）内地人民法院要求的其他材料。

身份证明材料系在内地以外形成的，应当依据内地相关法律规定办理证明手续。

向内地人民法院提交的文件没有中文文本的，应当提交中文译本。

---

① 注：实际上，2022年2月25日，内地与澳门双方才正式签署本安排。见最高人民法院网站，https：//www.court.gov.cn/zixun-xiangqing-347161.html，最后访问时间：2023年11月29日。

第4条 向内地人民法院提交的保全申请书应当载明下列事项：（一）当事人的基本情况：当事人为自然人的，包括姓名、住所、身份证件信息、通讯方式等；当事人为法人或者非法人组织的，包括法人或者非法人组织的名称、住所以及法定代表人或者主要负责人的姓名、职务、住所、身份证件信息、通讯方式等；（二）请求事项，包括申请保全财产的数额、申请行为保全的内容和期限等；（三）请求所依据的事实、理由和相关证据，包括关于情况紧急，如不立即保全将会使申请人合法权益受到难以弥补的损害或者将使仲裁裁决难以执行的说明等；（四）申请保全的财产、证据的明确信息或者具体线索；（五）用于提供担保的内地财产信息或者资信证明；（六）是否已提出其他保全申请以及保全情况；（七）其他需要载明的事项。

第5条 依据《中华人民共和国仲裁法》向内地仲裁机构提起民商事仲裁程序的当事人，在仲裁裁决作出前，可以根据澳门特别行政区法律规定，向澳门特别行政区初级法院申请保全。

在仲裁机构受理仲裁案件前申请保全的，申请人应当在澳门特别行政区法律规定的期间内，采取开展仲裁程序的必要措施，否则该保全措施失效。申请人应当将已作出必要措施及作出日期的证明送交澳门特别行政区法院。

第6条 向澳门特别行政区法院申请保全的，须附同下列资料：（一）仲裁协议；（二）申请人或者被申请人为自然人的，应当载明其姓名以及住所；为法人或者非法人组织的，应当载明其名称、住所以及法定代表人或者主要负责人的姓名、职务和住所；（三）请求的详细资料，尤其包括请求所依据的事实和法律理由、申请标的的情况、财产的详细资料、须保全的金额、申请行为保全的详细内容和期限以及附同相关证据，证明权利受威胁以及解释恐防受侵害的理由；（四）在仲裁机构受理仲裁案件后申请保全的，应当提交该仲裁机构出具的已受理有关仲裁案件的证明；（五）是否已提出其他保全申请以及保全情况；（六）法院要求的其他资料。

如向法院提交的文件并非使用澳门特别行政区的其中一种正式语文，则申请人应当提交其中一种正式语文的译本。

第7条 被请求方法院应当尽快审查当事人的保全申请，可以按照被请求方法律规定要求申请人提供担保。

经审查，当事人的保全申请符合被请求方法律规定的，被请求方法院应当作出保全裁定。

第8条 当事人对被请求方法院的裁定不服的，按被请求方相关法律规定处理。

第9条 当事人申请保全的，应当根据被请求方法律的规定交纳费用。

第10条 本安排不减损内地和澳门特别行政区的仲裁机构、仲裁庭、仲裁员、当事人依据对方法律享有的权利。

第 11 条　本安排在执行过程中遇有问题或者需要修改的，由最高人民法院和澳门特别行政区协商解决。

【法释〔2024〕2 号】　最高人民法院关于内地与香港特别行政区法院相互认可和执行民商事案件判决的安排（2019 年 1 月 14 日最高法审委会〔1759 次〕通过，2019 年 1 月 18 日签署，2024 年 1 月 25 日公布，2024 年 1 月 29 日起施行）①

第 1 条　内地与香港特别行政区法院民商事案件生效判决的相互认可和执行，适用本安排。

刑事案件中有关民事赔偿的生效判决的相互认可和执行，亦适用本安排。

第 2 条　本安排所称"民商事案件"是指依据内地和香港特别行政区法律均属于民商事性质的案件，不包括香港特别行政区法院审理的司法复核案件以及其他因行使行政权力直接引发的案件。

第 3 条　本安排暂不适用于就下列民商事案件作出的判决：（一）内地人民法院审理的赡养、兄弟姐妹之间扶养、解除收养关系、成年人监护权、离婚后损害责任、同居关系析产案件，香港特别行政区法院审理的应否裁判分居的案件；（二）继承案件、遗产管理或者分配的案件；（三）内地人民法院审理的有关发明专利、实用新型专利侵权的案件，香港特别行政区法院审理的有关标准专利（包括原授专利）、短期专利侵权的案件，内地与香港特别行政区法院审理的有关确认标准必要专利许可费率的案件，以及有关本安排第 5 条未规定的知识产权案件；（四）海洋环境污染、海事索赔责任限制、共同海损、紧急拖航和救助、船舶优先权、海上旅客运输案件；（五）破产（清盘）案件；（六）确定选民资格、宣告自然人失踪或者死亡、认定自然人限制或者无民事行为能力的案件；（七）确认仲裁协议效力、撤销仲裁裁决案件；（八）认可和执行其他国家和地区判决、仲裁裁决的案件。

第 4 条　本安排所称"判决"，在内地包括判决、裁定、调解书、支付令，不包括保全裁定；在香港特别行政区包括判决、命令、判令、讼费评定证明书，不包括禁诉令、临时济助命令。

本安排所称"生效判决"：

（一）在内地，是指第二审判决，依法不准上诉或者超过法定期限没有上诉的第一审判决，以及依照审判监督程序作出的上述判决；

（二）在香港特别行政区，是指终审法院、高等法院上诉法庭及原讼法庭、

---

①　注：为落实本安排，香港特别行政区立法会已于 2022 年 10 月 26 日三读通过《内地民商事判决（相互强制执行）条例》（香港法例第 645 章）。

区域法院以及劳资审裁处、土地审裁处、小额钱债审裁处、竞争事务审裁处作出的已经发生法律效力的判决。

第5条 本安排所称"知识产权"是指《与贸易有关的知识产权协定》第1条第2款规定的知识产权，以及《中华人民共和国民法典》第123条第2款第7项、香港《植物品种保护条例》规定的权利人就植物新品种享有的知识产权。

第6条 本安排所称"住所地"，当事人为自然人的，是指户籍所在地或者永久性居民身份所在地、经常居住地；当事人为法人或者其他组织的，是指注册地或者登记地、主要办事机构所在地、主要营业地、主要管理地。

第7条 申请认可和执行本安排规定的判决：

（一）在内地，向申请人住所地或者被申请人住所地、财产所在地的中级人民法院提出；

（二）在香港特别行政区，向高等法院提出。

申请人应当向符合前款第1项规定的其中一个人民法院提出申请。向2个以上有管辖权的人民法院提出申请的，由最先立案的人民法院管辖。

第8条 申请认可和执行本安排规定的判决，应当提交下列材料：（一）申请书；（二）经作出生效判决的法院盖章的判决副本；（三）作出生效判决的法院出具的证明书，证明该判决属于生效判决，判决有执行内容的，还应当证明在原审法院地可以执行；（四）判决为缺席判决的，应当提交已经合法传唤当事人的证明文件，但判决已经对此予以明确说明或者缺席方提出认可和执行申请的除外；（五）身份证明材料：1.申请人为自然人的，应当提交身份证件复印件；2.申请人为法人或者其他组织的，应当提交注册登记证书的复印件以及法定代表人或者主要负责人的身份证件复印件。

上述身份证明材料，在被请求方境外形成的，应当依据被请求方法律规定办理证明手续。

向内地人民法院提交的文件没有中文文本的，应当提交准确的中文译本。

第9条 申请书应当载明下列事项：

（一）当事人的基本情况：当事人为自然人的，包括姓名、住所、身份证件信息、通讯方式等；当事人为法人或者其他组织的，包括名称、住所及其法定代表人或者主要负责人的姓名、职务、住所、身份证件信息、通讯方式等；

（二）请求事项和理由；申请执行的，还需提供被申请人的财产状况和财产所在地；

（三）判决是否已在其他法院申请执行以及执行情况。

第10条 申请认可和执行判决的期间、程序和方式，应当依据被请求方法律的规定。

第11条 符合下列情形之一，且依据被请求方法律有关诉讼不属于被请求方法院专属管辖的，被请求方法院应当认定原审法院具有管辖权：

（一）原审法院受理案件时，被告住所地在该方境内；

（二）原审法院受理案件时，被告在该方境内设有代表机构、分支机构、办事处、营业所等不属于独立法人的机构，且诉讼请求是基于该机构的活动；

（三）因合同纠纷提起的诉讼，合同履行地在该方境内；

（四）因侵权行为提起的诉讼，侵权行为实施地在该方境内；

（五）合同纠纷或者其他财产权益纠纷的当事人以书面形式约定由原审法院地管辖，但各方当事人住所地均在被请求方境内的，原审法院地应系合同履行地、合同签订地、标的物所在地等与争议有实际联系地；

（六）当事人未对原审法院提出管辖权异议并应诉答辩，但各方当事人住所地均在被请求方境内的，原审法院地应系合同履行地、合同签订地、标的物所在地等与争议有实际联系地。

前款所称"书面形式"是指合同书、信件和数据电文（包括电报、电传、传真、电子数据交换和电子邮件）等可以有形地表现所载内容的形式。

知识产权侵权纠纷案件以及内地人民法院审理的《中华人民共和国反不正当竞争法》第6条规定的不正当竞争纠纷民事案件、香港特别行政区法院审理的假冒纠纷案件，侵权、不正当竞争、假冒行为实施地在原审法院地境内，且涉案知识产权权利、权益在该方境内依法应予保护的，才应当认定原审法院具有管辖权。

除第1款、第3款规定外，被请求方法院认为原审法院对于有关诉讼的管辖符合被请求方法律规定的，可以认定原审法院具有管辖权。

第12条 申请认可和执行的判决，被申请人提供证据证明有下列情形之一的，被请求方法院审查核实后，应当不予认可和执行：（一）原审法院对有关诉讼的管辖不符合本安排第11条规定的；（二）依据原审法院地法律，被申请人未经合法传唤，或者虽经合法传唤但未获得合理的陈述、辩论机会的；（三）判决是以欺诈方法取得的；（四）被请求方法院受理相关诉讼后，原审法院又受理就同一争议提起的诉讼并作出判决的；（五）被请求方法院已经就同一争议作出判决，或者已经认可其他国家和地区就同一争议作出的判决的；（六）被请求方已经就同一争议作出仲裁裁决，或者已经认可其他国家和地区就同一争议作出的仲裁裁决的。

内地人民法院认为认可和执行香港特别行政区法院判决明显违反内地法律的基本原则或者社会公共利益，香港特别行政区法院认为认可和执行内地人民法院判决明显违反香港特别行政区法律的基本原则或者公共政策的，应当不予认可和执行。

第13条 申请认可和执行的判决，被申请人提供证据证明在原审法院进行的诉讼违反了当事人就同一争议订立的有效仲裁协议或者管辖协议的，被请求方法院审查核实后，可以不予认可和执行。

第14条　被请求方法院不能仅因判决的先决问题不属于本安排适用范围，而拒绝认可和执行该判决。

第15条　对于原审法院就知识产权有效性、是否成立或者存在作出的判项，不予认可和执行，但基于该判项作出的有关责任承担的判项符合本安排规定的，应当认可和执行。

第16条　相互认可和执行的判决内容包括金钱判项、非金钱判项。

判决包括惩罚性赔偿的，不予认可和执行惩罚性赔偿部分，但本安排第17条规定的除外。

第17条　知识产权侵权纠纷案件以及内地人民法院审理的《中华人民共和国反不正当竞争法》第6条规定的不正当竞争纠纷民事案件、香港特别行政区法院审理的假冒纠纷案件，内地与香港特别行政区法院相互认可和执行判决的，限于根据原审法院地发生的侵权行为所确定的金钱判项，包括惩罚性赔偿部分。

有关商业秘密侵权纠纷案件判决的相互认可和执行，包括金钱判项（含惩罚性赔偿）、非金钱判项。

第18条　内地与香港特别行政区法院相互认可和执行的财产给付范围，包括判决确定的给付财产和相应的利息、诉讼费、迟延履行金、迟延履行利息，不包括税收、罚款。

前款所称"诉讼费"，在香港特别行政区是指讼费评定证明书核定或者命令支付的费用。

第19条　被请求方法院不能认可和执行判决全部判项的，可以认可和执行其中的部分判项。

第20条　对于香港特别行政区法院作出的判决，一方当事人已经提出上诉，内地人民法院审查核实后，中止认可和执行程序。经上诉，维持全部或者部分原判决的，恢复认可和执行程序；完全改变原判决的，终止认可和执行程序。

内地人民法院就已经作出的判决裁定再审的，香港特别行政区法院审查核实后，中止认可和执行程序。经再审，维持全部或者部分原判决的，恢复认可和执行程序；完全改变原判决的，终止认可和执行程序。

第21条　被申请人在内地和香港特别行政区均有可供执行财产的，申请人可以分别向两地法院申请执行。

应对方法院要求，两地法院应当相互提供本方执行判决的情况。

两地法院执行财产的总额不得超过判决确定的数额。

第22条　在审理民商事案件期间，当事人申请认可和执行另一地法院就同一争议作出的判决的，应当受理。受理后，有关诉讼应当中止，待就认可和执行的申请作出裁定或者命令后，再视情终止或者恢复诉讼。

第23条　审查认可和执行判决申请期间，当事人就同一争议提起诉讼的，不予受理；已经受理的，驳回起诉。

判决全部获得认可和执行后，当事人又就同一争议提起诉讼的，不予受理。

判决未获得或者未全部获得认可和执行的，申请人不得再次申请认可和执行，但可以就同一争议向被请求方法院提起诉讼。

第24条　申请认可和执行判决的，被请求方法院在受理申请之前或者之后，可以依据被请求方法律规定采取保全或者强制措施。

第25条　法院应当尽快审查认可和执行的申请，并作出裁定或者命令。

第26条　被请求方法院就认可和执行的申请作出裁定或者命令后，当事人不服的，在内地可以于裁定送达之日起10日内向上一级人民法院申请复议，在香港特别行政区可以依据其法律规定提出上诉。

第27条　申请认可和执行判决的，应当依据被请求方有关诉讼收费的法律和规定交纳费用。

第28条　本安排签署后，最高人民法院和香港特别行政区政府经协商，可以就第3条所列案件判决的认可和执行以及第4条所涉保全、临时济助的协助问题签署补充文件。

本安排在执行过程中遇有问题或者需要修改的，由最高人民法院和香港特别行政区政府协商解决。

第29条　本安排在最高人民法院发布司法解释和香港特别行政区完成有关程序后，由双方公布生效日期。

内地与香港特别行政区法院自本安排生效之日起作出的判决，适用本安排。

第30条　本安排生效之日，《关于内地与香港特别行政区法院相互认可和执行当事人协议管辖的民商事案件判决的安排》同时废止。

本安排生效前，当事人已签署《关于内地与香港特别行政区法院相互认可和执行当事人协议管辖的民商事案件判决的安排》所称"书面管辖协议"的，仍适用该安排。

第31条　本安排生效后，《关于内地与香港特别行政区法院相互认可和执行婚姻家庭民事案件判决的安排》继续施行。

【民四他字〔2003〕9号】　最高人民法院关于香港享进粮油食品有限公司申请执行香港国际仲裁中心仲裁裁决案的复函（2003年11月14日答复安徽高院"〔2003〕皖执他字第01号"报告）

根据你院所述事实，安徽粮油食品进出口（集团）公司（以下简称安徽粮油公司）系海南高富瑞工贸有限公司（以下简称海南高富瑞公司）的股东。本案所涉合同是海南高富瑞公司总经理张根杰，利用其持有的安徽粮油公司派驻海南高富瑞公司任职人员的相关文件的便利，采取剪取、粘贴、复印、传真等违法手段，盗用安徽粮油公司圆形行政公章，以安徽粮油公司的名义与香港享进粮油食品有限公司（以下简称享进公司）签订的。由于张根杰没有得到安徽粮油公司的明确授权，而是采用违法的手段盗用其印章签订合同，且事后张根杰未告知安徽粮油公司，更未得到追认，根据当事人的属人法即我国内地相应的法律规定，张根杰无权代理安徽粮油公司签订合同，亦即其不具备以安徽粮油公司名义签订合同的行为能力，相应地，其亦不具有以安徽粮油公司名义签订合同中仲裁条款的行为能力。由于本案所涉仲裁协议是张根杰通过欺诈手段签订的，因此，根据本案仲裁地法即香港特别行政区的法律，该仲裁协议也应认定无效。故根据《最高人民法院关于内地与香港特别行政区相互执行仲裁裁决的安排》第 7 条第 1 款第 1 项的规定，应不予执行本案仲裁裁决。同意你院的处理意见，但你院不宜以《最高人民法院关于内地与香港特别行政区相互执行仲裁裁决的安排》第 7 条第 3 款的规定作为不予执行本案仲裁裁决的法律依据。

【民四他字 ［2006］12 号】 最高人民法院关于香港东丰船务有限公司申请执行香港海事仲裁裁决请示的复函（2006 年 6 月 2 日答复辽宁高院 "［2005］辽执一监字第 3 号" 报告）

根据你院请示报告认定的事实，申请执行人香港东丰船务有限公司并未提供相关书面证据证明被执行人中国外运沈阳集团公司接到另行指定仲裁员的适当通知，也无证据证明仲裁庭向被执行人发出仲裁开庭的书面通知。根据最高人民法院《关于内地与香港特别行政区相互执行仲裁裁决的安排》第 7 条第 1 款第 2 项的规定，对香港东丰船务有限公司提交的香港海事仲裁裁决应裁定不予执行。

【民四他字 ［2006］48 号】 最高人民法院关于不予执行香港欧亚科技公司与新疆啤酒花股份有限公司仲裁裁决一案的请示的复函（2007 年 11 月 28 日答复新疆高院 "［2006］新执监字第 97 号" 请示）

据你院请示所附材料，申请人香港欧亚科技公司与被申请人新疆啤酒花股价有限公司为买卖啤酒花生产线进行磋商并一同检验设备后，因新疆啤酒花股份有限公司无进出口权，委托新疆农垦进出口公司代理进口。1996 年 10 月 19 日，新疆农垦进出口公司与香港欧亚科技公司在乌鲁木齐市签订了 96XK-1015HK 合同（包括 2 个附件 A 和 B），新疆啤酒花股份有限公司的副总经理在该合同的正本上签名确认。合同约定：本合同适用中国法律，如双方不能协商解决争议，则通过仲裁解决，仲裁地点将在香港。1997 年 12 月 1 日，新疆啤酒花股份有限公司与香港欧亚科技公司签订了《关于对 1996 年 10 月 19 日乌鲁木齐签订的 96XK-1015HK 合同和附件 B 的修改协议》，双方在此修改协议中约定：修改协议是原合同的组成部分。之后，新疆啤酒花股份有限公司与香港欧亚科技公司发生争议，香港欧亚科技公司将争议提交仲裁。2001 年 6 月 24 日，香港国际仲裁中心作出最终裁决。香港欧亚科技公司向乌鲁木齐市中级人民法院申请执行该裁决后，新疆啤酒花股份有限公司以双方之间没有仲裁协议为由提出应不予执行上述仲裁裁决。

本院经审查认为，新疆啤酒花股份有限公司与香港欧亚科技公司在修改协议中明确约定了该修改协议是原合同的组成部分，而原合同中有仲裁条款。因此，原合同中的仲裁条款对新疆啤酒花股份有限公司和香港欧亚科技公司双方具有约束力，不应以新疆啤酒花股份有限公司和香港欧亚科技公司之间不存在仲裁协议为由拒绝执行香港国际仲裁中心于 2001 年 6 月 24 日就新疆啤酒花股份有限公司与香港欧亚科技公司间买卖纠纷作出的仲裁裁决。此外，依照《最高人民法院关于适用〈中华人民共和国仲裁法〉若干问题的解释》第 16 条和《最高人民法院关于内地与香港特别行政区相互执行仲裁裁决的安排》第 7 条第 1 款第 1 项，当事人未对仲裁协议的准据法作出约定但约定了仲裁地点的，适用仲裁地法律即香港特别行政区法律确定上述仲裁条款的效力。被申请人未主张上述仲裁条款依照香港特别行政区法律应确定为无效，也未提出仲裁裁决有《最高人民法院关于内地与香港特别行政区相互执行仲裁裁决的安排》第 7 条第 1 款规定的其他情形，如又不具有第 2 款、第 3 款规定的情形，则上述裁决应予执行。

● 入库案例 【2023-10-2-456-001】 某基金 SPC-某基金 SP 申请认可和执行香港特别行政区法院民事判决案（上海金融法院/2020.10. 30/［2019］沪 74 认港 1 号/一审）

裁判要旨：1. 案涉判决虽然为缺席判决，但被申请人未在合理期限内寻求司法救济，属于香港特别行政区法院之具有执行力的终审判决；2. 内地法律关于《维好协议》性质及效力的实体判断不能简单作为认可和执行香港特别行政区判决是否违反内地社会公共利益的认定标准。

● 公报案例 （法公报［2016］7 期） 黄艺明、苏月弟与周大福代理人有限公司、亨满发展有限公司以及宝宜发展有限公司合同纠纷案（最高法一巡庭 2015 年 6 月 29 日民事判决［2015］民四终字第 9 号）（另见本书第 12 章第 1 节"除斥与诉讼时效"专辑）

裁判摘要：涉港民商事纠纷案件中，应当参照我国国际私法中冲突规范的规定以及国际私法理论，针对涉及的不同问题采用分割方法确定应当适用的法律。本案涉及的定性、程序事项适用法院地法，即内地法律；先决问题因涉及法定继承、夫妻财产关系，根据我国冲突规范的指引，适用内地法律；合同争议本身以及诉讼时效问题，根据我国冲突规范的规定，适用当事人选择的香港法律。当事人有义务向法院提供其选择适用的香港法律。

● **典型案例** 【法发［2020］号】 **内地与香港特别行政区相互执行仲裁裁决典型案例**（最高法 2020 年 11 月 27 日发布）

（内地案例 1） 华某航运（新加坡）有限公司申请执行香港仲裁裁决案（［2018］粤 72 认港 1 号、［2019］粤 72 认港 1 号）

基本案情：2012 年 2 月 1 日，华某航运（新加坡）有限公司（以下简称华某公司）与东某运输有限公司（以下简称东某公司）签订包运合同，约定由东某公司运载华某公司货物，因该包运合同产生的所有争议提交香港仲裁，适用英国法。同年 4 月 21 日，华某公司向东某公司发送电子邮件，确认双方在前述包运合同的基础上达成补充合同，约定新增一批货物运输，其他条款和条件适用包运合同。后双方就补充合同的履行发生争议，华某公司于 2016 年 2 月 16 日在香港提起仲裁。香港仲裁庭分别作出首次终局裁决和费用终局裁决，裁决东某公司支付相应赔偿款项及相关仲裁费用。

仲裁裁决生效后，华某公司向广州海事法院申请认可和执行上述两份仲裁裁决。东某公司答辩认为，华某公司提交的仲裁协议未经公证认证，也未提交经过正式证明的中文译本；涉案货物运输系补充合同约定内容，补充合同是当事人双方通过电话形式口头达成的，未约定仲裁条款或者仲裁协议，东某公司亦从未认可仲裁庭具有管辖权；执行仲裁裁决将违反内地仲裁法关于仲裁协议必须明示的要求以及民法总则关于意思表示的有关规定，违反社会公共利益。

裁判结果：广州海事法院认为，第一，华某公司申请认可和执行仲裁裁决的文书符合《最高人民法院关于内地与香港特别行政区相互执行仲裁裁决的安排》（以下简称《安排》）关于形式要件的要求。第二，仲裁协议成立与否属于对仲裁协议效力的审查范围，并且，因双方当事人未对确认仲裁协议效力的准据法作出约定，根据《安排》第 7 条第 1 项，应依据仲裁地法律即香港法律对涉案仲裁协议是否成立进行审查。而依据香港法律有关规定，涉案电子邮件记载的合同并入条款构成有效成立的仲裁协议。第三，违反内地法律有关规定，并不能等同于违反内地社会公共利益，除非认可和执行仲裁裁决将造成严重损害内地法律基本原则的后果。内地仲裁法对仲裁协议的明示要求和民法总则对意思表示的要求，不属于内地法律的基本原则范围。基于以上理由，裁定认可和执行涉案两份仲裁裁决。另，根据华某公司的申请，广州海事法院于作出认可和执行仲裁裁决的裁定前，对东某公司在招商银行深圳分行的存款予以冻结。

典型意义：第一，明确仲裁协议成立与否属于仲裁协议效力审查范围。仲裁协议是当事人申请认可和执行仲裁裁决时必须提交的文书，其直接关系到仲裁庭是否具有管辖权。对仲裁协议效力的审查，是认可和执行仲裁裁决需要解决的先决问题。为此，《安排》第7条第1项明确规定仲裁协议无效的，裁定不予执行。但是，仲裁协议无效作广义理解还是狭义理解，是否包括仲裁协议不成立的情形，在实践中存在争议。本案没有局限于字面意思，而是从条文本意出发，认为仲裁协议是否成立是仲裁协议是否有效的前提，属于仲裁协议效力的审查范畴。仲裁协议无效应包括仲裁协议不成立的情形。

第二，在作出认可和执行裁定前，依申请采取保全措施。法院在受理认可和执行仲裁裁决申请之前或者之后，可否对被申请人的财产采取保全措施，《安排》并未明确规定，实践中理解也不一致。本案参照《关于内地与澳门特别行政区相互认可和执行仲裁裁决的安排》，并根据《中华人民共和国民事诉讼法》及其司法解释有关规定，依当事人申请，分别在当事人申请认可和执行仲裁裁决前，采取诉前保全措施；在当事人申请认可和执行仲裁裁决后、法院作出认可和执行裁定之前，采取诉中保全措施。审理法院通过预防性救济措施促进裁决顺利执行，有利于保护当事人合法权益。

（**内地案例** 2）　美国意某德建筑师事务所申请执行香港仲裁裁决案（［2016］苏01认港1号）

基本案情：2013年3月29日、5月15日，美国意某德建筑师事务所（以下简称意某德事务所）与富某南京地产开发有限公司（以下简称富某公司）签订有关地块设计合同，并约定了仲裁条款，将争议提交中国国际经济贸易仲裁委员会，按照申请仲裁时该仲裁委员会现行有效的仲裁规则进行仲裁，仲裁地点为香港特区。因合同履行发生争议，2015年2月，意某德事务所向中国国际经济贸易仲裁委员会香港仲裁中心（以下简称贸仲香港中心）申请仲裁，请求裁决富某公司支付所欠设计费并承担违约责任等。

贸仲香港中心根据自2015年1月1日起施行的《中国国际经济贸易仲裁委员会仲裁规则》受理本案，并于2015年11月28日作出［2015］中国贸仲港裁字第0003号仲裁裁决。2016年6月7日，意某德事务所向江苏省南京市中级人民法院申请执行该仲裁裁决第3项，即支付利息部分。富某公司未提出异议。

裁判结果：南京中院经审查认为，富某公司对涉案仲裁裁决无异议，并已经履行仲裁裁决所确定的设计费本金部分，仅对第3项逾期利息部分未予支付。涉案仲裁裁决亦不存在违反内地社会公共利益的情形。故依据《最高人民法院关于内地与香港特别行政区相互执行仲裁裁决的安排》（以下简称《安排》）第 1 条、第 7 条的规定，裁定执行该仲裁裁决第 3 项。

典型意义：该案是内地仲裁机构在香港设立的分支机构以香港为仲裁地作出的仲裁裁决获得内地法院执行的首案，具有里程碑意义。该案明确，确认仲裁裁决籍属的标准为仲裁地，并据此认定涉案仲裁裁决系香港仲裁裁决，符合《安排》的适用条件。

内地法律对不同类型仲裁裁决规定了不同审查标准，且一般以仲裁机构所在地确定仲裁裁决的籍属。《最高人民法院关于香港仲裁裁决在内地执行的有关问题的通知》（以下简称《通知》）规定，对于在香港作出的临时仲裁裁决，以及国外仲裁机构在香港作出的仲裁裁决，人民法院应当按照《安排》的规定进行审查。这实际上明确了以仲裁地而非仲裁机构所在地作为判断仲裁裁决籍属的标准。但是，《通知》并未明确规定内地仲裁机构以香港为仲裁地作出的仲裁裁决是否属于香港仲裁裁决的问题。本案依仲裁地认定内地仲裁机构在香港设立的分支机构作出仲裁裁决的籍属，符合《通知》精神，也符合国际通行标准。

（内地案例 3） 大卫某咨询有限公司、布某利有限公司申请执行香港仲裁裁决案（［2020］京 04 认港 5 号）

基本案情：大卫某咨询有限公司（DAVID DEIN CONSULTANCY LIMITED）（以下简称大卫某公司）、布某利有限公司（BRAMLEY CORPORATION LTD）（以下简称布某利公司）分别与北京中赫某足球俱乐部有限责任公司（以下简称某俱乐部）于 2018 年 8 月 24 日签署了相同的《顾问协议》各一份，约定将争议提交至香港国际仲裁中心以仲裁方式解决，准据法为英格兰法律。2018 年 11 月 21 日，某俱乐部据此向香港国际仲裁中心提交仲裁通知。后大卫某公司、布某利公司提出反请求。香港国际仲裁中心就此于 2020 年 3 月 5 日作出了案号为 HKIAC/A18211 的裁决：某俱乐部对《顾问协议》构成了毁约性违约；某俱乐部应向大卫某公司、布某利公司支付相关费用及利息。

仲裁裁决生效后，大卫某公司、布某利公司依据《最高人民法院关于内地与香港特别行政区相互执行仲裁裁决的安排》（以下简称《安排》）向北京四中院申请认可和执行该仲裁裁决。被申请人某俱乐部答辩称，人民法院应裁定不予认可和执行该仲裁裁决，并提出涉案仲裁协议无效、仲裁庭的组成与当事人之间的协议以及香港特别行政区法律不符、仲裁庭程序与当事人之间的协议不符、违反社会公共利益、金额不予认可等理由。

裁判结果：北京四中院经审查认为，第一，本案当事人仅约定合同的准据法为英格兰实体法，未明确确认涉外仲裁协议效力应适用的法律，因仲裁机构所在地和仲裁地均在香港，故应适用香港《仲裁条例》进行审查，依规定该协议有效。第二，依据仲裁时香港国际仲裁中心有效的 2018 年版港仲规则，仲裁庭的组成并不违反该规则。仲裁员与二公司的董事均在英国足协任职，并不必然表明仲裁员与二公司之间具有利益关系或者利害关系。仲裁庭的公开事项当事人已知情，并不需要披露和认定程序违法。第三，申请人提供的部分仲裁文书抄送、账单费用支出并不证明存在仲裁程序与协议不符，上述情况属于在仲裁程序中公开事项，并不违反保密条款。第四，社会公共利益应是关系到全体社会成员的利益，为社会公众所享有，不同于合同当事人的利益，虽然某俱乐部的部分资产属于国有资产，但不能将与其有关的所有事项均认定为社会公共利益。故裁定认可和执行香港特别行政区香港国际仲裁中心 HKIAC/AC18211 号仲裁裁决。

典型意义：1. 本案明确了当事人援引《安排》第 7 条中"仲裁庭的组成或者仲裁庭程序与当事人之间的协议不符"条款，提出仲裁员存在披露、回避等程序问题时，法院应依据仲裁规则，结合社会生活经验合理判断，以是否足以影响仲裁的公正性和独立性为原则进行审查。本案中，仲裁员因工作、生活、学习等社会活动需要而与人接触、交往，以及在同一组织任职等情况并不一定构成回避规则中规定的利害关系或其他影响公正仲裁的关系，对于与仲裁员独立性以及与公正仲裁无关的内容，可以不予披露。

2. 本案对社会公共利益进行了阐释，具有一定参考意义。社会公共利益应是关系到全体社会成员的利益，为社会公众所享有，为整个社会发展存在所需要，具有公共性和社会性，不同于合同当事人的利益。涉案仲裁处理的争议为平等民事主体间的合同争议，处理结果仅影响合同当事人，不涉及社会公共利益。虽然本案被申请人某俱乐部的部分资产属于国有资产，但不能将与其有关的所有事项均认定为社会公共利益。

（内地案例 4） 莱某士国际有限公司申请执行香港仲裁裁决案（［2016］津 01 认港 1 号）

基本案情：2007 年 1 月 15 日，莱某士国际有限公司（以下简称莱某士公司）与海某天津中心发展有限公司（以下简称海某公司）就"莱某士"标志和商标使用事宜达成《许可合同》。同日，莱某士酒店管理（北京）有限公司（系莱某士公司的关联公司，以下简称莱某士北京）与海某公司就酒店管理运营合作事宜签订《酒店管理合同》。《许可合同》约定由该合同产生的或与该合同有关的任何争议、争论或纠纷应提交香港国际仲裁中心根据申请仲裁时仲裁庭当时有效的仲裁规则最终仲裁解决，仲裁地点为香港，同时约定，如果《酒店管理合同》或任何其他交易合同因任何原因终止，该合同立即终止。《酒店管理合同》约定有关争议提交中国国际经济贸易仲裁委员会上海分会（以下简称上海贸仲）裁决。

2012 年 1 月 20 日，莱某士公司向香港国际仲裁中心申请就《许可合同》所涉争议进行仲裁。2012年1月29日，莱某士北京向上海贸仲申请就《酒店管理合同》所涉争议进行仲裁。此后，香港国际仲裁中心作出仲裁裁决（案件编号HKIAC/A12016），裁决海某公司向莱某士公司支付相应款项及利息。莱某士公司向天津一中院申请执行仲裁裁决。被申请人海某公司以裁决所处理的争议不在仲裁协议条款之内等理由认为其违反《最高人民法院关于内地与香港特别行政区相互执行仲裁裁决的安排》（以下简称《安排》第7条的规定，应予以执行。

裁判结果： 天津一中院经层报天津高院、最高院审查认为：第一，香港国际仲裁中心的裁决涉及《酒店管理合同》的情形不构成超裁，不属于《安排》第7条第1款第3项的情形。第二，仲裁庭对管辖问题的处理并未违反当事人的协议及香港特别行政区法律，不属于《安排》第7条第1款第4项的情形。第三，海某公司所提出的质疑，不属于对仲裁员公正性或独立性的质疑，而是对管辖权的质疑，仲裁庭有权予以决定，无需由仲裁中心理事会决定，故不属于《仲裁裁决执行安排》第7条第1款第4项的情形。综上，天津一中院依照《安排》第1条、第6条、第7条之规定，裁定执行香港国际仲裁中心于2014年11月19日、2015年3月19日作出的编号为HKIAC/A12016的部分裁决和终局裁决。

典型意义： 本案在仲裁裁决是否属于《安排》第7条第1款第3项所规定的"超裁"情形方面，明确了以下规则：仲裁庭仅在裁决理由的事实认定和说理部分对非属其管辖的争议进行评判，并未在裁决主文中涉及其他合同争议的，不构成"超裁"。

本案中，莱某士公司提请香港国际仲裁中心仲裁的事项是有关《许可合同》履行的相关争议。因《许可合同》和《酒店管理合同》关系密切，故仲裁裁决在查明事实和说理部分涉及了《酒店管理合同》的有关情况。该分析认定是仲裁庭审理《许可合同》纠纷所无法避免的。仲裁庭最终仅围绕仲裁请求就《许可合同》所涉争议作出了相应的裁决结果，并未对《酒店管理合同》所涉争议作出具体的裁决项。有关争议属于当事人在仲裁协议中约定交付仲裁的范围，涉案仲裁裁决不存在《安排》第7条第1款第3项所规定的"超裁"情形。

（内地案例5） 宾某奈设计集团国际咨询有限公司申请执行香港仲裁裁决案（〔2019〕川01认港1号）

（一）基本案情

2013年11月13日，宾某奈设计集团国际咨询有限公司（以下简称宾某奈公司）与成都门某望江置地有限公司（以下简称门某公司）、成都晨某实业有限公司（以下简称晨某公司）签订《中国成都文华东方酒店景观设计服务协议》（以下简称《服务协议》）。《服务协议》约定，由本合同或本合同违约、终止或无效引起的或与之相关的任何争议、争论或权利主张应根据届时有效的《联合国国际贸易法委员会仲裁规则》（以下简称《仲裁规则》）在香港通过仲裁解决。因合同履行过程中发生争议，2018 年 3 月 5 日，宾某奈公司向香港国际仲裁中心申请仲裁。2019 年 5 月 5 日，仲裁庭作出《最终裁决》，支持了宾某奈公司所有仲裁请求。2019 年 6 月 4 日，仲裁庭作出《最终裁决之更正》，对《最终裁决》进行了更正和更新。后宾某奈公司向四川省成都市中级人民法院申请执行上述仲裁裁决。

门某公司、晨某公司共同答辩认为：第一，仲裁员的选任未依据《仲裁规则》第 8 条的规定采取名单法先行征求各方当事人意见，而是径行指定独任仲裁员，属于《最高人民法院关于内地与香港特别行政区相互执行仲裁裁决的安排》（以下简称《安排》）第 7 条第 4 项规定情形。第二，仲裁员未按司法部令第 69 号《中国委托公证人（香港）管理办法》规定向被申请人送达相关仲裁文书，属于《安排》第 7 条第 2 项规定情形。故请求驳回申请。

裁判结果：成都中院经审查认为，第一，关于涉案仲裁庭的组成。双方在《服务协议》中约定适用《仲裁规则》。案涉仲裁程序中，香港国际仲裁中心行使裁量权指定独任仲裁员符合以上规定。第二，关于仲裁庭是否以适当方式向被申请人送达。涉案仲裁程序中仲裁员按照双方《服务协议》约定的地址送达相关文书，且被申请人也表明确实收到，符合《仲裁规则》第 2 条关于送达的规定，不存在仲裁员未适当通知被申请人的问题。被申请人主张应按《中国委托公证人（香港）管理办法》规定向被申请人送达相关仲裁文书，与《仲裁规则》规定不符，对该意见不予采纳。

典型意义：本案明确，判断送达是否成功的依据应当是仲裁程序适用的仲裁规则。"未经依法送达"，是被申请人较常提出的不予执行香港仲裁裁决的理由。判断是否依法有效送达，首先应当明确送达程序所依据的规定。本案中，双方在合同中约定，由本合同或本合同违约、终止或无效引起的或与之相关的任何争议、争论或权利主张应根据届时有效的《仲裁规则》解决。据此，本案充分尊重当事人的选择，依据《仲裁规则》有关规定，并按照双方《服务协议》约定的地址送达相关文书，且被申请人也表明确实收到，不存在仲裁员未适当通知被申请人的问题。被申请人主张应按《中国委托公证人（香港）管理办法》规定向被申请人送达相关仲裁文书，与《仲裁规则》规定不符。

（香港案例 1）CL 诉 SCG 案（［2019］2 HKLRD 144，HCCT 9/2018）

基本案情：这是答辩人提出的作为一个初步问题的聆讯。聆讯涉及的问题是关于针对答辩人强制执行仲裁裁决的申请是否受到香港法例第 347 章《时效条例》（"《时效条例》"）第 4（1）（c）条的限制而丧失时效。

申请人与答辩人进行香港某仲裁中心管理之仲裁，申请人获胜诉，裁决命令答辩人需立即向申请人支付美金 2，173，000 元、利息及因仲裁而产生之费用。

2011 年 3 月，申请人向答辩人先后就仲裁裁决确定所需付的款项及仲裁所产生之费用作出追讨，但并不成功。申请人遂于 2011 年 7 月 7 日向内地某人民法院申请强制执行该仲裁裁决，但被该法院驳回。申请人随后向上一级人民法院上诉及作出从审申请，2016 年 3 月 1 日被驳回。

2018 年 2 月 6 日，申请人根据香港法例第 341 章《仲裁条例》（已废除）（"《仲裁条例》"）第 2GG 条单方面向香港法庭提交有关强制执行该仲裁裁决的许可申请并成功取得该许可及有关之法庭命令（"命令"）。在 2018 年 6 月 6 日，答辩人申请双方面聆讯以搁置仲裁裁决，并以多项理据支持其申请。所提出的理据包括在《时效条例》第 4（1）（c）条下，申请人就强制执行仲裁裁决的申请已丧失时效。在 2018 年 7 月 24 日，法庭命令审讯有关丧失时效的初步争议。

争议：1. 有关强制执行仲裁裁决的诉讼因由从何时累算？（"争议 1"）2. 鉴于《关于内地与香港特别行政区相互执行仲裁裁决的安排》（"《安排》"）的第 2 条，从申请人于 2011 年 7 月 7 日向内地某人民法院申请强制执行仲裁裁决至 2016 年 3 月 1 日上一级人民法院驳回其强制执行仲裁裁决的申请期间，诉讼因由及《时效条例》第 4（1）（c）条下的时效作用是否暂停？（"争议 2"）

分析：

争议 1：答辩人认为，时效期限是由仲裁裁决颁发之日起 3 个月，即 2011 年 5 月 17 日开始。此日期被辩称为答辩人支付和履行裁决的合理时间，这意味着时效期限应于 2017 年 5 月 18 日到期。另外，答辩人辩称诉讼因由的替代开始累算时间最迟为 2011 年 7 月 8 日，即申请人向内地某人民法院申请强制执行该裁决之日。从此日推算出来的时效期限于 2017 年 7 月 9 日结束。

另外，申请人认为，时效期限仅始于答辩人提交陈词反对申请人在内地某人民法院提出的申请的日期，即 2012 年 3 月 11 日。申请人辩称，尽管答辩人未有按申请人在 2011 年 3 月向答辩人提出付款的要求付款，从这行为的基础上无法推论出答辩人是否就仲裁裁决提出争议。申请人表示，答辩人仅在提出前述反对陈词时展示了其清楚明确不受裁决约束的意图。因此，申请人认为，诉讼因由在 2012 年 3 月 11 日才开始累算。

鉴于法庭在 International Bulk Shipping and Services Ltd 诉 Minerals and Metals Trading Corp of India ［1996］1 All ER 1017 一案里拒绝接受类近于前述有关诉讼因由的累算和意图的论点，法庭不接受诉讼因由仅在一方展示了其清楚明确不受裁决约束的意图才开始累算。法庭解释，接受这论点意味着允许仲裁裁决债务人可以无限期延迟和押后裁决债权人因诉讼因由而产生的累算，从而拖延其强制执行裁决下的权利。随法庭在 International Bulk Shipping and Services Ltd 诉 Minerals and

Metals Trading Corp of India［1996］1 All ER 1017 一案及 Agromet Motoimport Ltd 诉 Moulden Engineering Ltd［1985］1 WLR 762 一案里的判决，法庭认为当"答辩人未能在被追讨时履行仲裁裁决中的承诺"，诉讼因由就开始累算。因此，时效期限在履行裁决的隐含承诺被违反时开始。

法庭进一步指出，当答辩人在公布仲裁裁决及展开追讨后的合理时间内未能付款时，诉讼因由便产生。何为"合理的时间"则取决于裁决的条款及案情。在本案中，由于答辩人被命令"立即"向申请人支付仲裁裁决下的款项，本案的最迟合理付款时间为 2011 年 4 月 8 日，即申请人要求付款后的 21 天。因此，时效期限于 2017 年 4 月 8 日结束。

争议 2：申请人辩称，其诉讼因由累算在 2011 年 7 月 7 日至 2016 年 3 月 1 日期间暂停，即申请人向内地某人民法院申请强制执行仲裁裁决的日期至该申请最终被上一级人民法院驳回之日。申请人提及《安排》的第 2 条和仲裁条例的 40C 条，该条例禁止在内地和香港同时提出强制执行仲裁裁决的申请，并指出该限制的目标是堵塞双重强制执行和双重追讨的漏洞（Shenzhen Kai Loong Investment and Development Co Ltd 诉 CEC Electrical Manufacturing（International）Co. Ltd［2001－2003］HKCLRT 649）。因此，申请人认为法庭不应仅因为其曾试图在内地申请强制执行仲裁裁决，在《时效条例》第 4（1）（c）条下被禁止在香港申请强制执行该裁决。

可是，法庭认为，纵使"不能同时执行规则"可能造成不公平的后果，在《安排》或《仲裁条例》均没有明文规定的情况下，即使在内地的强制执行申请程序正在进行中，《时效条例》第 4（1）（c）条下的时效累算也不应暂停。因此，法庭拒绝接受申请人有关诉讼因由的累算应该在内地的强制执行申请程序的进行期间暂停的论点。

鉴基于上述有关争议 1 和争议 2 的分析，法庭认为，在《时效条例》第 4（1）（c）条下，于 2018 年 2 月 6 日在香港提起的强制执行仲裁裁决许可的申请程序应该被禁止。

裁决：答辩人的撤销命令的申请予以允许。

典型意义：（a）诉讼时效于违反履行仲裁裁决的隐含承诺的那日开始。此日为裁决债务人未能于颁下裁决及被追讨后的合理时限内履行裁决。裁决中合理的付款和履行时间取决于裁决的条款以及案件的事实和情况。（b）此案显示，纵使《安排》的第 2 条规定仲裁裁决债权人必须在一地法院获得的偿还不足够的情况下，才能于另一地法院就不足部分寻求强制执行仲裁裁决，《时效条例》的时效会在仲裁裁决债权人在另一地寻求强制执行裁决期间继续累算。这所可能导致的不公平情况，例如本案申请人所面对的困苦，突出了原《安排》的缺陷及针对其

第 2 条禁止于两地同时进行强制执行仲裁裁决的改革的必要性。

(香港案例 2) 高某燕诉建某控股有限公司及其他案（［2012］1 HKLRD 627，CACV 79/2011）

基本案情：申请人通过股份转让协议及补充股份转让协议（"该协议"），将一家香港公司的股份转让给答辩人。该香港公司在一家位于中国内地的合资企业媒生意中拥有实质权益。该协议受中国内地法律管辖并规定在内地某仲裁委进行仲裁。

根据该仲裁委《仲裁规则》第 37 条，调解-仲裁应由仲裁庭或首席仲裁员进行，或在仲裁双方同意下，由任何第三方进行。仲裁庭进行了 2 次会议。第一次聆讯后，仲裁庭主动向仲裁双方建议，由答辩人向申请人支付人民币 2.5 亿元以解决此案。

在第二次聆讯前，在答辩人委任的仲裁员和首席仲裁员都不在场的情况下，申请人委任的仲裁员及答辩人的关系人在该仲裁委秘书长的邀请下出席了非正式会议，该会议被声称为调解仲裁的会议。该仲裁委秘书长不是由双方协议任命的。据称，他是主持非正式会议的人，并要求答辩人的关系人说服答辩人接受仲裁庭的建议。

仲裁双方最终未能达成和解。仲裁庭颁下了对申请人有利的裁决。该裁决建议（但并不是要求）赔偿额人民币 5,000 万元。答辩人从来没有就仲裁庭的举止投诉过，因为担心这样做会与仲裁庭产生对抗。答辩人遂向该仲裁委所在地中级人民法院提出诉讼，并指称该仲裁委秘书长操纵了仲裁结果，因而违反了法律和仲裁规则。结果，被驳回。

后来，申请人根据香港法例第 341 章《仲裁条例》（已废除）第 2GG 条和第 40B 条，获得许可在香港强制执行仲裁裁决。答辩人在申请搁置该许可时辩称，由于裁决受到偏颇或表面偏颇的影响，强制执行裁决会与公共政策相抵触。答辩人辩称，申请人委任的仲裁员、仲裁委秘书长和答辩人的关系人企图透过他们之间晚饭期间举行的一次非正式会议向答辩人施加压力，使答辩人向申请人支付人民币 2.5 亿元，以换取一个对答辩人有利的裁决。原讼庭法官裁定该仲裁裁决受到表面偏颇的影响。该法官亦裁定，答辩人在所谓的非正式会议事件后继续进行第二次聆讯并不代表放弃了对偏颇提出申诉的权利。申请人遂提出上诉。

争议：1. 适用于强制执行公约仲裁裁决的公共政策据是否适用于内地仲裁裁决？有关门槛有多高？（"争议 1"）2. 答辩人是否放弃了就违反仲裁委规则的情况进行申诉的权利？（"争议 2"）3. 表面偏颇（相对于实际偏颇）是否足以构成拒绝强制执行仲裁裁决的公共政策理据？（"争议 3"）4. 基于案件的事实情况，

所指称的表面偏颇是否构成拒绝强制执行仲裁裁决的公共政策理据？（"争议4"）

分析：

争议1：法庭裁定，基于公共政策理据拒绝强制执行公约仲裁裁决的法律哲学亦适用于内地仲裁裁决。相关的门槛很高，理由是国际礼节原则必须被"编织"到公共政策的概念中，亦因此必须在涉及外地（包括内地）的仲裁裁决的情况下予以实施。在这一点上，法庭援引了 Hebei Import & Export Corp 诉 Polytek Engineering Co Ltd［1999］2 HKCFAR 111 一案的判词。法庭在该案指出，为使国际礼节原则予以实施，除非强制执行外地仲裁裁决会与香港的道德和公正的基本概念相抵触，否则法庭不会拒绝强制执行；而得出这结论需要非常充分的理由。

争议2：法庭裁定如果仲裁一方希望以违反仲裁规则的情况作为依据，其应即时提出相关依据；不应等待并得悉其申索的结果为如何后，才决定作出申诉；亦不应犹如没有违规情况般让仲裁继续进行。因此，答辩人不应在非正式会议事件后仅向法庭提交补充意见，亦不应在没有作出申诉的情况下出席第二次仲裁聆讯。法庭还指出，答辩人对申请人的诚信作出的攻击并不能替代对仲裁庭或仲裁委秘书长有关其任何偏颇或不当行为所作出的申诉。基于上述原因，答辩人在法律上被视为放弃了就偏颇情况进行申诉。

法庭解释，如果当初作出了有关申诉，仲裁庭或仲裁委所在地人民法院可能已经采取了补救措施；而两者都更有能力就案件的事实裁定偏颇是否存在。法庭认为，尽管仲裁委所在地人民法院拒绝以偏颇为由搁置仲裁裁决的决定对香港法庭没有约束力，亦即使不容反悔原则并没有因为前述法院的决定而在本案适用，香港法庭有权在决定是否强制执行仲裁裁决时，慎重考虑仲裁委所在地人民法院的决定。

争议3：经对 Hebei Import & Export Corp 诉 Polytek Engineering Co Ltd 一案中所表达的观点进行仔细诠释后，法庭认为其可以仅因为表面偏颇而拒绝强制执行仲裁裁决。可是，如果仲裁一方希望以表面偏颇作为依据，它要达到的门槛比以实际偏颇作为依据时所适用的门槛高，而法庭在行使有关的酌情权时应该审慎。

争议4：法庭按其对相关事实的评估，认为不存在"客观持平的观察者"恐怕表面偏颇的情况。法院裁定，虽然一般人可能会与原诉庭法官一样对调解进行的方式感到不安，因为香港的调解通常以不同的方式进行，但是否会引起表面的偏见可能取决于对调解地点通常如何进行调解的理解。有关这方面，法庭表示必须充分考虑仲裁委所在地人民法院拒绝搁置仲裁裁决的决定。

法庭重申，法庭只会在强制执行仲裁裁决会与执行地（在本案里为香港）的道德和公正的基本概念相抵触的情况下拒绝强制执行裁决。因此，法庭不应仅因为非正式会议的形式在香港可能会引起看似表面偏颇而拒绝在香港强制执行该仲裁裁决。

裁决：上诉得直。

典型意义：如果仲裁一方希望以违反仲裁规则的情况作为依据，其应即时提出相关依据；不应等待并得悉其申索的结果为如何后，才决定作出申诉；亦不应犹如没有违规情况般让仲裁继续进行。

法庭只会在强制执行仲裁裁决会与执行地的道德和公正的基本概念相抵触的情况下拒绝强制执行裁决。法庭尊重进行调解地惯常的调解形式，不会仅因形式和本地不一样而轻易引用违反公共政策。

（香港案例 3） 厦门新某地集团有限公司诉裕某兴业有限公司案（［2009］4 HKLRD 353，CACV 106/2008 & CACV 197/2008）

基本案情：第一和第二上诉人是两家香港公司，亦是利某兴业（香港）有限公司（"香港利某"）的唯一股东，同时是裕某集团的成员之一。香港利某全资拥有一家内地公司，该公司在厦门拥有一块土地（"该物业"）。

申请人（一家内地公司）同意向上诉人支付 1.2 亿元人民币，以获取开发、经营该物业的权利并从中获得利润。上诉人亦同意将其在香港利某中的股份转让给申请人，并将该物业交付给申请人（"该协议"）。该协议包含一项仲裁条款。

上诉人没有将该物业交付给申请人，并以履行该协议违反中国内地法律为由宣称终止该协议。因此，申请人于北京展开仲裁程序（"第一次仲裁"），并获得了对其有利的裁决（"该裁决"），当中命令上诉人要继续履行该协议。申请人随后在香港单方面获得了强制执行该裁决的命令（"该命令"）。

上诉人申请了搁置该命令，认为根据香港法例第 341 章《仲裁条例》（"《仲裁条例》"），强制执行该命令应该因为无法履行该协议致使强制执行该命令会与公共政策相抵触为理由被拒绝，其中原因包括：（a）有关该物业的施工已经展开；（b）裕某集团的重组已于第一次仲裁期间落实，而香港利某股份已在过程中被摊薄，当中部分已被转让给了其母公司。法官拒绝搁置该命令。

同时，上诉人向仲裁委寻求就该协议双方在协议下的责任是否已被解除的问题做出裁定（"第二次仲裁"）。仲裁委裁定上诉人败诉。

在本次聆讯以处理上诉人提出的有关法官拒绝搁置该命令的上诉之时，该物业的开发已经完成，而当中 99% 落成的单位亦已出售给第三方。上诉人认为，由于无法履行该协议，因此申请人实际上是申请"更进一步"的补救措施，例如损害赔偿或交出所得利润，而不是有关该物业本身的任何权益。上诉人亦承诺他们将展开下一轮的仲裁委仲裁，让仲裁庭决定采取什么替代补救措施（"该承诺"）。此外，上诉人提出法庭亦可以将此案发还仲裁委，以便得到其指示，或将上诉押后至仲裁委颁下其指示后。

争议：1. 上诉人是否无法履行该协议？（"争议1"）2. 鉴于争议1，是否有充分理由按公共政策理据拒绝强制执行该裁决？（"争议2"）3. 法庭是否有司法管辖权把案件发还仲裁委？（"争议3"）

分析：

争议1：法庭指出，上诉人有充分机会向仲裁委直接提出无法履行该协议的问题，但上诉人并没有这样做。因此，法庭认为该承诺毫无意义。由于有关的做法没有合理解释，法庭因此认为此做法很明显是上诉人刻意的决定。法庭拒绝接受上诉人以下论点：该物业的施工已经展开；因裕某集团的重组导致香港利某股份在过程中被摊薄；以及大部分该物业的单位亦已出售给第三方，致使其无法履行该协议。法庭认为这都是上诉人计算过的风险，并且是其一手造成的，因此上诉人须承担后果。法庭亦指出，由于该命令没有规定任何强制执行时间，而且真正无法执行该命令的人不会干犯蔑视法庭罪，因此，因蔑视法庭而被判监禁的风险全属虚构。

争议2：法庭指出，法庭在考虑是否按公共政策理据拒绝强制执行该裁决时，不会考虑案件的是非曲直或案情所建基于的交易。法庭的角色仅限于决定是否存在因违反公共政策而拒绝强制执行裁决的理据。法庭在处理此问题时的角色应尽可能为机械式。因此，法庭认为在注册该裁决的阶段，是否无法履行该协议并非有关的因素，亦并不是作为在公共政策理据上拒绝强制执行该裁决的充分理由。

争议3：法庭裁定其没有司法管辖权把案件发还仲裁委。根据《仲裁条例》，法庭有权强制执行该裁决（或拒绝这样做），但没有司法管辖权发还案件。

裁决：上诉被驳回。

典型意义：法庭在考虑是否拒绝强制执行该裁决时，不会考虑案件的是非曲直或有关案情的交易。法庭的角色仅限于就拒绝强制执行该裁决的理据是否存在着问题作出判断。在此基础上，法庭裁定无法履行协议在强制执行仲裁裁决的注册或认可阶段并非有关的考虑因素。因此，它并不构成基于违反公共政策的理据而拒绝强制执行仲裁裁决的充分理由。

（香港案例4） 山东红日阿某化工股份有限公司诉某国际事业（香港）有限公司案（［2011］4 HKLRD 604，CACV 31/2011）

基本案情：作为买方的上诉人跟作为供应商的答辩人订立了合同，以获得3,937.448吨硫的供应，并以购买价3,051,522.20美元为交换条件。上诉人拒绝接收3,810,578吨硫，原因是所提供的硫的规格不正确。因此，上诉人要求就该批硫退还一共为2,953,198美元购买价余额。

双方就争议进行了由内地某仲裁委在内地的一个仲裁庭审理的仲裁。仲裁庭作出了对上诉人有利的裁决，当中裁定：（a）上诉人须向答辩人退还 3,810.578 吨的硫；（b）答辩人须向上诉人退还 2,953,198 美元（就交易已收取的支付款项）；（c）答辩人须向上诉人支付赔偿，杂项费用及上诉人的成本支出，加上利息（如有逾期支付情况）；（d）答辩人对裁决的诠释则是，根据上述第（b）及（c）项，退还已收取之交易支付款项余额和支付其他款项的先决条件是，上诉人必须先退还拒绝接收的硫，且退还的硫的品质须要相等于供应予上诉人时的"状况和质量"。

为回应答辩人的书面申请和询问，仲裁委发出了 3 封信函（"仲裁委信函"）。前两封信函由仲裁委确认答辩人对裁决的诠释。第 3 封信函陈述了仲裁庭认为前述的两封信函是对裁决的"补充说明"，并构成该裁决的一部分观点。

答辩人发出的有关要求澄清以至颁发补充仲裁裁决的信函，以及仲裁委信函中的两封所载的回复都没有被抄送给上诉人。上诉人不同意答辩人对裁决的诠释，并申请了许可在香港强制执行裁决第（b）及（c）项。答辩人反对其申请，并申请了许可强制执行裁决的第（a）项。法庭裁定答辩人胜诉。随后，上诉人向上诉庭提出上诉。

争议：1. 鉴于香港法例第 341 章《仲裁条例》（已废除）（"《仲裁条例》"）第 2GG（1）条，法庭应否"按仲裁裁决、命令或指示的条款而作出法庭判决"。（"争议 1"）2. 鉴于仲裁裁决的措辞和强制执行法庭的义务，上述仲裁裁决第（b）及（c）项所提及的义务是否取决于上述仲裁裁决的第（a）项？（"争议 2"）3. 基于归还原则适用的情况，上述仲裁裁决第（a）项下的义务是否独立于其第（b）项下的义务？（"争议 3"）4. 根据《中华人民共和国仲裁法》（"仲裁法"）第 56 条及/或内地某仲裁委员会仲裁规则有关条款，仲裁委信函是否构成补充或附加仲裁裁决，即构成裁决的一部分？（"争议 4"）5. 有关仲裁委信函的有效性应否由内地有关法院，而不是香港的强制执行法庭处理？（"争议 5"）

分析：

争议 1：法庭援引了权威判决，指出仲裁裁决的强制执行应"几乎是行政程序的事宜"；而基于重要的政策因素，法庭需要确保仲裁裁决能被有效且迅速地强制执行。法庭认为，法庭应该尊重仲裁裁决背后的清晰意图，而无权摸索裁决背后的理由或猜测其意图。根据《仲裁条例》第 2GG（1）条，法庭应在裁决的认受阶段"按仲裁裁决的条款"登录法庭判决。

争议 2：法庭认为，撇开仲裁委信函的事宜，该仲裁裁决明显地没有指出上述裁决第（b）及（c）项下的付款义务取决于第（a）项。因此，在根据仲裁裁决作出的法庭判决以强制执行第（b）至（c）项的情况下，不应施加条件。否则，仲裁裁决将会被改变而不是被强制执行。按这道理，法庭没有理由对硫的状态和质量施加进一步的条件。

争议3：基于3个原因，法庭拒绝接纳答辩人有关上述仲裁裁决第（a）和第（b）项下的义务因为归还原则适用的情况而不会彼此独立的论点：首先，法庭不应猜测裁决背后的意图；此外，归还原则在不同的司法管辖区有所不同，有关的法律应该由仲裁庭应用；其次，即使假设仲裁裁决有关退还已付款项和退还货品的义务并不是彼此独立，法庭亦不能因此而断定有关的裁决必须取决于彼此。归还法下的权利和义务，不可以与为了对这些权利和义务给予实效所作的裁决和命令相混淆。

争议4：根据仲裁法第56条及/或内地某仲裁委仲裁规则相关条款，仲裁委信函并不构成补充或附加裁决。因此，在香港的强制执行程序中，仲裁庭或仲裁委信函所表达的观点不可被接纳。

争议5：基于3个理由，法庭拒绝接纳答辩人有关应该由内地有关法院，而不是香港的强制执行法庭来处理仲裁委信函作为补充或附加裁决的有效性的论点：首先，如果法庭发现在所谓的仲裁裁决或补充裁决与相关法律或规则下的仲裁裁决或补充裁决之间的要求存在明显差异，强制执行法庭无须接受被描述为仲裁裁决或补充裁决的所有文件；其次，强制执行法庭有权考虑其有关强制执行外国或内地仲裁裁决的公共政策。在本案里，仲裁委信函其中的第2和第3封的事宜涉及公共政策中的自然公义规则。

裁决：上诉得直。

典型意义：强制执行仲裁裁决应"几乎是机械式的程序"。强制执行法庭无权亦无须摸索有关仲裁裁决背后的理由或猜测其意图。作为强制执行法庭，香港法庭有权判断一份文件是否为仲裁裁决或补充仲裁裁决，或其中的一部分。法庭亦有权按其有关强制执行外国或内地仲裁裁决的公共政策决定是否拒绝强制执行仲裁裁决。自然公义规则是否被恪守的问题（此乃本案的仲裁委信函涉及的事宜）会被法庭纳入其考虑当中。

（香港案例5）郭某开诉永某化工有限公司案（［2013］3 HKLRD 484，HCCT 35/2012）

基本案情：根据申请人与答辩人在内地某仲裁委员会管理的仲裁，仲裁庭作出了裁决，裁定答辩人败诉（"该裁决"）。该裁决要求答辩人向申请人支付：（1）人民币 29,195,470.58 元的经济损失赔偿及相关利息人民币 12,293,716.33 元；（2）人民币 500,000 元的法律费用；及（3）人民币 675,473 元的仲裁程序费用，以及人民币 134,574 元的仲裁员费用。

随后，申请人获得法庭发出的命令及许可，容许该裁决在香港予以强制执行（"该命令"）。

答辩人以该裁决超出了交付仲裁的范围，及仲裁程序与法律相抵触为理由，向内地某人民法院申请了搁置或撤销该裁决。香港法庭认为此申请的性质并非以案件所建基的争议的是非曲直为由提出上诉。

随后，答辩人根据香港法例第4A章《高等法院规则》第73号命令第10(6)条规则（"高院规则"）的规定，发出传票（"该传票"）以搁置或更改该命令。这正是本案中法庭要解决的问题。

争议：1. 有关强制执行内地仲裁裁决的案件，法庭是否有司法管辖权押后程序？（"争议1"）2. 法庭在押后有关申请搁置或更改该命令的聆讯时，一方申请保证时应考虑哪些因素？（"争议2"）

分析：

争议1：法庭指出，即使《仲裁条例》在强制执行内地仲裁裁决程序的部分并没有提及有关押后程序的条文，即等同于押后有关强制执行普通仲裁裁决或公约仲裁裁决程序的条文，并不代表法庭没有司法管辖权押后有关强制执行内地仲裁裁决程序。法庭认为其有一般及固有权力去管制其程序，包括押后程序；此权力已隐含在高院规则第73号命令第10A条规则当中。

争议2：法庭引述并参考了英国法庭在Soleh Boneh International Ltd诉Government of the Republic of Uganda [1993] 2 LLR 208一案中所列出的原则。在该案中，英国法庭决定押后聆讯，同时要求与讼的有关方提供相当于仲裁裁决金额的保证以待瑞典法庭裁定仲裁裁决是否具约束力。在该案上诉的程序中，法庭考虑了两项因素，经法庭简短审议，有关仲裁裁决无效的论点的可取性，以及强制执行仲裁裁决的难易程度，以及如果执行有延误，执行会否因为资产转移或不经意的交易而变得困难。有关仲裁裁决无效的论点越有力，或强制执行的困难程度会因为执行被延误而提升的情况越明显，法庭越有可能会命令与讼的有关方提供保证。

根据上述原则，法庭考虑了一系列与本案有关的因素，包括答辩人未有提供任何文件以列明它向内地某人民法院所提出的有关搁置或撤销该裁决的申请的是非曲直，从而支持它有关该裁决是"明显无效"的论点；答辩人更改了其注册办事处，答辩人出售了其工业物业，答辩人的财政状况在变差，而且答辩人公司股份（被形容为过时资产）被母公司于该裁决被颁下后的短时间内出售；还有，已公布的总资产（约4,504万港元）及未经审计的净负债（约1.435亿港元）。

裁决：基于上述因素，及在没有有关特定保证金额会超出答辩人能力范围的陈词的情况下，法庭押后该传票聆讯以待内地某人民法院裁定该裁决应否被搁置或撤销，及命令答辩人提供2,000万港元作为保证金，以保障该裁决在聆讯被押后的情况下能在香港成功予以强制执行的机会。

典型意义：香港特区高等法院有权押后有关强制执行内地仲裁裁决程序的聆讯并要求答辩人提供保证金。关于应否命令答辩人提供保证以履行裁决，法院的考虑因素主要有两点。首先是裁决无效的论点。如果裁决明显无效，则应押后聆讯并不应发出命令要求提供保证；但是，如果该裁决明显有效，则应该立即发出强制执行命令或发出命令要求提供大量保证。其次，法院应考虑执行的难易程度以及任何延迟执行的影响，例如透过资产的转移或不经意的交易。

【法办发［2023］号】　人民法院涉"一带一路"建设典型案例（第4批）（最高法2023年9月27日发布）

（案例11）认可和执行香港仲裁裁决 依法保护"一带一路"共建国家的企业合法权益——某资源国际私人有限公司（Noble Resources International Pte. Ltd.）申请认可和执行香港国际仲裁中心仲裁裁决案（天津三中院［2019］津03认港1号民事裁定）

2015年9月至2016年9月，某公司分别与甲、乙、丙、丁等4家公司签订买卖合同，均约定争议适用英国法管辖，由香港特别行政区香港国际仲裁中心仲裁。后因为发生争议，某公司分别提出4个仲裁申请。香港国际仲裁中心依据某公司的申请，将上述4个仲裁程序合并为一个仲裁，裁决4家公司向某公司连带支付款项。某公司向法院申请认可和执行上述仲裁裁决。4家公司认为任一份合同均不能同时约束多名被申请人，仲裁庭将4个仲裁合并为1个仲裁，违反仲裁规则。天津三中院认为，在仲裁庭组成后明确赋予当事人异议权的时间段内，4家公司均未正式提出异议，而是参加了仲裁程序，应视为其已放弃了对适用该程序提出异议的权利。经向最高法院报核，裁定认可和执行该仲裁裁决。

● **文书格式　【法［2016］221号】　民事诉讼文书样式**（2016年2月22日最高法审委会［1679次］通过，2016年6月28日公布，2016年8月1日起施行）
（本书对格式略有调整）

民事裁定书

（不予认可＼认可和执行香港/澳门/台湾法院民事判决＼仲裁裁决）

（××××）……认港/认澳/认台……号

申请人：×××，……。

被申请人：×××，……。

（以上写明当事人及其代理人和其他诉讼参与人的姓名或名称等基本信息）

申请人×××申请认可和执行香港特别行政区××法院……号民事判决书/命令/诉讼费用评定书（或者：澳门特别行政区××法院……号民事判决/裁判/确认和解裁定/决定/批示，或者：台湾地区××法院……号民事判决/裁定/和解笔录/调解笔录/支付命令，或者：香港/澳门特别行政区/台湾地区××仲裁机构/仲裁庭……号仲裁裁决）一案，本院于×年×月×日立案。本院依法组成合议庭进行了审查，组织当事人进行了询问，现已审查终结。

×××申请称，……（简要写明申请人的请求、事实和理由）。

×××陈述意见称，……（简要写明被申请人的意见、事实和理由）。

本院经审查认为，……（写明争议焦点，依据认定的事实和相关法律，对请求进行分析评判，说明理由）。

（涉港民事判决的，写明：）依照《最高人民法院关于内地与香港特别行政区法院相互认可和执行当事人协议管辖的民商事案件判决的安排》第9条第×项\第1条、……（写明法律、司法解释等法律依据）规定，裁定如下：

不予认可\认可和执行香港特别行政区××法院……号民事判决书/命令/诉讼费用评定书。

（涉港仲裁裁决的，写明：）依照《最高人民法院关于内地与香港特别行政区法院相互执行仲裁裁决的安排》第7条第×项\第1条、……（写明法律、司法解释等法律依据）规定，裁定如下：

不予执行\执行香港特别行政区××仲裁机构/仲裁庭……号仲裁裁决。

（涉澳民事判决的，写明：）依照《最高人民法院关于内地与澳门特别行政区相互认可和执行民商事判决的安排》第11条第×项、第12条第2款\第1条、……（写明法律、司法解释等法律依据）规定，裁定如下：

不予认可\认可和执行澳门特别行政区××法院……号民事判决/裁判/确认和解裁定/决定/批示。

（涉澳仲裁裁决的，写明：）依照《最高人民法院关于内地与澳门特别行政区相互认可和执行仲裁裁决的安排》第7条第×项\第1条、……（写明法律、司法解释等法律依据）规定，裁定如下：

不予认可\认可和执行澳门特别行政区××仲裁机构/仲裁庭……号仲裁裁决。

（涉台民事判决的，写明：）依照《最高人民法院关于认可和执行台湾地区法院民事判决的规定》第15条\第16条、……（写明法律、司法解释等法律依据）规定，裁定如下：

不予认可\认可和执行台湾地区××法院……号民事判决/裁定/和解笔录/调解笔录/支付命令。

（涉台仲裁裁决的，写明：）依照《最高人民法院关于认可和执行台湾地区仲裁裁决的规定》第14/17条\第15条、……（写明法律、司法解释等法律依据）规定，裁定如下：

不予认可\认可和执行台湾地区××××仲裁机构/仲裁庭……号仲裁裁决的效力。

案件申请费……元，由……负担（写明当事人姓名或者名称、负担金额）。

如不服本裁定，可以在裁定书送达之日起 10 日内向××人民法院（上一级法院名称）申请复议。

审判长　×××

审判员　×××

审判员　×××

×年×月×日（院印）

本件与原本核对无异

书记员　×××

民事裁定书（不予受理＼驳回申请认可和执行台湾地区法院民事判决＼仲裁裁决）

（××××）……认台……号

申请人：×××，……。

被申请人：×××，……。

（以上写明当事人及其代理人和其他诉讼参与人的姓名或名称等基本信息）

×年×月×日，申请人×××向本院申请认可和执行台湾地区××法院……号民事判决/裁定/和解笔录/调解笔录/支付命令（或者：台湾地区××仲裁机构/仲裁庭……号仲裁裁决）。

（不予受理的，写明：）本院依法组成合议庭进行了审查，现已审查终结。

（驳回申请的，写明：）本院于×年×月×日立案。本院依法组成合议庭进行了审查，组织当事人进行了询问，现已审查终结。

×××申请称，……（简要写明申请人的请求、事实和理由）。

×××陈述意见称，……（简要写明同意或者不同意申请人请求的意见、事实和理由）。

本院经审查认为：……（写明不予受理＼驳回申请的理由）。

依照《最高人民法院关于认可和执行台湾地区法院民事判决的规定》第 8/11/19 条＼第 3/16 条、（或者：《最高人民法院关于认可和执行台湾地区仲裁裁决的规定》第 8/18 条＼第 3/15 条）……（写明公约、条约、法律、司法解释等法律依据）规定，裁定如下：

（不予受理的，写明：）对×××的申请，本院不予受理。

如不服本裁定，可以自裁定书送达之日起 10 日内向本院提交上诉状，上诉于××人民法院。

（驳回申请的，写明：）驳回×××的申请。

如不服本裁定，可以自裁定书送达之日起 10 日内向××人民法院申请复议。

（合议庭成员署名）

×年×月×日（院印）

书记员　×××

民事裁定书（准许撤回申请认可和执行台湾地区法院民事判决＼仲裁裁决）

（××××）……认台……号

申请人：×××，……。

被申请人：×××，……。

（以上写明当事人及其代理人和其他诉讼参与人的姓名或名称等基本信息）

×年×月×日，申请人×××向本院申请认可和执行台湾地区××法院……号民事判决/裁定/和解笔录/调解笔录/支付命令（或者：台湾地区××仲裁机构/仲裁庭……号仲裁裁决）。本院依法组成合议庭进行了审查。申请人×××于×年×月×日向本院提出撤回申请。……（写明撤回的理由）。

本院经审查认为，申请人×××撤回申请符合法律规定，应予准许。

依照《最高人民法院关于认可和执行台湾地区法院民事判决的规定》第13条＼《最高人民法院关于认可和执行台湾地区仲裁裁决的规定》第12条、……（写明公约、条约、法律、司法解释等法律依据）规定，裁定如下：

准许×××撤回申请。

案件申请费……元，由……负担（写明当事人姓名或者名称、负担金额）。

（合议庭成员署名）

×年×月×日（院印）

书记员　×××

（插）**第272条**[19910409]　**【外交豁免适用】** 对享有外交特权与豁免/司法豁免权的外国人、外国组织或者国际组织提起的民事诉讼，应当依照/人民法院根据中华人民共和国有关法律和中华人民共和国缔结或者参加的国际条约的规定办理。

第305条[20240101]　**【外国国家豁免】** 涉及外国国家的民事诉讼，适用中华人民共和国有关外国国家豁免的法律规定；有关法律没有规定的，适用本法。

● **相关规定**　【主席令［1986］44 号】　**中华人民共和国外交特权与豁免条例**
（1986 年 9 月 5 日全国人大常委会［6 届 17 次］通过，同日公布施行）

第 2 条　使馆外交人员原则上应当是具有派遣国国籍的人。如果委派中国或者第三国国籍的人为使馆外交人员，必须征得中国主管机关的同意。中国主管机关可以随时撤销此项同意。

第 14 条　外交代表享有刑事管辖豁免。

外交代表享有民事管辖豁免和行政管辖豁免，但下列各项除外：（一）外交代表以私人身份进行的遗产继承的诉讼；（二）外交代表违反第 25 条第 3 项规定在中国境内从事公务范围以外的职业或者商业活动的诉讼。

外交代表免受强制执行，但对前款所列情况，强制执行对其人身和寓所不构成侵犯的，不在此限。

外交代表没有以证人身份作证的义务。

第 15 条　外交代表和第 20 条规定享有豁免的人员的管辖豁免可以由派遣国政府明确表示放弃。

外交代表和第 20 条规定享有豁免的人员如果主动提起诉讼，对与本诉直接有关的反诉，不得援用管辖豁免。

放弃民事管辖豁免或者行政管辖豁免，不包括对判决的执行也放弃豁免。放弃对判决执行的豁免须另作明确表示。

第 20 条　与外交代表共同生活的配偶及未成年子女，如果不是中国公民，享有第 12 条至第 18 条所规定的特权与豁免。

使馆行政技术人员和与其共同生活的配偶及未成年子女，如果不是中国公民并且不是在中国永久居留的，享有第 12 条至第 17 条所规定的特权与豁免，但民事管辖豁免和行政管辖豁免，仅限于执行公务的行为。……

使馆服务人员如果不是中国公民并且不是在中国永久居留的，其执行公务的行为享有豁免，其受雇所得报酬免纳所得税。……

使馆人员的私人服务员如果不是中国公民并且不是在中国永久居留的，其受雇所得的报酬免纳所得税。

第 21 条　外交代表如果是中国公民或者获得在中国永久居留资格的外国人，仅就其执行公务的行为，享有管辖豁免和不受侵犯。

第 22 条（第 1 款）　下列人员享有在中国过境或者逗留期间所必需的豁免和不受侵犯：

（一）途经中国的外国驻第三国的外交代表和与其共同生活的配偶及未成年子女；

（二）持有中国外交签证或者持有外交护照（仅限互免签证的国家）来中国

的外国官员;

(三) 经中国政府同意给予本条所规定的特权与豁免的其他来中国访问的外国人士。

第 23 条 来中国访问的外国国家元首、政府首脑、外交部长及其他具有同等身份的官员,享有本条例所规定的特权与豁免。

第 24 条 来中国参加联合国及其专门机构召开的国际会议的外国代表、临时来中国的联合国及其专门机构的官员和专家、联合国及其专门机构驻中国的代表机构和人员的待遇,按中国已加入的有关国际公约和中国与有关国际组织签订的协议办理。

第 25 条 享有外交特权与豁免的人员:(一) 应当尊重中国的法律、法规;(二) 不得干涉中国的内政;(三) 不得在中国境内为私人利益从事任何职业或者商业活动;(四) 不得将使馆馆舍和使馆工作人员寓所充作与使馆职务不相符合的用途。

第 26 条 如果外国给予中国驻该国使馆、使馆人员以及临时去该国的有关人员的外交特权与豁免,低于中国按本条例给予该国驻中国使馆、使馆人员以及临时来中国的有关人员的外交特权与豁免,中国政府根据对等原则,可以给予该国驻中国使馆、使馆人员以及临时来中国的有关人员以相应的外交特权与豁免。

第 27 条 中国缔结或者参加的国际条约另有规定的,按照国际条约的规定办理,但中国声明保留的条款除外。

中国与外国签订的外交特权与豁免协议另有规定的,按照协议的规定执行。

第 28 条 本条例中下列用语的含义是:

(一)"使馆馆长"是指派遣国委派担任此项职位的大使、公使、代办以及其他同等级别的人;

(二)"使馆人员"是指使馆馆长和使馆工作人员;

(三)"使馆工作人员"是指使馆外交人员、行政技术人员和服务人员;

(四)"使馆外交人员"是指具有外交官衔的使馆工作人员;

(五)"外交代表"是指使馆馆长或者使馆外交人员;

(六)"使馆行政技术人员"是指从事行政和技术工作的使馆工作人员;

(七)"使馆服务人员"是指从事服务工作的使馆工作人员;

(八)"私人服务员"是指使馆人员私人雇用的人员;

(九)"使馆馆舍"是指使馆使用和使馆馆长官邸的建筑物及其附属的土地。

【主席令〔2005〕41 号】 中华人民共和国外国中央银行财产司法强制措施豁免法(2005 年 10 月 25 日全国人大常委会〔10 届 18 次〕通过,同日公布施行)

第 1 条 中华人民共和国对外国中央银行财产给予财产保全和执行的司法强

制措施的豁免；但是，外国中央银行或者其所属国政府书面放弃豁免的或者指定用于财产保全和执行的财产除外。

第 2 条　本法所称外国中央银行，是指外国的和区域经济一体化组织的中央银行或者履行中央银行职能的金融管理机构。

本法所称外国中央银行财产，是指外国中央银行的现金、票据、银行存款、有价证券、外汇储备、黄金储备以及该银行的不动产和其他财产。

第 3 条　外国不给予中华人民共和国中央银行或者中华人民共和国特别行政区金融管理机构的财产以豁免，或者所给予的豁免低于本法的规定的，中华人民共和国根据对等原则办理。

【主席令［2023］7 号】　中华人民共和国对外关系法（2023 年 6 月 28 日全国人大常委会［14 届 3 次］通过，2023 年 7 月 1 日起施行）

第 10 条（第 1 款）　全国人民代表大会及其常务委员会批准和废除同外国缔结的条约和重要协定，行使宪法和法律规定的对外关系职权。

第 12 条　国务院管理对外事务，同外国缔结条约和协定，行使宪法和法律规定的对外关系职权。

第 30 条　国家依照宪法和法律缔结或者参加条约和协定，善意履行有关条约和协定规定的义务。

国家缔结或者参加的条约和协定不得同宪法相抵触。

第 31 条　国家采取适当措施实施和适用条约和协定。

条约和协定的实施和适用不得损害国家主权、安全和社会公共利益。

第 36 条　中华人民共和国依据有关法律和缔结或者参加的条约和协定，给予外国外交机构、外国国家官员、国际组织及其官员相应的特权与豁免。

中华人民共和国依据有关法律和缔结或者参加的条约和协定，给予外国国家及其财产豁免。

【主席令［2023］10 号】　中华人民共和国外国国家豁免法（2023 年 9 月 1 日全国人大常委会［14 届 5 次］通过，2024 年 1 月 1 日起施行）

第 2 条　本法所称的外国国家包括：（一）外国主权国家；（二）外国主权国家的国家机关或者组成部分；（三）外国主权国家授权行使主权权力且基于该项授权从事活动的组织或者个人。

第 3 条　外国国家及其财产在中华人民共和国的法院享有管辖豁免，本法另有规定的除外。

第 4 条　外国国家通过下列方式之一明示就特定事项或者案件接受中华人民共和国的法院管辖的，对于就该事项或者案件提起的诉讼，该外国国家在中华人民共和国的法院不享有管辖豁免：（一）国际条约；（二）书面协议；（三）向处理案件的中华人民共和国的法院提交书面文件；（四）通过外交渠道等方式向中华人民共和国提交书面文件；（五）其他明示接受中华人民共和国的法院管辖的方式。

第5条　外国国家有下列情形之一的，视为就特定事项或者案件接受中华人民共和国的法院管辖：（一）作为原告向中华人民共和国的法院提起诉讼；（二）作为被告参加中华人民共和国的法院受理的诉讼，并就案件实体问题答辩或者提出反诉；（三）作为第三人参加中华人民共和国的法院受理的诉讼；（四）在中华人民共和国的法院作为原告提起诉讼或者作为第三人提出诉讼请求时，由于与该起诉或者该诉讼请求相同的法律关系或者事实被提起反诉。

外国国家有前款第2项规定的情形，但能够证明其作出上述答辩之前不可能知道有可主张豁免的事实的，可以在知道或者应当知道该事实后的合理时间内主张管辖豁免。

第6条　外国国家有下列情形之一的，不视为接受中华人民共和国的法院管辖：（一）仅为主张豁免而应诉答辩；（二）外国国家的代表在中华人民共和国的法院出庭作证；（三）同意在特定事项或者案件中适用中华人民共和国的法律。

第7条　外国国家与包括中华人民共和国在内的其他国家的组织或者个人进行的商业活动，在中华人民共和国领域内发生，或者虽然发生在中华人民共和国领域外但在中华人民共和国领域内产生直接影响的，对于该商业活动引起的诉讼，该外国国家在中华人民共和国的法院不享有管辖豁免。

本法所称商业活动是指非行使主权权力的关于货物或者服务的交易、投资、借贷以及其他商业性质的行为。中华人民共和国的法院在认定一项行为是否属于商业活动时，应当综合考虑该行为的性质和目的。

第8条　外国国家为获得个人提供的劳动或者劳务而签订的合同全部或者部分在中华人民共和国领域内履行的，对于因该合同引起的诉讼，该外国国家在中华人民共和国的法院不享有管辖豁免，但有下列情形之一的除外：（一）获得个人提供的劳动或者劳务是为了履行该外国国家行使主权权力的特定职能；（二）提供劳动或者劳务的个人是外交代表、领事官员、享有豁免的国际组织驻华代表机构工作人员或者其他享有相关豁免的人员；（三）提供劳动或者劳务的个人在提起诉讼时具有该外国国家的国籍，并且在中华人民共和国领域内没有经常居所；（四）该外国国家与中华人民共和国另有协议。

第9条　对于外国国家在中华人民共和国领域内的相关行为造成人身伤害、死亡或者造成动产、不动产损失引起的赔偿诉讼，该外国国家在中华人民共和国的法院不享有管辖豁免。

第10条　对于下列财产事项的诉讼，外国国家在中华人民共和国的法院不享有管辖豁免:(一)该外国国家对位于中华人民共和国领域内的不动产的任何权益或者义务;(二)该外国国家对动产、不动产的赠与、遗赠、继承或者因无人继承而产生的任何权益或者义务;(三)在管理信托财产、破产财产或者进行法人、非法人组织清算时涉及该外国国家的权益或者义务。

第11条　对于下列知识产权事项的诉讼,外国国家在中华人民共和国的法院不享有管辖豁免:(一)确定该外国国家受中华人民共和国法律保护的知识产权归属及相关权益;(二)该外国国家在中华人民共和国领域内侵害受中华人民共和国法律保护的知识产权及相关权益。

第12条　外国国家与包括中华人民共和国在内的其他国家的组织或者个人之间的商业活动产生的争议,根据书面协议被提交仲裁的,或者外国国家通过国际投资条约等书面形式同意将其与包括中华人民共和国在内的其他国家的组织或者个人产生的投资争端提交仲裁的,对于需要法院审查的下列事项,该外国国家在中华人民共和国的法院不享有管辖豁免:(一)仲裁协议的效力;(二)仲裁裁决的承认和执行;(三)仲裁裁决的撤销;(四)法律规定的其他由中华人民共和国的法院对仲裁进行审查的事项。

第13条　外国国家的财产在中华人民共和国的法院享有司法强制措施豁免。外国国家接受中华人民共和国的法院管辖,不视为放弃司法强制措施豁免。

第14条　有下列情形之一的,外国国家的财产在中华人民共和国的法院不享有司法强制措施豁免:(一)外国国家以国际条约、书面协议或者向中华人民共和国的法院提交书面文件等方式明示放弃司法强制措施豁免;(二)外国国家已经拨出或者专门指定财产用于司法强制措施执行;(三)为执行中华人民共和国的法院的生效判决、裁定,对外国国家位于中华人民共和国领域内、用于商业活动且与诉讼有联系的财产采取司法强制措施。

第15条　下列外国国家的财产不视为本法第14条第3项规定的用于商业活动的财产:(一)外交代表机构、领事机构、特别使团、驻国际组织代表团或者派往国际会议的代表团用于、意图用于公务的财产,包括银行账户款项;(二)属于军事性质的财产,或者用于、意图用于军事的财产;(三)外国和区域经济一体化组织的中央银行或者履行中央银行职能的金融管理机构的财产,包括现金、票据、银行存款、有价证券、外汇储备、黄金储备以及该中央银行或者该履行中央银行职能的金融管理机构的不动产和其他财产;(四)构成该国文化遗产或者档案的一部分,且非供出售或者意图出售的财产;(五)用于展览的具有科学、文化、历史价值的物品,且非供出售或者意图出售的财产;(六)中华人民共和国的法院认为不视为用于商业活动的其他财产。

第16条　对于外国国家及其财产民事案件的审判和执行程序,本法没有规定

2288 ◀ 第四编 涉外民事诉讼程序的特别规定/第二十七章 司法协助

的，适用中华人民共和国的民事诉讼法律以及其他相关法律的规定。

第17条 中华人民共和国的法院向外国国家送达传票或者其他诉讼文书，应当按照下列方式进行：（一）该外国国家与中华人民共和国缔结或者共同参加的国际条约规定的方式；（二）该外国国家接受且中华人民共和国法律不禁止的其他方式。

通过前款方式无法完成送达的，可以通过外交照会方式送交该外国国家外交部门，外交照会发出之日视为完成送达。

按照本条第1款、第2款规定的方式进行送达的诉讼文书，应当依照该外国国家与中华人民共和国缔结或者共同参加的国际条约的规定附上有关语言的译本，没有相关国际条约的，附上该外国国家官方语言的译本。

向外国国家送达起诉状副本时，应当一并通知该外国国家在收到起诉状副本后3个月内提出答辩状。

外国国家在对其提起的诉讼中就实体问题答辩后，不得再就诉讼文书的送达方式提出异议。

第18条 经送达完成，外国国家未在中华人民共和国的法院指定期限内出庭的，法院应当主动查明该外国国家是否享有管辖豁免。对于外国国家在中华人民共和国的法院不享有管辖豁免的案件，法院可以缺席判决，但应当在诉讼文书送达之日的6个月以后。

中华人民共和国的法院对外国国家作出的缺席判决，应当按照本法第17条的规定送达。

外国国家对中华人民共和国的法院缺席判决提起上诉的期限为6个月，从判决书送达之日起计算。

第19条 中华人民共和国外交部就以下有关国家行为的事实问题出具的证明文件，中华人民共和国的法院应当采信：（一）案件中的相关国家是否构成本法第2条第1项中的外国主权国家；（二）本法第17条规定的外交照会是否送达以及何时送达；（三）其他有关国家行为的事实问题。

对于前款以外其他涉及外交事务等重大国家利益的问题，中华人民共和国外交部可以向中华人民共和国的法院出具意见。

第20条 本法规定不影响外国的外交代表机构、领事机构、特别使团、驻国际组织代表团、派往国际会议的代表团及上述机构的相关人员根据中华人民共和国的法律、中华人民共和国缔结或者参加的国际条约享有的特权与豁免。

本法规定不影响外国国家元首、政府首脑、外交部长及其他具有同等身份的官员根据中华人民共和国的法律、中华人民共和国缔结或者参加的国际条约以及国际习惯享有的特权与豁免。

第 21 条　外国给予中华人民共和国国家及其财产的豁免待遇低于本法规定的，中华人民共和国实行对等原则。

第 22 条　中华人民共和国缔结或者参加的国际条约同本法有不同规定的，适用该国际条约的规定，但中华人民共和国声明保留的条款除外。

【法［2007］69 号】　最高人民法院关于人民法院受理涉及特权与豁免的民事案件有关问题的通知（2007 年 5 月 22 日）

为严格执行《中华人民共和国民事诉讼法》以及我国参加的有关国际公约的规定，保障正确受理涉及特权与豁免的民事案件，现决定对人民法院受理涉及特权与豁免的案件建立报告制度，特做如下通知：

凡以下列在中国享有特权与豁免的主体为被告、第三人向人民法院起诉的民事案件，人民法院应在决定受理之前，报请本辖区高级人民法院审查；高级人民法院同意受理的，应当将其审查意见报最高人民法院。在最高人民法院答复前，一律暂不受理。

一、外国国家；

二、外国驻中国使馆和使馆人员；

三、外国驻中国领馆和领馆成员；

四、途经中国的外国驻第三国的外交代表和与其共同生活的配偶及未成年子女；

五、途经中国的外国驻第三国的领事官员和与其共同生活的配偶及未成年子女；

六、持有中国外交签证或者持有外交护照（仅限互免签证的国家）来中国的外国官员；

七、持有中国外交签证或者持有与中国互免签证国家外交护照的领事官员；

八、来中国访问的外国国家元首、政府首脑、外交部长及其他具有同等身份的官员；

九、来中国参加联合国及其专门机构召开的国际会议的外国代表；

十、临时来中国的联合国及其专门机构的官员和专家；

十一、联合国系统组织驻中国的代表机构和人员；

十二、其他在中国享有特权与豁免的主体。

【立法解释】　全国人民代表大会常务委员会关于《中华人民共和国香港特别行政区基本法》第 13 条第 1 款和第 19 条的解释（2011 年 8 月 26 日全国人大常委会［11 届 22 次］通过）

一、……根据《中华人民共和国香港特别行政区基本法》第 13 条第 1 款关于"中央人民政府负责管理与香港特别行政区有关的外交事务"的规定，管理与香港特别行政区有关的外交事务属于中央人民政府的权力，中央人民政府有权决定在香港特别行政区适用的国家豁免规则或政策。

二、……香港特别行政区法院在审理案件时遇有外国国家及其财产管辖豁免和执行豁免问题，须适用和实施中央人民政府决定适用于香港特别行政区的国家豁免规则或政策。基于上述，根据《中华人民共和国香港特别行政区基本法》第13条第1款和第19条的规定，香港特别行政区，包括香港特别行政区法院，有责任适用或实施中央人民政府决定采取的国家豁免规则或政策，不得偏离上述规则或政策，也不得采取与上述规则或政策不同的规则。

三、……《中华人民共和国香港特别行政区基本法》第19条第3款规定的"国防、外交等国家行为"包括中央人民政府决定国家豁免规则或政策的行为。

四、……根据《中华人民共和国香港特别行政区基本法》第13条第1款和第19条的规定，依照《全国人民代表大会常务委员会关于根据〈中华人民共和国香港特别行政区基本法〉第160条处理香港原有法律的决定》采用为香港特别行政区法律的香港原有法律中有关国家豁免的规则，从1997年7月1日起，在适用时，须作出必要的变更、适应、限制或例外，以符合中央人民政府决定采取的国家豁免规则或政策。

【立法说明［2011］号】 关于《全国人民代表大会常务委员会关于〈中华人民共和国香港特别行政区基本法〉第13条第1款和第19条的解释（草案）》的说明（全国人大常委会法工委副主任李飞，于2011年8月24日全国人大常委会［11届22次］会议）①

一、国家豁免属于外交事务范畴

国家豁免是国际社会普遍接受的国际法原则。国家豁免的具体含义是：（一）未经一国放弃司法管辖豁免，另一国不得受理和审判以该国为被告的诉讼；（二）即使一国已放弃了司法管辖豁免，如未经该国放弃执行豁免，另一国法院不得对该国国家财产采取强制措施。国家豁免建基于国家主权和平等的原则，既是一个法律问题，又是一个涉及国家对外关系的政策问题。作为法律问题，它涉及一国法院对外国国家及其财产是否拥有管辖权，外国国家及其财产在一国法院是否享有豁免权。作为国家对外政策问题，它直接关系到一国与外国国家的关系和该国对外政策的实施，直接涉及国家的对外关系和利益，各国都按照本国国情需要和对外政策，采用符合本国利益的国家豁免制度。因此，香港基本法第13条第1款规定的"外交事务"，包括有关决定和实行国家豁免规则或政策方面的事务。

二、决定国家豁免规则或政策是中央的权力

---

① 载中国人大网，http://www.npc.gov.cn/zgrdw/huiyi/cwh/1122/2011-08/27/content_1670088_4.htm，最后访问时间：2023年11月28日。

……我国采用何种国家豁免原则，涉及我国与外国的关系，涉及我国的国际权利和国际义务，是国家外交事务的重要组成部分。我国宪法第 89 条第 9 项规定国务院管理对外事务，基于此项规定，中央人民政府有权决定我的国家豁免规则或政策，并在全国范围内统一实施。香港基本法第 13 条第 1 款规定"中央人民政府负责管理与香港特别行政区有关的外交事务"，体现了外交权属于中央，处理外交事务不属于香港特别行政区高度自治权范围。……

三、我国目前实行的国家豁免规则或政策

我国坚持奉行国家豁免这一维护国家间关系正常发展的重要法律原则，即我国法院不管辖、实践中也从未处理以外国国家为被告或针对外国国家财产的案件；同时，我国也不接受外国法院对以我国国家为被告或针对我国国家财产的案件享有管辖权。我国采取的这种国家豁免立场，通常被称为"绝对豁免"。我国的国家豁免立场，体现在我国政府对外正式声明和实践之中，这是一个法律事实，并为国际社会广泛了解。在国与国之间实行国家豁免的实践中，有些国家对国家豁免规定了例外情况，把国家的商业活动和用于商业活动的财产等排除在国家豁免的范围之外，这种做法通常被称为"限制豁免"。这里需要说明的是，2005 年 9 月 14 日，我国签署了《联合国国家及其财产管辖豁免公约》①，该公约在赋予外国国家及其财产管辖豁免和执行豁免的同时，对国家豁免规定若干例外，把国家的商业活动和用于商业活动的财产等排除在国家豁免的范围之外。但该公约尚未生效，全国人大常委会也未批准该公约，目前我国仍然实行一贯坚持的国家豁免规则和政策。

四、香港特别行政区须遵循国家统一的国家豁免规则或政策

按照香港基本法第 13 条第 1 款的规定，中央人民政府有权决定在香港特别行政区适用的国家豁免规则或政策，同时按照香港基本法第 19 条的规定，香港特别行政区法院对中央人民政府决定国家豁免规则或政策的行为无管辖权，因此，香港特别行政区，包括香港特别行政区法院，必须遵循中央人民政府决定的国家豁免规则或政策。……

五、决定国家豁免规则或政策的行为属于国家行为（略）

六、香港原有法律中不符合我国国家豁免规则或政策的规定不再有效（略）

【法释［2022］11 号】　最高人民法院关于适用《中华人民共和国民事诉讼法》的解释（"法释［2015］5 号"公布，2015 年 2 月 4 日起施行；根据法释［2020］20 号《决定》修正，2021 年 1 月 1 日起施行；2022 年 3 月 22 日最高法审委会［1866 次］修正，2022 年 4 月 1 日公布，2022 年 4 月 10 日起施行；以本

---

① 注:《联合国国家及其财产管辖豁免公约》由 2004 年 12 月 2 日联合国大会第 59/38 号决议通过，2005 年 1 月 17 日开放签署；我国于 2005 年 9 月 14 日签署，目前尚未提请全国人大常委会批准生效。

规为准)

第 526 条　涉外民事诉讼中的外籍当事人，可以委托本国人为诉讼代理人，也可以委托本国律师以非律师身份担任诉讼代理人；外国驻华使领馆官员，受本国公民的委托，可以以个人名义担任诉讼代理人，但在诉讼中不享有外交或者领事特权和豁免。

第 527 条　涉外民事诉讼中，外国驻华使领馆授权其本馆官员，在作为当事人的本国国民不在中华人民共和国领域内的情况下，可以以外交代表身份为其本国国民在中华人民共和国聘请中华人民共和国律师或者中华人民共和国公民代理民事诉讼。

（附　则）^①

　　第 306 条¹⁹⁹¹⁰⁴⁰⁹　　**【本法施行】**本法自公布之日起施行，《中华人民共和国民事诉讼法（试行）》同时废止。

---

① 本标题为本书添注。

附 录

附录一　《民事诉讼法》历版条文对照表[①]

1982 年版 （试行）	1991 年版	2007 年版	2012 年版[②]	2021 年版	2023 年版
主席令 ［5 届］8 号	主席令 ［7 届］44 号	主席令 ［10 届］75 号	主席令 ［11 届］59 号	主席令 ［13 届］106 号	主席令 ［14 届］11 号
1982 年 10 月 1 日起试行	1991 年 4 月 9 日起施行	2008 年 4 月 1 日起施行	2013 年 1 月 1 日起施行	2022 年 1 月 1 日起施行	2024 年 1 月 1 日起施行
第 1 编　总则	第 1 编　总则	第 1 编　总则	第 1 编　总则	第 1 编　总则	第 1 编　总则
第 1 章　任务 和基本原则	第 1 章　任务、 适用范围和 基本原则	第 1 章　任务、 适用范围和 基本原则	第 1 章　任务、 适用范围和 基本原则	第 1 章　任务、 适用范围和 基本原则	第 1 章　任务、 适用范围和 基本原则
第 1 条	第 1 条	第 1 条	第 1 条	第 1 条	第 1 条
第 2 条	第 2 条	第 2 条	第 2 条	第 2 条	第 2 条
	第 3 条	第 3 条	第 3 条	第 3 条	第 3 条
第 3 条	第 4 条	第 4 条	第 4 条	第 4 条	第 4 条
* 第 186-187 条	第 5 条	第 5 条	第 5 条	第 5 条	第 5 条
第 4 条	第 6 条	第 6 条	第 6 条	第 6 条	第 6 条
第 5 条前半句	第 7 条	第 7 条	第 7 条	第 7 条	第 7 条
第 5 条后半句	第 8 条	第 8 条	第 8 条	第 8 条	第 8 条
第 6 条	第 9 条	第 9 条	第 9 条	第 9 条	第 9 条
第 7 条	~~第 7 条~~				
第 8 条	第 10 条	第 10 条	第 10 条	第 10 条	第 10 条

[①] 本表中，加删除线的条文表示已删除；加下划线的条文表示新增；加双下划线的，表示整个章（节）新增。

[②] 注：主席令［12 届］71 号（2017 年 7 月 1 日起施行）对《民事诉讼法》只是增设了现第 58 条第 2 款，其条文序号并无变化，本表未予以单列。

1982 年版 (试行)	1991 年版	2007 年版	2012 年版	2021 年版	2023 年版
第 9 条	第 11 条	第 11 条	第 11 条	第 11 条	第 11 条
第 10 条	第 12 条	第 12 条	第 12 条	第 12 条	第 12 条
第 11 条	第 13 条	第 13 条	第 13 条	第 13 条	第 13 条
第 12 条	第 14 条	第 14 条	第 14 条	第 14 条	第 14 条
第 13 条	第 15 条	第 15 条	第 15 条	第 15 条	第 15 条
第 14 条	第 16 条	第 16 条	~~第 16 条~~		
				<u>第 16 条</u>	第 16 条
第 15 条	第 17 条	第 17 条	第 16 条	第 17 条	第 17 条
第 2 章　管辖	**第 2 章　管辖**	**第 2 章　管辖**	**第 2 章　管辖**	**第 2 章　管辖**	**第 2 章　管辖**
第 1 节 级别管辖	**第 1 节 级别管辖**	**第 1 节 级别管辖**	**第 1 节 级别管辖**	**第 1 节 级别管辖**	**第 1 节 级别管辖**
第 16 条	第 18 条	第 18 条	第 17 条	第 18 条	第 18 条
第 17 条	第 19 条	第 19 条	第 18 条	第 19 条	第 19 条
第 18 条	第 20 条	第 20 条	第 19 条	第 20 条	第 20 条
第 19 条	第 21 条	第 21 条	第 20 条	第 21 条	第 21 条
第 2 节 地域管辖	**第 2 节 地域管辖**	**第 2 节 地域管辖**	**第 2 节 地域管辖**	**第 2 节 地域管辖**	**第 2 节 地域管辖**
第 20 条	第 22 条	第 22 条	第 21 条	第 22 条	第 22 条
第 21 条	第 23 条	第 23 条	第 22 条	第 23 条	第 23 条
第 22 条	＊第 29 条				
第 23 条	第 24 条	第 24 条	第 23 条	第 24 条	第 24 条
	第 25 条	第 25 条	＊第 34 条		
	第 26 条	第 26 条	第 24 条	第 25 条	第 25 条
	第 27 条	第 27 条	第 25 条	第 26 条	第 26 条
			<u>第 26 条</u>	第 27 条	第 27 条
第 24-25 条	第 28 条	第 28 条	第 27 条	第 28 条	第 28 条
＊第 22 条	第 29 条	第 29 条	第 28 条	第 29 条	第 29 条
第 26 条	第 30 条	第 30 条	第 29 条	第 30 条	第 30 条
第 27 条	第 31 条	第 31 条	第 30 条	第 31 条	第 31 条
第 28 条	第 32 条	第 32 条	第 31 条	第 32 条	第 32 条

附
录

续表

1982 年版（试行）	1991 年版	2007 年版	2012 年版	2021 年版	2023 年版
	第 33 条	第 33 条	第 32 条	第 33 条	第 33 条
第 29 条	~~第 29 条~~				
第 30 条	第 34 条	第 34 条	第 33 条	第 34 条	第 34 条
		*第 25 条	第 34 条	第 35 条	第 35 条
第 31 条	第 35 条	第 35 条	第 35 条	第 36 条	第 36 条
第 3 节 移送管辖 和指定管辖	第 3 节 移送管辖 和指定管辖	第 3 节 移送管辖 和指定管辖	第 3 节 移送管辖 和指定管辖	第 3 节 移送管辖 和指定管辖	第 3 节 移送管辖 和指定管辖
第 32 条	第 36 条	第 36 条	第 36 条	第 37 条	第 37 条
第 33 条	第 37 条	第 37 条	第 37 条	第 38 条	第 38 条
	第 38 条	第 38 条	*第 127 条		
第 34 条	第 39 条	第 39 条	第 38 条	第 39 条	第 39 条
第 3 章 审判组织	第 3 章 审判组织	第 3 章 审判组织	第 3 章 审判组织	第 3 章 审判组织	第 3 章 审判组织
第 35 条	第 40 条	第 40 条	第 39 条	第 40 条	第 40 条
第 36 条	第 41 条	第 41 条	第 40 条	第 41 条	第 41 条
				<u>第 42 条</u>	第 42 条
				<u>第 43 条</u>	第 43 条
第 37 条	第 42 条	第 42 条	第 41 条	第 44 条	第 44 条
第 38 条	第 43 条	第 43 条	第 42 条	第 45 条	第 45 条
第 39 条	~~第 39 条~~				
	第 44 条	第 44 条	第 43 条	第 46 条	第 46 条
第 4 章 回避	第 4 章 回避	第 4 章 回避	第 4 章 回避	第 4 章 回避	第 4 章 回避
第 40 条	第 45 条	第 45 条	第 44 条	第 47 条	第 47 条
第 41 条	第 46 条	第 46 条	第 45 条	第 48 条	第 48 条
第 42 条	第 47 条	第 47 条	第 46 条	第 49 条	第 49 条
第 43 条	第 48 条	第 48 条	第 47 条	第 50 条	第 50 条
第 5 章 诉讼参加人	第 5 章 诉讼参加人	第 5 章 诉讼参加人	第 5 章 诉讼参加人	第 5 章 诉讼参加人	第 5 章 诉讼参加人
第 1 节 当事人	第 1 节 当事人	第 1 节 当事人	第 1 节 当事人	第 1 节 当事人	第 1 节 当事人
第 44 条	第 49 条	第 49 条	第 48 条	第 51 条	第 51 条

1982 年版（试行）	1991 年版	2007 年版	2012 年版	2021 年版	2023 年版
第 45 条	第 50 条	第 50 条	第 49 条	第 52 条	第 52 条
第 46 条	第 51 条	第 51 条	第 50 条	第 53 条	第 53 条
	第 52 条	第 52 条	第 51 条	第 54 条	第 54 条
第 47 条	第 53 条	第 53 条	第 52 条	第 55 条	第 55 条
	第 54 条	第 54 条	第 53 条	第 56 条	第 56 条
	第 55 条	第 55 条	第 54 条	第 57 条	第 57 条
			第 55 条	第 58 条	第 58 条
第 48 条	第 56 条	第 56 条	第 56 条	第 59 条	第 59 条
第 2 节 诉讼代理人	第 2 节 诉讼代理人	第 2 节 诉讼代理人	第 2 节 诉讼代理人	第 2 节 诉讼代理人	第 2 节 诉讼代理人
第 49 条	第 57 条	第 57 条	第 57 条	第 60 条	第 60 条
第 50 条	第 58 条	第 58 条	第 58 条	第 61 条	第 61 条
第 51 条	第 59 条	第 59 条	第 59 条	第 62 条	第 62 条
第 52 条	第 60 条	第 60 条	第 60 条	第 63 条	第 63 条
第 53 条	第 61 条	第 61 条	第 61 条	第 64 条	第 64 条
第 54 条	第 62 条	第 62 条	第 62 条	第 65 条	第 65 条
第 6 章　证据	第 6 章　证据	第 6 章　证据	第 6 章　证据	第 6 章　证据	第 6 章　证据
第 55 条	第 63 条	第 63 条	第 63 条	第 66 条	第 66 条
第 56 条	第 64 条	第 64 条	第 64 条	第 67 条	第 67 条
			第 65 条	第 68 条	第 68 条
			第 66 条	第 69 条	第 69 条
第 57 条	第 65 条	第 65 条	第 67 条	第 70 条	第 70 条
第 58 条	第 66 条	第 66 条	第 68 条	第 71 条	第 71 条
第 59 条	第 67 条	第 67 条	第 69 条	第 72 条	第 72 条
第 60 条	第 68 条	第 68 条	第 70 条	第 73 条	第 73 条
	第 69 条	第 69 条	第 71 条	第 74 条	第 74 条
第 61 条	第 70 条	第 70 条	第 72 条	第 75 条	第 75 条
			第 73 条	第 76 条	第 76 条
			第 74 条	第 77 条	第 77 条
第 62 条	第 71 条	第 71 条	第 75 条	第 78 条	第 78 条

民事诉讼法全厚细

1982 年版（试行）	1991 年版	2007 年版	2012 年版	2021 年版	2023 年版
第 63 条	第 72 条	第 72 条第 1 款	第 76 条	第 79 条	第 79 条
		第 72 条第 2、3 款	第 77 条	第 80 条	第 80 条
			第 78 条	第 81 条	第 81 条
			第 79 条	第 82 条	第 82 条
第 64 条	第 73 条	第 73 条	第 80 条	第 83 条	第 83 条
第 65 条	第 74 条	第 74 条	第 81 条	第 84 条	第 84 条
第 7 章 期间，送达	第 7 章 期间，送达	第 7 章 期间，送达	第 7 章 期间，送达	第 7 章 期间，送达	第 7 章 期间，送达
第 1 节　期间	第 1 节　期间	第 1 节　期间	第 1 节　期间	第 1 节　期间	第 1 节　期间
第 66 条	第 75 条	第 75 条	第 82 条	第 85 条	第 85 条
第 67 条	第 76 条	第 76 条	第 83 条	第 86 条	第 86 条
第 2 节　送达	第 2 节　送达	第 2 节　送达	第 2 节　送达	第 2 节　送达	第 2 节　送达
第 68 条	第 77 条	第 77 条	第 84 条	第 87 条	第 87 条
第 69 条	第 78 条	第 78 条	第 85 条	第 88 条	第 88 条
第 70 条	第 79 条	第 79 条	第 86 条	第 89 条	第 89 条
			第 87 条	第 90 条	第 90 条
第 71 条	第 80 条	第 80 条	第 88 条	第 91 条	第 91 条
第 72 条	第 81 条	第 81 条	第 89 条	第 92 条	第 92 条
第 73 条	第 82 条	第 82 条	第 90 条	第 93 条	第 93 条
第 74 条	第 83 条	第 83 条	第 91 条	第 94 条	第 94 条
第 75 条	第 84 条	第 84 条	第 92 条	第 95 条	第 95 条
* 第 10 章 第 4 节　调解	第 8 章　调解	第 8 章　调解	第 8 章　调解	第 8 章　调解	第 8 章　调解
第 97 条	第 85 条	第 85 条	第 93 条	第 96 条	第 96 条
第 98 条	第 86 条	第 86 条	第 94 条	第 97 条	第 97 条
第 99 条	第 87 条	第 87 条	第 95 条	第 98 条	第 98 条
第 100 条	第 88 条	第 88 条	第 96 条	第 99 条	第 99 条
第 101 条	第 89 条	第 89 条	第 97 条	第 100 条	第 100 条
	第 90 条	第 90 条	第 98 条	第 101 条	第 101 条

1982 年版 （试行）	1991 年版	2007 年版	2012 年版	2021 年版	2023 年版
第 102 条	第 91 条	第 91 条	第 99 条	第 102 条	第 102 条
*第 10 章 第 3 节　诉讼 保全和先行给付	第 9 章　财产 保全和先予执行	第 9 章　财产 保全和先予执行	第 9 章　保全 和先予执行	第 9 章　保全 和先予执行	第 9 章　保全 和先予执行
第 92 条	第 92 条	第 92 条	第 100 条	第 103 条	第 103 条
	<u>第 93 条</u>	第 93 条	第 101 条	第 104 条	第 104 条
第 93 条	第 94 条	第 94 条第 1 款	第 102 条	第 105 条	第 105 条
		第 94 条 第 2、3 款	第 103 条	第 106 条	第 106 条
	<u>第 95 条</u>	第 95 条	第 104 条	第 107 条	第 107 条
第 94 条第 2 款	第 96 条	第 96 条	第 105 条	第 108 条	第 108 条
第 95 条	第 97 条	第 97 条	第 106 条	第 109 条	第 109 条
第 94 条第 1 款	第 98 条	第 98 条	第 107 条	第 110 条	第 110 条
第 96 条	第 99 条	第 99 条	第 108 条	第 111 条	第 111 条
第 8 章 对妨害民事诉讼 的强制措施	第 10 章 对妨害民事诉讼 的强制措施	第 10 章 对妨害民事诉讼 的强制措施	第 10 章 对妨害民事诉讼 的强制措施	第 10 章 对妨害民事诉讼 的强制措施	第 10 章 对妨害民事诉讼 的强制措施
第 76 条	第 100 条	第 100 条	第 109 条	第 112 条	第 112 条
	<u>第 101 条</u>	第 101 条	第 110 条	第 113 条	第 113 条
第 77 条	第 102 条	第 102 条	第 111 条	第 114 条	第 114 条
			<u>第 112 条</u>	第 115 条	第 115 条
			<u>第 113 条</u>	第 116 条	第 116 条
	<u>第 103 条</u>	第 103 条	第 114 条	第 117 条	第 117 条
第 78 条	第 104 条	第 104 条	第 115 条	第 118 条	第 118 条
第 79 条	第 105 条	第 105 条	第 116 条	第 119 条	第 119 条
	<u>第 106 条</u>	第 106 条	第 117 条	第 120 条	第 120 条
第 9 章 诉讼费用	第 11 章 诉讼费用	第 11 章 诉讼费用	第 11 章 诉讼费用	第 11 章 诉讼费用	第 11 章 诉讼费用
第 80 条	第 107 条	第 107 条	第 118 条	第 121 条	第 121 条
第 2 编 第一审程序	第 2 编 审判程序	第 2 编 审判程序	第 2 编 审判程序	第 2 编 审判程序	第 2 编 审判程序

民事诉讼法全厚细

1982 年版（试行）	1991 年版	2007 年版	2012 年版	2021 年版	2023 年版
第 10 章 普通程序	第 12 章 第一审普通程序	第 12 章 第一审普通程序	第 12 章 第一审普通程序	第 12 章 第一审普通程序	第 12 章 第一审普通程序
第 1 节 起诉和受理	第 1 节 起诉和受理	第 1 节 起诉和受理	第 1 节 起诉和受理	第 1 节 起诉和受理	第 1 节 起诉和受理
第 81 条	第 108 条	第 108 条	第 119 条	第 122 条	第 122 条
第 82 条	第 109 条	第 109 条	第 120 条	第 123 条	第 123 条
第 83 条	第 110 条	第 110 条	第 121 条	第 124 条	第 124 条
			第 122 条	第 125 条	第 125 条
		*第 112 条	第 123 条	第 126 条	第 126 条
第 84 条	第 111 条	第 111 条	第 124 条	第 127 条	第 127 条
第 85 条	第 112 条	第 112 条	*第 123 条		
第 2 节 审理前的准备	第 2 节 审理前的准备	第 2 节 审理前的准备	第 2 节 审理前的准备	第 2 节 审理前的准备	第 2 节 审理前的准备
第 86 条	第 113 条	第 113 条	第 125 条	第 128 条	第 128 条
	第 114 条	第 114 条	第 126 条	第 129 条	第 129 条
		*第 38 条	第 127 条	第 130 条	第 130 条
	第 115 条	第 115 条	第 128 条	第 131 条	第 131 条
第 87 条	第 116 条	第 116 条	第 129 条	第 132 条	第 132 条
第 88 条	第 117 条	第 117 条	第 130 条	第 133 条	第 133 条
第 89 条	第 118 条	第 118 条	第 131 条	第 134 条	第 134 条
第 90 条	第 90 条				
第 91 条	第 119 条	第 119 条	第 132 条	第 135 条	第 135 条
			第 133 条	第 136 条	第 136 条
第 3 节 诉讼保全和先行给付	（对应第 9 章）				
第 4 节　调解	（对应第 8 章）				
第 5 节 开庭审理	第 3 节 开庭审理	第 3 节 开庭审理	第 3 节 开庭审理	第 3 节 开庭审理	第 3 节 开庭审理
第 103 条	第 120 条	第 120 条	第 134 条	第 137 条	第 137 条

1982 年版 （试行）	1991 年版	2007 年版	2012 年版	2021 年版	2023 年版
第 104 条	第 121 条	第 121 条	第 135 条	第 138 条	第 138 条
第 105 条	第 122 条	第 122 条	第 136 条	第 139 条	第 139 条
第 106 条	第 123 条	第 123 条	第 137 条	第 140 条	第 140 条
第 107 条	第 124 条	第 124 条	第 138 条	第 141 条	第 141 条
第 108 条	第 125 条	第 125 条	第 139 条	第 142 条	第 142 条
第 109 条	第 126 条	第 126 条	第 140 条	第 143 条	第 143 条
第 110 条	第 127 条	第 127 条	第 141 条	第 144 条	第 144 条
第 111 条	第 128 条	第 128 条	第 142 条	第 145 条	第 145 条
第 112 条	第 129 条	第 129 条	第 143 条	第 146 条	第 146 条
第 113 条	第 130 条	第 130 条	第 144 条	第 147 条	第 147 条
第 114 条	第 131 条	第 131 条	第 145 条	第 148 条	第 148 条
第 115 条	* 第 134 条				
第 116 条	第 132 条	第 132 条	第 146 条	第 149 条	第 149 条
第 117 条	第 133 条	第 133 条	第 147 条	第 150 条	第 150 条
* 第 115 条	第 134 条	第 134 条	第 148 条	第 151 条	第 151 条
	第 135 条	第 135 条	第 149 条	第 152 条	第 152 条
第 6 节　诉讼 中止和终结	第 4 节　诉讼 中止和终结	第 4 节　诉讼 中止和终结	第 4 节　诉讼 中止和终结	第 4 节　诉讼 中止和终结	第 4 节　诉讼 中止和终结
第 118 条	第 136 条	第 136 条	第 150 条	第 153 条	第 153 条
第 119 条	第 137 条	第 137 条	第 151 条	第 154 条	第 154 条
第 7 节 判决和裁定	第 5 节 判决和裁定	第 5 节 判决和裁定	第 5 节 判决和裁定	第 5 节 判决和裁定	第 5 节 判决和裁定
第 120 条	第 138 条	第 138 条	第 152 条	第 155 条	第 155 条
第 121 条	第 139 条	第 139 条	第 153 条	第 156 条	第 156 条
第 122 条	第 140 条	第 140 条	第 154 条	第 157 条	第 157 条
第 123 条	第 141 条	第 141 条	第 155 条	第 158 条	第 158 条
			第 156 条	第 159 条	第 159 条
第 11 章 简易程序	第 13 章 简易程序	第 13 章 简易程序	第 13 章 简易程序	第 13 章 简易程序	第 13 章 简易程序
第 124 条	第 142 条	第 142 条	第 157 条	第 160 条	第 160 条

1982 年版（试行）	1991 年版	2007 年版	2012 年版	2021 年版	2023 年版
第 125 条	第 143 条	第 143 条	第 158 条	第 161 条	第 161 条
第 126 条	第 144 条	第 144 条	第 159 条	第 162 条	第 162 条
第 127 条	第 145 条	第 145 条	第 160 条	第 163 条	第 163 条
	第 146 条	第 146 条	第 161 条	第 164 条	第 164 条
			第 162 条	第 165 条	第 165 条
				第 166 条	第 166 条
				第 167 条	第 167 条
				第 168 条	第 168 条
				第 169 条	第 169 条
			第 163 条	第 170 条	第 170 条
第 12 章 特别程序	(对应第 15 章)				
第 3 编 第二审程序，审判监督程序					
第 13 章 第二审程序	第 14 章 第二审程序	第 14 章 第二审程序	第 14 章 第二审程序	第 14 章 第二审程序	第 14 章 第二审程序
第 144-145 条	第 147 条	第 147 条	第 164 条	第 171 条	第 171 条
第 146 条	第 148 条	第 148 条	第 165 条	第 172 条	第 172 条
第 147 条	第 149 条	第 149 条	第 166 条	第 173 条	第 173 条
第 148 条	第 150 条	第 150 条	第 167 条	第 174 条	第 174 条
第 149 条	第 151 条	第 151 条	第 168 条	第 175 条	第 175 条
第 150 条	第 152 条	第 152 条	第 169 条	第 176 条	第 176 条
第 151 条	第 153 条	第 153 条	第 170 条	第 177 条	第 177 条
第 152 条	第 154 条	第 154 条	第 171 条	第 178 条	第 178 条
第 153 条	第 155 条	第 155 条	第 172 条	第 179 条	第 179 条
第 154 条	第 156 条	第 156 条	第 173 条	第 180 条	第 180 条
第 155 条	第 157 条	第 157 条	第 174 条	第 181 条	第 181 条
第 156 条	第 158 条	第 158 条	第 175 条	第 182 条	第 182 条
	第 159 条	第 159 条	第 176 条	第 183 条	第 183 条

1982 年版（试行）	1991 年版	2007 年版	2012 年版	2021 年版	2023 年版
*第 12 章 特别程序	第 15 章 特别程序	第 15 章 特别程序	第 15 章 特别程序	第 15 章 特别程序	第 15 章 特别程序
第 1 节 一般规定	第 1 节 一般规定	第 1 节 一般规定	第 1 节 一般规定	第 1 节 一般规定	第 1 节 一般规定
第 128 条	第 160 条	第 160 条	第 177 条	第 184 条	第 184 条
第 129 条	第 161 条	第 161 条	第 178 条	第 185 条	第 185 条
第 130 条	第 162 条	第 162 条	第 179 条	第 186 条	第 186 条
	第 163 条	第 163 条	第 180 条	第 187 条	第 187 条
第 2 节 选民名单案件	第 2 节 选民资格案件	第 2 节 选民资格案件	第 2 节 选民资格案件	第 2 节 选民资格案件	第 2 节 选民资格案件
第 131 条	第 164 条	第 164 条	第 181 条	第 188 条	第 188 条
第 132 条	第 165 条	第 165 条	第 182 条	第 189 条	第 189 条
第 3 节 宣告失踪人 死亡案件	第 3 节 宣告失踪、 宣告死亡案件	第 3 节 宣告失踪、 宣告死亡案件	第 3 节 宣告失踪、 宣告死亡案件	第 3 节 宣告失踪、 宣告死亡案件	第 3 节 宣告失踪、 宣告死亡案件
	第 166 条	第 166 条	第 183 条	第 190 条	第 190 条
第 133 条	第 167 条	第 167 条	第 184 条	第 191 条	第 191 条
第 134 条	第 168 条	第 168 条	第 185 条	第 192 条	第 192 条
第 135 条	第 169 条	第 169 条	第 186 条	第 193 条	第 193 条
					第 4 节　指定 遗产管理人案件
					第 194 条
					第 195 条
					第 196 条
					第 197 条
第 4 节 认定公民无行为 能力案件	第 4 节 认定公民无民事 行为能力、限制 民事行为 能力案件	第 4 节 认定公民无民事 行为能力、限制 民事行为 能力案件	第 4 节 认定公民无民事 行为能力、限制 民事行为 能力案件	第 4 节 认定公民无民事 行为能力、限制 民事行为 能力案件	第 5 节 认定公民无民事 行为能力、限制 民事行为 能力案件
第 136 条	第 170 条	第 170 条	第 187 条	第 194 条	第 198 条
第 137 条	第 171 条	第 171 条	第 188 条	第 195 条	第 199 条

附

录

续表

1982 年版（试行）	1991 年版	2007 年版	2012 年版	2021 年版	2023 年版
第 138-139 条	第 172 条	第 172 条	第 189 条	第 196 条	第 200 条
第 140 条	第 173 条	第 173 条	第 190 条	第 197 条	第 201 条
第 5 节 认定财产无主案件	第 5 节 认定财产无主案件	第 5 节 认定财产无主案件	第 5 节 认定财产无主案件	第 5 节 认定财产无主案件	第 6 节 认定财产无主案件
第 141 条	第 174 条	第 174 条	第 191 条	第 198 条	第 202 条
第 142 条	第 175 条	第 175 条	第 192 条	第 199 条	第 203 条
第 143 条	第 176 条	第 176 条	第 193 条	第 200 条	第 204 条
			第 6 节 确认调解协议案件	第 6 节 确认调解协议案件	第 7 节 确认调解协议案件
			第 194 条	第 201 条	第 205 条
			第 195 条	第 202 条	第 206 条
			第 7 节 实现担保物权案件	第 7 节 实现担保物权案件	第 8 节 实现担保物权案件
			第 196 条	第 203 条	第 207 条
			第 197 条	第 204 条	第 208 条
第 14 章 审判监督程序	第 16 章 审判监督程序	第 16 章 审判监督程序	第 16 章 审判监督程序	第 16 章 审判监督程序	第 16 章 审判监督程序
第 157 条	第 177 条	第 177 条	第 198 条	第 205 条	第 209 条
第 158 条	第 178 条	第 178 条	第 199 条	第 206 条	第 210 条
	第 179 条第 1 款	第 179 条	第 200 条	第 207 条	第 211 条
	第 179 条第 2 款	第 181 条	* 第 204 条		
	第 180 条	第 182 条	第 201 条	第 208 条	第 212 条
	第 181 条	第 183 条	第 202 条	第 209 条	第 213 条
		* 第 180 条	第 203 条	第 210 条	第 214 条
		* 第 181 条	第 204 条	第 211 条	第 215 条
	第 182 条	第 184 条	第 205 条	第 212 条	第 216 条
第 159 条	第 183 条	第 185 条	第 206 条	第 213 条	第 217 条
第 160 条	第 184 条	第 186 条	第 207 条	第 214 条	第 218 条
	第 185 条	第 187 条	第 208 条	第 215 条	第 219 条
			第 209 条	第 216 条	第 220 条
			第 210 条	第 217 条	第 221 条

续表

1982 年版 （试行）	1991 年版	2007 年版	2012 年版	2021 年版	2023 年版
	第 186 条	第 188 条	第 211 条	第 218 条	第 222 条
	第 187 条	第 189 条	第 212 条	第 219 条	第 223 条
	第 188 条	第 190 条	第 213 条	第 220 条	第 224 条
	第 17 章 督促程序	第 17 章 督促程序	第 17 章 督促程序	第 17 章 督促程序	第 17 章 督促程序
	第 189 条	第 191 条	第 214 条	第 221 条	第 225 条
	第 190 条	第 192 条	第 215 条	第 222 条	第 226 条
	第 191 条	第 193 条	第 216 条	第 223 条	第 227 条
	第 192 条	第 194 条	第 217 条	第 224 条	第 228 条
	第 18 章 公示催告程序	第 18 章 公示催告程序	第 18 章 公示催告程序	第 18 章 公示催告程序	第 18 章 公示催告程序
	第 193 条	第 195 条	第 218 条	第 225 条	第 229 条
	第 194 条	第 196 条	第 219 条	第 226 条	第 230 条
	第 195 条	第 197 条	第 220 条	第 227 条	第 231 条
	第 196 条	第 198 条	第 221 条	第 228 条	第 232 条
	第 197 条	第 199 条	第 222 条	第 229 条	第 233 条
	第 198 条	第 200 条	第 223 条	第 230 条	第 234 条
	第 19 章 企业法人破产 还债程序	第 19 章 企业法人破产 还债程序			
	第 199-206 条				
第 4 编 执行程序	第 3 编 执行程序	第 3 编 执行程序	第 3 编 执行程序	第 3 编 执行程序	第 3 编 执行程序
第 15 章 一般规定	第 20 章 一般规定	第 19 章 一般规定	第 19 章 一般规定	第 19 章 一般规定	第 19 章 一般规定
第 161 条	第 207 条	第 201 条	第 224 条	第 231 条	第 235 条
		第 202 条	第 225 条	第 232 条	第 236 条
		第 203 条	第 226 条	第 233 条	第 237 条
第 162 条	第 208 条	第 204 条	第 227 条	第 234 条	第 238 条
第 163 条	第 209 条	第 205 条	第 228 条	第 235 条	第 239 条
第 164 条	第 164 条				

1982 年版（试行）	1991 年版	2007 年版	2012 年版	2021 年版	2023 年版
第 165 条	第 210 条	第 206 条	第 229 条	第 236 条	第 240 条
*第 181 条	第 211 条	第 207 条	第 230 条	第 237 条	第 241 条
	第 212 条	第 208 条	第 231 条	第 238 条	第 242 条
	第 213 条	第 209 条	第 232 条	第 239 条	第 243 条
	第 214 条	第 210 条	第 233 条	第 240 条	第 244 条
	第 215 条	第 211 条	第 234 条	第 241 条	第 245 条
			第 235 条	第 242 条	第 246 条
第 16 章 执行的移送和申请	第 21 章 执行的申请和移送	第 20 章 执行的申请和移送	第 20 章 执行的申请和移送	第 20 章 执行的申请和移送	第 20 章 执行的申请和移送
第 166 条	第 216 条	第 212 条	第 236 条	第 243 条	第 247 条
第 167 条	第 217 条	第 213 条	第 237 条	第 244 条	第 248 条
第 168 条	第 218 条	第 214 条	第 238 条	第 245 条	第 249 条
第 169 条	第 219 条	第 215 条	第 239 条	第 246 条	第 250 条
第 170 条	第 220 条	第 216 条	第 240 条	第 247 条	第 251 条
第 17 章 执行措施	第 22 章 执行措施	第 21 章 执行措施	第 21 章 执行措施	第 21 章 执行措施	第 21 章 执行措施
		第 217 条	第 241 条	第 248 条	第 252 条
	第 221 条	第 218 条	第 242 条	第 249 条	第 253 条
第 171 条	第 222 条	第 219 条	第 243 条	第 250 条	第 254 条
第 172 条	第 223 条	第 220 条	第 244 条	第 251 条	第 255 条
第 173 条	第 224 条	第 221 条	第 245 条	第 252 条	第 256 条
第 174 条	第 225 条	第 222 条	第 246 条	第 253 条	第 257 条
第 175 条	第 226 条	第 223 条	第 247 条	第 254 条	第 258 条
	第 227 条	第 224 条	第 248 条	第 255 条	第 259 条
第 176 条	第 228 条	第 225 条	第 249 条	第 256 条	第 260 条
第 177 条	第 229 条	第 226 条	第 250 条	第 257 条	第 261 条
	第 230 条	第 227 条	第 251 条	第 258 条	第 262 条
第 178 条	第 231 条	第 228 条	第 252 条	第 259 条	第 263 条
	第 232 条	第 229 条	第 253 条	第 260 条	第 264 条

续表

1982 年版（试行）	1991 年版	2007 年版	2012 年版	2021 年版	2023 年版
第 179-180 条	~~第 179-180 条~~				
	第 233 条	第 230 条	第 254 条	第 261 条	第 265 条
第 181 条	*第 211 条				
		第 231 条	第 255 条	第 262 条	第 266 条
第 18 章　执行中止和终结	第 23 章　执行中止和终结	第 22 章　执行中止和终结	第 22 章　执行中止和终结	第 22 章　执行中止和终结	第 22 章　执行中止和终结
第 182 条	第 234 条	第 232 条	第 256 条	第 263 条	第 267 条
第 183 条	第 235 条	第 233 条	第 257 条	第 264 条	第 268 条
第 184 条	第 236 条	第 234 条	第 258 条	第 265 条	第 269 条
第 5 编　涉外民事诉讼程序的特别规定	第 4 编　涉外民事诉讼程序的特别规定	第 4 编　涉外民事诉讼程序的特别规定	第 4 编　涉外民事诉讼程序的特别规定	第 4 编　涉外民事诉讼程序的特别规定	第 4 编　涉外民事诉讼程序的特别规定
第 19 章一般原则	第 24 章一般原则	第 23 章一般原则	第 23 章一般原则	第 23 章一般原则	第 23 章一般原则
第 185 条	第 237 条	第 235 条	第 259 条	第 266 条	第 270 条
第 186-187 条	*第 5 条				
第 189 条	第 238 条	第 236 条	第 260 条	第 267 条	第 271 条
第 188 条	第 239 条	第 237 条	第 261 条	第 268 条	第 272 条
第 190 条	第 240 条	第 238 条	第 262 条	第 269 条	第 273 条
第 191 条第 1 款	第 241 条	第 239 条	第 263 条	第 270 条	第 274 条
第 191 条第 2 款	第 242 条	第 240 条	第 264 条	第 271 条	第 275 条
第 20 章　仲裁	（对应第 28 章）	第 25 章　管辖	第 24 章　管辖	第 24 章　管辖	第 24 章　管辖
	第 243 条	第 241 条	第 265 条	第 272 条	第 276 条
	第 244 条	第 242 条	~~第 242 条~~		
	第 245 条	第 243 条	~~第 243 条~~		
					第 277 条
					第 278 条
	第 246 条	第 244 条	第 266 条	第 273 条	第 279 条
					第 280 条
					第 281 条

民事诉讼法全厚细

1982 年版（试行）	1991 年版	2007 年版	2012 年版	2021 年版	2023 年版
					第 282 条
第 21 章 送达、期间	第 26 章 送达、期间	第 25 章 送达、期间	第 25 章 送达、期间	第 25 章 送达、期间	第 25 章 送达、调查取证、期间
第 196 条	第 247 条	第 245 条	第 267 条	第 274 条	第 283 条
					第 284 条
第 197 条	第 248 条	第 246 条	第 268 条	第 275 条	第 285 条
第 198 条	第 249 条	第 247 条	第 269 条	第 276 条	第 286 条
	第 250 条	第 248 条	第 270 条	第 277 条	第 287 条
第 22 章 诉讼保全	第 27 章 财产保全	第 26 章 财产保全	第 26 章 财产保全		
	第 251 条	第 249 条			
	第 252 条	第 250 条			
第 199 条	第 253 条	第 251 条			
	第 254 条	第 252 条			
第 200 条	第 255 条	第 253 条			
第 201 条	第 256 条	第 254 条			
*第 20 章 仲裁	第 28 章 仲裁	第 27 章 仲裁	第 26 章 仲裁	第 26 章 仲裁	第 26 章 仲裁
第 192 条	第 257 条	第 255 条	第 271 条	第 278 条	第 288 条
第 194 条	第 258 条	第 256 条	第 272 条	第 279 条	第 289 条
第 193、195 条	第 259 条	第 257 条	第 273 条	第 280 条	第 290 条
	第 260 条	第 258 条	第 274 条	第 281 条	第 291 条
	第 261 条	第 259 条	第 275 条	第 282 条	第 292 条
第 23 章 司法协助	第 29 章 司法协助	第 28 章 司法协助	第 27 章 司法协助	第 27 章 司法协助	第 27 章 司法协助
第 202 条	第 262 条	第 260 条	第 276 条	第 283 条	第 293 条
	第 263 条	第 261 条	第 277 条	第 284 条	第 294 条
*第 205 条	第 264 条	第 262 条	第 278 条	第 285 条	第 295 条
	第 265 条	第 263 条	第 279 条	第 286 条	第 296 条
第 203 条	第 266 条	第 264 条	第 280 条	第 287 条	第 297 条
第 204 条	第 267 条	第 265 条	第 281 条	第 288 条	第 298 条

1982 年版（试行）	1991 年版	2007 年版	2012 年版	2021 年版	2023 年版
	第 268 条	第 266 条	第 282 条	第 289 条	第 299 条
					第 300 条
					第 301 条
					第 302 条
					第 303 条
	第 269 条	第 267 条	第 283 条	第 290 条	第 304 条
					第 305 条
	（附则）	（附则）	（附则）	（附则）	（附则）
	第 270 条	第 268 条	第 284 条	第 291 条	第 306 条

附录二 已被废止的司法文件（民事类）

最高人民法院（第 1 批）

【法发［1994］16 号】 最高人民法院予以废止的 1993 年底以前发布的司法解释目录（第 1 批）（最高法审委会［667 次］通过，1994 年 7 月 27 日公布施行）

3. 最高人民法院关于因口头协议纠纷提起的诉讼管辖问题的批复，1990 年 3 月 16 日。废止理由：1991 年 4 月 9 日全国人民代表大会通过并公布了《中华人民共和国民事诉讼法》，上述批复有关内容与之抵触或者重复，不再适用。

4. 最高人民法院关于工商行政管理机关对无效经济合同引起的财产争议处理后当事人向人民法院起诉是否受理的批复，1990 年 11 月 3 日，法（经）复［1990］16 号。废止理由：已被 1992 年 4 月 1 日最高人民法院发布的《关于不服工商行政管理机关的确认经济合同无效及财产损失的处理决定的案件应属行政案件的复函》代替。

9. 最高人民法院在扣船规定出台前关于扣船程序的批复，1981 年 10 月 24 日，［81］法（交）字第 3 号。废止理由：已被 1994 年 7 月 6 日最高人民法院发布的《关于海事法院诉讼前扣押船舶的规定》代替。

10. 最高人民法院关于诉讼前扣押船舶的具体规定（1986 年 1 月 31 日最高人民法院审判委员会通过）。废止理由：已被 1994 年 7 月 6 日最高人民法院发布的《关于海事法院诉讼前扣押船舶的规定》代替。

11. 最高人民法院关于强制变卖被扣押船舶清偿债务的具体规定，1987 年 8 月 29 日，法（经）发［1987］22 号。废止理由：已被 1994 年 7 月 6 日最高人民法院发布的《关于海事法院拍卖被扣押船舶清偿债务的规定》代替。

最高人民法院（第 2 批）

【法发［1996］34 号】 最高人民法院决定废止的 1979 年至 1989 年间发布的司法解释目录（第 2 批）（最高法审委会［869 次］通过，1996 年 12 月 31 日公布施行）

1. 最高人民法院关于管辖区划变更后复查案件审批程序问题的批复，1979 年 3 月 21 日，[79] 法办研字第 7 号。废止理由：该批复是对个案问题的处理意见，现已不再适用。①

17. 最高人民法院关于贯彻执行民事政策法律的意见，1979 年 2 月 2 日。废止理由：该司法解释已被 1986 年 4 月 12 日全国人民代表大会通过并公布的《中华人民共和国民法通则》等法律所代替。

18. 最高人民法院关于人民法院审判民事案件程序制度的规定（试行），1979 年 2 月 2 日。废止理由：1991 年 4 月 9 日全国人民代表大会通过并公布了《中华人民共和国民事诉讼法》，该司法解释与之抵触，不再适用。

19. 最高人民法院关于复员、转业军人的复员费、转业费、医疗费能否按家庭共同财产处理问题的批复，1979 年 3 月 21 日，[79] 法办研字第 9 号。废止理由：该批复已被 1993 年 11 月 3 日最高人民法院发布的《关于人民法院审理离婚案件处理财产分割问题的若干具体意见》代替。

20. 最高人民法院关于给我国旅居加拿大的公民寄递离婚诉讼文书问题的批复，1980 年 8 月 25 日，[80] 民他字第 26 号。废止理由：1991 年 4 月 9 日全国人民代表大会通过并公布了《中华人民共和国民事诉讼法》，该批复与之抵触，不再适用。

21. 最高人民法院关于对日本国询问有关继承的几个问题的答复，1980 年 10 月 25 日。废止理由：1985 年 4 月 10 日全国人民代表大会通过并公布了《中华人民共和国继承法》，该司法解释有关内容与之抵触，不再适用。

22. 最高人民法院关于女方外流男方要求离婚的案件仍应由原告（男方）户口所在地法院管辖的函，1982 年 9 月 21 日，[82] 民他字第 32 号。废止理由：该司法解释已被 1992 年 7 月 14 日最高人民法院发布的《关于适用〈中华人民共和国民事诉讼法〉若干问题的意见》代替。

23. 关于适用民事诉讼法（试行）第 191 条第 2 款和第 192 条第 2 款的两个问题的批复，1982 年 12 月 17 日，[82] 法研字第 18 号。废止理由：该批复已被 1991 年 4 月 9 日全国人民代表大会通过并公布的《中华人民共和国民事诉讼法》代替。

24. 最高人民法院关于对经公告送达起诉书而不应诉的居住在国外的民事被告缺席判决后仍应公告送达判决书的批复，1983 年 2 月 7 日，[83] 法研字第 2 号。废止理由：1991 年 4 月 9 日全国人民代表大会通过并公布了《中华人民共和国民事诉讼法》，该批复与之抵触，不再适用。

---

① 本批复在《目录》中被划为"刑事"类。

25. 最高人民法院关于人民法院能否受理当事人因不服工商行政管理部门的行政处罚而提起的诉讼的批复，1983 年 3 月 19 日，[83] 法研字第 8 号。废止理由：1989 年 4 月 4 日全国人民代表大会通过并公布了《中华人民共和国行政诉讼法》，该批复与之抵触，不再适用。

26. 最高人民法院关于被告在外地就医的离婚案件管辖问题的批复，1984 年 3 月 26 日，[84] 法民字第 5 号。废止理由：该批复已被 1992 年 7 月 14 日最高人民法院发布的《关于适用〈中华人民共和国民事诉讼法〉若干问题的意见》代替。

27. 最高人民法院关于双方当事人在户籍所在地结婚后去外地居住的离婚案件应由何地法院管辖的函，1984 年 5 月 11 日，[84] 民他字第 5 号。废止理由：该司法解释已被 1992 年 7 月 14 日最高人民法院发布的《关于适用〈中华人民共和国民事诉讼法〉若干问题的意见》代替。

28. 最高人民法院《关于贯彻执行民事诉讼法（试行）若干问题的意见》，1984 年 9 月 8 日。废止理由：该司法解释已被 1992 年 7 月 14 日最高人民法院发布的《关于适用〈中华人民共和国民事诉讼法〉若干问题的意见》代替。

29. 最高人民法院民事诉讼收费办法（试行），1984 年 9 月 15 日。废止理由：该司法解释已被 1989 年 7 月 12 日最高人民法院发布的《人民法院诉讼费收费办法》代替。

30. 最高人民法院就吉林省浑江市卫生防疫站的来信给吉林省高级人民法院的通知，1984 年 9 月 11 日，[84] 法民字第 10 号。废止理由：1989 年 4 月 4 日全国人民代表大会通过并公布了《中华人民共和国行政诉讼法》，该司法解释与之抵触，不再适用。

31. 最高人民法院关于王威与徐保俊离婚一案中几个问题的批复，1984 年 9 月 18 日，[84] 民他第 12 号。废止理由：1991 年 4 月 9 日全国人民代表大会通过并公布了《中华人民共和国民事诉讼法》，该批复与之抵触，不再适用。

32. 最高人民法院关于女方外流重婚后原夫起诉要求人民法院受理的复函，1984 年 10 月 27 日，[84] 法民字第 12 号。废止理由：该司法解释已被 1992 年 7 月 14 日最高人民法院发布的《关于适用〈中华人民共和国民事诉讼法〉若干问题的意见》代替。

33. 关于申请执行仲裁裁决应向何地法院提出的批复，1985 年 1 月 17 日，法（研）复 [1985] 5 号。废止理由：该批复已被 1992 年 7 月 14 日最高人民法院发布的《关于适用〈中华人民共和国民事诉讼法〉若干问题的意见》代替。

34. 最高人民法院关于财产案件受理费如何计算等问题的批复，1985 年 1 月 24 日，法（民）复 [1985] 6 号。废止理由：《民事诉讼收费办法（试行）》已于 1989 年 9 月 1 日废止，该司法解释是对《民事诉讼收费办法（试行）》中有关问题的解释，不再适用。

35. 最高人民法院关于卢伟明与卢伟范继承案管辖问题的批复，1985 年 2 月 24 日，法民复〔1985〕14 号。废止理由：该批复已被 1991 年 4 月 9 日全国人民代表大会通过并公布的《中华人民共和国民事诉讼法》代替。

36. 关于民事案件上诉后，第二审法院对案件的实体问题作了改判后，可否变更第一审法院关于诉讼费用负担的决定等问题的批复，1985 年 5 月 30 日，法民复〔1985〕31 号。废止理由：该批复已被 1989 年 6 月 29 日最高人民法院发布的《人民法院诉讼收费办法》代替。

37. 关于胜诉一方当事人提起上诉第二审法院维持原判第二审的诉讼费用应由谁负担等问题的批复，1985 年 5 月 30 日，法（民）复〔1985〕32 号。废止理由：该批复已被 1989 年 6 月 29 日最高人民法院发布的《人民法院诉讼收费办法》代替。

38. 最高人民法院关于当事人一方提起上诉如何预交上诉案件受理费问题的批复，1985 年 5 月 30 日，法（民）复〔1985〕33 号。废止理由：该批复已被 1989 年 6 月 29 日最高人民法院发布的《人民法院诉讼收费办法》代替。

39. 关于一方当事人在国内居住另一方当事人在国外居住的涉外民事案件的上诉期应如何确定的批复，1985 年 6 月 11 日，法（研）复〔1985〕34 号。废止理由：1991 年 4 月 9 日全国人民代表大会通过并公布了《中华人民共和国民事诉讼法》，该批复与之抵触，不再适用。

40. 最高人民法院关于财产案件受理费如何计算等问题的批复，1985 年 7 月 24 日，法（民）复〔1985〕6 号。废止理由：《民事诉讼收费办法（试行）》已于 1989 年 6 月 30 日废止，依据《民事诉讼收费办法（试行）》作出的批复不再适用。

41. 关于一、二两审人民法院驳回起诉的裁定确有错误应如何予以纠正的批复，1985 年 10 月 28 日，法（民）复〔1985〕52 号。废止理由：该批复已被 1992 年 7 月 14 日最高人民法院发布的《关于适用〈中华人民共和国民事诉讼法〉若干问题的意见》代替。

42. 最高人民法院关于王占有与王言林赡养管辖问题的批复，1986 年 1 月 7 日，〔1985〕法民字第 24 号。废止理由：1991 年 4 月 9 日全国人民代表大会通过并公布了《中华人民共和国民事诉讼法》，该批复与之抵触，不再适用。

43. 最高人民法院关于在继承案件中可以将实际占有遗产的其他人列为被告并适用普通程序审理的批复，1986 年 4 月 3 日，〔1983〕民他字第 12 号。废止理由：1991 年 4 月 9 日全国人民代表大会通过并公布了《中华人民共和国民事诉讼法》，该批复与之抵触，不再适用。

44. 最高人民法院关于同意将马本师房产按归侨政策处理的批复，1986 年 5 月 9 日，法（民）复〔1985〕字第 9 号。废止理由：1985 年 4 月 10 日全国人民代表大会通过并公布了《中华人民共和国继承法》，该批复与之抵触，不再适用。

45. 最高人民法院关于付桂芬与李兴凯离婚案管辖问题的批复，1987 年 7 月 29 日，〔1987〕民他字第 37 号。废止理由：该批复已被 1992 年 7 月 14 日最高人民法院发布的《关于适用〈中华人民共和国民事诉讼法〉若干问题的意见》代替。

46. 最高人民法院对生效多年的判决逾期申请执行的依法不予支持的批复，1987 年 8 月 25 日，〔1987〕民他字第 20 号。废止理由：1991 年 4 月 9 日全国人民代表大会通过并公布了《中华人民共和国民事诉讼法》，该批复与之抵触，不再适用。

47. 最高人民法院关于侵害名誉权案件有关报刊社应否列为被告和如何适用管辖问题的批复，1988 年 1 月 15 日，法民复〔1988〕11 号。废止理由：该批复已被 1993 年 11 月最高人民法院发布的《关于审理名誉权案件若干问题的问答》代替。

48. 最高人民法院关于委托执行工作中两个问题的批复，1988 年 6 月 20 日，法（研）复〔1988〕25 号。废止理由：该批复已被 1992 年 7 月 14 日最高人民法院发布的《关于适用〈中华人民共和国民事诉讼法〉若干问题的意见》代替。

49. 关于人民法院已生效的法律文书是否适用民事诉讼法（试行）第 169 条规定的申请执行期限等问题的批复，1988 年 8 月 15 日，法（研）复〔1988〕35 号。废止理由：1991 年 4 月 9 日全国人民代表大会通过并公布了《中华人民共和国民事诉讼法》，该批复与之抵触，不再适用。

50. 最高人民法院关于对甘秀珍与李福高离婚是否需要通过再审程序撤销原调解书问题的函，1989 年 9 月 7 日，〔1989〕民他字第 36 号。废止理由：1991 年 4 月 9 日全国人民代表大会通过并公布了《中华人民共和国民事诉讼法》，该司法解释与之抵触，不再适用。

51. 最高人民法院关于在经济审判工作中贯彻执行《中华人民共和国民事诉讼法（试行）》若干问题的意见，1984 年 9 月 17 日。废止理由：1991 年 4 月 9 日全国人民代表大会通过并公布了《中华人民共和国民事诉讼法》，该司法解释有关内容与之抵触，不再适用。

52. 最高人民法院关于人民法院可以直接与银行系统的营业所、信用社联查询、冻结或者扣划企事业等单位存款的批复，1985 年 1 月 17 日，法（研）复〔1985〕4 号。废止理由：该批复已被 1993 年 12 月 11 日中国人民银行、最高人民法院、最高人民检察院、公安部发布的《关于查询、冻结、扣划企业事业单位、机关、团体银行存款的通知》代替。

53. 最高人民法院关于国内工矿产品购销合同、农副产品购销合同中的合同履行地如何确定的批复，1985 年 7 月 4 日，法（经）复〔1985〕39 号。废止理由：该批复已被 1996 年 9 月 12 日最高人民法院发布的《关于在确定经济纠纷案件管辖中如何确定购销合同履行地的规定》代替。

54. 最高人民法院关于合同纠纷当事人一方向仲裁机关申请仲裁，仲裁机关已立案，另一方向人民法院起诉，人民法院应否受理的批复，1985 年 8 月 3 日，法（经）复〔1985〕42 号。废止理由：1993 年 9 月 2 日全国人民代表大会常务委员会通过并公布了《关于修改〈中华人民共和国经济合同法〉的决定》，该批复与之抵触，不再适用。

55. 最高人民法院关于人民法院审理经济行政案件不应进行调解的通知，1985 年 11 月 6 日，法（经）发〔1985〕25 号。废止理由：该司法解释已被 1989 年 4 月 4 日全国人民代表大会通过并公布的《中华人民共和国行政诉讼法》代替。

56. 最高人民法院关于原告向某人民法院起诉后撤诉又向另一个人民法院起诉该法院是否受理的批复，1985 年 12 月 14 日，法（经）复〔1985〕58 号。废止理由：该批复已被 1991 年 4 月 9 日全国人民代表大会通过并公布的《中华人民共和国民事诉讼法》代替。

57. 最高人民法院关于如何确定合同签订地问题的批复，1986 年 4 月 11 日，法（经）复〔1986〕15 号。废止理由：1991 年 4 月 9 日全国人民代表大会通过并公布了《中华人民共和国民事诉讼法》，该批复与之抵触，不再适用。

58. 最高人民法院关于需要再审而发现遗漏了诉讼第三人的案件应指令哪一级法院按什么程序再审问题的批复，1986 年 5 月 21 日，法（研）复〔1986〕18 号。废止理由：该批复已被 1992 年 7 月 14 日最高人民法院发布的《关于适用〈中华人民共和国民事诉讼法〉若干问题的意见》代替。

59. 最高人民法院关于专业银行信用社担保的经济合同被确认无效后保证人是否应承担连带责任问题的批复，1987 年 2 月 5 日，法（经）复〔1987〕5 号。废止理由：该批复已被 1995 年 6 月 30 日全国人民代表大会常务委员会通过并公布的《中华人民共和国担保法》代替。

60. 最高人民法院关于审理经济纠纷案件具体适用《中华人民共和国民事诉讼法（试行）》的若干问题的解答，1987 年 7 月 21 日。废止理由：该司法解释已被 1992 年 7 月 14 日最高人民法院发布的《关于适用〈中华人民共和国民事诉讼法〉若干问题的意见》代替。

61. 最高人民法院关于决定采取民事拘留措施的法院能否委托被拘留人所在地法院代为执行的批复，1987 年 10 月 15 日，法（经）复〔1987〕43 号。废止理由：该批复已被 1992 年 7 月 14 日最高人民法院发布的《关于适用〈中华人民共和国民事诉讼法〉若干问题的意见》代替。

62. 最高人民法院关于经人民法院裁定冻结的当事人银行存款其他人民法院不应就同一笔款额重复冻结问题的批复，1987 年 12 月 14 日，法（经）复〔1987〕49 号。废止理由：该批复已被 1993 年 12 月 11 日中国人民银行、最高人民法院、最高人民检察院、公安部发布的《关于查询、冻结、扣划企业事业单位、机关、团体银行存款的通知》代替。

63. 最高人民法院关于借款合同的双方当事人未经保证人同意达成延期还款协议后保证人是否继续承担担保责任的批复，1988 年 1 月 9 日，法（经）复〔1988〕4 号。废止理由：该批复已被 1995 年 6 月 30 日全国人民代表大会常务委员会通过并公布的《中华人民共和国担保法》代替。

64. 最高人民法院关于在一审判决后的上诉期限内原审法院能否采取诉讼保全措施的批复，1988 年 1 月 13 日，法（研）复〔1988〕7 号。废止理由：该批复已被 1992 年 7 月 14 日最高人民法院发布的《关于适用〈中华人民共和国民事诉讼法〉若干问题的意见》代替。

65. 最高人民法院关于不具备法人资格的企业分支机构作为经济合同一方当事人的保证人其保证合同是否有效及发生纠纷时应如何处理问题的批复，1988 年 3 月 24 日，法（研）复〔1988〕17 号。废止理由：该批复已被 1995 年 6 月 30 日全国人民代表大会常务委员会通过并公布的《中华人民共和国担保法》代替。

66. 最高人民法院关于如何确定合同履行地问题的批复，1988 年 4 月 22 日，法（经）复〔1988〕20 号。废止理由：该批复已被 1996 年 9 月 12 日最高人民法院发布的《关于在确定经济纠纷案件管辖中如何确定购销合同履行地的规定》代替。

67. 最高人民法院关于经济合同纠纷案件复查期间执行问题的批复，1989 年 8 月 8 日，法（经）复〔1989〕6 号。废止理由：该批复已被 1991 年 4 月 9 日全国人民代表大会通过并公布的《中华人民共和国民事诉讼法》代替。

68. 最高人民法院关于当事人虽表示上诉但未在法定期限内提交上诉状是否作为上诉案件受理问题的批复，1989 年 8 月 21 日，法（经）复〔1989〕7 号。废止理由：该批复已被 1992 年 7 月 14 日最高人民法院发布的《关于适用〈中华人民共和国民事诉讼法〉若干问题的意见》代替。

69. 最高人民法院关于在经济纠纷案件执行过程中当事人自愿达成和解协议后一方当事人不履行或者翻悔可否按原生效法律文书执行问题的批复，1989 年 9

月 16 日，法（经）复［1989］8 号。废止理由：该批复已被 1992 年 7 月 14 日最高人民法院发布的《关于适用〈中华人民共和国民事诉讼法〉若干问题的意见》代替。

最高人民法院（第 3 批）

【**法释〔2000〕20 号**】　　**最高人民法院予以废止的 1999 年底以前发布的有关司法解释目录（第 3 批）**　（2000 年 6 月 16 日最高法审委会［1119 次］通过，2000 年 7 月 13 日公布，2000 年 7 月 25 日起施行）

1. 最高人民法院关于华侨买卖国内房屋问题的批复，1982 年 8 月 19 日，［79］民他字第 40 号。废止理由：1999 年 3 月 15 日全国人民代表大会已经通过并公布了《中华人民共和国合同法》，该司法解释与之抵触，不再适用。

2. 最高人民法院关于王正贵与林作信、江妙法房屋买卖关系如何确认的批复，1982 年 12 月 18 日，［82］民他字第 1 号。废止理由：1999 年 3 月 15 日全国人民代表大会已经通过并公布了《中华人民共和国合同法》，该司法解释与之抵触，不再适用。

3. 最高人民法院关于租赁契约在履行期间发生争执新订立协议在办理公证时一方反悔并拒绝签字、领受公证书，应如何处理问题的批复，1987 年 1 月 19 日，［1986］民他字第 122 号。废止理由：1999 年 3 月 15 日全国人民代表大会已经通过并公布了《中华人民共和国合同法》，该司法解释与之抵触，不再适用。

4. 最高人民法院关于强锡麟捐赠给国家的财产应如何处理的批复，1988 年 3 月 12 日，［87］民他字第 66 号。废止理由：1999 年 3 月 15 日全国人民代表大会已经通过并公布了《中华人民共和国合同法》，该司法解释的有关内容已被合同法相关内容所替代。

5. 最高人民法院关于公产房屋的买卖及买卖协议签订后一方是否可以翻悔问题的复函，1990 年 2 月 17 日，［89］民他字第 50 号。废止理由：1999 年 3 月 15 日全国人民代表大会已经通过并公布了《中华人民共和国合同法》，该司法解释与之抵触，不再适用。

6. 最高人民法院关于贯彻执行《经济合同法》若干问题的意见，1984 年 9 月 17 日，［1984］法办字第 128 号。废止理由：1999 年 3 月 15 日全国人民代表大会已经通过并公布了《中华人民共和国合同法》，原依据《中华人民共和国经济合同法》有关规定作出的该司法解释不再适用。

7. 最高人民法院关于在审理经济合同纠纷案件中具体适用《经济合同法》的

若干问题的解答，1987 年 7 月 21 日，法（经）发 ［1987］20 号。废止理由：1999 年 3 月 15 日全国人民代表大会已经通过并公布了《中华人民共和国合同法》，原依据《中华人民共和国经济合同法》有关规定作出的该司法解释不再适用。

8. 最高人民法院关于适用《涉外经济合同法》若干问题的解答，1987 年 10 月 19 日，法（经）发 ［1987］27 号。废止理由：1999 年 3 月 15 日全国人民代表大会已经通过并公布了《中华人民共和国合同法》，原依据《中华人民共和国涉外经济合同法》有关规定作出的该司法解释不再适用。

9. 最高人民法院关于对无法定和约定期限的工矿产品内在质量提出异议应如何确定期限问题的复函，1993 年 9 月 13 日，法经 ［1993］195 号。废止理由：1999 年 3 月 15 日全国人民代表大会已经通过并公布《中华人民共和国合同法》，该批复与之抵触，不再适用。

10. 最高人民法院关于审理科技纠纷案件的若干问题的规定，1995 年 4 月 2 日，法发 ［1995］6 号。废止理由：1999 年 3 月 15 日全国人民代表大会已经通过并公布了《中华人民共和国合同法》，原依据《中华人民共和国技术合同法》有关规定作出的该司法解释不再适用。

最高人民法院（第 4 批）

【法释 ［2001］32 号】 最高人民法院予以废止的 2000 年底以前发布的有关司法解释目录（第 4 批）（2001 年 12 月 24 日最高法审委会 ［1202］次 通过，2001 年 12 月 27 日公布，2001 年 12 月 28 日起施行）

1. 最高人民法院关于波侨财产遗赠中国人应否有效问题的批复，1951 年 6 月 14 日，东法编字第 2842 号。废止理由：已被 1985 年 4 月 10 日全国人民代表大会已经通过并公布的《中华人民共和国继承法》代替。

2. 最高人民法院关于处理外侨案件如当地无外事处可就近与省市人民政府外事处联系处理的通报，1951 年 9 月 26 日，法督（一）字第 5 号。废止理由：情况已改变，实际上已经失效。

3. 最高人民法院中南分院转知苏联废除苏联公民与外国人结婚的禁令，1954 年 6 月 14 日，［54］办秘发字第 87 号。废止理由：调整对象已消失，实际上已经失效。

4. 最高人民法院关于波兰法院对双方都居住在波兰的中国侨民的离婚判决在中国是否有法律效力问题的复函，1957 年 5 月 4 日，法行字第 8490 号。废止理由：已被 1991 年 8 月 13 日最高人民法院发布的法（民）发［1991］21 号《最高人民法院关于中国公民申请承认外国法院离婚判决程序问题的规定》代替。

5. 最高人民法院关于中国籍的朝鲜族公民申请离婚应如何处理问题的批复，1962 年 8 月 22 日，［62］法行字第 160 号。废止理由：已被 1994 年 2 月 1 日国务院发布的《婚姻登记管理条例》代替。

6. 最高人民法院关于离婚判决可以直接寄给在香港的当事人的批复，1963 年 2 月 25 日，［63］法研字第 21 号。废止理由：已被 1999 年 3 月 29 日最高人民法院发布的法释［1999］9 号《关于内地与香港特别行政区法院相互委托送达民商事司法文书的安排》的司法解释代替。

7. 最高人民法院关于我国公民要求与已回国的日本人离婚问题的复函，1964 年 7 月 7 日，［64］法研字第 64 号。废止理由：已被 1994 年 2 月 1 日国务院发布的《婚姻登记管理条例》代替。

8. 最高人民法院关于李淑芬与黄正宽离婚一案的批复，1964 年 11 月 16 日，［64］民他字 60 号。废止理由：主要内容与 1994 年 2 月 1 日国务院发布的《婚姻登记管理条例》不相符。

9. 最高人民法院关于朱玉琴与山田良离婚问题的批复，1978 年 7 月 28 日，［78］法民字第 18 号。废止理由：与 1992 年 3 月 4 日最高人民法院、外交部、司法部发布的外发［1992］8 号《关于执行〈关于向国外送达民事或商事司法文书和司法外文书公约〉有关程序的通知》不相符。

10. 最高人民法院关于审理涉外海上交通事故案件的几个问题的通知，1983 年 12 月 30 日，［83］法经字第 8 号。废止理由：已被 1999 年 12 月 25 日全国人民代表大会已经通过并公布的《中华人民共和国海事诉讼特别程序法》代替。

11. 最高人民法院关于开展专利审判工作的几个问题的通知，1985 年 2 月 16 日，法（经）［1985］3 号。废止理由：已被 2000 年 8 月 25 日全国人民代表大会常务委员会已经修正并公布的《中华人民共和国专利法》和 1997 年 3 月 14 日全国人民代表大会修订并公布的《中华人民共和国刑法》代替。

12. 最高人民法院关于驻外使馆参赞能否以外交代表身份为本国国民在我国的民事诉讼中聘请中国律师代理诉讼问题的批复，1985 年 3 月 28 日，［1985］民他字第 5 号。废止理由：已被 1992 年 7 月 14 日最高人民法院发布的法发［1992］22 号《最高人民法院关于适用〈中华人民共和国民事诉讼法〉若干问题的意见》代替。

13. 最高人民法院关于外籍当事人委托居住我国境内的外国人或本国住我国领事馆人员为诉讼代理人，可否允许问题的批复第 1 条，1985 年 6 月 8 日，［85］民他字第 3 号。废止理由：已被 1992 年 7 月 14 日最高人民法院发布的法发

[1992] 22 号《最高人民法院关于适用〈中华人民共和国民事诉讼法〉若干问题的意见》代替。

14. 最高人民法院关于商标侵权如何计算损失赔偿额和侵权期间问题的批复，1985 年 11 月 6 日，法经复 [1985] 53 号。废止理由：与 2001 年 10 月 27 日全国人民代表大会常务委员会修正并公布的《中华人民共和国商标法》不相符。

15. 最高人民法院关于专利侵权纠纷案件地域管辖问题的通知，1987 年 6 月 29 日。废止理由：已被 2001 年 6 月 22 日最高人民法院发布的法释 [2001] 21 号《最高人民法院关于审理专利纠纷案件适用法律问题的若干规定》的司法解释代替。

16. 最高人民法院关于著作权（版权）归主办单位所有的作品是否侵犯个人版权的批复，1987 年 12 月 31 日，[1987] 民他字第 24 号。废止理由：已被 2001 年 10 月 27 日全国人民代表大会已经修正并公布的《中华人民共和国著作权法》代替。

17. 最高人民法院关于外国法院离婚判决中的中国当事人向人民法院申请承认该外国法院离婚判决的效力问题的批复，1990 年 8 月 28 日，法民复字 [1990] 12 号。废止理由：已被 1991 年 8 月 13 日最高人民法院发布的法（民）发 [1991] 21 号《最高人民法院关于中国公民申请承认外国法院离婚判决程序问题的规定》代替。

18. 最高人民法院关于审理专利纠纷案件若干问题的解答，1992 年 2 月 9 日，法发 [1992] 3 号。废止理由：已被 2001 年 6 月 22 日最高人民法院发布的法释 [2001] 21 号《最高人民法院关于审理专利纠纷案件适用法律问题的若干规定》的司法解释代替。

19. 最高人民法院关于学习宣传和贯彻执行《中华人民共和国海商法》的通知，1992 年 11 月 18 日，法发 [1992] 37 号。废止理由：适用期已过，实际上已经失效。

20. 最高人民法院关于水路货物逾期运到，因货物价格下降所造成的经济损失应否赔偿的复函，1995 年 12 月 7 日，[1995] 交他字第 7 号。废止理由：原依据的《中华人民共和国经济合同法》和《水路货物运输规则》、《水路货物运输合同实施细则》有关规定作出的该司法解释不再适用。

最高人民法院（第 5 批）

【法释 [2002] 6 号】　　最高人民法院予以废止的 2000 年底以前发布的有关司法解释目录（第 5 批）（2002 年 2 月 22 日最高法审委会 [1214 次] 通过，2002 年 3 月 6 日公布，2002 年 3 月 10 日起施行）

1. 最高人民法院关于申请执行仲裁裁决应向何地法院提出的批复，1985 年 1 月 17 日，法（研）复〔1985〕5 号。废止理由：已被 1991 年 4 月 9 日全国人民代表大会通过的《中华人民共和国民事诉讼法》代替。

2. 最高人民法院关于上级人民法院发现下级人民法院对没有严重妨害民事诉讼行为的当事人采取的强制措施能否纠正问题的批复，1986 年 4 月 2 日，法（研）复〔1986〕14 号。废止理由：已被 1992 年 7 月 14 日最高人民法院发布的法发〔1992〕22 号《最高人民法院关于适用〈中华人民共和国民事诉讼法〉若干问题的意见》代替。

3. 最高人民法院关于人民法院对申请强制执行仲裁机构的调解书应如何处理问题的通知，1986 年 8 月 20 日，法（经）复〔1986〕26 号。废止理由：原依据的《中华人民共和国经济合同法》和《中华人民共和国民事诉讼法（试行）》有关规定作出的该司法解释不再适用并且其内容已被 1994 年 8 月 31 日全国人民代表大会常务委员会通过的《中华人民共和国仲裁法》代替。

4. 最高人民法院关于在审理经济纠纷案件中认真办好外地法院委托事项的通知，1988 年 1 月 20 日，法（经）发〔1988〕2 号。废止理由：已被 1993 年 9 月 25 日最高人民法院发布的法发〔1993〕26 号《最高人民法院关于人民法院相互办理委托事项的规定》代替。

5. 最高人民法院关于经济纠纷案件复查期间执行问题的批复，1989 年 8 月 8 日，法（经）复〔1989〕6 号。废止理由：已被 1991 年 4 月 9 日全国人民代表大会通过的《中华人民共和国民事诉讼法》代替。

6. 最高人民法院关于在经济纠纷案件执行过程中当事人自愿达成和解后一方当事人不履行或者翻悔可否按原生效法律文书执行问题的批复，1989 年 9 月 16 日，法（经）复〔1989〕9 号。废止理由：已被 1998 年 7 月 8 日最高人民法院发布的法释〔1998〕15 号《最高人民法院关于执行工作的若干问题的规定（试行）》代替。

7. 最高人民法院关于被执行人未按民事调解书指定期间给付金钱的义务是否应当支付延期履行的债务利息的复函，1992 年 5 月 4 日，法函〔1992〕58 号。废止理由：已被 1992 年 7 月 14 日最高人民法院发布的法发〔1992〕22 号《最高人民法院关于适用〈中华人民共和国民事诉讼法〉若干问题的意见》代替。

8. 最高人民法院经济审判庭关于在财产保全时为被申请人提供担保的当事人应否在判决书或调解书中明确其承担的义务及在执行程序中可否直接执行担保人财产的复函，1994 年 4 月 11 日，法经〔1994〕90 号。废止理由：已被 1998 年 7 月 8 日最高人民法院发布的法释〔1998〕15 号《最高人民法院关于执行工作的若干问题的规定（试行）》代替。

9. 最高人民法院关于海事法院诉讼前扣押船舶的规定，1994 年 7 月 6 日，法发〔1994〕14 号。废止理由：已被 1999 年 12 月 25 日全国人民代表大会常务委员会通过的《中华人民共和国海事诉讼特别程序法》代替。

10. 最高人民法院关于对银行贷款抵押财产执行问题的复函，1994 年 12 月 16 日，法经〔1994〕334 号。废止理由：已被 1998 年 7 月 8 日最高人民法院发布的法释〔1998〕15 号《最高人民法院关于执行工作的若干问题的规定（试行）》代替。

11. 最高人民法院关于信用社非法转移人民法院冻结款项应如何承担法律责任的复函，1995 年 5 月 5 日，法函〔1995〕51 号。废止理由：已被 1998 年 7 月 8 日最高人民法院发布的法释〔1998〕15 号《最高人民法院关于执行工作的若干问题的规定（试行）》代替。

12. 最高人民法院关于企业法人的一个分支机构已无财产法院能否执行该企业法人其他分支机构财产问题的复函，1995 年 12 月 6 日，法函〔1995〕158 号。废止理由：已被 1998 年 7 月 8 日最高人民法院发布的法释〔1998〕15 号《最高人民法院关于执行工作的若干问题的规定（试行）》代替。

13. 最高人民法院关于处理行政机关申请人民法院强制执行案件分工问题的通知，1996 年 4 月 29 日，法发〔1996〕12 号。废止理由：已被 1998 年 8 月 18 日最高人民法院发布的法〔1998〕77 号《最高人民法院关于办理行政机关申请强制执行案件有关问题的通知》代替。

14. 最高人民法院关于信用社擅自解冻被执行人存款造成款项流失能否要求该信用社承担相应的偿付责任问题的复函，1996 年 6 月 6 日，法函〔1996〕96 号。废止理由：已被 1998 年 7 月 8 日最高人民法院发布的法释〔1998〕15 号《最高人民法院关于执行工作的若干问题的规定（试行）》代替。

15. 最高人民法院关于不宜冻结证券交易账户的函，1997 年 8 月 1 日，法函〔1997〕91 号。废止理由：已被 1997 年 12 月 2 日最高人民法院法发〔1997〕27 号《关于冻结、划拨证券或期货交易所、证券登记结算机构、证券经营或期货经纪机构清算账户资金等问题的通知》代替。

16. 最高人民法院执行工作办公室关于不宜冻结、划拨证券经营机构在其交易资金结算账户上的存款问题的函，1997 年 9 月 3 日，法明传〔1997〕324 号。废止理由：已被 1997 年 12 月 2 日最高人民法院法发〔1997〕27 号《关于冻结、划拨证券或期货交易所、证券登记结算机构、证券经营或期货经纪机构清算账户资金等问题的通知》代替。

最高人民法院（第6批）

【**法释〔2002〕13号**】　最高人民法院予以废止的2000年底以前发布的有关司法解释目录（第6批）（2002年2月22日最高法审委会〔1214次〕通过，2002年5月23日公布，2002年5月29日起施行）

1. 最高人民法院关于办理出国手续不属法院工作范围及有关法律文书转递问题的批复，1978年5月24日，〔78〕法民字第12号。废止理由：已被1991年4月9日全国人民代表大会通过的《中华人民共和国民事诉讼法》代替。

2. 最高人民法院关于邮电部门造成电报稽延、错误是否承担赔偿责任问题的批复，1986年12月30日，法（经）复〔1986〕38号。废止理由：已被1999年6月9日最高人民法院发布的法释〔1999〕11号《最高人民法院关于人民法院是否受理因邮电部门电报稽延纠纷提起诉讼问题的批复》代替。

3. 最高人民法院关于人民法院应否受理财政支农周转金借款合同纠纷案件的问题的批复，1987年8月3日，法（研）复〔1987〕29号。废止理由：已被1993年8月28日最高人民法院发布的法复〔1993〕7号《最高人民法院关于人民法院应否受理财政、扶贫办等非金融行政机构借款合同纠纷的批复》代替。

4. 最高人民法院关于行政单位或企业单位开办和企业倒闭后债务由谁承担的批复，1987年8月29日，法（研）复〔1987〕33号。废止理由：已被1994年3月30日最高人民法院发布的法复〔1994〕4号《最高人民法院关于企业开办的其他企业被撤销或者歇业后民事责任承担问题的批复》代替。

5. 最高人民法院印发《关于强制变卖被扣押船舶清偿债务的具体规定》的通知，1987年8月29日，法（经）发〔1987〕22号。废止理由：已被1999年12月25日全国人民代表大会常务委员会通过的《中华人民共和国海事诉讼特别程序法》代替。

6. 最高人民法院关于保险货物发生损失引起运输合同赔偿纠纷如何适用法律问题的批复，1989年5月30日，法（交）复〔1989〕3号。废止理由：原依据的《中华人民共和国经济合同法》已失效。

7. 最高人民法院关于经工商行政管理部门查处后人民法院对购销伪劣假冒商品合同纠纷是否受理的问题的函，1989年5月30日，〔89〕法经函字第15号。废止理由：已被1991年4月9日全国人民代表大会通过的《中华人民共和国民事诉讼法》代替。

8. 最高人民法院民事审判庭关于民事制裁复议程序几个问题的复函，1990年

4 月 13 日，[89] 民他字第 47 号。废止理由：已被 1991 年 4 月 9 日全国人民代表大会通过的《中华人民共和国民事诉讼法》和 1992 年 7 月 14 日最高人民法院发布的法发 [1992] 22 号《最高人民法院关于适用〈中华人民共和国民事诉讼法〉若干问题的意见》代替。

9. 最高人民法院关于在经济审判中适用国务院国发 [1990] 68 号文件有关问题的通知，1991 年 3 月 16 日，法（经）发 [1991] 10 号。废止理由：情况已变化，实际上已失效。

10. 最高人民法院关于适用《关于修改〈中华人民共和国经济合同法〉的决定》有关问题的通知，1993 年 11 月 27 日，法发 [1993] 39 号。废止理由：原依据的《中华人民共和国经济合同法》已失效。

11. 最高人民法院关于逾期付款违约金应依何种标准计算问题的复函，1994 年 3 月 12 日，法函 [1994] 10 号。废止理由：已被 1999 年 2 月 16 日最高人民法院发布的法释 [1999] 8 号《最高人民法院关于逾期付款违约金应当按照何种标准计算问题的批复》代替。

12. 最高人民法院关于海事法院诉讼前扣押船舶的规定，1994 年 7 月 6 日，法发 [1994] 14 号。废止理由：已被 1999 年 12 月 25 日全国人民代表大会常务委员会通过的《中华人民共和国海事诉讼特别程序法》代替。

13. 最高人民法院关于逾期付款违约金应当依据何种标准计算问题的批复，1996 年 5 月 16 日，法复 [1996] 7 号。废止理由：已被 1999 年 2 月 16 日最高人民法院发布的法释 [1998] 8 号《最高人民法院关于逾期付款违约金应当按照何种标准计算问题的批复》代替。

14. 最高人民法院关于对公民在羁押期内被同监室人犯殴打致死公安机关应否承担责任问题的答复，1998 年 1 月 19 日，[1997] 行他字第 9 号。废止理由：已被 2001 年 6 月 26 日最高人民法院发布的法释 [2001] 23 号《最高人民法院关于公安机关不履行法定行政职责是否承担行政赔偿责任问题的批复》代替。

最高人民法院（第 7 批）

【法释 [2008] 15 号】 最高人民法院关于废止的 2007 年底以前发布的有关司法解释目录（第 7 批）（2008 年 12 月 8 日最高法审委会 [1457 次] 通过，2008 年 12 月 18 日发布，2008 年 12 月 24 日起施行）

1. 最高人民法院关于国家经租的房屋不允许继承问题的批复

发文日期或者文号：1964 年 9 月 18 日。废止理由：情况已变化，不再适用。

2. 最高人民法院关于城市居民和资本家的城市房屋是否准许买卖的复函

发文日期或者文号：［1965］法研字第 173 号。废止理由：情况已变化，不再适用。

3. 最高人民法院关于国营企业购买私房已经使用多年经补办批准手续后可承认买卖关系有效的批复

发文日期或者文号：［1985］法民字第 14 号。废止理由：情况已变化，不再适用。

4. 最高人民法院关于吴天爵等与新宾镇集体饮食服务店房产纠纷案的批复

发文日期或者文号：法（民）复［1985］17 号。废止理由：情况已变化，不再适用。

5. 最高人民法院关于房屋抵押不能改为房屋典当处理的批复

发文日期或者文号：1985 年 4 月 27 日。废止理由：情况已变化，不再适用。

6. 最高人民法院关于解放前劳动人民之间宅基地租赁契约是否承认和保护问题的批复

发文日期或者文号：1985 年 11 月 21 日。废止理由：情况已变化，不再适用。

7. 最高人民法院关于毕云亭房屋被入股后，久不主张权利应如何处理的批复

发文日期或者文号：［1985］法民字第 18 号。废止理由：情况已变化，不再适用。

8. 最高人民法院关于李斯棣等人为房屋产权申诉案的批复

发文日期或者文号：［1986］民他字第 7 号。废止理由：情况已变化，不再适用。

9. 最高人民法院关于公民对宅基地只有使用权没有所有权的批复

发文日期或者文号：［1986］民他字第 33 号。废止理由：已被物权法取代。

10. 最高人民法院关于如何具体适用最高人民法院《关于贯彻执行民事政策法律若干问题的意见》第 56 条规定的批复

发文日期或者文号：［1987］民他字第 42 号。废止理由：与物权法规定冲突。

11. 最高人民法院关于曹根田与张仁吉房屋买卖关系是否有效的批复

发文日期或者文号：1987 年 12 月 10 日。废止理由：情况已变化，不再适用。

12. 最高人民法院关于原孙兆骧购置的房产应如何确认产权和继承的批复

发文日期或者文号：［1988］民他字第 27 号。废止理由：情况已变化，不再适用。

13. 最高人民法院关于土改时献产且产权早已转移的房屋，现在要求返还不应支持的复函

发文日期或者文号：[1989]民他字第5号。废止理由：情况已变化，不再适用。

14. 最高人民法院关于土改中地主的房产，已确权部分归地主所有，未确权又未分配的部分应属公产的批复

发文日期或者文号：[1989]民他字第13号。废止理由：情况已变化，不再适用。

15. 最高人民法院关于肖至柔、肖荣沈诉泰和县螺溪乡郭瓦、集丰两村委会房屋产权纠纷案的函

发文日期或者文号：1990年6月19日。废止理由：情况已变化，不再适用。

16. 最高人民法院关于杜月丑房屋申诉案处理问题的函

发文日期或者文号：1990年11月7日。废止理由：情况已变化，不再适用。

17. 最高人民法院关于陈伯恩与泉州制药厂房产纠纷上诉案的复函

发文日期或者文号：[1991]民他字第55号。废止理由：情况已变化，不再适用。

18. 最高人民法院关于地主在土改时隐瞒未报的房屋应如何处理问题的函复

发文日期或者文号：1992年3月26日。废止理由：情况已变化，不再适用。

19.《最高人民法院关于适用〈中华人民共和国民事诉讼法〉若干问题的意见》第136条、第205条、第206条、第240条至第253条、第299条

发文日期或者文号：法发[1992]22号。废止理由：民事诉讼法已经修改。

20. 最高人民法院关于同一土地登记在两个土地证上应如何确认权属的复函

发文日期或者文号：1992年7月9日。废止理由：情况已变化，不再适用。

21. 最高人民法院关于淄博食品厂诉张店区车站办事处财产交换一案请示的函

发文日期或者文号：1994年9月6日。废止理由：情况已变化，不再适用。

22. 最高人民法院关于国营企业购买私房已经使用多年何时补办批准手续方可承认买卖关系有效的复函

发文日期或者文号：[1994]法民字第28号。废止理由：情况已变化，不再适用。

23. 最高人民法院关于审理农业承包合同纠纷案件若干问题的规定（试行）

发文日期或者文号：法释[1999]15号。废止理由：已被物权法及新的司法解释所取代。

24. 最高人民法院关于贯彻执行《中华人民共和国民法通则》若干问题的意见（试行）第88条、第94条、第115条、第117条、第118条、第177条

发文日期或者文号：1988年1月26日，最高人民法院审判委员会讨论通过。

废止理由：与物权法有关规定冲突。

25. 最高人民法院关于审理融资租赁合同纠纷案件若干问题的规定第 10 条①

发文日期或者文号：法发〔1996〕19 号。废止理由：与物权法相关规定冲突。

26. 最高人民法院关于以侵犯姓名权的手段侵犯宪法保护的公民受教育的基本权利是否应承担民事责任的批复

发文日期或者文号：法释〔2001〕25 号。废止理由：已停止适用。

27. 最高人民法院关于审理出口退税托管账户质押贷款案件有关问题的规定第 2 条②

发文日期或者文号：法释〔2004〕18 号。废止理由：与物权法有关规定冲突。

最高人民法院（第 8 批）

【法释〔2012〕13 号】　最高人民法院关于废止 1979 年底以前发布的部分司法解释和司法解释性质文件（第 8 批）的决定（2012 年 6 月 25 日最高法审委会〔1550 次〕通过，2012 年 8 月 21 日发布，2012 年 9 月 29 日起施行）

1. 最高人民法院关于少数民族与汉族通婚问题的复示，1951 年 1 月 22 日。废止理由：已被婚姻法代替。

2. 最高人民法院、司法部关于现役革命军人与退役革命残废军人离婚案件的处理办法及开展爱国拥军教育的指示，1951 年 4 月 25 日。废止理由：已被婚姻法代替。

3. 最高人民法院、司法部关于婚姻案件中聘金或聘礼处理原则问题的函，1951 年 8 月 10 日，法编字第 9577 号。废止理由：已被婚姻法代替。

4. 最高人民法院华东分院关于父母子女间的法律关系可否声请脱离问题的批复，1951 年 11 月 2 日。废止理由：已被婚姻法、继承法代替。

5. 最高人民法院、司法部、内务部纠正几个有关处理婚姻案件程序的错误的指示，1952 年 12 月 25 日，法编字第 23 号。废止理由：社会形势发生变化，不再适用。

---

① 注：法发〔1996〕19 号《规定》全文被《最高人民法院关于审理融资租赁合同纠纷案件适用法律问题的解释》（法释〔2014〕3 号，2014 年 3 月 1 日起施行）替代、废止。

② 注：法释〔2004〕18 号《规定》全文被《最高人民法院关于废止部分司法解释及相关规范性文件的决定》（法释〔2020〕16 号，2021 年 1 月 1 日起施行）宣布废止。

6. 最高人民法院、司法部关于几个有关婚姻的具体问题的解答，1953 年 2 月 11 日，法行字第 216 号。废止理由：社会形势发生变化，不再适用。

7. 最高人民法院、司法部关于"五代内"的解释的复函，1953 年 3 月 7 日。废止理由：现行法律无"五代内"的规定，不再适用。

8. 最高人民法院中南分院关于"公公与媳妇""继母与儿子"等可否结婚问题的复函①，1953 年 7 月 14 日，[53] 法行字第 487 号。废止理由：社会形势发生变化，不再适用。

9. 最高人民法院关于夫妻一方患精神病另一方提请离婚可否批准问题的批复，1953 年 10 月 10 日，法行字第 7757 号。废止理由：已被婚姻法代替。

10. 最高人民法院关于已出五代的辈分不同的旁系血亲请求结婚问题的批复，1954 年 3 月 26 日，法行字第 2706 号。废止理由：已被婚姻法代替。

11. 最高人民法院关于女方因通奸怀孕男方能否提出离婚问题的批复，1955 年 5 月 18 日，法行字第 388 号。废止理由：已被婚姻法代替。

12. 最高人民法院、内务部、解放军总政治部联合通知之附件一：关于多年无音讯之现役革命军人家属待遇及婚姻问题处理办法，1955 年 6 月 15 日，法行字第 9017 号。废止理由：社会形势发生变化，不再适用。

14. 最高人民法院关于男女双方已办理结婚登记后一方反悔不愿同居应如何处理问题的复函，1955 年 9 月 29 日，法行字第 14234 号。废止理由：已被婚姻法代替。

18. 最高人民法院、司法部转发中国人民解放军总政治部组织部"关于现役军官婚姻问题的规定"，1956 年 6 月 25 日，[56] 法行字第 6415 号。废止理由：已被婚姻法代替。

20. 最高人民法院、公安部、司法部关于处理劳改犯配偶提出离婚案件应征询劳改犯意见的联合通知，1956 年 9 月 22 日，[56] 法行字第 9404 号。废止理由：已被婚姻法代替。

21. 最高人民法院关于延吉县人民法院请示朝鲜公民贩运鸦片等案件的审判权问题的复函，1956 年 10 月 11 日，法研字第 10178 号。废止理由：已被民事诉

---

① 《复函》内容为：湖南省院（53）行秘字第 143 号报告及江西省本年 4 月 10 日函悉。关于没有婚姻关系存在的"公公与媳妇""继母与儿子""叔母与侄""子与父妾""女婿与岳母""养子与养母""养女与养父"等可否结婚问题，经我们拟具初步意见，报请中央司法部以（53）司普民字 12/989 号函复同意。认为婚姻法对于这些人之间虽无禁止结婚的明文规定，为了照顾群众影响，以及防止群众思想不通，因而引起意外事件的发生，最好尽量说服他们不要结婚；但如双方态度异常坚决，经说服无效时，为免发生意外，当地政府也可酌酌具体情况适当处理（如劝令他们迁居等）。

对于这些个别特殊问题，你院并嘱所属法院可多根据实际情况就地加以具体处理。特别是要照顾群众的影响，一般不需作统一规定。

讼法、刑事诉讼法代替。

22. 最高人民法院关于处理劳动教养人员离婚问题的复函，1956 年 10 月 17 日，法研字第 10377 号。废止理由：已被婚姻法代替。

24. 最高人民法院关于提审案件审级问题的复函，1956 年 10 月 26 日。废止理由：民事诉讼法第 186 条和刑事诉讼法第 206 条对提审案件审级问题已作出规定。

28. 最高人民法院关于上诉审人民法院终审判决不准离婚经过一定时期后当事人一方又向第一审人民法院起诉如何处理的批复，1956 年 12 月 1 日，法研字第 12182 号。废止理由：已被民事诉讼法代替。

29. 最高人民法院关于一方居住内地一方居住香港的离婚案件如何征求意见问题的复函，1956 年 12 月 6 日，法行字第 12538 号。废止理由：已被民事诉讼法代替。

30. 最高人民法院关于引用法律、法令等所列条、款、项、目顺序的通知，1956 年 12 月 22 日，法行字第 13032 号。废止理由：立法法对此已有规定。

31. 最高人民法院关于对人民法庭的判决不服而提起上诉的案件应否由基层法院审查和转送中级人民法院的批复①，1956 年 12 月 24 日，法研字第 13122 号。废止理由：已被民事诉讼法代替。

32. 最高人民法院关于合伙经营的企业与独资经营的企业均负有债务、独资企业无力偿还时拍卖合伙企业的财产应否首先清偿合伙企业所负债务问题的批复，1957 年 1 月 22 日，法研字第 1480 号。废止理由：已被合伙企业法代替。

37. 最高人民法院有关遗嘱继承的两个具体问题的复函，1957 年 3 月 26 日，法行字第 6027 号。废止理由：已被继承法代替。

38. 最高人民法院关于离婚案件管辖问题的批复，1957 年 3 月 26 日，法研字第 5931 号。废止理由：已被民事诉讼法代替。

39. 最高人民法院关于现役革命军人婚约经双方协议取消时是否须再经人民法院裁判问题的批复，1957 年 4 月 11 日，法研字第 6865 号。废止理由：已被民事诉讼法代替。

40. 最高人民法院关于上诉审法院主持成立的调解的效力等问题的批复，1957 年 5 月 13 日，法研字第 8232 号。废止理由：已被民事诉讼法代替。

41. 最高人民法院关于与案件有直接利害关系的人能否当证人等问题的复函，1957 年 6 月 22 日，法研字第 12573 号。废止理由：已被刑事诉讼法、民事诉讼

---

① 注：本处原文标示的文件名称"最高人民法院关于对人民法庭的判决不服而提起上诉的函"有误。

法、行政诉讼法以及最高人民法院关于民事诉讼证据的解释代替。

42. 最高人民法院关于担保人是否应代债务人偿还欠款问题的批复，1957 年 6 月 25 日，法研字第 12837 号。废止理由：已被担保法代替。

44. 最高人民法院关于原审法院在未发生①女方怀孕时判决离婚宣判后女方发现怀孕提起上诉应如何处理问题的复函，1957 年 7 月 19 日，法研字第 14931 号。废止理由：已被婚姻法、民事诉讼法代替。

45. 最高人民法院关于经审判委员会讨论的案件在判决书上如何署名问题的复函，1957 年 7 月 23 日，法研字第 15280 号。废止理由：人民法院组织法对审判委员会的法律地位已有规定，且刑事诉讼法第 164 条、民事诉讼法第 138 条对判决书上的署名问题也有规定。

46. 最高人民法院关于劳改犯配偶提出离婚的案件管辖问题的复函，1957 年 7 月 24 日，法研字第 14963 号。废止理由：已被民事诉讼法代替。

47. 最高人民法院关于少数民族的配偶因他方患麻疯病一方请求离婚应如何处理问题的批复，1957 年 7 月 25 日。废止理由：已被婚姻法代替。

50. 最高人民法院关于女方产后 3 个月婴儿死亡男方可否提出离婚问题的复函，1957 年 8 月 17 日，〔1957〕法研字第 17334 号。废止理由：已被婚姻法代替。

54. 最高人民法院关于被告人是精神病患者又无诉讼代理人的离婚案件可由法院指定诉讼代理人进行诉讼不宜缺席审判的批复，1957 年 9 月 20 日，法研字第 19881 号。废止理由：已被婚姻法、民事诉讼法代替。

57. 最高人民法院关于依法不公开审理的案件其判决仍应向社会公开的批复，1957 年 10 月 8 日，法研字第 20865 号。废止理由：民事诉讼法第 134 条、刑事诉讼法第 163 条②以及《最高人民法院关于司法公开的六项规定》③第五项已有规定。

58. 最高人民法院关于回族男方与汉族女方离婚后对子女抚养问题发生争执如何处理的复函，1957 年 12 月 26 日，法研字第 24120 号。废止理由：已被婚姻法代替。

---

① 注：应为"未发现"。
② 注：《最高人民法院关于废止 1979 年底以前发布的部分司法解释和司法解释性质文件（第 8 批）的决定》发布时，《中华人民共和国刑事诉讼法》已被 2012 年 3 月 14 日第 11 届全国人民代表大会〔第 5 次〕修改，而此处仍引用了修改前的条文序号；此处"第 163 条"的相关内容对应修改后的《刑事诉讼法》（2012 年版）第 196 条。
③ 《最高人民法院关于司法公开的六项规定》由 2009 年 12 月 8 日"法发〔2009〕58 号"《通知》印发施行；同文号印发的还有《最高人民法院关于人民法院接受新闻媒体舆论监督的若干规定》。

59. 最高人民法院关于审判委员会决定再审撤销原判的裁定由谁署名及再审案件进行再审时原来充任当事人的辩护人或代理人的律师是否继续出庭等问题的复函，1957 年 12 月 26 日，法研字第 24125 号。废止理由：已被刑事诉讼法、民事诉讼法、行政诉讼法代替。

60. 最高人民法院关于已出嫁女儿赡养父母和媳妇赡养婆婆问题的批复，1958 年 1 月 27 日，法研字第 8 号。废止理由：已被婚姻法代替。

62. 最高人民法院关于离婚案件当事人一方收到判决书，须待对方收到判决书，过了上诉期限，判决发生法律效力后，才可另行结婚问题的复函，1958 年 2 月 12 日，法研字第 22 号。废止理由：已被民事诉讼法代替。

63. 最高人民法院关于女方小产后男方能否提出离婚问题的批复，1958 年 2 月 16 日，[57] 联办研字第 273 号。废止理由：已被婚姻法代替。

64. 最高人民法院关于被假释的犯人在假释期间可否结婚问题的复函，1958 年 3 月 4 日，法研字第 32-1 号。废止理由：已被婚姻法代替。

66. 最高人民法院关于处理领取了结婚证而未同居的离婚案件问题的批复，1958 年 3 月 21 日，法研字第 48 号。废止理由：已被婚姻法代替。

67. 最高人民法院关于受当事人委托的律师如何参加上诉审和监督审为当事人进行辩护、代理问题的复函，1958 年 3 月 26 日，法研字第 36 号。废止理由：已被刑事诉讼法、民事诉讼法、行政诉讼法代替。

68. 最高人民法院关于离婚案件当事人对已经发生法律效力的判决提出申诉后可否通知他方当事人暂勿结婚问题的复函（节录），1958 年 4 月 5 日，法研字第 56 号。废止理由：已被民事诉讼法代替。

70. 最高人民法院关于我国公民与苏联公民离婚诉讼应由我国法院受理问题的复函，1958 年 5 月 4 日，法研字第 79 号。废止理由：已被民事诉讼法代替。

74. 最高人民法院关于对印尼归国华侨要求公证请示的复函，1961 年 4 月 6 日。废止理由：已被公证法第 11 条规定代替。

75. 最高人民法院关于认真贯彻执行人民陪审员制度的复函，1961 年 8 月 3 日，法研字第 19 号。废止理由：《全国人大常委会关于完善人民陪审员制度的决定》①、《最高人民法院关于人民陪审员参加审判活动若干问题的规定》②已有规定。

76. 最高人民法院关于劳改犯留场就业人员自留人员婚姻案件管辖问题的批

---

① 该决定已被《中华人民共和国人民陪审员法》（2018 年 4 月 27 日公布施行）替代、废止。

② 该规定已被《最高人民法院关于适用〈中华人民共和国人民陪审员法〉若干问题的解释》（法释〔2019〕5 号，2019 年 5 月 1 日起施行）替代、废止。

复，1961 年 8 月 19 日，[61] 法司字第 12 号。废止理由：已被民事诉讼法代替。

77. 最高人民法院关于人民武装警察部队成员的婚姻问题是否应按照现役军人婚姻问题处理的批复，1962 年 1 月 25 日。废止理由：已被婚姻法代替。

78. 最高人民法院关于委托外地法院调查案情和传讯当事人应注意的问题的函，1962 年 2 月 12 日，[62] 法行字第 21 号。废止理由：《最高人民法院关于执行中华人民共和国刑事诉讼法若干问题的解释》第 106 条、《最高人民法院关于适用〈中华人民共和国民事诉讼法〉若干问题的意见》①第 86 条以及《最高人民法院关于人民法院相互办理委托事项的规定》②对委托外地法院调查案情、传讯当事人、送达审判文书等问题已有规定。

79. 最高人民法院关于原审法院管辖区域变更后判决改判问题的批复③，1962 年 3 月 19 日。废止理由：最高人民法院无新规定覆盖其适用范围，但这一批复适用情形极为少见，废止后对司法活动影响甚微。

80. 最高人民法院关于我国公民与外国公民离婚后的子女抚养费问题的批复，1962 年 3 月 24 日。废止理由：已被婚姻法代替。

82. 最高人民法院关于异父母兄妹结婚问题的复函，1962 年 7 月 26 日。废止理由：已被婚姻法代替。

83. 最高人民法院关于保外就医犯人能否结婚的复函，1962 年 9 月 1 日。废止理由：已被婚姻法代替。

84. 最高人民法院关于几个继承问题的批复，1962 年 9 月 13 日，法研字第 61 号。废止理由：已被继承法代替。

87. 最高人民法院关于劳改犯留场就业人员婚姻案件管辖问题的批复，1962 年 11 月 28 日，法研字第 93 号。废止理由：已被民事诉讼法代替。

---

① 1992 年 7 月 14 日印发的《最高人民法院关于适用〈中华人民共和国民事诉讼法〉若干问题的意见》已被《最高人民法院关于适用〈中华人民共和国民事诉讼法〉的解释》（"法释〔2015〕5 号"公布，2015 年 2 月 4 日起施行；"法释〔2020〕20 号"修正，2021 年 1 月 1 日起施行；"法释〔2022〕11 号"修正，2022 年 4 月 10 日起施行）替代、废止。

② 注：《最高人民法院关于人民法院相互办理委托事项的规定》（法发〔1993〕26 号，1993 年 9 月 25 日发布）已经被 2011 年 4 月 25 日最高法审委会〔1521 次〕通过的《最高人民法院关于委托执行若干问题的规定》（法释〔2011〕11 号，2011 年 5 月 3 日公布，2011 年 5 月 16 日起施行）替代。

③ 注：《最高人民法院关于原审法院管辖区域变更后判决改判问题的批复》（〔62〕法文字第 7 号，1962 年 3 月 19 日答复陕西高院并抄其他各高院）：原审法院的管辖区域，随着行政区域的变更，分别划归几个法院管辖，其对划出地区的案件管辖权业经分别移交给该管的新设法院。新设法院自应依法在所辖地区内行使审判权，包括人民法院组织法第 12 条规定的各级人民法院院长对本院已经发生法律效力的判决和裁定，提交审判委员会处理的职权。因此，原法院所判案件，凡属已划出地区的都应移送该管新设法院接管，案件的复查和改判也由新设法院处理。新设法院在改判案件时，应说明本案系由原法院判决，现因本案已由该院接管，依法由该院重新作出判决或裁定。

88. 最高人民法院关于职工因交通事故死亡抚恤问题的复函，1962 年 12 月 24 日。废止理由：已被侵权责任法代替。

91. 最高人民法院关于交通肇事抚恤问题的批复，1963 年 4 月 28 日，法研字第 42 号。废止理由：已被侵权责任法代替。

95. 最高人民法院关于旅居国外华侨委托他人出售国内房屋的公证认证手续问题的复函，1963 年 6 月 28 日。废止理由：已被公证法代替。

97. 最高人民法院、公安部、外交部复关于今后办理外侨各种证明的问题，1963 年 8 月 13 日，[63] 法司字第 171 号。废止理由：已被公证法代替。

98. 最高人民法院关于离婚案件中自留地、自留畜的处理问题的批复，1963 年 10 月 21 日，[63] 法研字第 140 号。废止理由：已被婚姻法代替。

99. 最高人民法院关于自留人员离婚案件管辖问题的批复，1963 年 10 月 21 日，[63] 法行字第 142 号。废止理由：已被民事诉讼法代替。

100. 最高人民法院、公安部、内务部、劳动部关于刑满释放解除教养后能否回原单位就业及其批准权限问题的批复，1963 年 11 月 4 日，[63] 法研字第 151 号。废止理由：社会形势发生变化，不再适用。

102. 最高人民法院关于离婚案件中对财产处理如何强制执行问题的批复，1963 年 12 月 9 日，[63] 法研字第 175 号。废止理由：社会形势发生变化，不再适用。

103. 最高人民法院关于旅蒙华侨持我国法院离婚调解书向我国使馆申请结婚登记问题的复函，1963 年 12 月 9 日。废止理由：已被婚姻法、民事诉讼法代替。

104. 最高人民法院关于民事案件在开庭审理前试行调解时不必邀请人民陪审员参加的批复，1964 年 1 月 18 日，[64] 法研字第 3 号。废止理由：已被民事诉讼法代替。

105. 最高人民法院关于女方提出离婚后就离开原籍的离婚案件管辖问题的复函，1964 年 1 月 18 日，[64] 法研字第 5 号。废止理由：已被民事诉讼法代替。

108. 最高人民法院关于劳教分子和在押未决犯等五种人员的离婚和其他民事案件管辖问题的批复，1964 年 5 月 15 日。废止理由：已被民事诉讼法代替。

110. 最高人民法院关于立"嗣书"继承，不予承认问题的批复，1964 年 9 月 16 日。废止理由：已被继承法代替。

112. 最高人民法院、公安部、外交部关于严格涉外公证手续的通知，1964 年 9 月 23 日，[64] 法司字第 217 号。废止理由：人民法院不再开展公证业务，通知内容已被公证法第 7、9、11 条规定代替。

113. 最高人民法院关于外流妇女重婚案件和外流妇女重婚后的离婚案件管辖问题的批复，1964 年 10 月 23 日，[64] 法研字第 91 号。废止理由：社会形势发生变化，不再适用。

117. 最高人民法院办公厅关于国家行政机关工作人员判处徒刑宣告缓刑后其职务和待遇问题的复函，1965 年 6 月 11 日，［65］法研字第 20 号。废止理由：《人事部关于国家机关、事业单位工作人员受行政刑事处罚工资处理意见的复函》（人函［1999］177 号）已有规定。

118. 最高人民法院关于长期参加边疆国防建设工人的配偶提出离婚不按军婚处理的批复，1965 年 12 月 6 日，［65］法研字第 42 号。废止理由：社会形势发生变化，不再适用。

119. 最高人民法院印发《关于处理中朝两国公民离婚案件座谈会纪要》的通知，1966 年 5 月 12 日，［66］法民字第 8 号。废止理由：已被民事诉讼法、婚姻法代替。

120. 最高人民法院关于办理学历证明书的通知，1974 年 1 月 18 日，［74］法办司字第 3 号。废止理由：已被公证法代替。

121. 最高人民法院关于对非婚生子女解释的复函，1974 年 5 月 17 日。废止理由：已被婚姻法代替。

122. 最高人民法院办公室、外交部领事司关于公证文件中对中国血统外国籍人的提法事，1974 年 6 月 14 日，［74］法办司字第 13 号。废止理由：人民法院不再开展公证业务，通知内容已被公证法相关规定代替。

123. 最高人民法院关于失主向罪犯追索被盗被骗财物应如何处理的问题的复函，1974 年 6 月 29 日，［74］法办研字第 13 号（原文缺失文号，本书补正）。废止理由：《最高人民法院关于刑事附带民事诉讼范围问题的规定》①已有规定，复函不再适用。

124. 最高人民法院、公安部关于张贴布告问题的补充通知，1974 年 7 月 20 日。废止理由：形势已经变化，不再适用。

125. 最高人民法院关于来华治病的华侨和外籍人要求出具延期治疗证明问题的批复，1975 年 1 月 24 日，［75］法办司字第 5 号。废止理由：社会形势发生变化，不再适用。

126. 最高人民法院关于处理破坏军婚案件中几个问题的批复，1977 年 6 月 13 日。废止理由：已被婚姻法代替。

---

① 《最高人民法院关于刑事附带民事诉讼范围问题的规定》（法释［2000］47 号）由 2000 年 12 月 4 日最高法审委会［1148 次］通过，2000 年 12 月 13 日公布，2000 年 12 月 19 日起施行；2015 年 1 月 19 日被《最高人民法院关于废止部分司法解释和司法解释性质文件（第 11 批）的决定》（法释［2015］2 号）正式废止，相关规定被《最高人民法院关于适用〈中华人民共和国刑事诉讼法〉的解释》修改和吸收。

128. 最高人民法院关于同父母兄妹可否结婚问题的批复，1977 年 9 月 24 日。废止理由：已被婚姻法代替。

131. 最高人民法院关于发给国外当事人的法律文书可交给其国内代理人的批复，1978 年 8 月 14 日，[78] 法民字第 12 号。废止理由：已被民事诉讼法代替。

135. 最高人民法院、公安部、外交部关于办理出生、结婚和亲属关系证明书的通知，1978 年 11 月 22 日，[78] 法司字第 193 号。废止理由：已被公证法代替。

138. 最高人民法院关于北京市高级人民法院办理学历证明工作证明请示的批复，1979 年 5 月 8 日。废止理由：已被公证法代替。

139. 最高人民法院关于办理过继和收养关系公证的通知，1979 年 6 月 5 日。废止理由：已被公证法、收养法代替。

143. 最高人民法院关于子女对继母有无赡养义务的请示的批复，1979 年 11 月 2 日。废止理由：已被婚姻法代替。

最高人民法院（第 9 批）

【法释［2013］2 号】　最高人民法院关于废止 1980 年 1 月 1 日至 1997 年 6 月 30 日期间发布的部分司法解释和司法解释性质文件（第 9 批）的决定（2012 年 11 月 19 日最高法审委会［1560 次］通过，2013 年 1 月 14 日公布，2013 年 1 月 18 日起施行）

4. 最高人民法院、中国人民银行转发上海市高级人民法院《关于人民法院执行民事判决向银行调取当事人存款问题的通知》，1980 年 6 月 16 日。废止理由：已被《最高人民法院关于人民法院执行工作若干问题的规定（试行）》代替。

6. 最高人民法院关于我国公民同居住在越南的配偶离婚问题的批复，1980 年 7 月 25 日，[80] 法民字第 6 号。废止理由：已被民事诉讼法代替。

7. 最高人民法院关于地主家庭出身的能否回赎土改前典当给劳动人民的房屋的请示的复函，1981 年 6 月 22 日，调整对象已消失，实际已失效。

8. 最高人民法院关于受理现役军人提出离婚案件应参照执行中国人民解放军总政治部《关于军队贯彻执行中华人民共和国婚姻法的暂行规定》的复函，1981 年 7 月 28 日。废止理由：社会形势发生变化，不再适用。

9. 最高人民法院关于扣船法律程序的请示报告的批复，1981 年 10 月 24 日，[81] 法交字第 3 号。废止理由：已被海事诉讼特别程序法代替。

10. 最高人民法院、司法部、民政部、全国总工会、共青团中央、全国妇联关于深入宣传婚姻法的通知，1981 年 11 月 30 日，婚姻法已于 2001 年修订，该通知已经失效。

13. 最高人民法院关于为实施《中华人民共和国经济合同法》和《中华人民共和国民事诉讼法（试行）》做好准备工作的通知，1982 年 3 月 16 日，［82］法研字第 2 号。废止理由：社会形势发生变化，不再适用。

16. 最高人民法院关于如何确认和公证事实婚姻问题的复函，1982 年 10 月 5 日，［82］法研字第 10 号。废止理由：社会形势发生变化，不再适用。

24. 最高人民法院关于立案后有关涉外诉讼文书及送达问题的批复，1983 年 12 月 15 日。废止理由：已被《最高人民法院关于涉外民事或商事案件司法文书送达问题若干规定》代替。

25. 最高人民法院、中国人民银行关于查询、冻结和扣划企业事业单位、机关、团体的银行存款的联合通知，1983 年 12 月 20 日，［83］法研字第 30 号。废止理由：已被《中国人民银行、最高人民法院、最高人民检察院、公安部关于查询、冻结、扣划企业事业单位、机关、团体银行存款的通知》代替。

26. 最高人民法院印发《关于驻外使领馆处理华侨婚姻问题的若干规定》的通知，1983 年 12 月 27 日，［83］法研字第 26 号。废止理由：《关于驻外使领馆处理华侨婚姻问题的若干规定》部分内容与婚姻法相冲突，通知不再适用。

29. 最高人民法院关于一方为外国人与我国境内的配偶达成离婚协议我国法院可否制发调解书问题的批复，1984 年 4 月 9 日，［84］法民字第 4 号。废止理由：已被民事诉讼法代替。

30. 最高人民法院关于原在内地登记结婚，现双方均居住香港，他们发生离婚诉讼，内地人民法院可否按《关于驻外使领馆处理华侨婚姻的若干规定》的通知办理的批复，1984 年 4 月 14 日，［84］法民字第 3 号。废止理由：已被民事诉讼法代替。

31. 最高人民法院关于《城市私有房屋管理条例》公布前机关、团体、部队、企业、事业单位购买或租用房屋是否有效问题的答复，1984 年 4 月 17 日，［84］法研字第 5 号。废止理由：社会形势发生变化，不再适用。

32. 最高人民法院关于给在台湾的当事人送达法律文书的批复，1984 年 8 月 29 日。废止理由：已被《最高人民法院关于涉台民事诉讼文书送达的若干规定》代替。

36. 最高人民法院关于房屋典当回赎问题的批复，1984 年 12 月 2 日。废止理由：社会形势发生变化，不再适用。

37. 最高人民法院关于港澳同胞持有"英国属土公民护照"或澳葡当局所发身份证在内地人民法院起诉应诉的民事案件是否作为涉外案件问题的批复，1984 年 12 月 6 日。废止理由：社会形势发生变化，不再适用。

39. 最高人民法院、公安部、商业部、城乡建设环境保护部关于转发陕西省西安市《关于办理离婚、房产案件中有关户粮分立、迁转和房产变动问题的联合通知》的通知，1985 年 3 月 21 日。废止理由：社会形势发生变化，不再适用。

40. 最高人民法院关于指定重庆市中级人民法院办理部分专利纠纷案件的批复，1985 年 3 月 27 日，法（经）复 [1985] 18 号。废止理由：调整对象发生变化，不再适用。

41. 最高人民法院关于外国驻华使馆的职员能否以外交代表身份为本国国民在我国聘请中国律师代理民事诉讼的批复，1985 年 3 月 28 日。废止理由：已被《最高人民法院关于适用〈中华人民共和国民事诉讼法〉若干问题的意见》代替。

43. 最高人民法院关于民事上诉案件受理费的几个问题的批复，1985 年 4 月 4 日，法（研）复 [1985] 21 号。废止理由：已被《诉讼费用交纳办法》代替。

48. 最高人民法院关于男女登记离婚后一方翻悔，向人民法院提起诉讼，人民法院是否应当受理的批复，1985 年 6 月 15 日，法（民）复 [1985] 35 号。废止理由：已被民事诉讼法代替。

52. 最高人民法院关于台湾同胞为追索建国前公民之间债务的起诉，人民法院是否受理问题的批复，1985 年 8 月 8 日。废止理由：社会形势发生变化，不再适用。

55. 最高人民法院关于人民法院依法执行行政机关的行政处罚决定应用何种法律文书的问题的批复，1985 年 9 月 14 日，法（经）复 [1985] 49 号。废止理由：《最高人民法院关于人民法院执行工作若干问题的规定（试行）》已有明确规定。

59. 最高人民法院关于侵犯商标专用权如何计算损失赔偿额和侵权期间问题的批复，1985 年 11 月 6 日，法（经）复 [1985] 53 号。废止理由：已被商标法代替。

62. 最高人民法院关于加强经济审判工作的通知，1985 年 12 月 9 日，法（研）发 [1985] 28 号[①]。该通知规定的经济案件受案范围及所依据的相关文件内容已不适用，实际已失效。

64. 最高人民法院关于广东省高级人民法院与香港最高法院相互协助送达民商事诉讼文书初步协议的批复，1986 年 1 月 3 日，法（经）复 [1986] 1 号。废止理由：已被《最高人民法院关于内地与香港特别行政区法院相互委托送达民商事司法文书的安排》代替。

65. 最高人民法院关于房屋租赁纠纷如何确定管辖问题的批复，1986 年 1 月 7

[①] 注：该文号为本书经查相关档案资料后补充。

日，法（经）复［1986］2号。废止理由：已被《最高人民法院关于适用〈中华人民共和国民事诉讼法〉若干问题的意见》代替。

66. 最高人民法院关于审理土改中地主、富农被遗漏房屋产权案件有关政策问题的批复，1986年1月27日，法（民）复［1986］5号。废止理由：调整对象已消失，实际已失效。

67. 最高人民法院关于涉外海事诉讼管辖的具体规定，1986年1月31日。废止理由：已被海事诉讼特别程序法、《最高人民法院关于适用〈中华人民共和国海事诉讼特别程序法〉若干问题的解释》代替。

70. 最高人民法院关于原判决未涉及房屋所有权问题后当事人发生争议的可到有管辖权的人民法院起诉的函，1986年6月19日，［85］民监字第1253号。废止理由：已被民事诉讼法代替。

71. 最高人民法院关于民事诉讼收费几个问题的批复，1986年6月21日，法（司）复［1986］22号。废止理由：已被《诉讼费用交纳办法》代替。

74. 最高人民法院关于在审理经济纠纷案件中发现经济犯罪问题后移送有关部门，是否退还预收的案件受理费的批复①，1986年8月28日，法（司）复［1986］29号。废止理由：已被《诉讼费用交纳办法》代替。

75. 最高人民法院研究室关于当事人对工商行政管理部门确认经济合同无效不服向人民法院起诉应否受理问题的电话答复，1986年9月23日。废止理由：已被合同法代替。

77. 最高人民法院关于男女双方登记离婚后因对财产、子女抚养发生纠纷当事人向人民法院起诉的法院应予受理的批复，1986年10月3日，［1986］民他字第45号。废止理由：已被婚姻法司法解释规定代替。

81. 最高人民法院关于人民法院制作法律文书应如何引用法律规范性文件问题的答复，1986年10月28日，法（研）复［1986］31号。废止理由：已被《最高人民法院关于裁判文书引用法律、法规等规范性法律文件的规定》代替。

83. 最高人民法院关于执行《国营企业实行劳动合同制暂行规定》和《国营企业辞退违纪职工暂行规定》的有关问题的批复，1986年11月8日，法（研）复［1986］32号。废止理由：已被劳动法、劳动合同法、劳动争议调解仲裁法及相关司法解释代替。

84. 最高人民法院关于我在港澳以私人企业名义注册登记的银行在经济特区

---

① 注：《最高人民法院、最高人民检察院司法解释与请示答复（民事卷）》（中国法制出版社2006年版）第1396页收录的该文标题为"最高人民法院关于在审理经济纠纷案件中发现经济犯罪移送有关部门后预收的案件受理费是否退还问题的批复"。

设立的分行能否享有贷款优先清偿权的批复，1986 年 11 月 28 日，法（经）复〔1986〕34 号。废止理由：所依据的民事诉讼法（试行）已被废止，不再适用。

90. 最高人民法院关于在离婚诉讼中发现双方隐瞒近亲关系骗取结婚登记且生活多年生有子女应按婚姻法第 25 条处理的批复，1987 年 1 月 14 日，〔1986〕民他字第 36 号。废止理由：与婚姻法第 10 条规定相冲突。

96. 最高人民法院关于地方各级法院不宜制定司法解释性质文件问题的批复，1987 年 3 月 31 日，〔1987〕民他字第 10 号。废止理由：已被《最高人民法院、最高人民检察院关于地方人民法院、人民检察院不得制定司法解释性质文件的通知》代替。

99. 最高人民法院关于人民法院在审判工作中能否采用人类白细胞抗原作亲子鉴定问题的批复，1987 年 6 月 15 日，法（研）复〔1987〕20 号。废止理由：目前已不使用此种鉴定方式。

102. 最高人民法院关于当事人对工商行政管理局无效经济合同确认书中认定的事实和财产后果的处理不服，向人民法院起诉，人民法院可否受理的批复，1987 年 7 月 11 日，〔87〕法经字第 17 号。废止理由：调整对象发生变化，不再适用。

104. 最高人民法院关于调整武汉、上海海事法院管辖区域的通知，1987 年 7 月 28 日，法（司）函〔1987〕39 号。废止理由：已被《最高人民法院关于调整大连、武汉、北海海事法院管辖区域和案件范围的通知》代替。

106. 最高人民法院关于地方人民政府规定可向人民法院起诉的行政案件法院应否受理问题的批复，1987 年 10 月 9 日。废止理由：行政诉讼法已有明确规定。

109. 最高人民法院关于审理专利申请权纠纷案件若干问题的通知，1987 年 10 月 19 日。废止理由：已被《最高人民法院关于审理专利纠纷案件适用法律问题的若干规定》代替。

110. 最高人民法院、城乡建设环境保护部关于复查历史案件中处理私人房产有关事项的通知，1987 年 10 月 22 日，法（研）发〔1987〕30 号。废止理由：社会形势发生变化，不再适用。

111. 最高人民法院经济审判庭关于执行程序中如何变更主体问题的电话答复，1987 年 10 月 28 日。废止理由：《最高人民法院关于人民法院执行工作若干问题的规定（试行）》已有明确规定。

112. 最高人民法院关于审理涉港澳经济纠纷案件若干问题的解答，1987 年 10 月 19 日，法（经）发〔1987〕28 号。废止理由：该文件依据的民事诉讼法（试行）已被废止。

115. 最高人民法院关于山西省雁北地区瓷厂诉河南省方城县酒厂购销酒瓶合

同纠纷案管辖问题的批复，1987 年 11 月 19 日，法经复〔1987〕47 号①。废止理由：已被民事诉讼法代替。

116. 关于最高人民法院交通运输审判庭的职责范围和启用印章的通知，1987 年 11 月 24 日，法（交）函〔1987〕102 号。废止理由：社会形势发生变化，不再适用。

117. 最高人民法院研究室关于人民法院可否受理企业内部承包合同纠纷案件问题的电话答复②，1987 年 12 月 1 日（答复新疆高院研究室"〔87〕新法研字第 24 号"请示③）。废止理由：已被合同法、民事诉讼法代替。

118. 最高人民法院研究室关于案件管辖问题的电话答复，1987 年 12 月 11 日。废止理由：社会形势发生变化，不再适用。

123. 最高人民法院关于如何核定案件受理费问题的批复，1988 年 1 月 6 日，法（司）复〔1988〕2 号。废止理由：已被《诉讼费用交纳办法》代替。

125. 最高人民法院关于继父母与继子女形成的权利义务关系能否解除的批复，1988 年 1 月 22 日。废止理由：已被继承法代替。

126. 最高人民法院关于执行中外司法协助协定的通知，1988 年 2 月 1 日，法（办）发〔1988〕3 号。废止理由：社会形势发生变化，不再适用。

127. 最高人民法院关于执行中法司法协助协定的通知，1988 年 2 月 9 日，法（办）发〔1988〕4 号。废止理由：社会形势发生变化，不再适用。

133. 最高人民法院研究室关于人民法院在审理经济合同纠纷案件时发现当事人有与本案有关的违法行为需要给予制裁问题的电话答复，1988 年 4 月 2 日。废止理由：已被合同法代替。

134. 最高人民法院研究室关于需由外地银行协助扣划被执行人存款是否必须委托被执行人所在地人民法院向被执行人的开户银行发出协助执行通知问题的电话答复，1988 年 4 月 11 日。废止理由：已被《中国人民银行、最高人民法院、最高人民检察院、公安部关于查询、冻结、扣划企业事业单位、机关、团体银行存款的通知》代替。

135. 最高人民法院关于济南铁路分局诉天津铁路分局沧州站、沧州水产公司经济侵权纠纷一案管辖权问题请示的批复，1988 年 4 月 28 日。废止理由：已被

---

① 注：该文号为本书经查相关档案资料后补充。
② 答复如下：企业内部因承包合同所产生的纠纷人民法院是否受理问题，尚无明确的法律依据，目前仍应按我院法（研）发〔1985〕28 号通知中的精神办理。即：大部分应由企业或上级主管机关调处，极少数违反法律，必须由人民法院受理的，人民法院应予受理。在受理此类案件时，应严格审查、从严掌握，而不宜铺得过宽。
③ 注：该电话答复显示新疆高院为"电话请示"有误，本书特予指出。

民事诉讼法和《最高人民法院关于适用〈中华人民共和国民事诉讼法〉若干问题的意见》代替。

136. 最高人民法院关于暂由广东省高级人民法院受理应由海南省高级人民法院管辖的案件的批复，1988年5月6日，法（司）复［1988］21号。废止理由：社会形势发生变化，不再适用。

137. 最高人民法院关于由别人代为起草而以个人名义发表的会议讲话作品其著作权（版权）应归个人所有的批复，1988年6月9日，［1988］民他字第21号。废止理由：已被《最高人民法院关于审理著作权民事纠纷案件适用法律若干问题的解释》代替。

138. 最高人民法院关于因政府行政管理方面的决定引起的房产纠纷不应由人民法院受理的函，1988年6月9日，［1988］民监字第531号。废止理由：与行政诉讼法及相关司法解释规定相冲突。

139. 最高人民法院关于对尚未到期的财产收益可否采取诉讼保全措施的批复，1988年7月8日，法（研）复［1988］49号。废止理由：已被《关于依法制裁规避执行行为的若干意见》代替。

142. 最高人民法院关于处理私房社会主义改造中房屋典当回赎案件中的2个问题的批复，1988年9月8日。废止理由：社会形势发生变化，不再适用。

143. 最高人民法院经济审判庭关于执行仲裁机构裁决过程中被执行单位被撤销需要变更被执行单位的应如何处理问题的电话答复，1988年9月20日。废止理由：已被《最高人民法院关于人民法院执行工作若干问题的规定（试行）》代替。

145. 最高人民法院研究室关于被告及其主管部门均已撤销其债务由谁承担问题的电话答复，1988年10月12日。废止理由：已被《最高人民法院关于企业开办的其他企业被撤销或者歇业后民事责任承担问题的批复》和公司法代替。

146. 最高人民法院关于雇工合同"工伤概不负责"是否有效的批复，1988年10月14日，［88］民他字第1号。废止理由：已被合同法、劳动法、劳动合同法及相关司法解释代替。

149. 最高人民法院关于甘肃省金昌市工业品综合批发公司诉辽宁省抚顺市电视机联销公司电视机合同纠纷案管辖问题的批复，1988年12月7日，法（经）复［1988］64号。废止理由：已被民事诉讼法代替。

150. 最高人民法院关于水路货物运输中索赔期问题的复函，1988年12月8日，［88］法交函字第11号。废止理由：所依据《水路货物运输规则》已被《国内水路货物运输规则》废止，不再适用。

151. 最高人民法院关于因党委发文调整引起的房产纠纷不属法院主管范围的批复，1989年1月3日，［88］民他字第62号。废止理由：已被民事诉讼法及相关司法解释代替。

152. 最高人民法院、中国人民银行关于法院对行政机关依法申请强制执行需要银行协助执行的案件应如何办理问题的联合通知，1989 年 1 月 11 日，法（行）发〔1989〕2 号。废止理由：原依据的民事诉讼法（试行）有关规定已废止，不再适用。

153. 最高人民法院关于通过外交途径向日本国民送达传票期限的通知，1989 年 1 月 16 日。废止理由：已被《最高人民法院关于涉外民事或商事案件司法文书送达问题若干规定》代替。

154. 最高人民法院关于新法规定当事人可以起诉而旧法规没有规定可以起诉而当事人起诉的，人民法院可否受理的函，1989 年 1 月 23 日，法（行）函〔1989〕11 号。废止理由：已被行政诉讼法代替。

156. 最高人民法院关于建立经济纠纷大案要案报告制度的通知，1989 年 1 月 31 日，法经函〔1989〕第 4 号。废止理由：社会形势发生变化，不再适用。

158. 最高人民法院研究室关于人民法院可否直接受理拖欠、抗交农业税案件的电话答复，1989 年 2 月 28 日。废止理由：社会形势发生变化，不再适用。

161. 最高人民法院关于死亡人的名誉权应受法律保护的函，1989 年 4 月 12 日，〔1988〕民他字第 52 号。废止理由：已被《最高人民法院关于确定民事侵权精神损害赔偿责任若干问题的解释》代替。

166. 最高人民法院关于财产犯罪的受害者能否向已经过司法机关处理的人提起损害赔偿的民事诉讼的函，1989 年 7 月 10 日。废止理由：已被侵权责任法代替。

167. 最高人民法院关于各级人民法院处理民事和经济纠纷案件申诉的暂行规定，1989 年 7 月 21 日，法（申）发〔1989〕17 号。废止理由：已被《最高人民法院关于受理审查民事申请再审案件的若干意见》代替。

168. 最高人民法院对劳动部《关于人民法院审理劳动争议案件几个问题的函》的答复，1989 年 8 月 10 日，法（经）函〔1989〕53 号。废止理由：劳动法、劳动合同法及劳动争议调解仲裁法及相关司法解释已有明确规定。

169. 最高人民法院关于对一方当事人下落不明未满 2 年的离婚案件是否受理和公告送达问题的批复，1989 年 8 月 22 日，〔1989〕法民字第 20 号。废止理由：批复所引法律依据已不存在，所涉相关问题民事诉讼法已有明确规定。

173. 最高人民法院行政审判庭关于行政机关对业已进入诉讼程序的行政行为作出的复议决定应如何处理问题的电话答复，1989 年 10 月 10 日。废止理由：已被行政诉讼法代替。

177. 最高人民法院关于配合公安机关开展除"六害"工作的通知，1989 年 11 月 13 日，法（办）发〔1989〕34 号。废止理由：社会形势发生变化，不再适用。

178. 最高人民法院关于《中华人民共和国行政诉讼法》实施前行政审判试点工作中几个问题的答复，1989 年 11 月 20 日，只适用于特定时期，已失效。

180. 最高人民法院行政审判庭关于工商行政管理机关的处罚决定所依据的法规没有规定可以起诉被处罚的个体工商户不服依据《城乡个体户管理暂行条例》向法院起诉应否受理问题的电话答复，1989 年 12 月 22 日。废止理由：已被行政诉讼法代替。

183. 最高人民法院关于扣押船舶收费标准的具体意见，1990 年 1 月 13 日，法（交）发〔1990〕2 号。废止理由：已被《诉讼费用交纳办法》代替。

184. 最高人民法院关于人民法院离退休审判人员不得担任参与自己审理过的案件一方当事人的委托代理人的批复，1990 年 1 月 16 日，法（民）复〔1990〕1 号。废止理由：已被《最高人民法院关于审判人员在诉讼活动中执行回避制度若干问题的规定》代替。

188. 最高人民法院关于已分家独自生活的被赡养人致人损害时不能由赡养人承担民事责任问题的批复，1990 年 2 月 10 日，〔89〕法民字第 32 号。废止理由：已被侵权责任法代替。

190. 最高人民法院行政审判庭关于铁路系统治安案件处罚权问题的电话答复，1990 年 3 月 20 日，原依据的治安管理处罚条例已不适用。

192. 最高人民法院关于广泛开展宣传《婚姻法》活动的通知，1990 年 4 月 14 日，高法明电〔1990〕50 号。废止理由：实际已失效。

195. 最高人民法院行政审判庭关于高速公路交通警察支队"二裁"的案件人民法院可否受理问题的电话答复，1990 年 5 月 7 日，原依据的道路交通管理条例已不适用。

198. 最高人民法院关于邓瑞莲诉何汉思离婚管辖问题的复函，1990 年 5 月 28 日，〔1990〕民他字第 21 号。废止理由：依据已失效，复函不再适用。

204. 最高人民法院关于印发《关于铁路运输法院对经济纠纷案件管辖范围的规定》的通知，1990 年 6 月 16 日，法（交）发〔1990〕8 号。废止理由：已被民事诉讼法代替。

205. 最高人民法院关于专利纠纷案件管辖问题的复函，1990 年 6 月 26 日，法（经）函〔1990〕第 49 号。废止理由：已被《最高人民法院关于审理专利纠纷案件适用法律问题的若干规定》、《最高人民法院关于审理技术合同纠纷案件适用法律若干问题的解释》以及民事诉讼法代替。

208. 最高人民法院关于对在国外居住未加入外国籍的当事人的离婚案件应参照涉外民事诉讼程序的规定审理的函，1990 年 7 月 26 日，〔90〕民他字第 12 号。

废止理由：已被涉外民事关系法律适用法代替。

209. 最高人民法院关于经济纠纷案件当事人向受诉法院提出管辖权异议的期限问题的批复，1990 年 8 月 5 日，法（经）复〔1990〕10 号。废止理由：已被民事诉讼法代替。

214. 最高人民法院关于认真学习、宣传和贯彻执行著作权法的通知，1990 年 10 月 9 日，著作权法已修改，通知已失效。

215. 最高人民法院关于全民所有制工业企业承包经营合同、租赁经营合同纠纷当事人不服工商行政管理机关终局裁决向人民法院起诉是否受理问题的复函，1990 年 10 月 11 日，法（经）函〔1990〕75 号。废止理由：与仲裁法规定相冲突。

218. 最高人民法院关于申请执行工商仲裁机构法律文书中的被执行人已撤销如何处理问题的批复，1990 年 11 月 14 日，法（经）复〔1990〕17 号。废止理由：社会形势发生变化，不再适用。

219. 最高人民法院关于工商行政管理部门在无效经济合同确认书中对经济纠纷做出处理后人民法院是否接受申请据以执行问题的批复，1990 年 11 月 17 日，法（经）复〔1990〕18 号。废止理由：调整对象已不存在，不再适用。

229. 最高人民法院关于原属于夫妻一方婚前个人的房产婚后夫妻双方长期共同生活使用的应视为夫妻共同财产的函，1991 年 1 月 28 日，〔90〕民他字第 53 号。废止理由：与婚姻法规定相冲突。

231. 最高人民法院关于上诉人在第二审人民法院审理期间死亡如何处理的批复，1991 年 2 月 11 日，〔90〕民他字第 43 号[①]。废止理由：所依据的民事诉讼法（试行）已失效，批复不再适用。

235. 最高人民法院关于指令再审的民事案件应依法作出新判决的批复，1991 年 3 月 21 日，法（民）复〔1991〕1 号。废止理由：所依据的民事诉讼法（试行）已失效，批复不再适用。

236. 最高人民法院关于青海进出口商品检验局与付元宗劳动争议案人民法院是否受理的复函，1991 年 3 月 21 日，〔1991〕民他字第 2 号。废止理由：已被劳动合同法代替。

241. 最高人民法院关于学习、宣传、贯彻民事诉讼法的通知，1991 年 5 月 24 日，法（办）发〔1991〕15 号。废止理由：社会形势发生变化，不再适用。

243. 最高人民法院关于对侵占铁路运输用地管辖问题的函，1991 年 7 月 10 日，法（交）函〔1991〕68 号。废止理由：已被《最高人民法院关于铁路运输

[①] 注：该文号为本书经查相关档案资料后补充。

法院案件管辖范围的若干规定》代替。

247. 最高人民法院关于国内船舶发生海损事故造成的营运损失应列入海损赔偿范围的复函，1991 年 9 月 13 日，法（交）函〔1991〕104 号。废止理由：已被侵权责任法代替。

248. 最高人民法院经济审判庭关于因法院审判人员工作失误给当事人造成经济损失如何处理问题的复函，1991 年 9 月 16 日，法经〔1991〕123 号。废止理由：《最高人民法院关于人民法院执行工作若干问题的规定（试行）》已有明确规定。

251. 最高人民法院经济审判庭关于严格依法正确适用财产保全措施的通知，1991 年 9 月 27 日，法经〔1991〕122 号。废止理由：已被《最高人民法院关于人民法院执行工作若干问题的规定（试行）》代替。

252. 最高人民法院关于实施《食品卫生法（试行）》中卫生防疫部门能否采用"查封"措施的答复，1991 年 10 月 9 日，法（行）函〔1991〕108 号。废止理由：原依据的食品卫生法（试行）已失效，答复不再适用。

256. 最高人民法院关于河北省定州市药材站与沈阳市北方医药采购供应站购销合同和借款合同纠纷一案指定管辖问题的复函，1991 年 11 月 2 日，法（经）函〔1991〕135 号。废止理由：已被民事诉讼法代替。

257. 最高人民法院关于湖北省沙市电冰箱总厂与广东省汕尾市物资总公司物资串换合同纠纷案和广东省奥海进出口公司深圳分公司以物资串换合同当事人双方为共同被告的代理进口合同纠纷案管辖权争议问题的复函，1991 年 11 月 4 日，法（经）函〔1991〕134 号。废止理由：已被民事诉讼法代替。

258. 最高人民法院关于贯彻执行《中华人民共和国企业破产法（试行）》若干问题的意见，1991 年 11 月 7 日，法（经）发〔1991〕35 号。废止理由：原依据的企业破产法（试行）已废止，意见不再适用。

264. 最高人民法院关于因科技拨款有偿使用合同纠纷提起的诉讼人民法院应予受理的复函，1991 年 12 月 20 日，法（经）函〔1991〕151 号。废止理由：已被合同法及民事诉讼法代替。

274. 最高人民法院关于新疆生产建设兵团农 7 师 131 团农牧副产品经营部与芜湖市金宝炒货商店购销合同纠纷一案指定管辖问题的复函，1992 年 2 月 20 日，法函〔1992〕19 号。废止理由：已被民事诉讼法代替。

276. 最高人民法院经济审判庭关于中国有色金属材料总公司经营部与兰州铝

厂补偿贸易合同纠纷一案指定管辖问题复查结果的报告①，1992 年 3 月 11 日，法经〔1992〕32 号。废止理由：已被《最高人民法院关于适用〈中华人民共和国民事诉讼法〉若干问题的意见》代替。

277. 最高人民法院关于不服工商行政管理机关的确认经济合同无效及财产损失的处理决定的案件应属行政案件的答复，1992 年 4 月 1 日，原依据的经济合同法已失效，答复不再适用。

283. 最高人民法院印发《关于审理涉外海上人身伤亡案件损害赔偿的具体规定（试行）》的通知，1992 年 5 月 16 日，法发〔1992〕16 号。废止理由：已被海商法和《最高人民法院关于审理人身损害赔偿案件适用法律若干问题的解释》代替。

293. 最高人民法院经济审判庭关于银行应否支付企业存款被冻结期间利息问题的复函，1992 年 9 月 25 日，法经〔1992〕152 号。废止理由：《中国人民银行、最高人民法院、最高人民检察院、公安部关于查询、冻结、扣划企业事业单位、机关、团体银行存款的通知》已有规定。

294. 最高人民法院关于军事法院审理军内经济纠纷案件的复函，1992 年 10 月 4 日，法函〔1992〕130 号。废止理由：已被《最高人民法院关于军事法院管辖民事案件若干问题的规定》代替。

298. 最高人民法院、公安部关于处理道路交通事故案件有关问题的通知，1992 年 12 月 1 日，法发〔1992〕39 号。废止理由：通知依据的《道路交通事故处理办法》已被废止，通知不再适用。

300. 最高人民法院关于经工商行政管理机关确认经济合同无效，并对财产纠纷作出处理决定后，当事人一方逾期既不起诉又不履行的，对方当事人可否申请人民法院强制执行问题的复函，1993 年 1 月 17 日，法函〔1993〕2 号。废止理

---

① 《报告》全文：全国人大常委会办公厅信访局：// 你局信〔1992〕第 0880 号函及转来的中国有色金属材料总公司等十四家企业的申诉材料收悉。经我们重新审阅双方当事人提供的材料后认为，本院法（经）〔1991〕128 号"关于中国有色金属材料总公司经营部与兰州铝厂补偿贸易合同纠纷一案指定管辖的函"，指定本案由兰州市中级人民法院审理是正确的。// 1987 年 4 月 14 日和同年 5 月 4 日，兰州铝厂与中国金属材料总公司经营部在兰州市先后签订的"协议书"和"补充协议"，系补偿贸易合同，双方对合同性质并无疑义。关键是对同年 5 月 13 日该经营部及 10 余家集资单位在南宁订货会议上填写的"有色金属产品供应卡片（合同）"的认识产生分歧。我们认为，"供应卡片（合同）"是落实上述两个协议具体条款的供货分配单，包括集资与补偿贸易的内容，并未改变双方的原供需关系，不是一个新的、独立的购销合同。"协议书"第 4 条载明"交货地点，兰州铝厂仓库"，这是双方对合同履行地所作的特殊约定，它排斥了以合同签订地确定本案管辖的可能性；且补偿贸易合同以接受投资一方主要义务履行地为合同的履行地。本案合同主要履行义务一方是兰州铝厂，南宁市中级人民法院对本案没有管辖权。经我们慎重研究，并报经院领导批准，正式指定本案由兰州市中级人民法院审理。请你局协助我们做好有关当事人的工作，尽快赴兰州参加诉讼，以了结纠纷。// 特此报告

由：原依据的经济合同法已失效，复函不再适用。

302. 最高人民法院关于及时审理因农民负担过重引起的案件的通知，1993年4月7日，法发〔1993〕6号。废止理由：社会形势发生变化，不再适用。

304. 最高人民法院关于人民法院对集体企业退休职工为追索退休金而提起的诉讼应否受理问题的复函，1993年4月15日，劳动法、《最高人民法院关于审理劳动争议案件适用法律若干问题的解释》已有明确规定。

305. 最高人民法院关于印发《全国经济审判工作座谈会纪要》的通知，1993年5月6日，法发〔1993〕8号。废止理由：社会形势发生变化，不再适用。

306. 最高人民法院经济审判庭关于人民法院在依法执行过程中变卖被执行人房产等财物应否交纳税收费用的复函，1993年5月28日，法经〔1993〕91号。废止理由：契税暂行条例及细则已有明确规定。

307. 最高人民法院关于人民法院批准当事人申请缓交诉讼费用后对有关问题应如何处理的函复，1993年6月3日，法函〔1993〕50号。废止理由：已被《诉讼费用交纳办法》代替。

309. 最高人民法院关于高级人民法院指令基层人民法院再审的裁定中应否撤销中级人民法院驳回再审申请的通知问题的复函，1993年7月26日，〔93〕民他字第12号。废止理由：已被民事诉讼法代替。

316. 最高人民法院关于如何处理经乡（镇）人民政府调处的民间纠纷的通知，1993年9月3日。废止理由：已被人民调解法代替。

317. 最高人民法院关于运输货物误交付法律责任问题的复函，1993年9月6日，法交〔1993〕14号。废止理由：已被《最高人民法院关于审理铁路运输损害赔偿案件若干问题的解释》代替。

318. 最高人民法院民事审判庭关于中国音乐著作权协会与音乐著作权人之间几个法律问题的复函，1993年9月14日，法民〔1993〕第35号。废止理由：已被著作权法及著作权集体管理条例代替。

319. 最高人民法院关于人民法院受理破产案件后对以破产案件的债务人为被执行人的执行案件均应中止执行给四川省高级人民法院的批复，1993年9月17日，法复〔1993〕9号。废止理由：依据已被废止，批复不再适用。

322. 最高人民法院关于劳动争议案件受理问题的通知，1993年10月20日，法发〔1993〕29号。废止理由：社会形势发生变化，不再适用。

323. 最高人民法院关于适用《关于修改〈中华人民共和国经济合同法〉的决定》有关问题的通知，1993年11月27日，原依据的经济合同法已失效，通知不再适用。

326. 最高人民法院关于深入贯彻执行《中华人民共和国著作权法》几个问题

的通知，1993 年 12 月 24 日，法发〔1993〕44 号。废止理由：通知第 2 条第 2 款的规定与涉外民事关系法律适用法第七章的规定相冲突，第 3 条规定已被计算机软件保护条例代替。

332. 最高人民法院关于专利侵权案件中如何确定地域管辖的请示的复函，1994 年 3 月 8 日，法经〔1994〕51 号。废止理由：已被《最高人民法院关于审理专利纠纷案件适用法律问题的若干规定》代替。

335. 最高人民法院关于适用新的《婚姻登记管理条例》的通知，1994 年 4 月 4 日，法发〔1994〕6 号。废止理由：社会形势发生变化，不再适用。

337. 最高人民法院关于海源县土畜产公司诉丰宁满族自治县公安局赔偿一案应否受理的复函，1994 年 5 月 11 日。废止理由：与国家赔偿法规定相冲突。

341. 最高人民法院关于在劳动争议仲裁程序中能否适用先予执行的函，1994 年 8 月 10 日。废止理由：已被劳动争议调解仲裁法代替。

342. 最高人民法院关于诉讼费问题两个请示的复函，1994 年 8 月 23 日，法函〔1994〕48 号。废止理由：已被《诉讼费用交纳办法》代替。

346. 最高人民法院关于进一步加强知识产权司法保护的通知，1994 年 9 月 29 日，法〔1994〕111 号。废止理由：已被著作权法、专利法、商标法以及刑法代替。

351. 最高人民法院关于《江苏省高级人民法院一审经济纠纷案件级别管辖的规定》的复函，1994 年 12 月 21 日，法经〔1994〕331 号。废止理由：已被《最高人民法院关于调整高级人民法院和中级人民法院管辖第一审民商事案件标准的通知》代替。

353. 最高人民法院关于土地被征用所得的补偿费和安置补助费应归被征地单位所有的复函，1995 年 1 月 16 日，法经〔1995〕13 号。废止理由：已被国有土地上房屋征收与补偿条例代替。

354. 最高人民法院关于铁路路外人身伤亡损害赔偿案件管辖问题的复函，1995 年 1 月 25 日，法函〔1995〕6 号。废止理由：与《最高人民法院关于审理铁路运输人身损害赔偿纠纷案件适用法律若干问题的解释》相冲突。

355. 最高人民法院关于经济纠纷案件级别管辖的复函，1995 年 2 月 16 日，法经〔1995〕40 号。废止理由：已被《最高人民法院关于调整高级人民法院和中级人民法院管辖第一审民商事案件标准的通知》代替。

356. 最高人民法院关于经济纠纷案件级别管辖的复函，1995 年 2 月 16 日，法经〔1995〕46 号。废止理由：已被《最高人民法院关于调整高级人民法院和中级人民法院管辖第一审民商事案件标准的通知》代替。

357. 最高人民法院关于下级法院能否对上级法院生效裁判作出中止执行裁定的复函，1995 年 3 月 8 日，法经〔1995〕63 号。废止理由：与民事诉讼法规定相冲突。

359. 最高人民法院关于经济纠纷案件级别管辖的复函，1995 年 3 月 25 日，法经 [1995] 105 号。废止理由：已被《最高人民法院关于调整高级人民法院和中级人民法院管辖第一审民商事案件标准的通知》代替。

360. 最高人民法院关于经济纠纷案件级别管辖的复函，1995 年 3 月 25 日，法经 [1995] 106 号。废止理由：已被《最高人民法院关于调整高级人民法院和中级人民法院管辖第一审民商事案件标准的通知》代替。

361. 最高人民法院关于经济纠纷案件级别管辖的复函，1995 年 5 月 18 日，法函 [1995] 59 号。废止理由：已被《最高人民法院关于调整高级人民法院和中级人民法院管辖第一审民商事案件标准的通知》代替。

362. 最高人民法院关于经济纠纷案件级别管辖的复函，1995 年 5 月 18 日，法函 [1995] 60 号。废止理由：已被《最高人民法院关于调整高级人民法院和中级人民法院管辖第一审民商事案件标准的通知》代替。

365. 最高人民法院关于经济纠纷案件依照诉讼标的金额确定级别管辖的规定的复函，1995 年 6 月 8 日，法函 [1995] 68 号。废止理由：已被《最高人民法院关于调整高级人民法院和中级人民法院管辖第一审民商事案件标准的通知》代替。

366. 最高人民法院关于对宁夏回族自治区各级人民法院第一审经济纠纷案件级别管辖的规定请示的复函，1995 年 6 月 8 日，法函 [1995] 69 号。废止理由：已被《最高人民法院关于调整高级人民法院和中级人民法院管辖第一审民商事案件标准的通知》代替。

370. 最高人民法院关于当事人就级别管辖提出异议应如何处理问题的函，1995 年 7 月 3 日，法函 [1995] 95 号。废止理由：已被《最高人民法院关于审理民事级别管辖异议案件若干问题的规定》代替。

372. 最高人民法院关于不服专利管理机关对专利申请权纠纷、专利侵权纠纷的处理决定提起诉讼，人民法院应作何种案件受理问题的答复，1995 年 7 月 7 日，法函 [1995] 93 号。废止理由：已被专利法代替。

373. 最高人民法院关于提高广东省各基层人民法院管辖的第一审经济纠纷案件标的额问题的复函，1995 年 8 月 1 日，法函 [1995] 103 号。废止理由：已被《最高人民法院关于调整高级人民法院和中级人民法院管辖第一审民商事案件标准的通知》代替。

375. 最高人民法院关于能否向境外当事人的诉讼代理人直接送达法律文书问题的答复，1995 年 8 月 3 日，法函 [1995] 104 号。废止理由：依据已被修改，答复不再适用。

376. 最高人民法院关于人民法院可以对商业银行在人民银行的存款依法采取强制措施的批复，1995 年 8 月 10 日，法复〔1995〕4 号。废止理由：已被《最高人民法院关于人民法院执行工作若干问题的规定（试行）》代替。

377. 最高人民法院对有关不动产的非诉行政案件执行管辖问题的答复，1995 年 8 月 24 日，法行〔1995〕13 号。废止理由：已被《最高人民法院关于执行〈中华人民共和国行政诉讼法〉若干问题的解释》代替。

381. 最高人民法院关于口头购销合同纠纷案件管辖权如何确定问题的复函，1995 年 9 月 21 日，法函〔1995〕124 号。废止理由：已被民事诉讼法代替。

382. 最高人民法院关于上一级人民检察院对基层人民法院已发生法律效力的民事判决、裁定向中级人民法院提出抗诉，中级人民法院可否交基层人民法院再审的复函，1995 年 10 月 9 日，〔1995〕法民字第 24 号。废止理由：已被民事诉讼法代替。

383. 最高人民法院关于对征收水资源费法律适用问题的答复，1995 年 10 月 20 日，法函〔1995〕132 号。废止理由：与水法规定相冲突。

386. 最高人民法院关于对上海市高级人民法院级别管辖的请示的复函，1995 年 11 月 22 日，法函〔1995〕147 号。废止理由：已被《最高人民法院关于调整高级人民法院和中级人民法院管辖第一审民商事案件标准的通知》代替。

387. 最高人民法院关于涉及农村合作基金会的经济纠纷案件人民法院应予受理的通知，1995 年 12 月 7 日，法〔1995〕153 号。废止理由：依据已被修改，通知不再适用。

388. 最高人民法院关于工商行政管理检查所是否具有行政主体资格问题的答复，1995 年 12 月 18 日，法函〔1995〕174 号。废止理由：原依据的投机倒把行政处罚暂行条例已失效，答复不再适用。

390. 最高人民法院印发《关于审理房地产管理法施行前房地产开发经营案件若干问题的解答》的通知，1995 年 12 月 27 日，法发〔1996〕2 号。废止理由：社会形势发生变化，不再适用。

395. 最高人民法院关于会计师事务所为企业出具虚假验资证明应如何处理的问题的答复，1996 年 4 月 4 日，法函〔1996〕56 号。废止理由：已被《最高人民法院关于审理涉及会计师事务所在审计业务活动中民事侵权赔偿案件的若干规定》代替。

396. 最高人民法院关于对云南省各级人民法院第一审经济纠纷案件级别管辖规定请示的复函，1996 年 4 月 11 日，法函〔1996〕59 号。废止理由：已被《最高人民法院关于调整高级人民法院和中级人民法院管辖第一审民商事案件标准的通知》代替。

397. 最高人民法院关于鉴证机关对经济合同鉴证错误给当事人造成损失，应当承担赔偿责任的答覆，1996 年 4 月 19 日，所依据的《国家工商行政管理局关于经济合同鉴证的暂行规定》和《合同鉴证办法》均已废止，答覆不再适用。

398. 最高人民法院关于当事人对已经发生法律效力的判决、裁定申请再审是否必须提交审判委员会讨论决定立案问题的复函，1996 年 4 月 24 日，法函 [1996] 68 号。废止理由：已被民事诉讼法代替。

399. 最高人民法院关于几种案件诉讼收费问题的复函，1996 年 4 月 25 日，法函 [1996] 70 号。废止理由：已被《诉讼费用交纳办法》代替。

400. 最高人民法院关于印发《人民法院赔偿委员会审理赔偿案件程序的暂行规定》的通知，1996 年 5 月 6 日，法发 [1996] 14 号。废止理由：已被《最高人民法院关于人民法院赔偿委员会审理国家赔偿案件程序的规定》代替。

401. 最高人民法院关于认真贯彻实施《农业法》加强涉农案件审判工作的通知，1996 年 5 月 20 日，法发 [1996] 18 号。废止理由：社会形势发生变化，不再适用。

402. 最高人民法院关于对甘肃省各级人民法院第一审经济纠纷案件级别管辖规定请示的复函，1996 年 5 月 22 日，法函 [1996] 84 号。废止理由：已被《最高人民法院关于调整高级人民法院和中级人民法院管辖第一审民商事案件标准的通知》代替。

406. 最高人民法院关于进一步加强对生产、销售伪劣种子、化肥等纠纷案件审理的通知，1996 年 7 月 12 日，法发 [1996] 22 号。废止理由：刑法及相关司法解释已有明确规定。

409. 最高人民法院关于检察机关对先予执行的民事裁定提出抗诉人民法院应当如何审理的批复，1996 年 8 月 8 日，法复 [1996] 13 号。废止理由：已被民事诉讼法代替。

410. 最高人民法院关于在破产程序中当事人或人民检察院对人民法院作出的债权人优先受偿的裁定申请再审或抗诉应如何处理问题的批复，1996 年 8 月 13 日，法复 [1996] 14 号。废止理由：已被民事诉讼法代替。

411. 最高人民法院行政审判庭关于贯彻最高人民法院法发 [1996] 12 号文件，做好非诉行政执行案件的审查工作的通知，1996 年 9 月 2 日，[1996] 法行字第 12 号。废止理由：已被《最高人民法院关于执行〈中华人民共和国行政诉讼法〉若干问题的解释》代替。

412. 最高人民法院关于在确定经济纠纷案件管辖中如何确定购销合同履行地的规定，1996 年 9 月 12 日，法发 [1996] 28 号。废止理由：与民事诉讼法规定相冲突。

413. 最高人民法院行政审判庭关于中央直属火电厂的循环冷却水是否征收水资源费的答复意见，1996 年 10 月 9 日，［1996］法行字第 13 号。废止理由：与水法规定相冲突。

414. 最高人民法院关于当事人就案件级别管辖权向上级法院提出异议上级法院发函通知移送，而下级法院拒不移送，也不作出实体判决应如何处理问题的复函，1996 年 10 月 9 日，法函［1996］150 号。废止理由：已被《最高人民法院关于审理民事级别管辖异议案件若干问题的规定》代替。

415. 最高人民法院关于人民法院审理企业破产案件若干问题的紧急通知，1996 年 11 月 15 日，情况已变化，实际已失效。

416. 最高人民法院关于长城万事达信用卡透支利息不应计算复利的批复，1996 年 11 月 29 日，法复［1996］18 号。废止理由：依据的行政规章已失效，批复不再适用。

417. 最高人民法院关于齐鲁制药厂诉美国安泰国际贸易公司合资合同纠纷一案中仲裁条款效力问题的答复，1996 年 12 月 12 日，法函［1996］176 号。废止理由：与《最高人民法院关于适用〈中华人民共和国仲裁法〉若干问题的解释》相冲突。

418. 最高人民法院关于涉蒙经济合同未直接约定仲裁条款如何认定案件管辖权的复函，1996 年 12 月 14 日，法函［1996］177 号。废止理由：已被《最高人民法院关于适用〈中华人民共和国仲裁法〉若干问题的解释》代替。

420. 最高人民法院关于证券经营机构之间以及证券经营机构与证券交易场所之间因股票发行或者交易引起的争议人民法院能否受理的复函，1996 年 12 月 18 日，法函［1996］180 号。废止理由：已被仲裁法代替。

422. 最高人民法院知识产权审判庭关于不属于外观设计专利的保护对象，但又授予外观设计专利的产品是否保护的请示的答复，1997 年 2 月 17 日。废止理由：已被专利法以及《最高人民法院关于审理侵犯专利权纠纷案件应用法律若干问题的解释》代替。

423. 最高人民法院关于当前人民法院审理企业破产案件应当注意的几个问题的通知，1997 年 3 月 6 日，法发［1997］2 号。废止理由：情况已变化，实际已失效。

424. 最高人民法院关于公安部规章和国务院行政法规如何适用问题的复函，1997 年 3 月 7 日，［1996］法行字第 19 号。废止理由：原依据的《道路交通事故处理办法》已废止，复函不再适用。

425. 最高人民法院行政审判庭关于对云南省高级人民法院适用公安部《交通管理处罚程序补充规定》法律效力的请示的答复，1997 年 4 月 10 日，［1997］法行字第 7 号。废止理由：原依据的《交通管理处罚程序补充规定》已废止，答复不再适用。

427. 最高人民法院关于涉及中银信托投资公司案件的诉讼时效问题的通知，1997 年 6 月 7 日，法明传［1997］202 号。废止理由：社会形势发生变化，不再适用。

428. 最高人民法院关于调整部分高级人民法院一审经济纠纷案件争议金额管辖标准的通知，1997 年 6 月 9 日，法发［1997］14 号。废止理由：已被《最高人民法院关于调整高级人民法院和中级人民法院管辖第一审民商事案件标准的通知》代替。

429. 最高人民法院关于对北京市高级人民法院有关案件级别管辖规定的请示的答复，1997 年 6 月 13 日，法函［1997］79 号。废止理由：已被《最高人民法院关于调整高级人民法院和中级人民法院管辖第一审民商事案件标准的通知》代替。

最高人民法院（第 10 批）

【法释［2013］7 号】　最高人民法院关于废止 1997 年 7 月 1 日至 2011 年 12 月 31 日期间发布的部分司法解释和司法解释性质文件（第 10 批）的决定（2013 年 2 月 18 日最高法审委会［1569 次］通过，2013 年 2 月 26 日发布，2013 年 4 月 8 日起施行）

4. 最高人民法院关于公路运输和航空运输案件受理问题的通知，1997 年 11 月 12 日，法发［1997］26 号。废止理由：情况已变化，实际已失效。

5. 最高人民法院关于电话费逾期未交违约金如何计算问题的复函，1998 年 1 月 12 日。废止理由：已被《最高人民法院关于修改〈最高人民法院关于逾期付款违约金应当按照何种标准计算问题的批复〉的批复》代替。

8. 最高人民法院关于发回重审后原审时未上诉一方当事人提出上诉应否交纳案件受理费问题的批复 1998 年 4 月 23 日，法［1998］41 号。废止理由：已被《诉讼费用交纳办法》代替。

13. 最高人民法院行政审判庭关于拆迁强制执行的有关问题的答复意见，1999 年 2 月 14 日，［1998］行他字第 13 号。废止理由：情况已变化，实际已失效。

15. 最高人民法院关于各高级人民法院受理第一审民事、经济纠纷案件问题的通知，1999 年 4 月 9 日，法发［1999］11 号。废止理由：已被《最高人民法院关于调整高级人民法院和中级人民法院管辖第一审民商事案件标准的通知》代替。

16. 最高人民法院批准各高级人民法院辖区内各级人民法院受理第一审民事、

经济纠纷案件级别管辖标准①, 1999 年 8 月 1 日。废止理由：已被《最高人民法院关于调整高级人民法院和中级人民法院管辖第一审民商事案件标准的通知》代替。

17. 最高人民法院关于我国仲裁机构作出的仲裁裁决能否部分撤销问题的批复, 1999 年 8 月 25 日, 法释〔1999〕16 号。废止理由：已被《最高人民法院关于适用〈中华人民共和国仲裁法〉若干问题的解释》代替。

18. 最高人民法院关于严格诉讼费用管理的通知, 1999 年 9 月 20 日, 法〔1999〕191 号。废止理由：已被《诉讼费用交纳办法》代替。

19. 最高人民法院行政审判庭关于人民法院在审理药品管理行政案件中, 涉及行使药品监督职权时应当适用《药品管理法》的有关规定的答复, 1999 年 12 月 8 日,〔1999〕行他字第 23 号。废止理由：情况已变化, 实际已失效。

23. 最高人民法院关于在享受本人工龄和已死亡配偶生前工龄优惠后所购公房是否属夫妻共同财产的函的复函, 2000 年 2 月 17 日,〔2000〕法民字第 4 号。废止理由：与现行房改政策不一致。

24. 最高人民法院关于加强和改进委托执行工作的若干规定, 2000 年 3 月 8 日, 法释〔2000〕9 号。废止理由：已被《最高人民法院关于委托执行若干问题的规定》代替。

26. 最高人民法院关于跨省、自治区、直辖市委托执行工作有关问题的通知, 2000 年 5 月 12 日, 法〔2000〕54 号。废止理由：已被《最高人民法院关于委托执行若干问题的规定》代替。

27. 最高人民法院研究室关于参与过第二审程序审理的审判人员在该案又进入第二审程序时是否应当回避问题的答复, 2000 年 6 月 1 日, 法研〔2000〕38 号。废止理由：已被《最高人民法院关于审判人员在诉讼活动中执行回避制度若干问题的规定》代替。

28. 最高人民法院关于执行《关于审判人员严格执行回避制度的若干规定》时间效力问题的通知, 2000 年 6 月 15 日, 法〔2000〕94 号。废止理由：已被《最高人民法院关于审判人员在诉讼活动中执行回避制度若干问题的规定》废止。

29. 最高人民法院关于适用《关于审判人员严格执行回避制度的若干规定》第 4 条有关问题的答复 2000 年 6 月 20 日, 法〔2000〕95 号。废止理由：依据已被废止, 不再适用。

---

① 注：本标准似为 1999 年 4 月 9 日 "法发〔1999〕11 号"《通知》的附件（本书未查得正式出处）, 其原标题为《经最高人民法院批准……标准》, 因而没有独立文号。本处标明之日期 1999 年 8 月 1 日, 或为 "法发〔1999〕11 号"《通知》的实际印发日期。若读者悉晓原件, 盼不吝分享。

30. 最高人民法院关于企业被人民法院依法宣告破产后在破产程序终结前经人民法院允许从事经营活动所签合同是否有效问题的批复，2000 年 12 月 1 日，法释〔2000〕43 号。废止理由：与企业破产法规定相冲突。

31. 最高人民法院办公厅关于对合同标的为外币的案件在收取诉讼费用时不得收取外币等问题的通知，2000 年 12 月 25 日，法办〔2000〕326 号。废止理由：已被《诉讼费用交纳办法》代替。

32. 最高人民法院关于审理触电人身损害赔偿案件若干问题的解释，2001 年 1 月 10 日，法释〔2001〕3 号。废止理由：与《最高人民法院关于审理人身损害赔偿案件适用法律若干问题的解释》相冲突。

34. 最高人民法院关于工伤认定法律适用的请示的答复，2001 年 6 月 15 日，法行〔2000〕26 号。废止理由：情况已变化，实际已失效。

35. 最高人民法院关于军事法院试行审理军内民事案件问题的复函，2001 年 6 月 26 日，法函〔2001〕33 号。废止理由：已被《最高人民法院关于军事法院管辖民事案件若干问题的规定》代替。

37. 最高人民法院关于涉证券民事赔偿案件暂不予受理的通知，2001 年 9 月 21 日，法明传〔2001〕406 号。废止理由：已被《最高人民法院关于审理证券市场因虚假陈述引发的民事赔偿案件的若干规定》代替。

41. 最高人民法院行政审判庭关于对如何适用《城市房屋拆迁管理条例》第 15 条规定的答复，2001 年 12 月 29 日，〔2001〕行他字第 12 号。废止理由：情况已变化，实际已失效。

42. 最高人民法院关于严格执行高级人民法院受理第一审民商事纠纷案件级别管辖标准问题的通知，2002 年 2 月 1 日，法〔2002〕23 号。废止理由：已被《最高人民法院关于调整高级人民法院和中级人民法院管辖第一审民商事案件标准的通知》代替。

45. 最高人民法院关于企业离退休人员的养老保险统筹金应当列入破产财产分配方案问题的批复，2002 年 4 月 18 日，法释〔2002〕12 号。废止理由：已被企业破产法代替。

46. 最高人民法院关于国内船员劳务合同纠纷案件是否应劳动仲裁前置的请示的复函，2002 年 6 月 10 日，〔2002〕民四他字第 16 号。废止理由：已被《最高人民法院关于适用〈中华人民共和国海事诉讼特别程序法〉若干问题的解释》代替。

48. 最高人民法院关于苏州龙宝生物工程实业公司与苏州朗力福保健品有限公司请求确认不侵犯专利权纠纷案的批复，2002 年 7 月 12 日，〔2001〕民三他字第 4 号。废止理由：已被《最高人民法院关于审理侵犯专利权纠纷案件应用法律若干问题的解释》代替。

50. 最高人民法院关于参照《医疗事故处理条例》审理医疗纠纷民事案件的通知，2003年1月6日，法〔2003〕20号。废止理由：与侵权责任法等法律规定相冲突。

52. 最高人民法院关于土地转让方未按规定完成土地的开发投资即签订土地使用权转让合同的效力问题的答复，2003年6月9日，法函〔2003〕34号。废止理由：与物权法关于不动产转让合同效力的规定相冲突。

53. 最高人民法院关于在防治传染性非典型肺炎期间依法做好人民法院相关审判、执行工作的通知，2003年6月11日，法〔2003〕72号。废止理由：情况已变化，实际已失效。

54. 最高人民法院关于江苏省高级人民法院《关于提高诉讼费收费标准的请示》的答复，2003年8月6日，法〔2003〕136号。废止理由：已被《诉讼费用交纳办法》代替。

55. 最高人民法院关于道路运输市场管理的地方性法规与部门规章规定不一致的法律适用问题的答复，2003年8月15日，〔2003〕行他字第4号。废止理由：情况已变化，实际已失效。

57. 最高人民法院关于离婚后财产纠纷案件收费标准的请示的复函，2003年9月10日，〔2003〕民立他字第10号。废止理由：已被《诉讼费用交纳办法》代替。

59. 最高人民法院审判监督庭印发《关于审理民事、行政抗诉案件几个具体程序问题的意见》的通知，2003年10月15日，法审〔2003〕11号。废止理由：已被《最高人民法院关于适用〈中华人民共和国民事诉讼法〉审判监督程序若干问题的解释》代替。

61. 最高人民法院关于可否将航道养护费的缴付请求列入船舶优先权问题的批复，2003年12月8日，法释〔2003〕18号。废止理由：调整对象已消失，实际已失效。

62. 最高人民法院关于诉前责令停止侵犯专利权、商标权、著作权行为案件编号和收取案件受理费问题的批复，2004年2月16日，法〔2004〕17号。废止理由：已被《诉讼费用缴纳办法》代替。

63. 最高人民法院关于未经消防验收合格而订立的房屋租赁合同如何认定其效力的函复，2004年3月4日，〔2003〕民一他字第11号。废止理由：与《最高人民法院关于审理城镇房屋租赁合同纠纷案件具体应用法律问题的解释》规定相冲突。

64. 最高人民法院关于审理人民法院国家赔偿确认案件若干问题的规定（试行），2004年8月10日，法释〔2004〕10号。废止理由：与《全国人民代表大会常务委员会关于修改〈中华人民共和国国家赔偿法〉的决定》相冲突。

65. 最高人民法院关于贯彻执行《关于审理人民法院国家赔偿确认案件若干问题的规定（试行）》的通知，2004 年 8 月 16 日，法发〔2004〕19 号。废止理由：与《全国人民代表大会常务委员会关于修改〈中华人民共和国国家赔偿法〉的决定》相冲突。

66. 最高人民法院关于对江苏省高级人民法院《关于江苏振泰机械织造公司与泰兴市同心纺织机械有限公司侵犯商标专用权、企业名称权纠纷一案的请示报告》的复函，2005 年 2 月 17 日，〔2004〕民三他字第 10 号。废止理由：已被《最高人民法院关于审理注册商标、企业名称与在先权利冲突的民事纠纷案件若干问题的规定》代替。

67. 最高人民法院关于印发《关于证券监督管理机构申请人民法院冻结资金账户、证券账户的若干规定》①的通知②，2005 年 4 月 29 日，法〔2005〕55 号。废止理由：通知内容已被证券法、行政强制法代替③。

68. 最高人民法院关于证券监督管理机构申请人民法院冻结资金帐户、证券帐户的若干规定，2005 年 4 月 29 日，法释〔2005〕2 号。废止理由：已被证券法、行政强制法代替。

69. 最高人民法院对《山东省高级人民法院关于济宁之窗信息有限公司网络链接行为是否侵犯录音制品制作者权、信息网络传播权及赔偿数额如何计算问题的请示》的答复，2005 年 6 月 2 日，〔2005〕民三他字第 2 号。废止理由：与侵权责任法规定相冲突。

70. 最高人民法院关于贯彻落实《全国人民代表大会常务委员会关于司法鉴定管理问题的决定》做好过渡期相关工作的通知，2005 年 7 月 14 日，法发〔2005〕12 号。废止理由：社会形势发生变化，不再适用。

71. 最高人民法院行政审判庭关于《中华人民共和国水法》第 48 条如何适用

---

① 注：《规定》的文号为"法释〔2005〕2 号"，2005 年 1 月 18 日最高法审委会〔1341 次〕通过，2005 年 4 月 29 日公告，2005 年 5 月 1 日起施行。

② 本通知（法〔2005〕55 号，与"法释〔2005〕2 号"《规定》是两份不同的文件）的内容为：一、关于人民法院内部分工。人民法院，收到证券监督管理机构冻结资金帐户、证券帐户的申请，由立案庭登记后及时移交行政审判庭审查，由行政审判庭作出是否受理的裁定。人民法院裁定冻结资金帐户、证券帐户的，由行政审判庭执行。二、关于费用的收取。人民法院受理申请冻结资金帐户、证券帐户案件，每件收取 1 万元以下受理费。冻结期满后需要继续冻结的，不再收取受理费。采取冻结措施的实际费用由申请人承担。

③ 注：为配合《规定》与《通知》的施行，中国证监会 2005 年 9 月 27 日印发的《关于做好申请人民法院冻结资金账户、证券账户工作的指导意见》（证监法律字〔2005〕8 号）早已于 2009 年 4 月 10 日被证监会《关于废止部分证券期货规章的决定（第 8 批）》（公告〔2009〕8 号）废止。

问题的电话答复，2005 年 8 月 12 日。废止理由：情况已变化，实际已失效。

72. 最高人民法院行政审判庭关于如何适用《工伤保险条例》第 53 条有关问题的答复，2005 年 8 月 15 日，[2005] 行他字第 19 号。废止理由：与工伤保险条例规定相冲突。

73. 最高人民法院行政审判庭关于农村集体土地征用后地上房屋拆迁补偿有关问题的答复，2005 年 10 月 12 日，法 [2005] 行他字第 5 号。废止理由：情况已变化，实际已失效。

76. 最高人民法院关于审理涉外民事或商事合同纠纷案件法律适用若干问题的规定，2007 年 7 月 23 日，法释 [2007] 14 号。废止理由：与涉外民事关系法律适用法相冲突。

77. 最高人民法院关于印发《民事案件案由规定》的通知，2008 年 2 月 4 日，法发 [2008] 11 号。废止理由：已被《最高人民法院关于修改〈民事案件案由规定〉的决定》代替。

78. 最高人民法院关于原审人民法院在民事诉讼法修改决定施行前已经受理施行后尚未办结的申请再审案件应如何处理的通知，2008 年 11 月 25 日，法 [2008] 320 号。废止理由：通知已过时效。

79. 最高人民法院、中央社会治安综合治理委员会办公室关于印发《2009 年省、自治区、直辖市法院执行工作纳入社会治安综合治理目标责任考核办法》的通知，2010 年 1 月 4 日，法发 [2010] 2 号。废止理由：通知已过时效。

最高人民法院（第 11 批）

【法释 [2015] 2 号】 **最高人民法院关于废止部分司法解释和司法解释性质文件（第 11 批）的决定**（2014 年 12 月 30 日最高法审委会 [1639 次] 通过，2015 年 1 月 12 日公布，2015 年 1 月 19 日起施行）

3. 最高人民法院关于审理刑事附带民事诉讼案件有关问题的批复①，2000 年

---

① 《最高人民法院关于审理刑事附带民事诉讼案件有关问题的批复》（法释 [2000] 40 号）由 2000 年 11 月 20 日最高法审委会 [1142 次] 通过，2000 年 12 月 1 日答复吉林省高级人民法院"吉高法 [2000] 46 号"请示，2000 年 12 月 9 日起施行。内容如下：

第二审人民法院审理对附带民事诉讼部分提出上诉的案件，原告一方要求增加赔偿数额，第二审人民法院可以依法进行调解。调解未达成协议或者调解书送达前一方反悔的，第二审人民法院应当依照刑事诉讼法、民事诉讼法的有关规定作出判决或者裁定。

根据《最高人民法院关于执行〈中华人民共和国刑事诉讼法〉若干问题的解释》第 100 条的规定，对于附带民事诉讼当事人提出先予执行申请的，人民法院应当依照民事诉讼法的有关规定，裁定先予执行或者驳回申请。

12 月 1 日，法释［2000］40 号。废止理由：已被《最高人民法院关于适用〈中华人民共和国刑事诉讼法〉的解释》修改。

4. 最高人民法院关于刑事附带民事诉讼范围问题的规定，2000 年 12 月 13 日，法释［2000］47 号。废止理由：已被《最高人民法院关于适用〈中华人民共和国刑事诉讼法〉的解释》及其相关规定修改。

6. 最高人民法院关于人民法院是否受理刑事案件被害人提起精神损害赔偿民事诉讼问题的批复，2002 年 7 月 15 日，法释［2002］17 号。废止理由：已被《最高人民法院关于适用〈中华人民共和国刑事诉讼法〉的解释》的相关内容代替。

最高人民法院（第 12 批）

【法释［2017］17 号】　最高人民法院关于废止部分司法解释和司法解释性质文件（第 12 批）的决定（2017 年 5 月 8 日最高法审委会［1716 次］通过，2017 年 9 月 22 日公布，2017 年 10 月 1 日起施行）

4. 最高人民法院行政审判庭关于对雇工引起草原火灾的，可否追究雇主的连带经济责任的答复，1998 年 7 月 7 日，［1998］法行字第 4 号。废止理由：其解释的《草原防火条例》相关内容已修改、答复不再适用。

10. 最高人民法院行政审判庭关于胡家兴与胡家华土地权属纠纷申诉案的请示报告的答复，2000 年 1 月 24 日，行他［1999］10 号。废止理由：已被《最高人民法院关于执行〈中华人民共和国行政诉讼法〉若干问题的解释》吸收。

13. 最高人民法院行政审判庭关于《外商投资企业清算办法》适用中有关清算问题请示的答复，2003 年 12 月 31 日，［2003］行他字第 23 号。废止理由：已被《中华人民共和国公司法》的相关内容代替。

15. 最高人民法院关于车辆挂靠其他单位经营车辆实际所有人聘用的司机工作中伤亡能否认定为工伤问题的答复，2007 年 12 月 3 日，［2006］行他字第 17 号。废止理由：已被《最高人民法院关于审理工伤保险行政案件若干问题的规定》吸收。

最高人民法院（第 13 批）

【法释［2019］11 号】　最高人民法院关于废止部分司法解释（第 13 批）的决定（2019 年 5 月 13 日最高法审委会［1768 次］通过，2019 年 7 月 8 日公布，2019 年 7 月 20 日起施行）

1. 最高人民法院关于判决书的原本、正本、抄本如何区别问题的批复，1957年9月13日。废止理由：社会形势发生变化，不再适用。

2. 最高人民法院信访处接待来访工作细则，1980年6月20日。废止理由：最高人民法院信访处已取消，实际已失效。

3. 最高人民法院关于试行法院诉讼文书样式的通知，1992年6月20日，法发〔1992〕18号。废止理由：已被《最高人民法院关于印发〈法院刑事诉讼文书样式〉（样本）的通知》《行政诉讼文书样式（试行）》《最高人民法院关于印发〈人民法院民事裁判文书制作规范〉〈民事诉讼文书样式〉的通知》代替。

4. 最高人民法院关于《法院诉讼文书样式（试行）》若干问题的解答，1993年4月21日，法办发〔1993〕3号。废止理由：已被《最高人民法院关于印发〈法院刑事诉讼文书样式〉（样本）的通知》《行政诉讼文书样式（试行）》《最高人民法院关于印发〈人民法院民事裁判文书制作规范〉〈民事诉讼文书样式〉的通知》代替。

5. 最高人民法院关于充分发挥审判职能作用，保障和促进全民所有制工业企业转换经营机制的通知，1993年8月6日，法发〔1993〕13号。废止理由：社会形势发生变化，不再适用。

6. 最高人民法院印发《关于人民法院立案工作的暂行规定》的通知 附：最高人民法院关于人民法院立案工作的暂行规定，1997年4月21日，法发〔1997〕7号。废止理由：已被《最高人民法院关于人民法院登记立案若干问题的规定》代替。

7. 最高人民法院关于承认和执行外国仲裁裁决收费及审查期限问题的规定，1998年11月14日，法释〔1998〕28号。废止理由：民事诉讼法、《诉讼费用交纳办法》已规定。

8. 最高人民法院关于人民法院在互联网公布裁判文书的规定，2013年11月21日，法释〔2013〕26号。废止理由：已被《最高人民法院关于人民法院在互联网公布裁判文书的规定》代替。

9. 最高人民法院关于人民法院大力支持税收征管工作的通知，1989年11月4日，法（行）发〔1989〕31号。废止理由：与刑事诉讼法、行政诉讼法冲突。

10. 最高人民法院关于人民法院审理行政案件对缺乏法律和法规依据的规章的规定应如何参照问题的答复，1994年1月13日，法行复字〔1993〕第5号。废止理由：依据已被《公路安全保护条例》废止，不再适用。

22. 最高人民法院关于印发《最高人民法院审判委员会工作规则》的通知 附：最高人民法院审判委员会工作规则，1993年9月11日，法发〔1993〕23号。废止理由：已被《最高人民法院关于印发〈关于改革和完善人民法院审判委员会制度的实施意见〉的通知》代替。

23. 最高人民法院关于人民法院相互办理委托事项的规定，1993 年 9 月 25 日，法发〔1993〕26 号。废止理由：已被《最高人民法院关于适用〈中华人民共和国民事诉讼法〉的解释》代替。

24. 最高人民法院关于印发《中华人民共和国人民法院法庭规则》的通知附：中华人民共和国人民法院法庭规则，1993 年 12 月 1 日，法发〔1993〕40 号。废止理由：已被《最高人民法院关于修改〈中华人民共和国人民法院法庭规则〉的决定》修正。

26. 最高人民法院关于对医疗事故争议案件人民法院应否受理的复函，1989 年 10 月 10 日，法（行）函〔1989〕63 号。废止理由：依据已被废止，不再适用。

51. 最高人民法院关于贯彻执行民事政策法律若干问题的意见，1984 年 8 月 30 日。废止理由：社会形势发生变化，不再适用。

52. 最高人民法院关于确认和处理无效经济合同适用何种法律文书问题的批复，1990 年 1 月 20 日，法（经）复〔1990〕2 号。废止理由：社会形势发生变化，不再适用。

53. 最高人民法院关于对注册资金投入未达到法规规定最低限额的企业法人签订的经济合同效力如何确认问题的批复，1997 年 2 月 25 日，法复〔1997〕2 号。废止理由：与公司法冲突。

54. 最高人民法院关于依据何种标准计算电话费滞纳金问题的批复，1998 年 12 月 29 日，法释〔1998〕31 号。废止理由：依据已被废止，不再适用。

55. 最高人民法院关于如何确认公民与企业之间借贷行为效力问题的批复，1999 年 12 月 29 日，法释〔1999〕19 号。废止理由：已被《最高人民法院关于审理民间借贷案件适用法律若干问题的规定》代替。

56. 最高人民法院关于国家机关能否作经济合同的保证人及担保条款无效时经济合同是否有效问题的批复，1988 年 10 月 4 日，法（研）复〔1988〕39 号。废止理由：合同法、担保法已规定。

57. 最高人民法院关于适用婚姻法问题的通知，1981 年 2 月 21 日，〔81〕法民字第 4 号。废止理由：社会形势发生变化，不再适用。

58. 最高人民法院关于对适用婚姻法问题的通知的请示的复函，1981 年 4 月 13 日，〔81〕法民字第 5 号。废止理由：社会形势发生变化，不再适用。

59. 最高人民法院关于债务人有多个债权人而将其全部财产抵押给其中一个债权人是否有效问题的批复，1994 年 3 月 26 日，法复〔1994〕2 号。废止理由：与合同法、物权法冲突。

60. 最高人民法院关于胡拴毛诉梁宝堂索要信息费一案的复函，1990 年 11 月 19 日，[1990] 民他字第 31 号。废止理由：依据已被废止，不再适用。

61. 最高人民法院关于如何确定借款合同履行地问题的批复，1993 年 11 月 17 日，法复 [1993] 10 号。废止理由：已被《最高人民法院关于审理民间借贷案件适用法律若干问题的规定》代替。

62. 最高人民法院关于企业相互借贷的合同出借方尚未取得约定利息人民法院应当如何裁决问题的解答，1996 年 3 月 25 日，法复 [1996] 2 号。废止理由：与《最高人民法院关于审理民间借贷案件适用法律若干问题的规定》冲突。

63. 最高人民法院关于购销合同履行地的特殊约定问题的批复，1990 年 8 月 19 日，法（经）复 [1990] 11 号。废止理由：依据已被废止，不再适用。

64. 最高人民法院关于同意指定青岛市中级人民法院为审理专利纠纷案件第一审法院问题的批复，1988 年 5 月 14 日，法（经）复 [1988] 22 号。废止理由：已被《最高人民法院关于同意杭州市、宁波市、合肥市、福州市、济南市、青岛市中级人民法院内设专门审判机构并跨区域管辖部分知识产权案件的批复》代替。

65. 最高人民法院关于在经济审判工作中严格执行《中华人民共和国民事诉讼法》的若干规定，1994 年 12 月 22 日，法发 [1994] 29。废止理由：已被《最高人民法院关于适用〈中华人民共和国民事诉讼法〉的解释》代替。

66. 最高人民法院关于民事经济审判方式改革问题的若干规定，1998 年 7 月 6 日，法释 [1998] 14 号。废止理由：已被《最高人民法院关于适用〈中华人民共和国民事诉讼法〉的解释》代替。

67. 最高人民法院关于湖南省供销社等单位与省肉食水产公司房屋纠纷一案应否受理的复函，1990 年 3 月 6 日，[89] 民监字第 600 号。废止理由：已被《最高人民法院关于适用〈中华人民共和国民事诉讼法〉的解释》代替。

68. 最高人民法院关于民事诉讼当事人因证据不足撤诉后在诉讼时效内再次起诉人民法院应否受理问题的批复，1990 年 3 月 10 日，法（民）复 [1990] 3 号。废止理由：已被《最高人民法院关于适用〈中华人民共和国民事诉讼法〉的解释》代替。

69. 最高人民法院关于当事人对医疗事故鉴定结论有异议又不申请重新鉴定而以要求医疗单位赔偿经济损失为由向人民法院起诉的案件应否受理问题的复函，1990 年 11 月 7 日，[1990] 民他字第 44 号。废止理由：依据已失效，民事诉讼法已规定。

70. 最高人民法院关于企业经营者依企业承包经营合同要求保护其合法权益的起诉人民法院应受理的批复，1991 年 8 月 13 日，法（经）复 [1991] 4 号。

废止理由：已被《最高人民法院关于适用〈中华人民共和国民事诉讼法〉的解释》代替。

71. 最高人民法院关于广东省高要县百货公司南岸批发部和高要县百货公司诉广西壮族自治区凤凰华侨农工商服务公司柳州办事处和湖南省工矿民族贸易公司购销青苎麻合同货款纠纷案与湖南省工矿民族贸易公司诉湖南省工商行政管理局行政处理决定案重复受理应如何处理的复函，1993年5月22日，法经〔1993〕85号。废止理由：社会形势发生变化，不再适用。

72. 最高人民法院关于受理房屋拆迁、补偿、安置等案件问题的批复，1996年7月24日，法复〔1996〕12号。废止理由：行政诉讼法和《国有土地上房屋征收与补偿条例》已规定。

73. 最高人民法院关于人民检察院对民事调解书提出抗诉人民法院应否受理问题的批复，1999年2月9日，法释〔1999〕4号。废止理由：民事诉讼法已规定。

74. 最高人民法院关于人民法院是否受理因邮电部门电报稽延纠纷提起诉讼问题的批复，1999年6月9日，法释〔1999〕11号。废止理由：已被《最高人民法院关于人民法院登记立案若干问题的规定》代替。

75. 最高人民法院关于合同转让后如何确定合同签订地的批复，1986年10月30日，法(经)复〔1986〕30号。废止理由：依据已失效，且已被《最高人民法院关于适用〈中华人民共和国民事诉讼法〉的解释》代替。

76. 最高人民法院关于中国人民解放军和武警部队向地方开放的医疗单位发生的医疗赔偿纠纷由有管辖权的人民法院受理的复函，1990年6月4日，〔1990〕民他字第15号。废止理由：已被《最高人民法院关于适用〈中华人民共和国民事诉讼法〉的解释》和《最高人民法院关于军事法院管辖民事案件若干问题的规定》代替。

77. 最高人民法院关于合同双方当事人协议约定发生纠纷各自可向所在地人民法院起诉如何确定管辖问题的复函，1994年11月27日，法经〔1994〕307号。废止理由：民事诉讼法已规定。

78. 最高人民法院关于珠海市东兴房产综合开发公司与珠海经济特区侨辉房产公司、中国农村发展信托投资公司浙江办事处合作经营房地产合同纠纷案管辖问题的通知，1995年11月9日，法函〔1995〕143号。废止理由：已被《最高人民法院关于适用〈中华人民共和国民事诉讼法〉的解释》代替。

79. 最高人民法院关于当事人在合同中协议选择管辖法院问题的复函，1995年12月7日，法函〔1995〕157号。废止理由：与《最高人民法院关于适用〈中华人民共和国民事诉讼法〉的解释》冲突。

80. 最高人民法院关于适用法发［1996］28 号司法解释问题的批复，1998 年 2 月 13 日，法释［1998］3 号。废止理由：依据已失效，不再适用。

81. 最高人民法院关于对被监禁或被劳动教养的人提起的民事诉讼如何确定案件管辖问题的批复，2010 年 12 月 9 日，法释［2010］16 号。废止理由：民事诉讼法已规定。

82. 最高人民法院关于人民法院的审判人员可否担任民事案件当事人的委托代理人的批复，1984 年 1 月 11 日，［1983］民他字第 37 号。废止理由：已被《关于审判人员在诉讼活动中执行回避制度若干问题的规定》代替。

83. 最高人民法院关于双方不服政府对山林纠纷的处理决定向人民法院起诉应将谁列为被告问题的批复，1986 年 11 月 7 日，［86］民他字第 46 号。废止理由：社会形势发生变化，不再适用。

84. 最高人民法院关于经商检局检验出口的商品被退回应否将商检局列为经济合同质量纠纷案件当事人问题的批复，1998 年 6 月 23 日，法释［1998］12 号。废止理由：社会形势发生变化，不再适用。

85. 最高人民法院关于计算机软件著作权纠纷中外籍当事人应否委托中国律师代理诉讼问题的答复，1995 年 1 月 2 日，［1994］民他字第 29 号。废止理由：已被《最高人民法院关于适用〈中华人民共和国民事诉讼法〉的解释》代替。

86. 最高人民法院关于未经对方当事人同意私自录制其谈话取得的资料不能作为证据使用的批复，1995 年 3 月 6 日，法复［1995］2 号。废止理由：民事诉讼法已规定。

87. 最高人民法院关于印发《经济纠纷案件适用简易程序开庭审理的若干规定》的通知 附：经济纠纷案件适用简易程序开庭审理的若干规定，1993 年 11 月 16 日，法发［1993］35 号。废止理由：已被《最高人民法院关于适用〈中华人民共和国民事诉讼法〉的解释》代替。

88. 最高人民法院关于印发《第一审经济纠纷案件适用普通程序开庭审理的若干规定》的通知 附：第一审经济纠纷案件适用普通程序开庭审理的若干规定，1993 年 11 月 16 日，法发［1993］34 号。废止理由：已被《最高人民法院关于适用〈中华人民共和国民事诉讼法〉的解释》代替。

89. 最高人民法院关于民事调解书确有错误当事人没有申请再审的案件人民法院可否再审问题的批复，1993 年 3 月 8 日，［1993］民他字第 1 号。废止理由：民事诉讼法已规定。

90. 最高人民法院关于民事损害赔偿案件当事人的再审申请超出原审诉讼请求人民法院是否应当再审问题的批复，2002 年 7 月 18 日，法释［2002］19 号。废止理由：已被《最高人民法院关于适用〈中华人民共和国民事诉讼法〉的解释》代替。

91. 最高人民法院关于人民法院对民事案件发回重审和指令再审有关问题的规定，2002 年 7 月 31 日，法释［2002］24 号。废止理由：已被《最高人民法院关于民事审判监督程序严格依法适用指令再审和发回重审若干问题的规定》代替。

92. 最高人民法院关于审理涉及人民调解协议的民事案件的若干规定，2002 年 9 月 16 日，法释［2002］29 号。废止理由：已被《最高人民法院关于人民调解协议司法确认程序的若干规定》代替。

93. 最高人民法院关于审判监督程序中，上级人民法院对下级人民法院已经发生法律效力的判决、裁定，何时裁定中止执行和中止执行的裁定由谁署名问题的批复，1985 年 7 月 9 日，法（民）复［1985］41 号。废止理由：已被《最高人民法院关于适用〈中华人民共和国民事诉讼法〉的解释》代替。

94. 最高人民法院关于在执行经济纠纷案件中严禁违法拘留人的通知，1992 年 8 月 29 日，法发［1992］25 号。废止理由：已被《最高人民法院关于人民法院执行工作若干问题的规定（试行）》《最高人民法院关于适用〈中华人民共和国民事诉讼法〉的解释》代替。

95. 最高人民法院关于坚决纠正和制止以扣押人质方式解决经济纠纷的通知，1994 年 10 月 28 日，法［1994］130 号。废止理由：已被《最高人民法院关于人民法院执行工作若干问题的规定（试行）》《最高人民法院关于适用〈中华人民共和国民事诉讼法〉的解释》代替。

97. 最高人民法院关于人民法院依法有权查询、冻结和扣划邮政储蓄存款问题的批复，1996 年 2 月 29 日，法复［1996］1 号。废止理由：依据已被修改，已被《最高人民法院关于适用〈中华人民共和国民事诉讼法〉的解释》代替。

98. 最高人民法院关于必须严格控制对被执行人采取拘捕措施的通知，1996 年 10 月 9 日，法［1996］96 号。废止理由：已被《最高人民法院关于人民法院执行工作若干问题的规定（试行）》《最高人民法院关于适用〈中华人民共和国民事诉讼法〉的解释》《最高人民法院关于审理拒不执行判决、裁定刑事案件适用法律若干问题的解释》代替。

99. 最高人民法院关于当事人对具有强制执行效力的公证债权文书的内容有争议提起诉讼人民法院是否受理问题的批复，2008 年 12 月 22 日，法释［2008］17 号。废止理由：已被《最高人民法院关于公证债权文书执行若干问题的规定》代替。

100. 最高人民法院关于中、日两国之间委托送达法律文书使用送达回证问题的通知，1982 年 10 月 12 日，［82］法研字第 11 号。废止理由：中国和日本均已经加入海牙送达公约，不再适用。

101. 最高人民法院关于中国留学生在留学期间如何在人民法院进行离婚诉讼问题的函，1989 年 6 月 3 日，法民〔89〕13 号。废止理由：民事诉讼法和婚姻法已规定。

102. 最高人民法院关于当事人对按自动撤回上诉处理的裁定不服申请再审人民法院应如何处理问题的批复，2002 年 7 月 19 日，法释〔2002〕20 号。废止理由：与《最高人民法院关于适用〈中华人民共和国民事诉讼法〉的解释》冲突。

103. 最高人民法院关于人民法院裁定撤销仲裁裁决或驳回当事人申请后当事人能否上诉问题的批复，1997 年 4 月 23 日，法复〔1997〕5 号。废止理由：已被《最高人民法院关于适用〈中华人民共和国民事诉讼法〉的解释》代替。

最高人民法院（2020 年）

【法释〔2020〕16 号】 最高人民法院关于废止部分司法解释及相关规范性文件的决定（2020 年 12 月 23 日最高法审委会〔1823 次〕通过，2020 年 12 月 29 日公布，2021 年 1 月 1 日起施行）

1. 最高人民法院关于人民法院司法统计工作的若干规定，1985 年 11 月 21 日。

2. 最高人民法院印发《处理涉台刑事申诉、民事案件座谈会纪要》的通知，1988 年 8 月 5 日，法〔办〕发〔1988〕18 号。

附：处理涉台刑事申诉、民事案件座谈会纪要（节录），关于人民法院处理涉台民事案件的几个法律问题

3. 最高人民法院关于各级人民法院与港方签订有关法律事务协议的须先报经最高人民法院审查批准的通知，1988 年 8 月 25 日，高法明电〔1988〕62 号。

4. 最高人民法院关于学习宣传贯彻《中华人民共和国未成年人保护法》的通知，1991 年 12 月 24 日，法〔研〕发〔1991〕44 号。

5. 最高人民法院关于印发《法官考评委员会暂行组织办法》和《初任审判员助理审判员考试暂行办法》的通知，1996 年 6 月 26 日，法发〔1996〕20 号。

6. 最高人民法院关于适用《中华人民共和国民法总则》诉讼时效制度若干问题的解释，2018 年 7 月 18 日，法释〔2018〕12 号。

7. 最高人民法院印发《关于贯彻执行〈中华人民共和国民法通则〉若干问题的意见（试行）》的通知，1988 年 4 月 2 日，法（办）发〔1988〕6 号。

8. 最高人民法院关于适用《中华人民共和国物权法》若干问题的解释（一），2016 年 2 月 22 日，法释〔2016〕5 号。

9. 最高人民法院关于适用《中华人民共和国担保法》若干问题的解释，2000

年 12 月 8 日，法释 [2000] 44 号。

10. 最高人民法院关于国有工业企业以机器设备等财产为抵押物与债权人签订的抵押合同的效力问题的批复，2002 年 6 月 18 日，法释 [2002] 14 号。

11. 最高人民法院关于审理出口退税托管账户质押贷款案件有关问题的规定，2004 年 11 月 22 日，法释 [2004] 18 号。

12. 最高人民法院关于执行《民事政策法律若干问题的意见》中几个涉及房屋典当问题的函，1985 年 2 月 24 日，法 [民] 函 [1985] 8 号。

13. 最高人民法院关于典当房屋被视为绝卖以后确认产权程序问题的批复，1989 年 7 月 24 日，[1989] 法民字第 17 号。

14. 最高人民法院关于私房改造中典当双方都是被改造户的回赎案件应如何处理问题的批复，1990 年 7 月 25 日，法民 [1990] 6 号。

15. 最高人民法院关于会计师事务所为企业出具虚假验资证明应如何承担责任问题的批复，1998 年 6 月 26 日，法释 [1998] 13 号。

16. 最高人民法院关于适用《中华人民共和国合同法》若干问题的解释（一），1999 年 12 月 29 日，法释 [1999] 19 号。

17. 最高人民法院关于适用《中华人民共和国合同法》若干问题的解释（二），2009 年 4 月 24 日，法释 [2009] 5 号。

18. 最高人民法院关于单位负责人被追究刑事责任后单位应否承担返还其预收货款的责任问题的批复，1989 年 1 月 3 日，法 （经） 复 [1989] 1 号。

19. 最高人民法院关于逾期付款违约金应当按照何种标准计算问题的批复，1999 年 2 月 12 日，法释 [1999] 8 号。

20. 最高人民法院关于修改《最高人民法院关于逾期付款违约金应当按照何种标准计算问题的批复》的批复，2000 年 11 月 15 日，法释 [2000] 34 号。

21. 最高人民法院关于郑立本与青岛市建筑安装工程公司追索赔偿金纠纷一案的复函，1993 年 7 月 13 日，[1993] 民他字第 14 号。

附：山东省高级人民法院关于审理郑立本与青岛市建筑安装工程公司追索赔偿金纠纷一案的请示

22. 最高人民法院关于建设工程价款优先受偿权问题的批复，2002 年 6 月 20 日，法释 [2002] 16 号。

23. 最高人民法院关于审理建设工程施工合同纠纷案件适用法律问题的解释，2004 年 10 月 25 日，法释 [2004] 14 号。

24. 最高人民法院关于审理建设工程施工合同纠纷案件适用法律问题的解释（二），2018 年 12 月 29 日，法释 [2018] 20 号。

25. 最高人民法院关于银行、信用社扣划预付货款收贷应否退还问题的批复，

1994 年 3 月 9 日，法复〔1994〕1 号。

26. 最高人民法院关于乡政府与其他单位签订的联营协议效力问题的批复，1988 年 1 月 9 日，法（经）复〔1988〕3 号。

27. 最高人民法院关于印发《关于审理联营合同纠纷案件若干问题的解答》的通知，1990 年 11 月 12 日，法（经）发〔1990〕27 号。

28. 最高人民法院关于作为保证人的合伙组织被撤销后自行公告期限清理债权债务的，债权人在诉讼时效期间内有权要求合伙人承担保证责任问题的批复，1988 年 10 月 18 日，法（经）复〔1988〕46 号。

29. 最高人民法院关于审理经济合同纠纷案件有关保证的若干问题的规定，1994 年 4 月 15 日，法发〔1994〕8 号。

30. 最高人民法院关于因法院错判导致债权利息损失扩大保证人应否承担责任问题的批复，2000 年 8 月 8 日，法释〔2000〕24 号。

31. 最高人民法院关于涉及担保纠纷案件的司法解释的适用和保证责任方式认定问题的批复，2002 年 11 月 23 日，法释〔2002〕38 号。

32. 最高人民法院关于已承担保证责任的保证人向其他保证人行使追偿权问题的批复，2002 年 11 月 23 日，法释〔2002〕37 号。

33. 最高人民法院关于人民法院应当如何认定保证人在保证期间届满后又在催款通知书上签字问题的批复，2004 年 4 月 14 日，法释〔2004〕4 号。

34. 最高人民法院关于审理名誉权案件若干问题的解答，1993 年 8 月 7 日，法发〔1993〕15 号。

35. 最高人民法院关于审理名誉权案件若干问题的解释，1998 年 8 月 31 日，法释〔1998〕26 号。

36. 最高人民法院印发《关于人民法院审理离婚案件如何认定夫妻感情确已破裂的若干具体意见》《关于人民法院审理未办结婚登记而以夫妻名义同居生活案件的若干意见》的通知，1989 年 12 月 13 日，法〔民〕发〔1989〕38 号。

37. 最高人民法院关于人民法院审理离婚案件处理财产分割问题的若干具体意见，1993 年 11 月 3 日，法发〔1993〕32 号。

38. 最高人民法院关于人民法院审理离婚案件处理子女抚养问题的若干具体意见，1993 年 11 月 3 日，法发〔1993〕30 号。

39. 最高人民法院印发《关于审理离婚案件中公房使用、承租若干问题的解答》的通知，1996 年 2 月 5 日，法发〔1996〕4 号。

40. 最高人民法院关于适用《中华人民共和国婚姻法》若干问题的解释（一），2001 年 12 月 24 日，法释〔2001〕30 号。

41. 最高人民法院关于适用《中华人民共和国婚姻法》若干问题的解释

（二），2003 年 12 月 25 日，法释〔2003〕19 号。

42. 最高人民法院关于适用《中华人民共和国婚姻法》若干问题的解释（三），2011 年 8 月 9 日，法释〔2011〕18 号。

43. 最高人民法院关于适用《中华人民共和国婚姻法》若干问题的解释（二）的补充规定，2017 年 2 月 28 日，法释〔2017〕6 号。

44. 最高人民法院关于审理涉及夫妻债务纠纷案件适用法律有关问题的解释，2018 年 1 月 16 日，法释〔2018〕2 号。

45. 最高人民法院关于违反计划生育政策的超生子女可否列为职工的供养直系亲属等问题的复函，1990 年 8 月 13 日，〔1990〕法民字第 17 号。

附：劳动部保险福利司关于违反计划生育政策的超生子女可否列为职工的供养直系亲属等问题的征求意见函

46. 最高人民法院关于夫妻离婚后人工授精所生子女的法律地位如何确定的复函，1991 年 7 月 8 日〔1991〕民他字第 12 号。

附：河北省高级人民法院关于夫妻离婚后人工授精所生子女的法律地位如何确定的请示

47. 最高人民法院关于认真学习宣传和贯彻执行继承法的通知，1985 年 6 月 12 日，法（民）发〔1985〕13 号。

48. 最高人民法院关于贯彻执行《中华人民共和国继承法》若干问题的意见，1985 年 9 月 11 日，法（民）发〔1985〕22 号。

49. 最高人民法院关于保险金能否作为被保险人遗产的批复，1988 年 3 月 24 日，〔1987〕民他字第 52 号。

50. 最高人民法院关于被继承人死亡后没有法定继承人分享遗产人能否分得全部遗产的复函，1992 年 10 月 11 日，〔1992〕民他字第 25 号。

51. 最高人民法院关于如何处理农村五保对象遗产问题的批复，2000 年 7 月 25 日，法释〔2000〕23 号。

52. 最高人民法院关于刊登侵害他人名誉权小说的出版单位在作者已被判刑后还应否承担民事责任的复函，1992 年 8 月 14 日，〔1992〕民他字第 1 号。

53. 最高人民法院关于审理中外合资经营合同纠纷案件如何清算合资企业问题的批复，1998 年 1 月 15 日，法释〔1998〕1 号。

54. 最高人民法院关于审计（师）事务所执业审计师可以接受清算组的聘任参与企业破产清算的通知，1993 年 8 月 28 日，法〔1993〕72 号。

55. 最高人民法院关于对企业法人破产还债程序终结的裁定的抗诉应否受理问题的批复，1997 年 7 月 31 日，法释〔1997〕2 号。

56. 最高人民法院关于破产清算组在履行职责过程中违约或侵权等民事纠纷

案件诉讼管辖问题的批复，2004 年 6 月 21 日，法释〔2004〕5 号。

57. 最高人民法院关于信用社违反规定手续退汇给他人造成损失应承担民事责任问题的批复，1988 年 10 月 18 日，法（经）复〔1988〕45 号。

58. 最高人民法院关于出借银行账户的当事人是否承担民事责任问题的批复，1991 年 9 月 27 日，法（经）复〔1991〕5 号。

59. 最高人民法院经济审判庭关于代理发行企业债券的金融机构应否承担企业债券发行人债务责任问题的复函，1994 年 4 月 29 日，法经〔1994〕103 号。

60. 最高人民法院关于审理涉及金融资产管理公司收购、管理、处置国有银行不良贷款形成的资产的案件适用法律若干问题的规定，2001 年 4 月 11 日，法释〔2001〕12 号。

61. 最高人民法院关于如何确定证券回购合同履行地问题的批复，1996 年 7 月 4 日，法复〔1996〕9 号。

62. 最高人民法院关于审理劳动争议案件适用法律若干问题的解释，2001 年 4 月 16 日，法释〔2001〕14 号。

63. 最高人民法院关于审理劳动争议案件适用法律若干问题的解释（二），2006 年 8 月 14 日，法释〔2006〕6 号。

64. 最高人民法院关于审理劳动争议案件适用法律若干问题的解释（三），2010 年 9 月 13 日，法释〔2010〕12 号。

65. 最高人民法院关于审理劳动争议案件适用法律若干问题的解释（四），2013 年 1 月 18 日，法释〔2013〕4 号。

66. 最高人民法院关于银行工作人员未按规定办理储户挂失造成储户损失银行是否承担民事责任问题的批复，1990 年 9 月 11 日，法（民）复〔1990〕13 号。

67. 最高人民法院关于审理合伙型联营体和个人合伙对外债务纠纷案件应否一并确定合伙内部各方的债务份额的复函，1992 年 3 月 18 日，法函〔1992〕34 号。

68. 最高人民法院关于对私营客车保险期满后发生的车祸事故保险公司应否承担保险责任问题的请示的复函，1993 年 8 月 4 日，法经〔1993〕161 号。

69. 最高人民法院关于如何适用《中华人民共和国民法通则》第 134 条第 3 款的复函，1993 年 11 月 4 日。

70. 最高人民法院关于企业开办的其他企业被撤销或者歇业后民事责任承担问题的批复，1994 年 3 月 30 日，法复〔1994〕4 号。

71. 最高人民法院关于市政府经济技术协作委员会能否作为诉讼主体独立承担民事责任问题的复函，1996 年 1 月 8 日，法函〔1996〕9 号。

72. 最高人民法院关于银行以折角核对方法核对印鉴应否承担客户存款被骗取的民事责任问题的复函，1996 年 3 月 21 日，法函〔1996〕65 号。

73. 最高人民法院关于金融机构为行政机关批准办的公司提供注册资金验资报告不实应当承担责任问题的批复，1996 年 3 月 27 日，法复〔1996〕3 号。

74. 最高人民法院关于城市街道办事处是否应当独立承担民事责任的批复，1997 年 7 月 14 日，法释〔1997〕1 号。

75. 最高人民法院关于验资单位对多个案件债权人损失应如何承担责任的批复，1997 年 12 月 31 日，法释〔1997〕10 号。

76. 最高人民法院关于交通事故中的财产损失是否包括被损车辆停运损失问题的批复，1999 年 2 月 11 日，法释〔1999〕5 号。

77. 最高人民法院关于被盗机动车辆肇事后由谁承担损害赔偿责任问题的批复，1999 年 6 月 25 日，法释〔1999〕13 号。

78. 最高人民法院关于托运人主张货损货差而拒付运费应否支付滞纳金的答复，1992 年 2 月 12 日，法函〔1992〕16 号。

79. 最高人民法院对在审判工作中有关适用民法通则时效的几个问题的批复，1987 年 5 月 22 日，法（研）复〔1987〕18 号。

80. 最高人民法院关于企业或个人欠国家银行贷款逾期 2 年未还应当适用民法通则规定的诉讼时效问题的批复，1993 年 2 月 22 日，法复〔1993〕1 号。

81. 最高人民法院关于超过诉讼时效期间当事人达成的还款协议是否应当受法律保护问题的批复，1997 年 4 月 16 日，法复〔1997〕4 号。

82. 最高人民法院关于审理第一审专利案件聘请专家担任陪审员的复函，1991 年 6 月 6 日，法（经）函〔1991〕64 号。

83. 最高人民法院关于在专利侵权诉讼中当事人均拥有专利权应如何处理问题的批复，1993 年 8 月 16 日，〔93〕经他字第 20 号。

84. 最高人民法院关于对诉前停止侵犯专利权行为适用法律问题的若干规定，2001 年 6 月 7 日，法释〔2001〕20 号。

85. 最高人民法院关于诉前停止侵犯注册商标专用权行为和保全证据适用法律问题的解释，2002 年 1 月 9 日，法释〔2002〕2 号。

86. 最高人民法院关于调整司法解释等文件中引用《中华人民共和国民事诉讼法》条文序号的决定，2008 年 12 月 16 日，法释〔2008〕18 号。

87. 最高人民法院关于行政机关对土地争议的处理决定生效后一方不履行另一方不应以民事侵权向法院起诉的批复，1991 年 7 月 24 日，〔90〕法民字第 2 号。

88. 最高人民法院关于人民法院应否受理财政、扶贫办等非金融行政机构借款合同纠纷的批复，1993 年 8 月 28 日，法复〔1993〕7 号。

89. 最高人民法院关于劳动仲裁委员会逾期不作出仲裁裁决或者作出不予受理通知的劳动争议案件，人民法院应否受理的批复，1998 年 9 月 2 日，法释

[1998] 24 号。

90. 最高人民法院关于案件级别管辖几个问题的批复，1996 年 5 月 7 日，法复 [1996] 5 号。

91. 最高人民法院关于经济合同的名称与内容不一致时如何确定管辖权问题的批复，1996 年 11 月 13 日，法复 [1996] 16 号。

92. 最高人民法院经济审判庭关于购销合同的双方当事人在合同中约定了交货地点，但部分货物没有在约定的交货地点交付，如何确定管辖权问题的复函，1995 年 7 月 11 日，法经 [1995] 206 号。

93. 最高人民法院关于如何确定委托贷款协议纠纷诉讼主体资格的批复，1996 年 5 月 16 日，法复 [1996] 6 号。

94. 最高人民法院关于第一审离婚判决生效后应出具证明书的通知，1991 年 10 月 24 日，法（民）发 [1991] 33 号。

95. 最高人民法院关于第二审法院裁定按自动撤回上诉处理的案件第一审法院能否再审问题的批复，1998 年 8 月 10 日，法释 [1998] 19 号。

96. 最高人民法院关于中级人民法院能否适用督促程序的复函，1993 年 11 月 9 日，[1993] 法民字第 29 号。

97. 最高人民法院关于适用督促程序若干问题的规定，2001 年 1 月 8 日，法释 [2001] 2 号。

98. 最高人民法院关于人民法院发现已经受理的申请执行仲裁裁决或不服仲裁裁决而起诉的案件不属本院管辖应如何处理问题的批复，1988 年 1 月 13 日，法（研）复 [1988] 8 号。

99. 最高人民法院经济审判庭关于信用合作社责任财产范围问题的答复，1991 年 6 月 17 日，法经 [1991] 67 号。

100. 最高人民法院关于对因妨害民事诉讼被罚款拘留的人不服决定申请复议的期间如何确定问题的批复，1993 年 2 月 23 日，[93] 法民字第 7 号。

101. 最高人民法院关于采取诉前保全措施的法院可否超越其级别管辖权限受理诉前保全申请人提起的诉讼问题的复函，1995 年 3 月 7 日，法经 [1995] 64 号。

102. 最高人民法院关于认真贯彻仲裁法依法执行仲裁裁决的通知，1995 年 10 月 4 日，法发 [1995] 21 号。

103. 最高人民法院关于当事人因对不予执行仲裁裁决的裁定不服而申请再审人民法院不予受理的批复，1996 年 6 月 26 日，法复 [1996] 8 号。

104. 最高人民法院关于税务机关是否有义务协助人民法院直接划拨退税款问题的批复，1996 年 7 月 21 日，法复 [1996] 11 号。

105. 最高人民法院关于如何理解《关于适用〈中华人民共和国民事诉讼法〉

若干问题的意见》第 31 条第 2 款的批复，1998 年 4 月 17 日，法释［1998］5 号。

106. 最高人民法院关于对案外人的财产能否进行保全问题的批复，1998 年 5 月 19 日，法释［1998］10 号。

107. 最高人民法院关于人民法院执行设定抵押的房屋的规定，2005 年 12 月 14 日，法释［2005］14 号。

108. 最高人民法院关于向外国公司送达司法文书能否向其驻华代表机构送达并适用留置送达问题的批复，2002 年 6 月 18 日，法释［2002］15 号。

109. 最高人民法院关于当事人对仲裁协议的效力提出异议由哪一级人民法院管辖问题的批复，2000 年 8 月 8 日，法释［2000］25 号。

110. 最高人民法院关于解除劳动合同的劳动争议仲裁申请期限应当如何起算问题的批复，2004 年 7 月 26 日，法释［2004］8 号。

111. 最高人民法院关于当事人持台湾地区有关行政或公证部门确认的离婚协议书向人民法院申请认可人民法院是否受理的复函，2000 年 12 月 26 日，［2000］民他字第 29 号。

112. 最高人民法院关于印发国家统计局《关于对职工日平均工资计算问题的复函》的通知，1996 年 2 月 13 日，［1996］法赔字第 1 号。

113. 最高人民法院关于民事、行政诉讼中司法赔偿若干问题的解释，2000 年 9 月 16 日，法释［2000］27 号。

114. 最高人民法院关于印发《马原副院长在全国民事审判工作座谈会上的讲话》和《全国民事审判工作座谈会纪要》的通知，1993 年 11 月 24 日，法发［1993］37 号。

115. 最高人民法院对国务院宗教事务局一司关于僧人遗产处理意见的复函，1994 年 10 月 13 日。

116. 最高人民法院关于人民法院公开审判非涉外案件是否准许外国人旁听或采访问题的批复，1982 年 7 月 5 日，［1982］法研究字第 5 号。

最高人民检察院（2020 年）

【高检发释字［2020］4 号】　**最高人民检察院关于废止部分司法解释和司法解释性质文件的决定**（2020 年 10 月 23 日最高检检委会［13 届 53 次］通过，2020 年 12 月 26 日公布施行）

1. 最高人民检察院关于人民检察院受理民事、行政申诉分工问题的通知，1991 年 8 月 30 日，高检发民字［1991］2 号。废止理由：《通知》所确立的民事、行政申诉案件"受审分离"原则已被《人民检察院民事诉讼监督规则（试行）》《人民检察院行政诉讼监督规则（试行）》吸收。

2. 关于严格执行《中华人民共和国收养法》的通知，1992 年 4 月 17 日，高检发研字［1992］5 号。废止理由：1992 年的《中华人民共和国收养法》已经 1998 年第 9 届全国人大常委会第 5 次会议修正，且《民法典》第 1260 条明确规定于 2021 年 1 月 1 日起施行，《中华人民共和国收养法》同时废止。

3. 最高人民检察院关于对不服民事行政判决裁定的申诉仍由控告申诉检察部门受理的通知，1998 年 12 月 16 日，高检民发［1998］第 14 号。废止理由：《通知》所确立的民事、行政申诉案件"受审分离"原则已被《人民检察院民事诉讼监督规则（试行）》《人民检察院行政诉讼监督规则（试行）》吸收。

4. 人民检察院民事行政抗诉案件办案规则，2001 年 10 月 11 日，高检发［2001］17 号。废止理由：《办案规则》已被《人民检察院民事诉讼监督规则（试行）》《人民检察院行政诉讼监督规则（试行）》代替。

5. 人民检察院提起公益诉讼试点工作实施办法，2015 年 12 月 16 日，高检发释字［2015］6 号。废止理由：《实施办法》明确根据全国人大常委会授权试点决定在 13 个公益诉讼试点省份地方检察机关适用，现已无适用效力。

6. 最高人民法院、最高人民检察院关于在部分地方开展民事执行活动法律监督试点工作的通知，2011 年 3 月 10 日，高检会［2011］2 号。废止理由：《民事诉讼法》《人民检察院民事诉讼监督规则（试行）》《最高人民法院、最高人民检察院关于民事执行活动法律监督若干问题的规定》已对民事执行检察监督作出规定。

图书在版编目（CIP）数据

民事诉讼法全厚细／冯江主编；欧阳鹏，常和执行
主编. -- 北京：中国法制出版社，2024.8
 ISBN 978-7-5216-3838-7

Ⅰ．①民… Ⅱ．①冯… ②欧… ③常… Ⅲ．①民事诉
讼法-中国 Ⅳ．①D925.1

中国国家版本馆 CIP 数据核字（2023）第 156584 号

策划编辑/责任编辑：黄会丽　　　　　　　　　　封面设计：周黎明

民事诉讼法全厚细
MINSHI SUSONGFA QUANHOUXI

主编/冯江
执行主编/欧阳鹏　常和
经销/新华书店
印刷/三河市紫恒印装有限公司
开本/880 毫米×1230 毫米　32 开　　　　印张/ 75.25　字数/ 2585 千
版次/2024 年 8 月第 1 版　　　　　　　　2024 年 8 月第 1 次印刷

中国法制出版社出版
书号 ISBN 978-7-5216-3838-7　　　　　　　　定价：188.00 元

北京市西城区西便门西里甲 16 号西便门办公区
邮政编码：100053　　　　　　　　　　　传真：010-63141600
网址：http://www.zgfzs.com　　　　　　编辑部电话：010-63141785
市场营销部电话：010-63141612　　　　印务部电话：010-63141606

（如有印装质量问题，请与本社印务部联系。）